Burhoff
Handbuch für die strafrechtliche Hauptverhandlung

Handbuch für die strafrechtliche Hauptverhandlung

8., aktualisierte und wesentlich überarbeitete Auflage 2016

von

Rechtsanwalt **Detlef Burhoff**,
Richter am Oberlandesgericht a.D.,
Münster/Augsburg

Zitiervorschlag:
Burhoff, HV, Rn 1

Benutzer-Hinweis für Musterbeispiele
Für den Download der Mustertexte gehen Sie auf
http://www.zap-verlag.de/Hauptverhandlung
Geben Sie den hier eingedruckten Zugangscode ein. Danach erhalten Sie Zugriff auf das zip-Archiv: zap.5796_Musterdownload.zip
Zugangscode: v57a48h

Hinweis
Die Formulierungsbeispiele in diesem Buch wurden mit Sorgfalt und nach bestem Wissen erstellt. Sie stellen jedoch lediglich Arbeitshilfen und Anregungen für die Lösung typischer Fallgestaltungen dar. Die Eigenverantwortung für die Formulierung von Verträgen, Verfügungen, Schriftsätzen etc. trägt der Benutzer. Autor und Verlag übernehmen keinerlei Haftung für die Richtigkeit und Vollständigkeit der in dem Buch enthaltenen Ausführungen und Formulierungsbeispiele.

Anregungen und Kritik zu diesem Werk senden Sie bitte an
kontakt@zap-verlag.de
Der Autor und der Verlag freuen sich auf Ihre Rückmeldung.

www.zap-verlag.de
Alle Rechte vorbehalten.
© 2016 ZAP Verlag GmbH, Rochusstraße 2–4, 53123 Bonn

Satz: Reemers Publishing Services GmbH, Krefeld
Druck: Druckerei C.H. Beck, Nördlingen
Umschlaggestaltung: gentura, Holger Neumann, Bochum
ISBN 978-3-89655-796-4

Das Werk einschließlich aller seiner Teile ist urheberrechtlich geschützt. Jede Verwertung außerhalb der engen Grenzen des Urheberrechtsgesetzes ist ohne Zustimmung des Verlages unzulässig und strafbar. Das gilt insbesondere für Vervielfältigungen, Übersetzungen, Mikroverfilmungen und die Einspeicherung und Verarbeitung in elektronische Systeme.

Bibliografische Information der Deutschen Nationalbibliothek
Die Deutsche Nationalbibliothek verzeichnet diese Publikation in der Deutschen Nationalbibliografie; detaillierte bibliografische Daten sind im Internet abrufbar über http://dnb.d-nb.de.

Vorwort

Das Strafverfahren ist immer im Fluss. Zunächst ging es um die Versuche von Verteidigern/Angeklagten, sich im Strafverfahren, insbesondere auch in der Hauptverhandlung, mehr Einflussmöglichkeiten zu verschaffen. In den letzten Jahren ist dann deutlich, vor allem auch in der Rechtsprechung des BGH, zu erkennen, dass dieser bestrebt und bemüht ist, Verteidiger zu disziplinieren, indem, insbesondere im Beweisantragsrecht, in der StPO nicht vorgesehene „Fristenlösungen" und darauf aufbauende Präklusionen normiert werden, die die nach Ansicht des BGH in manchen Fällen nicht hinnehmbare Flut von Beweisanträgen eindämmen sollen. Verstärkt – positiv wie negativ – wird dies durch die in der Rechtsprechung des BGH aufkommende Tendenz, den Strafverteidiger immer mehr auch für die Einhaltung des Verfahrensrechts (mit-)verantwortlich zu machen. Hingewiesen sei in diesem Zusammenhang beispielhaft nur auf die Entscheidung des BGH zum Verwertungsverbot für Aussagen des nicht belehrten Beschuldigten im Ermittlungsverfahren (grundlegend BGHSt 38, 214), das dann nicht gelten soll, wenn die Aussage in Gegenwart eines Verteidigers gemacht wurde. Darauf baut die Rechtsprechung zur sog. „Widerspruchslösung" auf. Schließlich darf man die Bestrebungen des Gesetzgebers zur Stärkung des Opferschutzes nicht übersehen. Das Opfer rückt im Strafverfahren immer mehr in den Mittelpunkt, immer weniger geht es um den Angeklagten.

In diesem Spannungsfeld muss der Strafverteidiger agieren und seinem Mandanten Beistand leisten. Das ist nicht immer einfach, weil gegenüber einem „engagierten Verteidiger" häufig (zu) schnell der Vorwurf der Konfliktverteidigung erhoben wird. In dem Zusammenhang wird der Verteidiger dann immer wieder an seine Stellung als „Organ der Rechtspflege" erinnert. Aber auch, wenn der Verteidiger also immer weiter – teilweise einschränkend – mit in die Pflicht genommen wird, bedeutet das nicht das Ende einer „engagierten Strafverteidigung". Diese nützt dem Angeklagten jedoch nur, wenn sie sich nicht in bloßer Aktivität erschöpft, sondern die strafprozessuale Klaviatur beherrscht und die der Verteidigung in der StPO immer noch eingeräumten gesetzlichen Möglichkeiten nutzt. Während meiner von 1981 bis Ende 1992 ausgeübten Tätigkeit als Beisitzer in einer großen Strafkammer und auch danach in der Zeit von Anfang 1995 bis Oktober 2008 als Mitglied eines Strafsenats beim OLG Hamm habe ich jedoch erfahren müssen, dass Verteidiger häufig wenig über ihre – ihnen von der StPO für die Hauptverhandlung eingeräumten – Möglichkeiten und Rechte wissen und sie deshalb dementsprechend häufig auch nicht zugunsten ihres Mandanten anwenden können. Erklären lässt sich dieses Defizit m.E. zum Teil damit, dass die zur Verfügung stehende strafprozessuale Literatur in der Vergangenheit i.d.R. meist das gesamte Strafverfahren erfasste und sich vornehm-

Vorwort

lich an Richter und Studenten und weniger an den Verteidiger wandte. Die strafrechtliche Hauptverhandlung aus der Sicht eines Strafverteidigers kam dabei zu kurz.

Mit der 1. Auflage des vorliegenden Handbuchs habe ich 1995 diese Lücke schließen wollen. Das ist, wie die schnelle Folge der Auflagen zeigt, m.E. gelungen. Mein Anliegen ist und war es, nicht nur das m.e. für eine erfolgreiche Strafverteidigung erforderliche Wissen über die strafrechtliche Hauptverhandlung zu vermitteln, sondern über dieses Grundwissen hinaus auch den einen oder anderen Tipp/Hinweis aus meiner langjährigen strafrichterlichen Tätigkeit an die Hand zu geben. Das Handbuch richtet sich nicht nur an den Berufsanfänger, sondern auch an den bereits erfahrenen Rechtsanwalt, der nur noch nicht so häufig oder jetzt wieder/erstmals die Aufgabe der Strafverteidigung übernommen hat, und soll helfen, die Hauptverhandlung (mit-)gestalten zu können. Darüber hinaus wird mir aber auch immer wieder versichert, dass das Handbuch auch demjenigen Rechtsanwalt, der mit den Fragen der Strafverteidigung bereits gut vertraut ist, noch Hilfestellung leisten kann. Schließlich finden auch Richter oder Staatsanwälte hier die schnelle Lösung eines in der täglichen Praxis auftretenden Problems.

Für diese Arbeitshilfe habe ich den – auf den ersten Blick zunächst möglicherweise – überraschenden Weg der Darstellung in ABC-Form gewählt. Grund dafür war, mit diesem Handbuch, das seinen Benutzer möglichst in den Hauptverhandlungstermin begleiten soll, den Weg zur Beantwortung der in der Hauptverhandlung auftauchenden Fragen nicht über den oder die einschlägigen Paragrafen zu eröffnen, sondern über ein – häufig bekannteres – Stichwort, das dem Benutzer in der Eile und Hektik der Hauptverhandlung meist eher einfällt als die entsprechende Vorschrift. Damit erhoffe ich mir einen schnelleren Zugriff auf die Antwort, was in der Hauptverhandlung, in der es nicht selten – nach der präkludierenden Rechtsprechung des BGH immer häufiger – auf Schnelligkeit ankommt, nur von Vorteil sein kann. Hinzukommt, dass unter dem jeweiligen Stichwort i.d.R. alle damit zusammenhängenden (Rechts-) Fragen und Probleme geschlossen dargestellt werden können. Die zum Teil sehr umfangreichen Rechtsprechungsnachweise, insbesondere auf die Rechtsprechung der Oberlandesgerichte, sollen es jedem Benutzer ermöglichen, die Rechtsprechung „seines" OLG zu finden. Wegen der Einzelheiten der Benutzung des Handbuchs verweise ich auf die „Hinweise zur Benutzung des Handbuchs".

Die 7. Auflage dieses Handbuchs hat ebenso wie die vorhergehenden Auflagen erneut allgemein Anklang gefunden. Das gilt im Übrigen auch für das **„Handbuch für das strafrechtliche Ermittlungsverfahren"**, das gerade in 7. Auflage erschienen ist. Ich habe mich bemüht, Überschneidungen mit diesem Handbuch so weit wie möglich zu vermeiden. Bei den einzelnen Stichwörtern sind daher i.d.R. immer nur die für die Hauptverhandlung bedeutsamen Fragen des jeweiligen Problems dargestellt. Überschneidungen haben sich jedoch nicht immer vermeiden lassen. So waren z.B. die Fragen, die mit der Ablehnung eines Richters zusammenhängen, m.E. auch schon für das Ermittlungsverfahren zu behandeln, da

Vorwort

sie auch dort Bedeutung erlangen können. Entsprechendes gilt für die strafrechtliche Beurteilung des Verteidigerhandelns. Darüber hinaus sind immer dann, wenn einzelne Fragen besondere praktische Bedeutung haben, wie z.b. die der Telefonüberwachung oder des Einsatzes von V-Männern, die damit zusammenhängenden Probleme ebenfalls in beiden Handbüchern behandelt.

Beibehalten habe ich in der vorliegenden 8. Auflage den Bereich der **Revision**. Ich muss allerdings darauf hinweisen, dass meine Ausführungen natürlich nicht Monographien ersetzen können, die sich ausschließlich mit dem Revisionsrecht befassen. Meine Ausführungen können und wollen nur einen ersten Einstieg in das Revisionsrecht geben, und zwar vor allem demjenigen Verteidiger, der nicht so bewandert im Revisionsrecht ist. Wer sich intensiver mit Revisions-/Rechtsbeschwerderecht befassen will oder muss, den verweise auf den dritten Band der Handbuchreihe, nämlich: Burhoff/Kotz (Hrsg.), Handbuch für die strafrechtlichen Rechtsmittel und Rechtsbehelfe, der im Dezember 2012 erschienen ist; die 2. Auflage wird Anfang 2016 folgen. Dort sind die damit zusammenhängenden Fragen eingehend dargestellt. Ende 2015 wird es nun noch einen vierten Band geben, der die Handbuchreihe abschließen wird, und zwar das Handbuch für die strafrechtliche **Nachsorge, welches – wie das Handbuch für die strafrechtlichen Rechtsmittel und Rechtsbehelfe – von RA Dr. Peter Kotz und mir herausgegeben wird**. In diesem Werk werden all die Fragestellungen behandelt. die sich für den Verteidiger und seinen Mandanten häufig nach rechtskräftigem Abschluss des Verfahrens stellen.

Für diese 8. Auflage sind die Stichwörter der 7. Auflage **aktualisiert** und zum Teil wesentlich **erweitert** worden. Die seit der 7. Auflage erschienenen Veröffentlichungen und die seitdem veröffentlichte Rechtsprechung wurden ausgewertet und ins Werk aufgenommen. Ich hoffe, dass ich bei der Flut des kaum noch überschaubaren Materials nichts Wesentliches übersehen habe, da allein aus der Rechtsprechung rund 500 **(neue) Entscheidungen** einzuarbeiten waren. Das gilt vor allem für die mit der Verständigung im Strafverfahren (§ 257c StPO) zusammenhängenden Fragen, die seit Erscheinen der Vorauflage im Fokus von Rechtsprechung und Literatur gestanden haben. Zudem sind die Ausführungen zur **Berufung** an die Änderungen durch das „**Gesetz zur Stärkung des Rechts des Angeklagten auf Vertretung in der Berufungshauptverhandlung und über die Anerkennung von Abwesenheitsentscheidungen in der Rechtshilfe**", das als Kernstück eine neue, an die Rechtsprechung des EGMR angepasste Fassung des § 329 StPO enthält, und das vom Bundestag erst am 18.6.2015 verabschiedet worden ist, angepasst worden. Die Aktualisierungen haben weitgehend den Stand von Juni 2015.

Beibehalten habe ich die seit der 5. Auflage verstärkt aufgenommenen **gebührenrechtlichen Hinweise**, die teilweise noch ausgebaut worden sind. Damit ist eine Verzahnung mit Burhoff (Hrsg.), RVG Straf- und Bußgeldsachen, 4. Aufl. 2015, erreicht.

Zudem sind in der 8. Auflage die Randnummern noch einmal überarbeitet worden. Ich weiß, dass das teilweise bei Autoren wegen der nun nicht mehr stimmenden Verweise in deren Veröffentlichungen nicht gern gesehen wird, es war aber leider wegen einiger Unstimmigkeiten und wegen zahlreicher Ergänzungen und Änderungen unvermeidlich.

Hinweisen möchte ich an dieser Stelle auf meine Homepage **www.burhoff.de**. Dies einerseits natürlich wegen der dort im Volltext nach Möglichkeit weiter eingestellten Beschlüsse des OLG Hamm, andererseits vor allem aber wegen der ebenfalls dort aufgenommenen „**Verfahrenstipps** und Hinweise für Strafverteidiger", die dreimal im Jahr in der **ZAP** veröffentlicht werden. Durch die dort behandelte aktuelle Rechtsprechung und die Hinweise auf dieses Handbuch soll die Aktualität des Handbuchs zwischen den Auflagen erhalten werden. Auf der Homepage sind außerdem zahlreiche von mir stammende **Aufsätze** und Zeitschriftenbeiträge im Volltext eingestellt und können ausgedruckt werden.

Mein Bemühen war und ist es – wie auch schon in den Vorauflagen – im Interesse einer funktionierenden Strafrechtspflege die Tätigkeit des Strafverteidigers nicht allein aus der Sicht des (ehemaligen) Richters darzustellen. Dafür mag mich der eine oder andere ehemalige Richterkollege, dem eine engagierte Strafverteidigung manchmal unbequem ist und Arbeit macht, schelten. Die einseitige Sicht eines ehemaligen Richters hätte jedoch wenig dazu beigetragen, im Interesse des Angeklagten, um dessen Schicksal es im Strafverfahren geht, die oft nicht gegebene Waffengleichheit herzustellen. Der Zuspruch, den die Vorauflagen erhalten haben, hat mir bewiesen, dass dies gelungen ist und das Handbuch nicht nur Strafverteidigern, sondern auch den anderen Verfahrensbeteiligten bei ihrer Arbeit behilflich sein kann, um die „richtige" Wahrheitsfindung im Strafprozess zu sichern. Eine Aufgabe, an der Gericht, Verteidiger und Staatsanwaltschaft gemeinsam teilhaben, wenn auch jeder an seinem Platz und sicherlich mit einem anderen Verständnis von „richtiger" Wahrheit.

Anregungen und **Kritik** nehme ich weiterhin gern entgegen, beides kann helfen, eine weitere Auflage noch besser zu gestalten. Ich hoffe, dass all die, die nach Erscheinen der 6. Auflage Anregungen gegeben haben, die darauf zurückgehenden Ergänzungen oder Änderungen (wieder-) finden. Wer mir auch künftig Vorschläge oder Hinweise geben möchte, kann sich an mich unter meiner Kanzleianschrift „Stettenstraße 12, 86150 Augsburg" wenden oder mir unter 0251/1449331 ein **Fax** bzw. eine **E-Mail** unter hauptverhandlung@burhoff.de zukommen lassen. Das gilt ganz besonders dann, wenn – trotz allem Bemühen um Richtig- und Vollständigkeit – an der einen oder anderen Stelle vielleicht doch (noch) ein Zitatfehler festgestellt werden sollte.

Zum Schluss möchte ich danken: Um jede Einseitigkeit auszuschließen, hatte ich das Manuskript der 1. und 2. Auflage Herrn Rechtsanwalt Dr. *Ralf Neuhaus* aus Dortmund zur kritischen Durchsicht überlassen. Seine Anregungen und Anmerkungen habe ich damals, wenn sie mir aus seiner Sicht des erfahrenen Strafverteidigers einleuchtend erschienen

Vorwort

und sie behilflich waren, die Darstellung zu verbessern, weitgehend eingearbeitet. Ihm danke ich für seine damaligen Denkanstöße, die an mancher Stelle dazu geführt haben, eine – oft eingefahrene – herrschende Meinung zumindest zu überdenken. Die in die 5. Auflage neu aufgenommenen Stichwörter sind gegengelesen worden von Rechtsanwalt *Michael Stephan*, Dresden, und Dr. *David Herrmann*, Augsburg, der teilweise auch die Überarbeitungen der 6. Auflage gegengelesen hat. Ihnen danke ich ebenfalls für die Mühe und gegebene Anregungen. Besonderer Dank gebührt dem Lektor beim ZAP-Verlag, Herrn Rechtsanwalt Dennis Flohr, der das Werk lektoriert und mich während der „Arbeitsphase" sowie bei der Erstellung des Stichwort-, Abkürzungs- und Literaturverzeichnisses tatkräftig unterstützt hat. Neben ihm danke ich allen anderen Mitarbeitern des ZAP-Verlages, die – wie auch schon bei den Neuauflagen – in bewundernswerter Weise bei der Erstellung des Werkes aktiv mitgeholfen und sich bemüht haben, meine nicht immer einfachen Wünsche umzusetzen. Und natürlich danke ich schließlich meiner Frau, die es auch bei den Arbeiten für diese 8. Auflage wieder geduldig ertragen hat, manche Stunde auf mich verzichten zu müssen.

Münster, im Juli 2015   Detlef Burhoff

Hinweise zur Benutzung des Handbuchs

1. Dieses Handbuch erhebt nicht den Anspruch, ein (weiterer) Kommentar zur StPO zu sein. Es soll vielmehr eine **praktische Arbeitshilfe** für das Ermittlungsverfahren sein. Deshalb habe ich i.d.R. auch für die Rechtsfragen zunächst die sog. herrschende Meinung dargelegt, wie sie insbesondere bei *Meyer-Goßner/Schmitt* aufgeführt ist, diese jedoch durch weiterführende Hinweise – auch auf kritische Literatur und Rechtsprechung – ergänzt. Auftauchende Fragen können und müssen also gegebenenfalls (dort) vertieft werden.

Ergänzt ist die Darstellung um praktische Hinweise zur **Taktik** der Verteidigung. Deshalb waren auch Ausführungen zur Stellung und zu den Rechten und Pflichten des Verteidigers erforderlich. Sie können und wollen – schon aus Platzgründen – natürlich nur einen Überblick geben.

2. Ich habe bewusst von einem sonst allgemein üblichen, i.d.R. meist sehr **umfangreichen Literaturverzeichnis abgesehen**. Das Literaturverzeichnis enthält nur die Hinweise auf die gängigen Standard- und Großkommentare sowie auf häufiger herangezogene Monografien.

Die von mir als notwendig angesehenen weiterführenden Hinweise auf Spezialkommentare, auf Monografien oder auf Aufsätze zu bestimmten Themen sind an den Stellen eingeordnet, an denen die Fragen bei den einzelnen Stichwörtern behandelt werden. Sie sind in dem vor den einzelnen Stichwörtern aufgenommenen Abschnitt „**Literaturhinweise**" zusammengefasst, und zwar alphabetisch nach dem Namen des Autors unter Nennung des (Aufsatz-)Titels geordnet. Der Benutzer kann durch die Nennung des Titels eines Aufsatzes oder einer Monografie an dieser Stelle besser und schneller erkennen, ob eine von mir angeführte Belegstelle eine zu vertiefende Frage nur mitbehandelt oder ob sie gegebenenfalls die Hauptthematik eines Literaturbeitrags darstellt. Die „Literaturhinweise" enthalten aber nicht nur die von mir zitierten Aufsätze und sonstigen Veröffentlichungen. Sie beinhalten außerdem zum Teil auch andere weiterführende Literatur. Mithilfe dieser weiterführenden Hinweise auf in der einschlägigen Fachliteratur sonst noch erschienene Aufsätze zu den anschließend behandelten Stichwörtern können über die angeführten Zitate hinaus die behandelten Fragen vertieft werden.

Ich bin mir bewusst, dass diese Verfahrensweise zu der ein oder anderen Doppelnennung führt, obwohl ich versucht habe, das teilweise dadurch zu vermeiden, dass die Literatur zum Teil bei den sog. Verteilerstichwörtern (s. dazu unten **7.**) zusammengefasst worden ist. Das war jedoch nicht in allen Fällen möglich. Der verbliebene Anteil von Doppelnennungen kann m.E. hingenommen werden. Der durch die Doppelnennungen entstehende Platzbedarf wird zudem dadurch aufgewogen, dass derjenige, der eine Frage an anderer Stelle vertiefen will, nicht in einem umfangreichen Literaturverzeichnis nachsuchen muss, ob und gegebenenfalls wo zu der Frage Vertiefendes zu finden ist. Durch das von mir gewählte Verfahren erhält er diese Information vielmehr unmittelbar bei dem jeweiligen Stichwort. In die „Literaturhinweise" nicht aufgenommen sind i.d.r. periodisch erscheinende **Rechtsprechungsübersichten** und sonstige Zusammenfassungen und Hinweise, wie z.B. meine „Verfahrenstipps" in der ZAP. Soweit diese oder andere Übersichten in Bezug genommen werden, wird darauf ausdrücklich hingewiesen.

3. Die veröffentlichte Literatur und Rechtsprechung ist weitgehend bis **einschließlich Juni 2015** berücksichtigt und soweit möglich eingearbeitet.

4. Für die Benutzung des Handbuchs ist zu beachten, dass **Verweisungen** auf andere Stichwörter mit einem „→" angegeben werden. Beispielsweise „→ *Vernehmung des Angeklagten zur Sache*" heißt also, dass weitere oder die Ausführungen zur Mandatsübernahme unter diesem Stichwort zu finden sind.

5. Trotz der Darstellung in ABC-Form sind fortlaufende **Randnummern** gesetzt, da diese ein noch schnelleres Auffinden der jeweils gesuchten Stelle ermöglichen. Dabei ist darauf hinzuweisen, dass die in einer Verweisung enthaltene Randnummer nicht immer nur auf den Beginn des genannten Stichworts verweist. Das ist i.d.R. nur der Fall, wenn es sich um eine allgemeine Verweisung handelt. Geht es hingegen um die Verweisung auf ein spezielles Problem/besondere Ausführungen, wird auf diese(s) i.d.R. durch Nennung der entsprechenden Randnummer(n) direkt verwiesen.

6. Für die i.d.R. längeren Stichwörter werden die teilweise ausführlichen **Erläuterungen** unter der Überschrift „Das Wichtigste in Kürze" in mehreren **„Leitsätzen" zusammengefasst** und so zusätzliche Möglichkeiten zur schnellen und schwerpunktmäßigen Information geboten. Innerhalb der Stichwörter wird das Auffinden von gesuchten Erläuterungen dann dadurch erleichtert, dass die den Inhalt wiedergebenden Begriffe durch Fettdruck hervorgehoben sind und damit den Charakter von ins Auge fallenden Zwischenüberschriften erhalten. Die einzelnen Erläuterungen zu „Leitsätzen" finden sich zudem i.d.R. unter der Ziffer, die der des Leitsatzes entspricht.

7. Für die wichtigsten oder sehr umfangreichen Fragenkomplexe habe ich sog. „**Verteilerstichwörter**" gebildet, bei denen dann auch die zu dem jeweiligen Komplex gebildeten Stichwörter zusammengestellt sind. Die Verteilerstichwörter sind i.d.R. dadurch zu erkennen, dass sie in der Überschrift den Zusatz „Allgemeines" tragen, wie z.B. „Beschlagnahme, Allgemeines" oder „Verteidiger, Allgemeines".

8. Unter der Überschrift „**Hinweise für den Verteidiger**" oder unter „✍" ist das dargestellt, was m.E. der Verteidiger in dem jeweiligen Zusammenhang besonders beachten sollte oder was für seinen Mandanten besonders wichtig ist. Ich hoffe, dass auch die bei den jeweiligen Stichwörtern angeordneten Mustertexte insbesondere dem Verteidiger eine Hilfe sein werden.

9. Am Schluss des Buches befindet sich ein stark differenziertes **Stichwortverzeichnis**, das den Benutzer hoffentlich bei keiner Frage im Stich lässt. Dieses Verzeichnis enthält als Fundstellenhinweis die jeweilige Randnummer, unter der die mit der aufgetauchten Frage zusammenhängenden Probleme dargestellt sind. Das in den früheren Auflagen zur Ergänzung des Stichwortverzeichnisses enthaltene **Paragrafenregister** ist ab der 7. Auflage nicht mehr enthalten. Ich habe darauf aus Platzgründen verzichtet: Kollegen, mit denen ich über das Werk gesprochen habe, haben mir berichtet, dass das Paragrafenregister nur geringe Bedeutung für das Arbeiten mit dem Werk hat.

10.a) Dem Handbuch war bis einschließlich der 7. Auflage ein „Entscheidungsregister" angefügt, in dem alle als Beleg im Text des Handbuchs angeführten **Entscheidungen** aufgeführt waren. Auch dieses ist ab der 8. Auflage entfallen. Grund dafür ist, dass m.E. ein in gedruckter Form vorliegendes Entscheidungsregister, in dem alle Entscheidungen mit ihren Hauptfundstellen enthalten sind, um so Konkordanzen prüfen zu können, nicht mehr erforderlich ist. Seit Erscheinen der ersten Auflage des Werkes im Jahr 1995 sind rund 20 Jahre vergangen. Inzwischen dürfte fast jeder im Strafverfahren tätige Rechtsanwalt auch über einen Zugang zu einer digitalen Datenbank verfügen, der es im ermöglicht, schneller als über ein in gedruckter Form vorliegendes Entscheidungsregister nach etwaigen Konkordanzen zu suchen. Zudem besteht die Möglichkeit über die Eingabe der jeweiligen Fundstelle in eine digitale Suchmaschine im Internet nach Konkordanzen zu suchen. Die meisten der angeführten Entscheidungen sind mit der jeweiligen Fundstelle bei openjur.de gelistet, so dass darüber sehr schnell nach Konkordanzen geforscht werden kann.

Die bis einschließlich zur 7. Auflage aufgenommenen Entscheidungen können per Download heruntergeladen werden (siehe Benutzerhinweise am Ende des Buches), allerdings ohne Angabe der Randnummer, bei der die Entscheidung zitiert ist.

Beibehalten habe ich die **Zitierweise**. D.h.: Im **Text** selbst ist, wenn die Entscheidung in mehreren Zeitschriften und Entscheidungssammlungen veröffentlicht ist. Dabei bin ich davon ausgegangen, dass nicht alle verfügbaren Zeitschriften jeweils beim Nutzer vorhanden sein werden, weshalb ich aus Gründen der praktischen Erreichbarkeit für den Verteidiger **folgende „Wertigkeit"** der Zeitschriften/Entscheidungssammlungen eingehalten habe: Einer Veröffentlichung in der „**NJW**", die i.d.R. jedem Verteidiger zur Verfügung steht, habe ich den **Vorrang** gegeben (wegen der BGHSt-Zitate s.u. b). Daran schließen sich die „NStZ" und der „StV" an. Über die vorgenannten Zeitschriften hinaus dürften für den Verteidiger erreichbar sein: „StraFo", „StRR" „NStZ-RR", „wistra", „VRS", „VRR" u.a. Das bedeutet einerseits: Ist im Text als Beleg eine NJW-Fundstelle zitiert, kann die Entscheidung auch noch in weiteren Zeitschriften veröffentlicht sein. Andererseits ist aber, z.B. aus einem StV-Zitat, der **Schluss** zu **ziehen**, dass die entsprechende Entscheidung nicht in der NJW und/oder der NStZ veröffentlicht ist, gegebenenfalls aber noch in einer sonstigen Zeitschrift. Dadurch wird m.E. unnötiges Suchen nach einer Konkordanz in einer dieser Zeitschriften vermieden.

b) Hinsichtlich der zitierten **Entscheidungen** des BVerfG und des BGH ist noch auf Folgendes hinzuweisen:

aa) Die Entscheidungen des **BVerfG** sind nach der o.a. Reihenfolge zitiert. Auf den Beleg der Veröffentlichung in der Entscheidungssammlung „BVerfGE" habe ich im Text verzichtet, da diese Sammlung nur den wenigsten Benutzern in ihrem Büro oder zu Hause zur Verfügung stehen dürfte.

bb) Entscheidungen des **BGH**, die in „BGHSt" veröffentlicht sind, sind auch mit dieser Fundstelle herangezogen. Zwar wird die Entscheidungssammlung auch nicht allen Benutzern zur Verfügung stehen, jedoch unterstreicht das Zitat mit der BGHSt-Fundstelle wegen der Aufnahme der Entscheidung in die amtliche Sammlung deren Bedeutung. Hier ist dann noch anzumerken, dass das Zitat einer Entscheidung des BGH mit einer NJW-Fundstelle bedeutet, dass die Entscheidung in der amtlichen Sammlung BGHSt nicht enthalten ist.

11. Im Handbuch zitierte Paragrafen ohne Gesetzesangabe sind solche der StPO.

12. Hinzuweisen ist schließlich noch auf das Stichwort „**Gesetzesnovellen**". Aufgeführt sind dort die aktuellen Gesetzesnovellen, die Auswirkungen auf die die Hauptverhandlung betreffenden Vorschriften der StPO haben (können). Die geplante Gesetzesänderung ist jeweils kurz dargestellt. In dem dazugehörigen Stichwort wird dann auf das Stichwort „Gesetzesnovellen" verwiesen. Damit hat der Verteidiger die Möglichkeit, wenn die Gesetzesänderung in Kraft getreten ist, sich wenigstens kurz über die eingetretene Änderung zu informieren und ist so – bis zum Erscheinen der neunten, die Gesetzesänderungen berücksichtigenden Auflage – in der Lage, die aktuelle Gesetzeslage abzufragen.

13. Hinweisen möchte ich auch noch auf Folgendes: Die von mir jährlich dreimal in der ZAP veröffentlichten „Verfahrenstipps zu neuerer Rechtsprechung in Strafsachen" werden in der jeweils aktuellen Fassung auf meiner **Homepage „www.burhoff. de"** eingestellt sein. In dieser Aufsatzreihe stelle ich neue strafverfahrensrechtliche Rechtsprechung vor, sodass der Benutzer meines Handbuchs durch einen „Besuch" auf meiner Homepage immer schnell feststellen kann, ob ggf. wichtige neue Rechtsprechung zu einem Problemkreis vorliegt, wodurch das **Handbuch** selbst in gewisser Weise **dauernd aktualisiert** wird. Über einen Besuch und die Inanspruchnahme dieser Service-Leistung freue ich micha.

Inhaltsverzeichnis

	Seite
Vorwort	V
Hinweise zur Benutzung des Handbuchs	XI
Musterverzeichnis	XXV
Literaturverzeichnis	XXIX
Abkürzungsverzeichnis	XXXIII

	Rdn
A	
Ablehnung/Auswechslung eines Dolmetschers	1
Ablehnung eines Richters, Allgemeines	8
Ablehnung eines Sachverständigen	15
Ablehnung eines Staatsanwalts	38
Ablehnungsantrag	48
Ablehnungsberechtigter	62
Ablehnungsgründe, Befangenheit	67
Ablehnungsverfahren	89
Ablehnungsverfahren, Rechtsmittel	109
Ablehnungszeitpunkt	116
Ablehnung von Schöffen	127
Ablehnung von Urkundsbeamten	134
Absprachen/Verständigung mit Gericht und Staatsanwaltschaft	137
Abtrennung von Verfahren	244
Adhäsionsverfahren	256
Akteneinsicht für den Verteidiger während der Hauptverhandlung	279
Akteneinsicht für Schöffen	284
Anhörungsrüge	291
Antragsmuster, Übersicht	304
Anwesenheit des Verteidigers in der Hauptverhandlung	310
Anwesenheitspflicht des Angeklagten	315
Anwesenheitsrechte in der Hauptverhandlung	323
Anwesenheit von Zeugen in der Hauptverhandlung	325
Aufklärungspflicht des Gerichts	329
Aufruf der Sache	341
Augenscheinseinnahme	348
Ausbleiben des Angeklagten	361
Ausbleiben des Verteidigers	374
Auskunftsverweigerungsrecht	377

	Rdn
Auslandszeuge	396
Aussagegenehmigung	409
Ausschluss der Öffentlichkeit	419
Ausschluss eines Richters	440
Aussetzung der Hauptverhandlung, Allgemeines	462
Aussetzung wegen Ausbleibens des (notwendigen) Verteidigers	470
Aussetzung wegen fehlender Akteneinsicht	484
Aussetzung wegen Nichteinhaltung der Ladungsfrist	490
Aussetzung wegen nicht mitgeteilter Anklageschrift	493
Aussetzung wegen veränderter Sach-/Rechtslage	498
Aussetzung wegen verspäteter Namhaftmachung geladener Beweispersonen	506
Aussetzung wegen Verteidigerausschlusses	512

B

Bedingter Beweisantrag	518
Befangenheit, Ablehnung	529
Befragung des Angeklagten	531
Belehrung des Angeklagten	536
Berufung, Allgemeines	541
Berufung, Annahmeberufung	550
Berufungsbegründung	560
Berufungsbeschränkung	567
Berufungseinlegung	583
Berufungsfrist	601
Berufungsgericht, Besetzung	613
Berufungshauptverhandlung	619
Berufungsrücknahme	652
Berufungsverwerfung durch das Amtsgericht wegen Verspätung	677
Berufungsverwerfung durch das Berufungsgericht wegen Unzulässigkeit	686
Berufungsverwerfung wegen Ausbleibens des Angeklagten	691
Berufung, Zulässigkeit	722
Beschlagnahme von Verteidigerakten	730
Beschleunigtes Verfahren	741
Beschwerde	770
Besetzungseinwand	791
Besetzungsmitteilung	809
Beurlaubung des Angeklagten von der Hauptverhandlung	817
Beweisanregung	828
Beweisantrag	835
Beweisantrag, Ablehnungsbeschluss	849

	Rdn
Beweisantrag, Ablehnungsgründe	858
Beweisantrag, Adressat	896
Beweisantrag, Antragsberechtigung	898
Beweisantrag, Begründung	905
Beweisantrag, Form	910
Beweisantrag, Formulierung: Augenscheinseinnahme	914
Beweisantrag, Formulierung: Sachverständigenbeweis	919
Beweisantrag, Formulierung: Urkundenbeweis	927
Beweisantrag, Formulierung: Zeugenbeweis	939
Beweisantrag, Inhalt	951
Beweisantragsrecht, Allgemeines	971
Beweisantrag, Zeitpunkt der Antragstellung	978
Beweisantrag, Zurücknahme	987
Beweisantrag zur Vorbereitung der Hauptverhandlung	995
Beweisermittlungsantrag	1007
Beweisverwertungsverbote	1018
Beweisverzicht	1146
Blinder/stummer Richter	1156
Blutalkoholfragen/Atemalkoholmessung	1162
Bußgeldverfahren, Besonderheiten der Hauptverhandlung	1200

D

DNA-Untersuchung	1268
Durchsuchung des Verteidigers	1287

E

Einlassregelungen für die Hauptverhandlung	1294
Einstellung des Verfahrens, Allgemeines	1299
Einstellung des Verfahrens nach § 153 wegen Geringfügigkeit	1304
Einstellung des Verfahrens nach § 153a nach Erfüllung von Auflagen und Weisungen	1315
Einstellung des Verfahrens nach § 153b bei Absehen von Strafe	1331
Einstellung des Verfahrens nach § 154 bei Mehrfachtätern	1336
Einstellung des Verfahrens nach § 154a zur Beschränkung der Strafverfolgung	1351
Einstellung des Verfahrens nach § 205 wegen Abwesenheit des Angeklagten oder anderer Hindernisse	1361
Einstellung des Verfahrens nach § 206a bei Verfahrenshindernissen	1369
Entbindung des Angeklagten vom Erscheinen in der Hauptverhandlung	1386
Entbindung von der Schweigepflicht	1393
Entfernung des Angeklagten aus der Hauptverhandlung	1408

	Rdn
Entlassung von Zeugen und Sachverständigen	1425
Entschädigung nach dem StrEG	1429
Entziehung des Fragerechts als Ganzes	1444
Erklärungen des Verteidigers	1451
Erklärungsrecht des Angeklagten	1458
Erklärungsrecht des Verteidigers	1463
Erneute Vernehmung eines Zeugen oder Sachverständigen	1476
Eröffnungsbeschluss, Nachholung in der Hauptverhandlung	1484
Erörterungen des Standes des Verfahrens	1491

F

Fesselung des Angeklagten	1512
Feststellung von Vorstrafen des Angeklagten	1521
Fragerecht, Allgemeines	1532
Fragerecht des Angeklagten	1537
Fragerecht des Sachverständigen	1545
Fragerecht des Staatsanwalts	1548
Fragerecht des Verteidigers, Allgemeines	1551
Freibeweisverfahren	1562
Freies Geleit	1568
Fremdsprachige Protokollierung	1573

G

Gang der Hauptverhandlung, Allgemeines	1576
Gegenüberstellung von Zeugen	1581
Gesetzesnovellen	1597
Glaubwürdigkeitsgutachten	1630

H

Haftfragen	1653
Hauptverhandlungshaft	1691
Hilfsbeweisantrag	1708
Hinweis auf veränderte Sach-/Rechtslage	1720

I

Informatorische Befragung eines Zeugen	1749

J

Jugendgerichtsverfahren, Besonderheiten der Hauptverhandlung	1754

Rdn

K
Kommissarische Vernehmung eines Zeugen oder Sachverständigen 1793
Kreuzverhör 1805
Kronzeugen 1809

L
Ladung des Angeklagten 1817
Ladung des Verteidigers 1829
Ladung von Zeugen 1840
Letztes Wort des Angeklagten 1848

M
Mitschreiben/Notebook in der Hauptverhandlung 1859
Mitteilung über Erörterungen zur Verständigung 1866

N
Nachbereitung der Hauptverhandlung 1891
Nachtragsanklage 1905
Nebenklage 1917
Nebenkläger als Zeuge 1924
Nebenklägerrechte in der Hauptverhandlung 1928
Nichterscheinen eines Zeugen 1947

O
Obergutachter 1953

P
Pflichtverteidiger, Bestellung in der Hauptverhandlung 1967
Pflichtverteidiger, Bestellung neben Wahlverteidiger 1983
Pflichtverteidiger, Entpflichtung während laufender Hauptverhandlung 1993
Plädoyer des Staatsanwalts 2011
Plädoyer des Verteidigers 2017
Präsentes Beweismittel 2036
Präsenzfeststellung 2061
Privatkläger als Zeuge 2064
Privatklageverfahren 2067
Protokoll der Hauptverhandlung, Allgemeines 2092
Protokoll der Hauptverhandlung, wörtliche Protokollierung 2114
Protokollverlesung nach Zeugnisverweigerung 2126
Protokollverlesung zur Gedächtnisstützung 2147

Inhaltsverzeichnis

Rdn

R
Rechtsmittel, Allgemeines	2160
Rechtsmittelbelehrung	2177
Rechtsmittel, unbestimmtes	2183
Rechtsmittelverzicht	2189
Reduzierte Besetzung der großen Strafkammer/Jugendkammer	2208
Revision, Allgemeines	2237
Revision, Antrag auf Entscheidung des Revisionsgerichts	2248
Revision, Begründung, Allgemeines	2257
Revision, Begründung, Form	2266
Revision, Begründung, Frist	2277
Revision, Begründung, Sachrüge	2290
Revision, Begründung, Verfahrenshindernisse	2317
Revision, Begründung, Verfahrensrüge	2322
Revision, Beschränkung	2353
Revision, Einlegung, Allgemeines	2361
Revision, Einlegung, Form	2371
Revision, Einlegung, Frist	2374
Revision, Pflichtverteidiger	2382
Revision, Rücknahme	2390
Revision, Verfahren	2398
Revision, Zulässigkeit	2406
Rücknahme eines Strafantrags	2417
Rügeverlust	2424

S
Sachverständigenbeweis	2436
Sachverständiger Zeuge	2468
Schluss der Beweisaufnahme	2473
Schriftliche Antragstellung	2476
Selbstablehnung eines Richters	2488
Selbst herbeigeführte Verhandlungsunfähigkeit	2493
Selbstleseverfahren	2504
Sitzordnung in der Hauptverhandlung	2519
Sitzungspolizei	2527
Sonstige Verfahrensbeteiligte als Zeugen	2549
Staatsanwalt als Zeuge	2552
Steuerstrafverfahren	2557
Strafbefehlsverfahren	2568

Rdn

T
Täter-Opfer-Ausgleich 2586
Telefonüberwachung, Allgemeines 2602
Telefonüberwachung, Beweisverwertungsverbote 2623
Telefonüberwachung, Verwertung der Erkenntnisse in der Hauptverhandlung . 2633
Terminsbestimmung/Terminsverlegung 2646
Ton- und Filmaufnahmen während der Hauptverhandlung 2669
Tragen der Robe/Krawatte. 2680

U
Unaufmerksamer/schlafender Richter 2687
Unmittelbarkeitsgrundsatz. 2690
Unterbrechung der Hauptverhandlung 2701
Urkundenbeweis, Allgemeines. 2721
Urkundenbeweis durch Bericht des Vorsitzenden 2743
Urteilsbegründung. 2749
Urteilsberatung. 2752
Urteilsverkündung. 2761

V
Verbindung von Verfahren 2771
Vereidigung eines Dolmetschers. 2780
Vereidigung eines Sachverständigen 2786
Vereidigung eines Zeugen. 2792
Vereidigungsverbot 2807
Vereidigungsverzicht 2821
Verfahrensverzögerung. 2825
Verhandlung ohne den Angeklagten 2853
Verhandlung ohne den Angeklagten, Wiedereinsetzung und Berufung 2871
Verhandlungsfähigkeit 2878
Verhandlungsleitung 2889
Verhinderung des Verteidigers 2904
Verlegung der Hauptverhandlung an einen anderen Ort 2915
Verlesung des Anklagesatzes 2921
Verlesungsverbot für schriftliche Erklärungen 2934
Verlesung von ärztlichen Attesten. 2943
Verlesung von Behördengutachten 2956
Verlesung von Gutachten allgemein vereidigter Sachverständiger 2968
Verlesung von Geständnisprotokollen 2980

Inhaltsverzeichnis

	Rdn
Verlesung von Leumundszeugnissen	2998
Verlesung von Protokollen/Erklärungen der Strafverfolgungsbehörden	3002
Verlesung von Protokollen früherer Vernehmungen/sonstiger Erklärungen	3014
Verlesung von sonstigen Gutachten und Berichten	3046
Verletztenbeistand/Opferanwalt	3052
Vernehmung des Angeklagten zur Person	3067
Vernehmung des Angeklagten zur Sache	3072
Vernehmung des Mitangeklagten als Zeugen	3088
Vernehmung des Zeugen zur Person	3094
Vernehmung des Zeugen zur Sache	3103
Vernehmung einer Verhörsperson	3115
Vernehmung eines Polizeibeamten	3124
Vernehmung jugendlicher Zeugen	3134
Vernehmung Sachverständiger	3143
Vernehmungsbeistand	3157
Verspätete Beweisanträge/Fristsetzung	3179
Verteidiger als Zeuge	3193
Verteidigerhandeln und Strafrecht	3199
Vertretung des Angeklagten durch den Verteidiger	3208
Vertretung des Pflichtverteidigers in der Hauptverhandlung	3217
Vertretung des Wahlverteidigers in der Hauptverhandlung	3222
Verweisungsfragen	3227
Verwertung der Erkenntnisse eines (gesperrten) V-Mannes	3241
Verwirkung von Verteidigungsrechten	3262
Verzögerungsrüge	3274
Videovernehmung in der Hauptverhandlung	3307
V-Mann in der Hauptverhandlung	3336
Vollmacht des Verteidigers	3350
Vorbereitung der Hauptverhandlung	3370
Vorführung von Bild-Ton-Aufzeichnungen	3396
Vorhalt an Zeugen	3416
Vorhalt aus und von Tonbandaufnahmen	3420
Vorhalt aus und von Urkunden	3424

W

Widerspruchslösung	3433
Wiedereintritt in die Beweisaufnahme	3458
Wiedereinsetzung in den vorigen Stand	3464
Wiederholung einer Beweiserhebung	3487

Rdn

Z

Zeugenbeistand	3491
Zeugenbelehrung	3523
Zeugenvernehmung, Allgemeines	3537
Zeugen vom Hörensagen	3545
Zeugnisverweigerungsrecht	3552
Zulassung von Mitarbeitern des Verteidigers zur Hauptverhandlung	3586
Zurückweisung einzelner Fragen des Verteidigers	3589
Zuständigkeit des Gerichts	3610
Zustellungsfragen	3620
Zuziehung eines Dolmetschers	3646
Zwangsmittel bei Ausbleiben des Angeklagten	3661
Zwischenberatungen des Gerichts	3680

Seite

Stichwortverzeichnis	1587
Benutzerhinweise zum Muster-Download	1631

Musterverzeichnis

		Rdn
Muster A.1:	Ablehnung eines Sachverständigen	37
Muster A.2:	Antrag auf Ablehnung eines Staatsanwalts	47
Muster A.3:	Ablehnungsantrag	61
Muster A.4:	Antrag auf Erhebung einer Anhörungsrüge	303
Muster A.5:	Antrag auf Ausschluss der Öffentlichkeit während der Vernehmung des Angeklagten	438
Muster A.6:	Antrag auf Ausschluss der Öffentlichkeit während der Urteilsverkündung	439
Muster A.7:	Aussetzungsantrag wegen Ausbleibens des Verteidigers	483
Muster A.8:	Aussetzungsantrag wegen fehlender Akteneinsicht	489
Muster A.9:	Aussetzungsantrag wegen veränderter Sach-/Rechtslage	505
Muster B.1:	Bedingter Beweisantrag	528
Muster B.2:	Allgemeine Berufungsschrift	600
Muster B.3:	Antrag an das Berufungsgericht nach § 319 Abs. 2	685
Muster B.4:	Unterbrechungsantrag zur Besetzungsprüfung	807
Muster B.5:	Besetzungsrüge	808
Muster B.6:	Beurlaubungsantrag	827
Muster B.7:	Beweisanregung	834
Muster B.8:	Beweisantrag	848
Muster B.9:	Beweisantrag Augenscheinseinnahme	918
Muster B.10:	Beweisantrag Sachverständigenbeweis	926
Muster B.11:	Antrag auf Verlesung von Urkunden	936
Muster B.12:	Beweisantrag auf Erhebung des Urkundenbeweises	937
Muster B.13:	Beweisantrag auf Erhebung des Urkundenbeweises hinsichtlich einer Urkunde, die sich in anderen Akten befindet	938
Muster B.14:	Beweisantrag Zeugenbeweis	950
Muster B.15:	Beweisermittlungsantrag	1017

Musterverzeichnis

Muster B.16:	Antrag auf Entbindung von der Pflicht des Betroffenen, in der Hauptverhandlung zu erscheinen	1267
Muster D.1:	Antrag auf DNA-Untersuchung	1286
Muster E.1:	Klagemuster/Entschädigung nach dem StrEG	1443
Muster H.1:	Hilfsbeweisantrag	1719
Muster L.1:	Aussetzungsantrag (wegen verspäteter Ladung des Angeklagten)	1828
Muster L.2:	Aussetzungsantrag (wegen nicht erfolgter Ladung des Verteidigers)	1839
Muster O.1:	Beweisantrag auf Einholung eines weiteren Sachverständigengutachtens	1966
Muster P.1:	Beweisantrag auf Vernehmung eines präsenten Zeugen	2057
Muster P.2:	Zeugen-/SV-Ladung gem. § 220	2058
Muster P.3:	Zustellungsersuchen an den Gerichtsvollzieher	2059
Muster P.4:	Entschädigungsantrag	2060
Muster P.5:	Privatwiderklage	2091
Muster R.1:	Unbestimmtes Rechtsmittel	2188
Muster R.2:	Antrag auf Entscheidung des Revisionsgerichts	2256
Muster R.3:	Begründung einer Revision	2265
Muster R.4:	(Allgemeine) Revisionsschrift	2370
Muster S.1:	Antrag zur Sitzordnung	2526
Muster S.2:	Aussetzungsantrag nach § 396 AO	2567
Muster T.1:	Antrag auf Terminsverlegung	2668
Muster U.1:	Unterbrechungsantrag	2720
Muster V.1:	Wiedereinsetzungsantrag und gleichzeitig eingelegte Berufung	2877
Muster V.2:	Verzögerungsrüge gem. § 198 Abs. 3 GVG	3306
Muster V.3:	Strafprozessvollmacht	3369
Muster W.1:	Wiedereinsetzungsantrag gegen Versäumung der Berufungsfrist	3486
Muster Z.1:	Antrag zur Sitzordnung in der Hauptverhandlung	3588
Muster Z.2:	Antrag auf Zurückweisung einer ungeeigneten bzw. nicht zur Sache gehörenden Frage	3607

Muster Z.3:	Antrag auf Erlass eines Gerichtsbeschlusses gegen die Beanstandung einer Frage des Verteidigers als unzulässig durch den Vorsitzenden.	3608
Muster Z.4:	Antrag auf Aufnahme der in Zusammenhang mit der Beanstandung und Zurückweisung einer Frage des Verteidigers stehenden Vorgänge in das Protokoll der Hauptverhandlung.	3609
Muster Z.5:	Zuständigkeitsrüge	3619
Muster Z.6:	Antrag auf Zuziehung eines Dolmetschers	3660

Literaturverzeichnis

AK-StPO, Kommentar zur Strafprozeßordnung in der Reihe Alternativkommentare, herausgegeben von *Wassermann*; zitiert: AK-StPO/*Bearbeiter*, (Paragraf und Rn)

Apfel/Strittmatter, Praxiswissen Strafverteidigung im Betäubungsmittelrecht, 2010; zitiert: *Apfel/Strittmatter* (Rn)

Alsberg, Beweisantragsrecht im Strafprozess, bearbeitet von *Dallmeyer*, *Güntge* und *Tsambikakis*, 6. Aufl. 2013; zitiert: Alsberg/*Bearbeiter*, (Rn)

Anwaltkommentar zur StPO, herausgegeben von *Krekeler* und *Löffelmann*, 2. Aufl. 2010; zitiert: AnwKomm-StPO/*Bearbeiter*, (Paragraf und Rn)

Barton, Einführung in die Strafverteidigung, 2. Aufl. 2013; zitiert: *Barton*, (Paragraf und Rn)

Beck'sches Formularbuch für den Strafverteidiger, herausgegeben von *Hamm/ Lohberger*, 5. Aufl. 2010; zitiert: Beck-*Bearbeiter*, (Seite)

Böttger (Hrsg.), Wirtschaftsstrafrecht in der Praxis, 2. Aufl. 2015; zitiert: Böttger/ *Bearbeiter*, (Kapitel und Rn)

Burhoff, Handbuch für das strafrechtliche Ermittlungsverfahren, 7. Aufl. 2015; zitiert: *Burhoff*, EV, (Rn)

ders.(Hrsg.), Handbuch für das straßenverkehrsrechtliche OWi-Verfahren, 4. Aufl. 2015; zitiert: Burhoff/*Bearbeiter*, OWi, (Rn)

ders.(Hrsg.), RVG Straf- und Bußgeldsachen, 4. Aufl. 2014; zitiert: Burhoff/*Bearbeiter*, RVG, (Rn)

Burhoff/Kotz (Hrsg.), Handbuch für die strafrechtlichen Rechtsmittel und Rechtsbehelfe, 2013; zitiert: Burhoff/Kotz/*Bearbeiter*, RM, (Rn)

Dahs, Handbuch des Strafverteidigers, 8. Aufl. 2010; zitiert: *Dahs*, (Rn)

Eisenberg, Beweisrecht der StPO, 8. Aufl. 2013; zitiert: *Eisenberg*, (Rn)

Fischer, Strafgesetzbuch und Nebengesetze, 62. Aufl. 2015; zitiert: *Fischer*, (Paragraf und Rn)

Gerold/Schmidt, RVG, 22. Aufl. 2015; zitiert: Gerold/Schmidt/*Bearbeiter*, (Paragraf/Nr. des VV, Rn)

Göhler, Ordnungswidrigkeitengesetz, 17. Aufl. 2015; zitiert: *Göhler*, (Paragraf und Rn)

Graf (Hrsg.), Strafprozessordnung, 2. Aufl. 2012; zitiert: Graf/*Bearbeiter*, (Paragraf und Rn)

Greiser/Artkämper, Die „gestörte" Hauptverhandlung – Eine praxisorientierte Fallübersicht, 3. Aufl. 2001; zitiert: *Greiser/Artkämper*, (Rn)

Handbuch des Fachanwalts Strafrecht, herausgegeben von *Bockemühl*, 6. Aufl. 2015; zitiert: FA Strafrecht/*Bearbeiter*, (Teil, Kapitel und Rn)

Hamm/Hassemer/Pauly, Beweisantragsrecht, 2. Aufl. 2007; zitiert: *Hamm/Hassemer/Pauly*, (Rn)

Handbuch zum Strafverfahren, herausgegeben von *Heghmanns/Scheffler*, 2008; zitiert: *Bearbeiter*, in: HBStrVf, (Kapitel und Rn)

Heidelberger Kommentar zur Strafprozessordnung, herausgegeben von *Gercke/Julius/Temming/Zöller*, 5. Aufl. 2012; zitiert: HK-*Bearbeiter*, (Paragraf und Rn)

Herrmann, Untersuchungshaft, 2007; zitiert: *Herrmann*, (Rn)

Jung, Praxiswissen Strafverteidigung von Ausländern, 2009; zitiert: *Jung*, (Rn)

Junker, Beweisantragsrecht im Strafprozess, 2. Aufl. 2014; zitiert: *Junker*, (Rn)

Junker/Armatage, Praxiswissen Strafverteidigung, 2009; zitiert: *Junker/Armatage*, (Rn)

Karlsruher Kommentar zur Strafprozessordnung und zum Gerichtsverfassungsgesetz mit Einführungsgesetz, herausgegeben von *Hannich*, 7. Aufl. 2008; zitiert: KK-*Bearbeiter*, (Paragraf und Rn)

Kissel/Mayer, Gerichtsverfassungsgesetz, Kommentar, 7. Aufl. 2013; zitiert: *Kissel/Mayer*, (Paragraf und Rn)

Kleinknecht/Müller/Reitberger, Loseblattkommentar zur Strafprozessordnung, herausgegeben von *v. Heintschel-Heinegge/Stöckel*; zitiert: KMR-*Bearbeiter*, (Paragraf und Rn)

Löwe/Rosenberg, Die Strafprozessordnung und das Gerichtsverfassungsgesetz mit Nebengesetzen, Großkommentar, herausgegeben von *Rieß*, 26. Aufl. 2006 ff.; zitiert: LR-*Bearbeiter*, (Paragraf und Rn)

Ludovisy/Eggert/Burhoff, Praxis des Straßenverkehrsrechts, 6. Aufl. 2015; zitiert: Ludovisy/Eggert/Burhoff/*Bearbeiter*, (Paragraf und Rn)

Malek, Verteidigung in der Hauptverhandlung, 4. Aufl. 2012; zitiert: *Malek*, (Rn)

ders., Strafsachen im Internet, 2005; zitiert: *Malek*, Internet, (Rn)

Meyer-Goßner/Schmitt, Strafprozessordnung, 58. Aufl. 2015; zitiert: *Meyer-Goßner/Schmitt*, (Paragraf und Rn)

Münchner Anwaltshandbuch Strafverteidigung, herausgegeben von *Widmaier/Müller/Schlothauer*, 2. Aufl. 2014; zitiert: MAH-*Bearbeiter*, (Paragraf und Rn)

Niemöller/Schlothauer/Weider, Gesetz zur Verständigung im Strafverfahren, 2010; zitiert: N/W/S/*Bearbeiter*, (Paragraf und Rn)

Palandt, Bürgerliches Gesetzbuch, 74. Aufl. 2015; zitiert: Palandt/*Bearbeiter*, (Paragraf und Rn)

Pfeiffer, Strafprozessordnung, 5. Aufl. 2005; zitiert: *Pfeiffer*, (Paragraf und Rn)

Radtke/Hohmann, Strafprozessordnung, 2011; zitiert: Radtke/Hohmann/*Bearbeiter*, (Paragraf und Rn)

Satzger/Schluckebier/Widmaier (Hrsg.), StGB – Strafgesetzbuch, 2. Aufl. 2014; zitiert: SSW-StGB/*Bearbeiter*, (Paragraf und Rn)

dies. (Hrsg.), StPO – Strafprozessordnung, 2014; zitiert: SSW-StPO/*Bearbeiter*, (Paragraf und Rn)

Schäfer, Die Praxis des Strafverfahrens, 7. Aufl. 2008; zitiert: *Schäfer*, (Rn)

Schlothauer, Vorbereitung der Hauptverhandlung mit notwendiger Verteidigung und Pflichtverteidigung, 2. Aufl. 1998; zitiert: *Schlothauer*, (Rn)

Schlothauer/Weider, Untersuchungshaft, 4. Aufl. 2010; zitiert: *Schlothauer/Weider*, (Rn)

Schneider/Wolf (Hrsg.), Rechtsanwaltsvergütungsgesetz, 7. Aufl. 2013; zitiert: AnwKomm/*Bearbeiter*, (Paragraf und Rn)

Schönke/Schröder, Strafgesetzbuch, 29. Aufl. 2014; zitiert: Schönke/Schröder/*Bearbeiter*, (Paragraf und Rn)

Sommer, Effektive Strafverteidigung, 2. Aufl. 2013; zitiert: *Sommer,* (S.)

Strafverteidigung in der Praxis, herausgegeben von *Brüssow/Gatzweiler/Krekeler/Mehle*, 4. Aufl. 2007; zitiert: StrafPrax-*Bearbeiter*, (Paragraf und Rn)

Systematischer Kommentar zur Strafprozessordnung und zum Gerichtsverfassungsgesetz, herausgegeben von *Wolter*, 4. Aufl. 2011 ff.; zitiert: SK-StPO/*Bearbeiter*, (Paragraf und Rn)

Abkürzungsverzeichnis

(Die Gesetze sind im Text in der jeweils gültigen Fassung zitiert.)

A

a.	auch
a.A.	anderer Ansicht
AAK	Atemalkoholkonzentration
a.a.O.	am angegebenen Ort
abgedr.	abgedruckt
abl.	ablehnend
ABMG	Autobahnmautgesetz
Abs.	Absatz
Abschn.	Abschnitt
abw.	abweichend
a.D.	außer Dienst
ADHS	Aufmerksamkeitsdefizit-/Hyperaktivitätssyndrom
AE	Akteneinsicht
a.E.	am Ende
AER	Akteneinsichtsrecht
a.F.	alte Fassung
AG	Amtsgericht/Aktiengesellschaft/Arbeitsgemeinschaft
AG GVG	AGGVG – Gesetz zur Ausführung des Gerichtsverfassungsgesetzes und von Verfahrensgesetzen der ordentlichen Gerichtsbarkeit
AGS	Anwaltsgebühren Spezial (Zs.) (Jahr und Seite)
ähnl.	ähnlich
allg.	Meinung allgemeine Meinung
Alt.	Alternative
Anh.	Anhang
Anm.	Anmerkung
AnwBl.	Anwaltsblatt (Zs.) (Jahr und Seite)
AnwGH	Anwaltsgerichtshof
AO	Abgabenordnung

Abkürzungsverzeichnis

AO-StB	Der-AO-Steuerberater (Zs.) (Jahr und Seite)
arg. e.	argumentum ex
Art.	Artikel
ArztR	ArztRecht (Zs.) (Jahr und Seite)
AufEnthG	Aufenthaltsgesetz
Aufl.	Auflage
Ausf.	ausführlich
AuslG	Ausländergesetz
AVR	Auskunftsverweigerungsrecht
Az.	Aktenzeichen

B

B	Rechtsprechungsübersicht zum Jugendstrafrecht von Böhm in NStZ bzw. NStZ-RR
BA	Blutalkohol, Wissenschaftliche Zeitschrift für die medizinische und juristische Praxis (Jahr und Seite)
BAB	Bundesautobahn
BAK	Blutalkoholkonzentration
BAT	Bundesangestelltentarif
BayObLG	Bayerisches Oberstes Landesgericht
BayObLGSt	Sammlung von Entscheidungen des Bayerischen Obersten Landesgerichts in Strafsachen (alte Folge Band und Seite, neue Folge Jahr und Seite)
BB	Betriebs-Berater (Zs.) (Jahr und Seite)
BBG	Bundesbeamtengesetz
Be	Rechtsprechungsübersicht von Becker in NStZ-RR
Beil.	Beilage
BerlVerfGH	Berliner Verfassungsgerichtshof
Beschl.	Beschluss
BezG	Bezirksgericht
BFH	Bundesfinanzhof
BFStRMG	Gesetz über die Erhebung von streckenbezogenen Gebühren für die Benutzung von Bundesautobahnen und Bundesstraßen
BGB	Bürgerliches Gesetzbuch

Abkürzungsverzeichnis

BGBl	Bundesgesetzblatt
BGH	Bundesgerichtshof
BGHR	Rechtsprechung des Bundesgerichtshofes (systematische Entscheidungssammlung) (Paragraf und Stichwort)
BGHSt	Entscheidungen des Bundesgerichtshofes in Strafsachen (Band und Seite)
BinSchVfG	Gesetz über das gerichtliche Verfahren in Binnenschifffahrtssachen
BKA	Bundeskriminalamt
BKAG	Gesetz über das Bundeskriminalamt und die Zusammenarbeit des Bundes und der Länder in kriminalpolizeilichen Angelegenheiten (Bundeskriminalamtgesetz)
Bl.	Blatt
BMJ	Bundesministerium der Justiz
BND	Bundesnachrichtendienst
BNotO	Bundesnotarordnung
BORA	Berufsordnung-Rechtsanwälte
BR	Bundesrat
BRAGO	Bundesgebührenordnung für Rechtsanwälte
BRAK	Bundesrechtsanwaltskammer
BRAK-Mitt.	Mitteilungen der Bundesrechtsanwaltskammer (Jahr und Seite)
BRAO	Bundesrechtsanwaltsordnung
BRD	Bundesrepublik Deutschland
BR-Drucks	Bundesrat-Drucksache
BRRG	Beamtenrechtsrahmengesetz
BSG	Bundessozialgericht
Bsp.	Beispiel(e)
BStBl.	Bundessteuerblatt
BTA	Bild-Ton-Aufzeichnung
BT-Drucks	Bundestag-Drucksache
BtM	Betäubungsmittel
BtMG	Gesetz über den Verkehr mit Betäubungsmitteln (Betäubungsmittelgesetz)

XXXV

Abkürzungsverzeichnis

Bu	Rechtsprechungsübersicht von Burhoff zur Rechtsprechung des OLG Hamm in Verkehrsstraf- und Verkehrsordnungswidrigkeitensachen in DAR
Buchst.	Buchstabe
BVerfG	Bundesverfassungsgericht
BVerfGE	Entscheidungen des Bundesverfassungsgerichts (Band und Seite)
BVerfGG	Gesetz über das Bundesverfassungsgericht (Bundesverfassungsgerichtsgesetz)
BVerfGK	Kammerentscheidungen des Bundesverfassungsgerichts (Band und Seite)
BVerwG	Bundesverwaltungsgericht
BVV	Beweisverwertungsverbot
BWAGGVG	Baden-Württembergisches Gesetz zur Ausführung des Gerichtsverfassungsgesetzes und von Verfahrensgesetzen der ordentlichen Gerichtsbarkeit
bzgl.	bezüglich
BZR	Bundeszentralregister
BZRG	Bundeszentralregistergesetz
bzw.	beziehungsweise

C

CCZ	Corporate Compliance Zeitschrift (Zs.) (Jahr und Seite)
CD-ROM	Compact Disc Read-Only Memory
Ci	Rechtsprechungsübersicht von Cierniak in NStZ-RR
cl	Zentiliter
CR	Computer und Recht (Zs.) (Jahr und Seite)

D

D	Rechtsprechungsübersicht von Dallinger in MDR
d.A.	der Akte
DAR	Deutsches Autorecht (Zs.) (Jahr und Seite)
DAV	Deutscher Anwaltverein
DB	Der Betrieb (Zs.) (Jahr und Seite)
ders.	derselbe
d.h.	das heißt

dies.	dieselbe/n
diff.	differenzierend
DM	Deutsche Mark
DNA	Desoxyribonukleinsäure
Dö	Rechtsprechungsübersicht von Döllel zur Rechtsprechung des OLG Schleswig in SchlHA
DÖD	Der öffentliche Dienst (Zs.) (Jahr und Seite)
Dö/Dr	Rechtsprechungsübersicht von Döllel und Dreßen zur Rechtsprechung des OLG Schleswig in SchlHA
DRB	Deutscher Richterbund
DRiG	Deutsches Richtergesetz
DRiZ	Deutsche Richterzeitung (Zs.) (Jahr und Seite)
Drucks.	Drucksache
DStR	Deutsches Steuerrecht (Zs.) (Jahr und Seite)
DVBl.	Deutsches Verwaltungsblatt (Zs.) (Jahr und Seite)

E

EDV	Elektronische Datenverarbeitung
EGE	Ehrengerichtliche Entscheidungen (bis 1963 Bände arabisch beziffert, ab 1963 Bände römisch beziffert)
EGGVG	Einführungsgesetz zum Gerichtsverfassungsgesetz
EGMR	Europäischer Gerichtshof für Menschenrechte
EichG	Eichgesetz
EichO	Eichordnung
Einl.	Einleitung
einschr.	einschränkend
Einzelh.	Einzelheiten
E/J	Rechtsprechungsübersicht von Ernesti/Jürgensen zur Rechtsprechung des OLG Schleswig in SchlHA
E/L	Rechtsprechungsübersicht von Ernesti/Lorenzen zur Rechtsprechung des OLG Schleswig in SchlHA
EMRK	Konvention zum Schutze der Menschenrechte und Grundfreiheiten (Europäische Menschenrechtskonvention)
EN	Eilnachrichten

Abkürzungsverzeichnis

EÖB	Eröffnungsbeschluss
Erg.-Heft	Ergänzungsheft
Erl.	Erläuterung
EU	Europäische Union
EuGH	Europäischer Gerichtshof
EuGRZ	Europäische Grundrechte Zeitschrift (Jahr und Seite)
EuRHÜbk	Europäisches Übereinkommen über die Rechtshilfe in Strafsachen
EV	Ermittlungsverfahren
e.V.	eingetragener Verein
evtl.	eventuell

F

F.	Fach
f.	folgende
FA	Fachanwalt
FeV	Fahrerlaubnis-Verordnung
ff.	fortfolgende
FG	Festgabe
Fn.	Fußnote
FPR	Familie Partnerschaft Recht (Zs.) (Jahr und Seite)
FS	Festschrift

G

G 10	Gesetz zur Beschränkung des Brief-, Post- und Fernmeldegeheimnisses (Artikel 10-Gesetz – G10)
g	Gramm
GA	Goltdammer's Archiv für Strafrecht (Zs.) (bis 1933 nach Band und Seite, ab 1953 nach Jahr und Seite)
GBA	Generalbundesanwalt
gem.	gemäß
GESTA	Stand der Gesetzgebung des Bundes (Informationssystem)
GewO	Gewerbeordnung
GG	Grundgesetz
ggf.	gegebenenfalls

GKG	Gerichtskostengesetz
GmbH	Gesellschaft mit beschränkter Haftung
GmbHG	Gesetz betreffend die Gesellschaften mit beschränkter Haftung
grds.	grundsätzlich
GS	Gedächtnisschrift
GStA	Generalstaatsanwalt/Generalstaatsanwaltschaft
GVG	Gerichtsverfassungsgesetz
GVGA	Geschäftsanweisung für Gerichtsvollzieher
GVP	Geschäftsverteilungsplan
GWB	Gesetz gegen Wettbewerbsbeschränkung
GwG	Gesetz über das Aufspüren von Gewinnen aus schweren Straftaten (Geldwäschegesetz)

H

H	Rechtsprechungsübersicht von Holtz in MDR
HandwO	Handwerksordnung
HB	Haftbefehl
He	Rechtsprechungsübersicht von Herlan in MDR
hess.	hessische(r) HESt Höchstrichterliche Entscheidungen (Band und Seite)
Hinw.	Hinweis
h.M.	herrschende Meinung
HRR	Höchstrichterliche Rechtsprechung (Jahr und Seite)
HRRS	Höchstrichterliche Rechtsprechung Strafrecht (Online-Zs.) (Jahr und Nummer)
Hrsg.	Herausgeber
Hs.	Halbsatz
HV	Hauptverhandlung

I

i.d.F.	in der Fassung
i.d.R.	in der Regel
i.e.S.	im engeren Sinne
IMSI	International Mobile Subscriber Identity

INF	Information über Steuer und Wirtschaft (Zs.) (Jahr und Seite)
IRG	Gesetz über die internationale Rechtshilfe in Strafsachen
InsO	Insolvenzordnung
i.S.d.	im Sinne der/des
i.S.e.	im Sinne einer/s
i.S.v.	im Sinne von
i.Ü.	im Übrigen
i.V.m.	in Verbindung mit

J

JA	Juristische Arbeitsblätter für Ausbildung und Examen (Zs.) (Jahr und Seite)
JBl. RP	Justizblatt Rheinland-Pfalz (Jahr und Seite)
jew.	jeweils
JGG	Jugendgerichtsgesetz
JGH	Jugendgerichtshilfe
JM NRW	Justizministerium des Landes Nordrhein-Westfalen
JMBl. NW	Justizministerialblatt für das Land Nordrhein-Westfalen
JR	Juristische Rundschau (Zs.) (Jahr und Seite)
JStG	Journal für Strafrecht (Zs.) (Jahr und Seite)
JStG 2009	Jahressteuergesetz 2009
JuMoG	Justizmodernisierungsgesetz
Jura	Juristische Ausbildung (Zs.) (Jahr und Seite)
JuS	Juristische Schulung (Zs.) (Jahr und Seite)
Justiz	Die Justiz – Amtsblatt des Justizministeriums Baden-Württemberg (Jahr und Seite)
JVA	Justizvollzugsanstalt
JVEG	Justizvergütungs- und -entschädigungsgesetz
JW	Juristische Wochenschrift (Zs.) (Jahr und Seite)
JZ	Juristenzeitung (Zs.) (Jahr und Seite)

K

K	Rechtsprechungsübersicht von Kusch in NStZ bzw. NStZ-RR
Kap.	Kapitel

Kfz	Kraftfahrzeug
KG	Kammergericht
kg	Kilogramm
KJ	Kritische Justiz (Zs.) (Jahr und Seite)
Komm.	Kommentierung(en)
K&R	Kommunikation und Recht (Zs.) (Jahr und Seite)
KrGer	Kreisgericht
Krim	Kriminalistik (Zs.) (Jahr und Seite)
krit.	kritisch(er)
KronzG	Gesetz zur Änderung des Strafgesetzbuches, der Strafprozessordnung und des Versammlungsgesetzes und zur Einführung einer Kronzeugenregelung bei terroristischen Straftaten
KUG Künste	Gesetz betreffend das Urheberrecht an Werken der bildenden und der Fotografie
KV GKG	Kostenverzeichnis des Gerichtskostengesetzes

L

L	Rechtsprechungsübersicht von Lorenzen zur Rechtsprechung des OLG Schleswig in SchlHA
l	Liter
LAG	Landesarbeitsgesetz
LG	Landgericht
Lit.	Literatur
Lit.- Hinw.	Literaturhinweise
LKA	Landeskriminalamt
L/M	Lindenmaier/Möhring – Nachschlagewerk des Bundesgerichtshofs (Nummer und Paragraf)
LNR	LexisNexis Recht (Fundstelle)
LPartG	Lebenspartnerschaftsgesetz
Ls.	Leitsatz
L/Sch	Rechtsprechungsübersicht von Lorenzen/Schiemann zur Rechtsprechung des OLG Schleswig in SchlHA
LSG	Landessozialgericht

Abkürzungsverzeichnis

L/T	Rechtsprechungsübersicht von Lorenzen/Thamm zur Rechtsprechung des OLG Schleswig in SchlHA
M	
M	Rechtsprechungsübersicht von Miebach in NStZ bzw. NStZRR
m.	mit
m. abl. Anm.	mit ablehnender Anmerkung
m. Bsp.	mit Beispiel
MDR	Monatsschrift für Deutsches Recht (Zs.) (Jahr und Seite)
m.E.	meines Erachtens
MedR	Medizinrecht (Zs.) (Jahr und Seite)
MfS	Ministerium für Staatssicherheit
MinBl. NW	Ministerialblatt für das Land Nordrhein-Westfalen
M/K	Rechtsprechungsübersicht von Miebach/Kusch in NStZ bzw. NStZ-RR
ml	Milliliter
MMR	MultiMedia und Recht (Zs.) (Jahr und Seite)
MoMiG	Gesetz zur Modernisierung des GmbH-Rechts und zur Bekämpfung von Missbräuchen
MPU	Medizinisch-Psychologische Untersuchung
MRK	Konvention zum Schutz der Menschenrechte und Grundfreiheiten (Menschenrechtskonvention)
MschrKrim	Monatsschrift für Kriminologie und Strafrechtsreform (Zs.) (Jahr und Seite)
MuSchG	Gesetz zum Schutz der erwerbstätigen Mutter
m.w.N.	mit weiteren Nachweisen
m. zahlr. weit.	Nachw. mit zahlreichen weiteren Nachweisen
m. zust. Anm.	mit zustimmender Anmerkung
N	
Nachw.	Nachweis(e)
NdsAGGVG	Niedersächsisches Ausführungsgesetz zum Gerichtsverfassungsgesetz
Nds.Rpfl.	Niedersächsische Rechtspflege (Zs.) (Jahr und Seite)
n.F.	neue Fassung

NJ	Neue Justiz (Zs.) (Jahr und Seite)
NJW	Neue Juristische Wochenschrift (Zs.) (Jahr und Seite)
NJW-Spezial	Schnell-Information der Neuen Juristischen Wochenschrift (Beilage zur NJW) (Jahr und Seite)
Nr.	Nummer(n)
NRW	Nordrhein-Westfalen
NStE	Neue Entscheidungssammlung für Strafrecht (Zs.) (Vorschrift und laufende Nummer)
NStZ	Neue Zeitschrift für Strafrecht (Jahr und Seite)
NStZ-RR	Neue Zeitschrift für Strafrecht Rechtsprechungs-Report (Jahr und Seite)
n.v.	nicht veröffentlicht
NVwZ	Neue Zeitschrift für Verwaltungsrecht (Jahr und Seite)
NW	Nordrhein-Westfalen
NWB	Steuer-und Wirtschaftsrecht (Zs.) (Fach und Seite)
NZI	Neue Zeitschrift für das Recht der Insolvenz und Sanierung (Jahr und Seite)
NZV	Neue Zeitschrift für Verkehrsrecht (Jahr und Seite)

O

o.	oben/obige
o.a.	oben angeführt
o.Ä.	oder Ähnliche/s
OLG	Oberlandesgericht
OLG-NL	OLG-Rechtsprechung Neue Länder (Zs.) (Jahr und Seite)
OLGR	OLG-Report
OLGSt	Entscheidungen der Oberlandesgerichte zum Straf-und Strafverfahrensrecht (Paragraf und Seite; ab 1983 Paragraf und Nummer)
OpferRRG	Opferrechtsreformgesetz
OpferschutzG	Opferschutzgesetz
OrgKG	Gesetz zur Bekämpfung des illegalen Rauschgifthandels und anderer Erscheinungsformen der Organisierten Kriminalität
Öst.VerfGH	Verfassungsgerichtshof Österreich
OVG	Oberverwaltungsgericht

Abkürzungsverzeichnis

OWi	Ordnungswidrigkeit
OWiG	Gesetz über Ordnungswidrigkeiten

P

PA	Prozessrecht Aktiv (Zs.) (Jahr undSeite)
PC	Personal Computer
PCR	Polymerase Chain Reaction
Pf	Rechtsprechungsübersicht von Pfeiffer in NStZ
Pf/M	Rechtsprechungsübersicht von Pfeiffer/Miebach in NStZ
PKH	Prozesskostenhilfe
Pkw	Personenkraftwagen
PM	Pressemitteilung
Polizei	Die Polizei (Zs.) (Jahr und Seite)
PStR	Praxis Steuerstrafrecht (Zs.) (Jahr und Seite)

R

Rdn	Randnummer (interner Verweis)
RDV	Recht der Datenverarbeitung (Zs.) (Jahr und Seite)
Recht	Das Recht (Zs.) (Jahr und Nummer)
RG	Reichsgericht
RGSt	Entscheidungen des Reichsgerichts in Strafsachen (Band und Seite)
RiLi	Grundsätze des anwaltlichen Standesrechts (Richtlinien für die Ausübung des Anwaltsberufs)
RiStBV	Richtlinien für das Strafverfahren und das Bußgeldverfahren
RL	Richtlinie
RMB	Rechtsmittelbelehrung
Rn	Randnummer (extern)
RP	Rheinland-Pfalz
R&P	Recht und Psychiatrie (Zs.) (Jahr und Seite)
Rpfleger	Der Deutsche Rechtspfleger (Zs.) (Jahr und Seite)
RpflEntlG	Gesetz zur Entlastung der Rechtspflege (Rechtspflegeentlastungsgesetz)
RPflG	Rechtspflegergesetz
Rspr.	Rechtsprechung

Rspr.-Nachw.	Rechtsprechungs-Nachweis(e)
RuP	Recht und Politik (Zs.) (Jahr und Seite)
Rüth	Rechtsprechungsübersicht von Rüth zur Rechtsprechung des BayObLG in DAR
RVG	Rechtsanwaltsvergütungsgesetz
RVGreport	RVGreport (Zs.) (Jahr und Seite)

S

S.	Satz/Seite
s.	siehe
s.a.	siehe auch
SächsVerfGH	Sächsischer Verfassungsgerichtshof
SchlHA	Schleswig-Holsteinische Anzeigen (Zs.) (Jahr und Seite)
SDÜ	Schengener Durchführungsübereinkommen
sen.	Senior
SGB I	Sozialgesetzbuch Erstes Buch – Allgemeiner Teil
SigG	Gesetz über Rahmenbedingungen für elektronische Signaturen (Signaturengesetz)
SJZ	Süddeutsche Juristenzeitung (Zs.) (Jahr und Seite)
SMS	Short Message Service
s.o.	siehe oben
sog.	sogenannte/r/s
Sp	Rechtsprechungsübersicht von Spiegel in DAR
StA	Staatsanwalt/Staatsanwaltschaft
StB	Strafbefehl
StGB	Strafgesetzbuch
StORMG	Gesetz zur Stärkung der Rechte von Opfern sexuellen Missbrauchs
StPO	Strafprozessordnung
Str.	Straße
str.	streitig
StraFo	StrafverteidigerForum (Zs.) (Jahr und Seite)
StrEG	Gesetz über die Entschädigung für Strafverfolgungsmaßnahmen
StrVollstrO	Strafvollstreckungsordnung
StRR	StrafRechtsReport (Zs.) (Jahr und Seite)

st. Rspr.	ständige Rechtsprechung
StUG	Gesetz über die Unterlagen des Staatssicherheitsdienstes der ehemaligen Deutschen Demokratischen Republik
StV	Strafverteidiger (Zs.) (Jahr und Seite)
StVG	Straßenverkehrsgesetz
StVollzG	Gesetz über den Vollzug der Freiheitsstrafe und der freiheitsentziehenden Maßregeln der Besserung und Sicherung
s.u.	siehe unten
SV	Sachverständige(r)

T

T	Rechtsprechungsübersicht von Tolksdorf zur Rechtsprechung des BGH in DAR
teilw.	teilweise
THC	Tetrahydrocannabinol
ThürVerfGH	Thüringer Verfassungsgerichtshof
TKEntsch-NeuOG	Gesetzes zur Neuordnung der Entschädigung von Telekommunikationsunternehmen für die Heranziehung im Rahmen der Strafverfolgung
TKG	Telekommunikationsgesetz
TKÜErwG	Gesetz zur Neuregelung der Telekommunikationsüberwachung und anderer verdeckter Ermittlungsmaßnahmen sowie zur Umsetzung der Richtlinie 2006/24/EG vom 21.12.2007
TKÜV	Verordnung über die technische und organisatorische Umsetzung von Maßnahmen zur Überwachung der Telekommunikation (Telekommunikations-Überwachungsverordnung)
TOA	Täter-Opfer-Ausgleich
TÜ	Telefonüberwachung
TÜV	Technischer Überwachungs-Verein

U

u.	unten
u.a.	unter anderem/und andere/unten angegebenen
u.Ä.	und Ähnlichem/Ähnliches
U-Haft	Untersuchungshaft

umstr.	umstritten
Urt.	Urteil
usw.	und so weiter
u.U.	unter Umständen
UVollzO	Untersuchungshaftvollzugsordnung

V

v.	vom/von/vor
VA	Verkehrsrecht Aktuell (Zs.) (Jahr und Seite)
VB	Vorführungsbefehl
VD	Verkehrsdienst (Zs.) (Jahr und Seite)
VE	Verdeckter Ermittler
Verbrechens-bekämpfungsG	Gesetz zur Änderung des Strafgesetzbuches, der Strafprozessbekämpfungsordnung und anderer Gesetze (Verbrechensbekämpfungsgesetz)
Verf.	Verfasser
VerfGH	Verfassungsgerichtshof
Vfg.	Verfügung
VG	Verwaltungsgericht
VGH	Verwaltungsgerichtshof
vgl.	vergleiche
VM	Verkehrsrechtliche Mitteilungen (Zs.) (Jahr und Nummer)
VO	Verordnung
vol.	Volumen
Vorbem.	Vorbemerkung
VP	Vertrauensperson
VRR	VerkehrsRechtsReport (Zs.) (Band und Seite)
VRS	Verkehrsrechtssammlung (Zs.) (Band und Seite)
VuR	Verbraucher und Recht (Zs.) (Jahr und Seite)
VV RVG	Vergütungsverzeichnis zum Rechtsanwaltsvergütungsgesetz
VZR	Verkehrszentralregister

W

WaffG	Waffengesetz
weit.	weitere

Abkürzungsverzeichnis

wistra	Zeitschrift für Wirtschaft, Steuer und Strafrecht (Jahr und Seite)
WÜK	Wiener Übereinkommen über konsularische Beziehungen
WPO	Wirtschaftsprüferordnung

Z

zahlr.	zahlreich(en)
ZAP	Zeitschrift für die Anwaltspraxis (Fach und Seite)
ZAP EN-Nr.	ZAP Eilnachrichten-Nummer (Nummer/Jahr)
z.B.	zum Beispiel
ZevKR	Zeitschrift für evangelisches Kirchenrecht (Jahr und Seite)
ZFE	Zeitschrift für Familien- und Erbrecht (Jahr und Seite)
Zfs	Zeitschrift für Schadensrecht (Jahr und Seite)
Ziff.	Ziffer
ZInsO	Zeitschrift für das gesamte Insolvenzrecht (Jahr und Seite)
ZIS	Zeitschrift für Internationale Strafrechtsdogmatik (Online-Zs.) (Jahr und Seite)
ZJJ	Zeitschrift für Jugendkriminalrecht und Jugendhilfe (Jahr und Seite)
ZJS	Zeitschrift für das Juristische Studium (Jahr und Seite)
ZMGR	Zeitschrift für das gesamte Medizin- und Gesundheitsrecht (Jahr und Seite)
ZPO	Zivilprozessordnung
ZRP	Zeitschrift für Rechtspolitik (Jahr und Seite)
Zs.	Zeitschrift
ZSchG	Zeugenschutzgesetz
ZSEG	Gesetz über die Entschädigung von Zeugen und Sachverständigen
ZSHG	Zeugenschutz-Harmonisierungsgesetz
ZStW	Zeitschrift für die gesamte Strafrechtswissenschaft (Band und Seite)
z.T.	zum Teil
zust.	zustimmend
zutr.	zutreffend
ZVR	Zeugnisverweigerungsrecht
zw.	zweifelhaft
zzgl.	zuzüglich
ZZP	Zeitschrift für Zivilprozess (Jahr, Seite und Band)

A
Ablehnung/Auswechslung eines Dolmetschers

Literaturhinweise: Jung, Praxiswissen Strafverteidigung von Ausländern, 2009; s.a. die Hinw. bei → *Zuziehung eines Dolmetschers*, Rdn 3646.

1.a) Auf die Ablehnung eines Dolmetschers sind nach § 191 GVG die Vorschriften über die → *Ablehnung eines Sachverständigen*, Rdn 15, also **§ 74**[1] **entsprechend** anzuwenden. Damit kann der Dolmetscher aus den gleichen Gründen abgelehnt werden, die zur Ablehnung eines Richters berechtigen (vgl. → *Ablehnung eines Richters, Allgemeines*, Rdn 8 m.w.N.). Ein Dolmetscher ist aber kein SV (KK-*Senge*, vor § 72 Rn 9), sodass § 73 Abs. 2 nicht anwendbar ist. Es entsteht auch kein BVV, wenn ein nicht öffentlich bestellter und allgemein beeidigter Dolmetscher herangezogen wird (BGH NStZ-RR 2010, 67 [Ci/Zi]).

Zur **Ablehnung** berechtigt aber nicht schon der Umstand, dass der Dolmetscher bereits im Vorverfahren von der Polizei und der StA herangezogen worden ist und mit der Polizei zusammengearbeitet hat (BGH NStZ 2008, 50; *Meyer-Goßner/Schmitt*, § 191 GVG Rn 2; zur Vorbefassung des Dolmetschers *Jung*, Rn 165 ff.). Die Besorgnis der Befangenheit kann aber bestehen, wenn der Dolmetscher seine Übersetzung mit **Wertungen** versieht (LG Darmstadt StV 1990, 258), wenn der Beweiswert einer Zeugenaussage durch die **Falschübersetzung** im Gegensatz zu der tatsächlich gemachten Äußerung in **belastender** Hinsicht „aufgebessert" wird (LG Berlin StV 1994, 180) oder wenn der Dolmetscher seine Übersetzungen mit **Zusatzbemerkungen** versieht, die Schlussfolgerungen darstellen (LG Darmstadt StV 1995, 239; s.a. *Jung*, Rn 155 ff.).

> ✏ Der Verteidiger sollte mit einem Ablehnungsgesuch gegen den Dolmetscher **nicht warten**. Sonst kann es, insbesondere wenn es zu lange nach Beginn der HV gestellt und mit Fehlern aus dem EV begründet wird, ggf. als rechtsmissbräuchlich zurückgewiesen werden (vgl. dazu BGH, a.a.O.).

b) Ist der Dolmetscher wegen Befangenheit aus dem Verfahren **ausgeschieden**, ist seine **Vernehmung** als **Zeuge** über die von ihm übersetzte Einlassung des Angeklagten unzulässig (LG Köln StV 1992, 460; *Meyer-Goßner/Schmitt*, § 191 GVG Rn 2; s.a. *Meyer-Goßner/Schmitt*, § 74 Rn 19; a.A. BayObLG NJW 1998, 1505), er kann aber als → *sachverständiger Zeuge*, Rdn 2468, zu den von ihm übersetzten Aussagen Dritter gehört werden (BayObLG, a.a.O. [für einen bei einer früheren Vernehmung als Dolmetscher tätigen Polizeibeamten]; einschr. *Seibert* StV 2001, 264 in der Anm. zu BayObLG, a.a.O.). Die erfolgreiche Ableh-

---

1 Paragrafen ohne Gesetzesangabe sind solche der StPO.

A Ablehnung eines Richters, Allgemeines

nung hat zudem ggf. zur Folge, dass die unter Mitwirkung des erfolgreich abgelehnten Dolmetschers vorgenommenen **Beweiserhebungen nicht verwertet** werden können. Das ist der Fall, wenn nicht auszuschließen ist, dass die bisherige Übersetzungstätigkeit ebenfalls mit Mängeln behaftet war (LG Berlin StV 1994, 180). Dies „kontaminierten" Teile der HV müssen ggf. **wiederholt** werden (LG Berlin, a.a.O.; *Jung*, Rn 163).

6 2. Über die Ablehnung des Dolmetschers **entscheidet** das **Gericht**, das den Dolmetscher zugezogen hat (§ 191 S. 2 GVG).

7 3. Verfügt der Dolmetscher – nach Ansicht des Verteidigers, der sich insoweit von seinem ausländischen Angeklagten beraten lassen muss, – über **mangelhafte Sprachkenntnisse**, berechtigt das allerdings nicht zur Ablehnung des Dolmetschers. Der Verteidiger kann aber einen **Antrag** auf **Auswechslung** des Dolmetschers stellen. Diesen muss er ausführlich begründen und im Einzelnen darlegen, warum der Dolmetscher „schlecht" übersetzt. Ggf. muss er einen Dolmetscher des Vertrauens zuziehen (wegen der Einzelh. → *Zuziehung eines Dolmetschers*, Rdn 3657).

> ✍ Auf jeden Fall muss der Verteidiger, wenn er sich die entsprechende Revisionsrüge offenhalten will, dem weiteren Tätigwerden des (gerichtlichen) Dolmetschers in der HV **widersprechen** und einen Gerichtsbeschluss nach § 238 Abs. 2 herbeiführen (BGH NStZ 1993, 31 [K]).

Siehe auch: → *Vereidigung eines Dolmetschers*, Rdn 2779; → *Zuziehung eines Dolmetschers*, Rdn 3646, mit Antragsmuster, Rdn 3660.

8 Ablehnung eines Richters, Allgemeines

> **Das Wichtigste in Kürze:**
> 1. Die Ablehnung ist sowohl in den Fällen, in denen ein Richter von der Ausübung des Richteramtes ausgeschlossen ist, als auch bei Besorgnis der Befangenheit möglich.
> 2. Vor der Ablehnung sollten die Vor- und Nachteile eines Ablehnungsgesuchs und seine Auswirkungen auf das „Prozessklima" abgewogen und in die erforderlichen strategischen Überlegungen einbezogen werden.
> 3. Die Ablehnung sollte auf keinen Fall überstrapaziert werden.

9 **Literaturhinweise: Arzt**, Der befangene Strafrichter, 1969; **Beulke**, Rechtsmißbrauch im Strafprozeß – Eine Erwiderung auf *Pfister*, StV 2009, 554; **Burhoff**, Aktive Verteidigung – Widerstreit im Strafprozess, StraFo 2008, 62; *ders.*, Die nichteheliche Lebensgemeinschaft im Straf(verfahrens)recht, StRR 2008, 287; **Drees**, Die Entscheidung des Vorsitzenden über den Zeitpunkt der Anbringung von Ablehnungsgesuchen, NStZ 2005, 184; **Fahl**, Rechtsmißbrauch im Strafprozeß, 2004 (zitiert: *Fahl*, S.); **Fischer**, Konfliktverteidigung, Missbrauch von Verteidigungsrechten und das Beweisantragsrecht, StV 2010, 423; **Gaede**, Absoluter Revisionsgrund und Besorgnis der Befan-

genheit bei Überdehnung des § 26a StPO durch den Richter in eigener Sache, HRRS 2005, 309; **Ignor**, Befangenheit im Prozess, ZIS 2012, 228; **Jahn**, Konfliktverteidigung und Inquisitionsmaxime, 1998; **Krekeler**, Der befangene Richter, NJW 1981, 1634; *ders.*, Der befangene Richter, AnwBl. 1981, 326; **Latz**, Besorgnis der Befangenheit gegenüber der Verteidigung, in: Festschrift für *Christian Richter II*, 2006, S. 357; **Meyer-Mews**, Richterliche Befangenheit: Ablehnungsantrag, Gegenvorstellung, Revision, auf http://www.rechtsrat-bremen.de/bilder/befangenheit.pdf (zitiert: *Meyer-Mews*, Richterliche Befangenheit, S.); **Münchhalffen**, Besorgnis der Befangenheit – Eine überflüssige Rüge oder prozessuale Notwendigkeit?, StraFo 2007, 91; **Pfister**, Rechtsmißbrauch im Strafprozeß, StV 2009, 550; **Pfordte/Degenhart**, Der Anwalt im Strafrecht, 2005, § 20, Die Ausübung des Befangenheitsrechts in der Hauptverhandlung; **Rabe**, Der befangene Richter, AnwBl. 1981, 331; **Richter II**, Advokatorisches zum strafprozessualen Ablehnungsrecht, in: Festschrift für *Ulrich Eisenberg*, 2009, S. 559; **Senge**, Missbräuchliche Inanspruchnahme verfahrensrechtlicher Gestaltungsmöglichkeiten – wesentliches Merkmal der Konfliktverteidigung? Abwehr der Konfliktverteidigung, NStZ 2002, 225; **Sommer**, Maßnahmen des Strafverteidigers in der Hauptverhandlung, ZAP F. 22, S. 101; *ders.*, Befangenheit und tätige Reue, NStZ 2014, 615; **Thomas**, Konfliktverteidigung, Missbrauch von Verteidigungsrechten und das Beweisantragsrecht, StV 2010, 428; **Waldmann**, Ein Gericht ohne Gschmäckle? – Reformbedarf bei den Befangenheitsregelungen, ZRP 2005, 220; **Weiler**, Medienwirkung im Strafrecht, StraFo 2003, 186; **Zwiehoff**, Spannungen zwischen Verteidiger und Richter als Befangenheitsgrund, JR 2006, 415; s.a. die Hinw. bei → *Ausschluss eines Richters*, Rdn 440 und → *Verteidigerhandeln und Strafrecht*, Rdn 3199.

1. Ein Richter kann nach § 24 Abs. 1 sowohl in den Fällen, in denen er von der **Ausübung** des **Richteramtes ausgeschlossen** ist, als auch wegen **Besorgnis** der **Befangenheit** abgelehnt werden. Die Ausschließung und Ablehnung von Gerichtspersonen ist Ausfluss des sich aus Art. 101 Abs. 1 S. 2 GG ergebenden Rechts auf den gesetzlichen Richter. Das ist nicht gewahrt, wenn am Verfahren ein Richter teilnimmt, der z.B. wegen naher Verwandtschaft, Freundschaft oder Verfeindung die gebotene Unvoreingenommenheit vermissen lässt (BVerfG NJW 1971, 1029). Der Gesetzgeber hat daher dafür Sorge getragen, dass die Richterbank von Richtern freigehalten wird, die einem Beschuldigten nicht mit der erforderlichen Distanz gegenüberstehen. Diesem Zweck dienen die Vorschriften der **§§ 22 ff.** über die Ausschließung und Ablehnung von Gerichtspersonen (BVerfG NJW 1978, 37).

10

Der **Unterschied** von **Ausschluss und Ablehnung** wegen **Befangenheit** liegt darin, dass der Ausschluss eines Richters von der Mitwirkung bei einer Entscheidung kraft Gesetzes eintritt. Eine entsprechende Feststellung des Gerichts hat nur deklaratorischen Charakter, während im Fall der Befangenheit die Entscheidung konstitutiv wirkt und erst die Entscheidung selbst zum Ausschluss des Richters von der Mitwirkung bei der Entscheidung führt.

11

2. Hinweise für den Verteidiger!

a) Vor der Entscheidung der Frage, ob ein Ablehnungsantrag gestellt werden soll, muss sich der Verteidiger mit dem **Angeklagten** auf jeden Fall **beraten**. Dabei muss er seinem Mandanten nicht nur klarmachen, auf welches Kostenrisiko er sich möglicherweise einlässt, wenn die HV bei einem erfolgreichen Antrag ausgesetzt wird und neu beginnt, sondern auch, dass der Ablehnungsantrag sowohl von Vorteil als auch von Nachteil sein kann. Dabei sollte der Verteidiger **berücksichtigen**, dass der Erfolg eines Ablehnungsgesuchs einerseits zwar häufig den Ausgang des Verfahrens entscheidend beeinflussen kann, andererseits aber

12

der (erfolglose) Ablehnungsantrag ebenso häufig die **Stimmung** in der HV nachteilig **verändert** (*Dahs*, Rn 198; *Sommer* ZAP F. 22, S. 6). Richter, insbesondere ehrenamtliche Richter, empfinden den Antrag nämlich meist (immer noch) als persönlichen Angriff auf ihre Integrität. Auch ist der Richter nach einem solchen Antrag vermittelnden Gesprächen durchweg nicht mehr zugänglich (vgl. zu allem *Dahs*, a.a.O.). Diesen Gefahren wird der Verteidiger u.a. dadurch begegnen, dass er das Mittel der Ablehnung **nicht** über Gebühr **strapaziert**, sondern grds. nur in den Fällen einen Ablehnungsantrag stellt, in denen er keine andere Wahl mehr hat, als so zum Ausdruck zu bringen, dass eine vorurteilsfreie Überzeugungsbildung in dem laufenden Verfahren offensichtlich nicht mehr möglich ist.

13 b) Häufig wird dem Verteidiger, der mehrere Ablehnungsanträge stellt, der **Vorwurf** der „**Konfliktverteidigung**" gemacht (vgl. BGH NStZ 2011, 294, wonach es z.B. nicht zu den Kernaufgaben des Verteidigers gehört, durch Ablehnungsanträge zu versuchen, eine Haftverschonung für den Mandanten zu erzwingen). Dieser Vorwurf ist m.E. aber allenfalls dann berechtigt, wenn der Antrag bzw. die Anträge ohne sachlichen Grund allein nur deshalb gestellt worden ist/sind, um den Abschluss des Verfahrens zu verhindern (zu einem rechtsmissbräuchlichen Antrag s. BGH NJW 2006, 708; zum Missbrauch des Ablehnungsrechts *Fahl*, S. 371 ff; zur Annahme von Prozessverschleppung durch den BGH s.u.a. auch BGH wistra 2009, 446; OLG Bremen NStZ-RR 2012, 285 [Ls.]). Denn der Ablehnungsantrag ist kein Mittel zur **Prozesssabotage** (s. dazu *Senge* NStZ 2002, 228; zum Begriff der Konfliktverteidigung *Burhoff* StraFo 2008, 62 ff.; zur sog. Konfliktverteidigung durch Stellen zahlreicher Anträge s.a. LG Wiesbaden NJW 1995, 409; zum Rechtsmissbrauch im Strafprozess allgemein *Fahl*, S. 1 ff.; *Beulke* StV 2009, 554; *Fischer* NStZ 1997, 212; *Kempf* StV 1996, 507; *Malmendier* NJW 1997, 227; *Niemöller* StV 1996, 501; *Pfister* StV 2009, 550; s. auch *Fischer* StV 2010, 423; *Thomas* StV 2010, 428; zur Frage, ob eine allgemeine gesetzliche Missbrauchsklausel notwendig ist, s. *Kröpil* ZRP 1997, 9; *ders.* JR 1997, 315).

> ☞ Dem Vorwurf der Prozesssabotage muss der Verteidiger auch die **Rspr.** des **BVerfG** entgegenhalten. Denn wenn danach das Anbringen eines Ablehnungsgesuchs wegen der Subsidiarität der Verfassungsbeschwerde zur **Ausschöpfung** des **Rechtsweges** gehört (BVerfG NJW 2010, 669; NStZ 2000, 382), muss der Verteidiger ggf. schon **rein vorsorglich** einen Befangenheitsantrag stellen (so auch *Meyer-Mews*, Richterliche Befangenheit, S. 13), um den Rechtsweg auszuschöpfen. Dies vor allem auch schon deshalb, weil sich die potenzielle Unzulässigkeit der Verfassungsbeschwerde nicht nur auf die Rüge einer Verletzung von Art. 101 Abs. 1 S. 2 GG erstreckt, sondern auch auf andere ggf. als verletzt gerügte Grundrechte (BVerfG, a.a.O.).
>
> Hinzukommt, dass der Angeklagte, wenn er es in der Tatsacheninstanz unterlassen hat, einen Ablehnungsantrag zu stellen, später nicht mehr die **Verfahrensrüge** wegen eines Verstoßes gegen den Grundsatz des **fairen Verfahrens** erheben kann (BGH NStZ 2009, 168).

Ablehnung eines Richters, Allgemeines | **A**

c) Bei der **Beratung** des Mandanten hinsichtlich der Entscheidung, ob ein Ablehnungsantrag gestellt werden soll, muss der Verteidiger Folgendes **beachten**: 14

- Die Entscheidung über die Antragstellung muss – nach **sorgfältiger Beratung** – letztlich der Mandant treffen. Vor **spontan**, ohne Genehmigung des Angeklagten, gestellten Ablehnungsanträgen, ist zu **warnen**.
- Das Verlangen des Angeklagten, einen Ablehnungsantrag zu stellen, darf der Verteidiger nicht spontan befolgen. Er muss vielmehr das Vorliegen der **Voraussetzungen** des Antrags und seine Folgen **sorgfältig prüfen** (zur Ablehnung im EV s. *Burhoff*, EV, Rn 32 ff.) und den Mandanten gewissenhaft beraten.
- Kennt der Verteidiger den Richter, kann das von Nutzen sein. Denn einen zwar „rauen", aber in der Sache dem Mandanten/Angeklagten i.d.R. wohlgesonnenen Richter wird der Angeklagte kaum ablehnen. Miteinbeziehen in seine Überlegungen muss der Verteidiger auch, dass ein Ablehnungsantrag ggf. für das Verhalten des Richters gegenüber dem Angeklagten insofern heilsam sein kann, als ein durch einen Ablehnungsantrag „**gewarnter**" **Richter** dem Angeklagten nun „vorsichtiger" gegenübertritt (s. zu allem auch *Malek*, Rn 96 ff.).

Entscheidend ist immer das Interesse des Mandanten. Darauf muss der Verteidiger vor allem bei der **Formulierung** des Antrags Rücksicht nehmen und diesen so **emotionslos** wie möglich abfassen. Insbesondere ist jede unnötige Herabsetzung des abgelehnten Richters zu vermeiden (zur Grenzziehung zwischen [Formal-]Beleidigung und einem überzogenen Angriff s. BayObLG NJW 2000, 3079). Der Verteidiger muss immer bedenken, dass, wenn der Antrag keinen Erfolg hat, mit dem abgelehnten Richter weiter verhandelt werden muss (→ *Ablehnungsantrag*, Rdn 59 ff.).

Siehe auch: → *Ablehnung eines Dolmetschers*, Rdn 1; → *Ablehnung eines Sachverständigen*, Rdn 15; → *Ablehnung eines Staatsanwalts*, Rdn 38; → *Ablehnungsantrag*, Rdn 48, mit Antragsmuster, Rdn 61; → *Ablehnungsberechtigter*, Rdn 62; → *Ablehnungsgründe, Befangenheit*, Rdn 67; → *Ablehnungsverfahren*, Rdn 89; → *Ablehnungsverfahren, Rechtsmittel*, Rdn 109; → *Ablehnungszeitpunkt*, Rdn 116; → *Ablehnung von Schöffen*, Rdn 127; → *Ablehnung von Urkundsbeamten*, Rdn 134; → *Ausschluss eines Richters*, Rdn 440; → *Revision, Allgemeines*, Rdn 2211 m.w.N.; → *Selbstablehnung eines Richters*, Rdn 2488.

A Ablehnung eines Sachverständigen

15 Ablehnung eines Sachverständigen

Das Wichtigste in Kürze:
1. Von einem Ablehnungsgesuch sollte nur dann Gebrauch gemacht werden, wenn das Verhalten des SV begründeten Anlass zu der Annahme gibt, an seiner notwendigen Neutralität zu zweifeln.
2. Ein SV kann in denselben Fällen abgelehnt werden, die auch beim Richter zur Ablehnung berechtigen.
3. Bei den zwingenden Ablehnungsgründen handelt es sich insbesondere um die Gründe, aus denen ein Richter nach den §§ 22, 23 von der Mitwirkung im Verfahren ausgeschlossen ist.
4. Als sonstige (Ablehnungs-)Gründe kommen die Gründe in Betracht, die bei einem Richter die Besorgnis der Befangenheit rechtfertigen.
5. Das Ablehnungsgesuch ist erst zulässig, wenn der SV ernannt ist, es kann auch noch nach Erstellung des Gutachtens gestellt werden.
6. Ein vor der HV abgelehntes Gesuch kann mit denselben Gründen wiederholt werden. Nach begründeter Ablehnung scheidet der SV aus dem Verfahren aus, er kann aber in bestimmtem Umfang als Zeuge gehört werden.
7. Neben der Ablehnung kann auch ein sog. Entbindungsantrag nach § 76 in Betracht kommen.

16   **Literaturhinweise: Ahlf,** Zur Ablehnung des Vertreters von Behördengutachten durch den Beschuldigten im Strafverfahren, MDR 1978, 981; **Bleyl,** Wissenschaftliche Publikationen und Befangenheit vor Gericht, MedR 1994, 106; **Dästner,** Zur Anwendbarkeit des § 74 StPO aus Polizeibedienstete als Sachverständige, MDR 1979, 545; **Dose,** Der Sitzungsvertreter und der Wirtschaftsreferent der Staatsanwaltschaft als Zeuge in der Hauptverhandlung, NJW 1978, 349; **Dostmann,** Die Rechtsstellung des Kriminalbeamten (beim Landeskriminalamt) als Sachverständiger im Strafverfahren unter besonderer Berücksichtigung dienstrechtlicher Vorschriften, DVBl. 1974, 153; **Eisenberg,** Zur Ablehnung des Sachverständigen im Strafverfahren wegen Besorgnis der Befangenheit, NStZ 2006, 368; **Fezer,** Die Folgen der Sachverständigenablehnung für die Verwertung seiner Wahrnehmungen, JR 1990, 397; **Foth/Karcher,** Überlegungen zur Behandlung des Sachbeweises im Strafverfahren, NStZ 1989, 166; **Geppert,** Der Sachverständigenbeweis, Jura 1993, 249; **Gössel,** Behörden und Behördenangehörige als Sachverständige vor Gericht, DRiZ 1980, 363; **Krause,** „Absolute" Befangenheitsgründe beim Sachverständigen, in: Festschrift für *Reinhart Maurach*, 1972, S. 549; **Krekeler,** Strafverteidigung mit einem und gegen einen Sachverständigen, StraFo 1996, 5; **Lemme,** Zur Ablehnung des Wirtschaftsreferenten der Staatsanwaltschaften – § 745 StPO, wistra 2002, 281; **Meding,** Der Wirtschaftsreferent bei der Staatsanwaltschaft – Rechtsstellung und Befugnisse im Strafverfahren, 2012; **Pawlak,** Ablehnung des Sachverständigen im Strafverfahren wegen Befangenheit? Eine Untersuchung zur Berechtigung des § 74 StPO, 1999; **Pfanne,** Zur Frage der Befangenheit der Sachverständigen der Kriminalämter, JR 1968, 378; **Tondorf,** Psychologische und psychiatrische Sachverständige im Strafverfahren, 2. Aufl. 2005 (zitiert: *Tondorf,* SV, Rn); **Tondorf/Waider,** Der Sachverständige, ein „Gehilfe" auch des Strafverteidigers?, StV 1997, 493; **Wiegmann,** Ablehnung von Mitarbeitern der Strafverfolgungsbehörden als Sachverständige (§ 74 StPO), StV 1996, 570; s.a. die Hinw. bei → *Sachverständigenbeweis,* Rdn 2436.

1. Der Verteidiger muss das Verhalten und die Äußerungen eines SV in allen Verfahrens- 17
abschnitten **sorgfältig** darauf **prüfen**, ob gegen diesen ein Ablehnungsantrag gestellt
werden muss, weil er z.B. die notwendige Neutralität gegenüber dem Angeklagten hat
vermissen lassen. Dem ist zwar i.d.R. häufig nur durch einen Ablehnungsantrag bei-
zukommen, aus **prozesstaktischen Gründen** wird der Verteidiger aber von einem Ablehnungsgesuch nicht unnötig Gebrauch machen. Dringt er nämlich mit der Ablehnung
nicht durch, muss er mit einer „Verstimmung" des SV und ggf. auch der des Gerichts rechnen, das hinter einem (unbegründeten) Ablehnungsgesuch immer auch den Versuch der
Prozessverschleppung vermuten wird. Auch beeinflusst das Gutachten eines abgelehnten Sachverständigen in einer vom Verteidiger nicht zu kontrollierenden Weise die Überzeugungsbildung des Gerichts (*Dahs*, Rn 626). Manchmal bleibt aber nur die Ablehnung,
um eine objektive Begutachtung des Angeklagten zu erzwingen. Dann sollte der Verteidiger darauf – im Interesse des Angeklagten – auch nicht verzichten.

2. Nach § 74 Abs. 1 S. 1 kann ein SV aus denselben **Gründen**, die zur Ablehnung eines 18
Richters berechtigen, abgelehnt werden. Ein Ablehnungsgrund folgt nach § 74 Abs. 1 S. 2
jedoch nicht daraus, dass er als Zeuge vernommen worden ist. Hinsichtlich der Befangenheitsgründe ist zu unterscheiden zwischen den sog. **zwingenden** Befangenheitsgründen
(s. Rdn 19 f.), die nach ganz h.M. notwendigerweise dazu führen, dass dem Ablehnungsgesuch ohne weitere Prüfung stattzugeben ist (*Meyer-Goßner/Schmitt*, § 74 Rn 3 m.w.N.;
a.A. *Krause*, S. 551), und den Ablehnungsgründen, bei deren Geltendmachung wie beim
Richter die **Besorgnis** der **Befangenheit** im **Einzelfall** geprüft werden muss (s. Rdn 25 ff.;
→ *Ablehnungsgründe, Befangenheit*, Rdn 67 ff.).

3. Bei den **zwingenden** Ablehnungsgründen handelt es sich insbesondere um die Gründe, 19
aus denen ein Richter nach den §§ 22, 23 von der Mitwirkung im Verfahren ausgeschlossen ist (wegen der Gründe im Einzelnen → *Ausschluss eines Richters*, Rdn 440). Diese
müssen beim SV **ausdrücklich geltend gemacht** werden, da das Gesetz den Ausschluss
eines SV kraft Gesetzes nicht vorsieht.

a) Von besonderer praktischer Bedeutung ist beim SV der sich aus **§ 22 Nr. 4** ergebende 20
Ablehnungsgrund der **vorhergehenden Tätigkeit** als **Polizeibeamter** in dem Verfahren
gegen den Angeklagten (BGHSt 18, 214, 216; eingehend dazu *Wiegmann* StV 1996, 570,
572). Es genügt für eine (erfolgreiche) Ablehnung aber nicht, wenn der Polizeibeamte nur
irgendwie mit der Sache befasst war, z.B. als Beamter der Polizeiverwaltung. Es ist vielmehr erforderlich, dass er i.S.d. §§ 161 Abs. 1, 163, § 152 GVG **an den Ermittlungen
teilgenommen** hat (BGH NJW 1958, 1308 [Ls.]; RGSt 17, 415, 423; HK-*Lemke*, § 74
Rn 4), indem er etwa Inaugenscheinnahmen von (Tat-)Orten und Gegenständen, körperliche Untersuchungen, Identifizierungsmaßnahmen (§ 81b) u.a. durchgeführt hat (s. i.Ü.
Wiegmann, a.a.O.). Entscheidend ist die Vornahme von Maßnahmen, die der Erforschung
von Straftaten dienen.

A Ablehnung eines Sachverständigen

21 Kriminalbeamte, auch Angehörige des **Bundeskriminalamtes**, die an der Strafverfolgung des Angeklagten beteiligt waren, sind demnach ohne Weiteres als befangen anzusehen (BGHSt 18, 214, 216; *Meyer-Goßner/Schmitt*, § 74 Rn 3 m.w.N.). Das Gleiche gilt grds. für (sonstige) **Ermittlungspersonen** der **StA**, die keine Polizeibeamten sind, aber gegen den Angeklagten in irgendeiner Weise vorgegangen sind/ermittelt haben (*Wiegmann* StV 1996, 570, 572).

22 Auf Beamte, die der Polizei nicht angehören und auch keine Ermittlungspersonen der StA (vgl. dazu *Burhoff*, EV, Rn 1954) sind, bezieht sich § 22 Nr. 4 nicht. Deshalb fallen auch die Beamten des Bundesamtes und der Landesämter für **Verfassungsschutz** nicht unter diese Vorschrift (BGHSt 18, 214).

23 Ob die vorstehenden Ausführungen auch auf den in eine Abteilung der StA zur Bekämpfung der Wirtschaftskriminalität dienstrechtlich eingegliederten **Wirtschaftsreferenten** anzuwenden sind, ist **streitig**. Die Frage dürfte jedenfalls dann zu verneinen sein, wenn diese ihr Gutachten ersichtlich eigenverantwortlich erstatten (BGHSt 28, 381, 384; NStZ 1984, 215, StV 1986, 465; OLG Zweibrücken NJW 1979, 1995; *Meyer-Goßner/Schmitt*, § 74 Rn 5; LR-*Krause*, § 74 Rn 7; HK-*Lemke*, § 74 Rn 6, jew. m.w.N.; *Niemeyer*, in: *Müller-Gugenberger/Bieneck*, Wirtschaftsstrafrecht, § 12 Rn 29; *Gössel* DRiZ 1980, 363, 371; *Bittmann* wistra 2011, 47, 48). *Wiegmann* (StV 1996, 570, 573 f.) unterscheidet danach, ob der Mitarbeiter selbst an Ermittlungshandlungen mitgewirkt und dabei Art, Umfang oder Richtung der Ermittlungen bestimmt hat. Ist das der Fall, soll er ausgeschlossen sein. *Lemme* (wistra 2002, 281 ff.) legt das Hauptgewicht auf die Frage, ob der Wirtschaftsreferent sein Bemühen um Sachaufklärung (auch) auf Straftaten gerichtet hat, die nicht durch einen (Gutachten-)Auftrag bezeichnet worden sind. Dann soll er wegen Befangenheit abgelehnt werden können. Zweifel an seiner Unvoreingenommenheit werden wohl auch noch nicht dadurch gerechtfertigt, dass dem Wirtschaftsreferenten entsprechend dem Wortlaut des § 80 Abs. 1 und Abs. 2 zur Vorbereitung des Gutachtens ... gestattet" wird, „die Akten einzusehen, der Vernehmung von Zeugen oder des Beschuldigten beizuwohnen und an sie unmittelbar Fragen zu stellen" (RG DR 1942, 573; *Meyer-Goßner/Schmitt,* § 74 Rn 5; KK-*Senge*, § 74 Rn 5). Etwas anderes gilt jedoch, wenn der Wirtschaftsreferent ohne einen bereits erteilten, auf die Beantwortung bestimmter Fragen gerichteten Gutachtenauftrag aktiv in die Ermittlungen eingebunden wird (vgl. LG Köln StraFo 2014, 19; KK-*Senge*, § 74 Rn 5; LR-*Krause*, § 74 Rn 14; *Niemeyer*, a.a.O., § 12 Rn 29; *Meding*, a.a.O., S. 119, 122, 1677 ff.; zu allem a. *Bittmann* wistra 2011, 47) und z.B. an Durchsuchungs- und Sicherstellungsmaßnahmen teilnimmt (LG Köln, a.a.O.).

24 **b)** Gehört der Polizeibeamte einer mit Ermittlungsaufgaben nicht betrauten und organisatorisch von der Ermittlungsbehörde getrennten Dienststelle der Polizei an, besteht ebenfalls kein zwingender Ablehnungsgrund. Dieses ist vor allem bei den **kriminalwissenschaftlichen** (BGHSt 18, 214), **technischen** (KG VRS 25, 272, 274) und **chemischen** (RGSt 35,

319) **Untersuchungsämtern** und deren **Schriftsachverständigen** (OLG Frankfurt am Main OLGSt § 74, S. 7) der Fall. Voraussetzung ist allerdings, dass diese SV wissenschaftliche Gutachten erstatten, ohne im Einzelfall an Weisungen gebunden zu sein (vgl. zu allem a. AG Bautzen StV 1998, 125; *Wiegmann*, a.a.O. m.w.N.; s. zu SV der Kriminalämter *Pfanne* JR 1968, 378).

☞ Eine **Behörde** als Gutachter kann **nicht abgelehnt** werden, es kann jedoch der Verfasser des Gutachtens oder derjenige, der das Gutachten in der HV vertritt/erläutert, wegen Besorgnis der Befangenheit abgelehnt werden (*Foth/Karcher* NStZ 1989, 170; a.A. *Ahlf* MDR 1978, 981).

4. Als **sonstige (Ablehnungs-)Gründe** kommen die Gründe in Betracht, die bei einem Richter die Besorgnis der **Befangenheit** rechtfertigen (→ *Ablehnungsgründe, Befangenheit*, Rdn 67 ff.; HK-*Lemke*, § 74 Rn 5 ff.; *Meyer-Goßner/Schmitt*, § 74 Rn 4 ff.; eingehend zu den Ablehnungsgründen auch *Eisenberg* NStZ 2006, 368 ff.). Dabei ist auch beim SV ohne Bedeutung, ob dieser wirklich befangen ist oder sich befangen fühlt. Maßgebend ist, ob vom **Standpunkt** des **Ablehnenden** aus **verständiger Weise** ein **Misstrauen** gegen die Unparteilichkeit des SV gerechtfertigt erscheint (BGHSt 8, 144 f.; *Eisenberg* NStZ 2006, 370; *Krekeler* StraFo 1996, 9). Entscheidend sind vernünftige, jedem unbeteiligten Dritten einleuchtende Gründe (BGHSt 21, 334, 341; 22, 190; BGH StV 2011, 709; 2011, 728; OLG Köln NStZ-RR 2011, 315; zur Frage, inwieweit wissenschaftliche Publikationen zur Befangenheit eines SV führen können, s. *Bleyl* MedR 1994, 106 ff. und BGHSt 41, 206, 211). Die Bedenken gegen die Unparteilichkeit müssen sich grds. auch aus dem Verfahren ergeben, in dem der SV wegen Befangenheit abgelehnt werden soll. Vorkommnisse aus einem anderen Verfahren genügen i.d.R. nur dann, wenn die Gründe, die damals zur Befangenheit geführt haben, fortbestehen und weiterhin Geltung haben (BGH NStZ 1999, 632, 633).

☞ Die möglichen Ablehnungsgründe lassen sich in folgende **Fallgruppen** einordnen (nach *Eisenberg* NStZ 2006, 368, 371 f.):
- vorausgegangenes Verhalten,
- Fehler im Vorgehen,
- Eigenbelange des SV,
- Kompetenzüberschreitung.

Hinzuweisen ist auf folgende **Rechtsprechungsbeispiele**:

Begründete Ablehnung eines SV

- Der SV hat **informatorische Anhörungen** bzw. **Befragungen** von **Zeugen** zu allgemein die Tatfrage betreffenden Umständen durchgeführt und die Ergebnisse direkt

im Gutachten verwertet (LG Essen StV 2006, 521; Eisenberg, Rn 1589; zu informatorischen Anhörungen s.a. BGHSt 45, 164),
- ggf., wenn der SV die **Anwesenheit** eines Rechtsanwalts bei der **Exploration** ohne weitere sachliche Begründung abgelehnt hat (LSG Rheinland-Pfalz StraFo 2006, 335 [für das Sozialgerichtsverfahren]),
- der SV ist **Angestellter** der **geschädigten** Firma (RGSt 58, 262),
- der SV macht **bewusst falsche Angaben** über Ermittlungen vor oder bei der Erstellung des Gutachtens (BGH NStZ 1994, 388),
- ggf. **berufliche Kontakte** zu einem **Verfahrensbeteiligten** (OLG Hamm MDR 2013, 169 für das Zivilverfahren), jedenfalls dann, wenn über berufliche Kontakte hinausgehende enge fachliche oder persönliche Beziehungen bestehen,
- die **Bewertung** des **Tatgeschehens** durch den SV in einer (vorläufigen) Begutachtung, findet im Ergebnis der Ermittlungen, wie es in den Akten seinen Niederschlag gefunden hat, **keine hinreichende Stütze** (LG Frankfurt am Main StV 1995, 125),
- der SV hat **Briefe** des untergebrachten Angeklagten **unterdrückt** (BGHSt 21, 277),
- die Beantwortung von zugunsten des Angeklagten gestellten **Entlastungsfragen** wird **verweigert** (BGH MDR 1975, 368 [D]),
- der SV hat **eigene Ermittlungen** durchgeführt, indem er z.B. im Rahmen eines Glaubwürdigkeitsgutachten Angehörige der zu Begutachtenden vernommen hat und ihre Angaben in das Gutachten hat einfließen lassen (AG Euskirchen StraFo 2006, 493),
- der SV hat „**Fangfragen**" an einen Entlastungszeugen gestellt (OLG Hamburg StV 1987, 142),
- der SV folgt dem Geschehen **in** der **HV** nicht mit der gebotenen Aufmerksamkeit, sondern erledigt **anderweitige (Büro)Arbeiten**, wie z.B. längere Literaturrecherche mit dem Mobiltelefon (LG Stuttgart StraFo 2014, 69),
- der SV hat ohne Einwilligung des Angeklagten und ohne gerichtliche Ermächtigung **körperliche Eingriffe** vorgenommen (BGHSt 8, 144 f.),
- der SV hat unsachliche **Kritik** an einem angekündigten **Privatgutachten** geäußert (OLG Zweibrücken NJW 1998, 912 [für Zivilverfahren]),
- der SV nimmt in einer Weise **gegenüber** einem **anderen SV Stellung** zu **Äußerungen** der **Verteidigung** über seine gutachterliche Tätigkeit, die den Bezug zum Verfahren nicht erkennen lässt (BGH StV 2011, 728),
- der SV macht **unsachliche persönliche Angriffe** gegen den **Verteidiger**, der sachliche Einwendungen und Beanstandungen erhoben hat (AG Backnang StRR 2014, 82 [Ls.]),
- der SV hat für den Verletzten (BGHSt 20, 245), für den Nebenkläger (OLG Hamm VRS 26, 365) oder für eine am Ausgang des Verfahrens interessierte Versicherungsgesellschaft ein **Privatgutachten** erstattet (RGSt 72, 250 f.; BGH NStZ 2002, 215 [Gutachtenerstattung für Brandversicherung]),

- der SV ist trotz Nachbesserung **nicht** in der Lage, den **Mindestanforderungen** für das in Auftrag gegebene **Gutachten** zu erfüllen (LG Augsburg StV 2014, 131 für Prognosegutachten im Strafvollstreckungsverfahren).
- der SV hat den Angeklagten **provokativ gefragt**, z.B., ob er auf einem „bestimmten Paragrafen" reisen wolle (BGH MDR 1977, 983 [H]; StV 1990, 389),
- der SV äußert sich zu den **Rechtsfolgen** dahin, dass er hoffe, es werde gegen den Angeklagten nicht nur eine zur Bewährung ausgesetzte Freiheitsstrafe verhängt (BGH StV 1981, 55),
- der SV wollte den Angeklagten ohne dessen Einwilligung vor **Studenten befragen** (BGH MDR 1980, 456 [H]),
- der SV hat das **Tatopfer**/Ehefrau des Angeklagten, deren Tötung diesem zur Last gelegt wird, **ärztlich behandelt** (BGH MDR 1972, 925 [D]),
- ggf., wenn eine als **Therapeutin** tätige Psychologin mit der Begutachtung der **Glaubwürdigkeit** beauftragt wird (BGH StV 1996, 130),
- der SV ist **unprofessionell** und **einseitig** vorgegangen und hat aus persönlicher Verbundenheit und aus außerhalb des Gutachtenauftrags liegenden Gründen den Angeklagten zur **Änderung** seines **Aussageverhaltens** bestimmt (BGHSt 37, 376; s. aber BGH NStZ 2000, 544),
- der SV hat einen **Zeugnisverweigerungsberechtigten** und erklärtermaßen aussageunwilligen (kindlichen und verstandesunreifen) Zeugen **gedrängt**, dennoch an einer aussagepsychologischen Begutachtung durch Angaben zur Sache mitzuwirken; wobei das das spätere Einverständnis des gesetzlichen Vertreters eines solchen Zeugen mit der Verwertung von dessen Angaben gegenüber dem SV allenfalls den Mangel der unterbliebenen Belehrung nach § 52 heilen kann, nicht jedoch das rechtswidrige Verleiten des Zeugen dazu, Angaben zu machen (OLG Rostock NStZ 2015, 359).

für eine **nicht begründete Ablehnung** eines SV 27

- der SV hat den Angeklagten über sein **Aussageverweigerungsrecht nicht belehrt** (BGH, Urt. v. 6.11.1979 – 1 StR 546/79),
- allein der Umstand, dass der SV eine nach § 52 gebotene **Belehrung** des zu untersuchenden Kindes durch die zuständige Stelle **nicht herbeiführt** (BGH NStZ 1997, 349), es sei denn, der SV verschweigt dem Kind bewusst, dass er im Auftrag der Justizbehörden tätig wird, weil er sicher ist, dass dieses anderenfalls keine Angaben zum Tatgeschehen machen würde,
- der SV hat in seinem schriftlichen Gutachten die **Beweisaufnahme zulasten** des Angeklagten **gewürdigt** (BGH MDR 1974, 367 [D]; a.A. *Eisenberg*, Rn 1551),
- **eigene Ermittlungstätigkeit** des SV, wenn der SV in seinem Gutachten alle herangezogenen Quellen und die dabei gewonnenen Informationen offenlegt (OLG Naumburg, Beschl. v. 17.2.2010 – 10 W 13/10),

A Ablehnung eines Sachverständigen

- **eigenes Verhalten** des **Angeklagten** (BGH MDR 1972, 18 [D]), und zwar auch dann nicht, wenn der Angeklagte Strafanzeige wegen Beleidigung gegen den SV erstattet hat, da der Angeklagte es sonst in der Hand hätte, den SV auszuschalten (OLG München NJW 1974, 384; LR-*Krause*, § 74 Rn 14),
- wenn der SV auf unsubstantiierte, polemische oder gar beleidigende Angriffe gegen seine Person und/oder seine Arbeitsweise **nachvollziehbare Emotionen** oder auch Empörung zeigt (AG Backnang StRR 2014, 82 [Ls.]),
- der SV bezeichnet die **Einlassung** der Angeklagten insgesamt als **unglaubhaft** (BGH NStZ 1981, 94 [Pf]),
- nicht allein deshalb, weil der SV dem Angeklagten und seinem Verteidiger eingehend **erläutert**, warum aus seiner Sicht ein bestimmtes **Einlassungsverhalten** beim Gericht **keinen Erfolg** haben wird und empfiehlt, die Einlassung zu ändern (BGH NStZ 2008, 229),
- der SV hat seine Untersuchungen vorab in einer Fachzeitschrift veröffentlicht oder er hat sich sonst **wissenschaftlich geäußert** (OLG Düsseldorf JMBl. NW 1987, 101 [insoweit nicht in StV 1987, 241]; wistra 1994, 78; vgl. dazu a. BGHSt 41, 206, 211),
- **mangelnde Sachkunde** (h.M.; vgl. u.a. BGH StV 2002, 350; zuletzt BGH NStZ-RR 2009, 3 [Ci]; OLG Schleswig SchlHA 1997, 137; vgl. u.a. KK-*Senge*, § 74 Rn 1), die aber ggf. dazu führen kann, die Einholung eines weiteren Gutachtens von einem sog. → *Obergutachter*, Rdn 1953, zu beantragen (vgl. aber auch LG Augsburg StV 2014, 131, wenn der SV die Mindestanforderungen für das in Auftrag gegebene Gutachten nicht erfüllt),
- der SV beantragte eine **Nachexploration** des Angeklagten, ohne einseitig zu Lasten des Angeklagten tätig werden zu wollen (BGH NStZ-RR 2011, 101 [Ci/Zi]),
- die bloße **Nichtoffenlegung** einer **Erkenntnisquelle** (BGH StV 2011, 709 [nur handwerklicher Fehler]),
- **Unterlassen** der **Kontaktaufnahme** zum **Gericht** vor „eigenen" Ermittlungen, um das weitere Vorgehen abzusprechen (OLG Naumburg, Beschl. v. 17.2.2010 – 10 W 13/10),
- nicht unbedingt **fehlerhafte Vorgehensweise** bzw. handwerkliche Fehler bei der Gutachtenerstellung, wenn darin nicht Befangenheit zum Ausdruck kommt (BGH NStZ 2000, 544; OLG Köln NStZ-RR 2011, 315 [mangelhafte Informationsbeschaffung]; OLG Naumburg, Beschl. v. 17.2.2010 – 10 W 13/10; s. aber BGHSt 37, 376),
- allein die **Mitwirkung** im **Vorverfahren** im Auftrag der StA oder der Polizei (BGH NStZ 2008, 50) für Dolmetscher, und zwar auch dann nicht, wenn erst das vom SV erstattete Gutachten zur Einleitung des Strafverfahrens führt (BGHSt 18, 214, 217; s. aber BGH NStZ 2002, 215 und dazu auch *Wiegmann* StV 1996, 571 ff.),
- der SV spricht von „**Opfer**" und „**Tat**" (*Meyer-Goßner/Schmitt*, § 74 Rn 7; a.A. *Eisenberg*, Rn 1551),

Ablehnung eines Sachverständigen   A

- sogar dann nicht, wenn der SV selbst im Anschluss an seine Untersuchung die **Strafanzeige** gegen den Angeklagten erstattet hat (vgl. u.a. OLG München NJW 1971, 384),
- der SV war in einem anderen **Strafverfahren** bereits **früher** gegen den Angeklagten **tätig** (BGHSt 8, 226, 235).

5. Für das **Verfahren** zur Ablehnung eines SV ist auf Folgendes hinzuweisen (vgl. i.Ü. *Meyer-Goßner/Schmitt*, § 74 Rn 9 m.w.N.; *Krekeler* StraFo 1996, 9 ff.):

a) Nach dem Wortlaut des § 74 Abs. 2 S. 1 sind **ablehnungsberechtigt** nur der Angeklagte, der Privatkläger und die StA. Über den Wortlaut hinaus wird aber auch dem Nebenkläger (§ 397 Abs. 1 S. 3), einem Verfalls- und Einziehungsbeteiligten, dem gesetzlichen Vertreter und dem Erziehungsberechtigten im JGG-Verfahren ein Ablehnungsrecht zugebilligt (*Meyer-Goßner/Schmitt*, a.a.O. m.w.N.).   28

> Der **Verteidiger** ist nur berechtigt, im **Namen** des **Angeklagten** den SV abzulehnen (OLG Hamm NJW 1951, 731; LR-*Krause*, § 74 Rn 15).

b) Der (vom Gericht) ernannte SV ist den Ablehnungsberechtigten **namhaft** zu machen, wenn nicht besondere Gründe entgegenstehen (§ 74 Abs. 2 S. 2), und zwar unmittelbar nach der Ernennung. Die Ablehnungsgründe sind glaubhaft zu machen; für die **Glaubhaftmachung** gelten die Ausführungen zur Glaubhaftmachung des Ablehnungsgrundes für die Ablehnung eines Richters entsprechend (→ *Ablehnungsverfahren*, Rdn 94; zu einem **Antragsmuster** s.u. Rdn 36).   29

c) Das Ablehnungsgesuch, das keiner besonderen Form bedarf, ist **zeitlich** erst **zulässig**, wenn der **SV ernannt** worden und die Sache bei Gericht anhängig ist (LR-*Krause*, § 74 Rn 18, 20; zu den Möglichkeiten des Verteidigers im Vorverfahren s. *Burhoff*, EV, Rn 7 f., 1893 ff.). Es kann nach § 83 Abs. 2 auch noch **nach Erstellung** des **Gutachtens** gestellt werden. Eine Präklusion wie bei der Ablehnung eines Richters gibt es nicht (→ *Ablehnungszeitpunkt*, Rdn 116). Der letztmögliche Zeitpunkt ist der Schluss der Beweisaufnahme, nach Beginn der → *Urteilsverkündung*, Rdn 2761, braucht das Gericht – wie bei Beweisanträgen – Anträge nicht mehr entgegenzunehmen (*Meyer-Goßner/Schmitt*, § 74 Rn 12; *Eisenberg* NStZ 2006, 374).   30

> Der Verteidiger sollte aber mit einem Ablehnungsantrag, der sich auf Umstände aus dem EV stützt, **nicht zu lange warten**; ggf. kann dann der Antrag als rechtsmissbräuchlich abgelehnt werden (BGH NStZ 2008, 50).

d) I.d.R. wird es zweckmäßig sein, eine **Stellungnahme** des **SV** zu dem Befangenheitsantrag einzuholen (BGH NStZ 2008, 50; StV 2011, 728).   31

A Ablehnung eines Sachverständigen

6. Hinweise für den Verteidiger!

Für die **HV** ist zusätzlich noch Folgendes zu beachten (s.a. *Krekeler* StraFo 1996, 9 ff.):

32 a) Der **Ablehnungsantrag** muss in der **HV gestellt** und dort wiederholt werden, wenn er bereits früher gestellt war (RGSt 68, 327; OLG Hamm VRS 39, 217). Der Antrag kann nicht unter einer Bedingung gestellt werden (BGH, Beschl. v. 3.5.2011 – 1 StR 699/10; KK-*Senge*, § 74 Rn 9 m.w.N.). Ein schon vor der HV gestellter Antrag kann mit derselben Begründung **wiederholt** werden (RGSt 47, 239; LR-*Krause*, § 74 Rn 25; HK-*Lemke*, § 74 Rn 15), selbst wenn er zurückgewiesen und sogar die Beschwerde erfolglos war (OLG Oldenburg JZ 1960, 291). Dagegen wird die Wiederholung eines in der HV bereits gestellten und abgelehnten Antrags – mit derselben Begründung – als rechtsmissbräuchlich und unzulässig anzusehen sein (KK-*Senge*, § 74 Rn 9).

> Der Verteidiger darf die **Wiederholung** des vor der HV gestellten, aber abgelehnten Ablehnungsantrags **nicht versäumen**. Anderenfalls kann auf die Ablehnung des Befangenheitsantrags in der **Revision** eine Verfahrensrüge nicht gestützt werden (BGH StV 2002, 350).

33 b) Über das Ablehnungsgesuch wird in der HV durch das **Gericht** unter Mitwirkung der Schöffen mit zu begründendem **Beschluss** (§ 34) **entschieden**. Dieser kann nach der Eröffnung des Hauptverfahrens nur noch mit der Revision angegriffen werden. Anders als bei der Richterablehnung prüft das Revisionsgericht nicht selbstständig, ob die Voraussetzungen für die Ablehnung des SV im konkreten Fall vorliegen, sondern aufgrund der Tatsachen, die das Tatgericht seiner Entscheidung zugrunde gelegt hat (st. Rspr.; vgl. u.a. BGH NStZ 2008, 50; 2014, 663; StV 2011, 709; 2011, 728). Deshalb muss dieses in seinem Beschluss darlegen, von welchen Tatsachen es ausgeht (BGH NStZ 1994, 388; vgl. zur **Revision** in diesen Fällen i.Ü. *Meyer-Goßner/Schmitt*, § 74 Rn 21 m.w.N.).

34 c) Bei **begründeter Ablehnung** darf der SV **nicht** weiter **vernommen** bzw. ein bereits erstattetes Gutachten nicht verwertet werden (BGH, Beschl. v. 16.12.2004 – 1 StR 420/03 [insoweit nicht in BGHSt 49, 381]; OLG Düsseldorf MDR 1984, 71; LR-*Krause*, § 74 Rn 34). Der SV darf sein Gutachten auch **nicht** als → *Sachverständiger Zeuge*, Rdn 2468, erstatten (BGHSt 20, 222), auch kann ein anderer SV es nicht an seiner Stelle vortragen (OLG Celle NJW 1964, 462). Das Gericht kann mit dem Gutachten nicht die eigene Sachkunde i.S.d. § 244 Abs. 4 begründen (KK-*Senge*, § 74 Rn 14). Es darf aber den SV als **Zeugen vernehmen** über Tatsachen, die Gegenstand seiner Wahrnehmung gewesen sind, und zwar nach h.M. nicht nur über Zufallsbeobachtungen und Zusatztatsachen, sondern **auch** über die bei der Vorbereitung des Gutachtens ermittelten **Befundtatsachen** (BGH, a.a.O.; NStZ 2002, 44, 45; zuletzt NStZ-RR 2010, 210 [Ls.]; *Meyer-Goßner/Schmitt*, § 74 Rn 19 m.w.N. zur Gegenmeinung). Daran kann dann ein anderer SV anknüpfen.

Ablehnung eines Sachverständigen   A

👉 Wird ein wegen Befangenheit abgelehnter SV **als Zeuge** vernommen, muss der **Verteidiger** darauf achten, dass der SV **nicht versteckt** ein **Gutachten** erstattet. Der SV darf während seiner Vernehmung keine einzige sachkundige Folgerung ziehen (*Dahs*, Rn 620, 626 a.E.).
Die begründete Ablehnung eines SV macht diesen aber zu einem „völlig ungeeigneten" **Beweismittel** i.S.d. § 245 Abs. 2 mit der Folge, dass dieser nicht mehr als „präsentes Beweismittel" in das Verfahren eingeführt werden kann (BGH NStZ 1999, 632).

7. a) Neben der Ablehnung eines SV kann auch ein **Antrag** auf **Entbindung** in Betracht kommen (für das EV s. *Burhoff*, EV, Rn 1893). Das kann z.B. dann der Fall sein, wenn ein vom Gericht beauftragter SV beruflich überlastet ist und das (erst in der HV) in Auftrag gegebene **Gutachten nicht** in **angemessener Zeit** erstatten kann. I.Ü. kann der SV entbunden werden, wenn er die Erstattung des Gutachtens verweigert (wegen der Einzelh. s. § 76; s. dazu *Meyer-Goßner/Schmitt*, § 76 Rn 1 ff. m.w.N.). Die Entbindung ist nach § 76 Abs. 1 S. 2 auch aus anderen Gründen zulässig. Sie kann allerdings **nach Erstattung** des **Gutachtens** in der HV **nicht** (mehr) auf mangelnde Sachkunde gestützt werden. Vielmehr muss das Gericht dann nach § 83 vorgehen (BGH StraFo 2003, 198). Zudem dürfte § 245 Abs. 1 vorgehen.

35

👉 Der **Entbindungsantrag** kann auch gestellt werden, wenn der SV befangen erscheint. Deshalb kann dieser sich aus **verteidigungstaktischen** Gründen auch in diesen Fällen anbieten, wenn der Verteidiger nicht sofort zum „scharfen Schwert" einer Ablehnung greifen möchte (*Tondorf/Waider* StV 1993, 42), durch die er sich ggf. einen SV, dessen Ablösung er dann doch nicht erreicht, „verärgert".

b) Gegen die Entscheidung über den Antrag steht dem Verteidiger, da es sich in der HV um eine Maßnahme des erkennenden Gerichts handelt, nach § 305 S. 1 **kein Rechtsmittel** zu (KK-*Senge*, § 76 Rn 5; OLG Schleswig SchlHA 2006, 260 [Dö/Dr]). Mit der **Revision** kann aber gerügt werden, dass dem SV kein (Ver-)Weigerungsrecht nach § 76 Abs. 1 S. 1 hätte zuerkannt werden dürfen, oder dass die Entbindung/Nichtentbindung zu Unrecht erfolgt ist (*Meyer-Goßner/Schmitt*, § 76 Rn 7). Auf den Antrag des Verteidigers, nach § 83 einen neuen SV zu bestellen, finden die Grundsätze des Beweisrechts Anwendung. Ob das Gericht verpflichtet ist, ein neues Gutachten einzuholen, kann in der Revision aber nur mit der Aufklärungsrüge wegen fehlerhafter Ablehnung eines entsprechenden Beweisantrags beanstandet werden (BGH StraFo 2003, 198).

36

| A | Ablehnung eines Sachverständigen |

37 **8. Muster: Ablehnung eines Sachverständigen**

An das

Landgericht Musterstadt

In dem Strafverfahren

gegen H. Mustermann

Az.:

wegen des Verdachts der Brandstiftung

wird namens und in Vollmacht des Angeklagten

der Sachverständige S wegen Besorgnis der Befangenheit abgelehnt.

Gründe:

Dem Angeklagten wird vorgeworfen, sein Wohnhaus in Brand gesetzt zu haben, um sich die Versicherungssumme aus der für das Wohnhaus bei der B-AG abgeschlossenen Brandversicherung zu verschaffen. Unmittelbar nach dem Brand hat der Sachverständige S als Sachverständiger die Brandstelle in Augenschein genommen und Untersuchungen zur Brandursache angestellt. Er war dazu von den ermittelnden Polizeibeamten aufgefordert worden. Das daraufhin erstellte Brandgutachten ist vom Sachverständigen sowohl an die Polizei als auch an die B-AG übersandt worden. Das Gutachten ist Gegenstand der Akte (s. Bl.   d.A.). Der Sachverständige ist für seine Tätigkeiten von der B-AG bezahlt worden.

Dieser Sachverhalt rechtfertigt für den Beschuldigten die Besorgnis der Befangenheit des Sachverständigen (s. BGH NStZ 2002, 215).

Rechtsanwalt

Siehe auch: → *Sachverständigenbeweis*, Rdn 2436 m.w.N.

Ablehnung eines Staatsanwalts 38

> **Das Wichtigste in Kürze:**
> 1. Für den StA gelten die §§ 22 ff. nach h.M. nicht, auch nicht entsprechend.
> 2. Die Lit. ist sich aber weitgehend einig, dass das Vorliegen der Voraussetzungen des § 22 Nr. 1 – 3 den StA aufgrund seiner objektiven Rolle von einem Verfahren ausschließen.
> 3. Es kann auch hinsichtlich eines StA die Besorgnis der Befangenheit bestehen.
> 4. Es besteht kein Recht auf Ablehnung eines ausgeschlossenen oder befangenen StA.

Literaturhinweise: Arloth, Zur Ausschließung und Ablehnung des Staatsanwalts, NJW 1983, 209; **Artkämper**, Der (dis-)qualifizierte Staatsanwalt, StRR 2008, 408; **Boehme-Neßler**, Litigation-PR als Revisionsgrund Verfahrensrechtliche Folgen verfassungswidriger Informationspolitik der Staatsanwaltschaft, StraFo 2010, 456; **Bruns**, Ablehnung eines Staatsanwalts aus den Gründen des § 24 StPO, insbesondere wegen Besorgnis der Befangenheit?, in: Festschrift für *Heinrich Grützner*, 1970, S. 42; **Buckert**, Der Rechtsanspruch des Bürgers auf Ablösung eines befangenen Staatsanwalts und seine gerechte Durchsetzung, NJW 1970, 847; **Frisch**, Ausschluß und Ablehnung des Staatsanwalts, Möglichkeiten und Grenzen richterlicher Fortbildung und sachgerechter Gesetzgebung, in: Festschrift für *Hans-Jürgen Bruns*, 1978, S. 385; **Hilgendorf**, Verfahrensfragen bei der Ablehnung eines Staatsanwalts, StV 1996, 50; **Joss**, Ablehnung des Staatsanwalts wegen Befangenheit, NJW 1981, 100; **Kelker**, Wohin will der BGH beim Zeugenstaatsanwalt? Zugleich eine Besprechung des BGH-Beschlusses vom 24.10.2007 – 1 StR 480/07, StV 2008, 381; **Kühne**, Wer mißbraucht den Strafprozeß?, StV 1996, 684; **Kuhlmann**, Ausschließung und Ablehnung des Staatsanwaltes, DRiZ 1976, 11; **Pawlik**, Der disqualifizierte Staatsanwalt, NStZ 1995, 310; **Pfeiffer**, Zur Ausschließung und Ablehnung des Staatsanwalts im geltenden Recht, in: Festschrift für *Kurt Rebmann*, 1989, S. 359; **Reinhardt**, Der Ausschluß und die Ablehnung des befangen erscheinenden Staatsanwaltes, 1997; **Schaefer**, Das Fairnessgebot für den Staatsanwalt, in: Festschrift für *Peter Rieß*, 2002, S. 491; **Schairer**, Der befangene Staatsanwalt, 1983; **K. Tolksdorf**, Mitwirkungsverbot für den befangenen Staatsanwalt, 1989; **Türg**, Medienarbeit der Strafjustiz – Möglichkeiten und Grenzen, NJW 2011, 1040; **Wendisch**, Zur Ausschließung und Ablehnung des Staatsanwalts, in: Festschrift für *Karl Schäfer*, 1979, S. 243; **Ziegler**, Risiken und prozessuale Folgen staatsanwaltschaftlicher und richterlicher Medienkontakte, StraFo 1995, 68; s.a. die Hinw. bei → *Staatsanwalt als Zeuge*, Rdn 2552. 39

1. Für den StA gelten die §§ **22 ff.** nach h.M. **nicht**, auch nicht **entsprechend** (vgl. u.a. BGH NJW 1984, 1907; NStZ 1991, 595; HRRS 2006 Nr. 14; *Meyer-Goßner/Schmitt*, vor § 22 Rn 3 m.w.N.). Der BGH (vgl. NStZ 2008, 353) geht davon aus, dass der Gesetzgeber die Ausschluss-/Ablehnungsmöglichkeit bewusst nicht vorgesehen hat, um zu verhindern, dass der eingearbeitete Anklagevertreter aus dem Verfahren entfernt werden könnte (vgl. dazu und zur Stellung des StA *Kelker* StV 2008, 381). 40

2. a) Das bedeutet jedoch nicht, dass ein StA in einem Strafverfahren mitwirken darf, in dem seine Mitwirkung an sich unzulässig wäre, z.B. weil er mit dem Verletzten verwandt ist (*Meyer-Goßner/Schmitt*, vor § 22 Rn 3). Die Lit. ist sich insoweit weitgehend einig, dass das Vorliegen der **Voraussetzungen** des § 22 Nr. **1–3** den StA aufgrund seiner ob- 41 jektiven Rolle von einem Verfahren **ausschließen** (vgl. LR-*Siolek*, vor § 22 Rn 15 f. m.w.N.; KK-*Scheuten*, vor § 22 Rn 1 [§§ 22, 23 geben Anhaltspunkte]; eingehend dazu a. *Pawlik* NStZ 1995, 311; *Artkämper* StRR 2008, 408; a.A. wohl HK-*Temming*, vor §§ 22 ff. Rn 6). In § 11 BWAGGVG bzw. § 11 NdsAGGVG ist daher auch ausdrücklich bestimmt, dass ein StA in sog. Ausschlussfällen keine Amtshandlungen vornehmen darf (zur bezweifelten Gültigkeit dieser Vorschriften s. die Nachw. bei *Meyer-Goßner/Schmitt*, vor § 22 Rn 3; KMR-*Bockemühl*, vor § 22 Rn 5). Umstritten ist, ob der StA danach bei Vorliegen der in diesen Vorschriften genannten Ausschlusstatbestände Amtshandlungen vornehmen darf oder nicht (abl. *Artkämper* StRR 2008, 408; zust. *Hammer*, in: *Vordermayer/von Heintschel-Heinegg*, Handbuch für den Staatsanwalt, 4. Aufl. 2012, S. 952; *Meyer-Goßner/Schmitt*, § 22 Rn 3).

42 b) Befreit in diesen Ausschlussfällen der Vorgesetzte den StA nicht von sich aus (s. § 145 Abs. 1 GVG, § 59 BBG), können das Gericht und andere Prozessbeteiligte, insbesondere auch der **Verteidiger**, auf die **Ablösung** des StA **hinwirken**.

> 🕮 Dazu muss sich der Verteidiger schriftlich an den **Dienstvorgesetzten** des StA (s. § 145 Abs. 1 GVG) **wenden**, seine „Ablehnungsgründe" vortragen und den Vorgesetzten bitten, im Wege der Dienstaufsicht den als befangen angesehenen StA abzulösen (*Hilgendorf* StV 1996, 52).
>
> Gegen die ablehnende Entscheidung des Dienstvorgesetzten steht dem Verteidiger nach h.M. **nicht** der Antrag nach **§ 23 EGGVG** zu (*Meyer-Goßner/Schmitt*, vor § 22 Rn 5; § 23 EGGVG Rn 15; *Artkämper* StRR 2008, 408, 411; *Pawlik* NStZ 1995, 314; OLG Frankfurt am Main StraFo 1999, 162; OLG Hamm NJW 1969, 808; a.A. mit beachtlichen Argumenten *Hilgendorf* StV 1996, 53), **möglich** ist aber eine **Dienstaufsichtsbeschwerde** oder eine Gegenvorstellung (allgemein dazu *Burhoff*, EV, Rn 1260 ff., 1585 ff.). Die Entscheidung über die Nichtabberufung des StA kann auch **nicht** unmittelbar mit der **Verfassungsbeschwerde** angegriffen werden, da es sich um eine prozessuale Zwischenentscheidung handelt (BVerfG, Beschl. v. 13.11.2007 – 2 BvR 2335/07).

43 3. Es kann auch hinsichtlich eines StA die **Besorgnis** der **Befangenheit** bestehen. Dabei sind aber, da Gericht und StA im Verfahren unterschiedliche Aufgaben haben, **nicht** die gleichen **Maßstäbe** anzuwenden wie nach § 24 bei der Befangenheit von Richtern (BVerfG JR 1979, 28; BGH NJW 1984, 1907; NStZ 1991, 595). So ist die Besorgnis der Befangenheit z.B. verneint worden, wenn nach Aufhebung und Zurückverweisung der Sache ein früherer Richter nun als StA in der HV tätig ist (BGH, a.a.O.; StV 1996, 297 [zum Einsatz eines StA mit „persönlichen leidvollen" Erfahrungen mit der DDR-Strafjustiz]; mit guten Gründen a.A. OLG Stuttgart NJW 1974, 1394 [Verstoß gegen den Grundsatz des „fair-trial", wenn der Richter erster Instanz in der Berufungs-HV als Sitzungsvertreter der StA auftritt]). Zwar trifft den StA nach § 160 Abs. 2 eine Pflicht

zur Objektivität und Berücksichtigung auch aller den Angeklagten entlastenden Umstände (vgl. a. Nr. 127 RiStBV), eine gewisse Einseitigkeit des StA ist durch seine Rolle im Strafverfahren aber vorgegeben (s. *Artkämper* StRR 2008, 408, 411; *Hilgendorf* StV 1996, 52; ähnl. a. *Pawlik* NStZ 1995, 311; zu den prozessualen Folgen staatsanwaltschaftlicher Medienkontakte s. *Ziegler* StraFo 1995, 69).

Deshalb wird i.d.R. nur **schwerwiegendes Fehlverhalten** eine Befangenheit oder gar einen Ausschluss des StA begründen können. Das wird dann der Fall sein, wenn sich aus dem Verhalten des StA dessen Voreingenommenheit geradezu aufdrängt und sein Prozessverhalten aus der Sicht des Angeklagten als Missbrauch staatlicher Macht i.S.d. Grundsatzes des „fair-trial" erscheint. Dies wird man z.B. dann bejahen können, wenn der StA den **Angeklagten** ständig **einschüchtert** und unter **Druck** setzt, um ihn zu einem Geständnis zu bewegen, oder auch bei Ehrverletzungen des Angeklagten oder eines Zeugen, der entlastend für den Angeklagten aussagt (nach LG Mönchengladbach [StV 1987, 333] kann in diesen Fällen ein Einschreiten des Gerichts geboten sein). Befangenheit dürfte auch dann vorliegen, wenn der StA von vornherein auf ein bestimmtes **Beweisergebnis festgelegt** ist oder er gegen Zeugen und SV grds. mit Zwangsmaßnahmen droht (s. LG Bad Kreuznach StV 1993, 629, 636 [für EV; dann kann für eine von diesem StA durchgeführte Vernehmung ein BVV bestehen]). Das Gebot der Objektivität verletzt der StA aber nicht bereits dann, wenn er den Anklagevorwurf nach dem (bisherigen) Ergebnis einer mehrtägigen Beweisaufnahme als bestätigt ansieht und dies in der HV auch äußert. Das ist Ausdruck seiner eigenen Meinungsbildung, auf die das Gericht keinen Einfluss nehmen kann (vgl. dazu LG Mönchengladbach, a.a.O. [insbesondere zu der Äußerung des StA gegenüber einem offenbar wegen Betruges Angeklagten, er habe sich bei den Krankenkassen „bedient"]; s.a. *Hilgendorf* StV 1996, 51). Auch ist die Kenntnis des StA vom „**Verteidigungskonzept**" kein Ausschluss/Befangenheitsgrund (BGH NJW 1984, 1907). Insoweit wird es auf die Umstände des Einzelfalls ankommen. Etwas anderes dürfte gelten, wenn der StA in einer Sitzungspause in den Akten des (nicht anwesenden) Verteidigers „schnüffelt" (zu den Fragen, wenn der StA als Zeuge vernommen worden ist, → *Staatsanwalt als Zeuge*, Rdn 2552). Die Besorgnis der Befangenheit gegenüber dem StA wird man auch prüfen können/müssen, wenn ggf. das allgemeine Persönlichkeitsrecht des Beschuldigte/Angeklagten durch **Medienauskünfte** des StA verletzt wird (vgl. dazu *Türg* NJW 2011, 1040, 1045).

☞ Besteht „Besorgnis der Befangenheit" hinsichtlich des StA muss der Verteidiger – ggf. das Gericht oder ein anderer Prozessbeteiligter – auf dessen **Ablösung hinwirken** (vgl. Rdn 42).

4.a) Es besteht **kein Recht** auf **Ablehnung** eines ausgeschlossenen oder befangenen StA (*Meyer-Goßner/Schmitt*, vor § 22 Rn 5 m.w.N.; KK-*Scheuten*, vor § 22 Rn 6 m.w.N. OLG

A Ablehnung eines Staatsanwalts

Frankfurt am Main StraFo 1999, 162; OLG Hamm NJW 1969, 808; OLG Karlsruhe MDR 1974, 423; a.A. unter Hinw. auf den Grundsatz des „fair-trial" *Hilgendorf* StV 1996, 51, 52 m.w.N.; zur Problematik des infolge einer Zeugenvernehmung „befangenen" StA → *Staatsanwalt als Zeuge*, Rdn 2552; dazu u.a. BGH NStZ-RR 2001, 107), und zwar auch nicht aus Art. 19 Abs. 4 GG (*Tolksdorf*, S. 24 m.w.N.).

> Da nach h.M. kein Anspruch auf **Ablehnung** eines befangenen **StA** besteht, sollte der Verteidiger sich gut überlegen, ob er einen StA wegen Befangenheit „ablehnt". Diese Maßnahme ist häufig ein **„stumpfes Schwert"** und erweckt nicht selten den Eindruck, es solle „Konfliktverteidigung" betrieben werden (s. auch Beck-*Ignor/Sättele*, S. 442). Das bedeutet natürlich nicht, dass der StA da, wo es notwendig erscheint, nicht an seine Objektivitätspflicht erinnert werden muss/sollte.
>
> Als Alternative bietet es sich ggf. an, mit einem **Beweisantrag** auf Vernehmung des StA als Zeuge zu erreichen, dass dieser von der weiteren Mitwirkung ausgeschlossen wird. Aber auch das wird dem Verteidiger häufig – nicht zu Unrecht – den Vorwurf der Prozesssabotage einbringen (MAH-*Krause*, § 7 Rn 101; Beck-*Ignor/Sättele*, a.a.O.).

46 b) Mit der **Revision** kann allerdings die Mitwirkung eines an sich „ausgeschlossenen" StA in der HV als unzulässig **gerügt** werden (s. BGH StV 1996, 297; NStZ 2008, 353; OLG Stuttgart NJW 1974, 1394; *Meyer-Goßner/Schmitt*, vor § 22 Rn 6 f.). Es liegt aber nicht der zwingende Aufhebungsgrund des § 338 Nr. 5 vor. Vielmehr ist die Revision nur begründet, wenn nicht auszuschließen ist, dass das Urteil auf der unzulässigen Mitwirkung des StA beruht (vgl. z.B. BGHSt 34, 352 ff.; zur Kritik s. *Hilgendorf* StV 1996, 53, der gegen die h.M. einwendet, dass das Gericht u.U. mit einem befangenen StA verhandeln muss, obwohl es weiß, dass wegen dessen Mitwirkung das Urteil aufgehoben werden wird).

> In/während der HV hat der Verteidiger daher nur die Möglichkeit, sich an den Vorsitzenden zu wenden und diesen zu bitten, beim **Vorgesetzten** des Sitzungs-StA dessen **Auswechselung anzuregen** (OLG Zweibrücken StV 2000, 516; zu einem **Antragsmuster** s. Rdn 47). Ggf. wird der Verteidiger sich auch selbst an den Vorgesetzten wenden und unter Hinweis auf § 145 Abs. 1 GVG die Ablösung des befangenen StA beantragen. Gegen den Willen des Vorgesetzten ist die Maßnahme jedoch nicht durchsetzbar (*Meyer-Goßner/Schmitt*, vor § 22 Rn 4; LR-*Siolek*, vor § 22 Rn 10).
>
> Der **Antrag** des Verteidigers, den Sitzungsvertreter der StA abzulösen, steht der **Fortsetzung der HV entgegen**. Ob diese auszusetzen oder ggf. nur zu unterbrechen ist, hängt davon ab, ob der Dienstvorgesetzte des Sitzungsvertreters kurzfristig über den Antrag entscheiden kann (s. OLG Zweibrücken, a.a.O.; → *Unterbrechung der Hauptverhandlung*, Rdn 2701).

5. Muster: Antrag auf Ablehnung eines Staatsanwalts

An das

Landgericht Musterstadt

In dem Strafverfahren

gegen H. Mustermann

Az.:

wegen des Verdachts der Brandstiftung

wird namens und in Vollmacht des Angeklagten

beantragt,

beim dem zuständigen Leitenden Oberstaatsanwalt der Staatsanwaltschaft Musterstadt darauf hinzuwirken, dass Staatsanwalt (Name einsetzen) als Sitzungsvertreter der Staatsanwaltschaft Musterstadt in der Hauptverhandlung gegen den Angeklagten abgelöst und durch einen anderen Staatsanwalt der Staatsanwaltschaft Musterstadt ersetzt wird (§ 145 Abs. 1 GVG).

Ich beantrage außerdem,

die Hauptverhandlung bis zur Entscheidung über den Ablösungsantrag auszusetzen bzw. zu unterbrechen (vgl. OLG Zweibrücken StV 2000, 516).

Gründe:

Dem Angeklagten wird vorgeworfen, das Wohnhaus, in dem sich die von ihm bewohnte Wohnung befindet, in Brand gesetzt zu haben, um sich die Versicherungssumme aus der für seinen Hausrat abgeschlossenen Hausratsversicherung zu verschaffen. Eigentümerin des Wohnhauses ist Frau X. Bei dieser handelt es sich um eine Schwester der Ehefrau des derzeitigen Sitzungsvertreters der Staatsanwaltschaft.

Damit liegt in der Person von Herrn Staatsanwalt (Name einsetzen) ein Grund vor, der bei einem Richter nach § 22 Nr. 3 StPO zur Ausschließung führen würde. Zwar sind die §§ 22 StPO auf Staatsanwälte nicht unmittelbar anwendbar, nach allgemeiner Meinung soll jedoch ein „ausgeschlossener" Staatsanwalt nicht in der Hauptverhandlung mitwirken dürfen (*Meyer-Goßner/Schmitt*, StPO, 58. Aufl. 2015, vor § 22 Rn 3 m.w.N.). Deshalb muss die Kammer auf die Ablösung des Sitzungsvertreters der Staatsanwaltschaft drängen.

Rechtsanwalt

Siehe auch: → *Staatsanwalt als Zeuge*, Rdn 2552.

48 Ablehnungsantrag

> **Das Wichtigste in Kürze:**
> 1. Die Antragstellung erfordert rasches Handeln, der Verteidiger muss „unverzüglich" reagieren, nachdem dem Angeklagten der Ablehnungsgrund bekannt geworden ist.
> 2. Nach § 26 Abs. 1 ist das Ablehnungsgesuch bei dem Gericht anzubringen, dem der abzulehnende Richter angehört.
> 3. Der Verteidiger muss den Antrag maßvoll, sachlich und ohne persönliche Angriffe gegen den abgelehnten Richter formulieren.

49 **Literaturhinweise:** s. die Hinweise bei → *Ablehnung eines Richters, Allgemeines*, Rdn 8.

50 **1. Hinweis für den Verteidiger**

Die Antragstellung erfordert **rasches Handeln**, der Verteidiger muss „**unverzüglich**" reagieren, nachdem dem Angeklagten der Ablehnungsgrund bekannt geworden ist (→ *Ablehnungszeitpunkt*, Rdn 116). Deshalb muss der Verteidiger sofort nach einem Verhalten des Richters in der HV, das nach seiner Meinung einen berechtigten Ablehnungsgrund darstellt, einen **Unterbrechungsantrag** mit der Begründung stellen, dass er mit seinem Mandanten einen unverzüglich zu stellenden Antrag beraten müsse. Unterbricht der Vorsitzende die HV nicht, muss der Verteidiger, um die Zulässigkeit des späteren Befangenheitsantrags sicherzustellen, die **Protokollierung** seines **Unterbrechungsantrags** herbeiführen (vgl. dazu → *Protokoll der Hauptverhandlung/Allgemeines*, Rdn 2092 und → *Unterbrechung der Hauptverhandlung*, Rdn 2701, mit Muster eines Unterbrechungsantrags, Rdn 2720).

> Ist die HV **ausgesetzt** worden, muss der Verteidiger einen in der ausgesetzten HV gestellten, dort nicht erfolgreichen Befangenheitsantrag in der **neuen HV wiederholen**, wenn er später auf die weitere Mitwirkung des abgelehnten Richters die Rüge der Verletzung des § 338 Nr. 3 stützen will (so BGH NJW 2006, 854 in einem „obiter dictum"; a.A. BGHSt 31, 15). Das Recht auf Stellung des Ablehnungsantrags kann **verwirkt** sein, wenn es sich um einen rechtmissbräuchlichen Antrag handelt (BGH NJW 2006, 708). Der BGH geht i.Ü. (offenbar) davon aus, dass die Möglichkeit, in der HV einen Ablehnungsantrag zu stellen, die spätere **Rüge** der Verletzung des Grundsatzes des **fairen Verfahrens ausschließt** (NStZ 2009, 168).

51 **2.a)** Nach § 26 Abs. 1 ist das Ablehnungsgesuch (vgl. dazu *Münchhalffen* StraFo 2007, 91, 93) bei dem **Gericht** anzubringen, dem der abzulehnende Richter angehört. Die Ablehnung eines ersuchten Richters ist bei diesem selbst zu beantragen, der Richter einer auswärtigen Strafkammer (§ 78 GVG) muss bei dieser abgelehnt werden.

b) Für das Ablehnungsgesuch ist eine bestimmte **Form** nicht vorgeschrieben. Es sind jedoch gem. § 26 Abs. 2 S. 1 der Ablehnungsgrund und in den Fällen des § 25 Abs. 2 die Voraussetzungen des rechtzeitigen Vorbringens **glaubhaft** zu **machen** (→ *Ablehnungsverfahren*, Rdn 89; → *Ablehnungszeitpunkt*, Rdn 116 ff.). 52

Das Ablehnungsgesuch kann außerhalb der HV schriftlich oder zu Protokoll der Geschäftsstelle, in der **HV schriftlich** oder **mündlich** gestellt werden. Es gilt dann § 273 Abs. 1 (→ *Protokoll der Hauptverhandlung/Allgemeines*, Rdn 2092). 53

> ✍ Nach § 26 Abs. 1 S. 2 gilt **§ 257a nicht** (vgl. dazu → *Schriftliche Antragstellung*, Rdn 2476). Das Gericht kann also dem Verteidiger **nicht** aufgeben, den Ablehnungsantrag **schriftlich** zu stellen. Der Angeklagte kann auch **nicht** darauf verwiesen werden, ein Befangenheitsgesuch zu **Protokoll** der **Geschäftsstelle** anzubringen. Es steht ihm vielmehr frei, ob er das Gesuch in der HV oder zu Protokoll der Geschäftsstelle erklären will (BGH StV 2005, 531). Allerdings wird der Vorsitzende im Rahmen der ihm nach § 238 Abs. 1 zustehenden → *Verhandlungsleitung*, Rdn 2889, den Zeitpunkt der Antragstellung bestimmen und z.B. zunächst die Befragung eines Zeugen fortsetzen können (BGHSt 48, 372; vgl. dazu auch *Drees* NStZ 2005, 184). Will der Verteidiger später in der Revision die zu spät eingeräumte Möglichkeit zur Antragstellung rügen, muss er dieses nach § 238 Abs. 2 beanstanden.

Das Ablehnungsverfahren ist **nicht** Teil der HV, sodass der **Öffentlichkeitsgrundsatz** nicht gilt (zuletzt BGH NJW 1996, 2382 m.w.N.). Das ist insbesondere von Bedeutung, wenn die dienstliche Äußerung des abgelehnten Richters (→ *Ablehnungsverfahren*, Rdn 97) dem Verteidiger und dem Angeklagten in einer „mündlichen Verhandlung" zur Kenntnis gebracht werden soll. 54

c) Im Antrag müssen **inhaltlich alle Gründe** angeführt werden (→ *Ablehnungszeitpunkt*, Rdn 123), die nach Auffassung des Angeklagten die Besorgnis der Befangenheit begründen. Es muss der gesamte Sachverhalt mit allen Geschehnissen außerhalb und innerhalb der HV ausführlich dargestellt werden, da allein dies die Grundlage für die zur Entscheidung über den Antrag berufenen Richter ist, die ggf. nicht an der HV teilgenommen haben. Eine **Bezugnahme** auf (andere) **Akten** ist grds. **nicht** zulässig (BayObLGSt 1952, 188). Es sind auch die Tatsachen darzulegen, aus denen sich im Fall des § 25 Abs. 2 die **Rechtzeitigkeit** des Antrags ergeben soll. Der **abgelehnte Richter** muss eindeutig, i.d.R. unter Namensnennung und Angabe der Ablehnungsgründe, **bezeichnet** werden. Behauptet der Angeklagte, eine frühere Entscheidung des abgelehnten Richters sei willkürlich falsch getroffen worden, muss er die behauptete Willkür schlüssig darlegen (OLG Düsseldorf NStZ-RR 1997, 175). Ist der Antrag mit einer völlig ungeeigneten Begründung, z.B. allein der Mitwirkung des Richters an einer dem Angeklagten nachteiligen Entscheidung, versehen, ist er gem. § 26a Abs. 1 Nr. 2 unzulässig (vgl. u.a. BGH NStZ 2004, 630 m.w.N. [Angeklagter 55 kann nicht in der laufenden HV auf seine von der richterlichen Würdigung abweichende Wiedergabe und Würdigung von Zeugenaussagen einen Befangenheitsantrag stützen]; → *Ablehnungsverfahren*, Rdn 89).

56 Die Ablehnung eines **Kollegialgerichts** als **Ganzes** ist i.d.R. unzulässig, da § 24 nur die Ablehnung einzelner Richter zulässt (st. Rspr.; s.u.a. BGH NStZ 1995, 18 [K]; vgl. i.Ü. *Meyer-Goßner/Schmitt*, § 24 Rn 3; HK-*Temming*, § 24 Rn 3, jew. m.w.N.). Es ist aber statthaft, in einem oder mehreren Gesuchen für die Person jedes einzelnen Mitglieds des Gerichts einen Ablehnungsgrund darzutun (BGH MDR 1955, 271 [D]), der auch für sämtliche Richter derselbe sein kann (OLG Stuttgart MDR 1994, 499). Auch kann sich ggf. aus der Formulierung des Ablehnungsantrags die Ablehnung eines jeden einzelnen Richters des Kollegialgerichts ergeben (BGHSt 23, 200; BGH NStZ 2014, 725; a.A. *Meyer-Goßner/Schmitt*, a.a.O.).

> Es ist also die Frage der Zulässigkeit des Ablehnungsgesuchs gegen das Kollegialgericht als Ganzes zu unterscheiden von der Frage, ob es **Verfahrenskonstellationen** und ggf. auch Handlungen der Prozessleitung gibt, die die **Befangenheit aller Mitglieder** eines **Kollegialgerichts** begründen können. Das kann z.B. der Fall sein, wenn mit einem Mitangeklagten eine Absprache getroffen worden ist, die sich zulasten eines anderen Angeklagten auswirken kann, wie z.B. bei dem „Versprechen" einer Bewährungsstrafe nach einem Geständnis (vgl. z.B. BGH StV 2012, 393 m. Anm. *Burhoff* StRR 2012, 186; zur Befangenheit bei der Verständigung/Absprache → *Erörterungen des Standes des Verfahrens*, Rdn 1503).

57 d) Eine **Wiederholung** des auf denselben Ablehnungsgrund gestützten Ablehnungsgesuchs ist unzulässig, es sei denn, es werden – innerhalb der Fristen des § 25 – **neue Tatsachen** geltend gemacht. Auch können, wenn ein erstes Ablehnungsgesuch wegen ungenügender Glaubhaftmachung als unzulässig verworfen worden ist, mit einem neuen Gesuch neue zusätzliche Mittel der Glaubhaftmachung beigebracht werden (BGHSt 21, 85). Ein nach § 25 präkludierter Ablehnungsgrund kann auch zur Stützung eines neuen Ablehnungsgrundes erneut mit vorgetragen werden und diesem ggf. erhöhtes Gewicht verleihen (BGH StV 2004, 356).

3. Hinweise für den Verteidiger!

58 a) Nach der Beratung des Angeklagten, ob ein Ablehnungsantrag gestellt werden soll oder nicht (→ *Ablehnung eines Richters, Allgemeines*, Rdn 11), muss i.d.R. der Verteidiger den **Antrag formulieren**. Zwar kann der Antrag auch mündlich gestellt werden (s.o. Rdn 52), von dieser Möglichkeit sollte der Verteidiger aber keinen Gebrauch machen, sondern den Antrag **schriftlich** formulieren. Benötigt er dafür viel/mehr Zeit, muss er auf eine entsprechend lange (weitere) → *Unterbrechung der Hauptverhandlung*, Rdn 2701, dringen. Wird ihm diese vom Gericht mit der (zutreffenden) Begründung, das Ablehnungsverfahren sei nicht Teil der HV, nicht gewährt, kann er den Ablehnungsantrag ohne Weiteres auch **außerhalb** der HV anbringen, wenn er sich das **vorbehalten** hat (vgl. BGH NStZ 2008, 578 [zwischen zwei HV-Tagen]). Allerdings muss auch das – wegen der durch § 25 enthaltenen zeitlichen Begrenzung – **rasch** geschehen (→ *Ablehnungszeitpunkt*, Rdn 120).

☞ Da der **Zweifelssatz** im Ablehnungsverfahren **nicht** gilt (BGHSt 21, 334, 352; OLG Düsseldorf StV 1985, 223) und das Gericht auch nicht verpflichtet ist, auf weitere Glaubhaftmachung zu dringen, Unklarheiten also zulasten des Angeklagten gehen, muss der Verteidiger den Antrag so sorgfältig und ausführlich wie möglich begründen (*Malek*, Rn 116).

b) Der Verteidiger muss den Antrag maßvoll, **sachlich** und ohne persönliche Angriffe gegen den abgelehnten Richter **formulieren** (EGE IV, 214; *Dahs*, Rn 198). Es bringt in der Sache auch nichts, sondern wird dem Angeklagten eher schaden, den Richter durch unnötige Polemik im Ablehnungsantrag zu „verärgern". Der Verteidiger **darf** aber **deutliche Worte** benutzen, wobei der Grundsatz, dass eine mit einer Meinungsäußerung verbundene Ehrverletzung grds. das nach den Umständen schonendste Mittel der Interessenwahrung sein muss, nur mit Einschränkungen gilt (KG StV 1998, 83 m.w.N. aus der Rspr. des BVerfG [Formulierung: „... wie befangen, ja wie hörig geradezu die abgelehnten Richter gegenüber dem Vorsitzenden" seien, ist durch § 193 StGB gedeckt]; Beschl. v. 11.1.2010 – 1 Ss 470/09); zur Grenzziehung zwischen Beleidigung und noch angemessener Interessenwahrnehmung s.a. BayObLG NJW 2000, 3079; → *Verteidigerhandeln und Strafrecht*, Rdn 3199). 59

Der Verteidiger sollte entweder durch die **Formulierung** des Antrags selbst oder durch eine begleitende Erklärung deutlich machen, dass es sich bei dem von ihm für den Angeklagten gestellten Ablehnungsgesuch nicht um eine persönlichkeitsverletzende Maßnahme, sondern um ein ganz normales, gesetzlich vorgesehenes Verteidigungsmittel handelt. Es **empfiehlt** sich immer wieder – insbesondere im Hinblick auf die Laienrichter – der Hinweis, dass mit der Ablehnung nicht die Befangenheit des Richters behauptet wird, sondern aufgrund eines bestimmten Geschehens lediglich beim Angeklagten der Eindruck entstanden ist, der Richter sei möglicherweise befangen. Den dennoch beim Gericht ggf. verbleibenden Unmut muss der Verteidiger in seine strategischen Überlegungen einbeziehen. 60

☞ Das Ablehnungsrecht ist ein Recht des Angeklagten (→ *Ablehnungsberechtigter*, Rdn 62). Deshalb muss der Verteidiger darauf achten, dass der Ablehnungsantrag **im Namen** des **Angeklagten** gestellt wird. Um das nach außen deutlich zu machen, dürfte es sich empfehlen, auf jeden Fall vor der Antragstellung mit dem Angeklagten Kontakt aufzunehmen. Anderenfalls muss er damit rechnen, dass das Gericht den Antrag als Antrag des Verteidigers ansieht, was nicht unbedingt willkürlich ist (BGH StV 2010, 304).

4. Muster: Ablehnungsantrag

An das

Landgericht Musterstadt

In dem Strafverfahren

gegen H. Mustermann

Az.:

wegen des Verdachts der Hehlerei u.a.

wird namens und in Vollmacht des Angeklagten

der Vorsitzende Richter am Landgericht A. wegen Besorgnis der Befangenheit abgelehnt.

In der heutigen Hauptverhandlung hat der Vorsitzende während der Vernehmung des Angeklagten zur Sache geäußert: „Nun bleiben Sie bei der Wahrheit. Was Sie uns erzählen, stimmt nicht. Nach Aktenlage lügen Sie."

Mit dieser Äußerung hat der Vorsitzende den Eindruck erweckt, dass er für sich bereits – bevor die geladenen Zeugen vernommen worden sind – entschieden hat, dass die vom Angeklagten gegebene Einlassung nicht zutrifft. Dadurch ist das Vertrauen des Beschuldigten in die Unvoreingenommenheit des Vorsitzenden Richters A. zerstört.

Zur Glaubhaftmachung beziehe ich mich auf die dienstlichen Äußerungen der Kammermitglieder und des Protokollführers.

Ich beantrage,

1. meinem Mandanten gem. § 24 Abs. 3 S. 2 StPO die zur Mitwirkung bei der Entscheidung über den Ablehnungsantrag berufenen Gerichtspersonen namhaft zu machen sowie
2. ihm die dienstlichen Äußerungen des abgelehnten Vorsitzenden Richters am Landgericht A. und der übrigen Kammermitglieder sowie des Protokollführers vor einer Entscheidung über das Ablehnungsgesuch zugänglich zu machen und ihm Gelegenheit zur Stellungnahme zu geben.

Rechtsanwalt

Siehe auch: → *Ablehnung eines Richters, Allgemeines*, Rdn 8 m.w.N.

Ablehnungsberechtigter

1.a) Das Ablehnungsrecht steht nach § 24 Abs. 3 S. 1 dem **Angeklagten**, der **StA** und dem **Privatkläger** zu.

b) Ablehnungsberechtigt sind **außerdem** im Rahmen ihrer Beteiligung:
- der Antragsteller im Adhäsionsverfahren (BVerfG NJW 2007, 1670 ff.; → *Adhäsionsverfahren*, Rdn 256),
- der Nebenkläger,
- der Beschuldigte im Sicherungsverfahren,
- der Verfall- und Einziehungsbeteiligte,
- der Beteiligte im Verfahren bei Festsetzung von Geldbußen gegen juristische Personen und
- Personenvereinigungen sowie
- ggf. ein „Dritter", der in einem EV, das nicht gegen ihn gerichtet ist, von schwerwiegenden grundrechtsrelevanten Eingriffen betroffen ist (BGH NStZ 2006, 584; OLG Naumburg, Beschl. v. 2.12.2009 – 1 Ws 756/09).

2. Kein Ablehnungsrecht haben nach bislang h.M. (*Meyer-Goßner/Schmitt*, § 24 Rn 20) **Zeugen**, SV und an der Verhandlung nicht beteiligte Personen, z.B. im Ordnungsmittelverfahren. Ob diese Auffassung im Hinblick auf die Rspr. des BVerfG (BVerfG NJW 2010, 1670 ff.) bzw. des BGH (BGH NStZ 2006, 584) aufrechterhalten werden kann, erscheint fraglich. Denn die Möglichkeit der Ablehnung eines Richters wegen Besorgnis der Befangenheit ist ein auf Art. 101 Abs. 1 S. 2 GG basierendes „prozessuales Grundrecht" (vgl. dazu auch OLG Naumburg, Beschl. v. 2.12.2009 – 1 Ws 756/09). Deshalb wird man bei schwerwiegenden Grundrechtseingriffen davon ausgehen müssen, dass es grds. jedem davon Betroffenen möglich sein muss, die Unparteilichkeit des entscheidenden Richters in einem förmlichen Verfahren überprüfen zu lassen (vgl. dazu OLG Naumburg, a.a.O., betreffend die Ablehnungsberechtigung des durch die Anordnung einer akustischen Besuchsüberwachung im Rahmen des § 119 Betroffenen).

3. Auch der **Verteidiger** und der Rechtsanwalt als Beistand eines Privatklägers haben **kein eigenes** Ablehnungsrecht. Wenn der Verteidiger einen Richter ablehnt, ist im Zweifel aber anzunehmen, dass er dies für den Angeklagten tut, auch wenn er sich ausschließlich auf Vorgänge beruft, die das Verhältnis Verteidiger/Richter betreffen (*Meyer-Goßner/Schmitt*, § 24 Rn 20 m.w.N.; s. aber BGH StV 2010, 304; zur Frage, inwieweit Spannungen zwischen Richter und Verteidiger den Angeklagten zur Ablehnung berechtigen, → *Ablehnungsgründe, Befangenheit*, Rdn 78).

A Ablehnungsgründe, Befangenheit

67 Ablehnungsgründe, Befangenheit

> **Das Wichtigste in Kürze:**
> 1. Als Befangenheit i.S.d. § 24 wird die innere Haltung des Richters angesehen, aufgrund derer er ggf. nicht mehr neutral ist. Für die Beurteilung der Befangenheit kommt es auf den Standpunkt eines vernünftigen Angeklagten an.
> 2. Ein Ablehnungsgrund kann sich grds. nicht aus dem eigenen Verhalten des Ablehnenden ergeben.
> 3. Ein Ablehnungsgrund kann aus der Vortätigkeit des Richters folgen.
> 4. Ein Ablehnungsgrund kann sich schließlich aus dem Verhalten oder Äußerungen ableiten lassen.
> 5. Bei der Verhandlungsführung ist Misstrauen in die Unvoreingenommenheit des Richters gerechtfertigt, wenn sie rechtsfehlerhaft, unangemessen oder sonst unsachlich ist.
> 6. Ggf. können auch die persönlichen Verhältnisse des Richters die Ablehnung begründen.

68

Literaturhinweise: Arzt, Der befangene Strafrichter, 1969; *ders.*, Ausschließung und Ablehnung des Richters im Wiederaufnahmeverfahren, NJW 1971, 1112; **Boehme-Neßler**, Litigation-PR als Revisionsgrund Verfahrensrechtliche Folgen verfassungswidriger Informationspolitik der Staatsanwaltschaft, StraFo 2010, 456; **Dahs**, Ablehnung von Tatrichtern nach Zurückverweisung durch das Revisionsgericht, NJW 1966, 1691; **Ellenbogen/Schneider**, Besorgnis der Befangenheit bei Ehe zwischen Richterin und Staatsanwalt, JR 2012, 188; **Fromm**, Die Ablehnung des Bußgeldrichters wegen Besorgnis der Befangenheit, DAR 2009, 287; *ders.*, Terminsladung, Verhinderung und Verlegungsantrag im OWi-Verfahren, zfs 2014, 608; **Herzog**, „Deals" zu Lasten Dritter in vorgängigen abgetrennten *Verfahren* und die Besorgnis der Befangenheit, StV 1999, 455; **Hillenbrand**, Der Terminsverlegungsantrag im Strafverfahren, ZAP F. 22, S. 831; **Latz**, Besorgnis der Befangenheit gegenüber der Verteidigung, in: Festschrift für *Christian Richter II*, 2006, S. 357; **Meyer-Mews**, Der Befangenheitsantrag nach erfolgloser Gegenvorstellung, StraFo 2000, 369; **Nierwetberg**, Strafanzeige durch das Gericht, NJW 1996, 432; **Rabe**, Ablehnung des Strafrichters bei provokativem oder beleidigendem Verhalten des Angeklagten oder seines Verteidigers, NJW 1976, 172; *ders.*, Zur Zulässigkeit eines Ablehnungsgesuchs gem. § 26a I Nr. 2 StPO, NStZ 1996, 369; **Salditt**, Das neue Zwischenverfahren und die Unparteilichkeit des Richters, in: Festgabe für *Imme Roxin*, S. 687; **Schmuck**, „Eine Absprache hat nicht stattgefunden" und „offensichtliche Verfahrensverschleppung" – Verteidigungsaspekte, zfs 2013, 614; **Sommer**, Strafprozeßordnung und Europäische Menschenrechtskonvention, in: StrafPrax, § 17; *ders.*, Befangenheit und tätige Reue, NStZ 2014, 615; **Stange/Rilinger**, Befangenheit – Die Mitwirkung eines Richters an atypischen Vorentscheidungen rechtfertigt die Annahme der Befangenheit (§ 24 StPO), StV 2005, 579; **Strate**, Richterliche Befangenheit und rechtliches Gehör, in: Festgabe für *Ludwig Koch*, 1989, S. 261; **Türg**, Medienarbeit der Strafjustiz – Möglichkeiten und Grenzen, NJW 2011, 1040; **Ziegler**, Risiken und strafprozessuale Folgen staatsanwaltschaftlicher und richterlicher Medienkontakte, StraFo 1995, 68; **Zwiehoff**, Spannungen zwischen Verteidiger und Richter als Befangenheitsgrund, JR 2006, 415; s.a. die Hinw. bei → *Ablehnung eines Richters, Allgemeines*, Rdn 8.

69

1.a) Der in der Praxis bedeutsamste Ablehnungsgrund ist der der **Besorgnis der Befangenheit**. Als Befangenheit i.S.d. § 24 wird die innere Haltung eines Richters angesehen, die die von ihm erwartete erforderliche **Neutralität**, **Distanz** und **Unparteilichkeit** gegenüber den

Ablehnungsgründe, Befangenheit **A**

Verfahrensbeteiligten **störend beeinflussen** kann (KK-*Scheuten*, § 24 Rn 3 m.w.N.; BGH StV 2013, 372 [Gesamtschau]; NStZ-RR 2013, 168; OLG Düsseldorf NJW 2010, 1158 [Ls.]; OLG Schleswig, Beschl. v. 26.5.2010 – 1 Ss 57/10). **Ob** der Richter **tatsächlich befangen** ist, spielt keine Rolle (BGH NStZ 2008, 117; s.a. BGH NStZ 1988, 467; 510; vgl. a. BVerfG NJW 2003, 2404; 2012, 3228; *Meyer-Goßner/Schmitt*, § 24 Rn 6 m.w.N.; *Krekeler* NJW 1981, 1634). Es kommt auch nicht darauf an, ob sich der Richter selbst für befangen hält (BVerfG DÖV 1972, 312). Nach der Rspr. des EGMR wird die Unparteilichkeit des Richters bis zum Beweis des Gegenteils vermutet (EGMR NJW 2011, 3633).

> ✍ Der Richter kann einen Ablehnungsgrund durch Klarstellung unbedachter Äußerungen und/oder **Entschuldigung beseitigen**. Das muss aber spätestens im Rahmen der dienstlichen Äußerung nach § 26 Abs. 3 geschehen (BGH NStZ 2006, 49; ähnlich 2009, 701 und BGH NStZ-RR 2014, 97 [Ci/Zi; freimütige und umfängliche Entschuldigung]; krit./abl. *Sommer* NStZ 2014, 615).

Das Vorliegen eines Ablehnungsgrundes ist vom **Standpunkt** des Ablehnenden aus zu beurteilen. Die Ablehnung eines Richters wegen Besorgnis der Befangenheit nach § 24 Abs. 2 ist daher nur gerechtfertigt, wenn der Angeklagte aufgrund des ihm bekannten Sachverhalts auch bei **verständiger Würdigung** der Sache Grund zu der Annahme hat, der abgelehnte Richter nehme ihm gegenüber eine innere Haltung ein, die seine Unparteilichkeit und Unvoreingenommenheit störend beeinflussen könne (BVerfG NJW 2010, 669; BGH NJW 2006, 708; 2014, 2372; NStZ-RR 2012, 350; *Meyer-Goßner/Schmitt*, § 24 Rn 8 m.w.N.; vgl. dazu a. EGMR NJW 2009, 2871; 2011, 3633). **70**

> ✍ Es kommt also auf den sog. „vernünftigen" Ablehnungsberechtigten an (st. Rspr.; BVerfG, a.a.O., m.w.N.; BGHSt 21, 334; *Meyer-Goßner/Schmitt*, a.a.O.; KK-*Scheuten*, § 24 Rn 3 m.w.N.; a.A. *Strate*, S. 263 ff.), sodass zur Begründung des Ablehnungsbegehrens **vernünftige Gründe** vorgebracht werden müssen, die jedem unbeteiligten Dritten einleuchten. Das Verhalten des Richters ist unter Berücksichtigung seiner dienstlichen Erklärung zu beurteilen. Dadurch kann ggf. zunächst berechtigt erscheinendes Misstrauen überwunden werden (BGH StV 2004, 356; vgl. a. die Fallgestaltung bei BGH NStZ 2009, 701).

Fraglich ist, inwieweit das **persönliche Verhältnis** zwischen **Verteidiger** und **Gericht** den Angeklagten ggf. zur Ablehnung berechtigt. Die h.M. geht davon aus, dass das nur dann der Fall ist, wenn der Angeklagte davon ausgehen muss, dass das Gericht seine ggf. gegenüber dem Verteidiger bestehende Animosität auch auf den Beschuldigte/Angeklagten überträgt (vgl. z.B. BGH StV 1993, 339; s. die weit. Nachw. u. bei Rdn 86 a.E.). Demgegenüber vertritt *Latz* (S. 357, 361) die Auffassung, dass Voreingenommenheit gegenüber der Person des Verteidigers, der Repräsentant des Angeklagten ist, immer auch solche gegenüber der Ver- **71** teidigung des Beschuldigten/Angeklagten sind, der diesen Verteidiger gewählt hat (diff. *Zwiehoff* JR 2006, 415). Zutreffend weist er darauf hin, dass diese Frage zu trennen ist, von dem Umstand, dass der Verteidiger kein eigenes Ablehnungsrecht hat (→ *Ablehnung eines Staatsanwalts*, Rdn 45).

72 b) Die eigentlichen Ablehnungsgründe sind in der **Generalklausel** „wegen Besorgnis der Befangenheit" zusammengefasst und nicht wie bei den Ausschließungsgründen enumerativ aufgezählt. Daher hat sich zur Frage der Befangenheit eine **umfangreiche Rspr.** entwickelt. Diese kann in **vier** große **Gruppen**, nämlich das eigene Verhalten des Ablehnenden (s.u. Rdn 73), die Vortätigkeit des Richters (s.u. Rdn 75 ff.), sein Verhalten oder Äußerungen (s.u. Rdn 80 ff.) und seine persönlichen Verhältnisse (s.u. Rdn 87) eingeteilt werden (wegen weiterer Ablehnungsgründe als nachstehend aufgelistet s. ggf. a. noch *Burhoff*, EV, Rn 16 ff.; die Zusammenstellung bei KK-*Scheuten*, § 24 Rn 5 ff. und bei *Meyer-Mews*, Richterliche Befangenheit, S. 6 ff. sowie bei *Münchhalffen* StraFo 2007, 91, 92; zu (weiteren) Gründen für die Ablehnung von **Schöffen** → *Ablehnung von Schöffen*, Rdn 131 f.).

73 2. Aus seinem **eigenen Verhalten** kann der Ablehnende grds. **keinen** Ablehnungsgrund herleiten. Er hätte es sonst in der Hand, sich nach Belieben jedem Richter zu entziehen und die Besetzung der Richterbank zu manipulieren (s.u.a. *Meyer-Goßner/Schmitt*, § 24 Rn 7 m.w.N.; s. aber a. KMR-*Bockemühl*, § 24 Rn 21 m.w.N. [Frage des Einzelfalls]). Das gilt insbesondere für folgende

74 **Rechtsprechungsbeispiele:**

- der Richter selbst hat wegen eines **beleidigenden** oder **provozierenden Verhaltens** des **Beschuldigten**/Angeklagten oder seines Verteidigers **Strafanzeige** erstattet (OLG München NJW 1971, 384; AG Nürnberg, Beschl. v. 23.9.2014 – BwR 403 Ds 304 Js 6812110; differenzierend BGH NStZ 1992, 290; s.a. BVerfG NJW 1995, 2912 [zu einem Ablehnungsgesuch mit der Begründung, der für den Gerichtsbezirk zuständige Gerichtspräsident habe einen Strafantrag gegen den Beschuldigten wegen **Kollektivbeleidigung** von Richtern gestellt]; zur Strafanzeige als Ablehnungsgrund Nierwetberg NJW 1996, 435 [für den Bereich der ZPO]; s. aber auch BVerfG NJW 2012, 3228 für das Zivilverfahren),
- gegen den Richter ist **Dienstaufsichtsbeschwerde** (vgl. dazu *Burhoff*, EV, Rn 1260) erhoben oder
- ein **Disziplinarverfahren** (BGH NJW 1952, 1425) beantragt oder
- wegen angeblicher **Rechtsbeugung Strafanzeige** erstattet worden (BGH NJW 1962, 748; ähnl. OLG Hamm, Beschl. v. 8.7.2004 – 3 Ss 245/04).

75 3.a) Die **Vortätigkeit** des **Richters** ist, wenn sie das Gesetz nicht ausdrücklich zu einem Ausschließungsgrund nach den §§ 22, 23 erhoben hat (→ *Ausschluss eines Richters*, Rdn 440), nach innerstaatlicher allgemeiner Meinung grds. ebenfalls kein Ablehnungs-

Ablehnungsgründe, Befangenheit   A

grund, sofern zu ihr nicht **besondere Umstände hinzukommen**, die die Besorgnis der Befangenheit begründen (vgl. u.a. BGHSt 24, 336; BGH NJW 2009, 1287 [Ls.]; NStZ 2012, 519 [Gesamtschau]; 2014, 660 m. Anm. *Hillenbrand* StRR 2014, 444; OLG Köln, Beschl. v. 8.4.2013 – 2 Ws 204/13; s. aber *Stange/Rilinger* StV 2005, 579, die bei atypischen Vorentscheidungen von Befangenheit ausgehen). Ein Richter ist danach **nicht** schon allein deshalb befangen, weil er mit dem Sachverhalt bereits befasst war. Denn ein verständiger Angeklagter kann und muss davon ausgehen, dass der Richter sich dadurch nicht für künftige Entscheidungen festgelegt hat.

Die Rspr. des **EGMR** sieht/sah hingegen in den Fällen typischer Vorbefassung oder **Vorbefassung** in anderer Funktion **regelmäßig** einen **Ablehnungsgrund** (dazu eingehend *Meyer-Mews*, Richterliche Befangenheit, S. 42 ff.; zur Rspr. des EGMR noch. StrafPrax-*Sommer*, § 17 Rn 114). Das gilt/galt insbesondere auch für die Beteiligung an (Haft-)Zwischenentscheidungen (vgl. dazu EGMR EuGRZ 1993, 122; s. i.Ü. EGMR EuGRZ 1985, 301; zur Begründung der EGMR-Beschwerde EGMR NJW 2007, 3553). Der EGMR scheint aber von dieser Rspr. abzurücken (vgl. EGMR NJW 2011, 3633). Er hat nämlich inzwischen allein die Tatsache, dass ein Richter bereits über ähnliche Strafvorwürfe in einem gesonderten Verfahren entschieden hatte, und zwar in einem Verfahren gegen Drogenhändler, nicht ausreichen lassen, Zweifel an seiner Unparteilichkeit in einem darauf folgenden Verfahren gegen einen seiner Kunden zu begründen.   76

> Den Ablehnungsgrund der „Vorbefassung" muss der Verteidiger **sorgfältig** schon bei der → *Vorbereitung der Hauptverhandlung*, Rdn 3370, und nicht erst in der HV prüfen. Dabei sollte er auf die von der innerstaatlichen Rspr. abweichende Auffassung des EGMR hinweisen und auch die Frage der innerstaatlichen Bindungswirkung der Rspr. des EGMR thematisieren (vgl. dazu zuletzt BVerfG NJW 2004, 3407 und NJW 1986, 1425 [unmittelbar geltendes Völkerrecht, auf das sich jedermann berufen kann]; dazu auch *Meyer-Mews*, Richterliche Befangenheit, S. 45 f. m.w.N.).

b) Zum Ablehnungsgrund „**Vorbefassung**" ist hinzuweisen auf folgende, von der innerstaatlichen Rspr. aufgestellte Grundsätze und **Rechtsprechungsbeispiele**

Vorbefassung **nicht befangen**   77

- allein deshalb, weil er mit dem Sachverhalt **bereits befasst** war, denn ein verständiger Beschuldigter kann und muss davon ausgehen, dass der Richter sich dadurch nicht bereits für künftige Entscheidungen festgelegt hat (BGHSt 50, 216, 221; BGH NStZ 2011, 44; HRRS 2006 Nr. 648; vgl. dazu jetzt auch EGMR NJW 2011, 3633), was insbesondere gilt,

- wegen **Beteiligung** am **Eröffnungsverfahren** (BVerfG NJW 1971, 1029; zur Ablehnung wegen Eröffnung des Hauptverfahren vor Ablauf der Erklärungsfrist vgl. OLG Hamm NStZ-RR 1997, 78 f.; LG Berlin StV 1993, 8),
- wenn er bereits in einem anderen **(Zivil-** oder **Straf-)Verfahren** mit demselben Sachverhalt dienstlich befasst war und einen früheren Mitbeschuldigten/-angeklagten wegen der Tat(-beteiligung) verurteilt hat, die nunmehr auch Gegenstand des Verfahrens gegen den Beschuldigten ist (BGHSt 41, 348 ff.; 43, 96; BGH NStZ 2011, 44; NStZ 2012, 519; StV 1987, 1; NStZ-RR 2009, 85 [für Revisionsverfahren]; a.A. und zur Besorgnis der Befangenheit bei „Deals" zulasten Dritter in abgetrennten Verfahren s. *Herzog* StV 1999, 455 f.; *Meyer-Mews*, Richterliche Befangenheit, S. 32 f.; KMR-*Bockemühl*, § 24 Rn 23; *Stange/Rilinger* StV 2005, 579 [für Vorbefassung mit Schadensersatzfragen]; s. aber a. KG StraFo 2007, 210, das für den Fall, dass ein Richter in seiner früheren Tätigkeit als Beamter der StA ein EV gegen eine Partei eines ihm später übertragenen Zivilprozesses geführt hat, die Besorgnis der Befangenheit aufgrund einer Gesamtbetrachtung ggf. bejaht),
- wenn der Richter in einem **vorausgegangenen Strafverfahren** den Vorsitz geführt hat und dort im Rahmen einer **verfahrensbeendenden Verständigung** (§ 257c) ein Geständnis des Angeklagten erhalten hat, was sich im nunmehrigen Verfahren gegen den Angeklagten als für diesen negativ erweist (EGMR NJW 2011, 3633),
- wenn der Richter eine **vor seinen Augen** in einer HV **begangene Straftat** aburteilen soll (BGHSt 45, 342; → *Ausschluss eines Richters*, Rdn 440),
- i.d.R. nicht, wenn er an **(Zwischen-)Entscheidungen** im **anhängigen Verfahren** mitgewirkt und dabei – von der Rechtsauffassung des Angeklagten ggf. abweichende – Rechtsmeinungen geäußert hat (u.a. BGH NStZ 2015, 46; Beschl. v. 30.1.2013 – 2 StR 55/12 [Haftentscheidung]; OLG Düsseldorf NStZ-RR 1997, 175 [für Ausführungen bei einer Haftprüfung durch das OLG]; OLG München, Beschl. v. 30.5.2007 – 5 St RR 35/07 [für Vorabentscheidung im Revisionsverfahren]); s. aber EGMR EuGRZ 1993, 122 und auch für **Haftentscheidung** BGH NJW 2014, 2372, wenn die Gründe für die Annahme von Fluchtgefahr „rechtlich in keiner Weise tragfähig" sind; u. Rdn 78 f. und HK-*Temming*, § 24 Rn 18),
- selbst wenn darin die **Überzeugung** von der **Schuld** des Beschuldigten zum Ausdruck gekommen sein sollte (BGH NStZ 1991, 27 [M/K]; s. aber NStZ 2012, 519; *Stange/Rilinger* StV 2005, 579 [für abgetrenntes Verfahren und für Verfahren, in denen es um die Anwendung des § 31 BtMG geht]),
- auch dann, wenn Verfahren gegen einzelne Mitangeklagte zur Verfahrensbeschleunigung **abgetrennt** werden und anschließend ein Schuldspruch wegen Beteiligung an später auch im Ursprungsverfahren abzuurteilenden Taten erfolgt (BGH NStZ 2011, 44; 2012, 519; s. auch noch BGH NStZ 2014, 725; vgl. aber auch unten Rdn 78),

Ablehnungsgründe, Befangenheit   A

- nicht unbedingt bei Mitwirkung in einem vorigen Verfahren wegen einer **Falschaussage** (BGH NStZ-RR 2015, 65 [Ci/Ni]),
- selbst wenn die Zwischenentscheidung auf einem **Verfahrensfehler**, auf einem tatsächlichen Irrtum oder auf einer unrichtigen oder unhaltbaren **Rechtsansicht** beruht (*Meyer-Goßner/Schmitt*, § 24 Rn 14 m.w.N.; vgl. BVerfG HRRS 2009 Nr. 218 [der bloße Umstand, dass ein Spruchkörper eine rechts- oder auch verfassungswidrige Entscheidung getroffen haben mag, begründet noch nicht zwingend oder auch nur regelmäßig Zweifel an der Unvoreingenommenheit der Mitglieder dieses Spruchkörpers]; BGH NJW 1998, 767 [für Pflichtverteidigerbestellung ohne Anhörung des Angeklagten]; NStZ 2010, 342; NStZ-RR 1999, 257 [K; für Irrtum über bisheriges Ergebnis der Beweisaufnahme]; zum Verfahrensfehler in Zusammenhang mit einer Abtrennung BGH NStZ-RR 2012, 99 [Ci/Zi]; OLG Frankfurt am Main NStZ-RR 2012, 146 [für kürzer als beantragte Fristverlängerung]; OLG Hamm StraFo 2002, 355 [für Verweigerung der AE vor Erlass eines vorläufigen Berufsverbots]; *Meyer-Goßner/Schmitt*, § 24 Rn 14 m.w.N.; a.A. Meyer-Mews StraFo 2000, 369, 372), es sei denn die (Zwischen-)Entscheidung ist völlig abwegig oder sogar willkürlich (BGH NStZ 2010, 342 [für ergänzende/falsche Zeugenbelehrung verneint]; vgl. dazu Rdn 79),
- wobei für **Schöffen keine anderen Maßstäbe** für die Unvoreingenommenheit gelten als bei Berufsrichtern, auch wenn es sich um schwierige Beweissituationen handelt (BGHSt 42, 191, 193 f.), also eine Vorbefassung mit dem Sachverhalt durch Verurteilung eines Mittäters für sich genommen keinen Ablehnungsgrund darstellt (BGH NStZ 2000, 419; NStZ-RR 2013, 352).

> ✎ Entscheidend dürfte sein, ob aus der Vorentscheidung des Richters abgeleitet werden kann, dass er **Gegengründen** ggf. nicht mehr **aufgeschlossen** gegenübersteht, er sich diesen also bereits verschlossen hat (*Meyer-Mews* StraFo 2001, 369, 371 unter Hinw. auf BFH BStBl 1985 II, S. 555). *Meyer-Mews* (a.a.O.) rät dazu, diese Frage mit einer **Gegenvorstellung** zu prüfen. Das muss der Verteidiger sich allerdings sehr sorgfältig überlegen. Denn er muss damit rechnen, dass einem nach erfolgloser Gegenvorstellung in der HV gestellten Befangenheitsantrag Verspätung entgegengehalten werden wird (Meyer-Mews, a.a.O., unter Hinw. auf unveröffentlichte Rspr.; → *Ablehnungszeitpunkt*, Rdn 124).
>
> *Rabe* (NStZ 1996, 369) legt § 26a Abs. 1 Nr. 2 einschränkend dahin aus, dass **während** der **HV ergangene Entscheidungen** wegen ihrer prozessualen Natur nach Sinn und Zweck nicht zur Begründung eines Ablehnungsgesuchs ausreichen. Folgt man dem und sieht das Gesuch als unzulässig an, bedarf es keiner dienstlichen Äußerung des abgelehnten Richters und dieser kann gem. § 26a

Abs. 2 S. 1 selbst über das Gesuch (mit-)entscheiden (s. aber u.a. BGH NStZ 1991, 27, der diese Fälle als „unbegründet" behandelt; → *Ablehnungsverfahren*, Rdn 99).
Der BGH (BGH NStZ-RR 2012, 99 [Ci/Zi]) stellt beim Verfahrensfehler i.Ü. auf **das gesamte Verfahrensgeschehen** ab. Er kommt bei Verfahrensfehlern, die mit einer Einschränkung besonders wesentlicher Verteidigungsrechte einhergehen eher als bei sonstigen Fehlern zur Besorgnis der Befangenheit (BGH, a.a.O.).

- grds. auch dann nicht, wenn der Richter an einer früheren, vom **Rechtsmittelgericht aufgehobenen Entscheidung mitgewirkt** hat (st. Rspr.; s. die zahlr. Rspr.-Nachw. bei *Meyer-Goßner/Schmitt*, § 354 Rn 39 m.w.N. zur Gegenmeinung; s.a. Arzt, Der befangene Strafrichter, der anders als die Rspr. in diesen Fällen von Befangenheit ausgeht; → *Ausschluss eines Richters*, Rdn 458; a.A. auch Meyer-Mews, Richterliche Befangenheit, S. 33 ff.), und zwar erst recht nicht, wenn die zugunsten des Angeklagten/Beschuldigten ergangen ist (BGH BGHR StPO § 26a Unzulässigkeit 20 [Gründe]),
- grds. ebenfalls nicht bei einer Mitwirkung in der erneuerten HV, wenn der Richter an der die **Wiederaufnahme** des Verfahrens erstinstanzlich **ablehnenden Entscheidung mitgewirkt** hat (LG Gießen NJW 1996, 2667 [Fall Weimar-Böttcher]),
- auch nicht allgemein, wenn der Richter früher an ein **Justizministerium abgeordnet** war und dort im Wege der **Dienstaufsicht** mit dem gegen den nunmehrigen Angeklagten geführten Strafverfahren befasst war (BGH wistra 2006, 310; → *Ausschluss eines Richters*, Rdn 440),
- nicht allein deshalb, weil die **Tochter** des (Rechtsmittel-)Richters an der tatrichterlichen Hauptverhandlung als Sitzungsvertreterin der StA teilgenommen hat (BGH, Beschl. v. 26.5.2011 – 5 StR 165/11) oder der **Bruder** eines Senatsvorsitzenden als Nebenklägervertreter im Ausgangsverfahren tätig war (BGH, Beschl. v. 14.5.1998 – 1 StR 171/98).

78 Vorbefassung **befangen**,

- der Richter hat sich in einem **anderen Verfahren abfällig** über eine bestimmte Personengruppe **geäußert**, zu der der Angeklagte gehört (OLG Köln NStZ 1992, 142 [abfällige Äußerung über Afrikaner]),
- die **Gründe** eines **früheren Urteils/einer früheren Entscheidung** begründen die **Besorgnis** der Befangenheit (LG Heilbronn StV 1987, 333; s.a. BGH NStZ-RR 2009, 85 [für Revisionsbeschluss]), was der Fall sein kann,
    - wenn die Gründe ein **abträgliches Werturteil** über die Person des Beschuldigten oder sein Verhalten vor oder nach der Tat enthalten, was sich in rechtlich unzu-

lässiger Weise auf die Strafzumessung auswirken kann (EGMR, Urt. v. 10.8.2006
– 75737/01 [insoweit nicht in NJW 2007, 3553]; BGHSt 24, 336; 50, 296; BGH
NStZ 2006, 705; s.a. OLG Bremen NStZ 1991, 95),
- wenn der jetzige **Beschuldigte** in den Gründen in seiner Eigenschaft **als Zeuge** für **unglaubwürdig** angesehen worden ist und nun das Verfahren gegen ihn wegen Falschaussage ansteht (OLG Celle NJW 1990, 1308; s.a. LG Wuppertal StV 1989, 296; AG Höxter StV 1992, 61; AG Bochum StRR 2009, 345),
- oder wenn in einem Urteil ein **früherer Mitbeschuldigter** als **glaubwürdig** und der jetzige Beschuldigte deshalb als unglaubwürdig angesehen worden ist (LG Bremen StV 1990, 203; s. dazu OLG Bremen NStZ 1991, 95),
- aufgrund des **Umfangs** der früheren **Beweisaufnahme** spricht viel für die Annahme, jeder der damals beteiligten Richter habe eine besonders gefestigte und vertiefte **Ansicht** von der Schuld- und **Straffrage** gewonnen, und der frühere Prozessverlauf war von besonderen Umständen, wie z.B. Spannungen zwischen den Verfahrensbeteiligten und/oder kritischer Medienberichterstattung, begleitet (OLG Stuttgart StV 1985, 492; zust. *Meyer-Mews*, Richterliche Befangenheit, S. 33),
- das **frühere Urteil** ist zu dem Ergebnis gekommen, der **jetzige Beschuldigte** habe den damaligen Angeklagten/jetzigen **Zeugen mit Erfolg** zu einem **BtM-Geschäft bewegt** (LG Bremen StV 1984, 414),
- der Richter war im **verwaltungsrechtlichen Disziplinarverfahren** als **Untersuchungsführer** tätig und diese Tätigkeit kann auch ihren Niederschlag in der strafrechtlichen HV finden (LG Mühlhausen NStZ-RR 1996, 18; vgl. aber BGH wistra 2006, 310; a.A. LG Zweibrücken NStZ-RR 1999, 308 [nicht immer, sondern maßgebend sind die Umstände des Einzelfalls]),
- i.d.R. wenn ein Richter an der **(Zwischen-)Entscheidung** über ein Ablehnungsgesuch mitwirkt hat, das darauf gestützt wird, die abgelehnten Richter hätten das ursprünglich gegen ihn gerichtete Ablehnungsgesuch zu Unrecht als unbegründet verworfen (s. BGH NJW 1984, 1907, 1909; s.a. BVerfG NJW 1995, 2914),
- bei einer **Abtrennung**, wenn besondere Umstände hinzukommen, die die Besorgnis der Befangenheit rechtfertigen,
  - was der BGH (NStZ 2011, 44; 2012, 519) angenommen hat, wenn **einem von mehreren Angeklagten** eine **Strafobergrenze** zugesagt worden ist (→ *Absprachen/Verständigung im Ermittlungsverfahren*, Rdn 86) und anschließend die Abtrennung des Verfahrens gegen den nicht geständigen Mitangeklagten erfolgt, der die ihn belastenden Einlassungen der Mitangeklagten mit Beweisanträgen, über die vor der Abtrennung nicht mehr entschieden worden ist, erfolgt,
  - wenn bei einer Abtrennung „im **Grenzbereich** zu einem **Ermessensfehler**" die weitere Gestaltung der beiden Verfahren sowie der Inhalt des gegen den einen Angeklagten ergangenen Urteils die Befürchtung verstärken, das Gericht habe sich in

A Ablehnungsgründe, Befangenheit

seiner Meinungsbildung bereits endgültig festgelegt (BGH, a.a.O. [für Abtrennung in Zusammenhang mit dem Vorwurf des bandenmäßigen BtM-Handels]),
- wenn bei einer Abtrennung nicht die sog. **Doppelwirkung der Maßnahme nicht beachtet** wird, dass nämlich nun ein früherer Mitangeklagter als Auskunftsperson nicht mehr zur Verfügung steht (BGH NStZ 2014, 660 m. Anm. *Hillenbrand* StRR 2014, 433).
- der Richter versucht, den Verteidiger dazu zu bewegen, seinen Antrag auf **Beiordnung** als **Pflichtverteidiger zurückzunehmen**, und zwar auch dann, wenn dies in der Absicht erfolgt, das Verfahren nach § 153 einzustellen (AG Bremen StraFo 2001, 171; zur Pflichtverteidigerbestellung a. *Burhoff*, EV, Rn 2759 ff. m.w.N.),
- wenn der Richter auf der Beiordnung eines **Pflichtverteidigers**, dessen Entpflichtung der Wahlanwalt beantragt hat, trotz eines **erkannten Interessenkonflikts** mit der der Verteidigung eines früheren Mitangeklagte „fortgesetzt beharrt" und die **Entpflichtung ablehnt** (BGH NStZ 2014, 660 m. Anm. *Hillenbrand* StRR 2014, 433),
- der Richter **äußert** sich in einem **anderen Verfahren** über den **Verfahrensgegenstand** in einer Weise, die den Beschuldigten/Angeklagten besorgen lässt, der Richter werde sein Verteidigungsvorbringen nicht mehr mit der erforderlichen abwägenden Distanziertheit zur Kenntnis nehmen (LG Mainz StV 2007, 125; vgl. dazu aber auch BGH NStZ 2011, 44),
- wenn der Richter (ohne begründeten Anlass) ein **Telefonat** mit dem SV führt und dabei Äußerungen macht, die den SV ggf. hinsichtlich des Ergebnisses seines Gutachtens beeinflusst haben könnten (so wohl BGH NStZ-RR 2011, 99 [Ci/Zi]).

79 Vorbefassung willkürliche Zwischenentscheidung,

- **Abweichen** der richterlichen Entscheidung so weit von den anerkannten **rechtlichen** – insbesondere verfassungsrechtlichen – **Grundsätzen**, dass sie aus Sicht des Angeklagten nicht mehr verständlich sind und dadurch der Eindruck einer willkürlichen Einstellung des Richters erweckt wird (KG StraFo 2007, 246 [für nachträgliche Abänderung der Kostenentscheidung eines Zivilurteils]),
- Nichtgewährung **rechtlichen Gehörs** vor **Erlass** eines **HB** (LG Hildesheim StV 1987, 12 [m.E. zw.]),
- wenn in einer Haftentscheidung die Gründe für die **Annahme** von **Fluchtgefahr** „rechtlich in **keiner Weise tragfähig**" sind (BGH NJW 2014, 2372 [Begründung der Fluchtgefahr mit „konfrontativer Verteidigung"]),
- wenn der abgelehnte Richter in Zusammenhang mit einer **Haftentscheidung** u.a. geäußert hat: „Solche Leute haben in Freiheit nichts zu suchen" (BGH NStZ 2015, 46),
- **Verweigerung** des **rechtlichen Gehörs** wegen des Unterlassens einer Begründung in einem Beschluss (KG, Beschl. v. 26.4.2005 – 5 Ws 125/05, www.strafverteidiger-berlin.de [für Widerruf der Strafaussetzung]),

- objektiv **unzutreffenden Mitteilungen** in der Entscheidung (OLG Karlsruhe StV 2005, 539 [für falsche Angaben der Vorsitzenden zur Terminslage der Kammer]),
- unter keinem denkbaren Gesichtspunkt vertretbare **Versagung** der **AE** (LG Köln StV 1987, 381; s.a. OLG Zweibrücken StV 1996, 650 [Versagung der AE unmittelbar vor der HV] und Rdn 75; s. aber a. OLG Hamm StraFo 2002, 355),
- bei **sachlich nicht gerechtfertigter** (falscher) **Behandlung** von (vorhergehenden) Befangenheitsanträgen, wenn darauf ein weiterer Befangenheitsantrag gestützt wird (BVerfG NJW 2005, 3410; vgl. dazu a. *Gaede* HRRS 2005, 319),
- bei Fehlern in Zusammenhang mit der Einholung eines **SV-Gutachtens** zur Begutachtung der Schuldfähigkeit des Beschuldigten/Angeklagten (BGHSt 48, 4),
- bei kategorischer Ablehnung einer **Terminsverlegung** ohne Rücksichtnahme auf die Anreisedauer (OLG Bamberg NJW 2006, 2341; zur nicht nachvollziehbarer/schikanöser **Verweigerung** der Terminsverlegung s.a. AG Freiberg StraFo 2013, 501),
- wenn der Richter im **Bußgeldverfahren** trotz eines begründeten Entbindungsantrages nach § 73 Abs. 2 OWiG auf dem **Erscheinen** des Betroffenen in der HV **besteht** (AG Fulda StRR 2011, 401; AG Recklinghausen StRR 2010, 363 [Ls.]; → *Bußgeldverfahren, Besonderheiten der Hauptverhandlung*, Rdn 1200 ff.),
- unanfechtbarer Feststellung des **Verstoßes** einer Entscheidung gegen das **Willkürverbot** durch das BVerfG (LG Hamburg StV 2004, 590),
- **Widerruf** der **Pflichtverteidigerbestellung** ohne wichtigen Grund (BGH NJW 1990, 1373 f.; s.a. LG Mönchengladbach StV 1998, 533; → *Pflichtverteidiger, Entpflichtung während laufender Hauptverhandlung*, Rdn 1993; s.a. *Burhoff*, EV, Rn 2912),
- bei **Fehlern** in Zusammenhang mit der **Pflichtverteidigerbestellung**, wie z.B. Bestellung eines vom Angeklagten nicht gewünschten Pflichtverteidigers ohne vorherige Anhörung des Angeklagten (OLG Dresden, Beschl. v. 17.7.2009 – 1 Ss 374/09),
- ggf., wenn im → *Strafbefehlsverfahren*, Rdn 2568, das Gericht gem. § 236 das **persönliche Erscheinen** des Angeklagten anordnet, obwohl der Verteidiger seine Vertretungsbereitschaft (§ 411 Abs. 2 S. 1) angezeigt hat (vgl. dazu *Schmuck/Leipner* StraFo 2012, 95, 98 f.),
- bei Fehlern im Zusammenhang mit der **Gewährung** von AE, indem Wahlverteidiger und Pflichtverteidiger ungleich behandelt werden (OLG Dresden StV 2010, 475),
- **aber nicht**, wenn das Gericht in einer Haftsache äußert, man könne die Sache auch in der Urlaubsabwesenheit des Verteidigers mit einem anderen Verteidiger durchführen (KG, Beschl. v. 6.8.2003 – 5 Ws 410/03, www.strafverteidiger-berlin.de; m.E. abhängig von den Umständen des Einzelfalls) oder das Gericht die **Geständnisbereitschaft** des Angeklagten „**auslotet**" (KG, a.a.O.) oder bei Verkündung einer Haftentscheidung Termine abstimmen will (KG, a.a.O.),

A Ablehnungsgründe, Befangenheit

- auch **nicht**, wenn eine **Fristverlängerung** nur **kürzer** als vom Verteidiger beantragt gewährt wird (OLG Frankfurt am Main NStZ-RR 2012, 146).

80 **4.a)** Das **Verhalten** des **Richters vor** oder **während** der HV kann die Ablehnung begründen, wenn es besorgen lässt, dass er nicht unvoreingenommen an die Sache herangeht (*Meyer-Goßner/Schmitt*, § 24 Rn 15 m.w.N.). Das ist insbesondere dann der Fall, wenn der Richter von der **Schuld** des **Angeklagten** bereits endgültig **überzeugt** zu sein scheint, wobei ggf. eine Gesamtschau vorzunehmen ist (vgl. u.a. BGH StV 2013, 372; KG NJW 2009, 96; OLG Düsseldorf NJW 2010, 1158 [Ls.]; OLG Schleswig, Beschl. v. 26.5.2010 – 1 Ss 57/10).

b) Dazu folgende **Beispielsfälle**

81 **Befangenheit bejaht**

- die Verfahrensgestaltung lässt den Eindruck aufkommen, der Richter sei **nicht** bereit und **willens**, über einen **Antrag** zu **entscheiden** und will stattdessen den Antragsteller zur Rücknahme des Antrags drängen (OLG Köln StV 2008, 290),
- ggf., wenn der Richter getroffene Absprachen bzw. Verständigungen nicht protokollieren will (vgl. dazu *Schmuck* zfs 2013, 614; → *Absprache/Verständigung mit Gericht und Staatsanwaltschaft*, Rdn 165),
- der Richter erweckt im Rahmen des Bemühens um eine **Absprache** nach der Vorberatung über eine **Strafobergrenze** den Eindruck, sich bereits ohne Rücksicht auf den Umfang eines Geständnisses und den weiteren Verlauf der HV festgelegt zu haben (zum alten Recht BGHSt 45, 312; eingehend dazu *Sinner* StV 2000, 289 in der Anm. zu BGH, a.a.O.),
- bei einer Absprache, die (auch) einen anderen Angeklagten betrifft, wird dieser bei erkennbar **einseitigen Verständigungsgesprächen** nicht beteiligt (BGH NStZ 2009, 701; LG Berlin StraFo 2006, 374; vgl. aber BGH StV 2012, 392 m. Anm. *Burhoff* StRR 2012, 185 [Gespräche in Verfahren mit mehreren Angeklagten]; → *Absprachen/ Verständigung mit Gericht und Staatsanwaltschaft*, Rdn 137),
- bei **mangelnder Aktenkenntnis** des Richters bzw., wenn der Richter erklärt, die Kenntnis von durch die StA vorgelegten Beiakten sei unschädlich (LG Hanau NStZ 2004, 13),
- der Richter gibt **Äußerungen** gegenüber dem **Verteidiger** ab, aus denen sich z.B. entnehmen lässt, dass er von der Schuld des Angeklagten schon überzeugt ist (BGHSt 26, 298), wie etwa
    - Bezeichnung der **Einlassung** als „schwachsinnig" (OLG Schleswig StV 2008, 290) und Mitteilung von einem Rat an die SV, „sich für die HV warm anzuziehen" in einem Telefonat mit dem Verteidiger (LG Mainz StV 2004, 531),

- Äußerung, zu bestimmten rechtlichen Fragen könne ja in der **Rechtsbeschwerde** vorgetragen werden (AG Frankfurt am Main zfs 2004, 187),
- Äußerung nach **Zulassung** der **Nebenklage** an den Verteidiger „Ihre erste Niederlage, Herr Verteidiger" (OLG Brandenburg StV 1997, 455 f.),
- in Zusammenhang mit einer **Haftentscheidung** u.a.: „Solche Leute haben in Freiheit nichts zu suchen" (BGH NStZ 2015, 46),
■ für ein weiteres **Befangenheitsgesuch**, wenn der Richter sich **weigert**, eine konkrete **dienstliche Äußerung** zu einem ersten Befangenheitsantrag abzugeben (AG Bergheim StV 1998, 534; → *Ablehnungsverfahren*, Rdn 97),
■ wenn der Richter in einer dienstlichen Stellungnahme gegenüber der StA u.a. den Vorwurf erhebt, die StA werde ihrer Aufgabe den Sacherhalt zu erforschen, nicht gerecht und habe **einseitig ermittelt**, ohne ihr Aufklärungsbemühen auch auf die den Angeklagten entlastenden Umstände erstreckt (BGH NStZ-RR 2013, 168),
■ der Richter beginnt bereits während des **Plädoyers** des **Verteidigers** mit der **Absetzung** des **Urteils** (BayObLG MDR 1973, 246; vgl. aber a. BGHSt 11, 74, 89; OLG Köln NStZ 2005, 710),
■ der Richter nutzt während der HV sein Handy für private Zwecke (BGH, Urt. v. 17.6.2015 – 2 StR 228/14) für die Versendung von zwei SMS, um die Kinderbetreuung zu organisieren),
■ der Richter teilt die dem Angeklagten zur Last gelegten Vorgänge der **Presse** als schon feststehend mit (BGHSt 4, 264; s. dazu *Ziegler* StraFo 1995, 70 ff.; zur Neutralität des Richters bei Kontakten zur Presse s. *Weiler* StraFo 2003, 189), aber nicht allein infolge Kontakten zur Presse zwecks Wiedergutmachung nach einer negativen Presseberichterstattung (vgl. BGH NJW 2006, 3290; zur Medienarbeit der Strafjustiz und sich daraus ggf. ergebenden Folgen für das Verfahren *Boehme-Neßler* StraFo 2010, 456, insbesondere 459 ff., und *Türg* NJW 2011, 1040),
■ der Richter widerruft die Bestellung eines **Pflichtverteidigers**, der das Vertrauen des Beschuldigten besitzt, bzw. **entpflichtet** diesen (zur Abberufung des Pflichtverteidigers *Burhoff*, EV, Rn 2912 und die dort gegebenen Lit.-Hinweise),
  - und die Entpflichtung des Verteidigers als Pflichtverteidiger wird auf die nur **pauschale Behauptung** gestützt, der Verteidiger habe in einem anderen Verfahren neben inhaltlich abwegigen Beweisanträgen auch solche gestellt, deren Behauptung offenkundig wider besseres Wissen erhoben wurden, ohne dies mit entsprechenden Tatsachen zu belegen (BGH NJW 1990, 1373 f.),
  - weil der Pflichtverteidiger nicht auf den Vorschlag des Richters im Haftprüfungstermin eingegangen ist, unter **Verzicht** auf die **Ladungsfristen** unmittelbar in die HV überzugehen (KG StV 2008, 68),
  - **ohne** zuvor dem Beschuldigten und dem Verteidiger **rechtliches** Gehör zu gewähren (LG Ansbach StV 1995, 579, 581; AG Bergheim StV 1996, 592),

- oder der Richter versucht, den Verteidiger dazu zu bewegen, seinen **Antrag** auf **Beiordnung** als **Pflichtverteidiger zurückzunehmen**, und zwar auch dann, wenn dies in der Absicht erfolgt, das Verfahren nach § 153 einzustellen (AG Bremen StraFo 2001, 171),
- bei Bezeichnung eines Antrags auf Entpflichtung des Pflichtverteidiger des Angeklagten als „**Theaterdonner**" (a.A. wohl BGH NStZ 2015, 175),
- der Richter macht eingereichte **ärztliche Atteste** einem **Dritten zugänglich**, indem er z.B. bei der Ordnungsbehörde anregt, den verhandlungsunfähigen Angeklagten auf seine „Führerscheintauglichkeit" untersuchen zu lassen (AG Güstrow StraFo 2007, 25),
- der Richter **bespricht** das Verfahren vorab mit **Dritten** (BGH NStZ-RR 2004, 34 [Be; für Besprechen einer Strafsache in einer Arbeitsgemeinschaft für Referendare während laufender HV]; nach BGH, a.a.O., handelt es sich um ein zumindest bedenkliches Verhalten),
- der Richter äußert während einer Verhandlungspause, er warte jetzt darauf, dass die Verteidigung einen Ablehnungsantrag stelle, damit er dem Angeklagten die **Fahrerlaubnis** nach § 111a vorläufig entziehen könne (AG Siegburg NZV 2010, 367),
- es entsteht der Eindruck, die **schnelle Erledigung** der Sache werde einer sachgerechten Aufklärung **vorgezogen**, weil dem Verteidiger nicht die Möglichkeit gegeben wird, Spurenakten durchzuarbeiten, in denen sich ihm bislang unbekannte entlastende Zeugenaussagen befinden, um danach ggf. angekündigte Beweisanträge zu stellen (BGH NStZ 2003, 666) oder die StA gedrängt wird, auf die Vernehmung von Zeugen zu verzichten und ihr nur 10 Minuten Zeit gegeben wird, sie (weiter) zu befragen (vgl. BGH NStZ-RR 2012, 211 [u.a. Äußerung „wir machen den Sack zu"]),
- bei Fehlern in Zusammenhang mit der **Einholung** eines **SV-Gutachtens** zur Begutachtung der Schuldfähigkeit des Beschuldigten/Angeklagten (BGHSt 48, 4), wie z.B. nicht vertretbare Bewertung eines Vorgutachtens und/oder keine Anhörung des Beschuldigten bei Einholung eines weiteren Gutachtens kurz vor der HV,
- ggf. wenn der Richter im Rahmen einer Verständigung/Absprache mit der „**Sanktionsschere**" droht (EGMR NJW 2011, 3633; BGH NStZ 2005, 526; 2008, 170; StraFo 2004, 349 [insoweit nicht in NStZ 2004, 577]; s. aber NStZ 2008, 172; 2011, 590 m.w.N. zur früheren Rspr. sowie die Nachw. bei Rdn 86; s. auch noch BT-Drucks 16/11736 S. 10 f.; zur Sanktionsschere noch BGH StV 2012, 5),
- oder wenn er für den Fall des **Fehlens** eines **Geständnisses** eine **Erhöhung** der schuldangemessenen Strafe in Aussicht stellt (OLG Stuttgart StraFo 2005, 167; ähnl. OLG Stuttgart StV 2007, 232; s. aber Rdn 82),
- der Richter **lehnt** ohne sachlichen Grund **Terminsverlegungsanträge** des Verteidigers **ab** (OLG Bamberg NJW 2006, 2341; LG Krefeld StraFo 1995, 59; LG Mönchengladbach StV 1998, 533 [zweiter Verlegungsantrag des Pflichtverteidigers]; AG Homburg

NStZ-RR 1996, 110; AG Freiberg StraFo 2013, 501; s.a. AG Bergheim StV 1996, 592; *Burhoff*, EV, Rn 3620 ff.; zur Besorgnis der Befangenheit bei Streit um die Terminierung im Bußgeldverfahren s. *Fromm* DAR 2009, 69, 70 m.w.N. aus z.T. unveröffentlichter Rspr.; *ders.*, zfs 2014, 608, 613; *Hillenbrand* ZAP F. 22 S. 831, 838), aber nicht bei **Terminierung** eines Verfahrens mit einfacher Sach- und Rechtslage auf den zweiten Tag nach der Urlaubsrückkehr des Verteidigers, nachdem ein festgesetzter Termin wegen dessen Urlaubs bereits verlegt worden war, und zwar auch dann nicht, wenn die Ladung des Verteidigers während des Urlaubs erfolgt (BayObLG NStZ-RR 2002, 77 [Ls.]; s. aber Rdn 82),

- wenn der Richter im **Bußgeldverfahren** trotz eines begründeten Entbindungsantrages nach § 73 Abs. 2 OWiG auf dem **Erscheinen** des Betroffenen in der HV **besteht** (AG Fulda StRR 2011, 401; AG Recklinghausen StRR 2010, 363 [Ls.]),
- der Richter **untersagt** dem Verteidiger/Rechtsanwalt ohne konkrete Sicherheitsbedenken den **Gebrauch** eines **Laptops** während der laufenden HV (AG Freiberg StRR 2010, 389; → *Mitschreiben/Notebook in der Hauptverhandlung*, Rdn 1859),
- wenn ein Richter/Schöffe vor Beginn eines HV-Tages **Schokoladennikoläuse** (nur) auf den üblicherweise von den StA benutzten Sitzungstisch legt (LG Koblenz NJW 2013, 801),
- oder er sich schon in einer **Zwischenentscheidung** trotz unsicherer Beweislage in sicherer Form von der **Schuld** des Angeklagten **überzeugt** zeigt (BGH GA 1962, 282),
- ggf. aufgrund von Äußerungen, die der Richter in **wissenschaftlichen Fachpublikationen** gemacht hat, wobei es nicht darauf ankommt, ob er die Folge seiner Äußerungen hätte erkennen müssen und ob ihm der Vorwurf einer Verletzung seiner Dienstpflichten zu machen ist (BVerfG NJW 1996, 3333; zur Befangenheit infolge einer veröffentlichten wissenschaftlichen Meinung auch BVerfG NJW 1999, 413),
- wenn der Richter in einer möglicherweise entscheidungserheblichen, zwischen den Verfahrensbeteiligten und im Schrifttum streitigen, in der höchstrichterlichen Rechtsprechung noch **nicht geklärten Rechtsfrage** in **eindeutiger Weise Stellung bezogen** hat (vgl. BGH, Beschl. v. 4.2.2014 – 3 StR 243/13 für das Revisionsverfahren).

Befangenheit verneint 82

- der Richter **regt** eine **Absprache/Verständigung** nach § 257c Abs. 1 **an** (→ *Absprachen/Verständigung mit Gericht und Staatsanwaltschaft*, Rdn 137; vgl. BT-Drucks 16/12310, S. 13; s. aber Rdn 80 und außerdem → *Erörterungen des Standes des Verfahrens*, Rdn 1503, sowie *Salditt*, S. 687 ff.),
- der Richter regt im **Revisionsverfahren** einen **Verwerfungsantrag** bei der GStA an (OLG Düsseldorf NStZ-RR 2012, 147 m. Anm. *Barton* StRR 2012, 192; vgl. dazu auch BGH StRR 2012, 193 m. Anm. *Barton*),

A Ablehnungsgründe, Befangenheit

- wenn das Gericht, nachdem eine Verständigung nicht zustande gekommen ist, mitteilt, dass es grds. an der von ihm mitgeteilten **Strafobergrenze** festhalten will (BGH StV 2011, 72 m. zust. Anm. *Burhoff* StRR 2011, 262; → *Absprachen mit Gericht und StA*, Rdn 137),
- Äußerung, ein **Geständnis** sei dann **vorteilhaft**, „wenn die Beweismittel zuträfen" (BGH NStZ-RR 1998, 257 [K]),
- Äußerung, ein **Geständnis** wirke **schuldmindernd**, wobei allerdings nicht für das Fehlen eines Geständnisses eine Erhöhung der schuldangemessenen Strafe in Aussicht gestellt werden darf (OLG Stuttgart StraFo 2005, 167),
- wenn dem Angeklagten vor Augen gehalten wird, dass ein minder schwerer Fall nur unter den Voraussetzungen eines Geständnisses angenommen werden könnte (BGH StV 2012, 5 [keine **Sanktionsschere**]),
- i.d.R. für den Rat in der **Berufungs-HV**, das **Rechtsmittel zurückzunehmen** (→ *Berufungsrücknahme*, Rdn 673; s. aber OLG Nürnberg StV 2008, 289),
- Äußerung einer **Rechtsansicht vor** der **HV** (BVerfG NJW 1955, 541),
- von der Würdigung des Verteidigers **abweichende** Wiedergabe und **(Beweis-)Würdigung** von Zeugenaussagen (BGH NStZ 2004, 630),
- wenn der Richter rechtliche Hinweise gibt und auf die **Stellung sachdienlicher Verfahrensanträge hinwirkt**, so lange darin noch nicht eine einseitige Festlegung erkennbar wird (OLG Schleswig, Beschl. v. 26.5.2010 – 1 Ss 57/10),
- wenn der Berichterstatter zu Beginn der **Rechtsmittel-HV** in seinem Vortrag über den bisherigen Gang des Verfahrens (§§ 324 Abs. 1, 351 Abs. 1) auf die Punkte besonders hinweist, die im Rahmen der Plädoyers von den Verfahrensbeteiligten erörtert werden sollten (BGH StRR 2010, 363 [Ls.]),
- Hinweise des Vorsitzenden zur Beweis- und Rechtslage in einem „**Rechtsgespräch**", wenn nicht zusätzliche Gründe auf eine unsachliche Einstellung gegenüber dem Angeklagten schließen lassen (OVG Berlin MDR 1997, 96),
- Ablehnen eines **Vertagungsantrags** aus sachlichem Grund, selbst wenn für den Fall des Nichterscheinens Zwangsmittel angedroht werden (OLG Koblenz VRS 44, 290),
- **Terminierung** eines Verfahrens mit einfacher Sach- und Rechtslage auf den zweiten Tag **nach** der **Urlaubsrückkehr** des **Verteidigers**, nachdem ein festgesetzter Termin wegen dessen Urlaubs bereits verlegt worden war, und zwar auch dann nicht, wenn die Ladung des Verteidigers während des Urlaubs erfolgt (BayObLG NStZ-RR 2002, 77 [Ls.]),
- **Terminierung trotz Verhinderung** des **Verteidigers**, wenn diese Terminierung wegen des zu beachtenden Beschleunigungsgebots nicht ermessensfehlerhaft war (vgl. BGH NStZ 2007, 163; NStZ-RR 2009, 2 [Ci]),
- der Richter **ordnet** nach § 236 das **persönliche Erscheinen** des **Angeklagten an** (OLG Stuttgart StraFo 2005, 167),

Ablehnungsgründe, Befangenheit **A**

- in **Schreiben** des **Gerichts** wird im Betreff des Strafverfahrens der Angeklagte nur mit Vor- und Zunamen genannt, **nicht** aber auch mit „**Herr**" und der **Berufsbezeichnung** (BGH NStZ-RR 2001, 258 [K; völlig unzureichende Begründung]),
- das Gericht stellt einen **Verhandlungsplan**/ein **Verhandlungskonzept** auf, der dem Verteidiger zur Kenntnis kommt, auch wenn darin für zu erwartende oder möglicherweise eintretende Verfahrenslagen bestimmte Maßnahmen der → *Verhandlungsleitung*, Rn 972, vorgesehen sind (BGH NStZ-RR 2008, 34 [Be]),
- **Verweisung** eines Antragstellers auf einen **späteren Zeitpunkt**, da der Vorsitzende Anträge nicht jederzeit entgegennehmen muss (LG Berlin NJW 1996, 209),
- **Verschiebung** der Annahme eines **Haftprüfungsantrags** während der HV (BGH NStZ 2006, 463; → *Verhandlungsleitung*, Rn, 972),
- die Berufsrichter **bereiten sich** schon **vor** den **Schlussvorträgen**, ggf. sogar schon vor der HV durch die Fertigung eines Votums/Urteilsentwurfs entsprechend dem jeweiligen Ermittlungs- bzw. Verfahrensstand auf die HV bzw. die Urteilsberatung **vor** (BGH wistra 2005, 110),
- wenn der Richter einen **Zeugen**, der berechtigt von seinem → *Auskunftsverweigerungsrecht*, Rdn 377, Gebrauch macht, **ergänzend belehrt**, auch wenn die Belehrung nicht zutreffend ist (BGH NStZ 2010, 342).

5. Bei der **Verhandlungsführung** ist Misstrauen in die Unvoreingenommenheit des Richters gerechtfertigt, wenn sie **rechtsfehlerhaft**, **unangemessen** oder sonst **unsachlich** ist (zur Akteneinsicht an Schöffen → *Akteneinsicht für Schöffen*, Rdn 284). Anzuführen sind hier aus der umfangreichen Rspr. folgende **Beispielsfälle**: 83

berechtigte Ablehnung 84

- es entsteht der Eindruck, es könnte eine für den Angeklagten **nachteilige Verständigung/Absprache** getroffen werden (BGH NStZ 2008, 229; s.a. BGH NStZ 2009, 701 [Umstände des Einzelfalls von Bedeutung]),
- es werden **Absprachen** im Prozess getroffen, an denen ein Verfahrensbeteiligter **nicht beteiligt** wird (BGHSt 37, 99; 41, 348 ff.; BGH NStZ 2009, 701 [für erkennbar einseitige Verständigungsgespräche]; StV 2006, 118 [zum Nachteil eines Mitangeklagten]; s.a. *Herzog* StV 1999, 455; OLG Bremen StV 1989, 145; → *Absprachen/Verständigung mit Gericht und Staatsanwaltschaft*, Rdn 137), jedoch nicht unbedingt, wenn das Ausbleiben eines Rechtsmittels als Manipulation bezeichnet wird (BGH NStZ 2009, 701),
- wenn der Vorsitzende über mit einzelnen Verfahrensbeteiligten durchgeführte **Erörterungen** im Hinblick auf eine **Verständigung**, die **außerhalb** der **HV** stattgefunden haben (→ *Erörterungen des Standes des Verfahrens*, Rdn 1491), nicht in der **HV** umfassend und unverzüglich unter Darlegung der Standpunkte aller beim Gespräch anwesenden Verfahrensbeteiligten informiert, und zwar auch dann, wenn die Gespräche ergebnislos verlaufen sind (BGH StV 2011, 72; → *Absprachen mit Gericht und Staats-*

anwaltschaft, Rdn 137); wobei allerdings für Gespräche in unterschiedlichen Verfahren mit mehreren Angeklagten etwas anderes gelten kann (BGH StV 2012, 392; zu allem a. *Salditt*, S. 687 ff.),
- wenn der Richter nach der **Religionszugehörigkeit** der zur Prüfung der Verhandlungsfähigkeit des Angeklagten beauftragten **SV** fragt und diese Frage in keinem sachlichen Zusammenhang zu anhängigen Verfahren steht (LG Berlin StV 2014, 331),
- es wird eine einseitige → *Erörterungen des Standes des Verfahrens*, Rdn 1503, nach § 257b geführt,
- wenn der Richter in einer dienstlichen Stellungnahme gegenüber der StA u.a. den Vorwurf erhebt, die StA werde ihrer Aufgabe den Sacherhalt zu erforschen, nicht gerecht und habe **einseitig ermittelt**, ohne ihr Aufklärungsbemühen auch auf die den Angeklagten entlastenden Umstände erstreckt (BGH NStZ-RR 2013, 168),
- der Richter versucht nach **Anhörung** eines **SV** weitere Fragen des Verteidigers, insbesondere zur Ausbildung und Qualifikation des SV zu unterbinden und lässt sich aus Verärgerung zu **unsachlichen Äußerungen** hinreißen, wie z.B.: „Warum provozieren sie den Sachverständigen? Wollen Sie ihn auch noch zur Farbe seiner Socken befragen?" (AG Castrop-Rauxel StV 1994, 477 [Ls.]),
- ein(en) **Aussetzungsantrag**
  - wird vom Richter ohne sachlichen Grund **abgelehnt**, obwohl der Angeklagte und der Verteidiger nicht förmlich geladen waren (AG Homburg NStZ-RR 1996, 110),
  - will der Richter bei Erteilung eines **rechtlichen Hinweises** mit dem Hinweis unterlaufen, dass auch nach der ursprünglich angekündigten Strafvorschrift eine angemessene Bestrafung bzw. im Strafbefehlsverfahren sogar eine höhere Strafe erfolgen könne (AG Neuss StV 1994, 477),
- der Richter **bedrängt** den Angeklagten außerordentlich drastisch, eine **Einlassung** zur Sache abzugeben (BGH NJW 1959, 55; s. aber BGH StV 2004, 356),
- der Richter **bedrängt** den Angeklagten, ein **Geständnis** abzulegen (BGHSt 31, 15; s. aber BGH NStZ-RR 1998, 257 [K]; StV 2004, 356), was z.B. auch in der Äußerung liegen kann, wie lange sich der bestreitende Angeklagte die Angaben der (weinenden) Belastungszeugin noch anhören wolle (BGH NStZ 2007, 711),
- der Richter **beschränkt** unberechtigt das → *Fragerecht des Angeklagten*, Rdn 1537 (BGH StV 1985, 2), indem er z.B. Zeugen vor ihrer endgültigen Vernehmung entlässt (s. wohl BGH NStZ 2007, 281 [aber keine Befangenheit, wenn der Richter sich anschließend erkennbar um eine Fortsetzung der Vernehmung bemüht]),
- der Richter **erklärt** dem Verteidiger, er werde die **HV** nicht „platzen" lassen, auch auf die Gefahr hin, dass das Urteil aufgehoben werde (BGH MDR 1972, 571 [D]),
- der Richter **erkundigt** sich in einem Verfahren, in dem es um sexuelle Übergriffe des Angeklagten gegen seine Tochter geht, bei der Betreuerin des **Opfers**, ob dieses sich wegen der Geschehnisse bereits in einer **Therapie befindet** (BGH NStZ 1999, 629),

Ablehnungsgründe, Befangenheit A

- der Richter **erweckt** aufgrund seines Verhaltens in der HV bei dem Betroffenen den **Eindruck**, er werde wegen seiner bloßen Ähnlichkeit mit der auf einem Radarfoto erkennbaren Person verurteilt, falls er nicht „**Ross und Reiter**", d.h. den Fahrer zur Tatzeit, **nenne** (BayObLG StV 1995, 7),
- bei **Kontakten** zu **Mitbeschuldigten**
    - dann, wenn es sich um **gesellschaftliche Kontakte** handelt (gemeinsamer Restaurantbesuch, Tennis spielen; BGH NStZ 1986, 518),
    - i.Ü. grds. nur dann, wenn **zusätzlich** zu der Kontaktaufnahme **Anhaltspunkte** für einen Verdacht der Parteilichkeit des Richters vorliegen (BGH NStZ 1988, 467; vgl. a. BGH NStZ 2008, 229; 2009, 701),
    - aus der Sicht von Mitangeklagten aber dann, wenn der Berichterstatter einer Strafkammer einen von mehreren Mitbeschuldigten in dessen **U-Haftzelle aufsucht** und mit ihm über das Verfahren spricht (BGH NStZ 1983, 359 [Pf/M]; s.a. BGH NStZ 1988, 467),
- dem Angeklagten werden während laufender HV gewonnene **Nachermittlungsergebnisse verheimlicht** (BGH StV 1995, 396; LG Braunschweig StraFo 1995, 59),
- der **Pflichtverteidiger** wird **entbunden**,
    - nur weil er einen **Pullover** unter der Robe trägt, ohne dass erkennbar ist, ob sich darunter ein Langbinder befindet (BGH NStZ 1988, 510),
    - ohne **rechtliches Gehör** zu gewähren (LG Ansbach StV 1995, 579, 581; AG Bergheim StV 1996, 592; s.a. *Barton* StV 1995, 290 und *Mehle* StraFo 1995, 73 in den Anm. zu OLG Nürnberg StV 1995, 287; *Burhoff*, EV, Rn 2912 ff.),
    - ohne **wichtigen Grund**, mit einer bloß pauschalen Behauptung (BGH NJW 1990, 1373 f.; s. dazu *Burhoff*, EV, Rn 2912 ff.),
- dem Angeklagten wird vom Richter bewusst das **rechtliche Gehör versagt** (BayObLG StV 1988, 97; OLG Dresden StV 2010, 475 [für Bestellung eines Pflichtverteidigers ohne Anhörung des Angeklagten]; OLG Schleswig SchlHA 1976, 44),
- der Richter macht der **StA Zusagen** hinsichtlich des **Strafmaßes**, nur um sie zur Zurücknahme eines Antrags zu bewegen (BGH NStZ 1985, 36),
- der Richter regt bei der **StA** die **Erhebung** einer → *Nachtragsanklage*, Rdn 1905, an (BGH MDR 1957, 653 [D]),
- bei „**Vergleichsgesprächen**" dann, wenn der Angeklagte aufgrund des Verlaufs der Gespräche befürchten muss, er habe unabhängig vom weiteren Verlauf der Verhandlung Nachteile zu erwarten (BGH StV 2006, 118; LG Kassel StV 1993, 68),
- der Richter lässt bei der **Vernehmung** eines **Zeugen** erkennen, dass er sich in der Beurteilung der Aussage als unwahr schon **endgültig festgelegt** hat (BGH NJW 1984, 1907 f.),
- der Richter **verstößt massiv** gegen das **Strafverfahrensrecht**, weil das bei verständiger Würdigung der Sache bei dem Angeklagten den Eindruck erwecken kann, der

Richter nehme ihm gegenüber eine innere Haltung ein, die seine Unparteilichkeit und Unvoreingenommenheit störend beeinflusst (BGH StV 1985, 2), was z.B. dann **angenommen** worden ist, wenn ein Beweisantrag allein deshalb abgelehnt wurde, weil er nach Schluss der Beweisaufnahme gestellt worden war (OLG Köln StV 1991, 292; zur Richterablehnung wegen „Häufung von Verfahrensfehlern" s.a. *Günther* DRiZ 1994, 374), nach Auffassung des BGH aber noch nicht, wenn eine „eklatant kurze" Frist für die Stellung von weiteren Beweisanträgen gesetzt wird (vgl. BGH StV 2009, 581 [insoweit nicht in BGHSt 54, 39]; → *Verspätete Beweisanträge/Fristsetzung*, Rdn 3182 f.).

85 Sonderfall: Richter äußert

- sich befriedigt darüber, dass der Angeklagte keinen **Kontakt** mehr zu einem **Mitangeklagten** hat (BGH StV 1991, 450),
- der Verteidiger sei ein „**Amokläufer**" (OLG Koblenz zfs 2004, 186; s. aber auch BGH NStZ 2011, 228, wo die Besorgnis der Befangenheit für die Äußerung, der Verteidiger solle sich nicht so „**aufmandeln**", verneint worden ist),
- gegenüber einem (**Befangenheits-)Antrag** des Verteidigers, „er wolle nur **Sand** ins Getriebe streuen" (BGH StV 2005, 531),
- dass **fehlende Einsicht** in das Unrecht der Tat **strafschärfend** berücksichtigt werden könne, wenn es sich dabei nicht nur um einen abstrakten Hinweis handelt (BGH StV 2002, 115),
- „dann will ich es Ihnen mal erklären, denn **Sie waren es ja**" (KG StV 2005, 490),
- sich dem Angeklagten gegenüber in unangemessener und **ehrverletztender Weise** (BGH StV 2004, 356),
- aufgrund eines nicht offensichtlich unbegründeten Befangenheitsantrags überzogene, ungewöhnlich drastisch formulierte, als unsachliche Beanstandung der Verteidigerrechtsausübung aufzufassende **Kritik** an einem Tage zuvor stattgefundenen **Verhalten** des **Verteidigers** als „taktlose Torheit oder abgefeimte Perfidie" und „üble, menschenverachtende Entgleisung" (BGH NStZ 2005, 218),
- wenn der Vorsitzende eine **amtsärztliche** Untersuchung des Pflichtverteidigers zum Zweck der Feststellung seiner Verhinderung veranlasst (BGH, NStZ-RR 2014, 97 [Ci/Zi; allerdings verneint, weil der Vorsitzende sich in seiner dienstlichen Erklärung „freimütig und umfänglich" entschuldigt hat]),
- er werde das **Fahrverbot nicht entfallen** lassen und ob der Betroffene bei einer Prostituierten gewesen sei und aus diesem Grund die Aussage verweigere (OLG Koblenz zfs 2004, 186),
- sich dahin, der Angeklagte habe sich aus Rechthaberei über die **Fragwürdigkeit** einer **Rechtsansicht** hinweggesetzt (OLG Bremen NStZ 1991, 95),

Ablehnungsgründe, Befangenheit   A

- sich **sachlich ungerechtfertigt** und droht eine **Inhaftierung** für den Fall an, dass die Einlassung des Angeklagten nicht durch weitere Zeugenaussagen bestätigt würde (BayObLG NJW 1993, 2948),
- sich **spöttisch** zu einer Entlastungszeugin und stellt deren Aussagen auf eine Stufe mit unrealistischen Comicfiguren (KG NJW 2009, 96),
- sich, **nachdem** gegen den bis dahin auf freiem Fuß befindlichen Angeklagten **HB erlassen** worden ist, so, dass der Angeklagte daraus entnehmen muss, dass er nicht in Haft genommen worden wäre, wenn nicht der Verteidiger eines Mitangeklagten einen Antrag auf Aufhebung des gegen seinen Mandanten bestehenden HB gestellt hätte (BGH StV 2002, 116),
- grob unsachlich seinen **Unmut** über **Beweisanträge** des Verteidigers (BGH NStZ 1988, 372; OLG Brandenburg StraFo 2007, 24 [„Es geht lediglich um eine OWi und Sie machen hier so ein Theater."]; s. aber BGH NStZ-RR 1996, 200 [nicht, wenn volkstümlich formuliert wird und sich die Äußerung auf Beweisanträge bezieht, die nach mehrmonatiger Beweisaufnahme, die kurz vor dem Ende steht, gestellt werden]; s. auch noch BGH, Beschl. v. 21.12.2011 – 4 StR 404/11; NStZ-RR 2012, 98 [Ci/Zi]; m.E. Frage des Einzelfalls; s.a. BGH, a.a.O. und NStZ 2000, 325 [Äußerungen müssen im Gesamtzusammenhang gesehen werden]),
- nach der Anordnung der Unterbrechung der HV zur Beratung über Beweisanträge auf die Beanstandung des Verteidigers, die Unterbrechung sei zu kurz, „Meinen Sie, wir könnten die **Anträge noch schneller** ablehnen" (BGH NStZ 2006, 49 [in einem Mordverfahren, in dem fünf Beweisanträge auf Einholung eines SV-Gutachtens gestellt worden waren]),
- sich dem Angeklagten gegenüber **unangemessen** (vgl. BGH StV 1991, 49 [Hinweis auf Todesstrafe in anderen Ländern]),
- sich **verletzend**, „Sie lügen nach Aktenlage unverschämt" (BayObLG NJW 1993, 2948),
- sich zur **Berufung** des Angeklagten, dass er die wenig aussichtsreiche Berufung beim Lesen der Akten und Beiakten nahezu als ein **Ansinnen** an das viel beschäftigte Gericht betrachte (OLG Hamm StV 1998, 64; → *Berufungsrücknahme*, Rdn 673),
- **Zweifel** am **Wahrheitsgehalt** der Äußerungen eines Zeugen (vgl. dazu aber BGH NStZ-RR 2007, 289 [Be.]),
- sich so, dass aus den Äußerungen des (ehrenamtlichen) Richters auf **mangelnde Rechtstreue** geschlossen werden kann (BGH NJW 2010, 2226 für das offene Bekenntnis eines Schöffen zu Methoden der Selbstjustiz und zur Eintreibung von Forderungen mit Hilfe rechtswidriger Drohungen in seiner beruflichen Tätigkeit als Inkassounternehmer jedenfalls dann, wenn eine – wenn auch nur mittelbare – Verbindung eines solchen Verhaltens zu dem Strafverfahren besteht, in dem der ehrenamtliche Richter tätig ist; s. auch die zust. Anm. Gatzweiler StraFo 2010, 291),

A Ablehnungsgründe, Befangenheit

- bei Bezeichnung eines Antrags auf Entpflichtung des Pflichtverteidiger des Angeklagten als „**Theaterdonner**" (a.A. wohl BGH NStZ 2015, 175),
- wenn der abgelehnte Richter in Zusammenhang mit einer **Haftentscheidung** u.a. geäußert hat: „Solche Leute haben in Freiheit nichts zu suchen" (BGH NStZ 2015, 46).

🖉 Der **Richter** kann unbedachtes Verhalten durch Klarstellung und **Entschuldigung beseitigen**. Das muss aber spätestens im Rahmen der dienstlichen Äußerung nach § 26 Abs. 3 geschehen (BGH NStZ 2006, 49; ähnlich NStZ 2009, 701 und BGH NStZ-RR 2014, 97 [Ci/Zi; freimütige und umfängliche Entschuldigung]; krit./abl. *Sommer* NStZ 2014, 615).

86 unberechtigte Ablehnung

- der Richter hat **nicht sofort** über einen Antrag **entschieden** (BGH wistra 2009, 69 [insoweit nicht in NStZ-RR 2009, 85]),
- wenn der Richter eine **Fristverlängerung** nur **kürzer** als vom Verteidiger beantragt gewährt hat (OLG Frankfurt am Main NStZ-RR 2012, 146),
- wenn der Richter im **Ablehnungsverfahren** die zur Entscheidung berufenen Richter **nicht** von sich aus **namhaft gemacht** hat (OLG Frankfurt am Main NStZ-RR 2012, 146; vgl. aber BayObLG NStZ 1990, 200; OLG Koblenz NStZ 1983, 470),
- wenn der Richter im Ablehnungsverfahren **versehentlich zu früh entschieden** hat (BGH NStZ-RR 2015, 66 [Ci/Ni]),
- der Vorsitzende verfügt nicht eine **Unterbrechung** der HV zur **Abgabe** von **Stellungnahmen**, um die kein Verfahrensbeteiligter gebeten hatte (BGH StraFo 2009, 239),
- wenn der Richter nur **unbewusst kein rechtliches Gehör** gewährt hat (OLG Hamm NStZ-RR 2014, 114 [Ls.] m. Anm. *Arnoldi* StRR 2014, 143 für Anordnung zur Fesselung des Angeklagten in der HV),
- **Äußern** einer **Rechtsansicht** vor der HV (BVerfG NJW 1955, 541), und zwar ggf. auch dann noch, wenn das Wort „Unterstellung" verwendet wird (BVerfG StRR 2008, 44 [Ls.]); ähnlich BGH NStZ-RR 2012, 98 [Ci/Zi] für die im Zusammenhang mit einer Abtrennung gemachte Äußerung: „Falls der BGH unsere Rechtsauffassung teilt, werden wir uns wiedersehen"; vgl. aber BGH, Beschl. v. 4.2.2014 – 3 StR 243/13, wenn der Richter in einer möglicherweise entscheidungserheblichen, zwischen den Verfahrensbeteiligten und im Schrifttum streitigen, in der höchstrichterlichen Rechtsprechung noch nicht geklärten Rechtsfrage in eindeutiger Weise Stellung bezogen hat),
- bei **vorläufiger Bewertung** der **Beweislage** (BGH NStZ 2011, 590),
- für die Äußerung des Vorsitzenden, der Verteidiger solle sich nicht so „**aufmandeln**" (BGH NStZ 2011, 228), weil der im bayerischen Sprachraum häufig gebrauchte Begriff zwar eine gewisse Kritik beinhalte, dem Vorwurf gegen den Ver-

teidiger aber durch die Verwendung der lokalen Sprachform die Schärfe genommen werde (m.E. zw.),
- wenn der Richter den Antrags auf Entpflichtung des Pflichtverteidiger des Angeklagten als „**Theaterdonner**" bezeichnet (s. wohl BGH NStZ 2015, 175),
- wenn der Richter zu den Ausführungen des Verteidigers eines Mitangeklagten äußert, diese seinen „**unverschämt**", hätten „**nötigenden Charakter**", gingen über „zulässiges Verteidigungsverhalten hinaus" und sollten „Anlass zu einer entschuldigenden Erklärung" geben (BGH NStZ 2015, 66 [Ls.; zwar keine der Prozesssituation angemessene Reaktion, aber nicht geeignet, aus Sicht des Angeklagten die Besorgnis der Befangenheit zu begründen]),
- für die Äußerung des Richters – im Zivilverfahren „**der Beklagte ziehe den Schwanz ein**" (OLG Stuttgart NJW-RR 2012, 960 [Unmutsäußerung salopper bis derber Art, mit der der Richter aber nur seiner Enttäuschung darüber Ausdruck verliehen hat, dass der Geschäftsführer einer beklagten GmbH trotz Anordnung des persönlichen Erscheinens nicht zum Verhandlungstermin erschienen ist]),
- bei **dienstlichen Beziehungen nur**, wenn es sich um ein besonders enges auf die persönlichen Beziehungen ausstrahlendes Verhältnis handelt, wie z.B. bei Tätigkeit im selben Spruchkörper (BGHSt 43, 16 m.w.N.; OLG Zweibrücken NJW 1968, 1439 [Ls.]; LG Osnabrück Nds.Rpfl. 1980, 17; *Meyer-Goßner/Schmitt*, § 24 Rn 10 m.w.N.),
- i.d.R. wenn → *Erörterungen des Standes des Verfahrens*, Rdn 1491, nach § 257b zur Vorbereitung einer Verständigung nach § 257c durchgeführt werden,
- **Fehler** bei der **Vorbereitung** der **HV** (KK-*Scheuten*, § 24 Rn 8 m.w.N.), es sei denn das Verhalten erscheint willkürlich,
  - was **nicht** der Fall sein soll, wenn das Gericht in einer Haftsache äußert, man könne die Sache auch in der Urlaubsabwesenheit des Verteidigers mit einem anderen Verteidiger durchführen (KG, Beschl. v. 6.8.2003 – 5 Ws 410/03, www.strafverteidiger-berlin.de; m.E. abhängig von den Umständen des Einzelfalls) oder das Gericht die Geständnisbereitschaft des Angeklagten „auslotet" (KG, a.a.O.) oder bei Verkündung einer Haftentscheidung Termine abstimmen will (KG, a.a.O.),
  - nicht, wenn der Vorsitzende die an der **HV beteiligten Berufsgruppen unterschiedlich behandelt** und nur die Durchsuchung der Verteidiger vor der HV anordnet, nicht aber auch die von StA, Justizpersonal und Polizeibeamten (OLG München, Beschl. v. 10.5.2013 – 6 St 3/12; m.E. zumindest zw.),
  - und auch **nicht** bei **Terminierung** eines Verfahrens mit einfacher Sach- und Rechtslage auf den zweiten Tag nach der Urlaubsrückkehr des Verteidigers, nachdem ein festgesetzter Termin wegen dessen Urlaub bereits verlegt worden war, und zwar auch dann nicht, wenn die Ladung des Verteidigers während des Urlaubs erfolgt (BayObLG NStZ-RR 2002, 76 [Ls.],

- sowie ebenfalls **nicht** bei Terminierung **trotz Verhinderung** des **Verteidigers** wenn diese Terminierung wegen des zu beachtenden Beschleunigungsgebots nicht ermessensfehlerhaft war (vgl. BGH NStZ 2007, 163; → *Pflichtverteidiger, Auswahl des Verteidigers*, Rdn 2141),
- **Verfahrensverstöße** oder fehlerhafte Entscheidungen, wie sie jedem Richter unterlaufen können, es sei denn, das prozessuale Vorgehen entbehrt einer ausreichenden gesetzlichen Grundlage und erscheint **willkürlich** (BayObLG MDR 1977, 851; wegen massiver Verstöße gegen das Verfahrensrecht s.o.), aber nicht allein der Umstand, dass ein Spruchkörper eine rechts- oder auch **verfassungswidrige Entscheidung** getroffen hat (BVerfG HRRS 2009 Nr. 218),
- grds. auch bei an den Angeklagten gerichteten **Hinweis** auf das nach dem derzeitigen Verfahrensstand zu erwartende Verfahrensergebnis (BGH NStZ 1989, 467; s. aber BGHSt 37, 99; OLG Bremen StV 1989, 145). Allerdings darf der Richter i.d.R. nicht eine **bestimmte Strafe** in Aussicht stellen (BGHSt 37, 298; s.a. BGHSt 45, 312; → *Absprachen/Verständigung mit Gericht und Staatsanwaltschaft*, Rdn 192),
- Ablehnung der **Einstellung** des Verfahrens nach §§ 153, 153a (OLG Düsseldorf, Beschl. v. 26.5.1999 – 5 Ss 420/98 – 24/99 I),
- nicht allein, wenn der Richter außerhalb der HV **Kontakt** zu einem **Mitangeklagten/ Verteidiger** aufnimmt (BGH NStZ 1988, 467; 2008, 229; 2009, 701; s. aber o. Rdn 84; zur Informationspflicht BGH StV 2011, 72; → *Absprachen mit Gericht und StA*, Rdn 137),
- **Mitgliedschaft** in einer bestimmten **politischen Partei** (vgl. BVerfG NJW 1953, 1097; zuletzt BGH MDR 1992, 934 [H] m.w.N.; zur Ablehnung eines Fraktionsvorsitzenden der DVU, der sich öffentlich deutlich ausländerfeindlich geäußert hat, s.a. LG Bremen StV 1993, 69; a.A. OLG Karlsruhe NJW 1995, 2503 [für öffentliche Sympathiekundgebungen eines Richters für den Bundesvorsitzenden der NPD bei einem Angeklagten ausländischer Herkunft]),
- **Mitgliedschaft** in demselben **Verein** (OLG Schleswig SchlHA 1996, 49 [im Zivilverfahren keine Befangenheit des Richters, wenn er seit kurzem demselben aus 33 Mitgliedern bestehenden Verein – Rotary-Club – angehört wie der Ehepartner einer Prozesspartei; m.E. zw.]),
- allein wegen der **Mitgliedschaft** (einer Schöffin) bei „**Wildwasser e.V.**", und zwar auch dann, wenn dem Angeklagten sexueller Missbrauch von Kindern zur Last gelegt wird (OLG Celle StV 2015, 210),
- allein wegen der **Tätigkeit** des abgelehnten Richters im **Präsidium** des **Gerichts** (BGH NStZ-RR 2013, 153 [Ls., „gänzlich ungeeignet"]),
- der Richter hat dem Angeklagten geraten, sein **Rechtsmittel** wegen geringer Erfolgsaussichten **zurückzunehmen** (OLG Hamm GA 1958, 58; OLG Düsseldorf, NJW

2000, 2038 [Ls.]; vgl. aber auch KG StV 1988, 98; OLG Hamm StV 1998, 64 und o. Rdn 85; → *Berufungsrücknahme*, Rdn 673),
- der Richter hat **sitzungspolizeiliche Maßnahmen** angeordnet, die sachlich gerechtfertigt sind (a.A. LG Hamburg StV 1981, 617 [Zuziehung von Polizeibeamten in Zivil]; s.a. OLG Braunschweig NJW 1995, 2113 [Ausschluss des Rechtsanwalts, der sich in einem Zivilverfahren weigert, die **Robe** zu tragen]; zur unterschiedlichen Behandlung der an der HV beteiligten Berufsgruppen OLG München, Beschl. v. 10.5.2013 – 6 St 3/12),
- i.d.R. **Spannungen** zwischen dem **Richter** und dem **Verteidiger**, auch nicht bei einem sehr gespannten Verhältnis (BGH NJW 1998, 2458, insoweit in BGHSt 44, 26 nicht abgedr.; BGH NStZ 2005, 218; 2008, 349; NStZ-RR 2012, 98 [Ci/Zi]; s. aber OLG Braunschweig StraFo 1997, 76), was vor allem dann gilt, wenn der Verteidiger durch sein **provokatives** Verhalten einen Zusammenstoß mit dem Richter herbeigeführt hat (KK-*Scheuten*, § 24 Rn 11; s.a. *Meyer-Goßner/Schmitt*, § 24 Rn 11 m.w.N.; zu Spannungen im Verhältnis zur StA BGH NStZ-RR 2013, 168),
- i.d.R. nicht, wenn die Spannungen erst **im Verfahren entstanden** sind (BGH NStZ 2005, 218; Beschl. v. 9.6.2009 – 4 StR 461/08),
- auch dann nicht, wenn bei erheblich gespannter Atmosphäre Äußerungen fallen wie: „Ich **verbitte** mir Ihre **Belehrungen**" (BGH NStZ 1995, 18 [K]),
- das Gericht **schaltet** ein vom Verteidiger benutztes **Mikrofon ab**, nachdem dieser seine Sprachlautstärke so gesteigert hat, dass er auch ohne technische Hilfsmittel von allen Beteiligten gut zu verstehen ist (BGH, a.a.O.),
- auch nicht bei **verbalen Entgleisungen**, wenn der Richter äußert, er habe es nicht zu vertreten, wenn die Verteidigung zu faul sei, die Akten zu lesen und der Umstand, ein Kriminalbeamter habe ggf. die Akten nicht ordentlich bearbeitet, sei ein Hirngespinst (LG Köln StraFo 1995, 27; m.E. zw.),
- ggf. aber **dann**, wenn die Kontroverse zwischen Richter und Verteidiger durch **Verfahrensrechte** des Angeklagten **verletzende Handlungen** ausgelöst worden ist (BGH StV 1995, 396; s. dazu aber a. OLG Brandenburg StraFo 1997, 76),
- auch nicht bei Spannungen zwischen Verteidiger und Richter, die ihre **Ursache** in einem **anderen Verfahren** haben, wenn der Angeklagte nicht darauf schließen kann, dass der Vorsitzende eine eventuelle Abneigung gegen den Verteidiger auf ihn und seine Sache im nun anhängigen Verfahren überträgt (s. OLG Hamm StraFo 2004, 415; vgl. dazu auch *Zwiehoff* JR 2006, 415);
- wohl aber, wenn das **Gericht** erst aufgrund eines nicht offensichtlich unbegründeten Befangenheitsantrags überzogene, ungewöhnlich drastisch formulierte, als unsachliche Beanstandung der Verteidigerrechtsausübung aufzufassende **Kritik** an einem Tage zuvor stattgefundenen Verhalten des Verteidigers (hier „taktlose Torheit oder abgefeimte Perfidie" und „üble, menschenverachtende Entgleisung"), übt (BGH NStZ 2005, 218).

> *Entscheidend* ist, ob der **Angeklagte** den **Eindruck** haben muss, der Richter werde aufgrund der Spannungen zu dem Verteidiger ihm gegenüber nicht mehr unbefangen urteilen. Deshalb soll, wenn zwischen dem Richter und dem Verteidiger **Spannungen** in einem so **erheblichen Ausmaß** bestehen, dass das gegenseitig zu Strafanzeigen, Dienstaufsichtsbeschwerden und Verfahren vor dem Ehrengerichtshof der Anwaltskammer geführt hat, der Verteidiger im Interesse seines jeweiligen Mandanten diesen Richter in jedem Verfahren, in dem er vor diesem Richter auftreten muss, als befangen ablehnen können (OLG Hamm NJW 1951, 731; m.E. zw.; zur Richterablehnung wegen Spannungen zwischen Verteidiger und Richter s.a. *Müller* NStZ 1995, 380 [Rspr.-Übersicht] und aus neuerer Zeit *Latz*, S. 357 ff.).

- bei etwaigen **Spannungen** zwischen einem **Richter** und einem bestimmten **StA**, da i.d.R. aus dieser persönlichen Ebene – jedenfalls soweit es nicht um den Angeklagten selbst geht – nicht allgemein Rückschlüsse auf eine Voreingenommenheit in der Sache geschlossen werden kann, falls keine besonderen Umstände hinzutreten (BGH NStZ-RR 2013, 168 [Befangenheit in dem Fall allerdings bejaht]),
- i.d.R. **Spannungen** zwischen dem **Richter** und einem **SV**, es sei denn, der Angeklagte kann daraus ausnahmsweise ableiten, der Richter sei aufgrund der Spannungen (auch) ihm gegenüber nicht mehr unparteiisch und unbefangen (BGH NJW 1998, 2458 [verneint bei Unmut über verspätete Gutachtenerstellung]; ähnl. BGH 2004, 356),
- der Richter hat nach der Sachlage verständliche **Unmutsäußerungen** gemacht (BGHSt 27, 96 [„Theater"]; BGH MDR 1971, 17 [D; „Dummes Geschwätz"]; s.a. BGH StV 2004, 356; NStZ-RR 2012, 98 [Ci/Zi; „lachhaft"]),
- Ablehnung der **Unterbrechung** zur **Vorbereitung** der **Schlussvorträge**, wenn angekündigt worden war, dass diese gehalten werden sollen (BGH, Urt. v. 5.7.2007 – 4 StR 540/06),
- der Richter hat dem Angeklagten in nachdrücklicher Weise **Vorhalte** gemacht (BGH MDR 1957, 16 [D]),
- **Zugehörigkeit** des Richters zu einer **Religion**, Weltanschauung, Rasse, einem anderen Geschlecht oder einem bestimmten Familienstand (*Meyer-Goßner/Schmitt*, § 24 Rn 9 m.w.N.).

87 6. Schließlich können ggf. **persönliche Beziehungen** zwischen dem **Richter** und dem **Angeklagten**, dem Verletzten oder auch einem Zeugen, z.B. bei Verlobung oder enger Freundschaft (vgl. LR-*Siolek*, § 24 Rn 20 m.w.N.; zur nichtehelichen Lebensgemeinschaft *Burhoff* StRR 2008, 287, 290) die Besorgnis der Befangenheit begründen. Ist der Richter mit der Verteidigerin **verheiratet**, dürfte er stets befangen sein (vgl. LSG Rheinland-Pfalz, Urt. v. 25.3.1993 – L 5 Sb 20/93, in: Bibliothek BSG; OLG Jena OLG – NL 1999, 222 [für Zivilverfahren]). Das gilt insbesondere auch für die Ehe zwischen Richter und sachbearbeitendem StA (*Ellbogen/Schneider* JR 2012, 188; *Ignor* ZIS 2012, 228, 232; AG Kehl NStZ-RR 2014, 224 [Ls.; Befangenheit im Bußgeldverfahren, wenn StA und Richterin verheiratet sind]; zur „Gesamtschau" von Ablehnungsgründen anschaulich BGH NStZ-RR 2013, 168 für Spannungen im Verhältnis zur StA). In diesen Fällen dürfte der Richter auch verpflichtet sein, auf seine Ehe hinzuweisen, um so ein faires Verfahren zu gewährleisten.

Auch, wenn der zuständige Richter und ein Verfahrensbeteiligter, wie z.B. die Hauptzeugin als Verletzte, als Kollegen in demselben Spruchkörper tätig sind, kann Befangenheit in Betracht kommen (vgl. OLG Düsseldorf NJW 2010, 1158 [Ls.]), wenn das dienstliche Verhältnis so eng ist, dass es auf die persönliche Beziehung ausstrahlt (zu engen **dienstlichen Kontakten** zu einem Verfahrensbeteiligten, auch BGH NStZ 2007, 475; NStZ-RR 2013, 86; wistra 2009, 446; *Meyer-Goßner/Schmitt*, § 24 Rn 10). Befangenheit kann auch zu besorgen sein, bei einer über eine persönliche Bekanntschaft hinausgehenden **Freundschaft** des **Richters** zum **Rechtsanwalt**, die ihren Ausdruck u.a. darin gefunden hat, dass der Rechtsanwalt Trauzeuge des abgelehnten Richters bei dessen Eheschließung war, da diese freundschaftliche Beziehung so eng ist, dass sie aus der Sicht eines Dritten mit einem verwandtschaftlichen Verhältnis vergleichbar ist (OLG München IBR 2013, 256 für das Zivilrecht; vgl. aber auch OLG Naumburg, Beschl. v. 19.7.2012 – 3 WF 156/12 Abl). Die Besorgnis der Befangenheit lässt sich aber nicht allein damit begründen, dass die **Tochter** des (Rechtsmittel-)Richters an der tatrichterlichen Hauptverhandlung als Sitzungsvertreterin der StA teilgenommen hat (BGH StRR 2012, 22 m. Anm. *Deutscher*) oder der Bruder eines Senatsvorsitzenden als Nebenklägervertreter im Ausgangsverfahren tätig war (BGH, Beschl. v. 14.5.1998 – 1 StR 171/98). Auch allein **dienstliche** Beziehungen des Richters zu dem Beschuldigten, der ebenfalls Richter ist, sollen ebenso nicht ausreichen (BGH wistra 2009, 446) wie private **freundschaftliche Beziehungen** des Richters zum **Verfahrensbevollmächtigten**, auch wenn über das Verfahren gesprochen worden ist (LSG Sachsen, Beschl. v. 27.9.2011 – L 7 SF 114/11 AB für das Sozialrecht).

Siehe auch: → *Ablehnung eines Richters, Allgemeines*, Rdn 8 m.w.N.; → *Ausschluss eines Richters*, Rdn 440.

Ablehnungsverfahren

> **Das Wichtigste in Kürze:**
> 1. Die an der Entscheidung beteiligten Richter sind auf Antrag namhaft zu machen (§ 24 Abs. 2 S. 2).
> 2. Der Ablehnungsgrund und ggf. die Voraussetzungen der Rechtzeitigkeit des Ablehnungsantrags sind glaubhaft zu machen.

A Ablehnungsverfahren

> 3. I.d.R. muss sich der abgelehnte Richter dienstlich äußern.
> 4. Die Entscheidung des Gerichts ergeht durch Beschluss.
> 5. Nach § 29 Abs. 1 kann der abgelehnte Richter vor Erledigung des Ablehnungsgesuchs nur noch solche Handlungen vornehmen, die unaufschiebbar sind.

90 Literaturhinweise: **Drees**, Die Entscheidung des Vorsitzenden über den Zeitpunkt der Anbringung von Ablehnungsgesuchen, NStZ 2005, 184; **Gaede**, Absoluter Revisionsgrund und Besorgnis der Befangenheit bei Überdehnung des § 26a StPO durch den Richter in eigener Sache, HRRS 2005, 309; **Günther**, Unzulässige Ablehnungsgesuche und ihre Bescheidung, NJW 1986, 281; **Janssen**, Rückwirkung von stattgebenden Beschlüssen zur Richterablehnung wegen der Besorgnis der Befangenheit, StV 2002, 170; **Meyer-Goßner**, Entgegnung zu *Meyer-Mews*, StraFo 2008, 182, StraFo 2008, 415; *ders.*, Replik, StraFo 2008, 417; **Meyer-Mews**, Verfahrensbeendigung durch den abgelehnten Richter, StraFo 1998, 47; *ders.*, Der Befangenheitsantrag nach erfolgloser Gegenvorstellung, StraFo 2000, 369; *ders.*, Ablehnungsrecht für Feinschmecker: Der erkennende Richter i.S.d. § 28 Abs. 2 S. 2 StPO, StraFo 2008, 25; *ders.*, Erwiderung auf *Meyer-Goßner*, StraFo 2008, 416; **Rabe**, Zur Zulässigkeit eines Ablehnungsgesuchs gem. § 26a I Nr. 2 StPO, NStZ 1996, 369; **Richter II**, Marginalien zum Ablehnungsrecht – Zur Dienstlichen Äußerung des abgelehnten Richters, in: Festschrift für *Rainer Hamm* zum 65. Geburtstag, S. 587; **Sieg**, Zum Begriff des erkennenden Richters i.S.d. § 28 Abs. 2 Satz 2 StPO, StV 1990, 283; **Sommer**, Befangenheit und tätige Reue, NStZ 2014, 615; s.a. die Hinw. bei → *Ablehnung eines Richters, Allgemeines*, Rdn 8.

91 1. Die Entscheidung, ob ein Ablehnungsgesuch gestellt werden soll oder nicht (s. dazu → *Ablehnungsantrag*, Rdn 48, mit Antragsmuster, Rdn 61, und → *Ablehnung eines Richters, Allgemeines*, Rdn 12 f. m.w.N.), setzt voraus, dass die an der Entscheidung beteiligten Richter bekannt sind. Deshalb sieht das Gesetz in § 24 Abs. 3 S. 2 vor, dass ein → *Ablehnungsberechtigter*, Rdn 62, die **Namhaftmachung** der zur Mitwirkung bei der Entscheidung berufenen Personen **verlangen** kann und diese namhaft zu machen sind. Das kann zur Konkretisierung des Anspruchs auf rechtliches Gehör für jede richterliche Maßnahme verlangt werden (BayObLG NStZ 1990, 200, 201; OLG Koblenz NStZ 1983, 470; OLG Frankfurt am Main NStZ-RR 2012, 146), also z.B. auch für ein bereits gestelltes Ablehnungsgesuch, um entscheiden zu können, ob die darüber zur Entscheidung berufenen Richter ggf. selbst abgelehnt werden müssen (zur Problematik der sog. Ringablehnung vgl. a. BGH NStZ 1994, 447). § 24 Abs. 3 S. 2 gilt allerdings dann nicht, wenn das Ablehnungsgesuch ohne Ausscheiden der abgelehnten Richter nach § 26a Abs. 2 S. 1 als unzulässig zu verwerfen ist (BGH NStZ 2007, 416; NStZ-RR 2006, 85; 2012, 314).

92 Die **Mitteilung** obliegt dem **Vorsitzenden**, sie erstreckt sich nicht auf Auskünfte über die Person des Richters, seine Ausbildung, Auffassungen und ähnliche Daten und auch nicht auf den Protokollführer (BayObLG [*Rüth*] DAR 1989, 368; OLG Koblenz NStZ 1983, 470). Die Mitteilung ist so rechtzeitig zu machen, dass der Ablehnungsberechtigte ermitteln kann, ob Ablehnungsgründe bestehen (BayObLG, a.a.O.). Ist die Mitteilung gemacht, muss ein späterer Richterwechsel von Amts wegen mitgeteilt werden (BayObLG NStZ 1990, 200). Nach erfolgreicher Ablehnung besteht aber keine Pflicht zur Bekanntgabe des nachrückenden Richters (BVerfG NJW 1998, 369 [für Zivilverfahren]).

Die Mitteilung erfolgt nur „**auf Verlangen**". Eine Mitteilungspflicht besteht dann nicht, wenn das Ablehnungsgesuch nach § 26a als unzulässig ohne Ausscheiden des abgelehnten Richters verworfen werden soll (BGH NStZ 2007, 416) und auch nicht, wenn Namhaftmachung nicht verlangt worden ist (OLG Frankfurt am Main NStZ-RR 2012, 146). 93

> Die Verweigerung der Namhaftmachung kann für eine Ablehnung in der HV **nicht** mit der **Beschwerde** angefochten werden. Es gilt § 305 S. 1. Auf die **Verweigerung** der **Namhaftmachung** kann später die Revision nur gestützt werden, wenn der **Antrag in** der **HV wiederholt** und Aussetzung beantragt worden ist (BayObLG MDR 1988, 339; zum notwendigen Inhalt der Revisionsbegründung s. BayObLG NStZ 1990, 200; *Meyer-Goßner/Schmitt*, § 24 Rn 22).
>
> Nach Auffassung des OLG Frankfurt am Main (a.a.O.) kann auch auf eine unterbliebene Namhaftmachung nicht die Befangenheit des die Namhaftmachung unterlassenden Richters gestützt werden.

2.a) Nach § 26 Abs. 2 sind der Ablehnungsgrund und in den Fällen des § 25 Abs. 2 die Voraussetzungen der Rechtzeitigkeit des → *Ablehnungsantrags*, Rdn 48, **glaubhaft** zu machen. Glaubhaftmachung bedeutet, dass die behaupteten Tatsachen so weit bewiesen werden müssen, dass das Gericht sie für **wahrscheinlich** hält; die volle Überzeugung von der Richtigkeit der behaupteten Tatsache muss dem Gericht also nicht verschafft werden (vgl. u.a. zuletzt BGH NStZ-RR 2001, 258 [Be] m.w.N.). Von der Glaubhaftmachung kann **abgesehen** werden, wenn sich der Ablehnungsgrund aus den Akten ergibt (BGH NStZ 2001, 161; 2015, 175; OLG Düsseldorf NJW 2006, 3798; KK-*Scheuten*, § 26 Rn 4) oder wenn er sonst **gerichtsbekannt** ist (BGH NStZ 2007, 161; OLG Düsseldorf NJW 2006, 3798; *Meyer-Goßner/Schmitt*, § 26 Rn 6 m.w.N.) oder der Antrag Wahrnehmungen des Verteidigers enthält, wobei das Fehlen einer anwaltlichen Versicherung grds. unschädlich ist (BGH, a.a.O.). 94

b) Mittel der Glaubhaftmachung sind nach § 26 Abs. 2 und 3 grds. nur **schriftliche Erklärungen**, insbesondere eidesstattliche Versicherungen von Zeugen oder des Verteidigers. Der **Ablehnende selbst** kann die Richtigkeit seiner Angaben **nicht** beschwören und auch nicht an Eides statt versichern. Eine gleichwohl abgegebene Erklärung wird als einfache Erklärung des Antragstellers gewertet (*Meyer-Goßner/Schmitt*, § 26 Rn 9). Unbeschränkt zulässig sind schriftliche, u.U. auch fremdsprachige (vgl. OLG Bamberg NStZ 1989, 335) Erklärungen von **Zeugen**, die die Richtigkeit ihrer Erklärungen **eidesstattlich versichern** können. 95

> Die bloße Benennung von Zeugen reicht i.d.R. zur Glaubhaftmachung nicht aus. Sie reicht **nur** dann aus, wenn der Ablehnende eine schriftliche **Äußerung** der Auskunftsperson **nicht erlangen** kann, sei es, dass ihm der Zeuge die schriftliche Bestäti-

gung verweigert, sei es, dass er ihn nicht unverzüglich erreichen kann (BGHSt 21, 334, 337; OLG Düsseldorf NJW 1985, 2207; StV 1987, 428 [Ls.]). Es ist dann aber **glaubhaft** zu **machen**, dass einer dieser Gründe vorliegt (BGH, a.a.O.; *Meyer-Goßner/ Schmitt*, § 26 Rn 11 m.w.N.).

96 Der Ablehnende kann sich nach § 26 Abs. 2 S. 3 auch auf das **Zeugnis** des abgelehnten **Richters** berufen, was allerdings vom Verteidiger ausdrücklich erklärt werden muss (OLG Frankfurt am Main NJW 1977, 767; a.A. OLG Celle Nds.Rpfl. 1982, 100). Schließlich kann der **Verteidiger** seine eigenen Handlungen, Unterlassungen und Beobachtungen „**anwaltlich**" **versichern** (BGH NStZ 2007, 161; OLG Köln NJW 1964, 1038). Teilt der Verteidiger die den Ablehnungsantrag begründenden Tatsachen als eigene Wahrnehmungen mit, bedarf es für die Zulässigkeit des Antrags grds. nicht der ausdrücklichen Angabe des Mittels der Glaubhaftmachung (BGH NStZ 2007, 161; BayObLG StV 1995, 7).

> Es ist im Übrigen dem **Gericht überlassen, wie** es sich **Kenntnis** vom Bestehen oder Nichtbestehen der für die Entscheidung über das Ablehnungsgesuch maßgeblichen Tatsachen verschaffen will (BGH NStZ 2011, 228).

97 3. Nach § 26 Abs. 3 muss sich der abgelehnte **Richter**, wenn das Ablehnungsgesuch nicht offensichtlich unbegründet ist, **dienstlich äußern** (OLG Hamburg StV 2015, 15 [zwingende Voraussetzung]). Die abgegebene dienstliche Äußerung des abgelehnten Richters ist zur Gewährung des **rechtlichen Gehörs** dem Antragsteller, also i.d.R. dem **Verteidiger** und dem Angeklagten, der StA und den übrigen Beteiligten mitzuteilen, anderenfalls ist das Ablehnungsverfahren fehlerhaft (BGH NStZ 1983, 354 [Pf/M]; OLG Hamburg, a.a.O.). Das rechtliche Gehör wird schon dadurch gewährt, dass der **Verteidiger Gelegenheit** bekommt, sich zu äußern. Auf die Kenntnis des Angeklagten kommt es insoweit nicht an (KK-*Scheuten*, § 26 Rn 8). Dem Verteidiger muss aber ausreichend Zeit gewährt werden, zu der dienstlichen Äußerung Stellung zu nehmen. Eine Stellungnahmefrist von (nur 15 Minuten ist nicht ausreichend und verletzt den Anspruch auf rechtliches Gehör, OLG Naumburg zfs 2015, 293 für das Bußgeldverfahren).

98 Wird die **Mitteilung** der dienstlichen Äußerung **unterlassen**, kann der Berechtigte nach Bekanntgabe des sein Ablehnungsgesuch zurückweisenden Beschlusses und damit auch des wesentlichen Inhalts der dienstlichen Äußerung sein **Ablehnungsgesuch erneuern** (KK-*Scheuten*, a.a.O.). Das Fehlen der dienstlichen Äußerung ist aber dann unschädlich, wenn der zu beurteilende Sachverhalt eindeutig feststeht (BGH NStZ 2008, 117). Dienstlicher Äußerungen bedarf es allerdings dann nicht, wenn das Ablehnungsgesuch nach § 26a als unzulässig verworfen werden soll (BGH NStZ-RR 2012, 314).

✍ Der Verteidiger muss sich überlegen, ob er sein „erneuertes" Ablehnungsgesuch **nun** nicht (**auch** noch) **darauf** stützt, dass ihm die dienstliche Äußerung des abgelehnten Richters **nicht bekannt** gemacht worden ist. Enthält die dienstliche Äußerung eines Richters Fehler bei der Darstellung des Verfahrensablaufs, kann das den Verdacht mangelnder Sorgfalt rechtfertigen, worin ein **selbstständiger Ablehnungsgrund** liegen kann (OLG Frankfurt am Main MDR 1978, 409). Ein Grund zur erneuten Ablehnung kann auch darin liegen, dass der abgelehnte Richter sich **weigert**, eine konkrete dienstliche Äußerung zu einem Befangenheitsgesuch abzugeben (AG Bergheim StV 1998, 534).

Entschuldigt sich der Vorsitzende in seiner dienstlichen Erklärung „freimütig und umfänglich", soll das nach Auffassung des BGH (vgl. NStZ 2012, 168) die Besorgnis der Befangenheit offenbar entfallen lassen (können) (vgl. auch StV 2004, 356 und NStZ 2009, 701; 2012, 168; krit. abl. *Sommer* NStZ 2014, 615). Allerdings können durch Erklärungen des abgelehnten Richters in der dienstlichen Äußerung die Ablehnungsgründe auch „**intensiviert**" werden (BGH NJW 2014, 2372; NStZ-RR 2015, 65 [Ci/Ni]; anschaulich auch BGH NStZ-RR 2013, 168).

4. Zu den möglichen **Entscheidungen** über das Ablehnungsgesuch ist hier nur auf Folgendes hinzuweisen:

aa) Soll das Gesuch als **unzulässig** verworfen werden, wird darüber gem. § 26a Abs. 2 entschieden, ohne dass der abgelehnte Richter ausscheidet (vgl. dazu BGH NStZ 1994, 447); die Entscheidung hat durch die in der HV tätigen Berufsrichter und Schöffen zu erfolgen (BGH NStZ 2015, 175 m.w.N.). Als unzulässig verworfen wird ein Ablehnungsgesuch, wenn es **verspätet** ist, ein **Grund** zur Ablehnung oder ein Mittel zur **Glaubhaftmachung nicht** angegeben wird oder durch die Ablehnung offensichtlich das Verfahren nur verschleppt oder nur **verfahrensfremde** Zwecke verfolgt werden (wegen der Einzelh. vgl. insoweit die Komm. bei *Meyer-Goßner/Schmitt*, § 26a Rn 4a ff. und in KK-*Scheuten*, § 26a; *Bertram* NStZ 1996, 369).

99

Zur **Unzulässigkeit** eines Ablehnungsgesuchs folgende

100

Rechtsprechungsbeispiele:

- Ablehnungsgesuch mit **rechtlich** (gänzlich) **ungeeigneter** Begründung (BGH NStZ 1999, 311; 2006, 644; vgl. dazu a. BVerfG NJW 2005, 3410; StraFo 2006, 232 und BGH NStZ 2004, 630), wobei allerdings im Hinblick auf das Recht auf den gesetzlichen Richter ein strenger Maßstab anzulegen ist (BGH NStZ 2006, 644; 2012, 45),

  ✍ Entscheidend für die **Abgrenzung** einer (unzulässigen) Ablehnung mit völlig ungeeigneter Begründung von einem „offensichtlich unbegründeten" Ablehnungsgesuch, das von § 26a Abs. 1 Nr. 2 nicht erfasst und damit nach § 27 (vgl. dazu Rdn 101) zu bescheiden ist, ist die Frage, ob das Ablehnungsgesuch ohne nähere Prüfung und losgelöst von den konkreten Umständen des Einzelfalls zur Begründung der Besorgnis der Befangenheit gänzlich ungeeignet ist (BGH NStZ 2010, 401; 2012, 45).

- Ablehnungsgesuch mit „**abstrusen**" **Vorbehalten** gegenüber Angehörigen einer bestimmten Bevölkerungsgruppe (BGH NStZ-RR 2002, 66 [Be]; s.a. BGH NStZ-RR 2001, 258 [Be]),
- mit dem Ablehnungsgesuch werden **verfahrensfremde Zwecke**, nämlich eine **Prozessverschleppung** (zuletzt u.a. BGH NStZ 2011, 294 [Wiederholung gleichlautender Anträge]; wistra 2009, 446; NStZ-RR 2011, 99 [Ci]) oder die „Blockade" des Gerichts verfolgt (OLG Bremen NStZ-RR 2012, 285 [Ls.]),
- Ablehnungsgrund **nicht** einmal ansatzweise **substantiiert** (BVerwG NJW 1997, 3327),
- Ablehnungsgesuch wird lediglich damit begründet, der Richter sei an einer **Vorentscheidung** zulasten des Angeklagten beteiligt gewesen (BGHSt 50, 216, 221; BGH NJW 2006, 2864; NStZ 2014, 725; StraFo 2006, 452), es sei denn, es liegen Umstände vor, die über die Vorbefassung und die ggf. damit verbundenen Äußerungen hinausgehen (BGH NStZ 2006, 705; 2008, 46),
- wenn die Ablehnung (nur) darauf gestützt wird, dass der abgelehnte Richter als **Mitglied** des **Präsidiums** des Gerichts tätig gewesen ist (BGH NStZ-RR 2013, 153 [Ls.]),
- **nicht**, wenn das Ablehnungsgesuch auf die – nicht nur pauschal erhobene – Behauptung der **willkürlichen Ablehnung** eines **früheren Ablehnungsgesuchs** gestützt wird (BVerfG NStZ-RR 2007, 275, 276; BGH NStZ-RR 2008, 246),
- **nicht** schon dann, wenn das Ablehnungsgesuch **offensichtlich unbegründet** ist (BVerfG NStZ-RR 2007, 275 f.; BGH StraFo 2004, 238; zur Abgrenzung von „gänzlich ungeeignet" s. BGH NStZ 2010, 401).

101 Nach der **Rspr.** des **BVerfG** (NJW 2005, 3410; 2006, 3129) sind die Gerichte verpflichtet, das Ablehnungsgesuch seinem Inhalt nach **vollständig** zu **erfassen** und ggf. **wohlwollend auszulegen**. Es darf nicht unter dem Vorwand der Zulässigkeitsprüfung tatsächlich bereits eine Begründetheitsprüfung durchgeführt werden (vgl. BGH NStZ 2008, 46 [äußerste Zurückhaltung]). Wird diese Grenze überschritten, also z.B. dann, wenn ein auch nur geringfügiges Eingehen auf den Verfahrensgegenstand erforderlich ist, kann das die Besorgnis der Befangenheit begründen. Dem ist zuzustimmen, da von einer willkürlichen Verwerfung des Ablehnungsantrags das Recht auf den gesetzlichen Richter betroffen ist (s.a. → *Ablehnungsgründe, Befangenheit*, Rdn 79; zu den revisionsrechtlichen Auswirkungen s. BVerfG, a.a.O.; BGHSt 50, 216 [Revisionsgrund des

§ 338 Nr. 3 gegeben]). Der abgelehnte Richter darf daher nur an einer bloß formalen Prüfung teilnehmen, nicht hingegen an einer inhaltlichen (BVerfG, a.a.O.; BGH NJW 2005, 3434; NStZ 2015, 175; OLG Schleswig StV 2008, 290). Er darf sich grds. nicht zum **Richter „in eigener Sache"** machen (vgl. BGH NStZ 2010, 401; 2012, 45 [Entscheidung über ein zweites Ablehnungsgesuch, das mit einem ersten zurückgewiesenen in engem Zusammenhang steht]; dazu a. noch BGH wistra 2009, 446, wonach der Richter ggf. aber nicht umhin kann, eigenes Prozessverhalten zu bewerten.

> ☞ Die vorstehenden Grundsätze gelten auch bei der Verwerfung des Ablehnungsantrags wegen **„verfahrensfremder Zwecke"**. Auch die müssen offen zutage treten und ohne Auseinandersetzung mit den vorgebrachten Ablehnungsgründen erkennbar sein (OLG Celle StV 2007, 627 [Ls.]).

bb) Wird das Gesuch **nicht** als **unzulässig** verworfen, entscheidet nach § 27 Abs. 1 über das Ablehnungsgesuch das Gericht, dem der abgelehnte Richter angehört, ohne dessen Mitwirkung und die Strafkammer ohne Schöffen (vgl. Abs. 2), durch **Beschluss**, der verkündet oder zugestellt wird (zur Entscheidungszuständigkeit eingehend KK-*Scheuten*, § 27 Rn 2 ff.; zur [i.d.R. zu verneinenden] Frage, ob ein Richter an der Entscheidung über ein Ablehnungsgesuch mitwirken darf, das darauf gestützt wird, der abgelehnte Richter hätte das ursprünglich gegen ihn gerichtete Ablehnungsgesuch zu Unrecht als unbegründet verworfen, s. BGH NJW 1984, 1907, 1909; s.a. BVerfG NJW 1995, 2914).

102

In Lit. und Rspr. ist **umstritten**, in welcher **Reihenfolge** über Ablehnungsgesuche gegen **mehrere erkennende** Richter zu **entscheiden** ist (vgl. die Nachw. bei *Meyer-Goßner/ Schmitt*, § 27 Rn 4). Insoweit gilt:

103

- Für Fälle, in denen die Ablehnungsgesuche **gleichzeitig eingereicht** und auf den gleichen Grund gestützt werden, hält die überwiegende Meinung eine einheitliche Entscheidung für geboten (s.u.a. OLG Frankfurt am Main StV 1984, 499; OLG Hamburg MDR 1984, 512).
- Nach der Rspr. des BGH (NJW 1996, 1159) ist aber (jedenfalls) in Fällen **nacheinander eingehender** und unterschiedlich begründeter Ablehnungsgesuche eine sukzessive Entscheidung in der Reihenfolge des Eingangs zu treffen. Wird aber ein Ablehnungsgesuch zugleich gegen mehrere erkennende Richter eingereicht, ist ein einheitlicher Beschluss jedoch dann möglich, wenn die Ablehnungsgesuche in Verbindung miteinander stehen (BGH NJW 1998, 2458; s.a. BayObLG NStZ-RR 2001, 49).

> ☞ Gesetzlicher Richter für den Beschluss über ein Ablehnungsgesuch ist i.Ü. der im **Zeitpunkt** der **Entscheidung** – nicht der Antragstellung – berufene Richter (BGH, a.a.O.; zur sog. Ringablehnung s. BGH NStZ 1994, 447; zu allem a. KK-*Scheuten*, § 27 Rn 3 ff.).

| A | Ablehnungsverfahren |

104 5.a) Nach § 29 Abs. 1 kann der abgelehnte Richter vor Erledigung des Ablehnungsgesuchs nur noch solche **Handlungen** vornehmen, die **unaufschiebbar** sind (vgl. dazu *Meyer-Goßner/Schmitt*, § 29 Rn 4 m.w.N.). Unaufschiebbar sind solche Handlungen, die wegen ihrer Dringlichkeit nicht warten können, bis ein Ersatzrichter eintritt (BGHSt 48, 264; BGH NStZ 2002, 429). Dazu gehört ggf. bei einem erst in der Nacht vor dem ersten HV-Termin gestellten Ablehnungsantrag ggf. auch der Beginn des HV (BGHSt 48, 264; a.A. OLG Düsseldorf StV 1994, 528 [für einen eine Woche vor Beginn der HV gestellten Ablehnungsantrag]). Zeugenvernehmungen können dazu gehören, wenn anderenfalls der Verlust des Beweismittels eintritt. Allein der Umstand, dass ein Zeuge von weit her anreisen muss, begründet aber noch nicht die Unaufschiebbarkeit der Maßnahme (BGH NStZ 2002, 429). Nach Beginn der HV ist die Verlesung der Anklage und die Feststellung der Eröffnung des Verfahrens aufschiebbar (BGHSt 48, 264).

> Nach der Rspr. des BGH, stellt die Entscheidung des Vorsitzenden, die HV nach Stellung eines Befangenheitsgesuchs fortzusetzen, eine Maßnahme der → *Verhandlungsleitung*, Rdn 2889, i.S. des **§ 238 Abs. 1** dar mit der Folge, dass sie mit der Revision in zulässiger Weise nur beanstandet werden kann, wenn hierüber eine Entscheidung des Gerichts herbeigeführt worden ist. Das gilt auch für die umgekehrte Fallkonstellation, dass nämlich die Verhandlung auf Anordnung des Vorsitzenden nicht fortgesetzt, sondern bis zur Entscheidung über das Ablehnungsgesuch unterbrochen wird (BGH NStZ 2002, 429; offen gelassen von BGH, Beschl. v. 24.2.2015 – 4 StR 444/14).

105 Wird der Richter **während** der **HV** abgelehnt, gilt **§ 29 Abs. 2 S. 1**. Danach kann die HV, wenn die Entscheidung über das Ablehnungsgesuch eine → *Unterbrechung der Hauptverhandlung*, Rdn 2701, erfordern würde, so lange fortgesetzt werden, bis eine Entscheidung über die Ablehnung ohne Verzögerung der HV möglich ist. Das bedeutet, dass eine ggf. gerade begonnene Beweisaufnahme, z.B. die Vernehmung eines Zeugen, zu Ende geführt werden kann, nicht aber, dass weitere Beweiserhebungen neu begonnen werden dürfen. Bei der Auslegung sind Sinn und Zweck der Vorschrift heranzuziehen. Die Vorschrift soll einerseits Verfahrensverzögerungen durch Missbrauch vorbeugen, andererseits aber auch sicherstellen, dass der Angeklagte nicht länger als unbedingt nötig mit einem von ihm als befangen angesehenen Richter verhandeln muss. § 29 Abs. 2 gilt i.Ü. **nicht**, wenn das Ablehnungsgesuch schon **vor der HV** gestellt war. Über den Antrag ist nach § 29 Abs. 2 S. 1 Hs. 2 spätestens bis zum Beginn des übernächsten Verhandlungstages und stets vor Beginn der Schlussvorträge zu entscheiden.

> Die Entscheidung, die HV nach der Ablehnung fortzusetzen, ist eine Maßnahme der → *Verhandlungsleitung*, Rdn 2889. Der Verteidiger kann die Unzulässigkeit der Fortsetzung mit der Revision später nur rügen, wenn er nach § 238 vorgegangen ist (BGH

NStZ 2002, 429 m.w.N.; *Meyer-Goßner/Schmitt*, § 29 Rn 11 [„geboten"]). Offengelassen hat der BGH (a.a.O.) die Frage, ob das auch für den umgekehrten Fall gilt. Der BGH hat jedoch ausgeführt, dass das jedenfalls „naheliegt". Der Verteidiger muss also sowohl die **Fortsetzung** als auch die **Nichtfortsetzung** nach **§ 238 beanstanden** und ggf. einen Gerichtsbeschluss herbeiführen.

Ein **Verstoß** gegen § 29 macht eine Entscheidung des abgelehnten Richters aber **nicht unwirksam** (OLG Hamm NStZ 1999, 530 [Ls.]; s. dazu a. für den EÖB OLG Frankfurt am Main StV 2001, 496 und *Janssen* StV 2002, 170). Der rein formale Verstoß führt auch nicht zur Begründetheit der Revision (BGHSt 48, 264). Wird jedoch bewusst keine Entscheidung über das Ablehnungsgesuch herbeigeführt, liegt ein Verstoß gegen Art. 101 Abs. 1 Satz 2 GG unabhängig davon vor, ob das Ablehnungsgesuch der Sache nach unbegründet war oder rechtsfehlerfrei nach § 26 als unzulässig hätte verworfen werden können (KG StraFo 2013, 203 m. Anm. *Burhoff* StRR 2013, 144).

106

b) Die vorläufige Amtsunfähigkeit des abgelehnten Richters tritt schon mit dem Eingang des Ablehnungsgesuchs bei Gericht ein; auf die **Kenntnis** des Richters von diesem Gesuch kommt es nicht an (OLG Frankfurt am Main NJW 1998, 1238). Über das Ablehnungsgesuch hat das Gericht beschleunigt und grds. innerhalb der **Höchstfrist** des § 29 Abs. 2 S. 1 Hs. 2 zu entscheiden (zu den revisionsrechtlichen Konsequenzen bei Fristüberschreitung s. BGH StV 1997, 113). Erledigt ist das Ablehnungsgesuch erst dann, wenn die Entscheidung des zuständigen Gerichts darüber **rechtskräftig** geworden ist (OLG Celle Nds.Rpfl. 1998, 130 m.w.N.; KK-*Scheuten*, § 29 Rn 4). Bis dahin darf der abgelehnte Richter an Entscheidungen nicht mitwirken.

107

Folge der **Mitwirkung** eines ausgeschlossenen oder **befangenen Richters** ist die Unwirksamkeit und Anfechtbarkeit der Entscheidungen durch Rechtsmittel (OLG Düsseldorf StV 1994, 528). Wird die Ablehnung wegen Besorgnis der Befangenheit für **begründet** erklärt, ist der entsprechende Beschluss nach § 28 Abs. 1 **unanfechtbar**.

108

> I.Ü. kann die Zurückweisung der Ablehnung eines erkennenden Richters in der HV als unbegründet nur in der Revision mit der **Verfahrensrüge** angefochten werden (wegen der Einzelh. zu den Rechtsmitteln → *Ablehnungsverfahren, Rechtsmittel*, Rdn 109; s.a. *Burhoff*, EV, Rn 48 f.).

Siehe auch: → *Ablehnung eines Richters, Allgemeines*, Rdn 8 m.w.N.; → *Ablehnungsverfahren, Rechtsmittel*, Rdn 109; → *Ablehnungszeitpunkt*, Rdn 116.

109 Ablehnungsverfahren, Rechtsmittel

110 Literaturhinweise: s. die Hinweise bei → *Ablehnung eines Richters, Allgemeines*, Rdn 8.

111 1. Im Ablehnungsverfahren steht dem Beschuldigten ein **Rechtsmittel** gegen die auf sein Ablehnungsgesuch hin ergangene Entscheidung grds. **nur beschränkt** zu. Im Einzelnen gilt:

112 2. **Nicht anfechtbar** ist nach § 28 Abs. 1 der Beschluss, durch den die **Ablehnung für begründet** erklärt wird.

113 3.a) I.Ü. ist zu **unterscheiden**, ob die Entscheidung einen **erkennenden Richter** betrifft oder nicht.

- Handelt es sich **nicht** um einen **erkennenden Richter**, ist nach § 28 Abs. 2 S. 1 grds. die **sofortige** → *Beschwerde*, Rdn 770, zulässig, wenn die Ablehnung als unzulässig verworfen oder als unbegründet zurückgewiesen worden ist. Es können bis zur Entscheidung über die sofortige Beschwerde weitere Ablehnungsgründe und die Glaubhaftmachung nachgeschoben werden (*Meyer-Goßner/Schmitt*, § 28 Rn 3 m.w.N.). Allerdings erledigt sich eine Beschwerdeentscheidung durch prozessuale Überholung, wenn mittlerweile ein Instanzenwechsel eingetreten und ausgeschlossen ist, dass der abgelehnte Richter noch an einer Sachentscheidung beteiligt sein kann (OLG Stuttgart Justiz 2012, 301). Wenn die Erledigung bereits vor Einlegung der Beschwerde eingetreten ist, ist die Beschwerde mangels fortdauernder Beschwer unzulässig. Ein Fortsetzungsfeststellungsinteresse ist nicht gegeben (OLG Stuttgart, a.a.O.; *Burhoff*, EV, Rn 3220 ff.).

- Betrifft die Entscheidung einen **erkennenden Richter**, kann sie gem. § 28 Abs. 2 S. 2 **nur** mit dem **Urteil angefochten** werden (vgl. dazu *Meyer-Goßner/Schmitt*, § 28 Rn 7 ff. m.w.N.; BGHSt 50, 216 m.w.N.; OLG Hamm StraFo 2002, 291). Das gilt auch dann, wenn der abgelehnte Richter erst nach Erlass des ein Ablehnungsgesuch zurückweisenden Beschlusses zum erkennenden Richter geworden ist (OLG Düsseldorf StraFo 2003, 9). Die Vorschrift wird im Wiederaufnahmeverfahren nicht entsprechend angewendet (s. OLG Hamm NStZ-RR 2014. 215 m.w.N. auch zur a.A.).

> ✍ Erhoben werden muss die **Verfahrensrüge**, zu deren Zulässigkeit alles vorgetragen werden muss, was mit dem Ablehnungsverfahren in Zusammenhang steht (§ 344 Abs. 2 S. 2; s. dazu u.a. BGH NStZ 2000, 325; 2011, 294; StraFo 2011, 312; → *Revision, Begründung, Verfahrensrüge*, Rdn 2322). Dazu gehört z.B., dass die vom Richter abgegebene dienstliche Äußerung geschlossen und im Wortlaut mitgeteilt wird (BGH StV 1996, 2).

114 b)aa) **Erkennende Richter** sind alle Richter, die zur **Mitwirkung** in der **HV berufen** sind (KG NStZ 2013, 614; OLG Karlsruhe NJW 1975, 458; OLG Saarbrücken NJW 1966, 169; zum Begriff des erkennenden Richters *Meyer-Goßner/Schmitt*, § 28 Rn 6 m.w.N.; OLG

Hamm StraFo 2002, 291 sowie die Kontroverse *Meyer-Goßner – Meyer-Mews* StraFo 2008, 182, 415). Die Eigenschaft beginnt mit dem Erlass des Eröffnungsbeschlusses (BGH NJW 1952, 234; OLG Hamm StraFo 2002, 291; OLG Köln NJW 1993, 608 m.w.N.). Sie endet mit der Einstellung des Verfahrens oder mit der Urteilsfällung (OLG Hamm VRS 104, 452; LG Düsseldorf StV 1991, 410; zum erkennenden Richter in der Berufungsinstanz OLG Dresden StRR 2013, 442 [Ls.]; OLG Düsseldorf NStZ-RR 2013, 215 [Ls.]).

☞ **Entscheidend** für die Stellung als erkennender Richter ist nicht der **Zeitpunkt** des Eingangs des Ablehnungsgesuchs, sondern der, in dem über das **Gesuch entschieden** wird (OLG Hamburg NStZ 1999, 50; OLG Hamm VRS 104, 452; OLG Karlsruhe, a.a.O.; OLG Köln, a.a.O.). § 28 Abs. 2 S. 2 findet also auch dann Anwendung, wenn der Ablehnungsantrag vor der Eröffnung des Hauptverfahrens gestellt worden ist, das Gericht darüber aber erst nach diesem Zeitpunkt befunden hat (OLG Köln, a.a.O., m.w.N.). Etwas anderes soll u.a. nach LR-*Siolek*, § 28 Rn 17, gelten, wenn der abgelehnte Richter inzwischen als erkennender Richter ausgeschieden ist (**a.A.** insoweit OLG Hamburg, a.a.O.).

bb) Auf folgende **Fälle** ist noch besonders hinzuweisen: **115**

- Ein **Ergänzungsrichter** (§ 192 Abs. 2 GVG) ist erkennender Richter auch schon dann, wenn sein Eintritt erst bevorsteht (so wohl zutreffend OLG Celle NJW 1973, 1054; *Meyer-Goßner/Schmitt*, § 28 Rn 6 m.w.N. zur a.A., wonach der Ergänzungsrichter erkennender Richter erst ist, wenn sein Eintritt feststeht).
- Ob auch derjenige **Richter**, der gem. **§ 27** dazu berufen ist, über ein Ablehnungsgesuch gegen den (unmittelbar) erkennenden Richter zu entscheiden, schon „erkennender Richter" ist, ist umstr., dürfte aber mit *Meyer-Goßner* (StraFo 2008, 415; *Meyer-Goßner/Schmitt*, § 28 Rn 6) gegen *Meyer-Mews* (StraFo 2008, 182) zu bejahen sein (s.a. KG NStZ 2013, 614; OLG Jena, Beschl. v. 20.12.2007 – 1 Ws 474/07). Der Auffassung von *Meyer-Goßner/Schmitt* (a.a.O.) ist vor allem deshalb der Vorzug zu geben, weil sie ein Beschwerdeverfahren während laufender Hauptverhandlung und damit eine Verfahrensverzögerung vermeidet.
- Im **beschleunigten Verfahren** (→ *Beschleunigtes Verfahren*, Rdn 1276) wird der Richter mit der Terminsanberaumung oder der Anordnung, dass die HV sofort durchzuführen ist, erkennender Richter (*Meyer-Goßner/Schmitt*, § 28 Rn 6, m.w.N.).
- Im → *Strafbefehlsverfahren*, Rdn 2568, wird der Richter erkennender Richter mit der Anberaumung der HV nach §§ 408 Abs. 3 S. 2, 411 Abs. 1 S. 2 (*Meyer-Goßner/ Schmitt*, a.a.O.; a.A. u.a. OLG Köln MDR 1957, 437 [mit Eingang des Einspruchs]; LG Zweibrücken NStZ 2006, 120 [mit Erlass des Strafbefehls]).
- Im Fall der **Zurückverweisung** (§§ 328 Abs. 2, 354 Abs. 2 u. Abs. 3, 355) wird die Eigenschaft als erkennender Richter mit dem Eingang der Akten bei Gericht begrün-

det (*Meyer-Goßner/Schmitt*, § 28 Rn 6 m.w.N.; OLG Hamm, Beschl. v. 19.8.2014 – 2 Ws 169/14).

Siehe auch: → *Ablehnung eines Richters, Allgemeines*, Rdn 8 m.w.N.; → *Ablehnungsverfahren*, Rdn 89.

116 Ablehnungszeitpunkt

Das Wichtigste in Kürze:
1. Ein nach den §§ 22, 23 ausgeschlossener Richter kann ohne zeitliche Beschränkung abgelehnt werden.
2. Während der HV ist die Ablehnung eines befangenen Richters bis zum Beginn der Vernehmung des ersten Angeklagten über seine persönlichen Verhältnisse unbeschränkt zulässig, danach nur noch wegen nach diesem Zeitpunkt entstandener oder bekannt gewordener Ablehnungsgründe.
3. Alle Ablehnungsgründe sind gleichzeitig vorzubringen.
4. Das Ablehnungsgesuch muss grds. unverzüglich gestellt werden.

117 **Literaturhinweise: R. Hamm**, Zur Unverzüglichkeit bei der Anbringung eines Richterablehnungsgesuchs, StV 1981, 315; **Meyer-Mews**, Der Befangenheitsantrag nach erfolgloser Gegenvorstellung, StraFo 2000, 269; s.a. die Hinw. bei → *Ablehnung eines Richters, Allgemeines*, Rdn 8.

118 1. Bei einem evtl. vorliegenden → *Ausschluss eines Richters*, Rdn 440, nach den §§ 22, 23 ist seine Ablehnung **ohne zeitliche Beschränkung** zulässig, solange er mit der Sache befasst ist. § 25 bestimmt nur die zeitliche Grenze der Ablehnung wegen Befangenheit in der HV.

119 2. Hinsichtlich der Ablehnung wegen Besorgnis der Befangenheit teilt § 25 die HV, was die Richterablehnung angeht, in **zwei Abschnitte** ein (s. dazu a. *Münchhalffen* StraFo 2007, 91, 93; zur grds. zeitlich unbeschränkt möglichen Ablehnung im EV s. *Burhoff*, EV, Rn 52):

120 a) Nach § 25 Abs. 1 ist die Ablehnung in der HV 1. Instanz **bis** zum **Beginn der Vernehmung** des (ersten) Angeklagten über seine persönlichen Verhältnisse gem. § 243 Abs. 2 S. 2 **unbeschränkt** zulässig. Zulässig ist sie bereits dann, wenn feststeht, welche Richter zur Mitwirkung an der Entscheidung berufen sind (KG NStZ 1983, 44). Die zeitliche Grenze für die unbeschränkte Ablehnung bildet der Beginn der Vernehmung des (ersten) Angeklagten. Diese zeitliche Grenze besteht nach **Aussetzung** der HV oder **Zurückverweisung** der Sache erneut (BGHSt 23, 277 ff.).

> Ist die HV ausgesetzt worden, muss der Verteidiger einen in der ausgesetzten HV gestellten, dort nicht erfolgreichen Befangenheitsantrag in der **neuen HV wiederholen**, wenn er später auf die weitere Mitwirkung des abgelehnten Richters die Rüge der Ver-

letzung des § 338 Nr. 3 stützen will (so BGH NJW 2006, 854 in einem „obiter dictum"; a.A. BGHSt 31, 15).

In der **Rechtsmittel-HV** ist die Ablehnung bis zum **Beginn** des **Vortrags** des **Berichterstat-** **121**
ters unbeschränkt zulässig (→ *Berufungshauptverhandlung*, Rdn 632). Das gilt auch, wenn das Gesuch auf Umstände/Äußerungen des Vorsitzenden aus einer früheren Berufungs-HV gestützt wird, die danach ausgesetzt worden ist, ohne dass der Berichterstatter vorgetragen hätte (OLG Brandenburg StV 1997, 455). Eine weitere zeitliche Schranke als die des § 25 Abs. 1 S. 1 – Beginn des Vortrags des Berichterstatters – sieht das Gesetz nicht vor.

> ☞ Es dürfte sich aber in vergleichbaren Fällen **empfehlen**, das Ablehnungsgesuch **zwischen** den HV-**Terminen** zu stellen.

b) Nach § 25 Abs. 2 ist **nach Beginn** der → *Vernehmung des Angeklagten zur Person*, **122**
Rdn 3067, und zwar des ersten Angeklagten, die Ablehnung nur noch **beschränkt** zulässig: Es können jetzt nur noch Ablehnungsgründe geltend gemacht werden, die auf nach dem Beginn der Vernehmung des Angeklagten **neu eingetretenen** oder bekannt gewordenen Umständen beruhen, also z.B. das Verhalten oder Äußerungen des Richters während der HV (→ *Ablehnungsgründe, Befangenheit*, Rdn 80 ff.). Für das **Bekanntwerden** kommt es darauf an, wann der → *Ablehnungsberechtigte*, Rdn 62, selbst diese erfahren hat. Die Kenntniserlangung des Verteidigers ist unerheblich (BGH NStZ 2010, 401); allerdings sollte der Verteidiger den Angeklagten von ihm bekannt gewordenen möglichen Ablehnungsgründen umgehend informieren (vgl. BGH NStZ-RR 2007, 129 [Be], auch wenn dem Angeklagten ein Verschulden des Verteidigers nicht zugerechnet wird (zuletzt BGH NStZ 2010, 401 m.w.N.). Beim Nebenkläger ist hingegen die Kenntnis des Vertreters maßgebend (BGHSt 37, 264; zur Ablehnung durch den Nebenkläger → *Nebenklägerrechte in der Hauptverhandlung*, Rdn 1937).

3. Für die Ablehnung besteht ein **Konzentrationsgebot**: **123**

> ☞ Es müssen **alle** zur Zeit der Ablehnung bekannten **Gründe gleichzeitig** vorgebracht werden.

Damit soll dem Missbrauch des Ablehnungsverfahrens zur Prozessverschleppung vorgebeugt werden. Bei Verstoß gegen diese Konzentrationsmaxime wird das Ablehnungsgesuch gem. § 26a als unzulässig verworfen. Verwirkte Ablehnungsgründe können – auch später in der **Revision** – **nicht nachgeschoben** werden, sie können aber noch zur Unterstützung einer auf einen nicht verwirkten Grund gestützten Ablehnung herangezogen werden (BGH StV 2004, 356; *Meyer-Goßner/Schmitt*, § 25 Rn 5 m.w.N.).

| A | **Ablehnungszeitpunkt** |

124 **4.a)aa)** Die Ablehnungsgründe müssen „**unverzüglich**" i.S.d. § 121 BGB geltend gemacht werden, d.h. ohne schuldhaftes Zögern, also sobald als möglich, ohne eine nicht durch die Sachlage begründete Verzögerung (BVerfG NStZ-RR 2006, 379; st. Rspr. seit u.a. BGHSt 21, 334, 339; zuletzt u.a. BGH NStZ 2006, 644; 2008, 578; BayObLG NJW 1992, 2242). Insoweit wird ein strenger Maßstab angelegt (st. Rspr.; zuletzt BGH NStZ 2006, 644; 2008, 578; StraFo 2008, 502). Der Angeklagte muss aber immer eine **Überlegungsfrist** und die Möglichkeit haben, sich mit seinem Verteidiger zu **beraten** (BGH NStZ 1992, 290; 2008, 578; OLG Köln StV 1988, 287 f.). Auch kann nicht erwartet werden, dass der anwaltliche **Bürobetrieb** an einem **Wochenende** zur Fertigung eines Ablehnungsgesuchs fortgeführt wird (OLG Düsseldorf NJW 1992, 2243).

125 **bb)** Wie viel Zeit zur Überlegung erforderlich ist, hängt von den Umständen des **Einzelfalls** ab (BGHSt 45, 312, 315). Folgende **Grundsätze** wird man jedoch feststellen können:

- I.d.R. muss der Verteidiger **schnell handeln**. Er darf nach Entstehen des Ablehnungsgrundes nicht einfach die weitere Entwicklung mit dem Ziel abwarten, möglichst umfassende Ablehnungsgründe vortragen zu können. Es ist dem Angeklagten aber gestattet, nicht schon den ersten Eindruck möglicher Befangenheit aufzugreifen; er kann ggf. zuwarten, ob sich der erste Eindruck im weiteren Verlauf verfestigt oder nicht (OLG München NJW 2007, 449), allerdings sollte er nicht zu viel Zeit verstreichen lassen.

- Entsteht der Ablehnungsgrund **während** einer **Beweiserhebung**, so braucht der Ablehnungsgrund vor deren Beendigung nicht geltend gemacht zu werden (BGH StV 1986, 281; vgl. a. OLG Köln StV 1988, 287 f. [für eine Unterbrechung um zwei Tage]). Der Verteidiger ist auch **nicht verpflichtet**, auf eine **Unterbrechung** der Beweisaufnahme hinzuwirken (BGH NStZ 1996, 47). Allerdings sollte der Verteidiger mit der Stellung des Antrags nicht zu lange warten; das Abwarten der Beendigung der Vernehmung eines Zeugen und des nächsten Zeugen ist jedoch als zulässig angesehen worden (vgl. aber BGH NStZ 2009, 223).

> ✍ M.E. muss man dem Verteidiger i.d.R. auch zubilligen, ggf. zunächst durch eine **Gegenvorstellung** abzuklären, inwieweit das Gericht in einer (falschen) Rechtsansicht verfestigt ist. Erhebt der Verteidiger daher zunächst eine Gegenvorstellung, wird man einem späteren Ablehnungsgesuch **nicht Verspätung** entgegenhalten können (so auch *Meyer-Mews* StraFo 2000, 369, 373; a.A. LR-*Siolek*, § 25 Rn 25). Allerdings sollte der Verteidiger von einer Gegenvorstellung nur Gebrauch machen, wenn es um Rechtsfragen geht. Geht es um Äußerungen oder Verhalten des abgelehnten Richters in der HV, sollte i.d.R. das Ablehnungsgesuch sofort gestellt werden.
>
> Will der Verteidiger während einer Beweiserhebung einen Ablehnungsantrag stellen, kann der **Vorsitzende** im Rahmen seiner → *Verhandlungsleitung*, Rdn 2889,

dies zunächst zurückstellen und den **Zeitpunkt** der **Antragstellung bestimmen** (vgl. BGHSt 48, 372; s.a. LG Berlin NJ 1996, 209; vgl. dazu *Drees* NStZ 2005, 184). Der Verteidiger muss dann allerdings darauf achten, dass im Protokoll festgehalten wird, dass er „unverzüglich" einen Antrag stellen wollte, um so später dem „Verspätungseinwand" entgegnen zu können.

Soll mit dem Ablehnungsantrag ein **Ablehnungsgrund** geltend gemacht werden, der erst **nach** den **Schlussvorträgen entstanden** ist, muss, wenn nur noch das → *Letztes Wort des Angeklagten*, Rdn 1848, aussteht, der Ablehnungsantrag vor dem letzten Wort oder dem Verzicht darauf gestellt werden (BGH NStZ 2006, 644). Das gilt auch dann, wenn später wieder in die Beweisaufnahme eingetreten wird (BGH, a.a.O.).

- Bei nur **kurzfristigen Unterbrechungen** der Sitzung kann deren Fortsetzung abgewartet werden (LR-*Siolek*, § 25 Rn 24; vgl. auch BGH StraFo 2012, 222 [nach Unterbrechung noch am selben Tag]). Hat der Verteidiger zur Klärung der Frage, ob ein Ablehnungsgesuch gestellt werden soll, **selbst** die Unterbrechung der HV **beantragt**, sollte er nicht mehr zu lange mit der Stellung des Antrags warten oder zumindest erklären, dass er sich diesen vorbehalte (s. die Fallgestaltung bei BayObLG NJW 1992, 2242).

- Das gilt aber nicht bei einer **länger unterbrochenen HV**, sodass es notwendig sein kann, das Ablehnungsgesuch zwischen zwei Verhandlungstagen außerhalb der HV anzubringen (BGH NStZ 1982, 291; 1993, 141 [für ein erst nach einer Woche gestelltes Ablehnungsgesuch]; 1996, 47 [am Vormittag des Folgetages]; NStZ 2008, 578 [zwischen den HV-Terminen liegen mehrere Werktage]).

Die dem Angeklagten für seine Überlegungen zur Verfügung stehende Zeit soll sich **verkürzen**, wenn seinem **Verteidiger** die Ablehnungsgründe schon **länger bekannt** sind, da der Verteidiger in dieser Zeit die Beratung des Mandanten vorbereiten kann (BGH StV 1995, 396, 397). Das dürfte m.E. aber im Widerspruch dazu stehen, dass es auf die Kenntniserlangung des Angeklagten ankommt und ihm ein Verteidigerverschulden nicht zugerechnet wird (vgl. oben Rdn 122).

b) Nach dem dem Angeklagten gem. § 258 Abs. 2, nicht nach § 258 Abs. 3, gewährten **letzten Wort** (→ *Letztes Wort des Angeklagten*, Rdn 1848) ist gem. § 25 Abs. 2 S. 2 eine Ablehnung **nicht** mehr zulässig, was verfassungsrechtlich unbedenklich ist (BVerfG NJW 1988, 477; NStZ-RR 2006, 379; zur Ablehnung von Revisionsrichtern BGH NStZ 1993, 600). Bis dahin und während des letzten Wortes – und auch während des → *Plädoyer des Verteidigers*, Rdn 2011, – ist eine Ablehnung zulässig, so z.B., wenn der Richter

126

schon während der Schlussvorträge die Urteilsformel schreibt (vgl. dazu aber auch BGHSt 11, 74). Auch wenn nach dem letzten Wort wieder in die Beweisaufnahme eingetreten worden ist, ist eine Ablehnung ggf. wieder möglich; die Präklusionswirkung ist entfallen (BGH NStZ 2006, 644).

☞ Erfährt der Angeklagte von einem Ablehnungsgrund zu einem Zeitpunkt, zu dem bei normalem Verfahrensgang nur noch das letzte Wort aussteht, muss er um eine **Verfahrensunterbrechung** zur Vorbereitung seines Gesuchs nachsuchen und dieses anschließend – aber zeitlich vor Beendigung des letzten Wortes – anbringen (BVerfG, a.a.O.; BGH NStZ 2006, 644).

☞ Ist die **rechtzeitige** Ablehnung **verpasst**, sollte der Verteidiger den Ablehnungsantrag aus **prozesstaktischen** Gründen dennoch stellen. Denn selbst ein verspätetes Ablehnungsgesuch kann den abgelehnten Richter zur → *Selbstablehnung*, Rdn 2488 (§ 30) bringen (*Dahs*, Rn 205). Allerdings wird wohl ein das Ablehnungsrecht nicht dadurch **wiederaufleben**, das das Gericht über das vom Verteidiger beanstandete Verhalten, das Gegenstand des Ablehnungsgesuchs ist, nach § 238 Abs. 2 entscheidet (*Meyer-Goßner/Schmitt*, § 25 Rn 8 m.w.N.).

Siehe auch: → *Ablehnung eines Richters, Allgemeines*, Rdn 8 m.w.N.

127 Ablehnung von Schöffen

128 **Literaturhinweise: von Danwitz**, Zur Stellung des ehrenamtlichen Richters in der Strafrechtspflege, ZRP 1995, 442; s.a. die Hinw. bei → *Ablehnung eines Richters, Allgemeines*, Rdn 8.

129 **1.a)** Für die Ablehnung von Schöffen gelten nach § 31 Abs. 1 die §§ 22, 23 für den → *Ausschluss eines Richters*, Rdn 440, und für die **Richterablehnung** nach den §§ 24 ff. **entsprechend** (allgemein zur Rechtsstellung des Schöffen *von Danwitz* ZRP 1995, 442). Hinzuweisen ist außerdem auf § 32 GVG, der regelt, wer **unfähig** ist, Schöffe zu sein. Das ist insbesondere derjenige, der wegen einer vorsätzlichen Tat zu einer Freiheitsstrafe von mehr als sechs Monaten verurteilt worden ist (§ 32 Nr. 1 GVG).

130 Auch für Schöffen gilt somit die Vermutung der Unparteilichkeit (BGHSt 22, 289, 295). Die möglichen Ablehnungsgründe gehen nicht weiter als bei den Berufsrichtern (*Meyer-Goßner/Schmitt*, § 31 Rn 2 m.w.N.). Hinzuweisen ist auf folgende (wegen weiterer Einzelh. → *Ablehnungsgründe, Befangenheit*, Rdn 67 ff.).

b) Auf folgende **Beispielsfälle** ist hinzuweisen:

für **unberechtigte** Ablehnung 131

- **Beweisergebnisse** werden präsentiert, die sich in einem späteren Zeitpunkt als **unverwertbar** darstellen (BGH StV 1996, 521 [für Geständnis des Angeklagten, das wegen nicht eingehaltener Absprachen einem BVV unterlag]),
- dem Schöffen werden zum besseren Verständnis der Beweisaufnahme aus den Akten stammende **Protokolle** über **Beweismittel** (Tonbandprotokolle) als Begleittext **überlassen** (BGHSt 43, 36; vgl. a. BGH NStZ-RR 2013, 67 [Ci/Zi]; krit. dazu *Lunnebach* StV 1997, 452 in der Anm. zu BGH, a.a.O.),
- die Schöffen erhalten Kenntnis vom Inhalt des **wesentlichen Ergebnisses** der **Ermittlungen**, damit sie über den genauen Inhalt eines in der HV unter Bezugnahme auf die Anklage abgegebenen Geständnisses eines Mittäters/früheren Mitangeklagten informiert sind (EGMR NJW 2009, 2871),
- die im Verfahren mitwirkenden Schöffen sind **Halbbrüder** (BGH MDR 1974, 547 [D]),
- kurze **Meinungsäußerungen** des Schöffen während der HV ohne endgültige Stellungnahme zur Sache (BGHSt 21, 85),
- der Antrag wird auf ein in der **Presse veröffentlichtes Zitat** einer Schöffin gestützt, in dem sie im Hinblick auf die lange Verfahrensdauer geäußert hat, der Angeklagte „solle endlich gestehen, dass er es war", soweit aufgrund der dienstlichen Äußerung der Schöffin sowie der Erklärung des den Artikel verfassenden Journalisten feststeht, dass in dem Pressezitat die Äußerungen der Schöffin falsch wiedergegeben worden sind (BGH NStZ 2002, 495),
- allein wegen der **Mitgliedschaft** eines Schöffen in der **Vertreterversammlung** einer Genossenschaftsbank in einem Verfahren gegen ein Vorstandsmitglied dieser Bank wegen eines Sexualdelikts zum Nachteil einer Angestellten (BGHSt 43, 16), allein wegen des Umstandes, dass ein Angeklagter und ein **Schöffe in demselben Großunternehmen tätig** sind; etwas anderes kann gelten, wenn Mitarbeiter des Unternehmens als Zeugen zu vernehmen sind und nicht ausgeschlossen werden kann, dass der Schöffe den Aussagen dieser Zeugen nicht unvoreingenommen gegenübersteht (LG München StV 2012, 461),
- allein wegen der **Mitgliedschaft** (einer Schöffin) bei „**Wildwasser e.V.**", und zwar auch dann, wenn dem Angeklagten sexueller Missbrauch von Kindern zur Last gelegt wird (OLG Celle StV 2015, 210),
- bei Kenntnis von **Presseveröffentlichungen**, die eine eingehende Darstellung des Tatgeschehens enthalten (BGHSt 22, 289; zur Besorgnis von Befangenheit in Zusammenhang mit Äußerungen eines Schöffen nach Zitaten in der Presse BGH NStZ 2002, 495; vgl. dazu a. *Weiler* StraFo 2003, 186),

A Ablehnung von Schöffen

- **Spannungen** mit dem Verteidiger (BGH NStZ 1987, 19 [Pf/M]),
- die **Schöffen** sind miteinander **verheiratet** (OLG Hamm ZAP EN-Nr. 205/96 [insoweit nicht in MDR 1996, 91]),
- nach Aufhebung und **Zurückverweisung** wird gem. § 354 Abs. 2 in der neuen HV das aufgehobene Urteil **verlesen** (BGHSt 43, 36, 40), auch wenn die Schöffen dadurch Kenntnis von einer nach § 51 Abs. 1 BZRG nicht verwertbaren Vorverurteilung erlangt haben (BGH NStZ 2008, 117),
- bei sog. Vorbefassung des Schöffen, da für **Schöffen keine anderen Maßstäbe** für die Unvoreingenommenheit gelten als bei Berufsrichtern, auch wenn es sich um schwierige Beweissituationen handelt (BGHSt 42, 191, 193 f.), also eine Vorbefassung mit dem Sachverhalt durch Verurteilung eines Mittäters für sich genommen keinen Ablehnungsgrund darstellt (BGH NStZ 2000, 419; NStZ-RR 2013, 352).

132 für **berechtigte** Ablehnung

- der Schöffe ist **Bediensteter** der geschädigten Behörde (BGH MDR 1954, 151 [D]; ähnl. AG Bremen StV 2009, 181 [für einen beim Finanzamt tätigen Schöffen beim Vorwurf der Steuerhinterziehung]),
- der Schöffe erlangt von wesentlichen Ergebnissen der Ermittlungen der **Anklageschrift Kenntnis** (früher h.M. in der Rspr.; vgl. u.a. BGH MDR 1957, 268 [D]; 1973, 19 [D] und auch Nr. 126 Abs. 3 RiStBV, wonach den Schöffen die Anklageschrift grds. nicht zugänglich gemacht werden darf; s.a. AG Dortmund StV 1994, 422 [Ls.]; a.A. für die gelegentliche Lektüre der Anklageschrift während der HV LG Kiel SchlHA 1977, 56; s. jetzt aber a. BGHSt 43, 36 [s.o. Rdn 131]; → *Akteneinsicht für Schöffen*, Rdn 284),
- in einem Verfahren wegen Anordnung der nachträglichen Sicherungsverwahrung für eine Schöffin, die als Psychologin **Angehörige** des Opfers (hier des Getöteten) **betreut** hat und diese Tat Gegenstand der früheren Verurteilung war (LG Augsburg StV 2012, 461),
- der Schöffe trägt in einer HV gegen einen ausländischen Angeklagten **Oberbekleidung**, die **rechtsradikalen Kreisen** zugerechnet wird (LG Berlin StV 2002, 132 [für einen Sweatshirt mit der Aufschrift „Pit Bull Germany"]),
- der Schöffe macht während der HV **unsachliche Bemerkungen**, wie
  - „Das sieht man ja, dass Sie mit **Drogen** zu tun haben" (BGH NStZ 1991, 144),
  - oder er erklärt auf eine Frage des Vorsitzenden an den Angeklagten, ob er nicht damit habe **rechnen müssen**, dass das Kind auf die Straße laufe: „**Eigentlich müsste** er es" (OLG Hamm JMBl. NW 1968, 68),

- der Schöffe ist dauerhaft körperlich erschöpft, wodurch der Eindruck entsteht, das Schicksal des Angeklagten sei ihm extrem gleichgültig (LG Bremen StV 2002, 357 [für **übermüdeten** und teilweise alkoholisierten **Ergänzungsschöffen**]),
- wenn ein Schöffe vor Beginn eines HV-Tages **Schokoladennikoläuse** (nur) auf den üblicherweise von der StA benutzten Sitzungstisch legt (LG Koblenz NJW 2013, 801),
- der Schöffe **erfüllt nicht** die **Mindestanforderungen** an die **Rechtstreue** und **charakterliche Eignung** eines Schöffen, wozu auch gehört, dass er sich – namentlich in rechtlich geregelten Verfahren – dem Recht verpflichtet fühlt (BGH NJW 2010, 2226 [ein offenes Bekenntnis des Schöffen zur Selbstjustiz und zur Durchsetzung von [angeblichen]) Forderungen mittels rechtswidriger Drohungen oder Gewalt, begründet regelmäßig Zweifel an seiner Rechtstreue]; vgl. auch OLG Dresden, Beschl. v. 8.12.2014 – 2 [s] AR 37/14 zum „Reichsbürger" als Schöffen).

2. Die **Entscheidung** über den Ablehnungsantrag gegen einen Schöffen trifft beim Schöffengericht und bei der kleinen Strafkammer der Vorsitzende allein (§ 31 Abs. 2 S. 1). Bei der großen Strafkammer entscheiden die richterlichen Mitglieder der Kammer ohne Mitwirkung des Schöffen (§ 31 Abs. 2 S. 2). Der Vorsitzende fordert den Schöffen zur Abgabe einer dienstlichen Erklärung auf (zur Gestaltung dieser Aufforderung s. den „Hinweis" in BGH NStZ 2002, 495, 496 [es ist darauf achten, dass der Schöffe nicht über die gleiche strafprozessuale Ausbildung und Erfahrung wie ein Berufsrichter verfügt]).

133

Siehe auch: → *Ablehnung eines Richters, Allgemeines*, Rdn 8 m.w.N.

Ablehnung von Urkundsbeamten

134

Nach § 31 Abs. 1 gelten für Urkundsbeamte (der Geschäftsstelle) und andere als Protokollführer zugezogene Personen die **§§ 22 ff. entsprechend**. Die Ablehnung wegen Befangenheit dürfte in der Praxis allerdings kaum eine Rolle spielen.

135

Ist der Urkundsbeamte aus dem Verfahren (wegen Befangenheit) ausgeschieden, braucht die HV nicht wiederholt zu werden, da der Urkundsbeamte austauschbar ist (*Meyer-Goßner/Schmitt*, § 31 Rn 3; KK-*Scheuten*, § 31 Rn 11). Das bis zum Ausscheiden gefertigte **Protokoll** ist **voll wirksam**, es sei denn, der Urkundsbeamte wäre nach § 22, z.B. als Verletzter oder als Ehegatte des Verletzten, ausgeschlossen (RGSt 68, 272; LR-*Siolek*, § 31 Rn 17).

136

A Absprachen/Verständigung mit Gericht und Staatsanwaltschaft

137 Absprachen/Verständigung mit Gericht und Staatsanwaltschaft

> **Das Wichtigste in Kürze:**
> 1. Absprachen/Verständigungen zwischen dem Angeklagten/seinem Verteidiger einerseits und Gericht/StA andererseits sind, insbesondere in länger andauernden Verfahren oder in Verfahren mit schwieriger Beweislage, aus der Rechtswirklichkeit des Strafverfahrens heute nicht mehr wegzudenken. Sie sind gesetzlich in § 257c geregelt.
> 2. Recht bald nach dem Inkrafttreten hat die Regelung der Verständigung in Karlsruhe beim BVerfG auf dem Prüfstand gestanden.
> 3. Das gesetzliche System der Regelung der Absprachen/Verständigung im Strafverfahren ist in den Vorschriften der §§ 160b, 202a, 212, 257c enthalten.
> 4. Für das Zustandekommen einer Verständigung sieht die StPO ein in §§ 257b, 257c enthaltenes Regelungsgefüge vor.
> 5. Das Gericht kann sich nach § 257c mit den Verfahrensbeteiligten über den weiteren Fortgang des Verfahrens und das Ergebnis des Verfahrens verständigen. Die Aufklärungspflicht des Gerichts bleibt von einer Verständigung aber unberührt.
> 6. Die Verständigung ist mit den „Verfahrensbeteiligten" zu treffen.
> 7. § 257c Abs. 1 sieht die Verständigung in „geeigneten Fällen" vor, ohne im Einzelnen auszuführen, was ein „geeigneter Fall" ist.
> 8. Inhaltlich kann sich das Gericht nach § 257c Abs. 1 S. 1 mit den Verfahrensbeteiligten über den weiteren Fortgang des Verfahrens und das Ergebnis des Verfahrens verständigen.
> 9. Gegenstand der Verständigung soll nach § 257c Abs. 2 S. 2 vor allem ein Geständnis des Angeklagten sein.
> 10. § 257c Abs. 2 S. 3 legt fest, was nicht Inhalt einer Verständigung sein kann.
> 11. Die Rspr. hat einen umfangreichen Katalog zum zulässigen/nicht zulässigen Inhalt einer Verständigung entwickelt.
> 12. In § 257c Abs. 3 ist das Verfahren über eine Verständigung geregelt. Dieses sieht mehrere Schritte vor.
> 13. Nach § 257c Abs. 5 ist der Angeklagte – vor Zustandekommen der Verständigung, und zwar in Zusammenhang mit dem Vorschlag des Gerichts – über die Voraussetzungen und Folgen einer Abweichung des Gerichts von dem Ergebnis der Verständigung zu belehren.
> 14. Nach § 273 Abs. 1a muss das Protokoll der Hauptverhandlung den wesentlichen Ablauf, den Inhalt und das Ergebnis einer Verständigung wiedergeben. Es muss außerdem die Belehrung enthalten sein.

Absprachen/Verständigung mit Gericht und Staatsanwaltschaft A

15. In der Praxis wird sich der Angeklagte sich auf eine Verständigung nur einlassen, wenn das Gericht an die getroffenen Absprachen gebunden ist.
16. § 302 Abs. 1 S. 2 sieht ausdrücklich die Unwirksamkeit eines Rechtsmittelverzichts vor, wenn dem Urteil eine Verständigung vorausgegangen ist.
17. Für die Ausführungen/Feststellungen in dem auf einer Verständigung beruhenden Urteil gelten keine Besonderheiten.

Literaturhinweise: Ackermann, Vernehmung, Verständigung, Geständnis, Krim 2011, 562; **Allgayer**, Mitteilungen nach § 243 Abs. 4 StPO und ihre revisionsgerichtliche Kontrolle, NStZ 2015, 185; **Altvater**, Überprüfung der Verständigung durch die Revision, StraFo 2014, 221; **Apfel/Strittmatter**, Das Recht auf ein faires Strafverfahren in der Praxis der Strafverteidigung, StRR 2008, 364; **Backes**, Dealen ohne Ende, in: Festschrift für *Winfried Hassemer*, 2010, S. 985; **Beier**, Zulässigkeit und Modalitäten von Verständigungen im Jugendstrafrecht; **Beulke/Satzger**, Der fehlgeschlagene Deal und seine prozessualen Folgen – BGHSt 42, 191, JuS 1997, 1072; **Beulke/Stoffer**, Bewährung für den Deal?, JZ 2013, 663; **Beulke/Swoboda**, Zur Verletzung des Fair-Trial-Grundsatzes bei Absprachen im Strafprozess, JZ 2005, 67; **Bieneck**, Anmerkung zur Entscheidung des BGH vom 9. Juni 2004 – 5 StR 579/03 (Fehlgeschlagene Verständigung), wistra 2004, 470; **Bittmann**, Das Gesetz zur Regelung der Verständigung im Strafverfahren, wistra 2009, 414; *ders.*, Das Verständigungsgesetz in der gerichtlichen Praxis, NStZ-RR 2011, 102; *ders.*, Die kommunikative Hauptverhandlung im Strafprozess Ein dritter Weg zwischen Verständigung und patriarchalisch-konfrontativer Verhandlungsführung, NJW 2013, 3017; **Bockemühl**, Die dunkle Seite des Deals, in. Die Akzeptanz des Rechtsstaats in der Justiz, 2013, S. 47; **Bötticher**, Opferinteressen im Strafverfahren und verfahrensbeendende Absprachen, in: Festschrift für *Egon Müller*, 2008, S. 87; **Brandt/Petermann**, Der „Deal" im Strafverfahren, das Negativattest und die Beweiskraft des Protokolls, NJW 2010, 268; **Braun**, Die Absprache im Strafverfahren – Blickwinkel: das materielle Strafrecht, AnwBl. 1998, 567; **Brocke**, Justiz unter Beobachtung – Das Urteil des BVerfG zur Verständigung in Strafsachen und seine Auswirkungen auf die staatsanwaltliche und strafrichterliche Praxis, StraFo2013, 441; **Burhoff**, Verständigung im Strafverfahren – 10 erste W-Fragen und 10 Antworten, StRR 2009, 324; *ders.*, Auch im Verkehrsrecht: Gesetzliche Neuregelungen durch Absprachenregelung und 2. OpferRRG haben Auswirkungen, VRR 2009, 331; *ders.*, Regelung der Verständigung im Strafverfahren, ZAP F. 22, S. 477; **Caspari**, Verständigung? Wenn's Recht ist ..., DRiZ 2013, 160; **Deal**, Der strafprozessuale Vergleich, StV 1982, 545; **Deutscher**, Fünf Jahre Verständigungsgesetz – Rechtsprechungsübersicht zum Transparenzgebot, StRR 2014, 288; *ders.*, Fünf Jahre Verständigungsgesetz – Verständigungen in verkehrsrechtlichen Verfahren am Amtsgericht, VRR 2014, 410; *ders.*, BVerfG contra BGH bei Verständigungen im Strafverfahren, StRR 2014, 411; *ders.*, BVerfG contra BGH: Nächste Runde im Schlagabtausch um Verständigungen im Strafverfahren, StRR 2015, 88; **Dießner**, Der „Deal" nach „alter Schule" im Lichte des Verständigungsgesetzes – eine strafrechtliche Risikoanalyse, StV 2011, 43; **Dippel**, Urteilsabsprachen im Strafverfahren und das Prozessziel der Wiederherstellung des Rechtsfriedens, in: Festschrift für *Gunter Widmaier*, 2008, S. 105; **Dölp**, „Negative" Strafverteidigung – Strafverteidigung zwischen „Kampf" und Konsens, StV 2008, 104; **Eich**, Die tatsächliche Verständigung im Strafverfahren und Steuerstrafverfahren, 1992; **El-Ghazi**, Auswirkungen einer konsensualen Verfahrensbeendigung auf das Berufungsverfahren, JR 2012, 407; **Ellbogen**, Der Deal im Arztstrafrecht, ArztR 2010, 256; **Erb**, Zur Strafbarkeit von Grenzüberschreitungen bei Verfahrensabsprachen, StV 2014, 103; **Erhard**, Sind aus Sicht der Praxis nach dem Verständigungsurteil des BVerfG Reformen des Strafprozesses erforderlich? Anmerkungen eines Tatrichters, StV 2013, 655; **Erler**, Absprachen im Strafprozess – ein Jahr nach der Entscheidung des BVerfG, JZ 2015, 183; **Eschelbach**, Absprachen in der strafrechtlichen Hauptverhandlung, JA 1999, 695; *ders.*, Absprachepraxis versus Wiederaufnahme des Verfahrens, HRRS 2008, 90; **Fahl**, Der Deal im Jugendstrafverfahren und das sog. Schlechterstellungsverbot, NStZ 2009, 613; **Fezer**, Inquisitionsprozess ohne Ende? Zur Struktur des neuen Verständigungsgesetzes, NStZ 2010, 177; *ders.*, Vom (noch) verfassungsgemäßen Gesetz über den defizitären Vollzug zum verfassungswidrigen Zustand, HRRS 2013, 117; Anmerkung zu BVerfG HRRS 2013 Nr. 222; **Fischer**, Regelung der Urteilsabsprache – ein Appell zum Innehalten,

138

A   Absprachen/Verständigung mit Gericht und Staatsanwaltschaft

NStZ 2007, 433; *ders.*, Absprache-Regelung: Problemlösung oder Problem?, StraFo 2009, 177; *ders.*, Ein Jahr Absprache-Regelung Praktische Erfahrungen und gesetzlicher Ergänzungsbedarf, ZRP 2010, 249; *ders.*, Strafbarkeit beim Dealen mit dem Recht? Über Lausbuben- und Staatsstreiche, HRRS 2014, 324; **Förschner**, Der Deal und seine Folgen ... Geständniswiderruf und Wiederaufnahme, StV 2008, 443; **Gehm**, Die Verständigung im Steuerstrafverfahren, StBW 2013, 332; **Fromm**, Deals im Straßenverkehrs-Ordnungswidrigkeitenverfahren, NZV 2010, 550; **Graumann**, Die gesetzliche Regelung von Absprachen im Strafverfahren – Die Gesetzesentwürfe und der Vertrauensschutz des Angeklagten bei einer fehlgeschlagenen Verständigung über das Strafmaß, HRRS 2008, 122; **R. Hamm**, Verwertung rechtswidriger Ermittlungen – nur zugunsten des Beschuldigten?, StraFo 1998, 361; *ders.*, Von der Unmöglichkeit, Informelles zu formalisieren – das Dilemma der Urteilsabsprachen, in: Festschrift für *Lutz Meyer-Goßner*, 2001, S. 33; *ders.*, Rechtsgespräch oder Urteilsabsprachen? – Der Deal erreicht die Revision, in: Festschrift für *Hans Dahs*, 2005, S. 267; *ders.*, Ist Strafverteidigung noch Kampf?, NJW 2006, 2084; *ders.*, Wie kann das Strafverfahren jenseits der Verständigung künftig praxisgerechter gestaltet werden – sind Reformen des Strafprozesses erforderlich? Vorgeschichte und Folgen der BVerfG-Entscheidung zu § 257c StPO StV 2013, 652; **Hassemer**, Sicherheit durch Strafrecht, StV 2006, 321; *ders.*, Konsens im Strafprozess, in: Festschrift für *Rainer Hamm* zum 65. Geburtstag, 2008, S. 171; **Hellebrandt**, Geständniswiderruf und Wiederaufnahmeverfahren – Urteilsabsprachen unter dem Aspekt des Wiederaufnahmerechts nach der Rechtsprechung des BVerfG, NStZ 2008, 374; **Heller**, Die gescheiterte Urteilsabsprache, 2004; **Herzog**, „Deals" zu Lasten Dritter in vorgängigen abgetrennten Verfahren und die Besorgnis der Befangenheit, StV 1999, 455; **Hettinger**, Von der Gleichheit vor dem Gesetz zur Ungleichheit vor Gericht? Absprachen und Strafprozessrecht, in: Festschrift für *Egon Müller*, 2008, S. 261; **Ignor**, Die Urteilsabsprache und die leitenden Prinzipien der StPO, in: Festschrift BRAK, 2006, S. 321; **Ignor/Matt/Weider**, Verständigung im Strafverfahren, in: MAH, § 13; **Jahn**, Die Konsensmaxime in der Hauptverhandlung, ZStW 2006, 427; *ders.*, Entwicklungen und Tendenzen zwei Jahre nach Inkrafttreten des Verständigungsgesetzes, StV 2011, 497; **Jahn/Müller**, Das Gesetz zur Regelung der Verständigung im Strafverfahren – Legitimation und Reglementierung der Absprachepraxis, NJW 2009, 2625; **Jahn/Kett-Straub**, Die Verständigung vor dem Schwurgericht, StV 2010, 271; **Jungfer**, Zur Psychologie des Vergleichs im Strafverfahren, StV 2007, 380; **Kaetzler**, Absprachen im Strafverfahren und Bewährungsauflagen, wistra 1999, 253; **Kempf**, Gesetzliche Regelung von Absprachen im Strafverfahren? oder: Soll Informelles formalisiert werden, StV 2009, 269; *ders.*, Regelung von Absprachen im Strafverfahren? oder: Soll Informelles formalisiert werden, StV 2009, 269; *ders.*, Das Absprachen-Urteil des Bundesverfassungsgerichts und die Aktualität legislatorischer Alternativen, StraFo 2014, 105; **Kirsch**, Die gesetzliche Regelung der Verständigung im Strafverfahren, StraFo 2010, 96; **Knauer**, Absprachen im Jugendstrafverfahren, ZJJ 2010, 15; **Knierim**, Gesellschaftliche Trends und Absprachen im Strafverfahren, in: Festschrift für *Egon Müller*, 2008, S. 341; **Koch**, Zur Wirksamkeit eines absprachebedingten Rechtsmittelverzichts und deren Auswirkungen im Hinblick auf die Wiedereinsetzung, HRRS 2005, 245; **Kölbel**, Bindungswirkung von Strafmaßabsprachen, NStZ 2002, 74; **Kölbel/Selter**, Achtung: Absprache! Zur Transparenz strafprozessualer Verständigung, JR 2009, 447; **König**, Das Geständnis im postmodernen, konsensualen Strafprozess, NJW 2012, 1915; **König/Harrendorf**, „Deal": Ein Freispruch auf Bewährung und seine Auswirkungen Bundesverfassungsgericht mahnt Strafrechtspraxis: Haltet das Gesetz ein und achtet die StPO, AnwBl. 2013, 321; **Krawczyk/Schüler**, Fünf Jahre Verständigungsgesetz – Rechtsprechungsübersicht zum zulässigen Verständigungsinhalt, Rechtsmittelverzicht und Verständigungsverfahren, StRR 2013, 284; **Krumm**, Verständigung auf eine „Punktstrafe" im OWi-Verfahren?, NZV 2011, 376; **Kruse**, Geständnisverwertung bei missglückter Absprache, NStZ 2003, 232; **Kuckein**, Zur Verwertbarkeit des Geständnisses bei einer gescheiterten Verständigung im Strafverfahren, in: Festschrift für *Lutz Meyer-Goßner*, 2001, S. 63; **Kuckein/Pfister**, Verständigung im Strafverfahren – Bestandsaufnahme und Perspektiven, in: Festschrift 50 Jahre BGH II, 2000, S. 641; **Kunze**, Verständigung in Strafverfahren aus amtsgerichtlicher Sicht unter besonderer Berücksichtigung der neueren Rechtsprechung des Bundesverfassungsgerichts, ZAP F. 22, S. 745 ff.; **Landau**, Verfahrensabsprache im Ermittlungsverfahren, DRiZ 1995, 132; *ders.*, Das Urteil des Zweiten Senats des BVerfG zu den Absprachen im Strafprozess vom 19. März 2013, NStZ 2014, 425; **Landau/Eschelbach**, Absprachen zur strafrechtlichen Hauptverhandlung, NJW 1999, 312; **Leipold**, Die gesetzliche Regelung der Verständigung im Strafverfahren, NJW-Spezial 2009, 520; **Leitmeier**, § 257c Abs. 1 S. 2 i.V.m. § 244 Abs. 2 StPO?!; HRRS 2013, 365; **Leitner**, Die Verständigung im Strafverfahren aus

Absprachen/Verständigung mit Gericht und Staatsanwaltschaft A

Sicht der Verteidigung, in: Festschrift BRAK, 2006, S. 365; **Lien**, Analytische Untersuchung der Ursachen des andauernden Streits um Absprachen Kritik an den bisherigen Legitimationsmodellen der Absprachen aus sprachanalytischer Sicht, GA 2006, 129; **Malek**, Abschied von der Wahrheitssuche, StV 2011, 559; **Matt/Vogel**, Urteilsabsprachen im Strafverfahren: Ein Alternativvorschlag einer gesetzlichen Regelung, in: Festschrift BRAK, 2006, S. 391; **Meyer**, Der vereinbarte Rechtsmittelverzicht, StV 2004, 41; *ders.*, Der vereinbarte Rechtsmittelverzicht ist wirksam, ist unwirksam, ist wirksam, HRRS 2005, 235; *ders.*, Vertrauensschutz bei unzulässigen Absprachen, HRRS 2011, 17; **Meyer-Goßner**, Der gescheiterte Deal, StraFo 2003, 401; *ders.*, Gesetzliche Regelung der „Absprachen im Strafprozess"?, ZRP 2004, 187; *ders.*, Zum Vorschlag der Bundesrechtsanwaltskammer für eine gesetzliche Regelung der Urteilsabsprache im Strafverfahren, StV 2006, 485; *ders.*, Rechtsprechung durch Staatsanwaltschaft und Angeklagten? – Urteilsabsprachen im Rechtsstaat des Grundgesetzes, NStZ 2007, 425; *ders.*, Was nicht Gesetz werden sollte! Einige Bemerkungen zum Gesetzentwurf der Bundesregierung zur Verständigung im Strafverfahren, ZRP 2009, 107; **Moldenhauer/Wenske**, Die Verständigung in Strafsachen und die Berufungsinstanz, zugleich Anmerkung zum Beschluss des OLG Düsseldorf vom 6.10.2010 (III- 4 RVs 60/10), NStZ 2012, 184; **Mosbacher**, Praktische Auswirkungen der Entscheidung des BVerfG zur Verständigung, NZWiSt 2013, 201; **E. Müller**, Überlegungen zum Missbrauch im Strafprozess, in: Festgabe für *Imme Roxin*, 2012, S. 629; **Murmann**, Reform ohne Wiederkehr? – Die gesetzliche Regelung der Absprachen im Strafverfahren, ZIS 2009, 526; **Nack**, Verwertung rechtswidriger Ermittlungen nur zugunsten des Beschuldigten?, StraFo 1998, 366; **Nehm**, Die Verständigung im Strafverfahren auf der Zielgeraden, StV 2007, 549; **Nobis**, 2 Jahre praktische Erfahrungen mit der gesetzlichen Regelung der Verständigung im Strafverfahren, StRR 2012, 84; **Noack**, Urteilsabsprachen im Jugendstrafrecht, StV 2002, 445; **Pfister**, Die Verständigung im Strafverfahren aus Sicht der Revision, StraFo 2006, 349; **Rieß**, Thesen zur rechtsdogmatischen und rechtspolitischen Fernwirkung der gesetzlichen Regelung der Urteilsabsprache, StraFo 2010, 10; **Rönnau**, Die Absprache im Strafprozeß, 1990; *ders.*, Die neue Verbindlichkeit bei den strafprozessualen Absprachen, wistra 1998, 49; **Rückel**, Verteidigertaktik bei Verständigungen und Vereinbarungen im Strafverfahren – Mit Checkliste, NStZ 1987, 297; **Salditt**, Das unzuverlässige Geständnis – die zwiespältige Rolle des an einer Absprache beteiligten Verteidigers, in: Festschrift für *Gunter Widmaier*, 2008, S. 545; *ders.*, Das neue Zwischenverfahren und die Unparteilichkeit des Richters, in: Festgabe für *Imme Roxin*, S. 687; *ders.*, Strafverteidiger in streitiger Hauptverhandlung, StraFo 2015, 1; **Satzger/Höltkemeier**, Zur Unwirksamkeit eines abgesprochenen Rechtsmittelverzichts, NJW 2004, 2487; **Scheffler**, Verständigung und Rechtsmittel – ein Verteidigerdilemma!, StV 2015, 123; **Schlothauer**, Die Rechtsprechung zum Verständigungsgesetz – eine Zwischenbilanz, StraFo 2011, 487; **Schlothauer/Weider**, Das „Gesetz zur Regelung der Verständigung im Strafverfahren" vom 3. August 2009, StV 2009, 600; **Schmitt**, Die Verständigung in der Revision – eine Zwischenbilanz, StraFo 2012, 386; **Schmuck**, „Eine Absprache hat nicht stattgefunden" und „offensichtliche Verfahrensverschleppung" – Verteidigungsaspekte, zfs 2013, 614; **H. Schneider**, Überblick über die höchstrichterliche Rechtsprechung zur Verfahrensverständigung im Anschluss an das Urteil des BVerfG vom 19. März 2013 – Teil 1, NStZ 2014, 192; *ders.*, Überblick über die höchstrichterliche Rechtsprechung zur Verfahrensverständigung im Anschluss an das Urteil des BVerfG vom 19. März 2013 – Teil 2, NStZ 2014, 252; **Schöch**, Konnexität und Vertrauensschutz bei versuchter Verständigung im Strafverfahren, NJW 2004, 3462; **Spaniol**, Anforderungen an die Verständigung nach BVerfGE, StraFo 2014, 366; **Schünemann**, Die Verständigung im Strafprozeß – Wunderwaffe oder Bankrotterklärung der Verteidigung?, NJW 1989, 1895; *ders.*, Die Absprachen im Strafverfahren: Von ihrer Gesetz- und Verfassungswidrigkeit, von der ihren Versuchungen erliegenden Praxis und vom dogmatisch gescheiterten Versuch des 4. Strafsenats des BGH, sie im geltenden Strafprozessrecht zu verankern; in: Festschrift für *Peter Rieß*, 2002, S. 525; *ders.*, Ein deutsches Requiem auf den Strafprozess des liberalen Rechtsstaats, ZRP 2009, 104; **Schünemann/Hauer**, Absprachen im Strafverfahren, AnwBl. 2006, 439; **Seiler**, Der strafprozessuale Vergleich im Lichte des § 136a StPO, JZ 1988, 683; **Sinner**, Der Vertragsgedanke im Strafprozeßrecht, 1999; **Siolek**, Zur Fehlentwicklung strafprozessualer Absprachen, in: Festschrift für *Peter Rieß*, 2002, S. 563; **Sommer**, Der moderne Strafverteidiger und die neuen Deal-Strategien, AnwBl. 2010, 197; **Strate**, Ende oder Wende des Strafzumessungsrechts? Zu den Auswirkungen des Gesetzes über die Verständigung im Strafverfahren?, NStZ 2010, 362; **Streng**, Verfahrensabsprachen und Strafzumessung – Zugleich ein empirischer Beitrag zur Strafzumessung bei Delikten gegen die Person, in: Festschrift für *Hans-Dieter Schwind*, 2006, S. 447; **Stuckenberg**, Zur Verfassungs-

A Absprachen/Verständigung mit Gericht und Staatsanwaltschaft

mäßigkeit der Verständigung im Strafverfahren, ZIS 2013, 215; **Theile**, Der konsentierte Rechtsmittelverzicht Überlegungen zum Beschluss des Großen Senats, StraFo 2005, 239 ff., StraFo 2005, 409; *ders.*, Wahrheit, Konsens und § 257c StPO, NStZ 2012, 666; **Trück**, Strafprozessuale Verständigungen auf dem Prüfstand des BVerfG – mehr Fragen als Antworten, ZWH 2013, 169; **Tully**, Deal: Verständigung in Steuerstrafsachen, PStR 2010, 137; **Velten**, Die Rückabwicklung unzulässiger Absprachen – Kritik der aktuellen Rechtsprechung zur Reichweite der §§ 257c Abs. 4 S. 3, 136a StPO, StV 2012, 172; **Ventzke**, Ausschluss des absoluten Revisionsgrundes des § 338 Nr. 3 StPO im Fall ordnungsgemäßer Urteilsabsprache?, HRRS 2009, 28; *ders.*, Die Verständigung in der Revision – „... ist insoweit ersichtlich nichts erwiesen", StraFo 2012, 212; **Weider**, Vom Dealen mit Drogen und Gerechtigkeit, 2000; *ders.*, Revisionsrechtliche Kontrolle bei gescheiterter Absprache – Zugleich Anmerkung zu BGH, Beschl. v. 26.9.2001, NStZ 2002, 174; *ders.*, Rechtsmittelverzicht und Absprache, in: Festschrift für *Klaus Lüderssen*, 2002, S. 773; *ders.*, Der aufgezwungene Deal, StraFo 2003, 406; *ders.*, Das Verbot der Verständigung über Maßregeln der Besserung und Sicherung – § 257c Abs. 2 Satz 3 StPO, in: Festschrift für *Ruth Rissing van Saan* zum 65. Geburtstag, 2011, S. 731; **Weigend**, Abgesprochene Gerechtigkeit, JZ 1990, 774; *ders.*, Eine Prozeßordnung für abgesprochene Urteile?, NStZ 1999, 67; **Weimar/Mann**, Die gesetzliche Regelung der Verständigung im Strafverfahren aus der Perspektive erstinstanzlicher Gerichte, StraFo 2010, 12; **Wenske**, Die Verständigung im Strafverfahren – Teil 1, DRiZ 2011, 393; *ders.*, Die Verständigung im Strafverfahren – Teil 2, DRiZ 2012, 123; *ders.*, Das Verständigungsgesetz und das Rechtsmittel der Berufung, NStZ 2015, 137; **Wesemann/Müller**, Das gem. § 136a Abs. 3 StPO unverwertbare Geständnis und seine Bedeutung im Rahmen der Strafzumessung, StraFo 1998, 113; **Weßlau**, Absprachen und Strafverteidigung, StV 2006, 357; *dies.*, Strategische Planspiele oder konzeptionelle Neuausrichtung? Zur aktuellen Kontroverse um eine gesetzliche Regelung der Absprache im Strafverfahren, in: Festschrift für *Egon Müller*, 2008, S. 779; **Widmaier**, Die Urteilsabsprache im Strafprozess – ein Zukunftsmodell?, NJW 2002, 1985; **Wußler**, Der Staatsanwalt als „Deal-Verderber"?, DRiZ 2013, 161; **Zschockelt**, Die Urteilsabsprache in der Rechtsprechung des BVerfG und des BGH, NStZ 1991, 305; **Ziegert**, Die revisionsrechtliche Überprüfung von Absprachen in der aktuellen Rechtsprechung des Bundesgerichtshofs, StraFo 2013, 228; **Zierl**, Der Vergleich im Strafverfahren – Oder „Tausche Geständnis gegen Bewährung", AnwBl. 1985, 505; wegen weiterer älterer Lit.-Hinw. siehe die Hinweise in der 5. Aufl.; s. i.Ü. die Hinw. bei → *Beweisverwertungsverbote, Allgemeines*, Rdn 1018, bei → *Protokoll der Hauptverhandlung, Allgemeines*, Rdn 2092, und bei → *Widerspruchslösung*, Rdn 3433.

139 1.a) Absprachen/Verständigungen zwischen dem Angeklagten/seinem Verteidiger einerseits und Gericht/StA andererseits sind, insbesondere in länger andauernden Verfahren oder in Verfahren mit schwieriger Beweislage, aus der Rechtswirklichkeit des Strafverfahrens nicht mehr wegzudenken (dazu aus der Sicht des Strafverteidigers aus der Sicht vor dem „Verständigungsgesetz" u.a. *Amelung* StraFo 2001, 185; *Jungfer* StV 2007, 380; *Kempf* StV 2009, 269; *Malek*, Rn 294 ff.; vgl. a. noch *Meyer-Goßner* StraFo 2001, 73; *Hassemer* StV 2006, 327; *Jahn/Müller* NJW 2009, 2625; krit. zur Abspracheraxis *R. Hamm* NJW 2006, 2084; *Fischer* StraFo 2009, 177; *Jahn* ZStW 2006, 427; *Kempf*, a.a.O.). Gesetzlich vorgesehen waren sie in der Vergangenheit zwar nicht, in der Praxis wurden sie jedoch geduldet, da man davon ausging, dass sich ohne sie viele Verfahren kaum in angemessener Zeit erledigen ließen (vgl. a. die Hinw. in BGHSt 49, 84; 50, 40; vgl. auch *Meyer-Goßner/ Schmitt*, Einl. Rn 119b ff.; KK-*Moldenhauer/Wenske*, § 257c Rn 1 ff.; *Malek*, Rn 294 ff., jew. m.w.N.).

140 b)aa) In der Rspr. hatte sich mit der **Zulässigkeit** von Absprachen auch das **BVerfG** befasst (s. NJW 1987, 2662; StV 2000, 3; offen gelassen von BVerfG NJW 2012, 907). Es hielt/hält Absprachen/Verständigungen **nicht grds.** für **unzulässig**, hat aber darauf hingewiesen, dass

Absprachen/Verständigung mit Gericht und Staatsanwaltschaft   A

die Freiheit der Willensentschließung und der Willensbetätigung des Angeklagten nicht unter Verstoß gegen § 136a beeinträchtigt werden, er also nicht durch Versprechen gesetzlich nicht vorgesehener Vorteile oder durch Täuschung zu einem Geständnis gedrängt werden dürfe (*Meyer-Goßner/Schmitt*, Einl. Rn 119d). Das Gericht dürfe ferner nicht seine sich aus § 244 Abs. 2 ergebende Amtsaufklärungspflicht vernachlässigen. Es ist außerdem darauf hingewiesen worden (BVerfG, a.a.O.) – ohne dies jedoch näher auszuführen –, dass auch das materielle Strafrecht einer Verständigung zwischen Gericht und Verfahrensbeteiligten Grenzen setze (vgl. dazu eingehend *Braun* AnwBl. 1998, 567 ff.; vgl. dazu Rdn 192 ff.).

bb) Von **ähnlichen Grundsätzen** ist der **BGH** in seiner Rspr. ausgegangen (dazu vor allem die beiden „Grundsatzentscheidungen" BGHSt 43, 195 und 50, 40; s. aber a. BGHSt 38, 102; 42, 46; einschr. noch BGHSt 37, 99, jew. m.w.N., und BGH NJW 1994, 1293). Der BGH hat in diesem Zusammenhang aber immer wieder betont, dass eine Absprache zwar grds. zulässig sei, ein „Vergleich im Gewand eines Urteils" jedoch nicht geschlossen werden dürfe (vgl. u.a. BGH, a.a.O.; s.a. *Zschockelt* NStZ 1991, 305, 309 f.). In seinem **Grundsatzurteil** v. 28.8.1997 (BGHSt 43, 195) hatte dann der 4. Strafsenat des BGH die **Zulässigkeitskriterien** für eine Absprache, bei der die Zusage einer Strafmilderung im Austausch gegen das Ablegen eines Teilgeständnisses geprüft worden ist, zusammengestellt (vgl. dazu die Lit.-Hinw. bei *Meyer-Goßner/Schmitt*, Einl. Rn 119e). Diese sind dann vom Großen Senat für Strafsachen des BGH in seiner Entscheidung v. 3.3.2005 (BGHSt 50, 40), bei der es in der Sache um die Wirksamkeit eines im Rahmen einer Urteilsabsprache vereinbarten Rechtsmittelverzichts ging, im Wesentlichen übernommen und präzisiert (vgl. dazu u.a. *Widmaier* NJW 2005, 1985, *Rieß* JR 2005, 435; *Dahs* NStZ 2005, 380; krit. *Duttge* StV 2005, 421, *Jahn* ZStW 2006, 427, jew. in den Anm. zu BGH, a.a.O.; s. aber auch krit. *Meyer-Goßner/Schmitt*, § 257c Rn 26). Diese Rspr. hat der BGH dann in der Folgezeit fortgeführt (zuletzt noch BGH NStZ 2009, 467; StV 2009, 233, jew. m.w.N.).

141

> 🕮 Die Rspr. des BGH erlaubte dem Gericht lediglich, dem Angeklagten für den Fall eines von ihm abgelegten Geständnisses eine **bestimmte Strafrahmenobergrenze** zuzusagen (vgl. BGHSt 50, 40 m.w.N.). § 257c Abs. 3 S. 2 erlaubt jetzt auch die Angabe einer Untergrenze (krit. dazu *Meyer-Goßner/Schmitt*, § 257c Rn 21 ff.; vgl. auch unten Rdn 174 ff.).

c) Seit längerem war in der Vergangenheit neben der Diskussion in Rechtsprechung schon eine **gesetzliche Regelung** der Absprachepraxis im Strafverfahren in der **Diskussion** (vgl. dazu aus den o.a. Lit.-Hinw. u.a. *Fischer* NStZ 2007, 433; *Meyer-Goßner/Schmitt* NStZ 2007, 425; *Weßlau*, S. 779; *Schlothauer/Weider* StV 2009, 600). Vor allem in der Entscheidung des Großen Senats für Strafsachen des BGH in BGHSt 50, 40 hatte auch der BGH darauf hingewiesen, dass die Regelung der Absprachepraxis nicht mehr allein der Rspr. überlassen werden dürfe. Dies ist dann zunächst durch einen vom Land Niedersachsen in das Gesetzgebungsverfahren eingebrachten Gesetzesentwurf (BR-Drucks 235/06) und einen

142

A   Absprachen/Verständigung mit Gericht und Staatsanwaltschaft

Referentenentwurf des BMJ voran getrieben worden (vgl. dazu eingehend *Graumann* HRRS 2008, 122; u.a. auch *Meyer-Goßner* ZRP 2004, 187; ders. StV 2006, 485; *Weßlau* StV 2006, 357 und die o.a. zahlr. Beiträge in Festschriften, wie z.B. zu Alternativen *Matt/Vogel*, S. 391). Dieses Gesetzesvorhaben hat man aber nicht weitergeführt. Der Bundesgesetzgeber hat dann jedoch am Ende der 16. Legislaturperiode Ende Januar 2009 das „Gesetz zur Regelung der Verständigung im Strafverfahren" in das Gesetzgebungsverfahren eingebracht (vgl. BT-Drucks 16/12310; zur Erforderlichkeit der gesetzlichen Regelung aus gesetzgeberischer Sicht vgl. BT-Drucks 16/12310, S. 1, 7 f.; krit. *Fischer* StraFo 2009, 177; zum Gesetzgebungsverfahren a. *Jahn/Müller* NJW 2009, 2625, 2526). Der Gesetzesentwurf ist z.T. erheblich kritisiert worden (vgl. *Meyer-Goßner* ZRP 2009, 107; *Schünemann* ZRP 2007, 104; *Kempf* StV 2008, 269; vor auch allem *Fischer*, a.a.O.; ebenfalls krit. *Fezer* NStZ 2010, 177). Kritisiert worden ist u.a., dass das Gericht nunmehr nicht nur verbindlich eine Strafobergrenze festlegen kann, sondern zugleich eine Strafuntergrenze angeben und damit einen neuen Strafrahmen bestimmen soll, der dann wirksam werden soll, wenn Angeklagter und StA zustimmen (*Meyer-Goßner*, a.a.O.). *Schünemann* (ZRP 2009, 104, 105) hat verfassungsrechtliche Bedenken im Hinblick auf das normierte Zustimmungserfordernis der StA geäußert (s.a. *Meyer-Goßner*, [§ 56. Aufl.] 257c Rn 5 [wird verfassungsrechtlich zu prüfen sein]; zur Rolle der StA BVerfG NJW 2013, 1058 und u. Rdn 143 ff.; a.A. *Jahn/Müller* NJW 2009, 2625, 2631). Diese Einwände und auch die bei der Expertenanhörung im Bundestag von den angehörten SV geäußerten Bedenken (s. das Protokoll der 134. Sitzung des Rechtsausschusses v. 25.3.2009 mit den anhängenden Stellungnahmen der SV; s.a. noch *Kempf* StV 2009, 269) haben jedoch zu Änderungen nicht geführt. Der Gesetzesentwurf ist weitgehend unverändert (zu Änderungen gegenüber dem ursprünglichen Entwurf in BT-Drucks 16/12310 s. die BT-Drucks 16/13095) Gesetz geworden und am 4.8.2009 in Kraft getreten (vgl. Art 3. des Gesetzes zur Regelung von Absprachen im Strafverfahren v. 29.7.2009, BGBl I, S. 2353).

☞ Die (Neu-)Regelung gilt **auch** für bei ihrem Inkrafttreten bereits **laufende Verfahren**. Es handelt sich um Prozessrecht, sodass das Rückwirkungsverbot nicht gilt (*Meyer-Goßner/Schmitt*, § 354a Rn 4 m.w.N.). Werden also in derzeit noch anhängigen „Alt-Verfahren" noch Verständigungen getroffen, ist § 257c zu beachten. Für gescheiterte Absprachen „nach altem Recht" gilt ggf. das Verwertungsverbot des § 257c Abs. 3 S. 4 (vgl. BGH StV 2009, 629).

143 2.a) Recht bald nach dem Inkrafttreten hat die **Regelung** der Verständigung in Karlsruhe beim **BVerfG** auf dem **Prüfstand** gestanden. Sie hat dort die verfassungsrechtliche Überprüfung mit Mühe bzw. gerade eben noch über-/bestanden. Das BVerfG hat in seinem Urt. v. 19.3.2014 (NJW 2013, 1058 ff.) – wie teilweise formuliert worden ist – „Bewährung gegeben" (vgl. z.B. *Beulke/Stoffer*, JZ 2013, 663). Hintergrund für die Bedenken und Kritik

Absprachen/Verständigung mit Gericht und Staatsanwaltschaft A

des BVerfG war sicherlich auch, dass von ihm eingeholte SV-Gutachten von Prof. *Altenhain*, das zu dem Ergebnis gekommen war, dass sich die Praxis nur wenig/kaum an die gesetzlichen Vorgaben gehalten hat (BVerfG, a.a.O.). Nach dieser Entscheidung des BVerfG hat es erneut **zahlreiche Veröffentlichungen**/Beiträge gegeben, die sich mit einer Analyse des Urteils und seinen Auswirkungen auf den Strafprozess befassen. Diese „Flut" von Veröffentlichungen ist kaum noch überschaubar. Die Veröffentlichungen können hier auch nicht in alle dargestellt werden. Verwiesen werden kann aus Platzgründen nur allgemein auf *Fezer* (HRRS 2013, 117), der vom „noch verfassungsgemäßen Gesetz" spricht, auf *Brocke* (StraFo 2013, 441), auf *Knauer* (NStZ 2013, 433), auf *Kudlich* (NStZ 2013, 379), auf *H. Schneider* (NStZ 2014, 192 ff.), und auf *Spaniol* (StraFo 2014, 355).

> ✍ Die Entscheidung des BVerfG stellt sicherlich eine **Zäsur** im Recht der Verständigung. Die bis dahin ergangene Rspr. muss daher sorgfältig daraufhin überprüft werden, ob sie nach dem Urt. v. 19.3.2013 noch und wenn ja, ggf. wie modifiziert, angewendet werden kann (zu der seit Inkrafttreten der (Neu)Regelung in den ersten Jahren bekannt gewordenen Rspr. vgl. die Übersichten von *Bittmann* NStZ-RR 2011, 102; *Burhoff* StRR 2011, 324; *Fischer* ZRP 2010, 249; *Jahn* StV 2011, 497; *Schlothauer* StraFo 2011, 287; zu ersten praktischen Erfahrungen mit der Neuregelung *Nobis* StRR 2012, 84 ff.; zur Anwendung der Entscheidung vom 19.3.2013 s. eingehend *H. Schneider* NStZ 2014, 192 ff.; *ders.*, 2014, 252 ff.).

Schon bald nach Inkrafttreten der Neuregelung (vgl. o. Rdn 59) war für eine „**Reform** der **144** Reform" plädiert worden (*Strate* NStZ 2010, 177, 183 ff.; s. auch noch *Rieß* StraFo 2010, 10). Auch der 68. DJT hatte sich erneut mit der Verständigung im Strafverfahren befasst (vgl. die gefassten Beschlüsse unter http://www.djt.de/fileadmin/downloads/68/68_djt_beschluesse.pdf). Die Entscheidung des BVerfG (NJW 2013, 1058 ff.) hat dann erneut zu Rufen nach dem Gesetzgeber bzw. zu der Frage geführt, ob und ggf. wie das Verständigungsverfahren umgestaltet werden sollte/muss (vgl. dazu und zur Umsetzung der Entscheidung des BVerfG in der Rechtspraxis a. *Landau* NStZ 2014, 425, der Berichterstatter beim BVerfG im verfassungsgerichtlichen Verfahren war). Zu den **Änderungsvorschlägen/-überlegungen** wird verwiesen auf *Bittmann* NJW 2013, 3017, der eine kommunikative HV anmahnt, auf *Erhard* (StV 2013, 655 aus der Sicht des Tatrichters), auf *R.Hamm* (StV 2013, 62 aus der Sicht des Verteidigers), auf *Kempf* (StraFo 2014, 105) und auf *Kudlich* (NStZ 2013, 379). Teilweise ist dem Zusammenhang auch bemängelt worden, dass das BVerfG keine konkreten Vorgaben gemacht hat, wie die strafprozessuale Verfahrenssituation verbessert werden könne (*Fezer* HRRS 2013, 117), sondern dies der strafprozessualen Praxis überlassen hat, die insoweit „unter Bewährung gestellt sei.

b) Das Urt. des BVerfG v. 19.3.2013 (NJW 2013, 1058 ff.) **bestätigt** im Grundsatz die **Verfassungsmäßigkeit** der gesetzlichen Regelung der Verständigung im Strafverfahren in **145**

§ 257c). Die Regelung sichere die Einhaltung der verfassungsrechtlichen Vorgaben, nämlich das im GG verankerte Schuldprinzip und die mit ihm verbundene Pflicht zur Erforschung der materiellen Wahrheit sowie den Grundsatz des fairen, rechtsstaatlichen Verfahrens, die Unschuldsvermutung und die Neutralitätspflicht des Gerichts, in (noch) ausreichender Weise. Der nach den Feststellungen des BVerfG erheblich defizitäre Vollzug des Neuregelung hat – derzeit – nicht zur Verfassungswidrigkeit der gesetzlichen Regelung geführt, das BVerfG geht zudem davon aus, dass die verfassungsrechtlichen Anforderungen an die Ausgestaltung des Strafprozesses erfüllt werden (BVerfG NJW 2013, 1058, 1061 ff.). Dabei kommt vor allem der sog. Belehrungspflicht des § 257c Abs. 5 erhebliche Bedeutung zu (vgl. BVerfG NJW 2013, 1058, 1067, BGH NStZ 2013, 728; *H. Schneider* NStZ 2013, 252, 257 ff.; vgl. auch noch EGMR NJW 2015, 1745).

146 Auf dieser Grundlage hat das **BVerfG „Kernthesen** zur sachgerechten Handhabung der die Verständigung regelnden Bestimmungen aufgestellt" (vgl. dazu eingehend *H. Schneider* NStZ 2014, 192 ff.). Dabei lässt es deutlich erkennen, dass es die Einhaltung seiner Vorgaben erwartet (*H. Schneider*, a.a.O.). Das bestätigen i.Ü. die nachfolgenden Entscheidungen vom 26.8.2014 zum Umfang der Mitteilungspflicht über eine Verständigung, sog. Negativmitteilung, gem. § 243 Abs. 4 S. 1 (BVerfG NJW 2014, 3504 m. Anm. *Hunsmann* NStZ 2014, 592) und v. 25.8.2014 zur Beruhensprüfung bei Verletzung der Belehrungspflicht im Rahmen einer Verständigung (§ 257c Abs. 5) (BVerfG NJW 2014, 3506; zur Belehrungspflicht a. schon BVerfG StV 2013, 674; vgl. Rdn 209 ff.). Auszugehen ist im Wesentlichen von folgenden vom BVerfG (NJW 2013, 1058 ff.) zur sachgerechten Auslegung und Anwendung der Verständigungsvorschriften aufgestellten

147 **Kernaussagen/Kernthesen**

- Ein „**Deal**"/eine informelle Absprache unter bewusster Umgehung der Bestimmungen zur Verständigung, also von § 257c, ist – so das BVerfG (NJW 2013, 1058, 1067) ausdrücklich – **unwirksam** (vgl. a. *Meyer-Goßner/Schmitt*, § 257c Rn 41; KK-*Moldenhauer/Wenske*, § 257c Rn 8, 44; vgl. z.B. *Beulke/Stoffer* JZ 2013, 663; *Brocke* StraFo2013, 441; *Knauer* NStZ 2013, 433; *Niemöller* NZWiSt 2012, 290; *Spaniol* StraFo2014, 366; *H. Schneider* NStZ 2014, 252, 259; vgl. a. [schon] BGHSt 43, 195; 50, 40; BGH NStZ 2011, 107; StV 2011, 74; 2015, 153; *Jahn* StV 2011, 497, 500 m.w.N.). Das gilt i.Ü. auch für „konkludente" Absprachen (BGHSt 59, 21 m. Anm. *Knauer* NStZ 2014, 113 und *Hillenbrand* StRR 2014, 101). Sie haben grds. **keine Bindungswirkung** (BGH NStZ 2011, 107; StV 2011, 74 m. Anm. *Burhoff* StRR 2010, 466; vgl. a. die vorstehenden Lit.-Nachw.; s. aber auch *Meyer* HRRS 2011, 17).
- Zur Reichweite des **Amtsaufklärungsgrundsatzes** des § 244 Abs. 2 bei Überprüfung verständigungsbasierter Geständnisse (dazu a. § 257 Abs. 1 S. 2) führt das BVerfG aus, dass die Gerichte das verständigungsbasierte Geständnis nicht nur durch einen bloßen Abgleich mit der Aktenlage überprüfen dürfen, weil das keine hinreichende Grund-

lage für die erforderliche Überzeugungsbildung aus dem Inbegriff der HV (§ 261 StPO) darstellt und mit einem solchen Verständnis dem Transparenzanliegen des Neuregelung (vgl. Rdn 151) und der Ermöglichung einer wirksamen Kontrolle auf einer Verständigung beruhender Urteile gerade nicht Rechnung getragen werden könnte (vgl. dazu auch *H. Schneider* NStZ 2014, 192 ff.; vgl. z.B. *Beulke/Stoffer* JZ 2013, 663; *Leitmeier* HRRS 2013, 365; *König* NJW 2012, 1916; *Mosbacher* NZWiSt 2013, 201; s.a. noch BVerfG NJW 2012, 1136 u. Rdn 157 ff.).

- Eine **Strafrahmenverschiebung** darf **nicht** Inhalt einer Verständigung sein, und zwar auch dann nicht, wenn sie sich auf Sonderstrafrahmen für besonders schwere oder minder schwere Fälle im Vergleich zum Regelstrafrahmen (BVerfG NJW 2013, 1058, 1064, 1070; s. aber BGH NStZ 2013, 540 m. Anm. *Deutscher* StRR 2013, 343; krit. *H. Schneider* NStZ 2014, 192, 195 f.).
- Auch ein → *Rechtsmittelverzicht*, Rdn 2189, ist unwirksam (u.a. BVerfG NJW 2013, 1058, 1064, 1070; s.a. *Niemöller* NStZ 2013, 19; *Scheffler* StV 2015, 123).
- Erhebliche Bedeutung misst das BVerfG dem sog. **Transparenzgebot** (u.a. § 243 Abs. 4 S. 1) zu. Die Verständigung müsse auf jeden Fall in der HV erfolgen/zustandekommen, nur dort ist die nach § 273 Abs. 1a S. 1 vorgeschriebene Protokollierung und die damit bezweckte Kontrolle gewährleistet. Protokolliert werden muss, wer die Anregung zu den Gesprächen gab und welchen Inhalt die einzelnen „Diskussionsbeiträge" aller Verfahrensbeteiligten sowie der Richter hatten, insbesondere von welchem Sachverhalt sie hierbei ausgingen und welche Ergebnisvorstellungen sie äußerten (vgl. dazu *H. Schneider* NStZ 2014, 192, 197 ff.; 252, 254 ff. m.w.N.; wegen der Einzelh. *Burhoff*, HV, Rn 1823 ff., 2051 ff. m.w.N. aus der Rspr.; s. dazu dann a. BVerfG NJW 2014, 3504 m. Anm. *Hunsmann* NStZ 2014, 592; NJW 2015, 1235; NStZ 2015, 172; vgl. dazu *Deutscher* StRR 2015, 88). Damit soll/muss sichergestellt sein/werden, dass die Öffentlichkeit ihre Kontrollfunktion ausüben kann (krit. *König/Harrendorf* AnwBl. 2013, 321; → *Mitteilung über Erörterungen zur Verständigung*, Rdn 1866).
- Verstöße gegen die **Belehrungspflicht** aus § 257c Abs. 5 führen nach Auffassung des BVerfG grds. zur Unwirksamkeit der Verständigung bzw. zur Aufhebung des auf einer Verständigung ohne Belehrung beruhenden Urteils (BVerfG NJW 2013, 1058, 1067; s. jetzt BGH StV 2013, 611; OLG Köln StV 2014, 80; OLG München StV 2014, 79; OLG Rostock StV 2014, 81). Das ist vor dem Urt. v. 19.3.2013 anders gesehen worden (*H. Schneider* NStZ 2013, 252, 257 ff. m.w.N., wie z.B. BGH NStZ 2013, 728; vgl. a. noch *Ziegert* StraFo 2014, 228).
- Der StA hat das BVerfG bei der Kontrolle der Einhaltung der gesetzlichen Vorschriften eine **entscheidende Rolle** zugeschrieben (BVerfG NJW 2013, 1058, 1067). Sie muss auf die Einhaltung der Verfahrensvorschriften achten und die übergeordnete GStA hat das ggf. durch entsprechende Weisungen zu sichern (zur Rolle der StA s.a. *Altvater*

A Absprachen/Verständigung mit Gericht und Staatsanwaltschaft

StraFo 2014, 221 ff.; *Trück* ZWH 2013, 169; krit. insoweit *König/Harrendorf* AnwBl. 2013, 321).

148 **3.a)** Das **gesetzliche System** der Regelung der Absprachen/Verständigung im Strafverfahren im neuen § 257c und den flankierenden Vorschriften der §§ 160b, 202a, 212, lässt sich kurz wie folgt **skizzieren** (vgl. dazu teilweise – krit – auch *Bittmann* wistra 2009, 414; *Burhoff* StRR 2009, 324; *Fezer* NStZ 2010, 177; *Jahn/Müller* NJW 2009, 2625 ff.; *Schlothauer/Weider* StV 2009, 600; *Wenske* DRiZ 2011, 393; *ders.*, DRiZ 2012, 123):

149 **Begriff „Verständigung"**

- Vermieden wird in der StPO der in der Praxis früher übliche **Begriff** der „Absprache" oder „Vereinbarung"; bevorzugt wird der Begriff der „**Verständigung**". Hintergrund dieser Terminologie ist, dass nicht der unzutreffende Eindruck gefördert werden soll, „dass Grundlage des Urteils eine quasi vertraglich bindende Vereinbarung wäre" (vgl. BT-Drucks 16/12310, S. 8; *Jahn/Müller* NJW 2009, 2625, 2626; *Schlothauer/Weider* StV 2009, 600, 601). Ob das angesichts der Rechtswirklichkeit eine zutreffende Sicht der Dinge ist, ist m.E. zu bezweifeln. Denn in der Praxis steht hinter der Absprache im Zweifel i.d.R. ein „do ut des", an das sich die Verfahrensbeteiligten im Hinblick auf zukünftige Absprachen in anderen Verfahren halten werden (vgl. zur Terminologie a. *Meyer-Goßner/Schmitt*, § 257c Rn 3 ff.; krit. a. *Jahn/Müller*, a.a.O.).

    Aus der gesetzlichen Regelung der Verständigung in § 257c folgt, dass bindende (heimliche) Verständigungen sog. „Deals", außerhalb von dessen Anwendungsbereich **unzulässig** sind ((BVerfG NJW 2013, 1058, 1067; wegen weit. Nachw. s. oben Rdn 147; *Meyer-Goßner/Schmitt*, § 257c Rn 4; *Jahn* StV 2011, 497, 500; s. dazu auch BGH NStZ 2011, 107 m. Anm. *Burhoff* StRR 2011, 382; StV 2011, 74; 2011, 645).

150 **Erörterungen**

- **Unterschieden** wird zwischen sog. **Erörterungen** (vgl. z.B. § 257b) und der **Verständigung** i.e.S. in § 257c, wobei die Grenzen und Übergänge fließend sind. Der Gesetzgeber geht davon aus, dass alles das, was der eigentlichen Verständigung, die nach § 257c in der HV erfolgen muss, vorausgeht, Erörterungen sind, die in (§ 257b; → *Erörterungen des Standes des Verfahrens*, Rdn 1491 ff.) aber auch außerhalb der HV geführt werden können (vgl. z.B. §§ 160b, 202a, 212; → *Erörterungen des Standes des Verfahrens*, Rdn 1506 ff., und dazu *Burhoff*, EV, Rn 1997).
- Über solche Erörterungen muss aber in der HV berichtet werden (vgl. dazu BVerfG NJW 2013, 1058; *H. Schneider* NStZ 2014, 192, 197 ff. m.w.N.; dazu dann a. noch BVerfG NJW 2014, 3504 m. Anm. *Hunsmann* NStZ 2014, 592; wegen der Einzelh.

Burhoff, HV, Rn 1823 m.w.N. aus der Rspr. wegen der Einzelh. → *Mitteilung über Erörterungen zur Verständigung*, Rdn 1866). Im Zweifel wird in der Praxis auf diese Erörterungen ausgewichen und in ihnen alles das „informell" besprochen werden, was man in der HV nicht besprechen will/darf (zur Unzulässigkeit informeller Absprachen/Deals s. Rdn 147). In solchen Erörterungen getroffene „Vereinbarungen" nehmen an der Bindungswirkung des § 257c Abs. 4 jedoch nicht teil (BGH NStZ 2011, 107 m. Anm. *Burhoff* StRR 2011, 382; StV 2011, 74: 2011, 645; s.a. unten Rdn 182 ff., 219 ff.). Werden im Rahmen des (Zwischen- oder) Hauptverfahrens außerhalb der HV Gespräche geführt – i.d.R. dann häufig nur zwischen StA und Verteidigung – müssen diese (zumindest) **aktenkundig** gemacht werden (§ 160b S. 2; BGH NStZ 2012, 347; OLG Stuttgart StV 2014, 397). Sie sind in der HV offen zu legen (BGHSt 58, 310; NStZ 2013, 353; StV 2014, 67; zur Mitteilung von Verständigungs-Vorgesprächen nach Neubesetzung der Kammer s. BGH NJW 2014, 3385).

Grundsätze 151

Die Regelung zur Verständigung geht i.Ü. von folgenden **Grundsätzen** aus (vgl. BT-Drucks 16/12310, S. 8; krit. *Fischer* StraFo 2009, 177, 181; zur Zielsetzung s.a. *Schlothauer/Weider* StV 2009, 600, 601; zur Urteilsabsprache mit Hinblick auf die „leitenden Prinzipien" der StPO *Ignor*, S. 321 und *Bötticher*, S. 87; vgl. a. oben Rdn 147 zur Rspr. des BVerfG):

- Es wird nicht zwischen dem verteidigten und dem **unverteidigten Angeklagten** unterschieden.

  > 🖉 Das OLG Naumburg (NStZ 2014, 116 m. zust. Anm. *Burhoff* StRR 2014, 70) geht davon aus, dass dann, wenn eine Verständigung zustande kommen soll, i.d.R. ein Fall der **notwendigen Verteidigung** vorliegt (a.A. OLG Bamberg NStZ 2015, 184 m. Anm. *Burhoff* StRR 2015, 102; *Wenske* NStZ 2014, 117 in der Anm. zu OLG Naumburg, a.a.O.; abl. a. *Meyer-Goßner/Schmitt*, § 257c Rn 24).

- Die Regelung gilt im **gesamten Verfahren**, also auch im Berufungsverfahren ([teilweise] inzidenter OLG Hamburg NStZ 2014, 534; OLG Karlsruhe StV 2014, 401; OLG Stuttgart StV 2014, 397 m. Anm. *Deutscher* StRR 2014, 310; zur Verständigung im Berufungsverfahren eingehend *Wenske* NStZ 2015, 137).
- Die Anwendung der Vorschriften, insbesondere die des § 257c, ist **auch in Verfahren vor** den **AG** nicht ausgeschlossen (zur Verständigung im amtsgerichtlichen Verfahren *Deutscher* VRR 2014, 410; *Kunze* ZAP F. 22, S. 745 ff.). Damit soll eine „2-Klassen-Justiz" vermieden und dem Umstand Rechnung getragen werden, dass auch in amtsgerichtlichen Verfahren, wo vorwiegend Fälle der kleineren und mittleren Kriminalität behandelt werden, Verständigungen stattfinden (können) (vgl. BT-Drucks

16/12310, S. 2; zur Verständigung im Strafverfahren aus der Perspektive erstinstanzlicher Gerichte *Weimar/Mann* StraFo 2010, 12).
- Die Grundsätze der **Strafzumessung** (§ 46 StGB) sollen **unberührt** bleiben. Das Strafmaß muss sich weiterhin an der Schuld des Angeklagten orientieren (vgl. zur Strafzumessung *Streng*, S. 447; krit. *Strate* NStZ 2010, 362; *Meyer-Goßner/Schmitt*, § 257c Rn 9 ff.).
- Unberührt bleiben auch die allgemeinen Grundsätze des Strafverfahrens. Es soll insbesondere **kein „Konsensprinzip"** geben. Eine Verständigung kann nie alleinige Grundlage des Urteils sein. Das Gericht ist im Rahmen der → *Aufklärungspflicht des Gerichts*, Rdn 329, weiterhin verpflichtet, den wahren Sachverhalt bis zu seiner Überzeugung zu ermitteln (§ 257c Abs. 1 S. 2; BVerfG NJW 2013, 1058; u.a. BGH StV 2010, 60; 2012, 133; 2012, 134; 2012, 653; StraFo 2010, 386; ähnlich BGH StraFo 2012, 232; OLG Celle StV 2011, 341; eingehend *H. Schneider NStZ 2012, 192* ff.; *Leitmeier* HRRS 2013, 365; *König* NJW 2012, 1916; *Mosbacher* NZWiSt 2013, 201; *Ziegert* StraFo 2014, 228; s. aber auch BGH NStZ-RR 2011, 164 [Ci/Zi]; deshalb krit. zur Neuregelung *Fezer* NStZ 2010, 177 ff.; vgl. a. Rdn 158 ff.).
- Es muss ein größtmögliches Maß an **Transparenz** gewährleistet sein (vgl. z.B. § 243 Abs. 4; zur Transparenz auch *Kölbel/Selter* JR 2009, 447; zur Bedeutung des Transparenzgebotes BVerfG NJW 2013, 1058 ff.; BGH NStZ 2012, 347; zum Sinn OLG Celle NStZ 2012, 285 m. Anm. *Lorenz* StRR 2012, 26; zur Rechtsprechung *H. Schneider* NStZ 2014 192, 197 ff., 252, 254 ff.; *Deutscher* StRR 2014, 288; *Ziegert* StraFo 2014, 228; → *Mitteilung über Erörterungen zur Verständigung*, Rdn 1866). Eine wirksame „Verständigung" kann daher nur in der öffentlichen HV zustande kommen, Vorgänge außerhalb der HV – sog. Erörterungen – bereiten die Verständigung nur vor (vgl. u.a. BGH NStZ 2011, 107; StV 2011, 645 und oben Rdn 147). Das Gericht muss sie öffentlich mitteilen. Verständigungen müssen stets umfassend protokolliert und im Urteil erwähnt werden (vgl. §§ 267 Abs. 3 S. 5, 273 Abs. 1a; → *Protokoll der Hauptverhandlung, Allgemeines*, Rdn 2092; vgl. auch noch EGMR NJW 2015, 1745).
- Die Vereinbarung eines → **Rechtsmittelverzichts**, Rdn 2189, kann nicht Gegenstand einer Verständigung sein (vgl. § 302 Abs. 1. S. 2; BVerfG NJW 2013, 1058, 1064, 1070; BGHSt 59, 21 m. Anm. *Knauer* NStZ 2014, 113 *Niemöller* NStZ 2013, 19; *Ziegert* StraFo 2014, 228; eingehend zum Rechtmittelverzicht *Burhoff*, RM, Rn 215 und 2077 ff.; *Meyer-Goßner/Schmitt*, § 302 Rn 26a; u. Rdn 237 f.). Das Urteil bleibt also auch nach einer Verständigung in vollem Umfang überprüfbar. Der Angeklagte muss darüber eingehend belehrt werden (sog. qualifizierte Belehrung in § 35a S. 2; zur Kritik an dieser „Doppelgleisigkeit" s. Rdn 237 f.).
- Der Angeklagte hat **kein Recht auf** eine **Verständigung** (BGH StRR 2015, 226).

Absprachen/Verständigung mit Gericht und Staatsanwaltschaft   A

4. Für das **Zustandekommen** einer Verständigung sieht die StPO ein in §§ 257b, 257c enthaltenes **Regelungsgefüge** vor:

a) Zentrale Vorschrift der Verständigungsregelung ist **§ 257c**. Er enthält in Abs. 2 Vorgaben zum zulässigen Gegenstand/Inhalt (vgl. Rdn 172 ff.), in Abs. 3 zum Zustandekommen und zu den Folgen einer Verständigung und legt in § 257c Abs. 1 S. 2 fest, dass die Pflicht des Gerichts zur Aufklärung des Sachverhalts uneingeschränkt bestehen bleibt (vgl. dazu Rdn 158, 180). Die Regelung in § 257c basiert auf der früheren Rspr. der (Ober-)Gerichte zur Absprache im Strafverfahren (vgl. dazu vor allem BGHSt 43, 195; 50, 40 und die dort zusammengestellte Rspr.). Der Gesetzgeber hat bei der gesetzlichen Regelung der Absprachepraxis davon abgesehen, ein völlig neues Regelungskonzept zur Verständigung im Strafverfahren zu schaffen. Vielmehr sollen sich die Vorschriften an den allgemeinen strafverfahrensrechtlichen Grundsätzen ausrichten (vgl. BT-Drucks 16/12310, S. 8 f.; krit. *Meyer-Goßner/Schmitt*, § 257c Rn 3; *Fischer* StraFo 2009, 177; *Jahn/Müller* NJW 2009, 2625, 2631). Auch hat man kein besonderes/eigenständiges „konsensuales Verfahren" geschaffen (krit. auch insoweit *Meyer-Goßner/Schmitt*, a.a.O.). Die Regelung in § 257c geht aber z.T. über die frühere Rspr. des BGH (a.a.O.) hinaus. Denn danach war eine „Vereinbarung" nicht zulässig (BGH, a.a.O).

152

> Die Stellung der Vorschriften im Bereich der die HV regelnden Vorschriften zeigt, dass der Ort für den Abschluss einer Verständigung die HV ist (zur Kritik am Standort der Vorschriften *Meyer-Goßner/Schmitt*, § 257c Rn 1). Das schließt jedoch nicht aus, dass zur Vorbereitung der HV **außerhalb** der **HV informelle Gespräche** (Erörterungen) geführt werden (vgl. BT-Drucks 16/12310, S. 9). Allerdings ist darüber dann in der HV – entsprechend dem Gebot der Transparenz – zu berichten (vgl. § 243 Abs. 4, und dazu BVerfG NJW 2013, 1058 ff.; → *Mitteilung über Erörterungen zur Verständigung*, Rdn 1866; zur Transparenz hinsichtlich zwischen StA und Verteidigung geführter Gespräche s. BGH NStZ 2012, 347 m. Anm. *Burhoff* StRR 2012, 188; zur Mitteilung von Verständigungs-Vorgesprächen nach Neubesetzung der Kammer s. BGH NJW 2014, 3385).

b) Das Zustandekommen einer Verständigung wird i.d.R. in aber auch schon außerhalb der HV durch sog. → *Erörterungen des Standes des Verfahrens*, Rdn 1491, i.S.v. §§ 257b, 212 vorbereitetet, die i.d.R. auch die Frage der Beendigung des Verfahrens durch eine Verständigung zum Gegenstand haben (*Schlothauer/Weider* StV 2009, 600, 601).

153

Von Bedeutung sind zudem die „flankierend" in die StPO eingefügten **§§ 160b, 202a, 212**. Auch sie sollen, ebenso wie § 257b, die Kommunikation zwischen den Verfahrensbeteiligten stärken. Deshalb sollen bereits im EV, aber auch in allen weiteren Stadien des gerichtlichen Verfahrens sog. Erörterungen der verfahrensführenden Stellen, also im EV vor allem der StA, aber dann auch des Gerichts, mit den Verfahrensbeteiligten zulässig sein (was sie bisher auch schon waren) und gefördert werden. Bei solchen Erörterungen im gerichtlichen

154

Verfahren darf auch die Möglichkeit einer Verständigung besprochen werden. Ziel soll es sein, dass die Beteiligten miteinander im Gespräch bleiben, wenn dies für den Verlauf des Verfahrens sinnvoll ist (vgl. BT-Drucks 16/12310, S. 9; → *Erörterungen des Standes des Verfahrens*, Rdn 1491 ff.; s.a. *Burhoff*, EV, Rn 1991). Das Ergebnis solcher Erörterungen ist **aktenkundig** zu machen (§ 160b S. 2; BGH NStZ 2012, 347). Sie sind in der HV offen zu legen (BGHSt 58, 310; BGH NStZ 2013, 353; StV 2014, 67; zur Mitteilung von Verständigungs-Vorgesprächen nach Neubesetzung der Kammer s. BGH NJW 2014, 3385). Das gefundene Ergebnis ist nicht bindend i.s. des § 257c (vgl. u.a. BGH NStZ 2011, 107).

155 c) Ebenfalls von erheblicher Bedeutung sind die Fragen, die mit dem **Rechtsmittelverzicht** im Rahmen einer Verständigung zusammenhängen. Nach § 302 Abs. 1 S. 2 ist ein Rechtsmittelverzicht ausdrücklich ausgeschlossen, wenn dem Urteil eine Verständigung i.S.v. § 257c vorausgegangen ist. Diese Vorschrift wird dadurch „abgesichert", dass in § 35a S. 2 eine ausdrückliche „qualifizierte Belehrung" vorgesehen ist (→ *Rechtsmittelbelehrung*, Rdn 2177). Das geht z.T. zurück auf die Entscheidung des Großen Strafsenates des BGH v. 3.5.2005 (BGHSt 50, 40; zum unzulässigen Rechtsmittelverzicht s. BVerfG NJW 2013, 1058, 1064, 1070; *Niemöller* NStZ 2013, 19: *Ziegert* StraFo 2014, 228; *Schlothauer/Weider* StV 2009, 600, 601; *Krawczyk/Schüler* StRR 2014, 284, 286; *Scheffler* StV 2015, 123 u. unten Rdn 240 ff.). Ein Rechtsmittelverzicht ist auch dann unwirksam, wenn dem Urteil eine **informelle Verständigung** vorausgegangen ist (u.a. BGH 59, 21; OLG Köln NStZ 2014, 727 m. abl. Anm. *Schneider* NStZ 2015, 53; *Meyer-Goßner/Schmitt*, § 302 Rn 26c; zum Nachweis eines unzulässigen Rechtsmittelverzichts s. BVerfG NJW 2012, 1136; BGH StV 2013, 199; OLG Zweibrücken NJW 2012, 3193).

156 d) Das Gebot der Transparenz (s.o. Rdn 151) wird durch umfassende **Protokollierungs-** und **Mitteilungspflichten** abgesichert (vgl. §§ 243 Abs. 4; 273 Abs. 1a; → *Mitteilung über Erörterungen zur Verständigung*, Rdn 1866; → *Protokoll der Hauptverhandlung, Allgemeines*, Rdn 2092 und u. Rdn 213 ff.). Im EV müssen nach §§ 160b, 202a geführte → *Erörterungen des Standes des Verfahrens*, Rdn 1491, **aktenkundig** gemacht werden (BGH NStZ 2012, 347). Das gilt für die nach § 212 außerhalb der HV geführten gerichtlichen → *Erörterungen des Standes des Verfahrens*, Rdn 1491, ebenfalls.

157 5. **Allgemein** ist zu der gesetzlichen Regelung der **Verständigung** i.S.d. § 257c Abs. 1 auf Folgendes **hinzuweisen**: Danach kann sich das Gericht (vgl. dazu Rdn 162) mit den Verfahrensbeteiligten (vgl. dazu Rdn 166) über den weiteren Fortgang des Verfahrens und das Ergebnis des Verfahrens (vgl. zum zulässigen Inhalt einer Verständigung Rdn 172 ff.) verständigen.

158 a) § 257c Abs. 1 S. 2 weist ausdrücklich darauf hin, dass die → *Aufklärungspflicht des Gerichts*, Rdn 329, aus § 244 Abs. 2 „**unberührt**" bleibt (vgl. dazu auch BGH NStZ 2012, 465; 2014, 53 m. Anm. *Burhoff* StRR 2013, 384; NStZ 2014, 170; StV 2010, 60; 2012, 133, 2012, 653; 2013, 194; 2013, 703; StraFo 2010, 386; OLG Celle StV 2011, 341; krit. *Fischer* StraFo

2009, 177, 181, 186; *Meyer-Goßner/Schmitt*, § 257c Rn 3; *Fezer* NStZ 2010, 177; *Jahn* StV 2011, 497, 504 m.w.N.; zust. *Jahn/Müller* NJW 2009, 2625, 2631). Hintergrund dieser Regelung ist, dass auch dann, wenn der Weg der Verständigung beschritten wird, die Pflicht des Gerichts zur Aufklärung des Sachverhalts davon nicht betroffen sein soll. Es soll nicht allein die Verständigung Grundlage des Urteils sein. Vielmehr soll/muss auch weiterhin die Überzeugung des Gerichts von dem von ihm im Urteil später festgestellten Sachverhalt als Urteilsgrundlage erforderlich sein (vgl. BT-Drucks 16/12310, S. 13; vgl. auch BGH StV 2012, 653). Darauf hat im Verständigungsurteil v. 19.3.2013 auch das **BVerfG** ausdrücklich hingewiesen (NJW 2013, 1058, 1063) und dazu ausgeführt, dass allein ein verständigungsbasiertes Geständnis eine Verurteilung nicht rechtfertigen könne (s.a. BGH NStZ 2014, 53). Vielmehr sei es zwingend erforderlich, die geständige Einlassung des Angeklagten im Zuge einer förmlichen Beweisaufnahme auf ihre Richtigkeit zu überprüfen (BVerfG, a.a.O.; *H. Schneider* NStZ 2014, 192 ff. zu den sich daraus für die Praxis ergebenden Folgerungen; s. auch noch vgl. z.B. *Beulke/Stoffer*, JZ 2013, 663; *Erhard* StV 2013, 655; [krit.] *Fezer* HRRS 2013, 117; *Knauer* NStZ 2013, 433; *König* NJW 2012, 1916; *König/Harrendorf* AnwBl. 2013, 321; *Krawczyk/Schüler* StRR 2014, 284; *Leitmeier* HRRS 2013, 365; a.A. *Mosbacher* NZWiSt 2013, 201; *Schmitt* StraFo 2012, 386, 387; *Theile* NStZ 2012, 666; *Ziegert* StraFo 2014, 228; *Meyer-Goßner/Schmitt*, § 257c Rn 3; KK-*Moldenhauer/Wenske*, § 257c Rn 13). Das Gericht darf also (nach wie vor) **nicht vorschnell** auf eine Urteilsabsprache bzw. eine Verständigung ausweichen, ohne zuvor pflichtgemäß die Anklage tatsächlich anhand der Akten und insbesondere auch rechtlich überprüft zu haben (vgl. u.a. BGH NStZ 2014, 53; dazu schon BGHSt 50, 40; BGH NStZ 2004, 577, 578). Es darf also nicht etwa ohne nähere Überprüfung des Tatgeschehens eine bestimmte Sanktion zusagen (*Meyer-Goßner/Schmitt*, § 257c Rn 4). Das gilt auch, wenn im Rahmen der Verständigung vom Angeklagten ein Geständnis abgelegt wird (vgl, zum **Geständnis** Rdn 183 ff.; zur → *Aufklärungspflicht des Gerichts*, Rdn 329, beim Geständnis BGH NStZ 2014, 170).

> Der BGHG geht davon aus, dass dann, wenn ein verständigungsbasiertes Geständnis Grundlage einer Verurteilung ist, über die Mindestanforderungen des § 267 Abs. 3 S. 5 hinaus (vgl. *Meyer-Goßner/Schmitt*, § 267 Rn 23a m.w.N.) im **Urteil** Einzelheiten zum Inhalt einer Verständigung mitgeteilt werden müssen, um die Beweiswürdigung des Gerichts zum Einlassungsverhalten des Angeklagten ausreichend auf Rechtsfehler überprüfen zu können (BGH StV 2013, 194 m. abl. Anm. *Schlothauer*; s.a. schon BGHSt 52, 78, 82 ff.; zur nicht ausreichenden Berücksichtigung einer einem Mitangeklagten erteilter Rechtsfolgenprognosen bei der Würdigung von dessen belastender Angaben BGHSt 58, 184 m. Anm. *Deutscher* StRR 2013, 184).
>
> Die in einem (anderen) Strafverfahren gegen einen Zeugen getroffene Verständigung ist als Verfahrensabsprache in die HV einzuführen und zu würdigen, da es sich um eine Verfahrensabsprache zu **Lasten Dritter** handelt (BGH NStZ 2014, 287).

A   Absprachen/Verständigung mit Gericht und Staatsanwaltschaft

159   Zu Recht wird allerdings in der Lit. darauf hingewiesen, dass dieses Anliegen/diese Regelung (zumindest) **widersprüchlich** ist und an der Wirklichkeit vorbeigeht (*Jahn* StV 2011, 497, 504 m.w.N. zum damaligen Diskussionsstand; s. auch noch *Rieß* StraFo 2010, 10, 11). Denn in den Fällen des Zustandekommens einer Verständigung wird, da diese häufig aus Gründen der Verfahrensbeschleunigung getroffen wird, das Interesse an (weiterer) Aufklärung des Sachverhalts nicht groß sein. Letztlich wird man zugestehen müssen, dass dem Strafprozess nun doch ein „Konsensprinzip" immanent ist. In dem Zusammenhang erhält dann die o.a. Rspr. des BGH zum Umfang der auch im Fall einer Verständigung notwendigen und erforderlichen tatsächlichen Feststellungen Bedeutung (vgl. dazu u.a. BGH NStZ 2014, 53; StV 2010, 60). Denn in ihr betont der BGH (a.a.O.), dass allein die Bereitschaft des Angeklagten, wegen eines bestimmten Sachverhalts eine Strafe hinzunehmen, die das gerichtlich zugesagte Höchstmaß nicht überschreitet, das Gericht nicht von seiner Pflicht zur Aufklärung und Darlegung des Sachverhalts entbindet, soweit dies für den Tatbestand der dem Angeklagten vorgeworfenen Gesetzesverletzung erforderlich ist (ähnlich BGH, Beschl. v. 10.2.2011 – 5 StR 594/10; zu allem unter Berücksichtigung des BVerfG, Urt. v. 19.3.2014; *H. Schneider* NStZ 2014, 192 ff. und auch noch u. Rdn 243).

160   **b)** § 257c Abs. 1 definiert **nicht**, was **begrifflich** unter einer „**Verständigung**" zu verstehen ist. Die Gesetzesbegründung geht davon aus, dass der Begriff der „Verständigung" im allgemeinen Sprachgebrauch so hinreichend präzise erfasst sei, dass er nicht neu definiert werden müsse (vgl. BT-Drucks 16/12310, S. 13). Wesentliches Merkmal sei der „Begriff des Einvernehmens". Dieser Begriff, der nicht näher erläutert wird, ist aber unscharf und erfasst sowohl das, was in der Vergangenheit unter dem Begriff des (verbotenen) „Deals" gesehen worden ist, als auch vom Wortsinn eine (zulässige) Vereinbarung/Absprache, also gerade die Begriffe, die man hat vermeiden wollen (vgl. BT-Drucks 16/12310, S. 8; vgl. a. *Jahn/Müller* NJW 2009, 2625, 2626). Das „do ut des" ist dadurch nicht ausgeschlossen, obwohl eine „quasi vertraglich bindende Vereinbarung" mit der Regelung gerade nicht gemeint sein soll/ist (vgl. BT-Drucks, 16/12310, a.a.O.; BVerfG NJW 2013, 1058). Eine solche Verständigung soll ausgeschlossen sein (*Meyer-Goßner/Schmitt*, § 257c Rn 3; zum Begriff der Verständigung a. KK-*Moldenhauer/Wenske*, § 257c Rn 8). Legt man das zugrunde und geht vom Begriff des „Einvernehmens" aus, dann wird man unter „Verständigung" i.S.d. § 257c Abs. 1 einen Konsens bzw. eine Vereinbarung über bestimmte (Verfahrens-)Fragen zu verstehen haben, an den die Beteiligten in den Grenzen des § 257c Abs. 4 (vgl. dazu Rdn 219 ff.) gebunden sind. Insoweit ist allerdings für das Gericht von Bedeutung, dass seine „Konsensfähigkeit" eingeschränkt ist durch den nach § 257c Abs. 2 zulässigen Inhalt einer Verständigung.

161   In der StPO wird davon ausgegangen, dass eine „**Verständigung**" i.e.S. gem. § 257c Abs. 1 **nur** in der **HV** getroffen werden kann. I.Ü. schweigt sich das Gesetz zu „anderen" Verständigungen/Vereinbarungen aus und regelt nur, dass Gespräche außerhalb der HV stattfinden können, in denen eine Verständigung i.S.d. § 257c Abs. 1 vorbereitet wird (vgl. BT-Drucks 16/12310, S. 9). Deren Ergebnisse – z.b. von → *Erörterungen des Standes des Verfahrens*, Rdn 1565, nach §§ 160b, 202a, sind aber keine Verständigungen i.S.v. § 257c Abs. 1, sondern nur sie vorbereitende Vereinbarungen. Sie haben keine Bindungswirkung i.S. des § 257c (BGH NStZ 2011, 107; StV 2011, 74; 2011, 645; 2011, 728).

c) § 257c richtet sich zunächst an das **Gericht**. Gemeint ist damit die Gesamtheit der **Berufsrichter** und **Schöffen** (vgl. BT-Drucks16/12310, S. 13 zu § 257b; zur → *Verhandlungsleitung*, Rdn 2889, des Vorsitzenden bei einer Verständigung s. Rdn 201 ff.). Das Gericht schlägt die Verständigung bzw. deren Inhalt vor. Zustande kommt die Verständigung aber nur, wenn u.a. auch die StA zustimmt (zu den verfassungsrechtlichen Bedenken *Meyer-Goßner/Schmitt*, § 257c Rn 5).

162

d) Die Verständigung steht im **Ermessen** des Gerichts. § 257c Abs. 1 formuliert ausdrücklich mit „kann". Ob eine Verständigung getroffen wird oder nicht, entscheidet also das Gericht, das sich insoweit an die Vorgaben des § 257c und die obergerichtlichen Rspr. zu halten hat. Voraussetzung ist weiterhin, dass es sich um einen „geeigneten Fall" handelt (vgl. dazu Rdn 169). Das Gericht kann im Rahmen dieses Ermessens eine **Verständigung anregen** (vgl. dazu schon BGHSt 42, 46). Dabei muss es allerdings die gebotene Zurückhaltung wahren, um jeden Anschein der Parteilichkeit zu vermeiden (BGH, a.a.O.; NStZ 1985, 36 f.; zur Neuregelung BGH StV 2011, 72). Diese Fühlungsnahmen dürfen auf jeden Fall den Verfahrensablauf, einschließlich eventueller Anregungen nach den §§ 154 ff., betreffen (vgl. dazu BVerfG NJW 1987, 2662). I.Ü. hat das BVerfG auch der **StA** bei der Kontrolle der Einhaltung der gesetzlichen Vorschriften eine **entscheidende Rolle** zugeschrieben (BVerfG NJW 2013, 1058, 1067; *Altvater* StraFo 2014, 221 ff.; krit. insoweit *König/Harrendorf* AnwBl. 2013, 321

163

§ 257c Abs. 1 räumt dem **Gericht** aber **kein alleiniges Initiativrecht** ein (vgl. BT-Drucks 16/12310, S. 13; *Jahn/Müller* NJW 2009, 2625, 2627, die aus der Regelung aber die Präferenz für die „richterzentrierte Einleitung der Absprachekommunikation" entnehmen, dies aber andererseits im Hinblick auf die richterliche Neutralität für problematisch halten). Der Verteidiger und der Angeklagte können sie also ebenfalls anregen, obwohl sie **keinen Anspruch** auf eine Verständigung haben (*Meyer-Goßner/Schmitt*, § 257c Rn 23), und werden das in vielen Fällen, ggf. aufgrund von im EV geführten „Erörterungen" bzw. getroffenen Vereinbarungen, auch tun. Die Anregungen sind allerdings für das Gericht ebenso wenig bindend wie eine Anregung des Gerichts zu einer Verständigung für die anderen Verfahrensbeteiligten. Die Fühlungnahme durch das Gericht kann **auch außerhalb** der **HV** erfolgen (vgl. BT-Drucks 16/12310, S. 9; *Meyer-Goßner/Schmitt*, § 257c Rn 23; s.a. KK-*Moldenhauer/Wenske*, § 257c Rn 9); das muss dann aber (später) in der HV mitgeteilt werden (BVerfG NJW 2013, 1058; u.a. BGH NJW 2011, 2450; → *Mitteilung über Erörterungen zur Verständigung*, Rdn 1866).

164

| A | Absprachen/Verständigung mit Gericht und Staatsanwaltschaft |

165 Im Gesetzesentwurf ist i.Ü. ausdrücklich davon ausgegangen worden, dass die **Anregung** zu einer Verständigung **nicht** den **Vorwurf** der **Befangenheit** begründet (ausdrücklich BT-Drucks 16/12310, S. 13). Insoweit ist aber darauf zu achten, dass etwas anderes gilt, wenn durch die Anregung der Eindruck erweckt wird, das Gericht habe sich bereits ohne Rücksicht auf den Umfang eines potenziellen Geständnisses und den weiteren Verlauf der HV festgelegt (vgl. BGHSt 45, 312). Dazu gelten die Ausführungen bei → *Erörterungen des Standes des Verfahrens*, Rdn 1503, entsprechend. Auch kann bei erkennbar einseitigen Verständigungsgesprächen ggf. die Besorgnis der Befangenheit begründet sein (BGH NStZ 2009, 703 [für den Fall, dass jeglicher Versuch unterlassen wird, einen Angeklagten über (informelle) Gespräche mit Mitangeklagten oder Verteidigern zu informieren]). Der BGH mahnt zur „gebotenen Rücksichtnahme" (vgl. BGH StV 2011, 72). Die Besorgnis der Befangenheit soll aber nicht damit begründet werden können, dass eine mögliche Verfahrensabsprache zwischen dem Gericht und Verteidigern von Mitangeklagten außerhalb der HV vorbereitet worden ist, ohne dass der Inhalt dieser Gespräche unmittelbar anderen Verteidigern bekannt gegeben wurde (BGH, a.a.O.; dazu auch BGH StV 2012, 392 m. Anm. *Burhoff* StRR 2012, 185). Es fehle – so der BGH – insoweit an einer gesetzlichen Regelung, die ausdrücklich vorsieht, dass derartige Gespräche nur in Anwesenheit aller Verteidiger oder nur im Rahmen der HV stattfinden dürfen (BGH, a.a.O.) Letztlich wird aber auch das eine Frage des Einzelfalls sein.

> Als **Faustregel** wird man aus der Rspr. des **BGH** (vgl. BGH StV 2012, 392) Folgendes ableiten können:
> - Bei einer Hauptverhandlung gegen mehrere Angeklagte können Verständigungsgespräche mit allen Angeklagten (bzw. deren Verteidigern) zugleich durchgeführt werden.
> - Werden sie nicht mit allen Angeklagten geführt, besteht Anlass, dem Anschein von Befangenheit gegenüber den nicht an den Gesprächen beteiligten Angeklagten durch alsbaldige Offenlegung der Gespräche in der HV entgegenzuwirken.
> - Gleichzeitige Gespräche mit den Angeklagten einer laufenden HV und Angeklagten einer künftigen oder auch parallelen HV sind dagegen schon wegen des nicht gleichen Verfahrensstandes und des damit naheliegend verbundenen nicht gleichen Kenntnisstandes der Beteiligten kaum sinnvoll.

166 6. Die Verständigung ist mit den „**Verfahrensbeteiligten**" zu treffen. Wer „Verfahrensbeteiligter" ist, wird in § 257c nicht im Einzelnen geregelt. Die Gesetzesbegründung verweist allgemein darauf, dass Verfahrensbeteiligte grds. die Personen oder Stellen sind, die „nach dem Gesetz eine Prozessrolle ausüben, d.h. durch eigene Willenserklärungen im prozessualen Sinn **gestaltend** als Prozesssubjekt **mitwirken** müssen oder dürfen" (vgl. dazu *Meyer-Goßner/Schmitt*, Einl. Rn 71; vgl. BT-Drucks 16/12310, S. 13, 11; s.a. *Mey-*

er-Goßner/Schmitt, § 160b Rn 2). Der Begriff ist also für jeden Verfahrensabschnitt unter Zugrundelegung dieser Definition und nach Sinn und Zweck der jeweiligen Norm, der Geeignetheit, das Verfahren zu fördern, zu bestimmen (vgl. BT-Drucks 16/12310, a.a.O.). „Verfahrensbeteiligte" für das Verfahrensstadium HV sind daher diejenigen Personen und Stellen, die im Hinblick auf den Anklagevorwurf in der HV mit eigenen Verfahrensrechten ausgestattet sind (vgl. BT-Drucks 16/12310, S. 13 zu dem auch in § 257b verwendeten Begriff unter Hinweis auf die Erläuterungen zu § 160b).

bb) Verfahrensbeteiligte im **Stadium HV** sind daher (vgl. dazu a. *Jahn/Müller* NJW 2009, 2625, 2627; *Burhoff* StRR 2009, 324, 326):

167

- das **Gericht**,
- der Vertreter der **StA**,
- der **Angeklagte**,
- der **Verteidiger**,
- der **Nebenkläger** und sein Vertreter, wenn der Anschluss bis zum Zeitpunkt der Verständigung erklärt ist (vgl. BT-Drucks 16/12310, S. 11; *Jahn/Müller* NJW 2009, 2625, 2627 und 2630),
- im → *Privatklageverfahren*, Rdn 2067, der **Privatkläger** sowie
- **Einziehungs-** und **Verfallsbeteiligte**, die nach den §§ 433 Abs. 1, 442 Abs. 1 die Befugnisse eines Angeklagten haben,
- im Steuerstrafverfahren aber auch die **Finanzbehörde**, der nach § 407 Abs. 1 AO Verfahrensrechte eingeräumt sind (→ *Steuerstrafverfahren*, Rdn 2557; vgl. BT-Drucks 16/12310, S. 11 zu § 160b; *Jahn/Müller*, a.a.O.).

cc) Keine Verfahrensbeteiligten i.S.d. §§ 257b, 257c sind Zeugen und SV, da diese am Verfahren nicht gestaltend teilnehmen (vgl. BT-Drucks 16/12310, S. 11 zu § 160b). Verfahrensbeteiligt im o.a. Sinne sind daher auch nicht der → *Verletztenbeistand/Opferanwalt*, Rdn 3052, der → *Vernehmungsbeistand*, Rdn 3157, oder der → *Zeugenbeistand*, 1175. Ebenfalls **nicht** verfahrensbeteiligt ist der **Verletzte**. Zwar sind ihm in den §§ 406d – 406h Rechte im Verfahren eingeräumt, dabei handelt es sich aber nicht um prozessuale Gestaltungsrechte, sondern um Informations- und Schutzrechte (vgl. BT-Drucks 16/12310, S. 11; *Burhoff* StRR 2009, 324, 326; *Jahn/Müller* NJW 2009, 2625, 2627). Ebenfalls nicht „verfahrensbeteiligt" sind **Bewährungs-** und **Jugendgerichtshilfe** (N/Sch/W/*Schlothauer*, § 160b Rn 13).

168

> Das schließt aber nicht aus, dass der Vorsitzende auch den **Verletzten** an einer Erörterung über eine Verständigung **beteiligen** kann, so z.B. um Schadensersatzansprüche abzuklären. Der Verletzte hat jedoch keinen Anspruch auf Beteiligung. Wenn der Verteidiger die Hinzuziehung des Verletzten beanstanden will, muss er nach § 238 Abs. 2 vorgehen (→ *Verhandlungsleitung*, Rdn 2889).

| A | Absprachen/Verständigung mit Gericht und Staatsanwaltschaft |

169 7.a) § 257c Abs. 1 sieht die Verständigung in „geeigneten Fällen" vor, ohne im Einzelnen auszuführen, was ein **„geeigneter Fall"** ist.

> ☞ Eine Verständigung kann grds. auch in **Jugendgerichtsverfahren** und **Bußgeldverfahren** getroffen werden (→ *Jugendgerichtsverfahren, Besonderheiten,* Rdn 1770 ff.; → *Bußgeldverfahren, Besonderheiten,* Rdn 1212; vgl. zum JGG-Verfahren *Brocke* StraFo 2013, 441; *Knauer* ZJJ 2010, 15; *Beier,* Zulässigkeit und Modalitäten von Verständigungen im Jugendstrafrecht; *Meyer-Goßner/Schmitt,* § 257 Rn 7; zum straßenverkehrsrechtlichen Bußgeldverfahren *Fromm* NZV 2010, 550; *Krumm* NZV 2011, 376).

170 *Meyer-Goßner/Schmitt* (§ 257c Rn 6) geht davon aus, dass dieser **Einschränkung nur wenig Bedeutung** zukommt, da praktisch jeder Fall geeignet sei (zur Frage, ob Schwurgerichtsverfahren „geeignete Fälle" sind *Jahn/Kett-Straub* StV 2010, 271, 272). M.E. wird die Annahme eines geeigneten Falls in der Praxis von den konkreten Umständen des Einzelfalls abhängen (vgl. BT-Drucks 16/12310, S. 14), die StPO macht hinsichtlich der Verfahren, in denen eine Verständigung zustande kommen kann, keine Einschränkungen. Ob ein Verfahren für eine Verständigung geeignet ist, hat sich grds. danach zu richten, ob überhaupt ein Einvernehmen über den weiteren Fortgang des Verfahrens und das Ergebnis des Verfahrens möglich ist (zu Verständigungen in verkehrsrechtlichen Verfahren beim AG *Deutscher* VRR 2014, 410). Ist das nicht der Fall, scheidet eine Verständigung aus. Die Gesetzesbegründung (BT-Drucks 16/12310, S. 13) weist in dem Zusammenhang ausdrücklich auf die obergerichtliche Rspr. in BGHSt 50, 40 hin, die die vorschnelle Flucht in die Absprache verbietet. Das bedeutet, dass das Gericht immer prüfen muss, ob der Fall überhaupt für eine Verständigung geeignet ist. Das werden insbesondere Verfahren mit (besonders) schwierigen und langwierigen Beweiserhebungen sein, aber auch diejenigen, in denen ggf. das Nachtatverhalten des Angeklagten noch eine Rolle spielen könnte, er also z.B. an den Verletzten (erhebliche) Schadensersatzleistungen erbringen kann. Bei einem nicht geständigen Angeklagten wird eine Verständigung allenfalls in Ausnahmekonstellationen möglich sein (§ 257a Abs. 2 S. 2), weil in solchen Fällen sonst eine Beschränkung der Pflicht zur umfassenden Wahrheitsermittlung zu besorgen sein könnte (vgl. BVerfG NJW 2013, 1058, 1068; BGH NStZ 2013, 313). In dem Zusammenhang wird immer auch die Motivation der Verfahrensbeteiligten eine Rolle spielen: Aufseiten des Gerichts wird i.d.R. das Bestreben im Vordergrund stehen, zu einem raschen Ende des Verfahrens zu kommen. Angeklagter und Verteidiger werden sich durch die Mitwirkung an einer Verständigung, deren bedeutendster Teil ein Geständnis darstellt (vgl. dazu Rdn 183 ff.), ein für den Angeklagten möglichst günstiges Ergebnis des Strafverfahrens erhoffen und darüber eine Verständigung treffen wollen. In Fällen, in denen das nicht möglich ist bzw. eine Verständigung nur einen unzulässigen Inhalt haben könnte (vgl. dazu Rdn 193), handelt es sich nicht um einen „geeigneten Fall". Des Weiteren wird darauf zu achten sein, dass eine Verständigung nicht den

Eindruck erwecken darf, der Angeklagte habe sich ein „mildes Urteil erkauft" (vgl. *Fischer* StraFo 2009, 177, 185).

b) Der **BGH** hat inzwischen in einigen Entscheidungen zum „geeigneten Fall" **Stellung genommen** (zur Frage, ob Schwurgerichtsverfahren „geeignete Fälle" sind *Jahn/Kett-Straub* StV 2010, 271, 272). Der BGH (StraFo 2011, 355) hat eine Verständigung unter Hinw. auf § 257 Abs. 2 S. 3 abgelehnt, wenn sich dem Gericht aufgrund der in die Anklageschrift enthaltenen Hinweise aufdrängen musste, den Angeklagten auf eine schwere psychische Erkrankung und die Frage der Schuldfähigkeit begutachten zu lassen. In einer weiteren Entscheidung hat der BGH (NStZ-RR 2012, 140) als für Verfahrensabsprachen nicht geeignet die Fälle angesehen, in denen die Schuldfähigkeit des Angeklagten in Frage steht und die Voraussetzungen für die Unterbringung in einem psychiatrischen Krankenhaus zu prüfen sind. In der in NStZ 2012, 519 abgedruckten Entscheidung ist der BGH davon ausgegangen, dass auch in Verfahren gegen einzelne Mitglieder einer Bande eine Verständigung i.d.R. nicht in Betracht kommen wird.

8.a) **Inhaltlich** kann sich das Gericht nach § 257c Abs. 1 S. 1. mit den Verfahrensbeteiligten (vgl. dazu Rdn 166 f.) über den **weiteren Fortgang** des Verfahrens und das **Ergebnis** des **Verfahrens** verständigen (zum Inhalt *Burhoff* StRR 2009, 324, 326; *Jahn/Müller* NJW 2009, 2625, 2628; *Schlothauer/Weider* StV 2009, 600, 601 f.). Obwohl das Gesetz kumulativ formuliert, kann m.E. eine Absprache auch nur über den weiteren Fortgang des Verfahrens bzw. das Ergebnis des Verfahrens getroffen werden. Denn eine Verständigung über den „weiteren Fortgang des Verfahrens" muss nicht denknotwendig auch eine Verständigung über das „Ergebnis des Verfahrens" enthalten. Allerdings wird in der Praxis i.d.R. die Verständigung über den Fortgang mit der Verständigung über das Ergebnis zusammentreffen.

Gegenstand einer Absprache/Verständigung können auch Handlungen von **StA** und/oder **Nebenklage** sein, wie z.B. der Verzicht auf weitere (Beweis-)Anträge (vgl. BT-Drucks 16/12310, S. 13). Die StA kann im Rahmen ihrer gesetzlichen Befugnisse auch Zusagen zur Sachbehandlung in anderen, bei ihr anhängigen EV gegen den Angeklagten, wie z.B. eine (Teil-)Einstellung nach § 154, abgeben (OLG Frankfurt am Main NStZ-RR 2011, 49 für § 154 Abs. 2). Eine solche Zusage darf nach der Rspr. des BVerfG aber nicht Gegenstand einer Verständigung sein (BVerfG NJW 2013, 1058, 1064).

> Sog. „Gesamtlösungen" oder ein „**Package-Deal**" werden – soweit sie über das konkrete Verfahren hinausgehen – als unzulässig angesehen (BVerfG, a.a.O.; vgl. z.B. *Beulke/Stoffer*, JZ 2013, 663; *H. Schneider* NStZ 2014, 192, 196; *Knauer* NStZ 2013, 433; *Krawczyk/Schüler* StRR 2014, 284, 285; *Mosbacher* NZWiSt 2013, 201; *Trück* ZWH 2013, 169, 173; KK-*Moldenhauer/Wenske*, § 257c Rn 15; *Meyer-Goßner/Schmitt*, § 257c Rn 13).

A   Absprachen/Verständigung mit Gericht und Staatsanwaltschaft

174 b) Darüber hinaus ist in § 257c Abs. 2 im Einzelnen festgelegt, was **Gegenstand** einer **Verständigung** sein kann und was nicht (eingehend BVerfG NJW 2013, 1058, 1063 f.; *Brocke* StraFo 2013, 441; *Kirsch* StraFo 2010, 96, 97; *Knauer* NStZ 2013, 433; *Krawczyk/Schüler* StRR 2014, 284 ff.; *Kudlich* NStZ 2013, 379; *Schlothauer* StraFo 2011, 487, 491; *Schmitt* StraFo 2014, 386, 387 f.; N/Sch/W/*Niemöller*, § 257c Rn 29 ff.; vgl. BGH NStZ 2011, 648; StV 2011, 74). Nach S. 1 dürfen dies **nur** die **Rechtsfolgen** sein (vgl. dazu u.a. *Meyer-Goßner/Schmitt*, § 257c Rn 9), die Inhalt des Urteils und der dazugehörigen Beschlüsse sein können, sonstige verfahrensbezogene Maßnahmen im zugrundeliegenden Erkenntnisverfahren sowie das Prozessverhalten der Verfahrensbeteiligten (vgl. dazu u.a. *Meyer-Goßner/Schmitt*, § 257c Rn 13; vgl. dazu Rdn 175 ff.). S. **2** legt fest, dass Bestandteil jeder Verständigung ein **Geständnis** sein soll (vgl. dazu Rdn 183 ff.). S. **3** bestimmt schließlich, was keinesfalls Gegenstand einer Verständigung sein darf (vgl. dazu Rdn 189 ff.).

175 aa) Nach § 257c Abs. 2 S. 1 können inhaltlich Gegenstand einer Verständigung (vonseiten des **Gerichts**) nur die **Rechtsfolgen** sein, die die im konkreten Fall (KG StV 2012, 654 m. Anm. *Hanschke* StRR 2012, 381) Inhalt des Urteils und der dazugehörigen Beschlüsse sein können, sonstige verfahrensbezogene Maßnahmen im zugrundeliegenden Erkenntnisverfahren sowie das Prozessverhalten der Verfahrensbeteiligten (eingehend und krit. hierzu *Meyer-Goßner/Schmitt*, § 257c Rn 9 ff.; vgl. dazu BGHSt 50, 40 m.w.N. aus der Rspr.; s.a. die Zusammenstellung bei Rdn 192 ff.). Danach kann also eine Verständigung (nur) herbeigeführt werden (vgl. a. BT-Drucks 16/12310, S. 13) über die Maßnahmen, über die das erkennende **Gericht** (selbst) verfügen kann (*Kirsch* StraFo 2010, 96, 97; *Schlothauer* StraFo 2011, 487, 491; N/Sch/W/*Niemöller*, § 257c Rn 33 ff.; BGH NStZ 2011, 648; StV 2011, 74; KG StV 2012, 654; OLG Köln StV 2008, 146 [für Zusage einer Reststrafenaussetzung]). Das sind – in den Grenzen des Abs. 3 S. 3 – Maßnahmen, die es im Urteil treffen kann. Dabei wird es sich vornehmlich um die Angabe einer Ober- und Untergrenze der **Strafe** handeln (vgl. dazu Rdn 177 ff.).

176 Das ist aber nicht der einzige zulässige Inhalt einer Verständigung. § 257c Abs. 3 S. 2 formuliert insoweit ausdrücklich mit „auch". Es können also auch „**andere verfahrensbezogene Maßnahmen**", wie z.B. Einstellungsentscheidungen und Beweiserhebungen (BT-Drucks 16/12310; OLG Frankfurt am Main NStZ-RR 2011, 49 für § 154 Abs. 2), zum Inhalt einer Absprache werden (krit. *Meyer-Goßner/Schmitt*, § 257c Rn 13; *Fischer* StraFo 2009, 177, 186, der bemängelt, dass „dunkel" bleibt, was damit gemeint ist; zust. *Jahn/Müller* NJW 2009, 2625, 2628). Allerdings muss wohl das vom Angeklagten erwartete Verhalten mit der angeklagten Tat und dem Gang der HV in einem inneren Zusammenhang stehen (vgl. BGHSt 49, 84 [Stichwort **Konnexität**]).

177 bb) Hinsichtlich der **Zusage** einer bestimmten **Strafe/Strafhöhe** gilt: **Nicht** zusagen darf das Gericht eine (bestimmte) **Punktstrafe** (vgl. u.a. BGH NStZ 2011, 231; 2011, 648). Umstr. ist die Frage, ob das Gericht nach § 257c Abs. 3 bei der Bekanntgabe des möglichen

Verfahrensergebnisses zwingend auch einen **Strafrahmen** anzugeben hat oder ob – im Hinblick auf die Ausgestaltung als „Kann-Vorschrift" – die isolierte Angabe einer Strafober- oder Strafuntergrenze ausreicht (letzteres bejahend N/Sch/W/*Niemöller*, § 257c Rn 46; SK-StPO/*Velten*, § 257c Rn 21; *Bittmann* wistra 2009, 415; wohl auch *Kirsch* StraFo 2010, 95, 98; verneinend *Meyer-Goßner/Schmitt*, § 257c Rn 20). Dazu hat der BGH Stellung genommen (vgl. u.a. BGH NStZ- 2013, 671; StV 2010, 227; 2011, 75) und ausgeführt, dass angesichts des Wortlauts der Vorschrift („Ober- und Untergrenze der Strafe"; „der in Aussicht gestellte Strafrahmen [§ 257c Abs. 4 Satz 1]") und der Gesetzesmaterialien (BT-Drucks 16/13095 S. 3 [Beschlussempfehlung und Bericht des Rechtsausschusses]: „wobei das Gericht eine [...] tat- und schuldangemessene Strafober- und Strafuntergrenze anzugeben hat") gewichtige Gründe dafür sprechen, dass nach dem Willen des Gesetzgebers das Gericht nach fallbezogener Verengung des gesetzlichen Strafrahmens stets einen konkreten Rahmen für die schuldangemessene Strafe, bestehend aus einer Strafober- und einer Strafuntergrenze, anzugeben hat (s.a. BGH NStZ 2013, 671; s.a. noch BGH NStZ 2011, 648). Der BGH (NStZ 2011, 170; StV 2011, 75) hat die Frage jedoch letztlich offen gelassen, da nach seiner Auffassung der Angeklagte nicht beschwert sei; allerdings ist in der Rspr. des BGH deutlich die Tendenz für die Annahme einer „**Strafober- und Strafuntergrenze**" erkennbar (BGH, a.a.O.; vgl. a. noch BGH NStZ 2013, 671; Beschl. v. 11.11.2014 – 3 StR 497/14). Er verweist darauf, dass der Gesetzgeber mit der Regelung in § 257c Abs. 3 S. 2 einer Forderung der Generalstaatsanwälte nachgekommen sei, die in der Festlegung einer unteren Strafgrenze ein legitimes Anliegen der StA gesehen hätten, ihre Vorstellung von einem gerechten Schuldausgleich nicht nur nach oben, sondern auch nach unten abgesichert zu sehen. Die Benennung einer Strafuntergrenze trage daher vordringlich den Interessen der StA Rechnung, deren Zustimmung für das Zustandekommen einer Verständigung im Unterschied zu der Rechtslage vor dem Inkrafttreten des § 257c nunmehr unerlässlich ist. Fehle es an der Angabe einer Strafuntergrenze durch das Gericht, könne dies i.d.R. nur von der StA im Rahmen einer Revision zum Nachteil des Angeklagten beanstandet werden (a.A. *Meyer-Goßner/Schmitt*, § 257c Rn 21; vgl. AnwKomm-StPO/*Püschel*, § 257c Rn 22 m.w.N.; hinsichtlich einer daneben bestehenden Informationsfunktion für den Angeklagten; vgl. auch noch BGHSt 50, 40 und NStZ 2013, 671 m. Anm. *Hillenbrand* StRR 2013, 422, wonach nicht auch für den Fall des Bestreitens eine Strafobergrenze zu nennen ist). Das Gericht muss nach der Rspr. des BGH aber nicht auch noch mitteilen, welche Strafe bei einem Schuldspruch nach „streitiger Hauptverhandlung" in Betracht kommen könnte (BGH NStZ 2013, 671; zuletzt BGH, Beschl. v. 11.11.2014 – 3 StR 497/14).

Werden mehrere **Gesamtstrafen** gebildet, ist für jede gesondert die jeweilige Strafober- und Strafuntergrenze anzugeben (BGH StV 2014, 67, 68).

178 Insgesamt muss unter **Berücksichtigung** der **allgemeinen Strafzumessungserwägungen** und unter „freier" (?) Würdigung aller Umstände des Falls immer eine (noch) schuldangemessene Strafe gefunden und angegeben werden (vgl. § 257c Abs. 3 S. 2; s.a. schon BVerfG NJW 2013, 1058, 1068; StV 2000, 3; BGHSt 43, 195, 208 f.; 50, 40; BGH NJW 2011, 2450; s. dazu *Meyer-Goßner/Schmitt*, § 257c Rn 22; *Landau/Eschelbach* NJW 1999, 326; *Widmaier* NJW 2005, 1985; zu den Auswirkungen der Regelung auf das Strafzumessungsrecht *Strate* NStZ 2010, 362).

> ☞ Das Gericht hat bei der Angabe von Strafrahmengrenzen aber einen **weiten Beurteilungsspielraum** (s. BGHSt 57, 273). Der ist erst überschritten, wenn der zugesagte Strafrahmen nicht mehr mit den Vorgaben des materiellen Rechts in Einklang zu bringen ist (BGH, a.a.O.; vgl. zur Zulässigkeit von Strafrahmenverschiebungen in Zusammenhang mit einer Verständigung aufgrund allgemeiner Strafzumessungsumstände *H. Schneider*, a.a.O.).
>
> Diskutiert wird inzwischen, ob sich die Verfahrensbeteiligten ggf. **strafbar** machen, wenn sie sich an der Vereinbarung einer nicht schuldangemessenen Strafe beteiligen. Das wird z.B. von *Erb* (StV 2014, 103) bejaht, der darin u.a. eine Rechtsbeugung nach § 339 StGB sieht, wenn es um das sachfremde Motiv des Strebens nach Arbeitsersparnis geht (s.a. noch *Fischer* HRRS 2014, 324; BGHSt 44, 258).

179 **Unzulässig** ist in dem Zusammenhang das **Drohen** mit einer höheren Strafe im Fall des Scheiterns einer Absprache (BGH NStZ 2004, 577; s. aber auch BGH NStZ 2011, 592; 2012, 5; wistra 2012, 271; s. dazu a. *Schmitt* GA 2001, 421). Vor allem darf die Differenz zwischen der absprachegemäßen und der bei einem „streitigen Verfahren" zu erwartenden Sanktion (sog. **Sanktionsschere**) nicht so groß sein, dass sie strafzumessungsrechtlich unvertretbar und mit einer angemessenen Strafmilderung wegen eines Geständnisses nicht mehr erklärbar ist (BGHSt 50, 40; BGH NStZ 2004, 577 und u. Rdn 198). Das Gericht hat allerdings, wenn es eine Strafober- und Strafuntergrenze angegeben hat, die angegebene Obergrenze der Strafe zu verhängen (BGH NJW 2011, 1159; s. auch *Meyer-Goßner/Schmitt*, § 257c Rn 21; a.M. *Bockemühl/Staudinger* StraFo 2010, 425 in der Anm. zu BGH, a.a.O.).

> ☞ Wird eine nach Einschätzung der Berufsrichter angemessene Strafobergrenze genannt, rechtfertigt dies nicht die Annahme einer Besorgnis der **Befangenheit** (BGH NStZ 2008, 172).

180 cc) Bei der Einbeziehung von Vereinbarungen über **Beweisanträge**, z.B. dass weitere Beweisanträge nicht (mehr) gestellt werden sollen, ist darauf zu achten, dass in § 257c Abs. 1 S. 2 vom Fortbestehen der → *Aufklärungspflicht des Gerichts*, Rdn 329, ausgegangen wird (vgl. dazu a. BVerfG NJW 2013, 1058 ff.; vgl. a. Rdn 158 ff.; u. 163; *Theile* NStZ 2012, 666; *Jahn/Müller* NJW 2009, 2625, 2628; 2631). Das bedeutet, dass ein vom Angeklagten

erklärter Verzicht auf (weitere) Beweisanträge und Beweiserhebungen sich nicht außerhalb dessen bewegen darf, was durch die unverändert geltende Sachaufklärungspflicht des Gerichts bestimmt ist. Zu Recht wird allerdings in der Lit. (vgl. vor allem *Fischer* StraFo 2009, 177, 186; s.a *Meyer-Goßner/Schmitt*, § 257c Rn 13) kritisiert, dass unklar bleibt, was damit gemeint ist. Das erschließt sich allenfalls daraus, dass auch unsachgemäße Verknüpfungen des jeweils angesonnenen oder in Aussicht gestellten Verhaltens verboten sind und der Angeklagte nicht durch die Zusage eines bestimmten Strafrahmens durch das Gericht zum Verzicht auf weitere Beweisanträge bewegt werden darf. Gemeint ist also offenbar, dass sich das Gericht den von ihm als erforderlich angesehenen weiteren Aufklärungsbedarf nicht durch Zusagen des Angeklagten im Hinblick auf einen konsensualen, schnellen Verfahrensabschluss „abkaufen" lassen darf (krit. a. *Meyer-Goßner/ Schmitt*, § 257c Rn 14; KK-*Moldenhauer/Wenske*, § 257c Rn 22; *Meyer-Goßner* ZRP 2009, 107, 109; *Fezer* NStZ 2010, 177; *Strate* NStZ 2010, 362, 365).

Aus § 257c Abs. 2 S. 1 folgt auch, dass das Gericht Entscheidungen, die **nicht** in **seinen Verantwortungsbereich** „Erkenntnisverfahren" fallen oder die Prozesssituationen außerhalb des jeweiligen Erkenntnisverfahrens betreffen, wie z.B. Entscheidungen im Strafvollstreckungsverfahren oder Entscheidungen in Strafverfahren, die bei anderen Gerichten anhängig sind, grds. nicht zum Inhalt einer (bindenden) Verständigung machen kann (vgl. BT-Drucks 16/12310, S. 13; *Schlothauer/Weider* StV 2009, 600, 602; BGH NStZ 2011, 648; StV 2011, 74; OLG Köln StV 2008, 146 [für Zusage einer Reststrafenaussetzung]; zum unzulässigen **„Package-Deal"** s. die Nachw. oben bei Rdn 173). **„Verständigungen** zulasten **Dritter"** sind **ausgeschlossen**. Davon zu **unterscheiden** ist jedoch die Zusicherung, in **anderen Verfahren** ggf. von **Anträgen**, z.B. auf Widerruf einer Strafaussetzung zur Bewährung, **absehen** zu wollen. Liegen dafür die Voraussetzungen vor, ist gegen ein solches Inaussichtstellen nichts einzuwenden (*Schlothauer/ Weider* a.a.O.).

dd) Als **Inhalt** einer Absprache/Verständigung ist von Seiten des **Angeklagten** beispielsweise die Zusage denkbar, auf bestimmte **Rechte** zu **verzichten**, wie z.B. auf Frage- und Erklärungsrechte (§ 257), ein (Teil-)Geständnis abzulegen (vgl. z.B. BGH NStZ 1997, 561; NJW 1999, 370; vgl. dazu Rdn 183 ff.) oder auch **Beweisanträge** nicht zu stellen oder bereits gestellte zurücknehmen zu wollen (vgl. dazu aber a. Rdn 180; zu weiteren „Zugeständnissen" des Angeklagten *Schlothauer/Weider* StV 2009, 600, 601 f.; N/Sch/ W/*Niemöller*, § 257c Rn 29 ff.; KK-*Moldenhauer/Wenske*, § 257c Rn 22). Der Angeklagte kann sich grds. auch bereit erklären, ein eingelegtes **Rechtsmittel zurückzunehmen** (s. z.B. BGH NJW 1997, 2691; zum → *Rechtsmittelverzicht*, Rdn 2189; BVerfG NJW 2013, 1058, 1064, 1070; auch schon BGHSt 50, 40; noch Rdn 237 ff.). Die Ankündigung, ein Rechtmittel nicht einzulegen, ist hingegen ausgeschlossen (vgl. BT-Drucks

16/12310, S. 13), ebenso die Erklärung ein Rechtsmittel allein deshalb einzulegen, um sodann durch Zurücknahme des Rechtsmittels die Rechtskraft herbeizuführen (BGHSt 55, 82 m. abl. Anm. *Malek* StraFo 2010, 251). Grds. kann auch der Verzicht auf die Entschädigung für Strafverfolgungsmaßnahmen nach dem **StrEG** Gegenstand einer Absprache sein (zu den Grenzen s. *Friehe*, S. 354 ff.). Dafür kann dem Angeklagten als „Gegenleistung" eine mildere Strafe zumindest in der Form versprochen werden, dass eine bestimmte Strafrahmenobergrenze nicht überschritten werden soll (BVerfG StV 2000, 3; BGH, a.a.O.; StV 1999, 407) oder die Bewilligung von Strafaussetzung zur Bewährung, aber auch die Einstellung von Verfahren nach den §§ 154, 154a (zum Verfahren bei Absprachen zum Inhalt eines Bewährungsbeschlusses s. OLG Köln NJW 1999, 373).

🔖 Der Angeklagte kann aber **nicht** vorab auf **sämtliche Verteidigungsrechte verzichten** (BGHSt 50, 40, 48; BGH NStZ 2006, 586; *Meyer-Goßner/Schmitt*, § 257c Rn 15a). *Müller/Jahn* (NJW 2009, 2625, 2628) gehen davon aus, dass im Hinblick auf § 257c Abs. 2 S. 2 der Angeklagte nur solche Prozesserklärungen abgeben darf, die in ihrer Funktion und Wirkungsweise einem „Geständnis" gleich kommen.

182 ee) Gegenstand einer Absprache können auch Handlungen von **StA** und/oder **Nebenklage** sein, wie z.B. der Verzicht auf weitere (Beweis-) Anträge im Prozessverlauf (vgl. BT-Drucks 16/12310, S. 13; *Jahn/Müller* NJW 2009, 2625, 2628). Die StA kann im Rahmen ihrer gesetzlichen Befugnisse auch Zusagen zur Sachbehandlung in anderen, bei ihr anhängigen EV gegen den Angeklagten, wie z.B. eine Einstellung nach § 154, abgeben (OLG Frankfurt am Main NStZ-RR 2011, 49; *Schlothauer/Weider* StV 2009, 600, 602; BT-Drucks 16/12310, a.a.O.; zum unzulässigen „Package-Deal" Rdn 173).

🔖 Solche Zusagen sollen allerdings nicht an der **Bindungswirkung** teilnehmen, die eine zustande gekommene Verständigung nach Maßgabe der Abs. 4 und 5 für das Gericht hat (vgl. dazu Rdn 219 ff.; so BT-Drucks 16/12310, S. 13; *Jahn/Müller* NJW 2009, 2625, 2628; wohl auch *Kirsch* StraFo 2010, 96, 97; *Schlothauer* StraFo 2011, 487, 491; N/Sch/W/*Niemöller*, § 257c Rn 33 ff.; zur verneinten Bindungswirkung für die Zusage eine Reststrafenaussetzung durch die StVK s. OLG Köln StV 2008, 146: vgl. auch noch BGH NStZ 2011, 648; StV 2011, 74). Allerdings wird auch die StA sich an entsprechende Zusagen schon aus Gründen der Fairness halten und den Angeklagten darauf hinweisen müssen, wenn sie – aus welchen Gründen auch immer – nicht eingehalten werden können. Zudem ergibt sich für das Gericht – schon nach der früheren Rspr. des BGH – die Verpflichtung, den Angeklagten von den Folgen des Nichteinhaltens der Zusagen der StA soweit freizustellen, dass die getroffenen Absprachen weitgehend eingehalten werden (vgl. BGHSt 52, 165). Im Zweifel muss dann – nach neuerer Rechtslage – „nachverhandelt" werden. Führt das zu keinem Ergebnis, ist nach Auffassung des BGH

(a.a.O.) z.B. ein Verfahrenshinderns für die Verfolgung der Tat zu diskutieren, zu der ein Antrag nach § 154 Abs. 2 angekündigt worden war (BGH, a.a.O.).
Bei der Zusicherung von andere Verfahren betreffenden Maßnahmen ist gerade dann, wenn davon die StA betroffen ist, immer darauf zu achten, dass es sich um eine Zusicherung handeln muss, die in der **Kompetenz** des Zusichernden liegt (vgl. insoweit BGH NStZ 2011, 648; StV 2011, 74; OLG Frankfurt am Main StV 1987, 289 [für die Zusage der Möglichkeit der Strafverbüßung im offenen Vollzug durch insoweit nicht zuständigen StA]; LG Kassel StV 1987, 288).

9.a) Nach § 257c Abs. 2 S. 2 soll **Gegenstand** jeder Verständigung ein **Geständnis** sein (vgl. dazu *Leitmeier* HRRS 2013, 365; *König* NJW 2012, 1916). Verlangt wird allerdings nur ein „Geständnis", nicht das „Geständnis der Straftat", was Auswirkungen auf den Umfang und die Qualität des Geständnisses haben dürfte (*Jahn/Müller* NJW 2009, 2625, 2631; vgl. dazu u. Rdn 186 ff.).

183

§ 257c Abs. 2 S. 2 formuliert **nur** mit „**soll**". Anders als nach der Rspr. des BGH (BGHSt 50, 40) ist also das Geständnis nicht mehr unabdingbare Voraussetzung einer Absprache/Verständigung (*Schlothauer/Weider* StV 2009, 600, 602 f.; krit. dazu *Meyer-Goßner/Schmitt*, § 257c Rn 16 ff., der davon ausgeht, das nach wie vor ein Geständnis erforderlich ist; a.A. insoweit *Schlothauer/Weider* StV 2009, 600, 602; zum Begriff des Geständnisses i.S.d. § 257c *Jahn/Müller* NJW 2009, 2625, 2628). Die Frage relativiert sich m.E. teilweise dadurch, dass StA und Gericht in der Praxis einer Verständigung nicht zustimmen werden, der nicht ein Geständnis des Beschuldigten/Angeklagten zugrunde liegt. Anders als mit einem (glaubwürdigen) Geständnis wird sich die i.d.R. angestrebte Strafmilderung auch nicht begründen lassen (s.a. *Leitmeier* HRRS 2013, 365; a.A. *König* NJW 2012, 1916).

b) Die Regelung in § 257c Abs. 2 S. 2 hat bewusst auf eine Festlegung der erforderlichen „**Qualität**" eines **Geständnisses** im Gesetzestext verzichtet (vgl. BT-Drucks 16/12310, S. 13; krit. *Meyer-Goßner/Schmitt*, § 257c Rn 16 ff.; *Müller/Jahn* NJW 2009, 2625, 2628 m.w.N.; s. auch noch *Leitmeier* HRRS 2013, 365; *König* NJW 2012, 1915). Im Gesetzgebungsverfahren hatte der Rechtsausschuss des Bundesrates empfohlen, den Vermittlungsausschuss anzurufen, um in § 257c Abs. 2 S. 2 das erforderliche Geständnis qualitativ zu bestimmen (s. auch die Beschlüsse des 68. DJT 2010, in Berlin). Ausreichend sollte nur ein der „Nachprüfung zugängliches zur Überzeugung des Gerichtes der Wahrheit entsprechendes Geständnis" sein (BR-Drucks 582/1/09; s. auch BR-Drucks 65/09, S. 3 f.). Das ist aber nicht geschehen. Der Bundesrat hat die Neuregelung so, wie sie Gesetz geworden ist, passieren lassen.

184

A Absprachen/Verständigung mit Gericht und Staatsanwaltschaft

✍ Im **Berufungsverfahren** kann dem Erfordernis eines Geständnisses i.S. des § 257c Abs. 2 S. 2 die Beschränkung der Berufung auf den Rechtsfolgenausspruch oder – wenn zugleich die StA eine auf den Rechtsfolgenausspruch beschränkte Berufung eingelegt hat – die Rücknahme des eigenen Rechtsmittels genügen (OLG München StV 2014, 79; LG Freiburg StV 2010, 236; vgl. a. noch die [nachträglich] → *Berufungsbeschränkung*, Rdn 567, welche Gegenstand einer Verständigung sein kann [KG StV 2014, 654; OLG Hamburg NStZ 2014, 534; OLG Karlsruhe NStZ 2014, 536; OLG Stuttgart StV 2014, 397; vgl. auch *Wenske* NStZ 2015, 137 ff.]).

185 Letztlich ist/war m.E. auch eine solche besondere **Qualifizierung** des Geständnisses **nicht nötig**. Die Neuregelung setzt im Wesentlichen die obergerichtliche Rspr. zur Absprache (vgl. BGHSt 50, 40 m.w.N.) umsetzt. Zudem besteht nach § 257c Abs. 1 S. 2 die → *Aufklärungspflicht des Gerichts*, Rdn 329, fort (vgl. BT-Drucks 16/12310, S. 1, 7 f.; BVerfG NJW 2013, 1058; BGH StV 2010, 60; StV 2012, 134; StraFo 2010, 386; weit. Nachw. bei Rdn 158 ff.). Damit gelten die in der Vergangenheit getätigten Aussagen des BGH zur Qualität des im Rahmen einer Absprache abgelegten Geständnisses und zur Verpflichtung der Tatgerichte, dieses ggf. auf seine Richtigkeit zu überprüfen, fort (vgl. dazu BGH, a.a.O.; s. i.E. auch *Meyer-Goßner/Schmitt*, § 257c Rn 16 ff.; *Müller/Jahn* NJW 2009, 2625, 2628). Mehr enthielt auch die vom Bundesrat für § 257c Abs. 2 S. 2 vorgeschlagene Formulierung nicht. Dass in der Praxis teilweise die Rspr. des BGH in diesem Bereich nicht beachtet wird, ist eine andere Frage, die sich durch Formulierungen in der StPO kaum ändern lassen wird (vgl. dazu a. *Fischer* StraFo 2009, 177, 181; zum unzuverlässigen Geständnis s. *Salditt*, S. 545). Zudem wären auch zusätzliche Kriterien, wie z.B. der Umfang oder Nachprüfbarkeit eines Geständnisses, zu unbestimmt und könnten im Zweifel Besonderheiten des Einzelfalls nicht ausreichend Rechnung tragen.

186 c) Legt man die **Rspr.** des **BGH** (grundlegend BGHSt 43, 195; 50, 40) zugrunde, muss das bei einer Urteilsabsprache i.d.R. abgelegte **Geständnis** auf seine **Zuverlässigkeit überprüft** werden (grundlegend schon BGHSt 43, 195; 50, 40; s.a. BGH NJW 2007, 2424 [Ls.]; zuletzt BGH NStZ 2009, 467; *Meyer-Goßner/Schmitt*, § 257c Rn 17 f.; jetzt ausdrücklich BVerfG NJW 2013, 1058, 1069; zum „prozesstaktischen Geständnis" BGH StV 2009, 629; zur Überprüfung eines Geständnis außerhalb einer Absprache BGH NStZ 2014, 170). Das Tatgericht muss von seiner Richtigkeit überzeugt sein. Dazu muss das den Angeklagten selbst belastende, keinen besonderen Zweifeln im Einzelfall unterliegende Geständnis wenigstens so konkret sein, dass geprüft werden kann, ob es derart im Einklang mit der Aktenlage steht, dass sich hiernach – im Rahmen der → *Aufklärungspflicht des Gerichts*, Rdn 329 – keine weiter gehende Sachaufklärung aufdrängt. Ein bloßes inhaltsleeres sog. **Formalgeständnis** reichte der Rspr. (des BGH) schon in der Vergangenheit nicht aus (BGHSt 50, 40, 50; BGH StV 2006, 400 [Ls.]). Es reicht auch jetzt nicht aus (BVerfG, a.a.O.;

Absprachen/Verständigung mit Gericht und Staatsanwaltschaft A

OLG Celle StV 2011, 341; s. auch *Müller/Jahn* NJW 2009, 2625, 2628; s. wohl auch BGH StV 2012, 133; zum Schadensersatzanspruch des Angeklagten, wenn der Verteidiger ein nicht autorisiertes/falsches Geständnis ablegt OLG Celle NJW 2012, 1227; *König* NJW 2012, 1915). Es ist daher unzulässig, dem Urteil einen Sachverhalt zugrunde zu legen, der nicht auf einer Überzeugungsbildung unter vollständiger Ausschöpfung des Beweismaterials beruht (BVerfG, a.a.O.; BGHSt 59, 21; BGH StV 2012, 703). Es ist deshalb stets zu untersuchen, ob das abgelegte Geständnis mit dem Ermittlungsergebnis zu vereinbaren ist, ob es in sich stimmig ist und ob es die getroffenen Feststellungen trägt (BGH NStZ 2012, 339; zur Überprüfung der Geständnisse von Mitangeklagten BGH NStZ 2012, 465; 2013, 353). Allein die Bereitschaft des Angeklagten, wegen eines bestimmten Sachverhalts eine Strafe hinzunehmen, die das gerichtlich zugesagte Höchstmaß nicht überschreitet, entbindet das Tatgericht nicht von der Pflicht zu prüfen, ob das daraufhin abgelegte Geständnis dem Urteil zugrunde gelegt werden darf (BGH NStZ 2008, 54; StV 2012, 392 m. Anm. *Burhoff* StRR 2012, 185). Bei der Überprüfung dürfte auch eine Rolle spielen, ob ggf. eine in Aussicht gestellte zu milde Strafe Grund für ein unrichtiges Geständnis sein könnte (BGH StV 2009, 629), allerdings muss das im Rahmen einer Verständigung abgelegte Geständnis nicht „intensiver" überprüft werden als ein nicht im Rahmen einer Verständigung abgelegtes (BGH NStZ 2012, 584). Einem (erst) im Rechtsmittelverfahren erhobenen Einwand, auf den Beschuldigten sei unzulässiger Druck ausgeübt worden, wird man jedoch entgegenhalten können, dass dann nichts näher gelegen hätte, als dem sofort zu widersprechen (BGH NStZ 2010, 293).

> Das Geständnis des Angeklagten hat ggf. Auswirkungen auf die **Beweiswürdigung** in **anderen Verfahren** bzw. hinsichtlich anderer Verfahrensbeteiligter. Nach der Rspr. des BGH ist nämlich i.d.R. geboten, bei der Würdigung einer entscheidungserheblichen Aussage eines Tatbeteiligten eine vorangegangene oder im Raum stehende Verständigung in dem gegen ihn wegen desselben Tatkomplexes durchgeführten Verfahren – gleichgültig, ob es Teil des Verfahrens gegen den Angeklagten oder formal eigenständig ist – erkennbar einzubeziehen (vgl. BGH StV 2012, 392 m. Anm. *Burhoff* StRR 2012, 185; StV 2013, 197 m. Anm. *Deutscher* StRR 2012, 189; BGH NStZ-RR 2012, 179; s. auch schon BGHSt 52, 78, 82 f. m.w.N.). Außerdem muss sich das Gericht mit der Frage auseinandersetzen, ob der Tatbeteiligte im Blick auf die ihn betreffende Verständigung irrig glauben könnte, eine Falschaussage zu Lasten des (anderen) Angeklagten sei für ihn besser als eine wahre Aussage zu dessen Gunsten (BGH, a.a.O.).

d) Auf dieser Grundlage muss daher untersucht werden, ob ein im Rahmen der Absprache abgelegtes Geständnis mit dem **Ermittlungsergebnis zu vereinbaren** ist, ob es in sich **stimmig** ist, ob es überhaupt ein **strafrechtlich relevantes** Verhalten einigermaßen nachvollziehbar einräumt (vgl. zum Formalgeständnis BGHSt 50, 40, 50; OLG Celle StV 2011,

187

341; s.a. noch BGH NStZ 2014, 170 und die bei Rdn 186 zitierte Rspr.) und – wenn letzteres der Fall ist – welche Strafnorm in welcher Begehungsweise hierdurch verletzt wurde (vgl. u.a. BGH NStZ 2009, 467; zur Prüfung der Glaubhaftigkeit eines Geständnisses, das erst abgelegt wird, nachdem dem Angeklagten ein bestimmtes Strafmaß in Aussicht gestellt worden ist, BGH NJW 1999, 370; zum Geständnis i.S.v. § 257c *Jahn/Müller* NJW 2009, 2625, 2628). Das gilt auch, wenn die Verurteilung des Angeklagten auf Angaben eines Belastungszeugen, die dem im Rahmen einer Absprache abgelegten Geständnis in der gegen den Angeklagten geführten HV entsprechen, beruht. Dann muss die Glaubhaftigkeit der Bekundungen des Zeugen unter Einbeziehung des Zustandekommens und des Inhalts der Absprache geprüft und in einer für das Revisionsgericht nachprüfbaren Weise im Urteil gewürdigt werden (BGHSt 52, 78; zur Prüfung des im Rahmen einer Absprache abgelegten Geständnisses eines (früheren) Mitangeklagten/Tatbeteiligten vgl. BGHSt 48, 161; 52, 78; BGH StV 2012, 392 m. Anm. *Burhoff* StRR 2012, 185; StV 2013, 197 m. Anm. *Deutscher* StRR 2012, 189; NStZ-RR 2012, 179; zu einem einen Dritten belastenden Geständnis BGH StV 2006, 118 und dazu *Weider* StV 2003, 266 in der Anm. zu BGH, a.a.O.). Von der Prüfungspflicht kann das Tatgericht aber z.B. dann entbunden sein, wenn das Geständnis durch andere Umstände, wie z.B. die Einlassung von Mitangeklagten, die durch die Absprache nicht betroffen waren, bestätigt wird (vgl. BGH NStZ-RR 2011, 164 [Ci/Zi]; ähnl. *Jahn/Müller*, a.a.O.). Auch können ggf. Umstände des Opferschutzes einer eingehenden Überprüfung entgegenstehen, wenn z.B. eine möglicherweise erforderliche Vernehmung in der HV ggf. zu einer weiteren Traumatisierung des Opfers führen würde (vgl. BT-Drucks 16/12310, S. 13).

188 Der BGH geht in seiner (bisherigen) st. Rspr. (vgl. u.a. z.B. BGHSt 52, 78) zwar davon aus, dass ein Geständnis, das aufgrund einer verfahrensbeendenden Absprache/Verständigung abgegeben wurde, **nicht** von **vornherein unglaubwürdig** ist (vgl. a. BGHSt 48, 161; BGH NStZ 2008, 54). Das wird im Grundsatz auch bei einer vom Verteidiger vorformulierten und vom Angeklagten lediglich pauschal übernommenen Erklärung angenommen. Der BGH (BGHSt 52, 78) fordert allerdings bei einem von Anderen für den Angeklagten vorformulierten und von diesem nur summarisch bestätigten Geständnis generell eine besonders kritische Betrachtung hinsichtlich seiner Substanz und Übereinstimmung mit dem Ermittlungsergebnis sowie dahin gehend, ob es wirklich als von dem jeweiligen Angeklagten stammend, als von diesem akzeptiert angesehen werden kann (BGH, a.a.O.). Deshalb sollte der Angeklagte, wenn er im Rahmen einer Verständigung ein Geständnis ablegt, dies **grds. mit eigenen Worten** tun (vgl. dazu auch Nr. 45 Abs. 2 RiStBV). Zumindest sollte er zu einer vom Verteidiger verlesenen Erklärung **ergänzende Angaben** machen.

♪ Es steht aber der **strafmildernden Berücksichtigung** eines Geständnisses nicht entgegen, dass es „nur" im Rahmen einer Absprache abgelegt worden ist (BGHSt 50, 40, 50; krit. *Rönnau* wistra 1998, 53, der sich insbesondere dagegen wendet, dass „jedes" Geständnis strafmildernd berücksichtigt werden soll; zu allem a. *Weigend* NStZ 1999,

Absprachen/Verständigung mit Gericht und Staatsanwaltschaft A

57 f.; *Schmitt* GA 2001, 419 ff.; zur (Un-)Verwertbarkeit eines Geständnisses bei einer gescheiterten Absprache *Kuckein*, S. 63 ff.; *Rode* StraFo 2015, 89, 91 und u. Rdn 228 ff.). Der Verteidiger muss bei der Beratung des Angeklagten über das Ob und das Wie eines Geständnisses immer berücksichtigen, dass dieses auch über das **Strafverfahren hinaus Wirkungen** gegen seinen Mandanten haben kann, so z.B. in einem arbeitsgerichtlichen Verfahren (vgl. zum Beweiswert eines [formelhaften] Geständnisses LAG Baden-Württemberg, Urt. v. 1.7.2009 – 2 Sa 39/08).

10. § 257c Abs. 2 S. 3 legt fest, was **nicht Inhalt** einer Verständigung sein kann. Hier wurde ebenfalls, zumindest teilweise, die obergerichtliche Rspr. umgesetzt (vgl. dazu BGHSt 50, 40 m.w.N.; vgl. BT-Drucks 16/12310, S. 13). Ausgeschlossen ist ausdrücklich eine Verständigung über den **Schuldspruch** (vgl. BVerfG NJW 2013, 1058; BGH NJW 2011, 1526 betreffend die Abrede über die Nichtannahme des Merkmals „Bande" beim Diebstahl; NStZ 2011, 231; wistra 2011, 276; s. auch die Fallkonstellation bei OLG Celle StV 2011, 341; *Kirsch* StraFo 2010, 95, 97; *Schlothauer/Weider* StV 2009, 600, 601 f.; zur Frage der Zulässigkeit der Verständigung über die „besondere Schwere der Schuld" i.S. des § 57a StGB *Jahn/Kett-Straub* StV 2010, 271). Gegenstand einer Verständigung dürfen – ohne Einschränkungen – nicht Maßregeln der Besserung und Sicherung sein (wegen der Einzelh. zum nicht zulässigen Inhalt s. die Zusammenstellung der Rspr. bei Rdn 193). 189

Ausgeschlossen sind alle Maßregeln der Besserung und Sicherung, also z.B. auch die Frage der **Entziehung** der **Fahrerlaubnis** nach § 69 StGB (krit. *Meyer-Goßner/Schmitt*, Erg.-Heft, § 257c Rn 9). M.E. wird aber die Frage der Dauer der Entziehung, also die Sperrfrist, da sie auf einer Einschätzung des Gerichts beruht, Gegenstand einer Verständigung sein können. Ebenso wie bei der Strafe eine Ober- und eine Untergrenze angegeben werden kann, muss das m.E. bei der Sperrfrist des § 69a StGB möglich sein (*Burhoff* StRR 2011, 324, 327; a.A. *Meyer-Goßner/Schmitt*, a.a.O.; m.w.N. zur Frage, ob Folgeentscheidungen zu einer Maßregel der Sicherung und Besserung Gegenstand einer Verständigung sein können; *Malek*, Rn 314).

In dem ursprünglichen Gesetzesvorschlag (vgl. BT-Drucks 16/12310, S. 14) war auch enthalten, dass „die Ankündigung auf Rechtsmittel zu verzichten", nicht Gegenstand einer Verständigung sein kann. Das ist im Laufe des Gesetzgebungsverfahrens als Folgeänderung zur Änderung bei § 302 Abs. 1 StPO-E entfallen (vgl. BT-Drucks 16/13095). Dass ein **Rechtsmittelverzicht nicht** Gegenstand einer Verständigung sein kann, folgt jetzt ausdrücklich aus § 302 Abs. 1 S. 2 (vgl. BT-Drucks 16/13095; S. 13; s.a. schon BGHSt 50, 40 m.w.N.). Daraus ergibt sich dann aber weiter, dass auch die Erklärung, ein Rechtsmittel nicht einlegen zu wollen, nicht in eine Verständigung aufgenommen werden kann (s. aber BGHSt 55, 82; → *Rechtsmittelverzicht*, Rdn 2201, m.w.N.). Das 190 wäre ansonsten eine Umgehung der Regelung in § 302 Abs. 1 S. 2 (vgl. dazu schon vgl. BT-Drucks 16/12310, S. 14). Wird bei einer verfahrensbeendenden Absprache unter Beteiligung des Gerichts rechtswidrig ein Rechtsmittelverzicht vereinbart, so hat dies aber nicht die Unwirksamkeit der Absprache/Verständigung i.Ü. zur Folge (BGHSt 52, 165).

📖 Der BGH geht davon aus, dass die Beteiligung des Pflichtverteidigers an einer „grob sachwidrigen Verständigung" Grund für seine **Entpflichtung** sein kann (BGH StV 2011, 647 für eine Verständigung bei im Raum stehender Unterbringung m. abl. Anm. *Schlothauer*; zu den straf- und zivilrechtlichen Risiken bei Beteiligung an einer rechtswidrigen Verständigung *Dießner* StV 2011, 43, 45 ff.).

191 11. Auf der Grundlage der o.a. Ausführungen (vgl. Rdn 172 ff.) und der ihnen zugrunde liegenden Rspr. zur früheren Rechtslage (vgl. u.a. BGHSt 49, 84; 50, 40) lässt sich der **zulässige Inhalt** einer Verständigung/Absprache allgemein etwa wie folgt **darstellen** (eingehend N/Sch/W/*Niemöller*, § 257c Rn 29 ff.; auch *Burhoff* StRR 2009, 324, 326; *Schlothauer/Weider* StV 2009, 600, 602 f.; *Meyer-Goßner/Schmitt*, § 257c 8 ff.; *Brocke* StraFo 2013, 441; *Krawczyk/Schüler* StRR 2014, 284 ff.; *Wenske* DRiZ 2011, 393, 395; s.a. *Weigend* NStZ 1999, 58, der zur früheren Rechtslage aus BGHSt 43, 195 „Grundsätze" für ein Absprachverfahren entwickelt hat; *Burhoff*, EV, Rn 72):

192 **Zulässig**

- Die → *Abtrennung von Verfahren*, Rdn 244, und eine dann erfolgende Einstellung des Verfahrens kann zulässigerweise zugesagt werden.
- Das Gericht kann dem Angeklagten (allgemein) die **mildernde Berücksichtigung** eines **Geständnisses** zusagen, wenn dies dem Stand des Verfahrens entspricht (so schon BGHSt 1, 387; 14, 189; 20, 268; 43, 195; 49, 84; 50, 40; BVerfG NJW 1987, 2662). Das gilt besonders dann, wenn der Gedanke des Opferschutzes, z.B. bei einem Sexualdelikt, gefördert werden soll (*Landau* DRiZ 1995 140 [für Absprachen im EV]; *Schöch* NJW 2004, 3461; zur Verwertung eines Geständnisses s.a. noch BGH NStZ 1998, 561). Der Umstand, dass ein Geständnis im Rahmen einer Absprache abgelegt ist, entbindet das Gericht aber nicht von der grds. Verpflichtung, die **Glaubhaftigkeit** dieses Geständnisses zu **überprüfen** (*Meyer-Goßner/Schmitt*, § 257c Rn 17 a; zur Unzulässigkeit eines „Formalgeständnisses" jetzt ausdrücklich BVerfG NJW 2013, 1058, 1069; OLG Celle StV 2011, 341 und die Nach. ob. bei Rdn 186 ff.; aus der (früheren) Rspr. BGHSt 43, 195, 204; 50, 40, 50; BGH NJW 1999, 370; krit. dazu *Weigend* NStZ 1999, 61; vgl. dazu o. Rdn 183 ff.).
- Nach § 257c Abs. 3 S. 1 ist die Angabe einer **Ober**- und **Untergrenze** der **Strafe** unter Berücksichtigung der allgemeinen Strafzumessungserwägungen nicht nur zu-

Absprachen/Verständigung mit Gericht und Staatsanwaltschaft **A**

lässig (auch schon BGHSt 38, 102), sondern erforderlich (BGH NStZ- 2013, 671; StV 2010, 227; 2011, 75; s. auch Rdn 177 u. Rdn 198).

☞ Das Drohen mit der sog. **Sanktionsschere** ist in dem Zusammenhang **unzulässig** (s. schon BGHSt 49, 84; BGH NStZ 2008, 170; vgl. a. u. Rdn 198). Damit wird sich im Zweifel die Besorgnis der **Befangenheit** begründen lassen. Einen entsprechenden Ablehnungsantrag muss der Angeklagte in der HV stellen: Unterlässt er es, kann er sich später in der Revision nicht auf die Verletzung des Grundsatzes des fairen Verfahrens berufen (BGH NStZ 2009, 168).

■ Dem Angeklagten wird für den Fall eines Geständnisses zugesichert, eine bestimmte **Strafhöhe nicht** zu **überschreiten** (so ausdrücklich BGHSt 43, 195; BGH NStZ 2008, 172; StraFo 2005, 197 [für den Fall einer „selbstbindenden" Erklärung des Gerichts]; s.a. u.).

■ Zugesagt werden kann, bei der Bildung einer Gesamtstrafe auch die **Einzelstrafen** aus einem amtsgerichtlichen Urteil **einzubeziehen**, diese also zum Gegenstand des im Rahmen des Verständigung zugesagten Strafrahmens werden (BGH StV 2014, 72).

■ Die (nachträglich) → *Berufungsbeschränkung*, Rdn 567, kann Gegenstand einer Verständigung sein (KG StV 2014, 654, 655 m. Anm. *Hanschke* StRR 2012, 381; OLG Hamburg NStZ 2014, 534 m. Anm. *Deutscher* StRR 2014, 496; OLG Karlsruhe NStZ 2014, 536; OLG Stuttgart StV 2014, 397 m. Anm. *Deutscher* StRR 2014, 309; vgl. auch *Wenske* NStZ 2015, 137; zur Wirksamkeit in den Fällen unzureichender Dokumentation → *Berufungsbeschränkung*, Rdn 580).

■ Die → *Berufungsrücknahme*, Rdn 652, in einem **Parallelverfahren** kann Gegenstand einer Verständigung sein (KG NStZ 2015, 236).

■ M.E. ist es zulässig, wenn das Gericht als Rechtsfolge eine Strafaussetzung zur **Bewährung** (§ 56 StGB), eine Verwarnung mit **Strafvorbehalt** (§ 59) oder das **Absehen** von Strafe (§ 60 StGB) zusagt (krit., aber im Ergebnis zust. für die Bewährung *Meyer-Goßner/Schmitt*, § 257c Rn 12; teilweise a.A. N/Sch/W/*Niemöller*, § 257c Rn 57; *Kirsch* StraFo 2010, 95, 97).

■ Der (spätere) Inhalt eines **Bewährungsbeschlusses** kann Gegenstand einer Verständigung sein, also z.B. dass bestimmte Auflagen oder Weisungen nicht erteilt werden oder die Länge der Bewährungszeit niedrig(er) bemessen wird (inzidenter *Meyer-Goßner/Schmitt*, a.a.O.; BGHSt 59, 172; BGH NJW 2014, 3173; StV 2015, 277, schon zum früheren Recht OLG Köln NJW 1999, 373).

☞ Vor einer Verständigung, deren Gegenstand die Verhängung einer zur Bewährung auszusetzenden Freiheitsstrafe ist, muss der Angeklagte auf konkret in Betracht kommende **Bewährungsauflagen hingewiesen** werden. Er darf von denen **nicht überrascht** werden (BGHSt 59, 172; BGH NJW 2014, 3173; StV 2015,

277 [zugleich auch zu den Rügeanforderungen]; OLG Frankfurt am Main, Beschl. v. 11.2.2015 – 1 Ss 294/14; OLG Köln, a.a.O.; OLG Saarbrücken NJW 2014, 238; a.A. – aber unzutreffend – OLG Rostock, Beschl. v. 2.6.2015 – 20 Ws 110/15). Auf eine (Bewährungs)**Weisung** soll jedoch nach Auffassung des BGH nicht hingewiesen werden müssen (BGH NStZ 2015, 179).

- Der Beschuldigte/Angeklagte kann sich mit der **formlosen Einziehung** einverstanden erklären (*Meyer-Goßner/Schmitt*, § 257c Rn 10).
- Die Verständigung kann daran gekoppelt werden, dass eine Verständigung auch mit weiteren Angeklagten zustande kommt (Stichwort: **Gesamtverständigung**; BGH StRR 2015, 216 m. Anm. *Deutscher*).
- Im **JGG-Verfahren** dürfte die Anwendung von Jugendstrafrecht auf einen Heranwachsenden oder die Anwendung des Erwachsenenstrafrechtsrechts auf einen Heranwachsenden (jetzt) zulässig sein (*Meyer-Goßner/Schmitt*, § 257c Rn 7; *Kirsch* StraFo 2010, 95, 97; schon früher so *Noack* StV 2002, 445 jew. in der Anm. zu BGH NJW 2001, 2642; a.A. *Wenske* DRiZ 2011, 394). Die Vereinbarung einer Strafobergrenze ist allerdings grds. zulässig (zw. BGH, a.a.O; s. aber BGH NJW 2001, 2642; StV 2006, 400 [Ls.]; → *Jugendgerichtsverfahren, Besonderheiten der Hauptverhandlung*, Rdn 1770).
- **Nebenstrafen** und **Nebenfolgen** (§§ 44, 73 ff. StGB) können ebenfalls Gegenstand der Verständigung sein (*Meyer-Goßner/Schmitt*, § 257c Rn 10; *Schlothauer/Weider* StV 2009, 600, 602; a.A. für § 73 StGB *Kirsch* StraFo 2010, 95, 97).
- Der **Nebenkläger** kann als Gegenleistung für Schadenswiedergutmachung zusagen, auf einen Beweisantrag zu verzichten (*Müller/Jahn* NJW 2009, 2625, 2628; *Schlothauer/Weider* StV 2009, 600, 603; zw. *Meyer-Goßner/Schmitt*, § 257a Rn 14a); ob sich das Gericht im Hinblick auf die Aufklärungspflicht an dem Zustandekommen einer solchen Verständigung beteiligt, ist eine ganz andere Frage.
- Es kann auch zugesagt werden, dass andere bzw. Teile des Verfahrens nach §§ 154, 154a eingestellt werden (Umkehrschluss aus § 257c Abs. 2 S. 3; *Schlothauer/Weider* StV 2009, 600, 602; → *Einstellung des Verfahrens nach § 154*, Rdn 1336; → *Einstellung des Verfahrens nach § 154a*, Rdn 1351; OLG Frankfurt am Main NStZ-RR 2011, 49 für § 154 Abs. 2; vgl. aber BGH NStZ 2000, 495 und die weit. Nachw. bei Rdn 173 zum unzulässigen „Package-Deal").
- Bestimmte **Verfahrensvorgänge** werden zum Gegenstand der Verständigung gemacht, also dass der Angeklagte weitere bzw. bestimmte Beweisanträge nicht (mehr) stellt bzw. nicht weiter verfolgt (s. die Aufstellung bei N/Sch/W/*Niemöller*, § 257c Rn 37).
- Die Verständigung, die **Schuldschwereklausel** des § 57a Abs. 1 S. 1 Nr. 2 StGB nicht in den Tenor des Urteils aufzunehmen, wird als zulässig angesehen (*Jahn/Kett-Straub* StV 2010, 271).

- Auch die Frage der Fortdauer/Vollstreckung von **U-Haft** kann Gegenstand einer Verständigung sein (BGH NJW 2015, 1546 [Ls.] m. Anm. *Burhoff* StRR 2015, 141; KK-*Moldenhauer/Wenske*, § 257c Rn 17; *Kirsch* StraFo 2010, 95, 97; *Wenske* DRiZ 2011, 393, 395; N/Sch/W/*Niemöller,* § 257c Rn 68).
- Möglich dürfte es schließlich auch, im Rahmen eines anhängigen **Adhäsionsverfahrens** Zusagen zu machen, so z.B. zum Abschluss eines Vergleichs (*Schlothauer/Weider* StV 2009, 600, 603).

Unzulässig 193

- Nicht zulässig ist eine Absprache über den **Schuldspruch**, da die strafrechtliche Bewertung des Sachverhalts einer Vereinbarung nicht zugänglich ist (s. ausdrücklich § 257c Abs. 2 S. 3; BVerfG NJW 2013, 1058, 1063; BGH NStZ 2011, 231; StV 2012, 134; s. auch die Fallkonstellation bei OLG Celle StV 2011, 341; a. schon BGHSt 43, 195, 204; 50, 40; zuletzt BGH StV 2009, 233), ebenso unzulässig ist die Zusage einer **unzutreffenden rechtlichen Bewertung** der Tat als „Gegenleistung" für ein Geständnis (BGH NStZ 2007, 655; vgl. dazu [auch zur Umgehung] *Schlothauer/Weider* StV 2009, 600, 602).

> ☞ Eine unzulässige Verständigung über den Schuldspruch liegt noch nicht vor, wenn das Gericht im Zusammenhang mit seinem die Rechtsfolgen betreffenden Verständigungsvorschlag **klarstellt**, von welchen **Sachverhalten** und welchen konkreten Straftatbeständen es bei vorläufiger Bewertung ausgeht – zumal ein Verständigungsvorschlag ohne eine solche Bewertung nicht möglich ist (BGHSt 59, 130).

- Nach der Rspr. des **BVerfG** sind auch **Strafrahmenverschiebungen** wegen ihrer „spezifischen Nähe zu Qualifikations- und Privilegierungstatbeständen" unzulässig (BVerfG NJW 2013, 1058, 1068; vgl. dazu *Brocke* StraFo 2013, 441; *Knauer* NStZ 2013, 433; *Kudlich* NStZ 2013, 379). Die Annahme eines minder schweren Falles wird demnach nicht von der Abgabe eines Geständnisses abhängig gemacht werden dürfen. Das ist insofern zw., als die Prüfung eines minder schweren Falls eine Gesamtwürdigung aller strafzumessungserheblichen Umstände erfordert, wozu auch ein Geständnis zählt (*Fischer*, § 46 Rn 85, 50; zw. auch *Krawczyk/Schüler* StRR 2014, 285; differenzierend auch *H. Schneider* NStZ 2014, 192, 195).

> ☞ Im **Gegensatz** zum BVerfG (a.a.O.) **tendiert** der **BGH** dazu, Strafrahmenverschiebungen – namentlich die Annahme eines minder schweren Falls – in den Bereich zulässiger Verständigungen einzubeziehen, sofern dies mit dem herkömmlichen Strafzumessungsregeln vereinbar ist. Das ist allerdings dann nicht der Fall, wenn die Annahme eines minder schweren Falls nicht mehr mit der strafmildernden Wirkung des Geständnisses begründbar ist, wenn also die „Sanktionsschere"

A Absprachen/Verständigung mit Gericht und Staatsanwaltschaft

zum Einsatz gekommen ist (zur Einbeziehung eines Sonderstrafrahmens in eine Verständigung BGH NStZ 2013, 540; 2013, 640 m. Anm. *Jahn* NStZ 2014, 170).

- Als unzulässig angesehen worden ist auch eine Verständigung darüber, dass keine **bandenmäßige Begehung** vorliege, wenn die bandenmäßige Begehung in einem Qualifikationstatbestand geregelt ist (z.B. §§ 244 Abs. 1 Nr. 2, § 263 Abs. 5 StGB) und nicht einen allein strafzumessungsrelevanten besonders schweren Fall begründet (BGH NJW 2011, 1526; StV 2012, 134).
- „**Gesamtlösungen**"/„Package-Deals", deren Inhalt darin besteht, dass für ein bestimmtes Prozessverhalten im zugrunde liegenden Verfahren (auch) die Einstellung anderer anhängiger Verfahren nach § 154 zugesagt wird, können nicht Bestandteil einer Verständigung sein (BVerfG NJW 2013, 1058, 1064; vgl. z.B. *Beulke/Stoffer*, JZ 2013, 663; *H. Schneider* NStZ 2014, 192, 196; *Knauer* NStZ 2014, 433; *Krawczyk/Schüler* StRR 2014, 284, 285; *Mosbacher* NZWiSt 2013, 201; *Trück* ZWH 2013, 169, 173; KK-*Moldenhauer/Wenske*, § 257c Rn 15; *Meyer-Goßner/Schmitt*, § 257c Rn 13). Das schließt jedoch nicht aus, dass die StA eine entsprechende Zusage im Rahmen ihrer Kompetenz für bei ihr anhängige weitere EV abgibt und dass Verteidigung und StA darüber sprechen (s. auch OLG Frankfurt am Main NStZ-RR 2011, 49). Eine solche Zusage nimmt aber nicht an der Bindungswirkung nach § 257c teil, bindet also namentlich nicht das Gericht (*Krawczyk/Schüler*, a.a.O.; s.a. BT-Drucks 16/12310, S. 13).
- Nach der früheren Rspr. des BGH war die Vereinbarung der **Anwendung** von **Jugendstrafrecht** auf einen Heranwachsenden unzulässig (BGH NJW 2001, 2642; krit. *Eisenberg* NStZ 2001, 556; zust. *Noack* StV 2002, 445, jew. in der Anm. zu BGH, a.a.O.), was durch die Neuregelung überholt sein dürfte (a.A. jetzt auch *Meyer-Goßner/Schmitt*, § 257c Rn 7; *Knauer* ZJJ 2010, 15; s.a. *Beier*, a.a.O.; s. oben Rdn 192; → *Jugendgerichtsverfahren, Besonderheiten der Hauptverhandlung*, Rdn 1770).
- In der Verständigung darf das vom Angeklagten erwartete Verhalten nicht mit einem Zweck verbunden werden, der mit der angeklagten Tat und dem Gang der HV in keinem inneren Zusammenhang steht (Stichwort: **keine Konnexität**; vgl. BGHSt 49, 84 [für die Tilgung von Altsteuerschulden in einem Steuerstrafverfahren]; BGH NJW 2004, 1885 [für das in Aussicht Stellen von Haftverschonung für einen Rechtsmittelverzicht]; NStZ 2004, 577 [für das Veranlassen des Angeklagten zu einem Geständnis mit einer unzulässigen Haftanordnung]; BGH StRR 2009, 422 [Ls.; Verzicht auf Rückzahlung beschlagnahmter Gelder gegen Strafaussetzung zur Bewährung, zugleich auch zur Frage der Rückforderung/Sittenwidrigkeit]; zur Konnexität *Schöch* NJW 2004, 3462, der die die Verknüpfung mit einer Spende an eine Opferschutzorganisation bejaht; zu allem *Beulke/Swoboda* JZ 2005, 67).
- Unzulässig ist es, wenn vorab vom Gericht eine bestimmte **Punktstrafe** zugesagt wird (Umkehrschluss aus § 257c Abs. 3 S. 1; BVerfG NJW 2013, 1058; BGH

Absprachen/Verständigung mit Gericht und Staatsanwaltschaft   A

NStZ 2011, 231; 2011, 648; *Schlothauer/Weider* StV 2009, 600, 602; früher u.a. schon BGHSt 42, 46; 43, 195, 206 f.; 50, 40; 51, 84; BGH NJW 2007, 2424 [Ls.], jew. m.w.N.; s.a. *Landau/Eschelbach* NJW 1999, 323, 326). Zulässig ist es aber, wenn dem Angeklagten für den Fall eines Geständnisses zugesichert wird, eine bestimmte Strafhöhe nicht zu überschreiten (so ausdrücklich BGHSt 43, 195; BGH StV 1999, 407; StraFo 2005, 197 [für den Fall einer „selbstbindenden" Erklärung des Gerichts]), einen **Strafrahmen** anzugeben (s. jetzt § 257c Abs. 3 S. 2; auch schon BGHSt 38, 102) oder jedenfalls Prognosen zu stellen (s.a. BGHSt 42, 46; s. aber BGH NJW 2001, 2642 [Ls.], der das für das Jugendstrafverfahren als bedenklich angesehen hat; zur Strafober- und Strafuntergrenze s. oben Rdn 175 ff.). Für das OWi-Verfahren gehen *Krumm* (NZV 2011, 376) und *Fromm* (NZV 2010, 550) von der Zulässigkeit der Verständigung auf eine Punktstrafe aus, was im Hinblick auf die andere Systematik im Bußgeldverfahren zutreffend sein dürfte (vgl. a. *Deutscher* VRR 2014, 410).

- Unzulässig ist es, die **Strafzumessung** in Vorgänge **außerhalb** der **HV** zu verlagern und durch feste Vereinbarungen auch über das weitere Prozessverhalten der Beteiligten abzusichern (BGH StV 1996, 129 [Ls.]).
- Unzulässig ist es, wenn das Gericht eine **schuldunangemessen niedrige Strafe** zusagt (vgl. dazu und zur Anfechtung des Urteils durch die StA KG NStZ-RR 2004, 175; zur Frage der Strafbarkeit der daran Beteiligten *Erb* StV 2014, 103; *Fischer* HRRS 2014, 324; vgl. dazu a. BGHSt 44, 258).
- Nach der ausdrücklichen Regelung in § 257c Abs. 2 S. 3 können **Maßregeln** der **Besserung** und **Sicherung** (§§ 61 ff. StGB) nicht zum Gegenstand einer Verständigung gemacht werden (BGH StV 2011, 647; s.a. BGH NStZ-RR 2012, 140; s. für die Sicherungsverwahrung schon BGH NStZ 2008, 620; StV 2006, 118; NStZ-RR 2005, 39). Das gilt für alle Maßregeln und nach der Rspr. des BGH bereits dann, wenn die Maßregel nur „im Raum steht" (BGH StV 2011, 647 m. krit. Anm. *Schlothauer*; krit. auch *Schlothauer* StraFo 2011, 487, 489).
- Unzulässig ist die **Zusicherung**, selbstständige prozessuale **Taten**, die noch gar **nicht bekannt** und deshalb nicht bestimmbar sind und daher auch in ihrem Gewicht und Schuldgehalt nicht beurteilt werden können, **nicht** zu **verfolgen** (BGH NStZ 2000, 495).
- Nicht zulässig ist eine Verständigung über **Rechtsfolgen**, die das Gesetz im **konkreten Fall nicht vorsieht** (KG StV 2012, 654 m. Anm. *Hanschke* StRR 2012, 381 für Bildung einer Gesamtgeldstrafe aus einer Geld- und einer Freiheitsstrafe).
- Eine demnächstige **Reststrafenaussetzung** durch die StVK kann nicht zugesagt werden (OLG Köln StV 2008, 146). Allgemein gilt, dass eine Verständigung (nur) herbeigeführt werden kann über die Maßnahmen, die das erkennende **Gericht** oder die StA (selbst) verfügen kann (vgl. oben Rdn 175).
- Ausdrücklich verboten ist es nach § 302 Abs. 1 S. 2, **vorab** einen **Rechtsmittelverzicht** zu vereinbaren (wegen der Einzelh. s. oben Rdn 190 und → *Rechtsmittelver-*

zicht, Rdn 2201; aus der Rspr. u.a. BVerfG NJW 2013, 1059, 1064, 1070; BGHSt 43, 195, 204 f.; 50, 40 m.w.N.; *Landau/Eschelbach* NJW 1999, 323), etwa gegen die Zusage des Absehens von höherer Strafe, sofortiger Haftentlassung und Aufhebung eines bestehenden HB (vgl. dazu BGH NJW 2004, 1885; NStZ 2004, 577; OLG Stuttgart NJW 1999, 375). Das Gericht darf auf einen Rechtsmittelverzicht weder hinwirken noch an ihm im Rahmen einer Urteilsabsprache mitwirken (BGHSt 50, 40; BGH StV 2006, 292 [strikte Zurückhaltung]; s. → *Rechtsmittelverzicht*, Rdn 2195). Die Vereinbarung eines Rechtsmittelverzichts macht die Absprache grds. unwirksam (BGHSt 50, 40; vgl. dazu *Meyer-Goßner/Schmitt*, § 302 Rn 26a ff.; *Meyer* StV 2004, 41; *ders*. HRRS 2005, 235; *Koch* HRRS 2005, 245; *Satzger/Höltkemeier* NJW 2004, 2487; *Theile* StraFo 2005, 409).

⟡ Ggf. kann die Unwirksamkeit zur **Wiederaufnahme** des Verfahrens führen (OLG Stuttgart NJW 1999, 375; vgl. dazu eingehend *Eschelbach* HRRS 2008, 90; *Förschner* StV 2008, 443; *Hellebrandt* NStZ 2008, 374). Zu prüfen ist auch immer, ob tatsächlich ein Rechtsmittelverzicht vereinbart war oder ein Rechtsmittelverzicht nur im Rahmen einer vagen Übereinkunft in Aussicht gestellt worden ist (vgl. dazu BGH NStZ 2002, 496; StV 2006, 292).

- Auch Vereinbarungen betreffend die **Strafvollstreckung** können nicht getroffen werden soweit das Gericht/die StA darauf keinen Einfluss hat (vgl. Graf/*Eschelbach*, § 257c Rn 11; *Kirsch* StraFo 2010, 96, 97; *Schlothauer* StraFo 2011, 487, 491; N/Sch/W/*Niemöller*, § 257c Rn 33 ff.; vgl. BGH NStZ 2011, 648; StV 2011, 74; zur Zulässigkeit von Absprachen im sog. Überstellungsverfahren Art. 11 ÜberstÜbK EGMR 2011, 58 m. Anm. *Kotz*).
- Nicht vereinbart werden kann die Annahme einer in Wirklichkeit nicht eingetretenen rechtsstaatswidrigen **Verfahrensverzögerung** (BGH StV 2011, 74; *Schmitt* StraFo 2012, 386, 387; → *Verfahrensverzögerung*, Rdn 2825).
- Unzulässig ist es auch, wenn der Angeklagte im Voraus (insgesamt) auf seine **Verteidigungsrechte verzichtet** (BGH NStZ 2006, 586 [für Erklärung, dass der Angeklagte und sein Verteidiger sämtliche aus Sicht des Gerichts zur beschleunigten Beendigung des Verfahrens erforderlichen prozessualen Erklärungen abgeben sollen]).

194 **12.a)** In **§ 257c Abs. 3** ist das **Verfahren** über eine (bindende) Verständigung geregelt (vgl. dazu Rdn 196 ff.; *Schlothauer/Weider* StV 2009, 600, 604; KK-*Moldenhauer/Wenske*, § 257c Rn 23 ff.). Dieses sieht **mehrere Schritte** vor (vgl. Rdn 196 ff.). Die für das Gericht mit einer wirksam zustande gekommenen Verständigung entstehende Bindungswirkung bzw. die Folgen des Scheiterns einer (zunächst getroffenen) Absprache ist in

§ 257c Abs. 4 ausdrücklich geregelt, wobei § 257c Abs. 5 Mitteilungs- und Belehrungspflichten enthält (vgl. Rdn 219 f.). Hinzuweisen ist **allgemein** vorab auf folgende Punkte:

- Nach **§ 243 Abs. 4** muss der Vorsitzende zu Beginn der HV mitteilen, ob Erörterungen nach den §§ 202a, 212 mit dem Ziel der Möglichkeit einer Verständigung stattgefunden haben (vgl. wegen der Einzelh. → *Mitteilung über Erörterungen zur Verständigung*, Rdn 1866). **195**

- **Nicht geregelt** ist in der StPO die Frage der **(Pflicht-)Verteidigung** bei einer Absprache. Zutreffend plädieren *Jahn/Müller* (NJW 2009, 2625, 2627) dafür, bei „komplexeren Absprachszenarien" einen Pflichtverteidiger zu bestellen, um die Kommunikation aufseiten des Angeklagten in professionelle Hände zu legen (ähnlich KK-Schneider, § 202a Rn 10). Wird im JGG-Verfahren eine Verständigung/Absprache getroffen, wird i.d.R. ein Pflichtverteidiger beizuordnen sein (vgl. BT-Drucks 16/12310, S. 9; → *Jugendgerichtsverfahren, Besonderheiten der Hauptverhandlung*, Rdn 1770). Das OLG Naumburg (NStZ 2014, 116 m. zust. Anm. *Burhoff* StRR 2014, 70) geht davon aus, dass dann, wenn eine Verständigung zustande kommen soll, i.d.r. ein Fall der **notwendigen Verteidigung** vorliegt (a.A. OLG Bamberg NStZ 2015, 184 m. Anm. *Burhoff* StRR 2015, 102; *Wenske* NStZ 2014, 117 in der Anm. zu OLG Naumburg, a.a.O.; abl. a. *Meyer-Goßner/Schmitt*, § 257c Rn 24).

- Der Verteidiger kann/muss seine Teilnahme an und die Bemühungen um eine Absprache/Verständigung bei der Bestimmung der **Rahmengebühr** der jeweiligen Verfahrensgebühr des RVG berücksichtigen. War er als Pflichtverteidiger tätig, sind seine Aktivitäten ggf. bei der Bewilligung einer **Pauschgebühr** nach § 51 RVG von Belang (zu den gebührenrechtlichen Auswirkungen der Teilnahme des Verteidigers an einer verfahrensabkürzenden Absprache – zum alten Recht – OLG Hamm NJW 2005, 75 m.w.N.; OLG Karlsruhe AGS 2006, 121; *Burhoff* RVGreport 2010, 401; Burhoff/*Burhoff*, RVG, Teil A: Verständigung in Straf-/Bußgeldverfahren, Abrechnung, Rn 2270).

b)aa) Im **ersten Schritt** gibt das Gericht (vgl. dazu o. Rdn 162) nach § 257c Abs. 3 S. 1 zunächst bekannt, welchen Inhalt die Verständigung nach seiner Auffassung haben könnte (zur „Offenlegungspflicht s.u.a. schon BGHSt 37, 99; 43, 195; 50, 40; LG Berlin StraFo 2006, 374). Nach S. 2 kann es dabei unter freier Würdigung aller Umstände des Falls sowie der allgemeinen Strafzumessungserwägungen auch eine Ober- und Untergrenze der Strafe angeben (vgl. o. Rdn 175 ff., 198 ff.). **196**

Der Inhalt dieser Mitteilung wird i.d.R. auf **zuvor geführten** (informellen) **Gesprächen** und/oder → *Erörterungen des Standes des Verfahrens*, Rdn 1491, oder außerhalb der HV geführten Erörterungen (vgl. dazu a. *Burhoff*, EV, Rn 1991 ff.) beruhen, die der Vorsitzende grds. auch einseitig mit der Verteidigung führen kann (BGH NStZ 2008, 172), allerdings nicht führen sollte (vgl. die Fallgestaltung bei BGH NStZ 2011, 107 m. Anm. *Burhoff* **197**

StRR 2011, 382). Solche Gespräche sind zulässig (vgl. dazu ausdrücklich BT-Drucks 16/12310, S. 12; zum früheren Recht BGH, a.a.O.; s.a. schon BGHSt 43, 195, 206; 52, 78; BGH NStZ 2003, 563). Allerdings wird zu beachten sein, dass nach der Regelung in § 257c Abs. 3 S. 1 das „Gericht" bekannt zu geben hat. Das bedeutet, dass auch die Schöffen zu beteiligen sind, und zwar zumindest insoweit, dass diese nicht zu Beginn der HV mit einer von den anderen Verfahrensbeteiligten „ausgedealten" Verständigung überrascht werden (vgl. dazu a. *Fischer* StraFo 2009, 177, 185, der darin offenbar einen Verstoß gegen Art. 97 Abs. 1, 101 Abs. 1 S. 2 GG sieht). Zumindest muss der Vorsitzende das Führen von Gesprächen vor der HV offenlegen (§ 243 Abs. 4; BGH NStZ 2008, 172; → *Mitteilung über Erörterungen zur Verständigung*, Rdn 1866).

I.d.R. werden/sollten auch die außerhalb der HV geführten Gespräche nach Möglichkeit unter **Mitwirkung aller Verfahrensbeteiligten** stattfinden. Die (unfaire) Nichtbeteiligung von Verfahrensbeteiligten an Vorbesprechungen zur Verfahrenserledigung kann die Besorgnis der Befangenheit des beteiligten Richters begründen (BGHSt 43, 195; NStZ 2009, 701 [für erkennbar einseitige Verständigungsgespräche]; LG Berlin StraFo 2006, 374; zur Befangenheit → *Erörterungen des Standes des Verfahrens*, Rdn 1503 f.). Außerhalb der HV geführte Gespräche begründen aber nicht den Revisionsgrund des § 338 Nr. 6 (BGH NJW 2005, 519; s. aber OLG München NJW 2006, 1985). Ist bei solchen Gesprächen beim Angeklagten aufgrund von Äußerungen des Vorsitzenden berechtigterweise der Eindruck entstanden, dass das Gericht – auch ohne förmliche Verständigung – eine bestimmte Sanktion verhängen werde, dann ist, auch wenn eine Verständigung i.S. des § 257c nicht zustande gekommen ist, ein **Hinweis erforderlich**, wenn das Gericht von dem in Aussicht gestellten Ergebnis abweichen will (BGH NJW 2011, 3463; → *Hinweis auf veränderte Sach-/Rechtslage*, Rdn 1720).

198 **bb)** In dem Zusammenhang muss der Verteidiger darauf achten, dass sich für den Angeklagten die sog. **Sanktionsschere** nicht zu weit öffnet. Das Drohen mit dieser bzw. mit einer höheren Strafe ist unzulässig (EGMR NJW 2011, 3633; BGHSt 49, 84; BGH NStZ 2007, 655; 2008, 170; wistra 2012, 271) und führt zur Annahme eines Verstoßes gegen § 136a (BGH, a.a.O.). Davon kann aber noch nicht ausgegangen werden, wenn z.B. vom Vorsitzenden „bewährungsfähige Strafen" abgelehnt werden (BGH StV 2012, 587).

199 Eine zu weit geöffnete Sanktionsschere wird **angenommen** bei einer mit den Grundsätzen eines fairen Strafverfahrens nicht mehr zu vereinbarenden Androhung einer die **Schuldangemessenheit** so **übersteigenden Strafe**, dass die strafmildernde Wirkung eines Geständnisses nicht mehr erklärbar und als unzulässiges Druckmittel zur Erwirkung eines verfahrensverkürzenden Geständnisses zu werten wäre (BGHSt 49, 84; BGH NStZ 2008, 170, 2011, 592). Das bedeutet, dass die in Aussicht gestellte Sanktion einerseits nicht das vertretbare Maß überschreiten darf, sodass der Angeklagte inakzeptablem Druck ausgesetzt wird.

Andererseits darf das Ergebnis des Strafnachlasses im Hinblick auf ein Geständnis nicht unterhalb der Grenze dessen liegen, was noch als schuldangemessene Sanktion hingenommen werden kann (BGH, a.a.O. unter Hinweis auf BGHSt 50, 40, 50). In seiner neueren Rspr. hat der **BGH** (vgl. NStZ 2011, 592) die Frage, wann eine „Sanktionsschere" zu bejahen ist, bewusst **offen gelassen** und das vom Einzelfall abhängig gemacht (vgl. z.B. die Abwägung bei BGH wistra 2012, 271; StV 2012, 582 [„unerklärliche Differenz"]). Er hat jedoch darauf hingewiesen, dass für die Beurteilung der Zeitpunkt der Verständigungsgespräche eine erhebliche Rolle spielt, und zwar hinsichtlich beider Alternativen (mit und ohne Geständnis). Das Gewicht eines Geständnisses kann danach in verschiedenen Verfahren sehr unterschiedlich sein. Deshalb verbiete sich – so der BGH (a.a.O.) – eine mathematische Betrachtung, wie z.B., dass der angemessene Strafrabatt i.d.R. nicht mehr als 20 % bis 30 % betragen dürfe.

> *Meyer-Goßner/Schmitt* (§ 257c Rn 19) und *Meyer-Goßner* (ZRP 2009, 107, 109) gehen als „**Faustregel**" davon aus, dass eine Strafe ohne Geständnis nicht mehr als ein zusätzliches **Drittel** der nach einem Geständnis zu verhängenden Strafe betragen darf.

Anhaltspunkte für die Annahme einer **Sanktionsschere** können ggf. aus der früheren Rspr. des BGH gezogen werden (aus der neueren Rspr. BGH NStZ 2011, 592). Sie ist z.B. angenommen worden für die Ankündigung einer Freiheitsstrafe von 2 Jahren mit Bewährung, bei Bestreiten hingegen eine solche von 6 Jahren (BGHSt 49, 84) oder für das Inaussichtstellen einer Freiheitsstrafe von 3 Jahren 6 Monaten bei Geständnis und von 6–7 Jahren Freiheitsstrafe bei Bestreiten (BGH NStZ 2005, 393) bzw. von 7–8 Jahren (BGH NStZ 2008, 170). Abgelehnt hat der BGH (vgl. NStZ 2007, 655) die „Sanktionsschere" hingegen, wenn für den Fall, dass kein Geständnis erfolgt, von einer Strafe deutlich über 7 Jahren auszugehen sei, im Fall eines Geständnisses hingegen eine Freiheitsstrafe von 4 Jahren und 6 Monaten in Betracht komme. Offen ist noch, ob die Alternativen „bei Geständnis Geldstrafe, bei Bestreiten Freiheitsstrafe" oder „bei Geständnis Freiheitsstrafe mit Bewährung, bei Bestreiten keine Bewährung" zulässig sind (*Meyer-Goßner/Schmitt*, § 257c Rn 20; vgl. dazu auch BGH NStZ 2004, 577).

200

> *Das Vorliegen der „Sanktionsschere" wird i.d.R. die Annahme von Besorgnis der* **Befangenheit** *begründen (BGH NStZ 2008, 170; → Ablehnungsgründe, Befangenheit, Rdn 82 f.), nicht hingegen aber die Mitteilung einer nach Ansicht der Berufsrichter angemessenen Strafobergrenze (BGH NStZ 2008, 172; 2011, 590). Vorgehalten werden darf auch, dass im Verurteilungsfall nur unter den Voraussetzungen eines Geständnisses der Strafrahmen eines minder schweren Falles eröffnet sein könnte. Eine Drohung mit einer willkürlich bemessenen „Sanktionsschere" liegt darin nicht (BGH StV 2012, 5).*

201 **cc)** Die **Bekanntgabe** des möglichen Inhalts einer Verständigung obliegt dem **Vorsitzenden** als Teil der ihm nach § 238 eingeräumten → *Verhandlungsleitung*, Rdn 2889. Das folgt auch schon daraus, dass die Bekanntgabe „in der HV" erfolgt. Eine konkrete Form für die Bekanntgabe ist nicht vorgeschrieben (vgl. aber N/Sch/W/*Niemöller*, § 257c Rn 24 [als Entscheidung des Gerichts durch Beschluss]). Diese zu bestimmen, liegt in der sachgerechten Verfahrensgestaltung des Vorsitzenden (vgl. BT-Drucks16/12310, S. 11 für Erörterungen nach § 160b). Daraus, dass die die Verständigung regelnde Vorschrift des § 257c im Bereich der für die HV geltenden Vorschriften eingeordnet ist, folgt aber, dass es sich um eine mündliche Bekanntgabe handelt. Diese hat gegenüber allen Verfahrensbeteiligten (vgl. dazu Rdn 166 f.) zu erfolgen. Das folgt daraus, dass nach § 257c Abs. 3 S. 3 „die Verfahrensbeteiligten" Gelegenheit zu Stellungnahme erhalten. In die Bekanntgabe ist also auch der Nebenkläger einzubeziehen.

> Geht man davon aus, dass der Vorschlag des Gerichts in Form eines Beschlusses erfolgt (s. N/Sch/W/*Niemöller*, § 257c Rn 24), ist dagegen eine → *Beschwerde*, Rdn 770, wegen § 305 **nicht** zulässig (N/Sch/W/*Niemöller*, § 257c Rn 26).

202 Grds. wird die Bekanntgabe des möglichen Inhalts einer Verständigung die Besorgnis der **Befangenheit nicht** begründen. Etwas anderes gilt aber z.B. dann, wenn der Vorsitzende im Rahmen der Bekanntgabe den Eindruck erweckt, das Gericht habe sich bereits ohne Rücksicht auf den Umfang eines potenziellen Geständnisses und den weiteren Verlauf der HV festgelegt. Insoweit gelten die Ausführungen bei → *Erörterungen des Standes des Verfahrens*, Rdn 1503 f., entsprechend.

> Der Verteidiger des Angeklagten, der i.d.R. an der einen anderen **Angeklagten** betreffenden Absprache **nicht beteiligt** worden ist, muss sich überlegen, ob der/die an dieser Absprache beteiligte(n) Richter nicht wegen Besorgnis der **Befangenheit** abzulehnen sind (vgl. dazu BGHSt 37, 99 [Befangenheit bejaht]; 41, 348 [Befangenheit möglich]; BGH NStZ 2011, 701 [erhebliche Bedenken]; BGH StV 2006, 118 [Geständnis zulasten eines Dritten); BGH StV 2011, 72 [keine Information über Gespräche außerhalb der HV]; zu allem *Herzog* StV 1999, 455). Für Gespräche in unterschiedlichen Verfahren mit mehreren Angeklagten kann allerdings etwas anderes gelten kann (BGH StV 2012, 392).

203 **Inhaltlich** muss der Vorschlag des Gerichts das Verfahrensergebnis darstellen, dass das Gericht im Rahmen der angestrebten Verständigung anstrebt. Der Angeklagte muss konkret erfahren/wissen, was im Urteil auf ihn zukommt. Das bedeutet, dass er sowohl über die rechtlichen Grundlagen der Tat als auch über den zu erwartenden Strafrahmen informiert wird. Er muss auch wissen, was von ihm für das „Entgegenkommen" des Gerichts erwartet wird (wegen der Einzelh. N/Sch/W/*Niemöller*, § 257c Rn 27). Zum bekannt zu gebenden Inhalt gehört

Absprachen/Verständigung mit Gericht und Staatsanwaltschaft A

vor einer Verständigung, deren Gegenstand die Verhängung einer zur Bewährung auszusetzenden Freiheitsstrafe ist, auch, dass der Angeklagte auf konkret in Betracht kommende **Bewährungsauflagen hingewiesen** wird. Er darf von denen **nicht überrascht** werden (BGHSt 59, 172; BGH NJW 2014, 3173; OLG Saarbrücken NJW 2014, 238; vgl. aber a.A für Weisungen BGH NStZ 2015, 179; a.A. auch für Auflagen: OLG Rostock, Beschl. v. 2.6.2015 – 20 Ws 110/15). Der Angeklagte kann allerdings nicht davon ausgehen, dass, wenn Verständigungsgespräche gescheitert sind, auf alle Rechtsfolgen hingewiesen worden ist (KG StRR 2014, 306 m. Anm. *Hillenbrand*).

> Die konkrete inhaltliche Fassung des Vorschlags des Gerichts ist schon deshalb von Bedeutung, weil der Vorschlag **Grundlage** der **Verständigung** ist und damit später ggf. auch Grundlage dafür, ob sich das Gericht von der zustande gekommenen Verständigung lösen kann (vgl. dazu Rdn 226). Deshalb ist auf eine vollständige Abfassung zu achten.

dd) Im **zweiten Schritt** erhalten nach der Bekanntgabe des möglichen Inhalts der Verständigung (vgl. dazu Rdn 192 f.) die Verfahrensbeteiligten (Rdn 166 f.) Gelegenheit zu **Stellungnahme**. Einzubeziehen sind hier alle Verfahrensbeteiligten, also auch der Nebenkläger, unabhängig davon, dass dieser dem Vorschlag des Gerichts nicht zustimmen muss (s. schon BGHSt 42, 46 [„alle Verfahrensbeteiligten"]; *Meyer-Goßner/Schmitt*, § 257c Rn 24). Allerdings erhält der Nebenkläger nur dann Gelegenheit zur Stellungnahme, wenn er in der HV anwesend ist. Nimmt er sein Anwesenheitsrecht nicht wahr, muss ihm nicht außerhalb der HV Gelegenheit zur Stellungnahme gegeben werden. Im Rahmen dieser Stellungnahme, die Ausfluss des Rechts auf rechtliches Gehör ist, können die Verfahrensbeteiligten ihre Einwände gegen den vom Gericht als möglich angesehenen Inhalt der Verständigung vorbringen und auf eine ggf. bessere Fassung des Vorschlags (s. Rdn 203) dringen.

204

> Ist dem Nebenkläger keine Gelegenheit zur Stellungnahme gegeben worden, kann er das mit der **Revision** nicht rügen. Die Verständigung betrifft i.d.R. die Strafzumessung; insoweit steht dem Nebenkläger ein Rügerecht nicht zu (vgl. § 400 Abs. 1).

ee) In § 257c Abs. 3 S. 3 ist geregelt, wie die Verständigung im **dritten Schritt** zustande kommt. Erforderlich ist, dass **Angeklagter** und **StA** den Vorstellungen des Gerichts **zustimmen** (vgl. u.a. BGH, Beschl. v. 14.5.2014 – 2 StR 465713 [für fehlende Zustimmung der StA]). Die Zustimmung anderer Verfahrensbeteiligter (vgl. Rdn 166 f.), also auch die des **Verteidigers**, ist **nicht** erforderlich (vgl. *Schlothauer* StV 2011, 649).

205

> Ein Widerspruch des **Nebenklägers** oder dessen fehlende Zustimmung kann daher das Zustandekommen einer Verständigung nicht verhindern (vgl. BT-Drucks 16/12310, S. 14).

206 Eine **Form** für die Zustimmung ist in S. 3 nicht vorgeschrieben. I.d.R. wird sie mündlich und ausdrücklich erfolgen. Die Zustimmung kann aber auch **stillschweigend** erklärt werden (BGH NStZ 1986, 207 [Pf/M] zu § 251 Abs. 1 Nr. 4 a.F.; BayObLG NStZ 1994, 42; OLG Köln StV 2001, 342 m.w.N.; Göhler/*Seitz*, § 77a Rn 14a m.w.N.). Aus der Erklärung muss hervorgehen, dass der Erklärende mit dem Inhalt der vom Gericht vorgeschlagenen Verständigung einverstanden ist. Der Zustimmende muss sich, was insbesondere für den Angeklagten gilt, der Tragweite seiner Erklärung bewusst sein, nämlich dass damit auch für ihn eine (tatsächliche) Bindung an die getroffene Verständigung eintritt, da das Gericht an der inzidenter in § 257c Abs. 4 normierten Bindung nur festhalten muss, wenn auch der Angeklagte sich an die getroffenen Absprachen hält und in deren Vollzug die „vereinbarten Leistungen" erbringt.

207 Die Zustimmung ist gestaltende **Prozesshandlung**. StA und Angeklagter sind also an eine einmal erteilte Zustimmung gebunden (BGHSt 57, 273 m. Anm. *Burhoff* StRR 2012, 381 für Zustimmungserklärung der StA; *Meyer-Goßner/Schmitt*, § 257c Rn 25; N/Sch/W/*Niemöller*, § 257c Rn 28). Die Zustimmung kann also grds. später **nicht widerrufen** oder **angefochten** werden (vgl. dazu auch *El Ghazi* JR 2012, 406, 409), und zwar auch dann nicht, wenn sich die der Prozesserklärung zugrunde liegenden Umstände in erheblicher Weise geändert haben (BGH, a.a.O.; krit. *H. Schneider* NStZ 2014, 252, 257, der [der StA] aber die Möglichkeit zubilligt, abweichende Beweisanträge zu stellen]). Man wird aber die Grundsätze zur Unwirksamkeit eines → *Rechtsmittelverzichts*, Rdn 2200, entsprechend anwenden können.

208 Die (nicht erforderliche, ggf. aber erklärte) **Zustimmung** des **Verteidigers** ersetzt die erforderliche Zustimmung des Angeklagten **nicht**. Schweigt allerdings der Angeklagte, nachdem der Verteidiger seine (nicht erforderliche) Zustimmung gegeben hat, kann darin eine stillschweigende Erklärung des Angeklagten liegen (so für § 251 Abs. 1 Nr. 1 *Meyer-Goßner/Schmitt*, § 251 Rn 7). Der Verteidiger wird auch für den Angeklagten zustimmen können (*Meyer-Goßner/Schmitt*, § 257c Rn 25; a.A. SK-StPO/*Velten*, § 257c Rn 23).

209 **13.a)** Nach § 257c Abs. 5 ist der Angeklagte – vor Zustandekommen der Verständigung, und zwar in Zusammenhang mit dem Vorschlag des Gerichts (zur Belehrung eingehend BVerfG NJW 2013, 1058, 1066 f.; 2014, 3506; BGH NStZ 2013, 728; StV 2011, 76; *Meyer-Goßner/Schmitt*, § 257c Rn 30; N/Sch/W/*Niemöller*, § 257c Rn 153; *Schlothauer/Weider* StV 2009, 600, 604; vgl. auch noch EGMR NJW 2015, 1745) – über die Voraussetzungen und Folgen einer Abweichung des Gerichts von dem Ergebnis der Verständigung zu **belehren** (vgl. dazu eingehend BGH, a.a.O.; BVerfG, a.a.O.). Umfang und Inhalt dieser dem Schutz des Angeklagten dienenden Belehrungspflichten folgen aus deren Sinn und Zweck. Dieser geht dahin, dem Angeklagten die Tragweite seiner Mitwirkung an einer Verständigung bewusst zu machen. Sie dient der Sicherstellung eines fairen Verfahrens und dem Schutz des Angeklagten, dem bewusst vor Augen gehalten werden soll, dass und unter welchen Voraussetzungen und mit welchen Folgen (vgl. Rdn 219 ff.) das Gericht von dem in Aussicht gestellten Ergebnis einer Verständigung abweichen kann. Das bedeutet, dass die Belehrung so umfassend sein muss, dass der Angeklagte eine eigenständige/autonome Einschätzung des mit seiner Mitwirkung verbundenen Risikos vornehmen kann (BVerfG NJW 2013, 1058, 1067; BGH, a.a.O.; krit. zum Umfang der Belehrungspflicht *H. Schneider* NStZ 2014, 252, 259; vgl. BT-Drucks 16/12310, S. 15). Die Belehrung obliegt im Rahmen der → *Verhandlungsleitung*, Rdn 2889, dem **Vorsitzenden**.

👉 Der Angeklagte kann auf die Belehrung **verzichten** (*Meyer-Goßner/Schmitt*, § 257c Rn 30). Das wird er ggf. tun, wenn der Verteidiger ihn ausreichend belehrt hat. Der Verteidiger wird zudem – schon im eigenen Interesse – die Belehrung des Gerichts, wenn der Angeklagte diese nicht verstanden hat, wiederholen und vertiefen.

b) Nach der Rspr. (vgl. BVerfG NJW 2013, 1058, 1066 f.; 2014, 3506; BGH NStZ 2013, 728; StV 2011, 76 m. Anm. *Burhoff* StRR 2011, 20; StV 2014, 518) muss die Belehrung so gestaltet sein, dass sie ihren Sinn und Zweck (vgl. Rdn 209) erfüllen kann. Die Rspr. des BVerfG legt großen Wert auf eine (ordnungsgemäße) Belehrung des Angeklagten (BVerfG NJW 2013, 1058, 1066 f.; 2014, 3506). Darauf hat es insbesondere in der Entscheidung vom 26.8.2014 (a.a.O.) hingewiesen.

210

Folgende **Anforderungen** sind an eine **ordnungsgemäße Belehrung** zu stellen:

211

- Die Belehrung muss sich zunächst darauf erstrecken, dass die Bindung des Gerichts an eine Verständigung dann entfällt, wenn das weitere **Prozessverhalten** des **Angeklagten** nicht der Erwartung entspricht, die der Prognose des Gerichts bei seinem Verständigungsvorschlag zugrunde gelegt worden ist (§ 257c Abs. 4 S. 2).
- Belehrt werden muss zudem über den möglichen Wegfall der Bindung (§ 257c Abs. 4 S. 1 Alt. 2) dadurch, dass das Gericht aufgrund sich **neu ergebender Tatsachen** zu der Überzeugung gelangt, der in Aussicht gestellte Strafrahmen sei nicht mehr tat- oder schuldangemessen.
- Schließlich muss darüber belehrt werden, dass das Gericht sich auch von einer Zusage lösen kann, wenn seine Überzeugung, der in Aussicht gestellte **Strafrahmen** sei **nicht** mehr **tat- oder schuldangemessen**, darauf beruht, dass im Zeitpunkt der Verständigung rechtlich oder tatsächlich bedeutsame Umstände übersehen worden sind (§ 257c Abs. 4 S. 1 Alt. 1). Hierbei handelt es sich um die den Angeklagten am meisten belastende Variante für eine Lösung des Gerichts von der Verständigung, da hierfür Umstände ausreichen können, die ihren Ursprung ausschließlich im Einfluss- und Verantwortungsbereich des Gerichts haben (vgl. dazu die o.a. Rspr.).

Die erforderliche Belehrung des Angeklagten im Rahmen einer Verständigung muss auch nicht nur/erst vor seinem Geständnis, sondern **bereits vor** seiner **Zustimmung** zu der

212

Verständigung erfolgen (BVerfG NJW 2014, 3506 m. Anm. *Deutscher* StRR 2014, 411 ff.; vgl. a. noch BGHSt 59, 130; BGH StV 2014, 518).

👉 Wird der Angeklagte nicht oder erst nach seiner Zustimmung zu der Verständigung belehrt, **beruhen** sein Geständnis und das Strafurteil im Regelfall auf der darin liegenden Grundrechtsverletzung, nämlich Verletzung des Grundsatzes der Selbstbelastungsfreiheit (Art. 2 Abs. 1 GG i.V.m. Art 20 Abs. 3 GG) (BVerfG, NJW 2013, 1058; NJW 2014, 3506). Zeitlich vor dieser Rspr. des BVerfG ergangene Rspr. ist damit überholt (vgl. u.a. BGH NStZ 2013, 728; StV 2011, 76; wie das BVerfG BGH StV 2013, 611; OLG Köln StV 2014, 80; OLG München StV 2014, 79; OLG Rostock StV 2014, 81; *H. Schneider* NStZ 2014, 252, 257 f.). Im Einzelfall ist zwar – so auch das BVerfG, a.a.O.) – eine andere Beurteilung möglich, dazu müssen dann aber vom Revisionsgericht konkrete Feststellungen getroffen werden (BVerfG, a.a.O.).

Setzt man die Rspr. des BVerfG konsequent um, muss m.E. ein Verstoß gegen die Belehrungspflicht zu einem **BVV** hinsichtlich eines nach dem Zustandekommen der Verständigung abgelegten Geständnisses führen (a.A. BGH StV 2011, 76; Beschl. v. 3.11.2010 – 1 StR 449/10 [auch nicht bei einem angeblich vermindert schuldfähigen Angeklagten; keine besondere Belehrungspflicht]).

213 **14.a)** Nach § 273 Abs. 1a muss das → ***Protokoll*** *der Hauptverhandlung*, Rdn 2095, den wesentlichen Ablauf, den Inhalt und das Ergebnis einer Verständigung wiedergeben (BGH NStZ 2010, 348; vgl. auch noch BVerfG NJW 2014, 3504; BGHSt 56, 3; 58, 315; BGH NStZ 2014, 32; 2014, 592 m. Anm. *Deutscher* StRR 2014, 411, 412; KG StV 2014, 659 [Ls.]; s. jetzt auch *Meyer-Goßner/Schmitt*, § 273 Rn 12c m.w.N.; *Brandt/Petermann* NJW 2010, 268; eingehend/abl. *Niemöller*, S. 393 ff.; *H. Schneider* NStZ 2014, 252, 254 ff.). Der Gesetzgeber hat diese die Absprachregelung flankierende Regelung als **wichtigen „Baustein** zur Regelung der Verständigung im Strafverfahren" angesehen (vgl. BT-Drucks 16/12310, S. 15), was vom BVerfG in seiner Rspr. betont worden ist (BVerfG NJW 2013, 1058, 1065; NJW 2014, 3504; NStZ 2014, 592 m. Anm. *Deutscher* StRR 2014, 411, 412). Sie soll zum einen dazu dienen, sicherzustellen, dass die vom Gericht im Zusammenhang mit einer Verständigung zu beachtenden Förmlichkeiten durch die ausdrückliche Protokollierungsverpflichtung auch wirklich beachtet werden. Zum anderen soll damit sichergestellt werde, dass insbesondere im Revisionsverfahren die erforderliche Kontrolle der Verständigung im Strafverfahren möglich ist (BGH NStZ 2010, 348 [Prüfung der Einhaltung des Verfahrens]). Der Abschluss der Verständigung ist damit wesentliche Förmlichkeit i.S.d. § 274 mit der Folge, dass das Zustandekommen einer Verständigung nur mit dem Protokoll bewiesen werden kann (BGHSt 56, 3; BGH NStZ 2007, 355).

214 Der Verteidiger muss darauf **achten**, dass die getroffene Verständigung **zutreffend protokolliert** wird, um Klarheit über den Inhalt zu schaffen. Der Angeklagte sollte daher sein Geständnis (§ 257c Abs. 2 S. 2) auch erst ablegen, nachdem die Protokollierung vollzogen ist (vgl. zum früheren Recht *Landau/Eschelbach* NJW 1999, 326). Die ordnungsgemäße Protokollierung ist vor allem deshalb von Bedeutung, weil der Angeklagte sonst in der **Revision** i.d.R. den Inhalt einer Verständigung nicht **beweisen** und sich dann nicht darauf berufen kann, das Gericht habe eine gegebene Zusage nicht eingehalten (s. die Fallgestaltungen bei BVerfG StV 2000, 3; 2006, 57; BGH NJW 1998, 3654; StV 2001, 554; OLG München StV 2000, 188; zur Absprache aus Sicht der Revision *Pfister* StraFo 2006, 349). Aus den Urteilsgründen folgt das nicht, dass diese nach § 267 Abs. 5 S. 3 nur Auskunft darüber geben (müssen), dass das Urteil auf einer Verständigung beruht, nicht aber über deren Inhalt (BGH NStZ 2010, 348). Zudem ist das Gericht auch nur an eine protokollierte Verständigung gebunden (vgl. BGH NStZ 2001, 555; 2004, 342; 2006, 464; StV 2001, 554).

> Allerdings kann später im → *Freibeweisverfahren*, Rdn 1562, geprüft werden, ob ggf. gegen § 257c verstoßen worden ist (KK-*Greger*, § 273 Rn 15; *Meyer-Goßner/Schmitt*, § 273 Rn 12c; KG StV 2014, 659 [Ls.]; OLG Celle StV 2012, 141; zur Aufklärungspflicht des Revisionsgericht BVerfG NJW 2012, 1136). Zwar kann in der Revision auf die Verletzung der Protokollierungsregelung des 273a Abs. 1 die Revision nicht gestützt werden (BGH NStZ 2011, 170), der Mangel der Dokumentation führt dann aber i.d.R. dazu, dass das **Beruhen** des Urteils auf einem Verstoß gegen § 257c nicht auszuschließen ist (BGHSt 58, 10; 59, 130; s.a. BVerfG NJW 2013, 1058, 1067; BGH StV 2013, 611; *Meyer-Goßner/Schmitt*, § 273 Rn 12c; *H. Schneider* NStZ 2014, 252, 256).

b)aa) Inhaltlich protokolliert werden müssen der wesentliche Ablauf und Inhalt sowie das Ergebnis einer Verständigung (u.a. BGH NStZ 2010, 348; s. auch noch BGHSt 56, 3; *Meyer-Goßner/Schmitt*, § 273 Rn 12a); aufzunehmen sind auch die nach § 257c Abs. 4 S. 4 und Abs. 5 ggf. erforderlichen Mitteilungen und Belehrungen (→ *Mitteilung über Erörterungen zur Verständigung*, Rdn 1866). Diese Anforderungen an den Inhalt machen es m.E. erforderlich, dass auch außerhalb der HV geführte Vorbereitungsgespräch protokolliert werden sollten. Umfang und Inhalt des Protokolls ergeben sich aus dem Sinn und Zweck der Regelung. Wenn die Protokollierung (auch) eine Kontrolle durch das Revisionsgericht sicherstellen soll (dazu BGH, a.a.O.), muss das Protokoll inhaltlich so ausgestaltet sein, dass diese Kontrolle ermöglicht wird. Damit sind im Zweifel alle Umstände, die für den Abschluss der Verständigung bedeutsam gewesen sind, aufzunehmen. Dazu gehören (Vorbereitungs-)Gespräche, die unterbreiteten „Angebote" und Einwände der Verfahrensbeteiligten, also letztlich alles, was dem Revisionsgericht verdeutlicht, wie die Verständigung zustande gekommen ist. Die Mitteilung nach § 257c Abs. 4 S. 4 über die Entscheidung zum **Abgehen** von der **Verständigung** und deren Gründe ist ebenfalls in das Protokoll aufzunehmen und nimmt an dessen Beweiskraft teil (BGHSt 57, 273).

215

A Absprachen/Verständigung mit Gericht und Staatsanwaltschaft

> ✍ Auf die Protokollierung des **wesentlichen Inhalts** der Verständigung ist vom Verteidiger ein besonderes Augenmerk zu richten und darauf zu **achten**, dass **möglichst umfassend** protokolliert wird. Das gilt insbesondere im Hinblick auf die der Verständigung zugrunde liegenden Umstände, aber auch für das vom Angeklagten erwartete (Prozess-)Verhalten. Desto genauer insbesondere letzteres festgelegt/umschrieben ist, desto einfacher lässt sich später der Nachweis führen, dass der Angeklagte nicht von dem von ihm erwarteten Verhalten abgewichen ist und damit – ggf. entgegen einer Annahme des Gerichts – die Bindungswirkung der gerichtlichen Zusage nicht entfallen ist (vgl. dazu Rdn 219 ff.).

216 **bb)** In das Protokoll aufgenommen werden muss nach § 273 Abs. 1a S. 3 ggf. auch, dass eine Verständigung nicht stattgefunden hat. Das ist ein sog. **Negativattest**, das dazu dienen soll auszuschließen, dass „stillschweigend" ohne Beachtung der Förmlichkeiten des § 257c eine Verständigung stattgefunden hat. Der Gesetzgeber will auf diese Weise sog. informelle Absprachen ausschließen. Ob das dadurch aber erreicht wird, ist fraglich. Das Negativattest einer Verständigung nimmt an der Beweiskraft des Protokolls teil (zum Negativattest BGHSt 56, 3; 58, 315 m. Anm. *Burhoff* StRR 2013, 424; BGH NStZ 2010, 348; *Brandt/Petermann* NJW 2010, 268; eingehend/abl. *Niemöller*, S. 393 ff.; *ders.*, StV 2012, 387 in der Anm. zu BVerfG NJW 2012, 1136; vgl. zum früheren Recht bei Schweigen des Protokolls über eine Verständigung BGH NStZ 2007, 355).

> ✍ Das **Negativattest** gilt nach § 78 Abs. 2 OWiG **nicht** für das OWi-Verfahren.

217 Das „Negativattest" ist **auch** dann erforderlich, wenn **keine Verständigungsgespräche geführt** worden sind (s. jetzt BVerfG NJW 2014, 3504; NStZ 2014, 592 m. Anm. *Deutscher* StRR 2014, 411, 412 und *Hunsmann* NStZ 2014, 592; vgl. a. noch BGHSt 56, 3; 58, 315; BGH NStZ 2014, 32; wohl a. KG StV 2014, 659 [Ls.]).

> ✍ Der Verteidiger muss, wenn er sich die revisionsrechtliche Kontrolle der in Zusammenhang mit der Möglichkeit der Abweichung stehenden Umstände offenhalten will (Stichwort: Fair Play), darauf achten, dass auch **gescheiterte Gespräche** ausreichend dokumentiert werden. Dazu ist erforderlich, dass er entsprechende **protokollierungspflichtige Anträge** stellt. Diese können sich z.B. darauf richten, das Gericht solle dem Angeklagten das Angebot und die Bedingungen für eine Verständigung (nochmals) in der öffentlichen HV unterbreiten. Möglich ist auch eine schriftliche, zu Protokoll zu gebende Erklärung nach § 257 (zu allem eingehend *Weider* NStZ 2002, 174, 177 in der Anm. zu BGH NStZ 2002, 219; zur gescheiterten Absprache auch *Meyer-Goßner* StraFo 2003, 401; *Rode* StraFo 2015, 89 ff.).
>
> Ggf. muss der Verteidiger, wenn Unklarheiten bestehen, das **Gericht** gem. **§ 238 Abs. 2 anrufen** und damit eine Entscheidung über die Protokollierung herbeiführen

(BVerfG StV 2000, 3; BGH StV 2004, 342). Die (spätere) Rüge eines Verstoßes gegen die Protokollierungspflicht, setzt aber den Zwischenrechtsbehelf des § 238 Abs. 2 nicht voraus (BGHSt 59, 252 m. Anm. *Hillenbrand* StRR 2014, 393).

Darüber hinaus dürfte es sich im Hinblick auf die Rspr. des BGH (vgl. NStZ 2014, 219) auch **ergebnislose Verständigungsgespräche** im → *Protokoll der Hauptverhandlung*, Rdn 2092, festzuhalten (krit. insoweit *H. Schneider* NStZ 2014, 252, 255). 218

15.a)aa) In der Praxis wird sich der Angeklagte auf eine Verständigung nur einlassen, wenn das Gericht an die getroffenen Absprachen **gebunden** ist. Das folgt allein schon daraus, dass der Angeklagte nach § 257c Abs. 2 S. 2 i.d.R. als „Vorleistung" ein Geständnis ablegen soll. Deshalb war die obergerichtliche Rspr. (s. dazu *Meyer-Goßner/Schmitt*, § 257c Rn 26) schon in der Vergangenheit davon ausgegangen, dass das Gericht an im Rahmen einer Absprache gemachte Zusagen grds. gebunden war, falls sich nicht nachträglich neue, unbekannte Gesichtspunkte ergaben (BGHSt 43, 195) oder schon bei der Urteilsabsprache vorhandene relevante tatsächliche oder rechtliche Aspekte übersehen worden waren (BGHSt 50, 40; vgl. a. BGH NStZ 2004, 493; 2005, 115; s. zuletzt aber a. BGH NStZ 2009, 562). Das Gericht konnte dann von einer Zusage abrücken, musste dem Angeklagten aber einen Hinweis erteilen (BGHSt 50, 40; BGH NStZ 2005, 115, jew. m.w.N.; zur Bindungswirkung s. eingehend *Kölbel* NStZ 2002, 74). Entsprechendes galt auch für eine „gescheiterte" Absprache, wenn die Veränderung der für die Strafzumessung erheblichen Sachlage nicht erkennbar war (BGH NStZ 2002, 219; s. aber BGH NStZ 2003, 563 zur Frage der Schutzwürdigkeit des Angeklagten, eingehend auch *Weider* NStZ 2002, 174 in der Anm. zu BGH, a.a.O.). 219

> ✍ Hält sich die StA/das Gericht (in der HV) nicht an eine (im EV vorab) in Aussicht genommene Verständigung (vgl. wegen der Einzelh. *Burhoff*, EV, Rn 72 ff.), kann sich daraus für den Angeklagten ein wesentlicher **Strafmilderungsgrund** ergeben (BGHSt 37, 10; 42, 191 [ggf. Gebot des fairen Verfahrens verletzt]; 36, 210; BGH NJW 1999, 370; vgl. a. BGH NStZ 2005, 115 [Zusage der – rechtlich nicht möglichen – Einbeziehung einer Einzelstrafe in eine Gesamtstrafe]); *Nack* StraFo 1998, 368; *Wesemann/Müller* StraFo 1998, 113; a.A. *Beulke/Satzger* JuS 1997, 1077 ff.). Darauf sollte der Verteidiger dann in seinem Plädoyer hinweisen (s.a. LG Koblenz NStZ 1988, 311 [Aussetzung des Strafrestes nach Verbüßung der Hälfte der Freiheitsstrafe, weil – später nicht eingehaltene – Zusagen gemacht worden sind]).

bb) Die mit der **Bindungswirkung** zusammenhängenden Fragen sind (jetzt) in **§ 257c Abs. 4 und 5** geregelt. Es ist allerdings davon abgesehen worden, ausdrücklich in einer eigenen Regelung die Bindung des Gerichts an eine Verständigung festzulegen. Sie ergibt sich aber im Umkehrschluss aus § 257c Abs. 4 S. 1, der ausdrücklich „die Bindung des Gerichts" erwähnt (vgl. BT-Drucks 16/12310, S. 14). Eine **Bindung** des Gerichts ergibt sich aber **nur** aus einer 220 in **öffentlicher HV protokollierten** Verständigung (BGH NStZ 2011, 107 m. Anm. *Burhoff* StRR 2011, 382; StV 2011, 74: 2011, 645; a. schon BGH NStZ 2004, 342). Eine „Absprache" nur zwischen Verteidiger und StA reicht – wie auch schon nach früherem Recht – ebenfalls nicht aus (BGH NStZ-RR 2004, 214; vgl. a. KG StV 2014, 659 [Ls.]).

> 👉 Bindungswirkung besteht nur bei dem **Gericht**, bei dem die **Verständigung zustande gekommen** ist. Weder Berufungsgericht, Revisionsgericht noch das Gericht nach Zurückverweisung sind insoweit gebunden (BGH StV 2013, 612 [Ls.]; OLG Rostock StV 2014, 81; zum **instanzübergreifenden Verwertungsverbot** aus § 257c Abs. 4 S. 3 OLG Nürnberg StraFo 2012, 142 mit Anm. *Deutscher* StRR 2012, 347; vgl. BT-Drucks 16/12310, S. 15; *Meyer-Goßner/Schmitt*, § 257c Rn 25). Es gilt aber das Verbot der reformatio in peius (BGH StV 2010, 470; krit. dazu *Wattenberg* in der Anm. zu BGH, a.a.O.).

221   **Systematisch** sind die Fragen wie folgt geregelt:
- § 257c Abs. 4 S. **1** enthält die Regelung, wann die Bindung des Gerichts entfällt (vgl. dazu Rdn 222 ff.),
- § 257c Abs. 4 S. **2** regelt die für den Angeklagten wesentliche und wichtige Frage, wie mit seinem i.d.R. im Rahmen einer Verständigung abgelegten Geständnis umzugehen ist (vgl. dazu Rdn 228 ff.),
- § 257c Abs. 4 S. **4** und **Abs. 5** enthält eine Mitteilungspflicht (vgl. dazu Rdn 229 ff.).

222   **b)aa)** § 257c Abs. 4 S. 1 regelt, unter **welchen Umständen** die **Bindung** des Gerichts an ein in Aussicht gestelltes Verfahrensergebnis **entfällt**, nachdem eine Verständigung nach § 257c Abs. 3 zustande gekommen ist (eingehend [krit.] zu der Regelung *Meyer-Goßner/Schmitt*, § 257c Rn 26 f.; N/Sch/W/*Niemöller*, § 257c Rn 114 ff.). Diese Vorschrift, die über die Rspr. des BGH (vgl. BGHSt 43, 195; 50, 40) hinausgeht, ist gegenüber der ursprünglich vorgesehenen Regelung (vgl. BT-Drucks 16/12310) im Laufe des Gesetzgebungsverfahrens (vgl. BT-Drucks 16/13095) im Hinblick auf die Voraussetzungen für ein „Abrücken" präzisiert worden. Danach entfällt die Bindung des Gerichts (nur), wenn bei der Abgabe der zur Verständigung führenden Prognose des Gerichts im Rahmen der Erörterungen über die Verständigung vom Gericht rechtlich oder tatsächlich bedeutsame Umstände übersehen worden sind (s.a. BGHSt 50, 40; einschr. insoweit BGHSt 43, 195) oder sich nachträglich neu ergeben haben. Hinzukommen muss, dass das Gericht „deswegen" nachträglich zu der Überzeugung gelangt, dass der in Aussicht gestellte Strafrahmen nicht mehr tat- oder schuldangemessen ist (vgl. BGHSt 57, 273). Nach § 257c Abs. 4 S. 2 gilt das Gleiche, wenn das weitere Prozessverhalten des Angeklagten nicht dem Verhalten entspricht, dass der Prognose des Gerichts zugrunde gelegt worden ist (vgl. dazu Rdn 228).

👉 Der Verteidiger muss darauf achten, dass das Gericht die ihm eingeräumten verhältnismäßig leichten Möglichkeiten, sich von einer Verständigung zu lösen, nicht zulasten des Mandanten **ausnutzt**.
Das Abrücken von der Verständigung setzt eine **Entscheidung** des Gerichts voraus (BGH, a.a.O.).

Das bedeutet: **Nicht ausreichend** für ein Abrücken von der gerichtlichen Zusage ist eine **bloße nachträgliche Änderung** der **Bewertung** des Verfahrens durch das Gericht oder eine bloße Meinungsänderung (*Meyer-Goßner/Schmitt*, § 257c Rn 26 ff.; *Jahn/Müller* NJW 2009, 2625, 2629; *Murmann* ZIS 2009, 526, 538). Eine solche Möglichkeit würde den mit seinem Geständnis in Vorleistung getretenen Angeklagten zu stark belasten, da er immer mit der Möglichkeit rechnen müsste, dass das Gericht aus für ihn nicht vorhersehbaren Gründen von der im Rahmen der Verständigung gegebenen Zusage abrücken wird. Erforderlich ist vielmehr, dass – bei Abgabe der Zusage durch das Gericht – rechtlich oder tatsächlich wesentliche Umstände übersehen worden sind. Im Gesetz wird allerdings nicht erläutert, was unter dieser für den Angeklagten immer noch misslichen Regelung zu verstehen ist (krit. dazu auch *Fischer* StraFo 2009, 177, 187).

223

👉 Bei der Beurteilung der Frage, ob die in Aussicht gestellten Strafrahmengrenzen auch auf veränderter Beurteilungsgrundlage eine tat- und schuldangemessene Ahndung nicht (mehr) ermöglichen, hat das Gericht einen **weiten Beurteilungsspielraum** (s. BGHSt 57, 273 m. Anm. *Burhoff* StRR 2013; BGH StV 2013, 193; s.a. *Gehm* StBW 2013, 332).

Entscheidend ist, dass die übersehenen Tatsachen zu einer maßgeblichen Veränderung des beim Zustandekommen der Verständigung zugrunde gelegten Schuldspruchs führen (vgl. z.B. BGHSt 57, 273; BGH NStZ 2009, 562; 2013, 417; StV 2013, 193; zu allem a. N/Sch/W/*Niemöller*, § 257c Rn 115 ff.; *Meyer-Goßner/Schmitt*, a.a.O.) und/oder (deshalb) die in Aussicht genommenen Strafrahmengrenzen als nicht mehr tat- und schuldangemessen angesehen werden können (BGHSt 57, 273; BGH NStZ 2013, 417; StV 2013, 193). Insoweit reicht aber nicht jede Tatsache aus. Vielmehr muss es sich um „bedeutsame" Tatsachen handeln. § 257c Abs. 4 S. 1 spricht von „wesentlichen" Umständen. Insoweit ist auch von Bedeutung, dass aus Gründen der Fairness das Gericht **verpflichtet** ist, vor dem Zustandekommen einer Verständigung die **Sach- und Rechtslage** sorgfältig zu **prüfen**. Dabei dem Gericht unterlaufende Nachlässigkeiten können/dürfen nicht zulasten des Angeklagten gehen (vgl. aber BGH StV 2011, 76; zur Frage, ob und inwieweit der Verteidiger verpflichtet sein könnte, das Gericht auf eine für den Angeklagten zu günstige Geschäftsgrundlage hinzuweisen, s. *Jahn/Müller* NJW 2009, 2625, 2629). Ist auch nach Berücksichtigung der geänderten bedeutsamen Umstände der in Aussicht ge-

224

nommene Strafrahmen weiterhin angemessen, kommt ein Abrücken von der Verständigung nicht in Betracht (BGH StV 2013, 193).

> Das **Drohen** mit dem Lösen von der Bindungswirkung durch das Gericht ist – ebenso wie das Drohen mit der Sanktionsschere – **unzulässig**. Das gilt allein schon deshalb, weil das Gericht gerade über die Frage „weiteres Prozessverhalten" ggf. Einfluss auf das Verteidigungsverhalten des Angeklagten nehmen und ihn dazu veranlassen kann, ggf., nun doch noch für erforderlich angesehene Anträge nicht mehr zu stellen.

225 Die **Ankündigung** des Angeklagten, gegen das aufgrund einer Verständigung ergehende Urteil **Rechtsmittel einzulegen**, ist für sich genommen kein Umstand, der die Bindung des Gerichts an eine zulässige Verständigung beseitigt. Sie rechtfertigt es i.Ü. auch nicht, dass sich die StA von ihrer in die Absprache einbezogenen Zusage löst, zu einer anderen Tat des Angeklagten einen Antrag nach § 154 Abs. 2 zu stellen (BGHSt 52, 165).

226 **bb)** Die Bindung entfällt nach § 257c Abs. 4 S. 1 auch, wenn sich **nachträglich** rechtlich oder tatsächlich bedeutsame Umstände „**neu ergeben**" haben". Auch hier ist vorauszusetzen, dass diese zur Anwendung eines schwereren Strafgesetzes führen müssen (vgl. a. BGHSt 43, 195; 50, 40 [„neue schwer wiegende Umstände"]; s. wohl auch N/Sch/W/*Niemöller*, § 257c Rn 120). Denn anders wäre schon nicht begründbar, warum der in Aussicht gestellte Strafrahmen nicht mehr tat- oder schuldangemessen sein sollte. Die Bindung wird auch dann entfallen, wenn sich in der HV der Verfahrensstoff durch neu angeklagte Tatvorwürfe erweitert (BGH NStZ 2009, 562; → *Nachtragsanklage*, Rdn 1905).

> Insoweit ist zudem zu berücksichtigen, dass das Gericht zulässiger Weise nur einen **Strafrahmen** angeben kann/darf. Innerhalb dieses Strafrahmens ist das Entfallen bzw. das Fortbestehen der Bindungswirkung zu prüfen.

227 Was „**neue Umstände**" sind, ist in § 257c Abs. 4 S. 1 nicht bestimmt. Es bietet sich an, insoweit grds. auf die Rspr. des BGH zum Begriff der „neuen Tatsache" in § 66 Abs. 1 und 2 StGB (vgl. dazu *Fischer*, § 66b Rn 16 ff.) sowie in § 359 zurückzugreifen (s.a. *Burhoff* StRR 2009, 324, 329). Das bedeutet, dass auch insoweit eine bloße Meinungs- oder Bewertungsänderung durch das Gericht nicht ausreicht. Die bloß andere Bewertung von bereits bei der Abgabe der Zusage bekannten Umständen ist also kein „neuer" Umstand (vgl. BGHSt 50, 275 zu § 66b StGB; s. aber BGH StV 2011, 72). Die Umstände müssen sich nach dem Zustandekommen der Verständigung „neu ergeben" haben. Wendet man die Rspr. des BGH zu § 66b StGB konsequent an, dann können zu dem Zeitpunkt bekannte oder erkennbare Umstände nicht zur Korrektur einer Verständigung dergestalt, dass die Bindung des Gerichts an eine Zusage entfällt, herangezogen werden (vgl. zu allem *Fischer*, § 66b Rn 19 ff. m.w.N. aus der Rspr.). Neu sind aber auf jeden Fall Umstände, die sich in einer Beweisaufnahme ergeben und die die Tat des Angeklagten erheblich gravierender erscheinen lassen (vgl.

BGH NStZ 2006, 586). Der BGH (StV 2011, 76) geht aber davon aus, dass das Gericht selbst dann nicht an eine Verständigung gebunden sein soll, wenn es z.B. einen Strafrahmen vorgeschlagen hat, den es „bei vorangehender ausreichender Durchdringung der Sach- und Rechtslage" nicht zur Grundlage einer Verständigung gemacht hätte. Danach können also auch Nachlässigkeiten auf Seiten des Gerichts die Bindungswirkung entfallen lassen (zu Recht krit./abl. *Meyer-Goßner/Schmitt*, § 257c Rn 26; *Murmann* ZIS 2009, 526, 538).

cc) Schließlich entfällt die Bindung des Gerichts nach § 257c Abs. 4 S. 2 auch dann, wenn das **weitere Prozessverhalten** des **Angeklagten** nicht dem Verhalten entspricht, welches das Gericht seiner Prognose zugrunde gelegt hat. Nach welchen Maßstäben das zu beurteilen ist, ist nicht geregelt (krit. *Fischer* StraFo 2009, 177, 187; *Meyer-Goßner/Schmitt*, § 257c Rn 27; N/Sch/W/*Niemöller*, § 257c Rn 127 ff.). Insoweit hat die der Verständigung zugrunde gelegte „Geschäftsgrundlage", die im Protokoll festgelegt ist bzw. sein sollte (vgl. dazu o. Rdn 215 f.), Bedeutung. Auch wird man m.E. nur ein wesentliches Abweichen von dem vom Angeklagten erwarteten Verhalten für das Entfallen der Bindungswirkung ausreichend sein lassen. Denn, wenn nach § 257c Abs. 1 S. 1 nur „bedeutsame" übersehene oder neue Umstände ausreichen, um von einer Verständigung abzurücken, muss das auch für das weitere Prozessverhalten des Angeklagten gelten. Es reicht also nicht jeder ggf. nach einer Verständigung vom Angeklagten gestellte (Beweis-)Antrag aus. Vielmehr wird entscheidend sein, aus welchen Umständen der Antrag gestellt ist und ob es einen nachvollziehbaren, aufgrund der Verfahrenslage gebotenen Grund gab, dass der Angeklagte doch noch weitere Anträge gestellt hat. Auch hier wird es darauf ankommen, ob das tatsächliche Prozessverhalten des Angeklagten so weit von der zur „Geschäftsgrundlage" gemachten Erwartung des Gerichts abweicht, dass der in Aussicht genommene Strafrahmen nicht mehr tat- und schuldangemessen ist (BGHSt 57, 273; BGH NStZ 2013, 417 [Teilgeständnis]; StV 2013, 193, *Meyer-Goßner/Schmitt*, a.a.O.; vgl. aber a. BGH StV 2011, 728).

228

c)aa) Für den Angeklagten ist von maßgeblicher Bedeutung, wie mit seinem im Rahmen der Verständigung abgelegten **Geständnis** umzugehen ist, wenn für das Gericht die **Bindungswirkung** nach § 257c Abs. 4 S. 1 und 2 **entfallen** ist.

229

> ✏ Für diesen Fall der „**gescheiterten Absprache**" ist in § 257c Abs. 4 S. 3 **ausdrücklich** ein **BVV** normiert (zur streitigen HV nach gescheiterter Absprache *Rode* StraFo 2015, 89 ff.).

Diese Frage war im **Gesetzgebungsverfahren umstritten**. Während der Gesetzesentwurf der Bundesregierung (vgl. BT-Drucks 16/12310) von Anfang an dieses BVV enthielt, hatten die Länder im Laufe des Gesetzgebungsverfahrens dafür plädiert, dieses entfallen zu lassen (vgl. BR-Drucks 65/09 [B]). Darauf ist der Bundestag zu Recht nicht eingegangen. Denn der Angeklagte hat das Geständnis im Vertrauen darauf abgelegt, dass die gerichtliche Zusage, die Gegenstand der Verständigung gewesen ist, eingehalten wird. Tritt diese Bedingung

230

nicht ein, ist nicht einzusehen, warum der Angeklagte dann aber dennoch an seiner „Vorleistung" festgehalten werden sollte. Alles andere wäre auch aus Fairness-Gründen nicht hinnehmbar gewesen (s. auch BGH StV 2012, 134 m. Anm. *Velten* StV 2012, 172). Die von den Ländern vorgesehene Verwertbarkeit eines Geständnisses auch nach dem Scheitern einer Verständigung hätte zudem dazu geführt, dass Verteidiger im Zweifel ihren Mandanten von einer Verfahrensabsprache hätten abraten müssen (zust. zur gesetzlichen Regelung auch *Meyer-Goßner/Schmitt*, § 257c Rn 28; *Jahn/Müller* NJW 2009, 2625, 2629; N/Sch/W/*Niemöller*, § 257c Rn 143 f.). Die Rspr. des BGH hatte die Frage i.Ü. in der Vergangenheit offen gelassen (BGHSt 50, 40; und teilweise in der Lit. unter Hinw. auf die Entscheidung BGHSt 42, 191, wonach die Nichtverwertung eines aufgrund einer fehlgeschlagenen Absprache abgelegten Geständnisses den „Grundsätzen eines fairen Verfahrens entsprochen haben mag"; *Beulke/Satzger* JuS 1997, 1074 ff.; einschr. *Kuckein*, S. 71; *Kölbel* NStZ 2003, 232 [nur unverwertbar, wenn § 136a berührt]; vgl. aber a. BGHSt 49, 84 [Abstellen auf den Einzelfall]).

231 **S. 3 unterscheidet nicht**, aus welchen **Gründen** sich das Gericht von der Bindungswirkung der Verständigung löst. Das BVV gilt also sowohl in den Fällen des S. 1 (vgl. Rdn 222 f.) als auch in den Fällen des S. 2 (vgl. Rdn 228). Logisch ausgeschlossen ist das BVV, wenn der Angeklagte ein der Verständigung zugrunde gelegtes Geständnis nicht abgegeben hat. Denn in diesem Fall gibt es kein Geständnis, das einer Verwertung entzogen wäre (vgl. BT-Drucks 16/12310, S. 14). Der BGH geht davon aus, dass eine **erweiternde Anwendung** der Vorschrift **nicht** in Betracht kommt, sondern ein Verwertungsverbot nur „in diesen Fällen", d.h. in den in § 257c Abs. 4 S. 1 und S. 2 aufgeführten Fällen, besteht (BGH NStZ 2013, 353 für die Verwertbarkeit der Angaben im Verfahren gegen andere Tatbeteiligte). Gemeint sind danach also nur Konstellationen, in denen sich das Gericht von der Verständigung lösen will (vgl. BGH NJW 2011, 1526; NStZ 2013, 353 m. Anm. *Deutscher* StRR 2013, 191; StV 2010, 76; 2012, 134; krit. *Meyer-Goßner/Schmitt*, § 257c Rn 26).

232 Das BVV gilt i.Ü. **ohne Einschränkungen**. Es ist nicht an Abwägungen oder sonstige Umstände geknüpft. Die Rückabwicklung unzulässiger Absprachen wird nach der Rspr. des BGH allerdings von § 257c Abs. 4 S. 3 nicht erfasst (BGH NJW 2011, 1526 m. Anm. *Burhoff* StRR 2011, 190; StV 2012, 134 m. krit. Anm. *Velten* StV 2012, 172; zum Verwertungsverbot bei unzulässigen Absprachen/Deals s. *Kölbel/Selter* JR 2999, 447). Der BGH entnimmt das der Formulierung „in diesen Fällen" in S. 3 (eingehend zur Rückabwicklung unzulässiger bzw. gescheiterter Absprache *Velten*, a.a.O.; zur streitigen HV *Rode* StraFo 2015, 89 ff.). Nicht eindeutig geklärt sind die Fälle des sog. „instanzübergreifenden Verwertungsverbotes". Nach Auffassung des OLG Nürnberg (StraFo 2012, 142 mit Anm. *Deutscher* StRR 2012, 347) gilt § 257c Abs. 4 S. 3 nach dem insoweit eindeutigen Wortlaut der Vorschrift – „in diesen Fällen" – nicht. Etwas anderes gilt, wenn die StA nach einer Verständigung zu Lasten des Angeklagten Rechtsmittel eingelegt hat mit dem Ziel einer höheren Bestrafung. Die Verständigung hindert die StA zwar nicht, auch zu Lasten des Angeklagten Rechtsmittel einzulegen (vgl. OLG Düsseldorf StV 2011, 80 m. Anm. *Burhoff* StRR 2011, 226 und krit. Anm. *Moldenhauer/Wenske* NStZ 2012, 184). Das ggf. aufgrund einer Verständigung beim AG erklärte Geständnis unterliegt dann aber einem Verwertungsverbot durch das Berufungsgericht. Das ergibt sich nach Auffassung des OLG Düsseldorf (a.a.O.) allerdings nicht aus § 257c Abs. 4 S. 3, sondern aus den Grundsätzen des Fair-Trial. Das KG geht schließlich davon aus, dass das auf der Grundlage einer unzulässigen/verfassungswidrigen Absprache abgelegte Geständnis unverwertbar ist (KG StV 2012, 654 für Bildung einer Gesamtgeldstrafe aus einer Geld- und einer Freiheitsstrafe).

bb) Geregelt ist allerdings **nur** die Frage der **unmittelbaren Verwertung** des Geständnisses. Ungeklärt und nicht geregelt sind die Probleme der Verwertbarkeit von Beweisergebnissen, die auf der Grundlage des vom Angeklagten abgegebenen Geständnisses gewonnen worden sind, die also an dieses Geständnis anknüpfen (zur Fernwirkung N/Sch/W/*Niemöller*, § 257c Rn 150). Zu denken ist hier z.B. an Geständnisse anderer Mitangeklagter, die im Hinblick auf das Geständnis des Angeklagten dann selbst auch ein Geständnis abgelegt haben, ggf. ohne jedoch an der Verständigung beteiligt gewesen zu sein. Auch kann das Geständnis Grundlage für Vorhalte an Zeugen gewesen sein, die im Hinblick darauf dann ihre Aussage „relativiert" haben. Es bleibt abzuwarten, wie die obergerichtliche Rspr. mit dieser Problematik umgehen wird. Im Zweifel wird der BGH seine Rspr., die eine sog. **Fernwirkung** eines BVV bislang **abgelehnt** hat (vgl. zuletzt BGHSt 51, 1 [für Telefonüberwachung]; vgl. dazu u.a. *Neuhaus* NJW 1990, 1221 und i.Ü. *Burhoff*, EV, Rn 1126), fortsetzen. In dem Zusammenhang ist darauf hinzuweisen, dass auch *Fischer* (StraFo 2009, 177, 187) ausgeführt hat, dass es „schwerlich zu Unverwertbarkeit von Beweisergebnissen [führen kann], dass der Angeklagte einen Beweisantrag stellt, den er nach Ansicht des Gerichts nicht hätte stellen dürfen, oder dass das Gericht eine etwas höhere oder niedrigere Strafe als zugesagt für angemessen hält". Auch *Meyer-Goßner/Schmitt* (§ 257c Rn 28) und *Niemöller* (N/Sch/W/*Niemöller*, § 257c Rn 151) gehen davon aus, dass die Fernwirkung „i.d.R. zu verneinen sein" wird. *Jahn/Müller* (NJW 2009, 2625, 2629) plädieren hingegen dafür, ein BVV zumindest dann anzunehmen, wenn eine auch nur mittelbare Verwertung des vom Angeklagten „vorgeleisteten" Geständnisses unter Berücksichtigung des Rechtsgedankens des „fairen Verfahrens" nicht angemessen ist. Das soll vor allem dann gelten, wenn das Gericht seine Pflicht zur Berücksichtigung „aller Umstände" (vgl. § 257c Abs. 3 S. 2) nicht nachgekommen ist und naheliegende Dinge bei der Beurteilung der Sach- und Rechtslage übersehen hat (i.d.S. a. *Schlothauer/Weider* StV 2009, 600, 605, die darauf abstellen, ob die Justiz die Verantwortung für den Wegfall der Bindungswirkung trägt).

234 **dd) Hinweis für den Verteidiger!**

Verfahrensmäßig sollte der Verteidiger mit einer gescheiterten Absprache wie folgt umgehen:

- Im Hinblick auf BGHSt 38, 214 und die vom BGH vertretene „**Widerspruchslösung**" sollte der Verteidiger in der HV der Verwertung – in welcher Form auch immer – eines im Rahmen einer gescheiterten Verständigung abgelegten Geständnisses des Mandanten – widersprechen (s. aber – nicht erforderlich – N/Sch/W/*Niemöller*, § 257c Rn 151; *Velten* StV 2012, 172 in der Anm. zu BGH StV 2012, 134; vgl. a. *Rode* StraFo 2015, 89 ff.; → *Widerspruchslösung*, Rdn 3433 ff.).

- Jedenfalls muss der Verteidiger darauf hinweisen, dass die aufgrund des im Rahmen einer (**gescheiterten**) **Absprache** abgelegten Geständnisses gewonnenen Beweisergebnisse **strafmildernd** zugunsten des Angeklagte berücksichtigt werden können (zur Frage, ob das zulässig ist, s. in der Vergangenheit einerseits bei: BGHSt 42, 191; 43, 195; 50, 49 sowie a. OLG München NJW 2006, 1985 und andererseits die krit. Anm. dazu von *Rönnau* wistra 1998, 53 zu BGHSt 43, 195; dem BGH zust. *Landau/Eschelbach* NJW 1999, 326; zu allem *Kölbel* NStZ 2003, 232; *Schöch* NJW 2004, 3464).

235 **d)aa)** Das Entfallen der Bindungswirkung der Verständigung für das Gericht nach § 257c Abs. 4 S. 1 tritt nicht kraft Gesetzes ein, sondern erfordert eine dahingehende **gerichtliche Entscheidung**, wenn es von einer Verständigung abweichen will (BGHSt 57, 273; *Meyer-Goßner/Schmitt*, § 257c Rn 27b). Das Gericht hat (diese) „**unverzüglich mitzuteilen**". „Unverzüglich" bedeutet nach der Legaldefinition in § 121 Abs. 1 BGB „ohne schuldhaftes Zögern". D.h., die Mitteilung hat sogleich dann zu erfolgen, wenn sich das Gericht für eine solche Abweichung entschieden hat (vgl. BT-Drucks 16/12310, S. 15). Sinn und Zweck dieser Mitteilungspflicht ist es, allen Verfahrensbeteiligten die Möglichkeit zu geben, ihr weiteres Prozessverhalten auf die neue Lage abzustellen. Das gilt insbesondere auch im Hinblick darauf, dass – um einem fairen Verfahren zu genügen – der Angeklagte unverzüglich in den Stand gesetzt werden sollte, sein weiteres Verteidigungsverhalten, z.B. die Stellung neuer Beweisanträge, auf die geänderte Lage einzustellen (vgl. BT-Drucks 16/12310, a.a.O.; zur Hinweispflicht des Gerichts bei **Bewährungsauflagen/-weisungen** BGHSt 59, 172; BGH NJW 2014, 3173; NStZ 2015, 179; OLG Rostock, Beschl. v. 2.6.2015 – 20 Ws 110/15; OLG Saarbrücken NJW 2014, 238; zum früheren Recht OLG Köln NJW 1999, 373 [für „nicht vereinbarte" Bewährungsauflage] und dazu *Kaetzler* wistra 1999, 253).

📖 Der Verteidiger sollte, wenn das Gericht eine Mitteilung nach § 257c Abs. 4 S. 4 macht, sofort → *Unterbrechung der Hauptverhandlung*, Rdn 2701, unter Hinweis

Absprachen/Verständigung mit Gericht und Staatsanwaltschaft   A

auf die durch die Mitteilung veränderte Sachlage beantragen. Dem Antrag wird das Gericht – nicht zuletzt aus Fairnessgründen – nachzugehen haben.
Dem Angeklagten ist vor der Mitteilung **rechtliches Gehör** zu gewähren (*Schlothauer/Weider* StV 2009, 600, 604).

bb) Form und **Inhalt** der Mitteilung sind nicht im Einzelnen geregelt. Die Mitteilung wird aber i.d.R. in einem Beschluss erfolgen (N/Sch/W/*Niemöller*, § 257c Rn 113; *Meyer-Goßner/Schmitt*, § 257c Rn 28; offen gelassen von BGH NStZ 2011, 533). Die Mitteilung muss das Gericht **begründen**, indem es darlegt, aus welchen Gründen es sich nicht mehr an die getroffene Verständigung gebunden sieht (BGHSt 43, 195, 210; 50, 40, 50; BGH NStZ 2006, 586). Dazu ist eine konkrete Angabe der Umstände i.S.d. § 257c Abs. 4 S. 1 und 2 erforderlich. Anders kann sich der Angeklagte auf die neue Verfahrenssituation nicht einstellen und anders sind sonst später in der Revision die geltend gemachten Gründe auch nicht auf ihre Stichhaltigkeit zu prüfen. Der BGH ist in seiner früheren Rspr. (vgl. NStZ 2009, 562) davon ausgegangen, dass es des grds. erforderlichen Hinweises zum Entfallen der Bindungswirkung einer Absprache nur bedarf, wenn sich die Abweichung von der Urteilsabsprache allein auf Taten bezieht, die zu diesem Zeitpunkt Gegenstand der HV waren, da nur insoweit eine Zusicherung für den Angeklagten einen schutzwürdigen Vertrauenstatbestand schaffe. Keines Hinweises bedürfe es, wenn sich in der HV der Verfahrensstoff durch neu angeklagte Tatvorwürfe erweitert, die Gegenstand des Verfahrens geworden sind. In einem solchen Fall sei für alle Verfahrensbeteiligten ohne weiteres erkennbar, dass die bisherige Zusage, die die neu angeklagten Taten nicht zum Gegenstand hatte, wegen der veränderten Sachlage für das Tatgericht nicht mehr verbindlich sein könne. Das wird man im Hinblick auf die eindeutige Regelung in § 257c Abs. 4 S. 4 auf die neue gesetzliche Regelung nicht übertragen können.

236

🖉 Durch das Zustandekommen einer Verständigung werden sich ggf. aus **§ 265** ergebende **Hinweispflichten** des Gerichts nicht relativiert oder verdrängt. Der Grundsatz des rechtlichen Gehörs gilt vielmehr uneingeschränkt auch für den Angeklagten, der einem Verständigungsvorschlag des Gerichts zugestimmt hat. Anders als bei der Hinweispflicht des § 257c Abs. 4 S. 4, die nur dann eingreift, wenn sich das Gericht unter bestimmten Voraussetzungen von einer getroffenen Verständigung lösen will, ist das Gericht der sich aus § 265 ergebenden Pflichten auch dann nicht enthoben, wenn es sich auch unter geänderten Bedingungen von seiner Strafrahmenzusage nicht lösen will (BGHSt 56, 235 für Übergang von Teilnehmereigenschaft zum Mittäter; verdrängt → *Hinweis auf veränderte Sach-/Rechtslage*, Rdn 1723).

e) Durch die Mitteilung über das Entfallen der Bindung an die Verständigung wird das Verfahren in den Stand **vor Zustandekommen** der **Verständigung zurückversetzt**. Im Hin-

237

| A | Absprachen/Verständigung mit Gericht und Staatsanwaltschaft |

blick auf die Verständigung zurückgestellte oder unterlassene Verfahrenshandlungen und Beweiserhebungen können/müssen jetzt vom Gericht bzw. vom Angeklagten nachgeholt werden (*Schlothauer/Weider* StV 2009, 600, 605; s. aber a. N/Sch/W/*Niemöller*, § 257c Rn 131 ff.).

☞ Gegenüber entsprechenden Anträgen des Verteidigers/Angeklagten kann der **Missbrauchsvorwurf** bzw. der **Verspätungseinwand** nicht erhoben werden. Das folgt allein schon daraus, dass diese Anträge nach der bis dahin wirksamen Verständigung überhaupt nicht gestellt werden durften/konnten.

238 Ggf. wird erneut die → *Vernehmung des Angeklagten zur Sache*, Rdn 3072, zu erfolgen haben. Der Angeklagte kann nunmehr **Beweisanträge**, die er im Hinblick auf die Verständigung nicht (mehr) gestellt hat, stellen. Bei deren Bescheidung ist vom Gericht die geänderte Sachlage zu berücksichtigen (vgl. BT-Drucks 16/12310, S. 15; s. wohl a. N/Sch/W/*Niemöller*, § 257c Rn 135 a.E.). Z.B. kann die nochmalige Vernehmung eines **Zeugen**, der bereits gehört wurde, sowohl zur Sachaufklärung als auch zur Wahrung der Verteidigungsrechte erforderlich sein, was insbesondere dann nicht fernliegen wird, wenn die frühere Vernehmung im Hinblick auf eine in Aussicht genommene Verständigung im Umfang beschränkt war. Ein solcher Beweisantrag kann also nicht mit der Begründung abgelehnt werden, es handele sich nur um die → *Wiederholung einer Beweiserhebung*, Rdn 3487 (→ *Erneute Vernehmung eines Zeugen oder Sachverständigen*, Rdn 1476).

☞ In einem entsprechenden Beweisantrag sollten die **Umstände**, die die → *Erneute Vernehmung eines Zeugen oder Sachverständigen*, Rdn 1476, erforderlich machen, **konkret** dargelegt werden.

239 In Betracht kommt auch die (erneute) Anhörung von **SV**, die Abgabe von Erklärungen, die im Hinblick auf die Verständigung bis dahin zurückgestellt worden waren. Kurz: Es müssen – im Hinblick auf die → *Aufklärungspflicht des Gerichts*, Rdn 329 – alle nicht durchgeführten/zurückgestellten Beweiserhebungen nun erledigt werden.

240 **16.a)** In § 302 Abs. 1 S. 2 ist ausdrücklich die **Unwirksamkeit** eines **Rechtsmittelverzichts** für den Fall bestimmt, dass dem Urteil eine Verständigung vorausgegangen ist (vgl. dazu *Jahn/Müller* NJW 2009, 2625, 2630; *Scheffler* StV 2015, 323; N/Sch/W/*Niemöller*, § 302 Rn 1 ff.; → *Rechtsmittelverzicht*, Rdn 2201). Das geht zum Teil zurück auf die Rspr. des BGH (vgl. BGHSt 43, 195; 50, 40), wonach ein in einer Absprache enthaltener Rechtsmittelverzicht unwirksam war, es sei denn es war eine sog. qualifizierte Belehrung erfolgt (zur Entstehungsgeschichte N/Sch/W/*Niemöller*, § 302 Rn 2 ff.). Im Gesetzgebungsverfahren war daher zunächst auch eine andere Regelung vorgesehen (vgl. BT-Drucks 16/12310). Danach sollte der Rechtsmittelverzicht zwar ausgeschlossen, aber wirksam sein, wenn der Betroffene „qualifiziert belehrt" worden ist. Sinn und Zweck der davon ab-

weichend Gesetz gewordenen, anderen Regelung soll es sein, den Angeklagten vor übereilten Rechtsmittelverzichten zu schützen. Er soll sich in Ruhe und ohne Druck überlegen können, ob er Rechtsmittel einlegen will oder nicht (vgl. BT-Drucks 16/13095, S. 14). Diese Zielsetzung erscheint aber fraglich. Warum sollte ein Angeklagter, der der Verständigung zugestimmt hat, gegen das dann diese Verständigung umsetzende Urteil Rechtsmittel einlegen (krit. auch *Meyer-Goßner/Schmitt*, § 302 Rn 2 f.)?

Über den Rechtsmittelverzicht **hinaus** ist ein **Rechtsmittel nicht ausgeschlossen** (*Meyer-Goßner/Schmitt*, § 257c Rn 32a; *Jahn/Müller* NJW 2009, 2625, 2630; *Schlothauer/Weider* StV 2009, 600, 605; u.a. BGHSt 57, 3; BGH NStZ 2010, 289 m. Anm. *Burhoff* StRR 2009, 418; StV 2009, 680; 2013, 612 [Ls.]; NStZ-RR 2010, 383). Es kann also auch gegen ein auf einer Verständigung beruhendes Urteil noch Berufung oder Revision eingelegt werden. Auch Verfahrensrügen bleiben dem Angeklagten nach überwiegender Meinung erhalten (z.B. BGH StV 2009, 680 [für Rüge der örtlichen Zuständigkeit]; → *Verwirkung von Verteidigungsrechten*, Rdn 3262). Es können von jedem Verfahrensbeteiligten Rechtsmittel eingelegt werden, so z.B. auch von der StA zu Lasten des Beschuldigten (OLG Düsseldorf StV 2011, 80).

b) Unabhängig von der Unzulässigkeit eines Rechtsmittelverzichts ist der Angeklagte nach § 35a S. 2 nach jedem Urteil, dem eine Verständigung zugrunde liegt, **qualifiziert** darüber zu **belehren**, dass er ungeachtet des Inhalts der Absprache/Verständigung in seiner Entscheidung frei ist, Rechtsmittel einzulegen (BGHSt 50, 40; zur Formulierung BGH NStZ 2007, 419; vgl. dazu krit. *Meyer-Goßner/Schmitt*, § 35a Rn 17). Sinn und Zweck dieser Regelung ist im Hinblick auf die in § 302 Abs. 1 S. 2 normierte Unwirksamkeit des nach einer Verständigung abgegebenen Rechtsmittelverzichts fraglich. Denn ist nach § 302 Abs. 1 S. 2 ein Rechtsmittelverzicht unwirksam, ist eine erfolgende „qualifizierte Belehrung" des Angeklagten überflüssig (vgl. *Meyer-Goßner/Schmitt*, [52. Aufl.] Erg.-Heft, § 35a Rn 1; krit. vor § 213 Rn 21a in der Kritik an der Rspr. des BGH in BGHSt 50, 40 [„Farce"]). Denn was soll eine Belehrung über ein dem Angeklagten auf jeden Fall zustehendes Rechtsmittel (§ 35a S. 2), wenn ein ggf. erklärter Rechtsmittelverzicht nach § 302 Abs. 1 S. 2 so oder so unzulässig ist?

241

Die qualifizierte Belehrung gilt nur für die Verständigung i.S. des § 257c – „Verständigung (§ 257c)" (s.a. *Meyer-Goßner/Schmitt*, § 35a Rn 18; N/Sch/W/*Niemöller*, § 257c Rn 4). Sie ist in das → **Protokoll** *der Hauptverhandlung, Allgemeines*, Rdn 2092, aufzunehmen, wobei es ausreicht, wenn nur ausgeführt wird, dass „qualifiziert belehrt" wurde (BGH StraFo 2009, 335). Wird nach qualifizierter Belehrung Rechtsmittelverzicht erklärt, kann gegen das Urteil nicht (mehr) der EGMR angerufen werden (EGMR, Urt. v. 23.3.2010 – 29752/04; zu den Folgen einer versäumten qualifizierten Belehrung *Meyer-Goßner/Schmitt*, § 35a Rn 19).

242

> ✍ Eine „qualifizierte Belehrung" **indiziert**, dass trotz ggf. fehlender Protokollierung eine Absprache/Verständigung erfolgt ist (BGH NStZ 2007, 655). Die Indizwirkung lässt sich jedoch, ggf. durch entsprechende dienstliche Erklärungen, widerlegen. Der Angeklagte kann i.Ü. auf eine qualifizierte Belehrung nicht wirksam verzichten (BGHSt 51, 275).

243   17. Für die Ausführungen/**Feststellungen** in dem auf einer Verständigung beruhenden **Urteil** gelten keine Besonderheiten. Diese sind an § 267 zu messen (BGH StV 2010, 60; 2011, 608; 2012, 133; 2013 194 m. abl. Anm. *Schlothauer*; zur mangelnde Berücksichtigung einem Mitangeklagten erteilter Rechtsfolgenprognosen bei der Würdigung von dessen belastender Angaben BGHSt 58, 184; zur Fernwirkung in „Normalverfahren" a. H. *Schneider* NStZ 2014, 192, 194). Der BGH hat in dem Zusammenhang wiederholt darauf hingewiesen, dass allein die Bereitschaft des Angeklagten, wegen eines bestimmten Sachverhalts eine Strafe hinzunehmen, die ein gerichtlich zugesagtes Höchstmaß nicht überschreitet, das Tatgericht nicht von der Pflicht zur Aufklärung und Darlegung des Sachverhalts, soweit dies für den Tatbestand der dem Angeklagten vorgeworfenen Gesetzesverletzung erforderlich ist, entbindet (vgl. so schon BGHSt 50, 40, 49 f.; zum neuen Recht u.a. BGH StV 2010, 60).

> ✍ Der Inhalt der Verständigung selbst muss im Urteil allerdings nicht dokumentiert werden. Ausreichend ist der Hinweis, dass dem Urteil eine Verständigung vorausgegangen ist (u.a. BGH NStZ 2010, 348).

Siehe auch: → *Erörterungen des Standes des Verfahrens*, Rdn 1491; → *Mitteilung über Erörterungen zur Verständigung*, Rdn 1866.

244 Abtrennung von Verfahren

> **Das Wichtigste in Kürze:**
> 1. Verbundene Verfahren können jederzeit wieder getrennt werden.
> 2. Nach einer Abtrennung muss der Verteidiger auch das abgetrennte Verfahren und seinen Verlauf im Auge behalten.
> 3. Grds. zulässig ist auch eine nur vorübergehende Trennung verbundener Verfahren.
> 4. Die (Ab-)Trennung erfolgt entweder in oder außerhalb der HV durch Beschluss des Gerichts.
> 5. Gegen den Abtrennungsbeschluss kann ggf. das Rechtsmittel der Beschwerde zulässig sein.

Abtrennung von Verfahren   A

Literaturhinweise: Burhoff, Die Abrechnung der anwaltlichen Tätigkeit in mehreren Strafverfahren Teil 2: Trennung von Verfahren, RVGreport 2008, 444; *ders.*, Trennung von Verfahren So wirkt sie sich auf die Gebühren aus, RVGprofessionell 2012, 213; **Rotsch/Sahan,** Verbindung und Trennung von Strafsachen, JA 2005, 801.   **245**

1.a) Verbundene Verfahren (→ *Verbindung von Verfahren*, Rdn 2771) können **jederzeit** wieder getrennt werden. Dies kommt insbesondere in Betracht, wenn von mehreren Angeklagten einer in der HV nicht erschienen ist, das Gericht gegen die anderen aber verhandeln möchte/muss (→ *Einstellung des Verfahrens nach § 205 wegen Abwesenheit des Angeklagten*, Rdn 1366). Die Abtrennung kann aber auch den Zweck haben, das Verfahren wegen eines Tatvorwurfs zum Abschluss bringen zu können, während wegen eines anderen noch weiterverhandelt werden muss. Eine Abtrennung ist auch möglich, wenn gegen einen Jugendlichen und seine Eltern gemeinsam verhandelt wird und ihnen eine gemeinschaftliche Tatbegehung zur Last gelegt wird (LG Köln ZJJ 2009, 382). In diesem Fällen kommt es i.d.R. zu einer **endgültigen Trennung** der Verfahren. Für einen ggf. nicht erschienenen (Mit-)Angeklagten ist dann ein neuer HV-Termin anzuberaumen (zu den Vergütungsfragen *Burhoff* RVGreport 2008, 444; *ders.*, RVGprofessionell 2012, 213, Burhoff/*Burhoff*, RVG, Teil A: Trennung von Verfahren, Rn 1892 ff.).   **246**

> Nach § 4 Abs. 1 steht die Trennung im **Ermessen** des Gerichts (BGH StV 2011, 650). Bei seiner Entscheidung wird das Gericht zu berücksichtigen haben, dass die Trennung nicht nur die Stellung der (Mit-)Angeklagten insoweit berührt, dass sie in dem jeweils anderen Verfahren die Stellung eines Zeugen erhalten, sondern auch die Möglichkeiten des Gerichts und des/der Angeklagten beeinträchtigt, sich mit Abweichungen und Übereinstimmungen in den wechselseitigen Einlassungen unmittelbar auseinanderzusetzen (BGH, a.a.O.).

b) In Zusammenhang mit der (Ab-)Trennung von Verfahren gegen mehrere Angeklagte wird sich ggf. die Frage der **Besorgnis der Befangenheit** stellen, wenn das Gericht in dem abgetrennten Verfahren eine abschließende Entscheidung getroffen hat. Dann kann die Besorgnis bestehen, dass es sich damit zwangsläufig bereits auch eine Meinung über die Täterschaft des im Ursprungsverfahren verbliebenen Angeklagten gebildet hat. Insoweit gilt: Die Rspr. des BGH sieht aufgrund dieser „Vorbefassung" die Besorgnis der Befangenheit als grds. nicht begründet an (vgl. u.a. BGH NStZ 2011, 44 m.w.N.; 2012, 519; zur „Vorbefassung" → *Ablehnungsgründe, Befangenheit*, Rdn 77). Etwas anderes gilt, wenn besondere Umstände hinzukommen, die die Besorgnis der Befangenheit rechtfertigen können. Das hat der BGH (a.a.O.) angenommen, wenn einem von mehreren Angeklagten eine Strafobergrenze zugesagt worden ist (→ *Absprachen mit Gericht und Staatsanwaltschaft*, Rdn 137) und anschließend die Abtrennung des Verfahrens gegen diesen nicht geständigen Mitangeklagten erfolgt, bevor über Beweisanträge betreffend ihn belastende Einlassungen der Mitangeklagten entschieden worden. Ähnlich ist die Sachlage,   **247**

A | Abtrennung von Verfahren

wenn bei einer **Abtrennung** „im **Grenzbereich** zu einem Ermessensfehler" die weitere Gestaltung der beiden Verfahren sowie der Inhalt des gegen den einen Angeklagten ergangenen Urteils die Befürchtung verstärken, das Gericht habe sich in seiner Meinungsbildung bereits endgültig festgelegt (BGH NStZ 2012, 519 [für Abtrennung in Zusammenhang mit dem Vorwurf des bandenmäßigen BtM-Handels]). Das Gericht muss immer auch die sog. **Doppelwirkung** der Maßnahme **beachten**, dass nämlich nun ein früherer Mitangeklagter als Auskunftsperson nicht mehr zur Verfügung steht (BGH NStZ 2014, 660 m. Anm. *Hillenbrand* StRR 2014, 433).

248 2. Nach einer Abtrennung muss der Verteidiger auch das **abgetrennte Verfahren** und seinen Verlauf **im Auge behalten**. Das gilt insbesondere dann, wenn es in dem Verfahren mit dem oder den dortigen Angeklagten zu → *Absprachen/Verständigung mit Gericht und Staatsanwaltschaft*, Rdn 137, gekommen ist und die Angaben der Angeklagten aus dem abgetrennten Verfahren nun im Ursprungsverfahren verwertet werden (sollen).

249 Seine **Aufmerksamkeit** muss der Verteidiger insbesondere auf **folgende Punkte** richten:
- Es stellt sich zunächst die Frage, ob die Erkenntnisse aus dem anderen Verfahren überhaupt verwertbar sind oder ob dem nicht ggf. das **BVV** aus § 257c Abs. 4 S. 3 entgegensteht (vgl. dazu → *Absprachen/Verständigung mit Gericht und Staatsanwaltschaft*, Rdn 229). Eine sog. „**Fernwirkung**" hat der BGH allerdings für eine in dem abgetrennten Verfahren zustande gekommene „informelle Verständigung verneint (BGH StraFo 2012, 234).
- Sodann ist darauf zu achten, ob die Erkenntnisse aus dem anderen **prozessordnungsgemäß** in das (Ursprungs-)Verfahren **eingeführt** worden sind. Das ist nur über eine Verlesung des Urteils aus dem anderen Verfahren im Wege des Urkundsbeweises nach § 249 (→ *Urkundenbeweis, Allgemeines*, Rdn 2721) oder durch Vernehmung der früheren Mitangeklagten als Zeugen möglich, nicht hingegen durch einen Bericht des Vorsitzenden nach § 243 Abs. 4 bzw. im Wege einer dienstlichen Erklärung (BGH StraFo 2012, 234), zugleich auch zu den Anforderungen an die Revisionsbegründung).
- Zudem ist auf die **Beweiswürdigung** zu achten. Werden ursprünglich Mitangeklagte nun im Ausgangsverfahren als Zeugen vernommen bzw. ggf. die Urteilsgründe des gegen sie ergangenen Urteils verlesen, ist in die Würdigung ihrer möglicherweise für die Überführung des bestreitenden Angeklagten entscheidungserheblichen (Zeugen-)Aussage eine vorangegangene Verständigung in dem gegen ihn wegen derselben Tat durchgeführten Verfahren einzubeziehen (vgl. u.a. BGHSt 48, 161, 168; 52, 78, 83; BGH NStZ 2012, 347; 2013, 353 [zugleich auch zur Revisionsbegründung]; StV 2012, 393). Dabei geht es dem BGH um etwaige Anhaltspunkte dafür, ob der frühere Mitangeklagte im Blick auf eine vorangegangene oder im Raum stehende Verständigung in seinem Verfahren irrig hat glauben können, eine Falschaussage zu Lasten des Angeklagten sei für ihn besser als eine wahre Aussage zu dessen

Gunsten. Da die Möglichkeit eines solchen Irrtums nicht davon abhängt, ob die Verfahren gegen ihn und den jetzigen Angeklagten verbunden sind oder waren oder getrennt wurden, sei – so der BGH – eine gebotene Würdigung von Verständigungsgesprächen mit dem Zeugen erforderlich (BGH NStZ 2013, 353).

3.a) Grds. zulässig ist auch eine nur **vorübergehende** Trennung verbundener Verfahren. Sie ist rechtlich dann nicht zu beanstanden, wenn sie vorgenommen wird, um einen Mitangeklagten zu einem strafrechtlichen Vorwurf, der ihn selbst nicht betrifft, als **Zeugen** in dem weiterlaufenden Verfahren gegen die anderen Mitangeklagten zu vernehmen (BGHSt 10, 8 ff.; 27, 139, 141; BGH, JR 1969, 148; KK-*Scheuten*, § 2 Rn 16). Mit der vorübergehenden Abtrennung darf aber nicht der Zweck verfolgt werden, einen Angeklagten zu demselben Tatgeschehen, das auch ihm zur Last gelegt wird, als Zeugen zu hören (BGH NStZ-RR 1998, 259 [K]). Eine vorübergehende Abtrennung zu diesem Zweck ist **ermessensmissbräuchlich**. Unzulässig ist die Abtrennung auch dann, wenn die in Abwesenheit eines Angeklagten fortgeführte Verhandlung Vorgänge zum Gegenstand hat, welche die gegen ihn erhobenen Vorwürfe berühren (wegen weiterer Einzelh. → *Vernehmung des Mitangeklagten als Zeugen*, Rdn 3088).

250

Die Frage, wann eine **vorübergehende Abtrennung unzulässig** ist, lässt sich nicht mit einer allgemeingültigen, alle Möglichkeiten erfassenden Regel beantworten. Man wird jedoch folgende **Faustregel** aufstellen können:

I.d.R. sind Abtrennung und Weiterverhandlung **unzulässig**, falls die ohne den Angeklagten fortgesetzte Verhandlung im abgetrennten Teil eine **Tat** betrifft, auf die sich auch der gegen den **Angeklagten** erhobene **Anklagevorwurf sachlich bezieht**. Das ist der z.B. der Fall, wenn ein **einheitliches Tatgeschehen** verhandelt wird oder eine **Verknüpfung** in materiell-rechtlicher Hinsicht besteht, etwa Mittäterschaft oder Beihilfe (BGHSt 24, 257; 32, 100; BGH NStZ 2012, 519).

4. Die (Ab-)Trennung erfolgt entweder in oder außerhalb der HV durch **Beschluss** des Gerichts. Die Verfahrensbeteiligten sind vorher zu **hören**. Der Verteidiger sollte dann ggf. darauf hinweisen, dass nach seiner Auffassung die Abtrennung unzulässig ist. Nach wohl überwiegender Meinung bedarf der Abtrennungsbeschluss keiner (ausdrücklichen) Begründung (BGH NStZ 2000, 211 m.w.N.). Die Verhandlung über die Abtrennung in der HV ist „**wesentlicher Teil**" der **HV** i.S. des §§ 338 Nr. 5 mit der Folge, dass die Verhandlung in Anwesenheit des (notwendigen) Verteidigers stattfinden muss (BGH StV 2011, 650).

251

5. Für **Rechtsmittel** gegen den Abtrennungsbeschluss gilt:

a) Gegen den Abtrennungsbeschluss kann der Verteidiger → *Beschwerde*, Rdn 770, einlegen, wenn die Abtrennung (und Aussetzung) des Verfahrens gegen einen Angeklagten lediglich zur Verzögerung des abgetrennten Teils des Verfahrens führt. In diesem Fall steht

252

	§ 305 S. 1 nicht entgegen (h.M.; s.u.a. KG NStZ-RR 2013, 218; Beschl. v. 27.3.2009 – 4 Ws 17/09; OLG Brandenburg, Beschl. v. 2.7.2008 – 1 Ws 107/08; OLG Düsseldorf NStZ-RR 1996, 142 m.w.N.; OLG Köln, Beschl. v. 15.7.2005 – 2 Ws 223, 224 und 232/05).
253	Unanfechtbar ist aber der Abtrennungsbeschluss, der mit dem späteren Urteil in einem **inneren Zusammenhang** steht.
	Das ist z.B. angenommen worden in folgenden **Rechtsprechungsbeispielen**:
254	■ die Abtrennung zur Vornahme **weiterer Ermittlungen** (s.u.a. OLG Köln StV 1991, 551 f.) vorgenommen worden ist,
	■ die Abtrennung zur **Förderung** des Verfahrens (in einer **Haftsache**) (BGH NStZ-RR 2013, 353; KG NStZ-RR 2013, 218; OLG Brandenburg, Beschl. v. 2.7.2008 – 1 Ws 107/08) erfolgt ist oder
	■ das Gericht abgetrennt hat, weil wegen des abgetrennten Teils sonst noch eine **weitere umfangreiche Beweisaufnahme** erforderlich gewesen wäre (KG, a.a.O.; OLG Hamm wistra 1999, 235; vgl. a. *Meyer-Goßner/Schmitt*, § 228 Rn 16 m.w.N.), oder
	■ abgetrennt worden ist, weil von mehreren Angeklagten einige durch Entfernen ihres Verteidigers zur Unzeit nicht mehr anwaltlich vertreten sind, das Verfahren gegen **einen** anderen **Angeklagten** aber **gefördert** werden soll/muss (OLG Köln, a.a.O.; ähnlich BGH, a.a.O.; KG, a.a.O.).

> ♪ Erfolgt die Abtrennung zur Förderung des Verfahrens, so ist zur Beurteilung dieser Frage auf das **Verfahren** in seiner **Gesamtheit** abzustellen (KG NStZ-RR 2013, 218). Das Gericht muss im Interesse aller Angeklagten das Verfahren in allen seinen Stadien so weit als möglich fördern (OLG Köln, a.a.O.).

255 **b)** Ggf. können Fehler bei der Abtrennung mit der **Revision** geltend gemacht werden, wenn der Tatrichter das ihm zustehende Ermessen missbraucht hat (BVerfG NJW 2007, 3563 m.w.N.; StV 2002, 578). Das kann z.B. der Fall sein, wenn durch die Ablehnung der Trennung das Beschleunigungsgebot verletzt worden ist oder im Fall der notwendigen Verteidigung die Verhandlung in der HV in Abwesenheit des Verteidigers erfolgt ist (BGH StV 2011, 650 m. Anm. *Burhoff* StRR 2011, 380; NStZ-RR 2013, 352 [zugleich auch zum Revisionsvorbringen]; zu den Fragen der Besorgnis der Befangenheit s. oben Rdn 247). Das Revisionsgericht prüft aber nicht, ob die Abtrennung zweckmäßig war (BGH, a.a.O.).

> ♪ Da es sich bei der Abtrennungsentscheidung um eine Zwischenentscheidung handelt, kann diese **nicht** mit der **Verfassungsbeschwerde** angefochten werden (vgl. BVerfG, a.a.O.).

Siehe auch: → *Beschwerde*, Rdn 770; → *Verbindung von Verfahren*, Rdn 2771.

Adhäsionsverfahren

Das Wichtigste in Kürze:
1. Das Adhäsionsverfahren, das in den §§ 403 – 406c geregelt ist, ermöglicht es dem Opfer einer Straftat, seine zivilrechtlichen Ansprüche gegen den Täter bereits im Strafverfahren geltend zu machen.
2. Zu den allgemeinen Voraussetzungen des Adhäsionsverfahrens gehört u.a., dass nur der Verletzte oder sein Erbe die zivilrechtlichen Ansprüche geltend machen kann.
3. Die Rechtsstellung des Antragstellers ist immer noch nicht besonders stark.
4. Das Gericht hat verschiedene Möglichkeiten der Entscheidung über den Antrag.
5. Zu den Rechten des Angeklagten zählt u.a., dass er zu dem Antrag gehört werden muss.
6. Die Gebühren der im Adhäsionsverfahren tätigen Rechtsanwälte richten sich nach den Nr. 4143 ff. VV RVG.

Literaturhinweise: Barton/Krawczyk, Fehler und Versäumnisse im Nebenklageverfahren, StRR 2009, 164; **Betmann,** Das Adhäsionsverfahren im Lichte des Opferrechtsreformgesetzes, Krim 2004, 567; **Burhoff,** Erstreckung der Bestellung eines Rechtsanwalts auch auf das Adhäsionsverfahren?, RVGreport 2008, 249; *ders.*, Persönlicher Geltungsbereich des Teils 4 VV RVG, eine Bestandsaufnahme der Rechtsprechung, RVGreport 2011, 85; **Dallmeyer,** Das Adhäsionsverfahren nach der Opferrechtsreform, JuS 2005, 327; **Engelbrecht,** Auswirkungen des JuMoG auf das verkehrsrechtliche Mandat, DAR 2004, 496; **Ferber,** Das Opferrechtsreformgesetz, NJW 2004, 2562; **Fromm,** Anwaltliche Vertretung des Verletzten im Strafverfahren – Über die Abrechnungsweise des Opferanwalts, JurBüro 2014, 619; **Glaremin/Becker,** Das Adhäsionsverfahren und die gerichtliche Einstellung des Strafverfahrens gemäß § 153a StPO, JA 1988, 602; **Grau/Blechschmidt/Frick,** Stärken und Schwächen des reformierten Adhäsionsverfahrens – Zugleich Anmerkungen zu LG Stuttgart – 11 KLs 34 Js 11865/07 (Beschlüsse v. 14.7., 21.7. und Verfügung v. 29.7.2009) –, NStZ 2010, 662; **Haller,** Das kränkelnde Adhäsionsverfahren – Indikator struktureller Probleme der Strafjustiz, NJW 2011, 970; **R. Hamm,** Recht des Verletzten zur Richterablehnung im Strafverfahren?, NJW 1974, 682; **Herbst/Plüür,** Rechtsmittel gegen die streitige Adhäsionsentscheidung im Urteil, HRRS 2008, 250; **Hilger,** Über das Opferrechtsreformgesetz, GA 2004, 478; *ders.*, Über den Begriff des Verletzten im Fünften Buch der StPO, GA 2007, 287; **Hohmann,** Adhäsionsverfahren, in: FA Strafrecht, Teil 7 Kapitel 3; **Keil/Best,** Praktische Bedeutung und Handhabung des Adhäsionsverfahrens, DAR 2013, 628; **Jaeger,** Vorteile und Fallstricke des neuen Adhäsionsverfahrens, VRR 2005, 287; **Köckbauer,** Die Geltendmachung zivilrechtlicher Ansprüche im Strafverfahren – der Adhäsionsprozeß, NStZ 1994, 305; **Krey/Wilhemi,** Ausbau des Adhäsionsverfahrens: Holzweg oder Königsweg?, in: Festschrift für *Harro Otto*, 2007, S. 933; **Loos,** Probleme des neuen Adhäsionsverfahrens, GA 2006, 195; **Meyer,** Über die Möglichkeiten eines zivilrechtlichen Vergleichs in der strafrechtlichen Hauptverhandlung, JurBüro 1984, 112; **Meyer/Dürre,** Das Adhäsionsverfahren, JZ 2006, 18; **Pecher,** Über zivilrechtliche Vergleiche im Strafverfahren, NJW 1981, 2170; **Plümpe,** Das Adhäsionsverfahren – gangbare Alternative zur Durchsetzung von Schadensersatzansprüchen aus Wirtschafts- und Insolvenzstraftaten, ZInsO 2002, 409; **Plüür/Herbst,** Das Adhäsionsverfahren im Strafprozess, NJ 2005, 153; *dies.*, Das Adhäsionsverfahren in der staatsanwaltschaftlichen Praxis, NJ 2008, 14; **Prechtel,** Das Adhäsionsverfahren, ZAP F. 22, S. 399; **Rieß,** Einige Bemerkungen über das sog. Adhäsionsverfahren, in: Festschrift für *Hans Dahs*, 2005, S. 425; **Rieß/Hilger,** Das neue Strafverfahrensrecht – Opferschutzgesetz und Strafverfahrensänderungsgesetz, NStZ 1987, 145, 204; **Rösner/Klaus,** Für eine opferbezogene Anwendung des Adhäsionsverfahrens, NJ 1996, 289; **Schirmer,** Das Adhäsionsverfahren nach neuem Recht – die Stellung der Unfallbeteiligten und deren Versicherer, DAR 1988, 121;

A   Adhäsionsverfahren

Schmid, Nebenklage und Adhäsionsantrag in der Berufung, NStZ 2011, 611; **N. Schneider**, Abrechnung im strafrechtlichen Adhäsionsverfahren, AGS 2009, 1; **Schöch**, Die Rechtsstellung des Verletzten im Strafverfahren, NStZ 1984, 385; **Stoffers/Möckel**, Beteiligtenrechte im strafprozessualen Adhäsionsverfahren, NJW 2013, 830; **Weiner/Ferber**, Handbuch des Adhäsionsverfahrens, 2008; **Wohlers**, Die Zurückweisung eines Adhäsionsantrags wegen Nichteignung des geltend gemachten Anspruchs, MDR 1990, 763; s.a. die Hinweise bei → *Nebenklage*, Rdn 1917.

258 **1.a)** Das Adhäsionsverfahren, das in den §§ 403–406c geregelt ist, ermöglicht es dem Opfer einer Straftat, seine zivilrechtlichen Ansprüche gegen den Täter bereits im Strafverfahren geltend zu machen. Dieses 1943 in die StPO eingefügte Verfahren hat in der Folgezeit wenig praktische Bedeutung erlangt. Durch das sog. **OpferschutzG** v. 18.12.1986 hat der Gesetzgeber versucht, die nur geringe Akzeptanz des Adhäsionsverfahrens dadurch zu beseitigen, dass der Verletzte auch vor dem AG Ansprüche einklagen kann, die die amtsgerichtliche Streitwertgrenze überschreiten (§ 403 Abs. 1). Neu eingeführt worden ist zudem u.a. die Möglichkeit der PKH (§ 404 Abs. 5 S. 1) und die fakultative Beiordnung eines Rechtsanwalts, falls die Voraussetzungen des § 121 Abs. 2 S. 1 ZPO (§ 404 Abs. 5 S. 2, 3) erfüllt sind. Dennoch hat das die Akzeptanz des Adhäsionsverfahrens nicht wesentlich erhöht. Mit dem **1. OpferRRG** hat der Gesetzgeber dann 2004 einen erneuten Versuch unternommen, dem Adhäsionsverfahren eine höhere Praxisrelevanz zu verleihen (*Prechtel* ZAP F. 22, S. 389; *Hilger* GA 2004, 478 ff.; *Barton/Krawczyk* StRR 2009, 162, 167; *Haller* NJW 2011, 970). Dies wird verstärkt durch die gebührenrechtlichen Verbesserungen des RVG (zur Abrechnung im Adhäsionsverfahren s. Burhoff/*Burhoff*, RVG, Nr. 4143 VV Rn 1 ff.; *N. Schneider* AGS 2009, 1; u. Rdn 278). Zwar haben, wie die veröffentlichte Rspr. zeigt, Adhäsionsverfahren zugenommen, aber wohl immer noch nicht in dem Umfang, den sich der Gesetzgeber von den Neuregelungen erhofft hatte (zu Zweifeln am Erfolg der Reform a. *Loos* GA 2006, 195, der schon damals befürchtet hat, dass auch weiterhin das Adhäsionsverfahren durch das „Ausweichen" in das Strafbefehlsverfahren bzw. die Einstellung nach § 153a umgangen werden wird; krit. a. *Meyer-Goßner/Schmitt*, vor § 403 Rn 3; zu den Gründen für die geringe Akzeptanz s. auch *Haller* NJW 2011, 970 und auch noch *Keil/Best* DAR 2013, 628, 631 ff.).

b) Hinweise für den Rechtsanwalt

259 Bei der **Beratung** eines Mandanten/Verletzten hinsichtlich der Entscheidung, ob ein Adhäsionsverfahren durchgeführt werden soll oder nicht, muss der Rechtsanwalt die Vor- und Nachteile des Adhäsionsverfahrens gegeneinander abwägen (zu den Stärken und Schwächen s.a. *Grau/Blechschmidt/Frick* NStZ 2010, 662; *Keil/Best* DAR 2013, 628, 631 ff.).

- **Vorteilhaft** ist z.B.,
    - dass das Gericht, da es sich um ein Strafverfahren handelt, über die zivilrechtlichen Ansprüche ebenfalls nach dem **Amtsermittlungsgrundsatz** entscheidet, also ohne entsprechenden Beweisantritt Zeugen und SV gehört werden.
    - Außerdem **entfällt** die **Kostenvorschusspflicht** des Antragstellers.

- Vorteilhaft ist sicherlich auch, dass der Geschädigte im Adhäsionsverfahren praktisch **Zeuge in eigener Sache** ist (vgl. zu den Vorteilen eingehend *Prechtel* ZAP F. 22, S. 405; *Jaeger* VRR 2005, 294; *Haller* NJW 2011, 970).
- Als **nachteilig** ist es anzusehen,
  - dass der Antragsteller nur eine **schwache Rechtsstellung** hat (s.u. Rdn 262 ff.; *Stoffers/Möckel* NJW 2013, 830 ff.),
  - dass die Entscheidung im Adhäsionsverfahren weder **Rechtskraft/Bindung** gegenüber dem Haftpflichtversicherer des Schädigers entfaltet, noch das in einem Folgeprozess zur Entscheidung berufene Gericht bindet (BGH NJW 2013, 1163 m. Anm. *Knappmann* StRR 2013, 236).
- Von Nachteil ist es auch, dass die Gerichte von der Entscheidung über einen Adhäsionsantrag, wenn auch unter gegenüber der früheren Regelung in § 405 a.F. erschwerten Bedingungen, **absehen** können (s. dazu zum früheren Recht u.a. LG Mainz StV 1997, 627 [Schmerzensgeldanspruch von so außergewöhnlicher Höhe, dass die Abwehr des zivilrechtlichen Anspruchs für den Angeklagten in den Mittelpunkt des Strafverfahrens rückt]; vgl. auch unten Rdn 274).
- Der **Nebenklageanwalt** sollte in seine Überlegungen immer auch mit einbeziehen, dass, wenn in einem späteren Zivilverfahren **PKH** beantragt wird, dem möglicherweise **Mutwilligkeit** entgegen gehalten werden könnte, wenn nicht die Möglichkeit des Adhäsionsverfahrens genutzt worden ist (vgl. dazu *Barton/Krawczyk* StRR 2009, 162, 167). Bislang haben die OLG, die mit der Frage befasst waren (OLG Frankfurt am Main MDR 2007, 1389; OLG Rostock JurBüro 2010, 600) das zwar ausdrücklich abgelehnt, die Frage ist jedoch sicherlich nicht abschließend geklärt (vgl. auch *Barton/Krawczy* StRR 2009, 164 m.w.N.).
- Schließlich ist noch darauf hinzuweisen, dass das Adhäsionsverfahren nach § 81 JGG gegenüber **Jugendlichen** nicht anwendbar ist, und zwar auch nicht vor dem allgemeinen Strafgericht (BGH StraFo 2005, 470). Gegen **Heranwachsende**, bei denen Jugendstrafrecht Anwendung findet, ist es hingegen anwendbar (vgl. § 109 JGG n.F.). Allerdings geht der Gesetzgeber davon aus, dass bei Heranwachsenden vom Gericht vorrangig anzustreben sei, dem Restitutionsinteresse des Verletzten mit den jugendstrafrechtlichen Instrumenten Rechnung zu tragen (BT-Drucks 16/3038, S. 67; s.a. *Eisenberg*, § 109 Rn 12).

2. Zu den allgemeinen Voraussetzungen des Adhäsionsverfahrens informieren ausführlich die Komm. bei *Meyer-Goßner/Schmitt*, §§ 403 ff.; FA Strafrecht-*Hohmann*, Teil 7 Kap. 3, Rn 1 ff. und *Köckerbauer* NStZ 1994, 305; *Plüür/Herbst* NJ 2005, 153; *Keil/Best* DAR 2013, 628 ff.; *Jaeger* VRR 2005, 287; *Prechtel* ZAP F. 22, S. 399 ff. und *Grau/Blechschmidt/Frick* NStZ 2010, 662; zum Adhäsionsverfahren aus staatsanwaltschaftlicher Sicht s. *Plüür/Herbst* NJ 2008, 14. Hier soll dazu nur Stellung genommen werden in folgendem

261 Überblick

- Ein Adhäsionsverfahren kann nur der durch eine Straftat **Verletzte** oder sein **Erbe** im Rahmen eines gegen den Täter laufenden Strafverfahrens durchführen (§ 403; zum Begriff des Verletzten Burhoff, EV, Rn 2350). Andere Rechtsnachfolger können den Antrag nicht stellen. Nach überwiegender Meinung kann der **Insolvenzverwalter** den Antrag stellen, wenn der Gemeinschuldner erst nach der Insolvenzeröffnung geschädigt worden ist (OLG Frankfurt am Main NJW 2007, 1223 [Ls.]; OLG Jena NJW 2012, 547; *Meyer-Goßner/Schmitt*, § 403 Rn 5 m.w.N.; a.A. OLG Celle NJW 2007, 3795). Für einen Minderjährigen stellen die Eltern den Antrag und nicht der Betreuer eines (sorgeberechtigten) Elternteils (BGH NStZ 2009, 586).
- Es ist nicht Voraussetzung, dass der Verletzte oder sein Rechtsnachfolger einen Strafantrag gestellt oder sich als Nebenkläger angeschlossen hat bzw. **anschließen** könnte (*Meyer-Goßner/Schmitt*, § 403 Rn 2).
- Im → *Strafbefehlsverfahren*, Rdn 2568, kann der Antrag **nicht** gestellt werden (*Meyer-Goßner/Schmitt*, § 403 Rn 12 m.w.N.).
- Im Adhäsionsverfahren können (**nur**) **vermögensrechtliche Ansprüche** gegen den Beschuldigten/Angeklagten geltend gemacht werden, welche aus der Straftat erwachsen und noch nicht anderweitig gerichtlich geltend gemacht sind (vgl. dazu eingehend Jaeger VRR 2005, 287). Als Ansprüche kommen vor allem **Schadensersatz- und Schmerzensgeldansprüche**, insbesondere wegen Sachbeschädigung, Körperverletzung und Betrug in Betracht. Geltend gemacht werden können aber auch Herausgabe- und Bereicherungsansprüche sowie Unterlassungsansprüche, mit denen wirtschaftliche Interessen verfolgt werden (vgl. *Meyer-Goßner/Schmitt*, § 403 Rn 10; *Prechtel* ZAP F. 22, S. 400). Ansprüche allein aus dem Gesichtspunkt der Gefährdungshaftung können nicht geltend gemacht werden, da ein Schuldspruch Voraussetzung für eine strafrechtliche Verurteilung ist.

> ☞ Etwas **anderes** gilt nach § 406 Abs. 1 S. 1 bei einer selbstständigen Anordnung einer Maßregel der Besserung und Sicherung gem. § 71 StGB.

- **Nicht** geltend gemacht werden können Ansprüche aus einer Straftat, die im Rahmen eines **Arbeitsverhältnisses** begangen wurde und daher zur Zuständigkeit der Arbeitsgerichte gehören, da die Ansprüche zur Zuständigkeit der ordentlichen Gerichte gehören müssen (vgl. BT-Drucks 15/2536, S. 10 Nr. 13).
- **Unerheblich** ist die zivilprozessuale **Streitwertgrenze** beim AG (§ 403).

- Es besteht **kein Anwaltszwang**.
- Der Antragsteller hat ggf. ein **Akteneinsichtsrecht** nach § 406e (vgl. dazu eingehend *Burhoff*, EV, Rn 262).

3. Zur **Rechtsstellung** des **Antragstellers** ist zunächst allgemein anzumerken, dass diese – wie es sich aus der Regelung in den §§ 406, 406a Abs. 1 ergibt – nicht besonders stark ist (zu den Rechten s.a. *Prechtel* ZAP F. 22, S. 401; *Grau/Blechschmidt/Frick* NStZ 2010, 662; *Haller* NJW 2011, 970; *Stoffers/Möckel* NJW 2013, 830 ff.).

262

> 👉 Liegt ein nebenklagefähiges Delikt vor, sollte sich der Rechtsanwalt als Vertreter des Adhäsionsklägers überlegen, ob er nicht **Nebenklage** und **Adhäsionsverfahren kombiniert**, um so stärkere Mitwirkungsrechte zu haben (vgl. zu den Rechten des Nebenklägers → *Nebenklägerrechte in der Hauptverhandlung*, Rdn 1937).

Im Einzelnen gilt Folgendes:

a)aa) Der **Adhäsionsantrag** kann schon im EV – auch gleichzeitig mit der Strafanzeige – bei der StA gestellt werden. Er kann auch noch im gerichtlichen Verfahren gestellt werden, und zwar nach § 404 Abs. 1 S. 1 auch noch **in der HV** mündlich bis zum Beginn der Schlussvorträge. Danach ist die Antragstellung nicht mehr zulässig (BGH NJW 1988, 3165 [Ls.]; NStZ 1998, 477 [nicht erst nach dem Schlussvortrag des StA]; NStZ-RR 2013, 197 [Ci/Zi]). Bis zu diesem Zeitpunkt ist er auch noch in der Berufungs-HV zulässig (*Meyer-Goßner/Schmitt*, § 404 Rn 4 m.w.N.). Wird der Antrag außerhalb der HV gestellt, muss er zugestellt und in der HV wiederholt werden, anderenfalls liegt ein wirksamer Antrag nicht vor (BGH StV 2006, 517; 2008, 127; NStZ-RR 2009, 39 [Ls.]; 2010, 196 [Ci/Zi]).

263

> 👉 Es **empfiehlt** sich, eine Adhäsionsschrift **rechtzeitig vor** Beginn der **HV** bei Gericht einzureichen. Die Neigung der Gerichte, den Adhäsionsantrag abzulehnen ist größer, wenn sie damit in der HV überrascht werden und sich darauf nicht haben vorbereiten können (*Prechtel* ZAP F. 22, S. 401). Außerdem droht leicht die Ablehnung wegen Verzögerung, da der Richter für das Adhäsionsverfahren keine zusätzliche Zeit eingeplant hat. Je früher der Antrag gestellt wird, umso schwieriger dürfte eine mögliche wesentliche Verzögerung des Verfahrens anzunehmen sein (*Prechtel*, a.a.O. m.w.N.; zur Verzögerung in Haftsachen OLG Celle StV 2007, 293). Zudem besteht dann ggf. die Möglichkeit gegen eine Ablehnung des Antrags mit der sofortigen Beschwerde vorzugehen (s. Rdn 273 und § 406a Abs. 1 S. 1). Zumindest sollte der Rechtsanwalt den Adhäsionsantrag aber ankündigen, dann aber nicht übersehen, dass das zur wirksamen Antragstellung nicht ausreicht, sondern der Antrag in der HV wiederholt/gestellt werden muss (BGH NStZ-RR 2014, 170 [Ci/Zi]).

> ✍ Die **Verzinsung** des geltend gemachten Geldbetrags beginnt ab der mündlichen Antragstellung in der HV, nicht schon ab Eingang des schriftlichen Antrags bei Gericht (BGH StRR 2007, 322 [Ls.]).

264 bb) Es ist grds. ein **bestimmter Antrag** erforderlich, der Gegenstand und Grund des Anspruchs bezeichnet, wobei ein Geldbetrag zu beziffern ist. Aber auch hier gilt wie im Zivilverfahren, dass bei Schmerzensgeldforderungen ein unbezifferter Antrag ausreicht (vgl. *Meyer-Goßner/Schmitt*, § 404 Rn 3 [entsprechend § 253 Abs. 2 Nr. 2 ZPO]; zum Inhalt und Aufbau eines Adhäsionsantrags allgemein *Beck-Gillmeister*, S. 1235 ff.; *Keil/Best* DAR 2013, 628, 629; zu den Besonderheiten, wenn mit dem Antrag ein Schmerzensgeld geltend gemacht wird, BGH StV 2014, 268; vgl. a. *Jaeger* VRR 2005, 289). Das Gericht ist an den Antrag **gebunden**, kann also nicht etwas zusprechen, was nicht beantragt ist (BGH NStZ-RR 2009, 319).

265 cc) Der Antrag kann nach § 404 Abs. 4 bis zum Beginn der → *Urteilsverkündung*, Rdn 2761, **zurückgenommen** werden, und zwar auch noch beim Berufungsgericht. Der **Angeklagte** muss **nicht zustimmen** (*Meyer-Goßner/Schmitt*, § 404 Rn 13).

266 b) Der Antragsteller, sein gesetzlicher Vertreter und der Ehegatte oder Lebenspartner des Adhäsionsklägers haben gem. § 404 Abs. 3 S. 2 das **Recht** auf **Anwesenheit** in der **HV**. Ist der Antragsteller als Zeuge geladen, so gilt für ihn nicht § 58 (*Meyer-Goßner/Schmitt*, § 58 Rn 3 m.w.N.; *Stoffers/Möckel* NJW 2013, 830, 831). Vielmehr kann er, ebenso wie ein als Zeuge geladener Nebenkläger, an der **gesamten HV** teilnehmen (→ *Nebenkläger als Zeuge*, Rdn 1924). Es besteht zudem das Recht auf **AE** durch einen Rechtsanwalt (§ 406e Abs. 1 S. 1; → *Verletztenbeistand/Opferanwalt*, Rdn 3052; zur AE des Verletzten *Burhoff*, EV, Rn 262).

267 c) Aus dem Anwesenheitsrecht (s. Rdn 266) folgt ein allgemeines **Anhörungsrecht** (BGH NJW 1956, 1767; *Köckerbauer* NStZ 1994, 307). Den Zeitpunkt bestimmt der Vorsitzende, wobei er den in § 243 vorgegebenen Ablauf der HV und § 258 Abs. 2 beachten muss (BGH, a.a.O.).

268 d) Der Antragsteller kann in der HV im **Beistand** eines **Rechtsanwalts** erscheinen. Es besteht aber kein Anwaltszwang, auch nicht vor dem LG oder OLG (*Meyer-Goßner/Schmitt*, § 404 Rn 8 m.w.N.).

269 e) **Folgende Rechte** stehen dem Antragsteller in der **HV** zu (vgl. a. *Stoffers/Möckel* NJW 2013, 830 ff.),
- den Angeklagten, Zeugen und SV zu **befragen** (§ 240; → *Fragerecht, Allgemeines*, Rdn 1532 m.w.N.),
- **Anordnungen** des Vorsitzenden zu **beanstanden** (§ 238; → *Verhandlungsleitung*, Rdn 2889),

- **Fragen** zu **beanstanden** (→ *Zurückweisung einzelner Fragen des Verteidigers*, Rdn 3589),
- **Beweisanträge** zu stellen, denen allerdings dann nicht stattgegeben zu werden braucht, wenn es für die Entscheidung über den Adhäsionsantrag, z.B. wegen der Möglichkeit nach § 287 ZPO zu schätzen, auf die Beweisfrage nicht ankommt (s. *Meyer-Goßner/Schmitt*, § 404 Rn 9 m.w.N.; → *Beweisantragsrecht, Allgemeines*, Rdn 971 m.w.N.),
- **präsente Beweismittel** zu laden (§ 245; → *Präsentes Beweismittel*, Rdn 2036),
- einen **Schlussvortrag** zu halten (→ *Plädoyer des Verteidigers*, Rdn 2017; vgl. *Stoffers/Möckel* NJW 2013, 830, 831),
- einen **SV abzulehnen** (§ 74; → *Ablehnung eines Sachverständigen*, Rdn 15 m.w.N.).

> Früher war umstritten, ob dem Antragsteller ein **Ablehnungsrecht** hinsichtlich des Richters zusteht (§§ 24, 31; → *Ablehnung eines Richters, Allgemeines*, Rdn 8 m.w.N.; s. bej. *R. Hamm* NJW 1974, 682 f.; *KK-Engelhardt* (6. Aufl.), § 404 Rn 12 m.w.N.; *Köckerbauer* NStZ 1994, 307; abl. *Meyer-Goßner/Schmitt*, 50. Aufl., § 404 Rn 9, § 24 Rn 20 m.w.N.). Inzwischen wird ihm dieses, da er Verfahrensbeteiligter ist, der eigene Rechte geltend macht, zuerkannt (vgl. BVerfG NJW 2007, 1670; s.a. *Meyer-Goßner/Schmitt*, § 24 Rn 20).

f) Über die aufgezählten Befugnisse (s.o. Rdn 269) hinaus ist der Antragsteller berechtigt, **allgemein** zur strafrechtlichen Beurteilung des Sachverhalts **Stellung** zu nehmen und auf einen sachgerechten Verfahrensablauf und auf sachgerechte Ausübung der dem Gericht nach § 244 Abs. 2 obliegenden Aufklärungspflicht hinzuwirken (*Meyer-Goßner/Schmitt*, § 404 Rn 10; *Köckerbauer*, a.a.O.). Man wird ihm aber nicht mehr Rechte zubilligen dürfen, als sie einem Nebenkläger(-vertreter) zustehen.

270

Der Adhäsionsantragsteller hat daher **nicht** das **Recht**,

271

- Anträge auf **Vereidigung** eines **SV** zu stellen (§ 79 Abs. 1 S. 2; → *Vereidigung eines Sachverständigen*, Rdn 2786),
- den Antrag nach § 273 Abs. 3 auf **vollständige Niederschrift** von Vorgängen Aussagen und Äußerungen im → **Protokoll** *der Hauptverhandlung, wörtliche Protokollierung*, Rdn 2114, zu stellen,
- den Antrag auf **Aussetzung** der HV nach §§ 246 Abs. 2, 265 Abs. 4 zu stellen (→ *Aussetzung wegen veränderter Sach-/Rechtslage*, Rdn 498; → *Aussetzung wegen verspäteter Namhaftmachung geladener Beweispersonen*, Rdn 506),

- gem. § 249 Abs. 2 dem Urkundenbeweis in Form des sog. **Selbstleseverfahrens** (→ *Selbstleseverfahren*, Rdn 2504) zu widersprechen,
- den Antrag nach § 255 auf **Protokollierung** des Grundes für die **Urkundenverlesung** zu stellen.

272 g) Es ist schließlich darauf hinzuweisen, dass der Antragsteller einen Antrag auf Gewährung von **PKH** für den Adhäsionsprozess stellen und ihm ein Rechtsanwalt beigeordnet werden kann (§ 404 Abs. 5 wegen der Einzelh. s. *Meyer-Goßner/Schmitt*, § 404 Rn 14 ff. m.w.N.). Die Bewilligung der PKH erfolgt nach denselben Vorschriften wie in bürgerlich-rechtlichen Streitigkeiten (BGH NStZ-RR 2000, 40 [K]). Wird noch im Revisionsverfahren für den Antrag PKH beantragt, ist zur Darlegung der (gegenüber der Tatsacheninstanz unveränderten) wirtschaftlichen Verhältnisse zumindest eine Bezugnahme auf die Darlegung der wirtschaftlichen Verhältnisse beim Tatgericht erforderlich (BGH NStZ-RR 2009, 190).

> Die Bewilligung von PKH wirkt **nur für die jeweilige Instanz** (§ 404 Abs. 5 S. 1 i.V.m. § 119 Abs. 1 ZPO), sodass im Rechtsmittelverfahren jeweils erneut PKH zu beantragen ist (vgl. BGH StraFo 2008, 131; 2009, 349; 2011, 115; KG RVGreport 2011, 142). Nach der Rspr. des BGH kann PKH **rückwirkend** bewilligt werden, wenn der Antragsteller mit seinem Antrag bereits alles für die Bewilligung der PKH Erforderliche getan hat und sein Antrag nicht rechtzeitig beschieden worden ist (zuletzt BGH StraFo 2011, 115; *Meyer-Goßner/Schmitt*, § 397a Rn 15).

273 h) Nach § 406a steht dem Antragsteller ein **Rechtsmittel** nur beschränkt zu. Nach § 406a Abs. 1 S. 1 kann er gegen den Beschluss, mit dem nach § 406 Abs. 5 S. 2 von einer Entscheidung über dem Adhäsionsantrag abgesehen wird, sofortige Beschwerde einlegen, wenn der Antrag vor Beginn der HV gestellt worden und noch keine den Rechtsweg abschließende Entscheidung ergangen ist. I.Ü. steht dem Antragsteller ein Rechtsmittel nicht zu (zum Rechtsmittel des Angeklagten s.u. Rdn 277; zur sofortigen Beschwerde *Burhoff*, EV, Rn 3346). Er kann insbesondere auch nicht die Aufhebung der Bewilligung von PKH anfechten (vgl. OLG Stuttgart StraFo 2007, 261).

> Die Ablehnung/Gewährung von PKH und die Entscheidung über einen Beiordnungsantrag ist **unanfechtbar** (KG JurBüro 2013, 597 m.w.N.; OLG Brandenburg VRR 2011, 359 m. Anm. *Burhoff*; OLG Stuttgart StraFo 2007, 261).

274 4. Das **Gericht** hat verschiedene Möglichkeiten der **Entscheidung** über den Adhäsionsantrag (vgl. eingehend *Prechtel* ZAP F. 22, S. 402), und zwar:

275 **Absehen von einer Entscheidung nach § 406 Abs. 1 S. 3**

- Das Absehen von einer Entscheidung ist nur möglich, wenn der **Antrag unzulässig** ist, **unbegründet** erscheint oder „wenn sich der Antrag auch unter Berücksichtigung der berechtigten Belange des Antragstellers zur Erledigung im Strafverfahren **nicht eignet**" (vgl. *Keil/Best* DAR 2013, 628, 631). Das ist insbesondere dann der Fall, wenn seine weitere Prüfung, auch soweit eine Entscheidung nur über den Grund oder einen Teil des Anspruchs in Betracht kommt, das Verfahren **erheblich verzögern** würde (vgl. wegen der Einzelh. a. *Meyer-Goßner/Schmitt*, § 406 Rn 12; *Prechtel* ZAP F. 22, S. 402). Davon wird man häufig auszugehen haben, wenn schwierige Rechtsfragen zu klären sind (vgl. BGH StV 2004, 61; offen gelassen jetzt von BGH StV 2011, 728 für komplizierte Rechtsfragen des internationalen Privatrechts; s.a. *Grau/Blechschmidt/Frick* NStZ 2010, 662; *Haller* NJW 2011, 970). In Haftsachen geht der Beschleunigungsgrundsatz vor (OLG Celle StV 2007, 293; OLG Oldenburg StraFo 2009, 75). Bei der Entscheidung über die Geeignetheit handelt es sich um eine Ermessensentscheidung (OLG Hamburg StV 2007, 293 [Ls.]; OLG Oldenburg, a.a.O.). Die Grundsätze für den Rechtszustand vor dem OpferRRG bleiben anwendbar (OLG Hamburg, a.a.O.). Soweit der Antragsteller einen **Schmerzensgeldanspruch** (§ 253 Abs. 2 BGB) geltend macht, ist das Absehen von einer Entscheidung nach S. 3 aber nur bei Unzulässigkeit oder Unbegründetheit zulässig. Damit dürfte in den Fällen der Erlass eines Grundurteils nunmehr die Regel sein (s.a. *Ferber* NJW 2004, 2656).

Will das Gericht, von einer Entscheidung **absehen**, muss es die Verfahrensbeteiligten nach § 406 Abs. 5 S. 1 so früh wie möglich darauf **hinweisen** (*Keil/Best*, a.a.O.). Der Vertreter des Anspruchstellers muss dann deutlich machen, dass die Durchführung des Adhäsionsverfahrens nunmehr der gesetzlich vorgesehene Normalfall ist.

Wird von einer Entscheidung über den Antrag nach § 406 Abs. 5 S. 2 abgesehen, kann der Adhäsionskläger nach § 406a Abs. 1 S. 1 **sofortige Beschwerde** einlegen. I.Ü. steht dem Antragsteller nach § 406a Abs. 1 S. 2 kein **Rechtsmittel** zu.

- Sofern das Gericht einen zivilrechtlichen Anspruch nicht oder nicht in vollem Umfang für begründet erachtet oder der Angeklagte freigesprochen wird, sieht es lediglich von einer Entscheidung über den Antrag ab (§ 406 Abs. 1 und 5). Eine **Klageabweisung** kommt im Adhäsionsverfahren **nicht** in Betracht (BGH NStZ 2003, 565). Der „Absehensbeschluss" erwächst auch **nicht** in **Rechtskraft**. Der Adhäsionskläger kann seinen Antrag also anderweitig anhängig machen, und zwar sowohl vor den Zivilgerichten als auch vor Strafgerichten (KG StraFo 2007, 336 [für in der Berufungsinstanz erneut gestellten Antrag, der vom AG abgelehnt worden war]).

Entscheidung über den Anspruch 276

- Will das Gericht über den Antrag entscheiden, ist es an diesen Antrag gebunden (vgl. § 308 ZPO). Das Gericht kann durch **Grund-** oder **Teilurteil** (§ 406 Abs. 1 S. 2) ent-

scheiden (*Keil/Best* DAR 2013, 628, 630; zur Zulässigkeit eines Grundurteils bei Schmerzensgeldansprüchen s. BGHSt 47, 378).
- **Zulässig** ist nach § 406 Abs. 2 auch die Entscheidung durch ein **Anerkenntnisurteil** (BGH NStZ-RR 2005, 353). Die Adhäsionsentscheidung ist zu begründen, und zwar sind i.d.R. die persönlichen und wirtschaftlichen Verhältnisse des Angeklagten und des Adhäsionsklägers zu erörtern (u.a. BGH NStZ-RR 2010, 337; 2010, 344).

277 **5. Zur Rechtsstellung des Angeklagten** bzw. seines Verteidigers im Adhäsionsverfahren ist Folgendes anzumerken (s.a. *Stoffers/Möckel* NJW 2013, 830, 831):
- Der Angeklagte muss zum Adhäsionsantrag **gehört** werden (BGHSt 37, 260). Die Anhörung eines ggf. bestellten Betreuers ist aber nicht erforderlich (BGH NStZ-RR 2015, 68 [Ci/Ni]).
- Eine **Widerklage** ist **ausgeschlossen**, jedoch kann der Angeklagte mit eigenen Forderungen **aufrechnen** (KK-*Zabek*, § 404 Rn 12). Auch der Abschluss eines **Vergleichs** ist nach § 405 zulässig (so schon zum früheren Recht LG Aachen JMBl. NW 1948, 144; OLG Stuttgart NJW 1964, 110; *Meyer-Goßner/Schmitt*, § 404 Rn 12 m.w.N.; *Meyer* JurBüro 1984, 1121; *Pecher* NJW 1981, 2170).
- Wird das **Verfahren** gegen den Angeklagten gem. §§ 153, 153a **eingestellt**, kann der Antrag im Adhäsionsverfahren nicht mehr realisiert werden. Es fehlt dann an dem erforderlichen Urteil (§ 406 Abs. 1).
- Nach § 406a Abs. 2 kann der Angeklagte, soweit das Gericht dem Antrag stattgibt, die Entscheidung des Gerichts, auch ohne den strafrechtlichen Teil des Urteils mit dem sonst zulässigen **Rechtsmittel** anfechten (s. dazu *Meyer-Goßner/Schmitt*, § 406a Rn 5 ff.; vgl. a. BGHSt 52, 96; *Herbst/Plüür* HRRS 2008, 250). Der durch eine Prozessvollmacht im Adhäsionsverfahren beauftragte Verteidiger ist i.Ü. auch berechtigt, die Berufung hinsichtlich des Adhäsionsausspruchs zurückzunehmen. Dazu bedarf er keiner (besonderen) Ermächtigung i.S.v. § 302 (KG NStZ-RR 2010, 115).
- Schließlich kann nach § 404 Abs. 5 auf Antrag auch dem Angeklagten **PKH** gewährt und ihm ein Rechtsanwalt beigeordnet werden (wegen der Einzelh. s. *Meyer-Goßner/Schmitt*, § 404 Rn 14 ff.). Ob eine Pflichtverteidigerbestellung auch für das Adhäsionsverfahren gilt (s. z.B. OLG Schleswig NStZ 1998, 101; OLG Hamm StV 2002, 89 [Ls.]), ist in der obergerichtlichen Rspr. heftig umstritten (zum Streitstand vgl. die Nachw. bei *Burhoff*, EV, Rn 2989, bei *Burhoff* RVGreport 2008, 249 und RVGreport 2011, 85, sowie bei Burhoff/*Burhoff*, RVG, Nr. 4143 VV Rn 19 ff.). Die im Adhäsionsverfahren erbrachten Tätigkeiten sind bei der Gewährung einer **Pauschvergütung** zu berücksichtigen.

☞ Wegen des Streits in der Rspr. sollte der Verteidiger zur Sicherheit auch in den OLG-Bezirken, die davon ausgehen, dass die Pflichtverteidigerbestellung das Adhäsionsverfahren umfasst (vgl. die Nachw. bei Burhoff/*Burhoff*, a.a.O.), die **Erweiterung** der Pflichtverteidigerbestellung **beantragen**.

6. Die **Gebühren** der im Adhäsionsverfahren tätigen Rechtsanwälte sind in den Nr. 4143 – 4144 VV RVG geregelt (s. dazu eingehend die Komm. bei Nr. 4143 VV in Burhoff/*Burhoff*, RVG, und bei Gerold/Schmidt/*Burhoff*, sowie den Überblick bei *Fromm* JurBüro 2014, 619). Diese Gebühren sind zusätzliche Gebühren, die neben allen anderen Gebühren entstehen. Es handelt sich um Wertgebühren. Die Vertreter erhalten ggf. Verfahrensgebühren, und zwar nach Nr. 4143 VV RVG für das erstinstanzliche Verfahren und nach Nr. 4144 VV RVG für das Berufungs- und Revisionsverfahren eine 2,5 Gebühr. Nach Vorbem. 1 VV RVG kann im Fall eines Vergleichs auch die Einigungsgebühr entstehen (Burhoff/*Burhoff*, RVG, Nr. 4143 VV RVG Rn 32 ff.; *N. Schneider* AGS 2009, 1).

Siehe auch: → *Nebenklage*, Rdn 1917.

Akteneinsicht für den Verteidiger während der Hauptverhandlung

Literaturhinweise: Bahnsen, Das Akteneinsichtsrecht der Verteidigung im Strafverfahren, 1996; **Burhoff**, Das Akteneinsichtsrecht des Verteidigers im Strafverfahren nach § 147 StPO, ZAP F. 22, S. 345; *ders.*, 9 häufige Fragen zum Akteneinsichtsrecht des Verteidigers, PA 2004, 14; *ders.*, Das Akteneinsichtsrecht des Strafverteidigers nach § 147 StPO, HRRS 2003, 182; **Pfeiffer**, Das Akteneinsichtsrecht des Strafverteidigers, in: Festschrift für *Walter Odersky*, 1996, S. 453; **Schäfer**, Die Grenzen des Rechts auf Akteneinsicht durch den Verteidiger, NStZ 1984, 203; **Schneider**, Grundprobleme des Rechts der Akteneinsicht des Strafverteidigers, Jura 1995, 337; **Welp**, Probleme des Akteneinsichtsrechts, in: Festgabe für *Karl Peters*, 1984, S. 309.

1.a) Der Verteidiger kann nach § 147 grds. während des gesamten Verfahrens die Akten einsehen (zum AER allgemein s. die eingehende Darstellung bei *Burhoff*, EV, Rn 145 ff.).

b) Dieser Grundsatz wird nach h.M. jedoch **nicht** für den Verfahrensabschnitt der **HV angewendet**, da das Gericht während der HV die Akten benötigt (OLG Stuttgart NJW 1979, 559 f. m.w.N.; *Meyer-Goßner/Schmitt*, § 147 Rn 10; a.A. mit beachtlichen Gründen LR-*Lüderssen/Jahn*, § 147 Rn 100, der darauf hinweist, dass das AER dem Verteidiger nicht nur einmal zusteht). Etwas **anderes** gilt aber auf jeden Fall, wenn der Verteidiger erst während der HV gewählt oder bestellt worden ist (OLG Stuttgart, a.a.O.) oder zuvor keine ausreichende AE erhalten hatte (OLG Hamm NJW 2004, 381 [für OWi-Verfahren]; *Meyer-Goßner/Schmitt*, a.a.O.; KK-*Laufhütte/Willnow*, § 147 Rn 14; zur Einsichtnahme in das → *Protokoll der Hauptverhandlung*, Rdn 2112; zum [verneinten] AER parlamentarischer Untersuchungsausschüsse während laufender HV s. OLG Stuttgart NJW 1996, 1908).

A   Akteneinsicht für den Verteidiger während der Hauptverhandlung

> ⚖ Nur in diesem Fall besteht dann auch ein Anspruch auf die mit der AE notwendigerweise verbundene **Aussetzung** der HV wegen veränderter Sachlage nach § 265 Abs. 4 (BGH VRS 31, 188; OLG Stuttgart, a.a.O.; s.a. → *Hinweis auf veränderte Sach-/Rechtslage*, Rdn 1737), was der Verteidiger **beantragen** muss.

283   2. Einsicht zu gewähren ist aber – auch während der HV – in ggf. nach Anklageerhebung entstandene und/oder vom Gericht **während der HV beigezogene Akten** (BGHSt 30, 131, 138; BGH StV 2010, 228 [nachgereichte Beiakten/Ergebnisse von Telefonüberwachungen]; vgl. auch noch LG Berlin StV 2014, 403; LG Hamburg StV 2014, 406; LG Hannover StV 2013, 79, jeweils auch zur Frage der → *Aussetzung der Hauptverhandlung wegen fehlender Akteneinsicht*, Rdn 484). Der Grundsatz des fairen Verfahrens verpflichtet das Gericht zudem, dem Angeklagten und seinem Verteidiger Gelegenheit zur Kenntnisnahme vom Ergebnis verfahrensbezogener **(Nach-)Ermittlungen** zu geben, die es während, aber außerhalb der HV angestellt hat, und zwar auch dann, wenn das Gericht das Ergebnis der Ermittlungen nicht für entscheidungserheblich hält (BGHSt 36, 305 [für **Telefonüberwachung**]; BGH StV 2001, 4; NStZ 2006, 115 [für umfangreichen Ermittlungsbericht], jew. m.w.N.; s. → *Telefonüberwachung, Verwertung der Erkenntnisse in der Hauptverhandlung*, Rdn 2633). Dazu genügt z.B. der **Hinweis** des Gerichts, dass eine Telefonüberwachung stattgefunden hat und die Ergebnisse vorliegen. Der Verteidiger kann dann von seiner sich aus § 147 ergebenden Befugnis Gebrauch machen und AE in die die Telefonüberwachung betreffenden Unterlagen nehmen. Wenn der Hinweis auf die nachträglichen Ermittlungsmaßnahmen/Telefonüberwachung allerdings den **Untersuchungszweck gefährden** würde, kann das Gericht den Hinweis solange **aufschieben**, bis die Gefährdung nicht mehr droht (BGHSt 36, 305). Einen Hinweis erteilen muss das Gericht den Verfahrensbeteiligten auch dann, wenn während der HV **Urkunden** oder **andere Beweismittel**, deren Erheblichkeit für das Verfahren nicht ausgeschlossen ist, ohne Veranlassung durch das Gericht zu den Akten gelangen (BGH StV 2001, 4 [für einen zu den Akten gelangten Brief eines Mitangeklagten]). Nach der Rspr. des BGH unterliegt es erheblichen Bedenken, wenn im Fall einer **Sperrung** vom Gericht auf Antrag der Verteidigung angeforderte Beiakten diese lediglich dem Gericht zur Nachprüfung der Entbehrlichkeit ihrer Vorlegung zugeleitet werden (BGH NStZ 1998, 97). Vielmehr dürfte auch insoweit das nach Anklageerhebung grds. unbeschränkte **AER** des Verteidigers bestehen (s.a. *Burhoff*, EV, Rn 304 ff.).

> ⚖ Nicht bzw. nicht ausreichend gewährte AE muss mit der **Verfahrensrüge** geltend gemacht werden (vgl. zur im Hinblick auf § 305 S. 1 verneinten Anfechtbarkeit der Ablehnung eines Antrags auf Aktenbeiziehung OLG Nürnberg, Beschl. v. 18.5.2015 – 1 Ws 189/15; OLG Saarbrücken NStZ 2005, 344; zur Begründung der Verfahrensrüge OLG Hamm NJW 2004, 381; s.a. → *Beschwerde*, Rdn 770).

Siehe auch: → *Aussetzung der Hauptverhandlung wegen fehlender Akteneinsicht*, Rdn 484.

Akteneinsicht für Schöffen 284

Literaturhinweise: Atzler, Das Recht der ehrenamtlichen Richter, die Verfahrensakten einzusehen, DRiZ 1991, 207; **Dehn**, Zur Besetzung des Gerichts bei Haftentscheidungen außerhalb der Hauptverhandlung, NStZ 1997, 607; **Ellenbogen**, Das Akteneinsichtsrecht der Schöffen, DRiZ 2010, 136; **Nowak**, Das Recht der Schöffen auf Akteneinsicht für die Dauer der Hauptverhandlung, JR 2006, 459; **Rüping**, Funktionen der Laienrichter im Strafverfahren, JR 1976, 269; **Schünemann**, Der Richter im Strafverfahren als manipulierter Dritter?, StV 2000, 159; **Terhorst**, Information und Aktenkenntnis der Schöffen im Strafprozess, MDR 1988, 809; s.a. die Hinw. bei → *Akteneinsicht für den Verteidiger während der Hauptverhandlung*, Rdn 279. 285

1.a) Die früher h.M. (in der Rspr.) ging ohne Einschränkung davon aus, dass Schöffen grds. **kein Recht** auf AE haben, weil dadurch der sich aus § 250 ergebende → *Unmittelbarkeitsgrundsatz*, Rdn 2690, verletzt wird (BGHSt 13, 73 [für wesentliches Ergebnis der Ermittlungen]; BGH, MDR 1973, 19 [D]; LG Hamburg MDR 1973, 69 [für Aufhebung eines HB ohne Schöffen, wenn diesen sonst der Inhalt der Akten mitgeteilt werden müsste]; LR-*Gollwitzer*, § 261 Rn 31; zur Darstellung der Entwicklung *Nowak* JR 2006, 459 und *Ellenbogen* DRiZ 2010, 136 m. einer Darstellung des Streitstandes). Das gilt insbesondere auch für die **Anklageschrift**, die den Schöffen nach **Nr. 126 Abs. 3 RiStBV**, vor allem wegen des darin enthaltenen wesentlichen Ergebnisses der Ermittlungen, nicht zugänglich gemacht werden darf (so wohl auch noch BGHSt 43, 31; zw. jetzt BGH, Beschl. v. 28.10.2009 – 5 ARs 53/09; s.a. EGMR NJW 2009, 2871; *Ellenbogen*, a.a.O., m.w.N., und u. Rdn 287). Ihnen darf jedoch, vor allem in Verfahren mit einem umfangreichen und schwierigen Sachverhalt, nach Nr. 126 Abs. 3 S. 2 RiStBV für die Dauer der HV eine Abschrift des Anklagesatzes nach dessen Verlesung überlassen werden (→ *Verlesung des Anklagesatzes*, Rdn 2921). 286

> ✍ Der Verteidiger sollte daher, falls er während der HV feststellt, dass einem Schöffen eine vollständige Anklageschrift vorliegt, dies beanstanden und den Schöffen ggf. wegen Besorgnis der **Befangenheit ablehnen** (vgl. → *Ablehnung von Schöffen*, Rdn 127).

b)aa) In den vergangenen Jahren hat sich dann aber in der **Rspr.** eine **Wandel** dieser strengen Auffassung vollzogen: Schon der 1. Strafsenat des BGH hatte bereits im Urt. v. 23.2.1960 (1 StR 648/59) Bedenken gegen diese strikte h.M. geäußert, weil Schöffen und Berufsrichter gleich zu behandeln seien (so auch *Atzler* DRiZ 1991, 207; *Dehn* NStZ 1997, 607, 608). Während dann der BGH in einer späteren Entscheidung (NJW 1987, 1209) die Frage noch offengelassen hat, hat es der 3. Strafsenat dann 1997 für **zulässig** gehalten, dass Schöffen **Kopien** von **Telefonüberwachungs-Protokollen** als Hilfsmittel 287 zum besseren Verständnis der Beweisaufnahme zur Verfügung gestellt werden (BGHSt 43, 36; zust. *Imberger-Bayer* JR 1999, 299 f. in der Anm. zu BGH, a.a.O.). Er hat außerdem darauf hingewiesen, dass er dazu neige, die Gewährung von AE an die Schöffen für zulässig anzusehen. Das entspricht der schon länger vertretenen, wohl überwiegenden Meinung in der Lit. (vgl. z.B. *Meyer-Goßner/Schmitt*, § 30 GVG Rn 2 m.w.N., der ebenfalls darauf verweist, dass die Schöffen den Berufsrichtern gleichgestellt sind; KK-*Barthe*, § 30 GVG Rn 2; *Dehn*, a.a.O.; *Atzler* DRiZ 1991, 207; *Ellenbogen* DRiZ 2010, 136; *Rüping* JR 1976, 272; *Terhorst* MDR 1988, 809; zust. zur BGH-Rspr. *Katholnigg* NStZ 1997, 507; abl./a.A wegen eines Verstoßes gegen den → *Unmittelbarkeitsgrundsatz*, Rdn 2690, *Lunnebach* StV 1997, 452 und *Imberger-Bayer* JR 1999, 300, jew. in der Anm. zu BGHSt 43, 36; *Schünemann* StV 2000, 159, 164; s.a. BGHSt 43, 360 [keine Verletzung des → *Unmittelbarkeitsgrundsatzes*, Rdn 2699, durch Verlesung eines nach § 209 ergangenen Vorlagebeschlusses]; zw. BGH, Beschl. v. 28.10.2009 – 5 ARs 53/09, und nicht ganz eindeutig KK-*Scheuten*, § 31 Rn 7).

288 **bb)** Inzwischen hat auch der **EGMR** zu dieser Frage Stellung genommen (vgl. NJW 2009, 2871). Er hat ein **AER** der Schöffen **bejaht** und es nicht beanstandet, dass den Schöffen (sogar) auch das wesentliche Ergebnis der Ermittlungen mitgeteilt worden ist. Er stellt darauf ab, dass mit der Überlassung den Schöffen nicht die Beweiswürdigung der StA zur Kenntnis gebracht wird, sondern die Überlassung erfolgt sei, um die Schöffen über den genauen Inhalt eines im Rahmen der HV abgelegten Geständnisses einer früheren Mitangeklagten zu informieren. Zudem seien Schutzvorkehrungen durch den Vorsitzenden getroffen worden, der die Schöffen vor der Überlassung des wesentlichen Ergebnisses der Ermittlungen darüber aufgeklärt habe, dass die darin enthaltene Sichtweise der StA nicht Grundlage des Urteils sei (zu allem auch *Ellenbogen* DRiZ 2010, 136 ff.).

289 **cc)** Auf dieser Grundlage wird man die AE an Schöffen für zulässig ansehen können. Zumindest bestehen **keine Bedenken**, den Schöffen z.B. solche Aktenbestandteile zur Kenntnis zu bringen, die im → *Selbstleseverfahren*, Rdn 2504, in die HV eingeführt werden können. Das wäre z.B. bei Telefonüberwachungs-Protokollen der Fall (BGHSt 43, 36; *Katholnigg* NStZ 1997, 507; a.A. wohl *Lunnebach* StV 1997, 453 f.). Auch können den Schöffen der Anklagesatz (BGHSt 56, 109) und in sog. Umfangs- und Punkteverfahren Aufstellungen aus dem wesentlichen Ergebnis der Ermittlungen über Taten usw. zur Verfügung gestellt werden dürfen (KK-*Scheuten*, § 31 Rn 7), da sie anderenfalls der HV häufig kaum folgen können. Darüber hinaus werden den Schöffen auch alle die Aktenbestandteile zugänglich gemacht werden können, die durch Verlesung in die HV eingeführt werden müssen. Denn es kann keinen Unterschied machen, ob diese Bestandteile den Schöffen vorgelesen werden, oder ob sie diese selber lesen (so wohl EGMR, a.a.O.).

☞ Es gebietet allerdings der Grundsatz des „fairen Verfahrens", dass der Vorsitzende, wenn Schöffen (zumindest teilweise) AE gewährt werden soll, die anderen Verfahrensbeteiligten darüber **vorab informiert**. Dann kann z.B. der Verteidiger dagegen – wie beim → *Selbstleseverfahren*, Rdn 2504 – Widerspruch einlegen und eine Gerichtsentscheidung herbeiführen. Auch wird der Vorsitzende geeignete „Schutzvorkehrungen" zu treffen haben. Das kann z.B. eine Belehrung darüber sein, dass Gegenstand des zu findenden Urteils nicht der entsprechende Aktenbestandteil, sondern der Inhalt des in der HV Erörterten ist (s. EGMR, a.a.O.).

Stellt der Verteidiger fest, dass den Schöffen AE gewährt wird/worden ist, ohne dass er darüber informiert wurde, sollte er diese Verfahrensweise im Hinblick auf die Revision auf jeden Fall **beanstanden**.

2. Etwas anderes hinsichtlich des Umfangs der AE gilt auf jeden Fall, wenn für Urkunden das sog. → *Selbstleseverfahren*, Rdn 2504, nach § 249 Abs. 2 durchgeführt wird. In diesem Fall müssen die Richter, also auch die Schöffen, die Urkunde lesen. Dazu darf dann den **Schöffen** auch schon **vor** der → *Verlesung des Anklagesatzes*, Rdn 2921, in der → *Berufungshauptverhandlung*, Rdn 619, vor dem Vortrag des Berichterstatters nach § 324 Abs. 1, Gelegenheit gegeben werden (*Meyer-Goßner/Schmitt*, § 249 Rn 22; KK-*Diemer*, § 249 Rn 36), da im Zuge der Neuregelung des Selbstleseverfahrens § 249 Abs. 2 S. 2 a.F., wonach die Schöffen erst nach der Verlesung des Anklagesatzes von den Urkunden Kenntnis nehmen durften, weggefallen ist. Gleichwohl ist es, worauf KK-*Diemer* (a.a.O.) zu Recht hinweist, i.d.R. wenig sinnvoll, die Schöffen die Urkunden vorab lesen zu lassen, da sie den Inhalt erst dann in das Verhandlungsergebnis einordnen können, wenn sie wenigstens den Anklagevorwurf kennen.

Siehe auch: → *Ablehnung von Schöffen*, Rdn 127.

290

Anhörungsrüge

291

Das Wichtigste in Kürze:
1. Das Anhörungsrügengesetz hat für alle Verfahrensordnungen den außerordentlichen Rechtsbehelf der Anhörungsrüge eingeführt.
2. § 356a setzt voraus, dass der Anspruch auf rechtliches Gehör in entscheidungserheblicher Weise verletzt worden ist.
3. Die (Zulässigkeits-)Voraussetzungen für den Antrag sind denen für einen Antrag auf Wiedereinsetzung in den vorigen Stand angeglichen.

> 4. Versetzt das Revisionsgericht das Verfahren durch Beschluss in die Lage zurück, die vor dem Erlass der Entscheidung bestanden hat, entfällt die Rechtskraft der Revisionsentscheidung.
> 5. Für das Bußgeldverfahren ist noch § 79 Abs. 1 Nr. 5 OWiG von Bedeutung.
> 6. Für die Tätigkeiten im Hinblick auf eine Anhörungsrüge können keine zusätzlichen Gebühren nach dem RVG verlangt werden.

292 Literaturhinweise: **Beukelmann**, Bedeutung von Anhörungsrüge nach § 356a und Gegenvorstellung, NJW-Spezial 2008, 344; **Burhoff**, Die wesentlichen Neuerungen des Anhörungsrügengesetzes für das Strafverfahren, PA 2005, 13; *ders.*, Die Anhörungsrüge im Strafverfahren, ZAP F. 22, S. 409; **Desens**, Die subsidiäre Verfassungsbeschwerde und ihr Verhältnis zu fachgerichtlichen Anhörungsrügen, NJW 2006, 1243; **Eschelbach**, Anhörungsrügen im Strafprozess, ZAP F. 22, S. 605; **Eschelbach/Geipel/Weiler**, Anhörungsrügen, StV 2010, 325; **Lohse**, Fünf Jahre Anhörungsrüge (§ 356a StPO) – kein Grund zum Feiern, StraFo 2011, 433; **Krumm**, Das Anhörungsrügengesetz in der verkehrsrechtlichen Praxis, SVR 2005, 401; **Meyer-Mews**, Rechtsschutzgarantie und rechtliches Gehör im Strafverfahren, NJW 2004, 716; **Mosbacher**, Freiheit durch Säumnis: Keine Haftfortdauer bei Wiedereinsetzung, NJW 2005, 3110; **Pohlreich**, Zur Fristvorwirkung der Verfassungsbeschwerde im strafgerichtlichen Verfahren, StV 2011, 574; **Schnabl**, Rechtsmittelverzicht und Anhörungsrüge, AnwBl. 2008, 188; **Vielmeier**, Rechtswegerschöpfung bei verzögerter Anhörungsrüge, NJW 2013, 346; s.a. die Hinw. bei → *Revision, Allgemeines*, Rdn 2211.

293 1. Das am 1.1.2005 in Kraft getretene Anhörungsrügengesetz (s. BGBl I, S. 3220) hat für alle Verfahrensordnungen den außerordentlichen Rechtsbehelf der Anhörungsrüge eingeführt (zu einer Bestandsaufnahme der [Neu-]Regelung *Lohse* StraFo 2010, 433 ff.). Das Gesetz geht zurück auf den Plenarbeschluss des BVerfG v. 30.4.2003 (NJW 2003, 1924; vgl. dazu u.a. Eschelbach, ZAP F. 22, S. 605 ff.; *Meyer-Mews* NJW 2004, 716), in dem das BVerfG die Möglichkeit fachgerichtlicher Abhilfe für den Fall gefordert hatte, dass ein Gericht in entscheidungserheblicher Weise den Anspruch auf rechtliches Gehör verletzt hat (zum Gesetzesentwurf s. BT-Drucks 15/3966 und 15/3706). Im Bereich des Strafverfahrens hat das Anhörungsrügengesetz eine Änderung in § 33a, der erweitert worden ist, gebracht (vgl. zur Nachholung des rechtlichen Gehörs *Burhoff*, EV, Rn 2654 ff.). Für das **Revisionsverfahren** ist **§ 356a** eingefügt worden (vgl. auch Burhoff/Kotz/*Geipel*, RM, Teil B Rn 1 ff.). Die Neuregelung gilt über § 46 OWiG bzw. § 79 Abs. 3 OWiG **auch** im **OWi-Verfahren** für die Rechtsbeschwerde.

> ☞ Die Anhörungsrüge **schließt andere Rechtsbehelfe** gegen eine Revisionsentscheidung **aus**. Das gilt insbesondere auch für den Antrag auf Nachholung des rechtlichen Gehörs nach § 33a (BGH NJW 2009, 1092; NStZ 2007, 236; NStZ-RR 2015, 66 [Ci/Ni]; OLG Nürnberg NJW 2007, 1013; *Pohlreich* StV 2011, 9). Auch gegen Entscheidungen im Rechtsbeschwerdeverfahren ist nur die Anhörungsrüge nach § 46 Abs. 1 OWiG, § 356a zulässig (OLG Jena zfs 2008, 233). Das gilt auch für einen Antrag auf gerichtliche Entscheidung nach § 346 Abs. 2, ggf. i.V.m. § 79 Abs. 3 OWiG (OLG Hamburg NStZ-RR 2008, 317; OLG Jena NJW 2008, 534).

Eine Verletzung des rechtlichen Gehörs i.Ü. kann **nicht** mit einer **Gegenvorstellung** geltend gemacht werden (BGH NStZ-RR 2010, 116; zur Gegenvorstellung allgemein *Burhoff*, EV, Rn 2077).

§ 356a ist ein eigener **außerordentlicher** Rechtsbehelf. Danach wird, wenn das Revisionsgericht bei einer Revisionsentscheidung den Anspruch eines Beteiligten auf rechtliches Gehör in entscheidungserheblicher Weise verletzt hat, das Verfahren auf Antrag durch Beschluss in die **Lage** versetzt, die **vor** dem **Erlass** der **Entscheidung** bestand (§ 356a S. 1: s. z.B. BGH NStZ 2012, 710)).

294

✍ Will der Verteidiger wegen der Verletzung von Art. 103 Abs. 1 GG **Verfassungsbeschwerde** einlegen, muss er, wenn diese nicht nach § 90 Abs. 2 BVerfGG mangels Ausschöpfung des Rechtsweges unzulässig sein soll, **zunächst** das Verfahren nach § 356a durchführen (BVerfG NJW 2007, 2977; 2009, 2518; 2013, 3506 mit Anm. *Junker* StRR 2013, 460; NStZ-RR 2004, 372; BVerfGK 5, 337; StRR 2008, 202 [Ls.]; BVerfG, Beschl. v. 17.2.2011 – 1 BvR 279/11 m.w.N. für das Zivilverfahren; Beschl. v. 25.10.2011 – 2 BvR 2407/10; KK-*Maul*, § 33a Rn 13; *Eschelbach*, ZAP F. 22, S. 605, 608; zur Ausschöpfung des Rechtsweges allgemein s. BVerfG NJW 1997, 46 m.w.N. und zur Subsidiarität der Verfassungsbeschwerde *Desens* NJW 2006, 1243). Da die Anhörungsrüge befristet ist, stellt sich die Frage der sog. „Fristvorwirkung der Verfassungsbeschwerde" nicht (vgl. dazu *Pohlreich* StV 2011, 574; zur Rechtswegerschöpfung bei verzögerter Anhörungsrüge *Vielmeier* NJW 2013, 346). Ggf. ist eine „Gegenvorstellung", die sich ausschließlich auf die Verletzung des Anspruchs auf rechtliches Gehör stützt, als Anhörungsrüge aufzulegen (BVerfG NJW 2014, 991).

Es kommt also zu einem **zweigleisigen Verfahren**: Einerseits muss die Verfassungsbeschwerde fristgerecht binnen eines Monats eingereicht und begründet werden, andererseits muss die Anhörungsrüge erhoben werden. Über den Ausgang dieses Verfahrens muss dann ggf. später im Verfahren über die Verfassungsbeschwerde berichtet werden (*Beukelmann* NJW-Spezial 2008, 344 [zugleich auch zur Frage, ob auch die Gegenvorstellung erhoben werden muss]).

2. Die Anwendung von § 356a setzt voraus, dass der Anspruch auf **rechtliches Gehör** in **entscheidungserheblicher Weise verletzt** worden ist. Nach der Gesetzesbegründung ist eine unterbliebene Anhörung nur dann „entscheidungserheblich", wenn und soweit sie sich auf das Ergebnis der Entscheidung ausgewirkt hat (BT-Drucks 15/3707, S. 17; vgl. auch BGH StraFo 2011, 55). Hätte der Betroffene nichts anderes vortragen können, sich also nicht anders verteidigen können, als er tatsächlich bereits vorgetragen hat oder ist es sonst ausgeschlossen, dass das Gericht bei ordnungsgemäßer Anhörung anders entschieden hätte, ist der Gehörsverstoß nicht entscheidungserheblich (BGH, Beschl. v. 28.4.2005 – 2

295

A Anhörungsrüge

StR 518/04, www.burhoff.de; OLG Hamm, Beschl. v. 12.5.2005 – 2 Ss OWi 752/04; zu allem a. *Meyer-Goßner/Schmitt*, § 356a Rn 2; *Burhoff*, EV, Rn 2654 ff.; Burhoff/*Burhoff*, OWi, Rn 399). Auf der Grundlage gilt:

296 Verletzung des rechtlichen Gehörs **nicht gegeben**, wenn

- das Revisionsgericht der **Rechtsauffassung** des Revisionsführers zu von ihm erhobenen Verfahrensrügen **nicht gefolgt** ist (BGH NStZ-RR 2005, 173; s.a. noch BGH HRRS 2006 Nr. 314),
- das Revisionsgericht nicht zu der vom Antrag des GBA **abweichenden Rechtsauffassung**, sondern nur zu dem Begehren eine Revisions-HV durchzuführen Stellung genommen hat (BGH StraFo 2009, 293),
- das Revisionsgericht entgegen dem Antrag des Angeklagten **keine Revisionshauptverhandlung** durchgeführt hat (BGH NStZ-RR 2006, 85; auch BGH StraFo 2009, 293),
- das Revisionsgericht zwar ergänzend zum Vortrag des GBA zu einer Rüge Stellung genommen hat, zu anderen, vom Betroffenen als bedeutsam angesehenen Rügen hingegen **keine Stellung** genommen hat (BGH NStZ-RR 2008, 151; ähnl. BGH StraFo 2009, 293; wistra 2007, 159),
- das Revisionsgericht sich **nicht ausdrücklich** mit der **Rechtsauffassung** des Angeklagten auseinandergesetzt hat (BGH NStZ-RR 2013, 157),
- der GBA nicht zu Ausführungen, die der Angeklagte bewusst erst nach Ablauf der Revisionsbegründungsfrist und nach Stellung des Antrags des GBA an den BGH vorgetragen hat, nicht Stellung genommen hat (**nachgeschobene Begründung**; BGH NStZ 2009, 52; wistra 2007, 319; vgl. a. ähnlich BGH NStZ-RR 2012, 319),
- das Revisionsgericht eine angekündigte Ergänzung der **Gegenerklärung** des Angeklagten (§ 349 Abs. 3 S. 2) **nicht abgewartet** hat (BGH StV 2008, 570),
- das Revisionsgericht dem Revisionsführer nicht erneut Gelegenheit zur Stellungnahme gegeben hat, obwohl es die Revision mit rechtlichen Ausführungen **verwirft**, die von der **Stellungnahme** der Revisions-StA **abweichen** (BGH wistra 2009, 283),
- das Revisionsgericht **nicht** zu allen in der **Gegenerklärung** des Angeklagten angesprochenen Punkten **Stellung genommen** hat (BGH NStZ-RR 2010, 116),
- der Verwerfungsbeschluss des Revisionsgerichts **keine Entscheidungsgründe** enthält (u.a. BGH NStZ-RR 2010, 194 [Ci/Zi]; 2014, 222 [Ls.]),
- ein unstatthafter, weil nach dem letzten Wort des Betroffenen gestellter (§ 25 Abs. 2 S. 2; → *Ablehnungszeitpunkt*, Rdn 116) **Befangenheitsantrag** nachgeholt (BGH NStZ-RR 2009, 38 [Ci]; 2009, 353; Beschl. v. 13.4.2011 – 1 StR 26/11) oder sonst unzulässigen Ablehnungsanträgen noch Geltung verschafft werden soll (BGH NStZ 2007, 416; ähnlich BGH NStZ-RR 2012, 99 [Ci/Zi]; OLG Nürnberg NJW 2007, 1013; vgl. auch *Eschelbach* ZAP F. 22, S. 605, 611),

Verletzung des rechtlichen Gehörs **gegeben**, wenn 297

- ein **Schriftsatz nicht zur Kenntnis** genommen worden ist, weil sich dieser nicht bei den vorliegenden Akten befand (BGH StraFo 2011, 55; ähnlich für Ablehnung im Revisionsverfahren BGH NStZ 2012, 710),
- das Revisionsgericht **übersehen** hat, **welche Revisionsanträge** der GBA gestellt hatte (BGH, Beschl. v. 13.4.2011 – 2 StR 524/10 [es war allein die Verwerfung der Revision nach § 349 Abs. 1 als unzulässig beantragt und ein Verwerfungsantrag nach § 349 Abs. 2 auch nicht hilfsweise gestellt, sodass die Revision nicht nach § 349 Abs. 2 verworfen werden konnte),
- die Rücknahme eines **Strafantrags** gegenüber dem OLG übersehen worden ist (OLG München StraFo 2009, 24),
- vom Rechtsbeschwerdegericht bei der Prüfung der „Ersttätereigenschaft" i.S.d. § 25 Abs. 2a StVG verfahrensfehlerhaft ein Bußgeldbescheid als rechtskräftig berücksichtigt worden ist, der vom Betroffenen mit einem **Wiedereinsetzungsantrag** angefochten war (OLG Schleswig StraFo 2008, 250).

 Bei der Begründung der Anhörungsrüge muss der Verteidiger darauf achten, dass er **nur Gehörsverletzungen geltend machen** kann. Die Anhörungsrüge dient nicht dazu, die angegriffene Entscheidung in der Sache in vollem Umfang nochmals zu überprüfen (u.a. BGH NStZ-RR 2007, 57 [Ls]; 2012, 21; Beschl. v. 13.1.2009 – 4 StR 196/08; Beschl. v. 24.6.2009 – 1 StR 556/07; KG, Beschl. v. 8.7.2008 – 3 Ws B 48/08; OLG Jena zfs 2008, 233). Auch können Verfahrensrügen nicht nachgeschoben werden (BGH, a.a.O.; vgl. BGH NStZ-RR 2009, 38 [Ci]). Entsprechendes gilt für **Ablehnungsanträge** im Revisionsverfahren (BGH NStZ-RR 2009, 353; 2012, 314; Beschl. v. 31.1.2013 – 1 StR 595/12; OLG Nürnberg NJW 2007, 1013 [für Ablehnungsgesuche]; vgl. a. OLG Celle, Beschl. v. 23.1.2015 – 2 Ws 174/14). Erst wenn die Prüfung durch das Ausgangsgericht ergeben hat, dass die Anhörungsrüge begründet ist, und das Verfahren in die Lage zurückversetzt worden ist, in der es sich vor der mit der Anhörungsrüge angegriffenen Entscheidung befunden hat, können die an der Ausgangsentscheidung mitwirkenden Richter für die neu zu treffende Sachentscheidung wegen Besorgnis der Befangenheit abgelehnt werden (LR-*Siolek*, § 25 Rn 13 und § 26a Rn 37; OLG Celle, a.a.O.).

3. Die (Zulässigkeits-)**Voraussetzungen** für den Antrag sind denen für einen Antrag auf → *Wiedereinsetzung in den vorigen Stand*, Rdn 3464, angeglichen. Im Einzelnen gilt (vgl. auch *Eschelbach* ZAP F. 22, S. 605, 609): 298

- Der Rechtsbehelf kann sich nicht nur gegen **Beschlüsse** des Revisionsgerichts wenden, sondern auch gegen **Urteile** (BGH NStZ-RR 2009, 38 [Ci]).

A Anhörungsrüge

- Der Rechtsbehelf ist **befristet**. Der **Antrag** muss **innerhalb einer Woche** nach Kenntnis von der Verletzung des Anspruchs auf rechtliches Gehör gestellt werden (§ 356a S. 2). Die Kenntnis muss sich nur auf die tatsächlichen Umstände beziehen (BT-Drucks 15/3706, S. 18), unerheblich ist der Zeitpunkt, zu dem der Angeklagte zur rechtlichen Einschätzung einer Gehörsverletzung gekommen ist (BGH NStZ 2007, 236; Beschl. v. 23.2.2011 – 1 StR 427/10; OLG Hamm, Beschl. v. 7.7.2008 – 3 Ss 357/07; OLG Jena zfs 2008, 233).

  > Wird die Frist versäumt, kann → **Wiedereinsetzung** in den vorigen Stand, Rdn 3464, beantragt werden, eine (unbefristete) Gegenvorstellung gegen die ursprüngliche Entscheidung ist nicht statthaft (BGH NStZ-RR 2010, 116). Die Fristversäumung ist aber nicht unverschuldet, wenn der Verurteilte sich nach Kenntnis der verfahrensabschließenden Entscheidung, durch die nach seiner Meinung sein Recht auf Gehör verletzt worden ist, nicht sofort über etwaige weitere rechtliche Möglichkeiten informiert hat (BGH HRRS 2006, 560; vgl. aber BGH, Beschl. v. 24.6.2009 – 1 StR 556/07 [zur „Informationspflicht" des Verteidigers]).
  >
  > Eine **Fristverlängerung** der gesetzlichen Frist kommt **nicht** in Betracht (BGH NStZ-RR 2013, 196 [Ci/Zi]). Auch ist eine Wiederholung des Antrags mit im Wesentlicher inhaltsgleicher Begründung nicht zulässig (OLG Nürnberg StRR 2013, 2 [Ls.; für Antrag nach § 33a]).

- Der Angeklagte muss den Antrag **begründen** (§ 356a S. 2). An die Begründung werden jedoch keine hohen Anforderungen gestellt (BT-Drucks 15/3706, S. 18). Allerdings wird man der Begründung den gerügten Gehörsverstoß zumindest ansatzweise entnehmen können müssen. Eine ungeeignete Begründung steht nach Auffassung des OLG Nürnberg einer fehlenden Begründung gleich (s. OLG Nürnberg NJW 2008, 1013). Die Begründung muss nicht durch den Verteidiger erfolgen (*Meyer-Goßner/Schmitt*, § 356a Rn 7).

- Der Angeklagte muss den Zeitpunkt der Kenntniserlangung **glaubhaft** machen (§ 356a S. 3). Der Zeitpunkt der Kenntniserlangung muss bereits im Antrag und nicht erst im späteren Verfahren angegeben werden (BGH NStZ 2005, 462; StV 2010, 297 [Ls.]; Beschl. v. 3.7.2008 – 4 StR 29/08; KG, Beschl. v. 8.7.2008 – 3 Ws B 48/08; OLG Hamm VRS 109, 43). Zur Glaubhaftmachung gehört ggf. auch, dass der Angeklagte von seinem Revisionsverteidiger nicht über die Möglichkeit der Erhebung einer Anhörungsrüge informiert worden ist (Beschl. v. 24.6.2009 – 1 StR 556/07).

> Der Verteidiger muss auf die Beachtung der Wochenfrist besondere Sorgfalt verwenden. Denn anders als sonst im Strafverfahren wird bei der Anhörungsrüge wegen der Nähe zur Verfassungsbeschwerde nach der Rspr. des BGH dem Mandanten ein **Vertei-**

digerverschulden zugerechnet (BGH StV 2010, 297 m. An m. *Burhoff* StRR 2009, 20; StraFo 2011, 318; NStZ-RR 2014, 89).

4.a) Versetzt das Revisionsgericht das Verfahren durch **Beschluss** in die Lage zurück, die **vor** dem **Erlass** der Entscheidung bestanden hat, entfällt die Rechtskraft der Revisionsentscheidung, allerdings nur soweit die Entscheidung von dem Gehörsverstoß betroffen ist (BT-Drucks 15/3706, S. 18). 299

☞ Folge ist, dass eine ggf. bereits begonnene **Vollstreckung abgebrochen** werden muss. Sofern sich der Angeklagte vor Eintritt der Rechtskraft in **U-Haft** befunden hat und noch inhaftiert ist, gilt nach § 356a S. 4 die Vorschrift des § 47. Es gilt also auch § 47 Abs. 3 (vgl. dazu → *Wiedereinsetzung in den vorigen Stand*, Rdn 3464). Gegen die ablehnende Entscheidung steht dem Angeklagten ein **Rechtsmittel nicht** zu. Er kann insbesondere nicht Verfassungsbeschwerde einlegen (BVerfG StraFo 2007, 148).

b) Das Revisionsgericht muss dann **neu** über die Revision **entscheiden** und dazu vorab alle Verfahrensbeteiligten (erneut) anhören. 300

5. § 356a gilt über § 79 Abs. 3 OWiG **auch** für die Rechtsbeschwerde im **OWi-Verfahren**. Insoweit ist noch Folgendes von Bedeutung: Nach §§ 72, 79 Abs. 1 S. 1 Nr. 5 OWiG darf das Gericht nicht gegen den **Widerspruch** des Betroffenen ohne HV durch Beschluss entscheiden (vgl. dazu Burhoff/*Gieg*, OWi, Rn 511 ff.). Verstöße gegen § 79 Abs. 1 S. 1 Nr. 5 OWiG sind aber z.B. auch denkbar, wenn dem Betroffenen keine ausreichende Gelegenheit zum Widerspruch gegeben wurde, insbesondere weil ein Hinweis nach § 72 Abs. 1 S. 2 OWiG unterblieben ist (z.B. BGHSt 27, 85, 87; OLG Düsseldorf StraFo 1999, 129). Zwar fehlt es nach den Änderungen/Neuerungen nun nicht mehr an einem Rechtsbehelf (s. BT-Drucks 15/3706, S. 24), jedoch ist nicht eindeutig, welcher Rechtsbehelf in Betracht kommt. Deshalb ist, wenn der Anspruch auf rechtliches Gehör im Beschlussverfahren nach § 72 OWiG verletzt worden ist, § 79 Abs. 1 S. 1 Nr. 5 OWiG für entsprechend anwendbar erklärt worden (so in der Vergangenheit u.a. schon OLG Köln NZV 1991, 441 m.w.N.). 301

☞ Damit gilt für diese Gehörsverletzungen auch die **Wochenfrist** des § 79 Abs. 3 OWiG i.V.m. § 341 (→ *Revision, Einlegung, Frist*, Rdn 2374).

6. Für die Tätigkeiten im Hinblick auf eine Anhörungsrüge können **keine zusätzlichen Gebühren** nach dem RVG verlangt werden. Die insoweit erbrachten Tätigkeiten gehören nach § 19 Abs. 1 Satz 2 Nr. 5 RVG zum Rechtszug und sind durch den Pauschalcharakter der jeweiligen Verfahrensgebühr mit abgegolten (Vorbem. 4.1 Abs. 2 und Vorbem. 5.1 302

A Anhörungsrüge

Abs. 1 VV RVG). Insoweit gilt dasselbe wie für ein Wiedereinsetzungsverfahren. Die Nr. 3330 VV RVG gilt für die Teile 4 bzw. 5 VV RVG nicht.

> 👉 Wird die Anhörungsrüge zurückgewiesen, muss im Beschluss über die **Kosten** entschieden werden (OLG Jena zfs 2008, 233; OLG Köln NStZ 2006, 181; OLG Nürnberg NJW 2007, 1013 [entsprechende Anwendung von § 473 Abs. 7]). Für die Zurückweisung der Anhörungsrüge entsteht nach Nr. 3920 KV GKG eine Gebühr von 50,00 € (vgl. auch BGH, Beschl. v. 5.3.2012 – 1 StR 571/11).

303 **7. Muster: Antrag auf Erhebung einer Anhörungsrüge**

▼

An das

Oberlandesgericht

In der Strafsache

gegen H. Mustermann

Az:

erhebe ich gem. § 356a StPO die Anhörungsrüge

und beantrage,

das Verfahren gem. § 356a StPO in den Stand vor Erlass der Entscheidung des Senats vom   zu versetzen.

Begründung:

Der Angeklagte ist vom Amtsgericht Musterstadt durch Urt. v.   wegen einer Hehlerei zu einer Freiheitsstrafe von zwei Monaten unter Strafaussetzung zur Bewährung verurteilt worden. Gegen dieses Urteil hat der Angeklagte durch mich am   Revision eingelegt. Die Generalstaatsanwaltschaft hat dazu mit Antrag vom   Stellung genommen. Dieser Antrag ist dem Angeklagten nicht gemäß § 349 Abs. 3 S. 1 StPO mitgeteilt worden. Jedenfalls ist der Antrag nicht in meinem Büro eingegangen, was ich anwaltlich versichere. Damit hatte der Betroffene keine Gelegenheit, zum Antrag der Generalstaatsanwaltschaft gem. § 349 Abs. 3 S. 2 StPO Stellung zu nehmen. Diese Gelegenheit hätte der Betroffene wahrgenommen und dargelegt, dass die amtsgerichtliche Entscheidung entgegen der Auffassung der Generalstaatsanwaltschaft in ihrer Stellungnahme nicht den Anforderungen an die Feststellungen, die die obergerichtliche Rechtsprechung für die Verurteilung wegen einer Hehlerei aufgestellt hat, entspricht. Das gilt insbesondere im Hinblick auf den nach Erlass der amtsgerichtlichen Entscheidung ergangenen Beschluss des Senats vom

Die Verwerfungsentscheidung des Senats vom ist bei mir im Büro am eingegangen. Kopie der Entscheidung mit dem Eingangsvermerk liegt an. Im Übrigen füge ich die eidesstattliche Versicherung meiner Mitarbeiterin vom bei, in der diese den Eingang am eidesstattlich versichert. Damit ist die Wochenfrist des § 356a S. 2 StPO gewahrt und zugleich der Zeitpunkt der Kenntniserlangung von der Gehörsverletzung glaubhaft gemacht.

Rechtsanwalt

Siehe auch: → *Revision, Allgemeines*, Rdn 2211 m.w.N.

Antragsmuster, Übersicht

304

Bei folgenden Stichwörtern/Randnummern sind Antragsmuster u.Ä. enthalten: 305

Aussetzungsanträge 306

- Aussetzung wegen Ausbleibens des Verteidigers, Rdn 483
- Aussetzung wegen fehlender Akteneinsicht, Rdn 489
- Aussetzung wegen veränderter Sach-/Rechtslage, Rdn 505
- Ladung des Angeklagten, Rdn 1828
- Ladung des Verteidigers, Rdn 1839
- Steuerstrafverfahren, Rdn 2567

Beweisrecht 307

- Bedingter Beweisantrag, Rdn 528
- Beweisanregung, Rdn 834
- Beweisantrag, Rdn 848
- Beweisantrag, Formulierung: Augenscheinseinnahme, Rdn 918
- Beweisantrag, Formulierung: Sachverständigenbeweis, Rdn 926
- Beweisantrag, Formulierung: Urkundenbeweis, mit
  - Antrag auf Verlesung von Urkunden, Rdn 936
  - Beweisantrag auf Erhebung des Urkundsbeweises, Rdn 937
  - Beweisantrag auf Erhebung des Urkundenbeweise hinsichtlich einer Urkunde, die sich in anderen Akten befindet, Rdn 938
- Beweisantrag, Formulierung: Zeugenbeweis, Rdn 950
- Beweisermittlungsantrag, Rdn 1017
- DNA-Untersuchung, Rdn 1286

A Antragsmuster, Übersicht

- Hilfsbeweisantrag, Rdn 1719
- Obergutachten, Rdn 1966
- Präsentes Beweismittel, mit
  - Beweisantrag auf Vernehmung eines präsenten Zeugen, Rdn 2057
  - Ladungsschreiben an präsente Beweisperson, Rdn 2058
  - Zustellungsersuchen an Gerichtsvollzieher, Rdn 2059
  - Entschädigungsantrag für präsente Beweisperson, Rdn 2060

308 Sonstiges

- Ablehnungsantrag Sachverständiger, Rdn 36
- Antrag auf Ablösung/Auswechselung eines Staatsanwalts, Rdn 47
- Ablehnungsantrag, Rdn 61
- Ausschluss der Öffentlichkeit, mit
  - Antrag auf Ausschluss während der Vernehmung des Angeklagten, Rdn 438
  - Antrag auf Ausschluss während der Urteilsverkündung, Rdn 439
- Besetzungseinwand, mit
  - Unterbrechungsantrag zur Besetzungsprüfung, Rdn 807
  - Besetzungsrüge, Rdn 808
- Beurlaubung des Angeklagten von der Hauptverhandlung, Rdn 827
- Bußgeldverfahren, Antrag auf Entbindung von der Pflicht des Betroffenen, in der Hauptverhandlung zu erscheinen, Rdn 1267
- Entschädigung nach dem StrEG, mit
  - Klagemuster, Rdn 1443
- Privatklageverfahren, Rdn 2091
- Sitzordnung in der Hauptverhandlung, Rdn 2526
- Terminsverlegung, Rdn 2668
- Unterschreitung der Hauptverhandlung, Rdn 2720
- Vollmacht des Verteidigers, Rdn 3369
- Wiedereinsetzung und Berufung, Rdn 2877
- Zulassung von Mitarbeitern des Verteidigers zur Hauptverhandlung, Rdn 3588
- Zurückweisung einzelner Fragen des Verteidigers, mit
  - Antrag auf Zurückweisung einer ungeeigneten bzw. nicht zur Sache gehörenden Frage, Rdn 3607
  - Antrag auf Erlass eines Gerichtsbeschlusses gegen die Beanstandung einer Frage, Rdn 3607
  - Antrag auf Aufnahme der in Zusammenhang mit der Beanstandung und Zurückweisung einer Frage des Verteidigers stehenden Vorgänge in das Protokoll der Hauptverhandlung, Rdn 3609

- Zuständigkeit des Gerichts, Rdn 3619
- Zuziehung eines Dolmetschers, Rdn 3660

Rechtsmittel/Rechtsbehelfe 309

- Anhörungsrüge, Rdn 303
- Berufungseinlegung, Rdn 600
- Antrag auf Entscheidung des Berufungsgerichts, Rdn 685
- Antrag auf Entscheidung des Revisionsgerichts, Rdn 2229
- unbestimmtes Rechtmittel, Rdn 2188
- Revisionsbegründung, Rdn 2235
- Revisionsschrift, Rdn 2370
- Verzögerungsrüge, Rdn 3306
- Wiedereinsetzung in den vorigen Stand, Rdn 3486

Anwesenheit des Verteidigers in der Hauptverhandlung 310

Literaturhinweise: s. die Hinw. bei → *Verhinderung des Verteidigers*, Rdn 2904. 311

1. Der (i.S.d. § 140 Abs. 1 und 2 notwendige) Verteidiger ist grds. zur Anwesenheit in der HV von deren Beginn bis zum Ende der → *Urteilsverkündung*, Rdn 2761, **verpflichtet**. Der **Verteidiger** ist z.B. dann nicht (mehr) in der HV anwesend, wenn er sich nach Ablehnung eines Entpflichtungsantrags unter Ablegung der Robe in den **Zuschauerraum** begibt, da er damit eindeutig zu erkennen gibt, dass er sich weigert, die Verteidigung weiter zu führen (BGH StV 1993, 566). In diesem Fall ist der Angeklagte nicht mehr verteidigt, sodass das Verfahren ohne Bestellung eines neuen (Pflicht-)Verteidigers nicht zu Ende geführt werden darf (BGH, a.a.O.; NJW 1993, 340; wegen der „Anwesenheit" des Verteidigers, wenn er den Schlussvortrag verweigert, → *Plädoyer des Verteidigers*, Rdn 2017). Ein „Rechtsanwalt", der nicht als Rechtsanwalt zugelassen ist, ist **Scheinverteidiger** und kann für den Angeklagten in der HV nicht wirksam mitwirken (BGHSt 47, 238 [für → *Rechtsmittelverzicht*, Rdn 2189]). 312

Ein **unangemessenes Verhalten** des Verteidigers, wie z.B. Unpünktlichkeit und Verlassen des Sitzungssaals während des → *Plädoyers des Staatsanwalts*, Rdn 2011, berechtigt den Vorsitzenden nicht, in dessen Abwesenheit weiter zu verhandeln (BGH NJW 2014, 2807).

| A | Anwesenheit des Verteidigers in der Hauptverhandlung |

313 Ist der **Verteidiger** zeitweilig **verhindert**, kann er sich grds. durch einen anderen Rechtsanwalt **vertreten** lassen (vgl. dazu → *Vertretung des Pflichtverteidigers in der Hauptverhandlung*, Rdn 3217; → *Vertretung des Wahlverteidigers in der Hauptverhandlung*, Rdn 3222).

☞ Bei notwendiger Verteidigung begründen Verstöße gegen die Anwesenheitspflicht des Verteidigers ggf. die **Revision** (§ 338 Nr. 5; vgl. wegen der Einzelh. *Meyer-Goßner/ Schmitt*, § 338 Rn 41 m.w.N.; zur Verfahrensrüge → *Ladung des Verteidigers*, Rdn 1837, und zu deren Begründung u.a. BGH NStZ-RR 2013, 352). Entfernt der Verteidiger sich allerdings eigenmächtig von der Urteilsverkündung, so ist eine hierauf gestützte Rüge verwirkt (BGH NJW 1998, 2542 [Ls.]). Das gilt nicht, wenn der Antrag, als Pflichtverteidiger beigeordnet zu werden, zu Unrecht abgelehnt wird und der Rechtsanwalt sich während der HV in den Zuschauerraum setzt, wodurch der Angeklagte zeitweise unverteidigt ist bzw. „**verteidigungslos**" gestellt wird (OLG Naumburg StV 2014, 20 m. Anm. *Burhoff* StRR 2013, 428).

314 2. Ist der **Wahlverteidiger** an der Teilnahme/Fortführung der HV **verhindert**, kann nach h.M. der Vorsitzende nach § 145 Abs. 1 einen Pflichtverteidiger bestellen, um so den reibungslosen Fortgang der HV sicher zu stellen (BGHSt 15, 306, 309; BGH NJW 1973, 1985; a.A. wohl *Neuhaus* StraFo 1998, 88, jew. m.w.N.; wegen der Einzelh. → *Pflichtverteidiger, Bestellung in der Hauptverhandlung*, Rdn 1970; → *Pflichtverteidiger, Bestellung neben Wahlverteidiger*, Rdn 1983; zur Beiordnung eines weiteren [Pflicht-]Verteidigers s.a. *Burhoff*, EV, Rn 2962 ff.). Davon wird in der Praxis insbesondere dann Gebrauch gemacht, wenn sonst der **Beschleunigungsgrundsatz verletzt** würde (vgl. dazu u.a. BVerfG NJW 2006, 672; OLG Hamm NJW 2006, 2788; StV 2006, 481; OLG Köln StV 2006, 145; 2006, 463; zum Beschleunigungsgrundsatz → *Haftfragen*, Rdn 1658). Allerdings ist auch in diesen Fällen das Recht des Angeklagten „vom **Anwalt** des **Vertrauens**" verteidigt zu werden, zu beachten (vgl. dazu den Hinweis in BGH StV 2009, 565, 567; zum Anwalt der Vertrauens s.a. BGH StV 2010, 170; OLG Jena StV 2009, 576; OLG Naumburg StRR 2009, 106, sowie für das Bußgeldverfahren u.a. OLG Hamm zfs 2009, 470; → *Terminsbestimmung/ Terminsverlegung*, Rdn 2646).

☞ Der Angeklagte ist auch dann nicht hinreichend verteidigt, wenn bei kurzfristiger Erkrankung des (Pflicht-)Verteidigers ein anderer Verteidiger für einen Tag der HV bestellt wird, um die Vernehmung eines Zeugen zu ermöglichen, ohne dass der Ersatzverteidiger sich in die Sache einarbeiten konnte (sog. **Flurverteidiger**; BGHSt 58, 206 m. Anm. *Hillenbrand* StRR 2014, 25).

Siehe auch: → *Aussetzung wegen Ausbleibens des Verteidigers*, Rdn 470; → *Ladung des Verteidigers*, Rdn 1829; → *Verhinderung des Verteidigers*, Rdn 2904.

Anwesenheitspflicht des Angeklagten   315

Literaturhinweis: Neuhaus, Der Grundsatz der ständigen Anwesenheit des Angeklagten in der strafprozes-   316
sualen Hauptverhandlung 1. Instanz unter besonderer Berücksichtigung des § 231a StPO, 2000.

1.a) Grds. ist der Angeklagte nach § 231 Abs. 1 S. 1 zur **ununterbrochenen** Anwesenheit   317
während der gesamten HV verpflichtet, was nach § 332 auch für die → *Berufungshauptverhandlung*, Rdn 619 ff., gilt (zur Anwesenheitspflicht allgemein *Meyer-Goßner/Schmitt*, § 230 Rn 2 m.w.N.; BVerfG NJW 2007, 2977, 2979). Deshalb kann der Angeklagte **nicht**, auch nicht im allseitigen Einverständnis, aus der HV **entlassen** werden (BGH NJW 1973, 522; NStZ 1991, 296; s. aber → *Beurlaubung von der Hauptverhandlung*, Rdn 817), er kann auch nicht selbst auf seine Anwesenheit **verzichten** (BGH, a.a.O.; StV 2003, 373). In bestimmten Fällen bestehen allerdings **Ausnahmen** von der Anwesenheitspflicht des Angeklagten. Das gilt, wenn einerseits das Verfahren insgesamt in Abwesenheit des ausgebliebenen Angeklagten durchgeführt werden kann (vgl. dazu die §§ 232, 233, 329, 350 Abs. 2, 387 Abs. 1, 411 Abs. 2, 412) oder andererseits zeitweilig die Anwesenheit des Angeklagten nicht erforderlich ist (vgl. §§ 231 Abs. 2, 231a, 231b, 247; s. unten die weiterführenden Hinw.).

b) Der Pflicht des Angeklagten zur Anwesenheit entspricht auf der anderen Seite das   318
Recht auf Anwesenheit in der HV (OLG Karlsruhe StV 1986, 289), das auch dann besteht, wenn der Angeklagte ausnahmsweise (s.u. Rdn 321) nicht zur Anwesenheit verpflichtet ist (BGHSt 28, 35, 37). Das Gericht darf daher dem Angeklagten die **Anwesenheit** in der HV **nicht verbieten**, auch wenn es ohne ihn verhandeln könnte (KK-*Gmel*, § 231 Rn 1 m.w.N.). Andererseits kann der Angeklagte auch nicht auf sein Anwesenheitsrecht verzichten (OLG Hamm StV 2010, 59) bzw. kann nicht eine Einigung über die Anwesenheit des Angeklagten getroffen werden (OLG Hamm StV 2007, 571).

2.a) Nach § 231 Abs. 1 S. 2 kann der **Vorsitzende** geeignete **Maßnahmen** treffen, um das   319
Sich-Entfernen des Angeklagten zu verhindern. Zu den zulässigen Maßnahmen gehören die **Bewachung** durch einen Justizbeamten, ggf. auch die → *Fesselung des Angeklagten*, Rdn 1512 (BGH NJW 1957, 271; *Meyer-Goßner/Schmitt*, § 231 Rn 2), wenn die (allgemeinen) Voraussetzungen des § 119 Abs. 1 vorliegen (KK-*Gmel*, § 231 Rn 2; OLG Dresden NStZ 2007, 479).

Der Vorsitzende kann den Angeklagten nach § 231 Abs. 1 S. 2 während einer → *Unterbre-*   320
chung der Hauptverhandlung, Rdn 2701, in **Gewahrsam** nehmen lassen. Das setzt aber voraus, dass Anlass zu der Annahme besteht, der Angeklagte wolle sich der weiteren HV entziehen (zur Beeinträchtigung des Rechts auf angemessene Verteidigung bei grundloser Ingewahrsamnahme s. BGH NStZ 2004, 637). Die Dauer der Unterbrechung spielt grds. keine Rolle. Der Angeklagte kann daher auch über die Nachtstunden und bei mehrmaliger Unterbrechung mehrmals in Gewahrsam genommen werden (*Meyer-Goßner/Schmitt*, § 231 Rn 3 m.w.N.). Fraglich ist, ob das auch für eine **länger andauernde**, ggf. sogar mehr-

A Anwesenheitspflicht des Angeklagten

tägige **Unterbrechung** gilt oder ob dann nicht nach den §§ 112 ff. ein HB erlassen werden muss (so OLG Frankfurt am Main NStZ-RR 2003, 329; *Meyer-Goßner/Schmitt*, a.a.O.; KK-*Gmel*, § 231 Rn 2; vgl. a. *Wendisch* StV 1990, 166 in der Anm. zu OLG Oldenburg NStZ 1990, 431 [zur Frage, ob das Herbeiführen der Verhandlungsunfähigkeit ein „Sich-Entziehen" i.S.v. § 112 Abs. 2 Nr. 2 darstellt]). M.E. ist in diesen Fällen der Erlass eines **HB erforderlich**, da § 231 Abs. 1 S. 2 lediglich der Sicherung des ungestörten Ablaufs der HV dient und dem Vorsitzenden nicht das Recht gibt, darüber hinaus allein in den Freiheitsanspruch des Angeklagten einzugreifen (vgl. a. BVerfGE 21, 184, 188). Das gilt, nachdem das 1. JuMoG die zulässigen Unterbrechungsfristen verlängert hat, auf jeden Fall, da anderenfalls der Angeklagte allein aufgrund einer Entscheidung des Vorsitzenden bis zu drei Wochen in Gewahrsam genommen werden könnte (→ *Unterbrechung der Hauptverhandlung*, Rdn 2701).

321 b) Die vom Vorsitzenden zur Sicherung der Anwesenheit des Angeklagten getroffenen Maßnahmen sind i.d.R. Maßnahmen der → *Verhandlungsleitung*, Rdn 2889, sodass gegen sie gem. **§ 238 Abs. 2** das Gericht angerufen werden kann (KK-*Gmel*, § 231 Rn 2; *Meyer-Goßner/Schmitt*, § 231 Rn 24). A.A. ist der BGH (gewesen) (vgl. NJW 1957, 271); allerdings dürfte daran im Hinblick darauf, dass immer mehr Entscheidungen der „Rügepflicht" unterstellt werden, nicht mehr festzuhalten sein (→ *Verhandlungsleitung*, Rdn 2889). Das gilt auf jeden Fall, wenn die Maßnahmen sich auf die Verhandlung auswirken, so etwa, wenn eine Fesselung den Angeklagten an einer sachgerechten Verteidigung hindert (KK-*Gmel*, a.a.O.).

> Der Verteidiger **muss** nach § 238 Abs. 2 vorgehen, wenn er die angeordnete Maßnahme in der **Revision** als unzulässig rügen will (→ *Verhandlungsleitung*, Rdn 2900; → *Verwirkung von Verteidigungsrechten*, Rdn 3262).

322 Gegen Maßnahmen des Vorsitzenden, insbesondere gegen die Ingewahrsamnahme, kann der Angeklagte **Beschwerde** einlegen (OLG Frankfurt am Main NStZ-RR 2003, 329 m.w.N. [jedenfalls, wenn die Frist des § 128 Abs. 1 S. 1 überschritten wird]; *Meyer-Goßner/Schmitt*, a.a.O.). Ist die Beschwer weggefallen, kann ein Antrag auf Feststellung der Rechtswidrigkeit gestellt werden (OLG Frankfurt am Main, a.a.O. unter Hinw. auf BVerfG NJW 1997, 2163). Gegen die Ingewahrsamnahme nach § 231 Abs. 1 S. 2 ist jedoch eine weitere Beschwerde nach § 310 nicht zulässig (OLG Oldenburg Nds.Rpfl. 1954, 193), allerdings kann bei Überschreitung der Frist des § 128 Abs. 1 S. 1 eine **Entschädigung** nach dem StrEG in Betracht kommen (OLG Frankfurt am Main NStZ-RR 2005, 96; → *Entschädigung nach dem StrEG*, Rdn 1429).

Siehe auch: → *Ausbleiben des Angeklagten*, Rdn 361; → *Beurlaubung des Angeklagten von der Hauptverhandlung*, Rdn 817, mit Antragsmuster, Rdn 827; → *Entbindung des Angeklagten vom Erscheinen in der Hauptverhandlung*, Rdn 1386; → *Entfernung des Angeklag-*

ten aus der Hauptverhandlung, Rdn 1408; → *Selbst herbeigeführte Verhandlungsunfähigkeit des Angeklagten*, Rdn 2493; → *Verhandlung ohne den Angeklagten*, Rdn 2853; → *Vertretung des Angeklagten durch den Verteidiger*, Rdn 3208.

Anwesenheitsrechte in der Hauptverhandlung 323

Überblick: 324

- Anwesend sein können/müssen der **Angeklagte** und sein **Verteidiger** (→ *Anwesenheit des Verteidigers in der Hauptverhandlung*, Rdn 310; → *Anwesenheitspflicht des Angeklagten*, Rdn 315; → *Entfernung des Angeklagten aus der Hauptverhandlung*, Rdn 1408; → *Selbst herbeigeführte Verhandlungsunfähigkeit*, Rdn 2493; → *Verhandlung ohne den Angeklagten*, Rdn 2853), wobei der Angeklagte auf sein Anwesenheitsrecht nicht verzichten kann (OLG Hamm StV 2010, 65; KK-*Diemer*, § 247 Rn 3),
- Ist ein **Dolmetscher** zugezogen worden, muss/kann dieser grds. während der ganzen HV zugegen sein (BGH NStZ 2002, 275),
- **Gesetzliche Vertreter** und **Erziehungsberechtigte**, die als Zeugen vernommen werden sollen, haben sich **vor** ihrer **Vernehmung** aus dem Gerichtssaal zu **entfernen**, soweit durch ihre Anwesenheit, insbesondere bei der Vernehmung jugendlicher Angeklagter, die Ermittlung der Wahrheit beeinträchtigt würde (BGH NJW 1956, 520 [Ls.]),
- Der **Nebenkläger** darf an der HV teilnehmen, auch wenn er als Zeuge vernommen werden soll (→ *Nebenkläger als Zeuge*, Rdn 1924),
- Für **SV** gilt § 243 Abs. 2 S. 1, wonach sich Zeugen aus dem Sitzungssaal zu entfernen haben, nicht; SV können, müssen aber nicht unbedingt, während der gesamten Dauer der HV anwesend sein (KK-*Schneider*, § 243 Rn 16; BGH StV 1999, 470; zur Anwesenheitspflicht eines SV, der ein → *Glaubwürdigkeitsgutachten*, Rdn 1630, erstatten soll, s. BGH NStZ 1995, 45),
- Der → *Verletztenbeistand*, Rdn 3052, hat das Recht, in der HV anwesend zu sein,
- Der → *Vernehmungsbeistand*, Rdn 3157, hat nach § 68b Abs. 1 S. 2 das Recht, in der HV während der Vernehmung des von ihm vertretenen Zeugen anwesend zu sein,
- Eine **Vertrauensperson**, der der Vorsitzende gem. § 406f Abs. 3 auf Antrag des Verletzten, der als Zeuge vernommen wird, die Anwesenheit gestattet hat,
- **Zeugen** dürfen grds. **vor** ihrer **Vernehmung nicht** im Sitzungssaal anwesend sein (→ *Anwesenheit von Zeugen in der Hauptverhandlung*, Rdn 325),
- Der → *Zeugenbeistand*, Rdn 3491, hat nach § 68b Abs. 1 S. 2 für die Dauer der Vernehmung seines Mandanten/des Zeugen ein Anwesenheitsrecht, nach h.M. in der Rspr. aber nicht für die Zeit vor der Vernehmung des Mandanten/Zeugen.

| A | Anwesenheit von Zeugen in der Hauptverhandlung |

> 👉 Der **Vorsitzende** kann das **Verlassen** des Saales durch eine Person, die kein Anwesenheitsrecht hat, **erzwingen** (§ 176 GVG; → *Sitzungspolizei*, Rdn 2527).

325 Anwesenheit von Zeugen in der Hauptverhandlung

326 **1.** Nach § 58 Abs. 1 sind Zeugen **einzeln** und in **Abwesenheit** der später zu vernehmenden Zeugen zu vernehmen. Das gilt auch, wenn der → *Staatsanwalt als Zeuge*, Rdn 2552, in Betracht kommt, für einen → *sachverständigen Zeugen*, Rdn 2468, für den Beistand und auch, wenn der → *Verteidiger als Zeuge*, Rdn 3193, benannt ist. **Nebenkläger**, der Erziehungsberechtigte und der gesetzliche Vertreter eines Jugendlichen (§ 67 JGG) haben hingegen grds. Anspruch auf ununterbrochene Anwesenheit in der HV (*Meyer-Goßner/Schmitt*, § 58 Rn 3; *KK-Senge*, § 58 Rn 2; *HK-Gercke*, § 58 Rn 2, jew. m.w.N.; → *Anwesenheitsrechte in der Hauptverhandlung*, Rdn 323; → *Nebenkläger als Zeuge*, Rdn 1924 und → *Sonstige Verfahrensbeteiligte als Zeugen*, Rdn 2549).

327 **2.a)** Das **Abtreten** des **Zeugen** (§ 243 Abs. 2 S. 1; → *Gang der Hauptverhandlung, Allgemeines*, Rdn 1580) und seine **Abwesenheit** bis zur Vernehmung kann und muss das Gericht ggf. dadurch **erzwingen**, dass es den Zeugen – notfalls mit Gewalt – aus dem Saal weisen lässt. Das gilt auch für Zuhörer, deren Vernehmung beantragt wird (*Meyer-Goßner/Schmitt*, § 58 Rn 5). Der Vorsitzende hat insoweit einen **Beurteilungsspielraum**. Er kann Zuhörer zum Verlassen des Sitzungssaales schon dann auffordern, sobald nur mit der Möglichkeit zu rechnen ist, dass sie als Zeugen in Betracht kommen (BGH NStZ 2001, 163). Dafür müssen aber tatsächliche Anhaltspunkte vorliegen. Dem Ausschluss darf nicht nur ein Gruppenmerkmal zugrunde gelegt werden (BGH NStZ 2004, 453).

> 👉 Die **Anwesenheit** des Zeugen **vor** seiner Vernehmung in der HV macht diesen aber nicht grds. zu einem ungeeigneten Beweismittel. Da aber das Gericht im Rahmen des § 261 (hoffentlich!) immer prüfen wird, inwieweit die **Glaubwürdigkeit** eines Zeugen ggf. dadurch gelitten hat, dass er vor seiner Vernehmung im Gerichtssaal anwesend gewesen ist, wird der Verteidiger einen Zuhörer, der nach seiner Auffassung als Zeuge in Betracht kommt und den er später in einem Beweisantrag benennen will, möglichst **frühzeitig** dem Gericht **namhaft** machen. Dadurch gibt er dem Gericht die Möglichkeit, den Zeugen zu bitten, den Saal zu verlassen.

328 **b)** Ob die Vernehmung eines Zeugen in Gegenwart oder Abwesenheit schon vernommener Zeugen erfolgen soll, unterliegt dem **richterlichen Ermessen** (*HK-Gercke*, § 58 Rn 4). Der Verteidiger wird die Vernehmung eines Zeugen in **Abwesenheit** eines bereits vernommenen Zeugen insbesondere dann **beantragen**, wenn er diesen später noch einmal vernehmen und/oder dem anderen Zeugen gegenüberstellen will (→ *Gegenüberstel-*

lung von Zeugen, Rdn 1581) oder wenn er befürchtet, dass in Gegenwart des bereits vernommenen Zeugen nicht die Wahrheit gesagt wird.

☝ Lehnt der Vorsitzende die Vernehmung eines Zeugen in Abwesenheit eines anderen, bereits vernommenen Zeugen ab, muss der Verteidiger nach **§ 238 Abs. 2** einen **Gerichtsbeschluss** herbeiführen, wenn er das mit der Revision rügen will. Rügen kann er jedoch nicht die Verletzung des § 58, da es sich dabei nur um eine Ordnungsvorschrift handelt. Rügen muss er daher z.B. die Verletzung von § 244 Abs. 2, z.B. weil der Zeuge in Abwesenheit des anderen, bereits vernommenen Zeugen anders ausgesagt hätte (BGH MDR 1955, 396 [D]; s.a. BGHSt 34, 352).

Siehe auch: → *Zeugenvernehmung, Allgemeines*, Rdn 3537 m.w.N.

Aufklärungspflicht des Gerichts 329

Das Wichtigste in Kürze:
1. Zentrales Anliegen des deutschen Strafprozesses ist die Ermittlung des „wahren" Sachverhalts.
2. Die in § 244 Abs. 2 normierte Aufklärungspflicht wendet sich an das Gericht. Dieses ist danach grds. verpflichtet, alle den Angeklagten entlastenden und belastenden Beweismittel und -möglichkeiten auszuschöpfen.
3. Zutreffend ist es, wenn man davon ausgeht, dass das Gericht nur allen erkennbaren und sinnvollen Möglichkeiten zur Aufklärung des Sachverhalts nachgehen muss.
4. Die gerichtliche Aufklärungspflicht verlangt nicht nur eine vollständige Sachaufklärung. Sie schließt vielmehr die Verpflichtung des Gerichts ein, dass das Gericht sich um den bestmöglichen Beweis bemühen muss.
5. Das mit der Aufklärungspflicht des Gerichts korrespondierende revisionsrechtliche Mittel des Verteidigers ist die sog. Aufklärungsrüge.

Literaturhinweise: Bohlander, Entlastung der Strafrechtspflege – Ersetzung des § 244 II StPO durch § 288 I ZPO?, NStZ 1992, 578; **Conen/Tsambikakis**, Strafprozessuale Wahrheitsfindung mittels Sachverständiger im Spannungsfeld zwischen Aufklärungspflicht und Beweisantragsrecht, GA 2000, 372; **Fezer**, Reduktion von Beweiserfordernissen – Systemverändernde Tendenzen in der tatrichterlichen Praxis und der Gesetzgebung, StV 1995, 266; *ders.*, Amtsaufklärungsgrund und Beweisantragsrecht, in: Festgabe BGH, 2009, S. 847; **Frister**, Das Verhältnis von Beweisantragsrecht und gerichtlicher Aufklärungspflicht im Strafprozeß, ZStW 1993, 340 (Band 105); **Gutmann**, Die Aufklärungspflicht des Gerichts und der Beweiserhebungsanspruch der Parteien im Strafprozeß, JuS 1962, 369; **Herdegen**, Aufklärungspflichten, Beweisantragsrecht, Beweisantrag, Beweisermittlungsantrag, in: Gedächtnisschrift für *Karlheinz Meyer*, 1990, S. 207; *ders.*, Bemerkungen zum Beweisantragsrecht, Teil 1: NStZ 1984, 97, Teil 2: NStZ 1984, 200; *ders.*, Die Überprüfung der tatsächlichen Fest- 330

A Aufklärungspflicht des Gerichts

stellungen durch das Revisionsgericht aufgrund der Sachrüge, StV 1992, 527; *ders.*, Strafrichterliche Aufklärungspflicht und Beweiswürdigung, NJW 2003, 3513; **Julius**, Zum Verhältnis von Aufklärungspflicht und Beweisantragsrecht, NStZ 1986, 61; **Kühne**, Die Instrumentalisierung der Wahrheitsfindung im Strafverfahren, GA 2008, 361; **Lammer**, Zeugenschutz versus Aufklärungspflicht, in: Festschrift für *Peter Rieß*, 2002, S. 289; **Landau**, Die Pflicht des Staates zum Erhalt einer funktionstüchtigen Strafrechtspflege, NStZ 2007, 121; **Maul**, Die gerichtliche Aufklärungspflicht im Lichte der Rechtsprechung des Bundesgerichtshofs, in: Festgabe für *Karl Peters*, 1984, S. 60; **Mosbacher**, Zur Zulässigkeit vernehmungsergänzender Verlesung, NStZ 2014, 1; **Müller**, Zur Aufklärungspflicht bei Wahrunterstellung, in: Gedächtnisschrift für *Karlheinz Meyer*, 1990, S. 285; **Rademacher/Sell**, Der Auslandszeuge im Strafprozess, ZAP F. 22, S. 529; **Trüg**, Beweisantragsrecht – Disziplinierung der Verteidigung durch erhöhte Anforderungen?, StraFo 2010, 139; s.a. die Hinw. bei → *Beweisantragsrecht, Allgemeines*, Rdn 971 und bei den u.a. weiterführenden Stichwörtern.

331 **1.a)** Zentrales Anliegen des deutschen Strafprozesses ist die Ermittlung des „**wahren**" **Sachverhalts** (s.u.a. BVerfG NJW 1983, 1043; zum Wahrheitsbegriff *Kühne* GA 2008, 361). Dazu ist dem Gericht in § 244 Abs. 2 die Pflicht zu umfassender Aufklärung der tatsächlichen Entscheidungsgrundlagen auferlegt (KK-*Krehl*, § 244 Rn 28 m.w.N.; zur Amtsaufklärungspflicht in Zusammenspiel mit dem Beweisantragsrecht *Trüg* StraFo 2010, 139, 140 f.; Alsberg/*Dallmeyer*, Rn 40 ff.). Das gilt auch für das Bußgeldverfahren (OLG Celle NJW 2010, 3794; OLG Hamm VRR 2010, 474; → *Bußgeldverfahren, Besonderheiten der Hauptverhandlung*, Rdn 1252 ff.).

332 **b)** Dieser Amtsaufklärungs-/Untersuchungsgrundsatz verpflichtet den Tatrichter nach Auffassung der **Rspr.**, den Sachverhalt im Rahmen der angeklagten Tat unter Ausschöpfung aller bekannten oder sich aufdrängenden Erkenntnismittel solange zu erforschen, wie auch nur die **entfernte Möglichkeit** einer Änderung der bisher begründeten Vorstellung von dem zu beurteilenden Sachverhalt besteht (st. Rspr. des BGH; vgl. u.a. BGHSt 1, 94, 96; zuletzt BGHSt 38, 369; zu den verfassungsrechtlichen Anforderungen an die Aufklärungspflicht BVerfG NJW 2003, 2444; zu allem auch *Herdegen* NJW 2003, 3513). Von der **Lit.** wird das **einschränkender** beurteilt: Sie geht davon aus, dass der Tatrichter dann zur Aufklärung verpflichtet ist, wenn ihm noch Umstände oder Möglichkeiten bekannt oder erkennbar sind, „die bei **verständiger Würdigung** der Sachlage begründete Zweifel an der Richtigkeit der erkannten Überzeugung wecken müssen, falls ein noch nicht ausgeschöpftes Beweismittel zur Verfügung steht" (KK-*Krehl*, § 244 Rn 20; *ders.* NStZ 1984, 98; *Meyer-Goßner/Schmitt*, § 244 Rn 12; s.a. *Widmaier* NStZ 1994, 248 in der Anm. zu BGHSt 40, 3; BGH NStZ 1998, 50; offengelassen von BGHSt 40, 3; s. dazu a. Rdn 336). Einig ist man sich aber insoweit, dass keine Pflicht zur „ausufernden" Aufklärung besteht (vgl. BGHSt 40, 3 und BGH NStZ-RR 2002, 68 [Be; keine Pflicht, voraussichtlich nutzlose Beweiserhebungen anzustellen]; ähnl. BGH NStZ 2005, 44 [Unerreichbarkeit eines Zeugen]; *Meyer-Goßner/Schmitt*, § 244 Rn 13). Einschränkungen der Aufklärungspflicht ergeben sich nach der Rspr. des BGH ggf. auch aus **Opferschutzinteressen**. Der Tatrichter ist danach nämlich verpflichtet, bei seiner Entscheidung über den Umfang der Beweisaufnahme auch Opferschutzinteressen zu berücksichtigen (BGH NJW 2005, 1519; 2005, 2791). Daher sind insbesondere Beweiserhebungen zum Privat- und Intimleben eines Zeugen nur nach sorgfältiger Prüfung ihrer Unerlässlichkeit statthaft (BGH NStZ-RR 2009, 247).

✍ Gründe der „**Prozessökonomie**" bzw. die Absicht, die **Funktionsfähigkeit** der **Strafrechtspflege** zu erhalten (vgl. dazu *Landau* NStZ 2007, 121), führen grds. nicht dazu, dass die Amtsaufklärungspflicht eingeschränkt wird. Die Gerichte müssen im Rahmen der Beweisaufnahme die in der StPO dafür bereit gehaltenen Wege beschreiten. Ein solcher Weg ist bei einem umfangreichen Verfahrensstoff (allein) die Beschränkung des Verfahrensstoffes gemäß den §§ 154, 154a, die allerdings die Mitwirkung der StA voraussetzt (→ *Einstellung des Verfahrens nach § 154 bei Mehrfachtätern*, Rdn 1336; → *Einstellung des Verfahrens nach § 154 zur Beschränkung der Strafverfolgung*, Rdn 1351). Eine einseitige Beschränkung der Strafverfolgung ist dem Gericht nicht erlaubt (BGH NJW 2013, 1545 für Beschränkung auf bloßen Versuch des Betruges ohne Zustimmung der SA in einem Verfahren mit 53.479 Geschädigten).

Es ist hier nicht der Raum, alle mit der Aufklärungspflicht des Gerichts zusammenhängenden Fragen im Einzelnen darzustellen. Insoweit wird verwiesen auf die grundlegenden Ausführungen von *Krehl* in KK-*Krehl* (§ 244 Rn 27 ff. m.w.N.), und auf *Dahs/Dahs* (Die Revision im Strafprozess, 8. Aufl., Rn 326 ff.). Zu verweisen ist auch auf *Fezer* (StV 1995, 263 ff.), der sich im Hinblick auf die Grenzen der Belastbarkeit für den Strafprozess mit der Reduktion von Beweiserfordernissen auseinandersetzt. Lesenswert sind schließlich auch die Ausführungen von *Herdegen* (NJW 2003, 3513), in denen dieser zu den vom BVerfG (NJW 2003, 2444) aufgestellten verfassungsrechtlichen Anforderungen an die richterliche Aufklärungspflicht Stellung nimmt. Hier können aus Platzgründen in einem **Überblick** nur einige grundlegende Ausführungen zur Aufklärungspflicht gemacht werden.

333

2. Die in § 244 Abs. 2 normierte Aufklärungspflicht wendet sich an das Gericht. Dieses ist danach grds. verpflichtet, alle den Angeklagten **entlastenden** und **belastenden** Beweismittel und -möglichkeiten **auszuschöpfen** (st. Rspr.; vgl. u.a. BGH NJW 1966, 1524; StV 1983, 495; vgl. aber BGH NStZ-RR 2009, 247; KK-*Krehl*, § 244 Rn 32 m.w.N.; *Junker*, Rn 4 ff.). Das gilt auch im Fall einer Absprache/Verständigung nach § 257c (BVerfG NJW 2013, 1058; KK-*Krehl*, § 244 Rn 31a; → *Absprachen mit Gericht und Staatsanwaltschaft*, Rdn 158 ff.). Es ist unzulässig, dem Urteil ein Sachverhalt zugrunde zu legen, der nicht auf einer Überzeugungsbildung unter Ausschöpfung des verfügbaren Beweismaterials beruht (BVerfG, a.a.O.; u.a. BGH NStZ 2012, 465; 2014, 170 m. Anm. *Jahn*).

334

Kern und **Ausgangspunkt** des Aufklärungsgebots des § 244 Abs. 2 ist es, die **Wahrheit** in Bezug auf die zu beurteilende Tat zu **erforschen** und deren Unrechtsgehalt festzustellen (vgl. u.a. BGH StraFo 2009, 385). Den **Verfahrensbeteiligten** ist es natürlich unbenommen, durch **Anträge**/Anregungen auf die Aufklärungspflicht des Gerichts einzuwirken. Das geschieht insbesondere durch Beweisanträge, die die Aufklärungspflicht „aktualisieren",

335

| A | Aufklärungspflicht des Gerichts |

wenn ihnen entsprochen werden muss (KK-*Krehl*, § 244 Rn 35; zur Kritik an „exzessivem Verteidigungsverhalten" s. aber BGH StraFo 2006, 497), wobei häufig übersehen wird, dass auch ein unzulässiger Beweisantrag zur Notwendigkeit weiterer Beweiserhebungen führen kann (vgl. BGH NStZ 2008, 52; StV 2010, 287). Entsprechendes gilt für den „zu späten" Beweisantrag (vgl. u.a. BVerfG NJW 2010, 592; BGH NJW 2011, 2821 [keine Ablehnung eines Beweisantrages allein wegen Verzögerung]; → *Beweisantrag, Ablehnungsgründe*, Rdn 889 ff.). Darüber hinaus können auf die Aufklärungspflicht aber auch (einfache) Erklärungen und Aussagen von Verfahrensbeteiligten oder Aussagen von Zeugen (vgl. BGH StV 1984, 507) Einfluss haben. Von besonderer Bedeutung sind in diesem Zusammenhang der → *Beweisermittlungsantrag*, Rdn 1007, oder auch die → *Beweisanregung*, Rdn 828, die Anstoß zu weiterer Sachaufklärung sein können (vgl. nur BGH NStZ 1985, 184; s. die weit. Nachw. bei KK-*Krehl*, § 244 Rn 32 m.w.N.). Andererseits kann das Gericht aber auch aus dem Verhalten desjenigen, der einen Beweisantrag stellen könnte, dies aber nicht tut, Anhaltspunkte dafür gewinnen, ob eine weitere Beweisaufnahme geboten ist (BGH MDR 1985, 629 [H]). Schließlich kann das **Gericht** die Aufklärungspflicht auch **selbst konkretisieren** oder konkretisiert haben. Das ist immer dann der Fall, wenn der Tatrichter versucht (hat), ein Beweismittel auszuschöpfen. Damit gibt er zu erkennen, dass er eine weitere Sachaufklärung durch Verwertung eben dieses Beweismittels für geboten erachtet (hat). Ohne Änderung des diese Einschätzung tragenden Beweisergebnisses kann er dann nicht von der weiteren Sachaufklärung durch Verwertung dieses Beweismittels absehen und ggf. einen darauf gerichteten Beweisantrag ablehnen (KG NStZ-RR 2011, 121 für das Bußgeldverfahren).

> 🎵 Der Verteidiger muss, wenn er Grund dazu hat, die Sachaufklärung in eine bestimmte Richtung zu lenken, zumindest einen → ***Beweisermittlungsantrag***, Rdn 1007, stellen oder eine → ***Beweisanregung***, Rdn 828, geben. Das vor allem auch deshalb, weil dann in der Revision der ggf. erhobenen Aufklärungsrüge nicht entgegengehalten werden kann, die entsprechende Aufklärung, deren Fehlen nun beanstandet werde, sei in der HV nicht beantragt worden (s. dazu a. BGH MDR 1985, 629 [H]).

336 3. M.E. ist der Ansatz der o.a. **Lit.**-Stimmen **zutreffend**, der dahin geht, dass das Gericht nur allen erkennbaren und sinnvollen Möglichkeiten zur Aufklärung des Sachverhalts nachgehen muss. Dies berechtigt auch zu einer gewissen **Beweisantizipation**. Das Tatgericht darf im Hinblick auf das bisherige Beweisergebnis und seine verlässliche Grundlage voraussagen, dass die in Betracht kommende/angeregte Beweisaufnahme das Beweisergebnis nicht beeinflussen werde (st. Rspr.; vgl. u.a. BGH NStZ 1985, 324, 325; zu allem KK-*Krehl*, § 244 Rn 36 ff. m.w.N.; *Meyer-Goßner/Schmitt*, § 244 Rn 12 m.w.N.; *Herdegen* NStZ 1998, 445 f.).

337 Dabei ist jedoch zu **beachten**: Je **weniger gesichert** ein Beweisergebnis erscheint, je gewichtiger die Unsicherheitsfaktoren sind, je mehr Widersprüche bei der Beweiserhe-

bung zutage getreten sind, desto größer ist der Anlass für das Gericht, trotz des bisherigen Beweisergebnisses **weitere** erkennbare **Beweismöglichkeiten** zu benutzen (BGH StV 1996, 249 m.w.N. [für Aussage-gegen-Aussage]; StV 2003, 429 [Ablehnung des Beweisantrags auf Vernehmung eines Zeugen, der sich telefonisch bereits auf sein ZVR berufen hat]; StV 2005, 253 [die Verwendung einer bestehenden Aufklärungsmöglichkeit hätte den Schuldvorwurf möglicherweise infrage gestellt]; NStZ 2008, 232 [Ablehnung eines Beweisantrags wegen Unerreichbarkeit, ohne die Möglichkeit den Zeugen im Wege einer Bild-Ton-Übertragung zu vernehmen, in Erwägung zu ziehen]). Es ist Aufgabe des Verteidigers, in seinem → *Beweisermittlungsantrag*, Rdn 1007, oder der → *Beweisanregung*, Rdn 828, auf die Unsicherheiten und Widersprüche im bisherigen Beweisergebnis hinzuweisen.

⚖ Der Tatrichter braucht sich allerdings im **Bußgeldverfahren** umso weniger zu einer Beweisaufnahme gedrängt zu sehen, je geringer die Bedeutung einer weiteren Aufklärung im Blick auf das Ergebnis ist (BGH NJW 2005, 1381; zust. *Gössel* JR 2005, 391 in der Anm. zu BGH, a.a.O.).

4. Die gerichtliche Aufklärungspflicht verlangt nicht nur eine vollständige Sachaufklärung. Sie schließt vielmehr die Verpflichtung des Gerichts ein, dass das Gericht sich um den **bestmöglichen Beweis** bemühen muss (BVerfG NJW 2003, 2444; 2012, 907, 909; StV 1994, 411 ff.; 2013, 574 [Vollstreckungsverfahren]; OLG Düsseldorf NStZ 2008, 358; StV 2008, 346 [für Berufungs-HV]; StraFo 2008, 120; OLG Koblenz StV 2013, 553 [Augenschein/Zeugenaussage]; *Meyer-Goßner/Schmitt*, § 244, Rn 12; KK-*Krehl*, § 244 Rn 36; *Herdegen* NJW 2003, 3513, jew. m.w.N.). Das bedeutet einerseits, dass das Gericht grds. den sachnäheren Beweis wählen muss, andererseits ist durch diese Verpflichtung eine nur **mittelbare** Beweisführung **nicht** grds. **ausgeschlossen** (BVerfG NJW 1981, 1719; 2004, 2444; BGHSt 38, 369; BGH NStZ 2004, 50; KK-*Krehl*, a.a.O. m.w.N.; zu allem a. *Herdegen* NStZ 1984, 97 f.; *ders.* NStZ 1984, 337 ff. und NJW 2003, 3513). Die Anforderungen an die Überzeugungsbildung und damit an weitere Aufklärung steigen, je unsicherer das bisherige Beweisergebnis erscheint (BGH NStZ 2006, 34).

338

⚖ Das Gericht kommt seiner Pflicht zur umfassenden Sachaufklärung i.d.R. aber dann nicht ausreichend nach, wenn es zum Nachweis einer vom Angeklagten bestrittenen Tat ein **sachnäheres Beweismittel** nicht heranzieht, obwohl es erreichbar ist (u.a. OLG Düsseldorf, a.a.O.). Nur dann, wenn z.B. ein Zeuge für seine unmittelbare Vernehmung nicht zur Verfügung steht, ist es unter dem Gesichtspunkt der Amtsaufklärungspflicht unbedenklich, allein das sachfernere Beweismittel zu benutzen (BGHSt 32, 115, 123; BGH NStZ 2004, 50; vgl. a. KK-*Krehl*, § 244 Rn 36 ff.).

A Aufklärungspflicht des Gerichts

Hinzuweisen ist auf folgende

339 Rechtsprechungsbeispiele:

- zu den Anforderungen an die Aufklärungspflicht beim Fall von → *Absprachen/Verständigung mit Gericht und Staatsanwaltschaft*, Rdn 137 (§ 257c Abs. 1 S. 2; BVerfG NJW 2013, 1058; u.a. BGH StV 2010, 60; 2012, 134; StraFo 2010, 386; OLG Celle StV 2011, 341; s. aber auch BGH NStZ-RR 2011, 164 [Ci/Zi]),
- zu den Anforderungen an die Aufklärungspflicht, wenn im → *Letzten Wort des Angeklagten*, Rdn 1848, noch eine **Alibibehauptung** aufgestellt wird, s. BGH NStZ 2001, 160,
- zu den Anforderungen an die Aufklärungspflicht in dem (besonderen) Fall des nicht theoretisch-abstrakt infrage kommenden, sondern als Person existierenden möglichen **Alternativtäters** s. BVerfG NJW 2003, 2444,
- zur → *Augenscheinseinnahme*, Rdn 348 (vgl. dazu a. BGH StV 1994, 441; KG NStZ 2007, 480; OLG Düsseldorf StraFo 2008, 120; OLG Koblenz StV 2013, 553 [Augenschein ist aufgrund seiner Objektivität überlegenes Beweismittel gegenüber zu widerlegender Zeugenaussage]; der Richter ist verpflichtet, sich, wenn es möglich ist, selbst ein Bild von den Tatsachen zu machen, die den gesetzlichen Tatbestand ausfüllen (OLG Düsseldorf, a.a.O. [für die Frage, ob bestimmte Schriften „kinderpornografisch" sind]),
- zur Verletzung der Aufklärungspflicht, wenn nicht eine vorhandene, hinreichend deutliche **Videoaufzeichnung** vom Tatgeschehen in der HV abgespielt/in **Augenschein** genommen wird, sondern sich der Richter mit der Verlesung eines Vermerks über den Inhalt dieser Aufzeichnung begnügt (OLG Düsseldorf NStZ 2008, 358),
- zur Amtsaufklärungspflicht bei **ausländischen Zeugen** → *Auslandszeuge*, Rdn 396 (dazu BGH NJW 2002, 2403; 2004, 2403; NStZ 2004, 99; 2007, 349; StV 2011, 398; StraFo 2010, 155; *Rademacher/Sell* ZAP F. 22, S. 529 auch zur Frage der Unerreichbarkeit des Zeugen),
- zur Aufklärungspflicht, wenn in einem **Beweisantrag** auf **Vernehmung** von **Zeugen** nur eine Vielzahl von Betreibern einer Internetseite benannt werden (BGH NStZ-RR 2002, 270),
- wird eine → *Aussagegenehmigung*, Rdn 409, **verweigert**, kann es für das Gericht erforderlich sein, Gegenvorstellungen zu erheben, wenn die Entscheidung ermessensfehlerhaft erscheint oder nicht hinreichend begründet ist (BGHSt 32, 115, 121; 33, 178, 189),
- die Aufklärungspflicht kann gebieten, dass der sachverständige, der eine **Behördengutachten** i.S. des § 256 erarbeitet hat, persönlich gehört wird, obwohl § 256 Abs. 1 Nr. 1a die Verlesung des Behördengutachten grds. zulässt (BGHSt 1, 94, 96 f.; → *Verlesung von Behördengutachten*, Rdn 2943),

Aufklärungspflicht des Gerichts A

- zur Verletzung der Aufklärungspflicht, wenn von der persönlichen Vernehmung der einzigen **Belastungszeugin** abgesehen wird (BGH StV 2002, 635),
- in Fällen, in denen **Aussage gegen Aussage** steht und der Belastungszeuge nicht erreichbar ist, ist das **Berufungsgericht** unter dem rechtlichen Gesichtspunkt bestmöglicher Sachaufklärung regelmäßig verpflichtet, den Vernehmungsbeamten und den erstinstanzlichen Richter als Zeugen zu hören, um sich wenigstens mittelbar ein möglichst konkretes Bild vom Inhalt der Aussagen des Zeugen und dem Eindruck zu verschaffen, den er hinterlassen hat (OLG Düsseldorf StV 2008, 346),
- die Aufklärungspflicht soll nach Auffassung des BGH grds. nicht hindern, eine **Frist** zur Stellung von **Beweisanträgen** zu setzen (vgl. zuletzt BGHSt 52, 355),
- zur Verletzung der Aufklärungspflicht, wenn es das Tatgericht unterlässt, Ermittlungen zu einem **BVV** anzustellen BGH StV 2012, 3 [Verstoß auch dann, wenn die Feststellung der Voraussetzungen eines BVV nur nach den Grundsätzen des Freibeweises geklärt werden muss]),
- zur **Beziehung** von (weiteren) **Akten** s. BGH NStZ 2000, 46; OLG Hamm StV 2013, 16 (familiengerichtliche Akten),
- zur **Beiziehung** der Bedienungsanleitung/**Lebensakte** eines Messgerätes (KG DAR 2013, 213 m. Anm. *Burhoff* VRR 2013, 76 = StRR 2013, 77; OLG Frankfurt am Main NStZ-RR 2013, 223; OLG Naumburg DAR 2013, 37 m. Anm. *Burhoff* VRR 2013, 37 = StRR 2012, 36; s. aber auch KG NZV 2002, 335; Burhoff/*Burhoff*, OWi, Rn 254 ff.; zur Frage der nachträglichen Überprüfbarkeit von Messungen im Straßenverkehr OLG Braunschweig, Beschl. v. 11.4.2013 – 1 Ss (OWi) 71/13; OLG Frankfurt DAR 2012, 216; OLG Hamm VRR 2013, 194 m. abl. Anm. *Burhoff*; OLG Köln DAR 2013, 530; OLG Zweibrücken DAR 2013, 38; zfs 2013, 472),
- zur Amtsaufklärung und den Feststellungen zum Irrtum/zur Beweiswürdigung beim **Betrug** s. BGH NJW 2013, 1545; NStZ BGH NStZ 2014, 215 m. Anm. *Lorenz* StRR 2014, 150; NStZ 2014, 459 f. m. Anm. *Deutscher* StRR 2014, 441; NStZ 2014, 644, 645; 2015, 98,
- zur Verletzung der Aufklärungspflicht in Zusammenhang mit der Aufklärung der Umstände für die Annahme von „**Gefahr im Verzug**" bei der Anordnung einer **Durchsuchungsmaßnahme** (BGH StV 2012, 3),
- anstelle der → *Vernehmung jugendlicher Zeugen*, Rdn 3134, ist es ggf. ausreichend, in der HV eine **Videoaufnahme** von einer im EV durchgeführten Vernehmung vorzuführen (§ 255a Abs. 2) und ggf. das Wortprotokoll der Vernehmung zu verlesen (wegen der Einzelh. zur Art dieser Beweisaufnahme → *Vorführung von Bild-Ton-Aufzeichnungen*, Rdn 3396),
- andererseits kann aber auch die Aufklärungspflicht die **ergänzende** Vernehmung eines Zeugen **nach** der → *Vorführung von Bild-Ton-Aufzeichnungen*, Rdn 3396, gebieten (vgl. BGHSt 48, 268),

A Aufklärungspflicht des Gerichts

- das Gericht verstößt i.d.R. gegen seine Aufklärungspflicht, wenn es sich mit der **kommissarischen Vernehmung** eines (erreichbaren) Zeugen zufrieden gibt, statt diesen in der HV selbst zu vernehmen (KK-*Krehl*, § 244 Rn 36),
- wenn ein Zeuge aus gesundheitlichen Gründen nur für eine kommissarische Vernehmung zur Verfügung steht, darf ein auf seine Vernehmung gerichteter Beweisantrag nicht mit der Begründung abgelehnt werden, der Zeuge sei unerreichbar; vielmehr muss sich das Gericht mit der Frage auseinander setzen, ob die **kommissarische Vernehmung** zur Sachaufklärung **geeignet** und **geboten** erscheint (BGH NStZ 2015, 102 m. Anm. *Hillenbrand* StRR 2014, 437),
- keine Erweiterung der Aufklärungspflicht aus dem Recht auf **konfrontative Befragung** (Art. 6 Abs. 1 S. 1, Abs. 3 MRK; BGH StV 2007, 569; s.a. BGHSt 51, 280),
- zur Befugnis der Gerichts nach §§ 152 Abs. 2, 160 Abs. 1, 2 u. 3, 161 Abs. 1, 244 Abs. i.V.m. § 24c Abs. 1 u. 3 S. 1 Nr. 2 KWG zur Vorbereitung der Verhandlung, die **BaFin** um **Auskunft** über die **Kontostammdaten** zu ersuchen und auf dieser Grundlage bei den jeweiligen Kreditinstituten Auskünfte über die Konten einzuholen, s. OLG Stuttgart, Beschl. v. 13.2.2015 – 4 Ws 19/15,
- allerdings besteht ein Recht zur Befragung eines SV, wenn das Gericht die Feststellung, ob der Angeklagte/Betroffene der „Täter" ist, aus der Hand gegeben und den SV damit in Form eines **Lichtbildvergleichsgutachtens** beauftragt hat (OLG Düsseldorf zfs 2008, 704),
- das Gericht verstößt i.d.R. nicht gegen seine Aufklärungspflicht, wenn es die Ergebnisse eines vom Angeklagten ohne Wissen des Gerichts unter Einsatz eines **Lügendetektors** erstellten Glaubwürdigkeitsgutachtens nicht einführt (BGH NJW 1999, 662; zur Zulässigkeit und zum Beweiswert des Lügendetektorverfahrens BGHSt 44, 308),
- ein **Mitangeklagter** ist nach Abtrennung des Verfahrens nicht unbedingt als Zeuge zu vernehmen (*Meyer-Goßner/Schmitt*, § 244 Rn 12; a.A. BayObLG StV 1989, 522 [stets zu vernehmen]; → *Vernehmung des Mitangeklagten als Zeugen*, Rdn 3088), muss aber als Angeklagter gehört werden (BayObLG StV 2003, 660),
- es muss nicht unbedingt neben dem **mittelbaren Zeugen** stets auch der unmittelbare vernommen werden, was insbesondere für den Bereich der → *Verwertung der Erkenntnisse eines (gesperrten) V-Mannes*, Rdn 3241, Bedeutung hat,
- hat das Gericht nicht genügend eigene **Sachkunde**, kann das die Zuziehung eines (weiteren) **SV** erfordern (vgl. dazu eingehend a. KK-*Krehl*, § 244 Rn 27 ff.; → *Glaubwürdigkeitsgutachten*, Rdn 1630; → *Obergutachter*, Rdn 1953; → *Sachverständigenbeweis*, Rdn 2436),
- zur kontrovers diskutierten Frage in der Rspr. des BGH, ob bei **Kapitaldelikten** grds. immer ein SV-Gutachten zu den Fragen der §§ 20, 21 StGB eingeholt werden muss s. einerseits bejahend BGH (5. Strafsenat; NStZ 2008, 644), s. aber andererseits die Rspr. des 1. Strafsenats (NJW 2008, 1329), wonach es keinen Rechtssatz geben soll,

Aufklärungspflicht des Gerichts A

dass der Tatrichter in Kapitalstrafsachen aus Gründen der Aufklärungspflicht stets gehalten ist, ein Gutachten zu den Fragen der §§ 20, 21 StGB einzuholen,
- zur Pflicht, ggf. bei einem **ungenügenden SV-Gutachten** ein weiteres SV-Gutachten einzuholen s. BGH StV 2003, 430 (Ls.),
- keine Pflicht, ein **SV-Gutachten** zu den **körperlichen Merkmalen** des Angeklagten und des Geschädigten einzuholen, wenn sich das Gericht in der HV, selbst von diesen Merkmalen ein Bild machen konnte (BGH NStZ-RR 2011, 163 [Ci/Zi]),
- die Amtsaufklärungspflicht gebietet es, einem **SV Gelegenheit** zu geben, sich mit neuen **Anknüpfungstatsachen** aus einem weiteren SV-Gutachten zu **befassen**, wenn ein Widerspruch zwischen den Ergebnissen beider Gutachten besteht (BGH NStZ 2007, 417; ähnl. OLG Zweibrücken StV 2000, 126),
- sofern die Aufklärungspflicht nicht zu einer weiteren Beweisaufnahme zwingt, steht es im Ermessen des Gerichts zu bestimmen, mithilfe welcher Beweismittel Beweis erhoben werden soll. Dabei hindert ein früher erteilter Sachverständigenauftrag das Gericht nicht, einen **SV** später **ausschließlich** als **Zeugen** zu vernehmen (vgl. BGHSt 48, 34),
- zur Aufklärungspflicht bei der → *Verlesung von Gutachten allgemein vereidigter Sachverständiger*, Rdn 2968,
- zur Erfüllung der Aufklärungspflicht durch ggf. **ergänzende Verlesung** eines Vernehmungsprotokolls (BGH NStZ 2014, 607; zur ergänzenden Verlesung *Mosbacher* NStZ 2014, 1 ff),
- zur auch bei Abschluss einer → *Verständigung/Absprache mit Gericht und Staatsanwaltschaft*, Rdn 137, weiterhin bestehenden Aufklärungspflicht s. § 257c Abs. 2 S. 2 (vgl. dazu BVerfG NJW 2013, 1058; u.a. BGH NStZ 2012, 465; 2014, 170 m. Anm. *Jahn;* StV 2010, 60; 2012, 134; StraFo 2010, 386; OLG Celle StV 2011, 341; s. aber auch BGH NStZ-RR 2011, 164 [Ci/Zi]),
- zur Aufklärungspflicht bei der → *Videovernehmung in der Hauptverhandlung*, Rdn 3319, wenn diese auf § 247a Hs. 2 i.V.m. § 251 Abs. 2 gestützt werden soll (s.a. *Meyer-Goßner/Schmitt*, § 247a Rn 6),
- zur Verletzung der Aufklärungspflicht bei Ablehnung eines Beweisantrags wegen **Unerreichbarkeit** des **Zeugen**, ohne die → *Videovernehmung in der Hauptverhandlung*, Rdn 3319, in Erwägung zu ziehen (BGH NStZ 2008, 232),
- zur Verpflichtung eine **VP**/einen **V-Mann** in der HV zu vernehmen, auch wenn StA oder Polizei ihm Geheimhaltung zugesagt haben (BGH StV 2012, 5),
- zur Amtsaufklärungspflicht bei Annahme der **Strafverschärfung** wegen früherer Verurteilungen s. BGHSt 43, 106 (zumindest Verlesung der Gründe des früheren Urteils, ggf. weitere Beweiserhebungen),
- der **Urkundenbeweis** in der Form des § 253 kann bei Erinnerungsverlust eines Zeugen erforderlich sein (BGHSt 38, 369; → *Protokollverlesung zur Gedächtnisstützung*, Rdn 2147),

A   Aufklärungspflicht des Gerichts

- bei zulässigem **Urkundenbeweis** kann in Bezug auf den Beweiswert der verlesenen Urkunde eine **ergänzende Zeugenvernehmung** erforderlich sein (BGHSt 27, 135, 139),
- zur → *Wiederholung einer Beweiserhebung*, Rdn 3487,
- keine Pflicht im Hinblick auf eine **vergleichende Strafzumessung**, Urteile anderer Gerichte beizuziehen (BGHSt 56, 262 m.w.N. und Anm. *Barton* StRR 2011, 392),
- das Gericht kann – trotz des Einverständnisses der Verfahrensbeteiligten (§ 251 Abs. 1 Nr. 1) – gegen seine Aufklärungspflicht verstoßen, wenn es nur das Protokoll einer polizeilichen **Zeugenvernehmung verliest** und die Zeugen nicht (auch) persönlich vernimmt (OLG Köln StV 1998, 585; ähnl. OLG Düsseldorf StV 2000, 8; → *Verlesung von Protokollen früherer Vernehmungen/sonstiger Erklärungen*, Rdn 3014),
- die Vernehmung eines → *Zeugen vom Hörensagen*, Rdn 3545, ist grds. zulässig, muss aber bei der Beweiswürdigung besonders berücksichtigt werden (wegen der Einzelh. der Beweiswürdigung s. Rdn 3341 m.w.N.),
- kann ein **Zeuge** in der HV nicht abschließend vernommen werden, können Aufklärungsgesichtspunkte die → *Verlesung von Protokollen früherer Vernehmungen/ sonstiger Erklärungen*, Rdn 3014, erforderlich machen (BGHSt 51, 280; BGH NStZ 2014, 607),
- ggf. kann es erforderlich sein, die Umstände des **Zustandekommens** einer **Zeugenaussage** aufzuklären, wenn diese, z.B. wegen Entzugserscheinungen, zweifelhaft ist (OLG Hamm StraFo 1999, 92),
- die Amtsaufklärungspflicht gebietet es, einem **Zeugen**, der in der HV anders als in einer früheren Vernehmung ausgesagt hat, seine **frühere Aussage vorzuhalten** oder die Verhörsperson zu vernehmen (BayObLG NStZ-RR 2003, 150),
- die Amtsaufklärungspflicht kann es gebieten, das **äußere Erscheinungsbild** eines Zeugen, der sich auf sein ZVR berufen hat, zu verwerten (BGH StraFo 2004, 314),
- zur zulässigen Ablehnung des Beweisantrags auf Vernehmung eines Zeugen, der sich **telefonisch** bereits auf sein **ZVR** berufen hat, s. BGH StV 2003, 497,
- zur Verletzung der Aufklärungspflicht, wenn ein für den Angeklagten ggf. **günstig aussagender Zeuge** nicht vernommen wird (BGH StraFo 2009, 385),
- die Amtsaufklärungspflicht wird i.d.R. Vernehmung des **sachnächsten Zeugen** gebieten, sodass ein Ermittlungsrichter im Hinblick auf eine von ihm durchgeführte Vernehmung i.d.R. der sachnächste Zeuge ist, es sei denn, der ermittelnde Polizeibeamte hat ebenfalls an einer Haftbefehlseröffnung teilgenommen und kann den Inhalt des dort Geäußerten in gleicher Weise wie der Ermittlungsrichter aufgrund eigener Wahrnehmung bekunden (BGH NStZ-RR 2014, 152 [Ls.]),
- zur i.d.R. zu verneinenden Verpflichtung des Gerichts, einen Zeugen, der von seinem **ZVR** Gebrauch gemacht hat, im Hinblick auf die Entscheidung BGHSt 45, 203 zu befragen, ob er gleichwohl in die Verwertung **früherer Aussagen einwilligt** (BGH NJW

2003, 2693; s.a. BGH StraFo 2003, 170; → *Protokollverlesung nach Zeugnisverweigerung*, Rdn 2131; → *Zeugnisverweigerungsrecht*, Rdn 3552).

☝ Bei der **Vernehmung** von **Zeugen** hat das Gericht aber auch immer auf die **Achtung** der **menschlichen Würde** des Zeugen Bedacht zu nehmen, sodass Beweiserhebungen zu dessen Privat- und Intimleben nur nach sorgfältiger Prüfung ihrer Unerlässlichkeit statthaft sind (BGH NJW 2005, 1519; zuletzt BGH NStZ-RR 2009, 247).

5. Das mit der Aufklärungspflicht des Gerichts korrespondierende revisionsrechtliche Mittel des Verteidigers ist die sog. **Aufklärungsrüge**, mit der die Verletzung der Aufklärungspflicht geltend gemacht wird. Allerdings hat sie nur in wenigen Fällen Erfolg, was häufig daran liegt, dass die Rügen den sich aus § 344 Abs. 2 S. 2 ergebenden Begründungserfordernissen – tatsächlich oder nach Auffassung des Revisionsgerichts – nicht gerecht werden. Da die Rspr. hier **strenge Anforderungen** stellt, muss der Verteidiger auf die Formulierung der Aufklärungsrüge besondere Sorgfalt verwenden. Insoweit wird verwiesen auf → *Revision, Begründung, Verfahrensrüge*, Rdn 2345, und die ausführlichen Erl. bei KK-*Krehl* (§ 244 Rn 215 ff.), *Meyer-Goßner/Schmitt* (§ 244 Rn 80 ff.), *Dahs/Dahs* (Die Revision im Strafprozess, 8. Aufl., Rn 506 ff.), *Gage/Sarstedt/Hamm* (Die Revision in Strafsachen, 7. Aufl. 2009, Rn 512 ff.). 340

Siehe auch: → *Freibeweisverfahren*, Rdn 1562; → *Revision, Allgemeines*, Rdn 2211 m.w.N.; → *Unmittelbarkeitsgrundsatz*, Rdn 2690; → *Verlesung von Gutachten allgemein vereidigter Sachverständiger*, Rdn 2968; → *Verlesung von Protokollen früherer Vernehmungen/sonstiger Erklärungen*, Rdn 3014.

Aufruf der Sache 341

Literaturhinweis: **Burhoff**, Der Längenzuschlag auf die Terminsgebühr für den Pflichtverteidiger, RVGreport 2006, 1; *ders.*, Die Abrechnung der anwaltlichen Tätigkeit in mehreren Strafverfahren Teil 1: Verbindung von Verfahren, RVGreport 2008, 405; *ders.*, Die Terminsgebühr im Straf- bzw. Bußgeldverfahren, RVGreport 2010, 3; *ders.*, Die Terminsgebühr im Straf- und Bußgeldverfahren, RENOpraxis 2011, 198; *ders.*, 25 Fragen und Antworten zur Terminsgebühr in Straf- und Bußgeldverfahren, RVGprofessionell 2012, 124; **Fromm**, Gebührentechnische Überlegungen zum Längenzuschlag im Strafverfahren, JurBüro 2014, 564; **Kotz**, Das Leid mit dem Längenzuschlag Aspekte zu Nr. 4110 f., 4122 f., 4128 f., 4134 f. VV RVG, NStZ 2009, 414. 342

1. Die **HV beginnt** nach § 243 Abs. 1 S. 1 mit dem Aufruf der Sache (*Scheffler*, in: HBStrVf, Kapitel VII Rn 10 ff.). Das kann der **Vorsitzende** des Gerichts entweder selbst erledigen oder er kann den Aufruf durch einen Gerichtswachtmeister oder den Protokollführer **anordnen**. Bei Medienpräsenz ist der Vorsitzende nach der Rspr. des BVerfG (vgl. BVerfG NJW 2008, 977) im Hinblick auf die Frage der Zulässigkeit 343

A Aufruf der Sache

von → *Ton- und Filmaufnahmen während der Hauptverhandlung*, Rdn 2671 (§ 169 S. 2 GVG) gehalten, selbst aufzurufen. Unterbleibt der (ausdrückliche) Aufruf der Sache oder wird ohne eine Anordnung des Vorsitzenden aufgerufen, gilt als Beginn der HV diejenige Handlung des Gerichts, die als erste erkennbar macht, dass die Sache nun verhandelt wird (*Meyer-Goßner/Schmitt*, § 243 Rn 4 m.w.N.). Die HV beginnt mit dem Aufruf unabhängig davon, ob der Angeklagte erschienen ist oder nicht (BGHSt 52, 24).

344 **2.a)** Der **Angeklagte** muss beim Aufruf der Sache **anwesend** sein. Damit ist der Beginn der HV bedeutsam für die Frage des **Ausbleibens** des Angeklagten. Er ist ausgeblieben, wenn er beim Aufruf der Sache nicht im Gerichtssaal anwesend ist oder nicht alsbald eintrifft oder wenn er sich im Sitzungssaal nicht zu erkennen gibt (*Meyer-Goßner/Schmitt*, § 230 Rn 14 m.w.N.). Das gilt auch, wenn der Angeklagte zwar zur angesetzten Terminsstunde erschienen ist, sich jedoch vor dem Aufruf der Sache entfernt hat, weil er wegen des verzögerten Beginns der HV nicht warten wollte (OLG Düsseldorf NJW 1997, 2062 [auch zur Frage der Zumutbarkeit der Dauer des Wartens]).

> ✍ Der Angeklagte ist **nicht** verpflichtet, schon **vor** dem Aufruf im Gerichtssaal anwesend zu sein.

345 **b)** Ist der Angeklagte **ausgeblieben**, können sich daran **Rechtsfolgen** knüpfen, wie z.B. der Erlass eines **HB** nach § 230 Abs. 2 (→ *Ausbleiben des Angeklagten*, Rdn 361; → *Zwangsmittel bei Ausbleiben des Angeklagten*, Rdn 3661), ggf. die **Verwerfung** seiner **Berufung** nach § 329 Abs. 1 (→ *Berufungsverwerfung wegen Ausbleibens des Angeklagten*, Rdn 691) oder eines Einspruchs gegen einen **Strafbefehl** nach § 412 (→ *Strafbefehlsverfahren*, Rdn 2568) bzw. gegen einen Bußgeldbescheid nach § 74 Abs. 2 OWiG (→ *Bußgeldverfahren, Besonderheiten der Hauptverhandlung*, Rdn 1200).

346 **3.** Beim Aufruf der Sache anwesend sein müssen außerdem die für diesen Zeitpunkt geladenen Zeugen und SV sowie die **Verfahrensbeteiligten**, die zur **Anwesenheit verpflichtet** sind, also bei notwendiger Verteidigung der Verteidiger.

4. Schließlich ist der Beginn der HV bedeutsam für den Zeitpunkt der Mitteilung der **Gerichtsbesetzung** nach § 222a (→ *Besetzungsmitteilung*, Rdn 809).

347 **5.** Für den Verteidiger hat der Aufruf der Sache **gebührenrechtliche Folgen**:

- Spätestens mit dem Aufruf ist die gerichtliche **Terminsgebühr** (Nr. 4108, 4114, 4120, 4126 VV RVG) entstanden (zur Terminsgebühr allgemein Burhoff/*Burhoff*, RVG, Vorbem. 4 VV Rn 58 ff.; *Burhoff* RVGreport 2010, 3, *ders.*, RENOpraxis 2011, 198; *ders.*, RVGprofessionell 2012, 124).
- Spätestens ab Aufruf der Sache beginnt auch die für den sog. **Längenzuschlag** des Pflichtverteidigers maßgebliche Zeit(-dauer) zu laufen (vgl. zu deren Feststellung eingehend *Burhoff* RVGreport 2006, 1; *Fromm* JurBüro 2014, 564; *Kotz* NStZ 2009, 414).

- Zudem muss der Verteidiger, wenn ggf. die **Verbindung** von mehreren Verfahren infrage steht, darauf achten, dass zunächst in den einzelnen Verfahren der Aufruf erfolgt und erst danach die Verbindung, da dann in allen (verbundenen) Verfahren eine Terminsgebühr entstanden ist (OLG Köln AGS 2002, 85 m.w.N.; LG Hanau RVGreport 2005, 382; vgl. Burhoff/*Burhoff*, RVG, Vorbem. 4 Rn 75 ff.; *Burhoff* RVGreport 2008, 405).

Siehe auch: → *Gang der Hauptverhandlung, Allgemeines*, Rdn 1576 m.w.N.

Augenscheinseinnahme 348

Das Wichtigste in Kürze:
1. Augenscheinsbeweis ist die sinnliche Wahrnehmung der Existenz, Lage oder Beschaffenheit eines Objekts.
2. Für die HV muss zwischen der unmittelbaren gerichtlichen und der mittelbaren Augenscheinseinnahme unterschieden werden.
3. Die möglichen Objekte des Augenscheins können vielfältig sein.
4. Die Augenscheinseinnahme ist nach § 244 Abs. 5 grds. in das richterliche Ermessen gestellt.

Literaturhinweise: Geppert, Der Augenscheinsbeweis, Jura 1996, 307; **Haas**, Der Beschuldigte als Augenscheinsobjekt, GA 1997, 368; **Henkel**, Die Zulässigkeit und Verwendbarkeit von Tonbandaufnahmen bei der Wahrheitserforschung im Strafverfahren, JZ 1957, 148; **Kohlhaas**, Die Tonbandaufnahme als Beweismittel im Strafprozeß, NJW 1957, 81; **Kretschmer**, Begriff und Bedeutung des Beweisantrages außerhalb der Hauptverhandlung, StraFo 2013, 184; **Krumm**, Prozessuale Probleme in Bußgeldsachen mit dem Schaublatt zur Geschwindigkeitsfeststellung, VRR 2006, 328; **Rogall**, Der Augenscheinsgehilfe im Strafprozeß, in: Gedächtnisschrift für *Karlheinz Meyer*, 1990, S. 391; **Schmidt**, Zulässigkeit und Verwendbarkeit von Tonbandaufnahmen im Strafverfahren, JZ 1956, 206; **Schmitt**, Tonbänder im Strafprozeß – OLG Celle, NJW 1965, 1677, JuS 1967, 19. 349

1. Augenscheinsbeweis ist die **sinnliche Wahrnehmung** der Existenz, Lage oder Beschaffenheit eines Objekts. Augenscheinsbeweis i.S.d. StPO ist die Beweisaufnahme, die **nicht** als **Zeugen-**, **Sachverständigen-**, **Urkundenbeweis** oder als Beschuldigtenvernehmung geregelt ist (KK-*Senge*, § 86 Rn 1; zur Abgrenzung *Geppert* Jura 1996, 307, 310). In § 86 ist nur die richterliche Augenscheinseinnahme außerhalb der HV geregelt. Der **Verteidiger** hat gem. § 168d das Recht, an dieser **teilzunehmen** (s. wegen der Einzelh. im EV *Burhoff*, EV, Rn 521 ff.). 350

2. Für die **HV** gilt Folgendes (eingehend *Geppert* Jura 1996, 307 ff.), wobei zwischen der unmittelbaren gerichtlichen (s.u. Rdn 351) und der mittelbaren Augenscheinseinnahme (s.u. Rdn 352) **unterschieden** werden muss (vgl. a. Alsberg/*Dallmeyer*, Rn 392 ff.):

A Augenscheinseinnahme

351 a) Für die **unmittelbare gerichtliche** Augenscheinseinnahme:
- Sie ist **Teil** der **HV** (BGHSt 3, 187, 188). Deshalb ist z.b. die Anwesenheit des Angeklagten – abgesehen von den Ausnahmen der §§ 231, 233, 234 – zwingend notwendig (zur Problematik bei Anwendung des § 247 → *Entfernung der Angeklagten aus der Hauptverhandlung*, Rdn 1419).
- Im **Protokoll** der HV muss nur die Tatsache der Augenscheinseinnahme als wesentliche Förmlichkeit der HV i.S.d. § 273 Abs. 1 festgehalten werden, nicht jedoch ihr Ergebnis. Die Verwendung von Augenscheinsobjekten als Vernehmungsbehelfe im Verlaufe einer Zeugenvernehmung bedarf keiner Aufnahme in die Sitzungsniederschrift (zuletzt u.a. BGH NStZ 2014, 223 m.w.N.; Beschl. v. 17.9.2014 – 1 StR 212/14).
- Die Augenscheinseinnahme kann **nicht** durch eine „**informatorische Besichtigung**" ersetzt werden (BGH, a.a.O.) oder einen „privaten Augenschein" (BGH NStZ 2013, 357 für die „örtlichen Verhältnisse"). Es ist allerdings einzelnen Mitgliedern des erkennenden Gerichts nicht verwehrt, sich vor der HV z.B. mit den Örtlichkeiten vertraut zu machen, die für die Beweisaufnahme von Bedeutung sein können (*Geppert* Jura 1996, 312). Die dabei ggf. gewonnenen Erkenntnisse dürfen auch bei Fragen und Vorhalten an den Angeklagten, Zeugen und SV verwandt werden (BGH MDR 1966, 383 [D]; KK-*Senge*, § 86 Rn 5; → *Informatorische Befragung eines Zeugen*, Rdn 1749). Sollen die bei einem privaten Augenschein erlangten Kenntnisse allerdings Grundlage der Urteilsfindung werden, reicht es nicht aus, wenn die übrigen Gerichtsmitglieder von dem Gerichtsmitglied, das Augenschein genommen hat, nur „unterrichtet werden (BGH NStZ 2013, 357). Vielmehr müssen die entsprechenden Tatsachen zum Gegenstand der HV gemacht werden (BGH, a.a.O.).
- Ggf. ist die Augenscheinseinnahme anderen Beweismittel, wie z.B. der Verlesung von Vermerken u.a., **vorzuziehen** (vgl. OLG Düsseldorf NStZ 2008, 358 [Videoaufzeichnung]; StraFo 2008, 120 [kinderpornografische Bilder]).
- Es ist noch **keine Augenscheinseinnahme** i.S.d. §§ 86, 261, wenn ein SV im Rahmen seiner Ausführungen „en passant" Augenscheinsobjekte als **Demonstrationsobjekte** vorlegt (BGH NStZ 1995, 19 [K; für Falschgeld]; zur Verwendung eines Augenscheinsobjekts als Vernehmungsbehelf s. BGH NJW 2003, 597).
- Das Gericht kann den Augenscheinsbeweis **innerhalb** und **außerhalb** des Gerichtssaales erheben, aber nicht auf fremdem Staatsgebiet (BGH NStZ 1991, 121 [M/K]). Der Verteidiger kann daher beantragen, eine bestimmte Örtlichkeit zu besichtigen.

> ⚐ Die Augenscheinseinnahme ist zwar nach § 244 Abs. 5 S. 1 in das richterliche Ermessen gestellt (s.u. Rdn 359). Eine Ablehnung/**Zurückweisung** seines Antrags kann der Verteidiger aber dadurch **umgehen**, dass er einen anderen mit der Augenscheinseinnahme beauftragt und dann in der HV beantragt, diesen **Augenscheinsgehilfen** als Zeugen zum Ergebnis zu vernehmen (s.u. Rdn 359).

b) Für die **mittelbare/kommissarische** Augenscheinseinnahme: 352
- Sie kann **vor**, aber auch noch **während** einer **laufenden HV** stattfinden (*Meyer-Goßner/Schmitt*, § 86 Rn 2 m.w.N.; *Geppert* Jura 1996, 312). Sie wird vom erkennenden Gericht durch Beschluss angeordnet.

> ⚖ Eine kommissarische Augenscheinseinnahme **während** laufender HV sollte jedoch nur in **Ausnahmefällen** angeordnet werden, da bei ihr die Gefahr besteht, dass die Rechte von Verfahrensbeteiligten, z.B. von Schöffen, unterlaufen werden (so a. *Geppert*, a.a.O.).

- Über die Augenscheinseinnahme ist ein **Protokoll** zu fertigen, das den Anforderungen der **§§ 86, 168a** entsprechen muss. Es muss also ein Urkundsbeamter zugezogen werden. Außerdem muss der vorgefundene Sachverhalt – wegen der Durchbrechung des → *Unmittelbarkeitsgrundsatzes*, Rdn 2690, – so genau wie möglich beschrieben werden (wegen der übrigen Anforderungen s. §§ 86, 168a). Da das Protokoll später gem. § 249 Abs. 1 S. 2 in der HV **verlesbar** ist, muss der Verteidiger auf seinen **Inhalt** sorgfältig **achten** (zur Verlesung → *Urkundenbeweis, Allgemeines*, Rdn 2735).
- Nach § 168d Abs. 1 S. 2 i.V.m. § 168c Abs. 5 steht dem Angeklagten und dem Verteidiger beim richterlichen Augenschein ein **Anwesenheitsrecht** zu. Sie sind vom Termin vorher zu **benachrichtigen**, es sei denn, der Untersuchungserfolg wäre gefährdet. Das wird jedoch in der HV nicht mehr zum Tragen kommen.

> ⚖ Ist die **Benachrichtigung** des Verteidigers und des Angeklagten vom Termin zur Augenscheinseinnahme **unterblieben**, besteht für das Protokoll ein **BVV** (BGHSt 26, 332; 31, 140; einschr. BGHSt 34, 231 [jew. für richterliche Vernehmungen]). Der dennoch erfolgenden **Verlesung** des Protokolls muss der Verteidiger **unverzüglich widersprechen**, wenn er sich die entsprechende Revisionsrüge erhalten will. Insoweit dürften die Ausführungen von *Meyer-Goßner/Schmitt* zum vergleichbaren Fall der kommissarischen Vernehmung eines Zeugen entsprechend gelten (s. dazu *Meyer-Goßner/Schmitt*, § 224 Rn 12 m.w.N.; s.a. BGHSt 38, 214; 42, 86; zu den entsprechenden Fragen bei der richterlichen Vernehmung des Angeklagten s. *Burhoff*, EV, Rn 1898 m.w.N.; → *Widerspruchslösung*, Rdn 3433 ff.).

3. Die möglichen **Objekten** des **Augenscheins** können vielfältig sein (wegen der Einzelh. s. *Meyer-Goßner/Schmitt*, § 86 Rn 9; KK-*Senge*, § 86 Rn 6; Alsberg/*Dallmeyer*, Rn 404 ff., jeweils m.w.N. aus der Rspr.).

a) Als Augenscheinsobjekt in Betracht kommt jedes **sachliche Beweismittel**, das Gegenstand der sinnlichen Wahrnehmung ist bzw. sein kann. Dazu folgende 353

A Augenscheinseinnahme

354 **Allgemeine Übersicht:**

- **Abbildungen** und Darstellungen in Druckwerken, **Ortsbesichtigungen**, **Skizzen** vom **Tat-** oder **Unfallort** zum Beweis ihrer Existenz und Herstellung; kommt es auf ihren gedanklichen Inhalt an (vgl. dazu BGH StraFo 2004, 319), muss durch Vernehmung des Herstellers Beweis erhoben werden (BGH, a.a.O.),
- **Experimente** und Versuche, wie Fahrversuche (BGH VRS 16, 270, 273; OLG Koblenz MDR 1971, 507), Bremsversuche oder **Rekonstruktionen** des Tatverlaufs (BGH NJW 1961, 1486); nicht hingegen die → *Gegenüberstellung von Zeugen*, Rdn 1581, sie ist Zeugenvernehmung,
- **Filmstreifen**, **Lichtbilder**, soweit sie nicht lediglich der Veranschaulichung der Einlassung des Angeklagten oder von Zeugenaussagen dienen (vgl. dazu BGH StraFo 2004, 319; zu Lichtbildern von einer Radarwertung als Augenscheinobjekt s. BayObLG NStZ 2002, 388; zur Augenscheinseinnahme einer Filmsequenz vom Tatgeschehen s. BGH HRRS 2006, Nr. 17),
- **Personen**: Der äußere Eindruck vom Angeklagten und von Zeugen kann ohne Weiteres der Beweiswürdigung zugrunde gelegt werden. Er wird beim Zeugen als Teil der Beweiswürdigung, beim Angeklagten als Teil seiner Vernehmung angesehen (BGHSt 5, 354; BGH StraFo 2004, 314; MDR 1974, 368 [D]; OLG Jena VRS 114, 447),

  > Ob etwas **anderes** gilt, wenn der Angeklagte die **Einlassung verweigert** und deshalb nicht zur Sache vernommen werden kann oder ein Zeuge von seinem ZVR Gebrauch macht, ist nicht ganz unstrittig. Das OLG Bremen (MDR 1970, 165) und Meyer-Goßner/Schmitt (§ 86 Rn 14) sehen eine Augenscheinseinnahme dann als unzulässig an, die Rspr. des BGH bejaht die Zulässigkeit (vgl. u.a. BGH DAR 65, 108; StraFo 2009, 314; s. wohl auch OLG Bamberg DAR 2012, 33, insoweit nicht in VRR 2011, 469).

- **technische Aufzeichnungen**, wie Lochstreifen und Fahrtschreiberdiagramme, wenn der Richter sie selbst auswerten kann (s. dazu OLG Düsseldorf NJW 1997, 269 [Ls.]; *Krumm* VRR 2006, 328 m.w.N.; zur Auswertung eines Fahrtenschreibers auch *Burhoff/Burhoff*, OWi, Rn 1930), sonstige **Messdiagramme** und Registrierkassenrollen (aber Verlesung als Urkunde, wenn es um den Inhalt geht, s. → *Urkundenbeweis, Allgemeines*, Rdn 2728), ggf. auch Fotografien einer Radarüberwachungsanlage (BayObLG NStZ 2002, 388).

355 **b)** Wegen der praktischen Bedeutung ist besonders hinzuweisen auf **Tonbandaufnahmen**, **Urkunden** und **Videoaufnahmen**, die ebenfalls Gegenstand des Augenscheins sein können. Dazu gilt:

aa) Bei **Tonbandaufnahmen** ist zu unterscheiden: 356

■ Geht es nicht um den gedanklichen Inhalt, sondern **allein** um die **Existenz** der Tonaufnahme, handelt es sich eindeutig um **Augenscheinsbeweis** (vgl. *Eisenberg*, Rn 2284; *Geppert* Jura 1996, 310 m.w.N.). Das gilt z.b. dann, wenn die Aufnahme zum Beweis dafür verwertet werden soll, dass ein Anrufer deutsch gesprochen oder einen Sprachfehler gehabt hat (BGHSt 14, 339, 340) oder, wenn eine erpresserische Äußerung zum Beweis dafür abgespielt wird, dass sie überhaupt gemacht worden ist (OLG Frankfurt am Main NJW 1967, 1047; zur Verwertung der Ergebnisse einer Telefonüberwachung → *Telefonüberwachung, Verwertung der Erkenntnisse in der Hauptverhandlung*, Rdn 2633).

■ Soweit es um den **gedanklichen Inhalt** des Tonträgers geht, besteht **Streit**: In der Lit. wird z.T. das Abspielen als gänzlich unzulässig angesehen, z.T. nur unter den Voraussetzungen der §§ 249 ff. zugelassen (s. zu allem *Eisenberg*, Rn 2285 ff.; *Dallinger* MDR 1956, 146 [Rspr.-Übersicht]; *Schmitt* JuS 1967, 21). Nach der **Rspr.** (s. BGHSt 14, 339, 341; 27, 135, 136) können Tonbandaufnahmen auch den **Inhalt** der auf ihnen festgehaltenen Gedankenäußerungen **beweisen**. Allerdings hängt der **Beweiswert** i.d.R. davon ab, dass der Angeklagte oder ein Zeuge seine Beziehung zu dem Band, ggf. auch seine **Echtheit bestätigt** (wegen der Einzelh. s. *Geppert* Jura 1996, 307; *Meyer-Goßner/ Schmitt*, § 86 Rn 11; vgl. dazu auch *Dahs*, Rn 642 ff. m.w.N.; s.a. → *Beweisverwertungsverbote*, Rdn 1122; → *Vorhalt aus und von Tonbandaufnahmen*, Rdn 3420),

bb) Urkunden können Augenscheinsobjekt sein, sofern es nicht um die Feststellung 357 des gedanklichen Inhalts geht, sondern um ihr Vorhandensein und den äußeren Eindruck von der Urkunde, wie z.B. um das **Schriftbild** eines Abschiedsbriefs des Angeklagten, den er vor einem Selbstmordversuch geschrieben hat und aus dem Rückschlüsse für eine mögliche Begutachtung gem. §§ 20, 21 StGB gezogen werden sollen, oder um eine Veränderung bei einer Urkundenfälschung (vgl. z.B. BGH NStZ-RR 1999, 37 [K]; zur Abgrenzung des Augenscheins zum Urkundenbeweis BayObLG NStZ 2002, 388 [für Lichtbild von einer **Geschwindigkeitsmessung**]; für Messprotokolle von Geschwindigkeitsüberwachungen oder Videodistanzauswertungen s. OLG Brandenburg NStZ 2005, 413; OLG Hamm VA 2008, 52; NStZ-RR 2009, 151; VRR 2012, 243 [Ls.]; zu Eichscheinen OLG Jena VRS 114, 37; Burhoff/*Burhoff*, OWi, Rn 2331; → *Urkundenbeweis, Allgemeines*, Rdn 2721).

⚖ Geht es (auch) um die Feststellung des **gedanklichen Inhalts** eines Augenscheinsobjekts, wie z.B. bei einer Urkunde, muss dieser i.d.R. im Wege des **Urkundenbeweises** festgestellt, also verlesen, oder ein Zeuge dazu vernommen werden (BGH NJW 1999, 3208 [Ls.]; NStZ 2014, 606; StraFo 2004, 319 [für Tatortskizze]; OLG Jena VRS 114, 37 [Eichschein]; OLG Schleswig StV 1998, 365; → *Urkundenbeweis, Allgemeines*, Rdn 2721 m.w.N.; → *Zeugenvernehmung, Allgemeines*, Rdn 3537 m.w.N.). Diese Differenzierung findet jedoch dann eine Grenze, wenn auch der gedankliche Inhalt der Urkunde quasi durch einen Blick auf diese erfasst wird/werden kann. Erschließt sich der Text also bereits aus einem flüchtigen Betrachten, kann dessen Bedeutung nicht ausgeblendet werden und ist mithin Bestandteil der diesbezüglichen Beweisaufnahme (BGH NStZ 2014, 606).

358 cc) **Videoaufnahmen** von (Verkehrs-)Überwachungskameras/**Dashcams** bzw. zur Vorführung von im EV gefertigten Videoaufnahmen, insbesondere von **Vernehmungen** von (jugendlichen) Zeugen gem. § 255a (s. dazu → *Vorführung von Bild-Ton-Aufzeichnungen*, Rdn 3396; zur Dashcam → *Beweisverwertungsverbote, Allgemeines*, Rdn 1069 f.) sind ebenfalls Augenscheinsobjekt. Wird in der HV ein Videofilm abgespielt, erstreckt sich der Augenschein auf jedes einzelne der Bilder, aus denen sich der Film zusammensetzt, somit auch auf diejenigen, von denen Abzüge gemacht und zu den Akten genommen worden sind. Auf diese darf (im Urteil) daher Bezug genommen werden, ohne dass sie ausdrücklich zum Gegenstand der HV gemacht worden sind (BayObLG NZV 1999, 182; s.a. BGH NStZ 1998, 528). Auf den Videofilm insgesamt darf nicht Bezug genommen werden (BGHSt 57, 53 m. Anm. *Deutscher* NStZ 2012, 228 und *Burhoff* StRR 2012, 63).

359 4.a) Die Augenscheinseinnahme ist nach § 244 Abs. 5 grds. in das **richterliche Ermessen** gestellt (dazu *Geppert* Jura 1996, 307, 311; Alsberg/*Dallmeyer*, Rn 392 ff.). Maßgebender Gesichtspunkt ist die → *Aufklärungspflicht des Gerichts*, Rdn 329 (BGH NStZ 1984, 565; 1988, 88 m.w.N.; StraFo 2004, 314; KG NStZ 2007, 480). Der Verteidiger muss daher in einem Antrag, mit dem er die Augenscheinseinnahme beantragt, eingehend darlegen, warum die Aufklärungspflicht das Gericht zur Einnahme des Augenscheins drängt (→ *Beweisantrag, Formulierung: Augenscheinseinnahme*, Rdn 914, mit Antragsmuster, Rdn 918).

Ist der Gegenstand des Augenscheins **herbeigeschafft**, kann der Verteidiger nach § 245 Abs. 2 vorgehen. In diesem Fall kann ein entsprechender (Beweis-)Antrag nur unter den besonderen Voraussetzungen des § 245 Abs. 2 abgelehnt werden (→ *Präsente Beweismittel*, Rdn 2036).

360 b) Die Augenscheinseinnahme kann vom Gericht auch durch andere Beweismittler **ersetzt** werden, indem z.B. vom Gericht ein **Augenscheinsgehilfe** mit der Augenscheinseinnahme beauftragt und dieser dann als Zeuge vernommen wird (KK-*Senge*, § 86 Rn 3 m.w.N.; *Geppert* Jura 1996, 309). Das kann z.B. der Fall sein bei der Besichtigung und Messung einer Unfallstelle durch einen Polizeibeamten oder wenn gesetzliche Gründe entgegenstehen (§ 81d, der die körperliche Untersuchung einer Person durch eine Person des anderen Geschlechts verbietet, wenn das Schamgefühl des zu Untersuchenden verletzt werden kann; s. dazu *Burhoff*, EV, Rn 1386). Benötigt die (Hilfs-)Person für die Einnahme des Augen-

scheins **besondere Sachkunde**, wie z.B. bei der Spurensuche an Kleidungsstücken, handelt es sich nicht (mehr) um einen Augenscheinsgehilfen, sondern um einen **SV**, der das Augenscheinsobjekt als Befundtatsache verwertet. Auf diesen sind die Vorschriften über den SV-Beweis entsprechend anzuwenden (→ *Sachverständigenbeweis*, Rdn 2436).

☞ Auch wenn die Augenscheinsgehilfen als Zeugen vernommen werden, werden auf sie die **Vorschriften** über **SV angewendet** (*Meyer-Goßner/Schmitt*, § 86 Rn 4 m.w.N.). D.h., sie können unter den Voraussetzungen des § 74 abgelehnt werden (→ *Ablehnung eines Sachverständigen*, Rdn 15).

Siehe auch: → *Beweisantrag, Formulierung: Augenscheinseinnahme*, Rdn 914, mit Antragsmuster, Rdn 918; → *Urkundenbeweis, Allgemeines*, Rdn 2721.

Ausbleiben des Angeklagten 361

Das Wichtigste in Kürze:
1. Ausgeblieben ist nicht nur der körperlich nicht anwesende, sondern auch der verhandlungsunfähige Angeklagte.
2. Das Gericht kann einen Vorführungs- oder einen Haftbefehl erlassen, wenn das Ausbleiben nicht genügend entschuldigt ist.
3. Gegen diese Maßnahme des Gerichts, die in der HV zu erlassen sein dürfte, kann Beschwerde eingelegt werden.
4. Im Verfahren vor dem Strafrichter und vor dem Schöffengericht kann auf Antrag ggf. auch jetzt noch ein Strafbefehl erlassen werden.

Literaturhinweise: Deckers/Kuschnik, Darf trotz Abwesenheit und Unkenntnis des Angeklagten nach § 408a StPO von der Hauptverhandlung in das Strafbefehlsverfahren gewechselt werden?, StraFo 2008, 418; **Kudlich**, Anmerkung zur Entscheidung des BGH vom 28.7.2010 – 1 StR 643/09, StV 2011, 211 – Zur Bedeutung der absoluten Revisionsgründe im Strafverfahren, StV 2011, 211; **Martin**, Freiheitsstrafe beim Ausbleiben des Angeklagten? Prozessuale Probleme des Strafbefehlsverfahrens nach dem Rechtspflegeentlastungsgesetz, GA 1995, 121 ff.; **Meyer-Goßner**, Das Strafverfahrensänderungsgesetz 1987, NJW 1987, 1161; **Rieß**, Zweifelsfragen zum neuen Strafbefehlsverfahren, JR 1988, 133; **Schellenberg**, Der Strafbefehl nach § 408a StPO in der Praxis, NStZ 1994, 370; **Zähres**, Erlass eines Strafbefehls gem. § 408a StPO in der gem. § 408 III 2 StPO anberaumten Hauptverhandlung?, NStZ 2002, 296. 362

1. Grds. besteht für die HV die → *Anwesenheitspflicht des Angeklagten*, Rdn 315, sodass nach § 230 Abs. 1 bei Ausbleiben des Angeklagten eine HV nicht stattfindet. 363

☞ Das unentschuldigte Ausbleiben des Angeklagten in der HV macht nicht nur einen **schlechten Eindruck**, sondern kann auch rechtliche Nachteile für den Angeklagten

A Ausbleiben des Angeklagten

zur Folge haben (s.u. Rdn 365), wie z.B. in der → *Berufungshauptverhandlung*, Rdn 619, die → *Berufungsverwerfung wegen Ausbleibens des Angeklagten*, Rdn 691. Deshalb muss der Verteidiger den Mandanten dazu anhalten, dass dieser zur HV erscheint. Ist er dennoch ausgeblieben, muss der Verteidiger, wenn er einen Vorführungs- oder Haftbefehl oder die Berufungsverwerfung nach Möglichkeit verhindern will, **prüfen**, ob nicht die Voraussetzungen für eine → *Verhandlung ohne den Angeklagten*, Rdn 2853, vorliegen. Wenn er eine schriftliche Vollmacht des Angeklagten hat, kann er ggf. auch jetzt noch **beantragen**, den Angeklagten vertreten zu dürfen (§ 234; → *Vertretung des Angeklagten durch den Verteidiger*, Rdn 3208) oder ihn vom Erscheinen in der HV zu entbinden (§ 233; → *Entbindung des Angeklagten vom Erscheinen in der Hauptverhandlung*, Rdn 1386).

364 2. **Ausgeblieben** ist der Angeklagte in der HV nicht nur, wenn er beim → *Aufruf der Sache*, Rdn 341, körperlich nicht anwesend ist, sondern auch dann, wenn er zwar anwesend, seine → *Verhandlungsfähigkeit*, Rdn 2878, aber **nicht** gegeben ist (BGHSt 23, 331, 334 m.w.N. [für schuldhafte **Trunkenheit**]; BGH StV 1982, 153; OLG Frankfurt am Main NJW 2005, 2169; s.a. LG Zweibrücken NJW 1996, 737 [auch zur Frage des Erlasses eines Vorführungs- bzw. Haftbefehls]) oder er seine Anwesenheit nicht zu erkennen gibt. Ist der Angeklagte nur bedingt verhandlungsfähig, muss das Gericht, wenn es die HV durchführen will, diese so gestalten, dass der Angeklagte ihr folgen kann (s. → *Verhandlungsfähigkeit*, Rdn 2878). Hat das Gericht **Zweifel** an der Verhandlungsfähigkeit, gilt nicht der Grundsatz „in dubio pro reo"; die HV darf aber nicht durchgeführt werden (BGH NStZ 1984, 520; KK-*Gmel*, § 230 Rn 3). Ausgeblieben i.S.d. § 230 ist der Angeklagte auch, wenn er sich aus der HV entfernt oder zu einem **Fortsetzungstermin** nicht erscheint (*Meyer-Goßner/Schmitt*, § 230 Rn 15).

> Findet ein wesentlicher Teil der HV (vgl. dazu KK-*Gmel*, § 230 Rn 4 m.w.N.) statt, während der Angeklagte verhandlungsunfähig ist, liegt der **absolute Revisionsgrund** des § 338 Nr. 5 vor (BGH StV 1988, 511; vgl. zuletzt u.a. BGH NStZ 2011, 233 und *Kudlich* StV 2011, 211).

365 3.a) Das Gericht muss (!) gegen den ausgebliebenen Angeklagten nach § 230 Abs. 2 **Zwangsmittel** ergreifen, und zwar kann es entweder – in erster Linie – die Vorführung anordnen oder – in zweiter Linie – einen HB erlassen (BVerfG NJW 2007, 2318; → *Zwangsmittel bei Ausbleiben des Angeklagten*, Rdn 3661). Das gilt dann nicht, wenn das Ausbleiben des Angeklagten **genügend entschuldigt** ist. Insoweit kommt es nicht darauf an, ob sich der Angeklagte entschuldigt hat (BGHSt 17, 391, 396; BGH StV 1982, 153; OLG Köln StraFo 2008, 29); die Ausführungen zu § 329 für das Ausbleiben in der Berufungshauptverhandlung gelten entsprechend (→ *Berufungsverwerfung wegen Ausbleibens des Angeklagten*, Rdn 710).

b) Ausreichend entschuldigt ist das Ausbleiben, wenn dem Angeklagten bei Abwägung aller Umstände des Einzelfalls daraus billigerweise kein Vorwurf gemacht werden kann (z.B. BVerfG NJW 2007, 2318; OLG Brandenburg NJW 1998, 842; OLG Karlsruhe NStZ-RR 20120, 287; OLG Köln StraFo 2010, 73; 2011, 54; KK-*Gmel*, § 230 Rn 11). Ob diese Voraussetzungen vorliegen, hat das Gericht von Amts wegen im → *Freibeweisverfahren*, Rdn 1562, festzustellen. Das Verschulden des Angeklagten hinsichtlich des Ausbleibens muss aber zweifelsfrei feststehen (OLG Hamm, Beschl. v. 15.2.2007 – 3 Ss 573/06). Insgesamt gelten zum Ausbleiben und auch zur **Nachforschungspflicht** des Gerichts die Ausführungen zu § 329 für das Ausbleiben in der Berufungshauptverhandlung entsprechend (*Meyer-Goßner/Schmitt*, § 230 Rn 16), sodass auf sie verwiesen werden kann (→ *Berufungsverwerfung wegen Ausbleibens des Angeklagten*, Rdn 710 ff.).

Hinzuweisen ist auf folgende **Rechtsprechungsbeispiele**:

genügende Entschuldigung

- ggf. wenn der Angeklagte nach einem vor der HV gestellten **Aussetzungsantrag** nicht erscheint (BGHSt 24, 143; → *Ladung des Angeklagten*, Rdn 1827),
- ggf. **falsche Auskünfte** des **Verteidigers** (KG DAR 2012, 395 m. Anm. *Burhoff* VRR 2012, 275 für das Bußgeldverfahren; OLG Hamm NStZ-RR 1997, 113; NStZ-RR 2010, 245 [Mitteilung werde wegen einer Erkrankung des Verteidigers aufgehoben]; OLG Karlsruhe AnwBl. 1977, 224 [falsche Uhrzeit für Verhandlungsbeginn]; OLG Köln NStZ-RR 1997, 208 [Auskunft des Büros des Verteidigers, der Angeklagte brauche nicht zu erscheinen]); LG Frankfurt/Oder VRR 2013, 475 [vorrangige Entscheidung über ein Ablehnungsgesuch]), nicht aber, wenn der Angeklagte bereits eine anderslautende Mitteilung des Gerichts erhalten hat (OLG Koblenz VRS 44, 290; ähnl. BayObLG NStZ-RR 2003, 85),
- ggf. die **irrtümliche Annahme**, der Verteidiger sei zur Vertretung berechtigt (BayObLG NJW 1956, 838; DAR 1978, 211 [*Rüth*]),
- i.d.R. eine **Kraftfahrzeugpanne** (OLG Hamm VRS 7, 31; DAR 1999, 277 [Ls.]; OLG Karlsruhe NJW 1973, 1515),
- **Krankheit**, wenn sie nach Art und Auswirkungen eine Beteiligung an der HV unzumutbar macht (OLG Düsseldorf NStZ 1984, 331 [für Abszess in der Mundhöhle]; OLG Hamm StraFo 1998, 233 [für Eiterausbruch am Bein und Gesäß]; OLG Köln StraFo 2010, 73 [paranoide Psychose mit der Gefahr psychophysischer Dekompensation]; OLG München StraFo 2013, 208 [wegen Rückenbeschwerden nicht reisefähig]; OLG Schleswig SchlHA 2004, 240 [Dö/Dr]), auch wenn keine Verhandlungsunfähigkeit besteht (OLG Düsseldorf StV 1987, 9; OLG Köln VRS 72, 442 ff.),

A Ausbleiben des Angeklagten

> Wird als Entschuldigungsgrund eine Erkrankung geltend gemacht, ist für die Schlüssigkeit die Darlegung eines behandlungsbedürftigen und/oder Arbeitsunfähigkeit bewirkenden krankheitswertigen Zustandes erforderlich aber auch ausreichend. Aus einer (gleichzeitig) vorgelegten ärztlichen Bescheinigung braucht die die Art der Erkrankung jedenfalls solange nicht zu entnehmen sein, als Gründe dafür, dass die Bescheinigung als erwiesen falsch oder sonst als offensichtlich unrichtig anzusehen sein könnte oder nicht von dem bezeichneten Aussteller herrührt, fehlen (OLG Bamberg StRR 2013, 386). Der Verteidiger sollte dennoch darauf achten, dass sich aus dem Attest ergibt, dass der Mandant **verhandlungsunfähig** ist. Der Angeklagte darf auch grds. auf die entschuldigende Wirkung eines ärztlichen Attestes vertrauen (OLG Hamm VRR 2005, 270; OLG München StraFo 2013, 208; s. wohl auch OLG Bamberg, a.a.O.).

- **falsche** Mitteilung in der **Ladung**, wonach der Angeklagte/Betroffene nicht zum Erscheinen in der HV verpflichtet sei (OLG Hamm NZV 1999, 307),
- **keine Kenntnis** vom Termin (BVerfG NJW 2007, 2318),
- Ladung eines **Ausländers** zur HV in **deutscher Sprache** (OLG Bremen NStZ 2005, 527; LG Bremen StraFo 2005, 29),
- die **Regelung beruflicher** und **privater Angelegenheiten** nur, wenn sie unaufschiebbar und von erheblicher Bedeutung sind (OLG Düsseldorf NJW 1960, 1921 [für wirtschaftliche Verluste]; 1973, 109 [für nicht mehr rückgängig zu machende Urlaubsreise nach Südindien bei HV in einer Bagatellsache – fahrlässige Körperverletzung]), wobei im Einzelfall jeweils die Bedeutung der zu erledigenden Geschäfte nach Wichtigkeit und Dringlichkeit einerseits und die öffentlich-rechtliche Pflicht zum Erscheinen andererseits abzuwägen sind, wobei auch die Bedeutung der jeweiligen Strafsache nicht außer Acht gelassen werden darf (vgl. OLG Bamberg StRR 2013, 3 [Ls.; Bußgeldverfahren; Kurzurlaub]; OLG Hamm zfs 2005, 515 [für Urlaubsreise] und StraFo 2003, 173 [zur unaufschiebbaren Geschäftsreise]),
- **mehrmonatiger Auslandsaufenthalt**, wenn dem Angeklagten die finanziellen Mittel fehlen, um einen Rückflug über eine große Distanz (Brasilien) bezahlen zu können (OLG Celle, Beschl. v. 10.11.2011 – 32 Ss 130/11; ähnlich OLG Hamm VRR 2012, 277 für Bußgeldverfahren und Rückkehr aus Neuseeland),
- **Selbstmordversuch**, wenn dieser nicht nur der Verzögerung des Verfahrens dient (OLG Koblenz StV 1986, 146),
- ggf. kann das Erscheinen in der HV **unzumutbar** sein, wenn ein **Befangenheitsantrag** zuvor **zurückgewiesen** worden ist und nun der Verteidiger verhindert ist (OLG Hamm NStZ 1995, 596),
- **Verhinderung** des **Verteidigers** wegen plötzlicher Erkrankung (KG DAR 2012, 395 m. Anm. *Burhoff* VRR 2012, 275 für das Bußgeldverfahren),

Ausbleiben des Angeklagten A

- eine **Verkehrsstörung** oder sonstige **Verkehrsprobleme**, wenn der Angeklagte für seine Anreise genügend Zeit eingeplant hat (OLG Celle NJW 2004, 2534; OLG Hamm NZV 1997, 493; OLG Jena NStZ-RR 2006, 147; zu Verkehrsproblemen → *Berufungsverwerfung wegen Ausbleibens des Angeklagten*, Rdn 713),
- die für den Terminstag angedrohte **Zwangsversteigerung** der Wohnung des Angeklagten (OLG Köln StraFo 2011, 54).

nicht genügende Entschuldigung   368

- **Angst**, beim Erscheinen in (Vollstreckungs-)**Haft** genommen zu werden (OLG Hamm JMBl. NW 1976, 9; OLG Köln NStZ-RR 1999, 112),
- **allein** das (vorherige) Anbringen eines **Befangenheitsantrags** (OLG Düsseldorf JMBl. NW 1997, 223),
- **Dienst-** oder **Urlaubsreise**, da deren Verschiebung i.d.R. zumutbar ist (OLG Saarbrücken NJW 1975, 1613; OLG Schleswig SchlHA 1987, 120 [E/L]), zumindest dann, wenn die Reise erst nach der Ladung gebucht worden ist (OLG Hamm zfs 2005, 515; → *Berufungsverwerfung wegen Ausbleibens des Angeklagten*, Rdn 713; s. aber Rdn 367),
- **falsches Verkehrsmittel** und zu knapp bemessene Reisezeit (OLG Köln JMBl. NW 1972, 63 [erkennbar zu spät ankommender Zug]; s. aber OLG Hamm NZV 1997, 493),
- die bloße **Mitteilung** des Verteidigers, der Mandant habe eine **längere Auslandsreise** angetreten und sei nicht erreichbar (BayObLG NJW 1994, 1748; vgl. a. BGHSt 38, 271),
- die **Nichtbescheidung** eines (Vertagungs- und Entbindungs-)**Antrags** (RGSt 59, 277), auch wenn der Verteidiger das Ausbleiben für genügend entschuldigt hält, weil er den Entbindungsantrag nach § 233 stellen will (OLG Saarbrücken NJW 1974, 327 [Ls.]; s.a. → *Entbindung des Angeklagten vom Erscheinen in der Hauptverhandlung*, Rdn 1386; → *Ladung des Angeklagten*, Rdn 1817),
- die **Nichtbescheidung** eines **Akteneinsichtsantrags** (OLG Karlsruhe NStZ-RR 2011, 287),
- **Parkschwierigkeiten** am Gericht (*Meyer-Goßner/Schmitt*, § 329 Rn 27; a.A. OLG Nürnberg OLGSt § 44 Nr. 2),
- wenn der Angeklagte bei einem **verzögerten Beginn** der HV **nicht wartet**, obwohl ihm das zuzumuten ist (OLG Düsseldorf NJW 1997, 2062 [für um mindestens 30 Minuten verzögerten Beginn der HV im Bußgeldverfahren, nachdem der Betroffene bereits so lange gewartet hatte]).

4.a) Anstelle des Erlasses eines Vorführungs- oder eines Haftbefehls nach § 230 Abs. 2   369
kann im Verfahren vor dem **Strafrichter** und dem **Schöffengericht** auch nach **§ 408a** vorgegangen werden. Danach kann, wenn der Durchführung der HV das Ausbleiben des Angeklagten oder dessen Abwesenheit (vgl. dazu § 276) oder ein anderer wichtiger

A   Ausbleiben des Angeklagten

Grund entgegensteht und die Voraussetzungen des § 407 Abs. 1 S. 1 und 2 vorliegen, die StA noch nach Eröffnung des Hauptverfahrens, also auch **noch in** der **HV** (*Meyer-Goßner/Schmitt*, § 408a Rn 4 m.w.N.), einen **Strafbefehlsantrag** stellen (krit. dazu *Meyer-Goßner/Schmitt*, § 408a Rn 1 m.w.N.; *Martin* GA 1995, 121 ff.; *Meyer-Goßner* NJW 1987, 1166; *Rieß* JR 1988, 134; *Deckers/Kuschnik* StraFo 2008, 418).

> 🖉 Der Verteidiger, der für den ausgebliebenen Angeklagten erschienen ist, sollte in geeigneten Fällen (bereits erfolgte genügende Aufklärung des Sachverhalts) den **Strafbefehlsantrag** der StA **anregen**, um so den Erlass eines Vorführungs- oder Haftbefehls zu vermeiden. Häufig bietet sich jetzt auch noch die Möglichkeit, die Rechtsfolgen abzusprechen.

370   Die Vorschrift soll **anwendbar** sein bei folgenden

Beispielsfällen (vgl. zu allem BT-Drucks 10/1313, S. 36):

- der **Angeklagte** wohnt mit bekanntem Aufenthalt im **Ausland**, seine Einlieferung zur Durchführung der HV ist aber nicht angemessen,
- der **Durchführung** der HV stehen **erhebliche**, die Voraussetzungen des § 251 Abs. 1 Nr. 2 oder Abs. 2 Nr. 1 aber nicht erfüllende **Hinderungsgründe** entgegen (→ *Verlesung von Protokollen früherer Vernehmungen/sonstiger Erklärungen*, Rdn 3014 ff.) und der Sachverhalt ist nach dem Inhalt der Akten ausreichend geklärt,
- die **Vorführung** des Angeklagten wäre im Hinblick auf die zu erwartende Strafe **unverhältnismäßig**,
- nach *Zähres* (NStZ 2002, 296) **nicht** in der gem. § 408 Abs. 3 S. 2 StPO anberaumten HV.

371   **b)** Den erforderlichen (**Strafbefehls-**)Antrag kann/muss die StA stellen. Er wird in der HV i.d.R. (hand-)schriftlich gestellt werden. Er kann aber auch mündlich gestellt werden, wobei dann aber der wesentliche Inhalt in das → *Protokoll der Hauptverhandlung*, Rdn 2092, aufgenommen werden muss (*Meyer-Goßner/Schmitt*, § 408a Rn 2 m.w.N.). Voraussetzung für die Antragstellung ist, dass die StA eine **HV nicht** (mehr) für **erforderlich** hält (vgl. dazu KK-*Maur*, § 408a Rn 5; *Martin* GA 1995, 121 f.). Es muss also ein Wechsel in der Bewertung der Strafsache durch die StA oder eine weitere Aufklärung des Sachverhalts in der HV erfolgt sein, denn sonst hätte von vornherein das → *Strafbefehlsverfahren*, Rdn 2568, durchgeführt werden können. *Deckers/Kuschnik* fordern darüber hinaus, dass der Angeklagte zumindest schuldhaft ausgeblieben sein muss, der Erlass des Strafbefehls also ausscheidet, wenn der Angeklagte keine Kenntnis vom Termin hatte (vgl. StraFo 2008, 418 f.; s.a. OLG Düsseldorf NJW 1962, 2022 [für § 232]).

c) Nach § 408a Abs. 2 S. 1 **muss** das Gericht dem **Antrag entsprechen**, wenn dem Erlass des Strafbefehls keine Bedenken entgegenstehen (vgl. dazu Rdn 371). Erlässt es den Strafbefehl, richtet sich das **weitere Verfahren** nach den §§ 409 – 412, sodass der Angeklagte gegen den ihm zugestellten Strafbefehl Einspruch einlegen kann und dann – wie sonst auch – im → *Strafbefehlsverfahren*, Rdn 2568, eine HV stattfindet. 372

Hat das Gericht **Bedenken** gegen den Erlass eines Strafbefehls (s. dazu *Meyer-Goßner/ Schmitt*, § 408 Rn 12 f. m.w.N.), muss es den **Antrag** ausdrücklich **ablehnen** und das (normale) Hauptverfahren fortsetzen. Der dazu erlassene Beschluss ist gem. § 408a Abs. 2 S. 2 unanfechtbar. 373

Siehe auch: → *Berufungsverwerfung wegen Ausbleibens des Angeklagten*, Rdn 691; → *Bußgeldverfahren, Besonderheiten der Hauptverhandlung*, Rdn 1224 ff.

Ausbleiben des Verteidigers 374

Literaturhinweise: s. die Hinw. bei → *Verhinderung des Verteidigers*, Rdn 2904. 375

Bleibt der Verteidiger in der HV aus, hat der Angeklagte grds. **kein** Recht, die **Aussetzung** der HV zu verlangen. Die damit zusammenhängenden Fragen sind dargestellt bei → *Verhinderung des Verteidigers*, Rdn 2904, sowie → *Anwesenheit des Verteidigers in der Hauptverhandlung*, Rdn 310, und → *Aussetzung wegen Ausbleibens des (notwendigen) Verteidigers*, Rdn 470, mit Antragsmuster, Rdn 483. Hier soll nur darauf hingewiesen werden, dass die Fürsorgepflicht das Gericht zwar nicht zur Aussetzung, aber zumindest doch zur **Unterbrechung** der HV zwingen kann (vgl. z.B. BayObLG NJW 1995, 3134 [für Ausbleiben des Verteidigers in der HV im Bußgeldverfahren aufgrund eines Verkehrsunfalls]). 376

Auskunftsverweigerungsrecht 377

Das Wichtigste in Kürze:
1. Das AVR aus § 55 setzt voraus, dass der Zeuge sich oder einen der in § 52 Abs. 1 genannten Angehörigen der Gefahr der Strafverfolgung aussetzt, wenn er mit seinen Angaben entweder sich oder seinen Angehörigen in die Gefahr einer Verfolgung bringt.
2. Das AVR räumt grds. nicht das Recht ein, das Zeugnis insgesamt zu verweigern. Nur wenn, wie bei Tatbeteiligten, der gesamte Inhalt der Aussage die Voraussetzungen erfüllt, wird das AVR praktisch zum Recht, die Aussage insgesamt zu verweigern.
3. Für das Bestehen/Nichtbestehen eines AVR gibt es zahlreiche Rechtsprechungsbeispiele.

A Auskunftsverweigerungsrecht

> 4. Der Zeuge muss in der HV über sein Recht, ggf. die Auskunft auf bestimmte Fragen verweigern zu dürfen, belehrt werden.
> 5. Der Verteidiger muss ggf. auf die richtige Belehrung seines Mandaten hinwirken. Der Zeugenbeistand muss sich darauf einstellen, dass gegen seinen Mandaten ggf. Zwangsmaßnahmen ergriffen werden.

378 Literaturhinweise: **Ahlbrecht/Bögers**, Rechtsschutz gegen die Gewährung eines Auskunftsverweigerungsrechtes (§ 55 StPO) für den gemäß § 59 IRG vernommenen Entlastungszeugen, ZIS 2008, 218; **Beyer**, Befragung von Selbstanzeige-Erstattern als Zeugen gegen Bankmitarbeiter?, NWB 2014 Heft 51, 3878; **Bosbach**, Ungeschriebene strafprozessuale Zeugnisverweigerungsrechte im Verhältnis zwischen Strafverteidiger und Mandant nach rechtskräftigem Abschluss des Verfahrens gegen den Mandanten? – Zugleich eine Besprechung von OLG Koblenz – 2 Ws 618, 620/071 und BVerfG – 2 BvR 112/08, NStZ 2009, 177; **Dahs**, Das Auskunftsverweigerungsrecht des § 55 StPO – immer wieder ein Problem, NStZ 1999, 386; **Dahs/Langkeit**, Das Schweigerecht des Beschuldigten und seine Auskunftsverweigerung als „verdächtiger Zeuge", NStZ 1993, 213; **Dölling**, Verlesbarkeit schriftlicher Erklärungen und Auskunftsverweigerungsrecht nach § 55 StPO, NStZ 1988, 6; **Eisenberg**, Schutzbelange des als „Beteiligter" beurteilten Kindes im Strafverfahren gegen den volljährigen Beschuldigten, GA 2001, 153; **Gallandi**, Gleichzeitige Verletzung der §§ 55 und 136 a StPO, NStZ 1991, 119; **Klein**, Die Aussageerzwingung bei rechtskräftig verurteilten Straftätern – Strafrechtspflege im Spannungsfeld von Verfolgungsgebot und Rechtsstaatlichkeit, StV 2006, 338; **König**, Nähere Auskünfte über die Verweigerung, in: Festschrift für *Christian Richter II*, 2006, S. 307; **Langkeit/Cramer**, Vorrang des Personalbeweises bei gemäß § 55 StPO schweigenden Zeugen, StV 1996, 230; **Lohberger**, Zur Auslegung des § 55 StPO – Wann erstarkt das Auskunftsverweigerungsrecht zum umfassenden Schweigerecht?, in: Festschrift für *Egon Müller*, 2008, S. 411; **Meyer**, Die Zulässigkeit der Ersetzung einer Aussage des nach § 55 StPO die Aussage verweigernden Zeugen durch Verlesung eines nichtrichterlichen Protokolls gem. § 251 Abs. 2 StPO, MDR 1977, 543; **Mitsch**, Protokollverlesung nach berechtigter Auskunftsverweigerung (§ 55 StPO) in der Hauptverhandlung, JZ 1992, 174; **Rengier**, Die Zeugnisverweigerungsrechte im geltenden und künftigen Strafverfahrensrecht: Grundlagen, Reformfragen und Stellung im System der Beweisverbote und im Revisionsrecht, 1979; **Richter II**, Aussageverweigerungsrechte von Zeugen als Bestandteil der Verteidigungsstrategie, StraFo 1990, 87; *ders.*, Auskunft über die Verweigerung, StV 1996, 457; *ders.*, Auskunft über die Verweigerung, in: Festgabe für *Heino Friebertshäuser*, 1997, S. 158; **Rinio**, Das Auskunftsverweigerungsrecht des tatbeteiligten Zeugen, JuS 2008, 600; **Sommer**, Auskunftsverweigerungsrecht des gefährdeten Zeugen, StraFo 1998, 8; **Tondorf**, Der aktive Zeugenbeistand – Ein Störenfried oder ein Stück aus dem Tollhaus, StV 1996, 511; **Weidemann**, Aussageverweigerung eines nicht aussageverweigerungsberechtigten Zeugen gegenüber Polizeibeamten, JA 2008, 532; **Weiß**, Haben juristische Personen ein Aussageverweigerungsrecht?, JZ 1998, 289.

379 1.a) Das Auskunftsverweigerungsrecht (im Folgenden AVR) aus § 55 setzt voraus, dass der Zeuge sich oder einen der in § 52 Abs. 1 genannten Angehörigen (→ *Zeugnisverweigerungsrecht*, Rdn 3552) der **Gefahr** der **Strafverfolgung** aussetzt, wenn er mit seinen Angaben entweder sich oder seinen Angehörigen in die Gefahr einer Verfolgung bringt (zum AVR nach dem SchwarzArbG s. § 5 Abs. 1 S. 3 SchwarzArbG). Es kommt insoweit nicht darauf an, ob (nur) die wahrheitsgemäße Aussage den Zeugen in die Gefahr einer Strafverfolgung bringt. Vielmehr muss für die Berechtigung eines AVR sowohl die Möglichkeit einer Bejahung als auch einer Verneinung der an den Zeugen gerichteten Frage in gleicher Weise in Betracht gezogen werden. Bringt auch nur eine dieser Möglichkeiten den Zeugen in die Gefahr einer Strafverfolgung, ist das AVR berechtigt (vgl. BVerfG NJW

1998, 779; auch noch BGH NJW 1994, 2839 m.w.N.; OLG Hamm StraFo 1998, 119; *Meyer-Goßner/Schmitt*, § 55 Rn 2 a.E., 7 m.w.N.; zum Drohen ausländischer Strafverfolgung *Ahlbrecht/Börgers* ZIS 2008, 218). Ein ggf. zu bejahender Anfangsverdacht i.S. des § 152 Abs. 1 für eine Strafverfolgung muss sich aber auf zureichende **tatsächliche Anhaltspunkte**, d.h. auf konkrete Tatsachen stützen, die dafür sprechen, dass gerade der zu untersuchende Sachverhalt eine Straftat enthält. Bloße, nicht durch konkrete Umstände belegte Vermutungen oder rein denktheoretische Möglichkeiten reichen weder für einen Anfangsverdacht noch für ein AVR aus (BVerfG, a.a.O.; BGH, a.a.O.; NStZ 1999, 415; zum Anfangsverdacht s. *Burhoff*, EV, Rn 453 und *Sommer* StraFo 1998, 11; zum „verdächtigen" Zeugen a. *Dahs/Langkeit* NStZ 1993, 213).

Die **bloß abstrakte Möglichkeit** der Strafverfolgung **reicht** für die Bejahung eines AVR **nicht** aus, andererseits ist aber auch nicht die sichere Erwartung der Strafverfolgung erforderlich bzw. dürfen nicht zu hohe Anforderungen gestellt werden (OLG Köln, Beschl. v. 4.3.2013 – 2 Ws 120/13), um nicht den Schutz des Selbstbelastungsprinzips zu unterlaufen. Erforderlich, aber auch genügend, sind ausreichende tatsächliche Anhaltspunkte, die sich auf **konkrete Tatsachen** stützen, die dafür sprechen, dass gerade der zu untersuchende Lebenssachverhalt eine (bestimmte) Straftat enthält (vgl. zum „Verdachtsgrad" u.a. BVerfG wistra 2010, 299; BGH NStZ 2010, 463 m.w.N.; NStZ 2013, 241 m. Anm. *Kirchmann* StRR 2013, 140; NStZ-RR 2011, 316; KG NStZ 2011, 652; NStZ-RR 2014, 14 [Ls.]; OLG Hamm NStZ-RR 2015, 49; OLG Jena NStZ-RR 2011, 279; OLG Köln NStZ-RR 2010, 146 [Ls.]; Beschl. v. 4.3.2013 – 2 Ws 120/13). *Dahs* plädiert in seiner Anm. zu BGH NJW 1999, 1413 und BGH NStZ 1999, 415 wegen des Schutzgedankens des § 55 für eine i.S.d. Zeugen großzügige Anwendung der Vorschrift, wenn sich – entweder aus tatsächlichen oder aus rechtlichen Gründen – Schwierigkeiten in der Beurteilung der Frage ergeben, ob die Gefahr der Strafverfolgung besteht. Dem entspricht die Rspr. des BVerfG, wonach wegen der niedrigen Schwelle des Anfangsverdachts das Bestehen einer „Gefahr" bereits **weit** im **Vorfeld** einer **direkten Belastung** zu bejahen ist (BVerfG NJW 2002, 1411; s. auch BVerfG wistra 2010, 299; dazu BGH NStZ-RR 2011, 316) bzw., wenn sich „mittelbar oder unmittelbar" ein Anfangsverdacht ergeben könnte (BVerfG NJW 2003, 3045). Entscheidend ist eine auf den Gesamtkomplex des strafbaren Tuns abstellende Wertung (BVerfG NJW 2002, 1411 [Gefahr der Ermittlungen wegen Teilnahme]; OLG Köln NStZ-RR 2005, 269; zur Beurteilung der Verfolgungsgefahr s. BGH StV 2006, 508).

b) Ob es für die von dem Zeugen geltend gemachte Gefahr der strafrechtlichen Verfolgung tatsächlichen Anhaltspunkte gibt und er sich deshalb auf § 55 berufen kann, obliegt zwar grds. zunächst der Beurteilung des Zeugen. Nach Auffassung der obergerichtlichen Rspr. entscheidet jedoch nicht der Zeuge, sondern das mit der Vernehmung befasste Gerichts aufgrund einer **tatsächlichen Beurteilung** und rechtlichen Würdigung nach freibeweislicher Auswertung des Akteninhalts, etwaiger anderer Ergebnisse der Beweisaufnahme und sonstiger bekannter Umstände (vgl. KG NStZ-RR 2014, 14 [Ls.]; StRR 2015, 145; *Meyer-Goßner/Schmitt*, § 55 Rn 10), dem insoweit ein weiter Beurteilungsspielraum zukommt (vgl. BVerfG wistra 2010, 299; BGH StV 2002, 604; KG StraFo 2009, 382; NStZ-RR 2010, 16, 17 m.w.N.; OLG Celle NJW 2012, 247 [Ls.]; OLG Hamm NStZ-RR 2015, 49). Das Beschwerde-/Revisionsgericht kann daher ggf. lediglich überprüfen, ob sich der Tat-/Vernehmungsrichter innerhalb des ihm eröffneten **Beurteilungsspielraums** gehalten, den richtigen Entscheidungsmaßstab zugrunde gelegt oder seine Entscheidung auf fehlerhafte Erwägungen gestützt hat (vgl. BGH, a.a.O.; KG, a.a.O.; OLG Celle, a.a.O.). Dabei sind immer die Umstände des Einzelfalles maßgeblich (vgl. BGHSt 10, 104, 105), weshalb für die Beurteilung freibeweislich der Akteninhalt, die anderweitigen Ergebnisse der Beweisaufnahme und sonstige bekannte Umstände auszuwerten sind (vgl. KG, a.a.O., m.w.N.).

382 2. Das AVR räumt grds. **nicht** das Recht ein, das **Zeugnis insgesamt zu verweigern**. Nur wenn, wie bei Tatbeteiligten, der gesamte Inhalt der Aussage die Voraussetzungen erfüllt, wird das AVR praktisch zum Recht, die Aussage insgesamt zu verweigern (zuletzt BGH StV 2002, 604; OLG Celle NStZ 2002, 386; *Meyer-Goßner/Schmitt*, § 55 Rn 2 m.w.N.; *Lohberger*, S. 411). Das kann auch der Fall sein, wenn Fragen nur ein Teilstück in einem **mosaikartigen Beweisgebäude** betreffen und demzufolge zu einer Belastung des Zeugen beitragen können (BGH, a.a.O.; NJW 1994, 2839; LR-*Ignor/Bertheau*, § 55 Rn 6 m.w.N.; OLG Celle StV 1988, 99; LG Zweibrücken zfs 2006, 472 [mittelbar begründen können]). Ein Zeuge, der von einem → ***Zeugenbeistand***, Rdn 3491, begleitet wird, kann die Auskunft auch auf solche Fragen verweigern, die den Inhalt der mit dem Beistand geführten Beratungsgespräche betreffen. Dazu gehören auch das Bestehen einer Honorarvereinbarung und die Höhe des Honorars des Beistandes (LG Berlin StV 1994, 533; s.a. OLG Düsseldorf NStZ 1991, 504; LG Lübeck StV 1993, 516). Das AVR greift danach grds. in dem Umfang, in welchem die Befragung sich auf Vorgänge richtet, die im Verhältnis zu den abgeurteilten Geschehen andere Taten im verfahrensrechtlichen Sinn des § 264 Abs. 1 darstellen würden. Dabei genügt es, wenn der Zeuge über Vorgänge Auskunft geben müsste, die den Verdacht gegen ihn nur mittelbar begründen, sei es auch nur als Teilstück in einem mosaikartig zusammengesetzten Beweisgebäude (BGH NJW 1999, 1413, 1414; NStZ 2010, 463 [allein Tatsache des Sichkennens kann ausreichen]; NStZ 2013, 241 m. Anm. *Kirchmann* StRR 2013, 140; vgl. auch noch BVerfG wistra 2010, 299; KG NStZ 2011, 652; OLG Hamm NStZ-RR 2015, 49; OLG Köln NStZ-RR 2010, 146 [Ls.]). Besteht die konkrete Gefahr, dass er durch eine wahrheitsgemäße Aussage zugleich potenzielle Beweismittel gegen sich selbst wegen noch verfolgbarer eigener Delikte liefern müsste, so ist ihm die Erteilung solcher Auskünfte nicht zumutbar (BVerfG NJW 2003, 3045; zu allem s.a. BGH NStZ 2007, 278). Einem Zeugen steht auch dann ein (umfassendes) AVR zu, wenn er während eines **einheitlichen Gesamtgeschehens** sowohl Opfer als auch (Mit-)Täter von Straftaten des Haupttäters war, da dann die Gefahr der mittelbaren Selbstbelastung besteht (KG StraFo 2009, 382 m. Anm. *Hanschke* StRR 2009, 223).

Auskunftsverweigerungsrecht **A**

👉 **Ausnahmsweise** ist der Zeuge zur **umfassenden Verweigerung** der Auskunft berechtigt, wenn seine gesamte in Betracht kommende Aussage mit einem möglicherweise strafbaren oder ordnungswidrigen eigenen Verhalten in so engem Zusammenhang steht, dass nichts übrig bleibt, was er ohne Gefahr der Verfolgung aussagen könnte (LR-*Ignor/Bertheau*, § 55 Rn 6 m.w.N.; BVerfG wistra 2010, 299; zuletzt u.a. BGH NStZ 2010, 463; 2013. 241).

3. Hinzuweisen ist auf folgende **Rechtsprechungsbeispiele**:

Bestehen eines AVR 383

- bei einer Einstellung ist wegen dauernder Verhandlungsunfähigkeit nach § 206a die **Einleitung** eines **neuen Verfahrens** möglich (BGH NStZ 1986, 181),
- wohl auch, wenn nach sonstiger **Einstellung** des Verfahrens eine **Wiederaufnahme** möglich ist, so z.B. bei § 153a oder bei § 154 oder auch bei § 170 Abs. 2 (Sommer StraFo 1998, 12),
- zum AVR eines ehemaligen **Mitarbeiters** des **Geheimdienstes** der DDR (BGH NJW 1998, 1728 [Fall Wolf]),
- wenn zwar grds. **Strafklageverbrauch** hinsichtlich der bei der Vernehmung ggf. zu offenbarenden Straftat in Betracht kommen kann,
  - aber der Strafklageverbrauch nach abschließender Klärung des Sachverhalts mit vertretbarer Argumentation auch verneint werden könnte (BGH NJW 1999, 1413; NStZ-RR 2011, 316; s. aber BGH NStZ 2002, 607 und a. 1999, 415 [entscheidend ist die tatsächliche Rechtslage, nicht die Bewertung durch Gericht oder StA]; dazu a. *Dahs* NStZ 1999, 386),
  - auch dann, wenn zwar durch eine rechtskräftige Verurteilung **Strafklageverbrauch** hinsichtlich eines **BtM-Delikts** eingetreten ist, durch die Benennung von Abnehmern der BtM durch den Verurteilten aber weitere Geschäfte ans Licht kommen könnten (OLG Zweibrücken StV 2000, 606; LG Koblenz StV 2013, 18; ähnl. BVerfG NJW 2002, 1411; s.a. BGH StraFo 2006, 281), wobei im BtM-Bereich die Gefahr der sog. „Rückbelastung" groß ist (zur „Rückbelastung" s. aber auch KG StRR 2015, 145),
  - wenn (bei einer früheren Mitgliedschaft in einer terroristischen Vereinigung) zwischen der abgeurteilten Tat und anderen Taten ein so **enger Zusammenhang** besteht, dass die Beantwortung von Fragen zu der abgeurteilten Tat die Gefahr der Verfolgung wegen dieser anderen Taten mit sich bringt (BGH NJW 2006, 3015 [Ls.]);

A   Auskunftsverweigerungsrecht

- wenn es sich um ein sog. **Organisationsdelikt** handelt (BGH NStZ 2010, 463; NStZ 2013, 241 m. Anm. *Kirchmann* StRR 2013, 140; NStZ-RR 2011, 316),
- bzw. die abgeurteilte Tat Teil einer **Serie** von – noch nicht abgeurteilten – Delikten ist (BGH StraFo 2009, 520; OLG Köln NStZ-RR 2005, 269; ähnl. LG Baden-Baden StV 2005, 78),

> Liegt zwar ein bereits rechtskräftiger Schuldspruch vor, ist aber über den **Straf- bzw. sonstigen Rechtsfolgenausspruch noch nicht rechtskräftig** entschieden worden, besteht das AVR nur insoweit, als der Zeuge durch die Beantwortung an ihn gerichteter Fragen strafzumessungsrelevante oder für den sonstigen Rechtsfolgenausspruch bedeutsame Umstände offenbaren müsste, die ggf. zu seinem Nachteil Berücksichtigung finden könnten (BGH NJW 2005, 2166).

- es liegt zwar ein rechtskräftiges Urteil vor, gleichwohl ist aber eine Verfolgungsgefahr nicht auszuschließen, wenn zwischen der **abgeurteilten Tat** und **anderen Straftaten**, derentwegen der Zeuge noch verfolgt werden könnte, ein so **enger Zusammenhang** besteht, dass die Beantwortung von Fragen zu der abgeurteilten Tat die Gefahr der Verfolgung wegen dieser anderen Taten mit sich bringt (BGH NJW 2006, 3015 [Ls.]; NStZ 2010, 463 [für frühere Mitgliedschaft in einer terroristischen Vereinigung]; StV 2006, 508; StraFo 2008, 423),
- beim **Vorwurf** der **Bestechlichkeit** (BGH StV 2002, 604),
- die **Verfolgungsgefahr** wird erst **durch** die **Aussage** herbeigeführt, etwa weil der Zeuge von einer früheren Aussage, die er oder ein Angehöriger gemacht hat, abweichen müsste (BGH MDR 1953, 402 [D]; vgl. aber auch BGHSt 50, 318 ff.; KG NStZ 2011, 652; *Meyer-Goßner/Schmitt*, § 55 Rn 7 m.w.N.; s. dazu a. den Prozessbericht von *Tondorf* StV 1996, 511 und *Sommer* StraFo 1998, 13),
- der Zeuge ist bereits rechtskräftig verurteilt und müsste sich ggf. dem **Vorwurf** aussetzen, **früher falsche Angaben** gemacht zu haben (OLG Koblenz StV 1996, 474 [ausreichend für ein AVR sind jedoch nicht – nicht durch konkrete Umstände belegte – Vermutungen]; vgl. auch OLG Jena NStZ-RR 2011, 279; LG Zweibrücken MDR 1996, 89; zur Kritik s. Gatzweiler StV 1996, 475 in der Anm. zu OLG Koblenz, a.a.O.),
- bei rechtskräftigem Freispruch oder bei Ablehnung der Eröffnung des Hauptverfahrens besteht die Möglichkeit der **Wiederaufnahme** des Verfahrens (BGH StV 1984, 408; grds.a. StraFo 2005, 420; 2008, 423; NStZ-RR 2011, 316),
- der Zeuge muss befürchten, dass der Beschuldigte auf seine Aussage mit **Gegenaussagen** zu verfolgbaren Taten reagieren wird (BGH NStZ 2006, 178; so grds. auch KG NStZ 2011, 652; OLG Jena NStZ-RR 2011, 279; LG Koblenz StV 2013, 18; vgl. aber a. KG StRR 2015, 145).

Auskunftsverweigerungsrecht A

Nichtbestehen eines AVR 384

- der Angehörige oder der Zeuge ist schon **rechtskräftig verurteilt** (BVerfG NStZ 1985, 277; BGH NStZ 2010, 287; 2010, 463; OLG Celle NJW 1962, 2315; s.a. BGH NJW 1999, 1413 [„Verfolgung wegen **Strafklageverbrauchs** zweifellos ausgeschlossen"]; *Dahs* NStZ 1999, 386; s. aber BGH NJW 2006, 3015 [Ls.]; StV 2006, 508; StraFo 2008, 423;), und zwar auch dann, wenn die Strafe noch nicht vollstreckt ist (BGH NStZ 2010, 463), es sei denn, zwischen der abgeurteilten Tat und der anderen ggf. noch verfolgbaren Tat besteht ein so enger Zusammenhang, dass die Beantwortung der Fragen zu der abgeurteilten Tat für den Zeugen die Gefahr der Strafverfolgung wegen der anderen Straftaten zur Folgen haben könnte (BGH, a.a.O.; NStZ 2013, 2141; NStZ-RR 2011, 316 [für Organisationsdelikt]),
- aufgrund einer bloß allgemeinen Mutmaßung, ein **Mandant** würde sich gegenüber seinem **Verteidiger** nicht mehr rückhaltlos offenbaren, wenn er damit rechnen müsste, in einem späteren Strafverfahren gegen den Verteidiger als Zeuge aussagen zu müssen (BVerfG, Beschl. v. 28.1.2008 – 2 BvR 112/08 [verfassungsrechtlich ist ein AVR im Verhältnis Verteidiger/Mandant nicht geboten]; vgl. dazu *Bosbach* NStZ 2009, 177),
- es ist **Strafklageverbrauch** eingetreten, wobei es auf die tatsächliche Rechtslage ankommen soll, nicht auf die Einschätzung von StA und Gericht (BGH NStZ 1999, 415; s.a. BGH NJW 1999, 1413; zu allem *Dahs* NStZ 1999, 386 und s.a. o. Rdn 383),
- der **Angehörige** ist **verstorben**,
- der Zeuge kann sich **erst** durch die **Beantwortung** der an ihn gerichteten **Frage** strafbar machen (BGHSt 50, 318; BGH NStZ 2013, 238), und zwar auch dann, wenn sich der Zeuge zur Vorbereitung seiner Aussage eine schriftliche Erklärung macht (BGH, a.a.O. [nicht Versuch der Strafvereitelung, sondern nur straflose Vorbereitungshandlung]),
- zum Umfang eines AVR, wenn der Zeuge wegen Rädelsführerschaft in einer **kriminellen Vereinigung** verurteilt worden ist, s. BGH NStZ 2002, 607 (zugleich auch zum Strafklageverbrauch in diesen Fällen) und NStZ 2010, 463; StraFo 2008, 423; NStZ-RR 2010, 316),
- die Verfolgung droht nur aus **disziplinar-** oder **ehrenrechtlichen** Gründen (OLG Hamburg MDR 1984, 335; KK-Senge, § 55 Rn 7 [kann im Einzelfall zw. sein]; a.A. OLG Köln NJW 1988, 2485 ff.),
- der Täter war **strafunmündig**,
- **Rechtfertigungs-** oder Entschuldigungsgründe liegen vor,
- die Aussage gereicht nur zur **Unehre** (BayObLG NJW 1979, 1371),
- **nicht allein**, wenn die Gefahr besteht, dass der Zeuge durch den Angeklagten/Beschuldigten in der HV ggf. **weiterer**, über die bereits bekannten Taten hinausgehender **Taten bezichtigt** wird (BGH NStZ 2007, 278; zur sog. **Rückbelastung** KG NStZ 2011, 652;

StRR 2015, 145; OLG Hamm NStZ-RR 2015, 49; OLG Jena NStZ-RR 2011, 279; OLG Köln NStZ 2009, 586; LG Koblenz StV 2013, 18; dazu a. BVerfG NJW 2003, 3045 f.).

☝ In der Rspr. wird z.t. angenommen, dass in der nicht berechtigten Aussageverweigerung **versuchte Strafvereitelung** (§ 258 StGB) liegen soll (vgl. LG Ravensburg NStZ-RR 2008, 177; s.a. *Rinio* JuS 2008, 604). Das dürfte m.E. fraglich sein (s. auch *Weidemann* JA 2008, 532).

385   **4. Der Zeuge muss in der HV über sein Recht, ggf. die Auskunft auf bestimmte Fragen verweigern zu dürfen, belehrt** werden. Die Belehrung ist Sache des Vorsitzenden (BGH StraFo 2009, 145; → *Zeugenbelehrung*, Rdn 3523, 3536). Das **Unterlassen** der Belehrung begründet nach h.M. **nicht** die **Revision** des Angeklagten (BGHSt 11, 213; NStZ-RR 2010, 66 [Ci/Zi]; *Meyer-Goßner/Schmitt*, § 55 Rn 16 m.w.N. a. zur a.A. in der Lit.; zu Bedenken gegen die Rechtskreistheorie des BGH *Dencker* StV 1995, 231 in der Anm. zu BGH NJW 1994, 3364). Der Zeuge hat nicht die Möglichkeit, sich gegen die unterlassene Belehrung mit der Beschwerde zu wenden (LG Saarbrücken StraFo 1999, 138). *Ahlbrecht/Börgers* gehen allerdings davon aus, dass dem in einem ausländischen Verfahren Beschuldigten das Rechtsmittel der Beschwerde zusteht, wenn dem gem. § 59 IRG im Wege der Rechtshilfe vernommenen Entlastungszeugen ein AVR nach § 55 zugebilligt wird (vgl. dazu eingehend ZIS 2008, 218 ff.).

☝ Der Zeuge kann nach § 55 die Aussage **auch** dann **verweigern**, wenn er sich nichts hat zuschulden kommenlassen, **sofern nur** die **Gefahr** der Strafverfolgung gegeben ist (BVerfG NJW 2002, 1411; 2003, 3045; s.a. *Richter II* StV 1990, 458 ff.; eingehend *ders.*, S. 158 ff.; *Sommer* StraFo 1998, 13; s.a. *Meyer-Goßner/Schmitt*, § 55 Rn 2 a.E.), und zwar sowohl bei Bejahung als auch bei Verneinung der gestellten Frage (BVerfG NJW 1999, 779; LG Zweibrücken zfs 2006, 472; LR-*Ignor/Bertheau*, § 55 Rn 7). Anderenfalls würde der (schuldige) Zeuge durch den Gebrauch des AVR erst einen Verdachtsgrund gegen sich schaffen. Das muss der Verteidiger bei der Belehrung des Zeugen im Auge behalten.

Daher muss der Verteidiger, wenn der Vorsitzende den Zeugen dahin belehrt, er könne die Aussage verweigern, wenn er „sich selbst belasten müsste", auf eine **ordnungsgemäße Belehrung drängen** (zur ordnungsgemäßen Belehrung s.a. *Richter II* StV 1990, 458 ff.; *Sommer* StraFo 1998, 13).

Beruft sich ein Zeuge auf § 55, kann es im Interesse des Mandanten liegen, die **Gründe** dafür möglichst genau festzustellen. Hat der Verteidiger den Verdacht, dass der Zeuge selbst der Täter ist oder diesen kennt, so sollte er auf der **Glaubhaftmachung** der Gründe (§ 56) für die Auskunftsverweigerung bestehen (*Dahs*, Rn 575 f.; s. dazu a. LG Duisburg StraFo 1995, 120; zur Glaubhaftmachung a. OLG Köln StraFo 2002, 131).

5. Hinweise für den Verteidiger!

a) Bei einer Auskunftsverweigerung muss der Verteidiger auf Folgendes **besonders achten**:
aa) Er muss ggf. auf die **richtige Belehrung** hinwirken (vgl. dazu *Richter II* StV 1996, 461; vgl. o. Rdn 385). *Sommer* (Rn 733 f.) weist darauf hin, dass es Aufgabe des Verteidigers sein kann, durch eine frühzeitige Diskussion des Umfangs des Auskunftsverweigerungsrecht dem Zeugen mittelbar die Ausübung des Rechts nahe zu legen.

386

🖉 Kommt es in der HV zum Streit in der Frage, ob dem Zeugen ein AVR zusteht und wird ihm dieses vom Gericht zugebilligt, muss der Verteidiger, wenn er die nicht erfolgte Vernehmung des Zeugen später als einen Verstoß gegen die §§ 245, 55 mit der Revision rügen will, die Entscheidung des Vorsitzenden nach **§ 238 Abs. 2** beanstanden (BGHSt 51, 144; so schon BGH NStZ 2006, 178; krit. zur BGH-Rspr. u.a. *Bosch* JA 2007, 312 und *Tsambikakis* StRR 2007, 68, jew. in der Anm. zu BGHSt 51, 144).

bb) Nach st. Rspr. ist die **Verlesung** der **Niederschriften** über **frühere Vernehmungen** eines Zeugen, der in der HV erschienen ist und von seinem Recht aus § 55 Gebrauch macht, grds. **ausgeschlossen** (BGHSt 51, 325; zw. allerdings schon BGH NJW 2002, 309 und jetzt BGHSt 51, 280; s.a. *Meyer-Goßner/Schmitt*, § 55 Rn 12; KK-*Senge*, § 55 Rn 15; a.A. KK-*Diemer*, § 251 Rn 7, 29). Etwas anderes kann gelten, wenn der Zeuge zumindest teilweise zur Sache aussagt (BGH NJW 1987, 1093; ähnl. BGH, a.a.O. [für eine „ergänzende Verlesung"]; → *Verlesung von Protokollen früherer Vernehmungen/sonstiger Erklärungen*, Rdn 3023; zur Verlesbarkeit einer schriftlichen Erklärung eines die Aussage nach § 55 Verweigernden → *Verlesungsverbot für schriftliche Erklärungen*, Rdn 2941). Etwas anderes gilt nach der Rspr. des BGH auch dann, wenn sich der Zeuge zum Zeitpunkt der HV im Ausland aufhält und er nicht nur angekündigt hat, von der Möglichkeit Gebrauch machen zu wollen, sondern darüber hinaus erklärt hat, er habe nicht die Absicht in absehbarer Zeit nach Deutschland zu kommen; da dann seine Vernehmung aus tatsächlichen Gründen – unabhängig von dem sich aus § 55 ergebenden Vernehmungshindernis – in absehbarer Zeit nicht möglich ist (BGH NStZ 2010, 466).

387

🖉 Die bisherigen Angaben des Zeugen können vielmehr durch die → ***Vernehmung einer Verhörsperson***, Rdn 3115, in die HV eingeführt werden (zum Vorrang des sog. Personalbeweises bei gem. § 55 schweigenden Zeugen s. *Langkeit/Cramer* StV 1996, 230, die sich i.Ü. auch eingehend mit den Fragen einer ergänzenden Verlesung befassen; → ***Vorhalt aus und von Urkunden***, Rdn 3424; s.a. *Rinio* JuS 2008, 600, 603).

Ein **BVV** hinsichtlich der früheren Angaben ergibt sich auch nicht daraus, dass sich der Zeuge nicht von vornherein, sondern erst im Verlauf einer (im EV) durchgeführten Vernehmung auf sein AVR berufen hat, seine Verweigerungserklärung aber auch auf die bis dahin

388

gemachten Angaben bezogen wissen wollte. Seine bis zu der Erklärung gemachten Angaben bleiben vielmehr verwertbar, was auch in diesem Fall damit begründet wird, dass § 55 nicht dem Schutz des Zeugen dient (s. dazu BGH NStZ 1998, 46; 1998, 312; a.A. BGHSt 9, 34). *Rengier* (NStZ 1998, 47) weist allerdings wohl mit Recht darauf hin, dass das nur für den Fall des § 55 Abs. 1, Alt. 1 zutreffend sein dürfte. Habe der Zeuge einen Angehörigen zunächst belastet, müsse auch im Rahmen des § 55 die Vorschrift des § 252 Anwendung finden, auf die sich der Zeuge, wenn er Angehöriger sei, auf jeden Fall berufen könne (s.a. *Mitsch* JZ 1992, 182).

> ⌁ Will der Verteidiger in der HV ein Verwertungsverbot hinsichtlich einer Aussage geltend machen, die der **Mandant** als **Zeuge ohne Belehrung** über sein AVR nach § 55 Abs. 1 gemacht hat, muss er der Verwertung in der HV ebenfalls widersprechen (BayObLG StV 2002, 179; *Meyer-Goßner/Schmitt*, § 55 Rn 17; → *Widerspruchslösung*, Rdn 3433; zum Verwertungsverbot eingehend OLG Celle NStZ 2002, 386; OLG Karlsruhe StV 2003, 505).

389 **cc)** Die **Verlesung** eines früheren Vernehmungsprotokolls kommt grds. **nur** in Betracht, wenn die **Beteiligten** sich gem. § 251 Abs. 1 Nr. 1 oder gem. § 251 Abs. 2 Nr. 3 mit der Verlesung **einverstanden** erklären (→ *Verlesung von Protokollen früherer Vernehmungen/sonstiger Erklärungen*, Rdn 3023 ff.; s.a. *Langkeit/Cramer* StV 1996, 230).

> ⌁ Über die **Erteilung** des **Einverständnisses** muss sich der Verteidiger rechtzeitig (vor der HV) mit seinem Mandanten unterhalten. Die Entscheidung, ob er einer Verlesung zustimmt oder nicht, wird i.d.R. davon abhängen, ob die zu verlesende Aussage den Mandanten **ent-** oder **belastet**.

390 Hat der Zeuge die Beantwortung von Fragen verweigert, bleiben seine **übrigen Angaben** bei gebotener kritischer Würdigung seines **Aussageverhaltens verwertbar** (BGHSt 47, 220, 223; KG StraFo 2009, 382). Allerdings ist die weitere Befragung des Zeugen unzulässig (BGH, a.a.O.). Fragen, deren Beantwortung der Zeuge gem. § 55 berechtigt verweigert, sind **ungeeignet** i.S.d. § 241 (BGHSt 50, 318; → *Zurückweisung einzelner Fragen des Verteidigers*, Rdn 3589).

391 **b)** Der Verteidiger muss sich überlegen, ob er nicht das einem Zeugen ggf. zustehende AVR in seinen **Verteidigungsplan** einbezieht (→ *Zeugenbelehrung*, Rdn 3528). Dabei darf auch nicht übersehen werden, dass die Berufung eines Zeugen auf sein AVR bei der Beweiswürdigung zugunsten des Angeklagten berücksichtigt werden darf (BGH StV 1994, 57).

392 **c)** Der als → *Zeugenbeistand*, Rdn 3491, bzw. als → *Vernehmungsbeistand*, Rdn 3157, tätige Rechtsanwalt muss beachten, dass die unberechtigte Verweigerung des Zeugnisses zur **Strafbarkeit** des Zeugen wegen **Strafvereitelung** durch **Unterlassen** (§ 13 StGB) führen kann, da der Zeuge in dieser Eigenschaft als Garant für die staatliche Strafrechtspflege an-

Auskunftsverweigerungsrecht   A

gesehen wird (vgl. OLG Frankfurt StraFo 1998, 237; OLG Köln NStZ-RR 2010, 146 [Ls.] m.w.N.; OLG Zweibrücken wistra 1993, 231; *Fischer*, § 258 Rn 10; s. aber auch LG Itzehoe NStZ-RR 2010, 10). Im Übrigen:

Bei **Bestehen** eines AVR kann gegen den Zeugen **keine Beugehaft** (§ 70) angeordnet werden (BGH NJW 1998, 1728). Auch kann die Beantwortung einer Frage, die den Ausgang des Strafverfahrens nicht mehr beeinflussen kann, nicht durch Beugehaft erzwungen werden (BGH NStZ 2010, 44). Besteht **kein AVR**, ist bei der dann grds. möglichen Anordnung von **Beugehaft** (OLG Celle NJW 2012, 247 [Ls.]; OLG Hamm NStZ-RR 2015, 49) der **Verhältnismäßigkeitsgrundsatz** besonders zu beachten (BGH StraFo 2012, 58 m. Anm. *Fricke* StRR 2012, 145 [keine Beugehaft bei Krankheit des Zeugen]; KG NStZ 2011, 652; zu den Grenzen der Aussageerzwingung beim rechtskräftig verurteilten Straftäter *Klein* StV 2006, 338). Insofern kann von Bedeutung sein, dass der Zeuge erklärt, er wolle die Frage des AVR obergerichtlich klären lassen und sofern sich herausstellen würde, dass ihm ein AVR nicht zusteht, seiner Zeugenpflicht nachkommen (KG, a.a.O.). Da dem Tatrichter ein Beurteilungsspielraum zusteht (vgl. Rdn 379) kann das Beschwerdegericht, wenn der Zeuge gegen die Anordnung der Beugehaft vorgeht, ggf. lediglich überprüfen, ob sich der Tatrichter innerhalb des ihm eröffneten Beurteilungsspielraums gehalten, den richtigen Entscheidungsmaßstab zugrunde gelegt oder ob er seine Entscheidung auf fehlerhafte Erwägungen gestützt hat (OLG Celle, a.a.O. in Zusammenhang mit einer Beschwerde gegen die Anordnung eines Ordnungsgeldes). Die Anordnung von Beugehaft muss i.Ü. unerlässlich sein (BVerfG NJW 2007, 1865, 1868). Sie scheidet aus, wenn die Beantwortung der gestellten Frage für das Verfahren keinerlei Bedeutung mehr hat (BGH NStZ 2010, 44).   **393**

Schließlich: Der Zeugenbeistand muss den Mandanten darauf vorbereiten, dass er ggf. die Gründe für die Auskunftsverweigerung ggf. **glaubhaft** machen muss. Auch muss er sich auf Zwangsmaßnahmen, wie z.B. Beugehaft, einstellen. Denn die obergerichtliche Rspr. geht davon aus, dass dann wenn der Zeuge **grundlos** die **Aussage verweigert**, die für die Überzeugungsbildung des Gerichts erhebliche Bedeutung hat, es die Aufklärungspflicht (§ 244 Abs. 2) gebieten kann, Anstrengungen nach § 70 zu unternehmen, um den Zeugen zu einer Auskunft zu bewegen (BGH NStZ 1984, 73; 2012, 523).   **394**

Ob der Zeuge, der von seinen AVR Gebrauch machen will und das dem Gericht auch mitgeteilt hat, dennoch **geladen** werden kann/muss oder ob von einer Ladung abgesehen wird, steht nach der Rspr. im pflichtgemäßen Ermessen des Gerichts (vgl. BGH NStZ 1986, 181 [auch zur Frage, wann das Gericht von der Ladung eines Zeugen, dem ein AVR zusteht, absehen kann]; OLG Rostock StraFo 2015, 15 für Begründung der Ladung/Erscheinenspflicht damit, dass aus der Reaktion des Zeugen in der HV Schlüsse gezogen werden können; abl. *Wollschläger* in der Anm. zu OLG Rostock, a.a.O.).   **395**

Siehe auch: → *Zeugenvernehmung, Allgemeines*, Rdn 3537 m.w.N.

Auslandszeuge

396

1. Nach § 244 Abs. 5 S. 2 kann ein Beweisantrag auf Vernehmung eines (im Ausland lebenden) Zeugen, dessen Ladung im Ausland zu bewirken ist, aus den gleichen Gründen wie die Einnahme eines Augenscheins abgelehnt werden.
2. Die Grenzen für eine Ablehnung sind da zu ziehen, wo die Aufklärungspflicht des Gerichts die Vernehmung gebietet.
3. Die bestehenden Ablehnungsmöglichkeiten muss der Verteidiger bei der Formulierung seines Beweisantrags berücksichtigen.
4. Fraglich ist, welche Möglichkeiten dem Verteidiger zur Verfügung stehen, nach Ablehnung eines Beweisantrags auf Vernehmung eines Auslandszeugen gem. § 244 Abs. 5 S. 2 ggf. doch noch seine Vernehmung in der HV zu erreichen.

397 Literaturhinweise: **Ahlbrecht/Schlei**, Verteidigung gegen und mit Rechtshilfe, StraFo 2013, 265; **Basdorf**, Änderungen des Beweisantragsrechts und Revision, StV 1995, 310; **Beulke**, Empirische und normative Probleme der Verwendung neuer Medien in der Hauptverhandlung, Sonderdruck ZStW 2001, 709; **Böttcher/Mayer**, Änderungen des Strafverfahrensrechts durch das Entlastungsgesetz, NStZ 1993, 153; **Fezer**, Reduktion von Beweiserfordernissen – Systemverändernde Tendenzen in der tatrichterlichen Praxis und der Gesetzgebung, StV 1995, 266; **Gerst**, Der Zeuge auf Skype – Verteidigung mit Videotechnik, StraFo 2013, 103; **Gleß**, § 247a StPO – (auch) eine Wohltat für den Angeklagten?, JR 2002, 97; dies., Sachverhaltsaufklärung durch Auslandszeugen, in: Festschrift für *Ulrich Eisenberg*, 2009, S. 499; **Goecke**, Der Zeuge im Ausland – in Zukunft ein Beweismittel ohne Wert?, StraFo 1993, 72; **Günther**, Der Beweisantrag auf Vernehmung eines Auslandszeugen im Lichte des Art. 6 Abs. 3 Buchst. d EMRK, in: Festschrift für *Gunter Widmaier*, 2008, S. 253; **Hartwig**, Die Selbstladung von Auslandszeugen, StV 1996, 626; **Herdegen**, Da liegt der Hase im Pfeffer – Bemerkungen zur Reform des Beweisantragsrechts, NJW 1996, 26; **Heß**, Die Zustellung von Schriftstücken im europäischen Justizraum, NJW 2001, 15; **Johnigk**, Der Beweisantrag auf Vernehmung eines Auslandszeugen (§ 244 Abs. 5 S. 2 StPO), in: Festschrift für *Peter Rieß*, 2002, S. 197; **Krapf**, Audiovisuelle Zeugenvernehmung, Durchführungsmöglichkeiten und Tipps unter besonderer Berücksichtigung der Video-Vernehmung im Ausland, KR 2002, 309; **Leitner**, Videotechnik im Strafverfahren, 2012; **Norouzi**, Die Audiovisuelle Vernehmung von Auslandszeugen, 2010; **Rademacher/Sell**, Der Auslandszeuge im Strafprozess, ZAP F. 22, S. 529; **Rose**, Beweisanträge auf Vernehmung von Auslandszeugen: Entwicklung und Tendenzen der neueren Rechtsprechung, NStZ 2012, 18; **Rieß**, Das Gesetz zur Entlastung der Rechtspflege – ein Überblick, AnwBl. 1993, 51; **Rose**, Die Ladung von Auslandszeugen im Strafprozeß, wistra 1998, 11; ders., Auslandszeugen im Strafprozeß: Aktuelle Gesetzeslage und jüngere Rechtsprechung – zugleich eine Anmerkung zu BGH, Beschluß vom 7.6.2000 – 3 StR 559/99, wistra 2001, 290; **Schomburg/Klip**, „Entlastung der Rechtspflege" durch weniger Auslandszeugen, StV 1993, 208; **Siegismund/Wickern**, Das Gesetz zur Entlastung der Rechtspflege, wistra 1993, 81; s.a. die Hinw. bei → *Aufklärungspflicht des Gerichts*, Rdn 329.

398 1. Durch das RPflEntlG von 1993 ist in den Katalog der Gründe, aus denen ein Beweisantrag auf Vernehmung eines Zeugen abgelehnt werden kann, § 244 Abs. 5 S. 2 aufgenommen worden (zur Kritik an der gesetzlichen Regelung s.u.a. *Fezer* StV 1995, 263, 266; *Goecke* StraFo 1993, 72; *Herdegen* NJW 1996, 26, der von einer „tauben Nuss" spricht; *Rademacher/Sell* ZAP F. 22, S. 529). Danach kann ein Beweisantrag auf Vernehmung eines (im Ausland lebenden) Zeugen, dessen **Ladung** im **Ausland** zu bewirken ist, aus den **gleichen Gründen** wie die **Einnahme** eines **Augenscheins abgelehnt** werden. Es reicht also die Begründung, die Beweiserhebung sei nach dem pflichtgemäßen Ermessen des Gerichts zur Erforschung der Wahrheit nicht erforderlich (§ 244 Abs. 5 S. 1), wobei aber das Gericht kein Ermessen im eigentlichen Sinn hat, sondern der Beweis zu erheben ist, wenn die → *Aufklärungspflicht des Gerichts*, Rdn 329, das erfordert (BGHSt 55, 11; NStZ 2004, 99 m.w.N.; 2009, 168; 2014, 531 m. Anm. *Junker* StRR 2014, 305; StV 2011, 398; StraFo 2010, 155; s. zu allem a. KK-*Krehl*, § 244 Rn 166 ff., 202 m.w.N.; *Rose* NStZ 2012, 12; → *Augenscheinseinnahme*, Rdn 348). Ggf. muss das Gericht im Wege des Freibeweises klären, ob z.b. ein Zeuge etwas zur Sache beitragen kann und ob er ggf. bereit ist, unter Zusicherung von → *freiem Geleit*, Rdn 1568, auf das in der Ladung ggf. hinzuweisen ist (BGH StV 2007, 227; *Meyer-Goßner/Schmitt*, § 244 Rn 63 m.w.N.), zur HV zu erscheinen (BGH, a.a.O.). Bei der Ablehnung ist eine **Beweisantizipation** zulässig, jedoch nicht in dem Umfang wie bei der Augenscheinseinnahme (BerlVerfGH NJW 2004, 1791; BGHSt 40, 60; BGH NJW 2004, 3051; 2005, 2322 m.w.N.; NStZ 2007, 349; 2014, 531; OLG Köln StraFo 2008, 383; zur (älteren) Rspr. des BGH in diesen Fällen *Basdorf* StV 1995, 313). Das Gericht kann auch **Verhältnismäßigkeitsgesichtspunkte** berücksichtigen (BGH NJW 2001, 695; 2004, 2403). Die Vorschrift verstößt – ausgehend von der Rspr. des BGH – nicht gegen Verfassungsrecht (BVerfG NJW 1997, 999).

Die Vorschrift des § 244 Abs. 5 S. 2 gilt jedoch nur für den **erreichbaren Zeugen** (OLG Oldenburg Nds.Rpfl. 1994, 315). Ist der Zeuge unerreichbar, gelten die allgemeinen Regeln zur Ablehnung nach § 244 Abs. 3 S. 2 (BGH StV 2001, 664; vgl. dazu im Einzelnen a. *Meyer-Goßner/Schmitt*, § 244 Rn 63 m.w.N.; eingehend *Hamm/Hassemer/Pauly*, Rn 291 ff.; *Rademacher/Sell* ZAP F. 24, S. 529, 534 f.→ *Beweisantrag, Ablehnungsgründe*, Rdn 883).

2.a) Die **Grenzen** für eine Ablehnung sind da zu ziehen, wo die → *Aufklärungspflicht des Gerichts*, Rdn 329, die Vernehmung gebietet; sie ist umso notwendiger, je ungesicherter das bisherige Beweisergebnis ist (BGH NStZ 2007, 349; 2014, 531 m. Anm. *Junker* StRR 2014, 305). Die Frage kann nur unter Berücksichtigung der jeweiligen Besonderheiten des Einzelfalles beurteilt werden (BGH, a.a.O.; s.a. *Ahlbrecht/Schlei* StraFo 2013, 265, 274). Allgemein gilt lediglich der Grundsatz, dass bei einem durch die bisherige Beweisaufnahme gesicherten Beweisergebnis auf breiter Beweisgrundlage eher von der Vernehmung des Auslandszeugen abgesehen werden kann. Dagegen wird die Vernehmung des Auslandszeugen umso eher notwendig sein, je ungesicherter das bisherige Beweisergebnis erscheint (BGH NStZ 2014, 51), wenn also z.B. der die Tat bestreitende Angeklagte maßgeblich durch die Angaben eines Mitangeklagten belastet wird, der sich lediglich schriftlich eingelassen hat und von der Verteidigung nicht mehr „konfrontativ" befragt werden kann (BGH, a.a.O.). Dies gilt insbesondere dann, wenn der Auslandszeuge Vor-

A   Auslandszeuge

gänge bekunden soll, die für den Schuldvorwurf von zentraler/ausschlaggebender Bedeutung sind (NStZ 2007, 349; 2014, 51; 2014, 531 [keine typische Aussage-gegen-Aussage-Konstellation]; StV 2007, 227 [für „Aussage-gegen-Aussage"]; s.a. *Rieß* AnwBl. 1993, 55 und BT-Drucks 12/1217, S. 35, wonach die Aufklärungspflicht nicht zur Disposition steht; s. dazu a. BGH NJW 2002, 2403). Bei der Prüfung der Frage, ob ein Auslandszeuge zu vernehmen ist, darf der Tatrichter neben dem bisherigen Ergebnis der Beweisaufnahme das Gewicht der Strafsache, die **Bedeutung** und den **Beweiswert** des weiteren Beweismittels sowie auch den organisatorischen und zeitlichen Aufwand, der mit der Ladung im Ausland verbunden ist, heranziehen (BGH NJW 2002, 2403; 2005, 2322; NStZ 2009, 168; StV 2011, 398; StraFo 2010, 155; vgl. a. BerlVerfGH NJW 2004, 1791 [zur Ablehnung der Ladung einer in Nigeria lebenden Zeugin wegen mangelnder Deutschkenntnisse]; s. noch BGHSt 55, 11 und zur Abwägung *Ahlbrecht/Schlei*, a.a.O., zur Unerreichbarkeit eines im Ausland ansässiger Entlastungszeuge). Das BVerfG (NJW 1997, 999) hat auf der Grundlage z.B. die Ablehnung der Vernehmung von drei Auslandszeugen als zulässig angesehen, obwohl als vernommener Belastungszeuge nur ein Zeuge vom Hörensagen gehört worden ist (mit Recht dazu krit. *Kintzi* StV 1997, 5 in der Anm. zu BVerfG, a.a.O.). Auch der (späte) **Zeitpunkt** der Antragstellung soll berücksichtigt werden dürfen (s. BGH NJW 2005, 300, 304 [insoweit nicht in BGHSt 49, 317]; NStZ 2014, 532; vgl. aber auch BGH NStZ 2009, 705; 2011, 646). Eine besondere potenzielle Bedeutung des Beweismittels hat nicht zur Folge, dass sich das dem Tatgericht eingeräumte Ermessen auf Null reduziert (BGH NJW 2005, 2322).

> Zur Klärung der Voraussetzungen des § 244 Abs. 5 S. 2 steht das → ***Freibeweisverfahren***, Rdn 1562, zur Verfügung (BGH NStZ 2004, 99; 2007, 349; StV 2007, 227; vgl. auch *Rademacher/Sell* ZAP F. 22, S. 529, 533 f.).

400   b) **Ablehnen** kann das Gericht danach die Vernehmung des (erreichbaren) Zeugen (vgl. dazu a. noch Alsberg/*Güntge*, Rn 1407 ff.; *Heine* NStZ 2014, 52 in der Anm. zu BGH NStZ 2014, 51), wenn

- die Richtigkeit der Beweisbehauptung durch **andere Beweismittel** geklärt werden kann (*Böttcher/Mayer* NStZ 1993, 155),
- die beantragte Beweiserhebung **keinen Einfluss** auf die Feststellungen haben kann (BGHSt 40, 60; NStZ 2014, 532; StV 2011, 398; StraFo 2010, 155; s. aber BGH NStZ 2007, 349; 2014, 51; StV 2007, 227),
- die beantragte Zeugenvernehmung **keine** weitere **wesentliche Aufklärung** verspricht (*Meyer-Goßner/Schmitt*, § 244 Rn 43 f.; BGH NJW 2001, 695; 2004, 3051; 2005, 2322), wobei die Annahme der Prozessverschleppung i.S. des § 244 Abs. 3 S. 2 die Ablehnung eines Antrags auf Vernehmung eines Auslandszeugen umfasst, ohne dass es insoweit entscheidungserheblich darauf ankommt, ob der Antragsteller subjektiv das

Verfahren ausschließlich bewusst verzögern wollte und die begehrte Beweiserhebung zu einer wesentlichen Verfahrensverzögerung führen konnte (NStZ 2011, 646),
- der Zeuge bereits **polizeilich vernommen** wurde, dabei nichts zur Aufklärung beitragen konnte und andere Angaben nicht zu erwarten sind (*Meyer-Goßner/Schmitt*, a.a.O.).

c) In dem ablehnenden **Gerichtsbeschluss** müssen die für die Ablehnung wesentlichen Gesichtspunkte, wenn auch nicht in allen Einzelheiten, so doch in ihrem tatsächlichen Kern, konkret mitgeteilt werden (zu den Begründungsanforderungen BGHSt 40, 60; BGH NStZ 1998, 158; 2014, 531; StraFo 2010, 155; s.a. OLG Frankfurt am Main StraFo 1998, 271; OLG Köln StraFo 2008, 383). Enthalten sein muss zumindest im Ansatz eine antizipierende Würdigung des zu erwartenden Beweisergebnisses vor dem Hintergrund der bis dahin erhobenen Beweise, damit zum einen nicht der Antragsteller über die Einschätzung des Gerichts über die Beweissituation und die insoweit bestehende Verfahrenssituation völlig im Ungewissen gelassen wird, und zum anderen dem Revisionsgericht die rechtliche Nachprüfung nicht verwehrt wird, ob das Tatgericht die Voraussetzungen des § 244 Abs. 5 S. 2 rechtsfehlerfrei angenommen hat (BGH, a.a.O.; vgl. auch *Rademacher/Sell* ZAP F. 24, S. 528, 534). Im Urteil darf sich das Gericht zu den Gründen seiner Beschlussentscheidung nicht in Widerspruch setzen (BGH NStZ 2007, 349).

401

👉 Die für das Gericht bestehende **Begründungspflicht** hat für den Verteidiger **prozesstaktische Vorteile**. Er erhält über die (ablehnende) Begründung eines Beweisantrags auf Vernehmung eines Auslandszeugen Informationen über die Einschätzung der bereits erhobenen Beweise durch das Gericht. Dabei bietet dieser Beweisantrag (noch) größere Vorteile als ein „normaler" Beweisantrag, bei dessen Ablehnung sich das Gericht auf einen Ablehnungsgrund beschränken kann, da hier alle wesentlichen Punkte dargelegt werden müssen. Der Antrag auf Vernehmung eines Auslandszeugen ist also „ein durchaus erstklassiges" Mittel zur „Früherkennung" der richterlichen Beweiswürdigung (*Julius* NStZ 2002, 654, 655 in der Anm. zu BGH NJW 2002, 2403).

3. Die o.a. Ablehnungsmöglichkeiten (vgl. Rdn 399 f.) muss der Verteidiger bei der **Formulierung** seines **Beweisantrags berücksichtigen** (allgemein zum Zeugenbeweisantrag, insbesondere auch zur Individualisierung des Auslandszeugen, → *Beweisantrag, Formulierung: Zeugenbeweis*, Rdn 939; vgl. dazu auch BGH NStZ 2011, 231; Alsberg/Güntge, Rn 1402 ff.), und zwar wie folgt:

402

Allgemeine Empfehlungen

403

Es empfiehlt sich,
- (ausnahmsweise) eine (**eingehende) Begründung** des Antrags. Damit kann der Verteidiger die Erforderlichkeit der Zeugenaussage für die Erforschung der Wahrheit dartun und so ggf. die Ausübung des „pflichtgemäßen Ermessens" beeinflussen (*Hartwig* StV

A Auslandszeuge

1996, 626; *Malek*, Rn 377 ff.; *Rademacher/Sell* ZAP F. 22 S. 529, 537). Zumindest kann er so für die Revision die Aufklärungsrüge vorbereiten (→ *Aufklärungspflicht des Gerichts*, Rdn 340; zu den bei der Prüfung der Frage, ob die Aufklärungspflicht die Ladung eines Auslandszeugen gebietet, zu beachtenden Umständen s. BGH NJW 2002, 2403; 2005, 2433; NStZ 2014, 531; StV 2011, 398; StraFo 2010, 155).

- Der Verteidiger sollte auch auf **Art. 6 Abs. 3 Buchst. d) MRK** hinweisen, der ausdrücklich u.a. das Recht garantiert, Ladung und Vernehmung von Entlastungszeugen unter denselben Bedingungen wie die der Belastungszeugen zu erwirken (wegen der Einzelh. s. *Meyer-Goßner/Schmitt*, Art. 6 MRK Rn 22 m.w.N.; vgl. a. noch BGH NStZ 2014, 51).
- Einem Hinweis des Gerichts auf den durch eine Ladung im Ausland entstehenden erheblichen Zeitaufwand muss der Verteidiger dadurch vorbeugen, dass er auf **§ 37 Abs. 1** i.V.m. § 183 Abs. 1 ZPO verweist. Danach ist bei allen Zustellungen im Ausland als Zustellungsart das **Einschreiben** mit **Rückschein** zugelassen, soweit aufgrund völkerrechtlicher Vereinbarung Schriftstücke unmittelbar durch die Post übersandt werden dürfen. Das ist aufgrund des Art. 52 Abs. 2 des **Schengener Übereinkommens** v. 19.6.1990 (BGBl 1993 II, S. 1047) im Geltungsbereich des SDÜ i.Ü. auch für andere Urkunden der Fall (wegen der Einzelh. s. *Meyer-Goßner/Schmitt*, § 37 Rn 25 m.w.N.; *Rose* wistra 1998, 11 ff. m.w.N.; *Heß* NJW 2001, 15; Beck-*Michalke*, S. 562; zur Zustellung im Ausland s.a. LG Nürnberg-Fürth StraFo 2009, 381 [keine Ersatzzustellung durch Niederlegung]). In anderen Staaten bleibt nur der – langwierige – Weg über ein **Rechtshilfeersuchen** (s. dazu a. *Meyer-Goßner/Schmitt*, § 37 Rn 25a; KK-*Maul*, § 37 Rn 25; *Rose* wistra 1998, 13 f. sowie die einschlägigen Vorschriften des EuRHÜbk).
- Es ist m.E. auch möglich, dass der Verteidiger den Zeugen, wenn dieser bereit ist, zum Termin zu kommen, bittet, einen **Zustellungsbevollmächtigten** anzugeben. Dann kann an diesen die Ladung bewirkt werden (zum Zustellungsbevollmächtigten s. LR-*Graalmann-Scherer*, § 37 Rn 5 ff.). Das kann z.B. ein anderer Rechtsanwalt sein.
- Ggf. auch noch der Hinweis darauf, dass nach dem Wortlaut des § 38 der **Angeklagte selbst** eine **Ladung** im Ausland **nicht bewirken** kann (h.M.; s. aber u. Rdn 408).
- Überlegen muss der Verteidiger sich den **Zeitpunkt** eines **Beweisantrags** auf Vernehmung eines ausländischen Zeugen. Je eher der Antrag gestellt wird, desto geringer sind die Möglichkeiten des Gerichts, diesen Antrag (wegen Prozessverschleppung) abzulehnen (*Basdorf* StV 1995, 314; zur Prozessverschleppung in diesen Fällen BGH StV 1994, 635; zur [zulässigen] Berücksichtigung des [späten] Zeitpunkts der Antragstellung BGHSt 49, 317).

404 Besondere Vernehmungsformen

- Der Verteidiger kann beim Gericht **anregen**, dass sich dieses unmittelbar, etwa **telefonisch** mit dem im Ausland befindlichen Zeugen in Verbindung setzt. Das ist im

→ *Freibeweisverfahren*, Rdn 1562, zulässig (BGH StV 2007, 227). Damit kann erreicht werden, dass das Gericht in Erfahrung bringt, ob der Zeuge Sachdienliches zur Klärung der Beweisfrage beitragen kann. Hat das Gericht diese Kenntnis, kann es die Ladung des Zeugen nicht mehr ablehnen, wenn es nicht seine Aufklärungspflicht verletzen will (zur Verpflichtung des Gerichts, ggf. erst im Freibeweisverfahren zu klären, ob der Zeuge etwas zur Sache beitragen kann und ob er bereit ist, zur HV zu erscheinen, s. BGH NStZ 2004, 99).

■ Der Verteidiger muss sich überlegen, ob er ggf. nicht nur die **kommissarische Vernehmung** des Zeugen (im Ausland) beantragt (zur Verwertbarkeit bei Verstoß gegen inländische Vereidigungsvorschriften BGH NStZ 2000, 547; dazu a. *Rose* wistra 2001, 290; zu Anwesenheitsrechten *Rademacher/Sell* ZAP F. 22, S. 529, 536). Diese Möglichkeit muss das Gericht nach pflichtgemäßem Ermessen prüfen (BGHSt 22, 118, 122; BGH NStZ 1983, 276 [Zeuge in Jordanien]). Sie darf zwar unterbleiben, falls von vornherein abzusehen ist, dass nur die Vernehmung vor dem erkennenden Gericht Beweiswert hat und zur Aufklärung beitragen kann (zuletzt BGH StV 1992, 548 m.w.N.). Das Gericht muss sich dann aber, wenn es eine ggf. vorliegende **Niederschrift** über eine frühere Vernehmung des Zeugen zum Nachteil des Angeklagten **verwenden** will, mit der Frage auseinandersetzen, ob das überhaupt **zulässig** ist, was von *Herdegen* (NStZ 1984, 337, 340) verneint wird. Zumindest muss es nachvollziehbar darlegen, weshalb die frühere Aussage des Zeugen auch ohne persönlichen Eindruck des Gerichts hinreichenden Beweiswert haben soll, die beantragte kommissarische Vernehmung aber nicht (OLG Köln StV 1995, 574).

■ Nach Einführung der §§ 58a, 247a ist immer auch zu überlegen, ob nicht nach § 247a S. 1 Hs. 2 i.V.m. § 251 Abs. 1 Nr. 3 oder 4 die Vernehmung des Auslandszeugen im Wege der → ***Videovernehmung** in der Hauptverhandlung*, Rdn 3319, in Betracht kommt (s. dazu BGHSt 45, 188; 55, 122; *KK-Krehl*, § 244 Rn 169; eingehend *Schlothauer* StV 2000, 180; *Rose* JR 2000, 74, jew. in den Anm. zu BGH, a.a.O.; *Gleß* JR 2002, 97; *Beulke*, S. 723; *Ahlbrecht/Schlei* StraFo 2013, 265, 275 f.; zum Einsatz von Skype *Gerst* StraFo 2013, 103). § 247a S. 1 Hs. 2 ermöglicht die Vernehmung eines Zeugen, der „sich während der Vernehmung an einem anderen Ort aufhält". Das kann, da Einschränkungen insoweit nicht gemacht werden, auch ein Ort im Ausland sein (wegen der Einzelh. dieser Vernehmungsart → *Videovernehmung in der Hauptverhandlung*, Rdn 3307). Eines ausdrücklichen Antrags bedarf es insoweit zwar nicht. Der Verteidiger sollte diese Vernehmungsart aber schon deshalb **ausdrücklich beantragen**, weil das Gericht sich dann auch mit der Frage auseinandersetzen muss, warum die Videovernehmung zur Erforschung der Wahrheit ggf. nicht erforderlich ist (§ 247a S. 1 Hs. 2) bzw. keinen Erfolg haben wird (zur Frage des anwendbaren Rechts bei Durchführung s. *Rademacher/Sell* ZAP F. 22, S. 529, 536; zur audiovisuellen Vernehmung von Auslandszeugen s.a. *Norouzi*, a.a.O.).

A Auslandszeuge

405 **4.** Fraglich ist, welche **Möglichkeiten** dem Verteidiger zur Verfügung stehen, nach **Ablehnung** eines **Beweisantrags** auf Vernehmung eines Auslandszeugen gem. § 244 Abs. 5 S. 2 ggf. doch noch seine Vernehmung in der HV zu erreichen (eingehend zu allem *Hartwig* StV 1996, 626; *Rose* wistra 1998, 17 und 2001, 290).

406 **a)** Ist der **Zeuge** bereit, **freiwillig** zur **HV zu erscheinen**, muss der Angeklagte ihn darum bitten und auf eine förmliche Ladung des (Auslands-)Zeugen verzichten, damit er ihn dann i.S.d. § 222 Abs. 2 zur **HV stellen** kann. Wenn der Zeuge sich in der BRD aufhält, hat diese Möglichkeit zudem den Vorteil, dass eine Ladung nicht mehr im Ausland bewirkt werden muss, die erleichterte Ablehnungsmöglichkeit des § 244 Abs. 5 S. 2 also nicht eingreift. Anwendbar sind dann nur noch die allgemeinen Ablehnungsgründe des § 244 Abs. 3 (→ *Beweisantrag, Ablehnungsgründe*, Rdn 858 ff.).

> Möglich ist es in diesen Fällen auch, gem. §§ 220, 38 den Zeugen durch den Gerichtsvollzieher im Wege der **Selbstladung** laden zu lassen und dann in der HV nach § 245 Abs. 2 zu verfahren (→ *Präsentes Beweismittel*, Rdn 2036 ff.). Dies sollte der Verteidiger **auf jeden Fall versuchen**.

407 **Nachteilig** ist bei dieser Vorgehensweise, dass staatliche Stellen nicht beteiligt sind, sodass **nicht** die Möglichkeit besteht, dem Zeugen → *freies Geleit*, Rdn 1568, zuzusichern (*Hartwig* StV 1996, 626).

408 **b) Fraglich** ist, ob der (Auslands-)Zeuge auch gem. § 220 Abs. 1 **im Ausland** im Wege der **Selbstladung** durch den Angeklagten geladen werden kann. Das wird in der **Lit.** z.T. **verneint**, da der gem. § 38 für die Zustellung von Ladungen zuständige Gerichtsvollzieher im Ausland nicht zustellen kann (HK-*Julius*, § 220 Rn 12; *Fezer* StV 1995, 266; *Siegismund/Wickern* wistra 1993, 86 f.; *Rademacher/Sell* ZAP F. 22, S. 529, 537). A.A. ist *Hartwig* (StV 1996, 626, 627 ff.), der die Möglichkeit der Selbstladung auch bei Auslandszeugen bejaht. Zustellungsorgan ist nach seiner Auffassung nicht der Gerichtsvollzieher. Vielmehr habe gem. § 37 i.V.m. §§ 199 ff. ZPO a.F. (jetzt § 183 ZPO) das Prozessgericht auf ein Zustellungsersuchen hin die Zustellung im Ausland zu bewirken (wegen der Einzelh. s. *Hartwig*, a.a.O.). *Rose* (a.a.O.) verweist demgegenüber auf § 20 Abs. 2 S. 2 GVGA. Nach seiner Auffassung muss sich der Angeklagte an den Gerichtsvollzieher wenden, der den Zustellungsauftrag nach dem Ort außerhalb des Bereichs deutscher Gerichtsbarkeit unerledigt seiner vorgesetzten Dienstbehörde vorlegt und deren Weisungen abwartet. Über die Weiterleitung werde dann gem. Art. 32 Abs. 1 GG, § 74 IRG entschieden.

> Schließt man sich *Hartwig* (a.a.O.) an, muss der Verteidiger statt des sonst bei Selbstladung erforderlichen Zustellungsauftrags an den Gerichtsvollzieher (→ *Präsentes Beweismittel*, Rdn 2046) ein **Zustellungsgesuch** gem. § 37 Abs. 1 i.V.m. § 183 ZPO **an** das

Gericht richten. Das weitere Verfahren entspricht dann dem Verfahren, das auch bei Ausführung gerichtlicher Zustellungsanordnungen einzuhalten wäre (*Hartwig* StV 1996, 626, 629).

Gegen die Ablehnung des Gesuchs dürfte dem Angeklagten die Beschwerde nicht zustehen. Insoweit steht m.E. § 305 S. 1 entgegen, da es sich um eine die Beweisaufnahme vorbereitende Entscheidung des Gerichts handelt, die der Urteilsfällung vorausgeht. Diese ist **nur** mit der **Revision** überprüfbar (a.A. *Hartwig* StV 1996, 626, 630).

Siehe auch: → *Beweisantragsrecht, Allgemeines*, Rdn 971, m.w.N.; → *Videovernehmung in der Hauptverhandlung*, Rdn 3307.

Aussagegenehmigung 409

> **Das Wichtigste in Kürze:**
> 1. Nach § 54 benötigen Richter, Beamte und andere Personen des öffentlichen Dienstes für ihre Vernehmung als Zeugen über Umstände, auf die sich ihre Pflicht zur Amtsverschwiegenheit bezieht, ggf. eine Aussagegenehmigung.
> 2. Zuständig für die Einholung der Aussagegenehmigung ist grds. das Gericht.
> 3. Wegen der Gründe für die Versagung der Aussagegenehmigung oder der nur beschränkten Erteilung gelten die Ausführungen zu einer auf der Grundlage des § 96 abgegebenen „Sperrerklärung" für Behördenakten entsprechend.
> 4. Wird die Aussagegenehmigung verweigert, kann die Aufklärungspflicht es dem Gericht gebieten, dagegen Gegenvorstellungen zu erheben, wenn die Entscheidung ermessensfehlerhaft erscheint oder sie nicht hinreichend begründet ist.
> 5. Aus einem Verstoß gegen § 54 ergibt sich nach h.M. kein BVV.

Literaturhinweise: **Amelung**, Prinzipien der strafprozessualen Verwertungsverbote, in: Gedächtnisschrift für *Ellen Schlüchter*, 2002, S. 433; **Arloth**, Neue Wege zur Lösung des strafprozessualen „V-Mann-Problems", NStZ 1993, 46; **Ellenbogen**, Anfechtung der behördlichen Verweigerung einer Aussagegenehmigung durch die Staatsanwaltschaft, NStZ 2007, 310; **Fezer**, Zur Problematik des gerichtlichen Rechtsschutzes bei Sperrerklärungen gemäß § 96 StPO, in: Festschrift für *Theodor Kleinknecht*, 1985, S. 113; **Bohnert**, Der beschuldigte Amtsträger zwischen Aussagefreiheit und Verschwiegenheitspflicht, NStZ 2004, 301; **Griesbaum**, Der gefährdete Zeuge – Überlegungen zur aktuellen Lage des Zeugenschutzes im Strafverfahren, NStZ 1998, 433; **Hilger**, Zum Rechtsweg gegen Sperrerklärung und Verweigerung der Aussagegenehmigung in V-Mann-Prozessen, NStZ 1984, 145; **Kolz**, Neue Wege zur Einführung des Wissens anonymer Gewährsleute in das Strafverfahren, in: Sonderheft für *Gerhard Schäfer*, 2002, S. 35; **Krehl**, Der Schutz von Zeugen im Strafverfahren, NJW 1991, 85; **Krey**, Probleme des Zeugenschutzes im Strafverfahren, in: Gedächtnisschrift für *Karlheinz Meyer*, 1990, S. 239; **Kreysel**, Der V-Mann, MDR 1996, 991; **Laue**, Der staatliche Strafanspruch in Abhängigkeit von verwaltungsrechtlicher Aufgabenerfüllung?, ZStW 120,246; **Lesch**, V-Mann und Hauptverhandlung – die Drei-Stufen-Theorie nach Einführung der §§ 68 III, 110 b III StPO und 172 Nr. 1a GVG, StV 1995, 542; **Lisken**,

410

A Aussagegenehmigung

Sperrerklärungen im Strafprozeß, NJW 1991, 1658; **Renzikowski**, Fair trial und anonymer Zeuge – die Drei-Stufen-Theorie des Zeugenschutzes im Lichte der Rechtsprechung des EuGHMR, JZ 1999, 605; **Soiné**, Erkenntnisverwertung von Informanten und V-Personen der Nachrichtendienste in Strafverfahren, NStZ 2007, 247; *ders.*, Zulässigkeit und Grenzen heimlicher Informationsbeschaffung durch Vertrauensleute der Nachrichtendienste, NStZ 2013, 83; **Teubner**, Aussagegenehmigung für Mitarbeiter öffentlich-rechtlicher Kreditinstitute, PStR 2006, 181; **Zacyk**, Prozeßsubjekte oder Störer? Die Strafprozeßordnung nach dem OrgKG – dargestellt an der Regelung des Verdeckten Ermittlers, StV 1993, 496; s.a. die Hinw. bei → *Verwertung der Erkenntnisse eines (gesperrten) V-Mannes*, Rdn 3241; → *V-Mann in der Hauptverhandlung*, Rdn 3336 und → *Zeugenvernehmung, Allgemeines*, Rdn 3537.

411 1. Nach § 54 benötigen Richter, Beamte und andere Personen des öffentlichen Dienstes für ihre Vernehmung als Zeugen über Umstände, auf die sich ihre Pflicht zur **Amtsverschwiegenheit** bezieht, ggf. nach den beamtenrechtlichen Vorschriften (vgl. z.B. § 61 BBG, §§ 46, 71 DRiG) eine Aussagegenehmigung. Dazu gehören auch Gemeinderäte (OVG Münster MDR 1955, 61, 62) und Schiedsmänner (BVerwGE NJW 1964, 1088). Ob auch Mitarbeiter öffentlich-rechtlicher Kreditinstitute einer Aussagegenehmigung bedürfen, ist umstritten (vgl. bej. KK-*Senge*, § 58 Rn 8; abl. *Meyer-Goßner/Schmitt*, § 54 Rn 10; eingehend dazu *Teubner* PStR 2006, 181 m.w.N.; vgl. a. LG Göttingen NJW-RR 2003, 117 [Aussagegenehmigung erforderlich]). Bei kirchlichen Bediensteten kann es sich um „andere Personen" i.S.v. § 54 handeln (OLG Köln StraFo 1999, 90; zu dieser Frage s.a. *Hiebl* StraFo 1999, 86 in der Anm. zu BGH NStZ 1999, 46 [Frage offengelassen]). Ein Zeuge ist aber nicht allein deshalb eine „andere Person", weil er in ein **Zeugenschutzprogramm** aufgenommen und hierbei förmlich zur Verschwiegenheit über ihm bekannt gewordene Erkenntnisse zu Zeugenschutzmaßnahmen verpflichtet wird (BGHSt 50, 318).

412 Das gilt insbesondere auch für **V-Leute** der Nachrichtendienste oder der Polizei, unabhängig davon ob sie hauptberuflich (vgl. dann § 9 BAT; *Meyer-Goßner/Schmitt*, § 54 Rn 11) oder nur nebenberuflich einzelne Aufträge ausführen (BGHSt 31, 148, 156 f.; 32, 115, 121; KK-*Senge*, § 54 Rn 9 m.w.N.; zu Nachrichtendiensten s. *Soiné* NStZ 2007, 247, 250; *ders.*, NStZ 2013, 83 ff.; zum Begriff des VE *Burhoff*, EV, Rn 3821 und zum „gesperrten" Zeugen Rn 1622; wegen der Einzelh. zu den Fragen der Sperrung/Vernehmung eines V-Mannes s. → *V-Mann in der Hauptverhandlung*, Rdn 3336; → *Verwertung der Erkenntnisse eines [gesperrten] V-Mannes*, Rdn 3241). Voraussetzung ist aber, dass diese Personen nach dem sog. **VerpflichtungsG** v. 2.3.1974 (BGBl I, S. 469, 547) wirksam öffentlich zur Verschwiegenheit verpflichtet worden sind (BGHSt 31, 148 ff.; KK-*Senge*, a.a.O.; *Meyer-Goßner/Schmitt*, § 54 Rn 11, jew. m.w.N.). Zur Frage, inwieweit nach Einführung der §§ 110b Abs. 3, 68 Abs. 3, 58a, 247a und nach der neueren Rspr. des BGH (vgl. u.a. NStZ 2005, 43) eine vollständige Sperrung eines Zeugen/V-Mannes durch Verweigerung der Aussagegenehmigung noch zulässig ist → *Verwertung der Erkenntnisse eines (gesperrten) V-Mannes*, Rdn 3241 m.w.N.; → **Videovernehmung** *in der Hauptverhandlung*, Rdn 3307 (zur – eingeschränkten – Aussagegenehmigung s.a. *Kreysel* MDR 1996, 991).

Aussagegenehmigung **A**

2. Zuständig für die Einholung der Aussagegenehmigung ist grds. das **Gericht**, nicht der Zeuge selbst. Der Angeklagte und der Verteidiger können einen Antrag stellen, wenn sie den Zeugen nach § 220 Abs. 1 unmittelbar laden wollen, um so seine Vernehmung zu erzwingen. **413**

3. Wegen der Gründe für die Versagung der Aussagegenehmigung oder der nur beschränkten Erteilung vgl. zunächst *Meyer-Goßner/Schmitt*, § 54 Rn 20 ff. und KK-*Senge*, § 54 Rn 14 ff. Es gelten die Ausführungen zu einer auf der Grundlage des § 96 abgegebenen „Sperrerklärung" für Behördenakten entsprechend (vgl. dazu *Burhoff*, EV, Rn 636 ff., 666 ff.). Bei der Erteilung ist auch darauf zu achten, dass dann, wenn der V-Mann selbst Beschuldigter ist, eine Beschränkung der Aussagegenehmigung nicht dazu führen darf, dass sein Recht auf effektive Verteidigung in seinem Wesensgehalt angetastet wird (BGH NJW 2007, 3010; vgl. dazu a. *Apfel/Strittmatter* StRR 2007, 345 und *Laue* ZStW 120, 24 6 ff). Nach der Rspr. des BVerfG (vgl. NJW 2010, 925) kann die „Sperrung eines Zeugen" aber auch mit der drohenden Erschütterung des Vertrauens in Zusagen der Strafverfolgungsbehörden, was den Schutz der Vertraulichkeit von Zeugen betrifft, begründet werden. **414**

Eine Aussagegenehmigung kann **auch** nur **teilweise** erteilt werden. So kann sie z.B. die (wahre) Identität des Verdeckten Ermittlers/V-Mannes ausnehmen (*Meyer-Goßner/Schmitt*, § 54 Rn 22 m.w.N.) oder auf einen **Vernehmungsbeamten** beschränkt werden, der den Verdeckten Ermittler/V-Mann im EV gehört hat und nunmehr als sog. **Zeuge vom Hörensagen** zur Verfügung steht, wobei dieser die Identität des Vernommenen aber auch nicht preisgeben darf (KK-*Senge*, § 54 Rn 17; *Kreysel* MDR 1996, 993). **415**

Die **völlige Sperrung** eines Verdeckten Ermittlers/V-Mannes wird nur noch in **Ausnahmefällen** in Betracht kommen (vgl. dazu BGH NStZ 2005, 43 m.w.N. und BGHSt 51, 232; vgl. aber a. VG Darmstadt NVwZ 1996, 92, 94; s.a. *Lesch* StV 1995, 542 ff. m.w.N.; → *Verwertung der Erkenntnisse eines [gesperrten] V-Mannes*, Rdn 3241; so wohl a. BGHSt 42, 175).

Die Gerichte sind an die **Zusicherung** der **Vertraulichkeit**, die gegenüber einem Zeugen abgegeben worden ist – anders als ggf. die StA und die Ermittlungsbehörden – nicht gebunden. Sie dürfen eine gebotene Beweiserhebung nicht deshalb ablehnen, weil StA oder die Polizei die Identität eines Informanten geheim halten wollen (BGH StV 2012, 5). Nach Auffassung des BGH (a.a.O.) soll etwas anderes gelten, wenn die oberste Dienstbehörde erklärt, dass die von der Beweisperson erstrebte Auskunft dem Wohl des Bundes oder eines deutschen Landes Nachteile bereiten würde (vgl. auch BVerfG NJW 2010, 925; *Burhoff*, EV, Rn 2117). Das dürfte allerdings kaum mit der Rspr. des EGMR (vgl. Urt. v. 20.1.2009, Nr. 26766/05 und 22228/06 – HRRS Nr. 2009, 459) in Einklang stehen (s. aber auch EGMR, Urt. v. 29.9.2009 – Nr. 15065/05).

A   Aussagegenehmigung

416   **4.a)** Wird die Genehmigung **versagt**, ist die **Vernehmung** des Zeugen **unzulässig**, ein entsprechender Beweisantrag des Verteidigers wird nach § 244 Abs. 3 S. 1 oder nach § 245 Abs. 2 S. 2 abgelehnt. Zuständig zur Abgabe einer Sperrerklärung ist bei einem Verdeckten Ermittler nicht der Justiz-, sondern der **Innenminister** (BGHSt 41, 36).

417   **b)** Wird die Aussagegenehmigung **verweigert**, kann zunächst die → *Aufklärungspflicht des Gerichts*, Rdn 329, diesem gebieten, **Gegenvorstellungen** zu erheben, wenn die Entscheidung ermessensfehlerhaft erscheint oder nicht hinreichend begründet ist (BGHSt 32, 115, 121; 33, 178, 189). Darauf muss der **Verteidiger** beim Gericht **drängen**. Ggf. muss die Entscheidung der obersten Dienstbehörde eingeholt werden, auch wenn durch Landesrecht die Befugnis zur Entscheidung über die Aussagegenehmigung generell an untere Behörden delegiert worden ist (BGHSt 42, 175; zur Pflicht des Tatrichters, sich um die Erteilung einer Aussagegenehmigung zu bemühen, s.a. BGH NStZ 2001, 656 m.w.N.). Kommt das Gericht dem Verlangen nicht nach, kann der Verteidiger auch selbst entsprechende Maßnahmen ergreifen oder Dienstaufsichtsbeschwerde einlegen (*Meyer-Goßner/Schmitt*, § 54 Rn 27). Schließlich kann er die Versagung der Aussagegenehmigung im **Verwaltungsstreitverfahren** anfechten, wenn ein rechtliches Interesse an der Erteilung besteht (vgl. u.a. BVerwGE NJW 1971, 160; BVerwG, Beschl. v. 2.7.2009 – 20 F 4.09; VGH München NJW 1980, 198; VG Darmstadt NVwZ 1996, 92), was z.B. der Fall sein kann, wenn die Angaben für die Verteidigung des Angeklagten von Bedeutung sind (BVerwG, a.a.O. [für Anfechtung einer auf die Vorlage von (Informanten-)Akten bezogenen Sperrerklärung]; s.a. BGHSt 44, 107 [Verwaltungsrechtsweg für Streitigkeit um eine vom Innenminister erlassene Sperrerklärung]). Nach h.M. können Gericht und StA nicht auf Erteilung der Genehmigung klagen (*Meyer-Goßner/Schmitt*, § 54 Rn 28; *Laue* ZStW 120, 246, 260; a.A. für die StA *Ellenbogen* NStZ 2007, 310).

> Die Entscheidung darüber wird der Verteidiger von der **Bedeutung** der Aussage des Zeugen **abhängig** machen, insbesondere davon, ob der Angeklagte durch den Zeugen entlastet werden könnte. Er muss auch berücksichtigen, dass grds. ein **Anspruch** auf **Aussetzung** der HV nicht besteht, wenn nicht die Aussetzung durch die Aufklärungspflicht geboten ist (KK-*Senge*, § 54 Rn 21; *Meyer-Goßner/Schmitt*, § 54 Rn 29, jew. m.w.N.). Etwas anderes gilt, wenn die Aufklärungspflicht die Aussetzung gebietet (vgl. dazu BGH NStZ-RR 2009, 4 [Ci; insoweit nicht in BGHSt 51, 88]). Das ist nicht der Fall, wenn das Gericht einer verwaltungsgerichtlichen Anfechtung einer Sperrerklärung keine ernsthaften Erfolgschancen beizumessen braucht, weil sie diese zutreffend für ermessensfehlerfrei hält (BGH StraFo 2007, 25) oder der Beschleunigungsgrundsatz entgegensteht (BGH NStZ-RR 2008, 65 [Be]).

418   **5.** Aus einem **Verstoß** gegen § 54 ergibt sich nach h.M. **kein BVV**, da der Rechtskreis des Beschuldigten nicht betroffen ist (BGHSt 1, 366; *Meyer-Goßner/Schmitt*, § 54 Rn 32

m.w.N. auch zur a.A., wie z.B. LR-*Ignor/Bertheau*, § 54 Rn 34; s.a. *Eisenberg*, Rn 1295; *Amelung*, S. 433; zu den Bedenken gegen die Rechtskreistheorie des BGH *Dencker* StV 1995, 232 in der Anm. zu BGH NJW 1994, 3364). Zulässig ist aber ggf. die sog. **Aufklärungsrüge**, die damit begründet werden kann, dass sich das Gericht nicht genügend bemüht hat, die Aussagegenehmigung zu erlangen (KK-*Senge*, § 54 Rn 26; *Meyer-Goßner/Schmitt*, a.a.O.).

Eine (vorliegende) Aussagegenehmigung muss in der HV auch **nicht verlesen** werden (BGH NStZ 2012, 587 m. Anm. *Foth* NStZ-RR 2014, 381). Wird sie verlesen und war während der Verlesung die Öffentlichkeit ausgeschlossen, liegt darin kein Verstoß gegen § 338 Nr. 6 (BGH, a.a.O.).

Siehe auch: → *Zeugenvernehmung, Allgemeines*, Rdn 3537 m.w.N.

Ausschluss der Öffentlichkeit

Das Wichtigste in Kürze:
1. Grds. sind HV nach § 169 GVG öffentlich.
2. Geringfügige Erschwerungen des Zutritts zur HV sind unschädlich.
3. Die möglichen Gründen für einen Ausschluss der Öffentlichkeit sind in den §§ 171a ff. GVG enthalten.
4. Von besonderer praktischer Bedeutung ist der Ausschluss der Öffentlichkeit nach § 171b GVG zum Schutz von Persönlichkeitsrechten.
5. Zwar kann das Gericht die Öffentlichkeit von Amts wegen ausschließen, der Verteidiger wird aber im Zweifel den Ausschluss der Öffentlichkeit beantragen, wenn er das im Interesse seines Mandanten für erforderlich hält.
6. Die Ausschließung der Öffentlichkeit verkündet das Gericht durch Beschluss. Dieser kann nicht durch eine Anordnung des Vorsitzenden ersetzt werden.
7. Gegen den Ausschließungsbeschluss können die Prozessbeteiligten gem. § 305 S. 1 keine Beschwerde einlegen. Ein Verstoß gegen die Vorschriften über die Öffentlichkeit des Verfahrens ist nach § 338 Nr. 6 absoluter Revisionsgrund.

Literaturhinweise: Baumhöfener, Zur Verkümmerung des Verfahrens des Verfahrens über den Ausschluss der Öffentlichkeit, StRR 2014, 475; **Beulke**, Neugestaltung der Vorschriften über die Öffentlichkeit des Verfahrens, JR 1982, 309; **Franke**, Der Begriff der Öffentlichkeit in der Revision, StraFo 2013, 361; **Gierhake**, Zur Begründung des Öffentlichkeitsgrundsatzes im Strafverfahren, JZ 2013, 1030; **Gössel**, Über die revisionsrechtliche Nachprüfbarkeit von Beschlüssen, mit denen die Öffentlichkeit gemäß §§ 172, 173 GVG im Strafverfahren ausgeschlossen wird, NStZ 1982, 141; **Hassemer**, Über die Öffentlichkeit gerichtlicher Verfahren – heute, ZRP 2013, 149; **Kujath**, Die Medienöffentlichkeit im „NSU-Prozess" Zur Vergabe von Medienplätzen im Strafprozess, AcP 2013, 269;

A Ausschluss der Öffentlichkeit

Lesch, Der Begriff der Öffentlichkeit in der Revision, StraFo 2014, 353; **Park**, Der Öffentlichkeitsausschluß und die Begründungsanforderungen des § 174 I 3 GVG, NJW 1996, 2213; **Ranft**, Verfahrensöffentlichkeit und „Medienöffentlichkeit" im Strafprozeß, Jura 1995, 573; **Rieß/Hilger**, Das neue Strafverfahrensrecht – Opferschutzgesetz und Strafverfahrensänderungsgesetz 1987 – 2. Teil, NStZ 1987, 204; **Roxin**, Aktuelle Probleme der Öffentlichkeit im Strafverfahren, in: Festschrift für *Karl Peters*, 1974, S. 393; **Schmidt**, Öffentlichkeitsgrundsatz versus Hausrecht BGH NJW 1994, 2773, JuS 1995, 110; **Schneider**, Verletzung der Öffentlichkeit durch Bitte an einen Zuhörer, den Sitzungssaal zu verlassen?, StV 1990, 92; **Wilke**, Platzverweise in Berlin und München, DRiZ 2013, 152; **Wullweber**, Datenschutz – im strafrechtlichen Hauptverfahren ein Fremdwort?, SchlHA 2002, 225; s.a. die Hinw. bei → *Ton- und Filmaufnahmen während der Hauptverhandlung*, Rdn 2669.

421 1. Grds. sind HV nach § 169 GVG öffentlich. Das bedeutet, dass **jedermann** sich ohne Rücksicht auf seine Gesinnung oder Zugehörigkeit zu einer bestimmten Bevölkerungsgruppe ohne Schwierigkeit **Kenntnis** von Ort und Zeit der Verhandlung verschaffen kann und ihm im Rahmen der tatsächlichen Gegebenheiten der **Zutritt eröffnet** wird (vgl. u.a. BVerfGE, 103, 44; BVerfG NJW 2012, 1863; s.a. BGH NJW 1979, 770 [Ls.; Verletzung des Öffentlichkeitsgrundsatzes bei HV in einer JVA, wo nur das Aufsichtspersonal Zutritt hat]; vgl. wegen der Einzelh. a. *Meyer-Goßner/Schmitt*, § 169 GVG Rn 3 m.w.N.; s.a. *Ranft* Jura 1995, 573; *Wullweber* SchlHA 2002, 225; zur Bedeutung des Grundsatzes der Öffentlichkeit EGMR NJW 2009, 2873 und *Lesch* StraFo 2014, 353 ff.). Befindet sich am Gerichtseingang ein **Hinweis**: „Das Amtsgericht ist freitags ab 13.00 Uhr geschlossen", ist das z.B. für eine nach diesem Zeitpunkt stattfindende HV nicht gewährleistet (OLG Zweibrücken NJW 1995, 3333). Der mit dem Geschäftsablauf bei Gericht nicht näher vertraute Bürger kann dadurch nämlich den (falschen) Eindruck bekommen, es fänden danach keine Sitzungen mehr statt und deshalb veranlasst werden, das Gerichtsgebäude nicht mehr zu betreten. Entsprechendes gilt, wenn (während der Urteilsverkündung) auf einer vor dem Sitzungssaal angebrachten elektronischen Anzeige in roter Schrift der Schriftzug „nicht öffentliche Sitzung" leuchtet (OLG Hamm, Beschl v. 7.7.2009 – 2 Ss OWi 828/08 [für OWi-Verfahren]).

Findet die HV nicht im Gerichtssaal, sondern an einer **anderen (beengten) Örtlichkeit** statt, wo z.B. eine → *Augenscheinseinnahme*, Rdn 348, stattfinden soll, liegt es im **Ermessen** des **Vorsitzenden** zu entscheiden, in welchem Umfang die Öffentlichkeit zugelassen werden kann/soll (BGH NJW 2006, 1220; NStZ 2006, 652 zust. *Humberg* JR 2006, 391 in der Anm. zu BGH NJW 2006, 1220). Ein Teil der Plätze kann dann auch der Presse vorbehalten werden (BGH NJW 2002, 1220).

Unerwachsenen Personen und solchen, die in einer der Würde des Gerichts nicht entsprechenden Weise erscheinen, kann nach § 175 Abs. 1 GVG der Zutritt versagt werden (vgl. dazu BGH NStZ 2006, 652 [pauschaler Ausschluss der Personen unter 16 Jahren]).

422 2.a) Geringfügige **Erschwerungen** des Zutritts sind **unschädlich** (s. dazu → *Einlassregelungen für die Hauptverhandlung*, Rdn 1294; → *Sitzungspolizei*, Rdn 2527 m.w.N.;

Kissel/Mayer, § 169 Rn 40 ff.; *Lesch* StraFo 2013, 353; s.a. BVerfG NJW 2012, 1863 für Verbot von Motorradkutten und EGMR NJW 2013, 521 zur Poollösung; dazu auch BVerfG NJW 2014, 3013 m. Anm. *Arnoldi* StRR 2014, 385 u. *Artkämper* StRR 2015, 21). Ob es sich um eine Erschwerung des Zutritts handelt, wenn im Gerichtsgebäude der Eingangsbereich dauerhaft **videoüberwacht** wird, ist in der Rspr. nicht unstr. Das AG Meldorf (StRR 2010, 388) und das VG Wiesbaden (NJW 2010, 1220) haben die Frage unter Hinweis darauf, dass dadurch Interessierte abgeschreckt werden könnten, an öffentlichen Sitzungen teilzunehmen, bejaht; das LG Itzehoe hat sie hingegen verneint (NJW 2010, 3525; abl. auch *Küppers* StRR 2010, 388 in der Anm. zu AG Meldorf, a.a.O.). Auch können Behinderungen/Einschränkungen zulässig sein, wenn sie erforderlich sind, um einen störungsfreien äußeren Ablauf der Hauptverhandlung und die ungehinderte Entscheidungsfindung zu gewährleisten (BVerfG NJW 2012, 1863 [„Kuttenverbot" in einem Hells Angels-Verfahrens]; NJW 2013, 1293 [Sitzplatzvergabe im NSU-Verfahren]).

✍ Die Entscheidung über die Zugänglichkeit zu Gerichtsverhandlungen, die Reservierung einer bestimmten Anzahl von Plätzen für Medienberichterstatter und auch die Verteilung knapper Sitzplätze an dieselben obliegt grds. der Prozessleitung des Vorsitzenden (BVerfG NJW 2013, 1293; → *Verhandlungsleitung*, Rdn 2889).

b) Wenn ein ggf. vorliegender **Verstoß** gegen den Öffentlichkeitsgrundsatz dem Gericht **nicht zuzurechnen** ist, scheidet der absolute Revisionsgrund des § 338 Nr. 6 aus. Das ist z.B. angenommen worden bei **verschlossener Tür** zum **Zuhörerraum**, die der Vorsitzende sofort nach Bekanntwerden, dass sie verschlossen war, hat öffnen lassen (BGH NStZ 1995, 143 m.w.N.). Etwas anderes gilt für zu „frühen" Beginn der HV, nachdem das Gericht selbst durch → *Einlassregelungen für die Hauptverhandlung*, Rdn 1294, bewirkt hatte, dass sich der Zutritt der rechtzeitig erschienenen Zuhörer zum Sitzungssaal verzögert; dann muss es ggf. warten (BGH NJW 1995, 3196 [Ls.]; vgl. zu diesen Fragen a. OLG Karlsruhe NJW 2004, 1887; OLG Zweibrücken NJW 1995, 3333; OLG Celle NStZ 2012, 654 [Hinweis darauf, dass vor dem Sitzungssaal ein Schild „Nicht öffentlich" aufleuchtet]; zum Ausschluss der Öffentlichkeit bei Verweisung eines Zuhörers des Sitzungssaales s. BGH NStZ 2004, 453; → *Anwesenheit von Zeugen in der Hauptverhandlung*, Rdn 325).

423

Findet die **HV** (z.T.) **nicht im Gerichtsgebäude** statt, wie z.B. bei einem Ortstermin, muss durch einen **Aushang feststellbar** sein, wo die HV stattfindet (OLG Dresden StV 2009, 682; OLG Hamm StV 2002, 474 [Bezeichnung „Tatörtlichkeit" genügt nicht]; Beschl. v. 7.7.2009 – 2 Ss OWi 828/08 [für OWi-Verfahren]; OLG Köln NStZ-RR 1999, 335; s. aber OLG Koblenz NZV 2011, 266 für Austausch des Sitzungssaals in einem „kleinen" AG). Die Vorschriften über die Öffentlichkeit der HV werden nicht dadurch verletzt, dass der Zeitpunkt der **Fortsetzung** der HV in demselben Saal des Gerichtsgebäudes, aber zu späterer Uhrzeit desselben Tages auf dem ausgehängten Terminsverzeichnis nicht vermerkt ist (OLG Hamm

424

A   Ausschluss der Öffentlichkeit

NStZ 2013, 64). Der Vorsitzende muss sich i.Ü. selbst davon überzeugen, dass die Vorschriften über die Öffentlichkeit beachtet sind (OLG Saarbrücken NStZ-RR 2008, 50).

☞ Zudem wird in diesen Fällen der Grundsatz der Öffentlichkeit des Verfahrens begrenzt durch das **Hausrecht**, das dem Besitzer eines ggf. zu besichtigen Anwesens zusteht (vgl. zur Abwägung insoweit BGHSt 40, 191; dazu *Schmidt* JuS 1995, 110; *Wullweber* SchlHA 2002, 226; → *Verlegung der Hauptverhandlung an einen anderen Ort*, Rdn 2915). Es bedarf dann keines Beschlusses über die Ausschließung der Öffentlichkeit. Auch müssen die Zuhörer nach Fortführung der Beweisaufnahme in öffentlicher Sitzung nicht über den Inhalt der nichtöffentlich durchgeführten Verhandlungsteile **informiert** werden (BGH NStZ-RR 2000, 366).

425   3. Niemand hat es jedoch gern, wenn seine persönlichen Verhältnisse, sein Privatleben und das ihm vorgeworfene strafrechtlich relevante Verhalten öffentlich erörtert werden und dies alles Gegenstand der Berichterstattung in den Medien wird. Das gilt sowohl für Angeklagte als auch für Zeugen oder andere Prozessbeteiligte. Dem hat der Gesetzgeber dadurch Rechnung getragen, dass er in den **§§ 171a ff. GVG** den Ausschluss der Öffentlichkeit vorgesehen hat. Dieser ist ggf. vom Verteidiger zu beantragen.

☞ Hinzuweisen ist hier auf die **Nr. 131 ff. RiStBV**, die der Verteidiger bei der Prüfung der Frage, ob ggf. ein Antrag auf Ausschließung der Öffentlichkeit gestellt werden soll, nicht übersehen darf. Der Verteidiger muss sich darüber im Klaren sein, dass seine Antragstellung nach der Rspr. des BGH ggf. zu einer Verwirkung einer auf einen Verstoß gegen den Öffentlichkeitsgrundsatz gestützten Verfahrensrüge führen kann (so offenbar BGH NStZ 2008, 354 [im Hinblick auf einen im „Einverständnis" mit dem Verteidiger erfolgten Ausschluss der Öffentlichkeit]).

Im **Jugendgerichtsverfahren** gelten Besonderheiten (→ *Jugendgerichtsverfahren, Besonderheiten der Hauptverhandlung*, Rdn 1774).

426   Das Gericht kann die Öffentlichkeit nach seinem pflichtgemäßen **Ermessen** ausschließen. Eine Abwägung erfolgt – soweit sie erforderlich ist – nach objektiven Kriterien. **Mögliche Ausschließungsgründe** können sein,

- nach § 171a GVG, wenn es um die **Unterbringung** des Angeklagten in einem psychiatrischen Krankenhaus oder in einer Entziehungsanstalt geht,
- nach § 171b GVG, soweit es um den **Schutz** von **Persönlichkeitsrechten** eines Prozessbeteiligten geht (zu den Einzelh. s.u. Rdn 427),
- nach § 172 Nr. 1 GVG, wenn eine Gefährdung der **Staatssicherheit**, der öffentlichen Ordnung oder der **Sittlichkeit** zu besorgen ist,
- nach § 172 Nr. 1 Buchst. a) GVG, wenn eine Gefährdung des **Lebens**, des **Leibes** oder der **Freiheit** eines Zeugen oder einer anderen Person zu besorgen ist,

Ausschluss der Öffentlichkeit   A

- nach § 172 Nr. 2 GVG, wenn **Geschäfts-, Betriebs-, Erfindungs-** oder **Steuergeheimnisse** zur Sprache kommen,
- nach § 172 Nr. 3 GVG, wenn ein **privates Geheimnis** erörtert wird, dessen unbefugte Offenbarung durch einen Zeugen oder SV mit Strafe bedroht ist,
- nach § 172 Nr. 4 GVG, wenn eine **Person** unter **18 Jahren** vernommen wird, wozu alle Verfahrensvorgänge gehören, die mit der Vernehmung in engem Zusammenhang stehen, insbesondere also auch die Beschlussfassung nach § 247 (BGH NStZ 1994, 354; → *Entfernung des Angeklagten aus der Hauptverhandlung*, Rdn 1408; → *Videovernehmung in der Hauptverhandlung*, Rdn 3307). Vom Ausschluss sind auch die **Eltern** eines jugendlichen Zeugen betroffen, selbst wenn sie als Begleitpersonen auf Aufforderung des Gerichts erschienen sind (*Meyer-Goßner/Schmitt*, § 175 GVG Rn 4).

> ✍ Wenn die **Eltern** des jugendlichen **Zeugen** während der Vernehmung anwesend sein sollen, muss der Verteidiger ausdrücklich **beantragen**, „gem. § 175 Abs. 2 GVG den Eltern des Zeugen den Zutritt zu der Verhandlung auch während des Ausschlusses der Öffentlichkeit zu gestatten".
>
> Das ist für die Eltern des **jugendlichen Beschuldigten** nicht erforderlich, da diesen schon nach § 67 JGG ein Anwesenheitsrecht zusteht.

4.a) Von besonderer praktischer Bedeutung ist der Ausschluss der Öffentlichkeit nach § 171b GVG zum **Schutz** von **Persönlichkeitsrechten** (wegen der Einzelh. i.Ü. s.u.a. *Meyer-Goßner/Schmitt*, Erl. zu §§ 171a ff. GVG).   **427**

> ✍ Einen **Antrag**, die Öffentlichkeit während der Verkündung der Urteilsgründe auszuschließen, sollte der Verteidiger, wenn bereits während eines Teils der Beweisaufnahme die Öffentlichkeit ausgeschlossen war, erwägen. Denn sonst entsteht die missliche Lage, dass die Öffentlichkeit über die Urteilsbegründung, die Gründe, die für den Ausschluss der Öffentlichkeit maßgeblich waren, doch erfährt.

> ✍ Die Öffentlichkeit kann nach § 171b GVG auch während der **Verlesung** des **Anklagesatzes** ausgeschlossen werden (BGHSt 57, 273 m. Anm. *Burhoff* StRR 2012, 343).

b) Nach § 171b Abs. 1 GVG kann die Öffentlichkeit ausgeschlossen werden bei der Erörterung von Umständen aus dem persönlichen Lebensbereich eines **Prozessbeteiligten**, **Zeugen** oder **Verletzten**. Gemeint ist damit der **private Bereich**, der jedermann zur Entfaltung seiner Persönlichkeit gewährleistet werden muss (*Meyer-Goßner/Schmitt*, § 171b GVG Rn 3 m.w.N.), wie z.B. private Eigenschaften und Neigungen, Gesundheitszustand, Sexualsphäre u.Ä. (s.a. BGH StV 1996, 134).   **428**

A Ausschluss der Öffentlichkeit

> ⚐ Als Faustregel gilt, dass ein Ausschluss der Öffentlichkeit nach § 171b GVG immer dann in Betracht kommt, wenn es sich um Tatsachen handelt, nach denen im täglichen Leben **üblicherweise nicht gefragt** zu werden pflegt und die i.d.R. nicht spontan und unbefangen mitgeteilt werden (*Meyer-Goßner/Schmitt*, a.a.O.). Das 3. OpferRRG sieht in § 48 Abs. 3 n.F. vor, dass dann, wenn der Zeuge zugleich der Verletzte ist, (immer) zu prüfen ist, ob überwiegende schutzwürdige Interessen des Zeugen den Ausschluss der Öffentlichkeit nach § 171b Abs. 1 GVG erfordern (→ *Gesetzesnovellen*, Rdn 1618).
>
> Der Betroffene, also auch der Angeklagte, hat einen **Rechtsanspruch** auf Ausschließung der Öffentlichkeit, wenn er dies beantragt (vgl. § 171b Abs. 3 S. 1 GVG). Widerspricht die Person, deren Persönlichkeitsbereich geschützt werden soll, dem Ausschluss der Öffentlichkeit, wird die Öffentlichkeit nicht ausgeschlossen (§ 171b Abs. 4 GVG).

429 Nach den Änderungen des § 171b GVG durch das StORMG soll nach **§ 171b Abs. 2 GVG** die Öffentlichkeit ausgeschlossen werden, soweit in Verfahren wegen Straftaten gegen die sexuelle Selbstbestimmung (§§ 174 – 184g StGB) oder gegen das Leben (§§ 211 – 222 StGB), wegen Misshandlung von Schutzbefohlenen (§ 225 StGB) oder wegen Straftaten gegen die persönliche Freiheit nach den §§ 232 – 233a StGB ein **Zeuge unter 18 Jahren** vernommen wird.

430 Voraussetzung für die Zulässigkeit des Ausschlusses der Öffentlichkeit ist außerdem, dass die öffentliche Erörterung der geschützten Umstände **schutzwürdige Interessen** des Prozessbeteiligten **verletzen** würde, und **nicht** das Interesse an der öffentlichen Erörterung dieser Umstände **überwiegt** (s. im Einzelnen *Meyer-Goßner/Schmitt*, § 171b Rn 4 ff. m.w.N.). Der Persönlichkeitsschutz hat hier grds. Vorrang vor dem Prinzip der Öffentlichkeit (*Rieß/Hilger* NStZ 1987, 207 f.). Die besonderen Belastungen, die für Kinder und Jugendliche mit einer öffentlichen Hauptverhandlung verbunden sein können, sind gem. § 171b Abs. 1 S. 2 GVG bei der Abwägung zu berücksichtigen. Entsprechendes gilt nach § 171b Abs. 1 S. 3 GVG bei volljährigen Personen, die als Kinder oder Jugendliche durch die Straftat verletzt worden sind.

431 **5.** Zwar kann das Gericht die Öffentlichkeit von Amts wegen ausschließen, der **Verteidiger** wird aber im Zweifel den Ausschluss der Öffentlichkeit **beantragen**, wenn er das im Interesse seines Mandanten für erforderlich hält. Über den Ausschluss wird verhandelt. Diese Verhandlung findet grds. in öffentlicher Sitzung statt (BGH StV 2008, 10 [Ls.]; dazu *Baumhöfener* StRR 2014, 475).

> ⚐ Will der Verteidiger eine öffentliche Verhandlung über den Ausschluss der Öffentlichkeit und damit eine öffentliche Erörterung der Gründe, die er zur Stützung seines Antrags vorgetragen hat, vermeiden, muss er gem. § 174 Abs. 1 S. 1 GVG **ausdrücklich beantragen**, über den **Ausschluss** der Öffentlichkeit nur in **nichtöffentlicher Sit-**

Ausschluss der Öffentlichkeit   **A**

zung zu verhandeln. Dafür genügt eine Anordnung des Vorsitzenden (BGH NStZ 1999, 372). Der Beschluss und die Begründung werden allerdings öffentlich verkündet (§ 174 Abs. 1 GVG; BGH StV 2000, 242).

„Beteiligter" i.S.v. § 174 Abs. 1 S. 1 GVG kann i.Ü. auch ein **Zeuge** sein (BGHSt 60, 58).

6.a) Die Ausschließung der Öffentlichkeit verkündet das Gericht durch **Beschluss**. Dieser   432
kann nicht durch eine Anordnung des Vorsitzenden ersetzt werden (st.Rspr.; BGH NStZ 1999, 371). Das gilt auch, wenn derselbe – bereits entlassene – Zeuge in der laufenden HV nochmals unter Ausschluss der Öffentlichkeit vernommen werden soll. Auch dann kann eine entsprechende Anordnung des Vorsitzenden einen Gerichtsbeschluss nicht ersetzen (BGH NStZ 2008, 476; 2013, 479; 2009, 286; StV 2012, 140; NStZ-RR 2009, 213); der Beschluss kann auch nicht durch Bezugnahme auf einen vorausgegangenen Ausschlussbeschluss im Rahmen einer Anordnung des Vorsitzenden ersetzt werden (BGH NStZ 2013, 479; StV 2012, 140). Etwas anderes gilt, wenn dem Protokoll zu entnehmen ist, dass die Entlassung eines Zeugen sofort zurückgenommen wurde und die für den Ausschließungsbeschluss maßgebliche Interessenlage fortbestand, sodass sich die zusätzliche Anhörung zusammen mit der vorausgegangenen als eine einheitliche Vernehmung darstellt (BGH NStZ 2013, 479; NStZ-RR 2009, 213 unter Hinw. auf BGH NStZ 1992, 447).

Mit **Bekanntgabe** der **Entscheidung** ist die Verhandlung **nichtöffentlich** (BGH NStZ 2015, 230). Es ist also rechtlich unschädlich, wenn das Gericht nach Verkündung des Beschlusses über den Ausschluss der Öffentlichkeit auf Gegenvorstellung eines Verfahrensbeteiligten hierüber erneut nichtöffentlich verhandelt.

b) Das Gericht kann die Öffentlichkeit ganz oder nur teilweise, z.B. für die Dauer der Anhörung des Angeklagten oder eines Zeugen, ausschließen. Immer öffentlich verkündet werden muss nach § 173 Abs. 1 GVG die Urteilsformel (BGH NStZ 1995, 143; OLG Hamm, Beschl v. 7.7.2009 – 2 Ss OWi 828/08 [für OWi-Verfahren]). Jedoch kann unter den Voraussetzungen der §§ 171b, 172 GVG durch besonderen Beschluss die Öffentlichkeit während der Verkündung der **Urteilsgründe ausgeschlossen** werden (§ 173 Abs. 2 GVG; → *Urteilsverkündung*, Rdn 2761). Gem. § 175 Abs. 2 GVG kann das Gericht **einzelnen Personen** den Zutritt zu den nichtöffentlichen Verhandlungsteilen gestatten. Das kann z.B. in Betracht kommen für Mitarbeiter des Verteidigers (wegen der Einzelh. *Meyer-Goßner/Schmitt*, § 175 GVG Rn 4; → *Zulassung von Mitarbeitern des Verteidigers zur Hauptverhandlung*, Rdn 3586, mit Antragsmuster, Rdn 3588).   433

c) Den **Beschluss**, mit dem die Öffentlichkeit ausgeschlossen wird, muss das Gericht **begründen**. Wird die Öffentlichkeit nach einer Bestimmung (s.o. Rdn 426) ausgeschlossen, die nur einen Ausschließungsgrund nennt, genügt es, wenn der Beschluss lediglich auf diese Gesetzesbestimmung verweist (zuletzt BGHSt 41, 145 [für § 172 Nr. 1 Buchst. a)   434

GVG]). In den übrigen Fällen muss die Ausschließung näher begründet werden (s. BGH StV 1996, 134 [für § 172 Nr. 3 GVG]; OLG Nürnberg StV 2015, 282; vgl. *Meyer-Goßner/ Schmitt*, § 174 GVG Rn 9). Das Fehlen einer Begründung schadet aber dann nicht, wenn die Richtigkeit der Entscheidung über die Ausschließung außer Frage steht und nur die Angabe des Ausschlussgrundes nicht erfolgt ist (BGHSt 45, 117 [für § 171b GVG und/oder des § 172 Nr. 1 GVG]; a.A. *Park* StV 2000, 246 und krit. *Rieß* JR 2000, 253, jew. in der Anm. zu BGH, a.a.O.).

435 7.a) Gegen den Ausschließungsbeschluss können die Prozessbeteiligten gem. § 305 S. 1 **keine Beschwerde** einlegen.

436 b)aa) Ein Verstoß gegen die Vorschriften über die Öffentlichkeit des Verfahrens ist nach § 338 Nr. 6 **absoluter Revisionsgrund** (s. dazu *Meyer-Goßner/Schmitt*, § 338 Rn 48 m.w.N.; *Franke* StraFo 2014, 361; *Lesch* StraFo 2014, 353; *Baumhöfener* StRR 2014, 475; → *Revision, Begründung, Verfahrensrüge*, Rdn 2329; zur ausreichenden Begründung der Rüge s.u.a. BGH NStZ 2008, 476; OLG Saarbrücken NStZ-RR 2008, 50). Der Öffentlichkeitsgrundsatz ist nicht verletzt, wenn der **Vorsitzende** in der HV die **Zuhörer** mit Rücksicht auf einen sonst möglichen Ausschluss der Öffentlichkeit **bittet**, den **Sitzungssaal** zu **verlassen** und diese dieser Bitte nachkommen; etwas anderes gilt, wenn es sich in Wahrheit um eine Anordnung handelt (st. Rspr.; zuletzt BGH NStZ 1999, 426 m.w.N.; s. OLG Braunschweig StV 1994, 474; zur zu langen Dauer des Ausschlusses zuletzt BGH StV 1994, 641; zum sog. Vorratsbeschluss BGH NStZ-RR 1997, 380 [K] m.w.N.).

✍ Die Entfernung von Zuhörern aus dem Sitzungssaal durch den Vorsitzenden ist eine Maßnahme der → *Verhandlungsleitung*, Rdn 2889 (BGH NStZ 2008, 582). Die Anordnung muss also nach § 238 Abs. 2 beanstandet werden, wenn die Anordnung später mit der Revision angegriffen werden soll (BGH, a.a.O.).

437 bb) Den Ausschluss der Öffentlichkeit ohne eine Verhandlung hierüber kann nur der **rügen**, dessen Anspruch auf rechtliches Gehör durch den Verfahrensfehler verletzt worden ist (relativer Revisionsgrund; u.a. BGH NJW 2006, 1220; KK-*Diemer*, § 174 GVG Rn 1 m.w.N.). § 171b Abs. 5 bestimmt ausdrücklich die Unanfechtbarkeit der auf § 171b GVG gestützten Ausschließungsentscheidung. Daher kann mit der Revision insoweit nicht geltend gemacht werden, dass die Voraussetzungen der Vorschrift nicht vorgelegen haben (BGHSt 51, 180) bzw., dass der Ausschluss der Öffentlichkeit nur in geringerem Umfang als beantragt beschlossen worden ist (BGH StV 2008, 10 [Ls.]).

✍ Allerdings führt ein Verstoß gegen die Regeln der Öffentlichkeit nach der Rspr. des BGH **nicht notwendig** zur **Aufhebung** des **gesamten Urteils**. Bezieht sich der Vorgang, während dessen die Öffentlichkeit zu Unrecht ausgeschlossen war, nämlich nur auf einen abtrennbaren Teil des Urteils, so wird auch nur dieser Teil aufgehoben (zuletzt

Ausschluss der Öffentlichkeit **A**

BGH NJW 1996, 138 [in nichtöffentlicher Verhandlung erteilter Hinweis nach § 265, der sich allein auf einen Teil des Tatgeschehens bezog, der im weiteren Verlauf der HV gem. § 154a eingestellt wurde]). Unschädlich ist es auch, wenn während des Ausschlusses der Öffentlichkeit Handlungen vorgenommen werden, die auch außerhalb der HV vorgenommen werden könnten (zuletzt BGH NStZ 2002, 106). Von dieser Ausnahme erfasst werden aber wohl nur rein **organisatorische Maßnahmen**, nicht hingegen Erörterungen und Feststellungen, die auf die Schuld- und Straflage Auswirkungen haben (BGH, a.a.O.).

 Der Verstoß gegen die Regeln der Öffentlichkeit kann i.Ü. dadurch **geheilt** werden, dass der „kontaminierte Verfahrensabschnitt" wiederholt wird (vgl. dazu BGH NStZ-RR 2009, 35 [Ci]).

8. Muster: Antrag auf Ausschließung der Öffentlichkeit

a) Ausschluss während der Vernehmung des Angeklagten

438

▼

An das

Amtsgericht/Landgericht Musterstadt

A.5

In der Strafsache

gegen H. Mustermann

Az.:

wird beantragt,

die Öffentlichkeit für die Dauer der Vernehmung des Angeklagten gem. § 171b GVG auszuschließen und die Verhandlung über die Ausschließung in nichtöffentlicher Sitzung durchzuführen, § 174 Abs. 1 S. 1 GVG.

Die Anklage wirft dem Angeklagten eine Vergewaltigung zum Nachteil der Zeugin V. vor. Bei der Vernehmung des Angeklagten werden angesichts dieses Tatvorwurfs Umstände zur Sprache kommen, deren öffentliche Erörterung seine schutzwürdigen Interessen verletzen würde. Gegenstand der Vernehmung werden das Sexualleben des Angeklagten, insbesondere das Verhältnis zu seiner Ehefrau sowie auch die besondere Vorliebe des Angeklagten zu bestimmten sexuellen Praktiken sein. Diese Tatsachen aus dem engsten

A | Ausschluss der Öffentlichkeit

Persönlichkeitsbereich verdienen Schutz vor einer öffentlichen Erörterung und rechtfertigen nach § 171b GVG die Ausschließung der Öffentlichkeit.

Aus den aufgeführten Gründen ist über den Ausschluss der Öffentlichkeit in nichtöffentlicher Sitzung zu verhandeln. Anderenfalls würden gerade diejenigen Gründe in öffentlicher Sitzung behandelt, die durch die Ausschließung einer öffentlichen Erörterung entzogen werden sollen.

Rechtsanwalt

439 **b) Ausschluss während der Urteilsverkündung**

▼

An das

Amtsgericht/Landgericht Musterstadt

In der Strafsache

gegen H. Mustermann

Az.:

wird beantragt,

die Öffentlichkeit gem. § 173 GVG auch für die Dauer der Verkündung der Urteilsgründe auszuschließen.

Die Kammer hat die Öffentlichkeit für die Dauer der Vernehmung des Angeklagten und für die Dauer der Vernehmung der Zeugin P. gem. § 171b GVG ausgeschlossen. Sowohl bei der Vernehmung meines Mandanten als auch bei der Vernehmung der Zeugin sind Umstände aus dem persönlichen Lebensbereich beider Prozessbeteiligten erörtert worden. Es ist zu erwarten, dass diese bei der Begründung des Urteils eine wesentliche Rolle spielen werden, sodass die öffentliche Verkündung der Urteilsgründe sowohl den geschützten Persönlichkeitsbereich meines Mandanten als auch den der Zeugin P. verletzen würde. Daher müssen auch die Urteilsgründe gem. §§ 173 Abs. 2, 171b GVG in nichtöffentlicher Sitzung verkündet werden.

Rechtsanwalt

Siehe auch: → *Einlassregelungen für die Hauptverhandlung*, Rdn 1294; → *Revision, Allgemeines*, Rdn 2211 m.w.N.; → *Ton- und Filmaufnahmen während der Hauptverhandlung*, Rdn 2669; → *Verlegung der Hauptverhandlung an einen anderen Ort*, Rdn 2915.

Ausschluss eines Richters

Das Wichtigste in Kürze:
1. Die Frage, ob ein Richter ggf. vom Verfahren „ausgeschlossen ist", ist in den §§ 22, 23 geregelt. Der Ausschluss ist von Amts wegen zu beachten.
2. Die Ausschließungsgründe sind im Gesetz enumerativ aufgezählt.
3. War der Richter in der Sache als Beamter der StA, als Polizeibeamter, als Rechtsanwalt des Verletzten oder als Verteidiger tätig, liegt der Ausschlussgrund des § 22 Nr. 4 vor.
4. Ausgeschlossen ist ein Richter insbesondere, wenn er in der Sache als Zeuge oder SV vernommen ist. Allein die Benennung eines Richters als Zeugen in einem Beweisantrag reicht für den Ausschluss aber nicht aus.
5. Der Richter, der an einer früheren, inzwischen vom Rechtsmittelgericht aufgehobenen Entscheidung mitgewirkt hat, ist nicht allein deshalb bei einer neuen Verhandlung in derselben Sache ausgeschlossen.
6. Ist ein Ausschließungsgrund zu bejahen, ist der Richter kraft Gesetzes ausgeschlossen, sein Richteramt auszuüben.

Literaturhinweise: Arzt, Der befangene Strafrichter, 1969; **Burhoff**, Anwendbarkeit von Normen des Deliktsrechts, Verfahrens- und Prozessrechts auf nichteheliche Lebensgemeinschaften, FPR 2001, 18; **ders.**, Die nichteheliche Lebensgemeinschaft im Straf(verfahrens)recht, StRR 2008, 287; **Dahs**, Ablehnung von Tatrichtern nach Zurückverweisung durch das Revisionsgericht, NJW 1966, 1691; **Meyer-Mews**, Fallstudie: Der erkennende Richter als Zeuge, JuS 2002, 376; **Michel**, Der Richter als Zeuge im Strafverfahren, MDR 1992, 1026; **Müller**, Unter welchen Voraussetzungen ist jemand als Richter wegen früherer Befassung mit der Sache ausgeschlossen?, NJW 1961, 102; **Pauly**, Beweisanträge auf Vernehmung von Richtern, in: Festschrift 25 Jahre AG Strafrecht, 2009, S. 731; **Rieß**, Zur Revisibilität der freien tatrichterlichen Überzeugung, GA 1978, 257; **Rissing van Saan**, Der „erkennende" Richter als Zeuge im Strafprozess, MDR 1993, 310; **Seibert**, Das andere Gericht (§ 354 Abs. 2 StPO), NJW 1968, 1317; **Volkmer**, Der entscheidungsbefugte Verletzte – Zu den Grenzen des Ausschlusses nach § 22 Nr. 1 StPO, NStZ 2009, 371; s.a. die Hinw. bei → *Ablehnung eines Richters, Allgemeines*, Rdn 8.

1. Die Frage, ob ein Richter ggf. vom Verfahren „ausgeschlossen ist", ist in den §§ 22, 23 geregelt. Der Ausschluss ist **von Amts wegen** zu **beachten**, einer Entscheidung bedarf es nur in Zweifelsfällen (vgl. a. Rdn 460 ff.). Die Vorschrift des § 22 erfordert nicht den Nachweis, dass der entscheidende Richter tatsächlich voreingenommen ist. Es soll vielmehr bereits durch eine generelle Regelung der bloße Anschein einer sachfremden Beeinflussung vermieden werden (BGH NStZ 2007, 711).

> Der Verteidiger und der Angeklagte können die **Entscheidung** ohne zeitliche Beschränkung **anregen** oder mit einem **Ablehnungsgesuch** gem. § 24 geltend machen.

A Ausschluss eines Richters

443 2. Die **Ausschlussgründe** sind im Gesetz in den §§ 22, 23 **enumerativ** aufgezählt (vgl. auch Rdn 448 ff.). Von besonderer praktischer Bedeutung sind insbesondere § 22 Nr. 4 und § 22 Nr. 5 (vgl. unten Rdn 448 ff.) und § 23 (vgl. Rdn 458), die Ausschließungsgründe des § 22 Nr. 1 – 3 (vgl. Rdn 444 ff.) sind nicht von so erheblicher Bedeutung.

444 **a)** Nach § 22 **Nr. 1** ist ein Richter ausgeschlossen, wenn er **selbst** durch die **Straftat verletzt** ist. „Straftat" i.S.d. Nr. 1 ist nur eine solche, die Prozessgegenstand des anhängigen Verfahrens ist (BGH NStZ-RR 2013, 66 [Ci/Zi]), da sich anderenfalls der Angeklagte einem jeden Richter entziehen könnte (BVerfG NJW 1996, 2022).

445 Der Richter muss **unmittelbar** durch die abzuurteilende Tat **betroffen** sein. Bei einem Vermögensdelikt kommt es darauf an, ob durch das tatsächliche Geschehen, welches Gegenstand des Strafverfahrens ist, bei dem zur Entscheidung berufenen Richter unmittelbar ein Vermögensnachteil bewirkt worden ist (BGH NStZ 2006, 646). Deshalb reicht es z.B. nicht aus, wenn der Richter, der über den strafrechtlichen Vorwurf der Untreue zulasten einer politischen Partei zu entscheiden hat, selbst Mitglied dieser Partei ist. Auch reicht eine nur allgemeine, das Gericht insgesamt betreffende Bombendrohung für einen Ausschluss nach Nr. 1 als Verletzter nicht aus (BGH NStZ-RR 2002, 66 [Be]). Es reicht auch nicht aus, wenn der Richter Mitglied einer in Form eines nicht rechtsfähigen Vereins organisierten Partei ist, die von einem Vermögensdelikt betroffen ist (BGHSt 51, 100 [für Richter als Mitglied des Landesverbandes einer Partei]). Nicht ausreichend ist es auch, wenn der Richter nur Mieter von Wohnungen ist, gegenüber deren Eigentümer der Angeklagte einen Betrug in Zusammenhang mit der Erhebung von Straßenreinigungskosten begangen haben soll (BGH NStZ 2009, 342; vgl. dazu *Volkmer* NStZ 2009, 371). Entsprechendes gilt, wenn der Vater des Richters an einem in einer Gesellschaft bürgerlichen Rechts organisierten Fond beteiligt ist (BGH NStZ-RR 2012, 98 [Ci/Zi]).

446 **b)** Nach § 22 **Nr. 2** ist der Richter ausgeschlossen, wenn er **Ehegatte**, **Lebenspartner** i.S.v. § 1 LPartG, **Vormund** oder **Betreuer** des Beschuldigten oder des Verletzten ist oder gewesen ist. Der Ausschlussgrund greift nicht ein, wenn die Richter des Spruchkörpers z.T. miteinander verheiratet sind (OLG Hamm ZAP EN-Nr. 205/96 [für Schöffen], insoweit nicht in MDR 1996, 91 abgedruckt).

> Das **Verlöbnis** ist in § 22 Nr. 2 nicht genannt. Insoweit kommt daher nicht der Ausschluss in Betracht, sondern nur eine Ablehnung wegen Besorgnis der Befangenheit (→ *Ablehnungsgründe, Befangenheit*, Rdn 67 m.w.N.).

447 **c)** § 22 **Nr. 3** greift ein, wenn der Richter mit dem Beschuldigten oder mit dem Verletzten in gerader Linie **verwandt** oder verschwägert ist/war, in der Seitenlinie bis zum dritten Grad verwandt oder bis zum zweiten Grad **verschwägert**, greift der Ausschlussgrund des § 22 Nr. 3 ein (wie bei → *Zeugnisverweigerungsrechten*, Rdn 3552, mit Übersicht bei Rdn 3559).

Ausschluss eines Richters A

🖋 Eine **analoge Anwendung** der Vorschrift des § 22 Nr. 2 bzw. 3 auf den **Partner** einer **nichtehelichen Lebensgemeinschaft** kommt aus Gründen der Rechtssicherheit **nicht** in Betracht (*Burhoff* FPR 2001, 19; *ders*. StRR 2008, 287, 290; *Burhoff/Willemsen*, Handbuch für die nichteheliche Lebensgemeinschaft, 4. Aufl. 2014, Rn 332 ff.; *Grziwotz*, Nichteheliche Lebensgemeinschaft, 5. Aufl. 2014, § 11 Rn 5). Allerdings wird der Verteidiger auch in diesen Fällen immer **§ 24 prüfen** müssen (→ *Ablehnungsgründe, Befangenheit*, Rdn 87 m.w.N.).

Auch eine analoge Anwendung auf den in gerader Linie mit einem Prozessbevollmächtigten **verschwägerten Richter** scheidet aus (s. KG NJW-RR 2000, 1164 [für das Zivilverfahren]).

3. War der Richter in der Sache als Beamter der **StA**, als **Polizeibeamter**, als **Rechtsanwalt** des Verletzten oder als **Verteidiger tätig**, liegt der Ausschlussgrund des § 22 Nr. 4 vor (s. dazu *Burhoff*, EV, Rn 654 f.). 448

a) Der Richter muss **als StA tätig** geworden sein. D.h.: Erforderlich ist ein amtliches Handeln (als StA) in der Sache (vgl. Rdn 453), das geeignet ist, den Sachverhalt zu erforschen oder den Gang des Verfahrens zu beeinflussen, was weit auszulegen ist (BGH NStZ 2011, 106). Auf der Grundlage soll z.B. die Tätigkeit eines Untersuchungsführers in einem verwaltungsrechtlichen Disziplinarverfahren nach der BDO nicht unter § 22 Nr. 4 fallen (LG Mühlhausen NStZ-RR 1996, 18), was m.E. zw. ist, da der Untersuchungsführer staatsanwaltsähnliche Funktion hat. Ein Richter ist aber z.B. auch nicht als StA tätig gewesen, wenn er in seinem früheren Amt als StA (nur) im Rahmen von Todesermittlungen die Obduktion eines vor der HV verstorbenen Zeugen und Tatgeschädigten angeordnet hat (BGHSt 49, 29). Das gilt auch dann, wenn vor der Obduktion für den Fall eines bei dieser feststellbaren Fremdverschuldens hypothetische Erwägungen über eine Verantwortung des Beschuldigten/Angeklagten für den Tod des Zeugen angestellt worden sind, die Obduktion jedoch keinen Anlass für ein Fremdverschulden erbracht hat und die Ermittlungen eingestellt worden sind (BGH, a.a.O.). Auch eine frühere **Abordnung** des Richters an das **Justizministerium** reicht für die Annahme des § 22 Nr. 4 nicht aus, wenn der Richter dort im Hinblick auf das Verfahren keine Tätigkeiten entfaltet hat, die der Erforschung des Sachverhalts oder einer Beeinflussung des Gangs des Verfahrens gegen den Beschuldigte/Angeklagten dienten oder dienen sollten (BGH wistra 2006, 310). Auch die Ausübung der Dienstaufsicht ist nicht ausreichend, denn dies ist nicht dazu bestimmt, Einfluss auf ein bestimmtes Strafverfahren zu nehmen, sondern dient allein der allgemeinen dienstlichen Überprüfung des Handelns der beaufsichtigten Behörde (BGH, a.a.O.). Ausgeschlossen ist der Richter aber, wenn er bei einem abgetrennten Verfahren mitwirken soll, zu dessen Sachverhalt er bereits gegen die Söhne des Beschuldigten/Angeklagten als StA Anklage erhoben hat (BGH StV 2008, 123). 449

A Ausschluss eines Richters

450 **Verteidiger** i.S.d. § 22 Nr. 4 sind alle Wahl- und Pflichtverteidiger (*Meyer-Goßner/ Schmitt*, § 22 Rn 16).

451 **b)** Der Begriff der „Sache" wird von Rspr. und Lit. **weit ausgelegt**: Unter „Sache" wird das Ganze, die strafrechtliche Verfolgung einer bestimmten Straftat betreffende Verfahren vom Beginn der Ermittlungen über die HV bis zum Wiederaufnahmeverfahren verstanden (BGHSt 28, 262; wegen der Einzelh. s. *Meyer-Goßner/Schmitt*, § 22 Rn 17 m.w.N.). Auch dann, wenn der Richter bei einem abgetrennten Verfahren mitwirken soll, zu dessen Sachverhalt er bereits gegen die Söhne des Beschuldigten/Angeklagten als StA Anklage erhoben hat, ist er nach § 22 Nr. 4 ausgeschlossen (BGH StV 2008, 123).

452 Auf den **Umfang** der Tätigkeit in der früheren Funktion im Verfahren kommt es nicht an. Auch unbedeutende Tätigkeiten führen zum Ausschluss (vgl. BGH NStZ 2011, 106 für Sachstandsanfrage bzw. Verfügung einer Wiedervorlagefrist).

453 **4.** Nach § 22 Nr. 5 ist ein Richter von der Ausübung des Richteramtes ausgeschlossen, wenn er in der Sache als **Zeuge** oder **SV** vernommen ist.

454 **a)** Der Begriff „Sache" ist weit auszulegen (vgl. dazu *Meyer-Goßner/Schmitt*, § 22 Rn 17) und setzt nicht eine Verfahrensidentität voraus. Daher reicht es auch, wenn der Richter in einem anderen Verfahren als Zeuge zu demselben **Tatgeschehen** vernommen worden ist, dass er jetzt abzuurteilen hätte (BGHSt 31, 358; BGH NStZ 2007, 711; zum erforderlichen Vortrag in der Revision BGH, Beschl. v. 22.5.2014 – 4 StR 430/13, insoweit nicht in NJW 2014, 2132). Das gilt auch dann, wenn das Verfahren, in dem der Richter vernommen worden ist, dann (ggf. teilweise) nach § 154 Abs. 2 eingestellt worden ist (BGH NStZ 2006, 113). **Verfahrensidentität** ist **nicht** erforderlich. Sachgleichheit kann daher auch vorliegen, wenn der Richter in derselben „Sache", aber in einem anderen Verfahren tätig war und dadurch der Anschein der Parteilichkeit aufkommen kann. Bei verbundenen Verfahren ist das gesamte Verfahren als eine Sache i.S.d. § 22 Nr. 5 anzusehen (BGH StV 2004, 355; BGHSt 31, 358). Die Vernehmung muss aber **bereits stattgefunden** haben.

455 **b)** Als **Vernehmung** ist jede Anhörung durch ein Strafverfolgungsorgan in irgendeinem Verfahrensabschnitt vom Beginn der Ermittlungen über die HV bis zum Wiederaufnahmeverfahren anzusehen (BGHSt 28, 262), wozu die schriftliche Äußerung über sachlich erhebliche Umstände sowie ggf. auch eine dienstliche Äußerung genügt (BGHSt 39, 239; 44, 4 m.w.N.; BGH NJW 2009, 1287; s.a. BGHSt 45, 354 [nicht beim beauftragten Richter]). **Entscheidend** ist, ob der Richter tatsächlich **Bekundungen als Zeuge** gemacht hat. Das ist dann der Fall, wenn es sich um Wahrnehmungen handelt, die Tatsachen und Vorgänge zur Schuld- und Straffrage betreffen und die der Richter „außerhalb" des Prozesses gemacht hat. Handelt es sich hingegen nur um das Verfahren betreffende **dienstliche Wahrnehmungen**, die der Richter in amtlicher Eigenschaft gemacht hat, können diese im Wege einer dienstlichen Äußerung in das Verfahren eingeführt werden, ohne dass § 22 Nr. 5 eingreift (BGH, a.a.O.). Maßgeblich ist, ob der Richter sich als eigene Erkenntnisquelle zur Verfügung stellt

(BGH NStZ 1998, 93). Ein **förmliches Protokoll** über die „Vernehmung" des Richters muss **nicht** vorliegen (BGH StV 2004, 355; zu allem *Meyer-Mews* JuS 2002, 376 und *Binder* StV 2006, 676 in der Anm. zu BGH NStZ 2006, 113). Hinzuweisen ist auf folgende

Rechtsprechungsbeispiele: 456

- Der Richter ist nicht ausgeschlossen für die Aburteilung einer vor seinen Augen in der HV begangenen **Straftat** (s.a. BGHSt 45, 342).
- Der Richter ist nicht allein deshalb ausgeschlossen, weil seine Vernehmung als Zeuge zu Umständen, die mit dem Verfahren in Zusammenhang stehen, (nur) **möglicherweise** in Betracht kommt, falls im Einzelfall eine dienstliche Erklärung hierzu nicht ausreicht (BGH NJW 2009, 1287).
- **Dienstliche Erklärungen**, die sich zu der Frage verhalten, ob der als Zeuge benannte Richter die in sein Wissen gestellten Beweisbehauptungen über Vorgänge aus einer früheren HV bestätigen kann, erfüllen nicht ohne Weiteres die Voraussetzungen einer Zeugenaussage i.S.d. § 22 Nr. 5 (vgl. u.a. BGHSt 47, 270; BGH StV 2004, 355; vgl. dazu *Binder* StV 2006, 676).
- Der Richter ist auch dann zu „demselben Geschehen" vernommen worden, wenn er im EV gegen den **sachverständigen** ärztlichen **Zeugen** des ihm vorliegenden Falls wegen Ausstellens eines falschen Gesundheitszeugnisses über die Verhandlungsfähigkeit des Angeklagten darüber vernommen wurde, welche Angaben der Zeuge über den gesundheitlichen Zustand des Angeklagten in der HV gemacht hat (BGH StV 2008, 283 m. Anm. *Goldbach* StRR 2008, 224).
- Der Richter, der nun in einem Strafverfahren gegen einen Angeklagten mitwirkt, gegen den er bereits ein EV wegen einer **Falschaussage** bis zur Einstellung geführt hat, ist allein dadurch, dass er diese Falschaussage entgegengenommen hat, **nicht** als vernommener Zeugen anzusehen und daher nicht ausgeschlossen (BGH NStZ-RR 2015, 65 [Ci/Ni]).

Die **Vernehmung** als Zeuge muss grds. **bereits stattgefunden** haben. Die bloße Möglichkeit, dass es zur Vernehmung kommt, genügt nicht (BGH MDR 1977, 107 [H]). Ist allerdings nach der eigenen Einschätzung des Richters zu erwarten, dass er in einer HV als Zeuge vernommen werden muss, ist er (wohl) von der Ausübung des Richteramtes ausgeschlossen (LG Lüneburg StV 2005, 77 [für die Frage der Aussagekonstanz der Aussage eines wesentlichen Belastungszeugen in einer früheren HV, die der ausgeschlossene Richter als Vorsitzender geleitet hatte]; ähnlich AG Brandenburg StraFo 2007, 501). 457

☞ Der Richter ist allein durch die **Benennung** als Zeuge in einem **Beweisantrag** und die bloße Möglichkeit, dass es zur Vernehmung kommt, nicht ohne Weiteres ausgeschlossen, auch nicht durch die Ladung als Zeuge (BGHSt 14, 219, 220; BGH MDR 1977, 107 [H]). **Ausgeschlossen** ist er erst, wenn er in der HV **als Zeuge erscheint** (BGHSt

7, 44, 46; wegen der weiteren Einzelh. s. *Meyer-Goßner/Schmitt*, § 22 Rn 19 f.). Der Richter dürfte aber auch dann ausgeschlossen sein, wenn nach seiner eigenen Einschätzung zu erwarten ist, dass er in einer HV als Zeuge vernommen werden muss (LG Lüneburg StV 2005, 77 [für die Frage der Aussagekonstanz der Aussage eines wesentlichen Belastungszeugen in einer früheren HV, die der ausgeschlossene Richter als Vorsitzender geleitet hatte]).

Die Abgabe einer **dienstlichen Erklärung** über solche dienstlichen Wahrnehmungen, die die laufende HV und das anhängige Verfahren betreffen, führt nicht zu einem Ausschluss des Richters (BGHSt 39, 239; 44, 4; s.a. Rdn 453).

Wenn der Richter sein Nichtwissen dienstlich versichert, kann er an der Ablehnung eines Beweisantrags, mit dem seine Vernehmung beantragt wird, sogar selbst mitwirken (zur Ablehnung eines entsprechenden Beweisantrags wegen **Prozessverschleppung** vgl. *Meyer-Goßner/Schmitt*, § 244 Rn 67; BGHSt, a.a.O.; BGH StV 1991, 99 f. [Ablehnung des Beweisantrags als unzulässig wegen Verfolgung verfahrensfremder Zwecke, nämlich Ausschluss des Richters nach § 22 Nr. 5]).

458 5.a) Die Frage des Ausschlusses wegen **vorangegangener Mitwirkung** an einer durch ein Rechtsmittel angefochtenen Entscheidung, die sich nach § 23 beurteilt, taucht insbesondere immer wieder dann auf, wenn eine Entscheidung durch das Revisionsgericht aufgehoben und **nach § 354 Abs. 2 zurückverwiesen** worden ist. Da § 354 Abs. 2 nur die Entscheidung eines anderen, nicht aber eines anders besetzten Spruchkörpers des Gerichts verlangt, ist die Mitwirkung eines Richters, der an der aufgehobenen Entscheidung beteiligt war, an der neuen Entscheidung nicht ausgeschlossen (st. Rspr.; vgl. u.a. BGH NStZ 1981, 298 [Pf/M] m.w.N.; *Meyer-Goßner/Schmitt*, § 354 Rn 39 m.w.N.; **abl.** die Lit.; vgl. u.a. *Hanack* NJW 1967, 580 in der Anm. zu BGH NJW 1967, 12; *Rieß* GA 1978, 257, 276; *Seibert* NJW 1968, 1318; *Sieg* MDR 1976, 72 in der Anm. zu LG Verden MDR 1975, 863; s.a. *Arzt*, Der befangene Strafrichter, 1969, der von Befangenheit ausgeht; so wohl auch KMR-*Bockemühl*, § 23 Rn 2). Es braucht noch nicht einmal der neue Spruchkörper überwiegend mit anderen Richtern besetzt zu sein (OLG Hamm MDR 71, 681). In diesen Fällen bleibt nach der Rspr. nur, unter den Voraussetzungen des § 24 einen → *Ablehnungsantrag*, Rdn 48, zu stellen, z.B. wegen des Urteilsinhalts (BGH NStZ 1987, 19 [Pf/M]; OLG Stuttgart StV 1985, 492; LG Bremen StV 1986, 470; → *Ablehnungsgründe, Befangenheit*, Rdn 75 f.).

Beispiel

Der Angeklagte ist durch die Strafkammer 1, der u.a. der Richter R angehört, verurteilt worden. Das Revisionsgericht hat die Sache nach Aufhebung an die Strafkammer 2 zurückverwiesen, deren Vorsitz inzwischen Richter R übernommen hat. Richter R ist nicht nach § 23 ausgeschlossen.

🖉 In dem Zusammenhang ist darauf hinzuweisen, dass dann, wenn aufgrund des Geschäftsverteilungsplans die Bearbeitung vom Revisionsgericht zurückverwiesener Sachen einer mit solchen Richtern besetzten Strafkammer zugewiesen ist, die zuvor aufgrund einer anderen Kammerzugehörigkeit regelmäßig an den in Rede stehenden zurückgewiesenen Sachen beteiligt waren, ohne dass hierzu eine durch personelle Engpässe oder sonstige besondere Umstände begründete Notwendigkeit bestanden hätte, die Annahme einer rechtswidrigen **Umgehung** der Vorschrift des **§ 354 Abs. 2** naheliegt (BGH NStZ 2013, 542; → *Besetzungsfragen*, Rdn 791).

b) Rechtsmittel i.S.v. § 23 sind Beschwerde, Berufung und Revision. Der Richter muss an der **angefochtenen Entscheidung** selbst mitgewirkt haben, nicht (nur) an deren **Vorbereitung**. Deshalb ist ein **Ausschließungsgrund nicht** gegeben, wenn der erkennende Richter in derselben Sache als Ermittlungsrichter nach den §§ 162, 169 tätig war (BGHSt 9, 233, 235; BGH MDR 1972, 387 [D], jew. m.w.N.), wenn er eine kommissarische Vernehmung oder einzelne Beweiserhebungen nach § 202 angeordnet und auch durchgeführt hat oder wenn er an Haftentscheidungen und am Eröffnungsbeschluss mitgewirkt hat (BVerfG NJW 1971, 1029). Auch der in die Tatsacheninstanz zurückgekehrte Rechtsmittelrichter ist von der Mitwirkung in derselben Sache nicht ausgeschlossen (BVerfG, a.a.O.).

6.a) Ist ein **Ausschließungsgrund** zu **bejahen**, ist der Richter kraft Gesetzes ausgeschlossen, sein Richteramt auszuüben. Auf Anträge der Verfahrensbeteiligten kommt es nicht an. Auch ein Verzicht ist unerheblich (vgl. BVerfG NJW 1956, 545). Für den Ausschluss ist es auch ohne Bedeutung, ob der Richter oder einer der Beteiligten den Grund der Ausschließung kennt (BVerfG NJW 1971, 1033). Hat ein Richter Zweifel, ob er kraft Gesetzes ausgeschlossen ist, muss er ggf. über eine → *Selbstablehnung eines Richters*, Rdn 2488, (§ 30) die Entscheidung des Gerichts herbeiführen.

🖉 Der Ausschluss wird in dem Zeitpunkt **wirksam**, in dem der **Ausschlussgrund entsteht**. Entsteht der Ausschlussgrund während des Verfahrens, was z.B. bei Nr. 5 der Fall sein kann (vgl. dazu oben Rdn 453 ff.) tritt die Ausschließung erst für die Zukunft ein (KK-*Scheuten*, § 22 Rn 20).

b) Die **Ausschließung** ist **umfassend**. D.h., dass der Richter nicht nur von der Mitwirkung in der HV ausgeschlossen ist, sondern von jeder richterlichen Tätigkeit (*Meyer-Goßner/Schmitt*, § 33 Rn 4; KK-*Scheuten*, § 22 Rn 21). Das gilt auch für richterliche Handlungen, die die Hauptverhandlung vorbereiten. Der Richter darf also einen Schöffen nicht von seinem Amt befreien (BGHSt 31, 3, 5) oder ggf. durch seine Autorität die Terminsanberaumung eines anderen Richters maßgeblich beeinflussen (BVerfG NJW 1956, 545). Sind mehrere Strafsachen im EÖB verbunden, so ist der Richter von der Ausübung des Richteramtes hinsichtlich aller verbundenen Strafsachen endgültig ausgeschlossen, auch wenn er

A Aussetzung der Hauptverhandlung, Allgemeines

nur durch eine der strafbaren Handlungen verletzt ist (KK-*Scheuten*, a.a.O.). Dieser umfassende Ausschluss wird nicht dadurch beseitigt, dass das Verfahren wegen der Tat, durch die der Richter verletzt ist, nach § 153 (BGHSt 14, 219) eingestellt wird oder Verfahrensbeschränkungen gem. §§ 154, 154a vorgenommen werden (KK-*Scheuten*, a.a.O.).
Siehe auch: → *Ablehnung eines Richters, Allgemeines*, Rdn 8 m.w.N.

462 Aussetzung der Hauptverhandlung, Allgemeines

463 **Literaturhinweis: Marczak**, Strafverteidigung und Fair Trial – gerichtliche Fürsorgepflicht und Missbrauchsverbot im Strafprozess, StraFo 2004, 373.

464 **1.a)** Aussetzung der HV ist jedes **Abbrechen der Verhandlung**, das über den Zeitpunkt hinausgeht, bis zu dem eine → *Unterbrechung der Hauptverhandlung*, Rdn 2701, nach § 229 Abs. 1, 2 noch zulässig ist. Die Aussetzung der HV kann gesetzlich vorgeschrieben sein, so z.B. in den Fällen des § 217 oder des § 145 Abs. 3 (vgl. dazu NStZ 2013, 122). Sie kann sich aber auch aus der Fürsorgepflicht des Gerichts ergeben, so z.B., wenn eine Aussetzung der (angemessenen) Vorbereitung der Verteidigung des Angeklagten dient (BGH NStZ 2009, 650; OLG München NStZ 2005, 706). Die Aussetzung ist jedenfalls dann zulässig, wenn nicht die Beschleunigungs- und Konzentrationsmaxime entgegenstehen. Zulässig ist sie insbesondere, wenn sie zur **Förderung** des **Verfahrens** (bessere Sachaufklärung) oder zur Wahrung von Verfahrensrechten der Beteiligten geboten erscheint (OLG Hamm StV 2002, 404 [zur Zulässigkeit einer längeren Aussetzung im JGG-Verfahren, um die Grundlagen für die Rechtsfolgenentscheidung weiter zu ermitteln]; OLG Stuttgart StraFo 2011, 97; zur Aussetzung im Steuerstrafverfahren LG Bremen StV 2011, 616). Bevor das Gericht sich zur Aussetzung entschließt, muss es allerdings **prüfen**, ob nicht auch eine **Unterbrechung** des Verfahrens ausreichend ist (OLG Düsseldorf StV 1997, 282).

> ⚖ Nach Auffassung des BGH (vgl. BGHSt 52, 24) soll das Gericht, wenn in einer HV noch keine Erkenntnisse/„Erträge" erzielt worden sind, die bei einer Unterbrechung fortwirkten, bei einer Aussetzung aber erneut gewonnen werden müssten, in der Entscheidung, ob es die HV unterbricht oder sie aussetzt, **grds. frei** sein. Das erscheint fraglich, da dadurch auch das Recht des Angeklagten auf den gesetzlichen Richter (Art. 101 GG) tangiert ist. Der BGH (a.a.O.) sieht dieses allerdings nur bei Willkür verletzt. Zudem stellt sich die Frage, was unter „Erträgen" zu verstehen sein soll. Der Verteidiger sollte der Entscheidung des Gerichts über Aussetzung/Unterbrechung im Hinblick auf die Revision auf jeden Fall **widersprechen**.

465 **b) Aussetzungsanträge** können **vor** oder auch erst **in** der **HV** gestellt werden, sie sollten so früh wie möglich gestellt werden (*Malek*, Rn 140). Ist ein Antrag schon vorher

eingegangen, so muss das Gericht in der HV zumindest klären, ob dieser aufrechterhalten wird (KK-*Gmel*, § 228 Rn 7 m.w.N.).

Ggf. ist das Gericht aber auch **von Amts wegen** zur Aussetzung verpflichtet (zur Verpflichtung des erkennenden Gerichts, die HV auszusetzen, nachdem eine Fehlbesetzung erkannt wurde, s. OLG Hamm, Beschl. v. 27.1.2014 – 1 Ws 50/14). Allerdings liegt die Aussetzung im pflichtgemäßen Ermessen des Gerichts (BGH NStZ 2013, 122 m. Anm. *Arnoldi* StRR 2013. 63). Die Fragen können insbesondere bei einem Verteidigerwechsel oder bei Neubestellung eines Verteidigers während laufender HV eine Rolle spielen. Der BGH (a.a.O.) geht davon aus, dass dann, wenn in den Fällen der neu bestellte Verteidiger nicht die Aussetzung oder → *Unterbrechung der Hauptverhandlung*, Rdn 2701, beantragt, das Gericht dazu von Amts wegen nur verpflichtet ist, wenn sich die dem Prozessverhalten des Angeklagten und seines Verteidigers zu entnehmende Einschätzung der Sach- und Rechtslage als evident interessenwidrig darstellt und ohne diese Maßnahmen eine effektive Verteidigung unter keinem Gesichtspunkt mehr gewährleistet ist. 466

2.a) Über die Aussetzung **entscheidet** nach § 228 Abs. 1 S. 1 das **Gericht**, und zwar grds. noch vor der Urteilsverkündung, damit die Gelegenheit besteht, noch andere Anträge zu stellen (RGSt 23, 136; OLG Köln StV 1992, 567). 467

b) Der die Aussetzung **ablehnende Beschluss** ist nach § 305 S. 1 **unanfechtbar** (*Meyer-Goßner/Schmitt*, § 228 Rn 16 m.w.N.; OLG Hamm NJW 1978, 283). Der die Aussetzung **anordnende Beschluss** kann aber ggf. mit der → *Beschwerde*, Rdn 770, nach § 304 angefochten werden, und zwar dann, wenn er mit der Urteilsfindung in keinem inneren Zusammenhang steht, sondern das Verfahren nur hemmt und verzögert (*Meyer-Goßner/Schmitt*, a.a.O. m.w.N.; OLG Dresden StraFo 2008, 209; OLG Hamm, Beschl. v. 27.1.2014 – 1 Ws 50/14; OLG Stuttgart StraFo 2011, 97; LG Berlin StraFo 1998, 419; LG Bremen StV 2011, 616). Die Aussetzungsentscheidung kann jedoch nicht angefochten werden, wenn sie der Beschaffung weiterer Beweise dient, die nicht oder nicht ohne besondere Schwierigkeiten in der laufenden HV gewonnen werden können (OLG Köln StV 1991, 551; LG Berlin, a.a.O.; → *Abtrennung von Verfahren*, Rdn 251), oder die Aussetzung nach § 265 Abs. 4 erfolgt, damit sich die Beteiligten besser vorbereiten können (OLG Dresden, a.a.O.; OLG Stuttgart, a.a.O.). 468

✍ Die **Revision** kann auf eine Verletzung des § 228 nur in begrenztem Umfang gestützt werden (vgl. dazu *Meyer-Goßner/Schmitt*, § 228 Rn 17 m.w.N.; zur Beruhensfrage BGH NStZ 2000, 212). Hat anstelle des nach § 228 Abs. 1 S. 1 zuständigen Gerichts der Vorsitzende entschieden, kann die Revision darauf nur gestützt werden, wenn dem im Verfahren **widersprochen** worden ist (BGHSt 33, 217). Der Verteidiger sollte daher auf jeden Fall, wenn der Vorsitzende allein entschieden hat, gem. **§ 238 Abs. 2** einen **Gerichtsbeschluss** herbeiführen. Mit der Revision muss dann geltend gemacht werden, dass der Angeklagte in einem für die Verteidigung wesentlichen Punkt

| A | Aussetzung wegen Ausbleibens des (notwendigen) Verteidigers |

beschränkt worden ist (zu den Anforderungen an die Revisionsbegründung s. BGH NJW 1996, 2383; → *Revision, Begründung, Verfahrensrüge*, Rdn 2322).

469 3. Nach § 257a kann das Gericht eine → *schriftliche Antragstellung*, Rdn 2476, aufgeben. Das gilt auch für Aussetzungsanträge, da diese Anträge den Verfahrensgang betreffen und somit von der dem Gericht eingeräumten Befugnis erfasst werden (s. die Gesetzesbegründung in der BT-Drucks 12/6853). Es gilt daher auch aufgrund der in § 257a enthaltenen Verweisung auf § 249 mit der Möglichkeit, das → *Selbstleseverfahren*, Rdn 2504, anzuordnen.

Siehe auch: → *Aussetzung wegen Ausbleibens des (notwendigen) Verteidigers*, Rdn 470, mit Antragsmuster, Rdn 483; → *Aussetzung wegen fehlender Akteneinsicht*, Rdn 484, mit Antragsmuster, Rdn 489; → *Aussetzung wegen Nichteinhaltung der Ladungsfrist*, Rdn 490; → *Aussetzung wegen nicht mitgeteilter Anklageschrift*, Rdn 493; → *Aussetzung wegen veränderter Sach- oder Rechtslage*, Rdn 498, mit Antragsmuster, Rdn 505; → *Aussetzung wegen verspäteter Namhaftmachung geladener Beweispersonen*, Rdn 506; → *Ladung des Angeklagten*, Rdn 1817, mit Antragsmuster, Rdn 1828; → *Ladung des Verteidigers*, Rdn 1829, mit Antragsmuster, Rdn 1839; → *Unterbrechung der Hauptverhandlung*, Rdn 2701, mit Antragsmuster, Rdn 2720; → *Verhinderung des Verteidigers*, Rdn 2904; → *Verzögerungsrüge*, Rdn 3274.

470 Aussetzung wegen Ausbleibens des (notwendigen) Verteidigers

> **Das Wichtigste in Kürze:**
> 1. Bleibt bei einer notwendigen Verteidigung der Verteidiger in der HV aus, kann entweder ein anderer (Pflicht-)Verteidiger bestellt oder nach die Aussetzung oder die Unterbrechung der Hauptverhandlung beschlossen werden.
> 2. Nach § 145 Abs. 1 S. 1 kann dem Angeklagten ein anderer (Pflicht-) Verteidiger bestellt werden, wenn der notwendige Verteidiger in der HV ausbleibt.
> 3. Wird die HV nach § 145 Abs. 1 S. 2 oder Abs. 3 ausgesetzt, können dem ausgebliebenen (Pflicht-)Verteidiger gem. § 145 Abs. 4 die Kosten des Verfahrens auferlegt werden.

471 **Literaturhinweise: Zwiehoff**, Prozessualer Notstand des Verteidigers?, JR 2006, 505; s.a. die Hinw. bei → *Aussetzung der Hauptverhandlung, Allgemeines*, Rdn 462.

472 1. Bleibt bei einer **notwendigen Verteidigung** der Verteidiger in der HV aus, entfernt er sich zur Unzeit oder weigert er sich, die Verteidigung zu führen (vgl. dazu BGH StV 1993, 566 [der Verteidiger zieht die Robe aus und nimmt im Zuschauerraum Platz]; zum pro-

zessualen „Notwehrrecht" des Verteidigers *Zwiehoff* JR 2006, 505), kann nach § 145 Abs. 1 S. 1 entweder ein **anderer** (Pflicht-)**Verteidiger** bestellt (vgl. Rdn 473 ff.) oder nach S. 2 die **Aussetzung** (vgl. Rdn 478) oder die → *Unterbrechung der Hauptverhandlung*, Rdn 2701, beschlossen werden, worüber das Gericht nach pflichtgemäßem Ermessen zu befinden hat (vgl. dazu BGH NStZ 2013, 122 m. Anm. *Arnoldi* StRR 2013, 63; OLG Düsseldorf StV 1997, 282; zum Ausbleiben des Wahlverteidigers → *Verhinderung des Verteidigers*, Rdn 2904). Die Aussetzung der HV bietet sich insbesondere dann an, wenn der Verteidiger nur kurzfristig ausfällt und dem Angeklagten ein Verteidigerwechsel erspart werden soll (KK-*Laufhütte/Willnow*, § 145 Rn 9).

✑ Die Vorschrift gilt **nur** für den Fall der **notwendigen Verteidigung** (*Meyer-Goßner/ Schmitt*, § 145 Rn 2). Bleibt bei nicht notwendiger Verteidiger der Verteidiger aus, gilt § 228 (→ *Ausbleiben des Verteidigers*, Rdn 374 m.w.N.).

2.a) Nach § 145 Abs. 1 S. 1 kann dem Angeklagten ein **anderer** (Pflicht-) **Verteidiger** bestellt werden, wenn der notwendige Verteidiger in der HV ausbleibt. 473

Wird vom Vorsitzenden in der HV ein **neuer Verteidiger** bestellt, kann dieser nach § 145 Abs. 3 die **Aussetzung** der HV **verlangen**, wenn ihm nicht genügend Zeit zur Vorbereitung der HV bleibt (BGH NStZ 1998, 530; 2009, 650; 2013, 122; vgl. a. BGHSt 58, 206 m. Anm. *Hillenbrand*). Das muss er erklären, und zwar unmittelbar bei Übernahme der Verteidigung. Zu einem späteren Zeitpunkt kann er die Aussetzung mit dieser Begründung nicht mehr erzwingen (BGH NJW 1973, 1985; → *Aussetzung wegen fehlender Akteneinsicht*, Rdn 484, mit Antragsmuster, Rdn 489). Erklärt der Verteidiger, zur Verteidigung bereit zu sein, wird das für das Gericht i.d.R. ausreichen, um mit der HV fortfahren zu können (s.a. BGH NStZ 1998, 530; zum Verteidigerwechsel → *Aussetzung wegen veränderter Sach- und Rechtslage*, Rdn 503). Beantragt der neue Pflichtverteidiger die Aussetzung, so **muss** die HV **ausgesetzt** oder **unterbrochen** werden. § 145 Abs. 3 formuliert „ist ... zu unterbrechen oder auszusetzen" (vgl. dazu BGH NStZ 2000, 212; zu der entsprechenden Formulierung in § 265 Abs. 3 BGHSt 48, 183). 474

✑ Zur **Aussetzung von Amts** wegen ist das Gericht, wenn ein neuer Verteidiger bestellt wird, nur verpflichtet, wenn sich die dem Prozessverhalten des Angeklagten und des Verteidigers zu entnehmende Einschätzung der Sach- und Rechtslage als evident interessenwidrig darstellt und ohne diese Maßnahmen eine effektive Verteidigung unter keinem Gesichtspunkt mehr gewährleistet ist (BGH NStZ 2013, 122 m. Anm. *Arnoldi* StRR 2013, 63). Das kann z.B. der Fall sein, wenn der neue Verteidiger keine ausreichende Zeit hat, sich einzuarbeiten (vgl. z.B: BGHSt 58, 206), allerdings wird man in den Fällen i.d.R. einen Aussetzungsantrag vom Verteidiger erwarten dürfen (vgl. a. BGH NStZ 2013, 122).

| A | **Aussetzung wegen Ausbleibens des (notwendigen) Verteidigers** |

475 Der (neue) **Verteidiger** kann/darf in **eigener Verantwortung beurteilen**, ob er für die Erfüllung seiner Aufgabe hinreichend informiert und vorbereitet ist. Es ist grds. nicht Sache des Gerichts, dies zu überprüfen (BGH NStZ 2000, 212 m.w.N.; 2009, 650; 2013, 122; vgl. a. BGHSt 58, 206). Seinen Aussetzungsantrag sollte der Verteidiger immer zumindest **hilfsweise** mit einem **Unterbrechungsantrag** verbinden, da das Gericht dann entweder aussetzen oder unterbrechen muss (BGH NStZ 2000, 212). Kommt das Gericht dem Antrag nicht nach, bleibt dem (unvorbereiteten) Verteidiger keine andere Wahl, als die **HV** zu **verlassen** (s.a. *Stern* StV 2000, 406 in der Anm. zu BGH, a.a.O.). M.E. dürfen ihm, wenn die HV auszusetzen war, dann auch wegen fehlenden Verschuldens nicht gem. § 145 Abs. 3 die Kosten auferlegt werden (vgl. dazu u. Rdn 478 f.; *Stern*, a.a.O.).

476 **b)** Die **Verhinderung** des **Pflichtverteidigers**, der das Vertrauen des Angeklagten genießt, zwingt grds. nicht zur Aussetzung der HV. Das **Gericht** muss sich jedoch ernsthaft **bemühen** (Art. 6 Abs. 3 Buchst. c) MRK), einen mit dem Pflichtverteidiger abgestimmten **Termin** zur Fortsetzung der HV zu finden (BGH NJW 1992, 849; vgl. a. den Hinw. in BGH NStZ 2009, 650 f.).

477 Sind die **Terminschwierigkeiten nicht behebbar**, soll nach der Rspr. ggf. eine **Entpflichtung** des Verteidigers in Betracht kommen (→ *Pflichtverteidiger, Entpflichtung während laufender Hauptverhandlung*, Rdn 1993 ff.; allgemein zu den Fragen der Entpflichtung *Burhoff*, EV, Rn 2906 ff., 3633 ff.). Das soll vor allem dann gelten, wenn anders einer Verletzung des **Beschleunigungsgrundsatzes** nicht begegnet werden kann (so i.E. auch wohl OLG Köln StV 2006, 145). Dieser habe i.d.R. Vorrang vor dem Recht des Angeklagten, vom Verteidiger seines Vertrauens verteidigt zu werden (OLG Köln, a.a.O.; OLG Hamm NJW 2006, 2788; StV 2006, 481; zum Anwalt der Vertrauens s. aber auch BGH StV 2010, 170; OLG Jena StV 2009, 576; OLG Naumburg StRR 2009, 106). M.E. ist das im Hinblick auf das Recht des Angeklagten, vom Anwalt des Vertrauens verteidigt zu werden, zw. Vor der Entpflichtung sind aber zumindest **erhebliche Bemühungen** des Gerichts für eine Terminsverlegung erforderlich. Der Vorsitzende muss ernsthaft versuchen, in Absprache mit dem Verteidiger einen anderen HV-Termin zu finden (BGH NStZ 2009, 650; OLG Frankfurt am Main StV 1995, 11 m.w.N.; vgl. dazu a. OLG Köln, a.a.O. [HV kann mit Rücksicht auf die Terminslage des Verteidigers auf weiter auseinander liegende Terminstage terminiert werden]; → *Terminsbestimmung/Terminsverlegung*, Rdn 2646; → *Verhinderung des Verteidigers*, Rdn 2904; → *Haftfragen*, Rdn 1658; s.a. *Burhoff*, EV, Rn 2780).

> 👉 Der Angeklagte ist jedenfalls dann **nicht** (mehr) **hinreichend verteidigt**, wenn bei kurzfristiger Erkrankung des Pflichtverteidigers ein anderer Verteidiger für einen Tag der HV bestellt wird, um die Vernehmung eines Zeugen zu ermöglichen, ohne dass der Ersatzverteidiger sich in die Sache einarbeiten konnte (BGHSt 58, 206).

Aussetzung wegen Ausbleibens des (notwendigen) Verteidigers   A

3.a) Wird die **HV** nach § 145 Abs. 1 S. 2 oder Abs. 3 **ausgesetzt**, können dem **ausgeblie-** 478
benen (Pflicht-)**Verteidiger** gem. § 145 Abs. 4 die **Kosten** des Verfahrens auferlegt werden, wenn der Grund für die Aussetzung in einem pflichtwidrigen und prozessordnungswidrigen Verhalten des (alten) Verteidigers liegt (OLG Hamm NStZ 1983, 186; StV 1995, 514; OLG Köln StV 1997, 122 [Wahlverteidiger neben Pflichtverteidiger]; vgl. dazu *Zwiehoff* JR 2006, 505 ff. Das gilt nicht nur, wenn der Verteidiger von Anfang an nicht an der HV teilnimmt, sondern auch, wenn er sich ohne wichtigen sachlichen Grund **entfernt**, sich **weigert** die Verteidigung zu führen (BGH StV 1993, 556) oder sich trotz mehrfacher Ermahnung **ungebührlich benimmt** und deshalb nicht weiterverhandelt werden kann (OLG Hamm NJW 1954, 1053; vgl. a. OLG Hamburg NStZ 1982, 171 f.; wegen der weiteren Einzelh. s. *Meyer-Goßner/Schmitt*, § 145 Rn 16 ff. m.w.N.). Will der Verteidiger an der HV **nicht teilnehmen**, muss er das dem Gericht so **rechtzeitig mitteilen**, dass dieses noch einen anderen Pflichtverteidiger bestellen und dieser sich einarbeiten kann (OLG Düsseldorf MDR 1997, 693 [Mitteilung einen Tag vor der HV auch bei einer auf das Strafmaß beschränkten Berufung der StA nicht ausreichend]).

Der Verteidiger muss die **Notwendigkeit** der Verteidigung **kennen**. Ist der Verteidiger zum 479
Pflichtverteidiger bestellt, liegt das auf der Hand. Liegt ein Fall des § 140 Abs. 1 vor, ergibt sich das zwanglos aus der Anklage. Ergibt sich die Notwendigkeit der Verteidigung hingegen „nur" aus der Schwere der Tat (§ 140 Abs. 2), kommt eine Kostenüberbürdung i.d.R. nur in Betracht, wenn ein gerichtlicher **Hinweis** auf die Notwendigkeit erfolgte (so wohl OLG Brandenburg StRR 2012, 42 [Ls.]; OLG Hamm StraFo 1997, 79; LG Berlin StV 1995, 295). Erforderlich ist dazu eine entsprechende Erklärung in der HV oder eine sonstige richterliche Äußerung, die aktenkundig gemacht und dem Verteidiger bekannt gegeben werden muss (OLG Brandenburg, a.a.O.; LG Bielefeld StV 2004, 32 [Ls.]).

> ✂ § 145 Abs. 4 ist auf andere Fälle der Aussetzung **nicht entsprechend anwendbar** ([wohl] BVerfG NJW 2009, 1589; OLG Jena StV 2003, 432; OLG Köln StV 2001, 389; OLG Nürnberg StV 1998, 584 m.w.N. [für Aussetzung der HV wegen nicht genügender Vorbereitung des erschienenen Verteidigers]; *Meyer-Goßner/Schmitt*, § 145 Rn 18; a.A., aber unzutreffend, LG Berlin NStZ 2003, 280 [wegen verspäteter Rückgabe der Akten]). § 145 Abs. 3 begründet nicht etwa einen allgemeinen Schadensersatzanspruch gegen den Verteidiger für eine von ihm pflichtwidrig verursachte Aussetzung der HV (KG NStZ-RR 2000, 189).

b) Im Einzelnen gilt:

Kein Verschulden des Verteidigers liegt vor, wenn   480

- er sich weigert, die Verteidigung wegen einer **prozessordnungswidrigen Anordnung** zu führen (BGHSt 10, 202, 207),

A Aussetzung wegen Ausbleibens des (notwendigen) Verteidigers

- er sich weigert, die Verteidigung wegen einer Anordnung, deren **Zulässigkeit rechtlich** umstritten ist, zu führen (BayObLG NJW 1956, 390),
- er die Verteidigung aus **Gewissensgründen** nicht führt (BGH StV 1981, 133),
- er seine Verhinderung **rechtzeitig mitgeteilt** hat, darauf aber vom Vorsitzenden nichts veranlasst worden ist (OLG Hamm StV 1995, 514),
- er (ausnahmsweise) ein **prozessuales Notwehrrecht** in Anspruch nimmt bzw. nehmen muss, um eine Unterbrechung der HV zu erreichen (vgl. dazu *Zwiehoff* JR 2006, 505 m.w.N. [auch zur Frage der standesrechtlichen Folgen]),
- der Antrag, als Pflichtverteidiger beigeordnet zu werden, zu Unrecht abgelehnt wird und der Rechtsanwalt sich während der HV in den Zuschauerraum setzt, wodurch der Angeklagte zeitweise unverteidigt ist bzw. „verteidigungslos" gestellt wird (OLG Naumburg StV 2014, 20 m. Anm. *Burhoff* StRR 2013, 428),
- die durch ihn verursachte Störung der HV auch durch eine → **Unterbrechung** der *Hauptverhandlung*, Rdn 2701, hätte beseitigt werden können,
- die **Voraussetzungen** für eine **notwendige Verteidigung** nicht klar zutage getreten sind (OLG Hamm StraFo 1997, 79 m.w.N.),
- der erkrankte (Wahl-)Verteidiger einen unterbevollmächtigten Rechtsanwalt entsendet, im HV-Termin noch keine schriftliche **Untervollmacht** vorliegt, dann aber nachgereicht wird (BGH StraFo 2006, 454),
- der bisherige Pflichtverteidiger darauf vertrauen darf, dass der vom Angeklagten **beauftragte Wahlverteidiger** den HV-**Termin wahrnimmt** (KG StV 2000, 406).

481 **Verschulden** ist hingegen **bejaht** worden,

- wenn zwar ein **unterbevollmächtigter Rechtsanwalt** in der HV **anwesend** ist, der Angeklagte hierüber aber nicht informiert war, sondern lediglich im Rahmen der Erteilung der → *Vollmacht*, Rdn 3350, Untervollmacht erteilt hatte, und der **Angeklagte** die Verteidigung durch den Unterbevollmächtigten **ablehnt** (LG Duisburg StV 2005, 600; s. aber BGH StraFo 2006, 454; a.A. *Jahn* StV 2005, 601 in der Anm. zu LG Duisburg, a.a.O.),
- i.d.R. wenn sich der Pflichtverteidiger ohne Zustimmung des Gerichts aus der HV entfernt (OLG Köln NJW 2005, 3588 [kein „prozessuales Notwehrrecht"]; zur – verneinten – Frage, ob das Verlassen der Sitzung aus Protest gegen eine prozessual in keiner Weise gedeckte Maßnahme des Gerichts **berufswidrig** ist LR-*Lüderssen/Jahn*, § 145 Rn 36 m.w.N.),
- wenn der notwendige Verteidiger, ohne entpflichtet worden zu sein, der HV fernbleibt, weil er das **Wahlmandat niedergelegt** hat und er sich des Pflichtverteidigermandats „nicht mehr bewusst" ist (OLG Köln StRR 2012, 82 [Ls.]).

482 c) **Zuständig** zur Entscheidung ist das „Gericht", dass über die Aussetzung der HV nach § 228 Abs. 1 S. 1 und eine dadurch veranlasste Auferlegung der Kosten auf den Vertei-

Aussetzung wegen fehlender Akteneinsicht A

diger nach § 145 Abs. 4 auch außerhalb der HV in der nach § 76 Abs. 1 S. 2 GVG vorgesehenen Besetzung **entscheiden** kann (OLG Stuttgart NStZ-RR 2009, 243).

3. Muster: Aussetzungsantrag wegen Ausbleibens des Verteidigers 483

An das

Amtsgericht/Landgericht Musterstadt

In der Strafsache

gegen H. Mustermann

Az.:

wird beantragt,

die Hauptverhandlung gem. § 145 Abs. 3 StPO auszusetzen bzw.

hilfsweise für drei Wochen zu unterbrechen (§ 229 Abs. 1 StPO).

Der Vorsitzende hat mich heute, nachdem Rechtsanwalt Meier das Wahlmandat niedergelegt hat, zum Pflichtverteidiger des Angeklagten bestellt. Da ich mich zunächst in die umfangreichen Verfahrensakten einarbeiten und mit dem Angeklagten besprechen muss, ist die Hauptverhandlung auszusetzen.

Rechtsanwalt

Siehe auch: → *Anwesenheit des Verteidigers in der Hauptverhandlung*, Rdn 310; → *Ausbleiben des Verteidigers*, Rdn 374; → *Ladung des Verteidigers*, Rdn 1829, mit Antragsmuster, Rdn 1839; → *Verhinderung des Verteidigers*, Rdn 2904.

Aussetzung wegen fehlender Akteneinsicht 484

Literaturhinweise: Burhoff, Das Akteneinsichtsrecht des Strafverteidigers nach § 147 StPO, ZAP F. 22, 485
S. 345; *ders.*, Dauerbrenner: (Akten-)Einsicht in Messunterlagen im OWi-Verfahren, VRR 2011, 250; *ders.*,
Akteneinsicht im Bußgeldverfahren Sonderproblem Bedienungsanleitung/Messunterlagen, VA 2012, 50;
ders., A never ending story? – Akteneinsicht in Messunterlagen im OWi-Verfahren, VRR 2012, 130; **Cierniak/
Niehaus**, Akteneinsichts- und Offenlegungsrechte im Bußgeldverfahren, DAR 2014, 2.

1. Der Verteidiger hat nach § 147 ein **umfassendes** Recht auf **Akteneinsicht** (im Folgenden AE; vgl. allgemein zu den Fragen der AE [im EV] *Burhoff*, EV, Rn 145 ff. m. 486
zahlr. w. Nachw. aus der Lit.; *ders.* ZAP F. 22, S. 345 ff. und VRR 2011, 250, VA 2012,

A Aussetzung wegen fehlender Akteneinsicht

50 und VRR 2012, 130 zur AE im Bußgeldverfahren in die Bedienungsanleitung eines Messgerätes).

487 Zum AER gehört auch, dass die AE so **rechtzeitig** gewährt wird, dass der Verteidiger den Inhalt der Akte vor dem HV-Termin noch mit dem Beschuldigten/Angeklagten besprechen kann. Die AE ist Ausfluss des Rechts auf rechtliches Gehör (zum Recht des Verteidigers auf Vorbereitung s.a. BGH NStZ 2009, 650). Wird dem Verteidiger daher vor der HV nicht rechtzeitig und/oder nicht ausreichend AE gewährt und konnte er deshalb die HV nicht genügend vorbereiten, muss er ggf. noch zu **Beginn** der HV die **Aussetzung** wegen fehlender AE **beantragen** (vgl. auch – für das Bußgeldverfahren – *Cierniak/Niehaus* DAR 2014, 2, 7; *Burhoff* VRR 2011, 250 und die Fallgestaltung bei KG DAR 2013, 231 m. Anm. *Burhoff* StRR 2013, 77 = VRR 2013, 76; OLG Naumburg DAR 2013, 37 m. Anm. *Gregor* VRR 2013, 37 = StRR 2012, 36).

✍ Der Verteidiger darf sich **nicht** mit dem Angebot, die Akten kurz vor der HV auf der **Geschäftsstelle** einsehen zu können, zufrieden geben (s.a. *Malek*, Rn 145). Auf keinen Fall darf er überhaupt **ohne Kenntnis** der Akten in die HV gehen. Er muss immer gegenüber dem Gericht auf einer ausreichenden Vorbereitungszeit bestehen (*Burhoff* StV 1997, 433 [Verteidigerfehler]).

488 In Betracht kommt eine Aussetzung insbesondere auch, wenn **während** der laufenden **HV weitere Beweismittel** auftauchen, die von den Ermittlungsbehörden nur so zögerlich zur Verfügung gestellt werden, dass der Angeklagte keine Verteidigungslinie aufbauen kann (LG Koblenz StraFo 1996, 156). Entsprechendes gilt, wenn zurückgehaltene Aktenteile einen solchen Umfang erreichen, dass den Verfahrensbeteiligten eine Einarbeitung innerhalb der Unterbrechungsfrist von max. drei Wochen (s. § 229 Abs. 1) nicht möglich ist (LG Berlin StV 2014, 403; ähnlich LG Hannover StV 2013, 79; LG Hamburg StV 2014, 406; vgl. auch noch LG Koblenz StV 1997, 238 zur Aussetzung, wenn in Ermittlungsakten in Niederschriften über die Vernehmung von Zeugen mehrere Seiten fehlen, weshalb nicht deutlich wird, ob eine vernommene Person als Beschuldigter oder Zeuge vernommen worden ist.

✍ Eine nicht ausreichende gewährte AE kann ggf. dazu führen, dass wegen der durch die Nachholung eintretenden Verfahrensverzögerung ein **HB aufzuheben** ist (LG Hannover, a.a.O.). Wird der **Aussetzungsantrag abgelehnt**, kann der Verteidiger dies später mit der **Revision** als eine Beschränkung der Verteidigung i.S.d. § 338 Nr. 8 rügen (BGH NStZ 2000, 212; KG StV 1982, 10; zur Begründung – für das Bußgeldverfahren –). Er muss aber, wenn der Vorsitzende allein entschieden hat, gem. **§ 238 Abs. 2** einen **Gerichtsbeschluss** herbeiführen (zu den Anforderungen an die Revisionsbegründung in diesen Fällen s. BGH NStZ 1996, 99; → *Revision, Begründung, Verfahrensrüge*, Rdn 2322).

2. Muster: Aussetzungsantrag wegen fehlender Akteneinsicht

▼

An das

Amtsgericht/Landgericht Musterstadt

In der Strafsache

gegen H. Mustermann

Az.:

wird namens und in Vollmacht des Angeklagten beantragt,

die Hauptverhandlung wegen fehlender Akteneinsicht auszusetzen.

Ich habe mich mit Schriftsatz vom ▓▓▓▓▓ zum Verteidiger des Angeklagten bestellt und um Akteneinsicht gebeten. Diese ist bisher nicht gewährt worden. Damit war eine ordnungsgemäße Vorbereitung des Termins, zu dem auch eine Erörterung des Akteninhalts mit meinem Mandanten gehört, nicht möglich. Deshalb muss die heutige Hauptverhandlung ausgesetzt werden. Sollte sie dennoch stattfinden, läge darin eine unzulässige Beschränkung der Verteidigung nach § 338 Nr. 8 StPO.

Rechtsanwalt

Siehe auch: → *Akteneinsicht für den Verteidiger während der Hauptverhandlung*, Rdn 279; → *Aussetzung der Hauptverhandlung, Allgemeines*, Rdn 462 m.w.N.; → *Unterbrechung der Hauptverhandlung*, Rdn 2701.

Aussetzung wegen Nichteinhaltung der Ladungsfrist

Angeklagter und Verteidiger sind nach §§ 217, 218 unter Einhaltung einer **einwöchigen** Ladungsfrist zur HV zu laden. Wird diese Frist nicht eingehalten, können sowohl der Angeklagte als auch der Verteidiger die Aussetzung der HV beantragen. Der Angeklagte kann die Aussetzung auch dann verlangen, wenn der zu Unrecht nicht geladene Verteidiger nicht erschienen ist (BayObLG NJW 2005, 2470). Wegen der Einzelh., auch wegen des **Musters** eines **Aussetzungsantrags**, s. → *Ladung des Angeklagten*, Rdn 1817 ff. und → *Ladung des*

A   Aussetzung wegen nicht mitgeteilter Anklageschrift

Verteidigers, Rdn 1829; zur Verwirkung des Rechts des (Pflicht-)Verteidigers auf Aussetzung der HV in einem Sonderfall BGH NStZ 2005, 646).

492 Informiert der Verteidiger das Gericht nicht rechtzeitig über die ihm bekannte **neue Anschrift** des **Angeklagten**, sodass dieser nicht mehr unter Einhaltung der Ladungsfrist zur HV geladen werden kann, können dem (Pflicht-)Verteidiger nicht die durch die deshalb erforderliche Aussetzung der HV entstandenen Kosten auferlegt werden. Dies ist kein Fall des § 145 Abs. 3 (KG StV 2000, 406). Der Überbürdung der Kosten dürfte zudem die anwaltliche Schweigepflicht entgegenstehen (→ *Aussetzung wegen Ausbleibens des (notwendigen) Verteidigers*, Rdn 478 f.).

> Der **Aussetzungsantrag** ist **befristet**. Er kann nach § 217 Abs. 2 bzw. nach § 218 i.V.m. § 217 Abs. 2 nur bis zum Beginn der → *Vernehmung des Angeklagten zur Sache*, Rdn 3072, gestellt werden.

Siehe auch: → *Aussetzung der Hauptverhandlung, Allgemeines*, Rdn 462 m.w.N.; → *Ladung des Angeklagten*, Rdn 1817 ff.; → *Ladung des Verteidigers*, Rdn 1829.

493 Aussetzung wegen nicht mitgeteilter Anklageschrift

494   **Literaturhinweis: A. Schneider**, Der Anspruch des Beschuldigten auf schriftliche Übersetzung wesentlicher Unterlagen, StV 2015, 379.

495 1. Nach § 201 Abs. 1 S. 1 **muss** dem Angeschuldigten die Anklageschrift **mitgeteilt** werden (zur Mitteilung der Anklageschrift mit Setzung einer Erklärungsfrist s. *Burhoff*, EV, Rn 1944). Das dient der Gewährung rechtlichen Gehörs, um dem Angeschuldigten genügend Informationen zur Vorbereitung seiner Verteidigung zu geben. Einem **ausländischen Angeschuldigten** muss die Anklageschrift grds. **mit** einer **Übersetzung** in eine ihm verständliche Sprache vor der HV mitgeteilt werden (auch BGH NStZ 2014, 725 m. Anm. *Deutscher* StRR 2014, 386; OLG Düsseldorf StV 2001, 498; 2010, 512; OLG Hamm StV 2004, 364; OLG Stuttgart StV 2003, 490; *Meyer-Goßner/Schmitt*, § 187 GVG Rn 3 u. Art. 6 EMRK Rn 18; LR-*Stuckenberg*, § 202 Rn 18; vg. auch *A. Schneider* StV 2015, 386; a.A. offenbar OLG Celle StraFo 2005, 30; vgl. dazu a. *Rübenstahl* StraFo 2005, 30 in der Anm. zu OLG Celle, a.a.O.). Das ist i.d.R. zwingend (zur Übersetzung der Anklageschrift s.a. *Burhoff*, EV, Rn 479).

496 Diese Mitteilung der Anklageschrift kann **nicht** durch deren **Verlesung** in der HV **ersetzt** werden (wohl auch, aber letztlich offen gelassen, BGH NStZ 2014, 725 m. Anm. *Deutscher* StRR 2014, 386; s. schon BGH MDR 1978, 111 [H]; OLG Celle StV 1998, 531). Bei einem ausländischen Angeklagten bedeutet dies, dass eine Übersetzung der Anklageschrift in der HV durch einen dort anwesenden Dolmetscher i.d.R. nicht ausreicht (OLG Hamburg StV

Aussetzung wegen nicht mitgeteilter Anklageschrift   A

2006, 175, 177; vg. auch *A. Schneider* StV 2015, 386). Das OLG Düsseldorf (NJW 2003, 2766) sieht aber dann einen **Ausnahmefall** als gegeben an, wenn es sich um einen **leicht verständlichen** und überschaubaren **Sachverhalt** handelt (s.a. *Meyer-Goßner/Schmitt*, Art. 6 MRK Rn 18). Das OLG Hamm (StV 2004, 364) geht demgegenüber davon aus, dass auch in diesen Fällen die Anklageschrift regelmäßig vor der HV übersetzt werden muss (s.a. OLG Frankfurt am Main StV 2008, 291; OLG Karlsruhe StV 2005, 655; *Rübenstahl*, a.a.O.; vgl. dazu aber a. BVerfG NJW 2004, 1443, wonach es ausreicht, wenn dem des Lesens Kundigen eine schriftliche Übersetzung [in der HV] überlassen wird).

☝ Allerdings kann die nicht erfolgte Übersetzung durch Bestellung eines **Pflichtverteidigers** ausgeglichen werden (OLG Karlsruhe, a.a.O.; a.A. LG Tübingen, Beschl. v. 4.8.2010 – 3 Qs 30/10 [keine Beiordnung, da der Angeklagte in der HV über die Möglichkeit der Aussetzung zu belehren sei]; zu Pflichtverteidigung bei einem Ausländer *Burhoff*, EV, Rn 2792; s.a. noch → *Zuziehung eines Dolmetschers*, Rdn 3646).

2. Es ist deshalb **allgemein anerkannt**, dass ein Angeklagter, dem die Anklageschrift nicht mitgeteilt worden ist, die **Aussetzung** der HV verlangen kann, um seine Verteidigung genügend vorbereiten zu können (BGH NStZ 1982, 125; grds. auch BGH NStZ 2014, 725 m. Anm. *Deutscher* StRR 2014, 386; OLG Celle StV 1998, 531; OLG Stuttgart StV 2003, 490; *Meyer-Goßner/Schmitt*, § 201 Rn 9; KK-*Schneider*, § 201 Rn 11). Der Anspruch besteht auch, wenn die Übersetzung in der HV nachgereicht wird (OLG Celle, a.a.O.; *Rübenstahl* StraFo 2005, 30, 32 in der Anm. zu OLG Celle StraFo 2005, 30).   497

☝ Ein entsprechender **Aussetzungsantrag** wird auch i.d.R. Erfolg haben, da wegen der wichtigen Funktion der Anklageschrift das dem Gericht nach § 265 Abs. 4 eingeräumte **Ermessen** auf **Null** reduziert ist (OLG Celle, a.a.O.). Deshalb ist, wenn der Antrag abgelehnt wird, die Revision i.d.R. begründet (zu den Anforderungen an die entsprechende Verfahrensrüge s. OLG Celle, a.a.O.; KK-*Schneider*, a.a.O.).

Der Verteidiger muss aber in der HV einen Aussetzungsantrag **stellen** (OLG Düsseldorf StV 2001, 498; OLG Stuttgart, a.a.O.; vgl. dazu a. *Rübenstahl*, a.a.O.). Stellt er diesen nicht, wird man i.d.R. davon ausgehen können, dass auf den Antrag **verzichtet** worden ist (BGH NStZ 1982, 125; ähnlich BGH NStZ 2014, 725; so wohl a. OLG Düsseldorf, a.a.O.). Das gilt allerdings nicht für den nicht verteidigten Angeklagten (OLG Düsseldorf, a.a.O.).

Zweifel an der Mitteilung der Anklageschrift gehen i.Ü. nicht zulasten des Angeklagten, wenn das Gericht anstelle der gebotenen Zustellung nur eine formlose Übersendung der Anklageschrift an den Angeklagten verfügt hat (OLG Celle StV 1998, 531).

Siehe auch: → *Aussetzung der Hauptverhandlung, Allgemeines*, Rdn 462 m.w.N.

| A | Aussetzung wegen veränderter Sach-/Rechtslage |

498 Aussetzung wegen veränderter Sach-/Rechtslage

499 1. In den Fällen der veränderten Sach-/Rechtslage (vgl. dazu → *Hinweis auf veränderte Sach-/Rechtslage*, Rdn 1720) kann, ggf. sogar muss, der Verteidiger sogar für den Angeklagten einen **Aussetzungsantrag** stellen. Dabei ist Folgendes zu beachten:

500 **2.a)** In den Fällen des § 265 Abs. 1 und 2 – Anwendung eines anderen Strafgesetzes und Änderungen im Rechtsfolgenausspruch wegen Hervortretens straferhöhender oder Sicherungsmaßregeln rechtfertigender Umstände – hat der Angeklagte unter den Voraussetzungen des § 265 Abs. 3 einen **Rechtsanspruch** auf Aussetzung, nach § 384 Abs. 3 jedoch **nicht** im **Privatklageverfahren**.

> ☞ Die HV **muss** ausgesetzt werden. Das Gericht hat **kein Ermessen** (BGHSt 48, 183).

501 **b)** Erforderlich ist, dass es sich um **in der HV neu hervorgetretene** Umstände handelt, die also erst in der HV zum Vorschein gekommen sind, und die die Anwendung eines anderen oder schärferen Strafgesetzes zulassen (vgl. OLG Jena StV 2007, 230). Zieht das Gericht dagegen aus einem gleichgebliebenen Sachverhalt nur andere Schlüsse und gelangt dadurch zu anderen Feststellungen, kommt lediglich eine Aussetzung nach § 265 Abs. 4 wegen veränderter Sachlage in Betracht (BGH wistra 2006, 191; vgl. dazu u. Rdn 503; → *Hinweis auf veränderte Sach-/Rechtslage*, Rdn 1738). Ein Rechtsanspruch besteht auch nicht, wenn es sich nur um ein neues Beweismittel handelt (RGSt 52, 249 ff.; LR-*Becker*, § 265 Rn 101) oder bei bloßem Wegfall einer fakultativen Milderungsform (BGH NStZ 2013, 358).

> ☞ In seinem **Aussetzungsantrag** muss der Angeklagte die **neu hervorgetretenen** Umstände mit der Behauptung **bestreiten**, auf die Verteidigung nicht genügend vorbereitet zu sein (vgl. dazu u. das Antragsmuster, Rdn 505; s.a. BGHSt 48, 183, 185; OLG Jena StV 2007, 230). Ob das zutrifft, darf das Gericht nach allg. Meinung nicht überprüfen (*Meyer-Goßner/Schmitt*, § 265 Rn 36). Es kann aber abweichend vom Angeklagten der Auffassung sein, die neu hervorgetretenen Umstände rechtfertigten die Anwendung des anderen Strafgesetzes – nun doch – nicht. Dann wird der Angeklagte zwar keine Aussetzung der HV erreichen, auf dem Weg über den Aussetzungsantrag aber vorab zur rechtlichen Beurteilung durch das Gericht einiges erfahren. Deshalb ist dem Verteidiger **auf jeden Fall** zu raten, den **Aussetzungsantrag** zu stellen.

502 **c)** Die Antragstellung ist auch unter **revisionsrechtlichen Gesichtspunkten** von Bedeutung. I.d.R. wird das Urteil auf einem Verstoß gegen § 265 Abs. 1 und 2 beruhen (zur Beruhensfrage s.u.a. BGH NStZ 1995, 247; StV 1996, 82, jew. m.w.N.). Etwas anderes gilt, wenn der Angeklagte auch nach einem entsprechenden Hinweis eine andere Verteidigungsmöglichkeit nicht gehabt hätte (BGH, a.a.O.). Das Revisionsgericht prüft die Ablehnung

Aussetzung wegen veränderter Sach-/Rechtslage A

des Aussetzungsantrags unter dem Gesichtspunkt des § 338 Nr. 8 (zum revisionsrechtlich erforderlichen Vortrag s.a. *Meyer-Goßner/Schmitt*, § 265 Rn 47 und BGH StV 2002, 588 [Mitteilung des Inhalts der Anklageschrift und Angabe, dass der Angeklagte ohne den erforderlichen Hinweis anders verurteilt worden ist]; KK-*Kuckein*, § 265 Rn 32 ff.; → *Revision, Begründung, Verfahrensrüge*, Rdn 2322). GG. muss das Gericht den Angeklagten über sein Recht, die Aussetzung der HV verlangen zu können, **belehren** (s. BGH StV 1998, 252 [für verteidigten Angeklagten verneint]).

✍ Ohne den Aussetzungsantrag kann später in der Revision **nicht geltend gemacht** werden, ein ggf. erforderlicher → *Hinweis auf veränderte Sach-/Rechtslage*, Rdn 1720, sei **zu spät** erteilt worden (BGH NStZ 2007, 234).

3.a) In den Fällen der **veränderten Sach- oder Verfahrenslage** besteht nach **§ 265 Abs. 4 kein Anspruch** auf Aussetzung. Das Gericht kann aber von Amts wegen oder auf Antrag das Verfahren aussetzen, wenn dies zur genügenden Vorbereitung der Verteidigung **angemessen** erscheint (vgl. BGH NStZ 2013, 122; vgl. zur Aussetzung der HV beim unverteidigten Angeklagten, wenn sich in der HV nicht ausreichende AE ergibt, OLG Karlsruhe NStZ-RR 2011, 287). In seinem Antrag muss der Verteidiger im Einzelnen begründen, warum die Vorbereitung der Verteidigung die Aussetzung erfordert (zur Wiedereinbeziehung nach §§ 154, 154a ausgeschiedener Taten oder Tatteile → *Einstellung des Verfahrens nach § 154 bei Mehrfachtätern*, Rdn 1336). Hat sich der „neue" Verteidiger nicht auf ungenügende Vorbereitung berufen, wird im Zweifel keine Verpflichtung des Gericht zur Aussetzung bestehen (BGH NStZ 2013, 122). 503

✍ Das gilt vor allem, wenn die Aussetzung wegen **Verteidigerwechsels** beantragt wird. Der Verteidiger muss dann konkret darlegen, warum er nicht genügend vorbereitet ist. Hat bereits ein Teil der Beweisaufnahme stattgefunden, muss er **besondere Sorgfalt** auf die Begründung verwenden, warum dieser ggf. in seiner Anwesenheit zu wiederholen ist. Das kann z.B. der Fall sein, wenn es sich bei einem schweren Anklagevorwurf um die Vernehmung des Hauptbelastungszeugen handelt (vgl. einerseits die Fallgestaltung bei BGH NJW 2000, 1350, andererseits aber a. BGH NStZ-RR 2002, 270). Er sollte in diesen Fällen auch zur Frage der Verletzung des Beschleunigungsgrundsatzes Stellung nehmen und darlegen, dass der Angeklagte auf dessen Einhaltung verzichte.

b) Über die Aussetzung entscheidet das **Gericht** nach pflichtgemäßem Ermessen (BGHSt 48, 183), nicht der Vorsitzende allein, ggf. kann eine → *Unterbrechung* der *Hauptverhandlung*, Rdn 2701, genügen. Maßgebend ist hier, ob die Gewährleistung eines fairen Verfahrens und die Fürsorgepflicht die Aussetzung gebieten (BGHSt 8, 92, 96 f.; BGH NStZ 2013, 122; NStZ-RR 2002, 270; BayObLG VRS 63, 279; OLG Düsseldorf StV 1997, 238). Entscheidend sind die Umstände des Einzelfalls (BGH NJW 2000, 1350; NStZ-RR 2002, 270). 504

| A | Aussetzung wegen veränderter Sach-/Rechtslage |

> Hat nicht das Gericht entschieden, sondern der Vorsitzende allein eine nur kurze Unterbrechung der HV angeordnet, muss der Verteidiger diese Maßnahme nach **§ 238 Abs. 2** beanstanden und damit einen **Gerichtsbeschluss** herbeiführen (zur – verneinten – Beruhensfrage in diesen Fällen BGH NStZ-RR 2002, 270).

505 **3. Muster: Aussetzungsantrag wegen veränderter Sach-/Rechtslage**

▼

An das

Amtsgericht/Landgericht Musterstadt

In der Strafsache

gegen H. Mustermann

Az.:

wird beantragt,

die Hauptverhandlung nach § 265 Abs. 3 StPO auszusetzen.

Nach der Anklage soll der Angeklagte Beihilfe zum Diebstahl des M. dadurch begangen haben, dass er diesem, nachdem er ihn zufällig am Tatort getroffen hatte, beim Abtransport der Beute geholfen hat. Nunmehr soll er nach dem vom Gericht erteilten rechtlichen Hinweis in Mittäterschaft gehandelt haben, da der Abtransport bereits vorher mit dem M. abgesprochen gewesen sein soll.

Der Angeklagte bestreitet die neu hervorgetretenen Umstände, er ist insoweit auf die Verteidigung nicht genügend vorbereitet. Für eine neue Hauptverhandlung wird er Zeugen dafür benennen, dass er die Tat mit M. nicht geplant haben kann, weil er mehrere Wochen vor der Tat wegen Urlaubs ortsabwesend gewesen und erst kurz vor dem Zusammentreffen mit M. aus dem Urlaub zurückgekommen ist.

Ich weise darauf hin, dass dem Gericht nach der Rechtsprechung des BGH (vgl. BGHSt 48, 183) bei der Entscheidung über meinen Antrag kein Ermessen zusteht, sondern vielmehr die Hauptverhandlung zwingend auszusetzen ist.

Rechtsanwalt

Siehe auch: → *Aussetzung der Hauptverhandlung, Allgemeines*, Rdn 462 m.w.N.; → *Hinweis auf veränderte Sach-/Rechtslage*, Rdn 1720.

Aussetzung wegen verspäteter Namhaftmachung geladener Beweispersonen

506

1. Nach § 222 Abs. 1 hat das Gericht bzw. die StA, wenn sie nach § 214 Abs. 3 unmittelbar geladen hat, die geladenen Zeugen und SV dem Angeklagten **rechtzeitig vor** der **HV** namhaft zu machen. Das Gleiche gilt für die Bekanntgabe von (neuen) Beweistatsachen, deren Bedeutung für das Verfahren vorher nicht erkennbar war. Bekanntzumachen sind sämtliche zur HV geladenen Zeugen, auch wenn sie bereits in der Anklageschrift aufgeführt sind (BGH StV 1982, 457; OLG Hamm NJW 1996, 534 m.w.N. [für das Bußgeldverfahren]). **Sinn und Zweck** des § 222 ist es, dem Angeklagten zu ermöglichen, die Glaubwürdigkeit und die sachliche Zuverlässigkeit der Aussage der Beweispersonen zu prüfen und etwaige Gegenbeweise anzubieten.

507

☞ § 246 Abs. 2 – 4 gelten entsprechend für **sachliche Beweismittel**, deren Vorhandensein den Beteiligten nicht rechtzeitig zur Kenntnis gebracht worden ist (OLG Hamm MDR 1975, 422). Er gilt i.Ü. nicht nur für die StA, sondern z.B. auch, wenn die Nebenklage Zeugen „stellt". Mitangeklagte können ggf. – bei entsprechender Prozesssituation – einen Aussetzungsantrag auf § 265 Abs. 4 stützen.

2.a) Ist die Namhaftmachung oder Bekanntgabe **verspätet** erfolgt, kann der Angeklagte nach § 246 Abs. 2–4 einen **Aussetzungsantrag** stellen. Verspätete Bekanntgabe liegt auch vor, wenn die Erheblichkeit der Tatsache für das Verfahren erst nachträglich ersichtlich wird. Aus dem Sinn und Zweck der Regelung und aus der Tatsache, dass § 246 Abs. 2–4 eine zeitliche Begrenzung nicht enthält, folgt:

508

Es **empfiehlt** sich folgende **Vorgehensweise**:

509

- Der Verteidiger sollte, bevor er einen Aussetzungsantrag stellt, eine Pause/kurzfristige → *Unterbrechung der Hauptverhandlung*, Rdn 2701, beantragen, um mit dem Angeklagten die neue Prozesslage besprechen zu können.
- Dazu sollte er darauf drängen, dass von dem anderen Verfahrensbeteiligten, i.d.R. die StA, ein konkreter **Beweisantrag** gestellt wird. Denn nur die genaue Kenntnis des Beweisthemas ermöglicht ihm eine sachgerechte Beratung des Mandanten. Allerdings kann das Gericht das „neue" Beweismittel im Rahmen seiner sich aus § 244 Abs. 2 ergebenden Aufklärungspflicht auch von Amts wegen berücksichtigen.
- Ein ggf. in Erwägung gezogener Aussetzungsantrag nach § 246 Abs. 2 muss nicht vor Verwendung des Beweismittels oder sogleich nach dem Vorbringen der neuen Tatsache gestellt werden. Vielmehr kann der Verteidiger – so ausdrücklich der Wortlaut des § 246 Abs. 2 – **bis** zum → *Schluss der Beweisaufnahme*, Rdn 2473, warten, um die gesamte Beweislage bei der Frage berücksichtigen zu können, ob der Aussetzungsantrag überhaupt sinnvoll ist (*Malek*, Rn 148).

A | Aussetzung wegen Verteidigerausschlusses

> ⚖ Ein wirksamer Aussetzungsantrag liegt nicht vor, wenn der Verteidiger nur gegen die Verwendung des neuen Beweismittels **protestiert** (*Meyer-Goßner/Schmitt*, § 246 Rn 3).

510 **b)** Über den Aussetzungsantrag **entscheidet** nach freiem/pflichtgemäßem Ermessen das **Gericht**, nicht der Vorsitzende allein (BGH MDR 1984, 278 [H]; OLG Stuttgart NStZ 1990, 356). Das Gericht hat dabei einen großen Spielraum (KK-*Krehl*, § 246 Rn 7) und muss nur Umstände von verfahrensrechtlicher Bedeutung beachten (BGH NJW 1990, 1124; 1990, 1125). Entscheidendes Anknüpfungskriterium ist die Aussage selbst und das Aussageverhalten des Zeugen (BGH, a.a.O.; BGHSt 37, 1, 3). Daher ist für eine Aussetzung kein Raum, wenn die Beweisperson bereits bekannt war (BGH StV 1982, 457) oder Nachforschungen nach ihr offensichtlich nicht nötig sind (BGH MDR 1984, 278 [H]) oder allgemein keine Umstände erkennbar sind, die ein Aussetzungsverlangen als begründet erscheinen lassen (BGH NJW 1990, 1124 [Wohnort eines Zeugen]; 1990, 1125 [Wohnanschrift eines Zeugen]).

> ⚖ Gegen die Versagung der Aussetzung kann mit der **Revision** nur vorgegangen werden, wenn in der HV ein Aussetzungsantrag gestellt, also der Schutzzweck des § 246 Abs. 2–4 in Anspruch genommen worden ist (KK-*Krehl*, § 246 Rn 12). Da das Gericht über den Antrag „nach freiem Ermessen" entscheidet, empfiehlt es sich, den Aussetzungsantrag sorgfältig zu begründen und z.B. die Erkundigungen, die eingeholt werden sollen, mitzuteilen (*Malek*, Rn 148).

511 **3.** Anstelle einer Aussetzung kann durch den Vorsitzenden auch die → *Unterbrechung der Hauptverhandlung*, Rdn 2701, angeordnet werden (zur Abwägung s. OLG Düsseldorf StV 1997, 282).

> ⚖ Hält der Verteidiger das für nicht ausreichend, muss er nach **§ 238 Abs. 2** das Gericht anrufen. Im Antrag ist im Einzelnen zu begründen, warum eine Unterbrechung der HV nicht ausreicht.

Siehe auch: → *Aussetzung der Hauptverhandlung, Allgemeines*, Rdn 462 m.w.N.

512 Aussetzung wegen Verteidigerausschlusses

513 Literaturhinweis: **Burhoff**, Der Ausschluss des Verteidigers im Strafverfahren (§§ 138a ff. StPO), StRR 2012, 404.

514 **1.** Nach §§ 138a ff. kann ein Verteidiger von der Mitwirkung im Verfahren ausgeschlossen werden. Die damit zusammenhängenden Fragen, z.B. die Ausschließungsgründe, das

Aussetzung wegen Verteidigerausschlusses   A

Verfahren u.a., sind eingehend dargestellt bei *Burhoff*, EV, Rn 4052 ff. m. zahlr. weit. Nachw. aus der Lit. sowie *ders.*, StRR 2012, 404 ff. Auf diese soll hier nicht näher eingegangen werden. Hier soll nur auf die sich aus einem Verteidigerausschluss während laufender HV ergebenden **verfahrensrechtlichen Auswirkungen** hingewiesen werden.

2.a) Über die Ausschließung des Verteidigers entscheidet nach § 138c Abs. 1 das OLG, dem nach Erhebung der Anklage das zuständige Gericht die Sache vorlegt (zum Verfahren *Burhoff*, EV, Rn 4082 ff.). Wird der dazu erforderliche **Vorlegungsbeschluss** während der laufenden **HV** erlassen, darf diese gem. § 138c Abs. 4 **nicht fortgesetzt** werden. Die HV ist vielmehr – zugleich mit dem Erlass des Vorlegungsbeschlusses – bis zur rechtskräftigen Entscheidung über den Verteidigerausschluss zu unterbrechen oder auszusetzen.   515

☞ Das gilt auch, wenn der Angeklagte noch **andere Verteidiger** hat (KK-*Laufhütte/Willnow*, § 138c Rn 22).

b) Für die **Unterbrechungsfrist** gelten die allgemeinen Regeln, sodass die Unterbrechung gem. § 229 Abs. 1 und 2 höchstens bis zu drei Wochen (Abs. 1) oder bis zu einem Monat (Abs. 2) dauern darf (→ *Unterbrechung der Hauptverhandlung*, Rdn 2701).   516

Wird innerhalb dieser Frist über den Verteidigerausschluss vom OLG **entschieden**, kann die HV **fortgesetzt** werden. Es gilt: 517

- Hat das OLG den **Ausschluss** des Verteidigers **abgelehnt**, kann dieser den Angeklagten weiter verteidigen.
- Ist der **Verteidiger** hingegen **ausgeschlossen** worden, scheidet er als Verteidiger aus. Die HV darf in diesem Fall nur fortgesetzt werden, wenn die Verteidigung des Angeklagten durch mit der Sache **vertraute Verteidiger fortgeführt** werden kann (KK-*Laufhütte/Willnow*, § 138c Rn 22). Anderenfalls muss die HV ausgesetzt und neu begonnen werden. Die ordnungsgemäße Verteidigung muss das Gericht ggf. schon während des Ausschlussverfahrens sicherstellen, indem es dem Angeklagten einen (weiteren) Verteidiger bestellt.

Siehe auch: → *Pflichtverteidiger, Bestellung in der Hauptverhandlung*, Rdn 1967.

B

Bedingter Beweisantrag

Das Wichtigste in Kürze:
1. Es ist zulässig, einen Beweisantrag unter einer Bedingung zu stellen.
2. In einem bedingten Beweisantrag macht der Antragsteller sein Beweisbegehren von einer für ihn noch ungewissen Sach- und Rechtslage abhängig.
3. Der bedingte Beweisantrag führt in der Praxis ein Schattendasein, was angesichts des Umstandes, dass er für den Verteidiger ein wichtiges Instrument bei seinen Bemühungen darstellt, ggf. möglichst frühzeitig die gerichtliche Beweiswürdigung zu erkennen, unverständlich ist.
4. Fraglich ist, wann das Gericht die Gründe für die Ablehnung bekannt geben muss.

Literaturhinweise: Brause, Faires Verfahren und Effektivität im Strafprozeß, NJW 1992, 2865; **R. Hamm**, Wert und Möglichkeiten der Früherkennung richterlicher Beweiswürdigung durch den Strafverteidiger, in: Festgabe für *Karl Peters*, 1984, S. 169; **Michalke**, Noch einmal: „Hilfsbeweisantrag – Eventualbeweisantrag – Bedingter Beweisantrag", StV 1990, 184; **Niemöller**, Bedingte Beweisanträge im Strafverfahren, JZ 1992, 884; **Schlothauer**, Hilfsbeweisantrag – Eventualbeweisantrag – bedingter Beweisantrag, StV 1988, 542; **Widmaier**, Der Hilfsbeweisantrag mit „Bescheidungsklausel", in: Festschrift für *Hanskarl Salger*, 1995, S. 421; s.a. die Hinw. bei → *Beweisantragsrecht, Allgemeines*, Rdn 971.

1. Es ist **zulässig**, einen Beweisantrag unter einer Bedingung zu stellen (s. die Definition bei → *Beweisantrag*, Rdn 835 m.w.N.). Auch ein bedingter Beweisantrag ist somit ein Beweisantrag i.e.S., für den die allgemeinen Zulässigkeitsvoraussetzungen gelten. Daher müssen **Beweismittel** und **Beweisthema** bestimmt behauptet werden (vgl. hierzu → *Beweisantrag, Inhalt*, Rdn 951).

Das Gericht ist beim bedingten Beweisantrag an die **Zurückweisungsgründe** der **§§ 244, 245 gebunden**. Es kann den Beweisantrag also nicht aus einem anderen als den dort aufgeführten Ablehnungsgründen ablehnen (*Junker*, Rn 277; → *Beweisantrag, Ablehnungsgründe*, Rdn 858; → *Präsentes Beweismittel*, Rdn 2036).

2. Der bedingte Beweisantrag unterscheidet sich vom unbedingten Beweisantrag dadurch, dass der Antragsteller sein Beweisbegehren von einer für ihn noch **ungewissen Sach-** und **Rechtslage** abhängig macht (*Meyer-Goßner/Schmitt*, § 244 Rn 22 m.w.N.; *Schlothauer* StV 1988, 548; *Hamm/Hassemer/Pauly*, Rn 58 ff.; KK-*Krehl*, § 244 Rn 88 ff.; *Junker*, Rn 106). Die Bedingung, von der die Beweiserhebung abhängig sein soll, kann **beliebig** gewählt werden, d.h.:

B Bedingter Beweisantrag

523 **Bedingung kann** sein (s.a. *Junker*, Rn 108), dass

- das Gericht von einer **bestimmten Beweislage** ausgeht, z.B. einem bereits vernommenen Zeugen Glauben schenkt (zuletzt BGH StV 1995, 98 m.w.N.; OLG Zweibrücken StV 1995, 347 f.) oder einem Antrag der StA auf Vernehmung eines Belastungszeugen nachgeht (BGHSt 29, 396),
- das Gericht einen **anderen unbedingten Antrag ablehnt**, wenn also z.B. in erster Linie Sachverständigenbeweis, hilfsweise" Zeugenbeweis beantragt wird (Alsberg/*Dallmeyer*, Rn 166),
- eine **bestimmte Prozesslage** eintritt, z.B. dass das Gericht die Zuziehung eines (weiteren) SV nicht für erforderlich hält oder die Vereidigung eines Zeugen beschließen wird (s.a. KK-*Krehl*, § 244 Rn 91),
- das Gericht die **Einlassung** des Angeklagten als **unwahr** ansieht (Beck-*Michalke*, S. 555),
- das Gericht volle oder (nur) verminderte **Schuldfähigkeit** des Angeklagten bejaht (BGH NJW 1988, 501; StV 1996, 529 f.),
- für das Gericht ein bestimmter **Umstand** von Bedeutung, **offenkundig**, unerheblich oder noch nicht erwiesen ist.

524 b) Vom → *Hilfsbeweisantrag*, Rdn 1708, **unterscheidet** sich der bedingte Beweisantrag dadurch, dass jener von einem unbedingten verfahrensabschließenden Hauptantrag abhängig gemacht und i.d.R. erst im → *Plädoyer des Verteidigers*, Rdn 2017, gestellt wird (*Meyer-Goßner/Schmitt*, § 244 Rn 22 m.w.N.; zur Terminologie *Widmaier*, S. 421 f.; *Junker*, Rn 106 ff.; *Hamm/Hassemer/Pauly*, Rn 58 ff.). Beim **Eventualbeweisantrag** handelt es sich um einen bedingten Beweisantrag, der im Schlussvortrag des Verteidigers als → *Hilfsbeweisantrag*, Rdn 1708, gestellt wird (BGH StV 1990, 149; s.a. *Meyer-Goßner/Schmitt*, § 244 Rn 22b m.w.N.; KK-*Krehl*, § 244 Rn 90).

525 3. Der bedingte Beweisantrag führt in der Praxis ein Schattendasein. Das ist angesichts des Umstandes, dass er für den Verteidiger ein wichtiges Instrument bei seinen Bemühungen darstellt, ggf. möglichst **frühzeitig** die gerichtliche **Beweiswürdigung** zu erkennen, unverständlich (*Hamm/Hassemer/Pauly*, Rn 67; *Schlothauer* StV 1988, 342, 348; *Junker*, Rn 109).

> ☞ Aus der Art und Weise der Bescheidung seines Antrags kann der Verteidiger meist folgende **Rückschlüsse** ziehen (s. *R. Hamm*, S. 169 [Instrument der Früherkennung]):
> - **Übergeht** das Gericht den bedingten **Beweisantrag** und hat es diesen bis zum Ende der Beweisaufnahme nicht aufgegriffen, kann der Verteidiger i.d.R. davon ausgehen, dass das Gericht bei seiner abschließenden Beweiswürdigung auch tatsächlich den **Eintritt** der **Bedingung nicht annimmt** (zur Ausnahme s.u. Rdn 526).

Bedingter Beweisantrag   B

- Das Gericht kann die Bedingung, an die der Beweisantrag geknüpft ist, übergehen, den bedingten **Beweisantrag** in einen **unbedingten umdeuten** und den beantragten Beweis erheben. Damit erfährt der Verteidiger zwar nichts darüber, was das Gericht über die Bedingung denkt, aus dieser Reaktion wird er aber schließen dürfen, dass das Gericht jedenfalls **noch Aufklärungsbedarf** sieht. Dies kann für den Verteidiger Anlass sein, weitere (Entlastungs-)Beweisanträge zu stellen.
- **Weist** das **Gericht** den bedingten Beweisantrag auf der Grundlage der Ablehnungsgründe der §§ 244, 245 **zurück** (s.o. Rdn 520), bedeutet das im Allgemeinen ein starkes **Indiz** dafür, dass das Gericht vom **Eintritt** der **Bedingung** ausgeht. Denn wenn es die Beweiserhebung nicht vornehmen wollte, könnte es den Beweisantrag einfach unberücksichtigt lassen, wenn es den Nichteintritt der Bedingung annimmt.

4.a) Fraglich ist, **wann** das Gericht die **Gründe** für die Ablehnung **bekannt** geben muss. In der Vergangenheit ging die Lit. überwiegend davon aus, dass die Gründe für die Ablehnung des bedingten Beweisantrags nicht erst mit den Urteilsgründen bekannt gegeben werden dürfen (vgl. KK-*Herdegen*, 3. Aufl., § 244 Rn 49; Beck-*Michalke*, S. 554; *Schlothauer* StV 1988, 546 ff.; *Brause* NJW 1992, 2868; *Hamm/Hassemer/Pauly*, Rn 67; a.A. *Meyer-Goßner/Schmitt*, § 244 Rn 22, 44a m.w.N.). Diese Auffassung dürfte nach der neueren Rspr. des **BGH** überholt sein. Danach soll nämlich kein Verfahrensbeteiligter eine zumindest teilweise Bekanntgabe der Urteilsgründe vor der Urteilsverkündung verlangen können (BGH NStZ 1991, 47), weshalb über einen bedingten Antrag auch erst im Urteil entschieden werden dürfe (vgl. a. BGH StV 1990, 149 [Bescheidung des Antrags kann erst im Urteil erfolgen, wenn der Antragsteller die Beweiserhebung von einem bestimmten Urteilsinhalt abhängig macht, über den erst bei der Urteilsberatung entschieden wird]; s.a. BGH NStZ 1995, 98; StV 1996, 529 f.). Diese Rspr. ist in der Lit. zwar z.T. kritisiert worden (vgl. *Michalke* StV 1990, 184 in der Anm. zu BGH StV 1990, 149; Beck-*Michalke*, S. 555; *Scheffler* NStZ 1991, 348; *Schlothauer* StV 1991, 349, jew. in den Anm. zu BGH NStZ 1991, 47; s.a. noch BGH NStZ 1996, 562 [Hinweispflicht bei unzulänglich formuliertem Hilfsbeweisantrag]), sie hat aber auch von maßgeblichen Stimmen Zuspruch gefunden (so *Meyer-Goßner/Schmitt*, § 244 Rn 44a und wohl a. KK-*Herdegen*, 5. Aufl., § 244 Rn 50a; *Niemöller* JZ 1992, 889, 891; *Widmaier*, S. 430). Insgesamt wird man diese Auffassung inzwischen als **h.M.** anzusehen haben (jetzt a. KK-*Krehl*, § 244 Rn 94). Das gilt vor allem, wenn man berücksichtigt, dass sich auch die Rspr. des BGH hinsichtlich der Frage, ob ein Hilfsbeweisantrag erst in den Urteilsgründen wegen Verschleppungsabsicht abgelehnt werden kann, geändert hat (vgl. BGHSt 52, 355; → *Hilfsbeweisantrag*, Rdn 1708).

b) Trotz dieser h.M. kann es sich m.E. für den Verteidiger immer noch empfehlen, einen bedingten Beweisantrag mit dem **Zusatz** zu versehen, dass auf die **Entscheidung** über den Eintritt der Bedingung vor der Urteilsverkündung **nicht verzichtet** werde (s.u. Antrags-

526

527

B Bedingter Beweisantrag

muster Rdn 528). Hat er sein Beweisbegehren mit einer prozessualen Bedingung (Vereidigung eines Zeugen, Stattgeben eines bestimmten Beweisantrags der StA usw.) verknüpft, gilt nämlich auch nach der neueren Rspr. des BGH immer noch die o.a. alte Auffassung (Beck-*Michalke*, S. 555). Ist das Beweisbegehren mit dem Urteilsinhalt verknüpft (Glaubwürdigkeit eines Zeugen, Annahme einer bestimmten Tatbestandsalternative), ist das Gericht im Rahmen der prozessualen Fürsorge nach der (neueren) Rspr. zwar ggf. nicht mehr verpflichtet, bei Bedingungseintritt die Zurückweisung des bedingten Beweisantrages in der HV zu begründen (vgl. dazu *Meyer-Goßner/Schmitt*, § 244 Rn 44a m.w.N. aus der [älteren] BGH-Rspr.). Es muss den Verteidiger aber zumindest von der **Unbeachtlichkeit** der sog. Bescheidungsklausel **unterrichten** und fragen, ob er den bedingten Antrag aufrecht erhält oder die Bedingung fallen lässt (KK-*Krehl*, § 244 Rn 94).

> Erfüllt das Gericht diese Verpflichtung, sollte der Verteidiger m.E. nicht an der Bedingung festhalten, sondern den Beweisantrag noch einmal, nun aber **unbedingt** stellen (so a. Beck-*Michalke*, S. 555). Dann muss das Gericht vor der Urteilsverkündung über den Antrag entscheiden.
>
> Soll der bedingte Beweisantrag wegen **Verschleppungsabsicht** abgelehnt werden, sollte m.E. ebenso wie beim → *Hilfsbeweisantrag*, Rdn 1708, eine Bescheidung auf jeden Fall in der HV erfolgen, damit der Verschleppungsvorwurf entkräftet werden kann (*Meyer-Goßner/Schmitt*, a.a.O. m.w.N. zur insoweit übereinstimmenden Meinung in Rspr. und Lit. für den Hilfsbeweisantrag; s. aber BGH NJW 2005, 2466 und BGHSt 52, 355, wonach Hilfsbeweisanträge unter bestimmten Voraussetzungen auch erst im Urteil abgelehnt werden können).

528 5. Muster: Bedingter Beweisantrag

▼

An das

Amtsgericht/Landgericht Musterstadt

In der Strafsache

gegen H. Mustermann

Az.:

wird für den Fall, dass das Gericht den Angaben der in der Hauptverhandlung bereits vernommen Zeugen A. und B. nicht glauben sollte, noch beantragt,

Herrn C., Musterstadt, Musterweg, als Zeugen zu der Tatsache zu vernehmen,

Befragung des Angeklagten B

dass der Angeklagte am Tatabend zwischen 20.00 Uhr und 23.00 Uhr die Gaststätte „Zum goldenen Stern" in Ascheberg nicht verlassen hat. Er hat dort nicht nur mit den Zeugen A. und B., sondern auch mit dem ihm bis dahin nicht bekannten Herrn C., der an diesem Abend in Ascheberg im Hotel „Zum goldenen Stern" übernachtet hat, Karten gespielt.

Ich weise ausdrücklich darauf hin, dass, wenn das Gericht vom Eintritt der Bedingung ausgeht, auf eine Entscheidung über den Antrag vor der Urteilsverkündung nicht verzichtet wird.

Sollte eine entsprechende Mitteilung vor der Urteilsverkündung nicht erfolgen, gehe ich davon aus, dass das Gericht den Nichteintritt der Bedingung annimmt und die Zeugen A. und B. für glaubwürdig hält.

Ich gehe außerdem davon aus, dass das Gericht mich unterrichten wird, wenn es eine Bescheidung vor Urteilsverkündung nicht als erforderlich ansieht (Krehl, in: Karlsruher Kommentar zur StPO, 7. Aufl. 2013, § 244 Rn 94 a.E.).

Rechtsanwalt

Siehe auch: → *Beweisantragsrecht, Allgemeines*, Rdn 971 m.w.N.

Befangenheit, Ablehnung 529

Besteht die Besorgnis der „Befangenheit" des Richters, kommt seine Ablehnung nach § 24 in Betracht. Die damit zusammenhängenden Fragen sind dargestellt beim **Ablehnungsrecht**. 530

Siehe auch: → *Ablehnung eines Richters, Allgemeines*, Rdn 8 m.w.N.; → *Ablehnungsgründe, Befangenheit*, Rdn 67; → *Ablehnungsverfahren*, Rdn 89; → *Ablehnungszeitpunkt*, Rdn 116; → *Ablehnung von Schöffen*, Rdn 127.

Befragung des Angeklagten 531

> **Literaturhinweise: Gerst**, Wiederholungsfragen in der Hauptverhandlung – Alltägliches Prozessgeschehen im Brennglas von Rechtsprechung, Literatur und Praxis, StRR 2011, 168; *ders.*, Fang- und Suggestivfragen in der Hauptverhandlung – Alltägliches Prozessgeschehen im Brennglas von Rechtsprechung, Literatur und Praxis, StRR 2011, 408; s.a. die Hinw. bei → *Fragerecht, Allgemeines*, Rdn 1532, und bei → *Vernehmung des Angeklagten zur Sache*, Rdn 3072. 532

1. Für die Befragung des Angeklagten während der → *Vernehmung des Angeklagten zur Sache*, Rdn 3072, gelten die allgemeinen Ausführungen zum Fragerecht entsprechend (→ *Fragerecht, Allgemeines*, Rdn 1532 m.w.N.). I.d.R. erhält der Verteidiger das Fragerecht – nach dem StA – unmittelbar nach der Einlassung des Angeklagten zur Sache (s.a. BGH NStZ 1996, 324 [K]). 533

| **B** | **Belehrung des Angeklagten** |

534 Der Verteidiger muss darauf achten, dass seinem Mandanten weder vom Gericht noch vom StA oder einem anderen frageberechtigten Verfahrensbeteiligten **unzulässige Fragen** gestellt werden. Das gilt besonders für die (direkte) Befragung des Angeklagten durch den Verteidiger eines Mitangeklagten, die zulässig ist (→ *Fragerecht des Verteidigers, Allgemeines*, Rdn 1551).

> Unzulässige Fragen (→ *Zurückweisung einzelner Fragen des Verteidigers*, Rdn 3589) muss der Verteidiger **rügen**. Er kann allerdings nicht die gesamte Vernehmung beanstanden, sondern muss vielmehr für **jede einzelne** unzulässige Frage nach **§§ 242, 238 Abs. 2** einen Gerichtsbeschluss erwirken, was im → *Protokoll der Hauptverhandlung*, Rdn 2092, vermerkt werden muss; → *Vernehmung des Angeklagten zur Sache*, Rdn 3072.

535 2. Von besonderer Bedeutung für die Verteidigung ist die **Befragung** des Angeklagten **durch** seinen eigenen **Verteidiger**. Dabei muss der Verteidiger Folgendes beachten (vgl. zu allem *Dahs*, Rn 560 ff.):

- Die Befragung des Angeklagten muss der Verteidiger dazu nutzen, um die richterliche und/oder staatsanwaltschaftliche Vernehmung zu **ergänzen**, um Lücken zu **schließen**, um Widersprüche zu **klären** und Unklarheiten zu beseitigen (zu Wiederholungsfragen *Gerst* StRR 2011, 168).
- Der Verteidiger muss **Suggestivfragen** möglichst vermeiden, um die Antwort des Angeklagten nicht zu entwerten (zu Suggestivfragen *Gerst* StRR 2011, 408).
- Der Verteidiger kann – ggf. muss – den Angeklagten auf Umstände ansprechen, die noch nicht Gegenstand der HV gewesen sind, die ihm aber sein Mandant bei der → *Vorbereitung der Hauptverhandlung*, Rdn 3370, **anvertraut** hat.
- Der Verteidiger muss darauf achten, vom Vorsitzenden bei der Befragung des Angeklagten **nicht unterbrochen** zu werden, da das den Verteidigungsplan erheblich stören kann. Ggf. muss er eine Unterbrechung durch einen Antrag nach **§ 238 Abs. 2 beanstanden** (s. dazu BGH NStZ 1997, 198).

Siehe auch: → *Vernehmung des Angeklagten zur Sache*, Rdn 3072.

536 Belehrung des Angeklagten

537 **Literaturhinweise: Dencker**, Belehrung des Angeklagten über sein Schweigerecht und Vernehmung zur Person, MDR 1975, 359; **Geppert**, Die „qualifizierte" Belehrung, in: Gedächtnisschrift für *Karlheinz Meyer*, 1990, S. 93; **Gillmeister**, Die Hinweispflicht des Tatrichters, StraFo 1998, 8; **Schünemann**, Die Belehrungspflichten der §§ 243 Abs. 4, 136 n.F. StPO und der BGH, MDR 1969, 101; s.a. die Hinw. bei → *Vernehmung des Angeklagten zur Person*, Rdn 3067.

538 1. Nach der → *Verlesung des Anklagesatzes*, Rdn 2921, muss der **Vorsitzende** gem. § 243 Abs. 4 S. 1 den Angeklagten über sein Recht, die Aussage zu verweigern, belehren. Die

Belehrung ist in der HV unabhängig davon erforderlich, dass der Angeklagte zuvor bereits im EV bei der Polizei und/oder der StA (ggf. mehrfach) belehrt worden ist. Die Belehrung ist auch dann notwendig, wenn die HV ausgesetzt war (vgl. aber BGH NStZ 1983, 210 [Pf/M; für ein Verfahren, in dem zum dritten Mal vor dem Schwurgericht verhandelt wurde]). Eine „qualifizierte Belehrung" des Angeklagten über die prozessualen Folgen der Zustimmung zu einer Verteidigererklärung, die der Verteidiger mit einer Einlassung zur Sache verliest und von der der Angeklagte auf Befragen des Gerichts ausdrücklich bestätigt, dass es sich bei der verlesenen Erklärung um seine eigene Einlassung zur Sache handele, ist nicht erforderlich (BVerfG StRR 2009, 122 [Ls.]).

👉 Bei der richterlichen Belehrung über das Recht zur Äußerung oder zum Schweigen muss der Verteidiger darauf achten, ob der Angeklagte den **Hinweis verstanden** hat. Es empfiehlt sich, dem Mandanten den Hinweis bereits bei der → *Vorbereitung der Hauptverhandlung*, Rdn 3370, zu **erläutern**. Will der Mandant zur Sache nicht aussagen, muss der Verteidiger darauf achten, dass der Angeklagte durch Hinweise des Gerichts über Nachteile oder Unzweckmäßigkeit des Schweigens nicht **verwirrt** wird. Solchen Hinweisen muss er entgegentreten, da es allein die Entscheidung des Angeklagten ist, ob er sich zur Sache einlässt oder nicht.

Häufig wird vom Vorsitzenden in die Belehrung des Angeklagten mit aufgenommen, dass das **Schweigen** des Angeklagten **nicht** zu seinem **Nachteil** verwertet werden dürfe (vgl. z.B. BGHSt 34, 324; → *Vorbereitung der Hauptverhandlung*, Rdn 3386; *Burhoff*, EV, Rn 1239 ff.). M.E. sollte, wenn der Angeklagte schon über die Belehrungspflicht des § 243 Abs. 4 S. 1 hinaus belehrt wird, er dann aber auch darüber belehrt werden, dass aus (nur) **teilweisem Schweigen nachteilige Schlüsse** gezogen werden können (dazu BGHSt 20, 298; 32, 140, 145 m.w.N.; BGH NStZ 2011, 357; *Gillmeister* StraFo 1997, 11). Unterlässt der Vorsitzende das, sollte der Verteidiger seinen **Mandanten** darauf (nochmals) **hinweisen**. 539

👉 Wurde der Hinweis in der HV (zunächst) vergessen, kann er **nachgeholt** werden. Allerdings wird dann eine **qualifizierte Belehrung** dahin erforderlich sein, dass bislang gemachte Angaben des Angeklagten nicht verwertet werden dürfen, wenn er nunmehr schweigt (s. jetzt BGHSt 53, 112 [für Übergang von der Zeugen- zur Beschuldigtenvernehmung]; OLG Hamm NStZ-RR 2009, 283; schon *Geppert*, S. 93, 103; → *Widerspruchslösung*, Rdn 3433).

2. Für die **Revision** gilt: Bei der Pflicht zur Belehrung handelt es sich nicht um eine bloße Ordnungsvorschrift, sodass auf das Unterlassen des Hinweises die Revision gestützt werden kann (zur Lehre von den erfolglos verletzbaren Ordnungsvorschriften und der daran geübten Kritik s. *Meyer-Goßner/Schmitt*, § 337 Rn 4 m.w.N. und § 243 Rn 39). Das Urteil 540

beruht aber nicht auf dem Verstoß, wenn der Angeklagten sein Schweigerecht gekannt hat (BGH NStZ-RR 2000, 290 [K]; i.E. ebenso BGHSt 25, 325, 331; zum erforderlichen Umfang der Darlegungen in der Revision *Meyer-Goßner/Schmitt*, a.a.O. m.w.N.; → *Revision, Begründung, Verfahrensrüge*, Rdn 2322).

Siehe auch: → *Vernehmung des Angeklagten zur Sache*, Rdn 3072.

541 Berufung, Allgemeines

542 **Literaturhinweise: Basdorf**, Reform des Instanzenzuges in Strafsachen, in: Festschrift für *Karlmann Geiß*, 2000, S. 31; **Burhoff**, Die anwaltliche Vergütung im strafverfahrensrechtlichen Berufungsverfahren, RVGreport 2012, 165; *ders.*, Entziehung der Fahrerlaubnis – Auswirkungen einer langen Verfahrensdauer und Sperrfrist, VA 2012, 142; *ders.*, Die Rechtsprechung im Verkehrsstrafrecht in den Jahren 2010 – 2012 Teil 1, VRR 2013, 246; *ders.*, Die Rechtsprechung im Verkehrsstrafrecht in den Jahren 2010 – 2012 Teil 2, VRR 2014, 48; *ders.*, Die Rechtsprechung zur Entziehung der Fahrerlaubnis im Verkehrsstrafrecht in den Jahren 2010 – 2012, VRR 2014, 208; **Becker/Kinzig**, Von Berufungsköchen und Eingangsgerichten – Neues Rechtsmittelsystem für die Strafjustiz?, ZRP 2000, 321; **Bloy**, Die Ausgestaltung der Rechtsmittel im deutschen Strafprozeß, JuS 1986, 585; **Charklowitz/Seitz**, Berufungsverfahren, in: MAH, § 11; **Deutscher**, Zur Neufassung des § 329 StPO, StRR 2015, 284; **Hegmann**, Zuständigkeitsänderungen im strafgerichtlichen Berufungsverfahren, NStZ 2000, 574; **Kintzi**, Rechtsmittelreform in Strafsachen – eine unendliche Geschichte?, in: Festschrift für *Peter Rieß*, 2002, S. 225; **Krumdiek**, Unzulässige Einlegung von Berufungen (sog. Sperrberufungen), StRR 2010, 84; **Kudlich**, Aktuelle Probleme der strafprozessualen Berufung, JA 2000, 588; **Matthies**, Die Ausübung des pflichtgemäßen Ermessens der Staatsanwaltschaft bei der Einlegung von Rechtsmitteln gegen Urteile, StraFo 2009, 229; **Schünemann**, Gedanken zur zweiten Instanz in Strafsachen, in: Festschrift für *Klaus Geppert*, 2011, S. 649; **Schulz**, Zur Berufung in Strafsachen, in: Festschrift für *Hans-Dieter Schwind*, 2006, S. 431; **Wenske**, Das Verständigungsgesetz und das Rechtsmittel der Berufung, NStZ 2015, 137; s.a. die Hinw. bei → *Berufungsverwerfung wegen Ausbleibens des Angeklagten*, Rdn 691; → *Rechtsmittel, Allgemeines*, Rdn 2160.

543 **1.** Die nach § 312 gegen Urteile des Strafrichters und des Schöffengerichts zulässige Berufung führt zu einer völligen Neuverhandlung der Sache. Nach § 316 Abs. 1 wird durch die Einlegung der Berufung die **Rechtskraft** des erstinstanzlichen Urteils **gehemmt**. Die Berufung eröffnet dem Angeklagten und seinem Verteidiger also eine **zweite Tatsacheninstanz**. Sie ist damit – wie *Roxin/Schünemann* formuliert (Strafverfahrensrecht, 27. Aufl. 2012, § 52 E III) – „gewissermaßen eine zweite Erstinstanz", in der i.d.R. die Tatsachen noch einmal neu festgestellt werden. Auf dieser (neuen) Tatsachen-/Feststellungsgrundlage wird der Angeklagte dann verurteilt bzw. freigesprochen. Im Fall des § 328 Abs. 2 wird – bei fehlender Zuständigkeit des erstinstanzlichen Gerichts – die Sache zurückverwiesen (zur Zurückverweisung an das erstinstanzliche Gericht, wenn dieses aus der Sicht des Berufungsgerichts aus rechtsfehlerhaften Gründen das Verfahren eingestellt hat, OLG Hamm wistra 2006, 37).

544 Die nachfolgenden Ausführungen zur Berufung geben einen ersten **Überblick** über die mit dem Rechtsmittel der Berufung zusammenhängenden Fragen und Probleme. Zur Vertiefung und wegen weiterer Einzelh. zur Berufung wird verwiesen auf Burhoff/Kotz/*Kotz*, RM, Teil A Rn 1 ff. und wegen Rechtsmittel allgemein auf Burhoff/Kotz/*Kotz*, RM, Teil A Rn 1482 ff.).

Berufung, Allgemeines B

2. Hinweise für den Verteidiger!

a) Der Verteidiger muss mit dem Mandanten **sorgfältig überlegen, ob** Berufung eingelegt werden soll. Dabei sind folgende Punkte zu beachten (s.a. → *Rechtsmittel, Allgemeines*, Rdn 2169): 545

■ Das Berufungsgericht ist an die Überzeugungsbildung des erstinstanzlichen Richters nicht gebunden. Deshalb empfiehlt sich die **Berufung**, wenn es dem Verteidiger und dem Angeklagten um die **Tatsachenfeststellung** geht, da in der Berufungshauptverhandlung das Geschehen noch einmal, und zwar sowohl in tatsächlicher als auch in rechtlicher Hinsicht, geprüft und verhandelt wird. In dem Zusammenhang sollte das aus § 331 für die Berufungsinstanz folgende Verschlechterungsverbot nicht übersehen werden.

■ Geht es hingegen nur um **Rechtsfragen**, wird der Verteidiger im Zweifel zur **Revision** raten (wegen der Einzelh. der Revision → *Revision, Allgemeines*, Rdn 2211 ff.).

b) Ist eine **Entscheidung** zwischen den beiden Rechtsmitteln „Berufung" oder „Revision" (noch) **nicht möglich**, besteht die Möglichkeit, das erstinstanzliche Urteil zunächst nur **unbestimmt** anzufechten. Der Verteidiger kann dann nach Zustellung des Urteils innerhalb der Revisionsbegründungsfrist zwischen der Berufung und der Revision wählen (*Meyer-Goßner/Schmitt*, § 335 Rn 2; → *Rechtsmittel, unbestimmtes*, Rdn 2183; zur Frage, ob die Regeln über die Annahmeberufung gelten → *Annahmeberufung*, Rdn 550). 546

Der Verteidiger hat innerhalb der – noch laufenden – (Revisions-)Begründungsfrist grds. auch die Möglichkeit zum **Übergang** von der Berufung zur **Revision** (BGHSt 40, 395, 398; OLG München wistra 2009, 327; OLG Naumburg StraFo 2009, 388; *Meyer-Goßner/Schmitt*, § 335 Rn 11 m.w.N.), und zwar auch dann, wenn das Rechtsmittel zuvor ausdrücklich als Berufung bezeichnet worden ist (BGH, a.a.O.), bzw. von der Revision zur **Berufung** (st. Rspr.; zuletzt BGH NJW 2004, 789; OLG München StraFo 2010, 252; vgl. dazu *Fezer* JR 2004, 211 in der Anm. zu BGH, a.a.O.; *Meyer-Goßner/Schmitt*, § 335 Rn 10 m.w.N.). Im Hinblick auf die Rspr. des BGH sollte er, wenn er sich zwischen den zur Verfügung stehenden Rechtsmitteln noch nicht entscheiden kann, sein Rechtsmittel trotz dieser Übergangsmöglichkeiten aber dennoch zunächst nicht als Revision/Berufung bezeichnen, weil dann, wenn er es zweifelsfrei als Revision/Berufung bezeichnet hat, ggf. der Übergang zum anderen Rechtsmittel als unzulässig angesehen werden könnte (vgl. BGHSt 13, 388; s. aber BGHSt 40, 395; OLG Köln NStZ-RR 2011, 283; OLG München, a.a.O.). Vielmehr sollte er auch in diesem Fall nur ein unbestimmtes Rechtsmittel einlegen (→ *Rechtsmittel, unbestimmtes*, Rdn 2187). Die Rspr. sieht nämlich u.a. die Auslegung eines als Revision bezeichneten Rechtsmittels in das Rechtsmittel der Berufung bei ordnungsgemäßer Rechtsmittelbelehrung als nicht zulässig an (OLG Köln, a.a.O.). 547

✍ Der **Übergang** zum anderen Rechtsmittel ist aber nur **innerhalb** der **Revisionsbegründungsfrist** zulässig (vgl. BGH NJW 2004, 789; OLG Köln, a.a.O.). Hat der Verteidiger den fristgemäßen Übergang und damit die Revisionsbegründungsfrist versäumt, kann ihm → *Wiedereinsetzung in den vorigen Stand*, Rdn 3464, auch nur zu dem Zweck gewährt werden, von der Revision zur Berufung überzugehen (OLG München, a.a.O., vgl. aber auch OLG München wistra 2009, 327); zuständig zur Entscheidung ist dann das Berufungsgericht. Nach Verwerfung einer der Annahme bedürftigen Berufung (→ *Berufung, Annahmeberufung*, Rdn 550, kann das ausdrücklich als Berufung bezeichnete Rechtsmittel allerdings auch dann nicht mehr als Revision fortgeführt werden, wenn der Übergang noch innerhalb der Revisionsbegründungsfrist erklärt wird (OLG Oldenburg NStZ 2012, 54).

548 c) Können Verteidiger und Mandant sich **nicht einigen** und legt der Mandant Berufung und der **Verteidiger** ein noch unbestimmtes Rechtsmittel ein, ist entsprechend § 297 die **Erklärung** des **Angeklagten maßgebend** (OLG Düsseldorf NStZ-RR 2000, 148). Widersprechen sich die **Rechtsmittelerklärungen** von mehreren Verteidigern, ist gem. § 297 der Wille des Angeklagten zu ermitteln (OLG Hamm NStZ 2006, 184).

🖉 Werden von Verfahrensbeteiligten **unterschiedliche Rechtsmittel** eingelegt – z.B. StA Berufung und Angeklagter Revision – gilt § 335 Abs. 3 S. 1. Danach wird, solange die Berufung nicht zurückgenommen oder als unzulässig verworfen worden ist, die form- und fristgerechte eingelegte Revision als Berufung behandelt (zur sog. Sperrberufung der StA und zur Berücksichtigung von dadurch entstehender Verfahrensverzögerung s. OLG Karlsruhe NJW 2004, 1887; *Matthies* StraFo 2009, 229; *Krumdiek* StRR 2010, 84; → *Verzögerungsrüge*, Rdn 3274). Gleichwohl muss die Revision innerhalb der Frist des § 345 Abs. 1 **ordnungsgemäß begründet** werden.

549 3. Der Rechtsanwalt/Verteidiger rechnet seine Tätigkeiten im Berufungsverfahren mit den **Gebühren** aus Teil 4 Abschnitt 1 Unterabschnitt 3 – Gerichtliches Verfahren – Berufung VV RVG ab. Anfallen können danach die Gebühren nach den **Nrn. 4124 ff. VV RVG** (wegen der Einzelh. *Burhoff* RVGreport 2012, 165 sowie die Kommentierung bei Burhoff/*Burhoff*, RVG, Nr. 4124 VV ff., bei Gerold/Schmidt/*Burhoff*, VV 4124 ff. und bei Burhoff/Kotz/*Burhoff*, Teil D Rn 99).

Siehe auch: → *Berufung, Annahmeberufung*, Rdn 550; → *Berufungsbegründung*, Rdn 560; → *Berufungsbeschränkung*, Rdn 567; → *Berufungseinlegung*, Rdn 583; → *Berufungsfrist*, Rdn 601; → *Berufungsgericht, Besetzung*, Rdn 614; → *Berufungshauptverhandlung*, Rdn 619; → *Berufungsrücknahme*, Rdn 652; → *Berufungsverwerfung durch das Amtsgericht wegen Verspätung*, Rdn 677; → *Berufungsverwerfung durch das Berufungsgericht wegen Unzulässigkeit*, Rdn 686; → *Berufungsverwerfung wegen Ausbleibens des Angeklagten*, Rdn 691; → *Berufung, Zulässigkeit*, Rdn 720; → *Rechtsmittel, Allgemeines*, Rdn 2160; → *Revision, Allgemeines*, Rdn 2211 m.w.N.; → *Verhandlung* ohne den Angeklagten, Wiedereinsetzung und Berufung, Rdn 2871; → *Wiedereinsetzung in den vorigen Stand*, Rdn 3464; → *Zustellungsfragen*, Rdn 3620.

Berufung, Annahmeberufung 550

> **Das Wichtigste in Kürze:**
> 1. Die durch das RPflEntlG 993 zur Entlastung der Justiz in § 313 eingeführte Annahmeberufung führt zu einer Beschränkung der sonst allgemein gegebenen Möglichkeit, gegen Urteile des AG Berufung einzulegen, indem die Zulässigkeit der Berufung von der Strafhöhe abhängig gemacht wird.
> 2. Nach § 313 Abs. 1 S. 1 bedarf es einer Annahmeentscheidung des Berufungsgerichts, wenn der Angeklagte zu einer Geldstrafe von nicht mehr als 15 Tagessätzen verurteilt worden ist bzw. wenn bei einer Verwarnung die vorbehaltene Strafe nicht mehr als 15 Tagessätze beträgt.
> 3. Die Berufung wird nach § 313 Abs. 2 angenommen, wenn sie nicht offensichtlich unbegründet ist.

Literaturhinweise: Brunner, Verteidigung im Rechtsmittelverfahren, in: FA Strafrecht, Teil 3 Kapitel 1; **Feuerhelm**, Die Annahmeberufung im Strafprozeß, Dogmatische Probleme und rechtspolitische Perspektiven, StV 1997, 99; **Frister**, Die Einschränkung von Verteidigungsrechten im Bundesratsentwurf eines „Zweiten Gesetzes zur Entlastung der Rechtspflege", StV 2000, 150; **Gössel**, Möglichkeiten zur Entlastung der Berufungskammern – Zugleich eine Kritik der Annahmeberufung, ZIS 2009, 539; **Meyer-Goßner**, Annahmeberufung und Sprungrevision, NStZ 1998, 19; *ders.*, Theorie ohne Praxis und Praxis ohne Theorie im Strafverfahren, ZRP 2000, 345; *ders.*, Annahmefreie Revision in Bagatellstrafsachen, NJW 2003, 1369; **Rieß**, Die Annahmeberufung – Ein legislatorischer Mißgriff?, in: Festschrift für *Günther Kaiser*, 1998, S. 1461; **Tolksdorf**, Zur Annahmeberufung nach § 313 StPO, in: Festschrift für *Hanskarl Salger*, 1995, S. 393; s.a. die Hinw. bei → *Berufung, Allgemeines*, Rdn 541. 551

1. Durch das RPflEntlG ist 1993 zur Entlastung der Justiz in **§ 313** die Annahmeberufung eingeführt worden. Diese führt zu einer Beschränkung der sonst allgemein gegebenen Möglichkeit, gegen Urteile des AG Berufung einzulegen, indem die Zulässigkeit der Berufung von der Strafhöhe abhängig gemacht wird. Insbesondere deshalb ist die Annahmeberufung in der **Lit.** auf **Kritik** gestoßen (vgl. die o.a. Lit.-Hinw.; zuletzt *Gössel* ZIS 2009, 539). *Rieß* (a.a.O., S. 1461) hat (sogar) von einem „gesetzgeberischen Missgriff" gesprochen (zur Verfassungsmäßigkeit der Vorschrift OLG Frankfurt am Main NStZ-RR 1997, 273; wegen der Einzelh. zur Annahmeberufung Burhoff/Kotz/*Kotz*, RM, Teil A Rn 21 ff.). Es ist/war geplant, die Voraussetzungen für die Annahme der Berufung noch weiter zu **verschärfen** (vgl. Gesetz zur Effektivierung des Strafverfahrens, BR-Drucks 660/06; → *Gesetzesnovellen*, Rdn 1609). 552

B Berufung, Annahmeberufung

553 **2.a)** Nach § 313 Abs. 1 S. 1 bedarf es (derzeit) einer Annahmeentscheidung des Berufungsgerichts (s.u. Rdn 559), wenn der Angeklagte zu einer **Geldstrafe** von **nicht mehr** als **15 Tagessätzen** verurteilt worden ist bzw. wenn bei einer Verwarnung die vorbehaltene Strafe nicht mehr als 15 Tagessätze beträgt; geplant ist eine Anhebung auf 60 Tagessätze. Das **Gleiche** gilt nach § 313 Abs. 1 S. 2 für **Freisprüche** oder Einstellungen, wenn die StA eine Geldstrafe von nicht mehr als 30 (geplant 60) Tagessätzen beantragt hatte. Beim Absehen von Strafe nach § 60 StGB gilt § 313 nicht (OLG Oldenburg NStZ 1998, 370 [Ls.]; a.A. LG Bad Kreuznach NStZ-RR 2002, 217 [für Absehen nach 158 StGB]; LG Hamburg StraFo 2007, 421 [für Absehen von Strafe nach § 29 Abs. 5 BtMG]; zu den Voraussetzungen a. Burhoff/Kotz/*Kotz*, RM, Teil A Rn 57 ff.).

554 Bei einer **Gesamtgeldstrafe** kommt es auf deren Höhe, nicht auf die Summe der Einzelgeldstrafen an (*Meyer-Goßner/Schmitt*, § 313 Rn 5). In einem Bewährungsbeschluss auferlegte Geldstrafen bleiben außer Betracht (OLG Hamm NStZ-RR 2006, 346).

555 **Umstritten** ist in Lit. und Rspr., wie zu verfahren ist, wenn die **StA** selbst **Freispruch** beantragt hat, nun aber gleichwohl Berufung einlegen will. Dazu gilt (vgl. a. *Meyer-Goßner/ Schmitt*, § 313 Rn 4a f. m.w.N.):

- Hat zuvor ein **Strafbefehlsantrag** der StA vorgelegen, ist dieser Antrag **maßgebend** für die Frage, ob die Berufung der Annahme bedarf (OLG Dresden NStZ 2011, 477; OLG Hamm NStZ 1996, 455; OLG Koblenz NStZ-RR 2000, 306; OLG Schleswig SchlHA 2000, 256; a.A. OLG Stuttgart NStZ-RR 2001, 84).
- In den **anderen Fällen** geht die h.M. in der Rspr. davon aus, dass § 313 **unanwendbar** ist und damit die Berufung keiner Annahme bedarf (OLG Brandenburg, Beschl. v. 10.4.2013 – 1 Ws 56/13; OLG Jena StraFo 2000, 92; OLG Koblenz NStZ 1994, 601; OLG Köln NStZ 1996, 150; OLG Stuttgart NStZ-RR 2001, 84 [Berufung des Nebenklägers]; s.a. *Feuerhelm* StV 1997, 101; *Tolksdorf*, S. 401; Burhoff/Kotz/*Kotz*, RM, Teil A Rn 63).
- In der **Lit**. wird gegenüber der h.M. – wohl zutreffend – eingewandt, dass das der Intention des Gesetzgebers widerspreche (*Meyer-Goßner/Schmitt*, § 313 Rn 4b). Maßgebend soll danach die Erklärung der StA in der Berufungsbegründung sein (*Meyer-Goßner/ Schmitt*, a.a.O. m.w.N.; Hohmann/Radke/*Beukelmann*, § 313 Rn 4a).

556 **b)** Ist gegen den Angeklagten eine **Maßregel** der Besserung und Sicherung (§ 61 StGB), eine **Nebenstrafe** (z.B. das Fahrverbot nach § 44 StGB) oder eine **sonstige** Maßnahme (§§ 73 ff. StGB) verhängt bzw. von der StA beantragt worden, ist die Berufung stets ohne Annahme zulässig (OLG Hamburg StV 2001, 333). Ist gleichzeitig eine Verurteilung im → *Adhäsionsverfahren*, Rdn 256, erfolgt, kommt es für das Erfordernis der Annahme darauf an, ob für den zivilrechtlichen Teil des Urteils die Berufungssumme des § 511 Abs. 2 Nr. 1 ZPO erreicht ist (600,00 €; OLG Jena NStZ 1997, 274; *Meyer-Goßner/Schmitt*, § 313 Rn 6). Für Urteile, durch die der Angeklagte im

Strafverfahren nur wegen einer **Ordnungswidrigkeit** verurteilt wurde, gilt § 313 Abs. 3 (wegen der Einzelh. *Meyer-Goßner/Schmitt*, § 313 Rn 7 m.w.N.).

c) Umstritten ist das Verhältnis des § 313 zur **Sprungrevision** (§ 335) in den Fällen, in denen eine Berufung gegen das amtsgerichtliche Urteil der Annahme durch das Berufungsgericht bedürfte. Fraglich ist dann, ob die Sprungrevision uneingeschränkt zulässig ist oder nicht. Die **Rspr.** ist der Auffassung, dass durch das Institut der Annahmeberufung in Bagatellfällen lediglich die **zweite Tatsacheninstanz eingeschränkt** worden ist, die Sprungrevision von dieser Regelung aber nicht betroffen ist (BayObLG StV 1993, 572; OLG Düsseldorf StV 95, 70 [Ls.]; OLG Hamm NJW 2003, 3286; OLG Karlsruhe NStZ 1995, 562; OLG Koblenz NStZ-RR 2012, 21 [Ls.]; OLG Schleswig SchlHA VRR 2008,150; s.a. BGHSt 40, 395, 397 und *Feuerhelm* StV 1997, 102). Nach Auffassung der Lit. muss hingegen zunächst Berufung eingelegt werden, da nur, wenn diese zulässig ist, nach § 335 Abs. 1 eine zulässige Revision eingelegt werden könne (*Meyer-Goßner/Schmitt*, § 335 Rn 21 m.w.N.). Nach dieser Auffassung kann der Berufungsführer auch erst nach Annahme der Berufung den Übergang zur Revision erklären (*Meyer-Goßner/Schmitt*, a.a.O.).

☞ Weitgehende Übereinstimmung besteht aber insoweit, dass **nach** einer **Nichtannahme** der Berufung auch bei noch laufender Revisionsbegründungsfrist **nicht** mehr **Revision** eingelegt werden bzw. zu dieser übergegangen werden kann (BayObLG StV 1994, 364; OLG Koblenz JBl RP 2000, 22; OLG Oldenburg NStZ 2012, 54; *Meyer-Goßner/Schmitt*, § 335 Rn 22 m.w.N.; a.A. – für unbestimmt eingelegtes Rechtsmittel – OLG Frankfurt am Main NStZ-RR 2003, 53; offen gelassen von OLG Koblenz NStZ-RR 2012, 21 [Ls.]; zu den Folgen der Verwerfung der Berufung der StA auf ein unbestimmtes Rechtsmittel des Angeklagten s. OLG Stuttgart NJW 2002, 3487; dazu krit. *Meyer-Goßner* NJW 2003, 1369).

3. Hinweise für den Verteidiger!

3.a) Die Berufung wird nach § 313 Abs. 2 angenommen, wenn sie **nicht offensichtlich unbegründet** ist. Damit hat der Gesetzgeber die Terminologie des § 349 Abs. 2 übernommen. Offensichtlich unbegründet ist die Berufung danach, wenn anhand der Urteilsgründe und einer ggf. vorliegenden → *Berufungsbegründung*, Rdn 560 sowie des → *Protokolls der Hauptverhandlung*, Rdn 2092, ohne Weiteres bzw. ohne längere Prüfung erkennbar ist, dass das amtsgerichtliche Urteil nicht zu beanstanden ist (Burhoff/ Kotz/*Kotz*, RM, Teil A Rn 47 ff.). Bei einer **Ankündigung** von (neuen) **Beweismitteln** darf die Annahme der Berufung nur abgelehnt werden, wenn an der Richtigkeit der bisherigen Feststellungen vernünftigerweise keine Zweifel bestehen (BVerfG NJW 1996, 2785).

B Berufung, Annahmeberufung

⚖ Das bedeutet: Der Verteidiger **muss** eine **Berufung** gegen ein amtsgerichtliches Urteil, die der Annahme bedarf, auf jeden Fall **begründen** (*Dahs*, Rn 872; Beck-*Michalke*, S. 498). Allerdings dürfen die **Anforderungen** an diese Begründung **nicht überspannt** werden. Für die Begründung dürfte es z.b. ausreichend sein, wenn vorgetragen wird, dass ein wichtiger Zeuge sich geirrt oder die Unwahrheit gesagt hat. Versäumt der Angeklagte die Frist des § 317, hat das – wie allgemein im Berufungsverfahren – keine Auswirkungen (KG VRS 122, 148; → *Berufungsbegründung*, Rdn 560).

559 **b) Zum Verfahren** ist auf Folgendes hinzuweisen (vgl. auch Burhoff/Kotz/*Kotz*, RM, Teil A Rn 45 ff.):

- Nach wohl h.M. bedarf es einer besonderen **Anhörung** des Berufungsführers vor der Verwerfung seiner Berufung **nicht** (OLG Koblenz StV 1995, 251; OLG München StV 1994, 237; *Meyer-Goßner/Schmitt*, § 322a Rn 8; FA Strafrecht-*Brunner*, Teil 3 Kap. 1 Rn 18).
- Über die Annahme/Nichtannahme der Berufung entscheidet nach § 322a S. 1 das **Berufungsgericht** durch **Beschluss**, erfolgt die Terminbestimmung ohne vorherigen (ausdrücklichen) Annahmebeschluss, liegt darin die Annahmeentscheidung (OLG Frankfurt am Main NStZ-RR 2011, 382; OLG Zweibrücken NStZ-RR 2002, 245 m.w.N.). Dadurch wird eine nach Auffassung des OLG Frankfurt am Main (a.a.O.) eine nachfolgende Nichtannahmeentscheidung ausgeschlossen, wenn die Ladung den Angeklagten innerhalb der Revisionsbegründungsfrist, die Nichtannahmeentscheidung ihn indes erst nach deren Ablauf erreicht.
- Nach § 322a S. 3 bedarf der Beschluss, mit dem die Berufung angenommen wird, keiner **Begründung**. Der Beschluss über die Nichtannahme bedarf hingegen nach allg. Meinung einer Begründung (*Meyer-Goßner/Schmitt*, § 322a Rn 7 m.w.N.). In dieser muss sich das Gericht mit dem Vorbringen, das eine Annahme der Berufung rechtfertigen könnte, auseinandersetzen (BVerfG NStZ 2002, 43).
- Für **Rechtsmittel** gilt: Nach § 322a S. 2 ist die Annahmeentscheidung **unanfechtbar**. Entsprechendes gilt für die Nichtannahme (OLG Düsseldorf StV 1994, 122; OLG Hamm NStZ-RR 2006, 346; OLG Schleswig SchlHA 95, 7 [L/T]; zur Unanfechtbarkeit bei Nichtannahme der Berufung bei Wechsel zur (Sprung-) Revision OLG Bamberg StraFo 2015, 161; OLG Oldenburg NStZ 2012, 54).

⚖ Geht es allerdings darum, dass ein Fall des **§ 313 Abs. 1 S. 1 nicht vorgelegen** hat, ist der Nichtannahmebeschluss entsprechend § 322 Abs. 2 **anfechtbar**. Das zutreffende Rechtsmittel ist dann die sofortige Beschwerde (OLG Brandenburg, Beschl. v. 10.4.2013 – 1 Ws 56/13; OLG Frankfurt am Main NStZ-RR 2011, 382; OLG Hamburg StV 2001, 333; OLG Hamm, a.a.O.; OLG Köln NStZ 1996, 150; OLG Zweibrücken NStZ-RR 2002, 245; a.A. BayObLG StV 1994, 238 [einfache Beschwerde]; wie hier *Meyer-Goßner/Schmitt*, § 322a Rn 8). Entsprechendes gilt, wenn das Berufungsgericht bereits die Berufung angenommen hat und später diese Entscheidung durch Nichtannahme rückgängig macht (OLG Frankfurt am Main NStZ-RR 2011, 382; OLG Zweibrücken, a.a.O.).

Wird mit dem Rechtsmittel eine **Verletzung** des **rechtlichen Gehörs** im Annahmeverfahren geltend gemacht, wird das (an sich unzulässige) Rechtsmittel als Anhörungsrüge nach § 33a behandelt (OLG Karlsruhe NStZ-RR 2005, 178 [Ls.]; vgl. dazu *Burhoff*, EV, Rn 2654).

Siehe auch: → *Berufung, Allgemeines*, Rdn 541 m.w.N.

Berufungsbegründung

Literaturhinweise: s. die Hinw. bei → *Berufung, Allgemeines*, Rdn 541.

1.a) Die StPO schreibt eine **Begründung** der Berufung des Angeklagten (bislang) **nicht** vor (zur ggf. geplanten Änderung → *Gesetzesnovellen*, Rdn 1609). § 317 ist – für den Angeklagten – eine Kann-Vorschrift; die StA ist jedoch nach Nr. 156 RiStBV zur Berufungsbegründung verpflichtet. In der Praxis gehen daher auch die Meinungen auseinander, ob der Verteidiger eine Berufung begründen soll oder nicht (zur Rechtsmittelbegründung Burhoff/Kotz/*Kotz*, RM, Teil A Rn 1529 ff.).

b) Für den **Nebenkläger** gilt § **400 Abs. 1** mit der Folge, dass er das **Rechtsmittelziel** angeben muss, um dem Berufungsgericht die Prüfung der an sich nur eingeschränkten Zulässigkeit seines Rechtsmittels zu ermöglichen (OLG Jena NStZ-RR 2007, 209; OLG Zweibrücken, Beschl. v. 27.2.2009 – 1 Ws 26/09; → *Nebenklägerrechte in der Hauptverhandlung*, Rdn 1944). Nicht ausreichend ist insoweit die bloße Behauptung eines nebenklagefähigen Delikts (für Revision st. Rspr., vgl. u.a. BGH NStZ 2011, 338; NStZ-RR 2003, 102 [Ls.]; *Meyer-Goßner/Schmitt*, § 400 Rn 7). Vielmehr muss zumindest die entfernte rechtliche Möglichkeit bestehen, dass der Angeklagte wegen eines nebenklagefähigen Straftatbestandes verurteilt worden ist (OLG Hamm NStZ-RR 2003, 20 [Ls.]; StRR 2008, 122 [Ls.]; OLG Köln NStZ 2011, 477). Auch, wenn der Nebenkläger sich gegen die Bewertung der Konkurrenzverhältnisse wenden will – was ein grds. zulässiges Rechtsmittelziel eines Nebenklägers sein kann –, um zu einer weitergehenden Verurteilung des Angeklagten gelangen zu können, muss er dies in der notwendigen Klarheit in der Berufungsbegründung zum Ausdruck bringen (BGH StraFo 2014, 79 für Revision). Bei seiner Prüfung muss das Berufungsgericht den gesamten Akteninhalt berücksichtigen und darf sich nicht auf eine Bewertung anhand des erstinstanzlichen Urteils und der Berufungsbegründung des Nebenklägers beschränken (OLG Hamm, a.a.O.; offengelassen von OLG Jena, a.a.O.).

| **B** | **Berufungsbegründung** |

> 🖉 Die Ausführungen zum Rechtsmittelziel können im Beschwerdeverfahren **nachgeholt** werden (OLG Zweibrücken, a.a.O.).

564 2. Seine Entscheidung „**pro/contra**" eine Berufungsbegründung muss der **Verteidiger** u.a. von folgenden **Überlegungen** abhängig machen:

- Einerseits kann es **nachteilig** sein, dass mit einer Berufungsbegründung ggf. das Berufungsziel und/oder die **Verteidigungsstrategie** zu früh aufgedeckt werden müssen.
- Andererseits kann es das **Berufungsziel** aber auch gerade erforderlich machen, dass der Verteidiger die Berufung begründet. Wird eine **Einstellung** erstrebt, wird es i.d.R. kaum gelingen, das Gericht dazu noch in der Berufungsinstanz zu bewegen, wenn nicht mit einer Begründung offengelegt wird, wie schwierig sich anderenfalls die Berufungs-HV gestalten wird (*Dahs*, Rn 874).
- Eine frühzeitige Bekanntgabe der Angriffspunkte ermöglicht es dem Gericht, die Berufungs-HV **vorzubereiten**. Deshalb wird der Verteidiger, wenn er zunächst unbeschränkt Berufung eingelegt hat, dann nach Prüfung des erstinstanzlichen Urteils und/oder nach Rücksprache mit dem Mandanten die Berufung aber nur noch beschränkt durchführen will (→ *Berufungsbeschränkung*, Rdn 567), das Gericht zumindest von der nun beabsichtigten Beschränkung **informieren**. Das erlaubt eine andere zeitliche Planung und erspart darüber hinaus dem Mandanten unnötige Kosten für Zeugen, die wegen der Beschränkung der Berufung ggf. nicht mehr benötigt werden.
- Eine (umfangreiche) Berufungsbegründung wird sich dann nicht empfehlen, wenn nur die **Beweiswürdigung** der ersten Instanz angegriffen werden soll. Von der Glaubwürdigkeit von Zeugen muss sich das Berufungsgericht selbst einen Eindruck verschaffen. Der Verteidiger muss jedoch zumindest mitteilen, dass die in der ersten Instanz vernommenen Zeugen auf jeden Fall geladen werden sollen, um so deren Ladung zur Berufungs-HV sicherzustellen und die Verlesung von deren Vernehmungen zu vermeiden (→ *Berufungshauptverhandlung*, Rdn 582).

> 🖉 Bedarf die Berufung der Annahme (→ *Berufung, **Annahmeberufung***, Rdn 550), muss der Verteidiger die Berufung **auf jeden Fall begründen** und darlegen, warum die Berufung nicht offensichtlich unbegründet ist (*Meyer-Goßner/Schmitt*, § 317 Rn 1 [„dringend zu empfehlen"]; Beck-*Michalke*, S. 597). Dies zwingt das Berufungsgericht, sich mit den Angriffen gegen das Urteil des AG auseinanderzusetzen (BVerfG NStZ 2002, 43). Das kann insbesondere bei neuen Beweismitteln von Bedeutung sein.

565 3. Die **Begründungsfrist** beträgt nach § 317 **eine Woche**. Sie beginnt mit der → *Berufungsfrist*, Rdn 601, im Fall späterer Zustellung des angefochtenen Urteils gem. § 316 Abs. 2 spätestens mit Zustellung des Urteils. Da die Begründung der Berufung gesetzlich nicht vorgesehen ist, schadet eine Versäumung der Berufungsfrist jedoch nicht (vgl. KG VRS 122, 148). Das Gericht muss auch eine verspätet eingegangene Berufungsbegründung berücksichtigen (KG, a.a.O.; OLG Dresden OLG-NL 1998, 216; *Meyer-Goßner/Schmitt*, § 317 Rn 2). Das Gericht muss aber nicht nachfragen, ob mit einer Berufungsbegründung zu rechnen ist (BVerfG NJW 2002, 2940). Bei Fristversäumung kommt → *Wiedereinsetzung in den vorigen Stand*, Rdn 3464, **nicht** in Betracht (OLG Dresden, a.a.O.).

4. Der Verteidiger kann die Berufung **schriftlich** in einer Begründungsschrift, was in der Praxis die Regel sein dürfte, oder durch Erklärung zu Protokoll der Geschäftsstelle begründen. Die Ausführungen zur → *Berufungseinlegung*, Rdn 583, gelten entsprechend.

566

> Bei der Formulierung der Berufungsbegründung muss der Verteidiger darauf achten, dass er **nicht konkludent** eine **Beschränkung** vornimmt. Das könnte z.B. der Fall sein, wenn er nach unbeschränkt eingelegter Berufung dann nur zur Strafzumessung Stellung nimmt. Die Ausführungen bei → *Revision, Begründung, Allgemeines*, Rdn 2230, gelten entsprechend.

Siehe auch: → *Berufung, Allgemeines*, Rdn 541 m.w.N.

Berufungsbeschränkung

567

> **Das Wichtigste in Kürze:**
> 1. Die Berufung kann nach § 318 S. 1 auf bestimmte Beschwerdepunkte beschränkt werden.
> 2. Zulässig ist die Beschränkung nur, wenn sie sich auf solche bestimmte Beschwerdepunkte bezieht, die nach dem inneren Zusammenhang des Urteils losgelöst von seinem nicht angegriffenen Teil rechtlich und tatsächlich selbstständig beurteilt werden können, ohne eine Prüfung der Entscheidung i.Ü. erforderlich zu machen.
> 3. Nach Beginn der HV kann der Verteidiger gem. § 303 die Berufungsbeschränkung nur mit Zustimmung des StA erklären.
> 4. Die Beschränkungserklärung und die Zustimmung sind unwiderruflich und unanfechtbar und müssen dem Gericht gegenüber erklärt werden.
> 5. Erteilt während der Berufungshauptverhandlung der Vorsitzende den Rat, die Berufung auf den Rechtsfolgenausspruch zu beschränken, reicht das i.d.R. nicht, um damit die Besorgnis der Befangenheit zu begründen.

Literaturhinweise: Cierniak, Verschlechterungsverbot bei einer unbeschränkten Berufung des Angeklagten und bei einem auf den Rechtsfolgenausspruch beschränkten Rechtsmittel der Staatsanwaltschaft?, NStZ 2001,

568

B Berufungsbeschränkung

399; **Nobis**, Der Streit um die Einschränkung der Berufung ... und täglich grüßt das Murmeltier!, in: Festschrift 25 Jahre AG Strafrecht, 2009, S. 699; **Wankel**, Rechtsmittel- und Rechtsbehelfsbeschränkung in der StPO, JA 1998, 65; **Wenske**, Das Verständigungsgesetz und das Rechtsmittel der Berufung, NStZ 2015, 137; s.a. die Hinw. bei → *Berufung, Allgemeines*, Rdn 541.

569 1. Die Berufung kann nach § 318 S. 1 auf bestimmte Beschwerdepunkte beschränkt werden. Das ist, wenn die Berufung zunächst unbeschränkt eingelegt war, als (Teil-)Rücknahme auch **noch in** der **HV** möglich (zur Vollmacht s. Rdn 578 a.E.). Wegen der erheblichen Bedeutung der Berufungsbeschränkung (Teilrechtskraft!) ist darauf zu achten, dass eindeutige Erklärungen abgegeben werden.

✍ Ggf. lässt sich durch eine Berufungsbeschränkung, die die Einsicht des Angeklagten dokumentiert, auch die Aussetzung einer Freiheitsstrafe zur Bewährung erreichen. Der Umstand, dass der Angeklagte seine Berufung auf den Rechtsfolgenausspruch beschränkt hat, wird aber im Rahmen der **Strafzumessung** nicht losgelöst von seinem sonstigen Prozess- und Einlassungsverhalten betrachtet und pauschal mit einem „umfassenden Geständnis" gleichgesetzt (OLG Jena NStZ-RR 2014, 204).

Durch die Beschränkung oder durch eine Rücknahme kann der Verteidiger dem Angeklagten zudem **Gerichtskosten ersparen** (s. Nr. 3121 der Anlage 1 zu § 11 Abs. 1 GKG).

570 Der Erklärungsinhalt **nicht eindeutiger Erklärungen** wird durch Auslegung ermittelt (*Meyer-Goßner/Schmitt*, § 318 Rn 2; z.B. OLG Oldenburg NStZ-RR 2010, 56 für „auf das Strafmaß, insbesondere auf die Strafaussetzung zur Bewährung"; OLG Schleswig SchlHA 2011, 308 [Dö/Dr; für Rechtsmittel der StA]). Insoweit gilt der Grundsatz, dass hierbei nicht am Wortsinn zu haften, sondern nach dem aus den Willensäußerungen des Beschwerdeführers erkennbaren Sinn und Ziel des Rechtsmittels zu fragen ist (vgl. BGHSt 29, 359; KG StraFo 2012, 25; 2013, 289). Wenn das Rechtmittel aber ausdrücklich und eindeutig auf den Rechtsfolgenausspruch beschränkt wird, ist dieser Erklärung gegenüber ihrer Begründung der Vorrang einzuräumen, sodass dann für eine Auslegung kein Raum bleibt (vgl. BayObLG NStZ-RR 2000, 220 und 379; KG StraFo 2012, 25, 2013, 289). Das gilt auf jeden Fall für die Erklärungen der StA und des Verteidigers, bei denen aus Gründen der Rechtssicherheit ein strengerer Maßstab anzulegen ist als bei der Erklärung eines rechtlich unerfahrenen Angeklagten (vgl. BayObLG, a.a.O.; KG, a.a.O.; *Meyer-Goßner/Schmitt*, a.a.O.). Verbleibt nach einer Beschränkung einer zunächst unbeschränkt eingelegten Berufung nur ein den Angeklagten nicht beschwerender, sondern für ihn günstiger Teil der erstinstanzlichen Entscheidung, den er weder anfechten wollte noch konnte, kann die Teilrücknahme sinnvoll nur als vollständige Rücknahme ausgelegt und behandelt werden (OLG Celle, Beschl. v. 27.1.2015 – 1 Ws 510/14).

Berufungsbeschränkung   B

2. a) Der Verteidiger muss, bevor er die Berufung des Angeklagten auf den Rechtsfolgenausspruch oder ggf. auf einzelne Beschwerdepunkte innerhalb des Rechtsfolgenausspruchs (vgl. Rdn 574 ff.) beschränkt, **prüfen, ob** eine solche **Beschränkung** überhaupt **zulässig** ist. 571

Voraussetzung für eine **wirksame Berufungsbeschränkung** ist zunächst, dass überhaupt ein (wirksames) amtsgerichtliche Urteil vorliegt, wozu insbesondere gehört, dass dieses nach § 275 Abs. 2 S. 1 unterzeichnet ist (OLG Frankfurt am Main NStZ-RR 2010, 250 m.w.N.). Der Wirksamkeit steht es nicht entgegen, wenn bei einer Geldstrafe die Tagessatzhöhe nicht festgesetzt worden ist (BGH NStZ-RR 2013, 167 [Ci/Zi]). 572

b) Im Übrigen gilt folgender **Überblick** (wegen der Einzeln. s. *Meyer-Goßner/Schmitt*, § 318 Rn 5 ff. m.w.N.; Burhoff/Kotz/*Kotz*, RM, Teil A Rn 248 ff.):

aa) Zulässig ist die Beschränkung nur, wenn sie sich auf solche bestimmte Beschwerdepunkte bezieht, die nach dem inneren Zusammenhang des Urteils losgelöst von seinem nicht angegriffenen Teil rechtlich und tatsächlich selbstständig beurteilt werden können, ohne eine Prüfung der Entscheidung i.ü. erforderlich zu machen (st. Rspr. des BGH zur sog. **Trennbarkeitsformel**; u.a. BGHSt 41, 57; 47, 32; OLG Bamberg DAR 2015, 273; Urt. v. 24.1.2012 – 3 Ss 126/11; OLG Schleswig SchlHA 2011, 308 [Dö/Dr; für Wechselwirkung zwischen Bewährung und § 64 StGB], jeweils m.w.N.; zu allem a. vgl. die Nachw. bei *Meyer-Goßner/Schmitt*, § 318 Rn 6; Burhoff/Kotz/*Kotz*, RM, Teil A Rn 248, 264 ff.). Dazu gilt: 573

Allgemeine Fragen   574

- Jeder Angeklagte kann **unabhängig** von den Mitangeklagten selbstständig Berufung einlegen und bei mehreren Taten i.S.d. § 53 StGB diese auf eine oder mehrere beschränken (*Meyer-Goßner/Schmitt*, § 318 Rn 9 m.w.N.).
- Bei **mehreren selbstständigen Taten** i.S.d. § 53 StGB, die verfahrensrechtlich jedoch eine Tat i.S.d. § 264 bilden, ist die Beschränkung der Berufung ebenfalls grds. zulässig (BGHSt 24, 185; OLG Oldenburg zfs 2008, 702 [für Berufungsbeschränkung bei Unfallfahrt und nachfolgendem Entfernen vom Unfallort]; *Meyer-Goßner/Schmitt*, § 318 Rn 10 m.w.N. zu Ausnahmen). Allerdings ist bei einer Tat, die mit einer anderen Tat in Tateinheit steht, die Beschränkung der Berufung auf einen oder mehrere rechtliche Gesichtspunkte nicht zulässig (OLG Hamm NZV 2008, 164; zur Unwirksamkeit der Beschränkung auf das Konkurrenzverhältnis s.a. OLG Schleswig SchlHA 2011, 306 [Dö/DR]).
- Bei einer **Verurteilung** wegen **einer** Tat kann die Berufung nicht auf einzelne rechtliche Gesichtspunkte des Schuldspruchs beschränkt werden. Zur Schuldfrage gehört z.B. auch die Frage eines minderschweren Falls, wenn diese mit den Schuldfeststellungen untrennbar verknüpft ist, was häufig der Fall sein wird.
- Unzulässig ist auch die Beschränkung der Berufung auf die Frage der Anwendung von **Jugend-** oder **Erwachsenenstrafrecht** (*Eisenberg*, JGG, § 55 Rn 20 m.w.N.; u.a. OLG Celle NStZ-RR 2014, 229; LG Göttingen StraFo 2007, 382).

B Berufungsbeschränkung

> 🖉 **Keine Schuldfrage** ist die Frage der Anwendung des § 21 StGB (BGHSt 7, 283; *Meyer-Goßner/Schmitt*, § 318 Rn 14 m.w.N.). Ist allerdings nach den getroffenen Feststellungen nicht auszuschließen, dass der Angeklagte zum Zeitpunkt der Tatbegehung schuldunfähig (**§ 20 StGB**) war, ist eine Berufungsbeschränkung unzulässig/unwirksam (OLG Bamberg StRR 2015, 162 [Ls.]; OLG Hamm NStZ-RR 2008, 138; Beschl. v. 14.1.2014 – 3 RVs 97/13 m.w.N.; zur Wirksamkeit einer Berufungsbeschränkung, wenn im Urteil des AG weder eine Schuldunfähigkeit des Angeklagten noch seine erheblich verminderte Schuldfähigkeit erörtert wurden und das Berufungsgericht eine erheblich verminderte Schuldfähigkeit bejaht (OLG Hamm, Beschl. v. 21.10.2014 – 1 RVs 82/14).

- Die Berufungsbeschränkung ist schließlich nicht deshalb unzulässig, weil das AG das geltende Recht falsch angewendet hat. Eine **fehlerhafte Subsumtion** hindert die Beschränkung der Berufung also nicht (OLG Hamburg VRS 123, 88 [eine wie auch immer geartete Strafbarkeit reicht]; OLG Hamm StraFo 2008, 247; OLG Koblenz NStZ-RR 2008, 120). Das gilt jedoch nicht, wenn gegen den Angeklagten eine Strafe gar nicht hätte verhängt werden können, weil nach den getroffenen Feststellungen eine Straftat überhaupt nicht vorliegt und die fragliche Tat allenfalls als OWi geahndet werden kann (OLG Koblenz, a.a.O.).

575 Rechtsfolgenausspruch

- **Grds. zulässig** ist auch die Beschränkung auf den **Rechtsfolgenausspruch** (st. Rspr.; vgl. u.a. BGHSt 33, 59 m.w.N.; s.a. BGH NStZ-RR 2000, 13 [Gesamtstrafenausspruch]), wenn das angefochtene Urteil seine eigenständige Prüfung ermöglicht (u.a. OLG Bamberg zfs 2013, 289; OLG Frankfurt am Main NStZ-RR 2013, 219; OLG Jena NStZ-RR 2015, 181 [Beschränkung auf Höhe des Tagesatzes einer Gesamtgeldstrafe]). Die Beschränkung der Berufung auf den Rechtsfolgenausspruch kann nicht mit der Begründung erfolgen, dass sich die niedrigere Strafe aus einer anderen rechtlichen Würdigung des festgestellten Sachverhalts ergeben soll (OLG Frankfurt am Main StraFo 2003, 383). In dem Fall muss eine Überprüfung des Urteils im Ganzen erfolgen. Im Einzelnen:

- **Innerhalb** des **Rechtsfolgenausspruchs** sind weitere **Beschränkungen** auf abtrennbare Teile grds. **möglich** (*Meyer-Goßner/Schmitt*, § 318 Rn 18 m.w.N.).
    - Das ist insbesondere von Bedeutung im Hinblick auf die Frage der Strafaussetzung von **Bewährung** (§ 56 StGB; vgl. dazu u.a. BGHSt 47, 32 m.w.N.; OLG Bamberg DAR 2015, 273; Urt. v. 24.1.2012 – 3 Ss 126/11; OLG Brandenburg NStZ-RR 2007, 196 [Gesamtstrafenlage steht nicht entgegen]; OLG Düsseldorf StV 2001, 334 [Ls.]; OLG Frankfurt am Main NStZ-RR 2013, 219; OLG Hamburg VRS 123, 88; OLG Hamm, Beschl. v. 17.6.2014 – 2 RVs 17/14; OLG Nürn-

berg StraFo 2007, 339; zur Unwirksamkeit der Berufungsbeschränkung allein auf die Frage der Strafaussetzung bei kurzen Freiheitsstrafen i.S. des § 47 Abs. 2 S. 1 StGB OLG Dresden StV 2013, 11).
- In Verkehrsstrafsachen spielt die Frage im Hinblick auf die Entscheidung über die Entziehung der **Fahrerlaubnis** nach §§ 69 f. StGB eine Rolle (BayObLG NZV 1991, 397 [i.d.R. nicht]; s. aber OLG Stuttgart NStZ-RR 1997, 178; OLG Dresden NStZ-RR 2005, 385 [Ls.]; BayObLG NZV 2005, 592 [nicht auf eine Ausnahme nach § 69a Abs. 2 StGB]; OLG Nürnberg, a.a.O. [zur Wechselwirkung zwischen Strafaussetzung zur Bewährung und einer isolierten Sperrfrist nach § 69a StGB]; zur isolierten Sperrfrist OLG Frankfurt am Main NStZ-RR 2014, 220).
- Grds. kann/**muss** auch die unterbliebene Anordnung der Maßregel der **Unterbringung** gem. § 64 StGB von der Berufung ausgenommen werden (vgl. BGHSt 38, 362; NStZ-RR 2013, 193 [Ci/Zi]; 2014, 58 und die Nachw. bei *Meyer-Goßner/Schmitt*, § 318 Rn 24 zur vergleichbaren Rechtslage bei § 63 StGB).

> ✍ Die Frage muss der Verteidiger **sorgfältig prüfen**. Denn die Nachholung einer im Zweifel vom Angeklagten nicht gewünschten Unterbringungsanordnung ist nicht deshalb ausgeschlossen, weil allein der Angeklagte Berufung eingelegt hat (§ 358 Abs. 2 S. 3). Der Umstand, dass die Nichtanordnung der Unterbringung in einer Entziehungsanstalt den Angeklagten nicht beschwert, hindert das Berufungsgericht nicht, auf eine zulässig erhobene – und die Nichtanwendung des § 64 StGB nicht ausdrücklich vom Angriff ausnehmende (vgl. BGHSt 38, 362) Berufung des Angeklagten das Urteil insoweit aufzuheben, wenn eine Prüfung der Maßregel unterblieben ist, obwohl die tatrichterlichen Feststellungen dazu gedrängt haben (st. Rspr.; vgl. nur BGH NStZ-RR 2013, 193 [Ci/Zi]; NStZ-RR 2014, 58; BGH, Beschl. v. 23.7.2013 – 3 StR 205/13; Beschl. v. 3.9.2013 – 3 StR 232/13).

- Schließlich kann grds. auch der **Gesamtstrafenausspruch** Gegenstand einer Beschränkung sein (BGH NStZ-RR 2012, 288; OLG Frankfurt am Main NStZ-RR 2014, 220), und zwar auch dann, wenn gleichzeitig die Verhängung einer isolierten Sperrfrist angefochten wird (OLG Frankfurt am Main).
- Die Beschränkung ist aber dann **nicht möglich**, wenn die **Feststellungen** zur Tat so **knapp**, **unvollständig**, **unklar** oder widersprüchlich sind, dass sie keine hinreichende Grundlage für die Prüfung der Rechtsfolgenentscheidung bilden (st. Rspr. aller Obergerichte; s. die zahlr. Nachw. bei *Meyer-Goßner/Schmitt*, § 318 Rn 16; Burhoff/Kotz/*Kotz*, RM, Teil A Rn 277 m.w.N.). Da hilft dann auch keine Verweisung auf den Anklagesatz (OLG Braunschweig StraFo 2008, 247). Hinzuweisen ist hier auf folgende

| B | Berufungsbeschränkung |

576 Rechtsprechungsbeispiele

- **Beleidigung** (eines Polizeibeamten) (OLG Bamberg, Beschl. v. 25.11.2013 – 3 Ss 114/13),
- **BtM-Verfahren** (BayObLG NStZ-RR 1998, 55; StV 2001, 335; KG NStZ-RR 2012, 289 [Ls.]; OLG Bamberg, Urt. v. 5.3.2013 – 2 Ss 135/12; OLG Hamm, Beschl. v. 31.3.2009 – 1 Ss 111/09; OLG Oldenburg NStZ-RR 1996, 77; 2008, 117; OLG Schleswig SchlHA 2006, 264 [Dö/Dr]),
- **Bewährungsentscheidung** (OLG Bamberg, Urt. v. 24.1.2012 – 3 Ss 126/11; OLG Hamburg StV 2000, 608; NStZ-RR 2006, 18),
- **Betrug** (OLG Brandenburg, Beschl. v. 10.2.2010 – 53 Ss 225/09; Beschl. v. 15.3.2012 – 2–70/11 REV; OLG Hamm, Beschl. v. 17.6.2014 – 2 RVs 17/14),
- (Nachschlüssel)**Diebstahl** (OLG Hamm NStZ-RR 2001, 300; StraFo 2014, 465),
- **Erschleichen** von **Leistungen** (§ 265a StGB) (OLG Hamm NJW 2012, 1239).
- **Fahren ohne Fahrerlaubnis** (§ 21 StVG) (OLG Bamberg DAR 2013, 585; OLG Koblenz NZV 2013, 411; OLG München StraFo 2008, 210; DAR 2008, 533),
- **Raub** (§ 249 StGB) (OLG Saarbrücken NStZ 1997, 149),
- **Trunkenheitsfahrt** (OLG Bamberg zfs 2013, 289; DAR 2015, 273; OLG Dresden, Urt. v. 13.10.2003 – 2 Ss 228/03; OLG München VRR 2012),
- **Unterhaltspflichtverletzung** (BayObLG NStZ-RR 2000, 305),
- **Umsatzsteuerhinterziehung** (BayObLG NStZ 1999, 39),
- **Widerstand** gegen Vollstreckungsbeamte (OLG Dresden StV 2013, 11),
- Frage der **Zahlungsunfähigkeit** i.S.d. § 283 StGB (]; OLG Köln StraFo 2006, 28).

In der Praxis sind vor allem auch die Fälle von Bedeutung, in denen das AG die **Schuldform** nicht festgestellt hat (OLG Düsseldorf VRS 89, 218; OLG Hamm NJW 2012, 1239; OLG Oldenburg StV 2009, 133 [Ls.; für Vorsatzform) oder die Frage der **Schuldfähigkeit** nicht geprüft worden ist, obwohl Anlass dazu bestand (s. z.B. OLG Köln StraFo 1998, 120; s.a. BGHSt 46, 257).

577 3. Nach Beginn der **HV** kann der Verteidiger gem. § 303, der auch für die Teilrücknahme gilt (*Meyer-Goßner/Schmitt*, § 303 Rn 1 m.w.N.), die Berufungsbeschränkung nur mit **Zustimmung** des **StA** erklären (OLG Frankfurt am Main NStZ-RR 1997, 45). Zum Begriff „Beginn der HV" gilt das bei → *Aufruf der Sache*, Rdn 341, Ausgeführte entsprechend. Die Zustimmungserklärung des StA ist formfrei und kann deshalb auch konkludent abgegeben werden (OLG Hamm StRR 2010, 42 [Ls.]). Das Schweigen des Sitzungsvertreters der StA kann für sich allein aber nicht als konkludente Zustimmung zu einer in der Berufungs-HV erklärten Rechtsmittelbeschränkung gewertet werden. Eine solche (konkludente) Zustimmung wird von der Rspr. (OLG Hamm, a.a.O.) allenfalls dann angenommen werden, wenn zweifelsfrei erkennbar war, dass die HV nach einer Beschränkung auf den Rechtsfolgenausspruch allein noch zum Strafausspruch fortgeführt wurde.

👉 Ist der Angeklagte (noch) nicht entschlossen, die Berufung auf jeden Fall unbeschränkt durchzuführen, empfiehlt es sich, **vor Beginn** der HV mit dem anwesenden StA und/oder dem Gericht die **Erfolgsaussichten** der Berufung zu erörtern und abzuklären, ob jetzt noch die Möglichkeit besteht, das Verfahren gem. § 153 bzw. § 153a einzustellen. Eine (rechtzeitige) Berufungsbeschränkung wird i.d.R. strafmildernd berücksichtigt (vgl. a. OLG München NJW 2006, 1985 [auch dann, wenn die Beschränkung unwirksam ist]).

4.a) Die Beschränkungserklärung und die Zustimmung sind **unwiderruflich** und **unanfechtbar** und müssen dem Gericht gegenüber erklärt werden. Die Zustimmung muss nicht unbedingt ausdrücklich erklärt werden, sondern kann sich auch aus schlüssigen Handlungen ergeben (OLG Hamm StRR 2010, 42 [Ls.; für Zustimmung der StA]; *Meyer-Goßner/Schmitt*, § 303 Rn 4 m.w.N.). 578

b) Die Beschränkungserklärung ist **unwirksam**, wenn sie aufgrund eines **Irrtums** abgegeben wird, der vom Gericht verursacht worden ist (KK-*Paul*, § 302 Rn 13 m.w.N.). Das kann z.B. der Fall sein, wenn Angeklagter und Verteidiger aufgrund des Verhaltens des Vorsitzenden – zu Unrecht – davon ausgehen, dass ein Geständnis zu einer Strafmaßreduzierung führe (OLG Stuttgart MDR 1996, 90 m.w.N.). Entsprechendes gilt, wenn die Rechtsmittelbeschränkung dem Angeklagten „**abgenötigt**" wurde (OLG Dresden StV 2010, 29 [für Abgabe der Erklärung vom inhaftierten Angeklagten nur deshalb, weil er seine sofortige Freilassung anders nicht erreichen konnte]). Die Beschränkung ist auch dann **unwirksam**, wenn sie bei **notwendiger Verteidigung** von einem anwaltlich nicht vertretenen Angeklagten abgegeben wurde (s. schon OLG Hamm NJW 1973, 381; OLG Köln StV 1998, 645; vgl. a. OLG Dresden StraFo 2015, 149 für Beschränkung des Einspruchs gegen den Strafbefehl; zu allem a. → *Berufungsrücknahme*, Rdn 659; → *Rechtsmittelverzicht*, Rdn 2196). 579

Zunehmend spielen auch die Fragen der **Verständigung/Absprache** eine Rolle (→ *Absprachen/Verständigung mit Gericht und Staatsanwaltschaft*, Rdn 137). Das KG hat zum alten Recht eine Berufungsbeschränkung, die auf Anregung des Gerichts und nach Abschluss einer Verständigung/Absprache und Zusagen einer bestimmten Strafe, erfolgte, als unwirksam angesehen (vgl. KG NStZ-RR 2004, 175). Das OLG München hat – ebenfalls zum alten Recht – eine Berufungsbeschränkung im Rahmen einer Verständigung/Absprache, an der die StA nicht beteiligt war, hingegen nicht als unwirksam angesehen (vgl. OLG München NJW 2006, 1985). Nach Inkrafttreten des § 257c geht die obergerichtliche Rspr. davon aus, dass eine (nachträglich) Berufungsbeschränkung kann Gegenstand einer Verständigung sein kann (OLG Karlsruhe NStZ 2014, 536). Gestritten wird allerdings um die Wirksamkeit in den Fällen unzureichender Dokumentation. Das OLG Stuttgart (StV 2014, 307 mit Anm 580

Deutscher StRR 2014, 309) hat in den Fällen eine von Amts wegen zu prüfende Unwirksamkeit der Beschränkung angenommen (ebenso bei Verstößen gegen § 257c KG StV 2014, 654, 655 m. Anm. *Hanschke* StRR 2012, 381; OLG München StV 2014, 79, 80 m. Anm. *Deutscher* StRR 2013, 427). A.A. ist das OLG Hamburg (NStZ 2014, 534 m. Anm. *Deutscher* StRR 2014, 496), das eine entsprechend begründete Verfahrensrüge, z.b. wegen eines Verstoßes gegen die Mitteilungspflicht nach § 243 Abs. 4 S. 2 verlangt (zust. *Deutscher*, a.a.O.; zu allem eingehend *Wenske* NStZ 2015, 137 ff.).

581 c) Der **Verteidiger**, auch der Pflichtverteidiger, bedarf für eine wirksame Beschränkung der von ihm eingelegten Berufung ebenso wie für die des Angeklagten nach § 302 Abs. 2 einer **ausdrücklichen Ermächtigung** (s. dazu → *Berufungsrücknahme*, Rdn 666; OLG Koblenz NStZ-RR 2001, 247; OLG Hamm, Beschl. v. 12.2.2008 – 3 Ss 514/07). Wird die Rücknahme in der HV im Beisein des Angeklagten erklärt, kann aber i.d.R. davon ausgegangen werden, dass der Angeklagte, wenn er der Erklärung nicht widerspricht, die Rücknahme **billigt** (OLG Koblenz, a.a.O.; KK-*Paul*, § 302 Rn 22 m.w.N.).

✍ Eine ggf. vor der HV abgegebene, unwirksame Rücknahmeerklärung kann in der HV **wiederholt** werden (OLG Koblenz, a.a.O.).

582 5. Erteilt während der → *Berufungshauptverhandlung*, Rdn 619, der **Vorsitzende** den **Rat**, wegen geringer Erfolgsaussichten hinsichtlich der Schuldfrage, die Berufung auf den Rechtsfolgenausspruch zu **beschränken**, reicht das i.d.R. **nicht**, um damit die Besorgnis der **Befangenheit** zu begründen (→ *Berufungsrücknahme*, Rdn 670).
Siehe auch: → *Berufung, Allgemeines*, Rdn 541 m.w.N.; → *Berufungshauptverhandlung*, Rdn 619; → *Berufungsrücknahme*, Rdn 652; → *Berufungsverwerfung wegen Ausbleibens des Angeklagten*, Rdn 691.

583 Berufungseinlegung

> **Das Wichtigste in Kürze:**
> 1. Nach § 314 Abs. 1 muss die Berufung beim Gericht des ersten Rechtszuges, also dem AG als dem sog. iudex a quo, eingelegt werden.
> 2. Als Form, in der die Berufung eingelegt werden kann, nennt § 314 Abs. 1 die Erklärung zu Protokoll der Geschäftsstelle oder die Schriftform. In der Praxis häufig ist heute die Einlegung per Telefax.
> 3. Die Berufungseinlegung hat in deutscher Sprache zu erfolgen.
> 4. Bei der Einlegung der Berufung ist die Berufungsfrist zu beachten.
> 5. Der Verteidiger sollte in der Berufungsschrift auf jeden Fall AE oder zumindest die Übersendung des Protokolls der HV erster Instanz beantragen.

Literaturhinweise: Cziongalla, E-Mail-Sicherheit/Signatur-Anträge ohne Unterschrift?, StraFo, 2001, 257; **Dieckmann**, Elektronischer Rechtsverkehr, Die Kanzlei 06/2002, 9; **Engels**, Berufung per SMS-To-Fax-Service, ITRB 2013, 77; **Goebel**, Der Einsatz moderner Kommunikationsmittel im Prozess, PA 2002, 91; **Hammer**, Rechtsverbindliche Telekooperation, Sicherungsanforderungen der Rechtspflege, CR 1992, 435; **Hartmann**, Wahren E-Mails an das BVerfG und an die Fachgerichte die Form?, NJW 2006, 1390; **Köbler**, Schriftsatz per E-Mail – Verfahrensrechtliche Fallen, MDR 2009, 357; **Mertens/Daners**, Der Zugang von E-Mails im Rechtsverkehr, ZAP F. 2, S. 553; **Pape/Notthoff**, Prozeßrechtliche Probleme bei der Verwendung von Telefax, NJW 1996, 417; **Schwachheim**, Abschied vom Telefax im gerichtlichen Verfahren?, NJW 1999, 621; **Viefhues**, Das Gesetz über die Verwendung elektronischer Kommunikationsformen in der Justiz, NJW 2005, 1009; **Wirges**, Prozessuales Schriftformerfordernis und Einsatz des Computerfaxes, AnwBl. 2002, 88; s.a die Hinw. bei → *Berufung, Allgemeines*, Rdn 541.

584

Für die Einlegung der Berufung gelten die Ausführungen bei → *Revision, Einlegung, Allgemeines* Rdn 2361, **entsprechend**. Auf diese kann daher zur Ergänzung verwiesen werden.

1.a) Nach § 314 Abs. 1 muss die Berufung beim Gericht des ersten Rechtszuges, also dem AG als dem sog. **iudex a quo**, eingelegt werden. Wird die Berufung entgegen § 314 Abs. 1 beim Berufungsgericht eingelegt, ist die Einlegung grds. nur wirksam, wenn die Berufungsschrift noch innerhalb der → *Berufungsfrist*, Rdn 601, beim AG eingeht (OLG Düsseldorf NJW 1983, 2400 [Ls.]; *Meyer-Goßner/Schmitt*, § 314 Rn 4; HK-*Rautenberg*, § 314 Rn 2). Etwas anderes gilt, wenn AG und Berufungsgericht und/oder StA eine gemeinsame Briefannahmestelle haben und die Berufungsschrift dort rechtzeitig eingeht (BGH NJW 1961, 361). Wird allerdings von dieser aufgrund falscher Adressierung die Berufungsschrift an die falsche Anschrift weitergeleitet und erreicht sie deshalb das AG erst verspätet, ist das Rechtsmittel verspätet (h.M.; zuletzt u.a. BGH NJW 1983, 123; OLG Frankfurt am Main NJW 1988, 2812; OLG Hamm NStZ 2009, 472 [Ls.]; zu allem a. KK-*Paul*, § 314 Rn 4 m.w.N. a. zur a.A.; a.A. a. wohl *Dahs*, Rn 829).

585

Die Einlegung der Berufung kann **nicht** von einer **Bedingung abhängig** gemacht werden (BGH NStZ 2014, 55 [für Abhängigmachen von einer Revision der StA]: BGH NStZ-RR 2008, 49 [für Abhängigmachen der Revision von der Bewilligung von PKH]). Das Rechtsmittel kann auch erst nach Erlass des angefochtenen Urteils eingelegt werden (OLG Jena NStZ-RR 2012, 180).

b) Eine **Ausnahme** vom Grundsatz des § 314 macht die StPO für den **verhafteten Angeklagten**. Dieser kann nach § 299 die Berufung zu Protokoll der Geschäftsstelle des AG erklären, in dessen Bezirk die Anstalt liegt, in der er „verwahrt" wird. § 299 gilt nur für den inhaftierten Angeklagten, also nicht für dessen Verteidiger, und auch nur, wenn er seine Berufung zu Protokoll der Geschäftsstelle einlegen will. Legt der verhaftete Angeklagte die Berufung schriftlich ein, gilt der Grundsatz des § 314 Abs. 1 (zuletzt BGH NStZ 1997, 560; wegen der Einzelh. s. die Erl. bei *Meyer-Goßner/Schmitt*, § 299 Rn 1 ff.).

586

| **B** | **Berufungseinlegung** |

🕮 Es ist **nicht erforderlich**, dass sich der Angeklagte in der **Sache** in **Haft** befindet, in der **Berufung** eingelegt werden soll (*Meyer-Goßner/Schmitt*, § 299 Rn 3).

587 2. Als **Form**, in der die Berufung eingelegt werden kann, nennt § 314 Abs. 1 alternativ die Erklärung zu Protokoll der Geschäftsstelle und die Schriftform. Für den Verteidiger wird die Erklärung zu Protokoll der Geschäftsstelle i.d.R. nur dann Bedeutung erlangen, wenn sein Mandant bereits in dieser Weise Berufung eingelegt hat und ihn erst dann beauftragt. Dann wird er deren Formwirksamkeit ebenso überprüfen (müssen) wie ggf. eine unmittelbar vom Mandanten bereits schriftlich eingelegte Berufung (vgl. dazu Rdn 588 f.).

a) Für die Überprüfung der Formwirksamkeit der durch den **Mandanten eingelegten Berufung** gilt folgendes:

588 **Mandant hat schriftlich Berufung eingelegt**

- Es gelten die **allgemeinen Regeln** zur Schriftform (vgl. dazu *Meyer-Goßner/Schmitt*, Einl. Rn 128 ff. m.w.N.). D.h., aus der Berufungsschrift des Mandanten müssen sich der Inhalt der Erklärung, also die Anfechtung des erstinstanzlichen Urteils und die Person des Erklärenden, also des Mandanten, zweifelsfrei ergeben (zur Einhaltung der Schriftform, wenn ein Schreiben per Fax nur unvollständig übermittelt worden ist, LG Düsseldorf StraFo 2012, 180).

- Der Mandant muss die Berufungsschrift **nicht unbedingt eigenhändig** unterschrieben haben (zuletzt BVerfG NJW 2002, 3534 [für Einspruch gegen den Strafbefehl]; BGH NStZ 2002, 558; *Meyer-Goßner/Schmitt*, a.a.O.). Es muss aber feststehen, dass es sich nicht nur um einen Entwurf gehandelt hat, sondern dass das Schriftstück mit Wissen und Wollen des Mandanten an das Gericht geleitet worden ist (OLG Nürnberg NStZ-RR 2008, 316; OLG Oldenburg NJW 2009, 536; LG Düsseldorf, a.a.O.). Ausreichend kann insoweit ein (mit Telefax) übermitteltes Schreiben sein, das den Namen und die Anschrift des Absenders trägt, aber keinen das Schreiben abschließenden Namenszug (OLG Nürnberg, a.a.O.; zu eng allerdings m.E. OLG Oldenburg, a.a.O., für ein Schreiben, das zwar keine Bezugnahme auf das Urteil enthält, der Text aber immerhin aus dem Wort „Berufung" besteht).

589 **Mandant hat zu Protokoll der Geschäftsstelle** eingelegt (vgl. wegen weiterer Einzelh. *Meyer-Goßner/Schmitt*, Einl. Rn 131 ff.)

- Der Mandant muss entweder selbst oder durch einen Bevollmächtigten (gesetzlicher Vertreter!; zur Vertretung s. KK-*Paul*, § 314 Rn 9 m.w.N.) vor dem Urkundsbeamten der Geschäftsstelle eine **Erklärung** dahin abgegeben haben, dass er das gegen ihn ergangene Urteil anfechten will.

> Der Urkundsbeamte kann die Niederschrift auch unmittelbar nach der Urteilsverkündung in das **Sitzungsprotokoll** aufnehmen (vgl. BGHSt 31, 109 [für die Revision]). An der Beweiskraft des Protokolls (§ 274) nimmt die Niederschrift aber nicht teil (LR-*Gössel*, § 314 Rn 5).

- Diese Erklärung muss der Urkundsbeamte in eine **Niederschrift** aufnehmen und unterschreiben. Diese Niederschrift muss Ort und Tag enthalten, die Person des Erklärenden bezeichnen und die Erklärung mitteilen. Aus der Erklärung muss sich außerdem entnehmen lassen, welches Urteil mit der Berufung angefochten werden soll.
- Hinsichtlich der **Zuständigkeit** gilt die Beschränkung des § 24 Abs. 1 Nr. 1 und 2 RPflG nicht für die Einlegung der Berufung. Nur wenn die Berufung zugleich begründet wird, soll Urkundsbeamter der Geschäftsstelle ein Rechtspfleger sein.

b) Der **Verteidiger** selbst wird die **Berufung** i.d.R. in der **Schriftform** einlegen. 590

aa) Insoweit gelten ebenfalls die **allgemeinen Regeln** zur Schriftform (vgl. dazu *Meyer-Goßner/Schmitt*, Einl. Rn 128 ff. m.w.N.). D.h., aus der Berufungsschrift müssen sich der Inhalt der Erklärung, also die Anfechtung des erstinstanzlichen Urteils und die Person des Erklärenden, zweifelsfrei ergeben (s. das Muster u. bei Rdn 600). Aus Letzterem folgt, dass die Berufungsschrift **nicht unbedingt eigenhändig** unterschrieben sein muss (zuletzt BVerfG NJW 2002, 3534 [für Einspruch gegen den Strafbefehl]; BGH NStZ 2002, 558; LG Düsseldorf StraFo 2012, 180; *Meyer-Goßner/Schmitt*, a.a.O.). Der Gebrauch eines Namensstempels kann ausreichen, solange der Urheber der Berufungsschrift unzweifelhaft zu erkennen ist (vgl. KK-*Paul*, § 314 Rn 10 m.w.N. aus der Rspr.; vgl. u.a. für Faksimilestempel OLG Brandenburg, Beschl. v. 13.6.2005 – 1 Ss OWi 106 B 05 [bei Rechtsbeschwerdeeinlegung]; OLG Hamm StRR 2015, 42 [Ls.; Strafantrag]). Auch soll die Berufungseinlegung der StA ohne Unterschrift und ohne Beglaubigungsvermerk grds. die erforderliche Schriftform wahren (OLG Karlsruhe NStZ-RR 2015, 19). Schließlich wird die auch durch Übermittlung der Berufungsschrift mittels des **„SMS-to-Fax-Service"** gewahrt (OLG Brandenburg StraFo 2013, 212), und zwar auch von der Mutter des Angeklagten (zur Berufung per SMS-To-Fax-Service *Engels* ITRB 2013, 77). 591

> Es ist aber, schon um Zweifel an der Urheberschaft gar nicht erst aufkommen zu lassen, dringend die **eigenhändige Unterschrift** des Verteidigers zu **empfehlen**.

bb) Die Frage, ob **andere Formen** der Berufungseinlegung die Voraussetzungen der „Schriftform" erfüllen, lässt sich wie folgt beantworten:

Telefon/Telegramm 592

- Die telefonische Berufungseinlegung erfüllt die Schriftform nach allg. Meinung **nicht**, sie ist daher **unzulässig** (vgl. u.a. BGHSt 30, 64; BGH NJW-RR 2009, 892 [für Zivilverfahren]; KK-*Paul*, § 314 Rn 11; *Meyer-Goßner/Schmitt*, Einl. Rn 140; a.A. LG Münster NJW 2005, 166).

☞ Fraglich ist, ob eine telefonische Berufungseinlegung die Voraussetzungen für die Einlegung zu **Protokoll** der **Geschäftsstelle** erfüllt. Dies wird von der h.M. abgelehnt (vgl. BGHSt 30, 64; s.a. OLG Hamm DAR 1995, 457 [für Begründung der Rechtsbeschwerde]; KK-*Paul*, a.a.O.; *Meyer-Goßner/Schmitt*, a.a.O., jew. m.w.N.; s. aber BGHSt 29, 173, wonach der BGH diese Frage für den Bereich des Bußgeldverfahrens bejaht hat). Der h.M. ist m.E. zuzustimmen, da durch diese Form der Einlegung vor allem nicht die Identität des Erklärenden geprüft werden kann.

■ In der Praxis heute kaum noch gebräuchlich ist die Einlegung der Berufung durch **Telegramm**. Insoweit wird angenommen, dass diese Form ausreicht, wenn das Ankunftstelegramm rechtzeitig bei der zuständigen Empfangsstelle eingeht (vgl. dazu BGHSt 30, 64; KK-*Paul*, § 314 Rn 12, jew. m.w.N.).

593 Telefax/Computerfax

■ Die Übermittlung der Berufungsschrift durch **Telefax** wird **grds.** als **zulässig** und wirksam angesehen (vgl. u.a. BGH NJW 1995, 665 m.w.N. [für das Zivilverfahren]; OLG Düsseldorf NJW 1995, 671; OLG Frankfurt am Main NStZ-RR 2001, 375; OLG Karlsruhe NJW 1986, 2773; OLG Nürnberg NStZ-RR 2008, 316; *Schneider* ZAP F. 13, S. 423). Nach zutreffender Auffassung des BVerfG (vgl. NJW 2002, 3534 m.w.N.; s.a *Meyer-Goßner/Schmitt*, Einl. 128) reicht auch ein nicht unterschriebenes Fax aus, wenn der **Absender** hinreichend **sicher erkennbar** ist (s.a. OLG München NJW 2003, 3429). Das Telefax muss bis zum **Ablauf** der **Frist vollständig** bei der Annahmestelle ausgedruckt sein (BGH NJW 1994, 2097; BayObLG NJW 1995, 668).

☞ Aus dem sog. **OK-Vermerk** auf dem Absendeprotokoll lässt sich nicht ohne Weiteres entnehmen, dass die Datenübertragung nicht an technischen Problemen gescheitert und das Telefax zugegangen ist (BGH NJW 1995, 665, 666 [auch kein Anscheinsbeweis]; KG NStZ-RR 2007, 24). Deshalb sollte der Verteidiger auf jeden Fall **nachfragen**, ob sein Rechtsmittel **eingegangen** ist. Auch wird es sich – nach wie vor – empfehlen, den Rechtsmittelschriftsatz im Original nachzusenden. Zwar ist das an sich nicht erforderlich (BGH NJW 1993, 3141), dadurch können jedoch Fehler bei der Übermittlung des Telefaxes korrigiert werden und damit ggf. die Berufung doch noch fristgemäß eingehen.

Auch sollte bei Einlegung durch **Fax** kurz vor Fristablauf eingelegt ein über die zu erwartende Übermittlungsdauer des Einlegungsschriftsatzes hinausgehender **zeitlicher Sicherheitszuschlag** von 20 Minuten einkalkuliert werden, um die Rechtzeitigkeit des Eingangs zu wahren (BVerfG StRR 2014, 181 m. Anm. *Burhoff*).

⚓ Nach allg. Meinung dürfen **technisch bedingte Übermittlungsfehler** nicht zulasten des Absenders gehen (BVerfG NJW 1996, 2857; so wohl a. OLG Oldenburg NJW 1992, 2906 [für unleserlichen, durch Telefax übermittelten Schriftsatz mit einem Beweisantrag]).

■ Inzwischen ist es wohl h.M., dass die Berufungseinlegung **auch** per **Computer-Fax** mit eingescannter Unterschrift erfolgen kann. Insoweit war die obergerichtliche **Rspr.** in der Vergangenheit nicht einheitlich (s. einerseits BSG NJW 1997, 1254 und BVerwG NJW 1995, 2121; andererseits BGH NJW 1998, 3649; dazu *Schwachheim* NJW 1999, 621 f.). Nachdem jedoch der gemeinsame Senat der obersten Bundesgerichte entschieden hat, dass die elektronische Übertragung einer **Textdatei** mit **eingescannter Unterschrift** auf ein Faxgerät des Gerichts den Anforderungen an die Schriftform **genügt** (s. NJW 2000, 2340), wird diese Form der Rechtsmitteleinlegung als zulässig angesehen (s.a. BVerfG NJW 2002, 3534 [für den Einspruch gegen den Strafbefehl]; OLG Frankfurt am Main NStZ-RR 2001, 375; *Meyer-Goßner/Schmitt*, Einl. Rn 139 a.E.). Allerdings muss die Datei dann innerhalb der Frist vollständig eingegangen sein (LG Gießen, Beschl. v. 20.5.2015 – 802 Js 38909/14).

Elektronisches Dokument 594

■ Nach dem durch das JKomG eingeführten § 41a kann die Berufungseinlegung auch durch ein sog. **elektronisches Dokument** erfolgen, wenn dieses mit einer qualifizierten elektronischen Signatur nach dem SigG versehen oder für dieses in einer Rechtsverordnung ein anderes sicheres Zugangsverfahren zugelassen worden ist (LG Limburg NStZ-RR 2014, 113 [auch wenn im Schriftsatz selbst eine andere Email-Adresse angegeben ist]; vgl. wegen der Einzelh. *Meyer-Goßner/Schmitt*, § 41a Rn 1; *Vießhues* NJW 2005, 1015). Nach § 41a Abs. 1 S. 4 hat eine Rückmeldung beim Absender zu erfolgen, wenn das elektronische Dokument zur Bearbeitung nicht geeignet ist. Eingangszeitpunkt ist die Aufzeichnung durch die von der Justiz bestimmte Einrichtung (§ 41a Abs. 1 S. 3). Für die Weiterbearbeitung ist unverzüglich ein Ausdruck zu fertigen.

Email 595

■ Ob die **Berufungseinlegung** auch per **E-Mail** erfolgen kann, ist fraglich (zum elektronischen Rechtsverkehr s.a. *Dieckmann*, Die Kanzlei 6/2002, 9). In der Konsequenz der Entscheidung des gemeinsamen Senats müsste das an sich **grds. zulässig** sein. So wird das auch in der Lit. (vgl. Göhler/*Seitz*, § 67 Rn 22a; KK-OWiG-*Ellbogen*, § 67 Rn 65) für den Einspruch gegen den Bußgeldbescheid gesehen und die Einlegung per E-Mail zumindest dann als zulässig angesehen, wenn eine E-Mail-Adresse angegeben worden ist (s.a. Burhoff/*Gieg*, OWi, Rn 1055; a.A. LG Fulda zfs 2013, 352]; zum Eingang

B Berufungseinlegung

von E-Mail-Sendungen bei Gericht *Bacher* MDR 2002, 669 [Eingang, wenn das Gericht tatsächliche Verfügungsgewalt erlangt hat]; **a.A.** *Hartmann* NJW 2006, 1390; MAH-*Chasklowicz/Seitz*, § 11 Rn 25). Etwas anderes folgt m.E. nicht aus dem neu geschaffenen § 41a. Die Formulierung „schriftlich abzufassen oder zu unterzeichnen" ist nach der Gesetzesbegründung gerade im Hinblick auf die o.a. obergerichtliche Rspr. zur Frage der Unterzeichnung gewählt, sodass daraus nicht der Schluss gezogen werden kann, dass nur noch der Weg nach § 41a offensteht. Der Gesetzgeber hat es zudem ausdrücklich der Rspr. überlassen, ob die zur elektronischen Übermittlung schriftlich abzufassender Erklärungen entwickelten Grundsätze fortgelten (BT-Drucks 15/4067, S. 44). Daher wird man, wenn man bislang eine E-Mail als zulässig angesehen hat, dies auch weiterhin vertreten können (s.a. Göhler/*Gürtler*, § 110a Rn 1; a.A. *Hartmann* NJW 2006, 1392 [so lange nicht zulässig, wie eine Rechtsverordnung das nicht zulässt]).

- Inzwischen hat zu dieser Frage jedoch die (**obergerichtliche**) **Rspr.** Stellung genommen. Sie geht davon aus (vgl. BGH NJW-RR 2009, 357; AGS 2015, 226 [Erinnerung gegen den Kostenansatz]; OLG Hamm StRR 2013, 346 m. Anm. *Burhoff* [Erinnerung gegen Kostenansatz]; OLG Hamm, Beschl. v. 16.2.2015 – 1 Ws 677/14; OLG Oldenburg NJW 2009, 536; NZV 2012, 303 [für Rechtsbeschwerde]; OLG Schleswig SchlHA 2009, 244 [Dö/Dr]; LG Gießen, Beschl. v. 20.5.2015 – 802 Js 38909/14 [Einspruch gegen Strafbefehl]; LG Magdeburg, Beschl. v. 27.10.2008 – 24 Qs 87/08 [für das Strafbefehlsverfahren]; LG Zweibrücken VRS 119, 223), dass die Einlegung eines Rechtsmittels durch E-Mail so lange unzulässig ist, wie das Einreichen von „elektronischen Dokumenten" nicht durch eine Verordnung i.S.d. § 41a Abs. 2 geregelt ist. Das ist aber bisher nur in Brandenburg, Bremen, Hessen, Mecklenburg-Vorpommern, Sachsen-Anhalt (vgl. dazu LG Magdeburg, a.a.O.), Saarland und Thüringen (teilweise) der Fall. Weitere Bundesländer haben zunächst nur Ermächtigungen erlassen (vgl. dazu § 41a Abs. 2 S. 2; zu allem u.a. KK-*Graf*, § 41a Rn 24 ff. m.w.N. zu den Fundstellen der jeweiligen VO; s.a. *Meyer-Goßner/Schmitt*, § 41a Rn 9 und *Burhoff* StRR 2008, 465 in der Anm. zu OLG Oldenburg, a.a.O.; *Dahs/Dahs*, Rn 28 ff. [für die Revision]). Der Stand der über die VO und die ggf. erfolgte Beschränkung auf einzelne Gerichte oder StA (vgl. § 41a Abs. 2 S. 3) lässt sich unter www.egvp.de abfragen.

> ✏ M.E. sollte der Verteidiger (derzeit) das Rechtsmittel **auf keinen Fall** per **E-Mail** einlegen (a.A. für den Einspruch im Bußgeldverfahren Burhoff/*Gieg*, OWi, Rn 1055). Dem dürften auch die ggf. bestehenden Beweisschwierigkeiten entgegenstehen (zum Zugang von E-Mails im Rechtsverkehr s. *Mertens/Daners* ZAP F. 2, S. 553). Insoweit hilft i.Ü. nicht die Berufung auf die Entscheidung des BGH v. 15.7.2008 (vgl. NJW 2008, 2649). Zwar hat der BGH dort (für die Berufungsbegründung im Zivilverfahren) eine E-Mail ausreichend sein lassen. In dem Fall war aber als Anhang zu einer elektronischen Nachricht eine Bilddatei übermittelt

worden, welche die vollständige Berufungsbegründung einschließlich der eigenhändigen Unterschrift des beim Berufungsgericht zugelassenen Rechtsanwalts enthielt; die Bilddatei war zudem noch vor Fristablauf ausgedruckt worden.

3. Die Berufung muss in **deutscher Sprache** eingelegt werden (*Meyer-Goßner/Schmitt*, § 184 GVG Rn 2). Gerichtssprache ist nach § 184 GVG deutsch. Eine in fremder Sprache eingelegte Berufung ist unzulässig (BGHSt 30, 182; zuletzt OLG Düsseldorf NStZ-RR 1999, 364 [für sofortige Beschwerde]). Etwas anderes kann gelten, wenn sich aus dem in fremder Sprache abgefassten Schreiben des ausländischen Angeklagten durch einen darin enthaltenen Hinweis in deutscher Sprache zweifelsfrei ergibt, dass seine Eingabe das Rechtsmittel der Berufung gegen ein amtsgerichtliches Urteil sein soll (OLG Düsseldorf NStZ-RR 2000, 215). 596

4. Bei der Einlegung der Berufung ist die → *Berufungsfrist*, Rdn 601, zu beachten. Sie beträgt **eine Woche**. 597

5. Hinweise für den Verteidiger!

a) Für den **Inhalt** des Berufungseinlegungsschriftsatzes ist auf Folgendes hinzuweisen: 598

- Der bislang noch nicht für den Angeklagten aufgetretene Verteidiger muss bei der Einlegung seine Befugnis **nicht** durch **gleichzeitige Vorlage** einer (**schriftlichen**) **Vollmacht** nachweisen (OLG Düsseldorf StV 2014, 208 [Ls.]; OLG Hamm VRS 108, 266). Es gelten die allgemeinen Regeln für die Vorlage einer schriftlichen Vollmacht durch den Verteidiger (→ *Vollmacht des Verteidigers*, Rdn 3353).
- Der Verteidiger sollte auf jeden Fall **AE beantragen**. Das gilt, wenn er vom Mandanten erst nach dem erstinstanzlichen Urteil beauftragt worden ist, schon allein deshalb, weil er dann die bis dahin entstandenen Aktenvorgänge auf keinen Fall kennt. Aber auch, wenn er vom Mandanten schon in erster Instanz mit der Verteidigung beauftragt war, ist dringend zur – nochmaligen – AE bzw. zumindest zur Einsicht in das Protokoll der HV erster Instanz zu raten. In diesem sind die Aussagen der erstinstanzlich vernommenen Zeugen und SV enthalten. Ohne Kenntnis von deren – festgehaltenem – Inhalt kann der Verteidiger nicht entscheiden, ob er ggf. einen Antrag nach § 325 Abs. 1 Hs. 2 stellen muss, um so die bloße Verlesung dieser Zeugenaussagen in der Berufungs-HV zu vermeiden.
- Ggf. sollte er die **kostenfreie Übersendung** der **Ablichtung** des **Protokolls** (vgl. dazu Nr. 9000 Anm. 2 Ziff. 3 KV GKG) beantragen. Das spart bei Wahlmandaten dem Mandanten Kosten für die Ablichtungen des Verteidigers. Bei der Pflichtverteidigung erspart es dem Verteidiger später die Diskussion mit dem Kostenbeamten um den Umfang der notwendigen Kopien (vgl. dazu *Burhoff*, EV, Rn 160).

- I.Ü. kann der Verteidiger auch nur anhand des Protokolls überprüfen, ob ggf. in erster Instanz **Verfahrensfehler** gemacht worden sind, die ggf. die Einlegung einer **Sprungrevision** nach § 335 Abs. 3 ratsam(er) erscheinen lassen.
- Eine **staatsanwaltschaftliche Berufung** muss, wenn das Urteil gegen mehrere Angeklagte ergangen ist, erkennen lassen, ob sie sich gegen alle oder nur gegen einzelne Angeklagte richtet. Ist das nicht erkennbar, richtet sich das Rechtsmittel nur gegen den im Betreff genannten Angeklagten (BayObLG StraFo 2003, 313; s. aber OLG München StraFo 2003, 314).

599 b) Die Einlegung der Berufung gehört für den Verteidiger, der den Angeklagten schon in der ersten Instanz verteidigt hat, gem. **§ 19 Abs. 1 S. 2 Nr. 10 RVG** noch zu dieser. Dafür entsteht also nicht etwa schon die Verfahrensgebühr Nr. 4124 VV RVG. Diese entsteht erst mit der ersten nach der Einlegung für den Mandanten erbrachten Tätigkeit (vgl. dazu Burhoff/*Burhoff*, RVG, Nr. 4124 Rn 3 ff.; *Burhoff* RVGreport 2012, 165; Burhoff/Kotz/*Burhoff*, Teil D Rn 99 ff.; OLG Jena JurBüro 2006, 365).

600 6. Muster: Allgemeine Berufungsschrift

▼

An das

Amtsgericht Musterstadt

In dem Strafverfahren

gegen H. Mustermann

Az.:

wegen des Verdachts der Hehlerei u.a.

wird gegen das am 23.11.2015 verkündete Urteil des Amtsgerichts Musterstadt

Berufung

eingelegt.

Ich beantrage, mir eine nach Nr. 9000 Anm. 2 Ziff. 3 KV GKG kostenfreie Ablichtung des Protokolls der Hauptverhandlung vom 23.11.2015 zu übersenden und mir – nochmals – Akteneinsicht zu gewähren.

Rechtsanwalt

▲

Siehe auch: → *Berufung, Allgemeines*, Rdn 541 m.w.N.; → *Berufungsbegründung*, Rdn 560; → *Berufungsfrist*, Rdn 601.

Berufungsfrist

Das Wichtigste in Kürze:
1. Die Berufungsfrist beträgt eine Woche.
2. Hinsichtlich des Beginns des Laufes der Frist ist zu unterscheiden, ob der Angeklagte bei der Urteilsverkündung anwesend war oder nicht.
3. Ist zweifelhaft, ob die Berufung rechtzeitig eingelegt worden ist, sind die ggf. bestehenden Unklarheiten im Wege des Freibeweises zu klären.

Literaturhinweise: Krumdiek, Unzulässige Einlegung von Berufungen (sog. Sperrberufungen), StRR 2010, 84; **Matthies**, Die Ausübung des pflichtgemäßen Ermessens der Staatsanwaltschaft bei der Einlegung von Rechtsmitteln gegen Urteile, StraFo 2009, 229; s.a. die Hinw. bei → *Berufung, Allgemeines*, Rdn 541.

1.a) Nach § 314 Abs. 1 beträgt die Berufungsfrist **eine Woche** nach Verkündung des Urteils. Eine vor Urteilsverkündung eingelegte Berufung ist unwirksam. Die **Berufungsfrist** kann als gesetzliche Frist **nicht verlängert** werden (*Meyer-Goßner/Schmitt*, vor § 42 Rn 5). Ist die Frist versäumt worden, kommt aber die → *Wiedereinsetzung in den vorigen Stand*, Rdn 3464, nach den §§ 44 ff. in Betracht. Für die Berufungsfrist gelten i.Ü. die Ausführungen bei → *Revision, Einlegung, Frist*, Rdn 2374, **entsprechend**. Auf diese kann daher zur Ergänzung verwiesen werden.

☞ Der Verteidiger muss die Berufungsfrist entweder selbst oder durch einen zuverlässigen Mitarbeiter im **Fristenkalender notieren** (*Dahs*, Rn 827).

b) Hinweis für den Verteidiger

Der Verteidiger muss sich sorgfältig **überlegen**, **wann** er **Berufung** einlegt. Einerseits muss er, auch wenn ein Verschulden des Verteidigers dem Mandanten nicht zugerechnet wird, im Interesse des Mandanten jede Fristversäumung vermeiden. Andererseits muss er bedenken, dass er durch eine zu frühe Anfechtung des erstinstanzlichen Urteils ggf. erst ein Rechtsmittel der StA – sog. **Sperrberufung** – provoziert und damit dann das Verschlechterungsverbot des § 331 entfällt. Will er das vermeiden, empfiehlt es sich, die Berufungsfrist vollständig auszuschöpfen (*Dahs*, Rn 829; MAH-*Chaslowicz/Seitz*, § 11 Rn 24; *Krumdiek* StRR 2010, 84).

☞ Legt die StA eine sog. **Sperrberufung** ein (vgl. dazu eingehend *Krumdiek*, a.a.O.; *Matthies* StraFo 2009, 229; zur Begründung eines Sperrberufung nach Verständigung StA Nürnberg-Fürth StraFo 2014, 426 m. Anm. *Schlothauer*), kann der Verteidiger gegen das dienstliche Verhalten des zuständigen Beamten die form- und fristlose Beschwerde bzgl. die Sachbehandlung in Form der **Dienstaufsichtsbeschwerde** erheben

B Berufungsfrist

(*Matthies* in: HBStrVf, Kapitel IV, Rn 186 Fn 472; MAH-*Chaslowicz/Seitz*, a.a.O.; hierzu a. *Meyer-Goßner/Schmitt/Schmitt*, vor § 296 Rn 22; *Krumdiek* und *Matthies*, jew. a.a.O.). Diese ist entweder bei der GenStA und gegen deren Entscheidung bzw. auch unmittelbar bei dem zuständigen Justizministerium einzulegen (§ 147 Nr. 2 GVG; *Meyer-Goßner/Schmitt/Schmitt*; vor § 296 Rn 22; zur Dienstaufsichtsbeschwerde *Burhoff*, EV, Rn 1260; Burhoff/Kotz/*Hunsmann*, RM, Teil B Rn 327).

605 2. Hinsichtlich des **Beginns** des Laufes der **Frist** ist zu **unterscheiden**, ob der Angeklagte bei der Urteilsverkündung anwesend war oder nicht (zu Rechtsmittelfristen allgemein Burhoff/Kotz/*Kotz*, RM, Teil A Rn 1794 ff.).

606 a) War der **Angeklagte anwesend**, beginnt der Lauf der Frist mit der **Urteilverkündung** des Urteils der ersten Instanz. Für den in der HV anwaltlich vertretenen Nebenkläger beginnt die Rechtsmittelfrist nach § 401 Abs. 2 S. 1 ebenfalls mit der Urteilsverkündung; es kommt nicht darauf an, ob der Nebenkläger selbst in der HV nicht (mehr) anwesend ist (BGH NStZ-RR 2008, 151).

607 Die Frist wird nach **§ 43 berechnet** (vgl. a. Burhoff/Kotz/*Kotz*, RM, Teil A Rn 1817 ff.). Der Anfangstag zählt also, da es sich um eine Wochenfrist handelt, nicht mit. Das hat zur Folge, dass die Frist mit dem Ablauf des Tages endet, der durch seine Benennung dem Tag der Verkündung des Urteils entspricht (wegen der Einzelh. der Fristberechnung *Meyer-Goßner/Schmitt*, § 43 Rn 1). Urteilsverkündung ist Verlesung des Urteilstenors und die Mitteilung der Urteilsgründe (→ *Urteilsverkündung*, Rdn 2761). § 43 Abs. 2 ist anwendbar. Fällt das Fristende also auf einen allgemeinen Feiertag, endet die Frist mit Ablauf des nächsten Werktages. Allgemeine Feiertage sind die staatlich anerkannten, nicht nur die staatlich geschützten (BGH NStZ 2008, 55 [für Buß- und Bettag in Baden-Württemberg]). Die Frist ist gewahrt, wenn die Berufung am letzten Tag der Frist bis 24 Uhr beim zuständigen Gericht eingegangen ist; nicht erforderlich ist der Eingang bei der zuständigen Abteilung (BGH NStZ-RR 2012, 118 [für Revision]). Rechtzeitig „bei dem Gericht" eingegangen ist die Berufung auch, wenn sie innerhalb der Wochenfrist in einem vom Gericht unterhaltenen Postfach einsortiert ist (OLG Frankfurt am Main NStZ-RR 2007, 206 m.w.N.).

> ✍ Wird die Berufung per **Fax** kurz vor Fristablauf eingelegt, sollte der Verteidiger einen über die zu erwartende Übermittlungsdauer seinen des Schriftsatzes hinausgehenden **Sicherheitszuschlag** von 20 Minuten einkalkulieren, um die Rechtzeitigkeit des Eingangs sicher zu stellen (BVerfG StRR 2014, 181 m. Anm. *Burhoff*).

608 b) War der **Angeklagte** bei der Urteilsverkündung **nicht anwesend**, beginnt die Berufungsfrist für ihn nach § 314 Abs. 2 grds. erst mit der (wirksamen) Zustellung des Urteils (→ *Zustellungsfragen*, Rdn 3620).

Berufungsfrist B

🖉 War jedoch der **Verteidiger** bei der Urteilsverkündung **anwesend und** war dieser in den Fällen der §§ 234, 387 Abs. 1, 411 Abs. 2 und 434 Abs. 1 S. 1 **vertretungsberechtigt** (→ *Privatklageverfahren*, Rdn 2067; → *Strafbefehlsverfahren*, Rdn 2568; → *Verhandlung ohne den Angeklagten*, Rdn 2853; → *Vertretung des Angeklagten durch den Verteidiger*, Rdn 3208), beginnt nach § 314 Abs. 2 Hs. 2 der Lauf der Frist allerdings ebenfalls mit der Urteilsverkündung.

Der **Beginn** der Berufungsfrist ist nicht dadurch ausgeschlossen, dass gegen das erstinstanzliche Urteil – wegen Ausbleibens des Angeklagten (§§ 235 Abs. 1 S. 1, 412 S. 1) – → *Wiedereinsetzung in den vorigen Stand*, Rdn 3464, beantragt werden kann (§ 315 Abs. 1; → *Verhandlung ohne den Angeklagten, Wiedereinsetzung und Berufung*, Rdn 2871).

Für die Anwendung von § 314 Abs. 2 ist es **ohne Belang**, ob der Angeklagte während der **gesamten Urteilsverkündung nicht anwesend** ist oder nur teilweise nicht. Das Urteil ist auch dann in Abwesenheit des Angeklagten verkündet, wenn er sich vor Ende der Urteilsverkündung eigenmächtig entfernt hat (BGHSt 15, 263; KG JR 1992, 304; OLG Stuttgart NJW 1987, 82 [Ls.]; *Meyer-Goßner/Schmitt*, § 341 Rn 9; zum Begriff der Eigenmacht BGHSt 37, 249; → *Verhandlung ohne den Angeklagten*, Rdn 2856 ff. und KK-*Gmel*, § 231 Rn 3). **609**

Voraussetzung für den **Fristbeginn** ist die **Zustellung** des vollständig begründeten Urteils (BGHSt 15, 263, 265) mit Rechtsmittelbelehrung (§ 35a). Die Zustellung nur der Urteilsformel genügt nicht (→ *Zustellungsfragen*, Rdn 3620). Der Lauf der Berufungsfrist gegen ein in Abwesenheit des ergangenes Urteil beginnt erst mit Zustellung des in eine dem **Ausländer**, der der deutschen Sprache nicht mächtig ist, verständliche Sprache übersetzten Urteils samt Rechtsmittelbelehrung (OLG München StV 2014, 232 m. Anm. *Kotz* StRR 2014, 186 für die Revision). **610**

🖉 Der Verteidiger muss, wenn nicht die Voraussetzungen des § 314 Abs. 2 Hs. 2 vorliegen, um Fristversäumung zu vermeiden, nach Verkündung eines Urteils in Abwesenheit des Angeklagten darauf achten, ob – ggf. entgegen § 145a Abs. 1 – nicht ihm, sondern seinem **Mandanten** das Urteil **zugestellt** wird. Er muss daher den Mandanten darauf hinweisen, dass durch die Zustellung an diesen die Wochenfrist des § 314 in Gang gesetzt wird und deshalb der Mandant, wenn ihm zugestellt wird, sofort den **Verteidiger** über diese Zustellung **informieren** muss. Denn nicht immer wird der Verteidiger gem. § 145a Abs. 3 S. 2 über die an den Mandanten erfolgte Zustellung unterrichtet. In diesen Fällen wird jedoch → *Wiedereinsetzung in den vorigen Stand*, Rdn 3464 in Betracht kommen.

3. Ist zweifelhaft, ob die **Berufung rechtzeitig** eingelegt worden ist, muss das Berufungsgericht oder, wenn das AG nach § 319 über die Verwerfung der Berufung durch das AG **611**

wegen Verspätung zu entscheiden hat, das AG die ggf. bestehenden Unklarheiten im Wege des Freibeweises klären (zum → *Freibeweisverfahren*, Rdn 1562 ff.; → *Berufungsverwerfung durch das Amtsgericht wegen Verspätung*, Rdn 677). Bleiben dennoch Zweifel, gilt nach allgemeiner Meinung nicht der Grundsatz „in dubio pro reo" (*Meyer-Goßner/Schmitt*, § 261 Rn 35 m.w.N.; HK-*Rautenberg*, § 314 Rn 14). I.Ü. gilt:

612 ■ Ist schon **zweifelhaft**, ob die **Berufungsschrift überhaupt eingegangen** ist, wird von der überwiegenden Ansicht die Berufung als unzulässig angesehen (BGH StV 1995, 454; KG NStZ-RR 2007, 24; OLG Düsseldorf NStZ-RR 2000, 180; OLG Hamm NStZ 1982, 43; *Meyer-Goßner/Schmitt*§ 261 Rn 35 m.w.N.).

> ⚖ Der **Verteidiger** wird die **Absendung** der Berufungsschrift durch Überreichung der bei seinen Akten verbliebenen Durchschrift und des sich darauf befindenden „Abvermerks" **beweisen** können (vgl. aber KG, a.a.O., wonach allein der vorgelegte Sendebericht den ordnungsgemäßen Eingang eines Faxschreibens nicht begründen können soll). Ist zugleich mit der Berufungsschrift auch andere Gerichtspost abgesandt worden, die bei Gericht eingegangen ist, wird man daraus den Schluss ziehen können/müssen, dass auch die Berufungsschrift bei Gericht eingegangen, dann aber dort verloren gegangen ist.

■ Ist nur **zweifelhaft**, ob die **Berufungsschrift rechtzeitig** bei Gericht eingegangen ist, wird in der Rspr. nicht einheitlich entschieden. Die wohl überwiegende Meinung entscheidet in diesen Fällen immer zugunsten des Angeklagten (vgl. u.a. BGH StV 1995, 454; OLG Düsseldorf NStZ 1986, 42; OLG Hamburg NJW 1975, 1750; *Meyer-Goßner/Schmitt*, § 261 Rn 35; KK-*Paul*, § 319 Rn 3, jew. m.w.N.). Das bedeutet, dass die zugunsten des Angeklagten eingelegten Rechtsmittel als fristgemäß behandelt werden, die zuungunsten eingelegten werden hingegen als unzulässig verworfen (a.A. BGH NJW 1960, 2202 f.; OLG Karlsruhe NJW 1981, 138 [stets zugunsten des Rechtsmittels]).

Siehe auch: → *Berufung, Allgemeines*, Rdn 541 m.w.N.

613 Berufungsgericht, Besetzung

614 Literaturhinweise: **König**, Zum Einsatz von Proberichtern in der Großen Strafkammer, StV 1995, 39; s.a. die Hinw. bei → *Berufung, Allgemeines*, Rdn 541 und bei → *Reduzierte Besetzung der großen Strafkammer/Jugendkammer*, Rdn 2208.

615 **1. Berufungsgericht** ist nach § 76 Abs. 1 S. 1 GVG sowohl bei Berufungen gegen Urteile des Richters am AG (Strafrichter) als auch gegen Urteile des (erweiterten) Schöffengerichts nach § 74 Abs. 3 GVG die kleine **Strafkammer** des **LG** (zur Verbindung

von Berufungssachen zu erstinstanzlicher Verhandlung s.u.a. OLG Stuttgart NStZ 1995, 248; → *Verbindung von Verfahren*, Rdn 2771.

✍ In Verfahren über Berufungen des **erweiterten Schöffengerichts** (§ 29 Abs. 2 GVG) gilt § 76 Abs. 6 GVG. Es ist also ein zweiter Richter hinzuzuziehen. Hierbei handelt es sich um eine Frage der sachlichen Zuständigkeit (für die Revision § 338 Nr. 4). Sie richtet sich allein danach, welches Gericht, ob zuständig oder unzuständig, in der ersten Instanz tatsächlich entschieden hat (OLG Düsseldorf NStZ 1994, 97 [für den Fall, dass das AG zu Unrecht in der Besetzung mit einem zweiten Berufsrichter tätig geworden ist]).

2.a) Bei Berufungen gegen Urteile des **Jugendrichters** bzw. des **Jugendschöffengerichts** (§§ 39, 40 JGG) ist nach § 41 Abs. 2 JGG die **Jugendkammer** des **LG** zuständig, und zwar nach § 33b Abs. 1 JGG für Berufungen gegen Urteile des Jugendrichters die kleine Jugendkammer (Vorsitzender und zwei Jugendschöffen; § 33b Abs. 1 Hs. 2 JGG) und für Berufungen gegen Urteile des Jugendschöffengerichts die große Jugendkammer (vgl. dazu Rdn 617; wegen der weiteren Einzelh. der Berufung im Jugendgerichtsverfahren s. → *Jugendgerichtsverfahren, Besonderheiten der Hauptverhandlung*, Rdn 1790; Burhoff/Kotz/ Schimmel, RM, Teil A Rn 700 ff.). Es ist i.Ü. zulässig, wenn die Jugendkammer bei einem Berufungsurteil mit zwei Proberichtern als beisitzenden Richtern besetzt ist; darin liegt kein Verstoß gegen § 29 S. 1 GVG (OLG Zweibrücken NStZ 1994, 356 m.w.N.; vgl. zum Einsatz von Proberichtern in großen Strafkammern *König* StV 1995, 39).

616

b)aa) Durch das „Gesetz über die Besetzung der großen Straf- und Jugendkammern in der HV und zur Änderung weiterer gerichtsverfassungsrechtlicher Vorschriften sowie des BundesdisziplinarG" v. 6.12.2011 (BGBl I, S. 2554) ist **§ 33b Abs. 4 S. 1 JGG** neu eingeführt worden. Danach gilt in Verfahren über die Berufung gegen ein Urteil des Jugendschöffengerichts § 76 Abs. 2 GVG entsprechend. Die **große Jugendkammer** muss also über ihre **Besetzung** mit zwei oder drei Richtern **entscheiden** (vgl. dazu die entsprechend geltenden Ausführungen bei → *Reduzierte Besetzung der großen Strafkammer/Jugendkammer*, Rdn 2208; *Burhoff*, EV, Rn 3250; *Deutscher* StRR 2012, 10).

617

✍ Nach § 33b Abs. 4 S. 2 JGG ist die **Dreier-Besetzung notwendig**, wenn mit dem angefochtenen Urteil auf eine Jugendstrafe von mehr als vier Jahren erkannt wurde.

bb) Wann die große Jugendkammer über ihre Besetzung entscheidet, ist in § 33b Abs. 4 JGG nicht ausdrücklich bestimmt. Sie wird dies spätestens in Zusammenhang mit der Terminierung der Sache tun müssen. I.Ü. gelten die allgemeinen Regeln des § 76 GVG (→ *Reduzierte Besetzung der großen Strafkammer//Jugendkammer*, Rdn 2208). Das bedeutet u.a.: Hat die große Jugendkammer eine Besetzung mit zwei Richtern einschließlich des Vorsitzenden und zwei Jugendschöffen beschlossen und ergeben sich vor Beginn der HV neue Umstände, die nach § 33b Abs. 2 – 4 JGG eine Besetzung mit drei Richtern einschließlich

618

des Vorsitzenden und zwei Jugendschöffen erforderlich machen, kann sie nach § 33b Abs. 5 JGG eine solche Besetzung beschließen. Ändert sich die Sachlage erst nach Beginn der HV, ist diese grds. in der ursprünglich angeordneten Besetzung zu Ende zu führen (BGH NStZ 2013, 181; BT-Drucks 17/6905, S. 12 für normale StK).

Siehe auch: → *Berufung, Allgemeines*, Rdn 541 m.w.N.

Berufungshauptverhandlung

Das Wichtigste in Kürze:
1. Der Verteidiger muss eine Berufungs-HV ebenso sorgfältig vorbereiten wie die HV 1. Instanz.
2. Nach allg. Meinung sind insbesondere Berufungsverfahren, in denen dem Angeklagten die Fahrerlaubnis vorläufig entzogen (§ 111a) worden ist, ebenso wie Haftsachen, beschleunigt zu führen.
3. Für die Berufungs-HV gelten nach § 332 grds. dieselben Bestimmungen wie für eine HV in 1. Instanz, soweit sich nicht aus den §§ 324, 325 etwas anderes ergibt.
4. Der (Wahl-)Verteidiger und der Angeklagte sind zur Berufungs-HV zu laden.
5. Die Berufungs-HV beginnt mit dem Aufruf zur Sache.
6. Nach § 324 Abs. 1 S. 1 hält der Berichterstatter einen Vortrag über die bisherigen Ergebnisse des Verfahrens.
7. Für die Vernehmung des Angeklagten zur Sache und für die Beweisaufnahme gelten die gleichen Grundsätze wie für die HV 1. Instanz.
8. Abweichungen von den Grundsätzen der HV 1. Instanz gibt es aber z.B. bei der Verlesung von Schriftstücken.
9. Das in 1. Instanz des beschleunigten Verfahrens nach § 420 zulässige vereinfachte Beweisverfahren gilt für das Berufungsverfahren im beschleunigten Verfahren nicht.
10. Erscheint der Angeklagte in der Berufungs-HV ohne ausreichende Entschuldigung nicht, muss das Gericht im Zweifel seine Berufung nach § 329 Abs. 1 S. 1 verwerfen.
11. Das Plädoyer des Verteidigers kann in der Berufungs-HV gegenüber dem in der 1. Instanz Besonderheiten aufweisen.

Literaturhinweise: Burhoff, Richtige Bemessung der Sperrfrist, VA 2002, 126; *ders.*, Entziehung der Fahrerlaubnis – Auswirkungen einer langen Verfahrensdauer und Sperrfrist, VA 2012, 142; **Deutscher**, Zur Neufassung des § 329 StPO, StRR 2015, 284; **Kropp**, Zur Dauer der Ungeeignetheit im Rahmen des § 111a StPO, NStZ 1997, 471; **Loos/Radtke**, Das beschleunigte Verfahren (§§ 417–420 StPO) nach dem Verbrechensbekämpfungsgesetz – 1. Teil: NStZ 1995, 569, 2. Teil; NStZ 1996, 7; **Moldenhauer/Wenske**, Die Verständigung in Strafsachen und die Berufungsinstanz, zugleich Anmerkung zum Beschluss des OLG Düsseldorf vom

Berufungshauptverhandlung   B

6.10.2010 (III- 4 RVs 60/10), NStZ 2012, 184; **Neuhaus**, Das Beweisverwertungsverbot des § 393 Abs. 2 AO und seine praktische Bewältigung in der Rechtsmittelinstanz, ZAP F. 22, S. 339; **Ranft**, Das beschleunigte Verfahren (§§ 417–420 StPO) in der Rechtsmittelinstanz, NStZ 2004, 424; **Rieß**, Das Strafverfahrensänderungsgesetz 1979, NJW 1978, 2265; **Schäfer**, Das Berufungsverfahren in Jugendsachen, NStZ 1998, 330; **Schlothauer**, Vereinfachte Beweisaufnahme nach dem Verbrechensbekämpfungsgesetz auch in der Berufungsinstanz?, StV 1995, 46; **Wenske**, Das Verständigungsgesetz und das Rechtsmittel der Berufung, NStZ 2015, 137; s.a. die Hinw. bei → *Berufung, Allgemeines*, Rdn 541.

1. Hinweis für den Verteidiger! 621

Der Verteidiger muss eine Berufungs-HV ebenso **sorgfältig vorbereiten** wie die HV 1. Instanz. Dabei muss er vor allem berücksichtigen, dass es sich um die letzte Tatsacheninstanz handelt, in der der Sachverhalt, von dem später das Revisionsgericht auszugehen hat, festgeschrieben wird.

Zur **Vorbereitung** der Berufungs-HV gehört auf jeden Fall: 622

- Der Verteidiger wird i.d.R. die **Akten** erneut **einsehen**, schon allein um sich das Protokoll der HV in 1. Instanz kopieren zu können. Nur mit Kenntnis des Protokolls kann er sachgerecht entscheiden, ob er der **Verlesung** von **Vernehmungsniederschriften** aus der 1. Instanz zustimmt oder nicht (s.u. Rdn 642 ff.). Darüber hinaus erfährt er auf diese Weise, ob die StA ggf. weitere Ermittlungen durchgeführt hat, ob also neue/andere Beweismittel zur Verfügung stehen.

- Der Verteidiger muss sich außerdem überlegen, ob er ggf. gem. § 323 Abs. 1 i.V.m. § 219 einen → *Beweisantrag zur Vorbereitung der Hauptverhandlung*, Rdn 995, stellt. Die dort gemachten Ausführungen gelten entsprechend. Das Berufungsgericht muss diesen dann, insbesondere wenn es sich um eine Annahmeberufung handelt, bescheiden (BVerfG NStZ 2002, 43). Für die Vorbereitung der Berufungs-HV muss der Verteidiger allerdings auch § 323 Abs. 4 beachten. Danach hat der Vorsitzende der Berufungskammer bei der Auswahl der zur Berufungs-HV zu ladenden Zeugen auf eine Benennung in einer → *Berufungsbegründung*, Rdn 560, Rücksicht zu nehmen. Das zwingt m.E. den Verteidiger dazu, sämtliche Zeugen zu benennen, die etwas zur Entlastung des Angeklagten beitragen können. Dann werden diese im Zweifel auch alle geladen (ähnl. *Dahs*, Rn 875).

- Geht es um die Frage der **Verwertbarkeit** von **Beweismitteln**, muss sich der Verteidiger schon vor der HV mit der Frage auseinandersetzen, ob ein beim AG nicht geltend gemachter Widerspruch (→ *Widerspruchslösung*, Rdn 3433) entgegen der h.M. in der obergerichtlichen Rspr. nicht doch (erstmals) in der Berufungs-HV geltend gemacht werden kann (vgl. dazu die a.A. von BGHSt 50, 272; s. die Nachw. bei → *Widerspruchslösung*, Rdn 3453). Dazu wird er sich auf die folgenden Argumente stützen:
    - **kein Missbrauch**, wenn der Widerspruch erst in der Berufungs-HV geltend wird,

B Berufungshauptverhandlung

- keine Rügepräklusion (→ *Verwirkung von Verteidigungsrechten*, Rdn 3262),
- die Berufungs-HV ist **insgesamt neue Tatsacheninstanz**, in der vollständig neu verhandelt wird.

623 **2.a)** Nach allg. Meinung sind insbesondere Berufungsverfahren, in denen dem Angeklagten die **Fahrerlaubnis vorläufig entzogen (§ 111a)** worden ist, ebenso wie Haftsachen, **beschleunigt** zu **führen**. Das gilt nach Auffassung des OLG Hamm z.B. besonders, wenn es sich bei dem Angeklagten um einen Berufskraftfahrer handelt, bei dem die vorläufige Entziehung der Fahrerlaubnis die Wirkung eines vorläufigen Berufsverbots hat (zum Beschleunigungsgebot vgl. a. BVerfG NStZ-RR 2005, 276; KG StraFo 2011, 353 m. Anm. *Burhoff* StRR 2011, 395; OLG Düsseldorf StV 1994, 233; OLG Hamm NZV 2002, 380; OLG Karlsruhe NStZ 2005, 402; OLG Köln StV 1991, 248; LG Frankfurt am Main StV 2003, 69; LG Würzburg StV 2005, 545; *Burhoff* VA 2012, 142). Nach Ansicht des BVerfG (a.a.O.) ist durch eine **effektive Verfahrensgestaltung** eine rasche Klärung der Dauerhaftigkeit des Ausschlusses vom Straßenverkehr zu gewährleisten und – mit Rücksicht auf die Unschuldsvermutung – der Gefahr eines übermäßigen „Vorwegvollzuges" der Maßregel vor der erstinstanzlichen tatrichterlichen Entscheidung zu begegnen (BVerfG, a.a.O.). Das OLG Hamburg (zfs 2007, 409) hat allerdings darauf hingewiesen, dass dieses Beschleunigungsgebot nicht so weit geht wie das in Haftsachen. Allerdings sei ein fünfmonatiger Stillstand des (Berufungs-)Verfahrens nicht hinnehmbar (OLG Hamburg, a.a.O.). Zum Teil werden aber auch längere Fristen als noch hinnehmbar angesehen. So hat das OLG Hamm (NZV 2007, 639) einen sechsmonatigen Stillstand des Berufungsverfahrens zum Anlass genommen die vorläufige Entziehung der Fahrerlaubnis aufzuheben (zur Anfechtung der nach § 111a ergangenen Entscheidung des Berufungsgerichts → *Rechtsmittel, Allgemeines*, Rdn 2175; zur **Anrechnung** der Zeit einer vorläufigen Entziehung auf die endgültige Sperrfrist → *Berufungsrücknahme*, Rdn 675).

> ☞ Nach vorläufiger Entziehung der Fahrerlaubnis gem. § 111a führt nach der Rspr. der OLG aber allein der bisherige Zeitablauf **nicht zwangsläufig** zu der Annahme, dass der indizierte Eignungsmangel im Zeitpunkt der tatrichterlichen Entscheidung entfallen ist (OLG Koblenz NZV 2008, 47 m.w.N. [für Zeitablauf von einem Jahr bis zur Revisionsentscheidung]; OLG Düsseldorf StV 1992, 219; LG Kleve VRR 2011, 270).
> Die Beachtung des Beschleunigungsgrundsatzes muss der Verteidiger ggf. **anmahnen** und (zumindest) Aufhebung einer nach § 111a ergangenen Maßnahme beantragen.

624 **b)** Von Bedeutung kann im Berufungsverfahren immer auch die Frage sein, ob ggf., wenn bislang die Fahrerlaubnis nicht vorläufig entzogen war, nun **(noch) eine vorläufige Entziehung** nach § 111a in Betracht **kommt** (zur Frage, ob und inwieweit eine Bindungswirkung an die erstinstanzliche Bewertung über eine vorläufige Entziehung der

Fahrerlaubnis besteht, s. OLG Brandenburg BA 2010, 299; OLG Zweibrücken BA 2009, 284; LG Berlin NStZ-RR 2012, 219 [Ls.]). Insoweit gilt: Es entspricht einhelliger Meinung der Obergerichte, dass die Fahrerlaubnis nicht nur unmittelbar nach der Anlasstat, sondern auch noch in einem späteren Verfahrensabschnitt vorläufig nach § 111a entzogen werden kann (vgl. dazu aus neuerer Zeit u.a. BVerfG NJW 2005, 1767 m.w.N.; OLG Hamm NZV 2002, 380; OLG Düsseldorf StV 1992, 219; OLG Koblenz NZV 2008, 47 m.w.N.; LG Kleve VRR 2011, 270; *Meyer-Goßner/Schmitt*, § 111a Rn 3 m.w.N.; a.A. soweit ersichtlich nur LG Trier VRS 63, 210; LG Hagen NZV 1994, 334 und teilweise a.A. *Kropp* NStZ 1997, 471).

Bei einer (vorläufigen) Entziehung erst längere Zeit nach der Tatbegehung ist jedoch, da es sich bei § 111a um eine Eilentscheidung handelt, besonders sorgfältig die Einhaltung und **Beachtung** des **Verhältnismäßigkeitsgrundsatzes** zu prüfen (KG StraFo 2011, 353 m. Anm. *Burhoff* StRR 2011, 395; OLG Hamm NZV 2002, 380 [Berufskraftfahrer]; OLG Köln StV 1991, 248; zuletzt LG Berlin, StRR 2014, 397 m. Anm. *Burhoff*; LG Bonn NZV 2010, 214; LG Saarbrücken zfs 2007, 470). Dabei sind alle Umstände des Einzelfalls zu berücksichtigen und gegeneinander abzuwägen (vgl. dazu auch BVerfG NJW 2005, 1767; OLG Düsseldorf StV 1992, 219). Zu berücksichtigen ist z.B., wenn der Beschuldigte längere Zeit ununterbrochen am Straßenverkehr teilgenommen hat, ohne nachteilig aufzufallen (LG Bonn, a.a.O, für ein Jahr; vgl. auch KG, a.a.O. für eine zwei Jahre zurückliegende Tat; vgl. auch die Rspr.-Übersicht bei Ludovisy/Eggert/Burhoff/*Burhoff*, § 4 Rn 227 m.w.N.). Abzulehnen ist in dem Zusammenhang eine Entscheidung des OLG Zweibrücken (BA 2009, 284), das die vorläufige Entziehung der Fahrerlaubnis 14 Monate nach der Tat durch das Berufungsgericht nicht beanstandet hat. Dabei hat das OLG darauf abgestellt, dass ein Gutachten erst spät vorgelegt worden sei; auch sei der Vertrauensschutz durch die späte Antragstellung nicht verletzt.

625

Es kommt auf die **Umstände** des **Einzelfalls** an. Die sind daher vom Verteidiger **herauszuarbeiten** und vorzutragen. So kann es z.B. von Bedeutung sein, dass die HV unmittelbar bevorsteht und man damit argumentieren kann, dass dort dann zeitnah eine endgültige Lösung der Frage: Entziehung ja oder nein?, erfolgt. (vgl. LG Kiel NStZ 2004, 321; StRR 2008, 203 [Ls.]) Auch spielt das dem Mandanten zur Last gelegt Delikt eine Rolle und sicherlich die Frage, ob er verkehrsrechtlich bereits in Erscheinung getreten ist (vgl. dazu LG Kleve StRR 2011, 270; so wohl auch BVerfG NJW 2005, 1767).

3. Für die Berufungs-HV gelten nach § 332 grds. **dieselben Bestimmungen** wie für eine HV in **1. Instanz**, soweit sich nicht aus den §§ 324, 325 etwas anderes ergibt (vgl. die Rdn 627 ff.; zur Besetzung der Kammer → *Berufungsgericht, Besetzung*, Rdn 614).

626

4.a) Der (Wahl-) **Verteidiger** ist zur Berufungs-HV zu **laden** (→ *Ladung des Verteidigers*, Rdn 1829; Burhoff/Kotz/*Kotz*, RM, Teil A Rn 1856 ff.).

627

B | Berufungshauptverhandlung

🖉 Das darf nicht deshalb unterbleiben, weil er in der HV **1. Instanz nicht aufgetreten** ist (OLG Brandenburg StV 1996, 368 [Ls.]).

628 b) Auch der **Angeklagte** muss **geladen** werden. Es gelten grds. die allgemeinen Regeln (→ *Ladung des Angeklagten*, Rdn 1817) mit den sich aus § 323 Abs. 1 S. 2 und §§ 40, 35a S. 2 ergebenden Besonderheiten (zur Belehrungspflicht in der Ladung zu einer neuen/ fortgesetzten HV, wenn das Berufungsgericht die Anwesenheit des Angeklagten trotz Vertretung durch einen Verteidiger für erforderlich hält [§ 329 Abs. 4 S. 1] s. die ausdrückliche Regelung in § 329 Abs. 4 S. 3). Umstr. ist, ob es sich bei der Belehrung nach § **35a S. 2** um eine Wirksamkeitsvoraussetzung für eine öffentliche Zustellung nach § 40 Abs. 3 handelt (s. z.B. SK-StPO-*Weßlau*, § 40 Rn 14 m.w.N.). Das ist vom OLG Hamm vor kurzem allerdings verneint worden (vgl. NStZ 2014, 421 m.w.N. und m. Anm. *Kotz* StV 2014, 227). Die Ladung ist danach auch ohne die Belehrung wirksam, allerdings wird ihr Fehlen ggf. zur → Wiedereinsetzung in den vorigen Stand führen, Rdn 3464).

629 5.a) Die Berufungs-HV **beginnt** also ebenfalls mit dem → *Aufruf der Sache*, Rdn 341. Danach folgt die → *Präsenzfeststellung*, Rdn 2061, die → *Zeugenbelehrung*, Rdn 3523, nach § 57 und, wenn die Zeugen den Saal verlassen haben, die → *Vernehmung des Angeklagten zur Person*, Rdn 3067. Dem schließen sich der von § 324 vorgesehene **Vortrag** des Berichterstatters und die **Verlesung** der Urteils 1. Instanz (s.u. Rdn 632 f.), wodurch die Verlesung der Anklage ersetzt wird, an. Die weitere Verhandlung richtet sich dann nach den §§ 243 Abs. 4, 244 Abs. 1, 257 ff. (s.u. Rdn 638 ff.).

630 | **b) Hinweis für den Verteidiger!**

Deutet der Vorsitzende bereits zu Beginn oder im Verlauf der Berufungs-HV an, dass nach Auffassung des Gerichts die Berufung **keine Aussicht** auf **Erfolg** hat, empfiehlt es sich für den Verteidiger, um eine kurze → *Unterbrechung der Hauptverhandlung*, Rdn 2701, zu bitten. In dieser muss er dem **Mandanten** dann erläutern, welche **Konsequenzen** hieraus ggf. zu ziehen sind (→ *Berufungsbeschränkung*, Rdn 567; → *Berufungsrücknahme*, Rdn 652).

🖉 Die **Entscheidung**, ob und in welchem Umfang das Rechtsmittel weiter durchgeführt werden soll, muss auf jeden Fall der **Mandant** treffen.

631 Für eine sachgerechte Beratung des Mandanten muss der Verteidiger die Grundzüge des sich aus § 331 ergebenden **Verschlechterungsverbots** kennen. Er muss den Mandanten darüber aufklären, dass, wenn lediglich er, zu seinen Gunsten die StA oder der gesetzliche Vertreter Berufung eingelegt haben, nach § 331 Abs. 1 das Berufungsurteil weder in Art noch in Höhe der Rechtsfolgen zum **Nachteil** des Angeklagten **geändert** werden darf (wegen der Einzelh. vgl. die Komm. bei *Meyer-Goßner/Schmitt* zu § 331; Burhoff/Kotz/*Kotz*, RM, Teil A Rn 324 ff.). Der Verteidiger muss den Mandanten weiter darüber belehren, dass das aber

nicht für den **Schuldspruch** gilt, dieser also verschärft werden kann (z.B. Verurteilung wegen gefährlicher Körperverletzung nach § 224 StGB anstelle von § 223 StGB; BGH NJW 1986, 332; NStZ 1986, 209 [Pf/M]; *Meyer-Goßner/Schmitt*, § 331 Rn 8 m.w.N.). Er muss ihn zudem darauf hinweisen, dass das Verschlechterungsverbot auch **nicht** gilt für eine Verschärfung des **Bewährungszeit-** und **Bewährungspflichtenbeschlusses** nach § 268a (*Meyer-Goßner/Schmitt*, § 268a Rn 8 m.w.N.). Nach § 331 Abs. 2 gilt es ebenfalls nicht für die **Unterbringung** in einem psychiatrischen Krankenhaus oder einer Entziehungsanstalt (§§ 63, 64 StGB; BGHSt 38, 362; u.a. BGH, Beschl. v. 23.7.2013 – 3 StR 205/13; Beschl. v. 3.9.2013 – 3 StR 232/13; → *Berufungsbeschränkung*, Rdn 567).

In **Verkehrsstrafsachen** ist darauf zu achten, dass beim Entzug der Fahrerlaubnis die zwischen Urteil 1. Instanz und Berufungsurteil verstrichene Zeit vom Berufungsgericht nicht berücksichtigt werden muss (st. Rspr. der Obergerichte; vgl. u.a. BGH VRS 21, 335; → *Berufungsrücknahme*, Rdn 652). Daher ist hier besondere **Vorsicht** geboten (zur [richtigen] Bemessung der Sperrfrist s. *Burhoff*, VA 2002, 126; s. dazu u.a. a. OLG Oldenburg zfs 2005, 260 [Entziehung der Fahrerlaubnis 20 Monate nach der Tat]).

6.a)aa) Nach § 324 Abs. 1 S. 1 hält der **Berichterstatter** einen **Vortrag** über die bisherigen Ergebnisse des Verfahrens. Berichterstatter ist **i.d.R.** notwendigerweise der **Vorsitzende** der (kleinen) Strafkammer (§ 76 Abs. 1 S. 1 GVG). Das gilt nur nicht für Berufungen gegen Urteile des Jugendschöffengerichts. Bei der in diesen Fällen als Berufungsgericht tätig werdenden großen Jugendkammer gibt es noch den sog. Berichterstatter (vgl. § 21g GVG). Auch in Verfahren über Berufungen des erweiterten Schöffengerichts ist ein zweiter Richter hinzuzuziehen und es wird daher i.d.R. einen „Berichterstatter" geben (→ *Berufungsgericht, Besetzung*, Rdn 614). **632**

bb) Die **Ablehnung** wegen **Besorgnis** der **Befangenheit** ist nur bis zum **Beginn** des **Vortrags** des Berichterstatters zulässig (KK-*Scheuten*, § 25 Rn 2; s. → *Ablehnungszeitpunkt*, Rdn 116; zur Ablehnung wegen des Rates, die Berufung zurückzunehmen bzw. zu beschränken, → *Berufungsrücknahme*, Rdn 673; s.a. OLG Hamm StV 1998, 64 [Befangenheit des Vorsitzenden, wenn er sich dahin äußert, dass er die wenig aussichtsreiche Berufung beim Lesen der Akten und Beiakten nahezu als ein Ansinnen an das viel beschäftigte Gericht ansehe] und OLG Hamm, Beschl. v. 14.8.1997 – 4 Ss 927/97 [n.v.; Befangenheit wegen der im Hinblick auf das erstinstanzliche Urteil gemachten Äußerung des Vorsitzenden: „Was Herrn K. wohl geritten hat, so ein mildes Urteil zu sprechen?"]). **633**

Mit Eingang der Akten bei der Berufungsstrafkammer sind **erkennende Richter** i.S.v. § 28 Abs. 2 S. 2 nicht nur die zur Mitwirkung in der HV berufenen Richter, sondern auch diejenigen, die nach § 27 berufen sind, über ein Ablehnungsgesuch gegen die in der HV mitwirkenden Richter zu entscheiden (OLG Karlsruhe StraFo 1998, 227 m.w.N. a. zur a.A.; s. → *Ablehnungsverfahren*, Rdn 89). Sie betreffende Entscheidungen können also gem. § 28 Abs. 2 S. 2 nur zusammen mit dem Urteil angefochten werden. Wird die Berufung des Angeklagten nach § 329 Abs. 1 S. 1 verworfen, bleiben die Mitglieder der Berufungsstrafkammer bis zum Ablauf der Frist für das Gesuch auf Wiedereinsetzung in den vorigen Stand bzw. bis zur rechtskräftigen Zurückweisung des Wiedereinsetzungsgesuchs erkennende Richter i.S.d. § 28 Abs. 2 S. 2 (OLG Düsseldorf NStZ-RR 2004, 47).

634 b) In welchem **Umfang** von den Ergebnissen des bisherigen Verfahrens berichtet wird, hängt von den **Umständen** ab. Der Vortrag hat sich jedoch auf die für die Berufung wesentlichen Punkte zu beschränken (KK-*Paul*, § 324 Rn 3). So kann es z.B. erforderlich sein, die Berufungsbegründung zu verlesen, wenn nur so der Umfang der Berufung geklärt werden kann (zur Zulässigkeit der Verlesung der Berufungsbegründung der StA OLG Köln NJW 1961, 1127).

Aus dem Umstand, dass der Berichterstatter zu Beginn der Berufungs-HV in seinem Vortrag über den bisherigen Gang des Verfahrens ggf. auf die Punkte besonders hinweist, die im Berufungsverfahren eine besondere Rolle spielen werden, wird im Zweifel der Angeklagte die Besorgnis der **Befangenheit** nicht herleiten können (BGH StRR 2010, 363 [Ls.] für Revision-HV).

635 c)aa) Nach § 324 Abs. 1 S. 2 muss das **Urteil 1. Instanz verlesen** werden, „soweit es für die Berufung von Bedeutung ist" (zur Beruhensfrage, wenn sich dem Protokoll der HV entnehmen lässt, dass nicht verlesen worden ist, s. OLG Schleswig SchlHA 2007, 290 [Dö/Dr.]). Das bedeutet, dass die Teile des erstinstanzlichen Urteils nicht verlesen werden müssen, die nur (ehemalige) Mitangeklagte betreffende Feststellungen enthalten oder bei denen es um Tatkomplexe geht, die nicht angefochten sind. Von der Verlesung sind nach Möglichkeit die **Beweiswürdigung** und die **Strafzumessungserwägungen** – mit der → *Feststellung von Vorstrafen des Angeklagten*, Rdn 1521 – **auszunehmen**, um so eine Beeinflussung der Schöffen zu vermeiden. Zwingend ist das jedoch nicht (*Meyer-Goßner/Schmitt*, § 324 Rn 5). In einer Berufungs-HV nach (teilweiser) Aufhebung eines Berufungsurteils durch das Revisionsgericht und **Zurückverweisung** muss das erste Berufungsurteil insoweit verlesen werden, als darin den Schuldspruch tragende Feststellungen enthalten sind, die vom Revisionsgericht nicht aufgehoben worden sind (BayObLG StV 2001, 335).

Den **Umfang** der Verlesung des Urteils 1. Instanz ordnet der Vorsitzende an. Da es sich bei dieser Anordnung um eine Maßnahme der → *Verhandlungsleitung*, Rdn 2889, handelt, kann der Verteidiger die Anordnung nach **§ 238 Abs. 2** beanstanden und einen **Gerichtsbeschluss** herbeiführen.

Die Verlesung des Urteils 1. Instanz ersetzt die → *Verlesung des Anklagesatzes*, Rdn 2921, und ist damit wesentlicher Teil der HV, sodass bei notwendiger Verteidigung i.S.d. § 140 Abs. 2 die **Anwesenheit** des **Verteidigers erforderlich** ist. Das gilt auch nach einer Beschränkung der Berufung (OLG Düsseldorf StraFo 1999, 125).

bb) Das Urteil wird i.d.R. vom **Vorsitzenden** oder vom **Berichterstatter** verlesen. Der Vorsitzende kann die Verlesung des Urteils 1. Instanz aber auch dem Protokollführer übertragen (*Meyer-Goßner/Schmitt*, § 324 Rn 3). **636**

cc) Nach § 324 Abs. 1 S. 2 Hs. 2 kann, wenn Verteidiger, Angeklagter und StA dies erklären, auf die **Verlesung** des Urteils **verzichtet** werden. Auf den Verzicht des Nebenklägers kommt es nicht an (*Meyer-Goßner/Schmitt*, § 397 Rn 12). Der Verzicht gehört zur Verhandlungsleitung des Vorsitzenden und muss von diesem herbeigeführt werden. Der Verzicht führt allerdings nicht dazu, dass ein Verlesungsverbot besteht (*Rieß* NJW 1978, 2271). Der Vorsitzende ist an den Verzicht nicht gebunden (OLG Frankfurt am Main StV 2001, 335 f.). **637**

Die **Verlesung** des Urteils 1. Instanz ist **keine Beweisaufnahme** in Form des **Urkundenbeweises**, sondern (nur) Bestandteil des Vortrags des Berichterstatters (KG StV 2013, 433 m. Anm. *Hanschke* StRR 2013, 145; OLG Stuttgart NStZ-RR 2003, 269). Durch sie kann daher nicht die Beweiserhebung darüber ersetzt werden, was der Angeklagte oder Zeugen in 1. Instanz (aus)gesagt haben. Kommt es darauf an, muss das Urteil in der Beweisaufnahme nochmals nach **§ 249** verlesen werden (vgl. u.a. OLG Hamm NJW 1974, 1880; OLG Stuttgart, a.a.O. [für Verlesung eines gesamtstrafenfähigen Urteils]; *Meyer-Goßner/Schmitt*, § 324 Rn 5 m.w.N.; → *Urkundenbeweis, Allgemeines*, Rdn 2721).

7. a) Für die → *Vernehmung des Angeklagten zur Sache*, Rdn 3072, und für die **Beweisaufnahme** gelten die gleichen **Grundsätze** wie für die HV **1. Instanz** (*Meyer-Goßner/Schmitt*, § 324 Rn 8 m.w.N.; zur Verletzung des Grundsatzes des „**fair-trial**" bei Beauftragung eines weiteren SV durch das Berufungsgericht s. OLG Hamm NStZ 1996, 455; → *Obergutachter*, Rdn 1953; zum „fair-trial", wenn das Gericht den Eindruck erweckt, die gegen ein freisprechendes Urteil gerichtete Berufung der StA werde keinen Erfolg haben, dann aber den Angeklagten doch verurteilt, ThürVerfGH NJW 2003, 740). Insbesondere besteht auch die → *Aufklärungspflicht des Gerichts*, Rdn 329). Das hat z.B. zur Folge, dass in Fällen, in denen Aussage gegen Aussage steht und der Belastungszeuge nicht erreichbar ist, das Berufungsgericht unter dem rechtlichen Gesichtspunkt bestmöglicher Sachaufklärung regelmäßig den (die) Vernehmungsbeamten und den erstinstanzlichen Richter als Zeugen zu hören hat, um sich wenigstens mittelbar ein möglichst konkretes Bild vom Inhalt der Aussagen des Zeugen und dem Eindruck zu verschaffen, den er hinterlassen hat (OLG Düsseldorf StV 2008, 346). **638**

B Berufungshauptverhandlung

> 📖 Ein früherer **Mitangeklagter**, dessen Berufung nach § 329 Abs. 1 verworfen worden ist, kann als **Zeuge** vernommen werden (OLG Bamberg StraFo 2015, 155; OLG Braunschweig Nds.Rpfl 2002, 64; → *Vernehmung des Mitangeklagten als Zeugen*, Rdn 3088).

639 b) Im Berufungsverfahren kann sich die Frage stellen, ob und inwieweit ggf. ein vom Angeklagten in der 1. Instanz im Rahmen einer **Verständigung (§ 257c)** abgelegtes **Geständnis** im Berufungsverfahren **verwertet** werden kann oder ob dem ggf. das Verwertungsverbot nach § 257c Abs. 4 S. 3 entgegensteht (→ *Absprachen mit Gericht und Staatsanwaltschaft*, Rdn 137; zur Verständigung im Berufungsverfahren eingehend *Wenske* NStZ 2015, 137). Die Frage wird sich u.a. immer dann stellen, wenn gegen ein amtsgerichtliches Urteil, dass auf einem vom Angeklagten im Rahmen einer Verständigung abgelegten Geständnis beruht, Berufung eingelegt worden ist. In den Fällen wird man unterscheiden müssen: Hat der Angeklagte Berufung eingelegt, greift ein (instanzübergreifendes) Verwertungsverbot aus § 257c Abs. 4 S. 3 nicht ein. Nach dem insoweit eindeutigen Wortlaut der Vorschrift – „in diesen Fällen" – gilt das Verwertungsverbot nur in den in S. 1 und 2 geregelten Fällen (so ausdrücklich für den Übergang AG/LG OLG Nürnberg StV 2012, 590 mit Anm. *Deutscher* StRR 2012, 346; zum Verwertungsverbot s. auch BGH NJW 2011, 1526 m. Anm. *Burhoff* StRR 2011, 190). Etwas anderes gilt, wenn die StA nach einer Verständigung zu Lasten des Angeklagten Rechtsmittel eingelegt hat mit dem Ziel einer höheren Bestrafung. Die Verständigung hindert die StA zwar nicht, auch zu Lasten des Angeklagten Berufung einzulegen (vgl. OLG Düsseldorf StV 2011, 80 m. Anm. *Burhoff* StRR 2011, 226 und krit. Anm. *Moldenhauer/Wenske* NStZ 2012, 184). Das aufgrund einer Verständigung beim AG erklärte Geständnis unterliegt dann aber einem Verwertungsverbot durch das Berufungsgericht. Das ergibt sich nach Auffassung des OLG Düsseldorf zwar nicht aus § 257c Abs. 4 S. 3, aber aus den Grundsätzen des Fair-Trial (krit. zum Verwertungsverbot *Moldenhauer/Wenske*, a.a.O.).

> 📖 Das Geständnis des Angeklagten aus der 1. Instanz kann ggf. nach § 254 Abs. 1 **verlesen** werden (OLG Nürnberg, a.a.O., zugleich auch zu den Anforderungen an die Begründung der Revision).

8. Auf folgende **Abweichungen** von den Verfahrensgrundsätzen für die HV 1. Instanz ist allerdings hinzuweisen:

640 a) Eine erste Abweichung ergibt sich aus § 325, der die **Verlesung** von **Schriftstücken** zulässt. Dazu ist darauf hinzuweisen, dass die allgemeinen Voraussetzungen für die Verlesung von Schriftstücken, wie sie sich aus den §§ 249–256 ergeben (→ *Urkundenbeweis, Allgemeines*, Rdn 2721 m.w.N.), durch die Vorschrift nicht erweitert werden. Sie stellt nur klar, dass auch beim Bericht des Berichterstatters nach § 324, der nicht zur Beweisaufnahme gehört, Schriftstücke verlesen werden dürfen (*Meyer-Goßner/Schmitt*, § 325 Rn 1 m.w.N.).

b) Eine **Durchbrechung** für den → *Unmittelbarkeitsgrundsatz*, Rdn 2690, enthält § 325 aber in Hs. 2. Danach ist unter bestimmten Voraussetzungen (s. Rdn 642 f.) die – nicht nur teilweise (OLG Hamburg MDR 1973, 871) – Verlesung von Niederschriften über die Vernehmung von Beweispersonen in 1. Instanz auch dann zulässig, wenn sie nach §§ 251, 253 an sich nicht zulässig wäre. **641**

aa) Die Vernehmungsniederschriften können auf jeden Fall verlesen werden, wenn **alle Prozessbeteiligten**, die eigene prozessuale Rechte haben, **zustimmen**. Zustimmen müssen also der Angeklagte, der Verteidiger, Nebenbeteiligte, soweit sie durch die Beweisaufnahme betroffen sind, wie z.B. ein Einziehungsbeteiligter, der Privatkläger, nicht aber ein Nebenkläger (*Meyer-Goßner/Schmitt*, § 397 Rn 12), Erziehungsberechtigte und gesetzliche Vertreter. **642**

Die **Zustimmung** muss grds. **ausdrücklich erklärt** werden. Sie kann jedoch auch in einem schlüssigen Verhalten liegen, wenn z.B. der Verteidiger der Verlesung einer Zeugenaussage 1. Instanz nicht widerspricht. Die Zustimmung zur Verlesung kann vom Vorsitzenden auch noch nach der Verlesung eingeholt werden. Der **Widerruf** einer einmal erklärten Zustimmung ist **ausgeschlossen** (LR-*Gössel*, § 325 Rn 5). **643**

> Der Verteidiger muss sich genau **überlegen**, ob er der Verlesung einer Vernehmungsniederschrift 1. Instanz **zustimmt**. So können besondere Umstände zur persönlichen Anhörung der Beweisperson zwingen. Ggf. ist auch schon das Gericht aufgrund der → *Aufklärungspflicht des Gerichts*, Rdn 329, gezwungen, einen Zeugen persönlich zu hören (vgl. u.a. OLG Koblenz StV 1982, 65 f.; *Meyer-Goßner/Schmitt*, § 325 Rn 12 m.w.N.).

Danach wird eine **Verlesung nicht** in Betracht kommen, wenn **644**

- die zu verlesende **Aussage** von **prozessentscheidender Bedeutung** ist (OLG Zweibrücken NStZ 1992, 147 m.w.N.; OLG Celle StV 1994, 474 [Ls.]),
- das Berufungsgericht die **Glaubwürdigkeit** des Zeugen anders werten will als das erstinstanzliche Gericht (BayObLG StV 1992, 152, m.w.N.),
- es auf den **persönlichen Eindruck** vom Zeugen ankommt (LR-*Gössel*, § 325 Rn 18),
- sich Zeugenaussagen **widersprechen** (OLG Frankfurt am Main StV 1987, 524; OLG Koblenz StV 1982, 65),
- die **Zeugenaussage** in 1. Instanz **schlecht**, d.h. unverständlich, **protokolliert** worden ist,
- **Zweifel** bestehen, ob die Zeugenaussage **richtig protokolliert** worden ist (OLG Köln GA 1970, 248).

bb) Ohne Zustimmung der Prozessbeteiligten dürfen Vernehmungsniederschriften **nur** verlesen werden, wenn **645**

B   Berufungshauptverhandlung

- die **Beweispersonen nicht** zur Berufungs-HV **geladen** worden sind; wer ggf. geladen hat, ist unerheblich. Es kommt also nicht darauf an, ob der Vorsitzende geladen hat. Auch die Ladung des Zeugen als → *Präsentes Beweismittel*, Rdn 2036, reicht aus (HK-*Rautenberg*, § 325 Rn 8). Das **Stellen** eines **Zeugen** steht der Ladung gleich (*Meyer-Goßner/Schmitt*, § 325 Rn 7 m.w.N.). Ist ein bereits geladener Zeuge von Amts wegen abbestellt worden, steht das der Nichtladung gleich, wenn der Angeklagte darüber benachrichtigt worden ist (vgl. u.a. OLG Stuttgart MDR 1977, 513);
- der **Angeklagte nicht** die **Ladung** der Zeugen oder SV **beantragt** hat (s.o. Rdn 621). Unter einem Antrag ist hier jede Eingabe zu verstehen, aus der sich ergibt, dass der Angeklagte eine Vernehmung der Beweisperson auch in der 2. Instanz wünscht (vgl. aber u. Rdn 649). Der entsprechende **Antrag** muss **rechtzeitig** vor der Berufungs-HV gestellt werden. Das ist er nur dann, wenn das Gericht die Ladung noch – notfalls telefonisch – ohne Verschiebung der Berufungs-HV bewirken kann (*Meyer-Goßner/Schmitt*, § 325 Rn 10 m.w.N.).

> ☝ Hat der Verteidiger es vor der Berufungs-HV **versäumt**, rechtzeitig die **Ladung** eines Zeugen oder SV zu beantragen, muss er in der HV versuchen, die Ladung jetzt noch mit einem förmlichen → **Beweisantrag**, Rdn 835 m.w.N., durchzusetzen. Es empfiehlt sich, diesen Antrag – unabhängig von der Frage der Rechtzeitigkeit – vor der Berufungs-HV dem Gericht gegenüber anzukündigen, damit dieses sich ggf. darauf einstellen kann, die Berufungs-HV auszusetzen.

646   cc) Verlesen werden dürfen **nur** die **Vernehmungsprotokolle** der **HV 1. Instanz** (s. → *Protokoll der Hauptverhandlung, Allgemeines*, Rdn 2092), nicht Protokolle aus einer ausgesetzten oder sonst vorausgegangenen HV (*Meyer-Goßner/Schmitt*, § 325 Rn 11 m.w.N.). Es dürfen zudem auch Schriftstücke verlesen werden, auf die sich ein Zeuge bei seiner Vernehmung bezogen hat (OLG Hamm DAR 1956, 166). Der Verlesung steht nicht entgegen, wenn dem Zeugen ein → *Zeugnisverweigerungsrecht*, Rdn 3552, nach den §§ 52 ff. zusteht, von dem er in der 1. Instanz keinen Gebrauch gemacht hat (KK-*Paul*, § 325 Rn 10). Ist das ZVR erst nach der Vernehmung des Zeugen entstanden oder teilt er mit, dass er nun von seinem Weigerungsrecht Gebrauch machen will, darf seine Vernehmung nicht verlesen werden (KK-*Paul*, a.a.O.).

> ☝ Wird dennoch verlesen, muss der Verteidiger dies **beanstanden** bzw. **widersprechen**. Beanstanden muss der Verteidiger auch die Verlesung einer Vernehmung, bei der **wesentliche Verfahrensvorschriften verletzt** worden sind. Denn durfte diese in 1. Instanz **nicht verwertet** werden, kann das in der Berufungs-HV nicht anders sein (KK-*Paul*, § 325 Rn 8; LR-*Gössel* § 325 Rn 21; s.a. OLG Stuttgart NJW 1970, 343 [Vernehmung eines Zeugen in Abwesenheit des nicht eigenmächtig ausgebliebenen Angeklagten]).

dd) Nach der Verlesung der Aussage eines in 1. Instanz uneidlich vernommenen Zeugen   647
muss das Gericht über die **Vereidigung** neu **entscheiden** (vgl. dazu *Meyer-Goßner/ Schmitt*, § 325 Rn 13 m.w.N.). Ist der Zeuge in der 1. Instanz verbotswidrig vereidigt worden, kann das Gericht – nach einem entsprechenden Hinweis an die Beteiligten – seine Aussagen als uneidliche werten (→ *Vereidigungsverbot*, Rdn 2807).

9. Fraglich ist, ob das in 1. Instanz ggf. nach § 420 zulässige **vereinfachte Beweisverfahren**   648
(→ *Beschleunigtes Verfahren*, Rdn 741; → *Strafbefehlsverfahren*, Rdn 2568) auch für die Berufungs-HV vor der (kleinen) Strafkammer gilt, wenn gegen ein solches Urteil Berufung eingelegt worden ist. Nach dem eindeutigen Wortlaut des § 420 Abs. 4, wonach diese Vorschrift ausdrücklich nur für das Verfahren vor dem Strafrichter gilt, dürfte das **nicht** der Fall sein. Etwas anderes gilt aber auch nicht für die Abs. 1–3. Diese beziehen sich auf die §§ 417, 419 Abs. 1 S. 1, in denen es um beschleunigte Verfahren vor dem AG und dem Schöffengericht geht. Daraus erklärt sich die Einschränkung in § 420 Abs. 4, mit der dessen Anwendung vor dem Schöffengericht ausgeschlossen werden sollte. Aus dem Fehlen der Beschränkung in § 420 Abs. 1–3 lässt sich nicht (im Umkehrschluss) die Geltung dieser Vorschriften für die Berufungs-HV (vor dem LG) ableiten (s.a. BayObLG NStZ 2005, 403 m.w.N.; SK-*Paeffgen*, § 420 Rn 31; a.A. *Meyer-Goßner/Schmitt*, § 420 Rn 12 [u.a. auch mit Hinw. auf die Regelung des § 411 Abs. 1 S. 1]; wie hier mit weit. Einzelh. *Loss/Radke* NStZ 1996, 8; *Schlothauer* StV 1995, 46; zum Rechtsmittelverfahren im beschleunigten Verfahren eingehend *Ranft* NStZ 2004, 424).

> Ist vom AG der **Einspruch** des Angeklagten gegen den Strafbefehl **verworfen** worden (§ 412; → *Strafbefehlsverfahren*, Rdn 2568), muss auf jeden Fall im **Strengbeweisverfahren** geklärt werden, ob der Angeklagte vor dem AG ohne genügende Entschuldigung ausgeblieben ist (OLG Naumburg NStZ-RR 2001, 87; → *Freibeweisverfahren*, Rdn 1562). Dabei hat das LG auch neues Entschuldigungsvorbringen zu berücksichtigen (BayObLG NJW 2001, 1438 [zugleich auch zu den Anforderungen an die Urteilsgründe]).

10.a) **Erscheint** der **Angeklagte** in der Berufungs-HV ohne ausreichende Entschuldigung   649
nicht, muss das Gericht im Zweifel seine Berufung nach § 329 Abs. 1 S. 1 verwerfen, wenn nicht ein mit schriftlicher Vertretungsvollmacht ausgestatteter Verteidiger erschienen ist (zur Neuregelung des § 329 und zur Prüfpflicht des Gerichts, ob die Anwesenheit des Angeklagten erforderlich ist → *Berufungsverwerfung wegen Ausbleibens des Angeklagten*, Rdn 691). Auch im **Strafbefehlsverfahren** kann sich der Angeklagte vertreten lassen. Denn nach § 411 Abs. 2, der auch im Berufungsverfahren gilt (OLG Celle NJW 1970, 906; OLG Düsseldorf NStZ 1984, 524; OLG Köln StV 1981, 119), kann der **Verteidiger** den Angeklagten **vertreten**, selbst wenn nach § 236 sein persönliches Erscheinen angeordnet war. War der Angeklagte vom Erscheinen in der Berufungs-HV entbunden (§ 233;

→ *Entbindung des Angeklagten vom Erscheinen in der Hauptverhandlung*, Rdn 1386) oder wird nach Zurückverweisung durch das Revisionsgericht verhandelt (§ 329 Abs. 1 S. 2), kann ebenfalls ohne den Angeklagten verhandelt werden.

Bei einer Berufung des Angeklagten sind **Vorführung** und **Verhaftung** nach den Änderungen des § 329 **nur noch** bei erneuter Verhandlung nach **Zurückverweisung** durch das Revisionsgericht mangels Verwerfungsmöglichkeit vorgesehen (§ 329 Abs. 1 S. 4, Abs. 3 2. Alt.). Die Zwangsmaßnahmen stehen unter dem Vorbehalt, dass sie zur Durchführung der Hauptverhandlung geboten sind. Das ist auf den sog. „gestreckten Verhandlungsablauf" zurückzuführen (vgl. dazu → *Berufungsverwerfung wegen Ausbleibens des Angeklagten*, Rdn 703 ff.). Die frühere andere Regelung in § 329 Abs. 4 a.F. ist entfallen (vgl. zum alten Recht BVerfG NJW 2001, 1341; → *Zwangsmittel bei Ausbleiben des Angeklagten*, Rdn 3661).

650 b) Handelt es sich um eine (zum Nachteil des Angeklagten eingelegte) **Berufung** der StA, kann gem. § 329 Abs. 2 auch in Abwesenheit des Angeklagten verhandelt werden. Diese Möglichkeit scheidet aus, wenn die sich aus § 244 Abs. 2 ergebende → *Aufklärungspflicht des Gerichts*, Rdn 329, dieses dazu drängt, sich einen auf **persönlicher Beobachtung beruhenden Eindruck** vom Angeklagten zu machen (OLG Hamm StV 1997, 346; OLG Karlsruhe NStZ-RR 2004, 21; OLG Köln StraFo 2011, 360; OLG Schleswig SchlHA 2011, 306, 307 [Dö/Dr]). So wird die Verhängung einer Strafe ohne Bewährung aufgrund einer Abwesenheitsverhandlung ausscheiden, wenn der Angeklagte in 1. Instanz zu einer Bewährungsstrafe verurteilt worden ist (OLG Hamm StV 1997, 346). Auch kann nicht anstelle einer in 1. Instanz verhängten Geldstrafe von 30 Tagessätzen in 1. Instanz in der Berufungsinstanz eine dreimonatige Freiheitsstrafe ohne Bewährung verhängt werden (OLG Köln, a.a.O.). Wird dennoch ohne den Angeklagten verhandelt, ist das als absoluter Revisionsgrund geltend zu machen (§ 338 Nr. 5; s. auch → *Berufungsverwerfung wegen Ausbleibens des Angeklagten*, Rdn 715 ff.).

Für das Gericht gilt hinsichtlich der zu verhängenden **Strafe** ggf. die **Grenze** des § 24 Abs. 2 GVG (maximal vier Jahre; zur Ausnahme s. BGHSt 34, 159). Auch darf gegen den Angeklagten keine so hohe Strafe verhängt werden, dass seine nochmalige Anhörung geboten ist (BGHSt 17, 391).

651 11. Das → *Plädoyer des Verteidigers*, Rdn 2017, kann in der Berufungs-HV gegenüber dem in der 1. Instanz **Besonderheiten** aufweisen.

- Hat der Angeklagte Berufung eingelegt, plädiert der **Verteidiger** – anders als in der 1. Instanz – **zuerst**, sonst der StA (§ 326).
- Der **Inhalt** des Schlussvortrags hängt u.a. vom Umfang der Anfechtung des Urteils 1. Instanz ab. Hat der Angeklagte oder auch die StA nur den Rechtsfolgenausspruch an-

gegriffen (s. → *Berufungsbeschränkung*, Rdn 567), braucht der Verteidiger sich nur mit der Straffrage auseinanderzusetzen. Ist das erstinstanzliche Urteil hingegen in vollem Umfang zur Überprüfung durch das Berufungsgericht gestellt, muss der Verteidiger ebenso wie in einem Schlussvortrag 1. Instanz alle Fragen ansprechen (→ *Plädoyer des Verteidigers*, Rdn 2017).

☞ Das setzt natürlich auch voraus, dass der Verteidiger sich mit dem angegriffenen Urteil auseinandersetzt. Dies sollte er **sachlich** und **korrekt** tun, ohne im Ton oder inhaltlich zu entgleisen (*Dahs*, Rn 883, 187).

Von besonderer Bedeutung ist in der Berufungs-HV das **Recht** des Verteidigers, auf das **Plädoyer** des **StA** zu **erwidern**. Der Verteidiger darf nicht übersehen, dass, wenn er nicht von seinem Erwiderungsrecht Gebrauch macht, wegen der sich aus § 326 ergebenden Reihenfolge der StA derjenige ist, der das „letzte Wort" hat.

Siehe auch: → *Berufung, Allgemeines*, Rdn 541, m.w.N.; → *Rechtsmittel, Allgemeines*, Rdn 2170.

Berufungsrücknahme 652

Das Wichtigste in Kürze:
1. Bis zum Beginn der HV kann eine Berufung ohne Weiteres zurückgenommen, nach Beginn der HV kann eine Berufung nach § 303 nur noch mit Zustimmung des Gegners zurückgenommen werden.
2. Zur Rücknahme der Berufung berechtigt ist, wer das Rechtsmittel eingelegt hat.
3. Die Rücknahmeerklärung ist unwiderruflich und unanfechtbar, in Ausnahmefällen kann sie allerdings unwirksam sein.
4. Die Zustimmung zur Rücknahme des Rechtsmittels des Gegners ist ebenfalls unwiderruflich und unanfechtbar.
5. Der Verteidiger bedarf nach § 302 Abs. 2 für die Rücknahme der von ihm eingelegten Berufung ebenso wie für die des Angeklagten eine ausdrückliche Ermächtigung.
6. Wird später die Wirksamkeit einer Berufungsrücknahme von einem Verfahrensbeteiligten bezweifelt, wird die Wirksamkeit im Freibeweisverfahren geklärt.
7. Erteilt während der Berufungshauptverhandlung der Vorsitzende den Rat, wegen geringer Erfolgsaussichten die Berufung zurückzunehmen, reicht das i.d.R. nicht, um damit die Besorgnis der Befangenheit zu begründen.
8. Der Verteidiger muss den Angeklagten sorgfältig über die aus einer Rücknahme entstehenden Rechtsfolgen, insbesondere die Rechtskraft des erstinstanzlichen Urteils, beraten.

B Berufungsrücknahme

> 9. Wird die Berufung früher als zwei Wochen vor Beginn der Berufungs-HV zurückgenommen, erhält der Verteidiger nach Nr. 4141 Anm. 1 Ziff. 3 VV RVG eine zusätzliche Verfahrensgebühr.

653 **Literaturhinweise: Burhoff**, Die richtige Bemessung der Sperrfrist, VA 2002, 126; *ders.*, Entziehung der Fahrerlaubnis – Auswirkungen einer langen Verfahrensdauer und Sperrfrist, VA 2012, 142; *ders.*, Die Rechtsprechung im Verkehrsstrafrecht in den Jahren 2010 – 2012 Teil 1, VRR 2013, 246; *ders.*, Die Rechtsprechung im Verkehrsstrafrecht in den Jahren 2010 – 2012 Teil 2, VRR 2014, 48; *ders.*, Die Rechtsprechung zur Entziehung der Fahrerlaubnis im Verkehrsstrafrecht in den Jahren 2010 – 2012, VRR 2014, 208; **Dencker**, Willensfehler bei Rechtsmittelverzicht und Rechtsmittelrücknahme im Strafprozeß, 1972; **Eickhoff**, Die Bedeutung des Verschlechterungsverbots für die Bemessung von Führerscheinsperrfristen in der Berufungsinstanz, NJW 1975, 1007; **Geppert**, Schwierigkeiten der Sperrfristbemessung bei vorläufiger Entziehung der Fahrerlaubnis, ZRP 1981, 85; **Gollner** Verschlechterungsverbot bei vorläufiger und endgültiger Entziehung der Fahrerlaubnis, GA 1975, 129; **Kuhli**, Die Anforderungen an die Ermächtigung zu Rechtsmittelrücknahme oder -verzicht gemäß § 302 II StPO, HRRS 2009, 290; s.a. die Hinw. bei → *Berufung, Allgemeines*, Rdn 541; und bei → *Rechtsmittelverzicht*, Rdn 2189.

654 1.a) Bis zum **Beginn** der HV kann eine Berufung **ohne Weiteres** zurückgenommen werden (allgemein zur Rechtsmittelrücknahme Burhoff/Kotz/*Kotz*, RM, Teil A 1943 ff. m.w.N.; s. aber Rdn 664; zu den gebührenrechtlichen Folgen Rdn 676).

☝ **Vorsichtig** muss der Verteidiger mit einer Rücknahme sein, wenn **beiderseitige Rechtsmittel** vorliegen, also sowohl der Angeklagte als auch die StA das erstinstanzliche Urteil angefochten haben. Zwar kann auf jedes Rechtsmittel der StA die Entscheidung zugunsten des Angeklagten abgeändert werden (§ 301), nimmt der Angeklagte jedoch sein Rechtsmittel zurück, ist er vom weiteren Verhalten der StA abhängig. Gleiches gilt, wenn die StA die Berufung auf das Strafmaß beschränkt. Schließt der Angeklagte sich dem an, kann er nicht mehr freigesprochen werden. Es **empfiehlt** sich daher im Fall beiderseitiger Rechtsmittel für den Verteidiger, das Rechtsmittel des Angeklagten nur dann zurückzunehmen, wenn auch die StA ihr Rechtsmittel zurücknimmt. Darüber ist ggf. außerhalb der HV ein „**Vergleichsgespräch**" mit dem Sitzungsvertreter der StA zu führen (vgl. zu allem a. *Dahs*, Rn 841 f.).

655 b) **Nach Beginn** der HV kann eine Berufung nach § 303 **nur** noch mit **Zustimmung** des **Gegners** zurückgenommen werden (OLG Frankfurt am Main NStZ-RR 1997, 45). Beginn der HV ist nach §§ 324, 243 Abs. 1 S. 2 der → *Aufruf der Sache*, Rdn 341. Die Beschränkung gilt nach Beginn der ersten Berufungs-HV **endgültig** für das gesamte restliche Verfahren, auch wenn die Berufungs-HV ausgesetzt wird. Die unbeschränkte Befugnis zur Rücknahme lebt nicht wieder auf (*Meyer-Goßner/Schmitt*, § 303 Rn 2 m.w.N.). Etwas anderes gilt gem. § 329 Abs. 5 S. 2 (früher: § 329 Abs. 2 S. 2 Hs. 1) für die zuungunsten des Angeklagten eingelegte Berufung der StA. Erscheint der Angeklagte zur Berufungs-HV nicht, kann die StA ihre Berufung auch ohne Zustimmung des Angeklagten zurücknehmen; allerdings gilt das nur für die HV. Wird diese ausgesetzt, lebt die unbeschränkte Rücknahmebefugnis nicht wieder aus (s. OLG München NStZ 2008, 120 [nach dem Wortlaut „in" der HV]; a.a. LG Dresden NStZ 1999, 265). Die Rücknahme der Berufung ohne Zustimmung des Angeklagten ist wegen der Bezugnahme in § 329 Abs. 5 S. 2 erfolgten Bezugnahme auf § 329 Abs. 1 nur möglich, wenn auch kein vertretungsbefugter Verteidiger anwesend ist (→ *Berufungsverwerfung wegen Ausbleibens des Angeklagten*, Rdn 689). Erweitert worden ist durch die Neuregelung des § 329 diese Möglichkeit auf das nachträgliche Sich-Entfernen von Angeklagtem bzw. Verteidiger oder falls der Verteidiger den Angeklagten nicht weiter vertritt (vgl. § 329 Abs. 1 S. 2).

Gegner ist bei einer Berufung des Angeklagten/Verteidigers der StA bzw. bei einer Berufung des StA der Angeklagte (wegen weit. Einzelh. s. *Meyer-Goßner/Schmitt*, § 303 Rn 3 m.w.N.). 656

2. Zur Rücknahme der Berufung berechtigt ist, wer das Rechtsmittel **eingelegt** hat. Der Angeklagte muss bei Abgabe einer Rücknahmeerklärung verhandlungsfähig (OLG Hamm VRS 110, 225; → *Verhandlungsfähigkeit*, Rdn 2878), aber nicht geschäftsfähig sein (BGH NStZ 1983, 280; NStZ-RR 2004, 341; OLG Hamm NJW 1973, 1894). Überbringt der Angeklagte eine schriftliche Rücknahmeerklärung des Verteidigers, muss er bei deren Übergabe an das Gericht nicht verhandlungsfähig sein (OLG Hamm, a.a.O.). 657

Eine **Rücknahmeerklärung** des **Angeklagten** erstreckt sich immer auch auf eine vom Verteidiger eingelegte Berufung (BGH StraFo 2005, 161; NStZ-RR 2007, 210; *Meyer-Goßner/Schmitt*, § 302 Rn 3 m.w.N.). Das gilt auch für einen jugendlichen Angeklagten, der i.Ü. das Rechtsmittel auch ohne Zustimmung des gesetzlichen Vertreters zurücknehmen kann (BGH StraFo 2005, 161), oder wenn der Verteidiger das von ihm zugunsten des Angeklagten eingelegte Rechtsmittel an sich durchführen möchte und die Beurteilungskraft des 81-jährigen Angeklagten bezweifelt (BGH NStZ-RR 2007, 210). Haben **mehrere Verteidiger** Berufung eingelegt, führt die im Auftrag des Angeklagten erklärte Zurücknahme des einen zur Zurücknahme insgesamt (BGH NStZ 1996, 202 m.w.N.). 658

3. a) Die **Rücknahmeerklärung** ist **unwiderruflich** und **unanfechtbar** (st. Rspr. des BGH; s.u.a. BGHSt 46, 257; BGH StV 1994, 64 [Anfechtung]; vgl. a. Rdn 672). Die wirksam zurückgenommene Berufung kann auch nicht erneuert werden (BGHSt 10, 245; BGH NStZ-RR 2010, 55, 2013, 318). Auch eine Wiedereinsetzung kommt nach rechtswirksamer Rücknahme nicht in Betracht (BGH NStZ 2001, 160; NStZ-RR 2013, 318; *Meyer-Goßner/ Schmitt*, § 44 Rn 5). Auch ein Motivirrtum über die Aussichten des Rechtsmittels ändert an der Unwiderruflichkeit der Rechtsmittelrücknahme nichts (BGH NStZ-RR 2013, 381 m.w.N.). Eine noch nicht bei Gericht eingegangene und damit noch nicht wirksame Rücknahmeerklärung kann aber bis zu ihrem Eingang bei Gericht widerrufen werden (BGH NStZ-RR 2007, 151; OLG Hamm StraFo 2008, 33; OLG Jena zfs 2007, 412 [für Rechtsmittelverzicht im OWi-Verfahren]; KK-*Paul*, § 302 Rn 5). 659

B Berufungsrücknahme

✍ Die Berufung kann auch nur **teilweise** zurückgenommen werden. Um eine teilweise Berufungsrücknahme handelt es sich bei der → *Berufungsbeschränkung*, Rdn 567.

660 b) In **Ausnahmefällen** können Rücknahmeerklärungen aber **unwirksam** sein (s. BGHSt 17, 14 [Anwendung von § 136a]; 46, 257; zu Rechtsmitteln, wenn um die Wirksamkeit einer Rücknahme gestritten wird, s. Rdn 672), und zwar ggf. in folgenden **Beispielsfällen** (s.a. → *Rechtsmittelverzicht*, Rdn 2189)

661 **Unwirksamkeit bejaht**

- die Rücknahmeerklärung ist durch **bewusste Täuschung** oder durch Drohung erlangt (BGHSt 17, 14; 46, 257; s. aber BGH NStZ-RR 2008, 67 [Be]; vgl. auch OLG Dresden StV 2010, 29 für „abgenötigte" → *Berufungsbeschränkung*, Rdn 567),
- die Rücknahme beruht auf einem **Motivirrtum** und „Unüberlegtheit" des Angeklagten und das Gericht hat das Gebot fairer Prozessführung verletzt (LG Osnabrück StraFo 1997, 309 [für Rücknahme des Einspruchs gegen einen Strafbefehl, wobei das Gericht nicht die für den Angeklagten eintretenden beamtenrechtlichen Folgen ausreichend beachtet hat]),
- Rücknahme durch den aufgrund eines rechtswidrigen **HB** festgenommenen Angeklagten, der seine Freilassung erreichen will (KG JR 1977, 34; s. auch OLG Dresden StV 2010, 29 für Abgabe der Berufungsbeschränkungserklärung vom inhaftierten Angeklagten nur deshalb, weil er seine sofortige Freilassung anders nicht erreichen konnte; s. aber BGH NStZ-RR 2008, 67 [Be]),
- Rücknahme aufgrund **unrichtiger Erklärung** oder Auskunft des **Gerichts**, wenn erst und gerade hierdurch ein **Irrtum** hervorgerufen wird (BGHSt 46, 257 [unrichtige Erklärungen zu beamtenrechtlichen Folgen]; StV 2001, 556; NStZ-RR 2002, 101 [Be]; OLG Koblenz NStZ-RR 1996, 306 [jew. für Rechtsmittelverzicht]; OLG Köln StV 2014, 207 m. Anm. *Burhoff* StRR 2014, 228 [falsche Informationen über Entziehung der Fahrerlaubnis]; s.a. *R. Hamm* NStZ 2001, 494 in der Anm. zu BGHSt 46, 257),
- Rücknahme durch den **anwaltlich nicht vertretenen** Angeklagten im Fall **notwendiger Verteidigung** (OLG Celle StV 2013, 12 [Ls.] m. Anm. *Burhoff* StRR 2013, 424 [für Berufungsbeschränkung in der HV]; OLG Köln StV 1998, 645 [für Rechtsmittelbeschränkung und -verzicht]; a.A. OLG Koblenz NStZ 2007, 55 [allerdings für außerhalb der HV zurückgenommenes Rechtsmittel]; OLG München NStZ-RR 2010, 19; s. die Ausführungen bei → *Rechtsmittelverzicht*, Rdn 2198),
- Rücknahme aufgrund eines durch eine **unzutreffende** richterliche Auskunft hervorgerufenen Irrtums über die **Erfolgsaussichten** des Rechtsmittels (OLG Zweibrücken NStZ 1982, 348),
- Rücknahme aufgrund eines durch eine **unzutreffende** richterliche Auskunft hervorgerufenen Irrtums über die **Tragweite** und Rechtsfolgen der Rücknahmeerklärung

(OLG Düsseldorf MDR 1984, 604; ähnlich OLG Köln OLG Köln StV 2014, 207 m. Anm. *Burhoff* StRR 2014, 228 [falsche Informationen über Entziehung der Fahrerlaubnis]),

◉ Der **Zweifelssatz** „in dubio pro reo" gilt insoweit **nicht** (OLG Düsseldorf NStZ-RR 1996, 307 m.w.N.).

- Rücknahme aufgrund einer vom Vorsitzenden unzuständiger Weise abgegebenen und alsbald nicht eingehaltenen **Zusage** (BGH NJW 1995, 2568 [Zusage des Vorsitzenden zur **Strafvollstreckung**]),
- ggf. bei **Sprach-/Verständnisschwierigkeiten** (vgl. OLG München StV 1998, 646; aber BGH NStZ-RR 2011, 233 [Ci/Zi]),
- bei unüberwindbaren **Zweifeln** an der → *Verhandlungsfähigkeit*, Rdn 2878, des Angeklagten und der zudem während des Verfahrens anwaltlich faktisch nicht beraten war, weil er eine Beratung durch seinen Pflichtverteidiger ablehnte (BGH wistra 2011, 236 für Rechtsmittelverzicht).

Unwirksamkeit verneint 662

- bei einer **unzulässigen Absprache**, wenn sie die Rücknahme nicht beeinflusst hat (BGH NStZ-RR 2014, 381),
- zur Zulässigkeit der Verständigung über die Berufungsrücknahme in einem **Parallelverfahren** (KG NStZ 2015, 236).
- Rücknahme aufgrund einer in dem Antrag der StA auf Erlass eines **HB** liegenden **Drohung** (BGHSt 17, 14; OLG Hamburg MDR 1964, 615; s.a. BGH NStZ 1992, 29 [K]),
- Rücknahme aufgrund **enttäuschter Erwartungen**, ohne dass eine unzulässige Willensbeeinflussung durch Gericht oder StA vorliegt (BGH StV 2000, 542; NStZ-RR 2002, 114),
- Rücknahme aufgrund eines **bloßen Irrtums** über die Auswirkungen eines Urteils (BGH NStZ-RR 2004, 228 [Be]; Beschl. v. 16.3.2010 – 4 StR 572/09), wenn dieser nicht durch das Gericht (vgl. dazu BGHSt 46, 257), sondern durch den (Pflicht-)Verteidiger verursacht worden ist (vgl. aber OLG Köln StV 2014, 207 m. Anm. *Burhoff* StRR 2014, 228 [falsche Informationen über Entziehung der Fahrerlaubnis]),
- Rücknahme mit der Hoffnung auf Bestehenbleiben eines **Haftverschonungsbeschlusses** (BGH wistra 1994, 197; ähnl. BGH NStZ-RR 2008, 67 [Be]),
- bei **Jugendlichen** und **Heranwachsenden**, wenn diese im Hinblick auf ihre geistige Entwicklung die genügende Einsichtsfähigkeit für die Prozesshandlung und deren Tragweite haben (BGH NStZ-RR 1998, 60),
- Rücknahme unter einer **Rechtsbedingung** (BGH NStZ-RR 2002, 101 [Be]),

B   Berufungsrücknahme

- Rücknahme bei Ankündigung des StA, er werde anderenfalls **Revision einlegen** (BGH NStZ 1986, 277),
- nicht unbedingt, wenn der Angeklagte in seiner **Geschäfts- oder Schuldfähigkeit beeinträchtigt** ist, sondern erst dann, wenn hinreichende Anhaltspunkte dafür vorliegen, dass der Angeklagte nicht in der Lage ist, die Bedeutung der von ihm abgegebenen Erklärungen zu erkennen (BGH NStZ-RR 2004, 341),
- es wird nur die Aufnahme „wohlwollender Formulierungen" in das Urteil hinsichtlich der Aufnahme in den **offenen Vollzug** angeboten (BGH NStZ-RR 2006, 146).

663   4.a) Die **Zustimmung** zur Rücknahme des Rechtsmittels des Gegners ist ebenfalls **unwiderruflich** und **unanfechtbar**. Sie ist dem Gericht gegenüber zu erklären. Die Zustimmung muss nicht unbedingt ausdrücklich erklärt werden, sondern kann auch in **schlüssigen** Handlungen liegen (OLG Hamm StRR 2010, 42 [Ls.; für – schlüssige – Zustimmung der StA zu einer → *Berufungsbeschränkung*, Rdn 567]; *Meyer-Goßner/Schmitt*, § 303 Rn 4 m.w.N.).

664   b) Will der StA seine **Berufung** zurücknehmen, muss der Angeklagte/Verteidiger zustimmen (vgl. oben Rdn 654). Das wird ihm, wenn es sich um eine **zuungunsten** des Angeklagten eingelegte Berufung handelt, keine Schwierigkeiten machen.

> Die StA kann nach § 329 Abs. 2 S. 2 ihre Berufung **ohne Zustimmung** des Angeklagten zurücknehmen (oder beschränken), wenn der **Angeklagte** in der → *Berufungshauptverhandlung*, Rdn 619, **nicht erschienen** ist (s.a. o. Rdn 652).

665   Handelt es sich um eine von der **StA zugunsten** des **Angeklagten** eingelegte Berufung, muss dieser der Rücknahme gem. **§ 302 Abs. 1 S. 3** auf jeden Fall **zustimmen**. Die Frage, ob eine Berufung der StA zugunsten des Angeklagten eingelegt ist, ist nach dem Gesamtinhalt der Rechtsmittelerklärungen zu beantworten und nicht nach Umständen außerhalb dieser Erklärungen. Ist ein derartiger Wille weder aus der Rechtsmittelschrift noch aus der Begründung zu entnehmen, fehlt es also an jeglicher entsprechenden Erklärung, dass das Rechtsmittel zugunsten des Angeklagten eingelegt werde, muss wird ein von der StA eingelegtes Rechtsmittel als zu dessen Ungunsten geltend gemacht angesehen (BGHSt 2, 41 ff.; BGH, Beschl. v. 28.5.2013 – 3 StR 426/12; schon RGSt 65, 231, 235; SK-StPO-*Frisch*, § 296 Rn 13; Radtke/Hohmann/*Radtke*, § 296 Rn 47; KK-*Paul*, § 296 Rn 5).

> Bei der zugunsten des Angeklagten eingelegten Berufung muss der Verteidiger die Frage der Zustimmung, insbesondere im Hinblick auf das **Verschlechterungsverbot** des § 331, sorgfältig prüfen.

666   5.a) Der **Verteidiger**, auch der Pflichtverteidiger (u.a. BGH StraFo 2013, 468; OLG Hamm VRR 2005, 243 [Ls.]; LG Zweibrücken NStZ-RR 2002, 177), bedarf nach § 302 Abs. 2 für die Rücknahme der von ihm eingelegten Berufung ebenso wie für die des Angeklagten eine **ausdrückliche Ermächtigung** (vgl. dazu *Kuhli* HRRS 2009, 290).

Steht der Angeklagte unter Betreuung und stimmt der Betreuer zu, ist das nur dann ausreichend, wenn sein Aufgabenbereich auch die Vertretung in Strafsachen umfasst (BGH, a.a.O.; Radtke/Hohmann/*Radtke*, § 298 Rn 4; *Meyer-Goßner/Schmitt*, § 302 Rn 3 i.V.m. § 298 Rn 1; vgl. auch OLG Hamm NStZ 2008, 119).

Eine bestimmte **Form** ist für diese Ermächtigung nicht vorgesehen, sie kann dem Verteidiger schriftlich, mündlich oder fernmündlich erteilt werden (st. Rspr.; vgl. zuletzt u.a. BGH NStZ-RR 2003, 241; 2005, 211; 2007, 151; 2007, 292 [Be]; 2010, 55; 2012, 318 m. Anm. *Burhoff* StRR 2012, 423; OLG Düsseldorf StV 2013, 615 [Ls.]; *Meyer-Goßner/Schmitt*, § 302 Rn 32 m.w.N.; zur Unwirksamkeit der vom Verteidiger erklärten Rücknahme der Berufung, wenn sie erklärt wird, nachdem der sofortige Vollzug des Widerrufs der Zulassung zur Rechtsanwaltschaft angeordnet worden ist, s. OLG Karlsruhe NJW 1997, 672).

667

⌾ Ebenso wie die Vollmacht muss der Verteidiger die Ermächtigung **nicht** in **Schriftform** vorlegen, sondern kann sie auch anderweitig nachweisen, so. z.B. durch eine anwaltliche Versicherung (BGH NStZ-RR 2012, 318; vgl. unten Rdn 670; → *Vollmacht des Verteidigers*, Rdn 3350).

Die Beschränkung gilt **nicht** für den **Nebenklägervertreter** (*Meyer-Goßner/Schmitt*, § 302 Rn 29). Sie gilt auch nicht für den durch eine Prozessvollmacht im → *Adhäsionsverfahren*, Rdn 256, beauftragten Verteidiger. Er ist auch berechtigt, die Berufung hinsichtlich des Adhäsionsausspruchs zurückzunehmen und bedarf keiner Ermächtigung i.S.v. § 302 (KG NStZ-RR 2010, 115).

Der Angeklagte muss bei Erteilung der Ermächtigung **verhandlungsfähig** sein (BGH NStZ-RR 2013, 318 m.w.N. [keine Bedenken, wenn [nur] die Steuerungsfähigkeit des Beschuldigten nach den Urteilsfeststellungen im Tatzeitpunkt nicht sicher ausschließbar war]). Die Ermächtigung zur Rücknahme des Rechtsmittels kann aus Gründen der Rechtssicherheit **nicht** wegen Irrtums **angefochten** werden (zuletzt BGH NStZ-RR 2007, 292 [Be]); das gilt jedenfalls dann, wenn der Irrtum nicht auf einer unzulässigen Willensbeeinflussung beruht (BGH, a.a.O.; OLG Düsseldorf NStZ-RR 1996, 307).

668

⌾ Auch der **Pflichtverteidiger** bedarf einer besonderen Ermächtigung, und zwar auch dann, wenn er zuvor als Wahlverteidiger bestellt war (inzidenter BGH NStZ-RR 2010, 55; LG Zweibrücken NStZ-RR 2002, 177).

b) Die Ermächtigung liegt grds. **nicht** allein in der **allgemein erteilten Prozessvollmacht** (BGH NStZ 2000, 665; 2014, 54; NStZ-RR 2006, 147; 2012, 318; OLG Düsseldorf StV 2013, 615 [Ls.]), die eine allgemeine Ermächtigung zur Rücknahme von Rechtsmitteln enthält, es sei denn, das Mandat wurde erst zur Durchführung des Berufungsverfahrens erteilt (s.u.a. BGH StraFo 2004, 57; OLG Hamburg StraFo 1998, 49). Vielmehr ist die ausdrückliche Ermächtigung zur Rücknahme eines bestimmten Rechtsmittels erforder-

669

B Berufungsrücknahme

lich (BGH NStZ 2000, 665; NStZ-RR 2006, 147; KG NJW 2009, 1686; zur Beschränkung der Ermächtigung durch die Bestellung eines weiteren Verteidigers s. BGH NStZ 2000, 608; zu allem *Kuhli* HRRS 2009, 291; s.a. → *Vollmacht des Verteidigers*, Rdn 3350).

☞ **Ausreichend** ist es aber, da die Ermächtigung nicht formgebunden ist, wenn der Verteidiger die Rücknahme des Rechtsmittels in der HV in Gegenwart des **Angeklagten** erklärt und dieser **nicht widerspricht** (BGH GA 1968, 86; OLG Hamburg StraFo 1998, 49; OLG Koblenz NStZ-RR 2001, 247 m.w.N.; KK-*Paul* § 302 Rn 22 m.w.N.). Im **Schweigen** des Angeklagten auf ein Schreiben des Verteidigers, in dem er eine Rechtsmittelrücknahme für den Fall ankündigt, dass der Angeklagte nicht innerhalb einer bestimmten Frist widerspricht, liegt hingegen **keine Ermächtigung** (OLG Oldenburg StraFo 2010, 347).

670 c) Der **Nachweis** der Ermächtigung kann gegenüber dem Gericht auch noch später, nach Abgabe der Erklärung, geführt werden (BGHSt 36, 259, 260 f.; NStZ 2005, 583; NStZ-RR 2012, 318; StRR 2014, 162 [Ls.]; OLG Düsseldorf StV 2013, 615 [Ls.]). Das Gericht kann als Nachweis die **anwaltliche Versicherung** des Verteidigers genügen lassen (*Meyer-Goßner/Schmitt*, § 302 Rn 33 m.w.N.; BGH NStZ-RR 2001, 104; NStZ-RR 2012, 318; StRR 2014, 162 [Ls.]; OLG Düsseldorf, a.a.O.). Der Verteidiger ist i.d.R. auch berechtigt, die Ermächtigung auf einen anderen Anwalt zu **übertragen** (BGH NStZ 1995, 356 f.).

☞ Allerdings muss die besondere Ermächtigung bei Abgabe der Rücknahmeerklärung bereits erteilt (gewesen) sein. Eine **rückwirkende Genehmigung** der Erklärung des Verteidigers ist **nicht** ausreichend (OLG Zweibrücken StraFo 2010, 252). Allerdings wird darin dann die besondere Ermächtigung i.S. des § 302 Abs. 2 liegen und eine danach erneut erklärte Rücknahme der Berufung wirksam sein.

671 d) Der Angeklagte kann ausdrückliche **erklärte Ermächtigung widerrufen**. Ein solcher Widerruf ist dem Angeklagten grds. jederzeit und unabhängig von dem Fortbestehen des Mandatsverhältnisses gestattet (BGH NStZ 2014, 54; NStZ-RR 2007, 151; Graf/*Cirener*, § 302 Rn 28 m.w.N.). Da eine bestimmte Form für die Widerrufserklärung im Gesetz nicht vorgesehen ist, kommt ein solcher auch durch schlüssiges Verhalten in Betracht (BGH NStZ 2014, 54; OLG München NStZ 1987, 342). Adressaten des Widerrufs können sowohl das Gericht als auch der Verteidiger sein (BGH, a.a.O.). Der Widerruf hebt die zuvor erteilte ausdrückliche Ermächtigung auf, wenn die entsprechende Widerrufserklärung zeitlich vor dem Eingang der Rücknahmeerklärung bei dem zuständigen Gericht den Adressaten erreicht (BGH, a.a.O.; NStZ-RR 2005, 211; vgl. zum maßgeblichen Zeitpunkt auch BGH NStZ-RR 2012, 318).

672 6. Wird später die **Wirksamkeit** einer **Berufungsrücknahme** von einem Verfahrensbeteiligten **bezweifelt**, wird die Wirksamkeit im → *Freibeweisverfahren*, Rdn 1562, geklärt

(OLG Düsseldorf NStZ-RR 1996, 307; OLG Oldenburg StraFo 2010, 347). Ggf. muss über die Wirksamkeit eine feststellende Entscheidung getroffen werden (BGH NStZ 2001, 104; StraFo 2011, 232 m.w.N.; StRR 2014, 162 [Ls.]; für die Revision]; OLG Bamberg StRR 2013, 42 [Ls.]; OLG Hamm VRS 98, 140). Sieht das Berufungsgericht die Berufung als wirksam zurückgenommen an, wird ausgesprochen, dass das Berufungsverfahren durch Rücknahme erledigt ist. Das Berufungsgericht ist jedenfalls zuständig, wenn ihm die Akten zur Entscheidung vorgelegt worden sind (*Meyer-Goßner/Schmitt*, § 302 Rn 11a; BGH, a.a.O.; s. aber a. BGH NStZ 2009, 51 m.w.N. [ggf. offenbar auch früher; allerdings für Revisionsrücknahme]).

✍ Gegen die Entscheidung des Berufungsgerichts ist in entsprechender Anwendung von § 322 Abs. 2 die **sofortige Beschwerde** zulässig (OLG Frankfurt am Main NStZ 1988, 328; *Meyer-Goßner/Schmitt*, a.a.O.). Der ggf. ergehende **Beschluss** des Berufungsgerichts, dass die Rücknahme der Berufung unwirksam ist und über das Rechtsmittel nun hauptverhandelt werden soll, ist hingegen gem. § 305 S. 1 **nicht anfechtbar** (OLG Frankfurt am Main NJW 2005, 771 [Ls.]).
Wird die Unwirksamkeit der Berufungsrücknahme festgestellt, lebt ein ggf. gegen den Angeklagten zum Zeitpunkt des Eintritts der Rechtskraft bestehender **HB** entsprechend § 47 Abs. 3 wieder auf (OLG Düsseldorf VRS 112, 474 → *Wiedereinsetzung in den vorigen Stand*, Rdn 3464).

7. Erteilt während der → *Berufungshauptverhandlung*, Rdn 619, der Vorsitzende den Rat, wegen geringer Erfolgsaussichten die Berufung **zurückzunehmen**, reicht das i.d.R. nicht, um damit die Besorgnis der **Befangenheit** zu begründen (OLG Düsseldorf NJW 2000, 2038 [Ls.]). Etwas anderes gilt, wenn es sich um einen massiven Hinweis des Vorsitzenden handelt. Das hat z.B. das KG bejaht für die Äußerung: „Ich weiß nicht, wie ich Ihren Mandanten vor dem Gefängnis bewahren kann, ohne § 56 StGB zu beugen und mich selbst nach § 336 StGB strafbar zu machen" (StV 1988, 98). Ähnlich hat das OLG Düsseldorf entschieden, wenn der Vorsitzende die bestreitende Angeklagte beim Vorwurf des Betruges wegen der Gewährung von Leistungen nach dem BAföG zur Rücknahme der Berufung u.a. mit den Worten auffordert, „es können keine Zweifel bestehen, dass die Angeklagte bei Antragstellung von bestehendem Vermögen wusste, das wissentlich nicht angegeben wurde" (OLG Düsseldorf StraFo 2008, 71; → *Berufungshauptverhandlung*, Rdn 632).

8. Hinweise für den Verteidiger!

Der Verteidiger muss den Angeklagten **sorgfältig** über die aus einer Rücknahme entstehenden **Rechtsfolgen**, insbesondere die Rechtskraft des erstinstanzlichen Urteils, **beraten**. Dabei sind folgende Punkte zu beachten:

B Berufungsrücknahme

675
- Erforderlich ist z.b. die Erläuterung, dass mit der Rücknahme der Berufung eine ggf. im angefochtenen Urteil ausgesprochene **Entziehung** der **Fahrerlaubnis wirksam** geworden ist und der Angeklagte ab sofort kein Kfz mehr führen darf.
- Hinsichtlich einer Fahrerlaubnisentziehung wird der Verteidiger mit seinem Mandanten weiter erörtern, dass das Berufungsgericht bei einer zugunsten des Angeklagten eingelegten Berufung nach dem sich aus § 331 ergebenden **Verschlechterungsverbot** eine von der 1. Instanz verhängte Sperrfrist zwar **nicht** verlängern darf, indem es im Berufungsurteil eine längere Sperre festsetzt. Faktisch kann sich aber eine Verlängerung und damit eine Verschlechterung für den Angeklagten daraus ergeben, dass das Berufungsgericht die **gleiche Sperre festsetzt** wie das Urteil der 1. Instanz (vgl. u.a. OLG Hamm NJW 1973, 1891; *Burhoff* VA 2002, 126; vgl. a. *ders.*, VA 2012, 142; *ders.*, VRR 2014, 208; *Geppert* ZRP 1981, 85). Daran ist das Berufungsgericht insbesondere nicht durch § 69a Abs. 5 S. 2 StGB gehindert, da diese Vorschrift bei Einlegung von Rechtsmitteln nur für das Revisionsverfahren gilt.
- Das Berufungsgericht verstößt auch nicht gegen das Verschlechterungsverbot, wenn es die zwischen dem Urteil 1. Instanz und der Berufungsentscheidung verstrichene Zeit **nicht** oder nicht **vollständig** anrechnet (vgl. die zahlr. Rspr.-Nachw. bei *Meyer-Goßner/Schmitt*, § 331 Rn 23 m.w.N.; *Fischer*, § 69a Rn 23; zur a.A. s. *Eickhoff* NJW 1975, 1007; *Gollner* GA 1975, 129 ff.). Das gilt selbst dann, wenn die Sperre sonst abgelaufen wäre (OLG Saarbrücken MDR 1972, 533; OLG Hamm MDR 1978, 332). Damit muss jeder Angeklagte rechnen, sodass es seinem Verteidiger obliegt, ihn entsprechend zu belehren (OLG Saarbrücken, a.a.O.).
- Bei den Überlegungen, ob einem Rücknahmehinweis des Gerichts gefolgt werden soll, wird der Verteidiger immer auch die Kostenfrage im Auge behalten und den Angeklagten darüber beraten, dass er durch eine Rücknahme seiner Berufung einen Teil der **Gerichtskosten sparen** kann (s. Nr. 3131 der Anlage 1 zu § 11 Abs. 1 GKG).

676 9. Wird die Berufung **früher** als **zwei Wochen** vor Beginn der Berufungs-HV zurückgenommen, erhält der Verteidiger nach Nr. 4141 Anm. 1 Ziff. 3 VV RVG eine **zusätzliche Verfahrensgebühr**. Es ist nicht erforderlich, dass bereits Termin zur Berufungs-HV bestimmt ist. Der Verteidiger muss an der Rücknahme aber mitgewirkt haben (wegen der Einzelh. Burhoff/*Burhoff*, RVG, Nr. 4141 VV RVG Rn 55 ff.; *Burhoff* RVGreport 2012, 165; Burhoff/Kotz/*Burhoff*, RM, Teil D Rn 138). Die Gebühr entsteht auch, wenn bereits eine Berufungs-HV stattgefunden hat, die ausgesetzt wurde, wenn der Verteidiger die Berufung dann früher als zwei Wochen vor einem ggf. neu anberaumten HV-Termin zurücknimmt (Burhoff/*Burhoff*, RVG, Nr. 4141 VV RVG Rn 58 m.w.N. aus der Rspr., wie u.a. BGH NJW 2011, 3166; OLG Bamberg StV 2007, 481; OLG Hamm AGS 2008, 228).

Siehe auch: → *Berufung, Allgemeines*, Rdn 541 m.w.N.

Berufungsverwerfung durch das Amtsgericht wegen Verspätung

Literaturhinweise: s. die Hinw. bei → *Berufung, Allgemeines*, Rdn 541.

1.a) Nach § 319 Abs. 1 muss das **Gericht** des ersten Rechtszuges, also das AG, die **Berufung**, wenn sie **verspätet** eingelegt worden ist, als unzulässig **verwerfen**. Die Vorschrift, die dem für die Revision geltenden § 346 entspricht, will Rechtmittel, deren Unzulässigkeit leicht festgestellt werden kann, vom Berufungsgericht fernhalten (KK-*Paul*, § 319 Rn 1; eingehend zur Verwerfung durch das AG Burhoff/Kotz/*Kotz*, RM, Teil A Rn 397 ff.). Der „iudex a quo" soll die einfach festzustellende Rechtzeitigkeit der Berufung prüfen und zunächst darüber entscheiden (BGHSt 40, 395; → *Revision, Antrag auf Entscheidung des Revisionsgerichts*, Rdn 2222). Ob das AG, wenn verspätet Berufung eingelegt und zugleich Wiedereinsetzung gegen die Versäumung der Berufungseinlegungsfrist beantragt wird, noch zur Verwerfung der Berufung als unzulässig befugt ist, ist umstr. (vgl. abl. zuletzt OLG Frankfurt am Main NStZ-RR 2014, 254; bej. KG, Beschl. v. 1.2.2012 – 4 Ws 126/12, jew. m.w.N. aus Rspr. und Lit.). Zutreffend dürfte die Auffassung des OLG Frankfurt am Main (a.a.O.) sein (vgl. a. noch zur Revision BGH, Beschl. v. 18.12.2012 – 3 StR 461/12; *Meyer-Goßner/Schmitt*, § 346 Rn 16).

> In den Fällen, in denen der Verteidiger **nicht sicher** beurteilen kann, ob die → *Berufungsfrist*, Rdn 601, tatsächlich **versäumt** ist oder nicht, sollte er i.V.m. dem Antrag auf Entscheidung des Berufungsgerichts nach § 319 Abs. 2 sofort auch die **Wiedereinsetzung** in den vorigen Stand nach §§ 44 ff. beantragen. Das ist zulässig (*Meyer-Goßner/Schmitt*, § 319 Rn 7 i.V.m. § 346 Rn 16; KK-*Paul*, § 319 Rn 12 f.; Beck-*Michalke*, S. 585).

b) § 319 Abs. 1 ist nur **anwendbar**, wenn die → *Berufungsfrist*, Rdn 601, versäumt ist. Führen andere Gründe zur Unzulässigkeit der Berufung, z.B. mangelnde Beschwer oder ein → *Rechtsmittelverzicht*, Rdn 2189, ist die Vorschrift nicht anwendbar (allg. Meinung; vgl. u.a. *Meyer-Goßner/Schmitt*, § 319 Rn 1; KK-*Paul*, § 319 Rn 2 m.w.N. zur n.v. Rspr. des BGH). § 319 Abs. 1 gilt auch nicht, wenn (nur) zweifelhaft ist, ob die Berufung rechtzeitig eingelegt ist (vgl. dazu → *Berufungsfrist*, Rdn 611). Über die Zweifel hat dann das Berufungsgericht selbst zu entscheiden (*Meyer-Goßner/Schmitt*, a.a.O.).

> Verwirft der Amtsrichter die (rechtzeitig eingelegte) Berufung als unzulässig, weil sie nach seiner Auffassung nicht rechtzeitig eingelegt ist, obwohl sie **tatsächlich nicht verspätet** ist, ist dieser Beschluss nicht unwirksam. Der Verteidiger muss/kann dagegen vielmehr mit der einfachen → *Beschwerde*, Rdn 770, nach § 304 vorgehen (KK-*Paul*, § 319 Rn 2; *Bloy* JuS 1986, 585, 591).

| **B** | **Berufungsverwerfung durch das Amtsgericht wegen Verspätung** |

681 2. Das AG muss durch **Beschluss** entscheiden, zu dem der Berufungsführer nicht, wohl aber gem. § 33 Abs. 2 die StA gehört wird. Der Beschluss muss begründet werden und ist dem Berufungsführer gem. § 35a mit Rechtsmittelbelehrung zuzustellen. Gem. § 319 Abs. 2 S. 3 ist in der RMB auf das Antragsrecht nach § 319 Abs. 2 S. 1 hinzuweisen.

3. Hinweise für den Verteidiger!

682 a) Gegen die Entscheidung des AG steht dem Verteidiger nach § 319 Abs. 2 als Rechtsbehelf eigener Art der **Antrag** auf **Entscheidung** des **Berufungsgerichts** zu (→ *Revision, Antrag auf Entscheidung des Revisionsgerichts*, Rdn 2222). Durch diesen ist die → *Beschwerde*, Rdn 770, nach § 304 ausgeschlossen (LR-*Gössel*, § 319 Rn 10).

683 aa) Für diesen **Antrag** gilt:

- Der Antrag ist nach h.M. beim **AG anzubringen** (*Meyer-Goßner/Schmitt*, § 319 Rn 3); Antragstellung unmittelbar beim Berufungsgericht reicht nicht. Der Amtsrichter kann dem Antrag nicht abhelfen, er muss die Akten nach § 319 Abs. 2 S. 2 an das Berufungsgericht senden.
- Die **Antragsfrist** beträgt nach § 319 Abs. 2 S. 1 eine Woche. Sie beginnt mit der Zustellung des Beschlusses, mit dem das AG die Berufung als unzulässig verworfen hat.

> 👉 Wird diese **Frist versäumt**, ist dagegen der → *Antrag auf Wiedereinsetzung in den vorigen Stand*, Rdn 3464, zulässig.

- Der Antrag muss **schriftlich** gestellt werden. I.Ü. bedarf er aber keiner besonderen Form. Es **empfiehlt** sich jedoch, den Antrag zu **begründen**.

684 bb) Über den Antrag **entscheidet** das **Berufungsgericht**. Dieses entscheidet jedoch nicht nur über die Frage der Verspätung, sondern insgesamt über die Zulässigkeit der Berufung (zuletzt BGHSt 16, 115, 118 [für die Revision]; vgl. dazu *Meyer-Goßner/Schmitt*, § 319 Rn 4; → *Berufungsverwerfung durch das Berufungsgericht wegen Unzulässigkeit*, Rdn 686). Verwirft es den Antrag, ist das Verfahren rechtskräftig abgeschlossen.

> 👉 Gegen die Entscheidung des Berufungsgerichts steht grds. **kein Rechtsmittel** zur Verfügung (*Meyer-Goßner/Schmitt*, § 319 Rn 5 m.w.N.). Nur wenn das AG die Berufung nicht hätte verwerfen dürfen, weil sie nicht verspätet war (s.o. Rdn 680), ist eine Anfechtung des Beschlusses mit der sofortigen Beschwerde möglich. Dann handelt es sich nämlich tatsächlich um einen nach § 322 Abs. 1 ergangenen Beschluss, der nach § 322 Abs. 2 anfechtbar ist (OLG Düsseldorf VRS 86, 129; OLG Frankfurt am Main NStZ-RR 2011, 49; *Meyer-Goßner/Schmitt*, a.a.O.; zur sofortigen Beschwerde s. *Burhoff*, EV, Rn 3361).

4. Muster: Antrag an das Berufungsgericht nach § 319 Abs. 2 | 685

▼

An das

Amtsgericht Musterstadt

In dem Strafverfahren

gegen H. Mustermann

Az.:

wird gegen den Beschluss des Amtsgerichts vom 29.5.2016 die Entscheidung des Berufungsgerichts beantragt.

Begründung:

Die Berufung des Angeklagten gegen das Urteil des Amtsgerichts vom 9.5.2016 ist nicht verspätet. Das Urteil gegen den Angeklagten wurde am 9.5.2016 verkündet. Entgegen der Auffassung des Amtsgerichts endete die Berufungsfrist nicht bereits am 16.5.2016, sondern erst am 17.5.2016. Der 16.5.2016 war gesetzlicher Feiertag – Pfingstmontag –, sodass gem. § 43 Abs. 2 StPO die Berufungsfrist erst mit Ablauf des nächsten Werktages, also am 17.5.2016, endete. Nach den mir vorliegenden Unterlagen ist die Berufung auch an diesem Tag per Telefax beim Amtsgericht eingegangen.

Der Beschluss des Amtsgerichts ist daher fehlerhaft und muss deshalb aufgehoben werden

Rechtsanwalt

▲

Siehe auch: → *Berufung, Allgemeines*, Rdn 541 m.w.N.; → *Berufungsfrist*, Rdn 601.

Berufungsverwerfung durch das Berufungsgericht wegen Unzulässigkeit | 686

Literaturhinweise: s. die Hinw. bei → *Berufung, Allgemeines*, Rdn 541 m.w.N. | 687

1. Nach Eingang der Akten beim **Berufungsgericht prüft** dieses von Amts wegen die **Zulässigkeit** der Berufung (→ *Berufung, Zulässigkeit*, Rdn 720). Sieht es die Berufung als unzulässig an, wird es sie i.d.R., schon aus Gründen der Verfahrensbeschleunigung, durch Beschluss verwerfen. Es kann diese Entscheidung aber auch erst nach einer HV treffen, in der die Zulässigkeitsvoraussetzungen dann noch geklärt werden sollen | 688

| **B** | **Berufungsverwerfung durch das Berufungsgericht wegen Unzulässigkeit** |

(KK-*Paul*, § 322 Rn 2; zur unzulässigen Sperrberufung der StA eingehend *Krumdiek* StRR 2010, 84 und *Matthies* StraFo 2009, 229).

✐ Erfolgt die Berufungsverwerfung wegen Verspätung, hat die Entscheidung des Berufungsgerichts nur deklaratorische Bedeutung. Das erstinstanzliche Urteil ist dann bereits mit Ablauf der → *Berufungsfrist*, Rdn 601, des § 314 Abs. 1 **rechtskräftig** geworden. Wird hingegen eine rechtzeitig eingelegte Berufung – aus anderen Gründen als den der Fristversäumung – verworfen, wird das angefochtene Urteil erst mit Rechtskraft der Verwerfungsentscheidung rechtskräftig (*Meyer-Goßner*, § 322 Rn 2).

689 2. Das Berufungsgericht muss seine **Verwerfungsentscheidung** – Beschluss oder ggf. Urteil – gem. § 34 **begründen** und dem Berufungsführer mit RMB (§ 35a) zustellen.

690 3. Gegen die Verwerfungsentscheidung stehen dem Berufungsführer folgende **Rechtsmittel** zu:

- Ist die Berufung durch **Beschluss** verworfen worden, kann dieser nach § 322 Abs. 2 mit der **sofortigen Beschwerde** angefochten werden (zur sofortigen Beschwerde *Burhoff*, EV, Rn 3361).

✐ Der Angeklagte kann sofortige Beschwerde auch dann einlegen, wenn die **Berufung** seines **gesetzlichen Vertreters** oder des Erziehungsberechtigten verworfen worden ist (*Meyer-Goßner*, § 322 Rn 6).

- Ist die Berufung durch **Urteil** als unzulässig verworfen worden, kann dagegen **Revision** eingelegt werden (BayObLG NStZ-RR 1996, 366), und zwar auch dann, wenn in der HV durch Beschluss entschieden worden ist (OLG Zweibrücken JBl. RP 1998, 222).

✐ Für die Fälle der **Annahmeberufung** verbleibt es nach § 322 Abs. 1 S. 2 Hs. 2 bei der Sonderregelung des § 322a. Danach ist die Entscheidung über die Annahme der Berufung grds. nicht anfechtbar (wegen der Einzelh. → *Berufung, Annahmeberufung*, Rdn 550 ff.).

Siehe auch: → *Berufung, Allgemeines*, Rdn 541 m.w.N.; → *Berufungsverwerfung durch das Amtsgericht wegen Verspätung*, Rdn 677.

Berufungsverwerfung wegen Ausbleibens des Angeklagten

Das Wichtigste in Kürze:
1. Ist bei Beginn der Berufungs-HV der Angeklagte nicht erschienen, muss das Gericht, wenn der Angeklagte sein Ausbleiben nicht genügend entschuldigt, gem. § 329 Abs. 1 eine vom Angeklagten eingelegte Berufung **verwerfen**.
2. Voraussetzungen für ein Verwerfungsurteil sind, dass der Angeklagte ordnungsgemäß geladen wurde.
3. Der Angeklagte muss außerdem beim Beginn der HV ausgeblieben sein.
4. Im Strafbefehlsverfahren kann sich der Angeklagte nach § 411 Abs. 2 S. 1 – wie schon in der Vergangenheit – auch in der Berufungs-HV durch einen Vertreter vertreten lassen.
5. Heftig umstr. war in Rspr. und Lit. die Frage, ob die Berufung des Angeklagten auch verworfen werden kann, wenn in der HV ein verteidigungsbereiter Verteidiger/Vertreter anwesend ist. Diese Fragen sind jetzt durch eine Neuregelung des § 329 dahin entschieden, dass das nicht zulässig ist.
6. Für das Verwerfungsurteil muss außerdem eine ausreichende Entschuldigung des Angeklagten fehlen.
7. Handelt es sich um eine Berufung der StA, kann nach § 329 Abs. 2 ohne den Angeklagten verhandelt werden, wenn er nicht erscheint.
8. Ist gegen den Angeklagten ein Verwerfungsurteil ergangen, sollte stets sowohl der nach § 329 Abs. 3 zulässige Antrag auf Wiedereinsetzung in den vorigen Stand gestellt als auch Revision eingelegt werden.

Literaturhinweise: Ahlbrecht, EU-Rahmenbeschluss zu Abwesenheitsverurteilungen – ein fatales Fanal, in: Festschrift 25 Jahre AG Strafrecht, 2009, S. 1055; **Ast**, Vom Recht auf Verteidigung zum Recht auf Vertretung? Die Vereinbarkeit der Abwesenheitsverwerfung mit Art. 6 EMRK, JZ 2013, 780; **Bick**, Die Anfechtung von Verwerfungsurteilen nach § 329 I StPO und § 74 II OWiG, StV 1987, 273; **Burhoff**, Berufungsverwerfung wegen Ausbleibens des Angeklagten im Hauptverhandlungstermin, PA 2002, 109; **Deutscher**, Zur Neufassung des § 329 StPO, StRR 2015, 284; **Engel**, Die Berufungsverwerfung aufgrund Säumnis des Angeklagten im Lichte der jüngsten Rechtsprechung des EGMR sowie des OLG München, ZJS 2013, 339; **Esser**, (Nichts) Neues aus Straßburg – Effektive Verteidigung bei Nichterscheinen des Angeklagten zu Beginn der Hauptverhandlung in der Berufungsinstanz (§ 329 Abs. 1 S. 1 StPO), StV 2013, 331; **Frisch**, Verwerfung der Berufung ohne Sachverhandlung und Recht auf Verteidigung – Zur Änderung des § 329 StPO, NStZ 2015, 69; **Gerst**, Die Konventionsgarantie des Art. 6 IIIc und die Abwesenheitsverwerfung gemäß § 329 I 1 StPO – Ein kleiner Schritt für Straßburg, ein zu großer für Deutschland?, NStZ 2013, 310; **Hauck**, Richterlicher Anpassungsbedarf durch den EU-Rahmenbeschluss zur Anerkennung strafgerichtlicher Entscheidungen in Abwesenheit des Angeklagten?, JR 2009, 141; **Hohendorf**, Zur Revisibilität des Merkmals genügende Entschuldigung in § 329 Abs. 1 Satz 1 StPO, GA 1979, 414; **Hüls/Reichling**, Der abwesende Angeklagte in der (Berufungs-)Hauptverhandlung nach der EGMR-Entscheidung Neziraj vs. Deutschland, StV 2014, 242; **Kotz**, Folgen des Ausbleibens von Angeklagten/Betroffenen in der Hauptverhand-

B   Berufungsverwerfung wegen Ausbleibens des Angeklagten

lung, Teil 1: Interessenlage, Ladung und Hauptverhandlung, ZAP F. 22, S. 619, *ders.*, Folgen des Ausbleibens von Angeklagten/Betroffenen in der Hauptverhandlung Teil 2: Endgültiges Ausbleiben, ZAP F. 22, S. 629; *ders.*, Folgen des Ausbleibens von Angeklagten/Betroffenen in der Hauptverhandlung Teil 3: Vertretung und Rechtsmittel, ZAP F. 22 S. 647; **Küper**, Zur Auslegung des § 329 Abs. 1 Satz 2 StPO, NJW 1977, 1275; **Kunze**, Stärkung der Verteidigungsvertretung in der Berufungshauptverhandlung: Neufassung von § 329 StPO, ZAP F. 22, S. 819; **Laube**, Antrag auf Wiedereinsetzung in den vorigen Stand oder Revision?, NJW 1974, 136; **Laue**, Die Hauptverhandlung ohne den Angeklagten, JA 2010, 294; **Meyer-Mews**, Die Völkerrechts- und Konventionswidrigkeit des Verwerfungsurteils gem. § 329 I 1 StPO, NJW 2002, 1928; **Mosbacher**, Straßburg locuta – § 329 I StPO finita, NStZ 2013, 312; **Sieg**, Nichterscheinen des Angeklagten im Berufungsverfahren als Verwerfungsgrund, NJW 1978, 1845; **Sommer**, Die Rezeption der Rechtsprechung des Europäischen Gerichtshofs für Menschenrechte durch die Strafsenate des Bundesgerichtshofs, StraFo 2002, 309; **Weidemann**, Verfahrens- und Sachrüge gegen Prozeßurteile, in: Gedächtnisschrift für *Ellen Schlüchter*, 2002, S. 653; **Zehetgruber**, Zur Unvereinbarkeit von § 329 Abs. 1 S. 1 StPO mit der EMRK, HRRS 2013, 379; s.a. die Hinw. bei → *Berufung, Allgemeines*, Rdn 541; → *Verhandlung ohne den Angeklagten*, Rdn 2853 und → *Verhandlungsfähigkeit*, Rdn 2878.

693   1.a) Gegen einen **ausgebliebenen** oder **abwesenden Angeklagten** findet eine HV in Tatsacheninstanzen **grds. nicht** statt (vgl. §§ 230 Abs. 1, 285 Abs. 1 S. 1; zur Revisionshauptverhandlung s. § 350 Abs. 2; → *Verhandlung ohne den Angeklagten*, Rdn 2845). Dies beruht auf dem Anspruch auf rechtliches Gehör einerseits und der → *Aufklärungspflicht des Gerichts*, Rdn 329, andererseits. Damit korrespondiert eine Pflicht des Angeklagten zum Erscheinen und Verbleiben in der HV (→ *Anwesenheitspflicht des Angeklagten*, Rdn 316. Ausnahmen hiervon sind in §§ 231 Abs. 2, 231b, 232, 233 sowie beim Einspruch gegen einen Strafbefehl nach § 411 Abs. 2 normiert (→ *Strafbefehlsverfahren*, Rdn 2560; zum Bußgeldverfahren vgl. §§ 73, 74 OWiG und → *Bußgeldverfahren, Besonderheiten*, Rdn 1231 ff.). Diese Grundsätze gelten über § 332 auch für die Berufungshauptverhandlung. Gerade hier ist aber häufiger ein Ausbleiben des Angeklagten zu bemerken. Das kann unterschiedliche Gründe haben, wie etwa die Absicht, hierdurch gezielt eine nachteilige Entscheidung zu verhindern oder das fehlende Vertrauen in die Erfolgsaussicht der eigenen Berufung sowie bei Alkohol- oder Drogenabhängigen ein Rückfall mit der Folge, dass es an der erforderlichen Sorgfalt bei der Beachtung des Termins fehlt. Um eine derartige Verzögerung der Berufungsentscheidung zu verhindern, sah **§ 329 Abs. 1 a.F.** im Grundsatz **zwingend** die **Verwerfung** der Berufung des Angeklagten vor, wenn er ohne genügende Entschuldigung ausgeblieben war (vgl. dazu eingehend Burhoff/Kotz/*Kotz*, RM, Teil A Rn 69 ff; *Kotz*, ZAP F. 22, S. 619; *ders.*, ZAP F. 22, S. 629; *ders.*, ZAP F. 22 S. 647). Bislang war diese Folge beim Auftreten eines mit einer schriftlichen Vertretungsvollmacht versehenen Verteidigers (§§ 332, 234) nur in den Fällen ausgeschlossen, in denen dies zulässig ist (etwa §§ 232, 233, 411 Abs. 2).

694   Obwohl § 329a Abs. 1 a.F. von den Obergerichten **eng ausgelegt worden** ist (BGHSt 23, 331 f.; vgl. u.a. OLG Bamberg zfs 2012, 230 [für das Bußgeldverfahren]; OLG Brandenburg StraFo 2012, 270; OLG Koblenz StV 2010, 477; OLG München wistra 2008, 480), war das **Verhältnis** der Regelung zur **MRK** nicht abschließend geklärt. Die innerstaatliche obergerichtliche Rspr. ist davon ausgegangen, dass es sich beim Verfahren nach § 329 Abs. 1 a.F. nicht um ein sog. Abwesenheitsverfahren i.S.v. Art. 6 Abs. 3c MRK handelt (vgl. u.a.

BVerfG StraFo 2007, 190; BayObLG NStZ-RR 2000, 307; OLG Düsseldorf StRR 2012, 346 m. Anm. *Hanschke*; OLG Hamm StRR 2012, 463; OLG Köln NStZ-RR 1999, 112; vgl. dazu aber EGMR NJW 1999, 2353; HRRS 2009 Nr. 981; a.A. *Meyer-Mews* NJW 2002, 9128 m.w.N. aus der Rspr. des EGMR; *Meyer-Goßner/Schmitt*, § 329 Rn 15a). Heftig umstritten war in der obergerichtlichen Rspr. und der Lit. – dann im Nachgang zur Entscheidung des EGMR in Sachen *Neziraj* (EGMR NStZ 2013, 350 m. Anm. *Püschel* StraFo 2012, 490; *Gerst* NStZ 2013, 310 und *Mosbacher* NStZ 2013, 312) –, ob die Berufung auch verworfen werden konnte, wenn ein Vertreter für den abwesenden Angeklagten erschienen war. Die Frage war, wenn das Verfahren durch StB eingeleitet worden ist, problemlos (Rdn 702 ff.), in den anderen Fällen war sie problematisch (vgl. wegen der Einzelh. Rdn 704 ff.).

Der **Gesetzgeber** hat auf die Rspr. des EGMR (NStZ 2013, 350) und die unbefriedigende innerstaatliche Rechts- und Sachlage **reagiert**. Der Bundestag hat am 18.6.2015 das „Gesetz zur Stärkung des Rechts des Angeklagten auf Vertretung in der Berufungshauptverhandlung und über die Anerkennung von Abwesenheitsentscheidungen in der Rechtshilfe" (BT-Drucks 18/3562 = BR-Drucks 491/14) in der Fassung der Beschlussempfehlung des Rechtsausschusses (BT-Drucks 18/5254, S. 3) verabschiedet, das am 25.7.2015 in Kraft getreten ist (vgl. BGBl I, S. 1332). Neben korrespondierenden und redaktionellen Änderung weiterer Vorschriften (u.a. des IRG) ist Kernstück der **Reform** die Neufassung des **§ 329**.

694a

☞ Die Neuregelung ist am 25.7.2015 in Kraft getreten (vgl. BGBl I, S. 1332). Da es sich um Verfahrensrecht handelt, gilt die Neuregelung **auch** in bei Inkrafttreten **bereits laufenden Berufungsverfahren**.

Die nachfolgenden Ausführungen geben einen **Überblick** über die gesetzlichen Änderungen, die noch kurz vor Redaktionsschluss beschlossen worden sind (vgl. dazu auch bereits *Deutscher* StRR 2015, 284 ff., auf dessen Darstellung die nachfolgenden Ausführungen mit beruhen).

Wegen der Bedeutung der Neuregelung für das Berufungsverfahren soll die nachfolgende **Gegenüberstellung** der alten und der neuen Fassung des § 329 das erste Umgehen mit der Neuregelung vereinfachen (s. i.Üb. unten Rdn 703 ff.):

Abs.	Alte Fassung des § 329	Änderung	Neue Fassung des § 329
1	(1) Ist bei Beginn einer Hauptverhandlung weder der Angeklagte noch in den Fällen, in denen dies zulässig ist, ein Vertreter des Angeklagten erschienen und das Ausbleiben nicht genügend entschuldigt, so hat das Gericht eine Berufung des Angeklagten ohne Verhandlung zur Sache zu verwerfen.	→	(1) Ist bei Beginn eines Hauptverhandlungstermins weder der Angeklagte noch ein Verteidiger mit schriftlicher Vertretungsvollmacht erschienen und das Ausbleiben nicht genügend entschuldigt, so hat das Gericht eine Berufung des Angeklagten ohne Verhandlung zur Sache zu verwerfen.

B   Berufungsverwerfung wegen Ausbleibens des Angeklagten

Abs.	Alte Fassung des § 329	Änderung	Neue Fassung des § 329
	(2) Dies gilt nicht, wenn das Berufungsgericht erneut verhandelt, nachdem die Sache vom Revisionsgericht zurückverwiesen worden ist. (3) Ist die Verurteilung wegen einzelner von mehreren Taten weggefallen, so ist bei der Verwerfung der Berufung der Inhalt des aufrechterhaltenen Urteils klarzustellen; die erkannten Strafen können vom Berufungsgericht auf eine neue Gesamtstrafe zurückgeführt werden.	→ Abs. 1 S.4 → Abs. 6	(2) Ebenso ist zu verfahren, wenn die Fortführung der Hauptverhandlung in dem Termin dadurch verhindert wird, dass 1. sich der Verteidiger ohne genügende Entschuldigung entfernt hat und eine Abwesenheit des Angeklagten nicht genügend entschuldigt ist oder der Verteidiger den ohne genügende Entschuldigung nicht anwesenden Angeklagten nicht weiter vertritt, 2. sich der Angeklagte ohne genügende Entschuldigung entfernt hat und kein Verteidiger mit schriftlicher Vertretungsvollmacht anwesend ist oder 3. sich der Angeklagte vorsätzlich und schuldhaft in einen seine Verhandlungsfähigkeit ausschließenden Zustand versetzt hat und kein Verteidiger mit schriftlicher Vertretungsvollmacht anwesend ist. (3) Über eine Verwerfung wegen Verhandlungsunfähigkeit nach diesem Absatz entscheidet das Gericht nach Anhörung eines Arztes als Sachverständigen. (4) Die Sätze 1 bis 3 finden keine Anwendung, wenn das Berufungsgericht erneut verhandelt, nachdem die Sache vom Revisionsgericht zurückverwiesen worden ist.
2	(1) Unter den Voraussetzungen des Absatzes 1 Satz 1 kann auf eine Berufung der Staatsanwaltschaft auch ohne den Angeklagten verhandelt werden. (2) Eine Berufung der Staatsanwaltschaft kann in diesen Fällen auch ohne Zustimmung des Angeklagten zurückgenommen werden, es sei denn, dass die Voraussetzungen des Absatzes 1 Satz 2 vorliegen.	→ Abs. 5 → Abs. 5 S. 2	(1) Soweit die Anwesenheit des Angeklagten nicht erforderlich ist, findet die Hauptverhandlung auch ohne ihn statt, wenn er durch einen Verteidiger mit schriftlicher Vertretungsvollmacht vertreten wird oder seine Abwesenheit im Fall der Verhandlung auf eine Berufung der Staatsanwaltschaft nicht genügend entschuldigt ist. (2) § 231b bleibt unberührt.

Berufungsverwerfung wegen Ausbleibens des Angeklagten — B

Abs.	Alte Fassung des § 329	Änderung	Neue Fassung des § 329
3	Der Angeklagte kann binnen einer Woche nach der Zustellung des Urteils die Wiedereinsetzung in den vorigen Stand unter den in den §§ 44 und 45 bezeichneten Voraussetzungen beanspruchen.	→ Abs. 7	Kann die Hauptverhandlung auf eine Berufung der Staatsanwaltschaft hin nicht ohne den Angeklagten abgeschlossen werden oder ist eine Verwerfung der Berufung nach Absatz 1 Satz 4 nicht zulässig, ist die Vorführung oder Verhaftung des Angeklagten anzuordnen, soweit dies zur Durchführung der Hauptverhandlung geboten ist.
4	(1) Sofern nicht nach Absatz 1 oder 2 verfahren wird, ist die Vorführung oder Verhaftung des Angeklagten anzuordnen. (2) Hiervon ist abzusehen, wenn zu erwarten ist, dass er in der neu anzuberaumenden Hauptverhandlung ohne Zwangsmaßnahmen erscheinen wird.	→ Abs. 3	(1) Ist die Anwesenheit des Angeklagten in der auf seine Berufung hin durchgeführten Hauptverhandlung trotz der Vertretung durch einen Verteidiger erforderlich, hat das Gericht den Angeklagten zur Fortsetzung der Hauptverhandlung zu laden und sein persönliches Erscheinen anzuordnen. (2) Erscheint der Angeklagte zu diesem Fortsetzungstermin ohne genügende Entschuldigung nicht und bleibt seine Anwesenheit weiterhin erforderlich, hat das Gericht die Berufung zu verwerfen. (3) Über die Möglichkeit der Verwerfung ist der Angeklagte mit der Ladung zu belehren.
5	Nicht vorhanden		(1) Wurde auf eine Berufung der Staatsanwaltschaft hin nach Absatz 2 verfahren, ohne dass ein Verteidiger mit schriftlicher Vertretungsvollmacht anwesend war, hat der Vorsitzende, solange mit der Verkündung des Urteils noch nicht begonnen worden ist, einen erscheinenden Angeklagten oder Verteidiger mit schriftlicher Vertretungsvollmacht von dem wesentlichen Inhalt dessen zu unterrichten, was in seiner Abwesenheit verhandelt worden ist.

B Berufungsverwerfung wegen Ausbleibens des Angeklagten

Abs.	Alte Fassung des § 329	Änderung	Neue Fassung des § 329
			(2) Eine Berufung der Staatsanwaltschaft kann in den Fällen des Absatzes 1 Satz 1 und 2 auch ohne Zustimmung des Angeklagten zurückgenommen werden, es sei denn, dass die Voraussetzungen des Absatzes 1 Satz 4 vorliegen.
6	Nicht vorhanden		Ist die Verurteilung wegen einzelner von mehreren Taten weggefallen, so ist bei der Verwerfung der Berufung der Inhalt des aufrechterhaltenen Urteils klarzustellen; die erkannten Strafen können vom Berufungsgericht auf eine neue Gesamtstrafe zurückgeführt werden.
7	Nicht vorhanden		Der Angeklagte kann binnen einer Woche nach der Zustellung des Urteils die Wiedereinsetzung in den vorigen Stand unter den in den §§ 44 und 45 bezeichneten Voraussetzungen beanspruchen

Handelt es sich um eine **Berufung** der **StA** kann nach § 329 Abs. 2 auch ohne den Angeklagten zur Sache verhandelt werden (s. aber → *Berufungshauptverhandlung*, Rdn 650; wegen der Einzelh. s. Rdn 715 ff.). Daran hat sich nichts geändert.

b) Hinweis für den Verteidiger!

Der Verteidiger hat ggf. folgende **Möglichkeiten**, die **Berufung** „noch zu **retten**" und ihre Verwerfung zu verhindern:

695 ■ § 329 Abs. 1 S. 1 – 3 finden nach S. 4 **keine Anwendung**, wenn das Berufungsgericht nach **Zurückverweisung** durch das Revisionsgericht erneut verhandelt, und zwar nicht nur im ersten Termin, sondern in der gesamten Berufungsinstanz (zum alten Recht KG StraFo 2013, 469 m. Anm. *Hanschke* StRR 2014, 308). Das gilt allerdings wohl nicht, wenn bereits im ersten Durchgang die Berufung des Angeklagten verworfen worden war (BGHSt 27, 236; KG, a.a.O.; OLG Stuttgart NStZ 2005, 585 [Ls.]; OLG Oldenburg StraFo 2009, 114). Auf die Ausnahme muss der Angeklagte in der Ladung ausreichend hingewiesen worden sein (OLG Oldenburg, a.a.O.).

- Der Verteidiger kann versuchen, die Verwerfung der Berufung dadurch zu verhindern, dass er (noch) gem. § 233 beantragt, den Angeklagten vom **Erscheinen** in der (Berufungs-)HV zu **entbinden** (s. → *Entbindung des Angeklagten vom Erscheinen in der Hauptverhandlung*, Rdn 1386). Dieser Antrag ist auch noch am Beginn der Berufungs-HV möglich (BGHSt 25, 281; *Meyer-Goßner/Schmitt*, § 233 Rn 6 m.w.N.). Wird dem Antrag stattgegeben, braucht der Angeklagte sich auch nicht vertreten zu lassen (§ 234). Wird der Antrag abgelehnt, kann sofort nach § 329 Abs. 1 verfahren werden.

2. Voraussetzung für ein Verwerfungsurteil ist zunächst, dass der Angeklagte **ordnungsgemäß** in der durch die §§ 216, 323 Abs. 1 S. 1 vorgeschriebenen Form **geladen** worden ist (s. → *Ladung des Angeklagten*, Rdn 1817; → *Zustellungsfragen*, Rdn 3620; → *Zwangsmittel bei Ausbleiben des Angeklagten*, Rdn 3662; *Meyer-Goßner/Schmitt*, § 329 Rn 9 m.w.N.; *Kotz* ZAP F. 22, S. 619; OLG Köln NStZ-RR 1999, 334). Die Ladung muss insbesondere den Hinweis auf die Folgen des Ausbleibens enthalten (vgl. dazu § 329 Abs. 3 S. 3 u.a. OLG Schleswig SchlHA 2005, 262 [Dö/Dr]; OLG Oldenburg StraFo 2009, 114), und zwar auch im Fall der Terminsverlegung (zu allem *Meyer-Goßner/Schmitt*, § 323 Rn 3 m.w.N.). Das gilt auch für die Ladung zu einer neuen Berufungs-HV, nachdem ein die Berufung des Angeklagten wegen Nichterscheinens verwerfendes Urteil durch das Revisionsgericht aufgehoben und die Sache zurückverwiesen worden ist (OLG Oldenburg StraFo 2009, 336).

696

Ist die **Ladungsfrist nicht eingehalten**, hindert das allerdings die Verwerfung der Berufung nicht (BGHSt 24, 143, 154; OLG Brandenburg NStZ-RR 2009, 318). Allerdings trifft den Angeklagten i.d.R. kein Verschulden, wenn die Nichteinhaltung der Ladungsfrist ursächlich für die Versäumung der HV gewesen ist (OLG Brandenburg, a.a.O.). Um einen Ladungsmangel handelt es sich z.B., wenn die Terminsladung eine **widersprüchliche Zeitangabe** enthält (OLG Frankfurt am Main NStZ-RR 1996, 75) oder die Sache, die verhandelt werden soll, nicht angegeben ist (OLG Hamburg NStZ-RR 1998, 183 [für Bußgeldverfahren]). Die Wirksamkeit der Ladung wird von Amts wegen geprüft und ist positiv nachzuweisen; dabei kommt der Postzustellungsurkunde (nur) ein Indizwert zu (OLG Karlsruhe NJW 1997, 3183). Die Zustellung der **Ladung an den Verteidiger** ist nicht wirksam, wenn er nicht ausdrücklich zur Empfangnahme von Ladungen ermächtigt ist (OLG Dresden StV 2006, 8). Das gilt auch für den Pflichtverteidiger (OLG Köln StV 1996, 13; → *Vollmacht des Verteidigers*, Rdn 3350).

697

☞ Nach neuerer Rspr. dürften Ladungen eines **ausländischen Angeklagten**, denen eine **Übersetzung nicht** beigefügt ist, unwirksam sein (s. OLG Bremen NStZ 2005, 527; OLG Dresden StV 2009, 348; LG Bremen StraFo 2005, 29; LG Heilbronn StV 2011, 406 [Ls.]; a.A. BayObLG NJW 1996, 1836; OLG Hamm JMBl. NW 1984, 78; a.A. OLG Köln StV 1996, 13; OLG Nürnberg NStZ-RR 2010, 286). Nr. 181 Abs. 2 RiStBV ist allerdings nur eine Empfehlung (BVerfG NJW 1983, 2762).

B   Berufungsverwerfung wegen Ausbleibens des Angeklagten

I.d.R. wird dem Beschuldigten in diesen Fällen jedenfalls aber → *Wiedereinsetzung in den vorigen Stand*, Rdn 3464, zu gewähren sein (s. OLG Frankfurt am Main NStZ-RR 1996, 75; s.a. BayObLG, a.a.O. [zum erforderlichen Vortrag der Revisionsrüge]). Auch werden im Zweifel keine → *Zwangsmittel* bei Ausbleiben des Angeklagten, Rdn 3661, angeordnet werden dürfen (s.a. *Meyer-Goßner/Schmitt*, § 184 GVG Rn 3).

698 Ist der Angeklagte durch **öffentliche Zustellung** geladen worden (§ 40 Abs. 3), ist die Ladung nicht wirksam, wenn noch vor Beginn der HV eine ladungsfähige Anschrift des Angeklagten bekannt wird und unter der Adresse die Ladung ordnungsgemäß zugestellt werden kann (OLG Hamm NStZ-RR 2005, 114; OLG Oldenburg StraFo 2004, 274). Auch muss nach der letzten wirksamen Zustellung zunächst ein weiterer Zustellungsversuch seitens des Gerichts erfolgt sein (OLG Hamm StraFo 2006, 280; zur Nachforschungspflicht des Gerichts KG StraFo 2006, 105 [für Widerrufsverfahren]). Die fehlende Belehrung nach § 35a S. berührt die Wirksamkeit der öffentlichen Zustellung nicht, wird jedoch i.d.R. zu einer → *Wiedereinsetzung in den vorigen Stand*, Rdn 3464, führen (OLG Hamm NStZ 2014, 421 m. Anm. *Kotz* StV 2014, 227).

699 3.a) Der Angeklagte muss **bei Beginn** eines Berufungs-HV-Termins **ausgeblieben** sein. Beginn des HV-Termins ist nach §§ 324, 243 Abs. 1 S. 2 – auch bei einem sog. Fortsetzungstermin – der → *Aufruf der Sache*, Rdn 341 (zum **HB** bei Ausbleiben des Angeklagten s. BVerfG NJW 2001, 1341; → *Berufungshauptverhandlung*, Rdn 649). § 329 Abs. 1 a.F. galt **nicht**, wenn die Berufungs-HV nur gem. § 229 **unterbrochen** war und der Angeklagte im Fortsetzungstermin nicht erscheinen (OLG Hamm, Beschl. v. 26.6.2008 – 5 Ss 266/08; KK-*Paul*, § 329 Rn 2 m.w.N.). Dann konnte nur nach §§ 231 Abs. 1, 332 verfahren werden (*Meyer-Goßner/Schmitt*, § 329 Rn 3; → *Ausbleiben des Angeklagten*, Rdn 361; → *Verhandlung ohne den Angeklagten*, Rdn 2853). Das galt auch, wenn der Angeklagte „bei Beginn der HV" erschienen und die HV wegen Ausbleibens des Verteidigers unterbrochen worden war. Wenn dann der Angeklagte beim erneutem Aufruf der Sache nicht anwesend war, konnte nicht nach § 329 Abs. 1 a.F. verfahren werden (OLG Brandenburg zfs 2010, 347; ähnlich OLG Schleswig SchlHA 2010, 230 [Dö/Dr; für das Strafbefehlsverfahren]).

699a Dies hat sich durch die Neuregelung des § 329 geändert. § 329 Abs. 1 S. 1 heißt es **jetzt** nicht mehr „bei Beginn einer Hauptverhandlung"; sondern vielmehr „bei **Beginn** eines **Hauptverhandlungstermins**". Das bedeutet, dass es sich anders als bisher (vgl. Rdn 697) nicht um die erste Berufungsverhandlung in der anhängigen Sache handeln muss und somit z.B. auch das Nichterscheinen in einem Fortsetzungstermin erfasst wird (BT-Drucks 18/3562, S. 68; *Deutscher* StRR 2015, 284).

b) Hinweis für den Verteidiger!

700

Das Gericht kann die Berufung des Angeklagten auch nach der Neuregelung nicht unmittelbar nach Beginn der Berufungs-HV-Termins (vgl. dazu Rdn 699) verwerfen, sondern muss damit eine **angemessene Zeit warten**. Für die Wartezeit gelten auf der Grundlage der nach wie vor anwendbaren Rspr. zu § 329 Abs. 1 a.F. etwa folgende

Grundsätze

701

- Angemessen dürfte eine Wartezeit von mindestens etwa (**10** –) **15 Minuten** sein (s. z.B. BerlVerfGH NJW 2004, 1158; KG NStZ-RR 2002, 218; StV 2014, 12 [Ls.]; OLG Bamberg VRR 2012, 276; OLG Frankfurt am Main NStZ-RR 2012, 258; OLG Hamm NStZ-RR 2009, 251; OLG Jena VRS 122, 227; OLG Köln JMBl. NW 1972, 63; StV 2014, 209 [Ls.]; StraFo 2013, 251; OLG Koblenz DAR 1980, 280; *Meyer-Goßner/Schmitt*, § 329 Rn 13 m.w.N.; s. aber a. BerlVerfGH NJW-RR 2000, 1451 [ggf. auch erheblich darüber hinaus für OWi-Verfahren]). Diese Zeit kann (und muss) der Verteidiger nutzen, um sich zu erkundigen, wo der Angeklagte bleibt, ob er tatsächlich überhaupt nicht erscheint oder ob er sich nur verspätet.

- Das Gericht muss nach den Grundsätzen des fairen Verfahrens, und zwar auch bei unentschuldigtem Fernbleiben, **länger** warten, wenn die **Verspätung angekündigt** worden ist und/oder wenn Anhaltspunkte für ein alsbaldiges Erscheinen bestehen (BerlVerfGH NJW-RR 2000, 1451; KG NStZ-RR 2002, 218; OLG Brandenburg StraFo 2012, 270; StRR 2011, 345 [75 Minuten Verspätung]; OLG Frankfurt am Main NStZ-RR 1998, 211 [Ls.]; OLG Hamm NStZ-RR 1997, 368; OLG Köln NZV 1997, 494; StV 2014, 209 [Ls.]; StraFo 2013, 251; OLG München zfs 2007, 588; OLG Zweibrücken VRS 112, 122; zum (erledigten) Streit in der Frage, wann die **Wartezeit beginnt**, s. → *Verhinderung des Verteidigers*, Rdn 2914).

    > Teilt der **Verteidiger** in der Wartezeit mit, dass der **Angeklagte nicht fernbleiben** wollte, er sich vielmehr, nachdem ihm der Termin in Erinnerung gebracht worden war, auf den Weg zum Gericht gemacht hatte, kann/darf die Berufung nicht verworfen werden, bevor der Angeklagte überhaupt eingetroffen sein kann (OLG Brandenburg, a.a.O.; OLG Köln, a.a.O.; OLG München, a.a.O.).

- **Längeres Warten** ist auch dann erforderlich, wenn den Angeklagten an der Verspätung **kein Verschulden** trifft (KG StV 2014, 12 [Ls.]; OLG Hamm NStZ-RR 2009, 251; OLG Köln StV 2014, 209 [Ls.; witterungsbedingte Verspätung]), bzw. auch dann, wenn der Vorsitzende dem nicht erschienenen Angeklagten durch den Verteidiger hat ausrichten lassen, er solle auf jeden Fall noch zum Gericht kommen. Dann muss zumindest so lange gewartet werden, wie mit dem Eintreffen des Angeklagten noch gerechnet werden kann (OLG Köln StraFo 2004, 143). Die Verwerfung der Be-

| B | Berufungsverwerfung wegen Ausbleibens des Angeklagten |

rufung kann in diesen Fällen auch nicht allein mit dem Hinweis auf die enge zeitliche Folgeterminierung am Verhandlungstag begründet werden (OLG München wistra 2008, 480). Auf ein etwaiges späteres Erscheinen eines mit einer völlig unzureichenden Entschuldigung der Verhandlung ferngebliebenen Angeklagten muss das Berufungsgericht aber grds. nicht warten (OLG Oldenburg NJW 2009, 1762).

☞ Jedenfalls dann, wenn nicht ersichtlich ist, dass der Angeklagte unterwegs zum Gericht ist, besteht auch kein Anlass für einen gerichtlichen **Hinweis** an den erschienenen Verteidiger, wie im Fall eines verspäteten Erscheinens des Angeklagten verfahren werde (OLG Oldenburg, a.a.O.).

702 c) Ausgeblieben/nicht erschienen ist der Angeklagte nicht nur, wenn er überhaupt nicht erschienen ist, sondern auch, wenn er zwar erschienen, jedoch wegen **Verhandlungsunfähigkeit** geistig abwesend ist, z.b. infolge Trunkenheit (BGHSt 23, 331; *Meyer-Goßner/ Schmitt*, § 329 Rn 14 m.w.N.; → *Verhandlungsfähigkeit*, Rdn 2878; vgl. a. § 329 Abs. 1 S. 2 Nr. 3). Das „Verschulden" des Angeklagten an seiner Verhandlungsunfähigkeit muss jedoch feststehen (OLG Hamm, Beschl. v. 15.2.2007 – 3 Ss 573/06). Ggf. muss sich das Gericht also mit einer bekannten Alkoholabhängigkeit des Angeklagten auseinandersetzen (OLG Hamm, a.a.O.).

☞ Die Rspr. ist zu § 329 a.F. davon ausgegangen, dass „nichterschienen" auch der Angeklagte war, der zwar in der HV körperlich anwesend war, sich aber in **völliges Schweigen** hüllte und grundlos alle Angaben, auch zu seiner Person, verweigert hat(LG Berlin NStZ-RR 1997, 338). Diese Rspr. ist m.E. nach wie vor zw., vielmehr dürfte dieser Angeklagte demjenigen gleich zu behandeln sein, der von seinem Schweigerecht Gebrauch macht (s. dazu KK-*Paul*, § 329 Rn 4 m.w.N.).

702a Nach der Rspr. zu § 329 Abs. 1 durfte nach § 320 Abs. 1 a.F. **nicht** vorgegangen werden, wenn der Angeklagte zu Beginn des HV-Termins erschienen war, sich kurz darauf aber wieder entfernt oder sich **erst in** der **Beweisaufnahme** seine schuldhaft herbeigeführte **Verhandlungsunfähigkeit** herausstellt (OLG Celle StV 1994, 365 m.w.N. [Angeklagter klagt erst während seiner Vernehmung zur Sache über Unwohlsein und „würgt"]; OLG Frankfurt am Main NJW 2005, 2169 [Ls.; Trunkenheit des Angeklagten]). Das galt aber nicht, wenn der Angeklagte zwar zunächst erschienen war, sich dann aber, weil er wegen eingetretener Verzögerung nicht mehr warten wollte, vor → *Aufruf der Sache*, Rdn 341, **wieder entfernt** hat (OLG Düsseldorf NJW 1997, 2062; für Entfernen nach Aufrufs OLG Brandenburg zfs 2010, 347 und oben Rdn 699). Entsprechendes galt, wenn der Angeklagte nach einer Unterbrechung der HV die vorgesehene Unterbrechungszeit überschritten und verspätet in des HV-Termins zurückkam (OLG Bamberg VRR 2012, 276 für das Bußgeldverfahren).

Berufungsverwerfung wegen Ausbleibens des Angeklagten — B

702b Diese Fälle sind durch die **Neuregelung** ab 25.7.2015 jetzt in § 329 Abs. 1 S. 2 Nr. 1 – 3 ausdrücklich geregelt. Ergänzend zur Neufassung des § 329 Abs. 1 S. 1 hat der Gesetzgeber nämlich neue **zwingende Verwerfungstatbestände** für diese Fallgestaltungen, bei denen es nach Beginn des Termins zu einer Verhinderung der Fortführung des HV-Termins kommt, geschaffen. Dieser neue Katalog von Verwerfungstatbeständen ist, was nicht ganz von der Hand zu weisen ist, als „überkompliziert" bezeichnet worden (so *Frisch* NStZ 2015, 69, 71, 72; näher zur bisherigen Behandlung Rdn 702a). Im Grunde handelt es sich aber um die folgerichtige Übertragung des in § 329 Abs. 1 S. 1 normierten Prinzips auf Sachverhalte, die nach Beginn der Berufungshauptverhandlungstermins in gleicher Weise deren Durchführung hindern (s. auch *Deutscher* StRR 2015, 284; abl. hingegen *Frisch* NStZ 2015, 69, 71 f., 74). Sie erfassen nämlich entweder ein Desinteresse des Angeklagten am Abschluss des Verfahrens (vgl. nachstehend Nr. 2, 3 sowie Nr. 1 bei Widerruf der Vollmacht seines Verteidigers) oder ein Verhalten des Verteidigers, das sich der Angeklagte aufgrund der erteilten Vertretungsmacht zurechnen lassen muss.

Eingeführt worden sind folgende

Verwerfungsfälle 702c

- nach **Nr. 1**, wenn sich bei unentschuldigt abwesendem Angeklagten (vgl. dazu Rdn 708 ff.) der **Verteidiger unentschuldigt entfernt** hat oder den Angeklagten **nicht weiter vertritt**. Letzteres betrifft zum einen den auch formlos möglichen Widerruf der Vollmacht durch den Angeklagten, zum anderen die Niederlegung des Mandats durch den Verteidiger oder seine Erklärung, den Angeklagten nicht weiter vertreten zu können oder zu wollen (*Deutscher* StRR 2015, 284),
- nach **Nr. 2**, wenn sich der **Angeklagte unentschuldigt entfernt** hat und kein vertretungsbevollmächtigter Verteidiger (vgl. Rdn 703 ff.) anwesend ist. Statt wie früher einer Weiterverhandlung in Abwesenheit (§ 231 Abs. 1; → *Verhandlung ohne den Angeklagten*, Rdn 2847 ff.) hat nunmehr Verwerfung zu erfolgen,
- nach **Nr. 3**, wenn sich der Angeklagte vorsätzlich und schuldhaft in einen die Verhandlungsfähigkeit ausschließenden Zustand versetzt hat, und kein vertretungsbevollmächtigter Verteidiger (vgl. Rdn 703 ff.) anwesend ist. Auch hier hat die Verwerfung statt einer Abwesenheitsverhandlung (§ 231a Abs. 1; → *Selbst herbeigeführte Verhandlungsunfähigkeit*, Rdn 2485 ff.) zu erfolgen.

☞ Die Verwerfung nach **Nr. 3** kann nach § 329 Abs. 2 S. 3 nur nach **Anhörung** eines Arztes als **SV** erfolgen.

703 d) **Erscheint** der Angeklagte **nach** der → *Urteilsverkündung*, Rdn 2761, ist die HV beendet (§ 268 Abs. 3). Gibt der Angeklagte nun (noch) ausreichende Entschuldigungsgründe an, kann die HV nicht etwa erneut aufgenommen werden. Das Vorbringen des Angeklagten

| **B** | **Berufungsverwerfung wegen Ausbleibens des Angeklagten** |

kann jedoch als Antrag auf → *Wiedereinsetzung in den vorigen Stand*, Rdn 3464, gewertet werden. Über diesen kann das Gericht sofort entscheiden; und zwar, da es sich um einen außerhalb der HV gestellten Antrag handelt, gem. § 76 Abs. 1 S. 2 GVG ohne Beteiligung der Schöffen.

> ♂) Wird dem Angeklagten → *Wiedereinsetzung in den vorigen Stand*, Rdn 3464, gewährt, kann, wenn alle Beteiligten auf die Einhaltung von **Ladungsfristen verzichten** (→ *Ladung des Angeklagten*, Rdn 1817; → *Ladung des Verteidigers*, Rdn 1829), sofort eine **neue Berufungs-HV** durchgeführt werden. Seine Zustimmung zum Verzicht wird der Verteidiger u.a. davon abhängig machen, ob ggf. auf seinen Antrag geladene Entlastungszeugen noch bei Gericht anwesend sind und in der neuen HV gehört werden können.

704 4. Im **Strafbefehlsverfahren** kann sich der Angeklagte nach § 411 Abs. 2 S. 1 – wie auch schon in der Vergangenheit – auch in der Berufungs-HV durch einen Vertreter **vertreten** lassen, selbst wenn nach § 236 das persönliche Erscheinen angeordnet worden ist (OLG Dresden StV 2005, 492 m.w.N.; OLG Düsseldorf StV 1985, 52). Das gilt allerdings nur, wenn das Verfahren durch einen StB eingeleitet worden ist, also nicht im Fall des § 408 Abs. 3 S. 2 (*Meyer-Goßner/Schmitt*, § 39 Rn 15 m.w.N.). Das gilt ebenfalls nicht in (sonstigen) Bagatellsachen (§ 232), wenn der Hinweis an den Angeklagten, dass ohne ihn verhandelt werden könne (§ 231 Abs. 1 S. 1), nicht erfolgt oder sein persönliches Erscheinen angeordnet worden ist (*Meyer-Goßner/Schmitt*, a.a.O.).

705 5. Umstr. war in Rspr. und Lit., ob auch **über** die Zulässigkeit der Vertretung im Strafbefehlsverfahren **hinaus** eine Vertretung durch einen **verteidigungsbereiten Vertreter/ Verteidiger**, der in der HV anwesend ist, zulässig ist und das ggf. der Verwerfung der Berufung entgegenstand (vgl. zum geltenden Recht a. Burhoff/Kotz/*Kotz*, RM, Teil A Rn 239; *Kotz* ZAP F. 22, S. 647). Diese Fragen sind jetzt durch das „Gesetz zur Stärkung des Rechts des Angeklagten auf Vertretung in der Berufungshauptverhandlung und über die Anerkennung von Abwesenheitsentscheidungen in der Rechtshilfe v. 17.7.2015" in § 329 (**neu**) geregelt (vgl. Rdn 703 ff.).

706 a) Dazu hatte in den vergangenen Jahren bereits mehrfach der EGMR Stellung genommen. Der hatte in seiner Rspr. wiederholt das Recht des Angeklagten, sich eines Verteidigers zu bedienen (Art. 6 Abs. 3 Buchst. c) MRK), betont (vgl. u.a. EGMR NJW 2001, 2387; HRRS 2009 Nr. 981; dazu *Gundel* NJW 2001, 2380; *Meyer-Mews* NJW 2002, 1928 in den Anm. zu EGMR, a.a.O. m.w.N. zur Rspr. des EGMR). Der Verzicht des Angeklagten auf Teilnahme an der HV bedeutet danach nicht automatisch auch den Verzicht, sich zu verteidigen oder sich verteidigen zu lassen. Damit war nach Auffassung des EGMR die Verwerfung der Berufung, die allein an das Nichterscheinen des Angeklagten anknüpft, **konventionswidrig/ unzulässig**. A.A. waren in der innerstaatlichen Rspr. die Obergerichte, die u.a. unter Hinweis auf die einen Konventionsverstoß ebenfalls ablehnende Rspr. des BVerfG (StraFo 2007, 190) ebenfalls ausdrücklich einen Konventionsverstoß verneint haben, da es sich nicht um eine „Abwesenheitsverhandlung" im Berufungsverfahren handele (vgl. u.a. BayObLG NStZ-RR 2000, 307; OLG Düsseldorf StV 2013, 299; OLG Hamm StRR 2012, 463). Dazu hatte der EGMR im Verfahren *Neziraj* noch einmal Stellung genommen und die Abwesenheitsverwerfung nach § 329 Abs. 1 S. 1 a.F. in diesen Fällen als einen Verstoß u.a. gegen Art. 6 Abs. 3 Buch c MRK angesehen (s. NStZ 2013, 350 u.a. m. Anm. *Püschel* StraFo 2012, 490). In der Folgezeit haben dann – soweit ersichtlich sämtliche OLG, die nach dem Urteil des EGMR v. 8.11.2012 (a.a.O.) entschieden haben – die Umsetzung dieser Rspr. auf innerstaatliches Recht ablehnt (vgl. KG, Beschl. v. 7.2.2014 – 161 Ss 5/14; OLG Brandenburg StraFo 2015, 70 m.w.N.; OLG Bremen StV 2014, 211; OLG Celle NStZ 2013, 615; OLG München NStZ 2013, 358 m. Anm. *Gerst* StRR 2013, 146). Begründet worden ist das u.a. mit der Bindung der deutschen Gerichte an geltendes Recht, dieses könne nicht gegen seinen eindeutigen Wortlaut ausgelegt werden. Diese OLG-Rechtsprechung ist in der Lit. heftig kritisiert worden (vgl. u.a. *Engel* ZJS 2013, 327; *Esser* StV 2013, 331; *Gerst* NStZ 2013, 310; *ders.*, StRR 2013, 23 in der Anm. zu EGMR, a.a.O.; *Hüls/Reichling* StV 2014, 242; *Zehetgruber* HRR 2013, 379; *Meyer-Goßner/Schmitt*, § 329 Rn 15a; s.a. noch *Burhoff* StRR 2013, 388 in der Anm. zu OLG Bremen, a.a.O.; zust. *Mosbacher* NStZ 2013, 312; diff. *Ast* JZ 2013, 780).

bb) Das „Gesetz zur Stärkung des Rechts des **Angeklagten** auf **Vertretung** in der **Berufungsverhandlung** und über die Anerkennung von Abwesenheitsentscheidungen in der Rechtshilfe" (vgl. BR-Drucks 491/14 = BT-Drucks 18/3562) hat inzwischen zum 25.7.2015 § 329 geändert und an die Rspr. des EGMR angepasst. 707

Danach gilt nunmehr folgendes Regelungsgefüge:
Nach § 329 **Abs. 1 und 2** darf eine Verwerfung der Berufung des Angeklagten grds. nicht mehr erfolgen, wenn statt des Angeklagten ein entsprechend bevollmächtigter und vertretungsbereiter Verteidiger in dem Berufungs-HV-Termin erschienen ist. Anstelle der nicht mehr zulässigen Verwerfung wird in Anwesenheit des Verteidigers ohne den Angeklagten verhandelt werden, soweit nicht dessen Anwesenheit erforderlich ist (vgl. Rdn 708 dazu – teilweise krit. – *Frisch* NStZ 2015, 69; *Kunze* ZAP F. 22, S. 819).

Im Einzelnen:

aa) Auch wenn die Neufassung des § 329 kein Recht des Angeklagten auf Abwesenheit in der Berufungsverhandlung begründet hat (BT-Drucks 18/3562, S. 61), hat § 329 Abs. 1 S. 1 die Vorgaben des EGMR umgesetzt. Denn: Lässt sich der unentschuldigt ausgebliebene Angeklagte (vgl. Rdn 708 ff.) zu Beginn eines Berufung-HV-Termins von einem erschienenen, mit schriftlicher Vertretungsvollmacht versehenen Verteidiger (vgl. Rdn 707b) vertreten, ist eine Verwerfung seiner Berufung im Grundsatz aus- 707a

B Berufungsverwerfung wegen Ausbleibens des Angeklagten

geschlossen. Daran ändert auch die Anordnung des persönlichen Erscheinens (§§ 332, 236) nichts (BT-Drucks 18/3562, S. 70; *Deutscher* StRR 2015, 284).

✎ Die **Berufung** ist nach § 329 Abs. 1 hingegen zu **verwerfen**, wenn
- sowohl der Angeklagte als auch der bevollmächtigte Verteidiger ausbleiben,
- der unverteidigte Angeklagte nicht erscheint, oder
- der anwesende Verteidiger keine schriftliche Vertretungsvollmacht besitzt.

In all diesen Fällen wird davon auszugegangen, dass der ordnungsgemäß geladene Angeklagte (vgl. Rdn 694 ff.) kein Interesse an der Durchführung seiner Berufung hat. Im Übrigen gelten die **zwingenden Verwerfungsfälle** des (neuen) § 329 Abs. 1 S. 2 Nr. 1 – 3 (vgl. dazu Rdn 702c).

707b bb) Voraussetzung für die Beschränkung der Verwerfungskompetenz des Berufungsgerichts ist, dass der Angeklagte zu Beginn des Berufungs-HV-Termins von einem mit **schriftlicher Vertretungsvollmacht** versehenen **Verteidiger** vertreten wird. Der bevollmächtigte Verteidiger muss zu Beginn des Hauptverhandlungstermins **erscheinen**, wobei es sich anders als bisher nicht um die erste Berufungsverhandlung in der anhängigen Sache handeln muss und ggf. auch das Nichterscheinen in einem Fortsetzungstermin erfasst wird (BT-Drucks 18/3562, S. 68; s.o. Rdn 699a).

707c Zur **Wirksamkeit** der **Vertretung** durch den Verteidiger gelten die Ausführungen bei → *Strafbefehlsverfahren*, Rdn 2565, entsprechend. Zu Vertretung des Angeklagten in einem (Berufungs-)HV-Termin reicht es daher grds. aus, dass der bevollmächtigte Verteidiger für den Angeklagten **erscheint/anwesend** ist. Er muss weder an der Verhandlung mitwirken noch Erklärungen zur Sache abgeben; vielmehr kann er sich darauf beschränken, anwesend zu sein und damit zu erkennen zu geben, dass er bereit ist, von den Rechten des Angeklagten in der HV Gebrauch zu machen. Aus dem bloßen Schweigen des Verteidigers und dem Absehen von einer Antragstellung lässt sich nicht schließen, dass er nicht vertretungswillig ist; hierfür bedarf es vielmehr weiterer eindeutiger Indizien (KG StraFo 2010, 427; OLG Bremen StRR 2008, 148; *Deutscher* StRR 2015, 284).

✎ Der Verteidiger muss aber mit einer **schriftlichen Vertretungsvollmacht** des Angeklagten ausgestattet sein und diese vorweisen (vgl. KG StRR 2015, 64 m. Anm. *Hanschke* zugleich auch zu den Anforderungen an die Revision; Beschl. vom 7.2.2014 – [4] 161 Ss 5/14 [14/14]; OLG Celle NStZ 2013, 615, 616; OLG Düsseldorf StV 2013, 299, 301; OLG Hamm StRR 2012, 463; OLG München NStZ 2013, 358 m. Anm. *Gerst* StRR 2013, 146; *Mosbacher* NStZ 2013, 312, 314; → *Vertretung des Angeklagten durch den Verteidiger*, Rdn 3200; → *Vollmacht der Verteidigers*, Rdn 3340).

Nach h.M. (vgl. BayObLG NStZ 2002, 277; OLG Celle, Beschl. v. 20.1.2014 – 322 SsRs 24/13; OLG Dresden StRR 2013, 26; *Meyer-Goßner/Schmitt*, § 234 Rn 5; a.A.

Mosbacher NStZ 2013, 312, 314; offen bei *Hanschke* StRR 2015, 64 in der Anm. zu KG StRR 2015, 64) genügte nach der Rspr. zur § 329 a.f. eine vom **Verteidiger selbst** aufgrund mündlicher Ermächtigung seines Mandanten **unterzeichnete** Vollmacht. Ob die Rspr. daran festhalten wird, erscheint fraglich. Denn nach der Gesetzesbegründung soll es nicht (mehr) genügen, dass die Vollmachtsurkunde aufgrund mündlicher Ermächtigung des Angeklagten vom Verteidiger selbst unterzeichnet wird (so BT-Drucks 18/3562, S. 68).

cc) In § **329 Abs. 2 und 4** ist eine neue **Prüfungspflicht** für das Berufungsgericht vorgesehen. Insoweit gilt jetzt: **708**

(1) Wird der abwesende **Angeklagte** durch einen vertretungsbefugten **Verteidiger** (vgl. Rdn 705b f.) **vertreten** und darf deshalb seine Berufung nicht (mehr) verworfen werden (vgl. Rdn 705a), ergibt sich für das **Berufungsgericht** nach § 329 Abs. 2 und 4 eine Prüfungspflicht, und zwar wie folgt: **708a**

- Das Berufungsgericht muss nach § 329 Abs. 2 S. 1 prüfen, ob die **Anwesenheit** des **Angeklagten erforderlich** ist (vgl. dazu Rdn 708b).
- Ist die **Anwesenheit nicht erforderlich**, findet die **HV** ohne den Angeklagten statt (§ 329 Abs. 2 S. 1 1. Alt.).
- Ist seine **Anwesenheit trotz** der **Vertretung erforderlich**, muss das Berufungsgericht den Angeklagten zu einer Fortsetzung der HV laden und sein persönliches Erscheinen anordnen (§ 329 Abs. 4 S. 1). Erscheint der Angeklagte dann in der neuen HV unentschuldigt (vgl. Rdn 708 ff.) bei weiterbestehender Erforderlichkeit seiner Anwesenheit nicht, muss seine Berufung verworfen werden (§ 329 Abs. 4 S. 2). Nach dem eindeutigen Gesetzeswortlaut muss es sich bei dem neuen Termin um eine Fortsetzung der HV handeln, die also innerhalb der Fristen des § 229 zu erfolgen hat (→ *Unterbrechung der Hauptverhandlung,* Rdn 2692). Über diese Möglichkeiten ist der Angeklagte mit der Ladung zu **belehren** (§ 329 Abs. 4 S. 3).

Beim **unverteidigten Angeklagten**, der auf seine Berufung hin unentschuldigt (vgl. Rdn 710 ff.) **nicht erscheint**, erfolgt keine Prüfung der Erforderlichkeit, sondern nach § 329 Abs. 1 S. 1 zwingend die Verwerfung seiner Berufung. Insoweit hat sich durch die Neuregelungen in § 329 nichts geändert.

(2) Notwendig ist eine **allgemeine Erforderlichkeitsprüfung** durch das Gericht. Diese ist **zwingend**. Ursprünglich war vorgesehen, die Prüfungspflicht auf „besondere Gründe" zu beschränken (BT-Drucks 18, 3562, S. 73 f.). Das hätte aber die Annahme nahe gelegt, dass es sich bei § 329 Abs. 2 um eine Ausnahmeregelung handelt. Um zu verdeutlichen, dass dies nicht der Fall ist, ist diese ursprüngliche Beschränkung auf „besondere Gründe", die die Anwesenheit erforderlich machen, im Gesetzgebungsverfahren gestrichen worden   **708b**

B Berufungsverwerfung wegen Ausbleibens des Angeklagten

(BT-Drucks 18/5254, S. 6). Bei der Auslegung der Vorschrift wird man allerdings die Gesetzesbegründung zu den zunächst vorgesehenen „besonderen Gründen", die die Anwesenheit des Angeklagten „erfordern" sollten (vgl. BT-Drucks 18, 3562, S. 73 f.), heranziehen können. Denn in den Fällen ist nach der nun schwächeren Formulierung die Anwesenheit des Angeklagten auf jeden Fall auch erforderlich.

✍ Die mit dem Prüfungserfordernis verbundene bzw. aus ihm folgende gestreckte Verfahrensgestaltung (vgl. *Deutscher* StRR 2015, 294) hat i.Ü. zur Folge, dass bei Annahme der Erforderlichkeit eine **Vorführung** oder **Verhaftung** des Angeklagten statt der Fortsetzung der HV nur bei einer Berufung der StA oder nach Zurückverweisung durch das Revisionsgericht vorgesehen ist (§ 329 Abs. 3).
Das Berufungsgericht darf i.Ü. auch nicht die Anwesenheit des Angeklagten schon allein deshalb für erforderlich erachteten werden, um dann nach § 329 Abs. 4 zu verfahren und bei einer erneuten Säumnis des Angeklagten die Berufung verwerfen zu können (*Deutscher* StRR 2015, 284). Das wäre eine **Umgehung** des mit der Neuregelung verfolgten Sinn und Zweck.

708c In § 329 Abs. 2 u. 4 ist keine Regelung dazu getroffen, wann und wie lange die Erforderlichkeitsprüfung stattzufinden hat. Obwohl eine insoweit klare Vorgabe fehlt, ist die Erforderlichkeitsprüfung nicht auf den Beginn der Berufungshauptverhandlung beschränkt, sondern während des **gesamten Verlaufs** der **Verhandlung** durchzuführen (BT-Drucks 18/5254, S. 6; *Frisch* NStZ 2015, 69, 71). Das folgt i.Ü. auch schon daraus, dass § 329 nicht mehr auf den „Beginn der Hauptverhandlung" abstellt, sondern auf den Beginn eines Hauptverhandlungstermins (vgl. oben Rdn 699a). Es kann also die Anwesenheit des Angeklagten, die zu Beginn der Hauptverhandlung nicht erforderlich war, während des Laufs einer sich über mehrere HV-Termine erstreckenden HV erforderlich werden bzw. geworden sein.

✍ § 329 Abs. 2 S. 2 stellt i.Ü. klar, dass die Möglichkeit, den Angeklagten nach **§ 231b** wegen ordnungswidrigen Benehmens aus dem Sitzungszimmer zu entfernen oder zur Haft abzuführen (§ 177 GVG) und nach der dortigen Maßgabe ohne ihn weiter zu verhandeln, unbeschadet von § 329 über § 332 **weiter anwendbar** ist.

708d Auszugehen sein wird von folgenden

Prüfungskriterien-/Maßstäben

- Die Prüfung der Erforderlichkeit der Anwesenheit muss sich allgemein zunächst an der → *Aufklärungspflicht des Gerichts*, Rdn 328, (§ 244 Abs. 2) ausrichten, wobei materiell- und verfahrensrechtliche Kriterien von Bedeutung sein können (weitergehend auf der Grundlage des ursprünglichen Entwurfs „besondere Gründe" *Frisch*

Berufungsverwerfung wegen Ausbleibens des Angeklagten — B

NStZ 2015, 73, wonach die Anwesenheit in aller Regel „unverzichtbar" sein soll). Die Erforderlichkeit der Anwesenheit (vgl. auch *Deutscher* StRR 2015, 284)
- kann sich etwa ergeben im Bereich der **Beweisaufnahme**, wenn es um die Gegenüberstellung des Angeklagten mit Zeugen oder Mitangeklagten geht (vgl. zu § 231a entsprechend SK-StPO/*Schlüchter*, § 231a Rn 13). Dabei nimmt die Erforderlichkeit ab, je mehr andere Beweismittel, insbes. Sachbeweise vorhanden sind.
- wird hingegen zu verneinen sein, wenn von der Anwesenheit des Angeklagten eine **weitere Sachaufklärung nicht** zu erwarten ist (so schon zu § 329 Abs. 2 a.F. u.a. OLG Stuttgart NStZ 1987, 377).
- Gleiches gilt, wenn es lediglich um **Rechtsfragen** geht, wie z.b. **Verfahrenshindernisse**, fehlende Verfahrensvoraussetzungen oder einen erstrebten Freispruch aus Rechtsgründen (*Frisch* NStZ 2015, 69, 71).
- Die Anwesenheit des Angeklagten ist ebenfalls erforderlich, falls sich die **Erklärungen** des **vertretungsberechtigten Verteidigers** für den Angeklagten zur Sache als **lückenhaft** oder **widersprüchlich** erweisen.
- Die Erforderlichkeit ist auch dort anzunehmen, wo es auf den **persönlichen Eindruck** des Gerichts von der **Person** des **Angeklagten** ankommt, etwa bei der Strafaussetzung zur Bewährung (zu § 329 Abs. 2 a.f. OLG Hamm StV 1997, 346; OLG Karlsruhe NStZ-RR 2004, 21).
- Die Erforderlichkeit ist im Zweifel auch in Verfahren gegen **Jugendliche** (vgl. § 50 Abs. 1 JGG) oder Heranwachsende anzunehmen.
- Wenngleich die Neufassung des § 329 – anders als andere Abwesenheitsvorschriften wie etwa §§ 232, 233 (vgl. z.B. → *Entbindung des Angeklagten vom Erscheinen in der Hauptverhandlung*, Rdn 1378) – keine Beschränkung seiner Anwendung auf eine bestimmte **Strafhöhe** vorsieht, wird die Anwesenheit des Angeklagten umso eher anzunehmen werden, je höher die Strafwerwartung ist (BT-Drucks 18/3562, S. 74). Umgekehrt werden in Bagatellverfahren höhere Anforderungen an die Annahme einer Erforderlichkeit der Anwesenheit zu stellen sein.
- Die Erforderlichkeit der Anwesenheit des Angeklagten entfällt **nicht** bereits dadurch, dass seine Berufung auf den **Rechtsfolgenausspruch beschränkt** worden ist oder wird (→ *Berufungsbeschränkung*, Rdn 565 ff.).

✍ Auch wenn der vertretungsberechtigte Verteidiger den Angeklagten in Willen und Erklärung vertreten darf, wird man die Anwesenheit auch dann für erforderlich ansehen müssen, wenn eine **Verständigung** nach §§ 332, 257c im Raum steht. Nur so lassen sich die vom BVerfG (vgl. NJW 2013, 1058 = StRR 2013, 179 m. Anm. *Deutscher*) statuierten Beteiligungsrechten des Angeklagten und der Schutz seiner Selbstbelastungsfreiheit gewährleisten (ähnl. *Frisch* NStZ 2015, 69. 73; → *Absprachen/Verständigung mit Gericht und Staatsanwaltschaft*, Rdn 137).

B   Berufungsverwerfung wegen Ausbleibens des Angeklagten

710 **5.a)** Für ein Verwerfungsurteil ist außer dem Umstand, dass, wenn für den ausgebliebenen, aber ordnungsgemäß geladenen Angeklagten (Rdn 696 ff.) auch ein Verteidiger mit Vertretungsvollmacht (702a ff.) nicht erschienen ist, außerdem **erforderlich,** dass eine „**genügende Entschuldigung**" des Angeklagten **fehlt**.

> ⚖ Die **Rspr.** der Obergerichte zum Begriff der „genügenden Entschuldigung" i.S. des § 329 a.f. ist auch nach Neuregelung **weiter anwendbar.** Insoweit haben sich keine Änderungen in der StPO ergeben.

Entscheidend für die Frage, ob der Angeklagte „**genügend entschuldigt**" ist, ist nicht, ob sich der Angeklagte entschuldigt hat, sondern, ob er entschuldigt ist (*Meyer-Goßner/Schmitt*, § 329 Rn 18 m.w.N. aus der st. Rspr.; Burhoff/Kotz/*Kotz*, RM, Teil A Rn 201; *Kotz* ZAP F. 22, S. 629; vgl. u.a. BayObLG StV 2001, 338; NStZ-RR 2003, 87; KG VRS 111, 430; OLG Bamberg StRR 2008, 305; ähnl. VRR 2009, 231 [für das Bußgeldverfahren]; OLG Bamberg zfs 2012, 230; OLG Hamm StraFo 1998, 233; zfs 2005, 515; OLG Köln StraFo 2006, 413; OLG Schleswig NStZ-RR 2008, 252). Genügend entschuldigt ist das Ausbleiben, wenn es glaubhaft erscheint, dass den Angeklagten daran kein Verschulden trifft; dabei ist eine **weite Auslegung** zugunsten des Angeklagten geboten (OLG Bamberg StRR 2013, 386; OLG Hamm StraFo 2012, 193, 194; OLG Koblenz StV 2010, 477).

711 Das Gericht hat nach allg. Meinung hinsichtlich der „genügenden" Entschuldigung eine im Freibeweis zu erfüllende **Aufklärungspflicht** (vgl. nur BayObLG StV 2001, 338; NStZ-RR 2003, 87; KG DAR 2011, 146; OLG Bamberg StRR 2008, 305 [Vorlage eines ärztlichen Attests]; StRR 2013, 386; OLG Hamm StraFo 1998, 233; OLG Karlsruhe StraFo 1999, 25; OLG Köln NStZ-RR 2009, 112; OLG München NJW 2008, 3797 [zwei unterschiedliche Ladungen an einen geistig Behinderten]; StraFo 2014, 79 [privatärztliches Attest]; OLG Nürnberg NJW 2009, 1761; OLG Schleswig zfs 2006, 53 [OWi-Verfahren]; OLG Zweibrücken zfs 2006, 233 [OWi-Verfahren]). Ein entsprechender Beweisantrag ist nur eine Anregung an das Gericht (OLG Zweibrücken StV 2001, 336 [Ls.]). Bei der Beurteilung der Frage, ob der verspätete Angeklagte genügend entschuldigt ist, ist darauf abzustellen, ob es dem Angeklagten zugemutet werden konnte, pünktlich vor Gericht zu erscheinen (OLG Köln, Beschl. v. 8.7.2008 – 2 Ws 326/08).

> ⚖ **Voraussetzung** für eine **Nachforschungspflicht** des Gerichts ist, dass der Angeklagte vor der HV einen Sachverhalt **vorträgt**, der geeignet ist, sein Ausbleiben genügend zu entschuldigen (KG VRS 108, 110; StraFo 2007, 244; NZV 2011, 146 [Bußgeldverfahren]; VRR 2009, 433 [Vorlage eines Attestes]; OLG Bamberg NStZ-RR 2009, 150; zfs 2012, 230; StRR 2013, 386; VRR 2009, 231; OLG Hamm, Beschl. v. 31.7.2009 – 2 Ss 291/08; OLG München StraFo 2014, 79 [privatärztliches Attest]). Das Berufungsgericht ist aber nur zu solchen Maßnahmen verpflichtet, die sich kurz-

fristig durchführen lassen und nicht zu einer Aussetzung der HV führen (vgl. u.a. BayObLG NStZ-RR 2003, 87; OLG Hamm, Beschl. v. 21.4.2009 – 3 Ss 84/09). Die Nachforschungspflicht ist nicht „grenzenlos" (KG, Beschl. v. 28.10.2013 – 161 Ss 198/13).

b) Zur Verschuldensfrage lassen sich **folgende Grundsätze** aufstellen (wegen der Einzelh. s. *Meyer-Goßner/Schmitt*, § 329 Rn 21 ff.; → *Ausbleiben des Angeklagten*, Rdn 367):

712

- Maßgebend ist, ob dem Angeklagten wegen seines Ausbleibens nach den Umständen des Einzelfalls billigerweise ein **Vorwurf** zu machen ist (st. Rspr.; vgl. u.a. BayObLG NJW 1999, 3424; StRR 2013, 386; KG VRS 108, 110; VRR 2009, 433; OLG Brandenburg NJW 1998, 842 m.w.N.; OLG München StraFo 2013, 208; wegen der Einzelh. s. *Meyer-Goßner/Schmitt*, § 329 Rn 21 ff.). Es muss vor allem auch in **subjektiver Hinsicht** eine Pflichtverletzung gegeben sein (OLG Brandenburg, a.a.O.).
- Bleibt **zweifelhaft**, ob der Angeklagte genügend entschuldigt ist, liegen die Voraussetzungen für die Berufungsverwerfung nicht vor (KG VRS 108, 110; OLG Bamberg StRR 2008, 305; OLG Hamm StraFo 2012, 193; OLG Köln StraFo 2006, 205 m.w.N.; OLG München, a.a.O.; OLG Schleswig NStZ-RR 2008, 252).

☞ Der Angeklagte ist im Wiedereinsetzungsverfahren mit bereits **bekannten Entschuldigungsgründen präkludiert** (vgl. Rdn 719). Der Verteidiger muss sich daher in der HV, wenn er nicht sichere Kenntnis von den Gründen für das Ausbleiben seines Mandanten hat, **gut überlegen**, ob er „Halbwissen" **vorträgt**. Denn setzt sich das Gericht dann damit auseinander, kann später im Wiedereinsetzungsverfahren dazu nichts mehr (neu) vorgetragen werden.

c) Ein Vorwurf/**Verschulden** ist u.a. **verneint** worden in folgenden **Beispielsfällen**:

Allgemeine Entschuldigungsgründe

713

- bei einer **Abschiebung** nur dann, wenn eine Anreise zum Termin bei Ausschöpfung aller zumutbaren Maßnahmen nicht möglich war (KG StV 1992, 567), wozu auch die Beantragung eines Kurzvisums per Fax gehört (LG Bielefeld NStZ-RR 1998, 343; s. auch LG Dresden StRR 2010, 363 [Ls.; Verschulden zu bejahen, wenn der Angeklagte nach erfolgter Abschiebung seine Anschrift im Heimatland nicht mitteilt, da dann keine Möglichkeit bestand ihn unter Erteilung einer **Betretenserlaubnis** nach § 11 Abs. 2 AufenthG zu laden]),
- dem Verteidiger wurde **faktisch AE** vor dem Termin **verweigert** (BayObLG NJW 1990, 3222; OLG Jena VRS 108, 276; a.A. wohl OLG Karlsruhe NStZ-RR 2010, 287),
- der Angeklagte, der nach längerer **Arbeitslosigkeit** wieder einen Arbeitsplatz gefunden hat, erscheint nicht zur HV, weil ihm sein Arbeitgeber, dem der Termin rechtzei-

B Berufungsverwerfung wegen Ausbleibens des Angeklagten

tig mitgeteilt worden war, aus plötzlich entstandenen Organisationsschwierigkeiten Arbeitsbefreiung verweigert und der Arbeitnehmer seinen **Arbeitsplatz** nicht durch Arbeitsverweigerung „**aufs Spiel**" setzen will (OLG Hamm NJW 1995, 207),
- bei einem **mehrmonatigen Auslandsaufenthalt**, wenn dem Angeklagten die Mittel fehlen, um einen Rückflug über eine große Distanz bezahlen zu können (OLG Celle, Beschl. v. 10.11.2011 – 32 Ss 130/11; ähnlich OLG Hamm VRR 2012, 277 für Bußgeldverfahren und Rückkehr aus Neuseeland),
- nach einer **Ausweisung**, wenn der Angeklagte nicht über eine Ausnahmeerlaubnis zur Wiedereinreise verfügt (BayObLG StV 2001, 339; OLG Köln StraFo 2008, 29 m.w.N.; ähnl. KG, Beschl. v. 17.7.2002 – 1 Ss 196/02 [84/02], www.strafverteidigerberlin.de),
- ggf. wenn der Angeklagte sich erst seit wenigen Tagen in einer **Drogentherapie** befindet, sodass die Gefahr besteht, dass er bei Erscheinen in der HV die Therapie frühzeitig abbrechen müsste (KG StV 1995, 575),
- auch dann, wenn der Angeklagte sich wegen einer mit seiner **Drogensucht** zusammenhängenden Erkrankung nicht rechtzeitig in ärztliche Behandlung begeben hat (OLG Köln NStZ-RR 2009, 86),
- ggf. wenn der Angeklagte auf (falsche) **Auskünfte** seines **Verteidigers** oder der **Geschäftsstelle** des Gerichts vertraut hat (s. *Meyer-Goßner/Schmitt*, § 329 Rn 29 m.w.N.; KG DAR 2012, 395 [Erkrankung des Verteidigers; für das Bußgeldverfahren]; OLG Hamm NStZ-RR 1997, 113; VRR 2006, 274; NStZ-RR 2010, 245 [Aufhebung der HV wegen Erkrankung des Pflichtverteidigers]; VA 2013, 88; OLG Köln NStZ-RR 1997, 208, jew. m.w.N.; OLG Zweibrücken NStZ-RR 2000, 111; LG Frankfurt/Oder VRR 2013, 475 [Bußgeldverfahren]; a.A., aber unzutreffend LG Berlin NStZ 2005, 655; s.a. BayObLG NStZ-RR 2003, 85, wenn der Hinweis des Verteidigers in klar erkennbarem Widerspruch zum Inhalt der gerichtlichen Ladung steht),
- **Einlasskontrollen** haben 25 Minuten gedauert (KG NStZ-RR 2006, 183),
- nicht allein bei **großer Entfernung** zwischen Wohn- und Gerichtsort (OLG Köln NJW 2002, 3791 [für Bußgeldverfahren]),
- der Angeklagte hat **lediglich** das seinem Erscheinen in der HV entgegenstehende **Hindernis selbst** herbeigeführt (OLG Düsseldorf StraFo 2001, 269 [für Widerstandsleistung in anderer Sache]),
- i.d.R. die **Inhaftierung**, und zwar auch wegen Haft in anderer Sache (s. KG, Beschl. v. 9.4.2015 – (2) 161 Ss 67/15; OLG Köln StraFo 2006, 205; 2008, 248; *Meyer-Goßner/ Schmitt*, § 329 Rn 24 m.w.N.), nicht aber die Inhaftierung in anderer Sache im Ausland wegen einer nach Erhalt der Terminsladung begangenen Straftat (OLG Frankfurt am Main NStZ-RR 1999, 144), bei einer (verschuldeten) **Verspätung**, wenn das Berufungsgericht nach Ankündigung des verspäteten Erscheinens die Berufung „**zu früh**" **verworfen** hat (OLG München zfs 2007, 588; OLG Zweibrücken VRS 112, 122),

Berufungsverwerfung wegen Ausbleibens des Angeklagten   B

- ein **Verwandter**, der dem Angeklagten zugesagt hatte, ihn zum Gericht zu bringen, erscheint nicht, es sei denn der Angeklagte musste an der Zuverlässigkeit der vereinbarten **Mitfahrt** zweifeln (OLG Oldenburg StraFo 2009, 336, das davon ausgeht, dass der Angeklagte auf die Möglichkeit einer nach unerwartetem Ausbleiben des Pkw-Fahrers spontan anzutretenden weiten und kostspieligen Taxifahrt zum Gericht nur verwiesen werden darf, wenn er diese Fahrt bezahlen konnte),
- im Fall **notwendiger Verteidigung** ist entgegen dem Antrag des Angeklagten kein Verteidiger bestellt worden (OLG Stuttgart StV 2009, 12),
- wenn das Gericht kurzfristig einen **Terminsverlegungsantrag** des Verteidigers des Vertrauens **ermessenfehlerhaft abgelehnt** hat (OLG Koblenz StV 2010, 477),
- der Angeklagte durfte darauf vertrauen, dass der HV-Termin nicht stattfinden würde (vgl. OLG Braunschweig StraFo 2009, 520 [für **nicht erfolgte Ladung** des **Verteidigers**]; vgl. auch noch OLG Koblenz StV 2010, 477),
- ob allein der Umstand, dass sich der Angeklagte zur Verbüßung einer Freiheitsstrafe im (offenen) **Strafvollzug** befindet, für eine Entschuldigung ausreicht, ist umstritten (s. abl. OLG Düsseldorf VRS 91, 39; s.a. VRS 80, 37; bej. OLG Braunschweig NStZ 2002, 163). Es soll darauf ankommen, ob sich der Angeklagte in der Berufungssache in Haft befindet oder in anderer Sache, da dann ggf. der Vorsitzende seine Vorführung anordnen kann (*Meyer-Goßner/Schmitt*, § 329 Rn 24; a.A. OLG Braunschweig, a.a.O.),
- der Angeklagte **unterlässt** eine die Verhandlungsunfähigkeit beseitigende **Therapie** wegen erheblicher Eingriffe in seine körperliche Integrität oder seine Persönlichkeitsrechte (BayObLG StV 2001, 336 [für Blutdrucktherapie]; s.a. *Rosenau* JR 2000, 81 in der Anm. zu BayObLG, a.a.O.),
- ein **Ausländer** muss bei der **Einreise** mit seiner **Verhaftung** wegen dieser Einreise rechnen (OLG Bremen StraFo 2005, 381),
- **nicht** allein ein langer Zeitraum zwischen Zugang der Ladung und dem Termin, da der Angeklagte (zumutbare) Vorkehrungen gegen das **Vergessen** des **Termins** treffen muss (OLG Düsseldorf NStZ-RR 1996, 169 [für elf Monate]; OLG Hamm StRR 2012, 310 [für vier Monate]), da den Angeklagten, wenn er das erstinstanzliche Urteil angefochten hat, eine sich aus seiner prozessualen Mitwirkungspflicht ergebende Sorgfaltspflichtverletzung trifft,
- **nicht** allein der Umstand, dass der **sprachunkundige Ausländer** die in deutscher Sprache abgefasste Ladung nicht verstanden hat (OLG Nürnberg NStZ-RR 2010, 286),
- **nicht** die bei Erscheinen drohende **Verhaftung** wegen einer anderen Verurteilung zu einer Freiheitsstrafe in einem anderen Verfahren (KG, Beschl. v. 4.2.2010 – 3 Ws 654/09; OLG Köln NStZ-RR 1999, 112
- wird die **Vorführung** eines Strafgefangenen in **eigener Kleidung** abgelehnt, kann dadurch sein allgemeines Persönlichkeitsrecht verletzt sein (BVerfG NJW 2000,

1399). Dann ist, wenn er deshalb die Vorführung zur Berufungs-HV verweigert, sein Ausbleiben auf jeden Fall entschuldigt,
- die für den Terminstag **angedrohte Zwangsversteigerung** (OLG Köln StraFo 2011, 54); der Angeklagte ist allerdings verpflichtet, geeignete Schritte zu unternehmen, um trotz der angekündigten Zwangsversteigerung auch an der HV teilnehmen zu können.

⌕ Eine „genügende Entschuldigung" wird man m.E. nach der Neuregelung des § 329 auch dann annehmen können/müssen, wenn der Angeklagte alles dafür getan hat, dass er im Berufungs-HV-Termin von (s)einem **Verteidiger vertreten** wird, dieser aber aus Gründen, die der Angeklagte nicht zu vertreten hat, in der HV **nicht erscheint** (vgl. a. § 329 Abs. 1 S. 2 Nr. 1 und oben Rdn 703 ff.).

714 Entschuldigungsgrund Krankheit

- Eine Erkrankung des Angeklagten **kann** grds. ein **Entschuldigungsgrund** für das Ausbleiben in der Berufung-HV darstellen (vgl. Burhoff/Kotz/*Kotz*, RM, Teil A Rn 17).
- Eine Krankheit entschuldigt das Ausbleiben des Angeklagten, wenn sie nach Art und Auswirkungen eine **Beteiligung** in der Berufungs-HV **unzumutbar** macht (KG VRR 2009, 433; OLG Düsseldorf NStZ 1984, 331 [Abszess in der Mundhöhle]; OLG Hamm StraFo 1998, 233 [eiternde Entzündungen]; OLG Köln NStZ-RR 2009, 86; StraFo 2010, 73 [paranoide Psychose mit der Gefahr psychophysischer Dekompensation]; OLG Schleswig NStZ-RR 2008, 252 [schmerzhafte und die Beweglichkeit beeinträchtigende Blockade der Lendenwirbelsäule]). Verhandlungsunfähigkeit ist nicht erforderlich (OLG Düsseldorf StraFo 2000, 126; OLG Karlsruhe NJW 1995, 2571; OLG Stuttgart NStZ-RR 2006, 313; → *Verhandlungsfähigkeit*, Rdn 2878). Der Angeklagte kann auch dann entschuldigt sein, wenn er infolge eines **Querulantenwahns** von Krankheitswert nur glaubt, der HV fernbleiben zu dürfen (OLG Brandenburg NJW 1998, 842; s.a. BayObLG StV 2001, 336 [zum Unterlassen einer Therapie]). Die Verzögerung eines Heilungsprozesses soll dem Angeklagten zuzumuten sein (vgl. OLG Schleswig, a.a.O.).
- Zur **Glaubhaftmachung** genügt i.d.R. ein (zeitnahes) privatärztliches **Attest** (KG StraFo 2007, 244; VRR 2009, 433; OLG Bamberg NStZ-RR 2009, 150; zfs 2012, 23; StRR 2013, 386; OLG Karlsruhe NJW 1995, 2571; OLG Köln NStZ-RR 2009, 86; OLG München StraFo 2013, 208; OLG Nürnberg NJW 2009, 1761; LG Potsdam, Urt. v. 25.5.2009 – 27 Ns 3/09), nach welchem der Angeklagte wegen einer näher bezeichneten Erkrankung nicht reisefähig ist (OLG Düsseldorf StV 1994, 364) bzw. das konkrete Angaben über die Erkrankung enthalten muss/sollte (KG StraFo 2007, 244; OLG Hamm NZV 2009, 158; NStZ-RR 2013, 18 [Ls.]; s. aber KG VRR 2009, 433

und OLG Bamberg StRR 2013, 386 [Attest ohne Angabe der Erkrankung ausreichend]; wegen der ggf. von Amts wegen **durchzuführenden Ermittlungen**, ob der Angeklagte durch die einer Arbeitsunfähigkeit zugrunde liegende Erkrankung am Erscheinen im HV-Termin gehindert ist, s. KG, a.a.O.; OLG Bamberg, a.a.O.; OLG Celle StraFo 1997, 79; OLG Düsseldorf VRS 87, 439; OLG München, a.a.O.; OLG Nürnberg, a.a.O.). Das OLG Hamm (Beschl. v. 2.11.2010 – 5 RVs 91/10) hat allerdings ein Attest, in dem nur pauschal wegen Alkoholabhängigkeit Verhandlungsunfähigkeit attestiert worden ist, nicht ausreichen lassen.

> Auch wenn die Rspr. der OLG teilweise ein Attest ohne nähere Angaben zur Art der Erkrankung zur Glaubhaftmachung ausreichen lässt, solange keine Gründe für die Annahme vorliegen, dass die Bescheinigung falsch oder offensichtlich unrichtig ist (vgl. z.B. OLG Bamberg StRR 2013, 381; OLG München StraFo 2013, 208), sollte der Verteidiger, da andere OLG in dieser Frage strenger sind (vgl. u.a. OLG Hamm NStZ-RR 2013, 18 [Ls.]), nach Möglichkeit ein Attest vorlegen, dem sich **inhaltlich** jedenfalls die nach allgemeinem Sprachgebrauch zu benennende Art der Erkrankung, die aktuell bestehende Symptomatik und die Darlegung der daraus zur Terminszeit resultierenden konkreten körperlichen oder geistigen Beeinträchtigungen entnehmen lässt (OLG Hamm, a.a.O.).

- Allein aus dem **Fehlen** eines **ärztlichen Attestes** kann nicht geschlossen werden, dass der Entschuldigungsgrund nicht der Wahrheit entspricht (OLG Hamm NStZ-RR 1997, 240). Ggf. muss das Gericht, wenn es Zweifel an der Richtigkeit des Attestes hat, beim Arzt nachfragen (BayObLG StraFo 1999, 199; OLG Bamberg StRR 2013, 386; OLG Nürnberg, a.a.O.) oder eine amtsärztliche Untersuchung veranlassen (LG Heilbronn zfs 2006, 707 [für Terminsaufhebung im OWi-Verfahren]). Die Voraussetzungen für die Nachfrage beim Arzt liegen mit der Vorlage des Attestes durch den Angeklagten i.d.R. vor, weil der ausstellende Arzt damit konkludent von seiner Schweigepflicht entbunden wird (OLG Nürnberg, a.a.O.; s. aber OLG Hamm, Beschl. v. 21.4.2009 – 3 Ss 84/09). Bescheinigt ein Arzt die Verhandlungsunfähigkeit des Angeklagten für den Verhandlungstag, muss in Ermangelung gegenteiliger Anzeichen von dessen Verhandlungsunfähigkeit ausgegangen werden. Es gibt keine Befugnis des Gerichts, gegen den Willen des nicht eigenmächtig ferngebliebenen Angeklagten in dessen Abwesenheit zu verhandeln (LG Potsdam, Urt. v. 25.5.2009 – 27 Ns 3/09; s. aber OLG Hamm, Beschl. v. 2.11.2010 – 5 RVs 91/10).

> I.d.R. wird eine bloße Arbeitsunfähigkeitsbescheinigung nicht ausreichend sein (vgl. aber LG Essen StraFo 2005, 466). Der Verteidiger muss daher darauf achten, dass sich aus dem Attest ergibt, dass der Mandant **verhandlungsunfähig**

ist. Der Angeklagte darf aber grds. auf die entschuldigende Wirkung eines ärztlichen Attestes vertrauen (OLG Hamm VRR 2005, 270).

715 Entschuldigungsgrund Regelung privater/beruflicher Angelegenheiten

- Der Angeklagte kann sich mit der Regelung **privater** und/oder **beruflicher Angelegenheiten** entschuldigen, sofern diese **unaufschiebbar** und von solcher Bedeutung sind, dass dem Angeklagten das Erscheinen nicht zugemutet werden kann (s. dazu z.B. OLG Karlsruhe VRS 89, 130 [Auslandsaufenthalt zur Durchführung von Fliesenlegearbeiten aus Gefälligkeit; verneint]; OLG Oldenburg zfs 1996, 434 [beruflich bedingter Einsatz eines Berufskraftfahrers im Ausland; für OWi-Verfahren; bejaht]; LG Koblenz, Beschl. v. 31.7.2012 – 1 Qs 166/12 [vom Arbeitgeber angesetztes Treffen, an dem der Arbeitnehmer teilnehmen muss; bejaht]).

- Dabei sind im Einzelfall jeweils die **Bedeutung** der zu erledigenden Geschäfte nach Wichtigkeit und Dringlichkeit einerseits und die öffentlich-rechtliche Pflicht zum Erscheinen andererseits abzuwägen, wobei die Bedeutung der jeweiligen Strafsache nicht außer Acht gelassen werden darf (vgl. OLG Hamm zfs 2005, 515 [für Urlaubsreise]; StraFo 2003, 173 [zur unaufschiebbaren Geschäftsreise]; OLG Bamberg VRR 2007, 74 [für zuvor zugegangene Ladung zum Schlusstermin im Insolvenzverfahren; OWi-Verfahren]; LG München StraFo 2011, 95 [Flugreise nach Mekka aus religiösen Gründen]).

- Will der Angeklagte sich mit einer **Urlaubsreise** entschuldigen, gilt: I.d.R. soll die **Verschiebung** oder Unterbrechung einer Urlaubsreise – auch ins Ausland – **zumutbar** sein (s. z.B. OLG Brandenburg StRR 2008, 307; OLG Bamberg, Beschl. v. 7.9.2012 – 2 Ss OWi 834/12 [Bußgeldverfahren]; OLG Düsseldorf VRS 64, 438; OLG Schleswig SchlHA 1987, 120 [L]; s.a. OLG Dresden NStZ-RR 2015, 191 für Zeugen; zum mehrmonatigen Auslandsaufenthalt s.o. Rdn 713). Das ist aber bei einer vor Erhalt der Ladung gebuchten, nicht mehr stornierbaren Urlaubsreise in einer Bagatellsache nicht anzunehmen (OLG Düsseldorf NJW 1973, 109; OLG Hamm zfs 2005, 515). Etwas anderes gilt, wenn der Angeklagte zum Zeitpunkt der Ladung den Urlaub erst plant (KG GA 1973, 29; OLG Hamm VRS 39, 208) oder sogar erst danach gebucht hat (OLG Brandenburg, a.a.O.; OLG Hamm, a.a.O.; LG Berlin VRS 112, 276). Erscheint er in diesen Fällen nicht, ist er nicht genügend entschuldigt (zum Urlaub s.a. noch OLG Oldenburg Nds.Rpfl. 2004, 47 [wenn der Angeklagte nach Berufungseinlegung mehr als ein halbes Jahr ohne Nachricht vom Gericht geblieben ist]).

Berufungsverwerfung wegen Ausbleibens des Angeklagten B

⚞ Einen Verlegungsantrag aus privaten/beruflichen Gründen muss der Angeklagte **eingehend begründen** (BayObLG NJW 2003, 1961; OLG Bamberg StRR 2008, 305; OLG Hamm, a.a.O.; Beschl. v. 31.7.2008 – 2 Ss 291/08). Vage Angaben, wie z.b. „unabkömmlich" zu sein, reichen nicht aus (OLG Bamberg, a.a.O.).

Entschuldigungsgrund Verkehrsprobleme/-störungen 716

■ Auch **Verkehrsstörungen** bei der Anreise zum Gericht können das Ausbleiben entschuldigen, allerdings darf die Reisezeit nicht zu knapp bemessen werden (OLG Köln JMBl. NW 1972, 63 [erkennbar zu spät ankommender Zug]). Der Angeklagte muss bei Benutzung eines Kfz eine ausreichende **Zeitreserve** einkalkulieren (OLG Bamberg NJW 1995, 740 [für 100 km auf der BAB A 9 mindestens 30 Minuten]; OLG Hamm NZV 1997, 493). Durch ein solches Gebot wird der Angeklagte auch nicht in seinem Grundrecht auf rechtliches Gehör verletzt (BVerfG StV 1994, 113 [zu niedriger Sicherheitszuschlag bei der Anreise mit dem Pkw im Großraum Frankfurt]),
■ Das gilt grds. auch bei **Verkehrsproblemen**, wie z.b. bei einer Kraftfahrzeugpanne (OLG Hamm VRS 7, 311; DAR 1999, 277 [Ls.]; NZV 2003, 49 [Verkehrsstau und Behinderung durch Einlasskontrollen beim Gericht]; OLG Karlsruhe NJW 1973, 1515; LG Berlin NZV 2010, 585), die es auch nicht erforderlich macht, dass der Angeklagte sich bei Gericht erkundigt, bis wann sein Erscheinen sinnvoll ist, um dann ggf. noch mit dem Taxi zu fahren,

⚞ Die Verspätung darf allerdings nicht darauf zurückzuführen sein, dass der Angeklagte zu **spät losgefahren** ist bzw. nicht genügend Zeit eingeplant hat (KG VRS 111, 432; OLG Celle NJW 2004, 2534; OLG Jena NJW 2006, 1894 [Ls.]; OLG Köln StV 2014, 209 [Ls.; Witterungsprobleme];). Allerdings dürfen insoweit die Anforderungen nicht überspannt werden. Der Angeklagte muss nicht so früh losfahren, dass er Gefahr läuft, viel zu früh anzukommen und zu lange warten zu müssen (BerlVerfGH NJW 2004, 1158). Berechnet der Angeklagte die Fahrzeit mit einem Routenplaner, muss er ggf. zu erwartendes hohes Verkehrsaufkommen berücksichtigen (OLG Jena, a.a.O.).

6.a) Handelt es sich um eine **Berufung** der StA, kann nach § 329 Abs. 2 **ohne** den **Angeklagten** verhandelt werden, wenn er nicht erscheint (zum HB s. BVerfG NJW 2001, 1341; wegen der Einzel. Burhoff/Kotz/*Kotz*, RM, Teil A Rn 137). Daran hat sich durch die Neuregelung des § 329 nichts geändert. Allerdings sollen durch die Neufassung des Abs. 2 2. Alt – „Abwesenheit nicht genügend entschuldigt" – nun auch die Fälle des nachträglichen Sich-Entfernens und des Versetzens in einen verhandlungsunfähigen

717

B **Berufungsverwerfung wegen Ausbleibens des Angeklagten**

Zustand (Abs. 1 Satz 2 Nr. 2 und 3) erfassen soll (so BT-Drucks 18/3562, S. 72; zw. *Deutscher* StRR 2015, 284).

✍ Tritt für den Angeklagten ein **vertretungsberechtigter Verteidiger** auf, so gelten auch hier die oben unter Rdn 703 ff. dargestellten Grundsätze der **Erforderlichkeitsprüfung** (BT-Drucks 18/3562, S. 74).
Gerade in diesen Fällen wird der Verteidiger darauf achten, ob nicht ggf. die sich aus § 244 Abs. 2 ergebende → *Aufklärungspflicht des Gerichts*, Rdn 329, eine Verhandlung in Anwesenheit des Angeklagten erforderlich macht. Das wird insbesondere dann der Fall sein, wenn sich das Gericht einen persönlichen Eindruck vom Angeklagten verschaffen muss, so z.b. bei einer Strafmaßberufung der StA (BayObLG DAR 1987, 315 [Rüth]; OLG Hamm StV 1997, 346; OLG Karlsruhe NStZ-RR 2004, 21; OLG Köln StraFo 2011, 360; → *Berufungshauptverhandlung*, Rdn 650).

718 Nach § 329 Abs. 4 a.F. war gegen den ausgebliebenen Angeklagten die **Vorführung** oder **Verhaftung** anzuordnen, wenn bei einer Berufung der StA nicht ohne ihn verhandelt werden konnte. Daran hat sich nach dem neuen § 329 Abs. 3 1. Alt. in der Sache nichts geändert (→ *Zwangsmittel bei Ausbleiben des Angeklagten*, Rdn 3661). Die Vorführung des Angeklagten dürfte i.Ü. auch dann grds. Zulässig sein, wenn allein der Nebenkläger Berufung eingelegt hat (OLG Köln NStZ 2014, 296). Die Zwangsmaßnahmen stehen allerdings unter dem Vorbehalt, dass sie zur Durchführung der Hauptverhandlung geboten sind. Haben Angeklagter und StA Berufung eingelegt, wird zunächst in Fällen des § 329 Abs. 1 die Berufung des Angeklagten verworfen und sodann über die Berufung der StA nach § 329 Abs. 2 S. 1 2. Alt. in Abwesenheit des Angeklagten verhandelt oder bei erforderlicher Anwesenheit dessen zwangsweise Vorführung angeordnet (§ 329 Abs. 3 1. Alt.).

718a b) In § 329 Abs. 5 S. 1 ist eine **Informationspflicht** des **Gerichts** vorgesehen, falls nach § 329 Abs. 2 S. 1 2. Alt. über eine Berufung der StA ohne Angeklagten und vertretungsbefugten Verteidiger verhandelt worden ist. Hiernach hat der Vorsitzende, solange mit der Verkündung des Urteils noch nicht begonnen worden ist (→ *Urteilsverkündung*, Rdn 2752, einen erscheinenden Angeklagten oder vertretungsberechtigten Verteidiger von dem wesentlichen Inhalt dessen zu unterrichten, was in seiner Abwesenheit verhandelt worden ist. Die Regeln zu § 247a dürften entsprechend gelten (→ *Entfernung des Angeklagten aus der Hauptverhandlung*, Rdn 1414).

718b In § 329 Abs. 5 S. 2 ist die schon bislang geltende Regelung (vgl. § 329 Abs. 2 S. 2 a.F.) übernommen worden, dass eine **Rücknahme** der **Berufung** der StA abweichend von § 303 auch ohne Zustimmung des unentschuldigt ausgebliebenen Angeklagten zulässig ist (Ausnahme: Zurückverweisung vom Revisionsgericht), was allerdings wegen der Bezugnahme auf Abs. 1 nur gilt, wenn auch kein vertretungsbefugter Verteidiger anwesend

Berufungsverwerfung wegen Ausbleibens des Angeklagten   B

ist. Erweitert wird diese Möglichkeit auf das nachträgliche Sich-Entfernen von Angeklagtem bzw. Verteidiger oder falls der Verteidiger den Angeklagten nicht weiter vertritt.

7.a) Ist gegen den Angeklagten ein **Verwerfungsurteil** ergangen, sollte stets sowohl der nach § 329 Abs. 7 zulässige Antrag auf → *Wiedereinsetzung in den vorigen Stand*, Rdn 3464, gestellt als auch **Revision** eingelegt werden (zu den Rechtsmittel a. *Kotz* ZAP F. 22, S. 847; Burhoff/Kotz/*Kotz*, RM, Teil A Rn 115 ff.). Es gilt § 342 Abs. 2 (zur Entscheidungszuständigkeit OLG Frankfurt am Main NStZ-RR 2006, 215). Die Einlegung der Revision ohne Verbindung mit dem Antrag auf Wiedereinsetzung in den vorigen Stand gilt als Verzicht auf das Wiedereinsetzungsverfahren (§ 342 Abs. 3); das ist nicht von einer vorherigen RMB abhängig (OLG Frankfurt NStZ-RR 2011, 21). Für die Rechtzeitigkeit eines Wiedereinsetzungsantrages des Angeklagten ist das Datum der (letzten) Zustellung des die Berufung verwerfenden Urteils entscheidend; ob der Angeklagte schon früher Kenntnis von der Berufungsverwerfung hatte, ist unerheblich (OLG Oldenburg StraFo 2011, 280).

719

b) Hinweis für den Verteidiger!

720

Der Verteidiger muss bei der **Begründung** seiner Rechtsbehelfe den unterschiedlichen **Prüfungsumfang** für die Wiedereinsetzung in den vorigen Stand einerseits und für die Revision andererseits berücksichtigen.

- Mit der **Revision** kann nur die Verletzung des § 329 geltend gemacht werden, also z.B., dass das Gericht nicht alle erkennbaren Entschuldigungsgründe zugrunde gelegt oder dass es den Rechtsbegriff der „genügenden Entschuldigung" verkannt hat (wegen der Einzelh. s. *Meyer-Goßner/Schmitt*, § 329 Rn 48 m.w.N.; OLG Hamm StV 1997, 346).

- Mit seinem **Wiedereinsetzungsantrag** richtet sich der Verteidiger gegen die „Versäumung der Berufungs-HV" oder der „Versäumung des Berufungs-HV-Termins". Nur hier kann er daher **nachträglich neue (!) Entschuldigungsgründe** geltend machen (KG NStZ-RR 2006, 183 m.w.N.; OLG Frankfurt am Main NJW 1974, 1151; OLG Hamm wistra 2008, 40; zum Umfang der erforderlichen Darlegungen s.a. die o.a. Rspr.-Nachw.). Er kann zur Begründung seines Wiedereinsetzungsgesuchs nicht Gründe, die dem Berufungsgericht bereits bekannt waren, wiederholen (OLG Hamm NStZ-RR 1997, 368 f.; OLG München NStZ 1988, 377). Etwas anderes gilt, wenn das Berufungsgericht im Verwerfungsurteil lediglich Vermutungen über die Entschuldigungsgründe angestellt hat (KG, a.a.O.).

✍ Der Verteidiger muss die **Wiedereinsetzung ausdrücklich beantragen**. Eine Wiedereinsetzung von Amts wegen scheidet bei der Versäumung der HV aus (OLG Hamm NStZ-RR 2009, 314).

c) Nach überwiegender Meinung ist in der **Revision** die **Verfahrensrüge** zu erheben (*Meyer-Goßner/Schmitt*, § 329 Rn 48 f. m.w.N. aus der Rspr., u.a. KG StRR 2015, 64 m. Anm.

721

B   Berufung, Zulässigkeit

Hanschke zu den Anforderungen an die Revision in den „Vertretungsfällen", s. dazu o. Rdn 706; OLG Nürnberg StraFo 2008, 248 und NJW 2009, 1761 [zugleich zu den Begründungsanforderungen]; a.A. OLG Dresden NJW 2000, 3295; s.a. BGHSt 46, 230; zur Verfahrens- und Sachrüge im Fall des § 329 Abs. 1 eingehend *Weidemann*, S. 653 ff.; Burhoff/ Kotz/*Kotz*, RM, Teil A Rn 99 ff.). Diese unterliegt den strengen Begründungsanforderungen des § 344 Abs. 2 S. 2 (→ *Revision, Begründung, Verfahrensrüge*, Rdn 2352).

✍ Es ist darauf zu achten, dass die Frist für die **Begründung** der Revision **nicht** während des Wiedereinsetzungsverfahrens **gehemmt** ist.

721a   Ist nach § **329 Abs. 2** ohne den Angeklagten verhandelt worden (vgl. oben Rdn 706 ff.), kann er nach dem durch „Gesetz zur Stärkung des Rechts des Angeklagten auf Vertretung in der Berufungshauptverhandlung und über die Anerkennung von Abwesenheitsentscheidungen in der Rechtshilfe (vgl. BGBl I, S. 1332) neu eingefügten § **340** seine Revision/Verfahrensrüge nicht damit begründen, dass seine Anwesenheit in der Berufungshauptverhandlung erforderlich gewesen wäre. Darin läge ein **selbstwidersprüchliches Verhalten** des nicht zur Verhandlung erschienenen Angeklagten (BT-Drucks 18/3562, S. 76).
Siehe auch: → *Berufung, Allgemeines*, Rdn 541 m.w.N.; → *Urteilsberatung*, Rdn 2752; → *Wiedereinsetzung in den vorigen Stand*, Rdn 3464.

722   Berufung, Zulässigkeit

723   Literaturhinweise: **Geppert**, Schwierigkeiten der Sperrfristbemessung bei vorläufiger Entziehung der Fahrerlaubnis, ZRP 1981, 85; **Meyer**, Ist eine Berufung, die in der Hoffnung eingelegt wurde, den nach § 111a StPO beschlagnahmten Führerschein vom Gericht zurückzuerhalten, unzulässig?, MDR 1976, 629.

724   **1.a)** Die Berufung ist nach § **312 zulässig** gegen **Urteile** des **AG**, und zwar gegen die des Strafrichters und des Schöffengerichts.

✍ Die **Zulässigkeit** der Berufung gilt nach Einführung der Regelung zur sog. Annahmeberufung in § 313 **nicht uneingeschränkt**. Ist nicht mindestens eine Geldstrafe von 15 Tagessätzen verhängt oder – im Fall des Freispruchs – von der StA beantragt worden, bedarf die Berufung nach § 313 Abs. 1 der ausdrücklichen Annahme durch das Berufungsgericht (wegen der Einzelh. → *Berufung, Annahmeberufung*, Rdn 550).

725   Berufung einzulegen ist auch, wenn im **Strafverfahren** nur die **Verurteilung** wegen einer **OWi** erfolgt ist (arg. e. § 313 Abs. 1 S. 1; s.a. BGHSt 35, 290 [Freispruch vom Vorwurf des § 142 StGB; Verurteilung wegen einer OWi]; OLG Bamberg NStZ 2013, 182; OLG Karlsruhe, Beschl. v. 8.9.2014 – 1 [3] Ss 507/14; *Meyer-Goßner/Schmitt*, § 312 Rn 1; s.a. Rdn 727). Eine ggf. als „Rechtsbeschwerde" bezeichnetes Rechtsmittel wird nach § 300 grds. in eine Berufung umgedeutet (OLG Bamberg, a.a.O.; OLG Karlsruhe, a.a.O.); eine Umdeutung des Rechtsmittels als (Sprung-)Revision kommt ausnahmsweise in Betracht, wenn die „Rechtsbeschwerde" in einem solchen Fall ausschließlich damit begründet wird, dass einer Ahndung der OWi das Verfahrenshindernis der Verfolgungsverjährung entgegen stehe (OLG Bamberg, a.a.O.). Für das Rechtsmittelverfahren finden schließlich ausnahmslos die Vorschriften der StPO auch dann Anwendung, wenn das Bußgeldverfahren in das Strafverfahren übergeleitet worden ist (§ 81 OWiG), der Betroffene dann aber gleichwohl „nur" wegen einer oder mehrerer OWi verurteilt wird (OLG Bamberg DAR 2013, 584).

b) Eine **Ausnahme** vom Grundsatz, dass gegen die Urteile des Strafrichters Berufung zulässig ist, gilt auch für die im OWi-Verfahren ergangenen Urteile. Gegen diese ist nach §§ 79, 80 OWiG nur die Rechtsbeschwerde zulässig. Dies gilt jedoch nur dann, wenn das Verfahren ausschließlich eine **OWi** zum Gegenstand hat (KK-*Paul*, § 312 Rn 4; zur Rechtsbeschwerde Burhoff/*Junker*, OWi, Rn 2067 ff.). **726**

c) Treffen in einem Verfahren **OWi** und **Straftat** zusammen, gilt im Einzelnen: **727**
- Sind eine **OWi** und eine **Straftat** als solche angeklagt (gewesen), handelt es sich aber um **eine Tat** im prozessualen Sinn nach § 264, ist, auch wenn nur die ggf. allein wegen der OWi ergangene Verurteilung angefochten werden soll, die **Berufung** gegeben (OLG Hamm VRS 49, 49).
- Handelt es sich hingegen bei OWi und Straftat nicht um dasselbe historische Ereignis, also um **mehrere Taten** i.S.v. § 264, bestehen mehrere Anfechtungsmöglichkeiten:
  - Die Verurteilung wegen der **Straftat** ist mit der **Berufung** anfechtbar. Die Verurteilung wegen der **OWi** ist mit der **Rechtsbeschwerde** anzufechten.
  - Sind in diesem Fall **beide Rechtsmittel eingelegt**, gilt § 83 Abs. 2 OWiG. Die Rechtsbeschwerde wird als Berufung behandelt, solange die gegen die Straftat gerichtete Berufung nicht zurückgenommen oder als unzulässig verworfen worden ist.
- Sind von einem Verfahren **zwei Angeklagte** betroffen, gilt:
  - Sind **beide** wegen einer **Straftat angeklagt**, ist einer von ihnen aber nur wegen einer OWi verurteilt worden, können/müssen beide Berufung einlegen (Grundsatz aus BGHSt 35, 290; KK-*Paul*, § 312 Rn 4).
  - Ist hingegen von zwei Angeklagten der eine wegen einer Straftat verurteilt, der andere aber – entsprechend der **Anklage** – nur wegen einer **OWi**, kann er die Verurteilung wegen der OWi nur mit der **Rechtsbeschwerde** anfechten (BayObLG DAR 1974, 135).

2. Zur **Zulässigkeit** der Berufung ist außerdem **erforderlich** (vgl. *Meyer-Goßner/* **728** *Schmitt*, § 322 Rn 1), dass
- die Berufung überhaupt **statthaft** ist (vgl. dazu Rdn 721 und § 55 JGG für das Jugendgerichtsverfahren; zum JGG-Verfahren Burhoff/Kotz/*Schimmel*, RM, Teil A Rn 919),

> ☞ Der Berufung steht nicht entgegen, dass das erstinstanzliche Urteil auf einer **Verständigung** i.S. des § 257c beruht (vgl. OLG Düsseldorf StV 2011, 80 für zu Lasten des Angeklagten eingelegte Berufung der StA; wegen weiterer Nachw. aus der Rspr. des BGH vgl. → *Rechtsmittel, Allgemeines*, Rdn 2165).

- die → *Berufungsfrist*, Rdn 601, beachtet ist,
- die für die Einlegung der Berufung geltenden **Formvorschriften** beachtet worden sind (→ *Berufungseinlegung*, Rdn 583),
- der Berufungsführer **beschwert** ist, was beim **Angeklagten** durch **jede** für ihn **nachteilige Entscheidung** der Fall ist (*Meyer-Goßner/Schmitt*, vor § 296 Rn 12). Der Angeklagte kann damit also ein **freisprechendes Urteil nicht** anfechten, da er dann allenfalls durch die Gründe beschwert ist (st. Rspr.; vgl. BGHSt 16, 374; KG, Beschl. v. 11.7.2014 – 2 Ws 252/14; OLG Karlsruhe NJW 1984, 1975 f.; *Meyer-Goßner/Schmitt*, vor § 296 Rn 11; KK-*Paul*, vor § 296 Rn 5 f.), und zwar nach h.m. auch dann nicht, wenn die Freisprechung wegen Schuldunfähigkeit nach § 20 StGB erfolgt ist (BGHSt 5, 267) oder, wenn das Gericht offengelassen hat, ob überhaupt eine tatbestandsmäßige, rechtswidrige Tat vorliegt (BGHSt 16, 374).
- **nicht** bereits eine früher eingelegte Berufung **zurückgenommen** oder auf Rechtsmittel **verzichtet** worden ist (→ *Berufungsrücknahme*, Rdn 652).

> ☞ Die Berufung ist aber nicht deshalb unzulässig, weil sie allein mit dem **Ziel** eingelegt wird, wegen Zeitablaufs den **Führerschein zurückzuerhalten** (arg. e § 473 Abs. 5; *Meyer-Goßner/Schmitt*, § 322 Rn 1 m.w.N. a. zur a.A.; *Geppert* ZRP 1981, 89; *Meyer* MDR 1976, 629).

729 3. Ob die Berufung rechtzeitig eingelegt oder ggf. verspätet und deshalb wegen Fristversäumung unzulässig ist, **prüft** bereits das **Gericht** des ersten Rechtszuges. Es kann dann gem. § 319 Abs. 1 die Berufung verwerfen (→ *Berufungsverwerfung durch das Amtsgericht wegen Verspätung*, Rdn 677). Sieht das Berufungsgericht die Berufung aus anderen Gründen als unzulässig an, kann es gem. § 322 Abs. 1 ebenfalls durch Beschluss die Berufung verwerfen (→ *Berufungsverwerfung durch das Berufungsgericht wegen Unzulässigkeit*, Rdn 686).

Siehe auch: → *Berufung, Allgemeines*, Rdn 541 m.w.N.; → *Berufung, Annahmeberufung*, Rdn 550; → *Berufungseinlegung*, Rdn 583.

Beschlagnahme von Verteidigerakten

Das Wichtigste in Kürze:
1. Grds. gelten für die Anordnung der Beschlagnahme, auch wenn diese in der HV erfolgt und sie sich auf Verteidigerakten erstreckt, die allgemeinen Regeln der §§ 94 ff.
2. Grds. sind die Handakten des Verteidigers beschlagnahmefrei.
3. Auch für Rechtsmittel gegen eine Beschlagnahmeanordnung in der HV gelten die allgemeinen Regeln.

Literaturhinweise: Barton, Zur Frage der rechtlichen Wertung strafprozessualer Maßnahmen gegen Verteidiger, JZ 2010, 102; **Bauer**, Keine Beschlagnahmefreiheit für Unterlagen eines mit internen Ermittlungen beauftragten Rechtsanwalts, StraFo 2012, 488; **Beulke**, Beschlagnahmefreiheit von Verteidigungsunterlagen, in: Festschrift für *Klaus Lüderssen*, 2000, S. 693; **Beulke/Ruhmannseder**, Strafprozessuale Zwangsmaßnahmen in der Verteidigungssphäre (Teil 1), StV 2011, 180; **Burhoff**, Durchsuchung und Beschlagnahme in der Rechtsanwaltskanzlei, ZAP F. 22, S. 413; **Burkhard**, Durchsicht und Beschlagnahme von Handakten, PStR 2001, 158; **Dahs**, Die Beschlagnahme von Verteidigungsmaterial und die Ausforschung der Verteidigung, in: Festschrift für *Karlheinz Meyer*, 1990, S. 61; **Gercke/Wölky**, Beschlagnahme und Durchsicht elektronisch gespeicherter Daten von Anwaltskanzleien, PStR 2013, 38; **Gülzow**, Beschlagnahme von Unterlagen der Mandanten bei deren Rechtsanwälten, Wirtschaftsprüfern oder Steuerberatern, NJW 1981, 265; **Hamacher**, Der Syndikusanwalt ist kein Anwalt 2. Klasse Das Urteil des EuGH in Sachen *Akzo Nobel* zum Anwaltsgeheimnis, AnwBl. 2011, 42; **Herdegen**, Zur Beschlagnahme und Verwertung schriftlicher Mitteilungen im Gewahrsam von Angehörigen des Beschuldigten (§§ 52, 97 Abs. 1 Nr. 1, Abs. 2 Satz 2 StPO), GA 1963, 143; **Huber-Lotterschmid**, Verschwiegenheitspflicht, Zeugnisverweigerungsrecht und Beschlagnahmeverbote zugunsten juristischer Personen, 2006; **Krekeler**, Beeinträchtigung der Rechte des Mandanten durch Strafverfolgungsmaßnahmen gegen den Rechtsanwalt, NJW 1977, 1417; ders., Probleme der Verteidigung in Wirtschaftsstrafsachen, wistra 1983, 43; ders., Durchsuchung und Beschlagnahme in Anwaltsbüros, Strafverteidigung und Strafprozeß, in: Festgabe für *Ludwig Koch*, 1989, S. 165; **Kühne**, Der Schutz des Verteidigers vor strafprozessualen Zwangsmaßnahmen, HRRS 2009, 548; **Leitner**, Strafverteidigung und Verstrickungsverdacht, in: Festschrift für *Gunter Widmaier*, 2008, S. 325; **Mann**, Anwaltsprivileg und Zeugnisverweigerungsrecht des unternehmerischen Syndikusanwalts, DB 2011, 978; **Matt**, Das verfassungsrechtliche autonome Recht des Verteidigers auf Zeugnisverweigerung und das entsprechende Beschlagnahmeverbot, in: Festschrift für *Gunter Widmaier*, 2008, S. 851; **Michalke**, Durchsuchung und Beschlagnahme – Verfassungsrecht im Alltag, StraFo 2014, 89; **Roxin**, Das Beschlagnahmeprivileg des Syndikusanwalts im Licht der neuesten Rechtsprechung, NJW 1995, 17; **Ruhmannseder**, Die Vertrauensbeziehung zwischen Strafverteidiger und Mandant – (k)ein beschlagnahme- und beleidigungsfreier Raum, NJW 2009, 2647; **Schelzke**, Die iCloud als Gefahr für den Rechtsanwalt, HRRS 2013, 86; **Schiller**, Unzulässige Einschränkung des Anwaltsprivilegs bei der Beschlagnahme, StV 1986, 169; **Schneider**, Die strafprozessuale Beschlagnahmefreiheit von Verteidigungsunterlagen bei den selbst verteidigenden Beschuldigten, Jura 1999, 411; **Schuhmann**, Zur Beschlagnahme von Mandantenunterlagen bei den Angehörigen der rechts- und steuerberatenden Berufe, wistra 1995, 50; **Streck**, Beschlagnahme von Computerdaten bei Berufsgeheimnisträgern, AnwBl. 2005, 566; **Thum**, Beschlagnahmefreiheit von Verteidigungsunterlagen, HRRS 2012, 536; **Webel**, Die Beschlagnahmefreiheit der Handakte, PStR 2009, 138; **Wegner**, Berufsgeheimnisträger: Zugriff auf bedeutungslose Informationen verhindern, PStR 2005, 208; **Wehnert**, Zur Pra-

B Beschlagnahme von Verteidigerakten

xis der Durchsuchung und Beschlagnahme, StraFo 1996, 77; *dies.*, Durchsuchung und Beschlagnahme, in: StrafPrax, § 3; s. i.Ü. auch die weiteren Hinw. bei *Burhoff*, EV, Rn 689.

732 1. Grds. gelten für die Anordnung der Beschlagnahme, auch wenn diese in der HV erfolgt und sie sich auf Verteidigerakten erstreckt, die **allgemeinen Regeln** der §§ 94 ff. Diese können hier aus Platzgründen nicht im Einzelnen dargestellt werden (zur Beschlagnahme [im EV] eingehend *Burhoff*, EV, Rn 689 ff.; zur Beschlagnahme von Handakten *Burhoff*, EV, Rn 725 ff.; s.a. *Burhoff* ZAP F. 22, S. 413 ff. sowie die Komm. bei *Meyer-Goßner/Schmitt*, §§ 94 ff.). Hier soll nur auf die Beschlagnahmefreiheit von Verteidigerakten näher eingegangen werden.

733 2. Grds. sind die **Handakten** des Verteidigers **beschlagnahmefrei** (*Dahs*, Rn 396 m.w.N.; *Burhoff* ZAP F. 22, S. 421; *Burhoff*, EV, Rn 727; *Burkhard* PStR 2001, 158).

☞ Gegen die Anordnung der Beschlagnahme seiner Handakten muss der Verteidiger sich deshalb mit der **Beschwerde** zur Wehr setzen, sofern die Beschlagnahmefreiheit nicht nach § 97 Abs. 2 aufgehoben sein sollte. Insbesondere ist auf die Einhaltung des Verhältnismäßigkeitsgebots zu achten (vgl. dazu zuletzt BVerfG NJW 2008, 2422 m.w.N.; zur Abwendung der Durchsuchung/Beschlagnahme BVerfG NJW 2011, 2275; BRAK-Mitt. 2011, 79 [Ls.]; allgemein zur Verhältnismäßigkeit bei der Beschlagnahme *Burhoff*, EV, Rn 699 und bei der Durchsuchung *Burhoff*, EV, Rn 1386).

Im Einzelnen gilt (s.a. *Burhoff*, EV, Rn 729 ff.):

734 a) Beschlagnahmefrei sind die **schriftlichen Mitteilungen** zwischen dem Angeklagten und seinem Verteidiger, aber nur soweit sie die Verteidigung betreffen und ihr Inhalt vom **ZVR** des Verteidigers erfasst wird (zu Verteidigungsunterlagen BVerfG StraFo 2015, 61; *Thum* HRRS 2012, 536). Darunter fallen auch Mitteilungen des Angeklagten an den Verteidiger für Zwecke der Verteidigung sowie die dem Verteidiger vom Angeklagten für Zwecke der Verteidigung übergebenen Gegenstände (*Meyer-Goßner/Schmitt*, § 97 Rn 36; *Burhoff*, EV, Rn 754; s. zuletzt BVerfG, a.a.O. für mit Anmerkungen des Beschuldigten versehene Patientenunterlagen eines Zahnarztes; BGHSt 44, 46 [Unterlagen, die sich ein Beschuldigter erkennbar zu seiner Verteidigung in dem gegen ihn laufenden Strafverfahren zusammengestellt hat, dürfen nicht beschlagnahmt werden]; LG Tübingen, NStZ 2008, 653; zur Beschlagnahmefreiheit von Verteidigungsunterlagen des Beschuldigten eingehend *Schneider* Jura 1999, 411, 418). Das gilt auch für Aufzeichnungen, die ein **früherer Mitbeschuldigter** angefertigt hat, wenn wegen desselben Lebenssachverhalt zunächst ein einheitliches EV geführt wurde und erst nach Verfahrenstrennung Verteidigungsunterlagen unzulässigerweise bei einem ehemaligen Mitbeschuldigten beschlagnahmt werden (OLG München NStZ 2006, 300 m. zust. Anm. *Satzger* JR 2007, 336). Zu den geschützten Unterlagen gehören aber nicht Briefe des Verteidigers an seinen Mandanten, die **beleidigenden Inhalt** haben. Diese können in einem **Strafverfahren gegen** den **Verteidiger** beschlagnahmt werden (BVerfG NJW 2010, 2937; BGHSt 53, 257; vgl. dazu *Ruhmannseder* NJW 2009, 2647; *Kühne* HRRS 2009, 547; *Beulke/Ruhmannseder* StV 2011, 180, 183).

✍ Es ist **unerheblich**, auf welchem **Medium** sich die Aufzeichnungen befinden, sodass z.b. auch die Daten auf einem „Notebook" von der Privilegierung erfasst werden (BVerfG NJW 2002, 1410; 2005, 1917).

b) Für die Frage des **Gewahrsams** wird § 97 Abs. 2 S. 1 durch § 148 ergänzt (BGHSt 44, 46; LG Tübingen NStZ 2008, 653). Daher sind schriftliche Mitteilungen auch dann von der Beschlagnahme ausgeschlossen, wenn sie der inhaftierte oder auf freiem Fuß befindliche (LG Mainz NStZ 1986, 473) Angeklagte noch nicht abgesandt hat, wenn sie sich noch auf dem **Postweg** befinden (BGH NJW 1990, 722) oder wenn sie bereits in den Besitz des Angeklagten gelangt sind (BGHSt 31, 16; vgl. auch *Thum* HRRS 2012, 536 ff.). Mitgewahrsam des Rechtsanwalts reicht, sodass auch Gewahrsam an den in einer Cloud abgelegten „Unterlagen" besteht (*Schelzke* HRRS 2013, 89, 90). Die Beschlagnahme wird aber nicht schon dadurch verhindert, dass die Papiere einfach als Verteidigungsunterlagen bezeichnet oder mit solchen Unterlagen vermischt werden (KG NJW 1975, 354; LG Mainz, a.a.O.; LG Tübingen, a.a.O.). **735**

c) Ist der **Verteidiger teilnahmeverdächtig** oder **selbst Beschuldigter**, gelten nach h.M. keine Besonderheiten gegenüber den allgemeinen Regeln (BGHSt 31, 16; 33, 347, 351 ff.; vgl. BVerfG NJW 2010, 2937; BGHSt 53, 257 [für Beschlagnahme eines beleidigenden Schreibens an den Mandanten]; s. aber die Nachw. bei *Meyer-Goßner/Schmitt*, § 97 Rn 38 m.w.N. zur Gegenansicht in der Lit.; s.a. *Leitner*, S. 325). **736**

✍ Die sog. **Geldwäscheentscheidung** des BGH (BGHSt 47, 68) kann hier erhebliche Auswirkungen haben, da in den potenziellen „Geldwäschefällen" nach Auffassung des BGH immer auch eine allgemeine Teilnahme in Betracht kommt, was zu einer Erweiterung des „Teilnahmeverdachts" führt (vgl. aber BVerfG NJW 2004, 1305).

Insoweit gilt (vgl. auch *Burhoff*, EV, Rn 734 ff.): Nach obergerichtlicher **Rspr.** müssen (nur) **gewichtige Anhaltspunkte** für eine Teilnahme des Verteidigers an der Straftat seines Mandanten vorliegen (BGH NJW 1973, 2035). Nicht erforderlich soll sein, dass gegen den Verteidiger bereits ein EV eingeleitet oder er nach §§ 138a ff. als Verteidiger ausgeschlossen worden ist (s. dazu BGH NStZ 1983, 85). Diese Rspr. ist in der Lit. unter Hinweis auf § 148 und die §§ 138a ff. scharf kritisiert worden (vgl. die Nachw. bei *Meyer-Goßner/ Schmitt*, § 97 Rn 39). Die **Kritik** ist m.E. **berechtigt** (wegen der Einzelh. s. *Burhoff*, EV, Rn 734). Das gilt, nachdem das BVerfG in seiner jüngeren Rspr. (vgl. dazu insbesondere die „Geldwäscheentscheidung" in NJW 2004, 1305 und BVerfG NJW 2005, 1917) das besondere Vertrauensverhältnis zwischen Rechtsanwalt und Mandant betont und für besonders schützenswert angesehen hat, erst recht. Eine Beschlagnahme beim teilnahmeverdäch- **737**

B Beschlagnahme von Verteidigerakten

tigen Verteidiger wird man daher erst nach der Entscheidung über das Ruhen der Verteidigerrechte gem. § 138c Abs. 3 als zulässig ansehen können (a.A. BGHSt 34, 347).

☞ Vorliegen müssen **bestimmte Tatsachen**, bloße Vermutungen genügen also nicht. Nach der Rspr. des BVerfG unterliegt der durch bestimmte Tatsachen begründete Verdacht höheren Anforderungen als der bloße Anfangsverdacht (NJW 2004, 999, 1012). Das BVerfG verlangt „konkrete und in gewissem Umfang verdichtete Umstände als Tatsachenbasis für den Verdacht" und fordert, „dass aufgrund der Lebenserfahrung oder der kriminalistischen Erfahrung fallbezogen aus Zeugenaussagen, Observationen oder anderen sachlichen Beweisanzeichen auf die fragliche Beweistatsache geschlossen werden kann" (NJW 2007, 2752 f.). Allerdings muss hinreichender Tatverdacht i.S. des § 170 Abs. 1 nicht vorliegen (BVerfG NJW 2010, 2937 f. für Beschlagnahme von Verteidigerpost mit beleidigendem Inhalt beim Mandanten).

738 d) Hat der Angeklagte beim Verteidiger sog. **Überführungsstücke** hinterlegt, sind diese auch dann nicht beschlagnahmefrei, wenn der Verteidiger ihren Inhalt nicht kennt. Missbraucht der Verteidiger seine Stellung, um Gegenstände dem Zugriff der Ermittlungsbehörden zu entziehen, ist § 97 ebenfalls nicht anwendbar (LG Kaiserslautern AnwBl. 1979, 119 f.; a.A. OLG Frankfurt am Main StV 1982, 64; vgl. a. OLG Frankfurt am Main NJW 2005, 2938 [Ls.]; wegen der Einzelh. s. *Burhoff*, EV, Rn 737).

739 e) Wird der an sich zur Verschwiegenheit verpflichtete Verteidiger vom Angeklagten von der **Verschwiegenheitspflicht** gem. § 53 Abs. 2 **entbunden** (s. → *Entbindung von der Schweigepflicht*, Rdn 1393; → *Zeugnisverweigerungsrecht*, Rdn 3552), **entfällt das Beschlagnahmeverbot** und sämtliche Unterlagen, die sich beim Verteidiger befinden, unterliegen der Beschlagnahme. Das gilt unabhängig davon, ob der Angeklagte im Einzelnen von ihnen Kenntnis hat, also z.B. auch für Krankengeschichten (OLG Hamburg NJW 1962, 689). Der Angeklagte kann allerdings auch **eingeschränkt** verfahren, indem er sein Einverständnis mit der Beschlagnahme eingeschränkt auf bestimmte Gegenstände erklärt, i.Ü. aber den Verteidiger nicht von der Verschwiegenheit entbindet. Verfährt der Angeklagte so, können nur die freigegebenen Gegenstände beschlagnahmt werden (wegen der Einzelh. s. *Burhoff*, EV, Rn 738).

☞ Der Angeklagte hat sich seinem Verteidiger im Zweifel gerade auch deshalb anvertraut oder ihm Schriftstücke übergeben, weil er auf den Schutz dieses Vertrauensverhältnisses vor Eingriffen der Strafverfolgungsbehörden vertraut hat. Deshalb muss der Verteidiger seinem Mandanten ggf. raten, ihn **nicht** von der **Schweigepflicht** zu **entbinden**, um so die Beschlagnahme von den Angeklagten möglicherweise belastenden Unterlagen aus den Verteidigerakten zu verhindern (vgl. zu allem a. *Dahs*, Rn 395 ff.).

Beschleunigtes Verfahren **B**

3. Werden **Handakten** des **Verteidigers** in der HV **beschlagnahmt**, gilt: **740**
- Handelt es sich um einen **Beschlagnahmebeschluss** des Gerichts, liegt eine eigenständige Maßnahme vor, gegen die dem Verteidiger die allgemeinen **Rechtsmittel** bei einer Beschlagnahme zustehen (vgl. dazu eingehend *Burhoff*, EV, Rn 830). Der Verteidiger muss also (sofort) → ***Beschwerde***, Rdn 770, einlegen, und zwar im eigenen wie im Namen des Mandanten. Dem steht § 305 S. 1 nicht entgegen.
- Bei einer **Anordnung** des **Vorsitzenden** sollte der Verteidiger diese vorsorglich als Maßnahme der → ***Verhandlungsleitung***, Rdn 2889, ansehen und gegen die Anordnung des Vorsitzenden nach § **238 Abs. 2** vorgehen. Das schon deshalb, um sich die Revisionsrüge des § 338 Nr. 8 offenzuhalten.
- Gegen die Verwertung der beschlagnahmten Handakte ist (vorsorglich) **Widerspruch** einzulegen (→ *Widerspruchslösung*, Rdn 3433).
- Bis zur Entscheidung über das Rechtsmittel ist m.E. die HV zu unterbrechen (→ ***Unterbrechung der Hauptverhandlung***, Rdn 2701). Das muss der Verteidiger beantragen. Zur Begründung ist auf die unerwartete prozessuale Situation und zudem darauf zu verweisen, dass die Entscheidung des Beschwerdegerichts abgewartet werden muss.

Beschleunigtes Verfahren   741

Das Wichtigste in Kürze:
1. Die Regelung des beschleunigten Verfahrens in den §§ 417 ff. wird in der Lit. z.T. kritisch gesehen.
2. Wenn die StA den Antrag auf Verhandlung im beschleunigten Verfahren stellt, ist nach § 418 Abs. 1 die HV sofort oder in kurzer Frist durchzuführen, ohne dass es einer Entscheidung über die Eröffnung des Hauptverfahrens bedarf.
3. Dem Angeklagten kann ein Pflichtverteidiger beigeordnet werden.
4. Für die HV im beschleunigten Verfahren gelten grds. die allgemeinen Bestimmungen; allerdings ergeben sich Besonderheiten insbesondere hinsichtlich einer ggf. vereinfachten Art der Beweisaufnahme.
5. Gegen das im beschleunigten Verfahren ergangene Urteil sind die allgemeinen Rechtsmittel, also Berufung oder Sprungrevision, zulässig.

Literaturhinweise: Ambos, Verfahrensverkürzung zwischen Prozeßökonomie und „fair trial" – Eine Untersuchung zum Strafbefehlsverfahren und zum beschleunigten Verfahren, Jura 1998, 281; **Bielefeld**, Das beschleunigte Verfahren – eine Möglichkeit zur Entlastung von Geschäftsstellen und Richtern beim Amtsgericht, DRiZ 1998, 429; **Dahs**, Das Verbrechensbekämpfungsgesetz vom 28.10.1994 – ein Produkt des Superwahljahres, NJW 1995, 553; **Ehlers**, Zur praktischen Anwendung des Beschleunigten Verfahrens, NJ 2000, 468; **Ernst**, Die notwendige Verteidigung im beschleunigten Verfahren vor dem Amtsgericht, StV 2001, 367; *ders.*, Das beschleu-   **742**

B Beschleunigtes Verfahren

nigte Verfahren im Strafprozeß und seine Handhabung in Bochum, 2001; **Fezer**, Vereinfachte Verfahren im Strafprozeß, ZStW 1994, 1 (Band 106); **Fülber**, Die Hauptverhandlungshaft, 2000; **Fülber/Putzke**, Ist die Staatsanwaltschaft Herrin des beschleunigten Verfahrens? Zur Rücknehmbarkeit des gemäß §§ 417, 418 Abs. 1 StPO gestellten Antrags. Besprechung von BayObLG, Urt. v. 18.12.1997 – 5 StRR 147/96, DRiZ 1999, 196; **Gössel**, Über die praktische Bedeutung des beschleunigten Verfahrens im Verhältnis zu den vereinfachten Verfahrensformen der Strafprozessordnung, in: Festschrift für *Heinz Stöckel* zum 70. Geburtstag, 2010; S. 245; **R. Hamm**, Was wird aus der Hauptverhandlung nach Inkrafttreten des Verbrechensbekämpfungsgesetzes?, StV 1994, 456; **Her**, Das beschleunigte Verfahren (§§ 417 – 420 StPO) nach dem Verbrechensbekämpfungsgesetz: unter besonderer Berücksichtigung des Beschleunigungsgebots im Strafprozeß, 1998; **Herzler**, Das Beschleunigte Strafverfahren, ein notwendiger Schritt auf dem richtigen Weg, NJ 2000, 399; **Keser**, Das beschleunigte Verfahren, in: FA Strafrecht, Teil 2 Kapitel 8; **König/Seitz**, Die straf- und strafverfahrensrechtlichen Regelungen des Verbrechensbekämpfungsgesetzes, NStZ 1995, 1; **Kropp**, Sistierhaft auch im Beschleunigten Verfahren?, NJ 2001, 295; **Loos/Radtke**, Das beschleunigte Verfahren (§§ 417 – 420 StPO) nach dem Verbrechensbekämpfungsgesetz, I. Teil: NStZ 1995, 569, II. Teil: NStZ 1996, 7; **Nobis**, Strafverfahren vor den Amtsgerichten, Strafbefehlsverfahren und beschleunigtes Verfahren, in: MAH, § 10; **Putzke**, Beschleunigtes Verfahren bei Heranwachsenden, 2004; **Ranft**, Das beschleunigte Verfahren (§§ 417 – 420 StPO) in der Rechtsmittelinstanz, NStZ 2004, 424; **Schlothauer**, Vereinfachte Beweisaufnahme nach dem Verbrechensbekämpfungsgesetz auch in der Berufungsinstanz?, StV 1995, 46; **Schlüchter/Fülber/Putzke**, Herausforderung: Beschleunigtes Verfahren (§§ 417 StPO), 1999; **Schroer**, Das beschleunigte Strafverfahren gem. §§ 417 ff. StPO, 1998; **Siebers**, Die Pflicht der Staatsanwaltschaft zur Ausschöpfung jeder Möglichkeit der Verkürzung der Untersuchungshaft im Hinblick auf das Strafbefehlsverfahren, das beschleunigte Verfahren und das vereinfachte Jugendverfahren, StraFo 1997, 329; **Sprenger**, Fördert die Neuregelung des beschleunigten Verfahrens seine breitere Anwendung?, NStZ 1997, 574; **Wenske**, 10 Jahre Hauptverhandlungshaft (§ 127b II StPO), NStZ 2009, 63; **Wolf**, Der Richter als Aktenbote, NJW 2001, 46; s.a. die Hinw. bei → *Hauptverhandlungshaft*, Rdn 1691; → *Strafbefehlsverfahren*, Rdn 2568 und → *Zuständigkeit des Gerichts*, Rdn 3610.

743 1.a) Die **Regelung** des beschleunigten Verfahrens in den §§ 417 ff. knüpft bei den allgemeinen Voraussetzungen und den Instrumenten der Verfahrensbeschleunigung weitgehend an die alte Gesetzeslage in den §§ 212 – 212b a.F. an. Das Verbrechensbekämpfungsgesetz 1994 hat aber die Fragen der (notwendigen) Verteidigung des Angeklagten und die Ausgestaltung der HV neu geregelt. Diese Neuregelung ist in der Lit. heftig **kritisiert** worden (s. teilweise u.a. die o.a. Lit.-Hinw.; s.a. *Meyer-Goßner/Schmitt*, vor § 417 Rn 3, 5 und KK-*Graf*, vor § 417 Rn 1 ff., jew. m.w.N.; MAH-*Nobis*, § 10 Rn 146). In der Praxis ist sie aber z.T. angenommen worden (vgl. die statistische Zusammenstellung bei *Wenske* NStZ 2009, 63 f.). Nach Auffassung des OLG Frankfurt am Main (NStZ-RR 1997, 273) sind die Vorschriften zum beschleunigten Verfahren wegen der im Bereich der Bagatelldelikte nach Einführung der Annahmeberufung nur noch beschränkt zulässigen Rechtsmittel (→ *Rechtsmittel, Allgemeines*, Rdn 2165) allenfalls nur „noch verfassungsgemäß" (krit. a. *Meyer-Goßner/Schmitt*, § 420 Rn 3).

> Im **Jugendgerichtsverfahren** ist das beschleunigte Verfahren nach § 79 Abs. 2 JGG **unanwendbar**.

744 b) Wegen der allgemeinen Voraussetzungen des beschleunigten Verfahrens und der Ausgestaltung des Zwischenverfahrens wird auf *Burhoff*, EV, Rn 886 ff. verwiesen (s.a. die

Beschleunigtes Verfahren   B

Richtlinien zur Anwendung des beschleunigten Verfahrens in NRW in MinBl. NW 2002, 861). **Hier** werden **nur** die **Besonderheiten** der **HV** (s.u. Rdn 745 ff.) und der (notwendigen) Verteidigung in der HV (s.u. Rdn 747) dargestellt (wegen der nach § 127b möglichen Inhaftnahme zur Sicherung der HV s. → *Hauptverhandlungshaft*, Rdn 1691).

2.a) Wenn die **StA** den **Antrag** auf Verhandlung im beschleunigten Verfahren stellt, ist nach § 418 Abs. 1 die **HV sofort** oder in **kurzer Frist** durchzuführen, ohne dass es einer Entscheidung über die Eröffnung des Hauptverfahrens bedarf. Das Gericht prüft also vorab nicht in einem Zwischenverfahren, ob ein hinreichender Tatverdacht besteht. Das wird nur anhand der Akten geprüft (*Loos/Radtke* NStZ 1997, 573; KK-*Graf*, § 418 Rn 2). Besteht kein hinreichender Tatverdacht oder fehlt die sachliche oder örtliche Zuständigkeit, wird die Aburteilung im schriftlichen Verfahren abgelehnt (§ 419 Abs. 3; s. zu allem *Loos/Radtke* NStZ 1996, 7). Abgelehnt werden muss der Antrag auch, wenn erkennbar ist/wird, dass nicht sofort verhandelt werden kann. Das hat das OLG München (vgl. StRR 2010, 73 m. Anm. *Jung*) bejaht, wenn erst noch ein SV-Gutachten eingeholt werden muss.

745

b) Wie lang die **Frist** zwischen Antragstellung und **Beginn** der **HV** sein darf, ist in der StPO nicht konkret geregelt. § 418 Abs. 1 S. 1 sieht eine HV „sofort oder in kurzer Frist" vor. Nach § 418 Abs. 1 S. 2 soll die Frist nicht mehr als sechs Wochen betragen. Davon abweichend geht die **h.M.** unter Hinweis auf die Gesetzesbegründung zur Neuregelung im Jahr 1994 (vgl. BT-Drucks 12/6853, S. 36) von einer Frist von i.d.R. **ein bis zwei Wochen** aus (s. z.B. *Meyer-Goßner/Schmitt*, § 418 Rn 5; OLG Stuttgart NJW 1998, 3134; 1999, 511 [zwei Wochen allenfalls nur unwesentlich überschreiten]; *Scheffler* NStZ 1998, 372 in der Anm. zu OLG Düsseldorf, a.a.O. [erheblich kürzere Zeit als in Normalverfahren; Frist von zwei Monaten wohl zu lang]; StV 1999, 202; ähnl. OLG Hamburg NStZ 1999, 266). *Scheffler* (NStZ 1999, 268 in der Anm. zu OLG Stuttgart, a.a.O.) plädiert dafür, dass das ganze Verfahren bis zum erstinstanzlichen Urteil nicht mehr als drei Wochen dauern dürfe. Das ist zutreffend, denn wenn die Sechs-Wochen-Frist des § 418 Abs. 1 S. 2 ausgeschöpft wird, dürfte es sich kaum noch um ein „beschleunigtes Verfahren" handeln (s.a. *Meyer-Goßner/Schmitt*, § 418 Rn 5). Legt man die durchschnittliche Dauer der Verfahren bei den AG mit etwa vier Monaten zugrunde (so für das Jahr 2001 BT-Drucks 15/1508, S. 27), dann handelt es sich bei einer Frist von sechs Wochen zwischen Antrag und Beginn der HV nicht um eine „erheblich kürzere Zeit" und m.E. auch nicht mehr um eine kurze Frist. Auch die Gesetzesbegründung geht i.Ü. davon aus, dass die Frist des § 418 Abs. 1 S. 2 nicht ausgeschöpft werden soll (BT-Drucks 15/1508, S. 27). Jedenfalls wird eine solche Wartefrist, zumal wenn sie auf organisatorische Schwierigkeiten bei den Justizbehörden zurückzuführen ist, kaum die Einschränkung der Verteidigungsrechte des Beschuldigten rechtfertigen (so a. *Hirtz/Sommer*, 1. Justizmodernisierungsgesetz, 2004, S. 108; zur Revision Rdn 768).

746

| B | Beschleunigtes Verfahren |

747 3. Für die **(Pflicht-)Verteidigung** des Beschuldigten im beschleunigten Verfahren ist auf Folgendes hinzuweisen (s.a. *Meyer-Goßner/Schmitt*, § 418 Rn 11 ff. m.w.N.; *Burhoff*, EV, Rn 895 ff.; *Ernst* StV 2001, 357; *Loos/Radtke* NStZ 1996, 10):

748 a) Ist eine **Freiheitsstrafe** von **mindestens sechs Monaten** zu erwarten – mit oder ohne Strafaussetzung zur Bewährung – und soll das beschleunigte Verfahren durchgeführt werden, muss dem Beschuldigten gem. § 418 Abs. 4 ein **Pflichtverteidiger** bestellt werden (OLG Düsseldorf StV 2000, 588; OLG Karlsruhe NJW 1999, 3061; zur Beiordnung, wenn sich erst in der HV herausstellt, dass eine Freiheitsstrafe von sechs Monaten zu erwarten ist, OLG Braunschweig StV 2005, 493). Das gilt auch, wenn (nur) eine **Gesamtfreiheitsstrafe** von sechs Monaten zu erwarten ist (so zutr. OLG Bremen StraFo 1998, 124). Ein Verstoß gegen die Beiordnungspflicht ist ein **absoluter Revisionsgrund** (OLG Karlsruhe, a.a.O.), und zwar auch dann, wenn der Richter bis zur Urteilsverkündung noch die Erwartung einer geringeren Strafe hatte.

> Grds. geht die **Beiordnung** wegen Notwendigkeit der Verteidigung nach § 140 Abs. 1 oder 2 der nach § 418 Abs. 4 vor (*Meyer-Goßner/Schmitt*, § 418 Rn 13 m.w.N.). In Betracht kommt insbesondere (ausnahmsweise) auch die Bestellung nach § 140 Abs. 1 Nr. 2, wenn das Verfahren ein Verbrechen zum Gegenstand hat (*Ernst* StV 2001, 368). Allein der Umstand, dass das Verfahren als „beschleunigtes Verfahren" geführt wird, hat jedoch nicht generell die Beiordnung eines Pflichtverteidigers nach § 140 Abs. 2 zur Folge (*Ernst* StV 2000, 369). Etwas anderes gilt aber dann, wenn das Verfahren „**besonders schnell**", also unmittelbar nach der Festnahme, durchgeführt wird (*Ernst*, a.a.O.).

749 b) Den **Antrag** auf Pflichtverteidigerbestellung stellt die StA zugleich mit dem Antrag auf Verhandlung im beschleunigten Verfahren (BayObLG NStZ 1998, 372). Unabhängig davon hat das Gericht in den folgenden Verfahrensabschnitten die Bestellung eines Pflichtverteidigers von Amts wegen zu prüfen und kann, wenn die Bestellung sich erst später als notwendig herausstellt, dafür die HV unterbrechen (BayObLG, a.a.O.).

> Das gilt insbesondere dann, wenn sich aufgrund des **Strafantrags** der StA die Erforderlichkeit der Beiordnung eines Pflichtverteidigers ergibt (OLG Düsseldorf StraFo 1999, 353). Dann muss das Gericht entweder die Entscheidung im beschleunigten Verfahren ablehnen (s. Rdn 758) oder nachträglich einen Verteidiger bestellen (OLG Frankfurt am Main NStZ 2001, 308 [Ls.]). In dessen Anwesenheit sind dann die wesentlichen Teile der HV zu wiederholen (OLG Frankfurt am Main, a.a.O.).

750 Der **Richter muss** dem **Antrag entsprechen**, wenn er im beschleunigten Verfahren verhandeln will und er die Ansicht der StA zur Höhe der zu erwartenden Strafe teilt. Die **Prognose** muss **während** des **gesamten Verfahrens** gestellt werden. Stellt sich erst nach dem → *Letzten Wort des Angeklagten*, Rdn 1848, heraus, dass eine Freiheitsstrafe von mindestens sechs Monaten verhängt werden soll, muss die HV unterbrochen, der Verteidiger bestellt und die HV in ihren wesentlichen Teilen wiederholt werden (OLG Braunschweig StV 2005, 493).

✍ Nach h.M. steht dem Beschuldigten gegen die Entscheidung über die Bestellung eines Pflichtverteidigers **nicht** das Rechtsmittel der → *Beschwerde*, Rdn 770, zu (vgl. u.a. KK-*Graf*, § 418 Rn 17 m.w.N.; a.A. *Ernst* StV 2001, 369 f.).
Die unterlassene Beiordnung des Pflichtverteidigers muss der Verteidiger mit der Verfahrensrüge in der **Revision** als einen Verstoß gegen § 338 Nr. 5 rügen (OLG Düsseldorf StV 2000, 588; OLG Karlsruhe NJW 1999, 3061).

Da die Vorschriften der §§ 140 ff. nicht für anwendbar erklärt worden sind, ist eine **vorherige Befragung** des **Beschuldigten** gem. § 142 Abs. 1 S. 2 dem **Wortlaut nach nicht** vorgesehen (*Meyer-Goßner/Schmitt*, § 418 Rn 14 [verstärkt die Bedenken gegen das beschleunigte Verfahren]; LG Magdeburg, Beschl. v. 24.9.2014 – 23 Qs 4/14; a.A. *Ernst* StV 2001, 368; zum Verfahren der Pflichtverteidigerbeiordnung im Allgemeinen s. *Burhoff*, EV, Rn 2305 ff.). Es fragt sich jedoch, ob § 418 Abs. 4 nicht als eine besondere Form der notwendigen Verteidigung anzusehen ist, sodass es eines ausdrücklichen Verweises auf die §§ 140 ff. zu deren Geltung nicht bedurfte (s. dazu *Loos/Radtke* NStZ 1996, 10 m.w.N.; MAH-*Nobis*, § 10 Rn 168). Einerseits dürfte ein zeitaufwendiges Beiordnungsverfahren dem Sinn und Zweck des beschleunigten Verfahrens entgegenstehen; andererseits hat der Beschuldigte aber grds. einen Anspruch darauf, durch einen Verteidiger seines Vertrauens verteidigt zu werden (BVerfG NJW 1959, 571). 751

✍ Allerdings wird man, wenn der Beschuldigte selbst einen (Wahl-)Anwalt gewählt hat, die **Bestellung** des vom AG Ausgewählten **zurücknehmen** müssen (*Meyer-Goßner/Schmitt*, § 418 Rn 14 a.E.; LG Magdeburg, a.a.O). Insoweit dürften die Grundsätze zu § 140 Abs. 1 Nr. 4 entsprechend gelten (*Burhoff*, EV, Rn 2857 ff., 2212).

c) Wird ein **Pflichtverteidiger beigeordnet**, gilt dies nach dem – insoweit eindeutigen – Wortlaut des § 418 Abs. 4 an sich nur für die Verhandlung im beschleunigten Verfahren vor dem AG. Die Beiordnung muss aber, da **auch** das **Berufungsverfahren** den Regeln des beschleunigten Verfahrens unterliegt, für das Berufungsverfahren fortgelten (*Meyer-Goßner/Schmitt*, § 418 Rn 15; *Schlothauer* StV 1995, 46 ff.; a.A. *König/Seitz* NStZ 1995, 4; *Loos/Radtke* NStZ 1996, 11; zur Reichweite der im Strafbefehlsverfahren erfolgten Beiordnung s. *Brackert/Staechlin* StV 1995, 547 m.w.N.; → *Strafbefehlsverfahren*, Rdn 2568). 752

Wird in der HV die Entscheidung im **beschleunigten Verfahren abgelehnt**, ist damit eine zuvor erfolgte **Beiordnung** des Verteidigers an sich **beendet**. Wird im „Normalverfahren" weiterverhandelt, lässt sich dem Umstand, dass der zuvor verteidigte Beschuldigte nun un- 753

B Beschleunigtes Verfahren

verteidigt ist, dadurch begegnen, dass der bislang beigeordnete Verteidiger **nun nach § 140 Abs. 2** – wegen Schwierigkeit der Rechtslage – bestellt wird (*Meyer-Goßner/Schmitt*, a.a.O.; MAH-*Nobis*, § 10 Rn 169; s. → *Pflichtverteidiger, Bestellung in der Hauptverhandlung*, Rdn 1967).

☞ Der Verteidiger sollte den entsprechenden **Antrag stellen**.

4. Für die **HV** im beschleunigten Verfahren gelten grds. die allgemeinen Bestimmungen mit folgenden **Besonderheiten**:

754 a) Das Verfahren kann nach § 418 Abs. 2 **ohne** → *Ladung des Angeklagten*, Rdn 1817, durchgeführt werden, wenn dieser sich **freiwillig stellt** oder dem Gericht vorgeführt wird (s.a. → *Hauptverhandlungshaft*, Rdn 1691).

755 In **anderen Fällen** muss der Angeklagte zur HV **geladen** werden. Mit der Ladung wird ihm dann gem. § 418 Abs. 2 S. 2 mitgeteilt, was ihm zur Last gelegt wird. Dazu gehört, dass ihm zumindest die ihm vorgeworfene Tat, die Tatzeit und der Tatort mitgeteilt werden. Die **Ladungsfrist** beträgt nach § 418 Abs. 2 S. 3 nur 24 Stunden. Bei der Bemessung ist Art. 6 Abs. 3 Buchst. b) MRK zu beachten und dem Beschuldigten eine genügend lange Vorbereitungszeit zu gewähren (*Meyer-Goßner/Schmitt*, § 418 Rn 9 m.w.N.). Das gilt jedoch nur, wenn der Beschuldigte geladen wird, nicht, wenn er nach § 418 Abs. 2 S. 1 vorgeführt wird (KG StRR 2007, 122 [Ls.]). Entscheidend ist, dass der Beschuldigte nicht überrumpelt wird. Davon kann man nicht ausgehen, wenn er sich in einer polizeilichen Vernehmung zu einem einfach gelagerten Tatvorwurf geständig eingelassen hat (KG, a.a.O.).

756 b) **Erscheint** der sich auf freiem Fuß befindende **Angeklagte** trotz ordnungsgemäßer Ladung **nicht** zur HV, stellt sich für das Gericht die Frage, ob es mit dem beschleunigten Verfahren fortfahren kann/darf oder ob es ggf. in das „normale" Verfahren wechseln muss. M.E. dürfte in diesen Fällen das Verfahren nicht mehr für das „beschleunigte" Verfahren geeignet sein. Das bedeutet, dass nunmehr die (weitere) **Verhandlung** im **beschleunigten Verfahren abzulehnen**, über die Eröffnung des Verfahrens zu entscheiden (s. Rdn 766) und dieses dann als normales Verfahren fortzuführen ist (so a. *Loos/Radtke* NStZ 1995, 572; *Kropp* NJ 2001, 295, der davon ausgeht, dass auch ein HB gegen den Angeklagten erlassen werden darf, der seine Wirkung dann aber erst im gewöhnlichen Verfahren entfalten soll).

757 c) Nach § 418 Abs. 3 bedarf es im beschleunigten Verfahren nicht der Einreichung einer Anklageschrift. Vielmehr kann nach § 418 Abs. 3 S. 2 **mündlich Anklage** erhoben werden. Macht die StA von dieser Möglichkeit Gebrauch, tritt an die Stelle der → *Verlesung des Anklagesatzes*, Rdn 2921, dieser Vorgang. Sachliche Unterschiede bestehen im Hinblick auf den Anklagesatz (§ 200 Abs. 1 S. 2) nicht. Die mündliche Anklageerhebung muss also den an die Anklageschrift zu stellenden Anforderungen entsprechen. Dazu gehört ein konkret und abstrakt ausreichender Anklagesatz (OLG Frankfurt am Main StV 2001, 299; OLG

Hamburg NJW 2012, 631; StV 2000, 127; zu den allgemeinen Anforderungen an die Anklageschrift s. *Burhoff*, EV, Rn 462 ff.). Im Verfahren gegen einen der deutschen Sprache nicht mächtigen Beschuldigten reicht es aus, wenn die mündlich erhobene Anklage von einem Dolmetscher bei Beginn der HV übersetzt wird (OLG Stuttgart NStZ 2005, 471; → *Zuziehung eines Dolmetschers*, Rdn 3646).

☝ Der Verteidiger muss – bei mündlicher Anklageerhebung – darauf achten, dass der Vorgang der Anklageerhebung, insbesondere der Anklagesatz, in das → *Protokoll der Hauptverhandlung*, Rdn 2092, aufgenommen wird (OLG Hamburg NJW 2012, 631). Will er später mit der Revision eine nicht ausreichende Anklageerhebung rügen, kann er deren Inhalt nur durch das Protokoll beweisen (OLG Frankfurt am Main StV 2001, 299). Wird eine **schriftliche Anklage** nicht verlesen, sondern nur inhaltlich mitgeteilt, ist das ein Verfahrensfehler (OLG Köln StraFo 2003, 14 [zugleich auch zur – verneinten – Beruhensfrage]). Ausreichend ist es, wenn eine schriftliche Fassung der mündlich erhobenen Anklage als Anlage zum Protokoll genommen und im → *Protokoll der Hauptverhandlung*, Rdn 2092, auf diese Anlage verwiesen wird (OLG Hamburg, a.a.O.).

☝ Mit dem mündlichen Vortrag der Anklage ist im beschleunigten Verfahren das vorbereitende Verfahren beendet und dem Verteidiger steht auch eine **gerichtliche Verfahrensgebühr** nach Nr. 4106, 4107 VV RVG zu (vgl. Anm. zu Nr. 4104 VV RVG).

d) Das Gericht hat eine **Überwachungspflicht** hinsichtlich des (Fort-)Bestehens der Voraussetzungen für die Verhandlung im beschleunigten Verfahren. Liegen diese nicht (mehr) vor, kann/muss der Antrag auf Verhandlung im beschleunigten Verfahren auch noch in der HV abgelehnt werden (OLG Düsseldorf StV 1999, 202; OLG München StRR 2010, 73 [für Einholung eines SV-Gutachtens]). Dann ist ein Eröffnungsbeschluss zu erlassen (OLG Düsseldorf, a.a.O.; zur konkludenten Eröffnung bei Verbindung eines „normalen" mit einem „beschleunigten" Verfahren s. BGH NStZ 2000, 442; s.a. u. Rdn 766).

758

☝ Das Gericht kann den Antrag auf Entscheidung im beschleunigten Verfahren nach § 419 Abs. 2 auch **noch** in der **HV ablehnen**, wenn sich nun herausstellen sollte, dass das Verfahren für die besondere Verfahrensart doch nicht geeignet ist. Das wird z.B. der Fall sein, wenn der Angeklagte nicht erscheint (s. Rdn 756) oder eine höhere Strafe als die im beschleunigten Verfahren zulässige erforderlich erscheint (vgl. dazu Rdn 764) oder sich herausstellt, dass ein SV-Gutachten eingeholt werden muss (vgl. die ähnliche Fallgestaltung bei OLG München, a.a.O.). Es ist dann der Eröffnungsbeschluss nachzuholen (vgl. dazu Rdn 767). Im **Berufungsverfahren** ist die Ablehnung allerdings **nicht** mehr möglich (*Meyer-Goßner/Schmitt*, § 419 Rn 5).

B | Beschleunigtes Verfahren

759 e) § 420 erlaubt eine sog. **vereinfachte Beweisaufnahme** (zur Kritik und zu den Gefahren s. insbesondere *Loos/Radtke* NStZ 1996, 12).

    ✍ § 420 ist in der → *Berufungshauptverhandlung*, Rdn 648, **nicht** (mehr) anwendbar (BayObLG NStZ 2005, 403; a.A. *Meyer-Goßner/Schmitt*, § 420 Rn 12). Seine Anwendung ist m.E. auch dann ausgeschlossen, wenn das (beschleunigte) Verfahren gem. § 328 Abs. 2 durch das Berufungsgericht oder im Fall der Sprungrevision durch das Revisionsgericht gem. § 354 Abs. 2 **zurückverwiesen** worden ist (*Loos/Radtke* NStZ 1996, 9; KK-*Graf*, vor § 417 Rn 3 m.w.N. zur a.A.).

760 Nach § 420 Abs. 1 kann die Vernehmung eines Zeugen, eines SV oder eines Mitbeschuldigten durch die **Verlesung** von **Niederschriften** über eine frühere Vernehmung sowie von Urkunden, die eine von ihnen stammende schriftliche Äußerung enthalten, ersetzt werden (s.a. → *Urkundenbeweis, Allgemeines*, Rdn 2721 m.w.N.; → *Verlesungsverbot für schriftliche Erklärungen*, Rdn 2934; → *Verlesung von Protokollen früherer Vernehmungen/sonstiger Erklärungen*, Rdn 3014). Nach § 420 Abs. 2 können **Erklärungen** von **Behörden** und sonstigen Stellen über ihre dienstlichen Wahrnehmungen, Untersuchungen und Erkenntnisse sowie über diejenigen ihrer Angehörigen auch dann **verlesen** werden, wenn die Voraussetzungen des **§ 256 nicht** vorliegen (→ *Verlesung von Behördengutachten*, Rdn 2956).

    ✍ Diese Regelung der Beweisaufnahme entspricht § 77a Abs. 1 und 2 OWiG. Auf die Auslegung dieser Regelungen (s. → ***Bußgeldverfahren***, *Besonderheiten der Hauptverhandlung*, Rdn 1252 ff.) durch die Rspr. kann man **zurückgreifen** (s. BT-Drucks 12/6853, S. 38; *König/Seitz* NStZ 1995, 5; dazu eingehend KK-*Graf*, § 420 Rn 4 m.w.N.; krit. *Meyer-Goßner/Schmitt*, § 420 Rn 3).

761 Nach § 420 Abs. 3 ist die Zulässigkeit der Verlesung nach § 420 Abs. 1 und 2 davon abhängig, dass **Angeklagter**, **Verteidiger** und **StA**, soweit sie in der HV anwesend sind, **zustimmen**. Sind sie in der HV nicht anwesend, entfällt das Zustimmungserfordernis (BT-Drucks 12/6853, a.a.O.). Die Zustimmung kann auch stillschweigend erklärt werden, allerdings müssen die Verfahrensbeteiligten über die Erforderlichkeit der Zustimmung aufgeklärt sein (OLG Köln StV 2001, 342 [für OWi-Verfahren]).

    ✍ Der Verteidiger muss **sorgfältig überlegen**, ob er seine Zustimmung zu der mittelbaren Beweisaufnahme erteilt oder ob er auf der persönlichen Vernehmung eines Zeugen besteht. Hier bietet sich für ihn auch die Möglichkeit, ggf. (noch) zu einer **Absprache/Verständigung** zu kommen (s. *R. Hamm* StV 1994, 458).

762 f) Nach § 420 Abs. 4 bestimmt im beschleunigten Verfahren vor dem **Strafrichter** dieser – unbeschadet der sich aus § 244 Abs. 2 ergebenden → *Aufklärungspflicht des Gerichts*, Rdn 329 – den **Umfang** der **Beweisaufnahme**. Diese Regelung gibt dem Strafrichter –

ebenso wie im → *Privatklageverfahren*, Rdn 2067, oder im → *Strafbefehlsverfahren*, Rdn 2568 – hinsichtlich des Umfangs der Beweisaufnahme einen größeren Ermessensspielraum als in „normalen" Verfahren. Das bedeutet, dass zwar die Beweisaufnahme grds. auch nach den Grundsätzen des sog. Strengbeweises stattfindet und die Prozessbeteiligten berechtigt sind, **Beweisanträge** zu stellen. Diese sind aber **lediglich Anregungen** an den Strafrichter, denen er nur entsprechen muss, wenn das zur weiteren Aufklärung des Sachverhalts nach § 244 Abs. 2 erforderlich erscheint. Glaubt der Richter, der Sachverhalt sei bereits erwiesen oder genügend geklärt, kann er den Antrag zurückweisen, ohne an die Gründe des § 244 gebunden zu sein (KG, Urt. v. 12.1.2015 – (2) 161 Ss 174/14 m.w.N.). Beweisantizipation ist zulässig (KG, a.a.O.; vgl. a. die Komm. zum vergleichbaren § 384 Abs. 3 bei *Meyer-Goßner/Schmitt*, § 384 Rn 13 m.w.N.; *König/Seitz*, a.a.O.; *Dahs*, a.a.O.; s.a. *Meyer-Goßner/Schmitt*, § 244 Rn 12). An die **Begründung** eines auf § 420 Abs. 4 gestützten Ablehnungsbeschlusses dürfen nicht zu geringe Anforderungen gestellt werden. Anderenfalls ist ein sachgerechtes Reagieren auf die Ablehnung eines Beweisantrags nicht möglich (*Loos/Radtke* NStZ 1996, 12; s. aber *Meyer-Goßner/Schmitt*, § 420 Rn 11 [„muss i.d.R. nicht begründet werden"] und KK-*Graf*; § 420 Rn 8).

g) Eine **Aussetzung** oder **Unterbrechung** der HV ist wohl auch im beschleunigten Verfahren zulässig. Allerdings muss der neue Termin innerhalb kurzer Frist anberaumt werden (OLG Karlsruhe NJW 1999, 3061). Ist das nicht möglich, muss ins „normale" Verfahren übergegangen werden (s.a. o. Rdn 758). **763**

h) Das Gericht darf nach § 419 Abs. 1 S. 2 im beschleunigten Verfahren **nicht** eine **höhere** Freiheitsstrafe als Freiheitsstrafe von **einem Jahr** oder eine Maßregel der Besserung oder Sicherung verhängen. Die **Entziehung** der **Fahrerlaubnis** ist allerdings zulässig (zur Frage, wie eine Strafbannüberschreitung in der Rechtsmittelinstanz zu behandeln ist, s. BGHSt 35, 251, 255; *Meyer-Goßner/Schmitt*, § 419 Rn 14; *Loos/Radtke* NStZ 1996, 8 Fn 79 m.w.N.). **764**

i) Der **Antrag** auf Entscheidung im beschleunigten Verfahren kann nach h.M. von der StA bis zum Beginn der Vernehmung des Beschuldigten zur Sache in der HV **zurückgenommen** werden (*Meyer-Goßner/Schmitt*, § 417 Rn 13 m.w.N.; KK-*Graf*, § 417 Rn 6; BayObLG NJW 1998, 2151 [jedenfalls bis zu dem Zeitpunkt, in dem das Gericht die Entscheidung im beschleunigten Verfahren ablehnen kann, also bis zur Verkündung des Urteils]). **765**

j) Wird das beschleunigte Verfahren ggf. mit einem **nicht beschleunigten** Verfahren **verbunden**, richtet sich der weitere Verfahrensablauf nach den Vorschriften über die Durchführung des „normalen" Verfahrens, allerdings verlieren die für das beschleunigte Verfahren geltenden Sondervorschriften nicht nachträglich ihre Wirkung (BayObLGSt 1997, 15). Das bedeutet z.B., dass für das beschleunigte Verfahren ein Eröffnungsbeschluss nicht nachgeholt werden muss. **766**

Etwas anderes gilt, wenn das Gericht die Verhandlung im **beschleunigten Verfahren abgelehnt** hat. Will es dann im „normalen" Verfahren verhandeln, muss es gem. § 419 **767**

Abs. 3 die Eröffnung des Hauptverfahrens beschließen, wenn der Beschuldigte der Straftat hinreichend verdächtig ist (OLG Düsseldorf NStZ 1997, 613; StV 1999, 202; OLG Köln NStZ 2004, 281; *Radtke* NStZ 1998, 371 in der Anm. zu OLG Düsseldorf NStZ 1997, 613; s.a. BGH NStZ 2000, 442 [zur konkludenten Eröffnung bei Verbindung eines „normalen" mit einem „beschleunigten" Verfahren]; *Burhoff*, EV, Rn 893; zur Revision Rdn 768).

768 5. Gegen das im beschleunigten Verfahren ergangene Urteil sind die allgemeinen **Rechtsmittel**, also Berufung oder Sprungrevision, zulässig (wegen der Zulässigkeit einer nach § 420 **vereinfachten Beweisaufnahme** in der → *Berufungshauptverhandlung*, Rdn 648, s. dort; i.Ü. eingehend *Ranft* NStZ 2004, 424). Das Berufungsgericht darf ein amtsgerichtliches Urteil aber nicht deswegen aufheben und die Sache an das AG zurückverweisen, weil die HV im beschleunigten Verfahren nicht in kurzer Frist durchgeführt worden ist: Das Verfahren geht mit Einlegung der Berufung in das Normalverfahren über (BayObLG NStZ 2003, 51). Es schadet dann auch nicht, dass kein Eröffnungsbeschluss erlassen wurde (BayObLG, a.a.O.).

769 In der **Revision** wird die Einhaltung der Frist des § 418 Abs. 1 (vgl. o. Rdn 745 f.) ebenso wie das Fehlen des Eröffnungsbeschlusses nach Ablehnung der Verhandlung im beschleunigten Verfahren (vgl. o. Rdn 767) nur auf die **Verfahrensrüge** hin überprüft (BayObLG NStZ 2005, 403 [Eröffnungsbeschluss]; OLG Düsseldorf NJW 2003, 1470 [Frist]; anders noch NStZ 1997, 613; zu allem *Meyer-Goßner/Schmitt*, § 419 Rn 13 m.w.N.). Die fehlerhafte Ablehnung eines Beweisantrages kann nur mit der Aufklärungsrüge angegriffen werden (KG, Urt. v. 12.1.2015 – (2) 161 Ss 174/14).

Siehe auch: → *Hauptverhandlungshaft*, Rdn 1691.

770 Beschwerde

Das Wichtigste in Kürze:

1. Auch im Verfahrensabschnitt „Hauptverhandlung" kann sich für den Verteidiger die Frage stellen, ob und ggf. in welchem Umfang er gegen gerichtliche Maßnahmen/Anordnungen (noch) in diesem Verfahrensstadium Beschwerde einlegen kann.
2. Beschwerde kann i.Ü. nicht nur gegen eine dem Mandanten ungünstige Entscheidung eingelegt werden kann, sondern grds. auch gegen die Unterlassung einer rechtlich gebotenen Entscheidung.
3. In bestimmten Fällen ist die Beschwerde gesetzlich ausgeschlossen.

4. Für die Praxis von erheblicher Bedeutung ist die Vorschrift des § 305. Nach dessen S. 1 unterliegen Entscheidungen des erkennenden Gerichts, die der Urteilfällung vorausgehen, nicht der Beschwerde.
5. Die Beschwerde ist nicht fristgebunden, sie wird schriftlich eingelegt. Begründet werden muss sie nicht.
6. Das Beschwerdeerfahren ist in den §§ 306 ff. geregelt.

Literaturhinweise: Börner, Grenzfragen der Akteneinsicht nach Zwangsmaßnahmen, NStZ 2010, 417; **Burhoff**, Die Abrechnung von Beschwerden in Straf- und Bußgeldsachen, RVGreport 2012, 12; **Ellersiek**, Die Beschwerde im Strafprozeß, 1981; **Gimbel**, Einführung einer allgemeinen Untätigkeitsbeschwerde im Strafprozess durch Gesetz. Begrüßenswerte Neuerung oder Irrweg?, ZRP 2004, 35; **Graßmann**, Rechtsbehelfe gegen Unterlassen im Strafverfahren, 2004; **Hoffmann**, Die Untätigkeitsbeschwerde der Staatsanwaltschaft bei Nichtentscheidung über die Eröffnung des Hauptverfahrens – Versuch einer Grenzziehung, NStZ 2006, 256; **Kotz**, Verzögerungsrüge als Fallbeil für die Untätigkeitsbeschwerde, StRR 2012, 207; **Meyer-Mews**, Rechtsschutzgarantie und rechtliches Gehör im Strafverfahren, NJW 2004, 716; **Schlicht/Leipold**, Zur praktischen Anwendung des § 307 Abs. 2 StPO, StraFo 2005, 90; **Schmidt**, Zur Bindungswirkung strafprozessualer Beschwerdeentscheidungen für das erkennende Gericht, NStZ 2009, 243; **Weidemann**, Die Stellung der Beschwerde im funktionalen Zusammenhang der Rechtsmittel des Strafprozesses, 1999; s.a. die Hinw. bei *Burhoff*, EV, Rn 3217.

771

1. Auch im Verfahrensabschnitt „Hauptverhandlung" kann sich für den Verteidiger die Frage stellen, ob und ggf. in welchem Umfang er gegen gerichtliche Maßnahmen/Anordnungen (noch) in diesem Verfahrensstadium **Beschwerde** einlegen kann. Das beruht einerseits darauf, dass die Beschwerde nicht auf das Verfahrensstadium EV beschränkt ist, sondern nach § 304 Abs. 1 grds. gegen alle von den Gerichten im ersten Rechtszug erlassenen Beschlüsse und gegen die Verfügungen des (Gerichts-)Vorsitzenden zulässig ist (*Meyer-Goßner/Schmitt*, § 304 Rn 1; eingehend zur Beschwerde Burhoff/Kotz/*Kotz*, RM, Teil A Rn 459 ff.), soweit es sich nicht nur um vorbereitende Maßnahmen, wie Mitteilungen und Ankündigungen handelt (vgl. insoweit z.B. OLG Hamburg NJW 1998, 1328 [die Abmahnung eines Verteidigers wegen nicht justizförmigen Verhaltens ist nicht beschwerdefähig]). Andererseits ergeben sich aber aus § 305 S. 1 Beschränkungen, die der Zulässigkeit einer Beschwerde im Verfahrensstadium „Hauptverhandlung" entgegenstehen können (vgl. dazu Rdn 783 ff.). Wegen dieser – teilweise eingeschränkten – Bedeutung der Beschwerde sollen die damit zusammenhängenden Fragen auch hier dargestellt werden (zur Beschwerde im EV s. *Burhoff*, EV, Rn 911 ff.).

772

2. a) Beschwerde kann i.Ü. nicht nur gegen eine dem Mandanten ungünstige Entscheidung eingelegt werden kann, sondern grds. auch **gegen** die **Unterlassung** einer rechtlich gebotenen Entscheidung. Das gilt i.d.R. jedoch nur dann, wenn die unterlassene Entscheidung selbst oder deren Ablehnung anfechtbar ist (h.M.; vgl. BGH NJW 1993, 1279 f. m.w.N.; OLG Hamm JMBl. NW 1981, 69) und die Unterlassung einer endgültigen **Ablehnung gleichkommt**. Eine reine Untätigkeitsbeschwerde ist der StPO fremd (BGH, a.a.O.; *Meyer-*

773

B Beschwerde

Goßner/Schmitt, § 304 Rn 3; s. dazu Burhoff/Kotz/*Kotz*, RM, Teil A Rn 624 ff., *Gimbel* ZRP 2004, 35 sowie *Graßmann*, a.a.O., und vor allem *Hoffmann* NStZ 2006, 256, der im Hinblick auf den Beschleunigungsgrundsatz für eine erweiterte Zulassung einer Untätigkeitsbeschwerde der StA plädiert).

b) Hinweis für den Verteidiger!

774 Die Diskussion über die **(Un)Zulässigkeit** einer **Untätigkeitsbeschwerde** ist nach Einführung der Verzögerungsrüge in § 198 GVG durch „Gesetz über den Rechtsschutz bei überlangen Gerichtsverfahren und strafrechtlichen Ermittlungsverfahren" v. 24.11.2011 (vgl. BT-Drucks 17/3802; →*Verfahrensverzögerung*, Rdn 2807; → *Verzögerungsrüge*, Rdn 3274) neu entfacht. Die inzwischen wohl **h.M.** in der obergerichtlichen Rspr. vertritt dazu die Auffassung, dass nach Einführung des § 198 GVG eine Untätigkeitsbeschwerde **unstatthaft** bzw. unzulässig sei (vgl. BGH NJW 2013, 385; KG VRR 2012, 202 [Ls.]; Beschl. v. 7.11.2013 – 2 Ws 516/13 Vollz; OLG Frankfurt am Main NStZ-RR 2013, 264; OLG Hamburg NStZ 2012, 656; OLG Karlsruhe, Beschl. v. 14.11.2012 – 2 Ws 424/12 [Strafvollzugssache]; OLG München, Beschl. v. 20.9.2012 – 4 VAs 38/12 [Strafvollzugssache], jeweils m.w.N. aus der Rspr.; s.a. *Meyer-Goßner/Schmitt*, § 304 Rn 3; s. aber LG München StV 2014, 281 [Ls.] für Pflichtverteidigerbestellung). Begründet wird das u.a. mit einem Hinw. auf die Gesetzesbegründung zum „Gesetz über den Rechtsschutz bei überlangen Gerichtsverfahren und strafrechtlichen Ermittlungsverfahren", wonach die neu geschaffene Entschädigungsregelung „das Rechtsschutzproblem bei überlanger Verfahrensdauer abschließend lösen" soll. Dieser Rechtsschutz werde einheitlich und ausschließlich gewährt durch einen außerhalb des Ausgangsverfahrens zu verfolgenden Anspruch. Eine Regelungslücke als Analogievoraussetzung bestehe nach dem Inkrafttreten der Entschädigungsregelung nicht mehr (KG, OLG Hamburg, a.a.O.). Dies ist m.E. unzutreffend (s. auch *Kotz* StRR 2012, 207 und Burhoff/Kotz/*Kotz*, RM, Teil A Rn 624 ff.). Das „Gesetz über den Rechtsschutz bei überlangen Gerichtsverfahren und strafrechtlichen Ermittlungsverfahren" enthält eine Entschädigungsregelung für den Fall überlanger Gerichtsverfahren und regelt das insoweit einzuhaltende Verfahren. Es enthält keine Regelung hinsichtlich gesetzlicher oder von der Rspr. entwickelter Rechtsmittel. Diese müssen m.E. auch erhalten bleiben, da anderenfalls ein Einwirken des Angeklagten/Beschuldigten auf den Verfahrensgang in diesen Fällen nicht mehr möglich wäre. Es ist nämlich m.E. zu bezweifeln, dass allein die Erhebung einer **Verzögerungsrüge** die Gerichte zu schnellerem Handeln veranlassen wird. Hinzu kommt, dass das „Gesetz über den Rechtsschutz bei überlangen Gerichtsverfahren und strafrechtlichen Ermittlungsverfahren" den Rechtsschutz der Betroffenen erweitern und nicht verringern wollte. Dem würde es widersprechen, wenn man nun unter Hinweis auf § 198 Abs. 3 GVG eine Untätigkeitsbeschwerde generell als unstatthaft/unzulässig ansehen würde.

Wegen der m.E. unzutreffenden Ansicht der h.M. zur **Untätigkeitsbeschwerde** soll hier dann doch noch auf folgende **Rechtsprechungsbeispiele** aus der Zeit vor Inkrafttreten des § 198 GVG hingewiesen werden:

Zulässigkeit bejaht, 775

- wenn die mehrere Jahre unterlassene **Eröffnungsentscheidung** wegen drohender **Verjährung** einer endgültigen Ablehnung und nicht nur einer bloßen Verzögerung gleich kommt (OLG Frankfurt am Main NStZ 2002, 220; OLG Hamm, Beschl. v. 20.10.2009 – 5 Ws 286/09; vgl. auch OLG Dresden NJW 2005, 2791; eingehend *Hoffmann* NStZ 2006, 256),
- wenn eine Strafsache **zwei Jahre nicht terminiert** wird (OLG Braunschweig StraFo 1996, 59),
- wenn die **Frist** des § 118 Abs. 5 Hs. 2 für eine **mündliche Haftprüfung** überschritten worden ist (OLG Braunschweig StV 2005, 39; OLG Hamm NStZ-RR 2006, 17 [bei Willkür]; zur mündlichen Haftprüfung Burhoff, EV, Rn 2632),
- wenn über einen Antrag auf Beiordnung eines **Pflichtverteidigers nicht rechtzeitig** entschieden wird (KG StV 2007, 372; LG Halle StV 2011, 667; LG Magdeburg StraFo 2008, 429; LG Mühlhausen, Beschl. v. 25.9.2007 9 Qs 18/07; LG München StV 2014, 281 [Ls.]; s. auch unten Rdn 784),
- wohl auch, wenn die Entscheidung über einen Antrag auf **Pflichtverteidigerbestellung** verzögert wird (LG Halle StV 2011, 667; s.u. Rdn 784).

Zulässigkeit verneint 776

- bei **unterlassener Eröffnung** des Hauptverfahrens bei Serienstraftaten nur, wenn eine wesentliche Anzahl der Taten zeitnah zu verjähren droht und das Unterlassen der Gerichtsentscheidung auf grober Pflichtwidrigkeit beruht (OLG Dresden NJW 2005, 2791; vgl. auch OLG Frankfurt am Main NStZ 2002, 220; OLG Hamm, Beschl. v. 20.10.2009 – 5 Ws 286/09),
- im **Berufungsverfahren**, obwohl die Berufungsstrafkammer das Verfahren schon über sechs Monate nicht durch **Terminierung** der HV gefördert hat (OLG Stuttgart NStZ-RR 2003, 284).

3. In bestimmten Fällen ist die **Beschwerde** gesetzlich **ausgeschlossen** (vgl. dazu a. eingehend Burhoff/Kotz/*Kotz*, RM, Teil A Rn 479 ff.).

a) **Ausgeschlossen** ist die Beschwerde zunächst in den im **Gesetz** genannten Fälle, von 777 denen während/in der HV auch folgende noch von Bedeutung sein können (vgl. i.Ü. *Meyer-Goßner/Schmitt*, § 304 Rn 5 m.w.N.; *Burhoff*, EV, Rn 933):

- gem. § 28 Abs. 1 die Beschwerde gegen den Beschluss, der die **Ablehnung** eines **Richters** für **begründet** erklärt (→ *Ablehnung, Rechtsmittel*, Rdn 109),

- gem. § 68b Abs. 3 S. 1 die Beschwerde gegen den Beschluss, durch den einem Zeugen ein sog. → *Vernehmungsbeistand/Opferanwalt*, Rdn 3052, beigeordnet bzw. dessen Beiordnung abgelehnt worden ist,
- gem. § 147 Abs. 5 die Entscheidung, mit der die Art der **AE** geregelt wird (s. dazu auch *Burhoff*, EV, Rn 352),
- gem. § 138d Abs. 6 die Beschwerde gegen den Beschluss, mit dem der **Ausschluss eines Verteidigers** nach § **138a abgelehnt** wird (*Burhoff*, EV, Rn 4052 m.w.N.),
- gem. § 153 Abs. 2 S. 4 und gem. § 153a Abs. 2 S. 4 die Beschwerden gegen die **Einstellungsbeschlüsse** nach §§ **153, 153a** (→ *Einstellung des Verfahrens nach § 153 wegen Geringfügigkeit*, Rdn 1313; → *Einstellung des Verfahrens nach § 153a nach Erfüllung von Auflagen und Weisungen*, Rdn 1335),
- gem. § 210 Abs. 1 die Beschwerde des Beschuldigten gegen den **Eröffnungsbeschluss** (*Burhoff*, EV, Rn 1965),
- gem. § 247a Abs. 1 S. 2 die einen **Zeugen** betreffende Anordnung und Nichtanordnung der → *Videovernehmung in der Hauptverhandlung*, Rdn 3307,
- gem. § 247a Abs. 2 S. 3 die einen **SV** betreffende Anordnung und Nichtanordnung der **Videovernehmung** in der Hauptverhandlung (→ *Vernehmung Sachverständiger*, Rdn 3157),
- gem. § 46 Abs. 2 die Beschwerde gegen einen die → *Wiedereinsetzung in den vorigen Stand*, Rdn 3464, gewährenden Beschluss.

778 b) Ausgeschlossen ist eine Beschwerde **außerdem** in den in § **304** genannten Fällen (vgl. dazu *Meyer-Mews* NJW 1004, 716, 718, der das im Hinblick auf die Entscheidung des BVerfG v. 30.4.2003 [NJW 2003, 1924] als nicht mehr zulässig ansieht; wegen der Einzelh. insoweit *Meyer-Goßner/Schmitt*, § 304 Rn 9 ff.; *Burhoff*, EV, Rn 935) sowie gegen alle Entscheidungen des zur Durchführung der HV berufenen Gerichts, die der **Urteilsfällung zeitlich** und **sachlich vorausgehen** (§ **305**; vgl. dazu Rdn 779 ff.).

779 4. Für die Praxis von **erheblicher Bedeutung** ist die Vorschrift des § 305. Nach dessen S. 1 unterliegen Entscheidungen des erkennenden Gerichts, die der Urteilfällung vorausgehen, nicht der Beschwerde. Sinn und Zweck der Regelung ist es, Verfahrensverzögerungen, die durch ein Beschwerdeverfahren naturgemäß entstehen, zu verhindern und ein Nebeneinander von Rechtsmitteln gegen das Urteil und Beschwerden zu vermeiden (*Meyer-Goßner/ Schmitt*, § 305 Rn 1). Für die Anwendung der Vorschrift:

780 a) **Erkennendes Gericht** ist das Gericht, bei dem das Hauptverfahren anhängig ist (BGHSt 2, 1, 2). Auch Entscheidungen, die zugleich mit der Eröffnung des Hauptverfahrens erlassen werden, sind schon solche des erkennenden Gerichts (KK-*Zabeck*, § 305 Rn 2; *Meyer-Goßner/Schmitt*, § 305 Rn 2). Im Strafbefehlsverfahren wird das erkennende Gericht durch den Erlass des Strafbefehls bzw. durch die Entscheidung, Termin zur HV anzuberaumen, erkennendes Gericht (*Meyer-Goßner/Schmitt*, § 28 Rn 6; LG Zweibrücken NStZ 2006, 120). Das

Berufungsgericht ist erkennendes Gericht von dem Zeitpunkt an, in dem die Akten bei ihm eingehen (*Meyer-Goßner/Schmitt*, § 305 Rn 2). „Erkennendes Gericht" i.S. des § 305 ist nicht nur der Kollegialspruchkörper, sondern auch der ggf. allein funktional zuständige Vorsitzende einer Strafkammer (OLG Hamm NStZ-RR 2009, 352 m.w.N.).

b)aa) Eine Entscheidung geht der **Urteilfällung voraus**, wenn sie dem Urteil zeitlich und sachlich vorausgehen und mit ihm in einem **inneren Zusammengang** stehen (vgl. u.a. OLG Frankfurt StV 2001, 611 [Akteneinsicht]; OLG Hamm NStZ-RR 2009, 352 m.w.N.; LG Frankfurt/Oder VRR 2012, 352). Insoweit stellt die h.M. inzwischen aber nicht nur darauf ab, ob die Entscheidung im inneren Zusammenhang mit der Urteilsfällung steht, sondern auch darauf, ob sie auch bei der Urteilsfällung selbst und damit auf entsprechende Rüge auch in der Revision der nochmaligen Überprüfung unterliegt (*Meyer-Goßner/Schmitt*, § 305 Rn 1; Burhoff/Kotz/*Kotz*, RM, Teil A Rn 479 ff.; OLG Frankfurt am Main StV 2006, 122 unter Hinw. auf das vom BVerfG in NJW 2005, 1855 vertretene sog. **Trennungsprinzip**; vgl. dazu auch OLG Celle NStZ 2009, 56 [Pflichtverteidigerbestellung]; OLG Hamm NStZ-RR 2009, 352 [Ablehnung der Übersetzung einer Erklärung des Beschuldigten]; OLG Stuttgart StraFo 2011, 97 [Aussetzung der HV zur besseren Sachaufklärung]; vgl. die Beispiele bei Rdn 782 ff.).

bb) Von diesem allgemeinen Anwendungsbereich des § 305 S. 1 werden **Ausnahmen** gemacht, und zwar in folgenden

Beispielsfällen

781

782

- Die Ausnahmevorschrift ist **nicht anwendbar**, wenn der Sinn und Zweck der Regelung nicht betroffen ist, die „Konkurrenzsituation" zwischen Rechtsmitteln in der Hauptsache und der Beschwerde also nicht besteht. Das ist z.B. bei einer streitigen Ablehnung des Termins für eine **Berufungshauptverhandlung** im JGG-Verfahren der Fall, wenn/weil gegen das Berufungsurteil gem. § 55 Abs. 2 JGG kein Rechtsmittel mehr statthaft ist (OLG Koblenz NStZ-RR 2012, 21; → *Jugendgerichtsverfahren, Besonderheiten der Hauptverhandlung*, Rdn 1790 ff.).
- Eine weitere Ausnahme gilt, wenn die **angefochtene Entscheidung** nur oder auch prozessuale **Bedeutung** in **anderer Richtung** hat, was z.B. der Fall ist
  - bei Entscheidungen/Verfügungen des Vorsitzenden in Zusammenhang mit der Bestellung eines **Pflichtverteidigers** (vgl. dazu KG StV 2013, 142 m. Anm. *Burhoff* StRR 2012, 261; OLG Celle NStZ 2009, 56; OLG Naumburg StV 2013, 200 [Ls.]),
  - bei Zurückweisung des Verteidigers nach § 146a im Fall der **Mehrfachverteidigung** (vgl. dazu *Burhoff*, EV, Rn 2604), oder bei Nichtzulassung des Nebenklägers (vgl. *Burhoff*, EV, Rn 2693),

- oder bei der **Anordnung** einer **Blutprobe** während laufender HV zur Gewinnung von Vergleichsmaterial zum Abgleich mit vorliegenden Spurenmaterial (OLG Köln StV 2014, 724 [Ls.]),
- wenn der Vorsitzende die Anordnung getroffen hat, **Tonaufzeichnungen** aus einer TÜ entgegen § 147 Abs. 4 herauszugeben (OLG Nürnberg StraFo 2015, 102),
- **nicht** hingegen bei der Anordnung der **psychiatrischen Untersuchung**, bestehend aus allgemeiner Exploration und gesundheitlicher Allgemeinuntersuchung (OLG Düsseldorf StV 2001, 156; OLG Nürnberg NStZ-RR 1998, 242),
- **in den in § 305 S. 2 genannten (Beispiels-)Fällen** (s. *Meyer-Goßner/Schmitt*, § 305 Rn 7)
  - der Beschlagnahme,
  - der Durchsuchung,
  - der einstweiligen Unterbringung (nur der nach § 126a, *Meyer-Goßner/Schmitt*, § 305 Rn 7),
  - der Entscheidung, durch die eine dritte Person (nach § 304 Abs. 2: Zeugen, SV, und andere Personen, vgl. dazu *Meyer-Goßner/Schmitt*, § 304 Rn 7 m.w.N.),
  - der Verhaftung (vgl. dazu z.B. BGH NStZ 2010, 44 [im Gegensatz zur Anordnung von Beugehaft ist die Verhängung von Ersatzordnungshaft keine Verhaftung]),
  - der vorläufigen Entziehung der Fahrerlaubnis,
  - des vorläufigen Berufsverbots,
  - der Festsetzung von Ordnungs- oder Zwangsmitteln.

Die Aufzählung in § 305 S. 2 ist **nicht abschließend** (OLG Brandenburg, Beschl. v. 16.1.2008 – 1 Ws 309/07; OLG Celle StV 2012, 524; OLG München StV 2014, 466). Es sind daher auch andere Maßnahmen in der laufenden HV anfechtbar, die in ihrer Eingriffsintensität den in S. 2 aufgezählten Maßnahmen gleichstehen. Dazu gehört u.a. ein Beschluss, durch den die polizeiliche Vorführung des Angeklagten angeordnet wird, wenn er der Ladung des SV nicht Folge leistet (OLG Brandenburg, a.a.O.) oder die zwangsweise Vorführung bei einem Amtsarzt zur Feststellung der Verhandlungsfähigkeit (OLG Celle, a.a.O.; OLG München, a.a.O.). In diesen Fällen ist die Beschwerde auch bei prozessualer Überholung zulässig (OLG Celle, a.a.O.; *Burhoff*, EV, Rn 3220).

cc) U.a. in folgenden weiteren **Beispielsfällen** wird sich der Verteidiger mit der Anwendung des § 305 S. 1 auseinandersetzen müssen (vgl. i.Ü. KK-*Zabeck*, § 305 Rn 6 f. und auch die Ausführungen bei den jeweiligen Stichwörtern):

Beschwerdemöglichkeit verneint:

783

- i.d.R. bei → *Abtrennung von Verfahren*, Rdn 252, (vgl. z.B. KG NStZ-RR 2013, 218),
- i.d.R. bei durch das erkennende Gericht verweigerter **Akteneinsicht**. Die inzwischen wohl h.M. geht insoweit davon aus, dass bei der Akteneinsicht, die durch das erkennende Gericht verweigert wird, i.d.R. § 305 S. 1 einer Beschwerde entgegensteht (vgl. z.B. OLG Frankfurt am Main StV 2004, 362; OLG Naumburg NStZ-RR 2010, 151 [Ls.]; OLG Nürnberg, Beschl. v. 18.5.2015 – 1 Ws 189/15; OLG Saarbrücken NStZ 2005, 344; LG Arnsberg, Beschl. v. 24.4.2012 – 2 Qs 24/12; LG Frankfurt/Oder VRR 2012, 353; LG Limburg NStZ-RR 2011, 378; s. inzwischen auch *Meyer-Goßner/Schmitt*, § 147 Rn 41; **a.A.** u.a. OLG Brandenburg NJW 1996, 67 m.w.N.; OLG Frankfurt StV 2001, 611; LG Dessau-Roßlau VRR 2011, 275; LG Ellwangen DAR 2011, 418 m. zust. Anm. *Burhoff* StRR 2011, 116; → *Akteneinsicht für den Verteidiger während der Hauptverhandlung*, Rdn 279; *Burhoff*, EV, Rn 372 f.; vgl. auch OLH Nürnberg StraFo 2015, 102 betreffend TÜ-Unterlagen). Argumentiert wird damit, dass es i.d.r. um die Vorbereitung der HV geht und die ergehende Entscheidung des erkennenden Gerichts grds. vom Revisionsgericht überprüft werde (OLG Naumburg, a.a.O.). Übersehen wird m.E. dabei aber, dass es um die Verletzung des verfassungsrechtlich geschützten Anspruch des Beschuldigten auf rechtliches Gehör geht (zum Anspruch auf rechtliches Gehör VerfGH Rheinland-Pfalz VRR 2012, 70 m. Anm. *Deutscher*). Dessen Einhaltung muss m.E. schon eher überprüft werden (können), als erst mit dem Rechtsmittel gegen das Urteil (s. auch *Lüderssen*, StV 2004, 363 in der Anm. zu OLG Frankfurt am Main, a.a.O.); das spricht dafür, auch die Beschwerde gegen Entscheidungen des erkennenden Gerichts als zulässig anzusehen,
- bei der Aussetzung von Verfahren, (→ *Aussetzung der Hauptverhandlung, Allgemeines*, Rdn 467),
- bei Entscheidungen betreffend die Ladung eines → *Auslandszeuge*, Rdn 408,
- gegen die Entscheidung des Berufungsgerichts, dass die **Rücknahme** einer **Berufung unwirksam** ist und über das Rechtsmittel nun hauptverhandelt werden soll (OLG Frankfurt am Main NJW 2005, 771 [Ls.]),
- bei einem → ***Beweisantrag* zur *Vorbereitung der Hauptverhandlung***, Rdn 1002,
- bei der Ablehnung der → ***Entbindung* des Angeklagten vom *Erscheinen* in der Hauptverhandlung**, Rdn 1391,
- gegen die **Auswahl** des **Sachverständigen** durch das Gericht (zuletzt OLG Nürnberg NStZ-RR 2013, 29; OLG Schleswig StV 2000, 543; *Meyer-Goßner/Schmitt*, § 73 Rn 18 m.w.N.; a.A. *Wagner* StV 2000, 544 in der Anm. zu OLG Schleswig; vgl. dazu auch *Eisenberg* JZ 2010, 474, 476 in der Anm. zu BGHSt 55, 5),
- ggf. bei Terminierungsfragen (→ ***Terminsbestimmung/Terminsverlegung***, Rdn 2646),

B | Beschwerde

- wenn das Gericht den Antrag auf **Übersetzung** einer für den Verteidiger bestimmten schriftlichen Erklärung des ausländischen Angeklagten ablehnt (OLG Hamm NStZ-RR 2009, 352),
- bei der → *Verbindung von Verfahren*, Rdn 2778,
- bei Entscheidungen in Zusammenhang mit der Frage nach der → *Verhandlung ohne den Angeklagten*, Rdn 2862.

784 Beschwerdemöglichkeit bejaht/zu bejahen

- ggf. bei Maßnahmen betreffend die → *Anwesenheitspflicht des Angeklagten*, Rdn 321 ff.),
- bei einer nach § 81a angeordnete Maßnahme zur → *DNA-Untersuchung*, Rdn 1268, (s.a. *Meyer-Goßner//Schmitt*, § 81f Rn 8; KK-*Senge*, § 81f Rn 6; SK-StPO-*Rogall*, § 81f Rn 16),
- ggf., wenn es um die → *Durchsuchung des Verteidigers*, Rdn 1287, geht,
- bei Entscheidungen zur **Pflichtverteidigerbestellung**; nach zutreffender h.M. handelt es sich nicht um eine Entscheidung i.S. des § 305 S. 1, sodass die Beschwerde, gegeben ist (vgl. u.a. dazu KG StV 2013, 142 m. Anm. *Burhoff* StRR 2012, 261 [für Entpflichtungsantrag des Angeklagten]; OLG Celle NStZ 2009, 56; OLG Düsseldorf StV 1999, 586; StraFo 1999, 124; OLG Hamm NJW 1990, 1433 [Ls.]; OLG Stuttgart NJW 2008, 246; s.a. *Meyer-Goßner/Schmitt/Schmitt*, § 141 Rn 10a m.w.N. auch zur a.A., wie z.B. OLG Celle NStZ 1998, 637 [für Ablehnung eines zweiten Pflichtverteidigers]; OLG Köln StraFo 1995, 25; OLG Koblenz NStZ-RR 1996, 206; OLG Naumburg NStZ-RR 1996, 41; wegen weiterer Einzelh. *Burhoff*, EV, Rn 2978 ff.),
- ggf. bei Terminierungsfragen (→ *Terminsbestimmung/Terminsverlegung*, Rdn 2646),
- es wird die körperliche Untersuchung des Angeklagten zur **Überprüfung** seiner **Verhandlungsfähigkeit** angeordnet; jedenfalls dann Beschwerde zulässig, wenn der angefochtene Beschluss zugleich die Anwendung von eingriffsintensiven Zwangsmitteln erlaubt (OLG Celle StV 2012, 524).

5. Für Form, Frist und Begründung gilt:

785 a) Die Beschwerde ist **nicht fristgebunden**. Jedoch ist zu beachten, dass die Beschwerde durch den Fortgang des Verfahrens **gegenstandslos** werden kann, was insbesondere der Fall sein kann, wenn die angefochtene Maßnahme **prozessual überholt** ist (*Meyer-Goßner/Schmitt*, vor § 296 Rn 17 m.w.N.; vgl. z.B. OLG Celle StV 2012, 524 hinsichtlich der Beschwerde gegen eine Anordnung des erkennenden Gerichts, mit der die körperliche Untersuchung des Angeklagten zur Überprüfung seiner Verhandlungsfähigkeit angeordnet worden war). Ggf. kommt dann aber dennoch eine Überprüfung der bereits erledigten Maßnahme in Betracht, wenn das nämlich zur Erreichung eines **effektiven Rechtsschutzes** erforderlich ist (s. dazu BVerfG NJW 1997, 2163 [für Durchsuchungsanordnung];

NStZ 2007, 413 [zum zeitgerechten Rechtsschutz]; OLG Celle, a.a.O.; s.a. die Zusammenstellung bei *Burhoff*, EV, Rn 3224 ff.).

In **Ausnahmefällen** kann die Beschwerde **verwirkt** sein, wenn der Beschuldigte zu lange mit der Einlegung wartet. Die Fragen dürften aber im Verfahrensabschnitt „Hauptverhandlung" keine große Rolle spielen, sodass insoweit auf *Burhoff*, EV, Rn 918, verwiesen werden kann. **786**

b) Die Beschwerde ist nach § 306 Abs. 1 **schriftlich** bzw. zu Protokoll der Geschäftsstelle bei dem Gericht einzulegen, von dem die angefochtene Entscheidung stammt. Zulässig ist die telegrafische Einlegung oder die durch Telefax oder durch Fernschreiber, nicht jedoch die mündliche. Die Ausführungen bei → *Berufungseinlegung*, Rdn 592 ff., gelten entsprechend. **787**

> Die Einlegung der Beschwerde bedarf lediglich der **Schriftform**. Das bedeutet, dass sich aus dem Beschwerdeschreiben ergeben muss, von wem es stammt und welchen Inhalt es haben soll (vgl. zum Anfechtungswillen OLG Oldenburg NJW 2009, 536; zur Schriftform allgemein *Meyer-Goßner/Schmitt*, Einl. Rn 128 m.w.N.). Die Beschwerde muss nicht unterzeichnet sein.

c) **Beschwerdeberechtigt** ist derjenige, der durch die angefochtene Entscheidung in seinen **Rechten verletzt** ist, also in erster Linie die Verfahrensbeteiligten. Nach § 304 Abs. 2 sind auch andere von einer Entscheidung betroffene Personen beschwerdeberechtigt, so z.B. Zeugen, SV und andere Personen (wegen der Einzelh. s. *Meyer-Goßner/Schmitt*, § 304 Rn 7 m.w.N.), nicht hingegen der Richter selbst (OLG Hamm wistra 1998, 38). Ggf. ist der **Verteidiger** zur Einlegung einer Beschwerde aus **eigenem Recht** berechtigt, wenn er in eigenen Rechten betroffen ist (vgl. dazu *Burhoff*, EV, Rn 1451 und Rn 2755). **788**

d) Eine **Begründung** der Beschwerde ist **nicht zwingend** notwendig, da das Beschwerdegericht umfassend unter eigener Würdigung sämtlicher ihm zugänglicher Tatsachen entscheidet (*Meyer-Goßner/Schmitt*, § 306 Rn 5). Es ist dem Verteidiger jedoch **dringend** zu **empfehlen**, auch einfache Beschwerden zu begründen und nicht darauf zu vertrauen, dass das Beschwerdegericht den Fehler der angefochtenen Entscheidung schon finden wird (Beck-*Hamm*, S. 569). **789**

> Ist der Verteidiger, z.B. aus zeitlichen Gründen, nicht in der Lage, die Beschwerde sofort bei Einlegung zu begründen, muss er auf jeden Fall eine von ihm beabsichtigte **Begründung ankündigen**. Das Beschwerdegericht muss dann im Hinblick auf Art. 103 Abs. 1 GG für die Begründung entweder eine Frist setzen oder angemessene Zeit mit der Entscheidung warten (vgl. *Meyer-Goßner/Schmitt*, a.a.O., m. zahlr. weit. Nachw. aus der Rspr. des BVerfG). Das gilt insbesondere dann, wenn der Beschwerde-

führer AE beantragt hat. Trifft das Beschwerdegericht dann eine Entscheidung, ohne zuvor das Akteneinsichtsgesuch beschieden zu haben, ist der Anspruch des Beschwerdeführers auf Gewährung rechtlichen Gehörs verletzt (KG StRR 2011, 102 m. zust. Anm. *Haselier*; → *Nachholung rechtlichen Gehörs*, Rdn 3339).

Der Verteidiger muss eine ihm **gesetzte Frist** auf jeden Fall **einhalten**, da bei Versäumung dieser Frist → *Wiedereinsetzung in den vorigen Stand*, Rdn 3464, nicht in Betracht kommt (OLG Karlsruhe MDR 1983, 250). Ebenso sorgfältig sollte er eine selbst gesetzte Frist beachten („... werde ich bis zum ... begründen"). I.d.R. entscheiden die Gerichte nämlich kurz nach Ablauf dieser Fristen auch dann, wenn die angekündigte Beschwerdebegründung nicht vorliegt. Ggf. muss der Verteidiger einen **Fristverlängerungsantrag** stellen, wenn die gesetzte Frist zu kurz bemessen war (vgl. dazu *Meyer-Goßner/Schmitt*, a.a.O., m.w.N.).

790 6. Das **Beschwerdeerfahren** ist in den **§§ 306 ff. geregelt**. Wegen der Einzelh. wird auf *Burhoff*, EV, Rn 923 ff., verwiesen.

☞ Die vom Verteidiger in Zusammenhang mit einer Beschwerde erbrachten Tätigkeiten, werden nicht mit einer eigenen Gebühr honoriert. Sie werden durch die gerichtliche **Verfahrensgebühr** mitabgegolten (jetzt § 19 Abs. 1 S. 2 Nr. 10a; RVG Burhoff/ *Burhoff*, RVG, Vorbem. 4 VV Rn 410 m.w.N. aus der Rspr.; zur Abrechnung von Beschwerdeverfahren *Burhoff* RVGreport 2012, 12).

Siehe auch: → *Rechtsmittel, Allgemeines*, Rdn 2160, m.w.N.

791 Besetzungseinwand

Das Wichtigste in Kürze:
1. Der Verteidiger muss, wenn er eine Besetzungsmitteilung erhalten hat, spätestens bis zum Beginn der Vernehmung des ersten Angeklagten den Besetzungseinwand erheben.
2. Der Einwand kann mündlich erhoben werden.
3. Alle Beanstandungen sind gleichzeitig zu erheben. Es können keine Beanstandungen nachgeschoben werden.
4. Ist dem Verteidiger die Besetzung des Gerichts erst später als eine Woche vor Beginn der HV mitgeteilt worden, kann er eine Unterbrechung der HV verlangen, um die Besetzung zu prüfen. Die Unterbrechungsfrist beträgt i.d.R. eine Woche.

5. I.d.R. muss sich der Verteidiger mit den Besetzungsfragen schon bei der Vorbereitung der Hauptverhandlung auseinandersetzen. Dabei muss er alle in Betracht kommenden Beanstandungen prüfen.

Literaturhinweise: Börner, Die Beteiligung von Laienrichtern am Strafprozess als Erkenntnismittel einer funktionellen Theorie des Strafprozessrechts, StraFo 2012, 434; **Buggert**, Kopftuch im Gerichtssaal, StRR 2008, 44; **Duttge**, Laienrichter in der Strafgerichtsbarkeit – Anspruch und Wirklichkeit, JR 2006, 358; **Frisch**, Problematik und Grenzen der Errichtung von Hilfsstrafkammern, NStZ 1987, 265; **Haller/Janßen**, Die Besetzungsreduktion bei erstinstanzlichen Strafkammern – Anmerkungen zu den Beschlüssen des BGH vom 14.8. und 16.12.2003, NStZ 2004, 469; **R. Hamm**, Die Besetzungsrüge nach dem Strafverfahrensänderungsgesetz 1979, NJW 1979, 135; *ders.*, Hilfsstrafkammern als Dauereinrichtung, StV 1981, 38; **Heusel**, Zum Risiko der Entziehung des gesetzlichen Richters durch Abtrennung von Ermittlungsverfahren gegen einzelne Beschuldigte, StV 1991, 186; **Kissel**, Die Verhinderung des Richters und seine Vertretung, in: Festschrift für *Kurt Rebmann*, 1989, S. 63; **König**, Die Beteiligung von Schöffen an der Rechtsprechung aus der Sicht des Strafverteidigers, in: Festschrift 25 Jahre AG Strafrecht, 2009, S. 623; **Lobmüller**, Richterliche Erfahrungsmängel als Besetzungseinwand, StV 2015, 246; **Niemöller**, Besetzungsrüge und „Willkürformel", StV 1987, 311; **Peglau**, Zur Überbesetzung großer Strafkammern, wistra 2005, 92; **Ranft**, Die Präklusion der Besetzungsrüge gemäß der Strafprozeßnovelle 1979 und das Recht auf den gesetzlichen Richter, NJW 1981, 1473; **Roth**, Gesetzlicher Richter und variable Spruchkörperbesetzungen, NJW 2000, 3692; **Schlothauer**, Verfahrens- und Besetzungsfragen bei Hauptverhandlungen nach der reduzierten Strafkammer nach dem Rechtspflegeentlastungsgesetz, StV 1993, 147; **Schlüchter**, Wider die Verwirkung von Verfahrensrügen im Strafprozeß, in: Gedächtnisschrift für *Karlheinz Meyer*, 1990, S. 445; **Schrader**, Die Feststellung der Verhinderung eines Richters, StV 1991, 540; **Sommer**, Maßnahmen des Strafverteidigers in der Hauptverhandlung, ZAP F. 22, S. 101; **Sowada**, Der gesetzliche Richter im Strafverfahren, 2002; *ders.*, Änderungen des Geschäftsverteilungsplans (§ 21e Abs. 3 S. 1 GVG) und Beschleunigungsgrundsatz, HRRS 2015, 16; s.a. die Hinw. bei → *Reduzierte Besetzung der großen Strafkammer/Jugendkammer*, Rdn 2208.

792

1. Bei **erstinstanzlichen** Verfahren vor dem **LG** oder dem **OLG** muss der Verteidiger, wenn ihm die Gerichtsbesetzung durch eine sog. → *Besetzungsmitteilung*, Rdn 809, nach § 222a mitgeteilt worden ist, spätestens bis zum **Beginn** der **Vernehmung** des **ersten Angeklagten** zur Sache den Einwand der vorschriftswidrigen Besetzung des Gerichts erheben, wenn er sich für die Revision die Besetzungsrüge nach § 338 Nr. 1 erhalten will (§ 222b). Nach Beginn der → *Vernehmung des Angeklagten zur Sache*, Rdn 3072, i.S.d. § 243 Abs. 4 S. 2 ist der Einwand für alle Beteiligten **ausgeschlossen**, auch wenn die Mitteilung über die Gerichtsbesetzung unrichtig oder unvollständig war (*Meyer-Goßner/Schmitt*, § 222b Rn 4).

793

✍ Hinsichtlich des Besetzungseinwands muss der Verteidiger im Interesse seines Mandanten im Einzelfall sorgfältig **prüfen**, ob er die Möglichkeit des Einwands nutzen will. Zum **prozesstaktischen** Einsatz des Besetzungseinwands gehört nicht nur die Kenntnis von der Person der Richter, die zurzeit noch zur (mitgeteilten) Gerichtsbesetzung gehören, sondern auch derjenigen Richter, die nach Auffassung des Verteidigers nach einer erfolgreichen Rüge zuständig sind. Ein Vergleich kann allerdings durchaus zu dem Ergebnis führen, dass der Angeklagte bei dem „unzuständigen" Richter sehr viel besser aufgehoben ist (*Sommer* ZAP F. 22, S. 105). Der

B Besetzungseinwand

Verteidiger sollte sich aber durch die infolge des Besetzungseinwands möglicherweise eintretenden atmosphärischen Störungen im Prozessklima nicht davon abhalten lassen, das Recht des Angeklagten auf seinen gesetzlichen Richter geltend zu machen. Der Angeklagte hat nach Art. 101 Abs. 1 S. 2 GG einen Anspruch darauf, dass seine Sache vor „seinem" gesetzlichen Richter verhandelt wird (vgl. zum gesetzlichen Richter BVerfG NJW 2003, 345 m.w.N.).

794 2. Der Einwand kann in der HV **mündlich** erhoben werden. Er muss begründet werden (s.u. Rdn 795 und wegen der Einzelh. die Erl. bei *Meyer-Goßner/Schmitt* zu den §§ 222a f.). I.d.R. wird er schriftlich abgefasst und übergeben, was die nach § 273 Abs. 1 erforderliche Protokollierung erleichtert (s. → *Protokoll der Hauptverhandlung*, Rdn 2092). Der Verteidiger kann sich auch dem Einwand eines anderen Beteiligten anschließen. Erhebt dieser dann aber seinen Besetzungseinwand in Abwesenheit des Verteidigers, ist damit auch für den sich anschließenden Verteidiger das Recht, (s)einen Besetzungseinwand geltend zu machen, verbraucht, und zwar auch dann, wenn die Vernehmung des Angeklagten zur Sache noch nicht begonnen hat (BGHSt 44, 328).

795 3.a) Der Einwand muss **begründet** werden, und zwar wie die Besetzungsrüge der Revision nach § 344 Abs. 2 S. 2; sonst ist er unzulässig (BGHSt 44, 161; BGH NStZ 2001, 491). Dabei sind alle Tatsachen, aus denen sich die Fehlerhaftigkeit der Besetzung ergeben soll, im Einzelnen vorzubringen (BGH NStZ 2007, 536). D.h., die **Tatsachen**, aus denen sich die vorschriftswidrige Besetzung des Gerichts ergibt, müssen **genau bezeichnet** werden. Dies gilt auch für die Namen der Richter und die Gründe, die ihrer Mitwirkung entgegenstehen. Dazu gehört z.B. auch, dass der Verteidiger mitteilt, warum eine Änderung des **Geschäftsverteilungsplans** (im Folgenden kurz GVP) gesetzeswidrig war (BGH NJW 1994, 2703) oder ob die Überlastung einer Strafkammer vorgelegen hat oder nicht (BGH NJW 1999, 154; s. zu allem *Meyer-Goßner/Schmitt*, § 338 Rn 21 m.w.N.).

> ✍ Zur Begründung darf der Verteidiger auch **nicht** (nur) auf Unterlagen, die sich beim Gericht befinden, **Bezug nehmen**, sondern muss deren Inhalt im Besetzungseinwand mitteilen (offengelassen von BGH, a.a.O.).

> ✍ Zur Prüfung der Besetzungsfragen ist dem Verteidiger gem. § 222a Abs. 3 **Einsicht** in alle „maßgebenden Unterlagen" zu gewähren (wegen der Einzelh. s. *Meyer-Goßner/Schmitt*, § 222a Rn 7; zur Einsicht in den GVP OLG Frankfurt am Main NStZ-RR 2006, 208; OLG Jena NStZ-RR 2015, 23; zu einem Antragsmuster *Burhoff*, EV, Rn 954).

796 b) Es müssen **alle Beanstandungen**, auch soweit sie Ergänzungsrichter und -schöffen betreffen, **gleichzeitig** geltend gemacht werden (BVerfG NJW 2003, 3545; BGH NJW 2001, 3062; NStZ 2007, 536). Damit darf nicht bis zum Eintritt des Ergänzungsfalls ge-

Besetzungseinwand **B**

wartet werden (LG Halle StV 2005, 208). Nicht erforderlich ist der Einwand, dass an der HV ein → *blinder Richter*, Rdn 1156, teilnimmt (BGHSt 34, 236). Insoweit tritt keine Präklusion ein. Präklusion tritt jedoch hinsichtlich der mit **§ 76 Abs. 2 GVG** zusammenhängenden Fragen (Besetzung der HV mit nur zwei Berufsrichtern) ein. Das gilt sowohl hinsichtlich des Einwands, die Strafkammer habe den gem. § 76 Abs. 2 GVG erforderlichen Beschluss überhaupt nicht erlassen (BGHSt 44, 361), als auch hinsichtlich der Frage, ob die Strafkammer den ihr bei der Entscheidung nach § 76 Abs. 2 GVG zustehenden weiten Beurteilungsspielraum in unvertretbarer Weise überschritten hat (BGHSt 44, 328; zust. *Rieß* NStZ 1999, 370 in der Anm. zu BGH, a.a.O.; → *Reduzierte Besetzung der großen Strafkammer/Jugendkammer*, Rdn 2208). Auch die Frage der Unter- bzw. Überbesetzung der Strafkammer ist ggf. präkludiert (BGH NJW 2003, 3644). Entsprechendes gilt für den Einwand der fehlenden Vereidigung eines Schöffen (BGHSt 48, 290).

> Auch sog. **evidente** Besetzungsmängel sind geltend zu machen (BGH NStZ 2007, 536 m.w.N.; vgl. aber auch BGH NJW 2009, 931; StV 2012, 196 für Mangel, der erst nach dem Zeitpunkt des § 222b Abs. 1 S. 1 eingetreten ist). Der Beschuldigte/Angeklagte kann mit der Revision i.Ü. die Besetzung aber auch dann rügen, wenn einem Urteil später eine Verständigung (§ 257c) vorausgegangen sein sollte (BGHSt 57, 3 für Zuständigkeitsrüge; → *Absprachen/Verständigung im Ermittlungsverfahren*, Rdn 137).

c) Das (spätere) **Nachschieben** von Tatsachen ist auch dann **nicht zulässig**, wenn die Sachvernehmung des ersten Angeklagten noch nicht begonnen hat (BGH NJW 2003, 3644 m.w.N.). Das gilt selbst dann, wenn weitere Gründe für eine fehlerhafte Besetzung erst später bekannt geworden sind (h.M. in der Lit.; vgl. *Meyer-Goßner/Schmitt*, § 222b Rn 7 m.w.N.; KK-*Gmel*, § 222b Rn 9; a.A. *R. Hamm* NJW 1979, 137; *Ranft* NJW 1981, 1476; wohl a. BVerfG NJW 1984, 2515 [Ls.]). Sind dem Verteidiger alle Besetzungsunterlagen zur Einsicht vorgelegt worden, können die verspätete Kenntnis nur er oder der Angeklagte verschuldet haben. Waren die Unterlagen unvollständig, bleibt die Besetzungsrüge nach § 338 Nr. 1 erhalten (*Meyer-Goßner/Schmitt*, § 338 Rn 16).

797

4. Erfährt der Verteidiger erst **später** als **eine Woche** vor Beginn der HV oder sogar erst in der HV (→ *Besetzungsmitteilung*, Rdn 809; vgl. BVerfG NJW 2003, 3545), wie das Gericht besetzt sein wird, kann er nach § 222a Abs. 2 den **Antrag** stellen, die HV zu **unterbrechen**, um die Besetzung des Gerichts prüfen zu können. Dieser Antrag ist ebenfalls spätestens bis zum **Beginn** der **Vernehmung** des **ersten Angeklagten** zur Sache zu stellen (§ 222a Abs. 2; s. das Muster u. Rdn 807). Das gilt auch, wenn eine Verletzung des § 76 GVG gerügt werden soll und nicht die namentliche Mitteilung der beteiligten Richter erfolgt ist (BGH NStZ 2005, 465).

798

B Besetzungseinwand

📝 Auch dann, wenn sich **erst im Verlauf der HV herausstellt**, dass das nur mit zwei Berufsrichtern besetzte Gericht ggf. nicht ordnungsgemäß besetzt ist, muss der Besetzungseinwand erhoben werden (BGH StV 2012, 196 für HV, in deren Verlauf sich erst die Möglichkeit der Anordnung der Sicherungsverwahrung herausstellt).

799 Die Entscheidung über diesen Antrag trifft das **Gericht** unter Mitwirkung der Schöffen, nicht der Vorsitzende allein.

📝 Das Gericht entscheidet nach pflichtgemäßem Ermessen. Nach der Rspr. des BGH ist die HV i.d.R. für **eine Woche** zu **unterbrechen**, wenn die Besetzung des Gerichts erst zu Beginn der HV mitgeteilt worden ist.

800 Etwas anderes gilt, wenn der Antragsteller mit einer **kürzeren Frist** einverstanden ist oder wenn aufgrund besonderer Umstände eine kürzere Frist genügt (BGHSt 29, 283; a.A. *Meyer-Goßner/Schmitt*, § 222a Rn 22 m.w.N. [Umstände des Einzelfalls entscheidend]). Die Frist ist aber auf jeden Fall so zu bemessen, dass die Prüfung aller Besetzungsfragen möglich ist (BGH, a.a.O.; NJW 1988, 1921). Die Frist kann nachträglich – auf Antrag – **verlängert** werden.

801 5. I.d.R. muss sich der Verteidiger mit den Besetzungsfragen schon bei der → *Vorbereitung der Hauptverhandlung*, Rdn 3370, auseinandersetzen. Dabei muss er alle in Betracht kommenden Beanstandungen **prüfen** (zu richterlichen Erfahrungsmängeln als Besetzungseinwand *Lobmüller* StV 2015, 246). Wegen der Einzelheiten wird dazu verwiesen auf die **Checkliste** bei *Burhoff*, EV, Rn 949 ff., die hier in Kurzform wiederholt wird, auf Beck/*Ignor/Sättele*, S. 510 ff. sowie auf *Schlothauer*, Rn 244 ff.

📝 Entscheidend für die spätere Rügepräklusion ist, ob der Besetzungsfehler **objektiv erkennbar** war, offensichtlich muss er nicht gewesen sein (BGH NJW 1997, 403; NStZ 2007, 536). Deshalb muss der Verteidiger im Zweifel **Einblick** in die **Besetzungsunterlagen** nehmen, wenn er sich die Rüge der fehlerhaften Besetzung für die Revision erhalten will. Nach § 21e Abs. 8 GVG hat der Verteidiger ein **Recht** auf **Einsicht** in den GVP einschließlich der ändernden und ergänzenden Präsidiumsbeschlüsse (OLG Frankfurt am Main NStZ-RR 2006, 208; zu einem Antragsmuster s. *Burhoff*, EV, Rn 954).

802 **Checkliste: Allgemeine Zuständigkeit**

- Gehört das Verfahren nach dem **GVP überhaupt** in die **Zuständigkeit** der verhandelnden Strafkammer?
- Ist ggf. eine (unzulässige) **spezielle Zuweisung** einzelner Verfahren erfolgt (vgl. BGH NStZ 2014, 668).

Besetzungseinwand B

- Gewährleistet der Geschäftsverteilungsplan, dass die einzelnen Sachen „blindlings" an den entscheidenden Richter kommen (vgl. u.a. BGHSt 7, 23; BGHZ 40, 91; KK-*Diemer*, § 21e GVG Rn 11; *Meyer-Goßner/Schmitt*, § 21e GVG Rn 3; zur Zulässigkeit der Umsetzung des durch eine Verwaltungsvorschrift konkret ausgestalteten Geschäftsverteilungsplans mithilfe eines automatisierten Verfahrens KG, Beschl. v. 18.3.2013 – [4] 161 Ss 14/13).
- Wenn der GVP im laufenden Geschäftsjahr geändert wurde: Ist für die **Änderung** des **GVP** das nach § 21e Abs. 1 GVG grds. **zuständige Präsidium tätig** geworden und bestand für eine ggf. im laufenden Geschäftsjahr erfolgte **Änderung** der Geschäftsverteilung ein nach § 21e Abs. 3 GVG **genügender Anlass** (zur Änderung eines GVP wegen Überlastung durch Umverteilung anhängiger Haftsachen s. BGHSt 44, 154; BGH NJW 2000, 1580 [weiter Beurteilungsspielraum]; NStZ 2007, 537 und zur Willkürkontrolle BVerfG StraFo 2005, 195; LG Potsdam StV 2015, 349 zur „Reparatur" eines GVP)? Das Präsidium hat bei einer Änderung der Geschäftsverteilung darauf zu achten, dass dadurch nicht die effektive Weiterbearbeitung von Eilverfahren, wie z.b. **Haftsachen**, beeinträchtigt wird (vgl. BVerfG StV 2007, 254). Der Beschleunigungsgrundsatz erlaubt ggf. eine Änderung des GVP, die ausschließlich bereits anhängige Verfahren betrifft (BVerfG NJW 2009, 1734; NStZ 2014, 226). Die Rspr. des BGH geht in diesen Fällen davon aus, dass wegen des Ausnahmecharakters solcher Fälle und des Gewichts des Grundsatzes des gesetzlichen Richters gem. Art. 101 Abs. 1 S. 2 GG dann eine detaillierte Dokumentation der Gründe, die eine derartige Umverteilung erfordern, nötig ist (vgl. BGHSt 53, 268; BGH NStZ 2011, 157; StV 2010, 294 m. Anm. *Jung* StRR 2010, 27; Beschl. v. 25.3.2015 – 5 StR 70/15; vgl. dazu auch *Gubitz/Bock* NStZ 2010, 190 in der Anm. zu BGHSt 53, 268). Mängel in der Begründung des Beschlusses kann das Präsidium bis zur Entscheidung über einen nach § 222b erhobenen Besetzungseinwand durch einen ergänzenden, die Gründe für die Umverteilung dokumentierenden Beschluss ausräumen (vgl. zuletzt BGH NStZ 2011, 157; s.a. noch BGHSt 53, 268; BGH StV 2010, 294; zu allem eingehend *Sowada* HRRS 2015, 16).
- Gilt die **Änderung** auch für eine **unbestimmte Vielzahl** künftiger, gleichartiger Fälle (BVerfG NJW 2003, 345; BGH, Beschl. v. 25.3.2015 – 5 StR 70/15; LG Potsdam StV 2015, 349)?
- War die **Umverteilung** während des laufenden Geschäftsjahres, die bereits anhängige Verfahren erfasst, **geeignet**, die Effizienz des Geschäftsablaufs zu erhalten oder wiederherzustellen. Änderungen der Geschäftsverteilung, die hierzu nicht geeignet sind, können vor Art. 101 Abs. 1 S. 2 GG keinen Bestand haben (vergleiche BVerfG NJW 2005, 2689; BGHSt 53, 268; BGH NStZ 2014, 226).

| B | Besetzungseinwand |

803 **Checkliste: Ordnungsgemäße Besetzung der Strafkammer mit Berufsrichtern**

- Ist die Besetzung der (Straf-)Kammer mit **Berufsrichtern** ordnungsgemäß, ist also z.b. der Vorsitz planmäßig einem Vorsitzenden Richter zugewiesen (zur **vorübergehenden Vakanz** bis zur [Wieder-]Besetzung einer Vorsitzenden-Stelle s. *Kissel/Mayer*, § 59 GVG Rn 3 m.w.N.; vgl. dazu aus neuerer Zeit OLG Oldenburg StV 2000, 159; 2003, 12)?
- Nehmen an der HV **nur zwei Berufsrichter** teil:
  - Ist überhaupt eine Entscheidung nach **§ 76 Abs. 2 GVG** ergangen (vgl. dazu BGHSt 44, 361; s.a. *Burhoff*, EV, Rn 3250). Die mit der sog. reduzierten Besetzung der StK zusammenhängenden Fragen sind dargestellt bei → *reduzierte Besetzung der Strafkammer/Jugendkammer*, Rdn 2208 ff. (aus der Rspr. BGHSt 53, 169; BGH StV 2012, 196; StraFo 2005, 162).
  - Ist die von der Kammer ggf. getroffene Entscheidung über die Besetzung in der HV mit nur **zwei** Berufsrichtern (§ 76 Abs. 2 GVG) ordnungsgemäß getroffen? Insoweit steht der Strafkammer zwar kein Ermessen zu, sie verfügt jedoch über einen weiten Beurteilungsspielraum (BGHSt 44, 328; StV 2010, 228; s. aber BGH NJW 2003, 3644; → *Reduzierte Besetzung der großen Strafkammer/Jugendkammer*, Rdn 2208 ff.). Für die Änderung einer von der Strafkammer getroffene Besetzungsentscheidung gilt § 76 Abs. 5 GVG (→ *Reduzierte Besetzung der groOen Strafkammer/Jugendkammer*, Rdn 2208 ff.).
- Führt nicht der **Vorsitzende** den Vorsitz: Ist dessen **vorübergehende Verhinderung ausreichend** festgestellt (s. dazu zuletzt BGH NStZ 1996, 48; StV 2013, 549, insoweit nicht in NStZ 2013, 479 [zugleich auch zur Zulässigkeit der Verfahrensrüge]; OLG Hamburg StV 2003, 11)?
- Ist die Kammer nicht **überbesetzt**? Die Besetzung einer großen Strafkammer mit einem Vorsitzenden und drei Beisitzern ist zulässig, wenn ein kammerinterner Mitwirkungsplan die Heranziehung der zur Entscheidung berufenen Kammermitglieder generell-abstrakt bestimmt (BVerfG NJW 2004, 3482)?
- Es nehmen nicht die ordentlichen **Beisitzer** der Kammer teil: Ist deren **Verhinderung ausreichend** festgestellt (s. dazu zuletzt BGH NStZ 2001, 491)?
- Nimmt an der Sitzung ein **Vertreter** aus einer **anderen Kammer** teil, ist ggf. die Vertretungsregelung zu prüfen (vgl. dazu *Meyer-Goßner/Schmitt*, § 21e GVG Rn 7 ff.; zum außerplanmäßigen Vertreter/Sondervertreter auch BGH NStZ-RR 2010, 184).
- Nimmt an der Sitzung ein **Richter** auf **Probe** teil: Ist dessen Beiordnung wirksam, d.h. ist sein Dienstleistungsauftrag zeitlich begrenzt (vgl. dazu *Kissel/Mayer*, § 70 GVG Rn 9; LG Bremen StV 1998, 13)?
- Ist die **spruchkörperinterne Geschäftsverteilung** ordnungsgemäß (wegen der Einzelh. vgl. *Burhoff*, EV, Rn 953)?

Besetzungseinwand B

| Checkliste: Ordnungsgemäße Besetzung des Gerichts mit Schöffen | 804 |

- Sind die Schöffen **fähig**, das Schöffenamt zu bekleiden (§§ 32 ff. GVG)? Der Umstand, dass eine Schöffin nicht beabsichtigt, zur Ableistung des Schöffeneides oder währen der HV ihr **Hidschab-Kopftuch** abzulegen, rechtfertigt es nicht, sie von der Schöffenliste zu streichen bzw. führt nicht zur Unfähigkeit zur Bekleidung des Schöffenamtes (KG StraFo 2013, 164 m. Anm. *Artkämper* StRR 2013, 26; LG Bielefeld NJW 2007, 3014; vgl. auch LG Dortmund NJW 2007, 3013 zum Ausschluss einer Schöffin von der HV wegen Tragens eines Kopftuchs; zu allem *Buggert* StRR 2008, 44). Nach § 33 Nr. 5 GVG müssen Schöffen die **deutsche Sprache ausreichend** beherrschen. D.h.: Sie müssen in der Lage sein, der HV folgen zu können, was über die Möglichkeit der Konversation und des Verstehens von Texten im alltäglichen Leben hinausgeht (zutr. *Meyer-Goßner/Schmitt*, § 33 GVG Rn 6; vgl. dazu – allerdings zum alten Recht – BGH StV 2009, 526). Ob der Schöffe über ausreichende Kenntnisse verfügt, wird im Freibeweisverfahren geprüft.

> Die Hinzuziehung eines **Dolmetschers** für den Schöffen ist **nicht** ausreichend (BGH, a.a.O.).
>
> Der Verteidiger hat **nicht** das Recht, in der HV eine **Auskunft** über das Vorliegen von Gründen der Amtsunfähigkeit von Schöffen (§ 32 GVG) zu verlangen (BGH NStZ 1994, 139). Der Umstand, dass eine Schöffin beabsichtigt, zur Ableistung des Schöffeneides oder während der HV ihr Kopftuch nicht abzulegen, rechtfertigt es nicht, sie von der Schöffenliste zu streichen (LG Bielefeld NJW 2007, 3014; vgl. a. LG Dortmund NJW 2007, 3013 [zum Ausschluss einer Schöffin von der HV wegen Tragens eines Kopftuchs]; zu allem *Buggert* StRR 2008, 44).

- Ist die Besetzung der Strafkammer mit **Schöffen** ordnungsgemäß (wegen der Einzelh. s. *Schlothauer*, Rn 262 ff.; zur Besetzungsrüge, wenn der Schöffenwahlausschuss ggf. fehlerhaft besetzt ist, s. BGHSt 37, 245 ff.; zur Fristeinhaltung bei der Auslage der Vorschlagslisten für die Schöffenwahl s. BayObLG StV 1998, 8; zur Zulässigkeit der Wiederholung einer Schöffenwahl nach vorangegangener vorschriftswidriger Schöffenwahl BGH NStZ-RR 1999, 49; zur revisionsgerichtlichen Überprüfung der Vorschlagsliste für die Schöffenwahl s. BGH StV 2001, 156; zur ggf. fehlerhaften Besetzung des Schöffenwahlausschusses wegen Teilnahme von Personen, deren Anwesenheit bei der Wahl das Gesetz nicht vorsieht, s. KG StRR 2010, 282 [Ls.])?
- Handelt es sich um einen **verlegten** ordentlichen **Sitzungstag** (vgl. dazu BGHSt 50, 132 [Terminierung auf einen Tag zwischen zwei ordentlichen Sitzungstagen, die bereits mit Fortsetzungsverhandlungen in anderen Sachen belegt waren, ist keine ordentliche Sitzung])? Ist die Schöffenbesetzung dafür zutreffend (vgl. BGHSt 41, 175; 50, 132; s. aber a. BGHSt 43, 270)?

B Besetzungseinwand

> ☞ **„Außerordentlich"** sind Sitzungen nur dann, wenn sie wegen des zusätzlichen Bedarfs an HV-Tagen anberaumt werden, weil eine sachgemäße Durchführung der zu terminierenden HV an den ordentlichen Sitzungstagen nicht möglich ist. Sie müssen also **zusätzlich** zu ordentlichen Sitzungen, nicht an ihrer Stelle abgehalten werden (st. Rspr des BGH; zuletzt BGH StV 2005, 538). Die Feststellung, ob ein Bedarf nach zusätzlicher HV besteht, obliegt zunächst dem Vorsitzenden der Strafkammer; er bestimmt nach pflichtgemäßem Ermessen, ob und wann eine außerordentliche Sitzung durchzuführen ist (BGH, a.a.O. m.w.N.). Der BGH geht i.Ü. davon aus, dass die Zuordnung eines außerplanmäßigen Sitzungstages als **vor- oder nachverlegter ordentlicher Sitzungstag** durch den Vorsitzenden nach denselben Regeln abänderbar ist wie die Verlegung eines „normalen Sitzungstages" (BGH NStZ-RR 2012, 319).

- Nimmt an der Sitzung ein **Hilfsschöffe** teil: Ist dieser zu Recht zur Sitzung herangezogen worden (vgl. BGHSt 41, 175 [nach denselben Grundsätzen wie für eine ordentliche Strafkammer]; vgl. dazu a. BGHSt 47, 220)? Für die Entbindungsentscheidung gilt ein strenger Maßstab (BGH NStZ 2015, 350; OLG Hamm NStZ 2001, 611). Bei Verlegung des ordentlichen Sitzungstages ist für die Entbindung des Hauptschöffen von der Dienstleistung seine Verhinderung am tatsächlichen Sitzungstag, nicht diejenige an dem als ordentlichen Sitzungstag bestimmten Tag maßgeblich (BGHSt 59, 75).

805 Checkliste: Hilfsstrafkammer

- Der Präsidiumsbeschluss über die **Errichtung** der Hilfsstrafkammer und die Übertragung (auch) bereits anderweitig anhängiger Sachen an diese (§ 21e Abs. 3 GVG) muss begründet werden. Mängel dieser Begründung können spätestens bis zur Entscheidung der Hilfsstrafkammer über einen in der HV erhobenen Einwand behoben werden (BGHSt 53, 268; vgl. a. noch BGH StV 2010, 294).
- Die Zuweisung der Geschäfte an die Hilfsstrafkammer hat nach **allgemeinen, sachlich-objektiven Merkmalen** zu erfolgen. Eine spezielle Zuweisung bestimmter einzelner Verfahren ist unzulässig. Die Gründe, die eine derartige Umverteilung erfordern, sind zu dokumentieren und den Verfahrensbeteiligten zur Kenntnis zu geben, um „dem Anschein einer willkürlichen Zuständigkeitsverschiebung" entgegen zu wirken (BGH StV 2010, 294).
- Sind die **Schöffen** ordnungsgemäß herangezogen worden (vgl. BGHSt 31, 157)? Für Sitzungen einer Hilfsstrafkammer sind die für die entlastete ordentliche Strafkammer für den Sitzungstag ausgelosten Hauptschöffen heranzuziehen, wenn diese nicht von der ordentlichen Kammer benötigt werden; anderenfalls sind Schöffen aus der Hilfsschöffenliste heranzuziehen (BGH NStZ 2007, 536).

- Begründet die Entscheidung des Präsidiums die angenommene vorübergehende Überlastung der zu entlastenden Strafkammer, die die **Übertragung** eines anhängigen Verfahrens auf die Hilfsstrafkammer rechtfertigt, hinreichend (BGH NStZ 2014, 287)?

Checkliste: Laufende Hauptverhandlung

- Wenn ein **Ergänzungsrichter** nach § 192 Abs. 2 GVG eintreten soll, handelt es sich nicht um einen „Verhinderungsfall" i.S.d. Vorschrift, wenn der ausscheidende Richter, der an ein anderes Gericht versetzt worden ist und den der Ergänzungsrichter ersetzen soll, nach § 37 DRiG innerhalb der Fristen des § 229 **rückabgeordnet** werden und die HV in der ursprünglichen Besetzung der Richterbank fortgesetzt werden kann (BGHSt 53, 99).
- Ist der **Vorsitzende** während des Laufes der HV **ausgeschieden**, ist seine Ersetzung durch die erfolgte Bestellung des Ergänzungsrichters zum Vorsitzenden auf ihre Richtigkeit zu prüfen (BGH NJW 2009, 931). Die entsprechenden Einwände muss der Verteidiger noch in der HV geltend machen (s. wohl BGH, a.a.O.).

6. Muster

a) Unterbrechungsantrag zur Besetzungsprüfung

▼

An das

Amtsgericht/Landgericht Musterstadt

In der Strafsache

gegen H. Mustermann

Az.:

wird beantragt, die Hauptverhandlung gem. § 222a Abs. 2 StPO für die Dauer von mindestens einer Woche zu unterbrechen.

Mir ist die Mitteilung über die Besetzung des Gerichts in der heutigen Hauptverhandlung erst vorgestern zugegangen. Damit steht mir die vom Gesetz vorgesehene Wochenfrist zur Überprüfung der Besetzung nicht zur Verfügung. Die beantragte Dauer der Unterbrechung entspricht der gesetzlichen Frist. Sie ist auch im vorliegenden Fall erforderlich.

Rechtsanwalt

| B | Besetzungsmitteilung |

808 b) **Besetzungsrüge**

▼

An das

Amtsgericht/Landgericht Musterstadt

In der Strafsache

gegen H. Mustermann

Az.:

wird die vorschriftswidrige Besetzung des Gerichts gem. §§ 222a, 222b hinsichtlich des beisitzenden Schöffen A. gerügt, da das Gericht mit ihm nicht ordnungsgemäß besetzt ist.

Nachdem der Hauptschöffe B. mit Schreiben vom 9.9.2015 mitgeteilt hat, dass er seinen Urlaub wegen Erkrankung seiner Ehefrau nicht antreten werde, hat der Vorsitzende mit Verfügung vom 11.9.2015 die Entbindung des B. und die Heranziehung des Hilfsschöffen M. widerrufen und die Ladung des B. und die Abladung des M. verfügt.

Die zulässige Befreiung eines Schöffen von der Dienstleistung darf jedoch nach der Rechtsprechung des BGH nicht widerrufen werden (vgl. u.a. BGHSt 30, 149; 31, 3), sodass an der heutigen Hauptverhandlung nicht der Hauptschöffe B., sondern der Hilfsschöffe M. teilnehmen müsste. Da das nicht der Fall ist, ist das erkennende Gericht nicht vorschriftsmäßig besetzt.

Rechtsanwalt

▲

Siehe auch: → *Reduzierte Besetzung der großen Strafkammer/Jugendkammer*, Rdn 2208; → *Zuständigkeit des Gerichts*, Rdn 3610.

809 Besetzungsmitteilung

810   **Literaturhinweise:** s. die Hinw. bei → *Besetzungseinwand*, Rdn 791.

811   **1.** Nach § 222a muss (nur) in **erstinstanzlichen LG-** und **OLG-**Strafverfahren die Besetzung des Gerichts mitgeteilt werden. Das kann in unterschiedlicher Form geschehen.

812   **2.a)** Die Mitteilung muss **spätestens** zu **Beginn** der **HV** (→ *Aufruf der Sache*, Rdn 341) durch den Vorsitzenden erfolgen, der allerdings zunächst nach § 243 Abs. 1 S. 2 die Anwesenheit der Prozessbeteiligten und der Beweismittel feststellen kann (→ *Präsenzfest-*

stellung, Rdn 2061). Die Mitteilung muss aber vor der Vernehmung des ersten Angeklagten zur Sache gemacht werden (BVerfG NJW 2003, 3545; BGH NJW 2001, 3062), da danach der → *Besetzungseinwand*, Rdn 791, ausgeschlossen ist. Ist die Mitteilung verspätet, bleibt den Beteiligten nach § 338 Nr. 1 Hs. 2 Buchst. a) für die Revision die **Besetzungsrüge** erhalten (zur Vollständigkeit des Vortrags bei der Besetzungsrüge s. BGHSt 40, 218; BGH NStZ 1995, 221 [M]).

b) Die Mitteilung muss **inhaltlich** die Namen der Berufsrichter und Schöffen, einschließlich der beigezogenen Ergänzungsrichter und -schöffen (§ 192 Abs. 2, 3 GVG), sowie die Bezeichnung der Eigenschaft, in der sie mitwirken, insbesondere unter Hervorhebung des Vorsitzenden, nicht aber des sog. Berichterstatters, enthalten.   813

3.a) Nach § 222a Abs. 1 S. 2 kann die Gerichtsbesetzung auf Anordnung des Vorsitzenden auch **schon vor** der **HV** mitgeteilt werden, und zwar für den Angeklagten an seinen Verteidiger. Anordnung, Inhalt und Zeitpunkt stehen im **Ermessen** des Vorsitzenden (*Meyer-Goßner/Schmitt*, § 222a Rn 18).   814

b) Erfolgt die Mitteilung **später** als **eine Woche** vor Beginn der HV, kann der Verteidiger gem. § 222a Abs. 2 die → *Unterbrechung der Hauptverhandlung*, Rdn 2701, beantragen, um die Gerichtsbesetzung zu prüfen. Dieser Antrag ist spätestens bis zum Beginn der Vernehmung des ersten Angeklagten zur Sache zu stellen (→ *Besetzungseinwand*, Rdn 791, 795).   815

4. Bei einer **Änderung** der mitgeteilten Besetzung wird die Mitteilung der Gerichtsbesetzung gem. § 222a Abs. 1 S. 3 berichtigt. Geht diese **Berichtigung** eine Woche vor der HV ein, bleibt es beim Ausschluss des Unterbrechungsantrags nach § 222a Abs. 2. Geht sie später ein, kann der Zeitraum, der danach bis zum Beginn der HV noch verbleibt, auf die Unterbrechungsfrist angerechnet werden (→ *Besetzungseinwand*, Rdn 798).   816

Siehe auch: → *Reduzierte Besetzung der großen Strafkammer/Jugendkammer*, Rdn 2208.

Beurlaubung des Angeklagten von der Hauptverhandlung   817

> **Das Wichtigste in Kürze:**
> 1. Nach § 231c können, wenn die HV gegen mehrere Angeklagte stattfindet, ein Angeklagter und sein (notwendiger) Verteidiger von der Anwesenheit in der HV beurlaubt werden.
> 2. Die Beurlaubung erfolgt nur auf Antrag, über den das Gericht nach seinem Ermessen entscheidet.

| B | Beurlaubung des Angeklagten von der Hauptverhandlung |

> 3. Die Beurlaubung des Angeklagten kann nach § 231c S. 3 jederzeit widerrufen werden.
> 4. Hat die HV zu Teilen, die den Angeklagten wenigstens mittelbar betraffen, in Abwesenheit des Verteidigers oder des Angeklagten ohne Gerichtsbeschluss stattgefunden, liegt der Revisionsgrund des § 338 Nr. 5 vor.

818 **Literaturhinweis: Hauck,** Richterlicher Anpassungsbedarf durch den EU-Rahmenbeschluss zur Anerkennung strafgerichtlicher Entscheidungen in Abwesenheit des Angeklagten?, JR 2009, 141; **Laue,** Die Hauptverhandlung ohne den Angeklagten, JA 2010, 294.

819 **1.** Nach § 231c können, wenn die HV gegen mehrere Angeklagte stattfindet, ein **Angeklagter** und sein **(notwendiger) Verteidiger** von der Anwesenheit in der HV beurlaubt werden. Voraussetzung dafür ist, dass dieser Angeklagte von bestimmten Verhandlungsteilen nicht betroffen ist. Das ist der Fall, wenn gegen die Mitangeklagten auch unter Abtrennung des Verfahrens weiterverhandelt werden könnte (BGHSt 31, 323, 331; 32, 270, 273 f.). Entscheidend dafür ist, dass ausgeschlossen werden kann, dass die während der Abwesenheit des Angeklagten behandelten Umstände auch nur mittelbar die gegen ihn erhobenen Vorwürfe berühren (BGH NStZ 2009, 400; 2010, 289; NStZ 2012, 463). „Betroffen" von behandelten Umständen ist der Angeklagte z.B. aber auch, wenn der Verhandlungsteil, von dem er beurlaubt ist, nur für den Ausspruch über die Rechtsfolge von Bedeutung ist (BGH NStZ 2010, 289 [für ggf. mögliche ergänzende Feststellungen zu einem einzubeziehenden Urteil]). Wegen der revisionsrechtlichen Gefahren machen die Gerichte nur selten von der Möglichkeit der Beurlaubung Gebrauch.

Hinzuweisen ist auf folgende **Rechtsprechungsbeispiele**:

820 **für** eine mögliche **Beurlaubung**

- in **Punktesachen** war der zu beurlaubende Angeklagte an (weiteren) Taten der Mitangeklagten **nicht beteiligt** (BGHSt 32, 100; BGH NStZ 1996, 22 [K]; s.a. BGH StV 1988, 370 [ein Zeuge darf dann aber nicht in Abwesenheit des (teil-)beurlaubten Angeklagten entlassen werden]),
- ebenfalls dann, wenn in Abwesenheit des beurlaubten Angeklagten nur Umstände erörtert oder Beweise erhoben werden, die für ihn weder im **Schuld-** noch im **Rechtsfolgenausspruch** von Bedeutung sind, z.B. die Vernehmung eines Mitangeklagten zu seinen persönlichen Verhältnissen (BGHSt 31, 323, 330 ff.),
- dann, wenn während der Beurlaubung die **nur Mitangeklagte betreffenden Haftentscheidungen** verkündet werden, weil diese auch außerhalb der HV verkündet werden können (BGH NStZ-RR 2011, 163 [Ci/Zi]).

Beurlaubung des Angeklagten von der Hauptverhandlung B

für **keine Beurlaubung**   821

- es werden auch den Angeklagten berührende **Beweisanträge** abgelehnt (BGH NStZ 2010, 289; MDR 1989, 1054 [H]; NStZ 1990, 229 [M; Ablehnung wegen Bedeutungslosigkeit]),
- es werden **Beweise** zu den gegen den Angeklagten erhobenen Tatvorwürfen erhoben (BGH StV 1984, 102),
- i.d.R. bei einem **einheitlichen Tatgeschehen** (BGH NStZ 1983, 34),
- das **Plädoyer** des **Mitverteidigers** bezieht sich auf ein einheitliches Tatgeschehen (BGH, a.a.O.),
- es werden **Zeugen** vernommen bzw. sollen vernommen werden, die die **Glaubwürdigkeit** eines den Angeklagten belastenden Mitangeklagten stützen (BGH NStZ 1985, 205 [Pf/M]),
- wenn Verwertungswidersprüche von Mitangeklagten entgegen genommen werden, wenn die als **unverwertbar angesehenen Beweismittel auch** Bedeutung für den **beurlaubten Angeklagten** gewinnen können (BGH NStZ 2012, 463 [für Inhalt einer TÜ, der die Einlassung des geständigen Angeklagten ggf. bestätigt und so ggf. Auswirkungen auf die Annahme von § 31 BtMG haben kann]).

2.a) Die Beurlaubung erfolgt nur auf **Antrag**, über den das Gericht nach seinem Ermessen   822
entscheidet (vgl. dazu *Meyer-Goßner/Schmitt*, § 231c Rn 14). Der Antrag bedarf keiner besonderen Form und kann in der HV mündlich gestellt werden. **Inhaltlich** muss er den Verhandlungsteil bezeichnen, von dem beurlaubt werden soll. Er kann für unterschiedliche HV-Teile wiederholt gestellt werden. Die Dauer der Freistellung ist im Gesetz nicht geregelt. Das Gericht kann also grds. unbegrenzt freistellen. Es ist an die Fristen des § 229 nicht gebunden (BGHSt 48, 52 m.w.N.).

> ☞ Der Beurlaubungsantrag bietet dem Verteidiger bei mehreren Angeklagten eine **gute Möglichkeit**, in Zweifelsfällen ggf. etwas über die **rechtliche Beurteilung** zu **erfahren**. Da die Beurlaubung nur zulässig ist, wenn der Angeklagte von einzelnen Teilen der Verhandlung nicht betroffen ist, wird ihn das Gericht auch nur in diesen Fällen von der HV beurlauben. Lehnt es also einen für bestimmte Verhandlungsteile/Tatteile gestellten Beurlaubungsantrag ab, kann der Verteidiger daraus den Schluss ziehen, dass nach Auffassung des Gerichts diese Tatteile auch seinen Mandanten betreffen.

Beispiel:
Anklage gegen zwei Angeklagte u.a. wegen Betruges durch Manipulation von Urkunden. Dem einen Angeklagten wird das unmittelbare Verfälschen der Urkunden zur Last gelegt, bei dem anderen geht es um die Frage, inwieweit ihm das Handeln des Mitangeklagten zugerechnet werden kann. Der Verteidiger dieses Angeklagten stellt für

| **B** | **Beurlaubung des Angeklagten von der Hauptverhandlung** |

den Zeitpunkt der Verlesung der verfälschten Urkunden einen Beurlaubungsantrag. Wird dieser vom Gericht abgelehnt, kann er daraus den Schluss ziehen, dass das Gericht das Tatgeschehen auch seinem Mandanten zurechnet.

823 b) **Antragsberechtigt** sind der Angeklagte und der Verteidiger, der den Antrag für den Angeklagten, aber nicht gegen dessen Widerspruch (*Meyer-Goßner/Schmitt*, § 231c Rn 7), stellen kann. Das Antragsrecht des Angeklagten und das des Verteidigers sind voneinander unabhängig, sodass der **Widerspruch** des Angeklagten nicht daran hindert, den Verteidiger von der HV freizustellen.

824 c) Über den Antrag entscheidet das Gericht durch **Beschluss**. Der Beschluss gilt „**personenbezogen**". Ist also z.B. dem Angeklagten gestattet, sich während der Vernehmung eines Zeugen aus der HV zu entfernen, und verlassen daraufhin sowohl der Angeklagte als auch sein alleiniger Verteidiger den Sitzungssaal, obwohl dessen Beurlaubung weder beantragt noch vom LG genehmigt war, ist dessen „Beurlaubung" nicht vom Beschluss gedeckt (BGH NStZ 2013, 666 m. Anm. *Burhoff* StRR 2014, 62).

825 3. Die Beurlaubung des Angeklagten kann nach § 231c S. **3 jederzeit widerrufen** werden. Der Widerruf wird insbesondere dann in Betracht kommen, wenn sich nach Erlass des Freistellungsbeschlusses herausstellt, dass entgegen der Annahme des Gerichts der Angeklagte doch von dem Verhandlungsteil betroffen wird, von dem er an sich freigestellt worden ist. Angeklagter und Verteidiger müssen zum Widerruf gehört werden (§ 33). Im Zweifel wird das Gericht den Widerrufsbeschluss dem Angeklagten und seinem Verteidiger durch Zustellung bekannt machen (LR-*Becker*, § 231c Rn 15). Nach allgemeiner Meinung (vgl. u.a. *Meyer-Goßner/Schmitt*, § 231c Rn 12; KK-*Gmel*, § 231c Rn 12, jew. m.w.N.) ist eine Ladung des Angeklagten/Verteidigers zur weiteren HV nicht erforderlich; auch sollen die Ladungsfristen nicht eingehalten werden müssen (*Meyer-Goßner/Schmitt*, a.a.O.). Allerdings wird das Gericht darauf Rücksicht zu nehmen haben, dass sowohl Angeklagter als auch Verteidiger bis zur Zustellung des Widerrufsbeschlusses nicht mit einer (alsbaldigen) Pflicht zur (weiteren) Teilnahme an der HV rechnen mussten. Das bedeutet m.E., dass auf **zeitliche Dispositionen** (wie z.B. andere Termine des Verteidigers) **Rücksicht** genommen werden muss.

826 4. Hat die HV zu Teilen, die den Angeklagten wenigstens mittelbar betrafen, in Abwesenheit des Verteidigers oder des Angeklagten **ohne Gerichtsbeschluss** stattgefunden, liegt der Revisionsgrund des § 338 Nr. 5 vor (BGH NStZ 1985, 375; 2013, 666 m. Anm. *Burhoff* StRR 2014, 62; zur **Revision** s.a. *Meyer-Goßner/Schmitt*, § 231c Rn 24. m.w.N.; s. aber BGH StV 1995, 175 [stillschweigende Beschlussfassung über eine Verlängerung der Beurlaubung nicht generell ausgeschlossen]). Es wird i.Ü. bereits dann rechtsfehlerhaft in Abwesenheit eines Angeklagten verhandelt, wenn die in dem Beschluss über die Befreiung festgelegten inhaltlichen Begrenzungen des Verhandlungsgegenstandes nicht eingehalten werden. Dies ist z.B. der Fall, wenn in dem über den im

Beschluss bezeichneten Umfang hinaus ein Beweisantrag entgegengenommen und über diesen verhandelt wird (BGH NStZ 2010, 289; StraFo 20120, 141). Die Revision ist nicht dadurch ausgeschlossen/verwirkt, dass der Verteidiger des Angeklagten den Beurlaubungsantrag gestellt hat (BGH NStZ 2009, 400; 2010, 289).

4. Muster: Beurlaubungsantrag 827

▼

An das

Amtsgericht/Landgericht Musterstadt

In der Strafsache

gegen H. Mustermann

Az.:

wird beantragt,

den Angeklagten und mich am 3. Hauptverhandlungstag für die Dauer der Vernehmung der Zeugen A., B. und C. sowie während der Vernehmung der Mitangeklagten zur Person von der Teilnahme an der Hauptverhandlung zu beurlauben (§ 231c StPO).

Begründung:

In der Anklageschrift hat die Staatsanwaltschaft insgesamt 47 eigenständige Diebstahlstaten angeklagt. Mein Mandant war davon nur an den Taten 1 bis 11, 19 bis 25, 28 bis 34 sowie an den Taten 46 und 47 beteiligt. Die für den 3. Hauptverhandlungstag geladenen Zeugen A., B. und C. sollen Angaben zu den übrigen Taten, an denen mein Mandant nicht beteiligt war, machen. Während ihrer Vernehmung können mein Mandant und ich daher beurlaubt werden (BGHSt 32, 100).

Wir können außerdem während der Vernehmung der Mitangeklagten zu ihren persönlichen Verhältnissen beurlaubt werden, da die dann erörterten Umstände für den Schuld- und Rechtsfolgenausspruch hinsichtlich meines Mandanten ohne Bedeutung sind (BGHSt 31, 323, 330 ff.).

Rechtsanwalt

Siehe auch: → *Anwesenheitspflicht des Angeklagten*, Rdn 315; → *Entbindung des Angeklagten vom Erscheinen in der Hauptverhandlung*, Rdn 1386; → *Verhandlungsfähigkeit*, Rdn 2878.

| B | Beweisanregung |

828 Beweisanregung

> **Das Wichtigste in Kürze:**
> 1. Während der Verteidiger mit einem Beweisermittlungsantrag beim Gericht beantragt, bestimmte Beweise herbeizuschaffen oder zu ermitteln, schlägt er mit einer Beweisanregung entweder lediglich eine bestimmte Form der Beweisaufnahme vor.
> 2. Die Beweisanregung ist an keine bestimmte Form gebunden.
> 3. Da dem Gericht durch die Beweisanregung lediglich vorgeschlagen wird, einen bestimmten Beweis zu erheben, ist es grds. nicht verpflichtet, dem Vorschlag nachzugehen. Es muss die Zurückweisung der Beweisanregung auch nicht förmlich durch Beschluss gem. § 244 Abs. 6 bescheiden.

829 **Literaturhinweise: Bergmann**, Die Beweisanregung im Strafverfahren, MDR 1976, 888; **Gollwitzer**, Einschränkungen des Beweisantragsrechts durch Umdeutung von Beweisanträgen in Beweisanregungen, StV 1990, 420; **Herdegen**, Aufklärungspflichten, Beweisantragsrecht, Beweisantrag, Beweisermittlungsantrag, in: Gedächtnisschrift für *Karlheinz Meyer*, 1990, S. 188; s.a. die Hinw. bei → *Beweisantragsrecht, Allgemeines*, Rdn 971.

830 1. Während der Verteidiger mit einem → *Beweisermittlungsantrag*, Rdn 1007, beim Gericht beantragt, bestimmte Beweise herbeizuschaffen oder zu ermitteln, **schlägt** er mit einer Beweisanregung entweder **lediglich** eine bestimmte Form der **Beweisaufnahme vor**. Das kann z.B. die → *Gegenüberstellung von Zeugen*, Rdn 1581, oder die → *Wiederholung einer Beweiserhebung*, Rdn 3487, wie z.B. einer Zeugen- oder Sachverständigenvernehmung, sein. Möglich ist die Angabe des **Beweisziels**, was häufig bei einem „Beweisantrag", der lediglich Negativtatsachen in das Wissen von Zeugen stellt, der Fall ist (BGH NStZ 1999, 362; StV 2005, 115). Schließlich kann es auch darum gehen, eine Information aktenkundig zu machen (*Hamm/Hassemer/Pauly*, Rn 45; vgl. a. *Junker*, Rn 57 ff. m. Bsp. für Beweisanregungen; eingehend a. Alsberg/*Dallmeyer*, Rn 177 ff.). Die Beweisanregung ist damit sowohl gegenüber dem → *Beweisantrag*, Rdn 835, als auch gegenüber dem Beweisermittlungsantrag ein „**Minus**". Vom ersteren unterscheidet sich die Beweisanregung dadurch, dass sie – ebenso wie der Beweisermittlungsantrag – i.d.R. keine konkrete Beweisbehauptung enthält, von letzterem dadurch, dass es sich noch nicht einmal um einen Antrag i.e.S. handelt (zur Abgrenzung s.a. BGH NStZ 2001, 160).

> Für den Verteidiger **empfiehlt** sich die **Beweisanregung** insbesondere dann, wenn er nicht sicher ist, ob ein bestimmter Umstand für das Gericht von Bedeutung ist oder als bereits erwiesen angesehen wird, er aber nicht durch einen Beweisantrag zum Ausdruck bringen möchte, die Verteidigung habe insoweit Zweifel. Er wird zu diesem Mittel auch dann greifen, wenn er eine eindeutige Behauptung über das Ergebnis der „angeregten" Beweisaufnahme nicht aufstellen kann oder will (*Hamm/*

Hassemer/Pauly, Rn 48). Darüber hinaus wird er eine Beweisanregung – ebenso wie einen Beweisermittlungsantrag – immer dann wählen, wenn er hinreichend gewiss sein kann, dass die Beweiserhebung i.S.d. § 244 Abs. 2 erforderlich ist. Er wird aber auch bei der Beweisanregung im Auge behalten, welche **Folgen** das Ergebnis der angeregten Beweiserhebung für den Mandanten haben kann. Das gilt insbesondere dann, wenn das Ergebnis der Beweisaufnahme nur schwer abzuschätzen ist.

2. Die Beweisanregung ist an **keine** bestimmte **Form** gebunden. Sie kann in unterschiedlichen Formen erfolgen. Der Verteidiger kann sie z.B. in die Gestalt eines vollständig ausformulierten Beweisantrags kleiden (→ *Beweisantrag, Inhalt*, Rdn 951), die Beweiserhebung dann allerdings nicht beantragen, sondern nur „vorschlagen". Möglich ist aber auch ein (bloßer) Hinweis auf noch durchzuführende Ermittlungen oder auf bestimmte Formen der Beweiserhebung (s. Beck-*Michalke*, S. 548 m.w.N.). Das Gericht kann dem Verteidiger aufgeben, gem. § 257a seine Beweisanregung schriftlich abzugeben (→ *Schriftliche Antragstellung*, Rdn 2476). **831**

👉 Der Verteidiger muss sich seine **Formulierungen** sehr genau überlegen, damit **klar erkennbar** ist, was er will. Sind die Formulierungen dennoch ungeschickt, muss das Gericht klarstellen und es hat **im Zweifel** davon auszugehen, dass es sich um einen **Beweis-** oder wenigstens einen Beweisermittlungsantrag handelt, wenn die erforderlichen inhaltlichen Elemente enthalten sind (KK-*Krehl*, § 244 Rn 103).

3.a) Da dem **Gericht** durch die Beweisanregung lediglich vorgeschlagen wird, einen bestimmten Beweis zu erheben, ist es grds. **nicht verpflichtet**, dem Vorschlag nachzugehen. Es muss die Zurückweisung der Beweisanregung auch nicht förmlich durch **Beschluss** gem. § 244 Abs. 6 bescheiden (BGH NStZ 1982, 477; OLG Düsseldorf VRS 64, 216, 219; *Meyer-Goßner/Schmitt*, § 244 Rn 27; LR-*Becker*, § 244 Rn 170). Zutreffend geht m.E. aber das OLG Frankfurt am Main (StV 1988, 243 f.) davon aus, dass die Fürsorgepflicht des Gerichts es jedoch gebieten könne, in der HV die Gründe, die für die Ablehnung einer Beweisanregung ausschlaggebend gewesen sind, bekannt zu geben (s. *Herdegen*, S. 196; a.A. offenbar *Meyer-Goßner/Schmitt*, a.a.O.). Anderenfalls kann sich der Angeklagte/Verteidiger auf die Beweislage nicht einstellen. **832**

👉 Ausreichend ist die **Ablehnung** durch den Vorsitzenden (BGH NStZ 2008, 109; 2009, 401 [für Beweisermittlungsantrag]). Dagegen kann der Verteidiger aber gem. **§ 238 Abs. 2** das Gericht anrufen, das dann durch Beschluss entscheidet (BGH, a.a.O.; *Meyer-Goßner/Schmitt*, a.a.O. m.w.N.).

B	Beweisanregung

833 **b)** Drängt die → *Aufklärungspflicht des Gerichts*, Rdn 329, dieses dazu, den vorgeschlagenen Beweis zu erheben, muss es der Beweisanregung entsprechen (LR-*Becker*, § 244 Rn 123 ff. m.w.N.; zum Umfang der Aufklärungspflicht s.a. u.a. BGHSt 40, 3). **Übersieht** das Gericht seine aus der Beweisanregung erwachsene **Aufklärungspflicht**, kann das mit der Aufklärungsrüge in der **Revision** geltend gemacht werden (KK-*Krehl*, § 244 Rn 103; Alsberg/*Dallmeyer*, Rn 193).

 Wegen dieser möglicherweise gegebenen revisionsrechtlichen Bedeutung der Beweisanregung, muss der Verteidiger auf die **Aufnahme** seiner Beweisanregung in das → **Protokoll** *der Hauptverhandlung*, Rdn 2092, drängen. Der Vorsitzende muss die Beweisanregung in das Protokoll aufnehmen (*Meyer-Goßner/Schmitt*, § 244 Rn 27 m.w.N.). Verweigert er die Protokollierung, muss der Verteidiger ggf. nach § 273 Abs. 3 vorgehen (→ *Protokoll der Hauptverhandlung, wörtliche Protokollierung*, Rdn 2114).

834 **4. Muster: Beweisanregung**

▼

An das

Amtsgericht/Landgericht Musterstadt

In der Strafsache

gegen H. Mustermann

Az.:

wird angeregt, den bereits vernommenen und entlassenen Zeugen P. Müller erneut zu vernehmen.

Begründung:
Der Angeklagte hat durch ein Gespräch, das seine Mutter mit dem Zeugen geführt hat, erfahren, dass dieser sich nunmehr nicht mehr sicher ist, ob der Angeklagte am 24.10.2015 an der Konferenz in Düsseldorf teilgenommen hat. Er hat inzwischen mit der Protokollführerin gesprochen. Diese hat nicht ausschließen können, dass der Name des Angeklagten in das Sitzungsprotokoll aufgenommen worden ist, obwohl dieser an der Sitzung nicht teilgenommen hat. Die Richtigkeit dieses Protokolls war aber für den Zeugen, wie er bei seiner Vernehmung bekundet hat, Grundlage für die von ihm zur Teilnahme des Angeklagten gemachten Angaben.

Rechtsanwalt

▲

Siehe auch: → *Beweisantragsrecht, Allgemeines*, Rdn 971 m.w.N.

Beweisantrag

Das Wichtigste in Kürze:
1. Ein Beweisantrag ist das ernsthafte, unbedingte oder an eine Bedingung geknüpfte Verlangen eines Prozessbeteiligten, über eine die Schuld oder Rechtsfolgenfrage betreffende Behauptung durch bestimmte, nach der StPO zulässige Beweismittel, Beweis zu erheben.
2. Der Verteidiger zielt mit einem Beweisantrag i.d.R. auf die Überzeugungsbildung des Gerichts. Der Verteidiger kann einen Beweisantrag auch stellen, wenn er die von ihm behauptete Tatsache nur für möglich hält und deren Bestätigung erhofft.
3. Der Beweisantrag sollte i.d.R. kein Mittel sein, den Abschluss des Verfahrens in angemessener Zeit zu verhindern.

Literaturhinweise: Basdorf, Änderungen des Beweisantragsrechts und Revision, StV 1995, 310; **Beulke**, Der Beweisantrag, JuS 2006, 597; *ders.*, Rechtsmißbrauch im Strafprozeß – Eine Erwiderung auf *Pfister*, StV 2009, 554; **Börner**, Die Diskursfunktion des Beweisantrags, StraFo 2014, 133; **Burhoff**, Aktive Verteidigung – Widerstreit im Strafprozess?, StraFo 2008, 62; **Deckers**, Der strafprozessuale Beweisantrag, 2002; **Eschelbach**, Grundfragen des Beweisantragsrechts im Strafprozess, ZAP F. 22, S. 681; **Habetha**, Übergehen „unwahrscheinlicher" Beweisanträge ohne Ablehnungsgrund, StV 2011, 239; **Hadamitzky**, Anträge auf Beweiserhebung in der neueren Rechtsprechung des Bundesgerichtshofs, StraFo 2012, 297; **Herdegen**, Aufklärungspflicht – Beweisantragsrecht – Beweisantrag – Beweisermittlungsantrag, in: Gedächtnisschrift für *Karlheinz Meyer*, 1990, S. 188; **Karow**, Der Experimentalbeweisantrag im Strafprozess, 2002; **Klemke**, Festschreibung von Sachverhalten in der Hauptverhandlung – Protokollierungsanträge, affirmative Beweisanträge pp., StraFo 2013, 107; **Knauer**, Anträge auf Beweiserhebungen in der neueren Rechtsprechung des Bundesgerichtshofs, StraFo 2012, 473; **Kratsch**, Die Austauschbarkeit von Beweismitteln, JA 1983, 231; **Liemersdorf**, Beweisantragsrecht und Sachverhaltsaufklärung, StV 1987, 175; **Meyer**, Der Beweisantrag im Verkehrsordnungswidrigkeitenverfahren (insbesondere Geschwindigkeits-, Abstands-, Rotlichtverstöße, DAR-Extra 2011, 744; **Michalke**, Technik und Taktik des Beweisantrages, StraFo 1992, 98; **Perron**, Das Beweisantragsrecht des Beschuldigten im deutschen Strafprozeß, 1995; **Pfister**, Rechtsmißbrauch im Strafprozeß, StV 2009, 550; **Quedenfeld**, Beweisantrag und Verteidigung in den Abschnitten des Strafverfahrens bis zum erstinstanzlichen Urteil, in: Festgabe für *Karl Peters*, 1984, S. 215; **Sarstedt**, Der Beweisantrag im Strafprozeß, DAR 1964, 307; **Schlothauer**, Unzutreffende und unvollständige tatrichterliche Urteilsfeststellungen, StV 1992, 134; **Schulz**, Die Austauschbarkeit von Beweismitteln oder die Folge apokrypher Beweismittel, StV 1983, 341; **Schwenn**, Was wird aus dem Beweisantrag?, StV 1981, 631; **Thole**, Der Scheinbeweisantrag im Strafprozeß, 1992; **Trüg**, Beweisantragsrecht – Disziplinierung der Verteidigung durch erhöhte Anforderungen?, StraFo 2010, 139; **Ventzke**, „Warum stellen Sie denn keinen Beweisermittlungsantrag?" oder: Die revisionsrechtliche Aufklärungsrüge – ein beweisantragsrechtliches Problem, StV 2009, 655; *ders.*, Festschreibung von Beweisergebnissen der tatgerichtlichen Hauptverhandlung für die strafprozessuale Revision – ein Mythos?, HRRS 2010, 461; *ders.*, Beweisantrag – Bedeutungslosigkeit – Beruhen, in: HRRS-Gedächtnisgabe für *Gunter Widmaier*, S. 53; **Witting**, Präsentation von Beweisinhalten durch die Verteidigung, StraFo 2010, 133; s.a. die Hinw. bei → *Beweisantrag, Inhalt*, Rdn 951; → *Beweisantragsrecht, Allgemeines*, Rdn 971; → *Beweisermittlungsantrag, Allgemeines*, Rdn 1007 sowie → *Verteidigerhandeln und Strafrecht*, Rdn 3199.

1. Der Beweisantrag ist das **ernsthafte**, unbedingte oder an eine Bedingung geknüpfte **Verlangen** eines Prozessbeteiligten, über eine die Schuld oder Rechtsfolgenfrage betreffende

B Beweisantrag

Behauptung durch bestimmte, nach der StPO zulässige Beweismittel, **Beweis** zu **erheben** (st. Rspr.; vgl. u.a. BGHSt 1, 29 ff.; 6, 128; 30, 131; 39, 251, 253 f.; BGH NStZ 2007, 712; 2013, 476; 2014, 282; *Meyer-Goßner/Schmitt*, § 244 Rn 18; *Junker*, Rn 24; Alsberg/*Dallmeyer*, Rn 76 ff., 82 m.w.N.; vgl. a. Burhoff/*Stephan*, OWi, Rn 566 ff.).

☞ **Ersichtlich nicht ernsthaft** auf eine Beweiserhebung gerichtete – nur in das Gewand eines Beweisantrags gekleidete – Anträge sind keine Beweisanträge (vgl. dazu BGH NJW 2011, 1139; NStZ 2005, 45 [die „Beweisanträge" sind allerdings vom Tatgericht wegen Prozessverschleppung abgelehnt worden]).

838 Der Beweisantrag ist zu unterscheiden vom → *Beweisermittlungsantrag*, Rdn 1007, und von der (bloßen) → *Beweisanregung*, Rdn 828. Während der Beweisantrag das Gericht **verpflichtet**, den Antrag nach § 244 zu **bescheiden**, müssen Beweisermittlungsantrag und Beweisanregung nicht unbedingt beschieden werden und haben möglicherweise nur im Rahmen der → *Aufklärungspflicht des Gerichts*, Rdn 329, Bedeutung (zur Abgrenzung von Beweis- und Beweisermittlungsantrag s. BGH NJW 1993, 867; NStZ 2008, 109; 2009, 401; OLG Köln StV 1999, 82; s.a. BGHSt 39, 251 [für Wahrnehmungen als Gegenstand eines Zeugenbeweises, von denen auf andere Tatsachen geschlossen werden soll]). Dieser Unterschied hat Auswirkungen auf den Inhalt des Beweisantrags (→ *Beweisantrag, Inhalt*, Rdn 951).

839 **2.a)** Der Verteidiger zielt mit einem Beweisantrag i.d.R. auf die **Überzeugungsbildung** des Gerichts (*Junker*, Rn 21; s.a. *Hamm/Hassemer/Pauly*, Rn 1325 ff.). Dies kann er erreichen, indem er entweder versucht, mit dem Beweisantrag bzw. -ergebnis, die Anklage bzw. deren Beweise dadurch zu erschüttern, dass er für den Angeklagten entlastende Umstände in das Verfahren einführen will oder auch strafzumessungserhebliche Tatsachen bewiesen werden sollen. In der HV wird der Verteidiger einen Beweisantrag zudem immer dann stellen, wenn er zu einer bestimmten (Beweis-)Frage eine **Entscheidung** des Gerichts **bekommen** möchte, aus der er ablesen kann, wie das Gericht diese Frage sieht: Ob es sie also z.B. als offenkundig beurteilt, also als allgemein- oder gerichtskundig, oder ob es sie ggf. als wahr unterstellen will (vgl. dazu *Deckers*, S. 8; *Börner* StraFo 2014, 133). In diesen Fällen muss der Verteidiger seinen (Beweis-)Antrag so formulieren, dass er eindeutig als Beweisantrag zu erkennen ist und das Gericht den Antrag bescheiden muss (→ *Beweisantrag, Inhalt*, Rdn 951). Hier haben dann für den Verteidiger die Gründe, aus denen ein Beweisantrag abgelehnt werden kann, Bedeutung (→ *Beweisantrag, Ablehnungsgründe*, Rdn 858 [dort a. zu den o.a. Begriffen]; s.a. u. Rdn 845), da er seinen Beweisantrag immer auch mit Blick auf die (möglichen) Ablehnungsgründe formulieren muss, um so ggf. zu erfahren, welche Bedeutung eines (Beweis)Tatsache für das Gericht hat (*Börner*, a.a.O.).

840 Ein **Beweisantrag empfiehlt** sich zudem immer dann, wenn ersichtlich ist, dass das Gericht einen → *Beweisermittlungsantrag*, Rdn 1007, allein wegen seiner Form übergehen wird.

Darüber hinaus kommt er dann in Betracht, wenn der Verteidiger sich **nicht sicher** ist, ob sich die Bedeutung des von ihm als erheblich angesehenen Beweisthemas dem Gericht im Rahmen der ihm nach § 244 Abs. 2 obliegenden → *Aufklärungspflicht des Gerichts*, Rdn 329, auch „von Amts wegen" erschließt.

b)aa) Häufig ist der Verteidiger **nicht** in der **Lage**, eine bestimmte **Tatsache sicher** zu **behaupten**. In eine solche Situation wird er in der HV insbesondere dann geraten können, wenn sich erst hier aufgrund der Beweisaufnahme überraschend ergibt, dass möglicherweise noch andere, bislang unbekannte Beweismittel zur Verfügung stehen (könnten). Das kann z.B. der Fall sein, wenn aufgrund der Aussage eines Zeugen auch ein anderer als der Angeklagte die angeklagte Tat begangen haben könnte, der nun als Zeuge zu vernehmen wäre. In diesen Fällen kann der Verteidiger auf jeden Fall einen → *Beweisermittlungsantrag*, Rdn 1007, stellen (zur Abgrenzung s.a. BayObLG NJW 1996, 331).

841

Er kann sich aber auch auf die **h.M.** in der Rspr. berufen, nach der das **sichere Wissen** des Verteidigers über die Erweislichkeit der von ihm aufgestellten **Behauptung keine Voraussetzung** des eigentlichen Beweisantrags ist (*Hamm/Hassemer/Pauly*, Rn 120 ff.; KK-*Krehl*, § 244 Rn 72). Nach dieser Rspr. ist es ausreichend, wenn der Verteidiger im Beweisantrag die von ihm behauptete **Tatsache nur** für **möglich** hält und deren Bestätigung erhofft (st. Rspr.; vgl. u.a. BGHSt 21, 118, 121; BGH NJW 1993, 867; 2011, 1299; NStZ 2003, 497; NStZ 2006, 405; zuletzt BGH NStZ 2013, 536; KG StraFo 2012, 20, 2015, 208; OLG Hamburg StV 1999, 81 f.; OLG Köln StV 1999, 82 f.; *Meyer-Goßner/ Schmitt*, § 244 Rn 20 m.w.N.; s.a. *Michalke* StV 1989, 235 ff. in der Anm. zu BGH NStZ 1989, 36; *Hamm/Hassemer/Pauly*, a.a.O.; Alsberg/*Dallmeyer*, Rn 99 ff.; *Hadamitzky* StraFo 2012, 297, 299 ff.).

842

✍ Der Verteidiger kann daher auch dann beantragen, einen Zeugen „zum Beweis der Tatsache zu vernehmen, dass ...", wenn er sich das behauptete Beweisergebnis **bloß erhofft**. Von Bedeutung wird sein, ob der Verteidiger/Angeklagte ggf. einen tatsächlichen Anknüpfungspunkt für seine Behauptung hat (vgl. die Fallgestaltung bei BGH NStZ 2013, 536).

bb) Der Antrag darf vom Gericht nicht mit der Begründung abgewiesen werden, der Verteidiger kenne die behauptete Tatsache nicht aus eigenem Wissen oder er sei sich des Erfolgs der Beweiserhebung nicht sicher (BGH NStZ 1981, 309; s.a. NJW 1988, 1859). Etwas gilt nach der Rspr, wenn es sich um eine **Behauptung „ins Blaue"** handelt (BGH NJW 1993, 867; 2011, 1239; NStZ 2003, 497; 2004, 51; 2008, 52, 53; 2013, 476 m. Anm. *Junker* StRR 2013, 182; NStZ 2013, 536; *Schneider* NStZ 2012, 169 in der Anm. zu BGH NJW 2011, 1239; → *Beweisantrag, Inhalt*, Rdn 967). Dann handelt es sich nur um einen „Scheinbeweisantrag", dem nachzugehen auch die → *Aufklärungspflicht des Gerichts*, Rdn 329, nicht erfordert (BGH NJW 1997, 2762, 2764 [obiter dictum]; *Meyer-Goßner/Schmitt*,

843

§ 244 Rn 20; a.A. *Trüg* StraFo 2010, 139, 142; *Habetha* StV 2011, 242). Ein (zunächst ordnungsgemäßer Beweis-)Antrag kann die Eigenschaft eines nach § 244 zu bescheidenden Beweisantrages verlieren, wenn der Antragsteller in Kenntnis einer freibeweislichen Widerlegung der Beweisbehauptung an dem **Antrag festhält**, ohne sich dazu zu äußern, warum er (weiterhin) davon ausgehen kann, dass die förmliche Beweiserhebung zur Bestätigung der Beweisbehauptung führen wird (KG StV 2015, 103 m. Anm. *Junker* StRR 2014, 64). Denn ist die Bestätigung der Beweisbehauptung aus der Sicht eines verständigen Antragstellers auf der Grundlage der von diesem nicht in Frage gestellten Tatsachen unwahrscheinlich geworden, handelt es sich um einen tatsächlich nicht zum Zwecke der Wahrheitsermittlung, sondern vielmehr nur noch aus Gründen sachwidriger Prozesstaktik gestellten, missbräuchlichen Scheinbeweisantrag (KG, a.a.O.).

> Die in der Rspr. des **BGH diskutierte Frage**, ob es sich bei einem Antrag, der zwar zum Nachweis einer bestimmten Beweistatsache ein konkretes Beweismittel bezeichnet, es sich aber dennoch nicht um einen „Beweisantrag" handelt, wenn es sich bei der Beweistatsache um eine ohne jede tatsächliche und argumentative Grundlage aufs Geratewohl, ins Blaue hinein aufgestellte Behauptung handelt (offengelassen von BGH StV 2008, 9; StraFo 2010, 466; bej. BGH NStZ 2008, 52; abl. KK-*Krehl*, § 244 Rn 72; vgl. auch noch *Meyer-Goßner/Schmitt*, § 244 Rn 20a; *Habetha* StV 2011, 139, 142; *Hadamitzky* StraFo 2012, 297, 299 ff.; *Knauer* StraFo 2012, 473, 475) hat Auswirkungen, wie mit diesem Antrag umzugehen ist. Nach Auffassung des BGH (a.a.O.) ist aus der Sicht eines verständigen Angeklagten auf der Grundlage des von ihm selbst nicht infrage gestellten Beweisergebnisses zu prüfen/davon auszugehen, ob ein Beweisantrag aufs Geratewohl gestellt ist (a.A. KK-*Krehl*, a.a.O.).

844 In den o.a. Fällen muss der Verteidiger damit **rechnen**, vom Gericht nach der **Quelle** seines Wissens **gefragt** zu werden (zur Zulässigkeit *Fahl*, S. 482 ff.; zur Begründung des Beweisantrages → *Beweisantrag, Begründung*, Rdn 905). Dazu wird die Auffassung vertreten, dass, wenn der Verteidiger darauf keine oder keine ausreichende Antwort gibt, der Beweisantrag wie ein → *Beweisermittlungsantrag*, Rdn 1007, behandelt werden könne (so u.a. BGH NJW 1999, 2683 m.w.N.; *Meyer-Goßner/Schmitt*, § 244 Rn 20; a.A. BGH NStZ 1987, 181; NJW 1983, 126 f.; *Hamm/Hassemer/Pauly*, Rn 124; *Herdegen* NStZ 1999, 178; s.a. *Ventzke* StV 2009, 655). Dies dürfte jedoch zumindest dann **nicht zutreffend** sein, wenn der Angeklagte sich nicht zur Sache eingelassen hat (Beck-*Michalke*, S. 530) oder wenn sich die Beweisbehauptung auf Umstände bezieht, die der Angeklagte nicht kennen kann (OLG Hamburg StV 1999, 81 f.). Denn daraus können, auch im Hinblick auf Fragen des Gerichts, keine für den Angeklagten negativen Schlüsse gezogen werden, sodass auch eine vom Verteidiger aufgestellte Beweisbehauptung einer Beweiswürdigung entzogen ist (vgl. näher dazu *Michalke* in der Anm. zu BGH StV 1989, 234, 235).

c) Ein Beweisantrag ist für den Verteidiger auch der Erfolg versprechendste Weg, wenn er das Gericht für das Urteil an bestimmte **Sachverhaltsfeststellungen binden** und falschen Darstellungen von Beweisergebnissen im Urteil vorbeugen will. Er stellt dann einen sog. **affirmativen Beweisantrag**, in dem er einen für seinen Mandanten günstigen Sachverhalt unter Beweis stellt, der nach seiner Auffassung bereits aufgrund der bisherigen Beweisaufnahme für alle Prozessbeteiligten feststehen müsste. Der Verteidiger benennt für diesen (bekannten) Sachverhalt dann lediglich bislang **nicht herangezogene Beweismittel** und erstrebt eine **Ablehnung** des Beweisantrags, weil das Gericht die behauptete Beweistatsache bereits als erwiesen ansieht oder sie zumindest als wahr unterstellen kann (s. → *Beweisantrag, Ablehnungsgründe*, Rdn 858). Wird aus diesen Gründen der Beweisantrag abgelehnt, kann der Verteidiger davon ausgehen, dass der behauptete Sachverhalt Grundlage des Urteils wird. Will das Gericht sich nicht binden lassen, wird es dem Antrag nachgehen und die beantragten Beweise erheben müssen (vgl. *Sommer* ZAP F. 22, S. 115 f. m.w.N.; zum affirmativen Beweisantrag bzw. zur Festschreibung des Beweisergebnisses auch *Malek*, Rn 600; *Junker*, Rn 197 ff.; *Ventzke* HRRS 2010, 461; *Klemke* StraFo 2013, 107, 110; wegen weiterer Einzelh. und zu weiteren Möglichkeiten des Verteidigers, in der HV den Sachverhalt „festzuschreiben", *Schlothauer* StV 1992, 134; *Malek*, Rn 597 ff.).

845

3. Hinweis für den Verteidiger!

846

Der Beweisantrag ist sicherlich eines der wesentlichsten Instrumente, mit denen der Verteidiger auf den Gang der HV und das Verhandlungsergebnis einwirken kann. Er sollte aber i.d.R. **kein Mittel** sein, den **Abschluss** des **Verfahrens** in angemessener Zeit zu **verhindern**, auch wenn der ein oder andere Verteidiger das manchmal anders sieht. Denn der Verteidiger ist – zumindest nach der Rspr. – nicht (nur) einseitiger Interessenvertreter des Beschuldigten. Vielmehr ist er danach auch (mit-)verpflichtet, dafür zu sorgen, dass das Strafverfahren in geordneten justizförmigen Bahnen verläuft (BGHSt 38, 138, 140). Allerdings sind weder er noch der Angeklagte grds. daran gehindert, sich solcher Verteidigungsmittel zu bedienen, die das Gericht im Nachhinein als „fragwürdig" ansieht (OLG Koblenz StV 1996, 14).

Jeder Verteidiger sollte sich daher bei seinen Überlegungen, ob er weitere Beweisanträge stellt oder nicht, immer fragen, ob diese zur **Sachverhaltsaufklärung** noch notwendig sind oder ob sie nur den Abschluss des Verfahrens verzögern. Ist das Letztere der Fall, sollte er die Antragstellung i.d.R. unterlassen. Allerdings sind sicherlich „extreme Situationen" denkbar, in denen man eine „Gewissensentscheidung" des Verteidigers, einen Beweisantrag allein aus Gründen der Zeitverzögerung zu stellen, nicht beanstanden kann (so *Hamm/Hassemer/Pauly*, Rn 137 [für den Fall, dass dadurch die absolute Verjährung erreicht werden kann]). Davon zu unterscheiden sind aber die Situationen, in denen der bzw. die Beweisanträge über einen längeren Zeitraum hinweg nur noch das Ziel ha-

847

ben, den Abschluss des Verfahrens innerhalb einer angemessenen Zeit zu verhindern (vgl. die Fallkonstellation bei BGH NJW 2005, 2466 und die Kritik an der dort dargestellten Verteidigungspraxis von *Dahs* StV 2006, 116 in der Anm. zu BGH, a.a.O.; s.a. BGH NStZ 2005, 341; 2009, 168; StraFo 2006, 497 und wistra 2009, 446). Dann sieht sich m.E. der Verteidiger häufig zu Recht dem Vorwurf der sog. **Konfliktverteidigung** ausgesetzt (vgl. dazu LG Wiesbaden NJW 1995, 409 f.; zum Begriff der Konfliktverteidigung s. *Burhoff* StraFo 2008, 62). Mit den Fragen und Folgen rechtsmissbräuchlicher Antragstellung beschäftigen sich *Fahl*, S. 1 ff. [allgemein], S. 487 ff. [zum Beweisantrag eingehend m.w.N.]; *Krehl* NStZ 1997, 212; KK-*Krehl*, § 244 Rn 113; *Herdegen* NStZ 2000, 1, 6 ff.; *Beulke* StV 2009, 554; *Kempf* StV 1996, 507; *Malmendier* NJW 1997, 227; *Niemöller* StV 1996, 501; *Pfister* StV 2009, 550; *Bünger* NStZ 2006, 305 in der Anm. zu BGH NJW 2005, 2466; *Senge* NStZ 2002, 225, 229; *Krehl* StV 2010, 423; *Thomas* StV 2010, 428; *Schneider*, S. 607 ff., der in diesen Fällen ggf. den Tatbestand der **Strafvereitelung** bejaht, und eingehend a. Alsberg/*Güntge*, Rn 1250 ff.; zur Erforderlichkeit einer allgemeinen gesetzlichen strafprozessualen Missbrauchsklausel s. *Kröpil* ZRP 1997, 9 (s.a. BGHSt 38, 111; → *Beweisantrag, Antragsberechtigung*, Rdn 898).

Der BGH „hilft" inzwischen in den Fällen extremer Verfahrensverzögerung dadurch, dass er den Gerichten die Möglichkeit gibt, eine **Frist** für die **Stellung** eines **Beweisantrags** zu setzen (vgl. u.a. BGH NJW 2005, 2466; NStZ 2007, 716; BGHSt 52, 355; NJW 2011, 2821; einschr. BGH StV 2009, 581 [insoweit nicht in BGHSt 54, 39]). Das ist jedoch mit Sicherheit nicht der richtige Weg, da er in klarem Widerspruch zum Wortlaut des § 246 steht (abl. a. KK-*Krehl*, a.a.O.; → *Verspätete Beweisanträge/Fristsetzung*, Rdn 3179).

848   3. Muster: Beweisantrag

Bei dem nachstehenden Muster handelt es sich um einen einfachen Beweisantrag (wegen des notwendigen Inhalts bei anderen Beweismitteln **s.a.** → *Beweisantrag, Formulierung: Augenscheinseinnahme*, Rdn 914, mit Antragsmuster, Rdn 918; → *Beweisantrag, Formulierung: Sachverständigenbeweis*, Rdn 919, mit Antragsmuster, Rdn 926; → *Beweisantrag, Formulierung: Urkundenbeweis*, Rdn 927, mit Antragsmuster, Rdn 936; → *Beweisantrag, Formulierung: Zeugenbeweis*, Rdn 939, mit Antragsmuster, Rdn 950).

An das

Amtsgericht/Landgericht Musterstadt

In der Strafsache

gegen H. Mustermann

Az.:

wird beantragt,

Herrn Fritz Meier,

Mustermannstraße 5, Musterstadt

als Zeugen zum Beweis der Tatsache zu vernehmen, dass die Fußgängerampel für die Fußgänger auf „Rot" geschaltet war, als der Verletzte, Herr F., den Fußgängerüberweg überquerte.

Rechtsanwalt

Siehe auch: → *Beweisantragsrecht, Allgemeines*, Rdn 971 m.w.N.; → *Revision, Allgemeines*, Rdn 2211 m.w.N.

Beweisantrag, Ablehnungsbeschluss

Das Wichtigste in Kürze:
1. Nach § 244 Abs. 6 bedarf die Ablehnung eines Beweisantrags eines Gerichtsbeschlusses.
2. Der Gerichtsbeschluss muss die Gründe der Ablehnung enthalten.
3. Für die Anordnung der Beweisaufnahme bedarf es keines Beschlusses.
4. Über den Antrag muss zeitlich bis zu dem in § 258 bezeichneten Schluss der Beweisaufnahme entschieden werden.
5. Der Ablehnungsbeschluss muss als wesentliche Förmlichkeit der HV in das Protokoll der HV aufgenommen werden. der Verteidiger hat einen Anspruch auf eine Abschrift der Entscheidung.

Literaturhinweise: Hanack, Zur Austauschbarkeit von Beweismitteln im Strafprozeß, JZ 1970, 562; s.a. die Hinw. bei → *Beweisantrag, Ablehnungsgründe*, Rdn 858 und → *Beweisantragsrecht, Allgemeines*, Rdn 971.

| **B** | **Beweisantrag, Ablehnungsbeschluss** |

851   1. Nach § 244 Abs. 6 bedarf die **Ablehnung** eines Beweisantrags eines **Gerichtsbeschlusses** (zuletzt u.a. BGH NJW 2011, 2821. Die Bescheidung erst in den **Urteilsgründen** ist **nur** zulässig, wenn es sich um einen → *Hilfsbeweisantrag*, Rdn 1708, handelt (BGH NStZ 2005, 395) und ggf. dann, wenn der Beweisantrag zur Prozessverschleppung gestellt worden ist (vgl. dazu BGH NJW 2011, 2821; → *Beweisantrag, Ablehnungsgründe*, Rdn 563; → *Verspätete Beweisanträge/Fristsetzung*, Rdn 3179).

🖉 Das Fehlen eines Gerichtsbeschlusses kann **unschädlich** sein, wenn der Angeklagte aufgrund von **Äußerungen** des **Gerichts** davon ausgehen muss, dass ein Beschluss über einen gestellten (Beweis-)Antrag nicht mehr ergehen wird und er das widerspruchslos hingenommen hat (so wohl BGH NStZ 2009, 649).

Wird die Bescheidung des Beweisantrages in der HV unterlassen, bedarf es für die Zulässigkeit der Verfahrensrüge, mit der dieser Verfahrensverstoß in der Revision geltend gemacht wird, **nicht** einer **Beanstandung** nach § **238 Abs. 2** (BGH NJW 2011, 2821). Das gilt auch, wenn das Verfahrensgeschehen in Zusammenhang mit einer Fristsetzung durch den Vorsitzenden (→ *Beweisantrag, Ablehnungsgründe*, Rdn 889 ff.; → *Verspätete Beweisanträge/Fristsetzung*, Rdn 3179 ff.) steht. Gegenstand der Rüge ist hier nämlich nicht die Fristsetzung zur Stellung von Beweisanträgen durch den Vorsitzenden als solche, sondern die unterbliebene Bescheidung des Beweisantrags in der HV (BGH, a.a.O.).

852   **2.a)** Der Gerichtsbeschluss muss die Gründe der Ablehnung enthalten (eingehend zu allem KK-*Krehl*, § 244 Rn 118 ff.; Alsberg/*Güntge*, Rn 1423 ff.). Das Gericht muss die **Gründe** so **konkret** abfassen, dass dadurch dem Antragsteller Gelegenheit gegeben wird, sich in seinem weiteren Verhalten im Verfahren auf die Ablehnung des Antrags einzustellen und dass dem Revisionsgericht die rechtliche Überprüfung der Ablehnung ermöglicht wird (st. Rspr.; s. z.B. BGHSt 40, 60; BGH StV 2007, 176; NStZ-RR 2014, 318; OLG Koblenz StV 2013, 553; vgl. a. BGH NStZ 2004, 51 [argumentativ hoher Aufwand für Ablehnung eines Beweisantrags als „Scheinbeweisantrag"; *Meyer-Goßner/Schmitt*, § 244 Rn 41a m.w.N.). I.d.R. wird es nicht sachgerecht sein, wenn sich das Tatgericht auf mehrere Ablehnungsgründe stützt, wenn diese nicht ausreichend dargelegt sind oder sich sogar gegenseitig ausschließen (st. Rspr., vgl. u.a. BGH, a.a.O.; OLG Koblenz NStZ-RR 2010, 344 [Ls.]). Eine unzulängliche Begründung kann nicht in den Urteilsgründen nachgeholt werden (BGH StV 2007, 176; 2010, 556; OLG Brandenburg, Beschl. v. 25.2.2013 – [1] 53 Ss 15/13, insoweit nicht in StRR 2013, 282 [Ls.]; *Meyer-Goßner/Schmitt*, § 244 Rn 42 m.w.N.). Der Beschluss der Gerichts ist **auslegungsfähig** (vgl. u.a. BGHSt 48, 268; krit. dazu *Fürstenau* StV 2004, 468).

👉 Allerdings muss der Verteidiger, wenn er den Eindruck hat, dass das Gericht ihn missverstanden hat, das **unverzüglich** und nicht erst mit der Revision **rügen** (BGH NStZ 2002, 656) und muss **Missverständnissen** des Gerichts über den Umfang des von ihm gestellten Beweisantrags **entgegentreten** (BGH NStZ 2007, 579; 2009, 171; NStZ-RR 2008, 382; vgl. auch noch NJW 2011, 2821). Kann also der Verteidiger aus der Begründung des Ablehnungsbeschlusses entnehmen, dass das Gericht den Beweisantrag nicht so wertet/versteht, wie er ihn verstanden wissen will, muss er gegen die Ablehnung des Beweisantrags „**Widerspruch**" einlegen; anderenfalls kann er auf die Ablehnung später die Revision nicht stützen (BGH NStZ-RR 2008, 382).

Der Verteidiger hat auch die Möglichkeit, gegen den ablehnenden Beschluss **Gegenvorstellungen** zu erheben, wenn er der Auffassung ist, dass das Tatgericht Umstände, die er zur Grundlage seines Antrags hat machen wollen, bei der Entscheidung nicht berücksichtigt hat (BGH, a.a.O.). Diese Pflicht besteht auch für die StA (BGH NStZ 2003, 381). Wird sie versäumt, steht das dem Erfolg der Revision entgegen (BGH NStZ 2002, 656; 2003, 381; StraFo 2011, 551 [Reaktion unerlässlich]).

Es besteht aber nicht die Möglichkeit, einen abgelehnten Beweisantrag zu wiederholen. Der „neue" Beweisantrag kann dann vom Gericht mit der Begründung abgelehnt werden, er ziele nur auf eine **Wiederholung** der **Beweisaufnahme** ab (BGH NStZ 2006, 406). Es muss allerdings Identität der Beweismittel bestehen (vgl. dazu BGH, a.a.O. [Inaugenscheinnahme eines Films in Zeitlupengeschwindigkeit und diejenige von (vergrößerten) Einzelbildern (Standbildern) haben nicht denselben Beweisgegenstand zum Inhalt]; → *Wiederholung einer Beweiserhebung*, Rdn 3487).

b) Die **Anforderungen** an die **Begründung** des Ablehnungsbeschlusses sind je nach dem herangezogenen Ablehnungsgrund **unterschiedlich** hoch (vgl. dazu eingehend *Hamm/Hassemer/Pauly*, Rn 188 ff.; *Alsberg/Güntge*, Rn 1427 ff.). Ggf. kann die bloße Wiedergabe des Gesetzestextes genügen, i.d.R. wird das jedoch nicht ausreichen (*Meyer-Goßner/Schmitt/Schmitt*, § 244 Rn 41 m.w.N.; vgl. auch KG NStZ 2007, 480 [keine formelhaften und allgemeinen Wendungen]). Für die Ablehnung eines Beweisantrags wegen Bedeutungslosigkeit fordert der BGH z.B. eine Begründung, die der Würdigung von durch eine Beweisaufnahme gewonnenen Indiztatsachen in den Urteilsgründen entspricht (BGH StV 2007, 176; ähnl. BGH StraFo 2007, 331). Wird ein (Beweis-)Antrag wiederholt bzw. werden gegen die Ablehnung eines Beweisantrags Gegenvorstellungen erhoben, wobei keine neuen tatsächlichen oder rechtlichen Aspekte vorgetragen werden, genügt die Bezugnahme auf den ersten Ablehnungsbeschluss (BGH NStZ 2008, 230).

👉 Das Gericht kann – auch gegen den Willen des Antragstellers – das angebotene Beweismittel **austauschen** (etwa BGHSt 22, 347, 349; BGH NStZ 1983, 86; 2008,

529; StRR 2013, 96; krit. LR-*Becker*, § 244 Rn 145). Allerdings muss das gewählte andere Beweismittel dem angebotenen mindestens gleichwertig sein (BGH NStZ 2008, 529). Das wird z.B. verneint, wenn das Gericht einen Zeugen durch einen anderen ersetzen will und es auf die individuelle Wahrnehmung des angebotenen Zeugen ankommt (ähnlich BGH NJW 2011, 1299). Ein Austausch soll aber dann zulässig sein, wenn das gewählte Beweismittel gegenüber dem angebotenen eine gleiche oder bessere Erkenntnisquelle darstellt (BGH, a.a.O.).

854 3. Für die **Anordnung** der **Beweisaufnahme** bedarf es keines Beschlusses. Sie kann durch den **Vorsitzenden** im Rahmen der ihm nach § 238 Abs. 1 zustehenden → *Verhandlungsleitung*, Rdn 2889, erfolgen. Der Vorsitzende muss die Anordnung auch nicht begründen.

Wird die Notwendigkeit und Sachdienlichkeit einer Beweiserhebung bestritten, ist gem. § 238 Abs. 2 die **Entscheidung** des **Gerichts** herbeizuführen (*Meyer-Goßner/Schmitt*, § 244 Rn 40; KK-*Krehl*, § 244 Rn 115).

Das Gericht kann einen Beweisantrag, dem es **zunächst stattgegeben** hat, später noch ablehnen (OLG Hamm StraFo 2006, 73). Allerdings bedarf es dazu eines neuerlichen, nach Anhörung des Beteiligten zu erlassenden und zu begründenden Beschlusses (BGHSt 32, 10).

855 4. Über den Antrag muss **zeitlich** bis zu dem in § 258 bezeichneten → **Schluss der Beweisaufnahme**, Rdn 2473, entschieden werden (wegen der Möglichkeit, über einen Hilfsbeweisantrag ggf. erst in den Urteilsgründen zu entscheiden → *Hilfsbeweisantrag*, Rdn 1716 f.). Der Verteidiger und der Angeklagte haben keinen Anspruch auf sofortige bzw. alsbaldige Entscheidung (BGH NStZ 2011, 168; LR-*Becker*, § 244 Rn 133; *Meyer-Goßner/Schmitt*, § 244 Rn 44; Alsberg/*Güntge*, Rn 1447; krit. *Hamm/Hassemer/Pauly*, Rn 198 ff.). Die Entscheidung kann aus Gründen der „Prozessökonomie" zurückgestellt werden, es sei denn eine zeitnahe Entscheidung ist (ausnahmsweise) unter dem Gesichtspunkt der Verfahrensfairness geboten (BGH, a.a.O.). Der Beschluss muss jedoch so rechtzeitig ergehen, dass Angeklagter und/oder Verteidiger ihr weiteres Prozessverhalten auf die Ablehnung der beantragten Beweiserhebung einrichten können. Das bedeutet, dass Ablehnungsbeschluss und Urteilsverkündung nicht zusammenfallen dürfen (KK-*Krehl*, § 244 Rn 60; *Hamm/Hassemer/Pauly*, Rn 199, jew. unter Hinw. auf RGSt 58, 79, 80). Die Entscheidung über einen Beweisantrag kann somit längstens bis zum → *Schluss der Beweisaufnahme*, Rdn 2473, zurückgestellt werden (BGH, a.a.O.).

✍ Ist über einen Beweisantrag nicht rechtzeitig vor der Urteilsverkündung entschieden, muss der Verteidiger auf die **Entscheidung** drängen (s. wohl BGH NStZ 2011, 168). Wird sie vom Gericht erst in **Zusammenhang** mit der → *Urteilsverkündung*, Rdn 2761, verkündet, muss er ggf. sofort → *Unterbrechung der Hauptverhandlung*, Rdn 2701, beantragen, um in Ruhe mit dem Mandanten das weitere Vorgehen zu besprechen. Wird die Unterbrechung durch den Vorsitzenden abgelehnt, muss der Verteidiger diese Entscheidung beanstanden und nach § 238 Abs. 2 einen Gerichtsbeschluss beantragen.

Hat das Gericht sehr lange für die Entscheidung über den Beweisantrag gebraucht, kann/muss der Verteidiger mit dieser **langen Zeit argumentieren**, um eine Unterbrechung der HV bzw. ggf. sogar deren Aussetzung zu beantragen (vgl. das Fallbeispiel bei *Hamm/Hassemer/Pauly*, Rn 201).

5.a) Der Ablehnungsbeschluss muss als wesentliche Förmlichkeit der HV in das → *Protokoll der Hauptverhandlung*, Rdn 2092, aufgenommen werden.

b) Nach § 35 Abs. 1 S. 2 hat der Verteidiger einen **Anspruch** auf **Erteilung** einer **Abschrift** der Entscheidung. Nicht eindeutig geklärt ist in der Lit., ob der Verteidiger einen Anspruch darauf hat, dass ihm diese Abschrift sofort bei Verkündung der Entscheidung ausgehändigt wird. Dies wird von LR-*Graalmann-Scheerer* (§ 35 Rn 12) und wohl auch für alle Beschlüsse, wozu auch der einen Beweisantrag ablehnende Beschluss gehört, bejaht, allerdings mit der Einschränkung, dass dafür nicht die HV unterbrochen werden muss (ähnlich Alsberg/*Güntge*, Rn 1449 f.), von *Meyer-Goßner/Schmitt* (§ 35 Rn 6) hingegen grds. verneint, für mehrtägige HV und längere Beschlüsse hingegen bejaht (ähnl. *Malek*, Rn 406; so a. für längere Beschlüsse BGH NStZ 2008, 110).

✍ M.E. gebietet es die **Fürsorgepflicht** des Gerichts und der Grundsatz des „fair-trial", dem Verteidiger auf jeden Fall **sofort** eine **Abschrift** der Entscheidung zukommen zu lassen (s.a. *Malek*, a.a.O.; Alsberg/*Güntge*, a.a.O.). Anderenfalls kann er sich, insbesondere bei längeren Beschlüssen, in seiner Verteidigungsstrategie nicht auf die Entscheidung des Gerichts einstellen (vgl. dazu a. BGH, a.a.O.). Die Abschrift ist i.Ü. **kostenfrei** (vgl. Nr. 9000 Anm. 2 KV GKG).

Siehe auch: → *Beweisantragsrecht, Allgemeines*, Rdn 971 m.w.N.

Beweisantrag, Ablehnungsgründe

> **Das Wichtigste in Kürze:**
> 1. § 244 Abs. 3 führt die Gründe auf, mit denen ein Beweisantrag abgelehnt werden darf. § 244 Abs. 4 ergänzt diese Gründe für den Beweisantrag auf Vernehmung eines (weiteren) SV.
> 2. Der Verteidiger muss darauf achten, dass er nicht eine unzulässige Beweiserhebung beantragt, da dies nach § 244 Abs. 3 S. 1 zwingend zur Ablehnung seines Beweisantrags führt.
> 3. Über offenkundige, also über allgemein- oder gerichtskundige Tatsachen braucht das Gericht keinen Beweis zu erheben.
> 4. Ein Beweisantrag kann auch mit der Begründung abgewiesen werden, die Beweistatsache sei aufgrund des bisherigen Ergebnisses der Beweisaufnahme bereits erwiesen.
> 5. Auch über Tatsachen, die bedeutungslos sind, muss nicht Beweis erhoben werden.
> 6. Ist ein Beweismittel völlig ungeeignet, kann ein Beweisantrag mit dieser Begründung abgelehnt werden.
> 7. Wegen Unerreichbarkeit des Beweismittels wird ein Beweisantrag abgelehnt, wenn das Gericht sich erfolglos um seine Heranziehung bemüht hat und keine begründete Aussicht besteht, dass es in absehbarer Zeit beigebracht werden kann.
> 8. Bei beweiserheblichen entlastenden Tatsachen kann ein Beweisantrag auch mit der Begründung abgelehnt werden, die behauptete Tatsache werde als wahr unterstellt.
> 9. Schließlich kann der Beweisantrag abgelehnt werden, wenn er zur Prozessverschleppung gestellt ist.

Literaturhinweise: Bauer, Der Ablehnungsgrund der Prozessverschleppungsabsicht – Eine Erwiderung auf *Niemöller,* NStZ 2008, 542; **Becker,** Die Rechtsprechung des BGH zum Beweisantragsrecht, NStZ 2005, 493; **Beulke,** Rechtsmißbrauch im Strafprozeß – Eine Erwiderung auf *Pfister,* StV 2009, 554; **Börner,** Die Diskursfunktion des Beweisantrags, StraFo 2014, 133; **Börner,** Aktuelles zum Beweisantrag Begründungspflicht und forensische Wahrheit, StraFo 2015, 46; **Bosbach,** Der Verteidiger als Zeuge, StraFo 2011, 172; **Bringewat,** Grundfragen der Wahrunterstellung im Strafprozeß, MDR 1986, 353; **Buschhorn,** Rechtsprobleme der Offenkundigkeit von Tatsachen im Strafverfahren, 1997; **Cierniak/Pohlit,** Die Rechtsprechung des BGH zum Beweisantragsrecht, NStZ 2009, 553; *dies.,* Die Rechtsprechung des BGH zum Beweisantragsrecht, NStZ 2011, 261; **Duttge/Neumann,** „Wir übernehmen jeden Fall!" Anmerkung zum Urteil des BGH HRRS 2009 Nr. 717 unter Berücksichtigung von BVerfG HRRS 2009 Nr. 1116, HRRS 2010, 34; **Engels,** Beweisantizipationsverbot und Beweiserhebungsumfang im Strafprozeß, GA 1981, 21; **Fahl,** Verstößt die neue „Fristenlösung" des Bundesgerichtshofes gegen § 246 StPO?, DRiZ 2008, 291; **Gössel,** Über die Ablehnung prozessverschleppender Beweisanträge, ZIS 2007, 557; **Grünwald,** Die Wahrunterstellung im Strafverfahren, in: Festschrift für *Richard Honig,* 1970, S. 54; **Haubrich,** „Vergleichende Blutprobe" als Prozeßverschleppung, NJW 1981, 2507; **Herdegen,** Das Verbot der Beweisantizipation im Strafprozeßrecht, in: Festschrift für *Karlheinz Boujong,* 1996, S. 787; **Hirsch,** Der zum Zwecke der Prozeßverschleppung gestellte Beweisantrag und seine strafprozessuale Behandlung, 1996; **Jäger,** Das Zeugnisverweigerungsrecht des verschwundenen Zeugen, JA 2014, 712; **Jahn,** Konnexitätsdoktrin und „Fristenlösungsmodell" – Die verfassungsrechtlichen Grenzen der Fremdkontrolle im Beweisantragsrecht der

Verteidigung durch den Bundesgerichtshof, StV 2009, 663; **Julius**, Die Unerreichbarkeit von Zeugen im Strafprozeß, 1988; *ders.*, Beweis-, Beweisermittlungs- und Verschleppungsantrag im Strafprozeß, MDR 1989, 116; **Keller**, Offenkundigkeit und Beweisbedürftigkeit im Strafprozeß, ZStW 1989, 381 (Band 101); **Kempf**, Der (zu) späte Beweisantrag, StraFo 20120, 316; **Krehl**, Konfliktverteidigung, Mißbrauch von Verteidigungsrechten und das Beweisantragsrecht, StV 2010, 423; **Kröpil**, Zur Entstehung und zum Begriff des Ablehnungsgrundes der Prozeßverschleppung, AnwBl. 1999, 15; **Meyer-Goßner/Schmitt**, Über die „Gerichtskundigkeit", in: Festschrift für *Herbert Tröndle*, 1989, S. 551; **Meyer-Mews**, Fallstudie: Der erkennende Richter als Zeuge, JuS 2002, 376; **E. Müller**, Zur Aufklärungspflicht bei Wahrunterstellung, in: Gedächtnisschrift für *Karlheinz Meyer*, 1990, S. 285; *ders.*, Überlegungen zum Missbrauch im Strafprozess, in: Festgabe für *Imme Roxin*, 2012, S. 629; **Niemöller**, Prozessverschleppung – die Absicht genügt, NStZ 2008, 181; *ders.*, Nochmals: Prozessverschleppung – Entgegnung auf *Bauer*, NStZ 2008, 542; *ders.*, Zum exzessiven Gebrauch des Beweisantragsrechts, JR 2010, 332; **Nüse**, Zur Ablehnung von Beweisanträgen wegen Offenkundigkeit, GA 1955, 72; **Pantle**, Beweiserhebung über offenkundige Tatsachen, MDR 1993, 1166; **Pauly**, Beweisanträge auf Vernehmung von Richtern, in: Festschrift 25 Jahre AG Strafrecht, 2009, S. 731; **Petri**, Verwerfung von Beweisanträgen wegen Prozessverschleppung, StRR 2008, 284; **Pfister**, Rechtsmißbrauch im Strafprozeß, StV 2009, 550; **Raacke**, Wahrunterstellung und Erheblichkeit, NJW 1973, 494; **I. Roxin**, Ambivalente Wirkungen des Beschleunigungsgebotes, GA 2010, 425; **Schlothauer**, Gerichtliche Hinweispflichten in der Hauptverhandlung, StV 1986, 213; **Schlüchter**, Wahrunterstellung und Aufklärungspflicht bei Glaubwürdigkeitsfeststellungen, 1992; **Schneider**, Wahrunterstellung und fair trial, NStZ 2013, 215; **Schneider**, Zur Strafbarkeit des Verteidigers wegen Strafvereitelung durch Stellen von Beweisanträgen zum Zwecke der Prozessverschleppung, in: Festschrift für *Klaus Geppert* zum 70. Geburtstag, 2011, S. 607; **Schneider**, Wahrunterstellung und fair trial, NStZ 2013, 215; **Schröder**, Die Ablehnung von Beweisanträgen aufgrund von Wahrunterstellung und Unerheblichkeit, NJW 1972, 2105; **Schweckendieck**, Die Ablehnung eines Beweisantrags wegen Verschleppungsabsicht – eine zu wenig genutzte Möglichkeit?, NStZ 1991, 109; *ders.*, Bedeutungslosigkeit und Wahrunterstellung – ein Gegensatz?, NStZ 1997, 257; **Stackmann**, Terra incognita – was ist gerichtsbekannt?, NJW 2010, 1409; **Tepperwien**, Beschleunigung über alles? Das Beschleunigungsgebot im Straf- und Ordnungswidrigkeitenverfahren, NStZ 2009, 1; **ter Veen**, Das unerreichbare Beweismittel und seine prozessualen Folgen – eine Übersicht zur Rechtsprechung des BGH und anderer Obergerichte, StV 1985, 295; **Thomas**, Konfliktverteidigung, Missbrauch von Verteidigungsrechten und das Beweisantragsrecht, StV 2010, 428; **Trüg**, Beweisantragsrecht – Disziplinierung der Verteidigung durch erhöhte Anforderungen?, StraFo 2010, 139; *ders.*, Beweisantrag – Bedeutungslosigkeit Beruhen, in: HRRS-Gedächtnisgabe für *Gunter Widmaier*, S. 53; **Willms**, Zur Problematik der Wahrunterstellung, in: Festschrift für *Karl Schäfer*, 1979, S. 275; s.a. die Hinw. bei → *Beweisantragsrecht, Allgemeines*, Rdn 971 und → *Verteidigerhandeln und Strafrecht*, Rdn 3199.

1. § 244 Abs. 3 führt die Gründe auf, mit denen ein Beweisantrag abgelehnt werden darf. § 244 Abs. 4 ergänzt diese Gründe für den Beweisantrag auf Vernehmung eines (weiteren) SV (vgl. dazu → *Sachverständigenbeweis*, Rdn 2436; → *Obergutachter*, Rdn 1953, mit Antragsmuster, Rdn 1966; s.a. → *Beweisantrag, Formulierung: Sachverständigenbeweis*, Rdn 919, mit Antragsmuster, Rdn 926). § 244 Abs. 5 S. 1 nimmt schließlich den **Augenscheinsbeweis** aus dem allgemeinen Katalog der Ablehnungsgründe heraus und stellt die Einnahme eines Augenscheins in das **pflichtgemäße Ermessen** des Gerichts (→ *Augenscheinseinnahme*, Rdn 348; → *Beweisantrag, Formulierung: Augenscheinseinnahme*, Rdn 914, mit Antragsmuster, Rdn 918). Entsprechendes gilt nach § 244 Abs. 5 S. 2, wenn ein → *Auslandszeuge*, Rdn 396, vernommen werden soll. Zum Katalog der Ablehnungsgründe gibt es umfangreiche Rspr. und Lit., die hier nicht in allen Einzelh. dargestellt werden kann (vgl. dazu die umfangreiche Komm. bei KK-*Krehl*, § 244 Rn 125 ff.; *Meyer-*

860

B **Beweisantrag, Ablehnungsgründe**

Goßner/Schmitt, § 244 Rn 46 ff.; *Hamm/Hassemer/Pauly*, Rn 213 ff.; *Junker*, Rn 168 ff. und Alsberg/*Güntge*, Rn 764 ff., jew. m.w.N.; s.a. noch die Rspr.-Übersicht bei *Cierniak/Pohlit* NStZ 2009, 553). Hier sollen die Ablehnungsgründe nur kurz umrissen und die evtl. Auswirkungen auf die taktischen Überlegungen des Verteidigers dargestellt werden.

Die Ablehnung eines Beweisantrags darf nur auf solche **Erwägungen** gestützt, die auch im Rahmen der Würdigung erhobener Beweise **rechtlich zulässig** sind. Insbesondere darf in dem Zusammenhang dem Angeklagten nicht angelastet werden, dass er von seinem Aussageverweigerungsrecht Gebrauch macht und oder er den Beweisantrag erst spät(er) im Laufe des Verfahrens gestellt hat (vgl. die Fallgestaltung bei BGH NStZ 2009, 705).

861   2. Der Verteidiger muss darauf achten, dass er nicht eine **unzulässige** Beweiserhebung beantragt, da dies nach § 244 Abs. 3 S. 1 **zwingend** zur **Ablehnung** seines Beweisantrags führt (zu allem eingehend KK-*Krehl*, § 244 Rn 106 ff.; *Hamm/Hassemer/Pauly*, Rn 215 ff.; zur Vernehmung von Richtern *Pauly*, S. 731). Insoweit gilt (u.a.; vgl. i.Ü. *Meyer-Goßner/ Schmitt*, § 244 Rn 49; Alsberg/*Güntge*, Rn 786 ff.):

862   a) Unzulässig ist z.b. eine Beweiserhebung mit in der StPO **nicht zugelassenen Beweismitteln**. Das ist z.b. früher für den Lügendetektor angenommen worden (s.u.a. LG Wuppertal NStZ-RR 1997, 75; dazu aber BGHSt 44, 308 [Lügendetektor zwar zulässiges Beweismittel, aber nur geringer Beweiswert, deshalb keine Beweiserhebungspflicht]; zum Lügendetektor *Burhoff*, EV, Rn 2596). Zu nicht (mehr) zulässigen Beweismitteln gehören auch Zeugen, die von ihrem **ZVR** Gebrauch gemacht haben. Diese können/müssen nicht mehr vernommen werden (vgl. Alsberg/*Güntge*, Rn 838 ff.). Das gilt dann auch für die Verlesung von einer früheren Aussage eines Zeugen oder Mitbeschuldigten, der (nun) ein rechtlicher Hinderungsgrund, wie z.B. das ZVR des Ehegatten aus § 52 Abs. 1 Nr. 2 entgegenstehen würde (OLG Koblenz StV 2014, 330; vgl. dazu *Jäger* JA 2014, 712). Schließlich sind auch **Mitangeklagte** grds. „unzulässige Beweismittel" (BGHSt 10, 8; BGH NJW 1985, 76; s. aber OLG Bamberg StraFo 2015, 155; s. aber → *Vernehmung des Mitangeklagten als Zeugen*, Rdn 3088).

863   b) Unzulässig sind auch Beweiserhebungen über **Themen**, die nicht Gegenstand einer Beweisaufnahme sein können (*Meyer-Goßner/Schmitt*, § 244 Rn 49 m.w.N.; Alsberg/ *Güntge*, Rn 799 ff.). Dazu gehören die **Wahrnehmungen** der erkennenden **Richter** in der laufenden HV (BGHSt 39, 239; BGH StV 1991, 99; OLG Köln VRS 64, 282) ebenso wie die Ergebnisse von (Zwischen-)**Beratungen** des Gerichts, da diese nach § 43 DRiG dem Beratungsgeheimnis unterliegen. Das gilt auch für die **Mitschriften**, die von den erkennenden Richtern einer früheren HV angefertigt worden sind (BGHSt 54, 37 m. krit. Anm. *Schroeder* JR 2010, 135). Davon zu **unterscheiden** ist die **Vernehmung** des erkennenden Richters über **Vorgänge** in **anderen HV**. Diese ist zulässig (vgl. dazu eingehend

Meyer-Mews JuS 2002, 376) und führt ggf. zum → *Ausschluss eines Richters*, Rdn 440 (s.a. die Fallgestaltung bei BGHSt 45, 342 sowie BGH StV 2008, 283 m. Anm. *Goldbach* StRR 2008, 224). Wird mit dem Beweisantrag ein **prozessfremdes Ziel** verfolgt, droht ebenfalls die Ablehnung wegen Unzulässigkeit (vgl. dazu und zu den Indizien für einen prozessfremden Zweck BGH StV 2004, 355). Ist die Benennung des Richters als Zeuge rechtsmissbräuchlich, kommt nach der Rspr. des BGH auch eine Ablehnung wegen Prozessverschleppung in Betracht (vgl. BGH NStZ 2003, 558; vgl. dazu a. Rdn 889). Ob ein Beweisantrag, der auf den Inhalt von **Besprechungen** zwischen dem **Angeklagten** und seinem **Verteidiger** zur Vorbereitung der Verteidigung gerichtet ist, zulässig ist, ist inzwischen in der Rspr. des BGH umstritten. Die Frage wird vom 5. Strafsenat verneint, da die Umstände, die zur Entscheidung über Art und Inhalt der Verteidigungsstrategie geführt haben, zur Verteidigungsstrategie und somit zum Kernbereich der Verteidigung gehören und daher einem Beweis nicht zugänglich sind (BGH NStZ 2008, 115). Der 1. Strafsenat sieht die Vernehmung des → *Verteidigers als Zeugen*, Rdn 3193, hingegen als zulässig an, wenn der Verteidiger von der Schweigepflicht entbunden worden ist (BGH StV 2010, 287; zu der Problematik → *Verteidiger als Zeuge*, Rdn 3196).

c) Gegenstand einer Beweisaufnahme kann, wenn der Schuldspruch eines Urteils rechtskräftig geworden ist, in einer nach **Zurückverweisung** stattfindenden neuen HV auch **nicht** (mehr) die Frage der **Schuldfähigkeit** sein; insoweit ist der Tatrichter an die **rechtskräftigen Feststellungen** des ersten Urteils gebunden (BGHSt 44, 119). Geht es um die Feststellung der Strafschärfung wegen früherer Verurteilungen und soll ggf. die Art der Begehung der früheren Tat strafschärfend herangezogen werden, ist/kann darüber Beweis zu erheben/erhoben werden (s. BGHSt 43, 106; KG NStZ 2008, 357 [keine Ablehnung wegen Bedeutungslosigkeit]). **864**

d) Unzulässig kann ggf. auch die Einführung von Beweisen sein, die mit **unzulässigen Methoden** gewonnen sind und für die ein **Beweisverwertungsverbot** besteht (BGHSt 44, 138 [für erkennbare Überwachung der Gespräche eines U-Haft-Gefangenen mit seinen Angehörigen allerdings verneint]; BGH NStZ-RR 2014, 318 [zugleich zu den Anforderungen an den Ablehnungsbeschluss und die Revisionsbegründung]; → *Beweisverwertungsverbote*, Rdn 1018). Unzulässig sind schließlich Beweisanträge, bei denen hinsichtlich der unter Beweis gestellten Tatsache ein **Beweiserhebungsverbot** besteht (KK-*Krehl*, § 244 Rn 109). So kann z.B. ein Mitangeklagter grds. nicht Zeuge sein (→ *Vernehmung des Mitangeklagten als Zeugen*, Rdn 3088). **865**

3.a) Über **offenkundige**, also über allgemein- oder gerichtskundige, Tatsachen braucht das Gericht keinen Beweis zu erheben (BGH StV 2006, 118 m.w.N.; zu allem a. *Hamm/Hassemer/Pauly*, Rn 328 ff.; Alsberg/*Güntge*, Rn 1049 ff.). Als **allgemeinkundig** angesehen werden alle Tatsachen und Erfahrungssätze, von denen verständige und erfahrene Menschen regelmäßig ohne Weiteres Kenntnis haben oder über die sie sich aus allgemein zugäng- **866**

lichen zuverlässigen Quellen unschwer unterrichten können (Alsberg/*Güntge*, Rn 1056). **Gerichtskundig** sind Tatsachen und Erfahrungssätze, die der Richter bei seiner amtlichen Tätigkeit zuverlässig in Erfahrung gebracht hat (*Meyer-Goßner/Schmitt*, § 244 Rn 51 f. m.w.N.; Alsberg/*Güntge*, Rn 1057, 1074 ff.; vgl. dazu auch *Stackmann* NJW 2010, 1409). Auf den Einzelfall bezogene richterliche Wahrnehmungen, die für die Überführung eines Angeklagten von wesentlicher Bedeutung sind, dürfen aber grds. nicht als gerichtskundig behandelt werden (vgl. BGHSt 45, 354, 359; 47, 270, 274; BGH StV 2006, 118). Das ist insbesondere dann von Bedeutung, wenn es um die Frage geht, ob → ***Absprachen/Verständigung** mit Gericht und Staatsanwaltschaft*, Rdn 137, getroffen worden sind, in deren Rahmen ggf. Mitangeklagte ein Geständnis abgelegt haben (BGH StV 2006, 118). Daher darf z.B. ein Antrag auf Vernehmung des Verteidigers eines (ehemaligen) Mitangeklagten zu der Frage, ob eine verfahrensbeendende Absprache der StA mit dem Mitangeklagten getroffen wurde und ob das darauf beruhende, den Angeklagten belastende Geständnis glaubhaft ist, nicht als überflüssig wegen Gerichtskundigkeit abgelehnt werden (BGH, a.a.O.).

867 **b) Offenkundige Tatsachen** und Erfahrungstatsachen müssen in der **HV** zur **Sprache** gebracht werden (BVerfGE 48, 206, 209; st. Rspr.; vgl. u.a. BGHSt 6, 292, 296; BGH NStZ 1995, 246; 2013, 121 [Hinweis des Gerichts]; OLG Frankfurt am Main StV 1999, 138; KK-*Krehl*, § 244 Rn 72 m.w.N.; *Hamm/Hassemer/Pauly*, Rn 341 ff.). Da das aber nicht immer geschieht, kann es sich möglicherweise für den Verteidiger empfehlen, eine bestimmte Tatsache unter **Beweis** zu stellen, um so zu erfahren, ob das Gericht sie als offenkundig ansieht. I.Ü. dürfen auch nur solche Tatsachen als gerichtskundig angesehen werden, von denen die Mehrheit der Mitglieder des Gerichts, also auch die Laienrichter, überzeugt sind (BGHSt 34, 209 f.; *Meyer-Goßner/Schmitt*, § 244 Rn 53 m.w.N.; KK-*Krehl*, § 244 Rn 140; a.A. früher BGHSt 6, 292; KK-*Herdegen*, 5. Aufl., § 244 Rn 72 m.w.N.). Der Verteidiger darf mit einem Beweisantrag auch eine angeblich gerichtskundige Tatsache infrage stellen und durch Antritt des Gegenbeweises erschüttern (BGH StV 2006, 118). Dies gilt insbesondere dann, wenn er vernünftige Gründe nennen kann, die zu Zweifeln an der Wahrheit der als gerichtskundig behandelten Tatsache Anlass geben können (BGH, a.a.O. [für einen Beweisantrag auf Vernehmung eines Verteidigers zum Inhalt einer Urteilsabsprache]).

> 📝 Erfährt der Verteidiger durch den Hinweis des Gerichts, dass dieses eine Tatsache als offenkundig bewerten will, kann es sich empfehlen, einen entsprechenden **Gegenbeweis** zu beantragen. Das empfiehlt sich insbesondere bei technischen Fragen auf Gebieten, die einem schnellen Wandel unterworfen sind. Hier bietet sich dann der Antrag auf Einholung eines SV-Gutachtens an, der dann grds. nicht erneut wegen Offenkundigkeit abgelehnt werden darf (*Hamm/Hassemer/Pauly*, Rn 344).

868 Die Erörterung **gerichtskundiger Tatsachen** gehört **nicht** zu den wesentlichen Förmlichkeiten des Verfahrens (BGH NStZ 1998, 98; 2013, 12 m.w.N.) und muss daher nicht in das

→ *Protokoll der Hauptverhandlung*, Rdn 2092, aufgenommen, sondern kann im → *Freibeweisverfahren*, Rdn 1562, geklärt werden (BGH, a.a.O.; OLG Frankfurt am Main StV 1999, 138 m.w.N. aus der Rspr.). Will das Gericht seine Überzeugung auf als gerichtskundig behandelte Tatsachen aus anderen Verfahren stützen, muss es den Angeklagten darauf hinweisen, dass es diese ohne förmliche Beweisaufnahme verwerten will (BGH, a.a.O.).

4. Ein Beweisantrag kann auch mit der Begründung abgewiesen werden, die Beweistatsache sei aufgrund des bisherigen Ergebnisses der Beweisaufnahme **bereits erwiesen**. Dabei ist es gleichgültig, ob es sich um eine zugunsten des Angeklagten oder um eine zu seinen Ungunsten wirkende Tatsache handelt (BGH StV 1983, 319 [Ls.; insoweit nicht in BGHSt 31, 232]; *Meyer-Goßner/Schmitt*, § 244 Rn 57 m.w.N.; Alsberg/*Güntge*, Rn 1164 ff.), auch beweiserheblich muss die Tatsache nicht sein (BGH, Beschl. v. 27.8.2010 – 2 StR 111/09, insoweit nicht in BGHSt 55, 266). Die Beweiswürdigung darf nicht – unter Einbeziehung der Ergebnisse der bisher durchgeführten Beweisaufnahme – in der Weise vorweg genommen werden, dass die Beweiserheblichkeit mit der Begründung verneint wird, das Gegenteil sei bereits erwiesen (BGH StraFo 2010, 152, 153 für Zeugenbeweis).

869

> Oft ist im Verlauf einer HV für den Verteidiger nicht erkennbar, wie das Gericht bestimmte **Beweise würdigt**, ob es also z.B. eine bestimmte Tatsache als **bereits erwiesen** ansieht. Der Verteidiger sollte dann einen entsprechenden **Beweisantrag** stellen. Auf diese Weise kann er erfahren, ob das Gericht z.B. einem Zeugen glaubt oder einem SV folgen wird. Die als erwiesen angesehene Tatsache ist zudem für das Urteil bindend festgestellt (BGH NJW 1989, 845).

5.a) Auch über Tatsachen, die **bedeutungslos** sind, muss nicht Beweis erhoben werden. Dabei handelt es sich um Tatsachen, bei denen aus rechtlichen oder tatsächlichen Gründen ein **Zusammenhang** mit der abzuurteilenden **Tat nicht** besteht.). Bedeutungslos ist aber auch eine Tatsache, die trotz eines Zusammenhangs nicht geeignet ist, im Fall ihres Erwiesenseins die Entscheidung irgendwie zu beeinflussen (eingehend zu allem BGH NJW 1997, 2762; zuletzt u.a. BGH NStZ 2000, 436; 2003, 380; NStZ 2014, 168 [Hilfstatsache]; 2014, 282 m.w.N; StraFo 2007, 35 [Ls.; für Indiztatsache]; *Meyer-Goßner/Schmitt*, § 244 Rn 54 ff. m.w.N.; *Hamm/Hassemer/Pauly*, Rn 349; *Ventzke*, a.a.O., S. 53; Alsberg/*Güntge*, Rn 1119 ff.; *Börner* StraFo 2015, 46, 48 ff.).

870

> Für den Ablehnungsgrund „bedeutungslos" gilt Ähnliches wie für die Frage des bereits Erwiesenseins. Der Verteidiger kann durch einen Beweisantrag feststellen, ob eine Tatsache, die er als für die Entscheidung **wichtig** ansieht, vom Gericht ebenso bewertet wird. Das hat vor allem für **Indiztatsachen** Bedeutung, da das Gericht in seinem Ablehnungsbeschluss im Einzelnen darlegen und begründen muss, warum es eine bestimmte Tatsache als für die Entscheidung ohne Bedeutung ansieht (vgl.

B Beweisantrag, Ablehnungsgründe

dazu *Meyer-Goßner/Schmitt*, § 244 Rn 54 ff.; BGH NStZ 2000, 267; 2003, 380; 2011, 713; StV 2002, 181; OLG Düsseldorf StraFo 2002, 19; OLG Stuttgart StV 1999, 88). Daraus kann der Verteidiger dann **Rückschlüsse** ziehen, die ihn ggf. zu weiteren Beweisanträgen veranlassen können (*Hamm/Hassemer/Pauly*, Rn 322 f.).

871 b) Bei der Ablehnung eines Beweisantrags wegen Bedeutungslosigkeit darf das Gericht – ohne Rücksprache mit dem Verteidiger – das **Beweisthema nicht verkürzen** und auch das Beweisergebnis nicht vorwegnehmen bzw. infrage stellen (BGH StV 1996, 411; StV 2008, 288; vgl. auch BGH StV 2011, 646 [bei verschiedenen Beweisanträgen mit einer einheitlichen Zielrichtung Gesamtwürdigung]; s.a. BGH wistra 1996, 234). Er darf die Beweiserheblichkeit des Weiteren nicht etwa mit der Begründung verneinen, das Gegenteil der unter Beweis gestellten (Indiz-)Tatsache sei bereits erwiesen (BGH, a.a.O.). Zur Beurteilung der Bedeutungslosigkeit muss die unter Beweis gestellte Tatsache, so als sei sie erwiesen, in die Würdigung eingestellt werden (BGH NStZ 2003, 380 m.w.N.; 2014, 282; 2015, 296; 2015, 354; 2015, 355; StV 2008, 121; 2010, 558; StraFo 2013, 462; Beschl. v. 18.5.2015 – 2 StR 462/14). Das Beweisthema ist umfassend zu würdigen (BGH StV 2015, 83).

872 Die Urteilsgründe dürfen sich später **nicht** auf das **Gegenteil** der unter Beweis gestellten Tatsache stützen, da es sonst von deren Beurteilung als bedeutungslos abweicht (BGH NStZ 2013, 611; 2014, 282; StV 1996, 648 m.w.N.; 2014, 260; StraFo 2010, 466; vgl. aber BGH StraFo 2014, 335), insbesondere dürfen sich die Urteilsgründe nicht auf das Gegenteil der unter Beweis gestützten Tatsache gründen (BGH NStZ 2013, 611 m.w.N.) oder aus einer wegen tatsächlicher Bedeutungslosigkeit abgelehnten Beweiserhebung/Beweistatsache für den Angeklagten belastenden Schlüsse gezogen werden (BGH NStZ 2015, 179). Auch darf die Bedeutungslosigkeit nicht lediglich aus dem bisherigen Beweisergebnis hergeleitet werden (s.u.a. OLG Hamm StraFo 1998, 190; zur Beweisantizipation eingehend KK-*Krehl*, § 244 Rn 65, 73 ff. und die o.a. Lit.-Hinw.; vgl. auch noch die Rspr.-Nachw. bei *Meyer-Goßner/Schmitt*, § 244 Rn 56). Die Ablehnung kann ebenfalls nicht nur mit bloßen Vermutungen begründet werden (OLG Hamm NJW 2002, 2807 [Ls.]).

Will das Tatgericht ganz oder teilweise von seiner Begründung des Ablehnungsbeschlusses **abweichen**, muss es die abweichende Beweiswürdigung dem Antragsteller vor der Urteilsverkündung **bekannt geben**, um ihm somit die Möglichkeit zu geben, sein Verteidigungsverhalten auf diese teilweise Abkehr von der Begründung der Zurückweisung des Beweisantrages einzustellen (BGHSt 19, 24; BGH NStZ 2012, 525; LR-*Becker*, § 244 Rn 139).

873 c) Problematisch ist die Ablehnung von Beweisanträgen wegen Bedeutungslosigkeit, wenn mit diesen nachgewiesen werden soll, dass der **Hauptbelastungszeuge** sich in dem gegen ihn gerichteten Verfahren aufgrund einer verfahrensbeendenden Absprache geständig ein-

gelassen hat. Denn gerade die Frage, ob er sich aufgrund der Verfahrensabrede durch die Belastung von Mittätern – möglicherweise unter Verringerung des eigenen Tatbeitrags – einen erheblichen Vorteil versprechen konnte oder nicht, kann bei der Beurteilung der Glaubwürdigkeit des Hauptbelastungszeugen entscheidende Bedeutung erlangen (vgl. BGH NStZ 2004, 691 f.). Auch wenn ein Beweisantrag zu einem eingestellten Verfahrensteil darauf abzielt, Rückschlüsse auf die **Glaubwürdigkeit** des Angeklagten und der Glaubhaftigkeit seiner Einlassung sowie der Angaben eines Zeugen zu ermöglichen, kann der Beweisantrag nicht ohne nähere Begründung als bedeutungslos abgelehnt werden (OLG Hamburg StV 2010, 122 [nicht mit floskelhaften Erwägungen]; OLG Hamm StV 2004, 416). So darf die Beweiserheblichkeit einer Indiztatsache nicht nur mit der Begründung, auch wenn der Zeuge die Behauptung bestätige, müsse dies nicht richtig sein, verneint werden (BGH NStZ-RR 2013, 383). Auch muss, wenn der einen Beweisantrag hinsichtlich einer Zeugenvernehmung abgelehnt wird, weil das Gericht der Ansicht ist, dass die behauptete widersprüchliche Darstellung des einzigen Belastungszeugen gegenüber Dritten nicht den Schluss zulasse, dass der Belastungszeuge insgesamt die Unwahrheit sage, eine Auffälligkeit, deren Unerheblichkeit für die Beurteilung der Zuverlässigkeit der Schilderung des Tatgeschehens sich nicht von selbst versteht, im Zusammenhang mit der Beweiswürdigung ausdrücklich erörtert werden (BGH NStZ 2013, 478).

d) Das Gericht muss den auf Bedeutungslosigkeit gestützten **Ablehnungsbeschluss** eingehend/detailliert nach Maßgabe des § 261 **begründen** (vgl. BGH NJW 2005, 1132; NStZ 2011, 713; 2013, 352; 2014, 110; 2014, 111; 2014, 168; 2014, 282; StV 2014, 260; 2014, 586 [DNA-Gutachten]; NStZ-RR 2012, 255 [Ls.; Glaubwürdigkeit eines Zeugen]; 2014, 54; OLG Hamburg StV 2010, 122; *Börner* StraFo 2015, 46, 48 ff.), damit der Antragsteller sein Prozessverhalten darauf einstellen kann. Es sind die Erwägungen anzuführen, aus denen die Bedeutungslosigkeit hergeleitet wird (BGH NStZ-RR 2007, 84; 2007, 149) oder z.B., warum ein an sich möglicher Schluss nicht gezogen wird (BGH StraFo 2007, 331). Wird die Bedeutungslosigkeit aus tatsächlichen Umständen gefolgert, müssen die Tatsachen angegeben werden, aus denen sich ergibt, warum die unter Beweis gestellte Tatsache, selbst wenn sie erwiesen wäre, die Entscheidung des Gerichts nicht beeinflussen könnte (BGH StV 2010, 557; StraFo 2007, 378). Etwas anderes kann ggf. gelten, wenn die Bedeutungslosigkeit der unter Beweis gestellten Tatsache auf der Hand liegt (BGH NStZ 2007, 352; NStZ-RR 2015, 8 [Ls.]).

6.a) Ist ein **Beweismittel völlig ungeeignet**, kann ein Beweisantrag mit dieser Begründung abgelehnt werden. Das setzt allerdings voraus, dass das Gericht ohne jede Rücksicht auf das bisher gewonnene Beweisergebnis feststellen kann, dass sich das mit dem angebotenen Beweismittel im Beweisantrag in Aussicht gestellte Ergebnis nach sicherer Lebenserfahrung nicht erzielen lässt (BVerfG NJW 2004, 1443; BGH NStZ 2008, 351; 2010, 52; StV 2010, 558; 2013, 70; NStZ-RR 2010, 211; 2013, 185; OLG Frankfurt am Main StV 2005,

B   Beweisantrag, Ablehnungsgründe

13; *Meyer-Goßner/Schmitt*, § 244 Rn 58; KK-*Krehl*, § 244 Rn 149 ff.; Alsberg/*Güntge*, Rn 1177 ff., jew. m.w.N.). Die Beweisaufnahme muss gänzlich aussichtslos sein bzw. sich in reiner Förmelei erschöpfen (BGH StV 2013, 70; NStZ-RR 2010, 211; 2013, 185).

876   Bei der Prüfung der Ungeeignetheit ist ein **strenger Maßstab** anzulegen (zuletzt BGH NStZ 2010, 52). Das gilt vor allem, wenn es darum geht, ob sich ein Zeuge wegen des Zeitablaufs überhaupt noch an die Beweistatsache erinnern kann (BGH, a.a.O.; s.a. noch BGH NStZ 2004, 508). Es darf allerdings ein nur geringer Beweiswert nicht mit völliger Ungeeignetheit gleichgesetzt werden (BGH NStZ 2008, 116; StV 2002, 352; OLG Naumburg StraFo 2012, 283; OLG Zweibrücken NStZ-RR 2005, 113); die nur relative Ungeeignetheit des Beweismittels reicht nicht aus (OLG Frankfurt am Main StV 2005, 13 [für Beweisantrag auf Einholung eines Gutachtens eines Schriftsachverständigen]; s.a. KK-*Krehl* § 244 Rn 154; Alsberg/*Güntge*, Rn 1184 ff.). Auch darf das Kriterium der Konnexität der Beweistatsache und dem zum Beweis angebotenen Beweismittel nicht mit der völligen Ungeeignetheit vermengt werden (OLG Schleswig StV 2014, 276; → *Beweisantrag*, Inhalt, Rdn 946).

Steht der Ablehnungsgrund der „Ungeeignetheit" im Raum, muss der Verteidiger seinen **Beweisantrag sorgfältig begründen**, obwohl eine Begründung sonst an sich nicht nötig ist (→ *Beweisantrag, Begründung*, Rdn 905). Dadurch kann er erreichen, dass das Beweismittel, das auf den ersten Blick als ungeeignet erscheint, vom Gericht möglicherweise doch als geeignet angesehen wird. Zu empfehlen sind insbesondere Ausführungen zur Sachkunde eines SV, wenn diese zweifelhaft erscheinen könnte. Zu empfehlen ist eine Begründung auch dann, wenn die Ablehnung eines Zeugenbeweisantrags mit der Begründung, der Zeuge habe wegen entgegenstehender „sicherer Lebenserfahrung" die behauptete Wahrnehmung überhaupt nicht machen können, im Raum steht (BGH NStZ-RR 1997, 331; StV 2005, 115) oder wenn die Glaubwürdigkeit des Zeugen infrage steht (BGH NJW 1997, 2762).

Zumindest sollte der Verteidiger nach einer **Ablehnung** des Beweisantrags entsprechend **vortragen** (vgl. dazu *Meyer-Goßner/Schmitt*, § 244 Rn 60).

877   **b)** Auf dieser Grundlage wird dieser Ablehnungsgrund **nur** in **Ausnahmefällen** vorliegen. Hinzuweisen ist auf folgende **Rechtsprechungsbeispiele:**

aa) Zeugenbeweis:

878   **Ungeeignetheit bejaht**

- ggf. wenn es der sicheren **Lebenserfahrung widerspricht**, dass ein Zeuge die in sein Wissen gestellte Tatsache wahrgenommen hat (BGH NStZ-RR 1997, 331; NStZ 2000, 156 [für Vernehmung von Bedienungskräften eines Schnellrestaurants nach 16 Monaten]; krit. dazu KK-*Krehl*, § 244 Rn 151 m.w.N.; zur Begründung des Beweisantrags s.u.),

- ein Zeuge soll aussagen, der aufgrund körperlicher oder geistiger **Gebrechen**, aber auch infolge Trunkenheit, die in sein Wissen gestellte Beobachtung nicht machen konnte (*Meyer-Goßner/Schmitt*, § 244 Rn 59; zur **Zeugentauglichkeit** eines 8-jährigen Kindes für zwei Jahre zurückliegenden Verkehrsunfall s. OLG Köln StV 1995, 293, 295; zur Zeugentauglichkeit allgemein *Hamm/Hassemer/Pauly*, Rn 267 ff.; Alsberg/*Güntge*, Rn 1184 ff.),
- ein Zeuge soll zu Vorgängen aussagen, die sich im **Inneren** eines Menschen abgespielt haben, ohne äußere, einen Schluss auf die inneren Tatsachen ermöglichenden Umstände bekunden zu können (BGH StV 1984, 61; 1987, 236; s.a. OLG Hamm StV 2001, 104 [für „Gewissensentscheidung" des Angeklagten Möglichkeit des Zeugenbeweises bejaht]),
- ein Zeuge soll Umstände bekunden, die **nur** ein **SV bekunden** kann (BGH VRS 21, 429, 431),
- zur Ablehnung eines Beweisantrags auf **kommissarische** oder **audiovisuelle Vernehmung** von Auslandszeugen wegen Ungeeignetheit (BGH NStZ 2004, 347),
- es erscheint **ausgeschlossen**, vom Zeugen eine **brauchbare Aussage** zu erhalten (OLG Zweibrücken StV 2005, 117),
- ein Zeuge ist unter **keinen Umständen bereit auszusagen** (BGH NStZ 1999, 46),
- wegen **Unglaubwürdigkeit** des Zeugen nur, wenn ganz **besondere Umstände** vorliegen, die es erlauben, seine noch zu erstattende Aussage schon vorab als unglaubwürdig zu bewerten (KK-*Krehl*, § 244 Rn 78 m.w.N. aus der Rspr.; *Hamm/Hassemer/Pauly*, Rn 266; Alsberg/*Güntge*, Rn 1184 ff. s.a. BGH NJW 1998, 2762), wobei besonders darauf zu achten ist, dass nicht ggf. ein geringer Beweiswert mit völliger Ungeeignetheit verwechselt wird,
- ggf. wenn der Zeuge für länger/**lange zurückliegende Vorgänge** benannt ist (vgl. dazu BVerfG NJW 2004, 1443; BGH StV 2005, 115 m.w.N.; vgl. aber BGH NStZ-RR 2013, 185 [Polizeibeamter]), allerdings dann nicht, wenn der Beweisantrag detailliert mögliche Erinnerungshilfen darstellt (BGH NStZ 2004, 508; vgl. a. BGH NStZ 2010, 52).

Ungeeignetheit verneint

- hinsichtlich eines Zeugen vom **Hörensagen** (BGH NStZ 1999, 578),
- der Zeuge, der zum Beweis einer inneren Tatsache benannt worden ist, kann möglicherweise äußere Umstände bekunden, die **Schlussfolgerungen** auf innere Tatsachen zulassen (BGH NStZ 2008, 580),
- nicht sehr langer Zeitraum (sechs Monate) und **Erinnerungsbrücke** (Tattag soll am Geburtstag gewesen sein) (BGH NStZ 2010, 52; ähnlich BGH NStZ-RR 2012, 51 [nicht allein wegen eines Zeitraums von sieben Monaten]),

> B   Beweisantrag, Ablehnungsgründe

- für Antrag auf Vernehmung eines **Polizeibeamten**, der Bekundungen zu etwaigen Verletzungen eines Zeugen zu einem bestimmten Zeitpunkt machen soll (BGH NStZ-RR 2013, 185),
- der **Beweiswert** der Bekundungen des Zeugen ist **nur nicht** besonders **hoch**, weil er entweder als Mittäter oder nach der Einlassung des Angeklagten sogar Alleintäter gewesen sein kann (OLG Hamburg StV 2009, 9).

bb) beim SV-Beweis:

880 **Ungeeignetheit bejaht**

- es sind nur **wenige** oder nur solche **Anknüpfungstatsachen** vorhanden, die die Beweisbehauptung nicht stützen können (BGH StV 2007, 513),
- dem SV **fehlt** die erforderliche **Sachkunde** (*Meyer-Goßner/Schmitt*, § 244 Rn 59a),
- die für ein **SV-Gutachten** erforderlichen **Anknüpfungstatsachen** sind **nicht** bekannt (wegen der Einzelh. *Meyer-Goßner/Schmitt*, § 244 Rn 59a m.w.N.; s. aber BayObLG NJW 2003, 3000) oder die konkreten Umstände zur Tatzeit, auf die es für das SV-Gutachten ankommt, können **nicht rekonstruiert** werden (BGH NStZ-RR 2000, 291 [K]; s. aber a. *Becker* NStZ 2006, 497 m.w.N.) und u. Rdn 881,

> ☞ Ein SV ist aber nicht schon dann ungeeignet, wenn er zwar keine sicheren und eindeutigen Schlüsse ziehen kann, das ihm zur Verfügung stehende Material aber dennoch Folgerungen, ob die unter Beweis gestellte **Behauptung mehr** oder **weniger zutrifft**, zulässt und hierdurch unter Berücksichtigung des sonstigen Beweisergebnisses Einfluss auf die Überzeugungsbildung des Gerichts gewonnen werden kann (BGH NStZ 1995, 97; 2012, 345 m. Anm. *Junker* StRR 2012, 225). Auch darf der geringe Beweiswert eines SV-Gutachtens nicht mit der völligen Ungeeignetheit des SV-Beweises gleichgesetzt werden (BGH NStZ 2007, 476; NStZ-RR 1997, 304 [für anthropologisch-morphologisches Vergleichsgutachten]; OLG Schleswig StV 2014, 276). Die bloße Annahme, der SV werde die Beweisbehauptung nicht bestätigen, reicht ebenfalls nicht aus (BGH NStZ 2007, 476).

- die für das SV-Gutachten tatsächlichen **Grundlagen** können **nicht verschafft** werden (BGH NStZ 2009, 48),
- wenn es sich bei der unter Beweis gestellten Tatsache um eine von **jedermann ohne besondere Sachkunde** festzustellende Tatsache handelt (BGH NStZ 2013, 118 zur Frage, ob ein Schlüssel in ein – beschädigtes – Schloss passt).

881 **Ungeeignetheit verneint**

- für den Antrag auf Einholung eines **anthropologischen Identitätsgutachtens** ist zum Beweis der Tatsache, dass es sich bei den zur Tatzeit mittels einer Überwachungskamera im Verkaufsraum der Tankstelle aufgezeichneten männlichen Personen um die Angeklagten handele (BGH NStZ 2012, 345 [nicht Fehlen von Vergleichsbildmaterial] ungeeignet, weil nicht ausgeschlossen ist, dass ein anthropologischer SV nicht in der Lage wäre, aus einem Vergleich des vorhandenen Bildmaterials mit den in der HV anwesenden Angeklagten sowie mit Lichtbildern und Messungen, deren Herstellung die Angeklagten gem. § 81b zu dulden haben, nicht zumindest Wahrscheinlichkeitsaussagen zur Identität der Angeklagten mit den durch die Überwachungskamera gefilmten Tätern zu treffen),

- für den Beweisantrag, dass die von dem Geschädigten einer Körperverletzung bekundete Verletzungshandlung nicht mit einer ärztlich attestierten Verletzung zu vereinbaren sei, wenn als Anknüpfungstatsache für die Beweistatsache das **ärztliche Attest** über die fragliche Verletzung zur Verfügung steht (OLG Celle StV 2003, 431),
- nicht allein wegen der **fehlenden Einwilligung** eines **Zeugen** in seine **Untersuchung** durch den SV, solange der SV auf andere Beweismittel zurückgreifen kann, die ihn in die Lage versetzen, die Beweisbehauptung mehr oder weniger wahrscheinlich zu machen (BGH NStZ 1982, 432; 2009, 346 f.; 2015, 299 für Glaubwürdigkeitsgutachten; StV 1990, 246 [für die Feststellung der Ursachen einer durch eine angebliche Straftat hervorgerufenen Verhaltensstörung]),
- es liegt nur **relative Ungeeignetheit** vor, z.B. weil zwar die in einem Sachverständigenbeweisantrag zur Schuldfrage genannte **Anknüpfungstatsache** allein noch keine abschließende Beurteilung der Schuldfähigkeit des Angeklagten ermöglicht, ein **qualifizierter SV** aufgrund der Beweisbehauptung i.V.m. den weiteren tatrichterlichen Feststellungen aber in der Lage ist, weitere indizielle Anknüpfungstatsachen zu ermitteln und damit Entscheidungsrelevantes zur Beweisbehauptung der Verteidigung auszusagen (BGH NStZ-RR 2015, 8 [Ls.]; BayObLG NJW 2003, 3000; vgl. noch BGH StraFo 2010, 51; s.a. *Becker* NStZ 2006, 495 m.w.N.) oder wenn vorhandene Anknüpfungstatsachen dem SV die Darlegung solcher Erfahrungssätze oder Schlussfolgerungen erlauben, die für sich allein die unter Beweis gestellte Behauptung wahrscheinlicher machen (BGH NStZ 2008, 116),

> ✍ Ob vorhandenes Material dem SV genügend Anknüpfungstatsachen wenigstens für ein Möglichkeits- oder Wahrscheinlichkeitsurteil bietet, kann das Gericht ggf. im Wege des → *Freibeweisverfahrens*, Rdn 1562, klären (BGH NJW 1983, 404; NStZ 1995, 97; NStZ-RR 2013, 186; LR-*Becker*, § 244 Rn 231).

- wenn der SV hinsichtlich der Beweisfrage zwar nur Möglichkeiten oder mehr oder weniger große Wahrscheinlichkeiten aufzeigen kann, aber auch solche Bekundungen können **Einfluss** auf die **Beweiswürdigung** haben können (LR-*Becker*, § 244 Rn 239 m.w.N.; ähnlich BGH, Urt. v. 5.6.2014 – 2 StR 624/12),

> **B** Beweisantrag, Ablehnungsgründe

■ nicht allein i.S. des § 245 Abs. 2, weil ein **aussagepsychologischer SV** während der Vernehmung des betreffenden Zeugen, dessen Aussage er beurteilen soll, in der HV nicht anwesend war (BGH StV 2011, 701 m. Anm. Burhoff StRR 2011, 467); dass der SV sich keinen unmittelbaren eigenen Eindruck von der Aussage des Zeugen machen konnte, ist ggf. bei der Würdigung seines Gutachtens in Rechnung zu stellen, macht ihn aber nicht zu einem Beweismittel ohne jeden Beweiswert (BGH, a.a.O.; → *Präsentes Beweismittel*, Rdn 2036).

882 c) Der ablehnende **Beschluss** bedarf einer **Begründung**, die ohne jede Verkürzung oder sinnverfehlende Interpretation der Beweisthematik alle tatsächlichen Umstände dartun muss, aus denen das Gericht auf die völlige Wertlosigkeit des angebotenen Beweismittels schließt (vgl. u.a. BGH NStZ 2008, 707; StV 2015, 83; NStZ-RR 2014, 336; LR-*Becker*, § 244 Rn 243). Die Ablehnung darf nicht nur auf die vermeintlichen Beweisziele bezogen werden, sondern muss auf die in dem Antrag enthaltenen bestimmten Beweistatsachen bezogen werden (BGH StV 2015, 83).

> ✍ Nach h.M. ist eine **Beweisantizipation** grds. **unzulässig** bzw. nur „in Grenzen" zulässig (vgl. u.a. BGH NStZ 2007, 476; StV 1997, 338; 2005, 115; OLG Schleswig StV 2014, 276; *Meyer-Goßner/Schmitt*, a.a.O.; KK-*Krehl* § 244 Rn 149 ff.; *Hamm/Hassemer/Pauly*, Rn 256 ff. m.w.N.; s. aber a. BGH NJW 1997, 2762, 2765; abl. dazu *Herdegen* NStZ 1997, 505 in der Anm. zu BGH, a.a.O.; *Hamm/Hassemer/Pauly*, Rn 257).

883 **7.a)** Wegen **Unerreichbarkeit** des **Beweismittels** wird ein Beweisantrag abgelehnt, wenn das Gericht sich erfolglos um seine Heranziehung bemüht hat und keine begründete Aussicht besteht, dass es in absehbarer Zeit beigebracht werden kann (vgl. u.a. BGH NJW 1990, 398 m.w.N.; NStZ 2003, 562 [psychisch kranker, vor Ablauf von einem Vierteljahr nicht verhandlungs- und vernehmungsfähiger Zeuge]; *Meyer-Goßner/Schmitt*, § 244 Rn 62 m.w.N.; eingehend zur „Unerreichbarkeit" *Hamm/Hassemer/Pauly*, Rn 281 ff. m.w.N.; Alsberg/*Güntge*, Rn 1209 ff.; s. auch die Zusammenstellung bei *Cierniak/Pohlit* NStZ 2011, 261, 264 f.). Hier muss das Gericht immer auch prüfen, ob der Zeuge nicht mittels einer **Videokonferenz** im Rahmen der HV gehört werden kann (BGHSt 45, 188; s.a. BGH NStZ 2001, 160; StV 2004, 578 [insoweit nicht in NStZ 2004, 691] und NStZ 2004, 347; → *Videovernehmung in der Hauptverhandlung*, Rdn 3307). Dabei müssen die Bedeutung des Beweismittels und das Beschleunigungsgebot gegeneinander abgewogen werden (BGH MDR 1975, 368 [D]). Das Gericht muss sich um die Ladung des Zeugen bemühen (s. dazu die Nachw. bei *Meyer-Goßner/Schmitt*, a.a.O.; OLG Hamm DAR 1996, 391 [Bu]; zum erreichbaren Zeugen im Ausland → *Auslandszeuge*, Rdn 396). Das gilt grds. auch für den sog. **gesperrten Zeugen** (dazu u.a. BGH NStZ 2001, 333; → *Aussagegenehmigung*, Rdn 409; zum „gesperrten"

Beweisantrag, Ablehnungsgründe B

Zeugen s.a *Burhoff*, EV, Rn 2117). Die Unerreichbarkeit darf nicht auf zu weit zurückliegende Erkenntnisse gestützt werden (KG StV 2005, 13; eingehend zur Unerreichbarkeit KK-*Krehl*, § 244 Rn 156 ff.).

✎ Auch zu diesem Ablehnungsgrund, der häufig bei einer beantragten Zeugenvernehmung angeführt wird, muss der Verteidiger, wenn er über entsprechendes Wissen verfügt, in seinem Beweisantrag **vortragen**. Hat er selbst Ermittlungen über den (unbekannten) Aufenthaltsort eines Zeugen angestellt, sollte er das Ergebnis seiner **Ermittlungen** dem Gericht **mitteilen** und ggf. weitere Bemühungen des Gerichts, den Aufenthaltsort eines Zeugen zu erfahren, anregen. Unterlässt er entsprechenden Vortrag, besteht die Gefahr, dass sein (Beweis-)Antrag von vornherein nicht als Beweisantrag i.e.S. angesehen wird und damit für das Gericht die Beschränkung auf die Ablehnungsgründe des § 244 nicht greifen (vgl. die Fallgestaltung bei BGH NStZ 201, 403; → *Beweisantrag, Formulierung: Zeugenbeweis*, Rdn 939).

Ein **namentlich benannter Zeuge** ist i.d.R. nur dann unerreichbar, wenn das Gericht unter Beachtung der ihm obliegenden → *Aufklärungspflicht des Gerichts*, Rdn 329, alle der Bedeutung des Zeugnisses entsprechende Bemühungen zur Beibringung des Zeugen vergeblich entfaltet hat und auch keine begründete Aussicht besteht, dass der Zeuge in absehbarer Zeit beigebracht werden kann (vgl. OLG Hamm, Beschl. v. 12.4.2007 – 1 Ss 112/07; vgl. a. OLG Hamburg StV 2009, 9). Dazu gehört nach → *Aufklärungspflicht des Gerichts*, Rn 293, ggf. auch eine Auseinandersetzung mit der Frage, ob eine nach den vorliegenden Auskünften grds. mögliche kommissarische Vernehmung des Zeugen zur Sachaufklärung geeignet und geboten erscheint (vgl. *Meyer-Goßner/Schmitt*, § 244, Rn 65 m.w.N.). Dazu ist dann eine Abwägung erforderlich, bei der neben dem Ergebnis der bisherigen Beweisaufnahme und dem zeitlichen und organisatorischen Aufwand einer solchen Vernehmung insbesondere die Qualität des angebotenen Beweismittels, die Bedeutung des Beweisthemas für das Verfahren sowie die Frage zu berücksichtigen ist, ob es erforderlich ist, zu Beurteilung der Glaubwürdigkeit des Zeugen einen **persönlichen Eindruck** von ihm zu erhalten (vgl. BGH NJW 2010, 2365, 2368; NStZ 2011, 422; 2015, 102 m. Anm. *Hillenbrand* StRR 2014, 437). Auch begründet weder der Umstand, dass ein Zeuge unbekannten Aufenthalts ist, noch, dass der Zeuge untergetaucht ist, dessen Unerreichbarkeit (OLG München StV 2009, 9 m.w.N.). Schließlich ist ein Zeuge z.B. nicht schon deshalb unerreichbar, weil er unter der dem Angeklagten bekannten Anschrift nicht (mehr) ermittelt werden kann (OLG Köln StV 2002, 355). Ein Zeuge, der sich, ohne dass seine Anschrift oder Telefonnummer bekannt sind, im Gebiet des ehemaligen Jugoslawien aufhalten soll, ist allerdings unerreichbar (BGH HRRS 2004 Nr. 817). 884

b) Der **Beschluss**, durch den ein Beweisantrag wegen Unerreichbarkeit des Beweismittels abgelehnt wird, muss Tatsachen angeben, aus denen das Gericht die Unerreichbarkeit ab- 885

409

geleitet hat. Es muss insbesondere dargetan werden, welche Bemühungen stattgefunden haben, um das Beweismittel zur HV herbeizuschaffen (vgl. nur OLG München StV 2009, 9 m.w.N.; Alsberg/*Güntge*, Rn 1209 ff.).

886 **8.a)** Bei **beweiserheblichen entlastenden** Tatsachen kann ein Beweisantrag auch mit der Begründung abgelehnt werden, die behauptete Tatsache werde als **wahr unterstellt**. Die behauptete Tatsache wird dann im Urteil als bewiesen behandelt, weshalb die Unterstellung der Tatsache als wahr besonders geeignet ist, ein für den Angeklagten günstiges Beweisergebnis zu sichern (vgl. wegen der Einzelh. *Meyer-Goßner/Schmitt*, § 244 Rn 70 f.; Alsberg/*Güntge*, Rn 1265 ff.; *Hamm/Hassemer/Pauly*, Rn 363 ff.; *Becker* NStZ 2005, 493, 495; *Schneider* NStZ 2013, 215). Eine Wahrunterstellung ist aber nur dann zulässig, wenn dadurch nicht die → *Aufklärungspflicht des Gerichts*, Rdn 329, verletzt wird (BGH NStZ 2007, 282 [für Glaubwürdigkeit des Belastungszeugen]; 2011, 106 [für Schuldfähigkeit]); die Aufklärungspflicht geht der Wahrunterstellung vor (BGH, a.a.O.; *Hamm/Hassemer/Pauly*, Rn 338; LR-*Becker*, § 244 Rn 291). Das ist z.B. der Fall, wenn mit dem Beweisantrag die Unglaubwürdigkeit des Mitangeklagten/eines Zeugen dargetan wird, da sich in diesen Fällen das Gericht i.d.R. durch Vernehmung der Beweisperson einen umfassenden Eindruck verschaffen muss (BGH, a.a.O.; ähnl. OLG Hamburg StV 2001, 332; s. aber a. BGH NStZ-RR 2000, 13 [zur Wahrunterstellung hinsichtlich der Glaubwürdigkeit eines Belastungszeugen]), oder wenn aus anderen Gründen die Sachaufklärung vorrangig ist (BGH StV 1996, 648; zu allem a. *Eisenberg*, Rn 242; s.a. die weiteren Rspr.-Nachw. bei *Becker* NStZ 2006, 497 und bei Alsberg/*Güntge*, Rn 1298 ff.).

> ✍ Die Ablehnung eines Beweisantrags im Wege der Wahrunterstellung sollte den Verteidiger in jedem Fall zu einer sorgfältigen Prüfung veranlassen, ob **weitere Beweisanträge** gestellt werden müssen.

887 **b)** Das **Gericht** ist **verpflichtet**, die Wahrunterstellung **einzuhalten** (zuletzt BGH NStZ 2008, 299; 2009, 581 [insoweit nicht in NJW 2009, 3248]; StraFo 1996, 169; s.a. OLG Hamm StraFo 1999, 306 [zu einem Fall der Umgehung], und zwar auch, wenn die Beweisbehauptung nur pauschal war (BGH NStZ-RR 1998, 13; OLG Stuttgart StraFo 2005, 204). Die Bindung ist auch unabhängig davon, ob es sich bei dem beschiedenen Beweisbegehren tatsächlich um einen → *Beweisantrag*, Rdn 835, gehandelt hat (BGH StV 2012, 581; ähnlich BGH NStZ 2012, 511). Es muss aber aus der unterstellten Tatsache nicht dieselben Schlüsse wie der Verteidiger ziehen (so schon BGHSt 12, 180; vgl. u.a. BGH StV 1986, 467; NStZ-RR 2009, 179; StraFo 2012, 230; vgl. a. *Meyer-Goßner/Schmitt*, § 244 Rn 71 m.w.N.; zu den Risiken für den Angeklagten *Schneider* NStZ 2013, 215 ff.). Es darf jedoch keine dem Angeklagten ungünstigen Schlüsse ziehen (*Meyer-Goßner/Schmitt*, § 244 Rn 70 m.w.N.) oder mit der Wahrunterstellung eine „vereinfachte Ablehnung als bedeutungslos praktizieren"

(BGH NStZ 2008, 299). Die Ablehnung wegen Wahrunterstellung und Bedeutungslosigkeit schließen einander nämlich aus (BGH StraFo 2012, 502).

c) Die Frage, wie zu verfahren ist, wenn das Gericht von der als wahr unterstellten Tatsache **nachträglich** zum Nachteil des Angeklagten **abweichen** will, ist nicht eindeutig geklärt (eingehend dazu *Schneider* NStZ 2013, 215 ff. m.w.N.). Der BGH hat vor einiger Zeit entschieden, dass nicht ohne vorherigen entsprechenden Hinweis an den Angeklagten die Beweistatsache als erwiesen angesehen und zum Nachteil des Angeklagten verwerten werden darf (vgl. BGHSt 51, 364; vgl. a. BGHSt 30, 383; BGH StV 2012, 580, wonach man eine **Hinweispflicht** (zumindest) dann annehmen muss, wenn es naheliegt, dass der Angeklagte wegen der Wahrunterstellung weitere Beweisanträge unterlässt). Andererseits soll das Gericht nachträglich die als wahr unterstellte und damit als erheblich angesehene Tatsache als unerheblich ansehen dürfen, ohne den Angeklagten oder Verteidiger unterrichten zu müssen (vgl. u.a. BGH NStZ 2013, 538; NStZ-RR 2009, 179; *Meyer-Goßner/Schmitt*, § 244 Rn 70 m.w.N. aus der Rspr. des BGH; a.A. u.a. KK-*Krehl*, § 244 Rn 187; LR-*Becker*, § 244 Rn 310 ff.; *Schlothauer* StV 1986, 227; *Hamm/Hassemer/Pauly*, Rn 381 m.w.N.; vgl. auch noch BGH StV 2012, 580 [zur a.A. „mit beachtlichen Gründen"]).

📌 Wegen dieser Unsicherheit werden sich nach wie vor (**weitere**) **Beweisanträge** empfehlen (vgl. *Niemöller* StV 2007, 626 in der Anm. zu BGHSt 51, 364; zu allem a. *Witting/Junker* StRR 2009, 244, 248).

9.a) Schließlich kann der Beweisantrag abgelehnt werden, wenn er zur **Prozessverschleppung** gestellt ist (vgl. dazu eingehend KK-*Krehl*, § 244 Rn 175 ff.; *Meyer-Goßner/Schmitt*, § 244 Rn 67 ff.; Alsberg/*Güntge*, Rn 1237 ff.; *Petri* StRR 2008, 284).

📌 Die Ablehnung eines Beweisantrags wegen Prozessverschleppung ist durch die neuere Rspr. des BGH (vgl. BGH NJW 2005, 2466; NStZ 2007, 716 und vor allem zuletzt BGHSt 52, 355; s.u. Rdn 891) verstärkt in die Diskussion geraten. Gerade an dieser Stelle macht sich die Tendenz in der **verschärften Rspr.** des **BGH** zur „Disziplinierung" des Verteidigers deutlich bemerkbar (vgl. dazu *Trüg* StraFo 2010, 139 ff.; wegen der Einzelh. s. Rdn 891 ff.; s.a. noch *Schneider*, S. 607 ff. zur Strafbarkeit des Verteidigers wegen Strafvereitelung durch Stellen von Beweisanträgen zum Zwecke der Prozessverschleppung). Insoweit ist aber die wohl einschränkende Sicht des 5. Strafsenats (vgl. BGH StV 2009, 581 [insoweit nicht in BGHSt 54, 39]) zu begrüßen. Er hat ausdrücklich darauf hingewiesen, dass die von der Rspr. des BGH entwickelte Verfahrensweise zur Ablehnung von Beweisanträgen (BGHSt 51, 333; 52, 355) nach Ablauf einer hierzu gesetzten Frist, vorsichtiger und zurückhaltender Handhabung bedarf und sie regelmäßig erst nach zehn HV-Tagen und nicht vor Erledigung des gerichtlichen Beweisprogramms in Betracht zu ziehen sein wird (vgl. u.a. auch BVerfG NJW 2010, 592;

> 2010, 2036 [Bestätigung von BGHSt 54, 39]; BGH NJW 2011, 2821 [keine Ablehnung eines Beweisantrages, wenn die → *Aufklärungspflicht des Gerichts*, Rdn 329, die Beweiserhebung gebietet]; → *Verspätete Beweisanträge/Fristsetzung,* 3205).

890 **b)** Für die Annahme von Prozessverschleppung ist eine bloße Verspätung des Antrags oder der Umstand, dass der Antrag auch früher hätte gestellt werden können, grds. nicht ausreichend (BGH NJW 2001, 1956; NStZ 1998, 207 m.w.N.; NStZ-RR 2002, 69 [Be]; OLG Köln StV 2002, 238; 2007, 458; → *Verspätete Beweisanträge/Fristsetzung*, Rdn 3179; vgl. aber Rdn 891). Es kommt vielmehr darauf an, dass der Antrag – subjektiv – **eindeutig** ausschließlich in der **Absicht** gestellt worden ist, den **Abschluss** der **HV** zu **verzögern** (BGHSt 21, 118; 51, 333; zur (Nicht-)Erforderlichkeit des subjektiven Elements für den Antrag auf Vernehmung eines Auslandszeugen BGH NStZ 2011, 646; wegen der Einzelh. s. *Meyer-Goßner/Schmitt*, § 244 Rn 67 ff.; *Hamm/Hassemer/Pauly*, Rn 251 ff.; Alsberg/ *Güntge*, Rn 1241 ff.; *Fahl*, S. 512; vgl. a. die Rspr.-Übersicht bei *Schweckendieck* NStZ 1991, 109; *Malmendier* NJW 1997, 227, 229; allgemein zum Rechtsmissbrauch im Strafverfahren *Kempf* StV 1996, 507; *Niemöller* StV 1996, 501; *Beulke* StV 2009, 554; *Pfister* StV 2009, 550; *Schneider*, S. 607 ff.; zu Änderungsbestrebungen → *Gesetzesnovellen*, Rdn 1613). Auch Beweisanträge, die nicht ansatzweise der Erforschung der Wahrheit – sog. „Scheinbeweisanträge" – dienen, können wegen Prozessverschleppung zurückgewiesen werden (BGH NStZ 2005, 45). Erforderlich ist eine Gesamtwürdigung des Verhaltens des Antragstellers (KK-*Krehl*, § 244 Rn 181). Stellt der Verteidiger den Antrag, muss die Verschleppungsabsicht in seiner Person festgestellt werden (BGH NJW 2001, 1956; Alsberg/*Güntge*, Rn 1262 f.). Auf die Absicht des Angeklagten kommt es nicht an.

✍ Der Vorwurf der „Verschleppungsabsicht" als Ablehnungsgrund scheidet aus, wenn der Beweisantrag **möglichst frühzeitig** gestellt wird. Einen vor der HV im EV gestellten und ggf. abgelehnten Beweisantrag sollte daher alsbald nach Beginn der HV **wiederholt** werden. Auch sollte der Verteidiger sich nicht zum Werkzeug des Angeklagten machen lassen und nicht mit diesem versuchen, durch scheinbar zulässige und erhebliche Beweisanträge die Entscheidung aufzuschieben (zur Gefahr der Strafbarkeit für den Verteidiger s. *Schneider*, S. 607 ff.).

Die Ablehnung des Beweisantrages wegen Prozessverschleppung ist **ausgeschlossen**, wenn die → *Aufklärungspflicht des Gerichts*, Rdn 329, die Erhebung des Beweises gebietet (u.a. BVerfG NJW 2010, 592; BGH NJW 2011, 2821; NStZ 2010, 161; 2011, 230).

891 **c)** Die beantragte Beweiserhebung muss zu einer Verfahrensverzögerung führen. Fraglich und inzwischen umstritten ist, in welchem **Umfang** es zu einer **Verfahrensverzögerung** kommen muss. In der Vergangenheit ist die Rspr. des BGH davon ausgegangen, dass die Durchführung der beantragten Beweiserhebung zu einer erheblichen Verzöge-

rung des Verfahrens führen müsse (vgl. zuletzt u.a. NJW 2001, 1956 und die Nachw. bei *Niemöller* NStZ 2008, 181). Dafür wurde es als nicht ausreichend angesehen, wenn die beantragte Beweiserhebung innerhalb bzw. nach Ablauf der früher geltenden 10-Tages-Frist des § 229 Abs. 1 durchgeführt werden konnte (BGH StV 1986, 418, 420 m.w.N.). Auch an dieser Stelle ist eine deutliche Änderung in der Rspr. des BGH festzustellen (vgl. zur Entwicklung *Niemöller*, a.a.O.; Alsberg/*Güntge*, Rn 1246 ff.). Der 1. Strafsenat legt in seinem Beschl. v. 9.5.2007 (BGHSt 51, 333) bei der Ablehnung eines zum Zweck der Prozessverschleppung gestellten Beweisantrags das objektive Kriterium, dass die zu erwartende Verfahrensverzögerung zusätzlich wesentlich sein muss, deutlich restriktiver aus als früher und hat sogar erwogen, dieses Merkmal ganz aufzugeben. Dies hat er u.a. mit dem Beschleunigungsgrundsatz und den Änderungen durch das 1. JuMoG im Bereich des § 229 begründet (→ *Unterbrechung der Hauptverhandlung*, Rdn 2701). Diese Auffassung ist in der Lit. zu Recht als ein weiterer Versuch, „die Struktur der gerichtlichen Beweisaufnahme zu verändern", erheblich kritisiert worden (vgl. u.a. *Bauer* NStZ 2008, 542, 548; *Sommer* StRR 2007, 226; abl. a. *Meyer-Goßner/Schmitt*, § 244 Rn 67 m.w.N.; offengelassen KK-*Krehl*, § 244 Rn 178; zust. *Niemöller* NStZ 2008, 181, wonach allein die Verschleppungsabsicht genügen soll).

Nach Auffassung des 1. Strafsenats (BGHSt 51, 333) sollen **Rückschlüsse** auf objektive Tatsachen, aus denen die **Prozessverschleppungsabsicht** abgeleitet werden kann, aus folgendem **Verfahrensablauf** gewonnen werden können:

892

- Der Vorsitzende kann nach Abschluss der vom Gericht aufgrund der → *Aufklärungspflicht des Gerichts*, Rdn 329, (§ 244 Abs. 2) für geboten gehaltenen Beweiserhebungen eine **Frist setzen**, innerhalb derer etwaige weitere Beweisanträge zu stellen sind. Diese darf aber nicht zu kurz bemessen sein (vgl. BGH StV 2009, 581 [insoweit nicht in BGHSt 54, 39; für eine Frist von nur einem Tag nach nur 9 HV-Tagen]; s. dazu auch BVerfG NJW 2010, 2036).

- Werden **Beweisanträge nicht innerhalb** dieser **Frist** gestellt und fehlt ein nachvollziehbarer Anlass für die verfristete Antragstellung, kann das Gericht – falls nicht die Aufklärungspflicht nach § 244 Abs. 2 gleichwohl zur Beweiserhebung drängt – grds. davon ausgehen, dass der Antrag nichts anderes als die Verzögerung des Verfahrens bezweckt (abl. *Duttge/Neumann* HRRS 2010, 34).

> Auf diese Situation muss sich der Verteidiger einstellen. Es empfiehlt sich, wenn ein Beweisantrag nach Ablauf einer gesetzten Frist gestellt wird, **substantiiert darzulegen,** warum er an einer fristgerechten Antragstellung gehindert war oder warum der Antrag im Hinblick auf die → *Aufklärungspflicht des Gerichts*, Rdn 329, nicht abgelehnt werden kann. Ist eine gesetzte Frist zu kurz, wird sich möglicherweise die Frage der Besorgnis der Befangenheit stellen (vgl. dazu BVerfG und BGH, jew. a.a.O.).

| B | Beweisantrag, Ablehnungsgründe |

An dieser Stelle ist die **Rspr**. der Strafsenate des BGH allerdings **nicht einheitlich**. Während der 3. Strafsenat der Auffassung des 1. Strafsenats (BGHSt, a.a.O.), die allerdings nicht tragend war, zugestimmt hat (vgl. BGH NStZ 2007, 716; StV 2008, 9; s.a. noch BGHSt 54, 39), will der 4. Strafsenat offenbar an der früheren Rspr. festhalten (vgl. BGH StV 2009, 5). Nach seiner Auffassung ist – nach wie vor – die späte Antragstellung allein kein Anzeichen für eine Prozessverschleppungsabsicht.

893 c)aa) Seine „Fristsetzungsrechtsprechung" hat der 1. Strafsenat dann trotz der in der Lit. daran geübten Kritik (vgl. u.a. *I. Roxin* GA 2010, 425, 435; *Niemöller* JR 2010, 334; wegen weit. Nach. s. *Meyer-Goßner/Schmitt*, § 244 Rn 69b) in Fortführung seiner Entscheidung v. 14.6.2005 (NJW 2005, 2466) **fortgesetzt** (vgl. BGHSt 52, 355; s. dazu a. *Petzold* StRR 2009, 142, der in der Anm. zu BGH StV 2009, 5 von einer „obiter-dictum-Gesetzgebung" des 1. Strafsenats spricht; *Witting/Junker* StRR 2011, 288), und zwar wie folgt: Nach der älteren Rspr. durfte ein (Hilfs-) **Beweisantrag** wegen Verschleppungsabsicht nicht **erst** in den **Urteilsgründen abgelehnt** werden (vgl. u.a. zuletzt BGH NStZ 1998, 207 m.w.N.; OLG Frankfurt am Main StraFo 1998, 271; OLG Köln StV 2002, 355; 2007, 458). Vielmehr musste das noch in der HV geschehen, damit der Antragsteller Gelegenheit hat, den Vorwurf der Verschleppungsabsicht zu entkräften. Davon hatte der 1. Strafsenat des BGH bereits in NJW 2005, 2466 eine Ausnahme zugelassen, die er in BGHSt 52, 355 bestätigt hat. Danach soll gelten: Wenn eine HV extrem verzögert worden ist, namentlich durch zum Zweck der Prozessverschleppung gestellte Beweisanträge, kann zur Verhinderung weiterer Verfahrensverzögerung den Verfahrensbeteiligten eine **Frist** gesetzt werden. Nach deren Ablauf müssen Beweisanträge dann nicht mehr durch gesonderten → *Beweisantrag, Ablehnungsbeschluss*, Rdn 849, sondern dürfen auch erst in den Urteilsgründen beschieden werden (BGH NJW 2005, 2466; BGHSt 52, 355). Als Ablehnungsgrund kann dann (sogar) auch der der Prozessverschleppung angeführt werden. Die Rspr. des BGH ist in der **Lit**. – teilweise **massiv** – **kritisiert** worden (vgl. u.a. *Meyer-Goßner/Schmitt*, § 244 Rn 69c m.w.N. [„ein Fall bedenklicher richterlicher ‚schöpferischer Rechtsfindung'"]; *Dahs* StV 2006, 116; *Duttge* JZ 2005, 1012; *Ventzke* HRRS 2005, 233; *Eidam* JZ 2009, 318; *Fezer* HRRS 2009, 17; *Gaede* NJW 2009, 608; *Jahn* StV 2009, 663, 667; *Kempf* StraFo 2010, 316; *König* StV 2009, 171, jew. in den Anm. zu den BGH-Entscheidungen; krit. a. Alsberg/Güntge, Rn 1244; *Beulke* StV 2009, 554; *Pfister* StV 2009, 550; *Trüg* StraFo 2010, 139, 142; [teilweise] zust. *Gössel* JR 2006, 128; *ders*. ZIS 2007, 564; *Bünger* NStZ 2005, 305; *Arnoldi* StRR 2009, 62; *Fahl* DRiZ 2008, 291, ebenfalls jew. z.T. in den Anm. zu den BGH-Entscheidungen; vgl. wegen der **Auswirkungen** auf das **Verteidigerverhalten** → *Verspätete Beweisanträge/Fristsetzung*, Rdn 3179 m.w.N.; zur Revision in den Fällen der Ablehnung wegen Prozessverschleppung *Niemöller* NStZ 2008, 181, 187 f.).

Kritisiert wird an der Rspr. des BGH vor allem, dass die StPO eine „Fristenlösung" bei der Stellung/Bescheidung von Beweisanträgen (noch) nicht vorsieht und damit ein **Verstoß** gegen **§ 246 Abs. 1** vorliege (vgl. die o.a. Lit.-Nachw.; a.A. insoweit allerdings LR-*Becker*, § 244 Rn 273; *Fahl* DRiZ 2008, 291). Zudem ist es bedenklich, wenn man von dem Angeklagten/Verteidiger erwartet, den Vorwurf der Prozessverschleppung ggf. dadurch auszuräumen können, dass er vorträgt, warum ein Beweisantrag so spät gestellt ist (vgl. dazu auch BVerfG NJW 2010, 592; s. Rdn 895). Damit stellt man eine Pflicht zur ggf. teilweisen Offenlegung der Verteidigungsstrategie auf (krit. insoweit u.a. auch *Beulke/Ruhmannseder* NStZ 2008, 300, 302; *Jahn* JuS 2009, 372, 373; *König* StV 2009, 171, 172, jew. in den Anm. zu den oben zitierten BGH-Entscheidungen).

894

bb) Die sich stellenden Fragen sind inzwischen Gegenstand verfassungsrechtlicher Prüfung durch das **BVerfG**. Dieses hat in seinem Beschl v. Beschl. v.6.10.2009 (2 BvR 2580/08, NJW 2010, 592; ergangen zu BGHSt 52, 355) – aus verfassungsrechtlicher Sicht – weder die Fristsetzung für Beweisanträge noch deren teilweise Bescheidung erst im Urteil beanstandet. Die Rspr. des BGH bewege sich im Rahmen zulässiger richterlicher Rechtsfortbildung. Insbesondere liege auch **keine Umgehung** des § 246 vor. Denn die Versäumung der Frist stelle lediglich ein durch entsprechenden Tatsachenvortrag widerlegbares Indiz dafür dar, dass ein Beweisantrag zum Zweck der Verfahrensverschleppung gestellt worden sei. Eine eventuelle Ablehnung des Beweisantrags erfolge nicht allein deshalb, weil er zu spät gestellt wurde, sondern auch wegen Prozessverschleppungsabsicht i.S. des § 244 Abs. 3 S. 2. Mit der neuen Rspr. werde auch dem Beschleunigungsgebot Rechnung getragen, da sie der Gefahr einer Prozessverschleppung durch sukzessive Beweisantragsstellung vorbeuge. Auch die Bescheidung der im Schlussvortrag gestellten Hilfsbeweisanträge im Urteil des LG war nach Ansicht des BVerfG nicht zu beanstanden. Zwar seien nach früherer Rechtsprechung diejenigen Hilfsbeweisanträge ausnahmsweise vorab und nicht erst im Urteil zu bescheiden gewesen, die wegen Prozessverschleppungsabsicht abgelehnt wurden, was dem Angeklagten/Verteidiger die Möglichkeit geben sollte, sich vom Verschleppungsvorwurf zu entlasten. Diesem Interesse werde aber schon durch entsprechende Hinweise bei der Fristsetzung ausreichend Rechnung getragen. Der Verteidiger werde dadurch in die Lage versetzt, dem Vorwurf der Verschleppungsabsicht schon im Vorfeld zu begegnen, indem er seinen Beweisantrag entsprechend begründet.

895

> ✍ M.E. eine **„blauäugige Entscheidung"**, die die in der Rspr. des BGH liegenden Gefahren übersieht und zudem aus einem „extrem gelagerten Fall" eine Verfahrensregel für den Normalfall aufstellt (vgl. *Kempf* StraFo 2010, 316 f.). *Meyer-Goßner/Schmitt* (§ 244 Rn 69c) spricht –treffend – von einem „frommen Wunsch", wenn das BVerfG davon ausgehe, dass Tatgerichte nicht allein wegen der Verzögerung Beweisanträge ablehnen würden. Es gilt zudem der Satz „Bad cases make bad law" (vgl. dazu auch *Kempf* StraFo 2010, 316). Und das dem BGH-Beschl. v. 10.11.2009 (1 StR 162/09;

> vgl. BGH NStZ 2010, 161) zugrunde liegende Verfahren zeigt, wohin der Weg gehen kann (vgl. auch noch BGH NJW 2011, 2821). Es bleibt nur die Hoffnung, dass die (Tat-)Gerichte sich daran erinnern, dass die Möglichkeit, unter bestimmten Voraussetzungen eine Frist zu setzen, in der Beweisanträge zu stellen sind, und eine verspätete Antragstellung als Indiz für eine Verschleppungsabsicht zu werten, sie nicht von der Pflicht frei stellt, auch bei Anträgen, die nach Ablauf der Frist gestellt sind, über diese unter Berücksichtigung der → *Aufklärungspflicht des Gerichts*, Rdn 329, zu entscheiden (s. ausdrücklich auch BGH NJW 2011, 2821).

Siehe auch: → *Beweisantragsrecht, Allgemeines*, Rdn 971 m.w.N.

896 Beweisantrag, Adressat

897 In der HV wird der Beweisantrag an das **erkennende Gericht**, vor dem verhandelt wird und vor dem die Beweisaufnahme stattfindet, adressiert (Beck-*Michalke*, S. 527; zu Beweisanträgen im EV s. *Burhoff*, EV, Rn 961 ff.).

Siehe auch: → *Beweisantragsrecht, Allgemeines*, Rdn 971 m.w.N.; → *Beweisantrag zur Vorbereitung der Hauptverhandlung*, Rdn 995.

898 Beweisantrag, Antragsberechtigung

899 Literaturhinweise: **Bock**, Das Beweisantragsrecht des Nebenklägers, HRRS 2011, 119; **Kempf**, Rechtsmißbrauch im Strafprozeß, StV 1996, 507; **Kudlich**, (Nichts) Neues zum Missbrauch des Beweisantragsrechts, HRRS 2005, 10; **Niemöller**, Rechtsmißbrauch im Strafprozeß, StV 1996, 501; s.a. die Hinw. bei → *Beweisantragsrecht, Allgemeines*, Rdn 971 und → *Verteidigerhandeln und Strafrecht*, Rdn 3199.

900 **1.a)** Zur Antragstellung Berechtigt sind neben dem Angeklagten (s.u. Rdn 902) und dem Verteidiger (s.u. Rdn 904) der **StA**, der **Privatkläger** (vgl. aber → *Privatklageverfahren*, Rdn 2067), nach § 397 Abs. 1 S. 3 der **Nebenkläger**, der Antragsteller im → *Adhäsionsverfahren*, Rdn 256, soweit seine vermögensrechtlichen Ansprüche betroffen sind (BGH NJW 1956, 1767), **Erziehungsberechtigte** und gesetzliche Vertreter (§ 67 Abs. 1 JGG) sowie **Beistände** nach § 69 JGG (vgl. *Alsberg/Nüse/Meyer*, Rn 690 ff.).

901 **b)** Den Verfahrensbeteiligten steht das Antragsrecht grds. im **gleichen Umfang** zu. Die Beweisanträge des **Nebenklägers** müssen sich allerdings auf Tatsachen beziehen, die einen Bezug zu dem Nebenklagedelikt haben (*Alsberg/Nüse/Meyer*, Rn 694). Beim Nebenkläger wird zudem diskutiert, ob bei ihm ggf. eine weniger restriktive Anwendung der gesetzlich vorgesehenen, beschränkten Ablehnungsgründe als beim Angeklagten vertretbar ist (s. BGH NStZ 2010, 714; a.A. BGH NStZ 2011, 713). Dies wird damit begründet, dass

beim Angeklagten das Beweisantragsrecht nicht nur eine Stärkung der aktiven Einflussmöglichkeiten auf den Umfang der Beweisaufnahme vermittelt, sondern auch eine Konkretisierung seines Rechts auf ein faires Verfahren und damit auf eine gewisse „Waffengleichheit" sowie eine Ergänzung der für ihn streitenden Unschuldsvermutung (BGH NStZ 2010, 714). Dem wird in der Lit. entgegen gehalten, dass auch das Beweisantragsrecht des Nebenkläger grds. der objektiven Wahrheitsfindung diene; selbst wenn man die aktive Beteiligung des Opfers am Strafverfahren für kritisch erachte, müsse der Wille des Gesetzgebers, dem Verletzten das Recht einzuräumen, Beweisanträge zu stellen, respektiert werden (*Bock* HRRS 2011, 119).

2.a) Das Recht zur Antragstellung des **Angeklagten** ist Ausfluss seines Rechts auf rechtliches Gehör (vgl. u.a. BVerfG NJW 1986, 833; *Meyer-Goßner/Schmitt*, § 244 Rn 29 m.w.N.). Der Angeklagte kann einen Beweisantrag auch dann stellen, wenn er geschäftsunfähig ist oder der Antrag im **Widerspruch** zu seiner bisherigen **Einlassung** steht (BGH MDR 1977, 461 [H]).

902

b) Hinweis für den Verteidiger

903

Auch bei offensichtlichem Missbrauch des Antragsrechts darf das Gericht die Annahme des Antrags nicht (generell) ablehnen (BGH JR 1980, 218) und der Antrag nicht ohne inhaltliche Prüfung als unzulässig zurückgewiesen werden (BGHSt 29, 149). Wenn der Angeklagte aber sein Recht zur Antragstellung **missbraucht**, kann ihm nach der Rspr. des BGH jedoch das **selbstständige Antragsrecht entzogen** werden und das Gericht kann anordnen, dass der Angeklagte in Zukunft Beweisanträge nur noch über seinen Verteidiger stellen darf (BGHSt 38, 111 [für die Ankündigung von 8.500 Beweisanträgen, nachdem bereits zuvor zahlreiche Beweisanträge gestellt waren]; StV 2010, 363; zust. *Niemöller* StV 1996, 501, 506; a.A. offenbar Beck-*Michalke*, S. 572; krit. a. *Kempf* StV 1996, 507 ff.). Allerdings wird das, wenn überhaupt, nur in ganz extremen Ausnahmefällen als letztes Mittel zur Verhinderung eines Rechtsmissbrauchs in Betracht kommen (BayObLG NStZ 2004, 647). Aus der Begründung eines solchen Entziehungsbeschlusses muss sich dann ergeben, warum nach Ansicht des Tatrichters der Angeklagte sein Beweisantragsrecht bis zu diesem Zeitpunkt rechtsmissbräuchlich eingesetzt hat (BayObLG, a.a.O.; zu dieser Problematik eingehend *Kudlich* HRRS 2005, 10).

In **neueren Entscheidung** wählt der **BGH** (abw. von BGHSt 38, 111) einen anderen Weg (vgl. BGH NJW 2005, 2466; 2011, 2821; NStZ 2007, 716 und BGHSt 52, 355). Er sieht es als zulässig an, dass dann, wenn eine HV insbesondere durch zum Zweck der Prozessverschleppung gestellte Beweisanträge extrem verzögert wurde, zur Verhinderung weiterer Verfahrensverzögerung den Verfahrensbeteiligten eine **Frist gesetzt** werden darf, nach deren Ablauf weitere Beweisanträge nicht mehr

| B | Beweisantrag, Begründung |

durch gesonderten Beschluss, sondern auch erst in den Urteilsgründen beschieden werden dürfen, und zwar auch mit dem Ablehnungsgrund Prozessverschleppung (BGH, a.a.O.; s.a. noch BGH StV 2010, 363 zur Verschiebung der Antragstellung auf den nächsten Verhandlungstag). Diese Auffassung ist abzulehnen, da damit im Grunde genommen (erstmals) eine Präklusion in das Beweisantragsrecht eingeführt worden ist (krit. abl. a. *Dahs* StV 2006, 116; *Duttge* JZ 2005, 1012; *Ventzke* HRRS 2005, 233; KK-*Krehl*, § 244 Rn 113; *Beulke* StV 2009, 554; *Pfister* StV 2009, 550; Alsberg/*Güntge*, Rn 1250 f.; zust. *Gössel* JR 2006, 128, jew. in den Anm. zu BGH, a.a.O.; → *Beweisantrag, Zeitpunkt der Antragstellung*, Rdn 978).

904   3. Der **Verteidiger**, auch der Pflichtverteidiger, hat ein **selbstständiges**, vom Willen des Angeklagten unabhängiges Antragsrecht (BGH NStZ 2009, 581; Alsberg/*Güntge*, Rn 705 ff.). Seine Beweisbehauptungen brauchen sich mit der Einlassung des Angeklagten nicht zu decken (BGHSt 21, 118; BGH NJW 1969, 281; NStZ 2009, 581; KK-*Krehl*, § 244 Rn 97 m.w.N.; *Alsberg/Güntge*, Rn 707). Sie können auch im **Widerspruch** zu einem **Geständnis** stehen (*Meyer-Goßner/Schmitt*, § 244 Rn 30 m.w.N.).

🔹 Eine vom Vorbringen des Angeklagten **abweichende Antragstellung** kann sich dann empfehlen, wenn der Verteidiger nach der durchgeführten Beweisaufnahme davon ausgehen muss, dass der Angeklagte, der die Tat bestreitet, verurteilt werden wird. Der Verteidiger muss/kann/darf in diesen Fällen mit Beweisanträgen zur **Strafzumessung** reagieren.

🔹 Stellt der Verteidiger einen Beweisantrag, der von der **Einlassung** des Angeklagten oder seinem Geständnis **abweicht**, wird er bei der Antragstellung **deutlich** darauf hinweisen, dass er von seinem selbstständigen Antragsrecht Gebrauch macht, um Irritationen beim Gericht, insbesondere bei den Laienrichtern, zu vermeiden.

Siehe auch: → *Beweisantragsrecht, Allgemeines*, Rdn 971 m.w.N.

905   Beweisantrag, Begründung

906   **Literaturhinweise:** s. die Hinw. bei → *Beweisantragsrecht, Allgemeines*, Rdn 971.

907   1. Grds. muss der Beweisantrag **nicht** besonders **begründet** werden (zu **Ausnahmen** → *Auslandszeuge*, Rdn 402; → *Beweisantrag, Ablehnungsgründe*, Rdn 883; → *Beweisantrag, Formulierung: Zeugenbeweis*, Rdn 946; → *Beweisantrag, Inhalt*, Rdn 960; → *Obergutachter*, Rdn 1958; → *Verspätete Beweisanträge/Fristsetzung*, Rdn 3179).

908   2. Der Verteidiger **kann/darf** seinen Beweisantrag jedoch **begründen.**

Dabei ist Folgendes zu **beachten**:
- Ist die **Bedeutung** der **Beweistatsache** offensichtlich, kann die Begründung kurz gehalten werden oder ganz entfallen. Ist die Bedeutung hingegen **nicht offensichtlich** oder möchte der Verteidiger das erkennende Gericht darauf hinweisen, dass der unter Beweis gestellten Tatsache eine bestimmte Schlussfolgerung zu entnehmen ist, ist eine Begründung des Beweisantrags zu **empfehlen** (*Hamm/Hassemer/Pauly*, Rn 131). Das Gericht ist allerdings, auch wenn es dem Beweisantrag nachgeht, nicht gehindert, andere als in der Begründung angeführte Schlussfolgerungen zu ziehen (BGHSt 29, 18 ff.).
- Entsprechendes gilt, wenn der Verteidiger mit seinem Beweisantrag dem Gericht die **eigene Bewertung** des **bisherigen Beweisergebnisses bekannt machen** will (*Hamm/Hassemer/Pauly*, a.a.O.). Das kann z.b. nach einer Beweisaufnahme der Fall sein, die von Gericht und Verteidiger unterschiedlich bewertet wird. Hier bietet sich über die Begründung eines sich anschließenden Beweisantrags eine gute Möglichkeit mit dem Gericht über die Bewertung des Beweisergebnisses ins Gespräch zu kommen und ggf. bestehende Divergenzen auszuräumen.
- Eine Begründung des Beweisantrags kann darüber hinaus auch im Hinblick auf die **Revision sachdienlich** sein. Durch sie lässt sich dem Revisionsgericht – z.b. im Rahmen einer Aufklärungsrüge – leichter vermitteln, weshalb sich auch dem Tatgericht die unterlassene Beweiserhebung aufdrängen musste (→ *Revision, Begründung, Verfahrensrüge*, Rdn 2345).

909

☞ Die Begründung eines Beweisantrags gehört **nicht** zu den wesentlichen Förmlichkeiten, die in das → *Protokoll der Hauptverhandlung*, Rdn 2092, aufgenommen werden müsste. Deshalb ist es **ratsam**, die Begründung dem Gericht nicht nur mündlich mitzuteilen, sondern zusammen mit dem Beweisantrag schriftlich als **Anlage** zum Protokoll zu reichen (s. → *Beweisantrag, Form*, Rdn 910). Damit ist diese Anlage dann ggf. für die Revision in den Akten enthalten. Allerdings bezieht sich die absolute Beweiskraft des Protokolls nicht auf die Begründung des Antrags (BGH NStZ 2000, 437).

Siehe auch: → *Beweisantrag*, Rdn 835 m.w.N., mit Antragsmuster, Rdn 848.

Beweisantrag, Form

910

Literaturhinweise: s. die Hinw. bei → *Beweisantragsrecht, Allgemeines*, Rdn 971.

911

1. Der Beweisantrag wird in der HV **mündlich** gestellt (OLG Frankfurt am Main NStZ-RR 1998, 210; *Hamm/Hassemer/Pauly*, Rn 145; *Alsberg/Güntge*, Rn 717). Es genügt nicht, ihn dem Gericht in schriftlicher Form lediglich zu überreichen (*Meyer-Goßner/Schmitt*, § 244 Rn 32; OLG Frankfurt am Main, a.a.O. [keine Bescheidungspflicht]).

912

B Beweisantrag, Form

Der Antrag ist auch dann mündlich zu stellen, wenn bereits in früheren Verfahrensstadien ein schriftlicher Antrag zu den Akten gegeben worden ist (RGSt 73, 193; OLG Frankfurt am Main, a.a.O. [für einen bei einer kommissarischen Vernehmung überreichten Beweisantrag]; *Sommer* ZAP F. 22, S. 114). Eine **Wiederholung** der Antragstellung ist auch **nach Aussetzung** der HV erforderlich (BayObLG DAR 1964, 242 [Rüth]; s.a. → *Beweisantrag, Zeitpunkt der Antragstellung*, Rdn 978; → *Beweisantrag zur Vorbereitung der Hauptverhandlung*, Rdn 995).

Es ist allerdings üblich und **ratsam**, einen Beweisantrag **schriftlich vorzubereiten** und nach seiner Verlesung in der HV als **Anlage** zum **Protokoll** zu reichen (*Hamm/Hassemer/Pauly*, Rn 145; *Junker*, Rn 62; Alsberg/*Güntge*, Rn 723 [üblich]). Der Verteidiger hat jedoch keinen Anspruch darauf, einen Beweisantrag in das → *Protokoll der Hauptverhandlung*, Rdn 2092, diktieren zu dürfen (OLG Hamm JMBl. NW 1970, 251; OLG Köln VRS 70, 370; *Meyer-Goßner/Schmitt*, § 244 Rn 32).

Es ist unbedingt darauf zu **achten**, dass die Antragstellung als eine „wesentliche Förmlichkeit" in das → *Protokoll der Hauptverhandlung*, Rdn 2092, **aufgenommen** wird. Geschieht das nicht, gilt der Beweisantrag als nicht gestellt (*Meyer-Goßner/Schmitt*, § 274 Rn 14 m.w.N.). Dann kann der Verteidiger in der Revision nicht (erfolgreich) rügen, dass der Beweisantrag nicht oder fehlerhaft zurückgewiesen worden ist. Insbesondere, wenn der Verteidiger den Beweisantrag in das Protokoll diktiert hat, sollte er sich das „Diktat" vom Protokollführer noch einmal vorlesen lassen, damit sichergestellt ist, dass der Antrag so aufgenommen worden ist, wie ihn der Verteidiger diktiert hat.

Der Vorsitzende kann die **Aufnahme** eines Beweisantrags in das Protokoll **nicht** mit der Begründung **verweigern**, der Antrag sei **unzulässig** gestellt (LR-*Stuckenberg*, § 273 Rn 23). Lehnt er die Protokollierung dennoch ab, muss gem. **§ 273 Abs. 3 S. 2** die Entscheidung des Gerichts beantragt werden (zur Begründung der Verfahrensrüge, mit der beanstandet wird, das Gericht habe in der HV eine beabsichtigte Beweisantragstellung durch „Nichtzulassung" vereitelt und die Protokollierung des Antrags entgegen § 273 Abs. 1 S. 1 s. OLG Bamberg NJW 2013, 1251 m. Anm. *Burhoff* VRR 2013, 472).

913   2. Früher konnte der Vorsitzende den Verteidiger lediglich bitten, einen Beweisantrag schriftlich niederzulegen. Diesem Wunsch musste der Verteidiger nicht nachkommen (BayObLG DAR 1979, 240 [Rüth]; OLG Hamm JMBl. NW 1970, 251). Nach der Einfügung des **§ 257a** kann das Gericht dem Verteidiger nach § 257a S. 1 **aufgeben**, einen **Beweisantrag schriftlich** zu stellen (Alsberg/*Güntge*, Rn 718 ff.; wegen der Einzelh. s. → *Schriftliche Antragstellung*, Rdn 2476; zur Kritik an dieser Regelung, insbesondere bei der Beweisaufnahme, s. die Lit.-Hinw. bei Rdn 2476).

Beweisantrag, Formulierung: Augenscheinseinnahme | **B**

☞ Macht das Gericht von dieser Möglichkeit Gebrauch, ist es **nicht** (mehr) **verpflichtet, mündlich** gestellte Anträge **entgegenzunehmen** (*Meyer-Goßner/Schmitt*, § 257 Rn 9; *Hamm/Hassemer/Pauly*, Rn 145; *Malek*, Rn 384).

Siehe auch: → *Beweisantrag*, Rdn 835 m.w.N., mit Antragsmuster, Rdn 848.

Beweisantrag, Formulierung: Augenscheinseinnahme 914

Literaturhinweise: Geppert, Der Augenscheinsbeweis, Jura 1996, 307; s.a. die Hinw. bei → *Augenscheinseinnahme*, Rdn 348 und → *Beweisantrag*, Rdn 835. 915

1. Hinsichtlich des Inhalts eines Beweisantrags auf Einnahme des Augenscheins gelten zunächst die **allgemeinen Ausführungen** bei → *Beweisantrag, Inhalt*, Rdn 951 (allgemein zum Augenscheinsbeweis *Geppert* Jura 1996, 307; Alsberg/*Dallmeyer*, Rn 392 ff.). 916

2. Auf Folgendes ist **besonders hinzuweisen**: 917

■ Es müssen **Beweisthema** und **Beweismittel** im Beweisantrag im Einzelnen aufgeführt werden. Nicht ausreichend ist es z.b., allgemein nur eine „Ortsbesichtigung des Tatorts" zu beantragen (*Junker*, Rn 71). Das wäre lediglich eine → *Beweisanregung*, Rdn 828 (zu weiteren Bsp. s. *Junker*, Rn 72). Auch nicht ausreichend ist ein Antrag, Örtlichkeiten im Rahmen eines Ortstermins in Augenschein zu nehmen „zum Beweis für die Tatsache, dass die Örtlichkeiten die uneingeschränkte visuelle Wahrnehmungsmöglichkeit im Hinblick auf die Fahrereigenschaft des Angeklagten nicht zulassen" (OLG Hamm StRR 2008, 242 [Ls.; insoweit nicht in NJW 2008, 2358]). Das OLG Hamm (VRR 2010, 315) hat schließlich einen Antrag auf „Beiziehung der Videosequenz der Frontalkamera" zum Beweis der Tatsache, dass auf den Aufnahmen neben dem Fahrzeug des Betroffenen weitere Fahrzeuge bzw. Fahrzeugführer identifizierbar dokumentiert worden seien, nicht als Beweisantrag im formellen Sinn angesehen, da die Beiziehung kein Beweismittel sei; es müsse die Augenscheinseinnahme beantragt werden.

☞ Es empfiehlt sich für den Verteidiger, damit er den Augenscheinsbeweisantrag sachgerecht formulieren kann, sich **vorher** die Stelle, die ggf. in Augenschein genommen werden soll, **anzusehen** (*Dahs*, Rn 689, 319; *Junker*, a.a.O.).

■ Kann der Verteidiger die **Augenscheinsobjekte** dem Gericht in der HV unmittelbar **präsentieren**, sollte er es tun, da es sich dann um → *präsente Beweismittel*, Rdn 2036, handelt. Auf diese **muss** die Beweisaufnahme erstreckt werden, wenn nicht einer der Ablehnungsgründe des § 245 Abs. 2 vorliegt.

■ Den Beweisantrag kann das Gericht nach **pflichtgemäßem Ermessen** gem. § 244 Abs. 5 S. 1 **ablehnen** (dazu eingehend Alsberg/*Güntge*, Rn 1390 ff.). Allerdings darf es dabei nicht auf eben die Zeugenaussage zurückgreifen, die durch den Augenschein erschüttert werden soll (BGH NStZ 1994, 483 [für Tatortbesichtigung]; OLG Koblenz StV 2013, 553 [Ls.; Versuch eine Zeugenaussagen durch die Angabe der Örtlichkeiten zu erschüttern]; OLG Köln StV 2002, 238 m. zahlr. weit. Nachw.). Unzulässig ist die Ablehnung auch, wenn Zeugen zu dem Beweisstoff widersprechende Angaben gemacht haben (BGH, Beschl. v. 22.9.2009 – 3 StR 321/09). Maßgeblich für die Ablehnung des Antrags ist allein die → *Aufklärungspflicht des Gerichts*, Rdn 329 (KG NStZ 2007, 480; zur Ablehnung des Beweisantrags auf einen Augenscheinsbeweis eingehend *Hamm/Hassemer/Pauly*, Rn 419 ff.; Alsberg/*Güntge*, a.a.O.; vgl. dazu u.a. auch noch BGH NStZ 2006, 406).

918 3. Muster: Beweisantrag Augenscheinseinnahme

▼

An das

Amtsgericht/Landgericht Musterstadt

Beweisantrag

In der Strafsache

gegen H. Mustermann

Az.:

wird beantragt,

zum Beweis der Tatsache, dass der Pkw des Zeugen Müller mit dem amtlichen Kennzeichen MU-AN-100 im vorderen linken Bereich beschädigt ist,

den o.a. Pkw, den der Zeuge bei dem Verkehrsunfall am 12.10.2015 geführt hat und der nach dem Unfall abgeschleppt und heute noch bei der Fa. Schulze GmbH, Musterstadt, Im Gewerbegebiet 1, abgestellt ist, in Augenschein zu nehmen.

Begründung:

Durch die Augenscheinseinnahme des Pkw wird sich ergeben, dass dieser im vorderen linken Bereich Beschädigungen aufweist. Damit wird die Unfallschilderung des Angeklagten, die dieser in der Hauptverhandlung gegeben hat, bestätigt. Die Beschädigungen im vorderen linken Bereich beweisen eindeutig, dass der Zeuge Müller – so wie es der Angeklagte geschildert hat – vom linken Straßenrand auf die Fahrbahn aufgefahren ist.

Rechtsanwalt

▲

Siehe auch: → *Augenscheinseinnahme*, Rdn 348; → *Beweisantragsrecht, Allgemeines*, Rdn 971, m.w.N.

Beweisantrag, Formulierung: Sachverständigenbeweis

Literaturhinweise: Seibert, Beweisanträge (Zeugen und Sachverständige) im Strafverfahren, NJW 1962, 135; s.a. die Hinw. bei → *Beweisantrag*, Rdn 835 und → *Sachverständigenbeweis*, Rdn 2436.

1. Hinsichtlich des üblichen **Inhalts** eines Beweisantrags auf Einholung eines SV-Gutachtens gelten die **allgemeinen Ausführungen** bei → *Beweisantrag, Inhalt*, Rdn 951 (zum Antrag auf Einholung eines SV-Gutachtens eingehend mit Bsp. *Junker*, Rn 73 ff.). Es ist, insbesondere beim SV-Beweis, darauf zu achten, dass **nicht nur** das **Beweisziel** unter Beweis gestellt wird. Dessen Feststellung ist Aufgabe des Gerichts und nicht des Beweismittels, wie z.B. des SV (vgl. z.B. BGH NStZ 2011, 106; 2012, 280; NStZ-RR 2010, 181; OLG Hamm StRR 2010, 105; OLG Naumburg StV 2012, 589; vgl. a. noch Alsberg/*Dallmeyer*, Rn 94; → *Beweisantrag, Inhalt*, Rdn 951).

☝ Der Verteidiger muss darauf achten, dass genügend **Anknüpfungstatsachen** genannt werden (s. aber a. BGH StV 1990, 98). Ob die genannten ausreichen, kann das Gericht im → *Freibeweisverfahren*, klären (BGH NStZ 2013, 290).

2. Vor allem bei einem SV-Antrag ist es **unerheblich**, wenn der Verteidiger es nur für möglich hält, dass die Beweiserhebung zu der Feststellung der im Antrag aufgeführten Beweistatsache führt (vgl. dazu → *Beweisantrag*, Rdn 841; → *Beweisantrag, Inhalt*, Rdn 951; *Hamm/Hassemer/Pauly*, Rn 389). Vielmehr wird er gerade bei Stellung eines SV-Antrags noch mehr als bei der Beantragung einer Zeugenvernehmung auf **Vermutungen** angewiesen sein. I.d.R. verfügt er in diesem Bereich nicht über die Möglichkeiten, sich vorab über das (zu erwartende) Ergebnis eines SV-Gutachtens zu informieren. Allerdings muss der Verteidiger im Antrag die **Anknüpfungstatsachen mitteilen**, damit das Gericht prüfen und entscheiden kann, ob es einen SV hinzuziehen muss (BGH NStZ 1996, 202; *Junker*, Rn 77). Für ein sog. Lebensalterbestimmungsgutachten reicht allerdings nicht die Behauptung, der Angeklagte sei „jünger als 21 Jahre" gewesen, vielmehr bedarf es im Hinblick auf die vorzunehmende Beurteilung des Entwicklungsstandes einer bestimmten Behauptung, wie alt der Angeklagte konkret im Tatzeitraum gewesen sein soll (BGH NStZ 1998, 50).

☝ Häufig **empfiehlt** es sich bei einem Antrag auf SV-Beweis, kurz zu **begründen**, warum die Beweistatsache für das Verfahren von Bedeutung ist. Damit wird die → *Aufklärungspflicht des Gerichts*, Rdn 329, „aktualisiert".

Wird die Einholung eines **aussagepsychologischen Gutachtens** für einen den Angeklagten belastenden Zeugen, muss im Beweisantrag nicht vortragen werden, dass dieser die Zustimmung zur Untersuchung erteilt hat. Die aussagepsychologische Begutachtung eines Zeugen bedarf nämlich nicht notwendig dessen Exploration unter seiner Mitwirkung. Vielmehr ist es je nach Fallgestaltung regelmäßig möglich, dem SV auf anderem Wege die erforderlichen Anknüpfungstatsachen für die Beurteilung der Glaubhaftigkeit der Angaben des Zeugen zu verschaffen (BGH NStZ-RR 2015, 17 m.w.N.).

924 3. Da nach § 73 Abs. 1 S. 1 das Gericht den SV auswählt, hat der Verteidiger grds. **keinen Anspruch** auf Anhörung eines **bestimmten SV**. Das bedeutet, dass er in seinem Beweisantrag einen bestimmten SV **nicht namentlich** benennen muss (*Hamm/Hassemer/Pauly*, Rn 97, 300; Alsberg/*Dallmeyer*, Rn 112). Es ist allerdings zu empfehlen, dass der Verteidiger den SV, den er für geeignet hält, im Beweisantrag namentlich aufführt (für das EV s. *Burhoff*, EV, Rn 3303 ff.; s.a. Nr. 70 RiStBV; zur Auswahl des SV *Detter* NStZ 1998, 58 f. m.w.N.). Das Gericht kann einen anderen als den vorgeschlagenen SV bestellen (KK-*Senge*, § 73 Rn 3; KK-*Krehl*, § 244 Rn 117; zur richtigen Auswahl des „Psycho-SV" *Rasch* NStZ 1992, 257; *Täschner* NStZ 1994, 221; s.a. BGHSt 34, 355). Der Verteidiger muss auch nicht unbedingt die **Fachrichtung**, der der SV angehören soll, anführen (OLG Celle MDR 1969, 950; KK-*Senge*, a.a.O.); er sollte dies aber tun (*Dahs*, Rn 682 f.; *Hamm/Hassemer/Pauly*, Rn 97).

> Die **Vernehmung** eines bestimmten SV kann der Verteidiger nur dadurch **erzwingen**, dass er beantragt, den SV als → *präsentes Beweismittel*, Rdn 2036, gem. § 245 Abs. 2 zu vernehmen.

925 3. Der Antrag auf **Zuziehung** eines **weiteren SV** gem. § 244 Abs. 4 S. 2 bedarf einer besonderen Begründung (vgl. dazu → *Obergutachter,* Rdn 1953, mit Antragsmuster, Rdn 1966; *Junker*, Rn 83).

926 **4. Muster: Beweisantrag Sachverständigenbeweis**

▼

An das

Amtsgericht/Landgericht Musterstadt

Beweisantrag

In der Strafsache

gegen H. Mustermann

Az.:

wird beantragt,

Beweisantrag, Formulierung: Urkundenbeweis B

ein Sachverständigengutachten zum Beweis der Tatsache einzuholen, dass die Fähigkeit des Angeklagten, das Unrecht seiner Tat einzusehen und danach zu handeln, wegen einer krankhaften seelischen Störung bei der Begehung der Tat erheblich vermindert war (§ 21 StGB).

Es wird beantragt,

Herrn Prof. Dr. Dr. Fritz Meier, Mustermannstraße 5, Musterstadt als Sachverständigen zu bestellen.

Begründung:

Die Anhörung des Angeklagten in der Hauptverhandlung hat ergeben, dass der Angeklagte in mehreren Heimen und bei verschiedenen Pflegeeltern aufgewachsen ist. Außerdem hat er 1978 bei einem Motorradunfall eine schwere Kopfverletzung erlitten; er hat anlässlich dieses Unfalls mehrere Tage im Koma gelegen.

Der Sachverständige hat den Angeklagten bereits in anderen Verfahren untersucht und ist dort zum Ergebnis gekommen, dass er aufgrund der o.a. Umstände vermindert schuldfähig ist.

Rechtsanwalt

Siehe auch: → *Beweisantrag*, Rdn 835 m.w.N., mit Antragsmuster, Rdn 848; → *Beweisantragsrecht, Allgemeines*, Rdn 971 m.w.N.; → *Verlesung von Gutachten allgemein vereidigter Sachverständiger*, Rdn 2968.

Beweisantrag, Formulierung: Urkundenbeweis   927

Literaturhinweise: s. die Hinw. bei → *Beweisantrag*, Rdn 835 und → *Urkundenbeweis, Allgemeines*, Rdn 2721.   928

1. Wegen des allgemeinen **Inhalts** eines Beweisantrags auf Erhebung des Urkundenbeweises ist zunächst auf die **allgemeinen Ausführungen** bei → *Beweisantrag, Inhalt*, Rdn 951, zu verweisen (eingehend a. *Junker*, Rn 89 ff.; zum Urkundenbeweis Alsberg/ *Dallmeyer*, Rn 425 ff.).   929

2. Für einen Urkundenbeweisantrag gelten darüber hinaus folgende **Besonderheiten**: Es ist zu **unterscheiden**, ob sich die Urkunde, die nach Ansicht des Verteidigers verlesen werden muss, in den Gerichtsakten befindet, von denen das Gericht Gebrauch machen will (s.u. Rdn 931), oder ob sie sich z.B. in einem Beweismittelordner, den das Gericht nicht benutzen will, befindet (s.u. Rdn 933).   930

a)aa) Die **in** den **Strafakten** befindlichen **Urkunden** sind ein → *präsentes Beweismittel*, Rdn 2036 (vgl. a. BGH, Beschl. v. 21.5.2015 – 4 StR 554/14). Sie unterliegen allerdings nicht der Regelung in § 245 Abs. 2, sondern der in **§ 245 Abs. 1** (KK-*Krehl*, § 245 Rn 10 ff.   931

B Beweisantrag, Formulierung: Urkundenbeweis

m.w.N.). Damit erstreckt sich die **Beweiserhebungspflicht** des Gerichts auf alle Urkunden, die bei Beginn der HV vorliegen, sofern das **Gericht** zu **erkennen gegeben** hat, dass es von ihnen **Gebrauch** machen will (BGHSt 37, 168, 171 ff.). Dazu reicht aber das bloße Vorhandensein der Urkunde an Gerichtsstelle oder ihre Bezeichnung als Beweismittel in der Anklageschrift allein nicht aus (KK-*Krehl*, § 244 Rn 13).

932 bb) Will der Verteidiger erreichen, dass eine solche „präsente" Urkunde aus den Akten verlesen wird, muss er **keinen Beweisantrag** i.e.S. stellen. Er sollte allerdings durch einen **Antrag** (s.u. Rdn 936) nach außen erkennbar machen, dass die Beweisaufnahme auf die Verwertung einer bestimmten Urkunde aus den Akten ausgedehnt werden soll (*Meyer-Goßner/Schmitt*, § 245 Rn 5 m.w.N.). In diesem Antrag muss die genaue **Fundstelle** der Urkunde bezeichnet werden. Die Angabe eines **Beweisthemas** wurde früher als nicht erforderlich angesehen, wird heute jedoch gefordert (*Meyer-Goßner/Schmitt*, § 245 Rn 5; a.A. KK-*Krehl*, § 245 Rn 13 f.; Beck-*Michalke*, S. 543 m.w.N. [sicherheitshalber]). Der Antrag ist auch nicht etwa deshalb entbehrlich, weil der Verteidiger die Urkunde schon vor der HV als Beweismittel **zu** den **Akten gereicht** hat (RGSt 41, 4, 13).

> Für andere Urkunden, die **nicht** in dem Sinne „**herbeigeschafft**" sind, dass das Gericht zu erkennen gegeben hat, dass es ihnen Beweismittelqualität beimisst, ist ein Beweisantrag zu stellen (KK-*Krehl*, a.a.O.).

933 b) Befindet sich hingegen die **Urkunde**, die verlesen werden soll, in einem Beweismittelordner, den das **Gericht nicht benutzen** will, oder in den Akten einer anderen Behörde, muss der Verteidiger einen vollständigen → *Beweisantrag*, Rdn 835, stellen, der ein Beweisthema enthalten und den Fundort genau bezeichnen muss (BGHSt 37, 168 ff.; Beck-*Michalke*, S. 543; a.A. wohl KK-*Krehl*, § 244 Rn 13; s. dazu u. Rdn 937).

934 Nicht ausreichend zur Bezeichnung des Fundortes ist eine Formulierung wie: „... in den Akten des Ministeriums für ..." o.Ä. Bei einem solchen Antrag würde es sich, da die Urkunde erst noch gesucht werden muss, um einen → *Beweisermittlungsantrag*, Rdn 1007, handeln. Der Verteidiger braucht die **Fundstelle** selbstverständlich dann **nicht** anzugeben, wenn er die zu verlesende Urkunde dem Gericht gleichzeitig mit seinem Verlesungsantrag „gebrauchsfähig" **überreicht** (*Junker*, Rn 92). Ansonsten muss er die Fundstelle in den Akten oder eine andere genaue Bezeichnung der Urkunde (Autor, Datum der Erstellung, Adressat usw.) angeben (*Hamm/Hassemer/Pauly*, Rn 87).

935 Der bloße **Antrag** auf **Beiziehung** von (bestimmten) **Akten** ist kein ordnungsgemäßer Beweisantrag, es sei denn, dass eine bestimmte Tatsache durch den gesamten Inhalt einer Urkundensammlung bewiesen werden soll (BGH NStZ 1985, 493 [Pf/M] m.w.N.; 1997, 562 [für Krankenakten]; 2009, 51; StV 1999, 80; vgl. a. OLG Saarbrücken NStZ 2005, 344; KK-*Krehl*, § 244 Rn 48 m.w.N. aus der Rspr.). Das ist z.B. dann der Fall, wenn es darum geht, dass sich eine bestimmte Urkunde nicht in den Akten befindet oder erst durch die Gesamt-

heit von bestimmten Akten eine Entwicklung offenbar wird (zur Frage, ob der Angeklagte einen Anspruch auf Vorlage der **Arbeitsunterlagen** eines SV hat, sowie zur Formulierung eines entsprechenden Antrags → *Sachverständigenbeweis*, Rdn 2467 f.).

> ✋ **Gegenstand** eines Beweisantrags kann also nicht eine Vielzahl von Unterlagen sein, sondern **stets** nur die **einzelne Urkunde** (BGH StV 1999, 80 [für Straf- und Asylverfahrensakten]; KG NStZ-RR 2002, 116 [für Antrag auf Beiziehung von Wartungsunterlagen eines Pkw]).
>
> Geht es dem Verteidiger um den **Inhalt** einer bestimmten Urkunde, z.B. eines Arztberichts, muss also ggf. die Beiziehung der Akten, in denen sich die Urkunde befindet, und die Verlesung dieser konkreten Urkunde beantragt werden (*Hamm/Hassemer/Pauly*, Rn 99 ff.).

3. Muster (s.a. noch *Junker*, Rn 91 ff.)

a) Antrag auf Verlesung von Urkunden 936

▼

An das

Amtsgericht/Landgericht Musterstadt

Antrag

In der Strafsache

gegen H. Mustermann

Az.:

wird beantragt, die Angebotsunterlagen in der Akte Bl. 134 – 137 zu verlesen.

Rechtsanwalt

▲

b) Beweisantrag auf Erhebung des Urkundenbeweises 937

▼

An das

Amtsgericht/Landgericht Musterstadt

Beweisantrag

B — Beweisantrag, Formulierung: Urkundenbeweis

In der Strafsache

gegen H. Mustermann

Az.:

wird in der Anlage der Brief des Angeklagten an Herrn K. vom 24.10.2015 überreicht und

beantragt, diesen als Urkunde zum Beweis der Tatsache zu verlesen, dass die Behauptung des Zeugen K., er habe vor dem 26.10.2012 nicht erfahren, dass der Angeklagte in Urlaub fahren wollte, nicht zutrifft.

Begründung:

In dem Brief des Angeklagten heißt es:

„Wir müssen nun bald die Koffer packen, unser Flugzeug nach Paris startet am 26.15.2015 gegen 9.00 Uhr."

Rechtsanwalt

938 **c) Beweisantrag auf Erhebung des Urkundenbeweises hinsichtlich einer Urkunde, die sich in anderen Akten befindet**

An das

Amtsgericht/Landgericht Musterstadt

Beweisantrag

In der Strafsache

gegen H. Mustermann

Az.:

wird beantragt,

die Akten des Verfahrens beizuziehen und den darin auf Bl. enthaltenen Brief des Angeklagten an Herrn K. vom 24.15.2015 zu verlesen

zum Beweis der Tatsache, dass die Behauptung des Zeugen K., er habe vor dem 26.10.2015 nicht erfahren, dass der Angeklagte in Urlaub fahren wollte, nicht zutrifft.

Begründung:

In dem Brief des Angeklagten an Herrn K. heißt es:

„Wir müssen nun bald die Koffer packen, unser Flugzeug nach Paris startet am 26.10.2012 gegen 9.00 Uhr."

Rechtsanwalt

Siehe auch: → *Beweisantragsrecht, Allgemeines*, Rdn 971 m.w.N.; → *Urkundenbeweis, Allgemeines*, Rdn 2721 m.w.N.

Beweisantrag, Formulierung: Zeugenbeweis 939

Das Wichtigste in Kürze:
1. Für den Beweisantrag auf Vernehmung eines Zeugen gelten grds. die allgemeinen Regeln.
2. Im Beweisantrag auf Vernehmung eines Zeugen muss der zu vernehmende Zeuge grds. namentlich und unter Angabe seiner ladungsfähigen Anschrift bezeichnet werden.
3. Ist der Verteidiger nicht in der Lage, den Zeugen und/oder seine Anschrift zu benennen, reicht es aus, wenn der Zeuge nur individualisiert wird und i.Ü. aufgrund der Angaben des Verteidigers Name und Anschrift ermittelt werden können.
4. Bei der Formulierung des Zeugenbeweisantrags ist die seit einiger Zeit vom BGH vertretene Rspr. zur sog. Konnexität zwischen Beweistatsache und Beweismittel von erheblicher Bedeutung.

Literaturhinweise: Basdorf, Elemente des Beweisantrags – Konnexität und anderes, in: Festschrift für *Gunter Widmaier*, 2008, S. 51; **Bosbach**, Der Verteidiger als Zeuge, StraFo 2011, 172; **Eisenberg**, Zur Erforderlichkeit der Konnexität im Rahmen von Beweisaufnahmen im fortgeschrittenen Stadium – Anmerkungen zum Urteil des BGH vom 10.6.2008 (Az. 5 StR 38/08, abgedr. in NJW-Spezial 2008, 504), ZIS 2008, 469; **Fezer**, Die „Herabstufung" eines Beweisantrags in der Revisionsinstanz. Zugleich eine Kritik am sog. Konnexitätsprinzip, in: Festschrift für *Lutz Meyer-Goßner/Schmitt*, 2001, S. 629; *ders.*, Verschärfung des Konnexitätserfordernisses, HRRS 2008, 457; **Gerst**, Der Zeuge via Skype – Verteidigung mit Videotechnik, StraFo 2013, 103; **Habetha**, Übergehen „unwahrscheinlicher" Beweisanträge ohne Ablehnungsgrund, StV 2011, 239; **Hadamitzky**, Anträge auf Beweiserhebung in der neueren Rechtsprechung des Bundesgerichtshofes, StraFo 2012, 297; **Jahn**, Konnexitätsdoktrin und „Fristenlösungsmodell" – Die verfassungsrechtlichen Grenzen der Fremdkontrolle im Beweisantragsrecht der Verteidigung durch den Bundesgerichtshof, StV 2009, 663; **Johnigk**, Der Beweisantrag auf Vernehmung eines Auslandszeugen, (§ 244 Abs. 5 S. 2 StPO), in: Festschrift für *Peter Rieß*, 2002, S. 197; **Klesczewski**, Das System der Ablehnungsgründe der §§ 244 f. StPO – zugleich ein Beitrag zur Konnexität von Beweismittel und Beweistatsache, HRRS 2004, 10; **Knauer**, Anträge auf Beweiserhebungen in der neueren Rechtsprechung des Bundesgerichtshofs, StraFo 2012, 473; **Leitner**, Das Verteidigermandat und seine Inhalte als Beweisthema, StraFo 2012, 344; **Meyer-Goßner**, Der Zeugenbeweis aus revisionsrechtlicher Sicht, StraFo 1990, 92; **Nack**, Das Verteidigermandat und seine Inhalte als Beweisthema, StraFo 2012, 341; **Prechtel**, Das Erfordernis der Konnexität zwischen Beweismittel und -behauptung im Zivilprozess, DRiZ 2014, 262; **Rademacher/Sell**, Der Auslandszeuge im Strafprozess, ZAP F. 22, S. 529; **Rose**, Wieso soll der benannte Zeuge dazu etwas sagen können?

940

B Beweisantrag, Formulierung: Zeugenbeweis

Der aktuelle Diskussionsstand zur Konnexität als Voraussetzung für einen strafprozessualen Beweisantrag, NStZ 2014, 128; **Schneider**, Zum Kriterium der Konnexität im strafprozessualen Beweisantragsrecht, in: Festschrift für *Ulrich Eisenberg*, 2009, S. 609; **Seibert**, Beweisanträge (Zeugen und Sachverständige) im Strafverfahren, NJW 1962, 135; **Sturm**, Die Konnexität im Beweisantragsrecht, StraFo 2009, 407; **Tenorth-Sperschneider**, Zur strukturellen Korrespondenz zwischen den gesetzlichen Ablehnungsgründen nach § 244 Abs. 3 Satz 2 StPO und den Anforderungen an einen zulässigen Beweisantrag, 2004; **Trüg**, Beweisantragsrecht – Disziplinierung der Verteidigung durch erhöhte Anforderungen?, StraFo 2010, 139; s.a. die Hinw. bei → *Beweisantrag, Inhalt*, Rdn 951; → *Beweisantragsrecht, Allgemeines*, Rdn 971 und → *Zeugenvernehmung, Allgemeines*, Rdn 3537.

941 1. Für den Beweisantrag auf Vernehmung eines Zeugen gelten grds. die allgemeinen Regeln (vgl. allgemein *Junker*, Rn 96 ff.). Als Beweisbehauptung kommen grds. nur solche Tatsachen in Betracht, die der benannte Zeuge aus eigener Wahrnehmung bekunden kann (eingehend zum Gegenstand des Zeugenbeweises *Alsberg/Nüse/Meyer*, Rn 336). Dabei kann es sich auch um innere Tatsachen handeln, zu Werturteilen kann ein Zeuge hingegen nicht vernommen werden (Alsberg/*Dallmeyer*, Rn 346 ff.). In Zusammenhang mit dem Zeugenbeweis sind insbesondere die Frage hinsichtlich der **Bestimmtheit** der **Beweisbehauptung** (→ *Beweisantrag, Inhalt*, Rdn 965 ff.) und die Problematik der so. **Konnexität** von Belang (vgl. dazu Rdn 946 ff.; zum „richtigen" Zeitpunkt für die Antragstellung, insbesondere des Antrags auf Vernehmung eines Entlastungszeugen, → *Beweisantrag, Zeitpunkt der Antragstellung*, Rdn 984).

942 2. Im Beweisantrag auf Vernehmung eines Zeugen muss der zu vernehmende Zeuge grds. **namentlich** und unter Angabe seiner **ladungsfähigen Anschrift** bezeichnet werden (vgl. eingehend dazu und zu dem Erfordernis der Individualisierung von Zeugen BGHSt 40, 3 m.w.N.; BGH NStZ 2009, 649 m. Anm. *Burhoff* StRR 2009, 341; 2014, 604; *Hamm/Hassemer/Pauly*, Rn 93; KK-*Krehl*, § 244 Rn 79). Ist die Ladung des Zeugen im **Ausland** zu bewirken, sollte der Beweisantrag eine eingehende **Begründung** enthalten (wegen der Einzelh. *Rademacher/Sell* ZAP F. 22, S. 529; s. auch → *Auslandszeuge*, Rdn 402).

943 3.a) Ist der Verteidiger **nicht** in der **Lage**, den Zeugen und/oder seine Anschrift zu **benennen**, reicht es aus, wenn der Zeuge nur **individualisiert** wird und i.Ü. aufgrund der Angaben des Verteidigers Name und Anschrift ermittelt werden können (s.u.a. BGH NStZ 2009, 649; StV 1989, 379; 2010, 556 [für Auslandszeugen]; grds. auch BGHSt 40, 3; *Meyer-Goßner/Schmitt*, § 244 Rn 21 m.w.N. aus der Rspr.; *Hamm/Hassemer/Pauly*, Rn 93 ff.). Muss der Zeuge dazu jedoch erst aus einem Personenkreis herausgefunden werden, müssen im Beweisantrag auf ihn hindeutende **Charakteristika** enthalten und der Personenkreis, aus dem der Zeuge ermittelt werden soll, deutlich abgegrenzt sein (BGH, a.a.O.; vgl. auch BGH NStZ 2011, 231; KK-*Krehl*, § 244 Rn 79 m.w.N.; LR-*Becker*, § 244 Rn 108).

✍ Nach Möglichkeit muss der Verteidiger versuchen, durch eigene Ermittlungen den Zeugen zu individualisieren, um ihn dann im Beweisantrag benennen zu können. Ist er dazu nicht in der Lage, sollte zumindest der **Weg**, wie der Zeuge ermittelt werden

Beweisantrag, Formulierung: Zeugenbeweis   **B**

kann, **möglichst genau** und sorgfältig angegeben werden. Denn führen die ggf. erforderlichen Nachforschungen durch das Gericht nicht sogleich zum Erfolg, riskiert der Verteidiger die Ablehnung seines Beweisantrags als → *Beweisermittlungsantrag*, Rdn 1007 (BGHSt 40, 3, 6). Diese Tendenz war/ist in der Rspr. unverkennbar (krit. dazu *Hamm/ Hassemer/Pauly*, Rn 96; *Herdegen* NStZ 1999, 179 f.).

Folgende **Rechtsprechungsbeispiele** zur Individualisierung/Charakterisierung:

Nicht ausreichend ist   944

- die Bezeichnung „**alle Arbeitnehmer**" einer bestimmten Firma" (*Hamm/Hassemer/ Pauly*, Rn 93 m.w.N. in Fn 136),
- wenn **Erkundigungen** beim **Ausländerzentralregister** und beim BZR notwendig sind (BGH StV 1996, 581),
- die Benennung einer **Vielzahl** von **Betreibern** einer **Internetseite** (BGH NStZ-RR 2002, 270 zugleich auch zur Frage, inwieweit das Gericht durch die → *Aufklärungspflicht des Gerichts*, Rdn 329, zu Ermittlungen verpflichtet ist),
- die Bezeichnung „**Nachbarschaft**" (OLG Saarbrücken VRS 49, 45),
- ggf. die **bloße Namensnennung** mit der Angabe eines Wohnortes, aus dessen Bewohnern der Zeuge **erst herausgefunden** werden soll (BGHSt 40, 3; BGH NStZ 2009, 649 [nur Vor- und Zuname]; s. aber BGH NStZ 1999, 152 [s.u.]),
- bei Auslandszeugen **lediglich** die Angabe von **Vor- und Nachnamen** benannt, wenn darüber hinaus zwar Ortschaften und Städte (in Albanien) sowie möglicherweise landestypische Zusätze mitgeteilt werden, allerdings **ohne nähere Angaben** dazu, ob es sich bei Letzteren um Einrichtungen, Straßen, Stadtteile oder ähnliches handelt (BGH NStZ 2011, 231),
- bei einem Antrag auf Vernehmung eines **geflohenen (früheren) Mitangeklagten** lediglich die Angabe seiner **früheren Wohnanschrift**, unter der das Gericht bereits erfolglos versucht hat seiner habhaft zu werden (BGH NStZ 2010, 403 [substantiierter Vortrag dazu erforderlich, warum entgegen den bisher angefallenen Erkenntnissen doch Aussicht bestehen soll, den Zeugen unter dieser Anschrift aufzufinden, oder mit welchen vom Gericht bisher nicht ergriffenen Mitteln realistische Aussichten bestehen, den Aufenthaltsort des Zeugen zu ermitteln]),
- die **Vorlage** eines **Passbildes** mit der Behauptung, die abgebildete Person sei 1998 bei der Müllabfuhr einer bestimmten Gemeinde tätig gewesen (BGH NStZ 2003, 415 [Be]).

| B | Beweisantrag, Formulierung: Zeugenbeweis |

945 **Ausreichend ist**

- die Bezeichnung „Zeugnis der zu diesem **Zeitpunkt** in dem Büro **anwesenden Arbeiter** der Fa. XY.", deren Namen durch eine Nachfrage im Personalbüro der Firma ohne große Verzögerung ermittelt werden kann (OLG Hamm, Beschl. v. 25.3.2003 – 4 Ss 161/03),
- die Bezeichnung „**Arbeitskollegen**" (BGH NStZ 1983, 210 [Pf/M]),
- die Angabe der früheren **Arbeitsstätte** (BGH StV 1996, 581 m.w.N.; s. aber BGH NStZ 2003, 415 [Be]),
- die Angabe von Zeugen in Form ihrer **CB-Funknamen** und der **Firmen**, für die diese während eines bestimmten Zeitraums als Lkw-Fahrer beschäftigt waren (BGH NStZ 1995, 246; s.a. BGHSt 40, 3),
- die Bezeichnung „mit Untersuchung der Blutprobe befasstes **Institutspersonal**" (BGH VRS 25, 426),
- die Bezeichnung des Zeugen, der zu einer bestimmten Zeit ein **Kfz** mit einem bestimmten **polizeilichen Kennzeichen** geführt hat (BayObLG DAR 1965, 285 [Rüth]),
- die Bezeichnung einer genau bezeichneten **Kontaktperson** für den nach Merkmalen individualisierten Zeugen (BGH NJW 1960, 542 [Ls.]; StV 1989, 379),
- die Bezeichnung des **Mitpatienten** für einen bestimmten Krankenhausbesuch (BGH NStZ 1981, 309, 310),
- die Bezeichnung des Zeugen mit **(falschem) Namen**, Wohnort und Straße, wenn keine Anhaltspunkte dafür da sind, dass der Zeuge unter ständig wechselnden Namen und Anschriften aufgetreten ist (BGH NStZ 1999, 152; zust. *Rose* JR 1999, 432 in der Anm. zu BGH, a.a.O.),
- im Hinblick auf eine sich in den Akten befindende Kopie des Personalausweises einer Zeugin die Angabe ihres „**Namens**" mit dem **Zusatz** „wohnhaft Litauen in der Gemeinde Jonava" (BGH NStZ-RR 2011, 117),
- die Bezeichnung „**Personal** der Polizeiwache" (RG JW 1922, 299),
- die Bezeichnung der das Protokoll der über die durch den Zeugen X. durchgeführten polizeilichen Beschuldigtenvernehmung **aufnehmenden Schreibkraft** (KG, Beschl. v. 2.4.2004 – (3) 1 Ss 407/03 [157/03]), da aufgrund der Dienstpläne Name und Anschrift der Schreibkraft unschwer zu ermitteln sind,
- die Mitteilung, die **Personalien** befänden sich „**bei der Akte**", wenn die Anschrift des Zeugen schon in einem früheren Beweisantrag angegeben worden ist (OLG Köln StV 2002, 355),
- die Bezeichnung **Sachbearbeiter** einer bestimmten **Behörde** oder eines **Unternehmens** (BGHSt 40, 3, 7; StV 2010, 556; OLG Köln StV 2006, 685), wie z.B. des Sachbearbeiters eines bestimmten Finanzamtes für im Detail gekennzeichnete steuerrechtlich erhebliche Vorgänge im Geschäftsbetrieb einer bestimmten Firma (BGH, a.a.O.) oder einen „Sachbearbeiter für Führerscheinsachen" (BayObLG DAR 1980, 269 [*Rüth*]),

- die Bezeichnung **Tätigkeit** als Bedienung an einem **bestimmten Tag** und zu einer bestimmten **Uhrzeit** (OLG Köln StV 1996, 368),
- die Bezeichnung „**Tankstellenpersonal** Bl. 11 d.A." (OLG Hamm DAR 1996, 391 [Bu]),
- Angabe des ersten Buchstaben des **Vornamens**, des Nachnamens und der Anschrift (KG StV 2001, 673).

4. Hinweis für den Verteidiger

a)aa) Bei der Formulierung des Zeugenbeweisantrags ist die seit einiger Zeit vom BGH vertretene Rspr. zur sog. **Konnexität** zwischen Beweistatsache und Beweismittel von erheblicher Bedeutung ([grundlegend] BGHSt 40, 3; 43, 321; 52, 284; BGH NJW 2000, 157 [Ls.]; 2011, 1239; NStZ 1998, 97; 2000, 437; 2009, 171; StraFo 2010, 152, jew. m.w.N.; dazu krit. KK-*Herdegen*, 5. Aufl., § 244 Rn 48; eingehend – teilw. krit/abl. – *Tenorth-Sperschneider*, S. 15 ff.; *Fezer* HRRS 2008, 457; *Hadamitzky* StraFo 2012, 297, 302 ff.; *Junker* StRR 2008, 425; *Eisenberg* ZIS 2008, 469; *Beulke/Witzigmann* StV 2009, 58, jew. in den Anm. zu BGHSt 52, 284; *Witting/Junker* StRR 2009, 244, 246 f.; *Basdorf*, S. 51; *Habetha* StV 2011, 239; *Jahn* StV 2009, 663; *Schneider*, S. 609, *Sturm* StraFo 2009, 407; *Trüg* StraFo 2010, 139, 142; *Ventzke* StV 2009, 655; *Rose* NStZ 2014, 128 [eingehende Darstellung des Diskussionsstandes]; *Knauer* StraFo 2012, 473, 475 ff.; *Prechtel* DRiZ 2014, 262; weit. Nachw. bei *Meyer-Goßner/Schmitt*, § 244 Rn 21). Sie führt dazu, dass ggf. neben Beweismittel und Beweistatsache für das Vorliegen eines Beweisantrags u.U. noch als **dritte Voraussetzung** (offengelassen von BGH NStZ 2009, 171; 2015, 295; s. aber OLG Schleswig; StV 2014, 276) erforderlich sein kann, dass in den Fällen, in denen es sich nicht von selbst ergibt (vgl. dazu KG StraFo 2012, 20), der erforderliche Zusammenhang – die Konnexität – zwischen Beweismittel und Beweisbehauptung darzulegen ist (vgl. dazu eingehend *Hamm/Hassemer/Pauly*, Rn 125 ff.; *Jahn* StV 2009, 663; *Tenorth-Sperschneider*, S. 15 ff.; Alsberg/*Dallmeyer*, Rn 121 ff.). Hintergrund dieser Rspr. ist u.a., dass dem Gericht eine sachgerechte Prüfung der Ablehnungsgründe möglich sein soll (vgl. u.a. BGH NStZ 2006, 585; 2013, 476; 2014, 282, dazu OLG Schleswig StV 2014, 276). Sie ist aber auch der Versuch des BGH, insbesondere in schon länger andauernden Verfahren, ein Instrument zur Eindämmung weiterer Beweiserhebungen zur Verfügung zu stellen (vgl. insbesondere BGHSt 52, 284; krit. *Rose* NStZ 2014, 128, 134 f.). Das Kriterium der Konnexität darf allerdings nicht mit dem Ablehnungsgrund der völligen Ungeeignetheit vermengt werden (OLG Schleswig, a.a.O.).

946

Das Erfordernis der Konnexität bedeutet im Fall des Zeugenbeweises, dass der **Antrag erkennen** lassen muss, **weshalb** der **Zeuge** überhaupt etwas zu einem Beweisthema **bekunden können** soll (vgl. insbesondere BGHSt 52, 284; s.a. noch BGH NJW 2011, 1239 m. abl. Anm. *Junker* StRR 2011, 99; NStZ 2006, 585; 2009, 171; 2013, 476; 2014, 282 m. Anm. *Grube* StRR 2014, 182; NStZ 2014, 351; NStZ-RR 2002, 43 und BGHSt 52, 322; *Tenorth-Sperschneider*, S. 143 ff.; abl. u.a. *Habetha* StV 2011, 239; *Jahn* StV 2009, 663; *Sturm*

947

StraFo 2009, 407; *Trüg* StraFo 2010, 139, 142 f.; *Rose* NStZ 2014, 128, 134). Das gilt nach der Rspr. insbesondere in den Fällen, in denen konkrete und bestimmte Behauptungen aufgestellt werden, jedoch nicht ohne weiteres erkennbar ist, warum diesen eigene Wahrnehmungen des Zeugen zugrunde liegen. In diesen Fällen muss der Antrag den Zusammenhang zwischen Beweistatsache und Beweismittel näher darlegen (BGHSt 43, 321, 329; 52, 284; BGH NJW 2012,1 239; NStZ 2000, 437; 2002, 383; 2009, 171; 2014, 282), also z.b. ausführen, dass der Zeuge die Wahrnehmungen machen konnte, weil er am Tatort war, in der Nachbarschaft wohnt, eine Akte gelesen hat usw. (BGHSt 43, 321; BGH NStZ 2014, 351; NStZ-RR 1997, 331). Diese Verpflichtung soll nach der Rspr. des BGH (vgl. BGHSt 52, 284) insbesondere dann bestehen, wenn ein Beweisantrag im Stadium einer schon **fortgeschrittenen Beweisaufnahme** gestellt wird. Dann ist der Verteidiger/Angeklagte besonders verpflichtet, die Wahrnehmungssituation des Zeugen unter Berücksichtigung des bisherigen Beweisergebnisses näher darzulegen. Nur auf diese Weise sei es dem Gericht möglich, den gestellten Antrag auf eine mögliche Bedeutungslosigkeit der Beweisbehauptung oder eine Ungeeignetheit des Beweismittels zu prüfen (abl. *Meyer-Goßner/Schmitt*, § 244 Rn 21 a.E. – [„überzogen"] – m.w.N. aus der Lit.; krit. auch BGH NStZ 2009, 171 und StraFo 2010, 152; offen BGH NStZ 2015, 295). Die Rspr. des BGH geht (bisher) allerdings nicht so weit, dass auch die Darlegung verlangt wird, ein benannter Zeuge werde die Beweisbehauptung mit Sicherheit bekunden (NJW 2011, 1299). Ausreichend ist die Darlegung der Umstände, warum es dem Zeugen möglich sein kann, die Beweistatsache zu bekunden (BGH, a.a.O.). Auch werden keine Ausführungen zur inhaltlichen Plausibilität verlangt (BGH NStZ 2013, 476; StraFo 2010, 152).

Fehlt in einem Beweisantrag die erforderliche Konnexität, führt dies nicht zu dessen Unzulässigkeit. Vielmehr liegt dann kein Beweisantrag vor, weshalb das Gericht seine Prüfung am Maßstab der → *Aufklärungspflicht des Gerichts*, Rdn 329, (§ 244 Abs. 2) ausrichten muss (u.a. BGH NStZ 2013, 476; 2014, 282; → *Beweisermittlungsantrag*, Rdn 1007).

948 **bb)** Diese Rspr. ist **abzulehnen** (abl. neben den Anm. zu den o.a. Entscheidungen auch *Habetha* StV 2011, 239; *Sturm* StraFo 2009, 407; *Trüg* StraFo 2010, 139, 142; *Jahn* StV 2009, 663; *ders.*, StraFo 2012, 473, 475; *Ventzke* StV 2009, 655; *Rose* NStZ 2014, 128; früher schon abl. KK-*Herdegen*, 5. Aufl., § 244 Rn 48; teilw. krit. a. KK-*Krehl*, § 244 Rn 83; *Meyer-Goßner/Schmitt*, § 244 Rn 1 a.E.; *Schneider*, S. 607 ff.; nicht eindeutig *Hadamitzky* StraFo 2012, 297, 302 ff.; mit eigenem Lösungsvorschlag Alsberg/*Dallmeyer*, Rn 121 ff.). Es ist grds. nämlich nicht Aufgabe/Verpflichtung des Angeklagten/Verteidigers, sich darüber auszulassen, warum sein Beweismittel in der Lage ist, Angaben zur Sache zu machen. Es besteht lediglich die Verpflichtung, im Beweisantrag die Beweisbehauptung und das Beweismittel zu benennen, mit dem der Beweis geführt werden soll, wobei es sogar ausreicht, dass ein Be-

weismittel benannt wird, bei dem nur Anhaltspunkte bestehen, dass es etwas zur Sachaufklärung beitragen kann. Zu weiteren Begründungen ist der Antragsteller nicht verpflichtet. Ist dieser Konnex gegeben, ist das Gericht verpflichtet, den entsprechenden Beweis zu erheben, wenn nicht einer der Ablehnungsgründe des § 244 Abs. 3, 4 vorliegt (vgl. dazu *Klesczewski* HRRS 2004, 10; *Fezer* HRRS 2008, 457). Die o.a. Rspr. der BGH führt hingegen einen neuen, im Gesetz nicht vorgesehenen Ablehnungsgrund ein (s.a. KK-*Herdegen*, a.a.O.; abl. daher neben der o.a. Lit-Stimmen auch noch *Herdegen* NStZ 1999, 176, 180; *Hamm/Hassemer/Pauly*, Rn 125 ff. m.w.N.; *Fezer*, S. 629, 630, 637 ff.; *Rose* NStZ 1998, 633 in der Anm. zu BGH NStZ 1998, 97; *Fezer* HRRS 2008, 457, *Junker* StRR 2008, 425, *Eisenberg* ZIS 2008, 469, *Beulke/Witzigmann* StV 2009, 58, jew. in den Anm. zu BGHSt 52, 284; *Sturm* StraFo 2009, 407; vermittelnd *Klesczewski* HRRS 2004, 10, 19 und a. KK-*Krehl*, § 244 Rn 83 f.). Sie führt außerdem dazu, dass ggf. die Verteidigungsstrategie und internes Wissen offengelegt werden muss. Anzumerken ist zudem, dass der BGH bisher keine Kriterien entwickelt bzw. dargelegt hat, wann überhaupt nähere Darlegungen erforderlich sind und wann nicht, weil sich die Konnexität von Beweismittel und Beweisbehauptung von selbst ergibt (zutr. *Trüg* StraFo 2010, 139, 143; vgl. auch BGH StraFo 2010, 152).

☞ Es nutzt allerdings wenig, über diese Rspr. zu lamentieren. Die Tendenz in der Rspr. des BGH zu erkennen, daran nicht nur festzuhalten (vgl. BGH NStZ 2009, 171: StraFo 2010, 152), sondern sie noch zu verschärfen (vgl. BGHSt 52, 284 [für einen Beweisantrag im „fortgeschrittenen Verfahrensstadium"]), ist mehr als deutlich, auch wenn teilweise die Rspr. als zu weitgehend angesehen wird (BGH NStZ 2009, 171; StraFo 2010, 152; wohl a. BGH NStZ 2015, 295). Darauf muss der **Verteidiger** sich **einstellen**.

b) Auf folgende **Punkte** muss der Verteidiger in Zusammenhang mit dem Konnexitätserfordernis **achten**:

949

■ Aus anwaltlicher Vorsorge muss er daher, wenn er **Ausführungen** zur Konnexität **machen** kann, dies auch tun. Dies allein schon deshalb, um zumindest zu versuchen, dadurch insoweit die → *Aufklärungspflicht des Gerichts*, Rdn 329, zu konkretisieren, dass aus allgemeinen Erwägungen ggf. der Beweis erhoben wird. Es ist zudem darauf zu achten, dass die Tatsachen, die die Konnexität begründen sollen, **bestimmt** zu **behaupten** sind (BGH NJW 2011, 1239). Der BGH behandelt „Beweisanträge" i.Ü. nur dann wegen fehlender Konnexität als → *Beweisermittlungsantrag*, Rdn 1007, wenn **keinerlei Anhalt** gegeben ist, welche Beziehung zwischen dem Zeugen und der Beweistatsache besteht (vgl. z.B. BGH StV 2001, 97; NStZ 2002, 383). Ist dieser hingegen noch irgendwie aus dem bisherigen Beweisergebnis, den Akten oder dem Antrag erkennbar, sieht er den entsprechenden Antrag (noch) als Beweisantrag an (BGH, a.a.O.; NStZ 2006, 585; 2013, 536; vgl. a. BGHSt 52, 322; *Tenorth-Sperschneider*, S. 166 ff. m.w.N. [sog. **Grundplausibilität**]).

B Beweisantrag, Formulierung: Zeugenbeweis

- Auf der anderen Seite wird man, eine Hinweis- bzw. **Nachfragepflicht** des Gerichts bejahen müssen (vgl. dazu Alsberg/*Dallmeyer*, Rn 121 ff., 141 ff.).
- Das Konnexitätserfordernis führt dazu, dass der Verteidiger bei einer **Ablehnung** seines **Beweisantrags** sehr **sorgfältig** auf die **Begründung** des Gerichts achten und **prüfen** muss, ob das Gericht seinen Antrag ggf. falsch verstanden hat. Ist das nicht ausgeschlossen, muss er das Missverständnis des Gerichts noch in der HV aufklären und durch einen entsprechenden Hinweis oder einen neuen Beweisantrag sein Beweisbegehren konkretisieren. Unterlässt er das, ist es ihm nach der Rspr. des BGH später verwehrt, die unzutreffende Auslegung des Beweisantrags und dessen darauf beruhende rechtsfehlerhafte Ablehnung mit der Revision zu beanstanden (BGH NStZ 2009, 171).
- Und schließlich: Die ggf. vorhandene Konnexität **ersetzt nicht** die **anderen Voraussetzungen**, die an das Vorliegen eines ordnungsgemäßen Beweisantrags gestellt werden (→ *Beweisantrag, Inhalt*, Rn 295). Es reicht also nicht aus, in einem Antrag z.B. nur mitzuteilen, dass ein Zeuge zu einer bestimmten Zeit an einem bestimmten Ort war und deshalb zu einer beweiserheblichen Tatsache etwas bekunden kann. Erforderlich ist (und bleibt) daneben auch die Mitteilung dessen, was an dem Ort geschehen sein und was der Zeuge aufgrund eigener Wahrnehmung dazu bekunden soll (BGHSt 43, 231; BGH NStZ 2009, 171).

950 **5. Muster: Beweisantrag Zeugenbeweis**

▼

An das

Amtsgericht/Landgericht Musterstadt

Beweisantrag

In der Strafsache

gegen H. Mustermann

Az.:

wird beantragt,

die blonde, etwa 25 bis 30 Jahre alte Kellnerin, die am 15.10.2015 gegen 18.00 Uhr in der Gaststätte „Zum letzten Wolf" in 59387 Ascheberg-Herbern im hinteren Gastraum bedient hat, als Zeugin zum Beweis der Tatsache zu vernehmen, dass Herr Z. mit einem Messer in der Hand auf dem Angeklagten zustürzte und rief: „Ich bring dich um!", bevor der Angeklagte seinerseits zu einem vor ihm auf dem Tisch liegenden Messer griff und auf Herrn Z. einstach.

Begründung:

Die Angaben der Zeugin werden die Einlassung des Angeklagten bestätigen, dass er in Notwehr gehandelt hat.

Die Zeugin kann ggf. an ihrem Arbeitsplatz geladen werden.

Rechtsanwalt

▲
Siehe auch: → *Beweisantrag, Inhalt*, Rdn 951; → *Beweisantragsrecht, Allgemeines*, Rdn 971 m.w.N.

Beweisantrag, Inhalt 951

Das Wichtigste in Kürze:
1. Inhaltlich muss der Beweisantrag zwei Elemente enthalten: die Beweisbehauptung oder -tatsache und das Beweismittel.
2. Der Verteidiger muss im Beweisantrag die Beweistatsache angeben, über die das Gericht Beweis erheben soll.
3. Eine besondere Problematik besteht, wenn sog. Negativtatsachen unter Beweis gestellt werden sollen.
4. Die im Beweisantrag konkret bezeichnete Beweistatsache muss bestimmt behauptet werden.
5. Im Beweisantrag muss neben der Beweisbehauptung auch das Beweismittel bezeichnet werden.
6. Ob in dem (Zeugen-)Beweisantrag darüber hinaus auch noch Ausführungen zum Zusammenhang zwischen Beweisbehauptung und Beweismittel zu machen sind (sog. Konnexität), ist fraglich.

Literaturhinweise: Basdorf, Elemente des Beweisantrags – Konnexität und anderes, in: Festschrift für *Gunter Widmaier*, 2008, S. 51; **Burgard/Fresemann**, Der Beweisantrag bezüglich einer vom Zeugen bekundeten Negativtatsache, wistra 2000, 88; **Habetha**, Übergehen „unwahrscheinlicher" Beweisträge ohne Ablehnungsgrund, StV 2011, 239; **Hadamitzky**, Anträge auf Beweiserhebung in der neueren Rechtsprechung des Bundesgerichtshofes, StraFo 2012, 297; **Herdegen**, Bemerkungen zum Beweisantragsrecht, Teil 1: NStZ 1984, 97, Teil 2: NStZ 1984, 200; *ders.*, Zum Begriff der Beweisbehauptung, StV 1990, 518; *ders.*, Das Beweisantragsrecht, NStZ 1998, 444; *ders.*, Das Beweisantragsrecht. Betrachtungen anhand von und zur Rechtsprechung – Teil 2: NStZ 1999, 176; **Klesczewski**, Das System der Ablehnungsgründe der §§ 244 f. StPO – zugleich ein Beitrag zur Konnexität von Beweismittel und Beweistatsache, HRRS 2004, 19; **Niemöller**, Negativbehauptungen als Gegenstand strafprozessualer Beweisanträge, StV 2003, 687; **Rose**, Wieso soll der benannte Zeuge dazu etwas sagen können? Der aktuelle Diskussionsstand zur Konnexität als Voraussetzung für einen strafprozessualen Beweisantrag, NStZ 2014, 128; **Schneider**, Zum Kriterium der Konnexität im strafprozessualen Beweisantragsrecht, in: Festschrift für *Ulrich Eisenberg*, 2009, S. 609; **Sturm**, Die Konnexität im Beweisantragsrecht, StraFo 2009, 407; **Trüg**, Be-

952

B Beweisantrag, Inhalt

weisantragsrecht – Disziplinierung der Verteidigung durch erhöhte Anforderungen?, StraFo 2010, 139; **Tenorth-Sperschneider**, Zur strukturellen Korrespondenz zwischen den gesetzlichen Ablehnungsgründen nach § 244 Abs. 3 Satz 2 StPO und den Anforderungen an einen zulässigen Beweisantrag, 2004; s.a. die Hinw. bei → *Beweisantragsrecht, Allgemeines*, Rdn 971, und bei → *Beweisantrag, Formulierung: Zeugenbeweis*, Rdn 939.

953 1. Inhaltlich muss der Beweisantrag zwei Elemente enthalten: die **Beweisbehauptung** oder -tatsache (s.u. Rdn 954 ff.) und das **Beweismittel** (s.u. Rdn 969 m.w.N.; zum Inhalt des Beweisantrags im straßenverkehrsrechtlichen OWi-Verfahren s. Burhoff/*Stephan*, OWi, Rn 597 ff.; *Meyer* DAR-Extra 2011, 744 ff.). Neben diesen beiden Elementen muss der Verteidiger bei der Formulierung eines Beweisantrags sein Augenmerk immer auch auf die möglichen Ablehnungsgründe des § 244 Abs. 3 – 5 richten und die sich daraus möglicherweise ergebenden verteidigungstaktischen Überlegungen beachten (s. → *Beweisantrag, Ablehnungsgründe*, Rdn 858).

954 2. Der Verteidiger muss im Beweisantrag die **Beweistatsache angeben**, über die das Gericht Beweis erheben soll (eingehend dazu KK-*Krehl*, § 244 Rn 69 f.; *Herdegen* NStZ 1998, 447 ff.; *Eisenberg*, Rn 143 ff.; *Hamm/Hassemer/Pauly*, Rn 102 ff.; *Junker*, Rn 27 ff.; Alsberg/*Dallmeyer*, Rn 91 ff.).

955 a) Bei der (Beweis-)Tatsache wird es sich i.d.R. um in der **Vergangenheit** liegende (tatsächliche) konkrete Vorgänge, Geschehnisse und Zustände handeln. Bei einem Antrag auf Vernehmung eines Zeugen kommen als Beweisbehauptung grds. nur solche Tatsachen in Betracht, die der benannte Zeuge aus eigener Wahrnehmung bekunden kann. I.Ü. können aber auch **gegenwärtige** Tatsachen, z.B. die gesundheitlichen Folgen einer Tat, Gegenstand eines Beweisantrags sein. Um eine Tatsache handelt es sich auch, wenn Beweis erhoben werden soll über **innere** seelische **Vorgänge** (BGH NJW 1988, 501; NStZ 2008, 707; OLG Hamm StV 2001, 104 [für „Gewissensentscheidung"]), Beweggründe und Überlegungen oder nur einem Fachmann, z.B. einem Arzt, erkennbare physische und psychische Erkrankungszustände (zur bloßen Negation von [bestimmten] Tatsachen s. BGHSt 39, 251 ff.; s.a. u. Rdn 960). Die Beweisbehauptung kann auch aus bestimmten Einzeltatsachen bestehen. In dem Fall darf das Gericht bei der Bescheidung des Antrags diesen nicht in Einzelbehauptungen aufspalten (KG StraFo 2012, 20).

956 Soll über **Wertungen** und **Meinungen**, wie z.B. „guter Charakter", „ehrlich", „zuverlässig", „glaubwürdig", „angeheitert", „stets ordentlich", „stets unbeschwert", „außerordentlich schauspielerisch begabt", „hysterisch überreagiert", „hochgradig alkoholisiert", „süchtig" oder „keine schweren seelischen oder körperlichen Schäden", Beweis erhoben werden, handelt es sich nicht um eine (Beweis-)Tatsache i.e.S., sodass darüber an sich nicht Beweis erhoben werden kann (BGHSt 37, 162 ff. [für glaubwürdig]; 39, 251, 253 f.; 40, 3; BGH NStZ 1995, 96; 2011, 106; 2014, 282 m. Anm. *Grube* StRR 2014, 182; StV 1997, 77, 78; NStZ-RR 2010, 172; Beschl. v. 27.3.2008 – 3 StR 69/08; BGH, Beschl. v. 30.9.2014 – 3 StR 351/14 [Spielsucht], insoweit nicht in NStZ-RR 2015, 8 [Ls.]; OLG Hamm, Beschl. v. 19.9.2013

– 5 RVs 75/13 [Begriff „Spielsucht"]). Der Verteidiger kann aber dennoch auch in diesem Bereich einen zulässigen Beweisantrag stellen, wenn sein Antrag die **Auslegung** zulässt, dass der Zeuge nicht nur eine Beurteilung vornehmen wird, er also nicht nur das Beweisziel vermitteln soll. Dazu muss der Verteidiger dem Gericht die entsprechenden **Anknüpfungstatsachen** nennen, die ihn zu der im Antrag dargelegten Bewertung veranlasst haben (BGH MDR 1979, 807 [H; für: nur „in leichtem Grade alkoholisiert"]; s.a. BGH MDR 1976, 815 [H]; OLG Hamm, Beschl. v. 19.9.2013 – 5 RVs 75/13; wegen der Einzelh. s.a. KK-*Krehl*, § 244 Rn 74 [zugleich krit. zu BGHSt 39, 251]; *Hamm/Hassemer/Pauly*, Rn 96). Entsprechendes gilt für **rechtliche Beurteilungen** und Schlussfolgerungen wie „Gehilfe", „Anstifter", „schuldunfähig i.S.d. § 20 StGB", den „Hang" i.S. des § 66 StGB (BGH NStZ 2010, 586 [für SV-Gutachten]) und die Prognoseentscheidung nach § 56 Abs. 1 StGB (OLG Schleswig SchlHA 2010, 230 [Dö/Dr]), aber nicht unbedingt für sog. „**einfache Rechtsbegriffe**", wie z.b. Subunternehmer BGH NStZ 2014, 282; Alsberg/*Dallmeyer*, Rn 97).

🖉 Es ist, um die Ablehnung eines Beweisantrags als → *Beweisermittlungsantrag*, Rdn 1007, zu vermeiden, **dringend anzuraten**, in den o.a. Fällen (s.a. u. die Bsp. bei Rdn 959) im Beweisantrag die **Anknüpfungstatsachen** zu nennen und sie unter Beweis zu stellen (*Hamm/Hassemer/Pauly*, Rn 96). Die **bewerteten Umstände** müssen unter Beweis gestellt werden, **nicht** die **Wertungen**.

Der Tatrichter muss ggf. auf Darlegung und **Substantiierung** der zugrunde liegenden Tatsachen hinwirken (zuletzt BGH StV 1997, 77, 78 m.w.N.) bzw. den Antrag unter Berücksichtigung des Akteninhalts und der in der HV erlangten Erkenntnisse **auslegen** (BGH NStZ 2014, 50). Der Angeklagte hat aber grds. nicht die Möglichkeit, einen abgelehnten Beweisantrag zu wiederholen. Der „neue" Beweisantrag kann dann vom Gericht mit der Begründung abgelehnt werden, er ziele nur auf eine **Wiederholung** der **Beweisaufnahme** ab (BGH NStZ 2006, 406). Es muss allerdings Identität der Beweismittel bestehen (vgl. dazu BGH, a.a.O. [Inaugenscheinnahme eines Films in Zeitlupengeschwindigkeit und diejenige von (vergrößerten) Einzelbildern (Standbildern) haben nicht denselben Beweisgegenstand zum Inhalt]; → *Wiederholung einer Beweiserhebung*, Rdn 3487).

b) Die **Beweistatsache** muss so **konkret** wie möglich **bezeichnet** werden, da das Gericht nur dann beurteilen kann, ob die Beweiserhebung erforderlich ist. Die Anforderungen an die Konkretisierung dürfen jedoch nicht überspannt werden (KK-*Krehl*, § 244, Rn 74 m.w.N.; zur bestimmten Tatsachenbehauptung a. *Basdorf* StV 1995, 315 ff.; *Herdegen* NStZ 1998, 449 f.; *Recher* NStZ 2006, 495 f.; *Hadamitzky* StraFo 2012, 297, 299). Der Antragsteller muss die Beweisthematik aber jedenfalls so umschreiben, dass sie erkennen lässt, welche Konsequenzen für die tatsächlichen Feststellungen oder die Rechtsfolgen die Anwendung eines der Ablehnungsgründe des § 244 hat (*Herdegen*, a.a.O.; zu Prognoseentscheidungen s. BayObLG NStZ 2003, 105; zur Negativtatsache s.u. Rdn 960). Auch die **schlagwortartige Verkürzung** erfüllt grds. noch die Anforderungen an eine bestimmte Beweisbehauptung (BGH NStZ 2008, 52; StV 2010, 287; 2011, 209 [Ausfallserscheinungen]; Alsberg/*Dallmeyer*, Rn 97), wenn sich bei verständiger Auslegung aus den Umständen des Einzelfalls ohne Weiteres ergibt, auf welche Beweistatsache der Antrag abzielt (vgl. BGH NStZ 2014, 282 für „Subunternehmer"; NStZ-RR 2010, 316 für die Behauptung „keine strafbaren Beziehungen" zwischen zwei anderen Personen).

✍ Es ist, insbesondere beim SV-Beweis, darauf zu achten, dass **nicht nur** das **Beweisziel** unter Beweis gestellt wird. Dessen Feststellung ist Aufgabe des Gerichts und nicht des Beweismittels, wie z.b. des SV (vgl. z.B. BGH NStZ 2010, 586; 2011, 106; 2012, 280; NStZ-RR 2010, 181; OLG Hamm StRR 2010, 105; OLG Naumburg StV 2012, 589; vgl. a. noch Alsberg/*Dallmeyer*, Rn 94).

Der Verteidiger sollte sich überlegen, ob es sich nicht möglicherweise anbietet, eine schwierige/komplexe Beweistatsache bei Stellung des Beweisantrages durch **technische Hilfsmittel** zu **visualisieren** (vgl. dazu und zur Zulässigkeit der Verwendung technischer Hilfsmittel in der HV – Stichwort u.a. Power-Point – *Witting* StraFo 2012, 133, 318).

Die Rechtsprechung der Revisionsgerichte zur „Beweistatsache" ist unüberschaubar. Hingewiesen werden soll hier auf folgende **Rechtsprechungsbeispiele**:

958 **Ausreichend**

- ggf. wenn sich bei **verständiger Auslegung** des Antrags ohne Weiteres aus den Umständen ergibt, auf welche Beweistatsache der Antrag abzielt (BGH NStZ 2008, 52 [für die Behauptung, die Zeugin (Nebenklägerin) leide „unter krankheitswertiger Alkoholabhängigkeit mit bereits eingetretener Persönlichkeitsdeformation", die zu einer erheblichen Beeinträchtigung sowohl ihrer Wahrnehmungsfähigkeit als auch Erinnerungsfähigkeit geführt habe]; NStZ 2014, 50; StV 2010, 287 [Verwechselung von Haftrichter und Verteidiger]; OLG Hamburg StV 2012, 589 für Behauptung, dass „ein junger Mann ganz scharf gewesen sein soll auf die Sachen des Herrn P."; OLG Köln StV 1995, 293 f. [in einem Zeugenbeweisantrag wurde keine Beweistatsache genannt];),
- das **Beweisthema** wird **erst** in der **Begründung** des Beweisantrags genannt (BGH NStZ 1995, 356 [für Zeugen]), sofern dies – evtl. nach Hinweis des Gerichts – in der erforderlichen Klarheit geschieht,
- die Behauptung „deutlich erheblich motorische **Ausfallserscheinungen**" des Angeklagten ergäben sich durch Augenschein eines in der Akte vorhandenen Videos (BGH StV 2011, 209),
- es wird unter Beweis gestellt, dass ein Zeuge bestimmte Angaben nur unter dem Einfluss von **Drohungen** gemacht hat; der Vortrag im Beweisantrag ist nur dann ausrei-

chend, wenn er Angaben dazu enthält, wann, auf welche Weise, mit welcher Ankündigung und mit welchem Ziel die behaupteten Drohungen gemacht worden sind; allein der Begriff „Drohungen" ist nicht ausreichend konkret (BGH StV 1994, 228; ähnlich BGH, Beschl. v. 2.8.2011 – 3 StR 237/11 für „keine Ängste vor dem Angeklagten"),

- ein Zeuge soll zu Vorgängen aussagen, die sich im Inneren eines Menschen abgespielt haben, und er kann äußere Umstände bekunden, die einen **Schluss** auf die **inneren Tatsachen ermöglichen** (BGH NStZ 2008, 707),
- die Beweistatsache ist in ihren allgemeinen Umrissen erkennbar, was der Fall ist bei der Angabe in einem Beweisantrag, ein Vorgang habe sich „**relativ kurze Zeit**" vor der Tat ereignet (BGH StV 1981, 330; s. aber a. OLG Köln VRS 64, 279 ff.),
- es wird **mangelnde Personenidentität** des Angeklagten mit den Tätern eines Banküberfalls behauptet (BGH NStZ 2006, 585 [zugleich auch zur sog. **Konnexität**]; s. aber auch OLG Hamm StRR 2010, 105 [nicht ausreichend „der Betroffene ist nicht die auf dem Lichtbild abgebildete Person"]; vgl. dazu → *Beweisantrag, Formulierung, Zeugenbeweis*, Rdn 946),
- es wird behauptet, dass ein Zeuge vor einem **Richter** eine bestimmte **Aussage nicht gemacht** haben soll, da der Inhalt der Aussage eines Zeugen von dem Richter wahrgenommen wird, sodass es sich nicht um eine sog. Negativtatsache handelt (vgl. BGH StV 2005, 115; vgl. a. BGHSt 43, 321, 329; ähnlich OLG Naumburg StRR 2012, 123 [Ls.]),
- wenn ein Antrag auf Einholung eines **Sachverständigengutachten zwei Diagnosen** benennt (BGH, Beschl. v. 30.9.2014 – 3 StR 351/14 für Spielsucht, insoweit nicht in NStZ-RR 2015, 8 [Ls.]).
- in einem Steuerstrafverfahren wird der Begriff „**Subunternehmer**" verwendet (BGH NStZ 2014, 282 m. Anm. *Grube* StRR 2014, 182 zugleich auch zur Konnexität; → *Beweisantrag, Formulierung, Zeugenbeweis*, Rdn 946),
- der Inhalt einer **Zeugenaussage**, die der einzige Belastungszeuge **in einem anderen Verfahren** gemacht hat, wird zum Gegenstand der Beweisbehauptung gemacht, sofern das erkennende Gericht in dem anderen Verfahren aus den sich widersprechenden Angaben des Belastungszeugen den Schluss gezogen hat, der Zeuge sei teilweise unglaubwürdig (BGH StV 2005, 254 [nicht nur Angabe des Beweisziels]; s.a. BGHSt 43, 321),
- die Behauptung der **Zeuge** habe sich im Laufe des Verfahrens, z.B. gegenüber dem Richter der 1. Instanz und/oder Polizeibeamten, zum Tatgeschehen **in einer bestimmten Weise geäußert** (OLG Naumburg StRR 2012, 123 [Ls.]),
- wenn **konkrete Anhaltspunkte** für **technische Fehlfunktionen** eines Messgerätes oder **Fehler** bei der **Messung** behauptet werden (OLG Hamm NZV 2007, 155; OLG Celle NZV 2009, 575), nicht hingegen, wenn nur allgemein die Fehleranfälligkeit eines Messgerätes behauptet wird (OLG Hamm VRR 2007, 30; Beschl. v. 4.12.2008 – 4 Ss OWi 834/08),

- es wird behauptet, der Angeklagte habe sich in einem bestimmten Zeitraum ausschließlich im **Urlaub** befunden (BGH NStZ 1996, 562); die Angabe des Urlaubsortes ist nicht erforderlich (s.a. BGHSt 39, 251; s. aber auch BGH NStZ-RR 2010, 181 für Krankenhausaufenthalt, durch den eine fehlende Kommunikationsmöglichkeit bewiesen werden soll),
- es wird behauptet, dass es in einem näher bezeichneten Zeitraum zu **keinem telefonischen** oder **SMS-Kontakt** zwischen dem Opfer und dem Angeklagten gekommen sei (BGH NStZ 2010, 52),
- es wird behauptet, dass ein **Zeuge** zu einem bestimmten Zeitpunkt als **Verkäufer** von **BtM** aufgetreten ist, weil das ein der Wahrnehmung durch einen anderen Zeugen zugänglicher Umstand ist (BGH StRR 2014, 437),
- wenn Tatsachen unter Beweis gestellt werden die zwar **nicht** das **eigentliche Tatgeschehen** betreffen, aber Umstände zum Gegenstand haben, die für die Überzeugungsbildung des Gerichts von der Täterschaft von Bedeutung sein können (BGH, Beschl. v. 18.5.2015 – 2 StR 462/14).

959 **Nicht ausreichend** (s. aber o. Rdn 956)

- es wird behauptet, dass ein Zeuge „**Alkoholprobleme**" habe und „unter psychischen/psychosomatischen Erkrankungen leide", die seine Aussagefähigkeit möglicherweise infrage stellen (BGH StV 1997, 622),
- in einem Beweisantrag zum **Alter** des Angeklagten wird nur behauptet, dass dieser „jünger als 21 Jahre" sei (BGH NStZ 1998, 50),
- es wird behauptet, der Angeklagte habe „**Anweisungen erteilt**, worauf der Zeuge anschließend falsch aussagte", da damit nur nach einer Deutung und Würdigung des Inhalts einer Kommunikation gefragt wird (BGH NJW 2001, 3793 [unter Beweis gestellt werden muss der Inhalt der Anweisungen, der zu der Deutung geführt hat]),
- es wird behauptet, dass jemand **Bargeld** „von **unter** 250.000,00 DM zur Verfügung gehabt habe" (BGH NJW 1992, 2711),
- es wird behauptet, dass ausschließlich **Beschäftigungsverhältnisse** eines bestimmten Typs vorgelegen hätten (BGHR StPO § 244 Abs. 6 Beweisantrag 13),
- es wird die **Drohung** einer Zeugin, den Angeklagten mit allen Mittel zu belasten, für den Fall behauptet, dass sich der Angeklagte weigere, die Liebe der Zeugin zu erwidern (BGH StraFo 2011, 511 [nur Beweisziel; die behaupteten Drohungen in Briefen mit einem Umfang von über 100 hätten konkret bezeichnet werden müssen]),
- im Beweisantrag ist nur das **Ergebnis** einer **Folgerung** Gegenstand der Beweisbehauptung, da dann nur das Beweisziel angegeben wird und nicht, welche Wahrnehmungen ggf. ein Zeuge gemacht hat (BGHSt 39, 251; BGH NStZ 2006, 712 [für operative Fallanalyse]; 2011, 106; NStZ-RR 2010, 181; Beschl. v. 2.8.2011 – 3 StR 237/11, für „keine Ängste vor dem Angeklagten"; krit. dazu *Herdegen* NStZ 1998,

449 f.; *Hamm/Hassemer/Pauly*, Rn 103 ff.); nicht ausreichend ist daher ein Beweisantrag auf Vernehmung einer Zeugin, die bekunden soll, sie habe die ihr zugetragenen Erkenntnisse über Bedrohungen einzelner Gäste einer Gaststätte mit einem Messer einem anderen Zeugen mitgeteilt, der seinerseits „den Angeklagten entsprechend informierte", wenn sich dem Beweisbegehren nicht entnehmen lässt, was genau **Gegenstand** der **eigenen Wahrnehmung** der **Zeugin** gewesen sein soll (BGH, Beschl. v. 20.7.2010 – 3 StR 218/10 [insoweit nicht in StraFo 2010, 466]),

- es wird die Anhörung eines weiteren SV nur „zur Frage eines Hanges des Angeklagten" beantragt (BGH NStZ 2010, 586), weil es sich bei dem „**Hang**" i.S. des § **66 StGB** um einen Rechtsbegriff handelt, der als solcher dem Sachverständigenbeweis nicht zugänglich ist, sodass das Bestehen oder das Fehlen bestimmter tatsächlicher Umstände in der Persönlichkeit des Angeklagten oder in den Taten behauptet werden muss,
- es wird „zum Beweis für die Tatsache, dass die Örtlichkeiten die uneingeschränkte visuelle Wahrnehmungsmöglichkeit im Hinblick auf die Fahrereigenschaft des Angeklagten nicht zulassen", beantragt, die Örtlichkeiten im Rahmen eines Ortstermins in Augenschein zu nehmen, da die Behauptung, dass die Örtlichkeiten **keine uneingeschränkte visuelle Wahrnehmungsmöglichkeit** zulasse, lediglich die Behauptung des angestrebten Beweisziels ist, nicht aber die Behauptung einer konkreten Tatsache (z.B. dass die Straße zwischen dem Beobachtungspunkt des Zeugen und dem Standort des Angeklagten einen starken Knick macht und/oder die Sicht durch Gebäude, Bepflanzung etc. versperrt ist; OLG Hamm StRR 2009, 242 [Ls.; insoweit nicht in NJW 2008, 2358]),
- es wird behauptet, jemand habe „**keine Kokainlieferungen**" an den Angeklagten geleistet (BGH StPO § 244 Abs. 3 S. 2 Bedeutungslosigkeit 16),
- bei **mehreren Komplexen**, die unter Beweis gestellt werden, lässt sich dem Beweisantrag **nicht eindeutig** entnehmen, zu welchem Komplex benannte Zeugen gehört werden sollen (BGHSt 40, 3 m.w.N.),
- es wird behauptet, der Angeklagte habe sich in einem bestimmten Zeitraum durch Ärzte in einem **Krankenhaus behandeln** lassen, weil das allein nicht Kommunikationsmöglichkeiten ausschließt (BGH NStZ-RR 2010, 181 [dargelegt werden müssen die konkreten Umstände der Krankenhausbehandlung]),
- es wird (im Bußgeldverfahren) zur Einholung eines SV-Gutachtens nur behauptet, der Betroffene sei **nicht** die auf dem **Lichtbild abgebildete Person**, da es sich dabei um das Beweisziel handelt (OLG Hamm StRR 2010, 105 m. Anm. Burhoff [unter Beweis gestellt werden müssen z.B. morphologische Merkmale oder sonstige Umstände, die eine Identität des Betroffenen mit der auf dem Lichtbild/Radarfoto abgebildeten Person ausschließen]),
- es wird lediglich die **innere Motivation** zu einem Handeln oder Unterlassen unter Beweis gestellt (BGH NStZ 2004, 690),

B Beweisantrag, Inhalt

- ggf. wenn lediglich eine **bloße Negation** bestimmter Tatsachen unter Beweis gestellt wird (BGHSt 39, 251), es sei denn, die gewollte Beweisbehauptung kann – insbesondere bei einfach gelagerten Sachverhalten – durch **Auslegung** ermittelt werden (BGH StV 1996, 248 f.; NStZ 1999, 362; s. dazu a. BGH StV 2005, 115 und Rdn 960) oder es wird trotz der Negativformulierung eine bestimmte Tatsache angegeben, deren Nachweis auf die beantragte Weise prinzipiell erbracht werden kann (BGH NStZ 2010, 52 für die Behauptung die Auswertung eines Handys werden ergeben, dass es in einem näher bezeichneten Zeitraum zu keinem telefonischen oder SMS-Kontakt zwischen dem Angeklagten und einer anderen Person gekommen sei; s. auch u. Rdn 960 f.),
- dass die in den **Lichtbildern** dokumentierten **Verletzungen** „nicht mit den durch den Zeugen geschilderten Tathandlungen vereinbar sind"; nach diesen Schilderungen „müsste ein wesentlich anderes Verletzungsbild unmittelbar nach der Tat erkennbar und diagnostizierbar gewesen sein", da offen bleibt, welche äußerlich sichtbaren Verletzungen durch die Tathandlungen zu erwarten gewesen wären (BGH, Beschl. v. 15.5.2012 – 3 StR 66/12),
- aus **nicht näher konkretisierten Wahrnehmungen** eines Zeugen soll mittelbar auf bestimmte Negativtatsachen („kein rechtsradikales Verhalten und keine entsprechende Motivation") geschlossen werden (BGH NStZ 1996, 324 [K]),
- es wird behauptet, ein Zeuge könne in umfassender Weise bekunden, dass zwischen zwei anderen Personen **keine strafbaren Beziehungen** bestanden hätten, wenn nicht eingehend dargelegt wird, aus welchen Umständen das abzuleiten ist (BGH NStZ-RR 2010, 316 zugleich auch zu den Anforderungen an die Aufklärungsrüge),
- es wird nur behauptet, der Angeklagte habe sich schon die erstinstanzliche Verurteilung zur Warnung dienen lassen und werde künftig auch ohne die Einwirkung des Strafvollzugs keine Straftaten mehr begehen (BayObLG NStZ 2003, 105); vielmehr muss der Angeklagte die ihm bekannten Tatsachen der **Prognoseentscheidung** darlegen (s. auch OLG Schleswig SchlHA 2010, 230 [Dö/Dr]),
- es wird (nur) behauptet, der Angeklagte habe „**planmäßig, zielstrebig** und **situationsangepasst**" gehandelt, da damit keine bestimmten Tatsachen, sondern ebenfalls nur das Beweisziel beschrieben wird (BGH NStZ 1995, 96),
- es wird lediglich unter Beweis gestellt, beim Angeklagten lägen die **Voraussetzungen** der §§ **20, 21 StGB** vor bzw., dass die Steuerungsfähigkeit des Angeklagten erheblich vermindert gewesen sei (BGH NStZ 1999, 632 f.; 2011, 106; 2012, 280),

> ✍ Der Verteidiger muss allerdings zur Konkretisierung des Antrags auf Einwirken eines SV-Gutachtens zu den Fragen der Schuldfähigkeit **keine eigene psychiatrische Diagnose** abgeben, sondern nur anhand der Merkmale der §§ 20, 21 StGB eine konkrete Zuordnung vornehmen (*Hamm/Hassemer/Pauly*, Rn 111).

- im Zweifel, wenn behauptet wird, eine Zeugin sei **„sexuell enthemmt"** gewesen (offengelassen von BGH NJW 1998, 2753, 2755),
- es wird unter Beweis gestellt, „in welchem **Umfang"** sich der Angeklagte durch seine Angaben selbst **gefährde** (BGH NStZ 1991, 547),
- es wird behauptet, dass jemand einen anderen „ganz oder teilweise zu **Unrecht belastet"** habe (BGHSt 37, 162) oder „manche Aussagen mit dem Ziel eines besseren Ausgangs des eigenen Strafverfahrens abgefälscht und unrichtig dargestellt" habe (BGH StV 1995, 624),
- es wird behauptet, dass die Körperverletzungshandlungen des Angeklagten bei dem Opfer **„keine schweren seelischen oder körperlichen Schäden"** herbeigeführt haben und hierzu auch nicht geeignet waren (BGH NStZ-RR 2010, 172 [erkennbar auf eine Subsumtion der Taten unter § 66 Abs. 1 Nr. 3 StGB abzielend]),
- bei einem Antrag auf Zeugenbeweis werden nicht exakt die Tatsachen bezeichnet, die Gegenstand der **eigenen Wahrnehmung** des **Zeugen** gewesen sein sollen (BGHSt, 40, 3; NStZ 2009, 171 [zugleich auch mit Ausführungen zur Konnexität]; BGH, Beschl. v. 20.7.2010 – 3 StR 218/10 [insoweit nicht in StraFo 2010, 466]; vgl. dazu → *Beweisantrag, Formulierung, Zeugenbeweis*, Rdn 946 m.w.N.),
- im Beweisantrag werden **widersprüchliche Beweisbehauptungen** aufgestellt (BGH NStZ 1998, 209; 2013, 118 für die Frage der Zugehörigkeit eines Schlüssels zu einem Schloss),
- der Antragsteller hält in Kenntnis einer freibeweislichen **Widerlegung** der **Beweisbehauptung** an dem **Antrag fest**, ohne sich dazu zu äußern, warum er (weiterhin) davon ausgehen kann, dass die förmliche Beweiserhebung zur Bestätigung der Beweisbehauptung führen wird (KG StRR 2014, 64 m. Anm. *Junker*).

3.a) Eine **besondere Problematik** besteht, wenn sog. **Negativtatsachen** unter Beweis gestellt werden sollen. Das ist immer dann der Fall, wenn bewiesen werden soll, dass sich ein bestimmtes Ereignis nicht ereignet hat (vgl. dazu z.B. BGH NStZ 1999, 362) bzw. bestimmte Umstände nicht vorliegen (BGH StV 2000, 180). Der **BGH** sieht Negativtatsachen nur selten als hinreichend konkrete Beweistatsachen an (vgl. grundlegend BGHSt 39, 251; BGH NStZ 2000, 267; eingehend zur Rspr. des BGH *Burghard/Fresemann* wistra 2000, 88 ff.; krit. *Hamm/Hassemer/Pauly*, Rn 112 ff.; *Junker*, Rn 34 ff.; *Widmaier* NStZ 1993, 602; *R. Hamm* StV 1993, 455, jew. in den Anm. zu BGHSt 39, 251; abl. *Niemöller* StV 2003, 687). Denn i.d.R. werde bei diesen Anträgen das Beweisziel unter Beweis gestellt, über das aber ein Zeuge aufgrund eigener Wahrnehmungen nichts berichten könne. Die Würdigung der von ihm gemachten Beobachtungen obliege dem Gericht (BGHSt 39, 251; BGH NStZ 2006, 712). Nach Auffassung des BGH handelt es sich in diesen Fällen deshalb nicht um Beweisanträge, sondern um **Beweisermittlungsanträge**. A.A. ist *Niemöller* (StV 2003, 687, 691), der auch in diesen Fällen eine bestimmte Beweisbehauptung annimmt und ver-

960

langt, dass die negative Behauptung durch eine entsprechende positive Gegenbehauptung ersetzt wird. Sei die bestimmt, sei auch die negative Behauptung bestimmt (sog. **Spiegeltest**; zur Abgrenzung von Beweistatsache und Beweisziel a. OLG Hamm StV 2009, 348; StRR 2010, 105).

961 b) Eine **Ausnahme** macht allerdings auch der BGH, wenn es möglich ist, die unter Beweis gestellte Beweisbehauptung durch **Auslegung** zu ermitteln bzw. in **einfach gelagerten Fällen** (BGHSt 48, 268 [Nichtstattfinden eines Gesprächs]; 52, 322 [Nichtwahrnehmung eines bestimmten (massiven) Ereignisses durch eine Person]; BGH NStZ 1999, 362; 2000, 267; 2006, 585 [fehlende Personenidentität]; StV 2000, 180 [SV-Beweis]; StV 2005, 115 [Inhalt der Aussage in einem anderen Verfahren]; vgl. a. OLG Jena StV 2005, 11 [für Nichtgeschehen einer strafbaren Äußerung am Telefon]). Eine Ausnahme wird auch dann gemacht, wenn trotz der Negativformulierung eine bestimmte Tatsache angegeben wird, deren Nachweis auf die beantragte Weise prinzipiell hätte erbracht werden können (BGH NStZ 2010, 52) oder, wenn zwar eine Negativtatsache angegeben wird, diese aber nicht nur das Beweisziel ist, sondern das Ergebnis der eigenen Wahrnehmung des Zeugen (BGH NStZ 2011, 230 für Teilnahme an einem Gespräch, das einen bestimmten Inhalt nicht hatte).

962 **c) Hinweis für den Verteidiger**

Auf die **Formulierung** eines Beweisantrags mit einer „Negativtatsache" muss der Verteidiger noch größere **Sorgfalt** verwenden als sonst auf die Formulierung von Beweisanträgen (*Burghard/Fresemann* wistra 2000, 89; *Hamm/Hassemer/Pauly*, Rn 112 ff.; *Junker*, Rn 35 m. Bsp.). Dabei ist grds. Folgendes unbedingt zu **beachten**:

- **Beweistatsache** und -ziel sind deutlich zu **trennen**.
- **Beweistatsache** und -ziel sollten ausdrücklich im Beweisantrag **dargestellt** werden, damit für das Gericht die beweisrechtliche Schlussfolgerung, die mit dem Antrag gezogen werden soll, erkennbar wird.
- Der Verteidiger sollte auf jeden Fall darlegen, **warum** z.B. der Zeuge **Angaben** zu der Negativtatsache machen kann.
- M.E. empfiehlt es sich auch, die **weiteren Folgerungen**/Schlüsse, die erforderlich sind, damit das erstrebte Beweisziel erreicht wird, dem Gericht darzulegen.

963 *Beispiel (nach BGH NStZ 1999, 362; vgl. a. BGHSt 48, 268; s. dazu noch Burgard/Fresemann wistra 2000, 89):*

Hat der Beweisantrag das Fehlen des tatbestandlichen Handelns des Angeklagten als Negativtatsache zum Gegenstand („... zum Beweis der Tatsache, dass der Angeklagte den Zeugen nicht geschlagen hat, ..."), muss z.B. angegeben werden, dass der Zeuge in der fraglichen Situation zugegen war, er den Geschehensablauf lückenlos beobachten konnte und beobachtet hat und deswegen das strafbare Handeln des Angeklagten, wenn es stattgefunden hätte, mit Sicherheit bemerkt hätte.

Allerdings dürfen die **Anforderungen** an die Begründung des Beweisantrags auch **nicht** 964
überspannt werden. Das gilt besonders in einfachen Fällen, in denen die o.a. Forderungen kaum zu erfüllen sind (vgl. *Burgard/Fresemann* wistra 2000, 90; *Widmaier* NStZ 1993, 602; *Hamm* StV 1993, 455, jew. in den Anm. zu BGHSt 39, 253; s.a. *Niemöller* StV 2003, 687; zur Revision → *Revision, Begründung, Verfahrensrüge*, Rdn 2342).

☞ M.E. ist das **Gericht verpflichtet**, den Verteidiger darauf **hinzuweisen**, wenn es den auf eine Negativtatsache gerichteten Beweisantrag als unvollständig ansieht (vgl. a. *Burgard/Fresemann* wistra 2000, 90). Der Verteidiger kann seinen Beweisantrag dann ergänzen und wiederholen. In „ergänzter" Form können Beweisanträge jederzeit wiederholt werden (BGHSt 43, 321).

4.a) Die im Beweisantrag konkret bezeichnete **Beweistatsache** muss **bestimmt behauptet** werden (*Meyer-Goßner/Schmitt*, § 244 Rn 20 m.w.N.; dazu a. *Herdegen* NStZ 1998, 449; zur sog. schlagwortartigen Verkürzung s. BGH NStZ 2008, 52; StV 2010, 287; 2011, 209; 2014, 282). Das gilt nicht nur für die eigentliche Beweistatsache, sondern, wenn es nach der Rspr. Darlegungen zur Konnexität bedarf, auch für die Tatsachen, die diese begründen sollen (BGH NJW 2011, 1239). 965

Bei der Formulierung der Beweisbehauptung/-tatsache muss der Verteidiger alle **Formulierungen vermeiden**, die das Gericht dazu veranlassen könnten, an der **Bestimmtheit** zu **zweifeln**. Es dürfen auch nicht mehrere, sich gegenseitig ausschließende Behauptungen aufgestellt werden, da dann keine bestimmt behauptet wird (BGH NStZ 1998, 209 [nur Beweisermittlungsantrag]; 2013, 118; OLG Köln NStZ 2008, 548). Zwar muss das Gericht grds. den Sinn eines unklaren Beweisantrags durch Befragung klarstellen (so schon BGHSt 1, 137 f.; KK-*Krehl*, § 244 Rn 78; *Meyer-Goßner/Schmitt*, § 244 Rn 35, jew. m.w.N. aus der Rspr.). Der Verteidiger muss jedoch im Interesse des Angeklagten alles vermeiden, was eine Bewertung seines Beweisantrags als Beweisermittlungsantrag zulassen könnte. Ggf. muss aber das Gericht auf eine **Klarstellung hinwirken** (BGH NStZ 1995, 356; StV 1996, 249 m.w.N.; Alsberg/*Dallmeyer*, Rn 160 ff.). 966

☞ Zu **vermeiden** sind also alle Formulierungen, mit denen zum Ausdruck gebracht wird, dass sich eine Tatsache nur möglicherweise ereignet haben könnte, also **nicht**, „… dass der Angeklagte zur Tatzeit an einem anderen Ort gesehen worden sein **müsste**". Es darf ebenfalls nicht Beweis darüber verlangt werden, **ob**, **warum**, **wann**, **wie** oder **wo** eine bestimmte Tatsache eingetreten ist. Vielmehr ist bestimmt im **Indikativ** zu formulieren, also: „… zum Beweis, **dass** sich eine bestimmte Tatsache **ereignet hat**".

b) Das Erfordernis, bestimmt zu formulieren, bedeutet **nicht**, dass der Verteidiger die Beweisbehauptung nur aufstellen darf, wenn er insoweit über **gesicherte Erkenntnisse** verfügt. Vielmehr kann er nach h.M. in Rspr. und Lit. eine Beweisbehauptung auch dann in 967

B Beweisantrag, Inhalt

eine bestimmte Formulierung kleiden, wenn er nur hofft oder es lediglich für wahrscheinlich hält, dass sich die Beweisbehauptung bestätigt (BGH NJW 1987, 2384 m.w.N.; NStZ 2003, 666; 2006, 405 [für Antrag auf Einholung eines anthropologischen Gutachtens zum Alter eines Missbrauchopfers]; zuletzt BGH NStZ 2013, 536; OLG Köln NJW 1987, 2096; NStZ 2008, 548; KK-*Krehl*, § 244 Rn 73 m. zahlr. weit. Nachw.; *Hamm/Hassemer/ Pauly*, Rn 120 ff.; Alsberg/*Dallmeyer*, Rn 99 ff.). Allerdings darf nicht jeder Anhaltspunkt dafür fehlen, dass der Antragsteller die Erweisbarkeit der behaupteten Tatsache zumindest für möglich hält (OLG Köln, a.a.O.).

☞ Insoweit gilt jedoch als **Mindestvoraussetzung**, dass der Verteidiger für seine Behauptung eine – wenn auch schwache tatsächliche – Grundlage haben muss (vgl. dazu BGH NStZ 2013, 536; 2014, 282). Er darf also **nicht aufs Geratewohl** eine Behauptung aufstellen (vgl. im Einzelnen *Herdegen* StV 1990, 518 f.), denn dann stellt er nur einen Scheinbeweisantrag, dem das Gericht nach der immer noch geltenden Rspr. des BGH allenfalls nach Amtsaufklärungsgesichtspunkten, i.d.R. aber nicht, nachgehen muss (vgl. dazu BGH NJW 1997, 2762, 2764; NStZ 2002, 383; 2003, 497; 2006, 405; NStZ 2008, 52; s. aber auch BGH StV 2008, 9; StraFo 2010, 466; KK StraFo 2015, 208; KK-*Krehl*, § 244 Rn 72; *Meyer-Goßner/Schmitt*, § 244 Rn 20; *Hadamitzky* StraFo 2012, 297, 300; *Habetha* StV 2011, 139, 142; *Trüg* StraFo 2010, 139, 142; *Knauer* StraFo 2012, 473, 475 f.), wobei allerdings immer wieder Überschneidungen mit dem Erfordernis der Konnexität festzustellen sind (LR-*Becker*, § 244 Rn 133; → *Beweisantrag, Formulierung: Zeugenbeweis*, Rdn 946). **Lehnt** das Gericht den Beweisantrag **ab**, muss es dann aber seine Auffassung begründen (zuletzt BGH NStZ 1994, 592 m.w.N.; wegen der Zulässigkeit einer Befragung nach der Quelle des Wissens → *Beweisantrag*, Rdn 844).

968 Es handelt sich aber **nicht** schon dann um einen in Wahrheit nicht ernstlich gemeinten, zum **Schein** gestellten **Beweisantrag**, wenn die bisherige Beweisaufnahme keine Anhaltspunkte für die Richtigkeit der Beweisbehauptung ergeben hat oder die unter Beweis gestellte Tatsache objektiv ungewöhnlich oder unwahrscheinlich erscheint oder eine andere Möglichkeit nähergelegen hätte (BGH NStZ 2008, 52; 2008, 474; s. aber a. OLG Köln NStZ 2008, 548 [für die Behauptung, für den Ersteigerer eines historischen Buchs sei das Eigentum bzw. die Verfügungsberechtigung des Veräußerers immer ohne Bedeutung]). Vielmehr kann davon erst dann ausgegangen werden, wenn das bisherige Beweisergebnis, die Akten und der Antrag keinerlei Verknüpfung des Beweisthemas mit dem benannten Beweismittel erkennen lassen, sodass jeder Anhalt dafür fehlt, dass das Beweismittel überhaupt etwas zur Klärung der Beweisbehauptung beitragen kann (BGH NStZ 2002, 383; OLG Köln, a.a.O.; ähnlich BGH NStZ 2013, 536). Etwas anderes gilt, wenn der Antragsteller in Kenntnis einer freibeweislichen Widerlegung seine Beweisbehauptung an dem (Beweis)**Antrag festhält**, ohne sich dazu zu äußern, warum er (weiter-

hin) davon ausgehen kann, dass die förmliche Beweiserhebung zur Bestätigung der Beweisbehauptung führen wird (KG StRR 2014, 64 m. Anm. *Junker*).

👉 Entscheidend für die Beurteilung ist die Sicht eines **verständigen Angeklagten** (BGH NStZ 2003, 497; 2006, 405; 2008, 52; KK-*Krehl*, § 244 Rn 72; s. aber BGH StV 2008, 9). Die Annahme eines Scheinbeweisantrags muss das Gericht **eingehend begründen** (BGH NStZ 2004, 51; zur Begründung s.a. noch BGH StraFo 2007, 331).

5. Im Beweisantrag muss neben der Beweisbehauptung auch das **Beweismittel bezeichnet** werden. Beweismittel können Zeugen, SV, Urkunden und der Augenschein sein. Es empfiehlt sich, darüber hinaus die Angabe der im Gesetz vorgesehenen **Beweiserhebungsform**, also beim Zeugen und SV die Vernehmung, beim Urkundenbeweis die Verlesung und beim Augenscheinsbeweis die Augenscheinseinnahme (s. → *Augenscheinseinnahme*, Rdn 348; → *Sachverständigenbeweis*, Rdn 2436; → *Urkundenbeweis, Allgemeines*, Rdn 2721; → *Zeugenvernehmung, Allgemeines*, Rdn 3537). 969

6. Ob in einem (Zeugen-) Beweisantrag darüber hinaus auch noch Ausführungen zum Zusammenhang zwischen Beweisbehauptung und Beweismittel zu machen sind (sog. **Konnexität**), ist fraglich und wohl zu verneinen. Die Frage hat in der Rspr. des BGH aber erhebliche Bedeutung (s. dazu → *Beweisantrag, Formulierung*: Zeugenbeweis, Rdn 946 m.w.N., zur Rspr. des BGH). 970

Siehe auch: → *Beweisantrag*, Rdn 835 m.w.N., mit Antragsmuster, Rdn 848; → *Beweisantragsrecht, Allgemeines*, Rdn 971 m.w.N.

Zur Formulierung einzelner Beweisanträge siehe auch die Antragsmuster: → *Beweisantrag, Formulierung: Augenscheinseinnahme*, Rdn 918; → *Beweisantrag, Formulierung: Sachverständigenbeweis*, Rdn 926; → *Beweisantrag, Formulierung: Urkundenbeweis*, Rdn 936; → *Beweisantrag, Formulierung: Zeugenbeweis*, Rdn 950.

Beweisantragsrecht, Allgemeines   971

Literaturhinweise: **Abdallah**, Die Problematik des Rechtsmissbrauchs im Strafverfahren, 2002; **Alsberg/Nüse/Meyer**, Der Beweisantrag im Strafprozess, 6. Aufl. 2013; **Artkämper**, Abwehr dysfunktionalen Verteidigerverhaltens durch den Gedanken des Rechtsmissbrauchs – Einzelfallentscheidung oder zukünftiges System?, StRR 2009, 408; **Basdorf**, Änderungen des Beweisantragsrechts und Revision, StV 1995, 310; **Bauer**, Der Ablehnungsgrund der Prozessverschleppungsabsicht – Eine Erwiderung auf *Niemöller*, NStZ 2008, 181; **Becker**, Die Rechtsprechung des BGH zum Beweisantragsrecht, NStZ 2006, 495; *ders.*, Die Rechtsprechung des BGH zum Beweisantragsrecht, NStZ 2007, 513; **Bock**, Das Beweisantragsrecht des Nebenklägers, HRRS 2011, 119; **Börner**, Die Diskursfunktion des Beweisantrags, StraFo 2014, 133; *ders.*, Aktuelles zum Beweisantrag Begründungspflicht und forensische Wahrheit, StraFo 2015, 46; **Bosbach**, Der Verteidiger als Zeuge, StraFo 2011, 172; **Bünger**, Die tatrichterlichen Möglichkeiten der Reaktion auf einen Missbrauch des Beweisantragsrechts, NStZ 2006, 305; **Burhoff**, Der Beweisantrag im OWi-Verfahren, VA 2007, 205; **Cierniak/Pohlit**, Die Rechtsprechung des BGH zum Beweisantragsrecht, NStZ 2009, 553; *dies.*, Die Rechtsprechung des BGH zum Beweis-   972

B Beweisantragsrecht, Allgemeines

antragsrecht, NStZ 2011, 261; **Deckers**, Der strafprozessuale Beweisantrag, 2002; **Eschelbach**, Grundfragen des Beweisantragsrechts im Strafprozess, ZAP F. 22, S. 681; **Eschenhagen**, Der Missbrauch des Beweisantragsrechts, 2001; **Fahl**, Rechtsmißbrauch im Strafprozeß, 2004; **Fezer**, Amtsaufklärungsgrund und Beweisantragsrecht, in: Festgabe BGH, 2000, S. 847; *ders.*, „Die Herabstufung" eines Beweisantrags in der Revisionsinstanz. Zugleich eine Kritik am sog. Konnexitätsprinzip, in: Festschrift für *Lutz Meyer-Goßner*, 2001, S. 629; *ders.*, Gesetzeswidrige Fristsetzung für die Stellung von Beweisanträgen, HRRS 2009, 17; **Fromm**, Das Beweisantragsrecht in Verkehrsbußgeldverfahren, NJOZ 2015, 721; **Foth**, Die Entwicklung des Beweisantragsrechts Bemerkungen – Überlegungen, in: Festschrift für *Gunter Widmaier*, 2008, S. 223; **Gössel**, Über die Ablehnung prozessverschleppender Beweisanträge, ZIS 2007, 557; **Grünwald**, Das Beweisrecht der Strafprozeßordnung, 1993; **Habetha**, Übergehen „unwahrscheinlicher" Beweisanträge ohne Ablehnungsgrund, StV 2011, 239; **Hadamitzky**, Anträge auf Beweiserhebung in der neueren Rechtsprechung des Bundesgerichtshofes, StraFo 2012, 297; **Herdegen**, Bemerkungen zum Beweisantragsrecht, Teil 1: NStZ 1984, 97, Teil 2: NStZ 1984, 200; *ders.*, Aufklärungspflichten, Beweisantragsrecht, Beweisantrag, Beweisermittlungsantrag, in: Gedächtnisschrift für *Karlheinz Meyer*, 1990, S. 207; *ders.*, Das Beweisantragsrecht, NStZ 1998, 444; *ders.*, Das Beweisantragsrecht. Betrachtungen anhand von und zur Rechtsprechung – Teil II: NStZ 1999, 176; *ders.*, Das Beweisantragsrecht. Zum Rechtsmissbrauch – Teil III: NStZ 2000, 1; **Jahn**, Konnexitätsdoktrin und „Fristenlösungsmodell" – Die verfassungsrechtlichen Grenzen der Fremdkontrolle im Beweisantragsrecht der Verteidigung durch den Bundesgerichtshof, StV 2009, 663; **Junker**, Beweisantragsrecht im Strafprozess, 2007; **Karow**, Der Experimentalbeweisantrag im Strafprozess, 2002; **Kempf**, Der (zu) späte Beweisantrag, StraFo 20120, 316; **Klemke**, Festschreibung von Sachverhalten in der Hauptverhandlung – Protokollierungsanträge, affirmative Beweisanträge pp., StraFo 2013, 107; **Klesczewski**, Das System der Ablehnungsgründe der §§ 244 f.– zugleich ein Beitrag zur Konnexität von Beweismittel und Beweistatsache, HRRS 2004, 10; **Knauer**, Anträge auf Beweiserhebungen in der neueren Rechtsprechung des Bundesgerichtshofs, StraFo 2012, 473; **Krehl**, Konfliktverteidigung, Mißbrauch von Verteidigungsrechten und das Beweisantragsrecht, StV 2010, 423; **Krekeler**, Der Beweisantrag im Strafprozess – Ausgewählte Probleme aus der aktuellen Rechtsprechung, AnwBl. 2006, 593; **Kretschmer**, Begriff und Bedeutung des Beweisantrages außerhalb der Hauptverhandlung, StraFo 2013, 184; **Kudlich**, (Nichts) Neues zum Missbrauch des Beweisantragsrechts, HRRS 2005, 10; **Leitner**, Das Verteidigermandat und seine Inhalte als Beweisthema, StraFo 2012, 344; **Leplow**, Beweiserhebung und Beweisanträge in Wirtschaftsstrafprozess, PStR 2011, 19; **Meyer**, Der Beweisantrag im Verkehrsordnungswidrigkeitenverfahren (insbesondere Geschwindigkeits-, Abstands-, Rotlichtverstöße), DAR-Extra 2011, 744; **Mosbacher**, Perspektiven des Beweisantragsrechts – Der spezielle Beweiserhebungsanspruch als Anspruch auf Teilhabe am Prozess der Wahrheitsfindung, in: HRRS-Gedächtnisgabe für *Gunter Widmaier*, S. 79; **Nack**, Das Verteidigermandat und seine Inhalte als Beweisthema, StraFo 2012, 341; **Niemöller**, Prozessverschleppung – die Absicht genügt, NStZ 2008, 181; *ders.*, Nochmals: Prozessverschleppung – Entgegnung auf *Bauer*, NStZ 2008, 542; *ders.*, Zum exzessiven Gebrauch des Beweisantragsrechts, JR 2010, 332; **Pfordte/Degenhard**, Der Anwalt im Strafrecht, 2005, § 19: Das Beweisantragsrecht; **Rademacher/Sell**, Der Auslandszeuge im Strafprozess, ZAP F. 22, S. 529; **Rose**, Wieso soll der benannte Zeuge dazu etwas sagen können? Der aktuelle Diskussionsstand zur Konnexität als Voraussetzung für einen strafprozessualen Beweisantrag, NStZ 2014, 128; **Schneider**, Zur Strafbarkeit des Verteidigers wegen Strafvereitelung durch Stellen von Beweisanträgen zum Zwecke der Prozessverschleppung, in: Festschrift für *Klaus Geppert* zum 70. Geburtstag, 2011, S. 607; **Schulz**, Die Erosion des Beweisantragsrechts, zum Entwurf eines Gesetzes zur Entlastung der Rechtspflege, StV 1991, 354; **Senge**, Missbräuchliche Inanspruchnahme verfahrensrechtlicher Gestaltungsmöglichkeiten – wesentliches Merkmal der Konfliktverteidigung? Abwehr der Konfliktverteidigung, NStZ 2002, 225; **Sommer**, Maßnahmen des Strafverteidigers in der Hauptverhandlung, ZAP F. 22, S. 101; **Spiekermann**, Der Missbrauch des Beweisantragsrechts, 2001; **Strate**, Freie Beweiswürdigung und gebundene Beweiserhebung: HRRS 3/2003, S. 47; **Sturm**, Die Konnexität im Beweisantragsrecht, StraFo 2009, 407; **Tenorth-Sperschneider**, Zur strukturellen Korrespondenz zwischen den gesetzlichen Ablehnungsgründen nach § 244 Abs. 3 Satz 2 und den Anforderungen an einen zulässigen Beweisantrag, 2004; **Tepperwien**, Beschleunigung über alles? Das Beschleunigungsgebot im Straf- und Ordnungswidrigkeitenverfahren, NStZ 2009, 1; **Thomas**, Konfliktverteidigung, Missbrauch von Verteidigungsrechten und das

Beweisantragsrecht, Allgemeines — B

Beweisantragsrecht, StV 2010, 428; **Trück**, Die Rechtsprechung des BGH zur Ablehnung von Beweisanträgen auf Vernehmung eines Sachverständigen, NStZ 2007, 377; **Trüg**, Beweisantragsrecht – Disziplinierung der Verteidigung durch erhöhte Anforderungen?, StraFo 2010, 139; **Ventzke**, „Warum stellen Sie denn keinen Beweisermittlungsantrag?" oder: Die revisionsrechtliche Aufklärungsrüge – ein beweisantragsrechtliches Problem, StV 2009, 655; *ders.*, Festschreibung von Beweisergebnissen der tatgerichtlichen Hauptverhandlung für die strafprozessuale Revision – ein Mythos?, HRRS 2010, 461; *ders.*, Beweisantrag – Bedeutungslosigkeit Beruhen, in: HRRS-Gedächtnisgabe für *Gunter Widmaier*, S. 53; **Weigelt**, Der Beweisantrag in Verkehrsstrafsachen, DAR 1964, 314; **Witting**, Präsentation von Beweisinhalten durch die Verteidigung, StraFo 2010, 133; **Witting/Junker**, Aktuelle Entwicklungen der BGH-Rechtsprechung zum Beweisantragsrecht, StRR 2009, 244; *dies.*, Aktuelle Entwicklungen der BGH-Rechtsprechung zum Beweisantragsrecht, StRR 2011, 288, **Zierl**, Gegen Einschränkungen des Beweisantragsrechts, DRiZ 1983, 410; s.a. die Hinw. bei → *Aufklärungspflicht des Gerichts*, Rdn 329 und → *Beweisantrag*, Rdn 835 sowie bei den u.a. weiterführenden Stichwörtern.

1. Der Angeklagte hat das Recht, durch Anträge auf den Verlauf der Beweisaufnahme Einfluss zu nehmen. Dieses Recht hat seinen Ursprung im Gedankengut der Aufklärung (zur historischen Entwicklung des Beweisantragsrechts *Hamm/Hassemer/Pauly*, Rn 4 ff.; vgl. auch *Eschelbach* ZAP F. 22, S. 681 ff.; Alsberg/*Dallmeyer*, Rn 37 ff.). 973

Das Beweisantragsrecht als solches ist in der StPO nicht geregelt. Die StPO regelt in den §§ 244, 245 nur das Recht des Angeklagten, überhaupt einen Beweisantrag stellen zu dürfen. Antwort auf die Fragen nach dem Charakter, den Voraussetzungen, dem Inhalt, der Form usw. findet man nicht in der StPO. Diese Fragen müssen vielmehr von der Rspr. beantwortet werden, sind also **Richterrecht**. 974

2.a) Der Beweisantrag ist für den Angeklagten eines der **effektivsten Verteidigungsmittel**. Es gibt ihm und seinem Verteidiger, der ein eigenes Antragsrecht hat, eine starke formale Position. Hinzukommt, dass der Verteidiger/Angeklagte aus der Bescheidung seines Antrags Informationen darüber erhält, welche Rolle die Beweistatsache im Verfahren spielt, sodass er sein weiteres Prozessverhalten darauf einstellen kann (zur Diskursfunktion des Beweisantrags *Börner* StraFo 2014, 133). Formulierung des Antrags und Taktik der Antragstellung gehören daher zu den wichtigsten und auch kompliziertesten Verteidigungskünsten. Wenn der Verteidiger sie beherrscht, kann das für den Angeklagten erheblich entlastend sein. 975

b) Häufig wird der Beweisantrag in der Praxis aber auch als Mittel zur Prozessverschleppung im Rahmen einer **Konfliktverteidigung** missbraucht (vgl. z.B. die [extreme] Fallgestaltung bei BGH NJW 2005, 2466; zum „Missbrauch" des Beweisantrags *Herdegen* NStZ 2000, 6; *Senge* NStZ 2002, 229, *Fahl*, S. 467 ff. sowie *Ventzke* HRRS 2005, 233; *Dahs* StV 2006, 116; *Duttge* JZ 2005, 1012; *Gössel* JR 2006, 128, jew. in den Anm. zu BGH, a.a.O.; zu den Reaktionsmöglichkeiten des Tatrichters *Bünger* NStZ 2006, 305; zur Rspr. des BGH *Beulke* StV 2009, 554; *Pfister* StV 2009, 550). Ein solcher Gebrauch ist mit der Stellung des Verteidigers als Organ der Rechtspflege nicht zu vereinbaren und schadet letztlich nur allgemein der Verteidigung. Denn gerade diese „Missbrauchsfälle" führen zur Forderung nach gesetzgeberischer Intervention zur Verhinderung des Miss- 976

B Beweisantragsrecht, Allgemeines

brauchs von Prozessrechten, insbesondere auch des Beweisantragsrechts (vgl. z.B. *Gössel*, a.a.O.; s.a. die mehr als deutliche Kritik von *Dahs* StV 2006, 116 f. an dem der Entscheidung des BGH zugrunde liegenden Verteidigerverhalten). In dem Zusammenhang spricht auch die Rspr. des BGH eine deutliche Sprache, wenn dort (immer wieder) eine „Ausnutzung der Strafprozeßordnung in exzessiver Weise durch die Verteidigung beklagt wird" (s. z.b. BGH NStZ 2005, 341; 2009, 168; ähnl. BGH StraFo 2006, 497). Dies ist sicherlich auch mit Grund dafür, dass der BGH, seine Rspr. zum Beweisantragsrecht, insbesondere im Bereich der Annahme von Prozessverschleppung als Ablehnungsgrund, in den letzten Jahren seit der Entscheidung BGHSt 38, 111 deutlich verschärft hat (dazu *Witting/Junker* StRR 2009, 244 ff.; *dies.*, StRR 2011, 288; → *Beweisantrag, Ablehnungsgründe*, Rdn 889; → *Verspätete Beweisanträge/Fristsetzung*, Rdn 3179).

Zudem birgt inzwischen das Stellen von Beweisanträgen zum Zwecke der Prozessverschleppung das Risiko eines Ermittlungsverfahrens wegen des Vorwurfs der (versuchten) **Strafvereitelung** (§ 258 StGB). Jedenfalls wird das von *Schneider* für den Fall des Rechtsmissbrauchs und einer Verzögerung der HV um mehr als drei Wochen so vertreten (vgl. *Schneider*, S. 607 ff.; → *Verteidigerhandeln und Strafrecht*, Rdn 3199).

977 3. Hier kann – schon aus Platzgründen – nicht auf alle Details des Beweisantragsrechts eingegangen werden. Die Darstellung beschränkt sich auf das Wesentliche und gibt darüber hinaus verteidigungstaktische Anregungen. Deshalb werden auch die in § 244 Abs. 3 – 5 aufgezählten Ablehnungsgründe nur in einem Überblick behandelt (→ *Beweisantrag, Ablehnungsgründe*, Rdn 858). Zur Vertiefung der anstehenden Fragen wird aus den o.a. Lit.-Hinw. insbesondere verwiesen auf *Alsberg*, Der Beweisantrag im Strafprozess, 6. Aufl. 2013; *Hamm/Hassemer/Pauly*, Beweisantragsrecht, 2. Aufl. 2006; vor allem auf *Junker*, Beweisantragrecht im Strafprozess, 2. Aufl., 2014 (mit vielen Fallbeispielen) sowie auf *Scheffler*, in: HBStrVf, Kapitel VII Rn 322 ff. und auf die eingehende Komm. des § 244 bei KK-*Krehl*, *Meyer-Goßner/Schmitt*, SSW-*StPO/Sättele* und KK-*Julius*, jew. m.w.N.

Siehe auch: → *Auslandszeuge*, Rdn 396; → *Bedingter Beweisantrag*, Rdn 518, mit Antragsmuster, Rdn 528; → *Beweisanregung*, Rdn 828, mit Antragsmuster, Rdn 834; → *Beweisantrag*, Rdn 835, mit Antragsmuster, Rdn 848 m.w.N.; → *Beweisantrag, Formulierung: Augenscheinseinnahme*, Rdn 914, mit Antragsmuster, Rdn 918; → *Beweisantrag, Formulierung: Sachverständigenbeweis*, Rdn 919, mit Antragsmuster, Rdn 926; → *Beweisantrag, Formulierung: Urkundenbeweis*, Rdn 927, mit Antragsmuster, Rdn 936; → *Beweisantrag, Formulierung: Zeugenbeweis*, Rdn 939, mit Antragsmuster, Rdn 950; → *Beweisantrag, Inhalt*, Rdn 951; → *Beweisantrag, Zeitpunkt der Antragstellung*, Rdn 978; → *Beweisantrag, Zurücknahme*, Rdn 987; → *Beweisantrag zur Vorbereitung der Hauptverhandlung*, Rdn 995; → *Beweisermittlungsantrag*, Rdn 1007, mit Antragsmuster, Rdn 1017; → *Beweisverzicht*, Rdn 1146; → *Entlassung von Zeugen und Sachverständigen*, Rdn 1425; → *Erneute*

Beweisantrag, Zeitpunkt der Antragstellung   B

Vernehmung eines Zeugen oder Sachverständigen, Rdn 1476; → *Hilfsbeweisantrag*, Rdn 1708, mit Antragsmuster, Rdn 1719; → *Präsentes Beweismittel*, Rdn 2036, mit Mustern, Rdn 2057 f.; → *Revision, Allgemeines*, Rdn 2211 m.w.N.; → *Sachverständigenbeweis*, Rdn 2436 m.w.N.; → *Schluss der Beweisaufnahme*, Rdn 2473; → *Schriftliche Antragstellung*, Rdn 2476; → *Urkundenbeweis, Allgemeines* Rdn 2721 m.w.N.; → *Verspätete Beweisanträge/Fristsetzung*, Rdn 3179; → *Zeugenvernehmung, Allgemeines*, Rdn 3537 m.w.N.

Beweisantrag, Zeitpunkt der Antragstellung 978

Literaturhinweise: Bandilla/Hassemer, Zur Abhängigkeit strafrichterlicher Beweiswürdigung vom Zeitpunkt der Zeugenvernehmung im Hauptverfahren, StV 1989, 551; **Barton**, Der Zeitpunkt des Beweisantrags unter Berücksichtigung des Inertia-Effektes, StraFo 1993, 11; **Hammerstein**, Kann die Reihenfolge der Beweiserhebung das Urteil beeinflussen?, in: Festschrift für *Rudolf Schmitt*, 1992, S. 323; **Scheffler**, Beweisanträge kurz vor oder während der Verkündung des Strafurteils, MDR 1993, 3; **Schmid**, Der späte Beweisantrag, StraFo 1993, 53; s.a. die Hinw. bei → *Beweisantragsrecht, Allgemeines*, Rdn 971. 979

1. Nach der ausdrücklichen Regelung in § 246 Abs. 1 darf eine Beweiserhebung **nicht** (allein) deshalb **abgelehnt** werden, weil das Beweismittel oder die zu beweisende Tatsache **zu spät** vorgebracht worden ist (dazu BVerfG NJW 2010, 592; aber die Nachw. zur teilweisen a.A. des BGH für die Fälle der „Prozessverschleppung" bei → *Beweisantrag, Ablehnungsgründe*, Rdn 889 ff., und bei → *Verspätete Beweisanträge/Fristsetzung*, Rdn 3179). Das bedeutet: 980

a) Beweisanträge sind bis zum **Beginn** der → *Urteilsverkündung*, Rdn 2761, **zulässig** (st. Rspr.; vgl. zuletzt BGH NStZ 2005, 395; *Meyer-Goßner/Schmitt*, § 244 Rn 33, jew. m.w.N.; *Hamm/Hassemer/Pauly*, Rn 138). Bis dahin ist das Gericht verpflichtet, sie entgegenzunehmen, und zwar auch, wenn es sich um einen sog. Verkündungstermin handelt (BGH, a.a.O.; KG StV 1991, 59). 981

> Lehnt der **Vorsitzende** die Entgegennahme des Beweisantrags **ab**, muss der Verteidiger nach **§ 238 Abs. 2** das Gericht anrufen (BGH NJW 1992, 3182), es sei denn, der Vorsitzende lässt den Verteidiger überhaupt nicht zu Wort kommen (BGH NStZ 1992, 248).

b) Ab Beginn der → *Urteilsverkündung*, Rdn 2761, bis zum Schluss der mündlichen Begründung (BGHSt 25, 333, 335) liegt es im **Ermessen** des **Vorsitzenden**, dem Verteidiger oder dem Angeklagten (noch einmal) das Wort zu erteilen (BGH NStZ 1986, 182). Der Vorsitzende braucht seine ablehnende Entscheidung nicht zu begründen. Es ist allerdings nicht zulässig, den Verteidiger, der nach → *Urteilsberatung*, Rdn 2752, aber vor → *Urteilsverkündung*, Rdn 2761, einen Beweisantrag stellen will, nicht zu Worte kommen zu lassen und ihn dadurch an der Stellung eines Antrags zu hindern. Entsprechendes gilt, 982

| B | Beweisantrag, Zeitpunkt der Antragstellung |

wenn nach Unterbrechung der Verkündung mit dieser erneut und vollständig von vorne begonnen wird, nachdem dem Vorsitzenden zuvor die Stellung eines Beweisantrags angekündigt worden war (BGH, a.a.O.). Eine Ausnahme scheint der BGH dann machen zu wollen, wenn dem Verteidiger zuvor eine Frist zur Stellung von Beweisanträgen gemacht worden ist. Darauf deutet der Hinweis auf die Entscheidung BGH NJW 2005, 2466 hin (vgl. BGH NStZ 2007, 112).

☞ Ob der **Antrag** nach § **238 Abs. 2** für die Revision erforderlich ist, ist zweifelhaft (abl. BGH MDR 1992, 635 [H]; zust. BGH NJW 1992, 3182 [Ls.]; zu allem eingehend *Scheffler* MDR 1993, 3). Wegen der ungeklärten Frage ist zu **empfehlen**, dass der Verteidiger gegen die ablehnende Entscheidung auf jeden Fall das Gericht anruft (→ *Urteilsverkündung*, Rdn 2770 f.).

983 **c)** Wird die → *Urteilsverkündung*, Rdn 2761, zur Entgegennahme eines Beweisantrags **unterbrochen**, liegt allein darin **kein** → *Wiedereintritt in die Beweisaufnahme*, Rdn 3458. Der Vorsitzende kann die Verkündung fortsetzen. Setzt er fort, braucht über den Beweisantrag nicht nach § 244 Abs. 3 – 6 entschieden zu werden (BGH NStZ 1986, 182; 1992, 248). Etwas anderes gilt, wenn zwar mit der Urteilsverkündung schon begonnen worden ist, diese jedoch abgebrochen und der Beweisantrag vor der **vollständig** von **vorne begonnenen** Urteilsverkündung gestellt wird (BGH NStZ 1992, 346 [für Abbruch wegen Fehlens des Dolmetschers]), oder, wenn konkludent dadurch wieder in die Beweisaufnahme eingetreten wird, dass der Beweisantrag verlesen, in der HV erörtert und die Beratung über den Antrag angekündigt wird (BGH NStZ 2005, 395).

984 **2. Hinweis für den Verteidiger!**

Hält der Verteidiger eine Beweiserhebung für notwendig, muss er den **günstigsten Zeitpunkt** für die Stellung des Beweisantrags überlegen. Als **Faustregel** gilt: Der Beweisantrag sollte vor dem → *Schluss der Beweisaufnahme*, Rdn 2473, gestellt werden. Auf einen späteren Zeitpunkt sollte es der Verteidiger grds. nicht ankommen lassen. Vielmehr ist die Beweiserhebung i.d.R. so **frühzeitig**, wie es nach dem Verteidigungsplan möglich ist, zu beantragen. Dadurch werden auch unnötige Diskussionen mit dem Gericht/dem StA vermieden. Auch muss sich der Verteidiger dann nicht den Ablehnungsgrund der „Verschleppungsabsicht" entgegenhalten lassen (vgl. dazu BGH NJW 2005, 2466 und vor allem BGHSt 52, 355). Der Verteidiger vermeidet dadurch auch eine Fristsetzung wegen (vermeintlicher) Prozessverschleppung (→ *Verspätete Beweisanträge/Fristsetzung*, Rdn 3182).

985 Wann nun der **richtige Zeitpunkt** für die Antragstellung ist, lässt sich **nicht allgemein** sagen (s.a. *Barton* StraFo 1993, 11, 18; *Junker*, Rn 143 f.). Für eine im Verlauf der HV späte(re) Antragstellung spricht sicherlich einerseits, dass Gericht und StA sich, wenn sie die Beweisbehauptung, etwa zu einem Alibi, noch nicht kennen, die vorhergehende Beweisauf-

nahme nicht darauf ausrichten können. Andererseits darf aber auch nicht verkannt werden, dass ein (zu) später Entlastungsbeweis gerade das Gegenteil dessen bewirken kann, was mit ihm bezweckt wird, nämlich die Stützung und nicht die Schwächung des Beweises, gegen den er angeboten wird (s. dazu eingehend *Bandilla/Hassemer* StV 1989, 551; *Barton* StraFo 1993, 11; *Malek*, Rn 390; zu taktischen Überlegungen hinsichtlich des Zeitpunkts der Antragstellung a. *Malek*, Rn 388 ff.). Deshalb wird sich i.d.R. eine späte Antragstellung nicht empfehlen (s.a. *Malek*, Rn 391).

☞ Hinzuweisen ist aber ausdrücklich darauf, dass der (späte) **Zeitpunkt** der **Stellung** eines Beweisantrags grds. **nicht zulasten** des Angeklagten verwertet werden darf (BGH NStZ 2002, 161; NStZ-RR 2002, 259 [Be], jew. für Alibibeweisantrag; KK-*Krehl*, § 244 Rn 87). Denn ebenso wie der Angeklagte schweigen und auf den Antritt eines Entlastungsbeweises verzichten darf, darf er den Zeitpunkt der Stellung des Entlastungsbeweises selbst bestimmen (vgl. dazu u.a. BGH NStZ 2009, 705). Der Verteidiger muss allerdings berücksichtigen, dass das Gericht in Rechnung stellen kann, dass der Zeuge sich mit seiner entlastenden Aussage auf den bisherigen Verfahrensverlauf einstellen konnte (BGH, a.a.O. m.w.N.).

3. Nach Aussetzung der HV ist ggf. eine **Wiederholung** des Beweisantrags erforderlich (BayObLG DAR 1964, 242 [Rüth]; → *Aussetzung der Hauptverhandlung, Allgemeines*, Rdn 462 m.w.N.). Das gilt i.d.R. auch, wenn vom Verteidiger ein → *Beweisantrag zur Vorbereitung der Hauptverhandlung*, Rdn 995, gestellt worden ist, aufgrund dessen der Vorsitzende z.B. die → *Ladung von Zeugen*, Rdn 1840, veranlasst hat, die dann jedoch nicht erschienen sind. Wiederholt der Verteidiger diesen Antrag in der HV nicht, kann ggf. angenommen werden, er habe auf die beantragte Beweiserhebung verzichtet (OLG Hamm NJW 1999, 1416 [Ls.]; zu allem a. KK-*Krehl*, § 244 Rn 85 a.E. m.w.N.).

Siehe auch: → *Verspätete Beweisanträge/Fristsetzung*, Rdn 3179.

986

Beweisantrag, Zurücknahme

987

Literaturhinweise: s. die Hinw. bei → *Beweisantragsrecht, Allgemeines*, Rdn 971.

988

1.a) Der Verteidiger **kann** einen von ihm oder dem Angeklagten gestellten Beweisantrag **zurücknehmen**. Die Rücknahme wird nach § 273 Abs. 1 im → *Protokoll der Hauptverhandlung*, Rdn 2092, beurkundet (BGH StV 1983, 319).

989

☞ Ebenso kann das Gericht seinen Beschluss, in dem es einem Beweisantrag **zunächst stattgegeben** hat, später zurücknehmen (OLG Hamm StraFo 2006, 73). Al-

B Beweisantrag, Zurücknahme

lerdings bedarf es dazu eines neuerlichen, nach Anhörung des Beteiligten zu erlassenden und zu begründenden Beschlusses (BGHSt 32, 10).

990 b) Die Rücknahme muss nicht schriftlich erfolgen, der Verteidiger muss sie allerdings **eindeutig** erklären (BGH MDR 1971, 18 [D]). Es kann aber auch eine sog. **schlüssige** Handlung genügen (BGH, a.a.O.; StV 1987, 189; vgl. auch noch BGH NStZ 2009, 649). Eine „schlüssige Rücknahme" ist z.B.

991 **angenommen** worden, wenn

- der Verteidiger auf einen **Antrag nicht** mehr **zurückkommt**, nachdem ein Beweis erhoben worden ist, den er als gleichwertig angesehen hat (BGH MDR 1957, 268 [D]),
- von mehreren **Zeugen**, deren Vernehmung zum selben Beweisthema beantragt war, nur **einige erschienen** sind und diese die Beweistatsache nicht bestätigt haben (*Meyer-Goßner/Schmitt*, § 244 Rn 37),
- (ggf.) ein zur **Vorbereitung** der **HV** gestellter Beweisantrag, der vom Vorsitzenden nicht beschieden worden ist, in der HV **nicht gestellt** wird (OLG München StV 2011, 401 [Ls.]; → *Beweisantrag zur Vorbereitung der Hauptverhandlung*, Rdn 995),
- von mehreren auf Antrag des Verteidigers gem. § 219 vom Gericht **vorsorglich geladenen Zeugen** einer nicht erscheint und der Verteidiger in einem Beweisantrag in der HV, mit der die Erhebung ebenfalls vor der HV schon beantragter Beweise wiederholt wird, **nicht** auch die **Vernehmung** des nicht erschienenen **Zeugen beantragt** (OLG Hamm NJW 1999, 1416 [Ls.]),

> ✍ Der Verteidiger muss i.d.R. immer dann, wenn aufgrund seines Antrags eine **Beweisaufnahme** (zumindest **teilweise**) durchgeführt worden ist, deutlich machen, dass er auch noch auf **Erhebung** der **restlichen**, ggf. von ihm beantragten Beweise **besteht** (s.a. BGH StV 1988, 469 [insoweit nicht in NStZ 1988, 420]; s. wohl a. BGH StraFo 2009, 385 [insoweit nicht in StRR 2009, 341]; zu einem Sonderfall, wenn der Vorsitzende für den Fall des Beharrens auf dem Beweisantrag die Entpflichtung des Verteidigers androht, s. BGH NStZ 1999, 419; OLG Hamm, a.a.O.).

992 **nicht angenommen** worden, wenn

- der Verteidiger erklärt, er stelle **keine weiteren Beweisanträge** mehr (BGH StV 1987, 189 m.w.N.),
- der Verteidiger erklärt, er **verzichte** auf eine weitere Beweisaufnahme (*Meyer-Goßner/Schmitt*, § 244 Rn 37),

- der Verteidiger erklärt, er sei mit dem → *Schluss der Beweisaufnahme*, Rdn 2473, **einverstanden** (BGH NStZ 2003, 562),
- ein **zweiter Beweisantrag** gestellt wird, wenn sich der später gestellte Antrag allein aus der Existenz des ersten (zurückgewiesenen) Beweisantrags erklärt (BGH NStZ 2014, 50).

2. Die Rücknahme eines Beweisantrags ist **nicht mehr möglich**, wenn die **Beweismittel**, auf die sich der Antrag bezog, bereits im Sitzungssaal **präsent** sind. Dann gilt § 245 Abs. 1 S. 2 (→ *Beweisverzicht*, Rdn 1146). 993

3. Ist ein Beweisantrag zurückgenommen worden, kann der Verteidiger diese Erklärung **nicht widerrufen**. Die Zurücknahme hindert aber grds. nicht die **erneute Stellung** des (zurückgenommenen) Beweisantrags (*Meyer-Goßner/Schmitt*, § 244 Rn 37 m.w.N.; s.a. → *Erneute Vernehmung eines Zeugen oder Sachverständigen*, Rdn 1476). Beruht die Rücknahme auf einer Veranlassung durch das Gericht, das z.B. eine bestimmte Entscheidung angekündigt hat, muss das Gericht, wenn es seine Auffassung ändert, einen → *Hinweis auf veränderte Sach-/Rechtslage*, Rdn 1720, erteilen und so die Gelegenheit verschaffen, über ein neuerliches Anbringen des zurückgenommenen Beweisantrags zu entscheiden (BGH NStZ 2006, 55). 994

Siehe auch: → *Beweisantragsrecht, Allgemeines*, Rdn 971 m.w.N.; → *Beweisverzicht*, Rdn 1146.

Beweisantrag zur Vorbereitung der Hauptverhandlung 995

Das Wichtigste in Kürze:

1. Verteidiger und Angeklagter können auf die Herbeischaffung der für die Durchführung der HV erforderlichen Beweismittel Einfluss nehmen, indem sie nach § 219 zur Vorbereitung der HV einen Beweisantrag stellen.
2. Der Verteidiger muss den Antrag i.d.R. als einen förmlichen Beweisantrag stellen.
3. Über den (Beweis-)Antrag zur Vorbereitung der HV entscheidet allein der Vorsitzende, nicht das Gericht.
4. Für seine Entscheidung, ggf. einen Beweisantrag zur Vorbereitung der HV zu stellen, muss der Verteidiger die Vor- und Nachteile eines solchen Antrags gegeneinander abwägen. In der HV muss der Verteidiger einen vor der HV gestellten, vom Vorsitzenden negativ beschiedenen Antrag in der HV wiederholen.

Literaturhinweise: **R. Hamm**, Die Verteidigungsschrift im Verfahren bis zur Hauptverhandlung, StV 1992, 490; **Kretschmer**, Begriff und Bedeutung des Beweisantrages außerhalb der Hauptverhandlung, StraFo 2013, 184; **Quedenfeld**, Beweisantrag und Verteidigung in den Abschnitten des Strafverfahrens bis zum erstinstanzlichen Urteil, in: Festgabe für *Karl Peters*, 1990, S. 215; s.a. die Hinw. bei → *Beweisantrag*, Rdn 835. 996

B Beweisantrag zur Vorbereitung der Hauptverhandlung

997 **1.** Grds. bewirkt gem. § 214 der Vorsitzende die **Herbeischaffung** der für die Durchführung der HV erforderlichen **Beweismittel**, insbesondere also der Zeugen und/oder SV. Darauf können Verteidiger und Angeklagter **Einfluss** nehmen, indem sie nach § 219 zur Vorbereitung der HV einen Beweisantrag stellen; bei diesem Recht handelt es sich um eine wichtige Bestimmung des Beweisrechts (*Kretschmer* StraFo 2013, 184, 188 m.w.N.). Die Antragstellung wird i.d.R. in einer sog. Verteidigungs- oder auch Schutzschrift erfolgen (zur Schutzschrift s. *Burhoff*, EV, Rn 3344; zu verteidigungstaktischen Hinweisen Rdn 1006; zum sonst möglichen Inhalt einer Verteidigungsschrift zur Vorbereitung der HV s. *Schlothauer*, Rn 118 ff.). Bei der Stellung eines solchen Beweisantrags zur → *Vorbereitung der Hauptverhandlung*, Rdn 3370, ist auf Folgendes zu achten (*Hamm/Hassemer/Pauly*, Rn 486 ff.; Alsberg/*Tsambikakis*, Rn 635 ff.):

998 **2.a)** Der Verteidiger muss den Antrag i.d.R. als einen **förmlichen** → *Beweisantrag*, Rdn 835, stellen. D.h., er muss Beweisbehauptung und Beweismittel enthalten und auf die Benutzung des Beweismittels in der HV gerichtet sein (*Meyer-Goßner/Schmitt*, § 219 Rn 1; Alsberg/*Tsambikakis*, Rn 642 f.; *Kretschmer* StraFo 2013, 184, 189). Insoweit gelten die Ausführungen zu → *Beweisantrag*, *Inhalt*, Rdn 951, entsprechend.

> Der Verteidiger muss den Antrag schon deshalb als förmlichen Beweisantrag **formulieren**, weil er nur dann gem. § 219 Abs. 1 S. 2 einen **Anspruch** darauf hat, dass der Vorsitzende ihm seine auf den Antrag ergehende Verfügung bekannt macht. Da dies unabhängig davon gilt, ob dem Antrag stattgegeben wird oder nicht (KG StV 1990, 255) und eine ablehnende Entscheidung unter Berücksichtigung des § 244 Abs. 3, 4 zu begründen ist, bietet ein Beweisantrag zur Vorbereitung der HV eine gute Möglichkeit zu erfahren, wie zumindest der Vorsitzende die vom Verteidiger beantragte Beweiserhebung beurteilt (s.a. u. Rdn 1003).

999 Grds. **zulässig** sind aber auch ein → *bedingter Beweisantrag*, Rdn 518, oder ein → *Hilfsbeweisantrag*, Rdn 1708 (*Meyer-Goßner/Schmitt*, § 219 Rn 1; Alsberg/*Tsambikakis*, Rn 643). Erfolg wird der Verteidiger damit aber nur haben, wenn sich schon in diesem (frühen) Verfahrensstadium beurteilen lässt, ob das Gericht den Eintritt der Bedingung, von der dieser Antrag abhängig gemacht worden ist, für gegeben hält. Schließlich kann der Verteidiger auch eine bloße → *Beweisanregung*, Rdn 828, geben, wenn er z.B. das Beweismittel nicht genau bezeichnen kann (*Schlothauer*, Rn 132).

1000 **b)** Der Verteidiger muss den Antrag **schriftlich** stellen. Er ist an das mit dem Verfahren befasste Gericht/den Vorsitzenden zu richten.

> Der Verteidiger muss den Antrag so **frühzeitig** stellen, dass der Vorsitzende Zeit genug hat, rechtzeitig vor Beginn der HV über den Antrag zu entscheiden und dem Verteidiger seine Entscheidung mitzuteilen (§ 219 Abs. 1 S. 2). Denn dann hat der Ver-

teidiger im Fall der Ablehnung ggf. noch genügend Zeit, von der Möglichkeit der **Selbstladung** von Zeugen und SV nach § 220 Gebrauch zu machen (s. → *Präsentes Beweismittel*, Rdn 2036).

3. Über den (Beweis-) Antrag zur Vorbereitung der HV **entscheidet** allein der **Vorsitzende**, nicht das Gericht. Der Vorsitzende muss über den Antrag entscheiden, er darf die Entscheidung nicht dem Gericht für die HV vorbehalten (BGHSt 1, 286; OLG München StV 2011, 401 [Ls.]; *Meyer-Goßner/Schmitt*, § 219 Rn 2; *Schlothauer*, Rn 127; Alsberg/*Tsambikakis*, Rn 645). Handelt es sich nur um einen → *Beweisermittlungsantrag*, Rdn 1007, braucht der Vorsitzende diesen jedoch nicht zu bescheiden (*Meyer-Goßner/Schmitt*, a.a.O.).

1001

Will der Vorsitzende über den Antrag nicht entscheiden, muss der Verteidiger auf die **Entscheidung** des Vorsitzenden **drängen**. Sieht der Vorsitzende den vom Verteidiger gestellten Antrag nur als → *Beweisermittlungsantrag*, Rdn 1007, an, über den er nicht entscheiden muss (*Meyer-Goßner/Schmitt*, a.a.O.), dürfte er nach den Grundsätzen des „fair-trial" zumindest verpflichtet sein, dem Verteidiger dies **mitzuteilen** (*Kretschmer* StraFo 2013, 184, 189). Dann hat dieser die Möglichkeit, ggf. doch noch einen förmlichen Beweisantrag zu stellen (s. dazu für die HV BGHSt 30, 131, 143; BGH NStZ 1985, 229; *Meyer-Goßner/Schmitt*, § 244 Rn 27; KK-*Krehl*, § 244 Rn 101, jew. m.w.N.; *Hamm/Hassemer/Pauly*, Rn 488).

Gegen die Entscheidung des Vorsitzenden kann der Verteidiger **keine** → *Beschwerde*, Rdn 770, einlegen. Es gilt § 305 S. 1.

Zur **Begründung** seiner Entscheidung kann der Vorsitzende auf die **Ablehnungsgründe** des § 244 zurückgreifen, allerdings mit Ausnahme der sog. Wahrunterstellung, da er das Gericht insoweit nicht binden kann (*Meyer-Goßner/Schmitt*, § 219 Rn 3; Alsberg/*Tsambikakis*, Rn 649 ff.; *Kretschmer* StraFo 2013, 184, 189 f.). Notwendig ist der Verweis auf die Gründe des § 244 aber nicht. Es reicht auch die Begründung, die Beweisaufnahme erscheine entbehrlich (*Meyer-Goßner/Schmitt*, § 219 Rn 4; KK-*Gmel*, § 219 Rn 5, s.a. Rn 6 [an den Kriterien des § 244 ausrichten]; *Hamm/Hassemer/Pauly*, Rn 489; enger offenbar a. *Schlothauer*, Rn 126).

1002

4. Hinweise für den Verteidiger!

a) Für seine **Entscheidung**, ggf. einen Beweisantrag zur → *Vorbereitung der Hauptverhandlung*, Rdn 3370, zu stellen, muss der Verteidiger folgende Umstände **berücksichtigen**:

1003

Vorteile

1004

- Durch die sich aus § 219 Abs. 1 S. 2 ergebende Verpflichtung des Vorsitzenden, dem **Verteidiger** die auf seinen Antrag ergehende Verfügung bekannt zu machen, **erfährt** der Verteidiger, wie – zumindest – der Vorsitzende sein Beweisbegehren beurteilt.

| B | Beweisantrag zur Vorbereitung der Hauptverhandlung |

- Der Verteidiger hat durch die Bescheidung eines rechtzeitig gestellten Antrags die **Möglichkeit**, ggf. von seinem sich aus § 220 ergebenden **Selbstladungsrecht** Gebrauch zu machen (s. → *Präsentes Beweismittel*, Rdn 2036).
- Übersehen darf der Verteidiger ebenfalls nicht, dass häufig der Vorsitzende, auch wenn die Erheblichkeit des beantragten Beweises für ihn nicht ohne Weiteres ersichtlich ist, dem vorbereitend gestellten Beweisantrag **nur vorsorglich** nachkommt, um auf diese Weise einen entsprechenden Beweisantrag in der HV mit der Gefahr der Notwendigkeit der Unterbrechung der HV zu vermeiden. Das gilt insbesondere für Anträge auf Einholung eines SV-Gutachtens, soweit dessen Erstattung nicht vom Verlauf und Ergebnis der HV abhängig ist. Schlägt das Gericht dieses Verfahren ein, gilt § 245 Abs. 1. Die Beweisaufnahme in der HV ist dann – ohne neuen Beweisantrag – auf das vorhandene Beweismittel zu erstrecken.
- Schließlich muss der Vorsitzende, wenn er den Antrag nicht beschieden oder seine Entscheidung dem Verteidiger nicht bekannt gegeben hat, diesen aufgrund seiner **Fürsorgepflicht** in der **HV** fragen, ob er seinen Antrag aufrecht erhält, und ihn ggf. darauf **hinweisen**, dass er seinen Antrag in der HV wiederholen muss (*Meyer-Goßner/Schmitt*, § 219 Rn 5 m.w.N. aus der [älteren] Rspr.; s.a. OLG Hamm NJW 1999, 1416 [Ls.]). Unterlässt er das, kann das die Revision begründen (*Meyer-Goßner/Schmitt*, § 219 Rn 7; zur Verletzung der → *Aufklärungspflicht des Gerichts*, Rdn 329, wenn ein vor der HV gestellter, in der HV aber nicht wiederholter Beweisantrag, übergangen wird, BGH NStZ-RR 2002, 68 [Be]).

1005 Nachteile

- Unvorteilhaft kann es ggf. sein – insbesondere, wenn der Angeklagte sich bislang nicht zur Sache eingelassen hat –, dass der Angeklagte/der Verteidiger durch einen Antrag zur Vorbereitung der HV die **Verteidigungsstrategie** möglicherweise teilweise **offenlegt** bzw. zumindest zeigt, in welche Richtung die Verteidigung gehen soll. In diesen Fällen wird er im Zweifel einen Beweisantrag **nicht stellen**.
- Entsprechendes gilt, wenn der (Beweis-) Antrag von einem erst in der HV zu erwartenden **Ergebnis** einer anderen **Beweiserhebung abhängt**. Auch dann wird sich ein bereits vor der HV gestellter Beweisantrag nicht empfehlen, möglicherweise aber auch gar nicht möglich sein.
- Schließlich wird der Verteidiger den Verlauf der HV auch dann abwarten, wenn er nicht sicher beurteilen kann, ob der von ihm beabsichtigte Antrag zu dem **gewünschten Ergebnis** führen wird. Die Entscheidung über den Antrag muss dann der HV vorbehalten bleiben.

1006 **b) In** der **HV** muss der Verteidiger auf Folgendes achten: Er muss einen vor der HV gestellten, vom Vorsitzenden negativ beschiedenen **Antrag** in der **HV wiederholen** (OLG München StV 2011, 401 [Ls.]), weil er mit der Revision nicht rügen kann, die negative (Allein-) Entscheidung des Vorsitzenden sei rechtsfehlerhaft gewesen (*Schlothauer*, Rn 130; *Junker*, Rn 131; vgl. auch OLG München, a.a.O.; zum Entscheidungsmaßstab Alsberg/*Tsambikakis*, Rn 670 m.w.N.). Entsprechendes gilt, wenn der Vorsitzende auf einen vor der HV gestellten Antrag des Verteidigers gem. § 219 z.B. die Ladung eines **Zeugen** verfügt hat, der dann aber in der HV **nicht erschienen** ist. In diesem Fall ist das Gericht zwar grds. verpflichtet, dessen Vernehmung in der HV herbeizuführen bzw. zumindest zu klären, ob ggf. auf die Vernehmung des nicht erschienenen Zeugen **verzichtet** wird (OLG Hamm NJW 1999, 1416 [Ls.]). Der Verteidiger muss in diesem Zusammenhang aber darauf achten, dass aus seinem Verhalten nicht der Schluss gezogen werden kann, er verzichte nunmehr auf die vor der HV beantragte Beweiserhebung. Deshalb wird er im Zweifel den vor der HV gestellten Beweisantrag in der HV wiederholen (müssen) (OLG München, a.a.O.; s. aber zu einem Sonderfall BGH NStZ 1999, 419; vgl. a. noch zur Auslegung des Schweigens des Verteidigers als Erklärung, Beweisanträge seien erledigt, BGH StraFo 2009, 385 [insoweit nicht in StRR 2009, 341]; → *Beweisverzicht*, Rdn 1146).

Das gilt **insbesondere**, wenn er nun auch noch die Erhebung **anderer Beweise beantragt**. Denn aus der damit ggf. nicht wiederholten früheren Antragstellung kann sonst der Schluss gezogen werden, dass auf die vor der HV beantragte Beweiserhebung nun verzichtet wird (OLG Hamm, a.a.O.).

Siehe auch: → *Beweisantragsrecht, Allgemeines*, Rdn 971 m.w.N.; → *Verlesung von Gutachten allgemein vereidigter Sachverständiger*, Rdn 2968.

Beweisermittlungsantrag   1007

Das Wichtigste in Kürze:
1. Der Beweisermittlungsantrag ist ein „Minus" gegenüber einem Beweisantrag.
2. Für den Beweisermittlungsantrag gilt § 257a, sodass das Gericht dem Verteidiger aufgeben kann, seinen Antrag schriftlich zu stellen.
3. Handelt es sich bei einem (Beweis-) Antrag um einen Beweisermittlungsantrag ist das Gericht grds. nicht verpflichtet, bei Ablehnung des Antrags diesen förmlich – gem. § 244 Abs. 6 mit Begründung – zu bescheiden.
4. Grds. kann der Verteidiger die Zurückweisung oder Nichtbescheidung eines Beweisermittlungsantrags revisionsrechtlich nicht überprüfen lassen.
5. Für die Abwägung, ob und wann der Verteidiger einen Beweisermittlungsantrag stellen soll, muss er die Vor- und Nachteile eines solchen Antrages beachten.

| B | Beweisermittlungsantrag |

1008 **Literaturhinweise: Hadamitzky**, Anträge auf Beweiserhebung in der neueren Rechtsprechung des Bundesgerichtshofes, StraFo 2012, 297; **Herdegen**, Aufklärungspflichten – Beweisantragsrecht – Beweisantrag – Beweisermittlungsantrag, in: Gedächtnisschrift für *Karlheinz Meyer*, 1990, S. 207; **Julius**, Beweis-, Beweisermittlungs- und Verschleppungsantrag im Strafprozeß, MDR 1989, 116; **Knauer**, Anträge auf Beweiserhebungen in der neueren Rechtsprechung des Bundesgerichtshofs, StraFo 2012, 473; **Schulz**, Die prozessuale Behandlung des Beweisermittlungsantrages, GA 1981, 310; *ders.*, Zur Entscheidungskompetenz über Beweisermittlungsanträge, AnwBl. 1983, 429; **Ventzke**, „Warum stellen Sie denn keinen Beweisermittlungsantrag?" oder: Die revisionsrechtliche Aufklärungsrüge – ein beweisantragsrechtliches Problem, StV 2009, 655; s.a. die Hinw. bei → *Beweisantrag*, Rdn 835 und → *Beweisantragsrecht, Allgemeines*, Rdn 971.

1009 **1.a)** Der Beweisermittlungsantrag ist ein „**Minus**" gegenüber einem → *Beweisantrag*, Rdn 835. Ihm fehlt i.d.R. die konkrete Angabe der Beweistatsache oder des Beweismittels. Mit ihm äußert der Verteidiger lediglich den **Wunsch**, dass eine bestimmte **Beweistatsache** (erst noch) ein **Beweismittel ermittelt** wird. Im Wesentlichen geht es um das Auffinden von geeigneten Verteidigungsmitteln (*Meyer-Goßner/Schmitt*, § 244 Rn 25; KK-*Krehl*, § 244 Rn 100; Alsberg/*Dallmeyer*, Rn 194 ff.; zur Abgrenzung von Beweis- und Beweisermittlungsantrag s. BGHSt 39, 251; 40, 3; BGH NJW 1993, 867; StV 2005, 115; BayObLG NJW 1996, 331 [für Antrag auf Vernehmung von 54 Zeugen]; *Hamm/Hassemer/Pauly*, Rn 52 ff.; *Junker*, Rn 52 ff.). In der Praxis werden Beweisermittlungsanträge häufig in Zusammenhang mit den sich aus den §§ 20, 21 StGB ergebenden Fragen gestellt. In der Rspr. wird häufig allerdings auch der „(Beweis-)Antrag", der **nicht** die für das Vorliegen eines ordnungsgemäßen **Beweisantrages erforderlichen Voraussetzungen** erfüllt (→ *Beweisantrag, Inhalt*, Rdn 951), als Beweisermittlungsantrag angesehen (zuletzt für fehlende Konnexität BGH NStZ 2013, 476; 2014, 282; vgl. KK-*Krehl*, § 144 Rn 100; Alsberg/*Dallmeyer*, Rn 194 und die Beispiele bei Rdn 1010). Gemeint ist damit meist, dass bei einem solchen Antrag das Gericht nicht an die Ablehnungsgründe des § 244 gebunden ist (vgl. unten Rdn 1013).

☝ Um einen Beweisermittlungsantrag handelt es sich i.d.R., wenn der Antrag in der Hoffnung, dass die beantragten Nachforschungen zugunsten des Angeklagten sprechende Tatsachen ergeben werden, nur Vermutungen äußert (BGHSt 30, 131). I.d.R. wird bei der **Formulierung** des Antrags das Wort „**ob**" verwendet und meist beantragt zu ermitteln, „ob" eine bestimmte Vermutung zutrifft (vgl. a. *Michalke* StV 1990, 184 ff. in der Anm. zu BGH StV 1990, 149; *Hamm/Hassemer/Pauly*, Rn 58; s.a. BGH NJW 1999, 2683, 2684 [bzgl. eines Antrags, der zur Aufklärung darüber zielte, „ob es sich … überhaupt um Kokain handelte"]).

b) Für einen Beweisermittlungsantrag bzw. die Qualifizierung eines (Beweis-) Antrags als Beweisermittlungsantrag folgende **Rechtsprechungsbeispiele:**

1010 **bejaht**

- genannt wird nur das **Beweisziel** (s. dazu BGH NStZ 2010, 586; 2011, 106; NStZ-RR 2010, 181; BayObLG NJW 1996, 331; OLG Hamm StRR 2009, 242 [Ls.;

insoweit nicht in NJW 2008, 2358]; StRR 2010, 105; für → *Augenscheinseinnahme*, Rdn 348; allgemein → *Beweisantrag, Inhalt*, Rdn 951),
- die nach der Rspr. des BGH für einen **Zeugenbeweisantrag** ggf. erforderlich **Konnexität** ist nicht dargelegt (BGH NStZ 2013, 476; 2014, 282; → *Beweisantrag, Formulierung: Zeugenbeweis*, Rdn 939),
- es wird eine **große Zahl** von Zeugen genannt (BGH NStZ 1983, 219 [Pf/M]; BayObLG, a.a.O.),
- der Antrag wird „**ins Blaue hinein**" gestellt (u.a. BGH NStZ 1999, 312; vgl. aber a. KG StraFo 2015, 208; → *Beweisantrag, Inhalt*, Rdn 951),
- es wird **kein bestimmtes Beweismittel** genannt, wie z.b. bei dem Antrag auf **Beiziehung** von einen Zeugen betreffende (Kranken-) Unterlagen/**Akten** (BGH NStZ 1997, 562; StV 1999, 80; s.a. OLG Köln StV 1999, 82 f. [Antrag auf Vernehmung eines Zeugen, dessen Name offenkundig falsch angegeben wird]),
- der Antrag ist darauf gerichtet, zunächst eine größere Zahl von **Personen festzustellen** und dann zu vernehmen, ohne dass angegeben wird, welche dieser Personen von der zu beweisenden Tatsache Kenntnis hat (BGHSt 40, 3; s. aber BGH StV 1996, 581 [Antrag auf Anfragen bei Registerbehörden, um die Suche nach gleichnamigen Zeugen zu ermöglichen] und OLG Köln StV 2006, 685),
- es wird nur **allgemein** die Fehleranfälligkeit eines Messgerätes **behauptet** (OLG Hamm VRR 2007, 30; Beschl. v. 4.12.2008 – 4 Ss OWi 834/08; vgl. zur Abgrenzung OLG Celle NZV 2009, 575; OLG Hamm NZV 2007, 155).

verneint

- der Antragsteller **vermutet** nur das, was er behauptet (KK-*Krehl*, § 244 Rn 72, 100; OLG Hamburg StV 1999, 81 f.; s.a. vgl. aber a. KG StraFo 2015, 208 u. *Herdegen* NStZ 1998, 447, wonach das Gericht für die Annahme, der Antragsteller behaupte etwas „aufs Geratewohl", die Argumentationslast trägt; → *Beweisantrag, Inhalt*, Rdn 967),
- die Bestätigung der Beweisbehauptung ist nur **unwahrscheinlich** (BGH NStZ 2003, 497),
- wenn Beweisantrag hätte **früher gestellt** werden können (KK-*Krehl*, § 244 Rn 72; → *Beweisantrag, Ablehnungsgründe*, Rdn 889),
- die **Vernehmung** eines in einer vorangegangenen HV tätigen **Richters** wird mit der Behauptung beantragt, ein dort vernommener Zeuge habe eine bestimmte Tatsache nicht bekundet (BGH StV 2005, 115).

2. Für den Beweisermittlungsantrag gilt § 257a, sodass das Gericht dem Verteidiger aufgeben **kann**, seinen **Antrag schriftlich** zu stellen (→ *Schriftliche Antragstellung*, Rdn 2476).

3. Handelt es sich bei einem (Beweis-) Antrag um einen Beweisermittlungsantrag ist das **Gericht** grds. **nicht verpflichtet**, bei Ablehnung des Antrags diesen förmlich – gem.

1011

1012

1013

§ 244 Abs. 6 mit Begründung – zu **bescheiden**. Der Verteidiger erfährt demzufolge meist nicht, ob der Antrag aus einem der in § 244 Abs. 3 und 4 aufgeführten Zurückweisungsgründe abgelehnt worden ist. Das Gericht kann einen Beweisermittlungsantrag auch einfach übergehen (BGH NStZ 2001, 160 [nicht in jedem Fall förmlich zu bescheiden]; 2009, 401), wenn dem nicht die → *Aufklärungspflicht des Gericht*, Rdn 329, entgegensteht (vgl. dazu *Hadamitzky* StraFo 2012, 297, 307 f. m.w.N. aus der Rspr. des BGH).

1014 Rspr. und Lit. gehen jedoch zunehmend davon aus, es als durch die **Fürsorgepflicht** des Gerichts und des Rechts auf rechtliches Gehör geboten anzusehen, dass zumindest der **Vorsitzende** des Gerichts **eröffnet**, ob das Gericht dem Beweisermittlungsantrag stattgeben werde oder warum es davon absehen wolle (BGHSt 30, 131, 143; BGH NStZ 2008, 109; 2009, 401; KK-*Krehl*, § 244 Rn 101; wohl auch *Meyer-Goßner/Schmitt*, § 244 Rn 27, jew. m.w.N.). Ob das durch Beschluss geschehen muss, ist offen (vgl. dazu BGH NStZ 2008, 109; 2009, 401; abl. KK-*Krehl*, a.a.O.).

✍ Gegen eine ablehnende Entscheidung des Vorsitzenden muss der Verteidiger gem. **§ 238 Abs. 2** das **Gericht anrufen** (BGH NStZ 2009, 401), das dann durch Beschluss entscheidet (BGH NStZ 2008, 109; so a. *Meyer-Goßner/Schmitt*, a.a.O. m.w.N.; KK-*Krehl*, a.a.O.). Einen erkennbar als → *Beweisantrag*, Rdn 835, gestellten Antrag darf nicht der Vorsitzende allein, sondern kann nur das Gericht durch Beschluss nach § 244 Abs. 6 zurückweisen (BGH StV 1994, 172; *Hamm/Hassemer/Pauly*, Rn 55).

1015 4. Grds. kann der Verteidiger die Zurückweisung oder Nichtbescheidung eines Beweisermittlungsantrags **revisionsrechtlich** nicht überprüfen lassen. Hatte der Beweisermittlungsantrag allerdings inhaltlich ein Beweisthema von **ausschlaggebender Bedeutung** für das Verfahren, war das Gericht ggf. von sich aus aufgrund der sich aus § 244 Abs. 2 ergebenden → *Aufklärungspflicht des Gerichts*, Rdn 329, zur **Aufklärung** (§ 244 Abs. 2) verpflichtet, ohne dass es darauf ankam, ob ein Beweisantrag oder ein Beweisermittlungsantrag gestellt war (zur revisionsrechtlichen Bedeutung des Beweisermittlungsantrages *Ventzke* StV 2009, 655; *Hadamitzky* StraFo 2012, 297, 307 f.).

✍ Das **Übergehen** eines entscheidungserheblichen Beweisermittlungsantrags kann in der Revision mit der Aufklärungsrüge als **Verletzung** der → *Aufklärungspflicht des Gerichts*, Rdn 340, gerügt werden (vgl. BGH NStZ-RR 2004, 370; *Meyer-Goßner/Schmitt*, § 244 Rn 27 m.w.N.; *Michalke* in der Anm. zu OLG Frankfurt am Main StV 1988, 243 ff.; zur Aufklärungspflicht des Gerichts s.a. BGHSt 40, 3; → *Revision, Begründung, Verfahrensrüge*, Rdn 2345).

Wegen der für diese Revisionsrüge erforderlichen Darlegung, dass die unterlassene Beweiserhebung sich dem Gericht hätte aufdrängen müssen, muss der Verteidiger

darauf achten, dass der Beweisermittlungsantrag nach § 273 Abs. 1 in das →
Protokoll der Hauptverhandlung, Rdn 2092, aufgenommen wird.

5. Hinweis für den Verteidiger!

Für die **Abwägung**, ob und wann der Verteidiger einen Beweisermittlungsantrag stellen soll, gilt Folgendes (s. a. *Hamm/Hassemer/Pauly*, Rn 57):

1016

- Der Verteidiger wird einen **Beweisermittlungsantrag** i.d.R. **immer** dann stellen, wenn er **nicht sicher** ist, dass die Beweiserhebung die von ihm gewünschte und im Antrag bezeichnete Beweistatsache auch wirklich ergibt. Das kann z.B. der Fall sein, wenn in der HV überraschend Erkenntnisquellen auftauchen, die der Verteidiger noch nicht hat überprüfen können. In diesen Fällen wird der Verteidiger einen Beweisermittlungsantrag umso eher stellen, je offensichtlicher ist, dass das Beweisthema für das Verfahren von **ausschlaggebender Bedeutung** ist. Der Verteidiger kann die entsprechende Beweisbehauptung aber auch in die Form eines Beweisantrags kleiden, also sicher behaupten, da das sichere Wissen über die Erweislichkeit der aufgestellten Behauptung keine Voraussetzung für einen Beweisantrag ist (→ *Beweisantrag*, Rdn 841).
- Eine andere Frage ist die, ob es zweckmäßig ist, nach **Zurückweisung** eines Beweisermittlungsantrags diesen in der Form eines Beweisantrags (**erneut**) zu **stellen**. Die Antwort wird letztlich von den Umständen des Einzelfalls abhängen. Wenn der Verteidiger jedoch erkennbar lediglich die Formulierung seines Antrags umstellt, muss er mit Fragen des Gerichts rechnen, aufgrund welcher Anhaltspunkte sich sein ursprüngliches Ermittlungsersuchen nun in eine bestimmte Tatsachenbehauptung verwandelt hat (Beck-*Michalke*, S. 550). Insoweit gelten die Ausführungen bei → *Beweisantrag*, Rdn 844, entsprechend.

6. Muster: Beweisermittlungsantrag

1017

▼

An das

Amtsgericht/Landgericht Musterstadt

In der Strafsache

gegen H. Mustermann

Az.:

wird beantragt,

B   Beweisverwertungsverbote

zur weiteren Aufklärung des Sachverhalts eine Auskunft des Wetteramtes Essen darüber einzuholen, ob am 15.10.2015 gegen 16.30 Uhr schauerartige Regenfälle auf der BAB A 43 im Bereich des Autobahnkreuzes Recklinghausen niedergegangen sind.

Begründung:

Für den gegenüber dem Angeklagten erhobenen Vorwurf der fahrlässigen Körperverletzung infolge einer den Straßenverhältnissen nicht angepassten Geschwindigkeit kommt es entscheidend darauf an, ob es am Tattag zur Tatzeit am Unfallort nur genieselt hat oder ob schauerartige Regenfälle niedergegangen sind. Diese Frage kann durch eine Auskunft des Wetteramtes Essen, das für den fraglichen Bereich zuständig ist, geklärt werden.

Rechtsanwalt

Siehe auch: → *Beweisanregung*, Rdn 828; → *Beweisantragsrecht, Allgemeines*, Rdn 971 m.w.N.

1018 Beweisverwertungsverbote

> **Das Wichtigste in Kürze:**
> 1. Mit zu den schwierigsten Fragen des Beweisrechts zählen die mit den sog. Beweisverwertungsverboten zusammenhängenden Probleme.
> 2. Von erheblicher praktischer Bedeutung ist die Frage, ob der Angeklagte oder ein Zeuge, wenn er im EV bereits vernommen worden ist und Angaben gemacht hat, ordnungsgemäß i.S.d. §§ 136, 163a Abs. 3 und 4 belehrt und seinem Verteidiger ausreichend Anwesenheit gewährt wurde.
> 3. Bei der Vorbereitung von Zeugenvernehmungen muss der Verteidiger zunächst immer prüfen, ob zur Zeugnisverweigerung berechtigte Zeugen, die bereits im EV vernommen worden sind, über das ihnen zustehende, sich aus den §§ 52 ff. ergebende Zeugnisverweigerungsrecht belehrt worden sind (§§ 161a Abs. 1, 163 Abs. 3).
> 4. Bei anderen Beweismitteln muss der Verteidiger (auch) prüfen, ob diese ggf. unter Verstoß gegen Grundrechte gewonnen wurden und deshalb unverwertbar sind.
> 5. ABC möglicher Beweisverwertungsverbote.

1019   **Literaturhinweise: Ambos,** Die transnationale Verwertung von Folterbeweisen, StV 2009, 151; *ders.,* Transnationale Beweiserlangung – 10 Thesen zum Grünbuch der EU-Kommission „Erlangung verwertbarer Beweise in Strafsachen aus einem anderen Mitgliedstaat", ZIS 2010, 557; **Amelung,** Probleme der Einwilligung in strafprozessuale Grundrechtsbeeinträchtigungen, StV 1985, 257; *ders.,* Informationsbeherrschungsrechte im Strafprozeß, 1990; *ders.,* Die zweite Tagebuchentscheidung des BVerfG, NJW 1990, 1753; *ders.,* Subjektive Rechte in der Lehre von den strafprozessualen Beweisverboten, in: Festschrift für *Günter Bemmann*, 1997, S. 505; *ders.,* Die Verwertbarkeit rechtswidrig gewonnener Beweismittel zugunsten des Angeklagten und deren Grenzen,

StraFo 1999, 181; *ders.*, Prinzipien der strafprozessualen Verwertungsverbote, in: Gedächtnisschrift für *Ellen Schlüchter*, 2002; S. 417; **Artkämper**, Das Recht zur Verteidigerkonsultation, NJ 1998, 246; *ders.*, Fehlerquellen der Beschuldigtenvernehmung – Zur kontra produktiven Wirkung unterbliebener oder fehlerhafter Beschuldigtenvernehmungen, Krim 1996, 393; *ders.*, Das Recht zur Verteidigerkonsultation, NJ 1998, 246; *ders.*, Polizeiliche Vernehmungen, Krim 1998, 572; *ders.*, Belehrung und Vernehmung von Beschuldigten, Krim 2007, 517; *ders.*, Form, Dokumentation und Beweisrecht – Revolution des Freibeweisverfahrens durch das Bundesverfassungsgericht?, StRR 2012, 164; **Arzt**, Verbunddateien des Bundeskriminalamts – Zeitgerechte Flurbereinigung, NJW 2011, 351; **Bachmaier**, Dash-Cam & Co. – Beweismittel der ZPO?, DAR 2014, 15; **Bärlein/Pananis/ Rehmsmeier**, Spannungsverhältnis zwischen Aussagefreiheit im Strafverfahren und den Mitwirkungspflichten im Verwaltungsverfahren, NJW 2002, 1825; **Balzer/Nugel**, Minikameras im Straßenverkehr – Datenschutzrechtliche Grenzen und zivilprozessuale Verwertbarkeit der Videoaufnahme, NJW 2014, 1622; **Basdorf**, Formelle und informelle Präklusion im Strafverfahren – Mitwirkungspflichten und gesteigerte Verantwortung des Verteidigers, StV 1997, 488; *ders.*, Der Verteidiger als Garant der Einhaltung von strafprozessualen Verfahrensregeln?, StV 2010, 414; **Bauer**, Ist die Kritik an der „Rechtskreistheorie" (methodisch) noch zu halten? Ein Plädoyer für die Rechtskreistheorie – zugleich eine Erwiderung auf *Hauf*, NStZ 1993, 457, NJW 1994, 2530; **Beckemper**, Nemo tenetur-Grundsatz im Steuerstrafrecht Verwertbarkeit einer gescheiterten Selbstanzeige?, ZIS 2012, 221; **Bender/Bister**, Rechtsgrundlagen der Mauterhebung und die rechtlichen Konsequenzen bei Mautverstößen, DAR, 2006, 361; **Bernsmann**, Verwertungsverbot bei fehlender und mangelhafter Belehrung, StraFo 1998, 73; **Bernstein**, Zur Rechtsnatur von Geschwindigkeitskontrollen, NZV 1999, 316; **Beulke**, Muß die Polizei dem Beschuldigten vor der Vernehmung „Erste Hilfe" bei der Verteidigerkonsultation leisten?, NStZ 1996, 257; **Bienert**, Private Ermittlungen und ihre Bedeutung auf dem Gebiet der Beweisverwertungsverbote, 1997; **Binder/Seemann**, Die zwangsweise Verabreichung von Brechmitteln zur Beweissicherung, NStZ 2002, 234; **Bittmann/Molkenbür**, Private Ermittlungen, arbeitsrechtliche Aussagepflicht und strafprozessuales Schweigerecht, wistra 2009, 373; **Bockemühl**, Private Ermittlungen im Strafprozeß. Ein Beitrag zu der Lehre von den Beweisverboten, 1996; *ders.*, Meistbegünstigung bei „kontaminierten" Beweismitteln, in: Schriftenreihe der Strafverteidigervereinigungen, 23. Strafverteidigertag Bremen 1999, 50 Jahre Grundgesetz, S. 161; **Böse**, Der Sinneswandel des Zeugen nach freiwilliger Übergabe von Beweismaterial als Auslöser eines Verwertungsverbots nach § 252 StPO?, GA 2014, 266; **Buermeyer/Bäcker**, Zur Rechtswidrigkeit der Quellen-Telekommunikationsüberwachung auf Grundlage des § 100a StPO, HRRS 2009, 433; **Brenner**, Aktuelle verfassungsrechtliche Probleme im Verkehrsrecht, DAR 2014, 619; **Brüning**, Die Rechtsfolgen eines Verstoßes gegen den Richtervorbehalt, HRRS 2007, 250; **Brunhöber**, Privatisierung des Ermittlungsverfahrens im Strafprozess, GA 2010, 579; *dies.*, Für ein Grundrecht auf ein faires Verfahren in der strafprozessualen Praxis, ZIS 2010, 761; **Bruns**, Liechtenstein oder das Beweisverwertungsverbot, StraFo 2008, 189; **Brüssow**, Beweisverwertungsverbot in Verkehrsstrafsachen, StraFo 1998, 294; **Burhoff**, Fehlende/falsche Belehrung führt zum Beweisverwertungsverbot, PStR 2003, 132; *ders.*, Praktische Fragen der „Widerspruchslösung", StraFo 2003, 267; *ders.*, Strafverfahrensrechtliche Beweisverwertungsverbote und ihre praktische Bewältigung, ZAP F. 22, S. 377; **Busemann**, Strafprozess ohne Grenzen? Freie Verkehrsfähigkeit von Beweisen statt Garantien für das Strafverfahren?, ZIS 2010, 552; **Callewaert**, Der Beitritt der EU zur EMRK: Eine Schicksalsfrage für den europäischen Grundrechtsschutz, StV 2014, 504; **Cierniak/Herb**, Pflicht zur Belehrung über die Freiwilligkeit der Teilnahme an einer Atemalkoholmessung? NZV 2012, 409; **Conen**, Zur Disziplinierung der Strafverfolgungsorgane durch Beweisverwertungsverbote, in: Festschrift für *Ulrich Eisenberg*, 2009, S. 84; **Cramer**, Strafprozessuale Verwertbarkeit ärztlicher Gutachten aus anderen Verfahren, NStZ 1996, 209; **Dallmeyer**, Beweisführung im Strengbeweisverfahren, 2002; *ders.*, Wiedergeburt der „Funktionstüchtigkeit der Strafrechtspflege"?, HRRS 2009, 429 **Dehne-Niemann**, „Nie sollst du mich befragen" – Zur Behandlung des Rechts zur Konfrontation mitbeschuldigter Belastungszeugen (Art. 6 Abs. 3 lit. d EMRK) durch den BGH, HRRS 2010, 189; **de Lind van Wijngaarden/Egler**, Der Beschlagnahmeschutz als unternehmensinternen Untersuchungen, NJW 2013, 3549; **Dencker**, Verwertungsverbote im Strafprozeß, 1977; *ders.*, Über Heimlichkeit, Offenheit und Täuschung bei der Beweisgewinnung im Strafverfahren, StV 1994, 667; *ders.*, Verwertungsverbote und Verwendungsverbote im Strafprozeß, in: Festschrift für *Lutz Meyer-Goßner/Schmitt*, 2001, S. 237; **Dingeldey**, Der Schutz der strafprozessualen Aussagefreiheit durch Verwertungsverbote bei außer-

B Beweisverwertungsverbote

strafrechtlichen Aussage- und Mitwirkungspflichten, NStZ 1984, 529; **Dittrich**, Der große Lauschangriff – diesseits und jenseits der Verfassung, NStZ 1998, 336; **Diversy**, Eigene Angaben des Insolvenzschuldners gegenüber dem Insolvenzgericht als Erkenntnisquelle der Staatsanwaltschaft?, ZInsO 2005, 180; **Du Bosis-Pedain**, Artikel 6 Abs. 3 lit. d EMRK und der nicht verfügbare Zeuge: Weist der modifizierte Lucà-Test den Weg aus der Sackgasse?, HRRS 2012, 120; **Durst**, Aspekte der Verteidigung in Sachen Liechtenstein, PStR 2008, 134; **Eisele**, Die Berücksichtigung der Beschuldigtenrechte der EMRK im deutschen Strafprozess aus dem Blickwinkel des Revisionsrechts, JR 2004, 12; **Eisenberg**, Urteilsaufhebung bei Nichtrespektierung des Wunsches zur Verteidigerkonsultation, StV 2013, 779; **Esser**, Europäische Vorgaben für die amtliche Lebensmittelüberwachung – Auf dem Weg zu einem europäischen Beweisverwertungsverbot?, StV 2004, 221; **Finger**, Prozessuale Beweisverbote – Eine Darstellung ausgewählter Fallgruppen, JA 2006, 529; **Freund**, Zulässigkeit, Verwendbarkeit und Beweiswert eines heimlichen Stimmenvergleichs – BGHSt 40, 66, JuS 1995, 394; **Füllkrug**, Unzulässige Vorteilszusicherung als verbotene Vernehmungsmethode – zugleich ein Beitrag zur Fernwirkung von Beweisverwertungsverboten, MDR 1989, 119; **Gaede**, Das Verbot der Umgehung der EMRK durch den Einsatz von Privatpersonen bei der Strafverfolgung, StV 2004, 46; *ders.*, Deutscher Brechmitteleinsatz menschenrechtswidrig: Begründungsgang und Konsequenzen der Grundsatzentscheidung des EGMR im Fall *Jalloh*, HRRS 2006, 241; *ders.*, Beweisverbote zur Wahrung des fairen Strafverfahrens in der Rechtsprechung des EGMR insbesondere bei verdeckten Ermittlungen – Meinungsstand und Perspektiven nach dem neuen leading case *Bykov* vs. Russland unter Berücksichtigung des § 136a StPO, JR 2009, 493; **Gaede**, Vorbeugende Rügepräklusionen gegen vermuteten Revisionsmissbrauch, wistra 201, 210; **Gerke**, Die Kumulation strafprozessualer Beweisgewinnungsmaßnahmen, in: Festschrift für *Volkmar Mehle*, zum 65. Geburtstag, 2009, S. 219; **Gärditz**, Der Strafprozeß unter dem Einfluß europäischer Richtlinien, wistra 1999, 293; **Gatzweiler**, Zur Frage der Wirksamkeit und Durchsetzbarkeit strafprozessualer Beweisverwertungsverbote – dargestellt an Beispielen aus dem Insolvenz- und Steuerrecht, in: Festschrift 25 Jahre AG Strafrecht, 2009, S. 480; **Geppert**, Zur Belehrung eines Beschuldigten über sein Recht zur Konsultation eines Verteidigers, in: Festschrift für *Harro Otto*, 2007, S. 913; **Gerst**, Unternehmensinteresse und Beschuldigtenrechte bei Internal Ivestigations – Problemskizze und praktische Lösungsweg, CCZ 2012, 1; **Gleß**, Zur Verwertung von Erkenntnissen aus verdeckten Ermittlungen im Ausland im inländischen Strafverfahren, NStZ 2000, 57; *dies.*, Grenzüberschreitende Beweissammlung, ZStW 125, 573; **Gleß/Eymann**, „Nachträgliches Verwertungsverbot" und internationale Beweisrechtshilfe, StV 2008, 318; **Gless/Peters**, Verwertungsverbot bei Verletzung der Pflicht zur Belehrung nach Art. 36 WÜK?, StV 2011, 369; **Godenzi**, Private Beweisbeschaffung im Strafprozess, 2008; **Göres/Kleinert**, Die Liechtensteinische Finanzaffäre – Steuer- und steuerstrafrechtliche Konsequenzen, NJW 2008, 1353; **Gössel**, Kritische Anmerkungen zum gegenwärtigen Stand der Lehre von den Beweisverboten im Strafverfahren, NJW 1981, 649; *ders.*, Überlegungen zu einer Beweisverbotslehre, NJW 1981, 2247; *ders.*, Die Beweisverbote im Strafverfahrensrecht der Bundesrepublik Deutschland, GA 1991, 483; **Graf von Schlieffen**, Neues von der Widerspruchslösung, in: Festschrift 25 Jahre AG Strafrecht, 2009, S. 801; **Greco/Caracas**, Internal investigations und Selbstbelastungsfreiheit, NStZ 2015, 7; **Grüner**, Die zwangsweise Vergabe von Brechmitteln – OLG Frankfurt a.M., NJW 1997, 1647 ff., JuS 1999, 122; **Greger**, Kamera on board – Zur Zulässigkeit des Video-Beweises im Verkehrsunfallprozess, NZV 2015, 114; **Grünwald**, Beweisverbote und Verwertungsverbote im Strafverfahren, JZ 1966, 497; *ders.*, Das Beweisrecht der Strafprozeßordnung, 1993; **Güntge**, Beweisverwertungsverbote zu Ungunsten eines (Mit-)Angeklagten?, StV 2005, 403; **Haffke**, Schweigepflicht, Verfahrensrevision und Beweisverwertung, GA 1973, 65; **R. Hamm**, Verwertung rechtswidriger Ermittlungen – nur zugunsten des Beschuldigten?, StraFo 1998, 361; *ders.*, Monokeltest und Menschenwürde, NJW 1999, 922; *ders.*, Der Verteidiger als Garant der Einhaltung von strafprozessualen Verfahrensregeln?, StV 2010, 418; **Harris**, Verwertungsverbot für mittelbar erlangte Beweismittel: Die Fernwirkungsdoktrin in der Rechtsprechung im deutschen und amerikanischen Recht, StV 1991, 313; **Hauf**, Der neue Streit um die Rechtskreistheorie, wistra 1995, 53; **Haurand/Vahle**, Rechtliche Aspekte der Gefahrenabwehr in Entführungsfällen, NVwZ 2003, 513; **Hecker**, Verwertungsverbot infolge unterlassener Betroffenenbelehrung, NJW 1997, 1833; **Heerspink**, Zum Konflikt zwischen der steuerlichen Mitteilungspflicht nach § 4 Abs. 5 Nr. 10 EStG und dem Nemotenetur-Prinzip, wistra 2001, 441; **Hefendehl**, Beweisermittlungs- und Beweisverwertungsverbote bei Auskunfts- und Mitwirkungspflichten – das sog. Verwendungsverbot nach § 97 Abs. 1 S. 3 InsO,

468

wistra 2003, 1; **D. Heine**, Zur Verwertbarkeit von Aussagen im Ausland möglicherweise gefolterter Zeugen, NStZ 2013, 680; **D. Herrmann**, Selbstbelastungsfreiheit im Strafverfahren und die Verpflichtung des Arztes zu wahrheitsgemäßen Angaben gegenüber der Haftpflichtversicherung, ZMGR 2011, 268; **Hornmann**, Die Verfolgung von Ordnungswidrigkeiten durch Private ist unzulässig – auch in Hessen, DAR 1999, 158; **Ignor**, Plädoyer für die Widerspruchlösung, in: Festschrift für *Peter Rieß*, 2002, S. 185; **Jäger**, Beweisverwertung und Beweisverwertungsverbote im Strafprozeß, 2003; *ders.*, Das Verbot der Folter als Ausdruck der Würde des Staates, in: Festschrift für *Rolf Dietrich Herzberg*, 2008, S. 539; **Jahn**, Ermittlungen in Sachen Siemens/SEC, StV 2009, 41; *ders.*, Grundfragen und aktuelle Probleme der Beweisverwertung im Straf- und Steuerstrafverfahren. Zugleich ein Beitrag zur Fortentwicklung der Beweisbefugnislehre nach dem „Fall Liechtenstein", in: Festschrift für *Heinz Stöckel* zum 70. Geburtstag, 2010; S. 259; *ders.*, Strafverfolgung um jeden Preis? Die Verwertbarkeit rechtswidrig erlangter Beweismittel, StraFo 2011, 117; **Jahn/Dallmeyer**, Zum heutigen Stand der beweisrechtlichen Berücksichtigung hypothetischer Ermittlungsverläufe im deutschen Strafverfahrensrecht, NStZ 2005, 297; **Jarke**, Das Verwertungsverbot des § 393 Abs. 2 S. 1 AO – Eine kritische Anmerkung zum Beschluß des BayObLG vom 6.8.1996, wistra 1997, 325; **Jope**, Die Liechtensteiner Stiftung aus steuerlicher und steuerstrafrechtlicher Sicht, StRR 2008, 124; **Junker**, Liechtenstein-Steueraffäre – ist die Daten-DVD im Strafverfahren verwertbar?, StRR 2008, 129; **Kaiser**, Zulässigkeit des Ankaufs deliktisch erlangter Steuerdaten, NStZ 2011, 383; **Kasiske**, Beweisverwertungsverbot bei Unterbleiben einer „qualifizierten" Belehrung, ZIS 2009, 319; *ders.*, Die Selbstbelastungsfreiheit bei verdeckten Befragungen des Beschuldigten, StV 2014, 423; **Keiser**, Die Anwendung des „nemotenetur-Grundsatzes" auf das Prozessverhalten des Angeklagten, StV 2000, 633; **Keller**, Zur strafprozessualen Verwertbarkeit von im Ausland abgelegten Geständnissen, in: Festschrift für *Gerhard Fezer*, 2008, S. 227; **Kelnhofer**, Hypothetische Ermittlungsverläufe im System der Beweisverbote, 1994; **Kelnhofer/Krug**, Der Fall LGT Liechtenstein – Beweisführung mit Material aus Straftaten im Auftrag des ausländischen Fiskus, StV 2008, 660; *dies.*, Zur Verwertbarkeit privat-deliktisch beschaffter Bankdaten – Ein Kommentar zur causa „*Kieber*", NStZ 2008, 241; **Klann**, Aktualisierung: Zur Zulässigkeit der Verwendung privater Verkehrsüberwachungskameras – Dashcams – zu Beweiszwecken, DAR 2014, 451; **Knauer/Buhlmann**, Unternehmensinterne (Vor-)Ermittlungen – was bleibt von nemo-tenetur und fair trial?, AnwBl. 2010, 387; **Kölbel**, Geständnisverwertung bei missglückter Absprache, NStZ 2003, 232; **König/Harrendorf**, Im Spannungsfeld zwischen Rechtsstaat und Kriminalitätsbekämpfung – Überlegungen zum Thema der strafrechtlichen Abteilung des 67. Deutschen Juristentages, AnwBl. 2008, 566; **Kramer**, Heimliche Tonbandaufnahmen im Strafprozeß, NJW 1990, 1760; **Krekeler**, Beweisverwertungsverbote bei fehlerhaften Durchsuchungen, NStZ 1993, 265; **Kretschmer**, Die Verwertung sogenannter Zufallsfunde bei der strafprozessualen Telefonüberwachung, StV 1999, 221; *ders.*, Schutz vor staatlich veranlasstem Zwang und inszenierter Täuschung, HRRS 2010, 343; **Krey**, Der Große Lauschangriff im Strafprozess- und Polizeirecht nach dem Urteil des Bundesverfassungsgerichts vom 3.3.2004, in: Festschrift für *Hans-Dieter Schwind*, 2006, S. 725; **Kühne**, Telefonüberwachung von Rechtsanwälten, StV 1998, 683; **Kunkel**, Justiz- und Sozialdatenschutz, StV 2000, 531; **Küpper**, Tagebücher, Tonbänder, Telefonate, JZ 1990, 416; **Landau/Sander**, Ermittlungsrichterliche Entscheidungen und ihre Revisibilität, StraFo 1998, 397; **Lesch**, „Hörfalle" und kein Ende – Zur Verwertbarkeit von selbstbelastenden Angaben des Beschuldigten in der Untersuchungshaft, GA 2000, 355; **Löffelmann**, Die Lehre von den Verwertungsverboten oder die Freude am Hindernislauf auf Umwegen, JR 2009, 10; **Lucke**, Das Beweisverwertungsverbot von Verfassungs wegen, HRRS 2011, 527; **Maatz**, Forensische Verwertbarkeit und Konsequenzen aus der AAK-Entscheidung des BGH, BA 2002, 21; **Marberth-Kubicki**, Internet und Strafrecht, StraFo 2002, 277; **Marx**, Das Geldwäschegesetz als „Einfallstor" der Steuerfahndung, PStR 1999, 16; **Mayer**, Das Verwendungsverbot gem. § 97 Abs. 1 Satz 3 InsO, StRR 2015, 124; **Meinicke**, Aktuelle strafprozessuale Folgefragen des „Vorratsdatenurteils" des BVerfG, HRRS 2011, 398; **Meurer**, Dogmatik und Pragmatismus – Marksteine der Rechtsprechung des BGH in Strafsachen, NJW 2000, 2936; **F. Meyer**, Rechtsstaat und Terrorlisten – Kaltstellung ohne Rechtsschutz?, StRR 2010, 124; *ders.*, Die „sole or decisive"-Regel zur Würdigung nicht konfrontierter Zeugenaussagen – ist die decision anymore besprechung zum Urteil EGMR HRRS 2012 Nr. 1 (*Al-Khawaja* and *Tahery* vs. UK), HRRS 2012, 117; **Meyer-Mews**, Beweisverwertungsverbote im Strafverfahren, Teil 1: JuS 2004, 39, Teil 2: JuS 2004, 126, Teil 3: JuS 2004, 208; **Michalke**, Die Verwertbarkeit von Erkenntnissen der Eigenüberwachung zu Beweiszwecken im Straf- und Ordnungswidrigkei-

B Beweisverwertungsverbote

tenverfahren, NJW 1990, 417; **Mitsch**, Strafprozessuale Beweisverbote im Spannungsfeld zwischen Jurisprudenz und realer Gefahr, NJW 2008, 2295; **Mosbacher**, Verwertungsverbot bei Durchsuchungsanordnung des Staatsanwaltes, NJW 2007, 3686; *ders.*, Zur Zukunft der Widerspruchslösung – Der Widerspruch als Zwischenrechtsbehelf – in: Festschrift für *Ruth Rissing van Saan* zum 65. Geburtstag, S. 357; **Müller/Trurnit**, Eilzuständigkeiten der Staatsanwaltschaft und des Polizeivollzugsdienstes in der StPO, StraFo 2008, 144; **Nack**, Verwertung rechtswidriger Ermittlungen nur zugunsten des Beschuldigten?, StraFo 1998, 366; **Nagler**, Verteidigung gegen im Ausland gewonnene Ermittlungsergebnisse, StV 2014, 324; **Neuhaus**, Zur Fernwirkung von Beweisverwertungsverboten, NJW 1990, 1221; *ders.*, Wider den rein formalen Vernehmungsbegriff, Krim 1995, 787; *ders.*, Zur Notwendigkeit der qualifizierten Beschuldigtenvernehmung – zugleich Anmerkung zu LG Dortmund NStZ 1997, 356, NStZ 1997, 312; *ders.*, Das Beweisverwertungsverbot des § 393 Abs. 2 AO und seine praktische Bewältigung in der Hauptverhandlung erster Instanz, ZAP F. 22, S. 323; *ders.*, Das Beweisverwertungsverbot des § 393 Abs. 2 AO und seine praktische Bewältigung in der Rechtsmittelinstanz, ZAP F. 22, S. 339; *ders.*, Ungeschriebene Belehrungspflichten im Rahmen des § 136 Abs. 1 S. 2 StpO und die Folgen ihrer Verletzung, StV 2010, 45; **Nobis**, Beweisverwertungsverbot bei Weitergabe eines Lichtbildes durch die Meldebehörde, DAR 2002, 299; **Nugel**, Update zur Verwertbarkeit von Filmaufnahmen aus Dash-Cams im Zivilprozess, VRR 2/15, 4; **Otto**, Die strafprozessuale Verwertbarkeit von Beweismitteln, die durch Eingriff in Rechte anderer von Privaten erlangt wurden, in: Festschrift für *Theodor Kleinknecht*, 1985, S. 319; **Ostendorf**, Gekaufte Strafverfolgung Die Strafbarkeit des Erwerbs von „geklauten" Steuerdaten und ihre Beweisverwertung, ZIS 2010, 301; **Paul**, Unselbstständige Beweisverwertungsverbote in der Rechtsprechung, NStZ 2013, 489; **Paulus/Müller**, Konsularische Information von deutschen Gerichten – Never Ending Story oder Happy End?, StV 2009, 495; **Pelz**, Beweisverwertungsverbote und hypothetische Ermittlungsverläufe, 1993; **Peres**, Strafprozessuale Beweisverbote und Beweisverwertungsverbote, 1991; **Prittwitz**, Zur Verwertbarkeit zufällig aufgezeichneter Raum- und Hintergrundgespräche, StV 2009, 437; **Püschel**, Das Verwendungsverbot des § 97 Abs. 1 S. 3 InsO und seine Folgen für die Verteidigung im Insolvenzstrafverfahren, in: Festschrift 25 Jahre AG Strafrecht, 2009, S. 759; **Ranft**, Schutz der Zeugnisverweigerungsrechte bei Äußerungen außerhalb eines anhängigen Strafverfahrens, StV 2000, 520; **Ransiek**, Belehrung über Aussagefreiheit und Recht der Verteidigerkonsultation: Folgerungen für die Beschuldigtenvernehmung, StV 1994, 343; *ders.*, Durchsuchung, Beschlagnahme und Verwertungsverbot, StV 2002, 565; **Rebehn**, Abhören, Mitlesen, Lauschen, Spähen Der Schutz von Anwälten vor staatlicher Ausforschung bleibt lückenhaft – nach der Reform ist vor der Reform. AnwBl. 2011, 261; **Raum**, Die Verwertung unternehmensinterner Ermittlungen, StraFo 2012, 395; **Rengier**, Grund und Grenzen der „qualifizierten" Belehrung im Strafprozess, in: Festschrift für *Klaus Geppert*, 2011, S. 519; **Reichert-Hammer**, Zur Fernwirkung von Beweisverwertungsverboten (§ 136a StPO) – BGHSt 34, 362, JuS 1989, 446; **Reichling**, Das Verwendungsverbot aus § 393 Abs. 2 S. 1 AO, HRRS 2014, 473; **Reineke**, Die Fernwirkung von Beweisverwertungsverboten, 1990; **Rogall**, Gegenwärtiger Stand und Entwicklungstendenzen der Lehre von den strafprozessualen Beweisverboten, ZStW 1979, 1 (Band 91); *ders.*, Hypothetische Ermittlungsverläufe im Strafprozeß, NStZ 1988, 383; *ders.*, Über die Folgen der rechtswidrigen Beschaffung des Zeugenbeweises im Strafprozeß, JZ 1996, 944; *ders.*, Beschuldigtenstatus und qualifizierte Belehrung – zugleich eine Besprechung von BGH 1 StR 3/07, JR 2008, 16; *ders.*, Beweiserhebungs- und Beweisverwertungsverbote im Spannungsfeld zwischen den Garantien des Rechtsstaates und der effektiven Bekämpfung von Kriminalität und Terrorismus, JZ 2008, 818; **Rolletschke**, Die Abgabe einer unrichtigen Umsatzsteuererklärung und das nemotenetur-Prinzip, wistra 2004, 246; **Roth**, Ankauf von Daten-CDs – eine Zwischenbilanz, Stbg 2013, 29; **Rothfuß**, Heimliche Beweisgewinnung unter Einbeziehung des Beschuldigten, StraFo 1998, 289; **Roxin**, Zum Beweisverwertungsverbot bei bewusster Missachtung des Richtervorbehalts nach § 105 I 1 StPO, NStZ 2007, 616; *ders.*, Aushorchungen in der Untersuchungshaft als Überführungsmittel, in: Festschrift für *Klaus Geppert*, 2011, S. 549; **Roxin/Schäfer/Widmaier**, Die Mühlenteichtheorie, StV 2006, 655; *dies.*, Die Mühlenteichtheorie. Überlegungen zur Ambivalenz von Beweisverwertungsverboten, in: Festschrift BRAK, 2006, S. 435; **Rütters**, Behördliche Mitteilungen nach § 31a AO und Freiheit vom Zwang zur Selbstbelastung, wistra 2014, 389; **Salditt**, Liechtenstein: Fragen und Argumente, PStR 2008, 84; **Samson/Langrock**, „Pecunia non olet"? – Staatlicher Ankauf von entwendeten Daten deutscher Steuerhinterzieher, wistra 2010, 201; **Schaal**, Beweisverwertungsverbot bei informatorischer Befragung im Strafverfahren, 2002; **Schae-**

fer, Grenzen erlaubter polizeilicher Ermittlungstätigkeit, StV 2004, 212; **Schäfer**, Verdeckte Ermittlungen in Haftanstalten, NStZ 2001, 8; **Schäpe**, Grenzen der Fahrerermittlung durch die Behörde, DAR 1999, 186; **Schierholt**, Stellungnahme zum Grünbuch der Europäischen Kommission zur Erlangung verwertbarer Beweise in Strafverfahren aus einem anderen Mitgliedstaat, ZIS 2010, 567; **Schlothauer**, Ermittlungsrichterliche Entscheidungen und ihre Revisibilität, StraFo 1998, 402; *ders.*, Zur Bedeutung der Beweisverwertungsverbote im Ermittlungs- und Zwischenverfahren, in: Festschrift für *Klaus Lüderssen*, 2002, S. 761; *ders.*, Strafprozessuale Verwertung selbstbelastender Angaben im Verwaltungsverfahren, in: Festschrift für *Gerhard Fezer*, 2008, S. 227; **Schlothauer/Jahn**, Zustimmung statt Widerspruch bei Beweisverwertungsverboten im Strafverfahren, Recht und Politik 2012, 222; **Schneider**, Überlegungen zur strafprozessualen Zulässigkeit heimlich durchgeführter Stimmvergleiche, GA 1997, 371; **Sowada**, Beweisverwertungsverbote im Spannungsfeld zwischen nemo-tenetur-Grundsatz und fair-trial-Prinzip, in: Festschrift für *Klaus Geppert*, 2011, S. 689; **Schroth**, Beweisverwertungsverbote im Strafverfahren – Überblick, Strukturen und Thesen zu einem umstrittenen Thema, JuS 1998, 969; **Schünemann**, Die Liechtensteiner Steueraffäre als Menetekel des Rechtsstaats, NStZ 2008, 305; **Schuster**, Telekommunikationsüberwachung in grenzüberschreitenden Strafverfahren nach Inkrafttreten des EU-Rechtshilfeübereinkommens, NStZ 2006, 657; **Schwaben**, Die Freiheit der Beweiswürdigung im Blickwinkel der Rechtsprechung des Bundesgerichtshofs, StraFo 2002, 78; *dies.*, Die Rechtsprechung des BGH zwischen Aufklärungsrüge und Verwertungsverbot, NStZ 2002, 288; **Schwabenbauer**, Verwertung von Zufallsfunden einer verfassungswidrigen Durchsuchung, NJW 2009, 3207; **Seebode**, Folterverbot und Beweisverbot, in: Festschrift für *Harro Otto*, 2007, S. 999; **Sieber**, Ermittlungen in Sachen Liechtenstein – Fragen und erste Antworten, NJW 2008, 881; **Seeber**, Videoüberwachung im Strafverfahren, StraFo 2010, 265; **Sommer**, Auswirkungen des Schengener Übereinkommens für die Strafverteidigung, StraFo 1999, 37; *ders.*, Die Rezeption der Rechtsprechung des Europäischen Gerichtshofs für Menschenrechte durch die Strafsenate des Bundesgerichtshofs, StraFo 2002, 309; *ders.*, Die Verwertung von im Ausland gewonnenen Beweismitteln, StraFo 2003, 351; **Spatscheck/Alvermann**, Internet-Ermittlungen im Steuerstrafprozeß – Verfahrensprobleme bei der Einführung in die Hauptverhandlung, wistra 1999, 333; **Spriegel**, Steuergeheimnis und nichtsteuerliche Straftat, wistra 1997, 321; **Steegmann**, Verkehrsüberwachung durch Dritte, NJW 1997, 2157; **Steffens**, Verwertungsverbot im Bußgeldverfahren bei Übermittlung von Meldedaten einschließlich des Lichtbildes, StraFo 2002, 222; **Stiebig**, Die Zurechnung von Verfahrenshandlungen in Vertragsstaaten der EMRK, ZJS 2012, 614; **Störing**, Strafprozessualer Zugriff auf E-Mailboxen – Zum Streitstand unter besonderer technischer Betrachtung, CR 2009, 475; **Störmer**, Dogmatische Grundlagen der Verwertungsverbote, 1992; **Strate**, Die Abschaffung des Revisionsrechts durch die Beweisverbotslehre – Demonstriert am Beispiel des Falles *Wilson Fernandes*, HRRS 2008, 76; **Streck/Spatschek**, Steuerliche Mitwirkungspflichten trotz Strafverfahrens, wistra 1998, 334; **Svoboda**, Hypnose von Zeugen – Hoffnung in aussichtslosen Fällen, Krim 1998, 431; **Swoboda**, Die Pflicht zur rahmenbeschlusskonformen Auslegung im deutschen Strafverfahren, HRRS 2014, 10; Szesny, Finanzmarkaufsicht und Strafprozess, 2008; **Ternig**, Allgemeine Verkehrskontrolle und konkreter Verdacht einer Ordnungswidrigkeit, DAR 2012, 730; **Thielmann**, „Ihnen ist ein Pflichtverteidiger beizuordnen!" – Zur Belehrung des Verhafteten über die Beiordnung eines Pflichtverteidigers im Haftbefehlverkündungstermin, HRRS 2013, 283; **Trüg/Habetha**, Die „Liechtensteiner Steueraffäre" – Strafverfolgung durch Begehung von Straftaten?, NJW 2008, 887; **Vogelberg**, Strafrechtliche Verwertungsverbote, PStR 2003, 43; **von Glahn**, Der Schutz der Aussagefreiheit durch außerstrafrechtliche Normen und das Verbot der Beweisverwertung im Strafverfahren, StraFo 2000, 186; **Warg**, Anmerkungen zum Kernbereich privater Lebensgestaltung – Zugleich Besprechung von BGH, Urt. v. 22.12.2011 – 2 StR 509/10, NStZ 2012, 277, NStZ 2012, 238; **Wehnert**, Die Verwertung unternehmensbezogener Ermittlungen, StraFo 2012, 253; **Wesemann/Müller**, Das gem. § 136a Abs. 3 StPO unverwertbare Geständnis und seine Bedeutung im Rahmen des Strafzumessung, StraFo 1998, 113; **Weßlau**, Gespaltene Tatsachenfeststellungen, Überkreuzverwertungen und advokatorische Dilemmata – Beweisverwertung zum Nachteil von Mitbeschuldigten, StV 2010, 41; **Widmaier**, Zum Verwertungsverbot wegen Verstoßes gegen § 168c Abs. 5 StPO, in: Festgabe für *Heino Friebertshäuser*, 1997, S. 185; *ders.*, Zu den Folgen der Verletzung von Art. 6 III lit. d EMRK durch unterbliebene Verteidigerbestellung: Beweiswürdigungslösung oder Verwertungsverbot, in: Sonderheft für *Gerhard Schäfer*, 2002, S. 76; **Winterhoff**, Kanzleidurchsuchungen im Lichte von Grund- und Menschenrechten, AnwBl. 2011, 789;

B Beweisverwertungsverbote

Wölfl, Heimliche private Tonaufnahmen im Strafverfahren, StraFo 1999,74; **Wohlers**, Die Nichtbeachtung des Richtervorbehalts – Probierstein für die Dogmatik der unselbstständigen Verwertungsverbote, StV 2008, 434; *ders.*, Die Hypothese rechtmäßiger Beweiserlangung – ein Instrument zur Relativierung unselbstständiger Verwertungsverbote?, in: Festschrift für *Gerhard Fezer*, 2008, S. 227; *ders.*, Die „besonders vorsichtige Beweiswürdigung" bei gesperrten Beweismitteln, StV 2014, 563; **Wolter**, Repressive und präventive Verwertung tagebuchartiger Aufzeichnungen, StV 1990, 177; *ders.*, 35 Jahre Verfahrensrechtskultur und Strafprozeßverfassungsrecht in Ansehung von Freiheitsentziehung, (DNA-) Identifizierung und Überwachung, *Hans Joachim Hirsch* zum 70. Geburtstag, GA 1999, 159; *ders.*, Beweisverbote und Umgehungsverbote zwischen Wahrheitserforschung und Ausforschung, in: Festgabe BGH, 2000, S. 963; s.a. die Hinw. bei den u.a. weiterführenden Stichwörtern sowie bei → *Protokollverlesung nach Zeugnisverweigerung*, Rdn 2126, bei → *Verlesung von Geständnisprotokollen*, Rdn 2980 und bei → *Widerspruchslösung*, Rdn 3433.

1020 **1.a)** Mit zu den schwierigsten Fragen des Beweisrechts zählen die mit den sog. Beweisverwertungsverboten (im Folgenden kurz BVV) zusammenhängenden Probleme. Sie gehören aber häufig auch zu den für den Mandanten **bedeutsamsten Fragen**.

👉 Besteht ein BVV, hat das zur Folge, dass bestimmte Informationen und Beweisergebnisse **nicht zulasten des Beschuldigten verwertet**, also in die Beweiswürdigung bzw. die Urteilsfindung nicht einfließen dürfen (u.a. *Eisenberg*, Rn 356; LR-*Gössel*, Einl. Abschn. K Rn 7).

Hat der Verteidiger in der HV **Bedenken** gegen die **Zulässigkeit** der Verwendung eines Beweismittels, weil nach seiner Ansicht ein Verwertungsverbot besteht, muss er wegen der sog. **Widerspruchslösung** des BGH die Art der Beweisaufnahme durch den Vorsitzenden als Maßnahme der → *Verhandlungsleitung*, Rdn 2889, auf jeden Fall **beanstanden** und ggf. gem. § 238 Abs. 2 einen **Gerichtsbeschluss** herbeiführen, um nicht für die **Revision** die Möglichkeit der Rüge zu verlieren (s. dazu eingehend → *Widerspruchslösung*, Rdn 3433, m.w.N. zu Rspr. und Lit.).

1021 **b)** Hier ist weder Platz sämtliche auftretenden Probleme noch alle bestehenden BVV zu behandeln. Die Darstellung an dieser Stelle beschränkt sich im Wesentlichen auf die Aufzählung der wichtigsten BVV, auf die der Verteidiger schon bei der → **Vorbereitung der Hauptverhandlung**, Rdn 3370, besonders achten muss. In der HV selbst bleibt später auch kaum Zeit zu einer eingehenden Prüfung von BVV. Wegen der Einzelheiten und sonstiger BVV wird auf die eingehenden Komm. bei *Meyer-Goßner/Schmitt*, Einl. Rn 55 ff.; KK-*Fischer*, Einl. Rn 384 ff. sowie bei LR-*Gössel*, Einl. Abschn. K, Rn 1 ff., jew. m.w.N.; auf die Zusammenstellung bei Beck-*Tondorf/Tondorf*, S. 324 ff. und auf *Burhoff*, EV, Rn 1014 ff., verwiesen; dort auch weit. Lit.-Nachw. zu BVV im EV. Der 67. Deutsche Juristentag hat sich eingehend mit den strafverfahrensrechtlichen BVV befasst (vgl. dazu das Gutachten von *Jahn*; dazu *Mitsch* NJW 2008, 2295; krit. dazu *König/Harrendorf* AnwBl. 2008, 566; *Rogall* JZ 2008, 818; *Löffelmann* JR 2009, 10), ist aber zu einer einvernehmlichen Lösung der schwierigen Fragen nicht gekommen.

c) Diskutiert werden in diesem Bereich derzeit insbesondere folgende **besondere Fragen** (zu den allgemeinen Fragen der Annahme eines BVV s. *Burhoff*, EV, Rn 1018):

aa) Können möglicherweise **rechtswidrig erlangte Beweismittel** – mit Einverständnis des Beschuldigten – ggf. **zu** dessen **Gunsten verwertet** werden? Das wird, wenn die Verwertung zugunsten des Angeklagten überhaupt als zulässig angesehen wird, in der **Lit.** davon abhängig gemacht, ob der Beschuldigte über das Verwertungsverbot sachlich und/oder personell verfügen kann (s. dazu eingehend *Amelung* StraFo 1999, 181; *R. Hamm* StraFo 1998, 361; *Nack* StraFo 1998, 366). Insoweit wird es auf den Träger des durch die rechtswidrige Beweiserhebung verletzten Rechts und/oder darauf ankommen, inwieweit dieses überhaupt disponibel ist (*R. Hamm*, a.a.O.; *Nack*, a.a.O., die Fallgruppen bilden; s. aber z.B. a. § 136a Abs. 3 S. 2, der nach überwiegender Meinung [*Meyer-Goßner/Schmitt*, § 136a Rn 27 m.w.N.] eine Verwertung sowohl zugunsten als auch zulasten ohne Ausnahme ausschließt; a.A. insoweit wohl *Nack* StraFo 1998, 368; zu allem a. *Bockemühl*, S. 165 ff., der die Frage der Verwertbarkeit nach Abwägungsgesichtspunkten entscheidet). *Roxin/Schäfer/Widmaier* (StV 2006, 655) sind der Auffassung, dass dann, wenn sich aus einer rechtswidrigen Ermittlungsmaßnahme sowohl entlastende als auch belastende Umstände ergeben, der Beschuldigte der Verwertung der belastenden Umstände widersprechen darf, ohne dass sich daraus automatisch auch ein Verwertungsverbot hinsichtlich der entlastenden Momente ergibt. Der **BGH** hat die Frage – bezogen auf denselben Beschuldigten – bislang offengelassen (vgl. NStZ 2008, 706), aber darauf hingewiesen, dass die Annahme eines „gespaltenen BVV" fernliege (*Amelung* StraFo 1999, 183 m.w.N.; *Nack* StraFo 1998, 371 Fn 17). Auch wird die Verwertung nicht nur auf bestimmte Teile des Urteils beschränkt werden können (*Amelung*, a.a.O.).

bb) Des Weiteren war fraglich, ob und wie das Vorliegen eines BVV zugunsten eines Beschuldigten einen anderen Beschuldigten desselben Verfahrens daran hindert, sich mithilfe des kontaminierten Beweismittels zu entlasten (sog. **gespaltenes BVV**; wegen der Einzelh. s. *Güntge* StV 2005, 403; *Dencker* StV 1995, 232; *Nack* StraFo 1998, 366; *Weßlau* StV 2010, 41; *Meyer-Goßner/Schmitt*, Einl. Rn 57b m.w.N.). Dazu hat der **BGH** inzwischen **Stellung genommen** und ein BVV für den Mitbeschuldigten verneint (vgl. BGHSt 53, 191 NJW 2009, 1619 [für Verstoß gegen § 168c S. 1]; vgl. aber zur strafmildernden Verwendung eines aufgrund einer – später dann fehlgeschlagenen – Absprache abgelegten Geständnisses BGHSt 42, 191; offengelassen von BGHSt 50, 40). Der BGH (BGHSt 53, 191) begründet das damit, dass es bei der Benachrichtigungspflicht des § 168c Abs. 5 S. 1 an einer Interessenlage fehle, die es gebiete, Mitbeschuldigte, die in Bezug auf ihre eigene Person nicht von einem Verstoß gegen die Benachrichtigungspflicht betroffen sind, durch die Annahme eines Verwertungsverbots zu schützen. Der Verteidiger muss danach also darauf achten, ob durch den Verfahrensverstoß auch Interessen seines Mandanten unmittelbar berührt werden und dann ggf. ein BVV geltend machen. Das ist durch die Rspr. des BGH (a.a.O.) m.E. nicht ausgeschlossen.

1022

1023

Meyer-Goßner/Schmitt (a.a.O.) geht von einer „Wirkungserstreckung" dann aus, wenn der verbotene Beweis in einem Verfahren zugleich gegen den unmittelbar Betroffenen und den Mitbeschuldigten verwertet werden soll oder, wenn dem Schutzzweck der Beweiserhebungsnorm nur genüge getan werden kann, wenn die Verwertung auch und für Dritte verboten ist (s. aber BGHSt 53, 191 zur Frage, ob die unterlassene Benachrichtigung des Verteidigers zu einem BVV bei einem anderen Beschuldigten führt; dazu auch *Weßlau* StV 2010, 41; krit. zur Rspr. des BGH *Gleß* NStZ 2010, 98 in der Anm. zu BGH, a.a.O.; *Fezer* NStZ 2009, 524 in der Anm. zu BGH, a.a.O.).

1024 cc) Stellung genommen hat der BGH inzwischen dann auch zur Verwertbarkeit von unter **Verstoß** gegen § 136a gewonnenen Beweisergebnissen (s. dazu *Burhoff*, EV, Rn 3765 ff.) und dazu ausgeführt, dass deren Verwertung nach der Regelung des § 136a Abs. 3 S. 2 grds. unzulässig ist (BGH NStZ 2008, 706; a.A. *Roxin* StV 2009, 113 in der Anm. zu BGH, a.a.O.; grds.a.A. a. *Schäfer/Widmaier/Roxin* StV 2006, 655) und nur ausnahmsweise aus „übergeordneten verfassungs- oder menschenrechtlichen Prinzipien" eine Ausnahme zugelassen werden könnte.

☝ Zu den Voraussetzungen für das Vorliegen einer Ausnahme wird der Verteidiger auf jeden Fall einen **Beweisantrag** stellen müssen (vgl. BGH, a.a.O.). Vorab sollte er sich das aber genau überlegen. Denn der BGH hat zwar die Frage des sog. gespaltenen Beweismittels letztlich offengelassen, jedoch deutlich darauf hingewiesen, dass dies seiner Ansicht nach **fernliege** (BGH, a.a.O.).

1025 2.a) Von erheblicher praktischer Bedeutung ist die Frage, ob der **Angeklagte** oder ein Zeuge (s.a. u. Rdn 1036), wenn er im EV bereits vernommen worden ist und Angaben gemacht hat, ordnungsgemäß i.S.d. §§ 136, 163a Abs. 3 und 4 **belehrt** (zur Bedeutung der Belehrung BGH NStZ 2012, 581) und seinem Verteidiger ausreichend **Anwesenheit** gewährt wurde.

☝ Wurde der Angeklagte im EV zunächst als Zeuge vernommen, ist dabei häufig zunächst die Frage von Bedeutung, zu welchem **Zeitpunkt** zur **Beschuldigtenvernehmung** mit Belehrung nach § 136 überzugehen war. Das gilt auch für die Frage, wann bei einer sog. **Kennzeichenanzeige** der Fahrzeughalter als Beschuldigter zu belehren ist (OLG Karlsruhe MDR 1994, 500 m.w.N.).

1026 aa) **Entscheidend** ist insoweit die **Stärke** des **Tatverdachts** (BGHSt 37, 48, 51; 51, 367; BGH NJW 2009, 3589; NStZ 2008, 48; 2010, 159; BayObLG NJW 1994, 1296; OLG Hamm StV 2010, 5; OLG Nürnberg StRR 2014, 105 m. Anm. *Burhoff* [unerlaubtes Entfernen vom Unfallort]; LG Saarbrücken zfs 2013, 590 m. Anm. *Burhoff* StRR 2014, 109 [Trunkenheitsfahrt]; *Meyer-Goßner/Schmitt*, Einl. Rn 77; LR-*Gleß*, § 136 Rn 4; *Roxin* JR 2008, 16; *Dallmeyer/Jahn*, in: HBStrVf, Kap. II, Rn 95 ff.; *Ellbogen* NStZ 2010, 464 in der Anm.

zu BGH NJW 2009, 3589). Eine Belehrung nach § 136 ist somit veranlasst, wenn sich der Tatverdacht so verdichtet hat, dass die vernommene Person ernstlich als Täter der untersuchten Straftat und nicht mehr nur als Zeuge in Betracht kommt (sog. Belehrungsschwelle; vgl. die o. zitierte BGH-Rspr, a.a.O.; StraFo 2004, 241; 2005, 27; BayObLG NStZ-RR 2003, 343; StV 2005, 430; zum Vernehmungsbegriff eingehend *Burhoff*, EV, Rn 3942; zum Beschuldigtenbegriff *Burhoff*, EV, Rn 900 ff., jew. m.w.N. und zum Beurteilungsspielraum der Ermittlungsbehörden BGH NJW 2009, 3589; NStZ-RR 2012, 49).

Grds. kann die Beschuldigteneigenschaft nur durch einen **Willensakt** der zuständigen **Strafverfolgungsbehörden** begründet werden, der i.d.R. in der **förmlichen Einleitung** des EV besteht (sog. formeller Beschuldigtenbegriff; BGHSt 51, 150; 51, 367; BGH NJW 2009, 3589; NStZ 2008, 48), wobei auch von Bedeutung ist, wie der Beschuldigte aus seiner **subjektiven Sicht** das Vorgehen der Behörden zu verstehen hat (zu allem *Burhoff*, EV, Rn 905 ff.). Um eine Beschuldigtenvernehmung handelt es sich danach noch nicht, wenn ein Polizeibeamter am Tatort oder in seiner Umgebung Personen fragt, ob sie ein bestimmtes Geschehen beobachtet haben, mag der Beamte auch hoffen, bei seiner Tätigkeit neben geeigneten Zeugen den Täter zu finden (BGHSt 38, 214). 1027

bb) Für die Frage der **Verwertbarkeit** von **Spontanäußerungen** gilt, dass deren Verwertung i.d.R. für zulässig gehalten wird, wenn keine Anhaltspunkte dafür bestehen, dass Belehrungspflichten nach §§ 136 Abs. 1 S. 2, 163a Abs. 2 S. 2 gezielt umgangen wurden, um den Betroffenen zu einer Selbstbelastung zu verleiten (BGH NJW 1990, 461; NJW 2009, 3589; NStZ-RR 2012, 49; zu Spontanäußerungen OLG Hamm NStZ 2012, 53; OLG Köln StraFo 1998, 21 m.w.N.; OLG Oldenburg NStZ 1995, 412; OLG München StRR 2009, 388; OLG Nürnberg StRR 2014, 105 m. Anm. *Burhoff* [unerlaubtes Entfernen vom Unfallort]; OLG Saarbrücken NJW 2008, 1396 [ungefragt gemachte Angaben der Ehefrau des Beschuldigten]; OLG Zweibrücken StRR 2010, 468; LG Saarbrücken zfs 2013, 590 m. Anm. *Burhoff* StRR 2014, 109 [Trunkenheitsfahrt]; LG Stuttgart VRR 2014, 472 [Notruf]; LR-*Gleß*, § 136a Rn 16; *Meyer-Goßner/Schmitt*, 136a Rn 4; einschr. aber offenbar BGH NJW 2009, 3589;, wenn sich Polizeibeamte von einem Tatverdächtigen nach pauschalem Geständnis einer schweren Straftat und der unmittelbar darauf erfolgten Festnahme über eine beträchtliche Zeitspanne Einzelheiten der Tat berichten lassen, ohne den von ihnen ersichtlich als Beschuldigten behandelten Täter auf sein Aussageverweigerungsrecht hinzuweisen; zum BVV bei der informatorischen Befragung eingehend *Schaal*, a.a.O.). Bei Spontanäußerungen ist immer auch zu prüfen, ob diese ggf. deshalb unverwertbar sind, weil der Beschuldigte sie nicht „im vollen Besitz seiner geistigen Kräfte" gemacht hat (vgl. dazu BGHSt 39, 349; 42, 170). Das kann z.B. bei Alkoholeinfluss ausgeschlossen sein (LG Osnabrück zfs 1999, 491 [für das Einräumen einer Trunkenheitsfahrt]). 1028

Umstritten ist, ob etwas anderes dann gilt, wenn eine **Privatperson** auf **Veranlassung** eines **Strafverfolgungsorgans handelt** bzw. der ermittelnde Beamte selbst „verdeckt" auftritt. Der BGH sieht diese Fälle grds. nicht als Vernehmung an, da er den Vernehmungsbegriff ausdrücklich einschränkt auf Angaben der Auskunftsperson vor einem nach außen als solches erkennbar auftretenden Strafverfolgungsorgan (BGHSt 40, 211; zuletzt BGHSt 42, 139; diff. *Neuhaus* Krim 1995, 787, 788 ff.; a.A. *Roxin* NStZ 1997, 18 in der Anm. zu BGH, a.a.O.). Diese Frage ist insbesondere von Bedeutung beim Tätigwerden eines VE (s.a. Rdn 1075 **„Hörfalle"**; wegen der Einzelh. *Burhoff*, EV, Rn 3807, 3837 ff., 3944 und aus neuerer Zeit BGHSt 52, 11; BGH NStZ 2009, 343; zu verdeckten Ermittlungen in Haftanstalten s. *Schneider* NStZ 2001, 8; zur Verwertung von im Ausland durchgeführten **verdeckten Ermittlungen** *Gleß* NStZ 2000, 57).

1029 b) Für die **Verwertbarkeit** der Vernehmung gilt folgender **Überblick** (wegen der Einzelh. s. die eingehenden Ausführungen zu den Vernehmungen des Angeklagten/Beschuldigten im EV bei *Burhoff*, EV, Rn 3088 ff., 3280 ff., 2595 ff.; zur str. Frage, ob auch eine unterlassene Betroffenenbelehrung zur Unverwertbarkeit der Vernehmung führt, s. *Hecker* NJW 1997, 1833; Burhoff/*Gübner*, OWi, Rn 416 ff.; Burhoff/*Stephan*, OWi, Rn 703 f.; → *Verlesung von Geständnisprotokollen*, Rdn 2980 ff. m.w.N.):

Es ist Aufgabe der **StA** im Rahmen ihrer **Leitungs-** und **Kontrollbefugnis**, schon im EV darauf zu achten, dass die Rechte des Beschuldigten gewahrt werden. Dazu gehört vor allem auch, dass eine ordnungsgemäße, rechtzeitige Beschuldigtenbelehrung sichergestellt wird (BGH NJW 2009, 2612; zur Bedeutung der Belehrung BGH NStZ 2012, 581).

1030 Nicht ordnungsgemäße Belehrung:

- Ist **nicht** ordnungsgemäß **belehrt**, ist die Aussage nach der Rspr. des BGH grds. **nicht verwertbar** (grundlegend BGHSt 38, 214; 51, 367; eingehend dazu *Herrmann* NStZ 1997, 212; *Burhoff*, EV, Rn 3126 ff.). Das gilt auch dann, wenn die Belehrung versehentlich unterblieben ist (BGHSt 38, 214 ff.; zur missverständlichen Belehrung BGH StRR 2010, 342).

- Ob ein BVV auch entsteht, wenn der vernehmende Polizeibeamte den Beschuldigten nicht (auch) auf sein **Recht** hingewiesen hat, einen **Verteidiger beiziehen** zu können, hat der BGH nicht eindeutig entschieden. Einerseits hat er sie offengelassen (BGH NStZ 1997, 609; zuletzt BGHSt 53, 191; s. dazu a. BGHSt 47, 172), in anderen Entscheidungen hat er sie hingegen bejaht (vgl. BGHSt 38, 372; 42, 15; 51, 367; BGH NStZ 1997, 502; bejaht auch von EGMR StRR 2011, 142 für Äußerungen in einer Stresssituation, in der der Beschuldigte die Konsequenzen seiner Äußerung nicht vernünftig einschätzen konnte). Die Frage ist aber auf jeden Fall zu bejahen (vgl. zuletzt BGHSt 51, 367; OLG Hamm NStZ-RR 2006, 47; s.a. *Meyer-Goßner/Schmitt*, § 136

Rn 20a m.w.N.; *Kaufmann* NStZ 1998, 474 und Wo/lweber StV 1999, 355 in der Anm. zu BGH NStZ 1997, 609). Das gilt vor allem dann, wenn man das Schweigerecht und das Recht des Beschuldigten auf Verteidigerkonsultation als gleichwertig ansieht (BGHSt 47, 172; noch offengelassen von BGH NStZ 1997, 609).

- Ein **BVV besteht auch**, wenn der Beschuldigte vom Polizeibeamten zwar ordnungsgemäß auf seine Aussagefreiheit hingewiesen worden ist, er den Hinweis aber infolge einer geistig-seelischen Störung **nicht verstanden** hat (BGHSt 39, 349; zur prozessualen Fürsorgepflicht des Vernehmungsbeamten bei Beschuldigten mit geringer intellektueller Befähigung vgl. AG Neumünster StraFo 2001, 95). Das kann auch auf Alkohol beruhen (wegen der Einzelh. *Burhoff*, EV, Rn 3129).
- Die Frage, ob ein BVV hinsichtlich einer Aussage besteht, der ggf. ein **Verstoß** gegen **§ 163a Abs. 4 S. 1** – oder § 136 Abs. 1 S. 1 – vorangegangen ist, wird **nicht einheitlich** beurteilt (bejahend SK-*Wohlers*, § 163a Rn 75 m.w.N. auch zur a.A.). Der BGH hat die Frage offen gelassen, wenn die Polizei bei der ersten Vernehmung, obwohl ihr zu diesem Zeitpunkt der Tod des Opfers bekannt war, dem Beschuldigten entgegen § 163a Abs. 4 S. 1 StPO nicht eröffnet, dass wegen eines Tötungsdelikts ermittelt werde. Es bestehe dann kein Verwertungsverbot, wenn davon auszugehen sei, dass dem Beschuldigten bei der Vernehmung die Möglichkeit vor Augen stand, dass die Geschädigte tot sein könnte und die Belehrungsdefizite daher das Aussageverhalten des Beschuldigen nicht beeinflusst haben können (BGH NStZ 2012, 581).
- Der Verteidiger muss auch prüfen, ob ggf. der vernehmende Polizeibeamte, nachdem der Beschuldigte erklärt hat, er wolle von seinem **Schweigerecht** Gebrauch machen bzw. erst einen Verteidiger beiziehen, diese Entscheidung **beachtet** und nicht weiter in diesen gedrungen ist. Die Frage, ob ein **BVV** besteht, wenn der vernehmende Beamte diese Entscheidung missachtet, hat der BGH bisher zwar **offengelassen** (vgl. BGH NStZ 2004, 450; zuletzt BGH NJW 2006, 1008; s. aber zum VE BGHSt 52, 11). Es hat sich aber in den entschiedenen Fällen um Kapitaldelikte gehandelt. Bei weniger gewichtigen Delikten kann die Abwägung daher zu einem BVV führen.
- Ein BVV wird man annehmen können/müssen, wenn die **Belehrungspflichten** aus **§ 114b** vom Festnehmenden nicht erfüllt worden sind. Das hat insbesondere Bedeutung, wenn der Beschuldigte ggf. Angaben zur Sache macht, ohne dass ihm die Belehrung nach § 114b Abs. 1 Nr. 2 – 4 erteilt worden ist. Insoweit dürften die Grundsätze, die für BVV bei Verletzung der sonst für (richterliche) Vernehmungen bestehenden Belehrungspflichten entsprechend anwenden können (s.a. *Burhoff*, EV, Rn 4327).
- Das Verwertungsverbot gilt **nicht** für das Fehlen der Belehrung eines **Mitangeklagten** (BGH NJW 1994, 3364; vgl. auch BGHSt 53, 191 zum (verneinten) Erstrecken eine Verwertungsverbots wegen unterlassener Benachrichtigung des Verteidigers von der (richterlichen) Beschuldigtenvernehmung auf den Mitbeschuldigten; dazu eingehend *Weßlau* StV 2010, 41).

B Beweisverwertungsverbote

1031 Pflichtverteidigerbestellung

- Der Verteidiger muss immer auch **prüfen**, ob nicht ggf. nach der Rspr. des BGH die Pflicht zur Stellung eines Antrags auf **Beiordnung** eines **Pflichtverteidigers** bestand, weil abzusehen war, dass die Mitwirkung eines Verteidigers **notwendig** werden wird (BGHSt 46, 93; dazu eingehend *Neuhaus* StV 2010, 45 ff.). Insoweit besteht (für die StA) zwar ein **Beurteilungsspielraum**. Dieser kann sich jedoch ggf. auf nur eine pflichtgemäße Entscheidung einengen (BGHSt 47, 172; 60, 38). Der **BGH** (BGHSt 47, 172) hat jedoch ein **BVV** im Rahmen einer Abwägung **abgelehnt**, weil der Rechtsverstoß angesichts der Kenntnis des Beschuldigten von seinen Rechten zum Schweigen und auf Verteidigerkonsultation nicht als schwer zu werten ist (vgl. dazu a. aus neuerer Zeit BGH NStZ 2006, 236; StV 2006, 568; s. wohl a. OLG Köln StRR 2009, 155; a.A. *Neuhaus* StV 2010, 45, 48 ff.). Die weiten Grundsätze dieser Entscheidung sind zudem inzwischen durch die Entscheidung des BGH v. 5.2.2002 wieder eingeschränkt worden (vgl. BGHSt 47, 233). Danach besteht die Pflicht zur Stellung des Beiordnungsantrags für die StA nur dann, wenn mit gewichtiger Anklageerhebung zu rechnen ist und eine effektive Wahrnehmung der Verteidigungsinteressen des Beschuldigten die Mitwirkung eines Verteidigers unerlässlich erfordert. Nach *Wohlers* (JR 2002, 294 in der Anm. zu BGH, a.a.O.) sollte ein BVV für solche Aussagen des Beschuldigten angenommen werden, die dieser gemacht hat, ohne dass ihm ein Verteidiger beigeordnet war, obwohl die Voraussetzungen des § 141 Abs. 3 vorgelegen haben (zur Beiordnung nach § 140 Abs. 1 Nr. 4 s. BGH NJW 2015, 265 BGHSt).

> Bei der unterlassenen Belehrung über die Möglichkeit der Pflichtverteidigerbestellung handelt es sich nach Auffassung des BGH nur um eine **Obliegenheitsverletzung** (vgl. dazu BGH NStZ 2006, 236; StV 2006, 568). Daraus folgt nach Auffassung des BGH, dass ein **BVV nicht** besteht (krit. *Bosch* JA 2006, 412 und *Baulke/Barischy* StV 2006, 569, jew. in der Anm. zu BGH NStZ 2006, 236).

1032 Verstoß gegen das WÜK

- Umstritten sind die Folgen, wenn ein Ausländer entgegen **Art. 36 Abs. 1 Buchst. b) WÜK** i.V.m. **§ 114b Abs. 2 S. 3** nicht rechtzeitig darüber belehrt worden ist, dass er die **unverzügliche Benachrichtigung** der **konsularischen Vertretung** seines Heimatlandes von der Festnahme verlangen darf (wegen der Einzelh. *Burhoff*, EV, Rn 3132, m.w.N.). Die Frage eines sich daraus ggf. ergebenden BVV und die damit zusammenhängende Frage des ggf. erforderlichen **Widerspruchs** gegen die Verwertung wird in der Rspr. des BGH nicht ganz einheitlich gesehen. Einerseits wird ein BVV ausdrücklich abgelehnt (vgl. BGHSt 52, 48 [5. Strafsenat]; 52, 110 [3. Strafsenat]; BGH StV

2011, 603), andererseits wird aber das Widerspruchserfordernis aufgestellt (BGHSt 52, 38 [1. Strafsenat]; a.A. *Gaede* HRRS 2007, 402, 405 und *Weigend* StV 2008, 39, 43, jew. in der Anm. zu BGH, a.a.O.), womit inzidenter die Möglichkeit eines BVV bejaht wird (abl. a. *Meyer-Goßner/Schmitt*, § 114b Rn 9).

Qualifizierte Belehrung 1033

■ Umstritten war, ob für nachfolgende Vernehmungen eine Belehrung über die Unverwertbarkeit der ersten Vernehmung (sog. **qualifizierte Vernehmung**) zu fordern ist, wenn eine erste Vernehmung unverwertbar ist. In diesen Fällen verlangte früher nur die Lit. eine qualifizierte Belehrung, die den Beschuldigten auch darüber aufklärt, dass das bisher Gesagte nicht verwertet werden kann (KK-*Diemer*, § 136 Rn 27; LR-*Gleß*, § 136 Rn 106; *Artkämper* Krim 1996, 399; *Grünwald* JZ 1968, 752 in der Anm. zu BGH JZ 1968, 750; *Neuhaus* NStZ 1997, 312; *Schünemann* MDR 1969, 102; wohl a. *Meyer-Goßner/Schmitt*, § 136 Rn 9 m.w.N.; LR-*Erb*, § 163a Rn 21b). In der Rspr. haben das zunächst (zunehmend) nur die Instanzgerichte gefordert (vgl. u.a. LG Bamberg NStZ-RR 2006, 311 [Ls.]; LG Bad Kreuznach StV 1994, 293; LG Dortmund NStZ 1997, 356; AG Hann.-Münden StraFo 1997, 273; AG München StV 2001, 501; LG Frankfurt am Main StV 2003, 325; 2003, 327 [für unter Androhung der Folter erlangtes Geständnis]). Inzwischen hat der **BGH** seine früher anderslautende **Rspr. aufgegeben** (vgl. dazu u.a. BGHSt 22, 129, 134 [Problem der Fortwirkung des BVV]; Burhoff, EV, Rn 3801). Er geht jetzt in seinem Urt. v. 18.12.2008 (BGHSt 53, 112) ausdrücklich davon aus, dass der Tatverdächtige (s. dazu Burhoff, EV, Rn 900; Rengier, S. 519 ff.), der zunächst zu Unrecht als Zeuge vernommen worden ist, wegen eines Belehrungsverstoßes bei Beginn der nachfolgenden Vernehmung als Beschuldigter auf die Nichtverwertbarkeit der früheren Angaben hinzuweisen ist (auch noch BGH NJW 2009, 2612 m. krit. Anm. *Grasnick* NStZ 2010, 158; NStZ-RR 2010, 67 [Ci/Zi]; OLG Hamm StV 2010, 5; ähnl. a. schon BGH StV 2007, 450, 452 [insoweit nicht in BGHSt 51, 367]).

Es stellt sich die Frage eines **BVV**. Insoweit unterscheidet der BGH (vgl. BGHSt 53, 112; s.a. BGH StV 2007, 450, 452 [insoweit nicht in BGHSt 51, 367 und 52, 11]), und zwar wie folgt: Unverwertbar sind die vor der Beschuldigtenvernehmung als Zeuge gemachten Angaben (BGHSt 53, 112; s.a. BGHSt 38, 214; 47, 172). Verwertbar sind hingegen nach Maßgabe einer Abwägung im Einzelfall die nach der Belehrung als Beschuldigter gemachten Angaben (BGHSt, a.a.O.; s.a. OLG Hamm, a.a.O.; a.A. *Roxin* JR 2008, 16, 18 in der Anm. zu BGHSt 51, 367; früher zw. *Meyer-Goßner/Schmitt*, § 136 Rn 9 a.E.; vgl. dazu a. *Stephan* StRR 2009, 140 in der Anm. zu BGHSt 53, 112; *Kasiske* ZIS 2009, 318; wegen weit. Einzelh. *Burhoff*, EV, Rn 3134 ff.).

B Beweisverwertungsverbote

c) Hinweise für den Verteidiger!

1034 aa) Erfährt der Verteidiger von seinem (nun schweigenden/bestreitenden) Mandanten (erst während der HV), dass dieser bei einer polizeilichen/richterlichen Vernehmung **nicht** oder zu spät **belehrt** worden ist und ihm sein Recht zum Schweigen auch nicht bekannt war, **empfiehlt** sich folgende **Vorgehensweise**:

- Der **Angeklagte** sollte bei seiner Anhörung (→ *Vernehmung des Angeklagten zur Sache*, Rdn 3072) darauf **hinweisen**, dass er vor seiner polizeilichen Vernehmung **nicht belehrt** (BGHSt 38, 214; 51, 367) oder auch die Hinzuziehung eines Verteidigers verwehrt (BGHSt 38, 372) bzw. dazu nicht ausreichend Hilfe geleistet (BGHSt 42, 15) oder er nicht auf die Möglichkeit einer Pflichtverteidigerbestellung hingewiesen (BGH NStZ 2006, 236; StV 2006, 568) worden ist (vgl. zu allem a. BGHSt 47, 172; *Burhoff*, EV, Rn 3155 ff.; *Roxin* JZ 1997, 343 in der Anm. zu BGHSt 42, 15; eingehend zum Recht des Beschuldigten, vor der polizeilichen Vernehmung einen Verteidiger zu befragen, *Herrmann* NStZ 1997, 209 ff.; *Neuhaus* StV 2010, 45).

- Einem **Vorhalt** aus dem Vernehmungsprotokoll, das wegen fehlender Belehrung nicht verwertbar ist, muss der Verteidiger **sofort widersprechen** und ggf. gem. **§ 238 Abs. 2** einen Gerichtsbeschluss herbeiführen (→ *Widerspruchslösung*, Rdn 3433 ff.; *Neuhaus* NStZ 1997, 356; *Artkämper* NJ 1998, 246).

- Soll der vernehmende **Polizeibeamte** als Vernehmungsperson **vernommen** werden, muss der Verteidiger **spätestens** im Rahmen einer nach **§ 257** abgegebenen **Erklärung** auf die unterbliebene Belehrung hinweisen und der Vernehmung **widersprechen** (vgl. u.a. BGHSt 38, 214, 224; → *Widerspruchslösung*, Rdn 3433 ff.). Zur Erhaltung der Revisionsrüge ist gem. **§ 238 Abs. 2** ein Gerichtsbeschluss herbeizuführen. Der Widerspruch gegenüber der StA im EV reicht nicht (BGH NStZ 1997, 502; a.A. mit beachtlichen Argumenten *Schlothauer*, S. 767 ff.; → *Widerspruchslösung*, Rdn 3433).

1035 bb) Darauf hinzuweisen ist, dass die Frage, ob der Polizeibeamte ordnungsgemäß belehrt hat oder nicht, eine **prozessuale Frage** ist, für die also nicht der Strengbeweis, sondern das sog. → *Freibeweisverfahren*, Rdn 1562, gilt (BGH NStZ 1997, 609; StV 2008, 65; krit. *Wollweber* StV 1999, 355 in der Anm. zu BGH, a.a.O.). Daher dürfen zur Beantwortung der Frage alle Erkenntnisquellen ausgeschöpft werden. Der Verteidiger muss im Hinblick auf eine mögliche Revisionsrüge zur Klärung dieser Frage auf jeden Fall mit einem **Beweisantrag** die Vernehmung des Vernehmungsbeamten beantragen. Das Gericht ist dabei aber an die Ablehnungsgründe des § 244 nicht gebunden. Bleibt danach z.B. offen, ob eine ordnungsgemäße Belehrung erfolgt ist bzw., ob der Beschuldigte die ihm erteilte Belehrung verstanden hat, darf, da der Zweifelssatz nicht gilt, nach der Rspr. des BGH der Inhalt der Vernehmung grds. verwertet werden (BGHSt 38, 214, 224; BGH StraFo 2012, 63, 64, insoweit nicht in NStZ 2012, 345; *Meyer-Goßner/Schmitt*, § 136 Rn 20; s. aber a. *Wohlers* JR 2007, 126 in der Anm. zu BGHSt 47, 172). Der BGH (StV 2007, 65) hat aber inzwischen auch darauf hingewiesen, dass dann, wenn keine hinreichend verlässlichen Anhaltspunkte für eine Belehrung des Beschuldigten über sein Schweigerecht im Rahmen einer polizeilichen Vernehmung vorliegen, und hinzu komme, dass ein Aktenvermerk im Sinne von Nr. 45 Abs. 1 RiStBV nicht gefertigt wurde, Äußerungen, die der Beschuldigte in dieser Vernehmung gemacht habe, nicht verwertet werden dürfen (vgl. zu den Fragen des Freibeweises und des Zweifelssatzes auch BVerfG StraFo 2009, 453, insoweit nicht in StRR 2009, 380; NJW 2012, 1136; *Artkämper* StRR 2012, 164).

3.a) Bei der Vorbereitung von **Zeugenvernehmungen** muss der Verteidiger zunächst immer prüfen, ob zur Zeugnisverweigerung berechtigte Zeugen, die bereits im EV vernommen worden sind, über das ihnen zustehende, sich aus den §§ 52 ff. ergebende → *Zeugnisverweigerungsrecht*, Rdn 3552, belehrt worden sind (§§ 161a Abs. 1, 163 Abs. 3). Außerdem muss er sein Augenmerk darauf richten, ob die sich für Zeugenvernehmungen im EV aus den §§ 168c, 168d ergebenden **Benachrichtigungspflichten** beachtet wurden (zur Zeugenvernehmung im EV s. eingehend *Burhoff*, EV, Rn 4000 ff.). Ist das nicht der Fall, kann die Aussage des Zeugen, wenn er nun in der HV die Aussage verweigern sollte, **unverwertbar** sein (→ *Auskunftsverweigerungsrecht*, Rdn 377; → *Protokollverlesung nach Zeugnisverweigerung*, Rdn 2126; → *Verlesung von Protokollen früherer Vernehmungen/sonstiger Erklärungen*, Rdn 3014; → *Vernehmung einer Verhörsperson*, Rdn 3115; → *Zeugen vom Hörensagen*, Rdn 3545).

1036

b) I.Ü. ist insoweit zunächst auf die Ausführungen oben bei Rdn 1025 ff. hinzuweisen. Zusätzlich ist Folgendes von **Bedeutung**:

1037

Das **BVV** gilt nicht in einem Verfahren gegen einen Dritten, in dem der fehlerhaft Belehrte nicht ausschließlich Zeuge ist (BayObLG NJW 1994, 1296). Unverwertbar ist auch nicht die Zeugenaussage eines **V-Mannes**, den die Polizei zur Aufklärung eines Mordes im Umfeld des Angeklagten eingesetzt hat, über Äußerungen von Angehörigen des Angeklagten, wenn diese dann in der HV von ihrem → *Zeugnisverweigerungsrecht*, Rdn 3552 Gebrauch machen (BGHSt 40, 211; s. dazu BVerfG NStZ 2000, 489 [die heimliche Befragung einer Aussageperson durch V-Männer/VE bedarf einer speziellen gesetzlichen Grundlage]). Etwas anderes gilt, wenn durch den Einsatz des V-Mannes eine Vernehmung vermieden und dadurch eine mögliche Zeugnisverweigerung umgangen oder eine bereits erklärte Verweigerung unterlaufen wird (BGH, a.a.O.; BGHSt 52, 11; BGH NStZ 2009, 343). Ein BVV soll grds. auch nicht hinsichtlich des Inhalts eines Telefongesprächs bestehen, das eine Privatperson auf Veranlassung der Ermittlungsbehörden mit dem Beschuldigten/Angeklagten über eine abgeschlossene Straftat geführt und auf Veranlassung der Ermittlungsbehörden von einem Dritten abgehört wird (sog. Hörfalle; BGHSt 42, 139; dazu *Weiler* GA 1996, 101; *Lesch* GA 2000, 355 ff.; s.a. Rdn 1025 und Rdn 1075 „Hörfalle"). Als verwertbar angesehen hat der BGH auch den Inhalt eines heimlich aufgezeichneten Gesprächs, das die Ehefrau eines (wegen Betäubungsmitteldelikten) Angeklagten im Rahmen der von ihr ini-

B   Beweisverwertungsverbote

tiierten Zusammenarbeit mit der Polizei mit dem nicht inhaftierten Mitangeklagten unter wahrheitswidriger Zusicherung der Vertraulichkeit und Behauptung eines Geständnisses ihres Ehemannes geführt, und in dem der Mitangeklagte seinen Tatbeitrag eingeräumt hat (BGH NStZ 2011, 596 m. krit. Anm. *Barton* StRR 2011, 342 und *Eisenberg* JR 2011, 409 und *Roxin* StV 2012, 131). Zum Verwertungsverbot für ein verdecktes Verhör eines inhaftierten Beschuldigten durch einen als Besucher getarnten nicht offen ermittelnden Polizeibeamten unter Zwangseinwirkung hat der BGH in BGHSt 55, 138 Stellung genommen.

☞ Auch hier gelten die oben bei Rdn 1034 gegebenen **Hinweise**!

1038   4. Bei anderen **Beweismitteln** muss der Verteidiger (auch) prüfen, ob diese ggf. unter **Verstoß** gegen **Grundrechte** gewonnen worden und deshalb unverwertbar sind. Das gilt insbesondere für heimliche Tonbandaufnahmen, Tagebuchaufzeichnungen intimen Inhalts oder private Briefe (s. z.b. für die Verwertung von Tagebuchaufzeichnungen BGH NStZ 1998, 635 m.w.N.). Auch das heimliche Überwachen von Besuchen in der U-Haft ist unzulässig und führt wegen des darin liegenden Verstoßes gegen Art. 20 Abs. 3 i.V.m. Art. 2 Abs. 1 GG und den Grundsatz des fairen Verfahrens zu einem BVV hinsichtlich der dabei gewonnenen Erkenntnisse (vgl. BGHSt 53, 294). Hier gelten folgende Grundsätze (vgl. KK-*Pfeiffer/Hannich*, Einl. Rn 120 ff. m.w.N.; s.a. *Burhoff*, EV, Rn 1018 f.):

1039   Die Grenzen der Verwertbarkeit richten sich allgemein nach der Sachlage und der Art des Verbots. Aus der rechtswidrigen Erlangung allein folgt nach der Rspr. daher kein allgemeines Verwertungsverbot (BVerfG NStZ 2006, 46; HRRS 2006 Nr. 303; zuletzt BVerfG NJW 2008, 3053; 2009, 3225; 2009, 3293; 2010, 2864; StraFo 2011, 145; BVerfG, Beschl. v. 13.5.2015 – 2 BvR 616/13; wegen der Einzelh., a. zur teilweise a.A., s. die Nachw. bei *Meyer-Goßner/Schmitt*, Einl. Rn 55 ff.; *Eisenberg*, Rn 336; *Rogall* JZ 2008, 818; *Dallmeyer* HRRS 2009, 429). Das gilt i.Ü. nach der Rspr. des BGH auch für die in der StPO enthaltenen Verwendungsregelungen/-beschränkungen, wie z.B. die in § 100d Abs. 5 Nr. 3 (BGHSt 54, 69). Uneingeschränkt geschützt ist durch Art. 1 und 2 GG der „**schlechthin unantastbare Bereich privater Lebensgestaltung**" (BVerfG NJW 1973, 891; vgl. dazu a. BGHSt 53, 294). Daneben gibt es einen Bereich, in dem – so die Rspr. – überwiegende Belange Eingriffe rechtfertigen können. So können z.B. in Fällen schwerer Kriminalität Ausnahmen gemacht werden (BVerfG NJW 1980, 2572; 1990, 563 [Verwertung einer Tonbandaufnahme]; OLG Schleswig StV 2000, 11, zu allem *Burhoff*, EV, Rn 1019).

5. Folgende **alphabetische Zusammenstellung** gibt einen ersten **Überblick** über ggf. bestehende BVV (s.a. *Burhoff*, EV, Rn 1024 ff.):

1040   **Abgabenordnung**

Ein BVV kann sich gem. **§ 393 Abs. 2 AO** ergeben für **Tatsachen** und **Beweismittel**, die aus **Steuerakten** bekannt geworden sind, in einem **Verfahren** gegen den Angeklagten,

Beweisverwertungsverbote   B

das **keine Steuerstraftat** ist (vgl. dazu a. BGHSt 49, 136; vgl. dazu auch *Rütters* wistra 2014, 389; *Reichling* HRRS 2014, 473; *Blesinger* wistra 1991, 239, 244 f. m.w.N.). Entsprechendes gilt ggf. für der Steuererklärung beigefügte – möglicherweise gefälschte – Unterlagen (wegen der Einzelh. BayObLG NJW 1997, 600; NStZ 1998, 575; StV 1998, 367; s. dazu a. die Lit.-Hinw. bei *Burhoff*, EV, Rn 3394 und bei → *Steuerstrafverfahren*, Rdn 2557). Das Verwertungsverbot gilt unabhängig davon, in welchem Konkurrenzverhältnis die Steuerstraftat zu dem Verstoß gegen die allgemeinen Strafgesetze steht (zutr. BayObLG NJW 1997, 600 m.w.N. [a. zur a.A.]; a.A. *Maier* wistra 1997, 53 in der Anm. zu BayObLG, a.a.O.). Zur **praktischen Bewältigung** des sich ggf. aus § 393 Abs. 2 AO ergebenden BVV s. *Neuhaus* ZAP F. 22, S. 323 ff., 339 ff. Zum **Verhältnis** des Strafverfahrens zum Besteuerungsverfahren hat der BGH Stellung genommen in BGHSt 47, 8; 49, 136 und in NJW 2002, 1134; 2002, 1733; 2005, 2723 (vgl. a. *Jäger* PStR 2002, 49 und *Adler* PStR 2002, 202).

| Abgepresstes Geständnis | 1041 |

S. „Tätigkeit von Privatpersonen" (Rdn 1119).

| Ablehnung eines Akteneinsichtsgesuchs | 1042 |

Die fehlerhafte Ablehnung eines Akteneinsichtsgesuchs (durch das Gericht) wegen der (bloßen) **Vertraulichkeitsbitte** der aktenführenden Stelle soll nicht zur Unverwertbarkeit des Akteninhalts führen (BGHSt 42, 71; a.A. *Gillmeister* NStZ 1997, 443 in der Anm. zu BGH, a.a.O., der zutreffend darauf hinweist, dass ohne vollständige Aktenkenntnis der Beweiswert anderer bekannter Urkunden nicht beurteilt werden kann).

| Abschiedsbrief des Beschuldigten | 1043 |

Ein Abschiedsbrief des Angeklagten, den dieser anlässlich eines Suizidversuchs an das Opfer seines Mordversuchs geschrieben hat, **kann** als Beweismittel **verwendet werden** (BGH NJW 1995, 269; zur Verlesbarkeit in der HV s. → *Verlesungsverbot für schriftliche Erklärungen*, Rdn 2934 ff.).

| Absprache/Verständigung | 1044 |

S. „Verständigung (§ 257c)" (Rdn 1136).

| Anwesenheitsrechte/Benachrichtigungspflichten | 1045 |

Die **Verletzung** von Anwesenheitsrechten bzw. von Benachrichtigungspflichten für Vernehmungen kann zu **BVV** führen; wegen der Einzelh. s. die Verweise bei Rdn 1025 ff. und *Burhoff*, EV, Rn 519, 3285, 3386, 3994, 4021 ff.

B Beweisverwertungsverbote

1046 Atemalkoholanalyse

In der Lit. sind in der Vergangenheit **Bedenken** gegen die gerichtliche Verwertbarkeit von Atemalkoholmesswerten, die mit dem Testgerät „Alcotest 7110 Evidential MK III" ermittelt worden sind, erhoben worden (vgl. die Nachw. bei *Hentschel/König/ Dauer*, Straßenverkehrsrecht, 43. Aufl. 2015, § 24a StVG Rn 16 ff.; s.a. Burhoff/*Burhoff*, OWi, Rn 3871). Nach der Rspr. des **BGH** ist aber eine Atemalkoholanalyse **verwertbar** (vgl. BGHSt 46, 358; s.a. Burhoff/*Burhoff*, OWi, Rn 3907 ff. m.w.N. aus der obergerichtlichen Rspr.; → *Blutalkoholfragen/Atemalkoholmessung*, Rdn 1162 ff. m.w.N.).

1047 Atemalkoholmessung

Umstritten war in der Rspr. der Instanzgerichte die Frage, ob der Betroffene bei einer Atemalkoholkontrolle über die **Freiwilligkeit** seiner **Mitwirkung belehrt** werden muss oder nicht (bejaht von LG Freiburg NZV 2009, 614; AG Frankfurt am Main, NZV 2010, 266 [Ls.]; verneint von AG Michelstadt, NZV 2012, 97; eingehend zu der Problematik *Cierniak/Herb* NZV 2012, 409). Dazu haben sich inzwischen das KG und das OLG Brandenburg als – soweit ersichtlich – erste OLG geäußert (KG NStZ 2015, 42 m. Anm. *Mosbacher*; OLG Brandenburg NStZ 2014, 524 m. Anm. *Burhoff* StRR 2013, 477). Sie haben eine Belehrungspflicht u.a. mit der Begründung abgelehnt, dass der Gesetzgeber Belehrungspflichten nur in besonderen Fällen, wie z.B. in § 81h Abs. 4 geregelt habe und § 136 Abs. 1 S. 2 die Belehrung des Beschuldigten/Betroffenen über sein Schweigerecht nur bei einer Vernehmung vorsehe (s. auch *Cierniak/ Herb*, a.a.O.; krit. *Mosbacher*, a.a.O.; a.A. *Geppert* DAR 2014, 481). Offen gelassen worden ist allerdings die Frage, ob ein BVV dann besteht, wenn die Ermittlungsbehörden dem Betroffenen eine Mitwirkungspflicht vorspiegeln oder einen Irrtum über eine solche Pflicht bewusst ausgenutzt haben (vgl. OLG Hamm, NJW 1967, 1524; *Cierniak/ Herb* NZV 2012, 409, 413).

1048 Augenscheinseinnahme

Wegen der Einzelh. s. *Burhoff*, EV, Rn 521.

1049 Auskunftsverlangen nach dem KWG, WpHG, BösG

Die mit der Verwertbarkeit solcher Auskünfte zusammenhängenden Fragen sind eingehend behandelt bei *Szesny*, **Finanzmarkaufsicht** und Strafprozess, 2008, sowie bei *Reichling*, Der staatliche Zugriff auf Bankkundendaten im Strafverfahren, 2009.

1050 Auskunftsverweigerungsrecht

Wegen der Einzelh. s. → *Auskunftsverweigerungsrecht*, Rdn 377.

Beweisverwertungsverbote B

Auskunft über Telekommunikationsverbindungsdaten   **1051**

Wegen der Einzelh. zu einem BVV hinsichtlich Erkenntnissen, die aufgrund einer Auskunft über Telekommunikationsdaten aufgrund der §§ **100g, 100i** gewonnen worden sind, s. *Burhoff*, EV, Rn 532.

Ausländische Beweisergebnisse/Rechtshilfe   **1052**

Die Verwertbarkeit mittels Rechtshilfe eines ausländischen Staates erlangter Beweise bestimmt sich nach der Rspr. des BGH nach dem inländischen Recht (BGHSt 58, 32 m. Anm. *Deutscher* StRR 2013, 143; BGH NStZ 2014, 108; dazu a. *Swoboda* HRRS 2014, 10; *Gleß* ZStW 125, 573). Die Verwertung ausländischer Beweisergebnisse, z.b. durch Verlesung eines ausländischen Vernehmungsprotokolls, **kann** also **zulässig** sein (u.a. BGHSt 58, 32 zugleich auch zum Prüfungsmaßstab; BGH NJW 2014, 3467 [Ls.; TÜ in Ungarn]; zur Verwertbarkeit von im Auslange gewonnenen Ermittlungsergebnissen und zur Verteidigung gegen solche Ermittlungsergebnisse eingehend *Nagler* StV 2013, 324). Der BGH ist grds. auch dann von der Verwertbarkeit ausgegangen, wenn das Konfrontationsrecht (BGHSt 55, 70 für Türkei) bzw. Anwesenheitsrechte nicht beachtet worden sind (s. z.b. für kommissarische Vernehmung in Griechenland BGH NStZ 1985, 376; BGHSt 42, 86 [für Rechtshilfehandlungen in der Schweiz]; zur Verwertung von Unterlagen, die im Wege der Rechtshilfe in der Schweiz beschlagnahmt worden sind, BGHSt 49, 317; s.a. noch BGH StV 2001, 663; s. aber EGMR StraFo 2000, 374; eingehend zu Verwertungsverboten bei durch das SDÜ erlangten polizeilichen Informationen *Sommer* StraFo 1999, 42 ff.; zu allem a. noch *Sommer* StraFo 2003, 351; *Gleß* NStZ 2000, 57; *dies.*, ZStW 125, 573; *Nagler* StV 2013, 324; *Keller*, S. 227 ff.; zu ausländischen Telefonüberwachung s. *Schuster* NStZ 2006, 657; zur Frage, ob Angaben des Beschuldigten, die bei der Vernehmung durch ausländische Hoheitsorgane erlangt wurden, einem Verwertungsverbot unterliegen, wenn der Beschuldigte geltend macht, die Angaben seien durch die Anwendung verbotener Vernehmungsmethoden gewonnen worden, s. BGHSt 55, 314; BGH NStZ 2008, 643 und BGHSt 55, 314). Eine allgemeine Zurechnung des Verfahrensgangs in Vertragsstaaten der EMRK unabhängig davon, ob die konkret betroffenen Verfahrenshandlungen dem jeweils nationalen Verfahrensrecht entsprechen oder nicht, ist nach der Rspr. des BGH i.Ü. durch die Konvention nicht geboten und findet nicht statt (BGHSt 55, 70; vgl. aber EGMR NJW 2012, 3709; krit. *Stiebig* ZJS 2012, 614). Die Regelungen der EMRK schaffen kein einheitliches Verfahrensrecht der Vertragsstaaten im Einzelnen mit einer unbeschränkten Zurechnung unabhängig von den nationalen Verfahrensrechtsordnungen (BGH, a.a.O.). Ist die Rechtshilfe durch einen Mitgliedstaat der EU geleistet worden, darf bei der Beurteilung der Beweisverwertung im Inland nur in eingeschränktem Umfang geprüft werden, ob die Beweise nach dem innerstaatlichen Recht des ersuchten Mitgliedstaates rechtmäßig gewonnen wurden, was jedenfalls dann gilt, wenn die dortige Beweiserhebung nicht auf einem inländischen Rechtshilfeersuchen beruht (BGHSt 58, 32).

B Beweisverwertungsverbote

1053 Inzwischen ist am 2.2.2006 aber das Übereinkommen v. 29.5.2000, das das **Europäische Übereinkommen** über die **Rechtshilfe** in Strafsachen v. 20.4.1959 (EuRHÜbK) ergänzt, in Kraft getreten (BGBl II 2005, S. 650). Nach dem neu gefassten Art. 4 EuRHÜbK richtet sich die Erledigung von Rechtshilfeersuchen nunmehr nach dem **Recht des ersuchenden Staates**. Das führt z.B. dazu, dass eine im Ausland ohne Benachrichtigung des Verteidigers durchgeführte richterliche Vernehmung, die nach ausländischem Recht so zulässig gewesen wäre, in Deutschland nicht verwertbar ist, wenn in dem Rechtshilfeersuchen auf die deutschen Form- und Verfahrensvorschriften hingewiesen worden ist (BGH NStZ 2007, 417; vgl. dazu vgl. dazu a. noch BGHSt 55, 70; 55, 134; 58, 32; *Schuster* StV 2008, 397 in der Anm. zu BGH NStZ 2007, 417; s.a. *Gless/Eymann* StV 2008, 318).

Nach **Art. 39 Abs. 2 SDÜ** dürfen im Rahmen des polizeilichen Informationsaustausches übermittelte schriftliche Informationen nur mit Zustimmung des Auslandes als Beweismittel in einem Strafverfahren verwendet werden. *Sommer* (StraFo 1999, 43) zieht daraus den Schluss, dass bei **Fehlen** dieses formellen **Zustimmungserfordernisses** ein **BVV** besteht (s.a. schon BGHSt 34, 334, 343, wonach Protokolle über eine ausländische polizeiliche Vernehmung, die der deutschen Polizei außerhalb des förmlichen Rechtshilfeverkehrs zu Informationszwecken von ausländischen Polizeidienststellen überlassen worden sind, nicht durch Verlesung in der HV als Beweismittel verwendet werden dürfen, wenn der ausländische Staat der Verwertung widerspricht und berechtigterweise die Rechtshilfe verweigert; ähnlich OLG München StV 2015, 348; zu allem a. *Schomburg*, in: *Schomburg/Lagodny/Gleß/Hackner*, Internationale Rechtshilfe in Strafsachen, 5. Aufl. 2012, vor § 68 IRG Rn 37 ff. m.w.N.).

Mit der Erlangung verwertbarer Beweise in Strafsachen aus einem anderen Mitgliedstaat der EU befasst sich das **Grünbuch der EU-Kommission** (vgl. dazu *Busemann* ZIS 2010, 552; *Ambos* ZIS 2010, 557; *Schierholt* ZIS 2010, 567).

1054 Der BGH weist in seiner Revisionsentscheidung betreffend die Verurteilung früherer Thyssen-Manager in dem Komplex um die Exporte von Fuchs-Transportpanzern durch den Thyssenkonzern (BGHSt 51, 202) auf die Frage des sog. **nachträglichen Verwertungsverbots** hin. Dabei geht es darum, ob bei internationaler Beweisrechtshilfe auch nachträglich noch ein Verwertungsverbot ausgesprochen werden kann, etwa in den Fällen, in denen ein Staat einen anderen über die wahren Absichten bei einem Rechtshilfeersuchen täuscht (dazu eingehend *Gless/Eymann* StV 2008, 318). Der BGH hat diese Frage für die Zeit nach förmlichem Abschluss der Beweisaufnahme verneint (bestätigt durch BVerfG NJW 2011, 591 m. abl. Anm. *Brockhaus* StRR 2011, 147).

1055 Das OLG Koblenz (Beschl. v. 30.10.2014 – 1 OWi 3 SsBs 63/14) hat im **Bußgeldverfahren** für die Erkenntnisse, die ein deutscher Polizeibeamter anlässlich der Verfolgung einer Ordnungswidrigkeit aufgrund einer strafprozessualen Maßnahme auf ausländischem Staatsgebiet gewonnen hat, ohne dass dies durch eine völkerrechtliche Vereinbarung oder eine einzelfallbezogene Zustimmung des betroffenen Staates erlaubt ist, jedenfalls dann ein Verwertungsverbot angenommen, wenn der betroffene Staat der Maßnahme bzw. der Verwertung auch nicht nachträglich zustimmt (zu BVV im OWi-Verfahren Burhoff/*Burhoff*, OWi, Rn 635 ff. u. Burhoff/*Stephan*, OWi, Rn 676).

Aussagegenehmigung	1056

Wegen der Einzelh. s. → *Aussagegenehmigung*, Rdn 409, und *Burhoff*, EV, Rn 636.

Autobahnmautdaten	1057

Nach § 4 Abs. 3 S. 3 u. 4 BFStRMG und wortgleich § 7 Abs. 2 S. 1 und 2 BFStRMG (bis zum 18.7.2011 – s. BGBl I., S. 1378 – § 4 Abs. 2 S. 4 und 5 ABMG und wortgleich in § 7 Abs. 2 S. 2 und 3 ABMG) besteht ein **Verbot** der Übermittlung, Nutzung oder Beschlagnahme der im Rahmen der Mauterhebung gewonnenen Daten nach anderen Rechtsvorschriften (LG Magdeburg NJW 2006, 1073; AG Friedberg NStZ 2006, 517; *Meyer-Goßner/Schmitt*, § 100g Rn 4; *Tsambikakis* VRR 2006, 197 in der Anm. zu LG Magdeburg, a.a.O.; a.A. AG Gummersbach NJW 2004, 240; s. aber AG Friedberg, a.a.O., wonach die Verwertung zulässig ist, wenn der Berechtigte einverstanden ist; allgemein zur Mauterhebung *Bender/Bister* DAR 2006, 361).

Belehrungspflicht bei Vernehmungen	1058

Aus der **Verletzung** von Belehrungspflichten bei Vernehmungen können sich **BVV** ergeben; wegen der Einzelh. s. die Verweise und Rspr.-Nachw. bei Rdn 1025 ff. und die o.a. Lit.-Hinw., insbesondere *Bernsmann* StraFo 1998, 73; zu Spontanäußerungen OLG Köln StraFo 1998, 21 m.w.N. Das gilt auch für eine im Disziplinarverfahren unterbliebene Beschuldigtenbelehrung (BGH NJW 1997, 2893).

Benachrichtigungspflicht bei Vernehmung	1059

Wegen der ggf. aus einer **Verletzung** der sich aus § 168c Abs. 5 ergebenden Benachrichtigungspflicht entstehenden **BVV** s. *Burhoff*, EV, Rn 521, 3285, 3386, 3994, 3096 zum (verneinten) BVV aufgrund der nicht erfolgten Benachrichtigung des Verteidigers eines Mitbeschuldigten BGHSt 53, 191; vgl. dazu *Weßlau* StV 2010, 41 und *Gless* NStZ 2010, 98.

Berufsgeheimnisträger	1060

Für sog. Berufsgeheimnisträger kann sich aus **§ 160a** ein besonderes Beweiserhebungsverbot/BVV für Berufsgeheimnisträger ergeben (vgl. *Burhoff*, EV, Rn 984; vgl. z.B. LG Augsburg StV 2014, 468).

| **B** | **Beweisverwertungsverbote** |

1061 Beschlagnahme

Wegen der Einzelheiten s. *Burhoff*, EV, Rn 744 ff., 779 ff.

1062 Besuchsüberwachung im Strafvollzug

Für (Er-) Kenntnisse aus der Besuchsüberwachung kann sich aus § 34 StVollzG ein **BVV** ergeben.

1063 Besuchsüberwachung in der U-Haft

Für (Er-) Kenntnisse aus einer heimlichen Besuchsüberwachung kann sich wegen des Verstoßes gegen den Grundsatz des fairen Verfahrens ein **BVV** ergeben (BGHSt 53, 294).

1064 Bildaufnahmen

Für die Verwertbarkeit gilt u.a. § 100f. Wegen der Einzelh. der Verwertbarkeit, *Burhoff*, EV, Rn 1675, sowie die Übersichtstabelle bei Rdn 2029 (zur Verwertbarkeit einer **heimlich hergestellten** Bildaufnahme im Hinblick auf Art. 1 und 2 GG s. OLG Schleswig NJW 1980, 352; eingehend zu den Verwertungsfragen *Wölfl* StraFo 1999, 78 m.w.N.; s.a. BayObLG NJW 2002, 2893, wonach die Videoüberwachung von Kaufhauskunden nicht gegen **deren Persönlichkeitsrecht** verstößt, wenn die Besucher bei Betreten der Verkaufsräume darauf hingewiesen wurden; LG Zweibrücken NJW 2004, 85 [Verwendung von Videoaufnahmen von Arbeitnehmern als Beweismittel im Strafprozess]).

☞ Ist auf dem im Rahmen einer Verkehrsüberwachungsmaßnahme gefertigten Lichtbild auch der **Beifahrer** erkennbar und gelangt dieses Foto ohne Unkenntlichmachung des Beifahrers in die Gerichtsakte, unterliegt es keinem BVV, wenn das Gericht aus der Person des Beifahrers Schlüsse auf die Identität des Fahrzeugführers zieht (OLG Oldenburg NJW 2015, 1389 m. Anm. *Burhoff* StRR 2015, 192).

1065 Bei der Verwertung von Bildaufnahmen spielt das Recht auf **informationelle Selbstbestimmung** (Art. 1, 2 GG) eine große Rolle (vgl. zu der Problematik BVerfG NJW 2007, 2320 [Ls.; **Videoüberwachung**]; NJW 2008, 1505 [automatisierte Kennzeichenabfrage]; NJW 2009, 1481 [anlasslose Bildaufzeichnung bei einer Demonstration]; dazu *Seeber* StraFo 2010, 265). Die Fragen haben auch in straßenverkehrsrechtlichen Bußgeldverfahren eine Rolle gespielt. Dort sind auf der Grundlage der Entscheidung des BVerfG v. 11.8.2009 (2 BvR 941/08, NJW 2009, 3293) zur (Un-)Zulässigkeit der (verdachtsunabhängigen) Videomessung auch die Fragen eines BVV in den Fällen der **verdachtsunabhängigen Videoüberwachung/-messung** im Straßenverkehr diskutiert worden. Die Diskussion wird inzwischen, insbesondere nach der Entscheidung des BVerfG v. 20.5.2011 (NJW 2011, 2783) aber kaum noch geführt und wird m.E. auch in Zukunft kaum noch eine Rolle mehr spielen (wegen der Einzelh. und wegen weiterführender Rspr. und Lit. s. Burhoff/*Gieg*, OWi, Rn 707; Burhoff/*Burhoff*, OWi, Rn 721 ff.).

Blutalkoholgutachten 1066

Kein BVV bei Verwendung **nicht geeichter** Geräte im Rahmen der Untersuchung der Blutprobe; s. → *Blutalkoholfragen/Atemalkoholmessung*, Rdn 1187 ff., und auch kein BVV bei Missachtung der in Art. 8 RL 83/189/EWG festgelegten Verpflichtung, eine technische Vorschrift über Alkoholmeter mitzuteilen (EuGH NStZ 1999, 141; *Meyer-Goßner/Schmitt*, Einl. Rn 56c).

Blutproben 1067

Es können **BVV** bestehen, und zwar insbesondere, wenn der **Richtervorbehalt** des § 81a Abs. 2 bei der Entnahme verletzt worden ist (zur [bejahten] Verwertbarkeit einer zu Behandlungszwecken entnommenen Blutprobe zur Feststellung der Tatzeit-Blutalkohol-Konzentration OLG Frankfurt am Main NStZ-RR 1999, 246); wegen der Einzelh. i.Ü. wird verwiesen auf *Burhoff*, EV, Rn 1169, 1326, 2421 m.w.N. und auf den Überblick bei → *Blutalkoholfragen/Atemalkoholmessung*, Rdn 1193. Die wegen des Verdachts einer Ordnungswidrigkeit nach § 24a StVG entnommene Blutprobe darf nicht nur auf das hier: 11-Hydroxy-THC und THC-Carbonsäure) untersucht werden (OLG Karlsruhe StRR 2015, 163 [Ls.]).

Brechmitteleinsatz 1068

Nach der Rspr. des EGMR ist der Brechmitteleinsatz zur Erlangung von Beweismitteln i.d.R. **unzulässig** (vgl. EGMR NJW 2006, 3117 [nur unter strengster Beachtung des Verhältnismäßigkeitsgrundsatzes]; s.a. OLG Frankfurt am Main NJW 1997, 1647; s. aber BVerfG StV 2000, 1; OLG Bremen NStZ-RR 2000, 270; dazu u.a. *Grüner* JuS 1999, 122; *Binder/Seemann* NStZ 2002, 234; eingehend zur Entscheidung des EGMR *Gaede* HRRS 2006, 241; *Schuhmann* StV 2006, 661; *Schuhr* NJW 2006, 3536 in den Anm. zu EGMR, a.a.O.). Der EGMR sieht den Brechmitteleinsatz als unmenschliche und erniedrigende Behandlung i.S.v. **Art. 3 MRK** an. Danach muss jeder Eingriff in die körperliche Unversehrtheit einer strengen Prüfung unterzogen werden. Von Bedeutung sind dabei:

- das Ausmaß, in dem der Eingriff zur Erlangung von Beweismitteln erforderlich gewesen ist,
- vorhandene **gesundheitliche Risiken** für den Beschuldigten,
- **Art** und **Weise** des Eingriffs,
- die durch den Eingriff verursachten physischen **Schmerzen** und mentalen Leiden,
- der Umfang der medizinischen **Überwachung**,
- die tatsächlichen **Folgen** für die Gesundheit.

| B | Beweisverwertungsverbote |

🖉 Auf dieser Grundlage sind Beweismittel, die durch einen Brechmitteleinsatz gewonnen wurden, jedenfalls bei minderschweren Verstößen gegen das BtMG, unverwertbar (EGMR, a.a.O.; vgl. a. *Gaede*, a.a.O.).
Der Verteidiger muss der Verwertung **widersprechen** (→ *Widerspruchslösung*, Rdn 3433).

1069 Dashcam

Ob und ggf. unter welchen Voraussetzungen Dashcam-Aufzeichnungen in gerichtliche Verfahren zulässig eingeführt und verwertet werden dürfen, wird derzeit in Rspr. und Lit. **diskutiert** (vgl. z.B. *Bachmeier* DAR 2014, 15 f.; *Balzer/Nugel* NJW 2014, 1622 f.; *Brenner* DAR 2014, 619, 624 f.; *Klann* DAR 2014, 451 f.; *Nugel* VRR 2/2015, 4 und aus dem Bereich der Zivil- und Verwaltungsgerichtsbarkeit LG Heilbronn DAR 2015, 211; AG Düsseldorf VRR 2/2015, 11; AG München zfs 2014, 149; 2014, 692; VG Ansbach zfs 2014, 687). Zur Zulässigkeit der Verwertung einer Dashcam-Aufnahme hat sich bisher – soweit ersichtlich – nur das AG Nienburg geäußert. Es hat die Zulässigkeit, wenn anlassbezogen aufgenommen wird, bejaht (vgl. AG Nienburg DAR 2015, 280 m. insoweit zust. Anm. *Deutscher* StRR 2015, 185).

1070 Da die mit der Verwertung von Dashcam-Aufzeichnungen zusammenhängenden Fragen obergerichtlich noch nicht geklärt sind, sollte der Verteidiger der Verwertung in der HV ggf. widersprechen (→ ***Widerspruchslösung***, Rdn 3433). Prozessual wird die Aufzeichnung durch → ***Augenscheinseinnahme***, Rdn 348, in Form des Abspielens in die HV geführt. Ein Verweis auf die Aufzeichnung wegen der Einzelheiten in den Urteilsgründen nach **§ 267 Abs. 1 S. 3** ist nicht zulässig (BGHSt 57, 53 m. Anm. *Deutscher* NStZ 2012, 228 und *Burhoff* StRR 2012, 63; KG VRS 126, 102; OLG Jena NZV 2012, 144; OLG Saarbrücken VA 2013, 104). Auf ausgedruckte Einzelbilder aus der Aufzeichnung in der Akte kann allerdings verwiesen werden.

1071 Datendiebstahl/Datenhehlerei

Unter dem Stichwort „Datendiebstahl/Datenhehlerei" ist im Hinblick auf die sog. „**Liechtensteiner Steueraffäre**" (s. zur „Liechtensteiner Stiftung" u.a. *Jope* StRR 2008, 124) die Frage diskutiert worden, ob sich die Mitarbeiter der beteiligten deutschen Behörden (BND) strafbar gemacht haben und ob daraus ein **BVV** abzuleiten ist. Das wird/wurde in der Lit. **kontrovers** diskutiert (vgl. für ein BVV: *Türg/Habetha* NJW 2008, 887; *Junker* StRR 2008, 129; *Schünemann* NStZ 2008, 305, 309; gegen ein BVV: *Kölbel* NStZ 2008, 241; s.a. noch *Sieber* NJW 2008, 881; *Görres/Kleinert* NJW 2008, 1353; s. auch noch *Jahn*, S. 259 ff.; *Kaiser* NStZ 2011, 383; *Ostendorf* ZIS 2010, 301; *Samson/Langrock* wistra 2010, 201; *Roth* StbG 2013, 29). In der Rspr. ist inzwischen ein BVV für die aus einem Datendiebstahl/einer

Datenhehlerei stammenden Daten/Beweismittel verneint worden (vgl. BVerfG NJW 2011, 2417; LG Bochum NStZ 2010, 351; LG Düsseldorf NStZ-RR 2011, 84; vgl. aber VerfGH Rheinland-Pfalz NJW 2014, 1434; AG Nürnberg StV 2014, 471 m. Anm. *Ibold* HRRS 2013, 406). S.a. noch „Tätigkeiten von Privatpersonen", Rdn 1119.

Disziplinarverfahren 1072

Die unterlassene Beschuldigtenbelehrung kann zu einem **BVV** für die Verwertung der Angaben im Strafverfahren führen (BGH NJW 1997, 2893; s.a. o. Rdn 1058 „Belehrungspflicht bei Vernehmungen").

DNA-Untersuchung 1073

Es können sich **BVV** ergeben; wegen der Einzelh. s. → *DNA-Untersuchung*, Rdn 1274 ff.; s.a. *Burhoff*, EV, Rn 1326 f., 1358 f. Zur – im entschiedenen Fall angenommenen – Verwertbarkeit der im Zusammenhang mit einer molekulargenetischen Reihenuntersuchung gewonnenen Erkenntnis, dass der Verursacher der bei der Tat gelegten DNA-Spur wahrscheinlich mit einem der Teilnehmer der Untersuchung verwandt ist (sog. **Beinahetreffer**) s. BGHSt 58, 84 und dazu jetzt BVerfG, Beschl. v. 13.5.2015 – 2 BvR 616/13 (Verfassungsbeschwerde wohl unbegründet).

Durchsuchung 1074

Wegen der Einzelh. zu den ggf. gegebenen BVV *Burhoff*, EV, Rn 1461 ff. und vor allem BGHSt 51, 285; BGH NStZ 2012, 104; zur umfassenden Prüfungspflicht des erkennenden Gerichts hinsichtlich eines BVV für die bei einer Durchsuchung gewonnenen Beweisergebnisse s. BGH NStZ 2009, 648; zur (zulässigen) Verwertung von Zufallsfunden einer verfassungswidrigen Durchsuchung BVerfG NJW 2009, 3225; krit zu Letzterem *Schwabenbauer* NJW 2009, 3207; *Dallmeyer* HRRS 2009, 429.

Eigene Ermittlungen des Verteidigers 1075

S. dazu *Burhoff*, EV, Rn 1573 ff.; s.a. Rdn 1119 „Tätigkeit von Privatpersonen" (dazu auch *Bockemühl*, Private Ermittlungen im Strafprozeß, S. 162 ff.).

Eigenüberwachung 1076

Aus der sog. Eigenüberwachung/Selbstkontrolle gewonnene Erkenntnisse können im Umweltstrafverfahren ggf. **unverwertbar** sein (dazu eingehend *Michalke* NJW 1990, 417).

Einsatz eines Detektivs 1077

S. dazu *Burhoff*, EV, Rn 1579; s.a. „Tätigkeiten von Privatpersonen", Rdn 1119 (dazu auch *Bockemühl*, S. 162 ff.; zur Erstellung sog. Bewegungsprofile durch Anbringung von GPS-Empfängern an Kraftfahrzeugen durch eine Detektei BGHSt 58, 268).

B Beweisverwertungsverbote

1078 Einsatz eines Verdeckten Ermittlers

S. „V-Mann", Rdn 1140.

1079 Einsatz technischer Mittel/Maßnahmen ohne Wissen des Betroffenen

Es können sich aus §§ 100c, 100f, 100h oder aus § 16 Abs. 3 BKAG BVV ergeben (zum „großen Lauschangriff" s. BVerfG NJW 2004, 999); vgl. dazu BGHSt 50, 206 zur Verwertung der Aufzeichnung eines Selbstgesprächs des Beschuldigten in einem Krankenzimmer und BGHSt 53, 294 zur Verwertbarkeit von bei einer heimlichen akustischen Überwachung von Besuchen in der JVA gewonnenen Erkenntnisse (zu Letzterem *Hauck* NStZ 2010, 17 in der Anm. zu BGH, a.a.O.); s. auch noch BGH NStZ 2011, 596 m. krit. Anm. *Barton* StRR 2011, 342 und *Eisenberg* JR 2011, 409 zur Verwertbarkeit des Inhalts eines heimlich aufgezeichneten Gesprächs, das die Ehefrau eines (wegen Betäubungsmitteldelikten) Angeklagten im Rahmen der von ihr initiierten Zusammenarbeit mit der Polizei mit dem nicht inhaftierten Mitangeklagten unter wahrheitswidriger Zusicherung der Vertraulichkeit und Behauptung eines Geständnisses ihres Ehemannes geführt, und in dem der Mitangeklagte seinen Tatbeitrag eingeräumt hat. Im Anschluss an BGHSt 50, 206 hat der BGH auch ein in einem Kfz mittels akustischer Überwachung aufgezeichnetes **Selbstgespräch** eines sich unbeobachtet fühlenden Beschuldigten angesehen, da es dem durch Art. 2 Abs. 1 GG i.V.m. mit Art. 1 Abs. 1 GG absolut geschützten Kernbereich der Persönlichkeit zuzurechnen ist (BGHSt 57, 71; vgl. dazu *Warg* NStZ 2012, 238 und *Allgayer* NStZ 2012, 399). Zur Verwendbarkeit von Daten im Strafverfahren, die durch eine akustische Wohnraumüberwachung auf der Grundlage einer polizeirechtlichen Ermächtigung zur **Gefahrenabwehr** gewonnen worden sind, welche noch keine Regelung zum Schutz des Kernbereichs privater Lebensgestaltung enthielt, hat der BGH in BGHSt 54, 69 Stellung genommen und die Verwendbarkeit bejaht. Das ist vom BVerfG bestätigt worden (vgl. NJW 2012, 907).

1080 Einsatz von Privatpersonen bei der Verkehrsüberwachung

Beim Einsatz von Privatpersonen im Bereich der Verkehrsüberwachung kann ein Verstoß gegen den Kernbereich hoheitlichen Handelns zu einem Verfahrenshindernis/**BVV** führen (KG NJW 1997, 2894; OLG Frankfurt am Main NJW 1995, 2570; AG Alsfeld NJW 1995, 1503; AG Freising DAR 1997, 31; AG Tiergarten DAR 1996, 326), und zwar auch dann, wenn die Gemeinde die Auswertung der festgestellten Verstöße selbst vornimmt (BayObLG NJW 1997, 3454; s.a. u. „Geschwindigkeitsmessung durch Private"; Burhoff/ *Stephan*, OWi, Rn 695).

1081 Erkennungsdienstliche Behandlung des Beschuldigten

Wegen der Einzelh. s. *Burhoff*, EV, Rn 1921.

Beweisverwertungsverbote B

Ermittlungen im Umfeld des Beschuldigten 1082

Das Ergebnis vertraulicher Ermittlungen „im Umfeld des Betroffenen", das durch die Vernehmung der Ermittlungsbeamten in die HV eingeführt wird, kann **nicht ohne Weiteres verwertet** werden (OLG Köln NStZ 1996, 355 [für das Bußgeldverfahren]).

Folter 1083

Wegen der Einzelh. zu einem BVV s. *Burhoff*, EV, Rn 3786, 29126 ff. Zur Unzulässigkeit der Folter s.a. die zahlr. Lit.-Hinw. bei *Meyer-Goßner/Schmitt*, Art. 3 MRK Rn 1 ff.; vgl. a. EGMR NJW 2010, 3145; EUGRZ 2008, 466 (Fall „*Gäfgen*"; diff. EGMR, Urt. v. 25.9.2012 – 649/08 [*El Haski*]; dazu *Heine* NStZ 2013, 680). Nach (zutreffender) Ansicht von *Ambos* (StV 2009, 151) ist die Verwertung von Folterbeweisen immer abzulehnen.

Gegenüberstellung 1084

Wegen der Einzelh. zu einem ggf. gegebenen **BVV** s. → *Gegenüberstellung von Zeugen*, Rdn 1581 und *Burhoff*, EV, Rn 2023.

Geschwindigkeitsmessung 1085

Bei **fehlender Notifizierung** von Radarmessgeräten durch die Europäische Kommission besteht **kein BVV** (AG Bad Hersfeld NZV 1999, 349; zum Einfluss europäischer Richtlinien s. *Gärditz* wistra 1999, 293).

Geschwindigkeitsmessung durch Privatpersonen/Auswertung durch Private 1086

Die planmäßige Durchführung von Geschwindigkeitsmessung durch Privatpersonen kann grds. zu einem **BVV** führen, wenn es sich um einen schwerwiegenden Verstoß handelt (BayObLG NStZ 1998, 452; OLG Frankfurt am Main NStZ-RR 2003, 342; AG Bernau DAR 1998, 76; vgl. dazu a. AG Bergisch-Gladbach DAR 1999, 281; AG Bruchsal zfs 2010, 472; AG Karlsruhe DAR 2011, 221). Das gilt auch dann, wenn die Gemeinde die Auswertung der festgestellten Verstöße selbst vornimmt (BayObLG NJW 1997, 3454 [Ls.]; s. aber BayObLG NJW 1999, 2200; DAR 2005, 633; dazu *Steegmann* NJW 1997, 2157 und *Hornmann* DAR 1999, 158; s.a. oben „Einsatz von Privatpersonen bei der Verkehrsüberwachung" Rdn 1080. Nach Auffassung des AG Karlsruhe (DAR 2011, 221) ist die Einschaltung privater Personen bei der Geschwindigkeitsüberwachung allenfalls dann zulässig, wenn der private Mitarbeiter die erforderlichen technischen Kenntnisse besitzt und ein Gemeindevollzugsbeamter sich in unmittelbarer Nähe aufhält und seinerseits die Aufsicht über den privaten Mitarbeiter führen kann. Bei einer Geschwindigkeitsmessung durch Angestellte eines Landkreises, die Angestellte des öffentlichen Dienstes sind, besteht hingegen kein BVV (OLG Oldenburg NStZ 2009, 709).

B Beweisverwertungsverbote

1087 Das OLG Naumburg hat ein BVV angenommen, wenn die Ordnungsbehörde entgegen einem Runderlass des Innenministeriums eine private Firma mit der **Auswertung** von **Messergebnissen** beauftragt hat (OLG Naumburg VRR 2012, 395 m. Anm. *Burhoff*; ähnlich AG Gelnhausen NStZ-RR 2014, 353 und AG Kassel VA 2015, 100 und AG Parchim StRR 2015, 235 für faktische/unkontrollierte Auswertung durch Private).

1088 Glaubwürdigkeitsgutachten

Ggf. kann sich bei **Verletzung** von **Belehrungspflichten** durch den SV ein **BVV** ergeben; wegen der Einzelh. s. → *Glaubwürdigkeitsgutachten*, Rdn 1648 und *Burhoff*, EV, Rn 2126 ff., 2511.

1089 Großer Lauschangriff/Einsatz technischer Mittel

Es können sich **BVV** ergeben; s. *Burhoff*, EV, Rn 1663 ff.; zum „großen Lauschangriff" s. BVerfG NJW 2004, 999.

1090 Grundsatz des fairen Verfahrens

Bei einem Verstoß gegen den Grundsatz des fairen Verfahrens nach Art. 6 MRK können sich nach der Rspr. (des EGMR) **BVV** ergeben (EGMR NJW 2009, 3565; 2010, 213; wegen der Einzelh. *Meyer-Goßner/Schmitt/Schmitt*, Art. 6 MRK Rn 4; *Gaede* JR 2009, 493; zum Grundrecht auf ein faires Verfahren *Brunhöber* ZIS 2010, 761; zur Verletzung des Grundsatzes des fairen Verfahrens durch das verdeckte Verhör eines inhaftierten Beschuldigten BGHSt 55, 138; zu Testkäufern OLG Bremen NStZ 2012, 220).

1091 Hörfalle

Verwertbar im Wege des Zeugenbeweises sind die Erkenntnisse, die eine **Privatperson** dadurch erlangt hat, dass sie ein auf Veranlassung der Ermittlungsbehörden zwischen dem Beschuldigten und einer V-Person geführtes **Telefongespräch** über die Straftat **mitgehört** hat, jedenfalls wenn es um die Aufklärung **schwererer Straftaten** geht (BGHSt 42, 139; s. aber a. BVerfG NStZ 2000, 489; a.A. u.a. *Roxin* NStZ 1997, 18 in der Anm. zu BGH, a.a.O.; a.A. a. BGH NStZ 1996, 200; s.a. BGH NStZ 1999, 147 [zur Frage der Verwertbarkeit von selbstbelastenden Angaben des Beschuldigten gegenüber einem Mitgefangenen in der U-Haft]; zu allem eingehend *Lesch* GA 2000, 355 und EGMR StV 2004, 1; dazu *Gaede* StV 2004, 46). Als verwertbar angesehen hat der BGH auch den Inhalt eines heimlich aufgezeichneten Gesprächs, das die Ehefrau eines (wegen Betäubungsmitteldelikten) Angeklagten im Rahmen der von ihr initiierten Zusammenarbeit mit der Polizei mit dem nicht inhaftierten Mitangeklagten unter wahrheitswidriger Zusicherung der Vertraulichkeit und Behauptung eines Geständnisses ihres Ehemannes geführt, und in dem der Mitangeklagte seinen Tatbeitrag eingeräumt hat (BGH NStZ 2011, 596 m. krit. Anm. *Barton* StRR 2011, 342 und *Eisenberg* JR 2011, 409). Hat sich der Beschuldigte bereits auf sein

Einlassungsverweigerungsrecht berufen, darf ein VE ihn nicht unter Ausnutzung eines geschaffenen Vertrauensverhältnisses zu einer Aussage drängen und ihm in einer vernehmungsähnlichen Befragung Erklärungen zum Tatgeschehen entlocken (BGH NStZ 2009, 343). Zum Verwertungsverbot für verdecktes Verhör eines inhaftierten Beschuldigten durch einen als Besucher getarnten nicht offen ermittelnden Polizeibeamten unter Zwangseinwirkung hat der BGH in BGHSt 55, 138 Stellung genommen.

Insolvenzverfahren 1092

Die §§ 97, 98 InsO normieren weitgehende Auskunfts- und Mitwirkungspflichten, die mit einem Verbot der **Beweisverwendung** in § 97 Abs. 1 S. 3 InsO korrespondieren (vgl. dazu eingehend *Hefendehl* wistra 2003, 1; *Püschel*, S. 759; BVerfG PStR 2008, 201; LG Potsdam StV 2014, 407; LG Stuttgart wistra 2000, 439). Ein BVV besteht jedoch nicht für Informationen, die der Gemeinschuldner dem Gutachter im Insolvenzverfahren freiwillig gegeben hat (OLG Jena NJW 2010, 3673).

Internet-Ermittlungen 1093

Mit der Verwertbarkeit von Internet-Ermittlungen und den Verfahrensproblemen bei der Einführung in das Verfahren befassen sich *Spatscheck/Alvermann* wistra 1999, 333 (für den Steuerstrafprozess). Sie sind der Auffassung, dass Internet-Ermittlungen im Ausland ohne Zustimmung des betroffenen Staates **völkerrechtswidrig** sind und zu einem BVV führen. Ferner können nach ihrer Auffassung bei dauerhaften Ermittlungen auch die Voraussetzungen der §§ 110a ff. („**Verdeckter Ermittler**") erfüllt sein (zu allem a. *Marberth-Kubicki* StraFo 2002, 277).

Körperliche Untersuchungen des Beschuldigten 1094

Wegen der Einzelh. zu den ggf. gegebenen **BVV** s. *Burhoff*, EV, Rn 2483; zur – unzulässigen – zwangsweisen Verabreichung von Brechmitteln s. „Brechmitteleinsatz" (Rdn 1068).

Körperliche Untersuchungen von anderen Personen 1095

Wegen der Einzelh. zu den ggf. bei körperlichen Untersuchungen von anderen Personen als dem Beschuldigten gegebenen **BVV** s. *Burhoff*, EV, Rn 2511.

Lauschangriff, präventiv-polizeilicher 1096

Wegen der Einzelh. zur Zulässigkeit und dem ggf. vorliegenden **BVV** s. *Burhoff*, EV, Rn 1620 ff.

Lichtbildübermittlung 1097

S. „Übermittlung eines Lichtbildes von Melde- an Ordnungsbehörde" (Rdn 1122).

B Beweisverwertungsverbote

1098 Lügendetektor

Der **Einsatz** eines Lügendetektors ist nach der neuen Rspr. des BGH (BGHSt 44, 308; aus neuerer Zeit BGH NStZ 2011, 474) zwar nicht mehr unzulässig, die Ergebnisse haben jedoch nach Auffassung des BGH keinen Beweiswert und dürfen deshalb nicht verwendet werden (wegen der Einzelh. *Burhoff*, EV, Rn 2596; s.a. BVerfG StraFo 1998, 16; NJW 1998, 1938; OLG Karlsruhe StV 1998, 530; *R. Hamm* NJW 1999, 922).

1099 Mobilfunk

Zur Auskunft über bzw. zur Erhebung von Telekommunikationsverbindungsdaten s. *Burhoff*, EV, Rn 532.

1100 Online-Durchsuchung

Die mit der sog. Online-Durchsuchung zusammenhängenden Fragen sind dargestellt bei *Burhoff*, EV, Rn 2741; vgl. dazu a. *Buermeyer/Bäcker* HRRS 2009, 434.

1101 Polizeiliche Vernehmung des Beschuldigten

Wegen der Einzelh. zu ggf. gegebenen **BVV** s.o. Rdn 1029 ff. und *Burhoff*, EV, Rn 3122 ff.

1102 Postauskünfte

S. → *Telefonüberwachung, Beweisverwertungsverbote*, Rdn 2623 ff. m.w.N.

1103 Postkontrolle im Strafvollzug

Für (Er-)Kenntnisse aus der Postkontrolle kann sich aus § 34 StVollzG ein **BVV** ergeben.

1104 Rasterfahndung

Wegen der Einzelh. zu den ggf. gegebenen **BVV** s. *Burhoff*, EV, Rn 3203 f.

1105 Raumgesprächsaufzeichnung

Zum **BVV** bei einer sog. Raumgesprächsaufzeichnung s. BGHSt 31, 296 und *Burhoff*, EV, Rn 3547.

1106 Rechtswidrig erlangte Beweismittel

S.u. „Tätigkeit von Privatpersonen" (Rdn 1119); s.a. *Eisenberg*, Rn 395 ff.

1107 Richterliche Vernehmung des Beschuldigten

Zu den sich insoweit ggf., insbesondere aus der **Verletzung** der **Benachrichtigungspflicht** des § 168c Abs. 5, ergebenden **BVV** s. *Burhoff*, EV, Rn 3296 f. (s.a. BGHSt 53,

191 zum verneinten BVV für den Mitbeschuldigten, wenn der Verteidiger eines anderen
Beschuldigten nicht vom Termin benachrichtigt worden ist).

Sachverständigenbeweis 1108

Wird der zu Untersuchende **vor** der **Exploration** durch den SV **nicht** oder nicht ordnungsgemäß **belehrt**, kann sich daraus ein **BVV** ergeben; wegen der Einzelh. → *Glaubwürdigkeitsgutachten*, Rdn 1646 m.w.N.

Schadensakte der Versicherung 1109

Nach Auffassung des KG (NJW 1994, 3115 [Ls.]) kann auch die Schadensakte der Versicherung, in der sich **selbstbelastende Angaben** des Beschuldigten/Angeklagten gegenüber seinem Kfz-Haftpflichtversicherer befinden, in einem Strafverfahren gegen den Versicherungsnehmer/Beschuldigten als Beweismittel **verwertet** werden. Dagegen sollen keine verfassungsrechtlichen Bedenken bestehen (BVerfG NJW 1996, 916 [Ls.]).

Schengener Durchführungsübereinkommen/SDÜ 1110

S.o. „Ausländische Beweisergebnisse/Rechtshilfe" (Rdn 1052).

Schriftliche Aufzeichnungen 1111

Schriftliche Aufzeichnungen, die der **Intimsphäre** des Beschuldigten oder eines Zeugen angehören, sind **grds. unverwertbar** (BVerfG NJW 1973, 891; BGHSt 19, 325; *Meyer-Goßner/Schmitt*, Einl. Rn 56 a m.w.N.; vgl. aber BVerfG StraFo 2008, 421; dazu eingehend LR-*Gössel*, Einl. Abschn. K, Rn 72 ff. und die o.a. Lit.-Hinw.).

Aufzeichnungen sind aber nach der Rspr. ggf. dann **verwertbar**, wenn sie nur **äußere Ereignisse festhalten** oder Angaben über begangene oder bevorstehende **schwere Straftaten** enthalten (BVerfG NJW 1990, 563; s.a. BGH NStZ 2000, 383 [Notiz- und Taschenkalender]). In anderen Fällen ist nach BGHSt 34, 397, 401 eine Abwägung zwischen dem Persönlichkeitsschutz und den Belangen einer funktionierenden Strafrechtspflege erforderlich (s.a. BVerfG StraFo 2008, 421 m.w.N.; a.A. BVerfG NJW 1990, 563 [für den absolut geschützten „Kernbereich"]; s. zu allem a. *Meyer-Goßner/Schmitt*, a.a.O. m.w.N.; *Eisenberg*, Rn 390 m.w.N.). Ein schweres Delikt ist **verneint** worden bei dem Vergehen der **geheimdienstlichen Tätigkeit** (BGH, a.a.O.) oder bei einem **BtM-Delikt** (BayObLG NJW 1992, 2370 [noch nicht abgesandter vertraulicher Brief]; OLG Schleswig StV 2000, 11; s.a. für Delikt der Wahlfälschung nach § 107a StGB BerlVerfGH NJW 2004, 593). 1112

Sozialdaten 1113

Nach § 78 Abs. 1 S. 4 SGB X dürfen Sozialdaten, die an Polizeibehörden usw. übermittelt worden sind, unabhängig vom Zweck der Übermittlung sowohl für Zwecke der Gefahrenabwehr als auch für Zwecke der Strafverfolgung und der Strafvollstreckung **verwendet** werden (wegen der Einzelh. s. *Schroeder-Printzen* u.a., Sozialgesetzbuch, Verwaltungsverfahren – SGB X, Kommentar, 3. Aufl. 1996, § 78 Rn 9; zum Schutz von Sozialdaten allgemein *Kunkel* StV 2000, 531).

1114 Staatsanwaltschaftliche Vernehmung des Beschuldigten

Zu den sich insoweit ggf., insbesondere aus der **Verletzung** der **Benachrichtigungspflicht** des § 168c Abs. 5, ergebenden **BVV** s. *Burhoff,* EV, Rn 3392.

1115 Stasi-Unterlagen

Das Gesetz betr. Stasi-Unterlagen v. 20.12.1991 (BGBl I, S. 2272) enthält zahlreiche **BVV**, und zwar in den §§ 4, 5 StUG hinsichtlich der in den Unterlagen enthaltenen **personenbezogenen Daten** (*Eisenberg*, Rn 361).

1116 Steuerstrafverfahren

Wegen ggf. bestehender BVV s. die Lit.-Hinw. bei → *Steuerstrafverfahren*, Rdn 2557, und vor allem auch bei *Burhoff,* EV, Rn 3394.

1117 Stimmenvergleich

Ein **heimlich** herbeigeführter Stimmenvergleich ist **nicht generell unverwertbar**, es sei denn, er ist durch Täuschung erlangt (s. BGHSt 40, 66; BGH NStZ 1994, 597; s. → *Gegenüberstellung von Zeugen*, Rdn 1594, m.w.N. aus der Lit.).

1118 Strafvollzug

S. „Besuchsüberwachung im Strafvollzug" (Rdn 1062) und „Postkontrolle im Strafvollzug" (Rdn 1103).

1119 Tätigkeiten von Privatpersonen

Nach h.M. ist das Ergebnis von privaten Nachforschungen **grds.** auch dann **verwertbar**, wenn die Informationen in **unzulässiger Weise** erlangt worden sind (BGHSt 27, 355, 357; 36, 167, 172; KK-*Senge*, vor § 48 Rn 52; *Eisenberg*, Rn 395 ff.). Etwas anderes soll nur dann gelten, wenn die Beweiserlangung in **extrem menschenrechtswidriger Weise** oder unter **schwerer Verletzung** der **Menschenwürde** erfolgte (KK-*Senge*, a.a.O.; LR-*Gössel*, Einl. Abschn. K, Rn 99 f.; zur Zulässigkeit privater Ermittlungstätigkeit z.B. in Wirtschafts- und Korruptionsstrafverfahren s. *Jahn* StV 2009, 41; *Bittmann/Molkebur* wistra 2009, 373; zur Privatisierung des Strafverfahrens *Brunhöber* GA 2010, 579). Z.T. hat die Rspr. in diesen Fällen aber auch auf einen effektiven Grundrechtsschutz abgestellt (s.o.; vgl. u.a. BGHSt 36, 167 [für Verwertung einer heimlich hergestellten Tonbandaufnahme]; zu allem eingehend *Bockemühl*, a.a.O. und *Wölfl* StraFo 1999, 74; vgl. a. *Walther/Silvermann* ZRP 1999, 100; s.a. „Tonbandaufnahme",

Rdn 1126, und „Hörfalle", Rdn 1091, und dazu BGHSt 42, 139; zur rechtswidrigen Tätigkeit eines Detektivs s. *Jungfer* StV 1989, 495, 504; s.a. *Burhoff*, EV, Rn 1573). M.E. sollte es nicht darauf ankommen, ob das Beweismittel in „extremer" oder unter „schwerer" Verletzung der Menschenwürde erlangt ist. Entscheidend ist die grundrechtswidrige Erlangung des Beweismittels. Allein das sollte der Verwertung entgegenstehen (s.a. *Bittmann/Molkenbur* wistra 2009, 373, 377). Hinzu kommen die Schwierigkeiten bei der Abgrenzung der Frage, was „extrem" oder „schwer" ist.

☞ Die mit diesem ggf. bestehenden BVV zusammenhängenden Fragen sind insbesondere im Hinblick auf die sog. **Liechtensteiner Steueraffäre** in der Diskussion (gewesen); s. dazu „Datendiebstahl/Datenhehlerei" Rdn 1071.

Tagebuchaufzeichnungen 1120

Intime Tagebuchaufzeichnungen sind **grds. unverwertbar** (BGHSt 19, 325; KG StV 2013, 647 m. Anm. *Klaws* StRR 2013, 117; s. aber BGH NStZ 1998, 635; 2000, 383 [Notiz- und Taschenkalender]; OLG Schleswig StV 2000, 11; BVerfG 1990, 563; StraFo 2008, 421 [Abwägung und keine schematische Betrachtungsweise]; zu dieser Rspr. krit. u.a. *Amelung* NJW 1990, 1753; *Meyer-Goßner/Schmitt*, Einl. Rn 56a; LR-*Gössel*, Einl. Abschn. K, Rn 81 f.; s.a. *Kolz* NJW 2005, 3248, der im Hinblick auf die Entscheidung des BGHSt 50, 206 dafür plädiert, im privaten Bereich beschlagnahmte Tagebücher grds. als unverwertbar anzusehen; zum unantastbaren Kernbereich BVerfG NJW 2004, 999 [Lauschangriffsentscheidung]; zu den Ausnahmen und i.Ü. s. „Schriftliche Aufzeichnungen" [Rdn 1109]).

Tagebücher 1121

s. „Tagebuchaufzeichnungen" Rdn 1120.

Telefongespräch 1122

Wegen der Einzelh. zu den ggf. gegebenen **BVV** beim Mithören eines Telefongesprächs → *Telefonüberwachung, Beweisverwertungsverbote*, Rdn 2623 (s.a. BVerfG NJW 2002, 3619 [zur Verwertung von Erkenntnissen, die aus einem rechtswidrigen Mithören gewonnen sind]; BGH NJW 1964, 165; 1970, 1848 [zur Zulässigkeit der Verwertung heimlicher Beobachtungen, die in einem Ehescheidungsverfahren als Beweise eingeführt werden]; s.a. BGH NStZ 2008, 473 und dazu *Prittwitz* StV 2009, 437).

Telefonüberwachung 1123

Wegen der Einzelh. zu den ggf. gegebenen **BVV** → *Telefonüberwachung, Beweisverwertungsverbote*, Rdn 2623.

B   Beweisverwertungsverbote

1124 Testkäufer

Zur Verletzung des Recht auf ein **faires Verfahren** durch Einsatz sog. Testkäufer s. OLG Bremen NStZ 2012, 220 m. Anm. *Hunsmann* StRR 2012, 75.

1125 Telekommunikationsüberwachung

S.o. Rdn 1051 „Auskunft über Telekommunikationsdaten".

1126 Tonbandaufnahmen

Die Verwertung **heimlicher** Tonbandaufnahmen ist grds. **unzulässig** (BGHSt 14, 358). In Fällen **schwerer Kriminalität** soll sie **zulässig** sein (BGHSt 34, 39; zur Verwertung heimlich aufgezeichneter Telefongespräche in einem Strafverfahren wegen Meineids s. BayObLG [NJW 1994, 1671], wonach bei der Verwertung des von einer dritten Person abgehörten Telefongesprächs auf beide Gesprächspartner besonders Bedacht zu nehmen ist; s.a. BayObLG StV 1989, 522 [zur Verwertung einer heimlichen Tonbandaufnahme einer Privatperson]; s.u. Rdn 1132 „Verdeckter Ermittler" und die Entscheidung des Großen Senats zur „Hörfalle" BGHSt 42, 139; s.a. BGH [5. Strafsenat] NStZ 1995, 410; EGMR StV 2004, 1; zu allem LR-*Gössel*, Einl. Abschn. K, Rn 80 ff. und *Walther/ Silvermann* ZRP 1999, 100 sowie *Wölfl* StraFo 1999, 74).

1127 Tonbandprotokolle

Zum **BVV** bei einem Tonbandprotokoll s. BGHSt 31, 304.

1128 Übermittlung eines Lichtbildes von Melde- an Ordnungsbehörde

Die Übermittlung der Kopie des Lichtbildes eines Betroffenen von der Melde- an die Ordnungsbehörde zum Zweck der Täterfeststellung (im OWi-Verfahren) ist **nur ausnahmsweise** zulässig, führt aber nach der obergerichtlichen Rspr. nicht zu einem **BVV** (OLG Brandenburg VRS 105, 221; OLG Frankfurt am Main NJW 1997, 2963; OLG Hamm, Beschl. v. 3.4.1997 – 3 Ss OWi 248/97 [n.v.]; zfs 2010, 111 [für Übermittlung der Kopie eines ausländischen Passes durch die Ausländerbehörde]; OLG Stuttgart NJW 2004, 83; so wohl a. BayObLG NJW 1998, 3656).

☞ **A.A.** ist insoweit das AG Stuttgart (zfs 2002, 355; aufgehoben von OLG Stuttgart NJW 2004, 83). In der **Lit.** wird ebenfalls von einem BVV ausgegangen (s. dazu eingehend *Nobis* DAR 2002, 299; *Steffens* StraFo 2002, 222; *ders.* StraFo 2003, 17 in der Anm. zu OLG Stuttgart, a.a.O.; *Schäpe* DAR 1999, 186). Der Verteidiger muss versuchen, sich trotz der anderen Auffassung der OLG auf diese Stimmen zu berufen (zu allem a. noch Burhoff/*Stephan*, OWi, Rn 377 ff.).

Unterlassene Pflichtverteidigerbestellung   1129

Der **BGH** hat in den Fällen, in denen in EV wegen schwererer Delikte dem Beschuldigten nicht frühzeitig ein Pflichtverteidiger bestellt worden ist, die Frage, ob dadurch ein BVV entsteht, noch **offengelassen** (BGHSt 47, 172; 47, 233). Er geht allerdings jetzt insoweit von einer bloßen „Obliegenheitsverletzung" aus, die bei schweren Delikten nicht zu einem BVV führen soll (BGH NStZ 2006, 236; StV 2006, 568; wegen der Einzelh. zu diesen Fragen *Neuhaus* StV 2010, 45; *Burhoff*, EV, Rn 2973 ff.; s.a. o. Rdn 1029 ff.). Ob diese Rspr. im Hinblick auf den neuen § 140 Abs. 1 Nr. 4 aufrechterhalten werden kann, ist m.E. fraglich (zu § 140 Abs. 1 Nr. 4 s. *Burhoff*, EV, Rn 2847; s. aber BGHSt 60, 38).

Unternehmensinterne Vorermittlungen   1130

Mit den bei unternehmensinternen Vorermittlungen auftretenden Rechtsfragen, wie z.B. einem Verstoß gegen die Selbstbelastungsfreiheit sowie die Grundsätze des fairen Verfahrens, befassen sich *Bittmann/Molkenbur* wistra 2009, 373; *Greeve* StraFo 2013, 89; *Knauer/Buhlmann* AnwBl. 2010, 367, *Knauer/Gaul* NStZ 2013, 192; *Raum* StraFo 2012, 395; *Gerst* CCZ 2012, 1, letzterer insbesondere zur Verwertbarkeit von Aussagen im Rahmen von internen Ermittlungen im Strafverfahren, und *Greco/Caracas* NStZ 2015, 7. Zur Verwertung unternehmensbezogener Ermittlungen s. auch noch *Wehnert* StraFo 2012, 253; zur Beschlagnahmefreiheit für Unterlagen eines mit internen Ermittlungen beauftragten Rechtsanwalts *Bauer* StraFo 2012, 488 und *Thum* HRRS 2012, 536.

Unzulässige Vernehmungsmethoden   1131

Wegen der Einzelh. zu den ggf. gegebenen **BVV** s. *Burhoff*, EV, Rn 3804; zur Täuschung über die Beweislage s. OLG Frankfurt am Main StV 1998, 119.

Verdeckter Ermittler   1132

S.u. „V-Mann" (Rdn 1140); zur Selbstbelastungsfreiheit bei verdeckten Befragungen *Kasiske* StV 2014, 423.

Verkehrsüberwachung durch Private   1133

S.o. „Einsatz von Privatpersonen bei der Verkehrsüberwachung" (Rdn 1080).

Verletzung der Vertraulichkeit des Wortes   1134

Unverwertbar sind durch Verletzung der Vertraulichkeit des Wortes unter Verstoß gegen § 201 StGB gewonnene Beweise, wenn der Betroffene die Verwertung nicht gestattet (BGHSt 36, 167 m.w.N.), sofern nicht besondere Umstände wie z.B. Notwehr oder Nothilfe die Verwertung rechtfertigen (BGHSt 34, 39; zu allem eingehend *Meyer-Goßner/Schmitt*, Einl. Rn 56b).

| B | Beweisverwertungsverbote |

1135 Vernehmungen im EV

Wegen der Einzelh. s.u.a. die Verweise oben bei Rdn 1030 ff.

1136 Verständigung (§ 257c)

Offen war die Frage, wie nach einem Fehlschlagen einer Absprache/eines Deals mit einem vorgeleisteten Geständnis zu verfahren ist (vgl. dazu *Kölbel* NStZ 2003, 232; BGHSt 50, 40). Diese ist in § 257c Abs. 4 S. 3 inzwischen dahin entschieden, dass insoweit ein BVV besteht; → *Absprachen/Verständigung mit Gericht und Staatsanwaltschaft*, Rdn 137 ff.).

1137 Verwaltungsverfahrensrechtliche Mitwirkungspflichten

Aus dem Spannungsverhältnis zwischen der Aussagefreiheit im Strafverfahren und ggf. im Verwaltungsverfahren bestehenden **Mitwirkungspflichten** können sich BVV ergeben (vgl. dazu *Bärlein* u.a. NJW 2002, 1825).

1138 Videoaufnahmen

S.o. „Bildaufnahmen" (Rdn 1064) und „Einsatz technischer Mittel/Maßnahmen ohne Wissen des Betroffenen" (Rdn 1079).

1139 Videovernehmung (im EV)

Eine Videovernehmung (im EV) ohne Mitwirkung des Verteidigers kann zu einem **BVV** führen (OLG München StV 2000, 352; s. aber zu den Folgen der Nichtteilnahme des Beschuldigten für die Verwertbarkeit der Aufzeichnung der Vernehmung in der HV a. BGHSt 49, 72; zur Videovernehmung im EV s. *Burhoff*, EV, Rn 4175; → *Videovernehmung in der Hauptverhandlung*, Rdn 3307).

1140 V-Mann

Wegen der Einzelh. zu den ggf. vorliegenden **BVV** → *Verwertung der Erkenntnisse eines (gesperrten) V-Mannes*, Rdn 3241 ff.; s.a. *Burhoff*, EV, Rn 3833 ff.

1141 Vorratsdatenspeicherung

Wegen der Einzelh. *Burhoff*, EV, Rn 532, und auch *Meinicke* HRRS 2011, 398.

1142 Vorstrafen des Beschuldigten

Wegen der Einzelh. → *Feststellung von Vorstrafen des Angeklagten*, Rdn 1521; zum umfassenden Verwertungsverbot aus § 29 Abs. 8 S. 2 StVG s. OLG Celle VRR 2009, 390.

1143 Zeuge vom Hörensagen

S.o. „Verdeckter Ermittler" (Rdn 1132).

Zeugnisverweigerungsrecht 1144

Zur Frage, ob die nach Bruch einer Schweigepflicht gemachte Aussage verwertbar ist →
Zeugnisverweigerungsrecht, Rdn 3581.

Zufallsfunde 1145

Die Verwertbarkeit von Zufallsfunden wird insbesondere in Zusammenhang mit den Ergebnissen diskutiert, die bei einer Telefonüberwachung hinsichtlich anderer Taten als der, wegen der die Telefonüberwachung angeordnet war, gewonnen worden sind. Deshalb kann auf die Ausführungen bei → **Telefonüberwachung**, *Beweisverwertungsverbote*, Rdn 2623, verwiesen werden (dazu besonders *Kretschmer* StV 1999, 221).

☞ **Umstritten** ist, ob und ggf. unter welchen Voraussetzungen das Beweismaterial, das erst aufgrund der Informationen, für die ein BVV besteht, gewonnen wurde, verwertbar ist (sog. **Fernwirkung**). Der BGH lehnt in seiner Rspr. eine Fernwirkung ab (vgl. zuletzt BGHSt 51, 1 [für Telefonüberwachung], vgl. i.Ü. *Burhoff*, EV, Rn 599).

Beweisverzicht 1146

Literaturhinweise: Rieß, Die Stellung des Verteidigers beim Verzicht auf die Verwendung präsenter Beweismittel, NJW 1997, 881; s.a. die Hinw. bei → *Beweisantragsrecht, Allgemeines*, Rdn 971 und → *Präsentes Beweismittel*, Rdn 2036. 1147

1. Nach § 245 Abs. 1 S. 1 erstreckt sich die **Beweiserhebungspflicht** des Gerichts auf alle 1148 vorgeladenen und erschienenen Zeugen und SV sowie auf die sonstigen herbeigeschafften Beweismittel. Dazu gilt: Erschienen sind **Zeugen** oder SV, wenn sie als anwesende Beweispersonen **erkennbar** und als solche verwendbar sind (BGHSt 24, 280, 282). Das gilt nicht (mehr) für Zeugen, die bereits entlassen sind (BGH NStZ 1986, 207 [Pf/M]). Um herbeigeschaffte **Beweisgegenstände** i.S.d. § 214 (Urkunden und Augenscheinsobjekte) handelt es sich, wenn das Gericht zu erkennen gegeben hat, dass es einen konkreten Beweisgegenstand auch als **Beweismittel** verwenden **will**, also z.B. eine bestimmte Urkunde aus einer Urkundensammlung (BGHSt 37, 168; zu allem KK-*Krehl*, § 245 Rn 9 ff.; Alsberg/*Tsambikakis*, Rn 1473 ff.).

☞ Die Verletzung des § 245 Abs. 1 kann in der **Revision** mit der **Verfahrensrüge** gerügt werden (zu deren Begründung s.u.a. BGH NJW 1996, 1685 m.w.N.; NStZ-RR 1999, 36 [K]). Für die „Beruhensfrage" gelten keine Besonderheiten. Allerdings sollte der Verteidiger dazu ggf. vortragen (s. die Fallgestaltung bei BGH NJW 1996, 1685).

B Beweisverzicht

1149 2. Von der danach bestehenden Beweiserhebungspflicht darf nur bei einem Verzicht aller Prozessbeteiligten abgesehen werden (Alsberg/*Tsambikakis*, Rn 1507 ff.). Den **Verzicht** erklären muss neben dem Angeklagten und der StA auch der **Verteidiger**, nicht aber der Nebenkläger (s. die Regelung des § 397 Abs. 1; → *Nebenklägerrechte in der Hauptverhandlung*, Rdn 1941). Hat der Angeklagte **mehrere** Verteidiger, müssen alle zustimmen (LR-*Becker*, § 227 Rn 10; *Meyer-Goßner/Schmitt*, § 245 Rn 9). Im **Jugendstrafverfahren** müssen gesetzliche Vertreter und Erziehungsberechtigte nicht zustimmen, wohl aber der Beistand nach § 69 JGG (→ *Jugendgerichtsverfahren, Besonderheiten der Hauptverhandlung*, Rdn 1754).

1150 Wird in **Abwesenheit** des **Angeklagten** verhandelt, kann der den Angeklagten vertretende Verteidiger grds. nach § 234a Hs. 1 die Zustimmungserklärung abgeben (→ *Vertretung des Angeklagten durch den Verteidiger*, Rdn 3208). Wird der Angeklagte gem. § 247 vorübergehend aus der HV entfernt, ist seine Zustimmung allerdings notwendig (BGH MDR 1983, 282 [H]; KK-*Krehl* § 245 Rn 18 m.w.N.; → *Entfernung des Angeklagten aus der Hauptverhandlung*, Rdn 1408).

1151 3. Der Verteidiger muss den Verzicht auf die Beweiserhebung **eindeutig**, wenn auch nicht ausdrücklich, erklären (zu allem Alsberg/*Tsambikakis*, Rn 1512 ff.). Der Verzicht kann in einer **schlüssigen** Handlung liegen (BGH NJW 1978, 1815 [für Vereidigung]), etwa in dem Einwirken auf einen Zeugen, nichts auszusagen (OLG Hamm VRS 45, 123 [Angeklagte wirkt auf einen Zeugen ein, ein Auskunftsverweigerungsrecht in Anspruch zu nehmen]). Ggf. kann auch in der Nichtwiederholung eines vor der HV gestellten Beweisantrags ein konkludenter Verzicht liegt (OLG Hamm NJW 1999, 1416 [Ls.]; OLG München StV 2011, 401 [Ls.]; zu einem Sonderfall s.a. noch BGH NStZ 1999, 419 [kein Verzicht, wenn Vorsitzender bei Beharren auf einem Beweisantrag mit Entpflichtung des Verteidigers droht]; → *Beweisantrag zur Vorbereitung der Hauptverhandlung*, Rdn 995). Bloßes **Stillschweigen** des Verteidigers ist grds. **kein Verzicht** (BGH StV 1998, 360; OLG Köln StV 2004, 311 [zugleich auch zur Auslegung des Protokollvermerks „Auf Vernehmung des Zeugen wird verzichtet"]; *Meyer-Goßner/Schmitt*, § 245 Rn 11, jew. m.w.N.). Im Schweigen des Verteidigers zu einem vom Angeklagten erklärten Verzicht soll aber die Zustimmung des Verteidigers liegen (KK-*Krehl*, § 245 Rn 9 m.w.N.; Alsberg/*Tsambikakis*, Rn 1511 [Scheinproblem]; s.a. BayObLG NJW 1978, 1817 [für den umgekehrten Fall]).

> Dem Verteidiger ist daher in diesen Fällen zu **raten**, nach **außen deutlich** zu **machen**, wenn er – anders als sein Mandant – nicht auf die Beweiserhebung verzichten will. Hier empfiehlt es sich auch, eine kurze → *Unterbrechung der Hauptverhandlung*, Rdn 2701, zu beantragen, um sich mit dem Mandanten beraten zu können.
>
> Hat das Gericht zu erkennen gegeben, dass es ein in einem Beweisantrag zum Ausdruck gebrachtes Beweisbegehren für erledigt hält, kann der Verteidiger u.U. verpflichtet sein, ausdrücklich **klarzustellen**, dass er das Beweisbegehren **nicht** für **erle-**

Beweisverzicht **B**

digt ansieht (BGH StV 1988, 469 [insoweit nicht in NStZ 1988, 420]; zur „Mitwirkungspflicht" s.a. BGH NStZ 2009, 171; → *Beweisantrag, Zurücknahme*, Rdn 987).

4. Der Verteidiger kann auf das Beweismittel **ganz** oder auch nur **teilweise** verzichten, also z.B. auf die teilweise Verlesung einer Urkunde oder eines Gutachtens oder auf die Vernehmung eines Zeugen zu bestimmten Tatkomplexen. Hat ein **Zeuge** bereits mit seiner **Aussage begonnen**, kann er auf dessen weitere Vernehmung zu demselben Tatkomplex allerdings **nicht** mehr verzichten (*Meyer-Goßner/Schmitt*, § 245 Rn 12 m.w.N.).

1152

☞ Der Verzicht ist **bedingungsfeindlich**. Er kann also nicht nur für den Fall erklärt werden, dass das Gericht den Angeklagten nicht oder nur in einem bestimmten Umfang oder mit einem bestimmten Strafmaß verurteilt. Der Verzicht kann auch **nicht** später **zurückgenommen** oder **widerrufen** werden (OLG Oldenburg Nds.Rpfl. 1979, 110; *Meyer-Goßner/Schmitt*, § 245 Rn 13).

5. Hinweis für den Verteidiger

1153

Der Verteidiger muss sich **sorgfältig überlegen**, ob er auf ein Beweismittel verzichten soll oder nicht. I.d.R. wird er das vom (bisherigen) **Beweisergebnis** abhängig machen. Ist es für den Mandanten günstig, kann er das Verfahren im Interesse des Mandanten abkürzen, ist es für den Mandanten ungünstig, wird er, wenn noch Entlastungszeugen zu vernehmen sind, auf diese selbstverständlich nicht verzichten. Für seine Entscheidung muss der Verteidiger nach Möglichkeit die Beurteilung des Beweisergebnisses durch das Gericht zu erfahren suchen. Wenn das Gericht seine Meinung nicht von selbst deutlich kundtut, gelingt das am besten dadurch, dass der Verteidiger seinen Verzicht zunächst **nur ankündigt**, um dadurch das Gericht und den StA zu Äußerungen zu veranlassen.

Es ist auch immer zu bedenken, dass das Gericht die (herbeigeschafften) Beweismittel ausschöpfen muss, ohne dass es dazu eines besonderen (Beweis-)Antrags bedarf. Hat der Verteidiger erst wirksam auf die Beweiserhebung verzichtet, kann er zwar die Beweiserhebung **erneut beantragen**, muss dafür aber einen **förmlichen** → *Beweisantrag*, Rdn 835, stellen (*Meyer-Goßner/Schmitt*, § 245 Rn 14 m.w.N.). Dieser unterliegt der Ablehnung unter den Voraussetzungen des § 244 Abs. 3.

1154

6. Für die **Vertretung** des Angeklagten/Betroffenen durch den Verteidiger gelten die **allgemeinen Grundsätze**, die zu den §§ 234, 411 Abs. 2 entwickelt sind. Es kann insoweit auf → *Vertretung des Angeklagten durch den Verteidiger*, Rdn 3208, verwiesen werden.

1155

Siehe auch: → *Beweisantragsrecht, Allgemeines*, Rdn 978, m.w.N.; → *Beweisantrag, Zurücknahme*, Rdn 987.

1156 Blinder/stummer Richter

1157 **Literaturhinweise: Hunsmann,** Die Mitwirkung hör-, seh- und sprachbehinderter Personen im Strafverfahren, StRR 2014, 324; **Reichenbach,** Die Mitwirkung blinder Richter im Strafverfahren, NJW 2004, 3160; **Schulze,** Blinde Richter – aktueller Stand von Diskussion und Rechtsprechung, MDR 1995, 670.

1158 1. Uneinheitlich beantwortet die **Rspr.** die Frage, ob ein **blinder Richter** an der HV teilnehmen kann. Der Meinungsstand dazu lässt sich im Einzelnen wie folgt zusammenfassen (vgl. zu allem a. *Meyer-Goßner/Schmitt,* § 338 Rn 10 ff. m. zahlr. weit. Nachw. aus der Lit.; eingehend zur Diskussion und zum Stand der Rspr. *Hunsmann* StRR 324, 328; *Reichenbach* NJW 2004, 3160; *Schulze* MDR 1995, 670):

1159
- **Einigkeit** besteht zwischen dem 3. und 4. Strafsenat des BGH darüber, dass ein blinder Richter den **Vorsitz** in einer **erstinstanzlichen HV nicht** führen kann (BGHSt 35, 164; BGH NStE § 338 Nr. 1 Nr. 5; StV 1989, 143; a.A. *Schulze,* a.a.O.).

- Ob darüber hinaus die Mitwirkung eines blinden (Tat-)Richters **überhaupt unzulässig** ist, wird **nicht einheitlich** beantwortet. Der 4. Strafsenat des BGH neigt zu dieser Auffassung (BGHSt 34, 236; so wohl a. BVerfG NJW 2004, 2150 [für einen blinden Schöffen]), während demgegenüber der 3. (StV 1989, 143) und 5. Strafsenat (zuletzt BGHSt 11, 74, 78 m.w.N.) der Meinung sind, dass grds. **auch** blinde Richter **Tatrichter** sein können. Die Besetzung des Gerichts sei nur beeinträchtigt, wenn es in der HV zur → *Augenscheinseinnahme,* Rdn 348, komme (s. die o.a. Rspr.; KK-*Gericke,* § 338 Rn 50; a.A. *Meyer-Goßner/Schmitt,* § 338 Rn 11; s.a. noch BGHSt 18, 51 [Verwendung einer Tatortskizze]; BGH MDR 1964, 522; zur **Glaubwürdigkeitsbeurteilung** durch den blinden Richter s. *Schulze* MDR 1995, 671 f.; zu allem *Reichenbach* NJW 2004, 3160). Die Ausführungen gelten für blinde Schöffen entsprechend (*Hunsmann* StRR 2014, 324, 329).

- Das OLG Zweibrücken ist hinsichtlich des Vorsitzenden einer **Berufungsstrafkammer** a.A. (vgl. NJW 1992, 2437). In der Berufungsinstanz soll die Mitwirkung eines blinden Vorsitzenden jedenfalls zulässig sein (vgl. dazu a. BVerfG NJW 1992, 2075, das die gegen diesen Beschluss erhobene Verfassungsbeschwerde nicht zur Entscheidung angenommen hat).

1160 2. Dass ein **stummer** Richter **nicht** mitwirken darf, folgt aus dem Grundsatz der Mündlichkeit der HV (*Meyer-Goßner/Schmitt,* § 338 Rn 12; *Hunsmann* StRR 2014, 324, 329). Das Gleiche gilt für die Mitwirkung eines **tauben** Richters (BGHSt 4, 191, 193). Auch stumme/taube Schöffen sind von der HV ausgeschlossen (*Hunsmann,* a.a.O.).

1161 **3. Hinweis für den Verteidiger!**

Hat ein Richter mit einer der o.a. körperlichen Behinderungen teilgenommen, liegt i.d.R. ein **absoluter Revisionsgrund** nach § 338 Nr. 1 vor. In der Revision muss dann vorgetragen werden, dass der Richter tatsächlich blind ist (BGHR StPO § 338 Nr. 1 Richter, blinder, Nr. 6). Es tritt, wenn der Verteidiger die Teilnahme des behinderten Richters **nicht gerügt hat, keine Präklusion** nach §§ 222a, 222b ein (BGHSt 34, 236; → *Besetzungseinwand*, Rdn 791).

Blutalkoholfragen/Atemalkoholmessung 1162

Das Wichtigste in Kürze:
1. In der (Verteidigungs-)Praxis sind (Blut-)Alkoholfragen von wesentlicher Bedeutung.
2. Häufig ist es notwendig, die BAK ohne eine Blutuntersuchung zu bestimmen. Das ist z.B. der Fall, wenn der Angeklagte so spät nach Tatbegehung gefasst wird, dass die Entnahme einer Blutprobe sinnlos ist, da der vor der Tat genossene Alkohol bereits wieder abgebaut wurde, oder wenn der Angeklagte sich erst später dahin einlässt, dass er vor der Tatbegehung Alkohol zu sich genommen hatte.
3. Wenn der Beschuldigte einen sog. Nachtrunk behauptet, muss für die Berechnung der Tatzeit-BAK die Alkoholmenge des Nachtrunks ermittelt und von der festgestellten BAK abgezogen werden.
4. Häufig ergibt sich auch die Notwendigkeit einer Rückrechnung vom Zeitpunkt der Blutentnahme auf die Tatzeit-BAK, da sich der Blutalkoholgehalt zwischen der Tatzeit und der Blutentnahme verändert hat.
5. Die BAK hat im Hinblick auf die §§ 20, 21 StGB eine Indizwirkung.
6. Wird dem Angeklagten/Betroffenen ein Verstoß gegen § 24a StVG vorgeworfen, liegt dem i.d.R. eine sog. Atemalkoholmessung zugrunde.
7. In den letzten Jahren sind Rspr. und Lit. aufgrund der Entscheidung des BVerfG v. 12.2.2007 die Fragen der Verwertbarkeit einer unter Missachtung des Richtervorbehalts (§ 81a Abs. 2) entnommenen Blutprobe kontrovers diskutiert worden.

Literaturhinweise: **Aderjan/Schmidt/Schulz**, Überprüfung von Trinkangaben und Nachtrunkbehauptungen durch Analyse von Begleitstoffen alkoholischer Getränke in Blutproben, NZV 2007, 167; **Altvater**, Rechtsprechung des BGH zu den Tötungsdelikten, NStZ 2006 86 m.w.N. zu früheren Rspr.-Übersichten; **Barton**, Rechtsprechungsübersicht zu strafrechtlichen Problemen des Blutalkohols, StV 1983, 428; **Bode**, Die Feststellung alkoholbedingter Fahrunsicherheit, ZAP F. 9, S. 121; *ders.*, Neuere Rechtsprechung zu Alkohol und anderen Drogen im deutschen Straßenverkehrs-Strafrecht II, BA 1997, 4; **Brocke/Herb**, Strafverfolgung nach Dienstschluss – Justiz im Dauereinsatz?, StraFo 2009, 46; *dies.*, Richtervorbehalt und Gefahr im Verzug bei Blutentnahmen gem. § 81a StPO, zugleich eine Erwiderung auf *Fickenscher/Dingelstadt*, NStZ 2009, 124 ff., NStZ 2009, 671; **Burhoff**, Atemalkoholmessung: Anforderungen an Messverfahren, VA 2002, 152; *ders.*, Atemalkoholmessung: Anforderungen an Messverfahren, VA 2002, 171; *ders.*, Die Atemalkoholmessung in der Praxis, VA 2004, 213; *ders.*, Missachtung des Richtervorbehalts für Anordnung einer Blutentnahme (§ 81a StPO) – worauf muss der Verteidiger achten?, StRR 2009, 204; *ders.*, VRR-Rechtsprechungs- 1163

B Blutalkoholfragen/Atemalkoholmessung

Übersicht – Missachtung des Richtervorbehalts für Anordnung einer Blutentnahme (§ 81a StPO), VRR 2009, 207; **Busch**, Richtervorbehalt bei der Blutprobe Vorschlag zur Neuordnung der Anordnungskompetenz für die Entnahme von Blutproben, ZRP 2012, 79; **Cierniak/Herb**, Pflicht zur Belehrung über die Freiwilligkeit der Teilnahme an einer Atemalkoholmessung, NZV 2012, 409; **Dencker**, Blutentnahme ohne richterliche Anordnung – ein Zwischenfazit, DAR 2009, 257; **Deutscher**, Alkoholbedingte Schuldunfähigkeit bei Verkehrsstraftaten (Teil 1), VRR 2006, 209; ders., Alkoholbedingte Schuldunfähigkeit bei Verkehrsstraftaten (Teil 2), VRR 2006, 248; **Duensing**, Schuldmindernde Wirkung des zurechenbaren Alkoholgenusses, StraFo 2005, 15; **Ebert**, Die Anordnungskompetenz bei Blutentnahmen nach § 81a Abs. 2 StPO Gefährdung des Untersuchungserfolges durch formelle und materielle Verzögerung, ZIS 2010, 249; **Elsner**, Zur Streichung des Richtervorbehalts des § 81a Abs. 2 StPO zur Anordnung von Blutproben bei Trunkenheits- und Drogenfahrt – ein Gesetzesvorschlag, DAR 2010, 633; **Fikentscher/Dingelstadt**, Der Richtervorbehalt nach § 81a II StPO bei Trunkenheitsfahrten, NStZ 2009, 124; **Fromm**, Die Einwilligung zur Entnahme einer Blutprobe, DV 2011, 2; **Gehrmann/Sigrist**, Zur Verfälschung von Blutalkoholproben, Krim 1997, 141; **Geppert**, Zur Belehrungspflicht über die Freiwilligkeit der Mitwirkung an einer Atemalkoholmessung und zu den Folgen ihrer Verletzung, NStZ 2014, 481; **Grohmann**, Deutsches Promillerecht – Überblick und Leitfaden für die verkehrsgerichtliche Praxis, BA 1996, 177; **Haffner/Erath/Kardatzki**, Alkoholtypische Verkehrsunfälle als zusätzliche Beweisanzeichen für relative Fahruntüchtigkeit, NZV 1995, 301; **Hagen/Iffland**, Virtuelle Alkohol- oder Trunkenheitsfahrten, DAR 2002, 475; **Harbort**, Fehlerquellen bei Blutprobe und Blutalkohol – Ansatzpunkte für den Anwalt in Straßenverkehrssachen, ZAP F. 9, S. 357; **Haubrich**, „Vergleichende Blutprobe" als Prozeßverschleppung, NJW 1981, 2507; **Heinrich**, Kein Richtervorbehalt nach § 81a II StPO bei Blutentnahmen zwischen 21.00 Uhr und 6.00 Uhr – kritische Anmerkungen zu OLG Bamberg, Az. 2 Ss OWi 1423/2009 und 2 Ss OWi 1283/2009 sowie Grundzüge der aktuellen Rechtsprechung zu § 81a II StPO –, NZV 2010, 278; **Herbst/Theurer**, § 81a StPO – Kompetenznorm im Spannungsfeld zwischen effektiver Strafverfolgung bei Trunkenheitsfahrten, Richtervorbehalt und Grundrechten des Beschuldigten, NZV 2010, 544; **Iffland**, Renaissance der Doppelblutprobe – Ein kritischer Kommentar zum Gemeinsamen Runderlaß vom 1.7.1995, NZV 1996, 129; **Iffland/Eisenmenger/Bilzer**, Bedenken gegen die Verwertbarkeit des Atemalkoholspiegels in der forensischen Praxis, NJW 1999, 1379; **Janker**, Verteidigung bei Trunkenheit im Verkehr (§ 316 StGB) – Probleme des Vorsatznachweises, DAR 2001, 151; ders., Der langsame Abschied von der Blutprobe – Aktuelle Fragen zum Führen von Kraftfahrzeugen unter Alkoholeinfluss nach § 24a Abs. 1 StVG sowie § 316 StGB, DAR 2002, 49; ders., Anordnung einer Blutentnahme nach § 81a StPO zur Feststellung der Tatzeit-BAK nach einer Trunkenheitsfahrt nur noch durch den Richter – ein Paradigmenwechsel?, Polizei 2008, 277; **Klaus**, Beweiserhebungsverbot: Ja, Beweisverwertungsverbot: Nein ... oder doch?, VRR 2009, 13; **Kröber**, Kriterien verminderter Schuldfähigkeit nach Alkoholkonsum, NStZ 1996, 569; **Krumm**, Die BAK-Bestimmung anhand von Trinkmengenangaben, NJW 2010, 1577; ders., Die Prüfung der Atemalkoholmessung im Bußgeldverfahren, NJW 2012, 1860; **Laschewski**, Liegt auch künftig noch Gefahr im Verzug vor? Zur Eilanordnung einer Blutentnahme durch die Strafverfolgungsbehörden, BA 2008, 232; **Maatz**, §§ 20, 21 StGB, Privilegierung der Süchtigen? – Zur normativen Bestimmung der Schuldfähigkeit alkoholisierter Straftäter, StV 1998, 279; **Meier**, Richtervorbehalt bei der Blutprobe: Verzichtbare Belastung aller Verfahrensbeteiligten?, ZRP 2011, 223; **Metz**, Neuere Rechtsprechung zur Anordnung der Blutentnahme (§ 81a StPO) – 1. Teil, NStZ-RR 2010, 231; ders., Neuere Rechtsprechung zur Anordnung der Blutentnahme (§ 81a StPO) – 2. Teil, NStZ-RR 2010, 271; ders., Rangverhältnis der Staatsanwaltschaft zu ihren Ermittlungspersonen bei Gefahr im Verzug, NStZ 2012, 242; **Müller/Trurnit**, Eilzuständigkeit der Staatsanwaltschaft und des Polizeivollzugsdienstes in der StPO, StraFo 2008, 144; **Peglau**, Richtervorbehalt bei der Blutprobenentnahme – Anforderungen des BVerfG, NJW 2010, 2850; **Pichon**, Unendliche Geschichte: Neues zum Richtervorbehalt bei Blutentnahmen (§ 81a Abs. 2 StPO), HRRS 2011, 472; **Pfister**, Die Beurteilung der Schuldfähigkeit in der Rechtsprechung des Bundesgerichtshofs, NStZ-RR 2014, 193; ders., Die Beurteilung der Schuldfähigkeit in der Rechtsprechung des Bundesgerichtshofs, NStZ-RR 2015, 161; **Prittwitz**, Richtervorbehalt, Beweisverwertungsverbot und Widerspruchslösung bei Blutentnahmen gem. § 81a Abs. 2 StPO, StV 2008, 486; **Rau**, Verminderte Schuldfähigkeit (§ 21 StGB) und selbstverschuldete Trunkenheit, JR 2004, 401; **Rusteberg**, Unbestimmte Grenzwerte – Alkoholkonzentration und „nulla poena"-Grundsatz, StraFo 2010, 407; **Salger**, Zur korrekten Berechnung der Tatzeit-Blutalkohol-Konzentration, DRiZ 1989, 174; **Schoknecht**, Beurteilung von Blutalkoholbestimmungen nach dem ADH- und GC-Verfahren, NZV 1996, 217; **Schütz/Weiler**, Basiswissen zur Berechnung von BAK-Werten aus Trinkdaten, StraFo 1999, 371; **Schuff**, Fehler und Störeinflüsse bei der gerichtsverwertbaren AAK-Messung, StRR 2012, 177 = VRR 2012, 178; *ders.*, Kritisches zu den Beobachtungen im Rahmen der Blutentnahme, StRR 2012, 406; **Siebler**, Die forensischen Untersuchungsmethoden rund um die Blutprobe und ihre Alternativen, sowie die diffizilen normierten strafprozessualen Schwierigkeiten im praktischen Alltag der Strafverfolgungsbehörden, Polizei 2009, 233; **Streng**, Ausschluss der Strafmilderung gem. § 21 StGB bei eigenverantwortlicher Berauschung?, NJW 2003, 2963; **Verhoff/Oehmke/Schütz/Weiler**, Ein Beitrag zur Berechnung der Mindest-BAK bei Nachtrunkbehauptung, BA 2005, 85; **Wilske**, Die „beweissichere Atemalkoholprobe" – Wie beweissicher ist sie?, DAR 2000, 16; **Zimmer/Schmitt/Herbold**, Online-Berechnungen der Blutalkoholkonzentration im Internet, BA 2004, 203; s.a. die Hinw. bei → *Sachverständigenbeweis*, Rdn 2436.

1.a) In der (Verteidigungs-)Praxis sind (Blut-)Alkoholfragen von wesentlicher Bedeutung. Sie spielen nicht nur wegen der Vielzahl der **Straßenverkehrsdelikte** eine wesentliche Rolle, sondern haben auch außerhalb dieses Bereichs im Rahmen der Fragen der **Schuldfähigkeit** (§§ 20, 21 StGB) für den Angeklagten wesentliche Auswirkungen. Im Bereich des Straßenverkehrs steht vor allem die Atemalkoholmessung in der Praxis im Vordergrund (vgl. dazu u. Rdn 1188 f.). Hinsichtlich der **Verwertbarkeit** einer **Blutprobe** sind seit der Entscheidung des BVerfG v. 12.2.2007 (NJW 2007, 1345) die Fragen in Zusammenhang mit der ggf. unter **Missachtung** des **Richtervorbehalts** des § 81a Abs. 2 erfolgten Blutentnahme in der Diskussion. Diese sind bei Rdn 1193 ff. dargestellt. Die Problematik hat sich allerdings in der Rspr. in der neueren Zeit abgeschwächt.

1164

Hier können nicht alle mit diesen Fragen zusammenhängenden Probleme behandelt werden, vielmehr sollen nur einige **Hinweise** und **Berechnungsbeispiele**, insbesondere zur sog. Rückrechnung und zur Ermittlung der BAK ohne Blutuntersuchung (s.u. Rdn 1167 ff., 1177 ff.), gegeben werden. Damit sollte der Verteidiger in der Lage sein, in der HV, wenn sich erst dort aufgrund der Einlassung des Angeklagten ergibt, dass bei Tatbegehung Alkohol mit im Spiel war, sofort zu reagieren. Zur Atemalkoholmessung werden die sich aus der Entscheidung BGHSt 46, 358 für die Praxis ergebenden Auswirkungen dargestellt (s.u. Rdn 1188 f.; s. eingehend dazu a. Burhoff/*Burhoff*/*Böttger*, OWi, Rn 3799 ff.; Burhoff/*Burhoff*, OWi, Rn 3831 ff.). Der um die grds. Verwertbarkeit einer Atemalkoholmessung bestehende Streit ist durch diese Rspr. des BGH erledigt. I.Ü. wird **verwiesen** auf die Komm. zu den **§§ 20, 21 StGB** bei *Fischer,* auf Ludovisy/Eggert/Burhoff/*Burhoff*, § 4 Rn 1 ff. und auf die o.a. Lit.-Hinw.

1165

b) Besteht die Möglichkeit während der HV oder während einer → *Unterbrechung der Hauptverhandlung*, Rdn 2701, auf das **Internet** zuzugreifen, können auch dort an verschiedenen Stellen Promillerechner benutzt werden. Sie können entweder z.B. über meine Homepage www.burhoff.de unter der Rubrik „Service – Links – Linksamm-

1166

lung – Hilfsmittel" aufgesucht werden bzw. direkt über die entsprechenden Adressen. Hinzuweisen ist auf folgende **Promillerechner**:
- http://www.blut-alkohol-homepage.de/promillerechner.php,
- https://www.ssl-id.de/alkohol-lexikon.de/ALCOHOL/AL_GE/Promillerechner.php,
- http://www.kardiolab.ch/Alkohol_Widmark.html,
- http://promillerechner.net.

> Hinsichtlich der Verwendbarkeit ist allerdings **Vorsicht** geboten ist, da die Promillerechner nicht immer die von der Rspr. für die Berechnung der BAK aufgestellten Kriterien berücksichtigen (vgl. Schütz/Weiler StraFo 1999, 371; dazu auch eingehend Zimmer/Schmitt/Herbold GA 2004, 203).

1167 2.a) Häufig ist es notwendig, die **BAK ohne** eine **Blutuntersuchung** zu bestimmen. Das ist vor allem dann der Fall, wenn der Angeklagte so spät nach Tatbegehung gefasst wird, dass die Entnahme einer Blutprobe sinnlos ist, da der vor der Tat genossene Alkohol bereits wieder abgebaut wurde, oder wenn der Angeklagte sich erst später dahin einlässt, dass er vor der Tatbegehung Alkohol zu sich genommen hatte (zu dem erforderlichen Basiswissen *Schütz/Weiler* StraFo 1999, 371; zu den verschiedenen Nachweismethoden s.a. *Fischer*, § 20 Rn 12a ff. m.w.N. und Ludovisy/Eggert/Burhoff/*Burhoff*, § 4 Rn 3 ff.; zur Ermittlung der Tatzeit-BAK auch *Krumm* NJW 2010, 1577).

> Die Neufassung des § 24a StVG lässt zur Feststellung der Alkoholisierung neben der Blutalkoholbestimmung die **Atemalkoholmessung** als gleichwertiges Verfahren zu. In der Lit. ist in der Vergangenheit die forensische Verwertbarkeit allerdings bezweifelt worden (vgl. die zahlr. Nachw. aus der Lit. bei *Hentschel/König/Dauer*, Straßenverkehrsrecht, 43. Aufl. 2015, § 24a Rn 16 und bei den o.a. Lit.-Hinw.; vgl. a. Burhoff/*Burhoff*/Böttger, OWi, Rn 3799 ff.). Der BGH (BGHSt 46, 358) hat jedoch gegen die Verwertbarkeit der Ergebnisse einer Atemalkoholmessung keine Bedenken, wenn bei der Messung das vom Hersteller vorgeschriebene Verfahren eingehalten worden ist (s. dazu u. Rdn 1188).
>
> Auch das BVerfG (zfs 2002, 95) hat keine Einwände gegen die gerichtliche Verwertung einer Atemalkoholmessung gehabt. Die **Atemalkoholmessung** ist derzeit aber **nur** im Bereich des **§ 24a StVG** als gerichtlich verwertbar anerkannt (BGH, a.a.O.; BayObLG DAR 2000, 316; KG VRS 113, 52; OLG Naumburg NStZ-RR 2001, 105; zfs 2001, 135; 2001, 137; s.a. *Janker* DAR 2002, 49 ff. m.w.N.). Eine **Umrechnung**/Übertragung der gemessenen Werte auf die BAK ist (noch) nicht zulässig (BGH, a.a.O.; BayObLG, a.a.O.; OLG Zweibrücken NStZ 2002, 269; OLG Naumburg, a.a.O.; zu allem eingehend *Janker*, a.a.O.; *Hentschel/König/Dauer*, Straßenverkehrsrecht, § 316 StGB Rn 52a m.w.N.; Burhoff/*Burhoff*, OWi, Rn 3867; ähnl. a. schon OLG Hamm NJW 1995, 2425).

b)aa) Die sog. **Tatzeit-BAK** wird i.d.R. unter Anwendung der sog. **Widmark-Formel** ermittelt, wenn die genossene Alkoholmenge festgestellt werden kann und das Körpergewicht des Angeklagten bekannt ist. Die Formel lautet: 1168

$$ct = \frac{A}{p \times r} - \beta \times t$$

Zur **Anwendung** der **Formel** ist auf Folgendes **hinzuweisen**: 1169

- In der Formel bezeichnet ct die **Alkoholkonzentration** in Promille zu einem bestimmten Zeitpunkt, A das Gewicht des **genossenen Alkohols** in g, p das **Körpergewicht** in kg, r der Faktor zur Errechnung des sog. reduzierten Körpergewichts. ß bezeichnet den **Alkoholabbau** in Promille pro Stunde und t die **Abbauzeit** in Stunden, die ab Trinkbeginn berücksichtigt werden muss.
- Der **Faktor r** – der sog. Reduktionsfaktor – beträgt im Durchschnitt bei Männern 0,7, bei Frauen 0,6. Zugunsten des Angeklagten ist immer der günstigste Faktor zugrunde zu legen, ggf. muss ein SV hinzugezogen werden (vgl. BGHSt 37, 231).
- Die **Elimination** des **Alkohols** beginnt bereits zu Anfang der Alkoholaufnahme. Stündlich werden etwa 0,1 bis 0,24 ‰, durchschnittlich also etwa 0,15 ‰, eliminiert. Mit diesem Wert ist in der o.a. Formel ß anzusetzen.
- Da ein Teil des genossenen Alkohols auf eine von der Wissenschaft noch nicht geklärte Weise nicht im Blut erscheint, muss bei der Berechnung der Tatzeit-BAK ohne Blutuntersuchung schließlich noch ein sog. **Resorptionsdefizit** in Abzug gebracht werden. Dies beträgt zwischen 10 und 15 %, nach reichlichem Essen sogar bis zu 30 %. Zugrunde zu legen ist auch hier der günstigste Wert (BGH, a.a.O.; vgl. auch *Hentschel/König/Dauer*, a.a.O., § 16 StGB Rn 50 m.w.N.).

> Ermittelt wird die Tatzeit-BAK. Das bedeutet, dass auf die zur **Tatzeit geltenden Werte abzustellen** ist. Das kann insbesondere beim Gewicht des Beschuldigten Bedeutung haben (s. auch *Krumm* NJW 2010, 1577, 1587). Je nachdem, ob sich dieses gegenüber der Tatzeit verringert oder vergrößert hat, kann das für den Beschuldigten vorteilhaft oder nachteilig sein.

bb) Die **Menge** des konsumierten **Alkohols** ist anhand der aufgrund der Angaben des Angeklagten – wenn diese glaubhaft sind – festgestellten Trinkmenge zu ermitteln. Macht der Beschuldigte Angaben zu Art und Menge des vor der Tat konsumierten Alkohols, ist der Tatrichter allerdings nicht gezwungen, diese Trinkmengenangaben (ungeprüft) hinzunehmen (vgl. dazu KG StRR 2012, 472; s. auch *Fischer*, § 20 Rn 15 m.w.N.). 1170

Bei der **Ermittlung** des konsumierten Alkohols muss die übliche Angabe des Alkoholgehalts in Volumenprozenten (Vol. %) durch Multiplikation mit 0,8 in Gewichtspro- 1171 zente (g %) umgerechnet werden. Als **Faustregel** ist für die gängigen Alkoholika von etwa folgenden **Werten** auszugehen:

Alkoholwerte: Übersicht

Biersorte	g/0,2 l	g/0,33 l	g/0,5 l
Altbier	7,4 – 8,4	12,2 – 13,9	18,5 – 21,0
Exportbier	7,4 – 8,4	12,2 – 13,9	18,5 – 21,0
Pils	7,4 – 8,4	12,2 – 13,9	18,5 – 21,0
Weizenbier	7,4 – 8,4	12,2 – 13,9	18,5 – 21,0
Bockbier	9,0 – 12,0	14,9 – 19,8	22,5 – 30,0
Doppelbock	9,0 – 12,0	14,9 – 19,8	22,5 – 30,0
Wein, Sekt usw.	**g/0,1 l**	**g/0,7 l**	**g/1,0 l**
Weißwein	7,5 – 9,0	52,5 – 63,0	75 – 90
Rotwein	8,0 – 9,5	56,0 – 66,5	80 – 95
Likörwein	12,0 – 17,0	84,0 – 119,0	120 – 170
Sekt	8,0 – 9,5	56,0 – 66,5	80 – 95
Obstwein	4,0 – 5,0	28,0 – 35,0	40 – 50
Spirituosen mit Vol.-%	**g/100 ml 0,1 l**	**g/20 ml („Schnaps")**	**g/0,7 l (Flasche)**
12 %	9,5	1,90	66,5
20 %	15,8	2,36	82,6
32 %	25,3	5,06	177,1
38 %	30,0	6,00	210,0
42 %	33,2	6,64	232,4
60 %	47,4	9,48	331,8

1172 c) Zur **Berechnung** der Tatzeit-BAK folgendes

Beispiel:

Der 70 kg schwere Angeklagte gibt an, er habe vor Tatbegehung 1 l Weißwein zu 8 g/% getrunken, und zwar in zwei Stunden Trinkzeit. Die Tatzeit habe eine Stunde nach Trinkende gelegen.

Trinkmenge also 1 l Wein zu 8 % = 80 g reiner Alkohol, Körpergewicht 70 kg, Reduktionsfaktor: 0,7, Resorptionsdefizit 10 %.

Berechnung danach:

$$ct = \frac{A\,(80g)}{p\,(70\text{ kg}) \times r\,(0,7) - \text{ß}\,(0,15\,\%) \times t\,(3) - 0,16\,\%} = 1,02\,‰\text{ BAK}$$

d) Mit der o.a. Formel lässt sich, wenn eine BAK bekannt ist, auch **überprüfen**, ob die zum Alkoholkonsum gemachten **Angaben zutreffen**. **1173**

Beispiel: **1174**
Der 70 kg schwere Angeklagte gibt bei seiner Einlassung an, er habe vor Tatbegehung 11 „kleine" Bier und 11 „normale" Schnäpse, und zwar Obstwasser zu 50 Vol.-% getrunken. Die ihm vier Stunden nach Trinkbeginn entnommene Blutprobe hatte eine BAK von 2,0 ‰. Danach sind in die o.a. Formel bei der Suche nach A, der im Körper vorhandenen Menge Alkohol in g, einzusetzen

BAK 2,00 ‰	
zzgl. Elimination (4 Stunden × 0,15 %)	0,60 ‰
also 2,60 ‰	
p = Körpergewicht	70 kg
r = Reduktionsfaktor	0,7
sowie Resorptionsdefizit	10 %
A = c × p × r = 2,6 × 70 × 0,7	= 127,40 g
+ Resorptionsdefizit	14,12 g
Alkoholmenge also	141,52 g

Nach der o.a. Tabelle haben 11 „kleine" (Export-)Bier, also 0,2 l, etwa 88 g Alkoholgehalt und 11 „Schnäpse" (Obstler zu 50 Vol.-% = 40 g %) ebenfalls etwa 88 g Alkoholgehalt, sodass der Angeklagte etwa 176 g Alkohol im Blut haben müsste. Da das nach dem Ergebnis der Blutprobe nicht der Fall ist, kann der Angeklagte die von ihm angegebene Menge nicht getrunken haben.

3. Wenn der Angeklagte in der HV einen sog. **Nachtrunk** behauptet, muss für die Berechnung der Tatzeit-BAK die Alkoholmenge des Nachtrunks ermittelt und von der festgestellten BAK abgezogen werden (zur wissenschaftlichen Bewertung von Nachtrunkeinlassungen *Hagen/Iffland* DAR 2002, 475; zur Nachtrunkeinlassung a. *Fischer*, § 316 Rn 19 ff.; *Aderjan/Schmidt/Schulz* NZV 2007, 167; *Verhoff/Oehmke/Schütz/Weiler* BA 2007, 85; Ludovisy/Eggert/Burhoff/*Burhoff*, § 4 Rn 43 ff.; zu den erforderlichen Feststellungen im tatrichterlichen Urteil OLG Frankfurt am Main DAR 2010, 145 m. Anm. **1175**

B Blutalkoholfragen/Atemalkoholmessung

Burhoff StRR 2010, 33; zur [Beweis-]Würdigung einer Nachtrunkeinlassung OLG Hamm DAR 2003, 324; OLG Karlsruhe StraFo 2005, 119; OLG Köln DAR 2001, 230).

1176 *Beispiel:*
Festgestellt wird für die Entnahmezeit eine BAK von 1,35 ‰. Der 70 kg schwere Angeklagte behauptet und beweist, dass er nach Beendigung seiner Fahrt mit dem Kfz bei einem Freund zwei scharfe Schnäpse (2 × 2 cl Obstler zu 50 Vol.-%) getrunken hat. In diesen Schnäpsen war nach der o.a. Tabelle 16 g Alkohol enthalten, was zu einer BAK von 0,33 ‰ – Resorptionsdefizit 0,03 ‰, also zu 0,3 ‰ führt. Damit lag die Tatzeit-BAK unter 1,1 ‰ und somit sind die Voraussetzungen des § 316 StGB nicht gegeben.

✍ Im tatrichterlichen **Urteil** müssen bei einem behaupteten Nachtrunk später bei der Berechnung der BAK Feststellungen zur Alkoholmenge und des Körpergewichts zum Tatzeitpunkt und zur Bestimmung des Resorptionsfaktors getroffen werden (OLG Köln DAR 2001, 230; zu den erforderlichen Feststellungen s. auch KG, VRR 2012, 388 = StRR 2012, 472 = VA 2012, 172).

1177 4. Häufig ergibt sich auch die Notwendigkeit einer **Rückrechnung** vom Zeitpunkt der Blutentnahme auf die Tatzeit-BAK, da sich der Blutalkoholgehalt zwischen der Tatzeit und der Blutentnahme verändert hat. Er kann, wenn die Tat in der sog. Anflutungsphase begangen worden ist, bis zum Zeitpunkt der Blutentnahme gestiegen oder bei Tatbegehung in der Eliminationsphase infolge Alkoholabbaus geringer geworden sein.

1178 **a)** Ist dem Angeklagten eine **Blutprobe** entnommen worden, sodass daraus im EV die BAK ermittelt werden konnte, wird diese bei der Rückrechnung zugrunde gelegt. Auszugehen ist von folgenden **Grundsätzen** (zur Rückrechnung a. *Fischer*, § 316 Rn 19 m.w.N.; Ludovisy/Eggert/Burhoff/*Burhoff*, § 4 Rn 47 ff., 76 ff.; zur Verwertbarkeit der Blutprobe s.u. Rdn 1193 ff.):

1179 ■ Bedeutsam für die Frage der Rückrechnung ist zunächst die Kenntnis vom Abschluss der sog. Resorption, d.h. der Alkoholaufnahme vom Magen-Darm-Trakt in das Blut. Der im Zeitpunkt der Blutentnahme ermittelte BAK-Wert darf durch Rückrechnung auf einen früheren Tatzeitpunkt nur dann erhöht werden, wenn feststeht, dass die **Resorption** zur Tatzeit bereits **abgeschlossen** war. Da in Ausnahmefällen die Resorption erst zwei Stunden nach Trinkende erreicht sein kann, dürfen nach der Rspr., wenn der Resorptionsabschluss nicht durch einen SV festgestellt werden kann, bei normalem Trinkverlauf grds. die ersten beiden Stunden nach Trinkende nicht in die Hochrechnung einbezogen werden (BGHSt 25, 246; OLG Düsseldorf VRS 73, 470; OLG Hamm DAR 1989, 429). Können nähere Feststellungen bzgl. des Trinkverlaufs nicht getroffen werden und steht dadurch das Resorptionszeitende nicht genau fest, ist zugunsten des Angeklagten davon auszugehen, dass die Resorption nicht früher als 120 Minuten nach Trinkende abgeschlossen war (OLG München DAR 2010, 147).

■ **Rückgerechnet** werden muss dann stets mit dem für den Angeklagten **günstigsten** möglichen stündlichen **Abbauwert**. Dies ist bei der Ermittlung der BAK aus der Blutprobe, wenn es um die Fragen der **(alkoholbedingten) Fahrunsicherheit** oder den Tatbestand des § 24a StVG geht, der niedrigst mögliche Wert. Nach der Rspr. ist in solchen Fällen zugunsten des Angeklagten von einem gleichbleibenden stündlichen Abbauwert von **0,1 ‰**, von dem das Gericht ohne Hinzuziehung eines SV nicht abweichen darf (BGHSt 25, 246), auszugehen.

Beispiel: 1180

Abschluss der Resorption (unter Berücksichtigung des Trinkendens und der Art und Weise des Trinkens):	20.40 Uhr
Tatzeit:	21.00 Uhr
Blutentnahme:	22.30 Uhr
BAK zur Zeit der Blutentnahme:	1,02 ‰

Rückrechnung von 22.30 bis 21.00 Uhr mit 0,1 ‰/Stunde, bei 1½ Stunden, also mit 0,15 ‰: d.h. 1,02 ‰ + 0,15 ‰ = 1,17 ‰ Tatzeit-BAK.

b) Kommt es darauf an, ob ggf. die **Schuldfähigkeit** des Angeklagten durch erhebliche 1181 alkoholische Beeinträchtigung vermindert oder gar ausgeschlossen ist (§§ 20, 21 StGB), muss bei der Ermittlung der BAK aus der Blutprobe umgekehrt zugunsten des Angeklagten mit dem **höchst möglichen** stündlichen **Abbauwert** zurückgerechnet werden. Das ist nach der inzwischen gefestigten neueren Rspr. des BGH ein Abbauwert von **0,2 ‰**/Stunde zuzüglich eines weiteren **Zuschlags** von **0,2 ‰** (BGHSt 37, 231; BA 2013, 245; OLG Köln DAR 2013, 35; DAR 2013, 393; OLG Oldenburg NStZ-RR 2010, 73 [Ls.]; s.a. BGH NStZ 1986, 114; 2000, 214; *Fischer*, § 20 Rn 13 m.w.N.; Ludovisy/ Eggert/Burhoff/*Burhoff*, § 4 Rn 76 f.). Bei dieser Berechnung werden zudem auch die beiden ersten Stunden nach Trinkende miteinbezogen (*Fischer*, a.a.O. m.w.N.).

Beispiel: 1182

M trinkt bis 0.00 Uhr Alkohol und begibt sich kurz darauf auf den Heimweg. Er trifft einen Bekannten, mit dem er in Streit gerät. M ersticht den Bekannten schließlich, verlässt den Tatort und übernachtet bei einem Freund. Dort wird er am nächsten Morgen von der Polizei verhaftet. Um 9.00 Uhr wird ihm eine Blutprobe entnommen. Deren Untersuchung ergibt eine BAK von 1,1 ‰. Die Tatzeit-BAK errechnet sich wie folgt:

BAK zum Zeitpunkt der Entnahme	1,1 ‰
zzgl. 9 × 0,2 ‰ (stündlicher Abbauwert)	1,8 ‰
zzgl. Sicherheitszuschlag von 0,2 ‰	0,2 ‰
Tatzeit-BAK also	3,1 ‰

5. Hinweise für den Verteidiger!

Für den Verteidiger ist in der Praxis von Bedeutung, welche Indizwirkung eine festgestellte BAK ggf. hat und ob diese widerlegt werden kann (vgl. Rdn 1183 ff.). Zudem sind besondere verfahrensrechtliche Fragestellungen von Belang (s. Rdn 1187 ff.).

1183 a)aa) Der **BAK** kommt im Hinblick auf die §§ **20, 21 StGB** in etwa folgende **Indizwirkung** (s. zu allem a. *Fischer*, § 20 Rn 17 ff. m. zahlr. weit. Nachw.; *Kröber* NStZ 1996, 569; *Pfister* NStZ-RR 2014, 193 m.w.N.; *ders.*, NStZ-Rr 2015, 161), wobei nach der Rspr. des BGH eine umfassende Gesamtwürdigung aller Umstände erforderlich ist (vgl. u.a. BGHSt 57, 274 m.w.N.; NStZ 2005, 90 f.; krit. zu den „Schwellenwerten" des BGH *Schiemann* NJW 2012, 2675 f. in der Anm. zu BGH NJW 2012, 2672; krit. auch *Kröber* NStZ 1996, 569, 572).

1184 Im Einzelnen gelten folgende **Werte**:

- Eine BAK ab **2,0 ‰** deutet grds. auf eine **erhebliche Verminderung** der Steuerungsfähigkeit hin (s. dazu die frühere Rspr. des BGH in BGHSt 37, 231 und die Nachw. bei *Fischer*, § 20 Rn 21; aus neuerer Zeit z.B. BGH StraFo 2007, 501; NStZ-RR 2015, 8 [Ls.]) und ermöglicht den **Schluss** auf eine erhebliche Minderung der Steuerungsfähigkeit. Es gibt allerdings keinen gesicherten medizinischen Erfahrungssatz darüber, dass allein wegen einer bestimmten BAK zur Tatzeit vom Vorliegen einer alkoholbedingten erheblich verminderten Steuerungsfähigkeit auszugehen ist (BGHSt 43, 66 [insoweit Aufgabe von BGHSt 37, 231; BGHSt 57, 247; s. auch BGH NStZ 2005, 329; NStZ-RR 2015, 8 [Ls.]; OLG Braunschweig NStZ-RR 2014, 287 [für Rauschtat]). In der Rspr. des BGH gibt es auch keine starren Grenzen für eine erhebliche Verminderung der Steuerungsfähigkeit (vgl. die Nachw. bei *Fischer*, a.a.O.). Allerdings reicht allein die Feststellung einer BAK von 1,9 ‰ ohne weitere tragfähige Anhaltspunkte nicht aus, um die Voraussetzungen des § 21 StGB zu bejahen (z.B. BGH, Beschl. v. 28.10.2008 – 5 StR 312/08 [Ls.; insoweit nicht in NStZ-RR 2009, 44]). Jedenfalls ist bei einer **BAK** von **2,4 ‰** bzw. **2,5 ‰** eine erhebliche Verminderung der Steuerungsfähigkeit regelmäßig in Betracht zu ziehen (BGHSt 36, 286; vgl. auch BGH, Beschl. v. 25.9.2013 – 2 StR 56/13; s.a. die Nachw. bei *Fischer*, § 20 Rn 21), ggf. ein Ausschluss der Schuldfähigkeit zu erörtern (OLG Köln DAR 2013, 35).

✍ Ab einer BAK von 2,0 ‰ ist in den **Urteilsgründen** die Frage der verminderten Schuldfähigkeit stets zu erörtern (BGH NStZ 1997, 383; OLG Brandenburg VRR 2008, 148 m. Anm. *Deutscher*; OLG Köln StRR 2009, 470; OLG München NZV 2008, 529; *Fischer*, § 20 Rn 21).

■ Bei **Jugendlichen** und Heranwachsenden können schon Blutalkoholwerte **unter 2,0 ‰** zu einer erheblichen Minderung der Schuldfähigkeit führen (BGH NStZ 1997, 383).

■ Bei **Tötungsdelikten** wird wegen der erhöhten Hemmschwelle bei Angriffen auf das Leben die **Grenze** allgemein bei **2,2 ‰** angesetzt (u.a. BGH StV 1997, 73 m.w.N.; 1999, 311; NStZ 2012, 262 [2,44 ‰ bei einem Jugendlichen]; aus neuerer Zeit BGH, Beschl. v. 10.1.2012 – 5 StR 517/11 [2,3 – 2,7 ‰]; vgl. die Nachw. bei *Fischer*, § 20 Rn 19).

■ Bei einer BAK ab **3,0 ‰** kommt **Schuldunfähigkeit** in Betracht (s.u.a. BGHSt 34, 29, 31 m.w.N.; OLG Köln, DAR 2013, 35 = BA 2013, 97 [ab einem Entnahmewert von 2,59 ‰]; OLG Naumburg BA 2010, 432; OLG Oldenburg NStZ-RR 2010, 73 [Ls.]; *Fischer*, § 20 Rn 20 m.w.N.; Ludovisy/Eggert/Burhoff/*Burhoff*, § 4 Rn 73; *Deutscher* VVR 2006, 209). Soll hier die Indizwirkung der BAK widerlegt werden, sind selbst bei einem alkoholgewöhnten Täter erhöhte Anforderungen an die dafür herangezogenen Kriterien zu stellen (BGH StV 1997, 296; 2004, 601). Es ist allerdings nicht ausgeschlossen, dass bei entsprechenden **Ausfallerscheinungen** die Voraussetzungen der **§§ 20, 21 StGB** auch schon bei einer BAK unter den angegebenen Werten vorliegen können (*Fischer*, § 20 Rn 20 m.w.N.; vgl. auch *Barton* StV 1983, 428; zu den Kriterien verminderter Schuldfähigkeit *Kröber* NStZ 1996, 569; zur Bedeutung von Ausfallerscheinungen s. auch BGH StV 2012, 281 m.w.N.).

bb) Die **Indizwirkung** für eine Einschränkung der Schuldfähigkeit ist **widerlegbar** (*Maatz* StV 1998, 281). Sie gibt allerdings ein gewichtiges **Beweisanzeichen** und wird grds. nicht allein durch das äußere Erscheinungsbild, durch ein lückenloses Erinnerungsvermögen des Beschuldigten, seine Selbsteinschätzung und eine relative Alkoholgewöhnung ausgeräumt (zu allem – auch zum Fehlen von Ausfallerscheinungen – zuletzt BGHSt 57, 247; vgl. auch noch BGHSt 43, 66, 72; BGH NStZ 1997, 383). Bei der Beurteilung der Schuldfähigkeit kommt der BAK aber umso geringere Bedeutung zu, je mehr sonstige aussagekräftige psychodiagnostische Beweisanzeichen zur Verfügung stehen (BGHSt 57, 247 m.w.N.; zum Beweiswert bei einem langen Rückrechnungszeitraum BGH NStZ 2002, 532). Bei einem Alkoholabhängigen wird die Indizwirkung i.d.R. geringer einzustufen sein als bei einem Gelegenheitskonsumenten (BGH NStZ 1997, 591; 2007, 696; NStZ-RR 2003, 71; OLG Hamm, Beschl. v. 21.10.2014 – 1 RVs 82/14; s. aber auch BGH StV 1997, 296). Auch darf einem Blutalkoholwert gegenüber aussagekräftige(re)n **psychodiagnostischen Beweisanzeichen** (s. dazu BGH NStZ 1997, 592; 2000, 136; 2000, 193; 2012, 262; StV 1997, 296; NStZ-RR 1997, 162) eine geringere Beweisbedeutung dann beigemessen werden, wenn der

1185

Blutalkoholwert lediglich aufgrund von Trinkmengenangaben bei einer längeren Trinkzeit ermittelt worden ist (BGH NJW 1998, 3427; zu den psychodiagnostischen Kriterien bei Tötungsdelikten s.a. die Nachw. bei den o.a. Rspr.-Übersichten von *Altvater* in der NStZ).

1186 **cc) Hinzuweisen** ist schließlich noch auf Folgendes: Nach der (früheren) Rspr. des BGH (vgl. dazu die Nachw. in BGHSt 43, 66, 57, 247) wurde von der **Strafrahmenmilderung** nach §§ 21, 49 Abs. 1 StGB abgesehen, wenn der Angeklagte seinen Trunkenheitszustand und die Gefahr der Begehung von Straftaten als dessen Folge vorhergesehen hat oder hätte vorhersehen können. Darüber hinaus hatte dann der 3. Strafsenat des BGH (vgl. NJW 2003, 2394; krit. dazu u.a. *Neumann* StV 2003, 527 und die weit. Hinw. bei *Fischer*, § 21 Rn 25 ff.; eingehend a. *Duensing* StraFo 2005, 15) in einem „obiter dictum" die Auffassung vertreten, dass eine **Strafrahmenverschiebung** nach §§ 21, 49 Abs. 1 StGB i.d.R. schon allein **dann nicht** in Betracht kommen solle, wenn die erhebliche Verminderung der Schuldfähigkeit des Täters auf verschuldeter Trunkenheit beruht (zur diff. Lösung des 5. Strafsenats s. BGHSt 49, 239). Damit besteht an sich grds. eine Divergenz zwischen der bisherigen Rspr. des BGH und der des 3. Strafsenats hinsichtlich der Folgen der Vorhersehbarkeit einer möglichen Straffälligkeit unter Alkoholeinfluss durch den Täter (vgl. dazu auch noch BGH NStZ-RR 2005, 334). Dies allerdings nur auf den ersten Blick. Denn letztlich sind sich die Strafsenate insoweit einig, als dass die Versagung der Strafrahmenmilderung nur möglich ist, wenn der Alkoholkonsum dem Täter (**uneingeschränkt**) zum **Vorwurf** gemacht werden kann (BGH, a.a.O.).

Entscheidend für die **Verteidigung** ist, dass in der HV nachgewiesen werden muss, dass dem Beschuldigten/Angeklagten die Trunkenheit vorgeworfen werden kann (s.a. BGH NStZ 2004, 495). Dies kommt i.d.R. dann nicht in Betracht, wenn er **alkoholkrank** ist oder der Alkohol den Täter zumindest weitgehend beherrscht (zu allem BGH NJW 2003, 2394; NStZ 2008, 330; NStZ-RR 2005, 334). Die Versagung der Strafrahmenverschiebung kann aber nicht mit dem Hinweis auf frühere unter Alkoholeinfluss begangene Straftaten begründet werden, wenn die neue Tat im Hinblick auf ihre andersartige Anlage und Zielrichtung und den zugrunde liegenden strafrechtlich bedeutsamen Antrieb in gänzlich andere Richtung als die bisherigen Taten weist, sie also mit dem bisherigen Bild der Delinquenz nicht in Einklang zu bringen ist, und mit der der Täter deshalb nicht rechnen konnte (BGH StV 2011, 155).

Die Fragen werden im Zweifel nicht ohne Hinzuziehung eines **SV** geklärt werden können (vgl. dazu auch OLG Oldenburg NStZ-RR 2010, 73 [Ls.]).
Inzwischen befindet sich ein **Gesetzesantrag** des Landes Hamburg im Gesetzgebungsverfahren (BR-Drucks 479/06). Danach soll § 21 StGB so geändert werden,

dass eine Strafmilderung für Täter ausgeschlossen ist, die sich in einen selbst verschuldeten Rausch versetzt haben.

b) Auf folgende **prozessuale Fragestellungen** ist hinsichtlich des (Blutalkohol-)Gutachtens hinzuweisen:

- Auch wenn keine Blutprobe vorliegt, ist der **Tatrichter** grds. **verpflichtet**, die **maximale BAK** des Angeklagten zu **berechnen**, wenn dessen Einlassung und die Bekundungen von Zeugen eine sichere Berechnungsgrundlage ergeben (vgl. a. BGH NStZ-RR 2006, 72; zu den Feststellungen im Urteil u.a. KG StRR 2012, 472). Davon darf er nur dann absehen, wenn sich die Angaben sowohl zeitlich als auch mengenmäßig jedem Versuch einer Eingrenzung der BAK entziehen (BGH NStZ 2000, 24 [zugleich auch zur Anwendbarkeit des Zweifelssatzes]). Eine Berechnung der BAK ist aufgrund von **Schätzungen** unter Berücksichtigung von „in dubio pro reo" auch dann vorzunehmen, wenn die Einlassung des Angeklagten sowie ggf. die Bekundungen von Zeugen zwar keine sichere Berechnungsgrundlage ergeben, jedoch eine ungefähre zeitliche und mengenmäßige Eingrenzung des Alkoholkonsums ermöglichen (BGH NStZ-RR 2010, 257).

1187

- **BAK-Gutachten**, **Blutentnahmeprotokoll** sowie ein klinischer Befund können in der HV gem. § 256 Abs. 1 S. 2 **verlesen** werden, wenn die Urkunden erkennen lassen, von welchem Arzt sie verfasst wurden (s. → *Verlesung von sonstigen Gutachten und Berichten*, Rdn 3046).

- Es ist nicht erforderlich, dass das Gutachten über die BAK des Angeklagten von demselben SV erstattet wird, der auch die Blutalkoholanalyse durchgeführt hat (BGH NJW 1967, 299). Das **fremde Gutachten**, auf das ein SV bei seiner Anhörung Bezug nimmt, muss jedoch vor der Bezugnahme durch **Verlesung** oder der Verlesung gleichwertige Bekanntgabe in die HV **eingeführt** worden sein (zu den Anforderungen an die Revisionsrüge, wenn der Verteidiger der Auffassung ist, das Gutachten sei nicht ordnungsgemäß durch Verlesung in die HV eingeführt worden, s. OLG Düsseldorf StV 1995, 120 m.w.N.).

- Der Verteidiger kann, wenn er eine Verwechslung der Blutprobe für möglich hält, einen **Beweisantrag** auf Einholung eines SV-Gutachtens stellen.

> Für dieses sog. **Identitätsgutachten** muss der Verteidiger **behaupten**, dass es sich bei dem aufbewahrten Blut nicht um Blut des Angeklagten handelt. Ob dem Antrag auch entnommen werden können muss, bei welcher Gelegenheit sich die **Verwechslung** ereignet haben soll (so OLG Köln NJW 1987, 2096 [Ls.]) und ob es sich anderenfalls nur um einen → *Beweisermittlungsantrag*, Rdn 1007, handelt, für den die Ablehnungsgründe aus § 244 Abs. 3, 4 nicht gelten (s. Rdn 1013), erscheint fraglich. Denn wie soll das behauptet werden können, wenn nicht „ins

> Blaue" hinein (zur Qualifizierung eines entsprechenden Antrags als Beweisermittlungsantrag, weil jegliche Anhaltspunkte für die Annahme fehlen, die fragliche Blutprobe stamme nicht vom Angeklagten, s. OLG Köln NStZ-RR 1997, 310; zur Ablehnung des Antrags wegen Prozessverschleppung s. *Haubrich* NJW 1981, 2507)?

- In den Fällen einer **Nachtrunkeinlassung** stellt sich ggf. die Frage einer **Begleitstoffanalyse** (vgl. dazu *Fischer*, § 316 Rn 20a; *Aderjan/Schmidt/Schulz* NZV 2007, 167; *Artkämper/Artkämper* StRR 2013, 134). Durch diese kann aber nur festgestellt werden, dass der Beschuldigte ggf. auch anderen Alkohol als z.b. Bier getrunken hat. Die Menge des genossenen anderen Alkohols lässt sich jedoch nicht ermitteln. Mit einem entsprechenden (Beweis-)Antrag sollte auch vorsichtig umgegangen werden. Denn stellt sich als Ergebnis der Analyse heraus, dass der andere Alkohol sich nicht feststellen lässt, ist das sicherlich ein Indiz, das gegen die Richtigkeit der Nachtrunkeinlassung spricht.
- Die Blutprobe kann wegen eines **BVV** unverwertbar sein (wegen der Einzelh. s. *Burhoff*, EV, Rn 1166 f., 2483 ff.; zur Verwertbarkeit einer zu Behandlungszwecken entnommenen Blutprobe s. OLG Frankfurt am Main NStZ-RR 1999, 246). Allerdings führt die Verwertung nicht geeichter Geräte im Rahmen der ADH- und der gaschromatographischen Untersuchung nicht zu einem Verwertungsverbot des darauf beruhenden (Alkohol-)Gutachtens (OLG Düsseldorf NZV 1995, 365; OLG Schleswig BA 1996, 54). Ein Verwertungsverbot von Alkometer-Messergebnissen besteht auch nicht, wenn ein Verstoß gegen die EWG-Richtlinie zu Informationsverfahren über Normen und technische Vorschriften (RL 83/189/EWG) vorliegt (EUGH NStZ 1999, 141; zur Frage, inwieweit **Atemalkoholmesswerte** überhaupt gerichtlich verwertbar sind, s. die Nachw. bei Rdn 1167). Zur Verwertbarkeit der unter Verstoß gegen § 81a Abs. 2 gewonnenen Blutprobe s.u. Rdn 1193.

1188 6. Wird dem Angeklagten/Betroffenen ein Verstoß gegen § 24a StVG vorgeworfen und liegt dem eine sog. **Atemalkoholmessung** zugrunde, muss der Verteidiger auf Folgendes **achten**:

1189 a) Der Gesetzgeber hat in § 24a Abs. 1 StVG durch das sog. 0,8-Promille-Gesetz neben den beiden für die herkömmliche Blutprobe (damals) maßgeblichen „Gefahrengrenzwerten" von 0,8 und 0,5 ‰ „entsprechende" Grenzwerte für die **Atemalkoholkonzentration** (AAK) festgelegt und damit die Atemalkoholmessung grds. als beweiskräftiges Verfahren anerkannt. Schon bald danach war es in der Rspr. umstritten, ob es zum Ausgleich möglicher verfahrensbezogener Messungenauigkeiten geboten sei, von den gemessenen Werten allgemeine Sicherheitsabschläge zu machen (vgl. die Nachw. bei BGHSt 46, 358 und im Vorlagebeschluss des OLG Hamm NZV 2000, 427; s.a. *Bode* zfs 2000, 459 m.w.N. zum damaligen Streitstand).

Blutalkoholfragen/Atemalkoholmessung   B

👉 Nach Auffassung des BGH ist ein **allgemeiner Sicherheitsabschlag** jedoch **nicht** zu machen (BGHSt 46, 358). Der Ausgleich für verfahrensmäßige Messungenauigkeiten sei vom Gesetzgeber bereits bei der Festlegung der Grenzwerte in § 24a StVG berücksichtigt. Der BGH ist zudem der Auffassung, dass durchgreifende **verfassungsrechtliche Bedenken** gegen die gesetzliche Regelung in § 24a StVG **nicht** bestehen.

In der **Praxis** wird derzeit (nur) der **Draeger Alcotest** 7110 Evidential MK III bzw. ein im Wesentlichen baugleiches Gerät verwendet (vgl. Burhoff/*Burhoff*/*Boettger*, OWi, Rn 3809). Der BGH hat ebenso wie schon in der Vergangenheit die Obergerichte (vgl. z.B. BayObLG, zfs 2000, 313; OLG Hamm NZV 2000, 427; OLG Stuttgart DAR 2000, 537) die gerätetechnische **Zuverlässigkeit** dieser Geräte nicht in Zweifel gezogen (vgl. aber u. Rdn 1192; zu dieser Messmethode Burhoff/*Burhoff*/*Böttger*, OWi, Rn 3799 ff.). **1190**

👉 Es handelt sich um ein **standardisiertes Messverfahren** i.S.d. Rspr. des BGH (BGHSt 46, 358; wegen weit. Nachw. Burhoff/*Burhoff*, OWi, Rn 3872). Das bedeutet, dass der Tatrichter sich – ebenso wie in Fällen sonstiger technischer Messungen – mit Fragen der Messgenauigkeiten grds. nicht näher auseinanderzusetzen braucht (BGHSt 39, 291). Das muss er nur dann tun, wenn konkrete Zweifel an der ordnungsgemäßen Messung naheliegen (zuletzt BGHSt 43, 277 m.w.N.).

b) **Umstritten** war in der Rspr. der Instanzgerichte die Frage, ob der Betroffene bei einer Atemalkoholkontrolle über die **Freiwilligkeit** seiner **Mitwirkung belehrt** werden muss oder nicht (bejaht von LG Freiburg NZV 2009, 614; AG Frankfurt am Main, NZV 2010, 266 [Ls.]; verneint von AG Michelstadt, NZV 2012, 97; eingehend zu der Problematik *Cierniak/Herb* NZV 2012, 409). Dazu haben sich inzwischen das KG und das OLG Brandenburg als – soweit ersichtlich – erste OLG geäußert (KG NStZ 2015, 42 m. Anm. *Mosbacher*; OLG Brandenburg NStZ 2014, 524 m. Anm. *Burhoff* StRR 2013, 477). Sie haben eine Belehrungspflicht u.a. mit der Begründung abgelehnt, dass der Gesetzgeber Belehrungspflichten nur in besonderen Fällen, wie z.B. in § 81h Abs. 4 geregelt habe und § 136 Abs. 1 S. 2 die Belehrung des Beschuldigten/Betroffenen über sein Schweigerecht nur bei einer Vernehmung vorsehe (s. auch *Cierniak/Herb*, a.a.O.; krit. zur Begründung *Mosbacher*, a.a.O.; a.A. *Geppert* DAR 2014, 481; → *Beweisverwertungsverbote*, Rdn 1018). **1191**

👉 Wenn der Verteidiger die Frage der Freiwilligkeit der Mitwirkung und die fehlende Belehrung zur Grundlage eines BVV machen will, muss er in der HV der Verwertung des Ergebnisses der Atemalkoholmessung widersprechen. Es gilt die **Widerspruchslösung** des BGH (vgl. dazu BGHSt 38, 214; → *Widerspruchslösung*, Rdn 3433).

c) Hinweise für den Verteidiger!

Auf dieser Grundlage ergeben sich folgende **Hinweise für** die **Praxis:**

- Zu möglichen **Fehlerquellen** des Messgerätes muss der **Verteidiger konkret vortragen**, und zwar beim AG und nicht erst in der Rechtsbeschwerde (vgl. dazu Burhoff/*Burhoff*, OWi, Rn 3907 ff.; *Schuff* StRR 2012, 177 = VRR 2012, 178).
- Die Entscheidung des BGH gilt nicht nur für das Draeger-Gerät, sondern **auch** für **andere Atemalkoholmessgeräte**. Ob das bei einer Messung verwendete Messgerät beweiskräftige und zutreffende Ergebnisse geliefert hat, betrifft die Zuverlässigkeit eines bestimmten Messverfahrens im Einzelfall und ist jeweils durch den Tatrichter zu beurteilen (BGHSt 46, 358). Auch dazu muss der Verteidiger also ggf. vortragen.
- **Offengelassen** hat der BGH die Frage, ob der Einwand gerechtfertigt ist, die **AAK-Messung** unterliege im Ergebnis **qualitativ geringeren Anforderungen** als die auf vier Einzelwerten beruhende BAK-Messung (vgl. dazu die Lit.-Nachw. bei BGHSt 46, 358). Mit Blick auf die gesetzgeberischen Vorgaben ergibt sich nach Auffassung des BGH kein Anlass, die durch das Gesetz festgelegten AAK-Grenzwerte allgemein zu „relativieren". Dazu sei die Rspr. auch nicht befugt.
- **(Allgemeine) Sicherheitsabschläge** von den unter Verwendung eines Atemalkoholtestgerätes gewonnenen Messwerten sind **nicht** zu machen. Dies begründet der BGH u.a. damit, dass es sich um ordnungswidrigkeitenrechtliche Massenverfahren handelt (s.a. o. Rdn 1188). Dem würde es zuwiderlaufen, wenn der Tatrichter gehalten wäre, die Messpräzision in jedem Einzelfall unter Berücksichtigung aller in Betracht kommenden Einflussfaktoren zu prüfen. Das gilt vor allem **auch** hinsichtlich des vom OLG Hamm geltend gemachten **Hystereseeinflusses** und der sog. **Verkehrsfehlergrenze** (OLG Hamm NZV 2000, 427). Diese seien bereits bei Festlegung der AAK-Grenzwerte berücksichtigt (BGHSt 46, 358).

> ☞ Die durch eine Atemalkoholmessung ermittelten **Werte** können – so der BGH – jedoch **nur** dann **verwertet** werden, wenn bei der Messung **bestimmte Voraussetzungen** beachtet worden sind (vgl. BGHSt 46, 358; zu den Anforderungen an das tatrichterliche Urteil vgl. eingehend Burhoff/*Burhoff*, OWi, Rn 3809 ff. m.w.N. [zu den Voraussetzungen der Verwertbarkeit der Messung s. 3911 ff.]):
>
> - Das Atemalkoholtestgerät war durch die Physikalisch-technische Bundesanstalt **bauartzugelassen**.
> - Das Atemalkoholtestgerät war (noch) **gültig geeicht**. Erforderlich ist nach den §§ 1 Nr. 2, 2 Abs. 1 EichG, §§ 12 Abs. 1 i.V.m. Anh. B Nr. 18.5, 32 Abs. 1 EichO eine **halbjährliche Eichung** (vgl. dazu Burhoff/*Burhoff*, OWi, Rn 3809).
> - Die Verfahrensbestimmungen sind **beachtet** worden, also: Zeitablauf seit Trinkende mindestens 20 Minuten, **Kontrollzeit** von 10 Minuten vor der

> AAK-Messung, **Doppelmessung** im Zeitabstand von maximal 5 Minuten und Einhaltung der zulässigen **Variationsbreite** zwischen den Einzelwerten; vgl. eingehend Burhoff/*Burhoff*, OWi, Rn 3916 ff.).

- Allein aufgrund allgemeiner Erwägungen lässt sich daher eine Abweichung von dem gemessenen AAK-Wert nach unten nicht erreichen. Vielmehr muss der **Verteidiger konkrete Messfehler vortragen** und ggf. durch einen entsprechenden Beweisantrag unter Beweis stellen. Dazu muss er z.b. den Mandanten sehr sorgfältig zum **Ablauf der Messung befragen**. Denn nur so kann er ermitteln, ob z.B. die o.a. (Warte-)Zeiten eingehalten worden sind. Es empfiehlt sich auch dringend, auf jeden Fall die **Verfahrensakten einzusehen**, um so festzustellen, ob das verwendete Atemalkoholgerät noch gültig geeicht war (zu allem *Burhoff*, EV, Rn 145 ff.; Burhoff/*Burhoff*, OWi, Rn 3911 m.w.N.; zur strittigen Frage der Verwertbarkeit der Messung, wenn die Messvoraussetzungen nicht eingehalten sind, s. die Nachw. aus der Rspr. bei Burhoff/*Burhoff*, OWi, Rn 3916 ff.).

7. Hinweise für den Verteidiger!

a) In den letzten Jahren sind Rspr. und Lit. aufgrund der Entscheidung des BVerfG v. 12.2.2007 (NJW 2007, 1345) die Fragen der **Verwertbarkeit** einer unter Missachtung des Richtervorbehalts (§ 81a Abs. 2) entnommenen **Blutprobe** kontrovers diskutiert worden (vgl. u.a. *Prittwitz* StV 2008 486; *Brocke/Herb* StraFo 2009, 46; *Klaus* VRR 2009, 13; *Burhoff* StRR 2009, 204; *Dencker* DAR 2009, 257). Das gilt vor allem für die Frage, ob ggf. ein **BVV** zu bejahen ist, wenn „Gefahr im Verzug" nicht vorgelegen hat, die Blutentnahme aber dennoch nicht von einem Richter angeordnet worden ist. Es ist allerdings zu erkennen, dass in den nach der Entscheidung des BVerfG v. 12.2.2007 (NJW 2007, 1345) zunächst begonnenen „Rechtsprechungsmarathon" inzwischen eine gewisse Beruhigung eingetreten ist. Das gilt insbesondere nach der letzten BVerfG-Entscheidung v. 24.2.2011 (StraFo 2011, 145), die ein BVV bei Fehlen eines richterlichen Eildienstes ablehnt (vgl. zur Rspr. der OLG die Zusammenstellung bei *Burhoff*, EV, Rn 1181 m.w.N.). Die in der Praxis aber immer noch bedeutsamen Fragen wird der Verteidiger i.d.R. schon im EV geprüft haben, da sie auch dort, z.B. wenn es um die Frage der vorläufigen Entziehung der Fahrerlaubnis nach § 111a geht, eine große Rolle spielen. Die Fragen sind daher eingehend in *Burhoff*, EV, Rn 1170 ff. dargestellt. Darauf wird, um Wiederholungen zu vermeiden, verwiesen (s.a. *Burhoff* StRR 2009, 204 und VRR 2009, 207 [mit einer Zusammenstellung der Rspr. zu dieser Problematik]; zu den geplanten Änderungen → *Gesetzesnovellen*, Rdn 1615).

1193

b) In Zusammenhang mit der HV erlangen die sich aus der Missachtung des Richtervorbehalts ergebenden Probleme in dreierlei Hinsicht Bedeutung. Die entsprechenden

1194

B Blutalkoholfragen/Atemalkoholmessung

Fragen muss und wird der Verteidiger i.d.R. schon bei der → *Vorbereitung der Hauptverhandlung*, Rdn 3370, abklären. Es handelt sich um **folgende Fragestellungen**:

1195 Frage 1:

Hat der Mandant ggf. in die Entnahme der Blutprobe **eingewilligt**? Ist das der Fall, muss nach der h.M. der Richtervorbehalt nicht beachtet werden (vgl. dazu *Burhoff*, EV, Rn 1175 m.w.N.; OLG Hamm StRR 2011, 24; 2011, 198).

1196 Frage 2:

Besteht ein **Beweiserhebungsverbot**, weil der die Blutentnahme anordnende Polizeibeamte wegen des Fehlens von „Gefahr im Verzug" zur Anordnung nicht zuständig war, sondern diese gem. § 81a Abs. 2 vom (Eil-)Richter hätte getroffen werden müssen (vgl. wegen der Einzelh. *Burhoff*, EV, Rn 1180; *ders.,* StRR 2009, 207 ff.; s.a. *Brocke/ Herb* StraFo 2009, 46, 49; *Fiktenscher/Dingelstadt* NStZ 2009, 124, 125). Entscheidend sind die Umstände des Einzelfalls (BVerfG NJW 2008, 3053; NJW 2010, 2864; StraFo 2011, 145; OLG Bamberg NJW 2009, 2146; OLG Hamm StV 2009, 459; zur Erforderlichkeit der Einrichtung eines nächtlichen richterlichen Eildienstes s. Rdn 1198)?

1197 Frage 3:

Führt ein ggf. zu bejahendes Beweiserhebungsverbot zu einem **BVV** (vgl. dazu *Burhoff*, EV, Rn 1180; *ders.,* StRR 2009, 207 ff.; *Fikentscher/Dingelstadt* NStZ 2009, 124; zu BVV s. in der Rspr. u.a. OLG Celle StV 2009, 518; OLG Dresden NJW 2009, 2149; OLG Hamm NJW 2009, 3109; StV 2009, 459; OLG Oldenburg NJW 2009, 3591)? Insoweit haben für die Annahme eines BVV **Bedeutung** (vgl. dazu a. *Klaus* VRR 2009, 13 ff.; BVerfG NJW 2008, 3053; 2010, 2864; StraFo 2011, 145 und die bei *Burhoff*, EV, Rn 1181 ff. enthaltene Zusammenstellung der Rspr.) folgende

1198 Umstände:

- eine Fahrt unter **Betäubungsmitteleinfluss** eher als „nur" eine Fahrt unter Alkoholeinfluss,
- merkliche **Ausfallerscheinungen** eher als eine Unauffälligkeit,
- **keinerlei** Andeutungen eines **Nachtrunks**,
- eine **höhere Alkoholisierung** eher als eine geringe Alkoholisierung (vgl. aber OLG Hamm VA 2010, 174),
- ein **längerer Zeitraum** zwischen einem Drogenvortest oder einer Atemalkoholmessung bis zur Anordnung der Blutprobenentnahme,
- die **vorherige Durchführung** eines positiven Drogenvortests oder einer Atemalkoholmessung vor Anordnung der Blutprobenentnahme,

- **anderweitige, aufschiebbare** Tätigkeiten der anordnenden Personen bis zur Blutprobenentnahme (dazu LG Berlin VRR 2008, 231; LG Osnabrück StraFo 2009, 17),
- bewusste Wiedergabe von **abstrakten Floskeln**, weshalb eine richterliche Anordnung stattfand, anstelle einer Begründung anhand des konkreten Einzelfalls,
- die **Unkenntnis** der **Polizeibeamten** vom Richtervorbehalt des § 81a Abs. 2 (vgl. OLG Celle StV 2009, 518; AG Altena StRR 2009, 190) bzw. ggf. der Umstand, dass sich die Polizeibeamten des Richtervorbehalts offenbar überhaupt nicht bewusst waren (LG Cottbus, Beschl. v. 24.8.2008 – 24 Qs 223/08),
- die Berufung der Polizeibeamten auf **generelle Anordnungen** übergeordneter Behörden (OLG Brandenburg StRR 2010, 423; OLG Köln StV 2012, 6; OLG Oldenburg NJW 2009, 3591)
- die Berufung auf eine **langjährige gängige Praxis** (OLG Celle StV 2009, 518; OLG Dresden NJW 2009, 2149; OLG Hamm [3. Strafsenat] StV 2009, 459; vgl. a. den Hinw. in KG StRR 2009, 342),
- **ggf. fehlende Dokumentation** und Begründung der Eilkompetenz (vgl. dazu aber BVerfG NJW 2008, 3053 [nicht allein]; 2010, 2864; KG, NStZ-RR 2015, 25; OLG Bamberg NJW 2009, 2146; OLG Brandenburg StRR 2009, 143),
- ggf. das Fehlen eines **richterlichen Bereitschaftsdienstes**, bei dem ggf. ein Beschluss/eine Anordnung hätte beantragt werden können (zur Erforderlichkeit eines richterlichen Bereitschaftsdienstes – für Durchsuchung – vgl. u.a. OLG Hamm [3. Strafsenat] NJW 2009, 3109; sowie *Fikentscher/Dingelstadt* NStZ 2009, 124, 127)? Um die Erforderlichkeit der Einrichtung eines nächtlichen richterlichen Eildienstes wird inzwischen in der Rspr. heftig **gestritten** (aus der Rspr. – teilweise zur Frage der Erforderlichkeit bei Anordnung einer Durchsuchungsmaßnahme – **bejahend** OLG Hamm NJW 2009, 3109; s.a. OLG Celle StV 2011, 82; **verneinend** [für § 81a Abs. 2 wohl] BVerfG StraFo 2011, 145; OLG Bamberg DAR 2010, 97; OLG Celle StraFo 2010, 463; OLG Hamm StraFo 2009, 509; OLG Köln StV 2010, 622). Dabei geht es insbesondere um die Frage, ob die nicht erfolgte Einrichtung eines (nächtlichen) richterlichen Eildienstes unter Hinweis auf knappe Ressourcen im Bereich der Justiz gerechtfertigt werden kann (verneinend OLG Hamm StV 2010, 620; DAR 2010, 396 m. krit. Anm. *Brüntrup* und *Burhoff* VRR 2010, 234; vgl. aber auch u.a. OLG Düsseldorf, Beschl. v. 21.1.2010 – IV-1 RBs 3/10; NZV 2010, 306; OLG Oldenburg VRS 119, 40; zu allem *Heinrich* zfs 2010, 278).

c) Auf folgende **Verfahrensfragen** ist zu achten (vgl. a. *Klaus* VRR 2009, 13, 17 f.; *Burhoff* StRR 2009, 207; *ders.*, EV, Rn 913):

- Besondere **Aufmerksamkeit** ist den **tatsächlichen Umständen** zu widmen, aus denen ein willkürliches Handeln abgeleitet wird. Aus anwaltlicher Vorsorge müssen ggf. die betreffenden Polizeibeamten und der Bereitschaftsstaatsanwalt sowie auch

1199

B Blutalkoholfragen/Atemalkoholmessung

der Ermittlungsrichter als Zeugen benannt und entsprechende Beweisanträge gestellt werden, wenn nicht schon eine Ladung von Amts wegen erfolgt ist.

- In der HV sind die **Polizeibeamten** dann **eingehend** zu **befragen**, welche Vorstellungen sie sich gemacht haben: Haben sie den Richtervorbehalt überhaupt gekannt? Haben sie sich ggf. nach einer „langjährigen gängigen Praxis" gerichtet (vgl. dazu OLG Celle StV 2009, 518; OLG Dresden NJW 2009, 2149; OLG Hamm [3. Strafsenat] StV 2009, 459)?

- Es gilt die → *Widerspruchslösung*, Rdn 3433, mit der Folge, dass sowohl der Verlesung als auch der Verwertung des Blutalkoholgutachtens zu widersprechen ist und zwar spätestens bis zu dem in § 257 genannten Zeitpunkt (vgl. OLG Hamburg NJW 2008, 2597; OLG Hamm NJW 2009, 242; StV 2009, 459; 2009, 462; 2010, 620; OLG Jena VRR 2011, 243 [Ls.]; OLG Koblenz NZV 2011, 513). Es ist ein spezifizierter Widerspruch zu erklären. Es muss also im Einzelnen dargelegt werden, welche Fehler geltend gemacht werden sollen (u.a. OLG Hamm NJW 2011, 468; StV 2009, 459 unter Hinw. auf BGHSt 52, 38 und 52, 48; VA 2010, 174). Der Verteidiger muss auch dann widersprechen, wenn er mit einem Freispruch rechnet bzw. dieser sich nach seiner Auffassung abzeichnet, da er den Widerspruch auch dann im Fall der Aufhebung und Zurückverweisung nicht nachholen kann (OLG Hamm StRR 2010, 66; OLG Karlsruhe StRR 2010, 306; OLG Koblenz, a.a.O.).

- **Revisionsrechtlich** sind später vor allem die Entscheidungen des OLG Hamburg (NJW 2008, 2597) und des OLG Hamm (NJW 2009, 242; StV 2009, 459; 2009, 462) von Bedeutung, da diese sich zu den Anforderungen an die **Verfahrensrüge** in diesen Fällen äußern. Zur i.S.d. § 344 Abs. 2 S. 2 ausreichenden Begründung gehört, dass u.a. auch vorgetragen wird, dass der Betroffene/Angeklagte nicht mit einer freiwilligen Entnahme einverstanden war (vgl. OLG Celle StV 2009, 518; OLG Dresden StV 2009, 571; OLG Hamburg, a.a.O.; OLG Hamm NJW 2009, 242; OLG Jena DAR 2009, 283; OLG München DAR 2012, 89; zu den revisionsrechtlichen Fragen s.a. *Denker* DAR 2009, 257, 261) oder dass rechtzeitig widersprochen worden ist (OLG Celle StV 2011, 82; OLG Hamm StV 2010, 620; OLG Karlsruhe DAR 2010, 396). Eine ausreichende Begründung der Verfahrensrüge verlangt außerdem die Darlegung der von der Polizei zur Begründung von Gefahr im Verzug herangezogenen Umstände. Erst, wenn es an der gebotenen Dokumentation dieser Umstände durch die Polizei fehlt, verkürzt sich insoweit die Darlegungslast der Revision (OLG Hamm NJW 2011, 469). Auch werden ggf. Ausführungen dazu erforderlich sein, dass ein Nachtrunk nicht vorgelegen hat (OLG Hamburg, a.a.O.) bzw. zu Fragen des richterlichen Eildienstes (OLG Hamm StV 2009, 459; 2009, 567).

- In dem Zusammenhang muss der Verteidiger auch sein Augenmerk auf die **getroffenen Feststellungen** richten und prüfen, ob diese **ausreichend** sind (vgl. dazu OLG Brandenburg StRR 2009, 143).

- Nach inzwischen st. Rspr. wird bei der **Entziehung** der **Fahrerlaubnis** nach den **§§ 2 ff. StVG** von den VG grds. die Verwertung von Erkenntnissen akzeptiert, die auf Blutentnahmen beruhen, welche unter Verstoß gegen den Richtervorbehalt in § 81a Abs. 2 gewonnen wurden. Das BVerfG hat allerdings inzwischen in einem obiter dictum darauf hingewiesen, dass gegen sowohl aus rechtsstaatlicher (Art. 20 Abs. 3 GG) wie auch grundrechtlicher (Art. 2 Abs. 2 GG) Sicht erhebliche Bedenken gegen eine Praxis bestehen, die den gesetzlichen Richtervorbehalt für den Bereich verwaltungsbehördlicher Eingriffsmaßnahmen „durch eine großzügige Verwertung rechtswidrig erlangter Beweismittel ... flächendeckend aushebelt." (vgl. BVerfG NJW 2015, 1005 m.w.N. zur Rspr. der OVG/VGH).

Ist in der HV voraussichtlich eine Auseinandersetzung mit der Frage zu erwarten, ob eine Verwertung des eingeholten Blutalkoholgutachtens in der HV zulässig oder ob insoweit ein Verwertungsverbot anzunehmen ist, weil die untersuchten Blutproben ohne richterliche Anordnung entnommen worden sind, ist dem Angeklagten wegen der Schwierigkeit der Sach- und Rechtslage (§ 140 Abs. 2) ein **Pflichtverteidiger** zu bestellen (OLG Brandenburg NJW 2009, 1287; LG Schweinfurt StV 2008, 462; s.a. für das Bußgeldverfahren OLG Bremen DAR 2009, 710; OLG Köln, Beschl. v. 27.10.2011 – III-1 RBs 253/11; offen gelassen von OLG Hamm StRR 2010, 266; wegen weit. Nachw. *Burhoff*, EV, Rn 1186).

Bußgeldverfahren, Besonderheiten der Hauptverhandlung

1200

Das Wichtigste in Kürze:
1. Für das Bußgeldverfahren gelten grds. die Vorschriften des OWiG.
2. In § 71 OWiG wird für das Verfahren nach einem zulässigen Einspruch auf die Vorschriften der StPO zum Strafbefehlsverfahren verwiesen (§§ 411, 412).
3. Für die HV in einem Bußgeldverfahren gelten im Wesentlichen die Vorschriften der StPO.
4. Die Anwesenheit(spflicht) des Betroffenen in der HV richtet sich nach § 73 OWiG.
5. Der Betroffene kann von seiner Anwesenheitspflicht nach § 73 Abs. 2 OWiG entbunden werden. Dazu ist ein Antrag zu stellen.
6. Erscheint der nicht von der Anwesenheitspflicht entbundene Betroffene in der HV nicht, wird sein Einspruch nach § 74 Abs. 2 OWiG verworfen.

B Bußgeldverfahren, Besonderheiten der Hauptverhandlung

7. Gem. § 77 OWiG bestimmt das Gericht den Umfang der Beweisaufnahme, unbeschadet der Vorschrift des § 244 Abs. 2.
8. Mit der 1987 in das OWiG eingefügten Vorschrift des § 77a OWiG ist die Möglichkeit einer vereinfachten Art der Beweisaufnahme geschaffen worden.
9. Weitere Verfahrensvereinfachungen sieht schließlich § 78 Abs. 1 OWiG vor.
10. Die HV des Bußgeldverfahrens endet mit der Einstellung des Verfahrens oder durch Urteil.

1201 Literaturhinweise: **Beck/Berr**, OWi-Sachen im Straßenverkehrsrecht, 6. Aufl. 2012; **Beck/Löhle**, Fehlerquellen bei polizeilichen Meßverfahren: Geschwindigkeit – Abstand – Rotlicht – Waagen – Atemalkohol, 10. Aufl. 2012; **Bellmann**, Täteridentifikation anhand eine Lichtbildes – Teil 1: Wiedererkennen und Identifizieren, StRR 2011, 419; *dies.*, Täteridentifikation anhand eine Lichtbildes – Teil 2: Bildmaterial, StRR 2011, 463; *dies.*, Täteridentifikation anhand eine Lichtbildes – Teil 3: Gutachten, StRR 2012, 18; **Bick**, Die Anfechtung von Verwerfungsurteilen nach § 329 I StPO und § 74 II OWiG, StV 1987, 273; **Bock**, Rechtsprechungsübersicht zum Umfang der Akteneinsicht, DAR 2011, 606; **Bode**, Die Rechtsprechung zu drogenbeeinflußter Verkehrsteilnahme, BA 2002, 7; **Böttcher**, Das neue Beweisrecht in Verfahren nach dem OWiG, NStZ 1986, 393; **Bohnert**, Neue Regelungen im Zwischenverfahren des OWiG, NZV 1999, 322; **Brüssow**, Verkehrsstraf- und Ordnungswidrigkeitenrecht, in: Strafverteidigung in der Praxis, 1998, S. 1067; *ders.*, Beweisverwertungsverbote in Verkehrsstrafsachen, StraFo 1998, 294; **Burhoff**, Rechtsbeschwerde im Ordnungswidrigkeitenverfahren, ZAP F. 21, S. 159; *ders.*, Identifizierung des Betroffenen anhand eines Lichtbildes, VA 2000, 33; *ders.*, Rechtsbeschwerde erfolgreich einlegen, VA 2001, 90; *ders.*, Pflichtverteidiger in Verkehrsstrafsachen, VA 2001, 191; *ders.*, Rechtsbeschwerde erfolgreich einlegen, Teil 1: PA 2002, 127, Teil 2: PA 2002, 139; *ders.*, Fahreridentifizierung anhand eines Lichtbildes. Häufige Fehler bei den Tatgerichten, VA 2002, 21; *ders.*, Vorbereitung der Hauptverhandlung in OWi-Sachen, VA 2002, 171; *ders.*, Fahreridentifikation anhand eines Lichtbildes, PA 2005, 106; *ders.*, Täteridentifizierung: Das Lichtbild vom Verkehrsverstoß in der Praxis, VA 2006, 125; *ders.*, Fahreridentifizierung anhand eines Lichtbildes: Was Tatrichter immer wieder falsch machen, VA 2006, 144; *ders.*, Entbindung vom Erscheinen in der Hauptverhandlung des Bußgeldverfahrens, VRR 2007, 250; *ders.*, Der Beweisantrag im OWi-Verfahren, VA 2007, 205; *ders.*, Was Sie vom Beschlussverfahren nach § 72 OWiG wissen müssen, VA 2009, 14; *ders.*, Verständigung im Strafverfahren – 10 erste W-Fragen und 10 Antworten, StRR 2009, 331; *ders.*, Gesetzliche Neuregelung in Kraft: Absprache und 2. OpferRRG, VA 2009, 178; *ders.*, Regelung der Verständigung im Strafverfahren, ZAP F. 22, S. 477; *ders.*, Rechtsprechungsübersicht zur neuen Verständigungsregelung, (§ 257c StPO), StRR 2011, 248; *ders.*, Dauerbrenner: (Akten)Einsicht in Messunterlagen im OWi-Verfahren, VRR 2011, 250; *ders.*, Pflichtverteidigung in straßenverkehrsrechtlichen Mandaten, VA 2012, 34; *ders.*, Akteneinsicht im Bußgeldverfahren Sonderproblem Bedienungsanleitung/Messunterlagen, VA 2012, 50; *ders.*, Die „Widerspruchslösung" des BGH in der Praxis, PA 2004, 50; *ders.*, Die Widerspruchslösung in bußgeldrechtlichen Verfahren, VA 2013, 16; *ders.*, So müssen Sie auf die „Widerspruchslösung" im Bußgeldverfahren reagieren, VA 2013, 35; *ders.*, Das müssen Sie zum Anspruch auf Akteneinsicht in die Bedienungsanleitung eines Messgerätes wissen, VA 2013, 51; *ders.*, Update: Akteneinsicht im Bußgeldverfahren, VA 2013, 125; *ders.*, Straßenverkehrs-OWi-Verfahren Anträge auf gerichtliche Entscheidung richtig abrechnen, RVGprofessionell 2013, 88; *ders.*, Abrechnung im Bußgeldverfahren Verfahren wegen Akteneinsicht und eines damit verbundenen Rechtsmittels, VRR 2013, 213; *ders.*, Vollstreckung ausländischer Geldsanktionen – was gibt es an Rechtsprechung? VA 2014, 34; *ders.*, Einfacher, gerechter und transparenter? Die Punktereform 2014 in einem ersten Überblick, VA 2014, 51; *ders.*, Punktereform 2014: Fahreignungs-Bewertungssystem und Übergangsregelungen, VA 2014, 69; **Burhoff** (Hrsg.), Handbuch für das straßenverkehrsrechtliche OWi-Verfahren, 4. Aufl. 2015; **Burhoff/Grün**, Messungen im Straßenverkehr, 3. Aufl., 2013; **Cierniak**, Prozessuale Anforderungen an den Nachweis von Verkehrsverstößen, zfs 2012, 664; **Cierniak/Herb**, Pflicht zur Belehrung über die Freiwilligkeit der Teilnahme an einer Atemalkoholmessung? NZV 2012, 409; **Cierniak/Niehaus**, Akteneinsichts- und Offenlegungsrecht im Bußgeldverfahren, DAR 2014, 2; **Deutscher**, Fünf Jahre Verständigungsgesetz – Verständigungen in verkehrsrechtlichen Verfahren am Amtsgericht, VRR 2014, 410; **Fromm**, Deals im Straßenverkehrs-Ordnungswidrigkeitenverfahren, NZV 2010, 550; *ders.*, Die Entbindung des Betroffenen von der Verpflichtung zum Erscheinen in der Hauptverhandlung, § 73 Abs. 2 OWiG, SVR 2010, 86; *ders.*, Massentermine in Bußgeldverfahren, NJW 2012, 1131; *ders.*, Massentermine in Bußgeldverfahren, zfs 2012, 366; *ders.*, „Standardisierte" Vorbereitung der Hauptverhandlung durch den Bußgeldrichter, NJW 2012, 2939; *ders.*, Fernbleiben des Betroffenen von der mündlichen Verhandlung – Krankheit als Entschuldigungsgrund?, DAR 2013, 172; *ders.*, Terminsladung, Verhinderung und Verlegungsantrag im OWi-Verfahren, zfs 2014, 608; *ders.*, Der unterbevollmächtigte Rechtsanwalt in Bußgeldsachen, SVR 2015, 49; **Fromm**, Das Beweisantragsrecht in Verkehrsbußgeldsachen, NJOZ 2015, 721; **Gebhardt**, Das verkehrsrechtliche Mandat, Band 1: Verteidigung in Verkehrsstraf- und Ordnungswidrigkeitenverfahren, 7. Aufl. 2012; **Gieg**, Die strafprozessuale Verfahrensrüge in Straßenverkehrsverfahren, Ursachen und Folgen anwaltlicher Preisgabe von Rügeoptionen im Revisions- und Rechtsbeschwerdeverfahren, DAR 2012, 624; **Gieg/Olbermann**, Die anwaltliche Rechtsbeschwerde in Straßenverkehrssachen, DAR 2009, 617; **Hecker**, Verwertungsverbot infolge unterlassener Betroffenenbelehrung, NJW 1997, 1833; **Hornmann**, Die Verfolgung von Ordnungswidrigkeiten durch Private ist unzulässig – auch in Hessen, DAR 1999, 158; **Huckenbeck/Gabriel**, Fahreridentifizierung anhand von Messfotos, NZV 2012, 201; **Janker**, Der langsame Abschied von der Blutprobe – Aktuelle Fragen zum Führen von Kraftfahrzeugen unter Alkoholeinfluss nach § 24a Abs. 1 StVG sowie § 316 StGB, DAR 2002, 49; **Junker/Veh**, Die Verteidigung im Rechtsbeschwerdeverfahren, Teil 1: VRR 2006, 9; *dies.*, Die Verteidigung im Rechtsbeschwerdeverfahren, Teil 2: VRR 2006, 50; **Krenberger**, Das Abwesenheitsverfahren im Bußgeldrecht – Rechtsprechungsübersicht 2010/2011 zu §§ 73, 74 OWiG, zfs 2012, 424; *ders.*, Pflichtverteidigung in Bußgeldsachen – Weiterhin nur ein Ausnahmefall, zfs 2013, 69; *ders.*, Rechtsprechungsübersicht zu §§ 73, 74 OWiG für das Jahr 2012, zfs 2013, 364; **Krumm**, Bußgeldsachen gegen Jugendliche und Heranwachsende, VRR 2005, 413; *ders.*, Probleme im Bußgeldverfahren bei der Entbindung des Betroffenen von der Pflicht zum persönlichen Erscheinen, DAR 2008, 413; *ders.*, Verständigung auf eine „Punktstrafe" im OWi-Verfahren?, NZV 2011, 376; *ders.*, Die Prüfung der Atemalkoholmessung im Bußgeldverfahren, NJW 2012, 1860; *ders.*, Die Abschöpfung der Tatvorteile im Bußgeldverfahren durch die Geldbuße, wistra 2014, 424; **Maatz**, Forensische Verwertbarkeit und Konsequenzen aus der AAK-Entscheidung des BGH, BA 2002, 21; **Meyer**, Der Beweisantrag im Verkehrsordnungswidrigkeitenverfahren (insbesondere Geschwindigkeits-, Abstands-, Rotlichtverstöße), DAR-Extra 2011, 744; **Mitsch**, Die Pflicht ausländischer „Verkehrssünder" zur Anwesenheit in der Hauptverhandlung vor einem deutschen Straf- oder Bußgeldgericht, ZIS 2011, 502; **Mohammed**, Akteneinsichtsrecht in Bedienungsanleitungen von Geschwindigkeitsmessgeräten, SVR 2013, 174; **Molketin**, Die notwendige Verteidigung bei Verkehrsdelikten, NZV 1989, 93; **Niemitz**, Identifikation von Personen anhand von Lichtbildern – ein Beitrag zur Methodendiskussion im Lichte der aktuellen Rechtsprechung, DAR 2011, 768; **Nobis**, Beweisverwertungsverbot bei Weitergabe eines Lichtbildes durch die Meldebehörde, DAR 2002, 299; **Rochow**, Die Verpflichtung des Betroffenen zum persönlichen Erscheinen in der Hauptverhandlung im Rahmen von OWi-Verfahren, zfs 1999, 366; **Schneider**, Die Pflicht des Betroffenen zum persönlichen Erscheinen in der Hauptverhandlung des Bußgeldverfahrens – Zur Neuregelung des § 73 I OWiG in der seit dem 1.3.1998 geltenden Fassung, NZV 1999, 14; **Schott**, Identitätsgutachten im Rahmen von Verkehrsdelikten, NZV 2011, 169; **Schuff**, Fehler und Störeinflüsse bei der gerichtsverwertbaren AAK-Messung, StRR 2012, 177; **Schulz**, Die Einstellung nach § 47 OWiG bei Verkehrsordnungswidrigkeiten, StraFo 1999, 114; *ders.*, Die Einstellung nach § 47 OWiG als Rechtsbeugung, NJW 1999, 3471; **Schünemann**, „Dienstliche Äußerungen" von Polizeibeamten im Strafverfahren, DRiZ 1979, 101; **Staub**, Das Wiedererkennen des Fahrers/der Fahrerin bei Verkehrsstraftaten – Grundlagen und Verteidigungsstrategien bei der Wahlgegenüberstellung und der Wahllichtbildvorlage, DAR 2013, 660; **Steffens**, Verwertungsverbot im Bußgeldverfahren bei Übermittlung von Meldedaten einschließlich des Lichtbildes, StraFo 2002, 222; **Wiegmann**, Das Wiedererkennen im Straf- und Bußgeldverfahren – Die strafprozessuale Problematik des Wiedererkennens, StraFo 1998, 37; wegen weiterer Lit.-Hinw. s. *Burhoff*, EV, Rn 1187 und die Veröffentlichungen von *Burhoff* zu Fahrverbotsfragen auf der Homepage www.burhoff.de.

| **B** | **Bußgeldverfahren, Besonderheiten der Hauptverhandlung** |

1202 **1. a)** Für das Bußgeldverfahren gelten die Vorschriften des **OWiG**. Bei den verhandelten Sachen handelt es sich überwiegend um straßenverkehrsrechtliche Verstöße, die für die Betroffenen wegen der Gefahr, ggf. mit einem Fahrverbot belegt zu werden, von besonderer Bedeutung sind. Wegen der Besonderheiten des bußgeldrechtlichen EV wird verwiesen auf *Burhoff*, EV, Rn 1187 ff. und vor allem auch auf *Burhoff* (Hrsg.), Handbuch für das straßenverkehrsrechtliche OWi-Verfahren, 4. Aufl. 2015.

1203 **b)** Ist gegen einen Bußgeldbescheid ein zulässiger Einspruch (s. §§ 67 ff. OWiG) eingelegt, wird durch das zuständige AG i.d.R. ein **HV-Termin** anberaumt (zur Möglichkeit, ohne mündliche HV durch Beschluss zu entscheiden, s. § 72 OWiG, und dazu Burhoff/*Gieg*, OWi, Rn 511 ff.; *Burhoff* VA 2009, 14). Grundlage des (gerichtlichen) Verfahrens ist der ergangene Bußgeldbescheid (Göhler/*Seitz*, § 71 Rn 3; zum Bußgeldbescheid Burhoff/*Burhoff*, OWi, Rn 738 ff.). Gem. § 71 OWiG richtet sich das **gerichtliche Verfahren** nach den Vorschriften der **StPO**, die nach zulässigem Einspruch gegen einen Strafbefehl gelten (s.u. Rdn 1204). Damit finden also zunächst die **§§ 411, 412** Anwendung (→ *Strafbefehlsverfahren*, Rdn 2568). Über **§ 46 Abs. 1 OWiG** werden aber auch die übrigen für die HV geltenden Vorschriften angewendet (s.u. Rdn 1206 ff.). Für die HV in einem OWi-Verfahren gibt es jedoch auch **Besonderheiten**, die sich aus den §§ 71 ff. OWiG ergeben (s.u. Rdn 1224 ff.).

☞ Auch im OWi-Verfahren kommt eine **Pflichtverteidigung** in Betracht. Es gelten grds. die allgemeinen Regeln (vgl. § 60 OWiG; s.u.a. (allgemein/teilweise zu § 81a) OLG Bremen DAR 2009, 710; OLG Dresden VRR 2010, 403 [Ls.]; OLG Köln StV 2012, 455; offen gelassen von OLG Hamm StRR 2010, 266; LG Mainz StRR 2009, 307; verneint von LG Stuttgart zfs 2013, 233 m. abl. Anm. *Burhoff* VRR 2013, 232 = StRR 2013, 276 [Rotlichtverstoß mit einem Monat Fahrverbot]; zur Pflichtverteidigerbeiordnung im OWi-Verfahren i.Ü., Burhoff/*Burhoff*, OWi, Rn 3101 ff.; *Burhoff*, EV, Rn 1208 ff.; *Burhoff* VA 2012, 24; *Fromm* NJW 2013, 2006; *Krenberger* zfs 2013, 69).

1204 **2.** Für die aus § 71 OWiG folgende Anwendung der **Grundsätze** des **Strafbefehlsverfahrens** gelten die Ausführungen bei → *Strafbefehlsverfahren*, Rdn 2568, **entsprechend**. Auf Folgendes ist (nochmals) besonders **hinzuweisen**:

1205 ■ Das Gericht darf in seiner Entscheidung zum **Nachteil** des Betroffenen vom **Bußgeldbescheid abweichen** (s. § 411 Abs. 4). Nach § 81 OWiG kann es sogar zum Strafverfahren übergehen (wegen der Einzelh. Burhoff/*Gübner*, Rn 2540 ff.).

☞ Es gelten für die Abweichung, insbesondere für die Frage, wann ein **Hinweis** des Gerichts erforderlich ist, die allgemeinen Regeln (wegen der Einzelh. s. Göhler/*Seitz*, § 71 Rn 50 ff. m.w.N.; → *Hinweis auf veränderte Sach-/Rechtslage*, Rdn 1720). Daher muss der Richter, wenn er die Verurteilung des Betroffenen auf eine andere als im

Bußgeldverfahren, Besonderheiten der Hauptverhandlung   B

Bußgeldbescheid genannte Bußgeldvorschrift stützen will, zuvor dem Betroffenen einen rechtlichen Hinweis erteilen (OLG Düsseldorf NZV 1994, 491).

Für den Betroffenen von besonderer praktischer Bedeutung ist, dass das Gericht ihn auf die Möglichkeit eines im Bußgeldbescheid nicht festgesetzten **Fahrverbots hinweisen** muss, bevor es dieses anordnet (BGHSt 29, 274; OLG Düsseldorf NJW 1990, 462 [Ls.]; NStZ 1994, 347; OLG Hamm StraFo 2005, 298; OLG Jena StraFo 2010, 206; OLG Koblenz StRR 2008, 162 [Ls.]; Burhoff/*Deutscher*, OWi, Rn 1775 und Burhoff/*Stephan*, OWi, Rn 2477).

Will das Gericht allerdings nur eine **höhere Geldbuße/ein längeres Fahrverbot** als im Bußgeldbescheid festsetzen, muss es auf die Umstände, die es dazu veranlassen, nach h.M. **nicht** gem. § 265 hinweisen (OLG Hamm NJW 1980, 1587 [Geldbuße]; BayObLG NJW 2000, 3511 [Ls.; Fahrverbot]; KG NStZ-RR 2015, 23; OLG Bamberg NZV 2011, 411; OLG Stuttgart DAR 2010, 590; Göhler/*Seitz*, § 71 Rn 50a; Burhoff/*Stephan*, OWi, Rn 2476 ff.; a.A. OLG Hamm StRR 2010, 224 m. abl. Anm. *Sandherr* DAR 2010, 99). Erforderlich ist ein Hinweis auch dann, wenn der **Wegfall** der **Vollstreckungsvergünstigung** des § **25 Abs. 2a StVG** droht (OLG Schleswig SchlHA 2003, 214 [Dö/Dr]).

- Stellt sich erst in der HV heraus, dass der **Einspruch** gegen den Bußgeldbescheid **unzulässig** ist, wird er vom Gericht gem. § 260 Abs. 3 i.V.m. § 46 Abs. 1 OWiG durch Urteil verworfen (BayObLG NJW 1962, 118).

- Der Betroffene/sein Verteidiger können den **Einspruch** gegen den Bußgeldbescheid auch noch in der HV **zurücknehmen**, und zwar bis zum **Beginn** der → *Urteilsverkündung*, Rdn 2761, (vgl. § 411 Abs. 3 S. 1; wegen der Einzelh. Göhler/*Seitz*, § 71 Rn 6 ff. m.w.N.; zur Einspruchsrücknahme Burhoff/*Gieg*, OWi, Rn 1073 ff.).

  ✍ Grds. ist für die Rücknahme gem. § 303 i.V.m. § 71 Abs. 1 OWiG die **Zustimmung** der StA erforderlich. Nimmt diese – wie üblich – an der HV nicht teil, ist die Zustimmung nach § 75 Abs. 2 OWiG aber entbehrlich. Wird der Einspruch außerhalb der HV zurückgenommen, ist die Zustimmung der StA erforderlich (KG NZV 2011, 314 für Rücknahme durch Telefax vor Aufruf der Sache in einem Fortsetzungstermin nach unterbrochener HV). In diesen Fällen ist auch eine nachträgliche Zustimmung ausgeschlossen (KG, a.a.O.; zur Einspruchsrücknahme noch Burhoff/*Gieg*, OWi, Rn 716 ff.).

- Auch die **Beschränkung** des **Einspruchs** gegen den Bußgeldbescheid ist entsprechend § 410 Abs. 2 beim Strafbefehl (noch in der HV) zulässig (BayObLG NStZ-RR 1999, 369; NStZ-RR 2008, 119; OLG Celle NZV 1999, 524; OLG Hamm VRS 99, 220; OLG Jena VRS 112, 359; vgl. wegen der Einzelh. Burhoff/*Gieg*, OWi, Rn 1022 ff.), allerdings wohl nicht mehr nach Aufhebung eines bereits ergangenen amtsgerichtlichen Urteils unter teilweiser Aufrechterhaltung der Feststellungen (OLG Zweibrücken StraFo 2009, 426). Das **empfiehlt** sich, wenn der Bußgeldbescheid nur von Fahrlässigkeit ausgeht, der Amtsrichter aber einen Hinweis auf die Möglichkeit einer vorsätzlichen Begehungsweise gibt. Die Beschränkung des Einspruchs „zwingt" den Tatrichter weiterhin von Fahrlässigkeit auszugehen (OLG Bamberg NJW 2006, 627).

1206 3. Für die **HV** in einem Bußgeldverfahren gelten die **StPO-Vorschriften** grds. sinngemäß (§§ 46, 71 OWiG). Auf Folgendes, insbesondere Besonderheiten/Abweichungen, ist jedoch hinzuweisen:

1207 a) Die **Vorbereitung** der **HV** richtet sich nach den §§ 213 – 225a (zur Vorbereitung der HV im OWi-Verfahren durch den Verteidiger s. Burhoff/*Stephan*, OWi, Rn 4460 ff.). Der Betroffene und sein Verteidiger sind also insbesondere zur HV zu **laden**, es gelten die allgemeinen Regeln (vgl. u.a. OLG Koblenz StraFo 2009, 420). Gem. § 74 Abs. 3 OWiG ist der Betroffene in Abweichung von § 216 über die sich bei seinem Ausbleiben aus § 74 Abs. 1, 2 OWiG ergebenden Folgen zu **belehren** (s. i.Ü. → *Ladung des Angeklagten*, Rdn 1817; → *Ladung des Verteidigers*, Rdn 1829).

1208 Es gilt die **Ladungsfrist** des § 217 (eine Woche), und zwar auch dann, wenn der Betroffene bereits zu einer früheren HV unter Einhaltung der Ladungsfrist geladen worden war (BayObLG NJW 1978, 2406) und auch bei einer Umladung (OLG Köln NStZ-RR 2000, 179); **nicht** jedoch, wenn die **HV** lediglich **unterbrochen** worden ist (BayObLG NZV 1999, 306; OLG Köln NStZ 1991, 92). Von einem (in seiner Abwesenheit) beschlossenen Fortsetzungstermin ist der Betroffene jedoch zumindest formlos zu verständigen (BayObLG, a.a.O.), und zwar auch dann, wenn er vom persönlichen Erscheinen in der HV entbunden war. Der Beginn eines Fortsetzungstermins muss, auch wenn die HV nach einer → *Unterbrechung der Hauptverhandlung*, Rdn 2701, im Laufe des Tages fortgesetzt wird, konkret bestimmt werden (LG Kiel VRR 2008, 38). Anderenfalls ist das Fernbleiben des Betroffenen entschuldigt (LG Kiel, a.a.O.; vgl. auch noch KG NStZ-RR 2015, 55 u. unten Rdn 1247).

1209 Auch im Bußgeldverfahren sind gem. **§ 222 Abs. 1** dem Betroffenen sämtliche zur HV geladenen Zeugen bekannt zu geben, und zwar auch dann, wenn sie bereits im Bußgeldbescheid angeführt waren (OLG Hamm NJW 1996, 534; NStZ-RR 2012, 58 [Ls.]; vgl. dazu auch OLG Bamberg zfs 2014, 229 m. Anm. *Krenberger*). Erfüllt das Gericht diese Mitteilungspflicht nicht, kann gem. § 246 Abs. 2 die Aussetzung der HV verlangt werden (→ *Aussetzung wegen verspäteter Namhaftmachung geladener Beweispersonen*, Rdn 506). Die Mitteilungspflicht gilt nicht für Urkunden- und Augenscheinsgegenstände (s. dazu *Krenberger*, a.a.O.).

1210 b) Für eine **Aussetzung** oder → *Unterbrechung der Hauptverhandlung*, Rdn 2701, gelten die §§ 228, 229 uneingeschränkt (Göhler/*Seitz*, § 71 Rn 29; → *Aussetzung der Hauptverhandlung, Allgemeines*, Rdn 462 m.w.N.).

Bußgeldverfahren, Besonderheiten der Hauptverhandlung **B**

👉 Auch im Bußgeldverfahren hat der Betroffene grds. **Anspruch** darauf, vom **Anwalt des Vertrauens** verteidigt zu werden. Das hat zur Folge, dass der HV-Termins i.d.R. zu verlegen sein wird, wenn der Verteidiger verhindert ist (eindrucksvoll OLG Koblenz StV 2009, 477; s. i. Üb. u.a. KG NZV 2003, 433; DAR 2012, 395 m. Anm. *Burhoff* VRR 2012, 275 für plötzliche Erkrankung des Verteidigers; OLG Braunschweig VRR 2012, 232; OLG Dresden zfs 2013, 530; OLG Hamm zfs 2009, 470; zfs 2010, 649; VRR 2013, 272; OLG München NJW 2006, 711 [Ls.]; OLG Zweibrücken NZV 1996, 162; LG Neubrandenburg NZV 2012, 47; LG Stuttgart StRR 2012, 114; *Fromm* zfs 2014, 608 ff.). Das gilt – jedenfalls in Zusammentreffen mit anderen Umständen – auch, wenn der Verteidiger erst kurzfristig vor dem Termin beauftragt worden ist (OLG München, a.a.O. für Strafbefehlsverfahren; → *Terminsbestimmung/Terminsverlegung*, Rdn 2646 ff.).

Der Betroffene kann darauf vertrauen. dass über einen **frühzeitig gestellten Terminsverlegungsantrag** so **rechtzeitig entschieden** wird, dass ein Wechsel des Verteidigers bis zum Termin noch möglich ist (OLG Braunschweig, Beschl. v. 12.7.2012 – Ss [OWi] 113/12; ähnlich OLG Dresden zfs 2013, 530).

Bei **Verspätung** oder **Verhinderung** des **Verteidigers** (→ *Verhinderung des Verteidigers*, **1211** Rdn 2904) sind für die Frage, ob mit dem Beginn der HV zu **warten** oder die HV sogar auszusetzen und zu verlegen ist, alle **Umstände** des Einzelfalls gegeneinander **abzuwägen**. Den Vorrang hat im Zweifel das Verteidigungsinteresse des Betroffenen (BayObLG NStZ-RR 2002, 83; OLG Hamm VRR 2006, 274; 2008, 123 [Ls.]; VRR 2013, 272 m. Anm. *Burhoff*; vgl. dazu a. BGH StV 2009, 565). Dabei muss das Gericht eine **geringfügige Verspätung** (i.d.R. 15 Minuten; s. Göhler/*Seitz*, § 74 Rn 28 m.w.N.; BerlVerfGH NJW 2004, 1158; OLG Bamberg VRR 2012, 276; OLG Frankfurt am Main DAR 2012, 477; OLG Hamm NStZ-RR 1997, 179 [mehr als 15 Minuten nur im Ausnahmefall, was von den rechtlichen und tatsächlichen Schwierigkeiten der Sache abhängt]; NStZ-RR 2009, 251; OLG Jena VRS 122, 227; s. aber KG NStZ-RR 2002, 218 und BerlVerfGH NJW-RR 2000, 1451) **berücksichtigen** und wird solange mit dem Beginn der HV warten müssen (zur – verneinten – Zumutbarkeit des Erscheinens für den Betroffenen, wenn der Verteidiger verhindert ist und zuvor ein Befangenheitsantrag gegen den amtierenden Richter zurückgewiesen worden ist, s. OLG Hamm NStZ 1995, 596; zur **Verwerfung** des **Einspruchs** wegen Ausbleiben des Betroffenen/Verteidigers s. Rdn 1243, und → *Berufungsverwerfung wegen Ausbleibens des Angeklagten*, Rdn 699; zur Wartezeit auch noch → *Verhinderung des Verteidigers*, Rdn 2913).

👉 Kann der Verteidiger absehen, dass er **nicht pünktlich** zum Beginn der HV erscheinen kann, muss er dies dem Gericht **möglichst umgehend mitteilen**. Das gebietet nicht nur die Höflichkeit, sondern auch die Fürsorge gegenüber dem Mandanten, zumal in die-

B Bußgeldverfahren, Besonderheiten der Hauptverhandlung

sen Fällen ein (noch mehr) verspäteter Beginn oder die Verlegung der HV durch das Gericht geboten sind (BerlVerfGH NJW-RR 2000, 1451; KG NStZ-RR 2002, 218; OLG Brandenburg StraFo 2012, 270; StRR 2011, 345 [75 Minuten Verspätung]; OLG Hamm NStZ-RR 1997, 368; OLG Köln StraFo 2013, 251; OLG München zfs 2007, 588; OLG Zweibrücken VRS 112, 122; Göhler/*Seitz*, § 71 Rn 30b m.w.N.; zu allem a. → *Berufungsverwerfung wegen Ausbleibens des Angeklagten*, Rdn 700 f.).

1212 c)aa) Grds. können auch im Bußgeldverfahren **Absprachen/Verständigungen** stattfinden (s.a. Burhoff/*Burhoff*, OWi, Rn 2676 ff. für das straßenverkehrsrechtliche Bußgeldverfahren; zu Verständigungen in verkehrsrechtlichen Verfahren beim AG *Deutscher* VRR 2014, 410). Das Gesetz zur Regelung der Verständigung im Strafverfahren v. 29.7.2009 (BGBl I, S. 2353) macht von der Anwendbarkeit der §§ 257b, 257c im Bußgeldverfahren keine Ausnahme. Problematisch ist allerdings, welche Verfahren im OWi-Verfahren „**geeignete Fälle**" i.S.d. § 257 Abs. 1 sind, in denen eine Verständigung in Betracht kommt (zum Begriff → *Absprachen/Verständigung mit Gericht und Staatsanwaltschaft*, Rdn 169). Verkehrsordnungswidrigkeiten, aber auch andere Verfahrensgegenstände, bei denen häufig keine besonders schwierigen und langwierigen Beweiserhebungen erforderlich sind, werden i.d.R. nicht in Betracht kommen, da hier z.B. auch einem Geständnis des Betroffenen oder dessen Verzicht auf die Stellung von Beweisanträgen meist nur eine geringe Bedeutung im Hinblick auf eine zügige Verfahrenserledigung zukommen wird (vgl. BT-Drucks 16/12310, S. 15; s.a. Burhoff/*Burhoff*, OWi, a.a.O.; zurückhaltend auch Göhler/*Seitz*, § 71 Rn 38). Zudem steht im (straßenverkehrsrechtlichen) Bußgeldverfahren der Grundsatz der Gleichbehandlung der Betroffenen im Vordergrund. Z.T. wird das in der Lit. anders gesehen (vgl. *Fromm* NZV 2010, 550; *Krumm* NZV 2011, 376) und für eine uneingeschränkte Anwendung der Vorschriften plädiert. Dabei wird m.E. der Hinweis des Gesetzgebers in der Gesetzesbegründung (vgl. BT-Drucks 16/12310, a.a.O.) übersehen. Andererseits sind aber in anderen Bußgeldverfahren bei schwerwiegenden OWi, namentlich auf dem Gebiet des Wirtschaftsrechts, wie etwa bei Kartellordnungswidrigkeiten, durchaus prozessrechtliche Situationen denkbar, die eine „Verständigung" angezeigt erscheinen lassen kann (vgl. BT-Drucks 16/12310, S. 16). Bei denen wird es sich dann um „geeignete Fälle" handeln.

1213 bb) Wird eine Verständigung angestrebt, gelten die **allgemeinen Regeln** (vgl. dazu → *Absprachen/Verständigung mit Gericht und Staatsanwaltschaft*, Rdn 137). Es kann also im Zusammenhang mit der Verfahrensförderung und zur Vorbereitung einer Absprache auch im Bußgeldverfahren eine → *Erörterungen des Standes des Verfahrens*, Rdn 1491, erfolgen.

1214 Auf folgende **Besonderheiten** bei einer Verständigung im Bußgeldverfahren ist hinzuweisen:

- ■ Anders als im Strafverfahren der StA in den §§ 160b, 202a ist der **Verwaltungsbehörde** nicht ausdrücklich das Recht eingeräumt worden, eine Verständigung/Erörterung durchzuführen. Darauf hat der Gesetzgeber wegen des summarischen Verfahrens bei der Verwaltungsbehörde bewusst verzichtet. Das schließt jedoch nicht aus, auch im Verfahren bei der Verwaltungsbehörde eine „**informelle**" **Verständigung** zu treffen (vgl. BT-Drucks 16/12310, S. 15; *Fromm* NZV 2010, 550; zur „Punktstrafe" *Krumm* NZV 2011, 376; grds. auch *Deutscher* VRR 2014, 410).

- Der Begriff des „**Verfahrensbeteiligten**" (vgl. §§ 257b, 257c) ist im Hinblick auf die Besonderheiten des Bußgeldverfahrens auszulegen. Die StA gehört also z.b. nur dann zum Kreis der Verfahrensbeteiligten, wenn sie an der HV teilnimmt (vgl. BT-Drucks 16/12310, S. 15).
- Nach § 78 Abs. 2 OWiG gilt die Neuregelung in § 243 Abs. 4 (→ *Mitteilung über Erörterungen zur Verständigung*, Rdn 1866) **nur**, wenn eine **Erörterung** einer Verständigung **stattgefunden** hat (zur Frage der **Mitteilung**, wenn eine Gesamteinstellung nach § 47 Abs. 2 OWiG erfolgen soll OLG Hamburg, Beschl. v. 27.3.2015 – 1 RB 58/14, das die Mitteilungspflicht verneint).
- Auch die Protokollierungspflicht (vgl. dazu → *Protokoll der Hauptverhandlung, Allgemeines*, Rdn 2094) ist eingeschränkt. Nach § 78 Abs. 2 OWiG werden § 273 Abs. 1 S. 3 und Abs. 2 nicht angewendet. D.h.: Im Bußgeldverfahren muss also nicht in das Protokoll aufgenommen werden, dass eine Verständigung nicht stattgefunden hat (sog. Negativattest). Es muss nur protokolliert werden, dass ggf. eine Verständigung zustande gekommen ist.

d) Für den **Ablauf** der **HV** gilt grds. § 243 (→ *Gang der Hauptverhandlung, Allgemeines*, Rdn 1576 m.w.N.; s. aber Rdn 1214). Es gilt allerdings die Besonderheit, dass an die Stelle der → *Verlesung des Anklagesatzes*, Rdn 2921, nach § 243 Abs. 3 S. 1 die **Verlesung** des **Bußgeldbescheides** tritt. Das ist eine wesentliche Förmlichkeit der HV (OLG Bremen DAR 2009, 710). Nimmt die StA nicht an der HV teil, verliest der Richter den Bußgeldbescheid, wenn nicht, was nach § 78 Abs. 1 S. 1 OWiG zulässig ist, von der Verlesung des Bußgeldbescheides abgesehen wurde. Dann muss der Richter aber den wesentlichen Inhalt des Bußgeldbescheides bekannt geben (s.u. Rdn 1261; Göhler/*Seitz*, § 78 Rn 1a).

1215

e) Für die **Vernehmung** des **Betroffenen** zur Person und zur Sache und für seine Belehrung zur Aussagefreiheit gelten dieselben Regeln wie im Strafverfahren (→ *Belehrung des Angeklagten*, Rdn 536; → *Vernehmung des Angeklagten zur Person*, Rdn 3067; → *Vernehmung des Angeklagten zur Sache*, Rdn 3072). Ist der Betroffene nicht in der HV anwesend und wird nach § 74 Abs. 1 OWiG in seiner Abwesenheit verhandelt, gibt der Richter den wesentlichen Inhalt einer schriftlichen oder protokollarischen Äußerung des Betroffenen zur Sache bekannt oder stellt fest, dass sich der Betroffene nicht geäußert hat.

1216

> Nach der Rspr. können auch die in einem **Schriftsatz** des **Verteidigers** vorgetragenen Angaben des Betroffenen bekannt gegeben werden, wenn sowohl der Verteidiger als auch der Betroffene in der HV ausbleiben und der Verteidiger bei Abgabe seiner

B Bußgeldverfahren, Besonderheiten der Hauptverhandlung

Erklärungen Verteidigungsvollmacht hatte (OLG Frankfurt am Main, NJW 1993, 2129 [Ls.]; OLG Zweibrücken NZV 1994, 372; *Göhler* NStZ 1994, 74 in der Anm. zu OLG Frankfurt am Main, a.a.O.). Unter Hinweis auf diese Möglichkeit kann der Verteidiger die **Entbindung** des Betroffenen vom Erscheinen in der HV noch in der HV **erreichen** (s. i.Ü. u. Rdn 1237).

☞ Macht der Betroffene von seinem **Schweigerecht** Gebrauch, darf das AG das nicht zu seinen Lasten berücksichtigen (KG NJW 2010, 2900 für Verdoppelung der Geldbuße; → *Vorbereitung der Hauptverhandlung*, Rdn 3370).

1217 f) Für den Ablauf der HV gelten die allgemeinen Ausführungen zur → *Verhandlungsleitung*, Rdn 2889, zum → *Kreuzverhör*, Rdn 1805, zum **Fragerecht** (→ *Fragerecht, Allgemeines*, Rdn 1532 m.w.N.) sowie zu dem → *Erklärungsrecht des Angeklagten*, Rdn 1458, und dem → *Erklärungsrecht des Verteidigers*, Rdn 1463, entsprechend (zur Frage, wann im Hinblick auf den Grundsatz der **Öffentlichkeit** der HV im Bußgeldverfahren bei → *Verlegung der Hauptverhandlung an einen anderen Ort*, Rdn 2915, ein **Aushang** erforderlich ist, OLG Hamm StV 2000, 659 m.w.N.; OLG Hamm, Beschl. v. 7.7.2009 – 2 Ss OWi 828/08; vgl. aber OLG Koblenz NZV 2011, 266 m. Anm. *Deutscher* VRR 2011, 193 [bei einem „überschaubaren" AG ggf. entbehrlich]). Im kartellrechtlichen Bußgeldverfahren kann i.Ü. nach § 82a Abs. 1 GWB dem Vertreter der Kartellbehörde gestattet werden, Fragen an Betroffene, Zeugen und SV zu richten.

☞ Nach § 71 Abs. 1 OWiG i.V.m. § 226 Abs. 2 S. 1 kann der Amtsrichter von der **Zuziehung** eines **Protokollführers absehen**. Macht er von dieser Möglichkeit Gebrauch, kann seine Entscheidung nach § 226 Abs. 2 S. 2 nicht angefochten werden. Die Entscheidung muss nicht unbedingt als Beschluss ergehen, sondern kann auch stillschweigend dadurch getroffen werden, dass der Amtsrichter ohne Protokollführer erscheint.

1218 g) Die **Beweisaufnahme** (§§ 244 – 257) ist im Bußgeldverfahren **teilweise anders** gestaltet als im normalen Strafverfahren:
- Zu **§ 244** ergeben sich **Abweichungen** aus § 77 OWiG (s.u. Rdn 1252).
- **§ 245** (→ *Präsentes Beweismittel*, Rdn 2036) gilt **nicht** (Göhler/*Seitz*, § 77 Rdn 57).
- **§ 247** (→ *Entfernung des Angeklagten aus der Hauptverhandlung*, Rdn 1408) findet hingegen **Anwendung**.

1219 Für die **Verlesung** von **Schriftstücken** und **Protokollen** gilt:
- **Grds.** gilt für die Verlesung von Schriftstücken, soweit nicht § 77a OWiG Anwendung findet (s.u. Rdn 1257), auch **§ 249 Abs. 1** (→ *Urkundenbeweis, Allgemeines*, Rdn 2721

m.w.N.; zur Verlesung von Angaben des Verteidigers s. Rdn 1216, 1237). Messprotokolle sind Urkunden, müssen also in der HV verlesen werden. Auf sie kann daher dann auch nicht gem. § 267 Abs. 1 S. 3 im Urteil Bezug genommen werden (OLG Brandenburg NStZ 2005, 413; OLG Hamm VA 2008, 52; NStZ-RR 2009, 151; VRR 2012, 243 [Ls.]; OLG Jena VRS 114, 37).

- § 249 Abs. 2 (→ *Selbstleseverfahren*, Rdn 2504) wird insgesamt durch § 78 OWiG **verdrängt** (Göhler/*Seitz*, § 77a Rn 1a).

- Soweit auf der Grundlage des § 77a OWiG eine **Verlesung** von **Protokollen** über die Vernehmung von Zeugen, SV und Mitbetroffenen nicht erlaubt ist, **gilt** nach § 77a Abs. 4 S. 2 OWiG die Regelung des § **251** Abs. 1 Nr. 2 und 3, Abs. 2 Nr. 1 und 2, Abs. 3 und Abs. 4 auch im Bußgeldverfahren (Göhler/*Seitz*, § 71 Rn 38c m.w.N.; → *Verlesung von Protokollen früherer Vernehmungen/sonstiger Erklärungen*, Rdn 3014; → *Protokollverlesung zur Gedächtnisstützung*, Rdn 2147).

- Es **gilt** auch § **252** (Göhler/*Seitz*, § 71 Rn 38d m.w.N.; OLG Bamberg NStZ-RR 2012, 83; → *Protokollverlesung nach Zeugnisverweigerung*, Rdn 2126), was zur Folge hat, dass auch im Bußgeldverfahren die Aussage eines vor der HV vernommenen Zeugen, der sich erst in der HV auf sein ZVR beruft, nicht verlesen werden darf (OLG Jena VRS 112, 354).

- Für die Verlesung von **behördlichen Gutachten** gilt § 256 (→ *Verlesung von Behördengutachten*, Rdn 2956).

> ☞ Der **TÜV** und der **Deutsche Kraftfahrzeug-Überwachungsverein** sind **keine öffentliche Behörde** i.S.d. § 256 Abs. 1 (OLG Köln NJW 1963, 2284; *Göhler*, § 71 Rn 38 f. m.w.N.). Ihre Gutachten dürfen also nicht nach § 256 Abs. 1 verlesen werden. Entsprechendes gilt für die dienstliche Äußerung eines Polizeibeamten (*Schünemann* DRiZ 1989, 101).

- Es gilt § 261 mit der Folge, dass Tatsachen, die nicht Gegenstand/Inbegriff der HV gewesen sind, dem Urteil nicht zugrunde gelegt werden dürfen (OLG Hamm zfs 2012, 171 für Angaben zu den beruflichen und wirtschaftlichen Verhältnissen des Betroffenen; OLG Zweibrücken zfs 2010, 170 für Verwertung eines Lichtbildes zur Identifizierung des Betroffenen; → *Unmittelbarkeitsgrundsatz*, Rdn 2690). Verstoßen wird in diesen Fällen nicht nur gegen § 261, sondern zugleich auch gegen den Anspruch des Betroffenen auf rechtliches Gehör, der auch im sog. zulassungsfreien Bereich der Rechtsbeschwerde geltend gemacht werden kann (§ 80 Abs. 1 Nr. 2 OWiG; vgl. dazu Burhoff/*Junker*, OWi, Rn 3413 ff.).

h) Der Betroffene muss vom Gericht gem. § 265 auf eine **Änderung** der **Sach-** oder **Rechtslage** hingewiesen werden (s.o. Rdn 1204; → *Hinweis auf veränderte Sach-/Rechtslage*, Rdn 1720, und o. Rdn 1205). Es besteht aber keine (zuvorige) Hinweispflicht, wenn in der HV, in der der Betroffene weder erschienen noch vertreten ist, BZR- und VZR-Auszüge u.a. verwertet werden (BayObLG NJW 1995, 2800).

1221 i) Der Verteidiger kann selbstverständlich auch in der HV eines Bußgeldverfahrens einen **Schlussvortrag** halten (→ *Plädoyer des Verteidigers*, Rdn 2017).

1222 j) Dem Betroffenen ist das **letzte Wort** zu gewähren (→ *Letztes Wort des Angeklagten*, Rdn 1848).

1223 k) Auch im Bußgeldverfahren gilt die → **Widerspruchslösung**, Rdn 3433, des BGH (einschränkend Göhler/*Seitz*, § 46 Rn 10c; andererseits bejahend *Brüssow* StraFo 1998, 295; *Burhoff* VA 2013, 16; *ders.* VA 2013, 35; Burhoff/*Burhoff*, OWi. Rn 667 ff.; *Hecker* NJW 1997, 1833; offen gelassen von *Meyer-Goßner/Schmidt*, § 136 Rn 20; → *Beweisverwertungsverbote im OWi-Verfahren*, Rdn 545 ff. und → *Belehrung des Betroffen*, Rdn 360). Das zeigt sehr eindeutig die oberlandesgerichtliche Rspr. der letzten Zeit. So haben z.B. einige OLG in Zusammenhang mit der Geltendmachung eines BVV wegen einer (verdachtsunabhängigen Video-) Messung den Widerspruch gegen die Verwertung der Messung in der HV verlangt (vgl. u.a OLG Hamm StRR 2010, 43 [Ls.]; OLG Rostock StRR 2010, 37).

☞ Der Verteidiger sollte in allen Fällen, in denen nach seiner Auffassung ein BVV in Betracht kommt, der Verwertung des entsprechenden Beweismittels **widersprechen** (zu BVV im Bußgeldverfahren Burhoff/*Stephan*, OWi, Rn 676 ff; *Burhoff* VA 2013, 16; zu einem ggf. erforderlichen Widerspruch, wenn es um die Unverwertbarkeit einer Messung geht, OLG Düsseldorf DAR 2012, 646 m. Anm. *Burhoff* VRR 2012, 431). Zum Vorgehen in den Fällen wird verwiesen auf → *Widerspruchslösung*, Rn 3491 ff.).

1224 4. Die **Anwesenheit** des **Betroffenen** in der HV richtet sich nach § 73 OWiG.

☞ Ebenso wie für die HV des Strafverfahrens gilt auch in der HV des OWi-Verfahrens für den Betroffenen eine **Anwesenheitspflicht** (→ *Anwesenheitspflicht des Angeklagten*, Rdn 315). § 231 gilt im Bußgeldverfahren nicht (OLG Bamberg VRR 2012, 276).

Im Einzelnen gilt:

1225 a) Gem. § 73 Abs. 1 OWiG besteht die **Pflicht** des Betroffenen, in der HV zu **erscheinen** (zur Pflicht ausländischer „Verkehrssünder" zur Anwesenheit *Mitsch* ZIS 2011, 502). Nach § 73 Abs. 2 OWiG ist das **Gericht** aber **verpflichtet**, den Betroffenen auf seinen Antrag hin von dieser Verpflichtung zu **entbinden**, wenn er sich zur Sache geäußert hat oder erklärt, dass er sich in der HV nicht zur Sache äußern werde, und seine Anwesenheit zur Aufklärung wesentlicher Gesichtspunkte des Sachverhalts nicht erforderlich ist (s. z.B. BayObLG StraFo 1998, 315 [Anordnung des persönlichen Erscheinens zum Zweck der Identifizierung]).

1226 Liegen die Voraussetzungen für die Entbindung vor (vgl. dazu Rdn 1228 ff.), muss das Gericht den Betroffenen von der Anwesenheitspflicht entbinden. Das Gericht hat in dieser

Frage **kein Ermessen** (vgl. so schon BayObLG DAR 2001, 371; aus neuerer Zeit KG VRS 113, 63; NStZ 2011, 584; OLG Bamberg DAR 2013, 90; NZV 2013, 612; VRR 2013, 350; OLG Jena, Beschl. v. 30.6.2009 – 1 Ss 78/09; OLG Karlsruhe StraFo 2010, 494; OLG Köln StraFo 2009, 76 m.w.N.; 2013, 50; OLG Schleswig SchlHA 2011, 311 [Dö/Dr]; jew. m.w.N.; i.Ü. allg. Meinung der Obergerichte; s. die Nachw. bei Burhoff/ *Stephan*, OWi, Rn 2597; Göhler/*Seitz*, § 73 Rn 5). Die Ablehnung des Entbindungsantrags ohne nachvollziehbare Gründe verletzt den Anspruch des Betroffenen auf rechtliches Gehör und kann/muss mit der Rechtsbeschwerde geltend gemacht werden, und zwar mit der Verfahrensrüge (st. Rspr. der OLG; vgl. u.a. OLG Bamberg zfs 2008, 413 m.w.N.; OLG Dresden NZV 2013, 613; OLG Köln zfs 2004, 335; OLG Rostock, Beschl. v. 27.4.2011 – Ss OWi 50/11 I 63/11; *Burhoff* VRR 2007, 250, 255; *Krenberger* zfs 2013, 374). Zulässig ist über § 80 Abs. 1 Nr. 2 OWiG die Rechtsbeschwerde dann ggf. auch im sog. zulassungsfreien Raum.

Die Frage der **Antragstellung** muss der Verteidiger mit dem Mandanten, der möglicherweise von weit her zur HV anreisen muss, sorgfältig **erörtern** (zu einem **Antragsmuster** s. Rdn 1267).

Der Verteidiger muss auch darauf achten, dass die Entscheidung des AG über die Entbindung nur für die konkret bevorstehende HV gilt. Wird diese **ausgesetzt** oder verlegt, muss vor einem neuen HV-Termin der **Entbindungsantrag wiederholt** werden (u.a. KG VRS 99, 372; OLG Bamberg DAR 2012, 393; OLG Brandenburg VRS 116, 276; OLG Hamm VRS 110, 431; OLG Jena VRS 117, 342).

Besteht der Richter trotz eines begründeten Entbindungsantrages auf dem Erscheinen des Betroffenen in der HV, kann das die Besorgnis der **Befangenheit** begründen (AG Fulda StRR 2011, 401; AG Recklinghausen StRR 2010, 363 [Ls.]; → *Ablehnungsgründe, Befangenheit*, Rdn 67).

Hat der Betroffene allerdings einen allgemeinen, **nicht terminsbezogenen Antrag** nach § 73 Abs. 2 OWiG gestellt und hat das AG dem Antrag für den tatsächlich stattgefundenen HV-Termin stattgegeben, kann nach § 74 Abs. 1 S. 1 OWiG in Abwesenheit des Betroffenen verhandelt werden, wenn der ursprünglich vorgesehene Termin verlegt worden war (vgl. auch OLG Karlsruhe, Beschl. v. 9.4.2015 – 2 [7] SsRs 76/15).

b) Bei entschuldigtem Ausbleiben des Betroffenen darf die **HV** später **nicht** durchgeführt werden (Göhler/*Seitz*, § 73 Rn 19 m.w.N. aus der früheren Rspr. und zur a.A. in der Lit., wie z.B. *Krumm* DAR 2008, 413, der sich zu Unrecht auf den Wortlaut des § 74 Abs. 1 OWiG bezieht). Das gilt auch, wenn der Betroffene durch einen Verteidiger vertreten ist (OLG Hamm NJW 1976, 303), es sei denn, dieser erklärt, er sei mit der Verhandlung in Abwesenheit des Betroffenen einverstanden (OLG Hamm VRS 39, 359). Voraussetzung dürfte es dann aber sein, dass der Verteidiger eine (besondere)

1227

Vertretungsvollmacht für den Angeklagten hat (BayObLG NStZ 2001, 585 [Ls.]; → *Vertretung des Angeklagten durch den Verteidiger*, Rdn 3208).

👉 Das Gericht darf den Betroffenen **nicht ohne Antrag** des Verteidigers vom Erscheinen in der HV entbinden und dann ohne ihn verhandeln (BayObLG NStZ-RR 2000, 149; 2005, 82). Es kann auch nicht einen Verlegungsantrag in einen Entbindungsantrag **umdeuten**, da mit dem gerade nicht zum Ausdruck gebracht werden soll, dass der Betroffene nicht an der HV teilnehmen will (OLG Hamm VRS 108, 274). Hat der Betroffene einen **Entbindungsantrag nicht gestellt**, wird er aber dennoch von der Anwesenheitspflicht entbunden, darf eine Abwesenheitsverhandlung nicht stattfinden (OLG Jena zfs 2006, 348).

Stellt der Betroffene allerdings nach einem Antrag auf Terminverlegung wegen Krankheit einen Antrag auf Entbindung von der Pflicht zur Anwesenheit in der HV (vgl. Rdn 1224 ff.) überholt sich der Antrag auf Terminverlegung (Fall der Erledigung), sodass das AG nur noch über den Antrag auf Entbindung von der Anwesenheitspflicht zu entscheiden und ggf. ohne den Betroffenen die HV durchzuführen hat (OLG Brandenburg VRR 2014, 443 [Ls.]).

1228 4.a) Die Entbindung von der Anwesenheitspflicht setzt gem. § 73 Abs. 2 OWiG voraus, dass eine **Äußerung** des **Betroffenen** zur Sache vorliegt oder dieser erklärt, dass er sich nicht zur Sache äußern werde und seine **Anwesenheit** zur Aufklärung wesentlicher Gesichtspunkte des Sachverhalts **nicht erforderlich** ist (vgl. dazu Burhoff/*Stephan*, OWi, Rn 2578 ff.; eingehend auch *Burhoff* VRR 2007, 250; die Rspr.-Übersicht von *Krenberger* zfs 2012, 424 ff.; *ders.*, zfs 2013, 364; *Fromm* DAR 2013, 368).

👉 Auf die Formulierung des Entbindungsantrags sollte **große Sorgfalt** verwendet werden. Denn der Betroffene ist – so die obergerichtliche Rspr. – verpflichtet, einen Sachverhalt vorzutragen, der geeignet ist, sein Ausbleiben zu entschuldigen (vgl. zuletzt OLG Bamberg NStZ-RR 2009, 150 [für Berufungsverfahren]; StRR 2009, 260; OLG Oldenburg NStZ 2010, 458; zum Entbindungsantrag a. *Burhoff* VRR 2005, 250, 251).

👉 So soll es nach Auffassung des OLG Düsseldorf (VRR 2007, 192) nicht ausreichen, von der Anwesenheit des Betroffenen zu dessen Identifizierung abzusehen, wenn er bei einem durch ein Lichtbild erfassten Verkehrsverstoß lediglich „**nicht bestreitet**", zum Tatzeitpunkt der Fahrer des Fahrzeugs gewesen zu sein (vgl. a. Rdn 1240 und das Antragsmuster bei Rdn 1267). Das OLG Rostock hat allerdings die Äußerung, „der Betroffene wolle nicht zur Hauptverhandlung erscheinen" als ausreichenden Entbindungsantrag angesehen, über den das AG hätte entscheiden müssen (OLG Rostock, Beschl. v. 27.4.2011 – Ss OWi 50/11 I 63/11).

b) Die Entbindung von der Anwesenheitspflicht **setzt** zunächst **voraus**, dass eine Äußerung des Betroffenen zur Sache vorliegt oder dieser **erklärt**, dass er sich **nicht** zur **Sache äußern** werde. **Entscheidend** für die Frage, ob der Betroffene von seinem Erscheinen in der HV entbunden werden kann/muss, ist, ob von seiner Anwesenheit ein **Aufklärungsbeitrag** zu erwarten ist (OLG Bamberg NZV 20143, 612; vgl. auch die Rspr.-Nachw. bei *Krenberger* zfs 2012, 424, 426; *ders.*, zfs 2013, 364 f.; *Fromm* DAR 2013, 368, 369 f.).

1229

✍ Nach Sinn und Zweck gesetzlichen Regelung und auch der Formulierung in § 73 Abs. 2 – „erforderlich ist" – müssen **konkrete Anhaltspunkte** dafür sprechen, dass die Anwesenheit des Betroffenen zumindest Auswirkungen auf die Aufklärung des Sachverhalts hat (vgl. KG NStZ 2011, 584). Allein die theoretische Möglichkeit, dass der der Betroffene seinen Entschluss zum Schweigen überdenkt, reicht nicht (OLG Düsseldorf zfs 2008, 594; VRR 2013, 158 m. Anm. *Burhoff*; OLG Köln NZV 2013, 50; OLG Stuttgart DAR 2004, 542; 2014, 100 m. Anm. *Hillenbrand* VRR 2014, 35).

Eine **Äußerung** des Betroffenen zur Sache i.S.d. § 73 Abs. 2 OWiG **liegt dann vor**, wenn eine im Vorverfahren abgegebene Äußerung des Betroffenen in der HV verwertbar ist (vgl. dazu Göhler/*Seitz*, § 73 Rn 6). Das hängt nicht davon ab, ob die bislang vom Betroffenen abgegebenen Erklärungen inhaltlich zur Sachaufklärung beitragen können. Also steht eine Erklärung, mit der der Betroffene Beweisergebnisse bezweifelt hat, der Entbindung nicht entgegen. Entsprechendes gilt für die Erklärung, er könne sich an den Vorfall nicht erinnern. Auch ein ggf. der Verwertung in der HV an sich entgegenstehendes BVV, z.B. weil der Betroffene nicht oder nicht ausreichend belehrt worden ist, wird – zumindest bei dem verteidigten Betroffenen – der Entbindung nicht entgegenstehen. Im vom Betroffenen gestellten Entbindungsantrag wird man das Einverständnis mit der Verwertung bzw. den Verzicht auf den ggf. geltend zu machenden Widerspruch gegen die Verwertung sehen können.

1230

✍ Von der Frage der inhaltlichen Qualität der vorliegenden Äußerung des Betroffenen zu **unterscheiden** ist die Frage, ob die Anwesenheit des Betroffenen zur Sachaufklärung erforderlich ist (vgl. dazu u. Rdn 1240).

c) Hinzukommen muss weiter, dass die **Anwesenheit** des Betroffenen in der HV zur **Aufklärung** wesentlicher Punkte des Sachverhalts **nicht erforderlich** ist (vgl. dazu a. Rdn 1240 f.). Nach der Rspr. des BGH zu § 73 Abs. 2 OWiG a.F. (zur Frage der Zulässigkeit der Anordnung des persönlichen Erscheinens) musste von der Anwesenheit des Betroffenen in der HV ein Beitrag zur Aufklärung zumindest zu erwarten sein (BGHSt 38, 251, 255). Das soll auch nach der Neufassung noch gelten (Göhler/*Seitz*, § 73 Rn 8). Insoweit reichen aber rein spekulative Überlegungen nicht aus (s.a. KG NStZ 2011, 584; OLG Naumburg StraFo 2007, 207; OLG Stuttgart DAR 2004, 542; OLG Rostock DAR 2003, 530; OLG Zweibrücken NZV 2000, 304; *Schneider* NZV 1999, 16), sondern es müssen **konkrete An-**

1231

B Bußgeldverfahren, Besonderheiten der Hauptverhandlung

haltspunkte dafür vorliegen, dass die Anwesenheit des Betroffenen in der HV auf die Sachaufklärung Einfluss ausüben wird (s. dazu *Schneider*, a.a.O.; so wohl a. Göhler/*Seitz*, § 73 Rn 8). Auch muss das Bestehen auf der Anwesenheit des Betroffenen **verhältnismäßig** sein (KG zfs 1999, 536), was bei weiterer Entfernung des Wohnorts des Betroffenen zum Gerichtsort eine Rolle spielen kann (s.a. Göhler/*Seitz*, a.a.O.).

1232 Das **Erscheinen** des Betroffenen ist z.b. dann **erforderlich** (vgl. auch Rdn 1241 f.), wenn die **Identifizierung** des Betroffenen in der HV anhand von Lichtbildern oder durch Zeugenaussagen notwendig ist (BGHSt 30, 172, 175 [zum alten Recht]; BayObLG StraFo 1998, 315; OLG Hamm NZV 2005, 386), ggf. wenn die **wirtschaftlichen Verhältnisse** des Betroffenen aufgeklärt werden müssen, weil eine (deutliche) Erhöhung der (Regel-) Geldbuße in Betracht zu ziehen ist (BayObLG NJW 1999, 2292; s. wohl a. OLG Hamm, Beschl. v. 3.8.2009 – 3 Ss OWi 348/09; s. aber OLG Bamberg NZV 2013, 612), oder die näheren Umstände, die für die Verhängung eines **Fahrverbots** von Bedeutung sind (OLG Karlsruhe zfs 2001, 476; OLG Oldenburg NStZ 2010, 458; Göhler/*Seitz*, a.a.O.). Ergeben sich die erforderlichen Feststellungen aufgrund von Urkunden oder aus schriftlichen Auskünften des Betroffenen, dürfte seine Anwesenheit entbehrlich sein (KG zfs 1999, 536; OLG Karlsruhe zfs 1999, 538; wegen weiterer Beispiele s.u. Rdn 1240 ff.). Nicht ausreichend ist es, dass dem Betroffenen Gelegenheit gegeben werden soll, „seine Entscheidung zu überdenken" (OLG Stuttgart DAR 2005, 542; a.A. Göhler/*Seitz*, a.a.O.).

> Die Vernehmung des Betroffenen durch den **ersuchten Richter** im Wege der Rechtshilfe ist nach der Neufassung der §§ 73, 74 OWiG **nicht mehr** zulässig (BGHSt 44, 345; BayObLG NJW 1999, 733; OLG Düsseldorf NStZ 1999, 194; *Göhler*, § 73 Rn 11 ff.; a.A. OLG Celle NZV 1999, 97).

1233 **d)** Über den **Antrag** des Betroffenen, ihn vom Erscheinen zu **entbinden**, muss grds. **rechtzeitig vor** der **HV** entschieden werden, damit der Betroffene sich auf die getroffene Entscheidung einstellen kann (ähnlich OLG Braunschweig, Beschl. v. 12.7.2012 – Ss [OWi] 113/12 für Terminsverlegungsantrag). Ist über den rechtzeitig gestellten Antrag des Betroffenen nicht entschieden worden, kann das ggf. sein Fernbleiben in der HV entschuldigen (OLG Hamm VRR 2008, 123 [Ls.]; OLG Karlsruhe zfs 1999, 538 [Antrag bereits einen Monat vor der HV]; OLG Zweibrücken StraFo 1997, 81 [zumindest dann, wenn zusätzliche Tatsachen belegen, dass der Betroffene davon ausgegangen ist, seine Anwesenheitspflicht sei aufgehoben]; zu einem **Antragsmuster** s. Rdn 1267). Zudem liegt in der unterlassenen Entscheidung eine Verletzung des Anspruchs des Betroffenen auf rechtliches Gehör (OLG Bamberg NStZ-RR 2008, 86, OLG Zweibrücken zfs 2012, 229).

> Ein möglichst **frühzeitiger Entbindungsantrag empfiehlt** sich deshalb, weil nach der Neufassung des § 74 Abs. 1 S. 1 OWiG („entbunden war") die Auffassung vertreten

Bußgeldverfahren, Besonderheiten der Hauptverhandlung   B

werden könnte, dass ein Entbindungsantrag in der HV nicht mehr zulässig sei, sondern der Antrag vor der HV eingegangen sein müsse (so Göhler/*Seitz*, § 73 Rn 4; s. dazu a. u. Rdn 1250). Allerdings kann eine genügende Entschuldigung nicht mit der Begründung verneint werden, der Betroffene wäre in der Lage gewesen, sich rechtzeitig vor der HV zu entschuldigen (OLG Köln NZV 1999, 261; a.A. *Deutscher* NZV 1999, 262 in der Anm. zu OLG Köln, a.a.O.).

e) Hat das Gericht den Betroffenen von der **Pflicht** zum **Erscheinen entbunden**, kann er sich gem. § 73 Abs. 3 OWiG in der HV durch einen schriftlich zur Vertretung bevollmächtigten Verteidiger vertreten lassen (zur **Vertretung** des Betroffenen durch den Verteidiger → *Vertretung des Angeklagten durch den Verteidiger*, Rdn 3208; zur Vertretungsvollmacht → *Vollmacht des Verteidigers*, Rdn 3357). Erscheint der Betroffene nicht und ist er auch nicht durch einen Verteidiger vertreten, kann das Gericht entweder die HV vertagen oder aber auch das Verfahren nach § 74 Abs. 1 OWiG in Abwesenheit des Betroffenen durchführen.   1234

☞ Eine **Verwerfung** des **Einspruchs** kommt **nicht** in Betracht, auch nicht, wenn der Verteidiger nicht erschienen ist (OLG Frankfurt am Main zfs 2000, 272; OLG Hamm NZV 2001, 491; zfs 2011, 411; OLG Jena StraFo 2004, 176; OLG Köln StRR 2009, 316).

f) Die **Abwesenheitsverhandlung** nach § 74 Abs. 1 OWiG ist nur zulässig ist, wenn der Betroffene aufgrund eines Entbindungsantrags von der Anwesenheitspflicht entbunden worden ist (OLG Jena zfs 2006, 348; vgl. auch noch OLG Hamm zfs 2011, 411). Für sie gelten folgende   1235

Besonderheiten: 1236

■ Nach § 74 Abs. 1 S. 2 OWiG sind **frühere Vernehmungen** des Betroffenen und seine schriftlichen oder protokollierten Erklärungen durch Mitteilung ihres wesentlichen Inhalts oder durch Verlesung in die HV **einzuführen**. Nicht ausreichend ist die Einführung des Inhalts einer dienstlichen Äußerung eines Polizeibeamten, da es sich dabei nicht um eine schriftliche Erklärung des Betroffenen handelt. Entscheidend für die Einführung in die HV ist, dass es sich um vom Betroffenen genehmigte Äußerungen handelt (so wohl a. Göhler/*Seitz*, § 74 Rn 12). Auch die in einem Schriftsatz des Verteidigers vorgetragenen Angaben des Betroffenen können bekannt gegeben werden (OLG Frankfurt am Main NJW 1993, 2129 [Ls.]; OLG Zweibrücken NZV 1994, 372; s.o. Rdn 1216).

■ Dem Betroffenen **unbekannte Beweismittel** dürfen in seiner Abwesenheit nicht verwendet/verwertet werden (OLG Bamberg zfs 2014, 229 m. Anm. *Krenberger*; OLG Jena NStZ-RR 2010, 352; OLG Stuttgart zfs 2010, 48). Dazu folgende

> **B** Bußgeldverfahren, Besonderheiten der Hauptverhandlung

Rechtsprechungsbeispiele:
- **Computerberechnungsbogen** (OLG Hamm NJW 1996, 534; VRS 93, 3599),
- **Lichtbilder** (OLG Bamberg zfs 2014, 229 m. Anm. *Krenberger*),
- **Meldeauskunft** (OLG Stuttgart DAR 2010, 590; zfs 2010, 48),
- **Messprotokoll** bei Geschwindigkeitsüberschreitung (OLG Köln NJW 1996, 535),
- **PTB-Auskunft** (OLG Düsseldorf zfs 2008, 535),
- **Zeugenaussagen**, die weder dem Betroffenen noch seinem Verteidiger bekannt sind, auch wenn das Beweismittel im Bußgeldbescheid aufgeführt war (OLG Bamberg DAR 2011, 401; ähnlich OLG Stuttgart zfs 2010, 48).

Beabsichtigt der Richter die Einführung und Verwertung von Beweismitteln, zu denen sich der Betroffene bisher noch nicht äußern konnte, muss er die **HV unterbrechen** oder aussetzen und den Betroffenen und dessen Verteidiger entsprechend unterrichten (OLG Stuttgart, a.a.O.).

- **Vor der HV** schriftlich gestellte **Beweisanträge** sind nur Beweisanregungen, über die nicht gem. § 244 Abs. 3, 4 und 6, sondern im Rahmen der Aufklärungspflicht zu befinden ist (Göhler/*Seitz*, § 74 Rn 17a).
- Für die **Vertretung** des Betroffenen durch den **Verteidiger** gelten die gleichen Grundsätze, die zu den §§ 234, 411 Abs. 2 entwickelt worden sind. Es kann insoweit auf → *Vertretung des Angeklagten durch den Verteidiger*, Rdn 3208, verwiesen werden. § 74 Abs. 1 S. 3 OWiG bestimmt ausdrücklich, dass ein nach § 265 Abs. 1, 2 erforderlicher **Hinweis** dem Verteidiger erteilt werden kann.

1237 **5.a)** § 73 Abs. 2 OWiG a.F. sah vor, dass das **persönliche Erscheinen** des Betroffenen, der nach altem Recht nicht zur Anwesenheit in der HV verpflichtet war, **angeordnet** werden konnte. Das wurde von den Obergerichten grds. aber nur dann als zulässig angesehen, wenn es zur Aufklärung des Sachverhalts erforderlich war (OLG Koblenz NJW 1994, 3306 [Ls.] unter Hinw. auf BGHSt 38, 251; aus der umfangreichen Rspr. dazu u.a. noch BayObLG NStZ-RR 1996, 179; OLG Dresden zfs 1995, 235; OLG Frankfurt am Main NZV 1995, 241; NStZ 1997, 39; OLG Jena NStZ-RR 1996, 114). Häufig wurde das persönliche Erscheinen des Betroffenen jedoch angeordnet, obwohl durch die Anwesenheit des Betroffenen eine weitere Aufklärung des Sachverhalts nicht möglich war. Durch eine solche Maßnahme sollte meist erreicht werden, dass der Betroffene sich die Durchführung des gerichtlichen Verfahrens noch einmal überlegt und ggf. seinen Einspruch zurücknimmt. Eine Rolle spielte häufig auch, dass das AG nach der Anordnung des persönlichen Erscheinens den Einspruch nach § 74 Abs. 2

Bußgeldverfahren, Besonderheiten der Hauptverhandlung B

OWiG leichter verwerfen konnte, wenn der Betroffene ausblieb, obwohl die Anordnung des persönlichen Erscheinens diesem Zweck nicht dienen durfte (OLG Jena, a.a.O.). Diese **Möglichkeit** ist durch die Einführung der Anwesenheitspflicht des Betroffenen durch die o.a. **Neuregelung** des OWiG **entfallen**, da der Betroffene schon von Gesetzes wegen gem. § 73 Abs. 1 OWiG zum Erscheinen in der HV verpflichtet ist. Die o.a. Problematik „Anordnung des persönlichen Erscheinens" ist nun aber dadurch abgelöst worden, dass die AG das Erscheinen des Betroffenen in der HV zur Sachaufklärung häufig aus nicht nachvollziehbaren Gründen für erforderlich halten und ihn deshalb gem. § 73 Abs. 2 OWiG von der Erscheinenspflicht nicht entbinden (vgl. o. Rdn 1227 und u. Rdn 1241 f.). Dem sind m.E. die o.a. Argumente entgegenzuhalten: Die Nichtentbindung von der Pflicht zum Erscheinen darf **nicht** dazu dienen, die – nach der Neuregelung des § 74 Abs. 2 OWiG dann zwingende – **Verwerfung** des Einspruchs des Betroffenen „**vorzubereiten**".

1238

b) Hinweis für den Verteidiger!

1239

Hat das Gericht den Betroffenen vom **persönlichen Erscheinen** in der HV **nicht entbunden**, muss der Verteidiger nach Möglichkeit vor der HV immer noch einmal **sorgfältig prüfen**, ob diese Anordnung Bestand haben kann und ggf. nochmals **Einwendungen** erheben und einen Entbindungsantrag stellen (vgl. dazu im Einzelnen Göhler/*Seitz*, § 73 Rn 5; zum persönlichen Erscheinen einer juristischen Person s. OLG Zweibrücken NStZ 1995, 293 [zum alten Recht]). Vorzutragen sind die Gründe, die für eine Entbindung sprechen. Ist der Betroffene **geständig**, kann z.B. die nicht erfolgte Entbindung allein schon deshalb unwirksam sein (BayObLG NStZ-RR 1996, 179; OLG Hamm NZV 1997, 90; OLG Frankfurt am Main NStZ 1997, 39 [jew. zum alten Recht]; s.a. die Nachw. bei Rdn 1227 und 1188 f.), und zwar auch dann, wenn es um die Verhängung eines **Fahrverbots** geht (s. aber OLG Frankfurt am Main NZV 2012, 193; zfs 2012, 291; OLG Koblenz zfs 2001, 476; OLG Oldenburg NStZ 2010, 458). Auf eine **weite Entfernung** des Wohnortes des Betroffenen vom Gerichtsort muss der Verteidiger unter dem Gesichtspunkt der Zumutbarkeit und der Möglichkeit der Vertretung durch den Verteidiger hinweisen (s. KG zfs 1999, 536, wonach das Erscheinen des Betroffenen in der HV „verhältnismäßig" sein muss; s. aber OLG Köln NJW 2002, 3791). Die kommissarische Vernehmung des Betroffenen ist – entgegen dem früheren Recht – nicht mehr möglich (s. die o. bei Rdn 1227 angeführten Rspr.-Hinw.). Will der Betroffene in der HV **keine Angaben** zur **Sache** machen, muss der Verteidiger im Hinblick auf die Neufassung des § 73 Abs. 2 OWiG auch das **ankündigen** (zum alten Recht s. OLG Jena NStZ-RR 1996, 114 [Verwerfung des Einspruchs wegen Nichterscheinens in diesen Fällen unzulässig]). Schließlich muss er ggf. darauf hinweisen, dass von ihm mit Vollmacht für den Betroffenen abgegebene Erklärungen in der HV verlesen werden können (s.o. Rdn 1216).

| B | Bußgeldverfahren, Besonderheiten der Hauptverhandlung |

1240 c) Die **Ablehnung** des Entbindungsantrags ist **nur** zulässig, wenn von der Anwesenheit des Betroffenen in der HV ein **Beitrag** zur **Aufklärung zu erwarten** ist (s.o. Rdn 1231 f.; vgl. dazu a. *Burhoff* VRR 2005, 250, 253; *Krenberger* zfs 2012, 424 ff.; *ders.*, zfs 2013, 364; *Fromm* DAR 2013, 368).

Zu beachten ist, dass es bei der Beurteilung dieser Frage **keinen Unterschied** macht, ob diese Erklärung vom Betroffenen selbst oder von seinem mit Vertretungsvollmacht ausgestatteten **Verteidiger** stammt (vgl. OLG Hamm StraFo 2004, 281 m.w.N.; LG Meiningen zfs 2006, 115; Göhler/*Seitz*, § 74 Rn 11a).

Hinzuweisen ist auf folgende **Rechtsprechungsbeispiele**:

1241 **Anwesenheit erforderlich**

- wenn sich der Betroffene auf ein „**Augenblicksversagen**" beruft (OLG Jena zfs 2013, 174), auch wenn er erklärt, keine weiteren Angaben zur Sache machen zu wollen,
- die **Identifizierung** des Betroffenen ist in der HV anhand von Lichtbildern oder durch Zeugenaussagen erforderlich (BayObLG StraFo 1998, 315; OLG Zweibrücken NZV 2011, 97, ähnlich aber zw., OLG Düsseldorf VRR 2012, 233 für einen Verstoß gegen das Verbot der Benutzung des Mobiltelefons im Straßenverkehr),
- die **wirtschaftlichen Verhältnisse** des Betroffenen müssen aufgeklärt werden, weil eine (deutliche) Erhöhung der (Regel-)Geldbuße in Betracht zu ziehen ist (BayObLG NJW 1999, 2292; s. wohl a. OLG Hamm, Beschl. v. 3.8.2009 – 3 Ss OWi 348/09),
- der Betroffene **bestreitet** lediglich, **nicht** Fahrer des Pkw gewesen zu sein, da ein bloßes Nichtbestreiten kein Geständnis darstellt und keine hinreichende Tatsachengrundlage für die richterliche Überzeugungsbildung bildet (OLG Düsseldorf VRR 2007, 192 [m.E. zw.]; ähnlich OLG Brandenburg NStZ 2014, 672; zutr. a.A. OLG Hamm, Beschl. v. 1.7.2008 – 5 Ss OWi 415/08; s.a. das Antragsmuster bei Rdn 1267),
- der Betroffene hat zwar angeregt, das Fahrverbot aus beruflichen Gründen entfallen zu lassen, seine **Angaben** hierzu sind aber **unzureichend** und er hat nicht unmissverständlich klargestellt, auch hierzu keine weiteren Angaben machen zu wollen (OLG Oldenburg NStZ 2010, 458).
- der Verteidiger teilt lediglich mit, dass er das Erscheinen des Betroffenen für entbehrlich halte, da das Verfahren seines Erachtens auch ohne mündliche Verhandlung im Rahmen einer **Einstellung** erledigt werden könne (OLG Hamm VA 2010, 17),
- wenn ggf. die bloße **physische Präsenz** des berechtigterweise schweigenden Betroffenen zur **weiteren Sachaufklärung** dient, so z.B. um die Erinnerung eines Zeugen aufzufrischen (OLG Bamberg VA 2015, 14; OLG Karlsruhe StraFo 2010, 494; ähnlich wohl OLG Düsseldorf VRR 2012, 233 m. abl. Anm. *Burhoff*).

Bußgeldverfahren, Besonderheiten der Hauptverhandlung B

Anwesenheit nicht erforderlich 1242

- i.d.R. um den Betroffenen mit dem Polizeibeamten **gegenüberzustellen**, der ein Geschwindigkeitsmessgerät bedient hat (vgl. z.B. OLG Köln StraFo 2009, 76; OLG Stuttgart NStZ-RR 2003, 273; ähnlich OLG Bamberg VRR 2010, 231 m. Anm. *Gieg*, s. aber auch OLG Düsseldorf VRR 2012, 233 für einen Verstoß gegen das Verbot der Benutzung des Mobiltelefons im Straßenverkehr),
- in einem Regelfall auch nicht, um die Verhältnismäßigkeit der Anordnung des **Fahrverbots** überprüfen zu können (OLG Bamberg NZV 2013, 612; OLG Brandenburg, Beschl. v. 15.6.2007 – 2 Ss (OWi) 5 B/07; OLG Frankfurt am Main NZV 2012, 193; zfs 2012, 291; OLG Hamm VRR 2007, 435; Beschl. v. 1.7.2008 – 5 Ss OWi 415/08; s. aber OLG Karlsruhe StraFo 2010, 494; zfs 2001, 476; OLG Oldenburg NStZ 2010, 458),
- nur, weil das Gericht sich ein **Bild** vom Betroffenen **machen** will (OLG Düsseldorf NZV 2007, 586 [Ls.]),
- nicht, wenn der Betroffene **einräumt, Fahrer** gewesen zu sein, und darüber hinaus von seinem Schweigerecht Gebrauch machen will (z.B. KG VRR 2013, 157; OLG Bamberg VRR 2013, 350; OLG Düsseldorf VRR 2013, 158 m. Anm. *Burhoff*; OLG Frankfurt am Main zfs 2012, 291; OLG Jena, Beschl. v. 30.6.2009 – 1 Ss 78/09; OLG Karlsruhe StraFo 2010, 494; OLG Schleswig SchlHA 2011, 311 [Dö/Dr]; OLG Stuttgart zfs 2007, 654; DAR 2014, 100 m. Anm. *Hillenbrand* VRR 2014, 35; OLG Zweibrücken NZV 2011, 97; VA 2008, 198; LG Wuppertal zfs 2014, 653), und zwar auch bei einem Jugendlichen (OLG Frankfurt am Main, a.a.O.),
- wenn der Betroffene nur über die Funktionsweise von Messgeräten („**schulmeisterlich**") belehrt werden soll (OLG Frankfurt am Main NStZ-RR 2011, 350),
- nur weil das Gericht eine **Verfahrensverbindung** vornehmen will (OLG Bamberg VRR 2011, 472),
- weil das AG in der HV einen **rechtlichen Hinweis** erteilen will (OLG Karlsruhe zfs 2013, 653),
- allein deshalb, weil (**theoretisch**) der Betroffene seinen Entschluss zum Schweigen in der HV überdenken könnte (KG NStZ 2011, 584; NStZ-RR 2007, 184; OLG Düsseldorf VRR 2013, 158 m. Anm. *Burhoff*; OLG Koblenz NZV 2007, 587; ähnl. für **bloße Spekulationen** OLG Karlsruhe StRR 2012, 283 [Ls.]; OLG Köln NZV 2013, 50; OLG Naumburg StraFo 2007, 207: OLG Stuttgart DAR 2014, 100 m. Anm. *Hillenbrand* VRR 2014, 35),
- um die **wirtschaftlichen Verhältnisse** aufzuklären (OLG Frankfurt am Man NZV 2012, 192; zfs 2012, 291; OLG Karlsruhe VRR 2012, 177; ähnlich OLG Bamberg NZV 2013, 612; s. aber, wenn eine deutliche Erhöhung der Regelgeldbuße in Betracht zu ziehen ist BayObLG NJW 1999, 2292),

> **B** Bußgeldverfahren, Besonderheiten der Hauptverhandlung

■ weil ggf. von einem **Zeugen** in Anwesenheit des Betroffenen **zuverlässigere Angaben** zu erwarten wären (OLG Bamberg zfs 2006, 413).

☞ Dem Betroffenen muss das **Erscheinen** auch **zumutbar** sein (KG zfs 1999, 536; vgl. dazu bei großer Entfernung aber OLG Köln NJW 2002, 3791). Das ist der Fall, wenn die Sache nicht geringfügig ist und der Betroffene in der Nähe des Gerichts wohnt oder sich dort aufhält (Göhler/*Seitz*, § 73 Rn 8). Ist die Anwesenheit des Betroffenen zur Aufklärung des Sachverhalts nicht notwendig und handelt es sich um eine **geringfügige OWi** (Geldbuße bis zu 100,00 €), so wird, auch wenn der Betroffene in der Nähe des Gerichts wohnt, das Erscheinen i.d.R. nicht zumutbar sein. Das gilt erst recht, wenn der Betroffene seinen Wohnort weit entfernt vom Gerichtsort hat (BayObLG NJW 1997, 3455 [Ls.; zunächst andere Aufklärungsmöglichkeiten ausschöpfen; zum alten Recht]; vgl. aber BayObLG StraFo 1998, 315 [zum alten Recht; persönliches Erscheinen erforderlich zum Zwecke der Identifizierung]).

1243 **d)aa)** Hat das Gericht den Betroffenen auf Antrag des Verteidigers nicht vom Erscheinen in der HV entbunden, **erscheint** der Betroffene aber dennoch in der HV ohne genügende Entschuldigung **nicht**, ist das Gericht nach § 74 Abs. 2 OWiG verpflichtet/**gezwungen**, den **Einspruch** durch Urteil zu **verwerfen** (OLG Dresden zfs 2014, 590; OLG Hamm NZV 2012, 354). Die nach altem Recht mögliche Vorführung des Betroffenen oder die Verhandlung nach § 74 Abs. 1 OWiG in seiner Abwesenheit sind nicht (mehr) möglich (OLG Hamm VRS 121, 335; Göhler/*Seitz*, § 74 Rn 34). Der Einspruch darf auch (noch) verworfen werden, wenn der Betroffene in der HV ausbleibt, die nach Zurückverweisung anberaumt worden ist, nachdem ein vom AG zunächst erlassenes Sachurteil (nur) im Rechtsfolgenausspruch aufgehoben worden ist (BGHSt 57, 282; vgl. dazu einerseits OLG Celle [Vorlagebeschluss] NZV 2012, 44 m.w.N.; andererseits OLG Hamm VRR 2007, 155).

1244 Inzwischen wird die Frage diskutiert, ob und welche **Auswirkungen** das **EGMR, Urt. v. 8.11.2012** in Sachen *Neziraj* im Bußgeldverfahren hat (EGMR NStZ 2013, 350 m. Anm. *Püschel* StraFo 2012, 490). Dieses ist zwar für das Verfahren nach § 329 Abs. 1 ergangen (→ *Berufungsverwerfung wegen Ausbleiben des Angeklagten*, Rdn 691). Es stellt sich aber auch im Bußgeldverfahren die Frage, ob der Einspruch des Betroffenen nach § 74 Abs. 2 OWiG verworfen werden kann/muss, wenn für den Betroffenen ein vertretungsberechtigter und -williger Verteidiger in der HV anwesend ist. Die Rspr. der OLG hat – ebenso wie für § 329 Abs. 1 – die Übertragung der Grundsätze des EGMR-Urt. v. 8.11.2012 auf das Bußgeldverfahren und die Zulässigkeit der Verwerfung des Einspruchs nach § 74 Abs. 2 OWiG abgelehnt (vgl. OLG Brandenburg NStZ 2014, 672 m. zust. Anm. *Krenberger* zfs 2014, 590; OLG Dresden zfs 2014, 591 m. Anm. *Deutscher* VRR 2014, 272; s. dazu a. *Sitzer* StraFo 2014, 1).

Bußgeldverfahren, Besonderheiten der Hauptverhandlung   B

🖉 Anders als bei § 329 Abs. 1 hat das „Gesetz zur Stärkung des Rechts des **Angeklagten** auf **Vertretung** in der **Berufungsverhandlung** und über die Anerkennung von Abwesenheitsentscheidungen in der Rechtshilfe" (vgl. BGBl I, S. 1382; BR-Drucks 491/14 = BT-Drucks 18/3562 u. 18/5254) im OWiG Änderungen bzw. Anpassungen an die Rspr. des EGMR nicht vorgenommen (zum Berufungsverfahren → *Berufungsverwerfung wegen Ausbleibens des Angeklagten*, Rdn 703 ff.). Insbesondere ist § 74 Abs. 2 OWiG nicht geändert worden. Der Streit um die Umsetzung der Rspr. des EGMR wird sich also fortsetzen.

bb) Für die (zwingende) **Verwerfung** des Einspruchs (vgl. wegen der Einzelh. Göhler/*Seitz*, § 74 Rn 19 ff. m.w.N.) gelten folgende **Voraussetzungen:**

(1) Der Betroffene darf **nicht** von der Verpflichtung zum **Erscheinen entbunden** sein (s. dazu o. Rdn 1225 ff.).   1245

(2) Der Betroffene muss **ordnungsgemäß** unter Hinweis auf die Folgen des unentschuldigten Ausbleibens (§ 74 Abs. 3 OWiG; zur Belehrung s. Göhler/*Seitz*, § 74 Rn 21 ff.) **geladen** worden sein (vgl. dazu BVerfG NStZ-RR 2004, 372; s. OLG Zweibrücken NStZ 1996, 239 [bei kurzfristiger Vorverlegung der Terminsstunde kann der Hinweis unterbleiben]; OLG Hamburg NStZ-RR 1998, 183 [Sache, in der verhandelt werden soll, muss angegeben werden]; zur [verneinten] Frage, ob die Belehrung in einer früheren Ladung ausreicht s. BayObLG NZV 1999, 306 und Göhler/*Seitz*, § 74 Rn 22 m.w.N.; s.a. o. Rdn 1206), wobei Zweifel am Vorliegen einer ordnungsgemäßen Ladung ausnahmsweise nicht zulasten des Betroffenen gehen (OLG Jena StraFo 2004, 357; → *Berufungsverwerfung wegen Ausbleibens des Angeklagten*, Rdn 696),   1246

🖉 Ist der gewählte **Verteidiger** nicht ordnungsgemäß oder **nicht geladen** worden, kann der Einspruch nicht verworfen werden (BayObLG DAR 2001, 37; NStZ-RR 2001, 377; 4 StR 603/11; → *Ladung des Verteidigers*, Rdn 1829; s.a. noch oben Rdn 1207).

(3) Der Betroffene muss bei Beginn der HV (s. → *Aufruf der Sache*, Rdn 341), auch einer Fortsetzungsverhandlung (OLG Jena NStZ-RR 2003, 212 [Ls.]; s. aber LG Kiel VRR 2008, 38), **ohne genügende Entschuldigung ausgeblieben sein**. Insoweit gelten grds. die zu den §§ 329, 412 für die → *Berufungsverwerfung wegen Ausbleibens des Angeklagten*, Rdn 712 f., entwickelten Grundsätze (Göhler/*Seitz*, § 74 Rn 29, 30 ff. m.w.N.; → *Strafbefehlsverfahren*, Rdn 2576; s.a. → *Ausbleiben des Angeklagten*, Rdn 367 f.; s.a. noch OLG Bamberg VRR 2012, 276 [kurzfristiges Überschreiten der bei einer Unterbrechung der HV vorgesehenen Unterbrechungszeit]). Genügend entschuldigt ist der Betroffene z.B. auch, wenn ihm in der Ladung mitgeteilt worden ist, er sei zum Erscheinen in der HV nicht verpflichtet (OLG Hamm NZV 1999, 307; zur Wartepflicht der Gerichts → *Berufungsverwerfung wegen Ausbleibens des Angeklagten*, Rdn 696 f.). Allerdings ist die   1247

| B | Bußgeldverfahren, Besonderheiten der Hauptverhandlung |

> Nichtbescheidung eines Akteneinsichtsgesuchs allein kein Grund, der HV fernzubleiben (OLG Karlsruhe NStZ-RR 2010, 287; s. aber OLG Koblenz StV 2009, 477).
>
> ☞ Ist die **HV ohne ausdrückliche Befristung unterbrochen** worden, um z.B. dem Betroffenen die Möglichkeit zu geben, ein gerichtliches Hinweisschreiben mit seinem Verteidiger zu erörtern, darf der Einspruch ohne Hinzutreten weiterer Umstände auch dann nicht verworfen werden, wenn der Betroffene und sein Verteidiger bei Wiederaufruf der Sache nicht erscheinen und die Unterbrechung bis zum Wiederaufruf nur kurze Zeit gedauert hat (KG NStZ-RR 2015, 55).

1248 Das Gericht hat eine **Aufklärungspflicht** über die Gründe für das Ausbleiben des Betroffenen (vgl. u.a. KG DAR 2011, 146; OLG Koblenz, Beschl. v. 23.10.2013 – 2 SsRs 90/13 [Vorlage eines Attestes]; OLG Schleswig zfs 2006, 53; OLG Zweibrücken zfs 2006, 233); auch insoweit gelten die für die → *Berufungsverwerfung wegen Ausbleibens des Angeklagten*, Rdn 710, entwickelten Grundsätze entsprechend. Über die Gründe muss sich das Gericht vor der Verwerfung des Einspruchs **erkundigen**, und zwar auf der **Geschäftsstelle** (KG StraFo 2014, 467; 2014, 468; NZV 2009, 518; DAR 2012, 394; OLG Köln NStZ-RR 2003, 54; OLG Rostock VRS 126, 208), aber nicht auch noch bei der allgemeinen gerichtlichen Eingangsstelle (OLG Bamberg NStZ-RR 2009, 149; KG a.a.O.).

> ☞ In der obergerichtlichen Rspr. ist derzeit **umstr.**, **bis wann** ein Entbindungsantrag **noch so rechtzeitig** bei Gericht eingegangen ist, dass er vom AG beachtet/beschieden werden muss. Insoweit werden Fristen von zwei Stunden (KG VRR 2012, 195 m. Anm. *Deutscher*; OLG Bamberg NZV 2011, 409) bzw. vier Stunden (OLG Bamberg (NStZ-RR 2008, 86) als ausreichend angesehen. Das OLG Hamm hat das allerdings für einen eineinhalb Stunden vor der HV eingegangen Antrag bezweifelt (vgl. DAR 2011, 539 m. zutreffend abl. Anm. *Deutscher* VRR 2011, 473). Dies sollte den Verteidiger veranlassen, einen Entbindungsantrag so früh wie möglich zu stellen und ggf. zusätzlich durch einen Telefonanruf auf der Geschäftsstelle zu klären, ob der Antrag dort vorliegt.

1249 Das OLG Rostock geht davon aus, dass der vom Verteidiger bewusst in einem umfangreichen Schriftsatz **versteckte Entbindungsantrag**, der zudem so kurzfristig beim AG angebracht wird, dass er bei gewöhnlichem Geschäftsgang vor Beginn der HV nicht erkannt wird, nicht ordnungsgemäß/rechtzeitig angebracht worden ist (OLG Rostock NJW 2015, 1770 m. Anm. zust. *Leitmeier*). Der vom Verteidiger bewusst in einem umfangreichen Schriftsatz versteckte Entbindungsantrag, der zudem so kurzfristig bei Gericht angebracht wird, dass er bei gewöhnlichem Geschäftsgang vor Beginn der Hauptverhandlung nicht erkannt wird, ist **nicht ordnungsgemäß** angebracht worden.

e) Hinweise für den Verteidiger!

Erscheint der **Verteidiger** des persönlich geladenen Betroffenen im Termin, kann der **Einspruch** vom Gericht **dennoch verworfen** werden, da – anders als im Fall des § 412 (→ *Strafbefehlsverfahren*, Rdn 2576) – der Betroffene, dessen Entbindungsantrag abgelehnt worden ist, sich nicht vertreten lassen kann (§ 73 Abs. 3 OWiG; Göhler/*Seitz*, § 74 Rn 33; vgl. auch oben Rdn 1244).

1250

☞ Der Verteidiger kann aber noch zu **Beginn** der HV den **Antrag** stellen, den Betroffenen jetzt noch vom persönlichen Erscheinen zu **entbinden**, etwa weil die Ablehnung des Antrags im Vorverfahren unzulässig war (st. Rspr. aller OLG, KG VRR 2007, 116; 2014, 435; OLG Bamberg StraFo 2014, 467; OLG Brandenburg zfs 2004, 235; OLG Celle StraFo 2009, 340; OLG Düsseldorf VRR 2012, 82 [Ls.]; OLG Hamm StraFo 2006, 425; OLG Jena, Beschl. v. 30.6.2009 – 1 Ss 78/09; OLG Naumburg zfs 2002, 251 [Vorlage an den BGH]; zfs 2002, 595; OLG Köln NStZ-RR 2002, 114; NStZ 2002, 268; OLG Zweibrücken zfs 2011, 708; Burhoff/*Stephan*, OWi, Rn 2583; *Burhoff* VRR 2007, 250, 252; a.A. immer noch zw. Göhler/*Seitz*, § 73 Rn 4; offengelassen vom BGH NStZ 2004, 21 [Ls.], der die Vorlage des OLG Naumburg [a.a.O.] als unzulässig angesehen hat; a. von OLG Karlsruhe NStZ 2006, 245). Denn wenn kurzfristig eingegangene Entschuldigungen bei der Verwerfung zu berücksichtigen sind (vgl. dazu Göhler/*Seitz*, § 74 Rn 31) und der Verteidiger bei unentschuldigtem Ausbleiben des Betroffenen auf dessen Anwesenheit verzichten können soll (so Göhler/*Seitz*, § 73 Rn 4), besteht kein Grund, die für einen (kurzfristigen) Entbindungsantrag – in der HV noch – vorgetragenen Umstände ebenfalls jetzt nicht noch im Rahmen der Entscheidung über einen Entbindungsantrag zu berücksichtigen. Dieser empfiehlt sich besonders, wenn der Betroffene ausbleibt und der Verteidiger damit rechnet, dass er sein Ausbleiben ggf. nicht genügend entschuldigen kann. Lehnt das Gericht den Antrag durch Beschluss ab, kann es anschließend aber sogleich den Einspruch verwerfen (OLG Hamm VRS 49, 207).

Im **Einzelnen** gilt für die Antragstellung noch in der HV:

■ Der Verteidiger kann den Entbindungsantrag in der HV nur stellen, wenn er eine über die Verteidigervollmacht hinausgehende (schriftliche) **Vertretungsvollmacht** hat (u.a. KG VRR 2014, 435; OLG Bamberg DAR 2011, 401; StraFo 2014, 467OLG Köln NJW 2002, 3791; NStZ 2002, 268; OLG Hamm zfs 2004, 42; 2015, 52; OLG Zweibrücken zfs 2011, 708; s. wegen weit. Nachw. die bei Rdn 1250 angeführte Rspr.; → *Vertretung des Angeklagten durch den Verteidiger*, Rdn 3208; allgemein zur Vollmacht → *Vollmacht des Verteidigers*, Rdn 3350). Allerdings umfasst die (allgemeine) Vollmacht, den Betroffenen vertreten zu dürfen, auch die Ermächtigung zur Stellung eines Entbindungsantrags (OLG Köln, a.a.O.). Es reicht aus, wenn die Vollmacht in Form einer Telefaxkopie vorliegt (OLG Hamm, a.a.O.). Die Erteilung der umfassenden

1251

Vertretungsvollmacht bedarf i.Ü. keiner besonderen Form und kann auch mündlich erteilt werden. In ihr kann zugleich die Ermächtigung enthalten sein, eine etwa erforderliche Vollmachtsurkunde im Namen des Vollmachtgebers zu unterzeichnen (vgl. BayObLG NStZ 2002, 277; KG StRR 2014, 38; OLG Brandenburg, Beschl. v. 18.2.2015 – (1 Z) 53 Ss-OWi 619/14 (351/14); OLG Celle, Beschl. v. 20.1.2014 – 322 SsRs 24/13; OLG Dresden StRR 2013, 261 m. Anm. *Reichling*). Die Erteilung der umfassenden Vertretungsvollmacht bedarf keiner besonderen Form und kann auch mündlich erteilt werden. In ihr kann zugleich die Ermächtigung enthalten sein, eine etwa erforderliche Vollmachtsurkunde im Namen des Vollmachtgebers zu unterzeichnen (vgl. BayObLG NStZ 2002, 277; KG StRR 2014, 38; OLG Brandenburg, Beschl. v. 18.2.2015 – (1 Z) 53 Ss-OWi 619/14 (351/14); OLG Celle, Beschl. v. 20.1.2014 – 322 SsRs 24/13; OLG Dresden StRR 2013, 261 m. Anm. *Reichling*). Ist der (Wahl-)Verteidiger vertretungsberechtigt und erteilt er einem anderen Rechtsanwalt **Untervollmacht**, bedarf diese nicht der Schriftform (s. BayObLG VRS 81, 34 m.w.N.; für das Bußgeldverfahren OLG Celle VRR 2011, 116 m. Anm. *Burhoff*).

- Die genügende Entschuldigung des Betroffenen prüft das Gericht im Wege des → ***Freibeweisverfahrens***, Rdn 1562 (OLG Oldenburg VRS 88, 295). Hat es Zweifel an der genügenden Entschuldigung, sind die Voraussetzungen für die Einspruchsverwerfung nicht gegeben (s.u.a. OLG Düsseldorf StraFo 1996, 156; 1997, 82; zu allem a. Göhler/*Seitz*, § 74 Rn 31 ff. m.w.N.; zur genügenden Entschuldigung bei verspäteter Ablehnung eines Terminsverlegungsantrags OLG Düsseldorf VRS 88, 137). Das Gericht hat ggf. eine **Aufklärungspflicht** (s.a. o. Rdn 1247 f.).
- Ist der **Verteidiger** vom Gericht **nicht** gem. § 145a Abs. 3 S. 2 i.V.m. § 46 Abs. 1 OWiG über die Ablehnung des Antrags, den Betroffenen vom Erscheinen in der HV zu entbinden, **unterrichtet** worden, hindert dies grds. nicht die Verwerfung des Einspruchs, wenn der Betroffene in der HV nicht erscheint (Göhler/*Seitz*, § 74 Rn 27 m.w.N.; a.A. BayObLG NZV 1989, 162 m. abl. Anm. *Göhler*; OLG Stuttgart VRS 67, 39; s.a. *Göhler* NStZ 1990, 75). Ist der Verteidiger **nicht geladen** worden, hindert das jedoch die Verwerfung des Einspruchs (BayObLG DAR 2001, 37; NStZ-RR 2001, 377; OLG Zweibrücken zfs 1994, 269 m.w.N.). Ist der **Betroffene** als **Rechtsanwalt** tätig, kann das Gericht einen Einspruch, wenn der Betroffene in der HV nicht erscheint, nicht gem. § 74 Abs. 2 OWiG verwerfen, wenn der Betroffene/Rechtsanwalt darauf hingewiesen hatte, dass er zur Terminszeit als Pflichtverteidiger in anderer Sache geladen ist (OLG Düsseldorf NJW 1995, 473 [Ls.; zum alten Recht]).

1252 7.a) Gem. § 77 OWiG bestimmt das Gericht den Umfang der **Beweisaufnahme** unbeschadet der Vorschrift des § 244 Abs. 2. Damit gilt grds. auch im Bußgeldverfahren der Grundsatz der **Amtsaufklärung** (OLG Brandenburg NZV 2013, 49; VRR 2012, 396 m. Anm. *Burhoff*; OLG Celle NJW 2010, 3794; OLG Hamm VRR 2010, 474). Den Betroffenen trifft also keine Darlegungs- oder Beweislast (Göhler/*Seitz*, § 77 Rn 2 ff. m.w.N.). Bei der Bestimmung des Umfangs der Beweisaufnahme hat das Gericht aber **kein freies Ermessen**, vielmehr muss es nach § 77 Abs. 1 S. 2 OWiG die **Bedeutung** der Sache berücksichtigen, z.b. bei einem Verkehrsunfall die Höhe des Sachschadens (wegen der Einzelh. s. Göhler/ *Seitz*, § 77 Rn 4 ff. m.w.N.).

b)aa) Für im Bußgeldverfahren gestellte **Beweisanträge** gelten hinsichtlich Inhalt, Form usw. die allgemeinen Regeln (zum Beweisantrag im Verkehrsordnungswidrigkeitenverfahren *Meyer* DAR-Extra 2011, 744; *Fromm* NJOZ 2015, 721; s. → *Beweisantragsrecht, Allgemeines*, Rdn 971 m.w.N.) und die allgemeinen → *Beweisverwertungsverbote*, Rdn 1018 (eingehend dazu *Brüssow* StraFo 1998, 294; zum Einsatz Privater bei der Verkehrsüberwachung und der Geschwindigkeitsmessung und zur Lichtbildübermittlung von der Meldean die Ordnungsbehörde s. die Nachw. bei → *Beweisverwertungsverbote*, Rdn 1080, 1086; s. auch noch Burhoff/Burhoff, OWi, Rn 635 ff.; zur verdachtsunabhängigen Videoüberwachung s. BVerfG NJW 2009, 3293; → *Beweisverwertungsverbote*, Rdn 1065, wegen weiterführender Rspr. und Lit. Burhoff/*Gieg*, OWi, Rn 707; Burhoff/*Burhoff*, OWi, Rn 721 ff.).

1253

Insbesondere im **straßenverkehrsrechtlichen Bußgeldverfahren** muss der Verteidiger darauf achten, dass sein Beweisantrag eine **konkrete Beweisbehauptung** aufgestellt hat. Erforderlich ist, dass **konkret behauptet** und nicht nur allgemein die (behauptete) Unzuverlässigkeit eines Messverfahrens geltend gemacht wird. Dann muss sich das AG mit den Fragen nicht näher auseinander setzen (vgl. z.B. vgl. u.a. BayObLG zfs 1997, 115; OLG Brandenburg VRR 2012, 396; OLG Hamm NZV 1999, 425; DAR 2007, 217; OLG Zweibrücken NZV 2001, 48). Werden hingegen konkrete Anhaltspunkte für technische Fehlfunktionen des Messgerätes behauptet, ist anerkannt, dass sich die weitere Beweisaufnahme zur Aufklärung auch bei einer auf ein standardisiertes Messverfahren gestützten Beweisführung aufdrängt oder diese doch nahe liegt (vgl. KG VRR 2011, 35; OLG Celle NZV 2009, 575; OLG Hamm VRR 2007, 195; VRR 2010, 474; OLG Köln VRS 88, 376 ff.; Göhler/*Seitz* § 77 Rn 14; *Cierniak* zfs 2012, 662, 677; vgl. auch noch OLG Hamm VRR 2013, 194; OLG Düsseldorf VRR 2012, 193 zur Aufklärungspflicht des Gerichts und zur Begründung der **Aufklärungsrüge:** Burhoff/*Burhoff*, OWi, Rn 2314 ff.). So sind z.B. konkrete Anhaltspunkte für eine fehlerhafte Geschwindigkeitsmessung angenommen worden, wenn aufgrund unterschiedlicher Angaben des Betroffenen und des Messbeamten zu den Gegebenheiten an der Messstelle die Möglichkeit bestand, dass entweder die Entfernungsmessfunktion des Messgeräts nicht funktionsfähig war oder ein falscher Wert ins Messprotokoll eingetragen wurde (OLG Hamm VRR 2012, 394).

bb) Die Ablehnung eines Beweisantrags muss das Gericht in einem Beschluss **begründen**. Bei der Ablehnung ist es allerdings nicht nur an die Gründe des **§ 244** gebunden

1254

B Bußgeldverfahren, Besonderheiten der Hauptverhandlung

1255 (→ *Beweisantrag, Ablehnungsgründe*, Rdn 858), vielmehr stehen ihm gem. § 77 Abs. 2 OWiG weitere, darüber **hinausgehende Gründe** zur Verfügung (s. auch Burhoff/*Stephan*, OWi, Rn 1658 ff.). Diese sind:
(1) Nach **pflichtgemäßem Ermessen** des Gerichts ist die Beweiserhebung zur **Erforschung** der **Wahrheit nicht erforderlich** (§ 77 Abs. 2 Nr. 1 OWiG). Das ist (nur) gegeben, wenn der Sachverhalt aufgrund verlässlicher Beweismittel so eindeutig geklärt ist, dass die beantragte Erhebung des Beweises an der Überzeugung des Gerichts nichts ändern würde (OLG Brandenburg NZV 2013, 49; VRR 2012, 396; OLG Celle NJW 2010, 3794; OLG Düsseldorf VRS 76, 377; OLG Hamm VRR 2010, 474; OLG Schleswig SchlHA 2010, 262 [Dö/Dr; Aufklärungspflicht bei der Täteridentifizierung; Göhler/*Seitz*, § 77 Rn 13 m.w.N. zu § 77 OWiG a.F.). I.Ü. kommt es darauf an, ob der Beweisantrag ohne eine Verletzung der → *Aufklärungspflicht des Gerichts*, Rdn 329, abgelehnt werden kann. Das wird bei dem Antrag auf **Vernehmung** eines **weiteren Zeugen** zur Entkräftung der Aussage eines einzigen bisher vernommenen Zeugen i.d.R. nicht der Fall sein (KG NJW 2007, 3143 [Ls.; Entkräftung der Aussage von zwei Zeugen]; StraFo 2012, 22; OLG Celle Nds.Rpfl. 2001, 160; OLG Düsseldorf zfs 2004, 185 m.w.N.; OLG Jena StraFo 2004, 357; OLG Köln VRS 105, 224; s.a. OLG Düsseldorf NStZ-RR 1999, 183; vgl. i.Ü. Göhler/*Seitz*, § 77 Rn 14 ff. m.w.N.). Entsprechendes gilt, wenn eine aufgrund eines **Radarfotos** getroffene Identitätsfeststellung durch einen Gegenzeugen entkräftet werden soll (OLG Brandenburg NZV 2013, 49; OLG Oldenburg VRS 88, 296; vgl. dazu auch OLG Celle NJW 2010, 3794 und OLG Schleswig SchlHA 2010, 262 [Dö/Dr]). Der Tatrichter darf sich bei der Ablehnung eines Beweisantrages auch **nicht widersprüchlich** verhalten. Hat er also zunächst versucht, ein Beweismittel auszuschöpfen und auf dessen Beschaffung ursprünglich gedrängt, hat er damit zu erkennen gegeben, dass er eine weitere Sachaufklärung durch Verwertung eben dieses Beweismittels für geboten erachtet. Ohne Änderung des diese Einschätzung tragenden Beweisergebnisses kann er daher einen auf die Erhebung dieses Beweises gerichteten Beweisantrag dann nicht nach § 77 Abs. 1 Nr. 1 OWiG ablehnen (KG NStZ-RR 2011, 121 m. Anm. *Burhoff* VRR 2011, 274).

> ✍ Nach Auffassung des BayObLG (vgl. DAR 2004, 533) kann ein Beweisantrag auf Vorlage eines Eichscheins u.a. mit der Begründung abgelehnt werden, es könne davon ausgegangen werden, „dass in Bayern die bei einer Geschwindigkeitsmessung eingesetzten Geräte geeicht sind". Im Hinblick auf diese – m.E. unzutreffende Begründung – sollte der Verteidiger entsprechende Beweisanträge **eingehend** mit den Besonderheiten des Falls **begründen** (abl. zur Auffassung des BayObLG [zu Recht] *Geiger* DAR 2004, 534 in der Anm. zu BayObLG, a.a.O.).

1256 (2) Abgelehnt werden kann auch, wenn nach freier Würdigung des Beweismittels die zu beweisende Tatsache ohne verständigen Grund so **spät vorgebracht** wurde, dass die Beweiserhebung zur Aussetzung der HV führen würde (§ 77 Abs. 2 Nr. 2 OWiG). Der Betroffene handelt dann ohne verständigen Grund, wenn ihm ein früheres Vorbringen möglich und zumutbar gewesen wäre, so besonders, weil dies weder für ihn noch für einen seiner Angehörigen nachteilig gewesen wäre (Göhler/*Seitz*, § 77 Rn 20). Dass die Beweiserhebung nur zur Vertagung führt, reicht zur Ablehnung des Beweisantrags nicht aus (allg. Meinung, s.u.a. Göhler/*Seitz*, a.a.O.; KG StraFo 2012, 22; OLG Hamm StraFo 2008, 122 m.w.N.). Die Ablehnung ist aber dann nicht zulässig, wenn die → *Aufklärungspflicht des Gerichts*, Rdn 329, die Beweiserhebung erfordert (OLG Brandenburg VRR 2012, 396; OLG Hamm VRR 2010, 474 m. Anm. *Burhoff*). Für die Frage, ob die Beweiserhebung zur Aussetzung der HV führt, ist – aus Sicht des Gerichts maßgeblich, ob ein seine Aufgaben pflichtbewusst erfüllender Richter – auch unter Berücksichtigung der üblichen Schwankungen in der wöchentlichen Arbeitsbelastung, d.h. auch bei angemessener Mehrarbeit gegenüber seiner üblichen wöchentlichen Arbeitsbelastung – den Fortsetzungstermin zur Durchführung der Beweisaufnahme nicht mehr hätte ansetzen können. Dies ist dann der Fall, wenn er – auch bei angemessener Mehrarbeit – den Fortsetzungstermin voraussichtlich nicht ohne Aufhebung anderer Termine oder Vernachlässigung anderer Pflichten (wie etwa sorgfältige Vorbereitung anderer Hauptverhandlungen, Wahrung der Urteilsabsetzungsfristen, Wahrung des besonderen Beschleunigungsgebots in Haftsachen etc.) nicht durchführen kann (OLG Hamm DAR 2015, 275 m. Anm. *Fromm*).

✍ Der Verteidiger sollte/muss also geplante/erforderliche Beweisanträge rechtzeitig, **möglichst** noch **vor** der HV, stellen, um so dem Verspätungseinwand in der HV entgegnen zu können. Starre Fristen gibt es insoweit nicht. Ein schriftlich eine Woche vor der HV gestellter Antrag ist aber jedenfalls nicht zu spät (OLG Düsseldorf zfs 2004, 185). Sind im Bußgeldbescheid angeführte Beweismittel für die HV nicht herangezogen worden, ist auch ein sich darauf beziehender Beweisantrag in der HV nicht zu spät i.S.d. § 77 Abs. 2 Nr. 2 OWiG angebracht (OLG Jena VRS 107, 381).

Ein Beweisantrag ist insbesondere dann nicht verspätet, wenn sich **erst in** der **HV** für den Betroffenen **günstige Umstände** herausstellen, die Anlass für die Stellung eines Beweisantrages sind.

8.a) Mit der 1987 in das OWiG eingefügten Vorschrift des § 77a OWiG ist die Möglichkeit einer **vereinfachten Art** der **Beweisaufnahme** geschaffen worden (vgl. allgemein dazu *Böttcher* NStZ 1986, 393 ff.). Dafür gilt:

- Die Vernehmung eines Zeugen, SV oder Mitbetroffenen kann **abweichend** von § 251 Abs. 1 Nr. 2 – 3, Abs. 2 Nr. 1 – 2 (vgl. dazu → *Verlesung von Protokollen früherer Vernehmungen/sonstiger Erklärungen*, Rdn 3014) durch die Verlesung von Niederschriften über eine frühere Vernehmung sowie von Urkunden, die eine von ihnen stammende schriftliche Äußerung enthalten, ersetzt werden (§ 77a Abs. 1

1257

1258

OWiG). Dies gilt auch für nichtrichterliche Vernehmungsprotokolle und wenn eine Vernehmung durch das Gericht möglich wäre (Göhler/*Seitz*, § 77a Rn 2).

- Nach § 77a Abs. 2 OWiG dürfen **Erklärungen** von **Behörden** (s. § 36 Abs. 2, 3 OWiG) und sonstigen Stellen über ihre dienstlichen Wahrnehmungen, Untersuchungen und Erkenntnisse sowie über diejenigen ihrer Angehörigen **auch** dann **verlesen** werden, **wenn** die Voraussetzungen des **§ 256 nicht** vorliegen. Dazu zählen z.B. Erkenntnisse aufgrund allgemeiner Überwachungsmaßnahmen, wie z.B. Geschwindigkeits- und Rotlichtkontrollen (Göhler/*Seitz*, § 77a Rn 7 ff.). Beim einem Messprotokoll handelt es sich um eine Erklärung i.S. des § 256 Abs. 1 Nr. 5 (OLG Hamm zfs 2014, 650 m. Anm. *Deutscher* VRR 2014, 323).

- Schließlich kann das Gericht nach **§ 77a Abs. 3 OWiG** eine **behördliche Erklärung** nach § 77a Abs. 2 OWiG auch **fernmündlich** einholen und deren Inhalt in der HV bekanntgeben. Diese Möglichkeit wird man aber wohl auf **Nebenpunkte** beschränken müssen, denen nach Auffassung der Verfahrensbeteiligten keine entscheidende Bedeutung zukommt (Göhler/*Seitz*, § 77a Rn 9 ff.; s. dort a. wegen der weiteren Einzelh.).

> Holt das Gericht eine behördliche Erklärung fernmündlich ein, muss der **Verteidiger** darauf **bestehen,** an diesem **Telefongespräch teilzunehmen,** um beurteilen zu können, ob er einer Verwertung der fernmündlich eingeholten behördlichen Erklärung zustimmt (s.u. Rdn 1259) und ob er ergänzende Fragen hat.

1259 b) Der **Verteidiger** und der **Betroffene** müssen nach § 77a Abs. 4 OWiG den sich aus § 77a Abs. 1 – 3 OWiG (vgl. Rdn 1257) ergebenden vereinfachten Möglichkeiten der Beweisaufnahme **zustimmen,** wenn sie in der HV anwesend sind. Die Zustimmung muss sich (auch) auf die **Verwertungsmöglichkeit** des Ergebnisses der vereinfachten Beweisaufnahme erstrecken. Da es sich bei einem Messprotokoll handelt es sich um eine Erklärung i.S. des § 256 Abs. 1 Nr. 5, besteht für die Verlesung kein Zustimmungserfordernis und dementsprechend auch nicht für die Bekanntgabe dem wesentlichen Inhalt nach § 78a Abs. 1 OWiG (OLG Hamm zfs 2014, 650 m. Anm. *Deutscher* VRR 2014, 323).

> Der Verteidiger kann also **zunächst** sein **Einverständnis** zu der vereinfachten Beweisaufnahme, also z.B. der Verlesung einer Urkunde oder der fernmündlichen Einholung einer behördlichen Erklärung, geben, **dann** aber nach Verlesung oder Bekanntgabe der Erklärung deren **Verwertung widersprechen** (Göhler/*Seitz*, § 77a Rn 14).

1260 Die Zustimmung kann auch **stillschweigend** erklärt werden (BGH NStZ 1986, 207 [Pf/M] zu § 251 Abs. 1 Nr. 4 a.F.; BayObLG NStZ 1994, 42; KG VA 2013, 201; OLG Köln StV 2001, 342 m.w.N.; Göhler/*Seitz*, § 77a Rn 14a m.w.N.). Der Zustimmende muss sich aber der Tragweite seines Schweigens bewusst sein, und zwar dass die Urkunde oder das sonstige Beweismittel in der Entscheidung verwertet werden soll (KG, a.a.O.).

9. Weitere Verfahrensvereinfachungen sieht schließlich **§ 78 Abs. 1 OWiG** vor. Danach kann das Gericht statt der Verlesung eines **Schriftstücks** dessen **wesentlichen Inhalt bekanntgeben**, soweit es nicht auf den Wortlaut des Schriftstücks ankommt. Die Vorschrift gilt für alle Fälle, in denen die Verlesung von Schriftstücken in der HV erlaubt ist, also nach §§ 249 Abs. 1, 251 Abs. 1 – 3, 253, 254, 256 (vgl. dazu OLG Hamm zfs 2014, 650 für den Fall des § 256 Abs. 1 Nr. 5; → *Protokollverlesung zur Gedächtnisstützung*, Rdn 2147; → *Verlesungsverbot für schriftliche Erklärungen*, Rdn 2934; → *Verlesung von ärztlichen Attesten*, Rdn 2943; → *Verlesung von Behördengutachten*, Rdn 2956; → *Verlesung von Gutachten allgemein vereidigter Sachverständiger*, Rdn 2968; → *Verlesung von Geständnisprotokollen*, Rdn 2980; → *Verlesung von Leumundszeugnissen*, Rdn 2998; → *Verlesung von Protokollen/Erklärungen der Strafverfolgungsbehörden*, Rdn 3002; → *Verlesung von Protokollen früherer Vernehmungen/sonstiger Erklärungen*, Rdn 3014; → *Verlesung von sonstigen Gutachten und Berichten*, Rdn 3046). 1261

Die bloße Bekanntgabe des wesentlichen Inhalts eines Schriftstücks ist nicht von der Zustimmung des Verteidigers oder des Betroffenen abhängig. Ist allerdings nach § 77a Abs. 4 S. 2 OWiG für die Verlesung eines Schriftstücks die **Zustimmung** erforderlich, erstreckt sich das auch auf das Verfahren nach § 78 Abs. 1 S. 1 und 2 OWiG (vgl. dazu OLG Hamm zfs 2014, 650 für den Fall des § 256 Abs. 1 Nr. 5). 1262

10. Die HV des Bußgeldverfahrens **endet** mit der Einstellung des Verfahrens oder durch Urteil. 1263

a) Für die **Einstellung** des Verfahrens gilt die Sondervorschrift des § 47 OWiG (vgl. wegen der Einzelh. Burhoff/*Gieg*, OWi, Rn 1117 ff. m.w.N.; Göhler/*Seitz*, § 47 Rn 1 ff. m.w.N.; *Schulz* StraFo 1999, 114; *ders.* NJW 1999, 3471). Die Einstellung liegt nach § 47 Abs. 1 OWiG im pflichtgemäßen **Ermessen** des Gerichts (s. dazu für Verkehrsordnungswidrigkeiten Burhoff/*Gieg*, OWi, Rn 1135 ff.; zum Verfahren Burhoff/*Gieg*, OWi, Rn 1147 ff.; zum Begriff a. *Schulz* StraFo 1999, 114 und *Deutscher* NZV 1999, 186). Für die Einstellung ist grds. die **Zustimmung** der StA erforderlich. Das gilt jedoch nicht, wenn durch den Bußgeldbescheid nur eine Geldbuße von 100,00 € verhängt worden ist und die StA – wie i.d.R. üblich – erklärt hat, sie nehme an der HV nicht teil. Der Zustimmung der StA bedarf es auch dann nicht, wenn sie nicht an der HV teilnimmt (§ 75 Abs. 2 OWiG). 1264

☞ Nach überwiegender Meinung in Rspr. und Lit. ist die gerichtliche Einstellung des Verfahrens **unanfechtbar** (s. § 47 Abs. 2 S. 3 OWiG; u.a. OLG Dresden NZV 2006, 447). Das gilt auch für eine für den Betroffenen nachteilige Kostenentscheidung (*Schulz* StraFo 1999, 116 m.w.N.; zur Kostenentscheidung Burhoff/*Gieg*, OWi, Rn 1158 ff.). Allerdings ist der Betroffene vorher zu **hören**.

| B | Bußgeldverfahren, Besonderheiten der Hauptverhandlung |

1265 b)aa) Für das **Urteil** im Bußgeldverfahren gelten die allgemeinen **Regeln**. Seine Begründung muss den Anforderungen des § 267 entsprechen (zu den Anforderungen an die Begründung der Urteile in straßenverkehrsrechtlichen Bußgeldverfahren s. die Ausführungen bei den jeweiligen Verkehrsverstößen in *Burhoff* (Hrsg.), Handbuch für das straßenverkehrsrechtliche OWi-Verfahren, 4. Aufl., 2015; zum Fahrverbot Burhoff/*Deutscher*, OWi, Rn 1341 ff.).

1266 b) Gegen das amtsgerichtliche **Urteil** ist nach §§ 79 ff. OWiG die **Rechtsbeschwerde** zulässig. Die damit zusammenhängenden Fragen können hier nicht im Einzelnen dargestellt werden. Wegen der Einzelheiten wird auf Burhoff/*Junker*, OWi, Rn 3133 ff.; Burhoff/Kotz/*Junker*, RM, Teil A Rn 1186 ff.; *Burhoff* ZAP F. 21, S. 159; *Junker/Veh* VRR 2006, 9 und 50; *Gieg/Olbermann* DAR 2009, 617 sowie auf die „Checkliste" in VA 2001, 90 bzw. PA 2002, 127 und 139 verwiesen. Verwiesen wird auch auf → *Revision, Allgemeines*, Rdn 2211 m.w.N. Diese Ausführungen können, insbesondere wenn es um die Begründung der Rechtsbeschwerde geht, entsprechend angewendet werden. Hinzuweisen ist hier nur darauf, dass die Verwerfung des Einspruchs nach § 74 Abs. 2 OWiG (vgl. o. Rdn 1243 ff.) mit der **Verfahrensrüge** gerügt werden muss. An deren Begründung werden von den OLG hohe Anforderungen gestellt (zu den Rügeanforderungen s. *Burhoff* VRR 2007, 250, 255 m.w.N. aus der Rspr.; *Krenberger* zfs 2012, 424; ders., zfs 2013, 364; → *Revision, Begründung, Verfahrensrüge*, Rdn 2352).

1267 **11. Muster: Antrag auf Entbindung von der Pflicht des Betroffenen, in der Hauptverhandlung zu erscheinen**

▼

B.16

An das

Amtsgericht/Landgericht Musterstadt

In der Bußgeldsache

gegen Mustermann

Az.:

wegen Geschwindigkeitsüberschreitung

beantrage ich,

den Betroffenen von seiner Verpflichtung, in der Hauptverhandlung am ▢ zu erscheinen, zu entbinden.

Begründung:

Der Betroffene ist vom ▓▓▓▓ bis zum ▓▓▓▓ in Urlaub. Er kann deshalb in der Hauptverhandlung am ▓▓▓▓ nicht erscheinen.

Der Betroffene hat bereits mit Schriftsatz vom ▓▓▓▓ eingeräumt, das auf dem von dem Verkehrsverstoß gefertigten Lichtbild abgebildete Fahrzeug zur Tatzeit geführt zu haben. In der Hauptverhandlung wird der Betroffene keine weiteren Angaben zur Sache machen. Die Voraussetzungen für die Entbindung von der Pflicht zum Erscheinen in der Hauptverhandlung liegen damit vor, § 73 Abs. 2 OWiG.

Die bloße Anwesenheit des Betroffenen in der Hauptverhandlung wird zur weiteren Sachaufklärung nicht beitragen. Der Betroffene macht nur die Fehlerhaftigkeit der von den Zeugen durchgeführten Geschwindigkeitsmessung, die dem Bußgeldbescheid zugrunde gelegt worden ist, geltend. Der Betroffene ist auch bislang straßenverkehrsrechtlich nicht in Erscheinung getreten. Deshalb kommt – wenn überhaupt – nur die Festsetzung der Regelgeldbuße in Betracht. Eine Erhöhung der Geldbuße scheidet aus.

Ich bin im Übrigen vom Betroffenen nicht nur als Verteidiger mandatiert, sondern auch als Vertreter. Ich könnte also ggf. für diesen ergänzend vortragen. Der Betroffene erklärt sich schließlich mit der Bekanntgabe des wesentlichen Inhalts meines Schriftsatzes vom ▓▓▓▓ gem. § 74 Abs. 1 Satz 2 OWiG einverstanden.

Rechtsanwalt

D

DNA-Untersuchung

Das Wichtigste in Kürze:
1. Seit ihrer Einführung in die deutsche Kriminaltechnik hat sich die DNA-Untersuchung zu einem der wirksamsten Sachbeweise entwickelt.
2. Der Beweiswert der DNA-Untersuchung wird grds. allgemein als hoch angesehen.
3. Die DNA-Analyse ist grds. als zulässiges und sowohl zum Täterausschluss als auch zur Täterfeststellung geeignetes Beweismittel anerkannt.
4. Gesetzlich ist die Zulässigkeit der DNA-Untersuchung inzwischen in § 81e und das Verfahren der Untersuchung in § 81f geregelt.
5. Der Verteidiger sollte bei seinen Überlegungen nicht übersehen, dass aus einer DNA-Untersuchung für den Mandanten eine gefährliche Verfahrenssituation entstehen kann.

Literaturhinweise: **Anslinger/Rolf/Eisenmenger**, Möglichkeiten und Grenzen der DNA-Analyse, DRiZ 2005, 166; **Artkämper/Artkämper**, Kriminaltechnische und rechtsmedizinische Untersuchungen von A bis Z – Teil 5 Zur DNA, StRR 2012, 416; **Bastisch/Schmitter**, DNA-Analyse, in: MAH, § 71; **Benfer**, Die molekulargenetische Untersuchung (§§ 81e, 81g StPO), StV 1999, 402; **Brinkmann/Wiegand**, DNA-Analysen – Neue Entwicklungen und Trends, Krim 1993, 191; **Brodersen/Anslinger/Rolf**, DNA-Analyse und Strafverfahren, 2003; **Brocke**, Zur Frage der Verwertbarkeit eines so genannten Beinahetreffers im Rahmen einer DNA-Reihenuntersuchung gemäß § 81h StPO, StraFo 2011, 298; **Bula**, Neue gesetzliche Bestimmungen zur DNA-Analyse, Der Kriminalist 1997, 347; **R. Busch**, Zur Zulässigkeit molekulargenetischer Reihenuntersuchungen, NJW 2001, 1335; *ders.*, Verwertbarkeit von „Beinahetreffern" aus DNA-Reihenuntersuchungen, NJW 2013, 1771; **Cramer**, Anmerkung zu § 81f II 3 – Geheimhaltungsschutz und Gutachtenverweigerung, NStZ 1998, 498; **Denk**, DNA-Spurenanalyse – DNA-Fingerprinting – Genom-Analyse als Werkzeug des Gerichtsmediziners bei der kriminalistischen Spurensicherung, Krim 1991, 566; **de Vries**, Der DNA-Beweis in der Krise, Krim 2013, 680; **Dietzel**, Die Suche und Sicherung von DNA-Spuren in der Praxis, StRR 2010, 376; **Esch**, Massendatenanalyse in der Praxis. Die Arbeitsweise der Verfahrensbegleitenden Analyse im Hessischen LKA am Beispiel eines Tötungsdeliktes, Krim 2009, 680; **Foldenauer**, Genanalyse im Strafverfahren, 1995; **Graalmann-Scheerer**, DNA-Analyse – „Genetischer Fingerabdruck". Strafverfahrensrechtliche Probleme im Zusammenhang mit der molekulargenetischen Untersuchung, Krim 2000, 328; *dies.*, Molekulargenetische Untersuchung im Strafverfahren, ZRP 2002, 72; *dies.*, DNA-Massentest de lege lata und de lege ferenda, NStZ 2004, 297; **Hoppmann**, Die Entwicklung der Rasterfahndung und DNA-Reihenuntersuchung Teil 1, Krim 2013, 147; *ders.*, Die Entwicklung der Rasterfahndung und DNA-Reihenuntersuchung Teil 2, Krim 2013, 219; *ders.*, Die Entwicklung der Rasterfahndung und DNA-Reihenuntersuchung Teil 3, Krim 2013, 291; **Hother**, Die DNA-Analyse. Ihre Bedeutung für die Strafverfolgung und ihr Beweiswert im Strafverfahren, 1995; **Hummel**, Voraussetzungen für die Verwendung einer DNA-Analyse mit Single- und Multi-Locus-Sonden in Fällen strittiger Blutsverwandtschaft, NJW 1990, 753; **Kamann**, Das DNA-Verfahren in der Praxis, Ein Leitfaden an Hand von Formularvorschlägen, Beilage 2/2000 zu ZAP-Heft 5/2000; **Kimmich/Spyra/Steinke**, Das DNA-Profiling in der Kriminaltechnik und der juristischen Diskussion, NStZ 1990, 318; *dies.*, DNA-Amplifizierung in der forensischen Anwendung und der juristischen Diskussion, NStZ 1993, 23; **Krehl/Kolz**, Genetischer Fin-

D DNA-Untersuchung

gerabdruck und Verfassung, StV 2004, 447; **Kretschmer**, Das Verhältnis von verweigerter Reihenuntersuchung nach § 81h StPO zur molekulargenetischen Untersuchung gemäß der §§ 81c, 81e StPO, HRRS 2012, 185; **Kurer**, DNA-Analyse als erfolgreiches Beweismittel, Krim 1994, 213; **Lauer**, Qualitätsstandards bei der Spurensuche und -sicherung. Mehr als nur in DNA „herumstochern", Krim 2008, 363; **Lorenz**, Allgemeines Persönlichkeitsrecht und Gentechnologie, JZ 2005, 1121; **Nack**, Revisibilität der Beweiswürdigung – Teil 2, StV 2002, 558; **Neuhaus**, Fehlerquellen bei DNA-Analysen, in: Gedächtnisschrift für *Ellen Schlüchter*, 2002; *ders.*, Kriminaltechnik für den Strafverteidiger – Eine Einführung in die Grundlagen, 3. Teil: Einzelfälle C. DNA-Analysen – Biologische und terminologische Grundlagen, StraFo 2004, 127; *ders.*, Kriminaltechnik für den Strafverteidiger – Eine Einführung in die Grundlagen, 3. Teil: Einzelfälle C. DNA-Analysen – Das Analyseverfahren im Überblick, StraFo 2005, 148; *ders.*, Kriminaltechnik für den Strafverteidiger – Eine Einführung in die Grundlagen, 3. Teil: Einzelfälle C. DNA-Analysen – Fehlerquellen, StraFo 2006, 393; **Oberlies**, Genetischer Fingerabdruck und Opferrechte, StV 1990, 469; **Pfeiffer**, Ein Halali ohne Leiche. „Stumme Zeugen" helfen per DNA-Technologie weiter, Krim 2011, 185; **Rademacher**, Zur Frage der Zulässigkeit genetischer Untersuchungsmethoden im Strafverfahren, StV 1989, 546; *ders.*, Zulässigkeit der Gen-Analyse?, NJW 1991, 735; **Satzger**, DNA-Massentests – kriminalistische Wunderwaffe oder ungesetzliche Ermittlungsmethode?, JZ 2001, 639; **Rogall**, Die Behandlung von sogenannten Beinahetreffern bei Reihengentests nach § 81h StPO, JZ 2013, 874; **Schmitter/Herrmann/Pflug**, Untersuchung von Blut- und Sekretspuren mit Hilfe der DNA-Analyse, MDR 1989, 402; **H. Schneider**, Der „genetische" Fingerabdruck, Krim 2005, 303; **P. Schneider/Anslinger/Eckert/Fimmers/H. Schneider**, Erläuterungen zu den wissenschaftlichen Grundlagen biostatistischer Wahrscheinlichkeitsberechnungen im Rahmen von DNA-Spurengutachten, NStZ 2013, 693; **P. Schneider/Fimmers/Schneider/Brinkmann**, Allgemeine Empfehlungen der Spurenkommission zur Bewertung von DNA-Mischspuren, NStZ 2007, 447; **Schneider/Forat/Olek**, Die Verwendung von DNA-Methylierungsmarkern zum Nachweis von Menstrualblut. Anwendung einer neuen Methode in einem aktuellen Mordprozess, Krim 2012, 152; **Schöneberg/Gerl/Oesterreich/Bastisch/Gerhard**, DNA-Analyse von Hautabriebspuren – Möglichkeiten und Grenzen, Krim 2003, 497; **Senge**, Strafverfahrensänderungsgesetz – DNA-Analyse, NJW 1997, 2409; *ders.*, Gesetz zur Änderung der Strafprozeßordnung (DNA-Identitätsfeststellungsgesetz), NJW 1999, 253; *ders.*, Die Neuregelung der forensischen DNA-Analyse, NJW 2005, 3028; **Steinke**, „Genetischer Fingerabdruck" und § 81a StPO, NJW 1987, 2914; *ders.*, Der Beweiswert forensischer Gutachten (am Beispiel der besonders problematischen SV-Gebiete: DNA-Analyse, Lack-Analyse, Handschriftenvergleich, Sprechererkennung), NStZ 1994, 16; **Sternberg-Lieben**, „Genetischer Fingerabdruck" und § 81a StPO, NJW 1987, 1244; **Swoboda**, Grenzen der Informationsgewinnung aus DNA-Identifikationsmustern bei molekulargenetischen Reihentests nach § 81h StPO, StV 2013, 461; **Taschke/Breidenstein**, Die DNA-Analyse im Strafverfahren, 1997; **Vogt**, Anm. zu BGH 5 StR 239/92 (LG Hannover) vom 12.08.92 „Beweiswürdigung bei DNA-Analyse" [BGH StV 1992, 455], StV 1993, 175; **Wagner**, Das „genetische Fingerabdruckverfahren" als Hilfsmittel bei der Verbrechensbekämpfung, 1996; **Wiegand/Kleiber/Brinkmann**, DNA-Analytik, Krim 1996, 720; s.a. die Hinw. bei → *Beweisverwertungsverbote*, Rdn 1018 und *Burhoff*, EV, Rn 1292, 1328.

1270 1. Seit Einführung in die deutsche Kriminaltechnik hat sich die DNA-Untersuchung (auch Genetischer Fingerabdruck oder Genom-Analyse) zu einem der **wirksamsten Sachbeweise** entwickelt und ist – trotz kritischer Stimmen in der Lit. – zwischenzeitlich gerichtlich anerkannt und inzwischen in den §§ **81e, 81f ff.** gesetzlich geregelt (zur 2005 erfolgten Neuregelung s. *Senge* NJW 2005, 3028).

> ✍ Der Verteidiger darf bei seinen Überlegungen, ob (noch) in der HV ein Antrag auf DNA-Untersuchung gestellt werden soll, Folgendes nicht übersehen: Andererseits ist die DNA-Untersuchung eine Methode, um einen Angeklagten (verhältnismäßig) sicher als **Täter auszuschließen**. Andererseits muss sich der Verteidiger eine entsprechende Antragstellung sorgfältig überlegen und die daraus möglicherweise entstehende – **ge-**

fährliche – **Verfahrenssituation** mit seinem Mandanten besprechen (s.a. *Rademacher* NJW 1991, 737). Denn ist das Gutachten erst erstattet und nach seinem Ergebnis der Mandant als Spurenleger anzusehen, wird es i.d.R. – wegen des grds. hohen Beweiswertes (s.o. Rdn 1272 f.) – kaum noch gelingen, eine Verurteilung des Angeklagten zu verhindern.

Hier können nicht alle mit der DNA-Untersuchung zusammenhängenden Fragen im Einzelnen erläutert werden, zumal sich diese Fragen dem Verteidiger i.d.R. bereits im EV stellen. Die Aspekte des Beweiswertes (s.u. Rdn 1272) und der Zulässigkeit einer DNA-Untersuchung (s.u. Rdn 1274) können jedoch auch noch/wieder in der HV Bedeutung erlangen. Sie sollen daher neben einigen Hinweisen für den Verteidiger (s.u. Rdn 1280 ff.) auch hier dargestellt werden. I.Ü. wird wegen der Einzelheiten verwiesen auf die o.a. Lit.-Hinw. sowie auf *Burhoff*, EV, Rn 1291 ff. m.w.N. [dort auch bei Rn 1038 ff. zur Zulässigkeit von DNA-Untersuchungen nach § 81g], auf *Artkämper/Artkämper* StRR 2012, 416 und auf *Neuhaus/Artkämper*, Kriminaltechnik und Beweisführung im Strafverfahren, 2013). 1271

2.a) Der **Beweiswert** der DNA-Untersuchung wird grds. **allgemein** als **hoch** angesehen (vgl. z.B. *Lührs* MDR 1992, 929; *Steinke* NStZ 1994, 16 ff.; *Benfer* StV 1999, 402; *Satzger* JZ 2002, 641; SK-StPO-*Rogall*, § 81a Rn 69; *Eisenberg*, Rn 1908 ff.; krit. *Neuhaus* StraFo 2010, 344 in der Anm. zu BGH NJW 2009, 1159; *ders.* StV 2013, 137 in der Anm. zu BGH NStZ 2012, 464; s. auch noch BGHSt 58, 212 m. Anm. *Malek* StV 2014, 590 und *Artkämper* StRR 2013, 259). Inzwischen kann davon ausgegangen werden, dass nach anfänglichen Bedenken hinsichtlich des Beweiswertes der PCR/STR-Analyse (vgl. *Steinke* NStZ 1994, 19) diese derzeit weitgehend ausschließlich angewandten Methoden so gut sind, „dass keine grundlegenden Änderungen der Verfahren zu erwarten sind" (MAH-*Bastisch/Schmitter*, § 71 Rn 98). Allerdings wird es – so schränken MAH-*Bastisch/Schmitter* (a.a.O.) ein – nur in seltenen Fällen möglich sein, die Tatrelevanz einer einzigen Zelle zu begründen. Der BGH hat aber zuletzt eine DNA-Analyse bei einem Seltenheitswert im Millionenbereich als ausreichend angesehen, wenn die Berechnungsgrundlage den Anforderungen von BGHSt 38, 320 genügt (vgl. NJW 2009, 1159; zum Beweiswert einer mitochondrialen DNA-Analyse, ggf. in Kombination mit dem Ergebnis der Analyse von Kern-DNA, s. BGHSt 54, 15; zur Beweiswürdigung, wenn der Angeklagte trotz ausschließlich von ihm und dem Opfer stammender DNA-Spuren freigesprochen wird, BGH, Beschl. v. 12.8.2009 – 2 StR 262/09). Allein ein „DNA-Treffer" reicht aber für eine Verurteilung nicht aus (zuletzt BGH NStZ 2012, 464 m. Anm. *Artkämper* StRR 2012, 258 und krit. *Neuhaus* StV 2013, 137). Allerdings ist es letztlich dem Tatgericht als eine Frage der Beweiswürdigung überlassen, ob es sich allein aufgrund der Übereinstimmung von DNA-Identifizierungsmuster von der Täterschaft eines Angeklagten zu überzeugen vermag oder nicht (BGHSt 58, 212), wobei es seine Überzeugungsbildung ggf. auch allein auf eine DNA-Spur 1272

D DNA-Untersuchung

stützen kann (BGH, a.a.O.; BGH StV 2014, 587; zu den Urteilsanforderungen BGHSt 58, 212; BGH StV 2014, 587; 2014, 588; StraFo 2015, 160).

☞ Der Beweiswert eines DNA-Gutachtens ist natürlich auch davon **abhängig**, ob die sog. Strichcodes/Bandenmuster **korrekt ausgewertet** wurden, ob die Sicherheit des Testergebnisses ggf. durch äußere Umstände beeinflusst worden und ob es möglicherweise zur Verwechslung und Vermischung von Untersuchungsmaterial gekommen ist (LG Krefeld StraFo 2015, 158). Mit den damit zusammenhängenden Fragen befasst sich eingehend *Neuhaus* (S. 549 ff.; StraFo 2004, 127; 2006, 393; 2010, 344 in der Anm. zu BGH NJW 2009, 1159), der zu Recht betont, dass insbesondere eine „gute" Tatortarbeit/Spurensicherung unabdingbare Voraussetzung für eine verwertbare DNA-Analyse ist (s.a. MAH-*Bastisch/Schmitter*, § 71 Rn 19 ff. [zur Spurenbewertung]; zur Suche und Sicherung von DNA-Spuren *Dietzel* StRR 2010, 376; *Artkämper/Artkämper* StRR 2012, 416, 418).

1273 b) Nach der Rspr. ist der Beweiswert einer DNA-Analyse stets **kritisch** zu **würdigen** (BGHSt 38, 320; 58, 212 m.w.N.). Allein auf eine PCR-Analyse kann die Verurteilung nicht gestützt werden (BGH, a.a.O.). Des Weiteren muss sich das (Tat-)Gericht auch heute noch bewusst sein, dass die DNA-Untersuchung lediglich eine statistische Aussage enthält, die eine **Würdigung** aller **(anderen) Beweisumstände** nicht überflüssig macht, da ein DNA-Gutachten lediglich eine abstrakte, biostatistisch begründete Aussage über die Häufigkeit der festgestellten Merkmale bzw. Merkmalskombinationen innerhalb einer bestimmten Population enthält (zur Beweiswürdigung BGHSt 54, 15; 58, 212; BGH NJW 2009, 1159 m. Anm. *Baurs/Fimmers/Schneider* StV 2010, 175; NStZ 1994, 554; 2012, 403; 2012, 464 m. Anm. *Artkämper* StRR 2012, 258; NStZ 2013, 179; zu den biostatischen Wahrscheinlichkeitsberechnungen im Rahmen von DNA-Spurengutachten s. *P. Schneider u.a.* NStZ 2013, 693). Immer sind auch **Besonderheiten** zu beachten (zum Beweiswert einer DNS-Spur bei „Zwillingsbrüdern" und zur Beweiswürdigung s. BGH StraFo 2007, 65; zum Beweiswert und den Urteilsanforderungen, wenn der Angeklagte einer fremden Ethnie angehört, s. BGH NStZ 2013, 177; s.a. noch). Von Bedeutung können insoweit z.B. sein, die Anwesenheit mehrerer Personen am Tatort oder ggf. auch eine gezielt falsch gelegte Spur (vgl. *Eisenberg*, Rn 1911; vgl. aber auch BGH, Urt. v. 12.08.2009 – 2 StR 262/09, wonach ein Freispruch trotz ausschließlich vom Angeklagten und dem Opfer stammender DNA-Spuren auf der Tatwaffe eingehender Erörterung bedarf). Zu beachten ist, dass dann, wenn das vorliegende Spurenmaterial z.B. wegen Alters oder wegen Verunreinigung des Spurenmaterials nur eingeschränkt verwertet werden kann, die Gefahr droht, dass ein Nachweis vom Zufall abhängen kann: Möglich ist dann, sowohl, dass ein vorhandenes Merkmal nicht, als auch, dass ein eigentlich nicht vorhandenes Merkmal nachgewiesen wird (*Baur/Fimmers/Schneider* StV 2010, 175 in der Anm. zu BGH NJW 2009, 1159; vgl. auch noch *Neuhaus*

StraFo 2010, 344 in der Anm. zu BGH, a.a.O.). Zulässig ist es, den Beweiswert verschiedener Analysen zu kombinieren (vgl. BGHSt 56, 72 zum Beweiswert einer kombinierten Analyse von Kern-DNA und mitochondrialer DNA).

☝ Bei der molekulargenetischen Untersuchung von DNA-Spurenträgern handelt es sich um ein standardisiertes Verfahren. In den **Urteilsgründen** bedarf es dann aber später dennoch neben der Berechnungsgrundlage der Mitteilung, mit welcher Wahrscheinlichkeit der Angeklagte als Spurenleger in Betracht kommt (BGH NStZ-RR 2012, 53 unter Hinweis auf BGH NJW 2011, 1159; vgl. noch BGHSt 58, 212; NStZ 2013, 177; StV 2014, 587; 2014, 588; NStZ-RR 2015, 97). Einer Darlegung der Untersuchungsmethode bedarf es grds. nicht (mehr) (BGH NStZ 2012, 403; s. aber BGH NStZ 2013, 179).

3. Mit Bekanntwerden der Möglichkeit der Beweisführung mittels einer DNA-Analyse hatte in Rspr. und Lit. die Diskussion um die **Zulässigkeit** von DNA-Untersuchungen im Strafverfahren eingesetzt (wegen der Einzelh. s. *Burhoff*, EV, Rn 1302 m.w.N.). Diese lässt sich wie folgt **zusammenfassen**:

■ Die DNA-Untersuchung ist **grds**. als **zulässiges** und sowohl zum Täterausschluss als auch zur Täterfeststellung geeignetes **Beweismittel** anerkannt (grundlegend BGHSt 37, 157; 38, 320; 54, 15; 56, 72; 58, 212; BGH NJW 2009, 1159; LG Berlin NJW 1989, 787; LG Darmstadt NJW 1989, 2338; LG Heilbronn NJW 1990, 784).

☝ Aus der praktischen **Verweigerung** der **aktiven Mitwirkung** des Beschuldigten bei einer Speichelprobe kann keine der Verurteilung dienende Beweisbedeutung abgeleitet werden (BGHSt 49, 56 [Stichwort: „reines Gewissen"]).

■ Die **Entnahme** von **Untersuchungsmaterial**, wie Blutproben, Haaren und Speichelproben, wurde auf **§ 81a gestützt** (BVerfG NJW 1996, 771; s.a. BVerfG NJW 1996, 3071 [zur Zulässigkeit der Entnahme einer Probe bei einem verhältnismäßig großen Kreis potenzieller Tatverdächtiger]; vgl. die Zusammenstellung des Streitstandes bei HK-*Lemke*, § 81e Rn 2).

■ Die gentechnische Untersuchung ist, soweit sie sich auf die persönlichkeitsneutralen Bereiche der DNA beschränkt, als zulässig angesehen (vgl. BGHSt 37, 157) und auch **verfassungsrechtlich** nicht beanstandet worden (BVerfG, a.a.O.; vgl. a. SK-StPO-*Rogall*, § 81a Rn 77 m.w.N.; zu den medizinischen Möglichkeiten *Anslinger/Rolf/Eisenmenger* DRiZ 2005, 166).

■ Ob § 81c Abs. 2 eine DNA-Analyse bei anderen Personen als dem Beschuldigten im Wege der sog. **genetischen Massenfahndung** oder als sog. Reihenuntersuchung erlaubte, war in der Vergangenheit in Rspr. und Lit. zunächst noch nicht endgültig entschieden. Das BVerfG hatte die Frage offengelassen (BVerfG NJW 1996, 1587; zur

1274

1275

D DNA-Untersuchung

DNA-Untersuchung bei Dritten s.a. SK-StPO-*Rogall*, a.a.O.; *Oberlies* StV 1990, 470; krit. hinsichtlich der Eingriffsnorm *Benfer* NStZ 1997, 397 in der Anm. zu BVerfG, a.a.O.). In der Lit. wurde das **Massenscreening** weitgehend für **zulässig** gehalten (*Meyer-Goßner/Schmitt*, § 81h Rn 1 m.w.N.; a.A. *Benfer* StV 1999, 402; *Satzger* JZ 2001, 639; *Volk* NStZ 2002, 563; *Graalmann-Scheerer* NStZ 2004, 297; teilweise abl. *Busch* NJW 2002, 1335).

✍ Die Streitfrage ist 2005 vom Gesetzgeber mit § **81h** dahin entschieden, dass das Massenscreening als **zulässig** angesehen wird (zur [Neu-]Regelung *Senge* NJW 2005, 3032; s.a. *Graalmann-Scheerer* NStZ 2004, 297 ff.; *Burhoff*, EV, Rn 1318 ff.; aus der verfassungsrechtlichen Rspr. BVerfG NJW 2001, 2320; StV 2003, 1).

1276 4. Gesetzlich ist die **Zulässigkeit** der DNA-Untersuchung bei einem einzelnen Beschuldigten/Angeklagten/Betroffenen in § **81e geregelt** (wegen der Einzelh. s. *Burhoff*, EV, Rn 1304 ff.). Dazu folgender **Überblick**:

1277 a) Nach § 81e Abs. 1 S. 1 und 2 dürfen sog. DNA-Untersuchungen – sowohl beim Beschuldigten als auch bei Dritten – nur durchgeführt werden, soweit sie zur Feststellung der Abstammung oder der Tatsache, ob das aufgefundene **Spurenmaterial** von dem **Beschuldigten** oder dem Verletzten **stammt, erforderlich** sind (s.a. u. Rdn 1279). Darüber hinausgehende Feststellungen sind nach § 81e Abs. 1 S. 3 nicht erlaubt, wohl auch nicht, wenn der Beschuldigte zustimmt (*Nack* StraFo 1998, 369; a.A. *Meyer-Goßner/Schmitt*, § 81e Rn 4). Das Merkmal der Erforderlichkeit wird i.Ü. nicht dadurch ausgeschlossen, dass dieselben Feststellungen demnächst auch mit anderen Beweismitteln erzielt werden können. § 81e Abs. 1 enthält **keine Subsidiaritätsklausel** (SK-StPO-*Rogall*, § 81a Rn 77). Erforderlich ist die Feststellung bestimmter Tatsachen in einem anhängigen strafverfahrensrechtlichen EV (LG Mainz NStZ 2001, 499).

✍ Damit sind Untersuchungen zur Feststellung psychischer, charakterbezogener und krankheitsbezogener **Persönlichkeitsmerkmale unzulässig** (BT-Drucks 13/667, S. 6). Sofern anlässlich der Untersuchung unvermeidbar Informationen aus diesen Bereichen anfallen, dürfen von dem untersuchenden SV keine Feststellungen getroffen oder in das Verfahren eingeführt werden. Insoweit besteht ein umfassendes **BVV**. Zulässig ist nach § 81e Abs. 1 S. 2 die Untersuchung, ob die Spur von einem Mann oder einer Frau stammt, nicht hingegen, welcher Rasse der Spurenleger angehört (*Graalmann-Scheerer* ZRP 2002, 73; *Meyer-Goßner/Schmitt*, a.a.O.; SK-StPO-*Rogall*, § 81e Rn 9).

1278 b) Eine besondere **Einsatzschwelle**, wie z.B. hinreichenden oder dringenden Tatverdacht, setzt die Vorschrift **nicht** voraus. Darauf ist verzichtet worden, um – insbesondere auch in einem frühen Stadium des EV – einen Beschuldigten als Täter sicher ausschließen zu können (BT-Drucks 13/667, S. 8; *Senge* NJW 1997, 2411; KK-*Senge*, § 81e Rn 3). Spätestens mit der Anordnung der Entnahme muss jedoch ein EV eingeleitet werden (können) (LG Mainz NStZ 2001, 499; s.a. LG Regensburg StraFo 2003, 127). Es ist jedoch der allgemeine **Verhältnismäßigkeitsgrundsatz** zu beachten (vgl. dazu LG Aurich StRR 2012, 427 zur Feststellung der HIV-Identifizierung eines Beschuldigten).

c) Folgendes **Material** kann untersucht werden: 1279

- Es kann sich um vom **Beschuldigten** stammendes Material, wie z.B. eine Blutprobe, Sperma usw., handeln. Die **Entnahme** des erforderlichen **Untersuchungsmaterials** kann – wie auch schon bisher (BVerfG NJW 1996, 771) – auf § 81a gestützt werden. Wegen der allgemeinen Einzelh. zu § 81a *Burhoff*, EV, Rn 1308.

- Das Material kann nach § 81e Abs. 1 S. 2 auch von **Dritten** stammen. Hinsichtlich dieser verweist die Vorschrift allgemein auf § 81c. Damit ist klargestellt, dass die dem Schutz des Betroffenen dienenden Regelungen in § 81c Abs. 3, 4 und 6 bei der Entnahme des Materials anzuwenden sind (SK-StPO-*Rogall*, § 81e Rn 8; s.a. LG Frankenthal NStZ-RR 2000, 146).

> Ein betroffener Dritter ist also ggf. über ein **Weigerungsrecht zu belehren.** Ggf. können sich aus der Verletzung der insoweit bestehenden Pflichten **BVV** ergeben. Insoweit gelten die Ausführungen bei → *Glaubwürdigkeitsgutachten*, Rdn 1646 und *Burhoff*, EV, Rn 1331 ff., entsprechend.

- Untersucht werden kann nach § 81e Abs. 2 **aufgefundenes**, sichergestelltes und beschlagnahmtes **Spurenmaterial** in dem in § 81e Abs. 1 S. 1 festgelegten Umfang (s. dazu o. Rdn 1276), es muss allerdings die begründete Erwartung bestehen, dass auf sichergestellten Spurenträgern Vergleichsmaterial festgestellt werden kann (LG Offenburg StV 2003, 153; weiter LG Ravensburg NStZ-RR 2010, 18, wonach eine vorherige Auswertung des aufgefundenen Spurenträgers nicht erforderlich ist, sondern ausreichend ist die nach Lage der Dinge sachlich begründete Erwartung, die Untersuchung werde zum Auffinden geeigneten Vergleichsmaterials führen).

> **Alle Materialien** unterliegen der in § 81a Abs. 3 Hs. 1 enthaltenen **Zweckbindung**. Eine allgemeine „Ausforschungsuntersuchung" ist also nicht erlaubt. Nicht ausgeschlossen ist es jedoch, dem Beschuldigten/Angeklagten entnommenes Material auf die Vergleichbarkeit mit Spurenmaterial aus einem anderen anhängigen Verfahren zu untersuchen (wegen der Einzelh. *Burhoff*, EV, Rn 1308, 2468).

D DNA-Untersuchung

5. Hinweise für den Verteidiger!

1280 **a)** Hat der Verteidiger sich nach Rücksprache mit dem Angeklagten zur **Antragstellung** (noch in der HV) entschlossen, muss er Folgendes **beachten**:

- Im Antrag (s. das Antragsmuster u. Rdn 1286) sollte er darauf **hinweisen**, dass nach der Rspr. des BGH dem **Beweisantrag** auf Durchführung einer DNA-Untersuchung zum Beweis dafür, dass der Beschuldigte nicht der Täter sein könne, i.d.R. **stattzugeben** sein wird (BGH NJW 1990, 2328), weil (schon) die **Aufklärungspflicht** beim Vorhandensein von Spurenmaterial die DNA-Untersuchung gebietet (BGH NStZ 1991, 399). Es kann i.Ü. daher allein aus der Antragstellung nicht der Schluss gezogen werden, das Verfahren solle verschleppt werden (BGH NJW 1990, 2328). Soll der Beweisantrag wegen Bedeutungslosigkeit abgelehnt werden, gelten die allgemeinen Regeln. Das Gericht muss also i.d.R. die bis dahin durch die Beweisaufnahme gewonnenen Indiztatsachen würdigen sowie konkrete Erwägungen, aus denen sich ergibt, warum das Gericht aus den behaupteten Tatsachen keine entscheidungserheblichen Schlussfolgerungen ziehen würde, darlegen (BGH StV 2014, 586 m.w.N.).
- Es muss **nicht unbedingt** ein **DNA-Sachverständiger benannt** werden, vielmehr kann die Benennung eines Blutgruppensachverständigen ausreichend sein. Denn dieser ist in gleichem Maße kompetent, wenn es darum geht, eine Person als Verursacher von Blutspuren auszuschließen (BGHSt 39, 49).
- **Verweigert** der **SV**, der sein Gutachten aufgrund des anonymisierten Materials erstattet hat und demgemäß nicht weiß, wen das Gutachten betrifft, erst vor oder in der HV gem. §§ 76, 52 die Gutachtenerstattung in der HV, kommt eine **Verlesung** seines Gutachtens gem. § 256 **nicht** in Betracht. Die diesem Gutachten zugrunde liegenden Untersuchungsergebnisse können jedoch Grundlage des Gutachtens eines anderen SV sein, welches dann ggf. in der HV verlesen werden kann (so wohl zutr. *Cramer* NStZ 1998, 500; → *Verlesung von Behördengutachten*, Rdn 2956).

Im Fall einer Verurteilung muss der Verteidiger später darauf achten, ob die Ausführungen des Tatgerichts in der **Beweiswürdigung** des Urteils den Anforderungen der BGH-Rspr. genügen (vgl. u.a. BGHSt 58, 212 m. Anm. *Malek* StV 2014, 588 und *Artkämper* StRR 2014, 342; BGH NStZ 2013, 177; StV 2014, 587).

1281 **b)** Das bei der Anordnung einer DNA-Untersuchung nach § 81e einzuhaltende **Verfahren** regelt § 81f (vgl. dazu *Senge* NJW 2005, 3028; *Burhoff*, EV, Rn 1310 ff.).

- Für die **Anordnung** der Untersuchung ist – im Stadium der HV – grds. **ausschließlich** das (erkennende) **Gericht** zuständig (Richtervorbehalt in § 81f Abs. 1 S. 1). Nach der Neuregelung der Vorschrift zum 1.11.2005 ist allerdings der Richtervorbehalt für das aus einer Tatspur gewonnene Material entfallen (LG Potsdam NJW 2006, 1224). Bei

"**Gefahr** im **Verzug**" ist auch die StA und eine ihrer Ermittlungspersonen (vgl. dazu *Burhoff*, EV, Rn 1954) zur Anordnung der Maßnahme berechtigt. In der HV werden allerdings i.d.R. nicht mehr die Voraussetzungen für die Annahme von "Gefahr im Verzug" vorliegen (vgl. zu diesem Begriff *Burhoff*, EV, Rn 1416 m.w.N.). D.h., dass i.d.R. auch die Entnahme des Materials vom Gericht angeordnet werden wird.

> Der **Richtervorbehalt entfällt** nach § 81f Abs. 1 S. 1, wenn der Beschuldigte in die molekulargenetische **Untersuchung schriftlich einwilligt**. Das ist jetzt ausdrücklich geregelt, sodass der zum früheren Recht bestehende Streit damit erledigt ist (vgl. dazu KK-*Senge*, § 81f Rn 1; *Krehl/Kolz* StV 2004, 455). Erforderlich ist aber eine Aufklärung des Betroffenen in Form einer "**qualifizierten Belehrung**" (BT-Drucks 15/5674, S. 14; *Senge* NJW 2005, 3029; vgl. dazu eingehend *Burhoff*, EV, Rn 1312 und *Bergemann/Hornung* StV 2007, 164, 166).

- Nach § 81f Abs. 1 S. 2 hat die Anordnung der Untersuchung durch den Richter schriftlich zu erfolgen, also i.d.R. durch **Beschluss** in der für die HV erforderlichen Besetzung, also ggf. mit Schöffen (s.a. *Meyer-Goßner/Schmitt*, § 81a Rn 25 f. [für Anordnung nach § 81a]; LG Potsdam NJW 2006, 1224). Im Beschluss müssen zumindest knapp Anlass und Zweck der Maßnahmen dargelegt (LG Ravensburg NStZ-RR 2010, 18) sowie der mit der Untersuchung zu beauftragende **SV bestimmt** werden (wegen der Einzelh. s. § 81f Abs. 2 S. 1 und dazu *Burhoff*, EV, Rn 1315; zur Frage, ob der Richter auch für die Auswahl des SV zuständig ist, s. abl. *Senge* NJW 1997, 2411 Fn 47; KK-*Senge*, § 81f Rn 3; bej. SK-StPO-*Rogall*, § 81f Rn 3). **Nicht** erforderlich ist die Bestimmung der **Untersuchungsmethode**. Aus § 81e Abs. 1 S. 3 und dem verfassungsrechtlichen Verhältnismäßigkeitsprinzip folgt aber, dass nur solche Methoden angewendet werden dürfen, bei denen keine persönlichkeitsrelevanten "Überschussinformationen" anfallen.

> Dem SV ist nach § 81f Abs. 2 S. 3 das Untersuchungsmaterial ohne Mitteilung des Namens, der Anschrift und des Geburtstages und -monats des Betroffenen, also in weitgehend **anonymisierter Form**, zu übergeben (s.a. o. Rdn 1280 a.E.). Auf einen Verstoß gegen das Gebot der Anonymisierung kann die **Revision nicht** gestützt werden (BGH NStZ 1999, 209 [Ls.]).

- Die **Ausführung** der für die Untersuchung erforderlichen Maßnahmen obliegt der **StA** (vgl. *Meyer-Goßner/Schmitt*, § 81a Rn 28), die den Beschuldigten z.B. zur Blutentnahme lädt. Bei der Entnahme der für die DNA-Untersuchung erforderlichen Vergleichsblutprobe kann, wenn der Angeklagte nicht freiwillig zur Entnahme bereit ist, ggf. auch **Zwang** angewendet werden (wegen der Einzelh. *Burhoff*, EV, Rn 2466, 2472).

1282
c) Fraglich ist, ob der Verteidiger/**Angeklagte** eine in der HV gegen seinen Willen angeordnete DNA-**Untersuchung** (mit Blutentnahme) mit einem **Rechtsmittel** anfechten

kann. Grds. ist gegen eine nach § 81a angeordnete Maßnahme die → *Beschwerde*, Rdn 770, nach § 304 zulässig, der jedoch, da es sich um eine Maßnahme des erkennenden Gerichts handelt, § 305 S. 1 entgegenstehen könnte. Da die (Untersuchungs-/Entnahme-)Maßnahme insbesondere wegen des Eingriffs in den genetischen Code aber einem der in § 305 S. 2 genannten Zwangseingriffe vergleichbar sein dürfte, wird man ausnahmsweise die → *Beschwerde*, Rdn 770, als zulässig ansehen können (s.a. *Meyer-Goßner/Schmitt*, § 81f Rn 8; KK-*Senge*, § 81f Rn 6; SK-StPO-*Rogall*, § 81f Rn 16).

> 📎 Die **Weigerung**, sich Blut entnehmen zu lassen, und die Einlegung der Beschwerde mit der Begründung, die Maßnahme sei ungerechtfertigt, darf **nicht** als ein den **Tatverdacht** gegen den Betroffenen begründendes oder bestärkendes **Indiz** gewertet werden (BVerfG NJW 1996, 1587). Des Weiteren darf der Umstand, dass eine zu einem Speicheltest geladene Person in Begleitung eines Rechtsanwalts erscheint, in einem späteren Strafverfahren nicht gegen ihn als belastendes Indiz verwendet werden (BGHSt 45, 367). Darauf muss der Verteidiger ggf. im **Plädoyer hinweisen.**

1283 Richtet sich die Maßnahme gegen einen **Dritten, kann** dieser die Anordnung der DNA-Untersuchung auf jeden Fall **anfechten.** § 305 steht dann schon nach S. 2 der Vorschrift nicht entgegen. Auch die StA kann gegen die Ablehnung der von ihr beantragten Untersuchung Beschwerde einlegen (*Meyer-Goßner/Schmitt*, § 81f Rn 8; KK-*Senge*, § 81f Rn 6).

d) Aus der o.a. gesetzlichen Regelung sind ggf. **BVV** abzuleiten und vom Verteidiger ggf. geltend zu machen (vgl. a. *Graalmann-Scheerer*, S. 153 ff.). Insoweit gilt:

1284 **Unverwertbare Ergebnisse:**

- **Unverwertbar** sind die Untersuchungsergebnisse, die unter **Überschreitung** des nach § 81e Abs. 1 S. 1, 2 zulässigen **Zwecks** (s.o. Rdn 1276) erlangt worden sind. § 81e Abs. 1 S. 3 verbietet ausdrücklich Feststellungen über andere als die in Abs. 1 S. 1 bezeichneten Tatsachen (s.a. BT-Drucks 13/667, S. 7; *Meyer-Goßner/Schmitt*, § 81f Rn 9; SK-StPO-*Rogall*, § 81e Rn 17; a.A. KK-*Senge*, § 81f Rn 7 m.w.N. [Einzelfallprüfung]), also z.B. zu Persönlichkeitsmerkmalen.
- Entsprechendes gilt für eine Verletzung der **Zweckbindung** in § 81e Abs. 1 S. 1 Hs. 3 (*Meyer-Goßner/Schmitt*, § 81e Rn 4; s.o. Rdn 1279).
- Ggf. können BVV bei der Verwertung eines sog. **Beinahetreffers** im Rahmen einer DNA-Reihenuntersuchung gem. § 81h bestehen (BGHSt 58, 212). Bei „Beinahetreffern" handelt es sich um Treffer, aus denen folgt, dass der Geber/die Person, von er DNA untersucht worden ist, mit dem Spurenleger/dem Verursacher der Tatort-DNA-Spur verwandt ist. Solche „Treffer" verstoßen nach der Rspr. des BGH (BGH, a.a.O. m. Anm. *Hunsmann* StRR 2013, 142) zwar nicht gegen ein Unter-

suchungsverbot, sie dürfen jedoch wegen der eindeutigen Zweckbestimmung des § 81h Abs. 1 sowie des sich aus § 81h Abs. 3 i.V.m. § 81g Abs. 2 S. 2 ergebenden Verbots, überschießende Feststellungen zu treffen, nicht verwertet werden; auf sie können/dürfen also z.B. keine „weiterführenden" Beschlüsse nach § 81a gestützt werden (BGH, a.a.O.; eingehend *Brocke* StraFo 2011, 298; *Busch* NJW 2013, 1771; *Rogall* JZ 2013, 874; *Swoboda* StV 2013, 461; *Meyer-Goßner/Schmitt*, § 81h Rn 13a m.w.N.; zum BVV s. auch *Burhoff*, EV, Rn 1326, und BVerfG, Beschl. v. 13.5.2015 – 2 BvR 616/13). Der BGH (a.a.O.) hat im konkreten Fall allerdings die Annahme eines BVV wegen der bis zu der BGH-Entscheidung ungeklärten Rechtslage verneint (vgl. dazu BVerfG, Beschl. v. 13.5.2015 – 2 BvR 616/13 [Verfassungsbeschwerde wohl unbegründet]). Auf das BVV kann sich der Beschuldigte berufen, wenn seine Verwandten nicht nach Belehrung in die Nutzung ihrer persönlichen Daten eingewilligt haben (BGH, a.a.O.).

- Als **unverwertbar** sind in der Vergangenheit solche Untersuchungen angesehen worden, die entgegen dem – früheren ausschließlichen – Richtervorbehalt in § 81f Abs. 1 S. 1 a.F. **nicht vom Richter angeordnet** worden sind (*Meyer-Goßner/Schmitt*, § 81f Rn 9). Nachdem nunmehr der StA und ihren Ermittlungspersonen eine Eilzuständigkeit eingeräumt worden ist (vgl. § 81f Abs. 1 S. 1), wird man die Rspr. zur Durchsuchung entsprechend heranziehen können/müssen. Danach wird ein BVV auf jeden Fall bestehen, wenn die Anordnung der Untersuchung durch die StA bzw. ihren Ermittlungspersonen willkürlich war bzw. bei schwerwiegenden Fehlern (wegen der Einzelh. *Burhoff*, EV, Rn 1461; s.a. *Meyer-Goßner/Schmitt*, a.a.O., der bei einer ohne Anordnung des Richter durchgeführten Untersuchung wohl immer von der Unverwertbarkeit ausgeht).
- Ein **BVV** wird man außerdem annehmen müssen, wenn eine **wirksame schriftliche Einwilligung** des Betroffenen nicht vorliegt, denn nur dann entfällt außerhalb des Eilfalls der Richtervorbehalt (§ 81f Abs. 1). Entsprechendes wird für die nicht ordnungsgemäße **Belehrung** gelten (vgl. *Senge* NJW 2005, 3030 m.w.N.).

> ✍ Der Verteidiger sollte schon im Hinblick auf die Rspr. des BGH (vgl. u.a. BGHSt 38, 214) der Verwendung eines (unverwertbaren) DNA-Gutachtens vor der Einführung in die HV vorsorglich ausdrücklich **widersprechen** (→ *Widerspruchslösung*, Rdn 3433 ff.). Das gilt vor allem auch für die Verwendung von im EV durchgeführten Untersuchungen. Das gilt vor allem auch deshalb, weil der BGH (jetzt) in seinem Beschl. v. 15.10.2009 (NStZ 2010, 157) „jedenfalls" bei einem in einem anderen Verfahren freiwillig nach Belehrung, aber ohne schriftliche Einwilligung mit der Entnahme seines Speichels erklärten Einverständnis, ausdrücklich einen **Widerspruch** des Angeklagten im Hinblick auf die weitere rechtliche Klärung der Verwertbarkeit seiner DNA verlangt hat.

| D | Durchsuchung des Verteidigers |

1285 Verwertbare Ergebnisse:

- **Verwertbar** sind hingegen die Ergebnisse einer ohne richterliche Anordnung vorgenommenen Untersuchung beim **Verletzten** oder bei **Dritten**, da die Verfahrensvorschriften ausschließlich deren Schutz gelten (*Graalmann-Scheerer* Krim 2000, 332; *Meyer-Goßner/Schmitt*, § 81f Rn 9). Entsprechendes gilt, wenn bei einem Massenscreening nicht alle Voraussetzungen beachtet worden sind (zum Massenscreening a. *Kretschmer* HRRS 2012, 185).

1286 **6. Muster: Antrag auf DNA-Untersuchung**

▼

An das

Amtsgericht/Landgericht Musterstadt

In dem Strafverfahren

gegen H. Mustermann

Az.:

wegen des Verdachts der Vergewaltigung

wird beantragt,

zum Beweis der Tatsache, dass die im Slip der Geschädigten festgestellten Spermaspuren nicht vom Angeklagten stammen,

die Einholung des Gutachtens eines Sachverständigen über den Vergleich nicht codierender DNA-Bestandteile.

Rechtsanwalt

▲

1287 Durchsuchung des Verteidigers

1288 Literaturhinweise: **Burkhard**, Durchsicht und Beschlagnahme von Handakten, PStR 2001, 158; **Hillenbrand**, Die Durchsuchung des Verteidigers gem. § 176 GVG, StRR 2013, 244; **Krekeler**, Durchsuchung des Verteidigers beim Betreten des Gerichtsgebäudes, NJW 1979, 185; **Zuck**, Anwaltsberuf und Bundesverfassungsgericht, NJW 1979, 1121; s.a. die Hinw. bei → *Beschlagnahme von Verteidigerakten*, Rdn 730.

1289 1. Während in den 70er Jahren die Frage, ob die körperliche Untersuchung des Verteidigers auf Waffen und gefährliche Werkzeuge vor dem Betreten des Sitzungssaales, in dem

Durchsuchung des Verteidigers **D**

die HV stattfinden soll, aufgrund einer sitzungspolizeilichen Maßnahme des Vorsitzenden des Gerichts zulässig ist, heftig diskutiert worden ist (Stichwort „Hosenladenerlass"; vgl. z.B. *Krekeler* NJW 1979, 185 ff.; *Zuck* NJW 1979, 1125), ist diese **Frage** dann einige Zeit kaum noch von praktischer Bedeutung gewesen. Sie kann aber, wie die Entscheidung des BVerfG v. 29.9.1997 (NJW 1998, 296), die in einem wegen Verstoßes gegen das BtM-Gesetz geführten Verfahren erging bzw. die vom 5.1.2006 (BVerfG NJW 2006, 1500) zeigen, immer **wieder Bedeutung** erlangen (vgl. auch noch OLG Hamm, Beschl. v. 24.11.2011 – III-3 Ws 370/11). Das beweisen z.B. die Vorgänge im Münchner NSU-Verfahren, in dem das OLG u.a. die Durchsuchung der Verteidiger vor Betreten des HV-Saals angeordnet hatte (vgl. dazu *Hillenbrand* StRR 2013, 244, 246 f.).

2.a) Die Frage nach der **Zulässigkeit** der Durchsuchung des Verteidigers hat das BVerfG in der Vergangenheit dahin gehend entschieden, dass die Durchsuchung zulässig ist, wenn der angeordnete Eingriff nicht außer Verhältnis zu dem gegebenen Anlass steht und der Verteidiger nicht unzumutbar belastet wird (BVerfG NJW 1978, 1048; eingehend *Hillenbrand* StRR 2013, 244 ff.). Grds. kann daher auch ein Verteidiger vor Betreten des Gerichtssaales **kontrolliert** und daraufhin **durchsucht** werden, ob er Waffen oder andere zur Störung geeignete Dinge bei sich führt (BVerfG, a.a.O.; BGH NJW 1979, 770; 2006, 1500; *Kissel/Mayer*, § 176 GVG Rn 18; *Meyer-Goßner/Schmitt*, § 176 GVG Rn 5; allgemein zur Durchsuchung *Burhoff*, EV, Rn 1360 ff.). Dabei dürfen auch Taschen durchgesehen werden und die Durchsuchung kann sich ebenfalls auf die Schuhe erstrecken (BVerfG, a.a.O.; zur Ungleichbehandlung von Verteidigern und anderen Verfahrensbeteiligten, wie z.B. Vertretern der StA, Justizbedienstete und Polizeibeamte s. *Hillenbrand* StRR 2013, 244, 248).

1290

Das **Durchblättern** mitgebrachter **Akten** ist zulässig, nicht jedoch die Kenntnisnahme vom Inhalt (*Burkhard* PStR 2001, 158).

b) Das BVerfG hat allerdings in seinem o.a. Beschl. v. 29.9.1997 (NJW 1998, 296) – insoweit **abweichend** von seiner bis dahin gültigen Rspr. – darauf hingewiesen, dass es vor dem Hintergrund des Art. 12 Abs. 1 GG **zweifelhaft** sein könne, wenn eine sitzungspolizeiliche Anordnung des Vorsitzenden, nach der der Verteidiger vor dem Betreten des Gerichtssaales zu durchsuchen ist, sich nur darauf stützt, dass sich **andere Verteidiger** in ähnlichen Verfahren **unkorrekt** verhalten hätten.

1291

Zudem ist es nach Auffassung des BVerfG erforderlich, dass sich eine sitzungspolizeiliche Anordnung, wenn sie im Hinblick auf Art. 12 GG Bestand haben soll, auf **konkrete Anhaltspunkte** stützen muss, um ein Misstrauen gegenüber dem Verteidiger begründen zu können (insoweit krit. zur konkreten Entscheidung *Hübel* StV 1998, 243 in der Anm. zu BVerfG NJW 1998, 296; so a. BVerfG NJW 2006, 1500 [nicht zu beanstandende Annahme des Vorsitzenden, auf den Verteidiger könne Druck ausgeübt werden, bei einer Befreiung des Mandanten mitzuwirken]; zu allem *Hillebrand* StRR 2013, 244, 245 f.). Damit hat sich

1292

573

das BVerfG ein Stück von seiner älteren Rspr. entfernt, nach der es allgemein als zulässig angesehen wurde, wenn Verteidiger durchsucht werden. Dass durch die entsprechenden Anordnungen des Vorsitzenden auch Verteidiger betroffen wurden, die keinen Anlass für die Annahme gegeben hatten, sie würden die Ordnung in der Sitzung stören, war unerheblich und musste nach der älteren Rspr. im Interesse der Sicherheit in Kauf genommen werden (BVerfG NJW 1977, 2157). Das OLG München (vgl. *Hillenbrand* StRR 2013, 244 ff.) hat die Anordnung u.a. auch auf Schutzerwägungen zugunsten der Verteidiger gestützt (krit. insoweit *Hillenbrand*, a.a.O.).

Die angeordnete **Kontrollmaßnahme** muss zudem, so auch schon die frühere Rspr., hinreichend präzisiert und in ihrer Intensität **sachgerecht abgestuft** sein (vgl. das Beispiel bei BVerfG NJW 1978, 1048 [zunächst Abtasten der Kleidung, auch mithilfe eines Metalldetektors, darüber hinausgehende Durchsuchungsmaßnahmen nur, wenn das Suchgerät anspricht und auch nur derjenigen Kleidungsstücke, von denen die Reaktion ausgeht]; NJW 2006, 1500; dazu auch *Hillenbrand* StRR 2013, 244, 249 f.).

1293 3. Bei den (Durchsuchungs-)Anordnungen handelt es sich um Maßnahmen der → *Sitzungspolizei*, Rdn 2527; wegen der **Rechtsmittel** gelten die dort unter Rdn 2543 gemachten Ausführungen. Danach ist die Anordnung der Durchsuchung wegen § 305 S. 2 **nicht** mit der → *Beschwerde*, Rdn 770, nach § 304 anfechtbar (OLG Hamm, Beschl. v. 24.11.2011 – III-3 Ws 370/11).

Ggf. kommt die **Verfassungsbeschwerde** in Betracht (zur Verfassungsbeschwerde Burhoff/Kotz/*Geipel*, RM, Teil C Rn 925 ff.

Siehe auch: → *Sitzungspolizei*, Rdn 2527.

E

Einlassregelungen für die Hauptverhandlung 1294

Literaturhinweise: s. die Hinw. bei → *Ausschluss der Öffentlichkeit*, Rdn 420. **1295**

1. Bei zu erwartendem größeren Publikumsandrang kann der Vorsitzende des Gerichts anordnen, dass **Einlasskarten** ausgegeben und nur Personen mit einer Einlasskarte der Zutritt zum Sitzungssaal gestattet wird (zur Zulässigkeit der Vergabe von Sitzplätzen an Vertreter von ausländischen Medien in einem Verfahren mit weitragender Bedeutung [NSU-Verfahren], BVerfG NJW 2013, 1293 m. Anm. *Burhoff* StRR 2013, 181 u. *Kühne* StV 2013, 417; zur Poollösung EGMR NJW 2013, 521 und auch BVerfG NJW 2014, 3013 m. Anm. *Arnoldi* StRR 2014, 385 u. *Artkämper* StRR 2015, 21; vgl. a. *Hassemer* ZRP 2013, 149). Zulässig ist auch die Anordnung, dass **Besucher** sich **ausweisen** müssen, wenn die Sicherheit im Gerichtsgebäude nicht ohne Weiteres gewährleistet ist und mit einer Störung der HV gerechnet werden muss (BGHSt 27, 13, 16; Kissel/*Mayer*, § 169 GVG Rn 39 m.w.N.; § 176 Rn 16). Es kann des Weiteren die **Registrierung** der Besucher angeordnet werden. Möglich ist es auch, dass die Personalausweise während der Dauer der HV oder solange sich die Besucher im Zuhörerraum aufhalten, einbehalten werden (wegen der Einzelh. Kissel/*Mayer*, § 176 GVG Rn 40 m.w.N.; *Lesch* StraFo 2014, 353 ff.). Dadurch wird der Grundsatz der Öffentlichkeit nicht verletzt (*Kissel/Mayer*, § 176 GVG Rn 24 ff.; → *Ausschluss der Öffentlichkeit*, Rdn 419). Es verstößt zudem auch nicht gegen § 169 GVG, wenn ein Gerichtspräsident aufgrund seines Hausrechts aus verständlichen Gründen Zugangsmodalitäten für das Gerichtsgebäude festlegt, deren Befolgung ohne weiteres möglich und zumutbar ist und die nicht zu einem tatsächlichen Zugangshindernis für das Publikum insgesamt oder für einzelne Personen(gruppen) führen (BVerfG NJW 2012, 1863 m. Anm. *Schmidt* StRR 2012, 376 für das Untersagen von „Motorradkutten"). Schließlich kann nach § 175 Abs. 1 GVG **unerwachsenen Personen** – was den pauschalen Ausschluss von Personen unter 16 Jahren rechtfertigt – und solchen, die in einer der Würde des Gerichts nicht entsprechenden Weise erscheinen, der Zutritt versagt werden (vgl. dazu BGH NStZ 2006, 652).

*Die Entscheidung über die Zugänglichkeit zu Gerichtsverhandlungen, die Reservierung einer bestimmten Anzahl von Plätzen für Medienberichterstatter und auch die Verteilung knapper Sitzplätze an dieselben obliegt grds. der **Prozessleitung** des **Vorsitzenden** (BVerfG NJW 2013, 1293; → Verhandlungsleitung, Rdn 2889).*

2. Der Vorsitzende kann darüber hinaus anordnen, dass nur solche Personen in den Sitzungssaal eingelassen werden, die mit einer **Kontrolle** und **Durchsuchung** auf Waffen und/oder anderer zur Störung geeigneter Sachen, wie z.B. Transparente, Geräte zur Lärmerzeugung **1297**

> **E** Einstellung des Verfahrens, Allgemeines

usw., **einverstanden** sind (BVerfG NJW 1978, 1048; OLG Koblenz NJW 1975, 1333). Solche Durchsuchungsanordnungen können grds. hinsichtlich aller Verfahrensbeteiligten ergehen (Kissel/*Mayer*, § 176 GVG Rn 18; wegen der Besonderheiten beim Verteidiger → *Durchsuchung des Verteidigers*, Rdn 1287; s.a. BVerfG NJW 2006, 1500). Werden zur Störung geeignete Gegenstände gefunden, kann der Vorsitzende die betreffende Person wegen der erkennbaren Störungsabsicht **zurückweisen** oder die Sachen **sicherstellen** lassen.

> Hat das Gericht durch Anordnung der vorherigen Durchsuchung von Zuhörern selbst bewirkt, dass sich deren Zutritt zum Sitzungssaal verzögert, darf es mit der **Verhandlung erst beginnen**, wenn den rechtzeitig erschienenen Personen der **Zutritt gewährt** worden ist. Anderenfalls ist der Grundsatz der Öffentlichkeit verletzt (BGH NJW 1995, 3196). Der Eintritt von Personen, die erst nach dem für den HV-Beginn ursprünglich festgesetzten Zeitpunkt erscheinen, braucht hingegen nicht abgewartet zu werden (BGHSt 28, 341).
>
> Der Grundsatz der Öffentlichkeit ist i.Ü. auch nicht verletzt, wenn nach einer **Unterbrechung** der HV der Zutritt beliebigen Zuhörern offensteht, die zulässig angeordneten Kontrollmaßnahmen aber dazu führen, dass bei Fortsetzung der HV noch nicht alle Interessenten Einlass gefunden haben (BGHSt 28, 258; s.a. BGH NStZ-RR 2001, 267 [Be]). Das Publikum hat die Möglichkeit, im Saal zu bleiben (Kissel/*Mayer*, § 169 Rn 44).

1298 3. Im Interesse des ungestörten Ablaufs der HV ist es **zulässig**, dass zur Vermeidung von Störungen bei einzelnen – sachlich und zeitlich begrenzten wichtigen – Verfahrensakten kurzfristig und **vorübergehend** der **Eintritt** von Zuhörern in den Sitzungssaal **unterbrochen** wird, z.B. während einer Eidesleistung, während der Vernehmung eines Zeugen in einer kritischen Phase oder während der → *Urteilsverkündung*, Rdn 2761 (BGHSt 24, 72 ff.). Dadurch wird der Grundsatz der Öffentlichkeit nicht verletzt (→ *Ausschluss der Öffentlichkeit*, Rdn 419).

4. Bei den o.a. Maßnahmen handelt es sich i.d.R. um Maßnahmen der → *Sitzungspolizei*, Rdn 2527. Es gelten also wegen der **Rechtsmittel** grds. die dort unter Rdn 2543 gemachten Ausführungen.

Siehe auch: → *Ausschluss der Öffentlichkeit*, Rdn 419 m.w.N.

1299 Einstellung des Verfahrens, Allgemeines

1300 Literaturhinweise: **Bloy**, Zur Systematik der Einstellungsgründe im Strafverfahren, GA 1980, 161; **Bornheim**, Strategien zur Verfahrenseinstellung, PStR 2000, 32; **Burhoff**, Einstellung des Verfahrens: Voraussetzungen, Vor- und Nachteile, PStR 2002, 19; **Dahs**, Zur Verteidigung im Ermittlungsverfahren, NJW 1985, 1113; **Demko**, Zur Unschuldsvermutung nach Art. 6 Abs. 2 EMRK bei Einstellung des Strafverfahrens und damit verknüpften Nebenfolgen, HRRS 2007, 286; **Gillmeister**, Die Erledigung des Strafverfahrens außerhalb der Hauptverhandlung, StraFo 1994, 39; *ders.*, Einstellungen im Strafverfahren, StrafPrax, § 6; **Groß**, Gegen den Mißbrauch strafrechtlicher Ermittlungen zur Vorbereitung eines Zivilverfahrens – Abgebrochene gesetzgeberische Vorüberlegungen, GA 1996, 151; **R. Hamm**, Mißbrauch des Strafrechts, NJW 1996, 298; **Hütt**, Die Einstellung von Steuerstrafverfahren – Handlungsempfehlungen für die endgültige Verfahrensbeendigung, AO-StB 2004, 448; **Jung**, Praxiswissen Strafverteidigung von Ausländern, 2009; **Kaiser**, Möglichkeiten der Bekämpfung von Bagatellkriminalität in der Bundesrepublik Deutschland, ZStW 1978, 877 (Band 90); **Kieswetter**, Die Verteidigung mit dem Ziel der Erledigung ohne Hauptverhandlung, Band 5 der Schriftenreihe der ARGE Strafrecht des DAV, 1988, S. 101; **Kühne**, Wer mißbraucht den Strafprozeß?, StV 1996, 684; **Leuze/Ullrich**, Die Auswirkungen des Strafverfahrens auf das Disziplinarverfahren, DÖD 2009, 209 = KammerReport Hamm 2010, 18; **Meyer-Goßner**, Verurteilung und Freispruch versus Einstellung, in: Festschrift für *Peter Rieß*, 2002, S. 331; **Murmann**, Über den Zweck des Strafprozesses, GA 2004, 65; **Rettenmaier**, Außerstrafrechtliche Folgen der Verfahrenseinstellung nach Erfüllung Weisungen, NJW 2013, 123; **Roggan**, Die nachträgliche Bejahung des (besonderen) öffentlichen Interesses als Rechtsmissbrauch, StraFo 2013, 231; **Rückel**, Verteidigungstaktik bei Verständigungen und Vereinbarungen im Strafverfahren, NStZ 1987, 297; **Schmidt-Bendun**, Grenzen für die zulässige Übernahme von Geldauflagen für Vorstandsmitglieder durch eine AG, DB 2014, 2756; **Schott**, Übernahme von Verteidigungskosten und Geldauflage durch das Unternehmen, PStR 2013, 217; **Stuckenberg**, Strafschärfende Verwertung früherer Einstellungen und Freisprüche – doch ein Verstoß gegen die Unschuldsvermutung?, StV 2007, 655; **Thode**, Die Einstellungsbeschwerde im Strafverfahren, DRiZ 2007, 57; **Tsambikakis/Wallau**, Verfahrensbeendigung ohne öffentliche Hauptverhandlung, PStR 2008, 158; **von Dalwigk**, Erstattung von Verteidigungskosten, Bußgeldern, Geldauflagen und Geldstrafen, in: MAH, § 42; s.a. die Hinw. bei den u.a. Stichwörtern.

1. Hinweis für den Verteidiger   1301

Ist es dem Verteidiger nicht gelungen, bereits im EV eine Einstellung des Verfahrens zu erreichen (vgl. dazu *Dahs*; *Gillmeister*; *Kieswetter*, jew. a.a.O.), muss/kann er auch noch in der HV versuchen, dieses Ziel zu erreichen. Es ist allerdings nicht zu verkennen, dass die Neigung der Gerichte, in der HV ein Verfahren (noch) einzustellen, i.d.R. nicht groß ist. Der (erfahrene) Verteidiger wird deshalb auf eine **Einstellung schon** im **EV drängen** (vgl. dazu eingehend a. *Burhoff*, EV, Rn 1678 ff. [insbesondere zu den allgemeinen Vor- und Nachteilen einer Einstellung bei Rn 1297 m.w.N.] sowie *ders.* PStR 2002, 19; *Tsambikakis/Wallau* PStR 2008, 158).

Da es sich bei einem **Einstellungsantrag** um einen den Verfahrensgang betreffenden Antrag handelt, kann das Gericht dem Verteidiger nach **§ 257a aufgeben**, diesen Antrag **schriftlich** zu stellen (→ *Schriftliche Antragstellung*, Rdn 2476).
Gespräche über eine (komplette) Verfahrenseinstellung gem. den §§ 153, 153a, 154 stellen i.Ü. keine Erörterungen i.S. des § 257c dar und unterliegen daher **nicht** der **Mitteilungspflicht** des § 243 Abs. 4 S. 1 (KG NStZ 2014. 294 m. Anm. *Krawczyk* StRR 2014, 224: → *Mitteilung über Erörterungen zur Verständigung*, Rdn 1866).

2. Die StPO sieht in den **§§ 153 ff.** verschiedene Möglichkeiten der Einstellung des Verfahrens vor. Davon sind für die HV die nach den §§ 153, 153a (→ *Einstellung des Verfahrens nach § 153 wegen Geringfügigkeit*, Rdn 1304; → *Einstellung des Verfahrens nach § 153a nach Erfüllung von Auflagen und Weisungen*, Rdn 1315) und die nach den   1302

| E | **Einstellung des Verfahrens nach § 153 wegen Geringfügigkeit** |

§§ 154, 154a (→ *Einstellung des Verfahrens nach § 154 bei Mehrfachtätern*, Rdn 1336; → *Einstellung des Verfahrens nach § 154a zur Beschränkung der Strafverfolgung*, Rdn 1351) von besonderer praktischer Bedeutung. Hinzuweisen ist auch auf die Möglichkeit der → *Einstellung des Verfahrens nach § 153b bei Absehen von Strafe*, Rdn 1331, insbesondere nach einem → *Täter-Opfer-Ausgleich*, Rdn 2586.

1303 3. Daneben gibt es u.a. **noch** die **Möglichkeit** der Einstellung

- nach § 153c für die Fälle der **Nichtverfolgung** von **Auslandstaten** (zur Auslagenentscheidung in diesen Fällen s. OLG Düsseldorf NStZ 1996, 245),
- nach § 153d für die Fälle der **Nichtverfolgung** von **politischen Straftaten**,
- nach § 153e für die Fälle der **tätigen Reue** bei **Staatsschutzdelikten**,
- nach § 154b für die Fälle der **Auslieferung** oder **Ausweisung** des Angeklagten, wobei Voraussetzung das Vorliegen einer bestandskräftigen Entscheidung des OLG über die Zulässigkeit der Auslieferung ist (OLG Karlsruhe NJW 2007, 617; umfassend zur Einstellung nach § 154b *Jung*, Rn 287 ff.),
- nach § 154c für die Tat, mit deren Offenbarung bei einer **Nötigung** oder **Erpressung** gedroht worden ist.

1304 Einstellung des Verfahrens nach § 153 wegen Geringfügigkeit

> **Das Wichtigste in Kürze:**
> 1. Voraussetzung einer Einstellung wegen Geringfügigkeit nach § 153 ist, dass das Verfahren ein Vergehen zum Gegenstand hat, die Schuld des Täters als gering anzusehen ist sowie das öffentliche Interesse an der Strafverfolgung fehlt.
> 2. Nach § 153 Abs. 2 kann das Gericht in jeder Lage des Verfahrens, also auch noch in der HV, das Verfahren wegen Geringfügigkeit einstellen.
> 3. Nach § 153 Abs. 2 ist für die Einstellung grds. die Zustimmung des Angeklagten und der StA erforderlich.
> 4. Das Gericht muss in seiner Einstellungsentscheidung über die Kosten und notwendigen Auslagen gem. § 464 i.V.m. § 467 Abs. 1 – 4 entscheiden.
> 5. Die Einstellungsentscheidung des Gerichts ist grds. unanfechtbar.

1305 Literaturhinweise: **Böttcher/Mayer**, Änderungen des Strafverfahrensrechts durch das Entlastungsgesetz, NStZ 1993, 153; **Burhoff**, Die Verfahrensverzögerung in der Praxis, PStR 2004, 275; **Eisele**, Verzicht auf die Fahrerlaubnis als Instrument zur Beendigung von Strafverfahren, NZV 1999, 232; **Friedrichs**, Reaktionsformen bei Ladendiebstahl, Alternative Möglichkeiten der strafrechtlichen Kontrolle der Bagatellkriminalität am Beispiel des Ladendiebstahls, SchlHA 2003, 219; **Gaede**, Das Recht auf Verfahrensbeschleunigung gemäß Art. 6 I 1 EMRK in Steuer- und Wirtschaftsstrafverfahren, wistra 2004, 166; *ders.*, Vollstreckungslösung bei über-

Einstellung des Verfahrens nach § 153 wegen Geringfügigkeit E

langer Verfahrensdauer, JZ 2008, 422; **Ignor/Bertheau**, Die so genannte Vollstreckungslösung des Großen Senats für Strafsachen – wirklich eine Lösung?, NJW 2008, 2209; **Jungwirth**, Bagatelldiebstahl und Sachen ohne Verkehrswert, NJW 1984, 954; **Kempf**, Das Verfahrenshindernis der „überlangen Dauer" und seine Konsequenzen – zugleich Besprechung von BGH, Urt. v. 25.10.2000 – 2 StR 232/00 = StV 2001, 89, StV 2001, 134; **Kratz**, Die neue Vollstreckungslösung und ihre Auswirkungen, JR 2008, 189; **Krehl/Eidam**, Die überlange Dauer von Strafverfahren, NStZ 2006, 17; **Kühne**, Die Rechtsprechung des Europäischen Gerichtshofes für Menschenrechte (EGMR) zur Verfahrensdauer in Strafsachen (Fallauswertung für das Jahr 2000/2001), StV 2001, 529; **Meyer**, Das „Fehlen des öffentlichen Interesses" in § 153 Abs. 1 StPO – eine überflüssige und überdies gefährliche Leerformel?, GA 1997, 404; **Rieß**, Das Gesetz zur Entlastung der Rechtspflege – ein Überblick, AnwBl. 1993, 51; *ders.*, Die Versagung der Abzugsfähigkeit von „Schmiergeldern" bei Einstellung des Strafverfahrens nach den §§ 153 ff. StPO – Kritische Bemerkungen zu § 4 Abs. 5 Nr. 10 EStG aus strafprozessualer Sicht, wistra 1997, 137; **Scheffler**, Systemwechsel ohne System – Eine Besprechung des Beschlusses des Großen Senats vom 17.1.2008, ZIS 2008, 269; **Schlegl**, Verfahrenseinstellung nach § 153 bei in der Anklage als Verbrechen bezeichneten Taten, NJW 1969, 89; **Schlothauer**, Die Einstellung des Verfahrens gem. § 153, § 153a StPO nach Eröffnung des Hauptverfahrens, StV 1982, 449; **Schmid**, Erstattung der Auslagen des Nebenklägers bei Einstellung des Verfahrens nach den §§ 153 ff. StPO, JR 1980, 404; **B. Schmidt**, Die überlange Verfahrensdauer und das Beschleunigungsgebot in Strafsachen, StraFo 2008, 313; **J. Schmidt**, Verfahrenseinstellungen bei Zusammentreffen von Straftat und Ordnungswidrigkeit – zugleich eine Anmerkung zu BGHSt 41, 385, wistra 1998, 211; **Siegismund/Wickern**, Das Gesetz zur Entlastung der Rechtspflege, wistra 1993, 81; **Terbach**, Rechtsschutz gegen die staatsanwaltliche Zustimmungsverweigerung zur Verfahrenseinstellung nach §§ 153 II, 153a II StPO, NStZ 1998, 172; **Tsambikakis**, „Vollstreckungslösung" bei überlanger Verfahrensdauer, PStR 2008, 75; **Vultejus**, Legalitäts- und Opportunitätsprinzip, ZRP 1999, 135; **Ziegert**, Die überlange Verfahrensdauer, Strafzumessungs- vs. Strafvollstreckungslösung, StraFo 2008, 322; s.a. die Hinw. bei → *Einstellung des Verfahrens, Allgemeines*, Rdn 1299, und bei den übrigen Stichwörtern zur Einstellung des Verfahrens.

1.a) Voraussetzung einer Einstellung wegen Geringfügigkeit nach § 153 ist, dass das Verfahren ein Vergehen zum Gegenstand hat, die Schuld des Täters als gering anzusehen ist sowie das öffentliche Interesse an der Strafverfolgung fehlt (zu allem eingehend *Burhoff*, EV, Rn 1700 ff.).

1306

🖉 Der Verteidiger darf nicht übersehen, dass die Vorschrift auch dann zur Anwendung kommen kann, wenn das Verfahren **zunächst** wegen eines **Verbrechens** geführt worden ist, dieser Vorwurf dann aber fallengelassen wurde (BGHSt 47, 270; *Meyer-Goßner/Schmitt*, § 153 Rn 1; s.a. *Schlegl* NJW 1969, 89).

Hier bietet sich manchmal ein **Ansatzpunkt** für einen entsprechenden **Vortrag** des Verteidigers. So kann z.B. der Verteidiger in einem Meineidsverfahren (§ 154 StGB [Verbrechen]) vortragen, dass sein Mandant, wenn überhaupt, dann auf jeden Fall aber nicht vorsätzlich, sondern nur fahrlässig falsch ausgesagt hat. Damit wäre dann nur der Vorwurf des fahrlässigen Falscheides nach § 163 StGB (Vergehen) berechtigt. Möglich ist es nach der Rspr. des BGH auch, wenn eine **Straftat** und eine **OWi** tateinheitlich zusammentreffen, das Verfahren nur wegen der Straftat einzustellen mit der Folge, dass dann nur noch die OWi von der zuständigen Verwaltungsbehörde geahndet werden muss/kann (BGHSt 41, 385 m. zahlr. weit. Nachw.; eingehend und krit. dazu *Schmidt*, wistra 1998, 211).

| E | Einstellung des Verfahrens nach § 153 wegen Geringfügigkeit |

1307 b) Das Maß der **Schuld** ist **gering**, wenn sie beim Vergleich mit Vergehen gleicher Art nicht unerheblich **unter** dem **Durchschnitt** liegt (*Meyer-Goßner/Schmitt*, § 153 Rn 3 m.w.N.; zur Einstellung eines Verfahrens, in dem das ggf. fahrlässige Verhalten einer Ärztin zu schwersten irreparablen Schäden beim Patienten geführt hat, wegen geringer Schuld s. BGH NStZ 1999, 312). Es muss eine Strafe im untersten Bereich des anzuwendenden Strafrahmens zu erwarten sein, wobei die für die Strafzumessung maßgeblichen Gesichtspunkte des § 46 Abs. 2 StGB zu berücksichtigen sind (zu den vom Verteidiger insoweit anzustellenden Überlegungen eingehend *Burhoff*, EV, Rn 1700 ff.). Dabei kann auch eine **lange Verfahrensdauer** berücksichtigt werden (vgl. BGHSt 52, 124; *Burhoff*, EV, Rn 1701; wegen der Einzelh. → *Verfahrensverzögerung*, Rdn 2825).

1308 2. Nach § 153 Abs. 2 kann das **Gericht** in jeder Lage des Verfahrens, also auch noch **in der HV**, das Verfahren wegen Geringfügigkeit einstellen. Dafür ist ein förmlicher Antrag nicht erforderlich, **ausreichend** ist die **Anregung** eines Verfahrensbeteiligten oder des Gerichts selbst (zur Einstellung nach § 153 im EV s. *Burhoff*, EV, Rn 1693 ff.).

1309 3.a) Nach § 153 Abs. 2 ist für die Einstellung grds. die **Zustimmung** des **Angeklagten** und der StA erforderlich. Gem. § 153 Abs. 2 S. 2 bedarf es der Zustimmung des Angeklagten **ausnahmsweise nicht**, wenn die HV aus den in § 205 aufgeführten Gründen (→ *Einstellung des Verfahrens nach § 205*, Rdn 1361) nicht durchgeführt werden kann oder in den Fällen des § 231 Abs. 2 und der §§ 232, 233 (→ *Entbindung des Angeklagten vom Erscheinen in der Hauptverhandlung*, Rdn 1386; → *Verhandlung ohne den Angeklagten*, Rdn 2853). Der Widerspruch des anwesenden Verteidigers des (ausgebliebenen) Angeklagten ist unerheblich (OLG Düsseldorf MDR 1992, 1174).

> Die Einstellung des Verfahrens ist von der **Zustimmung** des **Nebenklägers nicht** abhängig (BVerfG wistra 2003, 419; LG Koblenz NJW 1983, 2458; *Meyer-Goßner/Schmitt*, § 153 Rn 1 und § 397 Rn 6; s.a. BGHSt 28, 272 f.), obwohl die Praxis häufig, insbesondere in Verkehrsstrafsachen, auf die Zustimmung des Nebenklägers Wert legt. Dem Nebenkläger ist aber auf jeden Fall gem. §§ 397 Abs. 1 S. 4, 33a **rechtliches Gehör** zu gewähren. Vor einer Einstellung ist zudem auch gem. § 396 Abs. 3 über die **Zulassung** der Nebenklage zu entscheiden.

1310 Die Zustimmung (der StA) zu einer Einstellung ist grds. **nicht zurücknehmbar** (LG Neuruppin NJW 2002, 1967). Auch der **Angeklagte** kann seine Zustimmungserklärung nach Erlass des Einstellungsbeschlusses nicht **widerrufen** und/oder anfechten, da es sich um eine Prozesshandlung handelt (OLG Hamm, Beschl. v. 6.12.2009 – 2 Ws 257/09). Etwas anderes kann ggf. gelten, wenn das Gericht „unlauter" auf ihn eingewirkt hat (so wohl OLG Hamm, a.a.O.; vgl. auch noch OLG Hamm VRS 108, 265). Insoweit wird man die Grundsätze zur (Un-)Wirksamkeit eines Rechtsmittelverzichts heranziehen können (vgl. dazu → *Rechtsmittelverzicht*, Rdn 2189, 817 ff.; Burhoff/Kotz/*Kotz*, RM, Teil A

Rn 2077 ff.). Solange ein Einstellungsbeschluss noch nicht ergangen ist, kann der Angeklagte hingegen seine Zustimmung **zurücknehmen** (*Meyer-Goßner/Schmitt*, § 153 Rn 27; KG JR 1978, 524).

b) Die Zustimmung des Angeklagten ist eine **Prozesserklärung** und damit nach h.M. **bedingungsfeindlich** (HK-*Gercke*, § 153 Rn 21 m.w.N.; a.A. LR-*Beulke*, § 153 Rn 70; LG Neuruppin NJW 2002, 1967). Das muss der Verteidiger, wenn er seine Stellungnahme zu einem Einstellungsvorschlag formuliert, beachten. Er kann also z.b. die Zustimmung nicht unter der Bedingung erklären/davon abhängig machen, dass die notwendigen Auslagen des Angeklagten der Staatskasse auferlegt werden; das macht die Zustimmung unwirksam (*Meyer-Goßner/Schmitt*, § 153 Rn 27 m.w.N. a. zur a.A., wie z.b. OLG Düsseldorf MDR 1989, 932; LG Neuruppin, a.a.O.; s.a. OLG Hamm VRS 108, 265, 266). Er kann allerdings **anregen**, dass seine notwendigen Auslagen der Staatskasse auferlegt werden. Eine solche Anregung macht die Zustimmung nicht unwirksam.

1311

In der Zustimmung liegt **kein Schuldeingeständnis** (BVerfG NJW 1990, 2741; 1991, 1530; StV 1996, 163 [für § 153a]).

4. Das Gericht muss in seiner Einstellungsentscheidung über die **Kosten** und notwendigen **Auslagen** gem. § 464 i.V.m. § 467 Abs. 1 – 4 entscheiden. Dabei wird die Stärke des Tatverdachts eine wesentliche Rolle für eine für den Angeklagten günstige bzw. nachteilige Kosten- und Auslagenentscheidung spielen (*Meyer-Goßner/Schmitt*, § 153 Rn 29, § 467 Rn 19 m.w.N.; vgl. dazu a. KK-*Gieg*, § 467 Rn 11). Führt erst ein begründeter Antrag des Verteidigers dazu, dass sich die Schwere des Tatvorwurfs weitgehend reduziert, sodass das Verfahren gemäß § 153 Abs. 2 eingestellt werden konnte, sind die notwendigen Auslagen der Angeklagten (auf jeden Fall) der Staatskasse aufzuerlegen. Für eine Anwendung des § 467 Abs. 4 ist dann kein Raum (AG Backnang NStZ-RR 2013, 127). Auch ist die Unschuldsvermutung zu beachten. Das Gericht darf also dem Angeklagten über reine Verdachtserwägungen hinaus Schuld zuweisen, ohne dass diese ordnungsgemäß festgestellt ist (grundlegend dazu BVerfG NJW 1990, 2741; zuletzt BVerfG StV 2008, 368; vgl. zur Rspr. des EuGH *Demko* HRRS 2007, 286). Entschieden werden muss auch über eine **Entschädigung** für Strafverfolgungsmaßnahmen nach dem **StrEG** (→ *Entschädigung nach dem StrEG*, Rdn 1429).

1312

5. Die **Einstellungsentscheidung** des Gerichts ist grds. **unanfechtbar** (*Meyer-Goßner/ Schmitt*, § 153 Rn 28 ff.; zu den Rechtsmitteln s.a. die Tabelle bei *Burhoff*, EV, Rn 1856), und zwar auch dann, wenn die Einstellungsentscheidung rechtsfehlerhaft ergangen ist (BGH StraFo 2015, 163 m.w.N. für Nebenkläger). In Fällen eines groben, anders nicht zu beseitigenden prozessualen Unrechts wird die Anfechtung der Kostenentscheidung einer Einstellungsentscheidung aber ausnahmsweise als zulässig angesehen (BVerfG NJW 1997, 46; OLG Celle, NStZ 1983, 328; LG Dessau-Roßlau, Beschl. v.

1313

| E | Einstellung des Verfahrens nach § 153a nach Erfüllung von Auflagen und Weisungen |

18.6.2014 – 2 Qs 51/14 für § 154) Nach § 8 Abs. 3 S. 1 StrEG gilt der Rechtsmittelausschluss auch nicht für die Entscheidung über eine Entschädigung nach dem StrEG. Der Angeklagte kann auch die Ablehnung der Einstellung durch das Gericht nicht anfechten. Ferner ist die Verweigerung der staatsanwaltschaftlichen Zustimmung nicht anfechtbar (*Terbach* NStZ 1998, 172; zu den Rechtsmitteln s.a. *Burhoff*, EV, Rn 1718).

> ✍ War die Zustimmung des Angeklagten nach § 153 Abs. 2 S. 2 erforderlich, kann er die **ohne seine Zustimmung** erfolgte Einstellung **anfechten** (OLG Düsseldorf StraFo 1999, 277; OLG Hamm VRS 108 265). Der Angeklagte kann ggf. auch geltend machen, dass ihm kein rechtliches Gehör gewährt wurde (wegen der Einzelh. s. BGHSt 47, 270; *Meyer-Goßner/Schmitt*, a.a.O. m.w.N.; so ausdrücklich a. OLG Frankfurt am Main NStZ-RR 1998, 52; OLG Düsseldorf StraFo 1999, 277 [für § 153a]; jetzt a. LR-*Beulke* § 153 Rn 82). Das gilt selbst dann, wenn der Einstellung zunächst zugestimmt worden ist (OLG Hamm NJW 2004, 3134 [Ls.] m.w.N. [Verfahren hatte Verbrechen zum Gegenstand]). Er kann schließlich auch dann Beschwerde einlegen, wenn er geltend macht, dass eine Zustimmung unwirksam gewesen sei (OLG Hamm, Beschl. v. 6.12.2009 – 2 Ws 257/09).

1314 Der Rechtsmittelausschluss gilt nach § 400 Abs. 2 S. 2 auch für den **Nebenkläger**, selbst wenn der Beschluss verfahrensfehlerhaft war (BVerfG NJW 1995, 317; LG Mönchengladbach StV 1987, 335), und für die Nebenentscheidungen, wie z.B. die (auch fehlerhafte) Kostenentscheidung (OLG Zweibrücken StV 2004, 30), was verfassungsrechtlich nicht zu beanstanden ist (BVerfG NJW 2002, 1867; vgl. a. noch *Burhoff*, EV, Rn 1720).

Siehe auch: → *Einstellung des Verfahrens, Allgemeines*, Rdn 1299 m.w.N.

1315 Einstellung des Verfahrens nach § 153a nach Erfüllung von Auflagen und Weisungen

> **Das Wichtigste in Kürze:**
> 1. Sinn und Zweck der (zunächst nur vorläufigen) Einstellung des Verfahrens nach § 153a ist es, im Bereich der kleineren und mittleren Kriminalität die Verfahrenserledigung zu vereinfachen und zu beschleunigen.
> 2. Voraussetzung der Einstellung ist, dass es sich bei der Tat um ein Vergehen handelt und das öffentliche Interesse an der Strafverfolgung sowie die Schwere der Schuld nicht entgegenstehen.
> 3. Voraussetzung der gerichtlichen Einstellung ist nach § 153a Abs. 2 S. 1 zudem, dass Angeklagter und Verteidiger der Einstellung zustimmen.

Einstellung des Verfahrens nach § 153a nach Erfüllung von Auflagen und Weisungen E

4. Die (vorläufige) Einstellung nach § 153a hängt davon ab, dass der Angeklagte die Erfüllung bestimmter Auflagen und Weisungen übernimmt.
5. Die Einstellung nach § 153a erfolgt durch Beschluss, der i.d.R. nicht anfechtbar ist.
6. Vor der Einstellung erhält ein Nebenkläger rechtliches Gehör.
7. Nach Einstellung des Verfahrens kann ggf. Hilfe des Verteidigers erforderlich sein.

Literaturhinweise: Beulke, Die unbenannten Auflagen und Weisungen des § 153a StPO, in: Festschrift für *Hans Dahs*, 2005, S. 209; **Beulke/Theerkorn**, Gewalt im sozialen Nahraum – Beratungsauflage als (ein) Ausweg?, NStZ 1995, 474; **Böttcher**, Rücksichtnahme auf Opferinteressen bei der Verfahrenseinstellung nach 153a StPO; in: Festschrift für *Heinz Stöckel* zum 70. Geburtstag, 2010, S. 161; **Boxdorfer**, Das öffentliche Interesse an der Strafverfolgung trotz geringer Schuld des Täters, Grenzen der Anwendung des § 153a StPO, NJW 1976, 317; **Braun**, Alle Jahre wieder: Zuwendungen von Geldauflagen an (gemeinnützige) Einrichtungen in der Kritik, StRR 2009, 44; **Dahs**, § 153a StPO – ein „Allheilmittel" der Strafrechtspflege, NJW 1996, 1192; **Deiters/Albrecht**, § 153a Abs. 2 StPO bei weiter aufklärbarem Verdacht eines Verbrechens? Überlegungen aus Anlass der vorläufigen Einstellung des Bremer Brechmittelverfahrens, ZIS 2013, 483; **Deutscher**, VRR-Arbeitshilfe: Rechtsprechung zu Nachschulungsmaßnahmen nach Trunkenheitsfahrten bei §§ 69, 69a StGB, VRR 2010, 246; **Fromm/Schmidke**, Risiken der Einstellung des Strafverfahrens gem. § 153a StPO bei Verkehrstraftaten – Pyrrhus-Sieg oder besonderer Verdienst des Strafverteidigers, NZV 2007, 552; **Fünfsinn**, Die „Zumessung" der Geldauflage nach § 153a I Nr. 2 StPO, NStZ 1987, 97; **Götz**, Strafprozessuale und aktenrechtliche Anmerkungen zum Mannesmann-Prozess, NJW 2007, 419; **Hoffmann/Wißmann**, Die Erstattung von Geldstrafen, Geldauflagen und Verfahrenskosten im Strafverfahren durch Wirtschaftsunternehmen gegenüber ihren Mitarbeitern, StV 2001, 249; **Hunsmann**, Absehen von Strafverfolgung (§ 398a AO) versus Einstellung (§ 153a StPO) – eine Günstigerprüfung, PStR 2011, 288; **Kaligin**, § 153a StPO – eine Universalnorm zur Beendigung von Steuerstrafverfahren, Stbg 2010, 500; **Ignor/Rixen**, Abberufung eines Vorstandsmitglieds wegen Unzuverlässigkeit nach Einstellung eines Banken-Strafverfahrens gem. § 153a StPO, StraFo 2000, 157; *dies.*, Untreue durch Zahlung von Geldauflagen? – Zum Strafbarkeitsrisiko von Aufsichtsratsmitgliedern am Beispiel der sog. Banken-Strafverfahren, wistra 2000, 448; **Joecks**, Erledigung von Steuerstrafverfahren – Möglichkeiten: Bemessungskriterien; Auswirkungen der Erledigung, StraFo 1997, 2; **Jung/Britz**, Anmerkungen zur „Flexibilisierung" des Katalogs von § 153a Abs. 1 StPO, in: Festschrift für *Lutz Meyer-Goßner*, 2001, S. 153; **Kalomiris**, Wiederaufnahme bei der Verhängung von Geldstrafen trotz erfüllter Auflage nach § 153a I StPO, NStZ 1998, 500; **Kapp**, Dürfen Unternehmen ihren (geschäftsführenden) Mitarbeitern Geldstrafen bzw. -bußen erstatten?, NJW 1992, 2796; **Karl**, Entstehen eines Verfahrenshindernisses nach § 153a I 4 StPO trotz notwendiger oder fehlender Zustimmung des Gerichts, NStZ 1995, 535; **Krick**, § 153a StPO: Rückerstattung erbrachter Leistungen bei späterer Strafverfolgung wegen eines Verbrechens aus dem Rahmen der Strafzumessung, NStZ 2003, 68; **Krumm**, Geldbußenzuweisung im Strafverfahren – oder: Wer bekommt das Geld des Angeklagten?, NJW 2008, 1420; **Kubinek**, Neue Konzepte des Täter-Opfer-Ausgleichs im Zeichen eines aufgewerteten Opferschutzes, DRiZ 2008, 345; **Kudlich**, *Ecclestone*, Verständigungsgesetz und die Folgen – Reformbedarf für § 153 a StPO?, ZRP 2015, 10; **Murmann**, Über den Zweck des Strafprozesses, GA 2004, 65; **Peglau**, Unschuldsvermutung und Widerruf der Strafaussetzung zur Bewährung, Die neue Rechtsprechung des EGMR, ZRP 2003, 242; **Pfordte**, Insolvenzrecht und Strafverfahren – zugleich Anmerkung zu BGH, Urt. v. 5.6.20108 – IX ZR 17/07, StV 2010, 581; **Püschel/Tsambikakis**, Verfahrenseinstellung nach § 153a StPO – Chancen und Risiken, PStR 2007, 232; **Rettenmaier**, Außerstrafrechtliche Folgen der Verfahrenseinstellung nach Erfüllung von Weisungen, NJW 2013, 123; **Rieß**, Zur weiteren Entwicklung der Einstellungen nach § 153a StPO, ZRP 1985, 212; **Rinjes**, Zur Anfechtbarkeit von Zahlungen auf Geldstrafen im Insolvenzverfahren, wistra 2008, 336; **Rode**, Das Geständnis in der Hauptverhandlung, StraFo 2007, 98; **Salditt**, Schattenwirkungen des Strafverfahrens, StraFo 1996, 71; *ders.*, § 153a StPO und die Unschuldsvermutung, in: Festschrift für *Egon Müller*, 2008, S. 611; **Saliger**, Grenzen der Opportunität: § 153a und der Fall Kohl – Zugleich Besprechung von LG Bonn, Beschl. v. 28.2.2001, GA 2005, 155; **Scheinfeld**,

1316

E	**Einstellung des Verfahrens nach § 153a nach Erfüllung von Auflagen und Weisungen**

Die Verfahrenseinstellung in großen Wirtschaftsstrafsachen. Zu den Voraussetzungen des § 153a StPO, in: Festschrift für *Rolf Dietrich Herzberg*, 2008, S. 539; **Schmidt-Bendun**, Grenzen für die zulässige Übernahme von Geldauflagen für Vorstandsmitglieder durch eine AG, DB 2014, 2756; **Schott**, Übernahme von Verteidigungskosten und Geldauflage durch das Unternehmen, PStR 2013, 217; **Sinner/Kargl**, Der Öffentlichkeitsgrundsatz und das öffentliche Interesse an § 153a StPO, Jura 1998, 231; **Stöckel**, Das Opfer krimineller Taten, lange vergessen – Opferschutz, Opferhilfe heute, JA 1998, 599; **Tsambikakis/Mertens**, Risiken und Nebenwirkungen bei Verfahrenseinstellungen nach § 153a StPO, in: Festschrift 10 Jahre Arbeitsgemeinschaft Medizinrecht im DAV/hrsg. vom Geschäftsführenden Ausschuss, S. 905; **Vock**, Die Verfahrenseinstellung bei Verkehrsstraftaten und ihre Tücken, NJ 2008, 203; **Werner**, Dürfen Unternehmen Verfahrenskosten, Geldstrafen etc. ihrer Mitarbeiter übernehmen?, PStR 2004, 282; s.a. die Hinw. bei → *Einstellung des Verfahrens, Allgemeines*, Rdn 1299; → *Einstellung des Verfahrens nach § 153 wegen Geringfügigkeit*, Rdn 1304 und → *Täter-Opfer-Ausgleich*, Rdn 2586.

1317 1. Sinn und Zweck der (zunächst nur vorläufigen) Einstellung des Verfahrens nach § 153a ist es, im Bereich der kleineren und mittleren Kriminalität die Verfahrenserledigung zu **vereinfachen** und zu **beschleunigen** (*Meyer-Goßner/Schmitt*, § 153a Rn 2 m.w.N.). Die Einstellung nach § 153a kann schon **während** des **EV** durch die StA erfolgen (dazu eingehend *Burhoff*, EV, Rn 1723 ff.). Das Verfahren kann aber auch noch **während** der **HV** nach § 153a Abs. 2 eingestellt werden.

Die (endgültige) Einstellung nach § 153a ist **kein Schuldeingeständnis** und hat grds. für andere Verfahren keine präjudizierende Wirkung (BVerfG StV 1996, 163; s.a. BVerfG NJW 1991, 1530; SächsVerfGH StraFo 2009, 109; OLG Düsseldorf StV 2008, 13 [Zustimmung ist kein Schuldeingeständnis]; s.a. *Saliditt* StraFo 1996, 71; *ders.*, S. 611 ff.; *Burhoff*, EV, Rn 1749; *Rode* StraFo 2007, 98, 99; *Rettenmaier* NJW 2013, 123). Allerdings kann trotz einer Einstellung nach § 153a die Entziehung der Fahrerlaubnis nach § 4 StVG drohen. Nach Auffassung des VGH München (BA 2014, 292) ist nämlich die Verwaltungsbehörde nicht an der Bewertung von Beweismitteln durch das Strafgericht gebunden.

Auch verliert eine geständige Einlassung für die **Strafzumessung** – jedenfalls im Bereich der kleineren und mittleren Kriminalität – nicht dadurch an Bedeutung, dass der Verteidiger eine Verfahrenseinstellung nach § 153a Abs. 2 anregt (OLG Köln StraFo 2011, 324 m. Anm. *Sandherr* StRR 2011, 352).

1318 2. **Voraussetzung** der Einstellung ist, dass es sich bei der Tat um ein Vergehen handelt und das öffentliche Interesse an der Strafverfolgung sowie die Schwere der Schuld nicht entgegenstehen (vgl. dazu eingehend *Burhoff*, EV, Rn 1722 ff.). **Typische Anwendungsfälle** sind damit – i.d.R. bei Ersttätern – nicht zu schwere Eigentums- und Vermögensdelikte, leichte und mittelschwere Verkehrsstraftaten, die Verletzung der Unterhaltspflicht, aber auch ggf. eine fahrlässige Tötung oder eine Wirtschaftsstraftat (*Meyer-Goßner/Schmitt*, § 153a Rn 1, 7 m.w.N.; s. BT-Drucks 12/1217, S. 34; *Rieß* AnwBl. 1993, 55; *Siegismund/ Wickern* wistra 1993, 84; zur Einstellung nach § 153a allgemein Beck-*Hamm*, S. 152 ff.). Für eine Einstellung nach § 153a kommen auch **gewichtigere Delikte** als für die Einstellung nach § 153 in Betracht (zur Einstellung von großen Wirtschaftsstrafsachen *Scheinfeld*, S. 543, und *Wehnert* StV 2002, 220; *Kudlich* ZRP 2015, 10; zu Steuerstrafverfahren *Kaligin* Stbg 2010, 500, und zur Anwendung in Verkehrsstrafsachen *Fromm/Schmidtke* NZV 2007, 552).

☞ § 153a ist nicht im **Bußgeldverfahren** anwendbar (→ *Bußgeldverfahren, Besonderheiten der Hauptverhandlung*, Rdn 1200; vgl. dazu Burhoff/*Gieg*, OWi, Rn 1117 ff.). Ob die Anwendung der Vorschrift im **JGG-Verfahren** in Betracht kommt, ist umstritten (vgl. *Burhoff*, EV, Rn 2339 ff.).

3. Voraussetzung der gerichtlichen Einstellung ist nach § 153a Abs. 2 S. 1 weiter, dass StA, Angeklagter und Verteidiger der Einstellung zustimmen (vgl. dazu a. → *Einstellung des Verfahrens nach § 153 wegen Geringfügigkeit*, Rdn 1304, und *Burhoff*, EV, Rn 1744 ff.; zur Zustimmung des Nebenklägers s. Rdn 1325). Die StA ist an ihre Zustimmung bereits dann gebunden, wenn übereinstimmende (Zustimmungs-)Erklärungen von Gericht, StA und Angeklagtem vorliegen. Dann entsteht bereits das (bedingte) Verfahrenshindernis (vgl. *Burhoff*, EV Rn 1726). Eine besondere **förmliche „vorläufige Einstellung"** durch die StA ist dafür **nicht erforderlich** (LG Kleve StraFo 2011, 93 m. zust. Anm. *Pichler* StRR 2011, 105; LR-*Beulke*, § 153a Rn 91; a.A. HK-*Gerke*, § 153a Rn 20; ähnlich OLG Stuttgart NJW 2007, 2646). 1319

4.a) Die (vorläufige) Einstellung nach § 153a hängt davon ab, dass der Angeklagte die Erfüllung bestimmter **Auflagen** und **Weisungen** übernimmt (zur möglichen Erweiterung des Anwendungsbereichs → *Gesetzesnovellen*, Rdn 1617). 1320

☞ Früher war der Katalog der Auflagen und Weisungen abschließend. Die gesetzliche (Neu-)Regelung durch das Gesetz zur strafverfahrensrechtlichen Verankerung des Täter-Opfer-Ausgleichs vom 20.12.1999 (BGBl I 1999, S. 2491) hat jedoch nicht nur den Katalog der möglichen **Auflagen** und **Weisungen** erweitert, vielmehr sind diese auch **nur noch beispielhaft** – „insbesondere" – aufgezählt. Es sind also auch andere Maßnahmen als die in § 153a erwähnten zulässig und möglich (vgl. dazu *Meyer-Goßner/Schmitt*, § 153a Rn 14; zu unzulässigen Auflagen LR-*Beulke*, § 153a Rn 70 ff.).

Ob es der Zustimmung der StA bedarf, wenn Auflagen **nachträglich geändert** werden sollen, ist in Rspr. und Lit. umstritten (bejahend zuletzt LG Saarbücken StRR 2011, 267 m.w.N. m. Anm. *Klaws*; LR-*Beulke*, § 153a Rn 83 u. 125; verneinend *Meyer-Goßner/Schmitt*, § 153a Rn 42 u. 51; Graf/*Beukelmann*, § 153a Rn 73). Steht einer mit Zustimmung des Beschuldigten erteilten ein verrechenbarer Anspruch des Beschuldigten gegen die Landeskasse aus einer erbrachten Sicherheitsleistung gegenüber, bedarf es für eine solche **Verrechnung** der Zustimmung des Beschuldigten (OLG Celle StraFo 2015, 204).

| E | Einstellung des Verfahrens nach § 153a nach Erfüllung von Auflagen und Weisungen |

1321 b) Das Gesetz enthält folgenden **Katalog**:

- Erbringung von **Leistungen** zur **Wiedergutmachung** des durch die Tat verursachten Schadens (§ 153a Abs. 1 S. 2 **Nr. 1**), die so **konkret bestimmt** sein müssen, dass Erfüllung oder Nichterfüllung sicher festgestellt werden können (wegen der Einzelh. s. *Meyer-Goßner/Schmitt*, § 153a Rn 15 ff. m.w.N.),

  > 🖉 Der Verteidiger muss ggf. berücksichtigen, dass bei einer nach § 153a geleisteten Zahlung ggf. die **Anrechnung** auf ein im Zivilprozess geltend gemachtes **Schmerzensgeld** in Betracht kommt (OLG Düsseldorf NJW 1997, 1643).

- Zahlung eines **Geldbetrags** zugunsten einer **gemeinnützigen Einrichtung** oder auch der **Staatskasse** (§ 153a Abs. 1 S. 2 Nr. 2; zur Verfassungsmäßigkeit der (ähnlichen) Bewährungsgeldauflage nach § 56b Abs. 2 S. 1 Nr. 2 StGB s. BVerfG NJW 2011, 3508),

  > 🖉 Dies ist die in der **Praxis bedeutsamste Auflage**. Höhe und Empfänger des vom Angeklagten zu zahlenden Geldbetrags werden i.d.R. vom Gericht bestimmt und richten sich meist an der Höhe einer zu erwartenden Geldstrafe aus (zur Kritik daran, insbesondere an einer Praxis, die den Geldbetrag höher als eine zu erwartende Geldstrafe ansetzen will, Beck-*Hamm*, S. 171 f.; zu den Besonderheiten im Steuerstrafverfahren s. *Joecks* StraFo 1997, 2; zur Bemessung i.Ü. *Fünfsinn* NStZ 1987, 97). Der **Verteidiger** kann und wird versuchen, hierauf **Einfluss zu nehmen**. Die Möglichkeit dazu hat er, da ohne Zustimmung des Beschuldigten eine Einstellung nach § 153a nicht möglich ist.
  >
  > Nach der Rspr. des BGH (IX. Zivilsenat) darf die Einstellung eines Strafverfahrens aber nicht von der Zahlung einer Geldauflage an die Staatskasse abhängig gemacht werden, wenn der Angeschuldigte durch die Erfüllung der Auflage seine **Gläubiger benachteiligt** (BGH NJW 2008, 2506; zust. *Meyer-Goßner/Schmitt*, § 153a Rn 20a; vgl. dazu krit. *Hoffmann* StRR 2008, 443 und *Pfordte* StV 2010, 591 ff.).

- Erbringung von **sonstigen gemeinnützigen Leistungen**, wie z.B. Hilfsdienst in einem Krankenhaus oder Pflegeheim (§ 153a Abs. 1 S. 2 **Nr. 3**), die sich insbesondere anbieten, wenn der Mandant **mittellos** ist,
- Erbringung von **Unterhaltszahlungen** in Verfahren wegen Verletzung der Unterhaltspflicht nach § 170 StGB (§ 153a Abs. 1 S. 2 **Nr. 4**),
- das ernsthafte Bemühen, einen Ausgleich mit dem Verletzten zu erreichen und dabei seine Tat ganz oder z.T. wieder gut zu machen oder deren Wiedergutmachung zu erstreben (§ 153a Abs. 1 S. 2 Nr. 5; wegen der Einzelh. s. → *Täter-Opfer-Ausgleich*, Rdn 2586),

Einstellung des Verfahrens nach § 153a nach Erfüllung von Auflagen und Weisungen — E

✍ Dazu ist hier nur auf Folgendes **hinzuweisen**:

- Erforderlich (und ausreichend) ist ein **ernsthaftes Bemühen**, also anders als in § 46a StGB, wo ein „einfaches" Bemühen ausreicht.
- Dieses Bemühen muss auch nicht zum Erfolg geführt haben. Nach *Meyer-Goßner/Schmitt* (§ 153a Rn 22a) ist aber eine **Feststellung** der StA in den Akten erforderlich, dass das gezeigte **Bemühen** als **ausreichend** anzusehen ist.
- Die Einstellung kommt nur bei **Vergehen** in Betracht, § 46a StGB lässt den Täter-Opfer-Ausgleich grds. aber auch bei Verbrechen zu (so auch § 153b).
- Teilnahme an einem **sozialen Trainingskurs (Nr. 6**; eingefügt aus Opferschutzgründen durch das „Gesetz zur Stärkung der Täterverantwortung"; vgl. wegen der Einzelh. die BT-Drucks 17/1466, S. 6 f. und BT-Drucks 17/10164),
- Teilnahme an einem **Aufbauseminar** nach § 2b Abs. 2 S. 2 StVG oder an einem **Fahreignungsseminar** nach § 4a StVG, insbesondere bei **verkehrsrechtlichen Zuwiderhandlungen** in der sog. Probezeit oder nach Erreichen der Höchstpunktgrenze (§ 153a Abs. 1 S. 2 **Nr. 7**; zum Aufbauseminar s.a. Burhoff/*Gübner*, OWi, Rn 1210). Nach der Gesetzesbegründung (vgl. BR-Drucks 821/96, S. 97) wird man die Vorschrift grds. auch bei Verkehrsstraftaten unter Einfluss von **Alkohol** anwenden können, allerdings wird sie in dem Bereich wegen der Regelwirkung des § 69 Abs. 2 StGB nur geringe praktische Bedeutung haben (vgl. *Meyer-Goßner/Schmitt*, § 153a Rn 22b; krit. auch *Deutscher* VRR 2010, 247, 248).

c) Zur Erfüllung der Auflagen und Weisungen kann in den Fällen des § 153a Nr. 1 – 3, 5 und 6 eine **Frist** von bis zu sechs Monaten, im Fall des § 153a Nr. 4 eine von bis zu einem Jahr gesetzt werden. Die Frist kann nur einmal für die Dauer von drei Monaten **verlängert** werden. Deshalb **empfiehlt** es sich, die (erste) Frist von vornherein auf sechs Monate festsetzen zu lassen. Es ist dem Angeklagten unbenommen, seine Verpflichtungen eher zu erfüllen. Bei verspäteter Erfüllung der Auflagen und Weisungen ist eine → *Wiedereinsetzung in den vorigen Stand*, Rdn 3464 ausgeschlossen (LG Kiel SchlHA 2002, 20).

1322

5.a) Die vorläufige Einstellung nach § 153a erfolgt durch **Beschluss**, der i.d.R. **nicht anfechtbar** ist (KK-*Diemer*, § 153a Rn 54 m.w.N.; *Meyer-Goßner/Schmitt*, § 153a Rn 57; → *Einstellung des Verfahrens wegen Geringfügigkeit*, Rdn 1313; wegen der Rechtsmittel bei Einstellungen s.a. die Tabelle bei *Burhoff*, EV, Rn 1856 f.). Dieser Einstellungsbeschluss muss, da die Einstellung zunächst nur vorläufig erfolgt, noch **keine Kosten-/Auslagenentscheidung** enthalten. Auch eine Entscheidung über eine Entschädigung wegen einer Strafverfolgungsmaßnahme nach dem StrEG erfolgt erst mit dem endgültigen Einstellungsbeschluss (vgl. dazu KK-*Diemer*, § 153a Rn 60 ff.) nach Erfüllung der Auflagen oder Weisungen (→ *Entschädigung nach dem StrEG*, Rdn 518).

1323

E Einstellung des Verfahrens nach § 153a nach Erfüllung von Auflagen und Weisungen

1324 b) Die **endgültige Einstellung** ist grds. ebenfalls **nicht anfechtbar** (KK-*Diemer*, § 153a Rn 60 ff.), und zwar auch nicht für die StA (OLG Celle StraFo 2015, 204). Das gilt auch für den Fall, dass die Feststellung, der Beschuldigte habe die erteilten Auflagen und Weisungen erfüllt, objektiv unrichtig ist (LG Kiel NStZ-RR 1998, 343; *Meyer-Goßner/Schmitt*, § 153a Rn 57; a.A. AG Eggenfelden NStZ-RR 2011, 357 [für § 47 JGG]). Die **Verfahrenskosten** fallen gem. § 467 Abs. 1 der Staatskasse zur Last, notwendige Auslagen werden dem Angeklagten gem. § 467 Abs. 5 nicht erstattet (zur Beachtung der Unschuldsvermutung bei der Auslagenentscheidung nach endgültiger Einstellung zuletzt BVerfG StV 2008, 368). Für die Kosten der Nebenklage gilt § 472 Abs. 2 S. 2. Wird ein rechtskräftiges Strafurteil auf eine Verfassungsbeschwerde des Angeklagten hin aufgehoben, die Sache an das Gericht zurückverwiesen und das Verfahren dann gem. § 153a eingestellt, sind Verfahrenskosten und Zahlungen auf eine Geldauflage aus einem Bewährungsbeschluss nach dem StrEG zu erstatten (OLG Stuttgart NJW 1997, 206). Die mit Zustimmung des Gerichts erfolgte Verfahrenseinstellung kann schließlich durch den Verletzten auch **nicht** mit der **Verfassungsbeschwerde** überprüft werden (BVerfG NStZ 2002, 211).

1325 6. Vor der Einstellung erhält ein **Nebenkläger rechtliches Gehör** (§§ 397 Abs. 1 S. 4, 33a; OLG Celle JurBüro 2014, 316 [jedenfalls dann, wenn seine Auslagen entgegen § 472 Abs. 2 S. 2, Abs. 1 nicht erstattet werden sollen]). Seine **Zustimmung** zur Einstellung ist jedoch **nicht erforderlich** (BVerfG wistra 2003, 419; LG Koblenz NJW 1983, 2458; *Meyer-Goßner/Schmitt*, § 397 Rn 6; s.a. BGHSt 28, 272 f.), obwohl die Praxis häufig, insbesondere in Verkehrsstrafsachen, auf diese Zustimmung Wert legt. Häufig „hilft" es dem Nebenkläger, seine Zustimmung zu erteilen, wenn der **Beschuldigte zusagt**, die **Kosten** der Nebenklage zu übernehmen. Auch in diesem Fall hat die **Rechtsschutzversicherung** des Angeklagten für die diesem auferlegten Kosten einzustehen (vgl. u.a. LG Frankenthal AnwBl. 1982, 213; LG Duisburg AnwBl. 1981, 461; *KK-Diemer*, § 153a Rn 63 m.w.N.).

7. Hinweise für den Verteidiger!

1326 a) Die **Zustimmung** der **StA** (vgl. o. Rdn 1319) hängt manchmal davon ab, wie geschickt der **Verteidiger** die **Einstellung** nach § 153a **anregt**. Häufig ist der StA z.B. nicht mehr bereit, in der (Berufungs-)HV einer Einstellung nach § 153a zuzustimmen, wenn der Angeklagte ein entsprechendes „Angebot" im EV oder in der HV 1. Instanz abgelehnt hat. Dann muss der Verteidiger die zwischenzeitlich eingetretenen **Umstände**, die eine Verfahrenseinstellung dennoch möglich machen, **vortragen**. Das können **Schadenswiedergutmachung**, eine **Entschuldigung** des Angeklagten oder auch **Strafverbüßung** in einer anderen Sache sein. Der Verteidiger muss auch darauf hinweisen, dass es den Grundsatz, eine Einstellung nach § 153a werde nur einmal „angeboten", ebenso wenig gibt wie bestimmte Delikte, bei denen eine Einstellung ausgeschlossen ist. Vielleicht kann er dem StA die Zustimmung zur Einstellung auch damit „schmackhaft" machen, dass er bei einem Eigen-

Einstellung des Verfahrens nach § 153a nach Erfüllung von Auflagen und Weisungen — E

tums-/Vermögensdelikt von vornherein **Nr. 93a RiStBV** im Auge hat und auf jeden Fall eine Geldbuße anbietet, die einen ggf. durch die Tat erlangten Gewinn abschöpft.

Manchmal muss der Verteidiger aber nicht nur bei der StA **Überzeugungsarbeit** leisten, sondern auch bei seinem **Mandanten**. Das ist i.d.R. immer dann der Fall, wenn dieser fest davon überzeugt ist, er müsse in der HV freigesprochen werden. Bei dem erforderlichen Beratungsgespräch muss der Verteidiger seinem Mandanten die Beweislage eindeutig schildern und ihn aufklären, wenn aus seiner Sicht aufgrund der Beweislage mit einer Verurteilung zu rechnen ist. Er wird und muss ihm alle Gründe, die für und gegen eine Einstellung sprechen, aufzählen (vgl. dazu a. *Burhoff*, EV, Rn 1726). Die Entscheidung über die Zustimmung muss er dem Mandanten überlassen. Bei der Beratung muss die **Sorgfaltspflicht** des Verteidigers umso höher sein, je höher eine vom Gericht oder von der StA ins Gespräch gebrachte Geldbuße ist. Der BGH hat zudem ausdrücklich darauf hingewiesen, dass sich ein Verteidiger seinem Mandanten gegenüber **ersatzpflichtig** macht, wenn er nicht pflichtgemäß im Strafverfahren auf die Verjährung hinweist (BGH NJW 1964, 2402; *Müller*, Rn 39 m.w.N.). Hier ist also höchste Vorsicht geboten! 1327

b) Insbesondere bei Auferlegung der Zahlung eines Geldbetrags zugunsten einer gemeinnützigen Einrichtung oder der Staatskasse bedarf der Angeklagte häufig der **Hilfe** des **Verteidigers**. Sowohl dann, wenn es sich um eine einmalige Leistung als auch wenn es sich um eine in mehreren Raten zu erbringende handelt, kann es sich anbieten, dass der Angeklagte seine Leistung beim Verteidiger „**anspart**" und dieser für ihn die entsprechenden Überweisungen/Zahlungen tätigt. Häufig sind die Mandanten nämlich nicht in der Lage, einen Tilgungs-/Zahlungsplan einzuhalten, sodass dann bei Ablauf der Erfüllungsfrist die zu erbringende Leistung nicht vorhanden ist. Erbringt der Mandant Teilleistungen an die begünstigte Stelle, erfüllt die Geldbuße dann aber nicht vollständig, sind zudem die erbrachten **Teilleistungen verloren** (§ 153a Abs. 1 S. 5). 1328

> Zumindest sollte der Verteidiger den Mandanten aber dadurch **kontrollieren**, dass er sich von ihm Durchschriften der vorgenommenen Überweisungen schicken lässt. Ggf. wird er ihn angemessene Zeit vor Ablauf der Erfüllungsfrist (noch einmal) an die vollständige Erfüllung der Geldauflage erinnern (Frist notieren!).

Hilfe des Verteidigers kann insbesondere auch dann gefragt sein, wenn der Mandant noch **nach Fristablauf Zahlungen** erbracht hat, was dem Gericht und der StA, da sie z.B. beim Empfänger nicht nachgefragt haben, nicht bekannt ist. Dann stellt sich die Frage, ob diese zu erstatten sind. Während das für vor Ablauf der gesetzten Frist erbrachte Leistungen nach dem Gesetzeswortlaut zu verneinen ist (vgl. dazu LR-*Beulke*, § 153a Rn 89 [Berücksichtigung bei der Strafzumessung]; *Meyer-Goßner/Schmitt*, § 153a Rn 46 m.w.N. [§ 56f Abs. 3 StGB entsprechend]), sind nach Fristablauf erbrachte Leistungen zu **erstatten** 1329

| E | Einstellung des Verfahrens nach § 153b bei Absehen von Strafe |

> (KK-*Diemer*, § 153a, Rn 40; *Kalomiris* NStZ 1998, 500; a.A. LR-*Beulke*, a.a.O.). Den entsprechenden **Antrag** muss der Verteidiger ggf. für seinen Mandanten stellen.
>
> Nach *Kalomiris* (a.a.O.) kommt in den Fällen, in denen die Auflage **vor Fristablauf vollständig** erfüllt war, aber ggf. die **Wiederaufnahme** des Verfahrens nach § 359 Nr. 5 in Betracht (s. aber *Meyer-Goßner/Schmitt*, § 359 Rn 39 m.w.N.; ähnlich LG Berlin NStZ 2012, 352 für die Wiederaufnahme nach § 359 nach Zahlung der Geldbuße nach Rechtskraft des Strafbefehls).

1330 c) Schließlich wird der Beschuldigte/Angeklagte die Hilfe des Verteidigers auch benötigen, wenn es um die **nachträgliche Änderung** von **Auflagen** und **Weisungen** geht. Das wird insbesondere dann der Fall sein, wenn sich die wirtschaftlichen Verhältnisse des Mandanten geändert haben (vgl. dazu die Fallgestaltung bei LG Saarbrücken StRR 2011, 67). Dann muss der Verteidiger die Änderungen umfassend darstellen. Ggf. empfiehlt es sich, die Frage der Änderung vorab mit der StA zu erörtern. Da in der Rspr. davon ausgegangen wird, dass diese einer nachträglichen Änderung zustimmen muss (vgl. LG Saarbücken, a.a.O.; a.A. *Meyer-Goßner/Schmitt*, § 153a Rn 42 u. 51, jew. m.w.N.), dürfte es vorteilhaft sein, diese von vornherein an der Änderung und dem Änderungsverfahren zu beteiligen (zu einem Antragsmuster Beck-*Hamm*, S. 178).

Siehe auch: → *Einstellung des Verfahrens, Allgemeines*, Rdn 1299 m.w.N.

1331 Einstellung des Verfahrens nach § 153b bei Absehen von Strafe

1332 **Literaturhinweise:** **Bernsmann**, Wider eine Vereinfachung der Hauptverhandlung, ZRP 1994, 332; **Oglakcioglu**, Höchstrichterliche Rechtsprechung zur Aufklärungshilfe – eine erste Zwischenbilanz, StraFo 2012, 89; **Peglau**, Die neue „Kronzeugenregelung" (§ 46b StGB), wistra 2009, 412; s.a. die Hinw. bei → *Einstellung des Verfahrens, Allgemeines*, Rdn 1299; → *Einstellung des Verfahrens nach § 153 wegen Geringfügigkeit*, Rdn 1304 und → *Täter-Opfer-Ausgleich*, Rdn 2586.

1333 **1.** § 153b sieht eine Einstellung des Verfahrens dann vor, wenn die Voraussetzungen vorliegen, unter denen das Gericht von Strafe absehen könnte. Dann kann im EV die StA mit Zustimmung des Gerichts das Verfahren einstellen. Nach § 153b Abs. 2 kann das Gericht später **nur** noch **bis** zum **Beginn** der **HV**, also bis zum → *Aufruf der Sache*, Rdn 341, gem. § 243 Abs. 1 S. 1, das Verfahren nach § 153b einstellen. Eine (noch spätere) Einstellung „in" der HV scheidet aus, dann wird im Urteil nach den jeweils einschlägigen materiellrechtlichen Normen von Strafe abgesehen. Da somit die praktische Bedeutung der Einstellung nach § 153b für die HV nur gering ist, soll sich die Darstellung an dieser Stelle auf einen kurzen Überblick beschränken. Wegen der weiteren Einzelheiten wird verwiesen auf *Burhoff*, EV, Rn 1758 und auf → **Täter-Opfer-Ausgleich**, Rdn 2586.

2. Zu den für eine **Anwendung** des § 153b infrage kommenden materiell-rechtlichen Vorschriften zählt zunächst § 60 StGB (h.M.), der auch bei Verbrechen gilt, sowie die Vorschriften des StGB, in denen wegen tätiger Reue oder sonstiger Schuldminderungsgründe von der **Strafe abgesehen** werden kann. Das sind z.B. § 158 Abs. 1 StGB (Berichtigung einer falschen Aussage), § 46b StGB, der für den → *Kronzeugen*, Rdn 1809, ein Absehen von Strafe vorsieht (*Peglau* wistra 2009, 412) und §§ 29 Abs. 5, 31 BtMG (Eigenverbrauch/„Kronzeuge"). § 153b kann insbesondere **auch** im Fall des § **46a StGB** angewendet werden (*Meyer-Goßner/Schmitt*, § 153b Rn 1), allerdings mit der o.a. zeitlichen Begrenzung. Für das **Jugendstrafverfahren** gilt § 10 Abs. 1 Nr. 7 JGG (vgl. dazu *Meyer-Goßner/Schmitt*, § 153b Rn 5).

1334

3. Für eine Einstellung nach § 153b ist die **Zustimmung** der StA und des **Angeklagten**, nicht aber die des Nebenklägers erforderlich (vgl. zu Letzterem → *Einstellung des Verfahrens nach § 153 wegen Geringfügigkeit*, Rdn 1309). Wegen der mit der Einstellungsentscheidung zu treffenden **Kostenentscheidung** gelten die Ausführungen bei → *Einstellung des Verfahrens nach § 153a nach Erfüllung von Auflagen und Weisungen*, Rdn 1323, entsprechend (vgl. dazu a. KK-*Diemer*, § 153b Rn 8). Für **Rechtsmittel** in Zusammenhang mit einer Einstellung nach § 153b gelten die Ausführungen zu Rechtsmitteln gegen eine → *Einstellung des Verfahrens nach § 153 wegen Geringfügigkeit*, Rdn 1312, entsprechend (s.a. *Heinrichs* NStZ 1996, 110; *Karl* NStZ 1995, 535; *Schroeder* NStZ 1996, 535, jew. m.w.N.).

1335

Siehe auch: → *Einstellung des Verfahrens, Allgemeines*, Rdn 1299 m.w.N.

Einstellung des Verfahrens nach § 154 bei Mehrfachtätern

1336

Das Wichtigste in Kürze:
1. Ziel der Einstellung nach § 154 ist eine Verfahrensbeschleunigung durch einen Teilverzicht auf Strafverfolgung.
2. In Betracht kommt die Einstellung nach § 154 beim sog. Mehrfachtäter, der bereits wegen einer anderen Tat rechtskräftig verurteilt worden ist.
3. Die Einstellung nach § 154 kann in jeder Lage des Verfahrens, also auch noch in der HV, erfolgen.
4. Die Einstellung erfolgt durch i.d.R. unanfechtbaren Beschluss.
5. Die gerichtliche Entscheidung ist grds. nicht anfechtbar.
6. Die Einstellung nach § 154 ist endgültig gemeint, durch sie entsteht ein Verfahrenshindernis. Unter bestimmten Voraussetzungen kann das Verfahren jedoch wieder aufgenommen werden.

| E | Einstellung des Verfahrens nach § 154 bei Mehrfachtätern |

7. Von der Frage der Wiederaufnahme unabhängig ist es, ob die gem. § 154 Abs. 2 eingestellten Taten bei der Beweiswürdigung oder der Strafzumessung des anhängigen Verfahrens berücksichtigt werden dürfen.

1337 Literaturhinweise: **Beulke/Stoffer**, Die strafschärfende Berücksichtigung von nach §§ 154, 154a StPO ausgeschiedenem Prozessstoff, Zum Spannungsfeld zwischen Entformalisierung und schützenden Formen im Strafprozess anlässlich BGH, Beschl. v. 29.6.2010, 1 StR 157/10, StV 2011, 442; **Bruns**, Prozessuale „Strafzumessungsverbote" für strafbare Vor- und Nachtaten?, NStZ 1981, 81; **Fromm**, Einstellungen des Strafverfahrens gem. § 154 StPO bei Mehrfachtätern – Neuer Hebel der Strafverfolgungsorgane zur Vermeidung unerwünschter Freisprüche?, StRR 2012, 204; **Gillmeister**, Strafzumessung aus verjährten und eingestellten Straftaten, NStZ 2000, 344; **Klein/Koll**, Keine unbeschränkte Wiederaufnahme staatsanwaltschaftlich eingestellter Verfahren nach § 154 Abs. 1 StPO, StraFo 2011, 78; **Möller**, Das Beschwerderecht gegen eine vorläufige Einstellung gemäß § 154 Abs. 2 StPO in der Hauptverhandlung nach durchgeführter Beweisaufnahme, StraFo 2013, 241; **Mösl**, Zum Strafzumessungsrecht, NStZ 1981, 131; **K. Peters**, Die Problematik der vorläufigen Einstellung nach § 154 Abs. 2 StPO, StV 1981, 400; **S. Peters**, § 154 StPO im Hinblick auf ausländische Strafverfahren und Verurteilungen, NStZ 2012, 60; **Schulz**, Die Anfechtbarkeit des Beschlusses nach § 154 Abs. 2 StPO, StraFo 2006, 444; **Stuckenberg**, Strafschärfende Verwertung früherer Einstellungen und Freisprüche – doch ein Verstoß gegen die Unschuldsvermutung?, StV 2007, 655; **Willsch**, Die Zulassung der privilegierten Zwangsvollstreckung gemäß § 111g Abs. 2 StPO nach Anwendung der §§ 154, 154a StPO, wistra 2013, 9; s.a. die Hinw. bei → *Einstellung des Verfahrens, Allgemeines*, Rdn 1299 und → *Einstellung des Verfahrens nach § 153 wegen Geringfügigkeit*, Rdn 1304.

1338 1. Ziel der Einstellung nach § 154 ist eine **Verfahrensbeschleunigung** durch einen Teilverzicht auf Strafverfolgung (*Meyer-Goßner/Schmitt*, § 154 Rn 1 m.w.N.; zur Einstellung nach § 154 im EV, insbesondere zu den Vor- und Nachteilen dieser Einstellungsmöglichkeit, s. *Burhoff*, EV, Rn 1772 ff.). Für den Verteidiger ist die Anregung, das Verfahren ggf. nach § 154 Abs. 2 einzustellen eine gute Möglichkeit, das **Gericht** darauf hin zu **testen**, ob es überhaupt zur Verurteilung neigt (*Dahs*, Rn 522).

Die Einstellung nach § 154 Abs. 2 ist aber kein Mittel, um einen an sich erforderlichen Freispruch zu umgehen (AG Lebach StraFo 2013, 249).

1339 2. In Betracht kommt eine Einstellung nach § 154 beim **Mehrfachtäter**, der bereits wegen einer anderen Tat rechtskräftig verurteilt worden ist (zur möglichen Erweiterung des Anwendungsbereichs → *Gesetzesnovellen*, Rdn 1617). Die Vorschrift ist nach h.M. in der Lit. nicht anwendbar, wenn es um eine ausländische Verurteilung geht (vgl. *Meyer-Goßner/Schmitt*, § 154 Rn 1; HK-*Gercke*, § 154 Rn 2; LR-*Beulke*, § 154 Rn 10, jeweils m.w.N. zur a.A. in der Rspr. der LG; a.A. wohl auch *Peters* NStZ 2012, 60; AG Bochum StRR 2010, 185 m. zust. Anm. *Bleicher*). Etwas anderes gilt bei **Urteilen** aus **EU-Staaten** (*Peters*, a.a.O.; *Meyer-Goßner/Schmitt*, a.a.O., jeweils unter Hinw. auf Art. 3 des Rahmenbeschlusses 2008/675/JI des EU-Rates v. 24.7.2008, Amtsblatt der EU L 220/33 v. 15.8.2008 [http://eur-lex.europa.eu/LexUriServ/LexUriServ.do?uri=OJ:L:2008:220:0032:0034:DE:PDF]).

Einstellung des Verfahrens nach § 154 bei Mehrfachtätern   E

Es gilt: **1340**

- Fällt neben dieser Verurteilung die zu erwartende **Strafe nicht beträchtlich** ins Gewicht, kann das Verfahren nach **§ 154 Abs. 1 Nr. 1** eingestellt werden, wenn dadurch nicht die Einwirkung auf den Täter und die Verteidigung der Rechtsordnung Schaden leiden würden.

> 🖉 Diese ausdrücklich nur in § 154 Abs. 1 Nr. 2 enthaltene **Einschränkung** gilt nach Sinn und Zweck der Regelung auch für § 154 Abs. 1 Nr. 1 (*Meyer-Goßner/Schmitt*, § 154 Rn 7).

- Die Frage, wann eine Strafe nicht besonders ins Gewicht fällt, ist eine Frage des **Einzelfalls** (zu der insoweit erforderlichen Prüfung *Burhoff*, EV, Rn 1781).
- Darüber hinaus kann nach **§ 154 Abs. 1 Nr. 2** auf die **Strafverfolgung** wegen einer der mehreren Taten **verzichtet** werden, wenn es **unangemessen lange** dauern würde, bis ein **Urteil** in dieser Sache zu erwarten ist; dabei ist die Strafsache mit anderen Verfahren zu vergleichen. Wenn allerdings ein Urteil in angemessener Frist durch **Verfahrenstrennung** erreicht werden kann, ist der Abtrennung des entsprechenden Verfahrensteils der Vorrang einzuräumen (*Meyer-Goßner/Schmitt*, § 154 Rn 9, 12 m.w.N. [dort a. wegen der weit. Einzelh.]; → *Abtrennung von Verfahren*, Rdn 244).

3. Die Einstellung nach § 154 kann in jeder Lage des Verfahrens, also auch **noch in** der **HV**, **1341** erfolgen. Die Einstellung des Verfahrens ist auch noch nach Eintritt von (Teil)Rechtskraft möglich (BGH StraFo 2011, 184; 2014, 511). Zuständig für die Entscheidung über die Einstellung in der HV ist nach § 154 Abs. 2 das Gericht. Erforderlich ist ein **Antrag** der StA. Der **Angeklagte** muss der Einstellung nicht zustimmen, das Gericht wird ihn aber **hören**. Die Anhörung ist jedoch nicht erforderlich (s. LR-*Beulke*, § 154 Rn 40; BGH NStZ 1995, 18 [K]; zu allem *K. Peters* StV 1981, 400 ff.). Auch ein Nebenkläger muss nicht zustimmen (→ *Einstellung des Verfahrens nach § 153a nach Erfüllung von Auflagen und Weisungen*, Rdn 1325).

> 🖉 Wenn der **Verteidiger** für den Angeklagten zur Frage der Einstellung des Verfahrens nach § 154 eine **Erklärung** abgibt, muss er darauf hinweisen, dass das Gericht alle erforderlichen **Nebenentscheidungen** mitrlässt. Dies sind einmal die Kostenentscheidung (vgl. dazu § 467 Abs. 1, 4) und vor allem, soweit gegen den Angeklagten **Strafverfolgungsmaßnahmen** i.S.d. **StrEG** (U-Haft wegen der eingestellten Tat!) ergriffen worden waren, die Entscheidung über eine **Entschädigung** nach den §§ 8, 3 StrEG (h.M.; vgl. KK-*Diemer*, § 154 Rn 30 m.w.N.; → *Entschädigung nach dem StrEG*, Rdn 1429). Mit der Entscheidung über eine Entschädigung darf nicht bis zum rechtskräftigen Abschluss eines anderen Verfahrens gewartet werden (OLG Düsseldorf NStZ-RR 1996, 223), die in § 154 Abs. 4 bestimmte Frist ist allerdings abzuwarten (OLG Düsseldorf StraFo 1999, 176).

| E | Einstellung des Verfahrens nach § 154 bei Mehrfachtätern |

👉 Der Angeklagte muss **gehört** werden, wenn davon abgesehen werden soll, seine notwendigen Auslagen der Staatskasse aufzuerlegen (OLG Dresden NStZ-RR 2015, 30).

1342 **4.a)** Die Einstellung nach § 154 Abs. 2 erfolgt durch **Beschluss** (BGH NStZ 1997, 26 [K]). Im Beschluss sind die ausgeschiedenen Tatteile oder Strafbestimmungen **konkret** („positiv") zu **bezeichnen** (u.a. BGH NStZ-RR 2012, 50 m.w.N.; NStZ-RR 2013, 10; StRR 2015, 99 m. Anm. *Arnoldi*). Die bloße Feststellung, das Verfahren werde „gem. § 154 StPO" und/oder „gem. § 154a StPO in Sinne der Anklage" beschränkt, ist zu ungenau und daher unwirksam (BGH NStZ-RR 2012, 50). Vielmehr ist wegen der weitreichenden Wirkungen einer Verfahrenseinstellung nach § 154 Abs. 2, die zu einem von Amts wegen zu beachtendes Verfahrenshindernis führt, der Beschluss und die Beschlussformel so zu fassen, dass kein Zweifel besteht, auf welche Taten und welche Angeklagten sie sich bezieht (BGH StRR 2015, 99; vgl. auch noch BGH NStZ-RR 2014, 378 [Ls.]). Die eingestellten Taten sind genau zu bezeichnen, nach Möglichkeit mit der Nummerierung der Anklageschrift. Ist dies nicht möglich, sind die Taten so genau zu beschreiben, dass klar erkennbar ist, welche angeklagten Taten aus dem Verfahren ausgeschieden werden. Hinsichtlich der Konkretisierung im Einstellungsbeschluss gelten insoweit **dieselben Anforderungen** wie bei der Tatbeschreibung in der Anklageschrift zur Erfüllung ihrer Umgrenzungsfunktion (BGH, a.a.O.; zur Anklageschrift s. *Burhoff*, EV, Rn 471).

👉 **Zuständig** für den Wiederaufnahmebeschluss ist das Gericht, das die vorläufige Einstellung ausgesprochen hat (BGH StV 2005, 532). Soll später mit der Revision beanstandet werden, dass das unzuständige Gericht entschieden hat, muss das mit der Verfahrensrüge geltend gemacht werden.

1343 **b)** Hatte der Verteidiger einen Antrag auf **Beiordnung** als **Pflichtverteidiger** gestellt, muss er darauf achten, dass er dem Mandanten vor endgültigem Verfahrensabschluss beigeordnet wird. Denn die Bestellung eines Pflichtverteidigers kommt nach der obergerichtlichen Rspr. **nicht mehr** in Betracht, wenn das **Verfahren** bereits endgültig **abgeschlossen** ist. Das gilt nach h.M. auch für eine Einstellung nach § 154 Abs. 2 im Hinblick auf eine rechtskräftige Verurteilung in einem anderen Verfahren, und zwar auch dann, wenn die Beiordnung bereits vor Verfahrensabschluss beantragt war (*Meyer-Goßner/Schmitt*, § 141 Rn 8 m.w.N.; OLG Düsseldorf StraFo 1996, 91; LG Arnsberg StRR 2007, 282 [Ls.]; s. aber auch die bei *Burhoff*, EV, Rn 3039, aufgeführte obergerichtliche und teilweise abweichende landgerichtliche Rspr.). Ggf. muss der Verteidiger den Mandanten durch Niederlegung des Wahlmandats „verteidigungslos" stellen.

👉 Es ist m.E. ein Gebot der **Fairness**, dass die Gerichte **zunächst** über die **Beiordnung** entscheiden und dann nach § 154 verfahren (s. auch OLG Hamm StV 2011, 658; OLG

Einstellung des Verfahrens nach § 154 bei Mehrfachtätern   E

Stuttgart StraFo 2010, 465, die eine zeitnahe Entscheidung über einen Beiordnungsantrag verlangen; so auch LG Dresden StV 2011, 666; LG Halle StV 2011, 667). § 154 ist nicht das Instrument, um die Beiordnung eines Pflichtverteidigers zu umgehen.

5. Die gerichtliche Entscheidung ist grds. **nicht anfechtbar** (BGHSt 10, 88, 91; BGH NStZ-RR 2008, 183 [zugleich auch zur Frage, wann der Angeklagte über einen Einstellungsantrag zu informieren ist]; LG Arnsberg wistra 2008, 440; zu den Rechtsmitteln s.a. die Tabelle bei *Burhoff*, EV, Rn 1041; s.a. *Peters* StV 1981, 411; *Fromm* StRR 2012, 204 f.). Das gilt auch für die Nebenentscheidungen (BGH StraFo 2012, 207; OLG Oldenburg StraFo 2010, 352 für Anfechtung der Auslagenentscheidung; KK-*Diemer*, § 154 Rn 35; zur Kostenentscheidung im Berufungsurteil nach Teilbeschränkung des Verfahrens gem. §§ 154 Abs. 2, 154a s. KG, Beschl. v. 18.11.2008 – 1 Ws 354/08; OLG Köln, Beschl. v. 24.2.2012 – 2 Ws 95/12 [Einstellung nach § 154 Abs. 2 in der Berufungsinstanz kein Teilerfolg]). **Ausnahmen** werden zugelassen bei einer „Beschwer" des Beschuldigten, wie z.B. fehlender Zuständigkeit des Gerichts (s. KK-*Diemer*, § 154 Rn 31), oder, wenn die Unschuld des Beschuldigten eindeutig feststand (BGH NStZ-RR 2007, 21 [Ls.]; vgl. dazu a. LG Arnsberg, a.a.O.) oder der Beschuldigte nicht gehört worden ist (OLG Oldenburg, a.a.O.). Das OLG Zweibrücken (NJW 1996, 866) geht davon aus, dass gegen den gerichtlichen Einstellungsbeschluss grds. die Beschwerde zulässig ist (s.a. *Schulz* StraFo 2006, 444).   1344

6. Die Einstellung nach § 154 ist endgültig gemeint, durch sie entsteht ein **Verfahrenshindernis** (s. bislang die Rspr. des BGH, vgl. BGHSt 30, 197;54, 1; BGH StraFo 2012, 207; StRR 2013, 322 [Ls.]; KG StV 2011, 400; OLG Düsseldorf StraFo 1999, 302), und zwar auch dann, wenn irrtümlich nach § 154 Abs. 2 anstatt nach § 154a Abs. 2 eingestellt worden ist (BGH NStZ 2014, 46; vgl. dazu aber *Meyer-Goßner/Schmitt*, § 154a Rn 29 m.w.N.). Dies gilt jedoch nur, wenn eine wirksame Anklage vorliegt (BGH NStZ 2001, 656; zur Anklageschrift *Burhoff*, EV, Rn 462 ff.). Der BGH geht jetzt aber in seinem Beschl. v. 25.9.2014 (4 StR 69/14, StRR 2015, 99 m. Anm. *Arnoldi*) davon aus, dass dann, zweifelhaft ist/bleibt, ob und welche Verfahrensteile nach § 154 Abs. 2 eingestellt worden ist, die Verfahrensbeschränkung insgesamt wirkungslos ist und sie einer Aburteilung nicht entgegen steht (anders noch BGH, Beschl. v. 3.12.2013 – 4 StR 461/13).   1345

Es besteht aber die Möglichkeit, nach § 154 Abs. 3, 4 das Verfahren später wieder aufzunehmen (zur „**Wiederaufnahme**" eingehend *Burhoff*, EV, Rn 1789). Dazu ist jedoch ein Gerichtsbeschluss erforderlich (BGH NStZ 2007, 476; 2014, 46; StRR 2013, 322 [Ls.]; KG, a.a.O.). Eine stillschweigende Wiederaufnahme reicht nicht aus (BGH NStZ-RR 2007, 83; OLG Düsseldorf, a.a.O.). Auch kann eine mit der Straftat zusammenhängende **OWi** von der Verwaltungsbehörde **weiterverfolgt** werden (BGHSt 41, 385 m.w.N.). Dem Angeklagten steht gegen die „Wiederaufnahme" ein **Beschwerderecht nicht** zu (vgl. *Meyer-Goßner/Schmitt*, § 154 Rn 24 m.w.N.; s. aber dazu auch   1346

E   Einstellung des Verfahrens nach § 154 bei Mehrfachtätern

AG Lebach StraFo 2013, 249; *Möller* StraFo 2013, 241 [zulässig und begründet, wenn die Beschwerde dazu dient grobes prozessuales Unrecht zu beseitigen]). Entsprechendes gilt für die StA. Ob diese gegen die Ablehnung der Wiederaufnahme Beschwerde einlegen kann, ist umstritten (vgl. bej. u.a. OLG Oldenburg NStZ 2007, 167 m.w.N.; andererseits abl. *Meyer-Goßner/Schmitt*, a.a.O. m.w.N. a. zur a.A.; *ders.* NStZ 2007, 421 in der Anm. zu OLG Oldenburg, a.a.O.).

Der Verteidiger muss den Angeklagten jedoch darauf **hinweisen**, dass in der Praxis die „Wiederaufnahme" eines Verfahrens nicht häufig ist. Sie ist nach § 154 Abs. 2 an **bestimmte – zu beachtende – Voraussetzungen gebunden** (BGHSt 54, 1; vgl. wegen der Einzelh. *Meyer-Goßner/Schmitt*, § 154 Rn 22 m.w.N.; KK-*Diemer*, § 154 Rn 30 [sachlich einleuchtender Grund]; eingehend zum „sachlich einleuchtenden Grund", insbesondere auch zur Frage, ob ein Bewertungswandel bei der StA zur Wiederaufnahme ausreicht, *Klein/Koll* StraFo 2011, 78, 79; OLG Naumburg, Beschl. v. 13.4.2015 – 2 RV 42/15 [nicht bereits bei der Einstellungsentscheidung vorliegende Gründe, die das Gericht hätte kennen können]). Es handelt sich zudem dann um eine „endgültige Einstellung", wenn sie im Hinblick auf eine rechtskräftige Verurteilung in einem anderen Verfahren erfolgt ist. Außerdem gilt: Ist das Verfahren im Hinblick auf die in einem anderen Verfahren zu erwartende Strafe eingestellt worden, kann es nach § 154 Abs. 4 (nur) binnen **drei Monaten** nach Rechtskraft des wegen der anderen Tat ergangenen Urteils/Beschlusses wiederaufgenommen werden. Bei dieser Frist handelt es sich um eine **Ausschlussfrist** zugunsten des Beschuldigten (OLG Hamm, Beschl. v. 3.4.2008 – 5 Ss 103/08; zu § 154 Abs. 4 eingehend LR-*Beulke*, § 154 Rn 73 ff.).

Hinweisen muss der Verteidiger auch darauf, dass ein → ***Zeugnisverweigerungsrecht***, Rdn 3552, das der Angehörige des Beschuldigten im Verfahren gegen einen Mitbeschuldigten hat, **erlischt**, wenn das gegen den angehörigen Beschuldigten geführte Verfahren nach § 154 (rechtskräftig) abgeschlossen wird (BGHSt 54, 1 m. Anm. *Burhoff* StRR 2009, 461).

7. Hinweise für den Verteidiger!

1347   a) Von der Frage der Wiederaufnahme unabhängig ist es, ob die gem. § 154 Abs. 2 eingestellten Taten bei der **Beweiswürdigung** oder der **Strafzumessung** des anhängigen Verfahrens **berücksichtigt** werden dürfen (vgl. zu der Problematik auch *Beulke/Stoffer* StV 2011, 442). Insoweit gilt:

1348   aa) Nach der Rspr. des **BGH** dürfen die gem. § 154 Abs. 2 eingestellten Taten bzw. belastende Umstände aus eingestellten Taten **straferschwerend** zum Nachteil des Angeklagten nur berücksichtigt werden, wenn sie **prozessordnungsgemäß festgestellt** sind (vgl. u.a. BGH NStZ 2000, 594; StraFo 2012, 502; OLG Hamm StV 2004, 3131) und der Angeklagte außerdem darauf **hingewiesen** worden ist, dass trotz Einstellung sein Verhalten berücksichtigt werden soll (st. Rspr.; vgl. u.a. BGHSt 30, 147; zuletzt BGH StV 2009, 117; 2011, 399; 2014, 478; NStZ-RR 2014, 368 [Ls.]; *Meyer-Goßner/Schmitt*, § 154a Rn 2, § 154 Rn 25; KK-*Diemer*, § 154 Rn 48, jew. m.w.N.; zu allem a. *Bruns* NStZ 1981, 85; *Mösl* NStZ 1981, 134; *Gillmeister* NStZ 2000, 344; zur Begründung der Verfahrensrüge in diesen Fällen OLG Hamm, a.a.O.). Auch wenn das Gericht von einem auf Anregung des Gerichts gestellten Einstellungsantrag der StA im Urteil abweichen will, muss es darauf hinweisen (BGH NStZ 1999, 416; zum Nachweis, dass ein Hinweis nach § 265 erteilt worden ist, s. BGH StV 2011, 399 [keine wesentliche Förmlichkeit der HV]).

> Hat die **StA** im **EV** das Verfahren teilweise nach § 154 Abs. 1 eingestellt, können die eingestellten Taten allerdings nicht mit einem Hinweis, sondern nur mit der → ***Nachtragsanklage***, Rdn 1905, wieder einbezogen werden (BGH StraFo 2004, 98; LR-*Beulke*, § 154 Rn 49).

bb) Das Gleiche gilt für die Berücksichtigung bei der **Beweiswürdigung** (st. Rspr.; vgl. u.a. BGHSt 31, 302 f.; BGH NStZ 1996, 611). Nur in den Fällen, in denen aus den Umständen des Verfahrensgangs oder aus anderen Gründen die Teileinstellung einen **Vertrauenstatbestand** nicht zu erzeugen vermag, ist ein **Hinweis entbehrlich** (BGH, a.a.O.; zu einem Ausnahmefall der Verwertbarkeit s. BGH NJW 1996, 2585 [Verwertung des eingestellten Betrugs-Sachverhalts beim Vorwurf des Versicherungsbetruges]; s.a. u. Rdn 1350). Wenn jedoch der Verteidiger der Einstellung **widerspricht**, um einen Freispruch zu erreichen, und sich das Gericht durch die Einstellung der Auseinandersetzung mit den Einwendungen der Verteidigung entzieht, kann der Verteidiger/Angeklagte darauf vertrauen, dass ohne vorherigen Hinweis der ausgeschiedene Verfahrensstoff bei der verbleibenden Beweiswürdigung nicht mehr berücksichtigt wird (BGH NStZ 1996, 611; KK-*Diemer*, § 154a Rn 49).

1349

> Entgegen BGHSt 30, 165 dürfte das (Verwertungs-)Verbot **auch** dann gelten, wenn die **StA** schon vor Anklageerhebung gem. § 154 Abs. 1 im **EV** von der Strafverfolgung **abgesehen** hat. Der Angeklagte darf grds. darauf vertrauen, dass ein von der StA eingestelltes Verfahren nicht zu seinem Nachteil verwertet wird (so a. BGH NStZ 1983, 20 m. Anm. *Bruns*; StV 1983, 15; KK-*Diemer*, § 154 Rn 48).

b) Für die **Revision** gilt: Das **Unterlassen** des (erforderlichen) Hinweises muss der Verteidiger in der Revision mit der **Verfahrensrüge** in der Form des § 344 Abs. 2 S. 2 geltend machen (BGH NStZ 1993, 501; *Meyer-Goßner/Schmitt*, § 154a Rn 2 m.w.N.; → *Revision, Begründung, Verfahrensrüge*, Rdn 2322).

1350

> Ggf. kann ein ausdrücklicher **Hinweis** aber auch **entbehrlich** sein. Das hängt entscheidend davon ab, ob eine Verfahrenslage bestanden hat, aufgrund derer der Ange-

> klagte darauf **vertrauen** durfte, dass die ausgeschiedene Tat nicht zu seinem Nachteil verwertet werden würde. Das ist z.b. nicht der Fall, wenn der Angeklagte durch den Ablauf der HV davon ausgehen musste, dass die ausgeschiedenen Tatteile herangezogen werden würden (BGH NStZ 1987, 133) oder das Verteidigungsverhalten des Angeklagten durch die Heranziehung nicht beeinflusst werden kann (BGH NStZ 1987, 134; 1992, 225 [K]; s. aber a. BGH NStZ 1996, 611).

Siehe auch: → *Einstellung des Verfahrens, Allgemeines*, Rdn 1299 m.w.N.

1351 Einstellung des Verfahrens nach § 154a zur Beschränkung der Strafverfolgung

Das Wichtigste in Kürze:
1. Die Einstellung nach § 154a verfolgt ebenso wie die Einstellung nach § 154 das Ziel der Verfahrensbeschleunigung und -vereinfachung.
2. Voraussetzung für eine Einstellung nach § 154a ist, dass abtrennbare Teile einer Tat oder einzelne von mehreren Gesetzesverletzungen entweder für die zu erwartende Strafe (§ 154a Abs. 1 S. 1 Nr. 1) oder neben einer bereits rechtskräftig verhängten Strafe (§ 154a Abs. 1 S. 1 Nr. 2) nicht beträchtlich ins Gewicht fallen oder durch die Einstellung eine unangemessen lange Verfahrensdauer vermieden werden soll.
3. Eingestellt werden kann durch das Gericht in jeder Lage des Verfahrens, also auch noch in der HV.
4. Das Gericht entscheidet in der HV durch Beschluss.
5. Das Gericht kann nach § 154a Abs. 3 das Ausgeschiedene in jeder Lage des Verfahrens wieder in das Verfahren einbeziehen.

1352 **Literaturhinweise: Beulke/Stoffer**, Die strafschärfende Berücksichtigung von nach §§ 154, 154a StPO ausgeschiedenem Prozessstoff, Zum Spannungsfeld zwischen Entformalisierung und schützenden Formen im Strafprozess anlässlich BGH, Beschl. v. 29.6.2010, 1 StR 157/10, StV 2011, 442; **Klein/Koll**, Keine unbeschränkte Wiederaufnahme staatsanwaltschaftlich eingestellter Verfahren nach § 154 Abs. 1 StPO, StraFo 2011, 78; **Sander**, Verteidigung gegen die Berücksichtigung verjährter und ausgeschiedener Taten oder Tatteile bei der Strafzumessung, StraFo 2004, 47; **Stuckenberg**, Strafschärfende Verwertung früherer Einstellungen und Freisprüche – doch ein Verstoß gegen die Unschuldsvermutung, StV 2007, 655; **Willsch**, Die Zulassung der privilegierten Zwangsvollstreckung gemäß § 111g Abs. 2 StPO nach Anwendung der §§ 154, 154a StPO, wistra 2013, 9; s.a. die Hinw. bei → *Einstellung, Allgemeines*, Rdn 1299 und → *Einstellung des Verfahrens nach § 153 wegen Geringfügigkeit*, Rdn 1304.

1353 1. Die Einstellung nach § 154a verfolgt ebenso wie die Einstellung nach § 154 das Ziel der **Verfahrensbeschleunigung** und -vereinfachung (zur Einstellung nach § 154 → *Einstellung des Verfahrens nach § 154 bei Mehrfachtätern*, Rdn 1336).

Einstellung des Verfahrens nach § 154a zur Beschränkung der Strafverfolgung E

2. Voraussetzung für eine Einstellung nach § 154a ist, dass abtrennbare Teile einer Tat oder einzelne von mehreren Gesetzesverletzungen entweder für die zu erwartende Strafe (§ 154a Abs. 1 S. 1 Nr. 1) oder neben einer bereits rechtskräftig verhängten Strafe (§ 154a Abs. 1 S. 1 Nr. 2) nicht beträchtlich ins Gewicht fallen oder durch die Einstellung eine unangemessen lange Verfahrensdauer vermieden werden soll (§ 154a Abs. 1 S. 2 i.V.m. § 154 Abs. 1 Nr. 2; wegen der Einzelh. s. *Meyer-Goßner/Schmitt*, § 154a Rn 4 ff. und die entsprechend geltenden Ausführungen bei → *Einstellung des Verfahrens nach § 154 bei Mehrfachtätern*, Rdn 1336). 1354

3. Eingestellt werden kann durch das Gericht in jeder Lage des Verfahrens, also auch noch **in** der **HV** (zur Einstellung nach § 154a im EV *Burhoff*, EV, Rn 1799 ff.). Nach § 154a Abs. 2 ist nur die **Zustimmung** der **StA** erforderlich, nicht die des Angeklagten. Dieser wird nur gehört. Auch die Zustimmung des Nebenklägers ist nicht erforderlich (→ *Einstellung des Verfahrens nach § 153a nach Erfüllung von Auflagen und Weisungen*, Rdn 1325). Dessen Anschlussrecht wird allerdings gem. § 395 Abs. 4 durch die Beschränkung nach § 154a nicht berührt. 1355

4.a) Das Gericht entscheidet in der HV durch **Beschluss**, und zwar spätestens zusammen mit der → *Urteilsverkündung*, Rdn 2761 (BGH NStZ 1996, 324 [K]). Der Beschluss braucht i.d.R. keine **Kosten-** und **Auslagenentscheidung** zu enthalten, da es sich nur um eine vorläufige Entscheidung handelt (st. Rspr. seit BGHSt 22, 105 f.; s.a. BGH StV 1993, 135 [Ls.]; KK-*Diemer*, § 154a Rn 16; LR-*Beulke*, § 154a Rn 27). Einer Kostenentscheidung bedarf der gerichtliche Beschluss nur dann, wenn er das Verfahren tatsächlich insgesamt beendet (OLG Frankfurt am Main MDR 1982, 1042). Bei der abschließenden Kostenentscheidung wird dann § 465 entsprechend angewendet. 1356

b) Der gerichtliche Beschluss nach § 154a ist grds. **nicht anfechtbar** (*Meyer-Goßner/ Schmitt*, § 154a Rn 23; → *Einstellung des Verfahrens nach § 154 bei Mehrfachtätern*, Rn 402a; wegen der Rechtsmittel s.a. die Rechtsmittel-Tabelle bei *Burhoff*, EV, Rn 1856). 1357

5.a) Das Gericht kann nach § 154a Abs. 3 das **Ausgeschiedene** in jeder Lage des Verfahrens **wieder** in das Verfahren **einbeziehen** (s. dazu a. *Sander* StraFo 2004, 47; krit. – zu § 154 – *Klein/Koll* StraFo 2011, 78). Die ausdrückliche Wiedereinbeziehung ist erforderlich, wenn es ausgeschiedene Taten oder Tatteile bei der **Beweiswürdigung** oder bei der **Strafzumessung** berücksichtigen will (s. dazu im Einzelnen bei → *Einstellung des Verfahrens nach § 154 bei Mehrfachtätern*, Rdn 1347 ff.; die dortigen Rspr.-Nachw. gelten entsprechend). 1358

Der ausgeschiedene Verfahrensstoff kann ggf. bei der **Strafzumessung** berücksichtigt werden, wenn er prozessordnungsgemäß festgestellt und der Angeklagte zuvor auf diese Möglichkeit hingewiesen worden ist (vgl. zuletzt BGH StV 2009, 117; 2011, 399; 2014, 478; NStZ-RR 2014, 368 [Ls.]; und die weit. Nachw. bei *Meyer-Goßner/Schmitt*, § 154a Rn 2; *Sander* StraFo 2004, 47). Denn die Einstellung/Beschränkung entfaltet

> keine Sperrwirkung dahin, dass die eingestellten Taten z.b. nicht mehr für die Strafzumessung verwendet werden dürfen (BGH StV 2004, 415). Auch **Beweisanträge**, die sich auf diese Taten beziehen, sind zulässig (BGH, a.a.O.). Der ausgeschiedene Verfahrensstoff kann schließlich auch bei der **Beweiswürdigung** berücksichtigt werden (BGHSt 31, 302, 303).

1359 b) Für die Wiedereinbeziehung bedarf das Gericht weder eines Antrags noch der Zustimmung eines Verfahrensbeteiligten. Stellt die **StA** einen **Antrag**, muss das Gericht diesem gem. § 154a Abs. 3 S. 2 **entsprechen**.

1360 c) Die Wiedereinbeziehung erfolgt i.d.R. durch **Gerichtsbeschluss**. Dieser ist jedoch – im Gegensatz zu § 154 Abs. 5 – nicht vorgeschrieben (s. aber BGH NStZ 1996, 241). Es reicht aus, wenn die Einbeziehung durch andere Maßnahmen **deutlich** zum **Ausdruck** gebracht wird (BGH NJW 1975, 1748), indem der Vorsitzende etwa einen **Hinweis** nach § 265 gibt (BGH NStZ 1994, 495; → *Hinweis auf veränderte Sach-/Rechtslage*, Rdn 1739) oder Zeugen zu einem ausgeschiedenen Tatkomplex gehört werden.

> § 154a Abs. 3 S. 3 schreibt die **entsprechende Anwendung** von § 265 Abs. 4 vor (→ *Aussetzung wegen veränderter Sach-/Rechtslage*, Rdn 498; → *Hinweis auf veränderte Sach-/Rechtslage*, Rdn 1720 ff.). Der Verteidiger kann also, wenn er sich auf eine Verteidigung auch hinsichtlich des wiedereinbezogenen Tatteils nicht ausreichend hat vorbereiten können, einen **Aussetzungsantrag** stellen. Er darf dieses nicht versäumen, da die Ablehnung eines solchen Antrags ggf. gem. § 338 Nr. 8 die **Revision** rechtfertigen kann. Die Aussetzung ist allerdings nicht obligatorisch.
>
> Eine unterlassene, aber gebotene Wiedereinbeziehung ist mit einer den Anforderungen des § 344 Abs. 2 S. 2 entsprechenden **Verfahrensrüge** geltend zu machen (BGH NStZ 1996, 241; a.A. BGH NStZ 1995, 540 f. [auch Sachrüge]).

Siehe auch: → *Einstellung des Verfahrens, Allgemeines*, Rdn 1299 m.w.N.

1361 Einstellung des Verfahrens nach § 205 wegen Abwesenheit des Angeklagten oder anderer Hindernisse

1362 Literaturhinweise: **Krause**, Die vorläufige Einstellung von Strafsachen praeter legem, GA 1969, 97; **Rieß**, Beschwerdebefugnis des Nebenklägers bei vorläufiger Verfahrenseinstellung nach § 205 StPO, NStZ 2001, 355; s.a. die Hinw. bei → *Einstellung des Verfahrens, Allgemeines*, Rdn 1299.

1363 1. Nach § 205 kann bei **vorübergehenden Hindernissen** tatsächlicher oder rechtlicher Art das Verfahren (vorläufig) eingestellt werden. Die Vorschrift wurde in der Vergangenheit in jeder Lage des Verfahrens angewendet, obwohl sie dem Wortlaut nach nur für die

HV gilt (s. Nr. 104 RiStBV; *Krause* GA 1969, 97). Für das EV ist durch das 2. OpferRRG v. 29.7.2009 (BGBl I, S. 2280) dann aber § 154f eingeführt worden, der dort die frühere entsprechende Anwendung der Vorschrift überflüssig macht (zur Einstellung nach § 154f im EV *Burhoff*, EV, Rn 1814 und Rn 1841.

2.a) Hauptanwendungsfall des § 205 ist die – für längere Zeit bestehende – **Abwesenheit** des **Angeklagten**, z.b. infolge Flucht (zum Begriff der Abwesenheit s. § 276) oder auch Abschiebung (OLG Brandenburg NStZ-RR 2005, 49 [für Einstellung im Revisionsverfahren]). Angewendet werden kann § 205 auch bei anderen vorübergehenden, in der Person des Angeklagten liegenden Hindernissen. Dazu zählt die (vorübergehende) **Verhandlungsunfähigkeit** (BGH NStZ 1996, 242; zum Begriff → *Verhandlungsfähigkeit*, Rdn 2878), und zwar auch dann, wenn der Angeklagte sich weigert, eine bestehende Krankheit behandeln zu lassen, sofern die Möglichkeit der Besserung gegeben ist (LG Nürnberg-Fürth NJW 1999, 1125). Hat der Angeklagte die Verhandlungsunfähigkeit selbst herbeigeführt, gilt § 231a (→ *Selbst herbeigeführte Verhandlungsunfähigkeit*, Rdn 2493; s.a. dazu LG Nürnberg-Fürth, a.a.O.). Bei einem **Ausländer** kann die Anwendung von § 205 in Betracht kommen, wenn er in seine Heimat zurückgekehrt ist (OLG Koblenz VRS 68, 364) und seine Gestellung unmöglich ist (BGHSt 37, 145 f.).

1364

b) Ob § 205 bei nicht in der Person des Beschuldigten liegenden Hindernissen, z.B. **Unauffindbarkeit** eines wesentlichen **Zeugen**, entsprechend angewendet werden kann, ist **umstritten**. Von der h.M. in der Lit. wird das bejaht (vgl. *Meyer-Goßner/Schmitt*, § 205 Rn 8 m.w.N.; a.A. HK-*Julius*, § 205 Rn 2), a.A. ist die Rspr. (vgl. BGH NStZ 1985, 230; OLG Düsseldorf JR 1984, 436; OLG Frankfurt am Main NStZ 1982, 218 [für Vernehmungsunfähigkeit eines Zeugen]; OLG Hamm NJW 1998, 1088; OLG Koblenz StV 1993, 513; OLG München NJW 1978, 176; OLG Schleswig StraFo 1999, 126; SchlHA 2003, 191 [Dö/Dr]; OLG Stuttgart StV 2001, 667 [keine Einstellung bis zur Erlangung der notwendigen Verstandesreife einer Zeugin, wenn der Vormund für die minderjährige Zeugin vom ZVR Gebrauch macht]; LG Cottbus NStZ-RR 2009, 246; LG Düsseldorf StV 2008, 348 [für Zwischenverfahren]). Für das Revisionsverfahren hat das OLG Celle das Vorliegen der Voraussetzungen des § 205 verneint, wenn der Angeklagte nach Einlegung der Revision dauerhaft seinen Wohnsitz ins Ausland verlegt hat (OLG Celle Nds.Rpfl 2012, 18).

1365

✍ Der Rspr. ist m.E. zumindest dann zu folgen, wenn der Zeuge bereits vernommen worden ist. Eine Einstellung des Verfahrens kommt dann i.d.R. nicht (mehr) in Betracht, vielmehr ist die **frühere Aussage** des Zeugen nach § 251 zu **verlesen** (*Meyer-Goßner/Schmitt*, a.a.O.; BGH, a.a.O.; OLG Düsseldorf, a.a.O. m.w.N.; ähnl. *Rose* NStZ 1999, 263 in der Anm. zu OLG Hamm, a.a.O.; → *Verlesung von Protokollen früherer Vernehmungen/sonstiger Erklärungen*, Rdn 3014).

| E | Einstellung des Verfahrens nach § 205 |

1366 3. Das Gericht wird von der Möglichkeit der Einstellung nach § 205 nur dann Gebrauch machen, wenn das **Hindernis** für **längere Zeit** besteht. Sonst kann ggf. einfaches Warten genügen (krit. HK-*Julius*, § 205 Rn 1). In Verfahren gegen **mehrere Angeklagte** ist das **Beschleunigungsgebot** gegenüber Mitangeklagten zu beachten (OLG München NJW 1978, 176; vgl. dazu a. OLG Stuttgart StV 2001, 667). Wenn die Voraussetzungen des § 205 nur für einen (flüchtigen) Angeklagten vorliegen, ist die vorläufige Einstellung hinsichtlich der anderen nicht zulässig, vielmehr werden dann i.d.R. die verbundenen Verfahren zu trennen sein (OLG München, a.a.O.; *Meyer-Goßner/Schmitt*, § 205 Rn 7; → *Abtrennung von Verfahren*, Rdn 244). Nach einer Einstellung gem. § 205 ist die **Fortsetzung** des Verfahrens **jederzeit möglich**, und zwar i.d.R. auf Antrag der StA.

1367 4.a) In der HV wird das Verfahren durch **Beschluss** eingestellt. Die Einstellung erfolgt von Amts wegen oder auf Antrag (zu einem Antragsmuster *Burhoff*, EV, Rn 1849).

> ✍ Da § 205 dem **Erlass** eines **Strafbefehls** nicht entgegensteht (*Meyer-Goßner/Schmitt*, § 205 Rn 1), muss der Verteidiger immer überlegen, ob er – in geeigneten Fällen – nicht auch noch in der HV den Erlass eines Strafbefehls beantragt/**anregt**. Das gibt ihm die Möglichkeit, hinsichtlich der festzusetzenden Rechtsfolgen (noch) Anregungen zu geben (wegen der Voraussetzungen für den Erlass eines Strafbefehls in der HV → *Ausbleiben des Angeklagten*, Rdn 369 ff.). Eine konkrete Verständigung i.S.d. § 257c Abs. 3 ist allerdings nicht möglich, da die dazu erforderliche Zustimmung des (abwesenden) Angeklagten nicht eingeholt werden kann (→ *Absprachen/ Verständigung mit Gericht und Staatsanwaltschaft*, Rdn 137).
>
> Wird das Verfahren in der HV gem. § 205 eingestellt, wird ein ggf. gegen den Angeklagten ergangener **HB** nach § 230 Abs. 2 **gegenstandslos** (OLG Hamm NStZ-RR 2009, 89; → *Zwangsmittel bei Ausbleiben des Angeklagten*, Rdn 3661).

1368 b) Der Einstellungsbeschluss kann vom Angeklagten und der StA mit der einfachen → **Beschwerde**, Rdn 770, nach § 304 angefochten werden (*Meyer-Goßner/Schmitt*, § 205 Rn 4 m.w.N.; s.a. OLG Celle MDR 1978, 160 f.; zur Beschwerde allgemein *Burhoff*, EV, Rn 911). Wird die Einstellung abgelehnt, kann der Beschluss nach § 305 S. 1 nicht angefochten werden (*Meyer-Goßner/Schmitt*, a.a.O.; KK-*Schneider*, § 205 Rn 22; OLG Frankfurt am Main NJW 1969, 570). Der **Nebenkläger** kann die Einstellung nach h.M. nicht anfechten, und zwar auch dann nicht, wenn der Beschluss verfahrensfehlerhaft ist (*Meyer-Goßner/Schmitt*, § 205 Rn 4; LG Mönchengladbach StV 1987, 335; a.A. *Rieß* NStZ 2001, 355). Das ist verfassungsrechtlich nicht zu beanstanden (BVerfG NJW 1995, 317).

Siehe auch: → *Einstellung des Verfahrens, Allgemeines*, Rdn 1299 m.w.N.

Einstellung des Verfahrens nach § 206a bei Verfahrenshindernissen

Das Wichtigste in Kürze:
1. Stellt sich in der HV ein Verfahrenshindernis heraus, muss das Verfahren durch Einstellungsurteil gem. § 260 Abs. 3 eingestellt werden.
2. Als Verfahrenshindernis werden von der Rspr. des BGH alle Umstände angesehen, die nach dem ausdrücklich erklärten oder aus dem Zusammenhang ersichtlichen Willen des Gesetzes so schwer wiegen, dass sie der Zulässigkeit des Verfahrens (dauernd) entgegenstehen.
3. In vielen Fällen werden in der Rspr. Verfahrenshindernisse bejaht.
4. Besondere Bedeutung hat in der Praxis der Verbrauch der Strafklage.
5. Mit Abschluss des Schengener Durchführungsübereinkommen (SDÜ) haben die Fragen, die mit dessen Art. 54 zusammenhängen, an praktischer Bedeutung gewonnen.
6. In einer Reihe von Fällen wird in Rspr. und Lit. aber ein Verfahrenshindernis auch verneint.
7. Kommt ein Verfahrenshindernis in Betracht, muss der Verteidiger mit seinem Mandanten besprechen, ob es ratsam ist, dieses schon in der HV geltend zu machen, oder ob damit besser noch – ggf. bis zur Revision – gewartet wird.

Literaturhinweise: Arloth, Verfahrenshindernis und Revisionsrecht, NJW 1985, 417; **Bender**, Der Transitschmuggel im europäischen „ne bis in idem", wistra 2009, 176; *ders.*, Die transnationale Geltung des Grundsatzes „ne bis in idem" und das „Vollstreckungselement" GA 2011, 504; *ders.*, Der Grundsatz „ne bis in idem" und der Europäische Haftbefehl: europäischer ordre public vs. gegenseitige Anerkennung, HRRS 201, 19; **Böse**, Der Grundsatz „ne bis in idem" in der Europäischen Union (Art. 54 SDÜ), GA 2003, 762; **Brodowski**, Ne bis in idem im europäisierten Auslieferungsrecht, StV 2013, 339; **Burchard**, „Wer zuerst kommt, mahlt zuerst – und als einziger!" – Zuständigkeitskonzentrationen durch das europäische ne bis in idem bei beschränkt rechtskräftigen Entscheidungen Anmerkung zum Urteil des Europäischen Gerichtshofs vom 5. Juni 2014 (EuGH C-398/12, M) = HRRS 2015 Nr. 1, HRRS 2015, 26; **Burchard/Brodowski**, Art. 50 Charta der Grundrechte der Europäischen Union und das europäische ne bis in idem nach dem Vertrag von Lissabon, zugleich Besprechung von LG Aachen, Beschl. v. 8.12.2009 – 52 Ks 9/08, StraFo 2010, 179; **Cabanis**, Verhandlungs- und Vernehmungs(un)fähigkeit, StV 1984, 87; **Drees**, Gilt das Verbot der Schlechterstellung auch dann, wenn das Rechtsmittelgericht das Verfahren wegen eines behebbaren Verfahrenshindernisses einstellt?, StV 1995, 669; **Eckstein**, Im Netz des Unionsrechts – Anmerkungen zum *Fransson*-Urteil des EuGH, ZIS 2013, 220; **Endriß/Kinzig**, Eine Straftat – zwei Strafen, Nachdenken über ein erweitertes „ne bis in idem", StV 1997, 665; **Fiegenbaum/Raabe**, Verhandlungs-, Haft- und Schuldfähigkeit bei Patienten mit Angst- bzw. Panikstörungen, StraFo 1997, 97; **Fischer/Gauggel/Lämmler**, Möglichkeiten der neurologischen Prüfung der Verteidigungsfähigkeit, NStZ 1994, 316; **Gaede**, Das Recht auf Verfahrensbeschleunigung gemäß Art. 6 I EMRK in Steuer- und Wirtschaftsstrafverfahren, wistra 2004, 166; *ders.*, Vollstreckungslösung bei überlanger Verfahrensdauer, JZ 2008, 422; *ders.*, Transnationales „ne bis in idem" auf schwachem grundrechtlichen Fundament, NJW 2014, 2990; **Gatzweiler**, Der Sachverständige zur Beurteilung der Verhandlungsfähigkeit bzw. Verhandlungsunfähigkeit, StV 1989, 167; **Gillmeister**, Rechtliches Gehör im Ermittlungsverfahren, StraFo 1996, 114; **Grosse-Wilde**,

E Einstellung des Verfahrens nach § 206a bei Verfahrenshindernissen

Strafklageverbrauch nach rechtskräftiger Verurteilung wegen Insolvenzverschleppung? – zur divergierenden Rechtsprechung der Oberlandesgerichte und des Bundesgerichtshofes, wistra 2014, 130; **Grotz**, Das Schengener Durchführungsübereinkommen und der Grundsatz ne bis in idem, StraFo 1995, 102; **Hackner**, Das teileuropäische Doppelverfolgungsverbot insbesondere in der Rechtsprechung des Gerichtshofs der Europäischen Union, NStZ 2011, 425; **Hecker**, Das Prinzip „Ne bis in idem" im Schengener Rechtsraum (Art. 54 SDÜ), StV 2000, 306; *ders.*, Europäisches Strafrecht: Doppelbestrafungsverbot, JuS 2012, 261; **Heger**, Die Auswirkungen des europäischen Doppelbestrafungsverbots auf die deutsche Strafrechtsprechung, HRRS 2008, 413; **Hillenkamp**, Verfahrenshindernisse von Verfassungs wegen, NJW 1989, 2841; **Hieramente**, Ne bis in idem in Europa – eine Frage der Einstellung, StraFo 2014, 445; **Kempf**, Das Verfahrenshindernis der „überlangen Dauer" und seine Konsequenzen, zugleich Besprechung von BGH, Urt. v. 25.10.2000 – 2 StR 232/00, StV 2001, 89, StV 2001, 134; **Kühne**, Die Bedeutung des Art. 54 SDÜ für die Harmonisierung des Strafrechts in Europa, in: Festschrift für *Egon Müller*, 2008, S. 375; **Lagodny**, Teileuropäisches „ne bis in idem" durch Art. 54 des Schengener Durchführungsübereinkommens (SDÜ), NStZ 1997, 265; **Maatz**, Strafklageverbrauch und Gerechtigkeit, in: Festschrift für *Lutz Meyer-Goßner*, 2001, S. 257; **Merkel/Scheinfeld**, Ne bis in idem in der Europäischen Union – zum Streit um das „Vollstreckungselement", ZIS 2012, 206; **Meyer**, Transnationaler ne-bis-in-idem Schutz nach der GRC Zum Fortbestand des Vollstreckungselements aus Sicht des EuGH, HRRS 2014, 269; **Meyer-Goßner**, Sind Verfahrenshindernisse von Amts wegen zu beachten?, NStZ 2003, 169; **Mitsch**, Der Strafklageverbrauch des rechtskräftigen Strafbefehls, NZV 2013, 63; **Nestler**, Das Ende des Vollstreckungselements im (teil-)europäischen Doppelbestrafungsverbot?, HRRS 2013, 337; **Picht**, Verbot der mehrfachen Strafverfolgung, Kompetenzkonflikte und Verfahrenstransfer, NJW 2012, 1190; **Plöckinger/Leidenmühler**, Zum Verbot doppelter Strafverfolgung nach Art. 54 SDÜ 1990, wistra 2003, 81; **Radke**, Der strafprozessuale Tatbegriff auf europäischer und nationaler Ebene, NStZ 2012, 479; **Radtke/Busch**, Transnationaler Strafklageverbrauch in den sog. Schengen-Staaten?, EuGRZ 2000, 421; *dies.*, Transnationaler Strafklageverbrauch in der Europäischen Union, NStZ 2003, 281; **Rath**, Zum Begriff der Verhandlungsfähigkeit im Strafverfahren, GA 1997, 214; **Rieß**, Verfahrenshindernisse von Verfassungs wegen?, JR 1985, 45; **Rübenstahl/Krämer**, Die Einstellung des Verfahrens durch die Staatsanwaltschaft und das Verbot der Doppelbestrafung gemäß Art. 54 SDÜ in der Rechtsprechung des EuGH, HRRS 2003, Heft 4; **Schomburg**, Internationales „ne bis in idem" nach Art. 54 SDÜ, zugleich eine Anmerkung zu einem Urteil des OLG Saarbrücken v. 16.12.1996 – Ss 90/95 122/95 (NStZ 1997, 245), StV 1997, 383; *ders.*, Die Europäisierung des Verbots doppelter Strafverfolgung – Ein Zwischenbericht, NJW 2000, 1833; **Schwabenbauer**, Zweifelssatz („in dubio pro reo") und Prozessvoraussetzungen, HRRS 2011, 26; **Sinn**, Die Vermeidung von strafrechtlichen Jurisdiktionskonflikten in der Europäischen Union – Gegenwart und Zukunft, ZIS 2013, 1; **Sommer**, Auswirkungen des Schengener Übereinkommens für die Strafverteidigung, StraFo 1999, 37; **Vogel**, Europäisches „ne bis in idem" – Alte und neue Fragen nach dem Vertrag von Lissabon, StRR 2011, 135; **Walther**, Zur Verschränkung von Strafprozess-, Europa- und Verfassungsrecht, ZJS 2013, 16; **Wesemann/Voigt**, Strafklageverbrauch bei BtM- und Waffen-Delikten, StraFo 2010, 452; **Widmaier**, Verhandlungs- und Verteidigungsfähigkeit – Verjährung und Strafmaß; zu den Entscheidungen des BGH und des BVerfG im Revisionsverfahren gegen *Erich Mielke*, NStZ 1995, 361; s.a. die Hinw. bei → *Revision, Begründung, Verfahrenshindernisse*, Rdn 2317.

1371 1. Stellt sich in der HV ein Verfahrenshindernis heraus, muss das Verfahren durch **Einstellungsurteil** gem. § 260 Abs. 3 eingestellt werden. Das gilt auch, wenn die HV nach § 229 unterbrochen war (KG NJW 1993, 673, 947; *Meyer-Goßner/Schmitt*, § 206a Rn 1).

1372 2. Als Verfahrenshindernis werden von der Rspr. des BGH alle **Umstände** angesehen, die nach dem ausdrücklich erklärten oder aus dem Zusammenhang ersichtlichen Willen des Gesetzes so schwer wiegen, dass sie der **Zulässigkeit** des **Verfahrens (dauernd) entgegenstehen** (BGHSt 32, 345; 36, 294). Das lässt sich aber nicht (nur) aus dem Umstand herleiten, dass es sich um einen zwingenden Aufhebungsgrund nach § 338 handelt

Einstellung des Verfahrens nach § 206a bei Verfahrenshindernissen E

(BGHSt 26, 84). In Betracht kommt die (dauernde) Einstellung nach § 206a Abs. 1 auch nur bei einem Verfahrenshindernis, das dauernd wirkt. Voraussetzung ist jedoch nicht, dass es für immer besteht. Es muss aber erheblich weiter wirken als das vorläufige, das nur zur Einstellung nach § 205 führt (→ *Einstellung des Verfahrens nach § 205 wegen Abwesenheit des Angeklagten*, Rdn 1361; zur Fortsetzung des Verfahrens, das wegen eines Verfahrenshindernisses zunächst eingestellt war, im Fall der Täuschung des Gerichts über das Verfahrenshindernis BGHSt 52, 119). Nach der neueren Rechtsprechung des BGH besteht ein Verfahrenshindernis immer schon dann, wenn es möglicherweise vorliegt (BGH NStZ 2010, 160). Insofern reichen aber bloß theoretische, nur denkgesetzlich mögliche Zweifel nicht aus; sie müssen sich vielmehr auf konkrete tatsächliche Umstände gründen und nach Ausschöpfung aller Erkenntnismöglichkeiten unüberwindbar sein (zu allem, teilw. krit. zur (früheren) Rspr. des BGH *Schwabenbauer* HRRS 2011, 26).

3. Auf dieser Grundlage werden von der Rspr. bzw. in der Lit. in vielen Fällen **Verfahrenshindernisse bejaht** (s.a. KK-*Schneider*, § 206a Rn 11; *Meyer-Goßner/Schmitt*, Einl. Rn 148 ff.; *Burhoff*, EV, Rn 802 ff.). Dazu folgender

Allgemeiner Überblick 1373

- bei **anderweitiger Rechtshängigkeit** (BGH NStZ 1984, 212 [Pf/M]),
- bei **Beweismanipulationen** der Ermittlungsbehörden (LG Hannover StV 1985, 94; a.A. *Meyer-Goßner/Schmitt*, Einl. Rn 148b),
- wenn die **deutsche Gerichtsbarkeit fehlt** (BGHSt 14, 137, 139),
- wenn der **Eröffnungsbeschluss fehlt** (vgl. u.a. BGHSt 10, 278; → *Eröffnungsbeschluss, Nachholung in der Hauptverhandlung*, Rdn 1484; s. dazu a. OLG Hamm NStZ-RR 1997, 139),
- wenn der auslieferungsrechtliche **Grundsatz** der **Spezialität** entgegensteht (st. Rspr.; s. z.B. BGHSt 29, 94; 57, 138; NStZ 1998, 149; StV 1998, 324; zum Wegfall der Spezialitätsbindung gemäß Art. 14 Abs. 1 Buchst. b EuAlÜbk s. BGHSt 57, 138),
- wenn **Immunität** entgegensteht (BVerfG NJW 1998, 50),
- wenn der **Strafantrag fehlt** und nicht mehr nachgeholt werden kann, es sei denn, es genügt, wie z.B. nach § 230 Abs. 1 StGB, zur Strafverfolgung auch ein besonderes öffentliches Interesse, das von der StA bejaht wird (BGHSt 18, 123; s.a. *Burhoff*, EV, Rn 1837; zur wirksamen Schriftform des Strafantrags s. einerseits AG Düsseldorf [StRR 2009, 147] und andererseits OLG Düsseldorf, Urt. v. 11.11.2008 – 5 Ss 198/08, m.w.N. aus der obergerichtlichen Rspr.; s. OLG Hamm StRR 2015, 42 [Ls.; Faksimile-Unterschrift ist ausreichend]; → *Rücknahme eines Strafantrags*, Rdn 2417),
- bei dauernder **Verhandlungsunfähigkeit** (st. Rspr.; vgl. u.a. BGH NJW 1970, 1981; zuletzt BGH NStZ 1996, 242; s. dazu → *Verhandlungsfähigkeit*, Rdn 2878),

| E | Einstellung des Verfahrens nach § 206a bei Verfahrenshindernissen |

👉 Ist die Verhandlungsunfähigkeit nur **vorübergehend**, kommt nur eine → *Einstellung nach § 205 wegen Abwesenheit des Angeklagten*, Rdn 1361, in Betracht (BGH, a.a.O.). Durch die Einstellung ist der Angeklagte nicht beschwert. Eine sofortige Beschwerde ist zwar statthaft, aber unzulässig (OLG Jena NStZ-RR 2006, 311 [Ls.]).

- bei **Verjährung** (BGHSt 24, 208, 213),
- bei **Verstößen** gegen die allgemeinen Regeln des **Völkerrechts** nur in **Ausnahmefällen**, wenn der ausländische Staat wegen der Verletzung seines Hoheitsgebiets Ansprüche gegen die BRD stellt, die ihrer Art nach der Durchführung des Strafverfahrens entgegenstehen (BVerfG NJW 1986, 3021; zu den Voraussetzungen des völkerrechtswidrigen Einsatzes eines V-Mannes s. BVerfG NJW 1995, 651; s. i.Ü. u.a. BGH NStZ 1984, 563 [Entführung mittels List aus fremdem Hoheitsgebiet]; NStZ 1985, 464 [Festnahme des Angeklagten auf fremdem Hoheitsgebiet]; s.a. BGH NJW 1987, 3087];
- bei **vorläufiger Einstellung** des Verfahrens nach **§ 154 Abs. 2** (→ *Einstellung des Verfahrens nach § 154 bei Mehrfachtätern*, Rdn 1336).

1374 4. Besondere Bedeutung hat in der Praxis der **Verbrauch** der **Strafklage** (s. dazu wegen der Einzelh. *Meyer-Goßner/Schmitt*, Einl. Rn 171 ff. m.w.N.). Das ist grds. immer dann der Fall, wenn wegen des Vorgangs, der nun Gegenstand der Anklage/der Verfahrens ist, in der Vergangenheit bereits ein Urteil, Strafbefehl oder ein Bußgeldbescheid (§ 84 OWiG) erlassen oder ggf. ein Verwarnungsgeld verhängt worden ist (zum Strafbefehl BGH NStZ 2012, 709; *Mitsch* NZV 2013, 63). Es muss sich um dieselbe Tat im prozessualen Sinn des § 264 handeln. Die Tat i.S. des § 264 umfasst den ganzen, nach der allgemeinen Lebenserfahrung eine Einheit bildenden geschichtlichen Vorgang, innerhalb dessen der Beschuldigte/Angeklagte einen Straftatbestand verwirklicht haben soll (*Meyer-Goßner/Schmitt*, § 264 Rn 2 m.w.N.; vgl. OLG Hamm NStZ 2011, 102). Die bloße Überschneidung der jeweiligen materiell-rechtlichen Taten in zeitlicher Hinsicht genügt aber nicht, um die innere Verknüpfung zwischen den tatsächlichen Geschehnissen herzustellen, die für die Einheitlichkeit des Lebensvorgangs und damit für die Einheitlichkeit der prozessualen Tat von Bedeutung ist (OLG Celle NStZ-RR 2010, 248 m.w.N.; vgl. aber auch OLG Stuttgart NStZ-RR 1996, 173).

👉 **Urteile ausländischer Gerichte** verbrauchen die Strafklage für die deutschen Gerichte nicht (BVerfG StraFo 2008, 151, für eine in der Schweiz begangene fahrlässige Trunkenheit im Verkehr; vgl. auch BGHSt 56, 11). Etwas anderes gilt, wenn zwischenstaatliche Vereinbarungen vorliegen, in denen eine andere Regelung vereinbart worden ist (vgl. zu Art. 54 SDÜ nachfolgend Rn 782 ff. und *Hackner* NStZ 2011, 425). Die ausländische Verurteilung muss aber bei der Strafzumessung berücksichtigt werden (*Meyer-Goßner/Schmitt*, Einl. 177 m.w.N.; s. dazu auch BVerfG, a.a.O.; zu in dem

Einstellung des Verfahrens nach § 206a bei Verfahrenshindernissen E

Zusammenhang bedeutsamen **europarechtliche Fragen** *Radke* NStZ 2012, 479; *Meyer* HRRS 2014, 269; *Brodowski* StV 2013, 339 und u. Rdn 1376 ff.).

Dazu folgende

Rechtsprechungsbeispiele: 1375

- zur Sperrwirkung der **Ablehnung** eines **Strafbefehlsantrags** s. OLG Jena NStZ-RR 1998, 20,
- zum Strafklageverbrauch des **rechtskräftigen Strafbefehls** *Mitsch* NZV 2013, 63 und BGH NStZ 2012, 709,
- zum Umfang des Strafklageverbrauchs bei **Besitz** von **BtM** (u.a. BVerfG VRR 2006, 272 [für BtM-Missbrauch und zeitgleichem BtM-Besitz verneint]; BGH NStZ 2012, 709; StV 2010, 119; StV 2010, 120 [Einfuhr von mehreren Joints an einem bestimmten Tag erstreckt sich auch auf die im Zeitpunkt der gerichtlichen Entscheidung noch nicht bekannt gewesene, durch dieselbe Handlung begangene Einfuhr von weiteren Betäubungsmitteln [hier: 20 kg Marihuana]; StRR 2011, 315, m. Anm. *Deutscher* [unerlaubter Besitz von BtM und Trunkenheitsfahrt]; KG NStZ-RR 2012, 155 m. Anm. *Lorenz* StRR 2012, 227 [Trunkenheitsfahrt]; OLG Oldenburg StV 2002, 240 [für Rauschfahrt bejaht]; OLG Braunschweig StV 2002, 241 [für Ladendiebstahl bejaht]; vgl. dazu *Wesemann/Voigt* StraFo 2010, 452),
- zum Umfang des Strafklageverbrauchs bei **Handeltreiben** mit BtM (u.a. BGH StV 1996, 650; OLG Karlsruhe StV 1998, 28), kein Strafklageverbrauch, wenn ein wegen unerlaubten Handeltreibens mit Betäubungsmitteln rechtskräftig Verurteilter später den nicht entdeckten Rest aus seinem Vorrat gewinnbringend veräußert (OLG Hamm NStZ 2011, 102; vgl. zum Strafklageverbrauch bei BtM-Delikten *Wesemann/Voigt* StraFo 2010, 452),
- zum Zusammentreffen von **BtM-Delikt** und **Trunkenheitsfahrt**/§ 24a Abs. 2 StVG (BGH StraFo 2009, 167; StRR 2011, 315, m. Anm. *Deutscher*; VRR 2012, 307 m. Anm. *Deutscher*; KG NStZ-RR 2012, 155 m. Anm. *Lorenz* VRR 2012, 227; s. auch Burhoff/*Burhoff*, OWi, Rn 862),
- zum Strafklageverbrauch bei gleichzeitigem **Besitz** von **explosionsgefährlichen Stoffen** und **BtM** (KG NStZ-RR 2008, 48),
- **Anstiftung** und zuvor versuchte Kettenanstiftung (BGH NStZ 2009, 585 [für zur Brandlegung in einem Geschäftslokal]),
- kein Strafklageverbrauch beim Zusammentreffen des **Dauerdelikts** des wiederholten Verstoßes gem. § 95 Abs. 1 Nr. 7 AufenthG und ein während dieser Straftat begangener Diebstahl nach § 242 StGB (OLG Celle NStZ-RR 2010, 248),
- zum Strafklageverbrauch nach → *Einstellung des Verfahrens nach § 153a nach Erfüllung von Auflagen und Weisungen*, Rdn 1315; s. *Burhoff*, EV, Rn 1702,

E Einstellung des Verfahrens nach § 206a bei Verfahrenshindernissen

- zum Strafklageverbrauch durch **Erwähnung** des Sachverhalts in einer früheren **Anklage** s. BGHSt 43, 96 und BGH NStZ 2000, 216,
- Verurteilung wegen **Fahrens ohne Fahrerlaubnis** führt zum Strafklageverbrauch für auf der – fortgesetzten – Fahrt begangene schwere räuberische Erpressung (s. zuletzt u.a. BGH NStZ 1996, 41; s.a. BGH NStZ 1997, 508 [verneint bei Zusammentreffen mit jeweils abgeschlossenen Diebstahlstaten]),
- zum Strafklageverbrauch bei einer Verurteilung wegen **Insolvenzverschleppung** (§ 15a Abs. 4 InsO; OLG Hamm wistra 2014, 156 [kein Strafklageverbrauch hinsichtlich einer späteren weiteren dieselbe Kapitalgesellschaft betreffenden Insolvenzverschleppung, wenn der Täter einen neuen und mithin selbstständig zu betrachtenden Tatenschluss gefasst hat und nach der Verurteilung neue Umstände eingetreten sind]; s. dazu *Grosse-Wilde* wistra 2014, 130),
- Zusammentreffen des Vorwurfs der **Nichtanmeldung** und -abführung von **Sozialversicherungsbeiträgen** und Nichtzahlung des Mindestlohnes nach AentG, wenn Gegenstand des Vorwurfs jeweils der zu wenig gezahlte Lohn und die auf den zu wenig gezahlten Lohn entfallenden Sozialversicherungsbeiträge sind (BGH NJW 2012, 2051 m. Anm. *Westen* StRR 2012, 258; OLG Jena wistra 2010, 39),
- zum Strafklageverbrauch im **Steuerstrafverfahren** (u.a. BGHSt 49, 359; KG, Beschl. v. 25.8.2014 – 1 Ws 66/14),
- zur Einstellung eines **Ordnungswidrigkeitenverfahrens** nach § 47 Abs. 2 OWiG (OLG Düsseldorf StraFo 2012, 332 m.w.N, wonach eine Wiederaufnahme nur bei neuen Tatsachen in Betracht kommt; vgl. auch die abl. Anm. *Deutscher* VRR 2012, 311 und *Sandherr* NZV 2012, 395; zu der Problematik noch Burhoff/*Gieg*, OWi, Rn 1149; LG Heidelberg NZV 2010, 40 m. Anm. *Sandherr*),
- Zusammentreffen von Verstößen gegen §§ 284 Abs. 1, 404 SGB III und § 266a StGB bei Beschäftigung von **ausländischen Arbeitnehmern ohne Arbeitserlaubnis** s. OLG Nürnberg (StraFo 2012, 468) und OLG Oldenburg (PStR 2011, 115),
- **Waffendelikt**/Menschenhandel (OLG Braunschweig StraFo 1997, 16; vgl. dazu *Wesemann/Voigt* StraFo 2010, 452).

> ✍ Grds. wird das Vorliegen dieses Verfahrenshindernisses im **Freibeweisverfahren** nach Aktenlage geklärt. Etwas anderes gilt jedoch dann, wenn es dabei auf die Klärung von Tatsachen ankommt, die die angeklagte Straftat betreffen. Dann erfolgt die Klärung im Strengbeweisverfahren der HV (BGHSt 46, 349). Verbleiben Zweifel daran, ob die den Gegenstand des Verfahrens bildende (prozessuale) Tat anderweitig rechtskräftig abgeurteilt worden ist, so bildet der (möglicherweise) hierdurch eingetretene Strafklageverbrauch, soweit er reicht, ein von Amts wegen zu berücksichtigendes und zur Verfahrenseinstellung führendes Verfahrenshindernis (vgl. BGH NStZ 2010, 160 m.w.N.; *Schwabenbauer* HRRS 2011, 26; vgl. a. noch u. Rdn 1382).

5. Mit Abschluss des sog. **Schengener Abkommens** haben die Fragen, die mit dessen **Art. 54** zusammenhängen, zunehmend an praktischer Bedeutung gewonnen. 1376

✍ Der Verteidiger muss die mit dem Schengener Abkommen zusammenhängenden Fragen beachten. Auf jeden Fall sollte er aber auf die Möglichkeit der **Einstellung des Verfahrens nach § 153c Abs. 1 Nr. 3** hinweisen und diese beantragen.

Art. 54 SDÜ bestimmt, dass derjenige, der durch eine Vertragspartei rechtskräftig abgeurteilt ist, wegen derselben Tat durch eine andere Vertragspartei nicht verfolgt werden darf (s. den Text des Art. 54 SDÜ bei *Schomburg* bzw. *Lagodny*, jew. a.a.O.; zum Begriff „derselben Tat" vgl. u.a. EuGH NJW 2006, 1781; 2007, 3412; 2007, 3416; 2011, 983 [*Mantello*]; vgl. dazu auch *Böse* HRRS 2012, 19). Damit stellt sich die Frage nach einem ggf. **internationalen „ne bis in idem"** und danach, ob die Rechtskraftwirkung in allen Staaten des Übereinkommens erforderlich ist oder ob die im Entscheidungsstaat ausreicht. Die damit zusammenhängenden Fragen können hier nicht alle dargestellt werden. Wegen der Einzelheiten ist auf die o.a. Lit.-Hinw. zu verweisen und auf *Burhoff*, EV, Rn 1877 ff. (vgl. auch *Lagodny*, a.a.O.; *Böse* GA 2011, 504 ff.; *ders.*, HRRS 2012, 19; *Hackner* NStZ 2011, 425; *Heger* HRRS 2008, 413; *Merkel/Scheinfeld* ZIS 2012, 206; *Plöckinger/Leidenmühler* wistra 2003, 81, 86; *Vogel* StRR 2011, 153; *Radke* NStZ 2012, 479; *Meyer* HRRS 2014, 269; *Brodowski* StV 2013, 339; *Meyer* HRRS 2014, 269; zum Begriff der „Vollstreckung" s. auch EuGH NJW 2014, 3007; BVerfG NJW 2012, 1202; BGHSt 56, 11 und die Lit.-Nachw. bei Rdn 1479; zum Verhältnis von Art. 54 SDÜ zu Art. 50 **GRCH** vgl. BGH 56, 11; LG Aachen StV 2010, 237 m. abl. Anm. *Reichling*; *Burchardt/Brodowski* StraFo 2010, 179; zur Aufgabenstellung für die Strafverteidigung auf dem Gebiet des europäischen Strafrechts *Degenhard* StraFo 2005, 65 ff.; s.a. *Plöckinger/Leidenmühler* wistra 2003, 81, 86). Die Anwendung des Art. 54 SDÜ wird i.Ü. nicht dadurch ausgeschlossen, dass auf dem Gebiet der Verjährung eine Harmonisierung der Rechtsvorschriften nicht stattgefunden hat (OLG Stuttgart StV 2008, 402 [für Verhältnis Italien/Deutschland]). 1377

Dieselbe materielle Tat liegt vor, wenn sie einen **Komplex** von Tatsachen darstellt, die in **zeitlicher** und **räumlicher Hinsicht**, sowie nach ihrem Zweck **unlösbar miteinander verbunden** sind (EuGH NJW 2006, 1781; 2007, 3412; 2007, 3416 BGHSt 59, 120 m. krit. Anm. *Hecker* StV 2014, 461). Auf die Frage, ob die Taten nach deutschem Recht als „mehrere Taten" zu werten sind, kommt es nicht an (BGHSt 52, 275). Auch die rechtliche Qualifizierung der Tat ist ohne Bedeutung (BGHSt 59, 120). Hier kann nur hingewiesen werden auf folgende 1378

Rechtsprechungsbeispiele: 1379

■ **Allgemein** lässt sich feststellen, dass der EuGH die Vorschrift (nur) auf gerichtliche oder behördliche Entscheidungen anwendet, mit denen die Strafverfolgung in einem Mitgliedstaat endgültig beendet wird (vgl. EuGH NJW 2003, 1173; 2011, 983; StV 2009, 169 [Ls.]). Das gilt nicht für eine Entscheidung, die nicht im Strafverfahren, sondern im **Auslieferungsverfahren** ergangen ist (BVerfG, Beschl. v. 28.7.2008 – 2 BvR 1347/08). Auch die Einstellung durch eine Polizeibehörde, zu einem Zeitpunkt, zu dem gegen den Verdächtigen noch keine Beschuldigungen erhoben worden sind, reicht nicht (EuGH, a.a.O.).

- Der Grundsatz „ne bis in idem" findet keine **Anwendung** auf **andere Personen**, als diejenigen, die von einem Vertragsstaat rechtskräftig verurteilt worden sind (EuGH NJW 2006, 3403).
- Erfasst wird auch eine frühere in **Abwesenheit** erfolgte Verurteilung, die nicht vollstreckt worden ist (EuGH NJW 2009, 3149).
- Ein **Straferkenntnis** der **Bezirkshauptmannschaft Kufstein** ist kein Urteil i.S.v. Art. 54 SDÜ und steht damit der Ahndung einer Fahrt (auch) als fahrlässiger Trunkenheitsfahrt nach § 316 StGB nicht entgegen (BayObLG StV 2001, 263).
- Zur Frage, ob durch die **niederländische** „**transactie**" Strafklageverbrauch eintritt s. OLG Köln NStZ 2001, 558 (Vorlage an den EuGH); v. Generalanwalt des EuGH im Schlussantrag v. 19.9.2002 (C-187/01; C-385/01) bejaht.
- Die Einstellung des Verfahrens („**ordonnance de non-lieu**") aus tatsächlichen Gründen durch den französischen Appellationsgerichtshof steht einer weiteren Strafverfolgung in Deutschland nicht entgegen, da dieser Entscheidung keine Rechtskraftwirkung zukommt (BGHSt 45, 123).
- Offengelassen hat der BGH die Frage, ob das **belgische** „**transactie**"-Verfahren im Rahmen von Art. 54 SDÜ beachtlich ist (BGH NJW 1999, 1270).
- Das (belgische) Gericht erster Instanz Eupen sieht i.Ü. die in Deutschland nach **§ 153** erfolgte **Einstellung** des Verfahrens wegen der erforderlichen richterlichen Zustimmung als **Strafverfolgungshindernis** i.S.v. Art. 54 SDÜ an (s. StraFo 1999, 119).
- Das OLG Innsbruck sieht die Außerverfolgungsetzung durch Verwerfung eines **Klageerzwingungsantrags** als unbegründet als rechtskräftige Entscheidung i.S.v. Art. 54 SDÜ an (OLG Innsbruck NStZ 2000, 663).
- Auch das **gnadenähnliche Absehen** von **weiterer Vollstreckung** einer Freiheitsstrafe unter Ausweisung des Verurteilten durch ein **spanisches Gericht** steht der weiteren Vollstreckung der im Ausland verhängten Freiheitsstrafe entgegen (OLG München NStZ 2001, 614; zust. *Hecker* StV 2002, 71 in der Anm. zu OLG München, a.a.O.).
- Ein **rechtskräftiger Freispruch** bewirkt Strafklageverbrauch nach Art. 54 SDÜ (EuGH NJW 2006, 3403 [Freispruch wegen Verjährung]; NJW 2006, 3406 [Ls.; Freispruch aus Mangel an Beweisen]; BGHSt 46, 307; BGH StraFo 2007, 194).
- Entsprechendes gilt, wenn die verhängte **Strafe** nach dem Recht des Urteilsstaates (wegen verfahrensrechtlicher Besonderheiten) **nie** unmittelbar **vollstreckt** werden

konnte (EuGH NJW 2009, 3149 [für Verurteilung eines deutschen Fremdenlegionärs wegen Mordes]; vgl. noch BGHSt 56, 11 zu Art. 50 GRCH).
- Nach der Rspr. des EuGH tritt Strafklageverbrauch auch ein bei einer ohne Mitwirkung des Gerichts erfolgten **Einstellung** des Verfahrens durch die **StA**, wenn der Beschuldigte Auflagen erfüllt hat (EuGH NJW 2003, 1173; zust. *Degenhard* StraFo 2005, 65, 68; a.A. *Meyer-Goßner/Schmitt*, Einl. 177a m.w.N.; vgl. aber OLG Nürnberg StV 2011, 401, wonach die Einstellung in der BRD nach § 154 nicht zu einem Verfahrenshindernis, das einer Auslieferung entgegenstehen würde, führt).
- Entsprechendes gilt für einen **Einstellungsbeschluss ohne Eröffnung des Hauptverfahrens**, der in dem Vertragsstaat, in dem dieser Beschluss ergangen ist, erneute Ermittlungen aufgrund des gleichen Sachverhalts gegen die Person, zu deren Gunsten dieser Beschluss ergangen ist, verhindert, sofern keine neuen Belastungstatsachen gegen Letztere auftauchen (EuGH NJW 2014, 3010; dazu eingehend *Burchard* HRRS 2015, 26).
- Das Verfahren im Ausland muss **endgültig erledigt** sein. Das ist es nach der Rspr. des BGH erst nach einer **gerichtlichen Entscheidung** (BGH NJW 1999, 1270; vgl. dazu a. den „Anfragebeschluss" BGH NStZ 1998, 149; so a. BayObLG StraFo 1999, 49). Nach OLG Saarbrücken (NStZ 1997, 245) ist demgemäß eine Verfolgung im Inland nach Verurteilung zu einer Geldstrafe im Ausland noch möglich, solange diese nicht gezahlt ist (zum Begriff der endgültigen Erledigung i.S.d. Art. 54 SDÜ und dem sich ggf. daraus ergebendem Strafklageverbrauch s.a. – bej. – LG Hamburg wistra 1995, 358; 1996, 359 und – abl. – OLG Hamburg wistra 1996, 193 [für bereits erfolgte Sanktionierung in Belgien]). Gerade vollstreckt i.S.v. Art. 54 SDÜ wird eine Sanktion auch dann, wenn ihre Vollstreckung zur Bewährung ausgesetzt ist (BGHSt 46, 187).
- Geklärt ist inzwischen, wie der Begriff „**gerade vollstreckt**" zu verstehen ist (vgl. dazu den Vorlagebeschluss des BGH in NStZ-RR 2005, 353). Der EuGH hat die Frage inzwischen dahin entschieden, dass eine Sanktion auch dann gerade vollstreckt i.S.v. Art. 54 SDÜ wird, wenn ihre Vollstreckung zur Bewährung ausgesetzt ist (EuGH NJW 2007, 3412; BGHSt 46, 187; vgl. noch LG Aachen StV 2010, 237). Eine Sanktion ist aber nicht bereits dann vollstreckt, wenn sich der Angeklagte in dem anderen (Vertrags-)Staat kurzfristig in anzurechnender Polizeihaft oder U-Haft befunden hat (EuGH, a.a.O.). Die bloße Zahlung der Geldstrafe, die gegen eine Person verhängt wurde, der mit der gleichen Entscheidung eines Gerichts eines anderen Mitgliedstaats eine bislang nicht vollstreckte Freiheitsstrafe auferlegt wurde, lässt aber nicht den Schluss zu, dass die Sanktion i.S. des Art 54 SDÜ bereits vollstreckt worden ist oder gerade vollstreckt wird (EuGH NJW 2014, 3007 m. Anm. *Meyer* HRRS 2014, 269 und *Gaede* NJW 2014, 2990).

E — Einstellung des Verfahrens nach § 206a bei Verfahrenshindernissen

6. In der Lit./Rspr. wird in folgenden Fällen (s.a. noch KK-*Schneider* § 206a Rn 10; *Meyer-Goßner/Schmitt*, Einl. Rn 148 f.) ein **Verfahrenshindernis**

1380 verneint

- bei **Abschieben** des Angeklagten in die BRD **ohne** förmliches **Auslieferungsverfahren** (BGH MDR 1980, 631 [H]),
- bei Nichteinhaltung einer im Rahmen einer **Absprache/Verständigung** gegebenen richterlichen Zusage über den Rechtsfolgenausspruch (→ *Absprachen/Verständigung mit Gericht und Staatsanwaltschaft*, Rdn 137),
- bei vorschriftswidriger **Abwesenheit** des **Angeklagten** in der Berufungsverhandlung (BGHSt 26, 84),
- bei **Fehlen** eines schriftlichen **Strafbefehlsantrags** (OLG Stuttgart NStZ 1998, 100 [für § 408a Abs. 1 a.F.]; → *Strafbefehlsverfahren*, Rdn 2568),
- bei Verstoß gegen das Gebot des **gesetzlichen Richters** (BGHSt 19, 273),
- bei Verurteilung zur **Höchstjugendstrafe** für die Verfolgung von Straftaten, die der Täter als Erwachsener vor dem Urteil begangen hat (BGHSt 36, 294),
- bei **Kenntnis** der StA vom **Verteidigerkonzept** (BGH NJW 1984, 1907; krit. dazu *Arloth* NJW 1985, 417; *Gössel* NStZ 1984, 420 in der Anm. zu BGH, a.a.O.; *Rieß* JR 1985, 45),
- bei einem Versuch von **Polizeibeamten**, eine **Verurteilung** des Angeklagten um jeden Preis **herbeizuführen** (BGHSt 33, 283),
- bei Verletzung des **rechtlichen Gehörs** (vgl. u.a. BGHSt 26, 84, 91),
- bei **Tatprovokation** (→ *V-Mann in der Hauptverhandlung*, Rdn 3336; *Meyer-Goßner/Schmitt*, Einl. Rn 148a),
- für **Urteile ausländischer Gerichte** (BVerfG StraFo 2008, 151 [für eine in der Schweiz begangene fahrlässige Trunkenheit im Verkehr]); etwas anderes gilt, wenn zwischenstaatliche Vereinbarungen vorliegen, in denen eine andere Regelung vereinbart worden ist (vgl. zu Art. 54 SDÜ; s. Rdn 1374); die ausländische Verurteilung muss aber bei der Strafzumessung berücksichtigt werden (*Meyer-Goßner/Schmitt*, Einl. 177 m.w.N.; s. dazu a. BVerfG, a.a.O.),
- nach h.M. in der Rspr. ggf. bei **überlanger Verfahrensdauer** (vgl. dazu → *Verfahrensverzögerung*, Rdn 2825),
- bei **Unmöglichkeit** der unmittelbaren **Vernehmung** von **Zeugen** (BGH NStZ 1985, 230; → *Verwertung der Erkenntnisse eines [gesperrten] V-Mannes*, Rdn 3241),
- ggf. wenn sich die Ermittlungsbehörde an eine **Zusage**, eine Tat nicht verfolgen zu wollen, **nicht gehalten** hat (BGHSt 37, 10; → *Absprachen/Verständigung mit Gericht und Staatsanwaltschaft*, Rdn 137; im EV s. *Burhoff*, EV, Rn 72).

Einstellung des Verfahrens nach § 206a bei Verfahrenshindernissen   E

- bei gesetzwidriger **Zellendurchsuchung** unter Ausnutzung der Abwesenheit des Angeklagten (OLG Karlsruhe StV 1986, 10; a.A. AG Mannheim StV 1985, 276; s.a. *Volk* StV 1986, 34),
- bei Unterlassen der **Zustellung** des **erstinstanzlichen Urteils** (BGHSt 33, 183).

7. Hinweise für den Verteidiger!

a) Kommt ein Verfahrenshindernis in Betracht, muss der Verteidiger mit seinem **Mandanten besprechen**, ob es ratsam ist, dieses **schon** in der **HV** geltend zu machen, oder ob damit besser noch – ggf. bis zur Revision – gewartet wird. Die Entscheidung wird davon abhängen, ob das Verfahrenshindernis, wie z.B. ein fehlender Eröffnungsbeschluss (→ *Eröffnungsbeschluss, Nachholung in der Hauptverhandlung*, Rdn 1484), noch beseitigt werden kann oder ob das nicht mehr möglich ist und die endgültige Einstellung des Verfahrens erreicht werden kann. Dabei sollte er berücksichtigen, dass bei Einstellung durch das Revisionsgericht und erneuter Anklage das **Schlechterstellungsverbot** des § 331 Geltung haben dürfte (BayObLG NJW 1961, 1487; OLG Hamburg NJW 1975, 1473; LG Zweibrücken StV 1997, 13 f.; LR-*Gössel*, § 331 Rn 18; *Drees* StV 1995, 669; a.A. *Meyer-Goßner/Schmitt*, § 331 Rn 4 m.w.N.; wohl a. BGHSt 20, 77, 80 [obiter dictum]).   1381

Ist der **Sachverhalt** bei Bekanntwerden des Verfahrenshindernisses in der HV bereits so weit **geklärt**, dass danach davon ausgegangen werden muss, dass sich der Angeklagte keiner Straftat schuldig gemacht hat, kann das Verfahren nicht mehr nur eingestellt werden. Vielmehr ist der Angeklagte dann freizusprechen (BGHSt 13, 268, 273; 20, 333, 335; BayObLGSt 1963, 44, 47; *Meyer-Goßner/Schmitt*, § 260 Rn 44). Der **Freispruch** hat **Vorrang**. Darauf muss der Verteidiger im Plädoyer hinweisen. Es ist auch zu überlegen, ob in diesen Fällen das Verfahrenshindernis überhaupt (noch) geltend gemacht wird.

b) Das Vorliegen eines Verfahrenshindernisses wird vom Gericht im → *Freibeweisverfahren*, Rdn 1562, geprüft. Die Frage, ob bei Zweifeln über das Vorliegen der Voraussetzungen eines Prozesshindernisses der Grundsatz „**in dubio pro reo**" gilt, hängt vom **Einzelfall** ab (BGHSt 18, 274, 277). **Bejaht** worden ist die Anwendung für die Verjährung (BGH, a.a.O.), für den Verbrauch der Strafklage (BGH NStZ 2010, 160; BayObLG NJW 1968, 2118; a.A. BGH MDR 1955, 527 [He]) und für die Frage der (rechtzeitigen) Stellung eines Strafantrags (RGSt 47, 238; vgl. zu allem a. KK-*Diemer*, § 261 Rn 62 m.w.N.). Für das Verfahrenshindernis der Verhandlungsunfähigkeit wird die Anwendung von „in dubio pro reo" hingegen **verneint** (BGH NStZ 1988, 213 [M]; *Meyer-Goßner/Schmitt*, § 261 Rn 34 m.w.N.; → *Verhandlungsfähigkeit*, Rdn 2886).   1382

Für das Vorliegen eines Verfahrenshindernisses reichen aber **nicht bloß theoretische**, nur denkgesetzlich mögliche **Zweifel** aus. Die Annahme muss sich vielmehr

| E | Entbindung des Angeklagten vom Erscheinen in der Hauptverhandlung |

auf konkrete tatsächliche Umstände gründen und nach Ausschöpfung aller Erkenntnismöglichkeiten unüberwindbar sein (BGH NStZ 2010, 160).

1383 c) Bezieht sich das Verfahrenshindernis nur auf eine von **mehreren Taten**, die Gegenstand des Verfahrens sind, oder nur auf einen von mehreren Angeklagten, kommt eine Einstellung auch nur insoweit in Betracht (LR-*Stuckenberg*, § 206a Rn 7).

1384 d) Hat das Gericht das Verfahren außerhalb der HV durch **Beschluss** nach § 206a **eingestellt**, steht dem Angeklagten dagegen grds. **kein Rechtsmittel** zu, da er nicht beschwert ist (OLG Jena NStZ-RR 2006, 311 [Ls.]; OLG Celle MDR 1978, 160 f.; *Meyer-Goßner/ Schmitt*, § 206a Rn 10; KK-*Schneider*, § 206a Rn 13). I.Ü. ist der Beschluss nach § 206a Abs. 2 mit der sofortigen Beschwerde anfechtbar. Der die Einstellung **ablehnende Beschluss** ist **nicht anfechtbar**, dem steht § 305 S. 1 entgegen (OLG Schleswig SchlHA 2003, 191 [Dö/Dr]. Der Nebenkläger kann, soweit der Beschluss die Tat betrifft, die ihn zum Anschluss berechtigte, die Einstellung anfechten (§ 400 Abs. 2 S. 2; wegen der Rechtsmittel s. i.Ü. KK-*Schneider*, a.a.O.; → *Beschwerde*, Rdn 770).

1385 e) Wegen der **Kosten** und **Auslagen** ist auf § **467** zu verweisen. Nach § 467 Abs. 3 S. 2 Nr. 2 kann das Gericht davon absehen, der Staatskasse die notwendigen Auslagen des Beschuldigten aufzuerlegen. Das soll nach h.M. allerdings dann nicht gelten, wenn das Verfahrenshindernis von vornherein erkennbar war (vgl. *Meyer-Goßner/Schmitt*, § 467 Rn 18 m.w.N.; s.a. BVerfG NStZ-RR 1996, 45; vgl. zuletzt auch OLG Celle NStZ-RR 2015, 30; OLG Hamm NStZ-RR 2010, 224; LG Bremen StV 2011, 531, jeweils mit einer Darstellung des Streitstandes). Gegen eine ihn belastende Kostenentscheidung kann der Angeklagte **sofortige Beschwerde** einlegen (*Meyer-Goßner/Schmitt*, § 206a Rn 10). Die Beschränkung des § 464 Abs. 3 S. 1 Hs. 2 gilt nicht (*Meyer-Goßner/Schmitt*, § 464 Rn 19 m.w.N. aus der Rspr.).

> In der **Revision** wird das Verfahrenshindernis grds. **von Amts wegen** beachtet (vgl. wegen der Einzelh. → *Revision, Begründung, Verfahrenshindernisse*, Rdn 2317; zur Fortsetzung des Verfahrens, das wegen eines Verfahrenshindernisses zunächst eingestellt war, im Fall der Täuschung des Gerichts, BGHSt 52, 119).

Siehe auch: → *Einstellung des Verfahrens, Allgemeines*, Rdn 1299 m.w.N.; → *Revision, Begründung, Verfahrenshindernisse*, Rdn 2317.

1386 Entbindung des Angeklagten vom Erscheinen in der Hauptverhandlung

1387 1. Nach § 233 kann ohne den Angeklagten verhandelt werden, wenn er vom Erscheinen in der HV entbunden worden ist.

Entbindung des Angeklagten vom Erscheinen in der Hauptverhandlung   E

📖 Ob der Angeklagte von der Pflicht zum Erscheinen in der HV entbunden werden kann, ist an sich eine Frage, die vom Verteidiger schon bei der → *Vorbereitung der Hauptverhandlung*, Rdn 3370, zu prüfen ist, so z.B. wenn der Angeklagte weit vom Gerichtsort entfernt wohnt oder alt und gebrechlich ist. Da der **Antrag** auf Entbindung aber auch **noch zu Beginn** der **(Berufungs-)HV** gestellt werden kann (BGHSt 25, 281 [für Berufungs-HV]; OLG Hamm NJW 1969, 1129; OLG Schleswig SchlHA 1964, 70), bietet er eine gute Möglichkeit, → *Zwangsmittel bei Ausbleiben des Angeklagten*, Rdn 3661, oder ein Verwerfungsurteil nach § 329 zu verhindern (→ *Berufungsverwerfung wegen Ausbleibens des Angeklagten*, Rdn 691). Ggf. kann der Verteidiger auch noch in der HV den Erlass eines **Strafbefehls anregen** (→ *Ausbleiben des Angeklagten*, Rdn 369).

2. Voraussetzung für die Entbindung vom Erscheinen ist nach § 233 Abs. 1, dass nur **reduzierte Rechtsfolgen** zu erwarten sind, und zwar u.a. nur Freiheitsstrafe bis zu sechs Monaten, Geldstrafe bis zu 180 Tagessätzen, Verwarnung mit Strafvorbehalt, Fahrverbot; auch die Entziehung der Fahrerlaubnis ist zulässig. Entscheidend ist nicht die abstrakte, sondern die konkrete Straferwartung (KK-*Gmel*, § 233 Rn 4). Kommt das Gericht dem Antrag nach, muss es den Angeklagten gem. § 233 Abs. 2 durch einen beauftragten oder ersuchten Richter über die **Anklage vernehmen** lassen.   1388

3. Die Entbindung erfolgt auf **Antrag**, für den der Verteidiger eine über seine Verteidigervollmacht hinausgehende **Vertretungsvollmacht** benötigt (BGHSt 12, 367; OLG Hamm NJW 1969, 1129). Nach h.M. genügt aber die allgemeine Vollmacht, den Angeklagten in dessen Abwesenheit vertreten zu dürfen (OLG Köln NStZ 2002, 268 f. m.w.N. [für das Bußgeldverfahren]; *Meyer-Goßner/Schmitt*, § 233 Rn 5 m.w.N. a. zur a.A.).   1389

📖 Über den Entbindungsantrag **entscheidet** in der HV das **Gericht** in der dafür vorgesehenen Besetzung, also mit Schöffen, und nicht der Vorsitzende allein. Der ergehende Beschluss ist zu begründen.

Eine ablehnende Entscheidung ist wegen § 305 S. 1 **nicht** mit der **Beschwerde** anfechtbar (OLG Hamm NJW 1969, 1129). Da es sich um eine Maßnahme des Gerichts handelt, ist auch das Beanstandungsrecht aus **§ 238 Abs. 2 nicht** gegeben.

4. Entbindet das Gericht den Angeklagten von der Verpflichtung zum Erscheinen, muss er nach § 233 Abs. 2 S. 1 durch einen beauftragten oder ersuchten Richter über die Anklage vernommen werden. Diese zwingende (*Meyer-Goßner/Schmitt*, § 233 Rn 14 m.w.N.) – Vernehmung dient der **Gewährung rechtlichen Gehörs** zum Anklagevorwurf. Da der Angeklagte zudem über die in seiner Abwesenheit zulässigen Rechtsfolgen belehrt werden muss, wird durch die die Vernehmung geklärt, ob er seinen Entbindungsantrag aufrechterhalten möchte (*Meyer-Goßner/Schmitt*, § 233 Rn 15; zum Verfahren usw. *Meyer-Goßner/Schmitt*, § 233 Rn 14; SSW-StPO/*Grube*, § 233 Rn 16).   1390

| E | **Entbindung des Angeklagten vom Erscheinen in der Hauptverhandlung** |

🖉 Durch das „Gesetz zur Intensivierung des Einsatzes von Videokonferenztechnik in gerichtlichen und staatsanwaltschaftlichen Verfahren" v. 25.04.2013 (BGBl I, S. 935) ist als weitere Möglichkeit die unmittelbare Vernehmung durch das Gericht selbst außerhalb der HV unter Einsatz einer Videokonferenz vorgesehen (§ 233 Abs. 2 S. 3). Da dadurch zeitraubender Aktenversand vermieden wird und der in die Sache eingearbeitete Richter vernimmt, ist diese Form der Vernehmung gegenüber derjenigen durch den beauftragten oder ersuchten Richter vorzugswürdig (SSW-StPO/*Grube*, § 233 Rn 15).

1391 **4.a)** Wird der **Angeklagte** vom Erscheinen entbunden und wird **ohne** ihn **verhandelt**, werden gem. § 234a Hs. 2 die **Zustimmungsrechte** zum Verzicht auf eine Beweiserhebung nach § 245 Abs. 1 S. 2 (→ *Beweisverzicht*, Rdn 1146) und zur Verlesung von Protokollen nach § 251 Abs. 1 Nr. 3, Abs. 2 Nr. 1 (→ *Verlesung von Protokollen früherer Vernehmungen/sonstiger Erklärungen*, Rdn 3014) vom **Verteidiger ausgeübt** (→ *Vertretung des Angeklagten durch den Verteidiger*, Rdn 3208). Wirkt kein Verteidiger mit, muss die Zustimmung des Angeklagten eingeholt werden (BayObLG NJW 1963, 2239; *Meyer-Goßner/Schmitt*, § 245 Rn 10 [für → *Beweisverzicht*, Rdn 1146]). Es kann **jedoch** gem. § 153 Abs. 2 S. 2 ohne Zustimmung des Angeklagten und gegen den Widerspruch des Verteidigers das Verfahren nach **§ 153** eingestellt werden (→ *Einstellung des Verfahrens nach § 153 wegen Geringfügigkeit*, Rdn 1304).

🖉 Ein rechtlicher **Hinweis** nach § 265 kann dem Verteidiger allerdings **nicht** erteilt werden (*Meyer-Goßner/Schmitt*, § 234a Rn 3), da bei Umgestaltung der Anklage eine (neue) Vernehmung des Angeklagten erforderlich ist (*Meyer-Goßner/Schmitt*, § 233 Rn 16).

1392 **b)** Gem. § 233 Abs. 3 S. 2 ist in der HV, die ohne den Angeklagten durchgeführt wird das **Protokoll** über dessen **Vernehmung** zu **verlesen** (vgl. dazu KK-*Gmel* § 233 Rn 17; *Meyer-Goßner/Schmitt*, § 233 Rn 20; SSW-StPO/*Grube*, § 233 Rn 25). Vom Angeklagten in seiner Vernehmung gestellte und im Protokoll enthaltene **Beweisanträge und Fragen** werden so behandelt, als ob sie in der HV gestellt wären (*Meyer-Goßner/Schmitt*, § 233 Rn 22; SSW-StPO/*Grube*, § 233 Rn 26).

🖉 Die Anträge müssen vom vertretungsberechtigten Verteidiger **nicht erneut** gestellt, können von diesem aber **zurückgenommen** werden (SSW-StPO/*Grube*, a.a.O., m.w.N.).

Siehe auch: → *Verhandlung ohne den Angeklagten*, Rdn 2853 m.w.N.

Entbindung von der Schweigepflicht 1393

Das Wichtigste in Kürze:
1. Für die Verteidigung können in der HV die mit einer Entbindung von der Schweigepflicht zusammenhängenden Fragen Bedeutung erlangen, wenn es um die Schweigepflichtsentbindung von **Zeugen** geht, denen sonst nach §§ 53, 53a ein Zeugnisverweigerungsrecht zustehen würde.
2. Die Berechtigung zur Entbindung hat derjenige, zu dessen Gunsten die Verschwiegenheitspflicht gesetzlich begründet ist.
3. Die Entbindungserklärung ist an eine bestimmte Form nicht gebunden. Sie kann inhaltlich beschränkt werden.
4. Die Entbindung von der Schweigepflicht kann – in entsprechender Anwendung von § 52 Abs. 3 S. 2 – jederzeit widerrufen werden.
5. Der Verteidiger muss die Frage, ob sein Mandant einen ggf. nach §§ 53, 53a zeugnisverweigerungsberechtigten Zeugen überhaupt von der Schweigepflicht entbindet, wegen der sich daran anknüpfenden Folgen sorgfältig prüfen.

Literaturhinweise: Beulke, Die Notwendigkeit einer teleologischen Reduktion des § 53 Abs. 2 S. 1 StPO bei Verteidigern im Zeugenstand, ZIS 2011, 342; *ders.*, Reden ist Silber, Schweigen ist Gold? – Zum eigenständigen Schweigerecht des Strafverteidigers, in: Festgabe für *Imme Roxin*, 2012, S. 555; **Bosbach**, Der Verteidiger als Zeuge, StraFo 2011, 172; **Cramer**, Strafprozessuale Verwertbarkeit ärztlicher Gutachten aus anderen Verfahren, NStZ 1996, 209; **Dierlamm**, Die Nagelprobe für das Vertrauensverhältnis im Anwaltsmandat: Personenwechsel in Vertretungsorganen und Entbindung von der Verschwiegenheitspflicht, in: Festschrift 25 Jahre AG Strafrecht, 2009, S. 428; **Freyschmidt/Nadeborn**, Was darf der (Strafrechtsschutz-)Versicherer wissen? Grundlagen und Grenzen des Auskunftsbegehrens gegenüber Strafverteidigern, StRR 2012, 364; **Göppinger**, Die Entbindung von der Schweigepflicht und die Herausgabe oder Beschlagnahme von Krankenblättern, NJW 1958, 241; **Hamm**, Compliance vor Recht? Anwälte bei der Bewältigung eines „Datenskandals", NJW 2010, 1332; **Hoffmann/Westendorf**, Die Schweigepflicht des Polizeiarztes, Polizei 2008, 227; **Huber-Lotterschmid**, Verschwiegenheitspflichten, Zeugnisverweigerungsrechte und Beschlagnahmeverbote zugunsten juristischer Personen, 2006; **Kiethe**, Prozessuale Zeugnisverweigerungsrechte in der Insolvenz, NZI 2006, 267; **Krause**, Die Befugnis zur Entbindung von der beruflichen Verschwiegenheitspflicht bei Mandatsverhältnissen juristischer Personen mit Wirtschaftsprüfern (§ 53 Abs. 1 Ziff. 3, Abs. 2 StPO), in: Festschrift für *Hans Dahs*, 2005, S. 349; *ders.*, Befugnis zur Entbindung von der Schweigepflicht bei juristischen Personen nach personellen Wechseln in den Organen, NStZ 2012, 663; **Leitner**, Das Verteidigermandat und seine Inhalte als Beweisthema, StraFo 2012, 344; **Nack**, Das Verteidigermandat und seine Inhalte als Beweisthema, StraFo 2012, 341; **Passarge**, Zur Entbindung des Berufsgeheimnisträger von Zeugnisverweigerungsrechten durch juristische Personen, BB 2010, 591; **Schäfer**, Zum Schutz der Verteidiger gegen Zugriffe der Strafverfolgungsorgane, in: Festschrift für *Ernst-Walter Hanack*, 1999, S. 77; **Schmitt**, Probleme des Zeugnisverweigerungsrechts (§ 53 I Nr. 3 StPO, § 383 Nr. 6 ZPO) und des Beschlagnahmeverbots (§ 97 StPO) bei Beratern juristischer Personen – zugleich ein Beitrag zu der Entbindungsbefugnis des Konkursverwalters, wistra 1993, 9; **Solbach**, Kann der Arzt von seiner Schweigepflicht entbunden werden, wenn sein Patient verstorben oder willensunfähig ist?, DRiZ 1978, 204; **Tully/Kirch-Heim**, Zur Entbindung von Rechtsbeiständen juristischer Personen von der Verschwiegenheitspflicht gemäß § 53 Abs. 2 Satz 1 StPO, NStZ 2012, 663; **Werner**, Der steuerliche Berater als Zeuge im (Steuer-) Strafverfahren, PStR 2002, 62; **Widmaier**, Zum

1394

E Entbindung von der Schweigepflicht

Zeugnisverweigerungsrecht des Berufsgeheimnisträger – Grenzen und Grenzüberschreitungen, in: Festschrift für *Hans Dahs*, 2005, S. 543; s.a. die Hinw. bei → *Zeugnisverweigerungsrecht*, Rdn 3552.

1395 1. Auch in der HV können für die Verteidigung die mit einer Entbindung von der Schweigepflicht zusammenhängenden Fragen Bedeutung erlangen, und zwar insbesondere, wenn es um die Schweigepflichtsentbindung von **Zeugen** geht, denen sonst nach §§ 53, 53a ein → *Zeugnisverweigerungsrecht*, Rdn 3552, zustehen würde (zur ggf. im EV erforderlichen Entbindung des Verteidigers von seiner anwaltlichen Schweigepflicht s. *Burhoff*, EV, Rn 1899; zur Zulässigkeit des Bruchs der Schweigepflicht, wenn dies erforderlich ist, um sich z.B. selbst sachgerecht verteidigen zu können, vgl. *Burhoff*, EV, Rn 4040, und zu Auskünften gegenüber Rechtsschutzversicherungen *Freyschmidt/Nadeborn* StRR 2012, 364).

2. Für die **Entbindung** von der einem **Zeugen**, z.B. einem Arzt, Rechtsanwalt oder Notar sowie Steuerberater, nach § 53 Abs. 2 obliegenden Schweigepflicht ist auf Folgendes hinzuweisen:

1396 a) Grds. liegt es im **pflichtgemäßen Ermessen** des an sich zeugnisverweigerungsberechtigten Zeugen, ob er von seinem **ZVR Gebrauch** macht. Nur die in § 53 Abs. 1 Nr. 2, 3, 3a) und 3b) genannten Berufsgruppen (Verteidiger, Rechtsanwälte, Ärzte, Steuerberater, Wirtschaftsprüfer, Schwangerschaftsberater) müssen aussagen, wenn sie von der Schweigepflicht entbunden sind (BGHSt 18, 146, 147; *Meyer-Goßner/Schmitt*, § 53 Rn 45 m.w.N. auch zur a.A. in der Lit.; enger *Schäfer*, S. 89 [für den Verteidiger]; zum eigenständigen Schweigerecht des Verteidigers s. auch *Beulke*, S. 555 ff.; zur Zulässigkeit des Beweisantrags auf Vernehmung des eigenen Verteidigers BGH StV 2010, 287; *Leitner* StraFo 2012, 344; *Nack* StraFo 2012, 341). Bei den anderen Gruppen (Geistliche, Drogenberater, Abgeordnete, Mitglieder von Rundfunk und Presse) ist die Entbindung rechtlich wirkungslos, sie kann lediglich die Entschließung des Zeugen, ob er aussagen will, beeinflussen (*Meyer-Goßner/Schmitt*, § 53 Rn 45 m.w.N.).

1397 b) Die **Berechtigung zur Entbindung** hat derjenige, zu dessen Gunsten die Verschwiegenheitspflicht gesetzlich begründet ist (OLG Hamburg NJW 1962, 689, 691; vgl. dazu auch OLG Nürnberg NJW 2010, 690; AG Bonn NJW 2010, 1390).

1398 aa) Im Einzelnen gilt **allgemein** (zur Frage, ob überhaupt entbunden werden soll, s.u. Rdn 1406):

- I.d.R. ist „**Träger des Geheimhaltungsinteresses**" derjenige, der dem zeugnisverweigerungsberechtigten Zeugen etwas anvertraut hat (KK-*Senge*, § 53 Rn 46 m.w.N.).
- Hat dem Zeugen die Tatsache jemand **anvertraut**, der nicht zugleich geheimnisgeschützt ist, genügt die Entbindung durch den **Geheimnisgeschützten** (*Meyer-Goßner/Schmitt*, § 53 Rn 46). Der Anvertrauende muss nicht selbst entbinden (LG Bonn NStZ 2012, 712).
- Hat der Beschuldigte selbst dem Zeugen ein **Drittgeheimnis** anvertraut, z.B. der beschuldigte Patient seinem Arzt ein Leiden der Ehefrau, kann nach h.M. sowohl der

Entbindung von der Schweigepflicht E

Beschuldigte als auch der **Dritte** von der Schweigepflicht entbinden (*Meyer-Goßner/ Schmitt*, a.a.O.; OLG Köln NJW 1983, 1008 [Ls.]; a.A. KK-*Senge*, a.a.O.).

bb) In der Praxis machen häufig die mit der Entbindung von der Schweigepflicht durch eine **juristische Person** zusammenhängenden Fragen Probleme. Dazu ist auf Folgendes hinzuweisen: Bei juristischen Personen müssen die **vertretungsberechtigten Organe** von der Schweigepflicht entbinden (vgl. zu allem eingehend *Schmidt* wistra 1993, 10 f. m.w.N.; *Krause*, S. 349 ff.; *ders.*, NStZ 2012, 663; *Tully/Kirch-Heim* NStZ 2012, 657; s. dazu a. OLG Nürnberg NJW 2010, 690; AG Bonn NJW 2010, 1390; AG Tiergarten wistra 2004, 319; vgl. a. *Dierlamm*, S. 428 ff und zum Meinungsstand der teils umstr. Fragen SK-*Rogall*, § 53 Rn 199; *Passarge* BB 2010, 591), und zwar   1399

Entbindungsberechtigte   1400

- bei der **AG** der Vorstand (*Meyer-Goßner/Schmitt*, § 53 Rn 46a),
- bei der **Genossenschaft** der Vorstand (*Meyer-Goßner/Schmitt*, a.a.O.),
- bei der **GmbH** der Geschäftsführer (OLG Celle wistra 1986, 83); der ehemalige Geschäftsführer kann hinsichtlich der Tatsachen, die einem (Steuer-)Berater während der Tätigkeitszeit des ehemaligen Geschäftsführers bekannt geworden sind, entbinden (LG Berlin wistra 1993, 278); im Gründungsstadium müssen m.E. alle Gesellschafter entbinden,

> Ob bei einem **Wechsel** in der Geschäftsführung ggf. eine Entbindungserklärung sowohl des alten als auch des neuen Geschäftsführers erforderlich ist, ist umstritten (vgl. s. einerseits – nur der neue Geschäftsführer – *Meyer-Goßner/Schmitt*, § 53 Rn 46 m. umfangreichen w.N.; *Tully/Kirch-Heim* NStZ 2012, 657; andererseits aber auch AG Bonn NJW 2010, 1390; *Krause*, a.a.O.; *ders.*, NStZ 2012, 663; vgl. auch *Dierlamm* StV 2011, 144 in der Anm. zu OLG Nürnberg, a.a.O.).

- grds. nach wohl h.M. der **Insolvenzverwalter** allein (*Meyer-Goßner*, § 53 Rn 46b m.w.N. auch zur a.A; OLG Oldenburg NJW 2004, 2176; OLG Nürnberg NJW 2010, 690 m. abl. Anm. *Dierlamm* StV 2011, 144; LG Hamburg NStZ-RR 2002, 12 m.w.N.; mit beachtlichen Argumenten auch *Kiethe* NZI 2006, 267; a.A., OLG Düsseldorf StV 1993, 346; LG Saarbrücken wistra 1995, 239 [für Konkursverwalter]; s.a. *Schmidt* wistra 1993, 13 f. m.w.N.; *Passarge* BB 2010, 591; SSW-*Eschelbach*, § 53 Rn 46).

c) Das Recht, von einer Schweigepflicht zu entbinden, ist ein **höchstpersönliches Recht**   1401
(LG Hamburg wistra 2005, 394 [unerheblich, ob ein Steuerberater durch den Geschäftsführer als Privatperson oder als Organ einer juristischen Person in Anspruch genommen worden ist]; a.A. LG Hamburg NStZ-RR 2002, 13). Dazu gilt:

- Für die Ausübung ist **Geschäftsfähigkeit nicht** erforderlich. Ausreichend ist die natürliche Willensfähigkeit und eine hinreichende Vorstellung von der Bedeutung des

> Rechts. Sind diese Voraussetzungen gegeben, können auch Minderjährige und Geistesgestörte das Recht wirksam ausüben (KK-*Senge*, § 53 Rn 48 m.w.N.). Auf die **Zustimmung/Einwilligung** des **gesetzlichen Vertreters** kommt es **nicht** an. Dieser kann auch nicht für den Geschäftsunfähigen die Entbindungserklärung abgeben (KK-*Senge*, a.a.O.; *Meyer-Goßner/Schmitt*, § 53 Rn 48 m.w.N. a. zur a.A.).
> - Ist der **Entbindungsberechtigte verstorben**, können nach h.M. die **Erben** bzw. die nächsten Angehörigen **nicht** entbinden (*Meyer-Goßner/Schmitt*, § 53 Rn 48 m.w.N.). Der Zeuge muss dann selbst entscheiden (BGH NJW 1984, 2893; BayObLG NJW 1987, 1492), im Zweifel nach Beratung mit seiner Berufsvertretung (OLG Hamburg NJW 1962, 689). Für Notare gilt § 18 Abs. 2 BNotO.

1402 3. Die Entbindungserklärung ist an eine **bestimmte Form nicht** gebunden. Sie kann durch schlüssiges Verhalten erfolgen (*Meyer-Goßner/Schmitt*, § 53 Rn 47).

> ⚖ Der Verteidiger muss deshalb beachten, dass die **Benennung** eines zeugnisverweigerungsberechtigten **Zeugen** im Zweifel **als Entbindung** von der Schweigepflicht **gewertet** wird (KK-*Senge*, § 53 Rn 50; *Meyer-Goßner/Schmitt*, § 53 Rn 47; vgl. a. KG, Beschl. v. 2.4.2002 – [4] 1 Ss 286/01 (134/01), www.strafverteidiger-berlin.de [für die Vorlage einer ärztlichen Bescheinigung]; OLG Bamberg zfs 2012, 230; OLG Hamm StraFo 2008, 386; OLG Nürnberg NJW 2009, 1761).

1403 **Inhaltlich** kann die Entbindungserklärung auf bestimmte Vorgänge **beschränkt** werden (OLG Hamburg NJW 1962, 689), jedoch nicht auf einzelne Tatsachen, sondern nur auf **Tatsachenkomplexe**. Die Grenze verläuft nach KK-*Senge* (§ 53 Rn 52 m.w.N.) dort, wo eine nicht das ganze Geheimnis preisgebende Bekundung eine wegen Unvollständigkeit unwahre Aussage sein würde (zur unwahren Aussage s. *Fischer*, vor § 153 StGB Rn 4 m.w.N.).

1404 Die Befreiung ist **personenbezogen**. Sie gilt nur für die Person, der sie erteilt worden ist, und gem. § 53a Abs. 2 für deren Gehilfen/Berufshelfer. Die Befreiung ist grds. auch **verfahrensbezogen**, gilt also nur für das Verfahren, in dem sie erteilt worden ist.

> ⚖ Der Verteidiger muss jedoch beachten, dass eine einmal abgegebene **Entbindungserklärung fort gilt**. Die im EV erklärte Entbindung gilt also auch für eine Aussage des Zeugen in der HV (LR-*Ignor/Bertheau*, § 53 Rn 63).

1405 4. Die **Entbindung** von der Schweigepflicht kann – in entsprechender Anwendung von § 52 Abs. 3 S. 2 – **jederzeit widerrufen** werden (RGSt 57, 63, 66; zuletzt BGHSt 42, 73 m.w.N. [Widerruf von der Entbindung von der ärztlichen Schweigepflicht]; *Meyer-Goßner/Schmitt*, § 53 Rn 49; KK-*Senge*, § 53 Rn 54; zur Zweckmäßigkeit eines Widerrufs s.u. Rdn 1406). Zum Widerruf **berechtigt** ist derjenige, der die Entbindung von der Schweigepflicht **ursprünglich** erklärt hat. Entscheidend ist der zweifelsfrei erklärte Wille (BGH, a.a.O.).

Entbindung von der Schweigepflicht | **E**

🖋 Der Verteidiger muss bei einem Widerruf der Entbindung bedenken, dass durch den Widerruf der Eindruck entstehen kann, der Angeklagte habe (nun doch) etwas zu verbergen. Deshalb wird i.d.R. der **Widerruf nicht zu empfehlen** sein. Das gilt insbesondere auch, weil in diesen Fällen die bis dahin gemachte (richterliche) Aussage des Zeugen verwertbar ist und ein **Protokoll verlesen** werden kann (BGHSt 18, 146; BGH NStZ 2012, 281; StV 1997, 233 [Ls.]; *Meyer-Goßner/Schmitt*, a.a.O.). § 252 gilt **nicht** (→ *Protokollverlesung nach Zeugnisverweigerung*, Rdn 2126 ff.). Das gilt nicht nur für die von dem Zeugen ggf. bei einer richterlichen Vernehmung gemachten Angaben, sondern auch für die im Rahmen eines polizeilichen Vernehmung (BGH, a.a.O. m. Anm. *Deutscher* StRR 2012, 146). Die von § 252 vorausgesetzte Pflichtenkollision liegt nicht vor.

Unzulässig ist die **Verwertung** der Aussage eines zeugnisverweigerungsberechtigten Arztes nach Widerruf der Entbindung von der Schweigepflicht, wenn der Arzt vom Gericht über eine – angeblich (fort-)bestehende – **Befreiung** belehrt worden ist, dies jedoch **objektiv falsch** war (s. BGHSt 42, 73). Insoweit gilt nicht die sog. Rechtskreistheorie (BGHSt 33, 148). Auch muss der Verteidiger, um die unzulässige Verwertung in der **Revision** rügen zu können, nicht nach § 238 Abs. 2 vorgegangen sein (BGHSt 42, 73; s.a. *Welp* JZ 1997, 35 in der Anm. zu BGH, a.a.O.; → *Verlesung von Protokollen früherer Vernehmungen/sonstiger Erklärungen*, Rdn 3014; → *Protokollverlesung nach Zeugnisverweigerung*, Rdn 2126 ff.).

5. Hinweise für den Verteidiger!

Der Verteidiger muss die Frage, ob sein Mandant einen ggf. nach § 53 zeugnisverweigerungsberechtigten Zeugen überhaupt von der **Schweigepflicht entbindet**, sorgfältig **prüfen** (s.a. *Dahs*, Rn 574). Bei der Entscheidung muss er **berücksichtigen**, ob der Geheimnisträger den Beschuldigten **be- oder entlasten** könnte. Kommt eine Belastung in Betracht, wird er grds. nicht von der Schweigepflicht entbunden werden können. Die Entbindung wird hingegen geboten sein, wenn eine Entlastung, z.B. durch Bestätigung der Einlassung des Beschuldigten, in Betracht kommt. In **Zweifelsfällen** ist zu empfehlen, die Entbindung auf bestimmte Punkte zu **beschränken**, was zulässig ist (s.o. Rdn 1405). Allerdings sollte der Verteidiger nicht übersehen, dass daraus vom Gericht ggf. auch nachteilige Schlüsse gezogen werden könnten (BGHSt 20, 298; s.a. BGHSt 45, 363; zur Frage der Vernehmung des Verteidigers als Zeuge und der damit ggf. zusammenhängenden Frage der Entbindung des Verteidigers von seiner Schweigepflicht s. *Bosbach* StraFo 2011, 172 ff.; → *Verteidiger als Zeuge*, Rdn 3195 f.).

1406

| E | **Entfernung des Angeklagten aus der Hauptverhandlung** |

♪ Aus der **Verweigerung** der Entbindung von der Schweigepflicht darf **kein** den Mandanten **belastendes Indiz** abgeleitet werden, wenn der Mandant i.Ü. umfassend schweigt (BGHSt 45, 363).

1407 Der Verteidiger muss des Weiteren **erwägen**, dass
- der von der Schweigepflicht entbundene Geheimnisträger seinerseits seine **Berufshelfer**, also Angestellte und sonstige Hilfspersonen, von der Schweigepflicht **entbinden** kann (s. dazu *Meyer-Goßner/Schmitt*, § 53a Rn 2 ff. m.w.N.),
- ein ggf. nach § 97 Abs. 1 bestehendes **Beschlagnahmeprivileg entfällt** (*Burhoff*, EV, Rn 368; s.a. zur Entbindung von der ärztlichen Schweigepflicht und zur Beschlagnahme von ärztlichen Aufzeichnungen *Göppinger* NJW 1958, 241),
- nach der Entbindung ein ggf. auf § 160a beruhendes Beweiserhebungs-/Beweisverwertungsverbot für **Berufsgeheimnisträger** entfällt (vgl. dazu eingehend *Burhoff*, EV, Rn 984),
- dass der **Zeuge** (dann) **vollständig** und **wahrheitsgemäß aussagen** muss und nicht mit Rücksicht auf den Beschuldigten bestimmte Tatsachen verschweigen darf,
- dass mit der Entbindung der Zeuge/Arzt auch über die ihm aus einem **anderen Verfahren** bekannten **Umstände aussagen** muss (BGHSt 38, 369; s.a. *Cramer* NStZ 1996, 209 ff.). Es empfiehlt sich, eine **Belehrung** des Angeklagten über die Folgen der Entbindung von der Schweigepflicht **schriftlich festzuhalten** (s. das Muster bei *Burhoff*, EV, Rn 1916).

♪ Es empfiehlt sich, eine **Belehrung** des Beschuldigten über die Folgen der Entbindung von der Schweigepflicht **schriftlich** entsprechend dem Muster bei *Burhoff*, EV, Rn 1916, festzuhalten).

Siehe auch: → *Zeugnisverweigerungsrecht*, Rdn 3552.

1408 Entfernung des Angeklagten aus der Hauptverhandlung

Das Wichtigste in Kürze:
1. § 247 ist eine eng auszulegende Ausnahmevorschrift.
2. Die Entfernung des Angeklagten aus der HV ist im Interesse der Sachaufklärung zulässig, zum Schutz von Zeugen und zum eigenen Schutz des Angeklagten.
3. Der Ausschluss erfasst grds. keine Verfahrensvorgänge mit selbstständiger verfahrensrechtlicher Bedeutung. Für den Ausschluss ist ein förmlicher Beschluss des Gerichts erforderlich.

Entfernung des Angeklagten aus der Hauptverhandlung E

4. Ist der Angeklagte zur HV wieder zugelassen, muss er vom wesentlichen Inhalt dessen, was in seiner Abwesenheit verhandelt worden ist, unterrichtet werden.
5. Die Entfernung des Angeklagten ohne (begründeten) Beschluss ist ein absoluter Revisionsgrund.

Literaturhinweise: Basdorf, Reformbedürftigkeit der Rechtsprechung des Bundesgerichtshofs zu § 247 StPO, in: Festschrift für *Hanskarl Salger*, 1995, S. 203; **Bung**, Verhandlung über die Entlassung des Zeugen und Augenscheinseinnahme in Abwesenheit des gemäß § 247 StPO entfernten Angeklagten als Fälle des absoluten Revisionsgrundes nach § 338 Nr. 5 StPO; HRRS 2010, 50; **Burghardt**, Wirksame Inaugenscheinnahme in Abwesenheit des Angeklagten, NJ 2010, 172; **Dahs**, Volenti non fit iniuria – warum nicht auch bei § 247 StPO?, in: Festschrift für *Gunter Widmaier*, 2008, S. 95; **Erb**, Zur Inaugenscheinnahme in Abwesenheit des Angeklagten, Anmerkung zur Entscheidung des BGH vom 11.11.2009 – 5 StR 530/08, NStZ 2010, 347; **Gleß**, § 247a StPO – (auch) eine Wohltat für den Angeklagten?, JR 2002, 97; **Granderath**, Schutz des Tatopfers im Strafverfahren, MDR 1983, 797; **Leitner**, Videotechnik im Strafverfahren, 2012; **Strate**, Zur zeitweiligen Ausschließung des Angeklagten von der Hauptverhandlung, NJW 1979, 909; **Tiedemann/Sieber**, Die Verwertung des Wissens von V-Leuten im Strafverfahren, NJW 1984, 753; **Ullrich**, Schutz des verletzten Zeugen durch Entfernung des Angeklagten gem. § 247 StPO im Bereich der Sexualdelinquenz, 1998; **Wölky**, § 247 StPO im Windkanal des 5. Strafsenats, StraFo 2009, 397 s.a. die Hinw. bei → *Vereidigung eines Zeugen*, Rdn 2792 und → *Videovernehmung in der Hauptverhandlung*, Rdn 3308.

1. § 247, der den **zeitweiligen** Ausschluss des Angeklagten aus der HV ermöglicht, ist eine **eng** auszulegende **Ausnahme** vom Recht und der Pflicht des Angeklagten zur persönlichen Anwesenheit während der gesamten HV (vgl. BGHSt 26, 218, 220; u.a. BGHSt 46, 143 m.w.N.; 55, 87; OLG Hamm StV 2010, 65; *Meyer-Goßner/Schmitt*, § 247 Rn 1; → *Anwesenheitspflicht des Angeklagten*, Rdn 315). Dieser Normzweck muss bei der Anwendung der Vorschrift beachtet werden. Die Entfernung des Angeklagten aus der HV geht aber einer etwaigen → *Videovernehmung in der Hauptverhandlung*, Rdn 3316, nach § 247a Abs. 1 vor, da die persönliche Vernehmung des Zeugen Vorrang vor den Verteidigungsinteressen des Angeklagten hat (so a. BGH NStZ 2001, 608; KK-*Diemer*, § 247a Rn 8, 11; zur wegen der Gefährdungslage vorzugswürdigen Vernehmung eines Verdeckten Ermittlers in Abwesenheit des Angeklagten BGH NStZ 2006, 648). Im **JGG-Verfahren** kommt für den Ausschluss des Angeklagten neben § 247 auch § 51 Abs. 1 S. 1 JGG in Betracht (vgl. dazu BGH NJW 2002, 1735 [Ls.]; s. → *Jugendgerichtverfahren*, Besonderheiten der Hauptverhandlung, Rdn 1754).

2. Die Entfernung/der Ausschluss des Angeklagten aus der HV ist nach § 247 **nur** in folgenden **Fällen zulässig** (dazu a. *Wölky* StraFo 2009, 397):

a) Nach § 247 S. **1** kann der Angeklagte im **Interesse** der **Sachaufklärung** ausgeschlossen werden, und zwar dann, wenn die begründete Besorgnis besteht, ein Zeuge oder ein Mitangeklagter (BGH NStZ-RR 2007, 289 [Be]) werde in Gegenwart des Angeklagten nicht die Wahrheit sagen. Die vom Gericht zu treffende Entscheidung muss sich auf **bestimmte Tatsachen** gründen (LR-*Becker*, § 247 Rn 16; KK-*Diemer*, § 247 Rn 5 m.w.N.;

E   Entfernung des Angeklagten aus der Hauptverhandlung

s.a. BGH NStZ 2015, 103). Sie kann auch nicht (allein) darauf gestützt werden, dass nach einer ärztlichen Bescheinigung eine Begegnung einer „psychisch alterierten und traumatisierten Zeugin" mit dem Angeklagten aus medizinischen Gründen unbedingt vermieden werden sollte (OLG Oldenburg StV 2011, 219). Dazu folgende **Beispiele**:

1412   **Zulässige Entfernung des Angeklagten**

- die **Angst** einer vom Angeklagten bedrohten Zeugin vor (weiteren) Repressalien (BGH NStZ 1990, 27 [M]),
- bei **Nötigung** durch **Angehörige**, **Freunde** oder **Helfershelfer** des Angeklagten (allgemein BGH NStZ 1999, 419, 420; s.a. BGH NStZ 2004, 220, 221),
- ggf. die Erklärung eines **Mitangeklagten**, im Fall der Anwesenheit des Angeklagten von seinem **Schweigerecht** Gebrauch zu machen (BGH StV 2001, 214 [Ls.]),
- die Befürchtung, ein Zeuge werde beim Zusammentreffen mit dem Angeklagten einen **Nervenzusammenbruch** erleiden und als Beweismittel verloren gehen (BGHSt 22, 289, 296; BGH GA 1970, 111),
- ggf. wenn die **Vernehmung** eines **V-Mannes** aus den in § 96 und § 54 BRRG i.V.m. § 39 Abs. 3 S. 1 BRRG anerkannten Gründen von der obersten Dienstbehörde nicht „freigegeben" wird (BGHSt 32, 32; BGH NStZ 2008, 648 [vorzugswürdig gegenüber einer völligen Sperrung des Zeugen]; vgl. a. BGH NJW 1985, 1478 [der Ausschluss erstreckt sich auch auf die Vereidigung dieses Zeugen]; s.a. → *V-Mann in der Hauptverhandlung*, Rdn 3336; → *Verwertung der Erkenntnisse eines [gesperrten] V-Mannes*, Rdn 3241),

> ✍ Das Gericht muss bei Zweifeln an der Begründetheit der Verwaltungsentscheidung zunächst auf deren **Überprüfung drängen** (zuletzt BGHSt 42, 175; eingehend dazu Tiedemann/Sieber NJW 1984, 753, 756; → *Aussagegenehmigung*, Rdn 416).

- die Drohung eines Zeugen, er werde bei Anwesenheit des Angeklagten in der HV von seinem **Zeugnis-/Aussageverweigerungsrecht** Gebrauch machen (BGHSt 22, 18, 21; BGH NStZ 1997, 402; NStZ-RR 2004, 116),
- wenn einem **kindlichen Zeugen** in Gegenwart des Angeklagten ein erheblicher Nachteil droht; kommt es für die Rechtmäßigkeit der vorübergehenden Entfernung des Angeklagten nicht darauf an, ob der kindliche Zeuge überhaupt aussagen will oder nicht (BGH, Beschl. v. 4.8.2009 – 4 StR 171/09 [für 12-jährigen Zeugen]).

1413   **Unzulässige Entfernung des Angeklagten**

- der Angeklagte soll nur zu dem Zweck entfernt werden, um die **Anpassung** seiner **Einlassung** an die eines Mitangeklagten zu **verhindern** (BGHSt 15, 194 f.; KK-*Diemer*, § 247 Rn 2 m.w.N. a. zur a.A.; weiter a. *Granderath* MDR 1983, 800),

- der Zeuge oder Mitangeklagte hat bloß den **Wunsch**, der Angeklagte möge entfernt werden (BGHSt 22, 18, 21; BGH NStZ 1999, 419; 2015, 103; NStZ-RR 2002, 217; Beschl. v. 4.8.2009 – 4 StR 171/09); vielmehr muss der Zeuge substantiiert begründen, warum er nicht in Anwesenheit des Angeklagten aussagen will, wovon nur in Ausnahmefällen abgesehen werden kann (BGH, a.a.O.; vgl. auch OLG Oldenburg StV 2011, 219),
- ein **Zeuge** soll **überlistet** werden, indem z.b. eine andere Person für den Angeklagten auf der Anklagebank Platz nimmt, um zu prüfen, ob der Zeuge den „Angeklagten" erkennt (KK-*Diemer*, a.a.O.; offengelassen in RGSt 69, 253),
- (allein) ein gem. § 1897 BGB bestellter **Betreuer** hat der Vernehmung des Betreuten in Anwesenheit des Angeklagten **widersprochen** (BGHSt 46, 143),
- der Angeklagte entfernt sich **freiwillig** (OLG Hamm StV 2010, 65).

b) Der Ausschluss des Angeklagten ist nach § 247 S. 2 außerdem zulässig zum **Schutz** von **Zeugen**, wenn bei der Vernehmung eines erwachsenen Zeugen in Gegenwart des Angeklagten schwerwiegende **gesundheitliche Nachteile** zu erwarten sind bzw. bei der Vernehmung von Zeugen **unter 18 Jahren** die Gefahr eines erheblichen Nachteils für das **Wohl** dieses **Jugendlichen** zu erwarten ist.

1414

☞ Die Entfernung des Angeklagten aus der HV bedarf **sorgfältiger** Feststellung und **Abwägung** der für und gegen die Anwesenheit des Angeklagten sprechenden Gründe. Allgemein wird der Verteidiger nach Möglichkeit **versuchen** (müssen) **durchzusetzen**, dass Zeugen in **Gegenwart** des Angeklagten **aussagen**, da deren Verhalten in Gegenwart des Angeklagten für die Beweiswürdigung von erheblicher Bedeutung sein kann. Allerdings sollten Angeklagter/Verteidiger alles vermeiden, was, insbesondere in Missbrauchsfällen, den Eindruck entstehen lassen könnte, dass durch das Beharren auf einer Vernehmung in Anwesenheit des Angeklagten Druck auf den Zeugen ausgeübt werden soll. Ein solcher Eindruck wird dem Angeklagten eher schaden als nutzen.

Geht es um den Ausschluss des Angeklagten während der → *Vernehmung jugendlicher Zeugen*, Rdn 3134, muss der Verteidiger auch darauf hinweisen, dass nach seiner Ansicht ein ggf. (vorrangig) zu erwägender → *Ausschluss der Öffentlichkeit*, Rdn 426, und die Beschränkung des Fragerechts nach **§ 241a** einen **ausreichenden Schutz** des Zeugen gewährleisten (KK-*Diemer*, § 247 Rn 10; zu verteidigungstaktischen Überlegungen s.a. *Malek*, Rn 236).

Die bloße Möglichkeit der Gesundheitsgefahr reicht hier ebenfalls nicht aus, vielmehr müssen für die Annahme – nach Überzeugung des Gerichts (BGH NStZ 1988, 423) – **konkrete Tatsachen** vorliegen (*Meyer-Goßner/Schmitt*, § 247 Rn 12). Diese Voraussetzungen sind z.B. angenommen worden bei Gefahr eines Nervenzusammenbruchs mit der Folge der Vernehmungsunfähigkeit (BGHSt 22, 289, 296; OLG Hamburg NJW 1975, 1573), wobei es

1415

nicht auf einen Zusammenhang zwischen den Vernehmungsfolgen und der tat ankommen dürfte (BGH NStZ 2011, 261, 262; KK-*Diemer*, § 247 Rn 11). Auch bei der **Vernehmung von V-Leuten** kann nach der Rspr. die o.a. Annahme naheliegen, da die Kenntnis des Angeklagten von ihrem Aussehen diese in Lebens- oder Gesundheitsgefahr bringen kann (*Meyer-Goßner/Schmitt*, a.a.O. m.w.N.; s. allerdings → *V-Mann in der Hauptverhandlung*, Rdn 3336; → *Verwertung der Erkenntnisse eines [gesperrten] V-Mannes*, Rdn 3241; zum Verhältnis zu § 247a Abs. 1 → *Videovernehmung in der Hauptverhandlung*, Rdn 3316; BGH NStZ 2001, 608 sowie 2006, 648 [zum Ausschluss des Angeklagten von einer Videovernehmung eines Verdeckten Ermittlers]).

1416 c) Schließlich ist die Entfernung des Angeklagten nach § 247 S. 3 auch im **Interesse** der **Gesundheit** des **Angeklagten** zulässig, wenn insbesondere bei der Anhörung eines SV der Gesundheitszustand des Angeklagten und Behandlungsaussichten erörtert werden und dadurch ein erheblicher Nachteil für die Gesundheit des Angeklagten zu befürchten ist.

3. Hinweise für den Verteidiger!

Für das **Verfahren** bei der Entfernung des Angeklagten muss der Verteidiger auf Folgendes unbedingt achten:

1417 a) Der Angeklagte kann für die **gesamte Dauer** einer **Vernehmung** ausgeschlossen werden. Dann ist er von der unmittelbaren Befragung des Zeugen ausgeschlossen (BGHSt 22, 289, 296), der Ausschluss bezieht sich aber nur auf die Dauer der Vernehmung des Zeugen (BGH StV 2000, 120; s.u. Rdn 1419 ff.). Er erfasst nicht (auch) Verfahrensvorgänge mit selbstständiger verfahrensrechtlicher Bedeutung (BGHSt 55, 87; BGH NJW 2003, 597 [für Augenscheinseinnahme]; s. aber BGH StV 2008, 230, wenn die Augenscheinseinnahme am Körper des Zeugen erfolgt und in untrennbarem Zusammenhang mit seiner Aussage steht). Auch die Verkündung des Ausschließungsbeschlusses selbst, wird von § 247 nicht erfasst (BGH StV 2000, 120; StraFo 2015, 22; LR-*Becker*, § 247, 28; s. noch OLG Schleswig StV 2011, 351).

> ✍ Was unter dem **Begriff** der „**Vernehmung**" zu verstehen ist, war **vorübergehend streitig** geworden. In zwei Anfragebeschlüssen wollte der 5. Strafsenat des BGH (vgl. u.a. StV 2009, 226 m. abl. Anm. *Schlothauer*; 2009, 342) den Begriff der Vernehmung so verstanden wissen, wie er beim → *Ausschluss der Öffentlichkeit*, Rdn 419, verstanden wird. Dort wird unter Hinweis auf den Wortlaut der §§ 171a ff. GVG „die Vernehmung" i.S.d. entsprechenden Verfahrensabschnitts verstanden. Dazu werden auch alle Verfahrensvorgänge, die mit der eigentlichen Vernehmung eng in Zusammenhang stehen oder sich aus ihr entwickeln, gerechnet (so BGH [5. Strafsenat] StV 2009, 226 m.w.N.; abl. a. *Wölky* StraFo 2009, 397). Das bedeutet, dass z.B. die Verhandlung über die Entlassung des Zeugen noch als Teil der „Vernehmung" angesehen wird. Dieser Auffassung sind für § 247 die übrigen Strafsenate des BGH entgegengetreten (vgl. u.a. StRR 2009,

Entfernung des Angeklagten aus der Hauptverhandlung   E

322 [Ls.]; StRR 2009, 362 [Ls.]; NStZ 2010, 227). Auch der Große Senat für Strafsachen des BGH hat dann der Auffassung des 5. Strafsenats (vgl. noch NJW 2010, 1012) eine Absage erteilt (vgl. BGHSt 55, 87) und an dem engen Begriff der Vernehmung i.S. des § 247 festgehalten. Darunter sind also nach wie vor nur die eigentliche Vernehmung des Zeugen, nicht auch mit ihr eng zusammenhängende Verfahrensvorgänge zu verstehen (s. auch BGH StV 2012, 519; NStZ-RR 2011, 151 und die Nachw. bei Rdn 1419 ff.).

Es ist auch **zulässig**, den Angeklagten **nur** für einen **Teil** der Vernehmung zu entfernen, z.B. nur für die Zeit der Beantwortung einer bestimmten Frage (BGH MDR 1975, 544 [D]). In diesem Fall ist darauf zu achten, dass der **Ausschluss** auf diesen Teil **beschränkt** bleibt, der Angeklagte danach also wieder an der HV teilnimmt. Auch der (teilweise) Ausschluss erfasst jedoch alle Teile der Vernehmung, die mit dem den Ausschluss betreffenden Teil der Vernehmung in Verbindung stehen, wie z.B. Vorhalte usw. (vgl. u.a. BGH NStZ 1994, 354; KK-*Diemer*, § 247 Rn 6 m.w.N.; s.a. *Stein* StV 1995, 251 in der Anm. zu BGHSt 39, 326).   **1418**

✍ Wenn dem Angeklagten während der vorübergehenden Entfernung die Gelegenheit gegeben wird, in einem anderen Raum die dorthin übertragene Aussage des Zeugen in **Bild** und **Ton** zu **verfolgen**, ist diese – in der StPO nicht vorgesehene Verfahrensweise – zwar zulässig, die Voraussetzungen, Bedingungen und Wirkungen des § 247 bleiben davon aber unberührt (BGH NStZ 2006, 116; 2011, 534). Der Angeklagte hat auch keinen Anspruch darauf, die Vernehmung eines Zeugen mittels Videotechnik mitverfolgen zu können (BGH NStZ 2009, 582). Der Vorsitzende muss den Angeklagten also z.B. nach seiner Rückkehr über den wesentlichen Inhalt der Aussage des Zeugen informieren (BGH, a.a.O.; a.A. BGHSt 51, 180, falls sich der Vorsitzende von einer ordnungsgemäßen Übertragung vergewissert hat; zur grds. Zulässigkeit dieser Verfahrensweise eingehend *Meyer-Goßner/Schmitt*, § 247 Rn 14a). Nach der Rspr. des BGH kann das Beruhen des Urteils auf der Abwesenheit des Angeklagten bei einem wesentlichen Teil der HV u.a. damit verneint werden, dass der Angeklagte die Vernehmung des Zeugen hat über Video verfolgen können (NStZ 2006, 713 [für Abwesenheit bei der Verhandlung über die Entlassung des Zeugen]; vgl. a. noch BGH NStZ-RR 2014, 132 [Ci/Zi]; zum ausreichenden Revisionsvortrag in diesen Fällen auch BGH NStZ 2011, 534).

b) Der Ausschluss erfasst grds. keine Verfahrensvorgänge mit **selbstständiger verfahrensrechtlicher Bedeutung** (st. Rspr. vgl. u.a. BGHSt 55, 87; BGH NJW 2003, 597; NStZ 2014, 532, 535; 2015, 104 m. Anm. *G. Herrmann* StRR 2015, 25; StV 2008, 230; NStZ-RR 2014, 53; s. zu allem a. *Basdorf*, S. 207 ff.). Dabei muss es sich aber um seinen sog. „wesentlichen Teil" der HV i.S. des § 338 Nr. 5 handeln. Damit scheiden alle Verfahrensvorgänge aus, auf die das → *Freibeweisverfahren*, Rdn 1562, anwendbar ist, da insoweit das Gericht auch außerhalb der HV tätig werden kann (vgl. BGH   **1419**

E   Entfernung des Angeklagten aus der Hauptverhandlung

StraFo 2010, 493 für Klärung der Vernehmungsfähigkeit eines Zeugen). Dazu ist hinzuweisen auf folgende Rechtsprechungsbeispiele:

1420   In **Abwesenheit** des Angeklagten **unzulässige Verfahrensvorgänge**

- Verhandlung über die → *Abtrennung von Verfahren*, Rdn 244, (BGH StV 2011, 650),
- Verhandlung und Entscheidung über den **Antrag** auf Vernehmung eines SV zur Vorbereitung einer einen jugendlichen Zeugen betreffenden Entscheidung nach § 247 S. 2 (BGH NStZ 1987, 17 [Pf/M]),
- eine → *Augenscheinseinnahme*, Rdn 348, (weiterhin st. Rspr.; BGH NJW 2003, 597; NStZ 2001, 262; 2002, 384; StV 2005, 6; s. aber BGH NJW 1988, 2682), wie z.B.
  - für vom Zeugen bei der Vernehmung gefertigte **Tatortskizze** und vom Zeugen auf einem Mobiltelefon aufgerufene SMS (BGH NStZ 2007, 717),
  - für Inaugenscheinnahme eines **Lichtbildes** (BGH NStZ 2011, 51; NStZ-RR 2014, 53 m. Anm. *Burhoff* StRR 2014, 184 für Luftbildaufnahme; s. auch – für den nach § 177 GVG ausgeschlossenen Angeklagten – BGH NJW 2015, 806 [Ls.]),
  - für einen **Videofilm** (OLG Karlsruhe NStZ-RR 2008, 315]),
  - für Inaugenscheinnahme von zwei **Wahllichtbildvorlagen** (BGH NStZ 2014, 223),

> **Zulässig** ist es aber, ein Augenscheinsobjekt als **Vernehmungsbehelf** zu verwenden (BGH NStZ 2003, 320; 2011, 51) bzw. eine Augenscheinseinnahme am Körper des zu vernehmenden Zeugen durchzuführen, wenn sie in untrennbarem Zusammenhang mit der Aussage steht (BGH StV 2008, 230; vgl. dazu BGHSt 54, 184; 55, 87 und noch unten Rdn 1422 f.; aus der neueren Lit. *Bung* HRRS 2010, 50; *Burghardt* NJ 2010, 172; *Erb* NStZ 2010, 347).

- Verkündung des **Ausschließungsbeschluss** selbst (BGH StV 2000, 120; StraFo 2015, 22; LR-*Becker*, § 247, 28; s. noch OLG Schleswig StV 2011, 351),
- Verhandlung und Entscheidung über den → *Ausschluss der Öffentlichkeit*, Rdn 419, (*Meyer-Goßner/Schmitt*, § 247 Rn 6), es sei denn, aus der besonderen Gestaltung des Einzelfalls ergibt sich die naheliegende Möglichkeit des Ausschlusses während der Vernehmung (BGH NJW 1979, 276 [für minderjähriges Mädchen, das über sexuelle Vorgänge aussagen soll]; s.a. BGHSt 39, 326 und die Kritik von *Stein* StV 1995, 251 in der Anm. zu BGH, a.a.O.),
- Erklärung eines → *Beweisverzichts*, Rdn 1146, da dafür stets auch die Zustimmung des Angeklagten erforderlich ist (BGH NStZ 1996, 351),
- Verhandlung über und Anordnung der → *Entlassung von Zeugen und Sachverständigen*, Rdn 1425, (nach wie vor st. Rspr.; vgl. u.a. BGHSt 55, 87; s. noch BGH NJW 1998, 2541; NStZ 2006, 713; 2007, 352; 2010, 227; 2011, 51; 2011, 534; StV

2015, 86; Urt. v. 1.12.2011 – 3 StR 318/11; OLG Düsseldorf VRS 91, 365; OLG München Rpfleger 2014, 160; zur Beruhensfrage BGH StraFo 2013, 339 m. Anm. *Arnoldi* StRR 2013, 385), was auch bei einem jugendlichen Zeugen gilt (BGH StV 1996, 471 m.w.N.) und auch dann, wenn es sich um die Entlassung des (Opfer)Zeugen unmittelbar nach einer **ergänzenden Vernehmung** handelt (BGH NStZ 1995, 557 m.w.N.; 2014, 532, 535 [auch zum Umfang des Revisionsvortrags]; 2015, 104 m. Anm. *G. Herrmann* StRR 2015, 25),

> Nach BGH NJW 1998, 2541, 2542 wird aber die Verhandlung über die Entlassung des Zeugen in Abwesenheit des Angeklagten dann **nicht** mehr als **absoluter Revisionsgrund** nach § 338 Nr. 5 angesehen, wenn der Angeklagte nach Unterrichtung über den Inhalt der Zeugenaussage auf **Fragen** an den Zeugen **verzichtet** hat, weil dann das Fragerecht des Angeklagten nicht (mehr) betroffen sei (noch offengelassen von BGH NStZ 1999, 44; offen gelassen a. BGH NStZ-RR 2014, 142 [Ci/Zi]; a.A. BGH StV 2000, 239 [an der bisherigen st. Rspr. wird festgehalten]). Etwas anderes wird jedoch jedenfalls dann gelten, wenn sich das Verfahren in Abwesenheit des Angeklagten in einer für diesen nicht vorhersehbaren Weise entwickelt (BGH NStZ 1999, 44). Etwas anderes gilt auch, wenn jegliches Beruhen des Urteils auf der Abwesenheit des Angeklagten denkgesetzlich ausgeschlossen ist (BGH NStZ 2006, 713; 2007, 352; 2011, 51 m. Anm. *Arnoldi* StRR 2011).

> Das Gericht muss, wenn der Angeklagte noch zulässige Fragen an den Zeugen stellen will, diesen – auch ohne Beweisantrag – wieder **herbeischaffen** (BGH NJW 1998, 2541 f.; s.a. *Basdorf*, S. 209).

■ **Verlesung** einer von dem Zeugen bei seiner Vernehmung übergebenen **Urkunde** oder eines Protokolle zu Beweiszwecken gem. § 253 (→ *Protokollverlesung zur Gedächtnisstützung*, Rdn 2147) im Wege des Urkundsbeweises (BGHSt 21, 332; BGH NStZ 1997, 402; 2001, 262; StraFo 2002, 191 m.w.N.), eine Verlesung im Wege des Vorhalts ist hingegen erlaubt (BGH NStZ 1997, 402),

■ Verhandlung und Entscheidung über die **Vereidigung** (st. Rspr.; vgl. BGHSt 22, 289, 297; zuletzt BGH NStZ 1999, 44 m.w.N.; OLG Düsseldorf VRS 91, 365; OLG Dresden StV 1999, 637; s.a. *Meyer-Goßner/Schmitt*, § 247 Rn 19; a.A. *Basdorf*, S. 215), allerdings wird der Verfahrensfehler geheilt, wenn nach einer erneuten Vernehmung des Zeugen die Verhandlung und Entscheidung über die Vereidigung desselben Zeugen in Anwesenheit des Angeklagten stattfindet (BGHSt 48, 221; zu einem Sonderfall vgl. a. BGH HRRS 2006 Nr. 535),

> Das gilt nach der neueren **Rspr.** des **BGH** jedoch **nicht mehr uneingeschränkt**. Der BGH geht inzwischen davon aus, dass im Hinblick auf die Änderungen des Ver-

E Entfernung des Angeklagten aus der Hauptverhandlung

eidigungsrechts durch das 1. JuMoG dies teilweise anders zu sehen ist. Die Neuregelung des Vereidigungsrechts, wonach die Nichtvereidigung die Regel sei (vgl. BGHSt 50, 282), habe zur Folge, dass in den Fällen, in denen die Verfügung des Vorsitzenden nicht zum Gegenstand von Erörterungen gemacht, insbesondere keine gerichtliche Entscheidung nach § 238 Abs. 2 beantragt wurde, die Abwesenheit des Angeklagten keinen wesentlichen Verfahrensteil betrifft (BGHSt 51, 81 m. zust. Anm. *Müller* JR 2007, 79; BGH StV 2005, 7; a.A. *Schuster* StV 2005, 628, 631). Der Verteidiger muss also **vorsorglich** die Vereidigungsentscheidung des Vorsitzenden **beanstanden** (§ 238 Abs. 2), um sich die Rüge der Verletzung des § 247 zu erhalten (→ *Vereidigung eines Zeugen*, Rdn 2792).

- **Vornahme** der **Vereidigung** (st. Rspr.; vgl. BGHSt 26, 218; zuletzt BGH NStZ 1997, 402 m.w.N.; a.A. *Basdorf*, S. 215), sofern der Angeklagte nicht wegen Enttarnung oder Gefährdung des Zeugen ausgeschlossen war (BGHSt 37, 48),
- **Vernehmung** eines **weiteren Zeuge** (BGH NStZ 1993, 350 [für Vernehmung eines Polizeibeamten über die Identität eines V-Mannes]; OLG Schleswig SchlHA 1987, 120 [L]); als **zulässig** wird aber die → *informatorische Befragung eines Zeugen*, Rdn 1749, in Abwesenheit des Angeklagten angesehen, um **prüfen** zu können, ob die **Entfernung** des Angeklagten während der Vernehmung des Zeugen in Betracht kommt (BGH NStZ 2002, 46).

1421 c) Für die Entfernung des Angeklagten reicht allein die Verfügung des Vorsitzenden nicht aus, sie erfordert vielmehr einen förmlichen **Beschluss** des **Gerichts** (st. Rspr.; vgl. u.a. BGHSt 22, 18 m.w.N.). Die Beteiligten sind zu hören, der Beschluss ist i.d.R. substantiiert zu begründen (BGH NStZ 2002, 44; 2015, 103; StV 2003, 305; 2003, 373; OLG Hamm NStZ 2005, 467; StraFo 2000, 57; OLG Oldenburg StV 2011, 219). Der Beschluss muss in Anwesenheit des Angeklagten verkündet werden (BGH StV 2000, 120; StraFo 2015, 22; OLG Schleswig StV 2011, 351), und zwar selbst dann, wenn der Angeklagte durch seinen Verteidiger erklären lässt, ein Beschluss über den Ausschluss des Angeklagten sei nicht nötig, denn der Angeklagte gehe freiwillig (OLG Schleswig, a.a.O.). Eines begründeten Beschlusses bedarf es auch, wenn alle Beteiligten mit der Entfernung des Angeklagten einverstanden sind (BGH, a.a.O.; OLG Hamm StV 2010, 65); der Angeklagte kann nicht auf seine Anwesenheit verzichten (OLG Hamm, a.a.O.; → *Anwesenheitspflicht des Angeklagten*, Rdn 315).

1422 **4.a)** Ist der Angeklagte **wieder** zur HV **zugelassen**, muss er gem. § 247 S. 4 vor weiteren Verfahrenshandlungen unverzüglich über den **wesentlichen Inhalt** dessen **unterrichtet** werden, was während seiner Abwesenheit ausgesagt oder verhandelt worden ist (vgl. KK-*Diemer*, § 247 Rn 14 m.w.N.; s.u.a. BGH NStZ 2010, 465; StV 2011, 202). Die Unterrichtung ist zwingend (BGH NStZ 1998, 263) und muss vor der Entlassung eines Zeugen erfolgen (BGH StV 1992, 550 m.w.N.), da der Angeklagte Gelegenheit haben muss, zusätzliche Fragen zu stellen und zur Vereidigung Stellung zu nehmen (BGH NStZ 1995, 557; StV 1996, 471, jew. m.w.N.). Die Unterrichtung hat auch dann zu erfolgen, wenn der Vorsitzende die betreffenden Vorgänge zur Klärung des Tatvorwurfs für unergiebig hält (BGH StV 2002, 353). Wird die **Vernehmung** des Zeugen, der in Abwesenheit des Angeklagten vernommen werden soll, **unterbrochen**, muss der Angeklagte, bevor anderweitige Beweiserhebungen durchgeführt werden, zunächst unterrichtet werden (BGH NStZ 1999, 522; 2010, 465; StV 2007, 513).

✍ **Form** und **Inhalt** der Unterrichtung bestimmt der **Vorsitzende** im Wege der sich aus § 238 ergebenden → *Verhandlungsleitung*, Rdn 2889. Sie kann nach Auffassung des BGH auch dadurch erfolgen, dass der Angeklagte die Vernehmung mittels Videoübertragung mitverfolgen kann (BGHSt 51, 180; BGH NStZ 2006, 116; 2011, 534). Der Vorsitzende muss sich bei dieser Verfahrensweise allerdings darüber vergewissern, dass die Videoübertragung nicht durch technische Störungen beeinträchtigt wird (BGHSt 51, 180; s. aber NStZ 2011, 534). Wie er sich diese Gewissheit verschafft, bestimmt der Vorsitzende (BGH, a.a.O.). Hat er sich vergewissert, muss eine besondere Unterrichtung des Angeklagten nicht erfolgen (BGHSt 51,180; s.a. *Kretschmer* JR 2007, 258; *Riek* JZ 2007, 745; zutr. a.A. BGH NStZ 2006, 116, *Meyer-Goßner/Schmitt*, § 247 Rn 14a).

b) Früher ist die Rspr. des BGH davon ausgegangen, dass ein während der Abwesenheit des Angeklagten durchgeführter Verfahrensakt in Anwesenheit des Angeklagten wiederholt werden muss, um die Verletzung des § 230 Abs. 1 zu heilen. Der BGH geht jetzt aber davon aus, dass es z.B. bei einer → *Augenscheinseinnahme*, Rdn 348, ausreichen soll, bei der Unterrichtung des Angeklagten das in Abwesenheit in Augenschein genommene Objekt vorzuzeigen, was zu protokollieren ist (BGHSt 54, 184). Damit wird allerdings der Akt der → *Augenscheinseinnahme*, Rdn 348, auf den rein formalen Akt der Wahrnehmung beschränkt (s. auch schon BGH StV 2009, 226 m. abl. Anm. *Schlothauer*; teilweise abl. auch *Bung* HRRS 2010, 50; *Burghardt* NJ 2010, 172; *Erb* NStZ 2010, 347, jeweils in den Anm. zu BGHSt 54, 184).

1423

✍ Der Verteidiger muss darauf achten, dass dem Angeklagten **alles** mitgeteilt wird, was er zu seiner **sachgerechten** Verteidigung wissen muss. Dazu gehören jedoch nicht die Personalien eines Zeugen, dessen Anonymität durch Ausschluss des Angeklagten gewahrt werden soll (KK-*Diemer*, § 247 Rn 15; zum Inhalt der Unterrichtung BGH StV 2011, 202; NStZ-RR 2010, 69 [Ci/Zi]). Ist der **Bericht** des Vorsitzenden **unrichtig** oder unvollständig, muss der Verteidiger das **beanstanden** und ggf. nach **§ 238 Abs. 2** einen Gerichtsbeschluss herbeiführen. Will der Angeklagte später mit der Revision geltend machen, dass er über die in seiner Abwesenheit gestellten Fragen nicht unterrichtet worden ist, setzt das voraus, dass er den Vorsitzenden in der HV um Mit-

1424 5. Die Entfernung des Angeklagten ohne (begründeten) Beschluss ist ein **absoluter Revisionsgrund** (§ 338 Nr. 5; vgl. u.a. BGH NJW 1976, 1108; zur nicht ausreichenden Begründung des Beschlusses OLG Oldenburg StV 2011, 351). Der absolute Revisionsgrund liegt auch vor, wenn während der Abwesenheit des Angeklagten Verfahrensvorgänge durchgeführt worden sind, die nicht zur Vernehmung gehören (u.a. BGHSt 55, 87; NStZ-RR 2011, 151; s.o. Rdn 1419 f.; vgl. auch die Nachw. bei *Meyer-Goßner/Schmitt*, § 247 Rn 19; zu den Anforderungen an die **Verfahrensrüge** u.a. BGH NStZ 1999, 44; 2007, 717; 2008, 644; 2014, 532, 535; NStZ-RR 1999, 108; StV 2004, 305; → *Revision, Begründung, Verfahrensrüge*, Rdn 2322).

> Der Angeklagte kann die Unzulässigkeit seiner Entfernung aus der HV auch dann mit der Rüge geltend machen, wenn er sie **nicht** nach **§ 238 Abs. 2** beanstandet hat (BGH StV 2015, 85; OLG Hamm StV 2010, 65). Auch die in der fortdauernden Abwesenheit des Angeklagten, die über den „Entfernungsbeschluss" hinausgeht, liegende Entscheidung des Vorsitzenden muss nicht nach § 238 Abs. 2 beanstandet werden; eine solche Beanstandung ist keine Rügevoraussetzung (BGH StV 2010, 562 unter Hinw. auf BGHSt 55, 87).

Siehe auch: → *Beurlaubung des Angeklagten von der Hauptverhandlung*, Rdn 817; → *Entbindung des Angeklagten vom Erscheinen in der Hauptverhandlung*, Rdn 1386; → *Verhandlung ohne den Angeklagten*, Rdn 2853.

1425 Entlassung von Zeugen und Sachverständigen

1426 **1.a)** Nach § 248 S. 1 dürfen vernommene Zeugen und SV sich nicht eigenmächtig von der Gerichtsstelle, d.h. von dem Ort, an dem das Gericht tagt, **entfernen**. Sie benötigen dafür die **Genehmigung** des **Vorsitzenden**, der vorher StA und Angeklagten hören muss.

> Die **endgültige Entlassung** von Zeugen und SV ist – im Gegensatz zu der nur vorübergehenden Beurlaubung – eine Maßnahme der → *Verhandlungsleitung*, Rdn 2889, des Vorsitzenden. Gegen sie kann nach **§ 238 Abs. 2** vorgegangen und ein Gerichtsbeschluss beantragt werden. Die endgültige Entlassung wird im Hinblick auf das → *Fragerecht des Angeklagten*, Rdn 1537, erst in Betracht kommen, wenn die Vernehmung des Zeugen abgeschlossen ist. Jedenfalls kann die Schließung des Dienstgebäudes nicht zum Anlass genommen werden, einen Zeugen vorzeitig zu entlassen und weitere Fragen von der Stellung von Beweisanträgen abhängig zu machen (BGH NStZ 2007, 281).

b) Die Verletzung des § 248 kann der Verteidiger grds. mit der **Revision** geltend machen (KK-*Diemer*, § 248 Rn 5 m.w.N.; *Meyer-Goßner/Schmitt*, § 248 Rn 4; BGH StV 1985, 355; OLG Stuttgart NStZ 1994, 600; str., s. LR-*Becker*, § 248 Rn 13). Das gilt jedenfalls dann, wenn durch die **Entlassung ohne** vorherige **Anhörung** des Angeklagten und seines Verteidigers deren **Fragerecht** nachweislich **beeinträchtigt** wurde und das Urteil hierauf beruhen kann (OLG Stuttgart, a.a.O.; so offenbar a. BGH, a.a.O. [Verletzung von § 240]). Voraussetzung ist dann aber, dass ein **Gerichtsbeschluss** herbeigeführt worden ist (BGH, a.a.O.; StV 1985, 355).

1427

> 🖉 Die Verhandlung über die Entlassung ist i.Ü. wesentlicher Teil der Hauptverhandlung, bei der auch der zuvor während der Vernehmung nach § 247 entfernte **Angeklagte anwesend** sein muss (→ *Entfernung der Angeklagten aus der Hauptverhandlung*, Rdn 1408).

2. Hinweise für den Verteidiger!

1428

- Für seine Entscheidung, der Entlassung von Zeugen/SV ggf. zuzustimmen, muss der Verteidiger folgende **Umstände berücksichtigen**:
  Der Verteidiger muss bedenken, dass mit der Entlassung sein Frage- und Erklärungsrecht erlischt, da dann die Vernehmung abgeschlossen ist. Eine erneute Vernehmung kann er später grds. nur mit einem Beweisantrag erreichen, der aus den Gründen des § 244 Abs. 3 abgelehnt werden kann.
- Zu berücksichtigen ist, ob dem zu entlassenden Zeugen ggf. später aus anderen Zeugenvernehmungen **noch Vorhalte** gemacht werden müssen. Dann sollte der Verteidiger sich der Möglichkeit einer ergänzenden Zeugenvernehmung nicht begeben und einer Entlassung (zunächst) **ausdrücklich widersprechen** (vgl. LR-*Becker*, § 248 Rn 13). Später kann er dann der endgültigen Entlassung des Zeugen immer noch zustimmen.
- Die Entlassung von Zeugen wird der Verteidiger insbesondere auch dann hinauszögern, wenn er noch nicht absehen kann, ob er gegen die Verwertung ihrer Aussage nach der „**Widerspruchslösung**" Widerspruch einlegen muss (vgl. u.a. BGHSt 38, 214). Mit der Entlassung des Zeugen erlischt das sich aus § 257 ergebende → *Erklärungsrecht des Verteidigers*, Rdn 1463, innerhalb dessen zeitlichen Rahmen ein Widerspruch spätestens geltend zu machen ist. Stellt sich die Notwendigkeit eines Widerspruchs jedoch erst nach der **Vernehmung weiterer Zeugen** heraus, z.B. nach Vernehmung weiterer Polizeibeamter zum Zustandekommen eines Geständnisses, ist der zunächst vernommene Zeuge dann aber schon entlassen, kann der Verteidiger den Widerspruch nicht mehr erheben. Ist der Zeuge hingegen noch nicht entlassen, kann der Verteidiger im Rahmen seiner nach § 257 weiterhin zulässigen Erklärung noch Widerspruch gegen die Verwertung der Vernehmung erheben (→ *Erklärungsrecht des Verteidigers*, Rdn 1467; → *Widerspruchslösung*, Rdn 3433).

> ✍ Hat der Verteidiger „**vorschnell**" der Entlassung eines Zeugen oder SV zugestimmt, kann er, wenn sich ggf. erst später die Notwendigkeit eines Widerspruchs herausstellt, diesen ggf. noch dadurch „retten", dass er die → *erneute Vernehmung eines Zeugen oder Sachverständigen*, Rdn 1476, **beantragt**, um dann nach der erneuten Vernehmung den Widerspruch erklären zu können.

Siehe auch: → *Erklärungsrecht des Verteidigers*, Rdn 1463; → *Erneute Vernehmung eines Zeugen oder Sachverständigen*, Rdn 1476; → *Wiederholung einer Beweiserhebung*, Rdn 3487.

1429 Entschädigung nach dem StrEG

> **Das Wichtigste in Kürze:**
> 1. Grds. kann der Angeklagte, der in der HV freigesprochen oder gegen den das Verfahren eingestellt wird, Entschädigung nach dem StrEG verlangen, wenn er durch den Vollzug von U-Haft oder einer anderen Strafverfolgungsmaßnahme einen Schaden erlitten hat.
> 2. Nach § 8 Abs. 1 S. 1 StrEG entscheidet das Gericht grds. in dem Urteil oder Beschluss, der das Verfahren in der HV abschließt.
> 3. § 2 StrEG regelt, wann Entschädigung für Strafverfolgungsmaßnahmen beantragt werden kann.
> 4. Wenn der Verteidiger für den Angeklagten Entschädigung beantragt, muss er vor allem § 5 StrEG beachten, der den Ausschluss der Entschädigung regelt.
> 5. Nach § 6 StrEG kann die Entschädigung u.a. ganz oder z.T. versagt werden, wenn der Angeklagte wesentliche, ihn entlastende Umstände verschwiegen hat.
> 6. Gegen die Entscheidung über die Entschädigungspflicht ist nach § 8 Abs. 3 StrEG die sofortige Beschwerde zulässig, und zwar ohne Rücksicht darauf, ob die Hauptentscheidung anfechtbar ist.
> 7. Ist die Entschädigungspflicht der Staatskasse rechtskräftig festgestellt worden, muss nach § 10 StrEG der Anspruch auf Entschädigung durch Einleitung des sog. Betragsverfahrens innerhalb von sechs Monaten geltend gemacht werden.

1430 **Literaturhinweise: Abramenko**, Der Freispruch wegen eines nachträglichen Beweisverwertungsverbotes und die Entschädigung nach §§ 1, 2 StrEG, NStZ 1998, 176; **Friehe**, Der Verzicht auf Entschädigung für Strafverfolgungsmaßnahmen, 1997; **Grau/Blechschmidt**, Ersatzansprüche für Schäden durch strafprozessuale Maßnahmen – insbesondere Durchsuchungsaktionen und Beschlagnahmen, BB 2011, 2378; **Hofmann**, Zur systemwidrigen Entschädigungslosigkeit von erlittener Untersuchungshaft bei anschließender Verurteilung zu einer Bewäh-

Entschädigung nach dem StrEG · E

rungsstrafe, StraFo 2007, 52; **Kotz**, Entschädigung für die (vorläufige) Entziehung der Fahrerlaubnis bzw. Sicherstellung oder Beschlagnahme des Führerscheins, VRR 2009, 367; *ders.*, Hinweise zur Geltendmachung der Entschädigung für Strafverfolgungsmaßnahmen – Teil 2, StRR 2010, 164; *ders.*, Hinweise zur Geltendmachung der Entschädigung für Strafverfolgungsmaßnahmen – Teil 2, StRR 2010, 204; *ders.*, Hinweise zur Geltendmachung der Entschädigung für Strafverfolgungsmaßnahmen – Teil 3, StRR 2010, 244; **Lorenz**, Nutzungsausfallentschädigung für Computer, VuR 2011, 337; **D. Meyer**, Strafrechtsentschädigung, 8. Aufl. 2011; **Sandherr**, Der Entschädigungsausschluss bei Trunkenheitsfahrten, insbesondere nach § 5 Abs. 2 StrEG, DAR 2007, 420; **Schäfer**, Entschädigung für Strafverfolgungsmaßnahmen, NJW-Spezial 2009, 344; **Schütz**, Der Anspruch nach dem StrEG im Zivilprozeß, StV 2008, 52; **Volpert**, Die richtige Abrechnung der Tätigkeit im Verfahren nach dem Strafrechtsentschädigungsgesetz, BRAGOprofessionell 2003, 91.

1. Grds. kann der Angeklagte, der in der HV **freigesprochen** oder gegen den das Verfahren **eingestellt** wird, Entschädigung nach dem StrEG verlangen, wenn er durch den Vollzug von **U-Haft** oder einer anderen **Strafverfolgungsmaßnahme** einen **Schaden** erlitten hat (zur Frage der Berücksichtigung von Urlaub bei Haftentschädigung s. OLG Köln NJW-RR 1994, 920; zur Höhe des Schadensersatzes bei zu Unrecht erlittener U-Haft s.u.a. LG München I StRR 2008, 114; s. auch *Kotz* StRR 2010, 244 ff.; zur Billigkeitsentscheidung nach § 3 StrEG s. OLG Braunschweig NStZ-RR 2013, 95). Die damit zusammenhängenden Fragen haben in der Praxis eine nicht unerhebliche Bedeutung. Es können hier jedoch nicht alle Einzelheiten der Voraussetzungen des Entschädigungsanspruchs nach dem StrEG dargestellt werden. Insoweit muss auf die Komm. zu den §§ 1 ff. StrEG bei *Meyer-Goßner/Schmitt* und zur Vertiefung auf *D. Meyer*, Strafrechtsentschädigung, verwiesen werden. Einen guten Überblick gibt auch *Kotz* StRR 2010, 164; *ders.*, StRR 2010, 204; *ders.*, StRR 2010, 244. **1431**

🖉 Die RiStBV enthalten in der Anlage C „Ausführungsvorschriften zum StrEG" (abgedr. bei *Meyer-Goßner/Schmitt*, in Anh. 12). Wegen der Regelung in Nr. 1 der Anlage C Teil 1 C zur RiStBV sollte sich der Verteidiger **ausdrücklich** für das Entschädigungsverfahren nach dem StrEG bevollmächtigen lassen (→ *Vollmacht des Verteidigers*, Rdn 3350; s. auch *Kotz* StRR 2010, 244, 245). Danach reicht die „gewöhnliche Strafprozessvollmacht" nicht aus (s. aber OLG Düsseldorf NStZ-RR 2002, 109 [Vollmacht und Bestellung des Verteidigers und § 145a gelten]).

2.a) Nach § 8 Abs. 1 S. 1 StrEG **entscheidet** das **Gericht** grds. in dem **Urteil** oder Beschluss, der das **Verfahren** in der HV **abschließt** (vgl. dazu *Meyer-Goßner/Schmitt*, § 8 StrEG Rn 2). **1432**

🖉 Zwar ist die Entscheidung von Amts wegen zu treffen, der Verteidiger sollte aber, wenn eine Entschädigungsleistung in Betracht kommt (s.u. Rdn 1435), diese in seinem **Plädoyer beantragen** (→ *Plädoyer des Verteidigers*, Rdn 2017).

Über die Entschädigung kann aber **auch noch später** entschieden werden (§ 8 Abs. 1 S. 2 StrEG), und zwar auch dann, wenn die Entschädigungsentscheidung in der HV vergessen **1433** worden ist (s. die h.M., wie z.B. OLG Celle StraFo 2011, 419; OLG Düsseldorf NJW 1999, 2830; vgl. wegen weiterer Nachw. auch *Meyer-Goßner/Schmitt*, § 8 StrEG Rn 7). Eine Zurückstellung der Entscheidung bis zur Erledigung eines weiteren Verfahrens ist jedoch nicht zulässig (OLG Düsseldorf NStZ-RR 1996, 223 [für Abwarten bis zur Erledigung eines wiederaufgenommenen Verfahrens, das nach § 154 eingestellt war]).

1434 **b)** Umstr. ist in Rspr. und Lit, wie gegen das Unterlassen der Entschädigungsentscheidung in der abschließenden Entscheidung oder eine unvollständige Entscheidung vorgegangen werden kann. Teilweise wird die **sofortige Beschwerde** als zulässig angesehen (OLG Düsseldorf NJW 1999, 2830 m.w.N. zur a.A.; OLG Hamm, Beschl. v. 18.6.2013 – 2 Ws 158/13 [jedenfalls bei Teilentscheidung]; LG Saarbrücken NStZ-RR 2011, 262), zum Teil wird dem Entschädigungsberechtigten aber auch das Recht eingeräumt, bei dem für die Entscheidung nach § 8 Abs. 1 S. 1 StrEG zuständigen Gericht die Nachholung bzw. Ergänzung der Entschädigungsentscheidung zu beantragen (KG NStZ 2010, 284; OLG Düsseldorf NStZ-RR 2001, 159; OLG Stuttgart, Beschl. v. 24.4.2001 – 2 Ws 61/01; *Meyer-Goßner/Schmitt*, § 8 StrEG Rn 4).

Im Hinblick auf diesen Streit, sollte der Verteidiger ergangene (Grund)Entscheidungen unverzüglich auf ihre **Vollständigkeit prüfen**.

1435 3. **Entschädigung** für Strafverfolgungsmaßnahmen kann nach § 2 StrEG in folgenden **Fällen** beantragt werden (vgl. auch *Kotz* StRR 2010, 164, 167):

- bei vorläufigem **Berufsverbot**,
- bei Sicherstellung, **Beschlagnahme**, **Arrest** nach § 111d und **Durchsuchung** (s. dazu *Burhoff*, EV, Rn 689 ff., 1360 ff., 3330 und OLG Jena NStZ-RR 2005, 125 m.w.N., wonach der durch die Herausgabe einer beschlagnahmten Sache an einen Nichtberechtigten entstandene Schaden zu entschädigen ist; vgl. dazu *Grau/Blechschmidt* BB 2011, 2378 und *Lorenz* VuR 2011, 337),
- ggf. bei **Ingewahrsamnahme** nach § 231 Abs. 1 S. 2 (OLG Frankfurt am Main NStZ-RR 2005, 96; → *Anwesenheitspflicht des Angeklagten*, Rdn 315),
- bei Vollzug von **U-Haft** (zur U-Haft *Burhoff*, EV, Rn 3693; s.a. KG NStZ-RR 2013, 192 [Ls.; zum Maßstab für die grob fahrlässige Verursachung der U-Haft]; OLG Frankfurt am Main NStZ-RR 1996, 62; zur sog. überschießenden U-Haft s. Rdn 1439),
- bei einstweiliger **Unterbringung** und Unterbringung zur Beobachtung nach den Vorschriften der §§ 81, 126a und der §§ 71 Abs. 2, 72 Abs. 3, 73 JGG (s. dazu *Burhoff*, EV, Rn 1859, 3673 ff.; sowie aus der Rspr. KG NStZ 2010, 284), und zwar auch die nach § 275 Abs. 5 (BGHSt 52, 213, 219; BGH StraFo 2008, 266; Urt. v. 25.11.2005 – 2 StR 272/05 [insoweit nicht in BGHSt 50, 282]; OLG Koblenz NStZ 2007, 56 [Ls.]),
- bei Schäden infolge von den **Vollzug** eines HB aussetzenden richterlichen Maßnahmen, wie z.B. die Anweisung, den Wohnort nicht ohne Genehmigung zu verlassen,

Entschädigung nach dem StrEG   E

- bei **vorläufiger Entziehung** der **Fahrerlaubnis** nach § 111a (*Kotz* VRR 2009, 367 und u. Rdn 1436; OLG Braunschweig NStZ-RR 2013, 95; zur vorläufigen Entziehung der Fahrerlaubnis *Burhoff*, EV, Rn 4307 ff.),
- bei **vorläufiger Festnahme** nach § 127 Abs. 2 (s. dazu *Burhoff*, EV, Rn 4364), nicht jedoch für Zuführung zur Identitätsfeststellung nach § 127 Abs. 1 S. 1 i.V.m. § 163b und c Abs. 1).

👉 Der **Katalog** dieser Strafverfolgungsmaßnahmen ist **abschließend** (KG StRR 2013, 236 m. Anm. *Burhoff* für Zuführung zur Identitätsfeststellung). Die Gerichte können ihn nicht von sich aus erweitern. Das ist dem Gesetzgeber vorbehalten (OLG Jena NStZ-RR 2001, 160). Voraussetzung für eine Entschädigung ist eine **rechtmäßig angeordnete** und vollzogene Strafverfolgungsmaßnahme. Rechtswidrige und schuldhafte Eingriffe sind nach den Grundsätzen der Amtshaftung zu entschädigen (OLG Düsseldorf StraFo 2000, 429).

4. Wenn der Verteidiger für den Angeklagten Entschädigung beantragt, muss er vor allem § 5 StrEG beachten, der den **Ausschluss** der Entschädigung regelt (eingehend dazu *Kotz* StRR 2010, 204 ff.). 1436

a) Von praktischer Bedeutung sind – insbesondere bei der **Entziehung** einer **Fahrerlaubnis** – § 5 Abs. 1 Nr. 3 und Abs. 2 StrEG. Nach **§ 5 Abs. 1 Nr. 3 StrEG** (dazu *Kotz* StRR 2010, 204) wird eine Entschädigung z.B. nicht gewährt, wenn nach einer vorläufigen Entziehung der Fahrerlaubnis von der Anordnung der **endgültigen Entziehung** nur deshalb abgesehen wird, weil die Voraussetzungen, z.B. wegen **Zeitablaufs**, nicht mehr vorlagen. Nach § 5 Abs. 2 StrEG (vgl. *Kotz* StRR 2010, 205 f.) entfällt ein Entschädigungsanspruch immer dann, wenn und soweit der Beschuldigte die Strafverfolgungsmaßnahme **vorsätzlich** oder **grob fahrlässig** verursacht hat (wegen der Einzelh. s. *Meyer-Goßner/Schmitt*, § 5 StrEG Rn 6 ff. m.w.N.; zur Annahme grober Fahrlässigkeit bei unschuldig erlittener U-Haft BVerfG NJW 1996, 1049; zur Verneinung „grober Fahrlässigkeit", wenn der Erlass der zu entschädigenden Maßnahme im Wesentlichen auf anderen Beweismitteln beruht, KG StraFo 2009, 129). Umstritten ist die Frage, inwieweit sich eine nachträgliche Änderung der Rechts- und Sachlage, z.B. durch ein nachträgliches BVV, auf die Frage des Verschuldens auswirkt (vgl. dazu *Abramenko* NStZ 1998, 177 m.w.N. aus Rspr. und Lit.; s.a. OLG Karlsruhe NStZ 1998, 211, wonach sich ein BVV nur auf den strafrechtlichen Schuldvorwurf, nicht hingegen auf eine im Rahmen des StrEG zu treffende Entschädigungsentscheidung bezieht). 1437

Für eine Entschädigung wegen **vorläufiger Entziehung** der **Fahrerlaubnis** nach § 111a ist Folgendes zu **beachten** (vgl. wegen der Einzelh. eingehend *Kotz* VRR 2009, 367; *Sandherr* DAR 2007, 420): 1438

E Entschädigung nach dem StrEG

- **Grobe Fahrlässigkeit** ist in der Vergangenheit i.d.R. schon bei einer **BAK** von 0,8 ‰ angenommen worden (BayObLG VRS 77, 444 m.w.N.). Nach der Änderung des § 24a StVG wird z.T. angenommen, dass die Grenze **schon** bei **0,5 ‰** gezogen werden müsse (so *Meyer-Goßner/Schmitt*, § 5 StrEG Rn 12; LG Aachen BA 2012, 112; *Kotz* VRR 2009, 368; *Sandherr* DAR 2007, 420 ff., jew. m.w.N. a. zur a.A.; krit. a. *Sandherr* SVR 2012, 272 f. in der Anm. zu LG Aachen, a.a.O., der zusätzlich verkehrswidriges Verhalten fordert).
- Bei (noch) **geringerer** BAK muss zusätzlich ein vorwerfbares **verkehrswidriges Verhalten**, durch das der Tatverdacht verstärkt worden ist, festgestellt werden (*Meyer-Goßner/Schmitt*, a.a.O. m.w.N.). Ein positiver Alkoholtest allein genügt nicht (OLG Hamm NJW 1975, 790; *Meyer-Goßner/Schmitt*, a.a.O. m.w.N. a. zur a.A.; s. auch noch LG Oldenburg StRR 2015, 230 m. Anm. *Burhoff* – für 0,47 ‰).
- **Grob fahrlässig** handelt auch, wer nach einem Unfall **nachtrinkt** oder sich vom **Unfallort entfernt** (*Meyer-Goßner/Schmitt*, a.a.O. m.w.N.; zuletzt OLG Nürnberg NStZ-RR 1997, 189 [Nachtrunk]). Ob auch derjenige grob fahrlässig handelt, der den Namen des wahren Fahrers verschweigt oder in sonstiger Weise das Einschreiten der Polizei herausfordert (s. *Meyer-Goßner/Schmitt*, a.a.O.; LG Flensburg VRS 68, 46), hängt von den Umständen des Einzelfalls ab.
- **Grob fahrlässig** handelt des Weiteren, wer in so engem zeitlichen Zusammenhang mit dem Konsum von **Haschisch** im Verkehr ein Fahrzeug führt, dass in einer ihm entnommenen Blutprobe THC im **Vollblut** nachgewiesen werden kann (BayObLG NJW 1994, 2427; OLG Düsseldorf NZV 1994, 491; NStZ 2000, 303 [Ls.]; s. dazu a. *Hentschel* JR 1999, 476 in der Anm. zu OLG Düsseldorf, a.a.O.; *Kotz* VRR 2009, 367, 369).

1439 b) Hat sich der Angeklagte in U-Haft befunden und wird er dann nur zu einer Freiheitsstrafe verurteilt, die unterhalb der vollzogenen U-Haft liegt – sog. **überschießende U-Haft** –, stellt sich die Frage nach einer **Billigkeitsentscheidung** gem. § 4 Abs. 1 Nr. 2 StrEG (vgl. dazu *Meyer-Goßner/Schmitt*, § 4 StrEG Rn 3 ff.; *Kotz* StRR 2010, 204, 208). Grundlage einer solchen Billigkeitsentscheidung ist eine Gesamtabwägung der vorläufigen Maßnahmen und der endgültig festgesetzten Rechtsfolgen, in die alle Umstände des Einzelfalls einzubeziehen sind (vgl. zuletzt BGH StV 2008, 369). Neben einer ggf. nicht unerheblichen Dauer der überschießenden U-Haft (vgl. z.B. OLG Oldenburg StraFo 2008, 444 [Überschreitung um 40 %]; OLG Hamm StV 2008, 365 [nur Geldstrafe]) ist dabei ggf. auch die besondere Härte zu berücksichtigen, die durch den faktischen Vorwegvollzug der Strafe im Wege der U-Haft insofern für den Angeklagten entstanden ist, als er als ggf. nicht vorbestrafter Erstverbüßer bereits zu einem früheren Zeitpunkt auf Vollzugslockerung hätte hoffen können und eine Reststrafaussetzung nahegelegen hätte (BGH, a.a.O.). Bei mehreren Taten ist ebenfalls eine Gesamtbetrachtung vorzunehmen (OLG Hamm, a.a.O.). Schließlich spielt im Rahmen der Gesamtabwägung auch die Frage der Strafaussetzung zur Bewährung eine Rolle, allerdings führt nicht allein der Umstand der Bewährungsaussetzung zu einer Entschädigung (a.A. *Hofmann* StraFo 2007, 52). Im **JGG-Verfahren** kann eine Entschädigung für die erlittene U-Haft versagt werden, wenn der lange Vollzug der Haft die schädlichen Neigungen des Jugendlichen beseitigen und deshalb im Urteil die Verhängung einer Jugendstrafe unterbleiben konnte (OLG Stuttgart NStZ-RR 2014, 120).

5. Hinzuweisen ist auch noch auf § **6 StrEG**. Danach kann nach Abs. 1 Nr. 1 die Entschädigung u.a. ganz oder z.T. versagt werden, wenn der Angeklagte wesentliche, ihn **entlastende Umstände verschwiegen** hat (vgl. *Kotz* StRR 2010, 204, 206 f.). Das gilt auch dann, wenn er dabei den Rat seines Verteidigers befolgt (OLG Düsseldorf NStZ-RR 1996, 223). In dem Zusammenhang ist es nicht willkürlich, wenn die Entschädigung versagt wird, wenn der Beschuldigte nur angibt, dass ein **anderer Täter** gewesen ist, ohne aber dessen Namen zu nennen, es sei denn, es liegen schutzwürdige Gründe vor, wie z.B. ein → *Zeugnisverweigerungsrecht*, Rn 1194 (BayVGH VRR 2009, 38 m. Anm. *Deutscher*).

1440

6. Gegen die Entscheidung über die Entschädigungspflicht ist nach § 8 Abs. 3 StrEG die **sofortige Beschwerde** zulässig, und zwar ohne Rücksicht darauf, ob die Hauptentscheidung anfechtbar ist (vgl. *Meyer-Goßner/Schmitt*, § 8 StrEG Rn 17 m.w.N.; zur sofortigen Beschwerde *Burhoff*, EV, Rn 3361).

1441

⚖ Ein **Verschulden** des Verteidigers bei der Einhaltung der Frist wird dem Angeklagten **zugerechnet** (KG NJW 2008, 94).

7. Ist die Entschädigungspflicht der Staatskasse rechtskräftig festgestellt worden, muss nach § 10 StrEG der Anspruch auf Entschädigung durch Einleitung des sog. **Betragsverfahrens innerhalb** von **sechs Monaten** geltend gemacht werden (vgl. zu Systematik *Kotz* StRR 2010, 164; *ders*., 244, 245 f.). Über den Anspruch entscheidet nach § 10 Abs. 2 StrEG die Landesjustizverwaltung. Gegen ihre Entscheidung kann innerhalb von **drei Monaten Klage** bei den Zivilgerichten erhoben werden (§ 13 StrEG; zum Verfahren *Schütz* StV 2008, 52; *Kotz* StRR 2010, 244 ff. m. einem Klagemuster auf S. 248). Die Frist wird durch einen innerhalb der Ausschlussfrist eingereichten PKH-Antrag gewahrt (OLG München OLGR München 2007, 284; OLG Schleswig SchlHA 2000, 68). Die Klagefrist ist allerdings nicht (mehr) gewahrt, soweit erst im Laufe des gerichtlichen Verfahrens die Klage erhöht wird (LG München I StRR 2008, 114 [zugleich auch zur Höhe des Schadensersatzes für zu Unrecht erlittene U-Haft]). Im Betragsverfahren sind die Zivilgerichte an die strafverfahrensrechtliche Grundentscheidung über den Entschädigungsanspruch **gebunden**, es sei denn es handelt sich um eine rechtswidrige, im Gesetz nicht vorgesehene Grundentscheidung (OLG Jena NStZ-RR 2001, 160; zur **Höhe** des Entschädigungsanspruchs für die Verteidigertätigkeit bei sog. deckungsgleicher Tätigkeit des Rechtsanwalts s. BGH NJW 2009, 2682;

1442

zur Abrechnung der anwaltlichen Tätigkeit im Entschädigungsverfahren *Volpert* BRAGOprofessionell 2003, 91; Burhoff/*Burhoff*, RVG, Nr. 4143 VV Rn 10; Burhoff/ *Volpert*, RVG, Vorb. 4.3 VV Rn 22 ff. und Nr. 4302 VV Rn 45 ff.).

1443 **8. Klagemuster (§ 13 StrEG)** (entnommen *Kotz* StRR 2010, 244)

▼

Landgericht Musterstadt

– Zivilkammer –

Klage des M.Mustermann

gegen

▇▇▇ (Bundesland)

vertreten durch ▇▇▇ (Entscheidungsstelle)

wegen Entschädigung nach dem StrEG

Unter Bezugnahme auf die beigefügte Prozessvollmacht erhebe ich namens meines Mandanten gegen den ▇▇▇ Klage mit dem Antrag zu erkennen:

1. ▇▇▇ (Bundesland) wird verurteilt, an den Kläger 4.868,06 € nebst 5 Prozentpunkte über dem Basiszinssatz hieraus seit Klagezustellung zu bezahlen.

2. ▇▇▇ (Bundesland) trägt die Kosten des Rechtsstreits.

3. Das Urteil ist gegen Sicherheitsleistung vorläufig vollstreckbar.

Begründung:

Gegen den Kläger war beim Amtsgericht Musterstadt ein Strafverfahren wegen Verdachts der Geldfälschung anhängig. Dem Kläger lag zur Last, im Juli 2015 in einer Taverne in Corleone/Sizilien von einem für die Mafia tätigen italienischen Staatsbürger mindestens 90 falsche 50-€-Banknoten in Kenntnis ihrer Unechtheit und für einen Bruchteil des Nennwertes erworben und diese am 11.08.2015 bei der X.-Bank in Musterstadt zur Gutschrift auf sein Sparkonto einbezahlt zu haben. Kurz nachdem er das Bankgebäude verlassen hatte, wurden dort die Banknoten als Falsifikate erkannt. Noch am gleichen Tag wurde der Kläger vorläufig festgenommen. Der Haftbefehl des Amtsgerichts Musterstadt vom 12.08.2015, der ihm an diesem Tage auch eröffnet wurde, war bis zum 08.09.2015 in Vollzug; bis zum 20.11.2015 befand sich Herr Mustermann sodann gegen eine Kaution von 20.000 € und unter Meldeauflagen auf freiem Fuß. Die Hauptverhandlung vom 20.11.2015 führte zum Freispruch und zur Aufhebung des Haftbefehls. Das seit 28.11.2015 rechtskräftige Urteil enthält folgende Anordnung:

Entschädigung nach dem StrEG E

„Der Angeklagte ist für die in der Zeit vom 11.08.2015 bis 08.09.2015 vollzogene Polizei- und Untersuchungshaft sowie für die Meldeauflage und die Sicherheitsleistung von 20.000 € aufgrund des Beschlusses vom 08.09.2015 zu entschädigen."

Mit Schreiben vom 16.02.2016, das ihm am 23.02.2015 zugestellt worden ist, wurde Herr Mustermann nach § 10 Abs. 1 StrEG belehrt.

Mit Schreiben an die Staatsanwaltschaft Musterstadt vom 14.03.2016, das dort am 15.03.2016 eingegangen ist, habe ich für den Kläger Entschädigung für dessen auf der Polizei- und Untersuchungshaft beruhenden Verdienstausfall als Inhaber der Gaststätte „Zur großen Freiheit" in Musterstadt und für seinen durch den Freiheitsentzug verursachten immateriellen Schaden, ferner für die Aufwendungen, die ihm durch die Beschaffung der Kaution von 20.000 erwachsen sind, und schließlich für die Kosten beansprucht, die ihm im Verfahren nach § 10 StrEG durch meine Tätigkeit entstanden sind.

Zum Verdienstausfall des Klägers hatte ich unter Beweisangebot ausgeführt, Herr Mustermann habe seine Gaststätte während des Freiheitsentzuges schließen müssen. Die Einkommenseinbuße des Klägers habe ich anhand seiner Einkommensteuererklärung und der Gewinn- und Verlustrechnung für das Kalenderjahr 2015, beides erstellt von dem Steuerberater Y,

Beweis: Einkommensteuererklärung mit GuV-Rechnung,

zum Entschädigungsheft der Staatsanwaltschaft eingereicht, das sich bei den Strafakten befindet, wie folgt errechnet:

Im Jahre 2015 erzielter Gewinn: 57.182,00 €. Davon entfallen auf einen Kalendertag (wobei zu berücksichtigen ist, dass der Gewinn nicht an 365, sondern an nur 337 Kalendertagen erzielt worden ist, weil das Lokal infolge der Haft des Klägers 28 Tage lang geschlossen war): 57.182 € : 337 = 169,68 €; an 28 Kalendertagen hat der Kläger damit 4.751,03 € eingebüßt. Auf diesen entgangenen Gewinn lasse der Kläger sich, so mein Entschädigungsantrag, zum Ausgleich dafür, dass er während der Haft Aufwendungen für seine Verpflegung (nicht aber auch für die Unterkunft, weil er seine Wohnung während der Haft beibehalten habe) erspart habe, ¾ des sog. Haftkostenbeitrags in Höhe von derzeit 6,83 € pro Tag anrechnen, wobei der erste und der letzte Tag des Freiheitsentzuges zusammen als ein Tag zu zählen seien. Für sonach 28 maßgebliche Kalendertage sind damit (6,83 € x 28 x ¾ =) 143,43 € von dem entgangenen Gewinn von 4.751,03 € abzusetzen, sodass ein Entschädigungsbetrag von 4.357,70 € verbleibt. Die Aufwendungen des Klägers für die Beschaffung der Kaution, die durch Inanspruchnahme eines Kredits in Höhe von 20.000 € bei der X.-Bank mit einer Laufzeit vom 10.09.2015 bis 21.12.2015 erfolgt seien, betrugen einschließlich Verwaltungsgebühr und Zinsen insgesamt 882,30 €.

Den immateriellen Schaden des Klägers habe ich nach § 7 Abs. 3 StrEG für 28 Kalendertage Freiheitsentzug in Höhe von 11 € pro Tag, zusammen also in Höhe von 308 € geltend gemacht.

E Entschädigung nach dem StrEG

Die bisher behandelten Schadenspositionen ergeben

- Entgangener Gewinn 4.357,70 €
- Immaterieller Schaden 308,00 €
- Kosten der Kaution 882,20 €
- zusammen 5.547,90 €

Meine im Verwaltungsverfahren nach § 10 StrEG aus diesem Wert zu errechnende Anwaltsvergütung beläuft sich auf

- 1,3 Gebühr VV-RVG Nr. 2400 439,40 €
- 3 Fotokopien VV-RVG Nr. 7000 1,50 €
- Telekomentgelte VV-RVG Nr. 7002 20,00 €
- 19 % MwSt VV-RVG Nr. 7008 85,57 €
- zusammen 548,47 €

Die geltend gemachte Gesamtentschädigung betrug damit 6.096,37 €.

▬▬▬▬▬▬ (Entscheidungsstelle) hat dem Kläger mit Entscheidung vom 10.07.2012, die ihm am 18.07.2012 zugestellt worden ist, lediglich folgende Entschädigung zugebilligt und den darüber hinausgehenden Antrag abgelehnt:

- Immaterieller Schaden 308,00 €
- Kosten der Kaution 882,20 €
- Rechtsanwaltskosten 181,54 €
- zusammen 1.371,74 €

Mit der Klage verfolgt der Kläger den sich in Ansehung der vorstehenden Berechnung einschließlich des entgangenen Gewinns ergebenden Differenzanspruch in Höhe von 4.724,63 € weiter.

Einziger Einwand für die teilweise Ablehnung des Anspruchs ist der Hinweis darauf, der Kläger habe im Verfahren selbst mitgeteilt, die Gaststätte zusammen mit seiner Ehefrau, seiner Tochter und seinem Sohn zu betreiben. Es sei deshalb nicht nachvollziehbar, dass die Gaststätte habe geschlossen werden müssen.

Dass die Gaststätte tatsächlich in der Zeit vom 13.08.2015 bis einschließlich 09.09.2015, also an 28 Tagen, geschlossen werden musste, ergibt sich aus Folgendem: Am Abend des 12.08.2015 erhielt die Ehefrau des Klägers aus Catania/Sizilien telefonisch die Nachricht, ihr Vater liege im Sterben. Ehefrau, Tochter und Sohn des Klägers flogen am 13.08.2015 nach Sizilien, von wo aus sie erst am 15.09.2015 zurückkehrten, nachdem der Schwiegervater des Klägers am 10.09.2015 verstorben war.

Dies, und dass die Gaststätte in der Zeit vom 13.08.2015 bis 09.09.2015 nicht betrieben wurde, wird unter Beweis gestellt durch Einvernahme von Frau S. Mustermann und der Kinder T. Mustermann und U. Mustermann als Zeugen, jeweils unter Vorlage der Flugtickets. Es wird ferner unter Beweis gestellt, durch beglaubigten Auszug aus dem Kassenbuch, aus dem sich ergibt, dass Eintragungen für den genannten Zeitraum nicht vorhanden sind.

Aus den in Kopie vorgelegten weiteren Auszügen aus dem Kassenbuch ergibt sich im Übrigen auch, dass die Tageseinnahmen über das ganze Jahr hinweg nur geringfügig schwanken, sodass es gerechtfertigt ist, für die Ermittlung der Gewinneinbuße des Klägers während der Schließung des Betriebes von dem sich aus dem ganzen Jahr errechneten Tagesdurchschnitt auszugehen.

Rechtsanwalt

Entziehung des Fragerechts als Ganzes 1444

Literaturhinweise: Miebach, Entziehung des Fragerechts im Strafprozeß?, DRiZ 1977, 140; **Niemöller**, Rechtsmißbrauch im Strafprozeß, StraFo 1996, 104; **Senge**, Mißbräuchliche Inanspruchnahme verfahrensrechtlicher Gestaltungsmöglichkeiten – wesentliches Merkmal der Konfliktverteidigung? Abwehr der Konfliktverteidigung, NStZ 2002, 225; **ter Veen**, Die Beschneidung des Fragerechts und die Beschränkung der Verteidigung als absoluter Revisionsgrund – zugleich Anmerkung zu BGH 3 StR 449/450/81, StV 1983, 167; s.a. die Hinw. bei → *Verteidigerhandeln und Strafrecht*, Rdn 3199 und → *Zurückweisung einzelner Fragen des Verteidigers*, Rdn 3589. 1445

1. Das Fragerecht kann nach § 241 Abs. 2 **grds. nicht** als **Ganzes** entzogen werden (RGSt 38, 57; *Meyer-Goßner/Schmitt*, § 241 Rn 6; LR-*Becker*, § 241 Rn 24; s.a. *Fahl*, Rechtsmißbrauch im Strafprozeß, 2004, Rn 429 ff.). § 241 Abs. 2 sieht seinem Wortlaut nach nur die Zurückweisung von einzelnen Fragen vor. 1446

2. a) Der Verteidiger darf – ebenso wie jeder andere Verfahrensbeteiligte, dem ein Fragerecht zusteht (→ *Fragerecht, Allgemeines*, Rdn 1532) – sein Fragerecht jedoch nicht missbrauchen. Bei fortgesetztem erheblichem Missbrauch des Fragerechts und unter der Voraussetzung, dass weitere zulässige Fragen nicht mehr zu erwarten sind, kann das Gericht ihm sein Fragerecht daher dann auch als Ganzes entziehen. Ein **Missbrauch** des Fragerechts kommt insbesondere in Betracht, wenn ersichtlich **keine sachdienlichen Fragen** mehr gestellt werden und das (formale) Fragerecht nur zu prozesswidrigen Zwecken, z.B. um den Abschluss des **Verfahrens** zu **verschleppen**, ausgeübt wird (zum Missbrauch von Verteidigungsrechten, also auch des Fragerechts, s.u.a. *Jahn* ZRP 1998, 103; *Kempf* StV 1996, 507; *Kröpil* JR 1997, 315; *Kühne* NJW 1998, 3027; *Niemöller* StV 1996, 501; *Senge* NStZ 2002, 225; s.a. BGH NJW 2005, 1519 [Beachtung der Würde des Zeugen]; NStZ 2005, 218; NStZ-RR 2009, 247). 1447

| E | **Entziehung des Fragerechts als Ganzes** |

> Die **Entziehung** des Fragerechts erfordert – entsprechend den Grundsätzen für die Ablehnung von Beweisanträgen – einen ausführlich begründeten **Beschluss**, aus dem klar hervorgehen muss, auf welche Umstände sich der die weiteren Fragen unterbindende Beschluss stützt (BGH StV 2001, 261; OLG Karlsruhe NJW 1978, 436; → *Zurückweisung einzelner Fragen des Verteidigers*, Rdn 3603).

1448 b) Das Gericht darf – auch bei fortgesetztem Missbrauch – das Fragerecht **nicht sofort** als Ganzes entziehen, sondern muss **stufenweise** vorgehen. Als erste Maßnahme kann der Vorsitzende – nach **Abmahnung** des Fragenden (LR-*Becker*, § 241 Rn 24) – die vorherige Mitteilung der Fragen verlangen (BGH NStZ 1982, 158 [insoweit nicht in NJW 1982, 189]; 1983, 209 [Pf/M]; *Meyer-Goßner/Schmitt*, § 240 Rn 9 m.w.N.). Danach können dann ggf. zunächst einzelne Fragen zurückgewiesen werden (OLG Karlsruhe NJW 1978, 436). Führt das nicht zum Erfolg, kann bei fortgesetztem erheblichem Missbrauch der Vorsitzende als **letztes Mittel** auch das Stellen weiterer (unsachlicher oder unzulässiger) Fragen für **bestimmte Abschnitte** der Beweisaufnahme **ganz unterbinden** (BGH MDR 1973, 371 [D]; OLG Karlsruhe, a.a.O.; LR-*Becker*, a.a.O.; a.A. RGSt 38, 57; *ter Veen* StV 1983, 167; zur a.A. s. die Nachw. bei SK-StPO-*Schlüchter*, § 241 Rn 3; s.a. *Niemöller* StraFo 1996, 108 f., der in extremen Missbrauchsfällen ein prozessuales Notstandsrecht bejaht, das dem Gericht als „ultima ratio" die Befugnis gibt, das missbrauchte Recht zu entziehen).

1449 Die Entziehung darf jedoch nicht weiter gehen, als es zur Verhütung des Missbrauchs **unerlässlich** ist. Sie ist also z.B. beschränkt auf einen Zeugen, wenn es dem Verteidiger erkennbar (nur) darauf ankommt, diesen bloßzustellen. Sie kommt nicht infrage, wenn andere Mittel Erfolg versprechen. Auch kann der Fragende das **Gericht** ersuchen, bestimmte **Fragen** zu **stellen**. Sind sie nicht missbräuchlich, hat das Gericht dem Ersuchen zu entsprechen. Lehnt es die Bitte ab, muss es dem Verteidiger dann aber (wieder) sein eigenes Fragerecht einräumen (KK-*Schneider*, § 241 Rn 6).

1450 3. Die Entziehung des Fragerechts durch den Vorsitzenden ist eine Maßnahme der → *Verhandlungsleitung*, Rdn 2889, die der Verteidiger nach § 238 Abs. 2 beanstanden kann und muss, um einen Gerichtsbeschluss herbeizuführen, da nur das ihm die **Revisionsrüge** des § 338 Nr. 8 erhält (vgl. dazu a. BVerfG wistra 2003, 419 [für den Nebenklägervertreter]; BGH NJW 2005, 377).

> In diesen Fällen muss der Verteidiger eine → *Unterbrechung der Hauptverhandlung*, Rdn 2701, herbeiführen, um sich zunächst selbst über die Bedeutung und den Wortlaut seiner Frage(n) klar zu werden. Er sollte dann die Entwicklung in der HV und die zurückgewiesenen Fragen schriftlich wiederholen und mit dem begründeten Antrag auf Entscheidung des Gerichts als Anlage zum Protokoll überreichen.

Siehe auch: → *Zurückweisung einzelner Fragen (des Verteidigers)*, Rdn 3589.

Erklärungen des Verteidigers

Literaturhinweise: Dahs, Vertretung des Angeklagten durch seinen Verteidiger bei Erklärungen gemäß § 257 StPO, NJW 1962, 2238; **Eschelbach,** Erklärungen des Verteidigers zur Sache in der Hauptverhandlung, ZAP F. 22, S. 711; **König,** Pazifische Phantasien – Ist das Gericht berechtigt, möglicherweise sogar verpflichtet, seine Sicht vom bisherigen Ergebnis der Beweisaufnahme in der Hauptverhandlung offenzulegen?, in: Festgabe für *Heino Friebertshäuser*, 1997, S. 211; **Leipold,** Form und Umfang des Erklärungsrechts nach § 257 StPO und seine Auswirkungen auf die Widerspruchslösung des Bundesgerichtshofes, StraFo 2001, 300; **Michel,** Einlassung durch den Anwalt?, MDR 1994, 648; **E. Müller,** Gedanken zur Vernehmung des Angeklagten in der Hauptverhandlung und zum sog. Opening-Statement des Verteidigers, in: Festschrift für *Ernst Walter Hanack*, 1999, S. 67; **Noll,** Die – schriftliche – Sacheinlassung durch die Verteidigung, StRR 2008, 444; **Olk,** Die Abgabe von Sacherklärungen des Angeklagten durch den Verteidiger, 2006; **Salditt,** Verteidigung in der Hauptverhandlung – Notwendige Alternativen zum Praxisritual, StV 1993, 442; **Schlösser,** Die Einlassung des Angeklagten durch seinen Verteidiger – Überlegungen zu BGH, Urt. v. 20.06.2007 – 2 StR 84/07, NStZ 2008, 310; **Wesemann,** Beanstandungs- und Erklärungsrechte zur Schaffung von Freiräumen der Verteidigung, StraFo 2001, 293; **Witting,** Präsentation von Beweisinhalten durch die Verteidigung, StraFo 2010, 133.

1.a) Grds. hat der Verteidiger das Recht, ohne Bindung an bestimmte Prozesssituationen **jederzeit** in der HV – mit **Zustimmung** des Vorsitzenden – Erklärungen abzugeben (*Dahs*, Rn 526). Davon sollte er im Interesse des Angeklagten auch Gebrauch machen, da er damit die Sachaufklärung beeinflussen kann und seinem Mandanten **rechtliches Gehör** sichert. Der Verteidiger kann mit seinen Erklärungen die HV ggf. in die Richtung lenken, die für seinen Verteidigungsplan und damit für den Angeklagten günstig ist (vgl. dazu *Wesemann* StraFo 2001, 296), oder dies zumindest versuchen.

b) Das **Recht** des Verteidigers zu einem sog. **opening statement** wird heute nicht mehr grds. in Abrede gestellt (s. *Malek*, Rn 203 ff.; *Müller*, S. 67 ff.; *Wesemann* StraFo 2001, 296; *Scheffler*, in: HBStrVf, Kapitel VII Rn 162 ff.; s.a. das gemeinsame Papier von DRB und DAV in DRiZ 1997, 491 ff.; wohl a. *Dahs*, Rn 513; vgl. aber auch KK-*Schneider*, § 243 Rn 32). Ableiten lässt sich dieses Recht des Verteidigers m.E. aus § 257 (s.a. *Wesemann*, a.a.O.).

🖉 Von diesem Recht sollte der Verteidiger in geeigneten Fällen nach → *Verlesung des Anklagesatzes*, Rdn 2921, und der → *Belehrung des Angeklagten*, Rdn 536, auch Gebrauch machen. Das gilt vor allem dann, wenn der Angeklagte nach seiner Belehrung erklärt hat, er wolle schweigen (zur sog. Gegenrede nach Verlesung des Anklagesatzes s.a. die instruktiven Ausführungen von *Salditt* StV 1993, 444). Mit der **Bekanntgabe** seines **Verteidigungsplans** hat der Verteidiger u.U. eine gute Möglichkeit, den Ablauf der Verhandlung wesentlich zu beeinflussen (s. aber Rdn 1455).

Inhaltlich muss der Verteidiger in einem „**opening statement**" der „Anklage als Arbeitshypothese der Staatsanwaltschaft entgegentreten", indem er (vgl. *Wesemann*

| E | Erklärungen des Verteidigers |

StraFo 2001, 296; s.a. als Beispiel eines „opening statement" das aus dem „Mzoudi-Verfahren" auf www.nullapoena.de/all/opening):
- seine **Gegenbeweise** zu den in der Anklage enthaltenen Behauptungen ankündigt,
- ggf. die **Zulässigkeit** bestimmter **Beweiserhebungen** aufwirft,
- eine eigene **rechtliche Beurteilung** vorträgt (§ 243 Abs. 3),
- ggf. das **Schweigen** des Mandanten **erläutert**,
- seine **Angaben** zur Sache **ergänzt** und bewertet,
- ggf. einen **Einstellungsantrag** wiederholt,
- versucht, einer **einseitigen Darstellung** in der Öffentlichkeit und/oder einer einseitigen Beeinflussung der ehrenamtlichen Richter entgegenzuwirken (*Dahs*, Rn 513; *Malek*, Rn 205).

> Ob der Verteidiger bereits unmittelbar zu **Beginn** der **HV** um das Wort bittet, um eine Erklärung abzugeben, sollte er jedoch immer (noch) **sorgfältig prüfen**. Nicht jeder Vorsitzende sieht es nämlich gern, wenn der Sitzungsverlauf gleich zu Anfang durch Erklärungen des Verteidigers „gestört" wird.
> Erteilt der Vorsitzende dem Verteidiger nicht das Wort zu einer Erklärung, ist fraglich, ob der Verteidiger diese Maßnahme der → *Verhandlungsleitung*, Rdn 2889, erfolgreich nach **§ 238 Abs. 2** beanstanden kann, da die Vorschrift nur die Beanstandung „als unzulässig" zulässt (*Meyer-Goßner/Schmitt*, § 238 Rn 17 m.w.N.; wegen der **Revision** s. *Meyer-Goßner/Schmitt*, § 257 Rn 9 m.w.N.).

1456 2. Der Verteidiger muss bei seinen Überlegungen, ob er Erklärungen abgeben soll, Folgendes bedenken: Die in Anwesenheit des Angeklagten in der HV abgegebene Erklärung des Verteidigers zur Sache kann grds. als **Einlassung** des **Angeklagten gewertet** werden (s. BGH NStZ 1994, 352 m.w.N.). Das hat der BGH z.B. für eine in Anwesenheit des Angeklagten abgegebene Erklärung, „die Vorwürfe würden vom Angeklagten eingeräumt", angenommen (BGH, a.a.O.). Etwas anderes gilt, wenn der Angeklagte die Einlassung zur Sache (ausdrücklich) verweigert hat. Dann können der Tatsachenvortrag des Verteidigers in einem Beweisantrag (BGH NStZ 1990, 447), schriftliche Äußerungen des Verteidigers zur Tatbeteiligung des Angeklagten (BGHSt 39, 305; OLG Celle NJW 1989, 992) oder prozessuale Erklärungen des Verteidigers (OLG Hamm NJW 1979, 1373) nicht als Einlassung des Angeklagten gewertet werden (s. dazu u.a. a. BGH NStZ 2006, 408; eingehend zu Erklärungen des Verteidigers zur Sache *Eschelbach* ZAP F. 22, S. 711; s.a. → *Vernehmung des Angeklagten zur Sache*, Rdn 3072).

1457 **Hinweis für den Verteidiger!**

Hinzuweisen ist in diesem Zusammenhang auf Folgendes: Nachdem der **BGH** offenbar vorübergehend davon ausgegangen war, dass, wenn der **Verteidiger** in der HV in

Anwesenheit seines Mandanten, der selbst keine Angaben zur Sache macht, für diesen **Erklärungen** zur Sache abgibt, diese ohne Weiteres als **Einlassung** des **Angeklagten** verwertet werden können (StV 1998, 59), ist er inzwischen zur alten Rspr. zurückgekehrt. Danach setzt die Verwertbarkeit von Erklärungen des Verteidigers in der HV in Anwesenheit des Angeklagten, der selbst keine Erklärung zur Sache abgibt, (wieder) voraus, dass der Angeklagte den Verteidiger zu dieser Erklärung ausdrücklich bevollmächtigt oder die Erklärung nachträglich genehmigt hat (BGH NJW 2005, 3508 [Ls.]; KG StraFo 2007, 243; vgl. dazu u.a. a. schon BGH NStZ 1990, 447; OLG Hamm StV 2002, 187; OLG Düsseldorf StV 2002, 411; zur Kritik an der Entscheidung BGH StV 1998, 58 s. die eingehende Besprechung von *Park* StV 1998, 59 ff.; zu den Voraussetzungen der Verwertbarkeit der Erklärung des Verteidigers zur Sache bei einem zur Sache schweigenden Angeklagten *Eschelbach* ZAP F. 22, S. 711, 718 ff.; *Michel* MDR 1994, 648; *Noll* StRR 2008, 444; *Schlösser* NStZ 2008, 310; *Salditt* StV 1993, 443 f.; zu allem → *Vernehmung des Angeklagten zur Sache*, Rdn 3084). **Allein** das **Schweigen** des Angeklagten genügt **nicht** (BGH NStZ 2006, 408).

✍ Der Verteidiger sollte, auch wenn er von seinem Mandanten ausdrücklich zu (Sach-)Äußerungen autorisiert ist (s. dazu *Park*, a.a.O.), **sorgfältig überlegen**, welche Sachäußerungen er abgibt und ggf. **zurückhaltend** von seinem Erklärungsrecht Gebrauch machen. Ggf. sollte er – so z.B., wenn der Mandat schweigt – ausdrücklich darauf hinweisen, dass er die Erklärung nur im eigenen Namen abgibt (s. auch *Malek*, Rn 204).

Siehe auch: → *Erklärungsrecht des Angeklagten*, Rdn 1458; → *Erklärungsrecht des Verteidigers*, Rdn 1463.

Erklärungsrecht des Angeklagten 1458

Literaturhinweise: Hammerstein, Die Grenzen des Erklärungsrechts nach § 257 StPO, in: Festschrift für *Kurt Rebmann*, 1989, S. 233; **Hohmann**, Das Erklärungsrecht von Angeklagtem und Verteidiger nach § 257 StPO, StraFo 1999, 153; **Leipold**, Form und Umfang des Erklärungsrechts nach § 257 StPO und seine Auswirkungen auf die Widerspruchslösung des Bundesgerichtshofes, StraFo 2001, 300; **Rieß**, Gedanken über das Geständnis im Strafverfahren, in: Festschrift für *Christian Richter II*, 2006, S. 433; **Rode**, Soll sich der Beschuldigte außerhalb der Hauptverhandlung äußern und gegebenenfalls wie?, StraFo 2003, 42; *ders.*, Das Geständnis in der Hauptverhandlung, StraFo 2007, 98; **Wesemann**, Beanstandungs- und Erklärungsrechte zur Schaffung von Freiräumen der Verteidigung, StraFo 2001, 293. 1459

1. Gem. **§ 257 Abs. 1** soll nach der Vernehmung eines jeden Mitangeklagten und nach jeder einzelnen Beweiserhebung, wie z.B. einer Zeugen- oder SV-Vernehmung, aber auch nach der Erhebung eines Urkundenbeweises durch das sog. → *Selbstleseverfahren*, Rdn 2504, der **Angeklagte befragt** werden, ob er dazu etwas zu **erklären** hat. Die Vorschrift sichert das rechtliche Gehör des Angeklagten (KK-*Diemer*, § 257 Rn 1). 1460

| E | Erklärungsrecht des Angeklagten |

1461 Obwohl es sich bei der Vorschrift nur um eine **Sollvorschrift** handelt, darf das Gericht **nicht** ohne besonderen Grund von der Befragung des Angeklagten **absehen** (*Meyer-Goßner/Schmitt*, § 257 Rn 2, zur Revision § 257 Rn 9). Diese ergänzt ggf. die → *Vernehmung des Angeklagten zur Sache*, Rdn 3072. Will der Angeklagte daher von der Möglichkeit, eine Erklärung abzugeben, Gebrauch machen, muss ihm dazu Gelegenheit gegeben werden. Der Verteidiger kann/muss dann für ihn das Wort erbitten. Er braucht sich nicht auf das → *Fragerecht des Angeklagten*, Rdn 1537, oder auf sein Schlusswort (→ *Letztes Wort des Angeklagten*, Rdn 1848) verweisen zu lassen (*Dahs*, Rn 528).

☞ Wird dem **Angeklagten** das **Erklärungsrecht nicht** eingeräumt, muss der Verteidiger diese Maßnahme der → *Verhandlungsleitung*, Rdn 2889, des Vorsitzenden beanstanden und ggf. nach **§ 238 Abs. 2** einen **Gerichtsbeschluss** herbeiführen.

Ob ein **Angeklagter** im Rahmen seines Erklärungsrechts nach § 257 Abs. 1 **erstmalig** in der HV **Angaben** zur **Sache** gemacht hat (→ *Vernehmung des Angeklagten zur Sache*, Rdn 3072), ist nach der Rspr. des BGH eine wesentliche Förmlichkeit der HV und deshalb protokollierungspflichtig (BGH NJW 1996, 533; s. aber BGH NStZ 1994, 449 und dazu a. *Wesemann* StraFo 2001, 298).

1462 **2. Hinweis für den Verteidiger!**

Da Erklärungen des Angeklagten nach § 257 Abs. 1 eine Sacheinlassung ggf. ergänzen, muss der Verteidiger **sorgfältig überlegen**, ob es überhaupt sinnvoll ist, den **Angeklagten** eine **Erklärung abgeben** zu lassen (ähnl. *Wesemann* StraFo 2001, 298, der ebenfalls zu zurückhaltendem Gebrauch rät). Soll der Angeklagte zur Sache an sich insgesamt schweigen, wird sich eine Erklärung nach § 257 Abs. 1 nicht empfehlen. Diese wäre dann ggf. eine Teileinlassung und als solche zusammen mit dem vorhergehenden Schweigen gegen den Angeklagten verwertbar (→ *Vorbereitung der Hauptverhandlung*, Rdn 3386). Häufig geraten die Erklärungen des Angeklagten zudem auch zu lang und zu weitschweifig und richten deshalb dann meist mehr Schaden an, als sie Nutzen bringen (zu allem a. *Hohmann* StraFo 1999, 156). Aber auch, wenn der Angeklagte sich zur Sache einlässt, ist bei Erklärungen des Angeklagten Vorsicht geboten. Denn häufig, insbesondere wenn es um die Glaubwürdigkeit eines Zeugen geht, geraten diese so emotional, dass sie – zumindest bei den Laienrichtern – einen schlechten Eindruck hinterlassen.

☞ Ggf. wird der Verteidiger daher um eine **kurze** → *Unterbrechung der Hauptverhandlung*, Rdn 2701, bitten (müssen), um mit seinem Mandanten zu besprechen, ob und wenn ja, welche Erklärung dieser abgeben will/soll. Oft empfiehlt es sich, dass der Verteidiger die vom Angeklagten beabsichtigte Erklärung selbst abgibt (zur Bewertung einer Erklärung des Verteidigers als Einlassung des Angeklagten s.u.a. BGH NStZ 1994, 352; 2006, 408; → *Erklärungen des Verteidigers*, Rdn 1456 f.).

Siehe auch: → *Erklärungen des Verteidigers*, Rdn 1451; → *Erklärungsrecht des Verteidigers*, Rdn 1463.

Erklärungsrecht des Verteidigers 1463

Das Wichtigste in Kürze:
1. Mit Zustimmung des Vorsitzenden kann der Verteidiger jederzeit in der HV – ohne Bindung an bestimmte Prozesssituationen – Erklärungen abgeben.
2. Nach § 257 Abs. 2 steht dem Verteidiger für die Beweiserhebung ausdrücklich ein Erklärungsrecht zu. Die Erklärung muss sich inhaltlich auf die vorhergehende Beweiserhebung beziehen.
3. Überschreitet der Verteidiger die Grenzen, kann ihm sein Erklärungsrecht ggf. entzogen werden.
4. Gegen Anordnungen des Vorsitzenden im Rahmen des § 257 ist die Anrufung des Gerichts nach § 238 Abs. 2 zulässig.
5. § 257a gilt nicht für Erklärungen des Verteidigers nach § 25.

Literaturhinweise: Burkhard, Erklärungsrecht des Verteidigers, § 257 Abs. 2 StPO, StV 2004, 390; **El-Ghazi/ 1464 Merold**, Der Widerspruch zur rechten Zeit, HRRS 2013, 412; **Fahl**, Rechtsmißbrauch im Strafprozeß, 2004; **Hammerstein**, Die Grenzen des Erklärungsrechts nach § 257 StPO, in: Festschrift für *Kurt Rebmann*, 1989, S. 233; **Hohmann**, Das Erklärungsrecht von Angeklagtem und Verteidiger nach § 257 StPO, StraFo 1999, 153; **König**, Offene Kommunikation in der Hauptverhandlung, AnwBl. 1997, 541; *ders.*, Pazifische Phantasien – Ist das Gericht berechtigt, möglicherweise sogar verpflichtet, seine Sicht vom bisherigen Ergebnis der Beweisaufnahme in der Hauptverhandlung offenzulegen?, in: Festgabe für *Heino Friebertshäuser*, 1997, S. 211; **Leipold**, Form und Umfang des Erklärungsrechts nach § 257 StPO und seine Auswirkungen auf die Widerspruchslösung des Bundesgerichtshofes, StraFo 2001, 300; **Tondorf/Tondorf**, Die Erklärungsrechte und das Fragerecht des Verteidigers nebst Vernehmungstechnik und Vorhalte, in: Beck-*Tondorf/Tondorf*, S. 436 ff.; **Wesemann**, Beanstandungs- und Erklärungsrechte zur Schaffung von Freiräumen der Verteidigung, StraFo 2001, 293; **Witting**, Präsentation von Beweisinhalten durch die Verteidigung, StraFo 2010, 133; s.a. die Hinw. bei → *Verteidigerhandeln und Strafrecht*, Rdn 3199.

1. Mit **Zustimmung** des Vorsitzenden kann der Verteidiger **jederzeit** in der HV – ohne 1465 Bindung an bestimmte Prozesssituationen – Erklärungen abgeben (*Dahs*, Rn 526; *Burkhard* StV 2004, 390; → *Erklärungen des Verteidigers*, Rdn 1451).

☞ **Spätestens** im Rahmen einer Erklärung nach § 257 muss der Verteidiger nach der vom BGH vertretenen „Widerspruchslösung" gegen die nach seiner Auffassung **unzulässige Verwertung** eines **Beweises Widerspruch** erheben (s.u.a. BGHSt 38, 214, 226; 42, 86, 90; abl. *El-Ghazi/Merold* HRRS 2013, 412; → *Widerspruchslösung*, Rdn 3433 ff.; zum „verzögerten" Einverständnis mit der Entlassung von Zeugen → *Entlassung von Zeugen und Sachverständigen*, Rdn 1428).

E   Erklärungsrecht des Verteidigers

1466   **2.a)** § 257 Abs. 2 räumt dem Verteidiger darüber hinaus für die **Beweiserhebung** ausdrücklich ein **Erklärungsrecht** ein, das ihm die Möglichkeit gibt, unmittelbar auf ein Beweisergebnis zu reagieren, so z.b. wenn Zusammenhänge verdeutlicht oder auf zu erwartendes entlastendes Material verwiesen werden soll. Dadurch kann der Verteidiger verhindern, dass sich bei den Laienrichtern zu früh eine feste Meinung bildet (zur Frage, inwieweit der Verteidiger bei Abgabe einer Erklärung auf technische Hilfsmittel zurückgreifen darf, um durch Visualisierungen seine Erklärung zu unterstützen s. *Witting* StraFo 2010, 133, 136). In der Praxis wird von diesem Erklärungsrecht allerdings meist nur wenig Gebrauch gemacht, obwohl es dem Verteidiger **gute Möglichkeiten** bietet, den Sachverhalt i.S.d. Mandanten weiter aufzuklären und auf das Entscheidungsverfahren Einfluss zu nehmen. *Hohmann* (StraFo 1999, 153 ff.) plädiert daher für einen „gleichberechtigten Eingang in das Verteidigerrepertoire". Auch *Wesemann* (StraFo 2001, 297) spricht sich für einen verstärkten Gebrauch des Erklärungsrechts aus.

> Das Erklärungsrecht wird dem Verteidiger nur auf **Verlangen/Antrag** gewährt (BGH NStZ 2007, 234). Er muss es also in der HV geltend machen. Der Vorsitzende ist nicht verpflichtet, den Verteidiger über dieses Recht zu belehren (so wohl a. *Burkhard* StV 2004, 391).

1467   **b)aa)** Der **Umfang** des Erklärungsrechts aus § 257 Abs. 2 ist **begrenzt**. Der Verteidiger darf nur zur **vorhergehenden, abgeschlossenen** Vernehmung eines Angeklagten oder einer Beweisperson oder einem sonstigen abgeschlossenen **Akt** der Beweisaufnahme eine Erklärung abgeben. § 257 Abs. 2 spricht von „**nach** jeder einzelnen Beweiserhebung", sodass eine Vernehmung nicht unterbrochen werden muss, um Gelegenheit zu einer Erklärung nach § 257 Abs. 2 zu geben (s.a. *Hohmann* StraFo 1999, 154).

1468   **bb)** Die Erklärung des Verteidigers muss sich **inhaltlich auf** den vorangegangenen Akt der **Beweisaufnahme**, wozu auch die Vernehmung des Angeklagten zur Sache gehört, beziehen. Das Gesetz formuliert ausdrücklich mit „dazu". Die Erklärung kann zwar in einer kritischen Stellungnahme zum Beweiswert bestehen, Widersprüche aufzeigen und auf Zusammenhänge mit anderen Beweismitteln hinweisen (zur inhaltlichen Begrenzung des Erklärungsrechts s. *Hohmann* StraFo 1999, 155; *Hammerstein*, S. 233; *Leipold* StraFo 2000, 301; ähnl. *Meyer-Goßner/Schmitt*, § 257 Rn 8). Auf eine frühere Beweiserhebung darf jedoch nur Bezug genommen werden, wenn sie mit der soeben beendeten Beweiserhebung unmittelbar zusammenhängt (*Hammerstein*, a.a.O.; so wohl a. *Meyer-Goßner/Schmitt*, a.a.O.; a.A. *Fahl*, S. 390). Davon wird man m.E. z.B. ausgehen können, wenn mehrere Zeugen zu einem Beweisthema gehört werden. Dann kann der Verteidiger nach der Vernehmung des letzten Zeugen eine (zusammenhängende) Erklärung abgeben. Vorsorglich sollte er dies aber ankündigen und ggf. vom Vorsitzenden „genehmigen" lassen. A.A. ist *Burkhard* (StV 2004, 393), der davon ausgeht, dass dem Verteidiger jeweils ein unbeschränktes

Erklärungsrecht zusteht. Diese weite Auffassung führt aber dazu, dass praktisch nach jeder Beweiserhebung eine vollständige Beweiswürdigung vorgenommen werden könnte. Diese ist jedoch dem → *Plädoyer des Verteidigers*, Rdn 2017, vorbehalten (s. Rdn 1472).

cc) Hinweis für den Verteidiger   1469

Nach der Rspr. des **BGH** ist das Gericht **nicht verpflichtet**, wenn der Verteidiger in (s)einer Erklärung eine durchgeführte Beweiserhebung, z.B. eine Zeugenvernehmung, in eine bestimmte Richtung gewertet hat, darauf **hinzuweisen**, dass es die **Beweiserhebung anders wertet**, also z.b. die Aussage des Zeugen anders als der Verteidiger verstanden hat (BGHSt 43, 212; BGH NStZ 2009, 468 [für „Vorspann" zu einem Beweisantrag, in dem das Ergebnis der bis dahin durchgeführten Beweisaufnahme aus Sicht des Verteidigers dargelegt wird]; vgl. a. BVerfG HRRS 2009 Nr. 467 und KG StV 2013, 491 m. Anm. *Junker* StRR 2013, 262). Denn ein Zwischenverfahren, in dem sich das Gericht zu einzelnen Beweiserhebungen erklären müsste, sei in der StPO nicht vorgesehen. Der BGH (BGHSt 43, 212) hat allerdings darauf hingewiesen, dass durch seine Auffassung die Möglichkeit eines **offenen Rechtsgesprächs nicht beschränkt** werde (vgl. dazu jetzt a. § 257b). Eine (abschließende) Erklärung zu Inhalt und Ergebnis einzelner Beweiserhebungen muss der Verteidiger auch nicht in einem während der HV stattfindenden Haftprüfungsverfahren erhalten (BGH NStZ-RR 2003, 368; → *Haftfragen*, Rdn 1653).

Diese Rspr. ist in der **Lit.** von *König* (StV 1998, 113 in der Anm. zu BGHSt 43, 112)   1470
scharf kritisiert worden. Er fordert m.E. zu Recht unter Hinweis auf den Anspruch des rechtlichen Gehörs zumindest dann einen Hinweis des Gerichts, wenn es um wesentliche Differenzen geht (s.a. *König* AnwBl. 1997, 541 und *ders.*, S. 211 ff.; krit. a. *Wesemann* StraFo 2001, 298). Entsprechendes gilt nach dem Grundsatz des fairen Verfahrens auch dann, wenn der Verteidiger/Angeklagte erkennbar wegen der anderen/falschen Einschätzung von (weiteren) Beweiserhebungen/-anträgen absieht.

☞ In dieser Situation muss der Verteidiger ggf. einen sog. **affirmativen Beweisantrag** stellen, um damit das von ihm „gewünschte" Beweisergebnis festzuschreiben bzw. durch die Bescheidung seines Antrags die andere Einschätzung des Gerichts zu erfahren (→ *Beweisantrag*, Rdn 845; s. auch *Junker* StRR 2013, 262 in der Anm. zu StV 2013, 491).

☞ Zudem empfiehlt es sich inzwischen, an der Stelle eine → *Erörterung des Standes des Verfahrens*, Rdn 1491, nach der neuen Vorschrift des **§ 257b anzuregen**. Zwar hat der Verteidiger auch auf deren Durchführung keinen Anspruch, die gesetzliche Neuregelung ist aber gerade eingeführt worden, um einen „offeneren Verhandlungsstil" zu fördern (vgl. BT-Drucks 16/12310). Das spricht erst Recht für ein offenes Rechtsgespräch (vgl. dazu BGHSt 43, 212).

| E | **Erklärungsrecht des Verteidigers** |

1471 c) Die Erklärung muss **inhaltlich** nicht unbedingt (nur) ergänzende **Ausführungen** zur Sache enthalten oder mit Anträgen verbunden sein. Auch eine rein wertende Stellungnahme ist möglich, wenn die Ausführungen insoweit inhaltlich auf den Beweisgegenstand begrenzt bleiben (vgl. zu allem *Dahs*, Rn 526; LR-*Stuckenberg*, § 257 Rn 19; krit. *Fahl*, S. 389 f.). Weiter gehen *Hohmann* (StraFo 1999, 155) und *Wesemann* (StraFo 2001, 299). Danach muss die Erklärung nur ihren **Ausgangspunkt** in der gerade **beendeten Beweiserhebung** finden. Dem wird man sich anschließen müssen. Denn häufig macht die Erklärung zu einer gerade gehörten Zeugenaussage nur Sinn, wenn sie ins Verhältnis zu den Aussagen anderer bereits gehörter Zeugen oder sonstiger Beweiserhebungen gesetzt wird bzw. werden kann. Für eine Darlegung der Prozessstrategie oder eine Gegendarstellung zur Anklage ist, wenn der Vorsitzende dazu nicht vorher bereits ausdrücklich das Wort erteilt hat, aber im Rahmen des § 257 Abs. 2 nur nach Vernehmung des Angeklagten zur Sache Raum, sonst stehen die durch das vorangegangene einzelne Beweismittel gezogenen Grenzen entgegen (s. aber *Hohmann*, a.a.O.; s.a. Rdn 1472; noch weiter gehender *Burkhard* StV 2004, 391 f.).

1472 d) Gem. § 257 Abs. 3 darf die Erklärung nach § 257 Abs. 2 allerdings den **Schlussvortrag** des Verteidigers **nicht vorwegnehmen**. Eine **Gesamtwürdigung** des bisherigen Verhandlungsergebnisses ist also **unzulässig** (KK-*Diemer*, § 257 Rn 4; *Leipold* StraFo 2001, 301; *Meyer-Goßner/Schmitt*, § 257 Rn 8; a.A. *Burkhard* StV 2004, 391). Das ist aus der Gesamtschau der abgeschlossenen HV Ziel und Aufgabe des Schlussvortrags (→ *Plädoyer des Verteidigers*, Rdn 2017). Mit einer Erklärung nach § 257 Abs. 2 soll/darf nur auf die für die weitere Verfahrensgestaltung oder für die Verhandlungsstrategie bedeutsamen Gesichtspunkte hingewiesen werden (LR-*Stuckenberg*, § 257 Rn 21). Damit sind z.B. Erklärungen zu Glaubwürdigkeitsfragen, zur (mangelnden) Sachkunde eines SV, zur Vereinbarkeit des Beweismittels mit anderen Beweisergebnissen usw. zulässig (*Hohmann* StraFo 1999, 155).

> Das Recht, **Anträge** zu stellen, wird allerdings durch § 257 Abs. 3 **nicht eingeschränkt** (*Meyer-Goßner/Schmitt*, § 257 Rn 8). Zur **Vorbereitung** seiner Erklärung kann der Verteidiger ggf. die → *Unterbrechung der Hauptverhandlung*, Rdn 2701, beantragen (s.a. *Burkhard* StV 2004, 391).
>
> Grds. kann auch die **Redezeit** des Verteidigers nicht beschränkt werden (so a. *Hohmann* StraFo 1999, 154; *Wesemann* StraFo 2001, 299 unter Hinw. auf BGHSt 3, 368; *Burkhard* StV 2004, 396), es sei denn, er übt sein Erklärungsrecht missbräuchlich aus (s. dazu Rdn 1473).

1473 3. **Überschreitet** der Verteidiger die durch § 257 Abs. 2 und 3 gezogenen **Grenzen**, kann der Vorsitzende als Maßnahme der → *Verhandlungsleitung*, Rdn 2889, die Erklärung unterbrechen und die Überschreitung **abmahnen**. Haben die Ermahnungen keinen Erfolg, kann er dem Verteidiger ggf. auch das **Wort** ganz **entziehen** (so wohl a. *Fahl*, S. 391). Ob und wann er einschreiten soll, steht in seinem pflichtgemäßen Ermessen (LR-*Stuckenberg*,

§ 257 Rn 16). Es gelten etwa die gleichen Schranken wie beim Fragerecht (→ *Entziehung des Fragerechts als Ganzes*, Rdn 1444; s. dazu a. *Burkhard* StV 2004, 397; zum Missbrauch von Verteidigungs-, also auch von Erklärungsrechten, s.u.a. *Jahn* ZRP 1998, 103; *Kempf* StV 1996, 507; *Kröpil* JR 1997, 315; *Kühne* NJW 1998, 3027; *Niemöller* StV 1996, 501 und insbesondere *Fahl*, S. 389 ff.).

4. Gegen **Anordnungen** des **Vorsitzenden** im Rahmen des § 257 – das Erklärungsrecht wird verweigert oder entzogen – ist die Anrufung des Gerichts nach **§ 238 Abs. 2** möglich, da die Anordnungen die → *Verhandlungsleitung*, Rdn 2889, betreffen (eingehend dazu *Hohmann* StraFo 1999, 156 f.). Da § 257 Abs. 2 das Erklärungsrecht für die Zeit nach einer Beweiserhebung einräumt, hat der Verteidiger kein Recht, die Vernehmung eines Zeugen zu unterbrechen. **1474**

> ✍ Will der Verteidiger ggf. eine Beschränkung des Erklärungsrechts mit der **Revision** rügen bzw. sich dies offenhalten, muss er einen **Gerichtsbeschluss** herbeiführen (vgl. BGH NStZ 2007, 234). Es empfiehlt sich dann, den Inhalt der erhobenen Beanstandung in das Protokoll der HV aufnehmen zu lassen, indem dieser schriftlich zum Protokoll gegeben wird (*Hohmann*, a.a.O.; s.a. Rdn 1475).
> **Umstritten** ist allerdings die Frage, ob ein Verstoß gegen § 257 Abs. 2 **überhaupt** die **Revision** begründen kann oder nicht, weil es sich nur um eine **Ordnungsvorschrift** handelt (vgl. dazu *Meyer-Goßner/Schmitt*, § 257 Rn 9 m.w.N.; *Hohmann* StraFo 1999, 157; *Leipold* StraFo 2001, 301; *Burkhard* StV 2004, 397). Jedenfalls muss der Verteidiger bei der Begründung der Revision alle mit dem nicht oder nicht ausreichend gewährten Erklärungsrecht zusammenhängenden Fragen und die damit zusammenhängenden Vorgänge in der HV vortragen und darlegen, warum das Gericht das ihm eingeräumte Ermessen nicht ordnungsgemäß ausgeübt hat (zur Revisionsbegründung s.a. BGH, a.a.O.; *Leipold*, a.a.O.; → *Revision, Begründung, Verfahrensrüge*, Rdn 2322).

5. Nach **§ 257a** kann den Verfahrensbeteiligten aufgegeben werden, bestimmte **Anträge** und **Anregungen schriftlich** zu stellen. Hinsichtlich dieser – vor allem zur schnelleren Abwicklung umfangreicher HV geschaffenen (BT-Drucks 12/6853, S. 34) – Vorschrift muss der Verteidiger Folgendes beachten: **1475**

> ✍ Das Schriftlichkeitsgebot bezieht sich nur auf **Anträge** und **Anregungen** zu **Verfahrensfragen**. Es gilt **nicht** für Erklärungen des Verteidigers nach § 257 (→ *Erklärungen des Verteidigers*, Rdn 1451; *Meyer-Goßner/Schmitt*, § 257a Rn 8; *Hohmann* StraFo 1999, 157 Fn 41; so wohl a. *Wesemann* StraFo 2001, 299; *Burkhard* StV 2004, 396 Fn 40). Etwas anderes gilt, wenn (auch) Anregungen zu Verfahrensfragen enthalten sind. Das soll nach der Begründung des Gesetzesentwurfs (s. BT-Drucks 12/6853) offenbar dann der Fall sein, wenn der Verteidiger zur Zulässigkeit der Verwertung ei-

| E | Erneute Vernehmung eines Zeugen oder Sachverständigen |

nes Beweismittels eine Erklärung abgibt, was m.E. zweifelhaft ist (wegen der Geltung des § 257a bei Beweisanträgen → *Beweisantrag, Form*, Rdn 910; wegen der allgemein zu beachtenden Voraussetzungen → *Schriftliche Antragstellung*, Rdn 2476).

Siehe auch: → *Erklärungsrecht des Angeklagten*, Rdn 1458.

1476 Erneute Vernehmung eines Zeugen oder Sachverständigen

1477 **1.** Ergibt sich für den Verteidiger, nachdem er der Entlassung eines Zeugen oder SV zugestimmt hat (→ *Entlassung von Zeugen und Sachverständigen*, Rdn 1425), dass er an die Beweisperson doch **noch Fragen** hat, ist zu **unterscheiden,** ob es sich bei den Fragen um solche handelt, die bezogen auf das Beweisthema, zu dem die Beweisperson bereits ausgesagt hat, **neu** sind (vgl. Rdn 1482 ff.) oder nicht (Rdn 1478 ff.).

1478 **2.a)** Handelt es sich bei den Fragen um solche, die bezogen auf das Beweisthema, zu dem die Beweisperson bereits ausgesagt hat, **nicht neu** sind, ist der Beweiserhebungsanspruch verbraucht. Es handelt sich dann nur um eine **Wiederholung** dieser (bereits abgeschlossenen) Beweiserhebung. Ein Vernehmungsantrag des Verteidigers ist kein Beweisantrag, sondern **nur** eine → *Beweisanregung*, Rdn 828. Der „Antrag" muss also nicht den dafür geltenden inhaltlichen Anforderungen entsprechen, er wird andererseits vom Gericht aber auch nur an der sich aus § 244 Abs. 2 ergebenden → *Aufklärungspflicht des Gerichts*, Rdn 329, geprüft. Die Ablehnungsgründe des § 244 Abs. 3 und 4 gelten nicht (st. Rspr.; vgl. u.a. BGHSt 14, 21 f.; zuletzt BGH NStZ 1999, 312 m.w.N.; KK-*Krehl*, § 244 Rn 35, 70 m.w.N.).

✍ Wegen dieser erleichterten Ablehnungsmöglichkeit einer „erneuten Vernehmung" muss der Verteidiger sorgfältig prüfen, ob ein Zeuge oder SV unmittelbar nach seiner Vernehmung bereits entlassen werden kann (→ *Entlassung von Zeugen und Sachverständigen*, Rdn 1425).

Betrifft der Antrag möglicherweise **nur** z.T. bereits behandelte Tatsachen, so z.B. bei der Schuld- und der Straffrage, kann er nur wegen dieses Teils unter den erleichterten Voraussetzungen des § 244 Abs. 2 abgelehnt werden. I.Ü. ist er wie ein Beweisantrag zu behandeln (BGHSt 15, 161; s. dazu u. Rdn 1482).

Hinzuweisen ist auf folgende **Rechtsprechungsbeispiele**:

1479 **für bloße Wiederholung**

- durch die Beweisbehauptung wird die Aussage des bereits vernommenen Zeugen lediglich ins **Gegenteil verkehrt** (BGH StV 1991, 2),

Erneute Vernehmung eines Zeugen oder Sachverständigen   E

- Antrag auf nochmalige Vernehmung eines schon entlassenen Zeugen unter **Gegenüberstellung** eines anderen (BGH NJW 1960, 2156 f.; StV 1996, 566; KK-*Krehl*, § 244 Rn 70; → *Gegenüberstellung von Zeugen*, Rdn 1596),
- ein **SV** kann auch **nicht** als Zeuge über das aussagen, was er in **derselben HV** bereits ausgesagt hatte (vgl. BGH NStZ 1993, 229 [K]; 1995, 218 [K]),
- Antrag auf **Wiederholung** einer Beweiserhebung unter **abweichenden Bedingungen** (BGH NStZ 1997, 95 [für Stimmvergleichstest]),
- Antrag auf **Wiederholung** der gesamten Beweisaufnahme in **Gegenwart** eines **SV** (BGHSt 14, 21 f.),
- Antrag auf **Vernehmung** eines vor dem **beauftragten** oder **ersuchten Richters** vernommenen Zeugen, wenn das Vernehmungsprotokoll verlesen worden ist (BGHSt 46, 73, 80 m.w.N.),
- Antrag auf **ergänzende Vernehmung** eines Zeugen nach einer → *Videovernehmung* in der Hauptverhandlung, Rdn 3307 (BGHSt 48, 268),
- Antrag auf Vernehmung eines Zeugen nach → *Vorführung von Bild-Ton-Aufzeichnungen*, Rdn 3396, es sei denn, der Zeuge soll zu Umständen aussagen, zu denen er bei seiner ersten/aufgezeichneten Vernehmung aus zeitlichen Gründen noch gar nicht vernommen werden konnte (OLG Karlsruhe StraFo 2010, 71).

für **keine bloße Wiederholung**   1480

- die erneute Vernehmung eines Zeugen drängt sich im Hinblick auf die **Entstehungsgeschichte** einer **kindlichen Beschuldigung** in einem Verfahren wegen sexuellen Missbrauchs auf (BGH NStZ 1994, 297),
- Antrag auf Vernehmung eines **Zeugen**, der bisher nur als **Mitbeschuldigter** vernommen worden ist (BGH NJW 1985, 76 m.w.N.),
- es haben sich **Umstände** ergeben, die einem bereits gehörten **SV unbekannt** waren und zu denen sich dieser deshalb nicht äußern konnte (BGH NStZ 1995, 201; 2007, 417 [offengelassen]; KK-*Krehl*, § 244 Rn 70),
- m.E., wenn sich bei der Vernehmung eines Zeugen **Umstände** ergeben (haben), die auf die Verwertbarkeit der Vernehmung eines bereits gehörten **Zeugen** Einfluss haben, diese aufgeklärt werden müssen und ggf. einen **Widerspruch** gegen die Verwertung der ersten Vernehmung (**nachträglich**) **notwendig** machen (→ *Entlassung von Zeugen und Sachverständigen*, Rdn 1428),
- der Zeuge soll zu Umständen aussagen, zu denen er bei seiner ersten Vernehmung aus zeitlichen Gründen noch gar nicht vernommen werden konnte (OLG Karlsruhe StraFo 2010, 71; s.a. BGH NJW 2011, 3382 [erst nach Videovernehmung im FV vorliegendes aussagepsychologisches SV-Gutachten; → *Vorführung von Bild-Ton-Aufzeichnungen*, Rdn 3413 ff.),

E | Erneute Vernehmung eines Zeugen oder Sachverständigen

■ (erneute) Anträge, die sich nach dem **Scheitern** einer **Verständigung** nach § 257c ergeben (→ *Absprachen/Verständigung mit Gericht und Staatsanwaltschaft*, Rdn 237).

1481 b) **Maßstab** für die **Ablehnung** eines Antrags ist das pflichtgemäße Ermessen des Gerichts unter Berücksichtigung seiner **Aufklärungspflicht** (LR-*Becker*, § 244 Rn 175 m.w.N.; vgl. dazu a. BGH NStZ 1995, 201). Der Verteidiger muss daher die **Begründung** seines Antrags diesem Maßstab **inhaltlich anpassen**, wobei er immer auch die revisionsrechtliche Aufklärungsrüge im Auge behalten muss (zur Aufklärungsrüge → *Revision, Begründung, Verfahrensrüge*, Rdn 2345; zur Begründung der Revision u.a. BGH, Beschl. v. 26.02.2013 – 4 StR 518/12).

> ✍ Der Verteidiger muss daher vortragen, dass hinreichende Gründe für die Annahme bestehen, die wiederholte Beweisaufnahme werde ein **vollständigeres** oder **anderes Ergebnis** erbringen als die bereits durchgeführte. Das kann der Fall sein,
>
> ■ wenn die **bisherige** Beweisaufnahme **nicht erschöpfend** war (BGH NJW 1960, 2156 [Vernehmung eines Zeugen]),
>
> ■ wenn ein **Zeuge** selbst erklärt hat, er wolle seine **Aussage berichtigen** (LR-*Gollwitzer*, a.a.O.),
>
> ■ weil bei einer → *Augenscheinseinnahme*, Rdn 348, **übersehen** wurde, auf einen bestimmten, später als erheblich erkannten Punkt zu achten (LR-*Becker*, a.a.O.; s.a. Antragsmuster bei → *Beweisanregung*, Rdn 834).

1482 3. Handelt es sich bei den **Fragen**, über die Beweis erhoben werden soll, um im o.a. Sinn **neue Tatsachen**, muss der Verteidiger einen Antrag stellen, der den Anforderungen an einen **Beweisantrag** entspricht (→ *Beweisantrag, Inhalt*, Rdn 951). Das Gericht kann diesen Antrag nur unter den besonderen Voraussetzungen des § 244 Abs. 3 und 4 durch Beschluss ablehnen (zuletzt BGH NStZ 1999, 312). Ggf. wird der Verteidiger nach § 245 Abs. 2 vorgehen und den Zeugen selbst „präsentieren", um so die dem Gericht zur Verfügung stehenden Ablehnungsmöglichkeiten noch weiter zu reduzieren (→ *Präsentes Beweismittel*, Rdn 2036 ff.).

> ✍ Wird ein Zeuge nochmals vernommen, bedarf es einer neuen **Entscheidung** über die → *Vereidigung eines Zeugen*, Rdn 2792; daran hat sich durch das 1. JuMoG nichts geändert (BGH StV 2011, 454). Diese bezieht sich grds. auf die gesamte bis dahin erstattete Aussage. Eine frühere Entscheidung über die (Nicht-)Vereidigung ist nicht bindend (BGH, a.a.O.).

1483 4. Die o.a. Grundsätze (Rdn 1478 ff.) gelten auch, wenn es darum geht, ob ein Zeuge, der von einem **beauftragten** oder **ersuchten** Richter vernommen und dessen Vernehmungsniederschrift in der HV verlesen worden ist, ggf. vom erkennenden Gericht (noch einmal) vernommen werden soll (→ *Kommissarische Vernehmung eines Zeugen oder*

Sachverständigen, Rdn 1793). Auch hier bestimmt die → *Aufklärungspflicht des Gerichts*, Rdn 329, ob die Vernehmung des Zeugen oder SV notwendig ist, etwa weil aufgetretene Widersprüche zu klären sind.

Siehe auch: → *Wiederholung einer Beweiserhebung*, Rdn 3487.

Eröffnungsbeschluss, Nachholung in der Hauptverhandlung

1484

Literaturhinweis: Eisenberg, Kriterien der Eröffnung des strafprozessualen Hauptverfahrens, JZ 2011, 672; **Eschelbach**, Gehör vor Gericht, GA 2004, 228; *ders.*, Von der Eröffnung des Hauptverfahrens durch die Strafkammer, in: Festschrift für *Christian Richter II*, 2002, S. 113; **Hecker**, Rücknahme des Eröffnungsbeschlusses bei Fehlen oder Wegfall des hinreichenden Tatverdachts, JR 1997, 4; **Hohendorf**, Die (Un-)Anfechtbarkeit eines Eröffnungsbeschlusses nach Wegfall des hinreichenden Tatverdachts, NStZ 1985, 399; **Janssen**, Rückwirkung von stattgebenden Beschlüssen zur Richterablehnung wegen der Besorgnis der Befangenheit, StV 2002, 170; **Kuckein**, Revisionsrechtliche Kontrolle der Mangelhaftigkeit von Anklage und Eröffnungsbeschluss, StraFo 1997, 33; **Martin**, Zur Zulässigkeit der Doppelbegründung beim Beschluß über die Nichteröffnung des Hauptverfahrens, NStZ 1995, 528; **Schäpe**, Die Mangelhaftigkeit von Anklage und Eröffnungsbeschluß und ihre Heilung im späteren Verfahren, 1998; **Ulsenheimer**, Zur Rücknahme des Eröffnungsbeschlusses bei Wegfall des Tatverdachts, NStZ 1984, 440 ff.; s.a. die Hinw. bei *Burhoff*, EV, Rn 462.

1485

1. I.d.R. muss der Verteidiger die mit dem Eröffnungsbeschluss (§ 207; im Folgenden EÖB) zusammenhängenden Fragen schon im **EV geprüft** haben (vgl. dazu *Burhoff*, EV, Rn 1965 ff.). Dazu gehört insbesondere auch, welche Auswirkungen Mängel der Anklageschrift auf das weitere Verfahren, insbesondere die Wirksamkeit des EÖB haben. Insoweit wird verwiesen auf *Burhoff*, EV, Rn 462 ff. und allgemein auch auf *Kuckein* StraFo 1997, 33. In der HV können die den EÖB betreffenden Fragen allerdings dann (nochmals) **Bedeutung** erlangen, wenn erst jetzt festgestellt werden sollte, dass ein **EÖB fehlt**. Grds. ist dann, da der EÖB **unverzichtbare Prozessvoraussetzung** und Grundlage der HV ist, eine Entscheidung in der Sache nicht (mehr) möglich (vgl. u.a. BGHSt 5, 225, 227; KK-*Schneider*, § 203 Rn 2).

1486

Erkennt der Verteidiger das Fehlen des EÖB, muss er sich das weitere **Vorgehen sorgfältig überlegen**. Im Zweifel wird er das in der HV nicht rügen, sondern den Mangel **erst mit** der **Revision** geltend machen. Dann kann der EÖB nicht mehr nachgeholt werden. Sein Fehlen zwingt vielmehr zur Einstellung des Verfahrens (vgl. zuletzt BGH NStZ 1994, 227 [K]; StV 1983, 2; KK-*Schneider*; § 203 Rn 21 m.w.N.; a.A. BGHSt 29, 224, 228; OLG Naumburg NStZ 1996, 248 [für mangelhaften EÖB]). Der Verteidiger, der das Fehlen des EÖB erkennt, das aber nicht sofort rügt, verliert dadurch m.E. nicht sein **Rügerecht** (wegen der Einzelh. → *Verwirkung von Verteidigungsrechten*, Rdn 3262 ff.; so a. *Dahs*, Rn 422 f., 786 ff.; a.A. für unterlassene Mitteilung der Anklageschrift an den Angeschuldigten und seinen Verteidiger

| E | Eröffnungsbeschluss, Nachholung in der Hauptverhandlung |

BGH NStZ 1982, 125; OLG Düsseldorf StV 2001, 498 [i.d.R. Verzicht auf die Geltendmachung des Mangels]; so a. KK-*Schneider*, § 201 Rn 21). Entscheidet sich der Verteidiger dafür, den Mangel schon jetzt geltend zu machen, muss er die → *Einstellung des Verfahrens* nach § 206a bei Verfahrenshindernissen, Rdn 1369, **beantragen**.

2. **Fraglich** und in Rspr. und Lit. umstritten ist, ob und inwieweit der Erlass des EÖB in der HV überhaupt noch **nachgeholt** werden kann. Dazu gilt:

1487
- Einigkeit besteht, dass ein im Eröffnungsverfahren erlassener und **verloren gegangener EÖB** durch einen seinen Inhalt feststellenden Gerichtsbeschluss **ersetzt** werden kann (RGSt 55, 159 f.; *Meyer-Goßner/Schmitt*, § 203 Rn 4). Wenn das nicht möglich ist, z.B. weil die Akten verloren gegangen sind, ist das Verfahren einzustellen (OLG Oldenburg NStZ 2006, 119 [für das Revisionsverfahren]).
- Ist der EÖB erlassen, weist aber **Mängel** auf, können diese noch in der HV **geheilt** werden (s. schon RGSt 10, 56; BGH GA 1973, 111, 112; OLG Naumburg NStZ 1996, 248; s.a. BGH NStZ 1984, 133; → *Verlesung des Anklagesatzes*, Rdn 2921). Das gilt jedenfalls bei einem **offensichtlichen** (Schreib-)**Versehen** oder sonstigen offensichtlichen Unrichtigkeiten, wobei sich diese sog. Versehen äußerer Art zwanglos aus den Umständen ergeben müssen. Sachliche Änderungen des EÖB sind hingegen ausgeschlossen (*Meyer-Goßner/Schmitt*, § 207 Rn 12 und § 203 Rn 4; BayObLG NStZ-RR 1999, 111 [für versehentliche Eröffnung vor dem Strafrichter anstelle der vor dem Schöffengericht gewollten Eröffnung bejaht]).
- Ist ein EÖB überhaupt noch **nicht erlassen** worden, kann er nach Auffassung der **Rspr.** noch in der HV 1. Instanz **nachgeholt** werden (st. Rspr. seit BGHSt 29, 224; zuletzt BGHSt 50, 267 m.w.N.; jetzt a. KK-*Schneider*, § 207 Rn 21 m.w.N.; s. die weit. Nachw. zur a.A. bei *Meyer-Goßner/Schmitt*, § 203 Rn 4; krit. *Rieß* NStZ 2006, 299 in der Anm. zu BGH, a.a.O.). Dem dürfte **zuzustimmen** sein, da z.B. auch ein Strafantrag noch nach Beginn der HV nachgeholt werden kann (BGHSt 3, 73) und auch die Regelung der → *Nachtragsanklage*, Rdn 1905, in § 266 für die Möglichkeit der Nachholung spricht (zum Vorgehen im Verfahren s.u. Rdn 1486).

☞ An dieser Stelle ist immer auch zu **prüfen**, inwieweit ggf. der EÖB durch sonstige Entscheidungen **ersetzt** bzw. in ihnen enthalten ist (vgl. dazu *Burhoff*, EV, Rn 1976 ff.).

- In der **Berufungs-HV** ist eine Nachholung des EÖB jedoch **nicht mehr** möglich. Über die Eröffnung des Hauptverfahrens hat gem. § 199 das Gericht des 1. Rechtszuges zu entscheiden (BGHSt 33, 167).

Eröffnungsbeschluss, Nachholung in der Hauptverhandlung E

3. Für das **Verfahren** ist Folgendes zu beachten:

a) Fraglich ist, bis zu welchem **Zeitpunkt** in der HV der EÖB nachgeholt werden kann. Lässt man die Nachholung überhaupt zu, muss man sie bis zum → ***Schluss der Beweisaufnahme***, Rdn 2473, als zulässig ansehen (s.a. KK-*Schneider*, § 207 Rn 22). M.E. ist es auch **nicht erforderlich**, die bis dahin durchgeführten Teile der HV stets zu **wiederholen** (so [jetzt] a. LR-*Stuckenberg*, § 207 Rn 61; KK-*Schneider*, § 207 Rn 24). Der Angeklagte ist ausreichend dadurch geschützt, dass er die Aussetzung der HV verlangen kann (s.u. Rdn 1490). Der EÖB kann auch dann noch nachgeholt werden, wenn schon ohne EÖB mehrere HV-Termine stattgefunden haben, die jedoch mit Vertagung endeten. Allerdings muss – wenn das **Fehlen** des EÖB noch **vor** der **HV** bemerkt wird – der EÖB nicht erst in der HV, sondern schon vor dieser nachgeholt werden (OLG Köln MDR 1980, 688; grds.a.A. *Meyer-Goßner* JR 1981, 214 in der Anm. zu OLG Köln, a.a.O.).

1488

⌦ Wird der Eröffnungsbeschluss in der HV nicht nachgeholt, kann das wegen Fehlen des Beschlusses bestehende Verfahrenshindernis **nicht** durch die **nachträgliche Erklärung** des Richters, die Eröffnung des Verfahrens beschlossen zu haben, beseitigt werden (zuletzt BGH StV 2011, 457; StRR 2012, 23 m. Anm. *Arnoldi*; s. aber BGH, Beschl. v. 21.12.2011 – 4 StR 553/11).

b) Für die Nachholung des EÖB ist die **HV** zu **unterbrechen**, damit das Gericht in der für Entscheidungen außerhalb der HV zuständigen Besetzung, also ggf. ohne Laienrichter, über den zu erlassenden EÖB beraten und beschließen kann. Der EÖB wird dann bei **Fortsetzung** der HV **verkündet** (§ 35 Abs. 1; KK-*Schneider*, § 207 Rn 23).

1489

⌦ Über die Nachholung des EÖB entscheidet beim LG auch dann die große Strafbzw. Jugendkammer in ihrer Besetzung außerhalb der HV mit drei Berufsrichtern ohne Mitwirkung der Schöffen, wenn die Kammer die HV in **reduzierter Besetzung** (§ 76 Abs. 2 S. 3 GVG, § 33b Abs. 2 S. 3 JGG) durchführt (BGHSt 50, 267; BGH NStZ 2009, 52; 2012, 50; 2014, 664; StV 2007, 562; 2010, 287 [Ls.]; zust. *Rieß* NStZ 2006, 299 in der Anm. zu BGHSt 50, 267; → *Reduzierte Besetzung der großen Strafkammer/Jugendkammer*, Rdn 2208). Das gilt auch für einen **weiteren EÖB**; mit dem eine weitere Anklage erst in der HV zugelassen wird (BGH StraFo 2010, 424).

c) Nach der Rspr. des BGH (BGHSt 29, 224, 230) kann der Verteidiger/Angeklagte die **Aussetzung** der HV gem. §§ 217 Abs. 1, 218 **verlangen**, da – wegen fehlender Zustellung des EÖB – eine Ladungsfrist nicht in Lauf gesetzt worden ist.

1490

| E | Erörterungen des Standes des Verfahrens |

> ♪ Über dieses Recht **muss belehrt** werden. Nach Belehrung können Angeklagter und Verteidiger gem. § 217 Abs. 3 auf die Einhaltung der Ladungsfrist verzichten, sodass dann sofort mit der HV fortgefahren werden kann (BGHSt, a.a.O.).

1491 Erörterungen des Standes des Verfahrens

> **Das Wichtigste in Kürze:**
> 1. Neu eingeführt worden ist § 257b, der einen transparenten Verfahrensstil in der HV fördern soll.
> 2. Die Erörterung steht im Ermessen des Gerichts.
> 3. § 257b richtet sich an das Gericht.
> 4. Die Erörterungen werden mit den Verfahrensbeteiligten geführt.
> 5. Inhaltlich haben sich die Erörterungen nach § 257b am Sinn und Zweck der Neuregelung auszurichten.
> 6. Das Gericht wird sich i.d.R. durch die Bekanntgabe seiner Einschätzung des Verfahrensstandes nicht dem Vorwurf der Befangenheit aussetzen.
> 7. Während für Erörterungen des Standes des Verfahrens in der HV die Vorschrift des § 257b gilt, ist für Erörterungen nach Beginn, aber außerhalb der HV die Vorschrift des § 212 anzuwenden.

1492   **Literaturhinweise: Salditt**, Das neue Zwischenverfahren und die Unparteilichkeit des Richters, in: Festgabe für *Imme Roxin*, S. 687; s.a. die Hinw. bei → *Absprachen/Verständigung mit Gericht und Staatsanwaltschaft*, Rdn 137.

1493   **1.a)** Das am 4.8.2009 in Kraft getretene Gesetz zur Regelung der Verständigung im Strafverfahren v. 29.7.2009 (BGBl I, S. 2353; vgl. BT-Drucks 16/12310) hat für das EV die §§ 160b, 202a eingeführt, die die für das Verständigungsverfahren geforderte Transparenz unterstützen sollen (zum EV s. *Burhoff*, EV, Rn 1991 ff.). Diese Vorschriften finden für die HV ihr Gegenstück in § 257b. Er soll den Gedanken eines transparenten und kommunikativen Verfahrensstils in der HV einbringen und fördern (vgl. BT-Drucks 16/12310, S. 12; BVerfG NJW 2013, 1058, 1065 ff.). Die Vorschrift hat das Ziel – ebenso wie § 160b im EV – die Gesprächsmöglichkeiten zwischen den Verfahrensbeteiligten zu fördern und einen „**offeneren Verhandlungsstil**" zu **unterstützen**. Nach § 257b kann daher das Gericht in der HV den Stand des Verfahrens mit den Verfahrensbeteiligten (vgl. dazu Rdn 1498 f.) erörtern, soweit dies geeignet erscheint, das Verfahren zu fördern (vgl. dazu Rdn 1495). Soll nach Beginn der HV, aber **außerhalb der HV** eine Erörterung des Verfahrens stattfinden, richtet sich das nach **§ 212** (vgl. dazu Rdn 1506).

b) Über die **Sinnhaftigkeit** der Regelung kann man trefflich **streiten** (sehr krit. zur gesamten (Neu)Regelung der Verständigung *Fischer* StraFo 2009, 177 ff.; krit. a. *Jahn/Müller* NJW 2009, 2625, 2627). Denn auch bisher haben schon viele Gerichte, wenn es möglich, aber ggf. auch erforderlich war, einen kommunikativen Verhandlungsstil gepflegt. Es werden nun genau diejenigen (souveränen) Richter sein, die von § 257b Gebrauch machen, die schon bisher einen „offenen Verhandlungsstil" gehandhabt haben. Ob „die anderen Richter" sich von der Neuregelung und dem dahinter stehenden Gedanken beeindrucken oder beeinflussen lassen, erscheint fraglich.

1494

2. Die Erörterung des Standes des Verfahrens steht im **Ermessen** des Gerichts. § 257b formuliert ausdrücklich mit „kann" (*Jahn/Müller* NJW 2009, 2625, 262; N/Sch/W/*Schlothauer*, § 202a Rn 13). Ob der Stand des Verfahrens erörtert wird oder nicht, richtet sich m.E. danach, ob Erörterungen geeignet erscheinen, das Verfahren überhaupt zu fördern. Lässt sich das nicht erreichen, brauchen/können auch keine Erörterungen durchgeführt werden (N/Sch/W/*Schlothauer*, § 202a Rn 10 ff.). Als geeignete Verfahren wird man insbesondere solche mit (besonders) schwierigen und langwierigen Beweiserhebungen ansehen können, aber auch diejenigen, in denen ggf. das Nachtatverhalten des Angeklagten noch eine Rolle spielen könnte (→ *Absprachen/Verständigung mit Gericht und Staatsanwaltschaft*, Rdn 169 f.).

1495

✍ Der Verteidiger hat aufgrund der Ausgestaltung der Vorschrift als Ermessenregelung **keinen Anspruch** auf **Erörterung** (*Meyer-Goßner/Schmitt*, § 160b Rn 1). Allerdings sollte er das Gericht ggf. durch entsprechende Angebote/Anträge/Anregungen auf den Gedanken „eines transparenten Verfahrensstils" (vgl. BT-Drucks 16/12310, S. 13) hinweisen. Er muss jedoch damit rechnen, dass insoweit auf die (frühere) Rspr. des BGH verwiesen werden wird, wonach der Angeklagte weder einen Anspruch auf einen „Zwischenbescheid" hat (BGH NStZ 2007, 719; zust. BVerfG HRRS 2009 Nr. 467) noch das Gericht verpflichtet ist, seine Sicht der Dinge offenzulegen (BGHSt 43, 212; BGH NStZ 2009, 468; → *Erklärungen des Verteidigers*, Rdn 1451; → *Zwischenberatungen des Gerichts*, Rdn 3680). Allerdings ist dem entgegenzuhalten, dass der Gesetzgeber zwar keinen Anspruch des Angeklagten/Verteidigers auf die Darlegung eines Zwischenstandes normiert hat, die gesetzliche Neuregelung aber deutlich einen „offeneren Verhandlungsstil" bevorzugt. Hinzukommt, dass schon der BGH in BGHSt 43, 212 die Möglichkeit eines offenen Rechtsgesprächs, was i.Ü. in der Praxis nicht selten geführt wird, nicht ausgeschlossen hat.

3.a) § 257b richtet sich an das **Gericht**. Gemeint ist damit die Gesamtheit der Richter, angesprochen werden also **Berufsrichter** und **Schöffen** (vgl. BT-Drucks 16/12310, S. 13). Die Erörterungen müssen aber nicht stets mit sämtlichen Gerichtsmitgliedern und/oder Verfahrensbeteiligten zugleich geführt werden (vgl. a. BGH NStZ 2011, 592; 2013, 347).

1496

E Erörterungen des Standes des Verfahrens

Allerdings bedarf es bei der Sondierung der Chancen für eine Verständigung betreffende Gespräche, die außerhalb der HV geführt werden, der anschließenden Information sämtlicher Verfahrensbeteiligter in öffentlicher HV über den Inhalt, den Verlauf und die Ergebnisse der außerhalb dieser geführten Gespräche (§ 243 Abs. 4 S. 1; BGH StV 2014, 513 m. Anm. *Burhoff* StRR 2014, 100; → *Mitteilungen über Erörterungen zur Verständigung*, Rdn 1866). Es dürfte sich zudem empfehlen, dass dann, wenn „verbindliche Absprachen" über den Strafrahmen getroffen werden sollen, dass dann alle Kammermitglieder an der Erörterung teilnehmen (*Meyer-Goßner/Schmitt*, § 202a Rn 4).

1497 b) Die **Leitung** der Gespräche/Erörterungen obliegt dem **Vorsitzenden** als Teil der ihm nach § 238 eingeräumten → *Verhandlungsleitung*, Rdn 2889 (*Meyer-Goßner/Schmitt*, § 257b Rn 4; SK-StPO/*Velten*, § 257 Rn 6). Das folgt auch schon daraus, dass die Erörterungen grds. „in der Hauptverhandlung" geführt werden. Eine konkrete **Form** für die Erörterungen wird nicht vorgeschrieben. Diese zu bestimmen liegt in der sachgerechten Verfahrensgestaltung des Vorsitzenden (vgl. BT-Drucks 16/12310, S. 11 [für § 160b]). Daraus, dass die Erörterungen „in der Hauptverhandlung" stattzufinden haben, folgt aber, dass es sich um mündliche Erörterungen handelt, an denen alle Verfahrensbeteiligten (vgl. dazu Rdn 1498) zu beteiligen sind. „Einzelgespräche" zwischen dem Vorsitzenden und einzelnen Verfahrensbeteiligten sind danach grds. ausgeschlossen.

☞ Das schließt natürlich „**Vorgespräche**" – außerhalb der HV – nicht aus (BVerfG NJW 2013, 1085, 1065; BGH StV 2014, 513). Die eigentliche Erörterung hat allerdings, soweit es sich nicht um eine Erörterung i.S.v. § 257b handelt (vgl. Rdn 1506 ff.), in der HV stattzufinden. Auch kann eine verbindliche Absprache erst in der HV zustande kommen (→ *Absprachen/Verständigung mit Gericht und Staatsanwaltschaft*, Rdn 137). Das wesentliche Ergebnis und der Ablauf sind gem. § 273 Abs. 1 S. 2 in das → *Protokoll der Hauptverhandlung, Allgemeines*, Rdn 2092, als wesentliche Förmlichkeit der HV aufzunehmen.

1498 4.a) Die Erörterungen werden mit den „**Verfahrensbeteiligten**" geführt. Das sind die Personen und Stellen, die im Hinblick auf den Anklagevorwurf in der HV mit eigenen Verfahrensrechten ausgestattet sind (so BT-Drucks 16/12310, S. 13 [unter Hinweis auf die Erläuterungen zu § 160b]). Wer Verfahrensbeteiligter ist, wird für das Stadium der HV nicht im Einzelnen ausgeführt. Zum Begriff des Verfahrensbeteiligten, der auch in § 257c verwendet wird, kann allgemein auf → *Absprachen/Verständigung mit Gericht und Staatsanwaltschaft*, Rdn 166, verwiesen werden.

1499 b) **Verfahrensbeteiligte** bei einer Erörterung nach § 257b sind:
- das **Gericht**,
- der Vertreter der **StA**,
- der **Angeklagte** und sein **Verteidiger**,

- der **Nebenkläger** und sein Vertreter, wenn der Anschluss bis zum Zeitpunkt der Erörterung erklärt ist (vgl. BT-Drucks 16/12310, S. 11),
- im → *Privatklageverfahren*, Rdn 2067, der Privatkläger,
- **Einziehungs-** und **Verfallsbeteiligte**, die nach den §§ 433 Abs. 1, 442 Abs. 1 die Befugnisse eines Angeklagten haben,
- im **Steuerstrafverfahren** aber auch die Finanzbehörde, der nach § 407 Abs. 1 AO Verfahrensrechte eingeräumt sind (→ *Steuerstrafverfahren*, Rdn 2557; vgl. BT-Drucks 16/12310, S. 11 [zu § 160b]; *Jahn/Müller* NJW 2009, 2625, 2627).

c) Keine Verfahrensbeteiligten i.S.d. § 257b sind Zeugen und SV, da diese am Verfahren nicht gestaltend teilnehmen (vgl. BT-Drucks 16/12310, S. 11 [zu § 160b]). Verfahrensbeteiligt im o.a. Sinn sind auch nicht der → *Verletztenbeistand/Opferanwalt*, Rdn 3052, der → *Vernehmungsbeistand*, Rdn 3157, oder der → *Zeugenbeistand*, Rdn 3491. Ebenfalls **nicht** verfahrensbeteiligt ist der **Verletzte**. Zwar sind ihm in den §§ 406d – 406h Rechte im Verfahren eingeräumt, dabei handelt es sich jedoch nicht um prozessuale Gestaltungsrechte, sondern um Informations- und Schutzrechte (vgl. BT-Drucks 16/12310, S. 11).

1500

☞ Das schließt aber nicht aus, dass der Vorsitzende auch den **Verletzten** an einer Erörterung **beteiligt**, so z.B. um Schadensersatzansprüche abzuklären. Der Verletzte hat aber keinen Anspruch auf Teilnahme. Wenn der Verteidiger die Hinzuziehung des Verletzten zu Erörterungen beanstanden will, muss er nach § 238 Abs. 2 vorgehen (→ *Verhandlungsleitung*, Rdn 2889).

5. Inhaltlich haben sich die Erörterungen nach § 257b am **Sinn** und **Zweck** der (Neu)**Regelung** auszurichten (zum Inhalt auch N/Sch/W/*Schlothauer*, § 160b Rn 17 ff. bzw. § 202a Rn 10 ff.). Der Gegenstand solcher Erörterungen beschränkt sich daher nicht auf eine bloße „Bestandsaufnahme" des Verfahrens (vgl. BT-Drucks 16/12310, S. 11 [zu § 160b]; BVerfG NJW 2013, 1058, 1065; vgl. a. → *Mitteilung über Erörterungen zur Verständigung*, Rdn 1866 ff.). Der Zusatz „geeignet erscheint, das Verfahren zu fördern" verdeutlicht vielmehr, dass auch der weitere Fortgang des Verfahrens in die Erörterungen eingeschlossen werden kann/muss (s. auch OLG Nürnberg StV 2011, 750). Das folgt auch daraus, dass der Gesetzgeber davon ausgeht, dass die Erörterungen sowohl dem Interesse des Gerichts dienen, z.B. eine möglichst effiziente und zweckgerichtete weitere Gestaltung des Verfahrens mit den Verfahrensbeteiligten zu besprechen, als auch den Interessen der anderen Verfahrensbeteiligten daran, ihr weiteres Prozessverhalten möglichst sachgerecht zu gestalten (vgl. BT-Drucks 16/12310, S. 12). Dieses Ziel ist aber – wenn überhaupt – nur zu erreichen, wenn der Fortgang des Verfahrens unter den Verfahrensbeteiligten diskutiert wird (vgl. dazu jetzt auch noch BGH, Beschl. v. 14.4.2015 – 5 StR 9/15 zur Abgrenzung mitteilungspflichtiger Verständigungsgespräche von allgemeinen Gesprächen zur Erörterung der Sach- und Rechtslage).

1501

| E | Erörterungen des Standes des Verfahrens |

1502 Die Gespräche können/dürfen daher mit unterschiedlicher **Zielrichtung** geführt werden. Sie müssen sich nicht auf eine Besprechung der Möglichkeiten und Umstände einer Verständigung im Hauptverfahren beschränken (OLG Nürnberg StV 2011, 750). Sie können z.B. dazu dienen, den Ablauf des weiteren Verfahrens zu erörtern und zu strukturieren (OLG Nürnberg, a.a.O.). In dem Zusammenhang hat dann ggf. die Frage, ob und welche (Beweis-)Anträge vom Angeklagten/Verteidiger noch gestellt werden, Bedeutung. Von Belang sind dazu dann sicherlich Angaben des Gerichts zu einer Ober- und Untergrenze der nach dem jeweiligen Verfahrensstand zu erwartenden Strafe (vgl. BT-Drucks 16/12310, S. 12) oder wie Zeugenaussagen oder die Ergebnisse anderer Beweiserhebungen einstweilen bewertet werden. Auch die Frage einer anderen Verfahrensbeendigung als durch Urteil, also z.B. durch Einstellung nach den §§ 153, 153a, kann und wird nicht selten Gegenstand einer Erörterung sein. Dann spielen ggf. auch die Fragen und die Vorbereitung eines → *Täter-Opfer-Ausgleichs*, Rdn 2586, eine Rolle. Auch können sich die Verfahrensbeteiligten dazu erklären, ob eine Einlassung zur Sache erfolgt oder vernehmungsersetzenden Protokollverlesungen gem. § 251 Abs. 1 Nr. 1 zugestimmt wird (vgl. SK-StPO/*Paeffgen*, § 202a Rn 39). Letztlich wird ein Austausch über den Verfahrensstand aus der Sicht der Verfahrensbeteiligten stattfinden (Graf/*Ritscher*, § 202a Rn 5).

☞ § 257b enthält **keine Regelung** der → *Absprachen/**Verständigung*** mit Gericht und Staatsanwaltschaft, Rdn 137 (vgl. BT-Drucks 16/12310, S. 13). Diese ist in § 257c geregelt (*Meyer-Goßner/Schmitt*, § 257c Rn 1 f.). § 257b beschränkt sich auf kommunikative Elemente, die der Transparenz und Verfahrensförderung dienen, aber nicht auf eine einvernehmliche Verfahrenserledigung gerichtet sind (BGH, Beschl. v. 14.4.2015 – 5 StR 9/15). Vereinbarungen bei einer Erörterung über eine in der HV dann bindend zu treffende „Verständigung" i.S. des § 257c sind aber nicht ausgeschlossen (BVerfG NJW 2013, 1058, 1065; zur „Bindung" s.u.a. BGH NStZ 2011, 107), sodass eine Erörterung nach § 257b i.d.R. Vorläufer einer Verständigung nach § 257c sein wird (BVerfG, a.a.O.; vgl. BT-Drucks 16/12310, S. 9). Das zeigt auch der Umstand, dass Ablauf und wesentlicher Inhalt der Erörterung nach § 273 Abs. 1 S. 2 als wesentliche Förmlichkeit in das → *Protokoll der Hauptverhandlung*, Rdn 2092, aufzunehmen sind. Das dient der Kontrolle des Verfahrens durch das Revisionsgericht.

6. Hinweise für den Verteidiger!

1503 **a)** Die o.a. Zielrichtung der Erörterungen führt dazu, dass sich das Gericht und die an der Erörterung Beteiligten über den Verfahrensstand „austauschen". Daran wird sich das Gericht aber nur beteiligen, wenn es nicht damit rechnen muss, wegen der Darlegung seiner Sicht des Verfahrens, die ggf. für den Angeklagten nachteilig ist, wegen Besorgnis der **Befangenheit** abgelehnt zu werden. Deshalb geht die Gesetzesbegründung (vgl. BT-Drucks

16/12310, S. 13) davon aus, dass mit der Vorschrift des § 257b auch „klargestellt (wird), dass sich das Gericht durch die Bekanntgabe seiner Einschätzung des Verfahrensstandes nicht dem Vorwurf der Befangenheit aussetzt". Das hat zur Folge, dass ein → *Ablehnungsantrag*, Rdn 48, grds. **nicht damit begründet** werden kann, dass das Gericht/der Vorsitzende seine Sicht vom (weiteren) Verfahrensablauf dargelegt hat. Auch kann nach der Rspr. des BGH auf die Bekanntgabe der nach Einschätzung des Gerichts angemessenen Strafober-/Strafuntergrenze Befangenheit nicht gestützt werden (BGH NStZ 2011, 590; *Meyer-Goßner/Schmitt*, § 257b Rn 2; zu allem auch *Salditt*, S. 687 ff.).

Etwas **anderes** gilt aber z.b. dann gelten, wenn der Vorsitzende im Rahmen der Erörterung über eine Strafobergrenze den Eindruck erweckt hat, sich bereits ohne Rücksicht auf den Umfang eines potenziellen Geständnisses und den weiteren Verlauf der HV festgelegt zu haben (BGHSt 45, 312; eingehend dazu *Sinner* StV 2000, 289 in der Anm. zu BGH, a.a.O.) oder wenn bei einer Erörterung in Verfahren mit mehreren Angeklagten, an Erörterungen, die (auch) den einen Angeklagten betreffen, dieser nicht beteiligt wird (für Verständigung/Absprache BGHSt 37, 99; 41, 348 ff.; BGH StV 2006, 118 [zum Nachteil eines Mitangeklagten]; 2009, 393 [erkennbar einseitige Verständigungsgespräche]; LG Berlin StraFo 2006, 374). Auch wird das Drohen mit der sog. **Sanktionsschere** im Rahmen einer Erörterung (zur Vorbereitung einer Verständigung/Absprache) i.d.R. die Besorgnis der Befangenheit begründen (BGH NStZ 2005, 526; 2008, 170; StraFo 2004, 349 [insoweit nicht in NStZ 2004, 577]; s. aber BGH NStZ 2008, 172) oder wenn für den Fall des Ausbleibens eines (qualifizierten) Geständnisses eine Erhöhung der schuldangemessenen Strafe in Aussicht gestellt wird (OLG Stuttgart StraFo 2005, 167; ähnl. OLG Stuttgart StV 2007, 232). Schließlich wird die Besorgnis der Befangenheit damit begründet werden können, dass – bei mehreren Angeklagten – nach der Erörterung aufgrund des Verlaufs eine für den jeweiligen Angeklagten nachteilige Verständigung/Absprache getroffen werden könnte (BGH NStZ 2008, 229; s. aber BGH NStZ 2009, 701 [Umstände des Einzelfalls von Bedeutung]). Auch über ergebnislose Gespräche außerhalb der HV ist in der HV umfassend und unverzüglich unter Darlegung der Standpunkte aller beim Gespräch anwesenden Verfahrensbeteiligten zu informieren (BGH StV 2011, 72 [Nichtbeteiligung aller Mitangeklagten führt aber nicht unbedingt zur Besorgnis der Befangenheit]; ähnlich BGH StraFo 2012, 137 m. Anm. *Burhoff* StRR 2012, 185).

1504

Auf die **Ablehnung** der Anregung/des Antrags, eine **Erörterung** durchzuführen, wird ein Ablehnungsantrag allerdings i.d.R. nicht gestützt werden können. Die Erörterung steht im Ermessen des Gerichts, dieses „kann" den Verfahrensstand erörtern. Ergeben sich allerdings Anhaltspunkte für die Besorgnis der Befangenheit, muss der Angeklagte den Ablehnungsantrag in der HV stellen: Unterlässt er es, kann er sich später in der Revision nicht auf die Verletzung des Grundsatzes des fairen Verfahrens berufen (BGH NStZ 2009, 168).

| E | Erörterungen des Standes des Verfahrens |

1505 b) Nach § 273 Abs. 1 S. 2 sind der wesentliche Ablauf und der Inhalt einer Erörterung nach § 257b in das **Protokoll** der **HV** aufzunehmen. Diese Vorschrift dient der Kontrolle des Verfahrens durch das Revisionsgericht und der Sicherung des sog. Transparenzgebots (vgl. zuletzt BGH NJW 2015, 645 m.w.N. aus der Rspr.). Die Erörterung ist damit wesentliche Förmlichkeit der HV (*Jahn/Müller* NJW 2009, 2625, 2629). Dass eine Erörterung stattgefunden hat, kann also nur mit dem Protokoll der HV bewiesen werden (§ 274; → *Protokoll der Hauptverhandlung, Allgemeines*, Rdn 2092; krit. *Meyer-Goßner/Schmitt*, § 273 Rn 2 und KK-*Wenske*, § 257b Rn 15 [überflüssige Belastung des Protokolls]).

☞ Anders als bei der Verständigung (s. dazu § 273 Abs. 1a) muss in das Protokoll **nicht aufgenommen** werden, dass eine Erörterung nicht stattgefunden hat.

1506 7.a) Während für Erörterungen des Standes des Verfahrens in der HV die Vorschrift des § 257b gilt, ist für Erörterungen nach Beginn, aber **außerhalb** der **HV** die Vorschrift des **§ 212** anzuwenden (BT-Drucks 16/12310, S. 12). Diese verweist für den Zeitraum nach Eröffnung des Hauptverfahrens auf § 202a, der entsprechend gilt. Die Vorschrift des § 212 ist zwar in den 5. Abschnitt „Vorbereitung der Hauptverhandlung" eingestellt, der Abschnitt ist aber nicht auf das Stadium vor dem ersten HV-Termin beschränkt (vgl. BT-Drucks 16/12310, S. 9, 12). Die Vorschrift des § 202a ist – wie auch § 160b – im Wesentlichen wortgleich mit § 257b formuliert: Es kann der Stand des Verfahrens mit den Verfahrensbeteiligten erörtert werden, soweit dies geeignet erscheint, das Verfahren zu fördern. Daher kann wegen des Inhalts und der Beteiligten an diesen Erörterungen auf **die vorstehenden Ausführungen verwiesen** werden.

b) Auf folgende **Abweichungen** ist allerdings hinzuweisen:

1507 aa) Nach § 212 i.V.m. § 202a werden auch diese Erörterungen vom „**Gericht**" geführt. Fraglich ist allerdings dessen Besetzung, wenn Laienrichter beteiligt sind. Die Gesetzesbegründung zu § 202a geht davon aus, dass die Besetzung des Gerichts den allgemeinen Regeln folgt und damit im Eröffnungsverfahren, für den § 202a gilt, die Mitwirkung von **Schöffen** ausgeschlossen ist (vgl. BT-Drucks 16/12310, S. 12). Das bedeutet, dass diese Erörterungen ohne Schöffen geführt werden können (s.a. § 30 Abs. 2 GVG). Es besteht auch kein Grund, die Schöffen an solchen Erörterungen zu beteiligen (vgl. zu Haftentscheidungen → *Haftfragen*, Rdn 1671). Das gilt selbst dann, wenn die Erörterungen mit dem Ziel einer Verständigung i.S.v. § 257c geführt werden. Diese kann verbindlich nur in der HV getroffen werden (vgl. § 257c Abs. 3) und über sie ist im Rahmen einer → *Mitteilung über Erörterungen zur Verständigung*, Rdn 1866, gem. § 243 Abs. 4 in der HV zu berichten (s.a. *Meyer-Goßner/Schmitt*, § 202a Rn 4 [zu Erörterungen im EV]). Der Schöffe erhält von ihr also Kenntnis.

1508 An den Erörterungen teilnehmen müssen m.E. auch **nicht zwingend alle berufsrichterlichen** Mitglieder einer Strafkammer. Diese wird als „Gericht" die Führung der Gespräche auch einem ihrer Mitglieder übertragen können (*Meyer-Goßner/Schmitt*, § 202a Rn 4; vgl. BGH NStZ 2011, 592 m. Anm. *Schlothauer* StV 2011, 202 und *Burhoff* StRR 2011, 194; StV 2014, 513). Allerdings wird dieses Kammermitglied dann entsprechend autorisiert für „Verhandlungen" sein müssen (BGH NStZ 2011, 592). Geht es um die Vorbereitung einer in der HV dann bindend zu treffenden Verständigung, wird sich die Teilnahme aller Gerichtsmitglieder empfehlen (s. auch *Meyer-Goßner/Schmitt*, a.a.O.).

Die **Leitung** der Gespräche/Erörterungen wird, wenn alle Berufsrichter an der Erörterung teilnehmen, im Vorgriff der ihm nach § 238 eingeräumten Verhandlungsleitung in der HV dem **Vorsitzenden** zustehen. § 212 macht aber auch insoweit keine zwingenden Vorgaben. 1509

bb) Für die Erörterung in der HV nach § 257b besteht nach § 273 Abs. 1 S. 2 die Pflicht zur Aufnahme dieser Erörterung in das → *Protokoll der Hauptverhandlung*, Rdn 2092 (vgl. Rdn 1502). Diese Regelung wird für die Erörterung außerhalb der HV in § 212 i.V.m. § 202a S. 2 dadurch ersetzt, dass der wesentliche Inhalt der Erörterung „aktenkundig" zu machen ist (vgl. u.a. BGH NStZ 2011, 592; 2012, 347; zur Bedeutung der Dokumentation BVerfG 2013, 1058, 1065). Das bedeutet, dass der Umstand, dass und mit wem eine Erörterung stattgefunden hat, festzuhalten ist. Der Aktenvermerk muss zudem das Ergebnis der Erörterung beinhalten (vgl. zum wesentlichen Inhalt N/Sch/W/*Schlothauer*, § 160b Rn 23; KK-*Schneider*, § 202a Rn 15), und zwar besonders sorgfältig, wenn eine Verständigung nach § 257c angestrebt worden ist (BGH, a.a.O.). Insgesamt hat, da die Pflicht zur „Aktenkundigkeit" mit der Mitteilungspflicht des § 243 Abs. 4 S. 1 korrespondiert, deren Umfang Auswirkungen auf den Umfang des Inhalts eines Aktenvermerks (→ *Mitteilung über Erörterungen zur Verständigung*, Rdn 1873 ff.). Waren Inhalt der Erörterungen nur **verfahrensorganisatorische Fragen**, bedarf es keiner Dokumentation (BGHSt 58, 315 m. Anm. *Burhoff* StRR 2013, 424), allerdings dürfte sich die empfehlen (zu allem a. und zur Mitteilungspflicht → *Mitteilung über Erörterungen zur Verständigung*, Rdn 1866). 1510

Es kommt nicht darauf an, ob und mit welchem Ergebnis die Erörterungen abgeschlossen worden sind (*Meyer-Goßner/Schmitt*, § 160b Rn 8 und § 243 Rn 18a; *Dießner* StV 2011, 43; vgl. a. BVerfG NJW 2013, 1058, 1064 f.). Entscheidend ist der **Sinn** und **Zweck** dieser Dokumentationspflicht, die dem Transparenzgebot dient (s. auch BGH NStZ 2013, 347, wo ohne Einschränkungen für im EV nach § 160b geführte Erörterungen mit der StA davon ausgegangen wird, dass „geführte Gespräche aktenkundig" zu machen sind). 1511

> Sind **Vereinbarungen** im Hinblick auf eine Verständigung nach § 257c getroffen worden, muss der Verteidiger darauf achten, dass diese ausführlich dargelegt werden. Denn ohne einen solchen Aktenvermerk lässt sich später der Nachweis einer solchen Vereinbarung nicht führen (*Meyer-Goßner/Schmitt*, § 160b Rn 9; BGH NStZ 2012, 347).

E Erörterungen des Standes des Verfahrens

Das OLG Stuttgart (StV 2014, 397) geht davon aus, dass die fehlende Dokumentation nach § 212 von dokumentationspflichtigen Gesprächen durch den Vorsitzenden und/oder die SA vor oder außerhalb der HV i.d.R. zur **Unwirksamkeit** einer in Folge solcher Gespräche erklärten → *Berufungsbeschränkung*, Rdn 567, führt.

Siehe auch: → *Absprachen/Verständigung mit Gericht und Staatsanwaltschaft*, Rdn 137; → *Bußgeldverfahren, Besonderheiten der Hauptverhandlung*, Rdn 1200; → *Jugendgerichtsverfahren, Besonderheiten der Hauptverhandlung*, Rdn 1754; → *Mitteilung über Erörterungen zur Verständigung*, Rdn 1866.

F
Fesselung des Angeklagten 1512

Literaturhinweise: D. Herrmann, Zur Reform des Rechts der Untersuchungshaft, StRR 2010, 4; **Hoffmann/ 1513 Wißmann**, Zur Fesselung von Untersuchungsgefangenen oder: Wann dürfen die Handschellen tatsächlich klicken, StV 2001, 706; **König**, Zur Neuregelung der haftrichterlichen Zuständigkeiten in § 119 StPO, NStZ 2010, 185; **Lüderssen**, Der gefesselte Angeklagte, in: Gedächtnisschrift für *Karlheinz Meyer*, 1990, S. 269.

1.a) Die Fragen der Fesselung des Angeklagten waren früher ausdrücklich geregelt. Diese 1514 Regelung in § **119 Abs. 5 a.F.** ist durch das am 1.1.2010 in Kraft getretene „Gesetz zur Änderung des Untersuchungshaftrechts" v. 29.7.2009 (BGBl I, S. 2274) entfallen.

b) Nach der Neuregelung des U-Haftrechts durch das „Gesetz zur Änderung des Untersuchungshaftrechts" v. 29.7.2009 (BGBl I, S. 2274) besteht eine **gespaltene Zuständigkeit** für Beschränkungen im Rahmen der U-Haft. Während die Bundesländer zur Regelung der Fragen des Vollzugs der U-Haft zuständig sind, also durch eine Regelung zur Fesselung dem Entweichen aus der JVA vorbeugen können, ist der Bund (noch) zuständig für die Anordnung von Beschränkungen aus strafverfahrensrechtlichen Gründen. Das bedeutet, dass der Bund z.B. Regelungen zu den Haftgründen treffen kann (vgl. BT-Drucks 16/11644, S. 23) und das u.a. in § 119 Abs. 1 getan hat. Danach können einem inhaftierten Beschuldigten zur Abwehr von Flucht-, Verdunkelungs- oder Wiederholungsgefahr (§§ 112, 112a) Beschränkungen auferlegt werden. Während die insoweit in der Praxis häufiger vorkommenden Beschränkungen in § 119 Abs. 1 S. 2 erfasst sind, richten sich alle übrigen Beschränkungen, also auch die Fesselung des Angeklagten, nach § **119 Abs. 1 S. 1** (s.a. BT-Drucks 16/11644, S. 23).
 1515

☞ Hat die JVA eine Fesselung aufgrund landesrechtlicher Vorschriften angeordnet, kann in der HV der Vorsitzende aufgrund der ihm eingeräumten → *Verhandlungsleitung*, Rdn 2889, den gefesselt vorgeführten Angeklagten von den Fesseln befreien lassen. Andererseits kann aber auch der Vorsitzende, wenn konkrete Umstände das erfordern (vgl. Rdn 1516 f.) die Fesselung des ungefesselt vorgeführten Angeklagten anordnen.

2. Grds. wird der Angeklagte **ungefesselt** an der HV teilnehmen. Das ergab sich früher 1516 aus § 119 Abs. 5 S. 2 a.F. und folgt jetzt daraus, dass § 119 Abs. 1 S. 1 keine standardmäßige Geltung von Beschränkungen vorsieht, sondern für jede Beschränkung deren ausdrückliche Anordnung fordert (vgl. u.a. BVerfG StraFo 2015, 59 [einzelfallbezogene Abwägung]; KG StV 2010, 370; OLG Hamm NStZ-RR 2014, 114 [Ls.] m. Anm. *Arnoldi* StRR 2014, 144; StRR 2015, 153; SSW-StPO/*Herrmann*, § 119 Rn 22 ff. m.w.N.; *D. Herrmann* StRR 2010, 4, 11; *König* NStZ 2010, 185, 186 ff.). Das bedeutet, dass

F Fesselung des Angeklagten

jede Beschränkung auf ihre konkrete Erforderlichkeit geprüft und ihre Anordnung begründet werden muss (BT-Drucks 16/11644, S. 24). Daraus folgt, dass eine Beschränkung nur angeordnet werden darf, wenn Anlass dazu besteht. Folglich nimmt der Angeklagte, wenn keine besonderen Gründe vorliegen, ungefesselt an der HV teil (vgl. Rdn 1517 f.).

1517 3.a) Gem. § 119 Abs. 5 S. 1 a.F. war die **Fesselung** des Angeklagten in der HV dann **zulässig**, wenn die Gefahr von **Gewaltanwendungen** oder Widerstandsleistung bestand (Nr. 1), wenn der Angeklagte versuchte zu fliehen oder wenn bei Würdigung der Umstände des Einzelfalls, namentlich der Verhältnisse des Beschuldigten und der Umstände, die einer Flucht entgegenstehen, die Gefahr bestand, dass er sich aus dem Gewahrsam befreien wird (**Fluchtgefahr**, Nr. 2), oder wenn **Selbstmord-** oder Selbstbeschädigungsgefahr bestand (Nr. 3; eingehend zu allem *Lüderssen*, S. 269; *Hoffmann/Wißmann* StV 2001, 706). Diese Gründe wird man auch nach der Neuregelung des § 119 Abs. 1 S. 1 als grds. ausreichend, aber auch erforderlich ansehen können, um eine Fesselung des Angeklagten anzuordnen (vgl. aber Rdn 1518).

1518 b) Wird die Fesselung **während** der **HV** angeordnet, ist Rechtsgrundlage für diese durch den Vorsitzenden erfolgenden Anordnung § 176 GVG oder § 231 Abs. 1 S. 2 (OLG Hamm NStZ-RR 2014, 114 [Ls.] m. Anm. *Arnoldi* StRR 2014, 144). Für die Erforderlichkeit der Anordnung der Maßnahme müssen **konkrete Tatsachen** vorliegen (OLG Dresden NStZ 2007, 479; OLG Hamm, a.a.O.; OLG Oldenburg NJW 1975, 2219). Es handelt sich bei der Fesselung um den stärksten Eingriff in die Bewegungsfreiheit eines Betroffenen und zugleich um einen Grundrechtseingriff von erheblichem Gewicht; deshalb kommt eine Fesselungsanordnung nur in Betracht, wenn die mit der Fesselung beabsichtigten Zwecke nicht auf weniger einschneidende Art und Weise erreicht werden können (BVerfGK 19, 25; OLG Hamm, a.a.O.). Nach den Änderungen durch das „Gesetz zur Änderung des Untersuchungshaftrechts" v. 29.7.2009 (BGBl I, S. 2274) wird allein das Vorliegen von Fluchtgefahr als Haftgrund i.S. des § 112 Abs. 2 Nr. 2 nicht mehr ausreichen. Darüber hinaus sind **weitere Umstände** erforderlich, wie z.B. Auffälligkeiten des Angeklagten im U-Haft-Vollzug, soweit diese durch Gewalttätigkeiten gegen Personen oder Sachen, Fluchtversuche oder Suizidabsichten gekennzeichnet sind (so auch OLG Celle NStZ 2012, 649, 650; OLG Hamm, a.a.O.). Liegen derartige Erkenntnisse vor, so ist bei der Frage nach der Rechtmäßigkeit einer Fesselungsanordnung außerdem zu berücksichtigen, dass der Vorsitzende neben einem störungsfreien äußeren Verhandlungs- bzw. Sitzungsablauf vor allem auch die Sicherheit der Verfahrensbeteiligten im Sitzungssaal zu verantworten und gewährleisten hat. Deshalb ist dem Vorsitzenden bei der Entscheidung, ob hinreichender Anlass für eine sitzungspolizeiliche Maßnahme bzw. eine auf § 231 Abs. 1 S. 2 gestützte Fesselung besteht, ein Ermessensspielraum einzuräumen (OLG Hamm, a.a.O.). Nicht ausreichend ist also z.B. die nicht mit Tatsachen belegte (allgemeine) Einschätzung (des Leiters einer JVA), der Angeklagte werde „jede Möglichkeit der Flucht für sich nutzen" (OLG Dresden, a.a.O.) oder eine generelle Anordnung der Maßnahme für lediglich denkbare, künftige Ereignisse (so schon zum früheren Recht OLG Oldenburg, a.a.O.; LG Koblenz StV 1983, 467; LG Stuttgart Justiz 1990, 338). Die Maßnahme muss zudem auch notwendig sein (OLG Koblenz StV 1989, 209).

⚖ Bei der Überprüfung der Maßnahme wird man die Rspr. der Obergerichte zu § 119 n.F. ergänzend heranziehen können. Diese geht dahin, dass angeordnete Beschränkungen dahingehend zu überprüfen sind, ob der **Zweck** der **U-Haft** als solche sie erfordert, wofür die im jeweiligen Einzelfall gegebenen Haftgründe maßgeblich sind (u.a. BerlinerVerfG StV 2011, 165; KG StV 2010, 370; 2014, 229; NStZ-RR 2013, 215 [Ls.]; StRR 2012, 203 [Ls.]; OLG Düsseldorf StV 2014, 550; OLG Hamm StV 2010, 368 m. Anm. *Herrmann* StRR 2010, 194; StRR 2015, 153; OLG Köln StV 2013, 525; *König* NStZ 2010, 185, 186 ff.). Erforderlich für die Anordnung einer beschränkenden Maßnahme ist immer eine konkrete Gefährdung des Haftzwecks, die Gründe für die Anordnung müssen über die, die der Anordnung der U-Haft zugrunde liegen, hinausgehen (u.a. OLG Köln NStZ 2011, 55; StV 2011, 743).

c) Die **Art** und **Weise** der Fesselung war früher in Nr. 64 UVollzO geregelt und ist jetzt in den landesgesetzlichen Regelungen zur U-Haft enthalten (vgl. die Zusammenstellung bei *Burhoff*, EV, Rn 3908). I.d.R. dürfen danach (vgl. z.B. § 51 SächsUHaftVollzG) Fesseln nur an den Händen oder an den Füßen angelegt werden. Im Interesse des U-Haft-Gefangenen kann eine andere Art der Fesselung angeordnet werden. Die Fesselung muss zeitweise gelockert werden, soweit dies notwendig ist.

1519

4. Hinweis für den Verteidiger!

1520

Da das Bild eines **gefesselten Angeklagten** bei Zuschauern, Presse und Laienrichtern besondere Gefährlichkeit suggeriert, sollte der Verteidiger – auch aus Respekt vor der Würde des Angeklagten – alle Möglichkeiten ausschöpfen, um diesen Zustand in der HV zu **verhindern**. Dazu muss er auch darauf hinweisen, dass die „Fluchtgefahr", die für eine Fesselung erforderlich ist, nicht der in § 112 Abs. 2 Nr. 2 entspricht (vgl. zur Fluchtgefahr *Burhoff*, EV, Rn 3693 ff.). Das folgt auch daraus, dass sonst jeder U-Haft-Gefangene ohne Weiteres gefesselt vorgeführt werden könnte (so a. zutr. *Hoffmann/Wißmann* StV 2001, 707). Zudem ist zu berücksichtigen, dass die Fesselung die Verteidigung des Angeklagten erschwert (vgl. BVerfGK 19, 25). Deshalb ist zu prüfen, ob sie nicht zumindest teilweise aufgehoben werden kann, also z.B. nur Fußfesseln angelegt bleiben (BVerfG, a.a.O.).

⚖ Der zu beachtende **Verhältnismäßigkeitsgrundsatz** gebietet es zudem, einer ggf. bestehenden Fluchtgefahr zunächst durch weniger einschneidende Mittel, wie z.B. besonderer Bewachung, zu begegnen.

F Feststellung von Vorstrafen des Angeklagten

Ist der Vorsitzende dazu nicht bereit, kann der Verteidiger, da es sich bei der Anordnung der Fesselung für die Zeit der HV um eine nach § 238 Abs. 1 zu beurteilende Maßnahme der → *Verhandlungsleitung*, Rdn 2889, des Vorsitzenden handelt (*Meyer-Goßner/ Schmitt*, § 119 Rn 41; s. ausdrücklich a. KK-*Schneider*, § 238 Rn 14; a.A. OLG Dresden NStZ 2007, 479 unter Hinw. auf LR-*Becker*, § 231 Rn 33), gegen die Anordnung nach **§ 238 Abs. 2** das Gericht anrufen und einen **Gerichtsbeschluss** herbeiführen.

Nach § 119 Abs. 5 kann grds. gegen die Anordnung einer Beschränkung Antrag auf gerichtliche Entscheidung bzw. → *Beschwerde*, Rdn 770, eingelegt werden. Diese Möglichkeit ist m.E. für den Bereich der HV durch § 305 S. 1 **ausgeschlossen** (zum fortdauernden Rechtsschutzinteresse BVerfGK 19, 25). Ggf. kommt eine Ablehnung des Vorsitzenden wegen Besorgnis der Befangenheit in Betracht (von OLG Hamm NStZ-RR 2014, 114 [Ls.] m. Anm. *Arnoldi* StRR 2014, 144 im konkreten Fall allerdings verneint).

1521 Feststellung von Vorstrafen des Angeklagten

Das Wichtigste in Kürze:
1. Nach § 243 Abs. 4 S. 3 sollen Vorstrafen des Angeklagten nur insoweit festgestellt werden, wie sie für die Entscheidung von Bedeutung sind. Vorstrafen i.S.d. Regelung sind die im BZR, Erziehungsregister oder VZR eingetragenen Verurteilungen und bußgeldrechtlichen Ahndungen.
2. Tilgungsreife Vorstrafen dürfen weder bei der Beweiswürdigung noch bei der Strafzumessung verwertet werden. Das Verwertungsverbot gilt auch bei der Anordnung von Maßregeln der Besserung und Sicherung.
3. Den Zeitpunkt der Feststellung der Vorstrafen bestimmt nach § 243 Abs. 4 S. 4 der Vorsitzende.
4. Mit der Revision kann der Verteidiger einen Verstoß gegen § 243 Abs. 4 S. 3 und 4 später nicht rügen, da es sich nur um Ordnungsvorschriften handelt.
5. Einschlägige Vorschriften für die Bestimmung der Tilgungsreife sind die §§ 51, 46 BZRG.

1522 Literaturhinweise: **Bohnert**, Ordnungsvorschriften im Strafverfahren, NStZ 1982, 5; **Granderath**, Getilgt – aber nicht vergessen. Das Verwertungsverbot des Bundeszentralregistergesetzes, ZRP 1985, 319; **Knauer**, Die Verwertung jugendstrafrechtlicher Vorverurteilungen bei Sanktionierung nach Erwachsenenstrafrecht, ZStW 2012, 204; **Krumm**, Praxisprobleme des Bundeszentralregisters, StraFo 2012, 165; **Rudolphi**, Die Revisibilität von Verfahrensmängeln im Strafprozeß, MDR 1970, 93; s.a. die Hinw. bei → *Beweisverwertungsverbote*, Rdn 1018.

Feststellung von Vorstrafen des Angeklagten   F

1. Nach § 243 Abs. 4 S. 3 sollen Vorstrafen des Angeklagten nur insoweit festgestellt werden, wie sie für die **Entscheidung** von **Bedeutung** sind. Vorstrafen i.S.d. Regelung sind die im **BZR**, **Erziehungsregister** oder **VZR** eingetragenen Verurteilungen und bußgeldrechtlichen Ahndungen. Für die Entscheidung von Bedeutung ist eine Vorstrafe nur dann, wenn sie nicht nach den §§ 51, 66 BZRG unverwertbar ist, weil **Tilgungsreife** besteht (s.u. Rdn 1530). Das muss der Verteidiger bereits bei der → *Vorbereitung der Hauptverhandlung*, Rdn 3370, und der Beantwortung der Frage, ob → *Beweisverwertungsverbote*, Rdn 1018, bestehen, prüfen (zur Verwertung jugendstrafrechtlicher Vorverurteilungen bei Sanktionierung nach Erwachsenenstrafrecht *Knauer* ZStW 2012, 204).

1523

Auch **rechtskräftige ausländische Strafen** können berücksichtigt werden, wenn die Tat nach deutschem Recht strafbar ist (zuletzt BGH StV 2012, 149 m. Anm. *Lorenz* StRR 2012, 67). Dabei ist nicht erforderlich, dass es sich um eine nach § 54 BZRG im BZR eingetragene ausländische Vorstrafe handelt (BGH StV 2007, 632), allerdings darf diese nach deutschem Recht nicht tilgungsreif sein (BGH StV 2012, 149; s. auch § 53a BZRG).

2. Tilgungsreife Vorstrafen dürfen weder bei der **Beweiswürdigung** noch bei der **Strafzumessung** verwertet werden (BGH StV 1999, 639 m.w.N.; 2012, 149; *Granderath* ZRP 1985, 320). Das Verwertungsverbot gilt auch bei der Anordnung von **Maßregeln** der **Besserung** und **Sicherung** (BGH StV 2002, 479 m.w.N. [für Sicherungsverwahrung]). Das Verwertungsverbot findet also auch bei der „Hangfeststellung" i.S. des § 66 StGB Anwendung; das Gutachten über das Bestehen eines Hangs des Angeklagten ist kein „Gutachten über den Geisteszustand", dessen Erstattung eine Verwertung von Taten aus im Zentralregister getilgten oder tilgungsreifen Verurteilungen erlaubt (BGHSt 57,300). Das Verwertungsverbot erstreckt sich auch auf Umstände, die eng mit der nicht verwertbaren Tat im Zusammenhang stehen (wie z.B. hohe Rückfallgeschwindigkeit, erneute Tatbegehung am selben Opfer usw.; BGH NStZ 2006, 587) oder als Indiz im Rahmen der Beweiswürdigung dienen (BGH StraFo 2006, 296). Auch eine indizielle Verwertung einer getilgten oder tilgungsreifen Verurteilung und der dieser zugrunde liegenden Tat in einem anderen Strafverfahren ist unzulässig (BGH, Beschl. v. 18.3.2009 – 1 StR 50/09). Die Verwertung wird auch nicht dadurch zulässig, dass der Angeklagte die frühere Verurteilung freiwillig eingeräumt hat (BGH StV 2003, 444).

1524

Ein **besonderes Verwertungsverbot** besteht in **§ 29 Abs. 7 S. 2 StVG**. Danach dürfen Eintragungen, die einer zehnjährigen Tilgungsfrist unterliegen, nach Ablauf einer fünfjährigen Tilgungsfrist nur noch für ein Verfahren übermittelt und verwertet werden, das die Erteilung oder Entziehung einer Fahrerlaubnis zum Gegenstand hat. Diese Eintragungen dürfen also nach Ablauf von fünf Jahren nicht mehr für OWi-Verfahren verwertet werden. Es handelt sich bei diesem Verwertungsverbot um ein umfassendes

> Verbot. Die von ihm erfasste Straftat darf auch nicht herangezogen werden, um die Tilgungshemmung von nachfolgend begangenen, an sich tilgungsreifen OWi zu begründen (OLG Celle VRR 2009, 390; OLG Hamm VA 2012,196). Auch solche Vorstrafen dürfen daher im OWi-Verfahren nicht mehr festgestellt werden.

1525 **Ausnahmen** vom Verwertungsverbot sind in **§ 52 BZRG** geregelt. Von besonderer praktischer Bedeutung ist § 52 Abs. 1 Nr. 2 BZRG. Danach darf die frühere Tat in einem erneuten Strafverfahren berücksichtigt werden, wenn ein Gutachten über den Geisteszustand des Angeklagten zu erstatten ist, falls die Umstände der früheren Tat für die Beurteilung seines Geisteszustandes von Bedeutung sind (vgl. dazu BGHSt 57, 300). Nach § 52 Abs. 2 S. 1 Nr. 1 BZRG darf eine frühere Tat ferner in einem Verfahren, das die Erteilung oder Entziehung einer Fahrerlaubnis zum Gegenstand hat, berücksichtigt werden, solange die Verurteilung nach den Vorschriften der §§ 28 bis 30b StVG verwertet werden darf.

1526 **3.a)** Den **Zeitpunkt** der Feststellung der Vorstrafen bestimmt nach § 243 Abs. 4 S. 4 der Vorsitzende. **Frühestmöglicher** Zeitpunkt ist die → *Vernehmung des Angeklagten zur Sache*, Rdn 3072 (BGH VRS 34, 219; OLG Stuttgart NJW 1973, 1941), da die Feststellung von Vorstrafen nicht zur → *Vernehmung des Angeklagten zur Person*, Rdn 3067, gehört (LR-*Becker*, § 243 Rn 91).

1527 Der Zeitpunkt der Feststellung sollte i.Ü. so **spät wie möglich** liegen (*Meyer-Goßner/Schmitt*, § 243 Rn 34 m.w.N.): Sind die Vorstrafen schon für den Schuldspruch von Bedeutung, z.B. wenn es um die Gewohnheitsmäßigkeit eines Handelns geht, können sie bereits bei der Vernehmung des Angeklagten zur Sache erörtert werden. Da sie i.d.R. aber nur für den Rechtsfolgenausspruch von Bedeutung sind, sollen sie grds. erst dann zur Sprache gebracht werden, wenn feststeht, dass der Angeklagte nicht freizusprechen ist (vgl. **Nr. 134 RiStBV**). Auch dann ist aber immer noch zu prüfen, ob die Vorstrafe für die Ahndung der abzuurteilenden Tat von Bedeutung ist. Das kann z.B. dann nicht der Fall sein, wenn es sich um eine Vorstrafe wegen Diebstahls und bei der abzuurteilenden Tat um ein Verkehrsdelikt handelt.

> Sollen die Vorstrafen **zu früh** oder **nicht** (mehr) **verwertbare** Vorstrafen festgestellt werden, muss der Verteidiger sofort **widersprechen**, um insbesondere bei den Laienrichtern einen den Angeklagten benachteiligenden schlechten Eindruck zu vermeiden. Ggf. muss er gem. **§ 238 Abs. 2** einen **Gerichtsbeschluss** herbeiführen.
>
> Der Verteidiger sollte prüfen, ob er nicht vor der HV das Gericht ausdrücklich bittet, Feststellungen zu Vorstrafen überhaupt nicht oder erst möglichst spät zu treffen. Ist der **StA** mit einer entsprechenden „Vereinbarung" nicht einverstanden, kann er zwar einen Antrag stellen, der Verteidiger sollte dann aber auf **Nr. 134 RiStBV** verweisen.

1528 **b) Art** und **Weise** der Feststellung werden ebenfalls vom Vorsitzenden im Rahmen der → *Verhandlungsleitung*, Rdn 2889, bestimmt. Meist ist es ausreichend, wenn der Angeklagte auf **Vorhalt** der entsprechenden **Registerauszüge** die Vorstrafen einräumt. Allerdings muss der Angeklagte dies in einer ordnungsgemäßen Vernehmung tun. Eine bloß informatorische Erörterung reicht nicht aus (BGH StV 1994, 526). Gibt der Angeklagte keine Erklärung ab, können die Auszüge nach § 249 Abs. 1 S. 1 und 2 verlesen werden (→ *Urkundenbeweis, Allgemeines*, Rdn 2721). **Bestreitet** der Angeklagte die Richtigkeit, muss ggf. durch **Beiziehung** der früheren **Strafakten** oder durch Vernehmung von Zeugen Beweis erhoben werden. Dazu kann der Angeklagte schon bei seiner Vernehmung zur Sache Beweisanträge stellen (BGHSt 27, 216, 220).

Soll über die Warnfunktion einer früheren Verurteilung hinaus ggf. auch die Art der **Tatbegehung strafschärfend** herangezogen werden, muss diese vom Gericht festgestellt werden. Dafür reicht allein die Feststellung der Vorstrafe jedoch nicht, vielmehr müssen zumindest die Gründe des früheren **Urteils verlesen** werden, ggf. sind noch weitere Beweiserhebungen erforderlich, wenn das die → *Aufklärungspflicht des Gerichts*, Rdn 329, gebietet (BGHSt 43, 106). Der Verteidiger muss sich in diesem Zusammenhang überlegen, ob er ggf. einen Beweisantrag stellt, mit dem die früheren Feststellungen ausgeräumt werden sollen/können.

4. Mit der **Revision** kann der Verteidiger einen Verstoß gegen § 243 Abs. 4 S. 3 und 4 später **nicht** rügen, da es sich nur um Ordnungsvorschriften handelt (*Meyer-Goßner/ Schmitt*, § 243 Rn 41; krit. zur Lehre von folgenlos verletzbaren Ordnungsvorschriften *Grünwald* JZ 1968, 752 in der Anm. zu BGHSt 22, 129; *Rudolphi* MDR 1970, 100; *Bohnert* NStZ 1982, 10; s.a. *Meyer-Goßner/Schmitt*, § 337 Rn 4 und die vereinzelt gebliebene Entscheidung BGHSt 25, 325, wonach die unterbliebene → *Belehrung des Angeklagten*, Rdn 536, die Revision begründen kann). Ein Verstoß gegen § 51 BZRG ist allerdings schon auf die Sachrüge hin zu beachten (BGH, Beschl. v. 18.3.2009 – 1 StR 50/09). 1529

In welchem Umfang später in den **Urteilsgründen** die Vorstrafen dargestellt werden müssen, ist nicht ganz unbestritten (s. dazu u.a. OLG Frankfurt am Main NStZ-RR 2009, 23 [mit einer Darstellung des Meinungsstandes in der obergerichtlichen Rspr.]).

5.a) Einschlägige Vorschriften für die Bestimmung der **Tilgungsreife** sind die §§ **51, 46 BZRG**. Nach § 51 BZRG darf eine Tat oder eine Verurteilung einem Betroffenen im Rechtsverkehr nicht mehr vorgehalten werden, wenn die Eintragung über die Verurteilung getilgt oder tilgungsreif ist. Die Tilgungsreife bestimmt sich aus § 46 BZRG ergebende **Tilgungsfrist**. Diese ist unterschiedlich, sie liegt zwischen **5** und **15 Jahren** und ist von der verhängten Strafe abhängig und davon, ob ggf. weitere Eintragungen im BZRG vorliegen. Maßgeblich für den Ablauf der Frist ist der Zeitpunkt des letzten tatrichterlichen Urteils. Das bedeutet, dass das Verwertungsverbot des § 51 BZRG auch dann gilt, wenn die Tilgungsfrist zwar zum Zeitpunkt der neuen Tat noch nicht verstri- 1530 chen war, wohl aber vor Ende der HV in der letzten Tatsacheninstanz bereits abgelaufen ist (st. Rspr.; zuletzt BGH StV 1999, 639 m.w.N. [BVV]; zu dem sich aus § 29 Abs. 7 S. 2 StVG ergebenden Verwertungsverbot s. Rdn 1524).

☞ Auch die für den Angeklagten nachteilige Verwertung von nicht in Registern festgehaltenen Sanktionen wegen **Ordnungswidrigkeiten** unterliegt zeitlichen Grenzen. Zwar fehlt im allgemeinen Ordnungswidrigkeitenrecht eine dem § 51 BZRG vergleichbare allgemeine Regelung über die Tilgung bzw. Tilgungsreife von Sanktionen (vgl. aber § 153 GewO und § 29 StVG. Eine Verwertung auch von nicht in Registern festgehaltenen Sanktionen wegen Ordnungswidrigkeiten scheidet nach allgemeiner Meinung jedoch aus, wenn die Verstöße, falls eine Eintragungspflicht bestehen würde, die Tilgungsreife erreicht hätten (vgl. KK-OWi-*Mitsch*, § 17 Rn 81 m.w.N.; OLG Hamm, Beschl. v. 18.12.2014 – 4 RVs 135/14). Die strafrechtlichen Tilgungsfristen gem. § 46 BZRG stellen dabei die äußerste Grenze der Vorwerfbarkeit dar (OLG Hamm, a.a.O.).

1531 b) Zu beachten ist ggf. zudem **§ 63 Abs. 1 BZRG**. Danach sind Eintragungen im **Erziehungsregister** zu entfernen, sobald der Betroffene das 24. Lebensjahr vollendet hat. Hat also der Angeklagte vor der HV das 24. Lebensjahr vollendet, sind alle ggf. noch vorhandenen Eintragungen im Erziehungsregister tilgungsreif. Sie dürften dann gem. § 63 Abs. 4 i.V.m. § 51 Abs. 1 BZRG bei der Strafzumessung nicht mehr verwertet werden (zur Verwertung jugendstrafrechtlicher Vorverurteilungen bei Sanktionierung nach Erwachsenenstrafrecht *Knauer* ZStW 2012, 204). Etwas anderes gilt nach § 63 Abs. 2 BZRG, solange im Zentralregister eine Verurteilung zu Freiheitsstrafe, Strafarrest oder Jugendstrafe oder eine freiheitsentziehende Maßregel der Besserung und Sicherung eingetragen ist. Dazu gehört aber nicht ein ggf. verhängter Jugendarrest wegen Zuwiderhandlungen gegen Auflagen aus einer Verurteilung. Er ist nach § 4 Nr. 1 BZRG weder im Zentralregister einzutragen noch stellt er als Ungehorsamsfolge einen Strafarrest im Sinne des § 63 Abs. 2 BZRG dar (BGH StV 2004, 652; StraFo 2012, 423).

Siehe auch: → *Gang der Hauptverhandlung*, Rdn 1576, m.w.N., → *Vernehmung des Angeklagten zur Person*, Rdn 3067.

1532 Fragerecht, Allgemeines

1533 Literaturhinweise: **Gerst**, Wiederholungsfragen in der Hauptverhandlung – Alltägliches Prozessgeschehen im Brennglas von Rechtsprechung, Literatur und Praxis, StRR 2011, 168; *ders.*, Fang- und Suggestivfragen in der Hauptverhandlung – Alltägliches Prozessgeschehen im Brennglas von Rechtsprechung, Literatur und Praxis, StRR 2011, 408; **Meyer**, Die „sole or decisive"-Regel zur Würdigung nicht konfrontierter Zeugenaussagen – not so decisive anymore Besprechung zum Urteil EGMR HRRS 2012 Nr. 1 (*Al-Khawaja* and *Tahery* vs. UK), HRRS 2012, 117; **Ott**, Das Fragerecht in der Hauptverhandlung, JA 2008, 529; **Schäd-**

Fragerecht, Allgemeines **F**

ler, Das Konfrontationsrecht des Angeklagten mit dem Zeugen nach der EMRK und die Grenzen des Personalbeweises, StraFo 2008, 229; **Schwenn**, Was wird aus dem Fragerecht?, StraFo 2008, 225; **Sommer**, Fragen an den Zeugen – Vorhalte an das Recht Rechtliche Baustellen auf dem Weg zur Konturierung eines Fragerechts, StraFo 2010, 102; s.a. die Hinw. bei →*Vernehmung des Zeugen zur Sache*, Rdn 3103 und bei → *Zurückweisung einzelner Fragen des Verteidigers*, Rdn 3589.

1. Gem. § 240 Abs. 1 muss der Vorsitzende **auf Verlangen** den **Beisitzern** gestatten, Fragen an den Angeklagten, die Zeugen und die SV stellen zu dürfen (zum sog. Konfrontationsrecht des Angeklagten u.a. *Schädler* StraFo 2008, 229; → *Fragerecht des Angeklagten*, Rdn 1537 ff.).   1534

2. Dasselbe gilt gem. § 240 Abs. 2 für den **StA**, den **Angeklagten**, den **Verteidiger** und die **Schöffen**. Darüber hinaus haben die Ergänzungsrichter und -schöffen (RGSt 67, 276, 277; OLG Celle NJW 1973, 1054), der Privatkläger, der Nebenkläger (BVerfG wistra 2003, 419), deren Rechtsbeistände sowie nach § 67 JGG die Erziehungsberechtigten und gesetzlichen Vertreter eines Jugendlichen ein Fragerecht (vgl. i.ü. *Meyer-Goßner/Schmitt*, § 240 Rn 3 m.w.N.). Auch dem **Beistand** eines nebenklageberechtigten Verletzten steht ein Fragerecht zu (BGH NJW 2005, 377; → *Verletztenbeistand/Opferanwalt*, Rdn 3052). Im **kartellrechtlichen Bußgeldverfahren** kann nach § 82a Abs. 1 GWB zudem dem Vertreter der Kartellbehörde gestattet werden, Fragen an Betroffene, Zeugen und SV zu richten. Dem Ehegatten als Beistand des Angeklagten nach § 149 soll hingegen ein Fragerecht gegenüber Zeugen nicht zustehen (BayObLG NJW 1998, 1655; m.E. fraglich; a.A. *Meyer-Goßner/Schmitt*, a.a.O.).   1535

3. Darüber hinaus kann der Vorsitzende **nicht prozessbeteiligten Personen** lediglich **gestatten**, einzelne Fragen unmittelbar an den Angeklagten, einen Zeugen oder einen SV zu richten, wenn er dies nach pflichtgemäßem Ermessen im Interesse der Wahrheitsfindung für zweckmäßig hält und dadurch die berechtigten Interessen anderer Verfahrensbeteiligter nicht beeinträchtigt werden (BGH NStZ 2012, 344; LR/*Becker*, § 240 Rn 9). Die Einräumung des Fragerechts bezieht sich dabei aber stets auf einzelne Fragen; sie darf nicht zu einer Übertragung von gesetzlich nicht vorgesehenen generellen Teilnahme- und Fragerechten an einen unzuständigen Amtsträger führen (BGH, a.a.O. für Amtsanwalt bei der Strafkammer).   1536

Siehe auch: → *Befragung des Angeklagten*, Rdn 531; → *Entziehung des Fragerechts als Ganzes*, Rdn 1444; → *Fragerecht des Angeklagten*, Rdn 1537; → *Fragerecht des Sachverständigen*, Rdn 1545; → *Fragerecht des Staatsanwalts*, Rdn 1548; → *Fragerecht des Verteidigers, Allgemeines*, Rdn 1551; → *Zurückweisung einzelner Fragen des Verteidigers*, Rdn 3589.

1537 Fragerecht des Angeklagten

> **Das Wichtigste in Kürze:**
> 1. Nach § 240 Abs. 1 kann der Angeklagte Fragen an Zeugen und SV stellen. Diesem Fragerecht des Angeklagten (Art. 6 Abs. 3d MRK) wird in der Rspr. des EGMR erheblicher Stellenwert eingeräumt.
> 2. Für den Umfang des Fragerechts und die ggf. mögliche Entziehung oder Beschränkung gelten die Regeln für die Entziehung des Fragerechts des Verteidiger entsprechend.
> 3. Ausgeschlossen ist nach § 240 Abs. 2 S. 2 die unmittelbare Befragung eines Mitangeklagten durch einen anderen Angeklagten.

1538 **Literaturhinweise: Ambos**, Europarechtliche Vorgaben für das (deutsche) Strafverfahren – Teil II – Zur Rechtsprechung des EGMR von 2000 – 2002, NStZ 2003, 14; **Dehne-Niemann**, „Nie sollst du mich befragen" Zur Behandlung des Rechts zur Konfrontation mitbeschuldigter Belastungszeugen (Art. 6 Abs. 3 lit. d EMRK) durch den BGH, HRRS 2010, 189; **Du Bosis-Pedain**, Artikel 6 Abs. 3 lit. d EMRK und der nicht verfügbare Zeuge: Weist der modifizierte Lucà-Test den Weg aus der Sackgasse?, HRRS 2012, 120; **Esser**, Das Fragerecht des Angeklagten, in: Gedächtnisschrift für *Karlheinz Meyer*, 1990, S. 147; **Gaede**, Anmerkung zum Urteil des EGMR vom 23.11.2005, Beschwerde-Nr. 73047/01 (Zum Recht des Angeklagten auf Konfrontation mit einem Belastungszeugen – Der Fall *Monika Haas*), JR 2006, 292; **Heiniger**, Beweiserhebung und Strafverteidigung: Das Konfrontationsrecht und die jüngere bundesgerichtliche Rechtsprechung, WiJ 2015, 85; **Meyer**, Die „sole or decisive"-Regel zur Würdigung nicht konfrontierter Zeugenaussagen – not so decisive anymore Besprechung zum Urteil EGMR HRRS 2012 Nr. 1 (*Al-Khawaja* und *Tahery* vs. UK), HRRS 2012, 117; **Schädler**, Das Konfrontationsrecht des Angeklagten mit dem Zeugen nach der EMRK und die Grenzen des Personalbeweises, StraFo 2008, 229; **Schramm**, Die fehlende Möglichkeit zur konfrontativen Befragung nach Art. 6 Abs. 3 lit. d EMRK und ihre Auswirkungen auf die Beweiswürdigung, HRRS 2011, 156; **Schwenn**, Was wird aus dem Fragerecht?, StraFo 2008, 225; **Sommer**, Das Fragerecht der Verteidigung, seine Verletzung und die Konsequenzen, NJW 2005, 1240; *ders.*, Zur Frage der Einbeziehung der Europäischen Menschenrechtskonvention in den deutschen Strafprozess, StraFo 2010, 284; **Walther**, Zur Frage eines Rechts des Beschuldigten auf „Konfrontation von Belastungszeugen", GA 2003, 204; **Zöller**, Kein Verstoß gegen Art. 6 Abs. 3 lit. d EMRK bei fehlender konfrontativer Befragung, ZIS 2010, 441.

1539 **1.a)** Nach § 240 Abs. 1 kann der Angeklagte Fragen an **Zeugen** und **SV** stellen (zur allgemeinen Bedeutung des Fragerechts des Angeklagten s. BGHSt 46, 93 [für das EV]). Das kann ihm der Vorsitzende nicht unter Hinweis auf das Fragerecht seines Verteidigers verwehren (BGH StV 1985, 2; → *Ablehnungsgründe, Befangenheit*, Rdn 85).

1540 **b)** Diesem Fragerecht des Angeklagten (Art. 6 Abs. 3d MRK) wird in der **Rspr.** des **EGMR** erheblicher Stellenwert eingeräumt. Danach muss der Angeklagte insbesondere grds. das Recht (gehabt) haben, einen entscheidenden Belastungszeugen oder auch einen SV unmittelbar zu befragen (vgl. u.a. EGMR NJW 2003, 2297; 2003, 2893; 2006, 2753 m.w.N.; 2013, 3225 m. Anm. *Pauly* StV 2014, 456 m.w.N. aus der Rspr. des EGMR; s.a. noch Urt. v. 20.1.2009 – 26766/05 und 22228/06, HRRS 2012 Nr. 1; zur Befragung des SV LR-

Fragerecht des Angeklagten **F**

Esser, Art. 6 MRK Rn 214), allerdings nicht unbedingt in öffentlicher HV (EGMR, a.a.O.). Dem hat sich die innerstaatliche Rspr. inzwischen angeschlossen (vgl. u.a. BVerfG NStZ 2007, 534; BGHSt 46, 93; 51, 150; vgl. die Nachw. bei *Meyer-Goßner/Schmitt*, Art 6 MRK Rn 22b). Der Angeklagte muss die Gelegenheit haben, durch „**konfrontative Befragung**" belastende Angaben unmittelbar zu hinterfragen (EGMR, a.a.O., m.w.N.; BGH StV 2015, 142; OLG Düsseldorf zfs 2008, 704 [für Befragung des SV, dem das Gericht die Feststellung überlassen hat, ob der Angeklagte/Betroffene der Täter war]; dazu eingehend *Dehne-Niemann* HRRS 2010, 189; *Walther* GA 2003, 204; *Schädler* StraFo 2008, 229; *Schwenn* StraFo 2008, 225; *Sommer* NJW 2005, 1240; *Ambos* NStZ 2003, 14; *Gaede* JR 2006, 292; *Heiniger* WiJ 2015, 85). Es **genügt** die Möglichkeit der **Befragung** durch den **Verteidiger** (BVerfG NJW 1996, 3408; NStZ 2007, 534), und zwar auch bei einer → *Videovernehmung in der Hauptverhandlung*, Rdn 3307 (BVerfG, a.a.O.). Nach der Rspr. besteht dieses Recht auch gegenüber einem Mitangeklagten (vgl. dazu Rdn 1543 und *Sommer* NJW 2005, 1240 m.w.N. aus der n.v. Rspr. des EGMR; BGH NStZ 2010, 589; zum Begriff des „Zeugen" i.S.v. Art. 6 Abs. 3 Buchst. d) MRK s. BGH NJW 2005, 1132 [auch ein ehemaliger Mitbeschuldigter]; eingehend a. *Burhoff*, EV, Rn 3873).

⚖ Allerdings muss der Verteidiger in der HV auf die Vernehmung des Zeugen „drängen", um das **Recht** auf **konfrontative Befragung durchzusetzen** (vgl. dazu BGH StV 2007, 569). Das Gericht muss ggf. die Ermöglichung einer konfrontativen Zeugenbefragung durch Bestellung eines Pflichtverteidigers sicherstellen (BGH StV 2008, 58 [für das EV]), allerdings gibt es „keine Verpflichtung, Unmögliches zu leisten" (BGH NStZ 2009, 581). Auch ist darauf zu achten, dass bei mehreren Angeklagten die Selbstbelastungsfreiheit des einen dem Konfrontationsrecht der übrigen vorgeht (BGH, a.a.O.).

c) Auf die Angaben eines Zeugen, der von dem Angeklagten **nicht befragt** werden konnte, kann eine Feststellung regelmäßig nur dann gestützt werden, wenn diese Bekundungen durch andere wichtige Gesichtspunkte außerhalb der Aussage **bestätigt** werden (BGHSt 46, 93; 51, 150; BGH NStZ 2010, 589; StraFo 2005, 414; StV 2008, 58; ähnl. EGMR NJW 2006, 2753; NJW 2013, 3225; zur Beweiswürdigung in diesen Fällen BGH StV 2009, 346; vgl. a. noch BVerfG NJW 2007, 204). **1541**

⚖ Wird das **Konfrontationsrecht verletzt**, folgt daraus nach h.M. aber **nicht unmittelbar** auch ein **Konventionsverstoß**. Der wird von der Rspr. nur angenommen, wenn das Verfahren bei Würdigung aller Umstände nicht mehr fair gewesen ist (EGMR NJW 2006, 2753; StraFo 2007, 107; BVerfG NJW 2010, 925; BGH StV 2015, 142 [Befragung eines ehemaligen Mitangeklagten]; vgl. auch OLG Nürnberg, Beschl. v. 16.2.2015 – 1 OLG 8 Ss 295/14; zur Abwägung s. auch *Zöller* ZIS 2010, 441; zum Ausgleich auch *Schädler* StraFo 2008, 229; BGH NStZ 2009, 581), wobei nach Auffassung des BVerfG (a.a.O.) auch auf das Erfordernis einer funktionierenden Strafrechtspflege abzustellen sein soll. Opferschutzinteressen können berücksichtigt werden (BVerfG, a.a.O.; NStZ 2007, 534) sowie der Umstand, ob die Einschränkung des Fragerechts der (deutschen) Justiz zuzurechnen ist (BVerfG NJW 2010, 925; BGHSt 51, 150, 155; vgl. zu allem a. *Meyer-Goßner/Schmitt*, Art 6 Rn 22 ff.; zur verneinten Zurechnung des Verfahrensgangs in einem Vertragsstaat der EMRK BGHSt 55, 70 m. abl. Anm. *Schramm* HRRS 2011, 156; *Sommer* StraFo 2010, 284 und zust. Anm. *Zöller* ZIS 2010, 441). Zulässig soll es auch sein, den Verstoß (erst) im Rahmen der Beweiswürdigung zu berücksichtigen (BVerfG NJW 2010, 925; vgl. auch OLG Nürnberg, Beschl. v. 16.2.2015 – 1 OLG 8 Ss 295/14; abl. zu allem *Sommer* NJW 2005, 1240).

1542 2. Für den **Umfang** des Fragerechts und die ggf. mögliche **Entziehung** oder **Beschränkung** gelten die Ausführungen bei → *Entziehung des Fragerechts als Ganzes*, Rdn 1444; → *Fragerecht des Verteidigers, Allgemeines*, Rdn 1551 und → *Zurückweisung einzelner Fragen des Verteidigers*, Rdn 3589, entsprechend. Eine Beschränkung des Fragerechts des Angeklagten kann aber z.B. auch darin liegen, dass Zeugen, bevor sie endgültig vernommen worden sind unter Hinweis darauf, dass das Dienstgebäude alsbald geschlossen werde, vorzeitig entlassen und weitere Fragen von der Stellung von Beweisanträgen abhängig gemacht werden (BGH NStZ 2007, 281).

⚖ Der Verteidiger sollte, falls der Angeklagte Zeugen oder SV selbst befragen will, die **Zweckmäßigkeit** der geplanten Fragen sorgfältig prüfen und **im Zweifel** den Mandanten **nicht selbst** fragen lassen. Oft stellen Angeklagte nämlich keine Fragen, sondern geben Erklärungen/Vorhalte ab, die dann gegen sie selbst verwendet werden können. Es ist daher ratsam, dass der **Verteidiger** sich mit dem Mandanten über die zu stellende Frage verständigt und sie ggf. **selbst stellt** (*Dahs*, Rn 532).

1543 3.a) **Ausgeschlossen** ist nach § 240 Abs. 2 S. 2 die **unmittelbare Befragung** eines **Mitangeklagten** durch einen anderen Angeklagten, und zwar auch, wenn der Fragesteller Rechtsanwalt ist (BVerfG NJW 1980, 1677, 1678). Die Vorschrift steht mit dem Rechtsstaatsprinzip des Art. 20 Abs. 3 GG in Einklang (BGH StV 1996, 471; s. dazu BVerfG NJW 1996, 3408). Etwas anderes folgt nach der Rspr. des BGH auch nicht aus Art. 6 Abs. 3 Buchst. d) MRK, da auch nach dieser Vorschrift der Angeklagte nur (allgemein) das Recht hat, Fragen zu stellen oder stellen zu lassen (BGH, a.a.O.; zur „konfrontativen Befragung" des Mitangeklagten vgl. *Sommer* NJW 2005, 1240 m.w.N. und allgemein o. Rdn 1537 ff.).

⚖ Der Angeklagte muss sich also an den **Vorsitzenden** oder an seinen Verteidiger wenden, damit dieser die entsprechenden **Fragen** an den Mitangeklagten stellt. Weigert sich der Vorsitzende, kann nach **§ 238 Abs. 2** das Gericht angerufen werden (KMR-*Paulus*, § 240 Rn 7). Allerdings ist es nicht verfahrensfehlerhaft, wenn der Vorsitzende/das Gericht es unterlässt, an einen schweigenden (Mit-)Angeklagten zu appellieren, eine Aussage gegenüber den Verteidigern des Mitangeklagten zu machen (BGH NStZ 2009, 581).

b) Nach dem eindeutigen Wortlaut des § 240 Abs. 2 S. 2 („unzulässig") kann der **Vorsitzende** die unmittelbare Befragung eines Angeklagten durch einen Mitangeklagten **nicht zulassen** (KK-*Schneider*, § 240 Rn 7; LR-*Becker*, § 240 Rn 11). **1544**

☞ Angeklagte neigen dazu, selbst **Mitangeklagte** befragen zu wollen. Der Verteidiger sollte das nach Möglichkeit auf jeden Fall **unterbinden**, da sich daraus häufig ein „Streitgespräch" unter den Angeklagten entwickelt, aus dem das Gericht aufschlussreiche Erkenntnisse für die Urteilsfindung gewinnen kann.
Der Verteidiger muss einer vom Gericht ggf. zugelassenen unmittelbaren Befragung seines Mandanten durch einen Mitangeklagten **widersprechen**.

Siehe auch: → *Befragung des Angeklagten*, Rdn 531; → *Fragerecht, Allgemeines*, Rdn 1532 m.w.N.; → *Vernehmung des Mitangeklagten als Zeugen*, Rdn 3088.

Fragerecht des Sachverständigen **1545**

1. Gem. § 80 Abs. 2 kann einem SV (nur) gestattet werden, **unmittelbar** an **Zeugen** oder **Angeklagte (einzelne) Fragen** zu stellen. Daraus folgt, dass einem SV nicht deren ganze Befragung überlassen werden darf. Das gilt auch für Explorationen durch psychologische SV, die ebenso wie andere SV nicht zu eigenen Ermittlungen befugt sind (*Meyer-Goßner/Schmitt*, § 80 Rn 2 m.w.N.). **1546**

☞ Der Angeklagte kann sich auch gegenüber dem SV auf sein Recht zum **Schweigen** berufen. Das sollte der Verteidiger seinem Mandanten aber nur empfehlen, wenn daraus keine ungünstigen Schlüsse gezogen werden können (→ *Vorbereitung der Hauptverhandlung*, Rdn 3370).

2. Der Verteidiger muss darauf bestehen, dass der SV sein Fragerecht **ordnungsgemäß** ausübt. Dem SV steht das allgemeine Fragerecht aus § 240 Abs. 2 nicht zu. Deshalb darf der SV nur der Vorbereitung seines Gutachtens dienende Fragen stellen. **1547**

☞ Stellt der SV darüber hinausgehende und deshalb **unzulässige Fragen**, muss der Verteidiger diese beim Vorsitzenden **beanstanden**, deren Zurückweisung beantragen und ggf. nach **§ 238 Abs. 2** einen Gerichtsbeschluss herbeiführen. Das gilt insbesondere, wenn der Angeklagte mit Fragen überrascht werden soll.

Siehe auch: → *Befragung des Angeklagten*, Rdn 531; → *Fragerecht, Allgemeines*, Rdn 1532; → *Zurückweisung einzelner Fragen des Verteidigers*, Rdn 3589.

1548 Fragerecht des Staatsanwalts

1549 1. Nach § 240 Abs. 1 kann der StA dem **Angeklagten, Zeugen** und SV Fragen stellen. Für den **Umfang** dieses Fragerechts und seine (mögliche) **Entziehung** oder **Beschränkung** gelten die Ausführungen bei → *Entziehung des Fragerechts als Ganzes* Rdn 1444; → *Fragerecht des Verteidigers, Allgemeines*, Rdn 1551 und → *Zurückweisung einzelner Fragen des Verteidigers*, Rdn 3589, entsprechend.

> ✍ Insbesondere während der Befragung des Angeklagten muss der Verteidiger darauf achten, dass seinem Mandanten **keine unzulässigen** Fragen gestellt werden. Auch der StA darf den Angeklagten **nicht** zu einem **Geständnis drängen** (*Dahs*, Rn 522). Fragt der StA nach (angeblich) entlastenden Umständen, will der Angeklagte diese Frage aber nicht beantworten, da er z.B. keinen Angehörigen belasten oder (s)eine Straftat nicht einräumen will, muss der Verteidiger ggf. mit einer **Erklärung** nach § 257 Abs. 2 versuchen zu erläutern, warum sein Mandant diese Frage nicht beantworten will oder warum sie entgegen der Ansicht des StA bedeutungslos ist (→ *Erklärungsrecht des Verteidigers*, Rdn 1463).

1550 2. Im landgerichtlichen Verfahren kann das Fragerecht des StA **nicht (umfassend) auf Amtsanwälte übertragen** werden. Der Vorsitzende kann ihnen lediglich gestatten, einzelne Fragen unmittelbar an den Angeklagten, einen Zeugen oder einen Sachverständigen zu richten (BGH NStZ 2012, 344; → *Fragerecht, Allgemeines*, Rdn 1536). Dem steht nicht entgegen, dass nach teilweise vertretener Ansicht Amtsanwälte in Verfahren, die sie nicht selbstständig bearbeiten dürfen (§§ 142 Abs. 1 Nr. 3, 145 Abs. 2 GVG), als Ermittlungsassistenten zur Unterstützung des Staatsanwalts herangezogen werden können (LR-*Franke*, § 142 GVG Rn 30; BGH, a.a.O.).

Siehe auch: → *Befragung des Angeklagten*, Rdn 531; → *Zurückweisung einzelner Fragen des Verteidigers*, Rdn 3589.

1551 Fragerecht des Verteidigers, Allgemeines

> **Das Wichtigste in Kürze:**
> 1. Das Fragerecht des Verteidigers ist neben dem Beweisantragsrecht eine der wenigen Möglichkeiten des Verteidigers, das Ergebnis der Beweisaufnahme im für den Angeklagten günstigen Sinn zu beeinflussen.
> 2. § 240 Abs. 2 S. 1 räumt dem Verteidiger nicht das Recht ein, die ganze Vernehmung eines Zeugen, SV oder des Angeklagten eigenständig zu wiederholen.

3. Den Zeitpunkt, in dem das Fragerecht ausgeübt werden darf, bestimmt im Rahmen der ihm zustehenden Verhandlungsleitung der Vorsitzende.
4. Der Verteidiger hat grds. das Recht auf unmittelbare Befragung; eine Ausnahme gilt nach § 241a bei der Vernehmung jugendlicher Zeugen.

Literaturhinweise: Barton, Einführung in die Strafverteidigung, 2. Aufl. 2013; **Degener**, Zum Fragerecht des Strafverteidigers gem. § 240 Abs. 2 StPO, StV 2002, 618; **Gerst**, Wiederholungsfragen in der Hauptverhandlung – Alltägliches Prozessgeschehen im Brennglas von Rechtsprechung, Literatur und Praxis, StRR 2011, 168; *ders.*, Fang- und Suggestivfragen in der Hauptverhandlung – Alltägliches Prozessgeschehen im Brennglas von Rechtsprechung, Literatur und Praxis, StRR 2011, 408; **Milne/Bull**, Psychologie der Vernehmung, 2003; **Rostek**, Die ständige Missachtung des § 69 StPO, StraFo 2011, 386; **Salditt**, Der Verteidiger vernimmt Zeugen – was britische Handbücher raten, StV 1988, 451; **Sommer**, Fragen an den Zeugen – Vorhalte an das Recht Rechtliche Baustellen auf dem Weg zur Konturierung eines Fragerechts, StraFo 2010, 102; **Tondorf/Tondorf**, Die Erklärungsrechte und das Fragerecht des Verteidigers nebst Vernehmungstechnik und Vorhalte, in: Beck-*Tondorf/Tondorf*, S. 436 ff.; **Strüwe**, Verteidigung in Fällen „Aussage gegen Aussage" im Ermittlungs-, Haupt- und Revisionsverfahren, StRR 2009, 284; **Wendler/Hoffmann**, Technik und Taktik der Befragung im Gerichtsverfahren, 2009; s.a. die Hinw. bei → *Fragerecht, Allgemeines*, Rdn 1532 und → *Vernehmung des Zeugen zur Sache*, Rdn 3103.

1552

1. Der Verteidiger muss die Bedeutung des ihm in **§ 240 Abs. 2** eingeräumten Rechts, Zeugen und SV, aber auch den Angeklagten, zu befragen, kennen. Dieses Fragerecht ist neben dem Beweisantragsrecht nämlich eine der wenigen Möglichkeiten des Verteidigers, das Ergebnis der **Beweisaufnahme** im für den Angeklagten günstigen Sinn zu **beeinflussen**. Deshalb muss sich der Verteidiger dieser Aufgabe besonders sorgfältig widmen (*Dahs*, Rn 530) und – schon im Interesse seines Mandanten – nach Möglichkeit alle Gegensätze und Spannungen mit dem Gericht vermeiden.

1553

Frageart und **-technik** ergeben sich aus der Prozesssituation und der Persönlichkeit des Verteidigers. Der Verteidiger sollte sich aber vorab über die Wirkung seiner Fragetechnik im Klaren sein (*Sommer* StraFo 2010, 102; *ders.*, Rn 757 ff.; *Rostek* StraFo 2011, 386; Beck-*Tondorf/Tondorf*, S. 436 ff.). Hilfreich ist dabei eine vorweggenommene Einschätzung des Zeugen, zu der der Angeklagte möglicherweise beitragen kann, und ein hierauf beruhendes **Konzept** der Befragung. Die mit der Vernehmungstaktik zusammenhängenden Fragen können hier nicht im Einzelnen dargestellt werden. Dazu wird verwiesen auf die eingehenden Ausführungen von *Bender/Nack* (Tatsachenfeststellung vor Gericht, Bd. II, Vernehmungslehre, 3. Aufl. 2007; s. aber a. *Barton*, Rn 44 ff.; *Dahs*, Rn 534 ff.; *Malek*, Rn 458 ff.; *Schlothauer*, Rn 85 ff.; *Sommer*, a.a.O.; *Wendler/Hoffmann*, a.a.O.; zur Vernehmung/Fragetechnik in den sog. Aussage-Aussage-Fällen s. *Strüwe* StRR 2009, 284).

1554

👉 Der Verteidiger sollte den Zeugen, vor allem, wenn er ihn und die Antwort nicht kennt, schrittweise befragen und sich an die (erwünschte) **Antwort „herantasten"**. Das hat den Vorteil, dass dann, wenn schon zu Beginn der Befragung erkennbar wird, dass der Zeuge nicht das aussagen wird, was sich der Verteidiger erhofft hat, die Befragung abgebrochen werden kann, ohne dass das Ziel der Befragung deutlich wird (zur Achtung der menschlichen Würde bei der Befragung eines Zeugen s. BGH NJW 2005, 1519; NStZ-RR 2009, 247).

1555 2. Zum **Umfang** des Fragerechts des Verteidigers ist Folgendes festzustellen: § 240 Abs. 2 S. 1 räumt dem Verteidiger nicht das Recht ein, die ganze Vernehmung eines Zeugen, SV oder des Angeklagten eigenständig zu wiederholen. Er hat vielmehr **nur** das Recht, noch **offengebliebene (einzelne) Fragen** zu stellen (vgl. a. die Kritik des BGH in NStZ 2005, 218 [nicht auf Wiederholungen gerichtet]; zu Wiederholungsfragen *Gerst* StRR 2010, 168 ff. und *Sommer* StraFo 2010, 102, 105).

☞ Der Verteidiger darf aber **Vorhalte** aus früheren Vernehmungen machen, wozu häufig eine ggf. umfangreichere Einleitung der Frage erforderlich ist. Solche Anknüpfungen sind sowohl zum Zweck des Vorhalts als auch der Wiederholung zulässig (*Dahs*, Rn 534; s.a. → *Zurückweisung einzelner Fragen des Verteidigers*, Rdn 3589).

1556 Das Fragerecht bezieht sich nur auf **anwesende** Angeklagte, Zeugen und SV.

☞ Der Verteidiger unterliegt im Hinblick auf Mitangeklagte nicht der Beschränkung aus § 240 Abs. 2 S. 2. Er kann **Mitangeklagte** also **unmittelbar** befragen (BGHSt 16, 67, 68; zur „konfrontativen Befragung" des Mitangeklagten s. *Sommer* NJW 2005, 1240 und → *Fragerecht des Angeklagten*, Rdn 1537 ff.).

1557 3. Den **Zeitpunkt**, in dem das Fragerecht ausgeübt werden darf, **bestimmt** im Rahmen der ihm zustehenden → *Verhandlungsleitung*, Rdn 2889, der **Vorsitzende** (BGH NStZ 1995, 143; *Meyer-Goßner/Schmitt*, § 240 Rn 6; vgl. auch *Sommer* StraFo 2010, 104, 107; *ders.*, Rn 766; abl. *Degener* StV 2002, 618). I.d.R. wird das nach Beendigung der Vernehmung durch den Vorsitzenden sein, wobei der Vorsitzende eine bestimmte Reihenfolge, in der die Beteiligten ihre Fragen stellen können, nicht einhalten muss (BGH NJW 1969, 437; a.A. offenbar *Müller*, Rn 60 a.E.).

1558 Das Fragerecht **endet** mit der **Entlassung** des zu Befragenden nach § 248 (→ *Entlassung von Zeugen und Sachverständigen*, Rdn 1425).

☞ In der **Entlassung** des Zeugen gegen den Widerspruch des Verteidigers kann eine unzulässige Beschränkung des Fragerechts liegen. Will der Verteidiger das in der Revision rügen, muss er gem. § 238 Abs. 2 einen **Gerichtsbeschluss** herbeiführen (BGH StV 1996, 248 m.w.N.).

Will der Verteidiger eine bereits vernommene und entlassene Beweisperson noch einmal zu einer bestimmten Frage hören, wird er mit einem entsprechenden (Beweis-)Antrag i.d.R.

nur Erfolg haben, wenn es sich um **neue Tatsachen** handelt, zu denen die Beweisperson noch befragt werden soll (wegen der Einzelheiten → *Erneute Vernehmung eines Zeugen oder Sachverständigen*, Rdn 1476; → *Wiederholung einer Beweiserhebung*, Rdn 3487).

4. Der Verteidiger hat grds. das **Recht** auf **unmittelbare Befragung**; eine Ausnahme gilt nach § 241a bei der → *Vernehmung jugendlicher Zeugen*, Rdn 3134. Das bedeutet, dass er seine Fragen grds. ohne Vermittlung des Vorsitzenden stellen darf. Dieser ist auch nicht berechtigt, Fragen an sich zu ziehen und in einer ihm als richtig erscheinenden Form zu stellen (*Dahs*, Rn 525). Der Verteidiger muss auf der **ununterbrochenen Ausübung** seines Fragerechts bestehen, auch wenn der Vorsitzende plötzlich selbst Interesse an einem bisher noch nicht behandelten Fragenkomplex/Thema hat. Zutreffend wird in der Lit. davon ausgegangen, dass der Verteidiger das **Recht** hat, eine einmal begonnene Zeugenbefragung ohne Unterbrechung **fortzusetzen** (*Meyer-Goßner/Schmitt*, § 240 Rn 9; s. dazu a. OLG Hamm StV 1993, 462). Der BGH sieht das allerdings wohl enger; nach seiner Rspr. soll es kein Recht des Verteidigers geben, eine einmal begonnene Befragung fortzusetzen und zum Abschluss zu bringen (BGH NStZ 1995, 143; vgl. auch noch BGHSt, 16, 67 [kein Recht auf Überraschungsfragen]). Etwas anderes gilt jedenfalls für den Fall, dass eine Zeugenbefragung durch die Erklärung eines bislang schweigenden Mitangeklagten unterbrochen wird, der sich nun doch zur Sache einlassen will (BGH, a.a.O.).

1559

☞ Zutreffend ist es mit dem OLG Hamm (a.a.O.) davon auszugehen, dass dann, wenn der Vorsitzende (einem Verfahrensbeteiligten) das Fragerecht eingeräumt hat, er es ihm **nicht ohne sachlichen Grund entziehen** darf (s.a. *Degener* StV 2002, 618). Der gesetzliche Anspruch auf Befragung eines Zeugen kann nur dann sinnvoll und effektiv ausgeübt werden, wenn Gelegenheit besteht, alle zulässigen Fragen **im Zusammenhang** zu stellen. Solange also das eingeräumte Fragerecht sach- und prozessordnungsgemäß ausgeübt wird, darf der Vorsitzende nicht ohne sachlichen Grund unterbrechen (so im Grunde genommen auch BGH NStZ 1995, 143). Erst recht darf der Vorsitzende nicht gegen den Willen des Fragenden einem anderen Verfahrensbeteiligten das Fragerecht einräumen, bevor der Fragende alle zulässigen Fragen an den Zeugen gestellt hat (OLG Hamm, a.a.O. [für Einräumung des Fragerechts an StA]).

Der Verteidiger braucht grds. auch den **Inhalt** einer Frage **vorher nicht** mitzuteilen oder ihren Sinn zu erklären. Er muss des Weiteren ein Schriftstück, aus dem einem Zeugen Vorhalte gemacht werden sollen, nicht vorher vorlegen (BGHSt 16, 67). Etwas anderes gilt, wenn der Verteidiger sein Fragerecht bereits **missbraucht** hat. Dann kann das Gericht zur Abwendung weiteren Missbrauchs verlangen, dass der Verteidiger weitere Fragen zuvor schriftlich oder mündlich **mitteilt** (BGH NStZ 1982, 158 [insoweit nicht in NJW 1982, 189]; 1983, 209 [Pf/M]; LR-*Becker*, § 240 Rn 5; → *Entziehung des Fragerechts als Ganzes*, Rdn 1444).

1560

1561 5. Zu den **Rechtsbehelfen** bei Beschränkung des Fragerechts s. → *Entziehung des Fragerechts als Ganzes*, Rdn 1444 und → *Zurückweisung einzelner Fragen des Verteidigers*, Rdn 3606.

Siehe auch: → *Fragerecht, Allgemeines*, Rdn 1532 m.w.N.

1562 Freibeweisverfahren

1563 Literaturhinweise: **Artkämper**, Form, Dokumentation und Beweisrecht – Revolution des Freibeweisverfahrens durch das Bundesverfassungsgericht?, StRR 2012, 164; **Jahn**, Strafverfolgung um jeden Preis? Die Verwertbarkeit rechtswidrig erlangter Beweismittel, StraFo 2011, 117; **Krause**, Dreierlei Beweis im Strafverfahren, Jura 1982, 225; **Schmidt**, Dienstliche Äußerungen als Mittel der Freibeweisführung im Strafprozeß, SchlHA 1981, 2; ders., Über Eid und eidesstattliche Versicherung im strafprozessualen Freibeweisrecht, SchlHA 1981, 41; ders., Über Glaubhaftmachung im Strafprozeß, SchlHA 1981, 73; **Többens**, Der Freibeweis und die Prozeßvoraussetzungen im Strafprozeß, NStZ 1982, 184; **Willms**, Wesen und Grenzen des Freibeweises, in: Festschrift für *Bruno Heusinger*, 1968, S. 393.

1564 1. Für die Beweisaufnahme sind zwei Beweisverfahren zu **unterscheiden** (zu allem eingehend KK-*Krehl*, § 244 Rn 8 ff. m. zahlr. weit. Nachw. aus der Rspr.):

- Das **Strengbeweisverfahren** gilt zwingend für die Feststellung von Schuld- und Rechtsfolgentatsachen (BGH StV 1995, 339; OLG Celle StV 1995, 292). Auf dieses sind die Vorschriften über die förmliche Beweisaufnahme in den §§ 244 – 257 sowie der sich aus § 261 ergebende Grundsatz der Mündlichkeit und der Grundsatz der Öffentlichkeit der HV (§§ 169 ff. GVG) anzuwenden.

- Das **Freibeweisverfahren** gilt in der HV nur für die Feststellung von Prozeßvoraussetzungen und sonstigen Prozeßtatsachen (*Meyer-Goßner/Schmitt*, § 244 Rn 7; s.u. Rdn 1565). Daneben gilt es bei allen Beweiserhebungen außerhalb der HV, z.B. im EV.

> Eine **Tatsache** kann **doppelrelevant** sein, also sowohl für die Schuld-/Rechtsfolgenfrage als auch für eine prozessuale Entscheidung Bedeutung haben (Beispiel: Die Tatzeit hat sowohl für den Schuldvorwurf als auch für die Verjährung Bedeutung). Diese Tatsachen müssen im **Strengbeweisverfahren** festgestellt werden, wenn sie für die Schuld- oder Rechtsfolgenentscheidung verwertet werden sollen (BGH StV 1991, 148 f. m.w.N.; NStZ 2013, 290 [für Alter des Angeklagten im Hinblick auf die sachliche Zuständigkeit]). Das Ergebnis bildet dann auch die Grundlage für die prozessuale Entscheidung (KK-*Krehl*, § 244 Rn 10 m.w.N.; *Többens* NStZ 1982, 185).

1565 2. Das Freibeweisverfahren (s. dazu u. Rdn 1566 ff.) ist in der HV **anwendbar** zur Feststellung von Tatsachen bei folgenden

Beispielsfällen:

- zur Klärung der Voraussetzungen der genügenden Entschuldigung für ein **Ausbleiben** des **Angeklagten** in den Fällen der §§ 231 Abs. 2, 231a, 329 (→ *Berufungsverwerfung wegen Ausbleibens des Angeklagten*, Rdn 691; → *Verhandlung ohne den Angeklagten*, Rdn 2853),
- bei **ausländischen Zeugen** zum einen zur Frage, ob diese Sachdienliches zur Klärung der Beweisfrage beitragen können (BGH NStZ 1995, 244; StV 1997, 511), zum anderen zur Frage, ob sie ggf. bereit sind, freiwillig zur HV zu erscheinen (→ *Auslandszeuge*, Rdn 396),
- bei **Beweisanträgen** grds. zur Frage der tatsächlichen Voraussetzungen der Ablehnung (st. Rspr.; vgl. u.a. BGHSt 39, 251; zuletzt BGH NJW 1998, 2753 f.; wegen der Einzelh. s. KK-*Krehl*, § 244 Rn 13),
- zur Klärung der Frage der tatsächlichen Voraussetzungen von **BVV** (BGHSt 16, 164 [für § 136a Abs. 3 S. 2]; BGH NStZ 1996, 295 [für die Feststellung der Voraussetzungen des § 252]; 1997, 609 [für ausreichende Belehrung über das Recht, einen Verteidiger hinzuziehen zu können; krit. dazu Wollweber StV 1999, 355 in der Anm. zu BGH, a.a.O.]; Artkämper StRR 2012, 164; Jahn StraFo 2011, 117, 124; → *Protokollverlesung nach Zeugnisverweigerung*, Rdn 2126; s. dazu *Meyer-Goßner/Schmitt*, Einl. Rn 51 ff.),

> Diese Frage ist ggf. **vor** der **eigentlichen Beweiserhebung** zur Sache selbst zu **klären**. Denn das, was nicht verwertet werden darf, darf in die Beweisaufnahme nicht eingeführt werden (wegen der Einzelh. → *Widerspruchslösung*, Rdn 3433 ff.).

- zur Klärung der Existenz der **Nebenklageberechtigung** desjenigen, der den Anschluss an das Verfahren mit der → *Nebenklage*, Rdn 1917, erklärt (BGH NStZ 2009, 174),
- zur Klärung der Wirksamkeit einer **Rechtsmittelrücknahme** (→ *Berufungsrücknahme*, Rdn 672; → *Rechtsmittelverzicht*, Rdn 2189; → *Revision, Rücknahme*, Rdn 2390),
- zur Klärung der Frage eines → *Rechtsmittelverzichts*, Rdn 2189 (vgl. u.a. OLG Hamm NStZ-RR 2010, 55; OLG Karlsruhe NStZ 2014, 117; OLG Köln NStZ-RR 2006, 83),
- wenn das → *Protokoll der Hauptverhandlung*, Rdn 2103, keine Verständigung (§ 257c) bzw. kein sog. Negativattest enthält zur Klärung der Frage, ob eine Verständigung stattgefunden hat, um die Wirksamkeit eines → *Rechtsmittelverzichts*, Rdn 2202, im Hinblick auf § 302 Abs. 1 S. 2 zu klären, (OLG Frankfurt am Main NStZ-RR 2010, 213),
- zur Frage der Rechtzeitigkeit, der Berechtigung sowie der ordnungsgemäßen Form und Aufrechterhaltung eines **Strafantrags** (BGH MDR 1955, 143 [D]; vgl. KK-*Krehl*, § 244 Rn 12 m.w.N.; *Artkämper* StRR 2012, 164; zum Strafantrag s.a. *Burhoff*, EV, Rn 1882 f.),

- bei **SV-Anträgen** zur Klärung der Frage der Sachkunde des (vorgeschlagenen) SV (KK-*Krehl*, § 244 Rn 13 m.w.N.) und, ob für das Gutachten genügend **Anknüpfungstatsachen** vorhanden oder zu gewinnen sind (BGH NJW 1983, 404 f.; NStZ 2013, 290),
- zur Klärung eines → *Vereidigungsverbots*, Rdn 2807,
- zur Frage der → *Verhandlungsfähigkeit*, Rdn 2878, des Angeklagten, die jedoch nicht auch die Schuldfähigkeit betreffen darf (st. Rspr.; vgl. u.a. BGHSt 26, 84; BGH NStZ 1984, 181; NStZ-RR 2013, 167 [Ci/Zi]; s.a. BGHSt 41, 16 und KK-*Krehl*, § 244 Rn 12),
- zur Klärung der **Vernehmungsfähigkeit** eines **Zeugen** (BGH StraFo 2010, 493 m.w.N.).

1566 3.a) Das Gericht kann das Freibeweisverfahren **frei gestalten**, es ist aber kein Verfahren nach Gutdünken (KK-*Krehl*, § 244 Rn 16 f. m.w.N.). Zu **beachten** sind die Aufklärungspflicht, der Grundsatz des rechtlichen Gehörs, ein → *Zeugnisverweigerungsrecht*, Rdn 3552, ein → *Vereidigungsverbot*, Rdn 2807, und das Recht des Angeklagten zu schweigen. **Keine Anwendung** finden hingegen die Grundsätze der Mündlichkeit, Unmittelbarkeit und Öffentlichkeit (BGHSt 16, 164, 166). Das Gericht kann **alle** ihm **zugänglichen Erkenntnisquellen** benutzen (BGH NStZ 1984, 134; *Meyer-Goßner/Schmitt*, § 244 Rn 9 m.w.N.; vgl. die Zusammenstellung bei KK-*Krehl*, § 244 Rn 10), also insbesondere schriftliche oder telefonische Auskünfte einholen. Auch für die **Beweiswürdigung** gelten keine Besonderheiten: Das Gericht muss z.B. die Glaubwürdigkeit eingeholter dienstlicher Äußerungen und die Angaben von Zeugen prüfen (BayObLG wistra 2000, 477).

Bleiben nach Durchführung des Freibeweisverfahrens nicht zu beseitigende Zweifel am Vorliegen von Verfahrenstatsachen geht das grds. zulasten des Angeklagten. Der Grundsatz „**in dubio pro reo**" gilt **nicht** (BVerfG StraFo 2009, 453 m.w.N.; *Meyer-Goßner/Schmitt*, § 244 Rn 7 m.w.N. und § 261 Rn 35). Das danach vom Angeklagten zu tragende Risiko der Unaufklärbarkeit des Sachverhalts findet aber dort seine Grenze, wo die Unaufklärbarkeit des Sachverhalts und dadurch entstehende Zweifel des Gerichts ihre Ursache in einem Verstoß gegen eine gesetzlich angeordnete Dokumentationspflicht finden (BVerfG, a.a.O.; NJW 2012, 1136 m. abl. Anm. *Niemöller* StV 2012, 387). Die Nichtbeachtung des Zweifelssatzes bei Verfahrenstatsachen ist also objektive Willkür, wenn der Zweifel aus einer Verletzung der Dokumentationspflicht herrührt (vgl. dazu und zu den Auswirkungen *Artkämper* StRR 2012, 164).

1567 b) **Problematisch** ist, wie das Gericht zu **verfahren** hat, wenn es einen beantragten **Freibeweis ablehnen** will. Nach h.M. ist es dabei nicht an § 244 Abs. 3 und 4 gebunden. Auch soll es **nicht** durch **Beschluss** entscheiden müssen, vielmehr soll die bloße Mitteilung der Ablehnungsgründe durch den Vorsitzenden reichen (vgl. zu allem u.a. BGHSt 16, 164; BGH NStZ 1984, 18 [Pf/M]; OLG Frankfurt am Main NJW 1983, 1208; *Meyer-Goßner/Schmitt*, § 244 Rn 9 m.w.N.). Dagegen ist von *Herdegen* (KK-*Herdegen*, 5. Aufl., § 244

Rn 12) eingewendet worden, dass derjenige, der durch Stellung eines Antrags einen Beweiserhebungsanspruch geltend macht, im Fall der Ablehnung unbedingt durch eine formelle Entscheidung über die dafür maßgeblichen Gründe unterrichtet werden müsse (s.a. *Malek*, Rn 336). Dem sollte die Praxis (im Interesse eines fairen Verfahrens) m.E. folgen (wie die h.M. jetzt aber KK-*Krehl*, § 244 Rn 17).

Solange das nicht der Fall ist, gilt: Auch der Antrag auf Erhebung eines Freibeweises ist ein echter Antrag, der in das → *Protokoll der Hauptverhandlung*, Rdn 2092, aufzunehmen ist. Gegen die **Mitteilung** des Vorsitzenden, dass dem Antrag nicht gefolgt werde, kann der Verteidiger gem. **§ 238 Abs. 2** das Gericht anrufen, das dann durch Beschluss entscheidet. Aus der Begründung dieses Beschlusses muss der Antragsteller m.E. dann erfahren, warum seinem Antrag nicht nachgegangen wird (BGHSt 30, 131, 143; BGH NStZ 1985, 229 [für Beweisermittlungsantrag]).

Die Ablehnung eines (Verfahrens-)Antrags auf Erhebung eines Freibeweises kann der Verteidiger in der **Revision** mit der Verfahrensrüge geltend machen. Es gelten die allgemeinen (strengen) Anforderungen für eine i.S.d. § 344 Abs. 2 S. 2 ordnungsgemäße Begründung (→ *Revision, Begründung, Verfahrensrüge*, Rdn 2322).

Siehe auch: → *Aufklärungspflicht des Gerichts*, Rdn 329.

Freies Geleit

Literaturhinweise: Hartwig, Die Selbstladung von Auslandszeugen, StV 1996, 626; **Linke**, Schützt das freie Geleit einen Zeugen vor der Verhaftung?, EuGRZ 1980, 155; **Walter**, Das Europäische Übereinkommen über die Rechtshilfe in Strafsachen, NJW 1977, 983; s.a. die Hinw. bei → *Auslandszeuge*, Rdn 396.

1. Für den **Angeklagten** ist das sichere/freie Geleit geregelt in § 295. Seine Gewährung steht im freien Ermessen des Gerichts (OLG Düsseldorf NStZ-RR 1999, 245 [zugleich auch zu den zu berücksichtigenden Umständen]). Nach § 295 Abs. 2 gewährt das sichere Geleit Befreiung von der U-Haft. Das schließt den Vollzug, nicht aber den Erlass eines HB aus (OLG Köln StraFo 2007, 294; LG Regensburg StV 2013, 167).

2. Für **Zeugen** (und SV) gilt: Teilweise wird in der Lit. das **freie Geleit** auch für Zeugen und SV als allgemein anerkannter Grundsatz des Völkerrechts angesehen, der ihnen – auch **ohne ausdrückliche Zusicherung** – freies Geleit gewährt, wenn sie in einer Strafsache aus dem **Ausland vorgeladen** werden (SK-StPO-*Schlüchter*, § 295 Rn 21; zu Einzelfragen *Hartwig* StV 1996, 631). Der **BGH** ist jedoch **a.A.** (vgl. BGHSt 35, 216). Danach kann einem Zeugen **nur** dann freies Geleit erteilt werden, wenn er in einer **anderen Sache Beschuldigter** ist (so jetzt a. KK-*Greger*, § 295 Rn 12 m.w.N.; a.A. *Lagodny* StV 1989, 92 in der Anm. zu BGH, a.a.O.). Die mit dem freien Geleit für Zeugen zusammenhängenden Fragen behandelt

Art. 12 des **Europäischen Übereinkommens** über die **Rechtshilfe** in Strafsachen v. 20.4.1959 (BGBl 1964 II, S. 1386; s. dazu *Walter* NJW 1977, 983). Der Schutz des freien Geleits **endet** danach erst, wenn die geschützte Person während 15 aufeinanderfolgenden Tagen, nachdem ihre Anwesenheit von den Justizbehörden nicht mehr verlangt wurde, das Hoheitsgebiet der BRD verlassen konnte und trotzdem geblieben oder nach Verlassen zurückgekehrt ist. Auf dieses freie Geleit ist ggf. in der Ladung eines Zeugen aus dem Ausland hinzuweisen (*Meyer-Goßner/Schmitt*, § 244 Rn 63 m.w.N. aus der Rspr. des BGH).

1572 Das freie Geleit bezieht sich nur auf **Straftaten**, die **vor** der **Einreise** aufgrund der Ladung begangen worden sind. Die Verfolgung und auch Verhaftung wegen einer falschen Aussage vor dem ersuchenden Gericht ist daher nicht ausgeschlossen (KK-*Greger*, § 295 Rn 13).

Siehe auch: → *Auslandszeuge*, Rdn 396.

1573 Fremdsprachige Protokollierung

1574 Ist in der HV wegen Beteiligung von Personen, die der deutschen Sprache nicht mächtig sind, die → *Zuziehung eines Dolmetschers*, Rdn 3646, erforderlich, wird nach § 185 Abs. 1 S. 2 Hs. 1 GVG ein **Nebenprotokoll** in der fremden Sprache grds. **nicht** geführt. Es kann aber gem. § 185 Abs. 1 S. 2 Hs. 2 GVG eine **teilweise** fremdsprachige Protokollierung in Betracht kommen, wenn das Gericht dies mit Rücksicht auf die **Wichtigkeit** der Sache für erforderlich erachtet.

1575 Die Anordnung liegt im **Ermessen** des **Vorsitzenden** bzw. des Gerichts, so z.B., wenn ein (Hauptbelastungs-/Entlastungs-)Zeuge in einer fremden Sprache zu einem Komplex aussagt, den der Dolmetscher nicht ohne besondere Fachkenntnisse übersetzen kann. Die Ausübung des Ermessens durch das Gericht kann vom **Revisionsgericht** nur darauf überprüft werden, ob es ermessensfehlerfrei ausgeübt worden ist (BGH NStZ 1984, 328).

> Der Verteidiger kann nach § 185 Abs. 1 S. 3 GVG **beantragen**, dass dem Protokoll eine durch den Dolmetscher zu **beglaubigende Übersetzung** beigefügt wird.

Siehe auch: → *Protokoll der Hauptverhandlung, Allgemeines*, Rdn 2054.

G

Gang der Hauptverhandlung, Allgemeines 1576

Literaturhinweis: Häger, Zu den Folgen staatsanwaltlicher, in der Hauptverhandlung begangener Verfahrensfehler, in: Gedächtnisschrift für *Karlheinz Meyer*, 1990, S. 171. **1577**

1.a) Die regelmäßige Reihenfolge der Verfahrensvorgänge in der HV 1. Instanz ist in den §§ 243 ff. festgelegt, für die → *Berufungshauptverhandlung*, Rdn 619, gilt § 324, für die Revisionshauptverhandlung § 351. Von der regelmäßigen Reihenfolge der Verfahrensvorgänge (s.u. Rdn 1580) kann **abgewichen** werden, wenn dafür **triftige Gründe** vorliegen, der Aufbau der HV im Ganzen gewahrt bleibt und die Prozessbeteiligten **nicht widersprechen** (*Meyer-Goßner/Schmitt*, § 243 Rn 1 m.w.N.; BGH StV 1990, 245 [für Umfangsverfahren]). Infolge der Abweichungen darf dem Angeklagten allerdings nicht das Recht beschnitten werden, sich im Zusammenhang zum Schuldvorwurf zu äußern (BGH, a.a.O.). **1578**

✎ Wird von der in § 243 bestimmten Reihenfolge des Gangs der HV abgewichen, muss die Abweichung im → ***Protokoll** der Hauptverhandlung*, Rdn 2092, vermerkt werden, wenn es sich um eine **wesentliche Abweichung** handelt (*Meyer-Goßner/Schmitt*, § 243 Rn 3).

b) In sog. **Punktesachen**, wenn also eine große Anzahl von Einzeltaten zu verhandeln ist, kann auch **ohne Zustimmung** des Verteidigers oder des Angeklagten von der in § 243 bestimmten Reihenfolge **abgewichen** werden (*Meyer-Goßner/Schmitt*, § 243 Rn 1; wohl a. BGH StV 1991, 148). Etwas anderes gilt hinsichtlich der → *Verlesung des Anklagesatzes*, Rdn 2921 (s. dazu *Häger*, S. 175). **Zulässig** – und in der Praxis meist auch empfehlenswert – ist es in diesen Fällen, die → *Vernehmung des Angeklagten zur Sache*, Rdn 3072, zunächst allgemein vorzunehmen und dann die Beweisaufnahme zu **einzelnen** Taten oder **Tatkomplexen** mit Anhörung des Angeklagten und Erhebung der Beweise fortzusetzen (BGHSt 19, 93, 96; *Meyer-Goßner/Schmitt*, § 243 Rn 2; KK-*Schneider*, § 243 Rn 4; AnwKomm-StPO/*Sommer*, § 243 Rn 3, jew. m.w.N.). **1579**

2. Der **regelmäßige Gang** der (erstinstanzlichen) HV ergibt sich aus §§ 243 ff. wie folgt (zum Gang der HV s.a. *Scheffler*, in: HBStrVf, Kap. VII Rn 8 ff.): **1580**

- **Beginn** der HV mit dem → *Aufruf der Sache*, Rdn 341 (§ 243 Abs. 1 S. 1),
- → *Präsenzfeststellung*, Rdn 2061 (§ 243 Abs. 1 S. 2),
- **Abtreten** der **Zeugen** (§ 243 Abs. 2 S. 1; → *Anwesenheit von Zeugen in der Hauptverhandlung*, Rdn 325; → *Zeugenbelehrung*, Rdn 3523) und **sonstiger Personen** (→ *Nebenklägerrechte in der Hauptverhandlung*, Rdn 1928; → *Privatklageverfah-*

> G Gegenüberstellung von Zeugen

> *ren*, Rdn 2067; → *Verletztenbeistand/Opferanwalt*, Rdn 3052; → *Zeugenbeistand*, Rdn 3491; s.a. *Meyer-Goßner/Schmitt*, § 243 Rn 6 m.w.N.),
- → *Vernehmung des Angeklagten zur Person*, Rdn 3067 (§ 243 Abs. 2 S. 2),
- → *Verlesung des Anklagesatzes*, Rdn 2921 (§ 243 Abs. 3 S. 1),
- gem. § 243 Abs. 4 die ggf. vom Vorsitzenden vorzunehmende → *Mitteilung über Erörterungen zur Verständigung*, Rdn 1866 [§§ 202a, 212]; → *Absprachen/Verständigung mit Gericht und Staatsanwaltschaft*, Rdn 137,
- → *Belehrung des Angeklagten*, Rdn 536 (§ 243 Abs. 5 S. 1),
- → *Vernehmung des Angeklagten zur Sache*, Rdn 3072 (§ 243 Abs. 5 S. 2),
- ggf. → *Feststellung von Vorstrafen des Angeklagten*, Rdn 1521,
- **Beweisaufnahme** mit **Zeugenvernehmungen** (→ *Vernehmung des Zeugen zur Person*, Rdn 3094; → *Vernehmung des Zeugen zur Sache*, Rdn 3103}, **Vernehmung von SV** (→ *Sachverständigenbeweis*, Rdn 2436; → *Vernehmung Sachverständiger*, Rdn 3143); → *Augenscheinseinnahme*, Rdn 348, und Erhebung von **Urkundenbeweisen** (→ *Urkundenbeweis, Allgemeines*, Rdn 2721 m.w.N.),
- Stellung von **Beweisanträgen** → *Beweisantragsrecht, Allgemeines*, Rdn 971 m.w.N.),
- → *Schluss der Beweisaufnahme*, Rdn 2473,
- **Schlussvorträge** des StA und des Verteidigers (→ *Plädoyer des Verteidigers*, Rdn 2017),
- → *Letztes Wort des Angeklagten*, Rdn 1848,
- → *Urteilsverkündung*, Rdn 2761.

1581 Gegenüberstellung von Zeugen

> **Das Wichtigste in Kürze:**
> 1. Die StPO regelt die Gegenüberstellung in § 58.
> 2. Bei der sog. Identifizierungsgegenüberstellung wird die zu identifizierende Person in Augenschein genommen und nur der andere Teil als Zeuge vernommen.
> 3. Die Ausführungen zur Identifizierungsgegenüberstellung gelten entsprechend für eine akustische Gegenüberstellung in Form eines Stimmenvergleichs.
> 4. Von der Identifizierungsgegenüberstellung zu unterscheiden ist die Vernehmungsgegenüberstellung, durch die Widersprüche zwischen einer Zeugenaussage und den Angaben des Angeklagten geklärt werden sollen.

1582 **Literaturhinweise: Ackermann**, Rechtmäßigkeit und Verwertbarkeit heimlicher Stimmvergleiche im Strafverfahren, 1995; *ders.*, Identifizierung anhand des Gangbildes. Die kriminalistische Wiedererkennung von Personen anhand ihrer Bewegungseigenschaften, Krim 2001, 253; **Artkämper**, Gegenüberstellung – Erkenntnisquelle mit

Gegenüberstellung von Zeugen G

Kautelen, Krim 1995, 645; *ders.*, Sofortfahndung und Wiedererkennen, Krim 1997, 505; *ders.*, Fehlerquellen bei Gegenüberstellungen und anderen (Wahl-)Identifizierungsmaßnahmen, StRR 2007, 210; **Bellmann**, Täteridentifikation anhand eine Lichtbildes – Teil 1: Wiedererkennen und Identifizieren, StRR 2011, 419; *dies.*, Täteridentifikation anhand eine Lichtbildes – Teil 2: Bildmaterial, StRR 2011, 463; *dies.*, Täteridentifikation anhand eine Lichtbildes – Teil 3: Gutachten, StRR 2012, 18; **Bohlander**, Die Gegenüberstellung im Ermittlungsverfahren, StV 1992, 441; **Burgdorf/Ehrentraut/Lesch**, Die Identifizierungsgegenüberstellung gegen den Willen des Beschuldigten – Eine unzulässige Ermittlungsmaßnahme?, GA 1987, 106; **Burhoff**, Wiedererkennen des Täters anhand eines Lichtbildes, VA 2002, 90; **Diezel**, Richtig oder falsch – die Wahllichtbildvorlage, StRR 2008, 376; **Dowling/Gundlach**, Der „Verbal Overshadowing" – Effekt beim Wiedererkennen von Gesichtern, Krim 2012, 288; **Eggert**, Identifizierung von Tatverdächtigen durch Augenzeugen, ZAP F. 22, S. 181; **Eisenberg**, Visuelle und auditive Gegenüberstellungen im Strafverfahren – Empirische und rechtliche Zusammenhänge, Krim 1995, 458; *ders.*, Gegenständliche Voraussetzungen der Identifizierbarkeit von Personen aufgrund von Schrift- und Sprechmaterial, NStZ 2010, 680; *ders.*, „Wiedererkennungssicherheit 100 Prozent" trotz ungünstiger Wahrnehmungsbedingungen und länger zurückliegenden Tatgeschehens?, Krim 2011, 557; **Freund**, Zulässigkeit, Verwertbarkeit und Beweiswert eines heimlichen Stimmvergleichs – BGHSt 40, 66, JuS 1995, 394; **Fromm**, Zwangsmaßnahmen zur Fahreridentifizierung in der Spedition – Über die Rechtmäßigkeit von Durchsuchungs- und Beschlagnahmebeschlüssen im Bußgeldverfahren, VRR 2014, 441; **Geerds**, Strafprozessuale Personenidentifizierung, Juristische und kriminalistische Probleme der §§ 81b, 163b, 163c StPO, Jura 1986, 9; **Geipel**, Die (wiederholte) Wiedererkennung anhand eines Lichtbildes, DAR 2005, 476; **Geipel/Spies**, Verteidigungshinweise zum Umgang mit anthropologischen Identitätsgutachten, StRR 2007, 216; **Gercke/Wollschläger**, Videoaufzeichnungen und digitale Daten als Grundlage des Urteils, StV 2013, 106; **Glaser**, Wiedererkennen im Wege der Sofortfahndung – Ausweg aus einem unlösbaren Dilemma, Krim 1995, 653; **Gniech/Stadler**, Die Wahlgegenüberstellung – Methodische Probleme des kriminalistischen Wiedererkennungsexperiments, StV 1981, 565; **Görling**, Täteridentifizierung per Video-Gegenüberstellung, Krim 1985, 58; **Huckenbeck/Gabriel**, Fahreridentifizierung anhand von Messfotos, NZV 2012, 201; **Kersting**, Alters- und Größenschätzungen durch Tatzeugen. Ergebnisse eines empirischen Forschungsprojekts, Krim 2012, 283; **Köhnken**, Gegenüberstellungen – Fehlerquellen bei der Identifizierung durch Augenzeugen, Krim 1993, 231; *ders.*, Identifizierung von Tatverdächtigen durch Augenzeugen – ein vielfach unterschätztes Problem, in: Festschrift 25 Jahre AG Strafrecht, 2009, S. 605; **Köhnken/Sporer**, Identifizierung von Tatverdächtigen durch Augenzeugen, 1990; **Krause**, Einzelfragen zum Anwesenheitsrecht des Verteidigers im Strafverfahren, StV 1984, 367; **Merten/Schwarz/Walser**, Wiedererkennungsverfahren, Krim 1998, 421; **Niemitz**, Identifikation von Personen anhand von Lichtbildern – ein Beitrag zur Methodendiskussion im Lichte der aktuellen Rechtsprechung, DAR 2011, 768; **Nöldeke**, Zum Wiedererkennen der Tatverdächtigen bei Gegenüberstellung und Bildvorlage, NStZ 1982, 193; **Odenthal**, Die Gegenüberstellung im Strafverfahren, 3. Aufl. 1999; *ders.*, Die Gegenüberstellung zum Zwecke des Wiedererkennens, NStZ 1985, 433; *ders.*, Zulässigkeit und Beweiswert einer heimlichen Stimmenidentifizierung, NStZ 1995, 579; *ders.*, Sequenzielle Video-Wiedererkennungsverfahren, NStZ 2001, 580; *ders.*, Fehlerquellen der sequenziellen Wahlbildvorlage unter Verwendung computergenerierter Vergleichsbilder, StV 2012, 683; *ders.*, Identifizierung von Verdächtigen, Gegenüberstellung und Wahllichtbildvorlage, StraFo 2013, 62; **Otto**, Zum Problem der auditiven Widererkennung durch Hörzeugen, Krim 2003, 685; **Pauly**, Das Wiedererkennen im Straf- und Bußgeldverfahren – Verteidigungsfehler und Revision, StraFo 1998, 41; **Pfister**, Personenidentifikation anhand der Stimme. Ein computergestütztes Verfahren und seine Grenzen im praktischen Einsatz, Krim 2001, 287; **Riegel**, Wahllichtbildvorlage und informationelles Selbstbestimmungsrecht, ZRP 1997, 476; **Rösing**, Standards für die anthropologische Identifikation. Grundlagen, Kriterien und Verfahrensregelungen für Gutachten zur Identifizierung lebender Personen aufgrund von Bilddokumenten, Krim 1999, 246; **Rösing/Quarch/Danner**, Zur Wahrscheinlichkeitsaussage in morphologischen Identitätsgutachten, NStZ 2012, 548; **Schenk**, Gegenüberstellung im Strafverfahren, 2002; **Schindler/Stadler**, Tatsituation oder Fahndungsfotos – Ein experimental-psychologisches Gutachten zum Dilemma des Zeugen in der Wiedererkennungssituation, StV 1991, 38; **Schmandt**, Höchstrichterliche Anforderungen an besondere Beweiskonstellationen – Aussage gegen Aussage, Aussagen von Mitbeschuldigten oder des „Kronzeugen", StraFo 2010, 446; **Schmidt**, Zeugenbeweis mit all seinen Schwächen, Täteridentifizierung per Video-Gegenüberstellung, zu *Görling*

KR 1985, 85 ff., Krim 1985, 239; **Schneider**, Überlegungen zur strafprozessualen Zulässigkeit heimlich durchgeführter Stimmvergleiche, GA 1997, 371; **Schott**, Identitätsgutachten im Rahmen von Verkehrsdelikten, NZV 2011, 169; **Schwarz**, Die sequentielle Video-Wahlgegenüberstellung. Plädoyer für ein besseres Wiedererkennungsverfahren, Krim 1999, 397; **Staub**, Das Wiedererkenn des Fahrers/der Fahrerin bei Verkehrsstraftaten – Grundlagen und Verteidigungsstrategien bei der Wahlgegenüberstellung und der Wahllichtbildvorlage, DAR 2013, 660; **Undeutsch**, Die Wiedererkennung von Personen, in: Festgabe für *Karl Peters*, 1984, S. 461; **Warnecke**, Täteridentifizierung nach Sofortfahndung, Krim 1997, 727; **Wiegmann**, Identifizierung aufgrund von Lichtbildvorlagen, StV 1996, 179; *dies.*, Das Wiedererkennen im Straf- und Bußgeldverfahren – Die strafprozessuale Problematik des Wiedererkennens, StraFo 1998, 37.

1583 1. Die StPO regelt die Gegenüberstellung in § 58. Die Identifizierungsgegenüberstellung (vgl. dazu u. Rdn 1584 ff.) ist von der Vernehmungsgegenüberstellung (vgl. dazu u. Rdn 1596 f.) zu unterscheiden.

Eine Gegenüberstellung ist im Strafverfahren häufig dann von **entscheidender Bedeutung**, wenn in der HV ein Zeuge wegen Zeitablaufs den Beschuldigten nicht mehr als Täter identifizieren kann. Dann wird i.d.R. auf eine im EV durchgeführte Gegenüberstellung zurückgegriffen, die sich dann als ein **„vorweggenommener Teil der Beweisaufnahme"** darstellt. Insbesondere deshalb muss der Verteidiger darauf achten, ob eine Gegenüberstellung verwertbar ist, was grds. nur der Fall ist, wenn bei ihrer Durchführung bestimmte Grundsätze beachtet worden sind. Mit den sich daraus ergebenden **Fragen** sollte er sich daher schon **frühzeitig** und nicht erst in der HV **beschäftigen** (s. dazu eingehend *Burhoff*, EV, Rn 2073 f.; *Artkämper* StRR 2007, 210; *Diezel* StRR 2008, 376; *Staub* DAR 2013, 660; vgl. wegen der Täteridentifizierung anhand von Bildmaterial auch die Beiträge von *Bellmann* StR 2011, 419; *dies.*, StRR 2011, 463; *dies.*, StRR 2012, 18; *Huckenbeck/ Gabriel* NZV 2012, 201). Wegen der neuen Form der sequenziellen Gegenüberstellung wird auf *Odenthal* NStZ 2001, 580, StV 2012, 683 und StraFo 2013, 62, 67 ff.

1584 2.a) Bei der sog. **Identifizierungsgegenüberstellung** wird die zu identifizierende Person in Augenschein genommen und nur der andere Teil als Zeuge vernommen. Diese Gegenüberstellung findet i.d.R. bereits im Vorverfahren statt. Die damit zusammenhängenden Fragen können hier nicht alle dargestellt werden. Insoweit wird u.a. verwiesen auf *Burhoff*, EV, Rn 2056 ff. und die o.a. Lit.-Hinw. Hinzuweisen ist auf Folgendes:

1585 b) Über das Ergebnis der im EV durchgeführten Gegenüberstellung wird in der HV meist nur noch in der Weise berichtet, dass eine vorgenommene Gegenüberstellung in der HV im Einzelnen **nachvollzogen** wird (LR-*Ignor/Bertheau*, § 58 Rn 15), indem dem erkennenden Gericht alle für die Beurteilung des Wiedererkennens maßgeblichen Umstände in möglichst umfassender Weise präsentiert werden (vgl. u.a. OLG Frankfurt am Main NStZ 1988, 41; StV 1988, 290; *Pauly* StraFo 1998, 44; *Wiegmann* StraFo 1998, 40). I.d.R. geschieht das mit Lichtbildern, es kann aber auch mit einem Videofilm geschehen (BVerfG NStZ 1983, 84). Dann ist darauf zu achten, dass die Grundsätze zur zweckmäßigen **Ge-**

Gegenüberstellung von Zeugen   G

staltung der sog. **Wahlgegenüberstellung** (im EV) beachtet worden sind (s.u.a. OLG Karlsruhe NStZ 1983, 377; OLG Köln StV 1992, 412; *Artkämper* Krim 1995, 647 ff.; *ders.* StRR 2007, 310; *Diezel* StRR 2008, 376; *Burhoff*, EV, Rn 2069; *Staub* DAR 2012, 660). Eine Wiederholung der Wahlgegenüberstellung aus dem EV in der HV ist aber entbehrlich (BGH StV 2000, 603 [Ls.]).

⚫ Problematisieren muss der Verteidiger in der HV ggf. die Frage, ob die Einführung des Ergebnisses der im EV durchgeführten Gegenüberstellung nicht einem **BVV** unterliegt. Räumt man nämlich dem Verteidiger für die im EV durchgeführte Gegenüberstellung ein **Anwesenheitsrecht** ein, weil es sich um einen vorweggenommenen Teil der HV handelt (vgl. dazu *Burhoff*, EV, Rn 2069 f. von KG NJW 1979, 1668 f.; JR 1979, 347; LG Düsseldorf, Beschl. v. 23.7.2014 – 14 Qs-110 Js 1842114–28/14 [polizeiliche Wahllichtbildvorlage] verneint), muss er konsequenterweise dann auch vom (Gegenüberstellungs-)Termin **benachrichtigt** werden. Ist das unterblieben, kann sich daraus ein **BVV** ergeben (vgl. dazu *Burhoff*, EV, Rn 2075, 3296, 3392 und *Eisenberg*, Rn 1195).

⚫ Wird **während** des Laufs der **HV** eine Gegenüberstellung (bei den Ermittlungsbehörden) durchgeführt, hat der Verteidiger ein **Teilnahmerecht** (BGH NStZ 2010, 53).

c) Der **Beweiswert** des Wiedererkennens wird **unterschiedlich** beurteilt (vgl. dazu a. *Burhoff*, EV, Rn 2076). Dazu ist u.a. hinzuweisen auf folgende Entscheidungen aus der Rspr. des **BGH** (NStZ 2003, 493; 2007, 342 [problematische Beweissituation]; NStZ 2009, 283 [Gewissheitsgrade hinsichtlich des Wiedererkennens 50 % und 60 % bzw. 80 % und 90 % nicht ausreichend]; NStZ 2010, 53 [Überführung des Angeklagten allein aufgrund der Aussage und des Wiedererkennens einer einzelnen Beweisperson nicht ausreichend]; NStZ 2011, 648 und NJW 2012, 791 [jew. sequentielle Wahllichtbildvorlage]; StV 2005, 421 [auch zum Wiedererkennen an der Stimme]; StraFo 2006, 292; NStZ-RR 2013, 383 [Einzellichtbildvorlage]) und aus der Rspr. der **OLG** (OLG Braunschweig StV 2010, 126 [Beweiswürdigung/-wert bei wiederholtem Wiedererkennen des Täters in den erst- und zweitinstanzlichen Hauptverhandlungen]; OLG Düsseldorf NStZ-RR 2001, 109; OLG Hamm NStZ 2005, 654; StV 2004, 588; OLG Frankfurt am Main NStZ-RR 1999, 365; OLG Koblenz NStZ-RR 2001, 110; StV 2007, 348 [Einzellichtbildvorlage]; OLG Zweibrücken StV 2004, 65 [nach fehlerhafter Einzellichtbildvorlage]; LG Gera StV 1997, 180; 2000, 610; zur Beweiswürdigung beim (wiederholten) Wiedererkennen OLG Hamm StV 2010, 124; OLG Köln StV 2000, 607; eingehend dazu a. *Wiegmann*; *Pauly*, jew. a.a.O.; s.a. *Geipel* DAR 2005, 476, der das „Wiedererkennen" durch Zeugen für grds. ungeeignet hält). Die Anforderungen an eine Gegenüberstellung sind in **Nr. 18 S. 1 RiStBV** geregelt; nach S. 2 sind die Einzelheiten „aktenkundig" zu machen (zur Bedeutung der Dokumentation s. BVerfG NJW 2012, 1136 m. Anm. *Burhoff* StRR 2012, 182; StraFo 2009, 453 m.w.N.).

1586

> Ggf. muss das Tatgericht im **Urteil Feststellungen** zu Inhalt und Qualität der Wahllichtbildvorlage treffen, um den Beweiswert der Aussage des Zeugen prüfen zu können (OLG Hamm StV 2008, 511; vgl. auch OLG Hamm StV 2010, 124 [nähere Feststellungen zum Inhalt und zur Qualität der Lichtbildvorlage im Urteil erforderlich]).
> Ein **anthropologisches Gutachten** ist **kein standardisiertes Messverfahren** (BGH NStZ 2005, 458; OLG Bamberg StV 2011, 717 m. Anm. *Gieg* VRR 2010, 32; OLG Braunschweig NStZ 2008, 652; OLG Hamm NStZ-RR 2008, 287; OLG Jena zfs 2012, 108; OLG Oldenburg NStZ-RR 2009, 60). Im Urteil darf daher nicht nur das Ergebnis des erstatteten anthropologischen Identitätsgutachtens mitgeteilt werden (vgl. OLG Bamberg; OLG Braunschweig; OLG Hamm, jew. a.a.O.; vgl. auch Burhoff/*Gübner*, OWi, Rn 2727).

1587 d) Hinzuweisen ist in diesem Zusammenhang auf eine **neue Art** der Gegenüberstellung in Form der sog. **sequenziellen** oder sukzessiven **Gegenüberstellung**. Bei dieser werden dem Zeugen die Auswahlpersonen nicht gleichzeitig, sondern einzeln und nacheinander gegenübergestellt, sodass der Zeuge seine Entscheidung sogleich und in Unkenntnis der noch folgenden Personen treffen muss (zu dieser Form der Gegenüberstellung s. *Odenthal* NStZ 2001, 580; *Schwarz* Krim 1999, 397; *Artkämper* StRR 2007, 210, 212; *Odenthal* StV 2012, 683; *ders.*, StraFo 2013, 62 ff.). Diese Form der Gegenüberstellung schließt eine vergleichende Auswahl aus und dürfte daher einer Wahlgegenüberstellung **vorzuziehen** sein (BGH NJW 2012, 791; NStZ 2000, 419; 2010, 53; 2011, 648). Der BGH hat inzwischen mehrfach zur Durchführung einer sequentiellen Wahllichtbildvorlage Stellung genommen (vgl. u.a. NJW 2012, 791 m. Anm. *Artkämper* StRR 2012, 60; NStZ 2011, 648 m. Anm. *Artkämper* StRR 2011, 340; NStZ 2013, 725). Sie ist danach auch dann fortzuführen, wenn der Zeuge erklärt, er habe eine Person erkannt (BGH NJW 2012, 791; vgl. dazu *Odenthal* StV 2012, 683; s.a. noch *Burhoff*, EV, Rn 2071).

1588 e) **Hinweise für den Verteidiger!**

In der **HV** darf sich der Verteidiger im Interesse seines (bestreitenden) Mandanten **nicht** mit dem **Ergebnis** einer im EV durchgeführten Gegenüberstellung **zufrieden geben**, wenn er Anlass hat, am ordnungsgemäßen Zustandekommen des Ergebnisses zu zweifeln (wegen der Anforderungen an Wahl- oder ggf. auch Einzelgegenüberstellung eingehend *Burhoff*, EV, Rn 2062 ff. m.w.N.; *Artkämper* StRR 2007, 210; *Diezel* StRR 2008, 376, *Staub* DAR 2013, 660).

1589 aa) Mit einem (Beweis-) **Antrag** kann und muss er dann beantragen,
- die **Verhörsperson**, den **Leiter** der **Gegenüberstellung** zum Ablauf zu hören,
- die Lichtbilder oder eine **Bilddokumentation** der Gegenüberstellung in **Augenschein** zu nehmen,

Gegenüberstellung von Zeugen G

- im Hinblick auf **Vorkenntnisse** des (wiedererkennenden) Zeugen Tageszeitungen, Kassetten mit Fernsehbildern u.a. beizuziehen,
- in Betracht kommt auch die **Hinzuziehung** eines **Psychologen** als SV zur Beurteilung der Zuverlässigkeit des Wiedererkennens (vgl. *Undeutsch*, S. 464, 478). In einem dazu gestellten Beweisantrag muss der Verteidiger dem Gericht deutlich machen, dass es bei einem Wiedererkennungszeugen um mehr geht, als die Glaubwürdigkeit zu überprüfen. Der Verteidiger muss sich in diesem Zusammenhang überlegen, ob er den SV dem Gericht ggf. als → *Präsentes Beweismittel*, Rdn 2036, „anbietet",
- auch kann zu erwägen sein, ob nicht ggf. ein **anthropologisches Vergleichsgutachten** eingeholt werden soll (zum Umgang mit solchen Gutachten s. *Geipel/Spies* StRR 2007, 216; zur Beurteilung der Aussagekraft OLG Braunschweig NStZ-RR 2007, 180; zu den Anforderungen an das Urteil s. die Nachw. bei Rdn 1586 a.E.).

bb) Soll eine Gegenüberstellung aus dem EV in der **HV wiederholt** werden, kann ein **Zeuge**, der daran beteiligt werden soll, seine Teilnahme **verweigern**, wenn ihm ein → *Zeugnisverweigerungsrecht*, Rdn 3552, zusteht (KK-*Senge*, § 58 Rn 8). Er muss sie **nicht dulden** (BGH NJW 1960, 2156; a.A. *Meyer-Goßner/Schmitt*, § 58 Rn 9; zum Beweiswert *Meyer-Goßner/Schmitt*, a.a.O.; KK-*Senge*, § 58 Rn 9). 1590

✍ Der **Angeklagte** muss nach h.M. die Anwendung von Zwang **dulden** (s. BVerfG NJW 1978, 1149; BGHSt 34, 39; KG NJW 1979, 1668; JR 1979, 347; wegen der Einzelh. s. *Burhoff*, EV, Rn 1138 m.w.N.; zu den Grenzen der Duldungspflicht s. *Pauly* StraFo 1998, 43).

cc) Wird ein „**Wiedererkennungszeuge**" in der HV (erneut) **gefragt**, ob er den Angeklagten wiedererkenne, muss der Verteidiger diese Frage als **ungeeignet** i.S.d. § 241 Abs. 2 (→ *Zurückweisung einzelner Fragen des Verteidigers*, Rdn 3595) beanstanden. Es handelt sich nur um ein wiederholtes Wiedererkennen, das insbesondere deshalb wertlos ist, weil es sich nun in der HV um eine „Einzelgegenüberstellung" handelt, bei der der Angeklagte zudem noch durch die Sitzordnung hervorgehoben ist (zum Beweiswert insoweit a. LG Gera StV 1997, 180). 1591

✍ **Weist** der Vorsitzende die Beanstandung des Verteidigers **zurück**, muss er das beanstanden und gem. **§ 238 Abs. 2** einen Gerichtsbeschluss herbeiführen. Außerdem sollte der Verteidiger nach diesem Teil der Beweisaufnahme gem. § 257 (→ *Erklärungen des Verteidigers*, Rdn 1463; → *Erklärungsrecht des Verteidigers*, Rdn 1458) und später in seinem Schlusswort (→ *Plädoyer des Verteidigers*, Rdn 2017) deutlich machen, dass eine **erneute Identifizierung** des Angeklagten **wertlos** ist.

dd) Soll ein Zeuge dem Angeklagten **erstmals** in der **HV** gegenübergestellt werden, muss der Verteidiger auf die Beachtung von **Nr. 18 RiStBV** drängen. Eine Einzelgegen- 1592

697

überstellung ist zwar nicht unzulässig, i.d.R. aber wertlos (*Burhoff*, EV, Rn 2062 m.w.N.; *Diezel* StRR 2008, 356; *Odenthal* NStZ 1985, 433; *ders.*, StraFo 2013, 62 f.).

👉 Der Verteidiger sollte auch Folgendes **bedenken**: Wird der Angeklagte in der HV erstmalig wiedererkannt, hat das nur geringen Beweiswert, da der Angeklagte schon durch seine **Platzierung** im **Gerichtssaal** als Tatverdächtiger hervorgehoben ist, es sei denn, der Wiedererkennungsakt bezieht sich auf eine Person, mit der der Zeuge näher bekannt oder vertraut ist (OLG Köln StV 1998, 640 m.w.N.; vgl. zum Beweiswert bei nur kurzem Beobachten während der Tat OLG Hamm NStZ 2005, 654). Deshalb sollte der Verteidiger in der HV einer „normalen Vernehmung" widersprechen und den Antrag stellen, dass sich der Angeklagte vor der Gegenüberstellung/Beginn der Vernehmung des Zeugen z.B. in den Zuschauerraum setzen darf oder das Gericht sonstige Maßnahmen ergreift. So lässt sich ggf. vermeiden, dass der Zeuge gegenüber dem Angeklagten „befangen" ist und ihn ggf. allein wegen seiner Platzierung „wiedererkennt". Kommt der Vorsitzende dem Begehren nicht nach, muss im Hinblick auf die Revision nach § 238 Abs. 2 vorgegangen werden.

1593 Zum (problematischen) **Beweiswert** einer **Einzelgegenüberstellung** ist allgemein darauf hinzuweisen, dass allein darauf eine Verurteilung nicht gestützt werden kann (allgemein zum geringen Beweiswert u.a. *Artkämper* Krim 1997, 505; *ders.* StRR 2007, 210, 211; a. BGH NStZ 1982, 342; StV 2013, 546 und die weit. Nachw. bei *Burhoff*, EV, Rn 2065). Es bietet sich an, hier wie beim → *Zeugen vom Hörensagen*, Rdn 3545, zu verfahren und wegen der nur begrenzten Zuverlässigkeit der Einzelidentifizierungsmaßnahme **besondere Anforderungen** an die **Beweiswürdigung** zu stellen (so wohl a. BGH NStZ 2010, 53; StV 1996, 649; 2013, 546; OLG Koblenz StV 2007, 348; OLG Zweibrücken StV 2004, 65; zum „Zeugen vom Hörensagen" BVerfG NJW 1996, 448; s.a. BGHSt 36, 159, 166 f. m.w.N.; 42, 15; BGH StV 1996, 583). Danach wird eine solche Maßnahme i.d.R. zur Verurteilung nicht genügen, wenn sie nicht durch andere **wichtige Gesichtspunkte bestätigt** wird (s.a. → *V-Mann in der Hauptverhandlung*, Rdn 3336).

1594 **3.a)** Die obigen Ausführungen gelten entsprechend für eine **akustische Gegenüberstellung** in Form eines Stimmenvergleichs (zur Erkennung von Personen anhand ihrer Stimme s. allgemein *Geerds* Jura 1986, 14; *Künzel* NStZ 1989, 400 ff.; eingehend *Ackermann*, Rechtmäßigkeit und Verwertbarkeit heimlicher Stimmvergleiche im Strafverfahren; *Eisenberg* NStZ 2010, 680; vgl. dazu a. BGH StV 2005, 421). Dieser kann z.B. veranlasst sein, wenn ein Zeuge den Täter nicht gesehen, aber gehört hat.

👉 Zu Recht weist *Malek* (Rn 571) darauf hin, dass es dem Angeklagten erlaubt sein müsse, seine **Stimme geheim** zu halten, wenn ein Zeuge die Täterstimme kenne oder diese auf Tonband aufgenommen worden sei. Deshalb wird der Verteidiger in diesen Fällen auch solche Angaben, zu denen der Angeklagten an sich nach § 243 Abs. 2 S. 2 verpflichtet ist, für den Angeklagten vortragen dürfen. Auf jeden Fall wird der **Verteidiger** in diesen Fällen den **Angeklagten** auch bei der Einlassung **vertreten** dürfen/müssen (→ *Vernehmung des Angeklagten zur Person*, Rdn 3067; → *Vernehmung des Angeklagten zur Sache*, Rdn 3083).

b) Darüber hinaus ist auf Folgendes **hinzuweisen** (vgl. *Ackermann*, a.a.O., S. 21 ff.; s.a. *Burhoff*, EV, Rn 2073): **1595**

- Von **Bedeutung** ist die **Tatsituation**, die Hörfähigkeit oder mögliche Hörschäden des Zeugen (zum Ablauf des Stimmenvergleichs eingehend *Otto* Krim 2003, 685). Das Hören eines einmaligen Lachens im Hintergrund eines Telefonats wird kaum für eine Identifizierung einer Person an der Stimme ausreichen (AG Neuwied StraFo 2004, 355).
- Auch bei einem Stimmenvergleich **scheidet** ein **Einzelvergleich aus**. Der Zeuge darf also nicht nur die Stimme des Angeklagten, sondern muss auch andere Stimmen hören (BGH NStZ 1994, 597; zum Beweiswert und zu den [allgemeinen] Anforderungen an einen Stimmenvergleich OLG Köln NStZ 1996, 509 [für eine Identifizierung des Täters muss dieser nicht unbedingt ausgeprägte Sprachmerkmale haben]; *Odenthal* NStZ 1995, 579 sowie *Freund* JuS 1995, 395).
- Ein **heimlicher Stimmenvergleich**, indem etwa die Stimme des Angeklagten heimlich (z.B. in der U-Haft) auf Tonband aufgezeichnet und dann dem Zeugen vorgespielt wird, **ist unzulässig**, wenn der Angeklagte seine Beteiligung an einer Stimmprobe abgelehnt hat oder seine Vernehmung ausschließlich zu dem Zweck erfolgt, dem Zeugen Gelegenheit zum Mithören zu verschaffen (BGHSt 34, 39; 40, 66; zur Zulässigkeit der sog. Hörfalle s. BGHSt 42, 139 und *Ackermann*, a.a.O.).
- Ist ein **Stimmenvergleich** nicht auf Tonträger festgehalten worden, sodass die entsprechende Aufnahme in der HV nicht im Wege der Augenscheinseinnahme vorgespielt werden kann, muss sich das Gericht ggf. unter Hinzuziehung eines Sprachwissenschaftlers durch **Anhörung** der **Vergleichsstimmen** selbst einen Eindruck hinsichtlich des Beweiswertes des Stimmenvergleichs verschaffen (OLG Köln NStZ 1996, 509; zur Ablehnung eines Antrags auf Wiederholung eines Stimmvergleichstestes als bedeutungslos s. BGH NStZ 1997, 95).

> ✍ Wichtigste Voraussetzung für den Stimmenvergleich ist, dass der Hörzeuge noch **keinen Kontakt** mit dem Tatverdächtigen gehabt hat (*Otto*, a.a.O.).

4. Von der Identifizierungsgegenüberstellung zu unterscheiden ist die **Vernehmungsgegenüberstellung**, durch die **Widersprüche** zwischen einer Zeugenaussage und den Angaben des Angeklagten oder eines anderen Zeugen durch Rede und Gegenrede, Fragen und **1596**

Vorhalte **geklärt** werden sollen (*Meyer-Goßner/Schmitt*, § 58 Rn 10 m.w.N.). Bei ihr handelt es sich um eine besondere Art der Vernehmung der gegenübergestellten Personen. Ein **zeugnisverweigerungsberechtigter** Zeuge kann die Gegenüberstellung **verweigern** (KK-*Senge*, § 58 Rn 7). Das gilt auch, wenn der Zeuge (nur) stumm daran mitwirken soll, festzustellen, ob ein anderer Zeuge in seiner Gegenwart seine frühere Aussage aufrechterhält (KK-*Senge*, a.a.O.; BGH NJW 1960, 2156). Wenn der **Angeklagte** sich nicht zur Sache einlässt, kann er zu einer Vernehmungsgegenüberstellung **nicht gezwungen** werden, wohl aber zu einer Gegenüberstellung zum Zwecke der Identitätsfeststellung (s.o. Rdn 1590), die er dulden muss (KK-*Senge*, § 58 Rn 8 m.w.N.).

> ✍ Der Verteidiger muss, falls es im Interesse des Angeklagten geboten ist, die **Gegenüberstellung** des Zeugen mit einem anderen Zeugen oder mit dem Angeklagten **beantragen**. Bei diesem Antrag handelt es sich grds. nicht um einen **Beweisantrag** i.S.d. § 244. Für die Antragstellung ist zu bedenken, dass die Gegenüberstellung einerseits zugunsten des Angeklagten zur Aufklärung beitragen, andererseits aber auch für den Angeklagten von Nachteil sein kann.
>
> Die Gegenüberstellung liegt im **Ermessen** des Gerichts, sodass der Verteidiger, wenn der Vorsitzende eine Gegenüberstellung (zunächst) ablehnt, nach **§ 238 Abs. 2** einen Gerichtsbeschluss beantragen muss. Er kann auch einen → *Beweisermittlungsantrag*, Rdn 1007, stellen. Das empfiehlt sich dann, wenn er das Unterlassen der Gegenüberstellung später mit der **Aufklärungsrüge** als eine Verletzung der Aufklärungspflicht geltend machen will, was möglich ist (RGSt 58, 79 f.). Auf eine Verletzung des **§ 58** kann die **Revision** i.Ü. **nicht** gestützt werden.

Siehe auch: → *Zeugenvernehmung, Allgemeines*, Rdn 3537 m.w.N.

1597 Gesetzesnovellen

1598 Literaturhinweise: **Aden**, Die große Koalition und ihre Strafrechtsreformen – Viele Gesetze – wenig Lösung, AnwBl. 2009, 270; **Albrecht**, Ist das Strafverfahren noch zu beschleunigen?, NJ 1994, 396; **Arnoldi**, Ausblick auf die Strafgesetzgebung in der 17. Legislaturperiode des Deutschen Bundestages von 2009–2013, StRR 2009, *ders.*, Rück- und Ausblick auf die Strafgesetzgebung des deutschen Bundestages, StRR 2014, 54; **Barth**, Das Beweisantragsrecht zwischen verfassungsrechtlichem Anspruch und Reformforderungen auf ungesicherter empirischer Grundlage, ZStW 1996, 155 (Band 108); **Bernsmann**, Wider eine Vereinfachung der Hauptverhandlung, ZRP 1994, 329; **Beulke**, Konfrontation und Strafprozessreform, Art. 6 Abs. 3 lit. d. EMRK und ein „partizipatorisches" Vorverfahren anstelle einer Hauptverhandlung in ihrer bisherigen kontradiktorischen Struktur, in: Festschrift für *Peter Rieß*, 2002, S. 3; *ders.*, Gesamtreform der StPO-Vorschriften über „Verteidigung" – notwendig und wünschenswert, StV 2010, 442; **Bittmann**, Referentenentwurf für ein Gesetz zur Stärkung der Rechte von Opfern sexuellen Missbrauchs (StORMG), ZRP 2011, 72; **Böttcher**, Die Rechtsmittelreform in Strafsachen als Thema Deutscher Juristentage, in: Festschrift für *Peter Rieß*, 2002, S. 31; **Busch**, Richtervorbehalt bei der Blutprobe Vorschlag zur Neuordnung der Anordnungskompetenz für die Entnahme von Blutproben, ZRP 2012,

79; **Deckers**, Reform des Strafprozesses – Unverzichtbares aus der Sicht der Verteidigung, StraFo 2006, 269; **Caspari**, Stärkung der Opfergehörrechte im Strafverfahren?, DRiZ 2011, 350; **Corell/Sidhu**, Das Recht auf Rechtsbeistand nach dem europäischen Fahrplan zur Stärkung der Verfahrensrecht in Strafverfahren, StV 2012, 246; **Deutscher**, Zur Neufassung des § 329 StPO, StRR 2015, 284; **Dölp**, Der Sachverstände im Strafprozess – Gedanken über eine nachhaltige strukturelle Veränderung im Verfahrensrecht, ZRP 2004, 235; **Erb**, Kritische Bemerkungen zur geplanten Einführung einer strafprozessualen Erscheinens- und Aussagepflicht des Zeugen vor der Polizei, StV 2010, 6; **B. Elsner**, Entlastung der Staatsanwaltschaft durch Übertragung von Einstellungsbefugnissen auf die Polizei?, ZRP 2010, 49; **J. Elsner**, Zur Streichung des Richtervorbehalts des § 81a Abs. 2 StPO zur Anordnung von Blutproben bei Trunkenheits- und Drogenfahrt – ein Gesetzesvorschlag, DAR 2010, 633; **Erb**, Kritische Bemerkungen zur geplanten Einführung einer strafprozessualen Erscheinens- und Aussagepflicht des Zeugen vor der Polizei, StV 2010, 6; **Fikentscher**, Richtervorbehalt und Blutentnahme, ZRP 2014, 33; **Frisch**, Verwerfung der Berufung ohne Sachverhandlung und Recht auf Verteidigung – Zur Änderung des § 329 StPO, NStZ 2015, 69; **Frister**, Die Einschränkung von Verteidigungsrechten im Bundesratsentwurf eines „Zweiten Gesetzes" zur Entlastung der Rechtspflege, StV 1997, 150; **C. Gatzweiler**, Die neuen EU-Richtlinien zur Stärkung der Verfahrensrechte (Mindestmaß) des Beschuldigten oder des Angeklagten in Strafsachen, StraFo 2011, 293; **Greiner**, Zivilrechtliche Ansprüche im Strafverfahren Das nicht anhängig gemachte Adhäsionsverfahren als Sperrwirkung für einen Zivilprozess?, ZRP 2011, 132; **Herbst/Theurer**, § 81a StPO – Kompetenznorm im Spannungsfeld zwischen effektiver Strafverfolgung bei Trunkenheitsfahrten, Richtervorbehalt und Grundrechten des Beschuldigten, NZV 2010, 544; **Herzog**, Die Stellung zum Beweisantragsrecht als Indikator autokratischer und korporatistischer Vorstellungen vom Strafverfahren, StV 1994, 166; **ders.**, Ein kritischer Bericht aus der fortlaufenden StPO-Novellengesetzgebung, StV 2000, 444; **Hinz**, Die Eckpunkte der Bundesregierung zur StPO-Reform (I), Eine kritische Betrachtung, SchlHA 2001, 245; **Ignor/Matt**, Integration und Offenheit im Strafprozeß – Vorschläge zu einer Reform des Strafverfahrens, StV 2002, 102; **Ignor/Sättele**, Plädoyer für die Stärkung der Pressefreiheit im Strafrecht, ZRP 2011, 59; **Jahn**, Aktuelle Probleme der Reform des Strafverfahrens, NJ 2005, 106; **Kempf**, Reform des Strafverfahrens/Thesen, in: Wen schützt das Strafrecht, 29. Strafverteidigertag, Aachen, 2005, Schriftenreihe der Strafverteidigervereinigungen, 2006, S. 273; **Kilchling**, Opferschutz und der Strafanspruch des Staates – Ein Widerspruch, NStZ 2002, 57; **Kintzi**, Rechtsmittelreform in Strafsachen – eine unendliche Geschichte?, in: Festschrift für *Peter Rieß*, 2002, S. 225; **König**, „Kronzeuge – abschaffen oder regulieren?" StV 2012, 113; **Kotz**, Dolmetsch- und Übersetzungsleistungen zur Überwindung von Sprachbarrieren im Strafverfahren, StRR 2012, 124; **Krause**, Das Zwischenverfahren im Strafprozeß – Mauerblümchen oder verborgener Schatz? Zugleich ein Beitrag zum Diskussionspapier der Regierungskoalition zur Reform des Strafverfahrens, StV 2002, 222; **Kröpil**, Zur Entstehung und zum Begriff des Ablehnungsgrundes der Prozeßverschleppung, AnwBl. 1999, 15; **Kunze**, Stärkung der Verteidigungsvertretung in der Berufungshauptverhandlung, Neufassung von § 329 StPO, ZAP F. 22, S. 819; **Kusch**, Plädoyer für die Abschaffung des Jugendstrafrechts, NStZ 2006, 65; **Laufhütte**, Überlegungen zur Diskussion über die Reform des Instanzenzuges in Strafsachen, NStZ 2000, 449; **Leipold/Wojtech**, Strafbefehl bis zu zwei Jahren Freiheitsstrafe, ZRP 2010, 243; **Meier**, Richtervorbehalt bei der Blutprobe: Verzichtbare Belastung aller Verfahrensbeteiligten?, ZRP 2011, 223; **Meyer-Goßner**, Theorie ohne Praxis und Praxis ohne Theorie im Strafverfahren, ZRP 2000, 345; **Müller**, Präklusion, Beweisantragsrecht und Verfahrensdauer, AnwBl. 1997, 89; **Nack/Park/Brauneisen**, Gesetzesvorschlag der Bundesrechtsanwaltskammer zur Verbesserung der Wahrheitsfindung im Strafverfahren durch den verstärkten Einsatz von Bild- und Tontechnik, NStZ 2011, 310; **Nobis**, Reform des Strafprozessrechts – Neue Ufer oder ausgetretene Pfade?, StV 2015, 56; **Rieß**, Entwicklungstendenzen in der deutschen Strafprozessgesetzgebung seit 1950, ZIS 2009, 466; **Röhling**, Übertragbarkeit der Rechtsmittelbeschränkung des § 55 II JGG auf das Erwachsenenstrafrecht?, ZRP 2009, 17; **Scheffler**, Strafprozeß, quo vadis?, GA 1995, 456; **Schünemann**, Risse im Fundament, Flammen im Gebälk: Die Strafprozessordnung nach 130 Jahren, ZIS 2009, 484; **ders.**, Legitimation durch Verfahren, StraFo 2015, 177; **Traut/Nickolaus**, Ist es (wieder) Zeit für eine Trennung zwischen Eröffnungs- und Tatsachenrichter, StraFo 2012, 51; **Tully**, Wider der Chronifizierung – Von der kränkelnden Hauptverhandlung, ZRP 2014, 45; **Wassermann**, Von der Schwierigkeit, Strafverfahren in angemessener Zeit durch Urteil abzuschließen, NJW 1994, 1106; **Weßlau**, Thesen zur Reform des Strafverfahrens, in: Wen schützt das Strafrecht?, 29. Strafver-

G Gesetzesnovellen

teidigertag, Aachen, 2005, Schriftenreihe der Strafverteidigervereinigungen, 2006, S. 285; **Wohlers**, Das partizipatorische Ermittlungsverfahren. kriminalpolitische Forderung oder „unverfügbarer" Bestandteil eines fairen Strafverfahrens?, GA 2005, 11; **Zypries**, Neue Entwicklungen im Strafrecht und im Strafverfahrensrecht, StraFo 2004, 221; s.a. die Hinw. bei den u.a. weiterführenden Stichwörtern.

1599 1. Auch das Strafverfahrensrecht ist immer im Fluss (vgl. zu den Gesetzgebungstendenzen der letzten Jahre *Rieß* ZIS 2009, 466; *Schünemann* ZIS 2009, 484). Angemahnt wird in der (innerstaatlichen) **Diskussion** i.d.R. mehr Opferschutz, eine stärkere Beschleunigung und eine weitere Entlastung und Vereinfachung der Strafverfahren. Kommt der Gesetzgeber den Appellen nach, werden die angestrebten Ziele allerdings häufig nicht erreicht; vielmehr schaffen die Neuregelungen gerade die Verfahrenslage, die sie beseitigen wollen. Hinzukommt ein immer stärkerer Einfluss der Gesetzgebung der **EU**, deren Richtlinien die Mitgliedstaaten in innerstaatliches Recht umzusetzen haben.

1600 Welche Gesetzgebungsvorhaben gerade oder immer noch bzw. wieder aktuell sind, ist wegen der großen Zahl an Gesetzgebungsprojekten häufig kaum noch zu überschauen. Deshalb soll dieses Stichwort eine **kurze Übersicht** über die wesentlichen derzeit/in der 18. Legislaturperiode im Bundestag oder Bundesrat eingebrachten Gesetzesvorhaben, die Auswirkungen auf die strafrechtliche HV haben können, geben. Zudem soll der aktuelle Stand des (laufenden) Gesetzgebungsverfahrens dargestellt und damit die geplante Entwicklung des Verfahrensrechts veranschaulicht und darüber möglichst frühzeitig informiert werden. Dabei ist allerdings darauf hinzuweisen, dass durch das Ende der 17. Legislaturperiode im Herbst 2013 die bis dahin eingebrachten, aber nicht erledigten Gesetzesvorhaben dem Grundsatz der Diskontinuität anheimgefallen sind und immer geprüft werden muss, ob sie in der 18. Legislaturperiode neu in das Gesetzgebungsverfahren eingebracht worden sind.

1601 Über die (frühzeitige) Information des Verteidigers hinaus wird damit auch erreicht, dass die Ausführungen bei den jeweiligen Stichwörtern, die von (zukünftigen) Änderungen betroffen sein können, – auch nach Inkrafttreten der Gesetzesänderungen – ihre Aktualität behalten, da auf mögliche Änderungen bei den Stichwörtern hingewiesen ist. Das Wissen von geplanten Gesetzesänderungen kann für den Verteidiger zudem vielleicht in dem einen oder anderen Fall auch **Argumentationshilfe** sein.

1602 2. Da das Gesetzgebungsverfahren dynamisch ist, stellt die nachfolgende Auflistung nur eine Momentaufnahme dar. Der hier mitgeteilte Stand der Gesetzesvorhaben ist Juni/Juli 2015. Der **aktuelle Stand** der Novellen lässt sich erfragen beim **Bundesministerium der Justiz**, Jerusalemer Str. 24 – 28, 10117 Berlin, Tel. 030/202570, Fax 030/20259525, E-Mail: poststelle@bmj.bund400.de. Es lohnt sich auch ein Blick in das **Internet**. Dort informiert das BMJ über die laufenden Gesetzgebungsvorhaben.

> Unter http://dipbt.bundestag.de/dip21.web/bt besteht Zugriff auf den **Gesetzgebungsstand** für **Bundesgesetze**. Ein Mausklick auf „Dokumentations- und Infor-

mationssystem (DIP)" und dann auf „Dokumente" führt zur entsprechenden Suchmaske. Eine Suche ist auch über die Suchmaske unter „Beratungsabläufe" möglich. Ist die Nummer der BT-Drucks bekannt, kann der Zugriff auch erfolgen über: http://www.bundestag.de, dann ein Klick auf „Dokumente" und von da aus auf „Drucksachen".

3.a) In den letzten Jahren ist vom **BMJ** immer wieder eine **umfassende Reform** des **Strafverfahrens** angedacht worden. Dazu hatte das BMJ für den 63. Deutschen Juristentag 2000 ein sog. Eckpunktepapier angekündigt, dann aber wieder zurückgezogen. Ein neues „**Eckpunktepapier**" ist von dann im Frühjahr 2001 vorgelegt worden (s. dazu StV 2001, 314; vgl. dazu a. StV 2001, 359 ff.). Dieses Papier sah vor, den Verfahrensschwerpunkt von der HV zum EV zu verlagern. Die Verteidigung sollte in einem frühen Verfahrensstadium stärker eingebunden werden, um dadurch die HV zu entlasten. Ziel war es, mehr als bisher möglich, Beweiserhebungen aus dem EV in der HV zu verwerten. Angestrebt wurde eine **effizientere HV** und vor allem auch eine (noch weitere) **Verbesserung** des **Opferschutzes**. Im Februar 2004 haben dann die damaligen Regierungsfraktionen von SPD und Bündnis 90/Die Grünen einen „Diskussionsentwurf für eine Reform des Strafverfahrens" vorgelegt, der sowohl auf dem 28. als auch auf dem 29. Strafverteidigertag diskutiert und außerdem in der Fachpresse und von allen Fachorganisationen behandelt worden ist (vgl. u.a. *Wohlers* GA 2005, 11). Ein Referenten- oder sogar ein Regierungsentwurf ist jedoch nie vorgelegt worden.

1603

Es ist hier kein Raum, alle vorgeschlagenen Änderungen aus dem „Diskussionsentwurf" vorzustellen. Hingewiesen werden soll nur auf die für eine Änderung der HV **wesentlichen** „**Diskussionspunkte**" (vgl. i.Ü. StV 2001, 314; zu den Änderungen im EV *Burhoff*, EV, Rn 2098 f.):

1604

- die **Stärkung** der **Rechte** der Verteidigung durch Anwesenheit bei Beweiserhebungen im EV und durch (weitere) Beteiligungsrechte der Verteidigung, wovon der Gesetzesentwurf des DAV wegen der aus der Justiz geäußerten Bedenken Abstand nimmt (vgl. AnwBl. 2006, 24 ff.),
- die Einführung eines **Anhörungstermins** im Zwischenverfahren (vgl. auch *Schünemann* StraFo 2015, 177, 183 ff.),
- die Schaffung des Rechts der Verteidigung zu einer **Eingangsstellungnahme**, das bislang gesetzlich nicht verankert ist (→ *Erklärungen des Verteidigers*, Rdn 1451; *Ignor/Matt* StV 2002, 107),
- die Verstärkung der Verwertbarkeit von im EV erhobenen Beweisen durch **Erweiterung** der Möglichkeiten zur **Verlesung** von **Vernehmungsniederschriften** und Urkunden unter Beachtung des Amtsermittlungsgrundsatzes (krit. dazu *Ignor/Matt* StV 2002, 108),

- eine „**transparentere HV**" dadurch, dass dem Gericht die Möglichkeit eröffnet wird, eine vorläufige Beurteilung des Verfahrensstandes in tatsächlicher und rechtlicher Hinsicht abzugeben, ohne dass dies den Vorwurf der Befangenheit begründen soll,
- die **Erweiterung** der Beiordnung eines **Pflichtverteidigers** im EV (s. AnwBl. 2006, 24 f.),
- verstärkter **Einsatz technischer Mittel** (Bild-Ton-Aufzeichnungen, Tonbandaufzeichnungen von Vernehmungen) zur Beschleunigung der Arbeitsabläufe und zum Opferschutz (vgl. dazu auch *Nack/Park/Brauneisen* NStZ 2011, 310).

1605 Obwohl die Änderungsvorschläge aus dem „Eckpunktepapier" nicht weiter verfolgt worden sind, ist die Diskussion um eine umfassende Änderung des Strafverfahren nicht (vollständig) verstummt. In neuerer Zeit hatte sich z.B. auch *Beulke* zur Frage, ob eine Gesamtreform der StPO-Vorschriften über „Verteidigung" notwendig und wünschenswert ist, geäußert (vgl. StV 2010, 442; zur Reform des Strafprozessrechts a. *Nobis* StV 2015, 56). Er hat in seinem Beitrag die „Reformwünsche", die von Seiten der Verteidiger vorgebracht worden sind, zusammengestellt und bewertet. Inzwischen hat das BMJV eine „**Expertenkommission**" zur **StPO-Reform** einberufen, die am 7.7.2014 im BMJV ihre Arbeit aufgenommen hat. Dies geht zurück auf den justizpolitischen Teil des Koalitionsvertrags der Großen Koalition 2013. Danach sollen das allgemeine Strafverfahren und das Jugendstrafverfahren „unter Wahrung rechtsstaatlicher Grundsätze effektiver und praxistauglicher ausgestaltet" werden und eine Expertenkommission hierzu bis zur Mitte der 18. Legislaturperiode Vorschläge erarbeiten. Es sollen Vorschläge erarbeitet werden, „die das Strafverfahren straffen, ohne die Rechte der Verfahrensbeteiligten einzuschränken, es soll schneller gehen, aber nicht schlechter werden, transparenter, aber mit hohem Persönlichkeitsschutz" (vgl. auch die im Internet auf der Homepage des BMJV eingestellte Eröffnungsrede des zuständigen Bundesministers *Heiko Maas*). Es bleibt abzuwarten, zu welchen Ergebnissen die Kommission wann kommen wird.

1606 b) Neben diesen „großen Reformvorhaben/-plänen" hat es immer wieder auch Versuche gegeben, die StPO in Teilbereichen zu ändern/reformieren. So hatten die Länder Nordrhein-Westfalen, Bayern, Hessen, Niedersachsen und Thüringen am 22.9.2006 den Entwurf eines „**Gesetzes zur Effektivierung des Strafverfahrens**" (BR-Drucks 660/06; vgl. a. BT-Drucks 16/3659) eingebracht, der u.a. weitreichende Änderungen im Rechtsmittelverfahren enthielt (vgl. u. Rdn 1609 u. Rdn 1620). Daneben wurden Änderungen im Strafbefehlsverfahren (vgl. Rdn 1625) vorgeschlagen. Zudem sollten die Zulassungsvoraussetzungen verschärft für die Rechtsbeschwerde im OWi-Verfahren werden (vgl. Rdn 1620). Schließlich werden auch Änderungen im Beweisantragsrecht erwogen (vgl. Rdn 1613) sowie bei der wörtlichen Protokollierung (vgl. Rdn 1619; → *Protokoll der Hauptverhandlung, wörtliche Protokollierung*, Rdn 2114). Das **BMJ** hat diese Vorschläge aber (damals) als nicht rechtsstaatlich zurückgewiesen (vgl. PM v. 22.9.2006). Der Gesetzesentwurf ist dann

Gesetzesnovellen G

auch nur im Bundesrat, aber nicht im Bundestag beraten worden. Die Länder Nordrhein-Westfalen, Bayern, Hessen und Niedersachsen haben jedoch Teilbereiche aus dem o.a. Gesetzesentwurf mit dem Entwurf eines „Gesetzes zur Verbesserung der Effektivität des Strafverfahrens" (BR-Drucks 120/10 = BT-Drucks 17/2166) in das Gesetzgebungsverfahren eingebracht. Dieser sah u.a. Änderungen im Recht der Einstellung des Verfahrens (s.u. Rdn 1617) und bei der Zeugenvernehmung (s.u. Rdn 1629) vor. Der Entwurf ist auf z.T. erhebliche Kritik gestoßen (vgl. *Erb* StV 2010, 6). Der Gesetzesentwurf ist in der 17. Legislaturperiode im Bundestag nicht beraten worden. In der 18. Legislaturperiode wurde der Gesetzesentwurf nicht neu aufgelegt.

4. Auf einige **geplante Gesetzesänderungen** soll nachfolgend im Einzelnen hingewiesen werden. Dabei ist allerdings von Bedeutung, dass derzeit nicht mehr über allzu viele geplante Änderungen zu berichten ist. Das ist u.a. darauf zurück zu führen, dass im Herbst 2013 die bis dahin eingebrachten, aber nicht erledigten Gesetzesvorhaben dem Grundsatz der Diskontinuität anheimgefallen sind und immer geprüft werden muss, ob sie in der 18. Legislaturperiode neu in das Gesetzgebungsverfahren eingebracht worden sind bzw. werden.

Absprache/Verständigung 1607

Die Absprache/Verständigung ist durch das Gesetz zur Regelung von Absprachen im Strafverfahren v. 29.7.2009 (BGBl I, S. 2353) in § 257c geregelt (vgl. BT-Drucks 16/12310; → *Absprachen/Verständigung mit Gericht und Staatsanwaltschaft*, Rdn 137). Ob das allerdings das Ende der an dieser Stelle jahrelang geführten Diskussion ist/war, ist offen. Denn inzwischen wird z.T. schon für eine „Reform der Reform" plädiert (vgl. *Strate* NStZ 2010, 177, 183 ff.; s. auch noch *Rieß* StraFo 2010, 10 und *Fischer* ZRP 2010, 249). Auch der 68. DJT hat sich bereits erneut mit der Verständigung im Strafverfahren befasst (vgl. die gefassten Beschlüsse unter http://www.djt.de/fileadmin/downloads/68/68_djt_beschluesse.pdf). Schließlich hat auch das BVerfG in seinem Urt. v. 19.3.2013 (NJW 2013, 1058) eine Überprüfung/Evaluierung der „Verständigungspraxis" angemahnt/gefordert.

Anwesenheit des Verteidigers/Rechtsbeistands 1608

Im Rahmen der Stärkung der Verfahrensrechte des Beschuldigten ist in der EU inzwischen die **Richtlinie 2013/48/EU** des Europäischen Parlaments und des Rates vom 22.10.2013 über das „Recht auf Zugang zu einem Rechtsbeistand in Strafverfahren und in Verfahren zur Vollstreckung des Europäischen Haftbefehls sowie über das Recht auf Benachrichtigung eines Dritten bei Freiheitsentzug und das Recht auf Kommunikation mit Dritten und mit Konsularbehörden während des Freiheitsentzugs" erlassen und im Amtsblatt der EU veröffentlicht (AblEU 2013 L 294 v. 6.11.2013, S. 1–12). Nach der RiLi hat der Beschuldigte von Beginn der polizeilichen Vernehmung an bis zum Abschluss des Strafverfahren einen Anspruch auf Rechtsbeistand. Der kann sich an den Vernehmungen aktiv beteiligen. Die RiLi muss von den Mitgliedstaaten in drei Jahren nach Veröffentlichung umgesetzt werden (→ Anwesenheit des Verteidigers in der Hauptverhandlung, Rdn 310; zur polizeiliche Vernehmung des Beschuldigten *Burhoff*, EV, Rn 3087).

1609 Berufung

S.a. „Rechtsmittel" bei Rdn 1620.

Das „Gesetz zur Effektivierung des Strafverfahrens" (BR-Drucks 660/06; s. Rdn 1606) sieht folgende Änderungen vor (vgl. a. BT-Drucks 16/3659, S. 32):

- Die Voraussetzungen für die **Annahmeberufung** sollen verschärft werden (→ *Berufung, Annahmeberufung*, Rdn 550). In Zukunft soll die Grenze nicht mehr nur bei 15 Tagessätzen liegen, sondern auf **60 Tagessätze angehoben** werden. Der Annahme sollen zudem demnächst auch Urteile bedürfen, in denen die Entziehung der Fahrerlaubnis mit einer Sperre (§§ 69, 69a StGB) von nicht mehr als neun Monaten angeordnet worden ist.
- Die Berufung soll begründet werden müssen (→ *Berufungsbegründung*, Rdn 560). Eine kurze, allgemeine Begründung ist aber ausreichend (vgl. BR-Drucks 660/06, S. 14).

1610 Abgeschlossen ist inzwischen das Gesetzgebungsverfahren über das „Gesetz zur Stärkung des Rechts des **Angeklagten** auf **Vertretung** in der **Berufungsverhandlung** und über die Anerkennung von Abwesenheitsentscheidungen in der Rechtshilfe" (vgl. BR-Drucks 491/14 = BT-Drucks 18/3562). Der Gesetzesentwurf hat u.a. den Rahmenbeschluss (Rb)2009/299/JI zu Abwesenheitsentscheidungen und vor allem die Rechtsprechung des EGMR im Urt. v. 8.11.2012 betreffend *Neziraj* (NStZ 2013, 350 m. Anm. *Püschel* StraFo 2012, 490, *Gerst* NStZ 2013, 310 und *Mosbacher* NStZ 2013, 312) umgesetzt und weitreichende Änderungen des § 329 gebracht (zur Kritik am [Referenten-]Entwurf *Kunze* ZAP F. 22, S. 819; *Frisch* NStZ 2015, 69). Der Bundestag hat am 18.6.2015 das Gesetz in der Fassung der Beschlussempfehlung des Rechtsausschusses (BT-Drucks 18/5254, S. 3) verabschiedet. Die Neuregelungen sind am 25.7.2015 in Kraft getreten ist (vgl. BGBl I, S. 1332).

1611 Nach **§ 329 Abs. 1** n.F. hat das Gericht, wenn bei Beginn eines Berufung-HV-Termins weder der Angeklagte noch ein Verteidiger mit schriftlicher Vertretungsvollmacht erschienen und das Ausbleiben nicht genügend entschuldigt ist, die Berufung des Angeklagten ohne Verhandlung zur Sache zu verwerfen. Ebenso ist zu verfahren, wenn die Fortführung der Hauptverhandlung in dem Termin dadurch verhindert wird, dass sich der Verteidiger ohne genügende Entschuldigung entfernt hat und eine Abwesenheit des Angeklagten nicht genügend entschuldigt ist oder der Verteidiger den ohne genügende Entschuldigung nicht anwesenden Angeklagten nicht weiter vertritt, sich der Angeklagte ohne genügende Entschuldigung entfernt hat und kein Verteidiger mit schriftlicher Vertretungsvollmacht anwesend ist oder sich der Angeklagte vorsätzlich und schuldhaft in einen seine Verhandlungsfähigkeit ausschließenden Zustand versetzt hat und kein Verteidiger mit schriftlicher Vertretungsvollmacht anwesend ist wegen der Einzelh. → *Berufungsverwerfung wegen Ausbleibens des Angeklagten*, Rdn 702b ff.; s. auch schon *Deutscher* StRR 2014, 284.

§ 329 ist zudem im Hinblick auf das Urteil des EGMR betreffend *Neziraj* (NStZ 2013, 350) dahingehend geändert werden, dass nach **§ 329 Abs. 2 n.F.** eine Verwerfung der Berufung des Angeklagten nicht mehr erfolgen darf, wenn statt des Angeklagten ein entsprechend bevollmächtigter und vertretungsbereiter Verteidiger in einem Termin zur Berufungshauptverhandlung erschienen ist. Anstelle der nicht mehr zulässigen Verwerfung soll in Anwesenheit des Verteidigers ohne den Angeklagten verhandelt werden, soweit nicht dessen Anwesenheit erforderlich ist (zur Kritik am Referentenentwurf *Kunze* ZAP F. 22, S. 819 ff.; wegen weiterer Lit.-Hinw. → ***Berufungsverwerfung*** *wegen Ausbleibens des Angeklagten*, Rdn 690; zur Neuregelung → *Berufungsverwerfung wegen Ausbleibens des Angeklagten*, Rdn 703 ff.; s. auch schon *Deutscher* StRR 2014, 284).

1612

Beweisantragsrecht

1613

Im Beweisantragsrecht sieht/sah das „Gesetz zur Effektivierung des Strafverfahrens" (BR-Drucks 660/06; s. Rdn 1606) eine **Änderung** bei den **Ablehnungsgründen** vor. In § 244 Abs. 3 S. 2 soll durch Einfügung der Wörter „nach der freien Würdigung des Gerichts" beim Ablehnungsgrund der Prozessverschleppung (→ *Beweisantrag, Ablehnungsgründe*, Rdn 889) die Ablehnung eines Beweisantrags aus diesem Grund erleichtert werden. Die Gesetzesbegründung weist ausdrücklich darauf hin, dass die revisionsgerichtlichen Anforderungen an die Begründung der Ablehnung aus diesem Grund als „zu streng erscheinen" (vgl. BR-Drucks 660/06, S. 11).

Das Land NRW hatte zudem eine Bundesratsinitiative zur Änderung des Beweisantragsrechts angekündigt. Danach soll das Gericht in länger dauernden Verfahren zum Ende der Beweisaufnahme eine **Frist** zur Stellung von Beweisanträgen setzen können. Nach deren Ablauf soll das Gericht Anträge schon deshalb ablehnen können, weil sie zur Erforschung der Wahrheit nicht erforderlich sind (so PM JM NRW v. 17.6.2009). Eine Gesetzesvorlage ist dieser Ankündigung bislang jedoch nicht gefolgt.

1614

Blutentnahme/Richtervorbehalt

1615

Um den Richtervorbehalt bei einer Blutentnahme (§ 81a Abs. 2) und die Folgen, wenn dieser nicht beachtet wird, wird seit einigen Jahren heftig gestritten (→ *Blutalkoholfragen/ Atemalkoholmessung*, Rdn 1193 ff.; *Burhoff*, EV, Rn 1170 ff.). In diesem Streit hat sich dann auch der Bundesrat zu Wort gemeldet. Er hat in der BR-Drucks 615/10 „zur Stärkung des Richtervorbehalts" eine **Abschaffung** des in **§ 81a Abs. 2** normierten Richtervorbehalts in den Fällen der §§ 315a, 315c bis 316 StGB und des § 24a StVG vorgeschlagen, wenn eine Blutprobenentnahme dem Nachweis von Alkohol, Betäubungsmitteln oder Medikamenten im Blut dienen soll. § 98 Abs. 2 S. 2 soll entsprechend gelten (vgl. zu diesen „Reformbestrebungen" *Elsner* DAR 2010, 633; *Herbst/Theurer* NZV 2010, 544; *Busch* ZRP 2012, 101; *Fikentscher* ZRP 2014, 33). Der Gesetzesentwurf ist bislang – weder in der 17. noch in der 18. Legislaturperiode – im Bundestag beraten.

G Gesetzesnovellen

1616 Dolmetscher

Die **EU-Richtlinie 2010/64/EU** zum Recht auf Dolmetscherleistungen und Übersetzungen in Strafverfahren v. 8.10.2010 (abrufbar unter http://eurocrim.jura.uni-tuebingen.de/cms/des/doc/1431.pdf), die am 20.10.2010 im Amtsblatt der Europäischen Union veröffentlicht worden ist, ist durch das „**Gesetz zur Stärkung der Verfahrensrechte** von **Beschuldigten** im **Strafverfahren**" v. 16.5.2013 (BGBl I, S. 1983) in innerdeutsches Recht umgesetzt worden. Sie regelt das Recht auf Übersetzungs- und Dolmetscherleistungen in § 187 GVG. Die Richtlinie muss(te) innerhalb von drei Jahren nach Veröffentlichung, also bis zum 27.10.2013, in innerstaatliches Recht umgesetzt werden (vgl. dazu *C. Gatzweiler* StraFo 2011, 293, 294; wegen der Einzelheiten der Neuregelungen *Kotz* StRR 2012, 124; *ders.*, StV 2012, 626; *ders.*, StRR 2014, 364; → *Zuziehung eines Dolmetschers*, Rdn 3646).

1617 Einstellung des Verfahrens (§ 153a)

Nach dem „Gesetz zur Effektivierung des Strafverfahrens" (BR-Drucks 660/06; s. Rdn 1606) soll in Zukunft auch noch eine Einstellung durch das **Revisionsgericht** möglich sein.

1618 Nebenklage/Opferschutz

Im Bereich der Nebenklage (→ *Nebenklägerrechte in der Hauptverhandlung*, Rdn 1928) sind bereits durch das 2. OpferRRG v. 29.7.2009 (BGBl I, S. 2280; dazu BT-Drucks 16/12098; vgl. auch noch das „Gesetz zur Stärkung des Opferschutzes im Strafprozess" der Länder in der BT-Drucks 16/7617) die **Rechte schutzbedürftiger Opfer verstärkt** worden, um deren Belastungen durch das Strafverfahren abzumildern. Diese in der Gesetzgebung seit Jahren erkennbare Tendenz hat sich mit dem „Gesetz zur Stärkung der Rechte von Opfern sexuellen Missbrauchs (**StORMG**) v. 26.6.2014 (BGBl, S. 1805), das am 30.06.2013 in Kraft getreten ist, fortgesetzt (vgl. zu dem Gesetz BT-Drucks 17/6261). Inzwischen befindet sich ein 3. OpferRRG im Gesetzgebungsverfahren (vgl. BT-Drucks 18/4621 = BR-Drucks 56/15). Dieses sieht u.a. einen **neuen § 48 Abs. 3** vor. Danach sind, wenn der Zeuge zugleich der Verletzte ist, die ihn betreffenden Verhandlungen, Vernehmungen und sonstigen Untersuchungshandlungen stets unter Berücksichtigung seiner besonderen Schutzbedürftigkeit durchzuführen. Insbesondere ist zu prüfen, ob die dringende Gefahr eines schwerwiegenden Nachteils für das Wohl des Zeugen Maßnahmen nach den §§ 168e oder 247a erfordert, ob überwiegende schutzwürdige Interessen des Zeugen den Ausschluss der Öffentlichkeit nach § 171b Abs. 1 GVG erfordern und inwieweit auf nicht unerlässliche Fragen zum persönlichen Lebensbereich des Zeugen nach § 68a Abs. 1 verzichtet werden kann.

Gesetzesnovellen G

Protokoll der Hauptverhandlung/wörtliche Protokollierung

1619

Das „Gesetz zur Effektivierung des Strafverfahrens" (BR-Drucks 660/06; s. Rdn 1597) will durch eine Aufhebung von § 273 Abs. 2 die Notwendigkeit des **Inhaltsprotokolls** in der amtsgerichtlichen HV beseitigen.

Gestrichen werden soll außerdem § 273 Abs. 3 S. 2. Vielmehr soll in Zukunft nach § 273 Abs. 2 S. 2 n.F. die Entscheidung des Vorsitzenden in Zusammenhang mit der **wörtlichen Protokollierung** unanfechtbar sein (→ *Protokoll der Hauptverhandlung, Wörtliche Protokollierung*, Rdn 2114) Auch eine Anrufung des Gerichts nach § 238 Abs. 2 würde dann ausscheiden.

Rechtsmittel

1620

Das „Strafverfahrensbeschleunigungsgesetz" (BT-Drucks 14/1714) sah bereits eine umfassende Änderung des Rechtsmittelsystems der StPO vor. So war geplant, den Bereich der **Annahmeberufungen** auszuweiten und zugleich die Sprungrevision auszuschließen. Darüber hinaus war ein Wahlrechtsmittel vorgesehen (→ *Berufung, Allgemeines*, Rdn 541 m.w.N.; → *Rechtsmittel, Allgemeines*, Rdn 2165; → *Revision, Allgemeines*, Rdn 2211; krit. *Herzog* StV 2000, 447; *Laufhütte* NStZ 2000, 449). Diese Vorstellungen sind dann aber vom BMJ nicht weiter verfolgt worden.

Inzwischen verfolgt die **Justizministerkonferenz** u.a. auch das Ziel der Vereinheitlichung der Prozessordnungen, um die Justiz zu entlasten. In dem Zusammenhang ist diskutiert worden (vgl. die Beschlüsse der Justizministerkonferenz v. 1./2.6.2006):

1621

- Die Einführung eines Wahlrechtsmittels gegen Urteile der AG in Strafsachen nach dem Vorbild der für das Jugendstrafverfahren geltenden Regelung des § 55 Abs. 2 JGG,
- die Erweiterung des Anwendungsbereichs der Annahmeberufung gegen Urteile der AG auf alle Verurteilungen zu Geldstrafen bis zu 60 Tagessätzen.

Diese Vorstellungen sind sowohl in der Anwaltschaft (vgl. PM Nr. 21/2006 der BRAK) als auch bei der Opposition auf erheblichen Widerstand gestoßen.

Das „Gesetz zur **Effektivierung** des Strafverfahrens" (BR-Drucks 660/06; s. Rdn 1606) sieht folgende Änderungen vor:

1622

- Die Anforderungen an die Annahmeberufung werden verschärft, zudem soll die **Berufung** begründet werden müssen.
- Im **Rechtsbeschwerdeverfahren** soll auch die Rechtsbeschwerde gegen Urteile, durch die ein Fahrverbot von nicht mehr als einem Monat verhängt worden ist, der Zulassung nach § 80 OWiG bedürfen. Zudem werden die für die Zulassung der Rechtsbeschwerde bedeutsamen Wertgrenzen von 250,00 € auf 500,00 € bzw. von 100,00 € auf 200,00 € (§§ 79 Abs. 1 Nr. 1, 80 Abs. 2 Nr. 1 OWiG) angehoben.

G | Gesetzesnovellen

1623 Schließlich hat das Land Schleswig-Holstein zu dieser Problematik im Bundesrat einen „Gesetzesentwurf zur **Entlastung** der **Strafgerichte**" eingebracht (vgl. BR-Drucks 438/07). Dieser sieht in Anlehnung an das Jugendstrafverfahren vor, auch in der StPO ein Wahlrechtsmittel gegen amtsgerichtliche Urteile einzuführen. Gegen diese soll entweder die Berufung oder die Revision zulässig sein. Nach der Entscheidung für eines der beiden Rechtsmittel ist das andere dann ausgeschlossen (vgl. dazu auch BT-Drucks 16/6969 und *Röhling* ZRP 2009, 17).

1624 Revision

S. „Rechtsmittel" bei Rdn 1620.

1625 Strafbefehlsverfahren

Der „Entwurf eines Gesetzes zur Effektivierung des Strafverfahrens" (BR-Drucks 660/06; s. Rdn 1606) will das Strafbefehlsverfahren **auch** auf Verfahren vor dem **LG** oder **OLG** ausdehnen (→ *Strafbefehlsverfahren*, Rdn 2568; zum Strafbefehlsverfahren im EV *Burhoff*, EV, Rn 3448). Zudem sollte die durch einen Strafbefehl zulässiger Weise zu verhängende Freiheitsstrafe von einem Jahr auf **zwei Jahre angehoben** werden (§ 408).

Das Land Schleswig-Holstein hatte schon 2007 ein „Gesetz zur Verbesserung der Position der Opfer im Strafverfahren" (BR-Drucks 793/07) eingebracht. Dieses sieht eine Änderung des Strafbefehlsverfahrens zur **Stärkung** der **Opferrechte** dadurch vor, dass die Geltendmachung von Entschädigungsansprüchen der Verletzten auch in Strafbefehlsverfahren möglich sein soll, die Ansprüche aber bis zu 1.500,00 € begrenzt werden. Der Gesetzesantrag ist im Bundesrat bisher nicht beraten worden.

1626 Unterbrechung der Hauptverhandlung

Im Gesetzgebungsverfahren befindet sich ein Gesetzesvorhaben betreffend einer **Änderung** des **§ 229 Abs. 3,** durch die eine **Hemmung** der **Unterbrechungsfristen** eingeführt werden soll (vgl. BT-Drucks 17/4404; → *Unterbrechung der Hauptverhandlung*, Rdn 2701). Die Gesetzesinitiative geht davon aus, dass ein praktisches Bedürfnis zur Änderung der Vorschrift besteht. Die tagelangen Flugausfälle aufgrund der Vulkanaschewolke im Frühjahr 2010, der Besetzung des internationalen Flughafens in Bangkok im November 2008, der mehrtägigen Sperrung des US-Luftraums nach den Anschlägen vom 11.9.2001 oder das Einstellen der Fährverbindung zur Insel Hiddensee aufgrund des strengen Winters hätten in der Vergangenheit gezeigt, dass ein praktisches Bedürfnis dafür besteht, höhere Gewalt als Grund für eine Hemmung der Unterbrechungsfrist anzuerkennen. Verschiedene Großverfahren hätten wiederholt werden müssen bzw. seien in die Gefahr einer Wiederholung geraten. Deshalb will man durch eine Erweiterung der Hemmungsregelung des § 229 Abs. 3 um die Fälle der höheren Gewalt den Grundsatz der Beschleunigung stärken sowie belastende und kostenträchtige Wiederholungen der Hauptverhandlung ver-

hindern (BT-Drucks 17/4404, S. 1). Das Ziel soll dadurch erreicht werden, dass in § 229 Abs. 3 S. 1 nach dem Wort „Krankheit" die Wörter „oder aus Gründen höherer Gewalt" eingefügt werden (zur weiteren Begründung s. BT-Drucks 17/4404, S. 6).
Die **Bundesregierung** hat zu dem Gesetzesvorhaben **abwartend** Stellung genommen (vgl. BT-Drucks 17/4404, S. 8). Es sei sorgfältig zu prüfen, ob die mit dem Entwurf angestrebte Erweiterung der in § 229 Abs. 3 vorgesehenen Fristhemmungsmöglichkeit mit dem Konzentrationsgrundsatz und dem in Art. 6 Abs. 1 S. 1 MRK verankerten Gebot beschleunigter Verfahrenserledigung in Einklang gebracht werden könne. Es wird zudem, was zutreffend ist, auf Auslegungsschwierigkeiten hingewiesen, da der unbestimmte Begriff der „höheren Gewalt" i.S. einer unvorhersehbaren und unvermeidbaren Verhinderung von kriegerischen Ereignissen und Naturkatastrophen über Streiks bis hin zu witterungsbedingten Verkehrsbehinderungen reichen könne. Im Bundestag ist das Gesetzesvorhaben **bisher nicht beraten**.

1627

Untersuchungshaft

1628

Zum Untersuchungshaftrecht ist hinzuweisen auf eine Gesetzesinitiative des Bundeslandes Hamburg (vgl. BR-Drucks 24/11), die § 112a betrifft (→ *Untersuchungshaft des Beschuldigten*, Rdn 2866 ff.). Bei diesem Haftgrund der „Wiederholungsgefahr" wird von Hamburg Reformbedarf gesehen, weil die (einfache) Körperverletzung nach § 223 StGB für sich genommen derzeit kein Grund sei nach § 112a U-Haft anzuordnen. Anders sei das bei den qualifizierten Körperverletzungsdelikten, etwa bei § 224 StGB, der gefährlichen Körperverletzung. Deshalb soll der Katalog des § 112 Abs. 1 Nr. 3 insoweit erweitert werden. Außerdem soll die **Systematik** des § 112a Abs. 1 **geändert werden**. In der derzeitigen Fassung genügt in der Nr. 1 bei einigen Straftaten der Verdacht und bei den in Nr. 2 erwähnten benötigt man eine „wiederholt oder fortgesetzt die Rechtsordnung schwer beeinträchtigende Straftat". In Zukunft soll es eine Zwischenstufe geben, nämlich eine neue Nr. 2 mit der die Rechtordnung schwerwiegend beeinträchtigenden Straftat, wobei die Straftaten aus dem bisherigen Katalog der Nr. 2 auf die neuen Nr. 2 und 3 aufgeteilt werden sollen. Der Gesetzesentwurf ist im Bundesrat noch nicht beraten.

Zeugenvernehmung

1629

Im Gesetzgebungsverfahren befand sich mit dem „Gesetz zur Verbesserung der Effektivität des Strafverfahrens" (BR-Drucks 120/10 = BT-Drucks 17/2166) eine nicht unwesentliche Änderung im Recht der Zeugenvernehmung, die auf z.T. erhebliche Kritik gestoßen ist (vgl. *Erb* StV 2010, 6). Vorgesehen ist nämlich eine Erscheinens- und Aussagepflicht des Zeugen für polizeiliche Vernehmungen (im EV) einzuführen. Dies entspricht i.Ü. dem Koalitionsvertrag der Regierungsfraktionen für die 17. Legislaturperiode (vgl. dort S. 107 [abzurufen unter: http://www.cdu.de/doc/pdfc/091026-koalitionsvertrag-cducsu-fdp.pdf]; s.a. *Arnoldi* StRR 2009, 449). Dieser Gesetzesentwurf ist in der 18. Legislaturperiode nicht wieder aufgenommen worden.

G Glaubwürdigkeitsgutachten

1630 Glaubwürdigkeitsgutachten

> **Das Wichtigste in Kürze:**
> 1. Die Beurteilung der Glaubwürdigkeit eines Zeugen ist „ureigenste Aufgabe" des Gerichts, das, auch wenn ein SV hinzugezogen worden ist, allein entscheidet, ob es einem Zeugen glaubt oder nicht.
> 2. Wenn das Gericht nicht genügend Sachkunde hat, muss es zur Beurteilung der Glaubwürdigkeit eines Zeugen ggf. einen SV beiziehen.
> 3. Häufig wird ein SV-Gutachten schon im EV eingeholt worden sein. Die Frage, ob ein Glaubwürdigkeitsgutachten einzuholen ist, kann aber auch (erst) in der HV Bedeutung erlangen.
> 4. Bei der Auswahl eines SV muss der Verteidiger beachten, dass die Fachkenntnisse eines Psychologen häufig nicht ausreichend sind, wenn eine geistige Erkrankung Einfluss auf die Glaubwürdigkeit eines Zeugen haben kann.
> 5. Aus § 81c folgt, dass eine psychiatrische oder psychologische Untersuchung nur mit Einwilligung des Zeugen zulässig ist. Sind ggf. Belehrungspflichten nicht oder nicht ordnungsgemäß erfüllt, kann sich ein BVV für die beim SV gemachten Angaben ergeben.
> 6. Die Untersuchung eines Zeugen ist nicht der einzige Weg, seine Glaubwürdigkeit und Aussagetüchtigkeit zu überprüfen.
> 7. Grds. muss der SV, der mit der Beurteilung der Glaubwürdigkeit eines Zeugen beauftragt ist, in der HV während dessen Vernehmung und den Vorgängen, die sich mit der Glaubwürdigkeit dieses Zeugen befassen (Vernehmung weiterer Zeugen), anwesend sein.
> 8. Im Urteil muss das Gericht, wenn die Beweiswürdigung nicht lückenhaft sein soll, zumindest die wesentlichen Anknüpfungstatsachen und Darlegungen des SV wiedergeben.

1631 **Literaturhinweise: Alkan-Mewes**, Aussagetüchtigkeit bei Personen mit Beeinträchtigungen der kognitiven Leistungsfähigkeit, Krim 2010, 377; **Arntzen/Michaelis-Arntzen**, Psychologie der Zeugenaussage, 5. Aufl. 2011; **Artkämper**, Kompetente Kommunikation im Strafverfahren versus Nullhypothese, StRR 2010, 368; **Aymans**, Rolle und Bedeutung der präsenten aussagepsychologischen Sachverständigen, StraFo 2007, 364; **H.-U. Bender**, Merkmalskombinationen in Aussagen. Theorie und Empirie zum Beweiswert beim Zusammentreffen von Glaubwürdigkeitskriterien, 1987; **Bender/Nack**, Tatsachenfeststellung vor Gericht, Bd. I: Glaubwürdigkeits- und Beweislehre, 2. Aufl. 1995; **Boetticher**, Anforderungen an Glaubhaftigkeitsgutachten, in *Barton*: Verfahrensgerechtigkeit und Zeugenbeweis, 2002, S. 55; *ders.*, Das Urteil über die Einführung von Mindeststandards in aussagepsychologischen Gutachten und seine Wirkungen, in: NJW-Sonderheft für *Gerhard Schäfer*, S. 8; **Brause**, Zum Zeugenbeweis in der Rechtsprechung des BGH, NStZ 2007, 505; *ders.*, Glaubhaftigkeitsprüfung und -bewertung einer Aussage im Spiegel der höchstrichterlichen Rechtsprechung, NStZ 2013, 129; **Burgheim/Friese**, Unterscheidungsmerkmale realer und vorgetäuschter Sexualdelikte, Krim 2006, 510; **Conen/Tsambikakis**, Strafprozessuale Wahrheitsfindung mittels Sachverständiger im Spannungsfeld zwischen Aufklärungspflicht und Beweisantragsrecht, GA 2000, 372; **Deckers**, Verteidigung in Verfahren wegen sexuellen Mißbrauchs von Kindern, NJW 1996, 3105; *ders.*, Die Verteidigung in Mißbrauchsverdachtsfällen als juristisches, sozialethisches und familienrechtliches Problem, AnwBl. 1997, 453; *ders.*, Glaubwürdigkeit kindlicher Zeugen, NJW 1999, 1365; *ders.*, Sexualstrafverfahren, in: StrafPrax, § 20; *ders.*, Fehlerquellen in Sexualstrafverfahren, in: Festschrift für *Ulrich Eisenberg*, 2009, S. 473; *ders.*, Vom Nutzen und zur Qualität aussagepsychologischer Gutachten im Strafprozess, in: Festschrift 25 Jahre AG Strafrecht, 2008, S. 411; *ders.*, Aussage gegen Aussage zur Entwicklung der revisionsgerichtlichen Rechtsprechung und der Aussagepsychologie, in: Festschrift für *Rainer Hamm* zum 65. Geburtstag, S. 53; *ders.*, Zur Zurückweisung eines Beweisantrages auf Einholung eines Sachverständigengutachtens wegen eigener Sachkunde des Gerichts – § 244 Abs. 4 S. 1 StPO – bei der Beurteilung der Glaubhaftigkeit einer Zeugenaussage – zugleich eine Besprechung von BGH – 2. Senat – JZ 2010, 471, in: Festschrift für *Ruth Rissing van Saan* zum 65. Geburtstag, S. 87; **Diezel**, Das Erfordernis der Objektivierung von Aussagen zur Vermeidung systematischer Fehler, StRR 2009, 375; **Endres**, Sexueller Kindesmißbrauch, Psychologischer Sachverstand als Beweismittel bei Verdachtsfällen sexuellen Kindesmißbrauchs, Krim 1997, 490; **Erb**, Grund und Grenzen der Unzulässigkeit einer regelmäßigen Einholung von Glaubwürdigkeitsgutachten im Strafverfahren, in: Festschrift für *Heinz Stöckel* zum 70. Geburtstag, 2010; S. 181; **Eschelbach**, Aussage gegen Aussage, ZAP F. 22, S. 599; *ders.*, Erinnerungsverfälschung durch Zeugencoaching, ZAP F. 22, S. 781; **Fabian/Greuel/Stadler**, Möglichkeiten und Grenzen aussagepsychologischer Begutachtung, StV 1996, 347; **Fischer**, Glaubwürdigkeitsbeurteilung und Beweiswürdigung – Von der Last der „ureignen Aufgabe", NStZ 1994, 1; *ders.*, Aussagewahrheit und Glaubhaftigkeitsbeurteilung Anmerkungen zum Beweiswert von Glaubhaftigkeitsgutachten im Strafverfahren, in: Festschrift für *Gunter Widmaier*, 2008, S. 191; **Geipel**, Die geheimen contra legem Regeln im ordentlichen Prozess, AnwBl. 2006, 784; *ders.*, Die Verteidigung bei Straftaten gegen die sexuelle Selbstbestimmung, StV 2008, 271; **Gmür**, Das psychiatrische Glaubwürdigkeitsgutachten, Krim 2000, 128; **Hussels**, Grundzüge der Irrtumsproblematik im Rahmen der Glaubhaftigkeitsbeurteilung, Krim 2011, 169; **Jahn**, Grundlagen der Beweiswürdigung und Glaubhaftigkeitsbeurteilung im Strafverfahren, Jura 2001, 450; **Jansen**, Überprüfung aussagepsychologischer Gutachten – unter Berücksichtigung der Grundsatzentscheidung des BGH v. 30.7.1999 (StV 1999, 473 = NJW 1999, 2746 ff.), StV 2000, 224; *dies.*, Zeuge und Aussagepsychologie, 2. Aufl., 2012; *dies.*, Sexualstrafrecht – ein Fall der Aussagepsychologie, StraFo 2005, 233; *dies.*, Einstimmen des Zeugen – Zur suggestiven Kraft von Vorgaben, Vordrucken und Vorformulierungen, in: Festschrift für *Christian Richter II*, 2007, S. 257; *dies.*, Hypothesengeleitete Aussagebeurteilung, in: Festschrift 25 Jahre AG Strafrecht, 2009, S. 571; *dies.*, „Da bin ich mir ganz sicher" – Zur subjektiven Gewissheit des Zeugen, in: Festschrift für *Egon Müller*, 2008, S. 309; **Knecht**, Recovered oder „False Memories"? Pseudoerinnerungen an sexuellen Missbrauch als Produkte therapeutischer Suggestion?, Krim 2006, 234; **Köhnken**, Glaubwürdigkeitsbegutachtung, in: MAH, § 62; **Krekeler**, Strafverteidigung mit und gegen einen Sachverständigen, StraFo 1996, 5; **Loftus**, Falsche Erinnerungen, in: Spektrum der Wissenschaft 1998, 62; **Meyer-Mews**, „In dubio contra reo" Rechtsprechungspraxis bei Aussage-gegen-Aussage-Delikten, NJW 2000, 916; **Nack**, Verteidigung bei der Glaubwürdigkeitsbeurteilung von Aussagen, StV 1994, 555; *ders.*, Der Zeugenbeweis aus aussagepsychologischer und juristischer Sicht, Interdisziplinärer Dialog – Sichtweise des Revisionsrichters, StraFo 2001, 1; *ders.*, Revisibilität der Beweiswürdigung, Teil 1: StV 2002, 510; Teil 2: StV 2002, 558; **Offe**, Anforderungen an die Begutachtung der Glaubhaftigkeit von Zeugenaussagen, NJW 2000, 929; **Roggenwallner**, Zur Frage der Anwesenheit des Verteidigers bei der Exploration durch Sachverständigen, StRR 2013, 214; **Rohmann**, Glaubhaftigkeitsbegutachtung bei nicht erfolgter Vernehmung, StraFo 2006, 401; **Schade**, Der Zeitraum von der Erstaussage bis zur Hauptverhandlung als psychologischer Prozeß. Folgerungen für die Glaubwürdigkeitsbegutachtung am Beispiel der Wormser Prozesse über sexuellen Kindesmissbrauch, StV 2000, 165; **Scholz**, Wie können nicht glaubhafte Zeugenaussagen entstehen?, NStZ 2001, 572; *ders.*, Kennzeichen und Prozesse einer nicht glaubhaften Zeugenaussage, R&P 2003, 76; *ders.*, Die nicht glaubhafte Zeugenaussage, StV 2004, 104; **Schmuck/Steinbach**, Glaubwürdigkeitsgutachten und § 244 Abs. 4 StPO, StraFo 2010, 17; **Scholz/Endres**, Sexueller Kindesmißbrauch aus psychologischer Sicht – Formen, Vorkommen, Nachweis, NStZ 1994, 466; *dies.*, Aufgaben des psychologischen Sachverständigen beim Verdacht des sexuellen Kindesmißbrauchs, NStZ 1995, 6; **Schoreit**, Einsatz von Polygraphen und Glaubhaftigkeits-Gutachten psychologischer Sachverständiger im Strafprozeß, StV 2004, 284; **Schumacher**, Die psychiatrische Bewertung der Aussagetüchtigkeit bei aussagepsychologischen Glaubhaftigkeitsbegutachtungen, StV 2003, 641; **Seiterle**, Zur Frage der „völligen Ungeeignetheit" (§ 244 Abs. 3 Satz 2 Var. 4 StPO) einer polygraphischen Untersuchung („Lügendetektor"), StraFo 2014, 58; **Strüwe**, Verteidigung in Fällen „Aussage gegen Aussage" im Ermittlungs-, Haupt-, und Revisionsverfahren, StRR 2009, 284; **Undeutsch/Klein**, Neue Wege der wissenschaftlichen Verdachtsanalyse in Missbrauchsfällen – Suggestionsforschung und Polygraphtests, AnwBl. 1997, 462; **Wagener-Wender**, Falsche Erinnerungen sind echtes Leid. Oder „Du kannst dich nicht von einem Problem erholen, das du nicht hast"., Krim 2006, 240; **Wendler**, Die Überprüfung von Aussagen auf Glaubhaftigkeit und Irrtumsfreiheit, Teil 1: StRR 2008, 12; *ders.*, Die Überprüfung von Aussagen auf Glaubhaftigkeit und Irrtumsfreiheit – Teil 2: StRR 2008, 58; s.a. die Hinw. bei → *Sachverständigenbeweis*, Rdn 2436.

1632 1. Die Beurteilung der Glaubwürdigkeit eines Zeugen ist „**ureigenste Aufgabe** des Gerichts"*, das, auch wenn ein SV hinzugezogen worden ist, allein entscheidet, ob es einem Zeugen glaubt oder nicht (vgl. u.a. BGH NJW 2005, 1671; NStZ 2010, 51; 2013, 672; NStZ-RR 2006, 241; 2007, 365 [Ls.]; StraFo 2013, 26; KG StRR 2014, 31 m. Anm. *Junker*; KK-*Krehl*, § 244 Rn 49 ff. m.w.N.). Das Ergebnis dieser Entscheidung hängt von der dem Richter obliegenden **Gesamtwürdigung** des Beweisstoffes ab (zur Revisibilität der Glaubwürdigkeitsbeurteilung von Aussagen s. *Nack* StV 1994, 555 ff. m. zahlr. weit. Nachw. a. aus der n.v. Rspr. des BGH; *ders.* StraFo 2001, 1 ff. sowie StV 2002, 558; *Deckers*, S. 53 ff.; *Strüwe* StRR 2009, 284 ff.; zu den Grenzen aussagepsychologischer Begutachtung s. *Fabian/Greuel/Stadler* StV 1996, 347 ff.). Hinzuweisen ist in diesem Zusammenhang insbesondere auch auf *Krehl* (NStZ 1994, 1 ff.) und *Erb* (S. 181 ff.), die zum Überhandnehmen von Glaubwürdigkeitsgutachten Stellung nehmen; *Krehl* (a.a.O.) kritisiert das und fordert die Richter auf, ihre „ureigenste" Aufgabe der Beweiswürdigung (wieder mehr) in die Hand zu nehmen (ebenso KK-*Krehl*, § 244 Rn 53 ff.; zu allem a. KK-*Schoreit*, § 261 Rn 31 ff.). Besondere Bedeutung kommt dieser Würdigung bei Sexualdelikten zu (vgl. dazu *Burgheim/Friese* Krim 2006, 510; *Geipel* StV 2008, 271).

1633 2.a) In einigen Fällen besteht jedoch **Anlass**, einen SV zur **Beurteilung** der **Glaubwürdigkeit** eines Zeugen beizuziehen (s.a. *Nack* StraFo 2001, 4 ff.; KK-*Krehl*, § 244 Rn 50 ff. m.w.N.). Das ist grds. immer dann der Fall, wenn „Eigenart und besondere Gestaltung des Einzelfalls" vom Gericht eine **Sachkunde** verlangen, die ein Richter normalerweise selbst dann nicht hat, wenn er über besondere forensische Erfahrungen, etwa in Jugend- oder Jugendschutzsachen, verfügt (BGH NStZ 2001, 105; 2005, 394 m.w.N.; 2013, 672; StraFo 2013, 26; NStZ-RR 2006, 241; 2006, 242; vgl. aber auch BGH NStZ 2010, 51; OLG Bremen StRR 2007, 304; s.a. BVerfG NJW 2003, 1443; vgl. noch *Jansen*, Rn 120 ff.; zur Sachkunde KK-*Krehl*, § 244 Rn 51; *Deckers*, S. 87 ff.). I.d.R. wird der Verteidiger sich mit den insoweit auftauchenden Fragen schon im EV auseinandersetzen müssen (vgl. dazu a. *Burhoff*, EV, Rn 2127 ff.). Das gilt vor allem für die Aussagen von Kindern und (jüngeren) Erwachsenen, die Krisen und/oder Persönlichkeitsstörungen zu bewältigen haben. Diese sind, weil nicht selten Interaktionen zwischen (kindlichen) Zeugen und Bezugspersonen zur Unglaubhaftigkeit einer Aussage führen (BGH NStZ-RR 2006, 242;

vgl. dazu a. mit Fallbeispiel *Schade* NStZ 2001, 572; zu den Quellen der Aussagebeeinflussung s.a. *Scholz* StV 2004, 104), häufig „**Problemaussagen**" (zur „Aussage-Aussage-Problematik" *Strüwe* StRR 2009, 284).

b) Ist ggf. bereits im **EV** ein **Glaubwürdigkeitsgutachten** eingeholt worden, muss der Verteidiger dieses prüfen (vgl. wegen der Einzelh. dazu insbesondere *Burhoff*, EV, Rn 2140 ff. m.w.N.; zur Überprüfung von Aussagen auf Glaubhaftigkeit und Irrtumsfreiheit *Wendler* StRR 2008, 12 ff.; 50 ff.; zum „Zeugencoaching" *Eschelbach* ZAP F. 22, S. 781 ff.). Er muss dabei vor allem prüfen, ob die vom **BGH** für ein solches Gutachten aufgestellten **Mindestanforderungen** beachtet sind (s. dazu BGHSt 45, 164; BGH NStZ 2001, 45; 2008, 116; *Jansen* StV 2000, 224; *dies.*, Rn 47 ff.; *Offe* NJW 2000, 929; zur Auswertung von Glaubwürdigkeitsgutachten in Verfahren wegen sexuellen Missbrauchs s. insbesondere *Deckers* NJW 1996, 3108 f. und 1999, 1365 m. zahlr. weit. Nachw. sowie *ders.*, S. 191 ff.; vgl. a. *Boetticher*, a.a.O.; zur Frage, ob der Angeklagte einen Anspruch auf Vorlage der Arbeitsunterlagen des SV hat, → *Sachverständigenbeweis*, Rdn 2467).

1634

3.a) Häufig wird ein SV-Gutachten schon im EV eingeholt worden sein. Die Frage, ob ein **Glaubwürdigkeitsgutachten einzuholen** ist, kann aber auch (erst) in der HV Bedeutung erlangen. Dann ist auf folgende **Punkte zu achten** (vgl. a. die Zusammenstellung der Rspr. bei KK-*Krehl*, § 244 Rn 51 ff.; *Jansen*, Rn 100 ff.; *Schmuck/Steinbach* StraFo 2010, 17 ff.; zu den Anforderungen an die Formulierung des Beweisantrages BGH NStZ-RR 2015, 17 [es muss nicht vorgetragen werden, dass der Zeuge die Zustimmung zur Untersuchung erteilt hat]).

1635

Der Verteidiger muss **sorgfältig prüfen**, ob er die Einholung eines Glaubwürdigkeitsgutachtens beantragt oder nicht. Denn ist das psychologische Gutachten über die Glaubwürdigkeit eines Belastungszeugen, z.B. in einem Verfahren wegen einer Vergewaltigung oder in einem Missbrauchsverfahren, erst einmal gegen den Angeklagten ausgefallen, ist er auch schon so gut wie verurteilt. Ein **Beweisantrag**, der sich mit der Glaubwürdigkeit eines Zeugen, der den Angeklagten belastet, befasst, darf allerdings grds. **nicht** mit einer **Wahrunterstellung** abgelehnt werden (BGH StV 1996, 647; ähnl. BGH NStZ 2007, 282).

Der Verteidiger muss bei seinen Überlegungen des Weiteren berücksichtigen, dass er ein gegen den Angeklagten ausgefallenes Gutachten ohne **eigenen SV Gutachten** selten so gezielt angreifen kann, dass er das Gericht dazu bringt, ein zweites gerichtliches Gutachten in Auftrag zu geben. Es stellt sich damit die Frage der Beauftragung eines eigene SV und dessen Vernehmung in der HV. In dem Zusammenhang muss sich der Verteidiger mit den Fragen des → *präsenten Beweismittels*, Rdn 2036, befassen, falls das Gericht den SV der Verteidigung nicht „freiwillig" lädt. Der entsprechende Beweisantrag kann vom Gericht nicht allein mit der Begründung abgelehnt werden, dass der (aussagepsychologische) **SV während der**

1636

Vernehmung des betreffenden Zeugen, dessen Aussage er beurteilen soll, in der HV **nicht anwesend war** (BGH StV 2011, 701 m. Anm. *Burhoff* StRR 2011, 467); dass der SV sich keinen unmittelbaren eigenen Eindruck von der Aussage des Zeugen machen konnte, ist ggf. bei der Würdigung seines Gutachtens in Rechnung zu stellen, macht ihn aber nicht zu einem Beweismittel ohne jeden Beweiswert (BGH, a.a.O.).

1637 b) Grds. machen nur **besondere Umstände** die **Zuziehung** eines **SV** erforderlich (s.u.a. BGH NJW 2005, 1671; NStZ 2008, 116; 2010, 51; 2013, 672; StV 2004, 241; StraFo 2013, 26; NStZ-RR 2006, 242; auch noch Beschl. v. 15.02.2011 – 1 StR 19/11; BayObLG StV 1996, 476; OLG Bremen StRR 2007, 304; vgl. a. *Brause* NStZ 2007, 505, 509), so z.B.

1638 Zuziehung eines SV **bejaht**

- zur Beurteilung der **Auswirkungen** von **Alkohol** auf die Erinnerungsfähigkeit (z.B. BGH StV 2001, 665; vgl. a. BGH NStZ 2010, 51),
- zur Beurteilung der Auswirkungen von **übermäßigen Alkoholkonsums** auf möglichen **Gehirnschwund** infolge (BGH NStZ-RR 2014, 185),
- in einem Missbrauchsverfahren bei einem **autistischen Zeugen**, in dessen Aussage Widersprüche auftreten (OLG Bremen StRR 2007, 304),
- ggf. eine **Betäubungsmittelabhängigkeit** bei einem jugendlichen Zeugen (OLG München StV 2006, 464),
- bei einer **langjährigen Drogenabhängigkeit** in Kombination mit einer akuten hohen Intoxikation zur Tatzeit (BGH NStZ 2009, 346),
- die Person des Zeugen weist ausnahmsweise solche Besonderheiten auf, dass Zweifel daran aufkommen können, ob die Sachkunde (des Gerichts) zur Beurteilung der Glaubwürdigkeit unter den gegebenen besonderen Umständen ausreicht (BGH JZ 1990, 52; s.a. StV 1993, 567 [für Zeugin war bereits **Entmündigungsantrag** gestellt, mehrfache stationäre Behandlungen in einem Fachkrankenhaus für Neurologie und Psychiatrie]; 1997, 60 [Hirnhautentzündung mit monatelangem Krankenhausaufenthalt als Kleinkind, Sonderschulbesuch, **psychische Auffälligkeiten**]; NStZ-RR 2001, 132 [K; **schizophrene** Belastungszeugin]; 2006, 242 [Zeugin war bereits früher sexuellen Übergriffen ausgesetzt]; NStZ 2010, 100 [**emotional-instabile Persönlichkeitsstörung** oder eine andere, **selbstverletzendes Verhalten** auslösende Persönlichkeitsstörung]; s. aber auch NStZ 2010, 51 [bei Alkoholisierung der psychisch auffälligen Geschädigten wegen besonderer Sachkunde der Jugendkammer abgelehnt]),
- der Zeuge litt an **Epilepsie** (BGH StV 1991, 245),
- der Zeuge hat sich erst nach **Hypnose** erinnert (so wohl BGH NStZ-RR 1999, 48),
- der Zeuge war hochgradig **medikamentenabhängig** (zuletzt BGH NStZ 1991, 47),
- ggf. in einem **Missbrauchsverfahren**, wenn Anhaltspunkte dafür vorliegen, dass eine **Übertragung** eines **Parallelerlebnisses** durch die Geschädigte in Betracht kommen könnte (BGH NStZ-RR 2012, 255 [Ls.]),

- wenn es um die Beurteilung einer psychischen Störung eines vielfach in **psychiatrischen Einrichtungen untergebrachten** sowie in seinem Aussageverhalten auffälligen Zeugen geht (BGH StV 2013, 483),
- für ein **Vergewaltigungsverfahren**, wenn es um die Auswirkungen einer **paranoiden Persönlichkeitsstörung** auf die Aussagetüchtigkeit geht (BGH StV 2012, 582),
- der Zeuge leidet an einer **Psychose** (BGH StV 1990, 8 m.w.N.; BayObLG StV 1996, 476; s.a. BGH NStZ 1995, 558 [Beiziehung eines Psychiaters zur Beurteilung der Aussagetüchtigkeit]),
- die Zeugentüchtigkeit war durch ein **Schädel-Hirn-Trauma** möglicherweise beeinträchtigt (BGH StV 1994, 634),
- der Zeuge leidet an **Schwachsinn** und es liegt zudem noch Alkohol- und Tablettenmissbrauch vor (BGH StV 1997, 61),
- bei „**Aussage gegen Aussage**" (s. dazu zuletzt BGH StV 1994, 359; 1998, 116, jew. m.w.N.; zur „Aussage-gegen-Aussage-Problematik" OLG Hamm StV 2008, 130; *Strüwe* StRR 2009, 284) oder bei **wechselndem Aussageverhalten** des Zeugen (vgl. BGH NStZ 1992, 347; s.a. die weit. Nachw. bei *Nack* StV 1994, 556),
- wenn die Tat **lange zurück** liegt (BGH StV 1994, 173),
- wenn es um die Beurteilung von „**Verdrängungsmechanismen**" bis hin zu vollständiger Amnesie geht (StraFo 2013, 26).

Zuziehung eines SV **verneint** 1639

- bei der **Problematik** der Lichtbildvorlage, der **Gegenüberstellung** und des wiederholten Wiedererkennens (BGH NStZ-RR 2000, 291 [K]; → *Gegenüberstellung von Zeugen*, Rdn 1581),
- **allein** wegen des Umstandes, dass eine erwachsene, **gehörlose Zeugin**, bei der keine psychologischen Auffälligkeiten gegeben sind, mithilfe einer Gebärdendolmetschers vernommen werden muss (BGH NStZ 2000, 214),
- weil ggf. eine Persönlichkeitsstörung vorliegt, so lange diese nicht nachgewiesen ist und die Aussage des Zeugen durch **andere Umstände bestätigt** wird (BGH NStZ-RR 2006, 365 [Ls.]),
- für einen **Psychologen** als **weiteren SV** zur Glaubwürdigkeit eines **erwachsenen Zeugen**, wenn sich der Tatrichter aufgrund des Gutachtens eines psychiatrischen SV die nötige Sachkunde dafür verschafft hat, beurteilen zu können, dass die Auffälligkeiten in der Person des Zeugen auf dessen Zeugentüchtigkeit keinen Einfluss haben (BGH NJW 1998, 2753; ähnl. BGH NJW 2002, 1813),
- wenn zwar eine erhebliche **Alkoholisierung** der Zeugin sowie **psychische** Auffälligkeiten in ihrer Person die Beweiswürdigung als problematisch erscheinen lassen, das Gericht aber da, wo es nötig ist, sachverständige Hilfe in Anspruch genommen hat (BGH NStZ 2010, 51),

- für einen **psychiatrischen** SV, wenn ein Psychologe die Glaubwürdigkeit bestätigt hat, weil er aus nervenärztlicher Sicht keine Einschränkungen hinsichtlich der Aussagefähigkeit und -tüchtigkeit feststellen konnte (BGH, Beschl. v. 15.2.2011 – 1 StR 19/11).

1640 b) Der o.a. Grundsatz, dass grds. machen nur besondere Umstände die Zuziehung eines SV erforderlich machen (Rdn 1637), gilt auch, wenn es um die Beurteilung der Aussagen von **Kindern** und **Jugendlichen** geht (st. Rspr.; vgl. u.a. BGH NJW 1961, 1636; 2005, 1671; NStZ 2001, 105; 2010, 51; 2013, 672; NStZ-RR 2006, 241; 2006, 242; 2007, 365 [Ls.]; 2013, 218; KG StRR 2014, 31 m. Anm. *Junker;* allgemein zur Glaubwürdigkeitsbeurteilung kindlicher Tatopfer BGH NStZ 1996, 98; 2008, 116; s.a. *Nack* StV 1994, 557 m.w.N. und *Deckers* NJW 1999, 1368 f.; *Jansen*, Rn 124 ff.). Häufig ist es jedoch bei kindlichen und jugendlichen Zeugen ratsam, einen **(Jugend-)Psychiater**, (Jugend-)Psychologen oder SV zur Beurteilung der Glaubwürdigkeit eines jugendlichen Zeugen hinzuzuziehen (zuletzt BGH StV 1997, 60; NStZ-RR 1997, 171 f.; KK-*Krehl*, § 244 Rn 51 m.w.N.; vgl. aber NStZ 2013, 672; zu den Befugnissen eines Psychologen BGH NJW 1998, 2753 f.).

Nach Auffassung des OLG Zweibrücken (StV 1995, 293) sind Zeugen, die jünger als **vier** Jahre alt sind, **kaum aussagetüchtig**, sodass sich bei ihnen die psychologische Exploration und Begutachtung aufdrängt. Das OLG Köln (StV 1995, 293 f.) sieht keinen Erfahrungssatz als gegeben, dass ein **8-jähriges Kind** grds. nicht in der Lage sei, sich an einen knapp zwei Jahre zurückliegenden Vorfall im Straßenverkehr zu erinnern.

1641 Zuziehung eines SV ist **darüber hinaus geboten**

- es liegen **Auffälligkeiten** in der **Person** und in den Umständen der Aussageentstehung vor (BGH NStZ-RR 2006, 242; OLG Bremen StRR 2007, 304 [autistischer Zeuge]),
- es geht um die Beurteilung der **Aussage** eines **jugendlichen Zeugen**, der sich zur Tatzeit in der **sexuellen Reifung** befand und über sexuelle Dinge aussagen soll (OLG Düsseldorf StV 1994, 642),
- es bestehen **Besonderheiten** in der **Person** des (jugendlichen) Zeugen, wie z.B. ungewöhnliches Erscheinungsbild oder (Aussage-)Verhalten (OLG Brandenburg StV 1999, 481), unaufgeklärte Widersprüche, **geistige Schäden**, **Reifedefizite** u.a. (BGH NStZ-RR 1997, 171 [geistige Behinderung]; StV 2002, 637 [Vorwurf des sexuellen Missbrauchs, das Opfer zeigt **psychische Auffälligkeiten** und hat zudem in der Vergangenheit einen anderen Beschuldigten wahrheitswidrig der Vergewaltigung bezichtigt]; vgl. aber BGH NStZ 2010, 51; OLG Düsseldorf StV 1990, 13 m.w.N.; OLG Koblenz StV 2001, 561; *Meyer-Goßner/Schmitt*, § 244 Rn 74; zur Glaubwürdigkeitsbeurteilung unter Berücksichtigung der Entstehungsgeschichte der Aussage und bei einer Häufung von Fragwürdigkeiten BGH StV 1996, 366, 367; HRRS 2006 Nr. 475),

Glaubwürdigkeitsgutachten G

- wenn es sich um die Angaben über ein Geschehen, in dem der **Zeuge** zwischen **sieben** und **zwölf** (BGH NStZ 1990, 228 [M]) bzw. zwischen **fünf** und **13 Jahre** (BGH StV 1994, 173; vgl. aber BGH NStZ 2013, 672) alt war, handelt, da es dann nicht allein auf die Glaubwürdigkeit zum Zeitpunkt der Vernehmung ankommt, sondern auch die Wahrnehmungsfähigkeit, das Erinnerungsvermögen und die Zuverlässigkeit des Zeugen zum Zeitpunkt des Geschehens von Bedeutung sind,
- i.d.R. in Verfahren wegen **sexuellen Missbrauchs** (vgl. zu dieser Problematik eingehend *Brause* NStZ 2007, 505, 508; *Deckers* NJW 1996, 3105; *ders.*, NJW 1999, 1365 und a. *Schade* StV 2000, 165; *Scholz* NStZ 2001, 572; zur Glaubwürdigkeit kindlicher Tatopfer u.a. BGH NStZ 1996, 98; StV 1998, 116), so z.B.
  - wenn eine intensive, teilweise **suggestive Befragung** von Geschädigten geringen Alters durch Familienangehörige stattgefunden hat, zwischen Taten und Offenbarung mehr als ein Jahr liegt und die kindlichen Aussagen in einem Sorgerechtsstreit verwendet werden (BGH NStZ 2001, 105; OLG Bremen StRR 2007, 304),
  - bei Auffälligkeiten hinsichtlich der **Aussageentstellung** (BGH HRRS 2006 Nr. 475),
  - wenn es sich um die **erstmalige Aussage** eine Kindes zu einem sechs bis acht Jahre zurückliegenden Missbrauch handelt, die auf **gezielte Befragung** der Kriminalpolizei nach Verneinung jeglicher sexueller Kontakte zum Beschuldigten entstanden ist (BGH StV 2004, 241),
  - auf jeden Fall dann, wenn die **Schwierigkeiten** bei der **Vernehmung** über die typischen Probleme bei diesen Vernehmungen hinausgehen (BGH NStZ 1999, 472 [für einen Fall, in dem das Opfer sich praktisch nur andeutungsweise geäußert hat]),
  - wenn **Auffälligkeiten** in der **Person** und in den Umständen der Aussageentstehung vorliegen (BGH NStZ-RR 2006, 242; vgl. aber NStZ 2010, 51).

Zuziehung eines SV **nicht geboten** 1642

- nicht unbedingt weil der kindliche/jugendliche Zeuge während der Missbrauchszeit vorübergehend an **epileptischen Anfällen** gelitten hat (BGH NJW 2005, 1671),
- nicht unbedingt, wenn für einen Belastungszeugen ein Gutachten eingeholt worden ist, auch für den **Entlastungszeugen** (BGH NStZ 1999, 257 [zugleich auch zur Beweiswürdigung in solchen Fällen]),
- nicht allein, wenn Gegenstand der Aussage Straftaten gegen die sexuelle Selbstbestimmung sind und die Opfer zur Zeit der vorgeworfenen Taten zwischen 9 und 13 Jahre alt waren, auch wenn die **Beweiswürdigung** mit Blick auf die Aussageentstehung und das Aussageverhalten als durchaus **schwierig** angesehen werden kann, so lange sie das „normale" Maß nicht übersteigt (BGH, Urt. v. 19.04.2007 – 4 StR 23/07),
- **nicht allein** das Vorliegen einer **Ticstörung** („Tourette-Syndrom") – jedenfalls in der Ausprägung lediglich einfacher motorischer Tics –, da diese grds. keinen Anlass gibt,

an der Aussagetüchtigkeit und Glaubwürdigkeit betroffener kindlicher Zeugen zu zweifeln, da die Krankheit keine Beeinträchtigung der intellektuellen Leistungsfähigkeit zur Folge hat (KG StRR 2014, 24 m. Anm. *Junker*).

4. Hinweis für den Verteidiger!

1643 a) Bei der **Auswahl** eines SV muss der Verteidiger beachten, dass die Fachkenntnisse eines **Psychologen** häufig **nicht ausreichend** sind, wenn eine geistige Erkrankung Einfluss auf die **Glaubwürdigkeit** eines Zeugen haben kann; es ist dann ein Psychiater beizuziehen (NStZ 1995, 558; 1997, 199; StV 1997, 60; OLG Bremen StRR 2007, 304; s. aber BGH NJW 1998, 2753; 2002, 1813; NStZ 2013, 672; NStZ-RR 2013, 218; zum Einsatz eines Psychologen eingehend *Schoreit* StV 2004, 284). Allerdings geht der BGH (vgl. Beschl. v. 15.02.2011 – 1 StR 19/11) davon aus, dass der Tatrichter die für die Beurteilung der Glaubwürdigkeit eines Zeugen erforderliche Sachkunde hat, wenn – nach Einholung eines psychologischen Gutachtens – Anhaltspunkte dafür nicht vorliegen, dass es zur Beurteilung der Glaubwürdigkeit einer volljährigen und aus nervenärztlicher Sicht keinen Einschränkungen hinsichtlich ihrer Aussagefähigkeit und -tüchtigkeit unterliegenden Geschädigten der Begutachtung durch einen psychiatrischen Sachverständigen bedurft hätte. Nach Auffassung des BGH (NJW 1998, 2753) ist zudem die Hinzuziehung eines **Psychologen** als **weiteren SV** zur Glaubwürdigkeit eines **erwachsenen Zeugen** nicht erforderlich, wenn sich der Tatrichter aufgrund des Gutachtens eines psychiatrischen SV die nötige Sachkunde dafür verschafft hat, beurteilen zu können, dass die Auffälligkeiten in der Person des Zeugen auf dessen Zeugentüchtigkeit keinen Einfluss haben. Geht es allerdings (nur) um „normalpsychologische" Wahrnehmungs-, Gedächtnis- und Denkprozesse, reicht die Zuziehung eines Psychologen (BGH NJW 2002, 1813; zum Einsatz eines Psychologen eingehend *Schoreit* StV 2004, 284). Ggf. muss der Verteidiger einen **Beweisantrag** stellen, wenn er die Zuziehung eines weiteren SV für erforderlich ansieht (s. die Hinw. bei BGH, a.a.O.; → *Obergutachter*, Rdn 1953, mit Antragsmuster Rdn 1966; → *Sachverständigenbeweis*, Rdn 2436).

1644 Grds. bestehen auch keine Bedenken, wenn ein als **Therapeut** des zu begutachtenden Zeugen tätiger Psychologe als SV zur Frage von dessen Glaubwürdigkeit beigezogen wird (BGH StV 1996, 130). Will der Verteidiger dies verhindern, kann er den SV nur gem. § 74 Abs. 1 ablehnen (→ *Ablehnung eines Sachverständigen*, Rdn 15). Bei der Vernehmung des Therapeuten und/oder der psychiatrisch und psychologisch behandelnden Ärzte ist aber zu **bedenken**, dass diese im Rahmen der Therapie ihres Patienten im Vordergrund ihrer Aufgabe nicht die Frage des Wahrheitsgehalts seiner Äußerungen, also die Überprüfung der „Validität" der Angaben, sehen. Ihnen geht es i.d.R. vornehmlich um die Behandlung – etwa einer Persönlichkeitsstörung –, um die Minderung subjektiv empfundenen Leidensdrucks und um Verhaltensänderungen (vgl. dazu BGH NStZ 2002, 636). Überdies steht dem als Zeugen vernommenen, früher behandelnden Therapeuten regelmäßig nicht diejenige umfassende Erkenntnisgrundlage zur Verfügung, die einem das Gericht beratenden SV zugänglich ist (BGH StV 2002, 637; zur Auswahl s.a. *Jansen*, Rn 106 ff.).

⚖ Mit diesen Umständen muss der Verteidiger bei der Anhörung zur Auswahl des Verteidigers **argumentieren**, wenn er den Einsatz des Therapeuten verhindern will.

b) Zum Verfahren bei der **Auswahl** eines SV wird i.ü. verwiesen auf *Burhoff*, EV, Rn 3318 ff. und auf Nr. 70 RiStBV. Zur ggf. erforderlichen **Ablehnung** eines SV s. → *Ablehnung eines Sachverständigen*, Rdn 15.

1645

⚖ **Verweigert** der gesetzliche Vertreter eines minderjährigen Opfers dessen notwendige **Untersuchung** durch einen **bestimmten SV**, kann das Gericht wegen der ihm obliegenden → *Aufklärungspflicht des Gerichts*, Rdn 329, verpflichtet sein, einen anderen SV auszuwählen (KG NJW 1997, 69).

Hat im Vorverfahren eine → ***Gegenüberstellung** von Zeugen*, Rdn 1581, stattgefunden, kann es in schwierigen Fällen ratsam sein, in der HV die Hinzuziehung eines **Psychologen** als SV zu beantragen, damit dieser bei der Beurteilung der Zuverlässigkeit einer Wiedererkennung behilflich ist.

5.a) Aus § 81c folgt, dass eine **psychiatrische** oder **psychologische Untersuchung** nur mit **Einwilligung** des **Zeugen** zulässig ist (BGHSt 14, 21, 23; 23, 1 f.; BGH NStZ 2013, 672; s.a. *Eisenberg* StV 1995, 625 [in der Anm. zu BGHSt 40, 336], der die Glaubwürdigkeitsuntersuchung eher als einer Vernehmung vergleichbar ansieht und deshalb § 52 analog anwenden will). Der Verteidiger muss darauf achten, dass über die Einwilligung zur Untersuchung gem. §§ 81c Abs. 3 S. 2, 52 Abs. 2, 3 allein der **gesetzliche Vertreter** eines Zeugen entscheidet, wenn der Zeuge selbst von der Bedeutung seines Untersuchungsverweigerungsrechts als Angehöriger mangels Verstandesreife keine genügende Vorstellung hat (BGHSt 40, 336 [für Kinder in einem Verfahren wegen sexuellen Missbrauchs]). Auch der gesetzliche Vertreter ist zu **belehren** (eingehend zur Belehrung *Burhoff*, EV, Rn 2505 ff.).

1646

b) Sind die Belehrungspflichten nicht oder nicht ordnungsgemäß erfüllt, kann sich ein BVV für die beim SV gemachten Angaben ergeben. Im Einzelnen gilt:

1647

Unverwertbar

1648

- sind grds. die **Angaben**, die ein untersuchter Zeuge gegenüber dem SV – **ohne Belehrung** durch das beauftragende Gericht – gemacht hat, solange Ungewissheit darüber besteht, ob der Zeuge von seinem ZVR Gebrauch macht oder ob er darauf verzichtet (BGH NJW 1996, 206; StV 1996, 196); es muss aber, wenn der SV an der polizeilichen Vernehmung des Zeugen teilnimmt, dieser nicht auch noch über sein (späteres) Weigerungsrecht gegenüber dem SV belehrt werden (OLG Köln StraFo 2011, 504),

G Glaubwürdigkeitsgutachten

- ist des Weiteren das Gutachten, vor dessen Erstellung ein zeugnisverweigerungsberechtigter **Zeuge nicht** auch über sein Recht, die **Untersuchung verweigern** zu können, **belehrt** worden ist (BGH NStZ 1996, 275), es sei denn, es erfolgt eine nachträgliche Einwilligung, z.b. im Rahmen der Vernehmung in der HV,
- auch die **unterlassene** oder **fehlerhafte Belehrung** eines **Minderjährigen** über das Untersuchungsverweigerungsrecht nach § 81c Abs. 3 S. 2 begründet ein BVV, wenn ein Kausalzusammenhang besteht und der Mangel nicht geheilt worden ist. Beruht das (spätere) Urteil auf der Verwertung, fällt es bei entsprechend ausgeführter Rüge (§ 344 Abs. 2!) der Revision anheim (BGHSt 13, 394, 398; KK-*Senge*, § 81c Rn 24; zum BVV bei nicht ordnungsgemäßer Belehrung eines Kindes s. zuletzt BGH NJW 1996, 206; NStZ 1996, 145).

> Hat der SV bewusst nicht für die ordnungsgemäße Belehrung eines Kindes gesorgt, soll das allein i.d.R. noch nicht die Besorgnis der **Befangenheit** des SV begründen (BGH NStZ 1997, 349); etwas anderes gilt, wenn der SV den zu untersuchenden Kindern bewusst verschweigt, dass er für die Justizbehörden tätig ist, weil er sicher ist, dass diese anderenfalls keine Angaben zum Tatgeschehen machen (BGH, a.a.O.).

- Entsprechendes gilt für den **gesetzlichen Vertreter** (st. Rspr.; s.u.a. BGHSt 14, 159 f.; zuletzt BGHSt 40, 336; zur Belehrung *Burhoff*, EV, Rn 2505). Das BVV besteht allerdings nicht, wenn feststeht, dass der gesetzliche Vertreter in Kenntnis des Rechts, die Untersuchung zu verweigern, in diese eingewilligt hätte (BGH, a.a.O.). Die **Zustimmung** des gesetzlichen Vertreters zu der Vernehmung reicht nur dann aus, wenn sich nach der Belehrung (der kindlichen Zeugen) herausgestellt hätte, dass diese das **Bewusstsein** der **Kinder** überhaupt **nicht erreicht** hätte (BGH NJW 1996, 206; NStZ 1996, 145; StV 1996, 196; zur erforderlichen Revisionsbegründung BGH NStZ 1997, 145).

> Die Frage der ordnungsgemäßen Belehrung muss der Verteidiger sorgfältig prüfen. Fehlt es an der erforderlichen Belehrung und kann der Mangel in der HV nicht geheilt werden, darf, wenn der Zeuge in der HV die **Aussage verweigert**, der **SV** dazu **nicht vernommen** werden (s.a. *Deckers* NJW 1996, 3110).
> Die Tatschilderung eines auf seine Glaubwürdigkeit begutachteten Zeugen ist eine sog. **Zusatztatsache** und steht einer Aussage i.S.d. § 252 gleich. Die in diesem Zusammenhang vom Zeugen gegenüber dem SV gemachten Mitteilungen dürfen im Fall einer späteren Zeugnisverweigerung nach § 52 ebenfalls **nicht** in die HV eingeführt und **verwertet** werden, und zwar weder durch das SV-Gutachten noch durch die Vernehmung des SV als Zeugen (BGHSt 46, 190 m.w.N.; BGH StV 2007, 68).

Glaubwürdigkeitsgutachten G

6. a) Die Untersuchung eines Zeugen ist nicht der einzige Weg, seine Glaubwürdigkeit **1649**
und Aussagetüchtigkeit zu überprüfen. So kann der **SV** z.B. die sonst niedergelegten Aussagen und **Äußerungen** des Zeugen **verwerten**, er kann insbesondere bei dessen Vernehmung in der HV anwesend sein und die hierbei gewonnenen Eindrücke beurteilen (BGHSt 40, 336; BGH NStZ 1982, 432).

⚖ Das Gericht kann i.Ü. ggf. im Hinblick auf eigene Sachkunde auf die Einholung eines SV-**Gutachtens verzichten**, wenn **andere Beweismittel** die Beurteilungsmöglichkeiten des Gerichts stützen (BGH NStZ-RR 1999, 48 f. [Geständnis des Angeklagten]). Von der Anhörung eines Psychologen als (weiteren) **SV** zur Glaubwürdigkeit kann auch dann abgesehen werden, wenn sich das Gericht aufgrund des Gutachtens eines psychiatrischen SV die nötige Sachkunde verschafft, um beurteilen zu können, dass Auffälligkeiten in der Person des Zeugen auf die Glaubwürdigkeit von dessen Aussage keinen Einfluss haben (BGH NJW 1998, 2753; s. aber a. BGH NStZ 1997, 610 [nicht bei einem weiteren SV i.S.v. § 244 Abs. 4 S. 2]).

b) Auch wenn der **Zeuge** zur **Mitarbeit** bei der Exploration **nicht bereit** ist, muss das Ge- **1650**
richt ggf. auf die Einholung eines SV-Gutachtens zur Glaubwürdigkeit verzichten. Es muss dann die Aussage aber selbst sorgfältig analysieren und bewerten (BGH NStZ 1997, 355) bzw. ein bereits früher eingeholtes SV-Gutachten und die Verfahrensakten daraufhin auswerten, inwieweit möglicherweise eine Beeinflussung des (kindlichen) Zeugen möglich ist (BGH StV 1998, 116). Ggf. sind zur Suggestion auch die dafür in Betracht kommenden Zeugen zu hören.

7. Grds. muss der SV, der mit der Beurteilung der Glaubwürdigkeit eines Zeugen beauf- **1651**
tragt ist, in der HV während dessen Vernehmung und den Vorgängen, die sich mit der Glaubwürdigkeit dieses Zeugen befassen (Vernehmung weiterer Zeugen), anwesend sein (so wohl BGH NStZ 1995, 45). Haben sich **nach** der **Anhörung** eines SV **Umstände** ergeben, die dem SV **unbekannt** waren und zu denen er sich deshalb nicht äußern konnte, muss das Gericht i.d.R. dem SV Gelegenheit geben, sich bei einer **erneuten Anhörung** damit auseinanderzusetzen (BGH NStZ 1995, 201; → *Erneute Vernehmung eines Zeugen oder Sachverständigen*, Rdn 1476).

8. Für das **Urteil** ist darauf hinzuweisen: Das Gericht muss, wenn die Beweiswürdigung **1652**
nicht lückenhaft sein soll, im Urteil zumindest die wesentlichen **Anknüpfungstatsachen** und Darlegungen des SV wiedergeben (st. Rspr. der Obergerichte, vgl. u.a. BGH NStZ 1991, 596; NStZ 2000, 106 f.; NZV 2006, 160 f.; Urt. v. 25.01.2011 – 5 StR 418/10; OLG Hamm StV 2008, 130; StV 2010, 124 ff.; OLG Oldenburg NZV 2009, 52, jeweils m.w.N.). Das wird von den Tatgerichten häufig übersehen. Will das Tatgericht von einem SV-Gutachten abweichen, was grds. zulässig ist (s. z.B. BVerfG, Beschl. v. 27.06.2011 – 2 BvR 2135/10), muss es seine Gegenansicht unter Auseinandersetzung mit den Ausführun-

gen des vernommenen SV begründen (vgl. zuletzt BGH NStZ 2009, 571; StraFo 2008, 334; 2009, 71; *Meyer-Goßner/Schmitt*, § 267 Rn 13 m.w.N.). Nicht ausreichend ist es insoweit, wenn der Tatrichter trotz erheblicher Unterschiede bei den Angaben des (kindlichen) Nebenklägers zu einem Teil des Kerngeschehens eines schweren sexuellen Missbrauchs entgegen der Beurteilung des psychologischen Sachverständigen, gestützt auf bloße Vermutungen, eine ausreichende Aussagekonstanz annimmt, obwohl die Differenz zwischen den unterschiedlichen Angaben des Nebenklägers nicht tragfähig zu erklären ist (BGH, a.a.O.; zur Beweiswürdigung bei fehlender **Aussagekonstanz** a. noch BGH StV 2011, 524; StV 2014, 129; zur Beweiswürdigung, wenn das Gericht **gegen** ein **SV-Gutachten** entscheidet, s. BGH NStZ 2013, 55).

Siehe auch: → *Ablehnung eines Sachverständigen*, Rdn 15; → *Beweisantrag, Formulierung: Sachverständigenbeweis*, Rdn 919; → *Präsentes Beweismittel*, Rdn 2036; → *Sachverständigenbeweis*, Rdn 2436; → *Vernehmung Sachverständiger*, Rdn 3143.

H

Haftfragen

Das Wichtigste in Kürze:
1. Wird gegen den Angeklagten ein Haft- oder Unterbringungsbefehl vollzogen, muss das Gericht auch während laufender HV die Voraussetzungen für deren Fortbestehen gem. §§ 121 ff., 126a prüfen.
2. In Haftsachen hat der sich aus Art. 5 Abs. 3 S. 2 MRK ergebende besondere Beschleunigungsgrundsatz große Bedeutung.
3. Der Angeklagte hat gem. § 118 Abs. 4 während der Dauer der HV grds. keinen Anspruch auf eine mündliche Haftprüfung.
4. Eine während laufender HV ergehende Haftentscheidung kann der Verteidiger für den Mandanten mit der Haftbeschwerde angreifen.
5. In der Rspr. und Lit. besteht Streit, in welcher Besetzung die Strafkammer (und das Schöffengericht) bei Haftprüfungen entscheiden muss.
6. Wird der Angeklagte freigesprochen, muss der Haft- oder Unterbringungsbefehl nach §§ 120 Abs. 1 S. 2, 126a Abs. 3 S. 1 aufgehoben werden.
7. Wird der Angeklagte verurteilt, muss das Gericht stets das Fortbestehen der Haftgründe, die ggf. auszuwechseln sind, und die Frage einer Haftverschonung nach § 116 prüfen.
8. Befand sich der Angeklagte bislang nicht in U-Haft, wird im Schlussvortrag vom StA aber nun ein HB oder dessen Invollzugsetzung beantragt, muss der Verteidiger dazu auf jeden Fall Stellung nehmen.
9. War der Angeklagte bislang gem. § 116 von der U-Haft verschont, muss sich der Verteidiger auch mit der Möglichkeit der Aufhebung eines Haftverschonungsbeschlusses auseinandersetzen.
10. Wird die HV ausgesetzt, findet nunmehr die ggf. nach § 121 Abs. 3 nicht durchgeführte besondere Haftprüfung durch das OLG nach den §§ 121, 122 statt.

Literaturhinweise: Adick, Zur Fluchtgefahr bei Sachverhalten mit Auslandsbezug, HRRS 2010, 247; **Amelung**, Die Sicherheitsleistung gem. § 116 StPO, StraFo 1997, 300; **Bertram**, Mitwirkung von Schöffen während unterbrochener Hauptverhandlung?, NJW 1998, 2934; **Bleckmann**, Zur Verfassungsbeschwerde gegen Untersuchungshaftbeschlüsse, NJW 1995, 2192; **Börner**, Die Beschlussbesetzung in Haftfragen bei laufender Hauptverhandlung, – Ein Lösungsvorschlag, JA 2010, 481; *ders.*, Mitwirkung der Schöffen bei Haftentscheidungen im Laufe einer Hauptverhandlung, ZStW 122, 157; **Burhoff**, Die besondere Haftprüfung durch das OLG nach den §§ 121, 122 StPO – eine Übersicht anhand neuerer Rechtsprechung mit Hinweisen für die Praxis, StraFo 2000, 109; *ders.*, Untersuchungshaft des Beschuldigten – eine Übersicht zu neuerer Rechtsprechung, StraFo 2002, 379; *ders.*, Untersuchungshaft des Beschuldigten – eine Übersicht zur neueren Rechtsprechung, StraFo 2006, 51;

H Haftfragen

ders., Rechtsprechungsübersicht aus den Jahren 2006 – 2009 zu Untersuchungshaftfrage, StRR 2009, 9; **Deckers**, Verteidigung in Haftsachen, NJW 1994, 2261; *ders.*, Untersuchungshaft, in: StrafPrax, § 5; *ders.*, Einige Bemerkungen zum Gesetz zur Änderung des Untersuchungshaftrechts vom 29.7.2009, das am 1.1.2010 in Kraft tritt, StraFo 2009, 441; **Deckers/Püschel**, Untersuchungshaft als Strafmilderungsgrund – Überlegungen zur Überbelegung, NStZ 1996, 419; **Eidam**, Das Apokryphe an den apokryphen Haftgründen – Neue Dimensionen von versteckten Haftgründen im Strafprozess, HRRS 2013, 292; **Fezer**, Der Beschleunigungsgrundsatz als allgemeine Auslegungsmaxime im Strafverfahrensrecht, in: Festschrift für *Gunter Widmaier*, 2008, S. 177; **Fiegenbaum/ Raabe**, Verhandlungs-, Haft- und Schuldfähigkeit bei Patienten mit Angst- bzw. Panikstörungen, StraFo 1997, 97; **Fromm**, Neues zur „Umbeiordnung" des Pflichtverteidigers, NJOZ 2014, 1081; **Fünfsinn**, Die elektronische Fußfessel in Hessen – Sicherheitsmaßnahme oder pädagogisches Hilfsmittel?, in: Festschrift für *Ulrich Eisenberg*, 2009, S. 691; **Gatzweiler**, Haftfähigkeit, Chancen und Versagen von Strafverteidigung bei Haftvollzug, StV 1996, 283; **Gercke**, Der Haftgrund der Fluchtgefahr bei EU-Bürgern, StV 2004, 675; **Gittermann**, Die Besetzung der Gerichte bei Entscheidungen über Haftfragen in laufender Hauptverhandlung, DRiZ 2012, 12; **Grau**, Der Haftgrund der Fluchtgefahr bei Beschuldigten mit ausländischem Wohnsitz, NStZ 2007, 10; **D. Herrmann**, Untersuchungshaft, 2007; *ders.*, Zur Reform des Rechts der Untersuchungshaft, StRR 2010, 4; *ders.*, Neue Umstände i.S.v. § 116 Abs. 4 Nr. 3 StPO Die erneute Invollzugsetzung von außer Vollzug gesetzten Haftbefehlen im Licht der (bekannten) Rechtsprechung des BVerfG, StRR 2013, 12; **Heydenreich**, Die Beiordnung des Verteidigers nach neuem Recht, StRR 2010, 444; *ders.*, Die unverzügliche Beiordnung – Fluch oder Segen, StraFo 2011, 263; *ders.*, Die Beiordnung des Pflichtverteidigers nach § 140 Abs. 1 Nr. StPO – Der schwierige Versuch einer statistischen Erfassung, StV 2011, 700; **Jahn**, Stürmt Karlsruhe die Bastille? – Das Bundesverfassungsgericht und die überlange Untersuchungshaft, NJW 2006, 652; Untersuchungshaft und frühe Strafverteidigung im zweiten Jahrzehnt des 21. Jahrhunderts, Festschrift für *Rissing-van Saan*, 2011, S. 275; *ders.*, Die Praxis der Verteidigerbestellung durch den Strafrichter – Überblick über wesentliche Ergebnisse einer empirischen Studie zur Rechtswirklichkeit nach § 140 Abs. 1 Nr. 4 StPO, StraFo 2014, 177; **Keller/Meyer-Mews**, Anforderungen an das Beschleunigungsgebot in Haftsachen während der Hauptverhandlung und nach dem Urteil, StraFo 2005, 353; **Knauer/Reinbacher**, Zur Erweiterung des Untersuchungshaftgründe gemäß § 112a Abs. 1 Nr. 1 StPO durch das Gesetz zur Strafbarkeit beharrlicher Nachstellungen, StV 2008, 377; **Lammer**, Neuerungen im Recht der Untersuchungshaft – eine erste Bilanz, AnwBl. 2013, 325; **Landau**, Die Ambivalenz des Beschleunigungsgebots, in: Festschrift für *Winfried Hassemer*, 2010, S. 1073; **Langner**, Untersuchungshaftanordnung bei Flucht- und Verdunkelungsgefahr, 2002; **Leipold**, Das strafprozessuale Beschleunigungsgebot – Eine Bestandsaufnahme, in: Festschrift 25 Jahre AG Strafrecht, 2009, S. 636; **Leitner**, Was darf die Strafverteidigung? Über Amtstracht, verschleppte Prozesse, überlange Verfahren, Rügeverkümmerung und Berufsethos, StraFo 2008, 51; **Linke**, Zwischenhaft, Vollstreckungshaft, Organisationshaft: Haftinstitut ohne Rechtsgrundlage, JR 2001, 358; **Mayer/ Hunsmann**, Leitlinien für die verfassungsrechtlich gebotene Begründungstiefe in Untersuchungshaftsachen, NStZ 2015, 325; **Merz**, Wirkung der Aufhebung des Haftbefehls auf den Vollzug der Untersuchungshaft, NJW 1961, 1852; **Nack**, Verfahrensverzögerung und Beschleunigungsgebot, in: Festschrift für BRAK, 2006, S. 425; **Nerée**, Zur Zulässigkeit der Sicherungshaft gemäß § 112a StPO, insbesondere bei Anwendung des Jugendstrafrechts, StV 1993, 212; **Nobis**, „U-Haft schafft Fakten" – Verteidigung gegen Untersuchungshaft, StraFo 2012, 45; *ders.*, Plädoyer zur Abschaffung des Haftgrundes der Fluchtgefahr, StraFo 2013, 318; **Paeffgen**, Zur historischen Entwicklung des „Beschleunigungsdenkens" im Straf(prozeß)recht, GA 2014, 275; **Park/Schlothauer**, Rechtswidrige Untersuchungshaft: Nachträglicher Rechtsschutz und Wiedergutmachung, in: Festschrift für *Gunter Widmaier*, 2008, S. 387; **Pfordte**, Verteidigungsinteressen im Zwiespalt zwischen Beschleunigungsgrundsatz und der unvollständigen Beweislage zu Beginn der Hauptverhandlung, in: Festschrift für *Gunter Widmaier*, 2008, S. 411; **Piel**, Beschleunigungsgebot und wirksame Verteidigung, in: Festschrift für *Gunter Widmaier*, 2008, S. 429; **Rahlf**, Verteidigerwahl und Beschleunigungsgebot, in: Festschrift für *Gunter Widmaier*, 2008, S. 447; **Rinklin**, Rechtsprechungsübersicht zur (rechtsstaatswidrige) Verfahrensverzögerung und deren Auswirkung auf das Straf- und Bußgeldverfahren – Teil 1, StRR 2015, 44; *ders.*, Rechtsprechungsübersicht zur (rechtsstaatswidrige) Verfahrensverzögerung und deren Auswirkung auf das Straf- und Bußgeldverfahren – Teil 1, StRR 2015, 44; **I. Roxin**, Ambivalente Wirkungen des Beschleunigungsgebotes, StV 2010, 437; **Rentzel-**

Haftfragen H

Rothe, Der Haftgrund der Wiederholungsgefahr gemäß § 112a Abs. 1 Nr. 2 StPO im Jugendstrafverfahren, StV 2013, 786; **Rückel**, Handlungsmöglichkeiten des Strafverteidigers im Haftverfahren, StV 1985, 36; **Schlothauer**, Verteidigung des inhaftierten Mandanten, StraFo 1995, 5; *ders.*, Caution – Kaution! Fallstricke für Beschuldigte und Verteidiger, in: Festschrift 25 Jahre AG Strafrecht, 2009, S. 1039; **Schlothauer/Weider**, Untersuchungshaft, 3. Aufl. 2000; **Schmidt**, Das Beschleunigungsgebot in Haftsachen, NStZ 2006, 313; **Schmitt**, Die überlange Verfahrensdauer und das Beschleunigungsgebot in Strafsachen, StraFo 2008, 313; **Seebald**, Zur Verhältnismäßigkeit der Haft nach erstinstanzlicher Verurteilung, NJW 1975, 28; **Seebode**, Zwischenhaft, ein vom Gesetz nicht vorgesehener Freiheitsentzug (§ 345 StGB), StV 1988, 119; **Schmitz**, Mandatsanbahnung in Haftsachen, NJW 2009, 40; *dies.*, Betreuung inhaftierter Mandanten, NJW 2010, 1728; **Schröder**, Die jederzeitige Haftprüfung von Amts wegen, NStZ 1998, 68; **Sommermeyer**, Recht der Untersuchungshaft, NJ 1992, 340; **Sowada**, Die Gerichtsbesetzung bei Haftentscheidungen während einer anhängigen Hauptverhandlung, NStZ 2001, 169; *ders.*, Änderungen des Geschäftsverteilungsplans (§ 21e Abs. 3 S. 1 GVG) und Beschleunigungsgrundsatz, HRRS 2015, 16; **Stahl**, Aufhebung des U-Haft-Befehls in der Hauptverhandlung und verzögerte Entlassung aus der U-Haft, StraFo 2001, 261; **Strafner**, Der Schadensersatzanspruch nach Art. 5 Abs. 5 EMRK in Haftsachen, StV 2010, 275; **Thielmann**, „Ihnen ist ein Pflichtverteidiger beizuordnen!" – Zur Belehrung des Verhafteten über die Beiordnung eines Pflichtverteidigers im Haftbefehlverkündungstermin, HRRS 2013, 283; **Trüg**, Quo curris, Strafverfahren? Zum Verhältnis der objektiven Dimension der Beschleunigungsmaxime zur Wahrheitsfindung, StV 2010, 528; **Trurnit**, Das Beschleunigungsgebot und die Konsequenzen einer überlangen Verfahrensdauer im Strafprozess, StraFo 2005, 358; **Tsambikakis**, Strategien bei überlanger Verfahrensdauer, PStR 2006, 205; *ders.*, Moderne Einwirkungen auf die Strafprozessordnung Beispiel: Untersuchungshaft, ZIS 2009, 503; *ders.*, Der Haftbefehl im Steuerstrafverfahren, PStR 2013, 159; **Ullrich**, Handlungsmöglichkeiten des Strafverteidigers im Haftverfahren?, StV 1986, 268; **Volk**, Haftbefehle und ihre Begründungen: Gesetzliche Anforderungen und praktische Umsetzungen, 1995; **Wegner**, Checkliste: Fluchtgefahr als Haftgrund, PStR 2014, 75; **Weider**, Die Anordnung der Untersuchungshaft – Leichtfertige Annahme von Fluchtgefahr und apokryphe Haftgründe, StraFo 1995, 11; **Widmaier/König**, in: MAH, § 4.

1.a) Wird gegen den Angeklagten ein Haft- oder Unterbringungsbefehl vollzogen, muss das **Gericht** auch **während laufender HV** die **Voraussetzungen** für den Erlass deren Fortbestehen gem. §§ 121 ff., 126a **prüfen**. Das Gericht ist nach der Rspr. allerdings nicht verpflichtet, während laufender HV den HB an die jeweilige Beweissituation anzupassen, solange Bestand und Vollzug des HB nicht berührt sind (vgl. OLG Köln NStZ-RR 2012, 125 [Ls.; für eine große Anzahl von Anklagevorwürfen]).

1655

🖉 Der sich aus Art. 5 Abs. 3 S. 2 MRK **ergebende** (besondere) **Beschleunigungsgrundsatz** gilt auch während laufender HV (vgl. dazu Rdn 1658 ff.).

b) Stellt das Gericht im Verlauf der HV fest, dass die Voraussetzungen für die freiheitsentziehende Maßnahme nicht mehr vorliegen, muss es gem. §§ 120 Abs. 1 S. 1, 126a Abs. 3 S. 1 die entsprechenden Anordnungen sofort **aufheben**. Es darf damit nicht bis zur Urteilsverkündung warten (allgemein zur Verteidigung in U-Haftsachen [im EV] *Burhoff*, EV, Rn 3695 ff. m.w.N.; s.a. *Schlothauer* StraFo 1995, 5; zur Anordnung der U-Haft *Weider* StraFo 1995, 11; eingehend a. *Herrmann*, Rn 489 ff.; → *Hauptverhandlungshaft*, Rdn 1691). Die besondere Haftprüfung durch das **OLG** nach den §§ 121, 122 findet allerdings nach Beginn der HV **nicht** mehr statt (§ 121 Abs. 3; zur Haftprüfung durch das OLG eingehend *Burhoff* StraFo 2000, 109 und *ders.*, EV, Rn 2169 ff.; s. aber u. Rdn 2183).

1656

H Haftfragen

🖋 Der Verteidiger kann auch **nach Beginn** der HV **jederzeit** den **Antrag** stellen, einen **HB aufzuheben** oder außer Vollzug zu setzen. Dadurch bietet sich ihm die Möglichkeit zu erfahren, wie das Gericht das Ergebnis der Beweisaufnahme beurteilt. So kann es sich z.b. nach einer seiner Meinung nach den Angeklagten entlastenden Zeugenaussage empfehlen, den Antrag zu stellen, (nun) einen gegen den Angeklagten bestehenden HB aufzuheben. Aus der Entscheidung des Gerichts kann der Verteidiger dann u.U. ablesen, ob das Gericht die Aussage des Zeugen ebenso entlastend wertet (zu taktischen Überlegungen s.a. *Schlothauer/Weider*, Rn 837 ff.; *Herrmann*, Rn 1257 ff.).

1657 **c)** In Betracht kommt naturgemäß auch der **(erstmalige) Erlass** eines **HB** während laufender HV, so z.B., wenn sich der Tatverdacht verdichtet und/oder aufgrund des Verlaufs der HV eine hohe/höhere Strafe zu erwarten ist, so dass das Gericht nun von Fluchtgefahr i.S. des § 112 Abs. 2 Nr. 2 ausgehen will. Insoweit gelten die allgemeinen Regeln/Voraussetzungen für den Erlass eines HB. Verwiesen wird dazu auf *Burhoff*, EV, Rn 3695 ff.

🖋 Das Gericht wird in diesen Fällen die Haftvoraussetzungen besonders sorgfältig prüfen müssen, um sich nicht dem Vorwurf auszusetzen, durch den Erlass des HB solle ggf. Druck auf den – ggf. schweigenden – Angeklagten ausgeübt werden (Stichwort: „U-Haft schafft Rechtskraft"; zu **apokryphen Haftgründen** *Eidam* HRRS 2013, 292; *Weider* StraFo 2005, 211; zur Besorgnis der Befangenheit, wenn während laufender HV ein auf Fluchtgefahr gestützter Haftbefehl erlassen und die Fluchtgefahr mit einem Verteidigerwechsel und/oder konfrontativem Prozessverhalten begründet wird, s. BGH NJW 2014, 2372 m. Anm. *Burhoff* StRR 2014, 434).

2. Hinweise für den Verteidiger!

1658 **a)** In Haftsachen hat der sich aus **Art. 5 Abs. 3 S. 2 MRK** ergebende **besondere Beschleunigungsgrundsatz** große Bedeutung (zum gesteigerten Beschleunigungsgebot in Jugendstrafsachen KG StV 2015, 42; zum Beschleunigungsgrundsatz in § 111a-Verfahren → *Berufungshauptverhandlung*, Rdn 623 ff.). Er ist eine spezielle Ausprägung des allgemeinen Verhältnismäßigkeitsgrundsatzes (vgl. dazu *Burhoff*, EV, Rn 3746 ff.; SSW-StPO/*Herrmann*, § 121 1 m.w.N.). Dieser spielt vor allem auch in der neueren verfassungsgerichtlichen Rspr. insbesondere im Hinblick auf Art. 2 Abs. 2 GG eine besondere Rolle (zust. zur Rspr. des BVerfG *Jahn* NJW 2006, 652; *Tsambikakis* PStR 2006, 211; SSW-StPO/*Herrmann*, § 121 Rn 7 ff.; *Herrmann* StRR 2009, 358 in der Anm. zu BVerfG, a.a.O.; krit. *Schmidt* NStZ 2006, 313). Das gilt vor allem im EV, wenn es um den Fortbestand und die Prüfung eines HB im Rahmen der Haftprüfung durch das OLG (vgl. dazu *Burhoff*, EV, Rn 2570 ff.; *Herrmann*, Rn 837 ff.) geht.

Der aus Art. 5 Abs. 3 S. 2 MRK folgende (besondere) Beschleunigungsgrundsatz räumt dem inhaftierten Beschuldigten aber nicht nur im EV einen Anspruch auf besondere Beschleunigung ein, sondern auch während der HV (vgl. dazu *Keller/Meyer-Mews* StraFo 2005, 353). Art. 5 Abs. 3 S. 2 MRK normiert ausdrücklich einen **Anspruch** auf „**Aburteilung** innerhalb einer **angemessenen Frist** oder auf Haftentlassung", der für das ganze Verfahren gilt (vgl. dazu EGMR NJW 2005, 3125; u.a. grundlegend BVerfG NJW 2005, 2612 [Ls.]; 2005, 3485; 2006, 668; 2006, 672; StV 2006, 703; 2007, 254; 2007, 366; 2008, 421; 2009, 479 m. Anm. *Herrmann* StRR 2009, 358 und m. zust. Anm. *Hagmann* StV 2009, 592; 2010, 31 [Rechtsmittelverfahren]; StV 2015, 39 m. Anm. *Burhoff* StRR 2014, 447; StRR 2011, 320 m. Anm. *Hunsmann*; SächsVerfGH, Beschl. v. 14.8.2012 – Vf. 60-IV-12 [HS; in der Rechtsmittelinstanz teilweise aufgehobenes Urteil]; KG StV 2015, 42; OLG Celle StraFo 2009, 515 [Berufungsverfahren]; OLG Düsseldorf, Beschl. v. 16.9.2009 – 3 Ws 362/09 [Zwischenverfahren]; OLG Hamm NJW 2006, 2788; StV 2006, 191; 2006, 319; OLG Hamburg NJW 2006, 2792; OLG Frankfurt am Main StV 2006, 195; OLG München, Beschl. v. 4.4.2006 – 2 Ws 289/06; OLG Naumburg StV 2009, 482). Das führt zu der allgemeinen Forderung, dass U-Haft-Verfahren mit der größtmöglichen Beschleunigung zu führen sind. Sie haben grds. Vorrang vor der Erledigung anderer Strafverfahren (vgl. u.a. BVerfG NJW 2006, 672; OLG Celle StraFo 2009, 515 [für das Berufungsverfahren]; OLG Hamm StV 2006, 191; 2006, 319; vgl. i.Ü. die Nachw. bei *Burhoff*, EV, Rn 2171, 2188).

1659

Die **zulässige Dauer von U-Haft** bestimmt sich allein nach der Schwierigkeit des Verfahrens und nicht vermeidbaren Verzögerungen, keine Rolle spielt die Schwere des Tatvorwurfs und/oder die Höhe einer ggf. zu erwartenden Strafe (BVerfG NJW 2005, 2612 [Ls.]; 2006, 672; StV 2008, 421; 2015, 39 m. Anm. *Burhoff* StRR 2014, 447). Dabei ist auch von Bedeutung, ob ein Strafrest ggf. nach § 57 StGB ausgesetzt wird (BVerfG StV 2008, 421; OLG Hamm StV 2003, 170; 2006, 191; NStZ-RR 2004, 152; 2009, 125; vgl. a. OLG Nürnberg StV 2009, 534 m. Anm. *Herrmann* StRR 2009, 397, wonach ein HB i.d.R. außer Vollzug zu setzen ist, wenn anderenfalls der für Resozialisierungsbemühungen erforderliche Zeitraum durch die U-Haft verbraucht würde, und noch *Hagmann* StV 2009, 592, 594 in der Anm. zu BVerfG StV 2009, 479; *Meyer-Goßner/Schmitt*, § 120 Rn 4 m.w.N.).

1660

b) Die **Überprüfung** der Beachtung des Beschleunigungsgrundsatzes richtet sich nach etwa folgenden **Grundsätzen** (vgl. dazu auch *Burhoff*, EV, Rn 2186 ff. m.w.N.; *Knauer* StraFo 2007, 309; *Pieroth/Hartmann* StV 2008, 276; SSW-StPO/*Herrmann*, § 121 Rn 7 ff.; zu den Leitlinien für die verfassungsrechtlich gebotene Begründungstiefe in Untersuchungshaftsachen *Mayer/Hunsmann* NStZ 2015, 325):

1661

H Haftfragen

aa) Es geltende folgende

1662 **Allgemeine Grundsätze:**

- Das Beschleunigungsgebot **erfasst** das **gesamte Strafverfahren** (vgl. z.b. BVerfG NJW 2005, 2612 [Ls.]; 2005, 3485; 2006, 668; 2006, 677; 2006, 1336; StV 2006, 251; 2008, 421; 2009, 479 2010, 31 [Rechtsmittelverfahren]; StRR 2011, 320 m. Anm. *Hunsmann*; Beschl, v. 22.1.2014 – 2 BvR 2301/13 [Zwischenverfahren]; Sächs-VerfGH, Beschl. v. 14.8.2012 – Vf. 60-IV-12 [HS]; KG StV 2015, 42; OLG Celle StraFo 2009, 515 [Berufungsverfahren]; OLG Düsseldorf, Beschl. v. 16.09.2009 – 3 Ws 362/09 [Zwischenverfahren]). Dementsprechend ist nach § 120 der HB aufzuheben, wenn die Fortdauer der U-Haft unverhältnismäßig ist (vgl. die zuvor zit. Rspr. des BVerfG). Das Beschleunigungsgebot gilt auch bei der einstweiligen Unterbringung (OLG Koblenz StraFo 2006, 326). Aufzuheben ist der HB schon dann, wenn erkennbar ist, dass es zu nicht behebbaren Verzögerungen kommen wird (BVerfG StV 2007, 369; StRR 2007, 203 [Ls.]), so z.b., weil erforderliche Akten nicht vorgelegt worden sind (OLG Koblenz StV 2007, 91; aus neuerer Zeit aus der OLG-Rspr. KG StraFo 2010, 26; OLG Nürnberg StV 2011, 294; StraFo 2014, 72; OLG Stuttgart StV 2011, 749; vgl. auch die „Drohung" bei OLG Jena StV 2011, 735 f.; vgl. auch noch die Beispiele bei *Burhoff*, EV, Rn 2184 f.).

☞ Fehler im EV können Auswirkungen auf die Aufrechterhaltung des HB haben. So kann z.B. eine nicht ausreichend gewährte AE ggf. dazu führen, dass wegen der durch die Nachholung eintretenden Verfahrensverzögerung ein **HB aufzuheben** ist (LG Hannover StV 2013, 79; s.a. noch LG Berlin StV 2014, 403; LG Hamburg StV 2014, 406), a.a.O.).

- Der Beschleunigungsgrundsatz gilt nicht nur, wenn die U-Haft vollzogen wird, sondern auch, wenn der HB außer Vollzug gesetzt ist oder er, z.B. weil **Überhaft** notiert ist, nicht vollzogen wird (vgl. u.a. BVerfG NJW 2006, 668; 2006, 1336; KG StraFo 2005, 422; 2007, 27; StV 2009, 483; 2011, 91; 2015, 37 [„abgeschwächt"]; OLG Hamm StV 2013, 165, Beschl. v. 25.6.2009 – 3 Ws 219/09; OLG Köln StraFo 2004, 137; StV 2005, 396; OLG Naumburg StV 2009, 143; LG Ravensburg StV 2015, 319; *Schlothauer/Weider*, Rn 869 ff.; *Burhoff*, EV, Rn 2183, jew. m. zahlr. weit. Nachw. aus der Rspr.). Das OLG Hamm wendet diesen Grundsatz auch dann an, wenn der Beschuldigte sich zwar in anderer Sache in Strafhaft befindet, von der Überhaftnotierung wegen des U-Haftbefehls jedoch abgesehen worden ist (OLG Hamm StRR 2012, 198).
- Das Gewicht des Freiheitsanspruchs des inhaftierten Angeklagten gegenüber dem Strafverfolgungsinteresse des Staates **verstärkt** sich mit **zunehmender Dauer** der U-Haft (u.a. BVerfG NJW 2006, 672 m.w.N.; StV 2009, 479; 2011, 31; 2012, 513 [für Unterbringungsverfahren]; Beschl. v. 22.1.2014 – 2 BvR 2301/13; SächsVerfGH

StRR 2013, 34; StRR 2007, 203 [Ls.]; SächsVerfGH, Beschl. v. 14.8.2012 – Vf. 60-IV-12 [HS]; KG StV 2015, 42; OLG Koblenz StV 2011, 167; OLG Naumburg StV 2009, 143; 2009, 482, jew. m.w.N.). Vor diesem Hintergrund kommt es im Rahmen der Abwägung zwischen dem Freiheitsanspruch und dem Strafverfolgungsinteresse in erster Linie auf die durch objektive Kriterien bestimmte Angemessenheit der Verfahrensdauer an, die etwa von der Komplexität der Rechtssache, der Vielzahl der beteiligten Personen oder dem Verhalten der Verteidigung abhängig sein kann.

- Dies erfordert nach Auffassung des BVerfG eine auf den **Einzelfall bezogene Analyse** des **Verfahrensablaufs** (vgl. z.B. BVerfG StV 2008, 421; 2009, 479; StV 2013, 640 m. Anm. *Herrmann* StRR 2013, 228; s.a. KG StV 2015, 36 m. Anm. *Herrmann* StRR 2014, 356; StRR 2014, 203 [Ls.]; OLG Hamm NJW 2006, 2788; StV 2006, 191; 2006, 319; OLG Hamburg NJW 2006, 2792; OLG München, Beschl. v. 4.4.2006 – 2 Ws 289/06). Mit zunehmender Dauer der U-Haft sind höhere Anforderungen an das Vorliegen eines rechtfertigenden Grundes zu stellen. Entsprechend dem Gewicht der zu ahndenden Straftat können zwar kleinere Verfahrensverzögerungen die Fortdauer der U-Haft rechtfertigen. Allein die **Schwere der Tat** und die sich daraus ergebende Straferwartung können aber bei erheblichen, vermeidbaren und dem Staat zuzurechnenden Verfahrensverzögerungen **nicht** zur Rechtfertigung einer ohnehin schon lang andauernden U-Haft herangezogen werden (so ausdrücklich z.B. BVerfG NJW 2005, 2612; 2005, 3485; StV 2011, 31; 2015, 39 m. Anm. *Burhoff* StRR 2014, 447; KG StV 2007, 644; OLG Düsseldorf, Beschl. v. 16.9.2009 – 3 Ws 362/09; OLG Hamm StV 2006, 191; OLG Celle StV 2005, 620). Eine Abwägung zwischen dem Strafverfolgungsinteresse des Staates und dem Freiheitsanspruch des Beschuldigten ist aber nicht zulässig (BVerfG StV 2007, 366).

■ Zu berücksichtigen ist auch eine sog. **rechtsstaatswidrige** → *Verfahrensverzögerung*, Rn 2831, wobei das BVerfG (vgl. NJW 2006, 672) davon ausgeht, dass diese auch hinsichtlich der Verfahrensdauer vorliegt, die dadurch entsteht, dass ein Urteil aufgehoben und die Sache zur Korrektur eines Verfahrensfehlers zurückverwiesen wird (s.a. SächsVerfGH, Beschl. v. 14.8.2012 – Vf. 60-IV-12 [HS]; OLG Celle StV 2013, 644; OLG Koblenz StV 2006, 645; SW-*Herrmann*, § 121 Rn 32 m.w.N.; *Gaede* HRRS 2006, 409; a.A. insoweit BGH NJW 2006, 1529; StV 2006, 241; OLG München, Beschl. v. 4.4.2006 – 2 Ws 289/06; krit. dazu *Niemöller* DRiZ 2006, 229; abl. *Krehl* StV 2006, 408 in der Anm. zu BGH, a.a.O.; *Peglau* JuS 2006, 704; s. aber BGH NStZ 2009, 472; → *Verzögerungsrüge*, Rdn 3274). Auch ist ggf. gegen den Beschuldigtem **vollstreckte Strafhaft** zur Verfahrensförderung zu nutzen. Daher ist der Erlass eines HB gegen einen Beschuldigten, dessen Strafhaft in anderer Sache in Kürze endet, dann als unverhältnismäßig angesehen worden, wenn während der Strafhaft genügend Zeit zur Verfügung gestanden hatte, um das Strafverfahren, in dem der HB erlassen werden soll, voraussichtlich (rechtskräftig) abzuschließen und in dieser Zeit das Verfahren aus der Justiz zuzurechnenden Gründen nicht hinreichend gefördert wurde (OLG Hamm StV 2015, 311 [Ls.]).

1663 **bb)** Die **Verfahrensdauer** ist einer **verfahrensabschnittsbezogenen Prüfung** zu unterziehen (BVerfG NJW 2006, 672; 2006, 1336, jew. m.w.N.; StV 2009, 479; StV 2013, 640 m. Anm. *Herrmann* StRR 2013, 228; StRR 2014, 323; Beschl, v. 22.1.2014 – 2 BvR 2301/13; KG StV 2015, 42; OLG Hamm StV 2006, 191; 2006, 319; OLG München, Beschl. v. 4.4.2006 – 2 Ws 289/06). Auch kleinste Verzögerungen im nichtrichterlichen Bereich können von Bedeutung sein (BVerfG StV 2009, 479). Es ist zu fragen:

1664 **Ermittlungsverfahren**

- Ist das **EV** ausreichend schnell betrieben worden (vgl. dazu die Zusammenstellung der Rspr. bei *Burhoff*, EV, Rn 2180 ff.)? Von besonderer Bedeutung ist, dass es zwar **keine starren Grenzen** für einen zulässigen Zeitraum zwischen Eingang der Anklage und Beginn der HV gibt (vgl. auch *Meyer-Goßner/Schmitt*, § 121 Rn 22a). Das BVerfG und die obergerichtliche Rspr. sehen aber Zeiträume von mehr als vier oder fünf Monaten i.d.R. auf jeden Fall als zu lang an (vgl. BVerfG StV 2007, 366; 2008, 421; s.a. BVerfG NJW 2006, 672 und ähnlich BVerfG StRR 2011, 320 [sechs Monate trotz Entscheidungsreife nicht eröffnet]; KG StV 2015, 39; OLG Düsseldorf, Beschl. v. 16.9.2009 – 3 Ws 362/09 [drei Monate]; OLG Hamm StV 2013, 165 [Zeitraum von 9 ½ Monaten für Ermittlungen bei einem einfachen Sachverhalt zu lang]; LG Frankfurt am Main StV 2014, 758 [sieben Woche zwischen Eingang der Anklage und Zustellung an den Verteidiger] s. aber auch BGH StV 2014, 6 [Terminierung vier Monate nach Eingang der Anklage]). Das OLG Köln geht davon aus, dass in einfach gelagerten (Schöffengerichts-)Sachen die Sechs-Monatsfrist nicht ausgeschöpft werden darf (OLG Köln StRR 2009, 363 [Ls.]; wegen weiterer Nachw. *Burhoff*, EV, Rn 2576 ff.).

> ⌘ Die o.a. Grundsätze gelten auch nach Erlass des Urteils, sodass der Verteidiger eine **dreistufige Prüfung** vornehmen muss (BVerfG NJW 2006, 677; 2006, 1336; StV 2009, 479 m. Anm. *Herrmann* StRR 2009, 358; u.a. OLG Naumburg StV 2008, 589; wegen weit. Nachw. *Burhoff*, EV, Rn 2187; vgl. a. *Tsambikakis* PStR 2006, 211):
> 1. Ist das **EV** ausreichend schnell betrieben worden?
> 2. Ist die **HV** beschleunigt geführt worden, ist insbesondere ausreichend oft und ausreichend lang verhandelt worden?
> 3. Ist **nach Erlass** des Urteils das Verfahren beschleunigt weitergeführt worden (vgl. dazu BVerfG NJW 2005, 2612 [Ls.]; NJW 2006, 677; 2006, 1336; StV 2009, 479; 2011, 31; SächsVerfGH StRR 2013, 34; vgl. KG StRR 2014, 203

[Ls.]; OLG Celle StV 2013, 644;), also ist insbesondere das Urteil schnell genug abgesetzt worden? Die Urteilsbegründungsfristen des § 275 sind keine Höchstfristen, die ohne Not ausgeschöpft werden dürfen (BVerfG NJW 2006, 677; s.a. BGH NJW 2006, 3077; OLG Naumburg StV 2008, 201; 2008, 589). Gerade in diesem Bereich führen auch kleinere Verzögerungen zur Verletzung des Beschleunigungsgrundsatzes (vgl. z.B. BVerfG, a.a.O. [für jeweils nur zweiwöchigen Verzögerungen bei Zustellungen und Aktenübersendungen]).

Frequenz der Hauptverhandlungstermine 1665

- Ist **ausreichend** oft **verhandelt** worden? Insoweit mahnt das BVerfG (vgl. insbesondere NJW 2006, 672) eine ausreichende Zahl von HV-Tagen/Woche an (BVerfG StV 2013, 640 m. Anm. *Herrmann* StRR 2013, 228). Es darf i.d.R. nicht lediglich an einem Sitzungstag/Woche für wenige Stunden verhandelt werden und sich die HV dadurch über Monate hinziehen, ohne dass ein Ende abzusehen ist (so a. OLG Hamm StV 2006, 319; 2014, 30; StRR 2012, 198 [durchschnittlich nur 2,2 HV-Tage/Monat nicht ausreichend]; OLG Hamburg NJW 2006, 2792; OLG Koblenz StV 2011, 167 [mehr als durchschnittlich einer/Woche]; OLG Köln StV 2006, 143; *Pieroth/Hartmann* StV 2008, 276, 279). Teilweise werden von der Rspr. aber auch mehr HV-Tage verlangt (vgl. BVerfG StV 2006, 318 [mindestens 2 HV-Tage/Woche]; vgl. wegen weiterer Nachw. *Burhoff*, EV, Rn 2177). Von Bedeutung ist auch die (durchschnittliche) zeitliche Dauer der HV-Termine (vgl. z.B. BVerfG NJW 2006, 672; OLG Hamm StV 2006, 191; StRR 2012, 198; OLG Koblenz, a.a.O.).
- Zum Teil geht die Rspr. inzwischen aber auch davon aus, dass die reine Frequenz von HV-Verhandlungstagen nur der Ausgangspunkt für die Frage ist, ob das Beschleunigungsgebot eingehalten worden ist und – insbesondere in Großverfahren – die **Umstände** des **Einzelfalls** mit zu berücksichtigen sind (OLG Nürnberg StRR 2014, 282 [Ls.]; ähnlich KG StRR 2014, 203 [Ls.]), eine rein rechnerische Betrachtung der HV-Tage/-Zeiten könne nicht entscheidend sein (KG, a.a.O.). Noch anders argumentiert inzwischen das OLG Stuttgart (StV 2014, 752 m. abl. Anm. *Herrmann*). Nach seiner Auffassung kann, wenn das Gericht alle ihm möglichen und zumutbaren Maßnahmen ergreift, um eine Haftsache mit der gebotenen Schnelligkeit abzuschließen, eine Terminierungsdichte von (zunächst) einem HV-Tag/Woche dem Beschleunigungsgebot genügen, wenn die HV aus ex ante Sicht als „streitige" Verhandlung in einer überschaubaren Zahl von HV-Tagen durchgeführt werden kann. Das weicht von der Rspr. des BVerfG und der h.M. in der Rspr. der OLG ab (vgl. dazu auch *Herrmann*, a.a.O.).

H Haftfragen

> ☞ Jedenfalls muss – auch während laufender HV – das Gericht die Verfahrensentwicklung kontrollierend im Auge behalten und „die Terminierungsdichte" stetig und **dynamisch** an die aktuelle Prozesslage – unter Beachtung der Dauer der bereits vollzogenen U-Haft – **angepasst** werden (OLG Nürnberg, a.a.O.; in die Richtung auch OLG Hamm StRR 2014, 449).

1666 Vorsorgemaßnahmen in/während der Hauptverhandlung

- Nach Auffassung der Rspr. sind, vor allem in **umfangreicheren Verfahren**, Vorsorgemaßnahmen hinsichtlich des Erscheinens von Zeugen und Überlegungen zu einem Alternativvorgehen bei vorhersehbaren Verfahrenswendungen angeraten. Es muss ein Bemühen erkennbar sein, Zeugen und SV auf eine effiziente Art und Weise zu laden und einen straffen Verhandlungsplan festzulegen (BVerfG NJW 2006, 672; s.a. EGMR NJW 2005, 3125; OLG Hamm StV 2006, 191; OLG Hamburg NJW 2006, 2792; *Tsambikakis* PStR 2006, 211). Erforderlich ist eine **vorausschauenden Terminsplanung** (KG StV 2015, 37; OLG Hamm StV 2014, 30 [„konfliktfreudiger Verteidiger"]; OLG Köln StV 2014, 32 m. Anm. *Burhoff* StRR 2013, 358).; zur Terminierung im Berufungsverfahren s. OLG Frankfurt am Main StV 2006, 195; zu den Unterbrechungsfristen in § 229 und zur Beachtung des Beschleunigungsgrundsatzes bei der → *Unterbrechung der Hauptverhandlung*, Rdn 2704; dazu a. *Keller/Meyer-Mews* StraFo 2005, 353; s. aber a. BGH NJW 2006, 3077; NStZ 2006, 296).
- Das BVerfG geht davon aus, dass einem drohenden Abbruch der HV ggf. durch **„überobligationsmäßigen" Einsatz** der Richterbank, etwa durch zusätzliche HV-Termine in den Abendstunden oder ggf. auch am Samstag, zu begegnen sei (vgl. NJW 2006, 668).
- In dem Zusammenhang ist es erlaubt, wenn die Gerichte bei der Terminierung auf den **Terminplan** des **Verteidigers** Rücksicht nehmen. Das darf allerdings nicht zu einer unangemessenen Verlängerung der U-Haft führen (BVerfG StV 2008, 421 m. Anm. *Herrmann* StRR 2008, 156; OLG Köln StV 2006, 143; 2006, 145; OLG Hamm NJW 2006, 2788).

> ☞ Kann der Verteidiger seine Teilnahme an der HV allerdings nicht ausreichend sicherstellen, muss er, wenn er **Pflichtverteidiger** ist, damit rechnen, **entpflichtet** zu werden (vgl. BVerfG NStZ 2006, 460; StV 2008, 421; OLG Köln StV 2006, 143; ähnl. OLG Hamm, a.a.O.; zust. *Hilger*, StV 2006, 451 in der Anm. zu BVerfG, und OLG Hamm und OLG Köln, jew. a.a.O.) bzw. dass dem Mandanten ein (weiterer) Pflichtverteidiger beigeordnet wird. Anders ist nach der Rspr. dem Gebot des BVerfG auf eine vorausschauende Terminplanung (vgl. NJW 2006,

672; 2006, 677) kaum Rechnung zu tragen, wobei die Grundsätze für die Auswahl des Pflichtverteidigers entsprechend gelten (vgl. dazu *Burhoff*, EV, Rn 2780; → *Terminsbestimmung/Terminsverlegung*, Rdn 2646; vgl. dazu jetzt aber, allerdings nicht im Zusammenhang mit U-Haft, BGH NStZ 2009, 650 f.).

Kompensation 1667

Eine Kompensation kommt **nicht** in Betracht. Eine einmal eingetretene Verfahrensverzögerung kann also nicht durch besonders schnelle Bearbeitung in anderen Verfahrensabschnitten wieder beseitigt werden (BVerfG NJW 2006, 672; s.a. *Burhoff*, EV, Rn 2222 m.w.N. a. zur wohl kaum noch haltbaren a.A.; wie das BVerfG, a.a.O., a. OLG Hamm StV 2006, 191; wohl a. OLG München StraFo 2007, 465; OLG Naumburg StraFo 2007, 506; StV 2008, 589; SSW-StPO/*Herrmann*, § 121 Rn 36; vgl. aber BGH NStZ 2003, 384; KG StV 2015, 36 m. abl. Anm. *Herrmann* StRR 2014, 356; OLG Brandenburg StraFo 2007, 199; [jetzt] *Meyer-Goßner/Schmitt/Schmitt*, § 121 Rn 26 [a.A. noch in der 55. Aufl.]; s.a. wegen weiterer Nachw. *Burhoff*, EV, Rn 2223).

3. Der Angeklagte hat gem. § 118 Abs. 4 während der Dauer der HV grds. **keinen Anspruch** auf eine **mündliche Haftprüfung** (vgl. allgemein dazu *Bleckmann* NJW 1995, 2192; *Schroeder* NStZ 1998, 68). Etwas anderes soll nach der Lit. (immer) dann gelten, wenn die HV länger, insbesondere nach § 229 Abs. 2, unterbrochen wird (vgl. nur KK-*Graf*, § 118 Rn 4; *Meyer-Goßner/Schmitt*, § 118 Rn 3; s. aber mit weit. Nachw. OLG Celle StV 1996, 387). Dem wird man in dieser Allgemeinheit nicht folgen können (s.a. LR-*Hilger*, § 118 Rn 11). Grund für den Ausschluss des Anspruchs auf mündliche Haftprüfung während der HV ist, dass in der andauernden HV dem Angeklagten rechtliches Gehör gewährt werden kann. Deshalb ist es zutreffend, dass das OLG Celle (a.a.O.) darauf abstellt, in welcher zeitlichen Nähe zum letzten HV-Termin der Haftprüfungsantrag gestellt worden und wie sein Inhalt gestaltet ist. Nach Änderung der zulässigen Unterbrechungsfrist von zehn Tagen auf drei Wochen, wird eine mündliche Haftprüfung allerdings auch während laufender HV auf jeden Fall dann durchzuführen sein, wenn diese Frist erreicht ist (s.a. OLG Celle, a.a.O. [für die Zehn-Tagesfrist des § 229 Abs. 1 a.F.]; → **Unterbrechung der Hauptverhandlung**, Rdn 2701). 1668

Will der Verteidiger während der HV einen Haftprüfungsantrag stellen, kann der Vorsitzende ihn für die **Entgegennahme** auf einen **späteren Zeitpunkt** verweisen, sofern der Antrag zu einem ungeeigneten Zeitpunkt gestellt werden soll und dadurch die zügige und sachgerechte Durchführung der HV gefährdet würde. Dem steht auch § 117 Abs. 1 nicht entgegen, denn die Befugnis, „jederzeit" eine Haftprüfung zu be-

H Haftfragen

antragen, bezieht sich lediglich auf das Verfahrensstadium, schränkt aber die Befugnis des Vorsitzenden zur → *Verhandlungsleitung*, Rdn 2889, nicht ein (BGH NStZ 2006, 463).

1669 4. Frühere, aber auch eine während laufender HV ergehende Haftentscheidung kann der Verteidiger für den Mandanten mit der **Haftbeschwerde** angreifen (s. dazu BGH StV 1991, 525; KG StV 1993, 252; OLG Koblenz StV 1994, 316; *Schlothauer/Weider*, Rn 805, 1081; zur Haftbeschwerde *Burhoff*, EV, Rn 2148). Die Haftentscheidung kann/ darf vom Beschwerdegericht aber nur eingeschränkt überprüft werden, weil diesem die volle Kenntnis vom Ergebnis der bisherigen Beweisaufnahme fehlt (st. Rspr. der Obergerichte; vgl. u.a. BGH StV 2004, 143 m.w.N.; NStZ-RR 2013, 86 [Ls.]; StRR 2007, 242 [Ls.]; OLG Frankfurt am Main StV 1995, 593; OLG Hamm StV 2006, 191; OLG Jena StV 2005, 559; OLG Karlsruhe StV 1997, 312; OLG Köln StV 2006, 143; OLG Schleswig SchlHA 2003, 189 [Dö/Dr]; 2011, 281 [Dö/Dr]). Die Prüfung kann/muss sich darauf beschränken, ob die Entscheidung auf die in der HV gewonnenen Tatsachen gestützt ist und auf einer vertretbaren Bewertung der Beweisergebnisse beruht. Allerdings muss, wenn eine Haftbeschwerde während laufender HV damit begründet wird, dass nach der bisherigen Beweisaufnahme der **dringende Tatverdacht entfallen** sei, das Gericht, will es der Haftbeschwerde nicht abhelfen, sich in seinem Nichtabhilfebeschluss mit diesem Vortrag des Angeklagten auseinandersetzen (OLG Celle StV 2015, 304), weil nur so dem Beschwerdegericht die per se eingeschränkte Überprüfung ermöglicht wird, ob das mitgeteilte Ergebnis auf einer vertretbaren Bewertung der zur Zeit für und gegen einen dringenden Tatverdacht sprechenden Umstände beruht.

1670 Mit der (Haft-)Beschwerde angegriffen werden, kann immer **nur** die **zuletzt ergangene Haftentscheidung** (u.a. BGH, Beschl. v. 4.1.2013 – StB 10/12; u.a. KG, Beschl. v. 28.1.2013 – 4 Ws 12 u. 13/13; OLG Düsseldorf StV 1993, 592; OLG Hamburg StV 1994, 323; OLG Hamm MDR 1984, 72; NStZ-RR 2010, 358 [Ls.], alle jeweils m.w.N.; *Meyer-Goßner/Schmitt*, § 117 Rn 8 m.w.N.; *Schlothauer/Weider*, Rn 789; *Herrmann*, Rn 1091). Darauf ist bei einem Zuständigkeitswechsel, insbesondere also in Zusammenhang mit der **Berufung** zu achten.

1671 5. In Rspr. und Lit. besteht **Streit**, in welcher **Besetzung** die **Strafkammer** (und das **Schöffengericht**) bei Haftprüfungen entscheiden muss. Die **Rspr.** ist weitgehend übereinstimmend der Auffassung, dass insbesondere zur Beschleunigung des Verfahrens immer in der Besetzung außerhalb der HV, also ohne Schöffen, entschieden werden müsse (BGH NStZ 2011, 356; KG StraFo 2015, 110; OLG Hamburg NJW 1998, 2988; OLG Hamm StV 1998, 388; OLG Jena StraFo 1999, 212; StV 2010, 34 [Ls.]; OLG Köln NJW 2009, 3113; OLG München StRR 2007, 83 [Ls.]; OLG Naumburg NStZ-RR 2001, 347; LG München StraFo 2010, 383; s. auch *Börner* JR 2011, 262 in der Anm. zu BGH, a.a.O.; KK-*Graf*,

§ 118a Rn 4 und § 126 Rn 10; *Krüger* NStZ 2012, 341 in der Anm. zu BGH, a.a.O.); eine Ausnahme wird in den Fällen der §§ 268b, 120 Abs. 1 gemacht (vgl. z.B. OLG Jena, a.a.O.; KK-*Graf*, a.a.O.). Demgegenüber ist die überwiegende Auffassung in der **Lit**. der Ansicht, dass die entsprechenden Entscheidungen grds. unter Mitwirkung der Schöffen zu treffen sind (s. auch OLG Koblenz StV 2010, 36; 2010, 37; u.a. *Bertram* NJW 1998, 2934; *Dehn* NStZ 1997, 608 und *Foth* NStZ 1998, 262, jew. in den Anm. zu OLG Köln NJW 1998, 2989; *Katholnigg* JR 1998, 170; *Schlothauer* StV 1998, 144, jew. in der Anm. zu OLG Hamburg, a.a.O.; *Paeffgen* NStZ 1999, 78 [Rspr.-Übersicht]; eingehend *Sowada* NStZ 2001, 169 ff.; *ders*. in der Anm. zu OLG Koblenz StV 2010, 37; *Krüger* NStZ 2009, 590 in der Anm. zu OLG Köln, a.a.O; *Meyer-Goßner/Schmitt*, § 126 Rn 8). Z.T. werden auch noch (weitere) differenzierende Auffassungen vertreten (vgl. u.a. *Gittermann* DRiZ 2012, 12; *Börner* JA 2011, 481; s. auch noch BGHSt 43, 91 zur Besetzung des erstinstanzlichen OLG-Senats, der immer in der für die HV vorgesehenen „Fünfer-besetzung" entscheidet).

✍ M.E. ist über in oder **während** der **HV** gestellte Anträge **mit** den **Schöffen** zu entscheiden; für eine andere Besetzung ergibt sich aus dem Gesetz kein Anhaltspunkt (s. auch OLG Koblenz StV 2010, 36; 2010, 37; *Meyer-Goßner/Schmitt*, § 126 Rn 8; *Sowada* StV 2010, 37 in der Anm. zu OLG Koblenz, a.a.O.). In diesen Fällen dürfte auch das Beschleunigungsargument des OLG Hamburg (NJW 1998, 2988) nicht greifen. Über außerhalb der HV gestellte Anträge wird – ebenso wie über andere Anträge, über die ohne mündliche Verhandlung entschieden werden kann – ohne Schöffen entschieden (s.a. *Meyer-Goßner/Schmitt*, § 126 Rn 8; § 30 GVG Rn 3; zu allem a. BVerfG NJW 1998, 2962 [die a.A. des OLG Hamburg, a.a.O., ist von Verfassungs wegen nicht zu beanstanden]).

✍ Anträge, die während einer → **Unterbrechung** *der Hauptverhandlung*, Rdn 2701, gestellt worden sind, sind **nicht** in der **HV** i.S.d. § 226 gestellt. „Hauptverhandlung" ist die Zeit, die u.a. eine bestimmte Präsenz von Verfahrensbeteiligten fordert. Unterbrechungen erfordern das nicht (so zutr. *Bertram* NJW 1998, 2936; a.A. *Schlothauer* StV 1998, 144, 145 in der Anm. zu OLG Hamburg, a.a.O.; *Meyer-Goßner/Schmitt*, a.a.O.). Über solche Anträge ist also ohne Schöffen zu entscheiden (s.a. *Meyer-Goßner/Schmitt*, § 126 Rn 8). Etwas anderes dürfte für nur **kurzfristige** Unterbrechungen der HV/Pausen gelten (*Meyer-Goßner/Schmitt*, a.a.O.; OLG Hamm StV 1998, 388). Alles in allem: Ziemlich verwirrend, so dass der Ruf nach dem Gesetzgeber (vgl. *Sowada* StV 2010, 37 in der Anm. zu OLG Koblenz StV 2010, 37) nicht von der Hand zu weisen ist.

6.a) Wird der **Angeklagte freigesprochen**, muss, da nach § 268b bei der Urteilsfällung von Amts wegen über die Fortdauer von vollstreckter U-Haft oder einstweiliger Unterbringung zu entscheiden ist, der Haft- oder Unterbringungsbefehl nach §§ 120 Abs. 1

1672

S. 2, 126a Abs. 3 S. 1 **aufgehoben** werden, da dann die Voraussetzungen für diese Anordnungen nicht mehr vorliegen, und zwar auch dann, wenn der Angeklagte nur zu einer **Bewährungs- oder Geldstrafe** verurteilt wird. Der HB wird nicht automatisch gegenstandslos (OLG Düsseldorf NStZ 1999, 585). Entsprechendes gilt für einen außer Vollzug gesetzten HB und einen Haftverschonungsbeschluss (OLG Düsseldorf, a.a.O.; vgl. auch KG NStZ 2012, 230; a.A. *Meyer-Goßner/Schmitt*, § 268b Rn 2).

Wird der HB aufgehoben, kann es zu **Schwierigkeiten** bei der **Entlassung** aus der Haftanstalt kommen. Jedenfalls darf der Angeklagte gegen seinen Willen nicht in die Haftanstalt zurückgebracht werden (LG Berlin StV 2001, 690; StraFo 2002, 273; *Meyer-Goßner/Schmitt*, § 120 Rn 9 m.w.N.; *Dahs*, Rn 777; *Merz* NJW 1961, 1852; eingehend *Stahl* StraFo 2001, 261). Es kann sich aber empfehlen, dass der Mandant noch einmal freiwillig in die JVA zurückkehrt, allein schon um seine dort verbliebene Habe abzuholen. Dann sollte er aber auf jeden Fall die schriftliche **Entlassungsanordnung** des Richters mitnehmen.

Auch ein **Festhalten** des (**ausländischen**) **Angeklagten** zu dem Zweck, den zuständigen Behörden die Prüfung zu ermöglichen, ob **ausländerrechtliche Maßnahmen** gegen ihn einzuleiten seien, ist **unzulässig**. Eine solche Prüfung kann und muss vor Aufhebung des HB durch die zuständige Stelle erfolgen. Denn gegen einen Ausländer kann bei Vorliegen der dazu erforderlichen Voraussetzungen Abschiebehaft nach § 57 Abs. 2 AuslG angeordnet werden, noch während er sich in U-Haft befindet (LG Berlin StV 2001, 690; StraFo 2002, 273).

Der Verteidiger muss gegen die **Nichtentlassung** seines Mandanten → *Beschwerde*, Rdn 770 einlegen. Ist der Mandant vor der Entscheidung des Beschwerdegerichts entlassen worden, wird die Beschwerde im Hinblick auf die Rspr. des BVerfG zum fortwirkenden Rechtsschutzinteresse (vgl. dazu BVerfG NJW 1997, 2163; *Burhoff*, EV, Rn 3336 ff.) zulässig bleiben (so ausdrücklich LG Berlin StV 2001, 690; zur sog. (unzulässigen) **Organisationshaft** BVerfG NJW 2006, 427; OLG Hamm StV 2004, 274; *Linke* JR 2001, 358; *Seebode* StV 1988, 119).

1673 **b)aa) Fraglich** ist, ob dann, wenn gegen das freisprechende Urteil ein Rechtsmittel eingelegt worden ist, ein **neuer HB** erlassen und die gesetzliche Vermutung des § 120 Abs. 1 S. 2 aufgrund neuer Tatsachen und Beweise widerlegt werden kann. Das wird von der wohl h.M. grds. bejaht (vgl. *Meyer-Goßner/Schmitt*, § 120 Rn 10 m.w.N.). Der Neuerlass wird allerdings für den Fall als unzulässig angesehen, wenn das freisprechende Urteil mit der Revision angefochten worden ist, weil dann neue Tatsachen und Beweismittel nicht mehr vorgebracht werden können (vgl. *Meyer-Goßner/Schmitt*, a.a.O.). Die Gegenauffassung (KK-*Graf*, § 120 Rn 20; KMR-*Wankel*, § 120 Rn 5), hält den Erlass eines neuen HB für zulässig, wenn ein Fall einer offensichtlich begründeten Revision vorliegt (offengelassen von OLG Hamm, Beschl. v. 19.7.2007 – 4 Ws 297/07).

7.a)aa) Wird der **Angeklagte verurteilt**, muss das Gericht stets das **Fortbestehen** der Haftgründe, die ggf. auszuwechseln sind, und die Frage einer Haftverschonung nach § 116 **prüfen** (*Meyer-Goßner/Schmitt*, § 268b Rn 2). Ggf. muss der HB an die Verurteilung angepasst werden, wenn er davon abweicht (zum Übergang von U-Haft in Strafhaft bei einem → *Rechtsmittelverzicht*, Rdn 2207). Wird der Angeklagte unter Auflagen von der Haft verschont, kann dieser Beschluss bis zur Einleitung der Strafvollstreckung durch die StA (vgl. § 27 StrVollstrO) nur vom Gericht geändert werden, nicht etwa von der StA. **1674**

Der Verteidiger muss, wenn er mit einer **Verurteilung** des **Angeklagten rechnet**, in seinem **Plädoyer** zur **Haftfrage** Stellung nehmen muss (vgl. dazu a. *Schlothauer/ Weider*, Rn 840 ff.; zur U-Haft als Strafmilderungsgrund s. *Deckers/Püschel* NStZ 1996, 419). **1675**

👉 Häufig wird das auch davon abhängen, ob der StA in seinem Schlussvortrag die Verhängung einer Freiheitsstrafe beantragt hat.

In seiner Stellungnahme zum Haftantrag sollte der Verteidiger ggf. **folgende Punkte ansprechen**:

- Ist die vom StA beantragte **Freiheitsstrafe** so **hoch**, dass nach der Rspr. **Fluchtgefahr** i.S.d. § 112 Abs. 2 Nr. 2 in Betracht kommt, muss der Verteidiger vortragen, warum diese nicht oder nicht mehr besteht, sodass der HB aufzuheben oder zumindest außer Vollzug zu setzen ist (zur Fluchtgefahr vgl. *Meyer-Goßner/Schmitt*, § 112 Rn 23 f. m.w.N.; s.a. *Burhoff*, EV, Rn 3723 ff.; zur Fluchtgefahr bei einem ausländischen Angeklagten s. insbesondere u.a. KG StV 2013, 516; OLG Köln StV 1996, 389; 2005, 393; OLG Frankfurt am Main StV 1997, 138; OLG Hamm StV 1999, 37, 215 [jew. zur – verneinten – Fluchtgefahr trotz Verurteilung zu einer mehrjährigen Freiheitsstrafe]; StRR 2013, 396 m. Anm. *Hillenbrand* für die Schweiz; OLG Saarbrücken StV 2000, 208; OLG München StV 2002, 205; OLG Oldenburg StV 2010, 255 und NStZ 2011, 116 für die Niederlande m. abl. Anm. *Kirsch* StV 2010, 256; *Burhoff* StraFo 2000, 112; *Adick* HRRS 2010, 247; s. aber auch OLG Hamm NStZ-RR 2012, 221 [Ls.; neun Monate Reststrafe bei einem ausländischen Angeklagten ausreichend, um die Fluchtgefahr zu begründen]). **1676**
- War der HB bislang auf den Haftgrund der **Verdunkelungsgefahr** i.S.d. § 112 Abs. 2 Nr. 3 gestützt, muss der Verteidiger auf **Nr. 138 Abs. 7 S. 3 RiStBV** verweisen. Danach kommt nach Verkündung des Urteils ein HB wegen Verdunkelungsgefahr nur ausnahmsweise in Betracht. In diesen Fällen wird der Verteidiger darauf hinweisen und dazu vortragen müssen, dass auch Fluchtgefahr als weiterer Haftgrund nicht besteht (zur Verdunkelungsgefahr s.a. *Burhoff*, EV, Rn 3731 ff.).

H Haftfragen

- Ggf. wird der Verteidiger sich auch mit dem Haftgrund der „**Wiederholungsgefahr**" i.S.d. § 112a auseinandersetzen müssen (vgl. dazu OLG Bremen StV 2013, 773 [JGG-Verfahren]; OLG Celle NdsRpfl 2014, 127; OLG Frankfurt am Main StV 2010, 31; OLG Hamm NStZ-RR 2013, 86 [Ls.]; OLG Jena StV 2014, 750; OLG Karlsruhe StraFo 2010, 198; OLG Koblenz StV 2014, 550; eingehend *Burhoff*, EV, Rn 3737 ff.). In diesem Fall bekommen insbesondere die Fragen der Außervollzugsetzung nach Leistung einer Kaution Bedeutung (s. dazu u. Rdn 1680 m.w.N. und OLG Köln StraFo 1997, 150; zur Erweiterung der Vorschrift → *Gesetzesnovellen*, Rdn 1628).

1677 **bb)** Ein Haftfortdauerbeschluss nach § 268b muss **ausreichend begründet** werden. Erforderlich ist eine Begründung, aus der hervorgeht, welcher Taten der Angeklagte dringend verdächtig ist und worauf die richterliche Überzeugungsbildung beruht. Der bloße Verweis auf einen früheren HB reicht regelmäßig nicht. Das gilt umso mehr, wenn die Verurteilung deutlich von den Vorwürfen des ursprünglichen HB abweicht (vgl. dazu u.a. OLG Hamm NStZ-RR 2010, 55 [Ls.]; 2012, 221 [Ls.]; Beschl. v. 5.7.2012 – III 3 Ws 159/12; OLG Jena StV 2007, 588, jew. m.w.N.). Enthält der Beschluss keine eigenständige Begründung, sondern hält einen früheren HB nur „aus den Gründen seiner Anordnung" aufrecht, ist er verfassungswidrig (vgl. BVerfG StV 2009, 479).

1678 **b)** Wird der **Angeklagte verurteilt**, ein HB gegen ihn aber nicht erlassen bzw. ein bislang bestehender HB ggf. außer Vollzug gesetzt, muss der Verteidiger, wenn ein → *Rechtsmittelverzicht*, Rdn 2189, erklärt worden ist, ggf. damit rechnen, dass die **StA** mit Eintritt der Rechtskraft durch ihren Sitzungsvertreter sofort gegen den nun auf freiem Fuß befindlichen Angeklagten die **Strafvollstreckung einleitet**, um dessen Entlassung zu verhindern (zum Übergang von U-Haft in Strafhaft → *Rechtsmittelverzicht*, Rdn 2207).

1679 Dazu ist auf Folgendes **hinzuweisen**:

- Der **Sitzungsvertreter** der StA ist für die zu treffende Entscheidung **zuständig** (vgl. OLG Hamburg StV 2000, 518).
- Nach § 27 Abs. 1 StrVollstrO ist der auf freiem Fuß befindliche Verurteilte zum **Strafantritt** zu **laden**. Ihm ist grds. eine Frist zu setzen, innerhalb derer er sich in der JVA einzufinden hat (§ 27 Abs. 2 StrVollstrO). Zum sofortigen Strafantritt kann geladen werden, wenn die sofortige Vollstreckung geboten ist (vgl. dazu *Isak/Wagner*, Strafvollstreckung, 6. Aufl., Rn 97 ff.). Zwar ist für diese Maßnahme Fluchtgefahr nicht Voraussetzung, sie soll aber primär Gefahren für hochrangige Rechtsgüter des Verurteilten oder anderer Personen abwenden (*Isak/Wagner*, a.a.O.). Sie wird also nur in Ausnahmefällen in Betracht kommen.
- Auch bei der sofortigen Urteilsvollstreckung kann nicht darauf verzichtet werden, dass zunächst die mit der Vollstreckbarkeitsbescheinigung versehene **beglaubigte Abschrift** der **Urteilsformel** vorliegen muss. § 451 sieht insoweit keine Einschrän-

kung oder Ausnahme von dem genannten Erfordernis vor (vgl. dazu *Meyer-Goßner/ Schmitt*, § 451 Rn 11). Auch aus § 13 StrVollstrO ergibt sich nichts anderes (OLG Hamburg, a.a.O.). Anderes soll nur dann gelten, wenn die U-Haft im Anschluss an die Urteilsverkündung weiter vollzogen und sodann in Strafhaft übergeleitet wird (vgl. § 13 Abs. 2 S. 2 StrVollstrO).

■ Gegen die Maßnahme steht dem Verurteilten der **Antrag** auf **gerichtliche Entscheidung** nach §§ 23 ff. EGGVG zu (OLG Hamburg, a.a.O. [zugleich auch zum fortwirkenden Feststellungsinteresse]; zum Antrag nach §§ 23 ff. EGGVG *Burhoff*, EV, Rn 499 ff.).

8.a) Befand sich der **Angeklagte** bislang **nicht** in **U-Haft**, wird im Schlussvortrag von dem StA aber nun ein HB oder dessen Invollzugsetzung **beantragt**, muss der Verteidiger dazu auf jeden Fall Stellung nehmen. Für den Inhalt seiner Stellungnahme gelten die Ausführungen o. zu Rdn 1674 entsprechend.

1680

✍ Zur Frage der Fluchtgefahr muss der Verteidiger insbesondere darauf hinweisen, dass der **Mandant** ohne Schwierigkeiten und in Kenntnis der Möglichkeit der Verurteilung **zur HV erschienen** ist und schon deshalb keine Fluchtgefahr besteht (OLG Hamm StV 2000, 320; 2003, 512; ähnl. KG StV 2014, 26; OLG Frankfurt am Main StV 2010, 586; OLG Hamm StV 2008, 29; Beschl. v. 7.8.2012 – 2 Ws 252/12, www.burhoff.de; OLG Karlsruhe, Beschl. v. 26.6.2009 – 2 Ws 229/09 [für Berufungsverfahren, das von der StA mit dem Ziel einer höheren Bestrafung betrieben worden ist]).

Dabei ist auch darauf hinzuweisen, dass **allein** mit der Möglichkeit einer **hohen Strafe Fluchtgefahr nicht** begründet werden kann (s.o. Rdn 1674; zur inzwischen st. Rspr. der Obergerichte vgl. u.a. BGH StRR 2014, 202 [Ls.]; KG StV 2012, 350; OLG Hamm StV 1999, 37, 215; StRR 2013, 396 m. Anm. *Hillenbrand*; Beschl. v. 14.1.2010 – 2 Ws 347/09; OLG Karlsruhe StV 2010, 31; zu hoher Straferwartung *Burhoff* StraFo 2000, 112; *ders.* StraFo 2006, 51, 53; *ders.*, EV, Rn 2861 f. m.w.N.; *Herrmann*, Rn 729 ff.; *Langner*, S. 95). Auch neben einer hohen Strafe müssen vielmehr außerdem noch bestimmte andere Tatsachen vorliegen, die den Schluss rechtfertigen, der Angeklagte werde dem in der verhängten (hohen) Strafe liegenden Fluchtanreiz nachgeben (OLG Hamm StV 2001, 115 m.w.N.; ähnl. OLG Stuttgart StV 1998, 553). Hinweisen muss der Verteidiger in dem Zusammenhang ggf. auch auf die Vorstellungen, die der Angeklagte selbst vom Ausgang des Strafverfahrens hatte (StrafPrax-*Deckers*, § 5 Rn 103; *Burhoff* StraFo 2000, 112). Bei Prüfung der Frage, ob eine „hohe Strafe" vorliegt, ist bereits erlittene U-Haft (OLG Hamm StV 2006, 191) ebenso anzurechnen wie eine zu erwartende positive Strafrestentscheidung nach § 57 StGB (BVerfG StV 2008, 421; SächsVerfGH StRR 2013, 34; KG StRR 2014, 203 [Ls.]; OLG Frankfurt am Main StraFo 2014, 73; OLG Hamm StV 2003, 170; 2006, 191; NStZ-RR 2004, 152; 2009, 125 OLG Naumburg StraFo 2013, 32; OLG Nürnberg StV 2009, 534; vgl. auch *Hag-*

mann StV 2009, 592, 594 in der Anm. zu BVerfG StV 2009, 479; *Meyer-Goßner/ Schmitt*, § 120 Rn 4 m.w.N.; Stichwort „**Nettostraferwartung**").

1681 b) Auch ein im Anschluss an die → *Urteilsverkündung*, Rdn 2761, beschlossener und in das → *Protokoll der Hauptverhandlung*, Rdn 2092, aufgenommener HB muss den Formerfordernissen des § 114 entsprechen. Fehlen die Bezeichnung der Tat, gesetzliche Merkmale der Straftat und anzuwendende Strafvorschriften sowie die Angabe der Tatsachen, aus denen sich Tatverdacht und Haftgrund ergeben, so ist der HB – auf die Beschwerde – aufzuheben. Eine Behebung der Mängel durch das Beschwerdegericht kommt in einem solchen Fall nicht in Betracht (OLG Oldenburg StV 2006, 535).

1682 9.a) War der Angeklagte – bis zur → *Urteilsverkündung*, Rdn 2761, – gem. § 116 von der U-Haft verschont, muss sich der Verteidiger auch mit der Möglichkeit der **Aufhebung** eines **Haftverschonungsbeschlusses** auseinandersetzen (zur Außervollzugsetzung des HB allgemein *Burhoff*, EV, Rn 666 ff.). Zu beachten ist in dem Zusammenhang, dass ein nicht vollzogener HB mit dem Eintritt der Rechtskraft des Urteils nicht gegenstandslos wird, sondern nach wie vor die Grundlage für die die Vollstreckung sichernden Haftverschonungsauflagen ist (KG NStZ 2012, 230). Insoweit gilt:

1683 Grds. sind nach der obergerichtlichen Rspr. die **Grenzen** für eine Invollzugsetzung **eng** gesteckt (u.a. BVerfG StV 2006, 26 m.w.N.; StV 2013, 94; wistra 2012, 429; OLG Dresden StV 2010, 29 [Ls.]; OLG Hamm, Beschl. v. 7.4.2015 – 5 Ws 114 u. 115/15; OLG Frankfurt am Main StV 2010, 586; OLG Nürnberg StV 2013, 519; OLG Zweibrücken StraFo 2012, 186; s.a. *Burhoff*, EV, Rn 684; SSW-StPO/*Herrmann*, § 116 Rn 61 ff.; *Herrmann* StRR 2013, 12 ff.). Dies gilt für neue/weitere Auflagen (OLG Frankfurt am Main, a.a.O.; für Sicherheitsleistung) und auch für den Fall, dass ein außer Vollzug gesetzter Haftbefehl aufgehoben und durch einen neuen ersetzt wird (OLG Dresden, a.a.O.; ähnlich OLG Celle StRR 2012, 112 m. Anm. *Hunsmann*). Das bedeutet, dass bei **unveränderter Sachlage** eine Haftverschonung **nicht widerrufen** werden kann (st. Rspr.; vgl. BVerfG NJW 2006, 1787 [Ls.]; StV 2006, 26; 2007, 84; 2008, 25; 2013, 94; u.a. OLG Düsseldorf StV 1993, 480). Ein Widerruf ist vielmehr nur unter den Voraussetzungen des § 116 Abs. 4 möglich (zum Widerruf eines Haftverschonungsbeschlusses vgl. z.B. KG StraFo 1997, 27; OLG Stuttgart StraFo 2009, 104), was erst recht gilt, wenn der frühere HB nicht nur außer Vollzug gesetzt, sondern aufgehoben worden ist (OLG Dresden StV 2009, 477). Entscheidend ist, dass **neue Umstände** die Gründe für die Haftverschonung derart erschüttern, dass der Richter – bei Kenntnis dieser Umstände – Haftverschonung nicht gewährt hätte (BVerfG StV 2008, 25; OLG Bamberg StraFo 2005, 421; OLG Dresden, a.a.O.; OLG Düsseldorf StV 2002, 207; OLG Hamm, Beschl. v. 7.4.2015 – 5 Ws 114 u. 115/15 für Herbeiführung der Verhandlungsunfähigkeit durch Entzug von Flüssigkeit bzw. Nahrung und/oder die Nichteinnahme von Medikamenten; OLG Stuttgart, a.a.O.; *Meyer-Goßner/Schmitt*, § 116 Rn 28 m.w.N.; KK-*Graf*, § 116 Rn 32). Das kann z.b. auch das beantragte/ergangene Urteil sein, wenn die Strafe erheblich höher ausfällt, als vom Angeklagten erwartet (OLG Frankfurt am Main StV 1998, 31; OLG Hamm StV 1997, 643; 2008, 29; OLG Stuttgart StV 1998, 553). Es reicht aber **nicht allein** aus, dass der Angeklagte **verurteilt** worden ist (BGH NStZ 2005, 279), auch nicht, wenn es sich um eine höhere Strafe handelt (KG StV 2012, 609; OLG Oldenburg, Beschl. v. 8.9.2009 – 1 Ws 493/09). Entsprechendes gilt auch, wenn der HB außer Vollzug geblieben ist, obwohl die StA die Sicherungsverwahrung angestrebt hat; der HB kann dann nicht allein, weil im Urteil Sicherungsverwahrung angeordnet wird, in Vollzug gesetzt werden (OLG Zweibrücken StraFo 2012, 186).

Auch in diesen Fällen sind die **übrigen Umstände** mit zu berücksichtigen (KG StV 2012, 609; OLG Düsseldorf StRR 2014, 42 [Ls.]; OLG Brandenburg StV 2001, 31; OLG Koblenz StraFo 1999, 322; OLG Köln StV 2008, 258; OLG Oldenburg StV 2009, 141; OLG Stuttgart StV 1998, 553; *Burhoff*, EV, Rn 682 f.). Auch hier hat also der Umstand, dass der Angeklagte sich über einen längeren Zeitraum für das Verfahren zur Verfügung gehalten hat (OLG Düsseldorf StV 2002, 207; OLG Hamm StV 2003, 512; OLG Zweibrücken StraFo 2012, 186) bzw. er in Kenntnis des Antrags der StA auf Verurteilung zu einer Freiheitsstrafe ohne Bewährung dennoch zur Urteilsverkündung erschienen ist (KG StV 2012, 609; OLG Karlsruhe StV 2000, 508; vgl. a. OLG Hamm StV 2008, 29; Beschl. v. 7.8.2012 – 2 Ws 252/12, www.burhoff.de; OLG Zweibrücken StraFo 2012, 186; ähnl. OLG Karlsruhe StV 2010, 31), erhebliche Bedeutung.

1684

Helfen kann in diesen Fällen ggf. zudem eine – vom Verteidiger angebotene – **Verschärfung** der **Auflagen** (vgl. die Fallgestaltung bei OLG Hamm StV 2003, 512 [Kaution von [damals] 30.000,00 DM bei einem aus Kasachstan stammenden Angeklagten; Kaution war von der Familie gestellt]).

Vor einer Rücknahme einer Haftverschonung ist immer auch zu prüfen, ob nicht ggf. **mildere Mittel** der Verfahrenssicherung – namentlich eine Verschärfung von Auflagen – in Betracht kommen (BVerfG StV 2013, 94).

b) Wird entgegen den Ausführungen des Verteidigers die **Fortdauer** der **U-Haft angeordnet** oder ein HB erlassen, muss der Verteidiger in geeigneten Fällen unverzüglich **Haftverschonung** beantragen oder ggf. **Haftbeschwerde** einlegen (zur Haftverschonung bei einem sog. Selbststeller s. OLG Hamburg StV 1995, 420). Hinsichtlich eines Haftverschonungsantrags empfiehlt es sich, vorab mit dem Mandanten zu beraten und zu überlegen, welche Sicherheitsleistungen/Auflagen i.S.d. § 116 Abs. 1 angeboten werden können. Von besonderer Bedeutung ist hier die Frage einer **Kaution** (vgl. dazu *Meyer-Goßner/Schmitt*, § 116 Rn 10 m.w.N.; *Burhoff*, EV, Rn 666 ff.; zur Sicherheitsleistung a. *Amelung* StraFo 1997, 300; zu Haftungsfragen s. *Schlothauer*, S. 103 ff.).

1685

> 🖉 Die Möglichkeiten des Verteidigers sind allerdings auf das schriftliche Verfahren beschränkt. Denn (auch) nach einem freiheitsentziehenden Urteil besteht gem. § 118 Abs. 4 **kein Anspruch** auf eine **mündliche Haftprüfung** mehr.
>
> Hatte das **OLG** einen **HB** wegen Fehlens eines die Haftfortdauer rechtfertigenden „wichtigen Grundes" i.S.v. § 121 Abs. 1 **aufgehoben**, darf mit Erlass eines auf Freiheitsentziehung lautenden Urteils wieder ein HB wegen derselben Tat erlassen werden (vgl. u.a. OLG Düsseldorf StV 1996, 493; OLG München StV 1996, 676; OLG Zweibrücken NJW 1996, 3222).

1686 c) In § 140 Abs. 1 Nr. 4 ist vorgesehen, dass dem Beschuldigten/Angeklagten ab Beginn der Vollstreckung von U-Haft gem. §§ 112, 112a oder einstweiliger Unterbringung gem. §§ 126a, 275a Abs. 5 ein **Pflichtverteidiger** zu **bestellen** ist. Diese Regelung ist durch das Gesetz zur Änderung des Untersuchungshaftrechts v. 29.7.2009 (BGBl I, S. 2272) in die StPO aufgenommen worden (vgl. BT-Drucks 16/13097, S. 27). Sie ist nicht nur im EV, sondern auch noch im Zeitraum der HV anwendbar, obwohl dort sicherlich nicht der Hauptanwendungsbereich der Vorschrift liegt. Die Anwendung (noch) im Stadium der HV kommt insbesondere dann in Betracht, wenn der Angeklagte, was häufig im amtsgerichtlichen Verfahren der Fall ist, keinen Verteidiger hat, er dann aber in der HV oder nach → *Urteilsverkündung*, Rdn 2761, inhaftiert wird. § 140 Abs. 1 Nr. 4 sieht das als einen Fall der notwendigen Verteidigung an, sodass dem Angeklagten dann ein Pflichtverteidiger beigeordnet werden muss. Wegen der Einzelh. wird verwiesen auf *Burhoff* (EV, Rn 2848 ff. m.w.N. aus der Lit.) und auf die Gesetzesmaterialien (BT-Drucks 16/13097, S. 27). Zur Regelung des § 140 Abs. 1 Nr. 4 hier nur folgender

1687 Überblick

- Erforderlich ist die Pflichtverteidigerbestellung nur bei U-Haft i.S.d. **§§ 112, 112a**. Die Vorschrift gilt also insbesondere nicht für die → *Hauptverhandlungshaft*, Rdn 1691, i.S.v. § 127b Abs. 2, und auch nicht für die nach §§ 230 Abs. 2, 329 Abs. 4 angeordnete Haft (→ *Zwangsmittel bei Ausbleiben des Angeklagten*, Rdn 3661). Sie gilt aber ebenfalls in den Fällen der Anordnung von einstweiliger Unterbringung gem. §§ 126a, 275a Abs. 5 (s. aber AG Aschersleben StV 2010, 493 [Ls.], das die Regelung im Hinblick auf die Grundlage für einen Sicherungshaftbefehl [§ 112 Abs. 2 Nr. 1 und 2] entsprechend anwendet). § 140 Abs. 1 Nr. 4 bezieht sich auf alle gegen einen Beschuldigten geführten Verfahren, ohne dass es darauf ankommt, in welchem der Verfahren U-Haft vollstreckt wird, oder ob er nur in dem Verfahren gilt, in dem die U-Haft vollzogen wird. Die wohl h.M. geht davon aus, dass die Vorschrift **auch** für **andere Verfahren**, in denen gegen den inhaftierten Beschuldigten U-Haft vollstreckt wird, gilt (vgl. *Burhoff*, EV, Rn 2855 m.w.N. aus Rspr. und Lit.; zuletzt u.a. LG Trier, Beschl. v. 5.6.2015 – 5 Qs 34/15).

- Da die Nr. 4 in § 141 Abs. 1 nicht genannt wird, kommt es nach dem Wortlaut an sich **nicht** darauf an, ob der Angeklagte **schon** einen **Verteidiger** hat. Nach ihrem Sinn und Zweck wird man die Vorschrift ab so auslegen müssen, dass ein Pflichtverteidiger nicht beigeordnet werden muss, wenn der Beschuldigte/Angeklagte bereits einen (Wahl)Verteidiger hat (s.a. *Burhoff*, EV, Rn 2863).
- Die Beiordnung eines Pflichtverteidigers nach § 140 Abs. 1 Nr. 4 kommt aber nur dann in Betracht, wenn der Beschuldigte sich tatsächlich im Vollzug einer der genannten freiheitsentziehenden Maßnahmen befindet. Es heißt in der Vorschrift ausdrücklich „**vollstreckt wird**". Die Beiordnung scheidet also dann aus, wenn der HB zugleich mit der Verkündung außer Vollzug gesetzt wird (BT-Drucks 16/13097, S. 27; OLG Hamm StV 2014, 274; *Meyer-Goßner/Schmitt*, § 140 Rn 14; *Jahn*, S. 275, 281; *ders.*, StraFo 2014, 177, 181; *Wohlers* StV 2010, 151, 152; zur vorläufigen Festnahme *Burhoff*, EV, Rn 2856, und BGHSt 60, 38).
- Wird der HB **später außer Vollzug** gesetzt, ist die Beiordnung nach § 140 Abs. 1 Nr. 4 an sich aufzuheben (OLG Hamburg StraFo 2014, 383 f.; s. auch *Herrmann* StV 2011, 654 in der Anm. zu OLG Düsseldorf NJW 2011, 1618). Davon geht offenbar auch der Gesetzgeber aus, wenn er in der Gesetzesbegründung formuliert „solange". Allerdings wird sich dann sicherlich immer die Frage stellen, ob dem Angeklagten nicht nach § 140 Abs. 2 ein Pflichtverteidiger wegen „Schwere der Tat" oder „Schwierigkeit der Sach- oder Rechtslage" beizuordnen ist, was i.d.R. der Fall sein dürfte. Die Vorschrift findet aber nicht nur bei „erstmaliger U-Haft" Anwendung, sondern auch dann (wieder), wenn der Beschuldigte nach zwischenzeitlicher Haftentlassung später (wieder) inhaftiert wird (OLG Düsseldorf NJW 2011, 1618).
- Nach § 141 Abs. 3 S. 4 muss der Verteidiger „**unverzüglich**" nach Beginn der Vollstreckung bestellt" werden. Es gilt § 121 BGB. Insoweit wird aber in der Rspr. unter Hinweis auf die Gesetzesbegründung (vgl. BT-Drucks 16/13097, S. 28) davon ausgegangen, dass dem Gericht ein „gewisser zeitlicher Spielraum" bis zur Bestellung zugebilligt werden muss. Beigeordnet werden muss aber „ohne schuldhaftes Zögern" (vgl. dazu *Heydenreich* StraFo 2011, 263, 264; *D. Herrmann* StraFo 2011, 133, 136 f.; *Jahn*, S. 275, 288; *ders.*, StraFo 2014, 177, 182, 184; *Lammer* AnwBl. 2013, 325; wegen der Einzelh. *Burhoff*, EV, Rn 2857 m.w.N.). „Unverzüglich" bedeutet nicht „sofort" (vgl. u.a. OLG Düsseldorf StV 2010, 350).
- Ein besonderes **Beiordnungsverfahren** ist für die Bestellung nach § 140 Abs. 1 Nr. 4 nicht vorgesehen. Es gelten also die **allgemeinen Regeln** (OLG Düsseldorf StV 2010, 350; OLG Koblenz StV 2011, 349; zum Verfahren auch *Jahn*, S. 275, 284 ff.; *ders.*, StraFo 2014, 177, 180 ff.;). Für die **Auswahl** gilt § 142 (→ *Pflichtverteidiger, Bestellung in der Hauptverhandlung*, Rdn 1967, und *Burhoff*, EV, Rn 2858 ff.).

| H | Hauptverhandlungshaft |

1688 10. Wird die **HV ausgesetzt**, findet nunmehr die ggf. nach § 121 Abs. 3 nicht durchgeführte besondere **Haftprüfung** durch das **OLG** nach den §§ 121, 122 statt (vgl. dazu allgemein *Burhoff* StraFo 2000, 109; *ders.*, EV, Rn 2169 ff.). Gerade in diesem Fall muss der Verteidiger den „wichtigen Grund" i.S.v. § 121 besonders sorgfältig prüfen. Der **Beschleunigungsgrundsatz** erfordert auch, dass eine einmal begonnene HV grds. zügig zum Abschluss gebracht wird (u.a. OLG Karlsruhe StV 2000, 91 m.w.N.). Hinzu kommt, dass in diesen Fällen die U-Haft meist bereits erheblich mehr als sechs Monate dauert und dann ganz besonders wichtige Gründe für die Anordnung der Fortdauer vorliegen müssen. Deshalb kommt die Anordnung der **Fortdauer** der **U-Haft** i.d.R. in diesen Fällen nur in Betracht, wenn die Aussetzung der HV aus sachlichen Gründen zwingend geboten bzw. **unumgänglich** war (OLG Karlsruhe, a.a.O. m.w.N.).

Hinzuweisen ist auf folgende **Beispielsfälle** (s.a. *Meyer-Goßner/Schmitt*, § 121 Rn 25, und die **Checkliste** bei *Burhoff*, EV, Rn 2229):

1689
- **Beweisanträge**, die bei Beachtung des Ermittlungsergebnisses durch eine sachgerechte Anklageerhebung nicht erforderlich gewesen wären (KG StV 2006, 253; OLG Zweibrücken StraFo 2000, 322),
- grundlose Vertagung, weil Grund für die Annahme vorlag, dass die Schöffen aus Sicht des Angeklagten **befangen** sein könnten (OLG Düsseldorf StraFo 2001, 255),
- Aussetzung der HV wegen eines **Ladungsfehlers** (OLG Bremen StV 2005, 445),
- grundlose Aussetzung wegen Einholung eines sich aufdrängenden **SV-Gutachtens** (OLG Celle Nds.Rpfl. 2000, 367; OLG Hamm StV 2003, 172),
- allgemein **schlechte Vorbereitung** der HV (KG StV 2015, 42),
- grundlose Aussetzung, weil von **vornherein absehbare streitige HV** (OLG Hamburg StraFo 2007, 26).

1690 11. Zu den Haftfragen bei **Nichterscheinen** des Angeklagten s. → *Zwangsmittel bei Ausbleiben des Angeklagten*, Rdn 3661, zu den Haftfragen bei Rechtsmittelverzicht s. → *Rechtsmittelverzicht*, Rdn 2189.

Siehe auch: → *Ausbleiben des Angeklagten*, Rdn 361 m.w.N.; → *Verfahrensverzögerung*, Rdn 2825, → *Verzögerungsrüge*, Rdn 3274.

1691 Hauptverhandlungshaft

> **Das Wichtigste in Kürze:**
> 1. Die gem. § 127b zulässige sog. Hauptverhandlungshaft (im Folgenden kurz: HV-Haft) ist 1997 in die StPO eingefügt worden.
> 2. § 127b berechtigt die StA und die Beamten des Polizeidienstes zur vorläufigen Festnahme eines auf frischer Tat Betroffenen oder Verfolgten u.a. dann, wenn eine un-

verzügliche Entscheidung im beschleunigten Verfahren wahrscheinlich und aufgrund bestimmter Tatsachen zu befürchten ist, dass der Festgenommene der HV fernbleiben wird.
3. 127b räumt der StA und den Beamten des Polizeidienstes, die nicht Ermittlungspersonen der Staatsanwaltschaft sein müssen, ein vorläufiges Festnahmerecht ein.
4. Nach der vorläufigen Festnahme ist der Festgenommene gem. § 128 dem Richter vorzuführen.
5. Der HB nach § 127b Abs. 2 kann in entsprechender Anwendung von § 116 außer Vollzug gesetzt werden.

Literaturhinweise: Asbrock, Hauptsache Haft – Hauptverhandlungshaft als neuer Haftgrund, StV 1997, 43; **Bandisch**, Stellungnahme des Strafrechtsausschusses des DAV zum Entwurf eines Gesetzes zur Änderung der Strafprozeßordnung (Hauptverhandlung), StraFo 1996, 34; **Fülber**, Die Hauptverhandlungshaft, 2000; **Grasberger**, Verfassungsrechtliche Probleme der Hauptverhandlungshaft, GA 1998, 530; **Hellmann**, Die Hauptverhandlungshaft gem. § 127b StPO, NJW 1997, 2145; **Herzog**, Symbolische Untersuchungshaft und abstrakte Haftgründe – Anmerkungen zur „Hauptverhandlungshaft", StV 1997, 215; **Keller**, Die Hauptverhandlungshaft, Krim 1998, 677; **Wenske**, 10 Jahre Hauptverhandlungshaft (§ 127b II StPO), NStZ 2009, 63; s.a. die Hinw. bei → *Beschleunigtes Verfahren*, Rdn 741.

1. § 127b, der die sog. Hauptverhandlungshaft zulässt, ist 1997 in die StPO eingefügt worden. Die Hauptverhandlungshaft ist/war nicht nur im politischen Raum umstritten/gewesen, sondern ist/wird auch in der strafverfahrensrechtlichen Lit. zumeist **kritisch beurteilt/ worden** (s. insbesondere *Asbrock* StV 1997, 43; *Bandisch* StraFo 1996, 34; *Grasberger* GA 1998, 530 ff.; *Hartenbach* AnwBl. 1996, 83; *Herzog* StV 1997, 215d; krit. a. *Meyer-Goßner/Schmitt*, § 127b Rn 1 ff., AnwKomm-U-Haft/*König*, § 127b Rn 2 f. und *Schlothauer/ Weider*, Rn 141, 212 ff.; abwägend KK-*Schultheis*, § 127b Rn 1 f.).

Die Vorschrift ergänzt die Regeln über das → **Beschleunigte Verfahren**, Rdn 741, zu deren verstärkter Nutzung sie die StA veranlassen soll; allerdings hat die Einführung des § 127b nicht die Wirkung auf die Häufigkeit des → *beschleunigten Verfahrens*, Rdn 741, gehabt, die befürchtet worden ist (zur Statistik s. *Wenske* NStZ 2009, 63 f.). Zur Erreichung des Ziels, Sicherung der HV, im beschleunigten Verfahren schafft die Vorschrift einen eigenen Haftgrund (KK-*Schultheis*, § 127b Rn 1). Die Hauptverhandlungshaft ist aber grds. ein **Unterfall** der **U-Haft**; allerdings gilt § 140 Abs. 1 Nr. 4 nicht (vgl. *Burhoff*, EV, Rn 2254, 2852).

2. Die Hauptverhandlungshaft ist an sich Haft, die – entgegen ihrem Namen – nicht in der HV, sondern im EV zur **Sicherung** der **Durchführung** der HV im beschleunigten Verfahren angeordnet wird. Damit gehören die mit ihr zusammenhängenden Probleme an sich auch in das EV (s. deshalb a. *Burhoff*, EV, Rn 2248 ff.). Da jedoch der Richter, der im beschleunigten Verfahren für die HV zuständig ist, gem. § 127b Abs. 3 auch über den Erlass des HB, mit dem die Hauptverhandlungshaft angeordnet wird, zu entscheiden hat, ist auch an dieser Stelle auf die mit der Hauptverhandlungshaft zusammenhängenden Fragen einzugehen.

1696 3. Nach der vorläufigen Festnahme durch die StA oder die Beamten des Polizeidienstes gem. § 127b Abs. 1 (vgl. dazu *Burhoff*, EV, Rn 2252) ist der Festgenommene gem. § 128 dem **Richter vorzuführen**. Nach § 127b Abs. 3 ist das nicht der sonst nach vorläufigen Festnahmen zuständige (Haft-)Richter, sondern der Richter, der für die HV zuständig sein wird. Davon soll nur „in begründeten Ausnahmefällen" abgesehen werden dürfen (BT-Drucks 13/2576, S. 3; *Meyer-Goßner/Schmitt*, § 127b Rn 14). Dieser **entscheidet** dann gem. § 127b Abs. 2 über den Erlass eines **HB**.

4. Für den Erlass des **HB** müssen folgende **Voraussetzungen** gegeben sein:

1697 a)aa) Der Festgenommene muss der Tat **dringend verdächtig** i.S.d. § 112 sein (vgl. zum dringenden Tatverdacht *Burhoff*, EV, Rn 3706 ff.).

1698 bb) Es müssen die in § 127b Abs. 1 Nr. 1 und 2 genannten **Festnahmegründe** vorliegen, und zwar **kumulativ** (*Meyer-Goßner/Schmitt*, § 127b Rn 6). Im Einzelnen gilt:

1699 ■ es muss die **unverzügliche Entscheidung** im **beschleunigten Verfahren wahrscheinlich** sein. Dabei ist „unverzüglich" im Hinblick auf § 127b Abs. 2 dahin auszulegen, dass die HV binnen einer Woche stattfinden muss (*Meyer-Goßner/Schmitt*, § 127b Rn 9; KK-*Schultheis*, § 127b Rn 8). Das wird i.d.R. bedeuten, dass zur Durchführung des beschleunigten Verfahrens gerade ein Richter bereit stehen muss, was den Anwendungsbereich des § 127b auf größere AG beschränken wird.

■ es muss außerdem zu **befürchten** sein, dass der **Festgenommene der HV fernbleiben** wird. Als Grundlage für diese Befürchtung werden „**bestimmte Tatsachen**" verlangt, wie z.B., dass der Betroffene schon früher einer HV ferngeblieben ist oder er ohne festen Wohnsitz ist (reisender oder wieder ausreisender Straftäter; *Meyer-Goßner/Schmitt*, § 127b Rn 10; *Schlothauer/Weider*, Rn 175). In Nr. 3.2 der „Richtlinien zur Anwendung des beschleunigten Verfahrens nach den §§ 417 ff. StPO" des Landes NRW (MinBl. NW 2002, S. 861) werden als Beschuldigte, bei denen die Hauptverhandlungshaft „regelmäßig" zu beantragen ist, genannt: der wohnsitzlose oder umherreisende Beschuldigte, der Beschuldigte mit unklarem Wohnsitz, der Beschuldigte mit ständig wechselndem Wohnsitz, der Beschuldigte, der bereits ein- oder mehrfach zur Aufenthaltsermittlung ausgeschrieben ist/war und der Beschuldigte ohne festen inländischen Wohnsitz.

> Die „**Befürchtung**" in § 127b Abs. 1 Nr. 2 verlangt einen **geringeren Grad** an Wahrscheinlichkeit als sie die **Fluchtgefahr** i.s.v. § 112 erfordert. Allerdings reicht für die Befürchtung nicht aus, dass nur die Möglichkeit des Fernbleibens besteht, vielmehr muss nach den Umständen des Einzelfalls die Möglichkeit, dass der Betroffene der HV fernbleibt, ernsthaft in Betracht kommen (*Hellmann* NJW 1997,

2147 unter Hinw. auf die Auslegung des § 168c Abs. 3 S. 2; *Pfeiffer*, § 127b Rn 4; KK-*Schultheis*, § 127b Rn 11; a.a. LR-*Hilger* § 127b Rn 13). Nicht erforderlich ist, dass der Betroffene aktiv etwas tut, um den Fortgang des Verfahrens zu erschweren oder zu vereiteln. Vielmehr reicht allein die **Erwartung** aus, dass er der **HV fernbleiben** werde. Damit ist in § 127b Abs. 1 Nr. 2 ein neuer Haftgrund enthalten, da bislang ein HB wegen Fluchtgefahr nicht damit begründet werden konnte, dass der Betroffene ggf. der HV fernbleiben wolle (*Hellmann*, a.a.O.).

cc) Außerdem muss die **HV binnen** einer **Woche** nach Durchführung der Festnahme zu erwarten sein. **1700**

☞ Deshalb ist nach § 127b Abs. 2 S. 2 der **HB** auf höchstens eine Woche ab dem Tag der Festnahme zu **befristen**. Für die Berechnung der Frist gilt § 43 Abs. 1, nicht § 43 Abs. 2. Bei einer Festnahme an einem Sonntag läuft die Frist also auch am nächsten Sonntag ab (*Meyer-Goßner/Schmitt*, § 127b Rn 18; KK-*Schultheis*, § 127b Rn 17; a.A. *Schlothauer/Weider*, Rn 205 ff. [kein Grund für die unterschiedliche Behandlung ersichtlich]).

Ist die **HV nicht** innerhalb dieser **Frist** zu erwarten, muss der Festgenommene **freigelassen** werden. Er ist auch freizulassen, wenn die HV über die im HB bestimmte Zeit, etwa durch Unterbrechung oder Aussetzung, andauert (*Meyer-Goßner/Schmitt*, § 127b Rn 18). Hauptverhandlungshaft kommt des Weiteren dann nicht mehr in Betracht, wenn der Beschuldigte nach der Tat zunächst in polizeilichen Gewahrsam genommen, dann wieder auf freien Fuß gesetzt wurde und zwischenzeitlich mehr als zwei Wochen verstrichen sind (AG Erfurt NStZ-RR 2000, 46). Dann ist nämlich die Erwartung, dass im beschleunigten Verfahren binnen einer Woche nach Festnahme verhandelt werden könne, nicht mehr gerechtfertigt. **1701**

b) Weitere Voraussetzungen hat der HB nicht, insbesondere ist das Vorliegen einer der Haftgründe der §§ 112 ff. nicht erforderlich. Es gilt allerdings das **Verhältnismäßigkeitsgebot** des § 112 Abs. 1 S. 2, sodass ein HB nach § 127b Abs. 2 dann unzulässig ist, wenn selbst eine nur wenige Tage dauernde Haft unverhältnismäßig wäre (*Meyer-Goßner/Schmitt*, § 127b, Rn 16 [z.B. bei einer nur geringfügigen Geldstrafe]; s. aber Nr. 3 der „Richtlinien zur Anwendung des beschleunigten Verfahrens nach den §§ 417 ff. StPO" des Landes NRW [MinBl. NW 2002, S. 861], wonach allein der Umstand, dass nur eine Geldstrafe zu erwarten ist, den Erlass eines HB nicht unverhältnismäßig machen soll). Darüber hinaus wird in der Lit. der HB nach § 127b Abs. 2 dann als unverhältnismäßig angesehen, wenn die Anwesenheit in der HV mit milderen Mitteln als der Inhaftierung, also z.B. der zwangsweisen Vorführung, sichergestellt werden kann (*Hellmann* NJW 1997, 2148). Das ist zutreffend, da auch in „normalen" Verfahren die ggf. mögliche Vorführung den Vorrang vor einem HB nach § 230 hat (*Meyer-Goßner/Schmitt*, § 230 Rn 199 m.w.N.; s.a. KK-*Schultheis*, § 127b Rn 16; *Schlothauer/Weider*, Rn 208; eingehend zur [Un-]Verhältnis- **1702**

mäßigkeit der Hauptverhandlungshaft *Grasberger* GA 1998, 532 ff. m.w.N.). Insbesondere werden die Möglichkeit, nach § 127a eine **Sicherheit** zu stellen bzw. das Verfahren durch **Strafbefehl** zu erledigen, den Erlass eines HB nach § 127b ausschließen (*Schlothauer/Weider*, Rn 179; *Meyer-Goßner/Schmitt*, § 127b Rn 10, jew. m.w.N.).

5. Hinweise für den Verteidiger!

1703 **a) Allgemein** gilt: Ist Hauptverhandlungshaft angeordnet, können sich für die Verteidigung **Probleme** insbesondere im Hinblick auf die **kurzen Fristen** ergeben. Diese werden es häufig in der Praxis nur schwer möglich machen, dass der Verteidiger noch rechtzeitig vor der HV mit seinem Mandanten **Kontakt** aufnehmen kann. Probleme kann es auch mit einer rechtzeitig und ausreichend vor dem HV-Termin gewährten **AE** geben (zu allem *Schlothauer/Weider*, Rn 195 ff.). Meist wird dem Verteidiger dann nichts anderes übrig bleiben, als **Unterbrechung** bzw. Aussetzung der **HV** zu beantragen. Im Zweifel wird dann das Verfahren nicht mehr zur Durchführung als „beschleunigtes Verfahren" geeignet sein. Auf jeden Fall sollte in diesen Fällen **Aufhebung** des **Hauptverhandlungshaftbefehls** beantragt werden.

1704 **b)** Der HB nach § 127b Abs. 2 kann in entsprechender Anwendung von § 116 **außer Vollzug** gesetzt werden, wenn durch andere geeignete Maßnahmen, also z.B. eine Kaution, das Erscheinen des Festgenommenen in der HV sichergestellt werden kann (BT-Drucks 13/2576, S. 3; *Meyer-Goßner/Schmitt*, § 127b Rn 19; *Pfeiffer*, § 127b Rn 8), obwohl § 127b in § 116 nicht erwähnt wird (zur Außervollzugsetzung eines HB allgemein *Burhoff*, EV, Rn 666).

1705 Aber auch wenn der HB **außer Vollzug** gesetzt wird, muss die **HV** binnen **einer Woche** durchgeführt werden. Findet sie später statt, wird der HB gegenstandslos und eine ggf. gestellte Kaution wird frei. Erscheint der Beschuldigte nicht in der HV, kommt eine Invollzugsetzung des HB nur dann in Betracht, wenn die Wochenfrist noch nicht abgelaufen ist und innerhalb der verbleibenden Restfrist die erneute Ansetzung der HV möglich ist (*Meyer-Goßner/Schmitt*, a.a.O.).

1706 **c)** Hinzuweisen ist auch noch darauf, dass dem unverteidigten Beschuldigten sogleich gem. § 418 Abs. 1 ein **Pflichtverteidiger** beigeordnet werden muss, falls eine Freiheitsstrafe von mindestens sechs Monaten zu erwarten ist (→ *Beschleunigtes Verfahren*, Rdn 747; *Burhoff*, EV, Rn 882 ff.).

> ☞ Die Vorschrift des **§ 140 Abs. 1 Nr. 4** ist auf die Hauptverhandlungshaft **nicht anwendbar**. Bei dieser handelt es sich nicht um „U-Haft" i.S.d. § 140 Abs. 1 Nr. 4 (*Burhoff*, EV, Rn 2852).

⚖ Wird der Beschuldigte vorläufig nach § 127b Abs. 1 festgenommen, gelten nach § 127b Abs. 1 S. 2 die §§ 114a – 114c entsprechend: Der Beschuldigte ist also nach § 114b zu **belehren** (*Burhoff*, EV, Rn 4344 f.).

d) Gegen die vorläufige Festnahme und den HB kann der Festgenommene mit folgenden **Rechtsmitteln** vorgehen (vgl. *Meyer-Goßner/Schmitt*, § 127b Rn 20 ff.; KK-*Schultheis*, § 127b Rn 8; *Schlothauer/Weider*, Rn 187 ff.): **1707**

- Soll die **Festnahme** selbst beanstandet werden, gilt § 128, sodass der **Richter** über die Fortdauer der Haft entscheidet.
- Geht es um die Art und Weise des Vollzugs, war nach früher h.M. das Verfahren nach §§ 23 ff. EGGVG zu wählen. Im Hinblick auf die Entscheidung des BVerfG v. 30.4.1997 (NJW 1997, 2163) hat die Überprüfung einer **erledigten** vorläufigen **Festnahme** nun gem. **§ 98 Abs. 1 S. 2** jedoch durch den Richter zu erfolgen (BGHSt 44, 171; s.a. *Meyer-Goßner/Schmitt*, § 127b Rn 22).
- Gegen den **HB** sind die **allgemeinen Rechtsbehelfe** wie bei (allgemeiner) Anordnung der U-Haft gegeben, also Haftprüfungsantrag und Haftbeschwerde (dazu im Einzelnen *Burhoff*, EV, Rn 3749 ff. m.w.N.). Hier ist allerdings wegen der Befristung des HB i.d.R. ganz besonders **schnelles Handeln** geboten, soll die Haftbeschwerde nicht durch Fristablauf gegenstandslos werden (so *Meyer-Goßner/Schmitt*, § 127b Rn 22). Allerdings sind die Grundsätze der Entscheidung des **BVerfG** v. 30.4.1997 (a.a.O.) entsprechend anzuwenden (s.a. *Schlothauer/Weider*, Rn 181; *Meyer-Goßner/Schmitt*, § 127b Rn 22). Wegen der Kürze der Zeit kann der Betroffene i.d.R. ausreichenden Rechtsschutz nicht erlangen (für die Anwendung der Grundsätze des BVerfG OLG Düsseldorf StV 2001, 332; OLG Celle NStZ-RR 2003, 177 [Ls.]; a.A. OLG Frankfurt am Main NStZ-RR 2007, 349; OLG Hamm NJW 1999, 229 [HB nach § 230]; NStZ 2008, 582; OLG Jena StRR 2010, 402 [Ls.]; → *Zwangsmittel bei Ausbleiben des Angeklagten*, Rdn 3677).

Siehe auch: → *Beschleunigtes Verfahren*, Rdn 741.

Hilfsbeweisantrag **1708**

Das Wichtigste in Kürze:
1. Der Hilfsbeweisantrag ist ein Unterfall des bedingten Beweisantrags. Er ist stets mit einem Hauptantrag verknüpft.
2. Der Hilfsbeweisantrag muss alle Voraussetzungen für einen Beweisantrag i.e.S. erfüllen, also Beweismittel und Beweisthema anführen.

3. Bei dem Hauptantrag, mit dem der Verteidiger seinen Hilfsbeweisantrag verknüpft, kann es sich z.B. um einen Antrag auf Freisprechung handeln.
4. Die Verknüpfung des Hilfsbeweisantrags mit dem Hauptantrag des Schlussvortrags des Verteidigers führt nach allgemeiner Meinung dazu, dass der Verteidiger auf die Bekanntgabe der Ablehnungsgründe des Gerichts vor der Urteilsverkündung verzichtet.
5. Sinn und Zweck des Hilfsbeweisantrags sind fraglich. Der Verteidiger sollte auf ihn eher verzichten.
6. In der Revision muss die Verfahrensrüge, mit der gerügt wird, ein Hilfsbeweisantrag sei rechtsfehlerhaft zurückgewiesen worden, grds. denselben Anforderungen entsprechen wie diejenige, die die Ablehnung eines unbedingt gestellten Beweisantrags beanstandet.

1709 Literaturhinweise: **Kudlich**, Unzulässigkeit eines mißbräuchlichen Hilfsbeweisantrags – BGHSt 40, 287, JuS 1997, 507; **Michalke**, Noch einmal: „Hilfsbeweisantrag – Eventualbeweisantrag – Bedingter Beweisantrag", StV 1990, 184; **Scheffler**, Der Hilfsbeweisantrag und seine Bescheidung in der Hauptverhandlung, NStZ 1989, 158; **Schlothauer**, Hilfsbeweisantrag – Eventualbeweisantrag – bedingter Beweisantrag, StV 1988, 542; **Schrader**, Der Hilfsbeweisantrag – ein Dilemma, NStZ 1991, 224; **Widmaier**, Der Hilfsbeweisantrag mit „Bescheidungsklausel", in: Festschrift für *Hanskarl Salger*, 1995, S. 421; s.a. die Hinw. bei → *Beweisantrag*, Rdn 835, und → *Beweisantragsrecht, Allgemeines*, Rdn 971.

1710 1. Der Hilfsbeweisantrag ist ein Unterfall des → *bedingten Beweisantrags*, Rdn 518. Er ist **stets** mit einem **Hauptantrag verknüpft** und wird meist im → *Plädoyer des Verteidigers*, Rdn 2017, gestellt (*Meyer-Goßner/Schmitt*, § 244 Rn 22 m.w.N.; *Hamm/Hassemer/Pauly*, Rn 69; *Junker*, Rn 111). Ein Beweisantrag, den der Verteidiger während des Plädoyers in unmittelbarem Zusammenhang mit seinem Hauptantrag (auf Freisprechung) stellt, wird daher im Zweifel als Hilfsbeweisantrag anzusehen sein (BGH MDR 1951, 275 [D]; *Junker*, Rn 113). Abzugrenzen ist der Hilfsbeweisantrag vom sog. **Eventualbeweisantrag**. Dabei handelt es sich um eine Kombination von bedingtem Beweisantrag und Hilfsbeweisantrag, nämlich um einen bedingten Beweisantrag, der im Plädoyer als Hilfsbeweisantrag gestellt wird (BGH StV 1990, 149; 1996, 248 f.; *Meyer-Goßner/Schmitt*, § 244 Rn 22b m.w.N.). Die Entscheidung, ob ein Beweisantrag als Haupt- oder Hilfsantrag gestellt wird, liegt allein beim Antragsteller (BGH NStZ 2005, 395).

1711 2. Der Hilfsbeweisantrag muss alle **Voraussetzungen** für einen Beweisantrag i.e.S. erfüllen, also **Beweismittel** und **Beweisthema** anführen (→ *Beweisantrag, Inhalt*, Rdn 951).

1712 **Unzulässig** sind Hilfsbeweisanträge, die sich nach der aufgestellten, zu beweisenden Behauptung zwar **gegen** den Schuldspruch richten, tatsächlich aber nur für den Fall einer bestimmten **Rechtsfolgenentscheidung** gelten sollen, da das Beweisverlangen dann nur ein

Vorwand ist und die Anträge in Wahrheit (nur) das Angebot zu einer Absprache enthalten (BGHSt 40, 287; BGH NStZ 1995, 246; zust. *Herdegen* NStZ 1995, 202 in der Anm. zu BGHSt, a.a.O.). Der BGH sieht diese Art der Antragstellung als **missbräuchlich** an (s. dazu a. *Kudlich* JuS 1997, 507).

> **Zulässig** ist aber ein Hilfsbeweisantrag, der für den Fall der Verurteilung zu einer Strafe, deren Vollstreckung nicht zur Bewährung ausgesetzt wird, auf den Nachweis einer – vom Angeklagten eingeräumten – Tatbestandsalternative abzielt, die geeignet ist, die Tat in einem milderen Licht und damit die Strafaussetzung als eher möglich erscheinen lässt (BGH NStZ 1998, 209 f.).

3. Bei dem **Hauptantrag**, mit dem der Verteidiger seinen Hilfsbeweisantrag **verknüpft**, kann es sich handeln um folgende (vgl. a. *Junker*, Rn 113 mit Formulierungsbeispielen) **1713**

Antragsbeispiele:

- Antrag auf **Freisprechung**,
- Verhängung einer **Strafe** nur in einer **bestimmten Höhe** (s. aber BGH NStZ 1995, 246),
- Verurteilung nur zu einer **Bewährungsstrafe** (s. dazu BGH NStZ 1998, 209),
- Verurteilung nur zu einer **Geldstrafe**,
- Verurteilung nur wegen eines **bestimmten Tatvorwurfs**,
- dass im Urteil nicht die **Fahrerlaubnis** entzogen wird,
- dass der Angeklagte nicht untergebracht oder gegen ihn nicht andere **Maßregeln** der Besserung oder Sicherung (§§ 61 ff. StGB) verhängt werden.

4. Die Verknüpfung des Hilfsbeweisantrags mit dem Hauptantrag des Schlussvortrags des Verteidigers führt nach allgemeiner Meinung dazu, dass der Verteidiger auf die **Bekanntgabe** der **Ablehnungsgründe** des Gerichts vor der Urteilsverkündung **verzichtet** (st. Rspr.; vgl. u.a. BGHSt 32, 10, 13; BGH NStZ 1991, 47; zuletzt BGH NStZ 1998, 98; *Meyer-Goßner/Schmitt*, § 244 Rn 44a m.w.N.). Daher kann das Gericht seine ablehnende Entscheidung erst mit den Urteilsgründen bekannt geben (s. BGH NStZ 1995, 98 [für Antrag auf Einholung eines weiteren → *Glaubwürdigkeitsgutachten*, Rdn 1630]; 2006, 406 [zur Begründung]). **1714**

Das galt früher nicht, wenn der Hilfsbeweisantrag wegen **Verschleppungsabsicht** abgelehnt werden sollte. Dann musste der Antrag auf jeden Fall in der HV beschieden werden, damit der Verteidiger/Angeklagte den Vorwurf der Verschleppung entkräften konnte (st. Rspr.; u.a. BGH StV 1990, 394; NStZ 1998, 207; a.A. wohl *Meyer-Goßner/Schmitt*, a.a.O.; KK-*Herdegen* (5. Aufl.], § 244 Rn 50a [inkonsequent]; wohl a. KK-*Krehl*, § 244 Rn 94). Das sieht der BGH inzwischen aber anders. Auf der Grundlage seiner Entscheidung v. 14.06.2005 (NJW 2005, 2466) geht er zur „Abwehr von Prozessverschlep- **1715** pung" nun davon aus, dass auch Hilfsbeweisanträge mit der Begründung „Prozessverschleppungsabsicht" erst in den schriftlichen Urteilsgründen abgelehnt werden dürfen (BGHSt 52, 355; bestätigt durch BVerfG NJW 2010, 592; zutr. krit./abl. *Witting/Junker* StRR 2009, 244 ff.; *Eidam* JZ 2009, 318; *Fezer* HRRS 2009, 17; *Gaede* NJW 2009, 608; *König* StV 2009, 171, jew. in den Anm. zu BGH, a.a.O; *Petzold* StRR 2009, 142 in der Anm. zu BGH StV 2009, 5; → *Verspätete Beweisanträge/Fristsetzung*, Rdn 3179).

⚖ Der Verteidiger muss versuchen, dem dadurch zu begegnen, dass er das Beweisthema in seinem Hilfsbeweisantrag so wählt, dass das Gericht bereits aufgrund der → **Aufklärungspflicht** *des Gerichts*, Rdn 329, gem. des § 244 Abs. 2 zu einer Beweiserhebung gezwungen wäre, wenn die im Hilfsbeweisantrag gesetzte Bedingung eintritt. Nur so kann er dem Verschleppungseinwand im Hinblick auf seinen nach der Frist gestellten Hilfsbeweisantrag beggnen (s.a. *Witting/Junker*, a.a.O.).

1716 5.a) **Sinn** und **Zweck** des Hilfsbeweisantrags sind **fraglich** (*Hamm/Hassemer/Pauly*, Rn 75 f.). Denn wegen der dem Gericht eingeräumten Möglichkeit, grds. über den Antrag erst im Urteil entscheiden zu dürfen, erfährt der Verteidiger i.d.R. meist erst, wenn es zu spät ist und es dem Angeklagten nichts mehr nützt, was das Gericht von der von ihm aufgestellten Verknüpfung/Bedingung hält. Der Verteidiger sollte auch nicht davon ausgehen, das Gericht werde aus Gründen der Bequemlichkeit den Angeklagten eher freisprechen als verurteilen.

⚖ Deshalb sollte der Verteidiger auf **Hilfsbeweisanträge** (eher) **verzichten** und entweder unbedingte oder zumindest bedingte Beweisanträge stellen, da er bei diesen die Ablehnungsgründe vor der Urteilsverkündung erfährt und seine weitere Verteidigungsstrategie darauf einstellen kann. Es ist nämlich nicht mehr von Bedeutung, wenn z.B. zu einem Hilfsbeweisantrag auf Einholung eines SV-Gutachtens vom Gericht erst in der Urteilsbegründung mitgeteilt wird, dass es den Angeklagten verurteilt, den Hilfsbeweisantrag ablehnt und sich selbst für sachkundig hält. Hätte der Verteidiger das früher gewusst, hätte er einen unbedingten Beweisantrag stellen und darin ausführen können, warum das Gericht nicht von eigener Sachkunde ausgehen könne (→ *Beweisantrag, Formulierung: Sachverständigenbeweis*, Rdn 919; → *Obergutachter*, Rdn 1953).

1717 b) Diese Überlegungen gelten insbesondere auch deshalb, weil nach der inzwischen einheitlichen Rspr. des **BGH** die **Bescheidung** des Hilfsbeweisantrags **in der HV** auch **nicht** mehr – wie früher – dadurch **gesichert** werden kann, dass der Antrag mit dem **Zusatz** versehen wird, auf die Bekanntgabe der Ablehnungsgründe vor der Urteilsverkündung werde nicht verzichtet. Der BGH hat – zumindest in einem obiter dictum – die Bescheidung eines im → *Plädoyer des Verteidigers*, Rdn 2017, gestellten Hilfsbeweisantrags erst in den Urteilsgründen, obwohl der Antrag einen entsprechenden Zusatz enthielt, für zulässig angesehen (s. BGH NStZ 1991, 47 [4. Strafsenat]; 1995, 98 [1. Strafsenat]; StV 1996, 529 f. [5. Strafsenat]; a.A. NStZ 1989, 191 [2. Strafsenat]; abl. Beck-*Michalke*, S. 557; *Hamm/ Hassemer/Pauly*, Rn 76 ff.; wie der BGH a. *Meyer-Goßner/Schmitt*, § 244 Rn 44a m.w.N.; KK-*Krehl*, § 244 Rn 94 f.; *Widmaier*, S. 431; eingehend dazu a. *Niemöller* JZ 1992, 884; → *Bedingter Beweisantrag*, Rdn 527).

☞ Im Hinblick auf diese Entscheidung bleibt nur, den **Zusatz**, dass nicht verzichtet werde, um den Hinweis zu **ergänzen**, dass ohne eine entsprechende Mitteilung vom Nichteintritt des Hilfsfalls ausgegangen werde. Zumindest wird das Gericht den Verteidiger dann von der **Unbeachtlichkeit** der sog. Bescheidungsklausel **unterrichten** und fragen müssen, ob er seinen Hilfsantrag aufrecht erhält oder die Bedingung fallen lässt (KK-*Krehl*, § 244 Rn 94). Noch **sicherer** dürfte es sein, wenn der Verteidiger während seines Plädoyers (zunächst) den → *Wiedereintritt in die Beweisaufnahme*, Rdn 3458, **verlangt** und erst, wenn das geschehen ist, den (Hilfs-)Beweisantrag **als echten Beweisantrag** stellt (so die Empfehlung von *Schlothauer* StV 1991, 350 ff. in der Anm. zu BGH NStZ 1991, 47; ähnl. a. Beck-*Michalke*, S. 557).

6. In der **Revision** muss die Verfahrensrüge, mit der gerügt wird, ein Hilfsbeweisantrag sei rechtsfehlerhaft zurückgewiesen worden, im Hinblick auf **§ 344 Abs. 2 S. 2** grds. denselben Anforderungen entsprechen wie diejenige, die die Ablehnung eines unbedingt gestellten Beweisantrags beanstandet (BGH NStZ-RR 2013, 349; → *Revision, Begründung, Verfahrensrüge*, Rdn 2348. Burhoff/Kotz/*Junker*, RM, Teil A Rn 2849 ff.). Mitzuteilen ist insbesondere auch die Bedingung, unter der der Antrag gestellt wurde (BGH, a.a.O., m.w.N.). Anderenfalls ist das Revisionsgericht nämlich nicht in der Lage zu prüfen, ob die Bedingung eingetreten ist, an die der Antrag geknüpft war, und das Tatgericht ihn daher nur unter den Voraussetzungen des § 244 Abs. 3 S. 2, Abs. 4 zurückweisen durfte oder ob dem Begehren mangels Bedingungseintritt allenfalls die Qualität eines Beweiserbietens zukam, das allein nach den Maßstäben der Aufklärungspflicht zu behandeln war (vgl. LR-*Becker*, § 244 Rn 169 f.; BGH, a.a.O.).

1718

7. Muster: Hilfsbeweisantrag

1719

▼

An das

Amtsgericht/Landgericht Musterstadt

In der Strafsache

gegen H. Mustermann

| **H** | **Hinweis auf veränderte Sach-/Rechtslage** |

Az.:

wird hilfsweise für den Fall,

dass das Gericht den Angeklagten zu einer Freiheitsstrafe verurteilen will, die nicht zur Bewährung ausgesetzt wird,

beantragt,

den Inhaber der Fa. Muster, Herrn W. Muster,

Musterstadt, Musterweg, als Zeugen zu vernehmen,

und zwar zum Beweis der Tatsache, dass der Angeklagte zum 1.10.2015 von seinem früheren Arbeitgeber, der Fa. Muster, Musterstadt, Musterweg, wieder eingestellt worden ist.

Auf eine Entscheidung über diesen Antrag vor Abschluss der endgültigen Urteilsberatung wird nicht verzichtet. Ohne eine entsprechende Mitteilung vor Urteilsverkündung wird davon ausgegangen, dass das Gericht den Nichteintritt des Hilfsfalls annimmt und den Angeklagten zumindest zu einer zur Bewährung ausgesetzten Freiheitsstrafe verurteilen wird. Es ist zudem beabsichtigt, dann weitere Beweisanträge zu stellen.

Rechtsanwalt

▲

Siehe auch: → *Bedingter Beweisantrag*, Rdn 518; → *Beweisantragsrecht, Allgemeines*, Rdn 971, m.w.N.

1720 Hinweis auf veränderte Sach-/Rechtslage

Das Wichtigste in Kürze:
1. § 265 bestimmt die Pflicht des Gerichts, den Angeklagten in der HV auf eine Änderung rechtlicher, tatsächlicher und auch verfahrensrechtlicher Gesichtspunkte hinzuweisen.
2. Der erste Anwendungsfall des § 265 ist die Anwendung eines anderen, nicht unbedingt schwereren, Strafgesetzes (Abs. 1).
3. Nach § 265 Abs. 2 ist ein Hinweis auch dann erforderlich, wenn sich erst in der HV vom Gesetz besonders vorgesehene Umstände ergeben, die die Strafbarkeit erhöhen oder die Anordnung einer Maßregel der Besserung und Sicherung rechtfertigen.
4. Entsprechend anzuwenden sind § 265 Abs. 1 und 2 auf die Fälle, in denen sich erst in der HV eine Änderung der gesamten Tatrichtung ergibt, davon aber der rechtliche Vorwurf unberührt bleibt.

Hinweis auf veränderte Sach-/Rechtslage **H**

5. Eine entsprechende Anwendung von § 265 Abs. 1 und 2 kommt m.E. auch dann in Betracht, wenn es um einen Hinweis auf den Wegfall eines zuvor erteilten Hinweises geht.
6. Entsprechend angewendet wird § 265 Abs. 1 und 2 auf Nebenstrafen und Nebenfolgen, wenn ihre Verhängung die Feststellung besonderer Umstände zum „äußeren und inneren Tatgeschehen" voraussetzt, die zum Tatbestand hinzutreten müssen.
7. Wenn sich während der HV (nur) der Sachverhalt oder auch die Verfahrenslage verändert, sieht § 265 Abs. 4 eine ausdrückliche Hinweispflicht nicht vor. Der Angeklagte muss aber die Veränderung aus dem Gang der HV entnehmen können und er hat dann nach § 265 Abs. 4 das Recht, die Aussetzung der HV zu verlangen.
8. Ergeben kann sich eine Hinweispflicht des Gerichts schließlich auch aus eigenem prozessualen Verhalten des Gerichts.
9. Das Gericht darf dem Angeklagten nicht nur einen pauschalen Hinweis erteilen, sondern muss ihn eindeutig und erschöpfend aufklären.

Literaturhinweise: Bauer, Der prozessuale Tatbegriff, NStZ 2003, 174; **Gillmeister**, Die Hinweispflicht des Tatrichters, StraFo 1997, 8; ders., Die Hinweispflicht des Tatrichters, in: Festgabe für *Heino Friebertshäuser*, 1997, S. 185; ders., Strafzumessung aus verjährten und eingestellten Straftaten, NStZ 2000, 344; **Hänlein/ Moos**, Zur Reichweite und revisionsrechtlichen Problematik der Hinweispflicht nach § 265 Abs. 1 StPO, NStZ 1990, 481; **Kintzi**, Konsequenzen aus dem Beschluss des Bundesverfassungsgerichts zur Aussetzung einer lebenslangen Freiheitsstrafe, DRiZ 1993, 341; **König**, Pazifische Phantasien – Ist das Gericht berechtigt, möglicherweise sogar verpflichtet, seine Sicht vom bisherigen Ergebnis der Beweisaufnahme in der Hauptverhandlung offen zu legen?, in: Festgabe für *Heino Friebertshäuser*, 1997, S. 211; **Krumm**, Rechtlicher Hinweis im OWi-Verfahren, SVR 2011, 58; **Küpper**, Die Hinweispflicht nach § 265 StPO bei verschiedenen Begehungsformen desselben Strafgesetzes, NStZ 1986, 249; **Marczak**, Strafverteidigung und Fair Trial – gerichtliche Fürsorgepflicht und Missbrauchsverbot im Strafprozess, StraFo 2004, 373; **Michel**, Aus der Praxis: Die richterliche Hinweispflicht, JuS 1991, 850; **Mösl**, Zum Strafzumessungsrecht, NStZ 1981, 131; **Neuhaus**, Anpassung und Wechsel des Verteidigungsziels während der Hauptverhandlung, ZAP F. 22, S. 249; **Niemöller**, Die Hinweispflicht des Strafrichters, 1988; **Scheffler**, Rückkehr zur bisherigen Rechtsauffassung nach einem rechtlichen Hinweis gem. § 265 Abs. 1 StPO ohne erneuten Hinweis?, JR 1989, 232; **Schlothauer**, Gerichtliche Hinweispflichten in der Hauptverhandlung, StV 1986, 213.

1721

1.a) § 265 bestimmt die **Pflicht** des Gerichts, den Angeklagten in der HV auf eine **Änderung rechtlicher, tatsächlicher** und auch **verfahrensrechtlicher** Gesichtspunkte **hinzuweisen**. Die Vorschrift dient als ein gesetzlich geregelter Fall der (gerichtlichen) Fürsorgepflicht der Sicherung einer umfassenden Verteidigung des Angeklagten und soll ihn vor Überraschungen schützen (*Meyer-Goßner/Schmitt*, § 265 Rn 2 m.w.N.; vgl. a. *Marczak* StraFo 2004, 373). Dem will das Gesetz dadurch beggnen, dass es dem **Angeklagten** die Möglichkeit gibt, die **Aussetzung** der HV zu verlangen (vgl. dazu → *Aussetzung wegen veränderter Sach-/Rechtslage*, Rdn 498, mit Antragsmuster, Rdn 505). Wenn § 265 somit auch eine Vorschrift ist, die sich zunächst an das Gericht wendet, hat sie dennoch auch für den Angeklagten/Verteidiger Bedeutung, und zwar im Hinblick auf die Frage der Ausset-

1722

H   Hinweis auf veränderte Sach-/Rechtslage

zung und unter revisionsrechtlichen Gesichtspunkten im Hinblick auf die Gewährung rechtlichen Gehörs. Einen unterlassenen, aber erforderlichen (rechtlichen) Hinweis kann der Angeklagte zudem in der Revision mit der Verfahrensrüge geltend machen.

Beantragt der Angeklagte die **Aussetzung** der HV, ist das Gericht nach § 265 **Abs. 3 verpflichtet**, diesem Antrag nachzukommen. Es hat kein Ermessen (BGHSt 48, 183). In den Fällen des § 265 **Abs. 4** (vgl. u. Rdn 1737 ff.) entscheidet das Gericht aber nach **pflichtgemäßem Ermessen**, das vom Revisionsgericht nur eingeschränkt überprüfbar ist Radtke/Hohmann/*Radtke*, § 265 Rn 138; BGH NStZ 2012, 581).

Ein Hinweis muss so früh wie möglich erteilt werden (BGH NStZ 2007, 234; *Meyer-Goßner/Schmitt*, § 265 Rn 32).

1723 b) Ggf. bestehende Hinweispflichten werden **nicht** durch die Vorschrift des § 257c und den aus einer danach getroffenen **Verständigung** sich ergebenden Bindungen des Gerichts relativiert oder **verdrängt** (BGHSt 56, 235). Der Grundsatz des rechtlichen Gehörs gilt vielmehr uneingeschränkt auch für den Angeklagten, der einem Verständigungsvorschlag des Gerichts zugestimmt hat. Anders als bei der Hinweispflicht des § 257c Abs. 4 S. 4, die nur dann eingreift, wenn sich das Gericht von einer getroffenen Verständigung lösen will, weil „rechtlich oder tatsächlich bedeutsame Umstände übersehen worden sind oder sich neu ergeben haben" und das Gericht deswegen den zugesagten Strafrahmen nicht mehr als angemessen erachtet (vgl. § 257c Abs. 4 S. 1; → *Absprachen/Verständigung mit Gericht und Staatsanwaltschaft*, Rdn 235), ist das Gericht der sich aus § 265 ergebenden Pflicht auch dann nicht enthoben, wenn es sich auch unter geänderten Bedingungen von seiner Strafrahmenzusage nicht lösen will (BGH, a.a.O.).

1724 c) § 265 verpflichtet das Gericht auch **nicht** zu einem **Rechtsgespräch** und/oder zur Information in einer Art „**Zwischenverfahren**" über die vorläufige Bewertung von Beweismitteln. Solche Gespräche sind zwar erlaubt (vgl. § 257b und dazu → *Erörterungen des Standes Verfahrens*, Rdn 1491), das Gericht ist zu ihnen aber nicht verpflichtet (grundlegend BGHSt 43, 212; *Meyer-Goßner/Schmitt*, § 265 Rn 7a m.w.N.). Art. 103 Abs. 1 GG verbietet zwar Überraschungsentscheidungen, jedoch ist das Gericht grds. über § 265 hinaus weder vor der Entscheidung zu einem Hinweis auf seine Rechtsauffassung verpflichtet, noch ist eine allgemeine Frage- und Aufklärungspflicht begründet (BVerfGK 14, 455, BGH, Beschl. v. 27.2.2014 – 1 StR 200/13). Dazu kann es auch nicht durch Antrag oder Erklärung der Prozessbeteiligten gezwungen werden (KG StV 2013, 491), und zwar i.Ü. auch dann nicht, wenn das (Auskunfts)Verlangen in einen Beweisantrag gekleidet ist (KG, a.a.O.).

1725 2. Der erste Anwendungsfall des § 265 ist die Anwendung eines **anderen**, nicht unbedingt schwereren, **Strafgesetzes** (Abs. 1). Danach ist ein rechtlicher Hinweis immer dann erforderlich, wenn – infolge anderer rechtlicher Beurteilung bei gleichbleibendem Sachverhalt oder wegen in der HV neu hervorgetretener Tatsachen – aufgrund eines Strafgesetzes

Hinweis auf veränderte Sach-/Rechtslage H

verurteilt werden soll, das anstatt oder neben einem in der Anklage bezeichneten Strafgesetz für den Schuldspruch in Betracht kommt (*Meyer-Goßner/Schmitt*, § 265 Rn 8 m.w.N.; zum verfahrensrechtlichen Tatbegriff s.u.a. BGH NStZ 1996, 243; NStZ-RR 1996, 203; 2009, 289). Ein Hinweis muss nicht auf neuen Erkenntnissen beruhen; ein Hinweis ist vielmehr auch dann geboten, wenn sich der Sachverhalt selbst zwar nicht geändert hat, er aber nach Auffassung des Gerichts dennoch rechtlich anders als in der zugelassenen Anklage bewertet wird (BGH NStZ 2011, 474 für Mord aus sonstigen niedrigen Beweggründen anstatt aus Habgier). Auch ein milderes Gesetz ist ein „anderes Gesetz" i.S.v. § 265 Abs. 1 (BGH NStZ 2002, 588; vgl. aber BGH NStZ 2008, 302).

Dazu folgende **Rechtsprechungsbeispiele**:

Hinweis erforderlich 1726

- bei einer **anderen Begehungsform**, z.B. bei § 211 StGB (vgl. u.a. BGH NJW 2011, 2898 [Ls.]; NStZ 2005, 111; 2009, 105; 2011, 474), bei § 224 StGB n.F. (BGH NStZ 1984, 328 [für § 223a a.F.]), im Rahmen des § 142 StGB (OLG Brandenburg StraFo 2002, 193; s. i.Ü. auch Rdn 1727),
- bei einer **zusätzlichen Begehungsform** (BGH StV 2006, 5 [für Übergang von „nur" § 177 Abs. 1 Nr. StGB zu § 177 Abs. 1 Nr. 1 und 2 StGB]),
- bei **Austausch** der **Bezugstat** bei einem Verdeckungsmord (§ 211 StGB; BGHSt 56, 121),
- Änderung der **Deliktsform**, wie Vollendung statt Versuch oder umgekehrt (*Schlothauer* StV 1986, 213, 217; BGH NStZ 1991, 229 [M/K]; StRR 2015, 227; OLG Schleswig SchlHA 2005, 262 [Dö/Dr]; vgl. aber BGH NStZ 2013, 358 [kein Aussetzungsanspruch bei bloßem Wegfall einer fakultativen Milderungsform]),
- **Änderung** der **Schuldform**, wie z.B. Vorsatz statt Fahrlässigkeit (BGH VRS 49, 184; OLG Oldenburg StraFo 2011, 401) oder umgekehrt (OLG Brandenburg NStZ-RR 2000, 54 [Ls.]; OLG Braunschweig NStZ-RR 2002, 179; OLG Dresden DAR 2000, 125; OLG Jena NStZ-RR 1997, 116; OLG Schleswig SchlHA 2000, 129 [Dö], jew. für OWi-Verfahren; a.A. BayObLG DAR 1971, 207 [Rüth]; vgl. a. Burhoff/*Stephan*, OWi, Rn 2476 ff. m.w.N),
- im **Bußgeldbescheid** ist die **Schuldform** nicht genannt und es soll dann eine Verurteilung wegen Vorsatzes erfolgen (zuletzt OLG Frankfurt am Main StraFo 2008, 31), was allerdings bei einem Verstoß gegen § 23 Abs. 1a StVO (Mobiltelefon) nicht gelten soll (OLG Karlsruhe VRR 2014, 43 [Ls.]; vgl. a. Burhoff/*Stephan*, OWi, Rn 2476 ff. m.w.N.),
- **Änderung** der **Handlungsform**, wie z.B. durch Tun statt durch Unterlassen und umgekehrt (BGH StV 2002, 183),
- **Änderung** des **Straftatbestandes**, wie z.B. versuchter Totschlag anstelle von versuchtem Mord (BGH StV 1998, 583; NStZ 1998, 529), Unterschlagung und Nötigung anstelle schweren Raubes (BGH StV 2006, 5), Vollrausch anstelle von Trunkenheit

im Verkehr (OLG Köln NStZ-RR 1998, 370 [Anklage wegen vorsätzlicher Trunkenheit macht Hinweis auf Vorsatz als Schuldform beim Vollrausch nicht entbehrlich]; OLG Oldenburg NJW 2009, 3669),

> 👉 Enthält das andere Strafgesetz mehrere **Tatbestandsalternativen**, muss auch darauf hingewiesen werden, welche der möglichen Alternativen angenommen werden soll (BGH StV 1997, 237 [für gefährliche Körperverletzung]; NStZ 2005, 111 [für Mord]).

- bei anderer Beurteilung des **Konkurrenzverhältnisses** (vgl. u.a. BGH StV 1991, 101 f.; 1996, 584),
- Änderungen bei **Täterschaft** (vgl. für Änderung von Allein- in Mittäterschaft BGH NStZ 1994, 64 m.w.N.; 2009, 105, StV 2012, 710 [Ls.]; StraFo 2005, 75; OLG Düsseldorf StraFo 1999, 200) oder umgekehrt (BGH NStZ 2009, 105; StV 1990, 54; zum Inhalt des Hinweises beim Übergang von Allein- zur Mittäterschaft s. BGH NStZ 2009, 105),
- Änderung von **Teilnahme** in Täterschaft (BGH NJW 1985, 2488) oder umgekehrt (BGHSt 56, 235; KK-*Kuckein*, § 265 Rn 10; *Neuhaus* ZAP F. 22, S. 253),
- andere rechtliche Beurteilung der Rauschtat beim **Vollrausch** nach § 323a StGB (BGH, Urt. v. 24.05.1955 – 5 StR 143/55; a.A. BayObLG NJW 1954, 1579; OLG Schleswig SchlHA 1969, 153 [E/J]; s. auch BGHSt 56, 121 für Austausch der Bezugstat beim „Verdeckungsmord").

1727 Hinweis nicht erforderlich

- nach BGH NJW 1988, 501, wenn das Gericht entgegen der Anklage die Voraussetzungen des **§ 21 StGB verneinen** will (m.E. **zw.**, zumindest dürfte sich wegen einer Änderung der Tatrichtung aus einer entsprechenden Anwendung von § 265 Abs. 1 und 2 eine Hinweispflicht ergeben [s.u. Rdn 1731 und Rdn 1737]; ähnl. a. *Schäfer*, Rn 921),
- obwohl §§ 211 und 212 StGB trotz des ihnen gemeinsamen Tatbestandes der vorsätzlichen Tötung eines Menschen andere Strafgesetze sind, wohl nicht beim **Übergang** vom Anklagevorwurf des **§ 211 zu § 212 StGB** (BGH NStZ-RR 1996, 10 m.w.N.; NStZ 2008, 302),
- bei Übergang zu einer anderen **gleichartigen Begehungsform** – wie z.B. bei § 244 StGB „mittels eines gefährlichen Werkzeugs" statt „mittels einer Waffe" (BGH NStZ 1988, 212 [M] m.w.N.),
- bei gegenüber von der Verurteilung erster Instanz abweichender, indes nach Maßgabe des Anklagesatzes erfolgender Verurteilung durch das **Berufungsgericht** (OLG Schleswig SchlHA 2011, 285 [Dö/Dr]),

Hinweis auf veränderte Sach-/Rechtslage | **H**

- bei einer **milderen Qualifikation**, wenn deren Anwendbarkeit nur darauf beruht, dass ein die schwerere Qualifikation begründender Umstand entfällt (BGH NJW 1970, 904; s. aber BGH StV 2002, 588 [für Qualifikationen des § 250 StGB]),
- wenn das Gericht einen **anderen Vortäter** als den in der Anklageschrift benannten feststellt (BGH wistra 2010, 154 für Steuerhehlerei infolge Ankauf von illegal hergestelltem nicht versteuertem Branntwein).

3. Nach § 265 Abs. 2 ist ein Hinweis auch dann erforderlich, wenn sich **erst** in der **HV** vom Gesetz besonders vorgesehene **Umstände** ergeben, die die **Strafbarkeit erhöhen** oder die Anordnung einer **Maßregel** der Besserung und Sicherung rechtfertigen. Dazu folgende **Rechtsprechungsbeispiele**: 1728

Hinweis erforderlich 1729

- alle **benannten Strafschärfungsgründe**, die zu einem neuen Tatbestand oder der Anwendung einer anderen gesetzlichen Regelung führen, wie z.B. in §§ 176a Abs. 2, 221 Abs. 2, 223 Abs. 2, 239 Abs. 2, 250 Abs. 1 StGB (BGH NJW 1959, 996; 1980, 714; NStZ 2012, 50 [auch zum Umfang des Hinweises]; s.a. BGH NJW 1977, 1830; OLG Jena StV 2007, 230 [für Übergang von der einfachen zu veruntreuenden Unterschlagung]).
- jede der abschließend als **Maßregel** der **Besserung** und **Sicherung** erwähnten Maßnahmen der §§ 61 ff. StGB, die nicht bereits in der zugelassenen Anklage erwähnt ist, wie z.B.,
    - die **Entziehung** der **Fahrerlaubnis** nach § 69 StGB (*Meyer-Goßner/Schmitt*, § 265 Rn 20 m.w.N.; s. z.B. BGH StraFo 2003, 276), und zwar auch dann, wenn der StA in seinem Plädoyer den Antrag auf Anordnung einer Sperre für die (Wieder-)Erteilung der Fahrerlaubnis ausdrücklich gestellt hat (BGH StV 1994, 232, 233) oder wenn nach Einspruch gegen einen Strafbefehl vom darin verhängten Fahrverbot zur Entziehung der Fahrerlaubnis übergegangen werden soll (BayObLG NStZ-RR 2004, 248),
    - die Anordnung der **Führungsaufsicht** (§ 68 ff. StGB; BGH StV 2015, 207 m. Anm. *Burhoff* StRR 2014, 438),
    - die **Unterbringung** in einer Entziehungsanstalt nach § 64 StGB überhaupt (BGH StV 2008, 344; 2015, 206; Beschl. v. 28.4.2009 – 4 StR 544/08),
    - es kommt eine **andere** als die in der Anklageschrift bezeichnete **Maßregel** in Betracht (Unterbringung nach § 64 StGB anstelle der in der Anklage erwähnten Unterbringung nach § 63 StGB; BGH StV 1991, 19; ähnl. BGH StV 2002, 589),
    - die Möglichkeit der **Sicherungsverwahrung** nach § 66 StGB, worauf z.B. in der Anklageschrift nicht hingewiesen worden ist (BGH NStZ 2009, 468; 2013, 248; StV 2004, 580; 2010, 178; NStZ-RR 2013, 256; vgl. noch u. Rdn 1742 f.),

H Hinweis auf veränderte Sach-/Rechtslage

☞ Nach der Rspr. des BGH bedarf es eines (weiteren) richterlichen Hinweises allerdings z.b. dann nicht, wenn bereits im wesentlichen **Ergebnis** der **Ermittlungen** auf die Maßregel – wenn auch nur kurz – hingewiesen wird (BGH NStZ 2001, 162). Das Erfordernis des Hinweises wird jedoch nicht dadurch ausgeschlossen, dass die StA im EV einen **SV** beauftragt hatte und zwischen den Verfahrensbeteiligten in der HV die Gefährlichkeit des Angeklagten erörtert worden ist (BGH NStZ 2009, 227; StraFo 2010, 157; NStZ-RR 2013, 256). Auch die allgemein gehaltene Aufzählung sämtlicher freiheitsentziehender Maßnahmen im Eröffnungsbeschluss ist nicht ausreichend, um den Angeklagten darauf hinzuweisen, dass ihm die Sicherungsverwahrung droht (BGH NStZ 2009, 468). Schließlich reicht der Beschluss zum Gutachtenauftrag an einen SV – „auch zur Frage der Sicherungswahrung Stellung zu nehmen" – zur Erfüllung der Hinweispflicht nicht, da nicht erkennbar ist, auf welchen Anordnungstatbestand sich das Gericht ggf. stürzen will (BGH NStZ 2013, 248 [für Gutachtenauftrag der StA]; StV 2010, 178).

- alle **Regelbeispiele**, wie z.B. bei § 243 Abs. 1 StGB (BGH NJW 1988, 501),

1730 Hinweis nicht erforderlich

- bei infrage kommender Anwendung von **unbenannten Strafschärfungsgründen** für besonders schwere Fälle, wie z.B. bei § 263 Abs. 3 StGB (*Meyer-Goßner/Schmitt*, § 265 Rn 19 m.w.N.; BGH StV 2000, 298 [Ls.]; OLG Düsseldorf NJW 2000, 158 [für Änderung von § 243 Abs. 1 Nr. 2 StGB in einen unbenannten besonders schweren Fall; a.A. Schlothauer StV 1986, 221; m.E. dürfte in diesen Fällen meist jedoch ein Hinweis wegen veränderter Tatrichtung in Betracht kommen, s.u. Rdn 1731 und Rdn 1737).

1731 4. **Entsprechend** anzuwenden sind § 265 Abs. 1 und 2 auf die Fälle, in denen sich erst in der HV eine **Änderung** der **gesamten Tatrichtung** ergibt, davon aber der rechtliche Vorwurf unberührt bleibt. Das führt zwar nicht zur Anwendung eines anderen Strafgesetzes i.S.v. § 265 Abs. 1, Sinn und Zweck des § 265, der dem Angeklagten eine umfassende Verteidigung ermöglichen soll, erfordern hier aber gleichwohl einen Hinweis (*Meyer-Goßner/ Schmitt*, § 265 Rn 22; s.a. u. Rdn 1737; zur Entwicklung der Rspr. des BGH für die Fälle der Veränderung des Tatbildes s. *Niemöller*, Die Hinweispflicht des Tatrichters, S. 26 ff.). Das gilt insbesondere bei folgenden

1732 Rechtsprechungsbeispielen:

- in der HV gegen den wegen Totschlags Angeklagten stellt sich heraus, dass eine Verurteilung wegen eines **besonders schweren** Falls des Totschlags nach § 212 Abs. 2 StGB und damit zu einer lebenslangen Freiheitsstrafe in Betracht kommen könnte,

da in diesem Fall dem Angeklagten ein ebenso schwerer Schuldvorwurf wie im Fall einer Mordanklage gemacht wird (vgl. dazu *Fischer*, § 212 Rn 3 m.w.N.; s.a. BGH NJW 1980, 714),
- nach BGH (NJW 1996, 3019; StV 2006, 600; offengelassen von BGH NStZ-RR 2003, 291 [Be]; a.A. Kintzi DRiZ 1993, 343) **nicht**, wenn das Gericht beabsichtigt, bei einer Mordanklage die besondere **Schuldschwere** i.S.d. § 57a Abs. 1 Nr. 2 StGB oder des § 57b StGB (lebenslange Gesamtfreiheitsstrafe) festzustellen (vgl. dazu BVerfG NJW 1992, 2947; s.a. *Fischer*, § 57a Rn 7 m.w.N.).

> ✏ Das ist **zweifelhaft**. Ergibt sich nämlich erst in der HV eine Änderung der Tatrichtung des dem Angeklagten zur Last gelegten Tötungsdelikts und kommt danach eine Anwendung des § 57a Abs. 1 Nr. 2 StGB in Betracht, führt das zwar nicht zur Anwendung eines anderen Strafgesetzes i.S.v. § 265 Abs. 1. Sinn und Zweck des § 265, der dem Angeklagten eine umfassende Verteidigung ermöglichen soll, erfordern m.E. hier aber gleichwohl einen Hinweis (vgl. dazu jetzt auch BGH NStZ 2012, 581).

5. Eine **entsprechende Anwendung** von § 265 Abs. 1 und 2 kommt m.E. auch dann in Betracht, wenn es um einen **Hinweis** auf den **Wegfall** eines zuvor erteilten **Hinweises** geht.

1733

> *Beispiel:*
> Zugelassene Anklage wegen versuchten Totschlags, in der HV dann zunächst Hinweis auf gefährliche Körperverletzung, die Verurteilung erfolgt dann – ohne weiteren Hinweis? – (doch) wegen versuchten Totschlags.

Anderer Meinung ist in diesen Fällen die Rspr. des **BGH** (vgl. NJW 1998, 3654, 3655; so a. *Meyer-Goßner/Schmitt*, § 265 Rn 33a). Der BGH (a.a.O.) hat eine **Hinweispflicht verneint**, wenn das Gericht entgegen der Anklage die Anwendung von § 21 StGB verneinen will, da auch bei einem Hinweis auf ein milderes Gesetz der in der zugelassenen Anklage enthaltene Vorwurf bestehen bleibt (vgl. a. noch BGH NStZ 2013, 358 [kein Aussetzungsanspruch bei bloßem Wegfall einer fakultativen Milderungsform]). Wendet man diese Grundsätze konsequent auf die Frage der Erforderlichkeit eines Hinweises auf den Wegfall eines Hinweises an, ist jener nicht erforderlich. Sieht man jedoch § 265 als eine sich aus dem Grundsatz des „fair-trial" ergebende Vorschrift an, deren Sinn und Zweck es sein soll, dem Angeklagten eine umfassende Verteidigungsmöglichkeit zu verschaffen, dürfte diese Rspr. zumindest **zweifelhaft** sein.

1734

> ✏ Hat das **Gericht** selbst die **Anregung** zu einer Einstellung nach § 154 gegeben und die **StA** daraufhin einen entsprechenden **Antrag** gestellt, muss das Gericht allerdings auch nach der Rspr. des BGH nach den Grundsätzen des fairen Verfahrens einen Hin-

H Hinweis auf veränderte Sach-/Rechtslage

weis geben, wenn es die Einstellung nun im Urteil nicht mehr (in allen Fällen) vornehmen will (BGH NStZ 1999, 416).

1735 6. **Entsprechend** angewendet wird § 265 Abs. 1 und 2 auf **Nebenstrafen und Nebenfolgen**, wenn ihre Verhängung die Feststellung besonderer Umstände zum „äußeren und inneren Tatgeschehen" voraussetzt, die zum Tatbestand hinzutreten müssen.

Dazu ist zu verweisen auf folgende **Rechtsprechungsbeispiele**:

1736 für **Bestehen** einer **Hinweispflicht**

- die Verhängung eines **Fahrverbots** nach § **25 StVG** (BGHSt 29, 274; OLG Düsseldorf NJW 1990, 462 [Ls.]; OLG Hamm StraFo 2005, 298; OLG Jena StraFo 2010, 206; OLG Koblenz StRR 2008, 162 [Ls.]; OLG Köln NZV 2013, 613; Burhoff/*Deutscher*, OWi, Rn 1775),
- die Einziehung nach § **74 StGB** (BGHSt 16, 47; a.A. BGH StV 1984, 453; s.a. *Schlothauer* StV 1986, 222),
- die Aberkennung der bürgerlichen **Ehrenrechte** (*Meyer-Goßner/Schmitt*, § 265 Rn 24 m.w.N.),
- der **Wegfall** der **Vollstreckungsvergünstigung** bei einem Fahrverbot nach § **25 Abs. 2a StVG** (OLG Schleswig SchlHA 2003, 214 [Dö/Dr]).

für **Nichtbestehen** einer **Hinweispflicht**

- die mögliche Verhängung eines **Fahrverbots** nach § **44 StGB**, da sich der Angeklagte über die möglichen Haupt- und Nebenfolgen seiner Tat grds. selbst unterrichten muss (*Meyer-Goßner/Schmitt*, § 265 Rn 24 m.w.N.; a.A. u.a. OLG Hamm MDR 1971, 776; *Schlothauer* StV 1986, 221),
- wenn im Bußgeldbescheid bereits ein Fahrverbot angeordnet worden ist, muss **nicht** auf die Möglichkeit hingewiesen werden, dass auch ein **längeres Fahrverbot gerechtfertigt** ist (BayObLG NJW 2000, 3511 [Ls.]),
- bei **Bußgelderhöhung** (KG NStZ-RR 2015, 23; OLG Bamberg NZV 2011, 411; OLG Stuttgart DAR 2010, 590; a.A. OLG Hamm StRR 2010, 224 m. abl. Anm. *Sandherr* DAR 2010, 99).

1737 7. Wenn sich während der HV (nur) der **Sachverhalt** oder auch die **Verfahrenslage verändert**, sieht § 265 **Abs. 4** eine **ausdrückliche Hinweispflicht nicht** vor (BGH NStZ 1984, 422; a.A. OLG Hamm HESt 1, 187; OLG Köln StV 1984, 414; OLG Schleswig MDR 1980, 516). Der Angeklagte muss aber die Veränderung aus dem Gang der HV entnehmen können und er hat dann nach § 265 Abs. 4 das Recht, die **Aussetzung** der HV zu verlangen. Das ist insbesondere der Fall, wenn eine in der zugelassenen Anklage nicht erwähnte Handlung oder sonstige Tatsache zum Gegenstand des Urteils gemacht werden soll oder sich die prozessuale

Hinweis auf veränderte Sach-/Rechtslage   **H**

Situation des Angeklagten geändert hat (BGH NStZ 2000, 48; s.a. BGH NStZ 1997, 72 [K; Empfehlung, die veränderte Sachlage schriftlich zu fixieren und ins Protokoll aufzunehmen] und NStZ 1999, 42; zum Hinweis bei veränderter Sachlage eingehend *Gillmeister* StraFo 1997, 8 ff., der einen Hinweis auf jeden Fall immer dann als erforderlich ansieht, wenn der Sachverhalt sich tatbestandsrelevant ändert; zu allem a. KK-*Kuckein*, § 265 Rn 24 m.w.N.).

✎ Nach der Rspr. des BGH bedarf es eines (weiteren) richterlichen Hinweises allerdings dann nicht, wenn sich aus dem **wesentlichen Ergebnis** der **Ermittlungen** bereits ergibt, dass sich der Angeklagte ggf. auch in die veränderte Richtung verteidigen muss (BGH NStZ 2001, 162 [für Sicherungsverwahrung]; BGH NStZ 2013, 248 [Änderung der Verteidigungsstrategie bei Sicherungsverwahrung]). Eine Hinweispflicht besteht auch nur dann, wenn die **Abweichung** solche Tatsachen betrifft, in denen Merkmale des **gesetzlichen Tatbestandes** gefunden werden (BGH NStZ 2000, 48).

Dazu folgende **Rechtsprechungsbeispiele**:

für **veränderte Sachlage**   **1738**

- bei einer Anklage wegen Beihilfe **wechselt** die Person des **Haupttäters** (OLG Hamburg HESt 3, 54; s. aber BGH wistra 2010, 154 für Änderung des Vortäters bei der Steuerhehlerei),
- die die Verurteilung tragenden **Indizien ändern** sich (BGHSt 11,88, 91),
- bei einer Anklage wegen Mittäterschaft **wechselt** die Person des **Mittäters** (BGH MDR 1977, 108 [H]; s. aber BGH wistra 2010, 154),
- anderes **Opfer**, z.B. anderer Geschädigter beim Betrug (BGH JR 1964, 65; KK-*Kuckein*, § 265 Rn 11; s. aber BGH wistra 2010, 154),
- andere Forderung bei der **Vollstreckungsvereitelung** nach § 288 StGB (BGH StV 1990, 249),
- Änderung der **Tatzeit** ([Alibi!] BGH NJW 1988, 571; 1994, 502 [dort a. zur Protokollierungspflicht]; StV 1997, 237; 1999, 304; 2006, 121; NStZ-RR 2004, 146 [Ls.; Be]; vgl. a. BGHSt 46, 130; OLG Bremen StV 1996, 301; s.a. *Niemöller*, Die Hinweispflicht des Tatrichters, S. 26 ff.),
- ggf. wenn bei einer Anklage wegen Verstoßes gegen das BtMG eine Verurteilung wegen eines **anderen Betäubungsmittels** als in der Anklage angeführt, in Betracht kommt (offengelassen von OLG Schleswig SchlHA 2002, 291 [Dö/Dr]),
- ggf. Eingang **weiterer SV-Gutachten**, durch die sich die Beweislage zu Lasten des Angeklagten ändert (allerdings verneint in BGH NStZ-RR 2010, 102 [Ci/Zi]),
- Ausdehnung des **Tatzeitraums** (BGHSt 28, 296, 297; StV 1996, 584),
- bei einer zwar noch zulässigen, aber **ungenau gefassten Anklage** (wie z.B. bei einer Vielzahl sexueller Übergriffe) will das Gericht, anders als die Anklage, von nach Ort,

765

H Hinweis auf veränderte Sach-/Rechtslage

Zeit und Tatbegehung konkret bestimmten Taten ausgehen (BGHSt 40, 44 ff.; 44, 153; einschränkend BGHSt 48, 221 [nur ausnahmsweise, wenn der Hinweis erforderlich ist, um das Recht des Angeklagten auf rechtliches Gehör oder den Schutz vor Überraschungsentscheidungen zu gewährleisten]; BGH NStZ-RR 2004, 65 [Be]; zur Fassung der Anklageschrift s. *Burhoff*, EV, Rn 462),

☞ Da es sich bei diesen „Hinweisen" um eine Ergänzung von Anklage und Eröffnungsbeschluss handelt, muss die Unterrichtung im → ***Protokoll** der **Hauptverhandlung***, Rdn 2092, dokumentiert werden (BGH NStZ 1999, 42).

- vom **Vorwurf** der **eigenhändigen** Brandstiftung wird zum Vorwurf **gewechselt**, der Angeklagte habe die Tat durch einen beauftragten Unbekannten ausführen lassen (BGH NStZ 1994, 64),
- ggf. **nicht**, wenn die Veränderung nur die **Tatplanung** betrifft (BGH NStZ 2000, 48) oder wenn Anklage und Urteil das **Kerngeschehen** im Wesentlichen **gleich** umschreiben (BGHR StPO § 265 Abs. 2 Hinweispflicht 8 [Gründe]).

1739 für **veränderte Verfahrenslage**

- das Gericht will nach einer **Absprache/Verständigung** von dieser **abrücken** (§ 257c Abs. 5; → *Absprachen/Verständigung mit Gericht und Staatsanwaltschaft*, Rdn 137; vgl. auch unten Rdn 1741),
- das Gericht hat durch den Hinweis auf seine Rechtsauffassung die **Rücknahme** eines **Beweisantrags** veranlasst und diese Rechtsauffassung hat sich nun geändert (BGH NStZ 2006, 55),
- das Gericht, das einen Beweisantrag wegen **Bedeutungslosigkeit** der behaupteten Tatsache **abgelehnt** hat, will das Urteil (nun) auf das Gegenteil der behaupteten Tatsache stützen (so wohl BGH StV 1996, 648),
- das Gericht, das einen Beweisantrag zur Tatzeit wegen **Wahrunterstellung** der behaupteten Tatsache **abgelehnt** hat, will nun eine andere Tatzeit zugrunde legen (BGH StV 2006, 12; so a. Gillmeister StraFo 1997, 8, 11 [für Abweichen von Wahrunterstellung als unerheblich]), aber nicht (immer), wenn eine als wahr unterstellte Tatsache im Zeitpunkt der → *Urteilsverkündung*, Rdn 2761, bedeutungslos geworden ist (BGH NStZ-RR 2009, 179; s. dazu aber BGHSt 30, 383; BGH StraFo 2012, 230),
- eine als **wahr unterstellte** Tatsache soll nun als **erwiesen** angesehen und zum Nachteil des Angeklagten verwertet werden (BGHSt 51, 364),
- eine **gerichtskundige** Tatsache soll nun **als offenkundig** verwertet werden (BGH StV 2012, 710 [Ls.]),
- wenn das Gericht eine **gerichtskundige Tatsache verwerten** will zuletzt BGH NStZ 2013, 121 m.w.N.),

Hinweis auf veränderte Sach-/Rechtslage H

- der Angeklagte wird in seinem Recht, sich des **Beistandes** eines Verteidigers zu bedienen, unvorhergesehen **beeinträchtigt**, vorausgesetzt, die Durchführung der HV wird für den Angeklagten unzumutbar (s. *Meyer-Goßner/Schmitt*, § 265 Rn 43 m.w.N.; BGH NJW 2000, 1350; NStZ 2009, 650 [nicht ausreichende Vorbereitungszeit]; NStZ 2013, 122; NStZ-RR 2000, 290 [K]; → *Anwesenheit des Verteidigers in der Hauptverhandlung*, Rdn 310; → *Aussetzung wegen Ausbleibens des (notwendigen) Verteidigers*, Rdn 470; → *Ladung des Verteidigers*, Rdn 1829; → *Verhinderung des Verteidigers*, Rdn 2904).

  ⊕ Ein neuer Verteidiger bestimmt grds. selbst, wie viel Vorbereitungszeit er benötigt (BGH NStZ 2013, 122), was Auswirkungen auf die → *Aussetzung wegen veränderter Sach-/Rechtslage*, Rdn 498, hat).

- beim **Nachschieben** bisher zurückgehaltener **Beweismittel** in der HV (vgl. z.B. BayObLG NStZ 1981, 355 [für Lichtbilder]; s. aber BGH NStZ-RR 2010, 102 [Ci/Zi]);
- bei **nachträglicher Vorlage** von **Unterlagen**, die vor Anklageerhebung verfasst und damit objektiv Bestandteil der Akten waren, wenn diese für eine bereits durchgeführte Beweisaufnahme von Bedeutung sind und sie die Entscheidung des Angeklagten, Angaben zur Sache zu machen, maßgeblich beeinflusst hätten (LG Leipzig StV 2008, 514),
- zur Aussetzung der HV im Hinblick auf die Verteidigungsinteressen des Angeklagten wegen der erforderlichen **weiteren Vorbereitung** (OLG München NStZ 2005, 706),
- ggf. bei **erkannten Missverständnissen** des Verteidigers über die Grundlagen von Hilfsbeweisanträgen (BGH NStZ-RR 2003, 147; s. aber u. Rdn 1740 f.),
- wenn das Gericht **gerichtskundige Tatsachen** aus anderen Strafverfahren heranziehen will, ist der Angeklagte auch darauf hinzuweisen, dass diese Fakten ggf. ohne förmliche Beweisaufnahme verwertet werden sollen (BGH StV 1998, 251),
- das Gericht hat ein – an sich unverwertbares – richterliches Protokoll nach § 251 Abs. 1 verlesen, es will dieses dann im Urteil aber als **nichtrichterliche Vernehmung** gem. § 251 Abs. 2 S. 2 verwerten (BGH NStZ 1998, 312; s. dazu a. *Burhoff*, EV, Rn 3296, 3100 f.),
- **unklar** ist die Rechtslage bei der vom Gericht geplanten **Verwertung** von **Tatsachen** aus nach §§ 154, 154a **eingestellten Verfahrenskomplexen**; die Hinweispflicht ist in der Rspr. teilweise bejaht worden (u.a. BGH NStZ 1996, 611; 1998, 51; [Hinweispflicht für Verwertung bei **Beweiswürdigung** i.d.R. zu bejahen]; BGH StV 1995, 520 m.w.N.; NStZ 1995, 220 [K]; offengelassen von BGH NJW 1985, 1479), zum Teil aber auch verneint worden (BGH NJW 1996, 2585 [Verfahren wegen Betrugsversuchs wird eingestellt, der zugrunde liegende Sachverhalt wird aber bei der Beweiswürdigung zum Vorwurf des Versicherungsbetruges verwertet; Hinweispflicht verneint, da die Teileinstellung wegen „Betrugs" keinen Vertrauenstatbestand habe

> **H** Hinweis auf veränderte Sach-/Rechtslage

erzeugen können; § 265 Abs. 1 StGB enthalte ebenfalls das Merkmal „in betrügerischer Absicht"]; StraFo 2001, 236; s. auch OLG Hamm StraFo 2001, 415 [keine Verwertung, wenn der Verteidiger der Einstellung des Verfahrens widersprochen hat]; → *Einstellung des Verfahrens nach § 154 bei Mehrfachtätern*, Rdn 1347).

☞ M.E. wird man in diesen Fällen wegen des Gebots eines fairen Verfahrens **grds.** die **Hinweispflicht** bejahen müssen (s. wohl a. LR-*Beulke*, § 154 Rn 59; *Mösl* NStZ 1981, 134). Das gilt auch, wenn bei der **Strafzumessung** Taten strafschärfend verwertet werden sollen, die verjährt sind oder die wegen fehlenden Strafantrags nicht verfolgt werden können (BGH StV 2000, 656; zu allem eingehend *Gillmeister* NStZ 2000, 344 ff.).

Entsprechend anzuwenden ist § 265 Abs. 4 gem. § 154a Abs. 3 S. 3 auf jeden Fall bei **Wiedereinbeziehung** ausgeschiedener Taten oder Tatteile gem. § 154a Abs. 3 (→ *Einstellung des Verfahrens nach § 154 bei Mehrfachtätern*, Rdn 1336; → *Einstellung des Verfahrens nach § 154a zur Beschränkung der Strafverfolgung*, Rdn 1351).

1740 8. Ergeben kann sich eine **Hinweispflicht** des Gerichts schließlich auch aus **eigenem prozessualen Verhalten** des Gerichts. Das wird m.E. immer dann der Fall sein, wenn das Gericht durch eigene Erklärungen einen **Vertrauenstatbestand** geschaffen hat. Dann gebietet es m.E. der Grundsatz des „fair-trial", davon nur nach einem entsprechenden Hinweis (wieder) abzuweichen (vgl. nur BGH NJW 2011, 3463). Das hat die Rspr. bisher bejaht für folgende

1741 Rechtsprechungsbeispiele:

- in der **Berufungs-HV** wird der Eindruck erweckt, das Rechtsmittel der StA werde keinen Erfolg haben, der Angeklagte verzichtet daraufhin auf weitere Beweiserhebungen, und dann erfolgt ohne Hinweis auf die geänderte Auffassung eine Verurteilung (ThürVerfGH NJW 2003, 740),
- es ist die **Zusage** gegeben worden, bestimmte in der HV erörterte Vorkommnisse bei der **Beweiswürdigung** nicht zulasten des Angeklagten zu verwerten (BGH StV 2001, 387),

  ☞ Nach der Rspr. des BGH folgt aus § 265 aber keine Pflicht des Gerichts, wenn dieses z.B. das **Beweisergebnis anders würdigt** als die Verteidigung (vgl. dazu schon BGHSt 43, 212; BGH NStZ-RR 2005, 259 [Be]; s. aber BGH NStZ-RR 2003, 147).

- es ist die **Zusage** gegeben worden, der gerichtlichen Entscheidung einen **bestimmten Sachverhalt** zugrunde legen zu wollen (OLG Hamm Beschl. v. 31.10.2001 – 2 Ss 940/01),

Hinweis auf veränderte Sach-/Rechtslage **H**

- ggf., wenn das Gericht bei einer (**gescheiterten**) **Strafmaßabsprache** die in Aussicht gestellte Strafhöhe überschreiten will, es sei denn eine Veränderung der strafzumessungsrelevanten Sachlage war erkennbar (insoweit bejahend zum früheren Recht vor Einfügung des § 257c s. BGH NStZ 2002, 219; 2005, 87; BGHSt 50, 40; dazu eingehend *Weider* NStZ 2002, 147; verneinend hingegen zum neuen Recht BGH NStZ 2011, 592; StV 2011, 74 [keine Bindungswirkung einer informellen Absprache]; StV 2011, 728), aber nicht, wenn dem Angeklagten von vornherein keine berechtigte Erwartung entstehen konnte, dass das Gericht für den Fall der Verurteilung zu einer bestimmten Höchststrafe gelangen könnte (OLG Celle NStZ 2012, 285; s. auch BGH NStZ 2012, 519; → *Absprachen/Verständigung mit Gericht und Staatsanwaltschaft*, Rdn 209 ff.; → *Mitteilungen über Erörterungen zur Verständigung*, Rdn 1866),
- wenn Äußerungen des Gerichts bzw. des Vorsitzenden im Laufe der HV geeignet sind oder sogar darauf abzielen, die **Verfahrensführung** oder das **Verteidigungsverhalten** des Angeklagten zu **beeinflussen**, insbesondere dann, wenn die Äußerung bei fortgeschrittener HV auf der Grundlage eines bereits weitgehend gesicherten Beweisergebnisses in (scheinbarer) Abstimmung mit den weiteren Gerichtspersonen abgegeben wird (BGH NJW 2011, 3463 für Äußerung des Vorsitzenden, es bedürfe für einen bestimmten Angeklagten keiner Verständigung (§ 257c), weil dieser „sowieso Bewährung" bekomme).

9. Hinweise für den Verteidiger!

a) Das Gericht darf dem Angeklagten **nicht** nur einen **pauschalen Hinweis** erteilen, sondern muss ihn eindeutig und erschöpfend aufklären (zum Inhalt des Hinweises s.a. KK-*Kuckein*, § 265 Rn 17 m.w.N.). Eine ausdrückliche Regelung, in welcher Weise ein Angeklagter auf die Veränderung des rechtlichen Gesichtspunktes hinzuweisen ist, enthält § 265 aber nicht. Aus dem Zweck der Vorschrift, dem Angeklagten Gelegenheit zu geben, sich gegenüber dem neuen Vorwurf zu verteidigen und ihn vor Überraschungen zu schützen, ergibt sich jedoch, dass ein Hinweis nur ausreichend ist, wenn er so gehalten ist, dass er dem Angeklagten und seinem Verteidiger ermöglicht, ihre Verteidigung auf den neuen rechtlichen Gesichtspunkt einzurichten. Der Hinweis muss ihnen deshalb erkennbar machen, welches Strafgesetz oder welche Rechtsfolge nach Auffassung des Gerichts in Betracht kommt und durch welche Tatsachen das Gericht die gesetzlichen Merkmale möglicherweise als erfüllt ansieht (vgl. u.a. BGH StV 2015, 206 für Unterbringung nach § 64 StGB; OLG Oldenburg NJW 2011, 3669 und die nachstehend zitierte BGH-Rspr.).

1742

✍ Der Hinweis muss in das → *Protokoll der Hauptverhandlung*, Rdn 2092, aufgenommen werden (zuletzt u.a. BGH NStZ 2006, 181).

| **H** | **Hinweis auf veränderte Sach-/Rechtslage** |

1743 Zur **Vollständigkeit gehört** z.B. nicht nur, dass bei mehreren möglichen Tatbestandsalternativen die konkret ins Auge gefasste bezeichnet wird (BGH NStZ 1998, 529; 2005, 111; StV 2007, 229), sondern i.d.R. auch, dass die Tatsachen genannt werden, die das neu in Betracht gezogene gesetzliche Merkmal möglicherweise ausfüllen können (BGH NJW 2011, 2898; NStZ 2005, 111; 2012, 50; StV 2007, 229; s. aber a. BGH NStZ-RR 2009, 34 [Ls.]). Ist die Tatbegehung vorsätzlich und fahrlässig möglich, muss auf die in Betracht kommende Schuldform hingewiesen werden (OLG Oldenburg StraFo 2011, 401). Das gilt vor allem, wenn der Tatrichter Schlussfolgerungen aus dem Ergebnis einer Beweiserhebung zulasten des Angeklagten ziehen will, die dieser zu seiner Entlastung angeregt hatte (BGH StV 2007, 229).

1744 Das gilt auch für die **Sicherungsverwahrung**: Der Angeklagte muss auf die Möglichkeit einer Unterbringung in der Sicherungsverwahrung auch dann (noch) ausdrücklich hingewiesen werden, wenn sich der psychiatrische SV gemäß dem Gutachtenauftrag auch mit der Möglichkeit einer Unterbringung in der Sicherungsverwahrung beschäftigt und in der HV mündlich sein Gutachten erstattet hatte (BGH NStZ-RR 2013, 256). Dies ersetzt den notwendigen Formalhinweis des Gerichts nicht. Ebenso wenig wird der Hinweispflicht durch die Verlesung eines früheren Urteils, durch das bereits eine Sicherungsverwahrung gegen den Angeklagten angeordnet war, erfüllt (BGH, a.a.O.). Ein erforderlicher Hinweis kann aber in der gerichtlichen Anordnung eines Gutachtens zur Frage der Unterbringung, liegen (BGH NStZ 2009, 468 [Anordnung im Eröffnungsbeschluss]; StV 2010, 178). Dafür muss aber der die Beweisanordnung enthaltende Beschluss dem Angeklagten eindeutig erkennbar machen, auf welche Maßregel das Gericht zu erkennen gedenkt (BGH, a.a.O.). Lediglich die Aufforderung an den SV, „auch zur Frage der Sicherungsverwahrung Stellung zu nehmen", ist wegen der deutlich zu unterscheidenden Anordnungstatbestände nicht ausreichend (BGH, a.a.O.; ähnlich BGH NStZ 2009, 468).

✍ Die erteilten Hinweise muss der Verteidiger **sorgfältig prüfen**. Bei einem unklaren Hinweis muss er auf jeden Fall um Erläuterung bitten. Anderenfalls kann im Revisionsverfahren nicht beanstandet werden, die rechtlichen Hinweise seien nicht näher erläutert worden (BGH NJW 1998, 767).

Für den Verteidiger ist der Inhalt des Hinweises auch deshalb von Bedeutung, da das Gericht unter den Voraussetzungen des § 265 Abs. 3 die HV aussetzen muss (BGHSt 48, 183; vgl. a. BGH wistra 2006, 191 [nicht bei nur veränderter Sachlage]; → *Aussetzung wegen veränderter Sach-/Rechtslage*, Rdn 498). In diesem Fall sollte er dann auf die **Aussetzung** drängen, wenn sonst für seinen Mandanten Nachteile zu befürchten sind. Allerdings ist zu berücksichtigen, dass die durch eine Aussetzung zusätzlich entstehenden **Kosten** im Fall einer Verurteilung den Angeklagten treffen.

Hinweis auf veränderte Sach-/Rechtslage   H

Ist ein Hinweis erforderlich, **genügt** es **nicht**, wenn nur Beweispersonen oder andere Verfahrensbeteiligte auf die veränderte Sachlage hinweisen (BGHSt 28, 196; 56, 121; BGH StV 2002, 589; 2003, 151; 2008, 341; StraFo 2010, 157 [für SV]; OLG Bremen StV 1996, 301; wegen der Einzelh. s. *Meyer-Goßner/Schmitt*, § 265 Rn 28) oder die Veränderung von einem anderen Verfahrensbeteiligten angesprochen wird (BGHSt 56, 121; StV 2006, 5 [Verteidiger und StA im Plädoyer]). Das gilt grds. selbst dann, wenn alle Verfahrensbeteiligten den veränderten Gesichtspunkt in der HV bereits angesprochen haben (BGH NStZ 1998, 529 f.). Nicht ausreichend ist die bloße Erörterung der ggf. anstehenden Verschlechterung in der HV (BGHSt 56, 121; StV 2008, 344 [für Unterbringung]; Beschl. v. 28.04.2009 – 4 StR 544/08) oder ein Schreiben des Vorsitzenden (OLG Oldenburg NJW 2009, 3669). Eines Hinweises bedarf es aber nicht, wenn nach Aufhebung in der **Revisionsinstanz** und Zurückverweisung bereits in der Revisionsentscheidung ein Hinweis des Revisionsgerichts erfolgt ist und die Entscheidung des Revisionsgerichts in der erneuten HV verlesen worden ist (BGH NStZ 2008, 302).   **1745**

In den Fällen, in denen ein **Hinweis** als **nicht erforderlich** angesehen wird, muss der Verteidiger versuchen, durch **informelle Kontakte** zum Gericht in Erfahrung zu bringen, welche von der Anklage abweichende Variante dort erwogen wird. Eine andere Möglichkeit ist es, im Rahmen einer Erklärung des Verteidigers nach § 257 ausdrücklich zu erklären, wovon der Verteidiger/der Angeklagte ausgehen, und zum Ausdruck zu bringen, dass man einen Hinweis erwarte, wenn sich insoweit eine Abweichung abzeichne. Nach der Rspr. des BGH bestand früher keine Pflicht des Gerichts, in einer Art „Zwischenverfahren" Erklärungen zu seiner Sicht der Dinge abzugeben (BGHSt 43, 212 [für Erklärungen zu einzelnen Beweisergebnissen]; ähnl. BGH StV 2001, 387; → *Erklärungsrecht des Verteidigers*, Rdn 1467). An gegebene Zusagen muss sich das Gericht allerdings halten (vgl. o. Rdn 1740). Es wird zu erörtern sein, ob sich daran nun etwas durch die Einfügung des neuen § 257b geändert hat.   **1746**

b) I.d.R. wird der Angeklagte nach einem Hinweis gem. § 265 gesondert befragt werden müssen (→ *Befragung des Angeklagten*, Rdn 531). Das ist zumindest zweckmäßig (vgl. KMR-*Stuckenberg*, § 265 Rn 48 m.w.N.). Unerlässlich ist die gesonderte/erneute Befragung aber nur, wenn sonst keine Verteidigungsmöglichkeit bestünde (BGH NStZ 2013, 58). So ist es etwa unzulässig, unmittelbar nach dem Hinweis die Urteilsberatung zu beginnen oder das Urteil zu verkünden (vgl. KMR-*Stuckenberg*, a.a.O., BGH, a.a.O.).   **1747**

c) Für die **Revision** ist darauf hinzuweisen, dass das Urteil i.d.R. auf einem Verstoß gegen § 265 Abs. 1 **beruhen** wird. Daher sind zwar **Ausführungen** zu dieser Frage in der Revisionsbegründung an sich entbehrlich und werden von der Rspr. grds. auch nur in Zweifelsfällen gefordert (*Meyer-Goßner/Schmitt*, § 265 Rn 48; BGH NStZ 1992, 450). Das Revisionsgericht kann jedoch eine andere Sichtweise als der Verteidiger haben und sich ggf. auch nicht vorstellen, wie der Angeklagte sich anders hätte verteidigen können.   **1748**

771

H | Hinweis auf veränderte Sach-/Rechtslage

Deshalb **empfiehlt** es sich, eine auf § 265 gestützte Verfahrensrüge zur Beruhensfrage spätestens dann ausführlich zu begründen, wenn der Revisionsverwerfungsantrag der StA Ausführungen dazu enthält, dass das Urteil nicht auf dem fehlenden Hinweis beruhe (s.a. die Anm. der StV-Redaktion zu BGH StV 1996, 82; zur Beruhensfrage s.a. noch BGH NStZ 1995, 247; 1998, 529 f.; StV 2010, 178 f.; StraFo 2008, 385; OLG Oldenburg NJW 2009, 3669; → *Revision, Begründung, Verfahrensrüge*, Rdn 2322).

Siehe auch: → *Aussetzung wegen veränderter Sach-/Rechtslage*, Rdn 498.

I

Informatorische Befragung eines Zeugen

1749

Literaturhinweise: **Geppert**, Notwendigkeit und rechtliche Grenzen der „informatorischen Befragung" im Strafverfahren, in: Festschrift für *Dietrich Oehler*, 1985, S. 323; **Haubrich**, Informatorische Befragung von Beschuldigten und Zeugen, NJW 1981, 803; **Krause**, Die informatorische Befragung, Polizei 1978, 305; **ter Veen**, Die Zulässigkeit der informatorischen Befragung, StV 1983, 293.

1750

1. Die StPO kennt **keine** bloß informatorische Befragung eines Zeugen als **Ersatz** für eine formelle **Zeugenvernehmung** (BGH MDR 1974, 36 [D]; OLG Celle StV 1995, 292; OLG Köln StV 1999, 8, jew. m.w.N.). Deshalb ist die formlose Vernehmung von Auskunftspersonen über Fragen, die für den Schuld- und Rechtsfolgenausspruch von Bedeutung sind, immer unstatthaft (OLG Celle, a.a.O.). Es kann also z.B. nicht ein Bewährungshelfer über den Verlauf der Bewährungszeit (nur) „informatorisch befragt" werden und dann im Urteil sowohl die Anordnung der Unterbringung in einer Entziehungsanstalt nach § 64 StGB als auch die Versagung von Bewährung auf die bei dieser Befragung gemachten Angaben gestützt werden (OLG Celle, a.a.O.).

1751

2. Zulässig ist eine informatorische Befragung im Wege des → *Freibeweisverfahrens*, Rdn 1562.

1752

Dazu folgende

1753

Rechtsprechungsbeispiele:

- es soll der **Aufenthaltsort** eines **anderen Zeugen geklärt** werden, ohne dass durch die Beantwortung der Fragen eine Verbindung zur Aussage entsteht,
- es soll geprüft werden, ob die Vernehmung des Zeugen von **Bedeutung** ist oder wegen mutmaßlicher Bedeutungslosigkeit auf seine **Aussage** verzichtet werden kann (OLG Celle StV 1995, 292 m.w.N.; OLG Köln StV 1999, 8),
- es handelt sich um **formlose Befragungen** hinsichtlich einer Augenscheinseinnahme (zur „informatorischen" → *Augenscheinseinnahme*, Rdn 348),
- durch die informatorische Befragung sollen zunächst nur die **Identität** des Zeugen oder für die Ausübung eines ZVR erhebliche Fragen **geklärt** werden (RGSt 22, 54),
- es soll festgestellt werden, ob der **Zeuge überhaupt** etwas von dem zur Erörterung anstehenden Vorgang **weiß** (BayObLG NJW 1953, 1524; OLG Köln StV 1999, 8).

Ist der Verteidiger der Auffassung, dass eine „informatorische Vernehmung" eines Zeugen unstatthaft ist, muss er ihr gem. § 238 **widersprechen** und gem. **§ 238 Abs. 2** einen Gerichtsbeschluss herbeiführen. Es empfiehlt sich auch, nach der „Ver-

| **Informatorische Befragung eines Zeugen**

nehmung" des Zeugen dessen **Vereidigung** zu **beantragen**. Die Entscheidung über diesen Antrag zwingt das Gericht, die Art der Vernehmung zu klären (s.a. OLG Köln StV 1988, 289; → *Vereidigung eines Zeugen*, Rdn 2792).

Siehe auch: → *Zeugenvernehmung, Allgemeines*, Rdn 3537 m.w.N.

J

Jugendgerichtsverfahren, Besonderheiten der Hauptverhandlung

1754

Das Wichtigste in Kürze:
1. Die Verteidigung in Jugendstrafsachen stellt den Verteidiger vor besondere Aufgaben.
2. Im Jugendstrafverfahren ist für den jugendlichen oder heranwachsenden Angeklagten insbesondere die Vorbereitung der HV von Bedeutung.
3. Zur Vorbereitung der HV gehört insbesondere auch die Überprüfung der Frage, ob ggf. eine Pflichtverteidigerbestellung in Betracht kommt.
4. Für die HV gegen den Jugendlichen/Heranwachsenden gelten ggf. abweichende Regeln.
5. Auch hinsichtlich der Rechtsmittel gelten im Jugendgerichtsverfahren Besonderheiten.

Literaturhinweise: **Albrecht**, Der politische Gebrauchswert des Jugendstrafrechts, StV 2008, 154; **Barton**, Läßt sich die niedrige Verteidigerquote in Jugendstrafsachen mit mangelnder Verteidigungseffizienz begründen?, in: *Walter*, Strafverteidigung für junge Beschuldigte, S. 133; **Beier**, Zulässigkeit und Modalitäten von Verständigungen im Jugendstrafrecht; **Böttcher/Schütrumpf**, Jugendstrafverfahren, in: MAH, § 53; **Breymann/Sonnen**, Wer braucht eigentlich den Einstiegsarrest, NStZ 2005, 669; **Bung**, Internationale und innerstaatliche Perspektiven für ein rationales und humanes Jugendkriminalrecht, HRRS 2102, 466; **Eisenberg**, Einführung in die Grundprobleme des Jugendstrafrechts, JuS 1983, 569; *ders.*, Der Verteidiger in Jugendstrafsachen, NJW 1984, 2913; *ders.*, Beschlagnahme von Akten der Jugendgerichtshilfe durch das Jugendgericht, NStZ 1986, 308; *ders.*, Zum Schutzbedürfnis jugendlicher Beschuldigter im Ermittlungsverfahren, NJW 1988, 1250; *ders.*, Zur verfahrensrechtlichen Stellung der Jugendgerichtshilfe, StV 1998, 304; *ders.*, Anwendungsmodifizierung bzw. Sperrung von Normen der StPO durch Grundsätze des JGG, NStZ 1999, 281; *ders.*, Dysfunktionales Verhältnis zwischen Sachverständigem und (Jugend-)Strafjustiz, HRRS 2102, 466; *ders.*, Das Gesetz zur Erweiterung jugendgerichtlicher Handlungsmöglichkeiten vom 4.9.2012, StV 2013, 44; **Fahl**, Der Deal im Jugendstrafrecht und das sog. Schlechterstellungsverbot, NStZ 2009, 613; **Fricke**, Rechtsprechungsübersicht Jugendstrafrecht – Die Verhängung einer Jugendstrafe bei Schwere der Schuld gem. § 17 JGG, StRR 2013, 167; *ders.*, Rechtsprechungsübersicht zum Jugendstrafrecht 2014, 478; **Fromm**, Verteidigung von Heranwachsenden in Strafverfahren gem. § 142 StGB, DAR 2014, 754; **Gau**, Drohende Jugendstrafe – ein Fall notwendiger Verteidigung, StraFo 2007, 315; **Grunewald**, Die besondere Bedeutung des Erziehungsgedankens im Jugendstrafverfahren, NJW 2003, 1995; **Heimann**, Jugendstrafverfahren, in: FA Strafrecht, Teil 6 Kapitel 7; **Hinz**, Strafmündigkeit ab vollendetem 12. Lebensjahr, ZRP 2000, 107; *ders.*, Nebenklage im Verfahren gegen Jugendliche Gedanken zum neuen § 80 Abs. 3 JGG, JR 2007, 140; **Hombrecher**, Einstellung des Verfahrens in Jugendstrafsachen, JA 2009, 889; **Jacobs**, Zur Verwertbarkeit einer Beschuldigtenvernehmung bei Verstößen gegen § 67 Abs. 1 JGG, StRR 2007, 170; **Jung**, Die Altersermittlung im Strafverfahren, StV 2014, 51; **Kamann**, Vollstreckung und Vollzug der Jugendstrafe, 2009; **Katz**, Notwendige Verteidigung im Jugendstrafverfahren – Eine Stellungnahme aus der Sicht eines Jugendrichters, in: *Walter*, Strafverteidigung für junge Beschuldigte, S. 149; **Kemme**, Die strafprozessuale Notwendigkeit zur Hin-

1755

zuziehung eines Sachverständigen bei Feststellungen schädlicher Neigungen gem. § 17 Abs. 2 JGG, StV 2014, 760; **Knauer**, Absprachen im Jugendstrafverfahren, ZJJ 2010, 15; *ders.*, Die Verwertung jugendstrafrechtlicher Vorverurteilungen bei Sanktionierung nach Erwachsenenstrafrecht, ZStW 2012, 204; *ders.*, Die Verwertung jugendstrafrechtlicher Vorverurteilungen bei Sanktionierung nach Erwachsenenstrafrecht, ZStW 2012, 204; **Koller**, Teenager hinter Gittern?, DRiZ 2011, 251; **Kreuzer**, „Warnschussarrest": Ein kriminalpolitischer Irrweg, ZRP 2012, 101; **Kropp**, Die Kosten des Erziehungsberechtigten im Jugendgerichtsverfahren, NJ 2007, 299; **Krumm**, Bußgeldsachen gegen Jugendliche und Heranwachsende, VRR 2005, 413; **Kusch**, Plädoyer für die Abschaffung des Jugendstrafrechts, NStZ 2006, 65; **Linke**, Diversionsrichtlinien im Jugendstrafverfahren – Bundeseinheitliche Einstellungspraxis durch Verwaltungsvorschriften der Länder, NStZ 2010, 609; **Lissner**, Die Jugendstrafvollstreckung – das Mysterium, StraFo 2013, 485; **Löhr**, Kriminologisch-rationaler Umgang mit jugendlichen Mehrfachtätern, ZRP 1997, 280; **Mertens/Murges-Kemper**, Muss schnell auch immer gut sein?, ZJJ 2008, 356; **Mitsch**, Nebenklage im Strafverfahren gegen Jugendliche und Heranwachsende, GA 1998, 159; **Möller**, Die Pflichtverteidigerbeiordnung im jugendrichterlichen Vollstreckungsverfahren, ZJJ 2010, 20; *ders.*, Führen Verstöße gegen § 67 I JGG bei polizeilichen Vernehmungen eines jugendlichen Beschuldigten zu einem Beweisverwertungsverbot? – Zugleich Besprechung des Urteils des LG Saarbrücken – NStZ 2012, 167, NStZ 2012 113; **Nix**, Vorläufige Festnahme und verbotene Vernehmungsmethoden gegenüber Kindern, Jugendlichen und Heranwachsenden im strafrechtlichen Ermittlungsverfahren, MSchrKrim 1993, 183; **Noak**, Urteilsabsprachen im Jugendstrafrecht – Besprechung von BGH, Beschl. v. 15.3.2001 – 3 StR 61/01 = StV 2001, 555, StV 2002, 445; **Ostendorf**, Die Pflichtverteidigung in Jugendstrafverfahren, StV 1986, 308; *ders.*, Die Prüfung der strafrechtlichen Verantwortlichkeit gem. § 3 JGG – der erste Einstieg in die Diversion, JZ 1986, 664; *ders.*, Jugendstrafrecht in der Diskussion, ZRP 2000, 103; *ders.*, Persönlichkeitsschutz im (Jugend-)Strafverfahren bei mehreren Angeklagten, in: Festschrift für *Peter Rieß*, 2002, S. 845; *ders.*, Weiterführung der Reform des Jugendstrafrechts, StV 2002, 436; *ders.*, Übersicht zur Rechtsprechung in Jugendstrafsachen seit 2003, ZJJ 2005, 396; *ders.*, Jugendstrafrecht – Reform statt Abkehr, StV 2008, 148; *ders.*, Anleitung für Sitzungsvertreter der Staatsanwaltschaft in der Hauptverhandlung, ZJJ 2010, 183; *ders.*, Das Jugendstrafrecht als Vorreiter für die Verknüpfung von Zurechnung und Prävention: für ein einheitliches Maß bei Strafen und Maßregeln, StV 2014, 766; **Paschke**, Jugendstrafrecht im 21. Jahrhundert – Kommentar zur Antwort der Bundesregierung auf die Große Anfrage zum Jugendstrafrecht, ZJJ 2010, 68; **Pedal**, Die Voraussetzungen der Jugendstrafe, JuS 2008, 414; **Radbruch**, Zur Reform der Verteidigung in Jugendstrafsachen, StV 1993, 553; **Reichenbach**, Über die Zulässigkeit der Verbindung eines Schuldspruches nach § 27 JGG mit Jugendarrest, NStZ 2005, 136; *ders.*, Der Jugendermittlungsrichter, NStZ 2005, 617; **Rötzscher/Grundmann**, Forensische Altersschätzung bei Jugendlichen und jungen Erwachsenen im Strafverfahren, Krim 2004, 337; **Rose**, Wenn die (Jugend-)Strafe der Tat nicht auf dem Fuße folgt: Die Auswirkung von Verfahrensverzögerungen im Jugendstrafverfahren, NStZ 2013, 315; **Schäfer**, Das Berufungsverfahren in Jugendsachen, NStZ 1998, 330; *ders.*, Vorsicht bei Teileinstellungen nach §§ 154, 154a StPO im Jugendstrafrecht, PA 2002, 30; **Schilling**, Begutachtung von strafrechtlicher Verantwortlichkeit und Schuldfähigkeit aus der Sicht eines Jugendpsychologen, NStZ 1997, 261; **Schmidt**, Die Besetzung der großen Jugendkammer in Verfahren über Berufungen gegen Urteile des Jugendschöffengerichts (§ 33b JGG), NStZ 1995, 215; **Schmitz-Justen**, Jugendstrafverfahren, in: StrafPrax, § 26; *ders.*, Zur Verteidigung junger Menschen im anwaltlichen Selbstverständnis, in: *Walter*, Strafverteidigung für junge Beschuldigte, S. 169; *ders.*, Überflüssige Verteidigung im Jugendstrafrecht, in: Festschrift 25 Jahre AG Strafrecht, 2009, S. 819; **Schmülling/Walter**, Rechtliche Programme im Konflikt: Resozialisierung junger Straftäter unter den Bedingungen des Ausländerrechts, StV 1998, 313; **Schuhmacher**, Gruppendynamik und Straftat, NJW 1980, 1880; **Semrau/Kubink/Walter**, Verteidigung junger Beschuldigter aus der Sicht von Rechtsanwälten, MSchrKrim 1995, 34; **Sonnen**, Jugendkriminalpolitik zwischen Glauben und Wissen, StV 2005, 94; **Spahn**, Die notwendige Verteidigung im Jugendstrafverfahren, StraFo 2004, 82; **Vilmow**, Zur Untersuchungshaft und Untersuchungshaftvermeidung bei Jugendlichen, in: Festschrift für *Hans-Dieter Schwind*, 2006, S. 469; **Walter**, Stellung und Bedeutung des Verteidigers im jugendkriminalrechtlichen Verfahren, NStZ 1987, 481; *ders.*, Einführung in die „Kölner Richtlinien" zur notwendigen Verteidigung in Jugendstrafverfahren, in: *Walter*, Strafverteidigung für junge Beschuldigte, S. 199; **Walter/Wilms**, Künftige Voraussetzungen für die Verhängung der Jugendstrafe: Was kommt nach einem Wegfall der „schädlichen Neigungen"?, NStZ 2007, 1; **Wölfl**, Die Geltung der Regelvermutung des

Jugendgerichtsverfahren, Besonderheiten der Hauptverhandlung J

§ 69 II StGB im Jugendstrafrecht, NZV 1999, 69; **Zieger**, Verteidiger in Jugendstrafsachen, Erfahrungen und Empfehlungen, StV 1982, 305; *ders.*, Kosten der Verteidigung in Jugendstrafsachen – Der oft vergessene § 74 JGG, StV 1990, 282; *ders.*, Verteidigung in Jugendstrafsachen, 5. Aufl. 2008.

1. Die Verteidigung in Jugendstrafsachen stellt den Verteidiger vor **besondere Aufgaben**. Diese ergeben sich einerseits aus den Besonderheiten der jugendlichen bzw. heranwachsenden Mandanten sowie andererseits aus den besonderen Vorschriften des Jugendstrafrechts und des Jugendstrafverfahrens, die im JGG geregelt sind. Hier ist nicht der Platz, alle Besonderheiten des Jugendstrafverfahrens im Einzelnen darzustellen (zu den Aufgaben und Zielen der Verteidigung in Jugendstrafverfahren s. StrafPrax-*Schmitz-Justen*, § 26 Rn 5 ff.; FA Strafrecht-*Heimann*, Teil 6 Kap. 7 Rn 6 ff.; MAH- *Böttcher/Schütrumpf*, § 53 Rn 25 ff.). Die Ausführungen hier sollen dem Verteidiger nur einen **Überblick** über die Besonderheiten der HV im Jugendgerichtsverfahren geben. I.Ü. muss auf die Kommentare zum JGG (s. z.B. *Eisenberg*, JGG, 18. Aufl. 2015 [im Folgenden kurz *Eisenberg*, Paragraf und Rn.], *Ostendorf*, JGG, 8. Aufl. 2009 [im Folgenden kurz *Ostendorf*, Paragraf und Rn.] oder *Diemer/Schatz/Sonnen*, Kommentar zum JGG, 6. Aufl. 2011 [im Folgenden kurz *Diemer* u.a.]) verwiesen werden. Eine eingehende Darstellung der Probleme geben auch *Tondorf/Tondorf* in Beck-*Tondorf/Tondorf* (S. 995 ff. m.w.N. [zur HV s. insbesondere S. 1027 ff.]) und *Zieger* (Verteidigung in Jugendstrafsachen, 5. Aufl. 2008). Wegen der Besonderheiten der Verteidigung jugendlicher Beschuldigter im EV, insbesondere wegen der Möglichkeiten der Verfahrenseinstellung nach den §§ 45 ff. JGG, wird verwiesen auf *Burhoff*, EV, Rn 2325 ff. sowie MAH- *Böttcher/Schütrumpf*, § 53. Hilfestellung bei der Verteidigung im Rahmen der Strafvollstreckung und des Vollzugs der Jugendstrafe leistet das Werk von *Kamann*, Vollstreckung und Vollzug der Jugendstrafe, 2008. Es empfiehlt sich des Weiteren für denjenigen Verteidiger, der nicht täglich mit der Verteidigung in Jugendstrafsachen befasst ist, die Lektüre/Auswertung der in regelmäßiger Folge in der NStZ-RR erscheinenden Rechtsprechungsübersichten. Wegen der Diskussion um die Verschärfung des Jugendstrafrechts wird verwiesen auf *Albrecht* StV 2008, 154; *Ostendorf* StV 2008, 148 und *Walter/Wilms* NStZ 2001, 1. Verwiesen werden kann dann auch noch auf die Große Anfrage zum Jugendstrafrecht (vgl. BT-Drucks 16/8146) und die Antwort der Bundesregierung in BT-Drucks 16/13142 (vgl. dazu *Paschke* ZJJ 2010, 68 ff.). 1756

2. Im Jugendstrafverfahren ist für den jugendlichen oder heranwachsenden Angeklagten insbesondere die **Vorbereitung** der **HV** von besonderer Bedeutung. Über die bei der → *Vorbereitung der Hauptverhandlung*, Rdn 3370, allgemein zu beachtenden Punkte hinaus muss der Verteidiger hier Folgendes **besonders beachten** (s.a. *Burhoff*, EV, Rn 2360, 4244 ff.; Beck-*Tondorf/Tondorf*, S. 1027 ff.; *Zieger* StV 1982, 309): 1757

- Der Verteidiger sollte den Jugendlichen mit dem mutmaßlichen **Ablauf** der HV gut vertraut machen, damit diese nach Möglichkeit keine Überraschungen mehr für ihn bietet. 1758

J | Jugendgerichtsverfahren, Besonderheiten der Hauptverhandlung

- Hat sich der Angeklagte nach Beratung durch seinen Verteidiger entschlossen, keine Angaben zur Sache zu machen, muss der Verteidiger seinem Mandanten eindringlich klarmachen, dass er sich in der HV **nicht** zu **spontanen Äußerungen** verleiten lässt.
- Der Verteidiger sollte seinem Mandanten auch klarmachen, dass er ihn während der HV **jederzeit** um eine **vertrauliche Unterredung** bitten kann und er, wenn der Mandant das wünscht, dann die → *Unterbrechung der Hauptverhandlung*, Rdn 2701, beantragen wird.
- Vielleicht empfiehlt es sich auch, dem jugendlichen Mandanten einen **Rat** hinsichtlich der **Kleidung** zu geben, die er während der HV tragen will. Es ist sicherlich ratsam, nicht ganz so „ausgeflippt" zu erscheinen.

1759 3.a) Zur Vorbereitung der HV gehört insbesondere auch die Überprüfung der Frage, ob ggf. eine **Pflichtverteidigerbestellung** in Betracht kommt, falls sie noch nicht im EV erfolgt sein sollte. Ggf. wird der Verteidiger noch zu Beginn der HV seine Beiordnung als Pflichtverteidiger beantragen (vgl. dazu allgemein → *Pflichtverteidiger, Bestellung in der Hauptverhandlung*, Rdn 1967).

1760 Grundlage der Pflichtverteidigerbestellung ist die Vorschrift des § **68 JGG** (zur Pflichtverteidigung vgl. insbesondere *Ostendorf*, § 68 Rn 3 ff., der sich für eine erhebliche Ausdehnung insbesondere der notwendigen Verteidigung in Jugendstrafsachen ausspricht; *ders.* StV 1986, 308 m.w.N.; StrafPrax-*Schmitz-Justen*, § 26 Rn 45 ff.; FA Strafrecht-*Apfel/Piel*, 6. Teil Kap. 7 Rn 47 ff.; *Zieger*, Rn 166 ff. m.w.N.; *Eisenberg*, § 68 Rn 20 ff.; MAH-*Böttcher/Schütrumpf*, § 51 Rn 112 ff.; *Katz*, S. 149 ff.; *Gau* StraFo 2007, 315; zur Beiordnung im jugendrichterlichen Vollstreckungsverfahren s. *Möller* ZJJ 2010, 20). § 68 JGG sieht fünf Fälle vor (vgl. Rdn 1761 ff.), in denen die Bestellung eines Pflichtverteidigers für den Jugendlichen in Betracht kommt. I.Ü. gelten für die Auswahl, das Verfahren und die Rechtsmittel die allgemeinen Regeln (*Burhoff*, EV, Rn 2759 ff.).

> ☝ Wird im Jugendgerichtsverfahren eine **Verständigung**/Absprache getroffen (vgl. u. Rdn 1770 ff.), wird i.d.R. ein Pflichtverteidiger beizuordnen sein (vgl. BT-Drucks 16/12310, S. 9).

Im Einzelnen gilt:

1761 b)aa) Nach § **68 Nr. 1 JGG** wird dem Jugendlichen ein Pflichtverteidiger bestellt, wenn einem **Erwachsenen** ein **Verteidiger** zu **bestellen** wäre (vgl. dazu *Burhoff*, EV, Rn 2844 ff. m.w.N.).

> ☝ Immer dann, wenn einem Erwachsenen ein Pflichtverteidiger beizuordnen ist, wird das „**erst recht**" auch bei einem Jugendlichen/Heranwachsenden der Fall sein müssen.

Darüber hinaus wird/muss die Auslegung der **Generalklausel** des § 140 unter jugendrechtlichen und jugendkriminologischen Aspekten **extensiv** und **großzügig** erfolgen (*Eisenberg*, § 68 Rn 23 m.w.N.; *Ostendorf*, § 68, Rn 6 m.w.N.; LR-*Lüderssen/Jahn*, § 140 Rn 111; *Gau* StraFo 2007, 315; vgl. aus der Rspr. z.B. OLG Hamm [2. Strafs.] StraFo 2002, 293; 2002, 397; StV 2005, 57; 2008, 120; 2009, 85 [5. Strafs.]; OLG Saarbrücken StV 2007, 9; OLG Schleswig StraFo 2009, 28; LG Gera StV 2001, 171 [zumindest in Verfahren vor der Berufungskammer]; AG Hamburg StV 1998, 326; AG Saalfeld StV 2002, 406, jew. m.w.N.; enger KG StV 2013, 771 [Ls.]; StRR 2013, 98 m. Anm. *Deutscher* [zu erwartende Rechtsfolgenentscheidung maßgeblich]; OLG Hamm [3. Strafs.] NJW 2004, 1338; zu allem *Spahn* StraFo 2004, 82). Allgemein wird man sagen können, dass ein Verteidiger umso eher notwendig ist, je jünger der Beschuldigte/Angeklagte ist (OLG Saarbrücken, a.a.O.). Das OLG Hamm weist in StV 2005, 57 darauf hin, dass wegen der i.d.R. geringeren Lebenserfahrung des jugendlichen oder heranwachsenden Beschuldigten und seiner daher größeren Schutzbedürftigkeit die Beiordnung eines Pflichtverteidigers eher erforderlich ist als im Erwachsenenstrafrecht (vgl. a. noch OLG Hamm StV 2009, 85).

1762

Die sog. **Kölner Richtlinien** (NJW 1989, 1025; vgl. dazu *Radbruch* StV 1993, 556; *Walter*, a.a.O.) fordern die Beiordnung eines Pflichtverteidigers in allen Fällen der (späteren) Verhandlung vor dem **Jugendschöffengericht** und außerdem immer dann, wenn **Jugendstrafe** zu erwarten ist, unabhängig davon, ob diese zur Bewährung ausgesetzt wird oder nicht (vgl. zu allem a. *Eisenberg*, § 68 Rn 18 m.w.N.), was zutreffend sein dürfte (a.A. KG StV 2013, 771 [Ls.]; StRR 2013, 98 m. Anm. *Deutscher*; OLG Brandenburg NStZ-RR 2002, 184; OLG Karlsruhe StV 2007, 3 [entscheidend Umstände des Einzelfalls]; LG Waldshut-Tiengen, Beschl. v. 21.11.2013 – 5 Qs 19/13). Das entspricht in etwa auch der Auffassung von *Eisenberg* (a.a.O.), der davon ausgeht, dass die Verteidigung wegen „Schwierigkeit der Sach- und Rechtslage" dann als notwendig zu beurteilen ist, wenn das Verfahren bei Anwendung des allgemeinen Strafverfahrensrechts vor der Strafkammer stattfinden würde.

bb) Die vorliegende Rspr. lässt sich etwa wie folgt **zusammenfassen** (s.a. *Burhoff*, EV, Rn 2334):

1763

Rechtsprechungsüberblick:

- Teilweise wird die Bestellung eines Pflichtverteidigers jedenfalls immer dann als regelmäßig geboten angesehen, wenn als **Rechtsfolge** auf **Jugendstrafe** erkannt wird (LG Gera StraFo 1998, 270; 1998, 342; s. wohl a. OLG Schleswig StV 2009, 86; offengelassen von OLG Hamm StV 2005, 57; 2008, 120; 2009, 85; a.A. KG StV 2013, 771 [Ls.]; StRR 2013, 98; LG Berlin, Beschl. 17.12.2008 – 508 Qs 56/08; LG Walds-

hut-Tiengen, Beschl. v. 21.11.2013 – 5 Qs 19/13; vgl. zu der Problematik a. *Gau* StraFo 2007, 315 und *Gubitz* StV 2009, 87 in der Anm. zu OLG Schleswig, a.a.O.).
- Die **OLG** gehen weitgehend übereinstimmend davon aus, dass die Beiordnung eines Pflichtverteidigers zumindest immer dann i.S.v. § 140 Abs. 2 notwendig ist, wenn – wie bei einem Erwachsenen – eine **Straferwartung** von **einem Jahr** Freiheitsstrafe im Raum steht (KG StV 1998, 325; StV 2013, 771 [Ls.]; StRR 2013, 98; OLG Celle StV 1991, 151; OLG Hamm StV 2009, 85; NJW 2004, 1338; StraFo 2002, 293; 2002, 397; NStZ-RR 1997, 78; OLG Köln StraFo 2002, 297, jew. m.w.N.; LG München, Beschl. v. 19.10.2007 – 17 Qs 33/07; s. aber a. OLG Hamm StV 2005, 57). Nach OLG Rostock (StV 1998, 325 [Ls.]) ist ein Pflichtverteidiger auch dann zu bestellen, wenn in eine Einheitsjugendstrafe von zwei Jahren und drei Monaten eine bereits verhängte Jugendstrafe von zwei Jahren einbezogen werden muss.
- Bei einer **geringeren Straferwartung** kommt eine Beiordnung in Betracht, wenn eine **Gesamtwürdigung** aller Umstände, wie z.B. Alter, **Unerfahrenheit** sowie Bildungs- und Sozialisationsdefizite, die Beiordnung eines Pflichtverteidigers erfordert (KG StV 2013, 771 [Ls.]; OLG Hamm StV 2005, 57; OLG Karlsruhe StV 2007, 3; ähnl. LG Fulda StRR 2009, 82 [Ls.; Widerruf einer Strafaussetzung zur Bewährung]).
- Wegen der **Schwierigkeit** der **Sach-** und **Rechtslage**, ist z.B. ein Pflichtverteidiger in einem Verfahren vor dem Jugendschöffengericht gegen 15 Angeklagte mit mehr als 30 benannten Zeugen wegen des Verdachts des Landfriedensbruchs beigeordnet worden (LG Düsseldorf StraFo 1997, 307), wenn ein **Nebenkläger anwaltlich** vertreten wird und sich der Beschuldigte deshalb nicht selbst verteidigen kann (s. dazu a. LG Essen NStZ 1987, 184) oder wenn die Sachlage nur nach AE ordnungsgemäß beurteilt werden kann. Das OLG Hamm (StV 2009, 85) hat, wenn von mehreren Mitangeklagten einige einen Verteidiger haben und es sich um einen umfangreichen Verfahrensstoff handelt, es für erforderlich gehalten, auch einem 16-Jährigen, der nur zu einem zweiwöchigen Dauerarrest verurteilt worden ist, einen Pflichtverteidiger zu bestellen. Das AG Saalfeld (NStZ 1995, 150; StV 2002, 406) will einem jugendlichen Beschuldigten schließlich immer dann einen Pflichtverteidiger beiordnen, wenn ein **erwachsener Mitangeklagter** durch einen Rechtsanwalt **verteidigt** wird (für mehrere Mitangeklagte ähnlich OLG Hamm StV 2009, 85; vgl. auch noch *Eisenberg*, § 68 Rn 26).

1764 cc) Bei einem **ausländischen Heranwachsenden** ist die Pflichtverteidigerbestellung von besonderer Bedeutung (s. dazu einerseits AG Hamburg StV 1998, 326 [großzügig und extensiv]; andererseits einschränkend LG Hamburg StV 1998, 327). Nach Ansicht des OLG Frankfurt am Main (NStZ 1993, 507) ist davon auszugehen, dass bei einem ausländischen Heranwachsenden (Alter: 18 Jahre 10 Monate), der in seiner Heimat nur sechs Jahre die Schule besucht hat, über keine weiterreichende Ausbildung verfügt und sich erst wenige Monate in der BRD aufhält, davon auszugehen ist, dass er sich nicht selbst verteidigen kann (s.a. OLG Hamm NStZ-RR 1997, 78; s.a. die Hinw. bei Böhm NStZ-RR 2001, 325). Hat die sog. **Jugendgerichtshilfe** (kurz JGH) angekündigt, an der HV nicht teilzunehmen, wird ggf. dem Beschuldigten ein Pflichtverteidiger beizuordnen sein (LG Bremen NJW 2003, 3646 [für einen 16 Jahre alten Kurden, der bereits bei seiner polizeilichen Vernehmung eine Dolmetscherin benötigt hat]). Das OLG Stuttgart (StraFo 2001, 205) sieht die Beiordnung eines Pflichtverteidigers aber dann als nicht erforderlich an, wenn der ausländische Angeklagte in 1. Instanz nur zu 30 Stunden gemeinnütziger Arbeit verurteilt worden ist und nur er Berufung eingelegt hat.

c) Nach § 68 Nr. 2 JGG ist ein Pflichtverteidiger zu bestellen, wenn dem **Erziehungsberechtigten** und dem gesetzlichen Vertreter ihre **Rechte** nach dem JGG **entzogen** sind (zur Entziehung der Beteiligungsrechte der Erziehungsberechtigten BVerfG NJW 2003, 2004). 1765

> Die Vorschrift wird in der Rspr. z.T. **entsprechend** angewendet, wenn die gesetzlichen Vertreter aus **tatsächlichen Gründen**, z.B. weil sie sich im Ausland aufhalten oder unbekannten Aufenthalts sind, **gehindert** sind, ihre Rechte wahrzunehmen (LG Braunschweig StV 1998, 325; LG Lüneburg StV 1998, 326; a.A. LG Rottweil NStZ-RR 2005, 220 [keine Gesamtanalogie, sondern Einzelanalogie; Abstellen auf § 68 Nr. 1 JGG]).

d) § 68 Nr. 3 JGG sieht die Beiordnung vor, wenn der **Erziehungsberechtigte** und der **gesetzliche Vertreter** nach § 51 Abs. 2 JGG von der Verhandlung **ausgeschlossen** worden sind und die Beeinträchtigung in der Wahrnehmung ihrer Rechte durch eine nachträgliche Unterrichtung (§ 51 Abs. 4 S. 2 JGG) nicht hinreichend ausgeglichen werden kann. 1766

e) § 68 Nr. 4 JGG sieht die Bestellung vor, wenn zur **Vorbereitung** eines **Gutachtens** über den Entwicklungsstand des Beschuldigten gem. § 73 JGG seine Unterbringung in einer Anstalt infrage kommt. 1767

f) Nach § 68 Nr. 5 JGG ist ein Pflichtverteidiger schließlich dann zu bestellen, wenn gegen den Jugendlichen **U-Haft** (s. dazu *Burhoff*, EV, Rn 2339 f.) oder **einstweilige Unterbringung** gem. § 126a vollstreckt wird, solange der Beschuldigte das 18. Lebensjahr nicht vollendet hat. Der Verteidiger ist **unverzüglich** zu bestellen (s.a. LG Essen NStZ 1987, 184). Es kommt nicht darauf an, ob sich der Jugendliche in dem Verfahren nicht auf freiem Fuß befindet, für das die Pflichtverteidigerbestellung geprüft wird (LG Berlin NStZ 2007, 47; s.a. *Burhoff*, EV, Rn 2848). 1768

4. Für die **HV** gegen den Jugendlichen/Heranwachsenden gilt (s. zu allem *Eisenberg* NStZ 1999, 283 ff.):

a) Hinsichtlich der **Besetzung** der **Jugendkammern** mit zwei oder mit drei Berufsrichtern gelten im Wesentlichen die allgemeinen Regeln: Insoweit kann auf → *Reduzierte Besetzung der großen Strafkammer/Jugendkammer*, Rdn 2208 ff., verwiesen werden. Zur Besetzung 1769 der Jugendkammer bei **Berufungen** gegen Urteile des Jugendschöffengerichts wird verwiesen auf → *Berufungsgericht, Besetzung*, Rdn 617.

1770 **b)aa)** Auch im Jugendstrafverfahren können grds. **Absprachen/Verständigungen** (§ 257c) getroffen werden (→ *Absprachen/Verständigung mit Gericht und Staatsanwaltschaft*, Rdn 137; *Meyer-Goßner/Schmitt*, § 257c Rn 7; zur Zulässigkeit des „Deals" im JGG-Verfahren *Fahl* NStZ 2009, 613 ff.; *Knauer* ZJJ 2010, 15; *Beier*, a.a.O.; so grds.a. BT-Drucks 16/12310, S. 9; s. aber BGH NJW 2001, 2642 und dazu *Noak* StV 2002, 445 in der Anm. zu BGH, a.a.O.; a.A. N/Sch/W/*Niemöller*, § 257c Rn 82). Insoweit gelten über § 2 JGG die allgemeinen Regeln. Allerdings ist davon auszugehen, dass Absprachen über das Prozessverhalten des Angeklagten und eine dadurch bedingte Festlegung der Sanktionshöhe oder der Sanktionsentscheidung im Jugendstrafverfahren nur in besonderen **Ausnahmefällen** vorkommen werden, da ihnen die besonderen jugendstrafrechtlichen Strafzumessungsregeln und Aspekte des Erziehungsgedankens i.d.R. entgegenstehen werden (vgl. dazu u.a. BGH, a.a.O.). Demgemäß hat es der BGH (a.a.O.) in der Vergangenheit auch als unzulässig angesehen, eine Vereinbarung über die **Anwendung** von **Jugendstrafrecht** zu treffen (ähnl. BGH StV 2006, 400 [Ls.]). Es sei nicht ersichtlich, welchen Einfluss die Abgabe eines Geständnisses auf die Beurteilung haben könnte, ob der Angeklagte noch einem Jugendlichen gleichstand oder ob es sich um eine Jugendverfehlung gehandelt habe. Dem wird man allerdings jetzt entgegenhalten müssen, dass in § 257c Abs. 2 S. 3 diese Vereinbarung nicht als unzulässig erklärt wird, was zur Folge haben dürfte, dass eine Verständigung mit diesem Inhalt nun zulässig sein dürfte (s. auch *Meyer-Goßner/Schmitt*, § 257c Rn 7; wohl auch *Knauer* ZJJ 2010, 15; a.A. *Wenske* DRiZ 2011, 394; MAH-*Böttcher/Schütrumpf*, § 53 Rn 166). Die Verständigung über bzw. die Zusage einer **Strafobergrenze** für eine Jugendstrafe hat der BGH als zumindest **bedenklich** angesehen (s. NJW 2001, 2642). Die Jugendstrafe müsse nach § 18 Abs. 2 JGG so bemessen werden, dass die erforderliche erzieherische Einwirkung auf den Angeklagten möglich sei. Es erscheine zweifelhaft, ob ein Geständnis aufgrund einer Absprache dazu führen könne, das Erziehungsbedürfnis als deutlich gemildert anzusehen mit der Folge, dass deshalb eine geringere Jugendstrafe verhängt werden kann. Insoweit sei die Situation nicht mit der des erwachsenen Straftäters und der Auswirkung seines im Rahmen einer Verständigung abgelegten Geständnisses zu vergleichen. In BGHSt 52, 165 hat er dann aber die Zusage einer Strafobergrenze erlaubt.

> ☝ Auf dieser Grundlage müssen die Verfahrensbeteiligten, insbesondere auch der Verteidiger, im Einzelfall **sorgfältig prüfen**, ob eine Verständigung unter Beachtung der jugendstrafrechtlichen Grundsätze ausnahmsweise möglich ist.

1771 **bb) Anknüpfungspunkt** für diese Prüfung, ob eine Verständigung möglich ist, ist der Begriff der „**geeigneten Fälle**" in § 257c Abs. 1 (vgl. dazu allgemein → *Absprachen/Verständigung mit Gericht und Staatsanwaltschaft*, Rdn 137; für das JGG-Verfahren eingehend

Knauer ZJJ 2010, 15, der aber Verständigungen im JGG-Verfahren für eine Ausnahme hält). Die Gesetzesbegründung zur Neuregelung der Verständigung (vgl. BT-Drucks 16/12310, S. 9) geht davon aus, dass im Jugendstrafrecht die Eignung zumeist fehlen wird. Zur Begründung wird darauf hingewiesen, dass es unter erzieherischen Gesichtspunkten regelmäßig problematisch sein dürfte, die Sanktionsentscheidung zum Gegenstand einer durch gegenseitige Zugeständnisse geprägten und im Bewusstsein des oder der Jugendlichen möglicherweise quasi „ausgehandelten" Verständigung zu machen. Dabei sei zudem zu beachten, dass die im erzieherisch geprägten Jugendstrafverfahren häufig angezeigte Erörterung der in Betracht kommenden Sanktionen mit dem Beschuldigten und das Hinwirken auf dessen Mitwirkungsbereitschaft bei deren Umsetzung keine „Verständigung" i.S.d. § 257c darstellen. Das Jugendstrafrecht ziele auf Einsicht in das begangene Unrecht und eine grundsätzliche Akzeptanz der Sanktion durch den Betroffenen ab. Insbesondere bei verschiedenen ambulanten Maßnahmen sei dessen Mitwirkungsbereitschaft wünschenswert, wenn nicht sogar erforderlich. Eine darauf gerichtete Vorabklärung setze aber i.d.R. nicht das Prozessverhalten und die Sanktionsentscheidung in eine wechselseitige Beziehung wie bei der Verständigung i.S.d. § 257c.

Kommt es auf der Grundlage dennoch zu einer Verständigung gelten die **allgemeinen Verfahrensregeln** (vgl. dazu → *Absprachen/Verständigung mit Gericht und Staatsanwaltschaft*, Rdn 137; zum zulässigen Inhalt einer Verständigung im JGG-Verfahren oben Rdn 1770 und *Knauer* ZJJ 2010, 15, 18). Es kann natürlich auch im JGG-Verfahren eine → *Erörterungen des Standes des Verfahrens*, Rdn 1491, nach § 257b stattfinden.

Die Gesetzesbegründung (vgl. BT-Drucks 16/12310, S. 9) geht zutreffend davon aus, dass dann, wenn eine Verständigung i.S.d. § 257c im Jugendstrafverfahren vorgenommen wird, das – insbesondere in Strafverfahren gegen jugendliche Angeklagte – i.d.R. einen Fall der **notwendigen Verteidigung** (§ 140 Abs. 2) darstellen wird (s. wohl auch *Meyer-Goßner/Schmitt*, § 257c Rn 7).

c) Bei der **Vernehmung** des jugendlichen/heranwachsenden **Angeklagten** zur Person oder Sache gelten grds. die allgemeinen Ausführungen bei → *Vernehmung des Angeklagten zur Person*, Rdn 3067, und → *Vernehmung des Angeklagten zur Sache*, Rdn 3072.   **1772**

Auf folgende **Punkte** ist besonders zu **achten**:   **1773**

■ Der **Verteidiger** sollte sich bei der Vernehmung seines Mandanten nach Möglichkeit **zurückhalten**, umso dem Angeklagten selbst die Gelegenheit zu geben, sich darzustellen. In welcher Weise das geschieht, muss aber vorher mit dem Mandanten besprochen werden. Denn es nützt diesem nichts, wenn er provokativ und wenig einsichtig auftritt.

■ Der Verteidiger muss gerade bei Jugendlichen/Heranwachsenden versuchen, das Recht seines Mandanten durchzusetzen, seine **Erklärungen ohne** dauernde **Unter-**

brechungen zu Ende zu bringen. Auch sollte er besonders darauf achten, dass keine seinen Mandanten verletzenden und herabsetzenden Fragen gestellt werden. Ggf. wird er Fragen beanstanden und gem. § **238 Abs. 2** einen Gerichtsbeschluss herbeiführen (müssen) (→ *Fragerecht, Allgemeines*, Rdn 1532).

- Bei der Vernehmung eines jugendlichen Angeklagten muss der Verteidiger noch mehr als bei einem Erwachsenen darauf achten, dass eventuell schon vorliegende **Voreintragungen** – wenn überhaupt – so **spät** wie möglich erörtert werden (→ *Feststellung von Vorstrafen des Angeklagten*, Rdn 1521). Das kann für den Eindruck, den sich ggf. Laienrichter während der Anhörung von dem Jugendlichen machen, von besonderer Bedeutung sein.

1774 **d)aa)** Zu beachten ist, dass der Grundsatz der **Öffentlichkeit** der Verhandlung nach § 48 JGG **eingeschränkt** ist. Nach § **48 JGG** wird gegen zur Tatzeit Jugendlichen nichtöffentlich verhandelt. § 48 JGG ist aber nur anwendbar, wenn Jugendliche am Verfahren beteiligt sind. Sind in dem Verfahren auch Heranwachsende oder Erwachsene angeklagt, so ist die Verhandlung öffentlich (§ 48 Abs. 3 JGG). Die Öffentlichkeit kann ausgeschlossen werden, wenn dies im Interesse der Erziehung der jugendlichen Angeklagten geboten ist. Für Heranwachsende gilt § 109 Abs. 1 S. 4 JGG: Die Öffentlichkeit kann ausgeschlossen werden, wenn das im Interesse des Heranwachsenden liegt (vgl. wegen der Einzelh. *Meyer-Goßner/Schmitt*, § 169 GVG Rn 2; s.a. *Eisenberg*, § 48 Rn 1 ff. m.w.N.). I.Ü. gelten die **allgemeinen** Vorschriften des **GVG** (→ *Ausschluss der Öffentlichkeit*, Rdn 419). Soweit die Öffentlichkeit nach § 48 Abs. 3 S. 2 JGG bzw. nach § 109 Abs. 1 S. 4 JGG ausgeschlossen worden ist, gilt das allerdings auch für die Verkündung des Urteils, wenn das Gericht nichts anderes bestimmt (BGHSt 42, 294). Sind Gegenstand der HV Taten, die der Angeklagte teils als Jugendlicher, teils als Heranwachsender begangen hat, **bleibt** die Öffentlichkeit auch dann **ausgeschlossen**, wenn das Verfahren wegen der Taten, die der Angeklagte als Jugendlicher begangen hat, gem. § 154 Abs. 2 **eingestellt** worden ist (BGHSt 44, 43 m.w.N.; krit. *Wölfl* in der Anm. zu BGH, a.a.O.).

1775 **bb)** Nach § 48 Abs. 2 S. 3 JGG kann „aus besonderen Gründen" die **Anwesenheit** „anderer" als in Abs. 2 S. 1 und 2 JGG genannter **Personen** vom Vorsitzenden **zugelassen** werden. Macht der Vorsitzende von dieser Ausnahmeregelung Gebrauch, ist es (verfassungsrechtlich) nicht zu beanstanden, wenn die Anzahl dieser Zuhörer zahlenmäßig beschränkt wird (BVerfG NJW 2010, 1739 [für Pressekorrespondenten]).

✍ Die Frage, ob ein → *Verletztenbeistand/Opferanwalt*, Rdn 3052, ein **Anwesenheitsrecht** hat, ist durch die vom 2. JuMoG vorgenommenen Änderungen, die in § 48 Abs. 2 JGG auch dem gesetzlichen Vertreter ein Anwesenheitsrecht einräumen, nicht erledigt. Der Verletztenbeistand ist in die gesetzliche Neuregelung nämlich nicht aufgenommen worden. *Eisenberg* (§ 48 Rn 16) bejaht ein Anwesenheitsrecht eines Rechtsanwalts als Beistand des Verletzten analog § 406f Abs. 1 S. 2 allenfalls dann, wenn zugleich für den Jugendlichen gem. § 68 Nr. 1 JGG i.V.m. § 140 Abs. 2 S. 1 ein Verteidiger bestellt ist (a.A. zum alten Recht KG StV 2007, 4). Ggf. komme auch eine Zulassung unter Hinweis auf § 48 Abs. 2 S. 3 JGG aus „besonderem Grund" in Betracht (vgl. dazu *Eisenberg*, § 48 Rn 18). Nachdem durch die Änderungen des 2. JuMoG die Nebenklage auch im Jugendgerichtsverfahren teilweise zulässig ist (→ *Nebenklage*, Rdn 1919), wird man in dem Bereich/Umfang, in dem die Nebenklage zulässig ist, zumindest auch ein Anwesenheitsrecht des Verletztenbeistandes bejahen müssen (vgl. a. *Meyer-Goßner/Schmitt*, § 406g Rn 7 [zur Beiordnung eines Verletztenbeistandes im JGG-Verfahren]).

✍ Der Verletztenbeistand muss ggf. **beantragen**, anwesend sein zu dürfen. Wird das abgelehnt, kann er dagegen → *Beschwerde*, Rdn 770 einlegen.

e) Gem. § 50 Abs. 1 JGG kann die HV **ohne** den **Angeklagten** nur dann stattfinden, wenn dies im allgemeinen Verfahren zulässig wäre (→ *Verhandlung ohne den Angeklagten*, Rdn 2853 m.w.N.), besondere Gründe dafür vorliegen und der StA zustimmt (vgl. dazu im Einzelnen *Eisenberg*, § 50 Rn 18 m.w.N.; *ders.* NStZ 1999, 285 [keine Anwendung der §§ 231, 231a]).

1776

f) Nach § 51 JGG soll der Vorsitzende den jugendlichen **Angeklagten** für die Dauer solcher Erörterungen von der HV **ausschließen**, aus denen **Nachteile** für die **Erziehung** entstehen können. Der Anwendungsbereich des § 51 JGG ist weiter als der des § 247. Er erfasst auch die Verhandlung über die Vereidigung und Entlassung eines Zeugen (BGH NJW 2002, 1735 [Ls.]; → *Entfernung des Angeklagten aus der Hauptverhandlung*, Rdn 1408). Wegen des grds. bestehenden Anwesenheitsrechts des Angeklagten (OLG Karlsruhe StV 1986, 289; s.a. → *Anwesenheitspflicht des Angeklagten*, Rdn 315) wird man diese Vorschrift **eng auslegen** müssen (Beck-*Tondorf/Tondorf*, S. 1029). Ob das so weit geht, dem Verteidiger zu empfehlen, einer Verfahrensweise nach § 51 Abs. 1 S. 1 JGG zu widersprechen (so *Zieger* StV 1982, 310), mag jeder Verteidiger für sich entscheiden.

1777

✍ Die Vorschrift des § 51 JGG gilt **nicht** für **Heranwachsende** (s. § 109 JGG).

g) Für die **Beweisaufnahme** gelten die **allgemeinen Regeln**. Der Verteidiger muss sein Augenmerk besonders darauf richten, dass sein **Mandant** nach Möglichkeit **nicht selbst Fragen** an Zeugen und SV stellt (→ *Fragerecht des Angeklagten*, Rdn 1537) oder **Erklärungen** abgibt (→ *Erklärungsrecht des Angeklagten*, Rdn 1458).

1778

✍ Der Verteidiger sollte den Mandanten eindringlich darauf hinweisen, dass er **Fragen** und **Erklärungen**, wenn er sie denn überhaupt selbst stellen will, **vorher** mit ihm **abspricht**.

1779 h) Für die Vereidigung gelten nach Aufhebung des § 49 JGG a.f. die allgemeinen Vorschriften der StPO. Danach werden also auch im Jugendgerichtsverfahren **Zeugen** nur **vereidigt**, wenn es der Richter wegen der ausschlaggebenden Bedeutung der Aussage oder zur Herbeiführung einer wahren Aussage für **notwendig** erachtet (wegen der Einzelh. → *Vereidigung eines Zeugen*, Rdn 2792).

1780 i) Wesentlich häufiger als in „Erwachsenensachen" wird der Verteidiger es in der HV in Jugendsachen mit **SV** zu tun haben. Der Verteidiger muss daher – je nach dem Ergebnis eines Gutachtens – sorgfältig überlegen, ob er von der Möglichkeit des **§ 51 JGG** Gebrauch machen soll (s.o. Rdn 1777), wenn der SV sein Gutachten erstattet.

1781 j)aa) Der Verteidiger muss darauf achten, dass nach § 67 Abs. 1 JGG **Erziehungsberechtigte** und gesetzliche Vertreter des Jugendlichen immer dann das **Recht** haben, **gehört** zu **werden**, Fragen und Anträge zu stellen, wenn auch dem Angeklagten dieses Recht zusteht. Das gilt auch für die Befragung nach jeder einzelnen Beweiserhebung gem. § 257.

✐ Der Erziehungsberechtigte kann sich in der HV **nicht** durch einen Vertreter, wie z.B. einen Rechtsanwalt, **vertreten** lassen (KG StraFo 2015, 122 m.w.N.).

1782 Insbesondere ist den Erziehungsberechtigten und gesetzlichen Vertretern stets **von Amts wegen** das **letzte Wort** zu geben (st. Rspr.; vgl. u.a. BGHSt 21, 288; zuletzt BGH StV 2009, 88 m.w.N.; BayObLG StV 2001, 73; OLG Braunschweig StraFo 2009, 208; OLG Hamm NStZ 2006, 520; OLG Köln StV 2008, 119; zur Reihenfolge s. einerseits *Eisenberg*, § 67 Rn 9 [vor dem Angeklagten]; andererseits KK-*Ott*, § 258 Rn 20 [Reihenfolge steht im Ermessen des Vorsitzenden]). Das gilt auch dann, wenn der gesetzliche Vertreter in einem früheren Verfahrensabschnitt als Zeuge gehört worden (BGH, a.a.O.) oder wenn er Mitangeklagter ist (BGH NStZ 1996, 612). Ist der angeklagte Jugendliche zum Zeitpunkt der HV bereits volljährig, muss dem anwesenden (früheren) Erziehungsberechtigten jedoch nicht das letzte Wort gewährt werden (BGH NStZ-RR 2009, 354).

1783 Der Erziehungsberechtigte muss als solcher die Gelegenheit zum letzten Wort haben. Es **genügt nicht**, wenn er dies als **(Mit-)Angeklagter** hatte und sich dabei auch als Erziehungsberechtigter **äußern** kann (BGH NStZ 1996, 612). Ob etwas anderes gilt, wenn dem Erziehungsberechtigten gem. § 67 Abs. 4 JGG die Rechte hätten entzogen werden können, hat der BGH offengelassen.

✐ Tritt das Gericht nach dem letzten Wort des jugendlichen Angeklagten und der Erziehungsberechtigten wieder in die Beweisaufnahme ein (→ *Wiedereintritt in die Beweisaufnahme*, Rdn 3458), so ist nicht nur dem Angeklagten sondern auch den Eltern erneut das letzte Wort zu gewähren (BGH NStZ 2013, 289).

bb) Wird dem Erziehungsberechtigten/gesetzlichen Vertreter das letzte Wort nicht erteilt, kann der Angeklagte das mit der **Revision** geltend machen (zur Revisionsbegründung OLG Hamm NStZ 2006, 520). Das Urteil wird zumindest hinsichtlich der Schuld- und Rechtsfolgenfrage i.d.R. auf diesem Fehler beruhen (BGHSt 22, 278; BGH NStZ 1985, 230; 2000, 553; StraFo 2002, 290; s.a. NStZ 1996, 612 [dort auch zu den Auswirkungen, wenn die nach § 67 Abs. 2 JGG vorgeschriebene Terminsnachricht an den Erziehungsberechtigten unterblieben ist]; 1999, 426 und die weit. Nachw. bei *Eisenberg*, § 67 Rn 9).

k)aa) Nach § 38 JGG ist im gesamten Verfahren die **JGH** beteiligt. Diese nimmt i.d.R. auch an der HV teil, in der ihr, wenn ihr Vertreter es verlangt, gem. § 50 Abs. 3 S. 2 JGG das Wort zu erteilen ist. Meist macht die JGH davon Gebrauch und äußert sich gem. § 38 Abs. 2 S. 2 JGG insbesondere zu den gegen den Angeklagten zu ergreifenden Maßnahmen (s. dazu Beck-*Tondorf/Tondorf*, S. 1029; zu den Einzelh. der Beteiligung der JGH und zu ihrer Stellung im Verfahren s. *Eisenberg*, § 38 Rn 23 ff.; *ders*. StV 1998, 310). Das Nichtheranziehen der JGH kann die → *Aufklärungspflicht des Gerichts*, Rdn 329, verletzen und somit die Revision begründen (BGH StV 2001, 172; StraFo 2003, 379; BayObLG VRS 88, 287).

bb) Nach § 38 Abs. 3 S. 2 JGG ist dem Vertreter der JGH in der HV auf Verlangen das Wort zu erteilen. I.d.R. geschieht das auch, schon um den sog. Bericht der JGH einzuführen. Für diesen gelten i.Ü. die allgemeinen Regeln des Urkundsbeweises (*Eisenberg* StV 1998, 311; → *Urkundenbeweis, Allgemeines*, Rdn 2721). Wird der Vertreter der JGH als Zeuge zu seinem Bericht vernommen, hat dieser **kein ZVR** (*Eisenberg*, § 38 JGG Rn 30 m.w.N.; *ders*. StV 1997, 312 m.w.N.; *Zieger* StV 1982, 307; *Burhoff*, EV, Rn 2351), sodass er Dinge, die er vom Angeklagten zum Schuldvorwurf erfahren hat, grds. dem Gericht mitteilen muss.

> Wenn die JGH ihrer Berichtspflicht nicht nachkommt, kann sich das Gericht die für seine Entscheidung erforderlichen Daten mit den Zwangsmitteln der StPO, also mit **Durchsuchung** und **Beschlagnahme**, beschaffen (LG Trier NStZ-RR 2000, 248). Ggf. muss der Verteidiger diese, wenn er sich daraus Positives für seinen Mandanten verspricht, beantragen. Erscheint die JGH in der HV nicht und muss deshalb die HV ausgesetzt oder unterbrochen werden, stellt sich die Frage, ob der JGH die dadurch entstehenden Kosten auferlegt werden können. Das wird von *Eisenberg* (§ 50 Rn 25 ff. m.w.N.) unter Hinweis darauf, dass die JGH keine Mitwirkungspflicht hat, verneint (s. aber OLG Köln NJW 1987, 201 [Ls.]).

Ggf. **muss** die JGH in der HV **gehört** werden, wenn sich aus einem Bericht der JGH Erkenntnisse erheben, die bisher nicht Gegenstand der HV gewesen sind, und die dort dargestellte Einschätzung der JGH in deutlichem Widerspruch zu der Überzeugung des Gerichts steht (BGH NStZ 2012, 574).

1788 l)aa) Für das → *Plädoyer des Verteidigers*, Rdn 2017, muss dieser den besonderen **Sanktionskatalog** des JGG kennen, da er ohne dessen Kenntnis den Mandanten nicht sachgerecht verteidigen kann. Hier ist nur Raum für folgende Kurzhinweise (wegen weiterer Einzelh. s. *Burhoff*, EV, Rn 2363; zur Einstellung im Jugendstrafverfahren *Burhoff*, EV, Rn 2356 ff.; s.a. Beck-*Tondorf/Tondorf*, S. 1029 ff. und *Schäfer* PA 2002, 30):

> Im Vordergrund steht im JGG der **Erziehungsgedanke** (vgl. u.a. BGH NStZ 1996, 232; StV 1998, 335; OLG Hamm StV 1999, 658; vgl. *Grunewald* NJW 2003, 1995; MAH-*Böttcher/Müller*, § 51 Rn 30).

1789 bb) Das JGG sieht als Sanktionen Erziehungsmaßregeln, Zuchtmittel und Jugendstrafe vor, die gem. § 8 JGG auch miteinander **kombiniert** werden können, wenn die erforderliche Erziehung das für den Jugendrichter nahelegt.

- **Erziehungsmaßregeln** sind – neben Hilfe zur Erziehung/Erziehungsbeistandschaft gem. § 12 JGG – die Erteilung von Weisungen nach §§ 9, 10 JGG, die sich auf den Aufenthalt, den Wohnort, die Arbeitsstelle und auf Arbeitsleistungen sowie auch darauf beziehen können, an einem Verkehrsunterricht teilzunehmen.
- **Zuchtmittel** (§ 13 JGG) sind die **Verwarnung** (§ 14 JGG), die Erteilung von **Auflagen** (§ 15 JGG; z.B. die Entschuldigung oder die Zahlung einer Geldbuße) und der **Jugendarrest** (§ 16 JGG) in der Form des Freizeit- (1–2 Freizeiten), Kurz- und Dauerarrestes (1 – 4 Wochen). Sie werden angewendet, wenn dem Jugendlichen eindringlich vor Augen geführt werden muss/soll, dass er für das von ihm begangene Unrecht einzustehen hat. Einem Jugendlichen kann aber nicht unter Hinweis auf § 15 Abs. 1 Nr. 4 JGG eine an die Staatskasse zu zahlende Geldbuße auferlegt werden, weil dadurch kein Geldbetrag zugunsten einer gemeinnützigen Einrichtung entrichtet wird (OLG Nürnberg StV 2008, 113).

> Zulässig ist nach § 16a JGG auch der sog. „**Warnschussarrest**" (vgl. dazu BT-Drucks 17/9389). § 16a JGG sieht die Möglichkeit vor, bei Aussetzung der Verhängung oder Vollstreckung der Jugendstrafe zur Bewährung abweichend von § 13 Abs. 1 JGG daneben Jugendarrest zu verhängen. Voraussetzung ist u.a., dass dies geboten ist, um dem Jugendlichen seine Verantwortlichkeit für das begangene Unrecht und die Folgen weiterer Straftaten zu verdeutlichen (vgl. krit. zum Warnschussarrest u.a. *Kreuzer* ZRP 2012, 102).

- Als letztes Mittel steht schließlich die **Jugendstrafe** zur Verfügung, die vom Richter verhängt wird, wenn wegen schädlicher Neigungen des Jugendlichen, die durch die Tat hervorgetreten sind, Erziehungsmaßregeln oder Zuchtmittel zur Erziehung nicht ausreichen, oder wegen der Schwere der Schuld Strafe erforderlich ist (§ 17 JGG; vgl. u.a. OLG Hamm NStZ-RR 2005, 245; vgl. zur Jugendstrafe *Pedal* JuS 2008, 414;

Walter/Wilms NStZ 2007, 1 und die Rspr.-Übersicht von *Fricke* StRR 2013, 167; zur (nachträglichen) Sicherungsverwahrung bei Jugendlichen s. § 106 Abs. 3 JGG und dazu aber BVerfG NJW 2011, 1931; *Koller* DRiZ 2011, 251; zur Hinzuziehung eines SV *Kemme* StV 2014, 760).

☞ Die schädlichen Neigungen müssen auch im **Zeitpunkt** der **Entscheidung** noch vorliegen (zuletzt BGH StV 1998, 331; OLG Hamm StV 1999, 658).

■ Die **Dauer** der Jugendstrafe bemisst sich nach § 18 JGG. Sie beträgt mindestens **sechs Monate** und höchstens **fünf Jahre**, es sei denn, es handelt sich bei der Tat um ein Verbrechen, für das nach allgemeinem Strafrecht eine Höchststrafe von mehr als zehn Jahren Freiheitsstrafe angedroht ist. Dann beträgt das Höchstmaß zehn Jahre. Die Strafrahmen des allgemeinen Strafrechts gelten nicht (zur Strafaussetzung zur **Bewährung** gem. **§ 21 JGG** s. Beck-*Tondorf/Tondorf*, S. 1029 ff. m.w.N.; s.a. BGH StV 1996, 270 [Strafaussetzung zur Bewährung ist nicht notwendigerweise deshalb ausgeschlossen, weil die neue Straftat während des Laufes einer Bewährungszeit begangen wurde]).

5. Hinsichtlich der **Rechtsmittel** gegen im Jugendgerichtsverfahren ergangene Urteile ist auf Folgendes hinzuweisen (eingehend Burhoff/Kotz/*Schimmel*, RM, Teil A Rn 671 ff.):

1790

☞ Mit einem → *Rechtsmittelverzicht*, Rdn 2189, unmittelbar nach Verkündung des Urteils sollte der Verteidiger noch **vorsichtiger** als in „Erwachsenensachen" sein, da gerade der jugendliche Angeklagte sich häufig der Tragweite der Entscheidung nicht bewusst sein wird (s. dazu a. BGH NStZ-RR 1998, 60).

Für die Rechtsmittel gelten grds. die Vorschriften des **allgemeinen Rechts** mit den sich aus § 55 JGG ergebenden Einschränkungen, die der Beschleunigung des Jugendstrafverfahrens im erzieherischen Interesse dienen. Aus **§ 55 JGG** ergeben sich jedoch **Einschränkungen** (zur bejahten Verfassungsmäßigkeit des § 55 JGG s. BVerfG NStZ-RR 2007, 385; Burhoff/Kotz/*Schimmel*, RM, Teil A Rn 919 ff.). Dazu folgender

1791

Überblick:

1792

■ Hat das Gericht lediglich **Erziehungsmaßregeln** (§ 9 JGG) oder **Zuchtmittel** (§ 13 JGG) angeordnet oder deren Auswahl dem Vormundschaftsrichter überlassen, so ist ein Rechtsmittel **nicht zulässig**, wenn lediglich der **Umfang** und die Auswahl der Maßregeln angefochten werden sollen (§ 55 Abs. 1 S. 1 JGG; BGH NStZ 2013, 659 m. Anm. *Eisenberg* StraFo 2013, 430; StV 20OLG Oldenburg NStZ 2009, 450). Dementsprechend kann ein Rechtsmittel gegen ein allein derartige Rechtsfolgen des Jugendstrafrechts verhängendes Urteil lediglich darauf gestützt werden, dass die Schuldfrage aus tatsächlichen oder rechtlichen Gründen falsch beurteilt oder die verhängte Sanktion selbst rechtswidrig ist (BGH, a.a.O. zugleich auch zu den Begründungsanforderungen).

Etwas anderes gilt nur, wenn durch die Entscheidung Hilfe zur Erziehung angeordnet wurde (§ 55 Abs. 1 S. 2 JGG). Bei der Unzulässigkeit der Berufung bleibt es, auch wenn nach Ablauf der Berufungsfrist der Angeklagte die Ermächtigung seines Verteidigers zur Berufungsbeschränkung widerruft und erklärt, die Berufung solle unbeschränkt durchgeführt werden (OLG Oldenburg, a.a.O.).

- Wer eine **zulässige Berufung** eingelegt hat, kann gem. § 55 Abs. 2 S. 1 JGG **keine Revision** mehr einlegen. Das gilt auch für den Fall der Verwerfung einer Berufung nach § 329 Abs. 1 (OLG Dresden NStZ-RR 2010, 186 [Ls.]; OLG Düsseldorf MDR 1994, 1141; OLG Hamm StV 1999, 657 [Ls.]) und auch, wenn vom Berufungsgericht erstmals eine früher verhängte Jugendstrafe in eine neu gebildete Einheitsstrafe einbezogen wird und dabei die für die frühere Strafe bewilligte Strafaussetzung entfällt (OLG Oldenburg NStZ 2009, 451). Diese „Sperrwirkung" gilt i.Ü. auch für die Kostenentscheidung des Berufungsurteils (OLG Hamm StV 1999, 667 [Ls.] m.w.N. a. zur a.A.; zur Anwendung des § 357 s. BGHSt 51, 34).

- Der **Erziehungsberechtigte** oder der gesetzliche Vertreter kann das von ihm eingelegte Rechtsmittel nur mit Zustimmung des Angeklagten zurücknehmen.

K

Kommissarische Vernehmung eines Zeugen oder Sachverständigen

Literaturhinweise: Foth, Wie sind die Beobachtungen des beauftragten Richters zur Glaubwürdigkeit des kommissarisch vernommenen Zeugen in die Hauptverhandlung einzuführen?, MDR 1983, 716; **Gleß/Eymann,** „Nachträgliches Verwertungsverbot" und internationale Beweisrechtshilfe, StV 2008, 318; **Schomburg,** Internationale vertragliche Rechtshilfe in Strafsachen, NJW 1998, 1044; **von Ungern-Sternberg,** Zur Frage des Anwesenheitsrechts des Beschuldigten und Verteidigers bei der Zeugenvernehmung durch ausländische Gerichte vor der Hauptverhandlung, ZStW 1975, 925 (Band 87); s.a. die Hinw. bei → *Verwertung der Erkenntnisse eines (gesperrten) V-Mannes,* Rdn 3241 und → *Videovernehmung in der Hauptverhandlung,* Rdn 3307.

1. Grds. sind nach dem aus § 250 folgenden → *Unmittelbarkeitsgrundsatz,* Rdn 2690, Zeugen und SV in der HV persönlich zu hören. Es kann sich jedoch schon vor der HV oder auch noch in der HV abzeichnen, dass ein Zeuge oder SV wegen Krankheit, Urlaub oder aus sonstigen Gründen nicht für die HV zur Verfügung stehen wird oder steht. In diesen Fällen kommt ggf. nach § 223 eine kommissarische Vernehmung in Betracht. Dafür muss der **Verteidiger** allgemein Folgendes **beachten** (zu den Besonderheiten bei der in der Praxis häufigen Vernehmung eines V-Mannes → *Verwertung der Erkenntnisse eines [gesperrten] V-Mannes,* Rdn 3241; → *V-Mann in der Hauptverhandlung,* Rdn 3336):

2. Das Gericht kann nach § 223 bei **Krankheit, Gebrechlichkeit** oder anderen nicht zu beseitigenden **Hindernissen** von längerer oder **ungewisser Dauer** (Abs. 1) bzw. bei Unzumutbarkeit des Erscheinens wegen **großer Entfernung** (Abs. 2) die Vernehmung des Zeugen oder SV durch einen beauftragten oder ersuchten Richter anordnen. Besondere Bedeutung kann die Vorschrift in der Praxis erlangen, wenn es um die Vernehmung von V-Leuten geht. Die Rspr. des BGH hat nämlich in der Vergangenheit anerkannt, dass deren Vernehmung ein nicht zu beseitigendes Hindernis i.S.d. § 223 entgegensteht, wenn diese für eine Vernehmung in der HV endgültig gesperrt sind (BGHSt 31, 115; allgemein zur Vernehmung von V-Leuten KK-*Gmel,* § 223 Rn 9; → *Verwertung der Erkenntnisse eines [gesperrten] V-Mannes,* Rdn 3241 [dort auch zur Frage, inwieweit die Vorschrift nach Einführung der §§ 58a, 247a insoweit überhaupt noch anwendbar ist]). Der Verteidiger hat wegen der in der Vorschrift enthaltenen unbestimmten Rechtsbegriffe und wegen des dem Gericht eingeräumten **Ermessens** nur wenig Möglichkeiten, auf das Gericht einzuwirken, um eine bestimmte Entscheidung zu erreichen (*Schlothauer,* Rn 148). Deshalb soll davon abgesehen werden, hier die Voraussetzungen für eine kommissarische Vernehmung im Einzelnen darzustellen (vgl. dazu *Meyer-Goßner/Schmitt,* § 223 Rn 2 ff.). Mit ihnen muss sich der Verteidiger, wenn er nicht selbst die kommissarische Vernehmung eines Zeugen oder SV beantragen will (s.u. Rdn 1803), i.d.R. auch erst dann beschäftigen, wenn in der HV die **Niederschrift** einer kom-

missarischen Vernehmung gem. § 251 Abs. 1 oder 2 **verlesen** werden soll (→ *Verlesung von Protokollen früherer Vernehmungen/sonstiger Erklärungen*, Rdn 3014).

3. Für das **Verfahren** bei einer kommissarischen Vernehmung ist auf Folgendes hinzuweisen:

1797 a) Der Angeklagte und auch der **Verteidiger** können die kommissarische Vernehmung eines Zeugen oder SV selbst **beantragen** (*Meyer-Goßner/Schmitt*, § 223 Rn 11; vgl. a. u. Rdn 1803). Will das Gericht einen Zeugen oder SV von Amts wegen kommissarisch vernehmen lassen, muss es den Angeklagten/Verteidiger vorher hören.

1798 b) Die kommissarische Vernehmung wird durch **Gerichtsbeschluss** angeordnet. Dieser kann gem. § 305 S. 1 **nicht** mit der → *Beschwerde*, Rdn 770, **angefochten** werden. Außerdem kann die Revision später nur auf eine Verletzung des § 251 bei der Verlesung der Vernehmungsniederschrift gestützt werden (*Meyer-Goßner/Schmitt*, § 223 Rn 25 f.). Über die Vereidigung entscheidet nach §§ 59 Abs. 1, 79 Abs. 1 der vernehmende Richter nach seinem Ermessen. Das gilt auch für Vernehmungen im Ausland (s. BGH NStZ 1996, 609). Hier bedarf es i.d.R. nur der Einhaltung der im Ausland geltenden Verfahrensvorschriften (BGH NStZ 2000, 547).

1799 c) Die kommissarische Vernehmung wird durch einen **beauftragten** oder **ersuchten Richter** in nichtöffentlicher Sitzung durchgeführt (wegen der Einzelh. s. *Meyer-Goßner/Schmitt*, § 223 Rn 14 ff.; *Schlothauer*, Rn 150 ff.). Die von diesem bei der Vernehmung gemachte **Wahrnehmungen**, die die Schuldfrage betreffen, wie etwa Beobachtungen zum Aussageverhalten des Zeugen, werden später nicht etwa mit einer dienstlichen Äußerung des Richters in die HV eingeführt, sondern sind im Protokoll der kommissarischen Vernehmung festzuhalten und können dann gem. § 251 (mit-)verlesen werden (BGHSt 45, 354).

1800 d) Der Verteidiger und der Angeklagte haben grds. ein **Anwesenheitsrecht** und sind vom Termin zu benachrichtigen. Die Benachrichtigungspflicht entfällt, wenn auf die Benachrichtigung verzichtet wird, oder wenn eine Gefährdung des Untersuchungserfolgs zu erwarten ist (s. im Einzelnen § 224). Das dürfte beim Verteidiger i.d.R. nicht der Fall sein (s.a. *Grünwald*, S. 53 ff.; → *Verwertung der Erkenntnisse eines [gesperrten] V-Mannes*, Rdn 3255; → *V-Mann in der Hauptverhandlung*, Rdn 3336; wegen eines Beweisverwertungsverbots s.u. Rdn 1804). Für den Angeklagten dürften die Grundsätze hinsichtlich des Ausschlusses von einer richterlichen Vernehmung nach § 168c entsprechend gelten (s. dazu *Burhoff*, EV, Rn 4007). Es gilt i.Ü. **§ 68** (BGHSt 32, 115, 124; → *Vernehmung des Zeugen zur Person*, Rdn 4019). Wenn zusätzlich zu den Voraussetzungen des § 223 die des § 247a S. 1 vorliegen, kann die kommissarische Vernehmung auch in Form der → *Videovernehmung in der Hauptverhandlung*, Rdn 3307, durchgeführt werden (KK-*Diemer*, § 247a Rn 3).

✎ Die **Übertragung** einer kommissarischen **Videovernehmung** nach den §§ 223, 247a in die HV ist aber **nicht zulässig**. Die kommissarische Vernehmung ist „ausgela-

Kommissarische Vernehmung eines Zeugen oder Sachverständigen K

gerter" Teil der HV und nicht HV selbst (so die h.M., u.a. *Rieß* NJW 1998, 3242; *ders.* StraFo 1999, 7; *Meyer-Goßner/Schmitt*, § 223 Rn 20 m.w.N. a. zur a.A.).

e) In Betracht kommt auch eine kommissarische Vernehmung im **Ausland**. Dafür gilt (s. i.Ü. a. *Schlothauer*, Rn 173 ff. m.w.N.):   **1801**

- Handelt es sich um eine sog. **konsularische Vernehmung** durch einen deutschen Konsularbeamten, gelten die Vorschriften der StPO, insbesondere die hinsichtlich des Anwesenheitsrechts des Verteidigers, entsprechend. Die konsularische Vernehmung steht i.Ü. einer richterlichen Vernehmung gleich, sodass das Protokoll in der HV gem. § 251 Abs. 2 verlesen werden kann (BGH NJW 1989, 2205; → *Verlesung von Protokollen früherer Vernehmungen/sonstiger Erklärungen*, Rdn 3019 ff.).
- Erfolgt die kommissarische Vernehmung durch ein **ausländisches Gericht**, richtet sich das Verfahren bei der Vernehmung in EU-Mitgliedstaaten nach Art. 4 Abs. 1 EuRhÜbK nicht nach dem ausländischen Verfahrensrecht, sondern nach dem Recht des ersuchenden Staates, also nach deutschem Recht (vgl. dazu eingehend KK-*Gmel*, § 223 Rn 25 m.w.N.; *Schomburg* NJW 1998, 1044; s. für richterliche Zeugenvernehmung BGH NStZ 2007, 417). Bei Staaten, die dem EuRhÜbK nicht beigetreten sind bzw. für die das EuRhÜbK nicht gilt, gilt die alte Rechtslage (vgl. KK-*Gmel*, a.a.O.; LR-*Jäger*, § 223 Rn 39 m.w.N.). Das um die Vernehmung ersuchende deutsche Gericht muss darauf hinwirken, dass nach Möglichkeit das deutsche Verfahrensrecht beachtet wird (LR-*Jäger*, a.a.O.; s.a. BGHSt 35, 82 und BGH NStZ 1996, 609 [kann nach ausländischem Recht die Vernehmung nach deutschem Recht durchgeführt werden, muss dieses auch zur Anwendung kommen; für Vereidigung]).

Für **Verfahrensverstöße** bei den ausländischen Vernehmungen gilt: Handelt es sich um   **1802**
Verstöße gegen ausländisches Recht, in dem ggf. strengere Anforderungen als nach deutschem Recht gestellt werden, sind diese hier unbeachtlich (BGH GA 1976, 218 f.; *Schlothauer*, Rn 177). Fehler nach deutschem Recht haben aber Einfluss auf die Verwertbarkeit der Vernehmungsniederschrift. So ist z.B. eine im Ausland ohne Benachrichtigung des Verteidigers durchgeführte richterliche Vernehmung, die nach ausländischem Recht so zulässig gewesen wäre, in Deutschland nicht verwertbar, wenn in dem Rechtshilfeersuchen auf die deutsche Form und Verfahrensvorschriften hingewiesen worden ist (BGH NStZ 2007, 417; vgl. dazu *Schuster* StV 2008, 397 in der Anm. zu BGH, a.a.O.).

> ✍ Im Hinblick auf die „Widerspruchslösung" des BGH (vgl. BGHSt 38, 214) muss der Verteidiger vor der Verwertung in der HV **widersprechen** (s.a. BGHSt 42, 86; BGH NStZ-RR 2002, 110 f. [jew. für Verstoß gegen Benachrichtigungspflicht]; weiter *Schlothauer*, Rn 177 Fn 54; → *Widerspruchslösung*, Rdn 3433).

4. Hinweise für den Verteidiger!

1803 a) Die **Entscheidung**, ob ggf. die kommissarische Vernehmung eines Zeugen oder SV **beantragt** wird, ist davon abhängig, welche Bedeutung der Zeuge oder SV aus Sicht des Verteidigers für das Verfahren hat. Kommt es **entscheidend** auf den **persönlichen Eindruck** an, den sich das Gericht von dem Zeugen machen soll, wird der Verteidiger auf der **Vernehmung** des Zeugen **in** der **HV bestehen**. Eine persönliche Vernehmung ist vor allem auch dann vorzuziehen, wenn der Verteidiger aus der Vernehmung des Zeugen oder SV zugunsten des Angeklagten sprechende Umstände erwartet. Bei zu befürchtenden nachteiligen Auswirkungen, etwa durch die Vernehmung des Geschädigten, wird er eher mit einer kommissarischen Vernehmung einverstanden sein (vgl. zu den Erwägungen a. noch *Dahs*, Rn 484; *Schlothauer*, Rn 148 f.).

> ☞ Der Verteidiger muss, wenn das Gericht (nur) eine kommissarische Vernehmung beabsichtigt, er aber eine **persönliche Vernehmung** als notwendig ansieht, einen förmlichen → *Beweisantrag* stellen (→ *Beweisantrag, Formulierung: Zeugenbeweis*, Rdn 939, mit Antragsmuster, Rdn 950).

1804 b) Bei einer kommissarischen Vernehmung taucht häufig, vor allem wenn die Voraussetzungen für diese Art der Vernehmung fraglich sind, die Frage auf, ob in der HV ggf. die Niederschrift einer richterlichen kommissarischen Vernehmung im **allseitigen Einverständnis** nach § 251 Abs. 1 Nr. 1 verlesen werden kann. Bei der Entscheidung, ob er sein Einverständnis erklärt, wird der **Verteidiger** die gleichen Gesichtspunkte wie unter Rdn 1803 dargestellt, **abwägen** (s.a. → *Verlesung von Protokollen früherer Vernehmungen/sonstiger Erklärungen*, Rdn 3042).

> ☞ Ist der Verteidiger bzw. der Angeklagte von der Vernehmung **nicht benachrichtigt** worden, besteht, wenn die Benachrichtigung erforderlich war und nicht unterbleiben konnte, ein **BVV** hinsichtlich des bei der Vernehmung aufgenommenen Protokolls. Dessen Verlesung in der HV muss der Verteidiger auf jeden Fall vorher **widersprechen**, wenn er die Revision später auf den Verstoß gegen § 224 stützen will (zuletzt BGHSt 32, 115; BGH NStZ 1987, 132 [für § 168c]; s.a. BGHSt 38, 214; vgl. a. BGH NStZ 2007, 417 [für Nichtverwertbarkeit einer französischen richterlichen Vernehmung, von der der Verteidiger nicht benachrichtigt worden war]). Er muss auch darauf achten, dass der **Widerspruch** in das → *Protokoll der Hauptverhandlung*, Rdn 2092 ff., aufgenommen wird (→ *Widerspruchslösung*, Rdn 3453).

Siehe auch: → *V-Mann in der Hauptverhandlung*, Rdn 3336; → *Zeugenvernehmung, Allgemeines*, Rdn 3537 m.w.N.

Kreuzverhör

Literaturhinweise: Gerst, Das Kreuzverhör gem. § 239 StPO – zur notwendigen Erweckung einer sinnvollen Idee, StRR 2014, 204.

Nach § 239 Abs. 1 kann auf **übereinstimmenden Antrag** von StA und Verteidiger die Vernehmung der von der StA und dem Angeklagten benannten Zeugen und SV von dem Vorsitzenden dem Verteidiger und dem StA **überlassen** werden. Von dieser Möglichkeit, ein Kreuzverhör durchzuführen, wird in der Praxis aber praktisch nicht Gebrauch gemacht (krit. *Gerst* StRR 2014, 204 f.).

Gelegentlich wird in der HV ein sog. **informelles Kreuzverhör** durchgeführt, indem der Vorsitzende unmittelbar oder alsbald nach dem zusammenhängenden Bericht eines Zeugen (§ 69 Abs. 1 S. 1) zunächst dem StA und dem Verteidiger die Möglichkeit einräumt, Fragen zu stellen. Das ist **ausnahmsweise zulässig** (*Meyer-Goßner/Schmitt,* § 239 Rn 2; KK-*Schneider,* § 239 Rn 2). Diese Verfahrensweise ist z.B. dann zweckmäßig, wenn StA oder Verteidiger mit vertretbaren Gründen der Auffassung sind, der Vorsitzende lasse durch seine Verhandlungsleitung erkennen, in Bezug auf Schuld- oder Straffrage schon festgelegt zu sein.

Siehe auch: → *Vernehmung des Zeugen zur Sache,* Rdn 3103.

Kronzeugen

Literaturhinweise: Füllkrug, Unzulässige Vorteilszusicherung als verbotene Vernehmungsmethode – zugleich ein Beitrag zur Fernwirkung von Beweisverwertungsverboten, MDR 1989, 119; **Hoyer,** Die Figur des Kronzeugen, JZ 1994, 233; **König,** Wieder da: Die „große" Kronzeugenregelung, NJW 2009, 2481; *ders.*, „Kronzeuge – abschaffen oder regulieren?" StV 2012, 113; **Kotz,** Beschränkung der Möglichkeit zur Strafmilderung bei Aufklärungs- und Präventionshilfe, StRR 2013, 208; **Maier,** Aus der Rechtsprechung des BGH zu § 46b StGB, NStZ-RR 2011, 329; *ders.*, Aus der Rechtsprechung des BGH zu § 46b StGB, NStZ-RR 2014, 161; **Malek,** Die neue Kronzeugenregelung und ihre Auswirkungen auf die Praxis der Strafverteidigung, StV 2010, 200; **Middendorf,** Der Kronzeuge, ZStW 1973, 1102 (Band 85); **Oglakcioglu,** Höchstrichterliche Rechtsprechung zur Aufklärungshilfe – eine erste Zwischenbilanz, StraFo 2012, 89; **Peglau,** Die neue „Kronzeugenregelung" (§ 46b StGB), wistra 2009, 409; *ders.*, Neues zur „Kronzeugenregelung" – Beschränkung auf Zusammenhangstaten, NJW 2013, 1910; **Schmandt,** Höchstrichterliche Anforderungen an besondere Beweiskonstellationen – Aussage gegen Aussage, Aussagen von Mitbeschuldigten oder des „Kronzeugen", StraFo 2010, 446; **Sahan/Berndt,** Neue Kronzeugenregelung – aktive Beendigung von Korruptionssystem durch effiziente Compliance-Strukturen alternativlos, BB 2010, 647; **Stephan,** Auswirkungen der Strafgesetzgebung auf das materielle Recht, StRR 2009, 321; **Stern,** Heute Beschuldigter – morgen „Kron"-Zeuge. Der Rollentausch als Ermittlungsmethode, StraFo 2002, 185; **Strate,** Mit Taktik zur Wahrheitsfindung – Probleme der Verteidigung in Betäubungsmittelverfahren, ZRP 1987, 318.

1.a) Als Kronzeuge wird allgemein der Straftäter angesehen, dem der Staat dafür, dass er sein Wissen über die Straftaten anderer offenbart, Zugeständnisse hinsichtlich der Verfolgung oder Bestrafung wegen eigener Taten macht (*Eisenberg*, Rn 992). Im anglo-amerikanischen Recht ist das Rechtsinstitut seit langem anerkannt, in Deutschland ist eine gesetzliche Regelung dieser Problematik erst in den 70er Jahren bei der Bekämpfung und Aufklärung terroristischer Straftaten erwogen und schließlich verabschiedet worden (*Meyer-Goßner*, [44. Aufl.] vor Art. 1 KronzG Rn 2 m.w.N.). Eine **Ausdehnung** der zunächst nur auf terroristische Straftaten beschränkten sog. Kronzeugenregelung auf den Bereich der organisierten Kriminalität ist dann später durch das **VerbrechensbekämpfungsG** v. 28.10.1994 erfolgt. Die Regelungen waren zunächst bis zum 31.12.1995 begrenzt, sind dann aber bis zum 31.12.1999 verlängert worden. Eine weitere Verlängerung ist nicht mehr erfolgt, sodass die **Regelung** nach dem KronzG **ausgelaufen** ist (zur früheren Regelung s.a. *König* NJW 2009, 2481).

1812 b) In § 46b StGB ist inzwischen aber eine „**Kronzeugen-Regelung**" enthalten, die jedoch als eine reine **Strafzumessungsregel** ausgebildet ist. Diese Regelung, die seit dem 1.9.2009 in Kraft ist (vgl. BGBl I, S. 2288) ist im Gesetzgebungsverfahren bei der Sachverständigenanhörung weitgehend kritisiert worden (vgl. die Nachw. bei *Peglau* wistra 2009, 409 Fn 2 u. 7; *Kotz* StRR 2013, 208; zu allem a. BT-Drucks 16/6268 und 16/13094; krit. zur Strafzumessungsregelung a. *Stern* StraFo 2002, 185). Die Kritik an der Neuregelung ist auch nach Einführung der Vorschrift des § 46b StGB nicht verstummt. Insoweit muss aber aus Platzgründen ein Hinweis auf die Nachw. in Fn 4 bei *Oglakcioglu* (StraFo 2010, 89) genügen. Die Regelung des § 46b StGB ist dann bereits 2013 erneut geändert worden. Durch das „Gesetz zur Beschränkung der Möglichkeit zur Strafmilderung bei Aufklärungs- und Präventionshilfe [46. StrÄndG]) v. 10.6.2013 (BGBl I, S. 1497) ist mit Wirkung vom 1.8.2013 die „Kronzeugenregelung" eingeschränkt worden. Sie kommt jetzt nur noch zur Anwendung, wenn sich die Angaben des Kronzeugen auf eine Tat beziehen, „die mit seiner Tat im Zusammenhang" steht (vgl. dazu *Kotz* StRR 2013, 208, 209 f.; *Peglau* NJW 2013, 1910). Diese Einengung soll den Gleichklang zu der „kleinen Kronzeugenregelung" im BtMG (vgl. Rdn 1815) herstellen, wo die Rspr. einen solchen „Zusammenhang" fordert.

1813 Aus Platzgründen können die mit der Kronzeugenregelung in § 46b StGB zusammenhängenden Fragen hier nicht im Einzelnen dargestellt werden; wegen der **Einzelh.** wird insoweit **verwiesen** auf *König* (NJW 2009, 2481), *Malek* (StV 2010, 200), *Peglau* (wistra 2009, 409; *ders.*, NJW 2013, 1910), *Kotz* StRR 2013, 208 ff. und *Sahan/Berndt* BB 2010, 647). Die Auswirkungen der Kronzeugenregelung auf die Praxis der Strafverteidigung behandelt *Malek* StV 2010, 200, 2002. Die Rspr. des BGH zur Neuregelung ist zusammengestellt bei *Maier* NStZ-RR 2011, 329 ff. und NStZ-RR 2014, 161 ff. und bei *Oglakcioglu* StraFo 2012, 89 (zu den Anforderungen an die Beweiswürdigung *Schmandt* StraFo 2010, 446).

Kronzeugen K

Die Darstellung hier beschränkt sich auf folgenden **Überblick** (wegen weiterer Einzelh. s. die Komm. bei *Fischer*, § 46b Rn 1 ff.): **1814**

- Nach § 46b Abs. 1 S. 1 StGB kann das Gericht von **Strafe absehen** oder diese **mildern**, wenn der Täter einer mittelschweren oder schweren Straftat sein Wissen über Tatsachen offenbart, die wesentlich zur Aufklärung einer schweren Straftat **nach § 100a Abs. 2** beitragen (sog. Aufklärungshilfe nach Abs. 1 Nr. 1) oder durch die eine schwere Straftat nach § 100a Abs. 2 verhindert werden kann (sog. Präventionshilfe nach Abs. 1 Nr. 2; wegen des Katalogs der Taten nach § 100a Abs. 2 s. *Burhoff*, EV, Rn 3596 f.; krit. zu diesem Katalog *König* NJW 2009, 2481, 2482; *Malek* StV 2019, 201). § 46b StGB ist auch dann anwendbar, wenn der durch den Aufklärenden Belastete von dem Versuch des im Katalog des aufgeführten Delikts strafbefreiend zurückgetreten ist (BGHSt 59, 193 m. Anm. *Hillenbrand* StRR 2014, 231). Zur Aufklärung der Tat „über den eigenen Tatbeitrag hinaus" ist ein umfassendes Geständnis nicht erforderlich. Ein nur teilweises Einräumen des eigenen Tatbeitrags ist ausreichend. Auch ein Leugnen des eigenen Tatbeitrags ist für die Annahme einer Aufklärungshilfe unschädlich (BGH StV 2014, 619 m.w.N.).
- Nach den Änderungen der Vorschrift durch 46. StrÄndG v. 10.6.2013 (BGBl I, S. 1497) kommt § 46b StGB nur noch zur Anwendung, wenn sich die Angaben des Kronzeugen auf eine Tat beziehen, „die mit seiner Tat im **Zusammenhang**" steht (vgl. dazu *Kotz* StRR 2013, 208, 209 f.; *Peglau* NJW 2013, 1910; s. auch noch BGH, a.a.O.). Entscheidendes Kriterium ist grds., dass die Tat, zu der Aussagen gemacht werde, zur Schuld des Täters in Beziehung steht. Die offenbarte Tat muss eine unterstützende Funktion für das kriminelle Gesamtgeschehen haben; eine nur räumliche Nähe, zeitliches Zusammentreffen der Taten oder persönliche Beziehungen der Täter untereinander reichen nicht aus (vgl. *Kotz*, a.a.O.; *Peglau*, a.a.O.).
- Das Gericht muss nach § 46b Abs. 1 S. 1 StGB **Einschränkungen** beachten: An die Stelle einer angedrohten ausschließlich lebenslangen Freiheitsstrafe darf die Strafe allenfalls auf eine Freiheitsstrafe von zehn Jahren gemildert werden. Von Strafe absehen darf das Gericht nach § 46b Abs. 1 S. 4 StGB nur, wenn die Tat abstrakt nicht auch mit lebenslanger Freiheitsstrafe bedroht ist und der Täter im konkreten Fall – ohne die Strafmilderung – keine Freiheitsstrafe von mehr als drei Jahren verwirkt hätte (vgl. a. dazu *Peglau* wistra 2010, 409, 412, auch zur Vereinbarkeit der Regelung mit Art. 3 GG; *Stephan* StRR 2009, 333).
- War der Täter selbst an der **Tat beteiligt**, muss sich sein Aufklärungsbeitrag nach § 46b Abs. 1 S. 3 StGB über den eigenen Tatbeitrag hinaus erstrecken (zu den inhaltlichen Anforderungen an die Aufklärungshilfe *Malek* StV 2010, 200, 201; *Peglau* wistra 2009, 209, 409 f.).
- Nach § 46b Abs. 2 StGB findet eine **Abwägung** statt. Dabei ist der Wert der Aussage zur Schwere der Tat des „Kronzeugen" ins Verhältnis zu setzen (vgl. dazu *Peglau* wistra

2010, 409, 411; s. auch BGH StraFo2013, 521 zu den Voraussetzungen für die Versagung der Strafmilderung bei lediglich anfänglicher Aussagebereitschaft im EV).

- Offenbart der Kronzeuge sein Wissen erst, nachdem das Gericht die Eröffnung des Hauptverfahrens gegen ihn beschlossen hat, ist die Anwendung der Regelung nach § 46b Abs. 3 StGB **ausgeschlossen** (dazu zust. *Peglau* wistra 2010, 409, 411; im Hinblick auf die praktische Anwendbarkeit dieser Präklusionsregelung krit. *König* NJW 2009, 2481, 2483).

☞ § 46b StGB ist nach der **Übergangsregelung** in Art. 3 des Gesetzes zur Änderung des StGB – Strafzumessung bei Aufklärung und Präventionshilfe v. 29.7.2009 (BGBl I., S. 2288) nicht auf Verfahren anzuwenden, in denen vor dem 1.9.2009 die Eröffnung des Hauptverfahrens beschlossen worden ist. Damit sollte verhindert werden, dass es in „Altfällen" zu Verfahrensverzögerungen kommt (vgl. dazu BT-Drucks 16/6268, S. 17). Im 46. StRÄndG v. 10.6.2013 (BGBl I, S. 1497) war eine Übergangsregelung nicht vorgesehen. Der Gesetzgeber hat auf diese bewusst verzichtet, weil sich im Zusammenhang mit der Verengung der Anwendungsvoraussetzungen die Frage des § 2 StGB nicht stellen. Das bedeutet, dass § 46b StGB a.F. weiterhin gilt, wenn die Tat des Kronzeugen vor Inkrafttreten der Neuregelung am 1.8.2013 begangen wurde (vgl. dazu BT-Dr. 17/9695, S. 9; *Kotz* StRR 2013, 208, 210).

1815 2.a) Als sog. **kleine Kronzeugenregelung** werden die Vorschriften § 31 BtMG, § 129 Abs. 6 Nr. 2 StGB bezeichnet (zur Kritik *Eisenberg*, Rn 993 f.), § 261 Abs. 10 StGB a.F. ist durch das 46. StRÄndG v. 10.6.2013 (BGBl I S. 1497) aufgehoben worden. Hier können nicht die allgemeinen Voraussetzungen für die Anwendung dieser Vorschriften dargestellt werden. Dazu wird auf die einschlägigen Kommentare verwiesen. § 31 BtMG ist an die Neuregelungen in § 46b StGB angepasst worden (vgl. dazu *König* NJW 2009, 2481, 2484; *Peglau* wistra 2010, 409, 412; *Stephan* StRR 2009, 333, 335; *Kotz* StRR 2013, 208, 210).

1816 b) Hinzuweisen ist hier nur kurz auf die **Auswirkungen** des in der Praxis bedeutsamen § 31 BtMG: Danach kommt für denjenigen eine Strafmilderung in Betracht, der durch **freiwillige Wissensoffenbarung** eine Tat, die mit seiner Tat im Zusammenhang steht, über seinen **eigenen** Tatbeitrag hinaus aufdeckt. Bei der Verteidigung in BtM-Verfahren wird der Verteidiger die sich ggf. insoweit ergebenden Fragen mit seinem Mandanten erörtern müssen. Wird in der HV gegen seinen Mandanten, dem ein Verstoß gegen das BtMG zur Last gelegt wird, ein **Mittäter** als **Zeuge** vernommen, muss der Verteidiger darauf achten, ob dieser nicht, um sich die „Wohltaten" des § 31 BtMG zu verschaffen, den Mandanten zu Unrecht belastet. Die Untersuchung der **Glaubwürdigkeit** dieses Zeugen ist also von besonderer Bedeutung (zu den Anforderungen an die Beweiswürdigung *Schmandt* StraFo 2010, 446).

Siehe auch: → *Zeugenvernehmung*, Rdn 3537.

L
Ladung des Angeklagten

Das Wichtigste in Kürze:
1. Die Ladung des Angeklagten richtet sich nach den §§ 216, 217.
2. Nach § 216 Abs. 1 S. 1 wird der auf freiem Fuß befindliche Angeklagte unter der Warnung geladen, dass im Fall seines unentschuldigten Ausbleibens seine Verhaftung oder Vorführung erfolgen werde. In der Rspr. ist umstritten, ob die „Haft-Warnung" auch zulässig ist, wenn die Ladung des Angeklagten im Ausland bewirkt werden muss.
3. Die Ladungsfrist muss auf jeden Fall bei der Ladung zum ersten HV-Termin gewahrt werden, ob auch zu einem späteren Termin in derselben Instanz ist umstritten.
4. Die Ladungsfrist wird durch die erforderliche Zustellung der Ladung in Lauf gesetzt.

Literaturhinweis: Rieß, Die Stellung des Verteidigers beim Verzicht auf die Verwendung präsenter Beweismittel, NJW 1977, 881.

1.a) Die Ladung des Angeklagten richtet sich nach den §§ 216, 217. Sie wird gem. § 214 Abs. 1 S. 1 vom Vorsitzenden angeordnet. Die **Ladungsfrist** beträgt gem. § 217 Abs. 1 mindestens **eine Woche**. Diese Mindestfrist soll dem Angeklagten genügend Zeit für die Vorbereitung seiner Verteidigung gewähren (BGHSt 24, 143). Da es sich somit um eine den Schutz des Angeklagten bezweckende Vorschrift handelt, kann der Angeklagte – auch gegen den **Widerstand** seines **Verteidigers** – auf die Einhaltung der Ladungsfrist verzichten (KK-*Gmel*, § 217 Rn 8; a.A. *Rieß* NJW 1977, 883). Der Verzicht des Angeklagten auf die Einhaltung der Ladungsfrist beinhaltet aber nicht vorab schon den Verzicht auf die Rüge, dass im Fall der notwendigen Verteidigung die HV ohne Pflichtverteidiger stattgefunden hat (§ 338 Nr. 5; OLG Hamm StraFo 1998, 164, 269).

b) Aus dem Wortlaut des § 217 Abs. 1 – „zwischen" – ist abzuleiten, dass bei der **Fristberechnung** der Tag der Zustellung (vgl. Rdn 1825) und der Tag, an dem die HV stattfinden soll, nicht mitgerechnet werden. § 43 Abs. 2 gilt nicht (*Meyer-Goßner/Schmitt*, § 217 Rn 2). Fallen in die Wochenfrist aber mehrere **Feiertage**, kann darin eine Behinderung der Verteidigung liegen (KK-*Gmel*, § 217 Rn 5 m.w.N.). I.d.R. macht das Gericht in der Ladung die geladenen **Zeugen** und SV „**namhaft**" (§ 222; [für das Bußgeldverfahren] OLG Hamm NJW 1996, 534; NStZ-RR 2011, 58 [Ls.]; zu den Folgen einer verspäteten Namhaftmachung → *Aussetzung wegen verspäteter Namhaftmachung geladener Beweispersonen*, Rdn 506).

L Ladung des Angeklagten

1821 2.a) Nach § 216 Abs. 1 S. 1 wird der **auf freiem Fuß befindliche Angeklagte** unter der Warnung geladen, dass im Fall seines unentschuldigten Ausbleibens seine Verhaftung oder Vorführung erfolgen werde. Die Warnung ist auch in eine wiederholte Ladung aufzunehmen, der bloße Hinweis auf eine frühere Ladung genügt insoweit nicht (OLG Hamm NStZ-RR 2009, 89). Einem der deutschen Sprache nicht hinreichend mächtigen Angeklagten ist die Warnung zudem in eine ihm verständliche Sprache zu übersetzen (zuletzt OLG Dresden StV 2009, 348). Befindet sich der Angeklagte zum Zeitpunkt der Ladung in Haft, muss die ggf. unterbliebene Belehrung nach der Entlassung nachgeholt werden (OLG Köln StV 2014, 205), anderenfalls ist er nicht ordnungsgemäß geladen.

> ☞ **Ladungen** eines ausländischen Angeklagten, denen eine **Übersetzung nicht** beigefügt ist, sind „unwirksam" (s. OLG Bremen NStZ 2005, 527; OLG Dresden, a.a.O.; LG Bremen StraFo 2005, 29; a.A. OLG Hamm JMBl. NJW 1984, 78; *Meyer-Goßner/ Schmitt*, § 184 GVG Rn 4), mit der Folge, dass z.B. ein HB nach § 230 nicht erlassen werden kann (LG Bremen, a.a.O.; → *Zwangsmittel bei Ausbleiben des Angeklagten*, Rdn 3661). Die Nr. 181 Abs. 2 RiStBV ist allerdings nur eine Empfehlung (BVerfG NJW 1983, 2762). I.d.R. wird dem Beschuldigten aber, wenn er nicht erscheint, ggf. zumindest → *Wiedereinsetzung in den vorigen Stand*, Rdn 3464, zu gewähren sein (BayObLG NJW 1996, 1836).

1822 b) In der Rspr. ist umstritten, ob die „**Haft-Warnung**" auch **zulässig** ist, wenn die **Ladung** des Angeklagten **im Ausland** bewirkt werden muss, weil der Angeklagte sich dort aufhält. Diese Frage wird vom KG (StV 2014, 204 betreffend Mongolei), vom OLG Frankfurt am Main (NStZ-RR 1999, 18), vom OLG Oldenburg (StV 2005, 432), vom OLG Brandenburg (StV 2009, 348 [Ls.]) und vom OLG Köln (NStZ-RR 2006, 22) unter Hinweis auf die Ausübung hoheitlicher Gewalt auf dem Gebiet eines fremden Staates verneint (s.a. KK-*Gmel*, § 216 Rn 5 m.w.N.; s.a. *Meyer-Goßner/Schmitt*, § 216 Rn 4; a.A. OLG Rostock NStZ 2010, 412). Das KG (NStZ 2011, 653), das OLG Karlsruhe (StV 2004, 325; StV 2015, 346; Beschl. v. 23.4.2014 – 1 Ws 55/14), das OLG Saarbrücken (NJW 2010, 547 [Ls.] und das LG Freiburg (StRR 2014, 197 m. Anm. *Rinklin*) bejahen die Frage – teilweise nur für den Schengen/ EU-Raum – u.a. unter Hinweis auf den Grundgedanken des SDÜ. Nach ihrer Auffassung dürfen Zwangsmittel angedroht werden, wenn einschränkend darauf hingewiesen wird, dass diese nur im Hoheitsgebiet der BRD vollstreckt werden (vgl. auch Graf/*Ritscher*, § 216 Rn 6). Das OLG Rostock (a.a.O.) sieht die Warnung i.S.d. § 216 Abs. 1 S. 1 zudem auch nicht als Androhung von Zwangsmaßnahmen an (zu allem a. *Herrmann* StRR 2007, 277 in der Anm. zu OLG Brandenburg, a.a.O.; *Stephan* StRR 2008, 310 in der Anm. zu OLG Rostock, a.a.O.). Die Ladung muss den Hinweis, dass die Zwangsmittel nur im Inland vollstreckt werden können (vgl. KG, OLG Rostock, OLG Saarbrücken, jeweils a.a.O.) auch dann enthalten, wenn über den Verteidiger geladen wird (LG Saarbrücken StraFo 2010, 340).

Bedeutsam ist diese Frage für die Zulässigkeit des Erlasses eines **HB**. Schließt man sich der wohl h.M. an, kann ein HB nach § 230 gegen den ausgebliebenen Angeklagten nicht erlassen werden, da eine ordnungsgemäße Ladung des Angeklagten nicht vorliegt (s. z.B. OLG Brandenburg, a.a.O.; LG Münster NStZ-RR 2005, 382; a.A. KG, OLG Rostock, jeweils a.a.O.; → *Zwangsmittel bei Ausbleiben des Angeklagten*, Rdn 3661). Zulässig ist aber ggf. ein HB nach § 112, wenn dessen Voraussetzungen, insbesondere also Fluchtgefahr, vorliegen (vgl. dazu OLG Brandenburg, a.a.O.; *Burhoff*, EV, Rn 3718 ff.). Sieht man auch die Ladung „Haft-Warnung" als zulässig an, muss der Hinweis einem der deutschen Sprache nicht mächtigen Angeklagten in einer ihm verständlichen Sprache erteilt werden (OLG Saarbrücken, a.a.O.; LG Heilbronn StV 2011, 406 [Ls.]).

Eine wirksame Ladung ist außerdem auch erforderlich, um die Voraussetzungen für den **Verfall** einer **Sicherheit** nach § **124** feststellen zu können. Ist der Angeklagte nicht wirksam geladen, kann er sich dem Verfahren auch nicht entziehen (LG Koblenz StraFo 2014, 114).

c) Der **nicht auf freiem Fuß** befindliche Angeklagte muss nach § 216 Abs. 2 S. 2 bei der Ladung befragt werden, ob und welche Anträge er zu seiner Verteidigung für die HV stellen will. Nach der Rspr. des BGH berührt aber ein Verstoß gegen diese Pflicht die Wirksamkeit der Ladung zur HV nicht (BGH NJW 2008, 1604; s. jetzt a. wohl *Meyer-Goßner/Schmitt*, § 216 Rn 8; a.A. LG Potsdam StV 2006, 574).

1823

3. Die Ladungsfrist muss auf jeden Fall bei der Ladung zum **ersten HV-Termin** gewahrt werden, ob auch zu einem **späteren Termin** in derselben Instanz ist umstritten. Zutreffend dürfte es im Hinblick auf den Sinn und Zweck der Vorschrift, die eine ausreichende Vorbereitungszeit gewährleisten will, sein, mit der wohl h.M. (vgl. u.a. *Meyer-Goßner/Schmitt*, § 217 Rn 4 m.w.N.; KK-*Gmel*, § 217 Rn 3; a.A. in einem obiter dictum BGHSt 24, 143), auch dann die Einhaltung der Ladungsfrist als erforderlich anzusehen. Der erste (Fortsetzungs-) Termin nach einer Unterbrechung erfordert hingegen nicht erneut die Einhaltung der Ladungsfrist (BGH NJW 1987, 2592 m.w.N.; NStZ-RR 2003, 98 [Be]; *Meyer-Goßner/Schmitt*, § 229 Rn 13 i.V.m. § 217 Rn 6).

1824

4.a) Die **Ladungsfrist** wird durch die **erforderliche Zustellung** der Ladung in Lauf gesetzt. Wird die Ladungsfrist nicht eingehalten oder war die Ladung sonst unwirksam (vgl. Rdn 1823 f.), ist der Angeklagte i.d.R. **nicht** zum **Erscheinen** verpflichtet (BGHSt 24, 143 [jedenfalls dann nicht, wenn zuvor schriftlich Aussetzung beantragt worden ist]; OLG Brandenburg StV 2009, 348 [Ls., zugleich auch zur Frage, ob die Nichteinhaltung der Ladungsfrist → *Zwangsmittel bei Ausbleiben des Angeklagten*, Rdn 3661, erlaubt]; OLG Frankfurt am Main NStZ-RR 1999, 18 [dann nicht, wenn damit zu rechnen ist, dass Aussetzung beantragt worden wäre]; zur a.A. s.u. Rdn 1827). Wird die Ladung entgegen der Anordnung des Vorsitzenden dem Verteidiger und nicht dem Angeklagten zu-

1825

L Ladung des Angeklagten

gestellt, macht das die Ladung nicht unwirksam (LG Saarbrücken StraFo 2010, 340; zur Ladung zur Berufungshauptverhandlung → *Berufungshauptverhandlung*, Rdn 628).

☞ Der Angeklagte kann auch **über** den **Verteidiger** geladen werden. Dazu benötigt dieser aber gem. § 145a Abs. 2 S. 1 eine bei den Akten befindliche Vollmacht, die ihn **ausdrücklich** zum Empfang von Ladungen **ermächtigt** (KK-*Gmel*, § 216 Rn 4 m.w.N.). Da § 145a Abs. 2 S. 1 eng auszulegen ist, ist diese Empfangsvollmacht in der Vollmacht, „Zustellungen ... entgegenzunehmen", nicht enthalten (vgl. u.a. OLG Köln NStZ-RR 1998, 240; → *Vollmacht des Verteidigers*, Rdn 3350).

1826 Eine nur **formlose Mitteilung** vom Zeitpunkt des Termins genügt grds. nicht (vgl. a. Nr. 117 Abs. 1 S. 1 RiStBV), es sei denn, die Beachtung der Ladungsfrist ist nicht erforderlich (vgl. oben Rdn 1824). So braucht deshalb z.B. zu einem **Fortsetzungstermin** nicht förmlich geladen zu werden (BGH NStZ-RR 2003, 98 [Be]; *Meyer-Goßner/ Schmitt*, § 217 Rn 6 und § 229 Rn 13). Das bedeutet, dass gem. § 35 Abs. 1 sowohl die Ladung durch deren Verkündung in Anwesenheit des Angeklagten, z.B. am Ende des vorhergehenden HV-Termins, als auch gem. § 35 Abs. 2 S. 2 durch formlose Mitteilung möglich ist. Der Angeklagte kann zu einem außerhalb der HV bestimmten Fortsetzungstermin auch „nur" durch eine **telefonische Mitteilung** an den **Verteidiger** geladen werden (BGHSt 38, 271; → *Unterbrechung der Hauptverhandlung*, Rdn 2719).

1827 **b) Hinweise für den Verteidiger!**

Wird die **Ladungsfrist nicht eingehalten**, kann nach § 217 Abs. 2 bis zum Beginn der → *Vernehmung des Angeklagten zur Sache*, Rdn 3072, **Aussetzung** der HV verlangt werden. Den **Antrag** können nur der Angeklagte persönlich oder für ihn der dazu bevollmächtigte Verteidiger stellen. Der **Verteidiger** hat **kein eigenes Antragsrecht** (*Meyer-Goßner/ Schmitt*, § 217 Rn 7), es sei denn, er selbst ist nicht fristgemäß geladen worden. Die Aussetzung kann auch verlangt werden, wenn ein Eröffnungsbeschluss nicht vorliegt, da dann wegen dessen fehlender Zustellung die Ladungsfrist nicht wirksam in Lauf gesetzt worden ist (BGHSt 29, 224, 230). Ein wirksamer Verzicht des Angeklagten auf die → *Ladung des Verteidigers*, Rdn 1829, liegt nicht bereits in der rügelosen Einlassung des Angeklagten oder in dem Unterlassen eines Aussetzungsantrags. Letzteres gilt jedenfalls dann, wenn der Angeklagte keine Kenntnis davon hat, dass sein Verteidiger nicht geladen wurde und er deshalb Aussetzung beantragen könnte. Etwas anderes gilt, wenn der Angeklagte über sein Recht belehrt worden ist (BGH NStZ 2009, 49). Grds. ist aber ein schlüssiger Verzicht des Angeklagten möglich (OLG Frankfurt am Main NStZ-RR 2008, 381 [zugleich auch an die Anforderungen an die Revisionsbegründung]).

☞ Der Antrag kann auch schon **vor** Beginn der **HV** (schriftlich) gestellt werden (KK-*Gmel*, § 217 Rn 7). Das ist besonders dann ratsam, wenn der Verteidiger den

Termin selbst nicht wahrnehmen kann. Zudem kann dann keine Zwangsmaßnahme ergehen (BGHSt 24, 143).

Fraglich ist, ob der **Angeklagte** trotz eines Aussetzungsantrags **verpflichtet** ist, zur **HV** zu **erscheinen** (abl. BGHSt 24, 143 ff.; LR-*Jäger*, § 217 Rn 8 m.w.N.; SK-*Deiters*, § 217 Rn 11; bej. *Meyer-Goßner/Schmitt*, § 217 Rn 11; KK-*Gmel*, § 217 Rn 9). Die Frage ist für den Angeklagten deshalb von Bedeutung, weil sich nach ihr der Erlass von Maßnahmen nach § 230 Abs. 2 richten kann (→ *Ausbleiben des Angeklagten*, Rdn 361; → *Zwangsmittel bei Ausbleiben des Angeklagten*, Rdn 3661). Unabhängig von der Antwort wird man den Angeklagten aber zumindest als **entschuldigt** i.S.d. § 230 ansehen müssen (LR-*Jäger*, § 217 Rn 13 f. m.w.N.; wohl a. KK-*Gmel*, a.a.O.).

4. Muster: Aussetzungsantrag (wegen verspäteter Ladung des Angeklagten)   1828

An das

Amtsgericht/Landgericht Musterstadt

In der Strafsache

gegen H. Mustermann

Az.:

wird namens und in Vollmacht des Angeklagten beantragt,

die Hauptverhandlung wegen Nichteinhaltung der Ladungsfrist nach § 217 Abs. 1 StPO auszusetzen und den heutigen Termin aufzuheben.

Begründung:

Das Gericht hat den Angeklagten mit Schreiben vom 11.9.2015 zur Hauptverhandlung am 25.9.2015 geladen. Diese Ladung ist dem Angeklagten am 21.9.2015 zugestellt worden, also nur vier Tage vor dem anberaumten Termin. Am Hauptverhandlungstag ist der Angeklagte aus beruflichen Gründen ortsabwesend (ggf. näher ausführen). Er ist aus beruflichen Gründen zudem auch verhindert, den Hauptverhandlungstermin mit mir ausreichend vorzubereiten.

Rechtsanwalt

Siehe auch: → *Aussetzung der Hauptverhandlung, Allgemeines*, Rdn 462 m.w.N.; → *Berufungsverwerfung wegen Ausbleibens des Angeklagten*, Rdn 43; → *Ladung des Verteidigers*, Rdn 1829.

L Ladung des Verteidigers

1829 Ladung des Verteidigers

> **Das Wichtigste in Kürze:**
> 1. Nach §§ 218, 217 ist auf Anordnung des Vorsitzenden neben dem Angeklagten der bestellte (Pflicht-)Verteidiger stets, der Wahlverteidiger dann zu laden, wenn die Wahl dem Gericht angezeigt worden ist.
> 2. Hat der Angeklagte mehrere Verteidiger, sind grds. alle zu laden.
> 3. Für Ladungsfrist und Form der Ladung gelten die dazu gemachten Ausführungen bei Ladung des Angeklagten entsprechend.
> 4. Der Verteidiger kann auf seine Ladung und die Einhaltung der Ladungsfrist verzichten, und zwar auch stillschweigend.
> 5. Ist der Verteidiger von Anfang an in der HV anwesend, muss er den Aussetzungsantrag bis zum Beginn der Vernehmung des Angeklagten zur Sache stellen.
> 6. (Nicht geheilte) Verstöße gegen § 218 können mit der Revision geltend gemacht werden.

1830 1. Nach §§ 218, 217 ist – gem. § 214 Abs. 1 auf Anordnung des Vorsitzenden – neben dem Angeklagten (→ *Ladung des Angeklagten*, Rdn 1817) der bestellte (Pflicht-)**Verteidiger** stets, der Wahlverteidiger dann zu **laden**, wenn die Wahl dem Gericht angezeigt worden ist. Die **Verteidigungsanzeige** (vgl. Rdn 1831) ist an eine bestimmte Form nicht gebunden, sie kann auch durch schlüssiges Verhalten erfolgen, so z.B. wenn der Verteidiger in Gegenwart des Angeklagten ohne dessen Widerspruch vor Gericht tätig geworden ist (RGSt 25, 152; KK-*Gmel*, § 218 Rn 3). **Nicht erforderlich** ist die Vorlage einer **Vollmacht**, sodass der Verteidiger auch dann geladen werden muss, wenn er eine Vollmacht nicht zu den Akten gereicht hat (BGHSt 36, 259; OLG Bamberg NJW 2007, 393; OLG Koblenz StraFo 2009, 420; OLG Köln VRS 98, 138; zur Vollmachtsvorlage → *Vollmacht des Verteidigers*, Rdn 3350). Der Verteidiger muss grds. auch dann geladen werden, wenn er Kenntnis vom Termin hat (BGH NStZ 2009, 48; OLG München NJW 2005, 2470; 2006, 1366). Das Fehlen der förmlichen Ladung des (Wahl-)Verteidigers zur HV ist nur dann unschädlich, wenn entweder der Verteidiger auf andere Weise rechtzeitig vom HV-Termin zuverlässig Kenntnis erlangt (vgl. OLG Celle StV 2012, 588) oder der Angeklagte in der HV auf die Verteidigung/Anwesenheit seines Verteidigers verzichtet hat (→ *Ladung des Angeklagten*, Rdn 1827).

1831 Für die **Verteidigungsanzeige** gilt: Ist dem Verteidiger bei Erstattung der Anzeige (noch) nicht bekannt, ob das Verfahren bereits bei Gericht anhängig ist, genügt die Anzeige bei der StA bzw. im Bußgeldverfahren bei der Verwaltungsbehörde (OLG Bamberg NJW 2007, 393; KK-*Gmel*, § 218 Rn 3). Ist dem Verteidiger oder Mandanten hingegen bekannt, dass das Verfahren nicht mehr bei der StA oder der Polizei anhängig ist, und richtet er seine Verteidigungsanzeige dennoch dorthin, trägt er das Risiko, dass seine Verteidigungsanzeige so rechtzeitig bei dem zuständigen Gericht eingeht, dass er noch zum HV-Termin geladen werden kann (OLG Braunschweig StraFo 2009, 520; OLG Stuttgart NJW 2006, 3796).

Bei einer bloßen **Verteidigungsanzeige** ist also **Vorsicht** geboten:

I.Ü. ist dann, wenn die Weiterleitung eines entsprechenden Bestellungsschreibens das Gericht erst so kurz vor der HV erreicht, dass eine förmliche Ladung des Verteidigers unter Einhaltung der Ladungsfrist nicht mehr möglich ist, dem Verteidiger ggf. **telefonisch vom Termin Mitteilung** zu machen (OLG Hamm, Beschl. v. 2.12.2008 – 4 Ss OWi 851/08). Der Angeklagte trägt auch nur das Risiko der nicht rechtzeitigen Ladung, nicht aber das Risiko, dass die Verteidigungsanzeige unbeachtet abgeheftet wird. Auch in den Fällen falscher Adressierung hat er daher seiner Anzeigepflicht Genüge getan, wenn bei unverzüglicher Weiterleitung der Anzeige an das zuständige Gericht die rechtzeitige Ladung des Verteidigers noch möglich gewesen wäre (OLG Braunschweig StraFo 2009, 520).

1832

2. Hat der Angeklagte **mehrere Verteidiger**, sind grds. **alle** zu laden (grundlegend BGHSt 36, 259; BGH NStZ 2009, 49; StV 2001, 663 m.w.N.; OLG Koblenz StraFo 2009, 420; OLG München NStZ 2006, 590, 591; OLG Naumburg StV 2009, 686; KK-*Gmel*, § 218 Rn 4), wenn die Voraussetzungen des § 218 Abs. 1 vorliegen. Das gilt auch hinsichtlich des Verteidigers von mehreren Verteidigern, der an einem HV-Termin nicht teilnimmt, für die Ladung zu einem Fortsetzungstermin (OLG Naumburg, a.a.O.). Etwas anderes gilt, wenn es sich um Rechtsanwälte in einer Sozietät handelt (BGH NStZ 2007, 348; 2009, 48). Sind mehrere Anwälte einer Sozietät bestellt, genügt die Ladung des Verteidigers der Sozietät, der seine Wahl angezeigt hat (h.M.; *Meyer-Goßner/Schmitt/Schmitt*, § 281, Rn 5; LR-*Jäger*, § 218 Rn 10). Die Mitglieder einer Bürogemeinschaft müssen ebenfalls nicht einzeln geladen werden, da für sie die Vorschriften für Sozietäten im Wesentlichen entsprechend gelten (BGH NStZ 2007, 348). Für eine ordnungsgemäße Ladung ist die Bekanntgabe von Fortsetzungsterminen am Ende der Sitzung nicht ausreichend, wenn der Verteidiger nicht anwesend ist (BGH StraFo 2009, 332).

1833

3.a) Für **Ladungsfrist** und **Form** der Ladung gelten die dazu gemachten Ausführungen bei → *Ladung des Angeklagten*, Rdn 1817, entsprechend. Die Einhaltung der Ladungsfrist ist grds. **auch** dann notwendig, wenn der Verteidiger **Kenntnis** vom Termin hatte (BayObLG StV 1985, 140; OLG München NJW 2005, 2470; KK-*Gmel*, § 218 Rn 6 m.w.N.; zur Abstimmung von HV-Terminen mit dem Wahlverteidiger in Großverfahren s. BGH NStZ-RR 2010, 312).

1834

b) Ist der **Verteidiger nicht** oder **nicht ordnungsgemäß** zum HV-Termin geladen, kann er – ebenso wie der Angeklagte – gem. §§ 218 S. 2, 217 die Aussetzung der HV verlangen (s.u. Rdn 1837 ff.), wenn er seine Wahl dem Gericht so rechtzeitig angezeigt hat, dass er

1835

unter Einhaltung der Ladungsfrist hätte geladen werden können (BGH NStZ 1995, 298 m.w.N.; OLG Braunschweig StraFo 2009, 520). Das gilt auch dann, wenn der Angeklagte in der HV auch noch einen anderer Verteidiger für den Angeklagten anwesend ist (BGH NStZ 1985, 229; 2005, 646; OLG Köln NStZ-RR 2001, 140 f.). Das gilt nicht, wenn der verspätet geladene Verteidiger auf andere Weise rechtzeitig vom HV-Termin zuverlässig (s. dazu BGHSt 36, 259, 262; krit. *Malek*, Rn 141) Kenntnis erlangt hat, die Anzeige der Verteidigung verspätet erfolgt ist oder der Verteidiger erst kurz vor dem Termin bestellt wird (BGH NStZ 1983, 209 [Pf/M]). Es kann dann aber eine Aussetzung oder Unterbrechung nach den §§ **228**, **229**, 265 Abs. 4 in Betracht kommen (→ *Aussetzung der Hauptverhandlung, Allgemeines*, Rdn 462 m.w.N.).

Ob der Verteidiger überhaupt einen Aussetzungsantrag stellt, wird er i.d.R. davon **abhängig** machen, ob er noch weitere **Zeit** zur **Vorbereitung** der HV benötigt. Ist das nicht der Fall, wird er i.d.R. auf die Einhaltung der Ladungsfrist verzichten (s.a. *Malek*, Rn 142). Anders wird er sich ggf. dann entscheiden, wenn hinsichtlich ihm bekannter Vorstrafen Tilgungsreife noch nicht eingetreten ist, bei einem neuen HV-Termin aber eingetreten sein könnte (→ *Feststellung von Vorstrafen des Angeklagten*, Rdn 1530).

Ist der zu Unrecht nicht geladene Verteidiger nicht erschienen, kann auch der **Angeklagte Aussetzung** verlangen. Seinem Antrag ist stattzugeben (BGH NStZ 2009, 48; BayObLG NJW 2005, 2470). In der rügelosen Einlassung des über sein Recht zur Aussetzung nicht belehrten Angeklagten liegt kein Verzicht auf den Aussetzungsantrag (BGH, a.a.O.; OLG Naumburg StV 2009, 686).

1836 4. Der Verteidiger kann auf seine Ladung und die Einhaltung der Ladungsfrist verzichten, und zwar auch stillschweigend. Ein **stillschweigender Verzicht** liegt i.d.R. in der bei der Anzeige der Verteidigung abgegebenen Erklärung des Verteidigers, er habe Kenntnis vom Termin. Ein Verzicht liegt nicht darin, dass der Verteidiger ohne Angabe von Gründen einem HV-Termin fernbleibt (BGH StV 2001, 664). Will der Verteidiger verzichten, benötigt er dafür nicht die Zustimmung des Angeklagten (BGH NJW 1963, 1787). Darüber kann er allein entscheiden, sodass auch der Angeklagte vor der HV nicht wirksam auf die Ladung des Verteidigers verzichten kann (OLG Zweibrücken StV 1988, 425).

1837 5. Für den **Aussetzungsantrag** nach §§ 218 S. 2, 217 gilt:

- Ist der Verteidiger von **Anfang** an in der **HV anwesend**, muss er den Aussetzungsantrag bis zum **Beginn** der → *Vernehmung des Angeklagten zur Sache*, Rdn 3072, stellen (§§ 218 S. 2, 217 Abs. 2). Das Recht zur Antragstellung steht dem erschienenen, aber nicht geladenen Verteidiger auch dann zu, wenn ein weiterer, ordnungsgemäß geladener Verteidiger anwesend ist (zur Verwirkung des Rechts auf den Aussetzungsantrag s. BGH NStZ 2005, 646; OLG Köln NStZ-RR 2001, 140 f.).

Ladung des Verteidigers · L

- Erscheint der Verteidiger erst **nach Verhandlungsbeginn**, muss er den Aussetzungsantrag nach dem Sinn der o.a. Vorschriften **unverzüglich** nach seinem Erscheinen stellen (*Meyer-Goßner/Schmitt*, § 218 Rn 14 m.w.N.; KK-*Gmel*, § 218 Rn 8).
- Erscheint der **Verteidiger** in der HV **nicht**, kann der **Angeklagte** den Aussetzungsantrag stellen, da sein Recht auf einen Verteidiger beeinträchtigt ist (OLG München NJW 2005, 2470; vgl. a. BGH NStZ 2009, 48). In diesen Fällen sollte dem Angeklagten aber vom Verteidiger ein **vorformulierter** Antrag mitgegeben werden. Grds. ist weder in der rügelosen Einlassung des Angeklagten noch im Unterlassen eines Aussetzungsantrags ein wirksamer Verzicht des Angeklagten auf die Anwesenheit seines gewählten Verteidigers zu sehen (BGHSt 36, 259, 261; BGH NStZ 2005, 114; 2009, 48; OLG Koblenz StraFo 2009, 420; zu einem Ausnahmefall, wenn die Mitwirkung des gewählten Verteidigers wegen einer Absprache die Verteidigungschancen nicht mehr erhöhen konnte, BGH NStZ 2006, 461; zur Verwirkung des Aussetzungsantrags BGH NStZ 2006, 646).
- Schließlich kann der **Verteidiger** den Aussetzungsantrag auch **bereits vor** der HV stellen (KK-*Gmel*, § 218 Rn 10).

6. (Nicht geheilte) Verstöße gegen § 218 können mit der **Revision** geltend gemacht werden (wegen der Einzelh. s. OLG Bamberg NJW 2007, 393; OLG München NJW 2006, 1366; *Meyer-Goßner/Schmitt*, § 218 Rn 19; KK-*Gmel*, § 218 Rn 12). Es ist die Verfahrensrüge zu erheben (zur Begründung s. BayObLG StV 1996, 534; NStZ 1997, 41; OLG Celle StV 2012, 588; OLG Frankfurt am Main NStZ-RR 2008, 381; OLG Hamm StV 1999, 194; OLG Köln NStZ-RR 2001, 140; zur „Beruhensfrage" KG StV 1996, 10; OLG Koblenz StraFo 2009, 420; → *Revision, Begründung, Verfahrensrüge*, Rdn 2322). Zum notwendigen Vorbringen bei der Rüge eines Verstoßes gegen § 218 gehört Vortrag dazu, dass der Verteidiger nicht auf anderem Wege noch vor der Verhandlung Kenntnis von dem Termin erlangt hat (vgl. OLG Celle, a.a.O.; zur Frage, ob sog. Negativtatsachen vorgetragen werden müssen, vgl. auch OLG Köln, a.a.O.).

1838

> Hat der Angeklagte vor Beginn der HV einen Antrag gestellt, ihm einen Pflichtverteidiger beizuordnen für den Fall, dass sein Verteidiger nicht alle Termine wahrnehmen kann und ist dem Wunsch entsprochen worden, **beruht** das Urteil nicht auf einem Verstoß der Pflicht zur Ladung des (ersten) Verteidigers, wenn dieser nicht ordnungsgemäß geladen worden ist (BGH StraFo 2009, 332).

L — Ladung von Zeugen

1839 **7. Muster: Aussetzungsantrag (wegen nicht erfolgter Ladung des Verteidigers)**

▼

An das

Amtsgericht/Landgericht Musterstadt

In der Strafsache

gegen H. Mustermann

Az.:

wird beantragt,

die Hauptverhandlung wegen Nichteinhaltung der Ladungsfrist aus den §§ 218 S. 2, 217 Abs. 1 StPO auszusetzen.

Ich habe dem Gericht bereits am _____ angezeigt, dass ich den Angeklagten vertrete. Heute erfahre ich nur zufällig von dem Angeklagten, dass er bereits am _____ zur Hauptverhandlung am _____ geladen worden ist. Ich habe eine Ladung nicht erhalten. Damit ist die Ladungsfrist nicht gewahrt. Wegen der Kürze der Zeit bis zur Hauptverhandlung ist es mir unmöglich, das Verfahren ausreichend durch noch notwendige Besprechungen mit dem Angeklagten vorzubereiten. Ich bin zudem am Hauptverhandlungstag durch einen bereits seit längerem anberaumten anderen Termin verhindert.

Rechtsanwalt

▲

Siehe auch: → *Ladung des Angeklagten*, Rdn 1817; → *Verhinderung des Verteidigers*, Rdn 2904.

1840 Ladung von Zeugen

1841 **Literaturhinweise: Ferber**, Das Opferrechtsreformgesetz, NJW 2004, 2562; **Häner**, Verfahren beim Ausbleiben des gerichtlich geladenen Zeugen, JR 1984, 496; **Neuhaus**, Das Opferrechtsreformgesetz 2004, StV 2004, 620; **Rose**, Die Ladung von Auslandszeugen im Strafprozeß, wistra 1998, 11; s.a. die Hinw. bei → *Auslandszeuge*, Rdn 396.

1842 **1.a)** Für die Ladung von Zeugen, die nach der Neuregelung des § 48 Abs. 1 durch das 2. OpferRRG v. 29.7.2009 (BGBl I, S. 2280) verpflichtet sind, zu dem zu ihrer Vernehmung bestimmten Termin vor dem Richter zu erscheinen, gilt § 214 Abs. 1. Die Ladung wird also vom **Vorsitzenden angeordnet**. Dieser muss nach § 48 Abs. 2 auch bestimmen, auf welche den Interessen des Zeugen dienende verfahrensrechtlichen Bestimmungen der Zeuge in der Ladung hinzuweisen ist (krit. dazu *Meyer-Goßner/Schmitt*, § 48 Rn 3a; vgl. a. Nr. 64 Abs. 1 S. 3 RiStBV). Die Geschäftsstelle des Gerichts hat dann die Aufgabe, die Ladung zu bewirken.

b) Zeugen müssen der Ladung Folge leisten. Das Gericht ist nicht verpflichtet, Termine mit einem Zeugen abzustimmen (BVerfG NJW 2002, 955; OLG Köln, Beschl. v. 22.12.2011 – 2 Ws 796/11). Bei → **Nichterscheinen** *eines Zeugen*, Rdn 1947, kann gegen ihn ein **Ordnungsmittel** festgesetzt werden (zur Ladung von Auslandszeugen *Rose* wistra 1998, 11; *Meyer-Goßner/Schmitt*, § 48 Rn 6 m.w.N.), und zwar auch dann, wenn die Wahrnehmung des Termins durch den Zeugen mit beruflichen Pflichten kollidiert (BVerfG, a.a.O.; OLG Köln, a.a.O.). Hat der Zeuge nach Erhalt der Ladung erklärt, er mache von seinem ZVR Gebrauch, kann das Gericht aber im Allgemeinen davon **absehen**, auf seinem **Erscheinen** in der HV zu **bestehen**, es sei denn, die Zeugnisverweigerung beruht auf einem Irrtum (BGH NJW 1966, 742).

1843

2. Der Verteidiger hat folgende Möglichkeiten, um bereits im Rahmen der → **Vorbereitung der Hauptverhandlung**, Rdn 3370, auf die Ladung von Zeugen Einfluss zu nehmen:

a) Er wird zunächst gem. § 219 Abs. 1 einen **(Beweis-)Antrag** auf Ladung eines Zeugen durch das Gericht stellen, den er an den Vorsitzenden richten muss (→ *Beweisantrag zur Vorbereitung der Hauptverhandlung*, Rdn 995).

1844

📖 Ist auf einen vor der HV gestellten Antrag des Verteidigers gem. § 219 vom Vorsitzenden ein **Zeuge** geladen worden, der dann aber in der HV **nicht erschienen** ist, muss der Verteidiger in der HV erneut einen **Beweisantrag** auf Vernehmung dieses Zeugen stellen. Anderenfalls kann sein Schweigen ggf. als → *Beweisverzicht*, Rdn 1146, angesehen werden (OLG Hamm NJW 1999, 1416 [Ls.]).

Lehnt der Vorsitzende den Antrag **ab**, kann der Angeklagte/Verteidiger diesen Zeugen gem. § 220 Abs. 1 **unmittelbar laden** lassen (zu den Besonderheiten bei Auslandszeugen → *Auslandszeuge*, Rdn 405). Durch diese Selbstladung wird stärker auf den Gang der HV Einfluss genommen als durch die Stellung eines Beweisantrags nach § 244 Abs. 3 – 5. Die Vernehmung eines unmittelbar geladenen Zeugen kann das Gericht nämlich nur unter den strengeren Voraussetzungen des § 245 Abs. 2 S. 2 und 3 ablehnen (→ *Präsentes Beweismittel*, Rdn 2036).

1845

📖 Das Selbstladungsverfahren ist insbesondere dann zu **empfehlen**, wenn ein (Beweis-)**Antrag vor** der **HV** ohne oder mit fehlerhafter Begründung **abgelehnt** worden ist oder es sich während der HV als notwendig erweist, einem bereits entlassenen Zeugen noch Fragen zu stellen (*Dahs*, Rn 475).

b) Der Verteidiger kann den **Zeugen** auch – ohne ihn zuvor förmlich zu laden – gem. § 222 Abs. 2 **in** der **HV** (nur) **stellen**. Für die Ablehnung seiner Vernehmung gilt dann aber nicht

1846

§ 245, sondern § 244 (*Meyer-Goßner/Schmitt*, § 245 Rn 16; → *Präsentes Beweismittel*, Rdn 2045).

1847 3. Dem **Zeugen** steht gegen die Ladung **kein Rechtsmittel** zu (*Meyer-Goßner/Schmitt*, § 214 Rn 15), und zwar auch dann nicht, wenn der Zeuge nicht aussagen muss. Das gilt auch, wenn in der Ladung das Beweisthema nicht angegeben ist (vgl. BGH, Beschl. v. 26.7.2007 – StB 31 und 32/07 [für § 161a Abs. 3 S. 1]). Etwas anderes kann ggf. bei der Androhung der zwangsweisen Vorführung gelten (s. offenbar BGH, a.a.O.).
Siehe auch: → *Nichterscheinen eines Zeugen*, Rdn 1947; → *Zeugenvernehmung, Allgemeines*, Rdn 3537, m.w.N.

1848 Letztes Wort des Angeklagten

> **Das Wichtigste in Kürze:**
> 1. Der Angeklagte hat nach § 258 Abs. 2 Hs. 2, Abs. 3 das Recht, vor der Urteilsberatung (noch einmal) als Letzter in der HV zu sprechen.
> 2. Dem Angeklagten steht es grds. frei, was er inhaltlich in seinem letzten Wort vorbringen will.
> 3. Grds. darf der Vorsitzende den Angeklagten während seines letzten Wortes nicht unterbrechen.
> 4. Kommt das Gericht der Verpflichtung, dem Angeklagten das letzte Wort, ggf. noch einmal (s. oben Rdn 1850), zu gewähren, nicht nach, ist die Revision des Angeklagten meist begründet.

1849 **Literaturhinweise: Bleicher**, Das „letzte Wort" (§ 258 Abs. 2 StPO)Echte Einwirkungsmöglichkeit des Angeklagten, (nur) Stolperstein für die Instanzgerichte oder (letzte) Chance im Revisionsverfahren?, StRR 2013, 404; **Dästner**, Schlußvortrag und letztes Wort im Strafverfahren, R&P 1982, 180; **Fahl**, Mißbrauch im Strafprozeß, 2005; **Gubitz/Bock**, Letztes Wort und Schlussvortrag des Angeklagten – ein Fallstrick mit Konsequenzen für die Revision, JA 2009, 136; **Hammerstein**, Verteidigung mit dem letzten Wort, in: Festschrift für *Herbert Tröndle*, 1989, S. 485; **Rübenstahl**, Der „Wiedereintritt in die Verhandlung" und die erneute Erteilung des letzten Worts (zur Auslegung von § 258 Abs. 2, Abs. 3 StPO). Zugleich Anmerkung zu BGH, Beschl. v. 17.2.2003 – 2 StR 443/02, GA 2004, 33; **Schlothauer**, Wiedereröffnung der Hauptverhandlung und letztes Wort, StV 1984, 134; **Seibert**, Das letzte Wort, MDR 1984, 471; **Tröndle**, Umgang des Richters mit anderen Verfahrensbeteiligten, DRiZ 1970, 217.

1850 **1.a)** Der Angeklagte hat nach § 258 Abs. 2 Hs. 2, Abs. 3 das Recht, vor der → *Urteilsberatung*, Rdn 2752, (noch einmal) als **Letzter** in der HV zu **sprechen**, auch wenn er vorher schon Gelegenheit zu Ausführungen und Anträgen hatte (BGH StV 1999, 5; OLG Hamburg StV 2005, 205; zur rechtlichen Grundlage *Bleicher* StRR 2013, 404). Das muss dem Angeklagten deutlich gemacht werden (OLG Hamburg, a.a.O.; *Meyer-Goßner/Schmitt*, § 258

Rn 24; s.a. *Gubitz/Bock* JA 2009, 136 und *Bleicher*, a.a.O., die eine ausdrückliche Erteilung des letzten Wortes verlangen). Das gilt gem. § 326 S. 2 auch für die Berufungs-HV und gem. § 351 Abs. 2 S. 2 ebenso für die Revisions-HV. Das letzte Wort ist dem Angeklagten immer zu gewähren, auch dann, wenn er an vorhergehenden HV-Terminen freiwillig (§ 231) nicht teilgenommen hat (OLG Hamm StV 2001, 390 [Ls.]; OLG Stuttgart, Beschl. v. 2.2.2015 – 1 Ss 6/15) oder wenn nach dem → *Schluss der Beweisaufnahme*; Rdn 2473, nochmals in die Verhandlung eingetreten worden ist, weil jeder → *Wiedereintritt in die Beweisaufnahme* Rdn 3458, den vorausgegangenen Ausführungen des Angeklagten die rechtliche Bedeutung als Schlussvortrag und letztes Wort nimmt (BGHSt 22, 278, 279 f.; u.a. BGH StV 2010, 227). Das letzte Wort gebührt dem Angeklagten auch, wenn im Verfahren eine Verständigung (§ 257c) zustande gekommen ist. Ist das letzte Wort nicht gewährt worden, kann der Fehler nach vollständiger Urteilsverkündung nicht dadurch behoben werden, dass das Gericht wieder in der HV eintritt, um die versäumte Gewährung des letzten Wortes nachzuholen (BGH StV 2013, 378 m. Anm. *Burhoff* StRR 2013, 97).

Soll mit einem **Ablehnungsantrag** ein Ablehnungsgrund geltend gemacht werden, der erst nach den Schlussvorträgen entstanden ist, muss, wenn nur noch das letzte Wort des Angeklagten aussteht, der Ablehnungsantrag vor dem letzten Wort oder dem Verzicht darauf gestellt werden (BGH NStZ 2006. 644). Das gilt auch dann, wenn später wieder in die Beweisaufnahme eingetreten wird.

b) Nach § 258 Abs. 3 spricht der Angeklagte auch im Verhältnis zu seinem eigenen Verteidiger als Letzter. Er kann sein letztes Wort nicht auf diesen übertragen (OLG Schleswig SchlHA 1970, 199 [E/J]; LR-*Stuckenberg*, § 258 Rn 28). Bei **mehreren** Angeklagten bestimmt der **Vorsitzende** die **Reihenfolge**, in der die Angeklagten das letzte Wort haben (RGSt 57, 265; *Meyer-Goßner/Schmitt*, § 258 Rn 23; *Bleicher* StRR 2013, 404). Erwidert dann der Verteidiger eines Mitangeklagten auf das letzte Wort des Angeklagten, muss dieser erneut das letzte Wort haben (BGHSt 48, 181; zust. *Rübenstahl* GA 2004, 33).

Neben dem **jugendlichen Angeklagten** ist auch dessen **gesetzlichem Vertreter** von Amts wegen das letzte Wort zu erteilen, und zwar auch dann, wenn er zuvor als Zeuge gehört worden ist (BGHSt 21, 288; allgemein BGH StraFo 2002, 290; → *Jugendgerichtsverfahren, Besonderheiten der Hauptverhandlung*, Rdn 1781). Das gilt auch, wenn das Gericht nach dem letzten Wort des jugendlichen Angeklagten wieder in die Beweisaufnahme eintritt (BGH NStZ 2013, 289).

2.a) Dem Angeklagten steht es grds. frei, was er **inhaltlich** in seinem letzten Wort vorbringen will (s.u. Rdn 1855). Er darf **alles** vorbringen, was er meint, vorbringen zu müssen (BGHSt 9, 77 ff.; BGH StV 1985, 355). Dabei darf er auch über Umstände sprechen, auf die das Gericht die Beweisaufnahme nicht zu erstrecken brauchte. Das gilt vor allem für solche Umstände, die sich auf die Beweggründe für seine Tat beziehen (BGH, a.a.O.). Der Angeklagte kann **schriftliche Aufzeichnungen** benutzen oder einen schriftlichen **Entwurf** seines letzten Wortes verlesen; das darf der Vorsitzende ihm nicht untersagen (BGHSt 3, 368; BGH MDR 1964, 72).

b) Hinweise für den Verteidiger!

1853 Die Frage, ob der Angeklagte von seinem Recht, als Letzter inhaltlich noch Ausführungen machen zu dürfen, Gebrauch machen oder ob er sich darauf beschränken soll, zu erklären: „Ich habe nichts mehr zu erklären" oder „Ich schließe mich den Ausführungen meines Verteidigers an", lässt sich nicht allgemein beantworten. Es kommt auf den **Einzelfall** an (s. *Dahs*, Rn 765, der zu vorsichtiger Ausübung des letzten Wortes rät; s.a. eingehend *Hammerstein*, S. 485 ff.; *Bleicher* StRR 2013, 404, 407; zu allem *Malek*, Rn 632 ff.).

Zu **berücksichtigen** ist allgemein Folgendes:

1854
- Der Verteidiger muss das letzte Wort mit seinem Mandanten **sorgfältig** im Rahmen der → *Vorbereitung der Hauptverhandlung*, Rdn 3370, **vorbereiten** (*Hammerstein*, S. 487). Der Verteidiger muss bei der Beratung des Angeklagten in dieser Frage das **Naturell** seines **Mandanten** ebenso berücksichtigen wie den **Verlauf** der **HV**. Neigt der Mandant zu unkontrollierten Ausbrüchen oder steht nach dem Ergebnis der HV seine Schuld fest, wird sich ein letztes Wort nicht unbedingt empfehlen. Denn weder ein „ausrastender" noch ein „immer noch" bestreitender Angeklagter hinterlässt bei den Richtern, besonders bei den Laienrichtern, einen guten Eindruck. Verteidiger und Mandant müssen sich darüber im Klaren sein, dass das letzte Wort die letzte Gelegenheit ist, dem Gericht vor der Beratung einen guten Eindruck vom Mandanten zu vermitteln.

- Insbesondere muss der Verteidiger berücksichtigen, dass jede Äußerung zur Sache vom Gericht (noch) gegen den (sonst schweigenden) Angeklagten verwendet werden kann. Ggf. wird sogar noch einmal in die Beweisaufnahme eingetreten (*Malek*, Rn 637; vgl. a. BGH NStZ 2001, 160 [Alibibehauptung im letzten Wort]; StraFo 2010, 71).

- Hat der Mandant sich zum letzten Wort entschlossen hat, muss der Verteidiger ihn dazu anhalten, sich auf die **unbedingt notwendigen Ausführungen** zu beschränken. Rechtliche Ausführungen hat der Mandant dem Verteidiger zu überlassen.

> Ggf. muss der Verteidiger eine kurze → *Unterbrechung der Hauptverhandlung*, Rdn 2701, beantragen, wenn er sich mit seinem Mandanten nicht während der HV über dessen letztes Wort verständigen kann. Diese Unterbrechung wird i.d.R. auch gewährt werden.

3. a) Grds. darf der Vorsitzende den Angeklagten während seines letzten Wortes **nicht unterbrechen**, es sei denn, aus den Ausführungen ergibt sich ein Anlass zu einer Frage an den Angeklagten (BGH MDR 1957, 527 [D]). Der Vorsitzende darf den Angeklagten auch nicht (vorab) auf eine bestimmte Redezeit beschränken (RGSt 64, 57). Ebenso ist es unzulässig, ihm die Entziehung des letzten Wortes für den Fall anzudrohen, dass er die Unwahrheit sagt (BGH JR 1965, 348; LR-*Stuckenberg*, § 258 Rn 31).

1855

b) Etwas anderes gilt, wenn der Angeklagte sein Recht **missbraucht** (zum Missbrauch *Fahl*, S. 408 ff.). Das ist z.B. der Fall, wenn er in seinem letzten Wort Gericht, StA, einen Zeugen oder SV oder einen anderen Verfahrensbeteiligten unnötig, etwa sogar **beleidigend**, angreift (RGSt 41, 261; zur strafrechtlichen Beurteilung von Prozesserklärungen eines Angeklagten in der HV s. BGHSt 31, 16). Ein Missbrauch kann aber auch in fortwährenden **Abschweifungen** (BGHSt 3, 368 f.) oder in öfterer und unbegründeter Wiederholung derselben Ausführungen liegen (BGH MDR 1964, 72; StV 1985, 355).

1856

In diesen Fällen wird der Vorsitzende den Angeklagten zunächst **ermahnen** müssen. Bleibt das ohne Erfolg, ist die **Entziehung** des Wortes das letzte Mittel und i.d.R. nur dann zulässig (*Meyer-Goßner/Schmitt*, § 258 Rn 26 m.w.N.; *Bleicher* StRR 2013, 404 f.).

1857

> Entzieht der Vorsitzende dem Angeklagten bei dessen letztem Wort das Wort oder unterbricht er den Angeklagten (unnötig), handelt es sich um eine Maßnahme der → *Verhandlungsleitung*, Rdn 2889. Diese kann der Verteidiger beanstanden und das Gericht anrufen. Den Gerichtsbeschluss gem. **§ 238 Abs. 2** muss er herbeiführen, wenn er die Maßnahme in der Revision rügen will.
>
> Schreibt der Vorsitzende bereits während des letzten Wortes des Angeklagten die **Urteilsformel**, dürfte das die Besorgnis der **Befangenheit** begründen (s. aber BGHSt 11, 74): Es gelten die Ausführungen bei → *Plädoyer des Verteidigers*, Rdn 2011, entsprechend.

4. Kommt das Gericht der Verpflichtung, dem Angeklagten das letzte Wort, ggf. noch einmal (s. oben Rdn 1850), zu gewähren, nicht nach, ist die **Revision** des Angeklagten meist begründet (*Meyer-Goßner/Schmitt*, § 258 Rn 33; BGH NStZ 1999, 473; StV 2000, 296; zu einem Ausnahmefall s. BGH StV 1996, 297). I.d.R. wird das Urteil auf diesem Verfahrensfehler auch beruhen (zur Beruhensfrage BGHSt 21, 288; BGH StraFo 2006, 26; NStZ 2009, 50). Das gilt auch, wenn sich der Angeklagte nicht eingelassen hat, denn es ist nicht auszuschließen, dass sich der Angeklagte möglicherweise erstmalig zur Sache geäußert hätte, wenn ihm die Gelegenheit zum letzten Wort (noch einmal) eingeräumt worden wäre (BGH StraFo 2014, 251). Eine Ausnahme vom Beruhen soll allerdings bei einem Geständnis des Angeklagten gelten; dann soll auch bei Nichtgewährung des letzten Wortes der Schuldspruch aufrechterhalten werden können (BGH StV 2010,

1858

227; StRR 2012, 461, OLG Celle, Beschl. v. 9.2.2015 – 32 Ss 167/14; zu Recht im Hinblick auf die Möglichkeit des Geständniswiderrufs im letzten Wort krit. *Malek* Rn 632).

☝ Wegen der revisionsrechtlichen Bedeutung der Gewährung des letzten Wortes ist es wichtig, dass der Verteidiger später darauf achtet, ob alle Vorgänge protokolliert sind. Die Erteilung des letzten Wortes ist nämlich eine wesentliche Förmlichkeit der HV, die nur durch das Protokoll bewiesen werden kann und deshalb in das → **Protokoll** *der Hauptverhandlung*, Rdn 2092 aufgenommen werden muss (vgl. u.a. BGH StV 2002, 530 m.w.N.).

Siehe auch: → *Wiedereintritt in die Beweisaufnahme*, Rdn 3458.

M

Mitschreiben/Notebook in der Hauptverhandlung 1859

Literaturhinweise: Mehle/Linz, Mitschrift einer Zeugenvernehmung durch den Zeugenbeistand, NJW 2014, 1860
1160; **Rühlmann,** Der „polizeiliche Prozeßbeobachter" in Umfangsverfahren – Rechtsöffentlichkeit im Sinne von § 169 GVG, StV 2005, 692; **Schlüter,** Zur Beschränkung der Presse und Medienfreiheit durch sitzungspolizeiliche Anordnungen nach § 176 GVG, AfP 2009, 557; **Schneider,** Verletzung der Öffentlichkeit durch Bitte an einen Zuhörer, den Sitzungssaal zu verlassen?, StV 1990, 92; **Strassburg,** Der Prozeßbeobachter im Strafprozeß, MDR 1977, 712.

1.a) Schreiben **Verfahrensbeteiligte,** insbesondere der Angeklagte oder der Verteidiger/ 1861
Zeugenbeistand, aber auch **Zuhörer/Journalisten** (!) in der HV mit, kann der Vorsitzende das grds. **nicht** unter Berufung auf seine sitzungspolizeilichen Befugnisse (§ 176 GVG; → *Sitzungspolizei,* Rdn 2527) **untersagen** oder den Mitschreibenden sogar aus dem Saal weisen (BGHSt 18, 179; BGH NStZ 1982, 389; vgl. *Kissel/Mayer,* § 176 Rn 25 und § 169 Rn 64; zum Zeugenbeistand *Mehle/Linz* NJW 2014, 1160). Das gilt vor allem, wenn der **Angeklagte** sich vom Ablauf der Verhandlung oder von Zeugenaussagen **Aufzeichnungen** macht, solange dieses angemessenes Mittel zur Verteidigung bleibt (a.A. BGHSt 1, 322; krit. LR-*Becker,* § 238 Rn 9).

Etwas anderes gilt, wenn der Angeklagte während der HV in ein mitgeführtes **Diktatgerät diktieren** will. Das wird i.d.R. die HV stören (s. Rdn 1864).

Den **Mitgliedern** des **Gerichts** ist das Mitschreiben erlaubt. Die Anfertigung von Mitschriften obliegt aber allein den Mitgliedern des erkennenden Gerichts und kann nicht auf Dritte delegiert werden (BGH NStZ 2012, 404).

b) Zunehmend stellt sich die Frage, ob die **Verwendung** eines **Notebooks**/eines Laptops in 1862
der HV gestattet bzw. zulässig ist. Das gilt nicht nur für Verteidiger, die ggf. ihre Mitschriften von Zeugenaussagen auf einem Notebook schreiben, sondern auch für Zuhörer/Journalisten, die an der HV teilnehmen und darüber berichten wollen. M.E. wird man die Frage nicht generell entscheiden können, sondern auf den **Einzelfall** abstellen müssen.

Insoweit gilt:

- Das BVerfG hat es zwar als zulässig angesehen, wenn **Journalisten** in der HV unter- 1863
sagt wird, während der HV ein Notebook zu benutzen. Das ist aber damit begründet worden, dass diese teilweise über Kameras und Mikrofone verfügen, deren – § 169 S. 2 GVG zuwider laufende – Verwendung während der mündlichen Verhandlung sich kaum kontrollieren lasse (s. BVerfG NJW 2009, 352; 2014, 3013). Unbestimmte Sicherheitsbedenken hat das BVerfG für die Untersagung nicht ausreichen lassen.

| M | Mitschreiben/Notebook in der Hauptverhandlung |

Deshalb wird man m.E. die Benutzung von Notebooks, die über eine Kamera-Mikrofunktion nicht verfügen, nicht generell untersagen können. Entsprechendes gilt, wenn diese Funktionen ggf. deaktiviert sind. Davon, ob dies der Fall ist, muss sich der Vorsitzende ggf. überzeugen.

■ Noch enger ist die Untersagungsmöglichkeit bei einem **Rechtsanwalt/Verteidiger** zu sehen. Versichert dieser anwaltlich, dass er mit seinem Laptop/Notebook keinerlei Ton- und Filmaufnahmen fertigen könne, darf ihn das Gericht nicht unter den „Generalverdacht" stellen, dass er einen Laptop zur Aufnahme von Ton- und/oder Filmaufnahmen benutzen werde (AG Freiberg StRR 2010, 389 m. Anm. *Burhoff* für das Zivilverfahren). Erforderlich für eine Untersagung ist ein konkreter Verdacht des Richters aufgrund eines konkreten festgestellten Sachverhalts. Unbestimmte Sicherheitsbedenken genügen hier erst Recht nicht (AG Freiberg, a.a.O., unter Hinweis darauf, dass in medienwirksamen Verfahren bis zum BVerfG und zum BGH die Benutzung von Notebook/Laptops durch Organe der Rechtspflege üblich sei).

1864 2.a) Eine **Ausnahme** gilt, wenn das Mitschreiben den Ablauf der **Sitzung stört**. Das ist aber nicht schon dann der Fall, wenn es den Vorsitzenden (nur) nervös macht und er meint, dass dadurch seine → *Verhandlungsleitung*, Rdn 2889, gestört wird (BGH GA 1963, 102 [Ls.]). Der Vorsitzende wird dem Angeklagten das Mitstenographieren von Zeugenaussagen daher nicht mit der Begründung untersagen können, dadurch werde der Angeklagte selbst zu sehr in seiner Aufmerksamkeit gestört. Es ist allein Sache des Angeklagten, ob und wie aufmerksam er der HV folgt (so a. *Kissel/Mayer*, § 176 Rn 25 m.w.N.; LR-*Becker*, § 238 Rn 9; a.A. BGHSt 1, 322). Entsprechendes gilt für die Benutzung eines Notebooks im Hinblick auf die dadurch zu erwartenden/entstehenden Betriebsgeräusche (vgl. dazu auch BVerfG NJW 2009, 352). Auch das wird immer vom Einzelfall und den jeweiligen räumlichen Verhältnisse abhängen (so wohl a. BVerfG, a.a.O., im Hinblick auf die Verwendung mehrerer Laptops durch Journalisten in der HV).

✍ Auf das Mitschreiben bezogene Maßnahmen des Vorsitzenden betreffen die äußere Ordnung der HV, sie sind daher **keine** Maßnahmen der → *Verhandlungsleitung*, Rdn 2889, sondern solche der → *Sitzungspolizei*, Rdn 2527. Wegen der **Rechtsmittel** gegen Maßnahmen des Vorsitzenden in diesem Bereich s. dort unter Rdn 2543.

1865 b) Der Vorsitzende kann das **Mitschreiben** unter Berufung auf § 176 GVG jedoch dann **unterbinden**, wenn die **Gefahr** besteht, dass Aussagen oder sonstige Verhandlungsvorgänge vor dem Sitzungssaal noch auf ihre Vernehmung wartenden **Zeugen mitgeteilt** werden sollen oder wenn sich ein Tatbeteiligter, gegen den noch gesondert ermittelt wird, unterrichten will (BGH NStZ 1982, 389; vgl. a. *Schneider* StV 1990, 92; s. auch noch OLG Stuttgart 2011, 2899 zum Handyverbot in der HV für den Verteidiger.

👉 Gegen eine **Prozessbeobachtung** bestehen aber keine grds. Bedenken (*Strassburg* MDR 1977, 712; vgl. auch *Schlüter* AfP 2009, 557). Der Verteidiger kann also durch eine im Sitzungssaal anwesende Angestellte das von Zeugen Gesagte mitschreiben lassen, wenn er die Aufzeichnungen nicht zur Zeugenbeeinflussung verwenden will (BGHSt 18, 179).

Hat der Verteidiger den begründeten Verdacht der gezielten Prozessbeobachtung, mit der ggf. noch zu vernehmende **Zeugen vorbereitet/informiert** werden sollen, muss er den Vorsitzenden darauf hinweisen. Ggf. muss er beantragen, den „Prozessbeobachter" nach § 172 Nr. 1 Alt. 2 GVG auszuschließen. Die ablehnende Maßnahme des Vorsitzenden muss er gem. § 238 Abs. 2 beanstanden, wenn er die unzulässige Prozessbeobachtung mit der Revision geltend machen will (zu allem *Rühlmann* StV 2005, 692, 695 m.w.N.).

Siehe auch: → *Sitzungspolizei*, Rdn 2527.

Mitteilung über Erörterungen zur Verständigung 1866

Das Wichtigste in Kürze:
1. In § 243 Abs. 4 ist für den Vorsitzenden die Verpflichtung normiert, in der HV mitzuteilen, ob im EV Erörterungen nach § 202a bzw. nach Eröffnung des Hauptverfahrens Erörterungen außerhalb der HV nach § 212 i.V.m. § 202a stattgefunden haben.
2. Zeitpunkt und möglicher Inhalt der vorgeschriebenen Mitteilung sind in § 243 Abs. 4 nicht im Einzelnen bestimmt.
3. Der richtige Zeitpunkt für die Mitteilung wird nach der Verlesung des Anklagesatzes und vor der Belehrung des Angeklagten nach § 243 Abs. 5 S. 1 liegen.
4. In § 243 Abs. 4 ist nicht vorgeschrieben, in welcher Form die Mitteilung zu erfolgen hat.
5. Inhaltlich umfasst die Mitteilung nach § 243 Abs. 4 S. 1 die Aufklärung darüber, ob Erörterungen nach den §§ 202a, 212 stattgefunden haben, wenn deren Gegenstand die Möglichkeit einer Verständigung nach § 257c gewesen ist.
6. Ergeben sich im weiteren Verlauf der HV Änderungen gegenüber der zu Beginn der HV gemachten Mitteilung (vgl. Rdn 1873), besteht nach § 243 Abs. 4 S. 2 die Verpflichtung über diese Änderungen zu informieren.
7. Gem. § 273 Abs. 1a S. 2 muss die Mitteilung nach § 243 Abs. 4 in das Protokoll der Hauptverhandlung aufgenommen werden.
8. Bei einem Verstoß gegen die Mitteilungspflicht handelt es sich (nur) um einen relativen Revisionsgrund.

M   Mitteilung über Erörterungen zur Verständigung

1867 **Literaturhinweise: Allgayer**, Mitteilungen nach § 243 Abs. 4 StPO und ihre revisionsgerichtliche Kontrolle, NStZ 2015, 185; **Deutscher**, Fünf Jahre Verständigungsgesetz – Rechtsprechungsübersicht zum Transparenzgebot, StRR 2014, 288; *ders.*, BVerfG contra BGH bei Verständigungen im Strafverfahren, StRR 2014, 411; *ders.*, BVerfG contra BGH: Nächste Runde im Schlagabtausch um Verständigungen im Strafverfahren, StRR 2015, 88; **H. Schneider**, Überblick über die höchstrichterliche Rechtsprechung zur Verfahrensverständigung im Anschluss an das Urteil des BVerfG vom 19. März 2013 – Teil 1, NStZ 2014, 192; *ders.*, Überblick über die höchstrichterliche Rechtsprechung zur Verfahrensverständigung im Anschluss an das Urteil des BVerfG vom 19. März 2013 – Teil 2, NStZ 2014, 252; s.a. die Hinweise bei → *Absprachen/Verständigung mit Gericht und Staatsanwaltschaft*, Rdn 137.

1868 1. Das Gesetz zur Regelung von Absprachen im Strafverfahren v. 29.7.2009 (BGBl I, S. 2353) hat in **§ 243 Abs. 4** eine die → *Absprachen/Verständigung mit Gericht und Staatsanwaltschaft*, Rdn 137, flankierende Vorschrift aufgenommen. Dort ist für den Vorsitzenden u.a. die Verpflichtung normiert, in der HV mitzuteilen, ob im EV Erörterungen nach § 202a (vgl. dazu *Burhoff*, EV, Rn 1991) bzw. nach Eröffnung des Hauptverfahrens Erörterungen außerhalb der HV nach § 212 i.V.m. § 202a (vgl. dazu → *Erörterungen des Standes des Verfahrens*, Rdn 1506 ff.) stattgefunden haben (vgl. wegen der Einzelh. Rdn 1873 ff.). Voraussetzung ist, dass Gegenstand der Erörterungen die Möglichkeit einer Verständigung nach § 257c gewesen ist. Mitzuteilen ist dann deren wesentlicher Inhalt. Diese Verpflichtung geht zurück auf die Rspr. des BGH (BGHSt 43, 195; 50, 40), wonach eine Absprache unter Mitwirkung aller Verfahrensbeteiligten in öffentlicher HV stattfinden musste. In seinem Urt. v. 19.3.2013 hat das BVerfG (vgl. NJW 2013, 1058, 1065 f.) und dann auch noch in den Beschl. v. 26.8.2014 (NJW 2014, 3504; NStZ 2014, 592, jew. m. Anm. *Deutscher* StRR 2014, 411, 412) und v. 15.1.2015 (NJW 2015, 1235; NStZ 2015, 172; vgl. dazu *Deutscher* StRR 2015, 88) die Bedeutung dieser Mitteilungspflicht im Hinblick auf die Rechte des Angeklagten aber auch der Öffentlichkeit betont.

1869 2. Zeitpunkt und möglicher Inhalt der vorgeschriebenen Mitteilung sind in § 243 Abs. 4 nicht im Einzelnen bestimmt. Sie sind grds. Inhalt der dem Vorsitzenden nach § 238 eingeräumten → *Verhandlungsleitung*, Rdn 2889. Er kann also sowohl den Zeitpunkt als auch den Inhalt der Mitteilung bestimmen, muss dabei aber Sinn und Zweck der Regelung beachten. Dieser liegt in der **Absicherung** des in der Rspr. des BGH (BGHSt 50, 40) „**Transparenzgebots**" (→ *Absprachen/Verständigung mit Gericht und Staatsanwaltschaft*, Rdn 143 ff.), das auch der gesetzlichen Abspracheregelung zugrunde liegt (BVerfG NJW 2013, 1058, 1065 f.; NJW 2014, 3504; 2015, 1235; NStZ 2014, 592; 2015, 172; u.a. BGHSt 58, 210; BGH NStZ 2011, 592; 2014, 219; 2014, 221; 2014, 416; 2014, 601; 2015, 48; StV 2011, 72, 73; StV 2014, 67; OLG Celle NStZ 2011, 285; vgl. BT-Drucks 16/12310, S. 1, 8 und 12 und auch Rdn 1870 und Rdn 1873 ff.). Die Mitteilungspflicht bezweckt jedoch nicht die Unterrichtung des Angeklagten über das Bestehen der gesetzlichen Möglichkeit der Verfahrensverständigung als solche (OLG Celle, a.a.O.).

3. a) Damit ist der **richtige Zeitpunkt** für die Mitteilung nach § 243 Abs. 4 S. 1 grds. der Beginn der HV, damit die Öffentlichkeit entsprechend Sinn und Zweck der Regelung möglichst bald über vorab mit dem Ziel einer Verständigung geführte Gespräche informiert ist. Einen konkreten Zeitpunkt bestimmt § 243 Abs. 4 jedoch nicht. Aus § 243 Abs. 4 S. 2 folgt nur, dass die Mitteilung zu „Beginn der Hauptverhandlung" zu erfolgen hat. Aus der Aufnahme der Mitteilungspflicht in § 243 Abs. 4 ergibt sich jedoch weiter, dass die Mitteilung i.d.R. nach der → *Verlesung des Anklagesatzes*, Rdn 2921, nach § 243 Abs. 3 S. 1 und vor der → *Belehrung des Angeklagten*, Rdn 536, nach § 243 Abs. 5 S. 1 stattzufinden hat (BGH 2014, 653; s.a. *Meyer-Goßner/Schmitt*, § 243 Rn 2; s. auch N/Sch/W/*Schlothauer*, § 257c Rn 6; zum Zeitpunkt auch die Konstellation bei BGH NStZ 2011, 590). Dieser Zeitpunkt ist insofern auch sinnvoll, weil gerade für die sich an die Belehrung des Angeklagten anschließende → *Vernehmung des Angeklagten zur Sache*, Rdn 3072, und das Verständnis der vom Angeklagten gemachten Angaben zur Sache, insbesondere ein Geständnis des Angeklagten, von Bedeutung ist, ob es sich um ein im Rahmen einer Verständigung (§ 257c Abs. 2 S. 2) abgelegtes Geständnis handelt. Auch das Prozessverhalten anderer Verfahrensbeteiligter wird nur dann verstanden und beurteilt werden können, wenn bekannt ist, ob ggf. „Verständigungsgespräche" stattgefunden haben.

1870

✍ Ggf. muss der Verteidiger eine nach seiner Auffassung zu späte aber auch eine zu frühe Mitteilung des Vorsitzenden nach § 238 Abs. 2 **beanstanden**.

b) Für eine Mitteilung nach § 243 Abs. 4 S. **2** ist der richtige Zeitpunkt **unmittelbar nach Eintritt** der „Änderungen" gegenüber der Mitteilung zu Beginn der HV. Machen diese eine Mitteilung erforderlich, muss die Mitteilung im Hinblick auf Sinn und Zweck (vgl. auch noch Rdn 1870) „unverzüglich" erfolgen, damit sich die Verfahrensbeteiligten darauf einstellen können (s. wohl a. *H. Schneider* NStZ 2014, 192, 200 f.). Das wird i.d.R. unmittelbar nach dem Verständigungsgespräch der Fall sein. Doch sind hiervon auch Ausnahmen möglich, sodass ein später erfolgter Hinweis ausreichend gewesen sein kann (BGH StRR 2015, 224 m. Anm. *Deutscher* mit Hinweis darauf, dass dazu dann in der Revision vorgetragen werden muss).

1871

4. In § 243 Abs. 4 ist nicht vorgeschrieben, in welcher **Form** die Mitteilung zu erfolgen hat. Diese liegt ebenfalls in der sachgerechten Verfahrensgestaltung durch den Vorsitzenden (vgl. BT-Drucks16/12310, S. 11 [für Erörterungen nach § 160b]). Daraus, dass die die Mitteilung regelnde Vorschrift des § 243 Abs. 4 für die HV gilt, folgt aber, dass es sich um eine mündliche Mitteilung handeln muss. Diese hat gegenüber allen Verfahrensbeteiligten (vgl. dazu → *Absprachen/Verständigung mit Gericht und Staatsanwaltschaft*, Rdn 166) zu erfolgen. Im Zweifel wird es sich empfehlen, einen über die (außerhalb der HV) geführten Erörterungen gefertigten Vermerk zu verlesen und diesen als **Anlage** zum **Protokoll** (§ 273 Abs. 1a S. 2) zu nehmen (ähnlich auch *H. Schneider* NStZ 2014, 192, 197).

1872

M Mitteilung über Erörterungen zur Verständigung

1873 5. **Inhaltlich** umfasst die Mitteilung nach § 243 Abs. 4 S. 1 die Aufklärung darüber, **ob** und **mit welchem Inhalt Erörterungen** nach den §§ 202a, 212 stattgefunden haben, wenn deren Gegenstand die Möglichkeit einer Verständigung nach § 257c gewesen ist (eingehend *Allgayer* NStZ 2015, 185, 187 f.; N/Sch/W/*Schlothauer*, § 243 Rn 6 ff.; *Meyer-Goßner/ Schmitt*, § 243 Rn 18a). Im Einzelnen gilt:

1874 a)aa) Fraglich ist zunächst, **welche „Erörterungen"** überhaupt mitgeteilt werden müssen. § 243 Abs. 4 S. 1 sieht eine Mitteilungspflicht vor für „Erörterungen"/Gespräche, deren Gegenstand die Möglichkeit einer Verständigung (§ 257c) gewesen ist". Gemeint sind damit alle „Erörterungen"/Gespräche, die als Vorbereitung einer in der HV zu erfolgenden Verständigung verstanden werden können (BVerfG NJW 2013, 1058, 1064 ff.; BGH NStZ 2014, 217; 2014, 221, 222 m. Anm. *Deutsche* StRR 2014, 99; NStZ 2014, 416; *Deutscher* StRR 2014, 288, 289]). Als Faustregel gilt: Dies ist immer dann der Fall, wenn ausdrücklich oder konkludent Fragen des prozessualen Verhaltens in Verbindung zum Verfahrensergebnis, mithin der Straferwartung, gesetzt werden können/müssen. Jedes – auch nur entfernte – Bemühen um eine Verständigung fällt unter den Begriff der „Erörterung" und ist mitteilungspflichtig (BGH, a.a.O.; NStZ 2017, 217; StV 2014, 657; KK-*Schneider*, § 243 Rn 39). Nicht dokumentations- und mitteilungspflichtig sollen demgegenüber Gespräche sein, die ausschließlich organisatorische und verfahrenstechnische Fragen der HV ohne Ergebnisbezug zum Gegenstand haben (BVerfG, a.a.O.; BGH NStZ 2013, 610; *H. Schneider*, a.a.O., *Deutscher*, a.a.O.).

> Nicht mitteilungspflichtig sind (bloße) **Erörterungsgespräche** die vor Erhebung der Anklage zwischen der StA und dem Verteidiger nach § 160b geführt worden sind (BGH NJW 2015, 1260; NStZ 2015, 232 m. Anm. *Burhoff* StRR 2015, 140; vgl. aber BGH NJW 2015, 1546 [Ls.] für Gespräche, wenn eine Verständigung angestrebt wird).

1875 bb) Die **Abgrenzung** beider Bereiche gestaltet sich im Einzelnen **schwierig**. Es dürften im wesentlichen folgende Kriterien gelten (vgl. auch *H. Schneider* NStZ 2014, 192, 197 f.; zusammenfassend BGH StRR 2015, 225 m. Anm. *Deutscher;* Beschl. v. 11.2.2015 – 1 StR 335/14):

1876 **Abgrenzungskriterien**

- Mitgeteilt werden müssen alle Gespräche/Erörterungen, die einen sog. **Ergebnisbezug** im Hinblick auf das Zustandekommen einer **Verständigung** haben können (BVerfG NJW 2013, 1058, 1064 f.; u.a. BGH NStZ 2014, 217; 2014, 221; 2014, 600), die also „verständigungsorientiert" sind (*H. Schneider* NStZ 2014, 192, 197). Der BGH stellt u.a. darauf ab, ob das Gericht/der Richter einen Standpunkt zu einem möglichen Ergebnis des Verfahrens vertreten hat (BGH NStZ 2015, 232 m. Anm. *Burhoff* StRR 2015, 140; StRR 2015, 225 m. Anm. *Deutscher;* vgl. aber BGH StRR 2015, 226 zu „abstrakten Gesprächen").

- ⌨ Das gilt **auch** für **gescheiterte Verständigungsgespräche** (BVerfG NJW 2013, 1058, 1064 f.; s. auch u. Rdn 1877).

■ Eine Mitteilungspflicht besteht auch für den – gesetzlich nicht vorgesehenen – Fall, dass die **Anklage** zur „**Nachbesserung**" an die StA zurückgegeben und mit Änderungen und Ergänzungen neu eingereicht worden ist, da durch die Einreichung einer geänderten und ergänzten Anklageschrift nicht ein völlig neues Verfahren in Gang gesetzt wird, das die Mitteilung vorheriger Gespräche entbehrlich machen würde (BGH, a.a.O.). Wird allerdings nach einer Erörterung die Anklage von der StA **zurückgenommen** und wird sodann eine neue Anklage eingereicht, so wird das Geschehen vor Erhebung der Anklage vom Anwendungsbereich des § 243 Abs. 4 S. 1 nicht umfasst (BGH NStZ 2014, 600).

■ Mitgeteilt werden müssen daher alle „**sachbezogenen Erörterungen** zur **inhaltlichen Strukturierung** der Hauptverhandlung" (*H. Schneider*, a.a.O.). Erörtert das Gericht also z.B. mit der StA eine (Teil-)Einstellung des Verfahrens bzw. eine Begrenzung des Verfahrensstoffs nach den §§ 154, 154a, ist das mitzuteilen (OLG Frankfurt/Main NStZ-RR 2011, 49, 50; *Deutscher*, a.a.O. KK-*Schneider* § 243 Rn 11; *H. Schneider*, a.a.O.).

- ⌨ Gespräche über eine **vollständige Einstellung** des Verfahrens nach den §§ 154 ff. müssen nach der Rspr. des KG (NStZ 2014, 293, 294 m. Anm. *Krawczyk* StRR 2014, 224) nicht mitgeteilt werden (a.A. OLG Hamburg, Beschl. v. 27.3.2015 – 1 RB 58/14 für das Bußgeldverfahren und die Einstellung nach § 47 Abs. 2 OWiG). Das steht zwar im Widerspruch zum Transparenzgebot (so *Krawczyk*, a.a.O.), folgt aber aus dem Wortlaut des § 257c Abs. 2 S. 1 („Inhalt des Urteils").

■ Ergebnisbezug besteht bzw. liegt auch nahe, wenn die Frage erörtert wird, ob sich der Angeklagte in der HV **einlassen oder schweigen** wird (insoweit gegen eine Mitteilungspflicht *H. Schneider* NStZ 2014, 192, 197), denn jedenfalls begründet die Frage nach einem möglichen Geständnis bereits den Verständigungsbezug (s. wohl BGH NJW 2014, 3385; NStZ 2014, 221; s. *Deutscher* StRR 2014, 288, 289, der den Fall als „grenzwertig" ansieht).

■ Im Rahmen eines gerichtlichen Verständigungsvorschlags ist mitteilungspflichtig nicht nur die Straferwartung, sondern auch die Vorstellung zu den sog. urteilsbegleitenden Beschlüssen nach **§ 268a** betreffend den Inhalt von Auflagen und Weisungen bei einer Strafaussetzung zur Bewährung (vgl. BGHSt 59, 172; BGH NJW 2014, 3173; OLG Frankfurt/Main NJW 2015, 1974; OLG Saarbrücken NJW 2014, 238 m. Anm. *Burhoff* StRR 2014, 106; a.A. für Weisungen BGH NStZ 2015, 179).

■ Mitzuteilen sind auch Gespräche über **U-Haftfragen**, wenn diese mit einem für das Verfahren bedeutsamen Verhalten des Angeklagten verknüpft sind oder werden (vgl.

BGH NStZ 2015, 294; vgl. auch noch BGH NStZ 2014, 219). In Betracht kommt auch insoweit ein Geständnis, weil dieses etwa die Verdunkelungsgefahr entfallen lassen kann. Das bloße Angebot, eine angemessene Sicherheit i.S. von § 116 Abs. 1 Nr. 4 zu stellen, reicht aber nicht. Es erschöpft sich in seiner Bedeutung auf die Klärung der Haftfrage und hat keine Auswirkungen auf den weiteren Gang des Verfahrens.
- **Kein** Ergebnisbezug liegt vor bei Fragen, die **allein** die **organisatorische Vorbereitung** der HV betreffen/betroffen haben (BGHSt 58, 315 m. Anm. *Burhoff* StRR 2013, 424; vgl. a. BGH StRR 2015, 225 m. Anm. *Deutscher*). Dazu zählen bloße Terminsabsprachen zwischen dem Gericht und dem Angeklagten/Verteidiger ebenso wie Unterredungen über die nähere Planung zur Ladung von Zeugen und SV (*H. Schneider* NStZ 2012, 192, 197; *Meyer-Goßner/Schmitt*, § 243 Rn 18a). Allerdings ist insoweit Vorsicht geboten, da alle Erörterungen, die über die rein organisatorischen Vorgänge hinaus auf eine Abkürzung des Verfahrens gerichtet sind („Soll der Beweisantrag tatsächlich gestellt werden?") schnell inhaltlichen Bezug zum Stand des Verfahrens bekommen und damit ggf. „ergebnisorientiert" im Hinblick auf eine Verständigung zur Abkürzung des Verfahrens werden (s.a. *H. Schneider*, a.a.O.).
- Nach *H. Schneider* (NStZ 2014, 192, 198) sollen vom Verteidiger dem Gericht **aufgedrängte Gespräche** auch nicht der Mitteilungspflicht unterfallen. Auch das ist m.E. eine Frage des **Einzelfalls** (so wohl a. *H. Schneider*, a.a.O.) und letztlich eine Gratwanderung für das Gericht. Denn geht man davon aus, dass der vom Verteidiger unter Angebot eines Geständnisses an den Vorsitzenden herangetragene Vorschlag, über eine Verständigung reden zu wollen, für sich betrachtet nicht dokumentationsbedürftig sein soll, wenn der Vorsitzende hierauf nicht eingeht, bejaht aber eine Mitteilungspflicht, wenn der Vorsitzende zur Anfrage des Verteidigers für das Gericht inhaltlich Stellung nimmt, indem er z.B. das Verständigungsangebot ohne Weiteres zurückweist, mit der Folge, dass das mitteilungspflichtig sein soll (*H. Schneider*, a.a.O.), wird deutlich, wie „dünn das Eis ist", auf dem das Gericht sich bewegt (vgl. a. noch BGH NStZ 2014, 315).
- **Kein** Ergebnisbezug und damit keine Mitteilungspflicht soll nach derzeitiger Rspr. des BGH vorliegen, wenn der Vorsitzende im einem Gespräch gegenüber dem Verteidiger **lediglich** die **vorläufige Einschätzung der Sach- und Rechtslage** äußert (BGH NStZ 2013, 724, 725 m. Anm. *Hillenbrand* StRR 2013, 421; ähnlich BGH StRR 2015, 225; *Deutscher* StRR 2014, 288, 289). Das hat der BGH (StV 2012, 392) für den [telefonischen] Hinweis des Vorsitzenden an den Verteidiger, der Angeklagte könne im Falle einer geständigen Einlassung mit einer Aussetzung der Freiheitsstrafe zur Bewährung rechnen, bejaht (ähnlich BGH NStZ 2015, 352). Hierfür spricht zwar, dass auch das BVerfG unverbindliche Erörterungen der Sach- und Rechtslage ausdrücklich für zulässig erklärt und eine offene, kommunikative Verhandlungsführung als „heute selbstverständliche Anforderung" bezeichnet hat (vgl. NJW 2013, 1058, 1066). Allerdings be-

wegt man sich, wenn im Rahmen der Erörterung der Rechtslage auch die Straferwartung und/oder Bewährung angesprochen wird, ggf. im Bereich der Vorbereitung einer Verständigung, sodass „Ergebnisbezug" bestehen kann und im Zweifel bestehen wird (vgl. a. noch BGH NJW 2014, 3385 [Mitteilungspflicht bejaht für ein Gespräch, in dem erörtert wurde, dass eine Bewährungsstrafe möglich sei, wenn sich der Angeklagte zu bestimmten Anklagevorwürfen geständig zeige]).

Die Mitteilungspflicht wird **nicht** dadurch **aufgehoben**, dass zwischen dem Vorgespräch und der Eröffnung des Hauptverfahrens das Gericht vollständige **neu besetzt** worden ist (BGH NJW 2014, 3385). Das dürfte in der Praxis, wenn die „alte Besetzung" die sich aus § 202a S. 2 ergebende Verpflichtung zur Aktenkundigkeit erfüllt hat, auch keine Probleme bereiten, da dann auf vorliegende Vermerke zurückgegriffen werden kann.

Ob die Mitteilungspflicht ggf. (allein) dadurch begründet wird, dass das **Gericht Kenntnis** davon **erlangt**, dass Gespräche über Strafvorstellungen vor Beginn der HV zwischen StA und Verteidiger geführt worden sind, an denen das Gericht nicht beteiligt war, ist in der Rspr. des BGH noch nicht abschließend geklärt (vgl. zuletzt BGH NStZ 2015, 232 unter Hinw. auf BGH NJW 2015, 1546 [Ls.]; NStZ-RR 2014, 115; abl. KK-*Schneider*, § 243 Rn 36).

b)aa) Auch die Frage, welche **Angaben zum Inhalt** der **Erörterungen** gemacht werden müssen, bestimmt sich nach dem Sinn und Zweck der Regelung, nämlich der Sicherstellung des Transparenzgebotes (vgl. Rdn 1869). Dieses soll sicherstellen, dass im Hinblick auf eine Verständigung durchgeführte Erörterungen stets in öffentlicher HV zur Sprache kommen, sodass für informelles und unkontrollierbares Verhalten unter Umgehung der strafprozessualen Grundsätze kein Raum verbleibt (vgl. die Nachw. bei Rdn 1872). Damit erstreckt sich die Pflicht zur Mitteilung über die mit dem Ziel einer Verständigung über den Verfahrensausgang geführten Gespräche auch auf die Darlegung, welche „Angebote" von den Verfahrensbeteiligten gemacht worden und welche Standpunkte ggf. vertreten wurden und auf welche Resonanz dies bei den anderen am Gespräch Beteiligten jeweils gestoßen ist (vgl. BVerfG NJW 2013, 1058, 1065; u.a. BGHSt 58, 210; BGH NStZ 2011, 592; 2013, 722; 2014, 219; 2014, 416, 417, 2014, 601, 602; 2015, 48; StV 2011, 72 [Verfahren mit mehreren Angeklagten]; 2014, 67; 2014, 657; BGH StV 2015, 271; zusammenfassend BGH StRR 2015, 142 m. Anm. *Deutscher*; N/Sch/W/*Schlothauer* § 243 Rn 7 ff.; teilweise offen BGH NStZ-RR 2014, 315). Die von der StA geäußerte Straferwartung muss ebenfalls mitgeteilt werden (BGHSt 59, 252).

Ob auch mitgeteilt werden muss, von welcher Seite die Frage einer Verständigung aufgeworfen wurde, von wem also die **Initiative ausgegangen** ist, ist **nicht eindeutig geklärt**. Teilweise ist das in der Rspr. des BGH bejaht worden (vgl. die Beschlüsse des 1. Strafsenats

1877

1878

in NStZ 2014, 416; 2015, 48; vgl. jetzt aber BGH NStZ 2015, 293), teilweise aber auch verneint worden (BGH 58, 310; NJW 2014, 3385; BGH NStZ 2013, 722 m. Anm. *Mosbacher*; NStZ 2014, 219; 2014, 418; 2014, 529; 2014, 610 m. Anm. *Grube*; StV 2014, 67; NStZ-RR 2014, 52; 2014, 315; so auch *H. Schneider* NStZ 2014, 192, 199 ff.). Begründet wird letzteres damit, dass die Frage, von wem die Initiative zu dem Gespräch ausgegangen ist, in dem ein Verständigungsvorschlag unterbreitet oder über die Möglichkeit einer Verständigung gesprochen wurde, nicht zu dem gem. § 243 Abs. 4 S. 1 mitzuteilenden wesentlichen Inhalt des Gesprächs gehöre, sondern allein den äußeren Ablauf des Verfahrens, nicht aber den Inhalt von Verständigungsgesprächen, betreffe (s. eingehend BGH NStZ 2015, 293 m. Anm. *Deutscher* StRR 2015, 138; vgl. *H. Schneider* NStZ 2014, 192, 200). Ob das tatsächlich der – wie der BGH meint – Rspr. des BVerfG (NJW 2013, 1058, 1064 ff.) entspricht, ist m.E. zw. Denn zu dem mitzuteilenden Gesprächsinhalt gehört nach Auffassung des BVerfG u.a. auch, von welcher Seite die Frage einer Verständigung aufgeworfen wurde. Ob man daraus den Schluss ziehen kann, dass eine Mitteilungspflicht hinsichtlich der Frage, wer die Initiative zur Verständigung ergriffen hat, nur insoweit besteht, als gerade dieser Umstand Inhalt des mitzuteilenden Gesprächs war, erscheint mir nicht zwingend.

1879 Da nach § 243 Abs. 4 S. 1 informiert werden muss, wenn der „Gegenstand die Möglichkeit einer Verständigung (§ 257c) gewesen ist", besteht die Informationspflicht auch nicht nur, wenn die Gespräche zu einer für die HV beabsichtigten Verständigung (§ 257c Abs. 3) geführt haben. Informiert werden muss auch darüber, dass und ggf., warum es **nicht** zu der in Aussicht genommenen **Verständigung gekommen** ist (BVerfG NJW 2013, 1058, 1064 f.; BGH StV 2011, 72), und zwar auch, wenn die Gespräche nur mit einzelnen Verfahrensbeteiligten geführt worden sind (BGH, a.a.O.).

1880 Mitgeteilt werden müssen i.Ü. **sämtliche Gespräche** und deren Inhalt. Die Mitteilung bloß des letzten Gesprächs vor der HV reicht auch dann nicht, wenn es nach einem früheren Gespräch zu einer Änderung der Anklage gekommen ist (vgl. BGH NStZ 2014, 217; s. aber BGH NStZ 2014, 600; zur Mitteilungspflicht nach Neubesetzung des Gerichts BGH NJW 2014, 3385).

bb) Hinweis für den Verteidiger!

1881 Aus der o.a. Rspr. (vgl. Rdn 1877) wird man folgende **Faustregel** ableiten müssen:

> ⚖ Es sind der gesamte Verlauf und der wesentliche Inhalt der Gespräche mitzuteilen, und zwar so, dass eine effektive Kontrolle der Bemühungen um eine Verständigung ermöglicht wird. Nur die Mitteilung des (negativen) Ergebnisses der Gespräche reicht nicht (BGH StV 2014, 657; zusammenfassend BGH, Beschl. v. 11.2.2015 – 1 StR 335/14; OLG Dresden StRR 2015, 3 [Ls.]; zur gescheiterten Verständigung a. *H. Schneider* NStZ 2014, 192, 201). Es muss „alles auf den Tisch", was für die Entscheidung des Angeklagten, ob er einer Verständigung zustimmt, von Bedeutung sein kann

(vgl. *H. Schneider*, a.a.O.[„Höchstmaß an Genauigkeit"]. Und das ist im Grunde: Alles. was Erfasst werden auch unzulässige „Deals". Allerdings wird über diese in der Praxis, eben weil sie „geheim" bleiben sollen, kaum berichtet werden. Insgesamt ist jeder Verdacht von Heimlichkeit zu vermeiden (BGH StV 2012, 72).

Die Erfüllung der Mitteilungspflicht kann der Verteidiger **überprüfen** mit folgenden (vgl. a. *H. Schneider* NStZ 2014, 192, 202):

Kontrollfragen

- Von **wem** kam die Anregung zu den Verständigungsgesprächen (BGHSt 58, 210)?
- **Welcher Sachverhalt** ist zugrunde gelegt worden?
- Wer hat an den Erörterungen **teilgenommen**?
- Wie haben die Verfahrensbeteiligten darauf **reagiert**?
- Wie sind die Erörterungen **geführt** worden?
- Wie haben die Verfahrensbeteiligten **Stellung** bezogen?
- **Welchen Inhalt** hatten ihre Diskussionsbeiträge?
- Von **welchem Ergebnis** sind die Verfahrensbeteiligten ausgegangen? Insbesondere: Welche Vorstellungen hatte der Angeklagte/Verteidiger und auch die StA (Straferwartung).

c) Umstr. war in der Rspr. die Frage, ob nicht nur mitgeteilt werden muss, dass Erörterungen/Gespräche stattgefunden haben, sondern auch, dass das ggf. nicht der Fall gewesen ist (sog. **Negativattest**). Das Gesetz formuliert ausdrücklich mit „ob", kombiniert dies aber mit „wenn". Die Frage ist vom BVerfG in seinem Urt. v. 19.3.2013 (NJW 2013, 1058, 1064 f.) nicht ganz eindeutig geklärt gewesen, indem dort der Begriff der „Negativmitteilung" verwendet worden ist. Das hatte dazu geführt, dass die Rspr. des BGH (vgl. u.a. BGHSt 58, 315 m. Anm. *Burhoff* StRR 2013, 424 u. abl. Anm. *Schlothauer* StV 2013, 678; BGH NStZ 2014, 32) die Frage verneint worden ist. Die Frage ist inzwischen jedoch durch das BVerfG in seinen Beschlüssen vom 26.8.2014 klarstellend entschieden worden (vgl. NJW 2014, 3504; NStZ 2014, 592, jew. m. Anm. *Deutscher* StRR 2014, 411, 412). Danach umfasst der Begriff „Negativmitteilung" nicht nur die Mitteilung über gescheiterte Verständigungsgespräches, sondern umfasst auch Mitteilung darüber, dass es (überhaupt) keine Verständigungsgespräche gegeben hat (s. schon KG NStZ 2014, 293 m. Anm. *Krawczyk* StRR 2014, 224; *Mosbacher* NStZ 2013, 722 f. in der Anm. zu BGH NStZ 2013, 722; zust. *Hunsmann* NStZ 2014, 592 in der Anm. zu BVerfG NStZ 2014, 592; vgl. a. noch *Deutscher* StRR 2014, 288, 290 und *Allgayer* NStZ 2015, 185, 188).

> Im **Bußgeldverfahren** ist das „Negativattest" nicht erforderlich. Nach § 78 Abs. 2 OWiG muss die Mitteilung nur erfolgen, wenn eine Erörterung i.S.d. § 243 Abs. 4 S. 1 stattgefunden hat.

| **M** | **Mitteilung über Erörterungen zur Verständigung** |

1884 d) Die Grundsätze zur Offenlegung von Verständigungsgesprächen gegenüber Mitangeklagten (BGH StV 2011, 72) hat der BGH auf **Parallelverfahren** nicht uneingeschränkt übertragen (vgl. StV 2012, 392 m. Anm. *Burhoff* StRR 2012, 185). Sie könnten nicht in gleicher Weise gelten, soweit es, unabhängig von der Wahrheitsfindung, um die Vermeidung des Anscheins gehe, der Richter sei nicht gegenüber allen Angeklagten gleich unvoreingenommen und unparteiisch (BGH, a.a.O.). Die Tatsache, dass Verteidigungsgespräche im Parallelverfahren stattgefunden haben, muss jedoch bei der Beweiswürdigung berücksichtigt werden, wenn die Angeklagten aus dem Parallelverfahren als Zeugen vernommen werden (BGH, a.a.O.).

1885 6.a) Ergeben sich im **weiteren Verlauf** der HV **Änderungen** gegenüber der zu Beginn der HV gemachten Mitteilung (vgl. Rdn 1873), besteht nach § 243 Abs. 4 S. 2 die Verpflichtung über diese Änderungen zu informieren. Dasselbe gilt, wenn **erstmals** eine Verständigung erörtert worden ist. Dann ist über außerhalb der HV während des Laufes der HV geführte „Verständigungsgespräche" zu informieren, auch wenn diese nicht zu einer Verständigung geführt haben (vgl. BGH StV 2011, 72; vgl. a. *H. Schneider* NStZ 2014, 192, 200).

> 🖉 Diese Mitteilungspflicht gilt insbesondere für **nach Beginn** der HV **außerhalb** durchgeführte Erörterungen (vgl. BT-Drucks 16/12310, S. 12). Die nach § 257b in der HV durchgeführten → *Erörterungen des Standes des Verfahrens*, Rdn 1491, sind, da sie öffentlich geführt werden (müssen), bekannt. Über diese muss nicht mehr besonders informiert werden (BGH, Beschl. v. 8.10.2014 – 1 StR 352/14).

1886 b) Ein konkreter **Zeitpunkt** ist dafür (ebenfalls) nicht bestimmt. Der Vorsitzende wird darüber jedoch **zeitnah** zu **informieren** haben. Informiert werden muss über „Änderungen gegenüber der Mitteilung zu Beginn der Hauptverhandlung". Das bedeutet, dass sowohl über Gespräche im weiteren Verlauf der HV mit dem Ziel einer Verständigung zu informieren ist als auch darüber, dass und ggf. von wem von einer in Aussicht genommenen Verständigung abgerückt worden ist. Insoweit gilt das bei Rdn 1873 ff. Ausgeführte entsprechend (vgl. auch noch BGH StV 2011, 72; 2014, 657; NStZ-RR 2014, 315; Beschl. v. 8.10.2014 – 1 StR 352/14; s. aber auch BGH StV 2012, 392 für Parallelverfahren).

1887 7. Gem. § 273 Abs. 1a S. 2 muss die Mitteilung nach § 243 Abs. 4 in das → *Protokoll der Hauptverhandlung*, Rdn 2092, aufgenommen werden (dazu N/Sch/W/*Niemöller* § 273 Rn 5; *H. Schneider* NStZ 2014, 192, 201 f.). Nicht eindeutig geklärt ist bislang, ob es genügt, wenn nur die Tatsache der Mitteilung aufgenommen wird, oder ob auch der Inhalt der Mitteilung in das Protokoll aufgenommen werden muss (vgl. *Meyer-Goßner/Schmitt*, § 273 Rn 12 b). Geht man davon aus, dass die Mitteilung nach § 243 Abs. 4 das Transparenzgebot sichern soll und es sich ggf. um die Vorbereitung einer Verständigung handelt, ist nicht nur der Umstand, dass mitgeteilt worden ist, aufzunehmen, sondern auch welchen Inhalt diese Mitteilung hatte (s. wohl a. *H. Schneider*, a.a.O.).

8.a) Für die **Revision** gilt (vgl. dazu eingehend *H. Schneider* NStZ 2014, 252 ff.; *Allgayer* NStZ 2015, 185, 187 f.): Wird gegen die Mitteilungspflicht verstoßen, kann der Verstoß grds. mit der Revision geltend gemacht werden. Es handelt sich aber nicht um einen absoluten Revisionsgrund (BGH NStZ 2011, 592; OLG Celle NStZ 2012, 285) und auch **nicht** um sog. „**Quasi-absoluten-Revisionsgrund**", bei dem eine Beeinflussung des Urteilsspruchs nie ausgeschlossen werden könnte (BGH, a.a.O.). Es handelt sich auch nicht um den Revisionsgrund des § 338 Nr. 6 (BGH NStZ 2013, 724; NStZ 2014, 221), sondern vielmehr nur um einen relativen Revisionsgrund (BGH NStZ 2011, 592; OLG Celle, a.a.O.; *Meyer-Goßner/Schmitt*, § 243 Rn 38a; *Deutscher* StRR 2014, 288, 291).

1888

> Die Rüge eines Verstoßes gegen die Mitteilungspflichten setzt **nicht** voraus, dass der Verteidiger zuvor von dem Zwischenrechtsbehelf des **§ 238 Abs. 2** Gebrauch gemacht hat (BGH NJW 2014, 2514; s. auch *H. Schneider* NStZ 2014, 252 m.w.N.).

b) Der Verstoß ist mit einer **Verfahrensrüge** geltend zu machen: Für die Anforderungen (§ 344 Abs. 2 S. 2) gilt: Es muss konkret dargelegt werden, in welchem Verfahrensstadium, in welcher Form und mit welchem Inhalt auf Verständigung abzielende Gespräche stattgefunden haben (BGHSt 58, 315 m. Anm. *Burhoff* StRR 2013, 424; KG StV 2014, 78), was auch die Benennung der Gesprächsteilnehmer einschließt (OLG Celle NStZ 2014, 2014, 290, 291 m. Anm. *Deutscher* StRR 2014, 102). Wird eine unvollständige Mitteilung gerügt, muss der Inhalt der erfolgten Mitteilung wiedergegeben werden, um dem Rechtsmittelgericht eine entsprechende Prüfung zu ermöglichen (BGH NStZ 2014, 4129; vgl. a. noch BGH NStZ 2015, 176; zur „Protokollrüge" BGHSt 58, 210 m. Anm. *Deutscher* StRR 2013, 425; zur Rüge der StA eingehend *H. Schneider* NStZ 2014, 252, 253 sowie OLG Celle NStZ 2014, 2014, 290, 291 m. Anm. *Deutscher* StRR 2014, 102).

1889

c) Fraglich und umstr. war die **Beruhensfrage** (vgl. dazu z.B. BGH NStZ 2011, 592): Inzwischen hat das BVerfG im Urt. v. 19.3.2013 (NJW 2013, 1058, 1067) entschieden, dass bei einem Verstoß gegen § 243 Abs. 4 ein Beruhen des Urteils auf diesem Verstoß i.d.R. nicht bzw. nur ausnahmsweise ausgeschlossen werden kann (zur Beruhensfrage auch noch BVerfG NJW 2015, 1235; NStZ 2015, 172; s.a. BGHSt 58, 310; BGH NStZ 2013, 724; 2014, 221; 2015, 176; 2015, 353; StV 2014, 67; 2014, 653; StRR 2015, 142 m. Anm. *Deutscher*; StRR 2015, 226; N/Sch/W/*Weider*, Teil C Rn 32 ff.; *Schlothauer/Weider* StV 2009, 600, 604; *Kirsch* StraFo 2010, 96, 100; *Deutscher* StRR 2015, 88; vgl. aber BGH StV 2014, 657). Das Beruhen ist ausgeschlossen, wenn der Angeklagte keine Angaben machen und in der gesamten HV von seinem Schweigerecht Gebraucht gemacht hat (BGH NStZ 2014, 221).

1890

> **Ungeklärt** ist noch die Frage, ob das Beruhen ausgeschlossen werden kann, wenn der Angeklagte von seinem Verteidiger über die in seiner Abwesenheit geführten Erörterungen (lediglich) in Kenntnis gesetzt worden ist. Das hat der 2. Strafsenat des BGH ver-

M Mitteilung über Erörterungen zur Verständigung

neint (BGHSt 58, 210 m. krit. Anm. *Deutscher* StRR 2013, 425; zust. bei mündlicher Information *H. Schneider* NStZ 2014, 252, 253; vgl. insoweit auch BGH NStZ 2013, 728, 729; StRR 2015, 226 m. Anm. *Deutscher*). Der 3. Strafsenat hat ein Beruhen zumindest dann abgelehnt, wenn der Angeklagte eine teilgeständige Einlassung zur Sache erst abgibt, nachdem er am Rande der HV von seinem Verteidiger über Ablauf und Inhalt der Verständigungsgespräche in Kenntnis gesetzt wurde (BGH NStZ 2014, 418 m. Anm. *Deutscher* StRR 2014, 300).

Siehe auch: → *Absprachen/Verständigung mit Gericht und Staatsanwaltschaft*, Rdn 137; → *Erörterungen des Standes des Verfahrens*, Rdn 1491; → *Protokoll der Hauptverhandlung, Allgemeines*, Rdn 2092.

N

Nachbereitung der Hauptverhandlung

Literaturhinweise: Bode, Berücksichtigung der Nachschulung von Alkohol-Verkehrs-Straftätern durch Strafgerichte – Rechtsprechungsübersicht, DAR 1983, 33; *ders.*, Ärztliche oder medizinisch-psychologische Untersuchung zur Prüfung der Kraftfahreignung von erstmals alkoholauffälligen Kraftfahrern, NZV 1998, 442; **Burhoff**, Vorzeitige Aufhebung der Sperrfrist (§ 69a Abs. 7 StGB), VA 2002, 74; *ders.*, Bemessung der Sperrfrist, VA 2002, 126; *ders.*, Vollstreckung mehrerer Fahrverbote, VRR 2008, 409; *ders.*, Entziehung der Fahrerlaubnis – Auswirkungen einer langen Verfahrensdauer und Sperrfrist, VA 2012, 142; **Cierniak**, Beschwerde gegen die vorläufige Entziehung der Fahrerlaubnis und Revision, NZV 1999, 324; **Deutscher**, VRR-Arbeitshilfe: Rechtsprechung zu Nachschulungsmaßnahmen nach Trunkenheitsfahrten bei §§ 69, 69a StGB, VRR 2010, 247; **Dronkovic**, MPU nach Unfallflucht, DAR 2014, 761; **Gebhardt**, Verwaltungsrechtliche Folgen eines strafrechtlichen Führerscheinverfahrens, StraFo 1997, 41; **G. Herrmann**, Grundzüge des beamtenrechtlichen Disziplinarverfahrens – Was man bei der Verteidigung von Beamtinnen und Beamten wissen muss, StRR 2015, 4; **Himmelreich**, Auswirkungen von Nachschulung und Therapie bei Trunkenheitsdelikten im deutschen Strafrecht, DAR 1997, 465; *ders.*, Unfallflucht (§ 142 StGB): Wegfall oder Verkürzung von Fahrerlaubnis-Entzug (§§ 69, 69a StGB) und Fahrverbot (§ 44 StGB) bei Nachschulung und Therapie, DAR 2008, 69; **Kotz**, Hinweise zur Geltendmachung der Entschädigung für Strafverfolgungsmaßnahmen – Teil 1, StRR 2010, 164; *ders.*, Hinweise zur Geltendmachung der Entschädigung für Strafverfolgungsmaßnahmen – Teil 2, StRR 2010, 204; *ders.*, Hinweise zur Geltendmachung der Entschädigung für Strafverfolgungsmaßnahmen – Teil 3, StRR 2010, 244; *ders.*, Entschädigung für die (vorläufige) Entziehung der Fahrerlaubnis bzw. Sicherstellung oder Beschlagnahme des Führerscheins, VRR 2009, 367; **Lorenz**, Nutzungsausfallentschädigung für Computer, VuR 2011, 337; **Larsen**, Die Bedeutung der Nachschulung für die Verteidigung in Strafsachen wegen Trunkenheit im Verkehr mit hoher Blutalkoholkonzentration mit Blick auf die Vermeidung und/oder Vorbereitung auf die MPU, StraFo 1997, 298; **Lemke-Küch**, Strafrechtliche Nachsorge – das Tätigkeitsverbot als Nebenfolge eines Strafurteils, StRR 2014, 482; *ders.*, Strafrechtliche Nachsorge – Die Bindungswirkung strafgerichtlicher Entscheidungen für die Anordnung berufsgerichtlicher, verwaltungs- oder disziplinarrechtlicher Maßnahmen, StRR 2015, 48; **Stephan**, Achtung! Beratungsbedarf für außerstrafrechtliche Konsequenzen nach rechtskräftiger Verurteilung, StRR 2008, 174; **Weiß**, Ausschluss vom Geschäftsführeramt bei strafgerichtlichen Verurteilungen nach § 6 Abs. 2 GmbHG n.F., wistra 2009, 209.

1. Die Tätigkeit des Verteidigers ist mit dem Abschluss der HV nach → *Urteilsverkündung*, Rdn 2761, und → *Rechtsmittelbelehrung*, Rdn 2177, noch nicht beendet. Insbesondere wenn der Mandant verurteilt worden ist, muss er ihm das Ergebnis und die Folgen des Verfahrens erklären und das weitere Vorgehen mit ihm absprechen. Aber auch nach einem Freispruch kann die weitere Hilfe des Verteidigers erforderlich sein (vgl. Rdn 1904). Bei seinem Gespräch mit dem Mandanten sollte der Verteidiger folgende Punkte unbedingt beachten bzw. auf folgende **Fragen** des **Mandanten** vorbereitet sein (s. *Dahs*, Rn 778 ff.; wegen des Verhaltens und Vorgehens des Verteidigers bei Bestehen oder Erlass eines **HB** bei Urteilsverkündung → *Haftfragen*, Rdn 1653):

■ Viele Angeklagte haben wegen der Belastungen der HV das verkündete Urteil und die ggf. ergangenen Nebenentscheidungen nicht verstanden und in ihrer Bedeutung

N Nachbereitung der Hauptverhandlung

nicht erfasst. Deshalb sollte der Verteidiger dem Angeklagten die **Entscheidungen** des Gerichts **noch einmal darlegen**.

■ Den Angeklagten interessiert auch, ob er **Rechtsmittel** gegen die Entscheidung des Gerichts einlegen kann. Insoweit ist zu beachten, dass es i.d.R. nicht ratsam ist, unmittelbar im Anschluss an die Urteilsverkündung einen → *Rechtsmittelverzicht*, Rdn 2189, zu erklären. Im Zweifel wird der Verteidiger daher mit dem Angeklagten einen **Gesprächstermin** vereinbaren, in dem die Erfolgsaussichten eines Rechtsmittels, die sich i.d.R. erst nach Vorlage des schriftlich begründeten Urteils abschließend beurteilen lassen, besprochen werden. Vorab muss allerdings zur **Fristwahrung** „Rechtsmittel" eingelegt werden (→ *Rechtsmittel, Allgemeines*, Rdn 2160 m.w.N.; zur Beschwerde bei der vorläufigen Entziehung der Fahrerlaubnis *Cierniak* NZV 1999, 324).

> Ist der Angeklagte der deutschen Sprache nicht mächtig, kommt auch für eine Abschlussberatung nach Rechtskraft noch die kostenlose → *Zuziehung eines Dolmetschers*, Rdn 3648, in Betracht (OLG München StraFo 2008, 88).

1895 2.a) Wenn der Angeklagte vom Gericht zu einer **Bewährungsstrafe** verurteilt worden ist, hat für ihn der gem. § 268a erlassene **Bewährungsbeschluss** besondere Bedeutung. Häufig hängt nämlich vom Gewicht der darin festgelegten Auflagen und Weisungen die Frage ab, ob ein Rechtsmittel eingelegt oder ein → *Rechtsmittelverzicht*, Rdn 2189, erklärt werden soll. Wenn die im Bewährungsbeschluss festgesetzten Auflagen/Weisungen angegriffen werden sollen, darf in diesem Zusammenhang nicht übersehen werden, dass der Bewährungsbeschluss zwar **selbstständig** mit der einfachen → *Beschwerde*, Rdn 770, nach § 305a **angefochten** werden kann (wegen der Einzelh. → *Rechtsmittel, Allgemeines*, Rdn 2173). Allerdings kann die Beschwerde nach § 305a Abs. 1 S. 2 nur darauf gestützt werden, dass eine vom Gericht getroffene Anordnung gesetzwidrig ist (vgl. dazu *Meyer-Goßner/Schmitt*, § 305a Rn 1; zur Frage der Nachholbarkeit des „vergessenen" Bewährungsbeschlusses → *Urteilsverkündung*, Rdn 2768). Wann das der Fall ist, ergibt sich aus den §§ 56a ff. StGB. Eine Ermessensausübung durch das den Bewährungsbeschluss erlassende Gericht ist grds. nicht überprüfbar (OLG Köln NJW 2005, 1671 für Bestimmung der gemeinnützigen Einrichtung, an die im Rahmen einer Bewährungsauflage ein Geldbetrag zu zahlen).

1896 b) Ist der Angeklagte zu einer **Geldstrafe** verurteilt worden, muss der Verteidiger ihn ggf. auf die Möglichkeit der **Ratenzahlung** nach §§ 42 StGB; 459a hinweisen. Soll nicht der Verteidiger den Ratenzahlungsantrag für den Angeklagten stellen, muss der Mandant darüber aufgeklärt werden, dass ein Antrag erforderlich ist. Diesem muss der Angeklagte unbedingt Unterlagen über seine Einkünfte und Belastungen beifügen, aus denen sich der Umfang seiner Leistungsfähigkeit ergibt (wegen der Einzelh. der Zahlungserleichterungen s. die Komm. bei *Meyer-Goßner/Schmitt* zu § 459a m.w.N.).

🖉 Stellt der Verteidiger den Ratenzahlungsantrag für den Mandanten, handelt es sich dabei bereits um eine Tätigkeit in der **Strafvollstreckung**, für die dann **Gebühren** nach Teil 4 Abschnitt 2 VV RVG anfallen (vgl. dazu Burhoff/*Volpert*, RVG, Nr. 4204 VV Rn 2).

3.a) Hat das Gericht gegen den Angeklagten ein **Fahrverbot** nach § 44 StGB verhängt, muss der Verteidiger ihn in doppelter Hinsicht belehren: Der Angeklagte ist mit **Rechtskraft** des Urteils nicht mehr im Besitz einer Fahrerlaubnis und darf folglich auch **kein Kfz** mehr führen (§ 21 StVG!). Die vom Gericht festgesetzte **Frist beginnt** jedoch erst, wenn der Führerschein auf der Geschäftsstelle des Gerichts **hinterlegt** worden ist (§ 44 Abs. 4 StGB; zu den Wirkungen eines Fahrverbots nach § 25 StVG s. Burhoff/*Gübner*, OWi, Rn 1798 ff.).

b) Ist dem Angeklagten die **Fahrerlaubnis** gem. § 69 StGB **entzogen** worden, muss der Mandant darüber belehrt werden, dass die gem. § 69a StGB festgesetzte **Sperrfrist** erst mit **Rechtskraft** des Urteils beginnt. In dem Zusammenhang ist der Mandant auch darauf hinweisen, dass im Fall einer Berufung die bis zur Berufungs-HV verstrichene Zeit ggf. nicht angerechnet wird, wenn die Berufung keinen Erfolg hat (→ *Berufungsrücknahme*, Rdn 674 ff.; *Fischer*, § 69a Rn 23 m.w.N.). Es kann für den Mandanten i.Ü. auch von Bedeutung sein, ob ggf. Aussichten bestehen, dass eine angeordnete Sperrfrist abgekürzt und die Sperrfrist nach § 69a Abs. 7 StGB **vorzeitig aufgehoben** wird (vgl. dazu *Burhoff* VA 2002, 74; *ders.*, VA 2012, 142; eingehend a. *Himmelreich* DAR 2008, 69; *Deutscher* VRR 2010, 247; s.a. Rdn 1899).

4.a) Bei einer **Verurteilung** wegen OWi und Straftaten im **Straßenverkehr** spielen für den Angeklagten/Betroffenen insbesondere auch die Fragen der Eintragung im FAER und die der „**Strafpunkte**" eine große Rolle (s. dazu die §§ 40 ff. FeV; zum FAER und zum FABS/Punktsystem Burhoff/*Gübner*, OWi, Rn 1227 ff.; Ludovisy/Eggert/Burhoff/*Kalus*, § 7 Rn 246 ff.).

b) Ggf. muss der Verteidiger den Mandanten auch schon unmittelbar nach der HV darüber belehren, dass das Straßenverkehrsamt möglicherweise vor einer Wiedererteilung der Fahrerlaubnis eine **MPU** fordern wird. Dazu besteht besonders dann Anlass, wenn der Mandant wegen einer Trunkenheitsfahrt in den vergangenen zehn Jahren bereits einmal einschlägig in Erscheinung getreten bzw. bei der Trunkenheitsfahrt eine BAK von mehr als 1,6 ‰ festgestellt worden ist (vgl. dazu § 13 FeV; BVerwG NZV 1994, 376; wegen der Einzelh. s. *Burhoff*, EV, Rn 4335; zur MPU bei unerlaubtem Entfernen vom Unfallort *Dronkovic* DAR 2014, 761).

🖉 Erörtern wird er mit dem Mandanten ggf. auch die Frage, ob sich möglicherweise schon bald eine **Nachschulung** empfiehlt, um eine Sperrfrist nach **§ 69a StGB abkürzen** zu können (wegen der Einzelh. s. *Bode* DAR 1998, 33; *Himmelreich* DAR 1997,

465; *ders.* DAR 2008, 69; *Larsen* StraFo 1997, 298; *Deutscher* VRR 2010, 247; *Burhoff* VA 2002, 74; *ders.*, 2012, 142; *Fischer*, § 69a Rn 40 ff. m.w.N. aus der Rspr.).

5. Von allgemeinem Interesse ist es für den Angeklagten darüber hinaus, ob eine **Eintragung** im **BZR** erfolgt oder demnächst in einem **polizeilichen Führungszeugnis** erscheint. Insoweit gilt:

1901 a) Grds. kann der Verteidiger den Mandanten insoweit beruhigen, als bei Erstverurteilungen **Geldstrafen** von nicht mehr als **90 Tagessätzen** und **Freiheitsstrafen** von nicht mehr als **drei Monaten** gem. § 30 Abs. 2 Nr. 5 BZRG nicht in ein polizeiliches Führungszeugnis aufgenommen werden und der Verurteilte sich insoweit auch als **nicht vorbestraft** bezeichnen darf.

1902 b) Übersehen werden darf jedoch nicht, dass **ausnahmsweise** auch Geldstrafen **unterhalb** von **90 Tagessätzen** weitreichende Konsequenzen haben können, auf die der Mandant – auch schon vorab bei der → *Vorbereitung der Hauptverhandlung*, Rdn 3370, oder bei der Übernahme des Mandats (dazu *Burhoff*, EV, Rn 2163) unbedingt hinzuweisen ist (vgl. dazu *Stephan* StRR 2008, 174; *Weiß* wistra 2009, 209; *Lemke-Küch* StRR 2014, 482 zum Berufsverbot und zur Bindungswirkung strafverfahrensrechtlicher Verurteilungen StRR 2015, 48). Dazu folgender

1903 Überblick:

- Nach § 5 Abs. 2 Nr. 1 WaffG besitzen i.d.R. Personen die zum **Führen** von **Waffen** erforderliche Zuverlässigkeit nicht, die zu einer Geldstrafe von mindestens 60 Tagessätzen oder mindestens zweimal zu einer geringeren Geldstrafe rechtskräftig verurteilt worden sind.

- Auch dürfen nach einem Urteil des VG Stuttgart (4 K 4571/07) Verurteilungen zu weniger als 90 Tagessätzen wegen **gewerbebezogener Straftaten**, wie z.B. Insolvenzstraftaten, in ein Führungszeugnis für Behörden (vgl. § 31 BZRG) im Verfahren wegen einer Erlaubnis nach § 34c GewO aufgenommen werden. In diesen Fällen ist die Spezialvorschrift des § 32 Abs. 4 Nr. 1 BZRG zu beachten, wenn es sich um gewerbebezogene Straftaten handelt und die Auskunft für eine Entscheidung nach § 149 Abs. 2 Nr. 1 GewO bestimmt ist.

- Häufig wird auch übersehen, dass Geldstrafen von unter 90 Tagessätzen aus einer Verurteilung nach den **§§ 174 – 180** oder **182 StGB** im Führungszeugnis eingetragen werden können (vgl. § 32 Abs. 1 S. 2 BZRG). Erfolgt daher ein Schuldspruch wegen dieser Vorschriften, wird die Strafe unabhängig von der Höhe der Tagessätze im Führungszeugnis eingetragen.

- Diese Ausnahme ist erweitert worden. Bei Tätigkeiten, die geeignet sind, Kontakt zu Minderjährigen aufzunehmen, ist ggf. ein sog. **erweitertes Führungszeugnis** vorzule-

gen (§ 30a BZRG), das sich auch zu kinder- und jugendschutzrelevanten Verurteilungen wegen Straftaten nach den §§ 171, 180a, 181a, 183 – 184f, 225, 232 – 233a, 234, 235 und 236 StGB verhalten muss.
- Hinzuweisen ist auf die Regelung in **§ 6 Abs. 2 S. 2 – 3 GmbHG**. Dort ist geregelt, wann die Fähigkeit, Geschäftsführer einer GmbH oder Vorstand einer AG zu sein, entfällt. So darf z.b. nicht mehr Geschäftsführer einer GmbH sein, der wegen einer oder mehrerer vorsätzlich begangener Straftaten des Unterlassens der Stellung des Antrags auf Eröffnung des Insolvenzverfahrens (Insolvenzverschleppung) oder nach § 266a StGB zu einer Freiheitsstrafe von mindestens einem Jahr verurteilt worden ist.
- Beim **ausländischen Mandanten** darf schließlich § 10 Abs. 1 Satz 1 Nr. 5d StAG nicht übersehen werden. Danach besteht kein Anspruch auf die Verleihung der deutschen Staatsangehörigkeit, wenn der **Einbürgerungsbewerber** zu einer Geldstrafe von 120 Tagessätzen verurteilt worden ist. Eine Ausnahme macht das Gesetz für Verurteilungen zu Geldstrafe bis zu 90 Tagessätzen oder drei Monaten Freiheitsstrafe (§ 12a Abs. 1 Satz 1 Nr. 2 und 3 StAG). Übersteigt die Strafe diese sogenannten Bagatellgrenzen, könne sie die Einbürgerungsbehörde zwar als weitere Ausnahme noch im Wege einer Ermessensentscheidung außer Betracht lassen. Dies setzt aber voraus, dass die Strafe den vorgegebenen Rahmen (von 90 Tagessätzen) nur „geringfügig" übersteigt (§ 12a Abs. 1 Satz 3 StAG). Das ist nach Ansicht des BVerwG bei einer Überschreitung um 30 Tagessätze und damit um ein Drittel nicht der Fall (vgl. BVerwG StRR 2012, 162 [Ls.]; s.a. noch BVerwG DVBl 2012, 843).

6. Im Fall des **Freispruchs** des Mandanten wird sich der Verteidiger häufig mit Entschädigungsfragen nach dem StrEG beschäftigen müssen (→ *Entschädigung nach dem StrEG*, Rdn 1426, und die o.a. Lit.-Hinweise). Zudem stellen sich hier Kostenerstattungsfragen (vgl. dazu Burhoff/*Volpert*, RVG, Teil A: Kostenfestsetzung und Erstattung in Strafsachen, Rn 1266 ff. m.w.N.).

1904

Nachtragsanklage

1905

> **Das Wichtigste in Kürze:**
> 1. Nach § 266 kann die StA in der HV Anklage wegen weiterer Straftaten oder OWi (§§ 42, 64 OWiG) des Angeklagten erheben.
> 2. Die Nachtragsanklage wird in der HV mündlich erhoben, eine vorbereitete Anklageschrift muss der StA verlesen.
> 3. Erhebt der StA Nachtragsanklage, kann das Gericht sie nach § 266 Abs. 1 nur dann in das Verfahren einbeziehen, wenn der Angeklagte zustimmt.
> 4. Als sonstige (Ablehnungs-)Gründe kommen die Gründe in Betracht, die bei einem Richter die Besorgnis der Befangenheit rechtfertigen.

N Nachtragsanklage

1906 Literaturhinweise: **Achenbach**, „Tat", „Straftat", „Handlung" und die Strafrechtsreform, MDR 1975, 19; **Bauer**, Der prozessuale Tatbegriff, NStZ 2003, 174; **Gubitz/Bock**, Zur Verbindung mehrerer Verfahren während einer bereits begonnenen Hauptverhandlung gegen denselben Angeklagten, StraFo 2007, 225; **Hilger**, Kann auf eine Nachtragsanklage (§ 266 StPO) die Eröffnung des Hauptverfahrens mangels hinreichenden Tatverdachts abgelehnt werden?, JR 1983, 441; **Jahn**, Rechtsmissbrauch im Strafverfahren bei Verweigerung notwendiger Mitwirkungshandlungen? Dargestellt am Problem der fehlenden Zustimmung zur Nachtragsanklage durch den Angeklagten, wistra 2002, 328; **Kuhli**, Anmerkung zum BGH-Beschluss v. 11.12.2008 (4 StR 318/08, NStZ 2009, 222) – Zur Frage der Notwendigkeit des Neubeginns der Verhandlung bei einer Nachtragsanklage, ZJS 2011, 183; **Meyer-Goßner**, Nachtragsanklage und Ablehnung der Eröffnung des Hauptverfahrens, JR 1984, 53; *ders.*, Die Verbindung von Strafsachen beim Landgericht, NStZ 2004, 353; **Neuhaus**, Der strafprozessuale Tatbegriff und seine Identität, 1. Teil: MDR 1988, 1012; 2. Teil: MDR 1989, 213; **Paeffgen**, § 129a StGB und der strafprozessuale Tatbegriff, NStZ 2002, 281.

1907 **1.a)** Nach § 266 kann die StA in der HV Anklage wegen **weiterer** Straftaten oder OWi (§§ 42, 64 OWiG) des Angeklagten erheben. **Gegenstand** der Nachtragsanklage kann nur eine **andere** als die bereits angeklagte **Tat** im verfahrensrechtlichen Sinn des § 264 sein, also ein anderer selbstständiger Lebenssachverhalt, der auch rechtlich selbstständig ist (KK-*Kuckein*, § 266 Rn 2 m.w.N.; *Meyer-Goßner/Schmitt*, § 266 Rn 2; OLG Saarbrücken NJW 1974, 375; eingehend *Neuhaus* MDR 1988, 1012 ff.; 1989, 213 ff.). Ein Fall des § 266 liegt **nicht** vor, wenn die „Identität" der Tat gewahrt bleibt und sich nur deren **rechtliche Beurteilung ändert** (OLG Saarbrücken, a.a.O. [für fahrlässige Straßenverkehrsgefährdung und sich anschließendes unerlaubtes Entfernen vom Unfallort]; vgl. i.Ü. KK-*Kuckein*, a.a.O.). Entscheidend ist eine **Gesamtschau** aufgrund der Kriterien Tatort, -zeit, -objekt und Angriffsrichtung (*Neuhaus*, a.a.O. m.w.N.; BGH NStZ 1997, 145 [auch Zahl der Taten]; 2002, 328 [zur Tatidentität bei einem Waffendelikt]; OLG Düsseldorf NStZ-RR 1999, 304 [für Wahlfeststellung zwischen Diebstahl und Hehlerei]). Bei gleichartigen, nicht durch andere individuelle Tatmerkmale als die Tatzeit unterscheidbaren Serientaten heben Veränderungen und Erweiterungen des Tatzeitraumes die Identität zwischen angeklagten und abgeurteilten Taten auf, insoweit ist dann ggf. eine Nachtragsanklage zu erheben (vgl. a. BGH StraFo 2015, 68).

1908 **b)** Die Erhebung der (mündlichen) Nachtragsanklage steht im **Ermessen** der StA. Die StA kann auch ein neues Strafverfahren gegen den Angeklagten einleiten (*Meyer-Goßner/Schmitt*, § 266 Rn 4). Tut sie das und erhebt sie in dem Verfahren Anklage, kann das **neue Verfahren** – außerhalb des Anwendungsbereichs des § 266 – zwar mit dem bereits laufenden Verfahren **verbunden** werden. Es kann in diesem jedoch nicht die HV fortgesetzt werden, vielmehr ist mit der HV neu zu beginnen (BGHSt 53, 108; StraFo 2010, 337; *Meyer-Goßner/Schmitt*, § 4 Rn 9; a.A. wohl BGH StV 2008, 226, wo es allerdings offengelassen worden ist, ob der Tatrichter mit der HV neu beginnen muss; s.a. noch Rdn 1912).

> Etwas **anderes** gilt, wenn es sich um eine **Verbindung** nach § 237 handelt (*Meyer-Goßner* NStZ 2004, 353, 355), da diese die rechtliche Selbstständigkeit der Verfahren unberührt lässt (s. auch *Kuhli* ZJS 2011, 183; → *Verbindung von Verfahren*, Rdn 2771).

2. Die Nachtragsanklage wird in der HV **mündlich** erhoben, eine **vorbereitete Anklageschrift** muss der StA **verlesen** (*Meyer-Goßner/Schmitt*, § 266 Rn 5). Für den **Inhalt** der Nachtragsanklage gilt § 200 Abs. 1, sodass die dem Angeklagten zur Last gelegte Tat unter Hervorhebung ihrer gesetzlichen Merkmale, der Zeit und des Ortes ihrer Begehung sowie das anzuwendende Strafgesetz zu bezeichnen ist (BGH NStZ 1986, 276; BayObLG NJW 1953, 674). 1909

Die Nachtragsanklage kann nach h.M. bis zum **Beginn** der → *Urteilsverkündung*, Rdn 2761, erhoben werden (KK-*Kuckein*, § 266 Rn 4 m.w.N.). Das ist in der → *Berufungshauptverhandlung*, Rdn 619, allerdings in keinem Fall mehr möglich, da es nach den vom RPflEntlG v. 11.1.1993 vorgenommenen Zuständigkeitsänderungen keine Strafkammer mehr gibt, die zugleich erst- und zweitinstanzliche Zuständigkeiten besitzt (OLG Stuttgart NStZ 1995, 51; *Meyer-Goßner/Schmitt*, § 266 Rn 10 m.w.N.). Eine Nachtragsanklage, die im Berufungsverfahren nur den Mangel der Verurteilung wegen einer überhaupt nicht oder jedenfalls nicht ordnungsgemäß angeklagten Tat heilen soll, ist auf jeden Fall unzulässig (BGHSt 33, 167; *Meyer-Goßner/Schmitt*, § 266 Rn 10 m.w.N.). Die Nachtragsanklage ist nur wegen einer „weiteren" Tat zulässig. 1910

3.a) Erhebt der StA Nachtragsanklage, kann das Gericht sie nach § 266 Abs. 1 nur dann in das **Verfahren einbeziehen**, wenn der Angeklagte **zustimmt**. Das gilt auch bei Serienstraftaten (BGH NStZ-RR 1999, 303). 1911

In der **Verweigerung** der Zustimmung liegt **kein Rechtsmissbrauch** (s. dazu eingehend *Jahn* wistra 2001, 328 m.w.N.; *Gubitz/Bock* StraFo 2007, 225, 230; s.a. BGH, a.a.O. [jedenfalls nicht ohne weitere Besonderheiten]).

Nicht eindeutig geklärt ist in der **Rspr.** des **BGH**, ob es dann, wenn der Angeklagte in der HV der Einbeziehung einer Nachtragsanklage nicht zustimmt, dem Tatrichter grds. im Rahmen pflichtgemäßer Ermessensausübung freisteht, in Abstimmung mit der StA die zusätzlichen Vorwürfe nach Erhebung einer hierauf bezogenen weiteren Anklage durch Eröffnung und **Verbindung** zum Gegenstand einer einheitlichen HV zu machen. Das wird von der Mehrheit der Strafsenate des BGH (vgl. 2. Strafsenat in NStZ 1997, 145; StraFo 2010, 337; 4. Strafsenat in BGHSt 53, 108 und 5. Strafsenat in NStZ-RR 1999, 303) verneint, vom 1. Strafsenat (vgl. BGH StV 2008, 226) hingegen bejaht. M.E. muss man sich der mehrheitlichen Auffassung anschließen. Mit § 266 liegt eine Ausnahmeregelung vor, über deren Anwendungsbereich hinaus dem Angeklagten keine neue Anklage „aufgezwungen" werden kann (s. auch *Meyer-Goßner/Schmitt*, § 266 Rn 4; *Kuhli* ZJS 2011, 183). § 266 entfaltet insoweit eine „Sperrwirkung" (s.a. *Gubitz/Bock* StraFo 2007, 225, 227 ff.), die auch nicht durch eine analoge Anwendung des § 4 umgangen werden kann (zuletzt BGH StraFo 2010, 337). 1912

> ⚐ Es bleibt in diesen Fällen daher kein anderer Weg, als das die HV in dem anhängigen Verfahren **ausgesetzt**, beide Verfahren verbunden und dann in einer neuen HV gemeinsam verhandelt werden (vgl. BGHSt 53, 108; *Kuhli* ZJS, a.a.O.).

1913 b) Die Zustimmung muss der Angeklagte **persönlich ausdrücklich** und **eindeutig** erklären. Es genügt nicht, wenn er sich auf den nachträglich erhobenen Vorwurf nur einlässt und keine Einwendungen erhebt (BGH NJW 1984, 2172 m.w.N.; OLG Hamm StV 1996, 532; LR-*Stuckenberg*, § 266 Rn 14), selbst dann, wenn er von seinem Recht auf Unterbrechung der HV Gebrauch macht (OLG Hamm, a.a.O.). Der **Angeklagte** kann die Zustimmung später **nicht widerrufen**.

> ⚐ Erklärt der **Verteidiger** in Gegenwart des Angeklagten die **Zustimmung**, ist diese **wirksam**, wenn der Angeklagte ihr nicht widerspricht. Der **Widerspruch** des Verteidigers gegen eine vom Angeklagten erklärte Zustimmung soll hingegen nach h.M. **unbeachtlich** sein (*Meyer-Goßner/Schmitt*, § 266 Rn 12 m.w.N.). Dabei werden m.E. aber die faktische Rollenverteilung im Strafprozess und die i.d.R. besseren rechtlichen Kenntnisse des Verteidigers übersehen.

1914 b) Bei der Frage, ob zugestimmt werden soll, muss der Verteidiger in erster Linie **prüfen**, ob der Angeklagte sich gegen die Nachtragsanklage **sofort verteidigen** kann: Ist das nicht der Fall, z.B. weil dem Verteidiger die neue Tat **unbekannt** ist, wird er i.d.R. der Einbeziehung der weiteren Tat in das Verfahren **nicht zustimmen** (s.a. die Fallgestaltung bei BGH NStZ-RR 1999, 304). Zumindest sollte der Verteidiger um eine Unterbrechung der HV bitten, um sich mit seinem Mandanten besprechen zu können. **Räumt** der Angeklagte die weitere Tat **ein**, so dürfte es meist in seinem Interesse liegen, dass hierüber sofort **mitentschieden** wird. Häufig kann der Verteidiger in diesen Fällen auch erreichen, dass diese Tat als unwesentlich gem. §§ 154, 154a eingestellt wird (→ *Einstellung des Verfahrens, Allgemeines*, Rdn 1299 m.w.N.).

> ⚐ Das Fehlen der Zustimmung ist nach h.M. der Rspr. kein von Amts wegen zu beachtendes Prozesshindernis, sondern muss in der **Revision** mit der **Verfahrensrüge** geltend gemacht werden (BGH, a.a.O.; OLG Karlsruhe StV 2002, 184; a.A. *Meyer-Goßner/Schmitt*, § 266 Rn 14; SSW-StPO/*Rosenau*, § 266 Rn 17; vgl. auch BGH, Beschl. v. 8.2.2011 – 4 StR 612/10).

1915 4.a) Die weitere Tat muss vom Gericht in das Verfahren **einbezogen** werden. Dies geschieht i.d.R. durch ausdrücklichen **Beschluss** (BGH StV 1995, 342; 2002, 183; NStZ-RR 2014, 136 [Ci/Zi]; OLG Hamburg VRS 107, 449; vgl. *Meyer-Goßner/Schmitt*, § 266 Rn 15 m.w.N.). Entschieden wird in der für die HV vorgesehenen Besetzung (BGH NStZ-RR 2014, 165 [Ci/Zi] unter Hinw. darauf, dass es sich bei der Entscheidung BGH StV 2011,

365 nicht um eine Nachtragsanklage gehandelt hat). Der Beschluss muss als wesentliche Förmlichkeit der HV in das → *Protokoll der Hauptverhandlung*, Rdn 2092, aufgenommen werden (BGH NStZ-RR 2014, 136 [Ci/Zi]. Das Fehlen des Beschlusses führt zu einem von Amts wegen zu beachtenden Verfahrenshindernis (BGH, a.a.O.; zur einem Sonderfall BGH NJW 1990, 1055).

⚫ Hat der Angeklagte seine **Zustimmung** zur Einbeziehung **verweigert**, ist die **Wirkung** der **Nachtragsanklage erschöpft**. Das Verfahren vor dem mit der Einbeziehung befassten Gericht hat seine Erledigung gefunden. Das Gericht kann nicht etwa in einem (gesonderten) Eröffnungsbeschluss außerhalb der HV über die Nachtragsanklage befinden (BGH StraFo 2005, 203; OLG Karlsruhe StV 2002, 184; s.a. BGHSt 53, 108). Ein dennoch gefasster Eröffnungsbeschluss ist unwirksam (zu den Rechtsmitteln s. OLG Karlsruhe, a.a.O.).

b) Der Vorsitzende kann nach § 266 Abs. 3 S. 1 von Amts wegen die HV unterbrechen, wenn er das für eine sachgemäße Vorbereitung des weiteren Verfahrens, z.B. um weitere Zeugen zu laden oder um andere Beweismittel herbeizuschaffen, für erforderlich hält. Die **HV** muss **unterbrochen** werden, wenn der **Angeklagte** dies **beantragt**, sofern dieser Antrag nicht „offenbar mutwillig", also nur zur Verzögerung des Verfahrens, gestellt ist (KK-*Kuckein*, § 266 Rn 10 m.w.N.; zum Rechtsmissbrauch in Zusammenhang mit der Nachtragsanklage *Jahn* wistra 2001, 328). Der Angeklagte ist gem. § 266 Abs. 3 S. 2 über sein Recht, die Unterbrechung zu beantragen zu **belehren**.

1916

⚫ **Lehnt** der Vorsitzende die **Unterbrechung ab**, ist das eine Maßnahme der → *Verhandlungsleitung*, Rdn 2889, gegen die der Verteidiger zur Erhaltung der Revisibilität nach **§ 238 Abs. 2** das **Gericht** anrufen kann, das dann durch Beschluss entscheiden muss. Das gilt auch für die Verhandlung vor dem Einzelrichter (OLG Düsseldorf StV 1996, 252; OLG Koblenz StV 1992, 263).

Durch einen unrichtigen, die Unterbrechung ablehnenden Beschluss des Gerichts wird zwar die **Verteidigung unzulässig beschränkt** (§ 338 Nr. 8). Ob jedoch das Urteil auf diesem Verstoß beruht, ist eine Frage des Einzelfalls (BGH NJW 1970, 904).

Siehe auch: → *Hinweis auf veränderte Sach-/Rechtslage*, Rdn 1720.

Nebenklage

1917

Literaturhinweise: Barton, Nebenklagevertretung im Strafverfahren – Ein neuartiger, aber kriminologisch vergessener Bereich der rechtsberatenden Praxis, in: Festschrift für *Hans-Dieter Schwind*, 2006, S. 211; *ders.*, Wie wirkt sich das 2. Opferrechtsreformgesetz auf die Nebenklage aus?, StRR 2009, 404; **Barton/Krawczyk**, Fehler und Versäumnisse im Nebenklageverfahren, StRR 2009, 164; **Baumhöfener**, Informationsrechte der Nebenklage

1918

N Nebenklage

– Gefährdung des Grundsatzes der Wahrheitsermittlung, StraFo 2012, 2; **Beulke**, Die Neuregelung der Nebenklage, DAR 1988, 114; **Böttcher**, Rücksichtnahme auf Opferinteressen bei der Verfahrenseinstellung nach 153a StPO; in: Festschrift für *Heinz Stöckel* zum 70. Geburtstag, 2010, S. 161; **Brocke**, KG Berlin: Unzulässigkeit der Nebenklage im Jugendstrafverfahren bei teilweiser Tatbegehung als Jugendlicher und Heranwachsender – Opferschutz kontra Erziehungsgedanke (KG NStZ 2007, 44), NStZ 2007, 8; **Bung**, Zweites Opferrechtsreformgesetz: Vom Opferschutz zur Opferermächtigung, StV 2009, 430; **Burhoff**, Auch im Verkehrsrecht: Gesetzliche Neuregelungen durch Absprachregelung und 2. OpferRRG haben Auswirkungen, VRR 2009, 331; *ders.*; Neuregelungen in der StPO durch das 2. OpferRRG, StRR 2009, 364; **Caspari**, Stärkung der Opfergehörrechte im Strafverfahren? DRiZ 2011, 350; **Celebi**, Kritische Würdigung des Opferrechtsreformgesetzes, ZRP 2009, 1010; **Deutscher**, Neue Regelungen zum Opferschutz und zur Stärkung der Beschuldigtenrechte im Strafverfahren, StRR 2013, 324; **Eisenberg**, Unzulässigkeit der Nebenklage Minderjähriger gegen ihren Willen, GA 1998, 32; **Fabricius**, Die Stellung des Nebenklägervertreters, NStZ 1994, 257; *ders.*, Referentenentwurf des BMJ „Gesetz zur Stärkung der Rechte von Opfern sexuellen Missbrauchs (StORMG)" 2010, HRRS 2011, 65; **Ferber**, Das Opferrechtsreformgesetz, NJW 2004, 2562; **Gerauer**, Das Weiterbeteiligungsrecht der Angehörigen beim Tod der Nebenkläger, NJW 1986, 1017; **Gelber/Walter**, Probleme des Opferschutzes gegenüber dem inhaftierten Täter, NStZ 2013, 75; **J. Herrmann**, Die Entwicklung des Opferschutzes im deutschen Strafrecht und Strafprozessrecht – Eine unendliche Geschichte, ZIS 2010, 236; **Hilger**, Über den Begriff des Verletzten im Fünften Buch der StPO, GA 2007, 287; **Hinz**, Nebenklage im Verfahren gegen Jugendliche Gedanken zum neuen § 80 Abs. 3 JGG, JR 2007, 140; **Hohmann**, Nebenklage, in: FA Strafrecht, Teil 7 Kapitel 2; **Jäger**, Die Stellung des Opfers im Strafverfahren unter besonderer Berücksichtigung der Rechte des Beschuldigten: eine Untersuchung erweiterter Verfahrensrechte des Nebenklägers und deren Auswirkungen auf die Effektivität der Verteidigung unter historischen, rechtstheoretischen und sozialpsychologischen Aspekten, 1996; **Jahn/Bung**, Die Grenzen der Nebenklagebefugnis, StV 2012, 754; **Jung**, Die Rechtsstellung des Verletzten im Strafverfahren, JR 1984, 309; **Kaster**, Prozeßkostenhilfe für Verletzte und andere Berechtigte im Strafverfahren, MDR 1994, 1073; **Kauder**, Verletztenvertretung, Nebenklage, Privatklage, in: MAH, § 53; *ders.*, Die Nebenklage aus Verteidigersicht, in: Festschrift 25 Jahre AG Strafrecht, 2009, S. 579; **Kilchling**, Opferschutz und der Strafanspruch des Staates – Ein Widerspruch, NStZ 2002, 57; **Lehmann**, Zur Zulassung der Nebenklage bei Nötigung zu einer sexuellen Handlung (§ 240 I, IV Nr. 1 StGB), NStZ 2002, 353; **Letzgus**, Beschwerde der Nichtzulassung der Nebenklage für fahrlässige Körperverletzung, NStZ 1989, 353; **Mitsch**, Nebenklage im Strafverfahren gegen Jugendliche und Heranwachsende, GA 1998, 159; **Noak**, Nebenklage gegen Jugendliche und Heranwachsende, ZRP 2009, 15; *ders.*, Die auf Freisprechung des Angeklagten gerichtete Nebenklage – zulässig?, ZIs 2014, 189; **Peter**, Der Strafverteidiger als Opferanwalt – Systembruch oder: Wer kann und soll Opfer fachgerecht vertreten? StraFo 2013, 199; **Riegner**, Auswirkungen des § 400 I StPO auf Berufung und Revision des Nebenklägers, NStZ 1990, 10; **Rieß**, Strafantrag und Nebenklage, NStZ 1989, 102; **Safferling**, Die Rolle des Opfers im Strafverfahren – Paradigmenwechsel im nationalen und internationalen Recht?, ZStW 122, 87; **Schmid**, Nebenklage und Adhäsionsantrag in der Berufung, NStZ 2011, 611; **Schneider**, Die „verteidigende" Nebenklage – eine Antwort auf die „angreifende" Verteidigung – Zu parteiprozessualen Phänomenen und zur Rechtmäßigkeit der Nebenklage in sogenannten „Weimar-Verfahren", StV 1998, 456; **Schöch**, Die Rechtsstellung des Verletzten im Strafverfahren, NStZ 1984, 395; **Schroth**, 2. Opferrechtsreformgesetz – Das Strafverfahren auf dem Weg zum Parteienprozess?, NJW 2009, 2916; *ders.*, Die Rechte des Opfers im Strafprozess, 2. Aufl., 2011; **Schünemann**, Der Ausbau der Opferstellung im Strafprozeß – Fluch oder Segen?, in: Festschrift für *Rainer Hamm* zum 65. Geburtstag, S. 687; **Stöckel**, Das Opfer krimineller Taten, lange vergessen – Opferschutz, Opferhilfe heute, JA 1998, 599; **von Preuschen**, Die Modernisierung der Justiz, ein Dauerthema – Die Rechtsänderungen durch das 2. Justizmodernisierungsgesetz, NJW 2007, 324; **Walther**, Interessen und Rechtsstellung des Verletzten im Strafverfahren, JR 2008, 405; **Weigend**, Das Opferschutzgesetz – kleine Schritte zu welchem Ziel?, NJW 1987, 1173; **Wenske**, Weiterer Ausbau der Verletztenrechte? – Über zweifelhafte verfassungsgerichtliche Begehrlichkeiten, NStZ 2008, 434; s.a. die Hinw. bei → *Adhäsionsverfahren*, Rdn 256.

1919 1. Das Recht zur Nebenklage hatte nach früherem Recht (nur) jeder Verletzte, der berechtigt war, Privatklage (→ *Privatklageverfahren*, Rdn 2067; s. dazu a. *Burhoff*, EV, Rn 2669,

3176 ff.) zu erheben. Durch das sog. **OpferschutzG** v. 18.12.1986 ist § 395 dann neu gefasst worden. Dieses hat dem Verletzten eine umfassendere Beteiligungsbefugnis verschafft, in dem der Kreis der Nebenklageberechtigten beträchtlich erweitert worden ist. In § 395 Abs. 3 a.F. ist die Nebenklagebefugnis für fahrlässige Körperverletzungen allerdings auch eingeschränkt(weggefallen. Weitere erhebliche Änderungen und Erweiterungen hatten in der Folgezeit u.a. das 6. Strafrechtsreformgesetz v. 28.1.1998 und das 37. Strafrechtsänderungsgesetz v. 19.2.2005 gebracht. Der Kreis der Nebenklageberechtigten ist dann durch das **2. OpferRRG** v. 29.7.2009 (BGBl I, S. 2280), nochmals erheblich erweitert worden (vgl. dazu *Barton* StRR 2009, 404; *Burhoff* StRR 2009, 364; *Jahn/Bung* StV 2012, 754; zur Entwicklung des Opferschutzes s.a. *J.Herrmann* ZIS 2010, 283; zum Opferschutz gegenüber dem inhaftierten Täter *Gelber/Walter* Probleme NStZ 2013, 75). Neben einer Ausdehnung des Tatbestandskatalogs in § 395 Abs. 1 ist durch das 2. OpferRRG in § 395 Abs. 3 ein Auffangtatbestand geschaffen worden, der die Nebenklage bei Opfern von Straftaten, die im Einzelfall als besonders schwerwiegende Delikte einzuordnen sind, als zulässig ansieht. Das ist auf erhebliche Kritik gestoßen (vgl. *Bung* StV 2009, 430; krit. a. *Schroth* NJW 2009, 2916, 2918; zust. aber *Celebi* ZRP 2009, 110). Die Einzelheiten der damit zusammenhängenden Fragen sind dargestellt bei *Burhoff*, EV, Rn 2675 ff. (vgl. a. *Barton* StRR 2009, 404). Weitere Änderungen sind durch das StORMG vorgenommen worden (vgl. dazu *Eisenberg* HRRS 2011, 65; *Deutscher* StRR 2013, 324). Im Gesetzgebungsverfahren befindet sich inzwischen das 3. OpferRRG, das aber – so weit ersichtlich – im Recht der Nebenklage keine Änderungen bringen wird (wegen der Einzelh. → *Gesetzesnovellen*, Rdn 1611).

2. Im → *Jugendgerichtsverfahren*, Rdn 1754, ist im Verfahren gegen einen Jugendlichen die Nebenklage nach § 80 Abs. 3 JGG teilweise zulässig. Anschließen kann sich **ausnahmsweise** derjenige, der durch ein Verbrechen gegen das Leben, die körperliche Unversehrtheit oder die sexuelle Selbstbestimmung nach §§ 239 Abs. 3, 239a, 239b StGB, durch welches das Opfer seelisch oder körperlich schwer geschädigt oder einer solchen Gefahr ausgesetzt worden ist, oder durch ein Verbrechen nach § 251 StGB, auch i.V.m. § 252 oder § 255 StGB, verletzt worden ist (wegen der Einzelh. *Hinz* JR 2007, 140; *Noak* ZRP 2009, 15). Allgemein verlangt der Begriff der „**Schwere**" mehr als eine „nicht nur unerhebliche" Beeinträchtigung, vielmehr muss diese schon von besonderem Gewicht sein (*Eisenberg*, § 80 Rn 18 m.w.N.; LG Saarbrücken NStZ 2015, 231). „**Gefahr**" bedeutet die konkrete Möglichkeit des Eintritts einer Schädigung durch die Tat. Bloße Vermutungen oder auch Anhaltspunkte genügen insoweit nicht, es muss vielmehr eine erhebliche Wahrscheinlichkeit betreffend einer Realisierung der Gefahr bestehen. Sie muss sich aus den Umständen der einzelnen vorgeworfenen Tat bzw. den entsprechenden Tatelementen ergeben, d. h. es müssen Umstände gegeben sein, die zur Verwirklichung des Straftatbestandes erforderlich sind. Ein sonstiger Zusammenhang reicht nicht (vgl. Eisenberg, a.a.O.; LG Oldenburg ZJJ 2011, 92; LG Saarbrücken, a.a.O.).

1920

1921 Gegen **Heranwachsende** ist die Nebenklage zulässig. Treffen Jugend- und Heranwachsendentat zusammen ist, wenn es sich nicht um einen der in § 80 Abs. 3 JGG genannten Fälle handelt, der Anschluss nicht zulässig (KG NStZ 2007, 44; ähnl. LG Zweibrücken StV 2009, 88; *Meyer-Goßner/Schmitt*, vor § 395 Rn 6 m.w.N.). Im gem. § 103 JGG **verbundenen Verfahren** gegen Jugendliche und Erwachsene ist eine Nebenklage gegen letztere zulässig (BGHSt 41, 288; 48, 34; *Meyer-Goßner/Schmitt*, vor § 395 Rn 6 m.w.N. auch zur **a.A.**, wie z.b. OLG Zweibrücken StV 2009, 88.

1922 3. Nach der Neufassung des § 395 Abs. 1 durch das 2. JuMoG ist die Nebenklage inzwischen auch im **Sicherungsverfahren zulässig** (so schon BGHSt 47, 202 m.w.N. aus der Rspr. zu der früher umstr. Frage). **Nicht** zulässig ist die Nebenklage im Verfahren der **nachträglichen Sicherungsverwahrung** (BGH NStZ-RR 2008, 68 [Be]).

1923 4. Hier können nicht alle bei der Nebenklage auftretenden Fragen und Probleme erörtert werden. Gegenstand der Darstellung im Einzelnen sollen hier nur die **Rechte** des **Nebenkläger(-vertreters)** in der **HV** sein (→ *Nebenklägerrechte in der Hauptverhandlung*, Rdn 1928). Wegen der Befugnis zum Anschluss, der Anschlusserklärung, der Zulassung der Nebenklage und sonstiger Fragen wird auf die Komm. bei *Meyer-Goßner/Schmitt*, §§ 395 f. sowie auch auf *Burhoff*, EV, Rn 2669, verwiesen.

⚜ Der Rechtsanwalt muss sich sorgfältig überlegen, ob er ein ihm angetragenes **Nebenklagemandat** übernimmt. Jedenfalls sollte er das Nebenklageinstitut nicht missbrauchen, was besonders für Verkehrsstrafsachen gilt, und vornehmlich in Sittlichkeitsprozessen die Nebenklage „nicht militant führen".

Siehe auch: → *Nebenkläger als Zeuge*, Rdn 1924; → *Nebenklägerrechte in der Hauptverhandlung*, Rdn 1928.

1924 Nebenkläger als Zeuge

1925 Literaturhinweise: s. die Hinw. bei → *Nebenklage*, Rdn 1917.

1926 1. Der Nebenkläger **kann** nach h.M. (KK-*Senge*, vor § 48 Rn 13 m.w.N.) – wie aus § 397 Abs. 1 S. 1 folgt – als **Zeuge** vernommen werden. Für die Vereidigung gelten die allgemeinen Regeln (→ *Vereidigung eines Zeugen*, Rdn 2792). Auch der Nebenkläger bleibt also i.d.R. unvereidigt.

1927 2. Der Nebenkläger ist nach § 397 Abs. 1 S. 1, auch wenn er als Zeuge vernommen werden soll, zur **Anwesenheit** in der HV **berechtigt** (OLG Nürnberg, Beschl. v. 14.4.2009 – 2 St OLG Ss 33/09). Die das Anwesenheitsrecht eines Zeugen beschränkenden Vorschriften der §§ 58 Abs. 1, 243 Abs. 2 S. 1 gelten für ihn nicht. Allerdings wird ggf.

bei der Würdigung der Aussagen des Nebenklägers zu berücksichtigen sein, dass der „Zeuge" ununterbrochen in der HV anwesend gewesen ist (OLG Nürnberg, a.a.O.).

☞ Der Nebenklägervertreter sollte es sich daher überlegen, seinen Mandanten bis zu dessen Vernehmung als Zeuge **nicht** an der HV **teilnehmen** zu **lassen**.

Siehe auch: → *Anwesenheit von Zeugen in der Hauptverhandlung*, Rdn 325; → *Nebenklage*, Rdn 1917; → *Nebenklägerrechte in der Hauptverhandlung*, Rdn 1928.

Nebenklägerrechte in der Hauptverhandlung 1928

> **Literaturhinweise: Gollwitzer**, Die Stellung des Nebenklägers in der Hauptverhandlung, in: Festschrift für *Karl Schäfer*, 1979, S. 65; **Pues**, Gruppenvertretung der Nebenklage im Strafprozess? Eine rechtsvergleichende Studie zum prozessualen Umgang mit einer besonderen Verfahrenssituation, StV 2014, 304; s.a. die Hinw. bei → *Nebenklage*, Rdn 1917.

1929

1. Der **Anschluss** als Nebenkläger ist in **jeder Lage** des Verfahrens zulässig (zur Anschlussberechtigung *Burhoff*, EV, Rn 2675 f.). Die Anschlusserklärung kann auch **noch** in der **HV** (der Rechtsmittelinstanz) abgegeben werden (BayObLG NJW 1958, 1598 [Ls.]; OLG Stuttgart NJW 1955, 1369). 1930

Ist vor der HV nicht über die Anschlussbefugnis entschieden (§ 396 Abs. 2), kann das Gericht das in der **HV nachholen**, jedoch nicht mehr nach Rechtskraft eines Urteils (BGH StraFo 2005, 513; 2008, 332; OLG Düsseldorf NStZ-RR 1997, 11), auch wenn die Zulassung bereits früher beantragt war (OLG Düsseldorf, a.a.O.; OLG Hamm NStZ-RR 2003, 335). Insoweit kommt auch keine → *Wiedereinsetzung in den vorigen Stand*, Rdn 3464, in Betracht (BGH NStZ-RR 1997, 136). Etwas anderes kann aber gelten, wenn die Anschlusserklärung aufgrund von Verzögerungen bei den Justizbehörden nicht rechtzeitig zur Akte gelangt ist (OLG Hamm, a.a.O.; vgl. zur Problematik aber auch *Burhoff*, EV, Rn 3042). 1931

> ☞ Der Nebenklägervertreter muss darauf achten, dass das **Gericht** über den Anschluss **entscheidet**, nicht der Vorsitzende allein. Eine Entscheidung des Vorsitzenden ist aber nicht nichtig, sondern nur anfechtbar (*Meyer-Goßner/Schmitt*, § 396 Rn 9 m.w.N.).
> Bei **Minderjährigen** ist darauf zu achten, dass diese zwar anschlussberechtigt sind, der Anschluss aber nur von den gesetzlichen Vertretern bzw. Personensorgeberechtigten erklärt werden kann (LR-*Hilger*, § 395 Rn 28; KG StV 2011, 402 [Ls.]).

2. Der **Nebenkläger(-vertreter)** hat in der HV folgende **Rechte** (s. dazu eingehend a. *Fabricius* NStZ 1994, 257): 1932

a) Der Nebenkläger hat nach § 397 Abs. 1 S. 1 das Recht zur **Anwesenheit** in der HV, selbst wenn er später als Zeuge vernommen werden soll (→ *Nebenkläger als Zeuge*, Rdn 1924). 1933

Der Nebenkläger ist aber nicht zur Anwesenheit in der HV verpflichtet (RGSt 31, 37). Sein persönliches Erscheinen kann nicht angeordnet werden.

1934 b) Der Nebenkläger hat nach § 397 Abs. 2 das Recht, sich des **Beistandes** eines **Rechtsanwalts** zu bedienen oder sich durch einen Rechtsanwalt vertreten zu lassen. Mehrere Nebenkläger können durch einen Rechtsanwalt vertreten werden (OLG Hamburg NStZ-RR 2013, 153 m. Anm. *Pues* StV 2014, 304; *Meyer-Goßner/Schmitt*, § 397 Rn 11 m.w.N.). Ggf. ist dem Nebenkläger ein → *Verletztenbeistand/Opferanwalt*, Rdn 3052, beizuordnen.

1935 **c) Hinweis für den Verteidiger/Nebenklägervertreter!**

Nach § 187 Abs. 4 i.V.m. Abs. 1 GVG steht einem der **deutschen Sprache nicht mächtigen Nebenkläger** ein **Anspruch** auf **unentgeltliche Dolmetscherleistung** zu, und zwar auch außerhalb der HV für deren Vorbereitung sowie für die Vorbereitung damit in Zusammenhang stehender Verfahrenshandlungen (OLG Hamburg NJW 2005, 1135; *Meyer-Goßner/Schmitt*, § 187 GVG Rn 2). Der Anspruch ist jedoch auf das zur Wahrnehmung der strafprozessualen Rechte erforderliche Maß beschränkt. Die erforderliche Dolmetscherleistung i.S.d. § 187 GVG **umfasst** eine **Übersetzungshilfe** in der HV sowie bei Gesprächen, die eigene Verfahrenshandlungen in der HV vorbereiten. Die – wörtliche – Übersetzung der gesamten Akte oder einzelner Aktenbestandteile gehört regelmäßig nicht zu den nach § 187 GVG erforderlichen Dolmetscherleistungen (OLG Hamburg, a.a.O.). Insoweit dürften dieselben Grundsätze gelten wie für die Übersetzung von Aktenbestandteilen für den Angeklagten (vgl. dazu *Burhoff*, EV, Rn 3656). Es kommt also auf die Erforderlichkeit der Übersetzung zur sachgerechten Wahrnehmung der Verfahrensrechte an (s. wohl auch *Meyer-Goßner/Schmitt*, § 187 Rn 6).

> Nach § 187 Abs. 2 i.V.m. Abs. 1 GVG zieht das Gericht einen Dolmetscher heran. Daraus folgt, dass der Berechtigte grds. **nur** einen **Anspruch** auf **gerichtsseitige Bestellung** eines Dolmetschers hat. Er kann also nicht selbst einen Dolmetscher beauftragen und dann Erstattung der Kosten verlangen (OLG Hamburg, a.a.O.). Etwas anderes gilt nur für den Zeitraum zwischen Antragstellung und der Entscheidung über seinen Nebenklageantrag (OLG Hamburg, a.a.O. m.w.N.). Es ist also **baldmöglichst** ein **Antrag** auf Zuziehung eines Dolmetschers zu stellen.

1936 d) Das Gericht muss den Nebenkläger(-vertreter) nach § 397 Abs. 1 S. 2 zur HV laden. Er ist (dort) in dem in § 397 Abs. 1 S. 4 bestimmten Umfang **anzuhören**, also immer dann, wenn die Anhörung der StA nach § 33 Abs. 1, 2 erforderlich ist. Das gilt insbesondere vor einer beabsichtigten **Einstellung** des Verfahrens nach den §§ 153 ff., die aber von einer **Zustimmung** des Nebenklägers **nicht abhängig** ist (BVerfG wistra 2003, 419; BGHSt 28, 272 ff.; *Beulke* DAR 1988, 119; → *Einstellung des Verfahrens nach § 153a nach Er-*

füllung von Auflagen und Weisungen, Rdn 1325; → *Einstellung des Verfahrens nach § 154a zur Beschränkung der Strafverfolgung*, Rdn 1355; s.a. u. Rdn 1939 ff.).

e) Die **Rechte** in der **HV** bestimmen sich darüber hinaus nach § 397 Abs. 1 S. 3. Danach hat der Nebenkläger(-vertreter) das Recht,   **1937**

- einen **Richter abzulehnen** (§§ 24, 31; → *Ablehnung eines Richters, Allgemeines*, Rdn 8 m.w.N.),   **1938**

> 👉 Beim Nebenkläger ist die **Kenntnis** des **Nebenklägervertreters** für die Beschränkung des Ablehnungsrechts gem. § 25 Abs. 2 **maßgebend** (BGHSt 37, 264).

- einen **SV abzulehnen** (§ 74; → *Ablehnung eines Sachverständigen*, Rdn 15; in verbundenen Verfahren gegen Jugendliche und Heranwachsende und/oder Erwachsene ist der Nebenkläger berechtigt, den von dem jugendlichen Angeklagten gem. § 245 präsentierten SV wegen Befangenheit abzulehnen, sofern dieser nicht nur zur Aufklärung von Tatsachen beitragen soll, die ausschließlich den jugendlichen Angeklagten betreffen [OLG Düsseldorf NJW 1995, 343]),
- den Angeklagten, Zeugen und SV zu **befragen** (§ 240; → *Fragerecht, Allgemeines*, Rdn 1532 m.w.N.),
- **Fragen** zu **beanstanden** (§ 242; → *Zurückweisung einzelner Fragen des Verteidigers*, Rdn 3589),
- ggf. Fragen zu stellen (→ *Fragerecht, Allgemeines*, Rdn 1532; zum Fragerecht des Verletztenbeistandes s. BGH NStZ 2005, 222),

> 👉 Wird das Fragerecht des Nebenklägers beschränkt (→ *Zurückweisung einzelner Fragen des Verteidigers*, Rdn 3589) muss der Nebenkläger(-vertreter) eine **Entscheidung** des **Gerichts** (§ 238 Abs. 2) herbeiführen (BVerfG wistra 2003, 419).

- **Erklärungen** abzugeben (§§ 257, 258; → *Erklärungsrecht des Verteidigers*, Rdn 1463),
- **Anordnungen** des Vorsitzenden zu **beanstanden** (§ 238; → *Verhandlungsleitung*, Rdn 2889),
- **Beweisanträge** zu stellen, allerdings nur im Rahmen seiner Anschlussberechtigung (wegen der Einzelh. s. *Meyer-Goßner/Schmitt*, § 397 Rn 5 m.w.N.; zur Ablehnung eines Beweisantrags des Nebenklägers wegen Bedeutungslosigkeit s. BGH NJW 1997, 2762; s.a. noch BGH NStZ 2010, 714; 2011, 713; → *Beweisantragsrecht, Allgemeines*, Rdn 971 m.w.N. und → *Beweisantrag, Antragsberechtigung*, Rdn 901),
- ein → *präsentes Beweismittel*, Rdn 2036, zu laden,
- einen **Schlussvortrag** zu halten, und zwar nach dem StA und vor dem Angeklagten/Verteidiger (→ *Plädoyer des Verteidigers*, Rdn 2017),

> Dazu gehört auch das sich aus §§ 258 Abs. 2 Hs. 2, 397 Abs. 1 S. 3 ergebende **Recht** auf **Erwiderung**. Allerdings kommt dem nach der Rspr. des BGH (NJW 2001, 3137) nicht dasselbe Gewicht zu wie dem → *letzten Wort des Angeklagten*, Rdn 1848. Deshalb begründet die Verweigerung dieses Rechts nur dann die Revision für den Nebenkläger, wenn und soweit das Urteil gerade auf diesem Fehler beruht (vgl. dazu eingehend BGH, a.a.O.).

- wenn es sich bei dem Nebenklagedelikt um ein **Antragsdelikt** handelt, kann er den Strafantrag **zurücknehmen** (→ *Rücknahme eines Strafantrags*, Rdn 2417).

1939 f)aa) Über diese aufgezählten Befugnisse hinaus (s.o. Rdn 1937) ist der Nebenkläger(-vertreter) **allgemein** berechtigt, **Anträge** zu **stellen**, um auf einen sachgerechten Verfahrensablauf und auf sachgerechte Ausübung der dem Gericht nach § 244 Abs. 2 obliegenden Aufklärungspflicht hinzuwirken. § 397 Abs. 1 S. 3 ist jedoch eine abschließende Regelung. Das bedeutet, dass weiter gehende Rechte als die gesetzlich normierten dem Nebenkläger(-vertreter) nicht zustehen (*Meyer-Goßner/Schmitt*, § 397 Rn 6 m.w.N.).

1940 bb) Der Nebenkläger(-vertreter) hat daher **nicht** das **Recht**,

- den Antrag auf **Aussetzung** der HV nach §§ 246 Abs. 2, 265 Abs. 4 zu stellen (→ *Aussetzung wegen veränderter Sach-/Rechtslage*, Rdn 498; → *Aussetzung wegen verspäteter Namhaftmachung geladener Beweispersonen*, Rdn 506),
- eine **Einstellungsentscheidung** des Gerichts **anzufechten** (BVerfG NJW 1995, 317; LG Mönchengladbach StV 1987, 335),
- den Antrag nach § 255 auf **Protokollierung** des Grundes für die **Urkundenverlesung** zu stellen,
- den Antrag nach § 273 Abs. 3 auf **vollständige Niederschreibung** von Vorgängen, Aussagen und Äußerungen im → *Protokoll der Hauptverhandlung*, Rdn 2092, zu stellen,
- nach § 249 Abs. 2 dem Urkundenbeweis in Form des sog. **Selbstleseverfahrens** (→ *Selbstleseverfahren*, Rdn 2504) zu widersprechen,
- Anträge auf **Vereidigung** eines **SV** zu stellen (§ 79 Abs. 1 S. 2; → *Vereidigung eines Sachverständigen*, Rdn 2786).

1941 cc) Das **Gericht** ist auch **nicht** verpflichtet, die **Zustimmung** oder den Verzicht des **Nebenklägers** einzuholen, soweit bestimmte Prozesshandlungen oder ihr Unterlassen von Zustimmung oder Verzicht des Angeklagten und der StA abhängig sind.

1942 Das gilt:

- für den Verzicht nach § 324 Abs. 1 S. 2 auf die Verlesung des Urteils der 1. Instanz in der → *Berufungshauptverhandlung*, Rdn 619,
- für den → *Beweisverzicht*, Rdn 1146, nach § 245 Abs. 1 S. 2,

Nebenklägerrechte in der Hauptverhandlung   N

- für die Zustimmung zur **Verlesung** von **Protokollen** nach § 251 Abs. 1 Nr. 1, Abs. 2 Nr. 3 (→ *Verlesung von Protokollen früherer Vernehmungen/sonstiger Erklärungen*, Rdn 3014),
- für die Zustimmung nach § 325 Hs. 2 zur **Verlesung** von **Vernehmungsniederschriften** in der → *Berufungshauptverhandlung*, Rdn 619 ff.,
- nach § 303 S. 2 für die **Zustimmung** zur → *Berufungsrücknahme*, Rdn 652, des Angeklagten oder nach §§ 411 Abs. 2 S. 4, 303 S. 2 zur Rücknahme des Einspruchs im → *Strafbefehlsverfahren*, Rdn 2580.

g) Der Nebenkläger ist allerdings im Rahmen von → *Absprachen/Verständigung mit Gericht und Staatsanwaltschaft*, Rdn 137, zu **beteiligen**. Er ist „Verfahrensbeteiligter" i.S.v. § 257c, sodass ihm gem. § 257c Abs. 3 S. 3 der mögliche Inhalt einer Verständigung bekannt zu geben und Gelegenheit zur Stellungnahme zu geben ist. Entsprechendes gilt für → *Erörterungen des Standes des Verfahrens*, Rdn 1491, nach § 257b. Auch an diesen ist der Nebenkläger(-vertreter) zu beteiligen.   1943

☞ Der Nebenkläger muss aber einer Verständigung nach § 257c **nicht zustimmen**.

3. Für den Fall, dass der Nebenkläger ein **Rechtsmittel** gegen das in der HV verkündete Urteil erwägt, muss er darüber belehrt werden, dass er nach der Neuregelung des § 400 Abs. 1 durch das OpferschutzG **nur** noch den **Schuld-**, nicht aber den Rechtsfolgenausspruch **anfechten** kann.   1944

☞ Der Nebenklägervertreter muss darauf achten, dass die Rechtsmittelbefugnis des Nebenklägers nach § 400 Abs. 1 eingeschränkt ist; der Nebenkläger kann danach insbesondere keine Strafmaßberufung oder -revision einlegen mit dem Ziel einer schärferen Bestrafung des Angeklagten. Wegen dieser eingeschränkten Anfechtungsmöglichkeit muss er – abweichend von z.B. § 317 – das **Ziel** eines **Rechtsmittels**, wie z.B. einer Berufung, grds. **mitteilen** (OLG Düsseldorf NStZ 1994, 507; → *Berufungsbegründung*, Rdn 563).

☞ Im **Revisionsverfahren** genügt nicht nur die allgemeine Sachrüge (vgl. aus der st.Rspr. BGH NStZ-RR 2005, 262; OLG Hamm NStZ-RR 2003, 20 [Ls.]; StRR 2008, 122 [Ls.]; *Meyer-Goßner/Schmitt*, § 400 Rn 5 f. m.w.N.; → *Revision, Begründung, Sachrüge*, Rdn 2295). Diese Einschränkung kann auch nicht dadurch umgangen werden, dass die Nichtaburteilung eines (weiteren) tateinheitlich begangenen – möglicherweise völlig fern liegenden – Nebenklagedelikts gerügt wird (BGH NStZ 2011, 338; NStZ-RR 2003, 102 [Ls.]; *Meyer-Goßner/Schmitt*, § 400 Rn 7).

1945 4. Schließlich muss der Nebenklägervertreter die Erstattung der **notwendigen Auslagen** seines Mandanten im Auge behalten.

> ☞ Der **Nebenklägervertreter** sollte es nicht versäumen, in seinem **Schlussvortrag** oder – im Fall der beabsichtigten Einstellung des Verfahrens – bei seiner Anhörung die Auslagenfrage anzusprechen und einen entsprechenden **Antrag** zu stellen. Damit erinnert er das Gericht an die zugunsten seines Mandanten zu treffende Entscheidung über die Nebenklagekosten. Wird eine ausdrückliche Entscheidung nicht getroffen, muss der Nebenkläger seine Auslagen selbst tragen (*Meyer-Goßner/Schmitt*, § 472 Rn 10 m.w.N.). Eine **Nachholung** der Kostenentscheidung ist ebenso wie eine Berichtigung des Urteilstenors nach h.M. i.d.R. **ausgeschlossen** (vgl. u.a. OLG Karlsruhe NStZ-RR 1997, 157 m.w.N.; zuletzt OLG Hamm NStZ-RR 2006, 95; zu allem *Meyer-Goßner/Schmitt*, § 464 Rn 12 ff. m.w.N.). Nach h.M. kann aber, wenn gegen die Kostenentscheidung wegen Unanfechtbarkeit der Hauptentscheidung keine sofortige Beschwerde zulässig ist (vgl. § 464 Satz 1 Halbs. 2), der unterbliebene Kostenausspruch nach § 33a nachgeholt werden (*Meyer-Goßner/Schmitt*, a.a.O; zur Zulässigkeit der Anfechtung für den Nebenkläger im Hinblick auf die Beschränkung aus § 400 Abs. 1 s. *Meyer-Goßner/Schmitt*, § 464 Rn 17a a.E. m.w.N. und u.a. OLG Hamm StraFo 2008, 348).

1946 Es gelten folgende

Grundsätze:

- Wird der **Angeklagte verurteilt**, trägt er grds. die notwendigen Auslagen des Nebenklägers (s. § 472). Hiervon kann gem. § 472 Abs. 1 S. 2 ganz oder teilweise abgesehen werden, soweit es unbillig wäre, den Angeklagten damit zu belasten. Einer solchen Billigkeitsentscheidung geht jedoch ggf. die Regelung des § 473 Abs. 1 S. 2 vor (LG Stralsund in 26 Qs 277/06 [für die Rücknahme des Einspruchs gegen den Strafbefehl in der HV]; → *Strafbefehlsverfahren*, Rdn 2568).

    > ☞ Hat das Gericht übersehen, dass die **Anschlusserklärung** des Nebenklägers **unwirksam** ist und ihm gleichwohl einen Beistand bestellt, später aber die rechtsfehlerhafte Bestellung zurückgenommen, so trägt die durch die Bestellung entstandenen Kosten nicht der Verurteilte, sondern die Staatskasse (§ 21 Abs. 1 S. 1 GKG; KG JurBüro 2009, 656).

- Wird der Angeklagte **freigesprochen**, kann der Nebenkläger selbstverständlich keinen Auslagenersatz verlangen, er braucht aber auch nicht etwa die Auslagen des Angeklagten zu tragen.
- Bei einer **Verfahrenseinstellung** nach §§ **153**, **154**, **154a** werden nach § 472 Abs. 2 die notwendigen Auslagen dem Angeklagten ganz oder teilweise **ausnahmsweise**

nur dann auferlegt, wenn dies aus besonderen Gründen der Billigkeit entspricht, wenn etwa der Angeklagte durch bereits feststehende Tatsachen Anlass zur Nebenklage gegeben hat (BVerfG StV 1988, 31, vgl. a. *Beulke* DAR 1988, 114, 119).

▪ Bei einer **Verfahrenseinstellung** nach § 153a werden i.d.R. dem Angeklagten die notwendigen Auslagen des Nebenklägers auferlegt (§ 472 Abs. 2 S. 2, Abs. 1; vgl. dazu *Meyer-Goßner/Schmitt*, § 472 Rn 13).

🖉 War der Nebenklägervertreter dem Nebenkläger im Wege der Bewilligung von **PKH** beigeordnet, kann ggf. gem. § 51 RVG die Zubilligung einer **Pauschgebühr** in Betracht kommen, wenn es sich um ein besonders umfangreiches oder besonders schwieriges Verfahren gehandelt hat (wegen der [allgemeinen] Einzelh. zu den Fragen der §§ 51 ff. RVG s. *Burhoff*, EV, Rn 3182 m.w.Lit.-Hinw.).

Siehe auch: → *Nebenklage*, Rdn 1917, m.w.N.

Nichterscheinen eines Zeugen 1947

Literaturhinweise: Fromm, Das krankheitsbedingte Nichterscheinen des Zeugen im Strafprozess, StRR 2013, 364; **Häner**, Verfahren beim Ausbleiben des gerichtlich geladenen Zeugen, JR 1984, 496.   1948

1. Erscheint der ordnungsgemäß geladene Zeuge (vgl. dazu § 48 Abs. 2) nicht, kann gem. § 51 Abs. 1 S. 2 seine **Vorführung** angeordnet werden. Die Anordnung trifft das Gericht, nicht der Vorsitzende allein (*Meyer-Goßner/Schmitt*, § 51 Rn 22), und zwar erst recht nicht außerhalb der HV (KG NStZ-RR 2000, 145 m.w.N.; → *Zwangsmittel bei Ausbleiben des Angeklagten*, Rdn 3675). Gegen einen ausgebliebenen Zeugen können aber auch **Fahndungsmaßnahmen** nach den §§ 131a ff. ergriffen werden (vgl. zu den Voraussetzungen *Burhoff*, EV, Rn 1558 ff.).   1949

🖉 Erscheint ein Zeuge nicht, muss sich der Verteidiger überlegen, ob er auf diesen Zeugen ggf. **verzichtet** (vgl. dazu → *Beweisverzicht*, Rdn 1146). Das Gericht ist grds. verpflichtet, entweder die Vernehmung des Zeugen in der HV oder eine Entscheidung, wie weiter verfahren werden soll, herbeizuführen (OLG Hamm NJW 1999, 1416 [Ls.; auch zur „Beruhensfrage", wenn das Gericht dieser Verpflichtung nicht nachkommt]). Verzichtet er nicht, wird er weiter prüfen, ob er den nach § 51 Abs. 1 S. 3 zulässigen Antrag stellt, den Zeugen **vorführen** zu lassen. Das wird davon abhängen, ob zu besorgen ist, der Zeuge werde zum nächsten Termin wiederum nicht erscheinen.

2.a) Einem ordnungsgemäß geladenen Zeugen, der – schuldhaft – in der HV nicht erscheint, können gem. § 51 Abs. 1 S. 1 auch die durch sein Ausbleiben verursachten **Kos-**   1950

ten auferlegt werden, und zwar auch dann noch, wenn das Verfahren schon rechtskräftig abgeschlossen ist (KG NStZ-RR 2006, 288 [Ls.]). Außerdem kann gegen ihn **Ordnungsgeld/Ordnungshaft** festgesetzt werden (BVerfG NJW 2002, 955; OLG Köln, Beschl. v. 22.12.2011 – 2 Ws 796/11; zu den Folgen des Nichterscheinens s.a. *Eisenberg*, Rn 1071 ff.; *Fromm* StRR 2013, 364). einerseits OLG Düsseldorf NJW 1999, 1647 m.w.N. [kein Ordnungsmittel gegen sich im Ausland aufhaltenden Ausländer]; andererseits OLG Frankfurt am Main NJW 2014, 95 [auch Ordnungsmittel gegen sich im Ausland aufhaltenden Ausländer, der sich nach Erhalt der Ladung ins Ausland begeben hat]). Die Verhängung eines Ordnungsgeldes gegen den soll nicht mehr in Betracht kommen, wenn das Ausbleiben des Zeugen folgenlos geblieben ist, also das Verfahren auch ohne den Zeugen zum Abschluss gebracht werden konnte (OLG Hamm NJW-RR 2013, 384 für das Zivilverfahren).

> Ist der Zeuge **verhindert, muss er sich so rechtzeitig entschuldigen**, dass eine Verlegung des Termins und die Abbestellung der zur Verhandlung geladenen Personen noch möglich ist (OLG Düsseldorf StraFo 2002, 164; OLG Frankfurt am Main NJW 2014, 95). Ob das allerdings immer so frühzeitig geschehen muss, dass die Abladung noch im gewöhnlichen Geschäftsbetrieb erfolgen kann (so OLG Düsseldorf, a.a.O.), erscheint mir unter Berücksichtigung der modernen Kommunikationsmittel fraglich.
>
> Eine **Urlaubsreise** soll den Zeugen grds. nicht von seiner Pflicht, zur Vernehmung vor Gericht zu erscheinen, entbinden (OLG Dresden NStZ-RR 2015, 192).

1951 b) Der erforderliche **Beschluss** des Gerichts ergeht von Amts wegen oder auf Antrag. Den **Antrag** kann auch der Verteidiger stellen. Der Beschluss muss nicht unmittelbar in der Verhandlung ergehen, in der der Zeuge nicht erschienen ist (*Meyer-Goßner/Schmitt*, § 51 Rn 23 m.w.N.). Er muss aber, wenn der Angeklagte verurteilt wird, wegen der Kosten **spätestens** erlassen werden, wenn die **Hauptsache entscheidungsreif** ist (BGHSt 10, 126; s. aber KG NStZ-RR 2006, 288 [Ls.]). Darauf muss der Verteidiger im Interesse des Angeklagten achten, da der Angeklagte einen Rechtsanspruch darauf hat (BayVGH JR 1966, 195), dass dem säumigen Zeugen die durch das Ausbleiben entstandenen Kosten, die erheblich sein können, auferlegt werden.

1952 3. Bei **nachträglicher** ausreichender **Entschuldigung** (vgl. dazu *Meyer-Goßner/Schmitt*, § 51 Rn 25 m.w.N; *Fromm* StRR 2013, 364 f.) kann gem. § 51 Abs. 2 S. 3 der Ordnungsgeldbeschluss **aufgehoben** werden. Dazu ist, wenn der Aufhebungsbeschluss in der HV ergeht, der **Angeklagte/Verteidiger** gem. § 33 Abs. 1 zu **hören**. Ergeht die Aufhebung außerhalb der HV, muss der Angeklagte/Verteidiger nach § 33 Abs. 3 gehört werden. Ist das Verschulden des Zeugen gering, kann das Ordnungsmittelverfahren gegen den Zeugen in entsprechender Anwendung des Rechtsgedankens aus § 153, § 47 Abs. 2 OWiG ggf. **eingestellt** werden (ganz h.M. in der Rspr.; s. KG JR 1995, 174; OLG Dresden NStZ-Rr 2015, 191; OLG Düsseldorf NJW 1996, 138; MDR 1996, 1057; LG Trier NJW 1975, 1044; noch *Fromm* StRR 2014, 364). Ob dadurch dann auch die Kostentragungspflicht des Zeugen entfällt, ist umstritten (bej. OLG Düsseldorf MDR 1990, 173; OLG Koblenz NStZ 1988, 192; abl. KG, a.a.O.; OLG Dresden, a.a.O.).

Siehe auch: → *Zeugenvernehmung, Allgemeines*, Rdn 3537.

O

Obergutachter 1953

> **Das Wichtigste in Kürze:**
> 1. Nicht ausreichende Sachkunde des SV wird i.d.R. für den Verteidiger Anlass sein, sich Gedanken über einen Antrag auf Ladung/Beauftragung eines weiteren SV zu machen.
> 2. Bei dem Antrag des Verteidigers auf Einholung eines weiteren SV-Gutachtens handelt es sich um einen Beweisantrag auf Vernehmung eines weiteren SV.
> 3. Der Beweisantrag auf Zuziehung eines weiteren SV muss vom Verteidiger sorgfältig begründet werden.

Literaturhinweise: Döhring, Fachliche Kenntnisse des Richters und ihre Verwertung im Prozeß, JZ 1968, 614; **Lifschütz**, Das Sonder-Fachwissen des Richters, NJW 1969, 305; **Weigelt**, Der Beweisantrag in Verkehrsstrafsachen, DAR 1964, 314; s. die Hinw. bei → *Sachverständigenbeweis*, Rdn 2436. 1954

1.a) Nicht ausreichende Sachkunde reicht zur → *Ablehnung eines Sachverständigen*, Rdn 15, nicht aus, da die mangelnde Sachkunde den SV nicht „befangen" macht. Fehlende Sachkunde wird aber i.d.R. für den Verteidiger Anlass sein, sich Gedanken über einen **Antrag** auf Ladung/Beauftragung eines **weiteren SV** zu machen (vgl. zusammenfassend KK-*Krehl*, § 244 Rn 58 ff. m. zahlr. weit. Nachw.). In der Praxis wird dieser SV i.d.R. Obergutachter genannt, obwohl er die einem „Obergutachter" sonst zukommende Schiedsrichterfunktion, eine Frage abschließend zu entscheiden, nicht hat. Vielmehr ist das „Obergutachten" (nur) ein weiteres Gutachten, das zu einem bereits ergangenen Gutachten Stellung nimmt. Dieses Gutachten und das Obergutachten sind gleichwertig (*Krekeler* StraFo 1996, 8; zur Verletzung des Grundsatzes des „fair-trial" bei Beauftragung eines weiteren neuen SV durch das [Berufungs-]Gericht und dessen alleinige Ladung zur HV s. OLG Hamm NStZ 1996, 455). 1955

b) Ggf. kann aber auch schon die → *Aufklärungspflicht des Gerichts*, Rdn 329, dieses **zwingen**, von sich aus ein weiteres Gutachten einzuholen. Das kann z.B. bei widersprüchlichen Gutachten der Fall sein (BGH NStZ-RR 1997, 42). Es muss aber nicht in jedem Fall, in dem das Gericht von dem Gutachten des in der HV gehörten SV abweichen will, ein weiterer SV hinzugezogen werden. Voraussetzung für das Absehen von der Hinzuziehung eines weiteren SV ist aber, dass das Gericht die für die abweichende Beurteilung des vorliegenden SV-Gutachtens erforderliche Sachkunde besitzt, selbst wenn es erst durch das Gutachten genügend sachkundig geworden ist, um die Beweisfrage beurteilen zu können (BGHSt 55, 5; BGH NStZ 2006, 511 m.w.N.; 2010, 51; 2010, 586, jew. auch zu den Urteilsanforderungen; zur Sachkunde auch noch → *Sachverständigenbeweis*, Rdn 2445). 1956

🖉 Außerdem muss das Gericht die **Ausführungen** des SV in nachprüfbarer Weise im **Urteil wiedergeben**, sich mit ihnen auseinandersetzen und seine abweichende Meinung begründen (vgl. u.a. die vorstehend zit. BGH-Rspr.). Wenn ein Beweisantrag auf Einholung eines weiteren SV-Gutachtens, der sich auf substantiiert dargelegte methodische Mängel des (vorbereitenden) Erstgutachtens stützt, allein mit der Begründung zurückgewiesen werden soll, das Gericht verfüge selbst über die erforderliche Sachkunde, darf es sich in den Urteilsgründen hierzu nicht dadurch in Widerspruch setzen, dass es seiner Entscheidung das Erstgutachten ohne Erörterung der geltend gemachten Mängel zugrunde legt (BGHSt 55, 5 m. Anm. *Eisenberg* JZ 2010, 474).

1957 2. Bei dem Antrag des Verteidigers auf Einholung eines weiteren SV-Gutachtens handelt es sich um einen → *Beweisantrag*, Rdn 835, auf Vernehmung eines weiteren SV. Dieser wird vom Gericht über die allgemeinen **Ablehnungsgründe** hinaus **zusätzlich** nach § 244 Abs. 4 S. 2 beurteilt (vgl. dazu KK-*Krehl*, § 244 Rn 201 ff.; zur – bejahten – Verfassungsmäßigkeit von § 244 Abs. 2 S. 2 s. BVerfG NJW 2004, 209).

🖉 Seinen Beweisantrag muss der Verteidiger aus verschiedenen Gründen **sorgfältig begründen**: Meist wollen die Gerichte wegen des „Zeitverlustes" nur ungern einen weiteren Gutachter hören, sodass häufig versucht wird, den Antrag nach Möglichkeit abzulehnen. Insbesondere deshalb muss der Verteidiger bei der Begründung seines Antrags die möglichen Ablehnungsgründe des § 244 Abs. 4 S. 1 und 2 im Blick haben (zum Inhalt eines Beweisantrags im Allgemeinen → *Beweisantrag, Inhalt*, Rdn 951) und außerdem Folgendes **beachten**:
Nach inzwischen wohl h.M. in der Rspr. kann das Gericht einen Beweisantrag auf Zuziehung eines weiteren SV ohne jede Begründung zurückweisen, wenn im Beweisantrag nicht in der Beweisbehauptung oder an anderer Stelle **dargelegt** wird, weshalb die in **§ 244 Abs. 4 S. 2** genannten **Ablehnungsgründe nicht vorliegen** (LR-*Becker*, § 244 Rn 340 m.w.N.). Die Ablehnung eines entsprechenden Beweisantrages darf aber **nicht** auf **andere Beweismittel** oder auf eine Gesamtwürdigung aller Beweismittel gestützt werden, insoweit gilt das Verbot der Beweisantizipation (BGH StV 2014, 265).

1958 3. Der Beweisantrag auf Zuziehung eines weiteren SV muss vom Verteidiger sorgfältig begründet werden Der Beweisantrag sollte auf jeden Fall eine **Begründung** zu folgenden Punkten **enthalten** (dazu a. *Dahs*, Rn 884; Beck-*Michalke*, S. 558 ff.; *Hamm/Hassemer/ Pauly*, Rn 367 ff.; *Junker*, Rn 83 ff.; LR-*Becker*, § 244 Rn 324 ff. m.w.N.; BGH NStZ 2013, 98 zugleich auch zu den Anforderungen der Revisionsbegründung):

1959 a) Der Verteidiger muss zunächst **darlegen**, warum nach seiner Auffassung das Gericht **keine eigene Sachkunde** hat (§ 244 Abs. 4 S. 1). Von besonderer Bedeutung ist hier die Frage, warum das Gericht seine eigene Sachkunde nicht aus dem Gutachten des ersten

SV herleiten kann (KK-*Senge*, § 74 Rn 14; zur „eigenen" Sachkunde s. KK-*Krehl*, § 244 Rn 45, 57 f. m.w.N.; sowie z.b. BGH NStZ 1998, 528 [bei noch nicht erprobten Untersuchungsmethoden kann es sich empfehlen, einen weiteren SV beizuziehen]; zur Zulässigkeit der Ablehnung eines weiteren → *Glaubwürdigkeitsgutachten*, Rdn 1630, s. BGH NJW 1998, 2753 und zur Ablehnung eines weiteren psychiatrischen SV BGH NStZ 2006, 511).

Das ist insbesondere **wichtig** bei Fragen der **Schuldfähigkeit**: Bei denen kann sich das Gericht aufgrund seiner Beobachtungen in der HV und mangels Anzeichen, dass der Angeklagte in geistiger Hinsicht von der Norm abweicht, grds. auf sein medizinisches Allgemeinwissen verlassen (*Meyer-Goßner/Schmitt*, § 244 Rn 74b). Sonst darf es sich die erforderlichen **Fachkenntnisse** i.d.R. **nicht zutrauen** (s.a. → *Sachverständigenbeweis*, Rdn 2445 ff.; *Meyer-Goßner/Schmitt*, § 73 Rn 8). Dazu folgende 1960

Rechtsprechungsbeispiele: 1961

- **Aids-Erkrankung** und Kokainsucht (OLG Hamm VRS 90, 113),
- langjähriger **Alkohol- und BtM-Missbrauch** und Besonderheiten in der Tat – Spontantat (BGH StV 1994, 634),
- **Ersttat** eines Angeklagten im **vorgerückten Alter** (BGH 1995, 633),
- schwere **Hirnverletzungen** (s. z.b. BGH NStZ 1990, 27 [M]; 1992, 225 [K]),
- **Spielsucht** (BGH NStZ 1994, 501 [jedoch bejaht]; OLG Hamm StraFo 1998, 309 [i.d.R. bejaht]),
- Beurteilung der Auswirkungen von **Unfällen** mit Gehirnbeschädigung (NJW 1993, 1540).

b) Der Verteidiger muss auch im Einzelnen begründen, warum nach seiner Meinung die **behauptete Tatsache** durch das „Erstgutachten" noch **nicht widerlegt** ist. Wichtig ist hier, dass das Gegenteil der behaupteten Tatsache allein durch das Gutachten anderer SV (BGHSt 34, 355; BGH NStZ 2005, 159; StV 2014, 265; OLG Koblenz StV 2001, 561), nicht aber **aufgrund anderer Beweismittel** oder einer Gesamt(-beweis-)würdigung widerlegt sein muss (vgl. BGHSt 39, 49, 52). Es handelt sich also nur um eine beschränkt zulässige Beweisantizipation. Der andere SV kann ausnahmsweise auch Angehöriger einer anderen Fachrichtung sein (BGH NJW 1990, 2944 f. [Sexualwissenschaftler gegenüber einem Psychiater; insoweit nicht in BGHSt 37, 157]; BGHSt 39, 49 [Blutgruppen- gegenüber DNA-SV]; OLG Koblenz, a.a.O.; zu einer wenig erprobten Methode des SV s. BGH NStZ 1994, 250; vgl. dazu a. *Junker*, Rn 85). „Früheres" Gutachten kann aber auch ein nach § 256 Abs. 1 Nr. 2 verlesenes ärztliches Attest (über eine Körperverletzung) sein (BGHSt 52, 322). 1962

c) Darüber hinaus muss der Verteidiger vortragen, warum der gehörte SV von **unrichtigen tatsächlichen Voraussetzungen** ausgegangen ist, sein Gutachten Widersprüche 1963 enthält oder weshalb der Obergutachter über bessere Forschungsmittel verfügt (*Junker*, Rn 88). Dazu gilt:

- Zur Begründung von **Widersprüchen** reicht allein eine Abweichung des mündlichen von dem schriftlich erstatteten Gutachten nicht aus (BGHSt 8, 113, 116), es sei denn, es besteht gegenüber dem schriftlichen Gutachten in einem entscheidenden Punkt ein nicht erklärbarer Widerspruch (BGH NJW 1991, 3290; NStZ 1990, 244; OLG Karlsruhe StV 2004, 477; vgl. hierzu ausf. KK-*Krehl*, § 244 Rn 58 f. und 203). Grds. können also nur Widersprüche innerhalb des mündlichen Gutachtens zur Anhörung eines Obergutachters **zwingen** (BGHSt 23, 176, 185; BGH DAR 1988, 230 [Sp]; vgl. zum „Widerspruch" auch vgl. dazu a. EGMR StraFo 2002, 81; *Meyer-Goßner/Schmitt*, § 244 Rn 76; zu den Anforderungen an die Beweiswürdigung in diesen Fällen s. BGH NStZ 2005, 161).

- Die **überlegenen Forschungsmittel** des Obergutachters sind nur die Hilfsmittel, also die Ausstattung mit Apparaten, oder besondere Testverfahren, die der Obergutachter anwendet. **Persönliche Kenntnisse** des SV, größere Berufserfahrung, umfangreicheres Forschungsmaterial oder Veröffentlichungen sind keine überlegenen Forschungsmittel (*Meyer-Goßner/Schmitt*, § 244 Rn 76 m.w.N.; zu allem a. *Hamm/Hassemer/Pauly*, Rn 413 ff.). Ein SV verfügt auch nicht deshalb über überlegene Forschungsmittel, weil der Angeklagte bereit ist, sich von ihm untersuchen zu lassen, die Untersuchung bei einem anderen SV aber verweigert (hat) (BGHSt 44, 26, 31; zur Problematik der Anwesenheit des Verteidigers bei der Exploration s. BGH NStZ 2003, 101).

1964 d) Zu begründen ist auch, aus welchen Gründen es dem gehörten **SV** an der erforderlichen **Sachkunde mangelt**. Dazu kann es notwendig sein, den Erstgutachter zu **befragen**, worauf seine Sachkunde beruht (→ *Vernehmung Sachverständiger*, Rdn 3143; s.a. den **Fragenkatalog** bei → *Sachverständigenbeweis*, Rdn 2454 ff.). Das ist besonders bei medizinischen SV von Bedeutung, da nicht jeder Arzt sämtliche Fächer beherrschen kann (*Dahs*, Rn 621 und 221 ff.). So wird ein Blutalkoholgutachter kaum Fragen der Schuldfähigkeit oder des pathologischen Rausches ausreichend sicher beurteilen können (*Weigelt* DAR 1964, 318). An der Sachkunde mangelt es einem SV aber nicht schon allein deshalb, weil er nur Psychiater und nicht auch Psychologe (BGH NStZ 1990, 400) oder Neurologe ist (BGH NStZ 1991, 80; zu allem a. Beck-*Michalke*, S. 559 f. m.w.N.). Nach allgemeiner Meinung soll auch die **Nichtbeachtung** der vom BGH für → *Glaubwürdigkeitsgutachten*, Rdn 1630, aufgestellten **Standards** (BGHSt 45, 164) nicht zur Annahme mangelnder Sachkunde des SV führen (KK-*Krehl*, § 244 Rn 58; BGH NStZ 2001, 45). Das ist m.E. zweifelhaft, denn wenn der SV noch nicht einmal die Mindeststandards des BGH beachtet, wird man kaum davon ausgehen können, dass er dem Gericht die nicht vorhandene, aber erforderliche Sachkunde vermitteln kann bzw. vermittelt.

> Von der Anhörung eines Psychologen als (zusätzlichen) SV zur **Glaubwürdigkeit** kann dann abgesehen werden, wenn sich das Gericht aufgrund des Gutachtens eines psy-

chiatrischen SV die nötige Sachkunde verschafft, um beurteilen zu können, dass Auffälligkeiten in der Person des Zeugen auf die Glaubwürdigkeit von dessen Aussage keinen Einfluss haben (BGH NJW 1998, 2753). Den Antrag auf Anhörung eines „weiteren" SV kann das Gericht mit dieser Begründung aber nicht ablehnen (BGH NStZ 1997, 610).

Die besondere Sachkunde eines **Psychiaters** wird auch benötigt, wenn ein Zeuge an einer geistigen Erkrankung leidet, die sich auf die **Aussagetüchtigkeit** auswirken kann (st. Rspr.; vgl. z.B. BGHSt 23, 8 ff.; zuletzt BGH MDR 1997, 19 [H] m.w.N.; zur Hinzuziehung eines Psychiaters bei möglicher Beeinträchtigung der Schuldfähigkeit infolge Hirnschädigung s.a. BGH StV 1996, 4). An dieser Stelle zahlt es sich aus, wenn der Verteidiger sich schon bei der → *Vorbereitung der Hauptverhandlung*, Rdn 3370, also frühzeitig mit dem **Fachgebiet** des ersten SV **beschäftigt** hat (*Dahs*, Rn 221 ff.; zur richtigen Auswahl des Psycho-SV s. *Rasch* NStZ 1992, 257; *Täschner* NStZ 1994, 221).

1965

 In der HV muss der Verteidiger auch sorgfältig darauf achten, ob der SV von seinem schriftlichen Gutachten **abweicht**, da dann die Sachkunde zweifelhaft sein kann (BGHSt 8, 113 ff.; BGH NStZ 1999, 630; s.o. Rdn 1963). Entsprechendes gilt, wenn der SV sich weigert, seine Methoden offenzulegen oder wenn er seine Meinung ohne nachvollziehbare Erklärung ändert (BGH, a.a.O.).
Weicht der SV in der HV **plötzlich** von seinem **schriftlichen Gutachten ab**, kann es (auch) ein Gebot des sich aus Art. 6 Abs. 1 S. 1 MRK ergebenden Grundsatzes des „fairen Verfahrens" sein, einem Antrag der Verteidigung auf ein Gegengutachten nachzugehen (EGMR StraFo 2002, 81; s.a. oben Rdn 1963).

4. Muster: Beweisantrag auf Einholung eines weiteren Sachverständigengutachtens (wegen weiterer Muster s. *Junker*, Rn 83 ff.)

1966

▼

An das

Amtsgericht/Landgericht Musterstadt

Beweisantrag

In der Strafsache

gegen H. Mustermann

Az.:

wird beantragt,

O Obergutachter

ein weiteres Sachverständigengutachten zum Beweis der Tatsache einzuholen, dass die Fähigkeit des Angeklagten, das Unrecht seiner Tat einzusehen und danach zu handeln, wegen einer krankhaften seelischen Störung bei der Begehung der Tat erheblich vermindert war (§ 21 StGB).

Es wird beantragt,

Herrn Prof. Dr. Dr. Fritz Müller, Antragsstraße 5, Musterstadt, als Sachverständigen zu bestellen.

Begründung:

Das Gericht hat in der Hauptverhandlung zur Schuldfähigkeit des Angeklagten Prof. Dr. Dr. Meier als Sachverständigen gehört. Dieser ist Psychologe und hat sein schriftliches Gutachten auch ausdrücklich als psychologisches Gutachten erstattet.

Der Sachverständige Prof. Dr. Dr. Meier ist zu dem Ergebnis gekommen, dass bei dem Angeklagten die Voraussetzungen der §§ 20, 21 StGB zu verneinen sind.

Bei der Gutachtenerstattung hat der bisher gehörte Sachverständige wesentliche Erkenntnisse außer Acht gelassen, ist also von unrichtigen tatsächlichen Voraussetzungen ausgegangen. Dazu gehört der Umstand, dass der Angeklagte seit seiner Jugend – etwa ab dem zehnten Lebensjahr – Kampfsport betreibt, wobei er eine Kampfsportart bevorzugt, die zur Kampfunfähigkeit eines Gegners führen soll. Es ist davon auszugehen, dass er hierbei auch eine Vielzahl von Schlägen gegen den Kopf erhalten hat. Außerdem hat der Angeklagte bei seiner polizeilichen Vernehmung angeführt, dass er 1998 bei einem Raubüberfall mit einem Baseballschläger auf den Kopf geschlagen worden ist. Das entsprechende Ermittlungsverfahren ist bei der StA Musterstadt unter dem Az. 42 Js 1235/98 geführt worden. Außerdem war der Angeklagte 1994 Opfer eines Motorradunfalls, nach dem er mehrere Tage im Koma gelegen hat.

Das beantragte weitere (psychiatrische) Gutachten wird zur Annahme der Voraussetzungen des § 20 StGB oder des § 21 StGB führen. Die Begutachtung durch den Psychologen Prof. Dr. Dr. Meier ist nicht ausreichend, da es hier um die Beurteilung von krankhaften Zuständen geht. Das setzt besondere medizinische Fachkenntnisse voraus, die – wie die Befragung des Sachverständigen in der Hauptverhandlung durch mich ergeben hat – dieser als (Nur-)Psychologe nicht besitzt (vgl. zu allem BGHSt 23, 8, 13; BGH StV 1996, 4).

Rechtsanwalt

Siehe auch: → *Beweisantrag, Formulierung: Sachverständigenbeweis*, Rdn 919, mit Antragsmuster, Rdn 926; → *Sachverständigenbeweis*, Rdn 2436 m.w.N.

P

Pflichtverteidiger, Bestellung in der Hauptverhandlung 1967

Literaturhinweise: Ahmed, Praxisprobleme beim Pflichtverteidiger – Ein Appell an den Gesetzgeber, Richter und Strafverteidiger, StV 2015, 65; **Burgard**, Notwendige Verteidigung wegen hoher Straferwartung durch Änderungen der Verfahrenssituation in der Hauptverhandlung, NStZ 2000, 242; **Burhoff**, Die Pauschvergütung nach § 99 BRAGO – ein Rechtsprechungsüberblick mit praktischen Hinweisen, StraFo 1999, 261; *ders.*, Neue Rechtsprechung zur Pauschvergütung nach § 99 BRAGO – mit praktischen Hinweisen, StraFo 2001, 119; *ders.*, Pflichtverteidiger in Verkehrsstrafsachen, VA 2001, 191; *ders.*, Die Pauschgebühr in Straf- und Bußgeldsachen (§§ 42, 51 RVG), RVGreport 2006, 126; *ders.*, Die Pauschgebühr des Strafverteidigers nach den §§ 42, 51 RVG, StraFo 2008, 192; *ders.*, Pflichtverteidiger in Verkehrsstrafsachen, VA 2001, 191; *ders.*, Rechtsprechungsübersicht zur Pauschgebühr des Strafverteidigers nach den §§ 42, 51 RVG für die Jahre 2008–2011, StraFo 2011, 381; *ders.*; Vorschuss aus der Staatskasse (§ 47 RVG), RVGreport 2011, 327; *ders.*, Vorschuss auf eine Pauschgebühr (§ 51 Abs. 1 Satz 5 RVG), RVGreport 2011, 407; *ders.*, Aktuelle(re) Rechtsprechung zur Pflichtverteidigung (§§ 140 ff. StPO), StRR 2011, 448; *ders.*, Pflichtverteidigung in straßenverkehrsrechtlichen Mandaten, VA 2012, 34; *ders.*, Pauschgebühr in Straf- und Bußgeldsachen: 38 Fragen – 38 Antworten, RVGprofessionell 2012, 86; *ders.*, Rechtsprechungsübersicht zur Pauschgebühr des Strafverteidigers nach den §§ 42, 51 RVG für die Jahre 2011 – 2014, StraFo 2014, 279; *ders.*, Wehret den Anfängen, oder: Unschönes aus der Praxis zum neuen § 58 Abs. 3 Satz 1 RVG, RVGreport 2014, 370; *ders.*, Erst Wahlanwalt, dann Pflichtverteidiger: Welche gesetzliche Gebühren bekomme ich?, StraFo 2014, 454; **Deckers**, Anmerkung zu OLG Düsseldorf 2 Ws 314/98 „Beiordnung eines auswärtigen Pflichtverteidigers", StV 1990, 254; **Dencker**, Strafrecht und AIDS – Strafprozesse gegen Sterbende, StV 1992, 125; **Eisenberg**, Aspekte der Rechtsstellung des Strafverteidigers, NJW 1991, 1256; *ders.*, Vorenthaltung notwendiger Verteidigung nach Ergreifung aufgrund Haftbefehls und als Geständnis interpretierte Teilaussagen, StV 2015, 180; **Friedt**, Pflichtverteidigung erst bei einer Straferwartung von mindestens einem Jahr?, StraFo 1997, 236; **Fromm**, Verteidigerbeiordnung im verkehrsrechtlichen Ordnungswidrigkeitenverfahren, NJW 2013, 2006; *ders.*, Vergütung des Verteidigers in Mammutprozessen, NJW 2013, 357; *ders.*, Vergütung des Strafverteidigers für Bemühungen zur Schadenswiedergutmachung, NJW 2013, 1720; *ders.*, Neues zur Pauschgebühr bei strafrechtlichen Großverfahren Kein „Sonderopfer" des Pflichtverteidigers, StraFo 2014, 52; *ders.*, Gebührentechnische Besonderheiten im Bußgeldrechtlichen Verbundverfahren, JurBüro 2013, 228; *ders.*, Gebührentechnische Überlegungen zum Längenzuschlag im Strafverfahren, JurBüro 2014, 564; **Gaede**, Schlechtverteidigung – Tabus und Präklusionen zum Schutz vor dem Recht auf wirksame Verteidigung?, HRRS 2007, 402; **R. Hamm**, Notwendige Verteidigung bei behinderten Beschuldigten, NJW 1988, 1820; **D. Herrmann**, Aktuelles zur Pflichtverteidigung, StraFo 2011, 133; **J. Herrmann**, Überlegungen zur Reform der notwendigen Verteidigung, StV 1996, 396; **Heydenreich**, Die Beiordnung des Verteidigers nach neuem Recht, StRR 2010, 444; *ders.*, Die unverzügliche Beiordnung – Fluch oder Segen, StraFo 2011, 263; *ders.*, Die Beiordnung des Pflichtverteidigers nach § 140 Abs. 1 Nr. StPO – Der schwierige Versuch einer statistischen Erfassung, StV 2011, 700; **Hillenbrand**, Die notwendige Verteidigung gem. § 140 StPO im Strafverfahren vor dem Amtsgericht – Teil 1, StRR 2014, 4; *ders.*, Die notwendige Verteidigung gem. § 140 StPO im Strafverfahren vor dem Amtsgericht – Teil 2, StRR 2014, 44; **Hunsmann**, Die Mitwirkung hör-, seh- und sprachbehinderter Personen im Strafverfahren, StRR 2014, 324; **Jahn**, Die Praxis der Verteidigerbestellung durch den Strafrichter – Überblick über wesentliche Ergebnisse einer empirischen Studie zur Rechtswirklichkeit nach § 140 Abs. 1 Nr. 4 StPO, StraFo 2014, 177; *ders.*, Die Praxis der Verteidigerbestellung durch den Strafrichter – Überblick über wesentliche Ergebnisse einer empirischen Studie zur Rechtswirklichkeit nach § 140 Abs. 1 Nr. 4 StPO, StraFo 2014, 177; **Krekeler**, Pflichtverteidigung als reduzierte Verteidigung – fehlende Waffengleichheit unter dem Gesichtspunkt des fehlenden Geldes, in: Pflichtverteidigung und Rechtsstaat, S. 52, in der Schriftenreihe der Arbeitsgemeinschaften des DAV; **Landau**, Die Ambivalenz des Beschleunigungsgebots, in: Festschrift für *Winfried Hassemer*, 2010, S. 1073; **Lehmann**, Notwendige Verteidigung bei ambulanter psychiatrischer Begutachtung, StV 2003, 356; *ders.*, Zur Beiordnung des auswärtigen Verteidigers, NStZ 2012, 188; **Lewitzki**, Ein Plädoyer gegen das richterliche Ermessen bei der Pflichtverteidigerauswahl, DRiZ 2011, 306; **Lüderssen**, Die Pflichtverteidigung. Zum gegenwärtigen Stand der Konkretisierung des § 140 StPO, NJW 1986, 2742; **Lütz-Binder**, Pflichtverteidigung, in: MAH, § 16; **Mehle**, Zeitpunkt und Umfang der Pflichtverteidigerbestellung, NJW 2007, 969; **Meier-Göring**, „Beschränkung? Bloß nicht", DRiZ 2011, 307; **Molketin**, Die notwendige Verteidigung bei Verkehrsdelikten, NZV 1989, 93; *ders.*, Die Rechtsprechung zu § 140 Abs. 2 Satz 1 StPO in den Jahren 2004 – 2007, StraFo 2008, 365; **Müller**, Pflichtverteidiger – Verteidiger wessen Vertrauens, StV 1981, 570; **Münchhalffen**, Rechtliche und tatsächliche Benachteiligungen des Pflichtverteidigers gegenüber dem Wahlverteidiger, StraFo 1997, 230; **Oellerich**, Voraussetzungen der notwendigen Verteidigung und Zeitpunkt der Pflichtverteidigerbestellung, StV 1981, 434; **Ostendorf**, Die Pflichtverteidigung in Jugendstrafverfahren, StV 1986, 308; **Peters/Krawinkel**, Die notwendige Verteidigung bei Untersuchungshaft: Zum sachlichen Anwendungsbereich der neuen §§ 140 Abs. 1 Nr. 4, 141 Abs. 3 Satz 4 StPO, StRR 2010, 4; **Schellenberg**, Notwendige Verteidigung, Anmerkungen zu Herrmann StV 1996, 396 ff., StV 1996, 641; **Schlothauer**, Die Auswahl des Pflichtverteidigers, StV 1981, 443; **N. Schneider**, Umfang der Rückwirkung einer Pflichtverteidigerbestellung, StraFo 2014, 410; **Sommer**, Maßnahmen des Strafverteidigers in der Hauptverhandlung, ZAPF. 22, S. 101; **Staudinger**, Dolmetscherzuziehung und/oder Verteidigerbeiordnung bei ausländischen Beschuldigten, StV 2002, 237; **Strate**, Pflichtverteidigung bei Ausländern, StV 1981, 46; **Thielmann**, Die Auswahl des Pflichtverteidigers, StraFo 2006, 358; *ders.*, Ein Plädoyer für die Transparenz bei der Pflichtverteidigerbeiordnung, HRRS 2009, 452; **Volpert**, Pflichtverteidiger und Freispruch – Worauf ist bei der Geltendmachung von Wahlverteidigergebühren zu achten?, RVGreport 2012, 162; **Weider**, Pflichtverteidigerbestellung im Ermittlungsverfahren und Opferschutz, StV 1987, 317; *ders.*, Das Gesetz zur Änderung des Untersuchungshaftrechts, StV 2010, 102; **Welp**, Der Verteidiger als Anwalt des Vertrauens, ZStW 1978 (Band 90), S. 101; **Werner**, Neuregelung der notwendigen Verteidigung für taube, stumme und blinde Beschuldigte – zum Gesetz zur Änderung der Strafprozeßordnung vom 17.5.1988, NStZ 1988, 346; **Wohlers**, Die „unverzügliche" Beiordnung eines Pflichtverteidigers: Gefährdung des Anspruchs auf effektive Verteidigung?, StV 2010, 151; s.a. die Hinw. bei → *Pflichtverteidiger, Bestellung neben Wahlverteidiger*, Rdn 1983 und *Burhoff*, EV, Rn 2759 ff. und zur Beiordnung nach § 140 Abs. 1 Nr. 4 die weit. Hinw. bei *Burhoff*, EV, Rn 1585.

1968 1. Die Frage der Beiordnung eines Verteidigers bei einer i.S.d. § 140 notwendigen Verteidigung wird i.d.R. bereits im **Vorfeld** der HV geklärt sein. Auf alle sich dabei ergebenden Fragen kann an dieser Stelle aus Platzgründen nicht eingegangen werden (vgl. dazu neben den o.a. Lit.-Hinw. die eingehenden Ausführungen und die zahlr. Nachw. bei *Burhoff*, EV, Rn 2692 ff.; *Meyer-Goßner/Schmitt*, Komm. zu §§ 140 ff., jew. m.w.N.; zur Pflichtverteidigung im Strafverfahren vor dem AG *Hillenbrand* StRR 2014, 4 u. 44 44; zu Praxisproblemen beim Pflichtverteidiger *Ahmed* StV 2015, 65 ff., zur HV insbesondere 70 f.). Die Ausführungen an dieser Stelle beschränken sich im Wesentlichen auf die Beiordnung eines (Pflicht-)Verteidigers in der HV (zur Beiordnung eines Pflichtverteidigers neben dem Wahlverteidiger → *Pflichtverteidiger, Bestellung neben Wahlverteidiger*, Rdn 1983).

1969 2.a) Für die Pflichtverteidigerbestellung in der HV gelten dieselben Voraussetzungen wie für eine Beiordnung vor der HV. Es muss also einer der Gründe des § 140 Abs. 1 vorliegen oder nach § 140 Abs. 2 die Beiordnung wegen der **Schwere** der **Tat** oder wegen der **Schwie-**

rigkeit der Sach- und Rechtslage geboten erscheinen bzw. ersichtlich sein, dass sich der **Angeklagte nicht** (mehr) **selbst** verteidigen kann. **Beispiele** für die erforderliche Bestellung in der HV sind:

aa) Die Beiordnung kommt ggf. bei einem der **deutschen Sprache nicht mächtigen** Angeklagten in Betracht in einem Fall, der Schwierigkeiten von einigem Gewicht aufweist, die auch unter → *Zuziehung eines Dolmetschers*, Rdn 3646, nicht ohne Weiteres ausräumbar erscheinen (*Meyer-Goßner/Schmitt*, § 140 Rn 30a; SK-StPO-*Wohlers*, § 140 Rn 51 m.w.N. aus der Rspr.; LR-*Lüderssen/Jahn*, § 140 Rn 79; zur Beiordnung s.a. *Schmidt*, Verteidigung von Ausländern, Rn 247 ff.; *Heghmanns*, in: HBStrVf, Kap. VI Rn 56 f.). Nach der **Rspr.** des **BGH** wird allerdings im Hinblick auf den Anspruch des Angeklagten/Beschuldigten auf kostenlose Beiordnung eines Dolmetschers **nicht ausnahmslos** ein Pflichtverteidiger beigeordnet (s. dazu BVerfG NJW 2004, 50; BGHSt 46, 178; KG StRR 2013, 102; 2014, 2 [Ls.; jedenfalls dann, wenn die auf den sprachlichen Defiziten beruhende Behinderung der Verteidigungsmöglichkeiten durch die Hinzuziehung eines Dolmetschers in der Hauptverhandlung nicht völlig ausgeglichen werden kann]; und *Staudinger* StV 2002, 329; zur Beiordnung eines Pflichtverteidigers bei einem Ausländer eingehend *Burhoff*, EV, Rn 2792, 2797 ff. m.w.N.; *Strate* StV 1981, 46; *Hillenbrand* StRR 2014, 44, 46), was auch für den mittellosen Ausländer gilt (BVerfG, a.a.O.; zur Beiordnung, wenn die Anklageschrift nicht übersetzt ist, zuletzt OLG Frankfurt am Main StV 2008, 291 m.w.N.; OLG Karlsruhe StV 2005, 655; a.A. LG Tübingen, Beschl. v. 4.8.2010 – 3 Qs 30/10 [keine Beiordnung, da der Angeschuldigte in der HV über die Möglichkeit der Aussetzung zu belehren sei]).

1970

Abzustellen ist darauf, ob durch die **Inanspruchnahme** des **Dolmetschers** die **Beeinträchtigung** des Ausländers **ausgeglichen** ist oder ob der Fall so komplex ist, dass darüber hinaus auch (noch) ein Pflichtverteidiger beigeordnet werden muss (so a. *Staudinger* StV 2002, 330). Dabei sind m.E. alle Umstände des Falls von Belang und im Hinblick auf das Verteidigungsinteresse des Angeklagten abzuwägen. *Staudinger* (a.a.O.) kommt über eine entsprechende Anwendung von § 140 Abs. 2 S. 2, wonach einem hör- und sprachbehinderten Beschuldigten auf Antrag ein Pflichtverteidiger beizuordnen ist, zutreffend zur i.d.R. erforderlichen Bestellung des Pflichtverteidigers.

bb) Die Beiordnung erst in/während der HV kann auch in Betracht kommen, wenn sich die **Schwere** der **Tat** (vgl. dazu *Burhoff*, EV, Rn 2190 ff.) oder die **Schwierigkeit** der Sach- und Rechtslage (vgl. dazu *Burhoff*, EV, Rn 2198 ff.) erst in der HV ergibt. dazu folgende **Rechtsprechungsbeispiele**:

1971

■ wenn sich erst in der HV die Notwendigkeit ergibt, ein **SV-Gutachten** als entscheidendes Beweismittel gegen den Angeklagten einzuholen, dessen Inhalt dem Angeklagten später nur über den allein zur AE berechtigten Verteidiger bekannt werden kann (vgl. u.a. OLG Köln StraFo 2011, 508; OLG Zweibrücken, Beschl. v. 6.7.2009

1972

– 1 Ws 151/09 [für das Berufungsverfahren; Beiordnung auch dann, wenn dem Angeklagten eine Abschrift des SV-Gutachtens übermittelt worden ist]; LG Bochum StV 1987, 383; *Meyer-Goßner/Schmitt*, § 140 Rn 27; zur Beiordnung eines Pflichtverteidigers aus diesen Gründen s. im Einzelnen *Burhoff*, EV, Rn 2882 ff. m.w.N.; *Burgard* NStZ 2002, 244),
- wenn bei einer „**Aussage-gegen-Aussage**-Problematik" (KG StRR 2014, 2 [Ls.]; OLG Celle NStZ 2009, 175 [jedenfalls dann, wenn aus anderen Indizien nicht hinreichend sicher auf die Richtigkeit der Angaben des (einzigen) Belastungszeugen geschlossen werden kann]; ähnl. OLG Frankfurt am Main StV 2008, 291; NStZ-RR 2009, 207 [ausländischer Angeklagter]; LG Hamburg StV 2010, 514 [ausländischer Angeklagter]); allerdings dann nicht, wenn zu der Aussage des einzigen Belastungszeugen weitere belastende Indizien hinzukommen, so dass von einer schwierigen Beweiswürdigung nicht mehr gesprochen werden kann (LG Hamburg, a.a.O.),
- es ist die Frage der **Verwertbarkeit** einer unter Verstoß gegen den Richtervorbehalt aus § 81a Abs. 2 entnommenen **Blutprobe** zu entscheiden (OLG Brandenburg NJW 2009, 1287 [Ls.]; LG Freiburg StraFo 2009, 516; LG Koblenz NZV 2010, 103; LG Schweinfurt StV 2008, 462; LG Zweibrücken VA 2009, 82; a. für das Bußgeldverfahren OLG Bremen DAR 2009, 710; OLG Köln StV 2012, 455; LG Münster StV 2012, 525; offen gelassen von OLG Hamm StRR 2010, 266; → *Blutalkoholfragen/Atemalkoholmessung*, Rdn 1199),
- nach überwiegender Meinung in der Rspr ggf., wenn der **Nebenkläger** anwaltlich vertreten ist (vgl. § 140 Abs. 1 Nr. 9 und die Nachweise bei *Burhoff*, EV, Rn 2790 u. 2844),
- die angeklagte Tat wird erst in der HV als **Verbrechen** beurteilt (→ *Hinweis auf veränderte Sach-/Rechtslage*, Rdn 1720; *Burgard*, a.a.O.),
- es stellt sich in der HV heraus, dass die für die Anwendung des § 140 Abs. 2 erforderliche „**Straferwartungsgrenze**" überschritten wird, z.B. durch das Erfordernis einer Gesamtstrafenbildung nach § 55 StGB (*Burgard*, a.a.O.; zur „Schwere der Tat" s. Rdn 1974 und *Burhoff*, EV, Rn 2871 ff.),

1973 cc) Darüber hinaus ist hinzuweisen auf folgende **weitere Verfahrenskonstellationen**:
- **zwingend** nach § 138c Abs. 3 S. 4 und 5, wenn im Verfahren über den **Verteidigerausschluss** das Ruhen der Verteidigerrechte aus den §§ 147, 148 angeordnet wird (s.a. → *Aussetzung wegen Verteidigerausschluss*, Rdn 512),
- der **Wahlverteidiger bleibt aus** und die Schwere der Tat (vgl. Rdn 1974) gebietet die sofortige Bestellung eines Pflichtverteidigers (OLG Hamm NStZ-RR 1997, 78 m. zahlr. weit. Nachw.; s. aber BGH NStZ 1998, 311; zum Ausbleiben des Verteidigers s.a. BGH NJW 2000, 1350 und → *Verhinderung des Verteidigers*, Rdn 2904),
- ein anderer Pflichtverteidiger ist **kurzfristig erkrankt**, allerdings ist der Angeklagte nicht hinreichend verteidigt, wenn bei kurzfristiger Erkrankung des Pflichtverteidigers

ein anderer Verteidiger für einen Tag der HV bestellt wird, um die Vernehmung eines Zeugen zu ermöglichen, ohne dass der Ersatzverteidiger sich in die Sache einarbeiten konnte (BGHSt 58, 206 m. Anm. *Hillenbrand* StRR 2014, 24),
- in der HV wird ein HB erlassen und anschließend **U-Haft vollstreckt** (§ 140 Abs. 1 Nr. 4; → *Haftfragen*, Rdn 1686; eingehend zu diesem Beiordnungsgrund u.a. *Burhoff*, EV, Rn 2848 ff.; *D. Herrmann* StraFo 2011, 133; *Heydenreich* StraFo 2011, 263; *ders.*, StV 2011, 700; *Peters/Krawinkel* StRR 2010, 4; *Jahn* StraFo 2014, 177),
- in der HV wird → **Nachtragsanklage**, Rdn 1905, wegen eines **Verbrechens** erhoben (BGHSt 9, 243; *Burgard* NStZ 2000, 244).

b) Hinweise für den Verteidiger!

Für den Verteidiger kann der Beiordnungsantrag in der HV aus **prozesstaktischen Erwägungen** sinnvoll sein (*Sommer* ZAPF. 22, S. 104). Die Bescheidung dieses Antrags zwingt den Vorsitzenden (§ 141 Abs. 4) nämlich ggf., sich zu den **Voraussetzungen** der **notwendigen Verteidigung** (§ 140) zu **äußern**. Damit kann die Pflichtverteidigerbestellung der Prüfstein für die Beurteilung des Gerichts sein. Das gilt insbesondere hinsichtlich der „Schwere der Tat", die sich an den zu erwartenden Rechtsfolgen orientiert.

1974

So wird bei einer zu erwartenden (Gesamt-)**Freiheitsstrafe** von **mehr** als **einem Jahr** von der h.M. in der Rspr. die Beiordnung eines Pflichtverteidigers unter den Voraussetzungen des § 140 Abs. 2 i.d.R. auf jeden Fall befürwortet (vgl. u.a. aus der (neueren) Rspr. KG VRS 111, 193 [„um ein Jahr"]; NStZ-RR 2013, 166; OLG Hamm StraFo 2001, 137; OLG München NJW 2006, 789; OLG Naumburg StraFo 2011, 517 [Rechtsmittelverzicht in der HV]; StV 2013, 433; OLG Saarbrücken StRR 2014, 145; OLG Stuttgart NStZ-RR 2012, 214; jew. m.w.N.; s.a. *Burhoff*, EV, Rn 2871 ff. m.w.N.). Dies ist allerdings keine starre Grenze (OLG Hamburg StRR 2008, 428), vielmehr sind alle Umstände des Falls zu berücksichtigen (BVerfG NJW 2007, 3563 [Ls.]; OLG Düsseldorf StV 2000, 408; OLG Saarbrücken StRR 2014, 145; OLG Stuttgart StraFo 2001, 205; NStZ-RR 2012, 214; anschaulich LG München StraFo 2008, 429; s.a. *Eisenberg* NJW 1991, 1257 ff. *Hillenbrand* StRR 2014, 4, 6 und die weit. Nachw. bei *Burhoff*, EV, Rn 2871 ff.), jedenfalls dürfen **nicht mehr** als **zwei** Jahre Freiheitsstrafe ohne Mitwirkung eines Verteidigers verhängt werden (BayObLG NStZ 1990, 250 m.w.N.; OLG Zweibrücken StV 2002, 237). Lehnt der Vorsitzende den Beiordnungsantrag ab, kann der Verteidiger daraus den Schluss ziehen, dass dessen Strafmaßvorstellung wohl unter dieser Grenze anzusiedeln sein wird.

1975

Eine **zeitliche Grenze** für den Antrag auf Beiordnung gibt es in der HV **nicht**. Der Antrag kann somit selbst noch nach dem Plädoyer des StA sinnvoll gestellt werden, wenn dieser nach der Beweisaufnahme überraschend eine Strafe von mehr als einem Jahr Freiheitsstrafe beantragt hat (*Sommer* ZAPF. 22, S. 104). Versucht das Gericht den Ver-

1976

teidiger zur **Rücknahme** eines Beiordnungsantrags zu bewegen, kann das die Besorgnis der **Befangenheit** begründen (AG Bremen StraFo 2001, 171).

✍ Der Verteidiger kann, wenn er erst während der HV zum Pflichtverteidiger bestellt wird, nach § 145 Abs. 3 die **Unterbrechung** oder **Aussetzung** der HV verlangen, wenn ihm die zur Vorbereitung der Verteidigung erforderliche Zeit nicht verbleibt (BGH StV 2009, 565; s. auch BGH NStZ 2013, 122; vgl. *Meyer-Goßner/Schmitt*, § 145 Rn 10 f.; *Burgard* NStZ 2000, 245; → *Aussetzung der Hauptverhandlung, Allgemeines*, Rdn 462 m.w.N.; → *Aussetzung wegen Ausbleibens des (notwendigen) Verteidigers*, Rdn 470; → *Aussetzung wegen veränderter Sach-/Rechtslage*, Rdn 498). Es ist nicht Sache des Gerichts, dies zu überprüfen (BGH, a.a.O.; s.a. BGH NStZ 2000, 212). Grds. hat die **Unterbrechung** in den zeitlichen Grenzen des § 229 **Vorrang** vor der Aussetzung. Das Gericht entscheidet nach pflichtgemäßem Ermessen (BGHSt 13, 337, 343). Das auf § 145 Abs. 3 gestützte Aussetzungsverlangen des Verteidigers ist **unabhängig** von einer möglicherweise nach § 265 Abs. 4 gebotenen Aussetzung (BGH NStZ 1981, 231; NJW 1973, 1985; → *Hinweis auf veränderte Sach-/Rechtslage*, Rdn 1720; → *Aussetzung wegen veränderter Sach-/Rechtslage*, Rdn 498).

1977 3. Für die **Auswahl** des Pflichtverteidigers, insbesondere für sog. **auswärtige**/nicht ortsansässige **Verteidiger** gilt: Allgemeine **Grundsätze** für die **Auswahl** des Pflichtverteidigers enthält die StPO nicht (vgl. dazu *Thielmann* HRRS 2009, 452; s.a. vgl. BT-Drucks 16/12098, S. 31; *Burhoff*, EV, Rn 2765 ff.). § 142 Abs. 1 a.F. stellte früher darauf ab, dass der Pflichtverteidiger vom Vorsitzenden grds. aus den am Gerichtsort niedergelassenen Rechtsanwälten auszuwählen war. Daher hatte es wegen der Beiordnung eines nicht ortsansässigen Rechtsanwalts häufig Streit gegeben. Die h.M. in der Rspr. ging in der Frage aber im Wesentlichen davon aus, dass dem Beschuldigten/Angeklagten i.d.R. der Anwalt seines Vertrauens beizuordnen war. Das für die Beiordnung insoweit erforderliche **Vertrauensverhältnis** wurde regelmäßig schon dann vermutet, wenn der **bisherige** Wahlverteidiger die Bestellung als Pflichtverteidiger beantragte (vgl. u.a. BayObLG StV 2006, 6; OLG Düsseldorf StV 1995, 573; OLG Koblenz StV 1995, 118 m.w.N.; OLG Saarbrücken StV 1983, 362; LG Zweibrücken StraFo 2006, 203; s.a. *Neuhaus* ZAPF. 22, S. 160; KK-*Laufhütte*, § 142 Rn 5; allgemein zur Auswahl *Thielmann* StraFo 2006, 358; *Ahmed* StV 2015, 65, 67). Ob darüber hinaus dem Beschuldigten der (auswärtige) Rechtsanwalt seines Vertrauens **stets beizuordnen** ist, war in der Vergangenheit umstritten. Dieser Streit war dann aber durch die Rspr. des BGH (NJW 2001, 237), vor allem aber auch durch die des BVerfG (NJW 2001, 3695) dahin entschieden, dass das der Fall ist (s.a. OLG Hamm StraFo 2002, 293; so wohl a. *Meyer-Goßner/Schmitt*, § 142 Rn 12 [„in aller Regel"]).

1978 Inzwischen ist **§ 142 Abs. 1** durch das 2. OpferRRG v. 29.7.2009 (BGBl I, S. 2280) **geändert** worden. Danach ist dem Beschuldigten/Angeklagten jetzt der von ihm bezeich-

Pflichtverteidiger, Bestellung in der Hauptverhandlung P

nete Rechtsanwalt als Pflichtverteidiger beizuordnen, wenn nicht wichtige Gründe entgegenstehen. Die Frage der „**Ortsansässigkeit**" spielt nur noch eine **untergeordnete Rolle** und ist lediglich ein Umstand, der bei der Prüfung, ob ein „wichtiger Grund" vorliegt, zu berücksichtigen ist. I.d.R. wird daher jetzt der auswärtige Anwalt des Vertrauens immer beizuordnen sein (wegen der Einzelh. zur Neuregelung und zur Auswahl des Pflichtverteidigers, insbesondere des auswärtigen, s. *Burhoff*, EV, Rn 2776 ff. m.w.N.).

☞ Wenn der Beschuldigte einen „Verteidiger seines Vertrauens" bezeichnet, kann dessen Beiordnung, auch dann, wenn es sich um einen nicht ortsansässigen/auswärtigen Rechtsanwalt handelt, nur dann unterbleiben, wenn der Beiordnung im Einzelfall „wichtige Gründe" entgegenstehen. **Allein** die „**Nicht-Ortsansässigkeit**" ist aber **kein wichtiger Grund** (zum neuen Recht s. OLG Brandenburg StRR 2015, 181; OLG Oldenburg StV 2010, 351; LG Duisburg zfs 2012, 713; AG Lemgo StRR 2014, 260 m. Anm. *Burhoff* RVGreport 2014, 238; SK-StPO-*Wohlers*, § 142 Rn 24 f.; s. aber auch OLG Hamburg NStZ-RR 2013, 153 und OLG Köln NStZ-RR 2011, 49, die eine Bestellung des auswärtigen Verteidigers bei fehlendem Vertrauensverhältnis abgelehnt haben). Auch das **Kosteninteresse** (Fahrtkosten, Abwesenheitsgelder) kann nach der Neuregelung des § 142 Abs. 1 – wenn überhaupt – allenfalls eine untergeordnete Bedeutung haben, da es in der Gesetzesbegründung nur als ein Kriterium und dann auch noch an letzter Stelle genannt wird (vgl. BT-Drucks 16/12098, S. 31; OLG Brandenburg StRR 2015, 181; AG Lemgo, a.a.O.; s. aber OLG Oldenburg StV 2010, 351; noch weitergehend SK-StPO-*Wohlers*, § 142 Rn 27 [„keinerlei Rolle"]). Das LG Koblenz (JurBüro 2011, 480) geht demgemäß zutreffend davon aus, dass von der Beiordnung wegen fehlender Ortsnähe nur noch abgesehen werden darf, wenn dadurch der **Verfahrensablauf verzögert** würde.

4.a) Gegen die **Ablehnung** seines in der HV gestellten Beiordnungsantrags hat der **Verteidiger kein Rechtsmittel** (vgl. *Meyer-Goßner/Schmitt*, § 141 Rn 9 m.w.N.). Streitig ist, ob der **Angeklagte** gegen die Ablehnung der Beiordnung mit der Beschwerde nach §§ 304 ff. oder wegen § 305 nur nach § 238 Abs. 2 vorgehen kann. Nach wohl zutreffender h.M. handelt es sich nicht um eine i.S.d. § 305 S. 1 der Urteilsfällung vorausgehende Entscheidung; die Ablehnung ist somit für den Angeklagten stets nach § 304 Abs. 1 mit der **Beschwerde** anfechtbar (*Meyer-Goßner/Schmitt*, § 141 Rn 10 m.w.N.; so a. OLG Celle NStZ 2009, 56; OLG Düsseldorf StraFo 1999, 124; 1999, 586; OLG Hamm NJW 1990, 1433 [Ls.]; StRR 2014, 202 [Ls.; jedenfalls dann, wenn gegen den Beschuldigten ein außer Vollzug gesetzter HB besteht]; OLG Naumburg StV 2013, 200 [Ls.]; OLG Stuttgart NJW 2008, 246; a.A. OLG Köln StraFo 1995, 25; OLG Koblenz NStZ-RR 1996, 206; OLG Naumburg NStZ-RR 1996, 41).

1979

| P | **Pflichtverteidiger, Bestellung in der Hauptverhandlung** |

⚖ Legt der Verteidiger für den Angeklagten Beschwerde ein, hat diese keine aufschiebende Wirkung. Der Verteidiger muss daher **Aussetzung** der HV bis zur Entscheidung des Beschwerdegerichts über das Rechtsmittel verlangen.

Die Entscheidung des Vorsitzenden betreffend die Pflichtverteidigerbestellung ist auch **keine** Maßnahme der → *Verhandlungsleitung*, Rdn 2889, sodass die Anrufung des Gerichts nicht möglich ist (OLG Jena NStZ-RR 2004, 306 [Ls.]).

1980 b) Entscheidungen über die Beiordnung werden nach § 336 S. 1 vom **Revisionsgericht** auf Rechtsfehler überprüft (BGH NJW 1992, 1841 m.w.N.), und zwar aufgrund einer Verfahrensrüge (→ *Revision, Begründung, Verfahrensrüge*, Rdn 2322). Der absolute Revisionsgrund des § 338 Nr. 5 (HV in Abwesenheit des Verteidigers) liegt aber nur vor, wenn der Angeklagte während eines wesentlichen Teils der HV (s. dazu *Meyer-Goßner/Schmitt*, § 338 Rn 37 m.w.N.) **zeitweise unverteidigt** war (dazu a. *Burgard* NStZ 2000, 245).

⚖ Der Verteidiger muss daher, wenn sein Beiordnungsantrag **abgelehnt** worden ist und er sich die Rüge des § 338 Nr. 5 erhalten will, zeitweise den **Gerichtssaal verlassen** (haben) (vgl. die Fallgestaltungen bei OLG Bremen DAR 2009, 710; OLG Naumburg StV 2014, 20 m. Anm. *Burhoff* StRR 2013, 428). Dieses Vorgehen sollte jedoch im Vorfeld auf jeden Fall mit dem Angeklagten **abgesprochen** sein (vgl. aber OLG Köln NJW 2005, 3588 [kein prozessuales Notwehrrecht] und OLG Naumburg, a.a.O., das dieses Verhalten nicht als standeswidrig ansieht).

1981 5.a) Manchmal versuchen (Wahl-)Verteidiger, – aus Kostengründen – ihre **Bestellung** als Pflichtverteidiger dadurch zu „**erzwingen**", dass sie ihr Mandat als Wahlverteidiger erst so kurz vor Beginn einer (umfangreichen) HV oder sogar erst in der HV niederlegen, dass dem Vorsitzenden, wenn er die HV „retten" will, keine andere Möglichkeit mehr bleibt, als den Verteidiger zum Pflichtverteidiger zu bestellen. Dieses Verhalten ist berufswidrig, wenn der Verteidiger schon früher wusste, dass z.B. der Mandant die Kosten nicht würde zahlen können (*Dahs*, Rn 147 a.E.). Der **Verteidiger** muss in diesen Fällen damit rechnen, dass ihm nach § 145 Abs. 4 die **Kosten** auferlegt werden, wenn der Vorsitzende aus triftigen Gründen einen anderen Pflichtverteidiger bestellt und deshalb die Aussetzung der HV erforderlich ist (vgl. u.a. OLG Brandenburg StRR 2012, 42 [Ls.]; OLG Düsseldorf MDR 1997, 693; OLG Koblenz MDR 1975, 773; a.A. OLG Bamberg StV 1989, 470; → *Aussetzung wegen Ausbleibens des (notwendigen) Verteidigers*, Rdn 470).

⚖ Für die Auferlegung der Kosten bei Ausbleiben eines Pflichtverteidigers nach § 145 Abs. 4 ist nicht der Vorsitzende allein, sondern das **Gericht** in der HV **zuständig** (OLG Hamm StV 1995, 514). Das Gericht kann aber auch außerhalb der HV – dann ohne Schöffen – entscheiden (OLG Stuttgart NStZ-RR 2009, 243).

b) Bei der Abrechnung seiner Tätigkeiten sollte der Verteidiger die Möglichkeit, einen **Pauschgebührenantrag** nach § 51 Abs. 1 RVG stellen zu können, nicht übersehen (s. dazu im Einzelnen *Burhoff*, EV, Rn 2941 ff.; *ders,*. StraFo 1999, 261; 2001, 119 m. zahlr. Nachw. aus der Rspr. [zu § 99 BRAGO]; zu § 51 RVG *Burhoff* RVGreport 2006, 126; *ders.*, StraFo 2008, 124; *ders.*, StraFo 2011, 381; *ders.*, RVGprofessionell 2012, 86; *ders.*, StraFo 2014, 279; zum Vorschuss auf eine Pauschgebühr [§ 51 Abs. 1 S. 5 RVG]; *Burhoff* RVGreport 2011, 407; die Komm. zu § 51 RVG bei Burhoff/*Burhoff*, RVG sowie bei Gerold/Schmidt/*Burhoff* und den Überblick bei *Fromm* NJW 2013, 357).

1982

Siehe auch: → *Pflichtverteidiger, Entpflichtung während laufender Hauptverhandlung*, Rdn 1993; → *Plädoyer des Verteidigers*, Rdn 2017; → *Vertretung des Pflichtverteidigers in der Hauptverhandlung*, Rdn 3217.

Pflichtverteidiger, Bestellung neben Wahlverteidiger

1983

Literaturhinweise: Haffke, Zwangsverteidigung – notwendige Verteidigung – Pflichtverteidigung – Ersatzverteidigung, StV 1981, 471; **Neumann**, Die Kostentragungspflicht des verurteilten Angeklagten hinsichtlich der Gebühren und Auslagen des „Zwangsverteidigers", NJW 1991, 264; **Rieß**, Pflichtverteidigung – Zwangsverteidigung – Ersatzverteidigung – Reform der notwendigen Verteidigung, StV 1981, 460; **Römer**, Pflichtverteidiger neben Wahlverteidiger? Der aufgenötigte Pflichtverteidiger, ZRP 1977, 92; **Rudolph**, Wahlverteidiger – Pflichtverteidiger, DRiZ 1975, 210; **Wächter**, Ersatzverteidigung – eine Alternative zur Zwangsverteidigung, StV 1981, 466; s.a. die Hinw. bei → *Pflichtverteidiger, Bestellung in der Hauptverhandlung*, Rdn 1967.

1984

1. In der Praxis ist die Frage, inwieweit ein Pflichtverteidiger – ggf. auch gegen den Willen des Angeklagten und/oder seines (Wahl-)Verteidigers – **neben** dem **Wahlverteidiger** beigeordnet werden kann, häufig von Bedeutung. Diese Beiordnung ist gesetzlich zwar nicht vorgesehen, wird von der h.M. aber als zulässig betrachtet (vgl. u.a. zuletzt BGH NJW 1973, 1985 m.w.N.; *Meyer-Goßner/Schmitt*, § 141 Rn 1 m.w.N. aus der Rspr. und zur a.A.; krit. *Baum* StV 2001, 558 in der Anm. zu OLG Karlsruhe StV 2001, 557). Solange diese Beiordnung einverständlich erfolgt, entstehen keine Probleme. Probleme tauchen aber dann auf, wenn der Beschuldigte damit nicht einverstanden ist. In diesem Fall spricht man von sog. **Zwangsverteidigung**. Diese kann zum Wegfall der Einheitlichkeit der Verteidigung führen, was aber wohl grds. im Interesse einer wirkungsvollen Strafrechtspflege in Kauf genommen werden muss (*Meyer-Goßner/Schmitt*, § 141 Rn 1a m.w.N.; zur Problematik der Zwangsverteidigung *Haffke*; *Rieß*; *Wächter*, jew. a.a.O.; zur (teilweisen) Kostentragungspflicht des verurteilten Angeklagten hinsichtlich der Gebühren und Auslagen des „Zwangsverteidigers" s. *Neumann* NJW 1991, 264 ff.; s. dazu a. BVerfG NJW 1984, 2403, 2404; OLG Frankfurt am Main JurBüro 2000, 37 und *Burhoff*, EV, Rn 2977 m.w.N.).

1985

Die **Bestellung** eines **Pflichtverteidigers** neben einem Wahlverteidiger wird i.d.R. sowohl für den Mandanten als auch für den Wahlverteidiger von **Vorteil** sein. Mit ihm kann **Arbeitsteilung** vereinbart werden. Zudem steht bei Terminsschwierigkeiten immer ein Vertreter zur Verfügung. Meist wird sich der Pflichtverteidiger auch an die zwischen Mandant und Wahlverteidiger erarbeitete Verteidigungsstrategie halten und sich i.d.R. auf die Rolle als sog. Ersatzverteidigerbeschränken (*Dahs*, Rn 149). Der Pflichtverteidiger muss nach dem Grundgedanken des § 21 BRAO die wohlverstandenen Interessen des Beschuldigten, so wie er sie versteht, jedoch auch dann vertreten, wenn er damit das **Verteidigungskonzept** des Wahlverteidigers **durchkreuzt**.

Ist der **Mandant nicht bereit**, mit einem „Zwangsverteidiger" zusammen zu arbeiten, ist der Wahlverteidiger nicht gehalten, gegen den Willen des Mandanten mit dem Pflichtverteidiger zu kooperieren (*Dahs*, a.a.O.).

1986 2.a) Die **Beiordnung** eines Pflichtverteidigers neben einem Wahlverteidiger wird i.d.R. nur in **Ausnahmefällen** in Betracht kommen. Dabei werden einerseits das allgemeine Interesse an möglichst zügiger Durchführung der HV und andererseits das Interesse des Angeklagten, (nur) von einem Verteidiger seines Vertrauens verteidigt zu werden, gegeneinander abzuwägen sein (zur Bestellung eines weiteren/anderen Pflichtverteidigers in der Revisionsinstanz → *Revision, Pflichtverteidiger*, Rdn 2382). Die Rspr. geht davon aus, dass die Beiordnung (nur) dann in Betracht kommt, wenn dafür wegen des Umfangs oder der Schwierigkeit des Verfahrens ein **unabweisbares Bedürfnis** besteht (*Meyer-Goßner/Schmitt*, § 141 Rn 2). Dieses kann sich entweder aufgrund der außergewöhnlichen Schwierigkeit bzw. des außergewöhnlichen Umfangs des Verfahrensstoffes oder der außergewöhnlichen Dauer der HV ergeben. Dabei kommt unter dem Gesichtspunkt des Umfangs und der Schwierigkeit der Sach- und Rechtslage die Bestellung eines zweiten Verteidigers insbesondere dann in Betracht, wenn der Verfahrensstoff nur durch ein arbeitsteiliges Vorgehen zweier Verteidiger ausreichend beherrscht werden kann (KG, Beschl. v. 15.8.2011 – 4 Ws 75/1; Beschl. v. 20.9.2013 – 4 Ws 122/13; OLG Brandenburg, Beschl. v. 20.2.2006 – 1 Ws 25/06; OLG Jena, Beschl. v. 7.10.2011 – 1 Ws 433/11; OLG Karlsruhe StraFo 2009, 518). Im Hinblick auf die erwartete Dauer der HV stellt die Rspr. darauf ab, ob bei einer unvorhergesehenen Verhinderung des schon bestellten Pflichtverteidigers eine sachgerechte Verteidigung nicht durch andere gesetzliche Reaktionsweisen, wie z.B. Bestellung eines neuen Pflichtverteidigers nach Eintritt einer möglichen Verhinderung, Unterbrechung der HV gem. § 229 oder Beurlaubung gem. § 231c, sondern nur durch die Vertretung durch einen bereits in das Verfahren eingearbeiteten und kontinuierlich in der HV anwesend gewesenen Verteidiger sichergestellt werden kann (vgl. OLG Brandenburg, OLG Jena, OLG Karlsruhe, jeweils a.a.O. und die bei *Burhoff*, EV, Rn 2967 zitierte Rspr.). Bei der Bewertung, ob die Voraussetzungen für die Beiordnung eines zweiten Pflichtverteidigers/Verteidigers erfüllt sind, ist dem zur Entscheidung berufenen Vorsitzenden ein **Beurteilungsspielraum** eingeräumt, der erst dann verletzt ist, wenn konkrete Gefahren für die ordnungs-

Pflichtverteidiger, Bestellung neben Wahlverteidiger

gemäße Vertretung des Angeklagten oder den Ablauf der HV besorgen sind und diesen Gefahren anders als durch die Beiordnung eines zweiten Verteidigers nicht begegnet werden kann (OLG Jena, a.a.O.).

☝ Wird ein zweiter Pflichtverteidiger bestellt, darf dieser **nicht** mit der **Maßgabe/Beschränkung** beigeordnet werden, dass **nur eine Pflichtverteidigervergütung** gezahlt wird (OLG Frankfurt am Main NJW 1980, 1703 m.w.N.; OLG Jena Rpfleger 2006, 434; LG Zwickau StRR 2009, 242 [Ls.]). Eine Einschränkung kann sich nur aus §§ 46 ff., 54 RVG ergeben (vgl. Burhoff/*Volpert*, RVG, Teil A: Umfang des Vergütungsanspruchs [§ 48 Abs. 1], Rn 2012 f.).

b) Zur Frage, wann ein **Bedürfnis** zur Bestellung mehrerer Pflichtverteidiger **besteht**, ist die Rspr. umfangreich. I.d.R. wird ein Bedürfnis bejaht, wenn sonst die Durchführung eines **Großverfahrens** nicht sichergestellt werden kann (OLG Celle StV 1988, 379; OLG Frankfurt am Main NJW 1972, 1964 f.; 1980, 1703; OLG Karlsruhe wistra 1993, 279 m.w.N. [Wirtschaftsstrafverfahren, in dem in der Anklage 845 Geschädigte als Zeugen aufgeführt sind]; StraFo 2009, 517), oder wenn es sich um eine besonders **umfangreiche** und **schwierige Sache** handelt. Dazu folgende **Beispielsfälle**:

1987

Umfang/Schwierigkeit bejaht

1988

- es kann anders der zügige **Fortgang** des **Verfahrens** – vor allem der HV – **nicht gesichert** werden (OLG Düsseldorf StV 2004, 62; OLG Koblenz Rpfleger 1988, 116; OLG Karlsruhe StV 2001, 557; a.A. Baum StV 2001, 558 in der Anm. zu OLG Karlsruhe; s. wohl a. OLG Hamm StV 2002, 151 [(längere) Verhinderung des Wahlverteidigers rechtfertigt nicht Haftfortdauer, wenn dem nicht durch die Pflichtverteidigerbestellung begegnet worden ist]), wobei es allerdings für die Beiordnung nicht ausreicht, wenn allein die ungeprüfte Tatsache, dass der Wahlverteidiger aus terminlichen Gründen verhindert ist, zum Anlass für die Beiordnung genommen wird (OLG Dresden StV 2010, 476 [Ls.]),
- der Wahlverteidiger hat schon **früher** das **Mandat** mehrmals **niedergelegt** (OLG Düsseldorf NStZ 1986, 137),
- es zeichnet sich im Einzelfall die konkrete **Gefahr** ab, dass der **gewählte Verteidiger** die zur reibungslosen Durchführung des Verfahrens (HV!) erforderlichen **Maßnahmen nicht** treffen kann oder treffen will (BGHSt 15, 306; BGH NJW 1973, 1985; OLG Hamm NJW 1975, 1238; *Meyer-Goßner/Schmitt*, § 141 Rn 1 m.w.N.),
- in einem **Großverfahren** besteht wegen des Umfangs und der Schwierigkeit der Sache sowie der langen Verfahrensdauer ein unabweisbares Bedürfnis für die Mitwirkung mehrerer Verteidiger (OLG Hamm NJW 1978, 1986 [Anklage 277 Seiten, 108 Zeugen, voraussichtlich mehrere Monate HV-Dauer]; OLG Karlsruhe NJW 1978, 1172 [Verfahren gegen terroristische Gewalttäter]),

| P | **Pflichtverteidiger, Bestellung neben Wahlverteidiger** |

- der Beschuldigte/Angeklagte ist **mittellos** und es ist zu befürchten, dass der Wahlverteidiger deshalb das Mandat alsbald niederlegen wird (OLG Zweibrücken NJW 1982, 2010 [Ls.]; s.a. OLG Düsseldorf MDR 1986, 604) oder aus sonstigen Gründen prozessualer Fürsorge (*Meyer-Goßner/Schmitt*, a.a.O.).

1989 **Umfang/Schwierigkeit verneint**

- in einem nur auf vier HV-Tage terminierten Verfahren soll dem **Ausfall** des Wahlverteidigers **vorgebeugt** werden (OLG Frankfurt am Main StV 1986, 144; ähnlich für den zweiten Pflichtverteidiger OLG Hamm NStZ 2011, 235),
- die beantragte **Beiordnung** des **auswärtigen** Wahlverteidigers ist **abgelehnt** worden (OLG Frankfurt am Main StV 1983, 234),
- der Wahlverteidiger ist in der HV **nicht vorschriftsmäßig gekleidet** (OLG Zweibrücken NStZ 1988, 144; → *Tragen der Robe /Krawatte*, Rn 865),
- der Wahlverteidiger ist aus **terminlichen** Gründen verhindert, die HV wahrzunehmen (OLG Celle StV 1988, 100; OLG Dresden, Beschl. v. 23.3.2009 – 3 Ws 22/09; OLG Düsseldorf StV 2001, 609; Baum StV 2001, 558 in der Anm. zu OLG Karlsruhe StV 2001, 557, das die Urlaubsabwesenheit des Wahlverteidigers für eine Beiordnung ausreichen lässt; ähnlich für den zweiten Pflichtverteidiger OLG Hamm NStZ 2011, 235; → *Terminsbestimmung/Terminsverlegung*, Rdn 2646),
- um eine **Vertretung** der (Pflicht-)Verteidiger **untereinander** zu ermöglichen, da grds. jeder Verteidiger voll eingearbeitet sein muss, um sachgerecht verteidigen zu können (zuletzt OLG Jena, Beschl. v. 7.10.2011 – 1 Ws 433/11); die Bestellung scheidet auch für die HV-Tage aus, an denen der erste Pflichtverteidiger verhindert ist (OLG Hamm NStZ 2011, 235),
- der Wahlverteidiger **verspätet** sich für kurze Zeit mit Grund (OLG Bamberg StraFo 2003, 419),
- die dem bestellten Pflichtverteidiger vorgeworfene „**Konfliktverteidigung**" hat in anderen Fällen im Ergebnis **nicht** tatsächlich zu maßgeblichen **Verfahrensverzögerungen** geführt (OLG Köln StraFo 2007, 28),
- allein deshalb, weil auf der Anklageseite **zwei StA** auftreten (OLG Frankfurt am Main NJW 2007, 3143 [Ls.]).

3. Hinweise für den Verteidiger!

1990 **a)** Für die **Auswahl** und das **Verfahren** der Beiordnung eines Pflichtverteidigers neben einem Wahlverteidiger gelten die allgemeinen Regeln (BGH NStZ 1997, 401; OLG Düsseldorf StV 1995, 118 [Ls.]; OLG Frankfurt am Main StV 1989, 384; 2009, 402 m.w.N.; OLG Hamm StV 1989, 242; OLG Stuttgart StV 1990, 55; vgl. a. *Burhoff*, EV, Rn 2765 ff. und 2306). Insbesondere **muss** der Angeklagte auch vor der Beiordnung des weiteren Pflichtverteidigers **angehört** werden (BVerfG NJW 2001, 3695; KG StV 2006, 6 [Ls.];

OLG Dresden 2010, 475; StV 2010, 476 [Ls.]; OLG Frankfurt am Main StV 2009, 402; *Bockemühl* StV 2004, 63, 64 m.w.N. in der Anm. zu OLG Düsseldorf StV 2004, 62).

☝ Auch bei der Beiordnung eines „Zweitverteidigers" hat der Angeklagte grds. Anspruch darauf, dass ihm der **Anwalt** seines **Vertrauens** beigeordnet wird (OLG Frankfurt am Main, a.a.O.).

b) Die allgemeinen Regeln gelten grds. auch für die **Rücknahme** der **Bestellung** eines zweiten Pflichtverteidigers (vgl. KG, Beschl. v. 20.9.2013 – 4 Ws 122/13 m.w.N.; OLG Frankfurt/M. StV 1984, 502). Das bedeutet, dass auch diese Bestellung aus Gründen des Vertrauensschutzes grds. für das gesamte Verfahren bis zur Rechtskraft gilt. Das Vertrauen des Angeklagten/Beschuldigten auf die einmal getroffene positive Entscheidung des Gerichts ist aber u.a. dann nicht schutzwürdig, wenn sich die für die Pflichtverteidigerbestellung maßgeblichen Umstände wesentlich geändert haben (vgl. KG, a.a.O.; OLG Düsseldorf NJW 2011, 653). Das kann z.B. der Fall sein, wenn sich der Angeklagte/Beschuldigte nicht mehr in Haft befindet, der Umstand aber für die Bestellung des zweiten Pflichtverteidigers (mit)bestimmend war (KG, a.a.O.).

1991

☝ I.Ü. darf die **Bestellung** vor Urteilsrechtskraft **nur zurückgenommen** werden, wenn sie **gegen** den **Willen** des Beschuldigten erfolgte (OLG Jena StV 1995, 346 [Ls.]; *Meyer-Goßner/Schmitt*, § 141 Rn 1a m.w.N.; a.A. OLG Koblenz wistra 1984, 82).

c) Sind Angeklagter und Wahlverteidiger mit der Bestellung des Pflichtverteidigers neben dem Wahlverteidiger nicht einverstanden, kann gegen dessen Beiordnung → *Beschwerde*, Rdn 770, eingelegt werden. Dies kann allerdings **nur** der Angeklagte (OLG Düsseldorf StraFo 2001, 241 m.w.N.; OLG Frankfurt am Main StV 1994, 288; OLG Hamm NStZ 2011, 235; OLG Jena, Beschl. v. 7.10.2011 – 1 Ws 433/11; OLG Köln StV 1989, 241 f.; *Meyer-Goßner/Schmitt*, § 141 Rn 9 m.w.N.). Der Wahlverteidiger selbst hat kein Beschwerderecht (OLG Düsseldorf NStZ 1986, 138; AnwBl. 1988, 178).

1992

Siehe auch: → *Pflichtverteidiger, Bestellung in der Hauptverhandlung*, Rdn 1967.

Pflichtverteidiger, Entpflichtung während laufender Hauptverhandlung

1993

Das Wichtigste in Kürze:
1. Gesetzlich geregelt ist in § 143 die Rücknahme der Bestellung des Pflichtverteidigers für den Fall, dass sich ein Wahlverteidiger meldet.
2. Darüber hinaus ist eine Entpflichtung des Pflichtverteidigers nach h.M. nur aus wichtigem Grund zulässig.

3. Als besonderer Grund für die Entpflichtung wird in der Rspr. auch das gestörte Vertrauensverhältnis zwischen Pflichtverteidiger und Mandant angesehen.
4. Wenn der vom mittellosen Mandanten um die Übernahme des Mandats gebetene Rechtsanwalt feststellt, dass bereits ein Pflichtverteidiger beigeordnet worden ist und dieser „ausgewechselt" werden soll, gibt es verschiedene Lösungswege.
5. Für die Entpflichtung des Pflichtverteidigers ist ebenfalls der Vorsitzende zuständig. Das Verfahren entspricht dem der Bestellung.
6. Der Beschuldigte kann gegen die Entpflichtung Beschwerde einlegen, der Pflichtverteidiger selbst grds. nicht.

1994 Literaturhinweise: **Dencker**, Die Ausschließung des Pflichtverteidigers, NJW 1979, 2176; **Fahl**, Rechtsmißbrauch im Strafprozeß, 2004, **Fromm**, Neues zur „Umbeiordnung" des Pflichtverteidigers, NJOZ 2014, 1081; **Hellwig/Zebisch**, Pflichtverteidigung – Die Entpflichtung des Verteidigers wegen eines gestörten Vertrauensverhältnisses (Rechts-)Probleme und Lösungsansätze, NStZ 2010, 602; **Hilgendorf**, Die Aufhebung der Pflichtverteidigerbestellung gem. § 143 StPO, NStZ 1996, 1; **Kett/Straub**, Darf das Gericht dem Pflichtverteidiger „kündigen"?, NStZ 2006, 361; **Kröpil**, Zum Meinungsstreit über das Bestehen eines allgemeinen strafprozessualen Mißbrauchsverbots, JuS 1997, 355; **Kudlich**, Unzulässigkeit eines mißbräuchlichen Hilfsbeweisantrags (Besprechung von BGHSt 40, 287), JuS 1997, 507; **Kühne**, Rechtsmißbrauch des Strafverteidigers, NJW 1998, 3027; **Lam/Meyer-Mews**, Die gestörte Verteidigung – Möglichkeiten und Grenzen des Widerrufs der Pflichtverteidigerbestellung, NJW 2012, 177; **Molketin**, „Erschleichen" der Pflichtverteidigung? Zugleich ein Beitrag zur Auslegung und Anwendung des § 143 Abs. 1 StPO; **Müller-Meiningen**, Die Selbstachtung des Verteidigers, AnwBl. 1978, 218; s.a. die Hinw. bei → *Pflichtverteidiger, Bestellung in der Hauptverhandlung*, Rdn 1967.

1995 1. **Gesetzlich** geregelt ist in § 143 (nur) die **Rücknahme** der Bestellung des Pflichtverteidigers für den Fall, dass sich ein **Wahlverteidiger meldet**. Die damit zusammenhängenden Fragen sind für die HV jedoch nicht von großer Bedeutung. Dazu wird auf die eingehenden Ausführungen von *Hilgendorf* NStZ 1996, 1 ff. und *Burhoff*, EV, Rn 2912 f. verwiesen (zur Auswechselung des Pflichtverteidigers in den Fällen des § 140 Abs. 1 Nr. 4, wenn dem Beschuldigten nicht ausreichend rechtliches Gehör gewährt worden ist *Burhoff*, EV, Rn 2848 ff.).

Auch in diesen Fällen ist zu **prüfen**, ob nicht ein unabweisbares **Bedürfnis** besteht, den **Pflichtverteidiger** neben dem Wahlverteidiger tätig bleiben zu lassen (*Meyer-Goßner/Schmitt*, § 143 Rn 2; *KK-Laufhütte/Willnow*, § 143 Rn 3, jew. m.w.N.; s.a. *Hilgendorf* NStZ 1996, 2). Es gelten dafür die gleichen Grundsätze wie für die Bestellung eines Pflichtverteidigers neben einem Wahlverteidiger (dazu → *Pflichtverteidiger, Bestellung neben Wahlverteidiger*, Rdn 1983).

1996 2.a) Darüber hinaus ist eine **Entpflichtung** des Pflichtverteidigers (aus in seiner Person liegenden Gründen) nach h.M. **nur** aus **wichtigem Grund** zulässig (vgl. wegen der Einzelh. a. *Hilgendorf*, a.a.O. m.w.N.; *Kett/Straub* NStZ 2006, 363 ff.; *Burhoff*, EV, Rn 2916 ff.). Gegen diese h.M. in der Rspr. werden in der Lit. Bedenken erhoben (vgl. *Barton*, § 4 Rn 70;

Fahl, Rechtsmißbrauch im Strafprozeß, S. 337 ff.; LR-*Lüderssen/Jahn*, § 143 Rn 7a; vgl. zu allem *Hellwig/Zebisch* NStZ 2010, 602 mit einer Darstellung des Streitstandes in Rspr. und Lit). Es wird darauf hingewiesen, dass vorrangig auf die Vorschriften zum Verteidigerausschluss (*Burhoff*, EV, Rn 4052 m.w.N.; zur Ausschließung des Pflichtverteidigers nach §§ 138a ff. s.a. *Dencker*, NJW 1979, 2176) abzustellen sei, da der mittellose Beschuldigte, dem ein Pflichtverteidiger beigeordnet werden musste, anderenfalls – entgegen der Rspr. des BVerfG (vgl. NJW 2001, 3695) – geringeren Rechtsschutz erhalte als derjenige, der einen Wahlanwalt habe.

Voraussetzung für die Annahme eines **wichtigen Grundes** ist das Vorliegen von Umständen, die den **Zweck** der **Pflichtverteidigung**, dem Beschuldigten einen geeigneten Beistand zu sichern und einen ordnungsgemäßen Verfahrensablauf zu gewährleisten, **ernsthaft gefährden** (BVerfG NJW 1975, 1015; KG StV 2008, 68 m.w.N.; StV 2009, 572 m.w.N. und Anm. *Barton* StRR 2009, 101; OLG Hamm NJW 2006, 2502; Beschl. v. 21.7.2009 – 2 Ws 191/09; *Kett-Straub* NStZ 2006, 363; *Meyer-Goßner/Schmitt*, § 143 Rn 3 m.w.N.). | **1997**

An die Gründe für eine Entpflichtung sind grds. **strenge Anforderungen** zu stellen (vgl. z.B. KG StRR 2008, 427; OLG Hamburg NJW 1998, 621; OLG Stuttgart NStZ-RR 1996, 205). *Weigend* (NStZ 1997, 47 in der Anm. zu BGHSt 42, 94; StV 2009, 753 in der Anm. zu KG StV 2009, 572) plädiert dafür, einen an den §§ 138a ff. ausgerichteten Maßstab anzulegen (a.A. *Kett/Straub* NStZ 2006, 363). Allein der Wunsch des Beschuldigten, einen anderen Pflichtverteidiger zu bekommen, wird grds. nicht ausreichen (KG, a.a.O. m.w.N.; OLG Hamm, Beschl. v. 21.7.2009 – 2 Ws 191/09; s.a. Rdn 2002).

b) Bejaht worden ist ein „**wichtiger Grund**" in folgenden **Beispielsfällen**: | **1998**

Zur Entpflichtung wegen **Störung** des **Vertrauensverhältnisses** zwischen Beschuldigtem und Pflichtverteidiger wird auf Rdn 2268 verwiesen (zur „Störung zur Auswechselung des Pflichtverteidigers in den Fällen des § 140 Abs. 1 Nr. 4, wenn dem Beschuldigten nicht ausreichend rechtliches Gehör gewährt worden ist → *Pflichtverteidiger, Beiordnung wegen Inhaftierung des Beschuldigten*, Rdn 2223 f.).

Fehlverhalten des Pflichtverteidigers | **1999**

Bei einem Fehlverhalten des Pflichtverteidigers kann eine Entpflichtung in Betracht kommen, wenn das Verhalten **besonderes Gewicht** hat, wie z.B. (s. wegen weiterer **Beispiele** die Aufzählung bei OLG Nürnberg StV 1995, 287, 289; vgl. auch *Lam/Meyer-Mews* NJW 2010, 177, 178):

- ggf. bei einem **Missbrauch** prozessualer Rechte (KG StV 2009, 572; OLG Hamburg NJW 1998, 621 [nur im Ausnahmefall]; *Fahl*, S. 337 ff.; *Kett/Straub* NStZ 2006, 366;

vgl. dazu krit. *Barton* StRR 2009, 101 in der Anm. zu KG, a.a.O.; zu den Aufgaben des Pflichtverteidigers in der HV *Ahmed* StV 2015, 65, 70 f.),

⚖ Eine Entpflichtung wegen „Missbrauchs" wird nur in Betracht kommen bei Verfahrensgestaltungen, in denen der Gebrauch prozessualer Befugnisse nur noch **verfahrensfremden Zwecken** dient, indem z.b. der Abschluss des Verfahrens in angemessener Zeit verhindert oder den Interessen schutzwürdiger Zeugen geschadet werden soll (OLG Hamburg, a.a.O.).

⚖ Vor einer Entpflichtung muss der Verteidiger auf jeden Fall **abgemahnt/angehört** worden sein (BGH NJW 1990, 1373; OLG Hamburg, a.a.O.; *Barton* StRR 2009,101 in der Anm. zu KG StV 2009, 572).

- nach der Rspr. bei dauernder **Störung** der „**äußeren**" und „**inneren**" **Ordnung** der HV in Form von Prozesssabotage (KG StV 2009, 572 [Störung in der HV]; m. abl. Anm. Weigend und krit. Anm. Barton StRR 2009, 101; s. *Malmendier* NJW 1997, 227, 231 f.; m.E. zw., da jedenfalls zulässige Verfahrenshandlungen kaum das Vorliegen eines wichtigen Grundes begründen können; vgl. auch noch KG StRR 2011, 195 m. Anm. *Fricke* zur Ablehnung der Bestellung des Pflichtverteidigers, weil er die HV „stört"),
- der Pflichtverteidiger weigert sich, den **Schlussvortrag** zu **halten** (BGH StV 1993, 566),
- der Pflichtverteidiger **weigert** sich, an einigen Tagen einer länger terminierten Strafsache zu **erscheinen** und entsendet auch keinen Vertreter (OLG Frankfurt am Main StV 1985, 450; m.E. zw., da nach der StPO sowohl keine Pflicht des Pflichtverteidigers besteht, im Fall seiner Verhinderung einen Vertreter zu besorgen, als auch er nach der Rspr. seine Befugnisse nicht auf einen anderen (Pflicht-)Verteidiger übertragen kann [→ *Vertretung des Pflichtverteidigers in der Hauptverhandlung*, Rdn 3217]; ähnl. OLG Düsseldorf StraFo 1999, 124 [wichtiger gegen die Bestellung sprechender Grund kann es sein, wenn die Durchführung der HV dann wegen Terminschwierigkeiten gefährdet erscheint]; ähnl. i.E. OLG Köln StV 2006, 145),
- wenn der Pflichtverteidiger den Mandanten **nicht genügend besucht** und/oder **informiert** (so [wohl] BGH NStZ 2004, 632; 2008, 418; OLG Braunschweig StV 2012, 719 [zwei Monate in Schwurgerichtsverfahren]; OLG Düsseldorf StV 2011, 85; OLG Köln StraFo 2007, 157; LG Berlin StV 2011, 665 [kein Besuch/keine Information in knapp drei Monaten]; LG Aachen StV 2005, 439 [Unterlassen menschlich gebotener Haftbesuche]; LG Osnabrück StV 2010, 563; AG München StV 2011, 663), was allerdings dann nicht gilt, wenn sich der Mandant ohne erkennbaren Grund wiederholt geweigert hat, sich zu einer Besprechung mit seinem Pflichtverteidiger vorführen zu lassen (BGH, a.a.O.),

Pflichtverteidiger, Entpflichtung während laufender Hauptverhandlung P

- wenn der dem Beschuldigen unbekannte, im Rahmen des Anwaltsnotdienstes beigeordnete Pflichtverteidiger einem **Haftprüfungstermin unentschuldigt fernbleibt** und seit der 17 Tage zurückliegenden Bestellung keinen Kontakt zum Beschuldigten aufgenommen hat, ihn insbesondere nicht in der U-Haft zu einer persönlichen Unterredung aufgesucht hat (AG Ottweiler ZJJ 2007, 312),
- der nur aus Zeitgründen erklärten Weigerung, eine über die allgemeine Sachrüge hinausgehende **Revisionsbegründung** zu erstellen (OLG Stuttgart StV 2002, 473)
- nach der Rspr. des BGH offenbar, wenn der Verteidiger an einer **sachwidrigen Verständigung** (§ 257c) mitgewirkt hat (BGH StV 2011, 647 m. abl. Anm. *Schlothauer*; vgl. aber BGH, Beschl. v. 17.9.2013 – 1 StR 443/10).

Auf folgende **weitere Beispielsfälle** zur Entpflichtung aus wichtigem Grund ist hinzuweisen: **2000**

Wichtiger Grund bejaht

- bei **Krankheit** des Pflichtverteidigers (OLG Frankfurt am Main NJW 1972, 1964),
- wenn ein (konkreter) **Interessenkonflikt** die sachgemäße Verteidigung gefährdet (OLG Köln StraFo 1995, 118 [durch die Benennung eines Zeugen ist für den Pflichtverteidiger eine Konfliktsituation entstanden, da er diesen auch anwaltlich vertritt]; vgl. auch OLG Bremen StraFo 2011, 93; s. aber u. Rdn 2263), was aber nicht allein darin liegt, dass ein früherer Mitangeklagter von einem in der Bürogemeinschaft des Pflichtverteidigers tätigen Rechtsanwalt vertreten war und die Angeklagten in seinem eigenen Verfahren belastet hat (KG NStZ-RR 2012, 352),
- bei sonstiger **längerfristiger Verhinderung** des (Pflicht-)Verteidigers (OLG Karlsruhe Justiz 1980, 338; OLG Stuttgart StV 2011, 662; vgl. a. OLG Celle NJW 2008, 3370 [Ls.; Pflichtverteidiger steht an einem Großteil der HV-Termine in einem Verfahren mit 6 Angeklagten, die sich alle in U-Haft befinden, nicht zur Verfügung; OLG Köln StV 2006, 143; 2006, 145; OLG Hamm NJW 2006, 2788; StV 2006, 319; s.a. u. Rdn 2001),
- wenn es zu einer **wesentlichen** Veränderung der die **Pflichtverteidigerbeiordnung begründenden Umstände** kommt, was ggf. bei Haftentlassung in anderer Sache der Fall sein kann (KG, Beschl. v. 20.9.2013 – 4 Ws 122/13; OLG Düsseldorf NStZ 2010, 654 [Ausübung des Ermessens erforderlich]) oder beim sog. **Sicherungsverteidiger**", wenn bei neuer Prozesssituation (Abbruch der HV) ein weiterer gerichtlich bestellter Pflichtverteidiger sämtliche vom Gericht vorgesehenen Termine wahrnehmen kann und als ehemaliger Wahlverteidiger auch weiterhin das Vertrauen des Angeklagten genießt (OLG Köln, Beschl. v. 24.3.2010 – 2 Ws 181/10) oder mit Beendigung der Hauptverhandlung und Verkündung des Urteils das Sicherungsbedürfnis nicht mehr besteht (OLG Köln NStZ-RR 2012, 287),
- zur Frage der Entpflichtung eines beigeordneten Pflichtverteidigers, wenn sich der **Mandant** einen **anderen Pflichtverteidiger wünscht**, s. *Burhoff*, EV, Rn 2933 ff.; KG StRR 2008, 427; OLG Hamm, Beschl. v. 21.7.2009 – 2 Ws 191/09),

- es stellt sich heraus, dass die Tätigkeit des Pflichtverteidigers gegen § 146 verstößt (OLG Bremen StraFo 2011, 93; OLG Jena NJW 2008, 311; zur **Mehrfachverteidigung** *Burhoff*, EV, Rn 2606), allerdings nur, wenn die Mehrfachverteidigung noch fortbesteht (OLG Jena, a.a.O.),bei **Störung** des **Vertrauensverhältnisses** zwischen Beschuldigtem und Pflichtverteidiger (s. dazu im Einzelnen u. Rdn 2002 ff.),
- in einem Ausschließungsverfahren (zum Verteidigerausschluss allgemein *Burhoff*, EV, Rn 4052 ff.) ist der Vorwurf der versuchten **Strafvereitelung** gegen den Pflichtverteidiger erhoben worden (OLG Düsseldorf NJW 1995, 739),
- gegen den Verteidiger ist ein **Berufsverbot verhängt** worden (KG, Beschl. v. 14.5.2009 – 4 Ws 45/09),
- bei nicht behebbaren **Terminschwierigkeiten** (vgl. dazu u.a. BVerfG NStZ 2006, 460; OLG Frankfurt am Main StV 1992, 151 f.; KK-*Laufhütte/Willnow*, § 143 Rn 3; dazu krit. *Münchhalffen* StraFo 1997, 233 ff.; zur Pflicht des Gerichts, diese Schwierigkeiten zu beheben, s.a. BGH NStZ 2009, 650; StV 2010, 170; OLG Düsseldorf StraFo 1998, 228; → *Terminsbestimmung/Terminsverlegung*, Rdn 2646, 2658 ff. sowie *Burhoff*, EV, Rn 2922, 3620 ff.), wobei aber das Gericht den Umstand der Terminschwierigkeit nicht ungeprüft übernehmen darf (OLG Dresden StV 2010, 475; 2010, 476 [Ls.]),

> ☞ Ggf. hilft auch, dass – während laufender HV – sog. kurze **Schiebetermine** anberaumt werden, zu denen dann der Pflichtverteidiger einen „Vertreter" sendet (→ *Unterbrechung der Hauptverhandlung*, Rdn 2701), wobei allerdings insbesondere in Haftsachen der Beschleunigungsgrundsatz zu beachten ist (→ *Haftfragen*, Rdn 1653). Zwar ist bei der Pflichtverteidigung eine Unterbevollmächtigung nicht zulässig (*Burhoff*, EV, Rn 3012 m.w.N.). Die Praxis hilft sich in diesen Fällen aber dadurch, dass der Pflichtverteidiger – mit seinem Einverständnis und dem des Beschuldigten – für diesen Termin abberufen wird und der benannte „Vertreter" bestellt wird. Da dies den Angeklagten weniger belastet als die vollständige Entpflichtung, dürfte sich eine derartige Verfahrensweise, wenn sie vom Pflichtverteidiger angeboten wird, aus Gründen der Verhältnismäßigkeit empfehlen (zur stillschweigenden Beiordnung eines Pflichtverteidigers, der als „Vertreter" erschienen ist, s. OLG Hamm Rpfleger 1998, 440).

- bei **unberechtigtem Verlangen** nach einem **zweiten** Pflichtverteidiger (OLG Frankfurt am Main StV 1995, 11),
- bei **Untätigkeit** des **Pflichtverteidigers**, nachdem der Mandant eine Zusammenarbeit mit ihm abgelehnt hat (BGH NJW 1993, 340; s.a. OLG Stuttgart NJW 1979, 1373; NStZ-RR 1996, 205 f.).

„Wichtiger Grund" verneint

- bei **nachträglich anderer Beurteilung** der Schwierigkeit der Sach- und Rechtslage (KG, Beschl. v. 24.8.2000 – 3 Ws 463/00; Beschl. v. 20.9.2013 – 4 Ws 122/13; ähnl. OLG Stuttgart StV 2001, 329 [für Berufungsverfahren, nachdem der Angeklagte in der 1. Instanz zu einer nur geringen Strafe verurteilt worden ist]; OLG Köln NJW 2006, 76 [Rücknahme zulässig, wenn keine Verteidigungsbereitschaft des Angeklagten mehr erkennbar ist]),
- bei **behebbaren Terminschwierigkeiten** des Pflichtverteidigers am HV-Tag (OLG Frankfurt am Main StV 1995, 11; s.a. OLG Hamm StV 2004, 642 [die gegen den Willen des Beschuldigten vorgenommene Auswechslung des Pflichtverteidigers mit der Begründung, dass der ursprünglich beigeordnete Pflichtverteidiger an einem von drei anberaumten HV-Terminen verhindert ist, ist unzulässig, wenn nicht bei der Terminierung ernsthaft versucht wurde, dem Anspruch des Beschuldigten, sich von einem Anwalt seines Vertrauens verteidigen zu lassen, Rechnung zu tragen] und OLG Dresden, Beschl. v. 17.7.2009 – 1 Ss 347/09; → *Terminsbestimmung/Terminsverlegung*, Rdn 2646),

> Es sind **erhebliche/ernsthafte Bemühungen** zur Behebung der Terminschwierigkeiten erforderlich (BGH NStZ 2009, 650; StV 2010, 170). Allerdings ist in Haftsachen das **Beschleunigungsgebot** von besonderer Bedeutung (vgl. z.B. BVerfG NJW 2006, 668; 2006, 672; BGH NStZ 2007, 163; dazu OLG Dresden, Beschl. v. 10.6.2009 – 3 Ws 53/09; OLG Köln StV 2006, 143; 2006, 145; OLG Hamm NJW 2006, 2788; OLG Jena StV 2009, 576 m. Anm. *Schlothauer* StV 2009, 578; OLG Koblenz NStZ-RR 2015, 117 [Ls.]). Die obergerichtliche Rspr. geht dazu davon aus, dass eine geordnete Verteidigung i.d.R. dann nicht (mehr) gewährleistet ist, wenn der Verteidiger nicht bereit oder in der Lage ist, für eine konzentrierte und den Geboten der Beschleunigung in Haftsachen entsprechende HV zur Verfügung zu stehen. Die Verhinderung eines Verteidigers dürfe nicht dazu führen, dass eine längere, ggf. mehrmonatige Verfahrensverzögerung eintrete (BGH StV 2007, 169). Erforderlich ist in dem Zusammenhang eine Abwägung des Wunsches des Angeklagten/Beschuldigten, vom Anwalt seines Vertrauens verteidigt zu werden, und das Gebot möglichst kurzer Dauer der HV (OLG Hamm, a.a.O.; *Meyer-Goßner/Schmitt*, § 142 Rn 9a). Der Angeklagte kann allerdings auf die Einhaltung des Beschleunigungsgrundsatzes dann, wenn er allein angeklagt ist, verzichten (wegen der Einzelh. *Burhoff*, EV, Rn 2780 f.).

- mit der Begründung, dass **§ 3 BORA** die gleichzeitige oder sukzessive Verteidigung durch mehrere Sozietätsmitglieder als **Interessenkonflikt** verbietet (zum alten Recht OLG Frankfurt am Main NJW 1999, 1414 f.; OLG Stuttgart StV 2000, 656 [zu § 3 BORA a.F.; nur wenn konkrete Anhaltspunkte für die Unmöglichkeit einer sachgerechten Verteidigung bestehen]; StV 2011, 662; s. aber a.A. für einen Interessenkonflikt LG Frankfurt am Main StV 1998, 358 und dazu BVerfG NJW 1998, 444; s.a. Burhoff, EV, Rn 2608); inzwischen ist § 3 BORA neu gefasst, nach § 3 Abs. 2 S. 2 BORA ist die „Sozietätserstreckung" entfallen, wenn der Mandant nach Belehrung einverstanden ist und die Belange der Rechtspflege nicht entgegenstehen (vgl. wegen der Einzelh. *Burhoff*, EV, Rn 2778 und 2921 m.w.N.),

- dem Verteidiger soll das **Einlassungsverhalten** des **Beschuldigten**, der sich erst gar nicht bzw. spät und nur bruchstückhaft zur Sache eingelassen hat, „angekreidet" werden (instruktiv LG Mainz StraFo 1996, 175),
- bei nicht vorschriftsmäßiger **Kleidung** des Pflichtverteidigers in der HV (BGH NStZ 1988, 510; → *Tragen der Robe /Krawatte*, Rdn 2680),
- nicht bei jedem **unzweckmäßigen** und **prozessordnungswidrigen Verhalten**, da der Pflichtverteidiger nicht vom Gericht zu kontrollieren ist (s.u.a. BGH NStZ 1996, 21 [K]; OLG Hamburg NJW 1998, 621 [nur bei Missbrauch]; OLG Köln StraFo 2006, 328; eingehend *Fahl*, S. 337 ff.),
- der Verteidiger **legt** kurz vor der HV das **Wahlmandat nieder**, um seine Bestellung zum *Pflichtverteidiger* zu erzwingen (OLG Frankfurt am Main NStZ-RR 1996, 236; zur Niederlegung des Mandats Burhoff, EV, Rn 2706; → *Pflichtverteidiger, Bestellung in der Hauptverhandlung*, Rdn 1967),
- ein **Wahlverteidiger „drängt sich"** – möglicherweise berufsrechtswidrig – in ein bestehendes Verteidigungsverhältnis **herein** (OLG Celle NStZ-RR 2010, 381; OLG Frankfurt am Main StV 1997, 575; LG Berlin StV 2011, 665; s.a. Burhoff, EV, Rn 2933 ff.).

2002 **3.a)** Als besonderer Grund für die Entpflichtung wird in der Rspr. und Lit. (auch) das **gestörte Vertrauensverhältnis** zwischen Pflichtverteidiger und Mandant angesehen (vgl. nur *Meyer-Goßner/Schmitt*, § 143 Rn 5; *KK-Laufhütte/Willnow*, § 143 Rn 5, jew. m.w.N.; *Kett/Straub* NStZ 2006, 364; zur Darstellung des Meinungstandes *Hellwig/Zebisch* NStZ 2010, 602 ff.). Insoweit reicht aber nicht jede (kleine) Störung aus. Vielmehr ist eine Entpflichtung nach h.M. nur dann geboten, wenn konkrete Umstände vorgetragen sind (s. aber u. Rdn 2005), aus denen sich ergibt, dass eine **nachhaltige** und nicht zu beseitigende **Erschütterung** des Vertrauensverhältnisses vorliegt, aufgrund dessen zu besorgen ist, dass die Verteidigung nicht mehr objektiv sachgerecht geführt werden kann (BVerfG 2001, 3695; BGHSt 39, 110 ff.; BGH NStZ 2004, 632; NStZ-RR 2005, 240; OLG Hamm NJW 2006, 2502; OLG München NJW 2010, 1766; vgl. auch *Lam/Meyer-Mews* NJW 2012, 177). Das ist vom **Standpunkt** eines vernünftigen und verständigen Beschuldigten aus zu beurteilen (OLG Düsseldorf StraFo 1999, 350; *Meyer-Goßner/Schmitt*, a.a.O. m.w.N.). I.d.R. wird sich der Beschuldigte auf die Störung des Vertrauensverhältnisses nicht berufen können, wenn er selbst dafür die Ursache gesetzt hat (BGH NStZ 2004, 632; 2008, 418; OLG Schleswig SchlHA 2005, 260 [Dö/Dr].

Pflichtverteidiger, Entpflichtung während laufender Hauptverhandlung

◊ Allein der **Wunsch** des Beschuldigten/Angeklagten, dass der Pflichtverteidiger entpflichtet/ausgewechselt wird, **reicht nicht** aus (KG, Beschl. v. 8.10.2012 – 4 Ws 107/12; OLG Hamm, Beschl. v. 21.7.2009 – 2 Ws 191/09).

Zur Störung des Vertrauensverhältnisses folgende **Beispielsfälle:**

beachtliche Störung bejaht 2003

- bei Taten mit politischem Hintergrund, wenn **ideologische** und **politische Gegensätze** bestehen (OLG Hamm NJW 1975, 1238; a.A. OLG Karlsruhe NJW 1978, 1172; vgl. auch Lam/Meyer-Mews NJW 2012, 177, 182),
- bei **ungenügender Information** des Mandanten (BGH NStZ 2004, 632), allerdings dann nicht, wenn der Mandant sich ohne erkennbaren Grund geweigert hat, sich zu einer Besprechung mit dem Pflichtverteidiger vorführen zu lassen (BGH, a.a.O.),
- der Pflichtverteidiger **herrscht** seinen **Mandanten** mit dem Ziel, „endlich mit der Wahrheit herauszurücken" an (OLG Düsseldorf StV 1993, 6),
- wenn der Pflichtverteidiger bei „**Besprechungen vergesslich** erscheint und häufig den Faden verliert" (LG Trier StV 2012, 591),
- der Pflichtverteidiger hat **Strafanzeige** gegen seinen Mandanten erstattet (BGHSt 39, 110 ff.),
- bei **Untätigkeit** des Pflichtverteidigers, insbesondere wenn der Pflichtverteidiger mehrere Monate **keinen Kontakt** zum inhaftierten Beschuldigten/Angeklagten aufgenommen hat (OLG Braunschweig StV 2012, 719 [zwei Monate in Schwurgerichtsverfahren]; OLG Düsseldorf StV 2011, 85; OLG Köln StraFo 2007, 157; LG Aachen StV 2005, 439; LG Berlin StV 2011, 665; LG Köln StraFo 2006, 329; 2015, 149; LG Magdeburg StV 2008, 630; LG Osnabrück StV 2010, 563),
- bei **Weigerung** des Pflichtverteidigers, die **Verteidigung** nach den **Wünschen** des **Mandanten** zu führen, da darin zum Ausdruck kommt, dass der Beschuldigte nicht oder nicht mehr darauf vertrauen kann, dass sein Verteidiger seine Belange in der gebotenen Weise wahrnimmt (OLG Hamm StV 1982, 510 f.; s. aber BGH NStZ 1988, 420 [aber nicht allein schon bei dem Rat, ein Geständnis abzulegen; es müssen weitere Umstände hinzutreten] und OLG Hamm NJW 2006, 2502 [Vertrauenskrise wegen Berufungsbeschränkung]; OLG Köln, Beschl. v. 11.4.2012 – 2 Ws 268/12 [nicht bei nur unterschiedlichen Auffassungen über die Verteidigungsstrategie]),
- wenn der Pflichtverteidiger zur Anklageschrift in einem Schriftsatz Stellung, der eine **Sachdarstellung** enthält, **ohne** die damit aufgezeigte Verteidigungslinie mit dem Angeklagten **abgesprochen** zu haben (OLG München StV 2015, 155),
- wenn der Pflichtverteidiger den Angeklagten ungeachtet dessen erklärter Ablehnung **wiederholt bedrängt**, eine schriftliche **Vereinbarung** über ein **Honorar** abzuschließen (§ 3a RVG), das die gesetzlichen Gebühren um ein Mehrfaches übersteigen wür-

de, und hierbei zum Ausdruck bringt, ohne den Abschluss dieser Vereinbarung sei seine Motivation, für den Angeklagten tätig zu werden, eingeschränkt (KG StV 2013, 142 m. Anm. *Burhoff* StRR 2012, 261; weiter/strenger LG Marburg NStZ-RR 2012, 317 [Ls.], wonach offenbar allein schon der Wunsch nach einem Zusatzhonorar ausreichend ist für eine Entpflichtung),
- wenn der Verteidiger seine **unabweisbaren Pflichten** gegenüber dem Mandanten **nicht wahrnimmt**, also z.b. keine AE nimmt, sich nicht mit dem Mandanten über eine Verteidigungsstrategie abstimmt, keine (sich aufdrängenden) Anträge stellt (vgl. *Lam/Meyer-Mews* NJW 2012, 177, 178 f.),
- bei Ankündigung des Beschuldigten, **nicht mehr** mit dem Verteidiger **zusammen arbeiten** zu wollen, und sich mit allen rechtlichen Mitteln gegen eine Zusammenarbeit zur Wehr zu setzen (LG München StV 2011, 667).

✍ Zu einem Entpflichtungsantrag kann sich der Verteidiger insbesondere auch dann gedrängt sehen, wenn er – **ohne** sein **Einverständnis** – erst so **kurz vor** der **HV beigeordnet** wird, dass keine Zeit mehr zur ausreichenden Vorbereitung der HV bleibt. Das ist in der Praxis (leider) häufig dann der Fall, wenn das Gericht das, z.B. wegen Ausscheidens des Wahlverteidigers, drohende Scheitern der HV durch die kurzfristige Bestellung verhindern will. Der verantwortungsbewusste Verteidiger wird sich darauf nicht einlassen, sondern, wenn ein Antrag auf → *Aussetzung wegen fehlender Akteneinsicht*, Rdn 484, keinen Erfolg hat, seine **Entpflichtung beantragen** (s.a. *Malek*, Rn 150).

2004 beachtliche Störung verneint

- bei einem tätlichen **Angriff** des Beschuldigten **auf den Verteidiger** (KG AnwBl. 1978, 241; **a.A.** wohl **zu Recht** *Hilgendorf* NStZ 1996, 4 [auf jeden Fall dann, wenn Wiederholungsgefahr besteht]; s.a. weitere Bsp. bei *Dahs*, Rn 146 ff. und 164 sowie *Müller-Meinigen* AnwBl. 1978, 218),
- bei **Beschimpfungen** und **Bedrohungen** des Verteidigers durch den Angeklagten (BGH NStZ 2008, 418; OLG Köln StV 1994, 234 f.; OLG Schleswig SchlHA 250, 260 [Dö/Dr]; ähnlich OLG Hamm, Beschl. v. 21.7.2009 – 2 Ws 191/09),
- wenn nur geltend gemacht wird, dass ein **früherer Mitangeklagter** von einem in der **Bürogemeinschaft** des Pflichtverteidigers tätigen Rechtsanwalt **vertreten** war und den Angeklagten in seinem eigenen Verfahren belastet hat (KG NStZ-RR 2012, 352),
- der **Angeklagte erklärt**, der **Verteidiger** sei in zwei Monaten nur kurz bei ihm gewesen, habe ihn erst eine Woche vor dem HV-Termin aufgesucht, **belüge** ihn und habe „keine Ahnung" von ihm und seinem früheren Leben mit dem Tatopfer (BGH StV 1997, 565; zur ungenügenden Information s.a. BGH NStZ 2004, 632),

- bei der **Erklärung** des Pflichtverteidigers, der **Vorwurf** der **Anklage** werde von ihm **nicht** in **Abrede** gestellt, da das auch dann, wenn der Beschuldigte zur Äußerung in der Sache nicht bereit ist, ein zulässiges, möglicherweise sogar gebotenes Verteidigerverhalten sein kann (OLG Frankfurt am Main NStZ-RR 1996, 236),
- der Angeklagte hat dem Verteidiger mit **Strafanzeige** gedroht (BGH NStZ 1997, 401),
- bei **nur unterschiedlichen Auffassungen** über die **Verteidigungsstrategie** (vgl. z.B. OLG Köln NStZ-RR 2012, 351 [Ls.]),
- es ist über die Art und Weise der Befragung von Zeugen im Verfahren seit längerer Zeit zu **unbehebbaren Unstimmigkeiten**, zu massiven Spannungen und Vorwürfen des Beschuldigten gekommen (so OLG Köln StraFo 1996, 62; s.a. OLG Köln StV 2011, 659; zu Differenzen hinsichtlich der Verteidigungsstrategie auch *Lam/Meyer-Mews* NJW 2010, 177, 181),
- der Pflichtverteidiger schlägt vor, einen **anderen Rechtsanwalt** mit der Vertretung zu **beauftragen**, wenn er dessen persönliche und fachliche Qualifikation beurteilen kann (BGH NStZ 2004, 632).

Die **unbegründete Entpflichtung** des Verteidigers kann ein **Grund** sein, den Richter wegen Besorgnis der Befangenheit abzulehnen (vgl. u.a. BGH NJW 1990, 1373 f.; KG StV 2008, 68; → *Ablehnungsgründe, Befangenheit*, Rdn 75).

b) Hinweis für den Verteidiger!

Fraglich ist, in welchem Umfang der **Entpflichtungsantrag begründet** werden muss. Die h.M. geht davon aus, dass der Beschuldigte oder der Verteidiger **substantiiert** die Störung des Vertrauensverhältnisses darlegen muss (vgl. u.a. BGH NStZ 1988, 420 [„mit bestimmten Tatsachen belegt"]; 2004, 632 [konkrete Umstände vorgetragen und ggf. nachgewiesen]; 2008, 418; StV 2013, 610; KG StV 1987, 428; OLG Bamberg StV 1984, 234; OLG Köln NStZ-RR 2012, 351 [Ls.; schlüssige Darstellung erforderlich]; *Meyer-Goßner/Schmitt*, § 143 Rn 5; vgl. auch *Hellwig/Zebisch* NStZ 2010, 602, 604).

Dem kann man in dieser **Allgemeinheit nicht** folgen (abl. auch SK-StPO-*Wohlers*, § 143 Rn 16; krit. *Hellwig/Zebisch* NStZ 2010, 602, 604). Zunächst kommt es darauf an, ob der Beschuldigte zur Bestellung des nach seiner Ansicht zu entpflichtenden Pflichtverteidigers **angehört** worden ist. Ist das nicht der Fall, muss er nicht dartun, aus welchen Gründen er mit dessen Person nicht einverstanden ist (KG StV 1993, 628; LG Cottbus StV 2006, 687; so wohl auch OLG Hamm, Beschl. v. 21.7.2009 – 2 Ws 191/09; ähnlich BGH StV 2013, 610; AG Bitterfeld-Wolfen StV 2014, 281, jeweils für die Aufhebung der Pflichtverteidigerbestellung in Haftsachen, wenn dem Beschuldigten nur eine sehr eingeschränkte Überlegungszeit zur Auswahl des Pflichtverteidigers eingeräumt worden ist).

| P | **Pflichtverteidiger, Entpflichtung während laufender Hauptverhandlung** |

2007   Darüber hinaus gilt: Der Beschuldigte oder der Pflichtverteidiger müssten ggf. Interna aus dem Verteidigungsverhältnis offenlegen, z.B. Differenzen über den Verteidigungsplan, die nicht offengelegt zu werden brauchen bzw. dürfen (Schweigepflicht!). Deshalb wird man i.d.R. einen auch nur vagen oder auch **unbestimmten Vortrag ausreichen** lassen müssen (so a. OLG Köln StraFo 1995, 118 f. [für den Fall der Geltendmachung eines Interessenkonflikts]; s. aber OLG Düsseldorf StraFo 1999, 350 [pauschale Vorwürfe reichen nicht]; OLG Hamm, Beschl. v. 26.1.2006 – 2 Ws 30/06 [konkrete Gründe von Gewicht, die die Möglichkeit der Erschütterung des zunächst bestehenden Vertrauensverhältnisses nachvollziehbar erscheinen lassen]; ähnl. OLG Hamm, Beschl. v. 21.7.2009 – 2 Ws 191/09; OLG Köln NJW 2006, 389; OLG Schleswig SchlHA 2003, 191 [Dö/Dr]; OLG Stuttgart NStZ-RR 1996, 207 m.w.N.; vgl. auch noch BGH, Beschl. v. 17.9.2013 – 1 StR 440/10 zum erforderlichen Umfang der Begründung eines Entpflichtungsantrags a. noch BVerfG NJW 2001, 3695 und *Burhoff*, EV, Rn 2930 f.). Das muss **auf jeden Fall** dann gelten, **wenn** sowohl Beschuldigter als auch Pflichtverteidiger die Entpflichtung **übereinstimmend** beantragen (KG StV 1990, 347 [der Beschuldigte und seine Verteidigerin legen im Einzelnen übereinstimmend unüberbrückbare Meinungsverschiedenheiten hinsichtlich einer Verteidigungsstrategie dar]; OLG Hamm StV 1982, 510). Darüber hinaus wird man davon ausgehen können, dass der Pflichtverteidiger seinen Entpflichtungsantrag i.d.R. im Bewusstsein der anwaltlichen Verantwortung stellt und ihm deshalb stattgeben werden muss, wenn Anhaltspunkte für einen **Missbrauch**, etwa kollusives Zusammenwirken mit dem Beschuldigten zum Zweck der Verfahrenssabotage, fehlen (OLG Köln StraFo 1995, 118; KG NStZ 1993, 201 [Pflichtverteidiger ist mit der Entpflichtung einverstanden, durch Beiordnung eines neuen Pflichtverteidigers entstehen weder zusätzliche Kosten noch eine Verfahrensverzögerung]; s.a. *Burhoff*, EV, Rn 2928 f.; vgl. a. *Schlothauer* StV 1981, 447).

2008   **4.** Für die **Entpflichtung** des Pflichtverteidigers ist der Vorsitzende zuständig (vgl. aber BGH NStZ 2004, 632). Insoweit und für das einzuhaltende **Verfahren** gelten die Ausführungen zur Auswahl und zur Bestellung bei *Burhoff*, EV, Rn 2765 ff. und 3016 ff. entsprechend.

> ✍ Da die Entpflichtung des Pflichtverteidigers, der das Vertrauen des Beschuldigten besitzt, dessen Verteidigungsbelange aufs stärkste beeinträchtigt, ist dem Verteidiger und dem Angeklagten vor der Entscheidung **rechtliches Gehör** zu gewähren (BVerfG NJW 2001, 3695; BGH NJW 1990, 1373, 1374; OLG Brandenburg, Beschl. v. 5.3.2014 – 1 Ws 18/14; LG Ansbach StV 1995, 579, 581 [„Selbstverständlichkeit"]). Wird rechtliches Gehör **nicht gewährt**, kann das die **Ablehnung** wegen Befangenheit rechtfertigen (LG Ansbach, a.a.O.; AG Bergheim StV 1996, 592; → *Ablehnungsgründe, Befangenheit*, Rdn 80).
>
> Soll die Entpflichtung wegen prozessordnungswidrigen Verhaltens des Pflichtverteidigers erfolgen, muss er zuvor **abgemahnt** worden sein (OLG Hamburg NJW 1998, 621;

Barton StRR 2009,101 in der Anm. zu KG StV 2009, 572). Gegen die „Abmahnung" steht dem Verteidiger ein Rechtsmittel nicht zu (OLG Hamburg NJW 1998, 1328).

5. Zur Frage, ob und durch wen **gegen** die **Entpflichtung Rechtsmittel** eingelegt werden kann, lassen sich folgende **Grundsätze** festhalten (wegen der Einzelh. s. *Hilgendorf* NStZ 1996, 6 m.w.N.):

> 👉 Die Entscheidung des Vorsitzenden betreffend die Entscheidungen in Zusammenhang mit der Pflichtverteidigerbestellung ist **keine** Maßnahme der → *Verhandlungsleitung*, Rdn 2889, sodass die Anrufung des Gerichts nicht möglich ist (OLG Jena NStZ-RR 2004, 306 [Ls.]).

Nach wohl zutreffender h.M. handelt es sich auch nicht um eine Entscheidung nach § 305 S. 1, sodass grds. die → *Beschwerde*, Rdn 770, gegeben ist (vgl. nur OLG Düsseldorf StraFo 1999, 124; OLG Hamm NJW 1990, 1433 [Ls.]; OLG Stuttgart StV 1998, 123; s.a. *Meyer-Goßner/Schmitt*, § 141 Rn 10 m.w.N. a. zur a.A.). Der **Beschuldigte** kann gegen die Entpflichtung Beschwerde einlegen (OLG Koblenz MDR 1983, 252; *Meyer-Goßner/Schmitt*, § 143 Rn 7 m.w.N. [auch zur Frage, wie lange das Beschwerderecht besteht]). Der **Pflichtverteidiger** selbst hat nach überwiegender Ansicht – mangels Beschwer – allerdings kein eigenes Beschwerderecht gegen seine Entpflichtung (OLG Bamberg MDR 1990, 460; OLG Düsseldorf wistra 1992, 320; OLG Hamburg NJW 1998, 621 m.w.N.; *Meyer-Goßner/Schmitt*, a.a.O. m.w.N. a. zur a.A.; a.A. *Hilgendorf* NStZ 1996, 1). Bei **Willkür** kann ggf. etwas anderes gelten (OLG Hamm MDR 1993, 1226 m.w.N.; OLG Köln NJW 1982, 949 [Ls.]; LG Stuttgart, Beschl. v. 10.9.2010 – 3 Qs 37/10, www.burhoff.de). Willkür liegt jedoch dann nicht vor, wenn der Vorsitzende des Gerichts bei einer vorübergehenden Verhinderung des Pflichtverteidigers – statt dessen Vertretung zuzulassen – einen anderen Rechtsanwalt, der ebenfalls das Vertrauen des Beschuldigten genießt, zum Pflichtverteidiger bestellt (OLG Frankfurt am Main NStZ-RR 1996, 272). Wird eine **Entpflichtung abgelehnt**, ist der jeweilige **Antragsteller beschwerdeberechtigt** (KG StV 2010, 63; OLG Köln StraFo 1996, 62; OLG Stuttgart StV 1998, 123).

> 👉 Legt der Verteidiger für den Angeklagten Beschwerde ein, hat diese keine aufschiebende Wirkung. Der Verteidiger muss daher **Aussetzung** bzw. → *Unterbrechung der Hauptverhandlung*, Rdn 2701, bis zur Entscheidung des Beschwerdegerichts über das Rechtsmittel verlangen.

Siehe auch: → *Pflichtverteidiger, Bestellung in der Hauptverhandlung*, Rdn 1967; → *Pflichtverteidiger, Bestellung neben Wahlverteidiger*, Rdn 1983.

2011 Plädoyer des Staatsanwalts

2012 **Literaturhinweise: Heghmans**, Die prozessuale Rolle der Staatsanwaltschaft, GA 2003, 433; **Höß**, Rechtsfragen im Zusammenhang mit dem Schlussvortrag des Staatsanwalts, 1999; **Nehm**, Verpflichtung zum Plädoyer?, in: Festschrift für *Karlmann Geiß*, 2000, S. 111; **Reinhard**, Der Rechtsreferendar als Sitzungsvertreter der Staatsanwaltschaft, Jus 2002, 169; **Schaefer**, Das Fairnessgebot für den Staatsanwalt, in: Festschrift für *Peter Rieß*, 2002, S. 491; s.a. die Hinw. bei → *Plädoyer des Verteidigers*, Rdn 2017.

2013 1. Nach dem → *Schluss der Beweisaufnahme*, Rdn 2473, erhält in der HV 1. Instanz **zunächst** der StA Gelegenheit zu seinem Plädoyer. Dazu ist hier auf folgende zwei Punkte hinzuweisen:

2014 2. Anders als der Verteidiger (vgl. dazu → *Plädoyer des Verteidigers*, Rdn 2017), ist der StA nach allgemeiner Meinung in Rspr. und Lit. **verpflichtet**, (s)ein **Plädoyer** zu **halten** (*Meyer-Goßner/Schmitt*, § 258 Rn 10; eingehend dazu *Höß*, S. 79 ff. m.w.N.). Das folgt aus §§ 160 Abs. 2, 296 Abs. 2 und der sich daraus ergebenden Pflicht der StA, auch die zur Entlastung des Angeklagten dienenden Umstände zu ermitteln und vorzutragen.

> **Weigert** der StA sich, ein Plädoyer zu halten, darf die HV nicht fortgeführt werden (*Nehm*, S. 115). Wird sie dennoch fortgesetzt, kann der Angeklagte das mit der **Revision** rügen, die i.d.R. auch Erfolg haben wird (BGH NStZ 1984, 468; OLG Stuttgart NStZ 1992, 98; OLG Zweibrücken StV 1986, 51 m.w.N.; s.a. *Meyer-Goßner/Schmitt*, § 258 Rn 10 f. m.w.N.; diff. *Höß*, S. 92). Die vorherige Anrufung des Gerichts (§ 238) ist nicht erforderlich. Es handelt sich nicht um eine Anordnung im Rahmen der → *Verhandlungsleitung*, Rdn 2889, des Vorsitzenden.
>
> Von der **Weigerung** des StA, ein Plädoyer zu halten, ist der Dienstvorgesetzte zu unterrichten (OLG Stuttgart, a.a.O.).

2015 2. **Inhaltlich** muss sich der StA in seinem Plädoyer mit allen für und gegen den Angeklagten sprechenden Umständen, die Gegenstand der HV gewesen sind (§ 261), auseinandersetzen. Er muss sowohl das den Angeklagten Entlastende als auch das ihn Belastende vortragen. Der StA kann nicht nur Freispruch oder Verurteilung des Angeklagten beantragen, er kann nach überwiegender Meinung vielmehr auch (noch) einen Antrag auf zusätzliche Beweiserhebungen stellen (*Meyer-Goßner/Schmitt*, § 258 Rn 10 m.w.N.).

2016 3. Hinsichtlich **Form**, **Unterbrechung** des Schlussvortrags, **Entziehung** des Rederechts und des Rechts auf **Erwiderung** gelten die Ausführungen bei → *Plädoyer des Verteidigers*, Rdn 2029 ff., entsprechend.

> Ein **unangemessenes Verhalten** des **Verteidigers**, wie z.B. Unpünktlichkeit und Verlassen des Sitzungssaals während des Plädoyers des Staatsanwalts, berechtigt den Vorsitzenden nicht, in dessen Abwesenheit weiter zu verhandeln (BGH NJW 2014, 2807).

Siehe auch: → *Berufungshauptverhandlung*, Rdn 619; → *Letztes Wort des Angeklagten*, Rdn 1848; → *Plädoyer des Verteidigers*, Rdn 2017; → *Schluss der Beweisaufnahme*, Rdn 2473.

Plädoyer des Verteidigers 2017

Das Wichtigste in Kürze:
1. § 258 gewährt rechtliches Gehör, indem die Verfahrensbeteiligten zum Ergebnis der HV in tatsächlicher und rechtlicher Hinsicht Stellung nehmen und Anträge stellen können.
2. Hauptaufgabe des Verteidigerplädoyers ist es, die für und wider den Angeklagten sprechenden Umstände in dessen Sinn zusammenzufassen und dem Gericht, vor allem den Laienrichtern, vorzutragen.
3. Eine besondere Form ist für das Plädoyer nicht vorgesehen. Der Verteidiger sollte es i.d.R. in freier Rede halten.
4. Der Verteidiger hat das Recht, auf eine Erwiderung (§ 258 Abs. 2 Hs. 1) des StA, des Privatklägers und des Nebenklägers auf sein Plädoyer seinerseits zu erwidern.

Literaturhinweise: Alsberg, Das Plädoyer, AnwBl. 1978, 1 (Nachdruck); **Barton**, Der Aufbau des Verteidigerplädoyers: Empfehlungen aus sozialpsychologischer Sicht, StRR 2007, 95; **Dahs**, Das Plädoyer des Strafverteidigers, AnwBl. 1959, 1; **Dästner**, Schlussvortrag und letztes Wort im Strafverfahren, R&P 1982, 180; **Deckers**, Verteidigung in Haftsachen, NJW 1994, 2261; **Deckers/Püschel**, Untersuchungshaft als Strafmilderungsgrund, Überlegungen zur Überbelegung, NStZ 1996, 419; **Hammerstein**, Verteidigung wider besseres Wissen?, NStZ 1997, 12; **Jung**, Ausländerrechtliche Folgen bei der Verurteilung von ausländischen Staatsangehörigen, StV 2004, 567; **Kudlich/Oberhof**, Das Abschlussplädoyer des Strafverteidigers, JA 2006, 463; **Leitner**, Ein Plädoyer für das Plädoyer, in: Festschrift 25 Jahre AG Strafrecht, 2009, S. 645; **Schulz**, Wegfall der Ungeeignetheit im Sinne des § 69 StGB durch Zeitablauf, NZV 1997, 62; **Sommer**, Maßnahmen des Strafverteidigers in der Hauptverhandlung, ZAPF. 22, S. 101; **Witting**, Präsentation von Beweisinhalten durch die Verteidigung, StraFo 2010, 133; s. i.Ü. die Hinw. bei → *Plädoyer des Staatsanwalts*, Rdn 2010. 2018

1.a) § 258 gewährt **rechtliches Gehör**, indem die Verfahrensbeteiligten zum Ergebnis der HV in tatsächlicher und rechtlicher Hinsicht Stellung nehmen und Anträge stellen können (BVerfG MDR 1980, 909). Es hat daher selbstverständlich auch der Verteidiger das Recht zum Schlussvortrag in der HV, obwohl er ausdrücklich nicht genannt wird. 2019

☞ Der Verteidiger kann **nicht gezwungen** werden, ein Plädoyer zu halten (LR-*Stuckenberg*, § 258 Rn 17; vgl. aber OLG Köln NStZ 1991, 248). **Weigert** sich der Verteidiger, ein **Plädoyer** zu halten, ist er in der HV **nicht** mehr **anwesend** (BGH NStZ 1992, 340). Das Gericht kann das Verfahren dann nur fortsetzen (vgl. BGH NStZ 1981, 295 [Pf/M]; LR-*Stuckenberg*, a.a.O.), wenn kein Fall der notwendigen Verteidigung i.S.d. § 140 vorliegt (→ *Anwesenheit des Verteidigers in der Hauptverhandlung*, Rdn 310). Handelt es sich um eine i.S.d. § 140 notwendige Verteidigung, darf die **HV** sofort oder später nur zu **Ende** geführt werden, wenn dem Angeklagten ein anderer Verteidiger bestellt oder – ggf. mit der Kostenfolge aus § 145 Abs. 4 – die Aussetzung der HV beschlossen worden ist (BGH NStZ 1992, 340; StV 1993, 566). Die Weigerung des Pflichtverteidigers, ein Plädoyer zu halten, kann dessen Entpflichtung begründen (BGH, a.a.O.).

2020 **b)** Die in § 258 Abs. 1 vorgesehene **Reihenfolge** der Schlussvorträge ist zwar die zweckmäßigste, sie ist aber nicht zwingend (OLG Hamburg JR 1955, 233). Bei mehreren Angeklagten bestimmt der Vorsitzende die Reihenfolge, in der die Angeklagten und ihre Verteidiger zu Wort kommen (RGSt 57, 265). Hat ein Angeklagter mehrere Verteidiger, können sie die Aufteilung des Plädoyers nach ihrem Ermessen bestimmen (*Meyer-Goßner/Schmitt*, § 258 Rn 8 m.w.N.). Das Plädoyer wird nach dem → *Schluss der Beweisaufnahme*, Rdn 2473, gehalten (s.a. BGH NStZ-RR 1996, 201 [wenn erst bei der Urteilsverkündung ein Teil der Vorwürfe nach § 154 Abs. 2 eingestellt wird]).

2021 **2.** Die folgenden Ausführungen zum **Inhalt** und zur **Form** des Plädoyers können aus Platzgründen nur die groben Grundzüge darstellen (zur Vertiefung wird verwiesen auf *Dahs*, Rn 714 ff. m.w.N.; *Dahs sen.* AnwBl. 1959, 1 ff.; *Malek*, Rn 603 ff.; *Kudlich/Oberhof* JA 2006, 463 ff., *Sommer*, Rn 1093 ff. und vor allem auf *Barton* StRR 2007, 95 ff.).

2022 **a) Hauptaufgabe** des Verteidigerplädoyers ist es, die für und wider den Angeklagten sprechenden Umstände in dessen Sinn zusammenzufassen und dem Gericht, vor allem den Laienrichtern, vorzutragen. Beherrscht der Verteidiger sein Handwerk, kann das Plädoyer der rhetorische Höhepunkt der HV werden (zum Stellenwert des Verteidigerplädoyers *Barton* StRR 2007, 95, 96; *Sommer*, Rn 1094; Dahs, Rn 714 [„großer Auftritt"]). Die Weichen für den Ausgang des Verfahrens werden indes in der HV meist früher, nämlich in der Beweisaufnahme, gestellt. Dort muss der Verteidiger den „formalen prozessualen Hebel" (*Sommer* ZAPF. 22, S. 116) ansetzen, um seinem Verteidigungsziel, ggf. auch in der Revision, wirksam Nachdruck verleihen zu können.

2023 **b)aa) Inhaltlich** darf sich der Schlussvortrag des Verteidigers – ebenso wie der des StA (s. → *Plädoyer des Staatsanwalts*, Rdn 2015) – nur auf Tatsachen und Beweisergebnisse beziehen, die **Gegenstand** der **HV** waren. Der Verteidiger darf privates Wissen ebenso wenig verwerten wie sich über → *Beweisverwertungsverbote*, Rdn 1018, hinwegsetzen oder etwa Urkunden verlesen, die nicht Gegenstand der HV gewesen sind. Der Verteidiger hält den Schlussvortrag in eigener Verantwortung (vgl. allgemein dazu *Alsberg* AnwBl. 1978, 1; *Dahs*, Rn 714 ff.). Während der StA seinen Schlussvortrag jedoch objektiv und unvoreingenommen halten muss (s. → *Plädoyer des Staatsanwalts*, Rdn 2010), kann der Verteidiger **einseitig** die zugunsten des Angeklagten sprechenden Umstände hervorheben. Er ist zu einer objektiven Würdigung des Verhandlungsergebnisses nicht verpflichtet (*Meyer-Goßner/*

Schmitt, § 258 Rn 15; *Malek*, Rn 611; a.A. LR-*Stuckenberg*, § 258 Rn 24; zu den strafrechtlichen Grenzen *Kudlich/Oberhof* JA 2006, 463, 464 und S. 468 zum inhaltlichen Aufbau sowie *Barton* StRR 2007, 95, 97 f., der auf der Grundlage der modernen Kommunikationstechnik einen **dreigliedrigen Aufbau** des Plädoyers empfiehlt).

✍ Der Verteidiger darf auch dann **Freispruch** des Angeklagten **beantragen**, wenn er dessen **Schuld kennt** (RGSt 66, 316; BGHSt 2, 375, 377; 29, 99, 107; allg. Meinung in der Lit.; s. zuletzt *Hammerstein* NStZ 1997, 12 m.w.N.). Auch in diesen Fällen muss der Verteidiger alles vermeiden, was dem Gericht Hinweise auf die Schuld des Mandanten geben und die Verurteilung fördern kann (vgl. zu allem eingehend *Hammerstein* NStZ 1997, 12, 14 f.).

bb) Der Verteidiger muss auch zur **Strafzumessung** plädieren, wenn eine Bestrafung des Angeklagten sicher ist, z.B. bei einer auf das Strafmaß beschränkten Berufung, oder wenn er nach dem Ergebnis der HV eine Bestrafung des Angeklagten sicher erwartet. Erwartet der Verteidiger einen Freispruch, kann es sich ggf. doch empfehlen, **hilfsweise** – für den Fall der Verurteilung – Ausführungen zur Strafzumessung zu machen (s. aber *Barton* StRR 2007, 95, 100, der im Hinblick auf die Stringenz des Plädoyers dazu rät, ggf. den ein oder anderen Strafzumessungsgesichtspunkt unerwähnt zu lassen).

✍ Der Verteidiger muss zu allen Fragen vortragen/Stellung nehmen, die Einfluss auf die Strafzumessung haben können. Bei der **Vorbereitung** des **Plädoyers** bietet die **Checkliste** bei Beck-*Tondorf/Tondorf* (S. 472 ff.) ein gute Hilfe. Auszugehen ist von den Kriterien des § 46 Abs. 2 StGB. Bei deren Beurteilung muss der Verteidiger naturgemäß das Schwergewicht auf das für den Angeklagten Vorteilhafte legen und zugleich versuchen, das Nachteilige abzuschwächen.

Der Verteidiger sollte sich dazu folgende „**W-Fragen**" stellen (wegen weiterer Einzelh. Beck-*Tondorf/Tondorf*, S. 472 ff.):
- **Was** ist geschehen?
- **Wie** wurde die **Tat** ausgeführt?
- **Welche** (wirtschaftlichen) **Folgen** hatte sie?
- **Wie** war das **Opfer** ggf. an der Tat beteiligt?
- **Warum** ist es zu der Tat gekommen?
- **Welche** Persönlichkeit hat der Angeklagte?
- **Wie** hat sich der Angeklagte **nach** der **Tat** verhalten?
- **Welche Folgen** hatte die Tat für den Angeklagten?

cc) Hat der Angeklagte **Schadenswiedergutmachung** geleistet, muss der Verteidiger dazu auf jeden Fall Stellung nehmen, da das über § 46a StGB erhebliche Auswirkungen auf die Strafzumessung haben kann/muss (zum Täter-Opfer-Ausgleich die Nachw. bei → *Täter-*

Opfer-Ausgleich, Rdn 2586 und bei *Burhoff*, EV, Rn 3476 ff.). Überlegen muss der Verteidiger auch, ob sich in geeigneten Fällen bei einer **Entziehung** der **Fahrerlaubnis** nicht Ausführungen zum Wegfall der Ungeeignetheit i.S.v. § 69 StGB infolge Zeitablaufs empfehlen (s. dazu u.a. BGH StV 1992, 64; OLG Frankfurt am Main NZV 1996, 414; LG Dresden zfs 1999, 122; eingehend dazu *Schulz* NZV 1997, 62 m.w.N. aus der Rspr.; *Burhoff*, EV, Rn 4309). Auch auf **ausländerrechtliche Folgen** einer ggf. anstehenden Verurteilung muss er hinweisen (zu den ausländerrechtlichen Folgen einer Verurteilung *Jung* StV 2004, 567). Schließlich darf, wenn das Verfahren (zu) lang(e) gedauert hat, nicht übersehen werden, dass dann die bei einer rechtsstaatswidrigen **Verfahrensverzögerung** nach der Rspr. der Obergerichte erforderliche Kompensation in Form der sog. Vollstreckungslösung eingefordert werden muss (→ *Verfahrensverzögerung/Verzögerungsrüge*, Rdn 2825).

2027 Der Verteidiger kann noch im Plädoyer einen → *Beweisantrag*, Rdn 835, stellen. Allerdings muss er bei der Antragstellung berücksichtigen, dass ein Beweisantrag, den er in seinem Plädoyer in unmittelbarem Zusammenhang mit seinem Hauptantrag (auf Freisprechung) stellt, **im Zweifel** vom Gericht als → *Hilfsbeweisantrag*, Rdn 1708, angesehen wird (BGH MDR 1951, 275 [D]; *Beck-Michalke*, S. 556 m.w.N.). Ggf. muss er auch eine → *Entschädigung nach dem StrEG*, Rdn 1429, beantragen, wenn der Angeklagte Strafverfolgungsmaßnahmen erlitten hat, für die eine Entschädigung nach dem StrEG in Betracht kommen kann (s. § 2 StrEG; z.B. U-Haft, Fahrerlaubnisentziehung!). Möglicherweise sind auch Ausführungen zu → *Haftfragen*, Rdn 1653, erforderlich (s. dazu a. *Schlothauer/Weider*, Rn 840 ff.; zur Verteidigung in Haftsachen allgemein *Deckers* NJW 1994, 2261; zur U-Haft als Strafmilderungsgrund *Deckers/Püschel* NStZ 1996, 419).

2028 **d)** Es ist – zumindest in umfangreichen Strafsachen – dringend zu empfehlen, das Plädoyer **vorzubereiten**. Dazu muss der Vorsitzende dem Verteidiger **ausreichend Zeit**, entweder zumindest nach dem Schlussvortrag des StA oder schon nach dem → *Schluss der Beweisaufnahme*, Rdn 2473, einräumen (s.a. *Malek*, Rn 617). Wie viel Vorbereitungszeit für ein Plädoyer benötigt und eingeräumt wird, hängt von den Umständen des Einzelfalls ab (BGH NStZ 2005, 650). Der Verteidiger muss auf ausreichende Zeit drängen. Wird ihm die nach seiner Auffassung erforderliche Zeit nicht gewährt, wird er es ablehnen, sein Plädoyer zu halten. Tut er es doch, muss er zumindest zu erkennen geben, dass nach seiner Auffassung die Vorbereitungszeit nicht gereicht hat. Sonst kann davon ausgegangen werden, dass er tatsächlich doch in der Lage war, sich genügend auf das Plädoyer vorzubereiten (zu allem BGH, a.a.O.).

Weigert sich der **Vorsitzende**, die HV zur erforderlichen Vorbereitung des Plädoyers zu **unterbrechen** oder ist eine gewährte Unterbrechung nicht ausreichend, muss der Verteidiger diese Maßnahme der → *Verhandlungsleitung*, Rdn 2889, des Vorsitzenden **beanstanden** und nach **§ 238 Abs. 2** einen Gerichtsbeschluss herbeiführen (BGH NStZ-RR 2008, 65 [Be]; KG NStZ 1984, 523). Der Verteidiger sollte seinen

Unterbrechungsantrag – schon im Hinblick auf die **Revision** – begründen; die Gründe sind dann bei der Revisionsbegründung, mit der die abgelehnte Unterbrechung geltend gemacht wird, vorzutragen (BGH NStZ-RR 2000, 34 [K]; zur Begründung s.a. BGH NStZ 2005, 650; NStZ-RR 2008, 65 [Be]).

3.a) Eine besondere **Form** ist für das Plädoyer **nicht** vorgesehen. Der Verteidiger sollte es i.d.R. in freier **Rede** halten. Der Vorsitzende darf dem Verteidiger die Benutzung schriftlicher Aufzeichnungen nicht untersagen (BGHSt 3, 368; BGH MDR 1964, 72). Der Verteidiger kann das von ihm Ausgeführte auch anhand von Skizzen und Modellen verdeutlichen (OLG Hamm VRS 35, 370; zur Visualisierung durch technische Hilfsmittel, wie z.b. Power-Point *Witting* StraFo 2010, 133, 137). Ggf. kann eine **Tonaufzeichnung** des Plädoyers des Verteidigers in Betracht kommen (→ *Ton- und Filmaufnahmen während der Hauptverhandlung*, Rdn 2669).

2029

b)aa) Der Vorsitzende darf während des Plädoyers den Verteidiger grds. **nicht unterbrechen**. Er darf auch **nicht** – weder vor noch während des Schlussvortrags – die **Redezeit begrenzen** (RGSt 64, 57); das gilt allerdings nicht für Ausführungen, die als nicht zur Sache gehörig ganz untersagt werden könnten (LR-*Stuckenberg*, § 258 Rn 42 f.).

2030

bb) Zulässig ist eine Unterbrechung des Verteidigers allerdings dann, wenn der Verteidiger das Recht zum Schlussvortrag **missbraucht**, was der Fall sein kann in folgenden

2031

Rechtsprechungsbeispielen:

2032

- Die Ausführungen des Verteidigers sind in der **Form nicht angemessen**, insbesondere weil Gericht, StA, Zeugen, SV oder andere Verfahrensbeteiligte unnötig, etwa sogar **beleidigend**, angegriffen werden (RGSt 41, 259, 261; zur Bewertung eines SV-Gutachtens als „bornierte Klugscheißerei" s. StA München StraFo 1995, 88 [keine Beleidigung]; zu haltlosen Beleidigungen des StA im Plädoyer OLG Jena NJW 2002, 1890 [keine Wahrnehmung berechtigter Interessen nach § 193 StGB]),
- der Verteidiger verwertet Tatsachen, die **nicht Gegenstand** der **HV** gewesen sind,
- der Verteidiger **schweift** fortwährend **ab** (BGHSt 3, 368 f.),
- der Verteidiger **wiederholt** öfter unbegründet seine Ausführungen (BGH MDR 1964, 72; StV 1985, 335).

c) Der Vorsitzende wird den Verteidiger zunächst **ermahnen** müssen. Bleibt das ohne Erfolg, ist die **Entziehung** des Wortes das letzte Mittel, gegen den Missbrauch vorzugehen, und i.d.R. nur dann zulässig.

2033

Gegen eine Maßnahme des Vorsitzenden, wie z.B. die Entziehung des Wortes oder eine (unnötige) Unterbrechung, kann der Verteidiger das Gericht anrufen, damit gem. **§ 238 Abs. 2** ein **Gerichtsbeschluss** ergeht. Für die **Revision** ist aber bei einer Beschränkung des Rechts zum Schlussvortrag ausnahmsweise die **vorherige Anrufung des Gerichts** gem. § 238 Abs. 2 **nicht erforderlich** (BGHSt 3, 368; 21, 288, 290; wegen der weiteren Einzelh. zur Revision vgl. *Meyer-Goßner/Schmitt*, § 258 Rn 33).

c) Die **Berufsrichter** können sich schon vor den Schlussvorträgen durch die Fertigung eines Votums/Urteilsentwurfs entsprechend dem Verfahrensstand auf die → *Urteilsberatung*, Rdn 2752, **vorbereiten** (BGH wistra 2005, 110). Aus dieser Vorbereitung kann nicht auf Befangenheit geschlossen werden.

✍ Beginnt der Vorsitzende, was vorkommen soll, schon **während** des **Plädoyers** des Verteidigers mit der **Abfassung** der **Urteilsformel**, dürfte das m.E. die Besorgnis der Befangenheit begründen. Der Verteidiger muss in diesen Fällen, wenn er (noch) einen **Ablehnungsantrag** stellen will, sein Plädoyer unterbrechen und um Unterbrechung der HV bitten, um sich über die Frage mit dem Mandanten beraten zu können.

§ 25 Abs. 2 S. 2 steht dem m.E. nicht entgegen. Denn danach ist (erst) **nach** dem letzten Wort des Angeklagten gem. § 25 Abs. 2 S. 2 ein Ablehnungsantrag **nicht mehr** zulässig. Diese Regelung, die verfassungsrechtlich unbedenklich sein soll (BVerfG NJW 1988, 477; krit. LR-*Siolek*, § 25 Rn 23), ergreift also nicht Fälle, in denen sich noch während des Plädoyers des Verteidigers ein Ablehnungsgrund herausstellt. Zu beachten ist in diesen Fällen aber ggf. BGHSt 11, 74. Danach soll keine Gesetzesverletzung vorliegen, wenn der (Amts-) Richter schon während der Schlussvorträge der Beteiligten die Urteilsformel niederschreibt, da das nicht unbedingt ein Hinweis darauf sein soll, dass der Richter sich bereits endgültig entschieden hat. Das ist m.E. zw., da die vom BGH angeführte „endgültige Beratung" voraussetzen dürfte, dass damit gewartet wird, bis alle Schlussvorträge beendet sind.

2034 4.a) Der Verteidiger hat das Recht, auf eine **Erwiderung** (§ 258 Abs. 2 Hs. 1) des StA, des Privatklägers und des Nebenklägers auf sein Plädoyer seinerseits zu erwidern (vgl. BGH NJW 1976, 1951).

✍ So oft StA, Privatkläger und Nebenkläger zur **Erwiderung** das Wort erhalten, muss **anschließend** erneut dem **Verteidiger** (und dem Angeklagten) das Wort erteilt werden (BGH, a.a.O.; MDR 1978, 281 [H]; zum grds. bestehenden Recht des Nebenklägers auf Erwiderung s. BGH NJW 2001, 3137). Lehnt der Vorsitzende das ab, kann sich der Verteidiger gem. **§ 238 Abs. 2** an das Gericht wenden.

2035 b) Nach → *Wiedereintritt in die Beweisaufnahme*, Rdn 3458, hat der Verteidiger erneut Gelegenheit zum Plädoyer. Ein besonderer Hinweis des Gerichts ist nicht erforderlich (BGHSt 22, 278; BGH NStZ 1993, 95).

Siehe auch: → *Berufungshauptverhandlung*, Rdn 619; → *Letztes Wort des Angeklagten*, Rdn 1848; → *Plädoyer des Staatsanwalts*, Rdn 2011; → *Schluss der Beweisaufnahme*, Rdn 2473.

Präsentes Beweismittel 2036

Das Wichtigste in Kürze:
1. An dieser Stelle werden nur die mit § 245 Abs. 2 zusammenhängenden Fragen der sog. Präsentation von Beweismitteln behandelt.
2. Die sog. „Präsentation" eines Beweismittels kann während der Beweisaufnahme für den Verteidiger von erheblicher Bedeutung sein, das das Gericht nämlich einen auf ein präsentes Beweismittel gerichteten Beweisantrag nur unter wesentlich engeren Voraussetzungen zurückweisen kann als einen Antrag auf Ausschöpfung eines Beweismittels, das vom Gericht erst noch geladen werden muss.
3. Das Gericht ist nur dann verpflichtet, die Beweisaufnahme auf die präsenten/herbeigeschafften Beweismittel zu erstrecken, wenn ein förmlicher und vollständiger Beweisantrag gestellt wird.
4. Handelt es sich bei der angestrebten Beweisaufnahme um einen Urkundenbeweis oder eine Augenscheinseinnahme muss der Verteidiger dem Gericht in der HV die Urkunde oder das Augenscheinsobjekt überreichen.
5. Handelt es sich bei den präsenten Beweismitteln um Zeugen oder SV, ist das Gericht nur dann verpflichtet, diese präsentierten Beweismittel auszuschöpfen, wenn der Verteidiger/Angeklagte das förmliche **Selbstladungsverfahren** eingehalten hat.
6. Der Verteidiger muss dem Gericht und der StA die von ihm geladenen Zeugen und SV, die er in der HV präsentieren will, rechtzeitig namhaft machen.

Literaturhinweise: **Dallinger**, Präsente Beweismittel (§ 245), MDR 1965, 965; **Detter**, Der von der Verteidigung geladene Sachverständige (Probleme des § 245 Abs. 2 StPO), in: Festschrift für *Hanskarl Salger*, 1995, S. 231; **Hartwig**, Die Selbstladung von Auslandszeugen, StV 1996, 625; **Jessnitzer**, Reformbedürftigkeit des § 220 Abs. 2 StPO, NJW 1974, 1311; **Köhler**, Das präsente Beweismittel nach dem Strafverfahrensänderungsgesetz 1979, NJW 1979, 348; **Marx**, Die Verwertung präsenter Beweismittel nach neuem Recht, NJW 1981, 1425; **Meyer**, Wann können die von einem nicht verurteilten Angeklagten verauslagten Entschädigungen für unmittelbar geladene (§ 220 StPO) oder gestellte (§ 222 StPO) Beweispersonen im Kostenfestsetzungsverfahren nach §§ 464b, 464a StPO zur Erstattung festgesetzt werden?, JurBüro 1984, 655; **Michalke**, Beweisantragsrecht im Strafverfahren – Allgemeine Grundsätze, ZAPF. 22, S. 49; **Rasch/Jungfer**, Die Ladung des psychiatrisch-psychologischen Sachverständigen nach § 220 StPO – Ein Disput, StV 1999, 513; **Rose**, Die Ladung von Auslandszeugen im Strafprozeß, wistra 1998, 11; **Wagner**, Der Mißbrauch des Selbstladungsrechts durch den Angeklagten – KG JR 1971, 338; JuS 1972, 315; **Waszczysnki**, Die Ablehnung von Beweisanträgen nach § 245 Abs. 2 StPO und das Selbstladerecht des Angeklagten, ZJS 2010, 318; **Widmaier**, Zur Rechtsstellung des nach §§ 220, 38 StPO geladenen Sachverständigen, StV 1985, 526. 2037

| P | Präsentes Beweismittel |

2038 1. An dieser Stelle werden **nur** die mit **§ 245 Abs. 2** zusammenhängenden Fragen der sog. **Präsentation** von Beweismitteln behandelt. Die Fragen der Erstreckung der Beweisaufnahme auf die vom Gericht vorgeladenen und erschienenen Zeugen und SV nach § 245 Abs. 1, vornehmlich die des Verzichts, werden behandelt bei → *Beweisverzicht*, Rdn 1146.

☞ Hierbei geht es nicht um die Vernehmung eines anwesenden Beweismittels, sondern um die eines „**herbeigeschafften**" (vgl. *Waszczysnki* vgl. ZJS 2010, 318). Allein die Anwesenheit des Beweismittels verpflichtet das Gericht nämlich nicht seine Beweisaufnahme zu erstrecken. Vielmehr ist die vorherige Ladung der Person, der sie Folge geleistet hat, erforderlich. Im Folgenden soll aber dennoch entsprechend der allgemeinen Terminologie am Begriff des „präsenten Beweismittels" festgehalten werden.

2039 2.a) Die sog. „Präsentation" eines Beweismittels ist für den Angeklagten/Verteidiger ein wichtiges Verteidigungselement und kann während der Beweisaufnahme von erheblicher Bedeutung sein (s.a. Alsberg/*Tsambikakis*, Rn 1524), da das Recht aus § 245 Abs. 2 die Möglichkeit einräumt, eigene Beweismittel in das Verfahren einzuführen. In deren Ablehnung ist das Gericht eingeschränkt, da es nämlich einen auf ein präsentes Beweismittel gerichteten **Beweisantrag** nur unter wesentlich **engeren Voraussetzungen zurückweisen** als einen Antrag auf Ausschöpfung eines Beweismittels, das vom Gericht erst noch geladen werden muss (§ 244). Die Zurückweisung präsenter Beweismittel richtet sich nach dem engeren § 245 Abs. 2 und nicht nach dem weiteren § 244 Abs. 3 – 5 (eingehend zum Unterschied zwischen den Ablehnungsgründen *Waszczysnki* ZJS 2010, 3318, 320; Alsberg/*Tsambikakis*, Rn 1544; zur Geltung des § 245 bei der Privatklage → *Privatklageverfahren*, Rdn 2074).

☞ Dies hat die für den Angeklagten **günstige Folge**, dass der Verteidiger Beweisanträge, die vom Gericht aus diesen Gründen abgelehnt worden sind, erneut stellen kann, wenn z.B. ein Zeuge nun „präsent" ist. Es handelt sich in diesen Fällen nicht um die bloße **Wiederholung** eines bereits abgelehnten Beweisantrags, sondern um einen neuen, über den nun unter Berücksichtigung des engeren § 245 Abs. 2 zu entscheiden ist (LR-*Becker*, § 245 Rn 58).

Beim SV-Beweis kommt hinzu, dass der **Verteidiger** den „**präsenten" SV auswählen** kann und das Gericht, wenn es dem Antrag nachgeht, diesen SV vernehmen muss, während der Verteidiger beim → *Sachverständigenbeweis*, Rdn 2436, sonst keinen (wesentlichen) Einfluss auf die Auswahl des SV hat (§ 73; vgl. dazu *Rasch/Jungfer* StV 1999, 513).

Der Unterschied hat schließlich auch bei der **Begründung** der **Revision** Bedeutung. Wird ein Verstoß gegen § 245 Abs. 2 S. 1 geltend gemacht, muss sich aus der Begründung der Verfahrensrüge (§ 344 Abs. 2 S. 2) die Einhaltung der Formvorschriften (vgl.

Rdn 2046) ergeben (BGH NStZ 2012, 346; vgl. LR-*Becker*, § 245 Rn 77). Anderenfalls kann nämlich nicht entschieden werden, ob ein Ablehnungsbeschluss an dem Prüfungsmaßstab des § 245 Abs. 2 oder des § 244 Abs. 3 zu messen ist.

b) Ein präsentes Beweismittel kann danach **nicht** wegen **Unerreichbarkeit** und auch nicht mit einer **Wahrunterstellung** zurückgewiesen werden (s. *Waszczysnki* ZJS 2010, 318, 321). Im Fall der → *Augenscheinseinnahme*, Rdn 348, entfällt der Ablehnungsgrund des § 244 Abs. 5 S. 1. Abgelehnt werden darf aber wegen fehlenden Sachzusammenhangs, was jedoch enger aufzufassen ist als die „Bedeutungslosigkeit" i.S.v. § 244 Abs. 3 S. 2 (→ *Beweisantrag, Ablehnungsgründe*, Rdn 870; *Waszczysnki* ZJS 2010, 318, 322; Alsberg/*Tsambikakis*, Rn 1548 ff.).   **2040**

Beim **SV-Beweis** entfällt der Ablehnungsgrund der eigenen Sachkunde des Gerichts (§ 244 Abs. 4 S. 1; BGH NStZ 1994, 400 [für → *Glaubwürdigkeitsgutachten*, Rdn 1630]; *Waszczysnki* ZJS 2010, 318, 323 f.). Das ist vor allem deshalb von Bedeutung, weil damit die Möglichkeit besteht, auch einen Beweisantrag auf Vernehmung eines (präsenten) SV, dem das Gericht in Abwesenheit des SV nach § 244 Abs. 4 S. 1 wegen eigener Sachkunde nicht entsprochen hatte, zu **wiederholen** (Beck-*Michalke*, S. 533). Die Vernehmung des präsenten SV kann das Gericht außerdem auch nicht deshalb zurückweisen, weil etwa das Gegenteil der behaupteten Tatsache aufgrund eines bereits erstatteten Gutachtens bewiesen sei (vgl. zu den Einzelh. *Meyer-Goßner/Schmitt*, § 245 Rn 22; *Waszczysnki*, a.a.O., mit Beispielen). Ein aussagepsychologischer SV ist i.Ü. auch nicht schon deshalb ein völlig ungeeignetes Beweismittel i.S. des § 245 Abs. 2, weil er während der Vernehmung des betreffenden Zeugen, dessen Aussage er beurteilen soll, in der HV nicht anwesend war (BGH StV 2011, 701 m. Anm. *Burhoff* StRR 2011, 467). Dass der SV sich keinen unmittelbaren eigenen Eindruck von der Aussage des Zeugen machen konnte, ist ggf. bei der Würdigung seines Gutachtens in Rechnung zu stellen, macht ihn aber nicht zu einem Beweismittel ohne jeden Beweiswert (BGH, a.a.O.).   **2041**

✎ Die begründete → *Ablehnung eines Sachverständigen*, Rdn 15, wegen Besorgnis der **Befangenheit** macht diesen allerdings zu einem „völlig ungeeigneten" Beweismittel i.S.d. § 245 Abs. 2 (BGH NStZ 1999, 632).

3. Das Gericht ist **nur** dann **verpflichtet**, die Beweisaufnahme auf die präsenten/herbeigeschafften Beweismittel zu erstrecken, wenn ein **förmlicher** und **vollständiger Beweisantrag** gestellt wird (Alsberg/*Tsambikakis*, Rn 1536 ff.; zur Kritik an dieser gesetzlichen Regelung s. KK-*Herdegen*, 5. Aufl., § 245 Rn 13). Insoweit gelten die allgemeinen Regeln (→ *Beweisantrag*, Rdn 835 m.w.N.). Es kann sich auch um einen → *Hilfsbeweisantrag*, Rdn 1708, oder um einen → *bedingten Beweisantrag*, Rdn 518, handeln. Wie bei jedem Beweisantrag ist es also auch im Fall des § 245 Abs. 2 S. 1 er-   **2042**

forderlich, dass die Tatsachen benannt werden, die geeignet sein sollen, das Beweisziel zu bestätigen (BGH StraFo 2011, 511; → *Beweisantrag, Inhalt*, Rdn 951).

👉 Der BGH (a.a.O.) geht davon aus, dass einer „sachwidrigen Einengung der Beweisbehauptung" entgegengetreten werden muss; das sei unerlässlich. Ggf. muss der Beweisantrag, nachdem er vom Gericht wegen einer nicht konkreten Beweisbehauptung **abgelehnt** worden ist, **noch einmal neu** gestellt werden.

2043 Z.T. wird in der **Lit.** vertreten, dass die Anforderungen an die **Konkretisierung** der Beweistatsache im Vergleich zum „normalen Beweisantrag" **herabgesetzt** werden können, weil wegen der Anwesenheit der Beweisperson eine sofortige Befragung nach den §§ 69, 241 möglich sei (s. HK-*Julius*, § 245 Rn 5; *Waszczysnki* ZJS 2010, 318, 320 Fn 21; *Köhler* StV 1992, 5 in der Anm. zu BGHSt 37, 168). Für diese von der h.M. abweichende Auffassung findet sich im Gesetzeswortlaut jedoch keine Stütze. Demgemäß sollte der Verteidiger bei der Antragstellung die Voraussetzungen für das Vorliegen eines ordnungsgemäßen Beweisantrages beachten (→ *Beweisantrag, Inhalt*, Rdn 951).

2044 4. Handelt es sich bei der angestrebten Beweisaufnahme um einen → *Urkundenbeweis*, Rdn 2721, oder eine → *Augenscheinseinnahme*, Rdn 348, muss der Verteidiger dem Gericht in der HV die Urkunde oder das Augenscheinsobjekt **überreichen**, um damit die Präsenz zu dokumentieren (BGH MDR 1975, 369 [D]; NStZ 1993, 28 [K]; s.a. → *Beweisantrag, Formulierung: Augenscheinseinnahme*, Rdn 914; → *Beweisantrag, Formulierung: Urkundenbeweis*, Rdn 927). **Nicht** ausreichend ist es, wenn er zum Nachweis der Existenz und des Inhalts der Originalurkunde nur eine **Fotokopie** dieser Urkunde vorlegt (BGH NStZ 1994, 593; s. aber BGH NStZ-RR 1998, 261 [K; bei den Akten befindlicher Bundeszentralregisterauszug „präsentes" Beweismittel]).

2045 5.a) Handelt es sich bei den präsenten Beweismitteln um **Zeugen** oder **SV**, ist das Gericht nur dann verpflichtet, diese präsentierten Beweismittel auszuschöpfen, wenn der Verteidiger/Angeklagte das förmliche **Selbstladungsverfahren** eingehalten hat (vgl. dazu Rdn 2046). Das folgt aus § 220 i.V.m. § 38. In diesen Fällen muss der Verteidiger dem Gericht **nachweisen**, dass er die Beweisperson förmlich geladen hat, wenn die Ladung nicht aktenkundig ist (BGH NStZ 1981, 401). Dazu fügt er seinem Beweisantrag den Ladungsnachweis des Gerichtsvollziehers bei (s.u. Rdn 2057).

👉 Haben der Verteidiger oder der Angeklagte einen Zeugen oder SV einfach **nur** in den Gerichtssaal (**mit-)gebracht**, ohne diesen förmlich vorgeladen zu haben (s.u. Rdn 2046 ff.), handelt es sich nicht um eine i.S.d. § 245 Abs. 2 präsente Beweisperson, sondern **nur** um eine „gestellte". Für diese gilt **§ 245 Abs. 2 nicht** (st. Rspr.; vgl. u.a. BGH NStZ 1981, 401 m.w.N.; KK-*Krehl*, § 245 Rn 24 m.w.N.). Das gilt auch, wenn es um die Vernehmung des Verteidigers geht. Die Anwesenheit in anderer prozessualer Eigenschaft genügt nicht, um eine Präsenz i.S.d. § 245 zu begründen (BGH StV 1995, 567).

Da für eine i.S.d. §§ 220, 245 förmliche Ladung eines Zeugen oder SV bestimmte Voraussetzungen vorliegen müssen, die der Verteidiger nicht spontan in der HV erfüllen kann, muss er sich schon **frühzeitig** bei der → *Vorbereitung der Hauptverhandlung*, Rdn 3370, **überlegen**, ob ggf. die Selbstladung eines SV oder Zeugen nach § 245 Abs. 2 in Betracht kommt. Entsprechendes gilt, wenn ein Beweisantrag in der HV abgelehnt worden ist. Ggf. muss der Verteidiger dann um kurzfristige Unterbrechung bitten, um die erforderlichen Maßnahmen einleiten zu können.

b) Bei der Selbstladung hat der Verteidiger Folgendes zu **beachten** (s.a. BGH NStZ 2012, 346; Beck-*Michalke*, S. 534 ff.; zu den mit der Selbstladung von Auslandszeugen zusammenhängenden Fragen s. → *Auslandszeuge*, Rdn 405, sowie *Hartwig* NJW 1974, 1331; *Rose* wistra 1998, 11; LR-*Jäger*, § 223 Rn 37 ff.):

2046

Ladungsschreiben

2047

- Der Verteidiger muss an die (Wohn-)Anschrift des Zeugen oder SV ein **Ladungsschreiben** richten, in dem dieser als Zeuge oder SV unter Angabe des genauen **Ortes** und des **Zeitpunkts** geladen wird. Die Angabe eines Beweisthemas ist nicht erforderlich (RGSt 67, 180, 182; Beck-*Michalke*, S. 534).

- In dem Ladungsschreiben muss der Beweisperson die **gesetzliche Entschädigung** für Reisekosten und Verdienstausfall **angeboten** werden. Die Höhe richtet sich nach dem Gesetz über die Vergütung von Sachverständigen, Dolmetscherinnen, Dolmetschern, Übersetzerinnen und Übersetzern sowie die Entschädigung von ehrenamtlichen Richterinnen, ehrenamtlichen Richtern, Zeuginnen, Zeugen und Dritten (JVEG) (KK-*Gmel*, § 220 Rn 9) und muss vom Angeklagten/Verteidiger selbst bestimmt werden (HK-Julius, § 220 Rn 5).

- Die Beweisperson muss in dem Ladungsschreiben außerdem auf die **Folgen** des **Ausbleibens** hingewiesen werden. Dazu sollte der Verteidiger den Text der §§ 51 Abs. 1, 77 Abs. 1 übernehmen.

- Das Ladungsschreiben muss der Verteidiger an den **Gerichtsvollzieher** mit der Bitte um **Zustellung** weiterleiten. Soll die Ladung persönlich überreicht werden, weil es eilt, muss der Verteidiger den Gerichtsvollzieher beauftragen, zu dessen Amtsbezirk das Gericht gehört, vor dem die Beweisaufnahme erfolgen soll. Bei Ladung per Post kann jeder Gerichtsvollzieher beauftragt werden (zur Zustellung im Ausland → *Auslandszeuge*, Rdn 402; *Hamm/Hassemer/Pauly*, Rn 415 f.).

> Der Verteidiger muss sich vom Gerichtsvollzieher die Zustellungsurkunde als **Ladungsnachweis** aushändigen lassen, da er diese dem **Gericht** im Zweifel mit

seinem Beweisantrag in der HV **übergeben** muss, da er die Ladung, wenn sie nicht aktenkundig ist, nachzuweisen hat (vgl. BGH NStZ 2012, 346).

2048 Entschädigung

- Gleichzeitig mit dem Ladungsschreiben ist dem Gerichtsvollzieher die **Entschädigung** für den Zeugen oder SV entweder in **bar** „darzubieten"/zu übergeben oder es muss die **Hinterlegung** bei der Gerichtskasse **nachgewiesen** werden. Letzteres geschieht dadurch, dass der Verteidiger dem Gerichtsvollzieher die über die Hinterlegung ausgestellte Bescheinigung zur Übergabe an den zu Ladenden überlässt. Der Verteidiger muss sorgfältig berechnen, welche Ansprüche entstehen können. Bietet er zu wenig an, braucht der Zeuge oder der SV nicht zu erscheinen (vgl. KK-*Gmel*, § 220 Rn 9; *Jessnitzer* NJW 1974, 1311 [für Berechnung der SV-Entschädigung]). Bei der Hinterlegung dürfte die Auszahlung an den Geladenen davon abhängig gemacht werden können, dass dieser sich bereit erklärt, der Ladung Folge zu leisten (LR-*Jäger*, § 220 Rn 15).

Es **empfiehlt** sich, die Entschädigung zu **hinterlegen**, da dann das Gericht nach erfolgter Vernehmung auf einen entsprechenden Antrag des Verteidigers (s.u. Rdn 2060) noch anordnen kann, der Beweisperson gem. § 220 Abs. 2 die gesetzliche Entschädigung aus der Staatskasse zu gewähren. Wurde dagegen in **bar** geleistet, ist der **Entschädigungsanspruch erloschen** (*Meyer-Goßner/Schmitt*, § 220 Rn 12 m.w.N.; KK-*Gmel*, § 220 Rn 15; Beck-*Michalke*, S. 535).

- I.d.R. sollte der Verteidiger bei der Ladung der Beweisperson von den beiden in § 220 Abs. 2 vorgesehenen Möglichkeiten **nicht abweichen**, also entweder den Entschädigungsbetrag in bar anbieten oder die Hinterlegung der Entschädigung bei der Gerichtskasse nachweisen. **Weicht der Verteidiger** davon **ab** und sichert der Beweisperson die ihm nach dem JVEG zustehende Entschädigung (nur) zu, entspricht das zwar nicht den gesetzlichen Vorgaben. Mit der Begründung kann die Vernehmung der Beweisperson aber vom Gericht nicht abgelehnt werden, wenn sie dennoch zur HV erscheint. Nach h.M. betrifft die Frage der Kostenzusage nämlich nur das Rechtsverhältnis zwischen der geladenen Beweisperson und dem Verteidiger/Angeklagten (*Detter*, S. 231); es ist das Risiko der Beweisperson, ob sie in den Fällen einer nicht ordnungsgemäßen Sicherstellung ihrer Kosten zur HV erscheint (s. auch *Meyer-Goßner/Schmitt*, § 220 Rn 7 zur Erscheinenspflicht, wenn der SV einen zu niedrigen Betrag angenommen hat). Die nicht ordnungsgemäße, nur dem Interesse der Beweisperson dienende Kostenzusage/-übernahme berührt hingegen nicht die Pflicht des Gerichts zur Verwendung des Beweismittels, wenn dieses in der HV erschienen, also vom Angeklagten/Verteidiger herbeigeschafft worden ist (s. ausdrücklich RGSt 54, 257; s. inzidenter auch Beck-*Michal-*

ke, S. 535 [präsent, wenn aufgrund der Ladung in der HV anwesend]). Diese macht durch ihr Erscheinen trotz nicht i.S. des § 220 Abs. 2 ordnungsgemäßer Ladung deutlich, dass sie auf den Schutz des § 220 Abs. 2 verzichtet (RG, a.a.O.). Das ist i.Ü. für die Frage des Verzichts des SV auf eine Entschädigung unbestritten.

✍ Hat der zu Ladende auf eine Entschädigung verzichtet, muss dem Gerichtsvollzieher dieser **Verzicht** nachgewiesen werden.

6. Hinweise für den Verteidiger!

a) Der Verteidiger muss dem Gericht und der StA die von ihm geladenen Zeugen und SV, die er in der HV präsentieren will, **rechtzeitig namhaft** machen. Versäumt er dies, können die übrigen Verfahrensbeteiligten gem. § 222 die Aussetzung des Verfahrens zum Zweck der Einholung von Auskünften über die Beweisperson beantragen (→ *Aussetzung wegen verspäteter Namhaftmachung geladener Beweispersonen*, Rdn 506). 2049

Die Namhaftmachung empfiehlt sich für den Verteidiger auch schon deshalb, um so dem Vorsitzenden die Gelegenheit zu geben, den zusätzlich geladenen Zeugen oder SV bei seinen terminlichen Planungen zu berücksichtigen. Zur Namhaftmachung gehört **nicht** die Angabe des **Beweisthemas**. Sinn und Zweck der Vorschrift des § 222 Abs. 2 ist es lediglich, den anderen Verfahrensbeteiligten die Möglichkeit zu geben, Erkundigungen über die Person des Zeugen bzw. SV einzuziehen (LR-*Jäger*, § 222 Rn 13). 2050

b) Das Beweismittel muss nicht schon bei der Antragstellung in der HV präsent sein. Es **genügt**, wenn der Verteidiger in diesem Zeitpunkt das zur Herbeischaffung **Erforderliche veranlasst** hat (*Meyer-Goßner/Schmitt*, § 245 Rn 20 m.w.N.), also z.B. das Selbstladungsverfahren durchgeführt worden ist. 2051

c) Der geladene Zeuge und SV muss aufgrund der Vorladung zwar nicht zu Beginn der HV, **spätestens** aber bis zum → *Schluss der Beweisaufnahme*, Rdn 2473, erschienen sein (Beck-*Michalke*, S. 535 m.w.N.; *Hamm/Hassemer/Pauly*, Rn 407). Ein Zeuge muss als Zeuge und nicht in anderer prozessualer Eigenschaft erschienen sein (BGH StV 1995, 567 [für Verteidiger als präsenter Zeuge]). 2052

✍ **Erscheint** die Beweisperson **nicht**, besteht **nicht** ohne Weiteres ein Anspruch auf **Aussetzung** bzw. oder → *Unterbrechung der Hauptverhandlung*, Rdn 2701. Etwas anderes kann allerdings durch die → *Aufklärungspflicht des Gerichts*, Rdn 329, geboten sein (LR-*Becker* § 245 Rn 13).

d) Ein **SV** ist nur dann ein präsentes Beweismittel, wenn er in der HV auf die Erstattung seines Gutachtens **vorbereitet** ist und auf dieser Grundlage unmittelbar zur Sache gehört werden kann (st. Rspr. des BGH; vgl. u.a. BGHSt 6, 289, 291; zuletzt BGHSt 43, 171; *Wid-* 2053 *maier* StV 1985, 526, 528). Er muss also sein Gutachten aufgrund des Wissens erstatten, das er zum Zeitpunkt seiner Vernehmung bereits erworben hat. Das Gericht muss ihm **während laufender HV nicht** Gelegenheit zur Vorbereitung des Gutachtens geben und dabei ggf. Verfahrensverzögerungen hinnehmen (BGH, a.a.O.; *Detter*, S. 238 m.w.N.).

☝ Ist hingegen eine **Vorbereitung** des SV ohne Verzögerung der HV möglich, muss das Gericht sie gestatten (BGH NStZ 1993, 395, 397). Dem kann dann auch nicht U-Haft des Angeklagten entgegenstehen (BGHSt 43, 171), sodass in diesem Fall eine **großzügige Besuchsregelung** für den SV, der den Angeklagten ggf. (noch) explorieren muss, zu treffen ist (BGH, a.a.O.; zust. *Widmaier*, a.a.O.; *Witting* StV 1998, 174 in der Anm. zu BGH, a.a.O.). Demgemäß geht das OLG Frankfurt am Main davon aus. dass einem psychiatrischen SV zur Vorbereitung eines in der HV zu erstattenden Gutachtens eine **Dauerbesuchserlaubnis** erteilt werden muss, weil U-Haft das Recht des Angeklagten auf die Stellung präsenter Beweismittel nicht untergraben darf (vgl. StV 2006, 701). Die Besuche sind ohne optische und akustische Überwachung zu genehmigen (OLG Frankfurt am Main, a.a.O.).

2054 e) Der Verteidiger kann einen Beweisantrag auf Vernehmung eines präsenten Beweismittels wie jeden anderen Beweisantrag **zurücknehmen**. Es gelten die allgemeinen Regeln (→ *Beweisantrag, Zurücknahme*, Rdn 987). Einen abgelehnten Beweisantrag auf Vernehmung eines präsenten Beweismittels kann er nur dann **wiederholen**, wenn der Antrag wegen fehlender Präsenz abgelehnt worden ist (*Meyer-Goßner/Schmitt*, § 245 Rn 20 m.w.N.).

2055 f) Das präsente Beweismittel hat im Verfahren grds. dieselbe **Rechtsstellung** wie ein vom Gericht herbeigeschafftes (OLG Hamm NStZ-RR 2015, 160 m. Anm. *Artkämper* StRR 2015, 67 für SV; *Widmaier* StV 1985, 526 [zur Rechtsstellung des „präsenten" SV]; wegen der Einzelh. beim SV → *Sachverständigenbeweis*, Rdn 2464). Ein SV ist verpflichtet, sein Gutachten unparteiisch und nach bestem Wissen und Gewissen (§ 79 Abs. 2) zu erstatten (OLG Hamm, a.a.O.).

☝ Es empfiehlt sich, nach Beendigung der Vernehmung des Zeugen oder SV den **Antrag** zu stellen, die Beweisperson gem. § 220 Abs. 3 aus der Staatskasse zu **entschädigen**.

2056 Das Gericht muss eine **Entschädigungsanordnung** treffen, wenn die Vernehmung **sachdienlich** war. Das ist nach der Rspr. (vgl. OLG München StV 1996, 491; KG NStZ 1999, 476 [für lediglich gestellten SV]) bei einem SV bereits dann der Fall, wenn dessen Ausführungen die Diskussionsbasis in der HV verbreitert haben, auch wenn er letztlich (nur) die Feststellungen des gerichtlich geladenen SV bestätigt hat (zust. dazu *Degenhardt* StV 1996, 492 in der Anm. zu OLG München, a.a.O.; s.a. *Widmaier* StV 1985, 528; s. i.Ü. die Nachw. bei *Meyer-Goßner/Schmitt*, § 220 Rn 10 ff.). Ein Gutachten ist/war aber dann nicht sachdienlich, wenn der SV keine Gewähr für eine unparteiische Gutachtenerstattung geboten und sich als „SV des Angeklagten" gesehen hat (OLG Hamm, a.a.O.). Die **Rspr.** des **BGH** ist in diesem Punkt teilweise **enger** (vgl. BGH StV 1999, 576 [insoweit nicht in NStZ 1999, 632]). Danach kommt eine Entschädigung nicht in Betracht bei Übereinstimmung mit dem gerichtlichen Gutachten oder wenn das Gericht dem „präsenten" nicht gefolgt ist und dessen Gutachten auch keinen modifizierenden Einfluss auf die Entscheidung hatte.

 Mit seinem Kostenantrag kann der Verteidiger also **erfahren**, wie das Gericht die **Beweiserhebung** mit dem präsenten Beweismittel **beurteilt**. Darauf kann er dann seine weiteren Maßnahmen (weitere Zeugen- oder SV-Vernehmungen) einstellen.

7. Muster

a) Beweisantrag auf Vernehmung eines präsenten Zeugen

▼

An das

Amtsgericht/Landgericht Musterstadt

In der Strafsache

gegen H. Mustermann

Az.:

beantrage ich, den von der Verteidigung geladenen (der Nachweis über die durch den zuständigen Gerichtsvollzieher erfolgte Ladung liegt an) und erschienenen

Paul Müller, Musterstraße 5, Musterstadt

als Zeugen zum Beweis der Tatsache zu vernehmen, dass sich der Angeklagte am Abend des 15.11.2015 gegen 20.00 Uhr nicht am Tatort Hermannstraße 23 aufgehalten hat, sondern seit etwa 19.00 Uhr bis gegen 23.00 Uhr in der Wohnung des Zeugen war und dort mit diesem Schach gespielt hat.

Rechtsanwalt

| P | Präsentes Beweismittel |

2058 b) Zeugen-/SV-Ladung gem. § 220

▼

P.2

Herrn

Paul Müller

Musterstraße 5

Musterstadt

In der Strafsache

gegen H. Mustermann

Az.:

wegen

werden Sie hiermit gem. § 220 StPO von mir als Verteidiger des Angeklagten H. Mustermann als Zeuge (Sachverständiger) zu der am 10.3.2016 um 9.00 Uhr vor dem Amtsgericht (Landgericht) in Musterstadt, M-Straße 6, Saal 121 stattfindenden Hauptverhandlung geladen und zum pünktlichen Erscheinen zu diesem Termin gebeten.

Die Ihnen nach dem Justizvergütungs- und -entschädigungsgesetz (JVEG) für Reisekosten und Zeitversäumnis zustehende Entschädigung ist bei dem o.a. Gericht hinterlegt. Kopie des Hinterlegungsscheins ist zum Nachweis der erfolgten Hinterlegung beigefügt.

Ich verweise darauf, dass Sie zum Erscheinen verpflichtet sind. Gem. § 51 Abs. 1 StPO werden einem ordnungsgemäß geladenen Zeugen, der nicht erscheint, die durch das Ausbleiben verursachten Kosten auferlegt. Zugleich wird gegen ihn ein Ordnungsgeld und für den Fall, dass dieses nicht beigetrieben werden kann, Ordnungshaft festgesetzt. Auch ist die zwangsweise Vorführung des Zeugen zulässig. Im Fall wiederholten Ausbleibens kann das Ordnungsmittel noch einmal festgesetzt werden. (Anm.: Bei einem SV ist auf § 77 hinzuweisen.)

Sollten Sie verhindert sein, den o.a. Termin wahrzunehmen, unterbleibt die Auferlegung der Kosten und die Festsetzung eines Ordnungsmittels, wenn Sie ihr Ausbleiben rechtzeitig gegenüber dem oben genannten Gericht entschuldigen.

Musterstadt, den 10.2.2016

Rechtsanwalt

▲

c) Zustellungsersuchen an den Gerichtsvollzieher 2059

▼

An den

zuständigen Gerichtsvollzieher

Gerichtsvollzieherverteilungsstelle beim Amtsgericht Musterstadt

Betr.: Ladung eines Zeugen gem. §§ 38, 220 StPO

Sehr geehrte Damen und Herren,

in der Strafsache gegen H. Mustermann, Az.: AG (LG) Musterstadt bin ich Verteidiger des Angeklagten H. Mustermann. Kopie der auf mich lautenden Strafprozessvollmacht liegt an.

Ich bitte, anliegende Zeugenladung (Sachverständigenladung) an Herrn Paul Müller, Musterstraße 5, Musterstadt zuzustellen, da dieser in der Hauptverhandlung vom 10.3.2016 um 9.00 Uhr vor dem Amtsgericht (Landgericht) in Musterstadt, M-Straße 6, Saal 121, gem. §§ 245 Abs. 2, 220, 38 StPO als Zeuge (Sachverständiger) vernommen werden soll.

Ich bitte, mir baldmöglichst die beigefügte Abschrift nebst Zustellungsurkunde zum Nachweis der Zustellung zurückzusenden. Für die Kosten der Zustellung komme ich persönlich auf.

Als gesetzliche Entschädigung für den Zeugen (Sachverständigen) ist beim Amtsgericht Musterstadt ein Betrag von 500,00 € hinterlegt worden. Kopie des Hinterlegungsscheins liegt an.

Rechtsanwalt

▲

d) Entschädigungsantrag 2060

▼

An das

Amtsgericht/Landgericht Musterstadt

In der Strafsache

gegen H. Mustermann

Az.:

beantrage ich gem. § 220 Abs. 3,

dem Zeugen (Sachverständigen) Paul Müller die gesetzliche Entschädigung zu gewähren, da die Beweisaufnahme ergeben hat, dass die Vernehmung des von mir geladenen Zeugen (Sachverständigen) zur Aufklärung sachdienlich war.

Rechtsanwalt

Siehe auch: → *Auslandszeuge*, Rdn 396; → *Beweisantrag, Formulierung: Augenscheinseinnahme*, Rdn 914; → *Beweisantrag, Formulierung: Sachverständigenbeweis*, Rdn 919; → *Beweisantrag, Formulierung: Urkundenbeweis*, Rdn 927; → *Beweisantrag, Formulierung: Zeugenbeweis*, Rdn 939; → *Verlesung von Gutachten allgemein vereidigter Sachverständiger*, Rdn 2968.

2061 Präsenzfeststellung

2062 Nach dem → *Aufruf der Sache*, Rdn 341, stellt der Vorsitzende gem. § 243 Abs. 1 S. 2 fest, ob der **Angeklagte**, der **Verteidiger** und die anderen Verfahrensbeteiligten, wie z.b. ein Nebenkläger, **erschienen** sind.

2063 Die Präsenzfeststellung erstreckt sich außerdem darauf, ob die **Beweismittel**, insbesondere die Zeugen und SV, **herbeigeschafft** sind. Dabei beschränkt sich der Aufruf der Zeugen und SV auf diejenigen, die bereits zum Beginn der HV geladen wurden. Sind die Beweismittel herbeigeschafft, gilt für sie § 245 Abs. 1. Auf sie muss sich also, wenn nicht verzichtet wird, die **Beweisaufnahme erstrecken** (→ *Beweisverzicht*, Rdn 1146).

> ☝ Stellt sich bei der Präsenzfeststellung heraus, dass ein Verfahrensbeteiligter, dessen Anwesenheit erforderlich ist, noch nicht erschienen ist, muss das **Gericht** noch eine gewisse Zeit **warten**, bevor es eine für diesen oder einen anderen Verfahrensbeteiligten nachteilige Entscheidung trifft (KK-*Schneider*, § 243 Rn 13 m.w.N.). Die Dauer der **Wartezeit** richtet sich nach den Umständen des Einzelfalls (u.a. OLG Hamm NStZ-RR 2009, 251 m.w.N.; → *Berufungsverwerfung wegen Ausbleibens des Angeklagten*, Rdn 700 f.; → *Verhinderung des Verteidigers*, Rdn 2914).

2064 Privatkläger als Zeuge

2065 **Literaturhinweise:** s. die Hinw. bei → *Privatklageverfahren*, Rdn 2067.

2066 Ein Privatkläger kann **nicht Zeuge** sein. Er hat im Verfahren eine Parteirolle, die es ausschließt, dass er in eigener Sache als Zeuge vernommen wird (BayObLG NJW 1961, 2318; *Meyer-Goßner/Schmitt*, vor § 374 Rn 6). Das gilt – bei mehreren Privatklägern

– auch hinsichtlich der gegen einen anderen Privatkläger desselben Verfahrens verübten Straftat.

Siehe auch: → *Privatklageverfahren*, Rdn 2067.

Privatklageverfahren 2067

Das Wichtigste in Kürze:
1. Das Privatklageverfahren ist eine (Straf-)Verfahrensart, die bei den in § 374 Abs. 1 im Einzelnen aufgezählten leichten Vergehen zulässig ist.
2. Die HV des Privatklageverfahrens verläuft nach § 384 Abs. 1 grds. wie jede andere HV, die vor dem Strafrichter durchgeführt wird.
3. Grds. ist dem Privatkläger – in gleichem Umfang wie im Offizialverfahren dem StA – gem. § 385 Abs. 1 rechtliches Gehör zu gewähren.
4. Da grds. keine Abweichungen von anderen Strafverfahren gelten, hat der Privatbeklagte allgemein die Stellung eines Angeklagten mit allen Rechten und Pflichten.
5. Im Privatklageverfahren ist die Frage eines gerichtlichen Vergleichs von besonderer praktischer Bedeutung.
6. Dem Privatbeklagten stehen im Fall der Verurteilung die allgemeinen Rechtsmittel zu, also Berufung und/oder Revision.

Literaturhinweise: Bohlander, Zu den Anforderungen an die Privatklageschrift nach § 381 StPO, NStZ 1994, 420; **Dempewol**, Handbuch des Privatklagerechts, 1971; **Kaster**, Prozeßkostenhilfe für Verletzte und andere Berechtigte im Strafverfahren, MDR 1994, 1073; **Kurth**, Rechtsprechung zur Beteiligung des Verletzten am Verfahren, NStZ 1997, 1; **Meynert**, Sofortige Beschwerde des Privatbeklagten gegen Einstellung wegen Geringfügigkeit, MDR 1973, 7; **Nierwetberg**, Die Feststellung hinreichenden Tatverdachts bei der Eröffnung, insbesondere des Privatklagehauptverfahrens, NStZ 1989, 212; **Schorn**, Das Recht der Privatklage, 1967; **Stöckel**, Sühneversuch im Privatklageverfahren, 1982. 2068

1. Das Privatklageverfahren ist eine (Straf-)Verfahrensart, die bei den in § 374 Abs. 1 im Einzelnen aufgezählten leichten Vergehen zulässig ist (*Meyer-Goßner/Schmitt*, vor § 374 Rn 1). Die allgemeinen Voraussetzungen der Privatklage, insbesondere die Zulässigkeit und das Sühneverfahren (§ 380), werden hier nicht dargestellt. Insoweit verweise ich auf die eingehenden Komm. bei *Meyer-Goßner/Schmitt*, §§ 374 ff.; KK-*Senge*, §§ 374 ff., jew. m.w.N., und *Burhoff*, EV, Rn 3178 ff.; zu den Anforderungen an eine Privatklageschrift s.a. *Bohlander* NStZ 1994, 420 f. 2069

2. Die HV des Privatklageverfahrens verläuft nach § 384 Abs. 1 wie jede andere HV, die vor dem Strafrichter durchgeführt wird. **Ausnahmen** bzw. **Änderungen** ergeben sich nur aus den §§ 384 ff. oder aus der besonderen Natur des Privatklageverfahrens. Allgemein ist darauf hinzuweisen, dass die Rechtsstellung des **Privatklägers** der des **StA** entspricht. Er ist 2070 aber dennoch nicht zur Unparteilichkeit, wohl aber zur Wahrheit verpflichtet (*Meyer-Goß-ner/Schmitt*, § 385 Rn 1 m.w.N.).

3. Zur **Stellung** und den **Rechten** des **Privatklägers** in der HV ist Folgendes anzuführen:

2071 **a)** Grds. ist dem Privatkläger – in gleichem Umfang wie im Offizialverfahren dem StA – gem. § 385 Abs. 1 **rechtliches Gehör** zu gewähren. Er hat in der HV das **Recht**,

- zur **Ablehnung** des **Richters** (§§ 24, 31; → *Ablehnung eines Richters, Allgemeines*, Rdn 8 m.w.N.),
- zur **Ablehnung** eines **SV** (§ 74; → *Ablehnung eines Sachverständigen*, Rdn 15 m.w.N.),
- **Anträge** zu stellen (zu Beweisanträgen s.u. Rdn 2074),
- das **Beanstandungsrecht** aus § 238 Abs. 2 für Anordnungen des Vorsitzenden (→ *Verhandlungsleitung*, Rdn 2889),
- den Privatbeklagten, Zeugen und SV zu **befragen** (§ 240; → *Fragerecht, Allgemeines*, Rdn 1532, m.w.N.),
- **Erklärungen** abzugeben (§§ 257, 258; → *Erklärungsrecht des Verteidigers*, Rdn 1463),
- **Fragen** zu **beanstanden** (→ *Zurückweisung einzelner Fragen des Verteidigers*, Rdn 3589),
- einen **Schlussvortrag** zu halten, und zwar vor dem Angeklagten/Verteidiger (→ *Plädoyer des Verteidigers*, Rdn 2017).

2072 **b)** Der Privatkläger kann in der HV gem. § 378 S. 1 im **Beistand** eines **Rechtsanwalts** erscheinen oder sich durch diesen, sofern nicht gem. § 387 Abs. 3 sein persönliches Erscheinen angeordnet ist, **vertreten** lassen. Für die Vertretung in der HV ist immer eine **schriftliche Vollmacht** erforderlich (KK-*Senge*, § 378 Rn 2). **Erscheint** der Privatkläger **nicht** und ist er auch nicht – zulässig – durch einen Rechtsanwalt vertreten, gilt die Privatklage nach § 391 Abs. 2 und 3 als **zurückgenommen**.

> Der Beistand des Privatklägers erhält seine Gebühren – ebenso wie der Verteidiger des Privatbeklagten – gem. Vorbem. 4 Abs. 1 VV RVG nach **Teil 4 Abschnitt 1 VV RVG**.

2073 **c)** Der Privatkläger kann **nicht Zeuge** sein (→ *Privatkläger als Zeuge*, Rdn 2064).

2074 **d)** Nach § 384 Abs. 3 bestimmt das Gericht den **Umfang** der **Beweisaufnahme**. Es hat damit einen größeren Ermessensspielraum als in anderen Verfahren, obwohl die Beweisaufnahme nach den Grundsätzen des sog. Strengbeweises stattfindet und die Prozessbeteiligten berechtigt sind, **Beweisanträge** zu stellen. Diese sind jedoch **lediglich Anregungen** an das Gericht, denen es nur entsprechen muss, wenn das zur weiteren Aufklärung des Sachverhalts nach § 244 Abs. 2 erforderlich erscheint (zu allem s.a. *Meyer-Goßner/Schmitt*, § 384 Rn 14).

Das Gericht ist an die **Ablehnungsgründe** des § 244 **nicht** gebunden (*Meyer-Goßner/* **2075** *Schmitt*, § 384 Rn 14). Es gilt allerdings § 246, sodass auch im Privatklageverfahren ein Beweisantrag nicht mit der Begründung abgelehnt werden kann, der Antrag sei verspätet gestellt (→ *Verspätete Beweisanträge/Fristsetzung*, Rdn 3179).

Nach § 386 Abs. 2 haben der Privatkläger und sein Beistand das **Recht** zur **unmittelbaren** **2076** **Ladung** gem. §§ 220, 38. Machen sie davon Gebrauch, müssen die sich aus § 222 ergebenden Mitteilungspflichten erfüllt werden (→ *Aussetzung wegen verspäteter Namhaftmachung geladener Beweispersonen*, Rdn 506). Das Gericht ist jedoch **nicht** gem. § 245 **verpflichtet**, die geladenen Beweispersonen zu **vernehmen** (→ *Präsente Beweismittel*, Rdn 2036), es sei denn, die Vernehmung wäre aufgrund der allgemeinen → *Aufklärungspflicht des Gerichts*, Rdn 329, geboten (*Meyer-Goßner/Schmitt*, § 384 Rn 14, § 386 Rn 2; KK-*Senge*, § 386 Rn 2).

Für die **Vereidigung** von Zeugen gelten die **allgemeinen Regeln** (→ *Vereidigung eines* **2077** *Zeugen*, Rdn 2792; → *Vereidigungsverbot*, Rdn 2807).

Gegen **Zeugen** und SV können **Zwangsmittel** (§§ 51, 70, 77) angeordnet werden. Des **2078** Weiteren sind Maßnahmen der → *Sitzungspolizei*, Rdn 2527, zulässig.

e) Soll die **Strafverfolgung** nach den §§ 154a, 430 **beschränkt** werden, ist das nur mit **2079** **Zustimmung** des Privatklägers zulässig (*Meyer-Goßner/Schmitt*, § 385 Rn 10 m.w.N.). Zur Beschränkung sind die anderen Prozessbeteiligten zu hören.

f) Auch im Privatklageverfahren ist auf eine **Veränderung** der **Sach-** oder **Rechtslage** **2080** nach § 265 hinzuweisen (→ *Hinweis auf veränderte Sach-/Rechtslage*, Rdn 1720). Nach § 384 Abs. 4 besteht allerdings **nicht** das Recht, die **Aussetzung** nach § 265 Abs. 3 zu verlangen (→ *Aussetzung wegen veränderter Sach-/Rechtslage*, Rdn 498, mit Antragsmuster, Rdn 505).

g) Der Privatkläger kann eine **Nachtragsklage** in entsprechender Anwendung von § 266 **2081** erheben (→ *Nachtragsanklage*, Rdn 1905). Sie bedarf der **Zustimmung** des Privatbeklagten und der Zulassung durch Beschluss des Gerichts.

h) Der Privatkläger kann die Privatklage in der HV **mündlich zurücknehmen** (§ 391 **2082** Abs. 1 S. 1). Der bevollmächtigte Beistand benötigt dazu keine besondere Rücknahmevollmacht. Hat das Gericht in der HV 1. Instanz bereits mit der → *Vernehmung des Angeklagten zur Sache*, Rdn 3072 (§ 243) begonnen, muss der Privatbeklagte der Rücknahme **zustimmen** (§ 391 Abs. 1 S. 2).

i) Nach § 377 Abs. 2 kann die StA das **Verfahren** in jeder Lage des Verfahrens **übernehmen**, **2083** und zwar auch gegen den Willen des Privatklägers. Damit scheidet der Privatkläger aus dem Verfahren aus. Will er weiter am Verfahren teilnehmen, muss er nach § 396 Abs. 1 S. 1 seinen **Anschluss** als **Nebenkläger** erklären, sofern er nach § 395 nebenklageberechtigt ist (vgl. dazu *Burhoff*, EV, Rn 2670 ff.; → *Nebenklage*, Rdn 1917).

4. Da grds. keine Abweichungen von anderen Strafverfahren gelten, hat der **Privatbeklagte** allgemein die Stellung eines Angeklagten mit allen Rechten und Pflichten. Auf Folgendes ist hinsichtlich der **Stellung** und der **Rechte** des Privatbeklagten in der HV besonders hinzuweisen:

2084 a) In der HV kann auch der Privatbeklagte im **Beistand** eines **Rechtsanwalts** erscheinen bzw. sich durch diesen – mit **schriftlicher Vollmacht** – vertreten lassen (§ 387 Abs. 1), sofern nicht gem. § 387 Abs. 3 sein persönliches Erscheinen angeordnet worden ist. Erscheint der Privatbeklagte nicht, kann gegen ihn ein **Vorführungsbefehl**, aber **kein HB** erlassen werden (arg. e. § 387 Abs. 3; → *Zwangsmittel bei Ausbleiben des Angeklagten*, Rdn 3661). Einem HB steht zudem das fehlende öffentliche Interesse an der Strafverfolgung entgegen (KK-*Senge*, § 384 Rn 5 m.w.N.).

2085 b) Auch der Privatbeklagte und sein Beistand haben nach § 386 Abs. 2 das Recht zur **Selbstladung** von Zeugen und SV (s.o. Rdn 2074).

2086 c) § 388 Abs. 1 räumt dem Privatbeklagten die Möglichkeit ein, gegen den Privatkläger, der Verletzter ist, noch in der HV 1. Instanz bis zur Beendigung des letzten Wortes (→ *Letztes Wort des Angeklagten*, Rdn 1848) **Widerklage** zu erheben. Nach § 388 Abs. 2 kann er, wenn der Verletzte nicht Privatkläger ist, in der HV auch gegen den anwesenden Verletzten Widerklage erheben.

2087 In der HV wird die Widerklage durch **mündliche Erklärung** erhoben (OLG Hamburg NJW 1956, 1890; *Meyer-Goßner/Schmitt*, § 388 Rn 11). Es ist aber möglich, sich auf eine (Widerklage-)Privatklage(schrift) zu beziehen, die als Anlage zum → *Protokoll der Hauptverhandlung*, Rdn 2092, genommen wird. In der Widerklage müssen folgende **Mindestangaben** enthalten sein (s. § 381 S. 2; vgl. u. Rdn 2091):

- **Personalien** und Anschrift der Parteien,
- **Tatzeit** und **Tatort**,
- Schilderung des **Sachverhalts**,
- anzuwendende **Strafvorschrift** aus dem Katalog des § 374,
- Angabe der **Beweismittel**,
- **entbehrlich** sind Sicherheitsleistung und Gebührenvorschuss (§ 379) sowie der nach § 380 vorgeschriebene Sühneversuch.

2088 d) Will der Privatkläger seine Privatklage **zurücknehmen**, muss der Privatbeklagte **zustimmen**, wenn in der HV 1. Instanz bereits mit seiner Vernehmung zur Sache begonnen worden ist (§ 391 Abs. 1 S. 2).

2089 5. Im Privatklageverfahren ist die Frage eines **gerichtlichen Vergleichs** von besonderer praktischer Bedeutung. Da sowohl Klagerücknahme als auch nach § 383 Abs. 2 die Einstellung des Verfahrens wegen Geringfügigkeit noch in der HV möglich sind, ist gegen eine vergleichsweise Beendigung des Privatklageverfahrens nichts einzuwenden (s.a. *Meyer-*

Goßner/Schmitt, vor § 374 Rn 9; KK-*Senge*, § 391 Rn 3, jew. m.w.N.). Eine vergleichsweise Regelung macht aber nur dann Sinn, wenn sie zur **unwiderruflichen Beendigung** des Privatklageverfahrens führt.

✍ Deshalb müssen die Parteien und ihre Beistände darauf achten, dass ein Vergleich die **Zurücknahme** der Privatklage und einer etwaigen Widerklage, ggf. auch von Strafanträgen, enthält. Der Privatbeklagte kann, was vor allem in Verfahren, die Beleidigungen o.Ä. zum Gegenstand haben, von Bedeutung ist, eine Ehrenerklärung abgeben; er kann sich bereit erklären, Schadensersatz zu leisten oder eine Geldbuße an eine gemeinnützige Einrichtung zu zahlen.

In diesem Bereich können sowohl der Verteidiger als auch der Beistand des Privatklägers viel zur **Befriedung** beitragen. Das gilt besonders für die **Formulierung** einer Ehrenerklärung, bei der beide Parteien das Gesicht wahren können, wenn eine Äußerung nicht „mit dem Ausdruck des Bedauerns" zurückgenommen werden muss, sondern der Privatbeklagte lediglich erklärt: „Ich halte die Äußerung nicht aufrecht, weil ich mich inzwischen davon überzeugt habe, dass ..." (s. *Dahs*, Rn 1049).

Häufig hilft es auch, wenn beide Seiten sich in der **Kostenfrage flexibel** zeigen und nicht auf der Kostentragungspflicht einer Partei bestanden wird. Die Kosten sollten gegeneinander aufgehoben werden, da daraus – anders als bei einer Kostenquote – nicht auf ein teilweises Obsiegen oder Unterliegen der einen Partei geschlossen werden kann.

✍ Für die Mitwirkung an einer Einigung im Privatklageverfahren erhält der Rechtsanwalt ggf. die **Einigungsgebühr** Nr. 1000 VV RVG (vgl. dazu Burhoff/*Volpert*, RVG, Teil A: Einigungsgebühr [Nr. 1000, 1003 und 1004 VV RVG], Rn 678 ff.). Deren Höhe bestimmt sich nach Nr. 4147 VV RVG (vgl. dazu Burhoff/*Burhoff*, RVG, Nr. 4147 VV RVG Rn 1 ff.).

6. Dem Privatbeklagten stehen im Fall der Verurteilung die allgemeinen **Rechtsmittel** zu, also Berufung und/oder Revision. Der Privatkläger kann nach § 390 Abs. 1 die Rechtsmittel einlegen, die im Offizialverfahren der StA zustehen würden, also bei Freispruch i.d.R. ebenfalls die Berufung (wegen der Einzelh. *Meyer-Goßner/Schmitt*, § 390 Rn 1 ff. m.w.N.). 2090

✍ Der Beistand des Privatklägers muss, wenn **Fristen** zu beachten sind, besonders darauf achten, diese nicht zu versäumen. Denn anders als beim Verschulden eines Verteidigers wird sein **Verschulden** dem **Privatkläger zugerechnet**, was vor allem für eine → *Wiedereinsetzung in den vorigen Stand*, Rdn 3464, von Bedeutung ist (*Meyer-Goßner/Schmitt*, § 44 Rn 19; zur Wiedereinsetzung s. das Muster bei → *Wiedereinsetzung in den vorigen Stand*, Rdn 3486).

P Privatklageverfahren

2091 **7. Muster: Privatwiderklage** (zu einem Privatklagemuster s. *Burhoff*, EV, Rn 3188)

▼

An das

Amtsgericht Musterstadt

Privatklagesache H. Mustermann/L. Meier

Az.:

Widerklage

des L. Meier, S.-Straße, Musterstadt,

– Privatbeklagter –

Prozessbevollmächtigter:

gegen

den H. Mustermann, R.-Straße, Musterstadt,

– Privatkläger –

wegen Beleidigung.

In. o.a. Privatklagesache erhebe ich namens und in Vollmacht des Privatbeklagten gegen den Privatkläger

Widerklage

wegen Beleidigung.

Der Privatkläger wird beschuldigt, am 10.10.2015 in Musterstadt

den Privatbeklagten beleidigt zu haben,

indem er auf den Privatbeklagten gegen 16.00 Uhr vor dessen Wohnung wartete und im Verlauf eines sich zwischen den Parteien entwickelnden Wortgefechts diesen mit den Worten: „Du Blödmann, du Drecksau!" anschrie.

Vergehen gem. § 185 StGB

Beweismittel:

1. Einlassung des Privatbeklagten
2. Zeugnis der Frau R. Meier, S.-Straße, Musterstadt.

Der erforderliche Strafantrag wurde am 11.10.2015 gestellt.

Rechtsanwalt

Protokoll der Hauptverhandlung, Allgemeines

Das Wichtigste in Kürze:
1. Im Protokoll der HV ist deren Gang „im Wesentlichen", so wie er in den §§ 243, 244, 257, 258 und 260 geregelt ist, wiederzugeben.
2. Grds. kann das fertiggestellte Protokoll später berichtigt werden. Dies kann von Amts wegen geschehen oder auf einen entsprechenden Protokollberichtigungsantrag des Verteidigers.
3. In der Rspr. wird es als zulässig angesehen, ein Protokoll auch dann zu ändern bzw. zu berichtigen, wenn dadurch einer Verfahrensrüge der Boden entzogen wird. Einzuhalten ist dann aber ein besonderes Protokollberichtigungsverfahren.
4. I.d.R. ist das Protokoll der HV kein sog. Inhalts- sondern nur ein Verlaufsprotokoll.
5. Im Hinblick auf die Bedeutung für die Revision muss der Verteidiger insbesondere darauf achten, dass seine Anträge ordnungsgemäß in das Protokoll aufgenommen werden.
6. Das Protokoll wird in deutscher Sprache geführt.
7. Während der laufenden HV kann der Verteidiger das HV-Protokoll nicht einsehen.

Literaturhinweise: Bertheau, Rügeverkümmerung – Verkümmerung der Revision in Strafsachen, NJW 2010, 973; **Beulke**, Rechtsmißbrauch im Strafprozeß – Eine Erwiderung auf *Pfister*, StV 2009, 554; **Brandt/Petermann**, Der „Deal" im Strafverfahren, das Negativattest und die Beweiskraft des Protokolls, NJW 2010, 268; **Dehne-Niemann**, Verfassungsrechtliches und Einfachgesetzliches zur nachträglichen rügevernichtenden Änderung des Hauptverhandlungsprotokolls, ZStW 2009, 321; *ders.*, Kritische Anmerkungen zur neuen Praxis der „Rügeverkümmerung", wistra 2011, 213; **Detter**, Die Beweiskraft des Protokolls und die Wahrheitspflicht der Verfahrensbeteiligten, StraFo 2004, 335; **Fahl**, Rechtsmissbrauch im Strafprozeß, 2004; *ders.*, Unwahre Verfahrensrüge und Strafvereitelung, StV 2015, 51; **Hebenstreit**, Die Wahrheit und nichts als die Wahrheit, HRRS 2008, 172; **Kahlo**, Über den Begriff der wesentlichen Förmlichkeit im Strafverfahrensrecht (§ 273 Abs. 1 StPO), in: Festschrift für *Lutz Meyer-Goßner*, 2001, S. 447; **Kempf**, Der „Missbrauchsgedanke" argumentum pro advocato? – zugleich Erwiderung auf *Fahl* StV 2015, 51 (vorstehend), StV 2015, 55; **Kudlich**, „Missbrauch" durch bewusste Berufung auf ein unrichtiges Hauptverhandlungsprotokoll, HRRS 2007, 9; **Kury**, Zum Umgang mit dem Hauptverhandlungsprotokoll: Ein Beitrag zur Aushöhlung der Protokollbeweiskraft, StraFo 2008, 185; **Lampe**, Unzulässigkeit der „Rügeverkümmerung"?, NStZ 2006, 367; **Leitner**, Was darf die Strafverteidigung? Über Amtstracht, verschleppte Prozesse, überlange Verfahren, Rügeverkümmerung und Berufsethos, StraFo 2008, 51; **Lindemann**, Sieg der Wahrheit über die Form Die Neuere Rechtsprechung des Bundesgerichtshofs zur „unwahren" Verfahrensrüge, StV 2007, 152; **Meyer-Mews**, Das Wortprotokoll in der strafrechtlichen Hauptverhandlung, NJW 2002, 102; **Momsen**, Zur sog. „Rügeverkümmerung" vor dem Hintergrund konsensualer Verfahrensbeendigung – Eine Rechtsprechungsanalyse; zugleich ein Nachruf auf den Grundsatz der negativen Kraft des Sitzungsprotokolls, in: Festschrift für *Egon Müller*, 2008, S. 457; **Nestler**, Der richterzentrierte Strafprozeß und die Richtigkeit des Urteils – zur Notwendigkeit eines Wortprotokolls der Hauptverhandlung, S. 727, in: Festschrift für *Klaus Lüderssen*, 2002, S. 773; **Neuhaus**, Das Opferrechtsreformgesetz 2004, StV 2004, 620; **Niemöller**, Das Negativattest im Protokoll (§ 273 Abs. 1a Satz 3 StPO), in: Festschrift für *Ruth Rissing van Saan*, 2011, S. 393; **Park**, Die Beweiskraft des Protokolls und die Wahrheitspflicht der Verfahrensbeteiligten, StraFo 2004, 329; **Pauly**, Zur Auslegung der Vorschriften über das Hauptverhandlungsprotokoll, in: Festschrift für *Ruth Rissing van Saan*, 2011, S. 425; **Pfister**, Rechtsmißbrauch im Strafprozeß, StV 2009, 550; **Pfordte**, Gedanken zur Protokollierungspflicht im Strafverfahren, in: Festschrift 50 Jahre Deutsches Anwaltsinstitut e.V., 2003, S. 519; **Richter II**, Wider die Gegenreform, StV 1994, 454; **Sailer**, Inhaltsprotokoll und rechtliches Gehör, NJW 1977, 24; **Salditt**, Der Gesetzgeber und die Beurkundung der Hauptverhandlung, in: Festschrift für *Lutz Meyer-Goßner*, 2001, S. 469; **Schlothauer**, Unvollständige und unzutreffende tatrichterliche Urteilsfeststellungen, StV 1992, 134; *ders.*, Zur Immunisierung tatrichterlicher Urteile gegen verfahrensrechtlich begründete Revisionen, in: Festschrift für *Rainer Hamm*, 2008, S. 655; **H. Schneider**, Überblick über die höchstrichterliche Rechtsprechung zur Verfahrensverständigung im Anschluss an das Urteil des BVerfG vom 19. März 2013 – Teil 1, NStZ 2014, 192; *ders.*, Überblick über die höchstrichterliche Rechtsprechung zur Verfahrensverständigung im Anschluss an das Urteil des BVerfG vom 19. März 2013 – Teil 2, NStZ 2014, 252; **Schünemann**, Die Etablierung der Rügeverkümmerung durch den BGH und deren Tolerierung durch das BVerfG: 140 Jahre Rechtsprechung werden zu Makulatur, StV 2010, 538; **Schumann**, Protokollberichtigung, freie Beweiswürdigung und formelle Wahrheit im Strafverfahren, JZ 2007, 927; **Uetermeier**, Kein Wortprotokoll in der strafrechtlichen Hauptverhandlung, NJW 2002, 2299; **Wagner**, Missbrauch der Verfahrensrüge ist unrichtigem Protokoll – Verletzung des Verfahrensrechts durch den 3. Strafsenat, StraFo 2007, 496; s.a. die Hinw. bei → *Absprachen/Verständigung mit Gericht und Staatsanwaltschaft*, Rdn 137, und bei → *Protokoll der Hauptverhandlung, wörtliche Protokollierung*, Rdn 2114.

2094 1.a) Im Protokoll der HV ist deren Gang „im Wesentlichen", so wie er in den §§ 243, 244, 257, 258 und 260 geregelt ist, wiederzugeben. Aus dem Protokoll muss sich die Beachtung der sog. **wesentlichen Förmlichkeiten** der HV ergeben. Hier kann aus Platzgründen nicht im Einzelnen dargestellt werden, was zu den wesentlichen Förmlichkeiten der HV gehört. Insoweit wird auf die Komm. bei KK-*Greger*, § 273 Rn 4 ff. und *Meyer-Goßner/Schmitt*, § 273 Rn 7 ff., jew. m.w.N., verwiesen. Dasselbe gilt hinsichtlich der Beweiskraft des Protokolls nach § 274 (vgl. dazu die Komm. bei *Meyer-Goßner/Schmitt*, § 274 Rn 6 ff. und KK-*Greger*, § 274 Rn 1 ff., jew. m.w.N.). Die Beweiskraft des Protokolls entfällt nicht mit der bloßen Behauptung des Gegenteils des protokollierten Inhalts (s. OLG Hamm, Beschl. v. 16.7.2009 – 2 Ss 558/08).

2095 b) Zu den **wesentlichen Förmlichkeiten** des Protokolls gehört nach dem durch das Gesetz zur Regelung der **Verständigung** im Strafverfahren v. 29.7.2009 (BGBl, S. 2353; vgl. BT-Drucks 16/12310) eingefügten § 273 **Abs. 1 S. 2** auch, ob und mit welchem Inhalt eine → *Erörterung(en) des Standes des Verfahrens*, Rdn 1491, nach § 257b stattgefunden hat (krit. *Meyer-Goßner/Schmitt*, § 273 Rn 7a). Nach § 273 **Abs. 1a S. 1** muss das Protokoll zudem den wesentlichen Ablauf und Inhalt sowie des Ergebnis einer Verständigung nach § 257c wiedergeben (BVerfG NJW 2013, 1058, 1061; BGH NStZ 2010, 348; s. früher schon BGHSt 50, 40; BGH NJW 1998, 3654; StV 2004, 342; eingehend a. *H. Schneider* NStZ 2014, 252, 254 ff. m.w.N.;→ *Absprachen/Verständigung mit Gericht und Staatsanwaltschaft*, Rdn 213 ff.).

> 🔖 Bei unzureichender bzw. fehlerhafter Protokollierung kann/muss der Verteidiger gem. **§ 238 Abs. 2** das Gericht anrufen (*Meyer-Goßner/Schmitt*, § 272 Rn 12a).

2096 Aufzunehmen ist in dem Zusammenhang auch, ob die nach § 257c Abs. 4 S. 4 und Abs. 5 ggf. erforderlichen Mitteilungen und Belehrungen erteilt worden sind. Auch der Inhalt abgegebener Prozesserklärungen wird insoweit aufzunehmen sein (*Schlothauer/Weider* StV 2009, 600, 604; *Meyer-Goßner/Schmitt,* § 273 Rn 12a; a.A. *Bittmann* wistra 2009, 414, 416). In das Protokoll aufgenommen werden muss nach § 273 Abs. 1a S. 3 auch, wenn eine Verständigung nicht stattgefunden hat (BVerfG NStZ 2014, 592 m. Anm. *Deutscher* StRR 2014, 414; BGH StV 2010, 346). Das ist ein sog. **Negativattest**, das allerdings nach § 78 Abs. 2 OWiG im OWi-Verfahren nicht erforderlich ist. Das Negativattest bezieht sich nur auf eine Verständigung in der HV; sie schließt nicht aus, dass es dennoch außerhalb der HV informell/unzulässig eine Verständigung stattgefunden hat (eingehend dazu *Brandt/Petermann* NJW 2010, 268). Die Rspr. geht inzwischen davon aus, dass jedes HV-Protokoll eine Erklärung dazu enthalten muss, ob eine Verständigung stattgefunden hat oder nicht (BVerfG NJW 2014, 3504; NStZ 2014, 592 m. Anm. *Deutscher* StRR 2014, 411, 412 und *Hunsmann* NStZ 2014, 592; vgl. noch BGHSt 56, 3; 58, 315; BGH NStZ 2014, 32; KG StV 2014, 659 [Ls.]; s. jetzt auch *Meyer-Goßner/Schmitt,* § 273 Rn 12c m.w.N.; eingehend/abl. *Niemöller*, S. 393 ff.). Darüber hinaus dürfte es sich im Hinblick auf die Rspr. des BGH (vgl. NStZ 2014, 219) auch **ergebnislose Verständigungsgespräche** im Protokoll der HV festzuhalten (krit. insoweit *H. Schneider* NStZ 2014, 252, 255).

Ein Protokoll, in dem weder vermerkt ist, dass eine Verständigung stattgefunden, noch dass eine solche nicht stattgefunden hat, ist widersprüchlich bzw. lückenhaft und verliert insoweit seine Beweiskraft (BGH, a.a.O.; OLG Celle StraFo 2012, 141; noch weitergehend OLG Nürnberg StV 2015, 282 [„weiterer absoluter Revisionsgrund"]; zum früheren Recht BGH NJW 2007, 2424 [Ls.]). Umstr. ist, wie zu verfahren ist, wenn entgegen dem Protokoll eine – im Urteil nicht berücksichtigte – Verständigung stattgefunden hat. Der BGH (StV 2010, 346) geht davon aus, dass dann der **Fälschungseinwand** nach § 274 S. 2 zu erheben ist. In der OLG-Rspr. wird das Protokoll als widersprüchlich angesehen und soll die Frage im → *Freibeweisverfahren*, Rdn 1566, geklärt werden (OLG Celle, a.a.O. OLG Düsseldorf StV 2011, 80; OLG Frankfurt am Main NStZ-RR 2010, 213). In dem Fall dürfte eine **Protokollberichtigung** nahe liegen (vgl. Rdn 2098).

2. Für die (spätere) **Berichtigung** des **Protokolls** gilt (vgl. auch noch Rdn 2099): Grds. kann das fertiggestellte (vgl. Rdn 2112) Protokoll später berichtigt werden (vgl. dazu *Meyer-Goßner/Schmitt,* § 271 Rn 21 ff.). Dies kann von Amts wegen geschehen oder auf einen entsprechenden Protokollberichtigungsantrag des Verteidigers. Fristen sind insoweit nicht zu beachten (OLG Hamm, Beschl. v. 16.7.2009 – 2 Ss 558/08). Auch muss sich der Protokollberichtigungsantrag nicht auf wesentliche Förmlichkeiten der HV beziehen (OLG Celle NStZ 2011, 237). Stimmen dann Vorsitzender und Protokollführer darin überein, dass das Protokoll unrichtig ist, kommt es zur Änderung (vgl. aber OLG Dresden StraFo 2007, 420). Hält nur eine der beiden Personen das Protokoll für richtig oder erinnert sich nicht mehr, ist eine Berichtigung ausgeschlossen (BGHSt 55, 31; StV 2010, 675; 2011, 267; vgl. *Meyer-Goßner/Schmitt,* § 271 Rn 23 m.w.N.). Eine Wiederholung des Berichtigungs-

P Protokoll der Hauptverhandlung, Allgemeines

verfahrens nach einem fehlerhaften Berichtigungsversuch ist nicht zulässig (BGH StV 2010, 675; 2011, 267; s.a. auch BGH StV 2012, 523 [Zulässigkeit mehrerer Protokollberichtigungsverfahren]; zu den (hohen) Anforderungen an das Protokollberichtigungsverfahren s. LG Köln StV 2011, 405). Die Beweiskraft des Protokolls entfällt i.Ü. aber auch ohne Berichtigung, wenn sich nachträglich eine Urkundsperson vom Protokollinhalt distanziert und sich das zugunsten des Angeklagten auswirkt (BGH NStZ 2014, 668; OLG München StV 2010,126 [für Rechtsmittelverzicht]).

Gegen die Ablehnung des Protokollberichtigungsantrags steht dem Verteidiger das Rechtsmittel der → *Beschwerde*, Rn 698, zu. Diese kann aber nur auf Rechtsfehler im Verfahren über die Protokollberichtigung oder auf rechtsfehlerhafte Erwägungen bei der Ablehnung des Antrags gestützt werden (*Meyer-Goßner/Schmitt*, § 271 Rn 28 m.w.N.).

Der Beschluss, durch den die Sitzungsniederschrift berichtigt werden soll, muss, um wirksam zu sein, sowohl vom **Vorsitzenden** als auch vom **Protokollführer unterschrieben** werden. Das Vorliegen übereinstimmender dienstlicher Erklärungen der beiden Urkundspersonen für eine Berichtigung reicht nicht aus (BGH NStZ 2015, 358).

2099 3.a) Fraglich ist, ob eine **Änderung/Berichtigung** des Protokolls auch noch **nach Erhebung** einer **Verfahrensrüge** zulässig ist, wenn dieser dadurch der Boden entzogen wird. Insoweit ging die (früher) h.M. davon aus, dass eine solche Protokollberichtigung nicht zulässig war (vgl. die Nachw. bei *R. Hamm* NJW 2007, 44; *Lindemann/Reichling* StV 2007, 1529). Davon ist jedoch die Rspr. des BGH im Beschluss des Großen Senats für Strafsachen v. 23.4.2007 (vgl. BGHSt 51, 298), der auf den Vorlagebeschluss des 1. Senats für Strafsachen v. 23.8.2006 (NJW 2006, 3582) ergangen ist, abgewichen (zur Entwicklung der Rspr. u.a. *Kury* StraFo 2008, 185; *R. Hamm*, a.a.O.; *Lampe* NStZ 2006, 366). Nach dieser Rechtsprechungsänderung wird die Beweiskraft des Protokolls nun auch dann anerkannt, wenn dieses in einer für eine Verfahrensrüge maßgeblichen Weise nachträglich zulasten des Angeklagten berichtigt worden ist. Diese sog. **Rügeverkümmerung** ist in der Lit. scharf kritisiert worden (vgl. dazu *Bertheau* NJW 2010, 972; *R. Hamm*, a.a.O.; *Schumann* JZ 2007, 927; *Schlothauer*, S. 656; *Dehne-Niemann* ZStW 2009, 321 ff.; *ders.*, wistra 2011, 213; *Beulke* StV 2009, 554, 556; *Schünemann* StV 2010, 538; abl. a. *Meyer-Goßner/Schmitt*, § 271 Rn 26 m.w.N.; zur sog. unwahren Protokollrüge s. → *Revision, Begründung, Verfahrensrüge*, Rdn 2340 ff.). Inzwischen hat das BVerfG – trotz der Kritik in der Lit. – die neue Rspr. des BGH als die verfassungsrechtlichen Grenzen der richterlichen Rechtsfindung noch währen abgesegnet (vgl. NJW 2009, 1469 m. den Sondervoten; s. dazu (krit.) a. *Bertheau*, a.a.O.; *Schünemann*, a.a.O.; *Junker* StRR 2009, 182 in der Anm. zu BVerfG, a.a.O.).

b) Hinweis für den Verteidiger! 2100

Der Große Senat hat als Gewähr für die Richtigkeit einer nachträglichen Änderung des Protokolls eine verbindliche **Form** der **Protokollberichtigung** vorgeschrieben (vgl. BGHSt 51, 298). Für eine Berichtigung reichen also nachträgliche übereinstimmende dienstliche Erklärungen des Vorsitzenden und des Protokollführers ebenso wenig aus (s. schon BGH NStZ 2005, 281; vgl. a. BGH StraFo 2007, 334), wie eine einseitige dienstliche Erklärung dem Protokoll nicht die Beweiskraft entzieht (zur Unzulässigkeit der Protokollberichtigung, wenn Feststellungen über die Kenntnisnahme vom Urkundenwortlaut im → *Selbstleseverfahren*, Rdn 2504, unterblieben sind, s. BGH NJW 2009, 2836; s. zum Selbstleseverfahren a. noch auch BGHSt 55, 31; StV 2010, 225; 2011, 267; dazu *Dehne-Niemann* wistra 2011, 213). Das vom BGH geforderte Verfahren soll zu einer im Revisionsverfahren überprüfbaren Entscheidungsgrundlage führen und die Effektivität des Rechtsmittels der Revision sichern sowie dem Recht des Angeklagten auf ein faires Verfahren (Art. 6 Abs. 1 S. 1 MRK) Rechnung tragen. Einzuhalten ist (vgl. BVerfG NJW 2009, 1469; BGHSt 51, 298; 55, 31; OLG Hamm StV 2010, 349; 2011, 272; OLG Saarbrücken NStZ-RR 2011, 319; LG Köln StV 2011, 405; vgl. a. *Dehne-Niemann* ZStW 2009, 321 ff.) folgendes

Protokollberichtigungsverfahren 2101

- Die **Absicht** der **Protokollberichtigung** ist dem Beschwerdeführer – im Fall der Revision des Angeklagten zumindest dem Revisionsverteidiger – zusammen mit dienstlichen Erklärungen der Urkundspersonen **mitzuteilen**. Die dienstlichen Erklärungen haben die für die Berichtigung tragenden Erwägungen zu enthalten, also etwa auf markante Besonderheiten des Falls einzugehen. Während der HV getätigte Aufzeichnungen, welche den Protokollfehler belegen, sollten in Abschrift übermittelt werden (zur „Beweiskraft einer ,hundertprozentigen' Erinnerung", wenn andere Verfahrensbeteiligte sich nicht mehr an den Ablauf des betreffenden Verfahrensabschnitts erinnern können, OLG Dresden StraFo 2007, 420).
- Dem Beschwerdeführer ist innerhalb angemessener Frist **rechtliches Gehör** zu gewähren (vgl. dazu OLG Hamm StV 2011, 272). Wird das nicht gewährt, ist eine dennoch durchgeführte Protokollberichtigung für das Revisionsverfahren außer Acht zu lassen (OLG Hamm StV 2009, 349).
- **Widerspricht** der **Beschwerdeführer** der beabsichtigten Protokollberichtigung substantiiert, indem er im Einzelnen darlegt, aus welchen Gründen er im Gegensatz zu den Urkundspersonen sicher ist, dass das ursprünglich gefertigte HV-Protokoll richtig ist, sind erforderlichenfalls weitere dienstliche Erklärungen bzw. Stellungnahmen der übrigen Verfahrensbeteiligten einzuholen. Auch hierzu ist dem Beschwerdeführer **rechtliches Gehör**, das heißt eine angemessene Frist zur Stellungnahme zu gewähren.

- Halten die Urkundspersonen das HV-Protokoll weiterhin für unrichtig, so haben sie es gleichwohl zu berichtigen. In diesem Fall ist der **Beschluss** zur Protokollberichtigung, dem Rechtsgedanken des § 34 folgend, mit **Gründen** zu versehen. Es sind die Tatsachen anzugeben, welche die Erinnerung der Urkundspersonen belegen. Auf das Vorbringen des Beschwerdeführers und eventuelle abweichende Erklärungen der übrigen Verfahrensbeteiligten ist in der Entscheidungsbegründung einzugehen.

Ist das Berichtigungsverfahren nicht ordnungsgemäß durchgeführt worden, scheidet eine Wiederholung des Verfahrens wegen Verletzung des Rechts des Angeklagten auf ein faires Verfahren aus (BGH StV 2010, 675; s. aber StV 2012, 523; *Meyer-Goßner/Schmitt*, § 27126a). Es gilt dann das Protokoll in der nicht berichtigten Fassung (BGH, a.a.O.; OLG Hamm StV 2011, 272; OLG Saarbrücken NStZ-RR 2011, 319; s. auch BGHSt 51, 298; 55, 31). Auch kommt eine freibeweisliche Aufklärung des Verfahrensablaufs, ggf. allein unter Berücksichtigung abgegebener dienstlicher Erklärungen und damit unter geringeren Anforderungen als im Protokollberichtigungsverfahren nach erhobener Verfahrensrüge und zum Nachteil des Angeklagten nicht in Betracht (BGHSt 51, 298, 316 f.; BGH StV 2010, 675). Auch eine Rücksendung der Akten an das Tatgericht scheidet aus (BGH StV 2011, 267; 2012, 523; 14, 68).

2102 c) Die Bedeutung, Berechtigung und **Beachtlichkeit** der Berichtigung **prüft** dann das **Revisionsgericht** im → *Freibeweisverfahren*, Rdn 1562 (BGHSt 51, 298; vgl. z.B. BGH NJW 2012, 1015). Eine erneute Zustellung des Urteils nach Berichtigung der Sitzungsniederschrift ist nicht erforderlich, da eine wirksame Zustellung nur voraussetzt, dass das Protokoll fertiggestellt ist (§ 273 Abs. 4; vgl. dazu Rn 723). Die Fertigstellung erfolgt jedoch mit der letzten der beiden erforderlichen Unterschriften (§ 271 Abs. 1). Spätere Berichtigungen berühren den Zeitpunkt der Fertigstellung nicht mehr (LR-*Stuckenberg*, § 271 Rn 31, § 273 Rn 56).

Ergeben sich nach der Berichtigung **neue/andere Verfahrensrügen** aus dem berichtigten Protokoll (vgl. das Bsp. bei *Meyer-Goßner/Schmitt*, § 273 Rn 26c [aus der nun aufgenommenen Zeugenaussage ergeben sich Belehrungsfehler]), können diese erhoben werden. Für die Frist gilt: Entweder gilt die Frist zur Begründung ab Zustellung des Berichtigungsbeschlusses (→ *Revision, Begründung, Frist*, Rdn 2277) oder es ist, falls die ursprüngliche Begründungsfrist des § 345 Abs. 1 S. 1 weiter gilt, → *Wiedereinsetzung in den vorigen Stand*, Rdn 3464, zur Nachholung von Verfahrensrügen zu gewähren (→ *Revision, Begründung*, Frist, Rdn 2283).

Eine **Beschwerde** gegen den Berichtigungsbeschluss ist ausgeschlossen (*Meyer-Goßner/Schmitt*, § 271 Rn 26b).

4.a) I.d.R. ist das Protokoll der HV **kein** sog. **Inhalts-** sondern **nur** ein **Verlaufsprotokoll** (s. aber → *Protokoll der Hauptverhandlung, wörtliche Protokollierung*, Rdn 2114). Erwähnt wird im Protokoll also z.b. nur die Tatsache der Vernehmung eines Zeugen, der Inhalt seiner Aussage wird nicht wiedergegeben. Nach *Meyer-Mews* (NJW 2000, 103) ist, wenn Maßnahmen zum Zeugenschutz ergriffen werden (s. → *Entfernung des Angeklagten aus der Hauptverhandlung*, Rdn 1408, nach § 247) und bei sog. Aussage-gegen-Aussage-Verfahren immer ein **Wortprotokoll** erforderlich und auf Antrag des Verteidigers und/oder des StA durchzuführen (a.A. *Uetermeier* NJW 2002, 2298; zur Notwendigkeit eines Wortprotokolls auch *Nestler*, S. 727 ff.). Nach § 273 Abs. 3 kann der Vorsitzende die **vollständige Niederschreibung** sowohl eines Vorgangs in der HV als auch vom Wortlaut von Aussagen, z.B. von Zeugen, oder von Äußerungen anderer Prozessbeteiligter anordnen. Voraussetzung ist, dass es auf die Feststellung des Vorgangs oder den Wortlaut der Aussage oder Äußerung ankommt (wegen der Einzelheiten s. → *Protokoll der Hauptverhandlung, wörtliche Protokollierung*, Rdn 2114). Nach § 183 GVG sind während der Sitzung begangene Straftaten grds. zu protokollieren. Das soll nach Auffassung des LG Regensburg (vgl. NJW 2008, 1094) aber im Hinblick auf eine ggf. vorliegende Beleidigung (§ 185 StGB) nicht erforderlich sein, wenn der Vorsitzende der anlässlich eines Befangenheitsantrags seinem Unmut über diesen Antrag durch „Vogelzeigen" Ausdruck verlieh, in seiner dienstlichen Stellungnahme beteuert, er habe diese Geste auf niemanden bezogen wissen wollen (zutr. abl. *Nierwetberg* NJW 2008, 1095).

2103

Während der HV muss der Verteidiger daher immer **beachten**, dass er in der Revision die Beobachtung der für die HV vorgeschriebenen Förmlichkeiten gem. § 274 **nur** durch das Protokoll beweisen kann. Das ist insbesondere für Anträge von Bedeutung, da diese i.d.R. als nicht gestellt gelten, wenn die Antragstellung nicht im Protokoll beurkundet worden ist (**negative Beweiskraft**; vgl. zu allem *Meyer-Goßner/Schmitt*, § 274 Rn 13 ff. m.w.N.; s.u. Rdn 2106 ff.). Auch kann durch das Protokoll nur bewiesen werden, ob der Angeklagte sich in der HV zur Sache eingelassen hat, nicht hingegen, was er im Einzelnen gesagt hat (BGH StV 1997, 455). Soll das „festgeschrieben" werden, muss ggf. ein affirmativer Beweisantrag gestellt bzw. die Einlassung des Angeklagten durch Verlesung einer von ihm stammenden Erklärung im Wege des Urkundenbeweises eingeführt werden (→ *Vernehmung des Angeklagten zur Sache*, Rdn 3077).

b) Etwas **anderes** gilt nach § 273 Abs. 2 für die **HV** vor dem **AG** (Strafrichter und Schöffengericht) sowie nach § 78 Abs. 2 OWiG auch im OWi-Verfahren, da dort die Vorschrift des § 273 Abs. 2 S. 2 (ebenfalls) nicht gilt. In diesen Verfahren sind die wesentlichen Ergebnisse der Vernehmungen in das Protokoll aufzunehmen (§ 273 Abs. 2 S. 2). Damit soll später u.a. dem Berufungsgericht die Beweisaufnahme erleichtert werden, da die Nie-

2104

derschrift über die Vernehmung eines Zeugen unter den Voraussetzungen des § 325 in der → *Berufungshauptverhandlung*, Rdn 640 ff., verlesen werden kann (zur geplanten Änderung → *Gesetzesnovellen*, Rdn 1619). Nach § 226 Abs. 2 kann i.Ü. der Strafrichter beim AG von der Zuziehung eines Protokollführers absehen.

2105 Nach den Änderungen durch das 1. OpferRRG kann der Vorsitzende anordnen, dass anstelle der schriftlichen Aufzeichnung „einzelne" Vernehmungen, also nicht alle, „im Zusammenhang auf **Tonträger aufgezeichnet** werden". Der Tonträger ist zu den Akten zu nehmen. § 273 Abs. 2 S. 4 ordnet insoweit die entsprechende Anwendung der (neuen) Regelungen in § 58a Abs. 2 S. 1 und 3 – 6 an.

☞ Indem ausdrücklich nur Bezug genommenen wird auf § 58a Abs. 2, nicht aber auf den das Widerspruchsrecht des Zeugen regelnde § 58a Abs. 3, kann der **Zeuge**, dessen Vernehmung in der HV vor dem AG nicht schriftlich, sondern mittels Tonträgers aufgezeichnet wurde, auch nach der Neufassung der Protokollierungsregelungen in § 273 Abs. 2 der Überlassung einer Kopie des Tonträgers an die Verteidigung **nicht widersprechen**.

Die Anordnung der Tonaufzeichnung kann von jedem Verfahrensbeteiligten **beantragt** werden. Wird der Antrag abgelehnt, sollte der Verteidiger einen Gerichtsbeschluss nach § 238 Abs. 2 herbeiführen (s. aber *Neuhaus* StV 2004, 620, 624 [nicht erforderlich]).

5. Hinweise für den Verteidiger!

Der Verteidiger muss hinsichtlich des Protokolls der HV auf Folgendes achten:

2106 a) **Schriftstücke**, die im Wege des **Urkundenbeweises** in der HV verlesen werden, sind im Protokoll so genau zu bezeichnen, dass sie später identifiziert werden können. Die Formulierung im Protokoll, sie seien „zum Gegenstand der HV gemacht" worden, beweist nicht die Verlesung/die Art der Verwendung (OLG Celle StV 1984, 107; OLG Düsseldorf NJW 1997, 269 [Ls.]; OLG Hamm, Beschl. v. 30.6.2009 – 3 Ss OWi 416/09; OLG Saarbrücken NStZ-RR 2000, 48; vgl. a. BGHSt 11, 29). Der Grund der Verlesung muss nur unter den Voraussetzungen des § 255 im Protokoll erwähnt werden. Der Vorhalt von Urkunden und die Verwendung von **Augenscheinsobjekten** als Vernehmungshilfen brauchen allerdings nicht in das Protokoll aufgenommen werden (BGH NStZ 2014, 223; 2015, 181; NStZ-RR 1999, 107 [sollte, um Missverständnissen vorzubeugen, unterlassen werden]). Es muss im Protokoll außerdem festgehalten werden, dass die Verlesung durchgeführt worden ist (BGH NStZ 1999, 424).

2107 b) Stellt der Verteidiger in der HV **Anträge**, muss er darauf achten, dass diese auf jeden Fall protokolliert werden, wenn er auf die Ablehnung oder Nichtbeachtung des Antrags später ein Rechtsmittel stützen will. Bei einem → *Beweisantrag*, Rdn 835, ist sowohl die Beweisbehauptung als auch das angegebene Beweismittel im Protokoll zu vermerken (KK-*Greger*,

§ 273 Rn 8). Die **Begründung** eines Antrags muss **nicht** in das Protokoll aufgenommen werden. Die Beweiskraft des Protokolls (§ 274) bezieht sich auch nicht auf die Begründung des Antrags (BGH NStZ 2000, 238; werden; zur Begründung der Verfahrensrüge, mit der beanstandet wird, das Gericht habe in der HV eine beabsichtigte Beweisantragstellung durch „Nichtzulassung" vereitelt und die Protokollierung des Antrags entgegen § 273 Abs. 1 S. 1 s. OLG Bamberg NJW 2013, 1251 m. Anm. *Burhoff* VRR 2013, 472).

Der Verteidiger hat einen Anspruch darauf, dass ein **schriftlich vorformulierter Antrag** als **Anlage** zum Protokoll genommen wird (s. *Meyer-Goßner/Schmitt,* § 244 Rn 36). Das gilt auch dann, wenn dem Verteidiger gem. § 257a → *schriftliche Antragstellung,* Rdn 2476, aufgegeben worden ist. Das Protokoll muss dann eindeutig auf die Anlage verweisen.   **2108**

c) Beanstandet der Verteidiger eine Maßnahme der → *Verhandlungsleitung,* Rdn 2889, des Vorsitzenden und beantragt nach **§ 238 Abs. 2** einen Gerichtsbeschluss, muss er, wenn er sich die spätere Revisionsrüge erhalten will, **alle** damit im Zusammenhang stehenden **Vorgänge** in das **Protokoll** aufnehmen lassen.   **2109**

> ✍ Das gilt insbesondere, wenn der Verteidiger **Widerspruch** gegen eine vom Vorsitzenden angeordnete Maßnahme der Beweisaufnahme erhebt, z.b. gegen die → *Vernehmung einer Verhörsperson,* Rdn 3115, oder gegen die → *Verlesung von Geständnisprotokollen,* Rdn 2980. Die Erklärung des Widerspruchs ist eine **wesentliche Förmlichkeit** der HV, die in das Protokoll aufzunehmen ist (vgl. u.a. BayObLG NJW 1997, 404, 405; → *Widerspruchslösung,* Rdn 3433).

d) Von zu protokollierenden **Entscheidungen** des Gerichts ist, wenn sie begründet werden müssen, auch die **Begründung** in das **Protokoll** aufzunehmen. Eine schriftlich abgesetzte Entscheidung kann dem Protokoll als Anlage beigefügt werden (KK-*Greger,* § 273 Rn 12 m.w.N.).   **2110**

> ✍ Ist die **Urteilsformel** nicht in die Sitzungsniederschrift aufgenommen worden, ist das Protokoll der HV noch nicht fertig gestellt (OLG Brandenburg, Beschl. v. 11.12.2014 – [2 B] 53 Ss 531/14).

6. Das Protokoll wird in **deutscher Sprache** geführt. Ggf. kann nach § 185 Abs. 1 S. 2 Hs. 2 GVG vom Gericht eine → *fremdsprachige Protokollierung,* Rdn 1573, angeordnet werden. Wird ein **Dolmetscher** zur HV hinzugezogen, wird nur der Umstand der Hinzuziehung im Protokoll vermerkt. Seine Mitwirkung bei jedem einzelnen Verfahrensakt muss nicht protokolliert werden. Auch die Übersetzung der sich aus dem Protokoll ergebenden (Verfahrens-)Erklärungen bedarf nicht der Protokollierung. Dabei handelt es sich nicht um wesentliche Förmlichkeiten der HV (*Meyer-Goßner/Schmitt,* § 185 GVG Rn 7). Der Protokollvermerk über eine Rechtsmittelbelehrung beweist i.Ü. nicht nur die Belehrung als solche, die   **2111**

Richtigkeit und Vollständigkeit, sondern auch bei Anwesenheit eines Dolmetschers deren korrekte Übersetzung (KG NStZ 2009, 406).

2112 7. Während der **laufenden HV** kann der Verteidiger das HV-Protokoll **nicht einsehen**. Das kann er auch nicht mit dem Hinweis auf sein AER nach § 147 begründen (vgl. zum AER allgemein *Burhoff*, EV, Rn 145 ff.; s.a. → *Akteneinsicht für den Verteidiger während der Hauptverhandlung*, Rdn 279). Das HV-Protokoll wird erst Bestandteil der Akten, wenn es i.S.d. § 271 Abs. 1 **fertiggestellt** ist. Das ist es bei einer (mehrtägigen) HV erst, wenn sowohl der Vorsitzende als auch der Urkundsbeamte die gesamte Niederschrift der HV unterschrieben haben (BGHSt 51, 298, 317; BGH NJW 1981, 411 [insoweit nicht in BGHSt 29, 394]; NStZ 2014, 420; *Meyer-Goßner/Schmitt*, § 271 Rn 2, 19 m.w.N.; KK-*Greger*, § 271 Rn 22 m.w.N.; s.a. OLG Brandenburg NStZ-RR 1998, 308). Deshalb ist gegen die während des Laufes der HV ergangene Entscheidung des Vorsitzenden, das „Protokoll" eines von mehreren HV-Tagen nicht zu ändern, ein Rechtsmittel nicht gegeben (OLG Brandenburg, a.a.O.).

> ⚖ Vor Fertigstellung des Protokolls darf das Urteil **nicht zugestellt** werden.

2113 Der Verteidiger hat **keinen** Anspruch auf Erstellung von **Teilprotokollen** (zuletzt BGH NStZ 1993, 141). Er hat auch keinen Anspruch auf Erteilung einer Abschrift des Protokolls, was allerdings nicht für den Wortlaut verkündeter Beschlüsse gilt (KK-*Greger*, § 271 Rn 22; RGSt 44, 53). Das AER des Verteidigers erstreckt sich auch nicht auf sog. **Nebenprotokollbände,** bei denen es sich lediglich um Mitschriften zur Unterstützung des Gerichts handelt (OLG Karlsruhe NJW 1982, 2010 [Ls.]).

> ⚖ Das bedeutet natürlich nicht, dass der Verteidiger während der laufenden HV das Protokoll nicht **einsehen** darf. Wenn ihm der Vorsitzende das **gestattet**, ist dagegen nichts einzuwenden. Hier zahlt es sich für den Verteidiger aus, wenn er guten informellen Kontakt zum Gericht hält.
>
> Nach Nr. 9000 Anm. 2 Ziff. 3 KV GKG hat der Verteidiger – nach der HV – einen Anspruch auf **kostenfreie Übermittlung** einer Ablichtung des Protokolls (vgl. dazu *Hartmann*, Kostengesetze, 44. Aufl. 2014, Nr. 9000 KV GKG Rn 13).

Siehe auch: → *Protokoll der Hauptverhandlung, wörtliche Protokollierung*, Rdn 2114; → *Revision, Allgemeines*, Rdn 2211 m.w.N.

Protokoll der Hauptverhandlung, wörtliche Protokollierung

2114

Das Wichtigste in Kürze:
1. Die mit einer wörtlichen Protokollierung nach § 273 Abs. 3 zusammenhängenden Fragen sind in der Praxis von erheblicher Bedeutung.
2. Die wörtliche Protokollierung kommt nach § 273 Abs. 3 in Betracht, wenn es auf die Feststellung eines Vorgangs in der HV oder den Wortlaut einer Aussage oder Äußerung ankommt.
3. Der Verteidiger muss einen Protokollierungsantrag stellen. In diesem muss die zu protokollierende Tatsache genau bezeichnet und im Einzelnen dargelegt werden, warum eine vollständige Niederschreibung nach seiner Ansicht notwendig ist.
4. Auch Prozesserklärungen sind ggf. wörtlich in das Protokoll aufzunehmen.

2115

Literaturhinweise: Burhoff, Wörtliche Protokollierung von Zeugenaussagen, PA 2002, 28; **Fahl**, Rechtsmißbrauch im Strafprozeß, 2005; **Gerst**, Das unterschätzte Verteidigungsmittel in der Hauptverhandlung – Protokollierungsanträge gemäß § 273 Abs. 3 Satz 1 StPO, StRR 2012, 324; **Klemke**, Festschreibung von Sachverhalten in der Hauptverhandlung – Protokollierungsanträge, affirmative Beweisanträge pp., StraFo 2013, 107; **Krekeler**, Wehret auch den „kleinen" Anfängen oder § 273 Abs. 3 Satz 2 StPO muss bleiben, AnwBl. 1984, 417; *ders.*, Wörtliche Protokollierung, PStR 2003, 37; **Meyer-Mews**, Das Wortprotokoll in der strafrechtlichen Hauptverhandlung, NJW 2002, 102; **Richter II**, Wider die Gegenreform, StV 1994, 454; **Sailer**, Inhaltsprotokoll und rechtliches Gehör, NJW 1977, 24; **Schlothauer**, Unvollständige und unzutreffende tatrichterliche Urteilsfeststellungen, StV 1992, 134; **Schmid**, Die wörtliche Protokollierung einer Aussage in der Hauptverhandlung, NJW 1981, 1353; **Senge**, Missbräuchliche Inanspruchnahme verfahrensrechtlicher Gestaltungsmöglichkeiten – wesentliches Merkmal der Konfliktverteidigung? Abwehr der Konfliktverteidigung, NStZ 2002, 225; **Ulsenheimer**, Die Verletzung der Protokollierungspflicht im Strafprozeß und ihre revisionsrechtliche Bedeutung, NJW 1980, 2273; s.a. die Hinw. bei → *Protokoll der Hauptverhandlung, Allgemeines*, Rdn 2092.

1. Hinweis für den Verteidiger!

2116

Die mit einer wörtlichen Protokollierung nach § 273 Abs. 3 zusammenhängenden Fragen sind in der **Praxis** von **erheblicher Bedeutung**. Häufig gibt es gerade um diese Fragen Streit in der HV. Verteidiger, die die entsprechenden Anträge stellen, setzen sich wegen der aus einer wörtlichen Protokollierung folgenden Verzögerung im Verfahrensfortgang nicht selten dem Vorwurf der „Konfliktverteidigung" aus (s. dazu *Senge* NStZ 2002, 229; zum Missbrauch auch *Fahl*, S. 602 ff.). Dem ist m.E. entgegenzuhalten, dass das Recht auf eine wörtliche Protokollierung natürlich – wie jedes Recht – (auch) missbräuchlich ausgeübt werden kann, aber nicht jeder Antrag auf wörtliche Protokollierung Missbrauch ist (s.o. *Fahl*, a.a.O.). Denn der Angeklagte und sein Verteidiger haben im Strafverfahren nur wenige Möglichkeiten, in der Revision die vom Tatrichter getroffenen tatsächlichen Feststellungen anzugreifen. Vielmehr sind sie daran, ebenso wie der Revisionsrichter selbst, gebunden, da eine Wiederholung bzw. Ergänzung der Beweisaufnahme – mit möglicherweise anderem Ergebnis – durch das Revisionsgericht ausgeschlossen ist (*Meyer-Goßner/Schmitt*, § 337 Rn 13 m.w.N. aus der Rspr.). Die Urteilsfeststellungen können über die Beweisaufnahme auch nicht mit Verfahrensrügen nach §§ 244 Abs. 2, 261 angegriffen werden (*Meyer-Goßner/Schmitt*, a.a.O.; → *Revision, Begründung, Allgemeines*, Rdn 2230 m.w.N.). Eine **Chance, gegen** die **Urteilsfeststellungen** anzukämpfen, haben Verteidiger und Angeklagter nur, wenn sie den **Gegenbeweis** ohne Rekonstruktion der HV erbringen können (vgl. u.a. BGH NStZ 1997, 296). Und genau an dieser Stelle liegt der **praktische Nutzen** der Vorschrift des § 273 Abs. 3 bzw. des danach zulässigen Antrags auf wörtliche Protokollierung. Denn ist im Sitzungsprotokoll der Inhalt einer Aussage nach § 273 Abs. 3 wörtlich protokolliert, kann ggf. später ohne Rekonstruktion der HV der Gegenbeweis gegen Urteilsfeststellungen erbracht werden (BGHSt 38, 14; s.a. *Malek*, Rn 597 [Mittel der Sachverhaltsfestschreibung]; *Klemke* StraFo 2013, 107, 109 zur „Festschreibung der Einlassung" des Angeklagten durch einen Protokollierungsantrag), auf ein bloßes Inhaltsprotokoll nach § 273 Abs. 2 lässt sich hingegen die Revision nicht stützen (BayObLG NStZ 1990, 508; zur Begründung der Verfahrensrüge, dass eine teilweise protokollierte Aussage im Urteil nicht erörtert worden ist, BGH NStZ 2002, 496; eingehend zu den mit § 273 Abs. 3 S. 1 zusammenhängenden Fragen *Gerst* StRR 2012, 324 ff.).

2117 **2.a)** Die wörtliche Protokollierung kommt nach § 273 Abs. 3 in Betracht, wenn es auf die **Feststellung** eines **Vorgangs** in der **HV** oder den **Wortlaut** einer **Aussage** oder **Äußerung** ankommt. Nach *Meyer-Mews* (NJW 2000, 103) ist, wenn Maßnahmen zum Zeugenschutz ergriffen werden, z.B. nach § 247 (s. → *Entfernung des Angeklagten aus der Hauptverhandlung*, Rdn 1408), und bei sog. Aussage-gegen-Aussage-Verfahren darüber hinaus immer ein **Wortprotokoll** erforderlich und auf Antrag des Verteidigers und/oder des StA durchzuführen (a.A. *Uetermeier* NJW 2002, 2298; *Meyer-Goßner/Schmitt*, § 273 Rn 22).

2118 Im **Einzelnen** gilt:
- Aus dem Wortlaut des § 273 Abs. 3 folgt, dass **nur Vorgänge** in der **HV** selbst, nicht Vorgänge in einer Sitzungspause oder außerhalb des Sitzungssaales, protokolliert werden können (KK-*Greger*, § 273 Rn 21), also z.B. nicht Äußerungen eines Gerichtsmitglieds auf dem Flur oder in der Kantine, die zur Begründung eines Ablehnungsgesuchs verwendet werden sollen.
- Der zu protokollierende Vorgang muss **nicht** zu den **wesentlichen Förmlichkeiten** des Verfahrens gehören (*Meyer-Goßner/Schmitt*, § 273 Rn 19; KMR-*Müller* § 273 Rn 14). Der Vorgang kann also auch in der Verhaltensweise eines Prozessbeteiligten liegen, also Erröten, Erbleichen, Mimik und Gestik von Prozessbeteiligten, aber auch ein schlafender Richter (*Meyer-Goßner/Schmitt*, § 273 Rn 19).

- Der Begriff „**Aussage**" meint die Einlassung des Angeklagten und die Aussagen von Zeugen und SV; **Äußerungen** werden von den anderen Prozessbeteiligten gemacht (*Meyer-Goßner/Schmitt*, § 273 Rn 20.)
- Es muss auf die Feststellung des Vorgangs oder den Wortlaut der Aussage **ankommen** (vgl. dazu *Gerst* StRR 2012, 324, 326).
  - Das kann für das **laufende Verfahren** z.B. dann der Fall sein, wenn es um die Darstellung eines Verfahrensfehlers, die Begründung eines Ablehnungsgesuchs oder um eine Zeugenaussage geht (s. aber LG Regensburg NJW 2009, 1084 [zu einer ggf. vorliegenden Straftat des Vorsitzenden in der HV]).
  - Für ein **anderes Verfahren** kann es auf die Bedeutung des vollständig zu protokollierenden Umstandes ankommen, wenn die Vorgänge, Aussagen oder Äußerungen geeignet sind, eine andere Straftat, z.B. eine Falschaussage, festzustellen (vgl. Nr. 144 Abs. 2 S. 2 RiStBV). Der Vorgang muss also nicht für das laufende Verfahren Bedeutung haben (s.a. § 183 GVG; s. aber LG Regensburg, a.a.O.).

b) Schwierigkeiten gibt es immer wieder bei der wörtlichen Protokollierung von **Zeugenaussagen**. Insoweit gilt: Nach h.M. genügt bei einer Zeugenaussage nicht allein, dass diese entscheidungserheblich ist (vgl. *Meyer-Goßner/Schmitt*, § 273 Rn 22 m.w.N.; *Schmidt* NJW 1981, 1353; *Sieß* NJW 1982, 1625; a.A. LR-*Stuckenberg*, § 273 Rn 50; *Krekeler* AnwBl. 1984, 417; *Ulsenheimer* NJW 1980, 2276 m.w.N.). Das Bedürfnis zur vollständigen Protokollierung soll vielmehr nur anzuerkennen sein, wenn es nicht lediglich auf den Inhalt der Aussage, sondern auf den genauen Wortlaut ankommt (OLG Schleswig SchlHA 1976, 172 [E/J]), also z.B. dann, wenn verschiedene Deutungsmöglichkeiten mit unterschiedlichen Folgerungen bestehen.

Es ist m.E. **fraglich**, ob diese **Auslegung** der h.M. nicht **zu eng** ist und in der Praxis nicht eine (verteidigerfreundlichere) Handhabung der auch den Schutz des Angeklagten bezweckenden Vorschrift angebracht wäre. *Richter II* (StV 1994, 454, 455) formuliert seine Kritik so: „Der Tatrichter legt die Formulierung des Gesetzes, eine Protokollierung habe zu erfolgen, wenn es auf die Feststellung des Wortlauts einer Aussage oder einer Äußerung ankäme (§ 273 Abs. 3 S. 1 StPO) im Ergebnis immer wieder so aus, dass nur noch Skurrilitäten im Ausdruck der Protokollierungspflicht unterliegen, weil sich bei normaler Wortwahl für eine bestimmte Äußerung auch eine inhaltsgleiche andere Formulierung finde, es mithin nicht auf diesen Wortlaut ankäme. Von diesem hohen Ross aus werden dann auch Protokollierungsanträge abgelehnt, die für die Beweiswürdigung von entscheidender Bedeutung sind und verschiedene Deutungsmöglichkeiten mit der Gefahr missverständlicher Schlussfolgerungen zulassen". Deshalb wird man mit guten Gründen auch vertreten können, dass eine Protokollierung stets dann notwendig ist, wenn eine bestimmte Aussage oder Äußerung gerade für die Entscheidungsfindung erheblich sein wird oder sich eine derartige Möglichkeit nicht von vornherein ausschließen lässt (*Ulsenheimer* NJW 1980, 2273, 2276). Das gilt insbesondere in den Verfahren, in denen „Aussage-gegen-Aussage" steht (*Meyer-Mews* NJW 2002, 103). Gerade hier kommt es i.d.R. (auch) auf den Wortlaut der Aussage der Zeugen an.

👉 Man darf sicherlich nicht verkennen, dass mit einer zu weiten Interpretation des § 273 Abs. 3 durch die „**Hintertür**" das Wortprotokoll der HV eingeführt wird. Letztlich ist es mit dieser Frage aber wie mit vielen Streitfragen. Es bringt im Grunde nichts, sich darum mit dem Gericht zu streiten. Revisionsrechtlich hat eine falsche Handhabung des Antrags durch das Gericht nach allgemeiner Meinung keine Auswirkungen, da das Urteil darauf nach der Rspr. des BGH nicht beruht (BGH NStZ 1994, 25 [K]; s.a. *Ulsenheimer* NJW 1980, 2276 ff.; krit. *Fahl*, S. 604). Vielmehr muss der Verteidiger bis zu einer ggf. großzügigeren Handhabung der Vorschrift sein **Augenmerk** darauf **richten**, dass er zumindest mit einer **umfassenden** und **sorgfältigen Begründung** seines Protokollierungsantrags (vgl. dazu Rdn 2121) dafür Sorge trägt, dass die diesem Antrag zugrunde liegenden Umstände in das Protokoll der HV aufgenommen und auf diese Weise für das Revisionsgericht festgehalten werden.

3. Für das **Verfahren** der wörtlichen Protokollierung ist auf Folgendes hinzuweisen:

2121 a) Der Verteidiger muss einen **Protokollierungsantrag** stellen. In diesem muss die zu protokollierende Tatsache genau bezeichnet und im Einzelnen **dargelegt** werden, **warum** eine vollständige Niederschreibung nach seiner Ansicht notwendig ist. Darauf ist **besondere Sorgfalt** zu verwenden. Denn der Protokollierungsantrag wird nach § 273 Abs. 1 in das HV-Protokoll aufgenommen, sodass, selbst wenn der Antrag abgelehnt wird, eben durch die Begründung des Antrags die nach Ansicht des Verteidigers niederzuschreibenden Vorgänge „aktenkundig" gemacht und damit für das Revisionsgericht festgehalten sind. Eben deshalb ist dieser Antrag eine gute Möglichkeit, einen Sachverhalt „festzuschreiben" (vgl. *Schlothauer* StV 1992, 134, 140; *Malek*, Rn 597, 588). Besondere Sorgfalt muss der Verteidiger auf die **Begründung** des Umstandes, dass es auf den **Wortlaut** der Aussage **ankommt**, legen. Das ist – eben wegen der o.a. h.M. – nicht immer einfach. Hier hilft häufig das Vorbringen, dass die Aussage im weiteren Verlauf des Verfahrens noch einem zu hörenden Zeugen oder SV vorgehalten werden soll, wobei es zumindest hierfür auf die konkrete Formulierung ankommt (*Schlothauer* StV 1992, 134, 141; *Malek*, a.a.O.). Auch der Hinweis auf § 183 GVG kann m.E. hilfreich sein. Danach sind Straftaten in der HV (falsche Aussage des Zeugen!) vom Gericht festzuhalten (zur „Straftat" des Vorsitzenden LG Regensburg NJW 2008, 1048).

👉 Kommt es zur Auseinandersetzung darüber, ob eine Zeugenaussage ganz oder teilweise wörtlich zu protokollieren ist, sollte der Verteidiger beantragen, dass der betroffene **Zeuge** zunächst den **Sitzungssaal verlässt**. Durch die für und wider eine wörtliche Protokollierung vorgetragen Argumente kann dieser nämlich in seinem weiteren Aussageverhalten beeinflusst werden. Das gilt insbesondere, wenn es darum geht, ob die vom Zeugen gemachte Aussage gem. § 183 GVG als Falschaussage zu protokollieren ist.

b) Der Antrag sollte – eben wegen der Bedeutung der Formulierung – auf jeden Fall **schriftlich gestellt werden**. Damit besteht dann – ebenso wie bei einem Beweisantrag – ein Anspruch darauf, dass der schriftlich formulierte Antrag als Anlage zum Protokoll genommen wird (*Meyer-Goßner/Schmitt*, § 244 Rn 36, § 273 Rn 10). 2122

c) Die **Anordnung**, dass vollständig zu protokollieren ist, **trifft der Vorsitzende**. Liegen die Voraussetzungen für eine vollständige Protokollierung vor, besteht ein Anspruch auf die Anordnung (*Meyer-Goßner/Schmitt*, § 273 Rn 29 m.w.N.). Lehnt der Vorsitzende die Protokollierung ab, kann der Verteidiger (aber auch jeder andere Prozessbeteiligte) nach § 273 Abs. 3 S. 2 einen **Gerichtsbeschluss** beantragen (s. dazu *Krekeler* AnwBl. 1984, 417; *ders.* PStR 2003, 37; zur Ablehnung des Protokollierungsantrags wegen Missbrauchs s. *Fahl*, S. 604; zur geplanten Abschaffung des § 273 Abs. 3 S. 2 → *Gesetzesnovellen*, Rdn 1619). Wird durch diesen Beschluss die Protokollierung angeordnet, ist der Vorsitzende an den Beschluss gebunden. 2123

✍ Den **Inhalt** und **Wortlaut** der vollständigen Niederschreibung bestimmt – zusammen mit dem Urkundsbeamten – der **Vorsitzende**. Hier bleibt dem Verteidiger, wenn aus seiner Sicht das vom Vorsitzenden Diktierte nicht mit dem tatsächlich Gesagten übereinstimmt und der Urkundsbeamte das Diktat des Vorsitzenden ohne Weiteres in das Protokoll aufnimmt, nur der Hinweis auf § 31 Abs. 1 und das daraus resultierende Recht zur → *Ablehnung von Urkundsbeamten*, Rdn 134.

d) Die **Niederschrift** muss in der HV **vorgelesen** und **genehmigt** werden (§ 273 Abs. 3 S. 3). Im Protokoll der HV muss die Verlesung vermerkt und angegeben werden, ob die Genehmigung erteilt und ob und welche Einwendungen erhoben worden sind. 2124

4. Hinsichtlich der **Protokollierung** von (Prozess-)**Erklärungen** ist zu unterscheiden: 2125

■ Handelt es sich um **Anträge**, müssen diese in das **Protokoll** aufgenommen werden (*Meyer-Goßner/Schmitt*, § 273 Rn 10), und zwar mit Angabe des Antragstellers und des Antragsinhalts. Die Begründung der Anträge braucht nicht aufgenommen zu werden.

■ **Prozesserklärungen** sind auf jeden Fall dann in das Protokoll aufzunehmen, wenn es sich um **wesentliche Förmlichkeiten** der HV handelt, also z.B. der Widerspruch gegen eine Beweiserhebung im Rahmen der → *Widerspruchslösung*, Rdn 3433, des BGH (so die Rspr.; BayObLG NJW 1997, 404; offengelassen von BGH NJW 1997, 2893). Darüber hinaus besteht von Gesetzes wegen für Prozesserklärungen kein Anspruch auf Aufnahme in das Protokoll.

Siehe auch: → *Protokoll der Hauptverhandlung, Allgemeines*, Rdn 2092.

2126 Protokollverlesung nach Zeugnisverweigerung

Das Wichtigste in Kürze:
1. Die Aussage eines vor der HV vernommenen Zeugen, der erst in der HV von einem ZVR Gebrauch macht, darf nicht verlesen werden.
2. Das im Interesse des Zeugen bestehende ZVR ist für diesen disponibel.
3. Hauptanwendungsfall des § 252 ist das ZVR naher Angehöriger gem. § 52, die Vorschrift gilt aber auch für die Aussagen der in den §§ 53, 53a bezeichneten Berufsangehörigen und deren Helfer.
4. Das Verbot bezieht sich sachlich auf alles, was der weigerungsberechtigte Zeuge früher in vernehmungsähnlichen Situationen erklärt hat.
5. Das gilt nach st. Rspr. aber nicht für eine Aussage des Zeugen, die dieser bei einer früheren richterlichen Vernehmung nach Belehrung über sein ZVR gemacht hat.

2127

Literaturhinweise: **Artkämper**, Form, Dokumentation und Beweisrecht – Revolution des Freibeweisverfahrens durch das Bundesverfassungsgericht?, StRR 2012, 164; **Beckemper**, Durchsetzbarkeit des Verteidigerkonsultationsrechts und die Eigenverantwortlichkeit des Beschuldigten, 2004; **Bernsmann**, Beschuldigtenvernehmung und Aussagefreiheit, Anm. zu OLG Oldenburg Ss 331/95 vom 23.10.1995, StV 1996, 416; **Böse**, Der Sinneswandel des Zeugen nach freiwilliger Übergabe von Beweismaterial als Auslöser eines Verwertungsverbots nach § 252 StPO?, GA 2014, 266; **Bringewat**, Der „Verdächtige" als schweigeberechtigte Auskunftsperson, JZ 1981, 289; **Bruns**, Der „Verdächtige" als schweigeberechtigte Auskunftsperson, in: Festschrift für Erich Schmidt-Leichner, 1997, S. 1; **Cramer**, Strafprozessuale Verwertbarkeit ärztlicher Gutachten aus anderen Verfahren, NStZ 1996, 209; **Dahs/Langkeit**, Demontage des Zeugnisverweigerungsrechts?, StV 1992, 492; **Dencker**, Über Heimlichkeit, Offenheit und Täuschung bei der Beweisgewinnung im Strafverfahren, StV 1994, 667; **Eichel**, Wenn Schweigen wirklich Gold ist – die Unterschiede der Verwertung früherer Aussagen von Angeklagten und Zeugen bei Aussageverweigerung in der Hauptverhandlung, JA 2008, 631; **Eisenberg**, Zur „besonderen Qualität" richterlicher Vernehmung im Ermittlungsverfahren, NStZ 1988, 488; **Eisenberg/Zötsch**, Der Zeugenbeweis im Strafverfahren – Tendenzen in der höchstrichterlichen Rechtsprechung, NJW 2003, 3676; **El-Ghazi/Merold**, Die Vernehmung des Richters als Verhörsperson vor dem Hintergrund des § 252 StPO, StV 2012, 250; **Fezer**, Zur Rüge der Verletzung des § 252 StPO, HRRS 2007, 284; **Fischer**, Die Fortwirkung von Zeugnisverweigerungsrechten nach Verfahrenstrennung, JZ 1992, 570; **Geerds**, Zur Reichweite des Verwertungsverbots (§ 252 StPO) nach früheren Aussagen – BGHSt 36, 384, JuS 1991, 199; **Geppert**, Das Beweisverbot des § 252 StPO, Jura 1988, 305; **Haas**, Vernehmung, Aussage des Beschuldigten und vernehmungsähnliche Situation – zugleich ein Beitrag zur Auslegung des § 136 StPO, GA 1995, 230; **Helgerth**, Der „Verdächtige" als schweigeberechtigte Auskunftsperson und selbstständiger Prozeßbeteiligten neben dem Beschuldigten und dem Zeugen, 1976; **Jäger**, Das Zeugnisverweigerungsrecht des verschwundenen Zeugen, JA 2014, 712; **Keiser**, Der Zeuge als Herr des Verfahrens, NStZ 2000, 458; **Kirchmann/Petzold**, Der Umgang mit dem Vorhalt – oder: Strafverteidigung bei Vorhalten, StRR 2013, 444; **Kudlich**, Das Angehörigenzeugnisverweigerungsrecht bei Mitbeschuldigten, JA 2012, 233; **Möller**, Führen Verstöße gegen § 67 Abs. 1 JGG bei polizeilichen Vernehmungen eines jugendlichen Beschuldigten zu einem Beweisverwertungsverbot? – Zugleich Besprechung des Urteils des LG Saarbrücken – NStZ 2012, 167, NStZ 2012 113; **Neuhaus**, Wider den rein formalen Vernehmungsbegriff, Krim 1995, 787; **Otto**, Das Zeugnisverweigerungsrecht des Angehörigen (§ 52 StPO) in Verfahren gegen mehrere Beschuldigte, NStZ 1991, 220; **Paeffgen**, Zeugnisverweigerungsrechte und heimliche Informations-Erhebung, in: Festschrift für Peter Rieß, 2002, S. 413; **Ranft**, Das strafprozessuale Zeugnisverweigerungsrecht des Angehörigen bei Inanspruchnahme der Hilfe des Jugendamtes und des Vormundschaftsrichters, Jura 1999, 522; *ders.*, Schutz der Zeugnisverweigerungsrechte bei Äußerungen außerhalb eines anhängigen Strafverfahrens, StV 2000, 520; **Rengier**, Grundlegende Verwertungsprobleme bei den §§ 252, 168c, 251 StPO, Jura 1981, 299; **Rogall**, Der „Verdächtige" als selbstständige Auskunftsperson im Strafprozeß, NJW 1978, 2535; *ders.*, Das Beweisverbot des § 252 StPO, in: Festschrift für *Harro Otto*, 2007, S. 973; **Rothfuß**, Heimliche Beweisgewinnung unter Einbeziehung des Beschuldigten, StraFo 1998, 289; **Roxin**, Steht im Falle des § 252 StPO die Verwertbarkeit der früheren Aussage zur Disposition des Zeugen?, in: Festschrift für *Peter Rieß*, 2002, S. 451; **Roxin/Schäfer/Widmaier**, Die Mühlenteichtheorie, StV 2006, 655; **Salditt**, Verteidigung in der Hauptverhandlung – notwendige Alternativen zum Praxisritual, StV 1994, 442; **Schroer**, Das Dominanzgefälle in polizeilichen Beschuldigtenvernehmungen, Krim 2004, 523; **Sowada**, Zur Notwendigkeit der Verteidigerbeiordnung im Ermittlungsverfahren, NStZ 2005, 1; **ter Veen**, Die Zulässigkeit der informatorischen Befragung, StV 1983, 293; **Widmaier**, Zu den Folgen der Verletzung von Art. 6 III lit. d EMRK durch unterbliebene Verteidigerbestellung: Beweiswürdigungslösung oder Verwertungsverbot?, in: Sonderheft für *Gerhard Schäfer*, 2002, S. 76; **Wohlers**, Verteidigerbestellung im Ermittlungsverfahren, JR 2002, 294; **Wollweber**, Der Griff nach der halben Wahrheit – ein fragwürdiges Experiment, NJW 2000, 1702; **Wolter**, Zeugnisverweigerungsrechte bei (verdeckten) Maßnahmen im Strafprozessrecht und Polizeirecht, in: Festschrift für *Peter Rieß*, 2002, S. 633; **Wömpner**, Ergänzender Urkundenbeweis neben §§ 253, 254 StPO? Zur Bedeutung und zum wechselseitigen Verhältnis der §§ 250, 253 StPO, NStZ 1983, 293; s.a. die Hinw. bei → *Verlesung von Geständnisprotokollen*, Rdn 2980.

1.a) Nach § 252 darf die Aussage eines vor der HV vernommenen Zeugen, der erst in der HV von seinem → *Zeugnisverweigerungsrecht*, Rdn 3552, Gebrauch macht, nicht verlesen werden (eingehend dazu *El-Ghazi/Merold* StV 2012, 250; *Eichel* JA 2008, 631 m.w.N.). Dieses Verbot wird von der einhelligen Meinung in Rspr. und Lit. nicht nur als ein Verlesungsverbot angesehen, sondern als ein **umfassendes Verwertungsverbot** (vgl. u.a. BGHSt 29, 230, 232; 32, 25, 29; BGH NStZ 2007, 353 [Ls.]; 2012, 521; OLG Jena VRS 112, 354 [für das Bußgeldverfahren]; *Meyer-Goßner/Schmitt*, § 252 Rn 12; KK-*Diemer* § 252 Rn 1, jew. m.w.N.; *Volk*, S. 973 ff.). Es ist unerheblich, ob die Aussage für den Angeklagten günstig oder ungünstig war (BVerfG NStZ-RR 2004, 18).

2128

Die Verlesung eines Protokolls wird **nicht** dadurch zulässig, dass die Verfahrensbeteiligten sich mit ihr **einverstanden** erklären, da das BVV des § 252 nicht ihrer Verfügung unterliegt (zuletzt BGH NStZ 1997, 95; StV 1998, 470). Eines **Widerspruchs** des Angeklagten/seines Verteidigers gegen die Verwertung bedarf es daher **nicht** (BGHSt 45, 203, 205; BGH NStZ 2007, 353 [Ls.]; StV 2012, 706; OLG Hamm, a.a.O.). Auch eine Beanstandung nach § 238 Abs. 2 ist nicht erforderlich (BGH, a.a.O.).

Frühere Vernehmungen eines in der HV berechtigt die Aussage verweigernden Zeugen dürfen daher **nicht** durch Verlesen des Vernehmungsprotokolls oder eines früheren Urteils, durch → *Vernehmung einer Verhörsperson*, Rdn 3115, oder durch Vorhalt an den Angeklagten oder an (andere) Zeugen in die **HV eingeführt** werden (vgl. a. BGHSt 46, 189; BGH NStZ 2007, 353 [Ls.]). Unzulässig ist auch das Abspielen eines Tonträgers über die frühere Aussage (*Eisenberg*, Rn 2287 m.w.N.) oder die → *Vorführung von Bild-Ton-Aufzeichnungen*, Rdn 3396 (*Meyer-Goßner/Schmitt*, § 255a Rn 3). § 252 verbietet

2129

jede – auch nur mittelbare – Verwertung (OLG Hamm NStZ 2003, 107 [für Verlesung und Verwertung des tatsächlichen Vorwurfs eines HB, der auf den Angaben des die Aussage nun verweigernden Zeugen beruht]). Nach Gebrauchmachen vom ZVR können aber das Verhalten, das äußere Erscheinen und spontane Äußerungen neben oder nach der Vernehmung der Urteilsfindung zugrunde gelegt werden (OLG München StRR 2009, 388). Das BVV gilt auch für **Schriftstücke**, die ein Zeuge bei seiner polizeilichen Vernehmung überreicht und zum Bestandteil seiner Aussage gemacht hat (BGH StV 2001, 108; NStZ 2003, 217; s.u. Rdn 2141).

☞ Das Verwertungsverbot ist **zeitlich nicht begrenzt**. Es entsteht auch, wenn der Zeuge sein ZVR erst nach Wiederaufnahme des Verfahrens geltend macht (BGHSt 46, 189). In der neuen HV dürfen dann die dem Verwertungsverbot unterliegenden Beweise nicht erhoben werden (BGH, a.a.O. [für SV-Gutachten]).

War der Zeuge von einer Schweigepflicht entbunden und wird die → *Entbindung von der Schweigepflicht*, Rdn 1393, später widerrufen, sind die bis dahin gemachten (richterlichen) Aussagen des Zeugen verwertbar und ein **Protokoll** kann **verlesen** werden kann (BGHSt 18, 146; BGH NStZ 2012, 281 m. Anm. *Geppert*; StV 1997, 233 [Ls.]). § 252 gilt **nicht**. Die von § 252 vorausgesetzte Pflichtenkollision liegt nicht vor.

2130 b) Eine **Ausnahme** gilt nach der Rspr. nur dann, wenn der Zeuge vor der HV nach vorschriftsmäßiger Belehrung von einem **Richter vernommen** worden ist. Dieser kann über die frühere Vernehmung als Zeuge **gehört** werden (vgl. u.a. BGHSt 27, 231; KK-*Diemer*, § 252 Rn 22 m.w.N. zur Kritik in der Lit.; krit. a. *Eisenberg* NStZ 1988, 488; *El-Ghazi/Merold* StV 2012, 250 f.; wegen der Einzelh., a. zum erforderlichen Umfang der Belehrung, s. Rdn 2144). Ist die frühere **Vernehmung** des Zeugen nach dessen Belehrung **audiovisuell aufgezeichnet** worden, muss allerdings vor einer Vorführung in der HV zunächst geklärt werden, ob der Zeuge zur Aussage bereit ist. Ist dies der Fall, kann die Aufzeichnung in der HV vorgeführt werden, anderenfalls ist der Richter zu vernehmen (*Meyer-Goßner/ Schmitt*, § 255a Rn 3).

2131 2. Das im Interesse des **Zeugen** bestehende ZVR (vgl. BVerfG NStZ-RR 2004, 18; *El-Ghazi/Merold* StV 2012, 250) ist für diesen **disponibel** (BGHSt 45, 203; 48, 294; zuletzt u.a. BGH NStZ 2007, 712). Insoweit gilt:

2132 a) Der Zeuge kann auf sein **ZVR verzichten**. Dann sind Beweiserhebungen über den Inhalt seiner früheren Aussage, insbesondere also ggf. auch die Verlesung eines Vernehmungsprotokolls **zulässig** (→ *Verlesung von Protokollen früherer Vernehmungen/sonstiger Erklärungen*, Rdn 3014). Allerdings dürfen nichtrichterliche Vernehmungspersonen in der HV so lange nicht über den Inhalt früherer Aussagen eines zur Zeugnisverweigerung berechtigten Zeugen gehört werden, wie Ungewissheit darüber besteht, ob der Zeuge von seinem Verweigerungsrecht Gebrauch macht oder darauf verzichtet (BGH StV 1996, 196;

BayObLG NStZ 2005, 468; OLG Jena StV 2006, 517, jew. m.w.N. aus der Rspr. des BGH; *Meyer-Goßner/Schmitt*, § 252 Rn 16).

b) Auch wenn der Zeuge sein **ZVR geltend** macht, kann er nach der Rspr. des BGH die **Verwertung** seiner bei einer nichtrichterlichen Vernehmung gemachten **Aussage gestatten** (BGHSt 45, 203; 57, 254; BGH NStZ 2007, 712; zust. *Ranft* Jura 2000, 628; LR-*Sander-Cirener*, § 252 Rn 22; *Meyer-Goßner/Schmitt*, § 252 Rn 16 m.w.N. a. zur a.A.; **a.A.** u.a. *Roxin*, S. 451; *Firsching* StraFo 2000, 124; *Wollweber* NJW 2000, 1702; *Keiser* NStZ 2000, 458; *Vogel* StV 2003, 598, jew. in den Anm. zu BGH, a.a.O.). Die „Unverfügbarkeit des BVV des § 252" gilt nach dieser Rspr. also nicht uneingeschränkt, wobei allerdings ein Konflikt mit Art. 6 Abs. 3 Buchst. d) MRK (Fragerecht) bestehen kann. Auf Folgendes ist zu **achten**:

2133

- Voraussetzung ist eine **ordnungsgemäße Belehrung** des Zeugen. I.d.R. wird eine sog. qualifizierte Belehrung erforderlich sein (vgl. BGHSt 57, 254; BGH NStZ 2007, 352 [Ls.]; 2007, 712), teilweise wird aber auch eine schriftliche Erklärung des Zeugen als ausreichend angesehen (BGH StV 2006, 568), oder, wenn nicht besondere Umstände vorliegen, auf die Belehrung insgesamt verzichtet (BGH NStZ 2007, 652; a.A: *Fezer* HRRS 2007, 284), zumindest dann, wenn dem Zeugen schon bekannt ist, dass ihm ein ZVR zusteht (BGH NStZ 2007, 712). Jedenfalls muss die Einverständniserklärung des aussageverweigernden Zeugen aber wegen der besonderen Bedeutung einer solchen Erklärung eindeutig sein. Ein Rückschluss auf ein konkludentes Einverständnis aufgrund unsicherer Anhaltspunkte ist nicht ausreichend (BGH, a.a.O.).

2134

- Das Einverständnis kann **auch außerhalb** der **HV erklärt** werden (BGH StV 2006, 568; NStZ 2007, 712). Die Erklärung muss eindeutig sein (BGH NStZ 2007, 652; NStZ-RR 2007, 289 [Be]). Bleibt es zweifelhaft, ob der Zeuge die Bedeutung seiner Erklärung erfasst hat, ist sein Erscheinen in der HV zu veranlassen (BGH NStZ 2007, 712). Ausreichend ist es, wenn ein Rechtsanwalt das Einverständnis für den Zeugen erklärt (BGH, a.a.O.).

c) Für die **HV** gilt in diesen Fällen:

2135

- Die frühere Vernehmung kann durch **Vernehmung** der **Verhörsperson** eingeführt werden (BGHSt 45, 203; BGH NStZ 2010, 406; StV 2006, 568; StRR 2012, 306), und zwar auch der nichtrichterlichen (BGH NStZ 2007, 712).
- Ggf. muss der Zeuge in der HV im Hinblick auf die → *Aufklärungspflicht des Gerichts*, Rdn 329, **befragt** werden, ob er der Verwertung seiner Zeugenaussage zustimmt (BGH StraFo 2003, 170), dazu verpflichtet ist der Richter aber nicht (BGH NJW 2003, 2693). Bei zweifelhaft Erklärungen des Zeugen ist das Erscheinen des Zeugen in der HV jedoch zu veranlassen (BGH NStZ 2007, 712).
- Aus der Aufzeichnung der früheren Vernehmung des Zeugen darf **vorgehalten** werden (BGH NStZ 2010, 406), ggf. auch durch Verlesung (BGH, a.a.O.; s.a. noch

BGHSt 55, 65). Die unmittelbare Verwertung der Aufzeichnung, etwa durch Verlesung im Wege des Urkundenbeweises, ist jedoch nicht zulässig (BGHSt 52, 148).
- Das Gericht muss den ggf. **geringeren Beweiswert** der Aussage berücksichtigen (BGHSt 45, 203, 208; BGH NStZ 2010, 406; s.a. BGHSt 55, 65). Allein auf die Aussage des Zeugen wird das Urteil nicht gestützt werden können (BGH StV 2003, 604; s. aber auch BGH StRR 2012, 306 m. krit. Anm. *Petzold* [Beruhensfrage]).

2136 3.a) **Hauptanwendungsfall** des § 252 ist das ZVR naher **Angehöriger** gem. § 52 (s. i.Ü. Rdn 2139 f.). Dazu gilt:

2137 aa) **Entscheidend** ist nicht die Stellung, die der Zeuge bei seiner früheren Vernehmung hatte, sondern allein, ob er in der **HV Zeuge** ist/wäre (BGHSt 27, 139, 141 m.w.N.; OLG Koblenz StV 2014, 330; zum ZVR des verschwundenen Zeugen *Jäger* JA 2014, 712), was sich nach rein formalen Kriterien bestimmt. Es ist im Fall des § 52 auch gleichgültig, ob das **Angehörigenverhältnis** vor oder nach der früheren Vernehmung **entstanden** ist, sich also z.b. der Angeklagte und eine Zeugin erst nach der früheren Vernehmung verlobt haben (vgl. BGHSt 45, 342; s. aber zum „Wegfall" des Verlöbnisses BGHSt 48, 294).

2138 bb) Für Verfahren gegen **mehrere Angeklagte** gilt:
- Das Verwertungsverbot wirkt grds. **gegenüber allen** Angeklagten, auch wenn das Angehörigenverhältnis nur zu einem von ihnen besteht, sofern gegen die Angeklagten ein sachlich nicht trennbarer Vorwurf erhoben wird, wie z.B. Mittäterschaft an einem Diebstahl (BGHSt 34, 215).
- Das Verwertungsverbot **besteht** grds., nachdem der Angehörige des Zeugen aus dem Verfahren **ausgeschieden** ist, zugunsten des nichtangehörigen Angeklagten **weiter**, wenn das Verfahren in irgendeinem Abschnitt gegen die mehreren Beschuldigten gemeinsam geführt worden ist (BGHSt 34, 138, 215; BGH NStZ 1988, 210 [M]; zuletzt zusammenfassend BGH NStZ 2012, 221; 2012, 340 m.w.N., jew. m. Anm. *Deutscher* StRR 2012, 143; s.a. *Fischer* JZ 1992, 570 ff.). Etwas **anderes** soll gelten, wenn das gegen den angehörigen Angeklagten geführte Verfahren rechtskräftig **abgeschlossen** (BGHSt 38, 96) oder wenn der Angehörige **verstorben** ist (BGH NJW 1992, 1118; krit. zu dieser Rspr. *Dahs/Langkeit* StV 1992, 492). Nach der neueren Rspr. des BGH erlischt ein → *Zeugnisverweigerungsrecht*, Rdn 3561, auch nach einer Verfahrenseinstellung nach § 154 (BGHSt 54,1). Eine Einstellung nach § 170 Abs. 2 reicht wegen der Möglichkeit, das Verfahren wieder aufzunehmen, nicht aus (BGH StV 1998, 245).

2139 cc) Das Verwertungsverbot **gilt** hingegen **nicht**, wenn der Zeuge in der HV unter Berufung auf § 55 die Auskunft auf einzelne Fragen oder die Aussage im Ganzen verweigert (vgl. u.a. BGHSt 11, 213). Über die früheren Aussagen dürfen in diesem Fall die Verhörspersonen vernommen werden, das Protokoll der Vernehmung darf aber nicht verlesen werden (BGH NStZ 1996, 96 m.w.N.; KK-*Diemer*, § 252 Rn 7 m.w.N.; wegen der Verlesung des Protokolls s. einerseits BGHSt 51, 325 und andererseits BGHSt 51, 280; wegen der Einzelh. → *Auskunftsverweigerungsrecht*, Rdn 377).

b) § 252 gilt **auch** für die in den §§ **53, 53a** genannten **Berufsangehörigen** und deren Helfer (→ *Zeugnisverweigerungsrecht*, Rdn 3552), allerdings nur, wenn bei der früheren Vernehmung ein **ZVR bestanden** hat (BGH StV 1997, 233 [Ls.]). Die Vorschrift gilt nicht, wenn der Zeuge bei der Vernehmung von der Schweigepflicht entbunden war (BGHSt 18, 146; zuletzt BGH NStZ 2012, 281; a.A. *Geppert* Jura 1988, 311; s.a. *Meyer-Goßner/ Schmitt*, § 53 Rn 49). In **anderen Verfahren** erstattete **ärztliche Gutachten** dürfen, wenn der Angeklagte bei der Gutachtenerstellung über seine Duldungspflicht hinaus freiwillig an einer Untersuchung mitgewirkt hat, ebenfalls **nicht verwertet**/verlesen werden, wenn der Angeklagte der Verlesung und Verwertung widerspricht und der untersuchende Arzt von seinem ZVR Gebrauch macht (*Cramer* NStZ 1996, 209, 216 f.; s.a. BGHSt 38, 369). Das gilt allerdings nicht für „Zwangsuntersuchungen" (*Cramer*, a.a.O.).

2140

4. Das Verbot bezieht sich sachlich nicht nur auf frühere Aussagen in demselben Verfahren, sondern allgemein auf **alles**, was der weigerungsberechtigte Zeuge früher in **vernehmungsähnlichen Situationen** erklärt hat (KK-*Diemer*, § 252 Rn 14 ff.; zum Vernehmungsbegriff eingehend *Burhoff*, EV, Rn 3944 ff.; *Bernsmann* StV 1996, 416 ff.; *Haas* GA 1995, 238 ff.; *Neuhaus* Krim 1995, 787 ff.). Dazu folgende **Rechtsprechungsbeispiele**:

2141

Verwertungsverbot bejaht für

2142

- **Aussagen früherer Mitbeschuldigter**, deren Aufenthalt unbekannt ist oder die aus einem anderen Grund in absehbarer Zeit nicht vernommen werden können (BGHSt 10, 186, 189 f.; KK-*Diemer*, § 252 Rn 11 m.w.N.), jedoch **nicht**, wenn sich der Mitbeschuldigte pflichtwidrig dem Verfahren **entzieht** und sich verborgen hält (BGHSt 27, 139),

> ✍ Das gilt **auch** für Aussagen von Personen, die im EV als **Zeugen** (richterlich) **vernommen** und belehrt worden sind, obwohl sie an sich Beschuldigte waren, und die nun in der HV von ihrem ZVR Gebrauch machen (BGHSt 42, 391; zuletzt BGH StV 2002, 3 [Ls.]). Die Belehrung als Zeuge ist für die damalige Stellung ohne rechtliche Bedeutung.

- Aussagen eines früheren, mit dem Angeklagten verwandten/verschwägerten Zeugen, der nun nach Verbindung eines gegen ihn anhängigen Strafverfahrens Mitangeklagter ist, wenn die **Verfahrensverbindung** herbeigeführt worden ist, um die **Zeugenstellung** zu **unterlaufen** (BGHSt 45, 342),
- Aussagen bei **informatorischen Befragungen** durch die Polizei oder die StA (BGHSt 29, 230; 58, 301 m. Anm. *Hillenbrand* StRR 2013, 383; BayObLG NStZ 2005, 468; OLG Bamberg NStZ-RR 2012, 83; OLG Jena StV 2006, 517; OLG Nürnberg StRR

2014, 105 m. Anm. *Burhoff* [Unerlaubtes Entfernen vom Unfallort]; LG Saarbrücken zfs 2013, 590 m. Anm. *Burhoff* StRR 2014, 109 [Trunkenheitsfahrt]; vgl. aber OLG Saarbrücken NJW 2008, 1396; OLG Zweibrücken StRR 2010, 468; s. dazu a. → *Beweisverwertungsverbote*, Rdn 1025, und u. Rdn 2143),
- Aussagen bei der Befragung der Angehörigen des Angeklagten durch einen Vertreter der **Jugendgerichtshilfe** (BGH NJW 2005, 765),
- Aussagen eines Zeugen, die dieser bei einer im Rahmen **eigener Ermittlungen** des **Verteidigers** diesem gegenüber in einer „Vernehmung" gemacht hat (BGHSt 46, 1 [§ 252 entsprechend]),

> Erfasst werden von dem Verwertungsverbot **auch** von dem Verteidiger **hinzugezogene Personen** (BGH, a.a.O. [für Ehefrau des Verteidigers]).

- **Schriftstücke**, die der Zeuge bei seiner früheren Vernehmung übergeben und zum Bestandteil seiner Aussage gemacht hat (st. Rspr.; vgl. u.a. BGHSt 22, 219; 46, 189; BGH StV 2001, 108; NStZ 2003, 217) sowie auch andere Beweisobjekte, wie z.B. **Tonbandaufnahmen** (BGH NStZ 2013, 247 m. Anm. *Deutscher* StRR 2012, 459; KK-*Diemer*, § 252 Rn 3; einschr. *Böse* GA 2014, 266), bzw. nicht aus „freien Stücken" abgegebene **vernehmungsersetzende schriftliche Äußerungen** (vgl. BGH StV 2005, 536 [für zwei Wochen nach der Vernehmung eingegangene schriftliche Stellungnahme]),
- **Aussagen** in einem gegen den Zeugen selbst als Beschuldigten gerichteten **Strafverfahren**, z.B. seine Einlassung (BGH NStZ 2003, 217 m.w.N.), die auch nicht durch die Verlesung des gegen den Zeugen ergangenen Urteils eingeführt werden darf (BGHSt 20, 384),

> Das Verwertungsverbot erstreckt sich auch auf den wegen Beteiligung an derselben Tat **Mitangeklagten** (BGH NStZ 2003, 217).

- Aussagen gegenüber einem **SV**, die zwar nicht das Tatgeschehen selbst betreffen, wenn der Zeuge **nicht** vom Richter über sein Recht, die Begutachtung zu verweigern, **belehrt** worden ist (BGHSt 36, 217 [für → *Glaubwürdigkeitsgutachten*, Rdn 1646 f. m.w.N.]; vgl. zum SV i.Ü. KK-*Diemer*, § 252 Rn 18 m.w.N.),
- Aussagen bei einem **SV**, die das Tatgeschehen selbst betreffen (sog. **Zusatztatsachen**; → *Vernehmung Sachverständiger*, Rdn 3143; vgl. u.a. BGHSt 36, 384; BGH NJW 2000, 528 m.w.N.; NStZ 2007, 353 [Ls.]), und zwar auch in einem Verfahren außerhalb des Strafverfahrens (BGH, a.a.O.),

> Der **SV** darf also **nicht** als **Zeuge** gehört werden, wenn der Zeuge in der HV das Zeugnis verweigert (BGH, a.a.O. und NJW 2000, 528).

Protokollverlesung nach Zeugnisverweigerung   P

- Aussagen vor einem **Zivilrichter**, z.B. in einem Scheidungs- oder Sorgerechtsverfahren (BGHSt 17, 324; 36, 384; BGH NJW 1998, 2229; NStZ 2007, 353; dazu eingehend *Ranft* Jura 1999, 522).

Verwertungsverbot verneint für   2143

- **Briefe** des Zeugen an den Angeklagten (KK-Diemer, § 252 Rn 20) und Äußerungen gegenüber anderen Zeugen (BGHSt 20, 384 f.; BayObLG NJW 1983, 1132; → *Zeugen vom Hörensagen*, Rdn 3545),
- **Äußerungen**, die ein Zeuge vor oder außerhalb einer Vernehmung aus **freien Stücken** getan hat (vgl. u.a. BGHSt 29, 230, 232; 36, 384, 387 ff.; BGH NStZ 1992, 247 m.w.N.; 1998, 26 [K]; KG StRR 2010, 394 m. krit. Anm. Burhoff; OLG Saarbrücken NJW 2008, 1396; OLG Zweibrücken StRR 2010, 468 m. abl. Anm. *Burhoff*; s. für Schriftstücke aber o. Rdn 2141; a.A. für **spontane** Äußerungen vor der Polizei als Reaktion auf die staatliche Strafverfolgung, wobei es auf die Umstände des Einzelfalls ankommen soll, OLG Frankfurt am Main StV 1994, 117 f.; s. zu allem a. *Burhoff*, EV, Rn 3944 ff.; zur ausreichenden Begründung der entsprechenden Verfahrensrüge s. BGH NJW 1998, 2229),
- Äußerungen bei einem **Notruf**, da es sich nicht um eine Vernehmung, sondern um eine spontane Bekundung aus freien Stücken und um ein Verlangen nach behördlichem Einschreiten handelt (OLG Hamm NStZ 2012, 53 m. Anm. *Deutscher* StRR 2012, 27; OLG Hamm, Beschl. v. 24.6.2014 – 3 RVs 44/14; LG Stuttgart VRR 2014, 472; OLG München StRR 2009, 388),
- wenn es nach einem Notruf (wegen häuslicher Gewalt) und einem „schrittweisen Vorgehen" der Polizei vor Ort zunächst zu einem „bloßen **Orientierungsgespräch**" gekommen ist (OLG Hamm, Beschl. v. 24.6.2014 – 3 RVs 44/14; m.E. zw.),
- **gesprächsweise Äußerungen** und Mitteilungen des Zeugen gegenüber einem **Dritten** außerhalb einer Vernehmung (BGHSt 1, 373). Dazu gehören u.a.:
    - die **außergerichtliche Befragung** des Zeugen durch den **Verteidiger** im Rahmen der → *Vorbereitung der Hauptverhandlung*, Rdn 3374 f. (s. aber BGHSt 46, 1),
    - das **Gespräch**, das ein **Konsularbeamter** mit einem in **ausländischer Haft** befindlichen Beschuldigten geführt hat (BGHSt 55, 314 m. krit. Anm. *Krawczyk* StRR 2011, 62; *Norouzi* NJW 2011, 1525 und *Hegmanns* ZIS 2011, 98 ff.),
    - nach dem Beschluss des Großen Senats auch die Erkenntnisse, die eine **Privatperson** dadurch erlangt hat, dass sie ein auf Veranlassung der Ermittlungsbehörden zwischen dem Beschuldigten und einer V-Person geführtes **Telefongespräch** über die Straftat **mitgehört** hat, jedenfalls, wenn es um die Aufklärung **schwererer Straftaten** geht (BGHSt 42, 139; sog. Hörfalle),
    - **Äußerungen gegenüber Privaten**, wenn die Auskunftsperson aus eigener Initiative durch einen neugierigen Nachbarn, einen Privatdetektiv, einen eigene Er-

mittlungen führenden Verteidiger oder einen Mithäftling ausgehorcht wird (BGHSt 39, 335; BGH NStZ 2011, 596),
- die Angaben gegenüber einem **V-Mann**, den die Polizei zur Aufklärung eines Mordes im Umfeld des Angeklagten eingesetzt hat, über Äußerungen von Angehörigen des Angeklagten, wenn diese in der HV von ihrem ZVR Gebrauch machen, es sei denn, durch den Einsatz des V-Mannes sollte eine Vernehmung vermieden und dadurch eine mögliche Zeugnisverweigerung umgangen oder eine bereits erklärte Verweigerung unterlaufen werden (BGHSt 40, 211; BVerfG NStZ 2000, 489, wonach der gezielte Einsatz eines V-Mannes gegenüber einem Zeugnisverweigerungsberechtigten wegen Fehlens der gesetzlichen Grundlage aber gegen das Gebot des „**fairen Verfahrens**" verstößt; vgl. a. die Lit.-Hinw. bei *Meyer-Goßner/Schmitt*, § 252 Rn 8; eingehend zu den Fragen → *V-Mann in der Hauptverhandlung*, Rdn 3336; *Burhoff*, EV, Rn 3867 ff.),

> Spontanäußerungen – auch zum Randgeschehen – dürfen aber nicht zum Anlass für **sachaufklärende Nachfragen** genommen werden, wenn der Beschuldigte nach Belehrung über seine Rechte nach § 136 Abs. 1 S. 2 die Konsultation durch einen benannten Verteidiger begehrt und erklärt, von seinem Schweigerecht Gebrauch zu machen (BGHSt 58, 301 m. Anm. *Hillenbrand* StRR 2013, 383; vgl. dazu auch *Eisenberg* StV 2013, 779).

- **frühere Vernehmungen**, wenn der Zeuge sich in der HV zunächst auf sein ZVR beruft, dann aber später gleichwohl zur Sache aussagt, um seine frühere richterliche Vernehmung, die den Angeklagten belastet hat, zu entkräften (BGHSt 48, 294),
- **schriftliche Mitteilungen** und Erklärungen des Zeugen in dem anhängigen oder einem anderen Verfahren (*Meyer-Goßner/Schmitt*, § 252 Rn 9 m.w.N.; s. dazu die teilweise a.A. *von Ranft* StV 2000, 520; s. aber o. Rdn 2142),
- Angaben in einer von der Polizei aufgenommenen **Strafanzeige** (BGHSt 9, 365; BGH NStZ 1988, 419; s.a. OLG Stuttgart Justiz 1972, 322); dabei dürfte es auf den **Einzelfall** ankommen und eine Verlesung jedenfalls dann ausgeschlossen sein, wenn mit der Anzeige eine Vernehmung verbunden war,
- frühere Aussagen eines Zeugen, der sich **verborgen** hält (BGHSt 25, 176; zur Kritik s. *KK-Diemer*, § 252 Rn 12 m.w.N.).

2144 **5.a)** Das **Verbot** der Protokollverlesung nach einer Zeugnisverweigerung gilt nach st. Rspr. (vgl. u.a. BGHSt 36, 384; 46, 189; zuletzt BGH NStZ 2012, 521; StV 2010, 613; weit. Nachw. bei KK-*Diemer*, § 252 Rn 22 und *Meyer-Goßner/Schmitt*, § 252 Rn 14) **nicht** für eine Aussage eines Zeugen, die dieser bei einer früheren **richterlichen Vernehmung** nach **Belehrung** über sein ZVR gemacht hat (vgl. zur Kritik an dieser Rspr. die o.a. Nachw.; zuletzt *El-Ghazi/Merold* StV 2012, 250; a.A. hinsichtlich zivilrichterlicher Vernehmungen *Ranft* StV 2000, 525). Diese Ausnahme kann und wird nicht auf die Befragung durch einen SV erstreckt, da diese einer richterlichen Vernehmung nicht gleichgesetzt werden kann (BGH NStZ 2007, 353 [Ls.]).

b) Voraussetzungen für die Verwertbarkeit sind (s.a. → *Beweisverwertungsverbote*, Rdn 1025 ff.; zur [ordnungsgemäßen] richterlichen Vernehmung *Burhoff*, EV, Rn 1991 ff., 4000 ff.):

- Die Aussage muss **vor** einem **Richter**, auch einem Zivilrichter (BGHSt 17, 324), gemacht worden sein. Jeder Rückgriff auf polizeiliche oder staatsanwaltschaftliche Aussagen, auch in Form des Vorhalts an den Angeklagten oder an Zeugen, ist unzulässig.
- Der Zeuge muss vom Richter i.S.d. § 136 **vorschriftsmäßig belehrt** worden sein (BGHSt 2, 93; s. dazu a. *Meyer-Goßner/Schmitt*, § 136 Rn 7 ff. m.w.N.; *Burhoff*, EV, Rn 3284, 3040 ff.). Ob dazu auch die qualifizierte Belehrung gehört, dass richterliche Aussage des Zeugen im Verfahren ggf. verwertet werden kann, ist inzwischen in der Rspr. des BGH umstr. (vgl. einerseits bejahend BGH NStZ 2014, 596 [Anfragebeschluss] m. Anm. *Deutscher* StRR 2014, 435; a.A. BGH NStZ-RR 2015, 48; StRR 2015, 82 [Ls.]; 2015, 82 [Ls.]). Fehlt die, soll auch – die im Fall der ordnungsgemäßen Belehrung sonst zulässige – **Vernehmung** des **Richters nicht zulässig** (BGH NStZ 2014, 596).

2145

☞ Ist die **Belehrung** des Zeugen **unterblieben**, weil dieser fälschlicherweise sein ZVR nicht angegeben hat, hat das auf das Bestehen des Verwertungsverbots keinen Einfluss (BGHSt 48, 294; s.a. BGH StV 2002, 3 [zugleich mit Ausführungen zur Beruhensfrage]; a.A. *Eisenberg/Rötsch* NJW 2003, 3676 in der Anm. zu BGHSt 48, 294).

- Bei der früheren Vernehmung dürfen die in den §§ 168c, 224 vorgeschriebenen **Benachrichtigungen** nicht ohne rechtfertigenden Grund, z.B. dann, wenn die Gefahr besteht, dass der Untersuchungserfolg vereitelt oder gefährdet würde (vgl. dazu BGHSt 29, 1), unterblieben sein (BGHSt 26, 332, 335; BGH StV 2011, 336; OLG Dresden StraFo 2012, 185; wegen der Einzelh. s. *Burhoff*, EV, Rn 3284 ff., 4005 ff.; s. auch noch EGMR NJW 2013, 3225). Es kann die Gefährdung des Untersuchungserfolgs aber nur aus Umständen resultieren, die geeignet sind, das noch zu gewinnende Beweisergebnis zu beeinflussen. Eine mögliche Beeinflussung zu weiteren Ermittlungshandlungen, deren Notwendigkeit sich erst aus dem Ergebnis dieser Vernehmung ergibt, genügt für ein Unterbleiben der Benachrichtigung nicht (BGH NJW 1999, 3133 [Ls.]; vgl. auch noch BGH StV 2011, 336). Es ist unerheblich, ob die Benachrichtigungspflicht ggf. versehentlich oder absichtlich verletzt worden ist (BGH NJW 2003, 3142; StV 2011, 336).

| P | Protokollverlesung nach Zeugnisverweigerung |

🖉 Nach der Rspr. des BGH führt allerdings der Verstoß gegen die Benachrichtigungspflicht des Verteidigers eines **Mitbeschuldigten** nicht zu einem BVV für die anderen Beschuldigten des Verfahrens (BGHSt 53, 191 m. Anm. *Stephan* StRR 2009, 259 und krit. Anm. *Fezer* NStZ 2009, 524).

- Allgemein dürfte Voraussetzung für die Verwertbarkeit sein, dass die Vernehmung „**ordnungsgemäß**" **zustande gekommen** ist (wegen der Einzelh. → *Verlesung von Protokollen früherer Vernehmungen/sonstiger Erklärungen*, Rdn 3021; s.a. *Burhoff*, EV, Rn 4028 ff.).

2146 c) Sind die vorstehenden **Voraussetzungen erfüllt**, kann der **Richter** über die frühere Aussage des Zeugen als Zeuge vernommen werden (zuletzt u.a. BGH NStZ 2010, 406). Die **Verlesung** des Vernehmungsprotokolls als unmittelbarer Beweis ist – auch mit Zustimmung der Beteiligten – **nicht zulässig** (BGHSt 10, 77; BGH NStZ 1996, 96; StV 2012, 706; zur vernehmungsergänzenden Verlesung *Mosbacher* NStZ 2014, 1; → *Verlesung von Protokollen früherer Vernehmungen*, Rdn 3014). Das frühere Protokoll kann dem Richter aber vorgehalten werden (BGH NStZ 2010, 406; StV 2012, 706; s.a. noch BGHSt 55, 65; → *Vorhalt aus und von Urkunden*, Rdn 3424), insoweit ist auch eine Verlesung zulässig. Vernommen werden können alle Richter, ggf. auch Schöffen (BGHSt 13, 394).

🖉 Bei der Vernehmung des Richters muss der Verteidiger besonders darauf achten, dass dieser vom Vorsitzenden zunächst nach seinem noch **vorhandenen Wissen gefragt** wird, bevor ihm die frühere Vernehmung vorgehalten wird. Die **sofortige Verlesung** des gesamten Protokolls ist nicht statthaft und muss vom Verteidiger **unverzüglich beanstandet** werden (*Dahs*, Rn 583). Der Verteidiger muss darauf dringen, dass der (Vernehmungs-)Richter zunächst im Zusammenhang über das berichtet, an was er sich noch erinnern kann. Erst danach kann ein Vorhalt in Betracht kommen, bei dem der Verteidiger darauf drängen sollte, dass das frühere Vernehmungsprotokoll nur abschnittsweise vorgehalten wird, um dann jeweils die Erinnerung des Zeugen zu prüfen. Es empfehlen sich auch Fragen, wie sich der Richter auf die Vernehmung vorbereitet hat, z.B. ob ihm eine Durchschrift des Vernehmungsprotokolls zur Verfügung gestanden hat (vgl. auch noch *Kirchmann/Petzold* StRR 2013, 444 448 f.).

🖉 Kann sich der Richter **nicht mehr** an den Inhalt der früheren Vernehmung **erinnern**, reicht die Erklärung, es sei richtig protokolliert worden, nicht aus, um hierauf das Urteil zu stützen (*Meyer-Goßner/Schmitt*, § 252 Rn 15; BGH NStZ 2010, 406; StV 2001, 386; vgl. zu allem a. *Salditt* StV 1993, 444 f.). Darauf muss der Verteidiger ggf. in seinem **Schlussvortrag** (→ *Plädoyer des Verteidigers*, Rdn 2017) hinweisen.

Siehe auch: → *Protokollverlesung zur Gedächtnisstützung*, Rdn 2147; → *Verlesung von Geständnisprotokollen*, Rdn 2980.

Protokollverlesung zur Gedächtnisstützung 2147

> **Das Wichtigste in Kürze:**
> 1. § 253 Abs. 1 erlaubt zur Unterstützung des Gedächtnisses der Auskunftsperson die – ggf. teilweise – Verlesung des Protokolls über eine frühere Vernehmung.
> 2. Voraussetzung der Verlesung nach § 253 ist zunächst die Anwesenheit des Zeugen oder SV in der HV.
> 3. Die gesetzliche Regelung des § 253 ist nach h.M. eine Kombination zwischen Zeugen- und Urkundenbeweis Der Urkundenbeweis darf jedoch nicht den Zeugenbeweis ersetzen, sondern muss Vernehmungsbehelf bleiben.

Literaturhinweise: Geerds, Über Vorhalt und Urkundenbeweis mit Vernehmungsprotokollen, in: Festschrift für *Günter Blau*, 1985, S. 67; **Grünwald**, Beweisverbote und Verwertungsverbote im Strafverfahren, JZ 1966, 489; **Hanack**, Protokollverlesungen und -vorhalte als Vernehmungsbehelf, in: Festschrift für *Erich Schmidt-Leichner*, 1977, S. 83; **Kirchmann/Petzold**, Der Umgang mit dem Vorhalt – oder: Strafverteidigung bei Vorhalten, StRR 2013, 444; **Kuckuck**, Zur Zulässigkeit von Vorhalten aus Schriftstücken in der Hauptverhandlung des Strafverfahrens, 1977; **Mosbacher**, Zur Zulässigkeit vernehmungsergänzender Verlesung, NStZ 2014, 1; **Riegner**, Verhörsbeamte als Zeugen in der Hauptverhandlung, NJW 1961, 63; **Wömpner**, Ergänzender Urkundenbeweis neben §§ 253, 254 StPO? – Zur Bedeutung und zum wechselseitigen Verhältnis der §§ 250, 253, 254 StPO, NStZ 1983, 293; s.a. die Hinw. bei → *Urkundenbeweis, Allgemeines*, Rdn 2721. 2148

1. Häufig erklären **Zeugen** oder **SV** bei ihrer Vernehmung, dass sie sich an etwas **nicht mehr erinnern** können. In diesen Fällen erlaubt § 253 Abs. 1 zur Unterstützung des Gedächtnisses der Auskunftsperson die – ggf. teilweise – Verlesung des Protokolls über eine frühere Vernehmung (vgl. Rdn 2152). § 253 erlaubt aber nicht die vernehmungsergänzende Verlesung von Vernehmungsprotokollen, wenn nicht die Voraussetzungen des § 253 vor liegen (vgl. dazu Rdn 2151 ff.; zur Abgrenzung a. *Mosbacher* NStZ 2014, 1, 4). Eine Verlesung einer von einem Vernehmungsbeamten polizeilichen Vernehmungsniederschrift nach § 253 Abs. 1 kommt auch nicht in Betracht, wenn der Vernehmungsbeamte erklärt, er könne sich an den Inhalt der Vernehmung nicht erinnern. Denn die Vorschrift ist nur anwendbar, wenn es sich bei dem Zeugen, dessen Gedächtnis unterstützt werden soll, um dieselbe Person handelt, deren Aussage in dem zu verlesenden Protokoll festgestellt wurde (BGH NStZ 2013, 479 m. Anm. *Burhoff* StRR 2013, 217). 2149

Nach § 253 Abs. 2 ist die Verlesung außerdem erlaubt, wenn ein in der Vernehmung hervorgetretener **Widerspruch** mit der früheren Aussage nicht auf andere Weise ohne Unterbrechung der HV festgestellt oder behoben werden kann. Kann der Widerspruch anders ge- 2150 klärt werden, insbesondere durch Vernehmung der Verhörsperson, ist die **Verlesung unzulässig** (BGH NStZ 2002, 46). Der Verlesung bedarf es auch dann nicht, wenn der Zeuge nach Vorhalt der früheren Aussage angibt, zwar so ausgesagt zu haben, dies sei aber gelogen gewesen (BGH, a.a.O.).

◈ Da es sich bei der Protokollverlesung zur Gedächtnisstützung in der Form des „förmlichen Vorhalts" um eine (besondere) Form des **Urkundenbeweises** (*Meyer-Goßner/Schmitt*, § 253 Rn 1; a.A. z.T. die o.a. Lit.-Hinw. [nur besondere Form des Vorhalts]) handelt, durch die die Vernehmung der Verhörsperson ersetzt wird, muss der Verteidiger besonders darauf achten, dass die Voraussetzungen des § 253 vorliegen (s.a. u. Rdn 2154 ff.).

◈ **Neben** der Protokollverlesung nach § 253 bleibt die Möglichkeit, der Auskunftsperson aus dem Protokoll **Vorhalte** zu machen (*Meyer-Goßner/Schmitt*, § 253 Rn 10 m.w.N.; → *Vorhalt aus und von Urkunden*, Rdn 3424).

2151 **2.a) Voraussetzung** der Verlesung nach § 253 ist zunächst die **Anwesenheit** des Zeugen oder SV in der **HV** (BGH MDR 1970, 198 [D]; KG NJW 1979, 1668; OLG Saarbrücken JR 1973, 472; LR-*Mosbacher*, § 253 Rn 21).

2152 **b)** Im Fall des **§ 253 Abs. 1** muss die Auskunftsperson (zudem) erklären, sich nicht erinnern zu können, bzw. die Erinnerungslücke muss durch die Vernehmung erkennbar werden (BGHSt 3, 281, 285). Die Richtigkeit dieser Erklärung, die nicht überzeugend zu sein braucht, prüft das Gericht nicht nach (RGSt 59, 248; *Meyer-Goßner/Schmitt*, § 253 Rn 5). Im Fall des § 253 Abs. 2 muss ein Widerspruch zwischen der jetzigen und der früheren Aussage auftreten, der nicht schon bei der früheren Vernehmung aufgetreten war und der ohne Unterbrechung nicht anders als durch die Verlesung behoben werden kann. Er kann z.B. behoben werden, wenn der (Vernehmungs-)Richter oder Beamte zur HV geladen ist (RGSt 55, 223; BGH NStZ 2002, 46).

3. Hinweise für den Verteidiger!

2153 **a) Allgemein** muss der Verteidiger Folgendes **beachten**:
- § 253 ist eine Möglichkeit, die Vernehmung der **Vernehmungsperson** zu ersetzen oder zu **umgehen**. Damit scheidet jedoch die Möglichkeit, diese zu befragen, aus. Das kann **nachteilig** sein.
- Zu beachten ist auch das Stufenverhältnis zwischen freiem Vorhalt und förmlichem Vorhalt: Der **förmliche Vorhalt** ist der „**letzte Ausweg**", nachdem der auch mithilfe des freien Vorhalts unternommene Versuch, den Zeugenbeweis zu erreichen, erfolglos geblieben ist. Deshalb muss zunächst versucht werden, mit dem freien Vorhalt zu einer Aussage des Zeugen zu gelangen (*Meyer-Goßner/Schmitt*, § 253

Rn 10 m.w.N.; *Kirchmann/Petzold* StRR 2013, 444; → *Vorhalt aus und von Urkunden*, Rdn 3424).

b) Darüber hinaus gilt: Die gesetzliche Regelung des § 253 ist nach h.M. eine **Kombination** zwischen Zeugen- und Urkundenbeweis (*Meyer-Goßner/Schmitt*, § 253 Rn 1 m.w.N.; *Dahs*, Rn 643). Der Urkundenbeweis darf jedoch nicht den Zeugenbeweis ersetzen, sondern muss **Vernehmungsbehelf** bleiben (*Dahs*, a.a.O.). Deshalb muss die Auskunftsperson zunächst vollständig vernommen werden, wobei ggf. ein → *Vorhalt aus und von Urkunden*, Rdn 3424, gemacht werden kann. Nur wenn das nicht zum Erfolg führt, darf nach § 253 verfahren werden (vgl. u.a. BGH NJW 1986, 2063; OLG Koblenz GA 1974, 222).

2154

> Wird der Auskunftsperson ihre frühere Vernehmung „**zu früh**" vorgehalten", muss der Verteidiger dies **beanstanden**, da anderenfalls nicht mehr erkennbar ist, an was sich die Auskunftsperson noch ohne die Protokollverlesung erinnert.
> Der Übergang vom Zeugenbeweis mit dem Vernehmungsbehelf „Vorhalt" zur Verlesung des Protokolls in Form des Urkundenbeweises muss für alle Beteiligten deutlich werden. Deshalb muss selbst bei **vorangegangenem Vorhalt** das Vernehmungsprotokoll ggf. **nochmals** wörtlich **verlesen** werden (OLG Köln StV 1998, 478).

c) Verlesen werden können nach § 253 sowohl richterliche als auch nichtrichterliche Vernehmungen aus jedem Abschnitt des Strafverfahrens, aber auch aus anderen Verfahren (*Meyer-Goßner/Schmitt*, § 253 Rn 7 m.w.N.). Der **Umfang** der **Verlesung** hängt von der Größe der Erinnerungslücke oder dem Widerspruch ab. Ggf. kann das ganze Protokoll verlesen werden, wenn die Beschränkung auf einen Teil unmöglich erscheint (RGSt 57, 377; OLG Koblenz GA 1974, 222). Möglich/zulässig ist auch eine abschnittsweise Verlesung des Protokolls, so etwa, wenn der Zeuge zu mehreren umfangreichen Beweisthemen abschnittsweise vernommen wird (BGH NStZ 2011, 422). Ist das Protokoll bereits zum Zweck des Vorhalts verlesen worden, ist eine **nochmalige Verlesung** erforderlich (OLG Köln NJW 1965, 830).

2155

d) § 253 gestattet nur die Verlesung von **Vernehmungsprotokollen**. Die Vorschrift gilt nicht entsprechend für schriftliche Erklärungen der Auskunftsperson über beweiserhebliche Tatsachen. Diese sind außer durch die Vernehmung in der Form des Urkundenbeweises in die HV einzuführen (BGHSt 20, 160, 162; → *Urkundenbeweis, Allgemeines*, Rdn 2721 m.w.N.). Die bei der nach § 253 verlesenen Aussage in Bezug genommenen schriftlichen Erklärungen der Auskunftsperson können aber mitverlesen werden (*Meyer-Goßner/Schmitt*, § 253 Rn 6). Die Vorschrift gilt auch nicht für Tonaufnahmen (*KK-Diemer*, § 253 Rn 10; zur Einführung von Videovernehmungen gem. § 255a → *Vorführung von Bild-Ton-Aufzeichnungen*, Rdn 3396 ff.).

2156

2157 e) Verlesen werden können nur **ordnungsgemäß zustande gekommene Protokolle** (*Meyer-Goßner/Schmitt*, § 253 Rn 7). Das bedeutet: Besteht hinsichtlich des zu verlesenden Protokolls ein **BVV**, darf dieses nicht zur Gedächtnisstützung verlesen werden (zu BVV → *Beweisverwertungsverbote*, Rdn 1029 f.; → *Verlesung von Geständnisprotokollen*, Rdn 2985). Der Verteidiger muss der Verlesung widersprechen (BGHSt 38, 214; → *Widerspruchslösung*, Rdn 3433).

2158 f) Die Verlesung und der **Grund** sind nach § 255 auf **Antrag** des Angeklagten und des Verteidigers (BGHSt 12, 367) im **Protokoll** zu erwähnen. Dabei lassen die Eintragung über die dem Zeugen gemachten Vorhalte, selbst unter Berücksichtigung des Zusatzes „zur Unterstützung seines Gedächtnisses" und die Bezugnahme auf bestimmte Blattzahlen der Akte nicht die Auslegung einer Verlesung i.S.d. § 253 zum Zweck des Urkundenbeweises zu (OLG Köln StV 1998, 478).

> Lehnt das Gericht im Fall des **§ 253 Abs. 2** die Verlesung ab, muss sich der Verteidiger überlegen, ggf. einen **Beweisantrag** zu stellen. Er muss dann beantragen, zum Beweis der Tatsache, dass ein Widerspruch zwischen den jetzigen und den früheren Angaben des Zeugen besteht, im Wege des Urkundenbeweises das (frühere) Vernehmungsprotokoll zu verlesen (→ *Urkundenbeweis, Allgemeines*, Rdn 2721; → *Beweisantrag, Formulierung*: Urkundenbeweis, Rdn 927; → *Beweisantrag, Inhalt*, Rdn 951). Dieser Beweisantrag kann dann nur unter Anwendung der Gründe des § 244 Abs. 3 und 4 abgelehnt werden (→ *Beweisantrag, Ablehnungsgründe*, Rdn 858).

2159 g) Die **Entscheidung** über die Verlesung trifft zunächst nach § 238 Abs. 1 der **Vorsitzende**. Es handelt sich um eine Maßnahme der → *Verhandlungsleitung*, Rdn 2889. Beanstandet der Verteidiger die Anordnung der Verlesung, entscheidet gem. **§ 238 Abs. 2** das Gericht durch Beschluss. Auch hier sollte der Verteidiger ausdrücklich gem. § 255 **beantragen**, den Grund für die Verlesung zu **protokollieren**. Auf diese Weise zwingt er nicht nur das Gericht, die Zulässigkeit der vorgesehenen Verlesung genau zu prüfen, sondern erfährt in Zweifelsfällen, warum das Gericht die Verlesung für zulässig hält. Außerdem muss er darauf achten, dass sein „**Widerspruch**" in das → *Protokoll der Hauptverhandlung*, Rdn 2092, aufgenommen wird.

Siehe auch: → *Urkundenbeweis, Allgemeines*, Rdn 2721, m.w.N.

R

Rechtsmittel, Allgemeines 2160

Literaturhinweise: Burhoff, Die Wiedereinsetzung in den vorigen Stand bei Versäumung einer Frist im Strafverfahren, ZAP F. 22, S. 223; *ders.*, Verteidigung im Revisionsverfahren, ZAP F. 22, S. 237; **Cierniak**, Beschwerde gegen die vorläufige Entziehung der Fahrerlaubnis und Revision, NZV 1999, 324; **Eschelbach/Gieg**, Begründungsanforderungen an die Urteilsverfassungsbeschwerde in Strafsachen, NStZ 2000, 565; **Kempf/Schilling**, Revisionsrichterliche Rechtsfortbildung in Strafsachen, NJW 2012, 1850; **Kintzi**, Rechtsmittelreform in Strafsachen – eine unendliche Geschichte?, in: Festschrift für *Peter Rieß*, 2002, S. 225; **Moldenhauer/Wenske**, Die Verständigung in Strafsachen und die Berufungsinstanz – Zugleich Anmerkung zum Beschluss des OLG Düsseldorf vom 6.10.2010 (III- 4 RVs 60/10), NStZ 2012, 184; **Scheffler**, Verständigung und Rechtsmittel – ein Verteidigerdilemma!, StV 2015, 123; **Schlothauer**, Das Revisionsrecht in der Krise, StraFo 2000, 289; **Schmidt**, Zur Kollision der sog. „§ 111a-Beschwerde" mit Berufung und Revision, BA 1996, 357; **Schünemann**, Gedanken zur zweiten Instanz in Strafsachen, in: Festschrift für *Klaus Geppert*, 2011, S. 649; **Strate**, Der Verteidiger in der Wiederaufnahme, StV 1999, 228; s.a. die Hinw. bei → *Berufung, Allgemeines*, Rdn 541; → *Haftfragen*, Rdn 1653; → *Revision, Allgemeines*, Rdn 2211 und → *Wiedereinsetzung in den vorigen Stand*, Rdn 3464. 2161

1. Die mit den Rechtsmitteln der StPO zusammenhängenden Fragen können hier nicht alle behandelt werden. Hingewiesen werden soll mit den nachstehenden Ausführungen und denen bei → *Berufung, Allgemeines*, Rdn 541, bzw. bei → *Revision, Allgemeines*, Rdn 2211, jeweils m.w.N., nur überblickartig auf einige, für die praktische Arbeit wichtige Aspekte (wegen der geplanten Änderungen im Rechtsmittelrecht → *Gesetzesnovellen*, Rdn 1620 ff.). Diese sind insbesondere deshalb von Bedeutung, weil bei der → *Nachbereitung der Hauptverhandlung*, Rdn 1891, der Mandant dem Verteidiger immer wieder auch die Frage stellen wird, ob und welches Rechtsmittel gegen das gerade verkündete Urteil eingelegt werden kann. Wegen weiterer Einzelh. wird verwiesen auf die eingehenden Ausführungen zu den Rechtsmitteln bei *Burhoff/Kotz* (Hrsg.), Handbuch für die strafrechtlichen Rechtsmittel und Rechtsbehelfe, 2013, wo auch Erläuterungen zur Verfassungs- und zur Menschenrechtsbeschwerde enthalten sind. 2162

Ein Rechtsmittel kann erst **nach Erlass** der angefochtenen Entscheidung eingelegt werden (OLG Jena NStZ-RR 2012, 180); es kann aber bereits vorher verfasst werden.

2. Allgemein muss der Verteidiger seinen Mandanten zunächst darauf hinweisen, dass die Rechtsmittel gegen Urteile **fristgebunden** sind und grds. innerhalb einer Woche ab Verkündung des Urteils eingelegt werden müssen. Wenn der Mandant sich noch nicht sofort nach der HV zur Einlegung eines Rechtsmittels entscheiden kann, **empfiehlt** es sich, dem Mandanten zu raten, zunächst durch den Verteidiger zur „**Fristwahrung**" Rechtsmittel einlegen zu lassen und dann später – nach Zustellung des schriftlich be- 2163 gründeten Urteils – zu entscheiden, ob und mit welchem Rechtsmittel das Verfahren weitergeführt werden soll (→ *Rechtsmittel, unbestimmtes*, Rdn 2183).

👉 Bei **Fristversäumung** kommt ein Antrag auf → *Wiedereinsetzung in den vorigen Stand*, Rdn 3464, nach §§ 44 ff. in Betracht.

2164 Der Verteidiger muss den Mandanten auch darüber informieren, dass er das Rechtsmittel auch selbst einlegen kann (zur Auslegung einer **missverständlichen Erklärung** des Angeklagten s. OLG Hamm NJW 2003, 1469; zum [unzulässigen] Rechtsmittelverzicht bei einer Verständigung → *Rechtsmittelverzicht*, Rdn 2201 ff.).

👉 Der Verteidiger wird ein Rechtsmittel im Zweifel nur mit ausdrücklicher **Vollmacht** des Mandanten einlegen. Hat er die nicht und ist das Rechtsmittel später erfolglos oder wird zurückgenommen, muss er sonst ggf. die Kosten tragen (vgl. OLG Hamm NJW 2008, 3799 m.w.N.).

2165 3.a) Der Verteidiger muss den Mandanten dann über die ggf. **zulässigen Rechtsmittel** unterrichten:

👉 Ein grds. zulässiges Rechtsmittel ist nicht dadurch ausgeschlossen, dass das Urteil auf einer Verständigung i.S.d. § 257c beruht (BGH NStZ 2010, 289 m. Anm. *Burhoff* StRR 2009, 418; StV 2009, 680; NStZ-RR 2010, 383). Es kann also auch gegen ein auf einer Verständigung beruhendes Urteil noch Berufung oder Revision eingelegt werden, und zwar von jedem Verfahrensbeteiligten (BGH, a.a.O.), so z.B. auch von der StA zu Lasten des Angeklagten (OLG Düsseldorf, StV 2011, 80 m. Anm. *Moldenhauer/Wenske* NStZ 2012, 184).

2166 b)aa) Nach § 312 kann gegen die (amtsgerichtlichen) Urteile des Strafrichters und des Schöffengerichts grds. **Berufung** eingelegt werden (s. → *Berufung, Allgemeines*, Rdn 541 m.w.N.). Dieser Grundsatz ist in § 313 **eingeschränkt** (wegen der Einzelh. der sog. **Annahmeberufung** s. → *Berufung, Annahmeberufung*, Rdn 550).

2167 Die → *Berufungsfrist*, Rdn 601, beträgt nach § 314 grds. **eine Woche** nach Verkündung des Urteils. Die Berufung muss beim Gericht des ersten Rechtszuges schriftlich oder zu Protokoll der Geschäftsstelle eingelegt werden (s. → *Berufungseinlegung*, Rdn 583).

👉 Etwas anderes gilt, wenn das Urteil **nicht in Anwesenheit** des Angeklagten verkündet worden ist (→ *Verhandlung ohne den Angeklagten*, Rdn 2853 m.w.N.). Dann beginnt die Wochenfrist grds. erst mit der Zustellung des Urteils. Ferner gilt etwas anderes, wenn der vertretungsberechtigte Verteidiger an der HV teilgenommen hat (vgl. dazu → *Berufungsfrist*, Rdn 608).

Der Verteidiger **kann** die Berufung **begründen** (§ 317), vorgeschrieben ist das jedoch nicht (wegen der Einzelh. s. → *Berufungsbegründung*, Rdn 560). 2168

bb) Hinweis für den Verteidiger! 2169

- Ob der Verteidiger dem Mandanten, der ein Rechtsmittel einlegen will, zur Berufung **rät**, hängt davon ab, was der Mandant mit seinem Rechtsmittel erreichen will. Will er von dem gegen ihn erhobenen Vorwurf insgesamt **freigesprochen** werden, wird der Verteidiger im Zweifel zur **Berufung** raten. Diese ist (zweite) Tatsacheninstanz. In der → *Berufungshauptverhandlung*, Rdn 619, werden daher i.d.R. die Zeugen nochmals gehört und der gesamte Sachverhalt erneut erörtert.
- Entsprechendes gilt, wenn dem Mandanten „nur" die **Strafe** zu **hoch** ist. Auch in diesem Fall empfiehlt sich i.d.R. die Berufung, die dann nach § 318 auf das **Strafmaß beschränkt** werden sollte (→ *Berufungsbeschränkung*, Rdn 567). Dies sollte der Verteidiger schon vor der Berufungs-HV tun. Anderenfalls werden Zeugen und SV noch einmal geladen. Die entstehenden Kosten hat dann der Angeklagte zu tragen.
- Geht es dem Mandanten oder auch dem Verteidiger um die **Klärung** einer **Rechtsfrage**, ist die Einlegung einer **Sprungrevision** nach § 335 zu empfehlen (wegen des Verhältnisses zur Annahmeberufung → *Berufung, Annahmeberufung*, Rdn 557).

c) Gegen Urteile der **Strafkammern** und der Schwurgerichte sowie gegen die im ersten Rechtszug ergangenen Urteile der OLG ist gem. § 333 die Revision zulässig. Außerdem kann nach § 335 Abs. 1 gegen Urteile des AG, gegen die die Berufung zulässig ist, Sprungrevision eingelegt werden. Bei der **Revision** handelt es sich um ein Rechtsmittel mit nur begrenzten Prüfungsmöglichkeiten. Urteil und Verfahren werden nur auf **Rechtsfehler** geprüft (→ *Revision, Allgemeines*, Rdn 2211 m.w.N.; allgemein zur Verteidigung im Revisionsverfahren *Burhoff* ZAP F. 22, S. 237). 2170

Die **Frist** zur Einlegung der Revision beträgt nach § 341 Abs. 1 grds. **eine Woche** nach Verkündung des Urteils (→ *Revision, Einlegung, Frist*, Rdn 2374). Die Revision muss schriftlich oder zu Protokoll des Geschäftsstelle eingelegt werden (→ *Revision, Einlegung, Form*, Rdn 2371). 2171

Anders als bei der Berufung besteht nach § 344 bei der Revision **Antrags-** und **Begründungszwang** (→ *Revision, Begründung, Allgemeines*, Rdn 2230 m.w.N.). Die Revisionsanträge und ihre Begründung müssen gem. § 345 Abs. 1 spätestens binnen **eines Monats** nach Ablauf der Frist zur Einlegung des Rechtsmittels bei dem Gericht, gegen dessen Urteil Rechtsmittel eingelegt wird, angebracht werden. War zu dieser Zeit – was in der Praxis die Regel ist – das schriftlich begründete Urteil noch nicht zugestellt, beginnt diese Frist erst mit der Zustellung des (vollständig begründeten) Urteils. 2172

R Rechtsmittel, Allgemeines

🖉 Der Verteidiger muss den **Mandanten** darauf **hinweisen**, dass er zwar selbst durch einfaches Schreiben Revision einlegen kann, dass die **Begründung** jedoch gem. § 345 Abs. 2 (fristgemäß) **nur** durch den Verteidiger oder zu Protokoll der Geschäftsstelle erfolgen kann.

2173 d) In einigen Fällen kann sich für den Verteidiger/Angeklagten die Frage stellen, ob die → *Beschwerde*, Rdn 770, gegen einen mit dem Urteil verkündeten Beschluss zulässig ist.

2174 aa) Die Frage kann sich ergeben hinsichtlich eines **Bewährungsbeschlusses**. Dieser ist nach § 305a **selbstständig** mit der einfachen → *Beschwerde*, Rdn 770, nach § 304 **anfechtbar**. Das gilt allerdings nur, wenn der Beschluss eine gesetzwidrige Auflage (s. §§ 56a ff., 59a, 68b, 68c StGB) enthält oder Ermessensüberschreitung oder -missbrauch vorliegt (wegen der Einzelh. s. *Meyer-Goßner/Schmitt*, § 305a Rn 1).

🖉 Wird der Beschluss nach § 268a erstmalig neben einem Berufungsurteil erlassen, unterliegt er nicht dem **Verschlechterungsverbot** des § 331 Abs. 1 (KG StraFo 2010, 426).

2175 bb) In der Praxis von Bedeutung ist auch immer wieder die Frage der (selbstständigen/isolierten) **Anfechtung** der Entscheidung des Berufungsgerichts zur **vorläufigen Entziehung** der **Fahrerlaubnis** (§ 111a), wenn gleichzeitig Revision eingelegt worden ist. Die Antwort ist in der Rspr. nicht einheitlich. Die wohl überwiegende Meinung geht von Folgendem aus:

- Grds. ist für eine **isolierte Anfechtung** der vom Berufungsgericht gem. § 111a Abs. 1 angeordneten vorläufigen Entziehung der Fahrerlaubnis **kein Raum**, wenn gleichzeitig gegen das Urteil, das die Anordnung der Entziehung der Fahrerlaubnis gem. § 69a Abs. 1 StGB trifft, Revision eingelegt worden ist (s.u.a. OLG Brandenburg NStZ-RR 1996, 170; OLG Düsseldorf NJW 1996, 209 [Ls.]; [früher] OLG Hamm MDR 1996, 954, jew. m.w.N.; a.A. [unbeschränkt zulässig] OLG Düsseldorf [2. Strafsenat] NStZ-RR 2000, 240; OLG Frankfurt am Main NStZ-RR 1996, 205; [jetzt] OLG Hamm NStZ-RR 2014, 384; OLG Jena VRS 115, 353; OLG Koblenz NStZ-RR 1997, 206; eingeschränkt zulässig KG zfs 2006, 528; OLG Karlsruhe DAR 2004, 408; OLG Schleswig StV 1995, 345; OLG Köln VRS 93, 348; zu allem eingehend *Schmidt* BA 1996, 357 und *Cierniak* NZV 1999, 324; s.a. BVerfG NStZ-RR 2002, 377).
- Etwas **anderes** soll dann gelten, wenn die rechtlichen Voraussetzungen für die Anordnung der Entziehung der Fahrerlaubnis gem. § 69 StGB offensichtlich nicht vorgelegen haben (OLG Brandenburg, a.a.O.; OLG Hamm, a.a.O.).
- Anders als ein Teil der Rspr. (KG zfs 2006, 528; OLG Jena VRS 115, 359; OLG Karlsruhe DAR 2004, 408; OLG Schleswig StV 1995, 345 [Beschwerde mit der Maßgabe zulässig, dass die Prüfung der Geeignetheit i.S.d. § 69 StGB dem Beschwerdegericht entzogen ist]) geht das OLG Hamm (NStZ-RR 2014, 384 davon aus, dass die **Prüfungskompetenz** des Beschwerdegerichtes dann keiner generellen Einschrän-

kung in dem Sinne unterliegt, dass neue Tatsachen und Beweismittel oder eine vom Tatgericht abweichende Tatsachenbeurteilung durch den Revisionsführer außer Betracht zu bleiben haben.

e) Schließlich kann sich noch die Frage stellen, ob nicht ggf. gegen die Kostenentscheidung des ergangenen Urteils **(Kosten-) Beschwerde** nach § 464 Abs. 3 eingelegt werden soll, wenn diese z.b. bei einem Teilfreispruch zu Lasten des Angeklagten ergangen ist oder ggf. das Gericht eine Kostenentscheidung, z.b. zugunsten eines Nebenklägers, vergessen hat (vgl. zur Kostenentscheidung beim Teilfreispruch u.a. OLG Köln StRR 2010, 437 m. Anm. *Volpert*; [Verfahrenskosten auch bei überwiegendem Freispruch ggf. beim Angeklagten]; zur Frage der Anfechtungsberechtigung, wenn der Angeklagte verstorben ist, s. OLG Bamberg NStZ 2011, 176 [Ls.]).

2176

Der Verteidiger muss darauf achten, dass allein durch ein **gegen** das **Urteil gerichtetes Rechtsmittel** die Anfechtung der Kosten- und Auslagenentscheidung des Urteils **nicht** umfasst wird (BGHSt 25, 77, 80; 26, 126 f.; *Meyer-Goßner/Schmitt*, § 464 Rn 21). Gegen diese ist vielmehr die nach § 464 Abs. 3 zulässige sofortige Beschwerde einzulegen. Ein Verschulden des Verteidigers an der Fristversäumung wird dem Angeklagten zugerechnet und schließt daher → *Wiedereinsetzung in den vorigen Stand*, Rdn 3464, aus (BGH, a.a.O.; s. aber LG Mainz StraFo 1999, 135 [Wiedereinsetzung in den vorigen Stand, wenn nicht (auch) über die Möglichkeit der Anfechtung der Kostenentscheidung belehrt worden ist]).

Für die Entscheidung, ob das Rechtsmittel eingelegt werden soll, ist ggf. auch von Bedeutung, dass für die Anfechtung der Kostenentscheidung das **Verschlechterungsverbot nicht** gilt (zuletzt OLG Köln StraFo 2012, 249 m.w.N.).

Der Anfechtbarkeit der Kostenentscheidung kann **§ 464 Abs. 3 S. 1 Hs. 2 entgegenstehen**. Danach ist die Anfechtbarkeit ausgeschlossen, wenn die Hauptsachenentscheidung unanfechtbar ist (vgl. dazu *Meyer-Goßner/Schmitt*, § 464 Rn 19 m.w.N.). Das gilt aber nicht, wenn gegen die Hauptsacheentscheidung ein Rechtsmittel statthaft ist, dieses aber dem Beschwerdeführer (nur) nicht zusteht (OLG Düsseldorf JurBüro 2012, 431 unter Hinw. auf *Meyer-Goßner/Schmitt*, a.a.O.; ähnlich OLG Stuttgart Justiz 2013, 156 für Anfechtung der Kostenentscheidung des Berufungsurteils durch den Nebenkläger oder OLG Hamburg, Beschl. v. 9.6.2015 – 1 Ws 69/15 für Anfechtung der nach Berufungsrücknahme ergangenen Kostenentscheidung; s.a. OLG Köln AGS 2013, 305).

Siehe auch: → *Berufung, Allgemeines*, Rdn 541 m.w.N.; → *Rechtsmittelbelehrung*, Rdn 2177; → *Rechtsmittel, unbestimmtes*, Rdn 2183; → *Rechtsmittelverzicht*, Rdn 2189; → *Revision, Allgemeines*, Rdn 2211 m.w.N.

2177 Rechtsmittelbelehrung

2178 **Literaturhinweise: Heldmann**, Ausländer und Strafjustiz, StV 1981, 252; **Kotz**, Anspruch auf Dolmetsch- und Übersetzungsleistungen im Strafverfahren, StV 2012, 626; s.a. die Hinw. bei → *Berufung, Allgemeines*, Rdn 541, bei → *Rechtsmittel, Allgemeines*, Rdn 2160, und bei → *Zuziehung eines Dolmetschers*, Rdn 3646.

2179 1.a) Gem. § 35a muss nach der → *Urteilsverkündung*, Rdn 2761, der Angeklagte über die Möglichkeit der Anfechtung des Urteils und die dafür vorgeschriebene Frist und Form belehrt werden (zum Inhalt und zur Form s. *Meyer-Goßner/Schmitt*, § 35a Rn 7 ff.; Burhoff/ Kotz/*Kotz*, RM, Teil A Rn 1538 ff.). Ist der Angeklagte in der HV mündlich belehrt worden, bedarf es einer weiteren schriftlichen Belehrung bei Urteilszustellung dann nicht mehr. Der Protokollvermerk über die Erteilung der Rechtsmittelbelehrung nimmt i.Ü. an der Beweiskraft des Protokolls nach § 274 teil. Er belegt also neben dem Umstand der Belehrung gleichzeitig auch ihre Vollständigkeit und Richtigkeit (KG NStZ 2009, 406; OLG Hamm, Beschl. v. 10.11.2009 – 3 Ss OWi 805/09).

> Wenn dem Urteil eine **Verständigung** i.S.d. § 257c vorausgegangen ist, muss nach § 35a S. 2 eine sog. **qualifizierte Belehrung** erfolgen. Der Angeklagte ist danach (auch) darüber zu belehren, dass er in jedem Fall frei in seiner Entscheidung ist, ein Rechtsmittel einzulegen. Wird das unterlassen, ist, wenn deshalb die Rechtsmittelfrist versäumt wird, nach § 44 S. 2 → *Wiedereinsetzung in den vorigen Stand*, Rdn 3464, zu gewähren (→ *Absprachen/Verständigung mit Gericht und Staatsanwaltschaft*, Rdn 240 f.). Für das → *Protokoll der Hauptverhandlung*, Rdn 2092, ist ausreichend, wenn nur ausgeführt wird, dass „qualifiziert belehrt" wurde (BGH StraFo 2009, 335).

2180 b) Eine **missverständliche Rechtsmittelbelehrung** hat, wenn darauf eine Fristversäumung beruht, → *Wiedereinsetzung in den vorigen Stand*, Rdn 3464, zur Folge (OLG Stuttgart StraFo 2007, 114). Entsprechendes gilt, wenn nicht (auch) über die Möglichkeit der Anfechtung der Kostenentscheidung belehrt worden ist (s.a. LG Mainz StraFo 1999, 135) oder das Gericht nicht darauf hingewiesen hat, dass das Rechtsmittel innerhalb der Rechtsmittelfrist bei Gericht eingehen muss (LG Saarbrücken NStZ-RR 2002, 334). Dasselbe gilt, wenn die Wirkung einer zunächst richtig erteilten Rechtsmittelbelehrung durch nachfolgende **falsche gerichtliche Auskünfte entwertet** worden ist (OLG Hamm, Beschl. v. 30.7.2008 – 3 Ss OWi 364/08 [für Erklärung des Rechtspflegers an den Angeklagten/Betroffenen, dass die Begründung des Rechtsmittels auch schriftlich erfolgen könne]; vgl. dazu BVerfG NJW 2005, 3629 [Belehrung über die Möglichkeit der Wiedereinsetzung erforderlich]).

2181 2. Die Belehrung ist **Sache** des **Gerichts**. Es gilt **Nr. 142 RiStBV**. Ist der Angeklagte der deutschen Sprache nicht mächtig, muss bei der Rechtsmittelbelehrung ein **Dolmetscher** mitwirken (→ *Zuziehung eines Dolmetschers*, Rdn 3646; s.a. *Heldmann* StV 1981, 251; KK-*Maul*, § 35a Rn 8 m.w.N.; *Kotz* StV 2012, 626; Burhoff/Kotz/*Kotz*, RM, Teil A Rn 1588). Die Belehrung hat dann auch den Hinweis zu enthalten, dass ein Rechtsmittel schriftlich in deutscher Sprache eingelegt werden muss (BVerfG NJW 1983, 2762, 2764; BGHSt 30, 182; zuletzt BGH StraFo 2005, 419; vgl. Nr. 142 Abs. 1 S. 3 RiStBV). Ist ein Dolmetscher anwesend, beweist der Protokollvermerk über die Rechtsmittelbelehrung auch deren korrekte Übersetzung (KG NStZ 2009, 406).

> Ggf. kann (bei Besonderheiten im Verfahrensablauf) die (zusätzliche) Erteilung einer ausführlichen schriftlichen Rechtsmittelbelehrung geboten sein (BVerfG NJW 1996, 1811; OLG Köln StRR 2009, 144; OLG Saarbrücken NJW 2003, 2182; vgl. Nr. 142 Abs. 1 S. 2 RiStBV [**Merkblatt**]). Wird das bei einer schwierigen und umfangreichen Rechtsmittelbelehrung unterlassen, führt das ggf. zur → *Wiedereinsetzung in den vorigen Stand*, Rdn 3464 (OLG Köln NStZ 1997, 404; StRR 2009, 144 [versäumte Frist für den Antrag auf Zulassung der Rechtsbeschwerde]; OLG Saarbrücken, a.a.O. [für einen schwerhörigen Angeklagten]; s. aber a. OLG Hamm NJW 2001, 3279 [zur Erkundigungspflicht eines Ausländers, wenn ein Merkblatt nicht ausgehändigt worden ist]; ähnlich OLG Nürnberg NStZ-RR 2010, 286 zur Erkundigungspflicht bei Erhalt einer Ladung). Die Belehrung braucht aber die konkrete Berechnung des Laufes der Rechtsmittelfrist nicht zu enthalten (BVerfG NJW 1971, 2217; *Weihrauch* NJW 1972, 243 in der Anm. zu BVerfG, a.a.O.).

2. Das Gericht muss den Angeklagten auch dann belehren, wenn er rechtskundig oder durch einen Rechtsanwalt verteidigt oder vertreten ist (KK-*Maul*, § 35a Rn 6). Der Angeklagte kann jedoch auf die **Rechtsmittelbelehrung verzichten** (BGH NStZ 1984, 329; OLG Hamm NJW 1956, 1330; OLG Zweibrücken MDR 1978, 861; s. aber BGH NStZ-RR 2013, 67 [Ci/Zi; „nicht unwirksam, aber im Allgemeinen kaum als angemessen" zu erachten]).

2182

> Der Verzicht kann darin liegen, dass der **Verteidiger** die **Belehrung übernimmt** (OLG Hamm MDR 1978, 337). Allerdings muss der Verteidiger damit **vorsichtig** umgehen. Bei einem Verzicht (des Verteidigers) auf die Rechtsmittelbelehrung gilt nämlich im Fall der Fristversäumung nicht die gesetzliche Vermutung des § 44 S. 2, wonach die Versäumung der (Rechtsmittel-)Frist unverschuldet ist, wenn nicht nach § 35a belehrt worden ist (OLG Düsseldorf MDR 1990, 652; OLG Zweibrücken, a.a.O.).

Siehe auch: → *Berufung, Allgemeines*, Rdn 541 m.w.N.; → *Nachbereitung der Hauptverhandlung*, Rdn 1891; → *Rechtsmittel, Allgemeines*, Rdn 2160 m.w.N.; → *Revision, Allgemeines*, Rdn 2211.

2183 Rechtsmittel, unbestimmtes

2184 **Literaturhinweise:** s. die Hinw. bei → *Berufung, Allgemeines*, Rdn 541; → *Rechtsmittel, Allgemeines*, Rdn 2160 und → *Revision, Allgemeines*, Rdn 2211.

2185 1. Nach § 335 Abs. 1 kann ein Urteil, gegen das die Berufung zulässig ist, auch mit der Revision angefochten werden. Da die Entscheidung über das „richtige" Rechtsmittel i.d.R. erst nach Kenntnis von den Urteilsgründen getroffen werden kann, wird nach allgemeiner Meinung in Rspr. und Lit. in Erweiterung des § 335 auch die **unbestimmte Anfechtung** des Urteils als **zulässig** angesehen (vgl. u.a. BGHSt 6, 206; *Meyer-Goßner/ Schmitt*, § 335 Rn 2 m.w.N.).

> In welcher **Form** die unbestimmte Anfechtung erfolgt, kann der Verteidiger **frei** entscheiden: Er kann innerhalb der → *Berufungsfrist*, Rdn 601, Rechtsmittel einlegen, ohne dieses (zunächst) näher zu bezeichnen, er kann sich aber auch die spätere Benennung des Rechtsmittels ausdrücklich vorbehalten (BGHSt 13, 388, 393; *Meyer-Goßner/Schmitt*, a.a.O.; vgl. a. das Muster u. Rdn 2188).
>
> Bestehen **Zweifel**, ist anzunehmen, dass das Rechtsmittel nicht endgültig gewählt ist (zuletzt u.a. BGHSt 25, 321, 324).
>
> Bei der Einlegung des Rechtsmittels und in begleitenden Schriftsätzen sollte der Verteidiger besonders sorgfältig auf seine Ausführungen achten, um nicht ggf. konkludent eine Rechtsmittelwahl zu treffen. Das hat das OLG Stuttgart (vgl. Beschl. v. 25.1.2012 – 6 Ss 741/11) zwar z.B. für Einlegung eines „Rechtsmittels" und begleitender Ausführung: „Die Begründung der Revision erfolgt ggf. in einem weiteren Schriftsatz" verneint, **Vorsicht** ist aber dennoch geboten.

2186 **2.a)** Hat der Verteidiger ein unbestimmtes Rechtsmittel eingelegt, wodurch die Rechtskraft des angefochtenen Urteils gem. §§ 316 Abs. 1, 343 Abs. 1 gehemmt wird, muss er **nach Zustellung** des angefochtenen Urteils **entscheiden**, welches Rechtsmittel nun **endgültig** durchgeführt werden soll. Die endgültige Wahl kann/muss bis zum **Ablauf** der **Revisionsbegründungsfrist** getroffen werden (st. Rspr.; vgl. zuletzt BGHSt 25, 321, 324; OLG Düsseldorf NStZ 1983, 471; OLG München StRR 2009, 202 [Ls.]). Der Verteidiger kann die Frist vollständig ausschöpfen (OLG Frankfurt am Main NStZ 1991, 506 f.). Während des **Laufes** der Frist darf das **Berufungsverfahren nicht** durchgeführt werden. Geschieht das dennoch, geht das Wahlrecht zwar verloren, dieser Verlust kann aber mit der **Revision** gerügt werden (OLG Frankfurt am Main, a.a.O.). Hat die Revision Erfolg, wird die Wahlmöglichkeit mit der noch verbliebenen Frist wiederhergestellt (OLG Frankfurt am Main, a.a.O.).

☞ Die **Bestimmung** des Rechtsmittels muss der Verteidiger davon **abhängig** machen, ob im Interesse des Mandanten auf die Berufungsinstanz als zweite Tatsacheninstanz verzichtet werden kann (vgl. zu den Überlegungen → *Rechtsmittel, Allgemeines*, Rdn 2169). Trifft der Verteidiger **keine Wahl**, wird das Rechtsmittel automatisch als **Berufung** durchgeführt (BGHSt 40, 395). Entsprechendes gilt bei einer nicht eindeutigen Erklärung (OLG Hamm NJW 2003, 1469; *Meyer-Goßner/Schmitt*, § 335 Rn 5 m.w.N.). Eine → *Wiedereinsetzung in den vorigen Stand*, Rdn 3464, mit dem Ziel der Revisionswahl ist nach Ablauf der Revisionsbegründungsfrist ausgeschlossen (OLG Hamm StRR 2012, 148 [auch nicht im Jugendrecht]; OLG München StRR 2009, 202 [Ls.]; s.a. schon BGHSt 33, 183, 188; BayObLG wistra 2001, 279; OLG Naumburg StraFo 2009, 388).

b) Die einmal getroffene **Wahl** ist **endgültig**. Der Übergang zu dem anderen Rechtsmittel ist nach allgemeiner Meinung danach nicht mehr möglich (BGHSt 13, 388; *Meyer-Goßner/Schmitt*, § 335 Rn 12 m.w.N.; zur Frage des Übergangs zum jeweils anderen Rechtsmittel s.a. → *Berufung, Allgemeines*, Rdn 546), obwohl das der vom BGH an anderer Stelle geforderten großzügigen Wahlmöglichkeit hinsichtlich des Rechtsmittels entgegensteht (dazu BGHSt 17, 44, 49; a.A. deshalb OLG Celle NJW 1982, 397; Nds.Rpfl. 1993, 331; a.A. wohl a. Beck-*Michalke*, S. 579; vgl. auch noch OLG München StraFo 2010, 252, wonach die bestimmte Bezeichnung eines Rechtsmittels als Revision nicht hindert ggf. noch zur Berufung überzugehen). Die Bindungswirkung wird allerdings dann nicht eintreten, wenn die endgültige Wahl des Rechtsmittels vor wirksamer Urteilszustellung erfolgt ist (OLG Köln StV 1996, 369).

3. Muster: Unbestimmtes Rechtsmittel

▼

An das

Amtsgericht Musterstadt

In dem Strafverfahren

gegen H. Mustermann

Az.:

wegen des Verdachts der Hehlerei u.a.

wird gegen das am 23.11.2015 verkündete Urteil des Amtsgerichts Musterstadt

Rechtsmittel

eingelegt.

Ich beantrage, mir eine nach Nr. 9000 Anm. 2 Ziff. 3 KV GKG kostenfreie Ablichtung des Protokolls der Hauptverhandlung vom 23.11.2015 zu übersenden und mir – nochmals – Akteneinsicht zu gewähren.

Rechtsanwalt

Siehe auch: → *Berufung, Allgemeines*, Rdn 541 m.w.N.; → *Rechtsmittel, Allgemeines*, Rdn 2160; → *Revision, Allgemeines*, Rdn 2211.

2189 Rechtsmittelverzicht

Das Wichtigste in Kürze:
1. Nach § 302 Abs. 1 S. 1 kann auf die Einlegung eines Rechtsmittels verzichtet werden.
2. Wird auf Rechtsmittel verzichtet, wird der Verzicht in das Protokoll der HV aufgenommen.
3. Der Verzicht setzt eine eindeutige, vorbehaltlose und ausdrückliche Erklärung voraus.
4. Ein Rechtsmittelverzicht kann grds. später nicht widerrufen oder angefochten werden.
5. Der wirksame Rechtsmittelverzicht erfasst nicht nur die gegen das Urteil an sich zulässigen Rechtsmittel.
6. Mit einem in der HV erklärten Rechtsmittelverzicht wird das zuvor verkündete Urteil sofort rechtskräftig.

2190 **Literaturhinweise: Dahs**, Zur Rechtswirksamkeit des nach der Urteilsverkündung „herausgefragten" Rechtsmittelverzichts, in: Festschrift für *Erich Schmidt-Leichner*, 1977, S. 17; **Erb**, Überlegungen zum Rechtsmittelverzicht des Angeklagten unmittelbar nach der Urteilsverkündung, GA 2000, 511; **Jäger**, Wenn Schweigen alles sagt, JA 2014, 394; **Kuhli**, Die Anforderungen an die Ermächtigung zu Rechtsmittelrücknahme oder -verzicht gemäß § 302 II StPO, HRRS 2009, 290; **Meyer**, Erstreckung eines strafrechtlichen Rechtsmittelverzichts auf verkündete Annexentscheidungen, JurBüro 1993, 706; **Meyer-Goßner**, Verlust der Revision durch Zurücknahme? Replik zum Beitrag von *Niemöller*, StV 2010, 597; StV 2011, 53; **Niemöller**, Führt die Zurücknahme der Revision zum Verlust des Rechtsmittels, StV 2010, 597; *ders.*, Rechtsmittelverzicht und -zurücknahme nach Verständigung, NStZ 2013, 19; **Rieß**, Der vereinbarte Rechtsmittelverzicht, in: Festschrift für *Lutz Meyer-Goßner/Schmitt*, 2001, S. 447; **Scheffler**, Verständigung und Rechtsmittel – ein Verteidigerdilemma!, StV 2015, 123; **Schmidt**, Unwirksamkeit des Rechtsmittelverzichts, NJW 1965, 1210; **Schnabl**, Rechtsmittelverzicht und Anhörungsrüge, AnwBl. 2008, 188; **Staudinger**, Verständigung und Rechtsmittelverzicht, HRRS 2010, 347; **Weider**, Rechtsmittelverzicht und Absprache, in: Festschrift für *Klaus Lüderssen*, 2002, S. 773; **Wenske**, Das Verständigungsgesetz und das Rechtsmittel der Berufung, NStZ 2015, 137; s.a. die Hinw. bei → *Absprachen/Verständigung mit Gericht und Staatsanwaltschaft*, Rdn 137 und → *Berufungsrücknahme*, Rdn 652.

2191 **1.a)** Nach § 302 Abs. 1 S. 1 kann auf die Einlegung eines Rechtsmittels verzichtet werden (vgl. a. Burhoff/Kotz/*Kotz*, RM, Teil A Rn 2077 ff.).

Rechtsmittelverzicht **R**

🖉 Nach § 302 Abs. 1 S. 2 ist ein Rechtsmittelverzicht einschränkungslos **unzulässig/ unwirksam**, wenn dem Urteil eine **Verständigung** i.S.d. § 257c vorausgegangen ist (vgl. u. Rdn 2201 ff.). Darüber hinaus kann aber ein Rechtsmittel auch gegen ein auf einer Verständigung beruhendem Urteil eingelegt werden (u.a. BGH NStZ 2010, 289 m. Anm. *Burhoff* StRR 2009, 418; StV 2009, 680; NStZ-RR 2010, 383).

Die Frage, ob auf ein Rechtsmittel verzichtet werden soll – meist handelt es sich um die Berufung oder Revision – ergibt sich in der HV i.d.R. unmittelbar im **Anschluss** an die → *Urteilsverkündung*, Rdn 2761, wenn der Vorsitzende – entgegen Nr. 142 Abs. 2 S. 1 RiStBV – den Angeklagten und/oder den Verteidiger danach fragt.

2192

🖉 Der Verteidiger sollte wegen der weitreichenden Folgen auf diese Anregung des Vorsitzenden hin auf jeden Fall um eine kurze → *Unterbrechung der Hauptverhandlung*, Rdn 2701, bitten, um die sich aus einem Rechtsmittelverzicht ergebenden Fragen mit dem Mandanten **besprechen** zu können (s. BGHSt 18, 257; BGH NStZ 1996, 297; vgl. a. OLG Köln NStZ-RR 2006, 83 [Unterbrechungsantrag liegt nahe]; OLG Köln StV 2010, 67 [Bußgeldverfahren]; s. auch u. Rdn 2198 f.). Dabei muss er ihn auch über die gegen das soeben verkündete Urteil möglichen Rechtsmittel belehren (→ *Rechtsmittel, Allgemeines*, Rdn 2160). Diese (Überlegungs-)Zeit wird das Gericht dem Angeklagten einräumen müssen, da anderenfalls ein erklärter Rechtsmittelverzicht unwirksam sein kann (vgl. BVerfG NStZ-RR 2008, 209).

b) Grds. ist davon **abzuraten**, noch **in der HV** einen **Rechtsmittelverzicht** zu erklären (so a. *Erb* GA 2000, 511 f.). Der Angeklagte steht häufig noch unter dem Eindruck der HV und ist sich möglicherweise der Tragweite seiner (Verzichts-)Erklärung nicht bewusst. Der Verteidiger darf daher auf keinen Fall Druck auf den Mandanten ausüben (BGH NStZ 1999, 364). Denn dieser vergibt mit dem Rechtsmittelverzicht seine letzte Chance, vielleicht doch noch eine für ihn günstigere Entscheidung zu erreichen.

2193

🖉 Geht es um den Verzicht auf die **Revision**, muss der Verteidiger seinen Mandanten darüber aufklären, dass über die Revision ggf. erst zu einem (so späten) Zeitpunkt entschieden wird, dass dann die **Sperrfrist** nach § 69a Abs. 5 S. 2 StGB, die das anzufechtende Urteil verhängt hat, bereits **abgelaufen** ist. Obwohl damit der Zweck dieser Maßregel erreicht ist, fällt die Fahrerlaubnisentziehung nicht nachträglich weg. Vielmehr erlischt, wenn die Revision verworfen werden sollte, trotz Ablaufs der Sperre die Fahrerlaubnis mit Rechtskraft des Urteils (§ 69 Abs. 3 StGB), und zwar selbst dann, wenn eine vorläufige Entziehung nach Ablauf der Sperre vor Beendigung des Revisionsverfahrens aufgehoben und der Führerschein dem Mandanten ausgehändigt worden war.

| R | **Rechtsmittelverzicht** |

2194 Es kann allerdings auch der **sofortige** Rechtsmittelverzicht **zweckmäßig** sein. Das kann z.b. bei einem für den Angeklagten günstigen Urteil der Fall sein, wenn der StA veranlasst werden soll, ebenfalls auf Rechtsmittel zu verzichten, oder bei Verhängung eines Fahrverbots oder der Entziehung der Fahrerlaubnis, um diese sofort wirksam werden zu lassen. Der Verteidiger muss insoweit immer auch berücksichtigen und seinen Mandanten entsprechend beraten, dass das Berufungsgericht nicht gegen das **Verschlechterungsverbot** des § 331 verstößt, wenn es ggf. die zwischen dem erstinstanzlichen und seiner eigenen Entscheidung verstrichene Zeit nicht auf eine vom AG verhängte Sperrfrist anrechnet (→ *Berufungsrücknahme*, Rdn 652).

2195 2. Wird auf Rechtsmittel verzichtet, wird der Verzicht in das → ***Protokoll*** *der Hauptverhandlung*, Rdn 2092, aufgenommen (zur Beweiskraft des Protokolls s. BGHSt 18, 257; OLG Hamm NStZ-RR 2010, 55; OLG Köln NStZ-RR 2006, 83; im Hinblick auf besondere Umstände bei der Fertigstellung [späte Unterzeichnung] s. BayObLG NStZ-RR 1996, 276). Der Verzicht wird sofort wirksam, nicht erst mit der Fertigstellung des Protokolls (BGH NStZ-RR 2002, 100 [Be]; *Meyer-Goßner/Schmitt*, § 302 Rn 19). Für die Wirksamkeit sind nicht die Verlesung und Genehmigungserklärung erforderlich (§ 273 Abs. 3; BGH NStZ 2000, 441; OLG Hamm, a.a.O.; OLG Köln, a.a.O.). Fehlen Verlesung und Genehmigungserklärung hat das aber zur Folge, dass dem → *Protokoll der Hauptverhandlung*, Rdn 2092, insoweit keine absolute Beweiskraft i.S.v. § 274 zukommt (OLG Hamm und OLG Köln, jeweils a.a.O.). Bestehen Zweifel an der Erklärung eines Rechtsmittelverzichts, sind diese grds. im → ***Freibeweisverfahren***, Rdn 1562, zu klären. Danach ggf. immer noch nicht zu beseitigende Zweifel gehen zwar grds. zu Lasten des Angeklagten (*Meyer-Goßner/ Schmitt*, § 261 Rn 35). Das gilt allerdings dann nicht, wenn die Ursache in einem Verstoß gegen eine gesetzlich angeordnete Dokumentationspflicht liegt, wie dies beim Rechtsmittelverzicht durch die Nichtbeachtung der Beurkundungsförmlichkeiten des § 273 Abs. 3 ggf. der Fall ist (vgl. BVerfG NJW 2012, 1136; OLG Karlsruhe NStZ 2014, 117).

2196 3.a) Der Verzicht setzt eine **eindeutige**, vorbehaltlose und ausdrückliche **Erklärung** voraus (vgl. dazu *Meyer-Goßner/Schmitt*, § 302 Rn 20 m.w.N.; BGH NStZ 1997, 378 [K]; zur Erklärung eines der deutschen Sprache nicht mächtigen Ausländers s. BGH NStZ 2000, 441; OLG Düsseldorf Rpfleger 1999, 96; OLG München StV 1998, 646). Kopfnicken auf Befragen des Gerichts reicht grds. nicht (OLG Koblenz NStZ 1981, 445; OLG Zweibrücken VRS 83, 358; s. aber BGH NStZ 2002, 496). In der (späteren) Übersendung des Führerscheins liegt bei der Verurteilung zur Geldbuße und Fahrverbot im OWi-Verfahren ein wirksamer Rechtsmittelverzicht (vgl. a. OLG Naumburg NStZ 1998, 452).

> 🖉 Der Verteidiger bedarf zur Verzichtserklärung gem. § 302 Abs. 2 der **ausdrücklichen Ermächtigung** des Angeklagten: Die Ausführungen bei → *Berufungsrücknahme*, Rdn 659, gelten entsprechend (s.a. KG NJW 2009, 1686; OLG Jena zfs 2007, 412 [für Rechtsmittelverzicht im Bußgeldverfahren]). Im Bußgeldverfahren kann ein (nur)

unterbevollmächtigter Verteidiger auch dann wirksam auf Rechtsmittel verzichten, wenn sich eine Vertretungsvollmacht im Zeitpunkt des Rechtsmittelverzichtes nicht bei der Akte befindet, eine Ermächtigung zum Verzicht aber erteilt worden war (OLG Oldenburg NZV 2011, 407).

b) Der Verzicht setzt → *Verhandlungsfähigkeit*, Rdn 2878, voraus, was vom (Revisions-)Gericht im → *Freibeweisverfahren*, Rdn 1562, zu klären ist (s. dazu BGH NStZ 1996, 297; 1999, 258; NStZ-RR 2005, 149; 2005, 261 [Be]; OLG Dresden StraFo 2015, 149 für Beschränkung des Einspruchs gegen den Strafbefehl durch einen unter Betreuung stehenden intelligenzgeminderten Angeklagten). Das gilt auch, wenn vom Tatrichter die Schuldfähigkeit des Angeklagten zur Tatzeit verneint worden ist, da dadurch die nach anderen Kriterien zu beurteilende Verhandlungsfähigkeit nicht berührt wird (BGH NStZ-RR 1999, 109; 2001, 265 [Be]; s.a. BGH NStZ-RR 2001, 265 [Be; zur Frage der Auswirkungen der Überschreitung ärztlich vorgegebener Verhandlungsdauer auf die Wirksamkeit eines Rechtsmittelverzichts]; BGH NStZ-RR 2012, 318 [keine Bedenken, wenn [nur] die Steuerungsfähigkeit des Beschuldigten nach den Urteilsfeststellungen im Tatzeitpunkt nicht sicher ausschließbar war; für Rechtsmittelrücknahme]).

2197

☞ Bestehen Zweifel an der Wirksamkeit der Verzichtserklärung, muss ggf. sofort ein Antrag auf → *Wiedereinsetzung in den vorigen Stand*, Rdn 3464, gegen die Versäumung der Rechtsmittelfrist gestellt werden (OLG Jena NJW 2003, 3071).

4. Hinweise für den Verteidiger!

a) Ein Rechtsmittelverzicht kann grds. später **nicht widerrufen** oder **angefochten** werden. Ggf. kann der Verteidiger aber gegen die Wirksamkeit eines Verzichts einwenden, der Angeklagte sei sich der Bedeutung und der Tragweite seiner Erklärung nicht bewusst gewesen. Es kann möglicherweise auch die Unwirksamkeit wegen Irreführung oder Druck/Zwang geltend gemacht werden (vgl. dazu a. BVerfG NStZ-RR 2008, 209; zu allem noch ergänzend die Zusammenstellung bei → *Berufungsrücknahme*, Rdn 659 f.). Dazu folgende

2198

b) Auf folgende **allgemeine Rechtsprechungsbeispiele** ist hinzuweisen:

Unwirksamer Rechtsmittelverzicht

2199

- dem Angeklagten wurde vom Gericht eine Rechtsmittelverzichtserklärung **abverlangt**, **ohne** dass ihm gleichzeitig angeboten worden ist, sich zuvor eingehend mit dem **Verteidiger** zu beraten (st. Rspr. des BGH; vgl. u.a. BGHSt 19, 101 m.w.N.; zum Beratungserfordernis a. BVerfG NStZ-RR 2008, 209; OLG Köln StV 2005, 544),
- ggf. wenn der Angeklagte der **deutschen Sprache** nicht mächtig ist (BGH NStZ-RR 2004, 214; OLG München StV 1998, 646),

R Rechtsmittelverzicht

- das Gericht hat grundlos mit der **Invollzugsetzung** des **HB** gedroht (BGH NStZ 2005, 279; → *Haftfragen*, Rdn 1653),
- es wird mit einem **Sicherungshaftbefehl** gedroht (OLG Jena NJW 2003, 3071),
- der StA hat mit der **sachwidrigen Ankündigung** eines **Haftantrags** gedrängt (BGH NJW 2004, 1885; s. aber BGH StraFo 2006, 244; → *Haftfragen*, Rdn 1653),
- der Rechtsmittelverzicht wurde zwar ohne Einwirkung auf den Angeklagten, aber auch **ohne Gelegenheit** zur **vorherigen Beratung** erklärt, und zu Protokoll genommen (st. Rspr.; zuletzt u.a. BGH NStZ-RR 1997, 305 m.w.N.; vgl. a. BGH NStZ 1999, 364; 2014, 553; ähnl. BGH NStZ 2006, 464; OLG Köln StV 2010, 67; vgl. zur ausreichenden Überlegungszeit a. BVerfG NStZ-RR 2008, 209),
- der **Verteidiger** war **nicht geladen/verhindert**, und zwar auch dann, wenn von zwei Verteidigern wegen unterbliebener Ladung des einen nur der andere anwesend war (BGH NStZ 2005, 114; OLG Köln StV 2010, 67), oder wenn allein ein nicht zugelassener Rechtsanwalt („Scheinverteidiger") mitgewirkt hat (BGHSt 47, 238),
- die Art und **Weise** des **Zustandekommens** sind zu beanstanden, insbesondere, wenn der Rechtsmittelverzicht dem Angeklagten „abverlangt" wurde (BGHSt 45, 51; BGH NStZ 2005, 279; vgl. a. Eidam StV 2005, 201 in der Anm. zu BGH, a.a.O.) oder sonst nicht unerhebliche Verfahrensfehler im Zusammenhang mit dem Zustandekommen des Rechtsmittelverzichts festzustellen sind (BGH NStZ 2006, 464 [unfaires Verfahren]), also ggf. dem Angeklagten nicht genügend Zeit gegeben wurde, sich den Entschluss zur Erklärung des Rechtsmittelverzichts zu überlegen (BVerfG NStZ-RR 2008, 209),
- oder der Rechtsmittelverzicht in einer „**abgepressten**" **HV** erklärt wurde, an der der (Wahl-)Verteidiger nicht teilgenommen hat (OLG Düsseldorf StraFo 2012, 105 für Rechtsmittelverzicht, der vom gerichtlich unerfahrenen Angeklagten in einem ursprünglich nur als Anhörung zur Haftfrage konzipierten Termin, mit dem sich der Angeklagte nur deshalb einverstanden erklärt hatte, weil das Gericht hiervon die sofortige Entlassung aus der gem. § 230 angeordneten Sicherungshaft abhängig gemacht hat, erklärt wird),
- dem Rechtsmittelverzicht lag eine vom Vorsitzenden unzuständiger Weise abgegebene und alsbald nach der Urteilsverkündung **nicht eingehaltene Zusage** zugrunde (BGH NJW 1995, 2568 [Erklärung des Vorsitzenden zum Strafvollzug]),
- dem Verzicht lag eine erwiesenermaßen **irreführende Sachbehandlung** und Verletzung der Fürsorgepflicht des Gerichts zugrunde (OLG Köln StV 2014, 207 m. Anm. *Burhoff* StRR 2014, 228 für Rechtsmittelrücknahme im Hinblick auf Fahrerlaubnisfragen; vgl. a. BGHSt 46, 258; NStZ 2004, 636).

2200 Wirksamer Rechtsmittelverzicht

- die **Rechtsmittelbelehrung** ist **unterblieben**, dies führt (allein) nicht zur Unwirksamkeit eines Rechtsmittelverzichts (zuletzt BGH 2006, 351 m.w.N.),

Rechtsmittelverzicht R

- nicht allein aufgrund einer **unrichtigen Auskunft**, wenn diese nicht durch das Gericht, sondern durch den **Pflichtverteidiger** erteilt wurde (BGH, Beschl. v. 16.3.2010 – 4 StR 572/09; s. aber BGHSt 46, 257; OLG Köln StV 2014, 207),
- auch ohne vorherige Rücksprache mit dem Verteidiger wirksam, wenn der **Verteidiger keinen Erörterungsbedarf** zu **erkennen gibt** (BGH NStZ 2014, 553),
- der Rechtsmittelverzicht ist nicht allein deshalb unwirksam, weil der Angeklagte zum Zeitpunkt der Abgabe der Erklärung **emotional aufgewühlt** ist (BGH NStZ-RR 2005, 261 [Be]) oder sich in einer „akuten Belastungssituation" befunden hat (BGH NStZ-RR 2005, 149),
- Empfehlung des Verteidigers, weil sonst bei einer Revision der StA mit einer **höheren Strafe** zu **rechnen** sein (BGH NStZ-RR 2013, 155),
- der Angeklagte hat nur auf das **Bestehenbleiben** eines **Haftverschonungsbeschlusses gehofft** (BGH wistra 1994, 197),
- der Angeklagte ist nur davon ausgegangen, dass es nach der Verhängung einer **Bewährungsstrafe** nicht zur Inhaftierung kommen würde (OLG München StV 2007, 459),
- der Angeklagte hat auf eine Maßnahme nach § **456a** zum Halbstrafenzeitpunkt **gehofft** (BGH NStZ 2001, 220).

c) Auf folgende **Beispiele** ist wegen der **erheblichen Praxisrelevanz besonders** hinzuweisen:

aa) Vor Inkrafttreten der Verständigungsregelung ging die Rspr. davon aus, dass **Absprachen** mit Gericht und StA über das Verfahrensergebnis nicht immer (auch) die Wirksamkeit eines absprachegemäß erklärten Rechtsmittelverzichts berührten (BGH NJW 1997, 2691; zw. bei einer unzulässigen Verknüpfung mit der Höhe der Strafe BGH NStZ 1999, 364). Nach der **Absprache**-Entscheidung des Großen Senats für Strafsachen (vgl. BGHSt 50, 40) war hingegen der aufgrund einer Absprache erklärte Rechtsmittelverzicht grds. unwirksam. Etwas anderes galt nur, wenn der Angeklagte „qualifiziert belehrt" worden war (vgl. dazu → *Absprachen/Verständigung mit Gericht und Staatsanwaltschaft*, Rdn 137 und die dort angeführten Lit.-Hinw.), was allerdings nicht für die Rücknahme der Revision in einem anderen Verfahren galt, selbst wenn diese Teil der Urteilsabsprache war (BGH NStZ-RR 2007, 54; vgl. auch die Darstellung der Entwicklung bei *Scheffler* StV 2015, 123).

2201

Das „Gesetz zur Regelung von Absprachen im Strafverfahren v. 29.7.2009 (BGBl I, S. 2353) hat insoweit dann eine über die Grundsätze der alten Rspr. hinausgehende Regelung eingeführt. Nach § **302 Abs. 1 S. 2** ist ein **Rechtsmittelverzicht** jetzt **immer unwirksam**, wenn dem Urteil eine **Verständigung** i.S.d. § 257c **vorausgegangen** ist (→ *Absprachen/Verständigung mit Gericht und Staatsanwaltschaft*, Rdn 137). Diese Regelung stößt in der Lit. auf erhebliche Kritik (vgl. u.a. *Meyer-Goßner/Schmitt*, § 302 Rn 26b ff. [„über das Ziel hinausgeschossen"]; *Niemöller* NStZ 2013, 19; eingehend, vor allem a. zum „Verteidigerdilemma" *Scheffler* StV 2015, 123).

2202

| R | Rechtsmittelverzicht |

𝄞 Die Verständigung muss aber durch das → **Protokoll der Hauptverhandlung**, Rdn 2103, **nachgewiesen** werden bzw. dieses muss ein sog. Negativattest enthalten (vgl. § 273 Abs. 1a S. 2 und 3; OLG Celle StraFo 2012, 141; OLG Frankfurt am Main NStZ-RR 2010, 213). Enthält das HV-Protokoll weder den Nachweis einer Verständigung nach § 257c noch ein Negativattest, sondern z.B. lediglich den Vermerk „die Sache und Rechtslage wurde erörtert", ist die Frage, ob eine Verständigung oder lediglich eine Erörterung stattgefunden hat, im → *Freibeweisverfahren*; Rdn 1562, aufzuklären (OLG Frankfurt am Main, a.a.O.).

2203 Damit wird das auf einer Verständigung nach § 257c beruhende Urteil **grds. erst nach Ablauf der Rechtsmittelfristen** der §§ 314, 341 rechtskräftig. Es wird allerdings als **zulässig** angesehen, ein zunächst eingelegtes Rechtsmittel wegen veränderter Umstände vor Ablauf der Rechtsmittelfrist zurückzunehmen und dadurch einen früheren Eintritt der Rechtskraft herbeizuführen (*Meyer-Goßner/Schmitt*, § 302 Rn 26f; *Niemöller* NStZ 2013, 19, 23). Noch weiter geht der BGH (vgl. BGHSt 55, 82). Er sieht es offenbar als zulässig an, wenn das Rechtsmittel gegen ein auf einer Verständigung beruhendes Urteil auch ohne Vorliegen besonderer Umstände alsbald nach seiner Einlegung zurückgenommen wird. Darin soll keine Umgehung von § 302 Abs. 1 S. 2 liegen (a.A. die Lit. *Meyer-Goßner/Schmitt*, a.a.O.; *Gerke* NStZ 2011, 110; *Malek* StraFo 2010, 251; *Niemöller* StV 2010, 474; *Staudinger* HRRS 201, 347, jeweils in den Anm. zu BGH, a.a.O.). M.E. ist die abw. Auffassung der Lit. zutreffend. Es ist „blauäugig", wenn der BGH die Wirksamkeit davon abhängig machen will, ob diese Vorgehensweise Inhalt der Verständigung gewesen ist oder nicht. Bei einer Rechtsmittelrücknahme nur eine Stunde nach Einlegung des Rechtsmittels (vgl. die Fallgestaltung bei BGH, a.a.O.) liegt die Umgehung(-sabsicht) auf der Hand.

2204 Die Regelung in § 302 Abs. 1 S. 2 erfasst nicht nur den auf einer Verständigung i.S. des § 257c beruhenden Rechtsmittelverzicht, sondern ist **entsprechend anwendbar** auf einen Rechtsmittelverzicht im Rahmen einer **informellen Verständigung**/einem **„Deal"**. Das folgt aus der Entstehungsgeschichte der Vorschrift und dem mit ihr verfolgten Zweck einer Ausdehnung der Unwirksamkeit des Rechtsmittelverzichts auf alle Urteile, denen eine Verständigung vorausging (vgl. dazu BVerfG NJW 2013, 1058, 1064; BGHSt 59, 21 m. Anm. *Hillenbrand* StRR 2014, 101; OLG Celle StV 2012, 141 m. Anm. *Burhoff* StV 2012, 25; OLG Köln NStZ 2014, 727 m. abl. Anm. *Schneider* NStZ 2015, 53; OLG München StV 2013, 493; a.A. *Bittmann* wistra 2009, 414; *ders.*, NStZ-RR 2011, 102 ff.; offen gelassen von BGH NStZ 2011, 473; krit. *H. Schneider* NStZ 2014, 252, 259). Ob eine solcher Deal stattgefunden hat, muss im → *Freibeweisverfahren*, Rdn 1562, ermittelt werden (BGHSt 59, 21; zur Aufklärungspflicht des Gerichts und zum Nachweis OLG München StV 2013, 493; 2013, 495 [Urteil nichtig]; OLG Zweibrücken NJW 2012, 3193; s. auch *Jäger* JA 2014, 394).

bb) Besondere Erwähnung bedarf auch die Frage der (Un-)Wirksamkeit eines Rechtsmittelverzichts, der von einem trotz Vorliegens der Voraussetzungen einer i.S. des § 140 notwendigen Verteidigung **nicht verteidigten Angeklagten** unmittelbar im Anschluss an die → *Urteilsverkündung*, Rdn 2761, erklärt worden ist. Die zutreffende h.M. (vgl. KG StV 2006, 695; 2013, 11; OLG Celle StV 2013, 12 [Ls.]; OLG Düsseldorf StV 1998, 647; OLG Hamm StV 2010, 67; OLG Koblenz StraFo 2006, 27; OLG Köln NStZ 2004, 77 m.w.N.; StV 2003, 65; OLG München NJW 2006, 789; OLG Naumburg StraFo 2011, 517, *Meyer-Goßner/Schmitt*, § 302 Rn 25a; *Rogall* StV 1998, 643 ff. in der Anm. zu OLG Hamburg NStZ 1997, 53; *Braun* StraFo 2001, 136 in der Anm. zu OLG Brandenburg StraFo 2001, 136; *Keller/Gericke* StV 2006, 177 in der Anm. zu OLG Hamburg StV 2006, 175) geht davon aus, dass eine solche Verzichtserklärung unwirksam ist. Teilweise wird das in der obergerichtlichen Rspr. aber auch anders gesehen und Unwirksamkeit nur dann angenommen, wenn besondere Umstände hinzukommen (vgl. z.B. OLG Brandenburg StraFo 2001, 136; OLG Hamburg NStZ 1997, 53; StV 2006, 175; OLG München NStZ-RR 2010, 19; OLG Naumburg NJW 2001, 2190 [wonach es allein darauf ankommen soll, ob sich der Angeklagte der Bedeutung der Tragweite seiner Erklärung bewusst ist]; ähnl. a. OLG Koblenz NStZ 2007, 55 [für außerhalb der HV zurückgenommenes Rechtsmittel] und OLG München, Beschl. v. 25.3.2009 – 2 Ws 255/09 [für → *Berufungsrücknahme*, Rdn 652]). Der a.A. wird man entgegen halten müssen, dass § 140 nicht nur vor, sondern auch nach der Urteilsverkündung gilt (so zutr. KG StV 2006, 695; OLG Naumburg StraFo 2011, 517).

2205

5. Der wirksame Rechtsmittelverzicht **erfasst**, wenn die Erklärung nicht eingeschränkt wird, nicht nur die gegen das Urteil an sich zulässigen Rechtsmittel, sondern auch die gegen die Kosten- und Auslagenentscheidung gem. § 464 Abs. 3 zulässige sofortige Beschwerde (u.a. KG NStZ-RR 2007, 55 [Ls.]; *Meyer-Goßner/Schmitt*, § 302 Rn 17 und § 464 Rn 21, jew. m.w.N.). Das gilt – zumindest bei einem anwaltlich vertretenen Angeklagten – auch, wenn eine → Rechtsmittelbelehrung, Rdn 2177, nicht erfolgt ist. Denn in den Fällen geht die Rspr. davon aus, dass dem Angeklagten die Möglichkeit der Anfechtung von Kostenentscheidungen bekannt ist (KG, a.a.O.).

2206

Hat der **Angeklagte** auf Rechtsmittel **verzichtet**, kann der Verteidiger später auch nicht mehr aus eigenem Recht ein Rechtsmittel einlegen, da das Urteil durch den Verzicht rechtskräftig geworden ist (*Meyer-Goßner/Schmitt*, § 297 Rn 5; BGH NStZ-RR 2006, 360 [Be]).

6. Mit einem in der HV erklärten Rechtsmittelverzicht wird das zuvor verkündete **Urteil sofort rechtskräftig**. Befindet sich der Angeklagte in **U-Haft**, geht diese nach h.M. **ohne Weiteres** in **Strafhaft** über, ohne dass die Vollstreckung eingeleitet werden muss (BGHSt 38, 63; OLG Hamm NStZ 2008, 582; 2009, 655 [Teilrechtskraft von Einzelstrafen]; StV 2002, 209; s. aber auch OLG Hamm NStZ-RR 2012, 221 [Ls.]; *Meyer-Goßner/*

2207

Schmitt, § 120 Rn 15 m.w.N. a. zur **a.A.**, wie z.B. *Herrmann*, Rn 1274 ff.; *Schlothauer/Weider*, Rn 924 ff.; *Nobis* StraFo 2002, 101 in der Anm. zu OLG Hamm, a.a.O.). Auch das kann ein Grund sein, einen Rechtsmittelverzicht nicht schon in der HV zu erklären (s.a. → *Haftfragen*, Rdn 1676 [zur Frage der Zulässigkeit und der Voraussetzungen der Ladung des auf freiem Fuß befindlichen Angeklagten zum sofortigen Strafantritt]).

Siehe auch: → *Berufung, Allgemeines*, Rdn 541; → *Berufungsrücknahme*, Rdn 652; → *Haftfragen*, Rdn 1653; → *Nachbereitung der Hauptverhandlung*, Rdn 1891; → *Rechtsmittel, Allgemeines*, Rdn 2160 m.w.N.; → *Revision, Allgemeines*, Rdn 2211.

2208 Reduzierte Besetzung der großen Strafkammer/Jugendkammer

> **Das Wichtigste in Kürze:**
> 1. Die Regelung über eine reduzierte Besetzung der großen Strafkammern/Jugendkammern ist in § 76 GVG enthalten.
> 2. Nach den § 76 Abs. 2 – 5 GVG, § 33b Abs. 2 – 6 JGG gilt grds. die Zweierbesetzung.
> 3. Die Dreier-Besetzung ist zwingend anzuordnen in den in § 76 Abs. 2 S. 3 GVG bzw. § 33b Abs. 2 S. 3 JGG enumerativ genannten Fällen.
> 4. Für die Praxis des Verteidigers von besonderer Bedeutung sind die mit der Nachholbarkeit der Besetzungsentscheidung, wenn eine Entscheidung fehlt, die mit ihrer Anfechtung und die einer ggf. zulässigen nachträglichen Abänderung zusammenhängenden Fragen.
> 5. Für alle Verfahren im Erwachsenen-/Jugendbereich, die vor dem 1.1.2012 beim LG anhängig geworden sind, gilt die frühere Regelung in den § 76 Abs. 2 a.F. GVG, § 33b Abs. 2 a.F. JGG.

2209 **Literaturhinweise:** **Böttcher/Mayer**, Änderungen des Strafverfahrensrechts durch das Entlastungsgesetz, NStZ 1993, 153; **Deutscher**, Die Zweier-Besetzung in der Hauptverhandlung als dauerhafter Regelfall – Zur Neuregelung des § 76 GVG, § 33b JGG, StRR 2012, 10; **Haller/Janßen**, Die Besetzungsreduktion bei erstinstanzlichen Strafkammern – Anmerkungen zu den Beschlüssen des BGH vom 14.08. und 16.12.2003, NStZ 2004, 469; **Heß/Wenkse**, Besetzungsreduktion der Großen Strafkammern, DRiZ 2010, 262; **Meyer-Goßner**, Die Chance nutzen: Gerichtsaufbau in Strafsachen, ZRP 2011, 129; **Schlothauer**, Verfahrens- und Besetzungsfragen bei Hauptverhandlungen vor der reduzierten Strafkammer nach dem Rechtspflegentlastungsgesetz, StV 1993, 147; *ders.*, Die Besetzung der großen Straf- und Jugendkammern in der Hauptverhandlung, StV 2012, 749; **Schmidt**, Die Besetzung der großen Jugendkammer in Verfahren über Berufungen gegen Urteile des Jugendschöffengerichts (§ 33b JGG), NStZ 1995, 215; **Weber**, Bedeutsamkeit des Umfangs der Sache im Sinne des § 76 Abs. 2 GVG, JR 2004, 172; s.a. die Hinw. bei → *Besetzungseinwand*, Rdn 791.

2210 **1.a)** Die Regelung über eine reduzierte Besetzung der großen Strafkammern (im Folgenden kurz: StK)/Jugendkammern ist in § 76 GVG enthalten. Bis zum 1.3.1993 war in **§ 76 GVG**

a.F. für Strafkammern (im Folgenden kurz: StK) für die HV uneingeschränkt die sog. Dreier-Besetzung vorgesehen. Durch das RPflEntlG vom 11.1.1993 (BGBl I, S. 50) ist § 76 Abs. 2 a.F. GVG, um einem durch die Wiedervereinigung bedingten Personalengpass im Richterbereich entgegenzuwirken, dahin geändert worden, dass die große StK bei Eröffnung des Hauptverfahrens die Besetzung in der HV mit zwei Berufsrichtern einschließlich Vorsitzendem beschließt, wenn nicht die StK als Schwurgericht zuständig ist oder nach dem Umfang oder der Schwierigkeit der Sache die Mitwirkung eines dritten Richters notwendig erscheint. Eine entsprechende Regelung wurde für die Jugendkammern in § 33b Abs. 2 JGG eingeführt. Diese (zunächst) zeitlich befristete Regelung ist in der Folgezeit immer wieder verlängert worden. In Zusammenhang mit der letzten Verlängerung der durch das RPflEntlG vom 11.1.1993 vorgesehenen Übergangsregelung war im Hinblick auf die Anwendungspraxis der Besetzungsreduktion durch die Praxis eine umfassende Evaluierung angekündigt worden (vgl. BT-Drucks 16/10570, S. 3).

b) Die gemäß dieser Ankündigung in Auftrag gegebenen Gutachten (vgl. u.a. Gutachten der Großen Strafrechtskommission des DRB: Besetzungsreduktion bei der Großen Strafkammer [§ 76 Abs. 2 GVG, § 33b Abs. 2 JGG], 2009, S. 91, http://www.bmj.de; nachfolgend: Gutachten) haben dann zu einer gesetzlichen Neuregelung des § 76 Abs. 2 a.F. GVG für das allgemeine Strafverfahren und des § 33b a.F. JGG für das JGG-Verfahren geführt. Durch das „Gesetz über die Besetzung der großen Straf- und Jugendkammern in der HV und zur Änderung weiterer gerichtsverfassungsrechtlicher Vorschriften sowie des BundesdisziplinarG" v. 6.12.2011 (BGBl I, S. 2554) sind nämlich diese Vorschriften grundlegend und unbefristet **geändert** worden. Danach ist nun die Praxis der StK bei den LG, die schon in der Vergangenheit mit steigender Tendenz die Mehrzahl der Verfahren in Zweier-Besetzung verhandelt hat (zum Zahlenmaterial s. *Haller/Janßen* NStZ 2004, 470; vgl. dazu auch BGHSt 44, 328; zuletzt zur „Altregelung" u.a. BGH NJW 2010, 3045, 3047), Gesetz geworden. § 76 Abs. 2 GVG sieht nämlich – nun ohne zeitliche Befristung – die **Zweier-Besetzung** der StK als **Regelfall** vor. Die Vorschrift des § 122 GVG, der die Besetzung des erstinstanzlich tätig werdenden OLG-Senats regelt, ist allerdings nicht geändert worden.

2211

> Für die **Übergangsregelung**: Nach § 41 Abs. 1 EGGVG ist die Neuregelung auf alle nach dem 31.12.2011 beim LG anhängig gewordenen allgemeinen Strafverfahren anzuwenden. Entsprechendes gilt nach § 121 Abs. 2 JGG für § 33b Abs. 2 JGG im JGG-Verfahren. § 76 Abs.a.F. GVG bzw. § 33b Abs. 2 a.F. JGG gelten für alle Verfahren im Erwachsenen-/Jugendbereich, die vor dem 1.1.2012 beim LG anhängig geworden sind (zu „Altfällen" s. unten Rdn 2235 ff.).

2. Da die StK grds. im Eröffnungsbeschluss über die Besetzung der Kammer in der HV zu entscheiden hat, spielen die mit der reduzierten Besetzung zusammenhängenden Fragen an sich im EV eine größere Rolle. Da sich aber auch noch im zeitlichen Bereich der HV die

2212

„Besetzungsfrage" stellen kann, z.B. nach Aussetzung der HV (vgl. dazu Rdn 2234), sollen die (Neu-)Regelungen in § 76 GVG bzw. § 33b JGG aber auch hier dargestellt werden (vgl. dazu schon eingehend *Deutscher* StRR 2012, 10 ff., dessen Darstellung u.a. Grundlage für die nachfolgenden Ausführungen ist; auch noch *Schlothauer* StV 2012. 749 ff.; s. i.Ü. auch den Gesetzesvorschlag der Großen Strafrechtskommission in: Gutachten, S. 116, sowie BT-Drucks 17/6905 bzw. 17/7276).

2213 **b) Allgemein** ist sowohl für allgemeine Strafsachen bei der großen StK des LG als auch für die Jugendkammer von folgendem **Regelungsgefüge** auszugehen (vgl. auch *Schlothauer* StV 2012. 749, 750):

- Nach § 76 Abs. 1 GVG, § 33b Abs. 1 JGG sind die großen Straf-/Jugendkammern – nach wie vor – **außerhalb** der **HV** immer mit drei Berufsrichtern einschließlich Vorsitzendem besetzt (OLG Zweibrücken StraFo 1997, 204). Insoweit ist stets durch drei Berufsrichter zu entscheiden. Das gilt z.B. auch für die Entscheidung über ein Ablehnungsgesuch (s. § 27 Abs. 2; → *Ablehnung eines Richters, Allgemeines*, Rdn 1 m.w.N.) oder für die Entscheidung über den Eröffnungsbeschluss (BGHSt 50, 267; BGH NStZ 2009, 52; StV 2007, 562; → *Eröffnungsbeschluss*, Rdn 2577), und zwar auch, wenn der in der HV nachgeholt wird/werden muss (zuletzt BGH NStZ 2012, 50; → *Eröffnungsbeschluss*, Rdn 2602).

- Für die **Besetzung in** der HV gelten § **76 Abs. 2 – 5 GVG, § 33b Abs. 2 – 6 JGG**. Grds. gilt die Zweierbesetzung.

- Über die Besetzung ist immer, also nicht nur im Fall der vorgesehenen Zweier-Besetzung, zu **entscheiden**, entweder bei der → *Eröffnung des Verfahrens*, Rdn 2621 (§ 76 Abs. 2 S. 1 GVG bzw. § 33b Abs. 2 S. 1 JGG), im → *Eröffnungsbeschluss*, Rdn 2577, oder bei bereits eröffnetem Hauptverfahren bei der Anberaumung des Termins zur HV (§ 76 Abs. 2 S. 2 GVG bzw. § 33b Abs. 2 S. 1 JGG; → *Terminsbestimmung/Terminsverlegung*, Rdn 2646; zu allem Rdn 2227 f.).

- Die **Dreier-Besetzung** ist dabei zwingend anzuordnen in drei enumerativ genannten Fällen (§ 76 Abs. 2 S. 3 bzw. § 33b Abs. 2 S. 3; s.u. Rdn 2215 ff.).

- „Im Übrigen" gilt als Grundsatz in der HV die **Zweier-Besetzung** (§ 76 Abs. 2 S. 4 GVG bzw. § 33b Abs. 2 S. 4 JGG; vgl. Rdn 2214).

- § 76 Abs. 4 und 5 GVG, § 33b Abs. 5 und 6 JGG enthalten Regelungen zur **nachträglichen Abänderung** bzw. Neuentscheidung nach Zurückverweisung vom Revisionsgericht oder nach Aussetzung der HV (vgl. Rdn 2233 ff.). Eine begonnene HV ist aber in der ursprünglich beschlossenen Besetzung zu Ende zu führen (BGH NStZ 2013, 181).

2214 **3.a)** Nach § 76 Abs. 2 S. 4 GVG bzw. § 33b Abs. 2 S. 4 JGG ist **grds**. für die HV die **Zweier-Besetzung** vorgesehen (zur Begründung s. BT-Drucks 17/6905, S. 8 ff.; zur Kritik *Haller/Janßen* NStZ 2004, 469, 472; Gutachten, S. 91).

b) Etwas anderes gilt nur, wenn einer der **zwingenden Fälle** für die **Dreier-Besetzung** im jeweiligen Abs. 2 S. 3 der Vorschriften der § 78 GVG, § 33b JGG vorliegt. Im Einzelnen gilt (vgl. dazu auch *Deutscher* StRR 2012, 10, 11 ff.): 2215

aa) Nach **Abs. 2 S. 3 Ziff. 1** der Vorschriften § 76 GVG, § 33b JGG ist die Dreier-Besetzung zwingend, wenn die Straf-/Jugendkammer als **Schwurgericht** zuständig ist. Insoweit hat sich gegenüber den früher geltenden Fassungen der § 76 Abs. 2, § 33b Abs. 2 JGG keine grundsätzliche Änderung ergeben. Maßgebend ist der Deliktskatalog in § 74 Abs. 2 S. 1 GVG. 2216

> Der **Katalog** in § 74 Abs. 2 S. 1 GVG ist **erweitert** worden. Zuständig als Schwurgericht ist die StK/Jugendkammer danach nun auch in den Fällen der Nachstellung mit Todesfolge (§ 238 Abs. 3 StGB), der schweren Gefährdung durch Freisetzen von Giften mit Todesfolge (§ 330a Abs. 2 StGB), der Körperverletzung im Amt mit Todesfolge (§§ 340 Abs. 3, 227 StGB) und des Abgebens, Verabreichens oder Überlassens von BTM zum unmittelbaren Verbrauch mit Todesfolge (§ 30 Abs. 1 Nr. 3 BtMG).

bb) Nach **Abs. 2 S. 3 Ziff. 2** der Vorschriften § 76 GVG, § 33b JGG ist die Dreier-Besetzung ebenfalls **zwingend**, wenn freiheitsentziehende Maßregeln der **Sicherungsverwahrung**, deren **Vorbehalt** oder die Anordnung der **Unterbringung in einem psychiatrischen Krankenhaus** zu erwarten sind. Die Formulierung „zu erwarten ist" orientiert sich an § 74 Abs. 1 S. 2 GVG. Besondere Bedeutung hat diese (Neu-)Regelung für die Sicherungsverwahrung. Der BGH hatte in der Vergangenheit trotz einer zu erwartenden Sicherungsverwahrung eine Zweier-Besetzung nach § 76 Abs. 2 GVG a.F. für zulässig gehalten (vgl. BGHSt 49, 25; BGH StV 2004, 250 m. Anm. *Haller/Janßen* NStZ 2004, 469; anders wohl BGH StV 2012, 196). Diese Rspr. ist also überholt (zust. zur Neuregelung *Deutscher* StRR 2012, 10, 11). 2217

> Für die Entscheidung über die im Urteil **vorbehaltene** oder die **nachträgliche Anordnung der Sicherungsverwahrung** (§§ 66a, 66b StGB) sieht der im Rahmen der Reform eingeführte § 74f Abs. 4 GVG ebenfalls eine zwingende Dreier-Besetzung vor.

cc) Nach **Abs. 2 S. 3 Ziff. 3** der Vorschriften der § 76 GVG, § 33b JGG ist die Dreier-Besetzung der Straf-/Jugendkammer zwingend, wenn nach dem **Umfang** oder der **Schwierigkeit** der Sache die Mitwirkung eines dritten Richters **notwendig** erscheint. Dies entspricht der früheren Fassung des § 76 Abs. 2 GVG, sodass die dazu vorliegende Rspr. anwendbar bleibt/ist (s.a. *Deutscher* StRR 2012, 10, 12). In **Abs. 3** der Vorschriften sind **Regelfälle** für die Notwendigkeit der Dreier-Besetzung wegen Umfang oder Schwierigkeit vorgesehen (vgl. dazu Rdn 2225). Damit hat der Gesetzgeber die Begriffe „Umfang" und „Schwierigkeit der Sache" stärker konturieren wollen (vgl. BT-Drucks 17/6905, S. 12). Sie geben also Auslegungshilfe (vgl. zu den Regelbeispielen unten Rdn 2225). 2218

> Für die Anwendung dieser Regelung ist auf Folgendes zu achten: Den Straf-/Jugendkammern ist **kein Ermessen** bei der Entscheidung über die Besetzung eingeräumt (worden) (BGHSt 44, 328; BGH NJW 2003, 3644; StV 2010, 228; vgl. dazu a. Kissel/ Mayer, § 76 GVG Rn 4). Es besteht aber wohl ein **weiter Beurteilungsspielraum** bei der Bewertung von Umfang oder Schwierigkeit einer Sache; dabei sind die Umstände des Einzelfalls zu berücksichtigen (BVerfG, Beschl. v. 16.10.2007 – 2 BvR 1712/07; BGH, a.a.O.; s. dazu *Katholnigg* JR 1999, 304 in der Anm. zu BGHSt 44, 328). Eine fehlerhafte Beurteilung ist in der Vergangenheit nur bei unvertretbarer Überschreitung dieses Spielraums als revisibel angesehen worden, erforderte also eine **objektiv willkürliche** Entscheidung (BGHSt 44, 328; BGH NJW 2003, 3644, 3645; 2010, 3045, 3046; zur Revision s.u. Rdn 2235).
>
> M.E. ist zu erwägen die Rspr. der OLG zum „besonderen Umfang" bzw. zur „besonderen Schwierigkeit" der Ermittlungen bei der → *Haftprüfung durch das Oberlandesgericht*, Rdn 2770, nach § 121 entsprechend heranzuziehen. Zumindest wird es diese Anhaltspunkte geben können.

2219 Die Bewertung, ob die gesetzlichen Voraussetzungen für eine notwendige Dreier-Besetzung vorliegen, ist i.Ü. **ausschließlich** aus der **Perspektive** der **Eröffnungs-/Besetzungsentscheidung** zu treffen. Nachträgliche Entwicklungen, die Einfluss auf Umfang oder Schwierigkeit der Sache haben, sind ohne Belang. So ist etwa die Ankündigung von (Beweis-)Anträgen durch Verfahrensbeteiligte in der HV, wodurch der von StK prognostizierte Zeitrahmen überschritten wird, ohne Bedeutung (BGH StraFo 2005, 162). Eine begonnene HV ist daher in der ursprünglich beschlossenen Besetzung zu Ende zu führen (BGH NStZ 2013, 181).

2220 (1) Bei der Beurteilung des **Umfangs der Sache** wird abzustellen sein (vgl. BVerfG, Beschl. v. 16.10.2007 – 2 BvR 1712/07; BGHSt 44, 328; BGH NJW 2003, 3644 [umfangreiches Wirtschaftsstrafverfahren]; StV 2010, 228; StRR 2013, 218, insoweit nicht in BGHSt 58, 99; LG Aschaffenburg StV 2007, 522; *Meyer-Goßner/Schmitt*, § 76 GVG Rn 3):

2221 **für Dreier-Besetzung**

- große **Zahl** der **Angeklagten**,
- große **Zahl** der **Verteidiger**,
- große **Zahl** der **Delikte** (BGH StV 2004, 250 [Verhandlung von 21 Verbrechen mit erheblichem Aktenumfang, 43 Zeugen und zu erwartender mehrmonatiger HV]), bei einer Vielzahl an Taten auch, ob diese jeweils einfach und gleich gelagert sind (BGH NJW 2010, 3045, 3047),
- große **Zahl** der **notwendigen Dolmetscher** (BGH StV 2004, 250),

- große Zahl der Zeugen und anderer **Beweismittel** (BGH StV 2004, 250), wie z.B. eine große Zahl abgehörter Telefonate (vgl. BGH StV 2010, 228 [potentiell entscheidungserheblich 600 von 82.000 abgehörten Telefonaten]; s. wohl auch BGH StRR 2013, 218, insoweit nicht in BGHSt 58, 99),
- der **Umfang** der Akten,
- die voraussichtliche lange **Dauer** der HV (BGH StV 2004, 250; vgl. auch das Regelbeispiel in Abs. 3; dazu Rdn 2225),
- die Frage, ob der Angeklagte ein **Geständnis** ablegt oder nicht (BGH, a.a.O),
- die drohende Anordnung der **Sicherungsverwahrung** führt (jetzt) zwingend nach Ziff. 2 (vgl. Rdn 2244) zur Dreier-Besetzung,
- die unten bei Rdn 2224 angeführten Kriterien für die **Schwierigkeiten**, die i.d.R. auch Auswirkungen auf den Umfang des Verfahrens haben.

🖉 Das Merkmal der objektiven Willkür hat dazu geführt, dass der BGH in seiner Rspr. zu § 76 Abs. 2 GVG a.F. **nur** in Fällen einer evident krassen Fehlbewertung einen **Verstoß** bejaht hat. So wurde die Zweier-Besetzung als zwar bedenklich, aber nicht als unvertretbar und willkürlich angesehen in einem Fall mit acht Angeklagten, zehn Verteidigern, 19 angeklagten Taten und mehr als 70 benannten Zeugen, da von einigen Angeklagten (Teil-)Geständnisse angekündigt waren (BGHSt 44, 328; ähnlich BGH StRR 2013, 218, insoweit nicht in BGHSt 58, 99). Bei dem Vorwurf mehrerer hundert, weitgehend gleichartig begangener Taten gegen vier nicht geständige Angeklagte mit 289 benannten Zeugen wurde hingegen Willkür angenommen (BGH NJW 2003, 3644, 3645 [Zweier-Besetzung „völlig verfehlt"]; ähnl. BGH StV 2004, 250; 2010, 228).

Gegen Dreier-Besetzung 2222

- (Allein) mit Gründen der **Personaleinsparung** kann die Zweier-Besetzung nicht begründet werden (zur Frage der Willkür s. insoweit BGHSt 44, 328, wo der BGH die in einem Umfangsverfahren getroffene Entscheidung wegen der besonderen Umstände als noch hinnehmbar angesehen hat, insbesondere auch, weil es zum Zeitpunkt der Entscheidung eine feststehende Rspr. zu § 76 Abs. 2 GVG a.F. noch nicht gab]).
- Auch nicht maßgeblich ist **die besondere Bedeutung** der Sache, die lediglich die Zuständigkeit des LG nach § 24 Abs. 1 Ziff. 3 GVG zu begründen vermag (*Meyer-Goßner/Schmitt*, § 76 GVG Rn 3; *Deutscher* StRR 2012, 10, 12.).
- **Gleichartige Delikte** zum Nachteil desselben Geschädigten, **geständige Einlassungen** von zwei Angeklagten (BGH NStZ-RR 2012, 236 [Ci/Zi; insoweit nicht in NStZ 2009, 445).

| R | Reduzierte Besetzung der großen Strafkammer/Jugendkammer |

2223 (2) Bei der Beurteilung der **Schwierigkeit der Sache** wird abzustellen sein auf (vgl. auch BVerfG, Beschl. v. 16.10.2007 – 2 BvR 1712/07; BGHSt 44, 328; BGH NJW 2003, 3644 [umfangreiches Wirtschaftsstrafverfahren]; StV 2010, 228; LG Aschaffenburg StV 2007, 522; *Meyer-Goßner/Schmitt*, § 76 GVG Rn 3; *Deutscher* StRR 2012, 10, 12; zum Regelbeispiel „Wirtschaftsstrafkammer s. Rdn 2225):

2224 **Beispiele für Schwierigkeit**

- die Notwendigkeit von (umfangreichen oder) mehreren **SV-Gutachten** (BGH StV 2010, 228),
- zu erwartende **Beweisschwierigkeiten** (nicht aber aus der bloßen Notwendigkeit eines Indizienbeweises; *Meyer-Goßner/Schmitt*, § 76 GVG Rn 3),
- **Komplexität** der aufgeworfenen **Sach- und Rechtsfragen** (vgl. z.B. BGH NJW 2010, 3045, 3047 [Zweier-Besetzung objektiv willkürlich bei komplexen Rechtsbeugungsvorwürfen, die eine weitgehende Rekonstruktion einer früheren HV erfordern]; zur Wirtschaftsstrafkammer s. Rdn 2225),
- die oben bei Rdn 2221 angeführten Kriterien für den **Umfang**, die i.d.R. auch Auswirkungen auf die Schwierigkeit des Verfahrens haben.

2225 (3) In §§ 76 Abs. 3 GVG, § 33b JGG sind **Regelfälle** für die Notwendigkeit der Dreier-Besetzung wegen **Umfangs** oder **Schwierigkeit** der Sache enthalten. Insoweit gilt (vgl. auch *Deutscher* StRR 2012, 10, 12; *Schlothauer* StV 2012, 749, 751 f.):

2226
- Der erste Regelfall ist dann gegeben, wenn die **HV voraussichtlich länger als 10 Tage** dauern wird (näher Gutachten, S. 107; vgl. dazu schon BGHSt 52, 355, 362 [bei 10 HV-Tagen kann grds. nicht von der Mitwirkung eines dritten Berufsrichters abgesehen werden]; BGH NJW 2010, 3045, 3047 zu § 76 Abs. 2 a.F. GVG). Abzustellen ist auf die Anzahl der anberaumten Sitzungstage bei Eröffnung des Hauptverfahrens oder auf die Festlegung der Termine bei schon eröffnetem Hauptverfahren (vgl. § 76 Abs. 2 S. 1 und 2 GVG). Die sich erst im späteren Verlauf der HV expost ergebende Notwendigkeit weiterer Verhandlungstage spielt hingegen keine Rolle (vgl. dazu u. Rdn 2232).
- Außerdem ist i.d.R. eine Dreier-Besetzung anzuordnen, wenn die große StK **als Wirtschaftskammer** zuständig ist. Abzustellen ist auf den Deliktskatalog in § 74c GVG. Ist diese Zuständigkeit der StK gegeben, wird wegen der grundsätzlichen Komplexität bei Wirtschafts- und Steuerstrafverfahren in rechtlicher und tatsächlicher Hinsicht die Notwendigkeit einer Dreier-Besetzung vermutet (eingehend Gutachten, S. 110).
- Für das JGG-Verfahren sieht § 33b Abs. 3 Ziff. 1 JGG einen weiteren/besonderen Regelfall der Dreier-Besetzung vor. Danach ist diese i.d.R. notwendig, wenn die Jugendkammer eine Sache vom Jugendschöffengericht wegen ihres **besonderen Umfangs übernimmt** (§ 41 Abs. 1 Ziff. 2 JGG).

Bei den in Abs. 3 der Vorschriften jeweils aufgeführten Fällen handelt es sich „nur" um Regelbeispiele. Die sich daraus ergebende **Regelwirkung** hinsichtlich des Vorliegens von „Umfang" bzw. „Schwierigkeit" der Sache kann **widerlegt** werden. Insoweit gelten die allgemeinen Regeln für die Widerlegung einer gesetzlichen Regelwirkung mit der Folge (auch *Deutscher* StRR 2010, 10, 12, 13; *Schlothauer* StV 2012, 749, 751 f.): 2227

- Durch die Anberaumung von **mehr als 10 HV-Tagen** ist Umfang oder Schwierigkeit der Sache i.S. des jeweiligen Abs. 2 der Vorschriften indiziert, sodass nur bei Vorliegen besonderer Umstände im Einzelfall die Regelwirkung widerlegt werden kann (BT-Drucks 17/6905, vgl. auch BGHSt 52, 355, 362). Zur Bestimmung solcher Umstände kann auf die oben bei Rdn 2220 f. aufgeführten Kriterienkataloge zurückgegriffen werden. Dies käme beispielsweise bei weniger komplexen Verfahren in Betracht, wenn deren Umfang allein durch eine Vielzahl für sich jeweils sehr einfach liegenden Fällen bedingt ist (vgl. BGH NJW 2010, 3045). 2228

- Auch bei der **Wirtschaftsstrafkammer** kann die Regelwirkung hier nur **ausnahmsweise** widerlegt werden, etwa wenn Absprachen bereits getroffen (→ *Absprachen/ Verständigung im Ermittlungsverfahrens*, Rdn 80, oder konkret zu erwarten sind, etwa bei im EV abgelegten oder angekündigten Geständnissen. Gleiches gilt, wenn eine Einstellung der komplexen Teile des Verfahrens gem. §§ 154, 154a im Raum steht, wie z.B. bei komplizierten Verjährungsfragen hinsichtlich älterer Tatvorwürfe.

- Bei § 33b Abs. 3 Ziff. 1 JGG ist eine Widerlegung der Regelwirkung angesichts des bereits bei Übernahme von der **Jugendkammer** bejahten Merkmals „besonderen Umfangs" kaum denkbar.

4. Hinweise für den Verteidiger

Für die Praxis des Verteidigers von besonderer Bedeutung sind die Frage der **Nachholbarkeit** der Besetzungsentscheidung, wenn eine Entscheidung fehlt (vgl. Rdn 2229 f.), sowie die mit ihrer **Anfechtung** der (vgl. Rdn 2231) und einer ggf. zulässigen **nachträglichen Abänderung** (vgl. dazu Rdn 2232) zusammenhängenden Fragen (zu den Verfahrensfragen a. *Schlothauer* StV 2012, 749, 750).

a)aa) Nach § 76 Abs. 2 a.F. GVG war eine Entscheidung über die Besetzung der StK nur bei Anordnung der Zweier-Besetzung erforderlich. Dies ist in § 76 Abs. 2 S. 1 GVG, § 33b Abs. 2 S. 1 JGG dahin geändert, das **zwingend ein Beschluss über die Besetzung** zu erfolgen hat (BT-Drucks 17/6905, S. 12). Zu entscheiden ist entweder im → *Eröffnungsverfahren*, Rdn 2621, bei Eröffnung des Hauptverfahrens im → *Eröffnungsbeschluss*, Rdn 2577, oder im Fall des schon eröffneten Hauptverfahrens nach dem jeweiligen S. 2 bei Anberaumung des Termins zur HV. Letzteres kann bei Übernahme eines bereits eröffneten Verfahrens vom AG nach §§ 225a, 270 der Fall sein, sofern die Anordnung nicht bereits im Übernahmebeschluss erfolgt ist (so zum früheren Recht bereits BGH 2229

StV 2001, 155) oder weil das OLG auf sofortige Beschwerde der StA das Hauptverfahren in größerem Umfang eröffnet als ursprünglich die StK (BT-Drucks 17/6905, S. 9).

2230 **bb)** Nicht geregelt ist in den § 76 Abs. 2, § 33b Abs. 2 GVG die Frage, wie die Fälle zu behandeln sind, in denen eine **Besetzungsentscheidung fehlt**. Unter Geltung von § 76 Abs. 2 a.F. GVG musste früher dann in Dreier-Besetzung, der früheren Regelbesetzung, verhandelt werden (BGHSt 44, 361; BGH NStZ 2009, 53; LG Bremen StraFo 2004, 102; vgl. aber auch BGH NStZ-RR 1999, 274 („Mitwirkung eines dritten Richters" im Formular nicht angekreuzt]). Unter Berücksichtigung dieser früheren Rspr. und der gesetzgeberischen Entscheidung, in § 76 Abs. 2 S. 4 GVG grds. von einer Zweier-Besetzung in der HV auszugehen, wird man davon ausgehen können, dass beim Fehlen einer Besetzungsentscheidung nunmehr eine Zweier-Besetzung angezeigt ist (s.a. *Deutscher* StRR 2012, 10, 12; a.A. wohl *Meyer-Goßner/Schmitt*, § 76 Rn 9). Gegen diesen Lösungsansatz wird man allerdings einwenden können, dass nach Abs. 2 der Vorschriften der § 76 GVG, § 33b JGG nun zwingend eine Anordnung über die Besetzung erforderlich ist (Rdn 2229). Auch wird dabei eine differenzierte Ausübung des Beurteilungsspielraums durch die StK, wie sie in den Abs. 2 und 3 zum Ausdruck kommt, vernachlässigt (vgl. Rdn 2218 ff.). Schließlich wäre in Fällen der zwingenden Dreier-Besetzung nach § 76 Abs. 2 S. 3 GVG bzw. § 33b Abs. 3 JGG die Zweier-Besetzung offensichtlich rechtswidrig. Entsprechendes gilt, wenn ein Regelfall der Abs. 3 vorliegt und keine Gründe erkennbar sind, um von der Regelwirkung abzusehen (s.o. Rdn 2225 f.).

> Dies spricht dafür, dass beim Fehlen einer Anordnung die Verhandlung in Zweier-Besetzung schon wegen dieses Mangels **einen eigenständigen Verfahrensverstoß** darstellt (s. auch *Deutscher* StRR 2012, 10, 13).
>
> Andererseits wird aus diesen Gründen die **Nachholung** einer **unterbliebenen Anordnung** jedenfalls bis zum Beginn der HV **zulässig** sein, wie dies auch beim unterbliebenen Eröffnungsbeschluss anerkannt ist (BGHSt 29, 224; s.a. *Deutscher*, a.a.O.). Dazu kann auf den BGH, Beschl. v. 31.8.2010 (NStZ 2011, 54) verwiesen werden. Dort hat der BGH zwar die Frage, ob eine Besetzungsreduktion auf zwei Berufsrichter bei Annahme schlichter Fehlerhaftigkeit in die zum Zeitpunkt der Entscheidung grds. erforderliche Dreierbesetzung korrigiert werden kann, offen gelassen. Er hat dies jedoch als nicht fern liegend angesehen. Das wird man auf die vergessene Besetzungsentscheidung entsprechend anwenden können.

2231 **b)** Die über die Besetzung getroffene Anordnung ist **unanfechtbar** (BGHSt 44, 328; KK-*Diemer*, § 76 GVG Rn 4). Sie kann von der Kammer **nachträglich** nur **abgeändert** werden, wenn fristgemäß der Besetzungseinwand nach § 222b erhoben wird und die Anordnung zum Zeitpunkt ihres Erlasses **rechtsfehlerhaft** war (BGH, a.a.O.; NJW 2003, 3644, 3645; → *Besetzungsfragen*, Rdn 791 ff.). Das kann der Fall sein, wenn die Besetzungsentscheidung bei der Frage von Umfang und Schwierigkeit der Sache objektiv willkürlich war (BGH NJW 2010, 3045, 3046). Anderenfalls ist bei nachträglich bemerkter Fehlerhaftigkeit der Anordnung die HV auszusetzen (*Meyer-Goßner/Schmitt*, § 76 GVG Rn 4). Das gilt auch, wenn durch eine Änderung der Geschäftsverteilung eine andere Strafkammer für den Fall zuständig geworden ist (BGH StV 2005, 654) oder eine Aussetzung der HV wegen Erkrankung eines Schöffen erfolgt (offengelassen von BGH NStZ-RR 2005, 47 [Ls.]).

Eine **begonnene HV** ist in der ursprünglich beschlossenen Besetzung zu Ende zu führen (BGH NStZ 2013, 181).

c) In § 76 Abs. 4 GVG bzw. § 33b Abs. 5 JGG sind weitere Möglichkeiten zur **nachträglichen Abänderung** vorgesehen. Danach kann die angeordnete **Zweier-Besetzung in** eine **Dreier-Besetzung** umgewandelt werden, wenn neue Umstände vor Beginn der HV diese erforderlich machen. Eine solche Möglichkeit hatte der BGH bereits früher anerkannt, wenn sich der Umfang oder die Schwierigkeit der Sache durch Verbindung erstinstanzlicher Verfahren erheblich erhöhen (BGHSt 53, 169 m. Anm. *Freuding* NStZ 2009, 611; StV 2012, 196). Erfasst wird auch der Fall, dass die Dreier-Besetzung notwendig wird, weil das OLG auf sofortige Beschwerde der StA das Hauptverfahren in größerem Umfang eröffnet als ursprünglich von der Kammer vorgesehen (BT-Drucks 17/6905, S. 9). Die Änderung der Besetzung ist nach dem Wortlaut der Abs. 4 bzw. 5 bei Vorliegen der Voraussetzungen **zwingend** – „beschließt" -, ein Ermessen steht der Kammer nicht zu (a.A. BGH, a.a.O., zum früheren Recht). Ändert sich die Sachlage erst nach Beginn der HV, ist diese in der ursprünglich angeordneten Besetzung zu Ende zu führen (BGH NStZ 2013, 181; BT-Drucks 17/6905, S. 12), sofern die StK nicht hierdurch unzuständig, wie z.B. bei sich ergebender Zuständigkeit des Schwurgerichts nach § 74 Abs. 2 GVG, und keine sachlichen Gründe für eine Aussetzung (vgl. Rdn 2234) gegeben sind. 2232

Der umgekehrte **Wechsel** von der angeordneten **Dreier-Besetzung** zur **Zweier-Besetzung** ist nach den gesetzlichen Regelungen auch bei veränderter Sachlage **nicht** vorgesehen, obwohl eine Verminderung von Umfang oder Schwierigkeit der Sachlage vor der HV denkbar ist, etwa durch kurzfristig angekündigte Geständnisse, getroffene Absprachen und/oder Abtrennung des Verfahrens gegen einzelne Angeklagte. Einem solchen Wechsel steht die eindeutige Regelung nur des umgekehrten Falles in § 76 Abs. 4 GVG bzw. § 33b Abs. 5 GVG entgegen (zur nur ausnahmsweisen Abänderbarkeit (nach altem Recht s.a. BGHSt 53, 169; BGH StV 2012, 196).

d)aa) In § 76 **Abs. 5** GVG bzw. § 33b **Abs. 6** GVG ist zunächst in der **Alt. 1** die Möglichkeit vorgesehen, **nach Zurückverweisung** der Sache durch das Revisionsgericht erneut über die Besetzung zu beschließen (s. früher schon § 76 Abs. 2 S. 2 a.F. GVG). 2233

| R | Reduzierte Besetzung der großen Strafkammer/Jugendkammer |

2234   bb) In Alt. 2 ist die Möglichkeit vorgesehen, auch **nach Aussetzung** der HV erneut über die Besetzung zu entscheiden. Für diese Aussetzung müssen aber sachliche Gründe vorliegen. Zwar ergibt sich das nicht ausdrücklich aus den gesetzlichen Regelungen, in der Gesetzesbegründung (BT-Drucks 17/6905, S. 10) ist aber ausgeführt, dass eine Aussetzung nicht nur zu dem Zweck erfolgen darf, erneut über die Besetzung entscheiden zu können. Die HV darf insbesondere dann nicht ausgesetzt werden, wenn sich erst nach Beginn der HV herausstellt, dass sie deutlich länger oder kürzer als erwartet dauern wird (vgl. oben Rdn 2220 ff.), bei früherer Kenntnis eine andere Besetzung beschlossen worden wäre und sonst keine Gründe für die Aussetzung vorliegen. Anders liegt es, wenn sachliche Gründe die Aussetzung erforderlich machen. Insbesondere dann, wenn sich z.B. erst in der HV Anhaltspunkte dafür ergeben, dass die Anordnung der Unterbringung in der Sicherungsverwahrung, deren Vorbehalt oder die Anordnung der Unterbringung in einem psychiatrischen Krankenhaus zu erwarten ist und die Vernehmung eines SV nach § 246a anderenfalls nicht ordnungsgemäß durchgeführt werden kann, soll die HV ausgesetzt werden können (vgl. BT-Drucks, a.a.O.).

> 📖 Nach der Aussetzung der HV aus sachlichen Gründen ist eine **erneute Beschlussfassung** über die Besetzung in der neu zu terminierenden HV zulässig. Dabei gelten die allgemeinen Kriterien (vgl. oben Rdn 2218 ff.).

2235   e) Für die **Revision** ist auf Folgendes hinzuweisen: Ein Verstoß gegen die Besetzungsregeln ist ein absoluter Revisionsgrund nach **§ 338 Ziff. 1** (vgl. z. alten Recht und zur Willkür BGH NJW 2010, 3045). Mit der Revision kann er aber nur zulässig gerügt werden, wenn fristgemäß der → *Besetzungseinwand*, Rdn 791, nach § 222b erhoben worden ist, anderenfalls ist die Verfahrensrüge **präkludiert** (BGHSt 44, 328; BGH NJW 2003, 3644, 3645; StV 2012, 196; vgl. auch noch *Deutscher* StRR 2012, 10, 14; *Schlothauer* StV 2012, 749, 753).

> 📖 Der Verteidiger muss sich immer **überlegen**, ob es **sinnvoll** ist, einen **Besetzungseinwand** zu erheben (zur Revision *Schlothauer* StV 1993, 147 ff.). Möglicherweise kann es sinnvoller sein, in Fällen einer fehlerhaften Zweier-Besetzung den Besetzungseinwand nicht zu erheben und auf Verfahrensfehler zu hoffen, die sich in umfangreichen oder schwierigen Fällen aus einer unangemessen reduzierten Besetzung der Richterbank ergeben können (Gutachten, S. 42; *Deutscher*, a.a.O.). Andererseits erhält er sich mit dem Besetzungseinwand nach § 222b die entsprechende Rüge in der Revision. Zudem kann, wenn die StK nach einem Besetzungseinwand die HV aussetzt, um die falsche Besetzung zu reparieren, ggf. geltend gemacht werden, dass ein sachlicher Grund für die Aussetzung der HV nicht vorgelegen hat (vgl. Rdn 2234), die Besetzungsänderung damit nicht zulässig war und somit ein Verstoß gegen §§ 338 Ziff. 1 vorgelegen hat.

5. Nach § 41 Abs. 1 EGGVG bzw. § 121 Abs. 2 JGG gelten die § 76 GVG Abs. 2 a.F. bzw. § 33b Abs. 2 JGG a.F. für alle Verfahren im Erwachsenen-/Jugendbereich, die vor dem 1.1.2012 beim LG anhängig geworden sind. Wegen der „**Altfälle**" wird verwiesen auf die Voraufl. Rn 2196. **2236**

Siehe auch: → *Besetzungseinwand*, Rdn 791; → *Besetzungsmitteilung*, Rdn 809.

Revision, Allgemeines **2237**

Das Wichtigste in Kürze:
1. Das Revisionsrecht ist in der StPO in den §§ 333 ff. geregelt.
2. Die Revision hat Devolutiv- und Suspensiveffekt, d.h. die Entscheidung über die Revision obliegt einem Gericht höherer Ordnung und der Eintritt der Rechtskraft der angefochtenen Entscheidung wird aufgeschoben. Eine Neuverhandlung im Revisionsverfahren ist aber ausgeschlossen.
3. Der Zweck der Revision liegt in der Wahrung der Rechtseinheit und in der Herbeiführung einer gerechten Entscheidung im Einzelfall.
4. Einzulegen ist die Revision gem. § 341 Abs. 1 innerhalb einer **Frist** von einer Woche bei dem Gericht, dessen Urteil angefochten wird.
5. Die Revision kann auf abtrennbare Teile, z.B. den Rechtsfolgenausspruch, beschränkt werden. Des Weiteren kann gem. § 302 auf die Einlegung der Revision verzichtet oder eine bereits eingelegte Revision zurückgenommen werden.
6. Revisionsgericht ist entweder der BGH oder – im Fall der Sprungrevision bzw. bei einer Revision gegen Urteile der kleinen Strafkammer – das OLG.
7. Eine Verfassungsbeschwerde (ist gegenüber der Revision subsidiär. Sie kann demnach erst eingelegt werden, wenn der Rechtsweg erschöpft, also das Revisionsverfahren beendet ist.
8. Die Formenstrenge der Revision, die sich insbesondere auf die Verfahrensfragen auswirkt und schnell zum Rügeverlust führen kann, macht eine möglichst frühzeitige Vorbereitung, ggf. schon in der HV, erforderlich.

Literaturhinweise: Amelunxen, Die Revision der Staatsanwaltschaft, 1980; **Barton**, Schonung der Ressourcen der Justiz oder effektiver Rechtsschutz?, StRR 2014, 404; **Basdorf**, Formelle und informelle Präklusion im Strafverfahren, StV 1997, 488; *ders.*, Reform des Instanzenzuges in Strafsachen, in: Festschrift für *Karlmann Geiß*, 2000, S. 31; *ders.*, Was darf das Revisionsgericht, NStZ 2013, 186; **Becker**, Was sehen wir viele Augen? Sein und Sollen des Beschlussverfahrens in der strafrechtlichen Revision, HRR 2013, 264; **Blaese/Wielop**, Die Förmlichkeiten der Revision in Strafsachen, 3. Aufl. 1991; **Brodowski**, Zur empirischen Herleitung des Zehn-Augen-Prinzips im Revisionsverfahren, HRRS 2013, 409; **Burhoff**, Verteidigung im Revisionsverfahren, ZAP F. 22, S. 237; *ders.*, Verteidigerfehler in der Tatsachen- und Revisionsinstanz, StV 1997, 432; *ders.*, Abrechnungsbeispiele zum RVG: Revisionsinstanz, RVGreport 2006, 250; *ders.*, Die anwaltliche Vergütung im straf- **2238**

verfahrensrechtlichen Revisionsverfahren, RVGreport 2012, 402; **Burhoff/Kotz** (Hrsg.), Handbuch für die strafrechtlichen Rechtsmittel und Rechtsbehelfe, 2013; **Cirener**, Die Angriffsrichtung der Verfahrensrüge, in: HRRS-Gedächtnisgabe für *Gunter Widmaier*, 2013, S. 27; **Dahs**, Die Urteilsrüge, ein Irrweg, NJW 1978, 1551; *ders.*, „Reformeifer" – Zur Rechtsmittelreform in Strafsachen, NJW 2000, 1620; *ders.*, Revisionsverfahren, in: MAH, § 12; *ders.*, Das Schweigen des Verteidigers zu tatrichterlichen Verfahrensfehlern und die Revision, NStZ 2007, 241; *ders.*, Die Revision im Strafprozess, 8. Aufl. 2012 (zitiert: *Dahs*, RV); **Detter**, Revision, in: FA Strafrecht, Teil 3 Kapitel 2; **El-Ghazi**, Irrwege und Wege zur Abgrenzung von Sach- und Verfahrensrüge, HRRS 2014, 350; **Eschelbach**, Probleme der Revisionsverwerfung gem. § 349 Abs. 2 StPO, ZAP F. 22, S. 745; **Fezer**, Revisionsurteil oder Revisionbeschluß – Strafverfahrensnorm und Strafverfahrenspraxis in dauerhaftem Widerstreit?, StV 2007, 40; **Fahl**, Unwahre Verfahrensrüge und Strafvereitelung, StV 2015, 51; **Fischer**, Unternehmensstrafrecht in der Revision, StraFo 2010, 329; *ders.*, Der Einfluss des Berichterstatters auf die Ergebnisse strafrechtlicher Revisionsverfahren, NStZ 2013, 425; **Fischer/Eschelbach/Krehl**, Das Zehn-Augen-Prinzip – Zur revisionsgerichtlichen Beschlusspraxis in Strafsachen, StV 2013, 395; **Fischer/Krehl**, Strafrechtliche Revision, „Vieraugenprinzip", gesetzlicher Richter und rechtliches Gehör, StV 2012, 550; **Frisch**, Die Erweiterung des Sachenentscheidungsrechts der Revisionsgerichte, StV 2006, 431; **Gage/Sarstedt/Hamm**, Die Revision in Strafsachen, 7. Aufl. 2009; **Geipel**, Markante Rechtsschutzmöglichkeiten im Strafprozess, StraFo 2010, 272; **Gieg/Olbermann**, Die anwaltliche Rechtsbeschwerde in Straßenverkehrssachen, DAR 2009, 617; **R. Hamm/Krehl**, Vier oder zehn Augen bei der strafprozessualen Revisionsverwerfung durch Beschluss? – Worum es wirklich geht, NJW 2014, 903; **Hebenstreit**, Die Wahrheit und nichts als die Wahrheit, HRRS 2008, 172; **Herdegen**, Statement: Verteidigung und Wahrheitspflicht, StraFo 2008, 137; **Junker/Veh**, Die Verteidigung im Rechtsbeschwerdeverfahren, Teil 1: VRR 2006, 9; *dies.*, Die Verteidigung im Rechtsbeschwerdeverfahren, Teil 2: VRR 2006, 50; **Kempf**, Der „Missbrauchsgedanke" argumentum pro advocato? – zugleich Erwiderung auf *Fahl* StV 2015, 51 (vorstehend), StV 2015, 55; **Kempf/Schilling**, Revisionsrichterliche Rechtsfortbildung in Strafsachen, NJW 2012, 1850; **Kintzi**, Rechtsmittelreform in Strafsachen – eine unendliche Geschichte?, in: Festschrift für *Peter Rieß*, 2002, S. 225; **König**, Revision, in: HBStrVf, Kapitel X; **Lamprecht**, Ein Gericht, zwei Lager Der BGH zwischen Anonymität und Transparenz, NJW 2013, 3563; **Langer**, Zu den Zielen der Revision in Strafsachen, in: Festschrift für *Lutz Meyer-Goßner*, 2001, S. 497; **Leipold**, Die Sachentscheidung durch das Revisionsgericht nach § 354 Abs. 1a StPO und ihre Grenzen, StraFo 2006, 305; **Leitner**, Unternehmensstrafrecht in der Revision, StraFo 20010, 323, **Meyer-Goßner**, Zur Revision der Revision mit Blick auf die Verteidigung, in: Festschrift 25 Jahre AG Strafrecht, 2009, S. 668; **Mosbacher**, Die Beratungspraxis der Strafsenate des BGH und das Gesetz, NJW 2014, 124; **Norouzi**, Die Angriffsrichtung der Verfahrensrügen – Grund und Grenzen, NStZ 2013, 203; **Rieß**, Gedanken zum gegenwärtigen Zustand und zur Zukunft der Revision in Strafsachen, in: Festschrift für *Ernst-Walter Hanack*, 1999, S. 397; *ders.*, Revision, in: StrafPrax, § 13; *ders.*, Bemerkungen zum „Erfolg" der Revision im Strafverfahren, in: Festschrift für *Ulrich Eisenberg*, 2009, S. 569; **Rosenau**, Die Revision – Qualitätskontrolle und Qualitätssicherung im Strafverfahren, in: Festschrift für *Gunter Widmaier*, 2008, S. 521; **Senge**, Sachentscheidung durch das Revisionsgericht nach § 354a StPO und ihre Grenzen, StraFo 2006, 305; **Stolz**, Die Abgrenzung zwischen Sach- und Verfahrensrüge bei Revisionsangriffen gegen die Beweiswürdigung, JuS 2003, 71; **Strate**, Die Abschaffung des Revisionsrechts durch die Beweisverbotslehre – Demonstriert am Beispiel des Falles *Wilson Fernandes*, HRRS 2008, 76; *ders.*, Perspektiven der Verfahrensrüge, in: HRRS-Gedächtnisgabe für *Gunter Widmaier*, 2013, S. 39; **Ventzke**, Ausschluss des absoluten Revisionsgrundes des § 338 Nr. 3 StPO im Fall ordnungsgemäßer Urteilsabsprache?, HRRS 2009, 28; *ders.*, Pleiten, Pech und Pannen – Ein Blick auf die revisionsgerichtliches Praxis der strafverfahrensrechtlichen Rügeverkümmerung, HRRS 2011, 338; **Wahl**, Prüfung des rechtlichen Gehörs durch das Revisionsgericht, in: NJW-Sonderheft für *Gerhard Schäfer*, 2002, S. 73; **Widmaier**, Quo vadis, Revision? Revision, wohin gehst du?, StraFo 2010, 310; **Winkler**, Schreiben wir uns tot? – Vom Mut zur Kürze bei der Begründung eines Urteils in Strafsachen, SchlHA 2006, 245; **Ziegler**, Waffengleichheit im Revisionsverfahren, in: Festschrift 25 Jahre AG Strafrecht, 2009, S. 930; s.a. die Hinw. bei → *Anhörungsrüge*, Rdn 291; → *Berufung, Allgemeines*, Rdn 541; → *Rechtsmittel, Allgemeines*, Rdn 2160 bei den weiterführenden Stichwörtern zur Revision.

Revision, Allgemeines R

1. Das Revisionsrecht ist in der StPO in den §§ 333 ff. geregelt. Es ist häufig nicht nur dem 2239
Laien, sondern auch dem Juristen, der nicht ständig mit der Materie befasst ist, wenig vertraut, i.d.R. sogar fremd. Das führt dazu, dass vielfach in der Revisionsinstanz Fehler gemacht werden, die wegen der **Formenstrenge** des Revisionsverfahrens irreparabel sind, was für den Mandanten weittragende Folgen hat. Es soll versucht werden, dem durch die die Revision behandelnden Stichwörter entgegenzuwirken. Dabei können jedoch nur die **Grundzüge** einer fehlerfreien und damit wirksamen Verteidigung im Revisionsverfahren dargestellt werden. Wegen der weit. Einzelh. muss auf das umfangreiche Schrifttum zum Revisionsverfahren verwiesen werden (vgl. die o.a. Lit.-Hinw. sowie *Burhoff/Kotz* (Hrsg.), Handbuch für die strafrechtlichen Rechtsmittel und Rechtsbehelfe, 2013; *Dahs*, Die Revision im Strafprozess, 8. Aufl. 2012; *Gage/Sarstedt/Hamm*, Die Revision in Strafsachen, 7. Aufl. 2009; *Schlothauer/Weider*, Verteidigung im Revisionsverfahren, 2. Aufl., 2013).

Die Ausführungen gelten über § 46 OWiG **sinngemäß** auch für die **Rechtsbeschwerde** nach den §§ 79 ff. OWiG (vgl. dazu eingehend Burhoff/Kotz/*Junker*, RM, Teil A Rn 1186 ff.; Burhoff/*Junker*, OWi, Rn 3133 ff.; dort auch in Rn 3136 zu den Unterschieden zwischen Revision und Rechtsbeschwerde; → *Bußgeldverfahren, Besonderheiten der Hauptverhandlung*, Rdn 1200).

2. Die Revision hat **Devolutiv- und Suspensiveffekt**, d.h. die Entscheidung über die Revision obliegt einem Gericht höherer Ordnung und der Eintritt der Rechtskraft der angefochtenen Entscheidung wird aufgeschoben. Die Revision ist aber ein Rechtsmittel mit nur **begrenzten Prüfungsmöglichkeiten**. Ihr Wesen besteht in dem grds. Ausschluss der Überprüfung der Tatsachenfeststellungen durch das Revisionsgericht. Vom Gesetz ist sie als eine Art Rechtsbeschwerde ausgestaltet, mit der der **Revisionsführer** nur erreichen kann, dass das Revisionsgericht auf entsprechende Rüge das Urteil und das ihm zugrundeliegende Verfahren auf Rechtsfehler prüft (*Meyer-Goßner/ Schmitt*, vor § 333 Rn 1). Eine **Neuverhandlung** der Sache im **Revisionsrechtszug** ist **ausgeschlossen**. Das Revisionsgericht ist an die tatsächlichen Feststellungen des Tatgerichts gebunden, die es nur darauf überprüft, ob sie einwandfrei zustande gekommen sind und ob der Tatrichter die erhobenen Beweise fehlerfrei gewürdigt hat. Im Revisionsverfahren ist daher eine Wiederholung oder Ergänzung der Beweisaufnahme ausgeschlossen (*Meyer-Goßner/Schmitt*, § 337 Rn 13 m.w.N. aus der Rspr. des BGH; vgl. a. *Basdorf* NStZ 2013, 186; OLG Brandenburg NStZ-RR 2009, 247 [Ls.; insoweit nicht in StRR 2009, 202]). Die Urteilsfeststellungen können also nicht damit angegriffen werden, dass sie dem Ergebnis der HV widersprechen. Ds wäre nur mit einer sog. Rekonstruktion der Beweisaufnahme überprüfbar, die jedoch unzulässig ist (u.a. BGH NStZ 2013, 98 m. Anm. *Barton* StRR 2013, 67; *Meyer-Goßner/Schmitt*, § 337 Rn 14 m.w.N. zu Ausnahmen; LR-*Hanack*, § 337 Rn 77 m.w.N.). 2240

2241 3. Der **Zweck** der Revision liegt in der Wahrung der **Rechtseinheit** und in der Herbeiführung einer gerechten Entscheidung im Einzelfall (LR-*Hanack*, vor § 333 Rn 7 ff.). Dabei kann dahinstehen, welcher dieser Zwecke im Vordergrund steht, da sie sich ohnehin begrifflich kaum trennen und beide von den Revisionsgerichten in gleichem Maße erfüllen lassen. Darüber hinaus ist den Revisionsgerichten noch die **Rechtsfortbildung** übertragen (vgl. dazu *Kempf/Schilling* NJW 2012, 1850).

2242 4. **Einzulegen** ist die Revision gem. § 341 Abs. 1 innerhalb einer **Frist** von einer Woche bei dem Gericht, dessen Urteil angefochten wird. Die Einlegung kann schriftlich oder zu Protokoll der Geschäftsstelle vorgenommen werden (zu den Einzelh. → *Revision, Einlegung, Allgemeines*, Rdn 2361; → *Revision, Einlegung, Form*, Rdn 2371 und → *Revision, Einlegung, Frist*, Rdn 2374). Die Revision muss gem. § 344 Abs. 1 **begründet** werden. Fehlt die Begründung, ist die Revision unzulässig (zu den Einzelh. s. → *Revision, Begründung, Allgemeines*, Rdn 2230 m.w.N.). Notwendig ist ein Revisionsantrag sowie die Erhebung und Begründung von Sachrügen und/oder Verfahrensrügen. Während die Sachrüge nur relativ geringe Begründungserfordernisse aufweist (→ *Revision, Begründung, Sachrüge*, Rdn 2290), unterliegt die Verfahrensrüge strengen Formerfordernissen (ausf. dazu → *Revision, Begründung, Verfahrensrüge*, Rdn 2322). Die Frist zur Begründung der Revision beträgt einen Monat und beginnt entweder direkt nach Ablauf der Einlegungsfrist (§ 345 Abs. 1 S. 1) oder, falls zu dieser Zeit das Urteil noch nicht zugestellt war, mit der Zustellung des Urteils (§ 345 Abs. 1 S. 2; zu den Einzelh. → *Revision, Begründung, Frist*, Rdn 2277; → *Zustellungsfragen*, Rdn 3620).

> Auch im Revisionsverfahren gilt der sog. **Beschleunigungsgrundsatz** (vgl. dazu u.a. BVerfG NJW 2005, 2612 [Ls.]; 2006, 677; 2006, 1336; KG StV 2007, 644 [verspätete Vorlage der Akten beim Revisionsgericht]; OLG Naumburg StV 2009, 482 [eine Monate verzögerte Zustellung des Urteils]; OLG Oldenburg StV 2008, 200 [verzögerte Zurverfügungstellung des Protokolls]; OLG Saarbrücken NStZ 2007, 420 [Ls.]). Die Urteilsfristen sind auch nicht etwa Höchstfristen, die ausgeschöpft werden dürften (OLG Naumburg StV 2008, 201; 2008, 589). Das OLG Saarbrücken (a.a.O.) weist in dem Zusammenhang zutreffend darauf hin, dass die Bearbeitung von Kostenfestsetzungsanträgen in Haftsachen entweder bis zur Entscheidung des Revisionsgerichts zurückgestellt oder in einem separaten Kostenheft erfolgen sollte (→ *Haftfragen*, Rdn 1658 und *Burhoff*, EV, Rn 2170 ff.).

2243 5. Ebenso wie die Berufung kann auch die Revision auf abtrennbare Teile, z.B. den Rechtsfolgenausspruch, **beschränkt** werden (→ *Revision, Beschränkung*, Rdn 2353). Des Weiteren kann gem. § 302 auf die Einlegung der Revision **verzichtet** (→ *Rechtsmittelverzicht*, Rdn 2189) oder eine bereits eingelegte Revision **zurückgenommen** werden (→ *Revision, Rücknahme*, Rdn 2390).

Revision, Allgemeines   R

6. **Revisionsgericht** ist entweder der BGH oder – im Fall der Sprungrevision bzw. bei einer   2244
Revision gegen Urteile der kleinen Strafkammer – das OLG. Dieses kann durch Beschluss,
was die Regel ist, bzw. auch aufgrund einer Revisions-HV durch Urteil entscheiden. Das
Revisionsgericht kann die Revision entweder als **unzulässig** oder als „**offensichtlich unbegründet**" verwerfen (§ 349 Abs. 2) oder die angefochtene Entscheidung **aufheben**. Für den
Fall der Aufhebung sieht § 354 vor, dass das Revisionsgericht entweder in der Sache selbst
entscheidet (Abs. 1; s. dazu u.a. *Leipold* StraFo 2006, 305; *Senge* StraFo 2006, 309; *Frisch*
StV 2006, 431) oder die Sache an eine andere Abteilung oder Kammer des Gerichts, dessen
Urteil aufgehoben wird, **zurückverweist** (Abs. 2; → *Revision, Verfahren*, Rdn 2398).

☞ Ist eine Revision zu Unrecht **vom Tatrichter als unzulässig** verworfen worden,
z.b. wegen (angeblicher) Nichteinhaltung der Einlegungs- oder Begründungsfrist,
kann der Beschwerdeführer sich dagegen mit einem **Antrag** auf **Entscheidung** des
Revisionsgerichts gem. § 346 zur Wehr setzen (s. hierzu → *Revision, Antrag auf Entscheidung des Revisionsgericht*, Rdn 2222).

7. Die (spätere) **Verfassungsbeschwerde** (Art. 93 Abs. 1 Nr. 4 Buchst. a) GG i.V.m. §§ 13   2245
Nr. 8 Buchst. a), 90 ff. BVerfGG) ist gegenüber der Revision **subsidiär**. Sie kann demnach erst eingelegt werden, wenn der Rechtsweg erschöpft ist. Der Angeklagte muss
also alle ihm zuvor eingeräumten Möglichkeiten seine Rechte zu wahren, ausgenutzt haben (vgl. *Meyer-Goßner/Schmitt*, Einl. Rn 234). Zur Erschöpfung des Rechtsweges ist es
deshalb beispielsweise notwendig, zunächst → *Wiedereinsetzung in den vorigen Stand*,
Rdn 3464, zu beantragen (vgl. z.B. BVerfG NJW 1988, 1255) bzw. die → *Anhörungsrüge*,
Rdn 291, zu erheben (zur Frage, inwieweit auch Gegenvorstellungen erhoben werden
müssen, *Meyer-Goßner/Schmitt*, vor § 296 Rn 25 m.w.N.).

8. Hinweise für den Verteidiger!

a) Die ggf. umfangreichen Tätigkeiten zur **Vorbereitung** der **Revision** lassen sich hier   2246
nicht alle darstellen, vielmehr muss insoweit ein Hinweis auf das Grundsätzliche genügen
(vgl. i.Ü. *Dahs*, Rn 890 ff.). Die Formenstrenge der Revision, die sich insbesondere auf
die Verfahrensfragen auswirkt und schnell zum Rügeverlust führen kann, macht eine
möglichst frühzeitige Vorbereitung erforderlich. Der Verteidiger muss sich daher schon
während der HV alle für eine Revision auch nur entfernt in Betracht kommenden (Verfahrens)Vorgänge notieren und für eine ggf. notwendige Protokollierung sowie für die Sicherung des (Frei-)Beweises sorgen (→ *Protokoll der Hauptverhandlung, Allgemeines*,
Rdn 2092). Auch ist es oft angebracht, mit einem Mitverteidiger Kontakt aufzunehmen
und sich zu besprechen.

b) Handelt es sich um ein amtsgerichtliches Urteil, gegen das nach § 335 **Berufung** und   2247
Sprungrevision zulässig sind, muss der Verteidiger mit dem Mandanten sorgfältig **über-**

legen, welches Rechtsmittel eingelegt werden soll. Geht es nur um Rechtsfragen, empfiehlt sich die Revision, geht es hingegen auch um eine Überprüfung der festgestellten Tatsachen, wird der Verteidiger dem Mandanten zur Berufung raten (→ *Berufung, Allgemeines*, Rdn 545; → *Rechtsmittel, Allgemeines*, Rdn 2169).

☞ Nicht übersehen werden sollte die Möglichkeit, ein **unbestimmtes Rechtsmittel** einlegen zu können (→ *Rechtsmittel, unbestimmtes*, Rdn 2183, mit Antragsmuster Rdn 2188). Der Verteidiger hat innerhalb der (noch laufenden) (Revisions-)Begründungsfrist grds. auch die Möglichkeit zum **Übergang** von der Berufung zur **Revision** (BGHSt 40, 395, 398; s.a. BGH NJW 2004, 789; vgl. dazu *Fezer* JR 2004, 211 in der Anm. zu BGH, a.a.O.; *Meyer-Goßner/Schmitt*, § 335 Rn 11 m.w.N.; → *Berufung, Allgemeines*, Rdn 546). Das kann sich z.B. dann empfehlen, wenn zwar zunächst Berufung eingelegt worden ist, der Verteidiger dann aber nach Zustellung des tatrichterlichen Urteils feststellt, dass dieses nicht ausreichend begründet ist und daher eine Revision/Sachrüge Erfolg versprechend sein kann (→ *Revision, Begründung, Sachrüge*, Rdn 2290). Und wenn es nur – z.B. im Hinblick auf eine Strafaussetzung zur Bewährung – um **Zeitgewinn** für den Mandanten geht.

Siehe auch: → *Anhörungsrüge*, Rdn 291; → *Berufung, Allgemeines*, Rdn 541; → *Rechtsmittel, Allgemeines*, Rdn 2160; → *Rechtsmittel, unbestimmtes*, Rdn 2183; → *Rechtsmittelverzicht*, Rdn 2189; → *Revision, Antrag auf Entscheidung des Revisionsgerichts*, Rdn 2222; → *Revision, Begründung, Allgemeines*, Rdn 2230; → *Revision, Begründung, Form*, Rdn 2236; → *Revision, Begründung, Frist*, Rdn 2277; → *Revision, Begründung, Sachrüge*, Rdn 2290; → *Revision, Begründung, Verfahrenshindernisse*, Rdn 2317; → *Revision, Begründung, Verfahrensrüge*, Rdn 2322; → *Revision, Beschränkung*, Rdn 2353; → *Revision, Einlegung, Allgemeines*, Rdn 2361; → *Revision, Einlegung, Form*, Rdn 2371; → *Revision, Einlegung, Frist*, Rdn 2374; → *Revision, Pflichtverteidigung*, Rdn 2382; → *Revision, Rücknahme*, Rdn 2390; → *Revision, Verfahren*, Rdn 2398; → *Revision, Zulässigkeit*, Rdn 2406; → *Wiedereinsetzung in den vorigen Stand*, Rdn 3464; → *Zustellungsfragen*, Rdn 3620.

2248 Revision, Antrag auf Entscheidung des Revisionsgerichts

2249 **Literaturhinweise:** s. die Hinw. bei → *Revision, Allgemeines*, Rdn 2211 m.w.N.

2250 1. Ist die Revision verspätet eingelegt oder sind die Revisionsanträge nicht rechtzeitig oder nicht in der in § 345 Abs. 2 vorgeschriebenen Form angebracht worden, so hat das Gericht, dessen Urteil angefochten wird, nach § 346 Abs. 1 die Revision durch Beschluss als unzulässig zu verwerfen. Nach **§ 346 Abs. 1** hat der Tatrichter aber nur die **Äußerlichkeiten** der

Fristwahrung (§ 341 Abs. 1) und die Einhaltung der Formvorschrift des § 345 Abs. 2 zu **prüfen** (BGH StraFo 2007, 421; zum Antrag nach § 346 a. Burhoff/Kotz/*Junker*, RM, Teil A Rn 2514 ff.).

🖉 Eine **weiter gehende Prüfungskompetenz** hat der Tatrichter **nicht**. Jede andere Zulässigkeitsprüfung ist ihm verwehrt. Er darf also z.B. nicht darüber entscheiden, ob das eingelegte Rechtsmittel überhaupt zulässig ist (→ *Revision, Zulässigkeit*, Rdn 2406), ob also z.b. der Verteidiger bevollmächtigt war, oder ob es den Begründungsanforderungen des § 344 Abs. 2 genügt (vgl. *Meyer-Goßner/Schmitt*, § 346 Rn 2 m.w.N.; BGH, a.a.O.). Auch das Vorliegen einer Beschwer kann der Tatrichter nicht prüfen; und zwar auch dann nicht, wenn ein anderer Grund mit Mängeln der Form- und Fristwahrung zusammentrifft (st.Rspr., vgl. BGH NJW 2007, 165; NStZ-RR 2001, 265; StraFo 2007, 242 m.w.N.; BGH, Beschl. v. 9.5.2012 – 4 StR 649/11; KK-*Kuckein*, § 346 Rn 3 m.w.N, Burhoff/Kotz/*Junker*, RM, Teil A Rn 2517).

2.a) Verwirft der Tatrichter die Revision als unzulässig, kann der Revisionsführer nach § 346 Abs. 2 S. 1 die **Entscheidung des Revisionsgerichts** beantragen. Bei diesem Antrag handelt es sich um einen befristeten Rechtsbehelf eigener Art (BGHSt 16, 111, 118; *Burhoff* ZAP F. 22, S. 237, 240).

2251

🖉 Die **Antragsfrist** beträgt nach § 346 Abs. 2 S. 1 **eine Woche**. Sie beginnt mit der Zustellung des Beschlusses, mit dem die Revision als unzulässig verworfen wird. Wird diese **Frist versäumt**, ist dagegen der → *Antrag auf* **Wiedereinsetzung** *in den vorigen Stand*, Rdn 3464, zulässig.

Bei der Antragstellung ist Folgendes zu **beachten** (Burhoff/Kotz/*Junker*, RM, Teil A Rn 2519):

2252

- Der Antrag muss **schriftlich** gestellt werden, bedarf aber sonst keiner besonderen Form (BGHSt 11, 152, 154).
- Der Antrag ist bei dem Gericht **einzureichen**, das den Verwerfungsbeschluss erlassen hat. Antragstellung unmittelbar beim Revisionsgericht reicht nicht (*Meyer-Goßner/ Schmitt*, § 346 Rn 8). Der Tatrichter kann dem Antrag nicht abhelfen, er muss die Akten nach § 346 Abs. 2 S. 2 an das Revisionsgericht senden.
- **Antragsberechtigt** ist nur der Beschwerdeführer, dessen Revision als unzulässig verworfen worden ist. Der Verteidiger kann den Antrag aufgrund seiner Vollmacht stellen, auch wenn der Betroffene selbst Revision eingelegt hat (→ *Vollmacht des Verteidigers*, Rdn 3350).
- Der Antrag kann, ggf. muss, mit einem Antrag auf → **Wiedereinsetzung** *in den vorigen Stand*, Rdn 3464, **verbunden** werden (s.a. *Burhoff* ZAP F. 22, S. 237, 240).

2253 b) Ist **zweifelhaft**, ob die **Revision rechtzeitig** eingelegt worden ist, muss das Tatgericht die ggf. bestehenden Unklarheiten im Weg des Freibeweises klären (zum → *Freibeweisverfahren*, Rdn 1562 ff.). Bleiben dennoch Zweifel, gilt nach allgemeiner Meinung nicht der Grundsatz „in dubio pro reo" (*Meyer-Goßner/Schmitt*, § 261 Rn 35 m.w.N.). Wegen der Einzelheiten wird verwiesen auf → *Berufungsfrist*, Rdn 611. Die dort gemachten Ausführungen gelten entsprechend.

2254 3. Trifft ein Antrag auf → *Wiedereinsetzung in den vorigen Stand*, Rdn 3464, mit dem Antrag nach § 346 Abs. 2 **zusammen**, gilt Folgendes: Über den Antrag auf Wiedereinsetzung in den vorigen Stand gegen die Versäumung der Frist für die Einlegung oder Begründung der Revision entscheidet gem. § 46 Abs. 1 das Revisionsgericht. Der Wiedereinsetzungsantrag kann aber mit dem Antrag nach § 346 Abs. 2 verbunden werden (s.o. Rdn 2225). Wiedereinsetzung ist jedoch auch noch nach Erlass und sogar nach Rechtskraft des Verwerfungsbeschlusses zulässig (BGHSt 25, 89, 91).

2255 Für das **Zusammenspiel** des Wiedereinsetzungsantrags und des Antrags nach § 346 Abs. 2 gilt:

- Der Antrag auf → *Wiedereinsetzung in den vorigen Stand*, Rdn 3464, ist dann begründet, wenn die Revisionseinlegungs- oder die Revisionsbegründungsfrist tatsächlich versäumt war. Der Antrag nach § 346 Abs. 2 greift hingegen durch, wenn diese Fristen nicht versäumt waren, der Tatrichter aber fälschlicherweise von Fristversäumung ausgegangen ist und deshalb die Revision als unzulässig verworfen hat.

- In **Zweifelsfällen**, in denen der Verteidiger unsicher ist, ob eine Fristversäumung vorliegt oder nicht, **empfiehlt** es sich, sowohl einen Wiedereinsetzungsantrag als auch einen Antrag nach § 346 Abs. 2 zu stellen und beide zu begründen, indem die vorgetragenen Tatsachen glaubhaft gemacht werden. Der Tatrichter darf i.Ü. die Revision bei Vorliegen eines Wiedereinsetzungsantrags nicht mehr nach § 346 Abs. 1 verwerfen (a.A. OLG Frankfurt am Main NStZ-RR 2003, 47). Ein ggf. dennoch erlassener Beschluss wird bei Gewährung von → *Wiedereinsetzung in den vorigen Stand*, Rdn 3464, gegenstandslos. Das Revisionsgericht entscheidet **zunächst** über den Antrag auf → *Wiedereinsetzung in den vorigen Stand*, Rdn 3464.

> ☞ Will der Angeklagte geltend machen, dass bei der Entscheidung über seinen Antrag das rechtliche Gehör verletzt worden ist, muss er das mit der fristgebundenen → *Anhörungsrüge*, Rdn 291, geltend machen. Denn auch bei der Entscheidung nach § 346 Abs. 2 handelt es sich um eine „Revisionsentscheidung" i.S.d. § 356a (OLG Hamburg NStZ-RR 2008, 317; OLG Jena NJW 2008, 534).

4. Muster: Antrag auf Entscheidung des Revisionsgerichts 2256

▼

An das

Amtsgericht Musterstadt

In dem Strafverfahren

gegen H. Mustermann

Az.:

wegen

beantrage ich

die Entscheidung des Revisionsgerichts nach § 346 Abs. 2 StPO und die Aufhebung des Beschlusses des AG Musterstadt vom ......, mit dem die Revision gegen das Urteil des Amtsgerichts vom ...... als unzulässig verworfen wurde,

sowie hilfsweise

Wiedereinsetzung in den vorigen Stand wegen Versäumung der Frist zur Revisionsbegründung.

Begründung:

Das Amtsgericht hat den Angeklagten mit Urt. v. 26.9.2016 wegen Hehlerei zu einer Freiheitsstrafe von drei Monaten verurteilt. Hiergegen hat der Angeklagte durch mich Sprungrevision eingelegt. Diese ist, wie sich aus dem Eingangsvermerk auf dem Fax der Revisionseinlegungsschrift ergibt, am 4.10.2016 beim Amtsgericht eingegangen. Das ist entgegen der Ansicht des Amtsgerichts rechtzeitig. Der 3.10.2016 war gesetzlicher Feiertag, sodass die Frist zur Einlegung der Revision aus § 341 StPO nicht schon an diesem Tag, sondern gemäß § 43 Abs. 2 StPO erst am 4.10.2016 endete.

Vorsorglich wird auch Wiedereinsetzung in den vorigen Stand beantragt (Anm.: Vgl. zu den Anforderungen an einen Wiedereinsetzungsantrag → *Wiedereinsetzung in den vorigen Stand*, Rdn 3486).

Rechtsanwalt

Siehe auch: → *Revision, Allgemeines*, Rdn 2211 m.w.N.; → *Wiedereinsetzung in den vorigen Stand*, Rdn 3464; → *Zustellungsfragen*, Rdn 3620.

2257 Revision, Begründung, Allgemeines

> **Das Wichtigste in Kürze:**
> 1. Gem. § 344 Abs. 1 muss die Revision begründet werden.
> 2. Nach § 344 Abs. 1 muss im Revisionsantrag angeben werden, inwieweit die Entscheidung des Tatgerichts angefochten und deren Aufhebung beantragt wird.
> 3. Mit der Revision können nur Rechtsfehler gerügt werden (§ 337).
> 4. Gem. § 345 Abs. 2 muss die Revisionsbegründung des Angeklagten von dem Verteidiger oder einem Rechtsanwalt ausgeführt und unterzeichnet sein und außerdem innerhalb der Monatsfrist des § 345 Abs. 1 beim Gericht eingehen.

2258 **Literaturhinweise: Barton**, Schadensersatzpflicht des Verteidigers bei fehlerhafter Revisionsbegründung, StV 1991, 322; *ders.*, Die Abgrenzung der Sach- von der Verfahrensrüge bei der klassischen und der erweiterten Revision in Strafsachen, JuS 2007, 977; **Beulke**, Rechtsmißbrauch im Strafprozeß – Eine Erwiderung auf *Pfister*, StV 2009, 554; **Dahs**, Das Schweigen des Verteidigers zu tatrichterlichen Verfahrensfehlern und die Revision, NStZ 2007, 241; **El-Ghazi**, Irrwege und Wege zur Abgrenzung von sach- und Verfahrensrüge, HRRS 2014, 350; **Geipel**, Markante Rechtsschutzmöglichkeiten im Strafprozess, StraFo 2010, 272; **Gribbohm**, Das Scheitern der Revision nach § 344 StPO, NStZ 1983, 97; **R. Hamm**, Die (Verfahrens-)Rüge in der (Sach-)Rüge, in: Festschrift für *Ruth Rissing van Saan* zum 65. Geburtstag, 2011, S. 195; **Hebbenstett**, Gedanken zur Alternativrüge, in: Festschrift für *Gunter Widmaier*, 2008, S. 267; **Herdegen**, Die Überprüfung der tatsächlichen Feststellung durch das Revisionsgericht aufgrund der Sachrüge, StV 1992, 527; *ders.*, Statement: Verteidigung und Wahrheitspflicht, 24. Herbstkolloquium 2007 der Arbeitsgemeinschaft Strafrecht des DAV, StraFo 2008, 137; **Hilger**, Über die neuere Rechtsprechung des BGH zu den absoluten Revisionsgründen der StPO, in: Festschrift für *Gunter Widmaier*, 2008, S. 277; **Jähnke**, Zur Abgrenzung von Verfahrens- und Sachrüge, in: Festschrift für *Lutz Meyer-Goßner*, 2001, S. 559; **Knauer**, Zur Wahrheitspflicht des Revisionsverteidigers, in: Festschrift für *Gunter Widmaier*, 2008, S. 291; **Küper**, Revisionsgerichtliche Sachprüfung ohne Sachrüge? Zur Prüfungskompetenz des Revisionsgerichts bei Änderung des materiellen Rechts, in: Festschrift für *Gerd Pfeiffer*, 1988, S. 425; **Nack**, Die Abfassung der Revisionsbegründung, in: Festschrift für *Egon Müller*, 2008, S. 519; **Neuhaus**, Zur Revisibilität strafprozessualer Soll-Vorschriften, in: Festschrift für *Rolf Dietrich Herzberg*, 2008, S. 871; **Peglau**, Revisionsbegründung zu Protokoll der Geschäftsstelle – Anforderungen und Wiedereinsetzungsfragen, Rpfleger 2007, 633; **Pfister**, Rechtsmißbrauch im Strafprozeß, StV 2009, 550; **Schäfer**, Die Abgrenzung der Verfahrensrüge von der Sachrüge, in: Festschrift für *Peter Rieß*, 2002, S. 477; **Ventzke**, Die Verständigung in der Revision – „... ist insoweit ersichtlich nichts erwiesen", StraFo 2012, 212; **Weidemann**, Verfahrens- und Sachrüge gegen Prozessurteile, in: Gedächtnisschrift für *Ellen Schlüchter*, 2002, S. 653; s.a. die Hinw. bei → *Revision, Allgemeines*, Rdn 2211; → *Revision; Begründung, Sachrüge*, Rdn 2290 und → *Revision, Begründung, Verfahrensrüge*, Rdn 2322.

2259 **1.** Die Revision muss gem. § 344 Abs. 1 begründet werden, d.h. es muss ein **Revisionsantrag** gestellt werden und aus der **Begründung des Antrags** muss hervorgehen, ob die Sachrüge und/oder die Verfahrensrüge erhoben wird (zum ordnungsgemäßen Revisionsantrag u.a. BGH NStZ-RR 2010, 288; → *Revision, Begründung, Sachrüge*, Rdn 2290; → *Revision, Begründung, Verfahrensrüge*, Rdn 2322; a. noch Burhoff/Kotz/*Junker*, RM, Teil A Rn 2523).

2260 Die unzutreffende oder auch widersprüchliche Einordnung des Revisionsangriffs als Verfahrens- oder Sachrüge ist dann unbeachtlich, wenn sich aus der Begründungsschrift –

Revision, Begründung, Allgemeines   R

durch **Auslegung** – deutlich ergibt, welche Rüge gemeint ist (u.a. BGH NJW 2013, 3191; NStZ-RR 2015, 8; 2015, 144; Beschl. v. 1.8.2013 – 2 StR 242/13 [„vollumfänglich" nicht ausreichend]; KG, Beschl. v. 13.10.2011 – 3 Ws (B) 356/11; OLG Bamberg NZV 2011, 44 m. Anm. *Gieg* VRR 2010, 348; NStZ-RR 2012, 83; zur Auslegung einer Revision der StA BGH NStZ-RR 2014, 285; 2015, 88). Entscheidend ist nicht die Bezeichnung der Rüge, sondern ihre wirkliche rechtliche Bedeutung, wie sie dem Sinn und Zweck des Vorbringens des Angeklagten zu entnehmen ist (KG, OLG Bamberg, jeweils a.a.O.). Soweit das Rechtsmittelvorbringen dies erlaubt, kann der als Sachrüge bezeichnete Vortrag daher auch unter dem Gesichtspunkt der Verfahrensrüge geprüft werden (KG, a.a.O.; ähnlich auch noch OLG München NJW 2010, 1826 [Auslegung einer „Inbegriffsrüge" als Verfahrensrüge]).

Die **Begründung** der Revision ist **unerlässlich**, sonst ist sie unzulässig. Die Begründung muss auch den zur Zulässigkeit erforderlichen Sachverhalt eigenständig und vollständig vortragen. Eine **Bezugnahme** auf die Schriftsätze anderer Verfahrensbeteiligter reicht **nicht** aus (BGH NJW 2007, 1541 [Ls.]).

Bei der Erstellung der Revisionsbegründung muss sich der Verteidiger immer **bewusst** sein, dass das Revisionsgericht die Begründetheit der Revision **nur anhand** des **angefochtenen Urteils** und, wenn die Verfahrensrüge erhoben ist, ggf. auch anhand des **Protokolls** prüft. Das bedeutet, dass der Verteidiger sich nur auf diese Urkunden beziehen kann. Der **Blick** in die **Akten** ist dem Revisionsgericht **verwehrt**.

2.a) Nach § 344 Abs. 1 muss im **Revisionsantrag** angeben werden, **inwieweit** die Entscheidung des Tatgerichts **angefochten** und deren Aufhebung beantragt wird. Nur in diesem Umfang wird gem. § 352 Abs. 1 das angefochtene Urteil geprüft (s. aber o. Rdn 2231). Eine bestimmte Form ist für die Revisionsanträge nicht vorgeschrieben. Das Fehlen eines Antrags ist nach der Rspr. dann unschädlich, wenn das Ziel des Rechtsmittels aus der Revisionsschrift eindeutig ersichtlich ist (BGH NStZ 1990, 96; NStZ-RR 2000, 38 [K]; 2010, 104 [Ci/Zi]; Beschl. v. 22.4.2009 – 1 StR 131/09; OLG Hamm StV 1982, 170; OLG Koblenz VRS 71, 209; zu den Revisionsanträgen MAH-*Dahs*, § 12 Rn 52 ff.; zur Begründung der Revision zur Protokoll der Geschäftsstelle *Peglau* Rpfleger 2007, 633). Dabei genügt es, wenn die Ausführungen des Angeklagten erkennen lassen, dass er das tatrichterliche Urteil insgesamt angreift (zuletzt BGH StV 2004, 120 m.w.N.; StraFo 2014, 26 m.w.N.; *KK-Kuckein*, § 344 Rn 3; *Meyer-Goßner/Schmitt*, § 344 Rn 3; *Dahs*, RV, Rn 72; s. aber a. BGH NJW 2003, 839 [zu den strengeren Anforderungen bei einer Revision der StA]). Bei Revisionen des Angeklagten ist nach der Rspr. des BGH in der Erhebung der uneingeschränkten allgemeinen Sachrüge i.Ü. regelmäßig die Erklärung zu sehen ist, dass das Urteil insgesamt angefochten werde (BGH NJW 2013, 3191 m.w.N.; vgl. a. BGH StraFo 2014, 26). Das gilt auch für einen umfassend geständigen Angeklagten, dessen Verteidiger, der Fachanwalt für Strafrecht ist, nur teilweise von der Verurteilung abweichende Schlussanträge gestellt hat (BGH, a.a.O.).

2261

| R | Revision, Begründung, Allgemeines |

> 🖉 Um von vornherein jeden **Zweifel** am **Umfang** der **Revision** zu **vermeiden**, sollte der Verteidiger darauf achten, dass seine Begründungsschrift einen Revisionsantrag enthält. Bleibt unklar, was der Angeklagte mit seiner Revision erstrebt, kann dies im schlimmsten Fall zur Unzulässigkeit der Revision führen. Die Rspr. des BGH ist hier allerdings großzügig (vgl. *Gribbohm* NStZ 1983, 98; s. aber z.B. a. BayObLG DAR 1985, 247 [*Rüth*; für den Fall, dass bei einer Verurteilung wegen zweier Taten zwar uneingeschränkt die Verletzung sachlichen Rechts gerügt wird, sich die Revisionsbegründung aber nur mit einer der beiden Taten befasst]).

2262 b) Grds. lautet der **richtige Revisionsantrag** auf **Aufhebung** des angefochtenen **Urteils**. Der Antrag auf Freisprechung des Angeklagten ist nur dann erforderlich, wenn vom Verteidiger ein sog. Durchentscheiden des Revisionsgerichts angestrebt wird, sonst ist er für die Entscheidung des Revisionsgerichts bedeutungslos. Der Antrag muss sich auch nicht auf die Folgeentscheidungen beziehen (§ 354). Hat die HV der ersten Instanz allerdings in einer für den Angeklagten ungünstigen Atmosphäre stattgefunden, kann es sich empfehlen, die Zurückverweisung an ein anderes Gericht desselben Landes zu beantragen (§ 354 Abs. 2; zum „richtigen" Revisionsantrag Burhoff/Kotz/ *Junker*, RM, Teil A Rn 2523). Das Revisionsgericht ist an den Antrag des Verteidigers **nicht gebunden** (*Dahs*, RV, Rn 69).

2263 3. Mit der Revision können nur **Rechtsfehler** gerügt werden (§ 337). Die tatsächlichen Feststellungen des Tatgerichts werden vom Revisionsgericht grds. nicht überprüft (→ *Revision, Allgemeines*, Rdn 2213). Die Begründung erfolgt durch die Erhebung der **Sachrüge** und/oder der **Verfahrensrüge**. Bei der Verfahrensrüge müssen die den Mangel enthaltenden Tatsachen angegeben werden (s. → *Revision, Begründung, Sachrüge*, Rdn 2290; → *Revision, Begründung, Verfahrensrüge*, Rdn 2322).

> 🖉 Es ist schon hier auf Folgendes **hinzuweisen**: Besonders **vorsichtig** bei der Begründung muss der Verteidiger sein, wenn er die tatrichterliche **Beweiswürdigung** angreifen will. Erschöpfen sich seine Ausführungen nämlich darin, dass er eine eigene Beweiswürdigung vornimmt, ist die Begründung unzureichend und die Revision wird als unzulässig verworfen (vgl. z.B. BGH NStZ 1991, 597; OLG Düsseldorf NStZ 1993, 99; → *Revision, Begründung, Sachrüge*, Rdn 2290).

2264 4. Gem. § 345 Abs. 2 muss die **Revisionsbegründung** des Angeklagten von dem Verteidiger oder einem Rechtsanwalt ausgeführt und unterzeichnet sein, also **schriftlich** vorliegen (wegen der Einzelh. → *Revision, Begründung, Form*, Rdn 2236). Sie muss außerdem innerhalb der **Monatsfrist** des § 345 Abs. 1 beim Gericht eingehen (→ *Revision, Begründung, Frist*, Rdn 2277).

✍ Die **Vorlage** einer **Vollmacht** ist für die Wirksamkeit der Revisionsbegründung nicht. Die Revisionsbegründung des Verteidigers ist nämlich auch dann rechtswirksam, wenn er das erst nach Ablauf der Revisionsbegründungsfrist nachweist (OLG Nürnberg NJW 2007, 1767), er aber bei Abgabe der Revisionsbegründung bevollmächtigt war (vgl. auch für die Revisionseinlegung OLG Düsseldorf StV 2014, 208 [Ls.]; OLG Hamm VRS 108, 266). Es gelten die allgemeinen Regeln für die Vorlage einer schriftlichen Vollmacht durch den Verteidiger zur Vorlage einer schriftlichen Vollmacht (→ *Vollmacht des Verteidigers*, Rdn 3350; zur Untervollmacht OLG Jena NStZ-RR 2012, 320).

5. Muster: Begründung einer Revision 2265

▼

An das

Landgericht Musterstadt

In dem Strafverfahren

gegen H. Mustermann

Az.:

Wegen

stelle ich den Revisionsantrag,

das Urteil des Landgerichts Musterstadt vom   aufzuheben.

Ich rüge die Verletzung förmlichen und sachlichen Rechts.

I. Verfahrensrügen

II. Sachrügen

Gerügt wird die Verletzung materiellen Rechts. Gerügt wird insbesondere – ohne damit eine Beschränkung des Revision vorzunehmen – Folgendes:

Rechtsanwalt

Siehe auch: → *Revision, Allgemeines*, Rdn 2211 m.w.N.

2266 Revision, Begründung, Form

> **Das Wichtigste in Kürze:**
> 1. Gem. § 345 Abs. 2 muss die Revisionsbegründung entweder in einer von dem Verteidiger oder von einem Rechtsanwalt unterzeichneten Schrift oder zu Protokoll der Geschäftsstelle erfolgen.
> 2. Wird die Revision vom Angeklagten zu Protokoll der Geschäftsstelle begründet, muss der Rechtspfleger nicht wie der Verteidiger/Rechtsanwalt die Verantwortung für den Inhalt übernehmen. Er darf aber auch nicht eine Begründung des Angeklagten einfach übernehmen oder lediglich mitunterzeichnen.
> 3. Für die von einem Verteidiger oder einem Rechtsanwalt eingereichte Begründungsschrift ist Schriftform erforderlich.

2267 Literaturhinweise: **Peglau**, Revisionsbegründung zu Protokoll der Geschäftsstelle – Anforderungen und Wiedereinsetzungsfragen, Rpfleger 2007, 633; s.a. die Hinw. bei → *Revision, Allgemeines*, Rdn 2211 und → *Revision, Begründung, Allgemeines*, Rdn 2230.

2268 1. Gem. § 345 Abs. 2 muss die Revisionsbegründung entweder in einer von dem **Verteidiger** oder von einem Rechtsanwalt unterzeichneten Schrift (vgl. Rdn 2271 ff.) oder zu **Protokoll** der **Geschäftsstelle** (vgl. Rdn 2269) erfolgen (vgl. a. Burhoff/Kotz/*Junker*, RM, Teil A Rn 2536 ff.). Die beiden Möglichkeiten schließen einander nicht aus. Auch der Angeklagte, der einen Verteidiger hat, kann die Revision zu Protokoll der Geschäftsstelle begründen oder eine von seinem Verteidiger bereits eingereichte Begründung dort ergänzen (*Meyer-Goßner/Schmitt*, § 345 Rn 9). Der Verteidiger kann die Revisionsbegründung jedoch nicht zu Protokoll der Geschäftsstelle erklären (OLG Düsseldorf MDR 1975, 73). Der **Nebenkläger** kann die Revisionsanträge und ihre Begründung gemäß des entsprechend anzuwendenden § 390 Abs. 2 nur mittels einer von einem Rechtsanwalt unterzeichneten Schrift anbringen (BGH NJW 2014, 3320 m. Anm. *Barton* StRR 2015, 62; OLG Hamm StraFo 2007, 467), allerdings kann ein vom Nebenkläger bevollmächtigter und danach beigeordneter RA **Untervollmacht** erteilen (BGH, a.a.O.).

> ✍ Wird die Revision wegen nicht formgerechter Begründung als unzulässig nach § 346 Abs. 1 **verworfen**, kann dagegen – wie bei der Einlegungs- und der Begründungsfrist – der Antrag auf Entscheidung des Revisionsgerichts nach § 346 Abs. 2 oder auf Wiedereinsetzung in den vorigen Stand helfen (→ *Revision, Antrag auf Entscheidung des Revisionsgerichts*, Rdn 2222; → *Wiedereinsetzung in den vorigen Stand*, Rdn 3464).

2269 2.a) Wird die Revision vom Angeklagten zu **Protokoll** der **Geschäftsstelle** begründet, muss der **Rechtspfleger** zwar nicht wie der Verteidiger/Rechtsanwalt die Verantwortung für den Inhalt übernehmen. Er darf aber auch nicht eine Begründung des Angeklagten einfach übernehmen, indem er lediglich ein vom Angeklagten gefertigtes Schriftstück an die Revisionsbegründung anfügt bzw. darauf Bezug nimmt oder er es lediglich mitunterzeichnet (vgl. wegen der Einzelh. *Meyer-Goßner/Schmitt*, § 345 Rn 22; *Peglau* Rpfleger 2007, 633; s.a. OLG Celle NStZ-RR 2008, 127 [für Rechtsbeschwerde in Strafvollzugssachen]). Für die Wirksamkeit der Revisionsbegründung ist die Unterzeichnung des Protokolls durch den Angeklagten nicht erforderlich, so lange keine Zweifel bestehen, dass die Erklärung seinem Willen entspricht (OLG Karlsruhe NStZ-RR 2007, 23).

✍ Der Revisionsführer hat nur das Recht, seine Revision innerhalb der **normalen Dienststunden** zu begründen. Er kann i.Ü. nicht erwarten, dass der Rechtspfleger während seiner gesamten Dienstzeit zur Prüfung und Abfassung der Begründung zur Verfügung steht (BGH NStZ 2009, 585).

b) Hat der **Rechtspfleger** die **Unwirksamkeit** der Revisionsbegründung **verschuldet**, kommt → *Wiedereinsetzung in den vorigen Stand*, Rdn 3464, in Betracht (vgl. dazu z.B. OLG Hamm StraFo 2007, 467). Von einem Verschulden des Rechtspflegers kann nicht ausgegangen werden, wenn der Angeklagte dem Rechtspfleger eine von ihm, dem Angeklagten, verfasste, sehr umfangreiche Revisionsbegründungsschrift von 315 Seiten vorgelegt hat, wenn die Bearbeitung der Revisionsbegründung innerhalb von 15 Tagen erfolgte (BGH NStZ 2009, 585 [bei 4 Bände Verfahrensakten und 105 Seiten Urteil]). Auch die Fehlerhaftigkeit von durch den Rechtspfleger aufgenommenen (Verfahrens-)Rügen führt nicht zur → *Wiedereinsetzung in den vorigen Stand*, Rdn 3464 zur Nachholung von Verfahrensrügen s. BGH NJW 2008, 3368; NStZ-RR 2013, 254; OLG Nürnberg NJW 2007, 937 [Ls.] und → *Revision, Begründung, Frist*, Rdn 2282), da dann kein Umstände vorliegen, die einen Anspruch auf Nachbesserung wegen Pflichtverletzung des Rechtspflegers rechtfertigen könnten. Etwas anderes gilt jedoch, wenn dem Angeklagten/Betroffenen, der ein Rechtsmittel zu Protokoll der Geschäftsstelle begründen möchte, vom Gericht mitgeteilt wird, er könne dies auch schriftlich tun, und deswegen eine Protokollierung nicht vorgenommen wird (OLG Hamm, Beschl. v. 30.7.2008 – 3 Ss OWi 364/08).

3. Für die von einem **Verteidiger** oder einem Rechtsanwalt eingereichte Begründungsschrift gilt Folgendes (vgl. noch *Dahs*, RV, Rn 59 ff.):

a) Erforderlich ist **Schriftform**, wobei dem eingereichten Schriftstück der Inhalt der Erklärung so bestimmt entnommen werden können muss, dass es dem Revisionsgericht eine zuverlässige Grundlage für die weitere Behandlung der einzelnen Rügen bietet (*Meyer-Goßner/Schmitt*, § 345 Rn 14). Die Revision ist daher z.B. unzulässig, wenn weite Teile der schriftlichen Erklärung in einer nicht lesbaren Handschrift vorgelegt werden (BGHSt 33, 44; vgl. OLG Hamm NStZ-RR 2001, 376; zur unleserlichen Unterschrift [im Zivilverfahren]; BGH NJW-RR 2012, 1139 m. Anm. *Deutscher* VRR 2012, 297). Die Revision wird aber nicht dadurch unzulässig, dass sie die vom Tatrichter in unleserlicher Form niedergelegten Beschlüsse wiedergibt (OLG Stuttgart StraFo 2010, 74).

☞ Erhebt der Verteidiger die Verfahrensrüge und macht er zu deren Begründung die unzulässige Ablehnung von Anträgen geltend, die er in der HV handschriftlich gestellt hat, müssen die Anträge in der Revisionsbegründung wörtlich zitiert werden. Es können aber auch die in der HV gestellten **Anträge** in die Revisionsbegründung hineinkopiert werden. Dann sollte der Verteidiger eine **Leseabschrift** beifügen. Damit ist sichergestellt, dass der Antrag von dem Revisionsgericht auch so gelesen/verstanden wird, wie er von dem Verteidiger in der HV gestellt/formuliert war (vgl. aber auch OLG Stuttgart StraFo 2010, 74).

2272 b) Grds. kann die Revision auch durch **Telegramm, Fernschreiber** oder **Telebrief** begründet werden, **nicht** hingegen telefonisch (OLG Hamm DAR 1995, 457 [für Rechtsbeschwerde]) oder per **E-Mail**. Es gelten dieselben Regeln wie für die Einlegung der Revision (→ *Revision, Einlegung, Form*, Rdn 2371) und der Berufung (→ *Berufungseinlegung*, Rdn 583). Auf die dortigen Ausführungen kann daher verwiesen werden.

☞ Wird die Revision kurz vor Fristablauf per **Fax** begründet, muss der Verteidiger, vor allem bei umfangreichen Revisionsbegründungen, einen über die zu erwartende Übermittlungsdauer der Begründungsschrift hinausgehenden **zeitlichen Sicherheitszuschlag** einberechnen (BVerfG StRR 2014, 181 m. Anm. *Burhoff* [20 Minuten bei einer Verfassungsbeschwerde]).

2273 c)aa) Grds. muss der Rechtsanwalt oder der Verteidiger die Schrift **selbst verfassen**. **Mehrere Verteidiger** können allerdings für Mitangeklagte eine gemeinsame Revisionsbegründung verfassen (BGH NStZ 1998, 99). In dem Fall wird es sich allerdings empfehlen, dass **jeder Verteidiger** die Revisionsbegründungsschrift **unterzeichnet**. Anderenfalls bedarf der Verteidiger, der für einen Angeklagten unterzeichnet, der ihm die Vertretung nicht übertragen hat, einer Vollmacht (vgl. dazu BVerfG NJW 1996, 713; BGH NStZ 2001, 52).

2274 Die **Vorlage** einer schriftlichen **Vollmacht** ist für die Wirksamkeit der Revisionsbegründung jedoch **nicht erforderlich** (vgl. auch für die Revisionseinlegung OLG Düsseldorf StV 2014, 208 [Ls.]; OLG Nürnberg NJW 2007, 1767 [Ls.]; OLG Hamm VRS 108, 266 → *Revision, Begründung, Allgemeines*, Rdn 2234). OLG Nürnberg NJW 2007, 1767). Entscheidend ist, dass der Rechtsanwalt bei Abgabe der Revisionsbegründung bevollmächtigt war, der Nachweis der Vollmacht kann später erfolgen (). Die Vollmacht kann aber noch später nachgewiesen werden (*Meyer-Goßner/Schmitt*, § 345 Rn 12; vgl. für die Revisionseinlegung OLG Düsseldorf, a.a.O.; OLG Hamm, a.a.O.; zur Untervollmacht OLG Jena NStZ-RR 2012, 320).

bb) Aus der Revisionsbegründung muss sich ergeben, dass der Verteidiger an der Erstellung gestaltend mitgewirkt hat oder er zumindest für ihren Inhalt die **volle Verantwortung übernimmt** (vgl. *Meyer-Goßner/Schmitt*, § 345 Rn 14 ff. m.w.N.; dazu BVerfG NJW 1996, 713; zuletzt u.a. BGHSt 59, 284; BGH NJW 2012, 1783; NStZ-RR 2002, 309; 2014, 320, jew. m.w.N.; z.B. OLG Hamm StraFo 1998, 317; NStZ-RR 2009, 381; StRR 2012, 227; OLG Rostock NJW 2009, 3670 [Ls.]). Daher kann grds. auch ein von dem Angeklagten selbst abgefasstes Schriftstück, das der Verteidiger nur unterschrieben hat, eine zulässige Revisionsbegründung sein. Das gilt aber nicht für eine Sammlung von 3.000 Blättern oder ein Schriftstück, auf das der Verteidiger nur Bezug nimmt (BGH NStZ 1984, 563; instruktiv auch BGH NStZ-RR 2007, 132 [Be]) oder 113 vom Angeklagten verfasste Seiten, die der Rechtsanwalt „einrückt" (BGH NStZ- 2013, 194 [Ci/Zi]). Bestehen daran, dass der Verteidiger oder Rechtsanwalt die volle Verantwortung für den Inhalt der Begründungsschrift übernimmt, allerdings (auch nur geringste) **Zweifel**, so ist die Revisionsbegründung unzulässig (st. Rspr. des BGH; vgl. u.a. BGHSt 32, 326). Eine Heilung dieses Mangels nach Ablauf der Frist ist ausgeschlossen (BayObLG VRS 50, 298; KK-*Kuckein*, § 345 Rn 16).

2275

Der Verteidiger muss daher alles **vermeiden**, was zu **Zweifeln** an der vollen Übernahme der Verantwortung führen kann Die Rspr. ist hiernämlich streng. Formulierungen wie „Nach Auffassung des Angeklagten ..." oder „Auf Wunsch meines Mandanten trage ich noch vor ..." oder „Der Angeklagte lässt vorbringen ..." oder: „Herr X rügt ..." führen zur Unzulässigkeit des Rechtsmittels (BGH NJW 2012, 1748; NStZ 2004, 166; NStZ-RR 2002, 309; 2014, 320; OLG Hamm StraFo 2000, 345; OLG Rostock NJW 2009, 3670 [Ls.]; s. i.Ü. wegen weit. Formulierungen *Meyer-Goßner/Schmitt*, § 345 Rn 16).

Entsprechendes gilt für die Unterschrift des Rechtsanwalts/Verteidigers. Ergibt sich aus einem Zusatz und/oder aus sonstigen Umständen, dass der Rechtsanwalt die Verantwortung nicht übernommen hat, ist die Unterschrift unwirksam (so grds. auch BGHSt 59, 284; s. z.B. OLG Düsseldorf NJW 1990, 1002 [nur Stempel und Unterschrift des Rechtsanwalts auf dem vom Antragsteller selbst verfassten Schriftsatz]; OLG Frankfurt am Main NStZ-RR 2013, 355 für Rechtsbeschwerdebegründung; ebenso OLG Hamm NStZ-RR 2001, 300 m.w.N.; vgl. auch OLG Düsseldorf NJW 1989, 3296 [unzulässig auch: „i.V. für den nach Diktat verreisten Rechtsanwalt"]; OLG Hamm StRR 2012, 227 mit Anm. *Lange* [Unterzeichnung „i.V."]; OLG Hamm NStZ 2014, 728 [für RA, nach Diktat verreist]; vgl. aber auch – weiter – BGHSt 59, 284; OLG Köln NZV 2006, 321 unter Hinw. auf BVerfG NJW 1996, 713). Als formgültige Antragsschrift des Rechtsanwalts **reicht** auch **nicht** ein Schriftsatz, in dem er sich lediglich auf ein **beigefügtes**, vom Antragsteller selbst gefertigtes **Schreiben bezieht** (OLG Frankfurt am Main NStZ-RR 2002, 15). Die Schriftform ist auch nicht gewahrt, wenn die Antragsschrift nicht

2276

durch den Rechtsanwalt handschriftlich unterzeichnet ist und stattdessen lediglich den Zusatz enthält, dass das Schreiben elektronisch erstellt sei und deshalb keine Unterschrift enthalte (OLG Dresden StraFo 2014, 163 für sofortige Beschwerde der StA gegen die Nichteröffnung des Hauptverfahrens). Eine Faksimile-Unterschrift ist allerdings ausreichend (OLG Hamm StRR 2015, 42 [Ls.] für Strafantrag; OLG Brandenburg, Beschl. v. 13.6.2005 – 1 Ss OWi 106 B 05 für Einlegung der Rechtsbeschwerde).

> Auch wenn der **BGH** (BGHSt 59, 284) davon ausgeht, dass allein die Unterzeichnung „für Rechtsanwalt..." keinen Zweifel daran rechtfertigt, dass sich der unterzeichnende Rechtsanwalt den Inhalt der Schrift nicht zu eigen gemacht hat, sollte der für einen anderen Rechtsanwalt unterzeichnende Rechtsanwalt jeden **Zusatz** bei seiner Unterschrift **vermeiden**, der Anlass geben könnte, an der Übernahme von Verantwortung zu zweifeln.
>
> Er sollte es sich zur **Devise** machen: Die Revisionsbegründung unterzeichne ich **handschriftlich selbst**. Das gilt vor allem auch im Hinblick darauf, dass nach Ablauf der Begründungsfrist gegebene Erläuterungen, der Unterzeichner habe gleichwohl die inhaltliche Verantwortung tragen wollen, an der Formunwirksamkeit des Rechtsmittels nichts mehr ändern (BayObLG NJW 1991, 2095, 2096; KG JR 1987, 217; OLG Frankfurt am Main NStZ-RR 2013, 355; OLG Hamburg JR 1955, 233 m. zust. Anm. *Sarstedt*; *Meyer-Goßner/Schmitt*, § 345 Rn 16). Denn es geht um den Erklärungsinhalt und nicht etwa um den Nachweis der Vollmacht (dazu OLG Nürnberg NJW 2007, 1767, 1768).

Siehe auch: → *Revision, Allgemeines*, Rdn 2211 m.w.N.; → *Revision, Begründung, Allgemeines*, Rdn 2230.

2277 Revision, Begründung, Frist

> **Das Wichtigste in Kürze:**
> 1. Die Frist zur Begründung der Revision beträgt nach § 345 Abs. 1 einen Monat.
> 2. Eine Verlängerung der Revisionsbegründungsfrist gibt es im Strafverfahren – im Gegensatz zu allen anderen Verfahrensordnungen – nicht.
> 3. Nach der Rspr. des BGH wird i.d.R. (auch) zur Nachholung von Verfahrensrügen einer bereits formgerecht begründeten Revision keine Wiedereinsetzung in den vorigen Stand gewährt.
> 4. Für den Beginn der Revisionsbegründungsfrist ist die Zustellung des angefochtenen Urteils maßgeblich.
> 5. Die Revisionsbegründung muss bei dem Gericht, dessen Urteil angefochten wird, angebracht werden.

Revision, Begründung, Frist R

Literaturhinweise: Berndt, Neue Tendenzen im Recht der Wiedereinsetzung zur Nachholung von Verfahrensrügen, StraFo 2003, 112; **Geipel,** Die Revisionsbegründungsfrist und Nachbesserungsmöglichkeiten – oder: „Der Angeklagte haftet für seinen Anwalt", StraFo 2011, 9; **Grabenwarter,** Die Revisionsbegründungsfrist nach § 345 I StPO und das Recht auf angemessene Vorbereitung der Verteidigung (Art. 6 III lit. b EMRK), NJW 2002, 109; s.a die Hinw. bei → *Revision, Allgemeines,* Rdn 2211. 2278

1. Die Frist zur Begründung der Revision beträgt nach § 345 Abs. 1 **einen Monat.** Sie beginnt nach Ablauf der Frist zur Einlegung der Revision (§ 345 Abs. 1 S. 1; → *Revision, Einlegung, Frist,* Rdn 2374). Für die Fristberechnung gilt § 43. Falls zu diesem Zeitpunkt das Urteil noch nicht zugestellt ist, was die Regel ist, beginnt die Revisionsbegründungsfrist mit der wirksamen Zustellung des angefochtenen Urteils (§ 345 Abs. 1 S. 2). Es gilt § 43 Abs. 1, und zwar auch dann, wenn die Revisionsbegründungsfrist unmittelbar an die Revisionseinlegungsfrist anschließt (BGHSt 36, 241). Der Tag des Beginns der Monatsfrist wird – anders als in § 188 Abs. 2 Alt. 2 BGB – nicht mitgezählt (BGH, a.a.O.; OLG Bamberg [3. Senat für Bußgeldsachen; für OWi-Verfahren] StRR 2007, 264 m. Anm. *Gieg*; s. aber BGH NStZ 2000, 498 und OLG Bamberg [2. Senat für Bußgeldsachen; für OWi-Verfahren] NZV 2006, 322). 2279

Wird die **Frist** zur Begründung **versäumt,** kann, wenn die Revision als unzulässig verworfen wird, nach § 346 Abs. 2 Antrag auf Entscheidung des Revisionsgerichts (→ *Revision, Antrag auf Entscheidung des Revisionsgerichts,* Rdn 2222) gestellt und/oder → *Wiedereinsetzung in den vorigen Stand,* Rdn 3464, beantragt werden. Ist die Verfahrensrüge zwar erhoben, aber nicht ordnungsgemäß ausgeführt, kommt eine → *Wiedereinsetzung in den vorigen Stand,* Rdn 3464, grds. nicht in Betracht (BGHSt 31, 161; BGH, Beschl. v. 23.8.2012 – 1 StR 346/12; OLG Köln NStZ-RR 1996, 212).

2. Hinweis für den Verteidiger! 2280

a) Eine **Verlängerung** der **Revisionsbegründungsfrist** gibt es im Strafverfahren – im Gegensatz zu allen anderen Verfahrensordnungen – **nicht** (BGH NStZ 1988, 20 [Pf/M]; OLG Düsseldorf NStZ 1984, 91; krit. *Geipel* StraFo 2011, 9). Erfolgt sie dennoch, ist sie unwirksam (*Meyer-Goßner/Schmitt,* § 345 Rn 2). Es mehren sich allerdings die Stimmen in der Lit., die darin – zumindest in umfangreichen Verfahren – einen Verstoß gegen Art. 6 Abs. 3 Buchst. b) MRK sehen (vgl. dazu *Grabenwarter* NJW 2002, 109; *Hillenkamp* NStZ 2000, 669 in der Anm. zu einer Entscheidung des Öst.VerfGH in NStZ 2000, 668).

Verfahrensrügen können auch **nicht nachgeschoben** (u.a. BGH NStZ 1996, 353; StV 2013, 552 m. Anm. *Burhoff* StRR 2012, 462; NStZ-RR 1996, 201 und 233; KG JurBüro 2015, 43) oder ergänzt werden (st. Rspr., vgl. u.a. BGH StraFo 2005, 299 m.w.N.; vgl. a. BGHSt 52, 175; BGH, Beschl. v. 9.4.2008 – 3 StR 28/08; Beschl. v. 28.12.2011 – 2 StR 411/11; Burhoff/Kotz/*Junker,* RM, Teil A Rn 2549 ff.; a.A. *Geipel* StraFo 2011, 9,

14; zu Ausnahmen s.u. Rdn 2283 ff.). Auch wenn eine Verfahrensrüge zwar erhoben, aber nicht ordnungsgemäß ausgeführt ist, kommt eine → *Wiedereinsetzung in den vorigen Stand*, Rdn 3464, grds. nicht in Betracht (BGHSt 31, 161; BGH StV 2013, 552; Beschl. v. 23.8.2012 – 1 StR 346/12; OLG Köln NStZ-RR 1996, 212). Auch kann eine neben einer Verfahrensrüge noch nicht erhobene Sachrüge nicht nachgeschoben werden (OLG Köln, a.a.O.), und zwar auch nicht neben einer nicht formgerecht erhobene Sachrüge (OLG Hamm NZV 2001, 490).

2281 b) Der Verteidiger hat keine andere Möglichkeit, als **innerhalb** der **Monatsfrist** des § 345 Abs. 1 eine ordnungsgemäße und ausreichende **Begründung** zu erstellen, was insbesondere in Verfahren mit umfangreichem Prozessstoff hinsichtlich der Verfahrensrügen nicht einfach ist. Eine weitere Schwierigkeit ergibt sich dadurch, dass der Verteidiger die Verfahrensrügen oft nur nach Kenntnis des HV-Protokolls ordnungsgemäß erheben kann, nach der Rspr. das abschnitts- oder tageweise gefertigte Protokoll ihm aber während der HV nicht überlassen werden muss (BGH NJW 1981, 411 [insoweit nicht in BGHSt 29, 293]) und i.d.R. auch nicht überlassen wird (→ *Protokoll der Hauptverhandlung/Allgemeines*, Rdn 2092).

🖉 Es ist davor zu **warnen**, als Ausweg aus diesem Dilemma die Revisionsbegründungsfrist versäumen zu lassen und dann den Ausweg in der → *Wiedereinsetzung in den vorigen Stand*, Rdn 3464, zu suchen (vgl. dazu nachfolgend Rdn 2282 f.; s. aber auch *Geipel* StraFo 2011, 9 ff.).

2282 3.a) Nach der Rspr. des BGH wird i.d.R. (auch) zur **Nachholung** von **Verfahrensrügen** einer bereits formgerecht begründeten Revision keine → *Wiedereinsetzung in den vorigen Stand*, Rdn 3464, gewährt (st. Rspr. des BGH; vgl. z.B. BGHSt 26, 335; BGH NStZ 2006, 586; 2009, 173; StV 2013, 552 m. Anm. *Burhoff* StRR 2012, 462: NStZ-RR 2012, 100 [Ci/Zi]; *Meyer-Goßner/Schmitt*, § 44 Rn 7 ff. m.w.N. a. zur a.A.; s.a. *Berndt* StraFo 2003, 112; *Geipel* StraFo 2011, 9, 14). Das gilt auch, wenn der Angeklagte mehrere Verteidiger hat, von denen einer die Sachrüge fristgerecht erhoben hat, der oder die anderen die Frist zu Geltendmachung von Verfahrensrügen aber versäumen (BGH StV 2008, 569).

🖉 Bei **umfangreichen Revisionen** sollte sich der Verteidiger daher immer **zuerst** auf die **Verfahrensrügen konzentrieren**, da diese zwingend innerhalb der Revisionsfrist des § 345 Abs. 1 von einem Monat erhoben und im Einzelnen begründet werden müssen. Bei der Sachrüge ist es hingegen ausreichend, diese zunächst innerhalb der Monatsfrist allgemein zu erheben und anschließend die Begründung bis zur Entscheidung des Revisionsgerichts nachzuschieben.

An dieser Stelle zeigt sich, welchen **Vorteil** es für den Verteidiger hat, sich bereits während der **laufenden HV** zur Vorbereitung der Revision alle Vorkommnisse im Zusammenhang mit **prozessualem Geschehen**, das zu einer Verfahrensrüge führen könnte, zu **notieren**. Darauf kann dann zur Begründung der Verfahrensrüge zurückgegriffen werden. Für die Sachrüge ist der (Begründungs-)Zeitdruck nicht so erheblich, da es hier zur Fristwahrung genügt zu erklären, dass die Verletzung materiellen Rechts gerügt wird. Eine weitere Begründung kann dann später nachgeschoben werden (→ *Revision, Begründung, Sachrüge*, Rdn 2290).

Geipel (StraFo 2011, 9) plädiert wegen dieser Schwierigkeiten, die es selbst Fachanwälten häufig unmöglich machen, eine ordnungsgemäße Revisionsbegründung zu erstellen, für **Nachbesserungsmöglichkeiten** nach Ablauf der Begründungsfrist. Nach seiner Auffassung ist § 345 Abs. 1 S. 1 verfassungskonform i.S.v. Art. 19 Abs. 4 GG dahingehend auszulegen, dass auch außerhalb der Frist Ergänzungen zugelassen werden, die keinen neuen Lebenssachverhalt betreffen und bei denen ohne jeden Aufwand erkennbar sei, dass dadurch keine kausale Verzögerung eintrete.

b)aa) Die Rspr. lässt von diesem grds. Verbot des Nachholens von Verfahrensrügen **Ausnahmen** zu, wenn der Angeklagte/Verteidiger unverschuldet durch äußere Umstände oder durch Maßnahmen des Gerichts an der rechtzeitigen Begründung der Revision gehindert worden ist (vgl. dazu z.B. BGH NStZ 1997, 45; 2008, 705; zu den Fragen auch *Ventzke* StV 2002, 229 in der Anm. zu BGH, a.a.O.; Burhoff/Kotz/*Junker*, RM, Teil A Rn 2549 ff.).

2283

bb) Von besonderer **praktischer Bedeutung** ist die Unmöglichkeit oder die Verweigerung bzw. Nichtgewährung der **AE** trotz Nachfragens während der Revisionsbegründungsfrist, wenn die AE zur Begründung der Verfahrensrüge erforderlich war (BGH NJW 2004, 2394; NStZ 2009, 173; StraFo 2008, 376; OLG Hamm, Beschl. v. 10.4.2008 – 5 Ss 126/08; s. aber a. Rdn 2286 und z.B. BayObLG NStZ-RR 2004, 82; OLG Jena VRS 122, 142). War der Angeklagte in der HV ohne Verteidiger, wird ihm von der Rspr. zur Nachholung von Verfahrensrügen durch den später gewählten Verteidiger i.d.R. dann → *Wiedereinsetzung in den vorigen Stand*, Rdn 3464, gewährt (vgl. dazu a. BGH StraFo 2005, 25). Wird geltend gemacht, **nicht gewährte/fehlende AE** habe der fristgerechten Begründung der Verfahrensrüge entgegengestanden, muss allerdings die Verfahrensrüge so weit wie möglich ohne AE begründet werden (BGH wistra 1995, 347; Beschl. v. 14.1.2009 – 4 StR 563/08). Von der Rspr. wird auch verlangt, dass sich der Angeklagte/Verteidiger ggf. während des Laufes der Frist erforderliche weitere Informationen beschafft (BGH NStZ-RR 2008, 34 [Ci]).

2284

Stellt der Verteidiger einen Wiedereinsetzungsantrag, muss er insbesondere (auch) zum Hinderungsgrund und zum Wegfall des Hindernisses **vortragen** (vgl. dazu BGH NStZ-RR 2008, 35 [Ci] m.w.N.; 2012, 100 [Ci/Zi]; 2015, 67 [Ci/Ni; Begründung beim Rechtspfleger aufgenommen]; → *Wiedereinsetzung in den vorigen Stand*, Rdn 3464). Er muss außerdem darlegen, inwieweit er durch ggf. nicht gewährte AE an einer ordnungsgemäßen Begründung gehindert worden ist (BGH

| R | Revision, Begründung, Frist |

NStZ 1997, 45; NStZ-RR 2004 226 [Be]; wistra 2010, 229; *Burhoff* StV 1997, 437). Auch muss die Verfahrensrüge innerhalb der Wochenfrist des § 45 Abs. 1 S. 1, Abs. 2 S. 2 nachgeholt werden (BGH NStZ 2009, 173; StraFo 2008, 376; BGH, Beschl. v. 10.12.2014 – 3 StR 493/14).

cc) Darüber hinaus ist hinzuweisen auf folgende **Rechtsprechungsbeispiele**:

2285 **Ausnahme bejaht**

- **Erkrankung** des Verteidigers (BGH NStZ 1985, 204 [Pf/M]; zuletzt BGH StraFo 2014, 333 [Wiedereinsetzung wegen Erkrankung des Verteidigers kurz vor Ablauf der Frist]),
- Ausfall des **Telefaxgerätes** des Gerichts (BGH NStZ 2005, 650; 2008, 705),
- Verzögerungen bei der **Postbeförderung** (BGH NStZ 1984, 34),
- ggf. nach **Protokollberichtigung** für sich aus dem berichtigen Protokoll der HV nun ergebende neue Verfahrensrügen (*Meyer-Goßner/Schmitt*, § 272 Rn 26b; → *Protokoll der Hauptverhandlung, Allgemeines*, Rdn 2102),
- **Unmöglichkeit** für den Verteidiger, sein **Büro** zu betreten (BGH NStZ 2008, 525 [für Streit in Zusammenhang mit Sozietätsauflösung]),
- **Versehen** des **Büros** des Verteidigers (BGH NStZ-RR 2005, 257 [Be]),
- **Weigerung** des Pflichtverteidigers, eine über die allgemeine Sachrüge hinausgehende Revisionsbegründung abzugeben (BayObLG MDR 1974, 247).

2286 **Ausnahme verneint**

- **Aktenmitgabe** in das Büro wurde verweigert (BGH NStZ-RR 1998, 258 [K]; krit. *Ventzke* StV 1997, 229 in der Anm. zu BGH NStZ 1997, 45),
- Verteidiger hat an die Erledigung eines **Akteneinsichtsgesuchs nicht erinnert** (BGH NStZ 2000, 326 m.w.N.; s.a. BGH NStZ 2009, 173; OLG Hamm VRR 2009, 313; Beschl. v. 10.4.2008 – 5 Ss 126/08),
- Verteidiger hat sich überhaupt **nicht** um die **Akten bemüht** (BGH NStZ-RR 2006, 2 [Be]) oder überhaupt nicht Einsicht genommen (BayObLG NStZ-RR 2004, 82),
- Ergebung der Verfahrensrüge durch einen **nachträglich beauftragten Verteidiger** (BGH StraFo 2005, 25; ähnlich BGH NStZ-RR 2015, 67 [Ci/Ni]),
- **Irrtum** eines zweiten Verteidigers über den **Ablauf** der **Revisionsbegründungsfrist** (BGH StraFo 2005, 25),
- **Wiederholung** einer bereits **formwidrig erhobenen** Verfahrensrüge (BGHSt 52, 175; BGH NStZ-RR 2012, 100 [Ci/Zi]; Beschl. v. 9.4.2008 – 3 StR 28/08; Beschl. v. 3.12.2009 – 3 StR 277/09, insoweit nicht in BGHSt 54, 216; OLG Schleswig SchlHA 2010, 225 [Dö/Dr]; ähnlich für vom Rechtspfleger pflichtwidrig aufgenommene Verfahrensrüge NStZ-RR 2013, 254; a.A. *Geipel* StraFo 2011, 9, 14).

4.a) Hinsichtlich der für den Beginn der Revisionsbegründungsfrist i.d.R. maßgeblichen **Zustellung** des angefochtenen Urteils ist auf Folgendes zu **achten**: 2287

- Ist die Entscheidung an **mehrere Empfangsberechtigte zugestellt** worden, also z.B. an den Angeklagten und an den Verteidiger oder an mehrere Verteidiger, ist nach § 37 Abs. 2 die letzte Zustellung maßgebend, es sei denn, dass bei der zweiten Zustellung die durch die erste Zustellung in Gang gesetzte Frist bereits abgelaufen war (BGHSt 34, 371; OLG Düsseldorf StV 1996, 473 [Ls.]; *Meyer-Goßner/Schmitt*, § 37 Rn 29; → *Zustellungsfragen*, Rdn 3620).

- Auch wenn der Verteidiger eine Vollmacht zu den Akten gereicht hat, die eine Zustellungsermächtigung nach § 145a enthält (→ *Vollmacht des Verteidigers*, Rdn 3350), setzt die **Zustellung** der **Entscheidung** an den **Angeklagten** selbst gleichwohl die Revisionsbegründungsfrist in Lauf. Das gilt sogar dann, wenn der Verteidiger nicht gem. § 145a Abs. 3 benachrichtigt worden ist. § 145a enthält nur eine Zustellungsermächtigung, begründet aber keine Pflicht zur Zustellung an den Verteidiger (BayObLG NJW 1993, 150).

> Dies muss der Verteidiger beachten und seinen Mandanten **anhalten**, ihn sofort zu **benachrichtigen**, sobald er eine Zustellung erhält, da sonst die Revisionsbegründungsfrist leicht versäumt werden kann (s. → *Zustellungsfragen*, Rdn 3620).

- War die Frist zur Einlegung der Revision versäumt und hatte ein **Wiedereinsetzungsantrag** oder ein Antrag nach § 346 Abs. 2 **Erfolg**, beginnt die Begründungsfrist mit der Zustellung des entsprechenden Beschlusses, falls dem Beschwerdeführer inzwischen das Urteil wirksam zugestellt worden ist (BGHSt 30, 182).

b) Die Revisionsbegründungsfrist wird nur durch eine **wirksame Zustellung** des angefochtenen Urteils in Lauf gesetzt. Es gelten insoweit die allgemeinen Regeln (→ *Zustellungsfragen*, Rdn 3620). Auf Folgendes ist besonders **hinzuweisen**: Die Begründungsfrist beginnt erst mit der Zustellung des vollständigen Urteils mit dem gesamten Urteilskopf, der vollständigen Urteilsformel, den Urteilsgründen und der durch § 275 Abs. 2 S. 1 vorgeschriebenen Unterschriften oder den Verhinderungsvermerken nach § 275 Abs. 2 S. 2; im Fall der Urteilsergänzung nach § 267 Abs. 4 S. 3 mit der Zustellung des ergänzten Urteils (vgl. zu allem u.a. BGH NJW 1978, 60; OLG Düsseldorf JMBl. NW 1982, 139). Die Frist beginnt nicht, wenn die Zustellung vor Fertigstellung des Sitzungsprotokolls erfolgt, wenn dieses z.B. erst später vom Vorsitzenden unterschrieben wird (vgl. im Einzelnen *Meyer-Goßner/Schmitt*, § 273 Rn 24 m.w.N.) oder wenn eine vom Original abweichende, fehlerhafte oder verstümmelte Ausfertigung zugestellt wird, sofern der Fehler nicht nur unwesentliche Einzelheiten betrifft (→ *Zustellungsfragen*, Rdn 3620). Wird zulässigerweise ein Berichtigungsbeschluss erlassen, tritt an die Stelle der Urteilszustellung dessen Zustellung (BGHSt 12, 374; BGH NJW 1991, 1900). 2288

| R | Revision, Begründung, Sachrüge |

🖉 Die Zustellung muss nach § 36 Abs. 1 S. 1 **zwingend vom Vorsitzenden angeordnet** werden (zuletzt BGHSt 59, 150 m. Anm. *Burhoff* StRR 2014, 342; NStZ 2011, 591; OLG Bamberg StraFo 2010, 468; DAR 2011, 401; OLG München NStZ-RR 2010, 15 [Ls.]).

2289 5. Die Revisionsbegründung muss bei dem Gericht, dessen Urteil angefochten wird, angebracht werden. Der Verteidiger muss beachten, dass die Begründungsschrift vor Ablauf der Frist (vollständig) bei **Gericht eingegangen** sein muss (vgl. dazu die entsprechend geltenden Ausführungen bei → *Revision, Einlegung, Frist*, Rdn 2374).

Siehe auch: → *Revision, Allgemeines*, Rdn 2211 m.w.N.

2290 Revision, Begründung, Sachrüge

> **Das Wichtigste in Kürze:**
> 1. Es handelt sich um einen (groben) Verteidigerfehler, wenn der Verteidiger nicht zumindest die allgemeine Sachrüge erhebt.
> 2. Die formalen Anforderungen an die Sachrüge sind gering. Sie muss nicht im Einzelnen begründet werden.
> 3. Das Revisionsgericht hat auf die allgemeine Sachrüge hin das Urteil in vollem Umfang auf sachlich-rechtliche Fehler zu überprüfen.
> 4. Mit der Sachrüge erstrebt und erreicht der Angeklagte eine Nachprüfung des Urteils hinsichtlich des gesamten sachlichen Rechts, und zwar in einem sehr weiten Umfang. Lücken, Widersprüche und Verstöße gegen Denkgesetze und Erfahrungssätze können mit der sog. Darstellungsrüge gerügt werden.
> 5. Fehler bei der richterlichen Überzeugungsbildung (Beweiswürdigung) können ebenfalls Gegenstand der Sachrüge sein.
> 6. Es können auch Fehler bei der Strafzumessung mit der Sachrüge geltend gemacht werden.

2291 **Literaturhinweise: Barton**, Die Abgrenzung der Sach- von der Verfahrensrüge bei der klassischen und der erweiterten Revision in Strafsachen, JuS 2007, 977; **Burhoff**, Verteidigerfehler in der Tatsachen- und Revisionsinstanz, StV 1997, 432; **Detter**, Zum Strafzumessungs- und Maßregelrecht – Teil 1, NStZ 2014, 388; *ders.*, Zum Strafzumessungs- und Maßregelrecht – Teil 2, NStZ 2014, 444; *ders.*, Strafzumessung und Rechtsfolgenverteidigung, in: FA Strafrecht, Teil 8 Kapitel 6; **Eisenhuth**, Grundlagen der Strafzumessung, Jura 2004, 89; **El-Ghazi**, Irrwege und Wege zur Abgrenzung von sach- und Verfahrensrüge, HRRS 2014, 350; **Fischer**, Schätzungen in der Rechtsprechung des Bundesgerichtshofs, StraFo 2012, 429; **Füllsack**, Steuerhinterziehung: Grundlagen der Strafzumessung, PStR 2005, 91; **Gercke/Wollschläger**, Videoaufzeichnungen und digitale Daten als Grundlage des Urteils Revisionsrechtliche Kontrolle in den Grenzen des Rekonstruktionsverbots, StV 2013, 106; **Hacker/Hoffmann**, Zur Frage der strafschärfenden Berücksichtigung eines Freispruchs aus einem früheren Strafverfahren, JR 2007, 452; **Herdegen**, Bemerkungen zur Beweiswürdigung, NStZ 1987, 193; *ders.*, Die Revisibität der Beweiswürdigung, in: Festschrift 25 Jahre AG Strafrecht, 2009, S. 553; **Hillenbrand**, Die kurze Freiheitsstrafe – eine zu häufige Ausnahme, StRR 2015, 168; **Knauer**, Zur Wahrheitspflicht des Revisionsverteidigers, in: Festschrift für *Gunter Widmaier*, 2008, S. 291; **Langrock**, Über die Grenzen der Strafzumessungskompetenz der Revisionsgerichte nach § 354 Abs. 1a StPO, StraFo 2005, 226; **Meier**, Licht ins Dunkel: Die richterliche Strafzumessung, JuS 2005, 769; *ders.*, Licht ins Dunkel: Die richterliche Strafzumessung (Schluss aus JuS 2005, 769), JuS 2005, 879; **Miebach**, Probleme des Allgemeinen Teils des StGB in Strafurteilen aus revisionsrechtlicher Sicht – Teil 2, NStZ 2007, 570; **Mommsen**, Zur Zulässigkeit der strafprozessualen Sachrüge bei Angriffen gegen die Beweiswürdigung, GA 1998, 488; **Nobis**, Strafobergrenze durch hohes Alter – Zugleich Besprechung des Urteils des BGH vom 27.4.2006 (4 StR 572/05), NStZ 2006, 489; **Rademacher/Gerhardt**, Reduzierung der Tagessatzhöhe als Verteidigungsziel, ZAP F. 22, S. 427; **Schmantel**, Höchstrichterliche Anforderungen an besondere Beweiskonstellationen – Aussage gegen Aussage, Aussagen von Mitbeschuldigten oder des „Kronzeugen", StraFo 2010, 446; **Schmidt**, Rechtsfolgenentscheidung und Strafzumessung beim vertragsärztlichen Abrechnungsbetrug, StV 2013, 589; **Sander**, Verteidigung gegen die Berücksichtigung verjährter und ausgeschiedener Taten bei der Strafzumessung, StraFo 2004, 47; *ders.*, Die Strafzumessung in der Revision, StraFo 2010, 365; **Streng**, Verfahrensabsprachen und Strafzumessung – Zugleich ein empirischer Beitrag zur Strafzumessung bei Delikten gegen die Person, in: Festschrift für *Hans-Dieter Schwind*, 2006, S. 447; **Strüwe**, Verteidigung in Fällen „Aussage gegen Aussage" im Ermittlungs-, Haupt-, und Revisionsverfahren, StRR 2009, 284; **Stuckenberg**, Strafschärfende Verwertung früherer Einstellungen und Freisprüche – doch ein Verstoß gegen die Unschuldsvermutung, StV 2007, 655; **Weider**, Lücken in der revisionsgerichtlichen Beweiswürdigung, in: Festschrift für *Gunter Widmaier*, 2008, S. 599; s.a. die Hinw. bei → *Revision, Allgemeines*, Rdn 2211 und → *Rechtsmittel, Allgemeines*, Rdn 2160.

1. Hinweis für den Verteidiger!

2292

Vorab ist auf Folgendes hinzuweisen: Es handelt sich um einen groben/schweren **Verteidigerfehler**, wenn der Verteidiger, selbst wenn er nur Verfahrensverstöße geltend machen will, neben der Verfahrensrüge nicht auch zumindest (vorsorglich) die allgemeine Sachrüge erhebt (*Burhoff* StV 1997, 432; vgl. dazu Rdn 2295). Diese Vorgehensweise hat nämlich folgenden **Vorteil**: Die Sachrüge – und nur diese – eröffnet dem Revisionsgericht den Zugang auf das Urteil und damit ggf. auch den Zugang auf Urteilsstellen, die für die Verfahrensrüge bedeutsam sein können (st.Rspr., vgl. u.a. BGHSt 38, 302; 38, 372; BGH NStZ 1996, 145; StraFo 2008, 332; u.a. BGH, Beschl. v. 26.3.2008 – 2 StR 61/08; OLG Brandenburg NStZ 1997, 612; OLG Celle StV 2013, 12 [Ls.] m. Anm. *Burhoff* StRR 2012, 424; OLG Hamm StraFo 2001, 244; StRR 2008, 308; 2008, 346; *Meyer-Goßner/Schmitt*, § 344 Rn 20). Denn aufgrund einer zulässig erhobenen Sachrüge können – was sonst nicht möglich ist – zusätzlich zum Revisionsvorbringen des Verteidigers die Urteilsgründe berücksichtigt werden. Möglicherweise kann das für die Verfahrensrüge entscheidend sein.

> *Beispiel (nach OLG Hamm StraFo 2001, 244; ähnlich OLG Celle StV 2013, 12 [Ls.]):* 2293
> Gerügt wird, dass die HV in Abwesenheit einer Person stattgefunden hat, deren Anwesenheit das Gesetz vorschreibt (§ 338 Nr. 5), und zwar, dass ein Fall notwendiger Verteidigung i.S.d. § 140 vorgelegen habe. In der Revisionsbegründung teilt der Verteidiger lediglich mit, dass der Angeklagte die Beiordnung eines Pflichtverteidigers beantragt hat. Den Inhalt des Antrags sowie des ablehnenden Beschlusses und die Tatsachen, aus denen sich die Fehlerhaftigkeit des Beschlusses ergeben könnte, werden nicht mitgeteilt.

Diese Begründung der Verfahrensrüge ist nicht ausreichend (→ *Revision, Begründung, Verfahrensrüge*, Rdn 2322). Der Zurückweisung als unzulässig kann die Revision jetzt nur noch entgehen, wenn durch die gleichzeitig erhobene Sachrüge, dem Revisionsgericht der Rückgriff auf das Urteil möglich ist und aus diesem sich dann ggf. ergibt, dass ein Fall der notwendigen Verteidigung vorgelegen hat, also z.b. Gründe, um das Merkmal „Schwere der Tat" oder „Verteidigungsunfähigkeit" des Mandanten bejahen zu können.

2294 Hinzu kommt: Sieht das Revisionsgericht einen ggf. gerügten Verfahrensmangel als nicht gegeben an, muss es, wenn die Sachrüge nicht erhoben worden ist, die Revision als unzulässig (§ 349 Abs. 1) oder unbegründet – je nachdem, ob die Verfahrensrüge ausreichend begründet worden ist oder nicht – verwerfen (u.a. BGH NJW 2005, 2047). Hat der Verteidiger hingegen (auch) die Sachrüge erhoben, muss das **Revisionsgericht** das angefochtene Urteil nun noch auf **sonstige** (materielle) **Rechtsfehler** überprüfen. Diese Überprüfung kann dann zur Aufdeckung eines – möglicherweise vom Verteidiger überhaupt nicht gesehenen und auch nicht gerügten – Rechtsfehlers und damit zur Aufhebung des Urteils führen.

✏️ Der Verteidiger muss daher darauf achten und sollte es sich zur **Gewohnheit** machen, dass seine Revisionsbegründung zumindest die **Sachrüge** in **allgemeiner Form** enthält.

2295 2.a)aa) Die **formalen Anforderungen** an die Erhebung der **Sachrüge** sind **gering**. Es genügt z.b. die sog. allgemeine Sachrüge, die mit der Formulierung „Gerügt wird die Verletzung sachlichen Rechts" erhoben ist. Mehr ist nicht erforderlich. Insbesondere braucht der Angeklagte die Sachrüge **nicht im Einzelnen zu begründen** (vgl. ergänzend BGHSt 25, 272; allgemein zur Begründung der Sachrüge u. Rdn 2298 ff.; s.a. *Burhoff*, StV 1997, 432, 438; *Herdegen* StV 1992, 527; Burhoff/Kotz/*Junker*, RM, Teil A Rn 2707 ff.; zur Abgrenzung von der Verfahrensrüge s. die o.a. Lit.-Hinw., vor allem *Barton* JuS 2007, 977; *El-Ghazi* HRRS 2014, 350; → *Revision, Begründung, Verfahrensrüge*, Rdn 2322).

2296 Ist die Sachrüge nicht ausdrücklich erhoben, ist die Revision aber dennoch ausreichend begründet, wenn die Ausführungen in der Revisionsbegründung ausreichend deutlich erkennen lassen, dass der Beschwerdeführer das angefochtene Urteil wegen sachlich-rechtlicher Fehler überprüft sehen will (vgl. z.B. aus der umfangreichen Rspr., BGH NJW 2013, 3191; NStZ-RR 2000, 294; 2015, 144 [Ls.]; weitere Nachw. → *Revision, Begründung, Allgemeines*, Rdn 2260). Nicht ausreichend ist es aber, wenn durch das Revisionsvorbringen das angefochtene Urteil nicht konkret als fehlerhaft angegriffen wird. Auch bloße **Angriffe** gegen die **Beweiswürdigung** oder die Tatsachenfeststellungen stellen für sich genommen noch **keine zulässige Sachrüge** dar (OLG Hamm NZV 1999, 437; StV 2009, 67 m. krit. Anm. *Ventzke*; s.a. BGH NStZ-RR 1998, 18 [Anforderungen an die Sachrüge bei einer Revision, die sich gegen die Unterbringung richtet]). Entscheidend ist, dass erkennbar ist, dass das Revisionsgericht die „**richtige Rechtsanwendung**" prüfen soll, ob also das Recht auf den vom Tatgericht im angefochten Urteil festgestellten Sachverhalt richtig oder falsch angewendet worden ist (OLG Hamm, a.a.O.).

bb) Hinweis für den Rechtsanwalt/Verteidiger! 2297

In zwei Konstellationen gelten hinsichtlich der Anforderungen an die Begründung der Sachrüge **Besonderheiten:**

- Etwas anderes gilt für den **Nebenkläger**. Dieser hat nach § 400 nur ein beschränktes Anfechtungsrecht. Er kann ein Urteil nicht mit dem Ziel anfechten, dass eine andere Rechtsfolge der Tat verhängt wird. Daher bedarf die Revision des Nebenklägers eines Antrags oder einer Begründung, die deutlich macht, dass er eine Änderung des Schuldspruchs hinsichtlich eines Nebenklagedeliktes und damit ein zulässiges Ziel verfolgt (*Meyer-Goßner/Schmitt*, § 400 Rn 6 m.w.N. aus der obergerichtlichen Rspr., wie z.b. BGH NStZ-RR 2005, 262; 2009, 253; 2013, 196 [Ci/Zi]; OLG Brandenburg, Beschl. v. 25.1.2010 – 1 Ss 118/09). Soll mit den Rechtsmittel trotz formal weiterreichenden Antrags lediglich die Verhängung anderer, für die Angeklagten ungünstigerer Rechtsfolgen erreicht werden, ist das nicht ausreichend (vgl. u.a. BGH, Beschl. v. 3.5.2013 – 1 StR 637/12). Entsprechendes gilt z.b. für das Ziel der Annahme eines weiteren Mordmerkmals (vgl. BGH NStZ-RR 1997, 371), der Feststellung der besonderen Schwere der Schuld i.S.d. § 57a Abs. 1 S. 1 Nr. 2 StGB (vgl. BGH, Beschl. v. 12.6.2001 – 5 StR 45/01) sowie der Anwendung des allgemeinen Strafrechts statt Jugendstrafrechts (vgl. BGH StraFo 2007, 245). Der Nebenkläger kann sich aber gegen die Bewertung der Konkurrenzverhältnisse wenden, um zu einer weitergehenden Verurteilung des Angeklagten gelangen zu können; dann muss er dies jedoch in der notwendigen Klarheit in der Revisionsbegründung zum Ausdruck bringen (BGH StraFo 2014, 79). Das Erheben der allgemeinen Sachrüge genügt dafür nicht (vgl. a. noch BGH, Beschl. v. 21.11.2012 – 2 StR 311/12). I.Ü. ist es auch nicht ausreichend, wenn zur Begründung nur Bezug genommen wird auf Schriftsätze anderer Verfahrensbeteiligter (BGH NStZ-RR 2010, 104 [Ci/Zi]).
- Ähnliches gilt Im **JGG-Verfahren**. Ein Urteil, das ausschließlich ein Zuchtmittel gegen den Angeklagten anordnet, kann nach § 55 Abs. 1 S. 1 1 JGG nicht wegen des Umfangs der Maßnahme und nicht deshalb angefochten werden, weil andere Erziehungsmaßregeln oder Zuchtmittel hätten angeordnet werden sollen (vgl. eingehend Burhoff/Kotz/*Schimmel*, RM, Teil A Rn 919 ff.). Das bedeutete, dass ein Rechtsmittel gegen ein allein eine derartige Rechtsfolgen des Jugendstrafrechts verhängendes Urteil lediglich darauf gestützt werden kann, dass die Schuldfrage aus tatsächlichen oder rechtlichen Gründen falsch beurteilt oder die verhängte Sanktion selbst rechtswidrig ist (BGH NStZ 2013, 659 m.w.N. und m. Anm. *Hillenbrand* StRR 2014, 63). Diese gesetzliche Beschränkung führt dazu, dass ebenfalls nicht lediglich die allgemeine Sachrüge erhoben und die Aufhebung des Urteils beantragt werden kann (BGH, a.a.O.).

2298 b) Fraglich ist, **inwieweit** die **Sachrüge** überhaupt **begründet** werden sollte. Viele Verteidiger lassen sich durch die Möglichkeit, die Sachrüge nur in allgemeiner Form erheben zu können, davon abhalten, selbst sorgfältig in den Urteilsgründen z.b. nach Schwächen bei der Feststellung des Sachverhalts zu forschen oder die Beweiswürdigung auf ihre Vollständigkeit zu überprüfen oder sich auch mit der richtigen Rechtsanwendung auseinanderzusetzen. Das ist falsch. Denn hat der Verteidiger Rechtsfehler gefunden, sollte er diese zur Begründung seiner Revision auch vortragen. Das, was er als Verteidiger nicht übersehen hat, können weder die Bundes- oder Generalstaatsanwaltschaft noch das Revisionsgericht übersehen, wenn der Verteidiger den „Finger in die Wunde legt".

☝ Aber es ist **Vorsicht geboten**: Macht der Verteidiger zur Sachrüge Einzelausführungen, ist es ratsam, diese mit der Klarstellung einzuleiten, dass sie nur der Ergänzung der allgemeinen Sachrüge dienen (vgl. aber OLG Oldenburg StV 2009, 69). Deshalb: Es sollte, auch wenn in der Rspr. davon ausgegangen wird, dass nachträgliche konkrete Beanstandungen eine allgemeine Sachrüge nicht einengen (OLG Oldenburg, a.a.O.), wie folgt **formuliert** werden: „Gerügt wird die Verletzung materiellen Rechts. Gerügt wird insbesondere – ohne damit eine Beschränkung der Revision vorzunehmen – Folgendes: …". Das gilt vor allem, wenn es um Angriffe gegen die Beweiswürdigung geht (vgl. a. Rdn 2312).

2299 Es empfiehlt sich eine Überprüfung anhand folgenden

Fragenkatalogs:

- Ist die Darstellung im Urteil unvollständig, formelhaft oder nicht voll verständlich (sog. **Darstellungsrüge**; vgl. Rdn 2303)?
- Insoweit vor allem: Hat das Tatgericht im Urteil ggf. unzulässigerweise nach § 267 Abs. 1 S. 3 auf **Urkunden** (vgl. zuletzt u.a. KG, Beschl. v. 27.1.2015 – 5 Ws 36/15 m.w.N.) oder auf ein **elektronisches Speichermedium Bezug genommen** (vgl. dazu BGHSt 57, 53, u.a. m. krit. Anm. *Deutscher* NStZ 2012, 229; vgl. dazu eingehend *Gercke/Wollschläger* StV 2013, 106)?
- Ist das Urteil ggf. deshalb nicht verständlich, weil zu viel Fachbegriffe verwendet werden (vgl. dazu OLG Hamm NStZ-RR 2010, 348) und deshalb ggf. ein Verstoß gegen § 184 GVG vorliegt?
- Ist die **Beweiswürdigung** im Urteil unvollständig oder verstößt sie gegen die allgemeine Lebenserfahrung oder Denkgesetze oder gesicherte wissenschaftliche Erkenntnisse (vgl. dazu Rdn 2307)?
- Bei **Schätzungen**, z.B. bei Verstößen gegen das BtMG: Sind die insoweit in der Rspr. des BGH aufgestellten Anforderungen an Schätzungen beachtet (vgl. dazu eingehend *Fischer* StraFo 2012, 429).

- Ist ggf. der Grundsatz „**in dubio pro reo**" verletzt (vgl. dazu aber Rdn 2301)?
- Liegt eine fehlerhafte Rechtsanwendung beim **Schuldspruch** vor?
- Ist der **Rechtsfolgenausspruch** fehlerhaft oder unzureichend begründet (vgl. Rdn 2313)?

3.a) Das angefochtene Urteil wird vom Revisionsgericht – auch nach Erhebung einer nicht im Einzelnen begründeten Sachrüge – **in vollem Umfang** auf sachlich-rechtliche Fehler überprüft. Gleichwohl sind Ausführungen dazu, warum und inwieweit eine Verletzung sachlichen Rechts vorliegt, aber jedem Verteidiger dringend zu empfehlen (vgl. dazu oben Rdn 2292 ff.). Ist die Sachrüge erst nur allgemein erhoben, können Einzelausführungen zur Sachrüge noch bis zur Entscheidung des Revisionsgerichts nachgeschoben werden.

2300

> Die **Verfahrensrüge** kann hingegen nach Ablauf der Revisionsbegründungsfrist **nicht** weiter begründet/ergänzt werden (→ *Revision, Begründung, Frist*, Rdn 2277; → *Revision, Begründung, Verfahrensrüge*, Rdn 2322).

b) Für die Begründung der Sachrüge muss sich der Verteidiger aber immer bewusst machen, dass das Revisionsgericht als **Grundlage** zur **Überprüfung** der richtigen Rechtsanwendung **nur** das **Urteil** zur Verfügung hat, ein Blick in die Akten ist ihm verwehrt. Alle anderen Erkenntnisquellen als das Urteil sind dem Revisionsgericht verschlossen (st. Rspr., vgl. nur BGHSt 35, 238, 241). Dazu zählen auch die Verfahrensakten. Auf sie kann also z.B. nicht zur Ergänzung des angefochtenen Urteils verwiesen werden. Vielmehr muss, wenn z.B. beanstandet werden soll, dass Urkunden in der HV nicht verlesen worden sind, dieser Mangel mit einer – ausreichend begründeten – Verfahrensrüge geltend gemacht werden (BGH, a.a.O.). Mit der Sachrüge kann auch **nicht** behauptet werden, die Urteilsfeststellungen seien **schlicht unrichtig** oder **aktenwidrig** (vgl. aber BGHSt 43, 212, 215; OLG Brandenburg NStZ-RR 2009, 209). Das Revisionsgericht prüft die Urteilsfeststellungen nur mit der Maßgabe, ob diese aus sich heraus verständlich und logisch sind. Ob sie auf unzutreffenden Tatsachenfeststellungen beruhen, ist der Prüfung entzogen, da das Revisionsgericht keine Tatsacheninstanz ist. Den Akteninhalt darf das Revisionsgericht also bei der Prüfung der Sachrüge nicht berücksichtigen (vgl. BGHSt 35, 238, 241; *Meyer-Goßner/Schmitt*, § 337 Rn 23 m.w.N.).

2301

> Der Verteidiger muss sich auf die **angefochtene Entscheidung** und deren Ausführungen **konzentrieren**. Seinem Rügevorbringen hat er allein den im Urteil dargelegten Sachverhalt zugrunde zu legen. Ausführungen dazu, dass z.B. ein Zeuge in Wahrheit anders ausgesagt hat, als dies im Urteil festgehalten ist, sind unbeachtlich (OLG Brandenburg NStZ-RR 2009, 247). Auch die Rüge, der Tatrichter habe aus den Feststellungen einen Schluss gezogen, der nicht zwingend ist, geht ins Leere. Ausreichend ist, dass der vom Tatrichter gezogene Schluss möglich ist (BGHSt 29, 18, 20; OLG Hamm, Beschl. v. 16.5.2013 – 5 RVs 36/13).

| R | Revision, Begründung, Sachrüge |

2302 Das bedeutet auch, dass die **Erfahrung** des **Verteidigers** aus der ersten **Tatsacheninstanz** bei der Begründung des Rechtsmittels keine Berücksichtigung findet. Es erübrigen sich Ausführungen dazu, warum der Tatrichter aufgrund der Beweisaufnahme zu einer anderen Überzeugung hätte gelangen, zumindest aber Zweifel („in dubio pro reo") hätte haben müssen, wenn sich nicht aus den Urteilsgründen ergibt, dass das Gericht bei seiner gefundenen Entscheidung noch Zweifel gehabt hat. Denn nur dann ist der Grundsatz „in dubio pro reo" verletzt (BVerfG StraFo 2007, 463). Dass der Verteidiger noch Zweifel hat, begründet einen Verstoß ebenso wenig (OLG Hamm, Beschl. v. 28.6.2005 – 2 Ss OWi 418/05, www.burhoff.de) wie der Umstand, dass der Richter nicht gezweifelt hat, obwohl er hätte zweifeln müssen (BVerfG, a.a.O.).

2303 **4.a)** Mit der Sachrüge erstrebt und erreicht der Angeklagte eine Nachprüfung des Urteils hinsichtlich des gesamten sachlichen Rechts, und zwar in einem sehr weiten Umfang. Auf die Sachrüge prüft das Revisionsgericht zum einen, ob das Recht auf den festgestellten Sachverhalt richtig angewendet worden ist. Zum anderen prüft es aber auch, ob die **Urteilsfeststellungen** überhaupt eine **tragfähige Grundlage** für diese Prüfung darstellen (BGHSt 14, 162, 165; BGH NJW 1978, 113, 115), insbesondere ob sie frei von Lücken, Widersprüchen und Verstößen gegen Denkgesetze und Erfahrungssätze sind. Derartige Verstöße können mit der sog. **Darstellungsrüge** gerügt werden (BayObLG NStZ-RR 2000, 56; *Meyer-Goßner/Schmitt*, § 337 Rn 21 m.w.N).

2304 **b) Lücken** in den Urteilsfeststellungen können vielfältig sein. **Widersprüche** kommen seltener vor. I.d.R. hat die Sachrüge mit der Rüge, es sei ein Fehler bei der Tatsachenfeststellung gemacht worden (sog. **Feststellungsrüge**) keinen Erfolg. Denn das Revisionsgericht geht von den getroffenen Feststellungen aus und prüft lediglich, ob sie klar, widerspruchsfrei, vollständig und frei von Verstößen gegen die Denkgesetze oder Erfahrungssätze des täglichen Lebens sind (s.a. o. Rdn 2301; zur Beweiswürdigung s. Rdn 2306). Nicht gerügt werden kann, dass der Tatrichter aus den Feststellungen einen bestimmten (falschen) Schluss gezogen hat, sofern der gezogene Schluss nur möglich ist. Der gezogene Schluss muss nicht zwingend sein (BGHSt 29, 18).

2305 Beanstandet werden können **unvollständige** und **lückenhafte Feststellungen**, z.B. Fehlen von Feststellungen zur inneren Tatseite (Vorsatz oder Fahrlässigkeit). Derartige Urteilsausführungen erlauben dem Revisionsgericht nicht die erforderliche Nachprüfung, ob das Recht fehlerfrei angewendet worden ist. Insoweit handelt es sich dann um einen sachlichrechtlichen Mangel, der regelmäßig zur Aufhebung der Entscheidung führt (vgl. a. *Meyer-Goßner/Schmitt*, § 267 Rn 7). Die Lücken in den Feststellungen können vielfältig sein, so z.B. Nichtangabe des Tattages oder des Tatortes, sodass eine Abgrenzung des Tatgeschehens gegenüber anderen Taten nicht möglich erscheint, oder die getroffenen Feststellungen keine ausreichende Grundlage für die verhängten Rechtsfolgen mehr darstellen (wegen der Einzelh. *Meyer-Goßner/Schmitt*, § 267 Rn 5 ff. m.w.N.). **Entscheidend** für die **Vollstän-**

digkeit der **Feststellungen** ist es, dass sich die Merkmale des objektiven und subjektiven Straftatbestandes aus den tatrichterlichen Feststellungen ableiten lassen. Sofern lückenlose und widerspruchsfreie Urteilsfeststellungen vorliegen, prüft das Revisionsgericht, ob diese Feststellungen den Schuldspruch tragen oder ob dem Tatrichter Subsumtionsfehler unterlaufen sind. Die Prüfung geht dahin, ob ausreichend Tatsachen zum objektiven und subjektiven Tatbestand vorhanden sind. Fehlt die Tatsachengrundlage für ein Merkmal des Straftatbestandes, ist das Urteil rechtsfehlerhaft und muss aufgehoben werden.

> Ein **häufiger Fehler** in tatrichterlichen Urteilen ist das **Fehlen** der Wiedergabe der **Einlassung** des Angeklagten und ihre Würdigung im Urteil. Fehlerhaft ist das deshalb, weil das Revisionsgericht dann nicht nachprüfen kann, ob dem dem Angeklagten gemachten Schuldvorwurf eine rechtlich einwandfreie Beurteilung zugrunde liegt (vgl. u.a. BGH NStZ 2015, 299; StV 1984, 64 [Ls.]; StraFo 2015, 121; OLG Bamberg DAR 2009, 655 [Ls.]; OLG Celle VRR 2010, 432; OLG Hamm StV 2008, 401; StraFo 2003, 133; OLG Köln DAR 2011, 150; ähnlich OLG Frankfurt am Main StRR 2015, 123 [Ls.]).

5.a) Fehler bei der **richterlichen Überzeugungsbildung** können ebenfalls Gegenstand der Sachrüge sein. Nach § 261 hat der Tatrichter zwar über das Ergebnis der Beweiswürdigung nach seiner freien, aus dem Inbegriff der HV geschöpften Überzeugung zu entscheiden (eingehend *Herdegen* NStZ 1987, 193; *ders.*, S. 553 ff.). Das heißt aber nicht, dass dieser Bereich einer Nachprüfung durch das Revisionsgericht entzogen ist. Gerügt werden können daher grds. auch Rechtsverstöße bei der tatrichterlichen **Beweiswürdigung** (zu den Anforderungen an die Beweiswürdigung im tatrichterlichen Urteil *Meyer-Goßner/Schmitt*, § 267 Rn 12 m.w.N. aus der Rspr.; s.a. die Lit.-Hinw. bei → *Gegenüberstellung von Zeugen*, Rdn 1581; → *Glaubwürdigkeitsgutachten*, Rdn 1630; → *Sachverständigenbeweis*, Rdn 2436). Allerdings unterliegt die Beweiswürdigung nur einer eingeschränkten Überprüfung durch das Revisionsgericht (*Meyer-Goßner/Schmitt*, § 337 Rn 26 ff.). Das Revisionsgericht darf die tatrichterliche Beweiswürdigung nur auf **Rechtsfehler** prüfen, es darf sie nicht durch eine eigene Beweiswürdigung ersetzen.

2306

> Als **Faustregel** gilt: Beanstandet werden kann nicht die falsche Beweiswürdigung: Jedoch kann der Weg zu dem Beweisergebnis Gegenstand revisionsrechtlicher Überprüfung sein (*Jähnke*, S. 356). Insgesamt ist allerdings festzustellen, dass die Revisionsgerichte zunehmend darauf abstellen, ob die Beweiswürdigung für das Revisionsgericht nachvollziehbar ist (vgl. *Meyer-Goßner/Schmitt*, a.a.O. m.w.N.).

b) Bei Angriffen gegen die Beweiswürdigung muss der Verteidiger beachten, dass diese „ureigenste Aufgabe" des Tatrichters ist und daher nur eine eingeschränkte Überprüfung durch das Revisionsgericht stattfindet (vgl. *Meyer-Goßner/Schmitt*, § 337 Rn 27 m.w.N.). Gegen die Beweiswürdigung kann daher (nur) vorgetragen werden, sie sei rechtsfehler-

2307

haft, weil sie **widersprüchlich, lückenhaft** oder **unklar** sei oder gegen **Denkgesetze** und **Erfahrungssätze** verstoße (*Meyer-Goßner/Schmitt*, a.a.O. m.w.N.; Burhoff/Kotz/*Junker*, RM, Teil A Rn 2719 ff.; s.a. BGH StraFo 2010, 426 [absolute Vollständigkeit der Beweiswürdigung nicht erforderlich]; zur Beweiswürdigung bei einem freisprechenden Urteil u.a. BGH StV 2013, 194; NStZ-RR 2013, 20; anschaulich a. BGH, Urt. v. 21.5.2015 – 4 StR 577/14). Im Einzelnen gilt u.a.:

2308 Allgemeine Anforderungen

Fehlerhaft ist eine Beweiswürdigung i.d.R., wenn lediglich die Einlassung des Angeklagten und die Aussagen sämtlicher Zeugen und SV der Reihe nach und in ihren Einzelheiten mitgeteilt werden. Denn eine lediglich breite Darstellung der erhobenen Beweise kann die gebotene eigenverantwortliche **Würdigung** der **Beweise** nicht ersetzen (vgl. u.a. NStZ 1998, 475; StV 2013, 194; vgl. a. BGH wistra 2004, 150). Es muss also für eine rechtsfehlerfreie Beweiswürdigung eine Abwägung und Gewichtung der einzelnen Beweise erfolgen (BGH NStZ 1998, 475).

2309 Lückenhafte Beweiswürdigung

■ Lückenhaft ist die Beweiswürdigung, wenn sie **nicht alle** aus dem Urteil ersichtlichen **Umstände würdigt**, die Schlüsse zugunsten oder zuungunsten des Angeklagten zulassen. Das Urteil darf auch nicht naheliegende Möglichkeiten, zu denen der Sachverhalt drängt, außer Betracht lassen (vgl. BGH NStZ 1987, 474; StV 2013, 194; NStZ-RR 2006, 258 [Be]; StraFo 2008, 431 [zu einer nicht erschöpfenden Beweiswürdigung bei einem Alibibeweis]; Beschl. v. 1.7.2008 – 1 StR 654/07; Urt. v. 21.5.2015 – 4 StR 577/14). In besonders gelagerten Fällen, wie z.B. beim → *Zeugen vom Hörensagen*, Rdn 3545, oder beim V-Mann (→ *Verwertung der Erkenntnisse eines [gesperrten] V-Mannes*, Rdn 3241) werden besondere Anforderungen an den Umfang der Beweiswürdigung gestellt. Das gilt auch bei der sog. Aussage-gegen-Aussage-Problematik (vgl. z.B. BGH NStZ 2008, 581; StV 2009, 347 m.w.N.; NStZ-RR 2010, 317; 2013, 19; 2015, 82 [Gericht folgt einem SV-Gutachten nicht]; KG NStZ 2010, 533; OLG Frankfurt am Main StV 2011, 12; vgl. dazu *Meyer-Goßner/Schmitt*, § 267 Rn 12a; *Strüwe* StRR 2009, 284; *Schmandt* StraFo 2010, 446 m.zahlr.w.N.; → *Glaubwürdigkeitsgutachten*, Rdn 1630). Auch muss das Tatgericht, wenn es einem Zeugen nur teilweise glaubt, die dafür maßgebenden Gründe darlegen (BGH StV 2011, 5). Schließlich muss das Tatgericht bei der Würdigung einer entscheidungserheblichen Aussage eines Tatbeteiligten auch eine vorangegangene oder im Raum stehende **Verständigung** (§ 257c) in dem gegen ihn wegen desselben Tatkomplexes durchgeführten Verfahrens erwägen und erkennbar in seine Würdigung einbeziehen (vgl. BGH NStZ 2012, 465; 2013, 353 m. Anm. *Deutscher* StRR 2012, 189; StV 2012, 392 m. Anm. *Burhoff* StRR 2012, 185; 2013, 194; s.a. schon BGHSt 52, 78, 82 f. m.w.N.).

✍ Unzureichend ist die in der Praxis häufig zu beobachtende Übung, die Einlassung des Angeklagten einfach als „**Schutzbehauptung**" **abzutun**. Vielfach beschränkt sich der Tatrichter auf diese nichtssagende Floskel. Hat er dann nicht anhand konkreter Umstände belegt, warum er die Einlassung als bloße „Schutzbehauptung", d.h. als unglaubhaft ansieht, sollte der Verteidiger dies mit der Sachrüge angreifen, da der Tatrichter in diesem Fall die Beweise – zu denen auch die Einlassung des Angeklagten gehört – nur unzureichend gewürdigt hat (so a. Burhoff/Kotz/*Junker*, RM, Teil A Rn 2724; Burhoff/*Junker*, OWi, Rn 2587 [für die Rechtsbeschwerde]).

Sachverständigengutachten 2310

■ Lückenhaft sind Beweiswürdigungen häufig, wenn dem Urteil das Gutachten eines SV zugrunde gelegt worden ist. Das Gericht darf sich dem **nicht einfach anschließen**, sondern muss im Urteil zumindest die wesentlichen Anknüpfungs- und Befundtatsachen darlegen und die Darlegungen des SV wiedergeben (st. Rspr. der Obergerichte; vgl. z.B. BGHSt 58, 212; BGH NJW 2000, 1350; NStZ 1991, 596; 2007, 538; NStZ 2013, 177; StV 2014, 587; 2014, 588; StRR 2010, 362 [Ls.]; Beschl. v. 26.5.2009 – 5 StR 57/09; KG NStZ 2015, 329; OLG Bamberg, Beschl. v. 18.3.2009 – 3 Ss OWi 196/08 [für OWi-Verfahren]; OLG Hamm StV 2002, 404; StV 2008, 130; Beschl. v. 22.9.2009 – 3 Ss 354/09; Beschl. v. 18.12.2012 – 1 RBs 166/12; OLG Karlsruhe, Beschl. v. 19.1.2015 – 2 [5] SsBs 720/14, jew. m.w.N.; *Meyer-Goßner/ Schmitt*, § 267 Rn 13; weit. Nachw. auch bei Burhoff/*Burhoff*, OWi, Rn 4500).

✍ Die **bloße Mitteilung** des **Ergebnisses** eines SV-Gutachtens kann allerdings bei standardisierten Verfahren genügen (BGH NStZ 1993, 95 [für Fingerabdruck]). Für nicht standardisierte Verfahren ist das aber nicht ausreichend (vgl. z.B. für DNA-Untersuchungen BGHSt 58, 212; NStZ 2013, 177; StV 2014, 587; 2014, 588; OLG Braunschweig StV 2000, 546 [für ein anthropologisches Gutachten]; NStZ-RR 2007, 180; OLG Hamm StV 2000, 547; Beschl. v. 10.3.2009 – 4 Ss OWi 126/09; wegen weit. Nachw. *Meyer-Goßner/Schmitt*, a.a.O.).

■ Will das Gericht einem SV-Gutachten **nicht folgen**, muss es die Ausführungen des SV darlegen und begründen, warum es sich ihm nicht anschließt (st. Rspr.; vgl. BGH NStZ 2005, 628; StraFo 2008, 334; 2009, 71; NStZ-RR 2015, 82; *Meyer-Goßner/Schmitt*, a.a.O.; vgl. a. → *Sachverständigenbeweis*, Rdn 2436; → *Obergutachten*, Rdn 1953). Widerspricht das vorbereitende schriftliche Gutachten dem mündlich in der HV erstatteten, muss dargelegt werden, warum es dem einen folgt und dem anderen nicht (BGH NStZ 2007, 282; StV 2004, 580; OLG Karlsruhe StV 2004, 477).

2311 Denk-/Erfahrungsgesetze

- Auch ein **Verstoß** gegen Denkgesetze und Erfahrungssätze ist ein **Rechtsfehler**. Das kann z.b. in Betracht kommen bei einem sog. Kreis- oder Zirkelschluss (vgl. dazu zuletzt BGH NStZ-RR 2006, 258 [Be] m.w.N.) oder wenn die Feststellungen mit bestimmten historischen, geografischen oder physikalischen Gegebenheiten unvereinbar sind (st. Rspr. des BGH; vgl. u.a. BGHSt 31, 86, 89; zu allem eingehend und *Meyer-Goßner/Schmitt*, § 337 Rn 30 ff. m.w.N.).

c) Hinweise für den Verteidiger!

2312
Begründungen der Sachrüge im Bereich der Beweiswürdigung sind **häufig fehlerhaft**. Verteidiger meinen nicht selten, hier ansetzen zu können, indem sie dazu vortragen. Häufig erschöpfen sich die Ausführungen dann aber nur in Angriffen auf die tatrichterlichen Feststellungen oder auf die mit der tatrichterlichen Beweiswürdigung zusammenhängenden Fragen. Dabei wird übersehen, dass die Revision und damit auch die Sachrüge gem. § 337 auf die Verletzung einer Rechtsnorm gestützt sein muss (OLG Hamm StV 2009, 67 m. krit. Anm. *Ventzke*). Das Revisionsgericht überprüft die Beweiswürdigung des Tatrichters nur auf Rechtsfehler (vgl. Rdn 2306), es kann nicht die Beweiswürdigung des Tatrichters durch seine eigene – andere – Würdigung ersetzen (BGHSt 29, 18, 20). Der Verteidiger kann daher bei der Begründung der Sachrüge auch **nicht** seine **eigene Beweiswürdigung** an die Stelle der des Tatgerichts setzen und seine Würdigung dem Revisionsgericht als einzig richtige anbieten. Deshalb sind alle Ausführungen, die lediglich eine eigene Beweiswürdigung vornehmen, überflüssig.

✍ Solche Ausführungen sind zudem auch **gefährlich**. Denn enthält die Revisionsbegründung nur diesen unzulässigen Angriff, wird die Revision möglicherweise sogar insgesamt als unzulässig verworfen (vgl. z.B. BGH NStZ 1991, 597; OLG Düsseldorf NStZ 1993, 99, OLG Hamm StV 2009, 67; StRR 2014, 388 m. Anm. *G. Herrmann*; vgl. aber OLG Oldenburg StV 2009, 69; *Meyer-Goßner/Schmitt*, § 344 Rn 19, § 349 Rn 2).

✍ Das gilt vor allem auch, wenn es im **OWi-Verfahren** (zunächst) um die Zulassung der Rechtsbeschwerde nach § 80 OWiG geht. Denn enthält der Zulassungsantrag nur solche Angriffe, ist er unzulässig und die Rechtsbeschwerde muss insgesamt als unzulässig verworfen werden (Göhler/*Seitz*, § 80 Rn 32).

2313
6.a) Schließlich können auch Fehler bei der **Bemessung** der **Rechtsfolgen** mit der Sachrüge geltend gemacht werden (zur Strafzumessung in der Revision *Sander* StraFo 2010, 365; Burhoff/Kotz/*Junker*, RM, Teil A Rn 2733 ff.; zur Begründung der Strafzumessung im tat-

richterlichen Urteil *Meyer-Goßner/Schmitt*, § 267 Rn 16; KK-*Kuckein*, § 267 Rn 24 ff., jew. m.w.N.; s.a. die Zusammenstellung der Rspr. bei *Detter* NStZ 2014, 388 und 444 m.w.N. zu früheren Übersichten; zur Strafzumessung beim vertragsärztlichen Abrechnungsbetrug *Schmidt* StV 2013, 589; zur Strafobergrenze durch hohes Alter vgl. BGH NJW 2006, 2129; dazu *Nobis* NStZ 2006, 489). Die Strafzumessung ist allerdings grds. Sache des Tatrichters. Er hat die wesentlichen entlastenden und belastenden Tatumstände festzustellen und gegeneinander abzuwägen. Welchen Umständen er dabei bestimmendes Gewicht beimisst, ist seiner Beurteilung überlassen. Im Urteil müssen auch nicht alle, sondern nur die bestimmenden Gründe angegeben werden (vgl. § 267 Abs. 3 S. 1). Das Revisionsgericht darf lediglich nachprüfen, ob dem Tatrichter bei seiner Entscheidung ein Rechtsfehler unterlaufen ist. Das kann z.B. der Fall sein, wenn er eine „**überharte Strafe**" festgesetzt hat, die Strafe also als unvertretbar hoch anzusehen ist (*Meyer-Goßner/Schmitt*, § 337 Rn 34 a.E. m.w.N.).

Hinzuweisen ist in dem Zusammenhang auf **§ 354 Abs. 1a und b**, der dem Revisionsgericht unter bestimmten Voraussetzungen die Möglichkeit gibt, in die Strafzumessung einzugreifen (vgl. dazu eingehend *Meyer-Goßner/Schmitt*, § 354 Rn 27 ff.; *Sander* StraFo 2010, 365; zu den Grenzen *Leipold* StraFo 2006, 305; *Senge* StraFo 2006, 309; *Frisch* StV 2006, 431; wegen der Einzelh. a. zur Frage der Verfassungsmäßigkeit der Vorschrift s. → *Revision, Verfahren*, Rdn 2405).

b) Für die **allgemeine Überprüfung** der **Strafzumessung** empfiehlt sich das Abarbeiten folgender

Checkliste:

- Ist das Tatgericht vom **richtigen Strafrahmen** ausgegangen?
- Sind die sich aus § 49 StGB ergebende **Strafrahmenverschiebungen**, z.B. für Versuch (§ 23 StGB) oder im Fall des § 21 StGB und/oder für minder schwere Fälle bzw. besonders schwere Fälle übersehen oder nicht zutreffend ermittelt worden?
- Ist bei einer **kurzfristigen Freiheitsstrafe** § 47 StGB beachtet worden (vgl. z.B. OLG Hamm VRS 97, 410; VRS 106, 189; eingehend zur kurzen Freiheitsstrafe *Hillenbrand* StRR 2015, 168)?
- Handelt es sich um ein sog. **Bagatelldelikt** und ist ggf. deshalb die Strafe zu hoch (vgl. dazu u.a. BGHSt 52, 84; OLG Braunschweig NStZ-RR 2002, 75; OLG Brandenburg StV 2009, 361 [Ls.; für Beförderungserschleichung]; OLG Hamm VRS 106, 189; NStZ-RR 2009, 73; OLG Oldenburg, Beschl. v. 2.6.2009 – 1 Ss 81/09 [für Körperverletzung und Beleidigung])?
- Hat das Tatgericht ggf. § 46a StGB übersehen (→ *Täter-Opfer-Ausgleich*, Rdn 2586; zu den Urteilsanforderungen beim TOA s. zuletzt OLG Nürnberg StraFo 2011, 96)?

- Sind **Vorstrafen**, die straferhöhend berücksichtigt worden sind, zutreffend/ausreichend nach Zeit, Art und Höhe festgestellt worden (BGH NStZ-RR 1996, 266; vgl. dazu → *Feststellung von Vorstrafen des Angeklagten*, Rdn 1521)?
- Ist eine → *Verfahrensverzögerung*, Rdn 2825; überhaupt und wenn ja, ausreichend kompensiert worden?
- Ist eine Strafaussetzung zur **Bewährung** (§ 56 StGB) mit nur unzureichender Begründung abgelehnt oder eine beantragte Strafaussetzung überhaupt nicht erörtert worden (st. Rspr. seit, BGHSt 6, 167, 172)?
- Bei einer **Geldstrafe**: Ist ggf. die Anzahl der Tagessätze zu hoch und/oder ist die Tagessatzhöhe richtig ermittelt (vgl. dazu *Rademacher/Gerhardt* ZAP F. 22, S. 427)?
- Bei **mehreren Tätern/Angeklagten**: Die Strafe für jeden Mittäter oder Teilnehmer oder sonst an einem Tatkomplex Beteiligten ist grundsätzlich nach dem Maß der jeweiligen individuellen Schuld zu bestimmen (BGHSt 56, 262). Dennoch wird sich bei mehreren Angeklagten häufig die Frage stellen, ob die gegen sie verhängten Strafen in einem gerechten Verhältnis zueinander stehen (vgl. u.a. BGH StV 2008, 295 m. Anm. *Köberer*, zugleich auch zu den Anforderungen an eine Verfahrensrüge, die auf die Behauptung der Verletzung der Gleichmäßigkeit des Strafens gestützt wird; zuletzt BGH StV 2009, 351; 2009, 352)? Die in anderen Verfahren verhängten Strafen führen aber zu keiner, wie auch immer beschaffenen, rechtlichen Bindung des Gerichts bei der Strafzumessung; dies gilt genauso für die Entscheidungen anderer Gerichte (BGHSt 56, 262 m. Anm. *Barton* StRR 2011, 392).
- Im **Berufungsverfahren**: Ein sachlich-rechtlicher Fehler in der Strafzumessung liegt vor, wenn das Berufungsgericht ohne nähere Begründung eine gleich hohe Strafe wie der Erstrichter verhängt, obwohl es von einem wesentlich geringeren Strafrahmen ausgeht (OLG Bamberg NStZ-RR 2012, 138; OLG Hamm StraFo 2005, 33; s. aber OLG Hamm NJW 2008, 2358 und OLG München NJW 2006, 1302 [für Berufungsurteil nach vom AG übersehenem Härteausgleich]; StraFo 2009, 290). Entsprechendes gilt für das Verfahren und die Strafzumessung nach **Zurückverweisung** (zuletzt BGH StV 2013, 758 m.w.N. aus der Rspr.).

2315 c) Besonderes Augenmerk muss der Verteidiger darüber hinaus darauf richten, ob die **Einzelstrafzumessung** in Ordnung ist, insbesondere, ob nicht **unzulässige Strafzumessungserwägungen** angestellt worden sind (vgl. dazu eingehend *Detter*, in: FA Strafrecht, Teil 8 H Kap. 6; die Komm. von *Fischer*, § 46; s.a. die jährliche Zusammenstellung der Rspr. in den Verfahrenstipps von *Burhoff*, zuletzt ZAP F. 22 R., S. 885 ff. m.w.N. und von *Detter*, zuletzt NStZ 2014, 388 und 444 m.w.N.). Dazu gilt:

2316 - **Allgemein**: An die Begründung der Strafhöhe sind umso höhere **Anforderungen** zu stellen, je mehr sich die Strafe der unteren oder oberen Grenze des Zulässigen nähert. Dem wird z.B. ein Urteil nicht gerecht, das lediglich zwei Milderungsgründe und keinen einzigen Schärfungsgrund nennt, aber den Strafrahmen zu rund vier Fünfteln ausschöpft (BGH HRRS 2006 Nr. 23; s.a. BGH StraFo 2005, 384). Bei der Strafzumessung müssen zudem auch alle moralisierenden und persönliches Engagement vermittelnde Formulierungen vermieden werden, damit nicht der Anschein der Voreingenommenheit entsteht. Es sind die Strafzumessungstatsachen i.S.d. § 46 Abs. 2 StGB konkret herauszuarbeiten, die das Geschehen – orientiert am regelmäßigen Erscheinungsbild des Delikts – milder oder schwerer erscheinen lassen (zuletzt u.a. BGH NStZ 2006, 96).

- **Berufliche Konsequenzen** einer strafgerichtlichen Verurteilung sind grds. als Wirkungen, die für das künftige Leben des Täters in der Gesellschaft zu erwarten sind, bei der Strafzumessung in Betracht zu ziehen (§ 46 Abs. 1 S. 2 StGB; BGH wistra 2006, 137). Zu diesen Konsequenzen kann auch der Verlust von Ruhestandsbezügen gehören (vgl. BGH StV 1985, 454). Ob dieser Strafzumessungsgrund ausdrücklich zu nennen ist, hängt aber davon ab, ob sich seine Erörterung als bestimmender Strafzumessungsgrund aufdrängt. Dies kann vor allem dann naheliegen, wenn durch die Verurteilung die Grundlage für die wirtschaftliche Existenz des Täters verloren geht, wie dies bei dem Verlust der Ruhestandsbezüge eines früheren Beamten der Fall sein kann (vgl. zusammenfassend BGH NStZ 1996, 539 m.w.N.).
- Es dürfen keine Umstände verwendet werden, die schon Merkmale des gesetzlichen Tatbestandes sind; das ist ein Verstoß gegen das sog. **Doppelverwertungsverbot** (vgl. dazu eingehend *Fischer*, § 46 Rn 76 ff.).
- Auch darf **zulässiges Verteidigungsverhalten** nicht strafschärfend berücksichtigt werden bzw. der Umstand, dass der Angeklagte sich der Strafverfolgung entziehen wollte (BGH StraFo 2004, 278, 279; StraFo 2010, 81; NStZ-RR 2006, 137).

> Nach st. Rspr. darf ein Angeklagter im Rahmen seiner Verteidigung einen Belastungszeugen als unglaubwürdig hinstellen, ohne für den Fall des Misserfolgs schon deshalb eine schärfere Bestrafung befürchten zu müssen. Jedoch kann im **Einzelfall** ein **Angriff** des **Angeklagten** auf die **Glaubwürdigkeit** des Belastungszeugen **strafschärfendes Gewicht** erlangen, wenn er die Grenze angemessener Verteidigung eindeutig überschreitet und sein Vorbringen eine selbstständige Rechtsgutsverletzung enthält (BGH, a.a.O.; vgl. BGH NStZ 2004, 616; StV 1994, 424; → *Vorbereitung der Hauptverhandlung*, Rdn 3384 m.w.N.).

- **Tatmodalitäten** und **Tatmotive** können strafschärfend herangezogen werden, wenn sie vorwerfbar sind, nicht aber, wenn ihre Ursache in einer vom Angeklagten nicht zu vertretenden geistig-seelischen Beeinträchtigung liegt (*Fischer*, § 46 Rn 57 ff.).
- Auch eine **Verfahrensverzögerung** ist ggf. in Form einer Kompensation bei der Strafvollstreckung zu berücksichtigen (→ *Verfahrensverzögerung*, Rdn 2825;

s. → *Verzögerungsrüge*, Rdn 3274). Ebenso dürfen die Auswirkungen eines (gelungenen) → *Täter-Opfer-Ausgleichs*, Rdn 2586, nicht übersehen werden.

■ Schließlich ist die **Kronzeugenregelung** in § 46b StGB zu beachten (→ *Kronzeuge*, Rdn 1809).

Siehe auch: → *Revision, Allgemeines*, Rdn 2211 m.w.N.; → *Revision, Begründung, Allgemeines*, Rdn 2230; → *Revision, Begründung, Verfahrensrüge*, Rdn 2322.

2317 Revision, Begründung, Verfahrenshindernisse

2318 Literaturhinweise: Meyer-Goßner, Sind Verfahrenshindernisse von Amts wegen zu beachten?, NStZ 2003, 169; Rieß, Der Bundesgerichtshof und die Prozessvoraussetzungen, in: Festgabe aus der Wissenschaft zum 50-jährigen Bestehen des BGH, 2000, S. 809 ff.; s.a. die Hinw. bei → *Einstellung des Verfahrens nach § 206a bei Verfahrenshindernissen*, Rdn 1369 und → *Revision, Begründung, Allgemeines*, Rdn 2230.

2319 1. Mit der Revision können auch Verfahrenshindernisse geltend gemacht werden (zur Beschwer des Angeklagten bei Einstellung des Verfahrens wegen eines Verfahrenshindernisses → *Revision, Zulässigkeit*, Rdn 2414). **Fraglich** ist allerdings, ob diese immer von **Amts wegen** zu berücksichtigen sind, oder ob diese ggf. – zumindest teilweise – eine zulässige Sach- oder Verfahrensrüge voraussetzen. Dazu ging die h.M. früher davon aus, dass Prozesshindernisse von Amts wegen in jeder Lage des Verfahrens zu berücksichtigen sind (st. Rspr. des BGH; vgl. z.B. BGHSt 29, 94; zuletzt u.a. BGH NStZ 2004, 275 f.; *Meyer-Goßner/Schmitt*, Einl. Rn 150; eingehend a. *Meyer-Goßner* NStZ 2003, 169 ff.).

2320 Inzwischen wird jedoch **unterschieden**:

■ Handelt es sich um ein sog. **Befassungsverbot**, das dem Gericht untersagt sich überhaupt mit der Sache zu befassen, wird das von Amts wegen beachtet (zum Begriff *Meyer-Goßner/Schmitt*, Einl. Rn 143 ff.). Um ein Befassungsverbot handelt es sich z.B. bei einer unzureichenden Anklageschrift (zur Anklageschrift *Burhoff*, EV, Rn 530 ff.).

■ Handelt es sich hingegen nur um ein sog. **Bestrafungsverbot**, das der Bestrafung des Angeklagten entgegensteht (s. dazu *Meyer-Goßner/Schmitt*, a.a.O.), setzt die Berücksichtigung in der Revision eine zulässige Sach- bzw. Verfahrensrüge voraus. Ein Bestrafungsverbot liegt z.B. bei einem fehlenden Strafantrag vor.

🖉 Auch wenn die Verfahrenshindernisse von Amts wegen zu berücksichtigen sind, empfiehlt es sich für den Verteidiger, den entsprechenden Umständen nachzugehen und dazu **vorzutragen**, da das Revisionsgericht das Verfahren bei Vorliegen eines solchen Mangels nach §§ 206a, 354 durch Einstellung beenden muss. Zudem kann/wird dann ein Prozesshindernis auch nicht „übersehen" (werden).

2. Bei der **Überprüfung** des Urteils auf das Vorliegen von Verfahrenshindernissen hilft folgende (s.a. → *Einstellung des Verfahrens nach § 206a bei Verfahrenshindernissen*, Rdn 1369 und *Dahs*, RV, Rn 102 ff.; Burhoff/Kotz/*Junker*, RM, Teil A Rn 2940 ff.). **2321**

Checkliste:

- **Anklagschrift** fehlt oder ist unzureichend (besonders bei Serienstraftaten; zur Anklageschrift *Burhoff*, EV, Rn 530 ff.),
- Beschränkungen bei **Auslieferung** an die BRD (s. § 72 IRG),
- Anwendbarkeit **deutschen Strafrechts** (BGHSt 45, 65),
- **Eröffnungsbeschluss** fehlt oder ist mit schweren Fehlern behaftet (s. z.b. OLG Zweibrücken StV 1998, 66; → *Eröffnungsbeschluss, Nachholung in der Hauptverhandlung*, Rdn 1484; zum Eröffnungsbeschluss *Burhoff*, EV, Rn 1965),
- **Exterritorialität** des Beschuldigten (§§ 18 – 20 GVG),
- **Immunität** des Beschuldigten (Art. 46 Abs. 2 GG),
- anderweitige **Rechtshängigkeit**,
- entgegenstehende **Rechtskraft**,
- sachliche **Unzuständigkeit**; es ist allerdings streitig, ob die sachliche Zuständigkeit als Prozessvoraussetzung von Amts wegen zu berücksichtigen ist (so BGHSt 38, 172, 176; 40, 120) oder erst auf eine entsprechende Verfahrensrüge hin (so BGHSt 42, 205 [für die Frage, ob das Berufungsgericht § 328 Abs. 2 verletzt hat]),
- fehlender oder zurückgenommener **Strafantrag** (→ *Rücknahme eines Strafantrags*, Rdn 2417),
- **Strafgewalt** überschritten (s. §§ 419 Abs. 1 S. 2; 232 Abs. 1 S. 2, 233 Abs. 1 S. 2; → *Beschleunigtes Verfahren*, Rdn 741; → *Entbindung des Angeklagten vom Erscheinen in der Hauptverhandlung*, Rdn 1386),
- **Strafunmündigkeit** des Beschuldigten (§ 19 StGB),
- ggf. → *Verfahrensverzögerung*, Rdn 2825,
- Eintritt der **Verfolgungsverjährung** (§ 75 Abs. 1 S. 1 StGB),
- endgütige **Verhandlungsunfähigkeit** (BGH NStZ 1996, 242; → *Verhandlungsunfähigkeit*, Rdn 2878).

Siehe auch: → *Revision, Allgemeines*, Rdn 2211 m.w.N.; → *Revision, Begründung, Allgemeines*, Rdn 2230 m.w.N.

2322 Revision, Begründung, Verfahrensrüge

> **Das Wichtigste in Kürze:**
> 1. Für die Verfahrensrüge sieht das Gesetz in § 344 Abs. 2 S. 2 strenge Formvoraussetzungen vor.
> 2. Mit der Verfahrensrüge werden Rechtsfehler gerügt, die den Verfahrensablauf und seine Gestaltung betreffen.
> 3. Die Verletzung von Verfahrensvorschriften kann nach der StPO zu einem sog. absoluten oder nur zu einem relativen Revisionsgrund führen.
> 4. Gem. § 344 Abs. 2 S. 2 hat der Revisionsführer bei der Erhebung einer Verfahrensrüge die den Mangel begründenden Tatsachen so genau und vollständig anzugeben, dass das Revisionsgericht allein anhand der Revisionsschrift das Vorliegen des Verfahrensfehlers nachvollziehen kann.
> 5. Eine besondere Problematik bereitet die Frage, ob und in welchem Umfang ggf. der Vortrag von sog. Negativtatsachen erforderlich ist.
> 6. Zu den wichtigsten Verfahrensrügen zählen die Aufklärungsrüge, die Rüge der unzulässigen Ablehnung eines Beweisantrags oder der Mitwirkung eines abgelehnten Richters.

2323   **Literaturhinweise: Barton**, Die Abgrenzung der Sach- von der Verfahrensrüge bei der klassischen und der erweiterten Revision in Strafsachen, JuS 2007, 977; **Berndt**, Neue Tendenzen im Recht der Wiedereinsetzung zur Nachholung von Verfahrensrügen, StraFo 2003, 112; **Cirener**, Die Angriffsrichtung der Verfahrensrüge, in: HRRS-Gedächtnisgabe für Gunter Widmaier, 2013, S. 27; *dies.*, Die Zulässigkeit von Verfahrensrügen in der Rechtsprechung des BGH – Teil 1, NStZ-RR 2014, 33; *dies.*, Die Zulässigkeit von Verfahrensrügen in der Rechtsprechung des BGH – Teil 2, NStZ-RR 2014, 68; *dies.*, Die Zulässigkeit von Verfahrensrügen in der Rechtsprechung des BGH – Teil 3, NStZ-RR 2014, 100; *dies.*, Die Zulässigkeit von Verfahrensrügen in der Rechtsprechung des BGH – Teil 1, NStZ-RR 2015, 1; *dies.*, Die Zulässigkeit von Verfahrensrügen in der Rechtsprechung des BGH – Teil 2, NStZ-RR 2015, 69; **Dahs**, Die Revisionsbegründung – Puzzle oder Glückspiel?, StraFo 1995, 41; *ders.*, Neue Aspekte zu § 344 Abs. 2 StPO „Heilung" von Vortragsmängeln durch das Revisionsgericht – Verpflichtung zum Vortrag von „Negativtatsachen", in: Festschrift für *Hanskarl Salger*, 1995, S. 217; *ders.*, Das Schweigen des Verteidigers zu tatrichterlichen Verfahrensfehlern und die Revision, NStZ 2007, 241; *ders.*, Das Schweigen des Verteidigers und die Revision, in: Festschrift für *Kay Nehm*, 2006, S. 243; **Detter**, Die Beweiskraft des Protokolls und die Wahrheitspflicht der Verfahrensbeteiligten, StraFo 2004, 335; **Diemer**, Verfahrensrügen im Zusammenhang mit der audiovisuellen Vernehmung nach § 247a StPO, NStZ 2001, 393; **El-Ghazi**, Anforderungen an die Begründung einer Verfahrensrüge ZStW 2013, 862; *ders.*, Irrwege und Wege zur Abgrenzung von sach- und Verfahrensrüge, HRRS 2014, 350; **Fahl**, Unwahre Verfahrensrügen und Strafvereitelung, StV 2015, 51; **Gieg**, Die strafprozessuale Verfahrensrüge in Straßenverkehrssachen Ursachen und Folgen anwaltlicher Preisgabe von Rügeoptionen im Revisions- und Rechtsbeschwerdeverfahren, DAR 2012, 624; **Gregor**, Absoluter Revisionsgrund – Überschreiten der Urteilsabsetzungsfrist, StRR 2014, 471; **R. Hamm**, Verkümmerung der Form durch Große Senate oder: Die Pilatusfrage zum Hauptverhandlungsprotokoll, NJW 2007, 3166; **Kempf**, Der „Missbrauchsgedanke" argumentum pro advocato? – zugleich Erwiderung auf *Fahl* StV 2015, 51 (vorstehend), StV 2015, 55; **Krenberger**, Das Abwesenheitsverfahren im Bußgeldrecht – Rechtsprechungsübersicht 2010/2011 zu §§ 73, 74 OWiG, zfs 2012, 424; *ders.*, Rechtsprechungsübersicht zu §§ 73, 74 OWiG für das Jahr 2012, zfs 2013,

364; **Kudlich**, „Missbrauch" durch bewusste Berufung auf ein unrichtiges Hauptverhandlungsprotokoll, HRRS 2007, 9; **Lindemann/Reichling**, Sieg der Wahrheit über die Form Die Neuere Rechtsprechung des Bundesgerichtshofs zur „unwahren" Verfahrensrüge, StV 2007, 152; **Müller-Jacobsen**, Die Zulässigkeit von Verfahrensrügen im Lichte neuerer Entscheidungen des Bundesverfassungsgerichts, in: Festschrift BRAK, 2006, S. 411; **Nack**, Aufhebungspraxis der Strafsenate des BGH, NStZ 1997, 153; **Norouzi**, Die Angriffsrichtung der Verfahrensrüge – Grund und Grenzen, NStZ 2013, 203; **Park**, Die Beweiskraft des Protokolls und die Wahrheitspflicht der Verfahrensbeteiligten, StraFo 2004, 329; **Paulus**, Die begründete „Verfahrensrüge" in der strafprozessualen Revision, in: Gedächtnisschrift für *Ellen Schlüchter*, 2002, S. 342; **Strate**, Perspektiven der Verfahrensrüge, in: HRRS-Gedächtnisgabe für Gunter Widmaier, 2013, S. 39; **Tepperwien**, Die unwahre Verfahrensrüge – unzeitgemäßer Sieg der Form?, in: Festschrift für *Lutz Meyer-Goßner*, 2001, S. 595; **Ventzke**, § 344 Abs. 2 Satz 2 StPO – Einfallstor revisionsgerichtlichen Gutdünkens?, StV 1992, 338; *ders.*, Ausschluss des absoluten Revisionsgrundes des § 338 Nr. 3 StPO im Fall ordnungsgemäßer Urteilsabsprache?, StraFo 2009, 28; *ders.*, Pleiten, Pech und Pannen – Ein Blick auf die revisionsgerichtliche Praxis der strafverfahrensrechtlichen Rügeverkümmerung, HRRS 2011, 338; *ders.*, Die Verständigung in der Revision – „… ist insoweit ersichtlich nichts erwiesen", StraFo 2012, 212; **Weidemann**, Fälle mit Lösungen zur strafprozessualen Revision – Verfahrens- und Verwertungsfragen, JA 2008, 129; **Weiler**, Substantiierungsanforderungen an die Verfahrensrüge gem. § 344 Abs. 2 S. 2 StPO, in: Festschrift für *Lutz Meyer-Goßner*, 2001, S. 571; **Widmaier**, Anforderungen an die Verfahrensrüge nach § 344 Abs. 2 Satz 2 StPO, StraFo 2006, 437; *ders.*, Quo vadis, Revision? Revision, wohin gehst du?, StraFo 2010, 310; s. die Hinw. bei → *Revision, Allgemeines*, Rdn 2211; → *Revision, Begründung, Allgemeines*, Rdn 2230 und → *Protokoll der Hauptverhandlung, Allgemeines*, Rdn 2092.

1.a) Für die Verfahrensrüge sieht das Gesetz in § 344 Abs. 2 S. 2 strenge Formvoraussetzungen vor, die in der Praxis oft zum Scheitern einer Verfahrensrüge führen. Diese – verhältnismäßig versteckte – Regelung hat im Laufe der Zeit durch die von der Rspr. vorgenommene Auslegung und Erweiterung eine Bedeutung erhalten, die der Gesetzgeber ihr bei Einführung der StPO vermutlich nicht zugedacht hatte. Sie ist damit der Fallstrick vieler Revisionen oder auch die Latte, die von den Revisionsgerichten immer wieder so hoch gelegt wird, dass mancher, sogar erfahrene Revisionsverteidiger an ihr scheitert (vgl. aber a. BVerfG NJW 2005, 1999; krit. *Dahs*, RV, Rn 494 ff.; *Widmaier* StraFo 2006, 437; *ders.*, StraFo 2010, 310, 312 ff.; *Müller-Jacobsen*, S. 411; *Gieg* DAR 2012, 624 ff. für das Straßenverkehrsrecht; zur Verfahrensrüge a. noch Burhoff/Kotz/*Junker*, RM, Teil A Rn 2795 m.w.N.).

2324

b) Hinweis für den Verteidiger!

2325

M.E. muss allerdings jeder Rechtsanwalt, der sich als Verteidiger mit Strafrecht und Strafverfahrensrecht beschäftigt, wenigstens in den Grundzügen wissen, welche Anforderungen von der Rspr. an die formgerechte Begründung einer formellen Rüge gestellt werden. Die Rspr. zieht sich insoweit meist auf die „Formel" zurück, eine ordnungsgemäße Rüge der Verletzung von Verfahrensrecht setze voraus, dass vom Beschwerdeführer die den (Verfahrens-)Mangel enthaltenden **Tatsachen** so **genau** und **vollständig** angegeben werden, dass das Revisionsgericht **aufgrund** der **Begründungsschrift prüfen** kann, ob ein Verfahrensfehler vorliegt, wenn die behaupteten Tatsachen bewiesen werden (vgl. z.B. u.a. BGHSt 37, 266, 268; BGH NJW 1994, 1115; 2006, 1220; NStZ 2013, 98 m. Anm. *Barton* StRR

2013, 67 [unzulässige Alternativrüge]; NStZ-RR 2013, 222 [Ls.]; s.a. *Meyer-Goßner/ Schmitt*, § 344 Rn 20 ff.; zur **Angriffsrichtung** der Verfahrensrüge *Norouzi* NStZ 2013, 203; *Cirener*, S. 27 ff.). Häufig wird das noch damit ergänzt, dass diese Prüfung „**allein**" aufgrund der Begründung möglich sein müsse (vgl. z.B. BGH, a.a.O.). Unabhängig davon, welche Folgerungen für die Anforderungen an die Revision daraus gezogen werden können oder dürfen, ist es m.E. nicht zu viel verlangt, wenn man von einem Verteidiger als allgemeines Basiswissen fordert, eine „einfache" formelle Rüge ordnungsgemäß begründen zu können. Nur die wenigsten formellen Rügen sind allerdings – unabhängig von dem hohen, vielleicht zu hohen, Standard der Rspr. – ausreichend begründet (vgl. dazu z.B. *Nack* NStZ 1997, 153).

✍ Der Verteidiger muss auf die Begründung der Verfahrensrüge besondere Sorgfalt verwenden. Denn er kann später **nicht** mit einem Wiedereinsetzungsantrag versuchen, **Zulässigkeitsmängeln** einer fristgemäß begründeten Revision **nachträglich** zu **heilen** (BGHSt 31, 161; BGH StV 2013, 552; Beschl. v. 23.8.2012 – 1 StR 346/12; OLG Köln NStZ-RR 1996, 212; → *Revision, Begründung, Frist*, Rdn 2277). Es kann also mit einem Wiedereinsetzungsantrag z.B. nicht geltend gemacht werden, den Angeklagten treffe an den Mängeln einer Verfahrensrüge (§ 344 Abs. 2 S. 2) kein Verschulden.

2326 2. Mit der Verfahrensrüge werden **Rechtsfehler** gerügt, die den **Verfahrensablauf** und seine **Gestaltung** betreffen (zur Abgrenzung zur Sachrüge *Barton* JuS 2007, 977; *El-Ghazi* HRRS 2014, 350; s. auch → *Revision, Begründung, Allgemeines*, Rdn 2230). Der Verteidiger muss sich also mit der Frage, ob eine Verfahrensrüge unter Beachtung der strengen Anforderungen des § 344 Abs. 2 S. 2 erhoben werden muss, immer dann beschäftigen, wenn die Regelung, gegen die verstoßen worden ist/sein soll, den **verfahrensrechtlichen Weg** betrifft, auf dem der Tatrichter seine Entscheidung gefunden hat, er also die Feststellungen, die er seiner Entscheidung zugrunde gelegt hat, verfahrensrechtlich falsch bzw. unvollständig getroffen oder auch prozessual notwendige Handlungen nicht oder fehlerhaft vorgenommen haben soll (LR-*Hanack*, § 335 Rn 66; Burhoff/Kotz/*Junker*, RM, Rn 2795 ff.; Burhoff/*Junker*, OWi, Rn 3282 [für die Rechtsbeschwerde]). Mit der Sachrüge werden hingegen Verstöße gegen sonstige (Rechts-)Vorschriften geltend gemacht (vgl. u.a. BGHSt 25, 100, 102; *Barton*, a.a.O.; → *Revision, Begründung, Sachrüge*, Rdn 2290).

✍ Wenn der Verteidiger den Charakter der von ihm zu erhebenden Rüge bestimmt, kann er das Ergebnis i.d.R. recht gut mit folgender **Frage überprüfen** (zu Sonderfällen *Barton* JuS 2007, 977):

Kann das Revisionsgericht den geltend zu machenden Fehler allein aus dem angefochtenen Urteil ersehen? Falls nein, ist also ein **Blick** in die **Akten**, insbesondere in das → ***Protokoll** der Hauptverhandlung*, Rdn 2092, erforderlich, muss eine Verfahrensrüge erhoben werden, da das Revisionsgericht nur dann ggf. in andere Aktenteile als das Urteil sieht/sehen kann. Falls das nicht erforderlich ist, handelt es sich um einen Mangel, der mit der Sachrüge geltend gemacht werden kann (zum Aufbau einer Verfahrensrüge s.u. Rdn 2333).

3. a) Die Verletzung von Verfahrensvorschriften kann nach der StPO zu einem sog. **absoluten** oder nur zu einem **relativen Revisionsgrund** führen. Der Unterschied besteht darin, dass beim Vorliegen eines (nur) relativen Revisionsgrundes noch im Einzelnen festgestellt werden muss, ob das Urteil auf dem beanstandeten Verfahrensverstoß beruht (§ 337), d.h. ob bei richtiger Anwendung des Gesetzes die Entscheidung für den Betroffenen möglicherweise günstiger ausgefallen wäre.

2327

☝ Das im **Einzelfall** zur i.S.d. § 344 Abs. 2 S. 2 ausreichenden Begründung erforderliche Rügevorbringen richtet sich nach der **konkret erhobenen Verfahrensrüge**. Eine gute **Hilfestellung** bietet hierbei die jeweilige Kommentierung der Vorschrift von *Meyer-Goßner/Schmitt*, der i.d.R. bei der jeweiligen Vorschrift auch anführt, welcher Vortrag von der Rspr. zur ausreichenden Begründung einer Verfahrensrüge verlangt wird. Auch *Schlothauer/Weider* (Verteidigung im Revisionsverfahren, 2. Aufl., 2013) haben für die einzelnen Verfahrensvorschriften das jeweils erforderliche Rügevorbringen zusammengestellt. Einen guten **Überblick** über die – auch nicht veröffentlichte – Rspr. des BGH geben zudem die Zusammenstellungen von *Cirener*, die jährlich in der NStZ-RR erscheinen (zuletzt NStZ-RR 2015, 1, 6 m.w.N. zu früherer Rspr.-Übersicht). Schließlich ist in den Verfahrenstipps von *Burhoff* in der ZAP einmal im Jahr die veröffentlichte und nicht veröffentlichte Rspr. zu diesen Fragen zusammengestellt (zuletzt ZAP F. 22 R, S. 789; frühere Veröffentlichungen sind auf www.burhoff.de eingestellt).

b) Die **absoluten Revisionsgründe** sind geregelt in § 338 Nr. 1 – 7. § 338 Nr. 8 ist – trotz der Stellung im Gesetz – kein absoluter Revisionsgrund, weil sich die Beschränkung der Verteidigung auf einen wesentlichen Punkt beziehen muss, was nur dann der Fall sein kann, wenn das Urteil auf diesem Punkt beruht (BGHSt 30, 131, 135; vgl. dazu Rdn 2331).

2328

☝ Das Vorliegen eines absoluten Revisionsgrundes aus dem Katalog des § 338 erleichtert nur die Prüfung der **Beruhensfrage**. Die oben genannten strengen formalen Begründungserfordernisse (vgl. Rdn 2324, aber a. u. Rdn 2338 ff.) in Bezug auf die den Mangel enthaltenden Tatsachen sind auch bei den absoluten Revisionsgründen einzuhalten. Die **Anforderungen** an die **Begründung** sind bei ihnen also **nicht reduziert**.

Einen absoluten Revisionsgrund kann der Verteidiger kaum übersehen, wenn er sich an den **Katalog** des § 338 Nr. 1 – 7 hält. Er enthält folgende

2329 **absolute Revisionsgründe:**

- § **338 Nr. 1**: vorschriftswidrige **Gerichtsbesetzung**; sofern die Mitteilung der Gerichtsbesetzung nach § 222a vorgeschrieben ist, ist Rügepräklusion nach § 222 Abs. 2 Hs. 2 möglich (→ *Besetzungseinwand*, Rdn 791; → *Besetzungsmitteilung*, Rdn 809; Burhoff/Kotz/*Junker*, RM, Teil A Rn 2841),
- § **338 Nr. 2**: Mitwirkung am Urteil durch einen kraft Gesetzes (§§ 22, 23) **ausgeschlossenen Richter** (→ *Ausschluss eines Richters*, Rdn 440; Burhoff/Kotz/*Junker*, RM, Teil A Rn 2832),
- § **338 Nr. 3**: Mitwirkung an dem Urteil durch einen wegen Besorgnis der **Befangenheit** abgelehnten oder zu Unrecht nicht abgelehnten Richter; das Revisionsgericht prüft nach Beschwerdegesichtspunkten, ob ein verworfenes Ablehnungsgesuch zulässig und aus tatsächlichen oder rechtlichen Gründen begründet war, dabei darf es das eigene Ermessen an die Stelle des tatrichterlichen Ermessen setzen (→ *Ablehnung eines Richters, Allgemeines*, Rdn 8; BGHSt 18, 200; Burhoff/Kotz/*Junker*, RM, Teil A Rn 2783),
- § **338 Nr. 4**: unrichtige Annahme der **Zuständigkeit** (→ *Zuständigkeit des Gerichts*, Rdn 3610; Burhoff/Kotz/*Junker*, RM, Teil A Rn 2922),
- § **338 Nr. 5**: vorschriftswidrige **Abwesenheit** eines **Verfahrensbeteiligten**, dessen Anwesenheit in der HV notwendig ist bei einem wesentlichen Teil der HV (Pflichtverteidiger!) (→ *Anwesenheit des Verteidigers in der Hauptverhandlung*, Rdn 310; Burhoff/Kotz/*Junker*, RM, Teil A Rn 2789),
- § **338 Nr. 6**: Beschränkung der **Öffentlichkeit** der HV, die das Gericht zu vertreten hat und für die entweder keine rechtliche Befugnis vorliegt oder die verfahrensfehlerhaft vorgenommen wurde (z.B. fehlender Aushang am Sitzungssaal; → *Ausschluss der Öffentlichkeit*, Rdn 419; Burhoff/Kotz/*Junker*, RM, Teil A Rn 2916),
- § **338 Nr. 7**: **fehlende Urteilsgründe** oder **verspätete Urteilsabsetzung**; die schriftlichen Urteilsgründe i.S.v. § 267 fehlen, wenn sie gar nicht vorhanden sind oder wenn sie nur als Entwurf vorliegen oder wenn sie nicht die Unterschriften aller beteiligten Richter tragen (s. OLG Hamm NStZ-RR 2009, 24 [Fehlen alle Unterschriften genügt die Sachrüge, fehlt nur eine, muss die Verfahrensrüge erhoben werden]). Verspätet abgesetzt ist das Urteil, wenn es nicht vollständig und von allen daran mitwirkenden Berufsrichtern unterschrieben, spätestens fünf Wochen nach der Verkündung zu den Akten, d.h. wenigstens auf den Weg zur Geschäftsstelle gebracht worden ist (§ 275 Abs. 1 S. 2; mit Fristverlängerung bei längerer HV; vgl. u.a. noch BGH StV 2010, 618; OLG Dresden StRR 2010, 363 [Ls.]). Eine Fristüberschreitung ist nur unter den Voraussetzungen des § 275 Abs. 1 S. 4 zulässig. Ggf. kann beim Kollegialgericht die Unterschrift eines Berufsrichters vom Vorsitzenden ergänzt werden, wenn der Richter an einer

fristgemäßen Unterzeichnung gehindert ist (vgl. dazu BGH StV 2012, 5; Beschl. v. 8.6.2011 – 3 StR 95/11; zur dauerhaften Unmöglichkeit der Unterzeichnung des Urteilsentwurfs durch den erkennenden Berufsrichter s. OLG Hamm NStZ 2011, 238; eingehend zu der Problematik *Gregor* StRR 2014, 471 m.w.N.; Burhoff/Kotz/*Junker*, RM, Teil A Rn 2928).

■ § 338 **Nr. 8**: unzulässige Beschränkung der Verteidigung in einem für die Entscheidung wesentlichen Punkt durch einen **Gerichtsbeschluss** (in der HV; beachte aber § 238 Abs. 2!) (→ *Verhandlungsleitung*, Rdn 2889 und Rdn 2331), wobei allerdings zu beachten ist, dass die „unzulässige Beschränkung der Verteidigung" zwar in der Liste des § 338 enthalten ist, von der Rspr. aber wie ein relativer Revisionsgrund behandelt wird (vgl. Rdn 2331; *Meyer-Goßner/Schmitt*, § 338 Nr. 58 m.w.N.; Burhoff/ Kotz/*Junker*, RM, Teil A Rn 2812).

c) Zu den „**relativen Revisionsgründen**" gehören **sämtliche sonstigen Verfahrensverstöße**, von denen im Einzelfall festgestellt wird, dass das Urteil auf ihnen beruht (§ 337). Allerdings braucht der Nachweis des Beruhens i.d.R. nicht geführt zu werden, es genügt, wenn das Urteil auf dem festgestellten Verstoß beruhen kann.

2330

aa) In diesem Zusammenhang ist auf den bereits erwähnten Revisionsgrund des **§ 338 Nr. 8** („Beschränkung der Verteidigung in einem wesentlichen Punkt") hinzuweisen (vgl. dazu a. Burhoff/Kotz/*Junker*, RM, Teil A Rn 2812). Bei diesem Grund handelt es sich, obwohl er im Katalog der absoluten Revisionsgründe des § 338 enthalten ist, nach der Rspr. um einen **relativen** Revisionsgrund (*Meyer-Goßner/Schmitt*, § 338 Nr. 58 ff.). Zur Begründung dieses Revisionsgrundes können z.B. Vorgänge aus der HV, die die → *Verhandlungsleitung*, Rdn 2889, des Vorsitzenden betreffen, wie z.B. Zurückweisung von Fragen des Verteidigers an einen Zeugen als unzulässig, geltend gemacht werden (→ *Zurückweisung einzelner Fragen des Verteidigers*, Rdn 3589). Will der Verteidiger z.B. eine Beschränkung der Verteidigung durch die Gewährung nur **unvollständiger AE** rügen, muss er zur ausreichenden Begründung einer solchen Verfahrensrüge die konkret-kausale Beziehung zwischen diesem geltend gemachten Verfahrensfehler und einem für die Entscheidung wesentlichen Punkt darlegen (OLG Hamm StraFo 2005, 468; vgl. a. BGH NStZ-RR 2004, 50). Da der Revisionsgrund des § 338 Nr. 8 in diesem Fall nur geltend gemacht werden kann, wenn ein infolge der unvollständigen AE gestellter Antrag auf Unterbrechung oder Aussetzung der HV abgelehnt worden ist, muss der Verteidiger also auch vortragen, dass er diese Anträge gestellt hat und ihm Unterbrechung bzw. Aussetzung nicht gewährt worden ist. Anderenfalls ist seine Verfahrensrüge unzulässig (→ *Aussetzung wegen fehlender Akteneinsicht*, Rdn 484).

2331

⚐ Von Verteidigern wird häufig übersehen, dass die Rüge der Verletzung des § 338 Nr. 8 – wenn überhaupt – nur dann Erfolg hat, wenn die Beschränkung der Verteidigung durch einen Beschluss in der HV, der gem. **§ 238 Abs. 2** durch das Gericht nach **Bean-**

> standung der Maßnahme des Vorsitzenden ergangen ist, erfolgt ist (vgl. u.a. BGHSt 21, 334, 359; BGH NStZ 2009, 51; KK-*Schneider*, § 238 Rn 7; dazu eingehend → *Verhandlungsleitung*, Rdn 2889 ff. [insbesondere Rdn 2900] mit Beispielen). Dieser Beschluss muss als wesentliche Förmlichkeit der HV in das → *Protokoll der Hauptverhandlung*, Rdn 2092, aufgenommen werden.
>
> Zur **ordnungsgemäßen Begründung** der entsprechenden Verfahrensrüge gehört dann auch, dass vorgetragen wird, dass in der HV beanstandet worden ist und darauf das Gericht entschieden hat. Der Inhalt der Beanstandung und des Gerichtsbeschlusses sind ebenfalls mitzuteilen.

2332 bb) Folgende weitere – **mögliche** – **Verfahrensverstöße** sind ebenfalls von praktischer Bedeutung, sodass auf sie wenigstens kurz hingewiesen werden soll:

- Verstöße im Zusammenhang mit → *Absprachen/Verständigung mit Gericht und Staatsanwaltschaft*, Rdn 137, insbesondere im Hinblick auf die Mitteilungspflicht des § 243 Abs. 1 S. 4 (→ *Mitteilung* über *Erörterungen* zur *Verständigung*, Rdn 1866),
- **BVV** sind verletzt worden (→ *Beweisverwertungsverbote, Allgemeines*, Rdn 1018; → *Widerspruchslösung*, Rdn 3433; *Weidemann* JA 2008, 129),
- Nichtbeachtung der Vorschriften über die Gewährung des **letzten Wortes** nach § 258, weil dieses nicht erteilt oder unzulässiger Weise entzogen oder beschränkt worden ist (→ *Letztes Wort des Angeklagten*, Rdn 1848),
- Verletzung der Vorschriften über die **Unmittelbarkeit** der HV, insbesondere bei Protokollverlesung entgegen §§ 253, 254 oder über § 256 hinaus, z.B. Verlesung eines ärztlichen Attestes, obwohl der Arzt als Zeuge hätte gehört werden müssen (→ *Verlesung von ärztlichen Attesten*, Rdn 2943; → *Verlesung von Behördengutachten*, Rdn 2956; → *Verlesung von Gutachten allgemein vereidigter Sachverständiger*, Rdn 2968; → *Verlesung von Geständnisprotokollen*, Rdn 2980; → *Verlesung von Leumundszeugnissen*, Rdn 2998; → *Verlesung von Protokollen/Erklärungen der Strafverfolgungsbehörden*, Rdn 3002; → *Verlesung von Protokollen früherer Vernehmungen/sonstiger Erklärungen*, Rdn 3014; → *Verlesung von sonstigen Gutachten und Berichten*, Rdn 3046),
- Verletzung der → *Aufklärungspflicht des Gerichts*, Rdn 329,
- die in der Praxis bedeutsamen Verfahrensfragen, die damit zusammenhängen, ob die **Hinweispflicht** nach § 243 Abs. 4 S. 1 verletzt ist, weil im Rahmen der → *Vernehmung des Angeklagten zur Person*, Rdn 3067, der Angeklagte schon Tatsachen bekundet hat, die – wie z.B. seine wirtschaftlichen Verhältnisse – bei der Zumessung einer Geldstrafe ein Rolle spielen, ohne dass er auf sein Schweigerecht auch insoweit, was nach den Umständen des Falls erforderlich sein kann, hingewiesen worden ist (BayObLG MDR 1984, 336),

- Fehler bei der Erhebung des **Zeugenbeweises** können darin liegen, dass die Zeugen- oder Angeklagteneigenschaft vom Gericht verkannt worden ist, über ein → *Zeugnisverweigerungsrecht*, Rdn 3552, oder ein → *Auskunftsverweigerungsrecht*, Rdn 377, nicht belehrt oder in sonstiger Weise dagegen verstoßen worden ist,
- Verstoß gegen ein → *Vereidigungsverbot*, Rdn 2807,
- Rügen wegen **Ablehnung** eines **Beweisantrags** (vgl. zum Umfang der Begründung bei Ablehnung eines Antrags auf Beiziehung von Akten BGH NStZ 2009, 51; s.a. u. Rdn 2348 f.), die in der Praxis häufig Erfolg haben, oder
- Nichtbeachtung der Vorschrift des § 265, sodass auf die **Veränderung** des **rechtlichen Gesichtspunktes** nicht hingewiesen worden ist (→ *Hinweis auf veränderte Sach-/Rechtslage*, Rdn 1720).

4. Hinweise für den Verteidiger!

a) Eine Verfahrensrüge sollte etwa wie folgt **aufgebaut** sein: 2333

Beispiel: Allgemeiner Aufbau einer Verfahrensrüge (am Beispiel der Ablehnung eines Beweisantrags)

- Bezeichnung der verletzten **Verfahrensnorm** („unberechtigte Ablehnung eines Beweisantrages", § 244),
- Darstellung des Verfahrensmangels,
- Darstellung der zugrunde liegenden **Verfahrenstatsachen** mit Fundstellen in den Akten und Zitierung der entsprechenden Anträge und Beschlüsse,
- ggf. **rechtliche** Ausführungen,
- ggf. **Beruhen** des Urteils auf dem Fehler,
  - bei **absoluten** Revisionsgründen genügt der kurze Satz: „Das Urteil beruht auf diesem Verstoß, § 338", und dann die entsprechende Nr./Ziff.
  - bei **relativen** Revisionsgründen (§ 337) empfehlen sich ggf. Darlegungen zur Beruhensfrage (z.B. Hinweis auf Beweiswürdigung, die bei Vernehmung des – nicht vernommenen – Zeugen anders durchzuführen gewesen wäre).

b)aa) Gem. § 344 Abs. 2 S. 2 hat der Revisionsführer bei der Erhebung einer Verfahrensrüge 2334 die **den Mangel begründenden Tatsachen** so **genau** und **vollständig** anzugeben, dass das Revisionsgericht allein anhand der Revisionsschrift – also ohne Rückgriff auf die Akten – das Vorliegen des Verfahrensfehlers nachvollziehen kann (st. Rspr. der Obergerichte; vgl. nur BGH NJW 1998, 2229; 2006, 1220; NStZ 1994, 47; 1996, 145; NStZ 2013, 98 m. Anm. *Barton* StRR 2013, 67; BayObLG NStZ 1998, 363; OLG Hamm NZV 1999, 437; Burhoff/Kotz/*Junker*, RM, Teil A Rn 2795). Die den Verfahrensmangel begründenden Tatsachen müssen vollständig und sorgfältig vorgetragen werden (vgl. dazu BGH StraFo 2011, 318), allerdings dürfen die Anforderungen auch nicht überspannt werden (BVerfG NJW

2005, 1999; krit. *Widmaier* StraFo 2010, 310, 312 ff.). Auf Vollständigkeit ist daher besonders zu achten, jedoch muss der Verteidiger nichts Überflüssiges vortragen (BGH StraFo 2010, 74 [ggf. nicht erforderliche Mitteilung eines schriftlichen SV-Gutachtens]). Denn das Verschweigen wesentlicher Umstände wird als rechtsmissbräuchlich angesehen und führt zur Unzulässigkeit der Rüge (vgl. BGH NStZ-RR 2008, 85 unter Hinw. auf EGMR NJW 2007, 2097).

2335 **bb)** Hat der Verteidiger die Verfahrensrüge schlüssig und widerspruchsfrei begründet, muss das **Revisionsgericht prüfen**, ob die behaupteten **Tatsachen erwiesen** sind (vgl. KK-*Kuckein*, § 352 Rn 13 m.w.N.; BGH NStZ 2008, 353). Dies ist z.b. dann der Fall, wenn die Beweiskraft des → *Protokolls der Hauptverhandlung*, Rdn 2092, eingreift oder wenn das Vorbringen von sonstigem Akteninhalt bestätigt wird. In Fällen, in denen der Tatsachenvortrag der Revision vom Akteninhalt weder bestätigt noch widerlegt wird, stellt die Rspr. darauf ab, ob der Vortrag unwidersprochen geblieben ist (vgl. BGH NStZ 2000, 437 f.). In einem **Dilemma** befindet sich der Verteidiger, wenn einerseits widerspruchsfreie Erklärungen von ihm und andererseits ggf. nicht weniger schlüssige und widerspruchsfreie Erklärungen von StA und Gericht vorliegen, die inhaltlich miteinander aber unvereinbar sind. Bei einer solchen Fallgestaltung geht die Rspr. des BGH von einer regelmäßig nicht ausreichend sicheren Grundlage für eine erfolgreiche Verfahrensrüge aus (vgl. u.a. BGH, a.a.O.; s. aber auch BGH NJW 2011, 3463). Das ist allerdings dann nicht nachvollziehbar, wenn keine Umstände erkennbar sind, warum z.b. der dienstlichen Äußerung des Tatrichters mehr Glauben zu schenken sein soll als der Erklärung des Verteidigers (s.a. *Bockemühl* StraFo 2009, 158 in der Anm. zu BGH, a.a.O.). Zudem stellt sich die Frage, wie der Verteidiger anders wahren Tatsachenvortrag aus der HV in die Revision einführen kann. Allein eine anderslautende dienstliche Äußerung des Tatrichters macht diesen doch auch nicht unwahr (s. aber offenbar der 1. Strafsenat des BGH in StraFo 2009, 158, wo ausgeführt wird: „Aufgrund dieser von der Revision nicht widersprochenen Erklärung muss der Senat nun auch noch mit Befremden zur Kenntnis nehmen, dass er mit unwahrem Vorbringen konfrontiert wurde.").

♪ Daraus kann nur der Schluss gezogen werden: Der Verteidiger muss dienstlichen Äußerungen, die von seiner Erklärung/seinem Vortrag abweichen, **ausdrücklich widersprechen**. Diesen Widerspruch muss der Verteidiger **untermauern** bzw. belegen. Dafür bieten sich an: Mitschriften aus der HV, Aktennotizen zu Telefonaten oder Infoschreiben an den Mandanten, die zum Zeitpunkt der Verfahrensvorgänge geschrieben worden sind, ggf. ergänzt mit eidesstattlichen Erklärungen des Büropersonals, dass diese Schreiben nicht rückdatiert, sondern zum jeweils angegebenen Zeitpunkt geschrieben und versandt worden sind.

2336 **cc)** Insgesamt ist also auch hier festzustellen, dass das Klima im (Revisions-)Verfahren rauer geworden ist. Das zeigt sich deutlich daran, dass Verfahrensrügen wegen **widersprüchli-**

chen **Verhaltens** des Verteidigers als unzulässig angesehen werden. Das soll z.b. für die Ablehnungsrüge gelten, wenn der Verteidiger mit einem vom Angeklagten abgelehnten Richter später eine Absprache/Verständigung trifft (BGH NJW 2009, 690 m. abl. Anm. *Ventzke* HRRS 2009, 28 und *Beulke/Witzigmann* StV 2009, 394; abl. a. *Beulke* StV 2009, 554, 556; *Pfister* StV 2009, 550, 553). Ähnlich hat der BGH bei der Rüge der Nichtbescheidung eines Antrags auf Pflichtverteidigerwechsel argumentiert (BGH StV 2010, 470). Angenommen worden ist es auch für die Rüge nach § 338 Nr. 1, wenn die Besetzungsrüge in der Revisionsinstanz einem Besetzungseinwand in der Tatsacheninstanz widerspricht (BGH NStZ 2008, 475). Insoweit stellt sich allerdings die Frage, ob der Angeklagte/Verteidiger seine Sicht der Dinge nicht ändern kann, wenn er sie nachträglich als falsch erkennt (s.a. *Ventzke* StV 2009, 69 in der Anm. zu BGH, a.a.O.). Der Verteidiger sollte auch hier die Umstände vortragen, die gegen widersprüchliches Verhalten bzw. Rechtsmissbrauch sprechen.

cc) Schließlich: Der BGH sieht inzwischen auch die sog. **unwahre Verfahrensrüge** als **unzulässig** an (vgl. BGHSt 51, 88; BGH NStZ 1999, 424), was in der Lit. auf erhebliche Kritik gestoßen ist (vgl. z.B. *Meyer-Mews* StraFo 2007, 195 in der Anm. zu BGH, a.a.O. m.w.N. aus der Lit.; vgl. zur Zulässigkeit früher schon *Dahs* StraFo 2000, 181, 185; *Meyer-Goßner/Schmitt*, § 274 Rn 21; *Sarstedt/Hamm*, Rn 292 m.w.N.; *Dahs*, RV, Rn 501, 524; *Park* StraFo 2004, 335; a.A. wohl *Detter* StraFo 2004, 329; zur unwahren Verfahrensrüge und Strafvereitelung einerseits *Fahl* StV 2015, 51 und andererseits *Kempf* StV 2015, 55). Nach der Rspr. des BGH handelt ein Revisionsführer, der bewusst wahrheitswidrig einen Verfahrensverstoß behauptet und sich zum Beweis auf ein als unrichtig erkanntes Protokoll beruft, rechtsmissbräuchlich; seine Rüge ist unzulässig. Dies gilt auch, wenn er das sichere Wissen von der Unwahrheit erst nachträglich erlangt, die Rüge jedoch gleichwohl weiterverfolgt. Auch hier stellt sich die Frage: Warum wird die Formenstrenge des Revisionsverfahrens aufgegeben? Und: Wer beurteilt, dass die Verfahrensrüge unwahr ist (zu allem a. *Dahs* NStZ 2007, 241, 243 ff.; s. aber a. BGH StraFo 2007, 334, wonach die Beweiskraft des eindeutigen Protokolls durch dienstliche Erklärungen nicht infrage gestellt wird)?

Ein weitere Verschärfung ist darüber hinaus dadurch eingetreten, dass der BGH mittlerweile von dem **Revisionsverteidiger**, der den Angeklagten nicht in der Tatsacheninstanz vertreten hat, verlangt, dass dieser **Erkundigung** beim Instanzverteidiger einzieht, wenn sich prozessuale Umstände, die Gegenstand einer Rüge sein sollen, weder aus dem Urteil noch aus dem Protokoll ergeben (vgl. BGH NStZ 2005, 283; s. dazu BVerfG StraFo 2005, 512).

dd) Zu beachten ist für die **Begründung** einer Verfahrensrüge folgender **allgemeiner Mindeststandard**: Der Verteidiger muss sich bei der Erhebung von Verfahrensrügen klarmachen, dass das Revisionsgericht **nur** von seinem (Begründungs-)**Schriftsatz** und dem angefochtenen **Urteil** ausgeht. Er muss also alle Vorgänge, die er rügen will, so detailliert beschreiben, dass sie für mit der Sache noch nie befasste Dritte nachvollziehbar sind. Auch die protokollierten Verfahrensvorgänge hat der Verteidiger in seinem Begründungsschriftsatz genau zu schildern. Das Protokoll dient nur als Beweismittel für die Richtigkeit des Tatsachenvortrags des Verteidigers, kann diesen aber nicht ersetzen. Im Zweifel sollte der Verteidiger deshalb lieber zu viel Sachverhalt mitteilen als zu wenig (vgl. allgemein zur Begründung der Verfahrensrüge *Burhoff* StV 1997, 432, 437; Burhoff/Kotz/*Junker*, RM, Teil A Rn 2795; s.a. o. Rdn 2333 f.).

Im Einzelnen gilt:

2339 Allgemeines

■ Der Revisionsführer muss den aus seiner Sicht fehlerhaften **Verfahrensvorgang** im Einzelnen/detailliert **beschreiben** und dessen **Fehlerhaftigkeit rügen**. Der Tatsachenvortrag muss genau und vollständig sein und sich gegen andere Verfahrensvorgänge abgrenzen. Die **Tatsachen** müssen **bestimmt behauptet werden** (BGHSt 25, 272; OLG München NJW 2006, 1985). Das gilt vor allem, wenn mehrere Gesetzesverletzungen geltend gemacht werden (OLG München, a.a.O.). Zur bestimmten Behauptung gehört auch, dass der Verteidiger die Verantwortung für die für den Verfahrensmangel gegebene Begründung übernimmt (BGH, a.a.O.). Die Formulierung, dass der Verfahrensmangel nur aus der „Sicht des Angeklagten" wiedergegeben werde, ist insoweit schädlich (BGH HRRS 2008 Nr. 322). Eine Alternativbegründung führt zur Unzulässigkeit (BGH NStZ 2013, 98 m. Anm. *Barton* StRR 203, 67).

> 🖉 Die Tatsachen dürfen also **nicht nur** als **möglich** bezeichnet oder eine Vermutung über ihr Vorliegen geäußert werden (BGHSt 19, 273, 276).
>
> Ist der Tatsachenvortrag **lückenhaft**, ist das nur unschädlich, wenn sich die fehlenden Tatsachen aus dem Urteilsinhalt ergänzen lassen, falls das Revisionsgericht von diesem – von Amts wegen – aufgrund einer zulässigen Sachrüge Kenntnis nehmen muss (vgl. u.a. BGHSt 36, 384; BGH StraFo 2008, 332; Beschl. v. 26.3.2008 – 2 StR 61/08; OLG Köln NStZ-RR 1998, 345; → *Revision, Begründung, Sachrüge*, Rdn 2292 m.w.N.).

■ Die den Mangel begründenden **Tatsachen** muss der Beschwerdeführer angeben, soweit sie ihm **zugänglich** sind (vgl. hierzu BGHSt 28, 290, 292 [präsidiumsinterne Vorgänge] und 29, 162, 164 [kammerinterne Vorgänge]; OLG Hamm NJW 2009, 3109 [für Vorgänge aus dem Justizministerium]). Ggf. muss er sich die benötigten Informationen mittels AE verschaffen (zur Nachholung von Verfahrensrügen wegen nicht ausreichender/rechtzeitiger AE → *Revision, Begründung, Frist*, Rdn 2277).

■ Neben den Tatsachen muss auch der **Verfahrensverstoß bestimmt behauptet** werden. Es genügt nicht zur Prüfung zu stellen, ob ein Verfahrensverstoß vorliegt oder vorliegen

könnte (BGH NStZ-RR 1998, 148). Die Angriffsrichtung des Rechtsmittels muss klar sein. Also nicht: „verschiedene Zeugen sind nicht vereidigt worden", sondern „die Zeugen A., B. und C. sind nicht vereidigt worden" (*Meyer-Goßner/Schmitt*, § 344 Rn 24 m.w.N. aus der Rspr.). Der Verfahrensverstoß muss auch „bestimmt" behauptet und nicht nur als möglich bezeichnet werden (*Meyer-Goßner/Schmitt*, § 344 Rn 25 m.w.N.).
- **Pauschale Rügen**, wie z.b. die Beweisaufnahme (Vernehmung von Zeugen o.Ä.) sei nicht dem Gesetz entsprechend durchgeführt worden, sind **unzulässig**. Das Gleiche gilt für mehrdeutige Verfahrensrügen, die nicht genau erkennen lassen, welcher Vorgang im Einzelnen als Verfahrensverstoß bemängelt wird (BGH NStZ 2013, 98 m. Anm. *Barton* StRR 2013, 67).
- Zur **Beruhensfrage** (§ 337) müssen grds. keine Ausführungen gemacht werden. Ausreichend und erforderlich ist an sich die Darlegung der Tatsachen, aufgrund derer die Beruhensfrage vom Revisionsgericht geprüft werden kann (BGHSt 30, 131, 135). Wegen der zunehmend erkennbaren Tendenz in der Rspr. des BGH, viele Fragen über die „Beruhensfrage" zu lösen, sollte der Verteidiger ggf. aber doch dazu Stellung nehmen.

Bezugnahmen/Verweisungen 2340

- **Bezugnahmen** und **Verweisungen** auf den Akteninhalt, Schriftstücke oder das Protokoll sind zur **Begründung** der Verfahrensrüge **unzulässig**. Das gilt nicht nur für Anlagen zur Revisionsbegründung, sondern überhaupt für die Akten, das → *Protokoll der Hauptverhandlung*, Rdn 2092, und andere Unterlagen (BGH NJW 2006, 457), wie z.B. die Revisionsbegründungen anderer Verfahrensbeteiligter (BGH NJW 2007, 1541 [Ls.]; BGH NStZ-RR 2010, 104 [Ci/Zi]; für Protokoll und Bußgeldbescheid bei der Rechtsbeschwerde OLG Stuttgart Justiz 2014, 231). Vielmehr müssen die Fundstellen in ihrem Wortlaut oder wenigstens ihrem wesentlichen **Inhalt** nach wiedergegeben werden (vgl. z.B. OLG Hamm Rpfleger 1998, 367). Gefährlich kann es auch sein, der Verfahrensrüge die „Verfahrenstatsachen"/den Verfahrensablauf geschlossen voran zu stellen und dann darauf bei einzelnen Verfahrensrügen Bezug zu nehmen (noch BGH StraFo 2015, 71 f.; ähnlich OLG Celle NStZ-RR 2015, 112 [Ls.]).

> ✍ Der Verteidiger sollte grds. die von ihm gestellten Anträge und die darauf ergangenen Beschlüsse des Gerichts **wörtlich zitieren**. Kann der Beschwerdeführer das nicht, weil z.B. ein Beschluss des Gerichts nicht in das → *Protokoll der Hauptverhandlung*, Rdn 2092, aufgenommen worden oder unleserlich ist, darf ihm daraus allerdings kein Nachteil erwachsen (*KK-Fischer*, § 244 Rn 227 unter Hinweis auf BGH NJW 1969, 281, 282; OLG Stuttgart StraFo 2010, 74 für unleserlichen Beschluss des Gerichts).

- Grds. zulässig ist es, Anträge des Verteidigers und die darauf ergangenen Entscheidungen des Gerichts in die Revisionsbegründung hinein zu kopieren. Hierbei ist allerdings zu beachten, dass zusammenhanglos in die **Revisionsbegründung** eingefügte Ablichtungen (eines Teils) des Protokolls oder anderer **Schriftstücke** nicht ausreichend i.S.d. § 344 Abs. 2 S. 2 sind (vgl. z.B. BGH NStZ 1987, 36). Hilfreich für das Revisionsgericht ist es, wenn vom Verteidiger zitierte Texte **optisch abgesetzt** werden, da sich dann unschwer Revisionsvorbringen und Aktenzitate unterscheiden lassen. Auch sind, vor allem bei umfangreichen Revisionsbegründungen, die vorgelegten Beweismittel den gerügten Verfahrensfehlern jeweils inhaltlich zuzuordnen, sodass es „nicht Aufgabe des Revisionsgerichts [ist], eine umfangreiche Blattsammlung daraufhin zu überprüfen, ob die zum Beleg der tatsächlichen Grundlagen der Rügen erforderlichen Unterlagen in dem ungeordneten Aktenkonvolut enthalten sind" (BGH, Beschl. v. 24.6.2008 – 3 StR 515/07; OLG Celle NStZ-RR 2015, 112 [Ls.]).

Die **Glaubhaftmachung** der Tatsachen, aus denen sich der Verfahrensfehler ergeben soll, etwa durch Angabe von Beweismitteln und Aktenstellen, aus denen sich diese Tatsachen ergeben, ist **nicht erforderlich** (st. Rspr.; vgl. u.a. BGH NStZ 2007, 235; 2011, 533; StraFo 2012, 467 m.w.N.). Deshalb führt auch die Angabe einer falschen Aktenstelle als Beleg für einen tatsächlich geschehenen, aus einer anderen Stelle der Akten ersichtlichen Vorgang nicht dazu, dass die entsprechende Rüge nicht zulässig erhoben wäre (BGH NStZ 2011, 533).

2341 Protokoll der HV

- Der Verteidiger muss sich nicht nur mit der Frage, was inhaltlich zur Begründung der erhobenen Rügen vorgetragen werden muss, beschäftigen. Er muss darüber hinaus insbesondere auch auf die eigentliche Formulierung der Verfahrensrüge besondere Sorgfalt verwenden. Häufig scheitern Verfahrensrügen nämlich daran, dass es sich „nur" um sog. **Protokollrügen** handelt (vgl. z.B. BGHSt 7, 162; BGH StV 2011, 728). Zutreffend ist es, wenn sich der Verteidiger zum Nachweis des gerügten Verfahrensmangels auf das Protokoll der HV stützt. Entscheidend für den Erfolg der Rüge ist jedoch, dass ein Mangel des Verfahrens und nicht nur ein Mangel des Protokolls gerügt wird.

Es darf also **nicht formuliert** werden, das Protokoll enthalte zu einem bestimmten Verfahrensvorgang nichts oder etwas Falsches. Vielmehr muss die Revisionsbegründung die bestimmte Behauptung des Verfahrensfehlers enthalten, also z.B. die Tatsache, dass der Zeuge nicht vereidigt worden ist. Nur zum Beweis dieser Tatsache darf sich der Verteidiger auf das Protokoll beziehen (*Dahs*, Rn 471, 491). Und auch da ist noch besondere Vorsicht geboten. Die Formulierung: „Ausweislich des Protokolls ist der Zeuge nicht vereidigt worden", kann bereits den Erfolg der Rüge in Gefahr bringen (s. dazu OLG Saarbrücken MDR 1986, 1050; zu allem a. OLG

Hamm StraFo 1997, 210), denn nicht die Fehlerhaftigkeit des Protokolls führt zur Begründetheit der Revision, sondern der Verfahrensverstoß.

■ Die Beachtung der **wesentlichen Förmlichkeiten** der HV werden durch das → *Protokoll der Hauptverhandlung*, Rdn 2092, und dessen sich aus § 274 ergebenden absoluten **Beweiskraft** bewiesen. Diese Beweiskraft entfällt auch nicht bei Unrichtigkeit des Protokolls. Der Verteidiger kann seinen Revisionsvortrag auch auf solche Umstände stützen (zur unwahren Verfahrensrüge s. oben Rdn 2336).

✍ Der Verteidiger muss auch noch Folgendes **beachten**: Früher war es nach der Rspr. des BGH nicht zulässig, nachträglich das → *Protokoll der Hauptverhandlung*, Rdn 2094, zu ändern, wenn dadurch einer Verfahrensrüge der Boden entzogen wurde (vgl. die Nachw. in BGH NStZ 2005, 281; StV 2006, 287). Diese Rspr. hat der BGH inzwischen aufgegeben (vgl. BGHSt 51, 298; krit. *Ventzke* HRRS 2009, 28). Jetzt kann durch eine **zulässige Berichtigung** des Protokolls auch zum Nachteil des Beschwerdeführers einer bereits ordnungsgemäß erhobenen Verfahrensrüge die **Tatsachengrundlage entzogen** werden (BGH, a.a.O.; wegen der Einzelh. der Rügeverkümmerung, auch hinsichtlich des einzuhaltenden Verfahrens → *Protokoll der Hauptverhandlung, Allgemeines*, Rdn 2094; Burhoff/Kotz/*Junker*, RM, Teil A Rn 2692).

5.a) Eine besondere Problematik bereitet die Frage, ob und in welchem Umfang ggf. der Vortrag von sog. **Negativtatsachen** erforderlich ist (zur „Negativtatsache" im Beweisantrag → *Beweisantrag, Inhalt*, Rdn 960). Gemeint ist damit, ob für einen vollständigen Revisionsvortrag u.U. auch die Mitteilung erforderlich ist, dass bestimmte **Tatsachen nicht vorliegen** bzw. bestimmte **Vorgänge nicht geschehen** sind, so z.B. die Mitteilung, dass eine Heilung des behaupteten Mangels nicht erfolgt ist (vgl. dazu *Dahs*, RV, Rn 503 ff.; eingehend *Dahs* StraFo 1995, 41, 44; vgl. dazu aber a. BVerfG NJW 2005, 1999; einschr. a. OLG Köln NStZ-RR 2001, 140). Das ist ein komplexes und schwieriges Problem, das verdeutlicht wird anhand des folgenden Beispiels: Ggf. wird, so z.B. der BGH hinsichtlich der Vernehmung eines „Auslandszeugen", gefordert, dass der Revisionsführer nicht nur ihm nachteilige Tatsachen nicht übergeht, sondern auch die Fakten vorträgt, die für das (Nicht-)Vorliegen eines Ausnahmetatbestandes sprechen, der seiner Rüge ggf. den Boden entziehen würde (BGH NStZ-RR 1997, 71 f.; vgl. a. BGH NJW 1994, 1015). 2342

b) Zur **Lösung** dieser **Problematik** werden unterschiedliche Auffassungen vertreten: Während die Rspr. des BGH hier ebenfalls sehr streng ist (vgl. z.B. BGHR StPO § 344 Abs. 2 S. 2 Abwesenheit 2 [Gründe]) und *Meyer-Goßner/Schmitt* ihr offenbar folgt (§ 344 Rn 24 2343 m.w.N.; vgl. a. *Widmaier* StraFo 2006, 437; einschr. BGH NStZ 2007, 717, wenn keine Heilung des Mangels erfolgt ist), gehen *Dahs* (*Dahs* StraFo 1995, 41, 44; *Dahs*, RV, Rn 503 a.E.), *Herdegen* (NStZ 1990, 510) und auch *Ventzke* (StV 1992, 338, 340; vgl. noch *Ventzke/ Mosbacher* NStZ 2008, 262 in der Anm. zu BGH, a.a.O.) davon aus, dass es sich nicht um eine Frage der Zulässigkeit der Rüge handelt, sondern um eine solche der Begründetheit und des Beruhens des Urteils auf dem Rechtsfehler. Es ist sicherlich zu viel verlangt, von dem „prozessrechtlich durchschnittlich versierten" Strafverteidiger (so eine Formulierung von *Dahs* StraFo 1995, 41, 45) in der täglichen Arbeit eine Lösung dieses Streits zu fordern.

> Der **Verteidiger** handelt m.E. aber **fehlerhaft**, wenn er nicht wenigstens die klassischen Fälle dieser Gruppe kennt und dann entsprechend vorträgt. Darüber hinaus sollte er sich immer anhand des Verfahrensablaufs nach einem von ihm gerügten Verfahrensverstoß fragen, ob nicht aufgrund weiterer Vorgänge in der HV der gerügte Verfahrensverstoß ggf. „geheilt" bzw. der Rüge durch den weiteren Verlauf der Boden entzogen worden sein könnte. Sind diese Vorgänge in der HV nicht eingetreten, sollte das zur Begründung der Verfahrensrüge vorgetragen werden (vgl. aber auch BGH StraFo 2011, 99).

Das empfiehlt sich auf jeden Fall in folgenden

2344 **Beispielsfällen** (vgl. i.Ü. wegen weiterer Fälle *Dahs*, RV, Rn 503):

- Wird geltend gemacht, dass eine **Urkunde**, die im Urteil verwertet worden ist, entgegen § 249 Abs. 1 in der HV **nicht verlesen** wurde, gehört nach der Rspr. der Obergerichte dazu der Vortrag, dass der Inhalt der Urkunde auch nicht auf andere zulässige Weise, etwa im Rahmen der Einlassung des Angeklagten oder durch Vorhalt, in die HV eingeführt worden ist (u.a. BGH NJW 2001, 2558; KK-*Kuckein*, § 344 Rn 58; vgl. dazu jetzt aber BVerfG NJW 2005, 1999; → *Urkundenbeweis, Allgemeines*, Rdn 2721).
- Der Verteidiger muss auch wissen, dass ein erhöhter Begründungsaufwand – wohl auch nach neuem Recht – immer noch dann gefordert (werden) wird, wenn gerügt werden soll, dass ein **Zeuge nicht vereidigt** worden ist. Erwartet wird dann der Vortrag, dass ein Vereidigungsverbot nicht vorgelegen hat, ein entsprechender Vereidigungsantrag nicht gestellt worden ist und i.d.R. noch, dass die Vereidigung bis zur Urteilsverkündung auch nicht nachgeholt worden ist (*Dahs* StraFo 1995, 41, 44 [zum alten Recht]; → *Vereidigung eines Zeugen*, Rdn 2792).
- Geht es schließlich um die Verletzung der sich aus § 265 Abs. 1 ergebenden Pflicht zum → *Hinweis auf veränderte Sach-/Rechtslage*, Rdn 1720, muss der Verteidiger wissen, dass Revisionsvortrag dazu erwartet wird, dass auch aus dem weiteren Gang der HV für den Angeklagten die Veränderung der Sach-/Rechtslage nicht deutlich geworden ist (BGH StV 1991, 502).

■ Wird die Heimlichkeit von → *Absprachen/Verständigung mit Gericht und Staatsanwaltschaft*, Rdn 137, geltend gemacht, muss dargelegt werden, dass auch eine nachträgliche Information nicht erfolgt ist (OLG München NJW 2006, 1985).

☞ Insgesamt muss der Verteidiger damit rechnen, dass sich diese Rspr. fortsetzen und von den Revisionsgerichten immer mehr Vortrag gefordert werden wird (*Dahs*, a.a.O.; vgl. z.B. die Rspr. der OLG zum Richtervorbehalt bei der Blutentnahme und dazu die Nachw. bei → *Blutalkoholfragen, Atemalkoholmessung*, Rdn 1199). Eine Entwicklung, die an den Verteidiger erhöhte Anforderungen stellt/stellen wird, denen er zumindest dadurch gerecht werden sollte, dass er die Entwicklungstendenzen in der Rspr. beobachtet und darauf achtet, wo erweiterter Revisionsvortrag gefordert wird. Eine **Hilfe** in der **Argumentation** gegen die Rspr. von Negativtatsachen bietet in gewissem Umfang die Rspr. des **BVerfG** (vgl. NJW 2005, 1999; zweifelnd *Widmaier* StraFo 2010, 310, 312). Dieses hat ausdrücklich darauf hingewiesen, dass die Anforderungen an den entsprechenden Revisionsvortrag nicht überspannt werden und von den Revisionsgerichten nicht solcher Vortrag verlangt werden dürfe, dem kein über diesen Revisionsvortrag hinausgehender Bedeutungsgehalt zukomme und der mit dem Vorgang der Beweisgewinnung in der HV in keinem unmittelbaren Zusammenhang mehr stehe (vgl. BVerfG, a.a.O.). Ein kleiner Schritt in die richtige Richtung.

6. Die Anforderungen an einige der **wichtigsten Verfahrensrügen** sollen nachfolgend kurz dargestellt werden (zur Begründung der Verfahrensrüge bei einer Verfahrensverzögerung s. → *Verfahrensverzögerung*, Rdn 2851 ff.):

a) In der Praxis ist die **Aufklärungsrüge** von erheblicher Bedeutung. Mit ihr wird der Verstoß gegen die aus § 244 Abs. 2 folgende → *Aufklärungspflicht des Gerichts*, Rdn 329, geltend gemacht. Die Begründungserfordernisse sind bei der Aufklärungsrüge besonders hoch und werden vielfach nicht erfüllt (vgl. zur Begründung der Aufklärungsrüge a. *Burhoff* StV 1997, 432, 437; Burhoff/Kotz/*Junker*, RM, Teil A Rn 2822). **2345**

Es genügt zur Begründung der Aufklärungsrüge **nicht**, ganz **allgemein** zu rügen, die Sache sei nicht genügend aufgeklärt worden oder lediglich zu beanstanden, dass z.B. eine Ortsbesichtigung nicht stattgefunden habe. Die Aufklärungsrüge ist vielmehr darauf gerichtet, dass das Gericht ein bestimmtes **Beweismittel** nicht benutzt hat, obwohl sich ihm die Notwendigkeit hierzu hätte aufdrängen müssen, und dass die Benutzung dieses Beweismittels zu einem anderen konkreten Beweisergebnis geführt hätte. Dementsprechend ist bei der Begründung dieser Verfahrensrüge zu achten (vgl. dazu BGHSt 27, 250, 252; NStZ-RR 2010, 316; KG StRR 2013, 263; *Dahs*, RV, Rn 506 ff. m.w.N.; s.a. das Bsp. einer zulässigen Aufklärungsrüge bei OLG Hamm StV 2008, 570 und einer unzulässigen Aufklärungsrüge bei BGH NStZ 2009, 468) auf folgende **2346**

2347 Anforderungen:

- die konkrete Schilderung der **Beweisfrage**, um die es geht,
- damit zusammenhängend die Angabe, auf welche **Beweismittel** das Gericht sich in seinem **Urteil** dazu **gestützt** hat,
- die konkrete Bezeichnung des **Beweismittels**, das aus der Sicht des Beschwerdeführers **hätte benutzt** werden müssen und nicht benutzt worden ist (vgl. OLG Hamm StV 2008, 570 [bei Zeugen i.d.R. mit Angabe der ladungsfähigen Anschrift], sowie
- **damit** zusammenhängend die konkrete Angabe dessen, was die **Benutzung** dieses Beweismittels **erbracht hätte** (so konkret und bestimmt wie bei der Fassung des Beweisthemas in einem Beweisantrag; s. z.B. BGH NStZ 2011, 471),
- schließlich die bestimmte Behauptung des **mutmaßlichen Beweisergebnisses** und die daraus resultierenden günstigen Auswirkungen für **den** Betroffenen (NStZ-RR 2010, 316) und
- die Umstände, aufgrund derer sich das **Gericht** hätte **gedrängt** sehen müssen, von dem infrage stehenden Beweismittel **Gebrauch zu machen** (BGH NStZ 2011, 471) und ggf., warum in der HV keine entsprechenden Beweisanträge gestellt **worden** sind, wozu, wenn zur Begründung vorgebracht wird, das Tatgericht habe einen Beweisantrag zu Unrecht abgelehnt, sodass sich diese Rüge auf denselben Beschwerdepunkt wie eine – mögliche, aber nicht erhobene – **Beweisantragsrüge** bezieht, auch die Gründe eines ergangenen gerichtlichen Beschlusses über die Ablehnung des Beweisantrages gehören, weil sich daraus ergeben kann, weshalb sich der Tatrichter zur weiteren Beweiserhebung nicht gedrängt gesehen hat (KG StRR 2013, 263).

> Gerade, wenn der Verteidiger in der HV keinen entsprechenden Beweisantrag gestellt hat, muss er zu diesem Punkt – ausreichend – vortragen. Das gilt insbesondere deshalb, weil die Aufklärungsrüge **nicht** das **Mittel** ist, um vom Verteidiger in der Tatsacheninstanz – durch Unterlassen von Beweisanträgen, Beweisanregungen etc. – begangene **Fehler** zu **reparieren** (*Dahs*, RV, Rn 506). Das wird aber leider immer wieder verkannt.
>
> Mit der Aufklärungsrüge kann auch nicht geltend gemacht werden, ein Zeuge oder der Angeklagte habe in der HV anders ausgesagt als im Urteil festgestellt, weil das auf eine **Rekonstruktion** der **Beweisaufnahme** hinauslaufen würde (BGH NStZ 2011, 590 f.; OLG Bamberg VRR 2012, 230).

2348 b) Wenn ein **Beweisantrag** gestellt und **abgelehnt** worden ist, ist statt einer Aufklärungsrüge die Rüge der Verletzung des § 244 Abs. 3 – 6 zu erheben (→ *Beweisantrag, Ablehnungsgründe*, Rdn 858). Die rechtsfehlerhafte Behandlung eines Beweisantrags

Revision, Begründung, Verfahrensrüge R

kann in dem Unterlassen der Bescheidung, in der Nichtausführung einer auf den Antrag beschlossenen Beweiserhebung oder in der mangelhaften Ablehnung des Antrags bestehen (*Meyer-Goßner/Schmitt*, § 244 Rn 83). Für die Revisionsbegründung gelten insoweit folgende

Anforderungen (zum **Beweisantrag** → *Beweisantragsrecht, Allgemeines*, Rdn 971 m.w.N.): 2349

- Wird die **Nichtbescheidung** des Beweisantrags gerügt, muss der gestellte Beweisantrag zumindest inhaltlich, besser wörtlich, mitgeteilt werden. Zusätzlich muss angegeben werden, dass über den Beweisantrag nicht entschieden und diesem auch nicht nachgegangen worden ist. Schließlich sollte das Beweisziel, also die Schlussfolgerung, die das Gericht aus der Beweiserhebung ziehen sollte, näher ausgeführt werden, wenn sich dieses nicht bereits aus dem Beweisantrag oder seiner Begründung unmittelbar ergibt.
- Wird die **fehlerhafte Ablehnung** des Beweisantrags gerügt, muss der Inhalt des Antrags (Beweistatsache und Beweismittel) sowie der Inhalt des gerichtlichen Ablehnungsbeschlusses mitgeteilt werden. Beides sollte der Verteidiger wörtlich zitieren, zumindest aber inhaltlich vollständig angeben (vgl. die Nachw. bei *Meyer-Goßner/Schmitt*, § 244 Rn 85; BGHSt 37, 168; u.a. BGH StraFo 2010, 466; NStZ-RR 2012, 178). Ggf. sind auch im Beweisantrag in Bezug genommene Aktenbestandteile zu zitieren (s. z.B. BGH, Beschl. v. 25.5.2011 – 4 StR 87/11, insoweit nicht in NStZ-RR 2011, 272; vgl. auch noch BGH StraFo 2015, 71, 72). Zusätzlich müssen die die Fehlerhaftigkeit des Ablehnungsbeschlusses ergebenden Tatsachen mitgeteilt werden (vgl. schon BGHSt 3, 213; *Meyer-Goßner/Schmitt*, a.a.O.). Auch hier sollte das Beweisziel dargelegt werden, wenn dieses nicht bereits aus dem Beweisantrag oder seiner Begründung unmittelbar ersichtlich ist (s.a. noch BGH StraFo 2011, 99). Ggf. müssen auch noch weitere Verfahrenstatsachen vorgetragen werden, so z.B., wenn es sich um die Bescheidung eines wiederholten Beweisantrages handelt (BGH NStZ-RR 2012, 178).

> ✎ Auch wenn die Rspr. nur die inhaltliche Wiedergabe des Beweisantrags und des Ablehnungsbeschlusses fordert, sollte der Verteidiger den Antrag bzw. Beschluss **stets im Wortlaut** wiedergeben, wenn er die fehlerhafte Behandlung eines Beweisantrags rügen will. Er läuft sonst Gefahr etwas zu vergessen, mit der Folge, dass die Rüge als unzulässig verworfen wird (s.a. o. Rdn 2340; zum unleserlichen Beschluss des Gerichts OLG Stuttgart StraFo 2010, 74).

c) Will der Betroffene rügen, dass der Richter trotz eines **Ablehnungsantrags** zu Unrecht in der Sache entschieden hat (§ 338 Nr. 3), sind alle mit der Ablehnung in Zusammenhang stehenden Tatsachen in der Revisionsbegründung mitzuteilen. Sind alle not- 2350 wendigen Tatsachen vorgetragen, trifft das Revisionsgericht eine **eigene Entscheidung** über die Zulässigkeit und Begründetheit des Ablehnungsantrags, ist also nicht an die Bewertung des Tatrichters gebunden (zur Ablehnung → *Ablehnung eines Richters, Allgemeines*, Rdn 8 m.w.N.).

2351 Zu beachten sind folgende

Anforderungen:

- die **Mitteilung** des Ablehnungsantrags im Wortlaut,
- die vollständige Entscheidung des **Gerichts** über den Ablehnungsantrag im Wortlaut,
- zusätzlich **alle Tatsachen**, aus denen sich die Zulässigkeit und Begründetheit des Ablehnungsantrags ergibt, insbesondere die Mitteilung des Sachverhalts, aus dem sich ergibt, dass der Ablehnungsantrag **rechtzeitig gestellt** worden ist. Sofern **dienstliche Äußerungen** vorliegen, sind auch diese mitzuteilen.
- Hat der Verteidiger nach einem **erfolglosen Ablehnungsantrag** mit dem abgelehnten Richter eine Absprache/Verständigung getroffen, muss vorgetragen werden, warum trotz der Absprache/Verständigung die Umstände, die der Angeklagten mit seinem Ablehnungsantrag geltend gemacht hat, fortbestehen. Anderenfalls besteht die Gefahr, dass die Rüge wegen Rechtsmissbrauchs aufgrund widersprüchlichen Verhaltens als unzulässig angesehen wird (vgl. die Fallgestaltung bei BGH NJW 2009, 690 m. abl. Anm. *Ventzke* HRRS 2009, 28).

2352 d) In der Praxis von Bedeutung sind auch die Fälle der → *Berufungsverwerfung wegen Ausbleibens des Angeklagten*, Rdn 691, nach § 329 Abs. 1 bzw. die der **Einspruchsverwerfung** nach § 74 Abs. 2 OWiG, wenn der Betroffene ohne genügende Entschuldigung der HV fernbleibt (→ *Bußgeldverfahren, Besonderheiten der Hauptverhandlung*, Rdn 1243 ff.). Will der Angeklagte/Betroffene die Verwerfung seiner Berufung/seines Einspruchs anfechten, muss er eine **Verfahrensrüge** erheben und **im Einzelnen darlegen**, warum das Berufungsgericht/AG sein Ausbleiben **nicht als unentschuldigt** ansehen durfte (st.Rspr., vgl. u.a. BayObLG NStZ-RR 1997, 182; KG NStZ 2009, 111; OLG Brandenburg NStZ 1998, 454; OLG Düsseldorf NZV 1990, 444; OLG Nürnberg NJW 2009, 1761; zu § 74 OWiG vgl. die Rspr.-Nachweise bei *Krenberger* zfs 2012, 424; *ders.*, zfs 2013, 364). Dazu gehört z.B., dass der Inhalt eines ärztlichen Attestes, mit dem das Fernbleiben entschuldigt werden sollte, in der Revision mitgeteilt wird (zur Begründung der Verfahrensrüge in diesen Fällen u.a. OLG Braunschweig zfs 2005, 312; OLG Hamm NZV 2003, 152; NStZ-RR 2003, 89 [Ls.]; 2012, 22 [anschauliche Schilderung der Symptomatik]; OLG Koblenz zfs 2005, 311; OLG Rostock zfs 2005; 312). Vorgetragen werden muss ggf. auch, dass der in der HV anwesende Verteidiger vertretungsberechtigt und -bereit war (OLG Hamm NStZ-RR 2006, 212 [Ls.]; zu allem a. *Meyer-Goßner/Schmitt*, § 329 Rn 48). Soll die Ladung nicht ordnungsgemäß gewesen sein, muss auch dazu umfassend vorgetragen werden (KG NStZ 2009, 111; anschaulich zum Umfang des Vortrags [im Bußgeldverfahren] auch OLG Jena, Beschl. v. 30.6.2009 – 1 Ss 78/09).

✍ Im **Bußgeldverfahren** muss der Verteidiger immer auch im Auge behalten, dass er dort zwar bei Geldbußen bis zu 100 € keine Zulassung der Rechtsbeschwerde wegen formeller Mängel erreichen kann (vgl. § 80 Abs. 2 Nr. 1 OWiG). Er darf dann aber nicht **§ 80 Abs. 1 Nr. 2 OWiG** übersehen. Danach ist die Rechtsbeschwerde zuzulassen, wenn es geboten ist, das Urteil wegen Versagung des rechtlichen Gehörs aufzuheben. Das kann z.b. der Fall sein, wenn das AG einen Entbindungsantrag des Betroffenen (§ 73 Abs. 2 OWiG) übersehen/nicht beschieden hat. Auch die nicht oder nicht ordnungsgemäße Bescheidung eines Beweisantrages kann zur Zulassung führen (vgl. dazu z.B. OLG Jena zfs 2012, 232; OLG Oldenburg NStZ-RR 2012, 182; zu allem Burhoff/*Junker*, OWi, Rn 3397 ff.).

Ist nach **§ 329 Abs. 2** ohne den Angeklagten verhandelt worden (vgl. → *Berufungsverwerfung wegen Ausbleibens des Angeklagten*, Rdn. 708 ff.), kann er nach dem durch das „Gesetz zur Stärkung des Rechts des Angeklagten auf Vertretung in der Berufungshauptverhandlung und über die Anerkennung von Abwesenheitsentscheidungen in der Rechtshilfe" (vgl. BGBl I, S. 1332) neu eingefügten **§ 340** seine Revision/Verfahrensrüge nicht damit begründen, dass seine Anwesenheit in der Berufungshauptverhandlung erforderlich gewesen wäre (vgl. dazu a. BT-Drucks 18/3562, S. 76).

Siehe auch: → *Revision, Allgemeines*, Rdn 2211 m.w.N.; → *Revision, Begründung, Allgemeines*, Rdn 2230 m.w.N.

Revision, Beschränkung 2353

Literaturhinweise: s. die Hinw. bei → *Berufungsbeschränkung*, Rdn 567 und → *Revision, Allgemeines* Rdn 2211. **2354?>**

1. Aufgrund der Formulierung in § 344 Abs. 1 – „inwieweit" – kann die Revision, ebenso wie die Berufung nach § 318 S. 1, auf bestimmte Beschwerdepunkte beschränkt werden. Das ist, wenn die Revision zunächst unbeschränkt eingelegt war, als (Teil-)Rücknahme auch **später noch** möglich. 2355

✍ Für die Beschränkung der Revision gelten die Ausführungen bei → *Berufungsbeschränkung*, Rdn 567, **entsprechend**. Auf diese wird daher verwiesen (vgl. a. noch Burhoff/Kotz/*Kotz*, RM, Teil A Rn 248; Burhoff/Kotz/*Junker*, RM, Teil A Rn 2562).

2. Der Verteidiger muss Folgendes **beachten**:

a) der Verteidiger muss, bevor er die Revision des Angeklagten, i.d.R. auf den Rechtsfolgenausspruch oder auf einzelne Beschwerdepunkte innerhalb des Rechtsfolgenausspruchs beschränkt, **prüfen, ob** eine solche **Beschränkung** überhaupt **zulässig** ist. 2356

> 👉 **Zulässig** ist die Beschränkung nur, wenn sie sich auf solche bestimmte Beschwerdepunkte bezieht, die nach dem inneren Zusammenhang des Urteils losgelöst von seinem nicht angegriffenen Teil rechtlich und tatsächlich selbstständig beurteilt werden können, ohne eine Prüfung der Entscheidung i.Ü. erforderlich zu machen (st. Rspr. des BGH zur sog. **Trennbarkeitsformel**; vgl. die Nachw. bei *Meyer-Goßner/Schmitt*, § 318 Rn 6). Insoweit gelten dieselben Grundsätze wie für die Beschränkung der Berufung (→ *Berufungsbeschränkung*, Rdn 567 ff. m.w.N.).

2357 Grds. kann/**muss** die unterbliebene Anordnung der Maßregel der **Unterbringung** gem. §§ 63, 64 StGB von der Revision **ausgenommen** werden (vgl. BGHSt 38, 362; BGH NStZ 2012, 652; NStZ-RR 2013, 193 [Ci/Zi]; NStZ-RR 2014, 58 und die Nachw. bei *Meyer-Goßner/Schmitt*, § 318 Rn 24 zur vergleichbaren Rechtslage bei der Berufung), wobei die Revision aber nicht auf die Dauer des sog. Vorwegvollzugs (§ 67 StGB) beschränkt werden kann (BGH StraFo 2012, 413).

> 👉 Die Frage muss der Verteidiger **sorgfältig prüfen**. Denn die Nachholung einer im Zweifel vom Angeklagten nicht gewünschten Unterbringungsanordnung ist nicht deshalb ausgeschlossen, weil allein der Angeklagte Berufung eingelegt hat (§ 358 Abs. 2 S. 3). Der Umstand, dass die Nichtanordnung der Unterbringung in einer Entziehungsanstalt den Angeklagten nicht beschwert, hindert das Revisionsgericht nicht, auf eine zulässig erhobene – und die Nichtanwendung des § 64 StGB nicht ausdrücklich vom Angriff ausnehmende (vgl. BGHSt 38, 362) Revision des Angeklagten das Urteil insoweit aufzuheben, wenn eine Prüfung der Maßregel unterblieben ist, obwohl die tatrichterlichen Feststellungen dazu gedrängt haben (st. Rspr.; vgl. nur BGH NStZ-RR 2013, 193 [Ci/Zi]; NStZ-RR 2014, 58; BGH, Beschl. v. 23.7.2013 – 3 StR 205/13; Beschl. v. 3.9.2013 – 3 StR 232/13).

2358 b) Die Beschränkungserklärung und die Zustimmung sind **unwiderruflich** und **unanfechtbar** und müssen dem Gericht gegenüber erklärt werden. Die Zustimmung muss nicht unbedingt ausdrücklich erklärt werden, sondern kann sich auch aus schlüssigen Handlungen ergeben (*Meyer-Goßner/Schmitt*, § 303 Rn 4 m.w.N.). Auch insoweit kann auf → *Berufungsbeschränkung*, Rdn 578, verwiesen werden.

2359 c) Die Revisionsbeschränkung ist von der **Revisionsbegründung** zu **unterscheiden** (zur Revisionsbegründung s. → *Revision, Begründung, Allgemeines*, Rdn 2230). Allein in der Revisionsbeschränkung, z.B. auf das Strafmaß, liegt noch keine Revisionsbegründung. Das bedeutet, dass der Verteidiger auch in dem Fall die Revision zumindest mit der allgemeinen Sachrüge begründen muss, wenn sie nicht unzulässig sein soll (zuletzt BGH NStZ-RR 2007, 132 [Be] m.w.N.; → *Revision, Begründung, Sachrüge*, Rdn 2290).

Bei der Begründung der Revision muss der Verteidiger besonders darauf achten, dass es nicht zu einer konkludenten/**ungewollten Beschränkung** der Revision kommt. Das ist schnell passiert, wenn der Verteidiger die allgemeine Sachrüge erhoben hat, zu der dann Einzelausführungen gemacht werden (vgl. die Fallgestaltung bei StRR 2014, 388 m. Anm. G. Herrmann; → Revision, Begründung, Sachrüge, Rdn 2290).

2360

> *Beispiel:*
> Es wird die allgemeine Sachrüge erhoben, dann werden aber nur Ausführungen zur nach Ansicht des Verteidigers falschen Strafzumessung gemacht. Das legt die Vermutung nahe, dass es sich nur um eine Strafmaßrevision handelt.
>
> In diesen Fällen ist es **ratsam**, die Einzelausführungen mit der Klarstellung einzuleiten, dass sie nur der Ergänzung der allgemeinen Sachrüge dienen. Dann können die Ausführungen nicht als eine beschränkende Erläuterung verstanden und damit auch nicht als eine nachträgliche Revisionsbeschränkung gewertet werden, was sonst grds. zulässig wäre.
>
> Es sollte deshalb **wie folgt formuliert** werden:
> „Gerügt wird die Verletzung materiellen Rechts. Gerügt wird insbesondere – ohne damit eine Beschränkung der Revision vorzunehmen – Folgendes: …".

Widersprechen sich Revisionsantrag und Inhalt der Revisionsbegründung, so ist das Angriffsziel des Rechtsmittels durch Auslegung zu ermitteln, wobei maßgeblich auf die Revisionsbegründung abzustellen ist (u.a. BGH StV 2004, 305; NStZ-RR 2015, 144 [Ls.]).

Siehe auch: → *Berufungsbeschränkung*, Rdn 567; → *Revision, Allgemeines*, Rdn 2211 m.w.N.; → *Revision, Begründung, Allgemeines*, Rdn 2230 m.w.N.

Revision, Einlegung, Allgemeines

2361

Literaturhinweise: Berndt, Neue Tendenzen im Recht der Wiedereinsetzung zur Nachholung von Verfahrensrügen, StraFo 2003, 112; s.a. die Hinw. bei → *Revision, Allgemeines*, Rdn 2211 und → *Revision, Einlegung, Form*, Rdn 2371.

2362

Für die Einlegung der Revision gelten die Ausführungen bei → **Berufungseinlegung**, Rdn 583, **entsprechend**. Auf diese kann daher zur Ergänzung verwiesen werden.

2363

1. Nach § 341 Abs. 1 muss die Revision beim Gericht des ersten Rechtszuges, also dem sog. **iudex a quo** eingelegt werden. Wird die Revision entgegen § 341 Abs. 1 beim Revisionsgericht eingelegt, ist die Einlegung grds. nur wirksam, wenn die Revisionsschrift noch innerhalb der Frist zur Einlegung der Revision beim Tatgericht eingeht (BGH

NStZ-RR 2013, 167 [Ls.; für Einlegung beim OLG]; OLG Düsseldorf NStZ-RR 2002, 216; *Meyer-Goßner/Schmitt*, vor § 42 Rn 12 ff. m.w.N.). Etwas anderes gilt, wenn Tatgericht und Revisionsgericht und/oder StA eine gemeinsame Briefannahmestelle haben und die Revisionsschrift dort rechtzeitig eingeht (BGH NJW 1961, 361). Wird allerdings von dieser aufgrund falscher Adressierung die Revisionsschrift an die falsche Anschrift weitergeleitet und erreicht sie deshalb das Revisionsgericht erst verspätet, ist das Rechtsmittel verspätet (h.M.; u.a. BGH NJW 1983, 123; OLG Frankfurt am Main NJW 1988, 2812; OLG Hamm NStZ 2009, 472 [Ls.]; zu allem *Meyer-Goßner/Schmitt*, a.a.O.; Burhoff/Kotz/*Junker*, RM, Teil A Rn 2581 ff.; Burhoff/Kotz/*Kotz*, RM, Teil 1 Rn 1691; → *Berufungseinlegung*, Rdn 583).

Die Einlegung der Revision kann **nicht** von einer **Bedingung abhängig** gemacht werden (BGH NStZ 2014, 55 [für Abhängigmachen von einer Revision der StA]; NStZ-RR 2008, 49 [für Abhängigmachen der Revision von der Bewilligung von PKH]). Die Rechtsmitteleinlegung kann **unwirksam** sein, wenn der Beschwerdeführer schon einen → *Rechtsmittelverzicht*, Rdn 2189, erklärt hat (§ 302). Der muss jedoch eindeutig und zweifelsfrei sein (wegen der Einzelh. → *Rechtsmittelverzicht*, Rdn 2189 ff. [insbesondere Rdn 2198]; zum (unwirksamen) Rechtsmittelverzicht bei einer Absprache → *Absprachen/Verständigung mit Gericht und Staatsanwaltschaft*, Rdn 137).

2364 b) Eine **Ausnahme** vom Grundsatz des § 341 macht die StPO für den **verhafteten Angeklagten**. Dieser kann nach § 299 die Revision zu Protokoll der Geschäftsstelle des AG erklären, in dessen Bezirk die Anstalt liegt, in der er „verwahrt" wird (wegen der Einzelh. → *Berufungseinlegung*, Rdn 585). Es ist dafür **nicht erforderlich**, dass sich der Angeklagte in der **Sache** in **Haft** befindet, in der **Revision** eingelegt werden soll (*Meyer-Goßner/Schmitt*, § 299 Rn 3).

2365 **2.a)** Die Bezeichnung des Rechtsmittels als Revision durch den Beschwerdeführer ist für die Wirksamkeit der Einlegung nicht entscheidend (vgl. u.a. BGH NStZ-RR 1999, 262; OLG Düsseldorf NZV 1991, 244 m.w.N.). Gem. § 300 ist ein **Irrtum** in der Bezeichnung des zulässigen Rechtsmittels **unschädlich**. Das gilt sowohl für die fehlende als auch für die falsche Bezeichnung des Rechtsmittels (vgl. *Meyer-Goßner/Schmitt*, § 300 Rn 2). Das Ziel des Beschwerdeführers ist aus dem Gesamtwortlaut der Eingabe zu ermitteln (BayObLG wistra 1995, 76), sodass auch die Angabe eines falschen erstinstanzlichen Aktenzeichens grds. unschädlich ist (BGH NStZ-RR 2011, 234 [Ci/Zi]). Erforderlich ist nur, dass sich aus der Eingabe deutlich der Wille ergibt, die ergangene Entscheidung anzufechten. Bloße Missfallensäußerungen über die tatrichterliche Entscheidung oder nur die Ankündigung, einen Rechtsanwalt beauftragen zu wollen, scheiden als Rechtsmitteleinlegung aus, weil sich hieraus noch nicht der **unbedingte Wille** ergibt, die Entscheidung nicht bestehen lassen zu wollen (vgl. Burhoff/*Junker*, OWi, Rn 2097 [für die Rechtsbeschwerde]).

b) Die **Erklärung** des Beschwerdeführers ist stets unter dem Gesichtspunkt **auszulegen**, dass der mutmaßliche Wille dahin geht, mit der Eingabe möglichst weitgehend Erfolg zu haben (allg. Meinung; so schon BGH NJW 1956, 756; u.a. OLG Hamm wistra 2000, 318, zuletzt u.a. OLG Nürnberg, Beschl. v. 27.4.2012 – 1 St OLG Ss 39/10).

2366

Hieraus folgen **zwei Schritte**:

2367

- Zunächst muss das Gericht feststellen, **welches Rechtsmittel** zulässig ist.
- Anschließend ist zu prüfen, ob die Erklärung des Beschwerdeführers die **Merkmale** der zulässigen Rechtsmitteleinlegung zu **erfüllen** imstande ist.

☞ Die Frage, ob ein eingelegtes Rechtsmittel zweifelsfrei als Revision anzusehen ist, prüft das Revisionsgericht von Amts wegen und ohne Bindung an die Rechtsansicht des Tatrichters, die dieser ggf. im Verfahren nach § 346 Abs. 2 geäußert hat, zu prüfen. Dabei wird die Rechtsmittelerklärung anhand ihres Gesamtinhalts unter besonderer Berücksichtigung des durch den Beschwerdeführer erstrebten Erfolges ausgelegt. Eine irrtümliche Falschbezeichnung wirkt sich gem. § 300 nicht zu seinen Lasten aus. Im Zweifel wird von einer Berufung auszugehen sein, weil dieses Rechtsmittel die umfassendere Nachprüfung des angefochtenen Urteils ermöglicht und mit den geringeren Begründungsanforderungen verbunden ist (OLG Nürnberg, Beschl. v. 27.4.2012 – 1 St OLG Ss 39/10).

3. Hinweis für den Verteidiger!

2368

Für den **Inhalt** des Revisionseinlegungsschriftsatzes ist auf Folgendes hinzuweisen:

- Bei der Formulierung der Revisionseinlegungsschrift sind alle Formulierungen zu vermeiden, aus denen ggf. geschlossen werden könnte, dass er selbst nicht hinter dem Rechtsmittel steht und nicht die „**volle Verantwortung**" übernimmt (OLG Rostock NJW 2009, 3670 [Ls.] für die Formulierung „auf Wunsch des Angeklagten"). Wird dieser anklingende Vorbehalt dann nämlich nicht spätestens mit der Revisionsbegründung ausgeräumt, wird die Revision als unzulässig verworfen (OLG Rostock, a.a.O.).
- Der Verteidiger sollte **bei der Einlegung** einer Revision i.d.R. **noch keine Begründung** der Revision vornehmen. Zwar wird nicht selten, schon bei Einlegung der Revision der Zusatz eingefügt, dass „die Verletzung sachlichen Rechts gerügt wird". Das ist jedoch nicht unproblematisch. Will der Verteidiger nämlich in der Folge auch Verfahrensrügen erheben und versäumt hierbei die einmonatige Begründungsfrist des § 345 Abs. 1, erhält er **keine** → *Wiedereinsetzung in den vorigen Stand*, Rdn 3464, zur **Nachholung von Verfahrensrügen**. Mit dem genannten Zusatz der allgemeinen Sachrüge ist die Revision bereits ausreichend begründet (→ *Revision, Begründung, Allgemeines*, Rdn 2230). Es liegt dann gar keine Versäumung der Revisionsbegründungsfrist mehr vor, in die Wiedereinsetzung gewährt werden könnte. Verspätet erhobene Verfahrens-

rügen könnten somit nicht mehr im Wege der Wiedereinsetzung in das Verfahren eingebracht werden (s.a. *Burhoff* StV 1997, 432, 436; zu allem a. *Berndt* StraFo 2003, 112).

> Aber **Achtung**: Allein die Revisionseinlegung mit einem Aufhebungsantrag ist noch keine Revisionsbegründung, wenn sonst nicht erkennbar ist, dass das Urteil wegen Verletzung einer Verfahrensvorschrift oder eine materiellen Rechtsnorm angegriffen werden soll (BGH NStZ-RR 2007, 292 [Be.] m.w.N.). Der Verteidiger muss also auf jeden Fall noch eine **Begründung nachliefern**.

- Der Verteidiger sollte auf jeden Fall **AE beantragen**. Das gilt, wenn er vom Mandanten erst nach dem erstinstanzlichen Urteil beauftragt worden ist, schon allein deshalb, weil er dann die bis dahin entstandenen Aktenvorgänge auf keinen Fall kennt. Aber auch, wenn er vom Mandanten schon in erster Instanz mit der Verteidigung beauftragt war, ist dringend zur – nochmaligen – AE bzw. zumindest zur Einsicht in das → *Protokoll der Hauptverhandlung*, Rdn 2092, erster Instanz zu raten. Ohne Kenntnis von dessen Inhalt kann der Verteidiger nicht entscheiden, ob er ggf. sog. formelle Rügen erheben kann/soll (→ *Revision, Begründung, Verfahrensrüge*, Rdn 2322).
- Es sollte die **kostenfreie Übersendung** der **Ablichtung** des **Protokolls** beantragt werden (vgl. dazu Nr. 9000 Anm. 2 Ziff. 3 KV GKG). Das spart bei Wahlmandaten dem Mandanten Kosten für die Ablichtungen des Verteidigers. Bei der Pflichtverteidigung erspart es dem Verteidiger später die Diskussion mit dem Kostenbeamten um den Umfang der notwendigen Kopien (vgl. dazu *Burhoff*, EV, Rn 160).
- Der bislang im Verfahren noch nicht aufgetretene Verteidiger muss bei der Einlegung **nicht gleichzeitig** eine (schriftliche) **Vollmacht** vorlegen (OLG Düsseldorf StV 2014, 208 [Ls.]; OLG Hamm VRS 108, 266; OLG Nürnberg NJW 2007, 1757 für Revisionsbegründung). Es gelten die allgemeinen Regeln für die Vorlage einer schriftlichen Vollmacht durch den Verteidiger zur Vorlage einer schriftlichen Vollmacht (→ *Vollmacht des Verteidigers*, Rdn 3350).

2369 4. Die **Einlegung** der Revision gehört **gebührenrechtlich** für den Verteidiger, der den Angeklagten schon in der Tatsacheninstanz verteidigt hat, gem. § 19 Abs. 1 S. 2 Nr. 10 RVG noch zur Tatsacheninstanz. Dafür entsteht also **nicht** etwa schon die **Verfahrensgebühr** Nr. 4130 VV RVG. Diese entsteht erst mit ersten nach der Einlegung für den Mandanten erbrachten Tätigkeiten (vgl. dazu Burhoff/*Burhoff*, RVG, Nr. 4130 VV RVG Rn 3 ff.). Das ist aber nicht erst die Begründung der Revision, sondern das kann z.B. auch eine AE sein (OLG Jena JurBüro 2006, 365) oder Prüfung und Beratung, ob und ggf. mit welchen Anträgen die – häufig aus Zeitgründen zunächst nur zur Fristwahrung eingelegte – Revision begründet und weiter durchgeführt werden soll (KG

AGS 2009, 389; zur Abrechnung im Revisionsverfahren *Burhoff* RVGreport 2012, 402; Burhoff/Kotz/*Burhoff,* Teil D Rn 430 ff.).

5. Muster: (Allgemeine) Revisionsschrift 2370

▼

An das

Landgericht Musterstadt

In dem Strafverfahren

gegen H. Mustermann

Az.:

wegen des Verdachts der Hehlerei u.a.

wird gegen das am 23.11.2015 verkündete Urteil des Landgerichts Musterstadt

Revision

eingelegt.

Ich beantrage, mir eine nach Nr. 9000 Anm. 2 Ziff. 3 KV GKG kostenfreie Ablichtung des Protokolls der Hauptverhandlung vom 23.11.2015 noch vor Zustellung des Urteils, spätestens aber gemeinsam mit diesem zu übersenden und mir – nochmals – Akteneinsicht zu gewähren.

Rechtsanwalt

▲

Siehe auch: → *Revision, Allgemeines*, Rdn 2211 m.w.N.; → *Revision, Begründung, Allgemeines*, Rdn 2230 m.w.N.; → *Revision, Einlegung, Form*, Rdn 2236; → *Revision, Einlegung, Frist*, Rdn 2374.

Revision, Einlegung, Form 2371

Literaturhinweise: s. die Hinw. bei → *Revision, Allgemeines*, Rdn 2211 m.w.N. und → *Revision, Einlegung, Allgemeines*, Rdn 2361. 2372

Als Form, in der die Revision eingelegt werden kann, nennt § 341 Abs. 1 die Erklärung zu Protokoll der Geschäftsstelle oder die **Schriftform**. Damit ist § 341 Abs. 1 ebenso formuliert wie § 314 Abs. 1, der die → *Berufungseinlegung*, Rdn 583, regelt. 2373

🔍 Die für die Einlegung der Berufung geltenden Ausführungen bei → **Berufungseinlegung**, Rdn 583, gelten daher **entsprechend**. Auf diese kann also, auch hinsichtlich der Fragen der Einlegung des Rechtsmittels unter Zuhilfenahme neuer technischer Mittel, wie z.B. E-Mail, verwiesen werden (vgl. dazu a. *Dahs*, RV, Rn 28 f.).

Siehe auch: → *Revision, Allgemeines*, Rdn 2211 m.w.N.; → *Revision, Einlegung, Allgemeines*, Rdn 2361.

2374 Revision, Einlegung, Frist

Das Wichtigste in Kürze:
1. Die Frist zur Einlegung der Revision beträgt eine Woche.
2. Hinsichtlich des Beginns des Laufes der Frist ist zu unterscheiden, ob der Angeklagte bei der Urteilsverkündung anwesend war oder nicht.
3. Zur Fristwahrung ist bei schriftlicher Einlegung der Revision erforderlich, dass die Revisionsschrift innerhalb der Frist vollständig und unterzeichnet bei dem zuständigen Gericht eingegangen ist.

2375 Literaturhinweise: s. die Hinw. bei → *Revision, Allgemeines*, Rdn 2211.

2376 🔍 Für die Revisionsfrist gelten die Ausführungen bei → **Berufungsfrist**, Rdn 601, **entsprechend**. Auf diese kann daher zur Ergänzung verwiesen werden.

1. Nach § 341 Abs. 1 beträgt die Revisionsfrist **eine Woche** nach Verkündung des Urteils (eingehend a. Burhoff/Kotz/*Junker*, RM, Teil A Rn 2606 ff.). Eine vor Urteilsverkündung eingelegte Revision ist unwirksam (vgl. OLG Jena NStZ-RR 2012, 180 für die Berufung).

🔍 Die **Revisionsfrist** kann als gesetzliche Frist **nicht verlängert** werden (*Meyer-Goßner/Schmitt*, vor § 42 Rn 5). Ist die Frist versäumt worden, kommt → *Wiedereinsetzung in den vorigen Stand*, Rdn 3464, nach den §§ 44 ff. in Betracht.

Der Verteidiger muss die Revisionsfrist entweder selbst oder durch einen zuverlässigen Mitarbeiter im **Fristenkalender notieren** (*Dahs*, Rn 827).

2377 2. Hinsichtlich des **Beginns** des **Laufes** der Frist ist zu **unterscheiden**, ob der Angeklagte bei der Urteilsverkündung anwesend war oder nicht.

2378 a) War der **Angeklagte anwesend**, beginnt der Lauf der Frist mit der **Verkündung** des angefochtenen Urteils. Die Frist wird nach § 43 berechnet (wegen der Einzelh. der Fristberechnung *Meyer-Goßner/Schmitt*, § 43 Rn 1). Urteilsverkündung ist Verlesung des Urteilstenors und die Mitteilung der Urteilsgründe (→ *Urteilsverkündung*, Rdn 2761).

b) War der **Angeklagte** bei der Urteilsverkündung **nicht anwesend**, beginnt die Revisionsfrist für ihn nach § 341 Abs. 2 grds. erst mit der Zustellung des Urteils (BGH NStZ 2000, 498). Für die Anwendung von § 341 Abs. 2 ist es – ebenso wie bei der Berufung – ohne Belang, ob der **Angeklagte** während der gesamten Urteilsverkündung **nicht anwesend** ist oder nur teilweise. Die Ausführungen bei → *Berufungsfrist*, Rdn 608, gelten entsprechend. **Voraussetzung** für den **Fristbeginn** ist die Zustellung des vollständig begründeten Urteils (BGHSt 15, 263, 265) mit → *Rechtsmittelbelehrung*, Rdn 2177, und zwar ggf. im Fall einer Verständigung nach § 257c mit einer sog. qualifizierten Belehrung (vgl. § 35a). Die Zustellung nur der Urteilsformel genügt nicht (vgl. wegen weiterer Einzelh. → *Revision, Begründung, Frist*, Rdn 2277; s. i.Ü. a. → *Berufungsfrist*, Rdn 610 und → *Zustellungsfragen*, Rdn 3620). Der Lauf der Revisionsfrist gegen ein in Abwesenheit des ergangenes Urteil beginnt erst mit Zustellung des in eine dem **Ausländer**, der der deutschen Sprache nicht mächtig ist, verständliche Sprache übersetzten Urteils samt Rechtsmittelbelehrung (OLG München StV 2014, 232 m. Anm. *Kotz* StRR 2014, 186 für die Revision).

2379

War der **Verteidiger** bei der Urteilsverkündung **anwesend und** war er in den Fällen der §§ 234, 387 Abs. 1, 411 Abs. 2 und 434 Abs. 1 S. 1 **vertretungsberechtigt** (→ *Verhandlung ohne den Angeklagten*, Rdn 2853; → *Vertretung des Angeklagten durch den Verteidiger*, Rdn 3208; → *Privatklageverfahren*, Rdn 2067; → *Strafbefehlsverfahren*, Rdn 2568), beginnt nach § 341 Abs. 2 Hs. 2 der Lauf der Frist – wie beim anwesenden Angeklagten – ebenfalls mit der Urteilsverkündung (zum Beginn der Rechtsbeschwerdefrist gegen das im OWi-Verfahren verkündete Urteil s. § 79 Abs. 4 OWiG, vgl. OLG Bamberg VM 2007 Nr. 81 [Ls.]). Das gilt aber nur, wenn die schriftliche Vertretungsvollmacht dem Gericht bei der HV vorliegt. Ansonsten beginnt die Frist zur Einlegung der Revision mit der Zustellung des Urteils (OLG Bamberg DAR 2011, 401).

3. Zur **Fristwahrung** ist bei schriftlicher Einlegung der Revision erforderlich, dass die Revisionsschrift **innerhalb** der **Frist** bei dem zuständigen Gericht **eingegangen** ist; der Eingang „bei dem Gericht" reicht, nicht erforderlich ist der Eingang bei der zuständigen Abteilung (BGH NStZ-RR 2012, 118; NStZ-RR 2011, 234 [Ci/Zi]). Der Eingang bei einer für das zuständige Gericht gebildeten gemeinsamen Eingangsstelle genügt. Die Revision ist auch dann rechtzeitig eingelegt, wenn irrtümlich ein falscher „Betreff" oder ein falsches Aktenzeichen angegeben worden ist, sofern sich klar ergibt, dass gegen das an einem bestimmten Datum verkündete Urteil des betreffenden Gerichts Revision eingelegt wird (BGH NStZ-RR 1999, 38 [Ls.]; s. aber OLG Oldenburg NJW 2009, 536, das im Berufungsverfahren eine wirksame Berufungseinlegung für ein Schreiben verneint hat, das zwar keine Bezugnahme auf das Urteil enthielt, dessen Text aber immerhin aus dem Wort „Berufung" bestand).

2380

2381 Die Rechtzeitigkeit des Eingangs wird i.d.R. durch den **Eingangsstempel** des Gerichts oder bei einem Fax durch das Faxprotokoll nachgewiesen. Wird deren Richtigkeit beanstandet, ist über die Rechtzeitigkeit des Eingangs ggf. Beweis zu erheben. Verbleibende Zweifel wirken sich zugunsten des Beschwerdeführers aus (→ *Berufungsfrist*, Rdn 611 m.w.N.).

☞ Wird die Revision kurz vor Fristablauf per **Fax** eingelegt, muss der Verteidiger einen über die zu erwartende Übermittlungsdauer hinausgehenden **Sicherheitszuschlag** einberechnen (BVerfG StRR 2014, 181 m. Anm. *Burhoff* [20 Minuten bei einer Verfassungsbeschwerde]).

Siehe auch: → *Revision, Allgemeines*, Rdn 2211 m.w.N.; → *Revision, Antrag auf Entscheidung des Revisionsgerichts*, Rdn 2222; → *Wiedereinsetzung in den vorigen Stand*, Rdn 3464; → *Zustellungsfragen*, Rdn 3620.

2382 Revision, Pflichtverteidiger

> **Das Wichtigste in Kürze:**
> 1. War der Verteidiger in der Tatsacheninstanz bereits Pflichtverteidiger nach § 140, erstreckt sich die Bestellung, wenn sie nicht beschränkt worden ist, auch auf Einlegung und Begründung der Revision.
> 2. War der Verteidiger in der Tatsacheninstanz noch nicht Pflichtverteidiger, stellt sich ggf. die Frage der Bestellung für das Revisionsverfahren. Insoweit gelten die allgemeinen Regeln des § 140.
> 3. Für die Zuständigkeit zur Entscheidung über den Beiordnungsantrag wird i.d.R. der Vorsitzende des Gerichts zuständig sein, dessen Entscheidung angefochten wird.

2383 **Literaturhinweise: Balbier**, Der Pflichtverteidiger in der Revisionsinstanz – Eine (kritische) Bestandsaufnahme. in: Festschrift für *Egon Müller*, 2008, S. 15; **Meyer-Goßner**, Die Verteidigung vor dem Bundesgerichtshof und dem Instanzgericht, in: Festschrift zum 50-jährigen Bestehen des BGH, 2000, S. 615; **Peglau**, Revisionsbegründung zu Protokoll der Geschäftsstelle – Anforderungen und Wiedereinsetzungsfragen, Rpfleger 2007, 633; s. die Hinw. bei → *Revision, Allgemeines*, Rdn 2211.

2384 **1.a)** War der Verteidiger in der **Tatsacheninstanz** bereits **Pflichtverteidiger** nach § 140 (vgl. dazu *Burhoff*, EV, Rn 2759 ff.), **erstreckt** sich die Bestellung, wenn sie nicht beschränkt worden ist, auch auf **Einlegung** und **Begründung** der Revision (vgl. *Meyer-Goßner/Schmitt*, § 140 Rn 8) sowie auf das weitere Revisionsverfahren (OLG Hamburg NJW 1966, 2323).

2385 Die Pflichtverteidigerbestellung erstreckt sich allerdings **nicht** auf eine ggf. erforderliche **Revisions-HV** (vgl. u.a. BGHSt 32, 326 f.; BGH StV 2011, 645). Für diese muss das Revisionsgericht den/einen Pflichtverteidiger neu bestellen, wozu es i.d.R. verpflichtet ist, wenn es sich um einen „schwerwiegenden Fall" handelt (§ 350; BVerfG NJW 1978, 151; vgl. dazu a. *Meyer-Goßner/Schmitt*, § 350 Rn 7 ff. und u. Rdn 2382; zur Zuständigkeit s. Rdn 2387). Dasselbe gilt, wenn ein Wahlverteidiger, dem der Termin der HV gem. § 350 Abs. 1 mitgeteilt wurde, zur HV vor dem Revisionsgericht nicht erscheint, oder er vorab mitteilt, dass er nicht erscheinen werde; dann ist er i.d.R. zum Pflichtverteidiger für die Revisionshauptverhandlung zu bestellen, um das Recht des Angeklagten auf Verteidigung aus Art. 6 Abs. 3 Buchst. c MRK zu wahren (BGH NJW 2014, 3527 m. Anm. *Pießkalla* StRR 2015, 25).

Ist die Bestellung für die Revisions-HV nicht ausdrücklich erfolgt, ist immer zu prüfen, ob der Rechtsanwalt nicht **stillschweigend** beigeordnet worden ist (vgl. dazu BGH NStZ 1997, 299; StV 2011, 645; StraFo 2006, 456; 2015, 37 für den als einzigen Verteidiger des inhaftierten Angeklagten in der Revisionshauptverhandlung erschienenen Rechtsanwalt zur stillschweigenden Beiordnung des Pflichtverteidigers s.a. BGH NStZ 2008, 117 und die weit. Nachw. bei *Burhoff*, EV, Rn 3018).

b) Befindet sich der Angeklagte **nicht** auf **freiem Fuß** und wird er auch nicht vorgeführt, so **muss** ihm auf **Antrag** vom Revisionsgericht nach § 350 Abs. 3 ein Verteidiger für die HV bestellt werden. Ob ein „schwerwiegender Fall" vorliegt, ist dann unerheblich.

2386

Allein daraus, dass der **bestellte Verteidiger** das nach seiner Ansicht aussichtslose, vom Angeklagten selbst eingelegte **Rechtmittel nicht durchführen** will, ergibt sich noch kein Anspruch des Angeklagten darauf, dass ihm ein anderer Pflichtverteidiger beigeordnet wird (OLG Koblenz StV 2008, 71 [Ls.]). Allerdings darf der Angeklagte darauf vertrauen, dass das Gericht entweder seinem Wunsch entspricht oder ihn davon unterrichtet, dass es einen neuen Verteidiger nicht beiordnen wird, damit er noch innerhalb der Frist des § 345 Abs. 1 die Revision entweder zu Protokoll der Geschäftsstelle selbst begründen oder Kontakt zu anderen Rechtsanwälten aufnehmen kann, die die Auffassung des bestellten Verteidigers über die Erfolgsaussichten des Rechtsmittels nicht teilen. Wird die Revision dennoch verworfen, ist dem Angeklagten → *Wiedereinsetzung in den vorigen Stand*, Rdn 3464, zu gewähren.

2. War der Verteidiger in der **Tatsacheninstanz noch nicht Pflichtverteidiger**, stellt sich ggf. die Frage der Bestellung für das Revisionsverfahren. Insoweit gelten die allgemeinen Regeln des § 140 (vgl. dazu *Burhoff*, EV, Rn 2759 ff. m.w.N.).

2387

Für die Bestellung nach **§ 140 Abs. 2** kommt es auf die „Schwere der Tat" und/oder die „Schwierigkeit der Sach- und Rechtslage" (OLG Hamm VRS 113, 57) bzw. auf die „Unfähigkeit zur Selbstverteidigung" (vgl. dazu KG NStZ 2007, 663) an. Zu beachten ist in dem Zusammenhang, dass der dem Angeklagten zur Last gelegte Sachverhalt als Grundlage der

2388

Beurteilung in der Revisionsinstanz i.d.R. keinen Aspekt (mehr) darstellt, der ggf. als „schwierig" zu bewerten wäre, weil er in dem angefochtenen Urteil für das Revisionsgericht bindend festgestellt ist (vgl. KG, Beschl. v. 14.7.2010 – 4 Ws 77–78/10, insoweit nicht in StRR 2010, 384; OLG Saarbrücken StraFo 2009, 518; s.a. noch BGHSt 19, 258; OLG Hamm, a.a.O.; OLG Koblenz StraFo 2007, 117). Entscheidend für die Beiordnung als Pflichtverteidiger ist nicht, ob das Verfahren „schwierig gewesen ist", sondern ob es im Zeitpunkt der Entscheidung über den Beiordnungsantrag „schwierig ist" (OLG Hamm, a.a.O.), ob also die **Revisionsbegründung schwierig** ist. Das kann sich aus dem Umstand, dass ggf. Verfahrensrügen zu erheben sind (BVerfG StV 2006, 426; vgl. KG NStZ-RR 2014, 279; KG, Beschl. v. 14.7.2010 – 4 Ws 77–78/10, insoweit nicht in StRR 2010, 384; OLG Braunschweig StV 2014, 275 für Rüge nach § 338 Nr. 5) und dem Vorliegen ihrer tatsächlichen Voraussetzungen nachzugehen ist, ergeben. eine Beiordnung kommt vor allem auch dann in Betracht, wenn das die Annahme rechtfertigt, dass der Angeklagte ohne einen Pflichtverteidiger nicht in der Lage ist, seine Verteidigung sachgerecht wahrzunehmen (KG, a.a.O.; OLG Braunschweig, a.a.O.; vgl. auch BVerfG StV 2006, 426; OLG Saarbrücken StraFo 2009, 518; s.a. noch BGHSt 19, 258). Von Bedeutung ist insoweit aber, dass der Angeklagte immer auch die Möglichkeit hat, seine Revision zu **Protokoll** der **Geschäftsstelle** zu begründen (KG NStZ 2007, 663; OLG Hamm NStZ-RR 2013, 87; OLG Karlsruhe StraFo 2006, 497; OLG Koblenz, a.a.O.; vgl. dazu *Peglau* Rpfleger 2007, 633, der dafür plädiert, verstärkt auf die Bestellung eines Pflichtverteidigers zurückzugreifen). Deshalb wird davon ausgegangen, dass die Beiordnung eines Verteidigers immer (nur) dann geboten ist, wenn der als Urkundsbeamter tätige Rechtspfleger mit der Abfassung besonders schwieriger Revisionsrügen überfordert wäre oder wenn der Angeklagte aufgrund objektiver Umstände des Verfahrensgeschehens oder subjektiver Eigenschaften nicht oder nur eingeschränkt in der Lage ist, die Revision, auch unter Mitwirkung des Urkundsbeamten, zu begründen. Das ist z.B. angenommen worden, wenn ohne die Kenntnis der Akten eine sachgerechte Verteidigung nicht möglich ist (KG, a.a.O.; OLG Koblenz, a.a.O.) oder es sich um einen Jugendlichen handelt, der aufgrund erheblicher Defizite im Bereich der schulischen Ausbildung und im Sozialverhalten mit der Darlegung und Begründung seiner Beanstandungen im Rahmen seiner Revision gegenüber dem Urkundsbeamten der Geschäftsstelle überfordert wäre (OLG Karlsruhe, a.a.O.). Allerdings wird dem Angeklagten ein Pflichtverteidiger nicht nur beigeordnet, „um Verfahrensrügen aufzuspüren" (KG, a.a.O.; s. aber OLG Braunschweig StV 2014, 275 und OLG Koblenz, a.a.O. [jeweils Beiordnung bejaht, um AE zur Begründung der Verfahrensrüge nehmen zu können], zur **Auswechselung** des Pflichtverteidigers im Revisionsverfahren s.u.a. BGH wistra 2010, 312; Beschl. v. 17.9.2013 – 1 StR 443/10).

Revision, Pflichtverteidiger R

3. Für die **Zuständigkeit** zur **Entscheidung** über den Beiordnungsantrag gilt: **2389**
- Wird vom (Wahl-)Verteidiger erstmals mit der **Rechtsmitteleinlegung** und/oder **-begründung** seine Bestellung zum Pflichtverteidiger für das Revisionsverfahren beantragt oder soll anstelle des bisherigen Pflichtverteidigers ein anderen Rechtsanwalt beigeordnet werden, liegt die Zuständigkeit für die Entscheidung über den Beiordnungsantrag bis zu dem in § 347 Abs. 2 bestimmten Zeitpunkt (Gegenerklärung der StA) beim Vorsitzenden des Gerichts, dessen Entscheidung angefochten wird (BGH DAR 2000, 98; Beschl. v. 2.7.2014 – 1 StR 740/13; OLG Naumburg, Beschl. v. 15.1.2014 – 2 RV 2/14).

> Über den Antrag ist **zeitnah** zu entscheiden (OLG Braunschweig StV 2014, 275; OLG Hamm StV 2011, 658; OLG Stuttgart StraFo 2010, 465). Wird über einen zeitgleich mit der Revisionseinlegung gestellten Antrag erst nach Ablauf der Revisionsbegründungsfrist entschieden, liegt ein Verstoß gegen den Grundsatz des fairen Verfahrens vor, der zur → *Wiedereinsetzung in den vorigen Stand*, Rdn 3464, gegen die Versäumung dieser Frist führen kann (OLG Braunschweig, a.a.O.).
> Gegen die Entscheidung kann → *Beschwerde*, Rdn 770, eingelegt werden.

- Mit **Anhängigkeit** der Sache beim **Revisionsgericht** geht die Zuständigkeit über die Entscheidung über den unerledigten Antrag auf den Vorsitzenden des Revisionsgerichts über, auch wenn dort keine HV nach § 350 absehbar ist (h.M., zuletzt OLG Rostock NStZ-RR 2010, 342 m. Anm. *Burhoff* StRR 2011, 266; a.A. OLG Stuttgart StV 2000, 413, wonach in derartigen Fällen die Sache zur Nachholung der unterbliebenen Entscheidung nochmals an das LG zurückzugeben ist).
- Handelt es sich um einen Antrag auf Pflichtverteidigerbestellung zur **Terminswahrnehmung** in der **Revisionshauptverhandlung**, ist dafür gem. § 141 Abs. 4 Hs. 1 auf jeden Fall der Vorsitzende des Revisionssenats zuständig (KK-*Kuckein*, § 350 Rn 11).

> Der Verteidiger muss den **Beiordnungsantrag** schon **beim Tatgericht** stellen und darauf achten, dass über diesen auch vom Tatgericht entschieden wird. Der Antrag erst in der Revisionsinstanz ist häufig zu spät, da mit der Entscheidung des Revisionsgerichts das Verfahren rechtskräftig abgeschlossen ist und somit dann eine Bestellung als Pflichtverteidiger ausscheidet (vgl. dazu nur OLG Bamberg NJW 2007, 3796 m.w.N.; weit. Nachw. bei *Burhoff*, EV, Rn 3039; s. aber auch o. Rdn 2384). Jedenfalls ist darauf zu drängen, dass über den Beiordnungsantrag vor Erlass des Revisionsentscheidung entschieden wird.

Siehe auch: → *Revision, Allgemeines*, Rdn 2211 m.w.N.

2390 Revision, Rücknahme

2391 Literaturhinweise: **Burhoff**, Die anwaltliche Vergütung im strafverfahrensrechtlichen Revisionsverfahren, RVGreport 2012, 402; **Dencker**, Willensfehler bei Rechtsmittelverzicht und Rechtsmittelrücknahme im Strafprozeß, 1972; **Eickhoff**, Die Bedeutung des Verschlechterungsverbots für die Bemessung von Führerscheinsperrfristen in der Revisionsinstanz, NJW 1975, 1007; **Meyer-Goßner**, Verlust der Revision durch Zurücknahme? Replik zum Beitrag von *Niemöller*, StV 2010, 597, StV 2011, 53; **Niemöller**, Führt die Zurücknahme der Revision zum Verlust des Rechtsmittels, StV 2010, 597; s.a. die Hinw. bei → *Rechtsmittelverzicht*, Rdn 2189.

2392 1.a) Die Revision kann **ganz** oder **teilweise zurückgenommen** werden. Eine Teilrücknahme ist nichts anderes als eine nachträgliche Rechtsmittelbeschränkung, die in gleicher Weise und in gleichem Umfang zulässig ist wie eine gem. § 344 Abs. 1 erklärte Beschränkung der Revision (→ *Revision, Beschränkung*, Rdn 2353).

Die für die Rücknahme der Berufung geltenden Ausführungen bei → **Berufungsrücknahme**, Rdn 652, gelten **entsprechend**. Auf diese wird daher verwiesen.

2393 b) Für die Revisionsrücknahme gilt also ebenfalls § 302 Abs. 1. Nach rechtswirksamer Rücknahme der Revision durch den Angeklagten kommt i.Ü. eine → *Wiedereinsetzung in den vorigen Stand*, Rdn 3486, nicht (mehr) in Betracht.

2394 Auf folgende **Einzelheiten** ist hinzuweisen (s. → *Berufungsrücknahme*, Rdn 652 ff.):

- Die Revision kann **bis** zur **Entscheidung** über das Rechtsmittel **ohne Weiteres** zurückgenommen werden (BGH NStZ-RR 2013, 136 [Ci/Zi]). Beschlüsse nach § 349 Abs. 2 bzw. nach § 349 Abs. 2 und 4 sind bereits dann erlassen, wenn sie mit den Unterschriften der Richter versehen in den Geschäftsgang gegeben werden (zuletzt BGH NStZ 2011, 713). Ein Verwerfungsbeschluss nach § 346 Abs. 1 steht einer Rücknahme so lange nicht entgegen, bis dieser selbst rechtskräftig geworden ist (BGH NStZ-RR 2013, 136 8 [Ci/Zi]).

- Handelt sich um eine von der **StA zugunsten** des Angeklagten eingelegte Revision, muss der Angeklagte der Rücknahme gem. § 302 Abs. 1 S. 1 auf jeden Fall **zustimmen**. Die Frage, ob eine Revision der StA zugunsten eines Angeklagten eingelegt ist, ist nur nach dem Gesamtinhalt der Rechtsmittelerklärungen zu beantworten und nicht nach Umständen außerhalb dieser Erklärungen. Ist ein derartiger Wille weder aus der Rechtsmittelschrift noch aus der Begründung zu entnehmen, fehlt es also an jeglicher entsprechenden Erklärung, dass das Rechtsmittel zugunsten des Angeklagten eingelegt werde, wird regelmäßig eine von der StA eingelegte Revision als zu dessen Ungunsten geltend gemacht angesehen werden (so schon BGHSt 2, 41 ff.; zuletzt BGH, Beschl. v. 28.5.2013 – 3 StR 426/12; SK-StPO-*Frisch* § 296 Rn 13; Radtke/Hohmann/*Radtke*, § 296 Rn 47; KK-*Paul*, § 296 Rn 5).

- Findet (ausnahmsweise) eine **Revisions-HV** statt, kann die Revision nach deren **Beginn** (vgl. dazu → *Aufruf zur Sache*, Rdn 341) ebenfalls nur mit Zustimmung des Gegners erfolgen.
- Die Rücknahme kann auch **konkludent** erfolgen. Eine konkludente Teilrücknahme kann z.B. darin liegen, dass die Revision nur teilweise, also z.B. hinsichtlich des Strafmaßes begründet wird. Begründet die StA eine zunächst gegen mehrere Angeklagte eingelegte Revision nicht hinsichtlich aller Angeklagter, liegt darin eine konkludente Revisionsrücknahme betreffend die Angeklagten, hinsichtlich derer die Revision nicht begründet worden ist (BGH NStZ-RR 2007, 312 [Be]).
- Zur Rücknahme der Revision ist **berechtigt**, wer das Rechtsmittel **eingelegt** hat. Der Angeklagte muss bei Abgabe einer Rücknahmeerklärung verhandlungsfähig (→ *Verhandlungsfähigkeit*, Rdn 2878), aber nicht geschäftsfähig sein (BGH NStZ 1983, 280; 1985, 207 [Pf/M]; NStZ-RR 2004, 341; OLG Hamm NJW 1973, 1894). Eine **Rücknahmeerklärung** des **Angeklagten** erstreckt sich immer auch auf eine vom Verteidiger eingelegte Revision (BGH StraFo 2005, 161; *Meyer-Goßner/Schmitt*, § 302 Rn 3 m.w.N.).
- Die **Rücknahmeerklärung** ist **unwiderruflich** und **unanfechtbar** (st. Rspr. des BGH; s. die Nachw. bei *Meyer-Goßner/Schmitt*, § 302 Rn 9 m.w.N.). In **Ausnahmefällen** können Rücknahmeerklärungen aber **unwirksam** sein (s. BGHSt 17, 14 [Anwendung von § 136a]; BGH NStZ 2004, 636 [Unwirksamkeit wegen der Art und Weise des Zustandekommens der Rücknahme]). Insoweit wird verwiesen auf die Zusammenstellung der Rspr. bei → *Berufungsrücknahme*, Rdn 652 ff. und → *Rechtsmittelverzicht*, Rdn 2189 ff., die entsprechend gelten.
- Wird später die **Wirksamkeit** der Revisionsrücknahme von einem Verfahrensbeteiligten **bezweifelt**, muss darüber eine feststellende Entscheidung getroffen werden (BGH NStZ 2001, 104; 2009, 51; StraFo 2011, 232; Beschl. v. 28.5.2013 – 3 StR 426/12). Sieht das Revisionsgericht die Revision als wirksam zurückgenommen an, wird ausgesprochen, dass das Revisionsverfahren durch Rücknahme erledigt ist. Das Revisionsgericht ist jedenfalls zuständig, wenn ihm die Akten zur Entscheidung vorgelegt worden sind (*Meyer-Goßner/Schmitt*, § 302 Rn 11a; s. aber a. BGH NStZ 2009, 51 m.w.N. [ggf. offenbar auch früher]; StraFo 2011, 232).

2. Hinweis für den Verteidiger!

Der **Verteidiger** bedarf nach § 302 Abs. 2 für die Rücknahme der von ihm eingelegten Revision ebenso wie für die des Angeklagten eine **ausdrückliche Ermächtigung**. Eine bestimmte Form ist für diese Ermächtigung nicht vorgesehen, sie kann dem Verteidiger schriftlich, mündlich oder fernmündlich erteilt werden. Wegen der Einzelheiten wird auf → *Berufungsrücknahme*, Rdn 666 ff., verwiesen.

✍ Zu Beweiszwecken und um ggf. einem (unberechtigten) Regress gegenüber dem Verteidiger entgegnen zu können, sollte der Verteidiger auf einer **schriftlichen Anweisung** des Mandanten bestehen oder die ihm gegenüber mündlich ausgesprochene Ermächtigung anschließend schriftlich bestätigen.

2396 **3.a)** Für die **Kostenentscheidung** gilt § 473. Hat die StA das Rechtsmittel zuungunsten des Angeklagten eingelegt, gilt § 473 Abs. 2 S. 1. Danach sind der Landeskasse auch die notwendigen Auslagen des Angeklagten aufzuerlegen. Wird das übersehen, hat der nach § 464 Abs. 3 S. 1 Hs. 1 gegen die unterlassene Auslagenentscheidung kein Rechtsmittel, weil § 464 Abs. 3 S. 1 Hs. 2 die sofortige Beschwerde für unzulässig erklärt, wenn eine Anfechtung der Hauptentscheidung durch den Beschwerdeführer nicht statthaft ist (vgl. KK-*Gieg*, § 464 Rn 8). Die von Gesetzes wegen zu treffende Auslagenentscheidung kann aber von Amts wegen oder auf – nicht fristgebundenen – Antrag hin gem. § 33a S. 1 unter dem Gesichtspunkt der Verletzung rechtlichen Gehörs nachgeholt werden (vgl. *Meyer-Goßner/Schmitt*, § 464 Rn 12 m.w.N.).

2397 **b)** Gebührenrechtlich stellt sich die Frage, ob der Rechtsanwalt im Fall der Rücknahme der Revision immer auch nach Nr. 4141 Anm. 1 Ziff. 3 VV RVG eine **zusätzliche Verfahrensgebühr** verdient. Diese Frage ist in Rspr. und Lit. umstritten. Von der wohl h.M. wird diese nur gewährt, wenn Revisionshauptverhandlungstermin anberaumt war bzw. dieses nahelag, während eine nicht so stark vertretene Auffassung die Gebühr schon gewährt, wenn der der Rechtsanwalt zumindest die Revision begründet hat, während nur sehr wenige (Ober-)Gerichte davon ausgehen, dass über den Wortlaut der Nr. 4141 Anm. 1 Ziff. 3 VV RVG hinaus keine besonderen Voraussetzungen erfüllt sein müssen (vgl. wegen der Einzelh. und wegen Nachw. aus der Rspr. Burhoff/*Burhoff*, RVG, Nr. 4141 Rn 65 ff. m.w.N.; Gerold/Schmidt/*Burhoff*, VV 4141 Rn 35; Burhoff/Kotz/*Burhoff*, RM, Teil D Rn 470 ff.; *Burhoff* RVGreport 2012, 402). Der Verteidiger muss an der Rücknahme aber auf jeden Fall mitgewirkt haben (wegen der Einzelh. Burhoff/*Burhoff*, RVG, Nr. 4141 Rn 10 ff., 63).

Siehe auch: → *Berufungsrücknahme*, Rdn 652; → *Rechtsmittelverzicht*, Rdn 2189; → *Revision, Allgemeines*, Rdn 2211 m.w.N.; → *Revision, Beschränkung*, Rdn 2353.

2398 # Revision, Verfahren

Das Wichtigste in Kürze:
1. Die StPO sieht in § 349 verschiedene Möglichkeiten vor, wie im Revisionsverfahren entschieden werden kann.

Revision, Verfahren R

2. Eine Revisions-HV mit abschließender Entscheidung durch ein (Revisions-)Urteil ist heute gegenüber der Entscheidung durch Beschluss, mit dem bei Einstimmigkeit auch ein Urteil aufgehoben werden kann (§ 349 Abs. 4), die Ausnahme.

3. Heute ist es weitgehend die Regel, dass die StA, wenn sie nicht ebenfalls Aufhebung des Urteils beantragt, die Verwerfung der Revision als offensichtlich unbegründet gem. § 349 Abs. 2 beantragt.

4. § 354 Abs. 1a S. 1 sieht u.a. die Möglichkeit vor, dass das Revisionsgericht die Rechtsfolgen des angefochtenen Urteils auch dann aufrechterhalten darf, wenn nur die Strafzumessungserwägungen rechtsfehlerhaft sind, die Rechtsfolgen selbst jedoch angemessen sind.

Literaturhinweise: Barton, Kennzeichen und Effekte der modernen Revisionsrechtsprechung – Führt die Materialisierung des Strafrechts auf den Weg nach Pappenheim, in: Opferschutz, Richterrecht, Strafprozessreform, Schriftenreihe der Strafverteidigervereinigungen, 28. Strafverteidigertag, Karlsruhe 2005, S. 195; *ders.*, Schonung der Ressourcen der Justiz oder effektiver Rechtsschutz?, StRR 2014, 404; **Basdorf**, Was darf das Revisionsgericht, NStZ 2013, 186; **Becker**, Was sehen wie viele Augen? Sein und Sollen des Beschlussverfahrens in der strafrechtlichen Revision, HRR 2013, 264; **Berenbrink**, Tatrichter oder Revisionsgericht – Wer bestimmt die Strafe?, GA 2008, 625; **Brodowski**, Zur empirischen Herleitung des Zehn-Augen-Prinzips im Revisionsverfahren, HRRS 2013, 409; **Detter**, Rechtsgestaltung durch Revisionsrecht: Beschlussverwerfung nach § 349 Abs. 2 StPO, in: Opferschutz, Richterrecht, Strafprozessreform, Schriftenreihe der Strafverteidigervereinigungen, 28. Strafverteidigertag, Karlsruhe 2005, S. 243; *ders.*, Beschlußverwerfung nach § 349 Abs. 2 StPO – Ein notwendiges Übel?, StV 2004, 345; **Eschelbach**, Probleme der Revisionsverwerfung gem. § 349 Abs. 2 StPO, ZAP F. 22, S. 745; **Fezer**, Revisionsurteil oder Revisionbeschluß – Strafverfahrensnorm und Strafverfahrenspraxis in dauerhaftem Widerstreit?, StV 2007, 40; *ders.*, Anforderungen an die Begründung revisionsgerichtlicher Entscheidungen – Verfahrenswirklichkeit und normativer Anspruch, HRRS 2010, 281; **Fischer**, Der Einfluss des Berichterstatters auf die Ergebnisse strafrechtlicher Revisionsverfahren, NStZ 2013, 425; **Fischer/Eschelbach/Krehl**, Das Zehn-Augen-Prinzip – Zur revisionsgerichtlichen Beschlusspraxis in Strafsachen, StV 2013, 395; **Fischer/Krehl**, Strafrechtliche Revision, „Vieraugenprinzip", gesetzlicher Richter und rechtliches Gehör, StV 2012, 550; **Frisch**, Die Erweiterung des Sachentscheidungsrechts der Revisionsgerichte, StV 2006, 431; **Gaede**, Verfassungsrechtliche Beschränkung der eigenen Strafzumessung von Revisionsgerichten, HRRS 2007, 292; *ders.*, Faire Strafzumessung durch Revisionsgerichte nur nach effektiver Verfahrensteilhabe, GA 2008, 394; **R. Hamm**, Eingriffe in die „Domäne(n) des Tatrichters" – Besprechung von BVerfG StV 2007, 393 und StV 2007, 561, StV 2008, 205; **R. Hamm/Krehl**, Vier oder zehn Augen bei der strafprozessualen Revisionsverwerfung durch Beschluss? – Worum es wirklich geht, NJW 2014, 903; **Kudlich**, „Unbegründet – und Ende der Durchsage", JA 2014, 792; **Lamprecht**, Ein Gericht, zwei Lager Der BGH zwischen Anonymität und Transparenz, NJW 2013, 3563; **Leipold**, Die Hauptverhandlung vor dem Revisionsgericht, StraFo 2010, 359; **Meyer-Mews/Rotter**, Absehen von der Revisionshauptverhandlung – eine konventionswidrige Besonderheit im deutschen Strafverfahrensrecht?, StraFo 2011, 14; **Mosbacher**, Die Beratungspraxis der Strafsenate des BGH und das Gesetz, NJW 2014, 124; **Paster/Sättele**, Zu den Möglichkeiten einer eigenen Sachentscheidung des Revisionsgerichts nach der Entscheidung des BVerfG zu § 354 Ia 1 StPO, NStZ 2007, 609; **Peglau**, Die Begründungs- und Prüfungspflicht des Revisionsgericht nach der verfassungskonformen Auslegung des § 354 Abs. 1a Satz 1 StPO durch das Bundesverfassungsgericht, JR 2008, 80; **Rissing-van Saan**, Die Hauptverhandlung von dem Revisionsgericht, StraFo 2010, 353; **Sander**, Die Strafzumessung in der Revision, StraFo 2010, 365; **Rosenau**, Die offensichtliche Ungesetzlichkeit der „ou"-Verwerfung nach § 349 Abs. 2 StPO in der Spruchpraxis des BGHs, ZIS 2012, 195; **Schlothauer**, Rechtsgestaltung durch höchstrichterliche Rechtsprechung: Beschlussverwerfung gem. § 349 Abs. 2 StPO; in: Opferschutz, Richterrecht, Strafprozessreform, Schriftenreihe der Strafverteidigervereinigungen, 28. Strafverteidigertag, Karlsruhe 2005, S. 229; *ders.*, Rechts-

2399

gestaltung durch höchstrichterliche Rechtsprechung – Beschlußverwerfung gem. § 349 Abs. 2 StPO, StV 2004, 340; **Senge**, Rechtsgestaltung durch höchstrichterliche Rechtsprechung: Beschlussverwerfung gem. § 349 Abs. 2 StPO, in: Opferschutz, Richterrecht, Strafprozessreform, Schriftenreihe der Strafverteidigervereinigungen, 28. Strafverteidigertag, Karlsruhe 2005, S. 229; **Widmaier**, Quo vadis, Revision? Revision, wohin gehst du?, StraFo 2010, 310; s.a. die Hinw. bei → *Revision, Allgemeines*, Rdn 2211.

2400 **1.** Die StPO sieht in § 349 verschiedene **Möglichkeiten** vor, wie im Revisionsverfahren entschieden werden kann. Möglich ist die Entscheidung durch Urteil aufgrund einer Revisions-HV oder durch einstimmigen Beschluss (vgl. Rdn 2401 f.) oder aufgrund eines sog. Verwerfungsbeschlusses im Verfahren nach § 349 Abs. 2 (vgl. Rdn 2402 ff.).

2401 **2.a)** Eine **Revisions-HV** mit abschließender Entscheidung durch ein (Revisions-)Urteil ist heute gegenüber der Entscheidung durch Beschluss, mit dem bei Einstimmigkeit auch ein Urteil aufgehoben werden kann (§ 349 Abs. 4), die **Ausnahme** (krit. zur Praxis der Revisionsgerichte *Fezer* StV 2007, 40; *Meyer-Mews/Rotter* StraFo 2011, 14; zur Bestellung eines Pflichtverteidigers für die Revisions-HV → *Revision, Pflichtverteidiger*, Rdn 2382). Das gilt vor allem, wenn es sich um Angeklagtenrevisionen handelt (vgl. die Nachw. bei *Meyer-Mews/Rotter*, a.a.O., die in dieser Ungleichbehandlung gegenüber Revisionen der StA, über die i.d.R. mit Urteil entschieden wird, einen Verstoß gegen das Prinzip der Waffengleichheit sehen). Wegen der somit nur geringen praktischen Bedeutung soll hier auf diese Möglichkeit der Entscheidung/des Verfahrens deshalb nur hingewiesen werden. Weiterführende Hinweise enthalten die Beiträge von *Leipold* (StraFo 2010, 353), und von *Rissing-van Saan* (StraFo 2010, 359) sowie Burhoff/Kotz/*Junker*, RM, Teil A Rn 2659 ff. und 2759 ff.). Die in seinen Augen z.T. nicht ausreichenden Begründungen revisionsrechtlicher Entscheidungen beklagt *Fezer* (vgl. HRRS 201, 281). Mit der Frage, was das Revisionsgericht dar, befasst sich *Basdorf* (NStZ 2013, 186).

> ✍ Der BGH weist im Übrigen immer wieder darauf hin, dass dann, wenn die Voraussetzungen des **§ 349 Abs. 2** vorliegen (vgl. dazu Rdn 2404), ein Anspruch auf eine Revisionshauptverhandlung weder nach einfachem Recht noch nach Verfassungsrecht besteht (BVerfG NJW 2007, 3563 [Ls.]; zuletzt u.a. BGH, Beschl. v. 14.4.2011 – 3 StR 36/11, m.w.N.; s.a. noch BGH StraFo 2009, 293 m.w.N. zur → *Anhörungsrüge*, Rdn 291, bei Verwerfung der Revision ohne Hauptverhandlung).

2402 **3.a)** Heute ist es weitgehend die **Regel**, dass die StA, wenn sie nicht ebenfalls Aufhebung des Urteils beantragt, die Verwerfung der Revision als offensichtlich unbegründet gem. § 349 Abs. 2 beantragt. Diese Verwerfungsmöglichkeit/-praxis stößt in der Lit. auf erhebliche Kritik (*Barton*, a.a.O., S. 195 ff.; *ders.*, StrR 2014, 404; *Kudlich* JA 2014, 792; *Rosenau* ZIS 2012, 195; *Schlothauer*, a.a.O.; *Fezer* StV 2007, 40; *Meyer-Mews/Rotter* StraFo 2011, 14; befürwortend *Detter*, a.a.O.; *Senge*, a.a.O.; *Eschelbach*, a.a.O.; *Mosbacher*, a.a.O.). Die Rspr. des BGH praktiziert die sog. „**OU-Verwerfung**", inzwischen auch mit dem „Segen des BVerfG" (vgl. NJW 2014, 2563), dass dieses Verfahren u.a. wegen der erforderlichen Schonung der Justizressourcen als zulässig ansieht (krit. *Barton*, a.a.O., *Kudlich*, a.a.O.; vgl. a. noch BVerfG NStZ 2002, 487 f.; BGH StraFo 2014, 121).

Eine weitere Diskussion ist auch im Zusammenhang mit der Beschlussverwerfung um das sog. „Vier-Augen" bzw. „**Zehn-Augen-Prinzip**" entbrannt. Dabei geht es um die Frage, ob die Beschlussfassung gem. § 349 Abs. 2 nach dem „Vier-Augen-Prinzip", das die Informierung des Senats durch den Berichterstatter und den Vorsitzenden als „Zweitleser" genügen lässt, oder nach dem „Zehn-Augen-Prinzip", das die Kenntnis des Sach- und Rechtsstandes aller Senatsmitglieder durch eigene Informationsgewinnung erfordert, erfolgen muss. Die bisherige Praxis des „Vier-Augen-Prinzips" des BGH/der OLG ergibt sich weder aus dem Gesetz noch ist sie mit historischer Auslegung zu begründen. Zudem ist nicht ausgeschlossen, dass durch den „Berichterstattervortrag", vor allem bei umfangreichen oder komplexen Sachverhalten Informationen nicht wahrgenommen, falsch bewertet oder gänzlich verloren gehen können (vgl. aber BVerfG NJW 1987, 2219; BGH NStZ 1994, 353). Das spricht für eine Abkehr vom „Vier-Augen-Prinzip" zum „Zehn-Augen-Prinzip" (vgl. zu der Diskussion und wegen weiterer Einzelh. *Brodowski* HRRS 2013, 409; *Becker* HRRS 2013, 264; *Fischer/Eschelbach/Krehl* StV 2013, 395; *Fischer/Krehl* StV 2012, 550; *Lamprecht* NJW 2013, 3563; *Mosbacher* NJW 2014, 123; *R. Hamm/Krehl* NJW 2014, 903; zum Einfluss des Berichterstatters auf das Ergebnis des Revisionsverfahrens *Fischer* NStZ 2013, 425; vgl. schließlich auch noch die Stellungnahme „Zur Beratung von Revisionsentscheidungen im Beschlussverfahren" von den Mitgliedern des 5. Strafsenats des BGH in NStZ 2013, 563).

2403

b) Für das **Verfahren** der Verwerfung nach **§ 349 Abs. 2** gilt:

2404

- Die (Bundes-/General-)**StA beantragt** unter Anführung einer Begründung, die Revision durch Beschluss nach **§ 349 Abs. 2** zu verwerfen (zur Unzulässigkeit der Anregung des Antrags durch das Revisionsgericht s. BVerfG NStZ 2000, 382; s.a. OLG Hamm StV 2001, 221; zur (verneinten) Befangenheit infolge Kontaktaufnahme des Revisionsrichters zur GBA/GStA OLG Düsseldorf NStZ 2012, 470 m. Anm. *Barton* StRR 2012, 192; vgl. dazu auch BGH StRR 2012, 193 m. Anm. *Barton*; zu allem *Meyer-Goßner/Schmitt*, § 349 Rn 12 m.w.N.). Dieser Antrag ist Grundlage der Entscheidung des Revisionsgerichts (BGH StraFo 2009, 293; 2014, 121; NStZ-RR 2008, 385; 2010, 193 [Ci/Zi]; 2013, 198 [Ci/Zi]).
- Diese Begründung ist dem **Beschwerdeführer** zur **Gegenäußerung** (§ 349 Abs. 3) mitzuteilen, die innerhalb von **zwei Wochen** erfolgen muss (zum rechtlichen Gehör BGH NJW 2002, 3266; dazu a. *Ventzke* NStZ 2003, 104 in der Anm. zu BGH, a.a.O.).

☞ Der Verteidiger sollte, wenn er neue Argumente hat oder er sich mit den Erwägungen der StA auseinandersetzen will, **erwidern** (zum Umfang der Erwiderung s. BGH StraFo 2009, 293). Notwendig ist eine Erwiderung jedoch nicht. Die Er-

widerung ermöglicht es nicht, weitere Verfahrensrügen zu erheben (BGH wistra 2010, 312).
Die Erwiderung sollte auf jeden Fall innerhalb der Frist erfolgen, da die Revisionsgerichte i.d.R. zeitnah nach Ablauf der Frist entscheiden. Eine **Verlängerung** der Frist kommt zudem **nicht** in Betracht (BGH NStZ-RR 2009, 37 [Ci] unter Hinw. u.a. auf BVerfG NJW 2006, 1336; NStZ-RR 2010, 193 [Ci/Zi]; 2013, 198 [Ci/Zi]; wistra 2007, 231). Wird die Frist versäumt, kann auch kein Antrag auf → *Wiedereinsetzung in den vorigen Stand*, Rdn 3464, erfolgen. Wird dem Verteidiger/Angeklagten rechtliches Gehör nicht gewährt, kommt allerdings die → *Anhörungsrüge*, Rdn 291, nach § 356a in Betracht.

- Die **StA** muss zu der Erwiderung **nicht nochmals** Stellung nehmen (BVerfG StraFo 2007, 463), und zwar auch dann nicht, wenn der Verteidiger in seiner Erklärung weitere Ausführungen zur Sachrüge gemacht hat (BGH, a.a.O.; NStZ-RR 2005, 14; 2010, 193 [Ci/Zi]). Auch zu einer sog. nachgeschobenen Begründung muss die StA nicht noch einmal Stellung nehmen (BGH NStZ 2009, 52; NStZ-RR 2008, 385; wistra 2007, 319; zu allem a. → *Anhörungsrüge*, Rdn 295).
- Nach Ablauf dieser zweiwöchigen Stellungnahmefrist entscheidet das Revisionsgericht, ob die Revision gemäß dem Antrag der Bundes-/GStA durch Beschluss als „**offensichtlich unbegründet**" verworfen wird (zur Auslegung dieses Begriffs s. BVerfG NStZ 2002, 487; OLG Hamm StV 2001, 221; *Meyer-Goßner/Schmitt*, § 349 Rn 10; vgl. a. BVerfG NJW 2014, 2563). Offensichtlich unbegründet ist die Revision auch, wenn die Rechtsfolgenzumessung zwar rechtsfehlerhaft ist, das Revisionsgericht die verhängten Rechtsfolgen aber für angemessen erachtet. Der Beschluss des Revisionsgerichts setzt Einstimmigkeit voraus. Er bedarf keiner Begründung (st. Rspr. des BGH, vgl. u.a. BGH StraFo 2014, 121; NStZ-RR 2010, 193 [Ci/Zi]; Beschl. v. 21.4.2015 – 1 StR 555/14).

2405 4. Nach den Änderungen durch das 1. JuMoG sieht **§ 354 Abs. 1a S. 1** u.a. die Möglichkeit vor, dass das Revisionsgericht die Rechtsfolgen des angefochtenen Urteils auch dann **aufrechterhalten** darf, wenn nur die Strafzumessungserwägungen rechtsfehlerhaft sind, die **Rechtsfolgen selbst** jedoch **angemessen** sind (zur Kritik an dieser Regelung s.u.a. *Meyer-Goßner/Schmitt*, § 354 Rn 28 m.w.N.). Diese Regelung ist vom BVerfG allerdings nur nach verfassungskonformer Auslegung als verfassungsgemäß angesehen worden (vgl. NJW 2007, 2977). Danach muss dem Revisionsgericht für seine Entscheidung nach § 354 Abs. 1a S. 1 ein zutreffend ermittelter, vollständiger und aktueller Strafzumessungssachverhalt zur Verfügung stehen. Es muss seine Entscheidung zumindest dann begründen, wenn die für die Strafzumessung relevanten Umstände und deren konkretes Gewicht dem Angeklagten sonst nicht nachvollziehbar wären. Ausgeschlossen ist die Entscheidung, wenn zugleich eine neue Entscheidung über einen – fehlerhaften – Schuldspruch erfolgen muss (vgl. wegen der Einzelh. *Meyer-Goßner/Schmitt*, a.a.O.; *Paster/Sättele* NStZ 2007, 609; *Junker* StRR 2007, 260 in der Anm. zu BVerfG, a.a.O.; krit. zur Entscheidung des BVerfG *R. Hamm* StV 2008, 205; *Berenbrink* GA 2008, 625; *Gaede* HRRS 2007, 292; *ders.*, GA 2008, 394; *Peglau* JR 2008, 80; s.a. noch *Sander* StraFo 2010, 365).

☞ Eine eigene Sachentscheidung des Revisionsgerichts kommt zudem nur dann in Betracht, wenn der Angeklagte vom Revisionsgericht auf dessen Absicht einer eigenen Strafzumessungsentscheidung hingewiesen worden ist bzw. die Möglichkeit einer eigenen Strafzumessungsentscheidung für ihn erkennbar war und ihm im Revisionsverfahren die Gelegenheit eingeräumt worden ist, zu den im Rahmen einer solchen Strafzumessungsentscheidung relevanten Tatsachen **Stellung** zu **nehmen**. Ganz entscheidend ist, dass eine eigene Strafzumessung durch das Revisionsgericht aufgrund der vorliegenden Entscheidung des BVerfG einen zutreffend ermittelten, vollständigen und aktuellen Strafzumessungssachverhalt voraussetzt. Dieser Ansatz bietet Raum für den Verteidiger, im Rahmen des Revisionsverfahrens substantiiert bislang unberücksichtigte oder neu hervorgetretene Strafzumessungstatsachen vorzutragen und hierdurch einer eigenen Sachentscheidung des Revisionsgerichts nach § 354 Abs. 1a S. 1 vorzubeugen (*Junker* StRR 2007, 260 in der Anm. zu BVerfG NJW 2007, 2977).

Siehe auch: → *Revision, Allgemeines*, Rdn 2211 m.w.N.

Revision, Zulässigkeit

2406

Literaturhinweise: s. die Hinw. bei → *Rechtsmittel, Allgemeines*, Rdn 2160 m.w.N. und → *Revision, Allgemeines*, Rdn 2211.

2407

1. Nach § 333 ist die Revision zulässig gegen die Urteile der (großen und kleinen) **Strafkammern** und der **Schwurgerichte** sowie gegen die im ersten Rechtszug ergangenen Urteile der OLG. Zudem kann gegen Urteile des AG, gegen die die Berufung zulässig ist, **Sprungrevision** eingelegt werden (§ 335 Abs. 1; zur Zulässigkeit der Sprungrevision in den sog. Bagatellfällen s. → *Berufung, Annahmeberufung*, Rdn 557). Für die Einlegung der Revision ist es unerheblich, ob die Entscheidung auch als Urteil bezeichnet ist, maßgeblich ist ihr Inhalt (*Meyer-Goßner/Schmitt*, § 333 Rn 1 m.w.N.).

2408

In einigen Fällen ist die Revision gesetzlich **ausgeschlossen**. Das trifft u.a im **Jugendstrafverfahren** nach der häufig übersehenen Vorschrift des § 55 Abs. 2 JGG für denjenigen zu, der bereits eine zulässige Berufung eingelegt hatte (→ *Jugendgerichtsverfahren, Besonderheiten der Hauptverhandlung*, Rdn 1754; eingehend Burhoff/Kotz/*Schimmel*, RM, Teil A Rn 919 ff.). Ausgeschlossen ist die Revision außerdem nach **§ 441 Abs. 3 S. 2** im Verfahren bei Einziehungen und nach **§ 10 BinSchVfG**.

2409

⑤ Es kann auch ein auf einer **Verständigung** i.S.d. § 257c beruhendes Urteil noch mit der Verfahrensrüge angegriffen werden (BGHSt 57, 3, BGH NStZ 2010, 289 m. Anm. *Burhoff* StRR 2009, 418; StV 2009, 680; NStZ-RR 2010, 383; → *Absprachen / Verständigung mit Gericht und Staatsanwaltschaft*, Rdn 240).

2410 2.a) Die **Anfechtungsberechtigung** richtet sich ebenfalls nach den **allgemeinen Regeln**. Danach sind zur Einlegung der Revision berechtigt: der Angeklagte, die StA, der Privatkläger und der Nebenkläger.

⑤ Der **Nebenkläger** hat allerdings nur ein **beschränktes Anfechtungsrecht**. Er kann nach § 400 Abs. 1 das Urteil nicht mit dem Ziel anfechten, dass eine andere echtsfolge der Tat verhängt oder der Angeklagte wegen einer Gesetzesverletzung verurteilt wird, die nicht zum Anschluss des Nebenklägers berechtigt (wegen der Einzelh. *Meyer-Goßner/Schmitt*, § 400 Rn 2 ff.). Diese Beschränkungen haben Auswirkungen auf die Begründung der durch den Nebenkläger eingelegten Revision (→ *Revision, Begründung, Sachrüge*, Rdn 2295).

2411 b) Für den Angeklagten kann der **Verteidiger** aus **eigenem Recht** und im eigenen Namen Revision einlegen (§ 297), allerdings nicht gegen den ausdrücklichen Willen des Angeklagten. Eine Beschränkung des sich aus § 297 ergebenden Rechts des Verteidigers muss der Angeklagte aber ausdrücklich erklären, entweder schon in der Verteidigungsvollmacht oder durch spätere Erklärung gegenüber dem Verteidiger oder dem Gericht (OLG Düsseldorf NStZ 1989, 289; → *Vollmacht des Verteidigers*, Rdn 3350).

2412 Schließlich hat der **gesetzliche Vertreter** des Angeklagten gem. § 298 Abs. 1 ein eigenes Recht, innerhalb der für den Angeklagten laufenden Frist Revision einzulegen. Ein Widerspruch des Angeklagten macht diese Revision ebenso wenig unzulässig wie der vor Ablauf der Anfechtungsfrist erklärte Rechtsmittelverzicht des Angeklagten oder seines Verteidigers (OLG Schleswig SchlHA 1985, 134 [E/L]). Zurücknehmen oder nachträglich beschränken kann der gesetzliche Vertreter seine Revision entsprechend § 302 Abs. 1 S. 2 aber nur mit Zustimmung des Beschuldigten (OLG Celle NJW 1964, 417).

2413 3. Voraussetzung für die Zulässigkeit der Revision ist eine **Beschwer** des Revisionsführers. Insoweit gelten die allgemeinen Regeln: Es ist also nur derjenige beschwert, dessen Rechte oder schutzwürdigen Interessen durch die angefochtene Entscheidung **unmittelbar beeinträchtigt** sind (BGHSt 16, 374 ff.). Insoweit gilt (wegen der weit. Einzelh. *Meyer-Goßner/Schmitt*, vor § 296 Rn 9 ff. m.w.N.; Burhoff/Kotz/*Kotz*, RM, Teil A Rn 1595 ff.):

2414 ■ Die Beschwer kann sich **nur** aus dem **Entscheidungsausspruch** und nicht aus den Gründen des Urteils ergeben (BGHSt 16, 374; vgl. jetzt aber EGMR, Urt. v. 15.1.2015 – 48144/09 Fall *Cleve*).

■ Der **Angeklagte** ist durch jede ihn **benachteiligende Entscheidung** beschwert, also z.b. auch durch Absehen von Strafe nach § 60 StGB (*Dahs*, RV, Rn 31 ff.).

■ Ein **freisprechendes** Urteil beschwert den Angeklagten nicht, und zwar auch nicht durch die Gründe (BGH, a.a.O.) bzw., wenn der Angeklagte wegen Schuldunfähigkeit frei gesprochen worden ist (OLG Frankfurt am Main NStZ-RR 2010, 345 [Ls.]). I.d.R. wird der Angeklagte ebenfalls nicht durch die Verfahrenseinstellung wegen eines Prozesshindernisses beschwert (BGH NJW 2007, 3010, 3011; NStZ 2011, 650; *Meyer-Goßner/Schmitt*, vor § 296 Rn 14 m.w.N.; → *Einstellung des Verfahrens nach § 206a bei Verfahrenshindernissen*, Rdn 1369). Etwas anderes gilt z.b., wenn das Verfahren wegen eines behebbaren Verfahrenshindernisses eingestellt worden ist, der Angeklagte aber behauptet, es liege ein weiteres nicht behebbares Prozesshindernis vor (BGH, a.a.O.; zu weiteren Ausnahmen s. *Meyer-Goßner/Schmitt*, a.a.O.).

✍ Auch durch die Nichtanordnung der Maßnahme nach **§ 64 StGB** ist der Angeklagte nicht beschwert (u.a. BGH NStZ 2009, 261; 2010, 270; NStZ-RR 2009, 252; 2011, 255). Dies hindert das Revisionsgericht aber nicht, auf eine zulässig erhobene – und die Nichtanwendung des § 64 StGB nicht ausdrücklich vom Angriff ausnehmende (!!!) – Revision des Angeklagten, die sonstige Rechtsfehler rügt, das Urteil aufzuheben, wenn eine Prüfung der Maßregel unterblieben ist, obwohl die tatrichterlichen Feststellungen dazu gedrängt hätten (st.Rspr., u.a. BGH NStZ-RR 2009, 252).

4. Die Revision muss form- und fristgerecht eingelegt worden sein (vgl. dazu → *Revision, Einlegung, Allgemeines*, Rdn 2361; → *Revision, Einlegung, Form*, Rdn 2236; → *Revision, Einlegung, Frist*, Rdn 2277). Anders als bei der Berufung besteht nach § 344 bei der Revision **Antrags-** und **Begründungszwang** (→ *Revision, Begründung, Allgemeines*, Rdn 2230 m.w.N.). 2415

5. Die Erklärung des Revisionsführers ist **bedingungsfeindlich**. Sie kann also z.B. nicht von der Bewilligung von PKH (BGH NStZ-RR 2008, 49) oder davon abhängig gemacht werden, dass eine Haftbeschwerde erfolglos bleibt (BGH NStZ-RR 2009, 317). 2416

Siehe auch: → *Revision, Allgemeines*, Rdn 2211 m.w.N.; → *Revision, Begründung, Allgemeines*, Rdn 2230 m.w.N.

Rücknahme eines Strafantrags 2417

1.a) Nach § 77d StGB kann ein Strafantrag bis zum rechtskräftigen Abschluss des Verfahrens, also auch noch **in** der **HV**, zurückgenommen werden. 2418

R Rücknahme eines Strafantrags

✍ Der Rechtsanwalt muss seinen Mandanten, der erwägt, einen Strafantrag zurückzunehmen, auf die sich aus der Rücknahme gem. § 470 ergebende **Kostenfolge** hinweisen. Danach hat der Antragsteller die dem Angeklagten und einem Nebenbeteiligten erwachsenen notwendigen Auslagen zu erstatten, wenn das Verfahren wegen Zurücknahme des Strafantrags eingestellt wird (wegen der Einzelh. s. *Meyer-Goßner/Schmitt*, § 470 Rn 1 ff. m.w.N.). Geht die Rücknahme des Strafantrags auf eine Anregung/Absprache mit dem Verteidiger des Beschuldigten/Angeklagten zurück, empfiehlt es sich, eine Regelung über die Kosten zu treffen. Ob die Kosten und Auslagenentscheidung mit der sofortigen Beschwerde **angefochten** werden kann, ist umstr. Das OLG Hamburg hat die Frage zuletzt verneint (vgl. StRR 2012, 242 [Ls.] m.w.N. zur a.A., wie z.B. KK-*Gieg*, § 470 Rn 4).

2419 b) Die StPO sieht für die Rücknahme eine **besondere Form nicht** vor. Sie kann daher auch durch schlüssige Handlung erklärt werden (KK-*Griesbaum*, § 158 Rn 53 m.w.N.). Entscheidend ist, dass der Verzicht auf weitere Strafverfolgung zum Ausdruck kommt (BGHSt 9, 149, 154). Der Verzicht kann also z.B. in der Erklärung, an der weiteren Strafverfolgung habe man kein Interesse (mehr), oder in der Rücknahme eines Strafantrags liegen (OLG Hamm JMBl. NW 1955, 44).

2420 Die Rücknahmeerklärung ist eine **bedingungsfeindliche** Prozesshandlung, die **unwiderruflich** und auch **unanfechtbar** ist (KK-*Griesbaum*, § 158 Rn 54). Ein Strafantrag kann auch dann noch wirksam zurückgenommen werden, wenn infolge einer wirksamen Beschränkung der Berufung des Angeklagten auf den Rechtsfolgenausspruch ein Schuldspruch bereits vor der Rücknahme rechtskräftig geworden war (KG StraFo 2013, 20).

2421 Die Rücknahme kann bei mehreren Tätern oder Taten auf bestimmte Täter oder Taten beschränkt werden. **Rücknahmeberechtigt** ist der **Antragsteller**, also i.d.R. der Verletzte oder dessen → *Verletztenbeistand/Opferanwalt*, Rdn 3052. Ein zurückgenommener Antrag kann nach § 77d Abs. 1 S. 2 StGB nicht noch einmal gestellt werden.

2422 **2. Folge** der Rücknahme ist, dass damit das **Verfahrenshindernis** des fehlenden Strafantrags eintritt (BGHSt 22, 103, 105). Das gilt jedoch nur hinsichtlich des Täters oder der Tat, auf die sich die Rücknahme bezieht. Auch bleibt ein mit dem Antragsdelikt in Tateinheit stehendes Offizialdelikt weiter verfolgbar (*Fischer*, § 77d Rn 8 m.w.N.).

2423 Verfahrensrechtlich führt die Rücknahme dazu, dass, soweit das Verfahrenshindernis reicht, ein **Einstellungsurteil** nach § 260 Abs. 3 ergehen muss (→ *Einstellung des Verfahrens nach § 206a bei Verfahrenshindernissen*, Rdn 1369).

Siehe auch: → *Nebenklage*, Rdn 1917; → *Nebenklägerrechte in der Hauptverhandlung*, Rdn 1928; → *Privatklageverfahren*, Rdn 2067; → *Verletztenbeistand/Opferanwalt*, Rdn 3052.

Rügeverlust

Literaturhinweise: Dahs, Das Schweigen des Verteidigers zu tatrichterlichen Verfahrensfehlern und die Revision, NStZ 2007, 241; **Nagel,** Die Ohnmacht der Verteidigung vor der Macht der Richter? Ein Beitrag zur Diskussion um Verteidigerpflichten und Rügepräklusionen, StraFo 2013, 221; **Schlüchter,** Wider die Verwirkung von Verfahrensrügen im Strafprozeß, in: Gedächtnisschrift für *Karlheinz Meyer,* 1990, S. 445.

Die **nachstehende Liste** gibt einen Überblick über die Zeitpunkte, die in der HV für Rügen oder Rügeverluste bzw. Einwände maßgeblich sein können. Sie stellt dar, bis wann i.d.R. spätestens einzelne Rügen erhoben sein müssen, wenn der Verteidiger/Angeklagte sie nicht verlieren will.

Ablehnung eines Richters wegen Besorgnis der Befangenheit (→ *Ablehnungszeitpunkt,* Rdn 116)

- Grds. bis zum Beginn der Vernehmung des ersten Angeklagten über seine persönlichen Verhältnisse (§ 25 Abs. 1),
- für **neue** oder später bekannt gewordene **Umstände „unverzüglich"** (§ 25 Abs. 2 S. 1),
- nach dem **letzten Wort** des Angeklagten überhaupt **unzulässig** (§ 25 Abs. 2 S. 2).

Gerichtsbesetzung oder Besetzungseinwand (→ *Besetzungseinwand,* Rdn 791; → *Besetzungsmitteilung,* Rdn 809)

- Bis zum **Beginn** der **Vernehmung** des **ersten Angeklagten** zur **Sache** (§§ 222a Abs. 2 und 222b Abs. 1).

Zuständigkeitsrüge (→ *Zuständigkeit des Gerichts,* Rdn 3610)

- Bis zum **Beginn** der **Vernehmung** des jeweiligen **Angeklagten** zur **Sache**, und zwar sowohl für die funktionelle (§ 6a S. 3) als auch für die örtliche Zuständigkeit (§ 16). Der Rügeverlust eines Mitangeklagten schadet nicht.

Aussetzungsantrag wegen Nichteinhaltung der Ladungsfrist (→ *Ladung des Angeklagten,* Rdn 1817; → *Ladung des Verteidigers,* Rdn 1829)

- Bis zum **Beginn** der **Vernehmung** des **Angeklagten** zur **Sache**, und zwar sowohl bei fehlerhafter Ladung des Angeklagten (§ 217 Abs. 2) als auch bei fehlerhafter Ladung des Verteidigers (§§ 218 S. 2, 217 Abs. 2).

Ablehnung eines SV wegen Besorgnis der Befangenheit (→ *Ablehnung eines Sachverständigen,* Rdn 15)

- Grds. auch noch **nach Erstattung** des **Gutachtens** (§ 83 Abs. 2),
- **spätestens** bis zum → *Schluss der Beweisaufnahme,* Rdn 2473 (KK-*Senge,* § 74 Rn 7).

| R | Rügeverlust |

2432 Beweisanträge (→ *Beweisantrag*, Rdn 835 m.w.N.)

- Grds. bis zum → ***Schluss der Beweisaufnahme***, Rdn 2473,
- ggf. auch noch **später**; nach Beginn der → *Urteilsverkündung*, Rdn 2761, besteht aber keine Verpflichtung des Gerichts mehr, den Beweisantrag entgegenzunehmen (→ *Beweisantrag, Zeitpunkt der Antragstellung*, Rdn 978).

2433 Vereidigungsantrag zur Nachholung einer Vereidigung, wenn z.B. ein → *Vereidigungsverbot*, Rdn 2807, entfallen ist

- Grds. spätestens bis zum **Beginn** der → ***Urteilsverkündung***, Rdn 2761.

2434 Anrufung des Gerichts nach § 238 Abs. 2 (→ *Verhandlungsleitung*, Rdn 2889)

- Grds. **unmittelbar, nachdem** der Vorsitzende die beanstandete **Maßnahme erlassen** hat.

2435 Widerspruch gegen die Verwertung eines Beweises (→ *Widerspruchslösung*, Rdn 3433 ff.)

- Nach der in der Rspr. des BGH vertretenen Widerspruchslösung **spätestens** im Rahmen einer **Erklärung** des Verteidigers nach § 257 (vgl. u.a. BGHSt 38, 214; → *Erklärungen des Verteidigers*, Rdn 1451; → *Widerspruchslösung*, Rdn 3433).

Siehe auch: → *Verwirkung von Verteidigungsrechten*, Rdn 3262.

S

Sachverständigenbeweis

Das Wichtigste in Kürze:
1. Der SV ist wie der Zeuge ein persönliches Beweismittel.
2. Der SV ist immer nur Gehilfe des Gerichts.
3. Für den SV gelten nach § 72 grds. die Vorschriften für Zeugen entsprechend.
4. In bestimmten Fällen besteht eine gesetzliche Verpflichtung zur Zuziehung eines SV.
5. Darüber hinaus muss das Gericht immer dann einen SV beiziehen, wenn es selbst nicht über die genügende Sachkunde verfügt.
6. Bei der Ablehnung eines Beweisantrags auf Einholung eines SV-Gutachtens sind die Ablehnungsgründe der Ungeeignetheit und der eigenen Sachkunde von besonderer Bedeutung. Der Verteidiger hat das Recht, einen Privatgutachter zu beauftragen. I.Ü. erfolgt die Auswahl eines SV i.d.R. durch das Gericht.
7. Liegt das Gutachten vor, muss der Verteidiger dieses auf seine Brauchbarkeit überprüfen. Das gilt vor allem auch bei einem Glaubwürdigkeitsgutachten.
8. Auf der Grundlage der Rspr. des BGH zu Glaubwürdigkeitsgutachten sind auch für andere Gutachten Mindeststandards diskutiert und gefordert worden, und zwar vor allem für Schuldfähigkeitsgutachten.
9. Der Verteidiger hat das Recht, einen SV als sog. **Privatgutachter** zu beauftragen, wenn er das im Interesse seines Mandanten für erforderlich hält.

Literaturhinweise: Artkämper, Der Sachverständige im Strafverfahren, BA 2000, 7; *ders.*, Kompetente Kommunikation im Strafverfahren versus Nullhypothese, StRR 2010, 368; **Aymans**, Rolle und Bedeutung des präsenten aussagepsychologischen Sachverständigen, StraFo 2007, 364; **Barton**, Sachverständiger und Verteidiger, StV 1983, 73; *ders.*, Der psychowissenschaftliche Sachverständige aus der Sicht des Strafrichters, 1983; *ders.*, Strafverteidigung und Kriminaltechnik, StV 1988, 124; **Basdorf**, Gebotene psychiatrische Begutachtung in Fällen auffälliger Besonderheiten in der Tat und/oder bei dem Täter, HRRS 2008, 275; **Becker**, Die Rechtsprechung des BGH zum Beweisantragsrecht, NStZ 2005, 493; **Bellmann**, Täteridentifikation anhand eine Lichtbildes – Teil 1: Wiedererkennen und Identifizieren, StRR 2011, 419; *dies.*, Täteridentifikation anhand eine Lichtbildes – Teil 2: Bildmaterial, StRR 2011, 463; *dies.*, Täteridentifikation anhand eine Lichtbildes – Teil 3: Gutachten, StRR 2012, 18; **Bleutge**, Die Hilfskräfte des Sachverständigen – Mitarbeiter ohne Verantwortung?, NJW 1985, 1185; **Bock**, Das Elend der klinischen Kriminalprognose, StV 2007, 269; **Boetticher**, Das Urteil über die Einführung von Mindeststandards in aussagepsychologischen Gutachten und seine Wirkungen, in: NJW-Sonderheft für *Gerhard Schäfer*, 2002, S. 8; **Boetticher/Nedopil/Bosinski/Saß**, Mindestanforderungen für Schuldfähigkeitsgutachten, NStZ 2005, 57; **Boetticher/Kröber/Müller-Isberner/Böhm/Müller-Metz/Wolf**, Mindestanforderungen für Prognosegutachten, NStZ 2006, 537; **Brüning**, Privatisierungstendenzen im Strafprozeß – Chancen und Risiken der Mitwirkung sachverständiger Privatpersonen im strafrechtlichen Ermittlungsverfahren, StV 2008, 100; **Cabanis**, Gerichts- und „Privatgutachten", StV 1986, 451; **Cierniak/Pohlit**, Die Rechtsprechung des BGH zum Beweisantragsrecht, NStZ 2009, 553; *dies.*, Die Rechtsprechung des BGH zum Beweisantragsrecht, NStZ 2011, 261; **Conen/Tsambikakis**, Strafprozessuale Wahrheitsfindung mittels Sachverständiger im Spannungsfeld zwischen Aufklärungspflicht und Beweisantragsrecht, GA 2000, 372; **Cramer**, Strafprozessuale Verwertbarkeit ärztlicher Gutachten aus anderen Verfahren, NStZ 1996, 209; **Deckers**, Fehlerquellen in Sexualstrafverfahren, in: Festschrift für *Ulrich Eisenberg*, 2009, S. 473; *ders.*, Zur Zurückweisung eines Beweisantrages auf Einholung eines Sachverständigengutachtens wegen eigener Sachkunde des Gerichts – § 244 Abs. 4 S. 1 StPO – bei der Beurteilung der Glaubhaftigkeit einer Zeugenaussage – zugleich eine Besprechung von BGH – 2. Senat – JZ 2010, 471, in: Festschrift für *Ruth Rissing van Saan* zum 65. Geburtstag, S. 87; **Deckers/Schöch/Nedopil/Dittmann/ Müller/Nowara/Saimeh/Boetticher/Wolf**, Pflicht zur Einholung eines vorläufigen schriftlichen Gutachtens bei Anordnung einer Maßregel nach den §§ 63, 66, 66a StGB? – Zugleich Anmerkung zum Urteil des BGH v. 14.10.2009 – 2 StR 205/09, NStZ 2011, 69; **Detter**, Der Sachverständige im Strafverfahren – eine Bestandsaufnahme, NStZ 1998, 57; *ders.*, Der Sachverständige im Strafprozess, in: FA Strafrecht, Teil 9 Kapitel 1; **Dierlamm**, Das rechtliche Gehör vor der Auswahl eines Sachverständigen im Ermittlungsverfahren, in: Festschrift für *Egon Müller*, 2008, S. 117; **Diezel**, Die Handschriftenuntersuchung – Möglichkeiten und Grenzen, StRR 2009, 216; *ders.*, Das Erfordernis der Objektivierung von Aussagen zur Vermeidung systematischer Fehler, StRR 2009, 375; **Dippel**, Die Stellung des Sachverständigen im Strafprozeß, 1986; *ders.*, Ausgewählte Themen des Beweises durch Sachverständige im Strafverfahren, in: Festschrift für *Egon Müller*, 2008, S. 125; **Dölp**, Der Sachverständige im Strafprozess – Gedanken über eine nachhaltige strukturelle Veränderung im Verfahrensrecht, ZRP 2004, 235; **Dorn**, Sachverständige oder gewerbliche Ermittlungsgehilfen? in: Festschrift 10 Jahre Arbeitsgemeinschaft Medizinrecht im DAV/hrsg. vom Geschäftsführenden Ausschuss, S. 877; **Eisenberg**, Anmerkungen zu dem Beitrag „Mindestanforderungen für Schuldfähigkeitsgutachten" NStZ 2005, 57 – 72, NStZ 2005, 304; *ders.*, Dysfunktionales Verhältnis zwischen Sachverständigem und (Jugend-)Strafjustiz, HRRS 2102, 466; **Endres**, Sexueller Kindesmißbrauch, Psychologischer Sachverstand als Beweismittel bei Verdachtsfällen sexuellen Kindesmißbrauchs, Krim 1997, 490; *ders.*, Psychologische und psychiatrische Konzepte der „tief greifenden Bewußtseinsstörung", StV 1998, 674; **Erb**, Grund und Grenzen der Unzulässigkeit einer regelmäßigen Einholung von Glaubwürdigkeitsgutachten im Strafverfahren, in: Festschrift für *Heinz Stöckel* zum 70. Geburtstag, 2010; S. 181; **Fabricius**, Forensische Psychiatrie: Blinde Flecken, neuralgische Punkte, StV 2008, 45; **Fezer**, Die Folgen der Sachverständigenablehnung für die Verwertung seiner Wahrnehmungen, JR 1990, 397; **Foerster**, Der Verteidiger, sein Mandant und der psychiatrische Sachverständige – eine Dreiecksbeziehung?, StV 2008, 217; **Gatzweiler/Leitner/Münchhalffen**, Kapitalstrafverfahren, in: StrafPrax, § 19; **Geipel/ Spies**, Verteidigungshinweise zum Umgang mit anthropologischen Identitätsgutachten, StRR 2007, 216; **Glatzel**, Die Bewertung von Schuld und Verantwortlichkeit, zur Beurteilung der Schuldfähigkeit bei primär affektivdeterminierten Tötungsdelikten („Affektdelikte"), Krim 1995, 97; **Haddenbrock**, Geistesfreiheit und Geisteskrankheit – Grenzparameter forensischer Schuldfähigkeit, NStZ 1995, 581; **Hagedorn**, Die Bestellung des Sachverständigen im Strafverfahren wegen Wirtschaftskriminalität, StV 2004, 217; **Hartmann/Rubach**, Verteidiger und Sachverständiger – Eine Falldarstellung, StV 1990, 425; **Huckenbeck/Gabriel**, Fahreridentifizierung anhand von Messfotos, NZV 2012, 201; **Jessnitzer**, Strafverteidiger und Sachverständiger, StV 1982, 177; **Jungfer**, Kann der Verteidiger vom Sachverständigen ein schriftliches Vorgutachten verlangen?, StraFo 1995, 19; *ders.*, Zum Anspruch auf Erstellung eines schriftlichen Sachverständigengutachtens und zur Beiziehung der Sachverständigenunterlagen, RuP 1995, 29; **Kellermann**, Glücksspielsucht und Beschaffungsdelinquenz, StV 2005, 287; **Kemme**, Die strafprozessuale Notwendigkeit zur Hinzuziehung eines Sachverständigen bei Feststellungen schädlicher Neigungen gem. § 17 Abs. 2 JGG, StV 2014, 760; **Knecht**, Ludomanie – Pathologisches Spielen – Eine nichtstoffgebundene Suchtkrankheit aus psychiatrischer Sicht, Krim 1992, 661; **Krause**, Der „Gehilfe" der Verteidigung und sein Schweigerecht (§ 53a StPO), Zur Einbeziehung Dritter in die Verteidigungstätigkeit, StraFo 1998, 1; **Krekeler**, Der Sachverständige im Strafverfahren, insbesondere in Wirtschaftsstrafverfahren, wistra 1989, 52; *ders.*, Strafverteidigung mit und gegen einen Sachverständigen, StraFo 1996, 5; **Krekeler/ Schonard**, Der Berufshelfer im Sinne des § 53a StPO, wistra 1998, 137; **Kruse**, Die Sachverständigenauswahl für die Schuldfähigkeitsbeurteilung, NJW 2014, 509; **Maatz**, Erinnerung und Erinnerungsstörungen als sog. psychodiagnostische Kriterien der §§ 20, 21 StGB, NStZ 2001, 1; **Meyer**, Auslagenerstattung für eigene Ermittlungen

Sachverständigenbeweis S

des (Pflicht-)Verteidigers, JurBüro 1993, 8; **Meyer-Lohkamp/Schwerdtfeger**, Strafrechtliche Risiken bei der Weitergabe von Akteninhalten mit kinderpornographischen Inhalten bei der Berufsausübung, StV 2014, 772; **Meyer-Mews**, Die Strafverfahrensmaxime der Waffengleichheit bei der Handhabung des Sachverständigenbeweises, StraFo 2010, 221; **Müller**, „Oberflächlich charmant", tendenziell gefährlich? Die Psychopathy-Checklist Revised (PCL-R) von *Robert Hare*, NStZ 2011, 665; **Nack**, Revisibilität der Beweiswürdigung, Teil 1: StV 2002, 510, Teil 2: StV 2002, 558; **Nedopil**, Verständnisschwierigkeiten zwischen dem Juristen und dem psychiatrischen Sachverständigen, NStZ 1999, 433; **Niemöller**, Zur Ablehnung des Sachverständigenbeweises wegen eigener Sachkunde des Tatrichters (§ 244 Abs. IV 1 StPO) – zugleich Besprechung des BGH-Beschl. v. 26.3.2014 – 2 StR 274/13, NStZ 2015, 16; **Pfister**, Die Beurteilung der Schuldfähigkeit in der Rechtsprechung des Bundesgerichtshofs, NStZ-RR 2014, 193; *ders.*, Die Beurteilung der Schuldfähigkeit in der Rechtsprechung des Bundesgerichtshofs, NStZ-RR 2015, 161; **Rasch**, Forensische Psychiatrie, 1986; *ders.*, Auswahl des richtigen Psycho-Sachverständigen im Strafprozeß, NStZ 1992, 257; **Rode/Legnaro**, Psychiatrische Sachverständige im Strafverfahren, 1994; *dies.*, Der Straftäter und sein Begutachter für psychiatrischen Begutachtung, StV 1995, 498; **Rösing/Quarch/Danner**, Zur Wahrscheinlichkeitsaussage im morphologischen Identitätsgutachten, NStZ 2012, 548; **Roggenwallner**, Persönlichkeitsstörung als schwere andere seelische Abartigkeit, StRR 2007, 58; *ders.*, Forensisch-psychiatrisches Lexikon, Teil 1: Psychiatrische Grundbegriffe, StRR 2007, 139; Teil 2: StRR 2007, 255; Teil 3: StRR 2008, 135: *ders.*, Der gestörte Mandant – die gestörte Beziehung, StRR 2008, 257; *ders.*, Spielen – eine Sucht, StRR 2008, 456; *ders.*, Minderbegabung und Schuldfähigkeit, StRR 2009, 94; *ders.*, Aspekte der Begutachtung des Sexualstraftäters im Erkenntnisverfahren, StRR 2009, 134; *ders.*, Psychose und Schuldfähigkeit, StRR 2009, 177; *ders.*, Persönlichkeitsstörung und Schuldfähigkeit, StRR 2009, 254; *ders.*, Neurose und Schuldfähigkeit, StRR 2010, 415; *ders.*, Zur Komplexität der Beurteilung bei Pädophilie, StRR 2010, 336; *ders.*, Überlegungen zur strafrechtlichen Begutachtung von Probanden mit Migrationshintergrund, StRR 2011, 16; *ders.*, Zur Sachkunde des psychiatrischen Sachverständigen; StRR 2011, 182; *ders.*, Das fetale Alkoholsyndrom, StRR 2011, 258; *ders.*, Zur Frage der Anwesenheit des Verteidigers bei der Exploration durch den Sachverständigen, StRR 2013, 214; *ders.*, Diagnosesystem im Wandel, StRR 2015, 121; **Rose**, Qualitätsstandards der Begutachtung von Sexualstraftätern, StV 2003, 101; **Roth/Lück/Strüber**, Schuld und Verantwortung von Gewaltstraftätern aus Sicht der Hirnforschung, in: *Barton* (Hrsg.), „... weil er für die Allgemeinheit gefährlich ist!", Prognosegutachten, Neurobiologie, Sicherungsverwahrung, 2006, S. 335; **Sarstedt**, Auswahl und Leitung des Sachverständigen im Strafprozeß (§§ 73, 78 StPO), NJW 1968, 177; **Schilling**, Begutachtung von strafrechtlicher Verantwortlichkeit und Schuldfähigkeit aus der Sicht eines Jugendpsychologen, NStZ 1997, 261; **Schmidt**, Zur Begutachtung von ausländischen und fremdsprachigen Beschuldigten im Strafverfahren, StV 2006, 51; **Schöch**, Mindestanforderungen für Schuldfähigkeits- und Prognosegutachten, in Festschrift für *Gunter Widmaier*, 2008, S. 967; **Scholz/Endres**, Aufgaben des psychologischen Sachverständigen beim Verdacht des sexuellen Kindesmißbrauchs, NStZ 1995, 6; **Schumacher/Arndt**, Die Unantastbarkeit der Menschenwürde als Maßstab für psychiatrische Gutachten, StV 2001, 96; **Seitz**, Forensische Handschriftuntersuchung – aus der Praxis für die Praxis, Teil 1: StRR 2009, 295, Teil 2: StRR 2009, 337; **Seiterle**, Zur Frage der „völligen Ungeeignetheit" (§ 244 Abs. 3 Satz 2 Var. 4 StPO) einer polygraphischen Untersuchung („Lügendetektor"), StraFo 2014, 58; **Sonnen**, Kriminologen als Sachverständige, in: Festschrift für *Christian Richter II*, 2006, S. 495; **Spöhr**, Belehrungspflicht des Sachverständigen?, NZV 1993, 334; **Stern**, Fehler und Mängel im Ermittlungsverfahren, AnwBl. 1997, 90; **Streng**, Psychowissenschaftler und Strafjuristen – Verständigungsschwierigkeiten und Kompetenzkonflikte bei der Schuldfähigkeitsentscheidung, Teil 1: NStZ 1995, 12, Teil 2: NStZ 1995, 161; **Täschner**, Bemerkungen zur „Auswahl des richtigen Psycho-Sachverständigen im Strafprozeß", NStZ 1994, 221; **Theune**, Auswirkungen des normalpsychologischen (psychogenen) Affekts auf die Schuldfähigkeit sowie den Schuld- und Rechtsfolgenausspruch, NStZ 1999, 273; *ders.*, Die Beurteilung der Schuldfähigkeit in der Rechtsprechung des Bundesgerichtshofes, NStZ-RR 2007, 257; **Tondorf**, Zur Einführung von Mindeststandards für Schuldfähigkeits- und Prognosegutachten durch den BGH – Eine Folgerung aus der Rostocker Studie von 2003, StV 2004, 279; **Tondorf/Tondorf**, Psychologische und psychiatrische Sachverständige im Strafverfahren, 3. Aufl. 2011, (zitiert: *Tondorf/Tondorf*, SV, Rn.); **Tondorf/Waider**, Der Sachverständige, ein „Gehilfe" auch des Strafverteidigers?, StV 1997, 493; **Trück**, Die Rechtsprechung des BGH zur Ablehnung von Beweisanträgen zur Vernehmung

1051

eines Sachverständigen, NStZ 2007, 377; **Undeutsch/Klein**, Neue Wege der wissenschaftlichen Verdachtsanalyse in Mißbrauchsfällen – Suggestionsforschung und Polygraphtests, AnwBl. 1997, 462; **Venzlaff/Foerster**, Psychiatrische Begutachtung, 2004; **Widmaier**, Zur Rechtsstellung des nach §§ 220, 38 StPO geladenen Sachverständigen, StV 1985, 526; **Zwiehoff**, Das Recht auf den Sachverständigen, 1999; s.a. die Hinw. → *Blutalkoholfragen*, Rdn 1162; → *Präsentes Beweismittel*, Rdn 2036 und → *Glaubwürdigkeitsgutachten*, Rdn 1630.

2438   **1.a)** Der SV ist wie der Zeuge ein **persönliches Beweismittel** (*Meyer-Goßner/Schmitt*, vor § 72 Rn 1). Er ist **Gehilfe** des Richters, und zwar insoweit wie diesem die zur Entscheidung erforderliche Sachkunde auf einem Wissensgebiet fehlt (st. Rspr.; vgl. u.a. BGHSt 13, 1 m.w.N.; allgemein zum SV[-beweis] insbesondere *Dippel*, Die Stellung des SV im Strafprozeß; *Detter* NStZ 1998, 57 sowie FA Strafrecht-*Detter*, Teil 9 Kap. 1 und a. *Eisenberg*, Rn 1500 sowie die o.a. Lit.-Hinw.). Die **Aufgabe** des SV kann in der Vornahme bloßer Verrichtungen bestehen, wie im Fall der Blutprobenentnahme, in der Übermittlung von Fachwissen aber auch nur in der Feststellung von Tatsachen, wie z.B. bei der Bestimmung der Blutalkoholkonzentration (wegen der Einzelh. s. *Meyer-Goßner/Schmitt*, a.a.O.; KK-*Senge*, vor § 72 Rn 1 ff., jew. m.w.N.; zur richtigen Auswahl des SV *Rasch* NStZ 1992, 257; *Täschner* NStZ 1994, 221). Wegen der mit dem SV-Beweis und der Tätigkeit eines SV im EV zusammenhängenden Fragen, insbesondere auch wegen der Beauftragung eines „eigenen" SV, wird verwiesen auf *Burhoff*, EV, Rn 3307 ff.; zum (privaten) SV s. *Ayams* StraFo 2007, 364 und zum Verhältnis Verteidiger/Mandant/Sachverständiger s. *Foerster* StV 2008, 217.

2439   Vom **Zeugen unterscheidet** der SV sich dadurch, dass er im Auftrag der StA/des Gerichts Feststellungen trifft, während der Zeuge über Wahrnehmungen aussagt (*Eisenberg*, Rn 1510). Auch ist der SV austauschbar, der Zeuge hingegen nicht (zum sachverständigen Zeugen *Meyer-Goßner/Schmitt*, § 85 Rn 3 m.w.N.; *Eisenberg*, Rn 1514; → *Sachverständiger Zeuge*, Rdn 2468, m.w.N.).

2440   **2.a)** Zu **beachten** ist: Der SV ist immer **nur Gehilfe** des Gerichts. Er vermittelt, soweit die Ermittlung der urteilsrelevanten Tatsachen besonderer Sachkunde bedarf, über die das Gericht nicht verfügt, diese dem Gericht. Gleiches gilt, soweit die Erfahrungssätze, aufgrund derer die festgestellten Tatsachen zu bewerten sind oder die den Schluss von diesen auf andere Sachverhalte ermöglichen, außerhalb der Sachkunde des Gerichts liegen. Hierauf ist der SV-Beweis aber beschränkt. Das Gericht verletzt daher die ihm nach § 261 obliegende Aufgabe, wenn es Feststellungen und Beurteilungen eines SV ungeprüft und ohne eigene Bewertung des Beweisergebnisses übernimmt. Dies gilt insbesondere dann, wenn es sich um Schlussfolgerungen handelt, die nach den zur Anwendung zu bringenden Erfahrungssätzen nicht zwingend sind, sondern nur Wahrscheinlichkeitsaussagen mit mehr oder weniger großer Richtigkeitsgewähr zu liefern vermögen. Ob die Schlussfolgerung aufgrund eines derartigen Erfahrungssatzes zu ziehen ist, entscheidet nur das Gericht (BGH NStZ 2009, 284 [für sog. Täteranalyse des LKA]).

🖉 Darauf ist bei der **Formulierung** eines Beweisantrages zu **achten**. Unter Beweis gestellt werden müssen die Anknüpfungstatsachen, nicht das Beweisziel (→ *Beweisantrag, Formulierung: Sachverständigenbeweis*, Rdn 919; → *Beweisantrag, Inhalt*, Rdn 951).

b) Die Vermittlung der erforderlichen Sachkunde erfolgt i.d.R. im dafür vorgesehenen **Strengbeweisverfahren**. Das Gericht kann/darf sich nicht nur im → *Freibeweisverfahren*, Rdn 1562, freibeweislich von einem SV „beraten lassen. Eine „auf Vorrat" verschaffte (auf einen bestimmten Beschuldigten/Angeklagten) bezogene „eigene Sachkunde" gibt es nicht, da damit eine ggf. an sich gebotene Beweisaufnahme im Strengbeweisverfahren durch das Freibeweisverfahren umgangen würde (vgl. KK-*Krehl*, § 244 Rdn 53; *Meyer-Goßner/ Schmitt*, § 244 Rn 73 m.w.N.; BGH wistra 2014, 413 m. Anm. *Niemöller* NStZ 2015, 16).

2441

🖉 Hält das Gericht die Anhörung eines SV für erforderlich, um sich sachkundig zu machen, muss der SV in der **HV gehört** werden (vgl. Alsberg/*Güntge*, Rn 1338).

3. Für den SV gelten nach § 72 grds. die **Vorschriften** für **Zeugen entsprechend**.

2442

Nicht anwendbar sind

2443

- § 51 Abs. 1 (Ordnungsmittel gegen nicht erschienenen Zeugen) – im Hinblick auf § 77,
- § 54 (Aussagegenehmigung) – im Hinblick auf § 76 Abs. 2,
- § 58, da § 80 insoweit für den SV eine Sondervorschrift darstellt,
- § 59, da § 79 die Frage der Vereidigung besonders regelt (→ *Vereidigung eines Sachverständigen*, Rdn 2786).

4. In einigen Fällen enthält die StPO eine **Verpflichtung** zur **Zuziehung** eines SV (vgl. zu allem auch *Detter* NStZ 1998, 58; *Krekeler* StraFo 1996, 9 ff.), und zwar:

2444

- bei **Einweisung** in ein **psychiatrisches Krankenhaus** zur Beobachtung auf den psychischen Zustand – nach § 81 aber nur Anhörung des SV (zur Unterbringung des Beschuldigten s. *Burhoff*, EV, Rn 3675 ff.),
- wenn damit zu rechnen ist, dass die **Unterbringung** in einem psychiatrischen Krankenhaus, einer Entziehungsanstalt (§ 64 StGB) oder Sicherungsverwahrung **angeordnet** wird (§§ 80a, 246a, 414; BVerfG NJW 1995, 3047; BGHSt 59, 1; BGH NStZ 2002, 384; 2012, 463; NStZ-RR 2000, 36 [K]; OLG Hamm, Urt. v. 20.11.2007 – 1 Ss 230/07), wobei die Zuziehung nicht durch die Behauptung „eigener Sachkunde" umgangen werden kann (BGHSt 59, 1); entscheidend ist, ob die Anordnung dieser Maßnahmen als möglich erscheinen (BGH wistra 2010, 68; zur Frage des schriftlichen Vorgutachtens in diesen Fällen BGHSt 54, 177); von dieser Verpflichtung ist der Richter allerdings dann befreit, wenn er die Maßregelanordnung allein in Ausübung seines Ermessens nicht treffen will und diese Entscheidung von sachverständigen Feststellungen unabhängig (BGH NStZ 2012, 463; vgl. auch noch BGHSt 59, 1),

> Das gilt auch dann, wenn sich die Frage einer Unterbringung nach § 63 StGB **erst in** der **HV** stellt (BGH NStZ 1994, 592). Ausreichend kann aber auch eine frühere, ggf. schon ein Jahr zurückliegende Untersuchung sein (BGH, a.a.O.), nicht jedoch eine schon drei Jahre zurückliegende (BVerfG, a.a.O.; zur i.d.R. notwendigen Anhörung des Betreuers als Zeuge im Sicherungsverfahren s. BGH NStZ 1996, 610). Dem SV muss Gelegenheit zur Untersuchung gegeben werden, wozu ihm ggf. auch frühere Gutachten zugänglich gemacht werden müssen (BGHSt 59, 1).
>
> Evtl. kann auch von einer Untersuchung **abgesehen** werden, wenn diese ihrer Art nach eine freiwillige – vom Angeklagten verweigerte – Mitwirkung voraussetzt und die zwangsweise Vornahme gegen den Willen des Angeklagten kein verwertbares Ergebnis bringen kann (BGH NStZ 2004, 263 m.w.N.). Der SV muss den Angeklagten untersuchen, das **bloße Zugegensein** in der **HV** und die dortige Beobachtung reichen **nicht** (BGH NStZ 2000, 215). I.d.R. wird also das Gericht von der Pflicht, den Beschuldigten untersuchen zu lassen, nur in Ausnahmefällen absehen dürfen (s. dazu BGH StV 1997, 468 m.w.N.). Die Untersuchung des Angeklagten kann allerdings auch noch während der HV stattfinden (BGH NStZ 2002, 384). Ob das Gericht **sachkundig** ist, ist ohne Belang (BGH StV 2001, 665 [Ls.]).

- bei **Leichenschau** und Leichenöffnung (§§ 87 ff.; zur Leichenschau im EV s. *Burhoff*, EV, Rn 2591),
- beim Verdacht einer **Vergiftung** (§ 91),
- bei Geld- oder **Wertzeichenfälschung** (§ 92).

2445 **5.a)** Darüber hinaus muss das **Gericht** immer dann einen SV beiziehen, wenn es selbst auf einem für die Entscheidung bedeutsamen Fachgebiet **nicht** über **genügende Sachkunde** verfügt (*Eisenberg*, Rn 1500 f., 1518 ff. m.w.N.; ausf. zur Sachkunde KK-*Krehl*, § 244 Rn 45; *Detter* NStZ 1998, 58 m.w.N.). Verfügt es über genügende Sachkunde, muss kein SV beigezogen werden (vgl. BVerfG NJW 2004, 209 [§ 244 Abs. 4 S. 2 ist verfassungsrechtlich nicht zu beanstanden]). Ob die Sachkenntnis eines Gerichts zur Beurteilung einer Beweisfrage ausreicht, richtet sich grds. nach deren Schwierigkeit sowie der Art und dem Ausmaß der auf fremdem Wissensgebiet beanspruchten Sachkunde (BGHSt 12, 18, 20). Dabei ist **unerheblich**, worauf die eigene **Sachkunde zurückzuführen** ist (vgl. *Meyer-Goßner/Schmitt*, § 244 Rn 73). Das Gericht kann die Sachkunde auch erst im Verfahren erwerben/erworben haben (BGH NStZ 2000, 437). Dazu darf es auf ein erst während des Verfahrens eingeholtes SV-Gutachten zurückgreifen (BGHSt 55, 5; BGH NStZ 2006, 511 m.w.N.; 2010, 51; 2010, 586) oder für die Zuordnung von Stimmen auf das Anhören einer Vielzahl abgehörter Telefongespräche (BGH, Beschl. v. 4.12.2007 – 3 StR 404/07, insoweit nicht in NStZ 2008, 230). Die Sachkunde kann auch auf einem gem. § 256 Abs. 1 Nr. 2 verlesenen ärztlichen Attest beruhen (BGHSt 52, 322; → *Verlesung von ärztlichen Attesten*, Rdn 2943;

ähnl. BGH NStZ 2006, 516 [für die Ablehnung der Hinzuziehung eines weiteren SV]). Allerdings muss es sich ggf. um ein (SV-)Gutachten handeln, dem das Gericht auch folgen will (BGH NStZ 2005, 159; s.a. BGHSt 39, 49). Die eigene Sachkunde kann daher nicht mit einem substantiiert als mangelhaft beanstandeten Erstgutachten begründet werden (BGHSt 55, 5; vgl. a. noch BGH StV 2015, 84 und oben Rdn 2441).

b) Zur genügenden/nicht genügenden **Sachkunde** ist hinsichtlich **allgemeiner Fragen** hinzuweisen auf folgende **Hinweise/Rechtsprechungsbeispiele**:
- Zur Zuziehung eines SV bei morphologischen und **anthropologischen Fragen** s. BGH NJW 2000, 1350; NStZ 2000, 156; zum Beweiswert eines anthropologischen SV-Gutachtens OLG Braunschweig StV 2000, 546.   2446
- Wenn zur **Identifizierung** des **Täters** vorhandenes Bildmaterial ausgewertet werden soll/muss (vgl. dazu *Bellmann* StRR 2011, 419; *dies.*; StRR 2011, 463; *dies.*, StRR 2012, 18; *Huckenbeck/Gabriel* NZV 2012, 201),
- Bei schwierigen Fragen der **Blutalkoholbestimmung** (Nachtrunk etc.) wird sich die Zuziehung eines SV dringend empfehlen (→ *Blutalkoholfragen*, Rdn 1162; zur Feststellung eines alkoholbedingten Vollrausches s. OLG Düsseldorf StraFo 1999, 98; OLG Karlsruhe NStZ 2004, 320 [für die Abweichung der Messergebnisse von Blut- und Atemalkohol um mehr als 0,4 ‰]). Das gilt insbesondere auch, wenn es um Fragen der Auswirkungen von Alkohol (und bestimmten Medikamenten) auf die Erinnerungsfähigkeit eines Zeugen geht (BGH StV 2001, 665).
- Die Zuziehung eines SV kann bei der Beurteilung der **Glaubwürdigkeit** eines Zeugen erforderlich sein (vgl. dazu → *Glaubwürdigkeitsgutachten*, Rdn 1630; s.a. *Burhoff*, EV, Rn 2126; *Deckers* NJW 1996, 3105 [für sog. Missbrauchsverfahren]; *Erb*, S. 181 ff.; und z.B. BGH NStZ 2008, 116; 2010, 51; 2010, 100; StV 2002, 637; 2005, 419; 2012, 582 [Auswirkungen einer paranoiden Persönlichkeitsstörung auf die Aussagetüchtigkeit geht]); 2013, 483; NStZ 2015, 49 [Gehirnschwund]; OLG Bremen StRR 2007, 304 [autistischer Zeuge]; OLG Stuttgart StV 2003, 63 [Aussagetüchtigkeit bei Schädelverletzung]),
- i.d.R. keine genügende Sachkunde, wenn es um die Auswirkungen von **Glücksspielsucht (Beschaffungsdeliquenz)** geht (vgl. in dem Zusammenhang *Kellermann* StV 2005, 287; *Roggenwallner* StRR 2008, 456; aus der Rspr. BGH NJW 2013, 181; zur Schuldfähigkeit und Spielsucht s.u.a. BGH StV 2015, 206),
- Die Auswertung von Diagrammscheiben eines **Fahrtenschreibers** kann das Gericht grds. selbst durchführen (OLG Düsseldorf NJW 1997, 269 [Ls.]; vgl. dazu a. Burhoff/ *Burhoff*, OWi, Rn 1261 ff.; *Krumm* VRR 2006, 328).
- Zum Recht und zum **Justizsystem** der **DDR** kann sich das Gericht eigene Sachkunde zutrauen (BGH NStZ-RR 1996, 201).

- Zur strafrechtlichen Begutachtung von Probanden mit **Migrationshintergrund** *Roggenwallner* StRR 2011, 16.
- Wegen der Komplexität der Beurteilung i.d.R. bei **Pädophilie** *Roggenwallner* StRR 2010, 336.
- Zur mögliche Reifeverzögerung bei einem Heranwachsenden aufgrund eines **ADHS-Syndrom** (OLG Koblenz StV 2011, 592),
- ggf. ein SV, wenn es um die Feststellung **schädlicher Neigungen** gem. § 17 Abs. 2 JGG geht (vgl. *Kemme* StV 2014, 760),
- **Schriftvergleich** (KG StraFo 2009, 154; vgl. zur Handschriftenuntersuchung *Diezel* StRR 2009, 216; *Seitz* StRR 2009, 295 und 337).
- Ggf. nicht ausreichend, wenn die Frage einer auf einem psychischen Defekt beruhenden **Widerstandsunfähigkeit** i.S.d. § 179 StGB zu beantworten ist (BGH NStZ 2003, 602).
- Ggf. in Strafverfahren wegen **Wirtschaftskriminalität** (vgl. dazu *Hagedorn* StV 2004, 217).
- Zur ggf. erforderlichen Zuziehung eines weiteren SV, wenn der Tatrichter vom Gutachten des gehörten SV **abweichen** will (BGH StV 2007, 19).
- Schließlich können darüber hinaus auch (allgemeine) Fragen der **Zeugentüchtigkeit** die Zuziehung eines SV erfordern. Das hat der BGH (StV 2002, 183) bei einer paranoidhalluzinatorischen Psychose im Zusammenhang mit exzessivem Drogenmissbrauch (vgl. BGH NStZ 2000, 437; NStZ-RR 2001, 132 [K]) sowie bei einer schizophrenen Belastungszeugin bzw. bei einem Zeugen mit einer **langjährigen Drogenabhängigkeit** in Kombination mit einer akuten hohen Intoxikation zur Tatzeit (BGH NStZ 2009, 346) bejaht.

2447 b) In der Praxis von **besonderer Bedeutung** sind die mit der Beurteilung der **Schuldfähigkeit** (§§ 20, 21 StGB) zusammenhängenden Fragen (dazu eingehend *Tondorf/Tondorf*, SV, Rn 1 ff.; *Streng* NStZ 1995, 12 ff., 161 ff. und *Basdorf* HRRS 2007, 275 ff. m.w.N. aus der Rspr. des BGH; zur Rechtsprechung des BGH bei der Beurteilung der Schuldfähigkeit s. die jährliche Rspr.-Übersicht, zuletzt *Pfister* NStZ-RR 2015, 161; s.a. noch die o.a. Beiträge von *Roggenwallner* im StRR). Dazu folgende

2448 Hinweise/Beispiele:

- **Kontrovers** wird in der Rspr. des BGH diskutiert, ob bei **Kapitaldelikten** grds. immer ein SV-Gutachten zu den Fragen der §§ 20, 21 StGB eingeholt werden muss (s. einerseits bej. BGH [5. Strafsenat] NStZ 2008, 644; Beschl. v. 6.7.2011 – 5 StR 230/11; s. aber a. die Rspr. des 1. Strafsenats in BGH NJW 2008, 1329, wonach es keinen Rechtssatz geben soll, dass der Tatrichter in Kapitalstrafsachen aus Gründen der Aufklärungspflicht stets gehalten ist, ein Gutachten zu den Fragen der §§ 20, 21 StGB einzuholen; zuletzt a. noch BGH, Beschl. v. 6.7.2011 – 5 StR 230/11).

- Grds. wird das Gericht von der **Zuziehung** eines SV in **aller Regel** aber nur dann **absehen** (können), wenn Anzeichen dafür, dass der Angeklagte nicht schuldfähig war, völlig fehlen (KK-*Krehl*, § 244 Rn 47 m.w.N.; s.a. die Erläuterungen bei Krehl zu §§ 20 f. StGB). Sonst wird i.d.R. ein SV hinzugezogen werden müssen (vgl. u.a. BGH NStZ 1989, 190), und zwar insbesondere bei Tötungsdelikten (*Glatzel* Krim 1995, 97; s. dazu aber einerseits BGH NStZ 2008, 644 und andererseits BGH NJW 2008, 1329).
- **Anzeichen**, die geeignet sind, **Zweifel** hinsichtlich der vollen Schuldfähigkeit zu wecken (vgl. a. noch KK-*Krehl*, a.a.O.):
  - zu **ADHS** als schwere seelische Abartigkeit i.S.d. §§ 20, 21 StGB s. OLG Hamm NStZ-RR 2008, 138 und OLG Koblenz StV 2011, 592,
  - **Aids-Erkrankung** und Kokainsucht (OLG Hamm VRS 90, 113),
  - bei einem **Blutalkoholgehalt** von rund 3 ‰, jedenfalls dann nicht ohne Hinzuziehung eines medizinischen SV, wenn der Beschuldigte eine **Lebervorschädigung** aufweist und längere Zeit alkoholabstinent gelebt hat oder wenn er zugleich nicht unerheblich mit einem Betäubungsmittelwirkstoff, wie z.B. THC intoxiert war (OLG Oldenburg NStZ-RR 2009, 73 [Ls.]),
  - zum sog. **Burn-Out** s. *Tondorf/Tondorf*, SV, Rn 50 ff.,
  - **cerebrales Anfallsleiden**, insbesondere hinsichtlich einer ggf. verminderten Alkoholtoleranz (OLG Düsseldorf StraFo 1998, 187),
  - ggf. **Erinnerungslücken** als Anzeichen einer affektbedingten Beeinträchtigung (BGH NStZ 1997, 296 [zugleich auch zur Abgrenzung zur bloßen Schutzbehauptung] und BGH, Beschl. v. 6.7.2011 – 5 StR 230/11,
  - **Missbrauch** durch einen **alternden**, bislang völlig unauffälligen Angeklagten (BGH NStZ-RR 2002, 258 [Be]),
  - Vorliegen von **Krankheiten** (BGH StV 1986, 285; OLG Oldenburg StV 2004, 477 [Angstzustände, Depressionen]),
  - Widerspruch zwischen Tat und Täterpersönlichkeit oder völlig **unübliches Verhalten** (LR-Becker, § 244 Rn 69 ff. m.w.N.; s.a. BGH StV 1994, 229 [Beweisantrag auf Einholung eines SV-Gutachtens zur Handlungsunfähigkeit, die mit der Schuldfähigkeit i.S.d. § 20 StGB nichts zu tun hat]; 1995, 633; NStZ-RR 2002, 258 [Be; Ersttaten eines Angeklagten im vorgerückten Alter]);
  - Besonderheiten in der Persönlichkeit und **auffälliges Tatgeschehen** (BGH NStZ-RR 2009, 5 [Ci]; 2009, 115),
  - ein nicht von langer Hand geplantes **Tötungsdelikt**, insbesondere eines Jugendlichen (BGH NStZ 2008, 644 m.w.N.; s. aber a. BGH NJW 2008, 1329),
  - **Unfall** mit **Gehirnverletzung** (OLG Frankfurt am Main NStZ-RR 1997, 366 [zugleich auch zur Frage, wann ausnahmsweise die eigene Sachkunde des Gerichts ausreicht]),

- ggf. wenn es um die eingeschränkte Schuldfähigkeit infolge **Drogenmissbrauchs** bei **Beschaffungskriminalität** geht (BGH NStZ 2003, 370; vgl. auch BGH, Beschl. v. 17.9.2013 – 3 StR 209/13), wobei allerdings der BGH nur ausnahmsweise Auswirkungen annimmt, wenn nämlich langjähriger Betäubungsmittelkonsum zu schwersten Persönlichkeitsveränderungen geführt hat, der Täter unter starken Entzugserscheinungen gelitten bzw. solche befürchtet hat und dadurch dazu getrieben wurde, sich mittels einer Straftat Drogen oder Mittel zu deren Erwerb zu verschaffen, oder unter Umständen auch dann, wenn er das Delikt im Zustand eines aktuellen Rausches verübt hat (zuletzt BGH, a.a.O. m.w.N.),

☞ Ggf. ist ein **zweiter SV** beizuziehen (BGH StV 1996, 4 [Hinzuziehung eines Psychiaters, nachdem das Gericht einen Psychologen gehört hat, wenn eine Hirnschädigung infrage steht]; s.a. BGH NJW 1998, 2753).

- Ob **Spielsucht** Auswirkungen auf die Schuldfähigkeit gehabt hat, kann das Gericht i.d.R. selbst beurteilen, es sei denn, der Angeklagte hat die Straftat begangen, um das Spielen fortsetzen zu können (BGH NJW 2013, 181 m. Anm. *Burhoff* StRR 2013, 71; NStZ 1994, 501; StV 2015, 206; Beschl. v. 17.9.2013 – 3 StR 209/13; OLG Hamm StraFo 1998, 309; zur psychiatrischen Sicht s. *Knecht* Krim 1992, 661; *Roggenwallner* StRR 2008, 456); s. in dem Zusammenhang zu den **Auswirkungen** von **Glückspielsucht** auf Beschaffungsdelinquenz *Kellermann* StV 2005, 287 und BGH NStZ 2005, 281 sowie BGHSt 49, 365 (zur Unterbringung wegen Spielsucht); vgl. a. noch LG Düsseldorf, Urt. v. 30.6.2010 – 14 KLs 3/10 [Entwicklung einer „spontanen Spielsucht" in der (behaupteten) Form des Süchtigseins nach Traden an der Börse]; s.a. noch *Tondorf/Tondorf*, SV, Rn 41.
- Bei Fragen der „**Kaufsucht**" ist ggf. ein SV beizuziehen, jedenfalls dürfen die Kriterien der Spielsucht nicht ohne Weiteres übernommen werden (OLG Düsseldorf StV 2006, 331).

6. Hinweise für den Verteidiger!

2449 a) Beantragt der Verteidiger mit einem **Beweisantrag** die Einholung eines SV-Gutachtens, sind aus den **Ablehnungsgründen** des § 244 der der **Ungeeignetheit** (→ *Beweisantrag, Ablehnungsgründe*, Rdn 875 f.) und der der eigenen **Sachkunde** des Gerichts von besonderer Bedeutung (→ *Obergutachter*, Rdn 1953; zur Sachkunde s.a. o. Rdn 2445 ff.). Der Beweisantrag der Verteidigung kann aber nicht mit der in § 244 Abs. 3 und 4 nicht vorgesehenen Begründung gelehnt werden, die Beweiserhebung sei zur Erforschung der Wahrheit nicht erforderlich (OLG Brandenburg StRR 2013, 282 [Ls.]).

☞ In einer „neuen" HV nach Teilaufhebung und Zurückverweisung durch das Revisionsgericht, ist, wenn der **Schuldspruch** des „ersten" Urteils durch Teilverwerfung der Revision **rechtskräftig** ist, ein **Beweisantrag**, der auf Feststellung der Voraussetzungen der Schuldunfähigkeit gerichtet ist, **unzulässig** (BGHSt 44, 119; insoweit noch offengelassen in BGHSt 30, 340).

b) Ergibt sich erst **in** der **HV** die **Notwendigkeit**, einen SV zu beauftragen, gilt Folgendes:
aa) Hinsichtlich der **Auswahl** des **SV** muss der Verteidiger darauf achten, dass der „richtige" SV ausgewählt wird (vgl. zur Auswahl eingehend *Detter* NStZ 1998, 58 f. m.w.N.; *Tondorf/Tondorf*, SV, Rn 24; StrafPrax-*Gatzweiler* u.a., § 19 Rn 72 ff.; *Dierlamm*, S. 117; s.a. *Burhoff*, EV, Rn 3321 f. m.w.N.). Die **Auswahl** des SV steht im **Ermessen** des **Gerichts** (zur Auswahl und zum Auswahlverfahren auch *Tondorf/Tondorf*, SV, Rn 221 ff., 245 ff.).

2450

☝ Der Angeklagte wird i.d.R. **nicht** die Bestellung eines **bestimmten SV**, insbesondere des „SV seines Vertrauens" **erzwingen** können. Weigert er sich, sich von dem vom Gericht bestellten SV untersuchen zu lassen, muss er in Kauf nehmen, ggf. gar nicht untersucht zu werden (BGHSt 44, 26, 31; BGH NStZ 1997, 610; ähnlich BGH NStZ 2003, 101, in Zusammenhang mit der Frage eines Anwesenheitsrechts des Verteidigers bei der Exploration; vgl. dazu a. *Meyer-Mews* StraFo 2010, 221, 222; *Roggenwallner* StRR 2013, 214). Der BGH (NStZ 2033, 101) begründet seine restriktive Rspr. damit, dass der Beschuldigte/Angeklagte es andernfalls in der Hand hätte, nur den ihm genehmen SV bestellen zu lassen. Dabei übersieht er allerdings, worauf *Meyer-Mews* zu Recht hinweist (a.a.O.), dass die StA und die Gerichte es i.d.R. in der Hand haben, ihnen genehme SV zu bestellen.

bb) Zuständig für die Auswahl des SV ist im gerichtlichen Verfahren gem. § 73 Abs. 1 das **Gericht**. Dieses ist an eine von der StA im EV getroffene (Auswahl-)Entscheidung nicht gebunden (KK-*Senge*, § 73 Rn 1 m.w.N.; LR-*Krause*, § 73 Rn 25 und LR-*Erb*, § 161a Rn 25 m.w.N.). Hat das Gericht einen bestimmten SV ausgesucht, z.B. um das minderjährige Opfer einer Sexualstraftat zu untersuchen, verweigert der gesetzliche Vertreter des Opfers aber die Zustimmung zur Untersuchung durch diesen SV, muss das Gericht einen anderen SV auswählen (KG NJW 1997, 69 unter Hinw. auf § 244 Abs. 2; s.a. *Düring/Eisenberg* StV 1997, 457 in der abl. Anm. zu KG, a.a.O.).

2451

☝ Nach Nr. 70 Abs. 1 RiStBV ist dem Verteidiger vor der Auswahl des SV **Gelegenheit** zu geben, sich hierzu zu **äußern** (vgl. dazu OLG Zweibrücken NStZ-RR 2006, 355). Der Verteidiger sollte – im Interesse seines Mandanten – von seinem, wenn auch schwach ausgebildeten (*Detter* NStZ 1998, 58), Recht zur Stellungnahme bei der Auswahl des vorgeschlagenen SV **Gebrauch machen** und versuchen, auf die Auswahl des SV Einfluss zu nehmen (s.a. *Krekeler* StraFo 1996, 6; *Barton* StV 2003, 539 in der Anm. zu BGH NStZ 2003, 101; *Dierlamm*, a.a.O.; vgl. auch OLG Zweibrücken, a.a.O). Das gilt insbesondere, wenn er mit dem vorgeschlagenen SV nicht einverstanden ist (zur Auswahl des SV durch das Gericht s. *Tondorf*, SV, Rn 245).

2452 **cc)** Die **Beschwerde** gegen die getroffene Entscheidung ist nach h.M. **unzulässig** (zuletzt OLG Nürnberg NStZ-RR 2013, 29; OLG Schleswig StV 2000, 543; *Meyer-Goßner/ Schmitt*, § 73 Rn 18 m.w.N.).

2453 **dd)** Von Bedeutung ist schließlich die **umstr.** Frage, ob der Verteidiger vom SV ein schriftliches **Vorgutachten** verlangen kann. Das wird von der überw. Meinung in der Lit. m.E. zu Recht weitgehend bejaht (vgl. *Tondorf/Tondorf*, SV, Rn 362; LR-*Krause*, § 82 Rn 5; *Deckers/Heusel* StV 2009, 7 m.w.N. in der Anm. zu BGH NStZ 2008, 418; *Deckers/Schöch/Nedopil/Dittmann/Müller/Nowara/Saimeh/Boetticher/Wolf* NStZ 2011, 69; *Schäfer*, Die Praxis des Strafverfahrens, 6. Aufl., Rn 1041; *Jungfer* StraFo 1995, 19; eingeschränkt auch LR-*Krause*, § 82 Rn 5; a.A. KK-*Senge*, § 82 Rn 3). Der BGH hat die Frage allerdings inzwischen – für den Fall der möglichen Anordnung einer Maßregel gem. § 66 StGB – verneint (BGHSt 54, 177 m. teilw. zust. Anm. *Ziegert* StV 2011, 199; offen gelassen von BGH NStZ 2008, 418; für das Verfahren nach § 454 a.A.KG StV 2011, 42; zu allem a. *Burhoff*, EV, Rn 3332 ff.).

☞ Dem Angeklagten steht auch hinsichtlich des SV das Recht auf **konfrontative Befragung** zu (vgl. dazu OLG Düsseldorf zfs 2008, 704; wegen der Einzelh. zur konfrontativen Befragung → *Fragerecht des Angeklagten*, Rdn 1537).

2454 **7.a)** Liegt das **Gutachten** vor, muss der Verteidiger dieses auf seine **Brauchbarkeit überprüfen** (s. dazu *Krekeler* StraFo 1996, 5, 11; *Rasch*, Forensische Psychiatrie, S. 286 ff.; StrafPrax-*Deckers*, § 20 Rn 89 ff. und StrafPrax-*Gatzweiler* u.a., § 19 Rn 87 ff. sowie schließlich *Schlothauer*, Rn 99d [zum Schuldfähigkeitsgutachten]). Eine eingehende Darstellung der Prüfung psychologisch/psychiatrischer SV-Gutachten geben *Tondorf/Tondorf* (SV, Rn 1 ff.; zu den Mindeststandards a. *Tondorf* StV 2004, 279), die sich insbesondere auch mit den Qualitätsstandards einer Begutachtung beschäftigen (zu den besonderen Qualitätsstandards bei der Begutachtung von Sexualstraftätern *Rose* StV 2003, 101). Ein besonderes Augenmerk muss der Verteidiger auf die Gutachten haben, in denen **ausländische** oder **fremdsprachige Beschuldigte** begutachtet werden (vgl. dazu *Schmidt* StV 2006, 51; zur Begutachtung von Probanden mit Migrationshintergrund *Roggenwallner* StRR 2011, 16).

2455 **b) Allgemein** gilt darüber hinaus: Ein (gerichtlich bestellter) SV hat die Pflicht zur persönlichen Gutachtenerstattung. Es besteht daher ein **Delegationsverbot**, soweit durch Heranziehung anderer Personen die Verantwortung des Sachverständigen für das Gutachten in Frage gestellt wird (BGH NJW 2012, 791 [Ls.] m. Anm. *Burhoff* StRR 2011, 286).

☞ Werden in Zusammenhang mit der **Einholung** eines SV-Gutachtens **Fehler** gemacht, wie z.B. eine nicht vertretbare Bewertung eines Vorgutachtens und/oder keine Anhörung des Beschuldigten bei Einholung eines weiteren Gutachtens kurz vor der HV, kann das zur berechtigten → *Ablehnung eines Sachverständigen*, Rdn 15, führen (BGHSt 48, 4 [für Begutachtung der Schuldfähigkeit des Beschuldigten/Angeklagten]).

Will das Gericht von dem erstatteten Gutachten des SV **abweichen**, gebietet es die → *Aufklärungspflicht des Gerichts*, Rdn 329, dem SV **Gelegenheit** zu geben, sich mit neuen Anknüpfungstatsachen zu befassen (OLG Zweibrücken StV 2000, 126; zur Verletzung des „fair-trial" bei Beauftragung eines weiteren SV durch das [Berufungs-] Gericht OLG Hamm NStZ 1996, 455).

c)aa) Im **Einzelnen**: Zu den (besonderen) wissenschaftlichen Mindestanforderungen an ein → *Glaubwürdigkeitsgutachten*, Rdn 1630, hat der BGH 1999 Stellung genommen in BGHSt 45, 164 (dazu eingehend u.a. KK-*Ott*, § 261 Rn 31 ff. m.w.N.;. *Conen* u.a. GA 2000, 372; *Wendler* StRR 2008, 13 ff.). Auf der Grundlage dieser Rspr. sollte der Verteidiger sich – insbesondere bei Glaubwürdigkeitsgutachten – etwa an folgendem **Fragenkatalog** orientieren (vgl. *Boetticher*, S. 8 ff.): 2456

- Ist das Gutachten **plausibel**, folgerichtig und **schlüssig** oder hat es Widersprüche? 2457
- Welche **Methoden** hat der SV bei der Erstellung des Gutachtens angewandt?
- Handelt es sich um **fachlich anerkannte Methoden** oder hat der SV ggf. noch nicht allgemein anerkannte Methoden angewandt (vgl. zu letzterem BGH NStZ 1998, 528)?
- Hat der SV die erforderliche **wissenschaftliche Autorität** (zur Sachkunde des psychiatrischen Sachverständigen *Roggenwallner* StRR 2011, 180)?
- Ist der SV einer bestimmten „**Schule**" zuzuordnen und gibt es an dieser fachliche Kritik?
- Hat der SV sich an sein **Aufgabengebiet gehalten** oder hat er sich Kompetenzen angemaßt, die nicht zu seinem Fachgebiet zählen?
- Nimmt der SV, was unzulässig wäre, zu **Rechtsfragen** Stellung?
- Ergeben sich aus dem Gutachten **Zweifel** an der **Unparteilichkeit** des SV, die ggf. dazu zwingen, den SV wegen Befangenheit abzulehnen (→ *Ablehnung eines Sachverständigen*, Rdn 15) oder seine Entbindung zu beantragen (lesenswert dazu *Rode/Legrano* StV 1995, 496)?
- Sind **Besonderheiten** in der **Person** des zu Untersuchenden ausreichend beachtet worden? Das gilt vor allem, wenn es sich um ausländische oder fremdsprachige Zeugen handelt (vgl. dazu *Schmidt* StV 2006, 51 [für den ausländischen/fremdsprachigen Beschuldigten]).

bb) Von besonderer Bedeutung für die Verwertbarkeit eines SV-Gutachtens, bei dem eine Person untersucht worden ist, ist die Frage, ob der **Untersuchte ausreichend** und **richtig belehrt** worden ist. Ist das nicht der Fall, kann das Gutachten ggf. unverwertbar sein 2458

(→ *Glaubwürdigkeitsgutachten*, Rdn 1646 f.; s.a. *Burhoff*, EV, Rn 2515 f.; vgl. dazu a. BGH StV 1997, 213 [SV hat bewusst die erforderliche Belehrung der minderjährigen Zeugen nicht herbeigeführt, was zur Annahme der Befangenheit führen kann]). Der SV ist i.Ü. **nicht verpflichtet** von seinen Beweiserhebungen die Verfahrensbeteiligten zu benachrichtigen; er darf also z.b. Örtlichkeiten ohne Mitwirkung des Gerichts, des Beschuldigten oder des Verteidigers besichtigen (OLG Schleswig SchlHA 2010, 226 [Dö/Dr.]).

✍ Hat der SV, was zulässig ist (*Meyer-Goßner/Schmitt*, § 73 Rn 2), **Hilfskräfte beigezogen**, darf das nicht dazu führen, dass dadurch seine eigene Beurteilung infrage gestellt ist (zum **Delegationsverbot** s. BGH NJW 2012, 791 [Ls.]). Der SV muss die persönliche Verantwortung für das Gutachten übernehmen. Das wird aus dem bloßen Vermerk „inhaltlich einverstanden" nicht ausreichend deutlich (OLG Nürnberg StV 2007, 596).

2459 **8.a)** Auf der Grundlage der Rspr. des BGH zu Glaubwürdigkeitsgutachten (BGHSt 45, 164; dazu Rdn 2456 ff.) sind auch für andere Gutachten **Mindeststandards** diskutiert und gefordert worden (vgl. a. BGH NStZ 2008, 116). Das galt insbesondere für **Schuldfähigkeitsgutachten** (vgl. dazu eingehend *Tondorf* StV 2004, 279; *Boetticher*, S. 8). Nachdem dann zunächst das BVerfG für Prognosegutachten betreffend die Sicherungsverwahrung die vom BGH für Glaubwürdigkeitsgutachten entwickelten Mindeststandards ausdrücklich übernommen hatte (BVerfG NJW 2004, 739; vgl. dazu *Boetticher u.a.* NStZ 2006, 537; zur Prognosegutachten *Tondorf/Tondorf*, SV, Rn 87 ff.), hat dann der BGH auch Mindeststandards für Schuldfähigkeitsgutachten aufgestellt (dazu eingehend *Tondorf/Tondorf*, SV, Rn 209 ff.; *Boetticher* u.a. NStZ 2005, 57; *Schöch*, S. 967 ff.). Danach muss der SV in seinem Gutachten nach den Geboten der Nachvollziehbarkeit und der Transparenz für alle Verfahrensbeteiligten nach Möglichkeit darlegen, aufgrund welcher Anknüpfungstatsachen und auf welchem Weg er zu den von ihm gefundenen Ergebnissen gelangt ist (st. Rspr. des BGH; vgl. dazu die Nachw. in BGHSt 49, 45). Zu einem **geeigneten Gutachten** gehört, dass „der Sachverständige die sozialen und biografischen Merkmale unter besonderer Berücksichtigung der zeitlichen Konstanz der pathologischen Auffälligkeiten erhebt. Darüber hinaus bedarf es der Darstellung der pathologischen Reaktionsweisen unter konflikthaften Belastungen und deren Veränderungen infolge der natürlichen Reifungs- und Entwicklungsschritte sowie der therapeutischen Maßnahmen". Weist die untersuchte Person Persönlichkeitszüge auf, die nur auf ein unangepasstes Verhalten oder auf eine akzentuierte Persönlichkeit hindeuten und die Schwelle einer Persönlichkeitsstörung nicht erreichen, wird schon aus psychiatrischer Sicht eine Zuordnung zum vierten Merkmal des § 20 StGB auszuschließen sein (zur Kritik an der Rspr. *Tondorf/Tondorf*, SV, Rn 209, die sie als zu psychiatrielastig ansehen). Die Rspr. hat der BGH dann fortgesetzt in BGHSt 49, 347 und dort zu den **Anforderungen** an ein psychiatrisches SV-Gutachten über die Schuldfähigkeit des Angeklagten und die Voraussetzungen seiner **Unterbringung** in einem psychiatrischen Krankenhaus sowie zu den Prüfungsanforderungen an das Gericht bei Vorliegen eines **methodenkritischen Gegengutachtens** (weiter) Stellung genommen.

b) Mit der **Qualitätssicherung** von Schuldfähigkeitsgutachten hat sich zudem eine beim BGH eingerichtete **Arbeitsgruppe** befasst, die Empfehlungen für die forensische Schuldfähigkeitsbeurteilung nach §§ 20, 21 StGB erarbeitet hat (vgl. dazu *Boetticher* u.a. NStZ 2005, 57 ff.; *Tondorf/Tondorf*, SV, Rn 67ff. und 210 ff.; s. dazu krit. *Eisenberg* NStZ 2005, 304; zur Sachkunde des psychiatrischen Sachverständigen *Roggenwallner* StRR 2011, 180). Wegen der Einzelheiten wird auf den Beitrag von *Boetticher* u.a. (a.a.O.) verwiesen. Wegen der **formellen** und **inhaltlichen Mindestanforderungen** wird ebenfalls auf *Boetticher* u.a. NStZ 2005, 57, 60 sowie *Schöch*, S. 967 ff. und *Burhoff*, EV, Rn 3339, verwiesen. Mit den auftauchenden Fragen wird sich der Verteidiger vor allem im EV und bei der → *Vorbereitung der Hauptverhandlung*, Rdn 3370, auseinandersetzen müssen.

2460

c) Hat der Verteidiger aufgrund der o.a. Fragen/Überprüfung **Zweifel** an der Richtigkeit/ Brauchbarkeit des Gutachtens, muss er sich überlegen, ob er ein → *Obergutachten*, Rdn 1953, beantragen muss. Wenn der Angeklagte dem gerichtlich bestellten SV die Untersuchung verweigert, verfügt ein weiterer (privater) SV aber nicht deswegen über überlegene Forschungsmittel, weil sich der Angeklagte von diesem untersuchen lassen will (BGHSt 44, 26, 31). In Zweifelsfällen muss sich i.Ü. das Gericht eines anderen Gutachters bedienen (vgl. BGHSt 49, 347; zust. *Nedopil* JR 2005, 216 in der Anm. zu BGH, a.a.O.; zur Beweiswürdigung bei voneinander abweichenden Gutachten BayObLG NStZ-RR 2003, 150 [straßenverkehrsrechtliche Frage]). Darauf sollte der Verteidiger hinweisen.

2461

✍ Für das spätere **Urteil** ist auf Folgendes hinzuweisen: Das Gericht muss, wenn die Beweiswürdigung nicht lückenhaft sein soll, im Urteil zumindest die wesentlichen Anknüpfungstatsachen und Darlegungen des SV wiedergeben (st. Rspr. der Obergerichte; vgl. u.a. BGH NStZ 1991, 596; 2007, 538; StRR 2010, 362 [Ls.]; OLG Hamm StV 2008, 130, jew. m.w.N.; OLG Rostock, Beschl. v. 10.10.2013 – 2 Ss-OWi 152/13; weit. Nachw. auch bei Burhoff/*Burhoff*, OWi, Rn 4050). Handelt es sich um ein sog. standardisiertes Verfahren, wie z.B. die molekulargenetische Untersuchung von DNA-Spurenträgern, sind die Anforderungen allerdings geringer (vgl. dazu BGH NStZ 2012, 403 m.w.N.; vgl. auch noch BGH NStZ-RR 2012, 53 unter Hinweis auf BGH NJW 2011, 1159, sowie noch BGHSt 58, 212; NStZ 2013, 177; StV 2014, 587; 2014, 588). Die erhöhten Anforderungen werden von den Tatgerichten häufig übersehen.

Will das Tatgericht von einem SV-Gutachten **abweichen**, muss es seine Gegenansicht unter Auseinandersetzung mit den Ausführungen des vernommenen SV begründen (vgl. BGH StraFo 2008, 334; 2009, 71; ähnlich BGH NStZ 2013, 55; *Meyer-Goßner/ Schmitt*, § 267 Rn 13 m.w.N.) und über genügende eigene Sachkunde verfügen (BGH NStZ 2006, 516).

2462 **9.a)** Der Verteidiger hat das Recht, einen SV als sog. **Privatgutachter** zu beauftragen, wenn er das im Interesse seines Mandanten für erforderlich hält. Das kann z.B. der Fall sein, wenn er den vom Gericht beauftragten SV, auf dessen Auswahl er grds. keinen Einfluss hat, für nicht sachkundig genug hält. Meist wird der Verteidiger einen „Privatgutachter" schon vor der HV in der Vorbereitungsphase beauftragen (zu den sich insoweit ergebenden Fragen *Burhoff*, EV, Rn 1573 ff., 2534 ff.; zur Beauftragung eines SV „seines Vertrauens" s. aber a. BGHSt 44, 26, 30 ff.). Dieser kann dann als sog. **anwaltlicher Mitarbeiter** des Verteidigers an der HV teilnehmen (s.a. → *Sitzordnung in der Hauptverhandlung*, Rdn 2519; → *Zulassung von Mitarbeitern des Verteidigers zur Hauptverhandlung*, Rdn 3586; wegen des von der h.M. verneinten ZVR → *Zeugnisverweigerungsrecht*, Rdn 3572; a.A. als die h.M. *Krause* StraFo 1998, 1; *Krekeler/Schonard* wistra 1998, 137). Er kann zudem ggf. als Zeuge für die Ergebnisse seiner Untersuchung in Betracht kommen.

2463 **b)** Beim Privatgutachter stellt sich immer auch die schwierige **Kostenfrage**: Der Pflichtverteidiger kann, ebenso wie der Wahlverteidiger, nicht unbedingt davon ausgehen, dass er die Kosten für einen von ihm beauftragten SV später gem. § 464a aus der Staatskasse erstattet bekommt (*Meyer-Goßner/Schmitt*, § 464a Rn 16 m.w.N.; wegen der Einzelh. s. *Burhoff*, EV, Rn 1591 f., 3327; zur Kritik an der h.M. in der Rspr. schon *Jungfer* StV 1989, 495, 499 ff. m.w.N.; eingehend a. *König* StraFo 1996, 98, 102; zur Kostenerstattung auch → *Präsentes Beweismittel*, Rdn 2055). Das gilt allerdings nur für den Fall, dass die StA und später das Gericht dem Antrag auf Beauftragung des vom Verteidiger gewünschten SV nicht nachkommen. Wird der SV vom Gericht bestellt, sind seine Auslagen stets Kosten des Verfahrens.

2464 **c) Lehnt** das **Gericht** es **ab**, den von der Verteidigung beauftragen SV zur HV zu **laden**, muss der Verteidiger dies selbst tun, und zwar durch das gesetzlich geregelte **Selbstladungsverfahren** nach den §§ 220, 38. Nur dann ist das Gericht in der HV gezwungen, den SV zu vernehmen, wenn kein Ablehnungsgrund nach § 245 Abs. 2 vorliegt. Es ist nicht ausreichend, den SV einfach nur zur HV mitzubringen. Ein auf diese Weise „gestellter" SV ist kein präsentes Beweismittel i.S.v. § 245 (→ *Präsente Beweismittel*, Rdn 2036).

> ✎ Der vom Verteidiger geladene/„präsentierte" SV hat dieselbe **Rechtsstellung** wie der gerichtlich geladene. Er hat also ein Anwesenheits- und Fragerecht (vgl. allgemein zur Rechtsstellung des vom Verteidiger geladenen SV *Widmaier* StV 1985, 527). Das Gericht muss nach h.M. dem gestellten SV aber grds. nicht **ermöglichen**, sein **Gutachten** (weiter) **vorzubereiten** (st. Rspr.; s. zuletzt BGHSt 43, 171 m.w.N.; aus der Lit. *Meyer-Goßner/Schmitt*, § 245 Rn 3 m.w.N.). Wenn allerdings ohne Verzögerung der HV eine Untersuchung o.Ä. möglich ist, muss das Gericht dies aus Gründen der Waffengleichheit gestatten (BGH, a.a.O.; s.a. *Widmaier* StV 1985, 528 [wenn zur Erstattung des Gutachtens die Untersuchung des Angeklagten in der JVA erforderlich ist]). Dem darf dann auch nicht U-Haft des Angeklagten entgegenstehen (BGHSt 43, 171).

Der „präsentierte" SV muss ebenso wie ein „SV des Gerichts" sein Gutachten „**unparteiisch** und nach bestem Wissen und Gewissen" (§ 79 Abs. 2) erstatten und kann sich nur darauf beschränken, Umstände vorzutragen, die gegen die von ggf. bereits gehörten SV vertretenen Auffassungen sprechen (OLG Hamm StRR 2015, 67).

d) Hinweise für den Verteidiger!

Auf folgende Fragen ist noch besonders **hinzuweisen**:

aa) Hatte der Verteidiger bereits AE, wovon er im Stadium der HV auszugehen ist, kann er dem SV eine **Kopie** der **Verfahrensakten überlassen**. Dagegen bestehen nach § 19 Abs. 1 BORA keine berufsrechtlichen Bedenken (zur Überlassung von Dateien mit (kinder)pornografischem Inhalt s. einerseits BGH NStZ 2014, 514 m. Anm. *Barton* StRR 2014, 349; andererseits OLG Frankfurt am Main NJW 2013, 1107 m. abl. Anm. *König*; s.a. *Burhoff*, EV, Rn 436 ff. m.w.N.). **Anderenfalls** muss er den SV – objektiv (!) – **informieren**. 2465

bb) Zudem geht es häufig auch darum, inwieweit einem (ggf. vom Verteidiger beauftragten) SV **Zugriff** auf **Beweismittel**, die sich in amtlichem Gewahrsam befinden, möglich ist, also insbesondere auf beschlagnahmte Gegenstände. Hier kann der Verteidiger zwar bei der Besichtigung der Beweisstücke den SV hinzuziehen (LR-*Lüderssen/Jahn*, § 147 Rn 113). Gem. § 147 Abs. 4 kann der Verteidiger aber **Beweisstücke** zur **Einsichtnahme nicht mitnehmen**, wovon grds. keine Ausnahme zugelassen wird (BGH NStZ 1981, 95 [Pf/M]; KK-*Laufhütte/Willnow*, § 147 Rn 5). Für eine Einschränkung dieses Verbots als eine sachgerechte Erweiterung des Akteneinsichtsrechts des Verteidigers plädiert *Krekeler* StraFo 1996, 5, 7 (s.a. *Burhoff*, EV, Rn 183 ff., 3327). 2466

In Betracht kommen kann aber ein **Antrag** an das Gericht, dem von der Verteidigung beauftragten SV die Beweisgegenstände zur Verfügung zu stellen, damit der SV – in Vorbereitung eines Antrags nach § 245 – tätig werden kann. Die Ablehnung dieses Antrags soll revisionsrechtlich nicht zu beanstanden sein (BGH StraFo 1995, 52 [für Leichenblut]; m.E. im Hinblick auf die → *Aufklärungspflicht des Gerichts*, Rdn 329, und der darauf beruhenden Aufklärungsrüge nicht unbedenklich).

cc) Von Bedeutung ist zudem die Frage, inwieweit der Verteidiger/Angeklagte die Vorlage und **Zugänglichmachung** sämtlicher zur Vorbereitung des SV-Gutachtens dienender **(Arbeits-)Unterlagen** verlangen kann. Das ist insbesondere bei → *Glaubwürdigkeitsgutachten*, Rdn 1630, für bei der Begutachtung etwa erstellte Tonbandprotokolle, Mitschriften, Test- und Fragebögen von Bedeutung. Ein entsprechender – unbedingter – Anspruch des Angeklagten wird von der Rspr. **verneint** (s. BGH StV 1995, 565; zur Kritik s. *Tondorf/ Tondorf*, SV, Rn 364 f.). Allerdings sieht der BGH den (Tat-)Richter als verpflichtet an, 2467

S | Sachverständiger Zeuge

im Einzelfall ggf. doch auf die Vorlage der Unterlagen zu drängen und den Beweiswert des Gutachtens, wenn die Unterlagen nicht mehr vorhanden sein sollten, besonders kritisch zu prüfen. M.E. spricht aber auch nichts dagegen, dem Verteidiger **Einsicht** in die Unterlagen zu **gewähren**, wenn er z.b. die Auswertung überprüfen will. Der Verteidiger sollte sich also nicht scheuen, einen entsprechenden Antrag zu stellen.

In der HV muss der Verteidiger bei der Vernehmung des SV darauf achten, ob die Arbeitsunterlagen dem SV (noch) vorliegen. Ist das der Fall, wird er den **SV** dazu **befragen** (s. BGH StV 1995, 565 f.).

Für einen (Beweis-)**Antrag** auf Beiziehung der Arbeitsunterlagen ist darauf hinzuweisen, dass der Verteidiger nicht nur die Beiziehung der Unterlagen beantragen darf. Vielmehr muss er ggf. (bestimmt) **behaupten**, dass sich aus den Materialien die **Unrichtigkeit** der **Schlussfolgerungen** des SV ergeben würde. Diesen Antrag kann das Gericht nicht mit der Begründung ablehnen, der SV sei zur Vorlage der Unterlagen nicht verpflichtet (BGH NStZ 1989, 143; s. dazu a. *Hartmann/Rubach* StV 1990, 425; *Jungfer* RuP 1995, 29).

Siehe auch: → *Ablehnung eines Sachverständigen*, Rdn 15; → *Beweisantrag*, Rdn 835 m.w.N.; → *Beweisantrag, Formulierung: Sachverständigenbeweis*, Rdn 919; → *Entlassung von Zeugen und Sachverständigen*, Rdn 1425; → *Erneute Vernehmung eines Zeugen und Sachverständigen*, Rdn 1476; → *Fragerecht des Sachverständigen*, Rdn 1545; → *Kommissarische Vernehmung eines Zeugen oder Sachverständigen*, Rdn 1793; → *Sachverständiger Zeuge*, Rdn 2468; → *Vereidigung eines Sachverständigen*, Rdn 2786; → *Vernehmung Sachverständiger*, Rdn 3143; → *Zeugenvernehmung, Allgemeines*, Rdn 3537 m.w.N.

2468 Sachverständiger Zeuge

2469 1. Bei der Vernehmung **sachkundiger Personen** ist wegen der Art und Weise der Belehrung und der Möglichkeit der → *Ablehnung eines Sachverständigen*, Rdn 15, wegen Befangenheit, was bei einem Zeugen nicht möglich ist, zu **unterscheiden** zwischen sachverständigen Zeugen (§ 85) und SV.

2470 Für die **Abgrenzung** gilt (vgl. a. BGHSt 20, 222; BGH NStZ 1985, 465; OLG Düsseldorf NStZ-RR 2014, 19 [Ls.]):

- Sie ist zum einen danach vorzunehmen, ob die Beweisperson **Sachkunde vermitteln** soll. Das kann nur der **SV**.
- Zum anderen ist der **Anlass** der zu bekundenden Wahrnehmungen maßgebend. Wird über Wahrnehmungen ausgesagt, die mit besonderer Sachkunde ohne behördlichen Auftrag oder ohne besondere Sachkunde mit behördlichem Auftrag gemacht worden

sind, handelt es sich im ersten Fall um einen sachverständigen Zeugen bzw. im zweiten um einen Augenscheinsgehilfen (OLG Düsseldorf NStZ-RR 2014, 19 [Ls.]; vgl. dazu *Meyer-Goßner/Schmitt*, § 86 Rn 4; → *Augenscheinseinnahme*, Rdn 348). **SV** ist hingegen derjenige, der über Wahrnehmungen aussagt, die er aufgrund seiner Sachkunde im **Auftrag** des Gerichts, der StA oder Polizei gemacht hat (*Meyer-Goßner/ Schmitt*, § 85 Rn 3 m.w.N.). Diese Personen sind wie ein SV zu belehren und können auch wegen Befangenheit abgelehnt werden.

Der SV ist **nach begründeter** → *Ablehnung eines Sachverständigen*, Rdn 15, **nicht sachverständiger Zeuge**, kann aber als Zeuge vernommen werden über Tatsachen, die Gegenstand seiner Wahrnehmung gewesen sind, und zwar nach h.M. nicht nur über Zufallsbeobachtungen und Zusatztatsachen, sondern auch über die bei der Vorbereitung des Gutachtens ermittelten Befundtatsachen (BGH NStZ 2002, 44, 45).

Rechtsprechungsbeispiele: 2471

- Der **Arzt**, der dem Angeklagten eine **Blutprobe** entnommen hat (§ 81a Abs. 1 S. 2), ist **SV** sowohl hinsichtlich des Eingriffs als auch hinsichtlich der Wahrnehmungen, die er über den Zustand des Angeklagten während des Eingriffs aufgrund seiner Sachkunde gemacht hat (*Meyer-Goßner/Schmitt*, § 85 Rn 5 m.w.N.; a.A. u.a. KG VRS 31, 273; OLG Köln BA 1966, 609).
- Ist ein **Arzt ohne Auftrag** einer Strafverfolgungsbehörde tätig geworden, wird er als **Zeuge** vernommen, auch wenn seine Tätigkeit die Bestellung eines SV erspart hat (OLG Köln OLGSt § 261, 96 ff.).
- Ein Polizeibeamter, der bei einer Vernehmung **gedolmetscht** hat, kann zu den von ihm übersetzten Angaben eines Dritten als sachverständiger Zeuge gehört werden (BayObLG NJW 1998, 1505; → *Ablehnung eines Dolmetschers*, Rdn 5).
- **Technische SV**, die ihre Wahrnehmungen ohne behördlichen Auftrag gemacht haben, sind ebenfalls nur **sachverständige Zeugen**, und zwar auch dann, wenn sie Berufssachverständige sind (*Meyer-Goßner/Schmitt*, § 86 Rn 5 m.w.N.).

2. Handelt es sich bei der Beweisperson um einen **sachverständigen Zeugen**, unterscheidet er sich von anderen Zeugen nur dadurch, dass er die Wahrnehmungen aufgrund besonderer Sachkunde gemacht hat (s. obige Bsp.). Er wird wie jeder andere Zeuge belehrt, vereidigt und entschädigt (*Meyer-Goßner/Schmitt/Schmitt*, § 58 Rn 3; *Meyer-Goßner/ Schmitt*, § 85 Rn 1) und kann **nicht** wegen **Befangenheit** abgelehnt werden. 2472

Äußert sich ein **Zeuge** (auch) **gutachtlich**, muss er nicht unbedingt schon deshalb als SV vernommen werden. Es kommt vielmehr darauf an, wo das **Schwergewicht** seiner Vernehmung liegt (BGH NStZ 1984, 465; ähnl. BGHSt 48, 34). Im Einzelfall kann zwar ein sachverständiger Zeuge auch als Sachverständiger vernommen werden. Der Zeuge wird durch gutachterliche Äußerungen nicht zum Sachverständigen, wenn Tatsachenbekundungen im Vordergrund stehen (OLG Düsseldorf NStZ-RR 2014, 114 [Ls.]).

Siehe auch: → *Sachverständigenbeweis*, Rdn 2436.

2473 Schluss der Beweisaufnahme

2474 **1. I.d.R.** erklärt der **Vorsitzende** am Ende der Beweisaufnahme, dass er diese nun schließe. Das ist ausreichend. Der „Schluss der Beweisaufnahme" (§ 258 Abs. 1) braucht weder durch einen Gerichtsbeschluss noch durch eine ausdrückliche Anordnung des Vorsitzenden formell festgestellt zu werden. Der Vorsitzende kann die Beweisaufnahme auch **stillschweigend** schließen (KK-*Ott*, § 258 Rn 2). Er muss nur **unmissverständlich** zu erkennen geben, dass keine Beweise mehr erhoben und die Schlussvorträge gehalten werden können (BGH NStZ 1990, 28 [M]; KG NStZ 1984, 523), und der Angeklagte dann die Gelegenheit zum letzten Wort erhält.

> Der Hinweis des Vorsitzenden ist zwar zweckmäßig, aber keine notwendige Prozesshandlung. Es handelt sich auch nur um eine **vorläufige** Anordnung des Vorsitzenden, die aufgrund seiner Befugnis zur → *Verhandlungsleitung*, Rdn 2889 (§ 238 Abs. 1) ergeht (LR-*Stuckenberg* § 258 Rn 4). Sie hindert den Verteidiger nicht, **neue Beweisanträge** zu stellen. Des Weiteren kann das Gericht von sich aus erneut in die Beweisaufnahme eintreten. Dennoch sollte der Verteidiger dem „Schluss der Beweisaufnahme" nicht zustimmen, wenn aus seiner Sicht noch Fragen offengeblieben sind und weiter aufgeklärt werden müssen. Die Zustimmung ist auch deshalb nicht ungefährlich, weil darin ggf. ein → *Beweisverzicht*, Rdn 1146, gesehen werden kann (BGH NStZ 2003, 562).

2475 **2.** Spätestens bis zum Schluss der Beweisaufnahme muss über **Beweisanträge ents**chieden worden sein. Bis dahin kann die Entscheidung entsprechend dem Grundsatz der Prozessökonomie zurückgestellt werden (BGH NStZ 2011, 168). Etwas anderes gilt, wenn Umstände vorliegen, die ausnahmsweise – etwa unter dem Gesichtspunkt der Verfahrensfairness – eine zeitnahe Verbescheidung des Beweisantrags erfordern (BGH, a.a.O.).

Siehe auch: → *Letztes Wort des Angeklagten*, Rdn 1848; → *Plädoyer des Verteidigers*, Rdn 2017; → *Wiedereintritt in die Beweisaufnahme*, Rdn 3458.

Schriftliche Antragstellung

Literaturhinweise: Dahs, Das Verbrechensbekämpfungsgesetz vom 28.10.1994 – ein Produkt des Superwahljahres, NJW 1995, 553; **R. Hamm**, Was wird aus der Hauptverhandlung nach Inkrafttreten des Verbrechensbekämpfungsgesetzes?, StV 1994, 456; **König/Seitz**, Die straf- und strafverfahrensrechtlichen Regelungen des Verbrechensbekämpfungsgesetzes, NStZ 1995, 1; **Krahl**, Missachtung rechtsstaatlicher Verfahrensgrundsätze durch die schriftliche und selbstlesende Hauptverhandlung, GA 1998, 329; **Münchhalffen**, Der neue § 257a StPO und seine praktischen Auswirkungen, StraFo 1995, 20; *dies.*, § 257a – Ein Einfallstor für richterliche Willkür und die Notwendigkeit seiner Beseitigung durch den Gesetzgeber, in: Festgabe für *Heino Friebertshäuser*, 1997, S. 139; **Neumann**, Zum Entwurf eines Verbrechensbekämpfungsgesetzes, StV 1994, 273; **Scheffler**, Kurzer Prozeß mit rechtsstaatlichen Grundsätzen?, NJW 1994, 2191; **Wesemann**, Zur Praxis des neuen § 257a StPO, StV 1995, 220; *ders.*, Beanstandungs- und Erklärungsrechte zur Schaffung von Freiräumen der Verteidigung, StraFo 2001, 293.

1.a) § 257a, der die schriftliche Antragstellung regelt, ist durch das VerbrechensbekämpfungsG v. 28.10.1994 in die StPO eingefügt worden. Nach S. 1 der Vorschrift kann das Gericht den Verfahrensbeteiligten aufgeben, **Anträge** und Anregungen zu Verfahrensfragen **schriftlich** zu stellen.

b) Diese Regelung ist als ein **Verstoß** gegen das Mündlichkeitsgebot und das **Unmittelbarkeitsprinzip** heftig **kritisiert** worden (vgl. dazu eingehend *Krahl* GA 1998, 329; *Münchhalffen* StraFo 1995, 20; *dies.*, S. 142 [Beseitigung dieses Gesetzes]; *Scheffler* NJW 1994, 2194; *Wesemann* StV 1995, 220; *ders.*, StraFo 2001, 299). Sie diene zudem nur dazu, eine unbequeme Verteidigung zu disziplinieren (vgl. *Münchhalffen*, S. 141 f.). Da die gegen die Vorschrift erhobenen Bedenken nicht ohne Weiteres von der Hand zu weisen sind, wird – zu Recht – eine „**restriktive**" Anwendung der Vorschrift gefordert (*Meyer-Goßner/Schmitt*, § 257a Rn 2 m.w.N. [nur bei Verzögerung um „Stunden oder gar Tage"]; *Wesemann* StraFo 2001, 299; s. aber a. *KK-Diemer*, § 257a Rn 2). Allerdings sind die Befürchtungen, die mit der Einführung der Vorschrift geltend gemacht worden sind, in der Praxis wohl nicht eingetreten. Bislang liegt Rspr. zu der Regelung nicht vor.

2. Im Einzelnen gilt:

a) Das Schriftlichkeitsgebot des § 257a bezieht sich **nur** auf Anträge und Anregungen zu **Verfahrensfragen**.

Die Vorschrift **gilt nicht** für alle sonstigen Erklärungen und Äußerungen zu Sach- und Rechtsfragen. Sie gilt nach § 257a S. 2 ausdrücklich nicht für die sog. **Schlussanträge** i.S.d. § 258 (→ *Plädoyer des Verteidigers*, Rdn 2017). Sie gilt auch nicht für **Erklärungen** des Verteidigers nach § 257 (*Meyer-Goßner/Schmitt*, § 257a Rn 8). Nach dem Wortlaut des § 257a („Anträge und Anregungen") kann das Schriftlichkeitsgebot wohl auch nicht solche Erklärungen erfassen, die Verfahrensfragen betreffen (→ *Erklärungen des Verteidigers*, Rdn 1451), so z.B., wenn der Verteidiger zur Verwertbarkeit von Beweismitteln Stellung nimmt, es sei denn, diese münden in einen Antrag (KK-*Diemer*, § 257a Rn 3). § 257a gilt schließlich gem. § 26 Abs. 1 S. 2 auch nicht für einen → *Ablehnungsantrag*, Rdn 48.

1069

| S | **Schriftliche Antragstellung** |

2482 Das Schriftlichkeitsgebot gilt aber für **Beweisanträge** (→ *Beweisantrag, Form*, Rdn 910), einen → *Beweisermittlungsantrag*, Rdn 1007, und die → *Beweisanregung*, Rdn 828 (s. Begründung des Gesetzesentwurfs BT-Drucks 12/6853, S. 34) sowie für alle auf ein Tätigwerden des Gerichts abzielenden Begehren der Verfahrensbeteiligten (KK-*Diemer*, a.a.O.; KK-*Krehl*, § 244 Rn 86).

2483 b) Bei der Anordnung handelt es sich um eine **Ermessensentscheidung** des Gerichts, bei der es zu berücksichtigen hat, ob der Verteidiger einen Antrag bereits **schriftlich vorbereitet** hat oder ob ihm im Einzelfall eine schriftliche Antragstellung nicht zuzumuten oder möglich ist (der Gesetzesentwurf in der BT-Drucks 12/6853, S. 34, nennt dazu als Beispiel mangelnde schriftliche Ausdrucksmöglichkeit, die beim Verteidiger jedoch wohl kaum vorliegen dürfte). Zu berücksichtigen wird auch sein, ob mit einem **Missbrauch** des Antragsrechts zu rechnen ist.

2484 Die Anordnung kann sich auf einen bestimmten (Beweis-)Antrag, aber **auch** auf **künftige Anträge** und Anregungen beziehen (BT-Drucks 12/6853, S. 34; *König/Seitz* NStZ 1995, 1, 5 f.; *Meyer-Goßner/Schmitt*, § 257a Rn 6.). Bezieht sie sich auf künftige Anträge, wird eine Begründung auf jeden Fall erforderlich sein. In der Lit. ist umstritten, ob die Anordnung künftige Anträge ohne Weiteres oder nur nach vorausgegangenem Missbrauch des Antragsrecht erfassen kann. Im Hinblick auf die erforderliche einschränkende Auslegung der Vorschrift wird man einen vorangegangenen Missbrauch voraussetzen müssen (s.a. *Meyer-Goßner/Schmitt*, § 257a Rn 2, 7 m.w.N. a. zur a.A.; a.A. KK-*Krehl*, § 244 Rn 86 und KK-*Diemer*, § 257a Rn 5).

2485 Die **Anordnung** trifft das **Gericht**, nicht der Vorsitzende allein. Das Gericht entscheidet durch **Beschluss**. Der Verteidiger ist vor dem Beschluss zur schriftlichen Antragstellung zu hören. Bei seiner **Anhörung** muss er die Bedenken gegen diese Verfahrensart geltend machen und insbesondere darauf verweisen, dass durch die Anordnung des schriftlichen Verfahrens jeder kommunikative Prozess in der HV zerstört wird (*Wesemann* StraFo 2001, 299).

> ✍ Gegen eine nur vom Vorsitzenden getroffene Anordnung der schriftlichen Antragstellung muss der Verteidiger gem. **§ 238 Abs. 2** eine Entscheidung des Gerichts beantragen. Dieser ist im Hinblick auf die Nachprüfbarkeit durch das Revisionsgericht zu begründen.
>
> Die **Beanstandung** darf der Verteidiger im Hinblick auf eine ggf. beabsichtigte Rüge, z.B. das Gericht habe sein Ermessen fehlerhaft ausgeübt, **nicht vergessen**. Ggf. kann auch eine Beschränkung der Verteidigung nach § 338 Nr. 8 gerügt werden (*Meyer-Goßner/Schmitt*, § 257a Rn 13; KK-*Diemer*, § 257a Rn 7).

2486 c) Verlangt das Gericht eine schriftliche Antragstellung, muss es dem **Verteidiger genügend Zeit** einräumen, seine Anträge und Anregungen schriftlich zu formulieren. Dazu ist ggf. die HV zu unterbrechen, was der Verteidiger auf jeden Fall beantragen sollte (→ *Unterbrechung der Hauptverhandlung*, Rdn 2701).

🔔 Bei **mehreren Angeklagten** wird i.d.R. Art. 103 Abs. 1 GG gebieten, diesen jeweils die schriftlichen Anträge der anderen Angeklagten in **Kopie** zugänglich zu machen (KK-*Diemer*, § 257a Rn 6 m.w.N.; s.a. *Malek*, Rn 385).

Nach § 257a S. 3 findet § 249, der den **Urkundenbeweis** regelt, **entsprechende** Anwendung (→ *Urkundenbeweis, Allgemeines*, Rdn 2721). Da die Verweisung keine Einschränkung enthält, können die schriftlichen Anträge und Anregungen **auch** im sog. → *Selbstleseverfahren*, Rdn 2504, nach § 249 Abs. 2 in die HV eingeführt werden (zur Kritik an dieser Regelung s. *Dahs* NJW 1995, 556; zu den praktischen Auswirkungen s. *Münchhalffen* StraFo 1995, 21; *Krahl* GA 1996, 333). Es gelten dafür die allgemeinen Regeln. Die Gesetzesbegründung (BT-Drucks 12/6853, S. 34 f.) geht davon aus, dass der Vorsitzende auch den wesentlichen Inhalt des Antrags (nur) mitteilen kann (→ *Urkundenbeweis durch Bericht des Vorsitzenden*, Rdn 2743).   **2487**

Selbstablehnung eines Richters   **2488**

Literaturhinweise: s. die Hinw. bei → *Ablehnung eines Richters, Allgemeines*, Rdn 8.   **2489**

1. Nach § 30 kann ein Richter Umstände, aus denen sich **Ausschließungsgründe** nach §§ 22, 23 oder **Befangenheitsgründe** nach § 24 ergeben können (→ *Ablehnungsgründe, Befangenheit*, Rdn 67; → *Ausschluss eines Richters*, Rdn 440), selbst anzeigen. Es entscheidet dann das für die Erledigung eines Ablehnungsgesuchs zuständige Gericht, ob der Richter von der weiteren Mitwirkung am Verfahren entbunden wird oder nicht.   **2490**

🔔 Der Richter **scheidet** mit der Selbstablehnung bis zur Entscheidung darüber vorläufig aus dem Verfahren **aus**. Er darf auch keine die HV vorbereitenden richterlichen Handlungen mehr vornehmen (KK-*Scheuten*, § 30 Rn 4).

2. Die richterliche Selbstanzeige wegen möglicher Ablehnungsgründe muss den **Verfahrensbeteiligten mitgeteilt** werden (BVerfG NJW 1993, 2229; s.a. Hess.VGH NJW 1994, 1083). Diese haben dann Gelegenheit zur Stellungnahme.   **2491**

Die Entscheidung über die Selbstablehnung ergeht durch **Beschluss**, der grds. **nicht anfechtbar** ist (Hess.VGH NJW 1994, 1083). Etwas anderes gilt, wenn kein rechtliches Gehör gewährt worden ist (KK-*Scheuten*, § 30 Rn 6). Der einen erkennenden Richter betreffende Beschluss ist allerdings nur mit der Revision anfechtbar.   **2492**

Siehe auch: → *Ablehnungsantrag*, Rdn 48 m.w.N.

2493 Selbst herbeigeführte Verhandlungsunfähigkeit

2494 Literaturhinweise: **Buschmann/Peters**, Der kranke Angeklagte in der Hauptverhandlung, ArchKrim 2011, 160; **Gollwitzer**, Die Verfahrensstellung des in der Hauptverhandlung nicht anwesenden Angeklagten, in: Festschrift für *Herbert Tröndle*, 1989, S. 455; **Neuhaus**, Der Grundsatz der ständigen Anwesenheit des Angeklagten in der strafprozessualen Hauptverhandlung 1. Instanz unter besonderer Berücksichtigung des § 231a StPO, 2000; **Rieß**, Die Durchführung der Hauptverhandlung ohne Angeklagten, JZ 1975, 265; s.a. die Hinw. bei → *Verhandlungsfähigkeit*, Rdn 2878.

2495 **1.** Hat der Angeklagte seine Verhandlungsunfähigkeit (→ *Verhandlungsfähigkeit*, Rdn 2878) selbst **vorsätzlich** und **schuldhaft** herbeigeführt, kann das Gericht unter den Voraussetzungen des § 231a **ohne ihn verhandeln**.

☞ Das gilt aber **nur**, wenn der Angeklagte noch **nicht** zur **Anklage vernommen** ist. Führt er seine Verhandlungsunfähigkeit erst **nach** der → *Vernehmung des Angeklagten zur Sache*, Rdn 3072, herbei, kommt eine Verhandlung ohne ihn nur noch nach **§ 231 Abs. 2** in Betracht (BGH NJW 1981, 1052; *Meyer-Goßner/Schmitt*, § 231a Rn 1 m.w.N.; s.a. → *Verhandlung ohne den Angeklagten*, Rdn 2853; → *Ausbleiben des Angeklagten*, Rdn 361).

2496 **2.a)** Die Verhandlungsunfähigkeit kann der Angeklagte nach wohl h.M. nicht nur durch **aktives Tun**, sondern auch durch **Unterlassen** herbeigeführt haben, indem er z.B. Behandlungsmöglichkeiten für Krankheiten nicht in Anspruch genommen hat (OLG Düsseldorf StraFo 2000, 384; OLG Hamm NJW 1977, 1739 [unterlassene therapeutische Maßnahmen bei Bechterew'scher Krankheit]; OLG Nürnberg NJW 2000, 1804; LG Lüneburg NStZ-RR 2010, 211; a.A. unter Hinw. auf das BVerfG [NJW 1994, 1590] LG Nürnberg-Fürth NJW 1999, 1125 [für unterlassene Behandlung mit blutdrucksenkenden Mitteln]; *Meyer-Goßner/Schmitt*, § 231a Rn 7). In Betracht kommen weiter **Hungerstreik**, jede Art von Selbstschädigung (BVerfG NJW 1979, 2349), wie z.B. ein **ernsthafter Selbstmordversuch** (*Meyer-Goßner/Schmitt*, § 231a Rn 7; a.A. KK-*Gmel*, § 231a Rn 9 m.w.N.) oder der Genuss von Rauschgift und Medikamentenmissbrauch.

2497 Die Verhandlungsunfähigkeit muss der Angeklagte mit zumindest **bedingtem Vorsatz** schuldhaft herbeigeführt haben (BGHSt 26, 228, 239). Er handelt dann nicht schuldhaft, wenn ihm sein Verhalten aus einem der in § 20 StGB genannten Gründe nicht angelastet werden kann (vgl. dazu auch BGHSt 56, 298 [auch keine Eigenmacht i.S. des § 231 Abs. 2]; zur Frage, ob das Herbeiführen der Verhandlungsunfähigkeit ein „Sich-Entziehen" i.S.v. § 112 Abs. 2 Nr. 2 darstellt, s. OLG Hamm, Beschl. v. 7.4.2015 – 5 Ws 114 u. 115/15 für Invollzugsetzung eines HB wegen selbst herbei geführter Verhandlungsunfähigkeit durch Entzug von Flüssigkeit bzw. Nahrung und/oder die Nichteinnahme von Medikamenten; OLG Oldenburg NStZ 1990, 431 m. abl. Anm. *Wendisch* StV 1990, 166 und *Oswald* StV 1990, 500). Das BVerfG stellt dabei darauf ab, ob dem Angeklagten **die ärztliche Behandlung zugemu-**

tet werden kann (BVerfG NJW 1994, 1590; s.a. OLG Düsseldorf, a.a.O.). Ist das nicht der Fall, kann ihm die Verhandlungsunfähigkeit nicht „vorgeworfen" werden (OLG Düsseldorf StraFo 2000, 384; dazu a. *Müller* NStZ 2001, 53 in der Anm. zu OLG Nürnberg NJW 2000, 1804; zu allem auch SSW-StPO/*Grube*, § 231a Rn 5).

b) Die Herbeiführung der Verhandlungsunfähigkeit muss zur Folge haben, dass die ordnungsgemäße Durchführung der HV in Gegenwart des Angeklagten verhindert ist. Das ist dann der Fall, wenn der Angeklagte eine nach dem Beschleunigungsgebot nicht vertretbare **Verzögerung** verursacht hat (*Rieß* JZ 1975, 269). **2498**

✍ Für die Anwendung des § 231a reichen nicht nur kurzfristige Verzögerungen. Das gilt besonders für den Fall, dass der Angeklagte **betrunken** zur HV erscheint. Dieser Fall ist nicht mit § 231a zu lösen, sondern nur durch **Ausnüchterung**.

Angesichts der möglicherweise schwerwiegenden, oft nicht wieder gut zu machenden Nachteile für die Verteidigung muss der **Verteidiger** sehr sorgfältig und **kritisch prüfen**, ob die tatsächlichen Voraussetzungen für eine Verhandlung in Abwesenheit des Angeklagten erwiesen und die rechtlichen gegeben sind. Das gilt insbesondere für die Frage, ob die Anwesenheit des Angeklagten „unerlässlich" ist (s.u. Rdn 2499).

3. § 231a ist nicht anwendbar, wenn die **Anwesenheit** des Angeklagten in der HV **unerlässlich** ist. Insoweit ist aber zu beachten, dass der Angeklagte durch sein Verhalten i.d.R. sein Recht auf weiteres rechtliches Gehör in der HV verwirkt hat. Deshalb wird die Anwesenheit des Angeklagten **nur** in **Ausnahmefällen** unerlässlich sein, so z.B. wenn eine länger dauernde Gegenüberstellung des Angeklagten mit Zeugen und Mitangeklagten unumgänglich ist (KK-*Gmel*, § 231a Rn 11). **2499**

4. Nach § 231a Abs. 1 S. 2 darf nur dann in Abwesenheit des Angeklagten verhandelt werden, wenn dieser nach Eröffnung des Hauptverfahrens **Gelegenheit** gehabt hat, sich vor dem Gericht oder einem beauftragten Richter **zur Anklage** zu **äußern**. Das bedeutet, da § 231a i.Ü. nur anwendbar ist, wenn der Angeklagte in der HV noch nicht zur Sache vernommen wurde, dass die **Anhörung** des Angeklagten im Allgemeinen noch **veranlasst** werden muss, wenn Verhandlungsunfähigkeit eingetreten oder zu befürchten ist (KK-*Gmel*, § 231a Rn 12). Bei der ihm einzuräumenden Gelegenheit zur Anhörung muss der Angeklagte zumindest **vernehmungsfähig** sein (OLG Dresden OLG-NL 1995, 189). **2500**

5. Erlangt der Angeklagte während der HV seine **Verhandlungsfähigkeit zurück**, muss er wieder zur HV zugezogen werden. Gem. § 231a Abs. 2 muss ihn der Vorsitzende, solange er mit der → *Urteilsverkündung*, Rdn 2761, noch nicht begonnen hat, im Wesentlichen von dem unterrichten, was in seiner Abwesenheit verhandelt worden ist (vgl. dazu u.a. BGH NStZ-RR 2010, 70 [Ci/Zi]; zum Beruhen BGH StV 2011, 202; → *Entfernung des Angeklagten aus der Hauptverhandlung*, Rdn 1408). **2501**

| S | **Selbst herbeigeführte Verhandlungsunfähigkeit** |

2502 Fraglich ist, inwieweit sich das **Gericht** ggf. danach **erkundigen** muss, ob der Angeklagte **wieder verhandlungsfähig** und deshalb in der Lage ist, an der HV teilzunehmen. Da aus § 231a Abs. 2 nicht allgemein die Unzulässigkeit der Weiterverhandlung in Abwesenheit des wieder verhandlungsfähigen Angeklagten folgt (KK-*Gmel*, § 231a Rn 24), ist eine allgemeine Erkundigungs-/Nachforschungspflicht zu verneinen. Die **Weiterverhandlung** dürfte aber dann **unzulässig** sein – und mit der Revision angreifbar werden –, wenn das **Gericht weiß** oder wissen kann, dass der Angeklagte wieder verhandlungsfähig ist (OLG Düsseldorf StV 1997, 282 [für § 231]). Das ist z.b. dann der Fall, wenn der Angeklagte zur HV wieder erscheint. Beim inhaftierten Angeklagten wird das Gericht den Ausschließungsbeschluss der Haftanstalt mit der Bitte, das Gericht über die Wiederherstellung der Verhandlungsfähigkeit zu informieren, mitteilen (müssen) (KK-*Gmel*, a.a.O.).

6. Hinweise für den Verteidiger!

2503 Für das **Verfahren** ist Folgendes zu beachten:

> Nach § 231a Abs. 4 muss das Gericht, schon wenn eine **Verhandlung ohne** den Angeklagten nur in **Betracht** kommt, einen **Pflichtverteidiger** bestellen. Auf das Vorliegen der Voraussetzungen des § 140 kommt es nicht an. Die Pflichtverteidigerbestellung gilt für das gesamte Verfahren, auch wenn der Angeklagte wieder an der HV teilnimmt.

- Über die Frage der Verhandlung in Abwesenheit des Angeklagten entscheidet das Gericht gem. § 231a Abs. 3 S. 1 durch **Beschluss**. Vor dessen Erlass ist im → *Freibeweisverfahren*, Rdn 1562, ein **Arzt** als SV zu **hören**. Der Beschluss ergeht in der HV, er ist mit Gründen zu versehen und muss **unverzüglich** erlassen werden (BGHSt 39, 110).
- Gegen den Beschluss, der den Antrag auf Verhandlung ohne den Angeklagten **ablehnt**, ist die einfache → *Beschwerde*, Rdn 770, nach § 304 Abs. 1 zulässig.
- Der Beschluss, der die Verhandlung in Abwesenheit des Angeklagten **anordnet**, ist nach § 231a Abs. 3 S. 3 Hs. 1 mit der **sofortigen Beschwerde** anfechtbar. Die sofortige Beschwerde hat nach § 231a Abs. 3 S. 3 Hs. 2 **aufschiebende Wirkung**. Die bereits begonnene **HV** muss bis zur Entscheidung über die sofortige Beschwerde gem. § 231a Abs. 3 S. 4 Hs. 1 **unterbrochen** werden. Die Unterbrechung darf nach § 231a Abs. 3 S. 4 Hs. 2 bis zu 30 Tage dauern, auch wenn die Voraussetzungen des § 229 Abs. 2 nicht vorliegen (→ *Unterbrechung der Hauptverhandlung*, Rdn 2701).
- Die Beschwerdemöglichkeit schließt die **Revisionsrüge**, das Gericht habe die Voraussetzungen des § 231a Abs. 1 zu Unrecht angenommen, aus (*Meyer-Goßner/Schmitt*, § 231a Rn 25). Wurde allerdings der Beschluss nach § 231a Abs. 3 S. 1 verspätet erlassen, kann dies u.U. die Revision begründen (BGHSt 39, 110).

Siehe auch: → *Anwesenheitspflicht des Angeklagten*, Rdn 315; → *Verhandlung ohne den Angeklagten*, Rdn 2853; → *Vertretung des Angeklagten durch den Verteidiger*, Rdn 3208.

Selbstleseverfahren 2504

Das Wichtigste in Kürze:
1. Das in § 249 Abs. 2 geregelte Selbstleseverfahren ist eine besondere Art des Urkundenbeweises.
2. Das Selbstleseverfahren wird i.d.R. zweistufig durchgeführt.
3. Die Richter/Schöffen, auch die Ergänzungsrichter/-schöffen, müssen die Urkunde(n) gem. § 249 Abs. 2 S. 1 bis zum Schluss der Beweisaufnahme lesen.
4. Die anderen Prozessbeteiligten sind nach § 249 Abs. 2 S. 1 nicht verpflichtet, die Urkunde(n) zu lesen/zur Kenntnis zu nehmen. Ihnen muss dazu aber vom Gericht Gelegenheit gegeben werden.
5. Nach § 249 Abs. 2 S. 3 muss die Urkunde, die im Selbstleseverfahren „gelesen"/zur Kenntnis genommen worden ist, im Protokoll der Hauptverhandlung (§ 273 Abs. 1) bezeichnet werden. Aufzunehmen ist u.a. außerdem die Anordnung des Vorsitzenden, dass die Berufsrichter und Schöffen die Urkunde gelesen haben. Dem Verteidiger stehen bei Fehlern im Zusammenhang mit dem Selbstleseverfahren zwei Rechtsbehelfe zur Verfügung.
6. Nach der Neufassung des § 249 Abs. 2 S. 1 durch das VerbrechensbekämpfungsG v. 28.10.1994 können grds. alle Urkunden im Selbstleseverfahren in die HV eingeführt werden.

Literaturhinweise: Albrecht, Anforderungen an eine ordnungsgemäße Durchführung des Selbstleseverfahrens, ZIS 2012, 163; **Dahs**, Das Verbrechensbekämpfungsgesetz vom 28.10.1994 – ein Produkt des Superwahljahres, NJW 1995, 553; **Dehne-Niemann**, Kritische Anmerkungen zur neuen Praxis der „Rügeverkümmerung", wistra 2011, 213; **Kirchner**, Das Selbstleseverfahren – Blackbox der Beweisaufnahme, StraFo 2015, 52; **Knierim/Rettenmaier**, Das Selbstleseverfahren gemäß § 249 Abs. 2 StPO in Wirtschaftsstrafsachen – Verfahrensbeschleunigung oder unzulässiger Verstoß gegen das Recht auf ein faires Verfahren?, StV 2006, 155; **Mosbacher**, Ist das Unterlassen einer Widerspruchsbescheidung nach § 249 II 2 StPO revisibel? Zugleich Besprechung von BGH, Beschl. v. 28.8.2012 – 5 StR 251/12, NStZ 2013, 199; **Neumann**, Plädoyer für das Selbstleseverfahren – mit Tipps und Hinweisen auch für verbleibende Zweifler – Teil 1, StRR 2015, 164; *dies.*, Plädoyer für das Selbstleseverfahren – mit Tipps und Hinweisen auch für verbleibende Zweifler – Teil 2, StRR 2015, 204; **Ventzke**, Neues vom Selbstleseverfahren (§ 249 Abs. 2 StPO) – Ein Blick auf neuere Tendenzen der BGH-Rechtsprechung; StV 2014, 114; s.a. die Hinw. bei → *Urkundenbeweis, Allgemeines*, Rdn 2721. 2505

1.a) Das in § 249 Abs. 2 geregelte Selbstleseverfahren ist eine besondere Art des Urkundenbeweises (→ *Urkundenbeweis, Allgemeines*, Rdn 2721 m.w.N.), die insbesondere dann sinnvoll ist, wenn **zahlreiche** und/oder **umfangreiche Urkunden** in das Verfahren eingeführt werden müssen (vgl. OLG Stuttgart StRR 2015, 144 m. Anm. *Arnoldi*; *Neumann* StRR 2015, 164 ff.). Das der Verfahrensvereinfachung dienende Verfahren dürfte insbesondere in Wirtschaftsstrafverfahren inzwischen die Regel geworden sein 2506 ([teilweise] krit. zu diesem Verfahren *Knierim/Rettenmaier* StV 2006, 155; *Ventzke* StV 2014, 114 ff.; *Kirchner* StraFo 2015, 52 ff.; s. aber OLG Stuttgart, a.a.O.).

👉 Die Anordnung des Selbstleseverfahrens kann **haftrechtliche Konsequenzen** haben. Das Selbstleseverfahren führt i.d.R. zu einer Beschleunigung des Verfahrens. Das BVerfG geht daher davon aus, dass dann, wenn der im Selbstleseverfahren bewältigte Prozessstoff in etwa demjenigen entspricht, der sonst in einer zweimal wöchentlichen Verhandlung erledigt wird, eine Verletzung des haftrechtlichen Beschleunigungsgrundsatzes fernliegt (vgl. dazu BVerfG StV 2006, 645 [Ls.]). Im Umkehrschluss bedeutet dies, dass dann, wenn die Möglichkeiten des Selbstleseverfahrens nicht ausgeschöpft sind, eine Verletzung des Beschleunigungsgrundsatzes angenommen werden könnte (→ *Haftfragen*, Rdn 1658).

2507 In Rspr. und Lit. wird im Hinblick auf die **Qualität** des **Erkenntnisvorgangs** der Urkundenbeweis durch das Selbstlesen dem Verlesen von Urkunden in der HV als gleichwertig angesehen. Potentiell seien mit der Durchführung des Verfahrens nach § 249 Abs. 2 verbundene „Einbußen der Qualität des Urkundenbeweises" „von den Verfahrensbeteiligten prinzipiell zu akzeptieren" (vgl. BGHSt 57, 306; OLG Stuttgart StRR 2015, 144; s. aber *Kirchner* StraFo 2015, 52, 57 f.). Das erscheint angesichts des Umstandes, dass durch das Selbstleseverfahren allgemeine strafprozessuale Verfahrensgrundsätze, wie z.B. das Mündlichkeitsprinzip, der Unmittelbarkeitsgrund (§ 250) und auch der Öffentlichkeitsgrundsatz tangiert werden, fraglich. Diese Auswirkungen sollten zumindest dazu führen, dass vom Selbstleseverfahren nur vorsichtig Gebrauch gemacht wird (vgl. aber – zugleich eingehend zum Verhältnis zu anderen Verfahrensgrundsätzen – OLG Stuttgart, a.a.O.).

2508 b) Ob das „Selbstleseverfahren" durchgeführt wird, bestimmt der Vorsitzende nach **pflichtgemäßem Ermessen** (BGH NStZ 2011, 300; LR-*Mosbacher*, § 249 Rn 64; *Kirchner* StraFo 2015, 52, 54; *Neumann* StRR 2015, 164 ff.). Kommt es auf den genauen Wortlaut der Urkunde an, wird im Zweifel diese nicht im Selbstleseverfahren in die HV eingeführt werden, da nicht sichergestellt ist, dass die Verfahrensbeteiligten alle den Inhalt der Urkunde zur Kenntnis nehmen (s. auch *Eisenberg*, Rn 2068; SK-StPO/*Frister*, § 240 Rn 59; *Lindemann* StV 2011, 459 in der Anm. zu BGH, a.a.O.; a.A. BGHSt 30, 10, 14; *Meyer-Goßner/Schmitt*, § 240 Rn 19). Auch auf den **Anklagesatz** ist das Selbstleseverfahren **nicht** anwendbar (BGHSt 56, 109; BGH StRR 2011, 307, insoweit nicht in StV 2011, 407; NStZ-RR 2014, 132 [Ci/Zi]; → *Verlesung des Anklagesatzes*, Rdn 2921).

2509 **2.a)** Das Selbstleseverfahren wird i.d.R. **zweistufig** durchgeführt (vgl. *Arnoldi* StRR 2011, 100 in der Anm. zu BGH NStZ 2011, 300; zum Ablauf a. *Ventzke* StV 2014, 114; *Kirchner* StraFo 2015, 52, 53 ff.; *Neumann* StRR 2015, 164 ff.):

■ **1. Stufe**: Der Vorsitzende kündigt zunächst an, im Einzelnen bezeichnete Urkunden gem. § 249 Abs. 2 in die Hauptverhandlung einführen zu wollen. Üblich ist es, den

Verfahrensbeteiligten zugleich mitzuteilen, bis wann Gelegenheit besteht, vom Wortlaut der Urkunden Kenntnis zu nehmen. Das Selbstleseverfahren ist nach der Rspr. des BGH aber auch in der Weise möglich, dass Richter und Schöffen bereits vor der Anordnung vom Wortlaut der Urkunde Kenntnis genommen haben, z.b. in Zusammenhang mit der Eröffnungsentscheidung, und die anderen Verfahrensbeteiligten Gelegenheit dazu hatten (BGH NStZ 2012, 346; s. dazu krit. *Albrecht* ZIS 2012, 163 und BGHSt 57, 306 [strukturell ungeschickt]).

■ **2. Stufe**: Nach Ablauf dieses Zeitraumes stellt der Vorsitzende fest, dass die Richter vom Wortlaut der Urkunden Kenntnis genommen haben, die übrigen Verfahrensbeteiligten dazu Gelegenheit hatten und damit von der Verlesung der Urkunden gemäß § 249 Abs. 2 abgesehen werden soll („Anordnung"; vgl. dazu Rdn 2515).

b) Für den **Umfang** der Anordnung gilt: Diejenigen Urkunden, die nicht verlesen werden dürfen, z.b. weil ein Verwertungsverbot besteht, dürfen auch nicht im Wege des Selbstleseverfahrens eingeführt werden. Dieses kann **nicht** zur **Umgehung** eines **BVV** verwendet werden (eingehend zu den Grenzen des Selbstleseverfahrens *Knierim/Rettenmaier* StV 2006, 155, 156 f.; s.a. Rdn 2518). Grds. werden die Urkunden auch insgesamt und nicht nur auszugsweise Gegenstand des Selbstleseverfahrens sein müssen (*Knierim/Rettenmaier*, a.a.O.).

2510

⌖ Soll eine nicht verwertbare Urkunde im Wege des Selbstleseverfahrens in die HV eingeführt werden, muss der Verteidiger dem im Hinblick auf die → **Widerspruchslösung**, Rdn 3433, des BGH widersprechen (s.a. *Knierim/Rettenmaier*, a.a.O.). Dabei handelt es sich nicht um einen Widerspruch i.S.v. § 249 Abs. 2 S. 2; dieser bezieht sich auf die Anordnung des Selbstleseverfahrens überhaupt.

⌖ Soll eine Urkunde nur **teilweise** Gegenstand des Selbstleseverfahrens sein, muss m.E. der Verteidiger einen Beweisantrag auf vollständige Verlesung dieser Urkunde stellen (→ *Beweisantrag, Inhalt*, Rdn 951) und behaupten, dass die vollständige Verlesung einen höheren Beweiswert hat. Zumindest muss er aber – über den Widerspruch des § 249 Abs. 2 S. 2 hinaus – die entsprechende Anordnung des Vorsitzenden nach § 238 Abs. 2 **beanstanden**.

3. Für das **Verfahren** ist weiterhin Folgendes zu beachten: Die **Richter/Schöffen**, auch die Ergänzungsrichter/-schöffen, **müssen** die Urkunde(n) gem. § 249 Abs. 2 S. 1 bis zum Schluss der Beweisaufnahme **lesen** (BGHSt 30, 10 f.). Wann sie sie lesen bzw. gelesen haben, ist ohne Belang. Die Urkunden können also auch bereits vor der Anordnung des Selbstleseverfahrens gelesen worden sein (BGHSt 57, 307; BGH NStZ 2012, 346). Es genügt daher, wenn die Urkunden von den Berufsrichtern schon zuvor, etwa bei der Prüfung der Eröffnungsentscheidung, gelesen wurden und von den Schöffen, im Vorgriff auf ein

2511

beabsichtigtes Selbstleseverfahren parallel zur Hauptverhandlung oder auch schon vor der Hauptverhandlung gelesen werden/wurden (BGH NStZ 2012, 346; KK-*Diemer*, § 249 Rn 36; krit. *Albrecht* ZIS 2012, 162; s. auch Rdn 2512).

2512 Die Richter müssen **tatsächlich Kenntnis** genommen haben (*Knierim/Rettenmaier* StV 2006, 155; *Ventzke* StV 2014, 114). Das gilt **auch** für **Schöffen** und Ergänzungsschöffen (BGH NStZ 2005, 160; zur Zulässigkeit der entsprechenden Revisionsrüge BGH StraFo 2005, 343), denen dazu grds. auch schon vor Verlesung des Anklagesatzes Gelegenheit gegeben werden kann (BGH StV 2000, 655; → *Akteneinsicht für Schöffen*, Rdn 284). I.d.R. wird das Lesen aber zwischen mehreren Sitzungstagen und nicht in Sitzungspausen geschehen (s. aber BGH NStZ 2012, 346). Dazu ist das Original, eine Abschrift oder eine Ablichtung zur Verfügung zu stellen. Umstritten ist, ob **Kontrollfragen** der anderen Prozessbeteiligten zulässig sind (verneinend *Meyer-Goßner/Schmitt*, § 249 Rn 22a). *Eisenberg* (vgl. Rn 2040) geht davon aus, dass dann, wenn konkret begründete Zweifel an der Kenntnisnahme bestehen und dennoch nicht die wörtliche Verlesung angeordnet wird, es gestattet ist, Fragen nach den Umständen zu stellen, unter denen die Urkunden gelesen worden sind (s.a. KMR-*Paulus*, § 249 Rn 27).

2513 4. Die **anderen Prozessbeteiligten** sind nach § 249 Abs. 2 S. 1 **nicht verpflichtet**, die Urkunde(n) zu **lesen**/zur Kenntnis zu nehmen. Ihnen muss dazu aber vom Gericht **Gelegenheit** gegeben werden (*Kirchner* StraFo 2015, 52, 55). Hierzu ist ihnen die Urkunde im Original, in Abschrift oder in Ablichtung für eine angemessene Zeit zur Verfügung zu stellen (KK-*Diemer*, § 249 Rn 38). Sie müssen sich auch nicht darauf verweisen lassen, dass sie schon vor der Anordnung des Selbstleseverfahrens Gelegenheit zum Lesen bzw. zur Kenntnisnahme von den Urkunden gehabt hätten (BGH NStZ 2012, 346; LR-*Mosbacher*, § 249 Rn 79).

🖉 Der durch das „Selbstlesen" für den Verteidiger evtl. entstandene zeitliche Umfang ist ggf. bei der Bemessung einer **Pauschvergütung** nach § 51 RVG zu berücksichtigen (OLG Düsseldorf StraFo 2002, 71; OLG Köln StraFo 1995, 91; vgl. auch Burhoff/*Burhoff*, RVG, § 51 Rn 174; vgl. a. noch KG RVGreport 2014, 111 [Abgeltung des durch die Selbstlesung entstandenen Zeitaufwands durch die Verfahrensgebühr]).

2514 Die anderen Prozessbeteiligten können auf die Kenntnisnahme vom Inhalt der Urkunden (ganz) **verzichten** (BGH NStZ 2011, 300 m.w.N.; 2012, 346; LR-*Mosbacher*, § 249 Rn 82). Das bedeutet, dass nach der Rspr. des BGH grds. auch in einem Verfahren mit einem **leseunkundigen Angeklagten** nach § 249 Abs. 2 verfahren werden kann (BGH NStZ 2011, 300 m. abl. Anm. *Lindemann* StV 2011, 459); die Vorschrift spreche nicht vom „Lesen", sondern vom „Kenntnisnehmen". Diesem muss dann, soweit er das will, der Wortlaut der Urkunde aber auf andere Weise vermittelt werden (s.a. *Arnoldi* StRR 2011, 100 in der Anm. zu BGH, a.a.O.). Dies kann etwa dadurch geschehen, dass ihm, z.B. in einer Verhandlungspause oder zwischen den Sitzungstagen, die Urkunde vorgelesen wird.

🖉 Wegen der Möglichkeit des Verzichts müssen die anderen Verfahrensbeteiligten, wenn in der HV der Vorsitzende feststellt, dass die übrigen Verfahrensbeteiligten bereits ausreichende Gelegenheit zur Kenntnisnahme gehabt haben, dem **widersprechen**, wenn sie mit dieser Feststellung nicht einverstanden sind bzw. noch (weiter) Kenntnis von den Urkunden nehmen wollen (Umkehrschluss aus BGH NStZ 2012, 346; s.a. BGH NStZ 2011, 300 und Rdn 2517).

5.a) Nach § 249 Abs. 2 S. 3 muss die Urkunde, die im Selbstleseverfahren „gelesen"/zur Kenntnis genommen worden ist, im → *Protokoll der Hauptverhandlung*, Rdn 2092 (§ 273 Abs. 1) bezeichnet werden (vgl. *Ventzke* StV 2014, 114 ff.). Aufzunehmen ist außerdem die **Anordnung** des Vorsitzenden, dass die Berufsrichter und Schöffen die Urkunde gelesen haben sowie dass und in welcher Weise den anderen Prozessbeteiligten Gelegenheit gegeben worden ist, vom Wortlaut der Urkunde Kenntnis zu nehmen (BGH NStZ 2000, 47; 2000, 607; vgl. a. noch OLG Naumburg, Urt. v. 9.2.2015 – 1 RV 51/14; *Kirchner* StraFo 2015, 52, 56). Auf eine **ordnungsgemäße Erstellung** des Protokollvermerks ist zu achten. So belegt z.B. die Feststellung des Vorsitzenden im HV-Protokoll, dass (nur) die Schöffen Gelegenheit hatten, von den im Selbstleseverfahren eingeführten Urkunden Kenntnis zu nehmen, im Umkehrschluss, dass die Berufsrichter diese Gelegenheit nicht hatten, außerdem genügt die Gelegenheit zur Kenntnisnahme nur für weitere Verfahrensbeteiligte, für Berufsrichter und Schöffen muss (unterschiedslos) die erfolgte Kenntnisnahme festgestellt werden (BGH NStZ 2011, 533; StV 2015, 91 [Ls.]; zum Inhalt des Protokollvermerks s.a. noch BGH NStZ 2006, 512; StV 2010, 225; 2014, 68 [Vermerk, dass „die Schöffen und die Berufsrichter Kenntnis genommen haben von den jeweiligen Selbstleseanordnungen und die Verteidiger, Angeklagten und Vertreterin der Staatsanwaltschaft Gelegenheit zur Kenntnisnahme hatten" sinnlos, aber belegt noch ordnungsgemäßen Abschluss]; zur Möglichkeit der **Protokollberichtigung** BGHSt 55, 31, BGH NJW 2009, 2836; NStZ 2006, 512; StV 2010, 225; 2011, 267; zu den Fragen der Protokollberichtigung *Dehne-Niemann* wistra 2011, 213 und → *Protokoll der Hauptverhandlung, Allgemeines*, Rdn 2092).

2515

🖉 Die Feststellungen des Vorsitzenden nach § 249 Abs. 2 S. 2 stellen eine **Sachverhandlung** i.S. des § 229 dar (BGHSt 58, 59 m. Anm. *Arnoldi* NStZ 2013, 475). Nicht ausreichend ist allerdings, wenn die Anordnung des Selbstleseverfahren bereits in einem früheren HV-Termin getroffen worden war und dann lediglich noch der Vollzug protokolliert wird (BGHSt, a.a.O.; vgl. a. BGH NStZ 2008, 115; → *Unterbrechung der Hauptverhandlung*, Rdn 2701).

Die Durchführung des Selbstleseverfahrens ist zwar **wesentliche Förmlichkeit der HV** i.S. des § 274 (zuletzt BGH NStZ 2011, 533). Durch den Protokollvermerk nach § 249 Abs. 2 S. 3 wird aber die tatsächliche Kenntnisnahme vom Wortlaut eines Schriftstücks

2516

durch die Richter und Schöffen im Wege des Selbstleseverfahrens nicht nachgewiesen. Der Protokollvermerk beweist nicht die ordnungsgemäße Durchführung dieses Verfahrens, sondern allein die Tatsache, dass der Vorsitzende in der HV eine entsprechende Feststellung getroffen hat (BGH NJW 2010, 3382; KK-*Diemer*, § 249 Rn 39). Aus der Formulierung des Protokollvermerks kann daher kein – i.S. des § 274 Abs. 1 S. 1 beweiskräftig belegter – Schluss auf die (nicht) ordnungsgemäße Durchführung des Selbstleseverfahrens gezogen werden (BGH, a.a.O.; StV 2010, 225; 2011, 267; s.a. noch BGH NStZ 2012, 584; *Ventzke* StV 2014, 114).

☞ Fehlt der Vermerk gem. § 249 Abs. 2 S. 3 im HV-Protokoll ganz oder ist er fehlerhaft ist das Selbstleseverfahrens **fehlgeschlagen** (BGHSt 55, 31; BGH NJW 201, 3381; NStZ 2014, 224). Die betroffenen Beweisurkunden sind/waren dann i.d.R. nicht „Inbegriff der Hauptverhandlung" (BGH, a.a.O.) und können nicht Gegenstand der Urteilsfindung sein, sodass die **Inbegriffsrüge** nach § 261 eröffnet ist (BGH NJW 2010, 3382; NStZ 2014, 224). Es kann also gerügt werden, dass die Berufsrichter und Schöffen nicht Kenntnis genommen haben (s. BGH NStZ 2005, 160; *Meyer-Goßner/Schmitt*, § 249 Rn 31; a.A. LR-*Mosbacher*, § 249 Rn 111). Das Revisionsgericht kann insoweit nicht über das → *Freibeweisverfahren*, Rdn 1566, feststellen, ob die Kenntnisnahme tatsächlich unterblieben ist (BGH StV 2010, 225).

Schließlich kann grds. auch **gerügt** werden, dass – trotz eines entsprechenden Vermerks – die Richter **nicht Kenntnis genommen** haben (BGH NJW 2010, 3382; vgl. aber a. BGH NStZ 2012, 584, wonach erfolgreiches Revisionsvorbringen nicht auf Überlegungen zu einer – jedenfalls objektiv – fehlenden „Wahrhaftigkeit" der zugrunde liegenden richterlichen Erklärungen gestützt werden kann; *Ventzke* StV 2014, 114, 120; zu allem a. *Meyer-Goßner/Schmitt*, § 249 Rn 31 m.w.N.).

2517 b) Hinweis für den Verteidiger

Dem Verteidiger stehen bei Fehlern im Zusammenhang mit dem Selbstleseverfahren **zwei Rechtsbehelfe** zur Verfügung (vgl. BGHSt 57, 306; BGH NStZ 2011, 300 m. Anm. *Arnoldi* StRR 2011, 100; LR-*Mosbacher*, § 249 Rn 70 ff., 100 ff.; *Neumann* StRR 2015, 164 ff.):

- Soweit die **Anordnung** des Selbstleseverfahrens **an sich** beanstandet werde, ist der **Widerspruch gem. § 249 Abs. 2 S. 2** einzulegen. Insoweit muss der Anordnung „unverzüglich" widersprochen werden. *Arnoldi* (a.a.O.) weist darauf hin, dass der BGH (a.a.O.) und *Mosbacher* (a.a.O.) offenbar davon ausgehen, dass die bei Rdn 2509 als 1. Stufe beschriebene Ankündigung zugleich die „Anordnung" sei. Dies sei jedoch zweifelhaft, da sich nach dem Wortlaut der Vorschrift der Widerspruch gegen die „Anordnung des Vorsitzenden nach Satz 1 zu verfahren" richte. Eine solche Anordnung könne nach S. 1 jedoch erst ergehen, wenn die Richter und Schöffen Kenntnis genommen „haben" und die übrigen Beteiligten dazu Gelegenheit „hatten". Die unterschiedlichen Formulierungen legen nach seiner Auffassung (a.a.O.) nahe, dass mit „Anordnung" nicht bereits die Ankündigung, sondern erst die nachfolgende Feststellung auf der 2. Stufe gemeint sei. Im Zweifel wird der Verteidiger jedoch dem BGH (a.a.O.) folgen und schon bei Ankündigung der Durchführung des Selbstleseverfahrens widersprechen (s.a. *Arnoldi*, a.a.O.). Das Selbstleseverfahren ist nach dem eindeutigen Wortlaut des Gesetzes aber nicht von der Zustimmung des Verteidigers und/oder des Angeklagten abhängig. Der Widerspruch braucht **nicht begründet** zu werden (KK-*Diemer*, § 249 Rn 35). Insofern ist die Rechtslage also eine andere als bei der Beanstandung einer Maßnahme der → *Verhandlungsleitung*, Rdn 2889, nach § 238 Abs. 2.

■ Geht es hingegen nicht um die Anordnung, sondern um die **Art** und **Weise** der **Durchführung** des Selbstleseverfahrens kann die Entscheidung des Vorsitzenden allein **nach § 238 Abs. 2 angefochten** werden. Das gilt z.B. wenn die Beweisverwendung für rechtlich unzulässig gehalten wird, wie z.B. die Verlesung einer Vernehmungsniederschrift entgegen § 250 S. 2 (vgl. dazu ausführlich *Mosbacher*, a.a.O.; *Arnoldi* StRR 2015, 144 in der Anm. zu OLG Stuttgart StRR 2015, 144).

Ob der Verteidiger den Widerspruch erhebt, wird von den **Umständen** des **Einzelfalls** abhängen. Im Zweifel wird er es tun, und er wird auch den Widerspruch begründen, um durch seine Argumente das Gericht ggf. doch noch zur – besseren – wörtlichen Verlesung zu veranlassen. Der Widerspruch ist zudem **Voraussetzung** für eine **Revisionsrüge** (BGH StV 2014, 68; *Kirchner* StraFo 2015, 52, 58).
Über den Widerspruch nach § 249 Abs. 2 S. 2 **entscheidet** das **Gericht** durch Beschluss, der nicht begründet werden muss und nicht mit der → *Beschwerde*, Rdn 770, angefochten werden kann. Über die Beanstandung nach § 238 Abs. 2 entscheidet ebenfalls das Gericht durch – allerdings im Zweifel begründeten – Beschluss.
Das Unterlassen der Bescheidung eines Widerspruchs nach § 249 Abs. 2 S. 2 durch Beschluss kann mit der **Revision** geltend gemacht werden (BGHSt 57, 306 m. Anm. *Arnoldi* StRR 2013, 65); auf dem Fehlen des Beschlusses wird das Urteil i.d.R. auch beruhen (*Meyer-Goßner/Schmitt*, § 249 Rn 31; s. aber BGH, a.a.O. für einen Sonderfall; a.A. *Arnoldi* NStZ 2013, 475 i.d. Anm. zu BGHSt 58, 59; *Mosbacher* NStZ 2013, 199; *Ventzke* StV 2014, 114, 118).

6. Nach der Neufassung des § 249 Abs. 2 S. 1 durch das VerbrechensbekämpfungsG v. 28.10.1994 können **alle Urkunden** im Selbstleseverfahren in die HV eingeführt werden. Eine **Ausnahme** gilt nur noch für Vernehmungsniederschriften, die nach § 253 (→ *Protokollverlesung zur Gedächtnisstützung*, Rdn 2147) und nach § 254 (→ *Verlesung von Geständnisprotokollen*, Rdn 2980) – abweichend vom sich aus § 250 ergebenden Grundsatz der persönlichen Vernehmung (→ *Unmittelbarkeitsgrundsatz*, Rdn 2690) – zu Beweiszwe-

2518

cken verlesen werden sollen. Diese Urkunden **müssen verlesen** werden, da sie persönliche Vernehmungen **ersetzen** oder ergänzen (KK-*Diemer* § 249 Rn 34). Vernehmungsniederschriften, die nach § 251 (→ *Verlesung von Protokollen früherer Vernehmungen/sonstiger Erklärungen*, Rdn 3014) sowie nach § 256 (vgl. → *Verlesung von* **Behördengutachten**, Rdn 2956; → *Verlesung von ärztlichen Attesten*, Rdn 2943; → *Verlesung von Gutachten allgemein vereidigter Sachverständiger*, Rdn 2968; → *Verlesung von sonstigen* **Gutachten** *und Berichten*, Rdn 3046) verlesen werden sollen, können hingegen im **Selbstleseverfahren** in die HV eingeführt werden (zur Kritik an dieser Regelung, insbesondere im Hinblick auf das nach jeder Beweiserhebung dem Verteidiger aus § 257 zustehende → *Erklärungsrecht des Verteidigers*, Rdn 1463; *Dahs* NJW 1995, 555; *Knierim/Rettenmaier* StV 2006, 155).

⚃ Das Selbstleseverfahren ist nach § 257a S. 3 **auch** anwendbar auf **Anträge** und Anregungen zu Verfahrensfragen, die der Verteidiger auf Anordnung des Gerichts nach § 257a S. 1 **schriftlich** gestellt hat, nicht hingegen auf Erklärungen nach § 257 (→ *Erklärungen des Verteidigers*, Rdn 1451; → *Erklärungsrecht des Verteidigers*, Rdn 1463).

Siehe auch: → *Urkundenbeweis, Allgemeines*, Rdn 2721 m.w.N.; → *Urkundenbeweis durch Bericht des Vorsitzenden*, Rdn 2743; → *Vorhalt aus und von Urkunden*, Rdn 3424.

2519 Sitzordnung in der Hauptverhandlung

2520 **Literaturhinweise: Münchhalffen**, Bedeutung der Sitzordnung für eine ungehinderte Verteidigung, StraFo 1996, 18; **Stern**, Der verdrehte Kopf – Sitzordnung mit Verteidigung auf der Anklagebank?, StraFo 1996, 46.

2521 **1.a)** Die StPO geht in § 137 Abs. 1 davon aus, dass der Beschuldigte sich in jeder Lage des Verfahrens des Beistandes eines Verteidigers bedienen darf.

2522 Dieser Grundsatz darf für die HV nicht durch eine ungünstige Möblierung oder andere **ungünstige Gegebenheiten** eingeschränkt werden. Nr. 125 Abs. 2 RiStBV bestimmt, dass der Angeklagte nur dann in eine umfriedete Anklagebank verwiesen werden sollte, wenn besondere Umstände (Fluchtgefahr!) vorliegen. Nicht geregelt wird, inwieweit dem Angeklagten ein Platz unmittelbar **neben** seinem **Verteidiger** zusteht (zur Bedeutung der Sitzordnung *Münchhalffen* StraFo 1996, 18; *Stern* StraFo 1996, 46; zur Einschränkung der Berufsausübungsfreiheit durch die Anordnung des Vorsitzenden an den Verteidiger, den ihm zugewiesenen Platz einzunehmen, s.a. BVerfG NJW 1996, 3268).

⚃ Grds. muss dem Angeklagten und seinem Verteidiger eine **jederzeitige Kontaktaufnahme** möglich sein.

2523 **b)** Ist das **nicht** oder nur schwer möglich, muss der Verteidiger einen **Antrag** zur **Sitzordnung** stellen und darauf drängen, einen Platz neben seinem Mandanten zu erhalten (s.u.

Rdn 2525 ff.). I.d.R. besteht kein Grund, das zu verweigern (OLG Köln NJW 1980, 302 m.w.N.). Das gilt besonders dann, wenn während der Beweisaufnahme auf umfangreiches Aktenmaterial zurückgegriffen werden muss. Auch muss der Angeklagte die Möglichkeit haben, sich **Notizen** machen zu können (BayObLG StraFo 1996, 47). Der Verteidiger sollte außerdem darauf achten, dass er selbst von seinem Platz aus die **Zeugen** bei ihrer Vernehmung unmittelbar **beobachten** kann. In Fällen, in denen der Angeklagte den Tatvorwurf bestreitet, er jedoch als Täter von einem Zeugen erkannt worden ist, kann es sich empfehlen, einen Antrag auf **Änderung** der Sitzordnung zu stellen, um dem **Zeugen** das **Wiedererkennen** des Angeklagten in der HV zu **erschweren**, indem dem Angeklagten gestattet wird, unter den Zuhörern Platz zu nehmen (wegen der Einzelh. Beck-*Ignor/Sättele*, S. 401 ff.).

✏️ Diesen Antrag muss der Verteidiger mit seinem Mandanten vorab aber besonders **sorgfältig erörtern**. Denn erkennt der Zeuge den Angeklagten als Täter unter den Zeugen wieder, wird der Verteidiger dieses Beweisergebnis kaum noch infrage stellen können.

2. Art. 6 Abs. 3 Buchst. e) MRK erfordert, dass die Kommunikation zwischen einem **ausländischen Angeklagten** und seinem Verteidiger gewährleistet ist. Deshalb muss auch ein **Dolmetscher** so nahe bei/zwischen dem Angeklagten und dem Verteidiger sitzen (können), dass eine ungestörte Kontaktaufnahme möglich ist. Um das zu erreichen, muss der Verteidiger ggf. ebenfalls einen **Antrag** zur **Sitzordnung** stellen. Entsprechendes kann gelten, wenn bei einem der deutschen Sprache nicht mächtigen Angeklagten sichergestellt werden muss, dass der Angeklagte mit dem vom Gericht bestellten Dolmetscher kommunizieren kann.

2524

3. Hinweis für den Verteidiger!

Ist der Verteidiger mit der Sitzordnung nicht einverstanden, ist folgendes **Vorgehen** anzuraten (vgl. a. *Münchhalffen* StraFo 1996, 19):

- Der Verteidiger sollte die Sitzordnung **nicht selbst ändern**.
- Vielmehr empfiehlt es sich, das Eintreten des Gerichts abzuwarten und dann zunächst zu **bitten**, dem Mandanten zu gestatten, neben dem Verteidiger Platz zu nehmen (*Münchhalffen* StraFo 1996, 19).
- Wird das **abgelehnt**, muss der Verteidiger unter Hinweis auf die o.a. Rspr. einen **formellen Antrag** zur Sitzordnung stellen (s.u. Rdn 2526).
- Weist der Vorsitzende diesen Antrag **zurück**, muss, wenn sich der Verteidiger die Revisionsrüge insoweit erhalten will, gem. § 238 Abs. 2 ein **Gerichtsbeschluss** beantragt werden.

2525

✏️ Zwar handelt es sich bei der Anordnung um eine Maßnahme der → *Sitzungspolizei*, Rdn 2527, da diese jedoch auf die Verfahrensbeteiligten einwirkt, kann sie nach

§ 238 Abs. 2 beanstandet und ggf. mit der **Revision** als unzulässige Beeinträchtigung der Verteidigung i.S.d. § 338 Nr. 8 gerügt werden (so schon OLG Köln NJW 1961, 1127; s.a. OLG Köln NJW 1980, 302).

M.E. darf der Verteidiger, wenn sein Antrag abgelehnt wird, **nicht** die HV stören. Die insoweit a.A. des BVerfG (NJW 1996, 3268) trifft nicht zu. Die Ablehnung seines Antrags gibt dem Verteidiger kein Demonstrationsrecht. Die Rechtsverletzung muss mit der Revision geltend gemacht werden (s.a. *Foth* NStZ 1997, 36 in der Anm. zu BVerfG, a.a.O.; → *Sitzungspolizei*, Rdn 2546).

- In **mehrtägigen HV** muss der Verteidiger, wenn das Gericht die Anordnung des Vorsitzenden bestätigt, zu Beginn eines **jeden HV-Tages** einen (Protokollierungs-)Antrag stellen, der die Sitzordnung in der HV festhält.
- Kann der Verteidiger aufgrund der bestehenden Sitzordnung keinen oder nur schlecht Kontakt mit seinem Mandanten aufnehmen, wird ihm nichts anderes übrig bleiben, als nach jedem Akt der Beweisaufnahme einen Antrag auf → ***Unterbrechung der Hauptverhandlung***, Rdn 2701, zu stellen, um mit dem Mandanten ungehindert das Beweisergebnis **besprechen** zu können.
- Wird diesen Anträgen nicht stattgegeben, kann ein **Befangenheitsantrag** wegen unzulässiger Beschränkung der Verteidigung in Betracht kommen (*Münchhalffen* StraFo 1996, 16).

☞ Kommt der Verteidiger der Aufforderung des Vorsitzenden, seinen Platz einzunehmen, nicht nach, um dadurch das rechtliche Gehör für seinen Mandanten sicherzustellen, liegt darin wegen Wahrnehmung berechtigter Interessen **kein Verstoß** gegen **berufsrechtliche Pflichten** (BVerfG NJW 1996, 3268).

4. Muster: Antrag zur Sitzordnung

▼

An das

Amtsgericht/Landgericht Musterstadt

In der Strafsache

gegen H. Mustermann

Az.:

wird beantragt,

den Angeklagten neben seinem Verteidiger auf der Verteidigerbank sitzen zu lassen. Dem Angeklagten ist ein Platz in der Anklagebank, die ca. vier Meter vom Platz seines Verteidigers entfernt ist, zugewiesen worden. Durch den großen Abstand ist eine ungestörte, unbelauschte Kommunikation zwischen ihm und mir nicht möglich. Darin liegt eine unzulässige Beschränkung der Verteidigung (s. OLG Köln NJW 1961, 1127; 1980, 302; BayObLG StraFo 1996, 47).

Rechtsanwalt

Siehe auch: → *Zulassung von Mitarbeitern des Verteidigers zur Hauptverhandlung*, Rdn 3586, mit Antragsmuster, Rdn 3588.

Sitzungspolizei 2527

Das Wichtigste in Kürze:
1. Die Aufrechterhaltung der Ordnung in der Sitzung obliegt nach § 176 GVG dem Vorsitzenden.
2. Inhaber der Sitzungspolizei ist ausschließlich der Vorsitzende.
3. Zeitlich erfasst die Sitzungspolizei auf jeden Fall Maßnahmen in der eigentlichen Sitzung, also während der gesamten Dauer der HV.
4. Räumlich erstreckt sich die Sitzungspolizei auf den Sitzungssaal mit den ihm vorgelagerten Räumen.
5. Inhaltlich umfasst die Sitzungspolizei des Vorsitzenden alle Maßnahmen, die einen störungsfreien Sitzungsverlauf sicherstellen.
6. In personeller Hinsicht unterliegen der Sitzungspolizei des Vorsitzenden grds. alle Personen im räumlichen und zeitlichen Umfang der HV.
7. Voraussetzung für die Verhängung eines Ordnungsmittels als eine sitzungspolizeiliche Maßnahme ist das Vorliegen von „Ungebühr" i.S.d. § 178 GVG.
8. Die Sitzungspolizei erstreckt sich grds. auch auf Rechtsanwälte. Ob ein Verteidiger, der die HV stört, gem. § 177 GVG aus dem Sitzungssaal entfernt oder gegen ihn ein Ordnungsmittel nach § 178 GVG ergriffen werden kann, ist/war in Rspr. und Lit. umstritten.
9. Die Rechtsmittel gegen sitzungspolizeiliche Maßnahmen sind beschränkt.

Literaturhinweise: Buggert, Kopftuch im Gerichtssaal, StRR 2008, 44; **Greiser/Artkämper**, Die „gestörte" Hauptverhandlung – Eine praxisorientierte Fallübersicht, 3. Aufl. 2001; **Gröner**, Strafverteidiger und Sitzungspolizei, 1998; **Jahn**, Sitzungspolizei contra „Konfliktverteidigung"?, NStZ 1998, 389; **Kirch-Heim**, Die Störung der Hauptverhandlung durch in §§ 177, 178 GVG nicht genannte, an der Hauptverhandlung beteiligte Personen, NStZ 2014, 431; **Kissel**, Ungebühr vor Gericht (§ 178 GVG) – vorbei?, NJW 2007, 1109; **Krekeler**, Der Rechts- 2528 anwalt als Beistand des Zeugen und die Sitzungspolizei, NJW 1980, 980; **Lehr**, Bildberichterstattung der Medien über Strafverfahren, NStZ 2001, 63; **Leinius**, Zum Verhältnis von Sitzungspolizei, Hausrecht, Polizeigewalt, Amts- und Vollzugshilfe, NJW 1973, 448; **Lesch**, Der Begriff der Öffentlichkeit in der Revision, StraFo 2014, 353; **Leuze**, Ordnungsmaßnahmen gegen Strafverteidiger, StV 2004, 101; **Michel**, Der betrunkene Zeuge, MDR 1992, 544; **Milger**, Sitzungsgewalt und Ordnungsmittel in der strafrechtlichen Hauptverhandlung, NStZ 2006, 121; **Müller**, Zwangsweise Entfernung eines Rechtsanwalts aus dem Sitzungszimmer, NJW 1979, 22; **Pielke**, Die Robenpflicht der Rechtsanwälte, NJW 2007, 3251; *ders.*, Wer bestimmt, was der Anwalt zur Robe trägt?, ZAP F. 23, S. 897; **Rüping**, Der Schutz der Gerichtsverhandlung – „Ungebühr" oder „betriebliche Ordnungsgewalt"?, ZZP 1975, 212 (Band 88); **Schlüter**, Zur Beschränkung der Presse und Medienfreiheit durch sitzungspolizeiliche Anordnungen nach § 176 GVG, AfP 2009, 557; **Schneider**, Ungebühr vor Gericht, MDR 1975, 622; **Schwind**, „Ungebührliches" Verhalten vor Gericht und Ordnungsstrafe, JR 1973, 133; **Steinbrenner**, Sitzungspolizeiliche Fragen, insbesondere im Zusammenhang mit Straftaten gegen Demonstranten, Justiz 1968, 235; **Vierhaus**, Zulässigkeit der Ordnungs- und Zwangsmittel des § 51 StPO gegen Kinder als Zeugen, NStZ 1994, 271; s.a. die Hinw. bei → *Verhandlungsleitung*, Rdn 2889 und → *Verteidigerhandeln und Strafrecht*, Rdn 3199.

2529   1.a) Die Aufrechterhaltung der Ordnung in der Sitzung obliegt nach § 176 GVG dem Vorsitzenden. Gemeint ist damit lediglich die **äußere Ordnung**, also die Schaffung und Sicherung des äußerlichen Ablaufs der HV. Zu unterscheiden von der Sitzungspolizei ist die → *Verhandlungsleitung*, Rdn 2889, nach § 238. Abzugrenzen ist die Sitzungspolizei außerdem vom **Hausrecht**, das grds. der Gerichtsverwaltung/dem Gerichtspräsidenten zusteht (BVerwG NJW 2011, 2530). Dieses Hausrecht wird allerdings durch das Recht und die Pflicht, die Sitzungspolizei auszuüben, verdrängt (BGHSt 30, 350) und wird begrenzt durch den Grundsatz der Öffentlichkeit des Verfahrens (vgl. dazu u.a. BVerwG, a.a.O.; OVG Berlin-Brandenburg NJW 2011, 1093). Das ist z.B. zu beachten, wenn auf der Grundlage des Hausrechts Einlasskontrolle verfügt oder das Tragen bestimmter Kleidungsstücke verboten wird (BVerfG NJW 2012, 1863; OVG Berlin-Brandenburg, a.a.O., für das [zulässige] Verbot des Tragens sog. Motorradkutten im Zusammenhang mit einem Verfahren gegen Mitglieder der Hells Angels).

2530   2. **Inhaber** der Sitzungspolizei ist **ausschließlich** der **Vorsitzende**. Seine alleinige Kompetenz **endet**, wenn eine (in Aussicht genommene) Maßnahme zur Zuständigkeit des Gerichts gehört. Dazu zählt alles, was der (sog. **inneren**) Durchführung der HV dient und damit zur → *Verhandlungsleitung*, Rdn 2889, gehört. Angenommen wird das z.B. für eine Maßnahme des Vorsitzenden, die die **Verteidigung** des Angeklagten **beschränkt**, die die Grundsätze über die Öffentlichkeit verletzt (BGHSt 17, 201, 203) oder die die „Sitzung" überhaupt aufheben würde (*Meyer-Goßner/Schmitt* § 176 GVG Rn 13; s. → *Ton- und Filmaufnahmen während der HV*, Rdn 2669, und u. Rdn 2533).

2531   3. **Zeitlich** erfasst die Sitzungspolizei auf jeden Fall Maßnahmen in der eigentlichen Sitzung, also während der gesamten Dauer der HV vom → *Aufruf der Sache*, Rdn 341, bis zur vollständigen → *Urteilsverkündung*, Rdn 2761 (KG PA 2007, 200 [für Klatschen am Ende der Urteilsbegründung]; OLG Celle, Beschl. v. 15.9.2010 – 1 Ws 398/10 [für Äußerung eines Zuhörers zur Urteilsbegründung „Ich habe selten so einen Scheiß gehört."; insoweit nicht in NStZ-RR 2011, 45 Ls.]). **Ausgedehnt** wird sie darüber hinaus auf die Zeit von der **Öffnung**

des **Gerichtssaales** bis das Gericht nach der Beendigung der HV den Sitzungssaal **verlassen** hat (*Kissel/Mayer*, § 176 GVG Rn 8 f. m.w.N.; OLG Celle, a.a.O.). Nach (diesem) Ende der Sitzung und ggf. sogar schon dem Aufruf der nächsten Sache kann eine Ordnungsmaßnahme nicht mehr erlassen werden (OLG Nürnberg NStZ-RR 2006, 308). Das gilt auch, wenn sich das Gericht die Maßnahme in der HV vorbehalten hat (OLG Hamburg NJW 1999, 2607). Erfasst von der Sitzungspolizei werden auch kurze Sitzungspausen (BGHSt 44, 23). Längere Unterbrechungen, wie z.b. eine mehrstündige Mittagspause, gehören nicht (mehr) zur Sitzungszeit (*Meyer-Goßner/Schmitt* § 176 GVG Rn 2).

4. Räumlich erstreckt sich die Sitzungspolizei auf den **Sitzungssaal** mit den ihm vorgelagerten Räumen wie Fluren, in denen i.d.R. Zeugen warten (BGHSt 44, 23), das **Beratungszimmer** sowie andere **Nebenräume**, die unmittelbar der Verhandlung dienen, wie z.b. Vorführzellen mit unmittelbarem Zugang zum Sitzungssaal (zur verfassungsmäßigen Zulässigkeit eines Fotografierverbots auch für Vorräume und Zugänge zum Sitzungssaal s. BVerfG NJW 1996, 310; 2008, 977; → *Ton- und Filmaufnahmen während der HV*, Rdn 2669). Auf andere Räumlichkeiten, wie z.b. Treppenhaus, Eingangshalle des Gerichts, erstreckt sie sich i.d.R. nicht (OLG Celle NStZ 2012, 592 m. Anm. *Schmidt* in StRR 2011, 434; *Kissel/Mayer*, § 176 GVG Rn 10 f.). Insoweit greift das Hausrecht ein (s.o. Rdn 2530). Anders ist das in der Rspr. (OLG Celle, a.a.O.) aber für solche Störungen gesehen worden, die zwar außerhalb des Gerichtsgebäudes stattfinden, die dabei jedoch unmittelbar in den Sitzungssaal hineinwirken, wie z.b. das Schlagen gegen das Fenster des Sitzungssaales von außen durch eine auf dem Fenstersims stehende Person.

2532

5. Inhaltlich umfasst die Sitzungspolizei des Vorsitzenden alle Maßnahmen, die einen störungsfreien Sitzungsverlauf sicherstellen. Das können Maßnahmen zur **Vorbereitung** der Sitzung sein, wie z.B. die Anordnung der → *Durchsuchung des Verteidigers*, Rdn 1287, der Erlass von → *Einlassregelungen für die Hauptverhandlung*, Rdn 1294, die Anordnung der → *Fesselung des Angeklagten*, Rdn 1512, oder Regeln zum → *Mitschreiben/Notebook in der Hauptverhandlung*, Rdn 1859. Des Weiteren gehören sowohl die Auswahl des Sitzungssaales als auch ggf. die Beseitigung von Hemmnissen, die einem störungsfreien, zügigen Verlauf der HV entgegenstehen, zur Sitzungspolizei (vgl. z.B. BGH NStZ 2007, 281 [Gewährleistung von ausreichendem Personal]). In der Sitzung erstreckt sich die Sitzungspolizei ebenfalls auf alle Maßnahmen, die zur **Störungsabwehr** erforderlich sind (OLG Stuttgart NJW 2011, 2899 für „Handy-Mitnahmeverbot" gegen den Verteidiger; vgl. wegen der Einzelh. *Meyer-Goßner/Schmitt* § 176 GVG Rn 4 ff. und die Bsp. bei Rdn 2534 f.) und nicht zur „inneren Durchführung der HV" gehören (vgl. dazu o. Rdn 2530). Dazu gehören z.B. auch Maßnahmen, die der Einflussnahme auf das Aussageverhalten von Zeugen entgegenwirken (BGH NStZ 2004, 220) oder wenn anderenfalls die inhaftierten Angeklagten ggf. die Gelegenheit zu unüberwachter Telekommunikation nutzen (OLG Stuttgart, a.a.O., m. abl. Anm. *Kühne* StV 2011, 720, der m.E. zutreffend darauf hinweist, dass die Fragen nicht

2533

S Sitzungspolizei

über § 176 GVG, sondern über § 119 zu regeln sind). Unbestimmte Sicherheitsbedenken genügen aber nicht, einem Rechtsanwalt/Verteidiger den Gebrauch eines Laptops während der laufenden mündlichen HV zu untersagen (vgl. AG Freiberg StRR 2010, 389 m. zust. Anm. *Burhoff*, zugleich auch zur Frage der Besorgnis der Befangenheit).

2534 6. In **personeller** Hinsicht unterliegen der Sitzungspolizei des Vorsitzenden **alle Personen** im räumlichen und zeitlichen Umfang der HV, soweit nicht die §§ 177 ff. GVG eine abweichende Regelung treffen (OLG Karlsruhe NJW 1977, 309 f.; vgl. a. *Milger* NStZ 2006, 121; zu Rechtsanwälten s. Rdn 2539). Erfasst werden der Beschuldigte, Zeugen, Sachverständige oder bei der Verhandlung nicht beteiligte Personen. Fraglich ist, ob der gesetzliche Vertreter eines der angeklagten Jugendlichen zu den ausdrücklich genannten verhandlungsbeteiligten Personen gehört, gegen die ggf. ein Ordnungsmittel wegen Ungebühr gem. § 178 Abs. 1 GVG verhängt werden kann. Der gesetzliche Vertreter wird vom Gesetz nämlich nicht genannt (offen gelassen von OLG Dresden NStZ 2010, 472).

2535 7.a) **Voraussetzung** für die Verhängung eines Ordnungsmittels als eine sitzungspolizeiliche Maßnahme ist das Vorliegen von „**Ungebühr**" i.S.d. § 178 GVG (krit. zu dieser Vorschrift im Hinblick auf die Vermischung der Richter- und Opferrolle EGMR NJW 2006, 2901 und dazu *Kissel* NJW 2007, 1109). Das ist ein erheblicher Angriff auf die Ordnung in der Sitzung, auf deren justizmäßigen, nicht nur rein äußerlichen Ablauf, sondern auch auf den „Gerichtsfrieden" und damit auf die Ehre und Würde des Gerichts (KG StraFo 2008, 33; OLG Brandenburg wistra 2014, 79; OLG Celle NStZ-RR 2012, 119; OLG Karlsruhe StraFo 2015, 74; OLG Köln, Beschl. v. 3.2.2010 – 2 Ws 62/10 [persönliche Beleidigung des Richters durch eine angeklagte Rechtsanwältin]; OLG Stuttgart Justiz 2007, 281; *Meyer-Goßner/Schmitt* § 178 GVG Rn 2). Das ungebührliche Verhalten muss sich nicht direkt gegen das Gericht selbst wenden. Es genügt ein Verhalten gegenüber anderen Prozessbeteiligten oder gegen sonstige unbeteiligte Personen (OLG Stuttgart, a.a.O.). Als Ungebühr ist aber nur ein Verhalten anzusehen, das geeignet ist, die Würde des Gerichts erheblich zu verletzen oder die Ruhe und Ordnung der Verhandlung gröblich zu stören (KG, a.a.O.). Bei einem Angeklagten, der nur in begreiflicher Erregung über das Ziel hinausschießt und sich im Ausdruck vergreift („bei dem Mist, den das Gericht bisher verzapft hat"), muss keine Ungebühr vorliegen (KG, a.a.O.; vgl. a. noch OLG Hamburg, Beschl. v. 7.11.2014 – 1 Ws 117/14). Im Einzelnen gilt (für Rechtsanwälte s. Rdn 2539 ff.):

2536 **Angeklagter**

■ Auch gegen den **Angeklagten** kann wegen Ungebühr mit sitzungspolizeilichen Maßnahmen vorgegangen werden, wenn er z.B. eine Zeugenvernehmung (wiederholt) durch laute Zwischenrufe stört (OLG Düsseldorf VRS 95, 29; OLG Hamburg, Beschl. v. 7.11.2014 – 1 Ws 117/14), das Gericht beleidigt und verbal angreift (OLG Köln, Beschl. v. 3.2.2010 – 2 Ws 62/10), sich unflätig äußert (OLG Hamburg, Beschl. v. 7.11.2014 –

1 Ws 117/14) oder in unangemessener Kleidung erscheint. Letzteres ist vom OLG Hamm z.B. angenommen worden für das Tragen eines T-Shirts mit der Aufschrift, „Beamtendumm-Förderverein (BdF)", „Prozessbeobachter", „Justiz-Opfer-Bürgerinitiative" (Beschl. v. 23.5.2002 – 3 Ws 277/02, www.burhoff.de) oder vom OLG Celle (NStZ-RR 2012, 119) für eine in der HV getragene Schwimmbrille). Das Tragen eines Kopftuchs aus religiösen Gründen kann einer Angeklagten hingegen nicht untersagt werden (BVerfG NJW 2007, 56; *Buggert* StRR 2008, 44, 45). Die Weigerung eines Angeklagten (oder Zeugen), in der HV die Schildmütze vom Kopf abzunehmen, stellt jedoch eine Ungebühr dar, wenn der Betreffende die Schildmütze weder aus gesundheitlichen, religiösen, kosmetischen oder sonstigen nachvollziehbaren Gründen trägt, sondern durch seine Weigerung bewusst provozieren will (OLG Stuttgart Justiz 2007, 281).

- Als Ungebühr ist es ebenfalls anzusehen, wenn der Angeklagte **alkoholisiert** zur HV erscheint (*Meyer-Goßner/Schmitt*, § 178 Rn 3; OLG SchlHA 2007, 280 [Dö/Dr]).
- In der Praxis gibt es immer wieder Streit um die Frage, ob es auch als Ungebühr anzusehen ist, wenn der Angeklagte sich **nicht erhebt** (vgl. dazu aus neuerer Zeit OLG Brandenburg, a.a.O.; OLG Celle a.a.O.; OLG Karlsruhe NStZ 2015, 300 m. Anm. *Burhoff* StRR 2015, 143; s. auch LR-*Wickern*, § 178 Rn 5, 15 m.w.N.). Dazu geht die h.M. davon aus, dass zwar das Sitzenbleiben des Angeklagten grds. eine Ungebühr i.S. des § 178 Abs. 1 GVG darstellen kann. Dies gilt jedoch nicht in allen Fällen. Nach Nr. 124 Abs. 2 S. 2 RiStBV haben sich sämtliche Anwesenden (lediglich) beim Eintritt des Gerichts zu Beginn der Sitzung, bei der Vereidigung von Zeugen und Sachverständigen und bei der Verkündung der Urteilsformel von ihren Plätzen zu erheben. Diese Vorgaben sind von der OLG-Rechtsprechung übernommen worden (vgl. OLG Brandenburg, a.a.O. [Urteilsverkündung]; OLG Celle NStZ-RR 2012, 119 [Urteilsverkündung]; OLG Hamm NJW 1975, 942 [Urteilsverkündung]; OLG Koblenz NStZ 1984, 234 [erstes Eintreten des Gerichts]; OLG Stuttgart NJW 1969, 627 [Urteilsverkündung]; LR-*Wickern*, § 178 GVG Rn 15; *Meyer-Goßner/Schmitt*, § 178 GVG Rn 3; krit. AnwKomm-StPO/*Püschel*, StPO, 2. Aufl., § 178 GVG Rn 3; *Kissel/Mayer*, § 178 Rn 15; a.A. SK-StPO/*Velten*, § 178 GVG Rn 4). Demgegenüber stellt das bloße Sitzenbleiben beim Eintreten des Gerichts nach vorangegangener Sitzungspause nur dann eine Ungebühr im Sinne des § 178 Abs. 1 GVG dar, wenn weitere objektive Umstände hinzutreten (OLG Karlsruhe, a.a.O.; OLG Saarbrücken StraFo 2007, 208). Ungebührlich wird ein solches Verhalten auch nicht dadurch, dass der Vorsitzende den Angeklagten ggf. aufgefordert hat, sich von seinem Platz zu erheben (OLG Karlsruhe, a.a.O.).

Zeugen 2537

- Die Sitzungspolizei kann sich auch gegen **Zeugen** richten, so z.B., wenn die in **unangemessener Kleidung** erscheinen (OLG Düsseldorf NJW 1986, 1505; OLG Hamm NJW 1969, 1919) Dazu gehört aber nicht das Tragen eines Kopftuchs aus religiösen Gründen

(BVerfG NJW 2007, 56; *Buggert* StRR 2008, 44, 45). Auch dürfen heute an das äußere Erscheinungsbild der Prozessbeteiligten im Gerichtssaal keine übersteigerten, an den Anschauungen früherer Zeiten orientierte Anforderungen mehr gestellt werden. Freizeitkleidung, Berufskleidung, kurze Hosen, „bauchfreie" Shirts u.Ä. werden regelmäßig nicht als die Würde des Gerichts verletzend erachtet (KG StRR 2008, 2 [Ls.]; OLG Stuttgart Justiz 2007, 281). So ist z.B. das Erscheinen in kurzer Hose und T-Shirt bei Vernehmung an einem besonders heißen Tag zur Mittagsstunde nicht als Ungebühr angesehen worden (OLG Koblenz NJW 1995, 977). Etwas anderes gilt, wenn der Betreffende in einer aus dem Rahmen fallenden Bekleidung oder Erscheinung auftritt, um bewusst zu provozieren (KG, a.a.O.; OLG Stuttgart, a.a.O.; zu Ordnungs- und Zwangsmaßnahmen gegen Kinder [als Zeugen] s. *Vierhaus* NStZ 1994, 271 ff.).

- **Tätlichkeiten** gegenüber anderen Verfahrensbeteiligten werden i.d.R. Ungebühr sein (OLG Hamm StraFo 2005, 251; zu äußeren Störungen der HV s.a. *Greiser/Artkämper*, Die gestörte HV, Rn 68 ff. [in Rn 5 ff. zum Begriff der „Ungebühr"]).
- Das **Klingeln** eines **Handys** in einer abgestellten Aktentasche stellt aber nicht unbedingt eine grobe Verletzung der Ordnung in der Sitzung dar (OLG Brandenburg NJW 2004, 451).

2538 **Zuhörer**

- Ungebühr kann auch von **Zuhörern** ausgehen (vgl. dazu die Rspr bei *Meyer-Goßner/Schmitt* § 178 Rn 3), wie z.B. Kommentare zur Urteilsbegründung (OLG Celle, Beschl. v. 15.9.2010 – 1 Ws 398/10) und/oder das sich Nichterheben (vgl. dazu Rdn 2536). Dazu gehört aber nicht das Tragen eines Kopftuchs aus religiösen Gründen (BVerfG NJW 2007, 56; *Buggert* StRR 2008, 44, 45).

8. Hinweis für den Verteidiger!

2539 a) Die Sitzungspolizei erstreckt sich grds. **auch** auf **Rechtsanwälte**, und zwar in allen Verfahrensarten und -funktionen. Das gilt ganz besonders dann, wenn sie nur zufällig als Zuhörer in der HV anwesend, also nicht unmittelbar an dem zur Verhandlung anstehenden Verfahren beteiligt sind (*Kissel/Mayer*, § 176 GVG Rn 40 m.w.N.; vgl. dazu a. EGMR NJW 2006, 2901; zu Staatsanwälten s. *Kirch-Heim* NStZ 2014, 431).

2540 b) Ob ein **Verteidiger**, der die HV **stört**, gem. § 177 GVG aus dem Sitzungssaal entfernt oder gegen ihn ein **Ordnungsmittel** nach § 178 GVG ergriffen werden kann, ist/war in Rspr. und Lit. **umstritten**. Die **Lit.** ging in dieser Frage, die unabhängig davon ist, wann der Ausschluss eines Verteidigers von der Verteidigung zulässig ist, z.B. nach §§ 137 Abs. 1 S. 2, 138a ff., 146, – weitgehend einhellig – unter Hinweis auf den eindeutigen Wortlaut der §§ 177, 178 davon aus, dass **Zwangsmaßnahmen** gegen einen Verteidiger in der HV **stets unzulässig** sind (vgl. u.a. *Meyer-Goßner/Schmitt* § 177 GVG Rn 3a; *Kissel/Mayer*, § 176 GVG Rn 40, jew. m.w.N.; vgl. aber auch *Kirch-Heim* NStZ 2014, 431 ff.

mit einer Darstellung des Streitstandes und eigenen Lösungsansätzen). Dem haben sich in der **Rspr.** inzwischen das OLG Düsseldorf (wistra 1994, 79 [für Referendar, der in Untervollmacht auftritt]) und das OLG Hamm (StV 2004, 69 [für Verhaftung des Verteidigers]) angeschlossen (zust. *Leuze* StV 2004, 101; *Jahn* JZ 2004, 207, in den Anm. zu OLG Hamm, a.a.O.; *Milger* NStZ 2006, 123 f.; vgl. zum Ausschluss des Verteidigers nach den §§ 138a ff. *Burhoff*, EV, Rn 4052 ff.; *ders.* ZAP F. 22, S. 361 ff.; so a., insbesondere im Hinblick auf sog. Konfliktverteidigung, *Jahn* NStZ 1998, 389 und *Gröner*, Strafverteidiger und Sitzungspolizei, m. zahlr. weit. Nachw. aus der Lit. a. zur a.A.). Demgegenüber stellt(e) die (ältere) Rspr. noch darauf ab, ob ein **extremes Fehlverhalten** des Rechtsanwalts vorliegt, das zu einer nachhaltigen Störung der Verhandlung bis hin zur Gefahr der Unmöglichkeit der weiteren ordnungsgemäßen Durchführung der Verhandlung führt. Für diesen Fall wurde die Auffassung vertreten, dass in solchen Extremfällen der Vorsitzende befugt sein sollte, den Verteidiger aus dem Sitzungssaal zu weisen, ggf. sogar mit Gewalt (BGH NJW 1977, 437; OLG Hamm JMBl. NW 1980, 215; so u.a. a. LR-*Schäfer* § 176 GVG Rn 25 m.w.N.; *Malmendier* NJW 1997, 227, 232 ff.).

Der **Lit.-Ansicht** und **neueren Rspr.** ist wegen des eindeutigen Wortlautes der §§ 177, 178 der **Vorzug** zu geben. Es ist allein Aufgabe des Gesetzgebers, Vorsorge zu treffen, dass die Durchführung der HV nicht an einem ungehörigen Verhalten eines Verteidigers, der i.Ü. dem Berufsrecht unterliegt, scheitert (*Jahn* NStZ 1998, 391 ff.; *ders.* JZ 2004, 207 in der Anm. zu OLG Hamm StV 2004, 69; *Gröner*, a.a.O., die für eine Gesetzesänderung in der Form plädiert, dass dem Gericht die gesetzliche Möglichkeit gegeben wird, den Rechtsanwalt aus dem Sitzungssaal zu entfernen; vgl. auch noch die Lösungsansätze von *Kirch-Heim* NStZ 2014, 431). Deshalb kann der Verteidiger grds. auch nicht gem. § 176 GVG von der Sitzung ausgeschlossen werden, wenn er ohne Krawatte erscheint und sich weigert, eine solche anzulegen (offengelassen von OLG Celle, Beschl. v. 19.7.2002 – 222 Ss 83/02 [OWiZ; insoweit nicht in StraFo 2002, 301]; LG Mannheim NJW 2009, 1094) oder er nur ein weißes T-Shirt unter der offenen Robe trägt (a.A. OLG München NJW 2007, 3261; zutr. abl. *Pielke* NJW 2007, 3251; *Weihrauch* StV 2007, 28 in den Anm. zu OLG München, a.a.O.; s. aber → *Tragen der Robe/Krawatte*, Rdn 2680).

Ist der **Rechtsanwalt** selbst **Beschuldigter**, wird er auch als solcher behandelt (BVerfG NJW 1980, 1677; vgl. z.B. OLG Köln, Beschl. v. 3.2.2010 – 2 Ws 62/10). Es können dann also Maßnahmen nach den §§ 177, 178 gegen ihn ergriffen werden. Dasselbe gilt, wenn er → *Zeugenbeistand*, Rdn 3491, ist. Maßnahmen gegen den → *Vernehmungsbeistand*, Rdn 3157, oder den → *Verletztenbeistand*/*Opferanwalt*, Rdn 3052, sind hingegen unzulässig (*Meyer-Goßner/Schmitt*, § 177 GVG Rn 4).

c) I.Ü. unterliegt selbstverständlich auch der Verteidiger der Sitzungspolizei des Vorsitzenden. Dieser ist allerdings zu **Ermahnungen** und **Rügen** nur befugt, wenn der Verteidiger sich in der Form vergreift, indem er z.b. einen anderen Verfahrensbeteiligten beleidigt, oder wenn er Äußerungen macht, die nicht zur Sache gehören (zur Bestrafung des Rechtsanwalts wegen Ungebühr s. EGMR NJW 2006, 2901). Außerdem kann das Gericht gegen **schwere Ungebühr** des Verteidigers noch dadurch vorgehen, dass es ihm nach § 145 die **Kosten** auferlegt, wenn durch seine Schuld eine HV ausgesetzt werden muss. Das kann der Fall sein, wenn der Verteidiger sich ohne wichtigen sachlichen Anlass aus der Sitzung entfernt, etwa weil das Gericht eine Erklärung oder Frage seiner Ansicht nach unzulässiger Weise beanstandet hat, oder er sich ohne triftigen Grund weigert, die Verteidigung (weiter) zu führen (vgl. *Dahs*, Rn 161; → *Aussetzung wegen Ausbleibens des Verteidigers*, Rdn 470).

9. Für das **Verfahren** gilt:

2543 a) **Art** und **Umfang** der sitzungspolizeilichen Maßnahmen sind **gesetzlich nicht festgelegt**, allerdings können **Ordnungsmittel** nach § 178 GVG nur bei Vorliegen von Ungebühr festgesetzt werden (vgl. Rdn 2535). Die Zulässigkeit sitzungspolizeilicher Maßnahmen beurteilt sich im Einzelfall nach dem jeweils verfolgten Zweck und dem verfassungsrechtlichen Verhältnismäßigkeitsprinzip (zuletzt OLG Stuttgart NJW 2011, 2899). Dabei steht dem Vorsitzenden ein **Ermessen** zu (BGHSt 17, 201, 203 f.). Es bezieht sich sowohl auf die Frage, ob überhaupt eingeschritten wird, als auch auf die Frage, in welcher Weise er auf eine (drohende) Störung reagiert (LR-*Wickern*, § 176 GVG Rn 11).

> ✍ Ist der Verteidiger mit vom Vorsitzenden angeordneten Maßnahmen nicht einverstanden, darf er dennoch die **Sitzung nicht stören** (a.A. offenbar BVerfG NJW 1996, 3268 [für Nichteinhaltung der Anordnung des Vorsitzenden, den dem Verteidiger zugewiesenen Platz einzunehmen]; wie hier a. *Foth* NStZ 1997, 36 f. in der Anm. zu BVerfG, a.a.O.).

2544 b) Vor Erlass einer Ordnungsmaßnahme ist dem Betroffenen grds. **rechtliches Gehör** zu gewähren (OLG Bamberg StraFo13, 292; OLG Brandenburg, wistra 2014, 79; OLG Celle NStZ 2012, 592; OLG Düsseldorf NStZ 1988, 238; OLG Hamm StraFo 2001, 13 m.w.N.; NStZ-RR 2009, 93; 2009, 183; Beschl. v. 14.9.2009 – 2 Ws 242/09), und zwar sowohl bei der Androhung als auch bei der endgültigen Festsetzung der Ordnungsmaßnahme (u.a. OLG Bamberg, a.a.O.). Davon kann nur ausnahmsweise abgesehen werden, wenn dem Gericht im Hinblick auf die Störung eine Anhörung nicht zuzumuten ist bzw. wenn dem Betroffenen die Maßnahme ausdrücklich bereits angedroht worden ist (OLG Brandenburg NJW 2004, 451 m.w.N.; wistra 2014, 79; OLG Celle, a.a.O.; OLG Düsseldorf, a.a.O.; OLG Hamm, a.a.O.). Einem (anwaltlich vertretenen) Zeugen ist Gelegenheit zu geben, mit seinem (Zeugen-)Beistand zu sprechen (LG Zweibrücken NJW 1999, 3792; → *Vernehmungsbeistand*, Rdn 3157; → *Zeugenbeistand*, Rdn 3491).

2545 c) Festgesetzt werden können **Ordnungsgeld** und/**Ordnungshaft**. Das Höchstmaß für das Ordnungsgeld beträgt 1.000,00 €, das Höchstmaß für die Ordnungshaft beträgt eine Wochen. Bei der **Bemessung** wird zu berücksichtigen sein, dass Störungen und Entgleisungen durch den Angeklagten mit Blick auf die durch die gegen ihn durchgeführte HV entstehende Stresssituation verständlicher erscheinen können als Störungen durch unbeteiligte Dritte und dass deshalb das Maß notwendiger Ahndung geringer ist (OLG Hamburg, Beschl. v. 7.11.2014 – 1 Ws 117/14).

d) Für **Rechtsmittel** ist auf Folgendes hinzuweisen:

aa) Ob die **selbstständige Anfechtung** der auf § 176 GVG gestützten sitzungspolizeilichen Maßnahme statthaft ist, ist/war umstr. Zum Teil wird das verneint (vgl. BGHSt 17, 201; OLG Zweibrücken NStZ 1987, 477 [für Durchsuchung des Verteidigers]; *Kissel/Mayer*, § 176 GVG Rn 48 m.w.N.; vgl. a. KG NStZ 2011, 120), zum Teil zumindest dann bejaht, wenn durch die sitzungspolizeiliche Anordnung Grundrechte oder andere Rechtspositionen des Betroffenen über die Dauer der HV hinaus tangiert werden (LG Ravensburg NStZ-RR 2007, 348 [für Beschlagnahme des Aufnahmeträgers für unzulässiger Weise angefertigte Bilder]; s. wohl auch KG, a.a.O.; OLG Hamm NStZ-RR 2012, 118; OLG Karlsruhe NJW 1977, 309 f.; OLG München NJW 2006, 3079; OLG Stuttgart NJW 2011, 2899; LG Mannheim NJW 2009, 1094 ff.; LG Ravensburg NStZ-RR 2007, 348 [für Beschlagnahme des Aufnahmeträgers für unzulässiger Weise angefertigte Bilder]; s. wohl auch KG, a.a.O.; offengelassen von BVerfG NJW 1993, 915; BGHSt 44, 23, 25; vgl. auch die Zusammenstellung der Rspr. in BVerfG StRR 2015, 223 m. Anm. *Burhoff*). Das gilt nach BGHSt 44, 23 auch für die **Beschwerde** gegen Sicherstellungen im Wege der Sitzungspolizei, wenn sie von dem Vorsitzenden eines Senats des OLG angeordnet wurden und die HV noch andauert. Ein Antrag nach § 23 EGGVG ist schließlich ebenfalls ausgeschlossen (OLG Hamburg NStZ 1992, 509). **Zulässig** kann allerdings bei einem Verstoß gegen das Willkürverbot eine isolierte **Verfassungsbeschwerde** sein (BVerfG NJW 1992, 3288 m.w.N.; 1995, 184).

2546

Nach der Rspr. des BVerfG muss allerdings muss gegen die sitzungspolizeiliche Anordnung des Vorsitzenden, nach der nur verpixelte Bildaufnahmen von Prozessbeteiligten veröffentlicht werden dürfen, vor einer Verfassungsbeschwerde **zunächst** → *Beschwerde*, Rdn 770, zum OLG erhoben werden (BVerfG StRR 2015, 223).

Sitzungspolizeiliche Maßnahmen des Vorsitzenden in der HV, die sich auf § 176 GVG stützen, kann der Verteidiger zudem nach § 238 Abs. 2 beanstanden (*Meyer-Goßner/Schmitt* § 238 Rn 13 m.w.N., § 176 GVG Rn 16; a.A. OLG Hamm NJW 1972, 1246). Das gilt auch dann, wenn die Maßnahme des Vorsitzenden über die ihm eingeräumte **sitzungspolizeiliche Kompetenz hinaus** in die → *Verhandlungsleitung*, Rdn 2889, eingreift. Dann kann später auch eine (etwaige) Beschränkung der Verteidigung gem. § 338 Nr. 8 mit der Revision geltend gemacht werden (*Meyer-Goßner/Schmitt* a.a.O.; KK-*Diemer*, § 176 Rn 7; zur Abgrenzung *Gröner*, Strafverteidiger und Sitzungspolizei, S. 155 ff.).

2547 bb) **Maßnahmen nach § 178 GVG** können nach § 181 Abs. 1 GVG binnen **einer Woche** mit der → *Beschwerde*, Rdn 770, angefochten werden. Das Rechtsmittel (Beschwerde) gegen eine z.b. einen Zeugen betreffende sitzungspolizeiliche Maßnahme nach § 178 GVG ist bei dem Gericht einzulegen, das den (Ordnungs-)Beschluss erlassen hat (§ 306; OLG Hamburg NJW 1999, 2607). Über die Beschwerde entscheidet nach § 181 Abs. 3 GVG das OLG.

2548 Beschwerdegericht ist nach § 181 Abs. 3 GVG (immer) das **OLG**. Dem obliegt eine eigene Prüfung auch im Hinblick auf Art und Maß der Festsetzung (vgl. LR-*Wickern* § 181 GVG Rn 13). Es kann die Ordnungsmaßnahme mildern oder auch in entsprechender Anwendung von § 153 bei unbedeutendem Verschulden von einer Festsetzung absehen. Es kann hingegen nicht verschärfen, da das Verbot der **reformatio** in **peius** sinngemäß gilt (LR-*Wickern*, a.a.O.; offen *Meyer-Goßner/Schmitt*, § 181 GVG Rn 4; a.A. offenbar, allerdings ohne Begründung, OLG Hamburg Beschl. v. 7.11.2014 – 1 Ws 117/14).

Wegen **einzelner** (sitzungspolizeilicher) **Maßnahmen**:
Siehe auch: → *Ausschluss der Öffentlichkeit*, Rdn 419; → *Beschlagnahme von Verteidigerakten*, Rdn 730; → *Durchsuchung des Verteidigers*, Rdn 1287; → *Einlassregelungen für die Hauptverhandlung*, Rdn 1294; → *Fesselung des Angeklagten*, Rdn 1512; → *Mitschreiben/ Notebook in der Hauptverhandlung*, Rdn 1859; → *Sitzordnung in der Hauptverhandlung*, Rdn 2519; → *Ton- und Filmaufnahmen während der Hauptverhandlung*, Rdn 2669; → *Tragen der Robe/Krawatte*, Rdn 2680.

2549 Sonstige Verfahrensbeteiligte als Zeugen

2550 1. Auch **Beistände** (BGHSt 4, 205), **Dolmetscher** (RGSt 45, 304 f.), **Erziehungsberechtigte** und gesetzliche Vertreter (BGHSt 21, 288) sowie schließlich **SV** können Zeugen sein (vgl. aber → *Ablehnung eines Sachverständigen*, Rdn 15).

2551 2. **Einziehungs-** und **Verfallsbeteiligte**, die nach den §§ 433 Abs. 1, 442 Abs. 1 die Befugnisse eines Angeklagten haben, **scheiden** hingegen als Zeugen **aus** (BGHSt 9, 250 f.), soweit ihre Beteiligung reicht (*Meyer-Goßner*, vor § 48 Rn 23).

Siehe auch: → *Anwesenheitsrechte in der Hauptverhandlung*, Rdn 323 m.w.N.; → *Verletztenbeistand*, Rdn 3052; → *Zeugenbeistand*, Rdn 3491; → *Zuziehung eines Dolmetschers*, Rdn 3646.

2552 Staatsanwalt als Zeuge

2553 Literaturhinweise: **Brause**, Faires Verfahren und Effektivität im Strafprozeß, NJW 1992, 2865; **Dose**, Der Sitzungsvertreter und Wirtschaftsreferent der Staatsanwaltschaft als Zeuge in der Hauptverhandlung, NJW 1978, 349; **Kelker**, Wohin will der BGH beim Zeugenstaatsanwalt? Zugleich eine Besprechung des BGH-Beschlusses vom 24.10.2007 – 1 StR 480/07, StV 2008, 381; **Malmendier**, „Konfliktverteidigung" – ein neues Prozeßhindernis?, NJW 1992, 227; **Müller-Gabriel**, Neue Rechtsprechung des BGH zum Ausschluß des „Zeugen-Staatsanwalts", StV 1991, 235; **Schneider**, Gedanken zur Problematik des infolge einer Zeugenvernehmung „befangenen" Staatsanwalts, NStZ 1994, 457; s.a. die Hinw. bei → *Ablehnung eines Staatsanwalts*, Rdn 38.

1. Die Benennung und Vernehmung eines StA als Zeugen, wobei es sich auch um den in der HV amtierenden StA handeln kann, sind grds. **zulässig** (KK-*Senge*, vor § 48 Rn 11; s. aber im Hinblick auf einen möglichen Rechtsmissbrauch BGH NStZ 2008, 353). Die Vernehmung eines/des StA als Zeugen kann sich insbesondere dann anbieten, wenn es um **verfahrensbezogene** Vorgänge, wie z.b. die Umstände (BGHSt 14, 265, 267) oder auch den Inhalt einer im EV durchgeführten Zeugen- und/oder Beschuldigtenvernehmung (restriktiver noch BGHSt 21, 85, 90), das Zustandekommen eines Protokolls oder den Ablauf einer Durchsuchung, oder auch um eine im EV getroffene Absprache/Verständigung geht (zu Absprachen/Verständigungen im EV *Burhoff*, EV, Rn 72 ff.). Ob das Gericht eine beantragte Vernehmung des StA dadurch umgehen kann, dass es die behaupteten, verfahrensbezogenen Umstände im Freibeweisverfahren klärt, hängt davon ab, ob man das → *Freibeweisverfahren*, Rdn 1562, auch dann für zulässig ansieht, wenn die Beweiserhebung die Urteilsgrundlage unmittelbar beeinflusst (so *Meyer-Goßner/Schmitt*, § 244 Rn 7, 9 m.w.N.). Geht man davon aus, kann das Gericht auf das Freibeweisverfahren z.B. auch dann „ausweichen", wenn es darum geht, ob bei einer Vernehmung zutreffend belehrt worden und die Vernehmung deshalb verwertbar ist oder ob die Voraussetzungen des § 136a vorliegen (vgl. dazu *Meyer-Goßner/Schmitt*, § 136a Rn 31 m.w.N.).

2554

☞ Es empfiehlt sich, den **amtierenden** StA nur in **besonderen Fällen** als Zeugen zu benennen. Durch einen solchen Beweisantrag entsteht nämlich schnell der Eindruck, der Verteidiger wolle das Verfahren dadurch **sabotieren**, dass ein in den Prozessstoff eingearbeiteter StA aus dem Verfahren „herausgeschossen" werden soll (*Brause* NJW 1992, 2869; s.a. BGH NStZ 1989, 583; 2008, 353). I.d.R. wird der Antrag auf Vernehmung des Sitzungs-StA die Verhandlung auch nicht zum „Platzen" bringen, da dieser durch einen anderen StA ersetzt werden kann (zu allem *Malmendier* NJW 1997, 230).

2. Fraglich ist, ob der StA, wenn er Zeuge ist/wird/war, **weiter** als Sitzungsvertreter an der HV **teilnehmen** kann (vgl. dazu BGHSt 21, 85; BGH NStZ 2008, 353). Insoweit gilt:
- Der Sitzungsvertreter der StA wird **nicht** schon dadurch zum **Zeugen**, dass er während der HV Erklärungen abgibt, deren sachbezogener Inhalt für die Entscheidung über den Anklagevorwurf von Bedeutung sein kann (BGH NStZ 1986, 133 [für die **Beantwortung** einer sachbezogenen **Frage** des Verteidigers]).
- Auch die **bloße Benennung** als Zeuge schließt den StA nicht von einer weiteren Mitwirkung aus (*Meyer-Goßner/Schmitt*, vor § 48 Rn 17).
- Wird der StA als Zeuge **vernommen**, muss während der Vernehmung die **Funktion** als Sitzungsvertreter ein anderer StA **übernehmen** (BGH StV 1996, 469), da ein StA nicht zugleich Zeuge und Sitzungsvertreter sein kann.

2555

2556 Ist der **StA** als Zeuge **vernommen**, muss nach der in der Rspr. h.M. hinsichtlich der Frage, ob er weiter Sitzungsvertreter sein kann, unterschieden werden:

- Der StA kann **weiter** als **Sitzungsvertreter** auftreten, wenn er nur über Vorgänge ausgesagt hat, die sich erst aus seiner **dienstlichen Befassung** mit der Sache ergeben haben und die die Gestaltung des Verfahrens, wie z.b. die Vernehmung des Angeklagten, betreffen. Außerdem muss ggf. durch **Zuziehung** eines **weiteren StA** dafür Vorsorge getroffen worden sein, dass der StA im Schlussvortrag/Plädoyer seine Aussage nicht selbst würdigen muss (BGHSt 14, 265; 21, 85, 90; BGH NStZ-RR 2001, 107; krit. *Müller-Gabriel* StV 1991, 235; s.a. *Meyer-Goßner/Schmitt*, vor § 48 Rn 17 m.w.N. zur a.A. in der Lit.; *Dahs*, Rn 678; zur Problematik des infolge einer Vernehmung befangenen StA *Schneider* NStZ 1994, 457 ff.).

- In **anderen Fällen** ist die **weitere Mitwirkung** des StA, insbesondere die Würdigung seiner eigenen Aussage (im Plädoyer), **unzulässig** und führt auf entsprechende Verfahrensrüge zur Aufhebung des Urteils, wenn es darauf beruht (vgl. u.a. BGHSt 34, 352 ff.; BGH NStZ 1983, 135; 1994, 194; NStZ-RR 2006, 257 [Be; nicht, wenn Angeklagter wegen der Tat, zu der der StA vernommen worden ist, freigesprochen wurde]; StV 1983, 497; OLG Düsseldorf StV 1991, 59; OLG Naumburg StraFo 2007, 64; zw. BGH NStZ 1989, 583; 2008, 353; eingehend dazu *Kelker* StV 2008, 381; zur Begründung der entsprechenden Verfahrensrüge s. BGH NStZ 2007, 419). Bezieht sich die Aussage allerdings nur auf die Tat eines Mitangeklagten, kann der StA hinsichtlich weiterer Angeklagter die Anklage weiter vertreten (BGHSt 21, 85; *Dose* NJW 1978, 352) oder wenn sich seine Aussage lediglich auf die Verfahrensgestaltung bezieht (OLG Düsseldorf, a.a.O.). Ein StA ist schließlich auch nicht deshalb von der Tätigkeit als Sitzungs-StA in einer HV ausgeschlossen, wenn er in einer vorausgegangenen HV in der gleichen Sache von einem anderen Gericht als Zeuge vernommen worden ist (BGH NStZ 1994, 194 m.w.N.).

Siehe auch: → *Ablehnung eines Staatsanwalts*, Rdn 38.

2557 Steuerstrafverfahren

2558 Literaturhinweise: **Adler**, Erklärungspflicht trotz Strafverfahrens, PStR 2002, 202; **Beckemper**, Nemo tenetur-Grundsatz im Steuerstrafrecht Verwertbarkeit einer gescheiterten Selbstanzeige?, ZIS 2012, 221; **Bisle**, Der Steuerfahnder als Zeuge in der Hauptverhandlung, PStR 213, 70; **Bittmann**, Das Steuerstrafrecht in der Rechtsprechung des 1. Strafsenats des BGH, JA 2011, 291; **Blesinger**, Das Steuergeheimnis im Strafverfahren, wistra 1991, 239; *ders.*, Zur Anwendung des Täter-Opfer-Ausgleichs nach § 46a StGB im Steuerstrafrecht, wistra 1996, 90; **Bornheim**, Rechtliche und praktische Aspekte bei der Steuerstrafverteidigung in Gemeinschaft von Rechtsanwalt und Steuerberater, Teil 1: wistra 1997, 212, Teil 2: wistra 1997, 257; **Burkhard**, Der Strafbefehl im Steuerstrafrecht, 1997; *ders.*, Umgrenzungs-, Informations- und Akzeptanzfunktion im Strafbefehl im Steuerstrafverfahren, StraFo 2004, 342; **Dierlamm**, Geldwäsche und Steuerhinterziehung als Vortat – die Quadratur des Kreises, in: Festschrift für *Volkmar Mehle*, zum 65. Geburtstag, 2009, S. 177; **Dißars**, Das Recht auf Akteneinsicht der Beteiligten im

Steuerrecht, NJW 1997, 481; **Durst**, Der Steuerberater – in der Haftung, als unverdächtiger Dritter und als Zeuge vor Gericht, PStR 2012, 146; **Eskandari/Bick**, Steuerstrafrecht – Rechtsprechung der Strafgerichte 2009/2010, DStZ 2011, 65; **Fahr**, Die Neuregelung der Telekommunikationsüberwachung – Steuerberater fahren beim Zeugnisverweigerungsrecht künftig nur noch „zweiter Klasse", DStR 2008, 375; **Felix**, Kollision zwischen Presse-Informationsrecht und Steuergeheimnis, NJW 1978, 2134; **Flore**, Strafzumessungsraster bei Steuerhinterziehung, HRRS 2009, 493; **Frank**, Keine Akteneinsicht ins Fallheft der SteuFa, PStR 2008, 232; **Franzen/Gast/Joecks**, Steuerstrafrecht, 7. Aufl. 2009; **Füllsack**, Grundlagen der Strafzumessung, PStR 2005, 91; **Gaede**, Das Recht auf Verfahrensbeschleunigung gemäß Art. 6 I 1 EMRK in Steuer- und Wirtschaftsstrafverfahren, wistra 2004, 166; **Gatzweiler**, Zur Frage der Wirksamkeit und Durchsetzbarkeit strafprozessualer Beweisverwertungsverbote – dargestellt an Beispielen aus dem Insolvenz- und Steuerrecht, in: Festschrift 25 Jahre AG Strafrecht, 2009, S. 480; **Gehrmann/Wegner**, Akteneinsicht nach Verfahrensabschluss, PStR 2008; 229; **Gußen**, Praxiswissen Steuerstrafrecht, 2008; **Hagedorn**, Die Bestellung des Sachverständigen im Strafverfahren wegen Wirtschaftskriminalität, StV 2004, 217; **Hagemeier**, Schadenswiedergutmachung im Steuerstrafrecht, NWB F. 2, S. 3733; **Harms**, Die Stellung des Finanzbeamten im Steuerstrafverfahren, in: Gedächtnisschrift für *Ellen Schlüchter*, 2002, S. 451; **Heerspinck**, Zum Konflikt zwischen der steuerlichen Mitteilungspflicht des § 4 Abs. 5 Nr. 10 EStG und dem nemotenetur-Prinzip, wistra 2001, 441; *ders.*, Täter-Opfer-Ausgleich und Schadenswiedergutmachung im Steuerstrafverfahren, AO-StB 2005, 214; **Höpfner**, Außer Spesen nichts gewesen? – Zur Absetzbarkeit der Kosten eines Steuerstrafverfahrens, PStR 2015, 127; **Hofmann**, Die Feststellung des Steuerverkürzungsbetrages für die Zwecke der Strafzumessung, StraFo 2000, 406; **Höll**, Strafzumessung im Steuerstrafrecht – Rechnen statt Abwägen, PStR 2012, 251; *ders.*, Verbandsgeldbuße: Chancen und Risiken aus Sicht der Verteidigung, PStR 2013, 94; **Hölzle**, Maßnahmen nach § 100a ff. StPO im steuerstrafrechtlichen Ermittlungsverfahren, PStR 2009, 143; **Hütt**, Die Einstellung von Steuerstrafverfahren – Handlungsempfehlungen für die endgültige Verfahrensbeendigung, AO-StB 2004, 448; **Hüttemann**, Nochmals: Das Recht auf Akteneinsicht der Beteiligten im Steuerrecht, NJW 1997, 2020; **Hunsmann**, Absehen von Strafverfolgung (§ 398a AO) versus Einstellung (§ 153a StPO) – eine Günstigerprüfung, PStR 2011, 288; *ders.*, Das Absehen von Strafverfolgung nach § 398a AO in der Verfahrenspraxis, BB 2011, 2519; **Jatzek**, Der Steuerberater als Strafverteidiger, PStR 2006, 134; **Jäger**, Erklärungspflicht trotz Strafverfahrens, PStR 2002, 49; **Joecks**, Erledigung von Steuerstrafverfahren – Möglichkeiten; Bemessungskriterien; Auswirkungen der Erledigung, StraFo 1997, 2; **Kaligin**, § 153a StPO – eine Universalnorm zur Beendigung von Steuerstrafverfahren, Stbg 2010, 500; **Kehr**, § 370 Abs. 3 S. 2 Nr. 1 AO und die Tangierung des Bestimmtheitsgebots, PStR 2015, 76; **Kottke**, Täter-Opfer-Ausgleich und Schadenswiedergutmachung bei Steuerhinterziehungen? – Ein modernes Modell zur Strafmilderung für Steuersünder, INF 1996, 359; *ders.*, Täter-Opfer-Ausgleich nach § 46a StGB für Steuerhinterzieher?, DB 1997, 549; **Krekeler**, Probleme der Verteidigung in Wirtschaftsstrafsachen, wistra 1983, 43; *ders.*, Der Sachverständige im Steuerstrafverfahren, PStR 2001, 146; **Meyberg**, Illegale Beschäftigung: Anforderungen an Anklage und Strafbefehl, PStR 2013, 63; **Meyer**, Erledigung von Steuerstrafverfahren außerhalb einer Hauptverhandlung – Praxishinweise, DStR 2005, 1477; **Minoggio**, Die Unsinnigkeit von Strafzumessungstabellen, PStR 2003, 212; *ders.*, Die Unsinnigkeit von Strafzumessungstabellen, HRRS 2003, 236; **Neuhaus**, Das Beweisverwertungsverbot des § 393 Abs. 2 AO und seine praktische Bewältigung in der Hauptverhandlung erster Instanz, ZAP F. 22, S. 323; *ders.*, Das Beweisverwertungsverbot des § 393 Abs. 2 AO und seine praktische Bewältigung in der Rechtsmittelinstanz, ZAP F. 22, S. 339; **Parigger**, § 46a StGB und seine Anwendbarkeit im Steuerstrafrecht, in: Festschrift für *Peter Rieß*, 2002, S. 783; **Quedenfeld/Füllsack**, Verteidigung in Steuerstrafsachen, 4. Aufl. 2012; **Retemeyer/Möller**, Tatsächliche Verständigung im Steuerrecht und tatsächliche Verständigung im Strafverfahren, PStR 2014, 318; **Rolletschke**, Die Strafzumessung bei Steuerhinterziehung (§ 370 AO), StRR 2011, 335; **Rolletschke/Jope**, Die Grundsatzentscheidung des BGH zur Strafhöhe bei Steuerhinterziehung, wistra 2009, 219; **Roth**, Die Selbstanzeige im Steuerstrafverfahren – unter Berücksichtigung der zum 1.1.2015 in Kraft getretenen Regelungen, ZAP F. 20, S. 599; **Schabel**, Erneut: Zur Anwendbarkeit des § 46a StGB im Steuerstrafrecht – zugleich eine Stellungnahme zu *Brauns*, wistra 1996, 214, wistra 1997, 201; **Schomberg**, Das Steuergeheimnis im Steuerstrafverfahren, NJW 1979, 526; **Schwedhelm**, Deal und Verständigung im Steuerstrafverfahren, StraFo 1997, 69; **Schwedhelm/Spatscheck**, Täter-Opfer-Ausgleich und Schadenswiedergutmachung im Steuerstrafrecht, DStR 1995, 1449; **Spörlein**, Steuerstrafrecht von A–Z, 1995; **Streck**, Probleme der gemeinschaftlichen Verteidigung (§ 146 StPO) in Steuerstrafsachen, MDR 1978, 893; *ders.*, Sind Steuerstrafverteidiger Strafverteidiger, in: Festschrift 25 Jahre AG Strafrecht, 2009, S. 863; **Talaska**, Strafzumessungsstandards bei Steuerhinterziehung? Versuch einer Systematisierung der Rechtsprechung, PStR 2013, 184; **Tully**, Deal: Verständigung in Steuerstrafsachen, PStR 2010, 137; **von Briel**, Effektive Strafverteidigung versus intensive Steuerfahndung. Beweisgewinnung und Verwertungsverbote im Steuerstrafverfahren, StraFo 2002, 37; **Werner**, Der Finanzbeamte als Vertreter und Zeuge in der Hauptverhandlung, PStR 2000, 36; *dies.*, Der steuerliche Berater als Zeuge im (Steuer-)Strafverfahren, PStR 2002, 62; **Wessing/Biesgen**, Der 1. Strafsenat des BGH und das Steuerstrafrecht, NJW 2010, 2689; **Wulf**, Telefonüberwachung und Geldwäsche im Steuerstrafrecht – Die Reform der schweren Steuerhinterziehung (§ 370a AO a.F.) durch das Gesetz zur Neuregelung der Telekommunikationsüberwachung – Fluch oder Segen? –, wistra 2008, 321; *ders.*, Die Verschärfung des Steuerstrafrechts zum Jahreswechsel 2008/2009 – Zur Verlängerung der Verfolgungsverjährung durch das JStG 2009 und zur Entscheidung des BGH vom 2.12.2008, DStR 2009, 459; s.a. die Hinw. bei *Burhoff*, EV, Rn 3403.

2559 1. Für das Steuerstrafverfahren gelten nach § 385 AO grds. auch die **allgemeinen Regeln** der **StPO** und des **GVG**, die durch die **§§ 369–412 AO** – sowohl im materiellen als auch im prozessualen Bereich – ergänzt werden. Wegen der Besonderheiten des steuerstrafrechtlichen EV wird verwiesen auf *Burhoff*, EV, Rn 3403 ff. m.w.N. [insbesondere zur Lit., vor allem zu den Fragen der **Selbstanzeige**, und in Rn 2643 ff. zur Einstellung des Verfahrens und zu der von der h.M. verneinten Möglichkeit der Anwendbarkeit von § 46a StGB].

Auf folgende, die HV eines Steuerstrafverfahrens betreffende **Besonderheiten** ist hier hinzuweisen:

2560 2. Die **Finanzbehörde** ist im Steuerstrafverfahren sog. **Nebenbeteiligte**, die im gerichtlichen Verfahren nach § 407 AO ein selbstständiges **Anhörungs- und Informationsrecht** hat (vgl. hierzu *Franzen/Gast/Joecks*, Steuerstrafrecht, Einl. Rn 23 f.; eingehend zur Stellung des Finanzbeamten im Steuerstrafverfahren *Harms*, S. 451 [zur Finanzbehörde, S. 459]; *Bisle* PStR 2013, 70, zugleich auch zum Steuerfahnder als Zeuge in der HV).

2561 Die Finanzbehörde erhält danach

- vor allen Prozesshandlungen **Gelegenheit** zur **Stellungnahme**, insbesondere vor einer → *Einstellung des Verfahrens, Allgemeines*, Rdn 1299 m.w.N. (§ 407 Abs. 1 S. 1, 2 AO) oder auch im Zusammenhang mit einer → *Absprache/Verständigung mit Gericht und Staatsanwaltschaft*, Rdn 167,
- ggf. Gelegenheit zur Teilnahme an → **Erörterungen** *des* **Standes** *des* **Verfahrens**, Rdn 1491, zur Vorbereitung einer Verständigung nach § 257c,
- in der **HV** auf Verlangen für ihren Vertreter das **Wort** (§ 407 Abs. 1 S. 4 AO),
- sie kann durch ihren Vertreter **Fragen** an den Angeklagten, Zeugen und SV stellen,

> Der Vertreter der Finanzbehörde kann **gleichzeitig** als **Zeuge** geladen und gehört werden (LG Dresden NStZ 1999, 313; s. dazu *Werner* PStR 2000, 36; zur Stellung des Finanzbeamten s. *Harms* GA 2002, S. 451 ff.).
>
> Der Verteidiger muss sich, wenn der Vertreter als Zeuge geladen wird bzw. erkennbar wird, dass er als Zeuge in Betracht kommen könnte, überlegen, ob er dann bei

Gericht **anregt**/beantragt, dass dieses beim Leiter der Finanzbehörde diesen Vertreter durch einen anderen **ersetzt** (*Werner* PStR 2000, 38).

- sie kann aber **nicht** einen **Beweisantrag** stellen (*Meyer-Goßner/Schmitt*, § 244 Rn 30; eingehend zu den Beteiligungsrechten der Finanzbehörde auch *Rüping* in der Anm. zu LG Dresden NStZ 1999, 313).

3. Hinsichtlich der → *Zuständigkeit* des *Gerichts*, Rdn 3610, ist § 391 AO von Bedeutung. Die Vorschrift enthält in Abs. 1 S. 1 eine **Konzentration** des Gerichtsstandes. Es ist danach bei sachlicher Zuständigkeit des AG das AG örtlich zuständig, in dessen Bezirk das (übergeordnete) LG seinen Sitz hat. Bei sachlicher Zuständigkeit des LG besteht die besondere Zuständigkeit der **Wirtschaftsstrafkammer** nach § 74c Abs. 1 Nr. 3 GVG. 2562

4. Nach § 396 Abs. 2 AO kann das Gericht das Steuerstrafverfahren **aussetzen**, bis das **Besteuerungsverfahren** rechtskräftig **abgeschlossen** ist. Allerdings hat das Gericht auch bei steuerrechtlichen Vorfragen von grundsätzlicher Bedeutung einen Ermessensspielraum (BayObLG wistra 2004, 239; LG Bremen StV 2011, 616 m.w.N. u. Anm. *Weidemann* StV 2013, 379). Voraussetzung ist, dass die Beurteilung der Tat als Steuerhinterziehung davon abhängt, ob ein Steueranspruch besteht, Steuern verkürzt oder nicht gerechtfertigte Steuervorteile erlangt sind (s. das Antragsmuster u. bei Rdn 2567). Bei der Entscheidung über die Aussetzung sind alle Umstände des Einzelfalls zu würdigen (BayObLG, a.a.O.). Die Aussetzung darf nicht dazu führen, dass die Verjährungsfrist für die Verfolgung von Steuerstraftaten ausgehöhlt wird (AG Münster NStZ-RR 2003, 372 [zugleich auch zur – verneinten – Frage der Unterbrechung der Verjährung nach § 396 Abs. 3 AO, wenn die Aussetzung ermessensfehlerhaft war]; zust. *Weidemann* wistra 2004, 195 in der Anm. zu AG Münster, a.a.O.). 2563

Ob der Verteidiger eine von ihm angeregte/beantragte, vom Gericht jedoch abgelehnte Aussetzung des Verfahrens mit der **Beschwerde** anfechten kann oder ob dem § 305 entgegensteht, ist umstritten (s. abl. *Franzen/Gast/Joecks*, Steuerstrafrecht, § 396 Rn 28; bej. z.B. LG Bremen StV 2011, 616; LG Lübeck SchlHA 2000, 70). 2564

5. Für die HV ist auf folgende Punkte **besonders hinzuweisen**:

- Eine besondere Rolle kann in der HV der → *Ausschluss der Öffentlichkeit*, Rdn 419, spielen. Daran wird besonders der Angeklagte interessiert sein, da er im Zweifel Steuerverfehlungen häufig noch weniger öffentlich verhandelt wissen möchte als sonstige Verfehlungen. Insoweit gelten jedoch keine besonderen Regeln, sondern die allgemeinen über den Ausschluss der Öffentlichkeit nach §§ **169 ff. GVG**. Danach kann nach § 172 Nr. 2 GVG i.V.m. § 385 AO die Öffentlichkeit ausgeschlossen werden, wenn ein wichtiges Geschäfts- oder **Steuergeheimnis** zur Sprache kommen soll (zum Steuergeheimnis s. § 30 AO; zum Steuergeheimnis im Strafverfahren s. *Blesinger* wistra 1991, 243 ff., 294 ff. [insbesondere 296]; zur Behandlung der Presse 2565

und der Geltung des Öffentlichkeitsgrundsatzes s. die Kontroverse von *Felix* NJW 1978, 2134 und *Schomberg* NJW 1979, 526).
- Gerade in Steuerstrafverfahren kommt es häufig zu → ***Absprachen/Verständigung mit Gericht und Staatsanwaltschaft***, Rdn 137. Für die strafverfahrensrechtliche Verständigung gelten die allgemeinen Regeln (vgl. auch *Tully* PStR 2010, 137). Daneben sind aber immer auch die Auswirkungen einer ggf. getroffenen steuerrechtlichen Verständigung zu berücksichtigen (vgl. dazu eingehend *Vogelberg* ZAP F. 22, S. 317). Die Finanzbehörde ist „Verfahrensbeteiligte" i.S.d. § 257c.
- Im Steuerstrafverfahren haben **BVV** häufig eine erhebliche Bedeutung (vgl. dazu allgemein → *Beweisverwertungsverbote, Allgemeines*, Rdn 1018 ff.). Hinzuweisen ist in dem Zusammenhang insbesondere auf § 393 Abs. 2 AO (dazu eingehend *Neuhaus* ZAP F. 22, S. 323 und *Adler* PStR 2002, 202 bzw. *Jäger* PStR 2002, 49 sowie *Gußen*, Steuerstrafrecht, Rn 488 ff.; s.a. BGHSt 47, 8; BGH NJW 2002, 1134). Der Verteidiger muss einem unter Verstoß gegen § 393 Abs. 2 AO gewonnenen Beweismittel in der HV ausdrücklich **widersprechen** (*Neuhaus*, ZAP F. 22, S. 327; s. → *Widerspruchslösung*, Rdn 3433).
- Zur Vernehmung des **Steuerfahnder** als **Zeuge** s. *Bisle* PStR 2013, 70.
- Schließlich kann gerade im Steuerstrafverfahren der Einsatz von **SV** in Betracht kommen (dazu eingehend *Krekeler* PStR 2001, 146; *Quedenfeld/Füllsack*, a.a.O., Rn 629 ff.; *Hagedorn* StV 2004, 117 [für Wirtschaftsstrafverfahren]).
- Zur Frage, ob der **Steuerberater**, der als Verteidiger des Angeklagten in der HV auftritt, verpflichtet ist, eine **Robe** zu tragen, s. *Jatzek* PStR 2006, 134; allgemein → *Tragen der Robe/Krawatte*, Rdn 2680.

2566 6. Hat die Finanzbehörde gem. § 400 AO einen **Strafbefehl** beantragt, geht die weitere Zuständigkeit auf die StA über, wenn der Beschuldigte gegen den vom Gericht erlassenen Strafbefehl Einspruch eingelegt hat (zum Strafbefehl im Steuerstrafverfahren s. eingehend *Burkhard*, Der Strafbefehl im Steuerstrafrecht). Für die dann ggf. durchzuführende HV gelten die allgemeinen Regeln für das → *Strafbefehlsverfahren*, Rdn 2568.

2567 **7. Muster: Aussetzungsantrag nach § 396 AO**

▼

An das

Amtsgericht/Landgericht Musterstadt

In der Strafsache

gegen H. Mustermann

Az.:

wird namens und in Vollmacht des Angeklagten beantragt,

das Verfahren gem. § 396 AO bis zum rechtskräftigen Abschluss des Besteuerungsverfahrens auszusetzen.

Gegen den Angeklagten ist Anklage wegen Steuerhinterziehung erhoben worden, weil er nicht alle in seinem Betrieb angefallenen Gewinne versteuert haben soll. Der Angeklagte hat gegen den Steuerbescheid vom Einspruch eingelegt. Über diesen ist bisher nicht entschieden worden. Deshalb ist das vorliegende Strafverfahren nach § 396 AO auszusetzen.

Rechtsanwalt

Strafbefehlsverfahren

2568

Das Wichtigste in Kürze:
1. Ist gegen einen Strafbefehl rechtzeitig Einspruch eingelegt worden, findet nach § 411 Abs. 1 S. 2 eine HV statt.
2. Nach § 411 Abs. 2 kann sich der Angeklagte in der HV durch einen mit schriftlicher Vollmacht versehenen Verteidiger vertreten lassen.
3. Ist zu Beginn der HV der Angeklagte unentschuldigt ausgeblieben und auch nicht durch einen Verteidiger vertreten, kann/muss das Gericht nach § 412 S. 1 den Einspruch verwerfen.
4. Der Einspruch gegen den StB kann nach § 411 Abs. 3 S. 1 bis zur Urteilsverkündung in 1. Instanz zurückgenommen werden.
5. Hinsichtlich der Verlesbarkeit von Niederschriften über eine frühere Vernehmung eines Zeugen, SV oder Mitbeschuldigten sowie hinsichtlich der Verlesbarkeit von Erklärungen von Behörden und schließlich hinsichtlich des Umfangs der Beweisaufnahme gilt die für ein beschleunigtes Verfahren geltende Vorschrift des § 420 entsprechend.
6. Kommt es zum Urteil, ist das Gericht nach § 411 Abs. 4 nicht an den im Strafbefehl enthaltenen Rechtsfolgenausspruch gebunden.

Literaturhinweise: Ambos, Verfahrensverkürzung zwischen Prozeßökonomie und „fair trial". Eine Untersuchung zum Strafbefehlsverfahren und zum beschleunigten Verfahren – Rechtspolitische Empfehlungen, Jura 1998, 281; **Bockemühl**, Zur Bindungswirkung von rechtskräftigen Strafbefehlen im anwaltsgerichtlichen Verfahren, BRAK-Mitt. 2000, 164; **Böttcher/Mayer**, Änderungen des Strafverfahrensrechts durch das Entlastungsgesetz, NJW 1993, 153; **Brackert/Staechlin**, Die Reichweite der im Strafbefehlsverfahren erfolgten

2569

S Strafbefehlsverfahren

Pflichtverteidigerbestellung, StV 1995, 547; **Burhoff**, Das Strafbefehlsverfahren in der Praxis, PStR 2003, 222; *ders.*, Die anwaltliche Vergütung im Strafbefehlsverfahren, RVGreport 2008, 201; *ders.*, Persönlicher Geltungsbereich des Teils 4 VV RVG, eine Bestandsaufnahme der Rechtsprechung, RVGreport 2011, 85; *ders.*, News aus Berlin – Was bringt das 2. Kostenrechtsmodernisierungsgesetz gebührenrechtlich Neues in Straf- und Bußgeldsachen, StRR 2011, 14 = VRR 2012, 16; **Burkhard**, Der Strafbefehl im Steuerstrafrecht, 1996; *ders.*, Umgrenzungs-, Informations- und Akzeptanzfunktion im Strafbefehl im Steuerstrafverfahren, StraFo 2004, 342; **Deckers/Kuschnik**, Darf trotz Abwesenheit und Unkenntnis des Angeklagten nach § 408a StPO von der Hauptverhandlung in das Strafbefehlsverfahren gewechselt werden?, StraFo 2008, 418; **Fuhse**, Ist das Schöffengericht durch § 25 Nr. 2 GVG gehindert, Strafbefehle zu erlassen, Erledigungen im beschleunigten Verfahren vorzunehmen, kann es bei Straferwartung unter 2 Jahren Freiheitsstrafe angerufen werden? – zugleich Besprechung von OLG Oldenburg NStZ 1994, 449, NStZ 1995, 165; **Greßmann**, Strafbefehlsverfahren mit Auslandsberührung, NStZ 1991, 216; **Hoffmann/Wißmann**, Verurteilung durch Strafbefehl und berufsrechtliche Konsequenzen, PStR 2000, 279; **Hohendorf**, Probleme bei der Pflichtverteidigerbestellung nach § 408b StPO, MDR 1993, 597; *ders.*, Zuständigkeit des Schöffengerichts zum Erlaß eines Strafbefehls – Anmerkung zu LG Stuttgart wistra 1994, 40, wistra 1994, 294; **Lutz**, Wie weit reicht die Verteidigerbestellung gem. § 408 StPO?, NStZ 1998, 395; **Meyer-Lohkamp**, „Bloß keine Hauptverhandlung!" – Prozessvermeidung durch Strafbefehl, StraFo 2012, 170; **Nobis**, Strafverfahren vor den Amtsgerichten, Strafbefehlsverfahren und beschleunigtes Verfahren, in: MAH, § 10; **Schmuck/Leipner**, § 411 Abs. 2 S. 1 StPO und Befangenheitsantrag, StraFo 2012, 95; **Siegismund/Wickern**, Das Gesetz zur Entlastung der Rechtspflege – ein Überblick, Teil 1, wistra 1993, 81; **Zähres**, Erlass eines Strafbefehls gem. § 408a StPO in der gem. § 408 III 2 StPO anberaumten Hauptverhandlung?, NStZ 2002, 296.

2570 **1.a)** Ist nach Abschluss der Ermittlungen oder auch in der HV bei → *Ausbleiben des Angeklagten*, Rdn 364, ein Strafbefehl (im Folgenden: StB) erlassen worden (s. §§ 407 ff.), gegen den dann rechtzeitig zulässig Einspruch eingelegt wurde, findet nach § 411 Abs. 1 S. 2 (wieder) eine **HV** statt.

Nach § 411 Abs. 1 S. 3 kann, wenn der Einspruch auf die Höhe (nicht Anzahl!) der Tagessätze beschränkt wird, das Gericht im **Beschlussweg** über den Einspruch entscheiden, wenn der Angeklagte, sein Verteidiger und die StA zustimmen (krit. wegen der geringen praktischen Auswirkungen *Meyer-Goßner/Schmitt*, § 411 Rn 2). Das wird vor allem in Betracht kommen, wenn sich Gericht und Angeklagter über die Höhe des Tagessatzes geeinigt haben. Es gilt in diesen Fällen nach § 411 Abs. 1 S. 3 Hs. 2 das **Verschlechterungsverbot**.

Das Beschlussverfahren ist im **Berufungsverfahren nicht mehr** zulässig (OLG Dresden StRR 2014, 82 [Ls.]).

2571 **b)** Für die HV gelten die **allgemeinen Regeln**, soweit sich aus den nachstehenden Ausführungen keine Besonderheiten ergeben (zum StB-Verfahren im EV allgemein *Burhoff*, EV, Rn 3442 ff. [insbesondere Rn 1550 f.; zu den Vor-/Nachteilen dieses summarischen Verfahrens]; Burhoff/Kotz/*Kotz*, RM, Teil B Rn 825 ff.; s.a. die Komm. zu den §§ 407 ff. bei *Meyer-Goßner/Schmitt*). Es gibt/gab Bestrebungen, das StB-Verfahren zu erweitern (→ *Gesetzesnovellen*, Rdn 1621). Nach *Zähres* (NStZ 2002, 296) ist in der gem. § 408 Abs. 3 S. 2 anberaumten HV der Erlass eines StB nicht (mehr) zulässig.

Die StA hat nach § 411 Abs. 3 S. 1 die Möglichkeit, die **Klage** bis zur → *Urteilsverkündung*, Rdn 2761, **zurückzunehmen**. Nach Beginn der HV (→ *Aufruf der Sache*, Rdn 341) ist das nur mit Zustimmung des Angeklagten möglich (§ 411 Abs. 3 S. 2 i.V.m. § 303 S. 1). Die erweiterte Rücknahmemöglichkeit besteht aber nur, wenn es sich um ein originäres StB-Verfahren handelt. Sie besteht nicht, wenn der Amtsrichter den von der StA beantragten StB nach § 408 Abs. 3 S. 2 abgelehnt und HV anberaumt hat. Dann handelt es sich um ein normales Strafverfahren (LR-*Gössel*, § 408 Rn 52). Eine Abgabe des Verfahrens nach § 42 Abs. 3 JGG oder eine Übertragung nach § 12 Abs. 2 sind erst zulässig, wenn die HV begonnen hat (zuletzt BGH StraFo 2011, 218).

2572

b) Umstritten ist die Frage, ob eine im EV nach § **408b** erfolgte **Pflichtverteidigerbestellung auch** für die **HV gilt**. Teilweise wird von der Geltung nur für das StB-Verfahren und den Einspruch ausgegangen (vgl. KG JurBüro 2013, 381 m.w.N.; OLG Düsseldorf (NStZ 2002, 390; OLG Saarbrücken, Beschl. v. 17.9.2014 – 1 Ws 126/14; LG Aurich RVGprofessionell 2009, 189; LG Berlin, Beschl. v. 5.4.2014 – 534 Qs 57/14; vgl. u.a, *Meyer-Goßner/Schmitt*, § 408b Rn 6; *Pfeiffer*, § 408b Rn 4; *Hohendorf* MDR 1993, 598; s. zu allem auch *Lutz* NStZ 1998, 396). A.A. ist schon früher die wohl h.M. in der Lit. gewesen (vgl. KK-*Maur*, § 408b Rn 8; LR-*Gössel*, § 408b Rn 12; *Böttcher/Mayer* NStZ 1993, 153, 156; *Siegismund/Wickern*, a.a.O.; *Schellenberg* NStZ 1994, 570; *Brackert/Staechlin* StV 1995, 547, 552; *Burhoff/Kotz/Kotz*, RM, Teil B Rn 964 ff.), die für eine analoge Anwendung des § 418 Abs. 4 plädiert. Auch die OLG gehen inzwischen wohl überwiegend – zutreffend – davon aus, dass sich die Beiordnung auch auf die Hauptverhandlung erstreckt (vgl. die in Zusammenhang mit der gebührenrechtlichen Problematik ergangenen Entscheidungen OLG Düsseldorf StraFo 2008, 441; OLG Celle StV 2011, 661; OLG Köln StV 2010, 68; offen gelassen von OLG Karlsruhe StraFo 2015, 36; OLG Oldenburg StraFo 2010, 430; vgl. auch noch *Burhoff* RVGreport 2011, 85; *Burhoff/Burhoff*, RVG, Vorbem. 4.1 VV Rn 27).

2573

> ✎ Der Verteidiger sollte wegen dieses Streits daher, wenn er im EV als Pflichtverteidiger beigeordnet war, auf jeden Fall seine (weitere) **Beiordnung beantragen**. Abgesehen davon, dass das ggf. in der Revision die Rüge der Verletzung des § 338 Nr. 5 erleichtert, sichert die Erstreckung auch die gesetzlichen Terminsgebühren für die Teilnahme an der HV.
> Im Kostenfestsetzungsverfahren wird später i.Ü. immer auch die Frage geprüft werden müssen, ob der Rechtsanwalt nicht ggf. **stillschweigend** für die Hauptverhandlung beigeordnet worden ist (vgl. die Fallgestaltung bei OLG Saarbrücken, Beschl. v. 17.9.2014 – 1 Ws 126/14).

2.a) Eine **Ausnahme** von der grds. bestehenden → *Anwesenheitspflicht des Angeklagten*, Rdn 315, ergibt sich für das StB-Verfahren aus § 411 Abs. 2. Danach kann sich der Angeklagte in der HV durch einen mit schriftlicher Vollmacht versehenen **Verteidiger vertreten**

2574

lassen (s. dazu → *Vertretung des Angeklagten durch den Verteidiger*, Rdn 3211 f.; *Schmuck/ Leipner* StraFo 2012, 95, auch zur Frage der Besorgnis der Befangenheit des Amtsrichters, der auf der Anwesenheit des Angeklagten besteht). Der Angeklagte ist aber nicht verpflichtet, sich vertreten zu lassen, sodass das AG nicht berechtigt ist, gegen den Willen des nicht eigenmächtig ferngebliebenen Angeklagten in dessen Abwesenheit zu verhandeln (LG Potsdam, Urt. v. 25.5.2009 – 27 Ns 3/09). Die Anordnung des persönlichen Erscheinens des Angeklagten gem. § 236, die auch im StB-Verfahren zulässig ist (vgl. und zugleich zu den Voraussetzungen KG NJW 2007, 2345; StraFo 2014, 512; zur ordnungsgemäßen Anordnung LG Berlin, Beschl. v. 15.3.2010 – 533 Qs 33/10; *Meyer-Goßner/Schmitt*, § 236 Rn 2), hebt das Recht, sich vertreten zu lassen, nicht auf (*Meyer-Goßner/Schmitt*, § 411 Rn 4 m.w.N.; *Schmuck/Leipner*, a.a.O.; s.u.a. OLG Dresden StV 2005, 492 m.w.N.; OLG Düsseldorf NStZ-RR 1998, 180; zur anderen Regelung in § 73 Abs. 3 OWiG → *Bußgeldverfahren, Besonderheiten der Hauptverhandlung*, Rdn 1200). Die Vertretungsmöglichkeit besteht aber nur, wenn es sich um ein originäres StB-Verfahren handelt. Sie besteht nicht, wenn der Amtsrichter den von der StA beantragten StB nach § 408 Abs. 3 S. 2 abgelehnt und HV anberaumt hat. Dann handelt es sich um ein normales Strafverfahren (LR-*Gössel*, § 408 Rn 52).

2575 b) Die besondere Vertretungsvollmacht muss **schriftlich** erteilt sein. Es reicht nicht die anwaltliche Versicherung, dass die Vollmacht erteilt sei (OLG Saarbrücken NStZ 1999, 265). Auch die **spätere** schriftliche **Bestätigung** einer zunächst nur mündlich erteilten Vollmacht genügt **nicht** (OLG Brandenburg wistra 2012, 43 [Vollmacht muss in der HV vorliegen]). Auch der Pflichtverteidiger muss eine schriftliche Vertretungsvollmacht haben (OLG Brandenburg, a.a.O.; OLG Hamm StV 1997, 404 [Ls.]; OLG München VRR 2010, 393). Wird ohne schriftlich erteilte Vollmacht verhandelt, liegt darin ein Verfahrensverstoß (OLG Saarbrücken, a.a.O. [zugleich auch zur i.d.R. zu bejahenden „Beruhensfrage"]). Der Verteidiger kann aber die schriftliche Vollmacht aufgrund einer mündlichen Ermächtigung durch den Angeklagten (in der HV) **selbst unterzeichnen** (BayObLG NStZ 2002, 277; KG StRR 2014, 38; OLG Celle VRR 2014, 83 [Ls.]; OLG Dresden StRR 2013, 261 m. Anm. *Reichling*). Ist der (Wahl-)Verteidiger vertretungsberechtigt und erteilt er einem anderen Rechtsanwalt **Untervollmacht**, bedarf diese nicht der Schriftform (s. BayObLG VRS 81, 34 m.w.N.; für das Bußgeldverfahren OLG Celle VRR 2011, 116 m. Anm. *Burhoff*).

☞ Verteidiger und Angeklagter müssen vor der HV gemeinsam **überlegen**, ob es notwendig ist, dass der **Angeklagte** an der HV **teilnimmt**. Der Verteidiger darf dabei nicht übersehen, dass es für ihn manchmal schwer ist, dem Mandanten später ein ungünstiges Ergebnis der HV zu erklären, wenn der Mandant an der HV nicht selbst teilgenommen hat. Dem kann der Verteidiger nur dadurch vorbeugen, dass vorab **alle Eventualitäten** besprochen werden (s.a. u. Rdn 2585) und der Mandant sich bereithält, um ggf. doch noch zu erscheinen. Zu berücksichtigen ist auch, dass die Möglichkeit der Vertretung durch den Verteidiger dem Erlass eines HB nach § 230 Abs. 2 nicht entgegenstehen soll, wenn das persönliche Erscheinen des Angeklagten angeordnet ist (§ 236) (s. KG StraFo 2014, 512; vgl. aber auch OLG Brandenburg wistra 2012, 43), und zwar auch dann nicht, wenn sich Angeklagte nach § 411 Abs. 2 durch einen Verteidiger vertreten lässt (KG, a.a.O.). Allerdings muss vor Erlass des HB immer auch geprüft werden, ob die HV nicht ggf. ohne den Angeklagten durchgeführt werden kann (KG NJW 2007, 2345 [vertretungsberechtigter Verteidiger war erschienen]; LG Essen StraFo 2010, 28; → *Zwangsmittel in der Hauptverhandlung*, Rdn 3669) oder, ob der Einspruch zu verwerfen ist (OLG Brandenburg, a.a.O.).

3.a) Ist zu Beginn der HV (→ *Aufruf der Sache*, Rdn 341) der **Angeklagte unentschuldigt** **2576** **ausgeblieben** und auch nicht durch einen Verteidiger vertreten, kann/muss das Gericht nach § 412 S. 1 den **Einspruch verwerfen** (OLG Brandenburg wistra 2012, 43); der Erlass eines HB wird i.d.R. ausscheiden (OLG Brandenburg, a.a.O.; s. aber auch KG NJW 2007, 2345; StraFo 2014, 512 [Erlass eines HB nach § 230 zulässig]; → *Zwangsmittel bei Ausbleiben des Angeklagten*, Rdn 3661). Es gilt für eine genügende Entschuldigung/Verwerfung dasselbe wie für das → *Ausbleiben des Angeklagten*, Rdn 367, oder für die → *Berufungsverwerfung wegen Ausbleibens des Angeklagten*, Rdn 699 ff. Eine genügende Entschuldigung kann z.b. gegeben sein, wenn eine zum Schutz des Angeklagten notwendige Pflichtverteidigerbestellung unterblieben ist und der Verletzte sich auf eigene Kosten eines Rechtsanwalts als Beistand bedient (OLG Stuttgart StV 2009, 12). Für die Verwerfung des Einspruchs ist aber die wirksame Zustellung des StB Voraussetzung (BayObLG NStZ-RR 1999, 243 m.w.N.; s.a. BVerfG NJW 2001, 1563).

b) Hinweis für den Verteidiger!

aa) Ist der **Verteidiger** als Vertreter des Angeklagten **erschienen**, **verhindert** das ein **Ver- 2577 werfungsurteil**, und zwar auch dann, wenn nach § 236 das persönliche Erscheinen des Angeklagten angeordnet war (BayObLG MDR 1970, 608; 1978, 510; OLG Celle NJW 1970, 906; OLG Düsseldorf StV 1985, 52; OLG Hamburg NJW 1968, 1687; *Meyer-Goßner/ Schmitt*, § 412 Rn 5). Der Verteidiger muss aber eine **besondere Vertretungsvollmacht** haben (→ *Vertretung des Angeklagten durch den Verteidiger*, Rdn 3208 und o. Rdn 2575). Ist der Verteidiger verhindert, z.B. wegen Erkrankung, wird das i.d.R. im Hinblick auf das Verteidigungsinteresse des Angeklagten einer Verwerfung des Einspruchs entgegenstehen (BayObLG NStZ-RR 2002, 79). Der Einspruch darf auch dann nicht verworfen werden, wenn der Verteidiger unter Verstoß gegen § 218 nicht geladen worden ist (OLG Köln VRS 98, 139; → *Ladung des Verteidigers*, Rdn 1829). Will das Gericht nicht ohne den Angeklagten verhandeln, kann/muss es ggf. sein Erscheinen in der HV **erzwingen**, und zwar in entsprechender Anwendung von § 329 Abs. 4 (vgl. OLG Celle und OLG Hamburg, jeweils a.a.O.).

2578 bb) Zur Vertretung des Angeklagten gehört i.d.R. nur, dass der bevollmächtigte Verteidiger für den Angeklagten anwesend ist und den Angeklagten vertreten will. Eine weitere **Mitwirkung**(-spflicht) an der HV obliegt ihm – ebenso wie dem Angeklagten selbst – **nicht** (KG StraFo 2010, 427; OLG Celle NStZ-RR 2009, 353 [Ls.]; OLG Köln StV 1993, 292). Vielmehr kann er sich darauf beschränken, anwesend zu sein und damit zu erkennen zu geben, dass er bereit ist, von den Rechten des Angeklagten in der HV Gebrauch zu machen (KG, a.a.O.; OLG Celle, a.a.O.). Aus dem bloßen Schweigen des Verteidigers und dem Absehen von einer Antragstellung lässt sich nicht schlussfolgern, dass er nicht vertretungswillig ist; hierfür bedarf es vielmehr eindeutiger Indizien (KG, a.a.O.; OLG Bremen StRR 2008, 148; OLG Celle, a.a.O.). Deshalb wird der Angeklagte auf jeden Fall auch dann vertreten, wenn der Verteidiger erklärt, er habe zwar keine Informationen des Mandanten erhalten, gleichwohl aber zur **Sache verhandelt** (OLG Düsseldorf MDR 1958, 623; *Meyer-Goßner/Schmitt*, § 411 Rn 6 m.w.N.).

> **Vertretung** liegt aber **nicht** vor,
> - wenn der Verteidiger nach Beginn der HV erklärt, er könne sich mangels ausreichender Information zur **Sache nicht äußern** und dann das Mandat **niederlegt** (*Meyer-Goßner/Schmitt*, § 329 Rn 16; a.A. BayObLG NJW 1981, 183),
> - er **nur** einen auf Verhandlungsunfähigkeit des Angeklagten gestützten **Aussetzungsantrag** stellt (KG JR 1985, 343; a.A. OLG Köln StV 1992, 567 [Verteidiger war bereit, bei Ablehnung des Aussetzungsantrags auch ohne den Angeklagten zu verhandeln]).

2579 c) Gem. §§ 412 S. 1, 329 Abs. 3, 315 kann der Angeklagte innerhalb einer Woche nach Zustellung des seinen Einspruch gegen den Strafbefehl verwerfenden Urteils nicht nur Berufung einlegen (→ *Berufungseinlegung*, Rdn 583), sondern unter den Voraussetzungen der §§ 44, 45 auch → *Wiedereinsetzung in den vorigen Stand*, Rdn 3464, beantragen. Zuständig für den Wiedereinsetzungsantrag ist gem. § 46 Abs. 1 das AG. Daran ändert sich nichts durch eine ggf. gem. § 321 erfolgte Vorlage der Akten an das Berufungsgericht. Denn die Säumnis, hinsichtlich derer der Wiedereinsetzung in den vorigen Stand begehrt wird, ist im (Strafbefehls-)Verfahren des AG eingetreten mit der Folge, dass dieses Gericht bei rechtzeitiger Handlung (Erscheinen des Angeklagten im Einspruchstermin) zur Entscheidung in der Sache berufen gewesen wäre (§ 46 Abs. 1 i.V.m. §§ 412 S. 1, 329 Abs. 1 S. 1; OLG Brandenburg StRR 2014, 403 [Ls.]; OLG Frankfurt am Main NStZ-RR 2006, 215). Hat der Angeklagte sowohl Berufung eingelegt als auch Wiedereinsetzung in den vorigen Stand beantragt, so ist gem. § 315 Abs. 2 S. 2 **zunächst** bis zum Eintritt der Rechtskraft einer hierüber ergehenden Entscheidung über das **Wiedereinsetzungsgesuch** zu befinden. Erst – und nur im Fall – rechtskräftiger Ablehnung des Wiedereinsetzungsantrags wird das Berufungsverfahren betrieben (OLG Brandenburg, a.a.O.; *Meyer-Goßner/Schmitt*, § 315 Rn 2).

4.a)aa) Der **Einspruch** gegen den StB kann nach § 411 Abs. 3 S. 1 bis zur → *Urteilsverkündung*, Rdn 2761, in 1. Instanz **zurückgenommen** werden. § 302 Abs. 2 dürfte entsprechend gelten (vgl. KK-*Maur*, § 411 Rn 30), was zur Folge hat, dass der Verteidiger einer besonderen Ermächtigung bedarf (vgl. dazu KG NJW 2009, 1686; → *Berufungsrücknahme*, Rdn 666). Nach Beginn der HV (→ *Aufruf der Sache*, Rdn 341) ist das nur mit **Zustimmung** der StA möglich (§ 411 Abs. 3 S. 2 i.V.m. § 303 S. 1). Für die Wirksamkeit der Einspruchsrücknahme gelten die Ausführungen zur → *Berufungsrücknahme*, Rdn 659, entsprechend. Kommt es zum Streit über die Wirksamkeit der Rücknahme, ist das als ein Antrag auf Fortführung des Strafverfahrens zu verstehen. Über diesen Antrag hat das AG zu entscheiden, indem es entweder das Verfahren fortsetzt und eine Entscheidung in der Sache trifft oder die Wirksamkeit der Einspruchsrücknahme feststellt (OLG Jena NStZ 2007, 56).

2580

bb) Mit der Rücknahme des Einspruchs ist das **Verfahren beendet**. Wendet sich der Angeklagte später erneut gegen seine Bestrafung, ist dies regelmäßig, ungeachtet der Bezeichnung des Rechtsbehelfs, als Antrag auf Fortsetzung des Strafverfahrens auszulegen (OLG Stuttgart, Beschl. v. 25.3.2012 – 2 Ws 21/13). Auf einen solchen Antrag hat das AG durch Beschluss festzustellen, dass der Einspruch wirksam zurückgenommen ist, oder dem Strafverfahren seinen Fortgang zu geben.

2581

⚖ Stellt das AG die Wirksamkeit der Rücknahmeerklärung fest, ist gegen diese Entscheidung das Rechtsmittel der **sofortigen Beschwerde** statthaft (OLG Stuttgart, a.a.O.).

b) Der Verteidiger kann den Einspruch gem. §§ 410 Abs. 2, 411 Abs. 3 S. 1 auch noch in der HV auf bestimmte Beschwerdepunkte **beschränken**. Für die Wirksamkeit gelten ebenfalls dieselben Voraussetzungen wie für eine → *Berufungsbeschränkung*, Rdn 567 (*Meyer-Goßner/Schmitt*, § 410 Rn 4 m.w.N.). Eine Beschränkung auf den Rechtsfolgenausspruch ist daher z.B. nur wirksam, wenn die Feststellungen des StB eine tragfähige Grundlage für eine Rechtsfolgenentscheidung bilden (vgl. dazu z.B. BayObLG NJW 2003, 2397; OLG Düsseldorf NStZ-RR 1997, 113). Der Zustimmung eines am Verfahren beteiligten Nebenklägers bedarf es nach §§ 411 Abs. 3 S. 2, 303 S. 2 nicht.

2582

Bei einem beschränkten Einspruch findet die Regelung des **§ 473 Abs. 3 keine Anwendung**, weil der Einspruch kein Rechtsmittel i.S.d. Vorschrift ist (LG Ingolstadt StRR 2014, 255). Nach einer Beschränkung des Einspruchs auf die Höhe des Tagessatzes muss die Staatskasse die **Kosten** tragen, die durch Aufklärung der bis dahin nicht ermittelten persönlichen Verhältnisse des Angeklagten entstanden sind (LG Mosbach StV 1997, 34; LG Neuruppin AGS 2005, 460). Die Kosten fallen der Staatskasse auch dann zur Last, wenn der Angeklagte vor Erlass des StB kein rechtliches Gehör hatte (LG Flensburg NStZ-RR 2005, 96).

2583

5. Nach der Neufassung des § 411 Abs. 2 durch das VerbrechensbekämpfungsG v. 28.10.1994 findet hinsichtlich der **Verlesbarkeit** von Niederschriften über eine frühere Vernehmung eines Zeugen, SV oder Mitbeschuldigten sowie hinsichtlich der Verlesbar-

2584

keit von Erklärungen von Behörden und schließlich hinsichtlich des **Umfangs** der **Beweisaufnahme** die für ein → *beschleunigtes Verfahren*, Rdn 758 f., geltende Vorschrift des § 420 entsprechende Anwendung (wegen der Einzelh. s. dort; wegen der Anwendbarkeit von § 420 Abs. 4 auf den Umfang der Beweisaufnahme in der → *Berufungshauptverhandlung*, Rdn 648, des StB-Verfahrens s. dort).

👉 Verstöße gegen die Beweiserhebungsvorschriften können in der **Revision** nur mit der Aufklärungsrüge geltend gemacht werden (OLG Köln StraFo 2003, 380 m.w.N.; → *Revision, Begründung, Verfahrensrüge*, Rdn 2345).

2585 6. Kommt es zum **Urteil**, ist das Gericht nach § 411 Abs. 4 **nicht** an den im StB enthaltenen **Rechtsfolgenausspruch gebunden** (OLG Stuttgart StV 2007, 232). Das Verbot der „reformatio in peius" gilt also – anders als im Berufungsverfahren nach § 331 – nicht.

👉 Das ist ein besonderes **Risiko** des Einspruchs und der sich daraus ergebenden HV, zumal das Gericht keine besondere Hinweispflicht hat (OLG Hamm NJW 1980, 1587; *Meyer-Goßner/Schmitt*, § 411 Rn 11).
Dennoch weisen die Strafrichter i.d.R. darauf hin, wenn sie im Urt. v. Rechtsfolgenausspruch des StB zum Nachteil des Angeklagten abweichen wollen. Dann hat der Angeklagte/Verteidiger immer noch die Möglichkeit, den **Einspruch zurückzunehmen** (s.o. Rdn 2580). Wenn der Angeklagte an der HV nicht teilnimmt, sollte das **vorher** zwischen ihm und dem Verteidiger auf jeden Fall **abgesprochen** sein. Der Hinweis auf die Möglichkeit der Strafverschärfung begründet i.Ü. nicht die Besorgnis der Befangenheit hinsichtlich des Richters, solange eine vertretbare Strafvorstellung offengelegt wird (OLG Stuttgart, a.a.O.).

T

Täter-Opfer-Ausgleich

Das Wichtigste in Kürze:
1. Nach § 155a sollen StA und Gericht in jedem Stadium des Verfahrens die Möglichkeiten prüfen, einen Ausgleich zwischen Beschuldigtem und Verletztem zu erreichen.
2. Die StPO sieht konkrete Voraussetzungen für die Anwendung der Vorschrift nicht vor.
3. Rechtliche Grundlage des Täter-Opfer-Ausgleichs wird i.d.R. § 46a StGB sein, obwohl in § 153a Abs. 1 S. 2 Nr. 5 auf diese Vorschrift nicht abgestellt wird.
4. Der Täter-Opfer-Ausgleich bietet für den Verteidiger ein weites Feld.
5. Die Teilnahme an Täter-Opfer-Ausgleich-Gesprächen hat vergütungsrechtliche Auswirkungen.

Literaturhinweise: **Artkämper**, Perspektiven des Täter-Opfer-Ausgleichs aus Sicht der Staatsanwaltschaft, NJ 2002, 237; **Bernsmann**, Wider eine Vereinfachung der Hauptverhandlung, ZRP 1994, 332; **Beulke**, Gewalt im sozialen Nahraum – Zwischenbericht eines Modellprojekts, MSchrKrim 1994, 360; **Blesinger**, Zur Anwendung des Täter-Opfer-Ausgleichs nach § 46a StGB im Steuerstrafrecht, wistra 1996, 90; **Bosch**, Wiedergutmachung und Strafe – Vollstreckungshilfe und Privilegierung überschuldeter Straftäter durch § 46a StGB?, in: Festschrift für *Harro Otto*, 2007, S. 845; **Busch**, Täter-Opfer-Ausgleich und Datenschutz, NJW 2002, 1326; *ders*., Datenschutz beim Täter-Opfer-Ausgleich – teleologische Reduktion einer hypertrophen Regelung (§ 155b StPO), JR 2003, 94; **Detter**, die Verteidigung und der Täter-Opfer-Ausgleich, in: Festschrift für *Volkmar Mehle*, zum 65. Geburtstag, 2009, S. 157; **Gerhold**, Über die Vergütung des Rechtsanwalts für die Teilnahme an Verhandlungen im Rahmen des Täter-Opfer-Ausgleichs nach Nr. 4102 Ziff. 4 VV und die unausweichliche Konsequenz ihrer zu restriktiven Auslegung, JurBüro 2010, 172; **Habschick**, Der Täter-Opfer-Ausgleich – Eine zunehmend akzeptierte Facette polizeilicher Arbeit, Krim 2002, 617; **Hagemeier**, Schadenswiedergutmachung im Steuerstrafrecht, NWB F. 2, S. 3733; **R. Hamm**, „Täter-Opfer-Ausgleich" im Strafrecht, StV 1995, 491; **Hartmann**, Staatsanwaltschaft und Täter-Opfer-Ausgleich. Eine empirische Untersuchung zu Anspruch und Wirklichkeit, 1998; **Heerspink**, Täter-Opfer-Ausgleich und Schadenswiedergutmachung im Steuerstrafverfahren, AO-StB 2005, 214; **Hüttemann**, § 46a StGB in der Rechtsprechung der Obergerichte, StV 2002, 678; **Jofer**, Täter-Opfer-Ausgleich, in: MAH, § 14; **Karliczek**, Täter-Opfer-Ausgleich: Zwischen Anspruch und Wirklichkeit, NJ 1999, 131; **Kaspar**, Schadenswiedergutmachung und Täter-Opfer-Ausgleich bei Gesamtschuldnern – Zugleich Besprechung von BGH, Urt. v. 25.5.2001, GA 2003, 146; *ders*., Mediation und konsensuale Konfliktlösungen im Strafrecht, NJW 2015, 1642; **Kaspar/Weiler/Schlickum**, Der Täter-Opfer-Ausgleich, 2014; **Kilchling**, Aktuelle Perspektiven für Täter-Opfer-Ausgleich und Wiedergutmachung im Erwachsenenstrafrecht, NStZ 1996, 309; **Kubinek**, Neue Konzepte des Täter-Opfer-Ausgleichs im Zeichen eines aufgewerteten Opferschutzes, DRiZ 2008, 345; **Lammer**, Täter-Opfer-Ausgleich und Schadenswiedergutmachung – Chance oder Risiko der Verteidigung?, StraFo 1997, 257; **Leipold**, Der Täter-Opfer-Ausgleich, NJW-Spezial 2004, 327; **Lüderssen**, Die Mandanten und der Täter-Opfer-Ausgleich, StV 1999, 65; *ders*., Zur „Verrechtlichung" des Täter-Opfer-Ausgleichs in § 46a StGB, GA 2005, 339; **Meier**, Täter-Opfer-Ausgleich und Wiedergutmachung im allgemeinen Strafrecht, JuS 1996, 436; **Michaelis**, Mediation im Strafrecht – der Täter-Opfer-Ausgleich, JA 2005, 828; **Noltenius**, Kritische Anmerkungen zum Täter-Opfer-Ausgleich, GA 2007, 518; **Parriger**, § 46a StGB und seine Anwendbarkeit im Steuerstrafrecht, in: Festschrift für *Peter Rieß*, 2002,

S. 783; **Pielsticker**, § 46a StGB – Revisionsfalle oder sinnvolle Bereicherung des Sanktionenrechts?, 2004; **Püschel**, Täter-Opfer-Ausgleich – Gestaltungsmöglichkeiten des Verteidigers, StraFo 2006, 261; **Rose**, Die Bedeutung des Opferwillens im Rahmen des Täter-Opfer-Ausgleichs nach § 46a Nr. 1 StGB, JR 2004, 275; **Schädler**, „Nicht ohne das Opfer?" Der Täter-Opfer-Ausgleich und die Rechtsprechung des BGH, NStZ 2005, 366; **Schöch**, Täter-Opfer-Ausgleich und Schadenswiedergutmachung gemäß § 46a StGB, in: BGH-Festgabe 2000, S. 309; *ders.*, Die „unterbelichtete" Schadenswiedergutmachung gemäß § 46a StGB, in: Festschrift für *Ruth Rissing van Saan* zum 65. Geburtstag, S. 639; **Schroth**, Der Täter-Opfer-Ausgleich Eine Zwischenbilanz, in: Festschrift für *Rainer Hamm* zum 65. Geburtstag, S. 677; **Schünemann**, Der Ausbau der Opferstellung im Strafprozeß – Fluch oder Segen?, in: Festschrift für *Rainer Hamm* zum 65. Geburtstag, S. 687; **Stein**, Täter-Opfer-Ausgleich und Schuldprinzip – Überlegungen zur geringen Akzeptanz des Täter-Opfer-Ausgleichs für Erwachsene in der Praxis, NStZ 2000, 393; **Stöckel**, Das Opfer krimineller Taten, lange vergessen – Opferschutz, Opferhilfe heute, JA 1998, 599; **von Briel**, Bedeutung des Täter-Opfer-Ausgleichs für das Steuerstrafrecht – Chance für das Steuerrecht?, StraFo 1996, 165; **Walther**, Täter-Opfer-Ausgleich: Vermittler im Zeugenstand?, ZRP 1997, 395; *dies.*, Strafverteidigung zwischen Beschuldigten und Opferinteressen, StraFo 2005, 152; **Weber**, Misstrauen gegen TOA abbauen, DRiZ 2000, 41; **Werner**, Täter-Opfer-Ausgleich und Strafverteidigung, StraFo 1999, 190; s.a. die Hinw. bei → *Einstellung des Verfahrens, Allgemeines*, Rdn 1299 und → *Steuerstrafverfahren*, Rdn 2557.

2588 1. Durch das Gesetz zur strafverfahrensrechtlichen Verankerung des Täter-Opfer-Ausgleichs v. 20.12.1999 (BGBl 1999 I, S. 2491) ist Ende 1999 **§ 155a** in die StPO eingefügt worden (zur Entwicklung des TOA *Schroth*, Die Rechte des Opfers im Strafprozess, 2. Aufl., Rn 163 ff.). Bis dahin war der Täter-Opfer-Ausgleich (im Folgenden TOA) **nur materiell-rechtlich** in § 46a StGB bzw. in § 10 Abs. 1 Nr. 7 JGG geregelt. Nach der Regelung in § 155a sollen StA und Gericht in jedem Stadium des Verfahrens die Möglichkeiten prüfen, ob ein Ausgleich zwischen Beschuldigtem und Verletztem zu erreichen ist. Mit dieser Vorschrift ist der TOA verfahrensrechtlich verankert; die Vorschrift soll dem TOA einen breiteren Anwendungsbereich verschaffen (vgl. dazu *Weber* DRiZ 2000, 42; *Noltenius* GA 2007, 518; zur [bisher] geringen Akzeptanz des TOA *Stein* NStZ 2000, 393). Inzwischen werden die Möglichkeiten, die der TOA auch dem Verteidiger bietet, zunehmend mit in die Verteidigungsstrategie einbezogen (vgl. dazu z.B. *Püschel* StraFo 2006, 261 ff.; zur zunehmenden Akzeptanz bei der Polizei *Habschick* Krim 2002, 617; zur kriminalpolitischen Bedeutung und zur Kritik s. auch noch *Fischer*, § 46a Rn 2 f.). Beklagt wird aber dennoch, dass die Fragen der Schadenswiedergutmachung von Verteidigern, aber auch Richtern und StA, leider immer noch zu selten thematisiert werden (*Walther* StraFo 2005, 152; *Kubinek* DRiZ 2008, 345; zur **„Mediation"** Mediation und konsensualen Konfliktlösungen im Strafrecht *Kaspar* NJW 2015, 1642).

2589 2.a) Die StPO sieht **konkrete Voraussetzungen** für die **Anwendung** des § 155a **nicht** vor. Es wird in § 155a S. 2 nur bestimmt, dass, wenn Gericht und StA die Durchführung eines TOA für sinnvoll/geeignet halten, sie darauf hinwirken sollen. Gegen den ausdrücklich erklärten Willen des Verletzten findet allerdings ein TOA nicht statt (§ 155a S. 3; vgl. dazu a. *Schädler* NStZ 2005, 366, der nachdrücklich darauf hinweist, dass ein TOA nur gelingen kann, wenn das Opfer einbezogen ist/wird; zum **„kommunikativen Prozess"** eingehend BGHSt 48, 134; BGH NJW 2002, 3264; NStZ 2008, 452; 2010, 82; 2012, 439 f., jew.

m.w.N.; OLG Bamberg NStZ-RR 2007, 37; wistra 2013, 117; OLG Hamm NStZ-RR 2008, 71; *Rose* JR 2004, 275). Entscheidend sind umfassende Ausgleichsbemühungen, in denen die **Übernahme** von **Verantwortung** durch den Täter zum Ausdruck kommt (BGH StV 2008, 464; OLG Hamm, a.a.O.; zum bestreitenden Täter s. *Fischer*, § 46a Rn 10b; BGH NStZ-RR 2013, 240 [Ls.]). Die Annahme eines kommunikativen Prozesses liegt bei Durchführung erfolgreicher Vergleichsverhandlungen nahe (BGH StV 2009, 352).

Die gesetzliche Regelung schließt nicht aus, dass der **Verteidiger** in geeigneten Fällen **initiativ** wird und von sich aus einen TOA anregt (vgl. dazu *Püschel* StraFo 2006, 261, 263), allerdings dürfen die Bemühungen um einen TOA das Verfahren nicht unangemessen verzögern (*Weimer* NStZ 2002, 352). Dabei sind allerdings die **unterschiedlichen Regelungen** zu beachten:

Nach § 153a Abs. 1 S. 2 Nr. 5 kann schon das „ernsthafte Bemühen" um eine Schadenswiedergutmachung als Auflage erteilt werden, nach **§ 153b** kommt die Durchführung eines TOA in Betracht, **ohne** dass dem Beschuldigten eine entsprechende **Auflage** gemacht worden ist. Allerdings kommt eine Einstellung nach § 153b **zeitlich nur bis** zum **Beginn** der **HV** in Betracht (s. → *Einstellung des Verfahrens nach § 153b bei Absehen von Strafe*, Rn 398b). Diese Einstellungsmöglichkeit scheidet daher für die HV i.d.R. aus. Der Verteidiger muss hier nach § 153a Abs. 1 S. 2 Nr. 5 vorgehen.

b) Auch das **Verfahren** des (eigentlichen) TOA ist im Gesetz **nicht ausdrücklich** geregelt. § 155b sieht lediglich vor, dass StA und Gericht eine sog. Ausgleichsstelle mit der Durchführung des TOA beauftragen können. Die Regelung der Durchführung des TOA hat der Gesetzgeber den **Ländern überlassen** (BT-Drucks 14/1928, S. 6; vgl. dazu z.B. Regelung der „Förderung des Täter-Opfer-Ausgleichs bei Erwachsenen" durch Erlass in NRW v. 1.6.2000 in MinBl. NW 2000, 762 unter „Verfahren" [im Folgenden Erlass-NRW]; s.a. *Werner* StraFo 1999, 190).

2590

3. Rechtliche Grundlage des TOA wird i.d.R. **§ 46a StGB** sein, obwohl weder in § 153a Abs. 1 S. 2 Nr. 5 noch in § 153b auf diese Vorschrift abgestellt wird. Im Einzelnen ist auf Folgendes hinzuweisen (s.a. den o.a. Erlass-NRW):

2591

a) In Betracht kommt der TOA – mit der Möglichkeit des Absehens von Strafe (wegen der Einzelh. s. die Komm. bei *Fischer* zu § 46a StGB; *Beulke/Theerkorn* NStZ 1995, 474; *Blesinger* wistra 1996, 90; zur Anwendung im *Burhoff*, EV, Rn 3476) – nach der gesetzlichen Regelung, wenn keine höhere **Freiheitsstrafe** als bis zu **einem Jahr** oder **Geldstrafe** bis zu **300 Tagessätzen** verwirkt ist, was i.d.R. nur im Bereich der kleineren und mittleren Kriminalität der Fall sein dürfte (*Kilchling* NStZ 1996, 311). Der Erlass NRW (MinBl. 2000, 762) nennt als **Orientierungshilfe** folgende Vergehen:

2592

- Hausfriedensbruch (§ 123 StGB),
- Beleidigung (§ 185 StGB),

T Täter-Opfer-Ausgleich

- Körperverletzung (§§ 223 f., 230 StGB),
- Nötigung (§ 240 StGB), Diebstahl (§§ 242 f. StGB),
- Unterschlagung (§ 246 StGB), Betrug (§ 263 StGB),
- Unbefugter Gebrauch eines Fahrzeugs (§ 248b StGB) und
- Sachbeschädigung (§ 303 StGB).

2593 **b)** Ein TOA ist nicht in jedem **Verfahren** angebracht oder möglich. So wird ein Verfahren, in dem das Opfer den TOA ausdrücklich ablehnt ebenso ungeeignet sein, wie i.d.R. das Verfahren, in dem der Beschuldigte bestreitet (vgl. BGH NStZ-RR 2013, 240 [Ls.; „keine Täter-Opfer-Position"]). I.Ü. wird die Eignung eines Verfahrens für einen TOA abhängig sein vom Delikt, das dem Verfahren zugrunde liegt, vom Umfang der Schäden beim Opfer und damit vom Grad der persönlichen Betroffenheit des Opfers. Schwere Gewaltdelikte, insbesondere auch Delikte gegen die sexuelle Selbstbestimmung, sind nicht von vornherein vom TOA ausgeschlossen (vgl. u.a. NStZ-RR 2009, 369; 2013, 240 [Ls.; schwere Körperverletzung]), i.d.r. wird aber ein Geständnis des Täters zu verlangen sein (BGHSt 48, 134; zu allem a. *Schädler* NStZ 2005, 366, 367; *Weimer* NStZ 2002, 351; einschr. *Fischer*, § 46a Rn 10b m.w.N.; zum Geständnis *Schroth*, a.a.O., Rn 177; zur Bedeutung des Opferwillens *Rose* JR 2004, 275 und ZIS 2006, 488 in der Anm. zu BGH NStZ 2006, 275). Auch **Vermögensdelikte** können grds. Gegenstand eines TOA sein (BGH NJW 2013, 483; StraFo 2009, 245).

2594 § 46a StGB gilt seinem Wortlaut nach in beiden Varianten grds. für alle Delikte (zuletzt BGH NJW 2015, 500; NStZ-RR 2009, 369. Allerdings können sich aus den verschiedenen tatbestandlichen Voraussetzungen der Nr. 1 und 2 **Anwendungsbeschränkungen** ergeben (vgl. BGH NJW 2015, 500; NStZ 1995, 492). Im Gegensatz zu § 46a Nr. 2 StGB, der vorwiegend den materiellen Schadensausgleich betrifft, zielt § 46a Nr. 1 StGB vorrangig auf den Ausgleich der immateriellen Folgen einer Straftat ab (st. Rspr.; vgl. nur BGH NJW 2013, 483, 2015, 500). Dazu bedarf es eines kommunikativen Prozesses zwischen Täter und Opfer, der auf einen umfassenden, friedensstiftenden Ausgleich der durch die Straftat verursachten Folgen angelegt ist (vgl. Rdn 2595 ff.). Dies und der Wortlaut des § 46a Nr. 1 StGB schließen nach der Rspr. des BGH eine Anwendung dieser Vorschrift auf „opferlose" Delikte aus (BGH NJW 2015, 500 m. Anm. *Burhoff* StRR 2015, 146; für § 315b StGB; vgl. a. für Rechtsbeugung gem. § 339 StGB BGH BGHR StGB § 339 DDR-Richter 2, allerdings nicht tragend; für Steuerdelikte BGH NStZ 2001, 200, 201; wistra 2011, 346).

2595 **c) Allgemein** sollten/müssen folgende **Voraussetzungen** erfüllt sein (s. i.Ü. dann Rdn 2596 ff.):

- Es muss ein **kommunikativer Prozess** stattgefunden haben (BGHSt 48, 134; BGH NStZ 2006, 275; 2008, 452; 2012, 439; StV 2012, 150; 2012, 151; StraFo 2009, 245; eingehend *Fischer*, § 46a Rn 10a m.w.N.; *Schädler* NStZ 2005, 366; vgl. a. o. Rdn 2589).
- Der Täter muss/sollte den **Sachverhalt zugegeben** haben (vgl. BGHSt 48, 134; BGH NStZ 2008, 452; *Fischer*, § 46a Rn 10b; *Götting* StraFo 2003, 251; *Dölling/Hartman*

NStZ 2004, 382 in der Anm. zu BGHSt 48, 134), ein Geständnis ist jedoch nicht „unabdingbare Voraussetzung" (BGH StV 2008, 464; *Fischer*, a.a.O.), wird i.d.R. aber vorliegen müssen (vgl. die Fallgestaltung bei BGH StraFo 2009, 245). Die Anwendung der Regelung in § 46a Nr. 1 StGB wird allerdings nicht schon dadurch ausgeschlossen, dass der Beschuldigte einzelne Tatumstände **beschönigt**. Von einer Übernahme der Verantwortung (s.o. Rdn 2589) kann jedoch nicht ausgegangen werden, wenn schon die Opfer-Position des Geschädigten bestritten wird, weil z.b. eine Notwehrlage behauptet wird (BGH StV 2008, 464; NStZ-RR 2010, 175 f.; 2010, 176 f.; NStZ-RR 2013, 240 [Ls.]). Etwas anderes gilt aber z.b., wenn der Beschuldigte tatsächlich in einer Notwehrlage, die sich allerdings als Notwehrexzess i.s. des § 33 StGB darstellt, gehandelt hat (BGH NStZ 2010, 82).

- **Betroffen** sein muss ein **persönlich geschädigtes Opfer**/eine Institution, mit der ein Ausgleich sinnvoll erscheint, sodass z.b. die Nachzahlung hinterzogener Steuern keine Wiedergutmachung i.S.d. TOA ist (BGH NStZ 1995, 492; 2001, 200; NStZ-RR 2011, 315 [Ls.]; BayObLG NJW 1996, 2806; a.A. u.a. *von Briel* NStZ 1997, 33 in der Anm. zu BGH, a.a.O.; wegen der Einzelh. und weit. Nachw. → *Steuerstrafverfahren*, Rdn 2557). Der Anwendung des § 46a StGB steht aber nicht entgegen, dass das Opfer eine juristische Person, z.B. ein eingetragener Verein, ist (BGH NStZ 2000, 205; vgl. dazu auch *Fischer*, § 46a Rn 9 m.w.N.). Werden durch eine Straftat mehrere Opfer betroffen, muss hinsichtlich jedes Geschädigten zumindest eine Alternative des § 46a erfüllt sein (BGH NStZ 2012, 439; Urt. v. 5.3.2014 – 2 StR 496/13).
- **Täter** und Opfer müssen dem (geplanten) Ausgleich **zustimmen** (§ 155a Abs. 1 S. 3).
- Es sollte sich i.d.R. **nicht** um **Bagatelldelikte** handeln, die ansonsten wegen Geringfügigkeit eingestellt würden.

d) Nach § 46a **Nr. 1** StGB ist weiter erforderlich, dass der Täter in dem **Bemühen**, einen **Ausgleich** mit dem Verletzten zu erreichen, seine **Tat** ganz oder zum überwiegenden Teil **wieder gutgemacht oder deren Wiedergutmachung ernsthaft erstrebt** hat (u.a. BGH NStZ 2006, 275; NStZ-RR 2002, 263). Das dürfte nur der Fall sein, wenn der Beschuldigte mehr getan hat, als ohnehin ggf. schon im Rahmen von § 46 StGB strafmildernd zu berücksichtigen ist (*Fischer*, § 46a StGB Rn 10b; vgl. auch BGH, Beschl. v. 11.10.2010 – 1 StR 359/10 [insoweit nicht in NStZ 2011, 170]). Im Einzelnen sind folgende Bemühungen als ausreichend bzw. nicht ausreichend angesehen worden (vgl. wegen weit. Nachw. *Fischer*, § 46a Rn 10d f.):

2596

Ausreichend

2597

- das (nur) **ernsthafte Bemühen ausnahmsweise** dann, wenn die Wiedergutmachung an der erforderlichen Mitwirkung des Verletzten scheitert; ein Wiedergutmachungserfolg ist nicht erforderlich (zuletzt BGH NStZ 2002, 29 m.w.N.),

- wenn Entschädigungszahlungen an den Verteidiger übergeben worden sind, aber noch nicht an den Verletzten, wenn der Grund für die **Verzögerung** der Leistung **nicht** im **Verantwortungsbereich** des Angeklagten liegt (BGH StV 2007, 410),
- ggf. die Zahlung eines **Schmerzensgeldes** (vgl. BGH NJW 2002, 3264 3264 [Schmerzensgeld von 15.000,00 DM nach einem schweren Gewaltdelikt bei Einverständnis des Opfers [nur] aus dem Grund, um nicht ganz leer auszugehen; s. aber auch BGH StV 2012, 151, wonach allein in der Annahme eines Schmerzensgeldangebots noch kein ausreichendes Indiz dafür gesehen werden kann, dass sich das Opfer auf den erforderlichen kommunikativen Prozess einlassen will]; NStZ-RR 2013, 240 [Schmerzensgeldangebot „nur dem Grunde nach" nicht ausreichend]; ähnlich BGH, Beschl. v. 12.1.2012 – 4 StR 290/11 [nicht erkennbar, wie wahrscheinlich die Schmerzensgeldzahlungen sind]),
- das **Anbieten** eines Schmerzensgeldes **durch** den **Verteidiger** (BGH NJW 2011, 2557; vgl. a. OLG Köln NStZ-RR 2004, 71). Unerheblich ist auch, wenn das Opfer z.B. auf ein Schmerzensgeld verzichtet hat,

> ⚡ **Umstritten** ist in der Rspr., ob **Leistungen Dritter** für die Annahme des § 46a Nr. 1 StGB ausreichend sind oder nicht (bej. BGH StV 1999, 89 [Wiedergutmachungsleistung durch den Verteidiger]; abl. [wohl] BGH, Urt. v. 5.3.2014 – 2 StR 496/13; BayObLG NJW 1998, 1654 [Leistung der Kfz-Haftpflichtversicherung]; krit. insoweit *Lammer* StraFo 1997, 260 und *Horn* JR 1999, 4 in der Anm. zu BayObLG, a.a.O., der auch die Schadenswiedergutmachungsleistung einer Versicherung wegen des ggf. eintretenden Verlustes des Schadensfreiheitsrabatts als eigene, freiwillige Leistung des Versicherten ansieht).

- **Zahlung** eines aufgrund begrenzter wirtschaftlicher Verhältnisse des Täters nur geringen Schmerzensgeldes **trotz Verjährung** (BGH NStZ 2002, 29),
- eine **vergleichsweise Einigung**, auch wenn sich das Opfer weiter gehende Ansprüche vorbehalten hat (OLG Köln NStZ-RR 2004, 71),
- das **Ablegen** eines **umfassenden Geständnisses**, in dem der Täter zeigt, dass er die Verantwortung für seine Tat voll übernimmt (BGH StV 2007, 72), woran es fehlt, wenn das Tatgeschehen als Notwehrhandlung dargestellt wird (BGH StV 2008, 464; NStZ-RR 2010, 175 f.; 2010, 176 f.; 2013, 240 [Ls.]; vgl. aber auch BGH NStZ 2010, 82 [Notwehrlage, aber Notwehrexzess]),
- zwar **kein unmittelbar geführtes Gespräch** zwischen Täter und Opfer, aber **erhebliche Wiedergutmachungsleistungen**, wie Zahlung des geforderten Schadensersatzes, und Schmerzensgeldbetrags, Übernahme der Anwaltskosten des Opfers, Wiedergutmachungszahlung und schriftliche Entschuldigung (OLG Oldenburg StraFo 2009, 210),
- eine vergleichsweise Einigung, auch wenn das Opfer eine **Entschuldigung** des Angeklagten **nicht angenommen** hat (BGH StV 2012, 150).

Täter-Opfer-Ausgleich   T

nicht ausreichend   2598

- Zahlung eines Schmerzensgeldes von 3.500,00 € **ohne Geständnis** (BGHSt 48, 134),
- Angebot eines Schmerzensgeldes und Entschuldigung des Täters bei **Weigerung** des Opfers, **Entschuldigung** und Angebot **anzunehmen** (BGH StV 2004, 72),
- Angebot eines Schmerzensgeldes **ohne kommunikativen Prozess** – „dem Grunde nach" – (BGH NStZ 2006, 275; NStZ-RR 2013, 240 [Ls.]),
- die **bloße Entschuldigung** beim Opfer (NStZ-RR 2012, 168 [Ls.]; 2013, 240 [Ls.] m.w.N.),
- das **bloße Anerkenntnis** einer Schmerzensgeldzahlung, wenn noch nicht einmal ersichtlich ist, ob der mittellose Angeklagte jemals Leistungen erbringen wird (BGH, Urt. v. 27.3.2014 – 2 StR 384/12, insoweit nicht in StV 2013, 698),
- **Angebot** zur Schadenswiedergutmachung **drei Jahre nach** der **Tat** (OLG Bamberg NStZ-RR 2007, 37).

e) § 46a Nr. 2 StGB betrifft überwiegend den **materiellen Schadensausgleich**: Danach kann   2599
auch dann von Strafe abgesehen werden, wenn der **Täter** das **Opfer** ganz oder zum überwiegenden Teil **entschädigt** hat, wobei die Schadenswiedergutmachung vom Täter erhebliche persönliche Leistungen oder persönlichen Verzicht erfordert hat (s. dazu BGH NJW 2001, 2557; KG StV 1997, 473; OLG Bamberg NStZ-RR 2007, 37; OLG Karlsruhe wistra 1997, 71 [Urkundenfälschung]; OLG München StRR 2008, 33; OLG Stuttgart NJW 1996, 2109). Gedacht ist hier etwa an Arbeiten in der Freizeit oder erhebliche Einschränkungen im finanziellen Bereich, die erst eine materielle Entschädigung ermöglicht haben (*Fischer*, § 46a StGB Rn 11; OLG München, a.a.O.). **Allein** die rechnerische **Kompensation** des Schadens dürfte **nicht** ausreichen, nach der Rspr. ist vielmehr die Übernahme von Verantwortung erforderlich (BGH NJW 2001, 2557; NStZ 2000, 205, 592; StV 2001, 448; 2009, 352; BGH, Urt. v. 5.3.2014 – 2 StR 496/13; OLG München, a.a.O.). Bei gesamtschuldnerischer Haftung kann eine Teilleistung im Einzelfall ausreichend sein (BGH NJW 2001, 2557; NStZ 2009, 445; dazu *Kaspar* GA 2003, 146). Nicht ausreichend ist ein bloßer Schadensausgleich ohne Übernahme von Verantwortung (BGH StV 2009, 352, für Schadenswiedergutmachung bei Betrugstaten; BGH NStZ-RR 2010, 147 m. Anm. *Jope* StRR 2010, 723 [bloße Nachzahlung eines hinterzogenen Steuerbetrages durch mithaftende (Gesamt-)Schuldner]). Dem BGH (Urt. v. 5.3.2014 – 2 StR 496/13) hat es nicht genügt, wenn der Angeklagte eine ihm mögliche vollständige Schadenswiedergutmachung unterlassen hat, indem er Teile der Beute für sich behalten, und der Schaden nur dadurch vollständig ausgeglichen worden ist, dass eine Versicherung Entschädigung in Höhe des verbleibenden Restschadens geleistet hat.

4. Hinweise für den Verteidiger!

- Der Verteidiger muss sich, wenn er erst kurz vor der HV mit der Verteidigung beauftragt wird, **überlegen**, ob er nicht ggf. jetzt noch einen **TOA anstreben** kann/soll,   2600 um dann „bis zum Beginn der Hauptverhandlung" noch die Einstellung des Verfahrens zu erreichen. Ggf. wird er, falls er Aussicht auf Erfolg für einen TOA sieht, dies beim Gericht anzeigen und um entsprechend „späte" Terminierung bitten.

> ☞ Dieses Vorgehen erhält die **Möglichkeit** der Verfahrenseinstellung nach § 153b (s. → *Einstellung des Verfahrens nach § 153b bei Absehen von Strafe*, Rdn 1331).

- Regelmäßig muss er dazu **Kontakt** mit dem sachbearbeitenden **StA** und/oder dem Gericht aufnehmen, um abzuklären, ob diese überhaupt die Möglichkeit sehen, das Verfahren nach Durchführung eines TOA – entweder nach § 153a Abs. 1 S. 2 Nr. 5 oder ggf. noch nach § 153b – einzustellen (zum Verfahrensgang eingehend Erlass-NRW, MinBl. NW 2000, 762). Im Fall des § 153a Abs. 1 S. 2 Nr. 5 wird das Verfahren dann vorläufig **eingestellt** (→ *Einstellung des Verfahrens nach § 153a nach Erfüllung von Auflagen und Weisungen*, Rdn 1315).
- Nach vorläufiger Einstellung hat der Angeklagte dann Zeit, den TOA durchzuführen. Dazu wird sich die StA/das Gericht i.d.R. der Hilfe einer Ausgleichsstelle (§ 155b) bedienen (dazu www.toa-servicebuero.de). Meist wird diese zunächst in getrennten Gesprächen mit Opfer und Täter klären, ob **Bereitschaft** zu einem sog. **Ausgleichsgespräch** besteht. Falls ja, wird dieses Versöhnungsgespräch stattfinden.

> ☞ Mit Recht weist *Püschel* (StraFo 2006, 261, 262) darauf hin, dass die Einschaltung von Ausgleichsstellen aus Sicht der Verteidigung **nicht unproblematisch** ist. Den Angestellten/Vermittlern dieser Einrichtungen steht nämlich **kein** → *Zeugnisverweigerungsrecht*, Rdn 3552, zu, was im Fall des Fehlschlagens der Ausgleichsbemühungen für das weitere Verfahren zu erheblichen Schwierigkeiten führen kann. Die dem Gericht obliegende Aufklärungspflicht (§ 244 Abs. 2) kann dazu führen, dass es unumgänglich ist, entsprechenden Beweisanregungen oder Beweisanträgen auf Vernehmung dieser Personen nachzugehen (vgl. a. KK-*Diemer*, § 155a Rn 24).

- Dieses **Gespräch** kann/muss der Verteidiger mit seinem Mandanten **vorbereiten**. Gegenstand dieses Gesprächs wird insbesondere sein, wie eine ggf. zu treffende „**Ausgleichsvereinbarung**" **inhaltlich** gestaltet werden soll/kann. Dabei wird einerseits aufseiten des Mandanten die Frage im Vordergrund stehen, ob ein Geständnis abgelegt und ob und wenn ja in welcher Form Schadensersatz/Wiedergutmachung erbracht werden kann/soll (vgl. zu den möglichen Angeboten *Püschel* StraFo 2006, 261, 263 f.). Aufseiten des Opfers wird es um die Fragen der „Gegenleistungen" gehen, wobei vornehmlich von Bedeutung ist, ob das Opfer zur Aussöhnung bereit ist (vgl. a. zu den Gegenleistungen *Püschel*, a.a.O.). Evtl. sollte der Angeklagte an das Opfer Vorleistungen zur Schadenswiedergutmachung erbracht haben (vgl. z.B. BGH NJW 2001, 2557).

- Über das Ausgleichsgespräch wird dem Gericht/der StA von der Ausgleichsstelle berichtet, die dann über die (endgültige) Einstellung des Verfahrens entscheiden. Ggf. sollte der Verteidiger zu dem Versöhnungsgespräch **Stellung nehmen**. Das gilt insbesondere dann, wenn das Opfer letztlich zu einer Versöhnung nicht bereit war. Dann muss der Verteidiger darauf hinweisen, dass es für einen TOA nach § 46a Nr. 1 StGB schon ausreicht, wenn der Täter die Wiedergutmachung seiner Tat ernsthaft erstrebt hat bzw. sich nach § 153a Abs. 1 S. 2 Nr. 5 „ernsthaft bemüht" hat (s.o. Rdn 2596 ff.; → *Einstellung des Verfahrens nach § 153a nach Erfüllung von Auflagen und Weisungen*, Rdn 1320).
- War der TOA **erfolgreich**, entsteht ein **Verfahrenshindernis**. Ist er gescheitert, wird das Verfahren fortgesetzt. Der Verteidiger muss dann aber ggf. in der HV das „ernsthafte Bemühen" seines Mandanten, zu einem TOA zu kommen, strafmildernd geltend machen (vgl. BGH NJW 2011, 2557).

5. Die Teilnahme an TOA-Gesprächen hat für den Verteidiger **vergütungsrechtliche Auswirkungen**. Nach **§ 4102 Nr. 4 VV RVG** entsteht eine sog. Vernehmungsterminsgebühr, wenn der Rechtsanwalt an „Verhandlungen im Rahmen des TOA" teilnimmt. Das ist aber mehr als der bloße Anruf beim Opfer bzw. dessen Vertreter und die Frage, ob ein TOA möglich ist (wegen der Einzelh. Burhoff/*Burhoff*, RVG, Nr. 4102 VV Rn 37 ff.). Die Gebühr entsteht auch dann, wenn ein **TOA** in einer HV-Pause durchgeführt wird (AG Münster RVGreport 2007, 303). Nicht erforderlich ist ein gerichtlicher Termin. Das bedeutet, dass auch ein Termin, in dem z.B. zwischen dem Verteidiger und dem Geschädigten ohne Beteiligung von StA und Gericht über eine Schadenswiedergutmachung verhandelt wird, zur Gebühr nach Nr. 4102 Nr. 4 VV RVG führt (LG Kiel AGS 2010, 295; s. auch Burhoff/*Burhoff*, a.a.O.; AnwKomm-RVG/*N. Schneider*, VV 4102 – 4103 Rn 5; *N. Schneider*, in: Hansens/Braun/Schneider, Teil 15 Rn 262; *Gerhold* JurBüro 2010, 172, 173). Führt der TOA zum Erfolg und wird das (Ermittlungs-)Verfahren eingestellt, wodurch dann ggf. eine HV entbehrlich wird, wird außerdem die Gebühr nach **Nr. 4141** Anm. 1 Nr. 1 VV RVG verdient.

Siehe auch: → *Einstellung des Verfahrens, Allgemeines*, Rdn 1299 m.w.N.

Telefonüberwachung, Allgemeines

Das Wichtigste in Kürze:
1. Seit einigen Jahren ist ein (deutliches) Ansteigen der Zahl der TÜ zu verzeichnen.
2. Die Überwachung des Fernmeldeverkehrs/der Telekommunikation ist in den §§ 100a ff. geregelt, die verfassungsrechtlich nicht zu beanstanden sind.

T Telefonüberwachung, Allgemeines

3. Die Anordnung der TÜ hat i.d.R. durch das Gericht zu erfolgen. An Rechtsmitteln steht nur noch der Antrag nach § 101 Abs. 7 zur Verfügung.
4. Betreiber, der die Überwachung der Fernmeldeanlage ermöglichen musste, wird vom JVEG eine Entschädigung gewährt.

2603 Literaturhinweise: **Albrecht/Braun**, Die strafprozessuale Überwachung des Surfverhaltens, HRRS 2013, 500; **Artkämper**, Ermittlungsmaßnahmen in Funktelefonnetzen. Reiz und Fluch einer neuen Technik, Krim 1998, 202; **Backes/Gusy**, Wer kontrolliert die Telefonüberwachung?, 2003; **Backes/Gusy/Begemann/Doka/Finke**, Wirksamkeitsbedingungen von Richtervorbehalten bei Telefonüberwachungen, Abschlussbericht zu einem Forschungsprojekt der Universität Bielefeld, 2002; **Bär**, Polizeilicher Zugriff auf kriminelle Mailboxen, CR 1995, 489; *ders.*, Aktuelle Rechtsfragen bei strafprozessualen Eingriffen in die Telekommunikation, MMR 2000, 472; *ders.*, Handbuch zur EDV-Beweissicherungen im Strafverfahren, 2007; *ders.*, Telekommunikationsüberwachung und andere verdeckte Ermittlungsmaßnahmen – Gesetzliche Neuregelungen zum 1.1.2008, MMR 2008, 215; **Becker/Meinicke**, Die sog. Quellen-TKÜ und die StPO – Von einer „herrschenden Meinung" und ihrer fragwürdigen Entstehung, StV 2011, 50; **Bernsmann/Jansen**, Heimliche Ermittlungsmethoden und ihre Kontrolle – Ein systematischer Überblick, StV 1998, 217; **Beulke**, Überwachung des Fernsprechanschlusses eines Verteidigers – Besprechung der Entscheidung BGHSt 33, 347 ff., Jura 1986, 642; **Beulke/Meininghaus**, Der Staatsanwalt als Datenreisender – Heimliche Online-Durchsuchung, Fernzugriff und Mailbox-Überwachung, in: Festschrift für *Gunter Widmaier*, 2008, S. 63; **Beulke/Ruhmannseder**, Strafprozessuale Zwangsmaßnahmen in der Verteidigungssphäre (Teil 1), StV 2011, 180; *dies.*, Strafprozessuale Zwangsmaßnahmen in der Verteidigungssphäre (Teil 2); StV 2011, 251; **Böhme/Röske**, Überwachung der Telekommunikation gemäß § 100a StPO bei fortgesetzt begangenen Straftaten – Eine Untersuchung am Beispiel des § 298 StGB, NStZ 2014, 69; **Börner**, Grenzfragen der Akteneinsicht nach Zwangsmaßnahmen, NStZ 2010, 417; **Braun/Roggekamp**, Privatisierung technisch gestützter Ermittlungsmaßnahmen, NK 2012, 141; **Breuner**, Die rechtsprozessuale Überwachung des Fernmeldeverkehrs mit Verteidigern, 1995; **Breyer**, Rechtsprobleme der Richtlinie 2006/24/EG zur Vorratsdatenspeicherung und ihrer Umsetzung in Deutschland, StV 2007, 214; **Brunst**, Zur Frage des Eingriffs in das Fernmeldegeheimnis durch die Beschlagnahme von E-Mails, CR 2009, 591; **Buermeyer**, Zum Begriff der „laufenden Kommunikation" bei der Quellen-Telekommunikationsüberwachung („Quellen-TKÜ"), StV 2013, 470; **Buermeyer-Bäcker**, Zur Rechtswidrigkeit der Quellen-Telekommunikationsüberwachung auf Grundlage des § 100a StPO, HRRS 2009, 433; **Burhoff**, Beschlagnahme von E-Mails, StRR 2009, 331; **Dalby**, Das neue Auskunftsverfahren nach § 113 TKG – Zeitdruck macht Gesetze (§ 113 TKG) Eine Beurteilung der Änderung des manuellen Auskunftsverfahrens und der Neuschaffung des § 100j StPO, CR 2013, 361, CR 2013, 361; **Deckers**, Geheime Aufklärung durch Einsatz technischer Mittel, StraFo 2002, 109; **Deckers/Gercke**, Strafverteidigung und Überwachung der Telekommunikation, StraFo 2004, 84; **Demko**, Die Erstellung von Bewegungsbildern mittels Mobiltelefon als neuartige strafprozessuale Observationsmaßnahme, NStZ 2004, 57; **Dierlamm**, Geldwäsche und Steuerhinterziehung als Vortat – die Quadratur des Kreises, in: Festschrift für *Volkmar Mehle*, zum 65. Geburtstag, 2009, S. 177; **Döpfer**, Stimmungsbild: Telefonüberwachung von Anwälten, AnwBl. 2008, 339; **Dorsch**, Die Effizienz der Überwachung der Telekommunikation nach den §§ 100a, 100b StPO, 2005; **Eisenberg/Puschke/Singelnstein**, Überwachung mittels RFID-Technologie – Aspekte der Ausforschung und Kontrolle mit neuartigen Funk-Chips, ZRP 2005, 9; **Eisenberg/Singelnstein**, Zur Unzulässigkeit der heimlichen Ortung per stiller SMS, NStZ 2005, 62; **Fahr**, Die Neuregelung der Telekommunikationsüberwachung – Steuerberater fahren beim Zeugnisverweigerungsrecht künftig nur noch „zweiter Klasse", DStR 2008, 375; **Fezer**, Überwachung der Telekommunikation und Verwertung eines Raumgesprächs, NStZ 2003, 625; **Flore/Schwedtmann**, Beschlagnahmefreiheit von E-Mails, PStR 2000, 7; **Gercke**, Der Mobilfunkverkehr als Ausgangspunkt für strafprozessuale Überwachungsmaßnahmen – ein Überblick, StraFo 2003, 76; *ders.*, Die Kumulation strafprozessualer Beweisgewinnungsmaßnahmen, in: Festschrift für *Volkmar Mehle*, zum 65. Geburtstag, 2009, S. 219; *ders.*, Überwachung der Telekommunikation – von der Ausnahme zur Regel, StraFo 2014, 94; **Glaser/Gedeon**, Dissonante Harmonie: Zu einem zukünftigen „System" strafprozessualer verdeckter Ermittlungsmaßnahmen, GA 2007, 415; **Göres**, Rechtmäßigkeit des Zugriffs der Strafverfolgungsbehörden auf die Daten der Mauterfassung, NJW 2004, 195; **Götz**, Sicherstellung von Mobiltelefonen – Auswirkungen des Beschlusses des BVerfG v. 4.2.2005 auf Ermittlungsverfahren, Krim 2005, 300; **Groß**, Verteidiger, Abgeordnete und Journalisten als verbotene unfreiwillige Medien zur strafprozessualen Aufklärung, StV 1996, 559; **Groß-Spreizer**, Die Grenzen der Telefonüberwachung nach §§ 100a, 100b StPO, unter Berücksichtigung der Aussageverweigerungsrechte im Strafprozeß, 1987; **Günther**, Zur strafprozessualen Erhebung von Telekommunikationsdaten – Verpflichtung zur Sachverhaltsaufklärung oder verfassungsrechtlich unkalkulierbares Wagnis?, NStZ 2005, 485; **Gusy**, Rechtsgrundlagen der Richtervorbehalte nach § 100b StPO, GA 2003, 672; **Härting**, Beschlagnahme und Archivierung von Mails – E-Mail zwischen Telekommunikation, Datensatz und elektronischer Post, CR 2009, 581; **Henrichs**, Nutzung von Autobahnmautdaten zur Strafverfolgung und Gefahrenabwehr, Krim 2007, 3; *ders.*; Zur rechtlichen Zulässigkeit der Quellen-TKÜ, Krim 2008, 438; **Hieramente**, Legalität der strafprozessualen Überwachung des Surfverhaltens, StraFo 2013, 96; **Hoeren**, Auskunftspflichten der Internetprovider an Strafverfolgungs- und Sicherheitsbehörden – eine Einführung, wistra 2005, 1; **Hölzle**, Maßnahmen nach § 100a ff. StPO im steuerstrafrechtlichen Ermittlungsverfahren, PStR 2009, 143; **Hornick**, Staatlicher Zugriff auf elektronische Medien, StraFo 2008, 281; **Huber**, Die strategische Rasterfahndung des Bundesnachrichtendienstes – Eingriffsbefugnisse und Regelungsdefizite, NJW 2013, 2572; **Jahn**, Der strafprozessuale Zugriff auf Telekommunikationsverbindungsdaten – BVerfG, NJW 2006, 976, JuS 2006, 491; **Jordan**, W-LAN Scannen – rechtliche Einsatzmöglichkeiten bei der Strafverfolgung, Krim 2005, 514; **Kinzig**, Die Telefonüberwachung in Verfahren organisierter Kriminalität: Fehler bei der richterlichen Anordnung, Mängel des Gesetzes, StV 2004, 560; **Klaws**, Die Neuregelungen des Telekommunikationsüberwachungsrechts im Strafverfahren, StRR 2008, 7; **Klein**, Offen und (deshalb) einfach – Zur Sicherstellung und Beschlagnahme von E-Mails beim Provider, NJW 2009, 2996; **Knierim**, Fallrepetitorium zur Telekommunikationsüberwachung nach neuem Recht, StV 2008, 599; **Koch**, „Lauschangriff" via Handy?, K&R 2004, 137; **Korn**, Der strafprozessuale Zugriff auf Verkehrsdaten nach § 100g StPO, HRRS 2009, 112; **Kramer**, Telekommunikationsüberwachung und Verkehrsdatenabfrage bei Verdacht auf Steuerhinterziehung, NJW 2014, 1561; **Krüger**, BVerfG zur Beschlagnahme von E-Mails auf dem Server des Mailproviders, MMR 2009, 680; *ders.*, Die sogenannte „stille SMS" im strafprozessualen Ermittlungsverfahren Erkenntnisse zum Einsatz in der Praxis und Betrachtung der rechtlichen Anwendungsvoraussetzungen, ZJS 2012, 606; **Kühne**, Telefonüberwachung von Rechtsanwälten – Fall Kopp (Schweiz) – EGMR-Urt. v. 25.3.1998 (13/1997/797/1000), StV 1998, 683; **Lisken**, Telefonmithören erlaubt?, NJW 1994, 2069; **Löffelmann**, Aktuelle Rechtsprobleme der Telekommunikationsüberwachung, AnwBl. 2006, 598; *ders.*, Die Übertragbarkeit der Judikatur des Bundesverfassungsgerichts zur Wohnraumüberwachung auf die Telekommunikationsüberwachung und andere verdeckte Ermittlungsmaßnahmen, ZStW 2006, 358; **Mahnkopf/Döring**, Telefonüberwachung bei Opfern von Schutzgelderpressungen ohne deren Einwilligung, NStZ 1995, 112; **Michalke**, Digitale Daten im Spannungsfeld – Chancen der Verteidigung, StraFo 2005, 91; **Nachbaur**, Standortfeststellung und Art. 10 GG – Der Kammerbeschluss des BVerfG zum Einsatz des „IMSI-Catchers", NJW 2007, 335; **Nelles**, Telefonüberwachung bei Kidnapping, in: Festschrift für *Stree* und *Wessels*, 1993, S. 719; **Neuhaus**, Die strafprozessuale Überwachung der Telekommunikation (§§ 100a, 100b, 101 StPO). Zum gegenwärtigen Stand der Erosion eines Grundrechts, in: Festschrift für *Peter Rieß*, 2002, S. 375; **Nöding**, Die Novellierung der strafprozessualen Regelungen zur Telefonüberwachung, StraFo 2007, 456; **Palm/Roy**, Mailboxen: Staatliche Eingriffe und andere rechtliche Aspekte, NJW 1996, 1791; *ders.*, Der BGH und der Zugriff auf Mailboxen, NJW 1997, 1904; **Puschke/Singelnstein**, Verfassungsrechtliche Vorgaben für heimliche Informationsbeschaffungsmaßnahmen, NJW 2005, 3534; *dies.*, Telekommunikationsüberwachung, Vorratsdatenspeicherung und (sonstige) heimliche Ermittlungsmaßnahmen der StPO nach der Neuregelung zum 1.1.2008, NJW 2008, 113; **Reiß**, Der strafprozessuale Schutz verfassungsrechtlich geschützter Kommunikation vor verdeckten Ermittlungsmaßnahmen, StV 2008, 539; **Roggan**, Der Schutz des Kernbereich privater Lebensgestaltung bei strafprozessualer Telekommunikationsüberwachung – Zur verfassungsrechtlichen Unzulänglichkeit des § 100a Abs. 4 StPO –, StV 2011, 762; **Ruhmannseder**, Strafprozessuale Zulässigkeit von Standortermittlungen im Mobilfunkverkehr, JA 2007, 47; *ders.*, Die Neuregelung der strafprozessualen verdeckten Ermittlungsmaßnahmen, JA 2009, 57; **Sankol**, Strafprozessuale Zwangsmaßnahmen gegen Nachrichtenmittler, MMR 2008, 154; **Schuster**, Telekommunikationsüberwachung in grenzüberschreitenden

T Telefonüberwachung, Allgemeines

Strafverfahren nach Inkrafttreten des EU-Rechtshilfeübereinkommens, NStZ 2006, 657; **Singelnstein**, Rechtsschutz und heimliche Ermittlungsmaßnahmen nach Einführung des § 101 VII 2 – 4 StPO, NStZ 2009, 481; *ders.*, Möglichkeiten und Grenzen neuerer strafprozessualer Ermittlungsmaßnahmen – Telekommunikation, Web 2.0, Datenbeschlagnahme, polizeiliche Datenverarbeitung & Co, NStZ 2012, 593; **Singelnstein/Stolle**, Entwicklungen in der Telekommunikationsüberwachung und der Sicherheitspolitik – zur Novellierung des TKG, StraFo 2005, 96; **Störing**, Strafprozessualer Zugriff auf E-Mailboxen – Zum Streitstand unter besonderer technischer Betrachtung, CR 2009, 475; **Störmer**, Der gerichtliche Prüfungsumfang bei Telefonüberwachungen – Beurteilungsspielraum bei Anordnungen nach § 100a StPO?, StV 1995, 653; **Szebrowski**, Kommentar zum Beschluss des BVerfG v. 16.6.2009 – 2 BvR 902/06 (E-Mail-Sicherstellung und Beschlagnahme auf dem Server des Providers verfassungsgemäß), K&R 2009, 563; **Thommes**, Verdeckte Ermittlungen im Strafprozeß aus der Sicht des Datenschutzes, StV 1997, 657; **Vassilaki**, Die Überwachung des Fernmeldeverkehrs nach der Neufassung der §§ 100a, 100b StPO – Erweiterung von staatlichen Grundrechtseingriffen, JR 2000, 446; *dies.*, Telekommunikationsüberwachung – Eine Darstellung der aktuellen Rechtsfragen, RDV 2004, 11; **Waldowski**, Durchsuchung und Beschlagnahme in der Anwaltskanzlei, AnwBl. 1975, 106; **Warntjen**, Der Kernbereich privater Lebensgestaltung und die Telekommunikationsüberwachung gemäß § 100a StPO, KJ 2005, 276; **Welp**, Die Geheimsphäre des Verteidigers in ihren strafprozessualen Funktionen, in: Festschrift für *Wilhelm Gallas*, 1973, S. 391; *ders.*, Die Überwachung des Verteidigers, GA 1977, 129; *ders.*, Abhörverbote zum Schutz des Verteidigers – zugleich Besprechung des BGH-Urteils v. 5.11.1985 – 2 StR 279/85 [BGHSt 33, 347], NStZ 1986, 295; **Weyand**, Die Beschlagnahme von Mobiltelefonen, StV 2005, 520; **Wölfl**, Heimliche private Tonaufnahmen im Strafverfahren, StraFo 1999,74; **Wolter**, Alternativen zum Regierungsentwurf 2007 zur Neuregelung der Ermittlungsmaßnahmen, GA 2007, 184; **Zöller**, Heimlichkeit als System, StraFo 2008, 15; **Zuck**, Abhörgesetz und Anwaltschaft, NJW 1969, 912.

2604 **1.a)** Seit einigen Jahren ist ein (deutliches) Ansteigen der Zahl der TÜ zu verzeichnen. So sind in 2007 z.B. in 4.806 Verfahren TÜ geschaltet worden, davon 3.656 allein im BtM-Bereich, in 2008 dann schon in 5.348 Verfahren. In 2012 waren es dann rund 24.000 TÜ (zur steigenden Zahl der TÜ *Gerke* StraFo 2014, 94, 96; allgemein zur Zunahme heimlicher Ermittlungsmaßnahmen *Zöller* StraFo 2008, 15). Großverfahren, insbesondere im Bereich der BtM-Kriminalität, werden daher heute kaum noch geführt, ohne dass nicht im EV der Fernmeldeverkehr/die Telekommunikation mit einer (Telefon-)Überwachung (im Folgenden TÜ) überwacht worden ist. Oft sind die dabei gewonnenen Erkenntnisse die einzigen/wichtigsten Beweismittel zur Überführung der Täter. In diesen Verfahren muss sich der Verteidiger daher – möglichst früh – mit den sich aus der Schaltung einer TÜ ergebenden (Rechts-)Problemen beschäftigen (so a. *Deckers/Gercke* StraFo 2004, 84, 90, die die Aufgabe des Verteidigers in diesem Bereich angesichts ständig neuer Ermächtigungsgrundlagen vornehmlich darin sehen, „darauf zu drängen, überhaupt wieder eine Balance zwischen dem Anspruch staatlicher Strafverfolgung einerseits und der Wahrung individueller Freiheitsrechte andererseits herzustellen"). Das wird i.d.R. schon im EV der Fall sein, sodass die auftretenden (Rechts-)Fragen eingehend dargestellt sind bei *Burhoff*, EV, Rn 3493 ff. (zu allem, vor allem a. zur Abgrenzung der verschiedenen Eingriffe, der lesenswerte Beitrag von *Löffelmann* AnwBl. 2006, 598 ff.). Hier soll über **Voraussetzungen** und **Anordnung** einer TÜ daher nur ein **Überblick** gegeben werden (s. Rdn 2617 ff.). Wegen der erheblichen praktischen Bedeutung werden aber sowohl die Problematik der BVV als auch die der Art und Weise der Verwertung der durch eine TÜ gewonnenen Erkenntnisse in der HV eingehender dargestellt (→ *Telefonüberwachung,* **Beweisverwertungsverbote**, Rdn 2623; → *Telefonüberwachung,* **Verwertung** *der Erkenntnisse in der Hauptverhandlung,* Rdn 2633).

b) Über diese rein strafprozessualen Probleme hinaus muss sich der Verteidiger immer auch mit **technischen (Verständnis-)Problemen** auseinandersetzen. Die fortschreitende technische Entwicklung führt zu immer neuen Möglichkeiten der Telekommunikationsüberwachung (vgl. dazu z.B. *Singelnstein/Stolle* StraFo 2005, 96; *Eisenberg/Puschke/Singelnstein* ZRP 2005, 9; *Becker/Meinicke* StV 2011, 50; *Hieramente* StraFo 2013, 96 [Surfverhalten]; zum Auslesen von SMS vgl. BGH wistra 2006, 315), an die die gesetzlichen Grundlagen nicht oder erst später angeglichen werden. Dieses „Nachhinken" der Gesetzeslage führt dazu, dass Vorschriften, die für andere technische Voraussetzungen gedacht waren, auf technisch viel ausgereiftere und vom Anwendungsbereich her umfassendere Verfahren anzuwenden sind (vgl. dazu a. *Eisenberg/Puschke/Singelnstein,* a.a.O. und *Becker/Meinicke,* a.a.O., für die sog. Quellen-TKÜ; *Jahn* JuS 2006, 491; vgl. z.B. BVerfG NJW 2006, 976; 2008, 822). In der Praxis haben auch die Bestimmungen zur Auskunft über sog. **Telekommunikationsverbindungsdaten** eine immer größere Bedeutung erlangt. Die insoweit einschlägigen Vorschriften der §§ 100g, 100h, 100i a.f. sind durch das **TKÜErwG** v. 21.12.2007 (BGBl I, S. 3198) **völlig neu** gefasst und vor allem erheblich erweitert worden. So ist inzwischen z.B. auch das Auslesen der Verkehrsdaten in Echtzeit erlaubt (*Korn* HRRS 2009, 112, 118, der die Vorschrift als verfassungswidrig ansieht). Nach wie vor erfassen die Vorschriften aber **nur** die **Feststellung** der **technischen Daten** eines Kommunikationsvorgangs. Dessen Inhalt wird, da in das Fernmeldegeheimnis eingegriffen wird, von § 100a erfasst. Die mit dieser Problematik zusammenhängenden Fragen sind dargestellt bei *Burhoff,* EV, Rn 532; dort finden sich bei Rn 551 ff. auch Ausführungen zur sog. (unzulässigen) Vorratsdatenspeicherung und bei Rn 574 ff. zur nach § 100j zulässigen Bestandsdatenauskunft. Die Regelungen durch das TKÜErwG haben inzwischen die **verfassungsrechtliche Prüfung** beim BVerfG durchlaufen. Dieses hat die (Neu-)Regelungen als verfassungsgemäß angesehen (vgl. NJW 2012, 833 mit. Anm. *Lorenz* StRR 2012, 57).

☞ Auch die Zunahme/Ausweitung von **sozialen Netzwerken**, wie z.B. Facebook (vgl. dazu u.a. *Singelnstein* NStZ 2012, 593) oder die Überwachung des Surfverhaltens (dazu *Hieramente* StraFo 2013, 96) hat inzwischen erhebliche Bedeutung. Von Belang ist in dem Zusammenhang immer auch das vom BVerfG neu geschaffene **Grundrecht** auf informationelle Selbstbestimmung bzw. auf Gewährleistung der Vertraulichkeit und Integrität informationstechnischer Systeme (vgl. BVerfG NJW 2008, 822), an dem die entsprechenden Eingriffe zu messen sind. Zudem ist stets Art. 10 GG zu beachten (vgl. dazu auch *Beukelmann* StraFo 2008, 1; *Hornick* StraFo 2008, 281).

2.a)aa) Die Überwachung des Fernmeldeverkehrs/der Telekommunikation ist in den §§ **100a ff.** geregelt, die verfassungsrechtlich nicht zu beanstanden sind (BVerfG NJW

2008, 822; BGHSt 27, 355, 357; 31, 296, 298). Unter den Begriff des (früher) Fernmeldeverkehrs, jetzt der „**Telekommunikation**" fallen alle Formen des **Empfangs** oder der **Übermittlung** von **Nachrichten**, Zeichen, Bildern oder Tönen auf **Fernsprech**-, Telegrafen- und Rundfunkanlagen (KK-*Bruns*, § 100a Rn 3 ff.; *Meyer-Goßner/Schmitt*, § 100a Rn 6 f.; *Pfeiffer*, § 100a Rn 3; *Vassilaki* JR 2000, 446; *Deckers* StraFo 2002, 110; a.A. hinsichtlich der Telefaxübermittlung *Malek* NJ 1992, 242; zum Begriff BVerfG NJW 2006, 976 und *Burhoff*, EV, Rn 3476 ff.). Die Auswechslung des Wortes „Fernmeldeverkehr" durch das Wort „Telekommunikation" durch das Begleitgesetz zum TKG hat – so die Rspr. – insoweit keine Änderungen gebracht, sondern unterstreicht nur, dass auch neue Formen der Nachrichtenübermittlung der TÜ unterliegen (BGH CR 1998, 738; NJW 2003, 2034; zu allem a. *Vassilaki* JR 2000, 446).

2608 Zur Bestimmung des Begriffs in der StPO kann man auf die **Legaldefinition** in § 3 TKG zurückgreifen (KK-*Bruns*, § 100a Rn 3 ff.), die Begriffe sind jedoch nicht deckungsgleich (*Meyer-Goßner/Schmitt*, § 100a Rn 6; *Fezer* NStZ 2003, 625; *Günther* NStZ 2005, 490). Nach § 3 Nr. 16 TKG (vgl. a. § 3 Nr. 18, 19 TKG, § 4 Nr. 15 TKÜV) ist Telekommunikation der technische Vorgang des Aussendens, Übermittelns und Empfangens von Nachrichten jeglicher Art in der Form von Zeichen, Sprache, Bildern oder Tönen mittels Telekommunikationsanlagen. § 100a erlaubt nur den Eingriff in den technischen Vorgang (§ 3 Nr. 16 TKG) der Nachrichtenübermittlung des Betreibers. Die Geheimsphäre, in die eingegriffen wird, ist der Herrschaftsbereich des Netzbetreibers, der mit dem Netzbereich (§ 3 Nr. 21 TKG) identisch ist und am Endgerät des Teilnehmers endet (BVerfG NJW 2006, 976; 2009, 2431; zur Abgrenzung s.a. BVerfG StraFo 2006, 365; dazu *Rauschenberger* Krim 2006, 328; *Jahn* JuS 2006, 491; *Störing* CR 2006, 392). Die Nachricht darf also noch nicht beim Empfänger angekommen sein. Angekommen ist sie, wenn sie digital oder analog an einer beliebigen Speicherstelle zur Entgegennahme zur Verfügung steht: im Telefonapparat, Faxgerät, Speicher eines PC oder einem Datenpuffer. Daraus folgt, dass das im Anrufbeantworter aufgezeichnete Gespräch, das angekommene Fax, die auf der Festplatte gespeicherten empfangenen Daten und die im Telefon gespeicherten Rufnummern der erfolgten Anrufe nicht von § 100a erfasst sind (KK-*Bruns*, § 100a Rn 5 m.w.N.; s.a. BGHSt 42, 139; BGH NJW 1997, 1934; BVerfG, a.a.O.; s. jetzt aber BGH NJW 2009, 1828 und dazu u. Rdn 2614).

Die **nach Abschluss** des **Übertragungsvorgangs** im Herrschaftsbereich des Empfängers gespeicherten Kommunikationsverbindungsdaten werden nicht durch Art. 10 GG, sondern durch das Recht auf **informationelle Selbstbestimmung** (Art. 2 Abs. 1 i.V.m. Art 1. Abs. 1 GG) und ggf. durch **Art. 13 Abs. 1 GG** geschützt (BVerfG NJW 2006, 976; 2009, 2431; StraFo 2006, 365; s. aber a. *Löffelmann* AnwBl. 2006, 598 ff.; s. jetzt a. § 100g Abs. 3). Wird allerdings der laufende Kommunikationsvorgang überwacht, liegt wegen der Einheitlichkeit des Übermittlungsvorgangs ein Eingriff in das Fernmeldegeheimnis auch dann vor, wenn die Erfassung des Nachrichteninhalts am Endgerät erfolgt (BVerfG, a.a.O.; zum Schutzbereich des Art. 10 GG auch BVerfG NJW 2000, 55; 2010, 833 ff.).

bb) Die Frage, ob auch der **Datenaustausch zwischen Maschinen** Telekommunikation ist, ist in Rspr. und Lit. umstritten. Sie hat Bedeutung für die weitere Frage, ob Mautgebührendaten im Strafverfahren verwendet werden dürfen (abl. LG Magdeburg NJW 2006, 1073; *Meyer-Goßner/Schmitt*, § 100g Rn 4; *Göres* NJW 2004, 195; *Niehaus* NZV 2004, 502 in der Anm. zu AG Gummersbach 2004, 240; a.A. AG Gummersbach NZV 2004, 160; zur sog. stillen SMS s. *Eisenberg/Singelnstein* NStZ 2005, 62 ff.). 2609

cc) Von § 100a **erfasst** werden insbesondere auch der **Mobilfunk** (BGH CR 1998, 738; zum Auslesen von SMS vgl. BGH wistra 2006, 315), Satellitenübertragung, Bildtelefon, Telex, Teletex, Telebox, Fernschreiben, die Kommunikation über Online-Dienste (Internet-Telefonie; *Meyer-Goßner/Schmitt*, § 100a Rn 7 m.w.N.; vgl. zur Zulässigkeit eingehend *Buermeyer/Bäcker* HRRS 2009, 433) und Videodienste. Darunter fällt grds. ebenfalls die Übertragung von EDV-Daten (Dateitransfer, PC-Kommunikation) im Netzbereich (zu allem KK-*Bruns*, § 100a Rn 14 m.w.N.; eingehend *Hornick* StraFo 2008, 281; *Singelnstein* NStZ 2012, 593; *Hieramente* StraFo 2013, 96). 2610

Entsprechendes gilt für die Überwachung zugangsgesicherter Echtzeitkommunikation in **Chatrooms** (KK-*Bruns*, § 100a Rn 28 m.w.N.; s. aber a. BVerfG NJW 2008, 822, 836 m. Anm. *Bär* MMR 2008, 326; s. zur Zulässigkeit der allgemeinen Internetaufklärung BVerfG NJW 2008, 822. 836 m. Anm. *Bär* MMR 2008, 326). Bei offenen Chatrooms soll die Überwachung nach §§ 161, 163 zulässig sein (BVerfG, m.w.N.; s. auch noch BVerfG NJW 2008, 2099, 2100; dazu *Singelnstein*, a.a.O.; *Hieramente* StraFo 2013, 96).

dd) Fraglich ist, ob das **Surfen** dem Telekommunikationsbegriff unterfällt. Dagegen wird man einwenden können, dass sowohl die Informationsbeschaffung als auch den Datentransfer keine Telekommunikation abbilden, da es in beiden Fällen an der sozialen Interaktion fehlt (*Hieramente* StraFo 2013, 96; *Albrecht/Braun* HRRS 2013, 500, 502; vgl. auch *Singelnstein* NStZ 2012, 593). Entsprechendes dürfte für das sog. **Cloud-Computing** gelten. § 100a kann daher nicht als Ermächtigungsgrundlage herangezogen werden (s. aber LG Ellwangen StraFo 2013, 96). Letztlich sind diese Fragen bislang aber noch weitgehend ungeklärt (vgl. a. *Meyer-Goßner/Schmitt*, § 100a Rn 7d). 2611

ee) Ob § 100a auch die sog. **Quellen-Telekommunikationsüberwachung** (zum Begriff *Becker/Meinicke* StV 2011, 50) erfasst, ist **umstritten** (vgl. im Einzelnen *Becker/Meinicke*, a.a.O.; *Buermeyer/Bäcker*, a.a.O.; vgl. auch *Burhoff*, EV, Rn 3532 m.w.N. aus der Rspr.). 2612

Der Verteidiger sollte im Hinblick auf die ungeklärte Rechtslage auf jeden Fall die **Unzulässigkeit** der Maßnahme **geltend machen** und darauf hinweisen, dass diese im

Ergebnis der vom BVerfG für unzulässigen angesehenen Online-Durchsuchung (dazu *Burhoff*, EV, Rn 2741) gleich kommt (vgl. BVerfG NJW 2008, 822).

2613 b) Zur Telekommunikation i.S.d. §§ 100a f. gehören nicht nur der Inhalt der geführten (Fern-)Gespräche, sondern auch die unmittelbar mit dem Telefonieren notwendigerweise verbundenen Vorgänge, wie z.B. das Anwählen des Gesprächspartners. Daher gilt das Gebot der richterlichen Anordnung auch für die Schaltung einer sog. **Zählervergleichseinrichtung**, durch die Telefonanschlüsse in der Weise überwacht werden, dass die jeweils angewählten Telefonnummern mit Zeitpunkt und Dauer der Telefonverbindung festgestellt und später ausgedruckt werden (BGHSt 35, 32; BGH NJW 1993, 1212). Erfasst wird aber nur der **Fernmeldeverkehr**, zu dem **Anlagen** der „**Post**" bzw. anderer Telekommunikationsunternehmen benutzt werden, also nicht der Fernmeldeverkehr auf behörden- oder betriebsinternen Fernmeldeanlagen (KK-*Bruns*, § 100a Rn 3). Die Streitfrage, ob Informationen über die Aufzeichnung der Verbindung mit einem Mobilfunktelefon auch dann verlangt werden können, wenn mit diesen nicht telefoniert wird (so BGH NJW 2001, 1587; *Nachbaur* NJW 2007, 335; a.A. BVerfG NJW 2007, 351; *Bernsmann* NStZ 2002, 103 in der Anm. zu BGH, a.a.O.; *Demko* NStZ 2004, 57, 62), hat sich erledigt. Sog. Standortdaten in Echtzeit können inzwischen nach § 100g Abs. 1 S. 1 i.V.m. § 96 Abs. 1 Nr. 1 TKG erhoben werden (*Burhoff*, EV, Rn 548).

2614 c)aa) Von der Rspr. des BGH (vgl. NJW 1997, 1934) wurde in der Vergangenheit auch der Zugriff auf den Inhalt von „**Mailbox-Systemen**" unter den Voraussetzungen der §§ 100a, 100b insgesamt als Maßnahme einer **TÜ**, also auch dann, wenn sich die Datensätze bereits im Privatbereich/Endgerät befinden, für **zulässig** gehalten (s.a. LG Hamburg StV 2009, 70; LG Hanau NJW 1999, 3647; LG Mannheim StV 2002, 242; wohl a. *Jahn* JuS 2006, 493; *ders.* NStZ 2007, 255, 264; *Meyer-Goßner/Schmitt*, § 100a Rn 6 m.w.N.; allgemein zum Zugriff auf eine Mailbox KK-*Bruns*, § 100a Rn 7). Abgelehnt hat der BGH (a.a.O.) die insoweit a.A. der Lit. (vgl. u.a. KK-*Bruns*, § 100a Rn 19 ff.; *Lührs* wistra 1995, 19; *Palm/Roy* NJW 1996, 1791; *dies.* a. krit. in NJW 1997, 1905 zu BGH, a.a.O.; zur Fernmeldeüberwachung krimineller Mailboxen s. *Bär* CR 1995, 489; wegen der Einzelh. *Burhoff*, EV, Rn 3535 f.; *Vassilaki* JR 2000, 447; *Deckers* StraFo 2002, 111; *Jahn* JuS 2006, 491; *Gercke* StV 2006, 453 in der Anm. zu BVerfG NJW 2006, 976), die die §§ 94, 98 anwenden wollte (vgl. dazu KK-*Bruns*, § 100a Rn 19, der drei Phasen unterscheidet). Der BGH hat seine o.a. **Rspr.** inzwischen jedoch (teilweise) **aufgegeben**. Im Beschluss v. 31.3.2009 (NJW 2009, 1828; vgl. dazu *Härting* CR 2009, 581) hat er ausgeführt, dass die Sicherstellung von zwischengespeicherten E-Mails beim Provider entsprechend den Voraussetzungen der in § 99 geregelten **Postbeschlagnahme** mit der Herausgabepflicht nach § 95 anzuordnen ist. Das gilt sowohl für gelesene als auch für ungelesene E-Mails auf dem beim Provider geführten Account. Die §§ 100a ff. sieht der BGH nicht (mehr) als einschlägig an, weil bei der Speicherung in der Datenbank des Providers kein Telekommunikationsvorgang mehr gegeben sei (vgl. auch *Meyer-Goßner/Schmitt*, § 100a Rn 6 b; Beck-OK-StPO/*Graf*, § 100a Rn 28, 31; *Schlegel* HRRS 2007, 44; *Gaede* StV 2009, 96; s.a. *Klein* NJW 2009, 2996, der diese Entscheidung im Hinblick auf BVerfG NJW 2009, 2431 für überholt hält; zust. wohl *Szebrowski* K&R 2009, 563.

☝ Der BGH geht mit dieser Entscheidung einen „**Mittelweg**". Auf E-Mails kann damit zwar nicht nur unter den strengen Voraussetzungen des § 100a zugegriffen werden. Andererseits sind die formellen Anforderungen für den Zugriff höher als bei der normalen Beschlagnahme nach §§ 94 ff. Für die Postbeschlagnahme besteht nach § 100 Abs. 1 nämlich ein schärferer Richtervorbehalt (zur Postbeschlagnahme *Burhoff*, EV, Rn 3155).

bb) Das **BVerfG** geht in seiner Rspr. darüber sogar noch hinaus. Während es zunächst die Frage, ob auf die Beschlagnahme von auf dem Mailserver des Providers gespeicherten E-Mails die §§ 94 ff. anzuwenden sind oder ggf. §§ 100a, 100g, offengelassen hat (vgl. StraFo 2006, 365), hat es dann im Beschluss v. 16.6.2009 (NJW 2009, 2431) dazu Stellung bezogen. Es geht nun davon aus, dass diese Daten dem Schutz des Fernmeldegeheimnisses unterliegen, auf sie aber (nur) die §§ 94 ff. anzuwenden seien (so wohl auch BGH NJW 2010, 1297). Die Anwendung des § 100a sei nicht erforderlich. Es reicht also für die Beschlagnahme von E-Mails der „normale" Tatverdacht aus, auch muss es sich im Verfahren nicht um eine Straftat von erheblicher Bedeutung handeln (vgl. dazu eingehend *Burhoff*, EV, Rn 695 f., 807 ff.; *ders.* StRR 2009, 331; zust. *Klein* NJW 2009, 2996).

2615

☝ Geht es um die **Sicherstellung** von **Datenträgern** oder **Mobiltelefonen**, auf denen Telekommunikationsverbindungsdaten gespeichert sind, sind, wenn die Sicherstellung im Rahmen einer Wohnungsdurchsuchung erfolgen soll, schon nach früherer Rspr. des BVerfG ebenfalls „nur" die §§ 94 ff. anwendbar und zu beachten (vgl. BVerfG NJW 2005, 1637; 2006, 976; 2008, 822 m.w.N.; *Burhoff*, EV, Rn 1413; zu allem a. *Härting* CR 2009, 581).

cc) Von § 100a **nicht erfasst** wird hingegen das **heimliche Abhören** eines nicht-öffentlichen Gesprächs außerhalb des Fernmeldeverkehrs (BGHSt 34, 39) und die Verwertung von sog. **Raumgesprächen** (BGHSt 31, 296; vgl. dazu a. BGH NJW 2003, 2034; ähnl. BGH NStZ 2008, 473), **zulässig** sind aber sog. **Fangschaltungen** (vgl. zur Abgrenzung der TÜ von anderen Maßnahmen und wegen weit. Einzelh. *Burhoff*, EV, Rn 3519 ff.).

2616

3. Zu den **Voraussetzungen**, der Anordnung und den Rechtsmitteln in Zusammenhang mit der TÜ folgender **Überblick** (wegen der Einzelh. s. *Burhoff*, EV, Rn 3500 ff.):

a) Die **Anordnung** der TÜ hat gem. § 100b Abs. 1 S. 1 grds. durch das **Gericht** zu erfolgen. Bei „Gefahr im Verzug" kann sie auch durch die StA getroffen werden, niemals je-

2617

doch durch Ermittlungspersonen der StA. Die Anordnung ergeht **schriftlich** und ist gem. § 100b Abs. 1 S. 4 auf höchstens **drei Monate** zu **befristen**, eine Verlängerung um jeweils mehr als drei Monate ist zulässig (zum Beginn der Frist s. BGHSt 44, 243; zum Inhalt der Anordnung s. § 100b Abs. 2; *Burhoff*, EV, Rn 3500 ff.). Wird die TÜ durch die StA angeordnet, bedarf diese Anordnung gem. § 100b Abs. 1 S. 3 binnen **dreier Werktage** der **richterlichen Bestätigung**, sonst tritt sie – für die Zukunft – außer Kraft. Die Frist beginnt mit dem Tag der Anordnung, gem. § 42 zählt der Anordnungstag bei der Berechnung der Drei-Tagesfrist nicht mit (KK-*Bruns*, a.a.O.). Abgestellt wird in § 100b Abs. 1 S. 3 auf „Werktage" ab. Nach h.M. ist der Samstag nach wie vor als Werktag anzusehen (*Grothe*, in: MüKo, BGB, § 193 Rn 2 m.w.N; BGH NJW 2005, 2154; OLG Hamm NZV 2001, 355; eingehend zur Fristberechnung *Günther* Krim 2006, 683).

2618 b) Die von der Maßnahme **betroffenen Personen** und auch der Beschuldigte/**Angeklagte** sind gem. § 101 Abs. 4 S. 1 Nr. 1 von der TÜ zu **benachrichtigen**, wenn das ohne Gefährdung des Untersuchungszwecks, der öffentlichen Sicherheit, des Lebens und der körperlichen Unversehrtheit einer Person möglich ist (§ 101 Abs. 5 S. 1; zur Benachrichtigung *Burhoff*, EV, Rn 3514). Ist die TÜ während einer laufenden HV durchgeführt worden, ist das Gericht verpflichtet, dem Angeklagten und seinem Verteidiger Gelegenheit zur Kenntnisnahme von dem Ergebnis der TÜ zu geben, indem AE gewährt wird (BGHSt 36, 305; → *Akteneinsicht für den Verteidiger während der Hauptverhandlung*, Rdn 279; → *Telefonüberwachung, Verwertung der Erkenntnisse in der Hauptverhandlung*, Rdn 2633). Ein AER besteht auch in (nachgereichte) zusammenfassende Inhaltsangaben und Kurzübersetzungen abgehörter Telefongespräche (BGH StV 2010, 228).

2619 c) Die **Voraussetzungen** für die **Anordnung** einer TÜ ergeben sich aus § 100a Abs. 1 Nr. 1 – 3, Abs. 2 und 3 (wegen der Einzelh. s. *Burhoff*, EV, Rn 3593 ff.). Danach muss der Verdacht auf eine der in § 100a Abs. 1 und 2 abschließend genannten **Katalogtaten** begründet sein (s. die Tabelle bei *Burhoff*, EV, Rn 3585. Der **Verdacht** der **Straftat** muss durch bestimmte Tatsachen konkretisiert sein (zu den unterschiedlichen Verdachtsgraden *Wesemann* StV 1997, 598; krit. *Bernsmann/Jansen* StV 1998, 219 m.w.N.; vgl. *Burhoff*, EV, Rn 3604). § 100a Abs. 4 sieht nach den durch das TKÜErwG v. 21.12.2007 (BGBl I, S. 3198) vorgenommenen Änderungen inzwischen auch einen „**Kernbereichsschutz**" vor (zur Verfassungsmäßigkeit BVerfG NJW 2012, 833; *Puschke/Singelnstein* NJW 2008, 113; *Gercke* StraFo 2014, 94, 100). Dazu ist in § 100a Abs. 4 S. 1 ein sog. **Erhebungsverbot** eingeführt worden (vgl. *Burhoff*, EV, Rn 3607). Angeordnet werden darf die TÜ außerdem nach § 100a Abs. 1 Nr. 3 nur, wenn die Erforschung des Sachverhalts oder die Ermittlung des Aufenthaltsortes des Beschuldigten auf andere Weise wesentlich erschwert oder aussichtslos wäre. Das ist eine besondere Ausprägung des **Verhältnismäßigkeitsgrundsatzes** in Form einer **Subsidiaritätsklausel** (vgl. zur Praxis der Ermittlungsbehörden krit. *Wesemann* StV 1997, 599; wegen der Einzelh.

Burhoff, EV, Rn 3609 ff.; zum – [zu?] weiten – Beurteilungsspielraum der Ermittlungsbehörden s. BGHSt 41, 30; *Neuhaus*, S. 394 ff. [zum alten Recht]).

d) Zu dem von der Anordnung der TÜ **betroffenen Personenkreis** gehört nach § 100a Abs. 3 vornehmlich der Beschuldigte/**Angeklagte** (wegen der Einzelh. s. *Burhoff*, EV, Rn 3540 ff.). Bei **Nichtverdächtigen** richtet sich die Anordnung ebenfalls nach § 100a Abs. 3. Danach ist eine TÜ grds. zulässig, wenn aufgrund bestimmter Tatsachen anzunehmen ist, dass diese Person sog. Nachrichtenmittler ist oder der Beschuldigte ihren Anschluss benutzt (s. dazu *Burhoff*, EV, Rn 3543 ff.; zur Überwachung des Telefonanschlusses des Verteidigers s. *Burhoff*, EV, Rn 3547).

2620

e) Gegen die richterliche Anordnung der TÜ ist grds. die → ***Beschwerde***, Rdn 770, zulässig. Da der Verteidiger/Angeklagte von der Maßnahme i.d.R. jedoch erst durch die Benachrichtigung nach § 101 Abs. 1 und 4 S. 1 Nr. 3 erfährt (s.o. Rdn 2617), ist die Anordnung der TÜ faktisch der Beschwerde entzogen. Die daran anknüpfende, teilweise umstrittene Frage, ob und in welchem Umfang die Grundsätze der Rspr. des BVerfG zum effektiven Rechtsschutz bei prozessualer Überholung (NJW 1997, 2163) auf eine erledigte (richterlich angeordnete) TÜ entsprechend anzuwenden sind (offengelassen von BGH CR 1998, 738; KK-*Bruns*, § 100b Rn 16, § 98 Rn 28 ff; *Schlothauer* StV 2003, 208, 209 in der Anm. zu BGHSt 47, 362; s.a OLG Frankfurt am Main StV 2006, 122 unter Hinw. auf BVerfG NJW 2005, 1855), hat sich durch den durch das TKÜErwG v. 21.12.2007 (BGBl I, S. 3198) eingefügten **§ 101 Abs. 7** erledigt. Dieser sieht nachträglichen Rechtsschutz vor. Der BGH geht dazu davon aus, dass es sich bei Regelung des § 101 insoweit um eine abschließende Sonderregelung und nicht nur um einen „Auffangtatbestand", handelt, deren Abs. 7 – jedenfalls für bereits beendete Maßnahmen – den Rechtsbehelf der Beschwerde sowie den von der Rspr. entwickelten Rechtsschutz entsprechend § 98 Abs. 2 verdrängt (BGHSt 53, 1; s. inzwischen a. *Meyer-Goßner/Schmitt*, § 101 Rn 26 m.w.N.; teilw. a.A. *Eisenberg*, Rn 2499, 2535; *Löffelmann* ZIS 2006, 87, 97; *Puschke/Singelnstein* NJW 2008, 116, 118; *Zöller* StraFo 2008, 23; AnwKomm-StPO/*Löffelmann*, § 100d Rn 10; wegen der Einzelh. *Burhoff*, EV, Rn 3233 und Rn 3575 ff.). Geht man davon aus, stehen den Betroffenen in diesem Fall andere Rechtsmittel als der Antrag nach § 101 Abs. 7 nicht (mehr) zur Verfügung (zu allem a. *Singelnstein* NStZ 2009, 481 ff.).

2621

4. Wegen der durch die TÜ entstandenen **Kosten** gilt: Die durch den – durch das TKEntschNeuOG v. 29.4.2009 (BGBl I, S. 994) – geänderten § 23 JVEG dem **Betreiber**, der die Überwachung der Fernmeldeanlage ermöglichen musste, gewährte **Entschädigung** (vgl. wegen der Rspr. dazu *Burhoff*, EV, Rn 3568) kann gem. Nr. 9005 KV GKG später vom verurteilten Angeklagten als Kostenanteil erhoben werden (wegen der Einzelh. und der Rspr. dazu *Burhoff*, EV, Rn 3570 ff.).

2622

Siehe auch: → *Telefonüberwachung, Beweisverwertungsverbote*, Rdn 2623; → *Telefonüberwachung, Verwertung der Erkenntnisse in der Hauptverhandlung*, Rdn 2633.

2623 Telefonüberwachung, Beweisverwertungsverbote

Das Wichtigste in Kürze:
1. Die aus einer TÜ gewonnenen Erkenntnisse muss der Verteidiger im Hinblick auf die HV daraufhin überprüfen, ob die Erkenntnisse im Rahmen der Beweisaufnahme als (förmliches) Beweismittel eingebracht und einem Urteil zugrunde gelegt werden können.
2. Ändert sich im Lauf des Verfahrens die rechtliche Beurteilung der Katalogtat, hat das nach Auffassung der Rspr. kein BVV zur Folge.
3. Die Behandlung von durch die TÜ gewonnenen (Zufalls-)Erkenntnissen wird insbesondere unter dem Gesichtspunkt der Verwertbarkeit der Erkenntnisse zum Nachweis einer anderen Straftat diskutiert.
4. Sind die bei einer TÜ gewonnenen Erkenntnisse unverwertbar, gelten für die sog. Fernwirkung die allgemeinen Regeln.
5. Besteht ein BVV muss der Verteidiger der Verwertung der nach seiner Ansicht unverwertbaren Erkenntnisse in der HV widersprechen.

2624 **Literaturhinweise: Allgayer**, Die Verwendung von Zufallserkenntnissen aus Überwachung der Telekommunikation gem. §§ 100a f. StPO (und anderen Ermittlungsmaßnahmen), NStZ 2006, 603; **Allgayer/Klein**, Verwendung und Verwertung von Zufallserkenntnissen, wistra 2010, 130; **Deckers/Gercke**, Strafverteidigung und Überwachung der Telekommunikation, StraFo 2004, 84; **Dencker**, Über Heimlichkeit, Offenheit und Täuschung bei der Beweisgewinnung im Strafverfahren, StV 1994, 667; **Fezer**, Überwachung der Telekommunikation und Verwertung eines Raumgesprächs, NStZ 2003, 625; **Frank**, Die Verwertbarkeit rechtswidriger Tonbandaufnahmen Privater, 1996; **Freund**, Zulässigkeit, Verwertbarkeit und Beweiswert eines heimlichen Stimmvergleichs – BGHSt 40, 66, JuS 1995, 394; **Gercke**, Überwachung der Telekommunikation – von der Ausnahme zur Regel, StraFo 2014, 94; **Gropp**, Zur Verwertbarkeit eigenmächtig aufgezeichneter (Telefon-)Gespräche – Der Fall Schenck und die Lehre von den Beweisverboten, StV 1989, 216; **Groß**, Verteidiger, Abgeordnete und Journalisten als verbotene unfreiwillige Medien zur strafprozessualen Aufklärung, StV 1996, 559; **Herdegen**, Strafprozessuale Novitäten, StraFo 1995, 31; **Jahn/Dallmeyer**, Zum heutigen Stand der beweisrechtlichen Berücksichtigung hypothetischer Ermittlungsverläufe im deutschen Strafverfahrensrecht, NStZ 2005, 297; **Kinzig**, Die Telefonüberwachung in Verfahren organisierter Kriminalität: Fehler bei der richterlichen Anordnung, Mängel des Gesetzes, StV 2004, 560; **Knauth**, Zufallserkenntnisse bei der Telefonüberwachung im Strafprozeß, NJW 1977, 1510; **Kramer**, Heimliche Tonbandaufnahmen im Strafprozeß, NJW 1990, 1760; **Kretschmer**, Die Verwertung sogenannter Zufallsfunde der strafprozessualen Telefonüberwachung, StV 1999, 221; **Landau/Sander**, Ermittlungsrichterliche Entscheidungen und ihre Revisibilität, StraFo 1998, 397; **Mörlein**, Der Schutz des Vertrauensverhältnisses zwischen Verteidiger und Beschuldigten im Rahmen des § 100a StPO, 1993; **Neuhaus**, Die strafprozessuale Überwachung der Telekommunikation (§§ 100a, 100b, 101 StPO) – Zum gegenwärtigen Stand der Erosion eines Grundrechts, in: Festschrift für *Peter Rieß*, 2002, S. 375; **Prittwitz**, Die Grenzen der Verwertbarkeit von Erkenntnissen aus der Telefonüberwachung gem. § 100a StPO, StV 1984, 302; *ders.*, Zur Verwertbarkeit zufällig aufgezeichneter Raum- und Hintergrundgespräche, StV 2009, 437; **Roßmüller/Scheinfeld**, Telefonüberwachung bei Geldwäscheverdacht, wistra 2004, 52; **Schlothauer**, Ermittlungsrichterliche Entscheidungen und ihre Revisibilität, StraFo 1998, 402; **Schünemann**, Die strafprozessuale Verwertbarkeit von Zufallserkenntnissen bei der Telefonüberwachung, NJW 1978, 406; **Schuster**, Telekommunikationsüberwachung in grenzüberschreitenden Strafverfahren nach Inkrafttreten des EU-Rechtshilfeübereinkommens, NStZ 2006, 657; **Störmer**, Der gerichtliche Prüfungsumfang bei Telefonüberwachungen – Beurteilungsspielraum bei Anordnungen nach § 100a StPO?, StV 1995, 653; **Welp**, Zufallsfunde bei der Telefonüberwachung, Jura 1981, 472; **Weyand**, Die Beschlagnahme von Mobiltelefonen, StV 2005, 520; **Zietsch**, Zur Frage der Verwertbarkeit von Zufallsfunden im Rahmen einer im Ausland angeordneten Telefonüberwachung, Krim 1996, 129; s.a. die Hinweise bei → *Beweisverwertungsverbote, Allgemeines*, Rdn 1018 und → *Telefonüberwachung, Allgemeines*, Rdn 2602.

1. Hinweis für den Verteidiger! 2625

a) Die aus einer Telefonüberwachung (im Folgenden TÜ) gewonnenen Erkenntnisse muss der Verteidiger im Hinblick auf die HV daraufhin überprüfen, ob die **Erkenntnisse** im Rahmen der **Beweisaufnahme** als (förmliches) Beweismittel **eingebracht** und einem Urteil zugrunde gelegt werden können (wegen der Art und Weise der Verwertung → *Telefonüberwachung, Verwertung der Erkenntnisse*, Rdn 2633). Besteht ein **BVV**, ist die Verwertung in der HV unzulässig. Bei Prüfung der anstehenden Fragen sind im Wesentlichen folgende mögliche **(Fehler-)Gruppen** zu unterscheiden: Fehler bei der Anordnung der TÜ, die Änderung der rechtlichen Beurteilung der Katalogtat, die Behandlung von Zufallserkenntnissen und die Verwertbarkeit der Äußerungen von Dritten. Hier sollen wegen der erheblichen praktischen Bedeutung und, da die entsprechenden Probleme sich häufig erst in der HV ergeben, eingehender die Auswirkungen der Änderung der rechtlichen Beurteilung der Katalogtat, die Behandlung von Zufallserkenntnissen und außerdem die Fragen der sog. Fernwirkung dargestellt werden (eingehend zu allem *Neuhaus*, S. 401 ff.). Ob BVV infolge Fehlern bei der Anordnung der TÜ bestehen, wird der Verteidiger i.d.R. bereits im EV prüfen. Deshalb wird insoweit – und wegen anderer BVV – verwiesen auf *Burhoff*, EV, Rn 3547 ff. m.w.N. Soweit ein Verwertungsverbot nach § 100a Abs. 4 – Stichwort „**Kernbereich**" (*Burhoff*, EV, Rn 3604 ff.) – oder nach § 160a Abs. 1 – Stichwort: **Berufsgeheimnisträger** – besteht, ist dieses **umfassend**.

Im Hinblick auf die Rspr. des BGH muss der Verteidiger einer Verwertung der Erkenntnisse aus einer von ihm als **unverwertbar** angesehenen TÜ in der **HV widersprechen** (BGHSt 51, 1; s.a. BGH StV 2001, 545; 2008, 63; zum Widerspruch noch BGH wistra 2006, 311; krit. *Fezer* HRRS 2006, 239 in der Anm. zu BGH wistra 2006, 311; krit. dazu *Meyer-Goßner/Schmitt*, § 100a Rn 39; vgl. auch →*Widerspruchslösung*, Rdn 3433 ff.).

b) Nach den häufigen Änderungen im Bereich des § 100a spielt in dem Zusammenhang ggf. auch die Frage eine Rolle, **welches Recht anzuwenden** ist. Das war vor allem auch nach den Änderungen durch das TKÜErwG v. 21.12.2007 (BGBl I, S. 3198) von Belang. Insoweit war von **Bedeutung**, ob nach altem Recht vor dem **1.1.2008 gewonnene Erkenntnisse** verwertet werden durften (vgl. dazu *Knierim* StV 2008, 599, 600, der von „Verfallsdatum" spricht). Da es sich um Verfahrensrecht handelt, gilt das zur Zeit der Beweisaufnahme gel- 2626 tende Recht (BGHSt 26, 288; zuletzt BGH NJW 2009, 791; *Knierim*, a.a.O. m.w.N. in Fn 22; *Meyer-Goßner/Schmitt*, § 100a Rn 29). Es ist also (in vergleichbaren Fällen) zu prüfen, ob die Erkenntnisse nach neuem Recht verwertbar sind. Dabei ist darauf zu achten, dass dies einerseits dazu führen kann, dass ggf. eine nach altem Recht unzulässige Verwertung, weil z.b. die verfolgte Straftat nicht zum Katalog des § 100a S. 2 a.F. gehörte, nun zulässig sein kann, weil die Tat jetzt als Katalogtat in den Katalog des § 100a Abs. 2 aufgenommen worden ist (*Burhoff*, EV, Rn. 3601; s. BGH, a.a.O. [für Betrug in besonders schweren Fall]; vgl. dazu aber LG Münster StV 2008, 460). Andererseits kann aber eine nach altem Recht zulässige Verwertung unzulässig geworden sein, was z.b. in Betracht kommen kann, wenn in den neu eingeführten Kernbereich eingegriffen worden ist (vgl. a. *Knierim*, a.a.O.). Es ist daher jeder Einzelfall zu untersuchen (*Knierim*, a.a.O.).

2627 2. **Ändert** sich im Lauf des Verfahrens die **rechtliche Beurteilung** der **Katalogtat** (zu den Katalogtaten s. § 100a Abs. 2; die Tabelle bei *Burhoff*, EV, Rn 3601, und BGHSt 53, 64), indem z.b. der Vorwurf des Bandendiebstahls nach § 244 StGB nicht mehr aufrechterhalten wird, gilt:

- Die Änderung der rechtlichen Beurteilung der Katalogtat, die der Anordnung der TÜ zugrunde gelegen hat, soll grds. **kein BVV** zur Folge haben (vgl. *Meyer-Goßner/Schmitt*, § 100a Rn 16 m.w.N.). **Ausreichend** für eine Verwertung der Ergebnisse der TÜ soll sein, dass im Zeitpunkt der Anordnung ein **objektiver Bezug** zu einer Katalogtat bestanden hat (BGHSt 27, 355; 28, 122). Dann dürfen die Ermittlungsergebnisse auch für eine mit der Katalogtat in **Tateinheit** stehende Tat verwendet werden (BGH, a.a.O.).

- Das gilt **insbesondere** dann, wenn die TÜ wegen des Verdachts einer Straftat nach § 129 StGB (**kriminelle Vereinigung**) angeordnet wird, sich dann aber aufgrund der gewonnenen Erkenntnisse das Bestehen dieser Vereinigung nicht nachweisen lässt, aus den gewonnenen Erkenntnissen jedoch der Nachweis solcher Straftaten geführt werden kann, auf die die kriminelle Vereinigung gerichtet war (BGHSt 26, 298 [für auf Rauschgiftdelikte gerichtete kriminelle Vereinigung]; 27, 355 [für auf die Entwendung von wertvollen Kfz gerichtete kriminelle Vereinigung]; s.a. BGH NStZ 1998, 426 [aber: **nachträgliche Ergänzung** des TÜ-Beschlusses auf den Vorwurf der Mitgliedschaft in einer kriminellen Vereinigung [BtM-Handel] führt **nicht** zur Verwertbarkeit zuvor schon erlangter [Zufalls-]Erkenntnisse; s.a. u. Rdn 2628]).

> Dagegen wird m.E. zu Recht von Stimmen in der Lit. eingewandt, dass die **Begriffe** „objektiver Bezug" und „Zusammenhang" **unscharf** sind (s.a. *Rieß* JR 1983, 125, 126 in der Anm. zu BayObLG MDR 1982, 690). Deshalb wird man der o.a. Rspr.-Ansicht – wenn überhaupt – nur bei Idealkonkurrenz i.S.v. § 52 StGB zwischen der Katalogtat und der anderen Tat und bei Tatidentität i.S.v. § 264 folgen können (so wohl a. KK-*Bruns* § 100a Rn 62 f.) und nicht schon bei sonst „zusammenhängenden" Straftaten. Denn dadurch würden die Beschränkungen des § 100a unterlaufen.

- War die TÜ auf den Verdacht der **Geldwäsche** gestützt, gilt: Die TÜ kann dann nicht auf den Verdacht der Geldwäsche gestützt werden, wenn eine Verurteilung wegen Geldwäsche aufgrund der Vorrangklausel des § 261 Abs. 9 S. 2 StGB nicht zu erwarten und die der Geldwäsche zugrundeliegende Tat keine Katalogtat i.S.d. § 100a Abs. 2 ist. Ein entsprechender Verstoß ist grds. dann heilbar und führt nicht zu einem Verwertungsverbot für die aus der TÜ gewonnenen Erkenntnisse, wenn die zum Zeitpunkt des ermittlungsrichterlichen Beschlusses bestehende Beweislage den Verdacht einer anderen Katalogtat des § 100a Abs. 2 – insbesondere eines Vergehens der Mitgliedschaft in einer kriminellen Vereinigung nach § 129 StGB – gerechtfertigt hätte (BGHSt 48, 240).
- Ein **BVV** ergibt sich auch **nicht** daraus, dass die StA die **Katalogtat** gem. **§ 154a** (→ *Einstellung des Verfahrens nach § 154a zur Beschränkung der Strafverfolgung*, Rdn 1351) aus dem Verfahren ausscheidet (OLG Hamm JMBl. NW 1978, 32; *Meyer-Goßner/Schmitt*, § 100a Rn 33 m.w.N. zur a.A.).

3. Die **Behandlung** von durch die TÜ gewonnenen (**Zufalls-**) **Erkenntnissen** ist in der Vergangenheit insbesondere unter dem Gesichtspunkt der Verwertbarkeit der Erkenntnisse zum Nachweis einer anderen Straftat diskutiert worden (vgl. aus der früheren Rspr. u.a. BGHSt 26, 298, 303; 32, 68). Inzwischen war durch das OrgKG von 1992 **§ 100b Abs. 5** a.F. eingefügt worden, der die Verwendung gesetzlich regelte. Diese Vorschrift ist durch das TKÜErwG v. 21.12.2007 (BGBl I, S. 3198) entfallen. Anwendbar ist nun die allgemeine Verwendungsregelung in § 477, die aber weitgehend auf der früheren Rspr. beruht, die daher weiter berücksichtigt werden kann (KK-*Bruns*, § 100a Rn 58). In der Lit. hatte sich in der Vergangenheit vor allem *Neuhaus* (S. 401 ff.) unter Auswertung der früheren Rspr. eingehend mit der **Verwertung** von **Zufallsfunden** beschäftigt und mit beachtlichen Argumenten die nach seiner Auffassung zu **weite Rspr.** kritisiert (eingehend zur Verwertung von Zufallsfunden *Kretschmer* StV 1999, 221; *Bär* MMR 2005, 114 in der Anm. zu OLG Karlsruhe NJW 2004, 2687; *Michalke* StraFo 2005, 91, 93; *Allgayer* NStZ 2006, 603; *Allgayer/Klein* wistra 2010, 130 zur Rechtslage nach dem TKÜErwG v. 21.12.2007).

Im Einzelnen gilt für die **Verwertung** von Zufallsfunden auf der Grundlage des § 477 und der früheren Rspr. (s.a. BGHSt 51, 1; s. i.Ü. *Neuhaus*, S. 401 ff. und bei *Allgayer/Klein* wistra 2010, 130; zur Behandlung von Zufallsfunden im Steuerstrafverfahren s. *Wulf* wistra 2008, 321, 324 ff.) folgende:

Übersicht:

- Nach § 477 Abs. 2 S. 2 dürfen die durch die TÜ erlangten personenbezogenen **Erkenntnisse**/Informationen in anderen Strafverfahren **nur verwendet** werden, soweit sich bei Gelegenheit der Auswertung Erkenntnisse ergeben, die zur **Aufklärung** einer der in § 100a aufgeführten „**Katalogtaten**" benötigt werden, wobei die Erweislichkeit der Katalogtat allerdings keine Rolle spielen soll (s. BGHSt 28, 122; *Allgayer/Klein* wistra

2010, 130, 132; entschieden abl. insoweit *Neuhaus*, S. 408 [zu § 100b Abs. 5 a.F.]). Das gilt auch für Erkenntnisse zu weiteren, erst im Rahmen der TKÜ festgestellten Straftaten *(Böhme/Röske* NStZ 2014, 69 ff.). Im Einzelnen (vgl. a. *Meyer-Goßner/Schmitt*, § 477 Rn 6 f. sowie die Zusammenstellung bei *Neuhaus*, S. 404 ff. m.w.N.):

- Uneingeschränkt **verwertbar** sind **Zufallsfunde** zur **Strafverfolgung** gegen den Beschuldigten und die Teilnehmer an der Tat, die der Anordnung der TÜ zugrunde lag, wegen einer **anderen Katalogtat**, auf die sich bei der Auswertung der TÜ Hinweise ergeben haben (BVerfG NJW 2005, 2766; zuletzt BGHSt 53, 64; KK-*Bruns*, § 100a Rn 58; *Kretschmer* StV 1999, 222 f.; *Allgayer* NStZ 2006, 606, 605). Entscheidend ist, ob die abzuurteilende Tat noch vertretbar als Katalogtat bewertet werden kann (BGH StV 2001, 545). zudem ist entscheidend, dass die Tat zum Zeitpunkt der Verwertung eine Katalogtat i.S.d. § 100a Abs. 2 ist (BGH, a.a.O.; a.A. *Wulf* wistra 2008, 321, 328).

- (Zufalls-)Erkenntnisse über bei der TÜ gewonnene Nichtkatalogtaten dürfen dagegen **nicht unmittelbar** zum **Beweis** einer **anderen Straftat** des Beschuldigten verwendet werden. Das gilt für Begünstigung, Hehlerei und Strafvereitelung (BGHSt 27, 355; 28, 122, 127; BGH NStZ 1998, 426; OLG Hamm wistra 2014, 39 m. Anm. *Lorenz* StRR 2014, 185 [zugleich auch zu den Anforderungen an die Begründung der Verfahrensrüge]; *Meyer-Goßner/Schmitt*, § 477 Rn 6; *Kretschmer* StV 1999, 225). Unzulässig ist auch die Verwertung in Form eines Vorhalts (OLG Karlsruhe NJW 2004, 2687).

- Die Erkenntnisse dürfen hingegen **mittelbar** in der Weise **verwendet** werden, dass sie Grundlage für Ermittlungen sind, die zur Gewinnung anderer Beweismittel führen (so BVerfG, a.a.O.; BGHSt 27, 355; AG München wistra 2006, 472; s.a. die zahlr. Nachw. bei *Allgayer*, a.a.O. und bei *Meyer-Goßner/Schmitt*, a.a.O., a. zur a.A.; zum Verwertungsverbot sog. Zufallserkenntnisse im Besteuerungsverfahren BFH wistra 2013, 197; *Kramer* NJW 2014, 1561; → *Steuerstrafverfahren, Besonderheiten*, Rdn 2557).

- Nach Auffassung der **Rspr.** sind gegen den Beschuldigten auch die Erkenntnisse **verwertbar**, die auf eine in Zusammenhang mit der **Katalogtat** stehende Tat hindeuten (BGHSt 26, 298; vgl. a. BGHSt 30, 317, 320; KK-*Bruns*, § 100a Rn 62 m.w.N.; *Allgayer/Klein* wistra 2010, 130, 131 f.). Es gelten die obigen Ausführungen: „Zusammenhang" ist allenfalls anzunehmen bei **Tateinheit** gem. § 52 StGB und bei „Tatidentität" i.S.d. **§ 264**. Bei der Anordnung der TÜ wegen der Katalogtat des **§ 129 StGB** stehen mit dieser im Zusammenhang die Taten, auf deren **Begehung** die Tätigkeit der bei der Anordnung vermuteten kriminellen Vereinigung **gerichtet** ist (vgl. u.a. die o.a. BGH-Rspr. m.w.N. und *Odenthal* NStZ 1982, 390 in der Anm. zu BGH NStZ 1982, 390; wegen der Einzelh. s. KK-*Bruns*, § 100a Rn 63 m.w.N.; so a. *Neuhaus*, S. 407; diff. *Kretschmer* StV 1999, 223 f.). Der „Zusammenhang" ist aber verneint worden für die vom Mitglied einer Hehlerbande begangene Vergewaltigung (BGHSt 28, 122, 127) oder für die vom Mitglied einer auf BtM-Handel ausgerichteten Bande begangene Zuhälterei bzw. Menschenhandel (BGH NStZ 1998, 426) oder für die Abnehmerin von BtM (OLG Karlsruhe NJW 2004, 2687).

👉 **Entscheidend** abzustellen ist – wegen des dem Richter bei der Anordnung zustehenden Beurteilungsspielraums (BGHSt 41, 30) – bei der Beurteilung des Zusammenhangs auf die **konkrete Anordnung**, die vom Ermittlungsrichter auf der Grundlage seiner Prüfung des Tatverdachts getroffen worden ist (zum Beurteilungsspielraum des anordnenden Richters abl. *Neuhaus*, S. 394 ff.). Unerheblich ist ein anderer, vom Ermittlungsrichter nicht angenommener und nicht geprüfter Tatverdacht (BGH NStZ 1998, 426). Wird darauf nachträglich die TÜ-Anordnung gestützt, führt das nicht zur Verwertbarkeit zuvor gewonnener Erkenntnisse.

- Zur Erfolgssteigerung bei der Bekämpfung der organisierten Kriminalität sind auch die bei einem **Verbrechensopfer**, z.B. bei Schutzgelderpressungen, ohne dessen Kenntnis und Einverständnis aus einer TÜ gewonnenen Zufallserkenntnisse **verwertbar** (vgl. dazu *Mahnkopf/Döring* NStZ 1995, 112; *Meyer-Goßner/Schmitt*, § 100a Rn 19; *Nelles*, S. 719 und BVerfG NJW 2007, 2752).
- Nach *Zietsch* (Krim 1996, 129) und *Schuster* (NStZ 2006, 657, 661) sind auch im Rahmen einer im **Ausland angeordneten** TÜ gewonnene Zufallsfunde **verwertbar**, solange die TÜ im Ausland rechtmäßig war und wegen der aufgedeckten Tat auch im Inland eine TÜ hätte angeordnet werden können, weil die Voraussetzungen für eine Katalogtat i.S.d. § 100a vorlagen. *Meyer-Goßner/Schmitt* (§ 100a Rn 31) will auf die Grundsätze zur Verwertung ausländischer Vernehmungsniederschriften zurückgreifen (vgl. dazu *Burhoff*, EV, Rn 1035 m.w.N.).
- Für die **Strafverfolgung Dritter** gelten diese Grundsätze entsprechend (OLG Düsseldorf NStZ 2001, 657; LG Münster StV 2008, 460; KK-*Bruns*, § 100a Rn 62 ff.; *Kretschmer* StV 1999, 226 ff.; *Allgayer/Klein* wistra 2010, 130).
- Für eine **Kette** von **TÜ-Maßnahmen** verlangt der BGH folgende Prüfungsreihenfolge (vgl. BGHSt 51, 1):
  - Überprüft werden muss **auf jeden Fall** die Rechtmäßigkeit der TÜ, aus der die **(Zufalls-)Erkenntnisse stammen**. Grundlage für die Überprüfung ist BGHSt 48, 240 ff. Soweit angebracht, müssen insoweit die Ermittlungsakten ausgewertet und den Prozessbeteiligten zur Kenntnis gebracht werden.
  - Die Überprüfung der Rechtmäßigkeit ist aber auf die Anordnung der TÜ **beschränkt**, der die verwerteten Erkenntnisse unmittelbar entstammen. Eine Fernwirkung durch die Rechtswidrigkeit nur einer vorgelagerten, für das Verfahren selbst nicht unmittelbar beweiserheblichen TÜ ergibt sich nicht (BGH, a.a.O.; zur Fernwirkung s.a. Rdn 2631).

4. Sind die bei einer TÜ gewonnenen Erkenntnisse unverwertbar, gilt für die sog. **Fernwirkung** (zum Begriff allgemein *Burhoff*, EV, Rn 1126):

2631
- Die unverwertbaren **Erkenntnisse** können **Grundlage** für ein **EV** wegen des Verdachts von Straftaten sein, die nicht Katalogtaten sind und auch nicht mit ihnen im Zusammenhang stehen (BVerfG NJW 2005, 2766; BGHSt 27, 355; KK-*Bruns*, § 100a Rn 69; *Allgayer* NStZ 2006, 603; *Allgayer/Klein* wistra 2010, 130).

  Die unverwertbaren Erkenntnisse dürfen jedoch einem Zeugen oder dem Beschuldigten **nicht vorgehalten** werden (BGH, a.a.O.; BGHSt 33, 347, 353; *Allgayer/Klein* wistra 2010, 130). Aussagen, die durch einen solchen unzulässigen Vorhalt zustande kommen, sind wiederum unverwertbar (BGH, a.a.O.; KK-*Bruns*, a.a.O.). Einem Vorhalt sollte der Verteidiger „**widersprechen**" (s.u. Rdn 2632).

- Inwieweit die unverwertbaren Erkenntnisse aus der TÜ **Grundlage** für eine im EV erlassene **Durchsuchungsanordnung** oder andere Maßnahmen gegen den davon Betroffenen sein durften, ist **streitig** (vgl. wegen der Einzelh. KK-*Bruns*, § 100a Rn 70.; s.a. *Meyer-Goßner/Schmitt*, Einl. Rn 57 m.w.N.; *Allgayer/Klein* wistra 2010, 130; OLG München wistra 2006, 472).

  - Der **BGH verneint** grds. eine „Fernwirkung" und lässt die Verwertung dann zu, wenn die nicht fernliegende Möglichkeit gegeben ist, dass weitere Ermittlungen auch ohne die TÜ auf die Spur des jeweiligen Beschuldigten und zur Aufklärung des Sachverhalts geführt hätten (BGHSt 32, 68, 71 m.w.N.; s. ausdrücklich auch BGHSt 51, 1 [für eine sog. Kette von TÜ]; s. dazu a. *Bär* MMR 2005, 114 in der Anm. zu OLG Karlsruhe NJW 2004, 2687).
  - Eine **andere Auffassung** vertritt der BGH bei einer TÜ, die nach dem **G 10** angeordnet worden ist. Hier geht er von einer „Fernwirkung" aus und sieht die Beweismittel, zu denen erst die aufgrund der TÜ gewonnenen Erkenntnisse geführt haben, als unverwertbar an (s.u.a. BGHSt 37, 30 m.w.N.; vgl. die weit. Lit.-Nachw. bei KK-*Bruns*, a.a.O. a.E.). Grund dafür ist, dass die Maßnahmen nach dem G 10 – anders als die TÜ nach § 100a – nicht in einem Gerichts-, sondern in einem Verwaltungsverfahren getroffen werden und damit nicht der richterlichen Kontrolle unterliegen.

2632 **5. Hinweis für den Verteidiger!**

Es ist im Hinblick auf die vom BGH vertretene „Widerspruchslösung" abschließend nochmals darauf hinzuweisen, dass der Verteidiger der unzulässigen **Verwertung** von Ergebnissen aus einer TÜ auf jeden Fall **widersprechen** muss, wenn er sich die Rüge der Unverwertbarkeit für die Revision erhalten will (BGHSt 51, 1; BGH StV 2001, 545; 2008, 63; wistra 2006, 311; krit. *Fezer* HRRS 2006, 239 in der Anm. zu BGH, a.a.O.; s.a. BGHSt 38, 214 ff.;

→ *Widerspruchslösung*, Rdn 3433 ff.). Widerspricht der Angeklagte nicht, muss der Tatrichter die Verwertbarkeit der Erkenntnisse aus der TÜ nicht prüfen (BGHSt 51, 1). Das Verbot, Zufallserkenntnisse aus einer TÜ zur Verfolgung von Nichtkatalogtaten zu verwenden, darf i.Ü. auch nicht dadurch umgangen werden, dass dem Beschuldigten diese Erkenntnisse **vorgehalten** werden (OLG Karlsruhe NJW 2004, 2687).

In der **Revisionsbegründung** muss der Verteidiger dann **vortragen**, dass in der HV widersprochen worden ist (BGH StV 2001, 545; zur Revisionsbegründung s.a. noch BGH StV 2008, 63; NStZ 2007, 592 [Mitteilung sämtlicher Tatsachen, die zur Beurteilung der Frage erforderlich sind, ob im Zeitpunkt der Anordnung die Annahme des Verdachts einer Katalogtat gerechtfertigt war]; weit. Nachw. bei *Meyer-Goßner/Schmitt*, § 100a Rn 39).

Siehe auch: → *Telefonüberwachung, Allgemeines*, Rdn 2602, m.w.N.

Telefonüberwachung, Verwertung der Erkenntnisse in der Hauptverhandlung

2633

Das Wichtigste in Kürze:
1. I.d.R. ist bereits im EV der wesentliche Teil des Inhalts der von einer Telefonüberwachung (im Folgenden TÜ) vorliegenden Tonbänder schriftlich zu den Akten gebracht worden.
2. Die TÜ-Protokolle unterliegen dem AER des Verteidigers.
3. In der HV selbst sind die Tonbänder der TÜ Augenscheinsobjekte.
4. Fremdsprachige Äußerungen müssen in die deutsche Sprache übersetzt werden.
5. In der HV kann sich für den Verteidiger die Frage eines Widerspruchs gegen die Verwertung der TÜ-Protokolle stellen.

Literaturhinweise: Braun/Broeders, Zu den Möglichkeiten einer technischen Qualitätsverbesserung von Tonaufzeichnungen, NStZ 1996, 173; **Gercke**, Überwachung der Telekommunikation – von der Ausnahme zur Regel, StraFo 2014, 94; **Köllner**, Kann die Verteidigung die Mitgabe von Originaltonbandaufzeichnungen verlangen, die im Wege der Durchführung eines Rechtshilfeersuchens erstellt worden sind?, StraFo 1995, 50; **Wesemann**, Heimliche Ermittlungsmethoden und Interventionsmöglichkeiten der Verteidigung, StV 1997, 597; **Wölky**, Beschränkung der Verteidigung durch Einschränkung des Akteneinsichtsrechts, StraFo 2013, 493; s.a. die Hinweise bei → *Telefonüberwachung, Allgemeines*, Rdn 2602.

2634

1. I.d.R. ist bereits im EV der wesentliche Teil des **Inhalts** der von einer Telefonüberwachung (im Folgenden TÜ) vorliegenden Tonbänder **schriftlich** zu den **Akten** gebracht worden. Dabei reicht die bloße inhaltliche Wiedergabe, wenn es auf den genauen Wortlaut

2635

nicht ankommt. Eine (knappe) Zusammenfassung ist nach der Rspr. des BGH auch ausreichend bei umfangreichen TÜ-Protokollen, die es allerdings ermöglichen muss, bei Bedarf in der HV den genauen Inhalt einzuführen (BGH NStZ 2008, 230). Kommt es hingegen auf den Wortlaut des abgehörten Gesprächs an – was i.d.r. der Fall sein dürfte –, ist eine **wörtliche Übertragung** des abgehörten Gesprächs erforderlich. Das gilt auch, wenn Zweifel bestehen, welche Bedeutung ein Gespräch für den Verfahrensgegenstand hat (zu allem a. KK-*Bruns*, § 100a Rn 51).

2636 2. Die TÜ-Protokolle unterliegen dem **AER** des Verteidigers (OLG Frankfurt am Main StV 2001, 611; OLG Koblenz NStZ 1995, 611; inzidenter auch BGH NStZ 2008, 230; *Gercke* StraFo 2014, 94; 97, *Wölky* StraFo 2013, 493; KK-*Schneider*, § 199 Rn 8 m.w.N.; *Burhoff*, EV, Rn 41). Die OLG-Rspr. (vgl. OLG Karlsruhe NJW 2012, 2742 m. abl. Anm. *Beulke/ Witzigmann* StV 2013, 75; OLG Nürnberg StraFo 2015, 102; OLG Stuttgart NStZ-RR 2013, 217) geht davon, dass es sich um Beweisstücke handelt, auf die § 147 Abs. 4 anzuwenden ist; Das OLG Karlsruhe (a.a.O.) will auch aus datenschutzrechtlichen Gründen das AER des Verteidigers beschränken (vgl. dazu *Wölky* StraFo 2013, 493, nach dem dem Verteidiger auch in den Fällen des Datenschutzes ein AER zusteht und AE zu gewähren ist). Ggf. ist eine amtliche Kopie zu fertigen (vgl. dazu *Burhoff*, EV, Rn 189). Der Verteidiger soll aber keinen Anspruch auf Übersetzung fremdsprachiger Protokolle haben (BGH, a.a.O.; OLG Koblenz NStZ 1995, 611).

Der Verteidiger und der Angeklagte müssen genügend Zeit haben, sich auf die Verwertung der Protokolle vorzubereiten. Dazu darf der Verteidiger die **Tonbandaufnahme** über die TÜ nicht nur unter Hinzuziehung eines vereidigten Dolmetschers **abhören**, sondern auch im Beisein des Beschuldigten (OLG Köln StV 1995, 12; s.a. u. Rdn 2645). Grds. ist m.E. auch nichts dagegen einzuwenden, dass dem Verteidiger von den Originaltonbandaufzeichnungen Kopien gefertigt und ausgehändigt werden, wenn anders das AER nicht zu verwirklichen ist (s.a. LG Bonn StV 1995, 632; *Köllner* StraFo 1995, 50; *ders.* StraFo 1996, 26 in der Anm. zu LG Bonn, a.a.O. [zur vergleichbaren Frage der Mitgabe von Videobändern und Lichtbildmappen, wenn die Möglichkeit besteht, davon Kopien zu machen]).

2637 Der Grundsatz des fairen Verfahrens verpflichtet das Gericht i.Ü., dem Angeklagten und seinem Verteidiger auch Gelegenheit zur Kenntnisnahme von dem Ergebnis einer TÜ zu geben, die während, aber außerhalb der HV im Rahmen von Nachermittlungen geschaltet worden ist, und zwar auch dann, wenn das Gericht das Ergebnis der Ermittlungen nicht für entscheidungserheblich hält (BGHSt 36, 305; wegen der Einzelh. → *Akteneinsicht für den Verteidiger während der Hauptverhandlung*, Rdn 279). Dem AER unterliegen auch **zusammenfassende Inhaltsangaben** und Kurzübersetzungen abgehörter Telefongespräche (BGH StV 2010, 228, 230).

Telefonüberwachung, Verwertung der Erkenntnisse in der Hauptverhandlung T

Inzwischen ist die Erstattungsfähigkeit der durch eine doppelte Ablichtung von TÜ-Protokollen angefallenen Auslagen bzw. die für das **Anfertigen** von **Ausdrucken** von dem Verteidiger im Rahmen der AE überlassener auf **CDs gespeicherter Textdateien** (in einem BtM-Verfahren) entstandenen Auslagen) im Streit. Das LG Bad Kreuznach (StRR 2011, 284) hat die Frage bejaht, verschiedene OLG (vgl. u.a. OLG Düsseldorf NStZ-RR 2015, 64 [Ls.]; StRR 2015, 39; OLG München StRR 2015, 159 m. Anm. *Burhoff*; OLG Rostock RVGreport 2014, 471 m. abl. Anm. *Burhoff*) haben sie verneint (teilweise a.A. OLG Celle NJW 2012, 1671 m. Anm. *Volpert* StRR 2012, 79). 2638

3.a) In der **HV** selbst sind die Tonbänder der TÜ **Augenscheinsobjekte** (BGHSt 27, 135). Für ihre Verwertung gilt Folgendes (allgemein zum Augenscheinsbeweis → *Augenscheinseinnahme*, Rdn 348 ff.; zu Tonträgern in der HV s.a. *Eisenberg*, Rn 2283 ff.): 2639

Grds. muss die **wörtliche Übertragung** der Tonbänder in die HV **eingeführt** werden, sonst verletzt das Gericht seine Aufklärungspflicht (BGHSt 27, 135; BGH NStZ 1985, 466; StV 1987, 421). Etwas anderes kann allenfalls dann gelten, wenn es im Ausnahmefall auf den genauen Wortlaut nicht ankommt, sondern nur die Tatsache, dass das Gespräch überhaupt geführt wurde, von Bedeutung ist. 2640

✍ Ist das aus einer TÜ erlangte Audio- und Schriftmaterial teilweise erst nachträglich/ während der HV verfügbar, muss diese ggf. **ausgesetzt** werden (§ 265 Abs. 4; LG Berlin StV 2014, 406; → *Aussetzung der Hauptverhandlung wegen fehlender Akteneinsicht*, Rdn 484).

b) Auf welchem **Weg** die wörtliche Übertragung eingeführt wird, bleibt dem Ermessen des Gerichts überlassen (BGH NJW 1992, 58, 59 [insoweit nicht in BGHSt 38, 26]), das sich an der aus § 244 Abs. 2 folgenden → *Aufklärungspflicht des Gerichts*, Rdn 329, ausrichtet. Dazu stehen zwei Möglichkeiten zur Verfügung. 2641

■ Eingeführt wird die Übertragung entweder als Augenscheinsbeweis in der Form des **Abspielens** oder im Wege des Urkundenbeweises durch **Verlesen** der Übertragung (BGHSt 27, 135 [der gerichtlichen Pflicht zu umfassender und zuverlässiger Sachaufklärung wird es regelmäßig entsprechen, in der HV das vorhandene Tonband abzuspielen]; BGH NStZ 2009, 280; wegen der Einzelh. s. KK-*Bruns*, § 100a Rn 52; *Gercke* StraFo 2014, 94, 98; *Wesemann* StV 1997, 601 f.; zu den Möglichkeiten einer technischen Qualitätsverbesserung von Tonaufzeichnungen s. *Braun/Broeders*, NStZ 1996, 173). Die Überlassung von Kopien der TÜ-Protokolle an Schöffen während der Verlesung ist nach der Rspr. des BGH zulässig (BGHSt 43, 36; → *Akteneinsicht für Schöffen*, Rdn 284). Der Verlesung steht nicht entgegen, wenn in den Niederschriften die Gespräche nicht immer in wörtlicher Rede wiedergegeben sind, es sei denn, es kommt auf den genauen Wortlaut der Gespräche an (BGH NStZ 2009, 280). 2642

| **T** | **Telefonüberwachung, Verwertung der Erkenntnisse in der Hauptverhandlung** |

> ☞ Der durch die TÜ bekannt gewordene Inhalt eines Gesprächs des Angeklagten mit einem **Zeugnisverweigerungsberechtigten** wird nicht dadurch unverwertbar, dass dieser in der HV die Zeugenaussage gem. § 52 verweigert (BGH NJW 1999, 2535 [Ls.]; NStZ-RR 2003, 290 [Be]).

- Ggf. können auch die **Beamten**, die die Überwachung durchgeführt haben, als **Zeugen** vernommen werden (BGH NStZ 2002, 493; KK-*Bruns* § 100a Rn 52; BGH NStZ 2006, 650). Das gilt z.b. dann, wenn diese über im EV durchgeführte Übersetzungen berichten sollen, die dann Grundlage der Übersetzung des in der HV tätigen Dolmetschers sind, der die aufgezeichneten Gespräche zunächst nicht verstanden hatte. Listen über (technisch aufgezeichnete) Verbindungsdaten können im Wege des Urkundenbeweises oder auch der Vernehmung eines Zeugen bzw. SV, der die Korrektheit der technischen Aufzeichnung bestätigt und damit auch den Inhalt der Liste zum Gegenstand seiner Aussage macht, eingeführt werden (KK-*Bruns*, § 100a Rn 52 unter Hinw. auf n.v. BGH-Rspr.).

2643 4. **Fremdsprachige Äußerungen** müssen in die deutsche Sprache **übersetzt** werden (st. Rspr.; vgl. u.a. BGHSt 14, 339; zuletzt BGH NJW 1992, 58 m.w.N.). Das Gericht muss sich in der HV von der Zuverlässigkeit der Übersetzung überzeugen. Dazu ist es erforderlich, dass das Gericht einen sachkundigen Dolmetscher beizieht, dem es – ggf. unter Überlassung der Tonbänder – genügend Zeit zur Vorbereitung der Übersetzungstätigkeit gibt.

2644 Der zur Übertragung fremdsprachiger Äußerungen außerhalb der HV eingesetzte **Übersetzer** ist nicht Dolmetscher i.S.d. § 185 GVG, sondern, da es sich um die Übersetzung von außerhalb des Verfahrens abgegebenen Äußerungen außerhalb der HV handelt, **SV**. Er ist somit in der HV als SV zu belehren und ggf. zu vereidigen (KK-*Bruns*, § 100a Rn 50 mit weit. Hinw. auf die teilw. abw. BGH-Rspr.). Auch sind die Grundsätze der → *Ablehnung eines Sachverständigen*, Rdn 15, anwendbar.

> ☞ Hat der Verteidiger Zweifel an der Sachkunde des gerichtlichen Übersetzers, muss er die Zuziehung eines weiteren Übersetzers beantragen. Mit einem solchen Antrag wird er, da die Regeln des SV-Beweises anwendbar sind, nur Erfolg haben, wenn er die mangelnde Sachkunde des bislang tätigen Übersetzers behaupten kann. Deshalb empfiehlt es sich, ggf. rechtzeitig einen eigenen „**Vertrauensdolmetscher**" beizuziehen.

2645 5. Über die o.a. Ausführungen hinaus wird sich der Verteidiger im Zusammenhang mit der Verwertung der Erkenntnisse aus einer TÜ **in der HV** mit folgenden **Fragen** zu **beschäftigen** haben (nach den eingehenden Ausführungen von *Wesemann* StV 1997, 601 f.):

- Insbesondere bei Übersetzungen, die Mitarbeiter von Dolmetscherbüros gefertigt haben, die nur für die Ermittlungsbehörden arbeiten, muss der Verteidiger – an sich schon vor der HV (!) – sorgfältig prüfen, inwieweit die **Übersetzungen** ggf. **bewertend**, **unrichtig** oder **unvollständig** sind (*Wesemann* StV 1997, 601, 602). Dazu wird er (notfalls) die TÜ-Bänder mit seinem Mandanten im Beisein eines (Vertrauens-) Dolmetschers abhören (müssen). Ggf. muss er eine neue Übersetzung beantragen.

- Hält der Verteidiger die Erkenntnisse der TÜ für **unverwertbar** (→ *Telefonüberwachung, Beweisverwertungsverbote*, Rdn 2623), muss er in der **HV** – unabhängig davon, ob er einen Widerspruch für erforderlich hält oder nicht – im Hinblick auf die Rspr. des BGH (vgl. nur BGHSt 38, 214) ihrer Verwertung ausdrücklich vor Beginn der Beweisaufnahme **widersprechen** (BGHSt 51, 1; BGH, StV 2001, 545; 2008, 63; a.A. *Wollweber* wistra 2001, 182 in der Anm. zu BGH, a.a.O.; *Fezer* HRRS 2006, 239 in der Anm. zu BGH StV 2008, 63; → *Widerspruchslösung*, Rdn 3433).

> ☞ Hat der Verteidiger sich in der HV mit dem Abspielen der Aufzeichnung der TÜ einverstanden erklärt, kann er später in der Revision ein **BVV nicht mehr rügen** (BGH StraFo 2014, 20).

- Es ist auch darauf zu achten, dass hinsichtlich der Prüfung der Rechtmäßigkeit der Anordnung der TÜ **nur** das **verwertet** werden darf, was im Zeitpunkt der **Entscheidung vorgelegen** und in den Akten als Ermittlungsergebnis ausgewiesen war (BGHSt 41, 30; BGH NStZ 1998, 426; *Wesemann* StV 1997, 601). Deshalb dürfen ermittelnde Polizeibeamte und der die TÜ anordnende Richter zu dieser Frage nicht gehört werden. Ihrer **Vernehmung** muss der Verteidiger **widersprechen**.

Siehe auch: → *Telefonüberwachung, Allgemeines*, Rdn 2602, m.w.N.

Terminsbestimmung/Terminsverlegung 2646

> **Das Wichtigste in Kürze:**
> 1. Nach § 213 ist die Anberaumung des HV-Termins Sache des Vorsitzenden. Allein schon deshalb kann es grds. keinen Anspruch auf Terminsabsprache geben.
> 2. Die Terminsbestimmung liegt grds. im Ermessen des Vorsitzenden, der den Termin einerseits alsbald nach Eröffnung des Hauptverfahrens, andererseits aber auch so weit heraus anberaumen muss, dass alle Verfahrensbeteiligten ausreichend Zeit zur (Termins-)Vorbereitung haben.
> 3. Wird der Verteidiger zu einem HV-Termin geladen und besteht eine Kollision mit anderen Terminen des Verteidigers oder auch des Angeklagten, muss die Verlegung des Termins beantragt werden.
> 4. Wird der Terminsverlegungsantrag des Verteidigers abgelehnt, ist fraglich, ob dagegen Beschwerde nach § 304 eingelegt werden kann oder ob diese nach § 305 S. 1 ausgeschlossen ist.
> 5. Es empfiehlt sich, Terminsverlegungsanträge möglichst frühzeitig zu stellen.

T Terminsbestimmung/Terminsverlegung

2647 Literaturhinweise: **Beukelmann**, Beschleunigungsgebot versus freie Verteidigerwahl, NJW-Spezial 2007, 279; **Fezer**, Der Beschleunigungsgrundsatz als allgemeine Auslegungsmaxime im Strafverfahrensrecht, in: Festschrift für *Gunter Widmaier*, 2008, S. 177; **Fromm**, Terminsladung, Verhinderung und Verlegungsantrag im OWi-Verfahren, zfs 2014, 608; **ders.**, Der auswärtige Gerichtstermin in Strafsachen, NJOZ 2014, 1761; **Hillenbrand**, Der Terminsverlegungsantrag im Strafverfahren, ZAP F. 22, S. 831; **Keller/Meyer-Mews**, Anforderungen an das Beschleunigungsgebot in Haftsachen während der Hauptverhandlung und nach dem Urteil, StraFo 2005, 353; **Kropp**, Zur Überprüfung von Terminsbestimmungen des Vorsitzenden in Strafsachen, NStZ 2004, 668; **Landau**, Die Ambivalenz des Beschleunigungsgebots, in: Festschrift für *Winfried Hassemer*, 2010, S. 1073; **Meyer**, Terminshoheit des Strafrichters? Zum Anspruch des Verteidigers auf Terminsverlegung (unter besonderer Beachtung des Straßenverkehrsrechts), DAR 2010, 421; **E. Müller**, Terminsanberaumung, Terminsverlegung und Strafverteidigung Auf der Suche nach Maßstäben anhand der Kasuistik der veröffentlichten Rechtsprechung über 15 Jahre hinweg, in: Festschrift für *Gunter Widmaier*, 2008, S. 457; **Neuhaus**, Terminsbestimmung, Terminsverlegung und das Recht auf Beistand durch den Verteidiger des Vertrauens, StraFo 1998, 84; **Piel**, Beschleunigungsgebot und wirksame Verteidigung, in: Festschrift für *Gunter Widmaier*, 2008, S. 429; **Rahlf**, Verteidigerwahl und Beschleunigungsgebot, in: Festschrift für *Gunter Widmaier*, 2008, S. 447; **Schmitt**, Die überlange Verfahrensdauer und das Beschleunigungsgebot in Strafsachen, StraFo 2008, 313.

2648 1. Nach § 213 ist die Anberaumung des HV-Termins Sache des Vorsitzenden. Dieser setzt Ort, Tag und Stunde der HV fest. Damit liegt die sog. **Terminshoheit** beim **Vorsitzenden** des zuständigen Gerichts (vgl. dazu für den Strafrichter *Meyer* DAR 2010, 421 und *Hillenbrand* ZAP F. 22, S. 831). Sein Terminierungsverhalten ist **nur eingeschränkt** dahin **überprüfbar**, ob er die rechtlichen Grenzen des ihm eingeräumten Ermessens eingehalten oder ob er sein Ermessen rechtsfehlerhaft ausgeübt hat (u.a. OLG Dresden NJW 2004, 3196 m.w.N.; LG Neubrandenburg NZV 2012, 47; s.a. die weit. Nachw. aus der bei der Rdn 2659 ff.; *Burhoff*, EV, Rn 3631). Das gilt nicht nur für die „erste" Terminsbestimmung, sondern auch für die → *Terminsverlegung*, Rdn 2778, für die **Aufhebung** eines **HV-Termins** bzw. für den Fall der **Nichtterminierung** (OLG Braunschweig StraFo 1996, 59 m.w.N.; OLG Bamberg StraFo 1999, 237).

2649 Allein schon deshalb kann es grds. nach überw. Meinung in der obergerichtlichen Rspr. **keinen Anspruch** auf **Terminsabsprache** geben (BGH NStZ 2007, 163; StV 2007, 169; OLG Hamburg StV 1995, 11; OLG Oldenburg StV 1991, 152; s.a. *Neuhaus* StraFo 1998, 84 m.w.N.; *Hillenbrand* ZAP F. 22, S. 831, 833; zur Terminshoheit des Vorsitzenden s. – für den Strafrichter – *Meyer* DAR 2010, 421). Das Recht des Beschuldigten, den Beistand des Verteidigers seiner Wahl zu erhalten, verpflichtet das Gericht aber zumindest, sich **ernsthaft** um eine Terminsabstimmung mit der Verteidigung zu **bemühen** (BGH NStZ 2009, 650). Das gilt sowohl für den Fall der Abstimmung eines Fortsetzungstermins mit dem Pflichtverteidiger (BGH NJW 1992, 849) als auch für den Fall der Verlegung der mit dem Pflichtverteidiger abgestimmten HV-Termine wegen Verhinderung des Wahlverteidigers (BGH NJW 1999, 3646 [Ls.]) sowie schließlich für eine Fortbildungsveranstaltung des Wahlverteidigers (BGH StV 2007, 169; vgl. a. noch OLG Frankfurt am Main StV 2001, 157; OLG Köln StraFo 1998, 267; LG Dortmund StV 1998, 14; LG Braunschweig StV 1997, 403, jew. m.w.N.). Das gilt grds. auch im **OWi-Verfahren** (OLG

Hamm zfs 2009, 470; OLG Karlsruhe NZV 2006, 217; OLG Köln DAR 2005, 576; LG Heilbronn zfs 2007, 473; LG Neubrandenburg NZV 2012, 47).

Die mit der Terminierung und Terminsverlegung zusammenhängenden Fragen sind vielfältig und können daher hier nicht alle behandelt werden. Wegen weit. Einzelheiten wird verwiesen auf *Burhoff*, EV, Rn 3614 ff. und *Heghmanns*, in: HBStrVf, Kap. VI 379 ff. An dieser Stelle soll der nachfolgende **Überblick** ausreichen.

2. Die Terminsbestimmung liegt grds. im **Ermessen** des **Vorsitzenden**, der den Termin einerseits alsbald nach Eröffnung des Hauptverfahrens, andererseits aber auch so weit heraus anberaumen muss, dass alle Verfahrensbeteiligten ausreichend Zeit zur (Termins-) Vorbereitung haben (*Meyer-Goßner/Schmitt*, § 213 Rn 6; zum Beschleunigungsgrundsatz s.u.). Dabei muss nach st.Rspr. der Vorsitzende neben der Belastung des Gerichts auch berechtigte Wünsche der Prozessbeteiligten berücksichtigen (BGH NJW 2008, 2451 [Wirtschaftsstrafsachen]; NStZ 1998, 311; 2006, 513; NStZ-RR 2010, 312; vgl. BGH StV 2009, 565 [Terminsnöte eines kompromissbereiten Verteidigers dürfen nicht einfach übergangen werden]; OLG Bamberg StraFo 2011, 232; OLG Braunschweig StV 2012, 721 [Ls.]; OLG Frankfurt am Main NStZ-RR 2014, 250; OLG Hamm zfs 2009, 470; StRR 2013, 388; OLG Schleswig zfs 2015, 172). Von Bedeutung ist auch der **Beschleunigungsgrundsatz** (s. dazu grundlegend BVerfG NJW 2006, 672; BGH NStZ 2006, 513; 2007, 163 und Rdn 2658); allerdings muss auch ein besonderes Beschleunigungsbedürfnis (noch) erkennbar sein. Daran kann es bei einem nicht inhaftierten Beschuldigten und schon länger zurückliegender Tat fehlen (LG Magdeburg, Beschl. v. 24.3.2009 – 25 Qs 37/09). Für die Festsetzung des Terminstages sind auch die **örtlichen Feiertage** – am Sitz des Prozessgerichts –, auch wenn sie gesetzlich nicht anerkannt sind, von Bedeutung. Es können aber auch bei Verfahrensbeteiligten, die außerhalb des Sitzungsortes wohnen, die dort örtlichen Feiertage berücksichtigt werden, insbesondere dann, wenn sie durch religiöse Konfessionen gebunden sind (LG Gera VRR 2014, 36 m. Anm. *Burhoff*). Ob ggf. auch auf **berufliche Verhinderungen** des Nebenklägervertreters Rücksicht zu nehmen ist, ist umstr. (bej. OLG Bamberg StraFo 1999, 237; abl. OLG Stuttgart Justiz 2004, 127 und LG Nürnberg-Fürth StV 2009, 180 [nur in Ausnahmefällen]).

3.a) Wird der Verteidiger zu einem HV-Termin geladen und besteht eine **Kollision** mit **anderen Terminen** des Verteidigers oder auch des Angeklagten, muss die **Verlegung** des **Termins** beantragt werden. Entsprechendes gilt für eine kurzfristige Verhinderung des Verteidigers (→ *Verhinderung des Verteidigers*, Rdn 2904 ff.). Insoweit gilt, und zwar im Wesentlichen auch im **OWi-Verfahren** (KG NZV 2003, 433; OLG Hamm zfs 2009, 470; OLG Köln DAR 2005, 576; LG Heilbronn zfs 2007, 473).

b)aa) Die Prozessbeteiligten haben auf die **Verlegung** des Termins grds. **keinen Anspruch** (*Meyer-Goßner/Schmitt*, § 213 Rn 7; m.w.N.; u.a. OLG Braunschweig StV 2008, 293; OLG Hamburg StV 1995, 11; OLG Hamm StV 2004, 642; VRR 2013, 272; OLG Hamm, Beschl.

v. 2.2.2015 – 5 Ws 36/15; OLG Schleswig zfs 2015, 172 m. Anm. *Busch* VRR 2014, 436; LG Neubrandenburg NZV 2012, 47; VA 2012, 213). Über einen Terminsverlegungsantrag entscheidet vielmehr der Vorsitzende nach **pflichtgemäßem Ermessen** unter Berücksichtigung der Interessen der Beteiligten, des Gebots der Verfahrensbeschleunigung, des Umfangs der zu erwartenden Verzögerung (KG NZV 2003, 433 [OWi-Verfahren]; OLG Frankfurt am Main NStZ-RR 2014, 250; OLG Schleswig, a.a.O. [OWi-Verfahren]; LG Oldenburg StraFo 2008, 471) und der Terminsplanung und -belastung des Gerichts (BGH NStZ 2006, 513; 2007, 163; LG Hamburg StV 1989, 340).

2654 bb) Bei seiner Abwägung muss sich der Vorsitzende auch vom Anspruch des Angeklagten auf ein **faires Verfahren** und der **prozessualen Fürsorgepflicht** des Gerichts leiten lassen (BGH StV 2007, 169; NStZ-RR 2010, 312; OLG Braunschweig StV 2008, 293; OLG Hamburg StV 1995, 11; OLG Hamm StV 2004, 642;), wobei insbesondere das Recht des Beschuldigten, vom Anwalt seines Vertrauens verteidigt zu werden, von Bedeutung ist (OLG Hamburg, a.a.O.). Diese Belange sind gegeneinander **abzuwägen** (zu den Abwägungskriterien im Einzelnen a. *Neuhaus* StraFo 1998, 86; s.a. *Kropp* NStZ 2004, 668). I.d.R. wird den Verteidigungsinteressen der Vorrang einzuräumen sein (s. z.B. OLG Frankfurt am Main StV 1997, 402 [bereits eingearbeiteter Verteidiger]; OLG Hamm VRR 2013, 272 [OWi-Verfahren]; OLG Hamm, Beschl. v. 2.2.2015 – 5 Ws 36/15; OLG Schleswig SchlHA 1998, 176 [L/Sch]; *Neuhaus*, a.a.O. m.w.N.). Das gilt vor allem, dann wenn nicht (ernsthaft) versucht worden ist, den Termin abzusprechen (BGH, a.a.O.). Eine Rolle spielt auch, ob der Angeklagte/Betroffene ggf. Probleme haben wird, kurzfristig einen anderen (verteidigungsbereiten) Verteidiger zu finden (OLG Braunschweig StV 2012, 721 [Ls.]). Allerdings ist der Angeklagte verpflichtet, seine Belange zu einem Zeitpunkt geltend zu machen, der es dem Gericht ermöglicht, unter Abwägung der verschiedenen rechtlich geschützten Interessen darüber zu entscheiden (OLG Brandenburg OLG-NL 1996, 71; s.a. *Neuhaus* StraFo 1998, 82 [frühzeitig]). Bei einem nicht abgesprochenen Antrag wird einem Verlegungswunsch i.d.R. zu entsprechen sein (BGH NStZ-RR 2010, 312; LG Braunschweig StraFo 2008, 430).

2655 cc) Auch der **Beschleunigungsgrundsatz** spielt eine Rolle (vgl. dazu → *Haftfragen*, Rdn 1653, und unten Rdn 2658; s.a. BVerfG NJW 2006, 672; BGH NStZ 2006, 513 [Terminierung in einem umfangreichen Strafverfahren]; 2007, 163 [Verhinderung des gewählten Verteidigers]; KG StV 2009, 577; *Fezer*, S. 177; *Piehl*, S. 429; *Rahlf*, S. 447; *Schmitt* StraFo 2008, 313, 318 f.; *Hillenbrand* ZAP F. 22, S. 831, 835). Seine Berücksichtigung kann dazu führen, dass Terminwünschen des Verteidigers ggf. nicht nachgekommen werden kann (s.a. BVerfG NStZ 2006, 460; StV 2007, 169 und OLG Hamm NJW 2006, 2788 [jew. zur Berücksichtigung der absehbaren Verhinderung des Verteidigers bei der Entscheidung über die Beiordnung als Pflichtverteidiger]; s.a. *Hilger* StV 2006, 451). Das Gericht muss sich in Haftsachen allerdings auch rechtzeitig freie Termine des Verteidigers sichern

(OLG Hamburg NJW 2006, 2792) und die Termine „vorausschauend" planen (OLG Oldenburg StraFo 2008, 26 [für das Haftprüfungsverfahren]; zur Terminsplanung eingehend BGH NJW 2008, 2451; NStZ 2009, 650). Ggf. wird ein Pflichtverteidiger in diesen Fällen sogar mit seiner Entpflichtung rechnen müssen (so wohl OLG Köln StV 2006, 143; s. dazu a. OLG Hamm NJW 2006, 2788; StV 2006, 481; → *Pflichtverteidiger, Entpflichtung während laufender Hauptverhandlung*, Rdn 1993).

☝ Ggf. wird in **Haftsachen** dem Beschleunigungsgrundsatz Vorrang vor den Terminwünschen des Verteidigers eingeräumt (vgl. dazu BVerfG NStZ 2006, 460; OLG Hamburg NJW 2006, 2792; OLG Hamm NJW 2006, 2788; OLG Koblenz NStZ-RR 2015, 117 [Ls.]; OLG Köln StV 2006, 463; vgl. aber OLG Koblenz StV 2010, 477).

dd) Das Gericht muss berücksichtigen, dass der Beschuldigte grds. ein Recht darauf hat, vom **Anwalt** des **Vertrauens** vertreten zu werden (BVerfG NJW 2001, 3695; BGHSt 46, 93; BGH NJW 2006, 2788 [Ls.]; NStZ 1998, 311; 2006, 513; 2007, 163; KG NZV 2003, 433; DAR 2012, 395 m. Anm. *Burhoff* VRR 2012, 275 für das Bußgeldverfahren; OLG Braunschweig StV 2004, 366; OLG Dresden NJW 2004, 3196; OLG Hamm StV 2004, 642; zfs 2009, 470; zfs 2010, 649; VRR 2013, 272 m. Anm. *Burhoff;* OLG Hamm, Beschl. v. 2.2.2015 – 5 Ws 36/15; OLG Koblenz StV 2009, 477; OLG München NJW 2006, 711 [Ls.]; OLG Oldenburg StV 2015, 156; Beschl. v. 12.10.2010 – 1 Ws 486/10; LG Braunschweig StV 2014, 335; LG Magdeburg StRR 2008, 311; LG Neubrandenburg VA 2012, 213; LG Stuttgart StRR 2012, 114; s. aber BGH, a.a.O. [für Verteidigerwechsel kurzfristig vor neuem HV-Tag]; OLG Stuttgart Justiz 2006, 8, wonach die Verhinderung des Anwalts des Vertrauens nicht grds. zur Terminsverlegung führt). Das gilt auch im **OWi-Verfahren** (KG NZV 2003, 433; DAR 2012, 395; OLG Bamberg StraFo 2011, 232; OLG Braunschweig StV 2012, 721 [Ls.]; m. Anm. *Burhoff* VRR 2012, 232; VRR 2009, 232; OLG Hamm zfs 2009, 470; zfs 2010, 649; VRR 2013, 272; OLG Karlsruhe NZV 2006, 217; OLG Koblenz, a.a.O.; OLG München, a.a.O.; LG Heilbronn zfs 2007, 473; LG Neubrandenburg, a.a.O.; *Fromm* zfs 2014, 608 ff.; a.A. offenbar *Kropp* NStZ 2004, 668 f.). Das gilt vor allem dann, wenn der Betroffene ein BVV geltend macht und ihm ein Fahrverbot droht (OLG Hamm, a.a.O.).

2656

Auch die (plötzliche) **Erkrankung** des Verteidigers wird i.d.R. zur Terminsverlegung führen (KG DAR 2012, 395 für das Bußgeldverfahren). Andererseits wird aber auch auf den **Zeitpunkt** der **Mandatierung** abgestellt. Danach ist es dann, wenn der mit der Sache bisher nicht vertraute Verteidiger erst nach der Terminsladung und relativ kurzfristig vor dem Termin neu mandatiert wird, dem Angeklagten zuzumuten, sicherzustellen, dass dieser Verteidiger den Termin auch wahrnehmen kann; ebenso wie der Verteidiger bei der Übernahme des Mandats eine offen liegende Terminskollision bedenken muss (OLG Frankfurt am Main NStZ-RR 2014, 250; OLG Hamm, Beschl. v. 2.2.2015 – 5 Ws 36/15). Grds. ist

2657

auch der **Zeitpunkt** des **Verlegungsantrags** als ein zu berücksichtigender Punkt ebenso in die Abwägung mit einzubeziehen wie die Frage, ob ggf. relativ **kurzfristig terminiert** worden ist (OLG Braunschweig StV 2008, 293; VRR 2009, 232 [Verlegungsantrag zwei bis drei Wochen vor dem Termin i.d.R. noch ausreichend]; Beschl. v. 12.7.2012 – Ss (OWi) 113/12; OLG Hamm zfs 2009, 470; OLG München NJW 2006, 711 [Ls.]; LG Neubrandenburg, VA 2012, 213). Gerade in dem Zusammenhang ist dann aber eine nur **kurzfristige Beauftragung** eines **Verteidigers** und Vertreters für sich gesehen nicht schon Grund genug, einen Verlegungsantrag abzulehnen. Sie ist nur dann von Gewicht, wenn aus Gründen der Verfahrensbeschleunigung bzw. der reibungslosen Durchführung der HV, weil z.B. bereits Zeugen geladen sind, oder wegen der angespannten Terminslage des Gerichts eine Verlegung untunlich ist oder der Angeklagte ersichtlich nur eine Verzögerung des Verfahrens erstrebt (OLG München, a.a.O.). Wenn der Angeklagte/Beschuldigte seinem bisherigen Wahlverteidiger das **Mandat entzieht,** muss er das allerdings so **rechtzeitig** tun, dass ein neuer Verteidiger sich hinreichend auf die (weitere) HV vorbereiten kann (BGH NJW 2006, 2788 [Ls.]).

2658 b) Grds. muss das **Gericht versuchen, Terminskollisionen** des Verteidigers zu **überwinden** (OLG Frankfurt am Main StV 2001, 157; LG Berlin wistra 2001, 79; zur Terminsabsprache BGH NStZ-RR 2010, 312). Darum muss sich das Gericht ernsthaft bemühen (BGH NJW 1999, 3636 [Ls.]; vgl. BGH StV 2009, 565; OLG Braunschweig StV 2008, 293). Bemüht es sich nicht ernsthaft, läuft es Gefahr, prozessordnungswidrig zu handeln, wenn das Recht des Angeklagten auf freie Wahl des Verteidigers dadurch eingeschränkt wird (OLG Hamburg StV 1995, 11; OLG Bamberg VRR 2007, 74 m. Anm. *Gieg* [für Kollision mit Terminen im Insolvenzverfahren]; OLG Hamm StV 2004, 642; OLG Koblenz StraFo 2009, 421; LG Neubrandenburg NZV 2012, 47; VA 2012, 213; s.a. LG Lüneburg StV 1992, 509; enger OLG Köln VRS 92, 261; zur Entpflichtung eines Pflichtverteidigers, weil dieser am HV-Termin nicht teilnehmen kann, OLG Köln StV 2006, 143; s. dazu a. OLG Hamm NJW 2006, 2788; StV 2006, 481, → *Pflichtverteidiger, Entpflichtung während laufender Hauptverhandlung*, Rdn 1993).

Zur **Behebung** von Terminsschwierigkeiten sind **erhebliche** und ernsthafte **Bemühungen** des Gerichts erforderlich (vgl. die Rspr.-Nachw. bei Rdn 2646 f.; s. grds.a. BGH NJW 1999, 3646 [Ls.]; vgl. BGH NStZ 2006, 513; 2009, 650; StV 2007, 169). Es ist grds. erforderlich, dass der Vorsitzende des Gerichts versucht, in Absprache mit dem Verteidiger einen HV-Termin zu finden. Es **reicht nicht** aus, wenn das Festhalten am geplanten Terminstag nur mit der „**angespannten Terminslage** der **Kammer**" gerechtfertigt wird (OLG Braunschweig StV 2008, 293; OLG Frankfurt am Main StV 1995, 11 m.w.N.). Eine Rücknahme der Pflichtverteidigerbestellung wegen Terminschwierigkeiten ist daher nicht zulässig, wenn sich der Vorsitzende nicht um ein Ausweichen auf einen anderen Terminstag bemüht hat (BGH NJW 1999, 3646 [Ls.]; OLG

Düsseldorf StraFo 1998, 228). Der Verteidiger ist aber verpflichtet, rechtzeitig auf Terminskollisionen hinzuweisen (OLG Hamm, Beschl. v. 2.2.2015 – 5 Ws 36/15).

👉 Der Richter kann wegen Besorgnis der **Befangenheit** abgelehnt werden, wenn er auf einen berechtigten Terminsverlegungsantrag ohne Rücksichtnahme auf die Anreisedauer terminiert und eine weitere Verlegung dieses Termins kategorisch ablehnt (OLG Bamberg NJW 2006, 2341).

4. Wird der **Terminsverlegungsantrag** des Verteidigers **abgelehnt**, ist fraglich, ob dagegen Beschwerde nach § 304 eingelegt werden kann oder ob diese nach § 305 S. 1 ausgeschlossen ist. 2659

👉 Gegen die Nichtverlegung des Termins kann **nicht Verfassungsbeschwerde** eingelegt werden (BVerfG NStZ-RR 2001, 113). Zwischenentscheidungen sind grds. nicht anfechtbar. Der Angeklagte muss vielmehr gem. § 265 Abs. 4 Aussetzung der HV verlangen, wenn z.B. sein Wahlverteidiger verhindert ist, an dieser teilzunehmen (→ *Verhinderung des Verteidigers*, Rdn 2904).

Insoweit gilt (s. i.Ü. *Burhoff*, EV, Rn 3630 ff.; *Hillenbrand* ZAP F. 22, S. 831, 838):

- Nach der wohl h.M. ist die **Beschwerde** gegen die Ablehnung eines Antrags auf Terminsverlegung **i.d.R.** nach § 305 S. 1 **ausgeschlossen** (vgl. u.a. KG StV 2009, 577; OLG Brandenburg NStZ-RR 1996, 172; OLG Dresden NJW 2004, 3196; OLG Düsseldorf StraFo 1998, 120; OLG Frankfurt am Main StV 2001, 157 f.; OLG Hamburg StV 1995, 11; OLG Hamm NStZ 1989, 133; StV 2004, 642; NStZ-RR 2010, 283; StRR 2013, 388; OLG Hamm, Beschl. v. 2.2.2015 – 5 Ws 36/15; OLG München StV 2008, 518; OLG Oldenburg StV 1991, 152; *Meyer-Goßner/Schmitt*, § 213 Rn 8 m.w.N.; *Neuhaus* StraFo 1998, 86, jew. m. zahlr. weit. Nachw.; a.A. LG Zweibrücken zfs 1995, 396 und LG München StRR 2009, 263 [immer ausgeschlossen]). 2660

- **Zulässig** ist die Beschwerde aber **ausnahmsweise** dann, wenn die **Entscheidung** des Vorsitzenden **rechtswidrig** ist und dadurch eine selbstständige Beschwer eintritt (vgl. u.a. die vorstehend zitierten Entscheiden des KG; OLG Brandenburg; OLG Dresden; OLG Frankfurt am Main; OLG Hamburg; OLG Hamm; OLG München, jew. a.a.O.; s.a. noch OLG Celle NStZ 2012, 176; OLG Hamm NStZ 2010, 231; OLG Nürnberg StV 2005, 491; OLG Oldenburg, Beschl. v. 12.10.2010 – 1 Ws 486/10; OLG Stuttgart Justiz 2006, 8; LG Darmstadt NZV 2006, 442; LG Görlitz NStZ-RR 2006, 315; LG Heilbronn zfs 2007, 473; LG Magdeburg StraFo 1997, 112; LG Neubrandenburg NZV 2012, 47; VA 2012, 213; LG Oldenburg StraFo 2008, 471; LG Tübingen StV 1996, 658; *KK-Gmel*, § 213 Rn 6; s. die weit. Nachw. bei *Meyer-Goßner/Schmitt*, a.a.O. Das gilt auch für eine Beschwerde des Nebenklägervertreters (OLG Bamberg StraFo

1999, 237). Die Ausnahmevorschrift des § 305 S. 1 ist auch dann nicht anwendbar, wenn der Sinn und Zweck der Vorschrift nicht betroffen ist, die „Konkurrenzsituation" zwischen Rechtsmittel in der Hauptsache und der Beschwerde nicht besteht. Das ist bei einer streitigen Ablehnung des Termins für eine **Berufungshauptverhandlung** der Fall, wenn/weil gegen das Berufungsurteil gem. § 55 Abs. 2 JGG kein Rechtsmittel mehr statthaft ist (OLG Koblenz NStZ-RR 2012, 21). Wegen der Bsp. zur Unzulässigkeit bzw. Zulässigkeit wird verwiesen auf *Burhoff*, EV, Rn 3831 f.).Die vorstehenden Ausführungen gelten entsprechend für die **Aufhebung** bzw. den Fall der **Nichtterminierung** (OLG Braunschweig NStZ-RR 1996, 172; LG Hamburg StV 1996, 659 [Verstoß gegen den Grundsatz des fairen Verfahrens durch Ablehnung eines Antrags auf Anberaumung eines Termins zur HV wegen anderenfalls drohender wirtschaftlicher Nachteile]; *Burhoff*, EV, Rn 3614 ff.; *Neuhaus* StraFo 1998, 88).

5. Hinweise für den Verteidiger!

2661 **a)** Der Verteidiger hat zwar keinen Anspruch darauf, dass der Vorsitzende vor der Terminsbestimmung mit ihm Rücksprache nimmt (vgl. die Nachw. bei Rdn 2646). Es **empfiehlt** sich aber, um Terminskollisionen von vornherein zu vermeiden, dem Gericht so bald wie möglich schon „**besetzte**" (Termins-)**Tage mitzuteilen**, damit – was in der Praxis i.d.R. üblich ist (oder zumindest sein sollte) – darauf Rücksicht genommen werden kann. Auch die schon absehbare Verhinderung des Mandanten wird der Verteidiger dem Gericht mitteilen.

> Der **Urlaub** des **Verteidigers** gehört grds. zu den anzuerkennenden Gründen für eine Verhinderung (OLG Celle StV 1984, 503; OLG Frankfurt am Main StV 1997, 402; wohl a. OLG Hamm NZV 1997, 90 [für Bußgeldverfahren]; OLG München NStZ 1994, 451; OLG Oldenburg StraFo 2008, 509; LG Oldenburg StraFo 2008, 471; vgl. auch *Meyer* DAR 2010, 421, 422), wobei immer auch noch die Bedeutung des Verfahrens und die für den Beschuldigten zu erwartenden Rechtsfolgen zu berücksichtigen sind (OLG Braunschweig, Beschl. v. 12.7.2012 – Ss (OWi) 113/12; LG Oldenburg StV 1990, 299 [Mindeststrafe der angeklagten Tat ein Jahr]; *Neuhaus* StraFo 1998, 87; s. aber BayObLG NStZ-RR 2002, 77 [Ls; Terminierung eines einfachen Verfahrens auf den zweiten Tag nach Urlaubsrückkehr des Verteidigers nicht zu beanstanden]). Das gilt besonders dann, wenn die HV zunächst nur auf einen Tag terminiert war und sich durch unvorhersehbare Umstände die Notwendigkeit von **Fortsetzungsterminen** ergibt. Führen diese nun zur Überschneidung mit **Urlaubsplänen** des Verteidigers, muss das Gericht darauf **Rücksicht** nehmen (OLG Hamm StraFo 2001, 137; vgl. aber OLG Hamm NStZ 2010, 231 [für nachträglich gebuchten Urlaub]). Entsprechendes gilt für die Teilnahme an **Fortbildungsveranstaltungen** (vgl. OLG Celle zfs 1997, 152; s. aber BGH StV 2007, 169 [nicht, wenn der Be-

schleunigungsgrundsatz tangiert wird]; zur Übernahme von **Lehrveranstaltungen** durch den Rechtsanwalt s. OVG Berlin-Brandenburg NJW 2013, 3739).

Auch die **Erkrankung** des Verteidigers gehört zu den anzuerkennenden Gründen. Das gilt jedenfalls dann, wenn dem Angeklagten/Betroffenen nicht zuzumuten ist, ohne seinen Verteidiger zu verhandeln und er darauf vertrauen durfte, von diesem vertreten zu werden (vgl. OLG Koblenz StV 2010, 476 [für Bußgeldverfahren, in dem der Betroffene vom persönlichen Erscheinen in der HV entbunden worden war]).

b) Schwierigkeiten kann es bei **mehreren** bevollmächtigten **Verteidigern** geben, wenn nur einer von ihnen verhindert ist, da der Beschuldigte grds. keinen Anspruch darauf hat, dass die HV unter allen Umständen mit allen von ihm gewählten Verteidigern durchgeführt wird (BVerfG NJW 1984, 862; BGH NStZ 1981, 231; OLG Dresden NJW 2004, 3196; OLG Frankfurt am Main NStZ-RR 1997, 177 [für Ablehnung der wegen einer privaten Terminskollision begehrten Terminsverlegung des zweiten Wahlverteidigers]; ähnl. OLG Oldenburg StraFo 2008, 509). Etwas anderes dürfte dann gelten, wenn nicht alle Verteidiger gleichermaßen zum Beistand in der Lage sind, also z.b. einer über **Spezialkenntnisse** verfügt. Insbesondere bei größeren Anwaltsbüros sollte daher darauf geachtet werden, dass nur ein Rechtsanwalt als Verteidiger beauftragt wird (vgl. dazu *Burhoff*, EV, Rn 4243). Sind in der Vollmacht mehrere Verteidiger aufgeführt, ist – wenn es um eine Terminsverlegung Schwierigkeiten gibt – immer auch zu fragen, ob tatsächlich **alle** genannten Verteidiger das Mandat **angenommen** haben, indem sie z.B. für den Beschuldigten aufgetreten sind/ sich bei Gericht gemeldet haben (zur zweckmäßigen Beschränkung der Vollmacht auf nur einen Verteidiger → *Vollmacht des Verteidigers*, Rdn 3350).

2662

c) Auch die **Verhinderung** des **Angeklagten** kann Anlass für einen (begründeten) Terminsverlegungsantrag sein. Insoweit ist von Bedeutung, dass für den Angeklagten nach den §§ 226, 230 für die HV nicht nur eine Anwesenheitspflicht besteht, sondern daraus auch ein Recht zur Anwesenheit in der HV abzuleiten ist (→ *Anwesenheitspflicht des Angeklagten*, Rdn 315). Dies muss bei der Frage der Terminsverlegung berücksichtigt werden.

2663

Als „**Faustregel**" ist davon auszugehen, dass der Termin wegen Verhinderung des Angeklagten immer dann verlegt werden muss, wenn das Ausbleiben im HV-Termin „**genügend**" **entschuldigt wäre** (vgl. dazu → *Berufungsverwerfung wegen Ausbleibens des Angeklagten*, Rdn 713; s.a. *Burhoff*, EV, Rn 3633). Denn wenn der vom Angeklagten für das Fernbleiben in der HV vorgetragene (Entschuldigungs-)Grund den Erlass eines HB nach § 230 oder die Verwerfung seiner Berufung wegen Ausbleibens nach § 329 Abs. 1 verbietet, dann muss der vor der HV zur Begründung eines Verlegungsantrags vorgetragene Grund dazu führen, dass die HV verlegt werden muss. Für die Beurteilung eines auf Verhinderung des Angeklagten/ Beschuldigten gestützten Verlegungsantrags kann/muss also die zu §§ 230 Abs. 2, 329

2664

Abs. 1 S. 1 ergangene Rspr. herangezogen werden (→ *Ausbleiben des Angeklagten*, Rdn 367 f.; → *Berufungsverwerfung wegen Ausbleibens des Angeklagten*, Rdn 712 f.).

2665 d) Den **Antrag** auf **Terminsverlegung** muss der Verteidiger **unverzüglich** nach Eingang der Ladung/Terminsmitteilung und/oder Bekanntwerden des Verhinderungsgrundes stellen, da der Zeitpunkt des Verlegungsantrags als einer der zu berücksichtigenden Punkte in die Abwägung über die Terminsverlegung einzubeziehen ist (vgl. oben Rdn 2657 und (vgl. dazu OLG Braunschweig, Beschl. v. 12.7.2012 – Ss (OWi) 113/12; OLG Frankfurt NStZ-RR 2014, 250; OLG Oldenburg StraFo 2008, 509; Beschl. v. 13.2.2012 – 8 Qs 21/12; *Hillenbrand* ZAP F. 22, S. 831). Ein frühzeitiger Terminsverlegungsantrag gibt dem Gericht die Möglichkeit, noch sachgerecht, ggf. durch Terminierung einer anderen Sache, zu reagieren (OLG Braunschweig VRR 2009, 232 [für das OWi-Verfahren]). Der Verteidiger muss den Antrag auf jeden Fall durch Darlegung des Verhinderungsgrundes im Einzelnen vollständig, insbesondere auch unter Darlegung des besonderen Verteidigungsinteresses des Angeklagten, **begründen** (*Dahs*, Rn 466 ff.), da ein lediglich formelhaft begründeter Antrag i.d.R. leicht ermessensfehlerfrei abgelehnt werden kann (s.a. den Musterantrag bei Rdn 2668). *Neuhaus* (StraFo 1998, 88) spricht vom „Gebot des unverzüglichen und vollständigen Vortrages".

✍ Wird der **Terminsverlegungsantrag** des Verteidigers ohne sachlichen Grund **abgelehnt**, muss sich der Verteidiger überlegen, ob durch die Ablehnung der Terminsverlegung bei seinem Mandanten nicht der Eindruck entstanden ist, der **Vorsitzende** sei ihm gegenüber **befangen** und ob deshalb nicht ggf. ein Ablehnungsantrag angebracht ist (s. zur Befangenheit bei Ablehnung eines Terminsverlegungsantrags ohne jede Begründung bzw. ohne sachlichen Grund OLG Naumburg StraFo 2005, 24; LG Krefeld StraFo 1995, 59; AG Homburg NStZ-RR 1996, 110; ähnl. OLG Bamberg NJW 2006, 2341 [für Ablehnung ohne Rücksichtnahme auf die Anreisedauer]; *Hillenbrand* ZAP F. 22, S. 831, 838; → *Ablehnungsgründe, Befangenheit*, Rdn 80).

2666 Die **rechtzeitige Antragstellung** ist auch deshalb wichtig, weil – im Fall der Ablehnung des Antrags – der Mandant dann noch einen anderen Verteidiger für seinen ggf. verhinderten Verteidiger beauftragen kann (s.a. OLG Frankfurt am Main NStZ-RR 1996, 304, 306). Der Verteidiger kann zudem, wenn wegen seiner Verhinderung eine Aussetzung der HV erforderlich wird, dann nicht nach § 145 Abs. 4 mit Kosten belastet werden, wenn er rechtzeitig seine Verhinderung dem Gericht angezeigt hat (OLG Hamm StV 1995, 514).

2667 e) Kommt es zur Verhandlung in Abwesenheit des Verteidigers, ist für die **Revision** auf Folgendes hinzuweisen: Auch wenn ein Fall der notwendigen Verteidigung und damit ein Verstoß gegen § 338 Nr. 5 nicht vorliegt (*Meyer-Goßner/Schmitt*, § 338 Rn 41), kann die Verhandlung in Abwesenheit des (Wahl-)Verteidigers den **Anspruch** des Beschuldigten auf ein **faires Verfahren** verletzen und deshalb die Revision begründet sein (OLG Braunschweig StV 2004, 366; OLG Düsseldorf StV 1995, 69; eingehend zu den revisionsrechtlichen Fragen, insbesondere zur Frage, wann das Gericht verpflichtet ist, die HV auszusetzen, OLG Frankfurt am Main NStZ-RR 1996, 304 m.w.N.; StV 1998, 13; zu den Voraussetzungen der Verfahrensrüge, mit der geltend gemacht wird, das Gericht habe einen wegen Verhinderung des [Wahl-]Verteidigers gestellten Aussetzungsantrag zu Unrecht abgelehnt, s. BGH NStZ 1998, 311).

6. Muster: Antrag auf Terminsverlegung

▼

An das

Landgericht Musterstadt

In dem Strafverfahren

gegen H. Mustermann

Az.:

habe ich heute die Ladung zum   erhalten.

Es wird beantragt,

den anberaumten Hauptverhandlungstermin aufzuheben

und

vor Anberaumung eines neuen Termins diesen mit mir abzustimmen.

Die Hauptverhandlung ist für die Zeit vom   bis   anberaumt. In der Zeit vom   bis zum   befinde ich mich in Urlaub. Anschließend muss ich in der Sache Az.   die Hauptverhandlungstermine, die mit dem Vorsitzenden abgesprochen sind, wahrnehmen.

In der vorliegenden Sache kann der Beschuldigte auf meine Anwesenheit nicht verzichten. Ich habe ihn in der Vergangenheit auch immer verteidigt, zudem bin ich in das Verfahren eingearbeitet.

Rechtsanwalt

▲

Siehe auch: → *Verfahrensverzögerung*, Rdn 2825; → *Verzögerungsrüge*, Rdn 3274.

Ton- und Filmaufnahmen während der Hauptverhandlung

2669

Das Wichtigste in Kürze:
1. Während der HV dürfen keine Ton- und Fernsehaufnahmen gemacht werden. Der Vorsitzende kann aber Aufnahmen im Gerichtssaal gestatten.
2. Das Verbot gilt nicht für gerichtliche Ton- und Bildaufnahmen, die zum Zwecke der Gedächtnisstütze des Gerichts gemacht werden.
3. Mit Zustimmung des Vorsitzenden (§ 238 Abs. 2) sind auch Tonbandaufnahmen des Verteidigers oder des StA zulässig.
4. Die Zulässigkeit von einfachen Bildaufnahmen richtet sich nach § 23 Abs. 1 und 2 KUG und hängt davon ab, ob es sich bei dem Angeklagten um eine „relative" Person der Zeitgeschichte handelt.

2670 **Literaturhinweise: Bremer,** Wie der Umgang mit schönen Frauen? Justiz und Fernsehen, in: Festschrift für *Christian Richter II,* 2006, S. 77; **Dieckmann,** Zur Zulassung von Ton- und Fernseh-Rundfunkaufnahmen in Gerichtssälen: Drum prüfe, wer sich ewig bindet!, NJW 2001, 2451; **Fink,** Bild- und Tonaufnahmen im Umfeld der strafgerichtlichen Hauptverhandlung, 2007; **Franke,** Der Begriff der Öffentlichkeit in der Revision, StraFo 2013, 361; **Gehring,** Sozialpsychologische Überlegungen zur Fernsehberichterstattung aus Gerichtsverhandlungen, ZRP 1998, 8; *ders.,* Fernsehaufnahmen aus Gerichtsverhandlungen, ZRP 2000, 197; **Gündisch,** Rundfunkberichterstattung aus Gerichtsverhandlungen, NJW 1999, 256; **R. Hamm,** Hauptverhandlungen in Strafsachen vor Fernsehkameras – auch bei uns?, NJW 1995, 760; **Hassemer,** Über die Öffentlichkeit gerichtlicher Verfahren – heute, ZRP 2013, 149; **Horn,** Moderne Medien in Ratssitzung und Gerichtsverhandlung, ZJS 2012, 340; **Huff,** Fernsehöffentlichkeit im Gerichtsverfahren – kippt das BVerfG § 169 S. 2 GVG?, NJW 1996, 517; *ders.,* Die Saalöffentlichkeit ist auch in Zukunft ausreichend – § 169 S. 2 GVG darf nicht geändert werden, NJW 2001, 1622; **Kaulbach,** Verfassungskonformität des § 169 Satz 2 GVG, JR 2011, 51; **Knothe/Wanckel,** „Angeklagt vor laufender Kamera", ZRP 1996, 106; **Koschorreck,** Fernsehen im Gerichtssaal, JA 1997, 134; **Lehr,** Bildberichterstattung der Medien über Strafverfahren, NStZ 2001, 63; **Merk,** Erweiterung der Öffentlichkeit – mit Augenmaß, DRiZ 2013, 234; **Kujath,** Die Medienöffentlichkeit im „NSU-Prozess" Zur Vergabe von Medienplätzen im Strafprozess, AcP 2013, 269; **Lindner,** Der Schutz des Persönlichkeitsrechts des Beschuldigten im Ermittlungsverfahren, StV 2008, 210; **Marxen,** Tonaufnahmen während der Hauptverhandlung für Zwecke der Verteidigung, NJW 1977, 2188; **Mahrenholz,** Überlegungen zur Gerichtsöffentlichkeit, Betrifft Justiz 2013, 61; **Maul,** Bild- und Rundfunkberichterstattung im Strafverfahren, MDR 1970, 286; **Plate,** Wird das „Tribunal" zur „Szene"?, NStZ 1999, 391; **Ranft,** Verfahrensöffentlichkeit und „Medienöffentlichkeit" im Strafprozeß, Jura 1995, 573; **Roggemann,** Tonbandaufnahmen während der Hauptverhandlung, JR 1966, 47; **Rottländer,** Tonbandaufnahmen während der Hauptverhandlung, JR 1966, 47; *ders.,* Anspruch der Verfahrensbeteiligten auf Zugänglichmachung gerichtsinterner akustischer Mitschnitte der Hauptverhandlung vor den Land- und Oberlandesgerichten?, NStZ 2014, 138; **Schlüter,** Zur Beschränkung der Presse und Medienfreiheit durch sitzungspolizeiliche Anordnungen nach § 176 GVG, AfP 2009, 557; **Schuhmann,** Praktisch undurchführbar, juristisch fragwürdig: Die Videoübertragung in Strafprozess, DRiZ 2013, 254; **Siebrasse,** Ausschluß von Ton- und Fernseh-Rundfunkaufnahmen in Gerichtsverhandlungen, StV 2001, 661; **Tillmanns,** Urteilssponsoring – Gefahr für den fair trial?, ZRP 1999, 339; **Töppermann,** Der Anspruch auf Anonymisierung von Angeklagten in der Gerichtsberichterstattung, AnwBl. 2009, 708; **Walther,** Mehr Publizität oder mehr Diskretion?, JZ 1998, 1145; **Zuck,** Court TV: Das will ich sehen!, NJW 1995, 2082.

Ton- und Filmaufnahmen während der Hauptverhandlung T

1. a) Nach § 169 S. 2 GVG dürfen **während** der **HV keine** Ton- und Fernsehaufnahmen gemacht werden. Dieser Ausschluss ist verfassungsgemäß (BVerfG NJW 2001, 1633; s.a. BVerfG NJW 1996, 310 m.w.N. und 2008, 977; *Meyer-Goßner/Schmitt*, § 169 Rn 8 m.w.N. zur a.A., wie z.B. *Kaulbach* JW 2011, 51; s. aber § 17a BVerfGG). Der Verteidiger sollte, um die Presseberichterstattung über seinen Mandanten in dessen Interesse so gering wie möglich zu halten, gegenüber dem Vorsitzenden unbedingt auf Einhaltung dieses Verbots, von dem weder der Vorsitzende noch das Gericht eine Ausnahme zulassen dürfen, drängen. Das Verbot gilt **auch** für die **Urteilsverkündung** (BGHSt 22, 83) und **Ortsbesichtigungen** (BGHSt 36, 119), **nicht** jedoch während einer **Verhandlungspause** (BGHSt 23, 123; a.A. offenbar *Lehr* NStZ 2000, 64). Ggf. kann Journalisten untersagt werden, während der HV Notebooks zu benutzen, da/wenn in diese häufig Kamera und/oder Mikrofone integriert sind (s. wohl BVerfG NJW 2009, 352; 2014, 3013; → *Mitschreiben/Notebook in der Hauptverhandlung*, Rdn 1859). Ob § 169 S. 2 GVG Auch der Übertragung der HV aus dem Sitzungssaal in einen weiteren – vom Sitzungssaal einsehbaren – Raum entgegensteht, wird derzeit diskutiert (bej. von *Kühne* StV 2013, 419 in der Anm. zu BVerfG NJW 2013, 1293 [NSU-Verfahren]; *Schuhmann* DRiZ 2013, 254; zw. *Meyer-Goßner/Schmitt*, § 169 Rn 9; zur Diskussion um die Medienöffentlichkeit – ausgelöst u.a. durch das NSU-Verfahren – u.a. *Hassemer* ZRP 2013, 149; *Mahrenholz* Betrifft Justiz 2013, 61; *Franke* StraFo 2014, 361).

2671

☞ Der **Vorsitzende** kann grds. auch, was der Verteidiger beantragen sollte, im Rahmen der ihm zustehenden → *Sitzungspolizei*, Rdn 2527, Aufnahmen **im** und **vor** dem **Gerichtssaal** vor und nach der HV oder während zeitweiser Unterbrechungen **unterbinden** (s. BVerfG NJW 1996, 310; StraFo 2007, 284; NJW 2008, 977; *Lehr* NStZ 2001, 64 f.). Darüber hinaus entscheidet der Behördenleiter als Hausherr (dazu *Lehr* NStZ 2001, 66). Gegen dieses Verbot dennoch (im Gerichtsflur) aufgenommene Filme können sichergestellt werden (BGHSt 44, 23).

Das Verbot des § 169 S. 2 GVG umfasst nicht das **Fotografieren** und **Zeichnen** im Gerichtssaal während der mündlichen Verhandlung (*Lehr*, a.a.O.), allerdings kann der Vorsitzende das aufgrund der ihm zustehenden → *Sitzungspolizei*, Rdn 2527, unterbinden. Die sitzungspolizeiliche Gewalt nach § 176 GVG ermächtigt bei **unzulässiger Weise angefertigten Bildern** den Vorsitzenden zur Beschlagnahme des Aufnahmeträgers (LG Ravensburg NStZ-RR 2007, 348).

b) Der Vorsitzende kann Presse und Rundfunk **Ton-** und **Filmaufnahmen** im **Gerichtssaal gestatten**, jedoch nicht während des Gangs der eigentlichen HV (s.o. Rdn 2671; zu allem eingehend *Lehr* NStZ 2001, 63). Bei seiner Entscheidung, die er unter Berücksichtigung des § 176 GVG treffen muss (BGHSt 23, 123), hat er einerseits die schutzwürdigen Interessen der Beteiligten, insbesondere die des Angeklagten, und andererseits das Interesse der Allgemeinheit an der Unterrichtung über das Zeitgeschehen gegeneinander **abzuwägen**

2672

und dabei auch die Rundfunkfreiheit angemessen zu berücksichtigen (s.u.a. BVerfG NJW 1992, 3288; 1995, 184; 1996, 310; 2001, 1622; 2002, 2021 [auch im Verfahren mit Sicherheitsvorkehrungen ggf. zulässig]; 2003, 2523; 2008, 977; 2009, 2117; 2014, 3013; StraFo 2007, 284; wistra 2012, 145; krit./abl. zur HV vor Fernsehkameras *R. Hamm* NJW 1995, 760; *Huff* NJW 2001, 1622; *Siebrasse* StV 2001, 661, die in Ton- und Filmaufnahmen einen Widerspruch zum Recht des Angeklagten auf Resozialisierung sieht; krit. a. KK-*Diemer*, § 169 GVG Rn 13; *Eisenberg* StraFo 2007, 286 in der Anm. zu BVerfG StraFo 2007, 284; zur Abwägung a. *Lehr* NStZ 2001, 65; wegen der **Rechtsmittel** → *Sitzungspolizei*, Rdn 2542). Ein (vollständiger) Ausschluss von Fernsehaufnahmen greift nach dieser Rspr. i.d.R. in das Grundrecht der Rundfunkfreiheit aus Art. 5 Abs. 2 S. 2 GG ein (BVerfG NJW 1996, 310; 2000, 2890; 2002, 2021). I.d.R. wird daher in begrenztem Umfang die Berichterstattung vor oder nach der HV gestattet. Hat am ersten HV-Tag die Möglichkeit dazu bestanden, erfordert es das Interesse der Öffentlichkeit an einer möglichst authentischen Berichterstattung aber nicht, auch während des weiteren Verlaufs der HV die Berichterstattung zuzulassen (BVerfG NJW 2003, 2671; zur Poollösung EGMR NJW 2013, 521, BVerfG NJW 2014, 3013 [Begründungsanforderungen]).

2673 Bei der **Abwägung** sind das Informationsinteresse der Öffentlichkeit am jeweiligen Verfahrensgegenstand, aber auch die Schwere der zur Anklage stehenden Straftat sowie die öffentliche Aufmerksamkeit für den Prozess zu berücksichtigen (BVerfG NJW 2008, 977; 2009, 350; 2012, 2178; 2014, 3013; wistra 2012, 145; zur Abwägung Ahmed StV 2013, 202 in der Anm. zu LG Augsburg StV 2013, 202 mit Fallgruppen). Die **Persönlichkeitsrechte** des **Angeklagten** sind ggf. durch eine Anonymisierung/„Verpixelung" zu schützen (vgl. insbesondere BVerfG NJW 2009, 350; wistra 2012, 145; OLG Düsseldorf StV 2013, 200; zum Überwiegen des Interesses eines minderjährigen Straftäters, im Rahmen der Berichterstattung über die Tat nicht identifizierbar abgebildet zu werden, vgl. LG Hamburg StRR 2009, 162 [Ls.]). Allerdings kann das Schutzinteresse des Angeklagten dann gering(er) zu bewerten sein, wenn der Angeklagte ein Geständnis abgelegt hat (u.a. BVerfG NJW 2012, 2178). Andererseits darf auch das Resozialisierungsinteresse des Angeklagten nicht übersehen werden (inzidenter LG Augsburg, a.a.O.; *Ahmed*, a.a.O.), wird auch die Schwere der Straftat und die Länge einer ggf. noch zu verbüßenden Freiheitsstrafe eine Rolle spielen (müssen) (zu allem *Ahmed*, a.a.O.). Eine Abwägung ist auch für die Frage der Ablichtung von **Zeugen** und **SV** vorzunehmen (BVerfG NJW 2014, 3013).

2674 Zu beachten sind auch die **Persönlichkeitsrechte** der beteiligten **Richter**. Nach Auffassung des BVerfG ist das Informationsinteresse der Öffentlichkeit i.d.R. zwar auch auf die Personen gerichtet, die als Mitglieder des Spruchkörpers oder als Sitzungsvertreter an der Rechtsfindung im Namen des Volkes mitwirken. Dies führt dazu, dass von Richtern und Schöffen die Berichterstattung hinzunehmen ist (BVerfG NJW 2008, 977; 2009, 2117: zuletzt a. BVerfG NJW 2014, 3013), was m.E. fraglich ist (krit. a. KK-*Diemer*, § 169 Rn 13;

Eisenberg StraFo 2007, 286 in der Anm. zu BVerfG StraFo 2007, 284). Die Interessen der beteiligten Richter überwiegen das Berichterstattungsinteresse aber, wenn besondere Umstände Anlass zu der Befürchtung geben, eine Übertragung werde dazu führen, dass sie künftig erheblichen Beeinträchtigungen ausgesetzt sein werden (BVerfG NJW 2000, 2890; *Eisenberg*, a.a.O.). Dem kann/muss ggf. durch Anonymisierung der Personen entgegengewirkt werden (BVerfG NJW 2002, 2021; krit. *Bertram* JR 2002, 409 in der Anm. zu BVerfG, a.a.O.). Der Vorsitzende kann des Weiteren die Auflage geben, den Angeklagten nur dann bei Anwesenheit von Pressevertretern in den Sitzungssaal zu führen, wenn diese sich vorher verpflichten, sein Gesicht vor Veröffentlichung und Weitergabe der Aufnahmen an andere Fernsehanstalten so zu anonymisieren, dass nur eine Verwendung in anonymisierter Form möglich bleibt (BVerfG NJW 2003, 2523; s.a. wistra 2012, 145). Wenn der Angeklagte mit einer Veröffentlichung seines Bildes nicht einverstanden ist, muss eine Anonymisierung des Gesichts sichergestellt sein (sog. Pixelzwang; vgl. BVerfG StraFo 2007, 284; NJW 2008, 977; 2009, 350; wistra 2012, 145; OLG Düsseldorf StV 2013, 200; vgl. aber BVerfG NJW 2009, 2117; s. dazu a. LG Berlin, Urt. v. 5.5.2009 – 27 O 309/09, wonach das „Pixeln" von Augen-, Nase- und Mundpartie für eine hinreichende Anonymisierung nicht ausreichend ist). Nach Auffassung des BVerfG (a.a.O.) wird in das Informationsinteresse der Allgemeinheit auch eingegriffen, wenn dem Angeklagten und dem Verteidiger ein besonderer Zugang zum Sitzungssaal erlaubt wird.

c) Hinweise für den Verteidiger! 2675

Für das **Verfahren** ist auf Folgendes **hinzuweisen**:
- Die entsprechende Verfügung/Anordnung des Vorsitzenden bedarf einer **Begründung**, die eine konkrete Abwägung der widerstreitenden Interessen erkennen lässt. Diese Begründung ist lediglich dann entbehrlich, wenn die Gründe der Untersagung auf der Hand liegen (BVerfG NJW 2014, 3013 m. Anm. *Arnoldi* StRR 23014, 385 u. *Artkämper* StRR 2015, 22).
- Hat der Vorsitzende das Fotografieren/Filmen im Gerichtssaal **erlaubt**, ist auf Folgendes zu **achten**: Der Angeklagte ist nicht verpflichtet vor → *Aufruf der Sache*, Rdn 341, im Gerichtssaal anwesend zu sein. Er kann sich also **weigern**, diesen zu **betreten**, wenn (noch) fotografiert bzw. gefilmt wird (s.a. *Püschel* StRR 2009, 144 in der Anm. zu BVerfG NJW 2008, 977). Der Vorsitzende kann sein Erscheinen vor → *Aufruf der Sache*, Rdn 341, auch nicht anordnen bzw. zwangsweise durchsetzen (s.a. *Eisenberg*; *Püschel*, jew. a.a.O.).
- Ob die Maßnahmen des Vorsitzenden mit der → **Beschwerde**, Rdn 770, nach § 304 angegriffen können, ist/war umstritten (vgl. § 181 GVG; s. die Nach. bei → *Sitzungspolizei*, Rdn 2546). Nach der Rspr. des BVerfG (a.a.O.) blieb grds. nur die **Verfassungsbeschwerde** oder die einstweilige Anordnung (s.a. *Lehr* NStZ 2001, 66; s. → *Sitzungspolizei*, Rdn 2527), das BVerfG verlangt für die Zulässigkeit der Verfas-

sungsbeschwerde jetzt aber zuvor die Einlegung der Beschwerde (vgl. BVerfG, Beschl. v. 17.4.2015 – 1 BvR 3276/08). Die Monatsfrist des § 93 Abs. 1 BVerfGG beginnt von dem Zeitpunkt an zu laufen, in welchem der Beschwerdeführer von der in vollständiger Form abgefassten Entscheidung – sei es durch AE, sei es in sonstiger Form – in zuverlässiger Weise Kenntnis nehmen konnte (BVerfG NJW 2009, 2117; Beschl. v. 9.2.2012 – 1 BvR 289/12 [mit der Veröffentlichung einer Pressemitteilung, spätestens jedoch zu Beginn der ersten mündlichen Verhandlung]).

2676 2. Das Verbot des § 169 S. 2 GVG gilt **nicht** für **gerichtliche Ton-** und **Filmaufnahmen** für justizinterne Zwecke und für Zwecke der Verteidigung, wenn sie vor Missbrauch jeglicher Art und Fälschung gesichert werden (s. aber LR-*Wickern*, § 169 GVG Rn 47 unter Hinweis auf §§ 58a, 168e und 247a S. 4). Das gilt insbesondere für Tonbandaufnahmen von **Aussagen** des Angeklagten, Zeugen und SV sowie für Filmaufnahmen von der Einnahme eines **Augenscheins**, die vom Gericht oder auch vom Verteidiger im Verlauf des Verfahrens als **Gedächtnisstütze** verwendet werden sollen (vgl. z.B. BGHSt 19, 196; OLG Koblenz NStZ 1988, 42 [Aufnahme der mündlichen Urteilsbegründung als Gedächtnisstütze für die Urteilsabsetzung]). Das OLG Bremen (NStZ 2007, 481) sieht es auch als zulässig an, wenn die Tonaufnahme – auch ohne Zustimmung der Betroffenen – erfolgt, um sie ggf. in einem Parallelverfahren zu verwenden und um so den Ausschluss der Richter nach § 22 Nr. 5 zu vermeiden (vgl. a. → *Ausschluss eines Richters*, Rdn 453). Die Aussagen von Zeugen dürfen aber – ohne deren Einverständnis – für weiter gehende Zwecke nicht auf Tonband aufgenommen werden (OLG Schleswig NStZ 1992, 399 [Untersuchung durch einen SV]; vgl. zu allem i.Ü. a. *Kissel/Mayer*, § 169 GVG Rn 70 m.w.N.).

> Ton-/Bildaufnahmen des Gerichts werden i.d.R. Bestandteil der Akten und unterliegen dem **AER** des Verteidigers (Kissel/*Mayer*, § 169 Rn 76; LR-*Wickern*, § 169 GVG Rn 27). A.A. sind insoweit das OLG Koblenz (vgl. NStZ 1988, 42; → *Akteneinsicht für den Verteidiger während der Hauptverhandlung*, Rdn 279; allgemein zur AE des Verteidigers *Burhoff*, EV, Rn 145 ff.) und offenbar auch das OLG Bremen (NStZ 2007, 481; a.A. auch *Rottländer* NStZ 2014, 138). Denn dort ist es als zulässig angesehen worden, dass die zur Verfahrenssicherung vorgenommene Tonaufzeichnung auf einem – mit einem persönlichen Passwort gesicherten – PC des Vorsitzenden gespeichert und nicht in Abschrift zu den Akten genommen worden ist.

2677 3.a) Verteidiger und StA haben **keinen Rechtsanspruch** darauf, dass das Gericht bestimmte **Ausführungen** auf **Tonband aufnehmen** und dann schreiben lässt (OLG Hamburg MDR 1977, 688 [für den Schlussvortrag des StA]). A.A. sind *Marxen* (NJW 1977, 2190) und Beck-*Ignor/Sättele* (S. 406), die mit guten Gründen der Auffassung sind, dass das Gericht dem Verteidiger eigene Tonbandaufnahmen nicht grds. untersagen darf. Der Auffassung scheint auch das OLG Düsseldorf (NJW 1996, 1360) zuzuneigen, da es offenbar die Zulässigkeit der Tonaufzeichnung von Schlussvorträgen und die Untersagung dieser Maßnahme davon abhängig macht, ob eine missbräuchliche Benutzung der Tonaufnahme auszuschließen ist. Jedenfalls muss der Vorsitzende sein **Ermessen** pflichtgemäß ausüben (s. OLG Düsseldorf, a.a.O.).

👉 Mit **Zustimmung** des Vorsitzenden sind also **Tonbandaufnahmen**, die der Verteidiger oder der StA, insbesondere ggf. von ihrem Schlussvortrag (→ *Plädoyer des Verteidigers*, Rdn 2017) oder dem des anderen machen wollen, zulässig (*Meyer-Goßner/ Schmitt*, § 169 GVG Rn 12). M.E. bestehen auch keine Bedenken, eine Zeugenaussage auf Tonband aufzunehmen, wenn sich der Zeuge vor Beginn seiner Vernehmung damit einverstanden erklärt hat (s.a. KK-*Diemer*, § 169 GVG Rn 13 [für Tonbandaufnahmen des Gerichts]; s. aber BGHSt 19, 193; OLG Schleswig NStZ 1992, 399; weiter *Meyer-Goßner/Schmitt*, § 169 GVG Rn 13 [auch ohne Zustimmung]; s.a. noch OLG Bremen NStZ 2007, 481).

b) Verteidiger oder StA dürfen Vorgänge in der HV **nicht heimlich** aufnehmen oder aufnehmen lassen (*Meyer-Goßner/Schmitt*, § 169 GVG Rn 13). Der Vorsitzende kann die Tonbandaufnahme auch nicht vorab für die gesamte HV zulassen (OLG Düsseldorf NJW 1990, 2898).

2678

👉 Der Verteidiger oder StA muss einen entsprechenden **Antrag** stellen, wenn er eine Tonbandaufnahme machen will. Bei der Gestattung handelt es sich um eine Maßnahme der → *Verhandlungsleitung*, Rdn 2889, nach **§ 238 Abs. 2**, sodass im Fall der Ablehnung das Gericht angerufen werden kann. In außergewöhnlich gelagerten Fällen handelt es sich auch um eine sitzungspolizeiliche Maßnahme nach § 176 GVG (*Meyer-Goßner/ Schmitt*, a.a.O.).

4. Das **Verbot** des § 169 S. 2 GVG gilt **nicht** für **einfache Bildaufnahmen** (BGH MDR 1971, 188 [D]). Für sie gilt § 23 Abs. 1 und 2 KUG. Danach sind Aufnahmen und Verbreitung von Bildnissen von Personen der Zeitgeschichte grds. zulässig; dazu können auch Angeklagte eines Strafverfahrens gehören (BGH NJW 2011, 3153; vgl. dazu auch *Ahmed* StV 2013, 202 in der Anm. zu LG Augsburg StV 2013, 202). Zu diesen Personen zählen auch die sog. **relativen** Personen der **Zeitgeschichte**, also solche, die erst durch das Strafverfahren oder durch die in diesem untersuchte Tat zu solchen geworden sind. Es muss also entweder der Gegenstand des Verfahrens über das Alltägliche und häufig Wiederkehrende hinausgehen oder die Sache erhält durch die Person des Angeklagten für die Öffentlichkeit eine besondere Bedeutung (zur Abwägung zuletzt BGH, a.a.O.; OLG Hamburg StraFo 2012, 278; OLG München NJW 1963, 658; OLG Stuttgart NJW 1959, 643 [Ls.]). Bei sog. Kleinkriminalität wird ein Überwiegen des Informationsinteresses der Öffentlichkeit an einer Abbildung des Angeklagten eher fern liegen (OLG Hamburg, a.a.O.). Bei der Abwägung

2679

besonders zu berücksichtigen ist ggf. auch das besondere Schutzbedürfnis des zur Tatzeit und im Zeitpunkt der Aufnahme des Fotos jugendlichen Angeklagten, der sich auf dieses Schutzbedürfnis auch nach dem Eintritt der Volljährigkeit nach wie vor berufen kann (LG Hamburg StRR 2009, 162 [Ls.]).

🎵 Gegenüber einem rechtswidrigen Anfertigen von Bildnissen ist der Angeklagte zur **Notwehr** gem. § 32 StGB berechtigt. Er muss sich nicht darauf beschränken, sein Gesicht zu verdecken, sondern darf die Verteidigung wählen, die den Angriff sofort und endgültig beendet (OLG Hamburg, a.a.O.).

Siehe auch: → *Sitzungspolizei*, Rdn 2527.

2680 Tragen der Robe/Krawatte

2681 **Literaturhinweise: Beulke**, Kleider machen Strafverteidiger!? – oder: sitzungspolizeiliche Maßnahmen und die Mär vom „T-Shirt-Verteidiger", in: Festschrift für *Rainer Hamm*, 2008, S. 21; **Eylmann**, Satzungsversammlung soll Robenstreit beenden, AnwBl. 1996, 190; **Kirch-Heim**, Die Störung der Hauptverhandlung durch in §§ 177, 178 GVG nicht genannten, an der Hauptverhandlung beteiligte Personen, NStZ 2014, 431; **Leitner**, Was darf die Strafverteidigung? Über Amtstracht, verschleppte Prozesse, überlange Verfahren, Rügeverkümmerung und Berufsethos, StraFo 2008, 51; **Pielke**, Die Robenpflicht der Rechtsanwälte, NJW 2007, 3251; *ders.*, Wer bestimmt, was der Anwalt zur Robe trägt?, ZAP F. 23, S. 897; **Weihrauch**, Die Kleidung des Strafverteidigers, in: Festschrift für *Egon Müller*, 2008, S. 753; **Zuck**, Kleiderordnungen, NJW 1997, 2092.

2682 **1.a)** Nach § 20 S. 1 BORA ist der Verteidiger **verpflichtet**, vor Gericht **Amtstracht** zu tragen (vgl. a. BVerfG NJW 1970, 851). Dazu gehört im Allgemeinen die schwarze Robe, und zwar auch beim AG (Umkehrschluss aus § 20 S. 2 BORA). Ein (weißer) Quer- oder Längsbinder gehört m.E. nicht dazu, da § 20 S. 1 BORA nur die Robe erwähnt (s. allerdings *Dahs*, Rn 508 [„im Allgemeinen" weißer Längs-/Querbinder]; allgemein dazu *Scharmer*, in: *Hartung*, BORA/FAO, 5. Aufl. 2012, § 20 Rn 21 ff. [Robe ja, weißes Hemd/weiße Krawatte nein]; [verneinend] *Pielke* ZAP F. 23, S. 897 m.w.N.). Das LG Mannheim (NJW 2009, 1094) und das VG Berlin (NJW 2007, 793) zählen allerdings zur vollständigen Amtstracht des Rechtsanwalts (in Baden Württemberg bzw. Berlin) grds. auch die (weiße) Krawatte. Nach OLG München (NJW 2006, 3079) soll auch (nur) das Tragen farbiger Hemden und Krawatten in dezenter Ausführung, nicht aber das Tragen von T-Shirts erlaubt sein.

2683 **b)** Kommt der Verteidiger der Pflicht, in **Robe** aufzutreten, nicht nach und **weigert** er sich grds., kann das nach **h.M.** in entsprechender Anwendung von § 176 GVG (→ *Sitzungspolizei*, Rdn 2527) zur **Zurückweisung** für die betreffende Sitzung führen (BVerfGE 34, 138; BVerfG NJW 1970, 851; BGHSt 27, 34 ff.; KG NJW 1970, 482; OLG Karlsruhe NJW 1977, 309; *Wolff* NJW 1977, 1064 in der Anm. zu BGH NJW 1977, 437 KK-*Diemer*, § 176 GVG Rn 4; *Kirch-Heim* NStZ 2014, 431 ff., der das auf andere „Störungen" erweitern will; **a.A.** mit beachtlichen Argumenten noch KK-*Mayr*, 3. Aufl., § 176 Rn 4; Kissel/*Mayer*, § 176

GVG Rn 19 ff.; *Scheffler*, in: HBStrVf, Kap. VII Rn 61 ff.; wohl auch *Pielke* ZAP F. 23, S. 897, 900). A.A. ist insoweit auch wohl das OLG Celle (StraFo 2002, 301 f.) für das Tragen einer Krawatte, während das LG Mannheim (NJW 2009, 1094) das von dem Umständen des Einzelfalls abhängig machen will (abl. *Leitner* NJW 2009, 1096 in der Anm. zu LG Mannheim, a.a.O.). Fraglich ist in dem Zusammenhang insbesondere, ob das Nichttragen der Robe bzw. Krawatte eine Störung der HV darstellt, die deren Fortgang behindert. Da das i.d.R. nicht der Fall ist, ist mit der o.a. abweichenden Ansicht die Anwendbarkeit von § 176 GVG zu verneinen. Das gilt auf jeden Fall auch dann, wenn der Verteidiger unter der Robe nur ein weißes T-Shirt trägt (a.a. OLG München NJW 2006, 3079; wie hier *Pielke* NJW 2007, 3251; *Weihrauch* StV 2007, 27 in der Anm. zu OLG München, a.a.O.; *Meyer-Goßner/Schmitt*, § 176 GVG Rn 11).

☞ Trägt der Verteidiger **keine Krawatte**, kommt, da § 20 S. 1 BORA insoweit keine Regelung enthält, eine **Zurückweisung** m.E. **nicht** in Betracht (s. aber BVerfG NJW 2012, 2570; diff. LG Mannheim NJW 2009, 1094 [allerdings für den Nebenklägervertreter]). § 178 GVG scheidet schon vom Wortlaut her aus (OLG Celle StraFo 2001, 301), § 176 GVG ist wegen der fehlenden gesetzlichen Regelung m.E. auf keinen Fall anwendbar (teilw. a.A. LG Mannheim, a.a.O., das bei geschlossener Robe eine nur „geringe Störung" annimmt; s. aber BVerfG, a.a.O., das davon aus, dass die Zurückweisung eines Verteidigers, der sich trotz mehrfacher Aufforderung des Vorsitzenden weigert, in einem HV-Termin eine Krawatte anzulegen, allenfalls so leicht in die anwaltliche Berufsausübungsfreiheit eingreift, dass die Annahme einer gegen die Zurückweisung gerichteten Verfassungsbeschwerde nicht zur Durchsetzung der anwaltlichen Rechte aus Art. 12 Abs. 1 GG geboten sei). Hinzuweisen ist in dem Zusammenhang zudem auf § 59b Abs. 2 Nr. 6a BRAO (vgl. BVerfG, a.a.O. [abschließende Regelung]).

☞ Ein **Ablehnungsgesuch** soll mit der Zurückweisung aber nicht begründet werden können (→ *Ablehnungsgründe, Befangenheit*, Rdn 85 ff.; OLG Braunschweig NJW 1995, 2113). Geht man jedoch davon aus, dass ein Ablehnungsgrund dann vorliegt, wenn ein Pflichtverteidiger nur deshalb entbunden wird, weil er einen Pullover unter der Robe trägt (BGH NStZ 1988, 510), dürfte diese Rspr. nicht zutreffend sein.

2. Ein besonderes **Verfahren** ist für die Zurückweisung nicht vorgesehen. Da es sich um eine Maßnahme der Sitzungspolizei handelt, erfolgt die Zurückweisung nach § 176 GVG durch den **Vorsitzenden**.

2684

☞ Die Anrufung des Gerichts nach **§ 238 Abs. 2** zur Nachprüfung dieser Maßnahme ist zulässig (zu den Rechtsmitteln gegen sitzungspolizeiliche Maßnahmen → *Sitzungspolizei*, Rdn 2542).

| T | Tragen der Robe/Krawatte |

2685 Das Gericht wird im Zweifel nach Zurückweisung des Verteidigers die HV nach § 265 Abs. 4 wegen veränderter Sachlage **aussetzen** müssen (*Meyer-Goßner/Schmitt*, § 265 Rn 43; OLG Celle StraFo 2002, 355 [Fortführung in Abwesenheit des Verteidigers ist elementarer Verfahrensverstoß]; OLG Köln VRS 70, 21 [auf Antrag mindestens kurze Unterbrechung]; → *Aussetzung wegen veränderter Sach-/Rechtslage*, Rdn 498; → *Hinweis auf veränderte Sach-/Rechtslage*, Rdn 1737).

2686 Ggf. muss das Gericht dem Angeklagten einen **Pflichtverteidiger** bestellen. Die Bestellung eines (weiteren) Pflichtverteidigers ist aber nicht allein deshalb gerechtfertigt, weil der erste Verteidiger in der HV keine weiße Krawatte trägt (OLG Zweibrücken NStZ 1988, 144).

Siehe auch: → *Sitzungspolizei*, Rdn 2527.

U

Unaufmerksamer/schlafender Richter 2687

1. Fraglich ist, wie sich der Verteidiger verhalten soll, wenn er feststellt, dass einer der beteiligten Richter der HV nicht aufmerksam folgt. Die bloße Unaufmerksamkeit eines Richters ist nämlich nur dann absoluter Revisionsgrund nach § 338 Nr. 1, wenn sie sich über einen **erheblichen Zeitraum** erstreckt, z.B. bei **Übermüdung** (BGHSt 2, 14 f.; 11, 74, 77), **Ablenkung** durch Aktenstudium oder Durchsicht von Gefangenenbriefen (BGH NJW 1962, 2212; OLG Schleswig SchlHA 1982, 115 [E/L]; OLG Hamm NJW 2006, 1449 [schlafender StA]). Der Verteidiger muss entscheiden, ob er den Vorsitzenden auf diesen Umstand aufmerksam macht und eine Unterbrechung der HV beantragt oder ob er die Unaufmerksamkeit nicht rügen will. 2688

Entscheidet er sich für Letzteres, wird ihm in der Revisionsinstanz, wenn er einen „nicht unerheblichen Zeitraum" bestimmt behauptet, ggf. entgegengehalten, er habe den von ihm bemerkten Verfahrensverstoß durch **Arglist** verwirkt (vgl. *Dahs*, Rn 813; → *Verwirkung von Verteidigungsrechten*, Rdn 3262, 3269). In der **Revision** wird er zudem auch **Schwierigkeiten** haben, den „nicht unerheblichen Zeitraum" der Unaufmerksamkeit zu beweisen.

2. Das Gleiche gilt für den Fall des **schlafenden Richters** (vgl. u.a. für Schöffen BGH NStZ 1982, 41; *Meyer-Goßner/Schmitt*, § 338 Rn 15 m.w.N.; zum Revisionsvortrag BVerwG NJW 2001, 2898; OLG Hamm NJW 2006, 1449 [für „schlafenden" StA]). 2689

Unmittelbarkeitsgrundsatz 2690

Das Wichtigste in Kürze:
1. Der in § 250 normierte Unmittelbarkeitsgrundsatz räumt dem (persönlichen) Beweis durch Zeugen und SV Vorrang vor dem Urkundenbeweis ein.
2. § 250 bezieht sich nur auf Wahrnehmungen einer Person. Diese dürfen grds. nicht durch Verlesung von Urkunden und/oder Protokollen in das Verfahren eingeführt werden.
3. Mit der Revision kann später gerügt werden, dass der Zeugenbeweis – entgegen § 250 – durch den Urkundenbeweis ersetzt worden ist.

U Unmittelbarkeitsgrundsatz

2691 Literaturhinweise: **Beulke**, Die Unmittelbarkeit der Beweisaufnahme in der Hauptverhandlung, §§ 250 ff. StPO, JA 2008, 758; **Cornelius**, Konfrontationsrecht und Unmittelbarkeitsgrundsatz, NStZ 2008, 244; **Dahs**, „Wahrheitserforschung" contra Unmittelbarkeitsprinzip, StV 1988, 169; **Geppert**, Der Grundsatz der Unmittelbarkeit im deutschen Strafverfahren, 1979; *ders.*, Der Zeuge vom Hörensagen, Jura 1991, 538; **Krüger**, Erklärungen von Behörden, Sachverständigen und Ärzten im Strafprozess, in: Festgabe für *Imme Roxin*, 2012, S. 601; **Lesch**, Die Grundsätze der Mündlichkeit und Unmittelbarkeit im Strafverfahren, JA 1995, 691; **Mosbacher**, Zur Zulässigkeit vernehmungsergänzender Verlesung, NStZ 2014, 1; **Schmidt**, Der Ermittlungsführer als (Universal-)Zeuge der Anklage?!, NZWiSt 2014, 12; **Schünemann**, „Dienstliche Äußerungen" von Polizeibeamten im Strafverfahren, DRiZ 1979, 101; **Wömpner**, Zur Verlesung früherer Urteile, NStZ 1983, 294; s.a. die Hinw. bei den u.a. weiterführenden Stichwörtern.

2692 **1.a)** Der in § 250 normierte Unmittelbarkeitsgrundsatz (s. dazu *Beulke* JA 2008, 758 ff.; *Dahs* StV 1988, 169) räumt dem (persönlichen) Beweis durch **Zeugen** und **SV Vorrang** vor dem Urkundenbeweis ein (BGHSt 6, 209), wenn der Beweis einer Tatsache auf der Wahrnehmung einer dieser Beweispersonen beruht (vgl. dazu u. Rdn 2694). Auf diesen Vorrang können die Prozessbeteiligten nur im Fall des § 251 Abs. 1 Nr. 1, Abs. 2 Nr. 3 verzichten (→ *Verlesung von Protokollen früherer Vernehmungen/sonstiger Erklärungen*, Rdn 3014; → *Kommissarische Vernehmung eines Zeugen oder Sachverständigen*, Rdn 1793). Das Unmittelbarkeitsprinzip hat aber keinen Verfassungsrang (BVerfG NJW 1953, 177, 178; eingehend zum Unmittelbarkeitsgrundsatz *Beulke*, a.a.O.; *Lesch* JA 1995, 691 ff.). Zulässig – und ggf. von der → *Aufklärungspflicht des Gerichts*, Rdn 329, sogar gefordert – ist nach der Rspr. des BGH auch die **Ergänzung** der Vernehmung eines Zeugen durch Verlesung eines Protokolls oder einer schriftlichen Erklärung (vgl. BGHSt 51, 280; BGH NStZ 2014, 607; eingehend zu den Fragen grds.a. *Mosbacher* NStZ 2014, 1 ff.; a.A. *Gubitz/Bock* NJW 2008, 958).

> **Verboten** ist nach § 250 S. 2 nicht nur die **Verlesung** früherer Protokolle, sondern auch die **schriftlicher Erklärungen** (→ *Verlesungsverbot für schriftliche Erklärungen*, Rdn 2934). Das gilt aber nur für Aussagen von Zeugen, SV und Mitbeschuldigten i.S. des § 251 Abs. 1 Nr. 1, nicht jedoch für Aussagen von (Mit-)Angeklagten (SK-StPO/*Velten*, § 250 Rn 7 und § 251 Rn 10). Es dürfen i.Ü. auch deren schriftliche Erklärungen, wozu z.B. auch in anderen Verfahren abgegebene eidesstattliche Versicherungen/Erklärungen zählen, nach § 249 Abs. 1 verlesen werden (vgl. KK-*Diemer*, § 249 Rn 14; *Meyer-Goßner/Schmitt*, § 249 Rn 13; s. auch BGH NStZ 2012, 322).

2693 **b)** Die StPO selbst lässt in den §§ 251 ff. vom Unmittelbarkeitsgrundsatz **Ausnahmen** zu, um eine sonst erschwerte Beweisführung zu erleichtern (→ *Urkundenbeweis, Allgemeines*, Rdn 2721 m.w.N.). Darüber hinaus verbietet § 250 auch nicht, → *Zeugen vom Hörensagen*, Rdn 3545, zu hören (zur Zulässigkeit der Vernehmung des sachferneren anstelle des sachnäheren Zeugen im Hinblick auf die → *Aufklärungspflicht des Gerichts*, Rdn 329, BGH NStZ 2004, 50; NStZ-RR 2014, 152 [Ls.; ermittelnder Polizeibeamte anstelle des Ermittlungsrichters]). Besondere Bedeutung hat der Unmittelbarkeitsgrundsatz beim Einsatz von **V-Männern** und deren Vernehmung in der HV (→ *V-Mann in der Hauptverhandlung*, Rdn 3336). Eine Ausnahme vom Unmittelbarkeitsgrundsatz stellen auch die Vorschriften der §§ 247a, 255a dar, die den Einsatz von Videotechnik bei der Vernehmung von Zeugen erlauben (→ *Videovernehmung in der Hauptverhandlung*, Rdn 3307; → *Vorführung von Bild-Ton-Aufzeichnungen*, Rdn 3396).

2.a) § 250 bezieht sich nur auf **Wahrnehmungen** einer **Person**. Diese dürfen grds. nicht durch Verlesung von Urkunden und/oder Protokollen in das Verfahren eingeführt werden (*Meyer-Goßner/Schmitt*, § 250 Rn 12; OLG Hamm NStZ 2007, 542; zur Abgrenzung auch *Mosbacher* NStZ 2004, 1, 5 f.). Das gilt insbesondere für alle **Aufzeichnungen**, welche von einer Person sinnlich wahrgenommene Vorgänge und Zustände betreffen und schildern (vgl. u.a. BGHSt 27, 135, 137; zur Verletzung des Unmittelbarkeitsgrundsatzes durch Verlesung ärztlicher Bescheinigungen BGH NStZ 2010, 585; → *Verlesung von ärztlichen Attesten*, Rdn 2943). Das sind z.B. grds. **Vernehmungsprotokolle**, die nur in den gesetzlich vorgesehenen Fällen im Wege des Urkundenbeweises in das Verfahren eingeführt werden dürfen (zu den **Ausnahmen** → *Protokollverlesung nach Zeugnisverweigerung*, Rdn 2126; → *Protokollverlesung zur Gedächtnisstützung*, Rdn 2147; → *Verlesung von Geständnisprotokollen*, Rdn 2980; → *Verlesung von Protokollen früherer Vernehmungen/sonstiger Erklärungen*, Rdn 3014). **Zulässig** sind auch sog. **ergänzende** Verlesungen, die also die Vernehmung der Person nicht ersetzen sollen (eingehend mit Fallbeispielen *Mosbacher* NStZ 2014, 1 ff.; s.u.a. BGH NStZ 1995, 609; 2014, 607; StV 2008, 123; NStZ-RR 2014, 132 [Ci/Zi]).

2694

☞ Die Zulässigkeit folgt nicht aus der **Geltendmachung** eines → *Zeugnisverweigerungsrechts*, Rdn 3552, verbunden mit der Erklärung, die Verwertung der bei einer früheren Vernehmung gemachten Aussage zu gestatten (zur Zulässigkeit einer solchen Erklärung BGHSt 45, 203). Dadurch wird der Unmittelbarkeitsgrundsatz nicht mit der Folge eingeschränkt, dass dann grds. die unmittelbare Verwertung einer Aufzeichnung über die frühere Vernehmung durch Verlesung zulässig wäre. Der Verteidiger sollte eine entsprechende Anordnung des Vorsitzenden nach § 238 Abs. 2 beanstanden.

Zu den Wahrnehmungen i.S.d. § 250 gehören **auch seelische Empfindungen**, die unmittelbar durch sinnlich wahrgenommene Vorgänge ausgelöst werden sowie Gedanken und Überlegungen, die an solche anknüpfen (BGHSt 23, 213, 219). Wahrnehmungen eines beauftragten Richters bei der Durchführung einer → *kommissarischen Vernehmung eines Zeugen oder Sachverständigen*, Rdn 1793, können nicht im Wege der **dienstlichen Äußerung** des Richters als „gerichtskundig" in die HV eingeführt werden (BGHSt 45, 354), sondern müssen im Protokoll der Vernehmung festgehalten und dann ggf. nach § 251 verlesen werden (zum Vorhalt und zur Einführung sog. Dienstlicher Äußerungen eines Polizeibeamten eingehend *Schünemann* DRiZ 1979, 101 ff.; → *Vernehmung eines Polizeibeamten*, Rdn 3124).

2695

U Unmittelbarkeitsgrundsatz

    🕮 Ebenso kann nicht außerhalb der HV erlangtes (privates) Wissen des Richters (ohne förmliche Beweiserhebung hierüber) zum Nachteil des Angeklagten verwertet werden. Eine Ausnahme gilt nur für gerichtskundige Tatsachen, wenn sie zuvor, auch in ihrer Wertung als „gerichtskundig", zum Gegenstand der HV gemacht worden sind (BGH NStZ 2013, 357 für privaten Augenschein vom Tatort während laufender HV).

2696   b) Unter Wahrnehmungen i.S.d. § 250 fallen hingegen **nicht Schriftstücke, die eigene Willenshandlungen**, von unmittelbaren Wahrnehmungen unabhängige Gefühle, Gedanken oder Bemerkungen einer Person ausdrücken und **verkörpern**. Das können z.B. Mahnschreiben, Weisungen, Befehle, Aufzeichnungen und Pläne sein (BGHSt 6, 209, 212; KK-*Diemer*, § 250 Rn 5). § 250 verbietet auch nicht die Verlesung eines Schriftstücks, das selbst den Tatbestand einer mit Strafe bedrohten Handlung erfüllt (RGSt 22, 51 [für beleidigenden Brief]). Des Weiteren kann eine schriftliche Erklärung bei der **Beweiswürdigung** verwertet werden, wenn mit der Verlesung zugleich deren Urheber als Zeuge vernommen wird. Soweit dieser dabei die Verantwortung für die Richtigkeit seiner Erklärung übernimmt, kann das Gericht – im Wege der freien Beweiswürdigung – auch auf die inhaltliche Richtigkeit der schriftlichen Erklärung schließen (OLG Hamm NStZ 2007, 542 [für die Beweiserhebung über die Richtigkeit einer Postzustellung]).

2697   Eine **Ausnahme** besteht **weiterhin**, wenn der Hersteller einer schriftlichen Aufzeichnung die darin verzeichnete Beweistatsache nicht selbst wahrgenommen, sondern von ihr nur durch seine Einschaltung während einer **technischen/mechanischen Hilfstätigkeit** Kenntnis genommen hat. In diesen Fällen kann die Urkunde als das zuverlässige Beweismittel verlesen werden. Das ist z.B. möglich bei der Herstellung von **Abrechnungsstreifen** (Buchungsstreifen) anhand von Geschäftsbüchern (BGHSt 15, 253, 254), allgemein bei der Fertigung von Abschriften und für Schreibkräfte, die eine **Tonbandaufnahme übertragen** haben (BGHSt 27, 135, 137; s.a. BGH NStZ 2002, 493 [für den Bericht eines Polizeibeamten über im EV durchgeführte Übersetzungen einer Telefonüberwachung, die dann Grundlage der Übersetzung des in der HV tätigen Dolmetschers sind]) sowie bei der Übersetzung fremdsprachiger Urkunden oder für das von einem Testgerät ausgedruckte Protokoll über das Ergebnis einer **Atemalkoholmessung** (BGH NStZ 2005, 526) sowie für **Messprotokolle** für Geschwindigkeitsfeststellungen oder Videodistanzauswertungen (OLG Brandenburg NStZ 2005, 413; vgl. OLG Hamm VA 2008, 52; NStZ-RR 2009, 151; zu Eichscheinen OLG Jena VRS 114, 37; → *Urkundenbeweis, Allgemeines*, Rdn 2721).

2698   *Beispiel:*
Aufgrund gerichtlicher Anordnung ist der Fernsprechverkehr des Angeklagten mit einem Zeugen überwacht worden. Von den festgehaltenen Ferngesprächen wurden Niederschriften angefertigt, die in der HV verlesen worden sind. Das ist vom BGH nicht als Ver-

stoß gegen § 250, sondern als zulässig angesehen worden (BGHSt 27, 135; → *Telefonüberwachung, Verwertung der Erkenntnisse in der Hauptverhandlung*, Rdn 2633).

3. Mit der **Revision** kann später gerügt werden, dass der Zeugenbeweis – entgegen § 250 – durch den Urkundenbeweis ersetzt worden ist. 2699

☝ Da es sich um eine Verfahrensrüge handelt, gelten die strengen Anforderungen des § 344 Abs. 2 S. 2 (→ *Revision, Begründung,* **Verfahrensrüge**, Rdn 2322).
Ein Antrag gemäß § 238 Abs. 2 ist nicht Voraussetzung dafür, dass der Verstoß mit der Revision zulässig geltend gemacht werden kann (BGH NStZ 2012, 585; s. aber BGH NStZ 2011, 300).

Zur Begründung muss der Verteidiger z.B. **vortragen**, welchen Inhalt die Urkunde hat, ob der Verfasser in der HV als Zeuge vernommen worden ist oder hätte vernommen werden können und dass der Urkundeninhalt im Urteil verwertet wurde (*Meyer-Goßner/Schmitt*, § 250 Rn 15 m.w.N.; vgl. a. OLG Düsseldorf StV 1995, 458; zur [verneinten] Verletzung des Unmittelbarkeitsgrundsatzes durch Verlesung eines nach § 209 ergangenen Vorlagebeschlusses BGHSt 43, 360; zur → *Akteneinsicht für Schöffen*, Rdn 284, s. BGHSt 43, 36). 2700

Siehe auch: → *Protokollverlesung zur Gedächtnisstützung*, Rdn 2147; → *Urkundenbeweis, Allgemeines*, Rdn 2721 m.w.N.; → *Verlesung von Protokollen früherer Vernehmungen/ sonstiger Erklärungen*, Rdn 3014; → *Vorhalt aus und von Tonbandaufnahmen*, Rdn 3420; → *Vorhalt aus und von Urkunden*, Rdn 3424.

Unterbrechung der Hauptverhandlung 2701

Das Wichtigste in Kürze:
1. Die Unterbrechung der HV ist in bestimmten zeitlichen Grenzen zulässig.
2. Die mögliche Dauer der Unterbrechung ist in § 229 geregelt.
3. Nach der Unterbrechung muss erneut eine Sachverhandlung stattfinden.
4. Der Ablauf der Unterbrechungsfrist kann durch Krankheit des Angeklagten gehemmt werden.
5. Über die Unterbrechung entscheidet das Gericht.
6. In einigen Fällen normiert das Gesetz einen Anspruch auf Unterbrechung.

Literaturhinweise: Behm/Wesemann, Die neue Frist des § 229 Abs. 1 StPO und welche Probleme sich daraus ergeben, StraFo 2006, 354; **Bertram**, Empfehlen sich Änderungen des Strafverfahrensrechts mit dem Ziel, ohne Preisgabe rechtsstaatlicher Grundsätze den Strafprozeß, insbesondere in der Hauptverhandlung, zu beschleunigen?, NJW 1994, 2186; **Deutscher**, Sachverhandlung versus „Schiebetermin", StRR 2012, 44; **Hirtz/Sommer**, 1. Justizmodernisierungsgesetz, 2004; **Keller/Meyer-Mews**, Anforderungen an das Beschleunigungsgebot in 2702

U Unterbrechung der Hauptverhandlung

Haftsachen während der Hauptverhandlung und nach dem Urteil, StraFo 2005, 353; **Knauer/Wolf**, Zivilprozessuale und strafprozessuale Änderungen durch das Erste Justizmodernisierungsgesetz – Teil 2: Änderungen der StPO, NJW 2004, 2932; **Lilie**, Die Zehn-Tage-Frist als Widerspruch zur Konzentrationsmaxime, in: Festschrift für *Lutz Meyer-Goßner*, 2001, S. 483; **Mandla**, „Wesentliche Förderung" und „Verhandeln zur Sache" – Probleme des § 229 StPO, NStZ 2011, 1; **Michel**, Zur wirksamen Unterbrechung einer Hauptverhandlung, zfs 2000, 373; **Scheffler**, Verkürzung durch Verlängerung? Zugleich eine Besprechung von BGH, Urt. v. 3.8.2006 – 3 StR 199/06, ZIS 2007, 386; **Schlothauer**, Eintritt des Ergänzungsrichters in die Hauptverhandlung oder Hemmung der Unterbrechungsfrist, in: Festschrift für *Egon Müller*, 2008, S. 641; **Schlüchter**, Beschleunigung des Strafprozesses und insbesondere der Hauptverhandlung ohne Rechtsstaatsverlust, GA 1994, 397; **Schmitz**, Erkrankungen während laufender Hauptverhandlung, NStZ 2010, 128; **Sommer**, Moderne Strafverteidigung – Strafprozessuale Änderungen des Ersten Justizmodernisierungsgesetzes, AnwBl. 2004, 506; *ders.*, Moderne Strafverteidigung – Strafprozessuale Änderungen des Ersten Justizmodernisierungsgesetzes, StraFo 2004, 295; **Wölfl**, Der Schiebetermin – legaler Ausweg oder unzulässiger Kunstgriff?, JuS 2000, 277; **Zieschang**, Die Problematik der wiederholten Anwendung des § 229 Abs. 3 StPO, StV 1996, 115.

2703 1. Unterbrechung der HV ist – im Gegensatz zur Aussetzung – jeder verhandlungsfreie Zeitraum, der die **zeitlichen Grenzen** des **§ 229 nicht überschreitet** (*Meyer-Goßner/Schmitt*, § 228 Rn 1). Alles andere ist Aussetzung der HV (zum Begriff der Aussetzung → *Aussetzung der Hauptverhandlung, Allgemeines*, Rdn 462 m.w.N.).

> Der **BGH** geht aber neuerdings davon aus, dass das Gericht dann, wenn in der HV „noch keine Erträge erzielt worden sind", die bei einer Aussetzung aber erneut gewonnen werden müssten, es in der Entscheidung, ob es die HV unterbricht oder sie aussetzt, **grds. frei** ist (BGHSt 52, 24; krit. dazu im Hinblick auf den gesetzlichen Richter *Meyer-Goßner/Schmitt*, § 228 Rn 2; LR-*Becker*, § 228 Rn 2; → *Aussetzung der Hauptverhandlung, Allgemeines*, Rdn 462 m.w.N.).

2704 2.a) Die mögliche **Dauer** der Unterbrechung ist in § 229 geregelt, dessen Abs. 2 allerdings nicht für die → *Urteilsverkündung*, Rdn 2761, gilt. Insoweit gilt § 268 Abs. 3 S. 2 (vgl. u.a. BGH NJW 2007, 96; 2007, 3013 [Ls.]; StV 2006, 516; 2007, 458 m.w.N.; 2015, 280). § 229 hat durch das 1. JuMoG wesentliche Änderungen erfahren. Während früher die Unterbrechungsfrist grds. nur jeweils zehn Tage betragen hat, ist sie nun auf drei Wochen verlängert worden. Der Gesetzgeber geht davon aus, dass dadurch die Einheitlichkeit und Unmittelbarkeit der HV (noch) nicht beeinträchtigt ist (BT-Drucks 15/1508, S. 25; krit. *Mandla* NStZ 2011, 1 ff.; *Sommer* StraFo 2004, 297; *Hirtz/Sommer*, 1. Justizmodernisierungsgesetz, S. 84 f.; *Behm/Wesemann* StraFo 2006, 354; *Scheffler* ZIS 2007, 386; *Knauer/Wolf* NJW 2004, 2932; 2934; für die vollständige Abschaffung der Vorschrift *Bertram* NJW 1994, 2187).

2705 Es darf
- nach § 229 Abs. 1 **jede** HV auch **mehrmals** bis zu **drei Wochen** unterbrochen werden,
- nach § 229 Abs. 2, wenn an jeweils **mindestens zehn** Tagen verhandelt worden ist, die HV auch bis zu **einem Monat** unterbrochen werden.

Unterbrechung der Hauptverhandlung U

⚜ Entscheidend für die Anwendung des § 229 Abs. 2 ist, dass **insgesamt zehn HV-Tage stattgefunden** haben. Dann kann für einen Monat unterbrochen werden. Haben dann erneut zehn HV-Tage stattgefunden, kann erneut – „jeweils" – für einen Monat unterbrochen werden (BGH StV 2014, 2 m. Anm. *Burhoff* StRR 2013, 384; *Meyer-Goßner/Schmitt*, § 229 Rn 3; krit. *Knauer/Wolf* NJW 2004, 2934; *Hirtz/Sommer*, 1. Justizmodernisierungsgesetz, S. 85 f.). Eine zunächst kürzer bemessene Frist kann bis auf einen Monat verlängert werden (*Meyer-Goßner/Schmitt*, a.a.O. m.w.N.). bei mehrfacher Anwendung der Regelung muss allerdings eine rechtsstaatswidrige *Verfahrensverzögerung*, Rdn 2825, ausgeschlossen sein (BGH, a.a.O.).

⚜ Der Verteidiger kann sich gegenüber dem Gericht nicht mit noch längeren Unterbrechungsfristen einverstanden erklären. Das Gesetz geht davon aus, dass (nur) bei Einhaltung der o.a. Fristen die Einheitlichkeit und Unmittelbarkeit der HV noch gewahrt ist. Deshalb sind die Fristen auch für den Angeklagten und seinen Verteidiger **nicht disponibel** (s.a. BGH NJW 1996, 3019 [Dauer der Unterbrechung durch das Gesetz begrenzt]).

b) Die (Neu-)**Regelung** der Unterbrechungsfristen ist im Hinblick auf den **Beschleunigungsgrundsatz** (→ *Haftfragen*, Rdn 1653) m.E. **problematisch** (s.a. *Sommer* StraFo 2004, 297; *Hirtz/Sommer*, 1. Justizmodernisierungsgesetz, S. 85; *Keller/Meyer-Mews* StraFo 2005, 353; *Behm/Wesemann* StraFo 2006, 354; *Scheffler* ZIS 2007, 386; wohl a. *Meyer-Goßner/Schmitt*, § 229 Rn 1, 11). Sie führt z.B. bei „konsequenter" Anwendung dazu, dass ggf. in einem Jahr nur 17 HV-Tage stattfinden (*Hirtz/Sommer*, a.a.O.). M.E. muss die Regelung daher im Hinblick auf Art. 6 Abs. 3 Buchst. a) MRK und vor allem in Haftsachen im Hinblick auf Art. 5 Abs. 2 MRK (einschränkend) ausgelegt/angewendet werden. Das führt dazu, dass bei der Prüfung der Unterbrechung und der Terminierung die Grundsätze des BVerfG zum Beschleunigungsgrundsatz Vorrang haben müssen und eine Ausschöpfung der Fristen nach Möglichkeit vermieden werden muss (s. aber BGH NStZ 2006, 296, wonach allenfalls in außergewöhnlich gelagerten Einzelfällen die Ausschöpfung der Fristen zu einer beanstandenswerten → *Verfahrensverzögerung*, Rdn 2825, führt; krit. zur Neuregelung aber BGH NJW 2006, 3077; vgl. auch noch den Hinw. in BGH StV 2014, 2 auf „Verfahrensverzögerung"). Das OLG Hamm (StraFo 2006, 25) hat zudem darauf hingewiesen, dass die Neuregelung **nicht** zur **Umgehung** der **§§ 121, 122** führen dürfe. Das wäre z.B. wohl dann der Fall, wenn der Beginn der HV im Hinblick auf die Haftprüfung durch das OLG noch innerhalb der Sechs-Monats-Frist des § 121 terminiert würde, dann aber unter Ausschöpfung der Fristen des § 229 Abs. 2 weiterverhandelt würde (→ *Haftfragen*. Rdn 1653; → *Terminsbestimmung/Terminsverlegung*, Rdn 2646). Ein vollständiger Wegfall der Vor-

2706

schrift (s. dazu *Bertram* NJW 1994, 2187) wird allerdings kaum in Betracht kommen: Auch wird man den Vorschlag von *Mandla* (NStZ 2011, 1, 9 ff.), die Vorschrift durch eine Pflicht zu unverzüglichen Fortsetzung einer unterbrochenen HV nach Wegfall des Hindernisses – ergänzt durch ein Beschwerderecht – kaum befürworten können, da die Abgrenzungskriterien der „Unverzüglichkeit" viel zu unbestimmt sind, um die klare „Fristenregelung" des § 229 ersetzen zu können (ablehnend auch *Deutscher* StRR 2012, 44, 49; befürwortend *Meyer-Goßner/Schmitt*, § 229 Rn 1).

2707 3. Die HV muss nach der Unterbrechung mit derselben Besetzung des Gerichts fortgesetzt werden, und zwar muss eine **Sachverhandlung**, also eine das Verfahren fördernde Verhandlung, stattfinden (dazu aus neuerer Zeit BGH NStZ 2011, 532; 2012, 343 m. Anm. *Deutscher* StRR 2012, 224; 2014, 220 m.w.N.; StraFo 2011, 395; LR-*Becker*, § 229 Rn 10; *Deutscher* StRR 2012, 44; *Mandla* NStZ 2011, 1 ff.; *Michel* zfs 2000, 373). Ein bloß formeller Verhandlungstag reicht nicht (vgl. die vorstehend zitierte BGH-Rspr., insbesondere BGH NStZ 2014, 220; StraFo 2011, 395). Eine Sachverhandlung liegt allerdings auch dann vor, wenn sie unter einem Verfahrensfehler leidet (zuletzt BGH NStZ-RR 2004, 270 [Ls.; für Fehlen des erforderlichen Dolmetschers]; Beschl. v. 16.12.2014 – 1 StR 496/14 für ggf. bei einem Mitangeklagten bestehende Verhandlungsunfähigkeit). Nach Auffassung des BGH reicht eine auch nur geringfügige Beweisaufnahme und/oder die Erörterung von Verfahrensfragen (BGH NJW 2009, 384; NStZ 2011, 229; 2014, 220), wobei es offenbar auf die subjektive Sicht des Gerichts ankommen soll („was war geplant?"; krit. dazu *Burhoff* StRR 2009, 222 in der Anm. zu BGH NJW 2009, 384). Äußerste Grenze ist der „Schiebetermin" (vgl. dazu a. BGH NJW 2006, 3077; zur Abgrenzung des Schiebetermins zur Sachverhandlung *Deutscher*, a.a.O.) bzw. der Termin, der das Verfahren nicht mehr „substanziell weiterbringt" (BGH NStZ 2008, 115; zu den Anforderungen an die Revisionsbegründung s. BGH NStZ-RR 2009, 288). Allerdings schadet allein die Absicht, einen „Schiebetermin" durchzuführen, nicht, wenn in der dann durchgeführten HV objektiv zur Sache verhandelt wird (BGH NJW 2006, 3077; s.a. noch BGH StraFo 2011, 395 m. Anm. *Burhoff* StRR 2011, 343, wo der Termin bei seiner Anberaumung vom Vorsitzenden ausdrücklich als „Schiebetermin" bezeichnet worden ist).

Dazu folgende **Rechtsprechungsbeispiele**:

2708 **nicht ausreichend** für eine Sachverhandlung ist

- das bloße **Bestimmen** eines neuen **Termins** (BGH NJW 1999, 3277 [Ls.]; OLG Hamm, Beschl. v. 29.4.2003 – 4 Ss 106/03, www.burhoff.de),
- die **Bestellung** eines **anderen Pflichtverteidigers** nur für den einen Sitzungstag wegen Verhinderung des Pflichtverteidigers (BGH, a.a.O.),
- die bloße **Erörterung**, ob und **wann** die HV **fortgesetzt** werden kann (KK-*Gmel*, § 229 Rn 6 m.w.N.),

Unterbrechung der Hauptverhandlung · U

- nach einem → *Wiedereintritt in die Beweisaufnahme*, Rdn 3458, zur Einholung eines psychiatrischen Gutachtens bei einem Fortsetzungstermin als „Brückentermin" bis zur Anhörung des SV, wenn es (nur) zu **Beweiserhebungen** kommt, die bei einer Gesamtschau der Umstände **nicht** die **substanzielle Förderung des Verfahrens**, sondern ausschließlich die formale Wahrung der Unterbrechungsfrist bezwecken (BGH NStZ 2012, 343 m. Anm. *Deutscher* StRR 2012, 224),
- „**Umbeiordnung**" einer Nebenklagevertreterin (offen gelassen von BGH NStZ 2011, 229),
- das bloße Protokollieren des Vollzugs des Selbstleseverfahrens, wenn die Anordnung des Selbstleseverfahren bereits in einem früheren HV-Termin getroffen worden war (BGHSt 58, 89 m. Anm. *Arnoldi* NStZ 2013, 475; vgl. a. BGH NStZ 2008, 115; → *Selbstleseverfahren*, Rdn 2504),
- eine bloße **Scheinverhandlung**/ein bloßer **Schiebetermin** (BGH NJW 1996, 3019; NStZ 2011, 532), wovon auszugehen ist, wenn einheitliche Verfahrensvorgänge, insbesondere Beweisaufnahmen, willkürlich in mehrere kurze Verfahrensabschnitte zerstückelt und diese auf mehrere Verhandlungstage verteilt werden und somit die Verhandlung lediglich erfolgt, um die Bestimmung des § 229 zu **umgehen** (vgl. BGH NStZ 2008, 115; 2011, 532; dazu a. *Wölfl* JuS 2000, 277; krit. zu Schiebeterminen im Hinblick auf die Neuregelung *Meyer-Goßner/Schmitt*, § 229 Rn 11; *Behm/Wesemann* StraFo 2006, 354 und a. wohl BGH NJW 2006, 3077; zur Abgrenzung zur Sachverhandlung Deutscher StRR 2012, 44 ff.; *Mandla* NStZ 2011, 1 ff.); das ist z.B. angenommen worden bzw. dürfte anzunehmen sein in folgenden

Beispielsfällen (vgl. auch noch *Deutscher* StRR 2012, 44, 45): 2709

- bei Aufteilung eines zweiseitigen **Briefes** in Abschnitte von jeweils ein bis vier Sätzen auf 20 HV-Tage (BGH, Beschl. v. 2.10.1997 – 4 StR 412/97, mitgeteilt in NStZ 1998, 366 [Ls.]),
- bei **Entpflichtung** und **Bestellung** eines **Pflichtverteidigers** und die Protokollierung des Vollzugs des Selbstleseverfahren nach § 249 Abs. 2 S. 3, dessen Anordnung bereits in einem früheren HV-Termin erfolgt war (BGH NStZ 2008, 115; s. auch BGHSt 58, 89; → *Selbstleseverfahren*, Rdn 2504),
- bei Aufteilung der Verlesung einer aus nur drei Eintragungen bestehenden **Registerauskunft** auf drei Termine (BGH NStZ 2008, 115),
- für einen nur „Acht-minütiger Kurztermin", in dem die **Verlesung** eines Durchsuchungsberichts sowie des zugehörigen Durchsuchungs- und Sicherstellungsprotokolls erfolgt ist, was, da die Angeklagten seit Anfang an geständig waren, **nicht erforderlich** war (BGH NStZ 2011, 532),
- bei **Verlesung** einer **Urkunde**, die erkennbar in Anwesenheit eines SV noch einmal verlesen werden muss (OLG Koblenz StV 1997, 288 [für Verlesung einer Auskunft]),

- bei **Wiederholung** einer Beweiserhebung ohne rechtfertigenden Grund (BGH NJW 1999, 3277 [Ls.; für Wiederholung der an einem anderen HV-Tag bereits getroffenen Feststellung, dass die Auskunft aus dem BZR keine Eintragungen enthält]; so zutreffend a. *Wölfl* NStZ 1999, 43 in der Anm. zu BGH NJW 1996, 3019), da dadurch der Prozess nicht gefördert wird.

☞ Will der Verteidiger in der **Revision** eine „Scheinverhandlung" rügen, ist im Fall der teilweisen Verlesung von Urkunden der **Inhalt** der verlesenen Dokumente **mitzuteilen** (BGH NStZ 1998, 366 [Ls.]).

2710 **ausreichend** für eine Sachverhandlung kann sein (s.a. LR-*Becker*, § 229 Rn 14)

- die Erörterung eines **Ablehnungsgesuchs** (so BGH, Urt. v. 7.11.1978 – 1 StR 470/78; s.a. BGH NStZ 1990, 228 [M]; zw. *Meyer-Goßner/Schmitt*, § 229 Rn 11),
- die Mitteilung des Vorsitzenden, dass benannte Zeugen geladen worden seien, **Beweisanträgen** somit stattgegeben wurden (NStZ 2011, 229 m.w.N.),
- bei **mehreren Angeklagten** die „Sachverhandlung" gegen einen von ihnen (BGH MDR 1975, 23 [D]; KK-*Gmel*, § 229 Rn 69),
- die Verlesung eines zuvor weder den Schöffen noch gesichert dem Angeklagten persönlich bekannt gegebenen **Haftbeschwerdebeschlusses** (BGH NStZ 2009, 225),
- die Erörterung des **Nichterscheinens** eines **Zeugen** (KK-*Gmel*, a.a.O.; s. wohl BGH NStZ 2000, 606; s.a. BGH, Urt. v. 15.5.1956 – 5 StR 105/56 [1½-stündige Erörterung mit Verzicht auf die Vernehmung des nicht erschienenen Zeugen reicht als Sachverhandlung]; a.A. OLG Celle StV 1992, 101) und/oder der **Erlass** eines **Ordnungsmittel-** und Kostenbeschlusses gegen einen nicht erschienenen **Zeugen** (BGH NStZ 2000, 606),
- die Erörterung der **Verhandlungsfähigkeit** des Angeklagten (BGHR § 229 I Sachverhandlung 1; offengelassen von BGH NJW 2006, 3077; OLG Düsseldorf StV 1997, 282; a.A. LG Düsseldorf StV 1997, 284; 1996, 154; KK-*Gmel*, a.a.O.; zw. *Meyer-Goßner/Schmitt*, § 229 Rn 11),
- Verlesung eines Telefaxschreiben, mit dem der Angeklagte ein „Ärztliches Attest" zur Entschuldigung seines Ausbleibens übermittelt hat, und **Erörterung** der Frage, ob gegen den Angeklagten ggf. nach § 231 Abs. 2 weiter verhandelt werden kann (BGH NStZ 2014, 220; ähnlich OLG Düsseldorf StV 1997, 282; → *Verhandlung ohne den Angeklagten*, Rdn 2853),
- die Feststellungen des Vorsitzenden nach § 249 Abs. 2 S. 2 zur **Anordnung** des → *Selbstleseverfahrens,* Rdn 2504, (BGHSt 58, 59 m. Anm. *Arnoldi* NStZ 2013, 475), nicht ausreichend ist allerdings, wenn die Anordnung des Selbstleseverfahren bereits in einem früheren HV-Termin getroffen worden war und dann lediglich noch der Vollzug protokolliert wird (BGHSt, a.a.O.; vgl. a. BGH NStZ 2008, 115),

- die Erörterung von **Verfahrensfragen** (Haftfragen), und zwar auch dann, wenn die HV aufgrund unvorhersehbarer Ereignisse nur in wesentlich geringerem Umfang als vorgesehen, insbesondere nur durch eine Entscheidung über die Unterbrechung des Verfahrens nach § 228 gefördert werden kann (BGH NJW 2009, 384 [m.E. zw.; s.a. Burhoff StRR 2009, 222 in der Anm. zu BGH; a.a.O.]; s. aber BGH NJW 2006, 3077),
- Verlesung des **BZR-Auszugs** (BGH StraFo 2011, 395; s.a. noch BGH NJW 2006, 3077),
- i.d.R. die **Verlesung** einer **Urkunde** (BGH NJW 1996, 3019; 2006, 3077; StraFo 2011, 395), und zwar grds. auch nur eines Teils (BGH NStZ 1998, 366 [Ls.]; s. aber o.).

☞ Insbesondere im letzten Fall muss der Verteidiger sorgfältig **prüfen**, ob eine Fortsetzungsverhandlung tatsächlich Sachverhandlung war oder die Verhandlung nur formal und „**zum Schein**" **fortgesetzt** worden ist. Davon ist der BGH z.B. ausgegangen, wenn die Verlesung einer nur zwei Seiten umfassenden Strafregisterauskunft ohne nachvollziehbaren, sachlich anzuerkennenden Grund auf drei Termine aufgeteilt worden ist (BGH NJW 1996, 3019; s.a. noch BGH NStZ 2011, 532). Entscheidend wird immer sein, ob und wie das Verfahren gefördert worden ist (*Wölfl* NStZ 1999, 43 in der Anm. zu BGH, a.a.O.; vgl. dazu auch *Deutscher* StRR 2012, 44, 46 ff.).

4.a) Bei der **Berechnung** der **Fristen** wird weder der Tag der Unterbrechung noch der Tag der Wiederaufnahme der Verhandlung mitgerechnet, da es sich um Zeiträume handelt; § 43 findet also keine Anwendung (BGH NStZ 2014, 469). Deshalb bestimmt § 229 Abs. 4 S. 2, dass die HV am nächsten Werktag fortgesetzt werden kann, wenn der Tag nach Ablauf der Frist ein Sonntag, ein allgemeiner Feiertag oder ein Sonnabend ist.

2711

Beispiel:
Die Unterbrechung der HV für drei Wochen wird angeordnet am Mittwoch, den 11.3.2015. Der Fortsetzungstermin muss dann erst stattfinden am Dienstag, den 7.4.2015. Die Drei-Wochen-Frist beginnt am 12.3.2015 und endet zwar bereits am Donnerstag, dem 2.4.2015, der nächste Werktag ist aber erst der 7.4.2015 (3.4.2015 = Karfreitag, 4.4.2015 = Samstag, 5.4.2015 = (Oster-)Sonntag, 6.4.2012 = Ostermontag).

b) Der **Ablauf** der Unterbrechungsfrist kann nach § 229 Abs. 3 bei einer HV, die bereits an mindestens zehn Tagen stattgefunden hat, **gehemmt** werden, wenn der Angeklagte oder eine zur Urteilsfindung berufene Person (Berufsrichter oder Schöffe) wegen **Krankheit** nicht erscheinen kann (vgl. dazu eingehend *Schmitz* NStZ 2010, 128). Es ist geplant, die Hemmung auf „Gründe höherer Gewalt" auszudehnen (→ *Gesetzesnovellen*, Rdn 1626). Unter Krankheit ist ein krankhafter körperlicher Zustand zu verstehen, der das **Erscheinen** der betroffenen Person in der **HV unmöglich** macht (vgl. für Zeugen *Meyer/Goßner/ Schmitt*, § 223 Rn 4). Dabei kommt es darauf an, ob es z.B. dem Richter trotz seines Gesund-

2712

heitszustandes zumutbar ist, zur HV zu erscheinen und an ihr teilzunehmen (LR-*Becker*, § 229 Rn 21). Das LG Bremen (Beschl. v. 28.4.2010 – 22 Ks 210 Js 2251/09) hat die Vorschrift unter Hinweis auf ihren Sinn und Zweck entsprechend angewendet auf das gesetzlich zwingend vorgeschriebene Beschäftigungsverbot aus § 6 Abs. 1 S. 1 MuSchG nach /Schwangerschaft/Entbindung einer Richterin.

2713 Die Hemmung kann für längstens **sechs Wochen** eintreten (wegen der Einzelh. s. § 229 Abs. 3 und die Komm. bei *Meyer-Goßner/Schmitt*, § 229 Rn 5 ff.; KK-*Gmel*, § 229 Rn 11 ff.; zur Berechnung der Frist BGH StV 1994, 5 m.w.N. und NStZ 1998, 366 [Ls.; Beginn der Unterbrechungsfrist erst nach Ende der krankheitsbedingten Hemmung] und NStZ 1998, 663; s.a. OLG Düsseldorf StV 1997, 282). Zur Problematik der wiederholten Anwendung des § 229 Abs. 3 wird verwiesen auf *Zieschang* (StV 1996, 115), der die Auffassung vertritt, dass wiederholte Unterbrechungen der HV wegen wiederholter Erkrankung des Angeklagten nicht ohne weiteres möglich sind.

2714 **5.a)** Über die Unterbrechung der HV nach § 229 Abs. 2 (vgl. Rdn 2706) **entscheidet** gem. § 228 Abs. 1 S. 1 das **Gericht**.

2715 Über kürzere Unterbrechungen entscheidet nach § 228 Abs. 1 S. 2 der **Vorsitzende** nach billigem Ermessen.

> Gegen Unterbrechungen ablehnende Anordnungen des Vorsitzenden kann gem. **§ 238 Abs. 2** das **Gericht** angerufen werden, das dann durch Beschluss zu entscheiden hat. Allerdings wird ein Antrag gegen die Anordnung der Unterbrechung des Verfahrens i.d.R. mangels Beschwer unzulässig sein. Die Beanstandung muss jedoch erfolgen, wenn mit der Revision die (Neu-)Terminierung gerügt werden soll (BGH NStZ-RR 2003, 2 [Be; für Bestimmung eines Fortsetzungstermins]; zur Beschwerde s. → *Beschwerde*, Rdn 770).
>
> Wird die Verletzung der §§ 228, 229 mit der **Revision** geltend gemacht, muss sie darauf gestützt werden, dass durch die Nichtaussetzung/Unterbrechung die Verteidigung in einem für sie wesentlichen Punkt unzulässig beschränkt worden ist (§ 338 Nr. 8; BGH NJW 1996, 2383; zu den Anforderungen an die Rüge s.a. BGH NStZ 1996, 99). Im Zweifel wird das Urteil auf einem Verstoß gegen § 229 wegen zu langer Unterbrechung der HV **beruhen** (u.a. BGH NJW 1996, 3019; NStZ 2008, 115, StV 2014, 2).

6. Hinweise für den Verteidiger!

2716 **a)** In einigen Fällen normiert das Gesetz einen **Anspruch** auf Aussetzung/Unterbrechung, und zwar

- in § 145 Abs. 3 bei **Ausbleiben** des **Verteidigers** und Bestellung eines neuen (→ *Aussetzung wegen Ausbleibens des [notwendigen] Verteidigers*, Rdn 470),

Unterbrechung der Hauptverhandlung   U

- in § 222a Abs. 2 bei verspäteter Mitteilung der **Gerichtsbesetzung** (→ *Besetzungsmitteilung*, Rdn 814),
- in § 266 Abs. 3 bei der → *Nachtragsanklage*, Rdn 1915,
- in § 138c Abs. 4 im Verfahren betreffend den Ausschluss des Verteidigers (→ *Aussetzung des Verfahrens wegen Verteidigerausschlusses*, Rdn 512).

b) Darüber hinaus gibt es zahlreiche weitere Gründe für **kurzfristige Unterbrechungen**, die der Verteidiger beantragen kann und ggf. auch muss.

2717

> Will der Verteidiger später auf die Ablehnung des Unterbrechungsantrags die Revision stützen, muss er seinen Antrag eingehend (**schriftlich**) begründen und darauf achten, dass die Begründung zum → *Protokoll der Hauptverhandlung*, Rdn 2092, genommen wird.

Hinzuweisen ist auf folgende

Rechtsprechungsbeispiele:

2718

- zur Vorbereitung eines **Ablehnungsantrags**, und zwar „unverzüglich" (→ *Ablehnungsantrag*, Rdn 48; → *Ablehnungszeitpunkt*, Rdn 116),
- bei **unerwartetem Ausbleiben** des **Verteidigers** wegen einer plötzlichen Erkrankung (OLG Koblenz StV 2010, 476),
- wenn eine **besondere Prozesssituation** eintritt, die mit dem Angeklagten besprochen werden muss, wie z.B. der Verzicht auf Beweismittel durch die StA oder die Beschränkung des Verfahrens auf bestimmte Anklagepunkte gem. § 154a Abs. 2 (→ *Einstellung des Verfahrens nach § 154a zur Beschränkung der Strafverfolgung*, Rdn 1351),
- wenn sich aus der Beweisaufnahme, z.B. aus einer Zeugenvernehmung, die Notwendigkeit ergibt, einen → *Beweisantrag*, Rdn 835, zu stellen, der zunächst aber noch **vorbereitet** werden muss,
- wenn während der laufenden HV von den Ermittlungsbehörden (zögerlich) weitere **Beweismittel** gestellt werden und dadurch der Verfahrensgegenstand derart **ausgedehnt** und aufgeweicht wird, dass der Angeklagte keine Verteidigungslinie mehr aufbauen kann (LG Koblenz StraFo 1996, 156 [sogar Aussetzung]),
- wenn die Ermittlungsbehörden in rechtswidriger Weise Unterlagen, die als Bestandteil der **Akten** gem. § 199 Abs. 2 S. 2 dem Gericht hätten vorgelegt werden müssen, **zurückgehalten** haben und den Verfahrensbeteiligten nun eine Einarbeitung binnen der Unterbrechungsfrist von max. drei Wochen nicht möglich (LG Berlin StV 2014, 403; → *Aussetzung der Hauptverhandlung wegen fehlender Akteneinsicht*, Rdn 484),
- wenn der Angeklagte infolge von **Müdigkeit** oder **Erkrankung** dem Gang der HV nicht mehr ausreichend folgen kann,

- zur Vorbereitung des **Plädoyers** (KG NStZ 1984, 523; BGH NStZ-RR 2000, 34 [K]; → *Plädoyer des Verteidigers*, Rdn 2017),
- wenn das Gericht dem Verteidiger gem. § 257a aufgibt, Anträge und Anregungen zu Verfahrensfragen schriftlich zu stellen (→ *Schriftliche Antragstellung*, Rdn 2476; → *Erklärungen des Verteidigers*, Rdn 1451).

> 👉 Da es sich bei einem Unterbrechungsantrag um einen den Verfahrensgang betreffenden Antrag handelt, kann das Gericht dem Verteidiger nach § 257a aufgeben, diesen Antrag schriftlich zu stellen (→ *Schriftliche Antragstellung*, Rdn 2476).

- ggf. wenn sich ein **neuer Wahlverteidiger** auf die Verteidigung vorbereiten muss (BGH NStZ 2004, 637),
- zur **Vorbereitung** von **Prozesserklärungen** nach § 257 Abs. 2 (→ *Erklärungsrecht des Verteidigers*, Rdn 1463).

2719 c) Wird am Ende des HV-Termins die HV unterbrochen und ein sog. **Fortsetzungstermin** bestimmt, braucht zu diesem **nicht förmlich geladen** zu werden (→ *Ladung des Angeklagten*, Rdn 1825). I.d.R. weisen die Gerichte aber darauf hin, dass die Warnungen/Hinweise (§ 216!), die für die Ladung zum ersten HV-Termin Geltung hatten, weiter gelten. Auch wird häufig darüber belehrt, dass, wenn der Angeklagte bereits zur Anklage vernommen worden ist, nach § 231 Abs. 2 ohne ihn weiter verhandelt werden kann (OLG Düsseldorf NJW 1970, 1889). Findet die → *Verhandlung ohne den Angeklagten*, Rdn 2853, und ohne den Verteidiger statt, ist er von einer in seiner Abwesenheit beschlossenen Fortsetzung zu verständigen (BayObLG NZV 1999, 306 [für OWi-Verfahren]).

> 👉 Belehrt der Vorsitzende den Angeklagten nicht, sollte der **Verteidiger** den Mandanten auf jeden Fall darauf **hinweisen**, dass bei unentschuldigtem Ausbleiben im Fortsetzungstermin Vorführungs- oder Haftbefehl nach § 230 Abs. 2 erlassen werden kann (→ *Zwangsmittel* bei Ausbleiben des Angeklagten, Rdn 3661).

2720 **7. Muster: Unterbrechungsantrag**

▼

An den

Vorsitzenden

des Schöffengerichts des Amtsgerichts Musterstadt

In der Strafsache

gegen H. Mustermann

Az.: ▮▮▮

wird namens und in Vollmacht des Angeklagten beantragt,

die Hauptverhandlung für die Dauer von mindestens einer Stunde zu unterbrechen.

Wie der Angeklagte soeben vor Sitzungsbeginn von dem als Zeugen geladenen Herrn S. erfahren hat, hat der beisitzende Schöffe M. gestern gegenüber diesem Zeugen erklärt, dem Angeklagten werde man es in der Hauptverhandlung schon zeigen. Der Angeklagte beabsichtigt, wegen dieser Äußerung einen Befangenheitsantrag zu stellen, der während der Unterbrechung vorbereitet werden soll.

Rechtsanwalt

Siehe auch: → *Aussetzung der Hauptverhandlung, Allgemeines*, Rdn 462, m.w.N.; → *Verfahrensverzögerung*, Rdn 2825; → *Verzögerungsrüge*, Rdn 3274.

Urkundenbeweis, Allgemeines   2721

> **Das Wichtigste in Kürze:**
> 1. Der Urkundenbeweis im Strafverfahren ist in den §§ 249 – 256 geregelt. § 249 beschreibt das Beweisverfahren an sich, die §§ 250 ff. regeln besondere Formen des Urkundenbeweises.
> 2. Die Grenzen des Urkundenbeweises ergeben sich aus den allgemeinen Beweis- und Beweisverwertungsverboten.
> 3. Der strafprozessuale Urkundenbegriff deckt sich nicht mit dem des materiellen Strafrechts. Was Urkunden i.S.d. Vorschriften über den Urkundenbeweis sind, ist z.T. in § 249 Abs. 1 geregelt.
> 4. Der Urkundenbeweis wird regelmäßig in der Form der Verlesung erhoben. Es muss nicht die gesamte Urkunde verlesen werden.
> 5. Unabhängig von der Frage, ob die Urkunde überhaupt als Beweismittel verwendet werden darf, muss der Verteidiger immer auch die Frage der Beweiskraft sorgfältig prüfen sowie in welchem Umfang eine Urkunde verlesen werden soll. Verstöße gegen § 249 sind mit der Verfahrensrüge geltend zu machen.

Literaturhinweise: Armbrüster, Fremdsprachen im Gerichtsverfahren, NJW 2011, 812; **Deutscher**, Fotokopien und Faxe als Tatobjekte der Urkundenfälschung, StRR 2008, 51; **Geerds**, Über Vorhalt und Urkundenbeweis mit Vernehmungsprotokollen, in: Festschrift für *Günter Blau*, 1985, S. 67; **Heuer**, Beweiswert von Mikrokopien bei vernichteten Originalunterlagen, NJW 1982, 1505; **Mosbacher**, Zur Zulässigkeit vernehmungsergänzender Verlesung, NStZ 2014, 1; **Paulus**, Rechtsdogmatische Bemerkungen zum Urkundenbeweis in der Hauptverhandlung im Strafverfahren, JuS 1988, 873; **Welp**, Strafurteile als Beweismittel im Strafprozess, in: 2722

U   Urkundenbeweis, Allgemeines

Festschrift für *Egon Müller*, 2008, S. 765; **Wömpner**, Zum Urkundenbeweis mit Fotokopien und anderen Reproduktionen, MDR 1980, 889; *ders.*, Zur Verlesung früherer Urteile, NStZ 1984, 481.

2723 1. Der Urkundenbeweis im Strafverfahren ist in den §§ 249 – 256 geregelt. § 249 beschreibt das Beweisverfahren an sich, die §§ 250 ff. regeln besondere Formen des Urkundenbeweises (zum Urkundenbeweis eingehend Alsberg/*Dallmeyer*, Rn 425 ff.).

Die Verlesung des Urteils 1. Instanz in der → *Berufungshauptverhandlung*, Rdn 635, im Bericht des Vorsitzenden ist keine Beweiserhebung durch Urkundenbeweis (RGSt 61, 287; OLG Hamm NJW 1974, 1880; OLG Stuttgart NStZ-RR 2003, 269; *Meyer-Goßner/ Schmitt*, § 324 Rn 5; zur Verlesung von Schriftstücken u.a. gem. § 325 in der Berufungs-HV → *Berufungshauptverhandlung*, Rdn 640 ff.).

2724 Grds. ist der Urkundenbeweis **immer zulässig**, es sei denn, das Gesetz untersagt ihn ausdrücklich (zuletzt BGH NStZ 2012, 322 m.w.N.). Der Richter darf nämlich aus allen Erkenntnisquellen, also auch aus allen Arten von Niederschriften, ohne Bestätigung durch Auskunftspersonen jeden denkgesetzlich möglichen Schluss ziehen (KK-*Diemer*, § 249 Rn 5 m.w.N.; s. dazu auch BGH, a.a.O., für von Mitangeklagten in anderen Verfahren abgegebene eidesstattliche Versicherungen).

Urkundenbeweis ist **Kenntnisnahme** vom **Inhalt** einer **Urkunde** durch Verlesen, d.h. durch unmittelbares Umsetzen von Schrift- und Zahlzeichen in Worte. Er ist immer dann anzuwenden, wenn es auf den **gedanklichen Inhalt ankommt** (vgl. u.a. *Meyer-Goßner/ Schmitt*, § 249 Rn 1; zuletzt BGH NStZ 2014, 606 m.w.N.; BayObLG NStZ 2002, 388 [zur Abgrenzung von der → *Augenscheinsinnahme*, Rdn 348]). Das ist z.B. auch der Fall für das bei einer Geschwindigkeitsmessung gefertigte Lichtbild mit der Einblendung der gefahrenen Geschwindigkeit (BayObLG, a.a.O.; vgl. dazu *Keiser* JR 2003, 77 in der Anm. zu BayObLG, a.a.O.). Geht es (auch) um die Feststellung des **gedanklichen Inhalts** eines Augenscheinsobjekts, wie z.B. bei einer Urkunde, muss dieser i.d.R. im Wege des **Urkundenbeweises** festgestellt, also verlesen, oder ein Zeuge dazu vernommen werden (BGH NJW 1999, 3208 [Ls.]; NStZ 2014, 606; StraFo 2004, 319 [für Tatortskizze]; OLG Jena VRS 114, 37 [Eichschein]; OLG Schleswig StV 1998, 365; → *Urkundenbeweis, Allgemeines*, Rdn 2721 m.w.N.; → *Zeugenvernehmung, Allgemeines*, Rdn 3537 m.w.N.). Kann jedoch auch der gedankliche Inhalt der Urkunde quasi durch einen Blick auf diese erfasst werden, erschließt sich der Text also bereits aus einem flüchtigen Betrachten, kann dessen Bedeutung nicht ausgeblendet werden und ist mithin Bestandteil der diesbezüglichen Beweisaufnahme (BGH NStZ 2014, 606).

2725 2. Die **Grenzen** des Urkundenbeweises ergeben sich aus den allgemeinen Beweis- und Verwertungsverboten (→ *Beweisverwertungsverbote*, Rdn 1018; zu BVV allgemein s.a. *Burhoff*, EV, Rn 1014 ff.) und aus den §§ 250 ff., wie z.B. dem → *Unmittelbarkeitsgrundsatz*,

Rdn 2690). Zu beachten sind bei Schriftstücken insbesondere die sich aus den **Beschlagnahmeverboten** des § 97 sowie aus § 477 Abs. 2 S. 2 ergebenden Verwertungsverbote (s. dazu *Burhoff*, EV, Rn 744, 3190 ff., 3833 ff.). **Unverwertbar** und nicht verlesbar sind auch Niederschriften über **widerrechtlich** (s. § 201 Abs. 1 und 3 StGB) ohne richterliche Anordnung zustande gekommene Aufzeichnungen von **Telefongesprächen** (BGHSt 31, 304; zu den verfassungsrechtlichen Grenzen des Urkundenbeweises s. KK-*Diemer*, § 249 Rn 7 m.w.N.; zu BVV bei einer Telefonüberwachung → *Telefonüberwachung, Beweisverwertungsverbote*, Rdn 2623). § 250 untersagt aber nur die Ersetzung einer Zeugenaussage durch die Verwertung einer berichtenden, zu Beweiszwecken erstellten Urkunde. Grds. **zulässig** ist die **vernehmungsergänzende** Verlesung eines Protokolls oder einer schriftlichen Erklärung des Zeugen im Wege des Urkundsbeweises (BGH NStZ 1995, 609; 2014, 607; StV 2008, 123; *Mosbacher* NStZ 2014, 1 ff.; s.u.a. BGH; StV 2008, 123→ *Unmittelbarkeitsgrundsatz*, Rdn 2690; → *Verlesung von Protokollen früherer Vernehmungen/sonstiger Erklärungen*, Rdn 3014).

3.a) Der strafprozessuale **Urkundenbegriff** deckt sich nicht mit dem des materiellen Strafrechts. Er ist teilweise enger, teilweise weiter. Urkunde i.S.d. §§ 249 ff. ist jeder in einer natürlichen Sprache ausgedrückter, in Schriftzeichen, auch in Kurzschrift (a.A. *Meyer-Goßner/Schmitt*, § 249 Rn 4; LR-*Mosbacher*, § 249 Rn 36 [SV-Beweis erforderlich]) festgehaltener, aus sich heraus verständlicher Gedankeninhalt, der geeignet ist, Beweis über Tatsachen zu erbringen (BGHSt 27, 135, 136; *Meyer-Goßner/Schmitt*, § 249 Rn 3; zur verneinten Urkundeneigenschaft des bei einer Geschwindigkeitsmessung gefertigten Lichtbildes mit eingeblendeter nummerischer Anzeige BayObLG NStZ 2002, 288; zur Urkundeneigenschaft von **Messprotokollen** vgl. OLG Bamberg zfs 2015, 49; OLG Brandenburg NStZ 2005, 413; OLG Düsseldorf DAR 2013, 82 m. Anm. *Staub*; OLG Hamm VA 2008, 52; 2012, 139; NStZ-RR 2009, 151; OLG Schleswig zfs 2014, 413; zu Eichscheinen OLG Jena VRS 114, 37). Im Einzelnen gilt:

b) Abschriften, Ablichtungen und Auszüge sind in demselben Umfang zu Beweiszwecken verlesbar wie die Originale (st. Rspr.; s. zuletzt BGH NStZ 1986, 519). Ihre Beglaubigung ist nicht notwendig (KK-*Diemer*, § 249 Rn 12 m.w.N.). Einen Ersatz für die Urschrift bilden sie jedoch nur, wenn ihre Übereinstimmung mit dem Original feststeht. Das muss im Strengbeweisverfahren festgestellt werden, es gilt aber der Grundsatz der freien Beweiswürdigung (BGH NStZ 1994, 593; 1994, 227 [K]; *Meyer-Goßner/Schmitt*, § 249 Rn 6; zur Urkundeneigenschaft von Fotokopien s. *Deutscher* StRR 2008, 51).

c) Auszüge aus **Geschäftsbüchern, Buchungsstreifen** und ähnliche Schriftstücke, wie z.B. **Kontoauszüge** (BGH NJW 2011, 3733), sind Urkunden i.S.d. § 249. Bestehen Zweifel an der Richtigkeit, sind die Originale heranzuziehen (BGHSt 15, 253, 255 [für kaufmännische Buchungsstreifen]). Das gilt auch für **EDV-Ausdrucke** und das von einem Testgerät ausgedruckten Protokoll über das Ergebnis einer **Atemalkoholmessung** (BGH NStZ 2005,

526) sowie für **Messprotokolle** für Geschwindigkeitsfeststellungen oder Videodistanzauswertungen (OLG Brandenburg NStZ 2005, 413).

2729 d) **Schriftliche Erklärungen** des **Angeklagten** oder von Mitangeklagten dürfen ohne die Beschränkungen der §§ 250, 254 verlesen (→ *Unmittelbarkeitsgrundsatz,* Rdn 2690; → *Verlesung von Geständnisprotokollen,* Rdn 2980; zur Frage, wie die **Überreichung** einer schriftlichen **Erklärung** des Angeklagten zu bewerten ist, → *Vorbereitung der Hauptverhandlung,* Rdn 3370; → *Vernehmung des Angeklagten zur Sache,* Rdn 3072) und verwertet werden. Das gilt z.b. für von Mitangeklagten in anderen Verfahren abgegebene Erklärungen, wie z.b. eidesstattliche Versicherungen (BGH NStZ 2012, 322), oder auch für den Inhalt eines Briefes, der vollständig und wörtlich in einem in der HV verlesenen HB zitiert ist; er darf für die Entscheidung verwertet werden (KK-*Diemer,* § 249 Rn 14 mit Hinw. auf BGH, Urt. v. 3.12.1975 – 2 StR 455/75), nach *Mosbacher* (NStZ 2014, 1, 39) hingegen wohl nicht für Äußerungen, durch die frühere Einlassungen des Angeklagten bewiesen werden sollen.

2730 e) **Fremdsprachige Urkunden** können, da die Gerichtssprache Deutsch ist (§ 184 GVG), **nicht** im Wege des Urkundenbeweises verwertet werden (*Meyer-Goßner/Schmitt,* § 249 Rn 5 m.w.N.; BeckOK-StPO-*Ganter,* § 249 Rn 11; *Armbrüster* NJW 2011, 812, 815; vgl. auch OLG Stuttgart NStZ 2007, 664 [Ls.; für Klageerzwingungsverfahren]). I.d.R. wird ein SV die Urkunde übersetzen müssen, es sei denn, mindestens ein Mitglied des Gerichts ist selbst sachkundig (§ 244 Abs. 4 S. 1; → *Sachverständigenbeweis,* Rdn 2436; a.A. offenbar *Armbrüster,* a.a.O.). Etwas **anderes** gilt, wenn sich bereits eine **deutsche Übersetzung** bei den Akten befindet; dann kann diese verlesen werden (BGHSt 27, 135, 137 m.w.N.; BGH NStZ-RR 2007, 131 [Be]). Der Vernehmung des Übersetzers oder eines anderen SV bedarf es nicht, wenn sich das Gericht auf anderem Wege von der Richtigkeit der Übersetzung überzeugt hat (BGHSt 39, 305 m.w.N.). Wird der Übersetzer in der HV vernommen, ist er SV und nicht Dolmetscher (BGHSt 1, 4, 7; s.a. → *Telefonüberwachung, Verwertung der Erkenntnisse,* Rdn 2644).

> Die Frage der **Richtigkeit** der Übersetzung zählt zur **Beweiswürdigung**. Wenn das Gericht insoweit Zweifel hat, muss es den Übersetzer als SV in der HV vernehmen (KK-*Diemer,* § 249 Rn 16; *Armbrüster,* a.a.O.).

2731 f) Früher ergangene **Strafurteile** können nach § 249 Abs. 1 S. 2 verlesen werden, und zwar sowohl zum Nachweis ihrer Existenz als auch zum Nachweis ihrer Begründung (BGHSt 6, 141; BGH MDR 1955, 121; s. aber *Wömper* NStZ 1984, 481; *Mosbacher* NStZ 2014, 1, 7). Nach h.M. können sie **auch** zum **Nachweis** der ihnen zugrunde liegenden Ergebnisse von **Beweiserhebungen** verlesen werden, soweit diese in den Gründen dokumentiert sind (vgl. u.a. BGHSt 31, 323, 332 m.w.N.; s.a. KK-*Diemer,* § 249 Rn 17). Sie dürfen zudem zum Nachweis dafür dienen, dass das frühere Gericht die Beweisergebnisse in einem bestimmten Sinn gewürdigt hat. Das Gericht darf aber die Feststellungen früherer Strafurteile nicht ungeprüft übernehmen, sie sind vielmehr frei (neu) zu würdigen (RGSt 60, 297; BGHSt 43, 106; zur Beweiswürdigung in diesen Fällen BGH StV 2001, 261).

☞ Soll nicht nur die Warnfunktion einer früheren Verurteilung, sondern auch die Art der **Tatbegehung strafschärfend** herangezogen werden, kann diese nur dann allein durch Verlesung des früheren Urteils festgestellt werden, wenn keine **Einwände** gegen die früher getroffenen Feststellungen erhoben werden (BGH StV 2001, 261). Werden Einwände erhoben, muss diesen ggf. nachgegangen werden. Sind die vom Verteidiger in einem Beweisantrag ggf. erhobenen Beanstandungen nicht geeignet, die in dem früheren Urteil gezogenen Schlüsse zu erschüttern, kann der **Beweisantrag**, der die Unrichtigkeit der damaligen Feststellungen zum Gegenstand hat, als „bedeutungslos" abgelehnt werden (BGHSt, 43, 106; BGH NStZ-RR 2000, 35 [K]; → *Beweisantrag, Ablehnungsgründe*, Rdn 858).

Bei der Verwertung früherer Urteile ist das **Verwertungsverbot** des § 51 BZRG zu beachten (wegen der Einzelh. s. KK-*Diemer*, § 249 Rn 18; BGHSt 27, 108; zur Tilgungsreife → *Feststellung von Vorstrafen des Angeklagten*, Rdn 1530). 2732

Auch **Gerichtsbeschlüsse** sind Urkunden i.S. des § 249 Abs. 1. Deren Verlesung verstößt daher auch dann nicht gegen das Verbot des § 250 S. 2, wenn die Entscheidung Wahrnehmungen von Personen wiedergibt (BGHSt 6, 141, 142 f.; 31, 323, 331 f.; NStZ-RR 2011, 164 [Ci/Zi; für Beschlüsse, aus denen sich das Verhalten in anderen Verfahren ergab]). 2733

g) Verlesen werden können nach § 249 Abs. 1 auch (Straf-)**Registerauszüge**, und zwar die aus dem BZR (§ 41 Abs. 1 Nr. 1 BZRG) und die aus dem VZR (§ 30 StVG). Diese Verlesung dient meist der → *Feststellung von Vorstrafen des Angeklagten*, Rdn 1521, und soll i.d.R. erst am **Ende** der Beweisaufnahme erfolgen (BGHSt 27, 216, 217). 2734

h) **Richterliche Augenscheinsprotokolle** dürfen ebenfalls – abweichend von § 250 – verlesen werden. Das gilt nach h.M. aber nur für Protokolle aus **demselben Verfahren**, wie z.B. aus dem EV (§ 168d) oder für die durch einen ersuchten oder beauftragten Richter aufgenommenen Protokolle (§ 225), nicht jedoch für Protokolle aus anderen Verfahren (*Meyer-Goßner/Schmitt*, § 249 Rn 12 m.w.N.; a.A. KK-*Diemer*, § 249 Rn 20; zur Teilnahme des Verteidigers an einer richterlichen Augenscheinseinnahme im EV s. *Burhoff*, EV, Rn 521 ff.; wegen eines **BVV** infolge der Verletzung der sich für die Augenscheinseinnahme gem. §§ 168d Abs. 1 S. 2, 168c Abs. 5 ergebenden Benachrichtigungspflicht s. *Burhoff*, EV, Rn 3296). 2735

☞ Entscheidend für die Verlesbarkeit eines richterlichen Augenscheinsprotokolls ist die **Einhaltung** der **Vorschriften** über die **Benachrichtigung** der **Beteiligten** gem. §§ 168d Abs. 1 S. 2, 168c Abs. 5 (vgl. dazu *Burhoff*, EV, Rn 521 ff.). Ist das nicht geschehen, kann das Protokoll nicht zu Beweiszwecken verlesen werden. Es kann aber zum Vorhalt und/oder zur Gedächtnisstütze verwendet werden (→ *Vorhalt aus und von Urkunden*, Rdn 3424).

Einer dennoch beabsichtigten Verlesung sollte der Verteidiger im Hinblick auf die Revision **widersprechen** (vgl. u.a. BGHSt 38, 214; → *Widerspruchslösung*, Rdn 3433).

2736 i) **Andere** verlesbare Urkunden i.S.d. § 249 Abs. 1 sind **Schriftstücke** mit strafbarem Inhalt, wie z.B. beleidigende **Briefe**, **Protokolle** über nach §§ 153 ff. StGB strafbare Aussagen, sonstige Briefe und andere vom Angeklagten stammende Schriftstücke, auch wenn sie ein Geständnis enthalten (wegen der Einzelh. s. *Meyer-Goßner/Schmitt*, § 249 Rn 13 m.w.N.; zu (eidesstattlichen) Erklärungen von Mitangeklagten in anderen Verfahren s. BGH NStZ 2012, 322). Verlesen werden können schließlich auch von Führungsoffizieren des MfS der ehemaligen DDR gefertigte „**Treffberichte**", da es sich um innerdienstliche Arbeitsunterlagen und nicht um schriftliche Erklärungen i.S.v. § 250 S. 2 handelt (KG StV 1997, 11).

2737 4. Der Urkundenbeweis wird regelmäßig in der **Form** der **Verlesung** erhoben, es sei denn, es wird das → *Selbstleseverfahren*, Rdn 2504, durchgeführt oder die Verlesung wird durch einen Bericht des Vorsitzenden ersetzt (→ *Urkundenbeweis durch Bericht des Vorsitzenden*, Rdn 2743). Er kann grds. **nicht** durch **Vorhalt** an den Angeklagten **ersetzt** werden, da durch einen Vorhalt nicht das Schriftstück selbst, sondern nur die Erklärung des Angeklagten die verwertbare Erkenntnisquelle des Gerichts bildet (BGHSt 5, 278; BGH NJW 1999, 3208 [Ls.]; OLG Köln StraFo 1999, 92; OLG Schleswig StV 1998, 365).

Die **Einführung** eines **Schriftstücks** durch **Vorhalt** ist nur zulässig, wenn es auf den genauen Wortlaut des (kurzen) Schriftstücks nicht ankommt (zuletzt BGH NJW 2011, 3733; StV 2000, 655; vgl. aber OLG Stuttgart NStZ-RR 2003, 269 [zur „Erörterung" eines gesamtstrafenfähigen Urteils]; → *Vorhalt aus und von Urkunden*, Rdn 3424). Auch eine große Zahl von Urkunden kann nicht durch Vorhalt eingeführt werden (BGH NJW 2011, 3733 für hohe Anzahl von Kontoauszügen).

2738 Die Verlesung wird üblicherweise durch den **Vorsitzenden angeordnet** und auch durchgeführt (s. aber BGH NStZ-RR 2007, 131 [Be; Verlesung der Übersetzung einer fremdsprachigen SMS durch den Dolmetscher als Gutachter]). In welchem **Umfang** die Urkunde verlesen werden muss, hängt davon ab, ob die gesamte Urkunde oder nur ein Teil für die Entscheidung von Bedeutung ist (BGHSt 11, 29 ff.; BGH NStZ 1984, 211 [Pf/M]). Ggf. reicht die Verlesung nur eines Teils (BGH, a.a.O.), z.B., wenn die Urkunde nur als Vernehmungsbehelf verlesen wird (BGH NStZ 2007, 117). In den Fällen des **§ 245 Abs. 1**, wenn es sich also um herbeigeschaffte Beweismittel handelt, ist dies jedoch nur mit Einverständnis des Verteidigers möglich (vgl. dazu BGH NJW 1991, 1622 f.; s.a. → *Beweisantrag, Formulierung: Urkundenbeweis*, Rdn 927; → *Präsentes Beweismittel*, Rdn 2036).

🖉 Da es sich um eine Maßnahme der → *Verhandlungsleitung*, Rdn 2889, handelt, kann der Verteidiger nach § 238 Abs. 2 sowohl der Anordnung der Verlesung generell als auch dem Umfang der angeordneten Verlesung **widersprechen**. Das gilt insbesondere, wenn hinsichtlich der Urkunde ein BVV besteht (→ *Beweisverwertungsverbote*, Rdn 1018 ff.). Den Widerspruch muss der Verteidiger im Hinblick auf BGHSt 38, 214 auf jeden Fall erheben (→ *Widerspruchslösung*, Rdn 3433). Wird widersprochen, muss ein **Gerichtsbeschluss** ergehen. Ein entsprechender Beschluss kann aber auch schon vorher gefasst werden (BGHSt 33, 99).

Der Vorsitzende kann die **Verlesung** der Urkunde einem **Gerichtsmitglied** oder auch dem Protokollführer übertragen.

5. Hinweis für den Verteidiger!

a) Unabhängig von der Frage, ob die Urkunde überhaupt als Beweismittel verwendet werden darf (s.o. Rdn 2725), muss der Verteidiger immer auch die Frage der **Beweiskraft** sorgfältig **prüfen** sowie in welchem Umfang eine Urkunde (s.o. Rdn 2737 f.) verlesen werden soll. Der vom Gesetz vorgesehene grds. **Verlesungszwang** hat eine wichtige **Funktion**: 2739

Er soll allen Beteiligten völlige **Klarheit** über den **Inhalt** einer **Urkunde** verschaffen, damit sie sich möglicherweise dagegen wehren können (*Dahs*, Rn 628). Darauf muss der Verteidiger besonders achten, wenn er selbst Urkunden vorlegt. Geschieht dies im Rahmen eines (Beweis-)Antrags nach § 244 Abs. 3 oder sind die Urkunden ein → *präsentes Beweismittel*, Rdn 2036, i.S.d. § 245 Abs. 2, muss der Vorsitzende die ganze Urkunde verlesen, wenn sich der Verteidiger nicht mit der Verlesung nur eines Teils einverstanden erklärt. Ggf. ist ein entsprechender (Beweis-)**Antrag** zu stellen und in das Protokoll aufzunehmen. 2740

🖉 Der Verteidiger muss auch den **Beweiswert** der Urkunde berücksichtigen. Selbst wenn der Urkundenbeweis zulässig ist, kann die → *Aufklärungspflicht des Gerichts*, Rdn 329, dazu zwingen, ggf. ergänzend Zeugen zu hören (BGHSt 27, 135).

b) Die Verlesung ist als wesentliche Förmlichkeit in das → *Protokoll der Hauptverhandlung*, Rdn 2092, aufzunehmen (st. Rspr.; s.u.a. BGH NJW 1999, 3208 [Ls.]; OLG Jena StV 2007, 25; OLG Hamm zfs 2008, 408). Sofern eine Urkunde nur als Vernehmungsbehelf verlesen wird, muss das nicht protokolliert werden (vgl. BGH StV 2000, 241). Aus Gründen der Klarheit dürfte sich aber auch in den Fällen eine Protokollierung empfehlen. Dasselbe gilt, wenn eine Urkunde nur auszugsweise verlesen wird (vgl. BGH NStZ 2007, 117; 2011, 110; NStZ-RR 2007, 52 [Verlesungszweck und -um- 2741 fang]). Nicht ausreichend, um die Verlesung zu beweisen; ist (nur) die Formulierung, die Urkunde „sei zum Gegenstand der Verhandlung gemacht worden", da sie nicht erkennen lässt, ob die Urkunde verlesen, vorgehalten oder vom Vorsitzenden wiedergegeben wurde (BGH NJW 2011, 3733; OLG Düsseldorf NJW 1997, 269 [Ls.]; OLG Hamm zfs 2010, 111; OLG Saarbrücken NStZ-RR 2000, 49; zum Beweiswert des Vermerks, „eine Vorstrafe sei erörtert" worden, s. OLG Stuttgart NStZ-RR 2003, 270).

2742 c) Soll in der **Revision** mit der **Verfahrensrüge** geltend gemacht werden, dass eine im Urteil verwertete Urkunde nicht verlesen worden ist (Verstoß gegen § 261), muss zur ausreichenden Begründung i.S.v. § 344 Abs. 2 S. 2 der Revision nicht nur vorgetragen werden, dass eine Verlesung in der HV nicht erfolgt ist. Vorgetragen werden muss nach st. Rspr. der Obergerichte vielmehr darüber hinaus, dass die Urkunde auch sonst nicht zum Gegenstand der HV gemacht worden ist, was z.B. durch einen Vorhalt, einen Bericht des Vorsitzenden oder auch durch eine Zeugenvernehmung geschehen sein kann (vgl. BGH StraFo 2009, 425 [Bericht]; wistra 1990, 197; OLG Hamm NJW 2004, 381; StraFo 2001, 244; NStZ-RR 2009, 151; NZV 2010, 215; VA 2012, 139; OLG Koblenz NStZ 2004, 396; vgl. dazu eingehend BVerfG NJW 2005, 1999; KK-*Gericke*, § 344 Rn 58). M.E. gehört dazu aber nicht, dass auch noch vorgetragen wird, dass die Urkunde auch nicht im Wege des → *Selbstleseverfahrens*, Rdn 2504, eingeführt worden ist (s. aber OLG Koblenz, a.a.O.; *Meyer-Goßner/Schmitt*, § 249 Rn 30; offengelassen von OLG Hamm NJW 2004, 381 [für das OWi-Verfahren]). Diese Anforderung würde m.E. die Anforderungen an die Begründung der Verfahrensrüge überspannen (vgl. dazu BVerfG, a.a.O.).

> Wenn im Urteil auf die „verlesene Urkunde" hingewiesen oder der Urkundeninhalt wörtlich zitiert wird, spricht das **gegen** die Verwertung der Urkunde im Rahmen eines **bloßen Vorhalt** der Urkunde (BGH NStZ 2007, 235 [für Verlesung eines SV-Gutachtens]; OLG Jena StV 2007, 25).

Siehe auch: → *Beweisantrag*, Rdn 835 m.w.N.; → *Protokollverlesung zur Gedächtnisstützung*, Rdn 2147; → *Revision, Allgemeines*, Rdn 2211 m.w.N.; → *Selbstleseverfahren*, Rdn 2504; → *Verlesung von ärztlichen Attesten*, Rdn 2943; → *Verlesung von Behördengutachten*, Rdn 2956; → *Verlesung von Gutachten allgemein vereidigter Sachverständiger*, Rdn 2968; → *Verlesung von Geständnisprotokollen*, Rdn 2980; → *Verlesung von Leumundszeugnissen*, Rdn 2998; → *Verlesung von Protokollen früherer Vernehmungen/ sonstiger Erklärungen*, Rdn 3014; → *Verlesung von sonstigen Gutachten und Berichten*, Rdn 3046; → *Vorhalt aus und von Tonbandaufnahmen*, Rdn 3420; → *Vorhalt aus und von Urkunden*, Rdn 3424.

Urkundenbeweis durch Bericht des Vorsitzenden

Literaturhinweise: s. die Hinw. bei → *Urkundenbeweis, Allgemeines*, Rdn 2721.

1. Die StPO geht davon aus, dass der Urkundenbeweis entweder nach § 249 Abs. 1 durch Verlesung der Urkunde (→ *Urkundenbeweis, Allgemeines*, Rdn 2721) oder gem. § 249 Abs. 2 im → *Selbstleseverfahren*, Rdn 2504, erhoben wird. Ob der Urkundenbeweis daneben auch durch einen **Bericht** des Vorsitzenden erhoben werden kann, ist in Rspr. und Lit. **umstritten**. Die **Rspr.** hat das schon immer als **zulässig** angesehen (vgl. u.a. BGHSt 11, 29; 11, 159; OLG Hamm MDR 1964, 344; OLG Köln NJW 1987, 2096). Sie ist der Ansicht, dass auch mit der Einführung des Selbstleseverfahrens diese Art des Urkundenbeweises nicht abgeschafft werden sollte (BGHSt 30, 10). In der **Lit.** wird diese Verfahrensweise schon ebenso lange als unzulässig bekämpft (vgl. LR-*Mosbacher*, § 249 Rn 44 ff.; SK-StPO-*Schlüchter*, § 249 Rn 57; *Wagner* StV 1981, 219 in der Anm. zu BGH, a.a.O.; vermittelnd *Meyer-Goßner/Schmitt*, § 249 Rn 26, der das Verfahren für zulässig hält, wenn die Aufklärungspflicht nicht entgegensteht; so a. KK-*Diemer*, § 249 Rn 28 m.w.N. a. zur a.A. [Verfahrensvereinfachung]). Letztlich wird man gegen den Bericht des Vorsitzenden als ein noch einfacheres Beweisverfahren als das Selbstleseverfahren nichts Durchgreifendes einwenden können, sofern es **nicht** auf den genauen **Wortlaut** der Urkunde ankommt und dieser **Urteilsinhalt** werden soll.

2. Nach Auffassung der **Rspr.** ist der Bericht des Vorsitzenden anstelle der Urkundenverlesung unter folgenden Voraussetzungen **zulässig**:

a) Der Vorsitzende darf **nur** über **einzelne Urkunden**, deren Verlesung nicht nach §§ 250, 256 ausgeschlossen wäre (RGSt 64, 78) und deren Inhalt nicht unmittelbar die dem Angeklagten vorgeworfene Straftat verkörpert (BGHSt 11, 29), wie z.B. ein Brief mit beleidigendem Inhalt, Bericht erstatten. **Ausgeschlossen** ist eine Berichterstattung über den Inhalt ganzer **Akten** (*Meyer-Goßner/Schmitt*, § 249 Rn 27 unter Hinw. auf BGH, Urt. v. 25.4.1967 – 5 StR 188/67) sowie über **längere Schriftstücke**, deren Inhalt wörtlich in das Urteil aufgenommen werden soll (BGH, a.a.O.; BGHSt 11, 159; BGH MDR 1972, 18 [H]). In diesen Fällen muss der Urkundenbeweis entweder durch **Verlesung** oder (zumindest) im → *Selbstleseverfahren*, Rdn 2504, erhoben werden. Das muss der Verteidiger ggf. **beantragen**.

b) Alle Prozessbeteiligten müssen sich ausdrücklich oder stillschweigend durch Unterlassen eines Widerspruchs mit der Berichterstattung durch den Vorsitzenden **einverstanden** erklären (*Meyer-Goßner/Schmitt*, § 249 Rn 27; KK-*Diemer*, § 249 Rn 28 [zulässig, wenn kein Verfahrensbeteiligter widerspricht]). Diese ist als Akt der Beweisaufnahme in das Protokoll aufzunehmen (h.M.; vgl. u.a. OLG Hamm MDR 1964, 344).

✍ Ist der Verteidiger mit einem Bericht des Vorsitzenden nicht einverstanden, muss er die Maßnahme gem. § 238 Abs. 2 also beanstanden und so einen Gerichtsbeschluss herbeiführen.

Inhaltlich muss der Vorsitzende den Urkundeninhalt **streng sachlich** schildern. Er darf weder den Inhalt der Urkunde noch deren Beweisbedeutung würdigen (BGHSt 1, 94, 97). Geschieht das, muss der Verteidiger diese Art der „Berichterstattung" ebenfalls beanstanden.

2748 3. Fraglich ist, ob der Urkundenbeweis durch Bericht des Vorsitzenden auch im Fall des § 257a zulässig ist. Nach dem VerbrechensbekämpfungsG ist auf schriftliche Anträge und Anregungen zu Verfahrensfragen § 249 ohne Einschränkungen anwendbar (→ *Schriftliche Antragstellung*, Rdn 2476). Die Gesetzesmaterialien gehen unter Hinweis auf BGHSt 30, 10 davon aus, dass damit nicht nur das → *Selbstleseverfahren*, Rdn 2504, **zulässig** ist, sondern auch der **Urkundenbericht** des Vorsitzenden (vgl. BT-Drucks 12/6853, S. 36). Dagegen werden, wenn man den Urkundenbeweis in der Form eines Berichts des Vorsitzenden überhaupt für zulässig ansieht (s.o. Rdn 2743), kaum durchgreifende Bedenken erhoben werden können. Ich habe allerdings erhebliche **Zweifel** daran, ob die Verfahrensweise **zweckmäßig** ist, da sich zwischen Vorsitzendem und Verteidiger i.d.R. Streit darüber ergeben wird, ob der Vorsitzende aus dem möglicherweise umfangreichen Antrag des Verteidigers ausreichend vorgetragen hat (zur allgemeinen Kritik an der Neuregelung des § 257a s. die Lit.-Hinw. bei → *Schriftliche Antragstellung*, Rdn 2476).

✍ Der Verteidiger muss (auch) in diesen Fällen einem Urkundenbericht des Vorsitzenden auf **jeden Fall widersprechen** und ggf. gem. **§ 238 Abs. 2** einen Gerichtsbeschluss herbeiführen, der für eine entsprechende **Revisionsrüge** unbedingt erforderlich ist.

Siehe auch: →*Urkundenbeweis, Allgemeines*, Rdn 2721.

2749 Urteilsbegründung

Literaturhinweise: s. die Hinw. bei → *Urteilsverkündung*, Rdn 2761.

2750 1. Nach § 268 Abs. 2 S. 1 wird das Urteil durch Verlesung der Urteilsformel und Eröffnung der Urteilsgründe verkündet (zur Verlesung eines „Vorworts" als ersten Teil der mündlichen Urteilsbegründung, das zugleich auch im Internet eingestellt wird, *Thielmann* StV 2009, 607). Der wesentliche Teil des Urteils ist die **Urteilsformel**, die, da sie zu verlesen ist, vor der → *Urteilsverkündung*, Rdn 2761, niedergeschrieben sein muss. Fehlt die Urteilsformel, liegt kein Urteil vor (BGHSt 8, 41; 15, 263).

Die **Berichtigung** der Urteilsformel ist nur so lange möglich, wie die → *Urteilsverkündung*, Rdn 2768, nicht abgeschlossen ist (BGHSt 25, 333).

2. Die Urteilsbegründung wird entweder verlesen, ggf. auch bereits vollständig abgefasst (BGH wistra 2005, 110), oder in ihrem wesentlichen Inhalt in freier Rede mitgeteilt (*Meyer-Goßner/Schmitt*, § 268 Rn 6). Die mündlichen **Urteilsgründe** sind für den Urteilsspruch **keine Wirksamkeitsvoraussetzung**. Dessen Grundlage stellen die vom Gericht beschlossenen Gründe dar, die sich (erst) aus dem von den Berufsrichtern unterschriebenen schriftlichen Urteil ergeben (zuletzt BGH NStZ-RR 1996, 337). Die mündlichen Angaben des Vorsitzenden sind insoweit ohne Bedeutung. Deshalb ist es z.B. auch (revisionsrechtlich) ohne Belang, wenn der Vorsitzende in der mündlichen Urteilsbegründung die Höhe von Einzelstrafen nicht nennt (BGH NStZ 1996, 326 [K]).

2751

§ 268 Abs. 2 gibt dem Richter einen weiten Spielraum bei der mündlichen Urteilsverkündung. Er wird aber die Grundsätze eines fairen Verfahrens beachten und durch **unsachliche Formulierungen/Kommentierungen** keine nachträglichen Zweifel an seiner Unvoreingenommenheit und Unparteilichkeit aufkommen lassen (vgl. dazu *Kuhlmann* HRRS 2014, 25). Eine Ablehnung wegen Besorgnis der Befangenheit kann darauf aber nicht (mehr) gestützt werden (→ *Ablehnungszeitpunkt*, Rdn 116).

Siehe auch: → *Urteilsverkündung*, Rdn 2761.

Urteilsberatung

2752

Literaturhinweise: R. Hamm, Öffentliche Urteilsberatung, NJW 1992, 3147; **Seifert**, Studenten im Beratungszimmer – ein Verstoß gegen § 193 I GVG?, MDR 1996, 125; s.a. die Hinw. bei → *Urteilsverkündung*, Rdn 2761.

2753

1. Nach § 260 Abs. 1 **muss** eine Beratung des Urteils **stattfinden**, und zwar **nach** den Schlussvorträgen von StA und Verteidiger und dem **letzten Wort** des Angeklagten (BGH NStZ 2010, 650; OLG Köln NStZ 2010, 715; StV 1996, 13). Das schließt insbesondere in umfangreichen Verfahren eine (Vor-)Beratung nicht aus, so z.B., wenn es um die Beurteilung einer Vielzahl von im Wege des Urkundenbeweises in die HV eingeführten Urkunden geht. Entscheidend ist aber, dass auch in diesen Fällen immer nach den Schlussvorträgen des StA und des Verteidigers noch eine Schlussberatung erfolgt. Die Berufsrichter können sich jedoch schon vor den Schlussvorträgen durch die Fertigung eines Votums/Urteilsentwurfs entsprechend dem Verfahrensstand auf die Urteilsberatung vorbereiten (BGH wistra 2005, 110; → *Ablehnungsgründe, Befangenheit*, Rdn 82).

2754

2. Die mit der geheimen (s. §§ 43, 45 Abs. 1 S. 2 DRiG) Urteilsberatung zusammenhängenden Fragen sind grds. nur für das Gericht von Bedeutung. Von Belang für den Verteidiger

2755

U Urteilsberatung

ist, wer an der Urteilsberatung **teilnehmen** darf (s.u. Rdn 2756) und ob, wenn nach der Beratung nochmals in die Beweisaufnahme eingetreten worden ist, ausreichend **(nach-)beraten** wurde (s.u. Rdn 2757).

2756 a) Wer bei der Beratung **anwesend** sein darf, regelt § 193 GVG. Das sind nach Abs. 1 der Vorschrift die zur Entscheidung berufenen **Richter** sowie die bei demselben Gericht zu ihrer juristischen Ausbildung beschäftigten Personen (**Referendare**) und die dort beschäftigten wissenschaftlichen Hilfskräfte, soweit der Vorsitzende deren Anwesenheit gestattet (zur Zulässigkeit der Anwesenheit ausländischer Juristen s. i.Ü. § 193 Abs. 2 GVG).

> **Studenten**, die bei einem Gericht ein Praktikum ableisten, dürfen **nicht** an den Urteilsberatungen teilnehmen (s. dazu *Meyer-Goßner/Schmitt*, § 193 GVG Rn 5 m.w.N. aus der älteren Rspr.; so jetzt a. BGHSt 41, 119 m.w.N.). Das gilt auch für Studenten der zweistufigen Juristenausbildung (BGH, a.a.O.; a.A. *Seifert* MDR 1996, 125).

2757 b) I.d.R. zieht sich das Gericht zur Beratung in das **Beratungszimmer** zurück (s. BGH NStZ-RR 2002, 71 [Be; regelmäßig empfehlenswert]). Der Einzelrichter beim AG schreibt den Urteilstenor meist im Sitzungssaal, was nicht zu beanstanden ist (*Meyer-Goßner/Schmitt*, § 260 Rn 3; OLG Köln NStZ 2005, 710). Allerdings darf auch er die Urteilsformel erst nach dem letzten Wort des Angeklagten und nicht schon beim → *Plädoyer des Verteidigers*, Rdn 2017, niederschreiben.

2758 Ist beraten worden und kommt es danach zu einem → *Wiedereintritt in die Beweisaufnahme*, Rdn 3458, muss, nachdem StA und Verteidiger erneut Schlussvorträge gehalten haben und der Angeklagte das letzte Wort hatte, **nochmals beraten** werden (BGHSt 24, 170 f.; BGH NStZ 2010, 650 [auch zur Beruhensfrage]; StV 1998, 530 m.w.N.; 2011, 728; NStZ-RR 2002, 71 [Be; auch nach Erklärung eines als Beistand zugelassenen Familienangehörigen]; StV 2006, 399 [für Unschuldsbeteuerungen des Angeklagten im letzten Wort]). Das gilt auch, wenn in der erneuten Beweisaufnahme kein neuer Prozessstoff behandelt worden ist (zuletzt BGH NStZ 2001, 106) oder wenn bei der Entscheidung einfacher Fragen rascheste Verständigung möglich ist (BGH StV 2011, 728 m.w.N.).

2759 Diese – grds. zulässigen – **Nachberatungen** (vgl. BGHSt 24, 179, 171) finden häufig **im Gerichtssaal** statt. Der Verteidiger muss hier sorgfältig darauf achten, dass tatsächlich beraten wird, also eine Abstimmung innerhalb des Gerichts stattfindet. Dazu wird sich der Vorsitzende an alle Gerichtsmitglieder wenden müssen, also auch an die Schöffen, damit alle erkennen können, dass es sich um eine (Nach-)Beratung in abgekürzter Form innerhalb des Gerichtssaales handelt (st. Rspr.; vgl. u.a. BGHSt 19, 156; zuletzt BGH StV 1998, 530).

☝ **Nicht ausreichend** ist der Hinweis des Vorsitzenden an die Beisitzer, sie sollten sich melden, wenn sie eine nochmalige Beratung wünschten (BGH NStZ 1988, 470) oder auch die für die Schöffen hörbare Frage an die Berufsrichter, ob sie eine Beratung wünschten (BGHSt 19, 156).

Hat nach Auffassung des Verteidigers keine ausreichende (Nach-)Beratung (mehr) stattgefunden, muss er die mit der Beratung zusammenhängenden **Vorgänge** in seiner **Handakte festhalten**, um sie später in der Revision mit der **Verfahrensrüge** vortragen zu können (vgl. die Fallgestaltungen bei BGH StV 2006, 399; 2011, 728; zur Beruhensfrage BGH NStZ 2010, 650; zum erforderlichen Revisionsvortrag BGH NStZ-RR 2014, 134 [Ci/Zi]). Das → *Protokoll der Hauptverhandlung*, Rdn 2092, hilft ihm hier i.d.R. wenig (s.u. Rdn 2760). Es empfiehlt sich, wenn Angehörige oder Freunde des Angeklagten anwesend sind, diese sofort zu befragen und deren Wahrnehmungen ebenfalls festzuhalten. Von denen können dann in der Revision im Wege des → *Freibeweisverfahrens*, Rdn 1562, Erklärungen vorgelegt werden (zur Bewertung BGH NJW 1992, 3181; dazu *R. Hamm* NJW 1992, 3147).

3. Die **Urteilsberatung** ist **kein Teil** der **HV** (st. Rspr.; vgl. u.a. BGHSt 5, 294; BGH NJW 1987, 3210; 1992, 3181, 3182; NStZ 2009, 105; OLG Hamm Rpfleger 1997, 230, 231; *Meyer-Goßner/Schmitt*, § 260 Rn 3, § 273 Rn 8 m.w.N.). Sie muss somit nicht als wesentliche Förmlichkeit i.S.d. § 273 in das → *Protokoll der Hauptverhandlung*, Rdn 2092, aufgenommen werden (BGH, a.a.O.; NStZ-RR 2014, 134 [Ci/Zi]; OLG Köln StraFo 2002, 325). Der Umstand, ob eine Urteilsberatung stattgefunden hat, wird also **nicht** nur durch das **Protokoll** der HV **bewiesen** (zuletzt BGH NStZ 2009, 105). Das hat einerseits für den Verteidiger den Nachteil, dass das Schweigen des Protokolls nicht beweist, dass eine Beratung nicht stattgefunden hat. Andererseits ist aber von Vorteil, dass auch mit anderen (Beweis-)Mitteln das Fehlen einer Urteilsberatung bewiesen werden kann (zur „Beweiskraft" des Protokolls s. einerseits 3. Strafsenat des BGH NJW 1992, 3181, andererseits 4. Strafsenat des BGH NJW 1992, 3182; s.a. OLG Köln, a.a.O.). Das kann z.B. auch der „detaillierte Sachvortrag" des Verteidigers sein (BGH NStZ-RR 2002, 71 [Be]).

2760

☝ **Entsprechendes** gilt für **Nachberatungen** (OLG Karlsruhe VRS 68, 360). Es ist allerdings zweckmäßig, einen Vermerk darüber in das → *Protokoll der Hauptverhandlung*, Rdn 2092, aufzunehmen (BGH NJW 1987, 3210).

Siehe auch: → *Zwischenberatungen des Gerichts*, Rdn 3680.

2761 Urteilsverkündung

Das Wichtigste in Kürze:
1. Die Urteilsverkündung ist nach § 260 Abs. 1 (letzter) Teil der HV.
2. Das Urteil kann sofort im Anschluss an die Urteilsberatung oder aber auch gem. § 268 Abs. 3 in einem besonderen Verkündungstermin verkündet werden.
3. Das Urteil wird vom Vorsitzenden verkündet, der die zuvor niedergeschriebene Urteilsformel verliest und dem Angeklagten die Urteilsgründe eröffnet.
4. Nimmt der Verteidiger nicht an der Verkündung des Urteils teil, entgeht ihm die mündliche Urteilsbegründung.
5. Mit Beginn der Urteilsverkündung haben die Prozessbeteiligten keinen Anspruch mehr darauf, dass ihnen Gelegenheit zur Stellung von (Beweis-)Anträgen gegeben wird und dass neue Anträge sachlich beschieden werden.

2762 **Literaturhinweise: Gregor**, Absoluter Revisionsgrund – Überschreiten der Urteilsabsetzungsfrist, StRR 2014, 471; **Hammerstein**, Beschränkung der Verteidigung durch Hinausschieben der Beratung und Urteilsverkündung, in: **Ebert**, Aktuelle Probleme der Strafrechtspflege, 1991, S. 71; **Kuhlmann**, Ich muss immer das letzte Wort haben Vom Gestaltungsmissbrauch bei der mündlichen Urteilsverkündung, HRRS 2014, 25; **Molketin**, Die Anwesenheit des Verteidigers während der Urteilsverkündung im Strafverfahren – nur ein „nobile officium" gegenüber Mandant und Gericht?, AnwBl. 1983, 254; **Scheffler**, Beweisanträge kurz vor oder während der Verkündung des Strafurteils, MDR 1993, 3; **Thielmann**, Die im Urteil integrierte Presseerklärung, StV 2009, 607.

2763 1. Die Urteilsverkündung ist nach § 260 Abs. 1 (letzter) **Teil** der **HV**. In einer ggf. vom Gericht vor der Urteilsverkündung anberaumten **Sitzungspause** muss der Verteidiger sich seinem **Mandanten widmen** und mit ihm den Verlauf der HV besprechen. Er kann ihn auch schon jetzt über vom StA beantragte und ggf. zu erwartende Maßnahmen des Gerichts, wie z.B. die Entziehung der Fahrerlaubnis, aufklären und den Mandanten beraten, welche Folgen sich daraus für ihn ergeben (→ *Nachbereitung der Hauptverhandlung*, Rdn 1891). Jedenfalls sollte der Verteidiger den Mandanten **nicht allein lassen**, da dieser i.d.R. – unabhängig vom Verlauf der HV – nervös ist und meist Zuspruch, Trost und Rat braucht (*Malek*, Rn 641).

Das gilt besonders, wenn der StA den Erlass oder die Invollzugsetzung eines **HB** beantragt hat und der Verteidiger aufgrund des Verlaufs der HV damit rechnet, dass der Angeklagte ggf. verurteilt werden wird. Ist dem Verteidiger dann außerdem noch die Kammer/der Richter als „haftwillig" bekannt, wird er den Mandanten besonders auf die möglicherweise zu erwartende Haftsituation vorbereiten müssen (*Schlothauer/ Weider*, Rn 712).

2. Das Urteil kann sofort im Anschluss an die → *Urteilsberatung*, Rdn 2752, oder aber auch gem. § 268 Abs. 3 in einem besonderen **Verkündungstermin** verkündet werden. Dieser darf nach § 268 Abs. 3 S. 2 nicht später als am **elften Tag** nach dem Schluss der Verhandlung liegen. Für die Fristberechnung gilt § 268 Abs. 3 i.V.m. § 229 Abs. 4 S. 2, d.h.: Ist der Tag nach Ablauf der Frist ein Sonntag oder allgemeiner Feiertag, kann die Verkündung am nächsten Werktag stattfinden.

2764

§ 229 Abs. 2 gilt für die **Urteilsverkündung** allerdings **nicht** (BGH NJW 2007, 3013 [Ls.]; StV 2006, 516; 2007, 458 m.w.N.; 2015, 280). Der BGH will aber offenbar den Verstoß gegen § 268 Abs. 3 S. 2 nur noch als nicht revisible Ordnungsvorschrift ansehen (vgl. einerseits BGH NJW 2007, 96 unter Hinweis auf die Neuregelung des § 229 durch das 1. JuMoG, andererseits aber BGH NJW 2007, 448; → *Unterbrechung der Hauptverhandlung*, Rdn 2704; zur Revisibilität eingehend *von Freier* HRRS 2007, 139).

Nach der Rspr. des BGH kann bei einem Verstoß gegen die Elftagefrist des § 268 Abs. 3 S. 2 ein **Beruhen** des Urteils nur in besonders gelagerten Ausnahmefällen ausgeschlossen werden (u.a. BGH StV 2007, 458).

3.a) Das Urteil wird vom **Vorsitzenden** verkündet, der die zuvor niedergeschriebene **Urteilsformel verliest** und dem Angeklagten die Urteilsgründe, die noch nicht niedergeschrieben sein müssen, eröffnet (→ *Urteilsbegründung*, Rdn 2749). Die Urteilsformel wird immer in öffentlicher Sitzung verkündet (vgl. u.a. BGH NStZ 1995, 143; OLG Hamm, Beschl v. 7.7.2009 – 2 Ss OWi 828/08 [für OWi-Verfahren, in dem während der Urteilsverkündung auf der vor dem Sitzungssaal angebrachten elektronischen Anzeige in roter Schrift der Schriftzug „nicht öffentliche Sitzung" leuchtete]). Die Urteilsgründe können in den Fällen der § 171b, 172 GVG in nichtöffentlicher Sitzung verkündet werden (§ 173 Abs. 2 GVG; vgl. a. EGMR NJW 2009, 2873 [für das Zivilverfahren]; → *Ausschluss der Öffentlichkeit*, Rdn 432, mit Antragsmuster, Rdn 439).

2765

Der Verteidiger muss den Angeklagten vor der Verkündung und → *Urteilsbegründung*, Rdn 2749, darauf hinweisen, dass er während der Urteilsbegründung **Kommentare** zu den Ausführungen des Vorsitzenden **unterlassen** soll. Auch Drohungen gegenüber dem Gericht und (Belastungs-)Zeugen sind unangebracht. Ist der Angeklagte zu erregt, um der Urteilsbegründung ruhig zu folgen, sollte der Verteidiger um eine kurze → *Unterbrechung der Hauptverhandlung*, Rdn 2701, bitten, damit der Mandant sich **beruhigen** kann.

b) Bei der Urteilsverkündung müssen alle Personen **anwesend** sein, deren Anwesenheit das Gesetz für die HV vorschreibt (→ *Anwesenheit des Verteidigers in der Hauptverhandlung*, Rdn 310; → *Anwesenheitspflicht des Angeklagten*, Rdn 315). Im Fall der not-

2766

wendigen Verteidigung i.S.d. § 140 Abs. 1 und 2 ist der (Wahl-)Verteidiger zur Anwesenheit verpflichtet. Es sollte aber auch für den „nicht notwendigen Verteidiger" **selbstverständlich** sein, an der Urteilsverkündung **teilzunehmen** (*Dahs*, Rn 771). Entfernt er sich eigenmächtig, ist eine später hierauf gestützte Rüge nach § 338 Nr. 5 verwirkt (BGH NJW 1998, 2542 [Ls.]).

2767 c) Ein wirksames Urteil liegt bereits nach Verlesung der Urteilsformel vor (BGHSt 8, 41; zuletzt BGH, NStZ-RR 1996, 337). Die **Mitteilung** der **Gründe** ist nicht (mehr) Wirksamkeitsvoraussetzung für das Urteil. Deshalb liegt ein Verstoß gegen § 338 Nr. 1 und 5 nicht vor, wenn Richter und StA sich bei der Übersetzung der mündlichen Urteilsgründe in eine fremde Sprache aus dem Sitzungssaal **entfernt** haben (BGH, a.a.O.). Es schadet auch nicht, wenn der Angeklagte bei der Mitteilung der Urteilsgründe nicht (mehr) anwesend ist, z.b. weil er ins Krankenhaus gebracht wurde (BGHSt 15, 263; zu den revisionsrechtlichen Folgen der Verkündung von zwei Urteilen s. BGH StV 2013, 378 m. Anm. *Burhoff* StRR 2013, 97; OLG Zweibrücken NStZ-RR 1997, 10).

2768 d) Nach der Bekanntgabe von Urteilsformel und Gründen ist die Urteilsverkündung **abgeschlossen**. Bis dahin ist eine **Berichtigung** der **Urteilsformel** noch möglich, es kann also z.b. eine vergessene Maßnahme der Besserung und Sicherung, wie die Entziehung der Fahrerlaubnis (§ 69 StGB) oder die Anordnung einer Sperrfrist (§ 69a StGB), nachgeholt werden. Dazu muss die Urteilsformel neu verkündet und müssen die Gründe neu bekannt gemacht werden. Nach der Bekanntgabe von Urteilsformel und Gründen ist eine Berichtigung nur noch bei einem offensichtlichen Verkündungsversehen zulässig (vgl. a. BGH StV 2013, 378 m. Anm. *Burhoff* StRR 2013, 97; StraFo 2015, 161 [strenger Maßstab]). Das liegt dann vor, wenn für jeden Beteiligten aus dem (bislang) Verkündeten die Offensichtlichkeit des Versehens unter Ausschluss jeden vernünftigen Zweifels erkennbar ist (st. Rspr. seit BGHSt 5, 59; zu allem KK-*Ott*, § 260 Rn 13 m.w.N.; *Meyer-Goßner/Schmitt*, § 268 Rn 9 ff.), was insbesondere bei Zählfehlern in Betracht kommen kann.

> Ob das Gericht später den Erlass eines in der HV versäumten **Bewährungsbeschlusses nachholen** darf, ist umstritten, wird aber von der wohl h.M. grds. verneint (vgl. u.a. OLG Köln NStZ-RR 2000, 338 m.w.N.; OLG Hamm NStZ-RR 2000, 126; *Meyer-Goßner/Schmitt*, § 268a Rn 8).

2769 4. Nimmt der Verteidiger nicht an der Verkündung des Urteils teil, entgeht ihm die mündliche → *Urteilsbegründung*, Rdn 2749. Ohne diese kann er den Angeklagten nicht ausreichend darüber beraten, ob ein **Rechtsmittel** eingelegt werden soll oder nicht. Hinzu kommt, dass der Verteidiger den Angeklagten allein lässt, wenn der Vorsitzende nach der Rechtsmittelbelehrung ggf. – entgegen Nr. 142 Abs. 2 RiStBV – einen → *Rechtsmittelverzicht*, Rdn 2189 erörtert (vgl. dazu *Dahs*, Rn 774 f.). Der Angeklagte wird bei diesem Gespräch ohne Beistand seines Verteidigers meist hilflos sein, während der Verteidiger übereilte Verzichtserklärungen des noch unter dem Eindruck der HV stehenden Angeklagten verhindern kann. Die Anwesenheit des Verteidigers ist auch deshalb von besonderer Bedeutung, weil es kaum gelingt, einen einmal erklärten Rechtsmittelverzicht rückgängig zu machen (vgl. BGHSt 17, 14; s.a. OLG Schleswig NJW 1965, 312; → *Berufungsrücknahme*, Rdn 659 f.; → *Rechtsmittelverzicht*, Rdn 2196).

Der Verteidiger sollte sich daher auf keinen Fall nach seinem Plädoyer aus der HV entfernen, ohne das Urteil abzuwarten. Besteht – etwa wegen einer unerwarteten Verzögerung der HV – eine **Terminskollision**, muss er den Vorsitzenden bitten, die Verkündung des Urteils so festzulegen, dass er als Verteidiger teilnehmen kann. Ggf. muss sich der Verteidiger vertreten lassen (→ *Vertretung des Pflichtverteidigers in der Hauptverhandlung*, Rdn 3217; → *Vertretung des Wahlverteidigers in der Hauptverhandlung*, Rdn 3222).

5. Mit **Beginn** der **Urteilsverkündung** haben die Prozessbeteiligten **keinen** Anspruch mehr darauf, dass ihnen Gelegenheit zur Stellung von **(Beweis-)Anträgen** gegeben wird und dass neue Anträge sachlich beschieden werden (st. Rspr.; vgl. u.a. BGHSt 15, 263; BGH StV 1985, 398; *Meyer-Goßner/Schmitt*, § 268 Rn 15 m.w.N.). Das Gericht kann aber auch nach Verkündung der Urteilsformel bis zum Schluss der Eröffnung der Urteilsgründe die Urteilsverkündung unterbrechen, wieder in die Verhandlung und Beweisaufnahme eintreten und ggf. sein Urteil ändern oder ergänzen (BGHSt 25, 333). Die Verkündung eines Bewährungsbeschlusses gehört aber nicht mehr zur Urteilsverkündung (BGH, a.a.O.). Allein die Entgegennahme eines Beweisantrags stellt jedoch noch keinen → *Wiedereintritt in die Beweisaufnahme*, Rdn 3458, dar und verpflichtet das Gericht grds. auch nicht zur Bescheidung des Antrags (BGH NStZ 1986, 182; → *Beweisantrag, Zeitpunkt der Antragstellung*, Rdn 982 f.). Der Vorsitzende darf allerdings nicht durch „unbeirrte Durchführung der Verkündung" die Stellung eines Beweisantrags verhindern, indem er den Verteidiger nicht zu Wort kommen lässt (BGH NStZ 2007, 112).

2770

Die **Entscheidung** darüber, ob auf einen solchen **Antrag eingegangen** wird, liegt beim Vorsitzenden. Ob gegen eine ablehnende Entscheidung für die Revision der Antrag nach **§ 238 Abs. 2** erforderlich ist, ist zweifelhaft (bej. BGH MDR 1992, 635 [H]; abl. BGH NJW 1992, 3182 [Ls.]; s. zu allem eingehend *Scheffler* MDR 1993, 3).

Wegen der ungeklärten Frage ist zu **empfehlen**, dass der Verteidiger auf jeden Fall das **Gericht anruft**. Er muss auch darauf achten, dass sein Antrag in das → *Protokoll der Hauptverhandlung*, Rdn 2092, aufgenommen wird. Sachlich entscheidend für die Frage des Wiedereintritts ist nämlich die sich aus § 244 Abs. 2 ergebende → *Aufklärungspflicht des Gerichts*, Rdn 329, sodass, wenn das Gericht auf einen zur Kenntnis genommenen Antrag nicht eingeht, darin eine die Revision begründende Verletzung der Aufklärungspflicht liegen kann (BGH NStZ 1986, 182; *Meyer-Goßner/Schmitt*, § 268 Rn 15 m.w.N.).

Siehe auch: → *Haftfragen*, Rdn 1653; → *Urteilsbegründung*, Rdn 2749; → *Urteilsberatung*, Rdn 2752.

V
Verbindung von Verfahren

Das Wichtigste in Kürze:
1. Zu unterscheiden sind die Verhandlungsverbindung nach § 237 und die Verschmelzungsverbindung nach § 4.
2. Gem. § 237 kann das Gericht, wenn zwischen mehreren bei ihm anhängigen Verfahren ein Zusammenhang besteht, diese zum Zweck gleichzeitiger Verhandlung (Verhandlungsverbindung) verbinden.
3. Die sog. Verschmelzungsverbindung erfolgt nach § 4.
4. Der Verbindungsbeschluss ist nach § 305 S. 1 unanfechtbar.

Literaturhinweise: Burhoff, Umfang der Beiordnung des Pflichtverteidigers im Strafverfahren – Erstreckung nach § 48 Abs. 5 RVG, RVGreport 2004, 411; *ders.*, Neues zur Erstreckung der Beiordnung und Bestellung nach § 48 Abs. 5 RVG, RVGreport 2008, 129; *ders.*, Die Abrechnung der anwaltlichen Tätigkeit in mehreren Strafverfahren Teil 1: Verbindung von Verfahren, RVGreport 2008, 405; *ders.*, Verbindung von Verfahren: So wirkt sie sich auf die Gebühren aus, RVGprofessionell 12, 189; *ders.*, Erst Wahlanwalt, dann Pflichtverteidiger: Welche gesetzliche Gebühren bekomme ich?, StraFo 2014, 454; **Enders**, Verbindung und Trennung – Teil IV, JurBüro 2007, 393; **Felsch**, Rechtsprobleme des fehlerhaften Verbindungsbeschlusses nach § 4 StPO, NStZ 1996, 163; **Fromm**, Gebührentechnische Besonderheiten im Bußgeldrechtlichen Verbundverfahren, JurBüro 2013, 228; **Gubitz/Bock**, Zur Verbindung mehrerer Verfahren während einer bereits begonnenen Hauptverhandlung gegen denselben Angeklagten, StraFo 2007, 225; **Kuhli**, Anmerkung zum BGH-Beschluss v. 11.12.2008 (4 StR 318/08, NStZ 2009, 222) – Zur Frage der Notwendigkeit des Neubeginns der Verhandlung bei einer Nachtragsanklage, ZJS 2011, 183; **Meyer-Goßner**, Zur Zulässigkeit von Verfahrensverbindungen und zu den Folgen einer zulässigen Verbindung (§§ 2 ff. StPO), DRiZ 1990, 284; *ders.*, Die Verbindung von Strafsachen beim Landgericht, NStZ 2004, 353; **Rotsch/Sahan**, Verbindung und Trennung von Strafsachen, JA 2005, 801; *dies.*, § 3 StPO und die materiellrechtliche Regelungen von Täterschaft und Teilnahme oder: Gibt es einen strafprozessualen Beteiligtenbegriff, ZIS 2007, 146; **N. Schneider**, Umfang der Rückwirkung einer Pflichtverteidigerbestellung, StraFo 2014, 410; **Steinmetz**, Das Gleichzeitigkeitserfordernis des § 53 StGB und die Rechtsprechungsänderung zu §§ 4, 237 StPO, JR 1993, 228.

1. Zu unterscheiden sind die Verhandlungsverbindung nach § 237 (s.u. Rdn 2774) und die Verschmelzungsverbindung nach § 4 (s.u. Rdn 2777; eingehend zur Abgrenzung *Meyer-Goßner* NStZ 2004, 353; zu den gebührenrechtlichen Folgen, insbesondere auch beim Pflichtverteidiger [§ 48 Abs. 6 S. 3 RVG], s. *Burhoff* RVGreport 2004, 411; *ders.*, RVGreport 2008, 129; *ders.*, RVGreport 2008, 405; *ders.*, StraFo 2014, 454; Burhoff/*Burhoff*, RVG, § 48 Abs. 6 Rn 1 ff., zum Pflichtverteidiger Rn 22 ff.; *N. Schneider* StraFo 2014, 410).

2. a) Gem. § 237 kann das Gericht, wenn zwischen mehreren bei ihm anhängigen Verfahren ein Zusammenhang besteht, diese zum Zweck gleichzeitiger Verhandlung (**Verhandlungsverbindung**) verbinden. Dabei muss es sich nicht um einen (engeren) persönlichen oder sachlichen Zusammenhang i.S.d. § 3 handeln (s. dazu *Meyer-Goßner/Schmitt*, § 3 Rn 2 ff.; OLG Stuttgart NStZ 1995, 248 m.w.N.). § 237 dient allein der **prozesstechnischen Erleichterung** (BGHSt 26, 271), sodass für eine Verbindung nach § 237 auch ein nur loser Zusammenhang ausreicht. Es genügt, dass unter irgendeinem Gesichtspunkt eine gleichzeitige Verhandlung **zweckmäßig** erscheint, z.b. weil derselbe **Personenkreis** als Täter oder Verletzter beteiligt ist, weil die **Beweismittel** übereinstimmen oder weil **gleichartige Vorwürfe** (Weinfälschungen verschiedener Weinbauern in demselben Dorf) oder Rechtsfragen zu klären sind (BGHSt 36, 348; *Meyer-Goßner/Schmitt*, § 237 Rn 6 m.w.N.; KK-*Gmel*, § 237 Rn 5; *Rotsch/Sahan* ZIS 2007, 146).

2775 b) Die (Verhandlungs-)Verbindung der Verfahren kann auch **noch in** der HV erfolgen. Über sie entscheidet das Gericht nach Anhörung der Verfahrensbeteiligten nach freiem **Ermessen** (BGH NJW 1953, 836; s.a. OLG Stuttgart NStZ 1995, 248; zur Anhörung BGH StraFo 2015, 144 [Verbindung außerhalb der HV]). Einen Anspruch auf Verbindung haben weder der Angeklagte noch die StA (OLG Koblenz VRS 49, 115).

2776 c) Die sog. Verhandlungsverbindung unterscheidet sich von der nach § 4 vorgenommenen (Verschmelzungs-)Verbindung (s.u. Rdn 2777) dadurch, dass die **Selbstständigkeit** der verbundenen Strafverfahren **gewahrt** bleibt (*Meyer-Goßner* NStZ 2004, 35). Jedes Strafverfahren folgt auch nach der Verbindung seinen eigenen Regeln (BGHSt 36, 348 m.w.N.). Das bedeutet: Wird ein **Berufungsverfahren** mit einer erstinstanzlichen Sache verbunden (BGH, a.a.O.), sind in der Berufungssache die Vorschriften über die → *Berufungshauptverhandlung*, Rdn 619, zu beachten. Es muss also nicht der Anklagesatz, sondern das Urteil der 1. Instanz verlesen werden, während in der erstinstanzlichen Sache die Erleichterungen des § 325 nicht gelten (wegen der Einzelh. s. *Meyer-Goßner/Schmitt*, § 237 Rn 8). In der Praxis kann nach den Zuständigkeitsänderungen durch das RPflEntlG diese Konstellation jetzt nur noch bei der **Jugendkammer** auftreten, da allein sie noch sowohl erst- als auch zweitinstanzliche Zuständigkeiten hat (*Meyer-Goßner* NStZ 2004, 357). Der Verbindung nach § 237 steht auch nicht entgegen, dass mit der HV bereits begonnen war (vgl. *Meyer-Goßner/Schmitt*, § 9 Rn 9), da die Verfahren ihre Selbstständigkeit behalten (haben).

> **Mehrere** Angeklagte werden durch die Verbindung auf jeden Fall zu **Mitangeklagten**. Sie können daher in dem „Gesamtverfahren" **nicht** als **Zeugen** vernommen werden (LR-*Becker*, § 237 Rn 12; s.a. → *Abtrennung von Verfahren*, Rdn 244; → *Vernehmung des Mitangeklagten als Zeugen*, Rdn 3088). Die Verfahrensverbindung darf aber nicht herbeigeführt werden, um eine Zeugenstellung zu unterlaufen (s. die Fallgestaltung bei BGHSt 45, 342). Ein ggf. nach § 252 bestehendes **Verwertungsverbot** bleibt dann bestehen (BGH, a.a.O.).
>
> Bei der Verfahrensverbindung ist auch darauf zu achten, dass im Hinblick auf das Verbot der **Mehrfachverteidigung** nicht einer der Angeklagten den Verteidiger seines Vertrauens verliert. Zudem ist zu bedenken, ob die Verbindung ggf. zu einer erhebli-

chen **Verzögerung** des Verfahrensabschlusses für den Angeklagten führt, dessen Verfahren zu einem umfangreichen und langwierigen Strafverfahren hinzuverbunden wird (BVerfG StV 2002, 578). Das kann die Verbindung unzulässig machen (vgl. BGH StraFo 2010, 337).

3.a) Die sog. **Verschmelzungsverbindung** erfolgt nach § 4 (wegen der Einzelh. s. *Meyer-Goßner/Schmitt*, § 4 Rn 1 ff.; *ders.* NStZ 2004, 355). Geht es um die Verbindung mit einem Gericht höherer Ordnung, kommt sie nur in Betracht, wenn in der bei dem Gericht angeklagten Strafsache bereits das HV eröffnet ist (BGH NStZ-RR 2009, 1 [Ci]; zur Verbindung bei Änderung der sachlichen Zuständigkeit BGH NStZ-RR 2008, 33 [Be]). Ggf. ist gem. § 4 Abs. 2 die Entscheidung des gemeinschaftlichen oberen Gerichts herbeizuführen (s. dazu BGH NStZ 1996, 47; NStZ-RR 2013, 378; NStZ-RR 2013, 65 [Ci/Zi]; vgl. aber BGH StraFo 2010, 192 [Verbindung von erstinstanzlichem LG- und erstinstanzlichem AG-Verfahren durch das LG]; zu den Rechtsproblemen des fehlerhaften Verbindungsbeschlusses s. *Felsch* NStZ 1996, 163). Eine Verschmelzungsverbindung mit einer neuen Sache während laufender HV in der „alten" Sache führt dazu, dass mit der HV insgesamt neu begonnen werden muss (BGHSt 53, 108; BGH StraFo 2010, 337; *Meyer-Goßner/Schmitt*, § 4 Rn 9). Soll das vermieden werden, muss ggf. → *Nachtragsanklage*, Rdn 1905, erhoben werden.

2777

b) § 4 Abs. 2 ist nicht anwendbar, wenn es um die Verbindung von Verfahren geht, die bei **gleichrangigen Spruchkörpern** desselben Gerichts anhängig sind (BGH NJW 1995, 1688), wie z.B. Berufungs- und allgemeine Strafkammer des LG. Diese Verfahren sind vielmehr durch eine unter den beteiligten gleichrangigen Spruchkörpern einverständliche Abgabe und Übernahme in **entsprechender** Anwendung von **§ 4 Abs. 1** zu verbinden (st. Rspr.; s.u.a. BGHSt 36, 348; BGH NStZ 1996, 47). Eine solche Verbindung bleibt auch nach Inkrafttreten des RPflEntlG v. 11.1.1993 statthaft (BGH NStZ 1998, 629; NStZ-RR 1998, 257 [K]). Diese Verschmelzung hat zur Folge, dass ggf. insgesamt erstinstanzlich zu verhandeln ist (BGH, a.a.O.). Nach einer solchen Verbindung ist die Rücknahme einer Berufung ausgeschlossen (BGHSt 38, 300).

2778

Die (Verschmelzungs-)Verbindung eines Berufungsverfahrens mit einem erstinstanzlichen Verfahren ist **nur zulässig**, wenn das **LG** bereits **erstinstanzlich zuständig** ist. Es darf daher nicht ein noch beim AG anhängiges erstinstanzliches Verfahren übernehmen, um es dann mit einem bei ihm bereits anhängigen Berufungsverfahren zu verbinden (BGHSt 37, 15, 18).

4. Der Verbindungsbeschluss ist nach § 305 S. 1 **unanfechtbar** (*Meyer-Goßner/Schmitt*, § 4 Rn 16; → *Beschwerde*, Rdn 770; zur → *Anhörungsrüge*, Rdn 291, wenn die erforderliche Anhörung [BGH StraFo 2015, 144 für Verbindung außerhalb der HV] unterblieben ist).

2779

| V | Vereidigung eines Dolmetschers |

> 📖 Da es sich bei der Verbindungsentscheidung um eine Zwischenentscheidung handelt, kann diese auch **nicht** mit der **Verfassungsbeschwerde** angefochten werden (vgl. BVerfG NJW 2007, 3563). Ggf. können Fehler bei der Verbindung aber dann mit der Revision geltend gemacht werden, wenn der Tatrichter das ihm zustehende Ermessen missbraucht hat (BVerfG, a.a.O. m.w.N.).

Siehe auch: → *Abtrennung von Verfahren*, Rdn 244; → *Beschwerde*, Rdn 770; → *Nachtragsanklage*, Rdn 1905.

2780 Vereidigung eines Dolmetschers

Literaturhinweise: s. die Hinw. bei → *Zuziehung eines Dolmetschers*, Rdn 3646.

2781 **1.a)** Die Vereidigung des zur HV zugezogenen (**nicht allgemein vereidigten**) Dolmetschers ist in der HV **stets** notwendig, es sei denn der Dolmetscher ist allgemein vereidigt (s. dazu Rdn 2783). Die Vereidigung des Dolmetschers ist in jeder neuen Strafsache zu wiederholen.

> 📖 War die **HV ausgesetzt**, muss der Dolmetscher in der neuen HV erneut vereidigt werden (BayObLG MDR 1979, 696). Der Dolmetscher kann sich aber gem. §§ 67, 72 auf seinen früheren Eid berufen.
>
> Eine im **EV** vorgenommene Vereidigung kann die in der HV erforderliche jedoch nicht ersetzen (BGH NStZ 1992, 30 [K]; OLG Düsseldorf StV 1998, 480).

2782 **b)** Nach § 189 GVG leistet der Dolmetscher den sog. **Dolmetschereid** (zur Eidesformel s. § 189 Abs. 1 S. 1 GVG). Der Dolmetschereid ist **Voreid**, wird also vor der Übertragung geleistet (*Meyer-Goßner/Schmitt*, § 189 GVG Rn 1).

2783 **2.** Ist der **Dolmetscher allgemein vereidigt**, kann er sich auf diesen (allgemein) geleisteten Eid berufen (§ 189 Abs. 2 GVG). Der Dolmetscher muss sich jedoch selbst auf den Eid berufen. Es reicht nicht aus, wenn im → *Protokoll der Hauptverhandlung*, Rdn 2092, lediglich die Tatsache der allgemeinen Vereidigung vermerkt ist (wegen der Einzelh. *Meyer-Goßner/ Schmitt*, § 189 GVG Rn 2). Der Umstand der allgemeinen Vereidigung wird aber nicht von der Beweiskraft des Protokolls umfasst (OLG Frankfurt am Main StV 2006, 519; → *Protokoll der Hauptverhandlung*, Rdn 2092). Diese Frage unterliegt dem → *Freibeweisverfahren*, Rdn 1562.

> 📖 Die „allgemeine Vereidigung" der Dolmetscher ist Ländersache (vgl. § 14 AG GVG), muss also durch Ländergesetze geregelt sein, eine **allgemeine Verwaltungsvorschrift genügt nicht** (BVerwG NJW 2007, 1478). In Ländern ohne sog. Dolmet-

schergesetze muss daher für jedes Verfahren nach § 189 Abs. 1 GVG einzeln vereidigt werden (*Jung* StRR 2007, 268 in der Anm. zu BVerwG, a.a.O. [zugleich auch zu den revisionsrechtlichen Folgen]).

3. Der Dolmetschereid ist eine **wesentliche Förmlichkeit** der HV, die daher nur mit dem → *Protokoll der Hauptverhandlung*, Rdn 2092, bewiesen werden kann (BGH NJW 2012, 1015 [zugleich auch zur Protokollberichtigung in diesen Fällen]; NStZ 2014, 357; StV 1997, 515; OLG Köln StV 2002, 662). Das muss der Verteidiger in der **Revision** beachten. I.Ü. wird auf der fehlenden Vereidigung des Dolmetschers das Urteil i.d.R. **beruhen** (*Meyer-Goßner/Schmitt*, § 189 GVG Rn 3 m.w.N.; u.a. BGH NStZ 2014, 357; OLG Frankfurt am Main StV 2006, 519; OLG Hamm zfs 2004, 184; OLG Köln, a.a.O.; OLG Stuttgart StV 2003, 661). Das wird anderes gesehen, wenn die Richtigkeit der Übersetzung leicht kontrollierbar war (BGH NStZ 1998, 204; NStZ 2014, 228 m. Anm. *Ferber*. OLG Stuttgart, a.a.O.), oder, wenn bei einem jahrelang als Dolmetscher bei Gericht tätigen Übersetzer keine Anzeichen dafür sprechen, dass er sich im konkreten Fall seiner Verantwortung nicht bewusst war (BGH NJW 2012, 1015).).

2784

2785

Siehe auch: → *Ablehnung/Auswechslung eines Dolmetschers*, Rdn 1; → *Zuziehung eines Dolmetschers*, Rdn 3646.

Vereidigung eines Sachverständigen

2786

Literaturhinweise: Krekeler, Strafverteidigung mit und gegen einen Sachverständigen, StraFo 1996, 5; s.a. die Hinw. bei → *Sachverständigenbeweis*, Rdn 2436.

2787

1.a) Die Vereidigung eines SV ist wie die → *Vereidigung eines Zeugen*, Rdn 2792, nach § 79 Abs. 1 nicht die Regel. Sie steht vielmehr im **Ermessen** des Gerichts. Kriterien für die Ausübung des Ermessens nennt § 79 Abs. 1, anders als bei der → *Vereidigung eines Zeugen*, Rdn 2792, nicht (allgemein zur Vereidigung eines SV *Krekeler* StraFo 1996, 11 f.). Entfallen ist durch das 1. JuMoG die früher nach § 79 Abs. 1 S. 2 a.F. bestehende Verpflichtung zur Vereidigung des SV, wenn der Angeklagte, sein Verteidiger oder der StA die Vereidigung beantragt hatten.

2788

Wie beim Zeugen sollte der Verteidiger das Gericht aber dennoch **nicht** durch einen **Verzicht** auf den Vereidigungsantrag von den Überlegungen entbinden, ob der SV ggf. zu vereidigen ist. Das kommt insbesondere in Betracht, wenn Sachkunde und Fehlerfreiheit des Gutachtens zweifelhaft sind (*Meyer-Goßner/Schmitt*, § 79 Rn 1). Dann sollte der Vereidigungsantrag des Verteidigers die Regel sein (*Sommer*, Rn 906; *Krekeler*, a.a.O. [zum alten Recht]). I.Ü. gelten die §§ 60, 61 auch beim SV-Eid.

V Vereidigung eines Zeugen

2789 b) Über die Vereidigung eines SV entscheidet nach dem Wortlaut des Gesetzes das Gericht. In der Praxis ist jedoch die **Vorabentscheidung** des **Vorsitzenden** üblich.

> Da die Vorabentscheidung nach h.M. eine Maßnahme der → *Verhandlungsleitung*, Rdn 2889, ist, kann gegen die Entscheidung des Vorsitzenden gem. **§ 238 Abs. 2** das Gericht angerufen werden (vgl. *Meyer-Goßner/Schmitt*, § 59 Rn 9 f. m.w.N. für die Vorabentscheidung über die → *Vereidigung eines Zeugen*, Rdn 2792; s.a. *Krekeler*, a.a.O.). Nach *Meyer-Goßner/Schmitt* (§ 59 Rn 10 m.w.N.) entscheidet der Vorsitzende anstelle des Gerichts mit der Folge, dass auch die Zweckmäßigkeit der Maßnahme beanstandet werden kann.
>
> Ist der SV – trotz eines Antrags – nicht als SV vereidigt worden, begründet das i.d.R. die **Revision**, auch wenn nicht das Gericht angerufen worden ist (BGH StV 1996, 2). Das Urteil beruht aber dann nicht auf dem Fehler, wenn der SV auch als Zeuge vernommen und vereidigt worden ist, da der Zeugeneid immer den SV-Eid deckt (*Meyer-Goßner/Schmitt*, § 79 Rn 13; *Krekeler*, a.a.O.).

2790 2. Ist der SV zugleich **auch** – über Zusatztatsachen – als **Zeuge** vernommen worden (→ *Vernehmung Sachverständiger*, Rdn 3143), muss das Gericht auch darüber entscheiden, ob er in seiner Eigenschaft als Zeuge **vereidigt** werden soll. Der SV ist jedoch nicht schon dann als Zeuge vernommen worden, wenn er bei seiner Anhörung Wahrnehmungen verwertet, die er bei einer früheren gutachterlichen Tätigkeit mit gleichem Auftrag selbst gemacht hat und die für seine aktuelle Gutachtenerstattung wesentlich sind (BGH NStZ 1995, 44 [für Wahrnehmungen des SV in der HV]). Für die Vereidigung des SV als Zeuge gelten die allgemeinen Regeln (→ *Vereidigung von Zeugen*, Rdn 2792; → *Vereidigungsverbot*, Rdn 2807; zur Revision, wenn die Vereidigung des SV als Zeuge unterlassen wird, s. OLG Düsseldorf StV 1994, 528 [zum alten Recht]).

2791 3. Der Eid wird grds. als **Nacheid** geleistet (§ 79 Abs. 2). Der SV kann sich aber, wenn er allgemein vereidigt ist, auf den bereits geleisteten Eid berufen (§ 79 Abs. 3). Die Vereidigung des SV ist nach § 273 Abs. 1 in das → ***Protokoll** der Hauptverhandlung*, Rdn 2092, aufzunehmen.

Siehe auch: → *Sachverständigenbeweis*, Rdn 2436.

2792 Vereidigung eines Zeugen

> **Das Wichtigste in Kürze:**
> 1. Nach den Änderungen durch das 1. JuMoG ist seit 2004 gem. § 59 die Nichtvereidigung eines **Zeugen** auch gesetzlich die Regel, die Vereidigung hingegen die Ausnahme.

2. Kommt es zur Vereidigung, wird der Zeuge nach seiner Vernehmung vereidigt, und zwar nach deren endgültigem Abschluss.
3. Über die Vereidigung ist von Amts wegen zu entscheiden, und zwar spätestens bis zum Schluss der Beweisaufnahme.
4. Die unterlassene Entscheidung über die Vereidigung kann das Gericht bis zum Urteilserlass nachholen.
5. Nach § 59 Abs. 1 S. 1 werden Zeugen nur vereidigt, wenn es das Gericht wegen der ausschlaggebenden Bedeutung der Aussage oder zur Herbeiführung einer wahren Aussage nach seinem Ermessen für notwendig hält.
6. Fraglich ist, ob das Gericht die Vereidigungsentscheidung begründen muss.

Literaturhinweise: Diehm, Die Entscheidung über die Nichtvereidigung im Strafprozeß, StV 2007, 444; **Hirtz/ Sommer**, 1. Justizmodernisierungsgesetz, 2004; **Klemke**, Das Vereidigungsrecht nach dem sog. „Justizmodernisierungsgesetz" – eine Herausforderung für die Verteidigung – Ergänzende Anmerkungen zu dem Beitrag von *Schuster*, StV 2005, S. 628 ff., StV 2006, 158; **Knauer/Wolf**, Zivilprozessuale und strafprozessuale Änderungen durch das Erste Justizmodernisierungsgesetz – Teil 2: Änderungen der StPO, NJW 2004, 2932; **Neuhaus**, Die Änderungen der StPO durch das Erste Justizmodernisierungsgesetz vom 28.4.2004, StV 2005, 47; **Park**, Die Vereidigung von Zeugen im Strafprozeß, JuS 1998, 1039; **Peglau/Wilke**, Änderungen im strafprozessualen Vereidigungsrecht durch das Justizmodernisierungsgesetz, NStZ 2005, 186; **Schuster**, Das neue Vereidigungsrecht nach dem Justizmodernisierungsgesetz aus revisionsrechtlicher Sicht, StV 2005, 628; **Sommer**, Moderne Strafverteidigung – Strafprozessuale Änderungen des Ersten Justizmodernisierungsgesetzes, AnwBl. 2004, 506; *ders.*, Moderne Strafverteidigung – Strafprozessuale Änderungen des Ersten Justizmodernisierungsgesetzes, StraFo 2004, 295; **Strate**, Der Verzicht auf die Vereidigung – eine schädliche Unsitte, StV 1984, 42; s.a. die Hinw. bei → *Vereidigungsverbot*, Rdn 2807.

2793

1. Früher war aufgrund des in der Praxis gem. § 61 Nr. 5 a.F. üblichen wechselseitigen → *Vereidigungsverzichts*, Rdn 2821, die Nichtvereidigung eines Zeugen die Regel und seine Vereidigung die Ausnahme geworden. Das 1. JuMoG hat dem im Jahr 2004 Rechnung getragen und die Gesetzeslage an die Prozesswirklichkeit angepasst. Danach ist gem. § 59 nun die **Nichtvereidigung** eines **Zeugen** auch gesetzlich die **Regel**, die Vereidigung hingegen die Ausnahme (vgl. dazu u. Rdn 2802; insoweit zust., i.Ü. aber krit. *Knauer/Wolf* NJW 2004, 2932; krit. a. *Neuhaus* StV 2005, 47, 48; *Hirtz/Sommer*, 1. Justizmodernisierungsgesetz, S. 65 f.). Fraglich ist allerdings, ob das mit dieser (Neu-)Regelung angestrebte Ziel der Verfahrensvereinfachung und -beschleunigung erreicht worden ist, da in einer streitigen Verhandlung nach wie vor (zeitraubende) Auseinandersetzungen in der Frage der Vereidigung eines Zeugen nicht ausgeschlossen sind (*Hirtz/Sommer*, a.a.O.).

2794

2.a) Kommt es zur Vereidigung, wird der Zeuge **nach** seiner **Vernehmung** vereidigt, und zwar nach deren endgültigem Abschluss (BGHSt 8, 302, 310; 48, 221; StV 2011, 454). Ist nach Abschluss der Vernehmung eines Zeugen über dessen Vereidigung entschieden worden, muss, wenn der Zeuge danach **nochmals** zur Sache **vernommen** wird, **erneut** über die Vereidigung entschieden werden (BGH, a.a.O.; NStZ-RR 2013, 68 [Ci/Zi];

2795

| V | **Vereidigung eines Zeugen** |

OLG Frankfurt am Main NStZ-RR 1996, 363; OLG Hamburg StV 1990, 257 [weitere Ausführungen des zuvor als Zeuge vernommenen Nebenklägers zur Sache sind Zeugenaussagen]). Denn eine unterschiedliche Entscheidung über die Vereidigung eines Zeugen kommt – auch bei einer wiederholten Vernehmung – grds. nicht in Betracht, etwas anderes kann allenfalls gelten, wenn die Teile der Aussage verschiedene Taten betroffen haben (BGH, a.a.O.). Allerdings gilt das auch dann nicht, wenn die Taten in einem inneren Zusammenhang stehen (BGH, a.a.O.).

2796 **b)** Mehrere Zeugen sind **einzeln** zu vereidigen (§ 59 Abs. 2), jedoch dürfen die die Eidesnorm enthaltenden Worte an alle gerichtet werden (*Meyer-Goßner/Schmitt*, § 64 Rn 2 m.w.N.).

2797 **c)** Vor der Vereidigung ist der Zeuge über sein Recht, ggf. gem. § 61 als Angehöriger den Eid verweigern zu können, zu **belehren** (zum Umfang der Belehrungspflicht im Hinblick auf Zwangsmaßnahmen nach § 70 gegen den Zeugen s. OLG Düsseldorf NStZ-RR 1996, 169 m.w.N.), und zwar auch dann, wenn er über sein ZVR belehrt worden ist (BGH NStZ 2008, 171).

> 📖 Das Unterlassen der Belehrung begründet i.d.R. die **Verfahrensrüge** (BGH StV 2002, 465; ähnl. BGH NStZ 2001, 604; s.a. *Albrecht* StV 2002, 465 in der Anm. zu BGH StV 2002, 465). Allerdings kann das Beruhen des Urteils auf dem Unterlassen der gebotenen Belehrung dann ausgeschlossen werden, wenn mit Sicherheit davon ausgegangen werden kann, dass der Zeuge auch ohne Belehrung über sein Verweigerungsrecht den Eid geleistet hätte (BGH NStZ 2008, 171).

2798 **3.a)** Über die Vereidigung ist **von Amts wegen** zu entscheiden, und zwar spätestens bis zum → *Schluss der Beweisaufnahme*, Rdn 2473 (*Meyer-Goßner/Schmitt*, § 59 Rn 8; *Peglau/ Wilke* NStZ 2005, 188; s. aber einerseits BGH NStZ 2005, 340; StraFo 2005, 244; andererseits BGHSt 50, 282 [Entscheidung nur, wenn Antrag gestellt]). Eine Entscheidung des Gerichts muss in jedem Fall ergehen (vgl. *Peglau/Wilke*, a.a.O.), und zwar auch, wenn der Zeuge nicht vereidigt werden soll. Der **Verteidiger** kann die Vereidigung ausdrücklich **beantragen**; über einen – nicht nur hilfsweise gestellten – Antrag muss vor Erlass des Urteils entschieden werden (LR-*Ignor/Bertheau*, § 59 Rn 24). *Meyer-Goßner/Schmitt* (a.a.O.) geht davon aus, dass Anträge der Beteiligten zur Vereidigung unbeachtlich seien, da entscheidend das Ermessen des Gerichts sei, das die Voraussetzungen des § 59 Abs. 1 S. 1 zu prüfen habe (vgl. dazu Rdn 2802). Wenn damit gemeint sein sollte, dass Vereidigungsanträge überhaupt nicht mehr zulässig sind, ist das meiner Meinung nach so nicht zutreffend. Dass das 1. JuMoG dem Gericht bei der Entscheidung über die Vereidigung Ermessen einräumt, bedeutet m.E. nicht, dass damit Vereidigungsanträge ausgeschlossen werden sollten (s.a. *Hirtz/Sommer*, 1. Justizmodernisierungsgesetz, S. 65; inzidenter a. BGHSt 50, 282). Vereinfacht worden ist nur die Möglichkeit der Entscheidung über die Vereidigung.

Im Hinblick auf die Unterschiede in der Rspr. des BGH (s.o.) sollte der Verteidiger auf jeden Fall einen **Vereidigungsantrag** stellen, da dann auch nach Auffassung des 2. Strafsenats eine ausdrückliche Entscheidung erfolgen muss (BGH, a.a.O.).

b) Hinweise für den Verteidiger! 2799

Nach dem **Wortlaut** des § 59 Abs. 1 S. 1 entscheidet das **Gericht** (zur Begründung der Entscheidung Rdn 2806). In der Praxis ist/war jedoch anstelle des Gerichts die **Vorabentscheidung** des **Vorsitzenden** üblich. Da diese eine Maßnahme der → *Verhandlungsleitung*, Rdn 2889, ist (vgl. *Meyer-Goßner/Schmitt*, § 59 Rn 9 m.w.N.), kann gegen diese Entscheidung gem. **§ 238 Abs. 2** das Gericht angerufen werden (s.a. u. Rdn 2805). Die Anrufung des Gerichts ist – auch nach den Änderungen des 1. JuMoG – **unbedingt erforderlich**, wenn die Entscheidung des Vorsitzenden (überhaupt noch) mit der Revision angegriffen (können) werden soll (BGHSt 50, 282; BGH StV 2005, 7; NStZ 2005, 340; StV 2009, 565 [Aufgabe der früheren abweichenden Ansicht]; s.a. *Peglau/Wilke* NStZ 2005, 189; zur Frage der **Begründung** der Entscheidung des Gerichts s. Rdn 2806). Der Verteidiger sollte daher die Vorabentscheidung auf jeden Fall beanstanden, unabhängig davon, dass der 3. Strafsenat des BGH die Beanstandung wohl dann nicht für die Zulässigkeit der Verfahrensrüge für erforderlich hält, wenn sich erst aus den Urteilsgründen ergibt, dass der Zeuge an sich hätte vereidigt werden müssen (BGH NStZ 2009, 343; s.a. u. Rdn 2805).

Ob die (positive oder auch die negative) **Entscheidung** über die Vereidigung als wesentliche Förmlichkeit der HV in das **Protokoll** aufgenommen werden muss, oder nicht, wird in der Rspr. des BGH nicht einheitlich beantwortet (vgl. z.B. bej. BGH NStZ 2005, 340; StraFo 2005, 244 [jew. nicht tragend]; OLG Celle StraFo 2005, 506; *Meyer-Goßner/Schmitt*, § 59 Rn 13; *Schuster* StV 2005, 628 f.; *Diehm* StV 2007, 444; einschr. BGH NStZ 2006, 114 [nur, wenn der Zeuge vereidigt werden soll]; verneinend BGHSt 50, 282 [nur, wenn ein Verfahrensbeteiligter einen Antrag gestellt hat]; s. jetzt a. BGH StV 2009, 565). M.E. sollte sie aufgenommen werden müssen, da nur so erkennbar wird, ob das Tatgericht das ihm eingeräumte Ermessen überhaupt ausgeübt hat.

Die **revisionsrechtliche Bedeutung** der Vereidigung bzw. Nichtvereidigung hat sich 2800 durch das dem Gericht infolge des 1. JuMoG eingeräumte Ermessen reduziert. Die Revision kann jetzt wohl nur noch darauf gestützt werden, dass die Vereidigung unter Verstoß gegen ein → *Vereidigungsverbot*, Rdn 2807, erfolgt ist, eine Entscheidung nach § 59 Abs. 1 unterblieben ist (OLG Celle StraFo 2005, 506; a.A. BGHSt 50, 282) bzw. der Tatrichter den ihm zustehenden Beurteilungsspielraum überschritten oder sein Ermessen rechtsfehlerhaft ausgeübt hat (BGH NStZ 2009, 343; a.A. wohl *Meyer-Goßner/Schmitt*, § 59 Rn 13 m.w.N.; vgl. a. *Schuster* StV 2005, 628, 630; *Klemke* StV 2006, 158).

| V | **Vereidigung eines Zeugen** |

2801 4. Die **unterlassene Entscheidung** über die Vereidigung kann das Gericht bis zum Urteilserlass **nachholen**. Das ist insbesondere dann von Bedeutung, wenn es zunächst von einem → *Vereidigungsverbot*, Rdn 2807, ausgegangen ist, dieses jedoch nach dem Ergebnis einer Zwischenberatung oder auch der Urteilsberatung nicht (mehr) besteht, weil z.B. ein Teilnahmeverdacht gegen den Zeugen entfallen ist (*Meyer-Goßner/Schmitt*, § 60 Rn 29 m.w.N.).

2802 **5.a)** Nach § 59 Abs. 1 S. 1 werden Zeugen nur vereidigt, wenn es das Gericht wegen der ausschlaggebenden Bedeutung der Aussage oder zur Herbeiführung einer wahren Aussage nach seinem **Ermessen** für notwendig hält. Das 1. JuMoG hat die StPO damit an den aufgehobenen § 48 Abs. 1 S. 1 OWiG a.F. angeglichen, um die dazu ergangene Rspr. „fruchtbar" zu machen (vgl. BT-Drucks 15/1508, S. 23; zur Berücksichtigung der Fälle des § 61 Nr. 1, 2 und 4 a.F. s. *Meyer-Goßner/Schmitt*, § 59 Rn 2). Im Einzelnen gilt:

2803 **aa)** Zu vereidigen ist, wenn die **Aussage ausschlaggebende Bedeutung** hat (vgl. dazu *Meyer-Goßner/Schmitt*, § 59 Rn 3; *Peglau/Wilke* NStZ 2005, 187; *Neuhaus* StV 2005, 47; BGH NStZ-RR 2013, 348 [Ls.]). Das beurteilt sich nach dem objektiven Inhalt der Aussage unter Berücksichtigung der bisherigen Beweislage, wobei es nicht darauf ankommt, ob sie be- oder entlastend ist (OLG Hamm NJW 1973, 1939). Ausschlaggebende Bedeutung hat die Aussage dann, wenn sie das alleinige Beweismittel für die entscheidungserhebliche Tatsache oder das „Zünglein an der Waage" sein kann (BGHSt 16, 99, 103; *Meyer-Goßner/Schmitt*, a.a.O.). Daran fehlt es, wenn die Aussage ersichtlich unwahr ist oder nur zusätzlich zu anderen Beweismitteln tritt (BGH, a.a.O.). Die Aussage eines Zeugen ist nicht schon deswegen ausschlaggebend, weil sie im Widerspruch zur Aussage eines anderen Zeugen steht, der wegen der ausschlaggebenden Bedeutung seiner Aussage vereidigt worden ist. Sie kann jedoch dann ausschlaggebende Bedeutung haben, wenn sie geeignet ist, die Aussage des anderen Zeugen zu erschüttern (*Meyer-Goßner/Schmitt*, a.a.O.; *Peglau/Wilke*, a.a.O.).

2804 **bb)** Zu vereidigen ist außerdem, wenn der Eid zur **Herbeiführung** einer **wahren Aussage** notwendig ist. Das ist der Fall, wenn der Zeuge nach Auffassung des Gerichts die Unwahrheit gesagt bzw. erhebliche Tatsachen verschwiegen hat, aber im Fall der Vereidigung die Wahrheit sagen würde (BGH 16, 99). Für diese Annahme sind konkrete Anhaltspunkte erforderlich (BGH, a.a.O.; OLG Hamm NJW 1973, 1939). „Ausschlaggebend" braucht die Aussage nicht zu sein, wohl aber wesentlich. Ob allerdings eine Vereidigung zur Herbeiführung einer wahren Aussage deshalb abgelehnt werden kann, weil schon die uneidliche Aussage unter Strafe steht, der Zeuge hierüber gem. § 57 zu belehren ist und mit der Neuregelung der Eidesvorschriften durch das 1. JuMoG der Eid als Mittel der Wahrheitsfindung zurückgenommen werden sollte (so *Peglau/Wilke* NStZ 2005, 187), ist m.E. fraglich. Das Gesetz geht vom Gegenteil aus. Anderenfalls wäre die Möglichkeit der Vereidigung zur Herbeiführung einer wahren Aussage nur eine Leerformel (ähnl. *Klemke* StV 2006, 158).

2805 **b)** Die Entscheidung, den Zeugen zu vereidigen, steht im **Ermessen** des **Gerichts**. Bei der Entscheidung muss das Gericht **umfassend** alle Umstände berücksichtigen, die bei verständiger **Würdigung** der gesamten Sachlage Berücksichtigung verdienen (BGHSt 1, 175, 180; KK-*Senge*, § 61 a.F. Rn 14 m.w.N.). Das können auch die früher in § 61 Nr. 1, 2 und 4 genannten Umstände sein (*Meyer-Goßner/Schmitt*, § 59 Rn 2). Fraglich ist, ob das dem Gericht eingeräumte Ermessen so weit geht, dass das Gericht selbst bei ausschlaggebender Bedeutung der Aussage die Vereidigung unterlassen kann (so *Peglau/Wilke* NStZ 2005, 188). Das ist m.E. nicht der Fall, da § 59 nicht so verstanden werden kann, dass dem Tatgericht Ermessen auf der Rechtsfolgenseite eingeräumt werden sollte. Wenn die Voraussetzungen für die Ausnahme vorliegen (vgl. dazu Rdn 2802), muss daher vereidigt werden (s.a. *Klemke* StV 2006, 158). Das gebietet in den Fällen auch schon die → **Aufklärungspflicht** *des Gerichts*, Rdn 329 (zum Ermessen s.a. *Schuster* StV 2005, 628 ff.).

Die Entscheidung, ob ein Zeuge in der HV vereidigt werden soll, trifft aufgrund seiner Befugnis zur → *Verhandlungsleitung*, Rdn 2889, **zunächst/vorab** der **Vorsitzende**. Dessen Entscheidung kann der Verteidiger gem. **§ 238 Abs. 2** beanstanden und einen Gerichtsbeschluss herbeiführen (KK-*Senge*, § 61 Rn 2 m.w.N.; *Meyer-Goßner/Schmitt*, § 59 Rn 9 f.; vgl. o. Rdn 2798). Das ist auch nach dem 1. JuMoG **unbedingt** notwendig, wenn die **Revision** später auf eine Verletzung des § 59 gestützt werden soll (vgl. dazu o. Rdn 2798; aber a. BGH NStZ 2009, 343; krit. zum alten Recht *Ziegert* StV 1999, 171). Das gilt auch für die HV beim **Strafrichter** (OLG Düsseldorf StV 1996, 252; zur **Beruhensfrage** BGH NStZ 2006, 114; NStZ-RR 2013, 348 [Ls.]; OLG Celle, a.a.O. m.w.N.; zur Revision, wenn der Angeklagte, bei der Entscheidung über die Vereidigung aus dem Gerichtssaal entfernt ist/war, → *Entfernung des Angeklagten aus der Hauptverhandlung*, Rdn 1408).

6. Fraglich ist, ob das Gericht die Vereidigungsentscheidung **begründen** muss (dazu eingehend *Diehm* StV 2007, 444). Die Frage ist in Rspr. und Lit. umstritten (vgl. einerseits BGHSt 50, 282 und BGH NStZ 2005, 340 [offengelassen]; StraFo 2005, 244; NStZ 2006, 463 und andererseits *Peglau/Wilke* NStZ 2005, 189; *Müller* JR 2005, 78 in der Am. zu BGH StV 2005, 7; *Schuster* StV 2005, 628, 629; *Klemke* StV 2006, 158). Zutreffend ist es m.E., davon auszugehen, dass der Grund für die Vereidigung im Protokoll nicht angegeben zu werden braucht. Das folgt schon aus § 59 Abs. 1 S. 2. Ist allerdings ein **Vereidigungsantrag** gestellt und wird dieser abgelehnt, ist meiner Meinung nach die Entscheidung zu **begründen**. Das dürfte aus dem insoweit nun anwendbaren § 34 folgen (s. wohl a. *Hirtz/Sommer*, 1. Justizmodernisierungsgesetz, S. 67; *Peglau/Wilke*, S. 189; a.A. *Meyer-Goßner/Schmitt*, § 59 Rn 11, wonach die Regelung des § 59 dem § 34 vorgeht). Zur Frage, ob die Vereidigung als wesentliche Förmlichkeit in dem → *Protokoll der Hauptverhandlung*, Rdn 2092, beurkundet werden muss, s.o Rdn 2799; *Diehm*, a.a.O.; *Meyer-Goßner/Schmitt*, § 59 Rn 12 m.w.N.

2806

Siehe auch: → *Informatorische Befragung eines Zeugen*, Rdn 1749; → *Vereidigung eines Sachverständigen*, Rdn 2786; → *Vereidigungsverbot*, Rdn 2807; → *Vereidigungsverzicht*, Rdn 2821.

2807 Vereidigungsverbot

2808 **Literaturhinweise: Ebert**, Zum Beanstandungsrecht nach Anordnungen des Strafrichters gem. § 238 Abs. 2 StPO, StV 1997, 269; **Lenckner**, Strafvereitelung und Vereidigungsverbot nach § 60 Nr. 2 StPO, NStZ 1982, 410; **Rotsch/Sahan**, § 3 StPO und die materiell-rechtlichen Regelungen von Täterschaft und Teilnahme oder: Gibt es einen strafprozessualen Beteiligtenbegriff?, ZIS 2007, 142; **Sommer**, Maßnahmen des Strafverteidigers in der Hauptverhandlung, ZAP F. 22, S. 101; **Strate**, Der Verzicht auf die Vereidigung – eine schädliche Unsitte, StV 1984, 42; **Theuerkauf**, Darf der in der Hauptverhandlung offensichtlich falsch aussagende Zeuge unvereidigt bleiben?, MDR 1964, 204; **Ziegert**, § 60 Nr. 2 StPO – Verlust der Rüge oder Lüge?, StV 1999, 171; s.a. die Hinw. bei → *Vereidigung eines Zeugen*, Rdn 2792.

2809 1. § 60 enthält **zwingende Vereidigungsverbote**, die das Gericht beachten (und erörtern) muss, falls sich Anhaltspunkte für ihr Vorliegen ergeben (*Meyer-Goßner/Schmitt*, § 60 Rn 1, 34; BGH StV 1988, 325).

§ 60 ist durch das 1. JuMoG **nicht geändert** worden. Die frühere Rspr. kann also weiterhin angewandt werden.

Im Einzelnen regelt § 60 folgende **Verbote**:

2810 2. Nach § 60 **Nr. 1 Fall 1** dürfen Personen, die zum Zeitpunkt ihrer Vernehmung das **16. Lebensjahr** noch nicht vollendet haben (§ 187 Abs. 2 BGB!), nicht vereidigt werden, da sie **eidesunmündig** sind. Wird der jugendliche Zeuge noch vor → *Schluss der Beweisaufnahme*, Rdn 2473, eidesmündig, muss seine Vereidigung nachgeholt werden (KK-*Senge*, § 60 Rn 4 m.w.N.).

> *Beispiel:*
> Der am 27.9.1999 geborene Zeuge Z wird in einem umfangreichen Verfahren am 25.9.2015 als Zeuge vernommen. Die Beweisaufnahme erstreckt sich danach noch über mehrere Verhandlungstage und wird erst am 10.10.2015 geschlossen. Die Vereidigung des Zeugen ist nachzuholen.

2811 3. Nach § 60 **Nr. 1 Fall 2** bleiben die Zeugen wegen Eidesunfähigkeit unvereidigt, die wegen **mangelnder Verstandesreife** oder einer **psychischen Krankheit** oder einer geistigen oder seelischen Behinderung vom Wesen und der Bedeutung des Eides keine genügende Vorstellung haben (vgl. dazu *Meyer-Goßner/Schmitt*, § 60 Rn 4 f.).

2812 4. Von erheblicher praktischer Bedeutung ist das Eidesverbot des **§ 60 Nr. 2** wegen **Tat-** oder **Teilnahmeverdachts**. Im Wesentlichen gilt:

Vereidigungsverbot V

a) Maßgebend für den Begriff der **Tat** ist der verfahrensrechtliche Tatbegriff i.S.d. § 264. Es kommt also auf den **gesamten geschichtlichen Vorgang** an, innerhalb dessen die Tat verwirklicht worden ist (*Meyer-Goßner/Schmitt*, § 60 Rn 9 m.w.N., s.a. § 264 Rn 2). Gegenstand der Untersuchung ist die angeklagte Tat, wie sie sich nach dem Ergebnis der HV darstellt. — 2813

Rechtsprechungsbeispiele: — 2814

- bei einer angeklagten **Beihilfe** also auch die Haupttat, zu der Beihilfe geleistet worden sein soll (BGHSt 21, 147 f.),
- bei einer **fortgesetzten Handlung** auch die in der Anklage nicht erwähnten Einzelhandlungen (KK-*Senge*, § 60 Rn 11),
- eine **Vortat**, wenn sie in untrennbarem Zusammenhang mit der Tat steht, wie
  - die der **Begünstigung** oder der Strafvereitelung zugrunde liegende Straftat (BGHSt 4, 368),
  - der **Diebstahl** im Verfahren gegen den Hehler (BGHSt 1, 360, 363 f.),
  - die frühere Straftat im Verfahren wegen einer **falschen Aussage** über sie (BGHSt 6, 382).

Tatverdacht i.S.d. § 60 Nr. 2 besteht, wenn nach dem Ergebnis der HV nicht der Angeklagte, sondern der **Zeuge** als **Täter** in Betracht kommt (BGH MDR 1961, 1031 [D]; BGHSt 10, 358, 365; zum Grad des Verdachts s.u. Rdn 2819). — 2815

b) Der Begriff des **Teilnahmeverdachts** oder der Beteiligung ist **weit** auszulegen. Er umfasst daher neben den Teilnahmeformen des StGB jede strafbare Mitwirkung, die in dieselbe Richtung wie das Verhalten des Angeklagten geht (st. Rspr.; s. die Nachw. bei *Meyer-Goßner/ Schmitt*, § 60 Rn 12; a.A. *Rotsch/Sahan* ZIS 2007, 142, 147). Tatverdacht besteht auch noch, wenn gegen einen früheren Mitangeklagten das Verfahren inzwischen nach § 153a eingestellt wurde (BGH MDR 1994, 1072). Unerheblich ist, ob im Einzelfall eine Bestrafung des Zeugen erfolgen kann (zuletzt BGHSt 43, 321, 330 m. zahlr. weit. Nachw.; s.a. BGH NStZ 1999, 470). Auch die **Einstellung** des Verfahrens nach § 154 Abs. 2 gegen den der Tatbeteiligung verdächtigen Zeugen lässt das Vereidigungsverbot nicht entfallen (BGH NStZ 2000, 45). — 2816

Hinzuweisen ist auf folgende **Rechtsprechungsbeispiele**:

für Beteiligte i.S.d. § 60 Nr. 2 — 2817

- (Mit-)**Täter**, **Anstifter**, **Gehilfe**, und zwar auch, wenn dieser im Wege der Rechtshilfe im Ausland vernommen worden ist (BGH NStZ 1996, 609 [für Schweiz]),

> ☞ Besteht bei mehreren Taten ein Beteiligungsverdacht nur hinsichtlich einer Tat, kommt wegen der anderen Taten eine **Teilvereidigung** in Betracht, wenn zwischen den Aussagekomplexen kein innerer Zusammenhang in der Art besteht, dass den Gegenstand der Aussage ein nicht oder nur schwer trennbares Gesamtgeschehen bilden würde (vgl. zuletzt BGH StV 1997, 114 m.w.N.).

1203

V Vereidigungsverbot

- im Verfahren gegen den **Begünstiger** der Begünstigte sowie seine Mittäter und Gehilfen (BGHSt 4, 255),
- bei **Begünstigung** i.S.d. § 257 StGB und **Strafvereitelung** i.S.d. § 258 StGB durch ein vor der HV liegendes Verhalten (wegen der Einzelh. s. *Meyer-Goßner/Schmitt*, § 60 Rn 19 m.w.N.), wobei auch ein vor der HV liegender freiwilliger Rücktritt von der versuchten Strafvereitelung das Vereidigungsverbot nicht entfallen lässt (BGH NStZ 2000, 546 [für Richtigstellung falscher Angaben hinsichtlich eines Alibis]),

> ☞ Der Zeuge darf also nicht vereidigt werden, wenn er **früher**, also schon im EV, in einer ausgesetzten HV, in einem früheren Termin derselben HV (BGH NStZ 2004, 97) oder im 1. Rechtszug oder in einem anderen Verfahren, falsch ausgesagt hat.

- der **Bestechende** und der **Bestochene** (BGH GA 1969, 348),
- der Verkäufer von **BtM** im Verfahren gegen den Erwerber (BayObLG NStZ 1983, 175) und der Abnehmer im Verfahren gegen den Verkäufer (BGH StV 1994, 225 m.w.N.; OLG Düsseldorf StV 2001, 224 [Ls.]) oder für Kuriere (BGH NStZ-RR 2014, 98 [Ci/Zi]),
- der **Dieb** im Verfahren gegen den Hehler (BGHSt 1, 360; 6, 382),
- mit dem Versprechen einer **falschen Aussage** ist zugunsten des Angeklagten eine sachliche Begünstigung i.S.d. § 257 StGB verbunden (KK-*Senge*, § 60 Rn 25 m.w.N.; s.a. BGH NStZ-RR 1998, 335),
- bei **Hehlerei** i.S.d. § 259 StGB, auch bei Erwerb über einen Zwischenhehler (LR-*Ignor/Bertheau*, § 60 Rn 29) oder bei bloßer Beihilfe (BGH StV 1990, 484),
- der Verdacht des Vergehens der **Nichtanzeige geplanter Straftaten** nach § 138 StGB (BGHSt 42, 86 zuletzt BGH NStZ 2000, 494; NStZ-RR 2001, 18 m.w.N.).

2818 für **Nichtbeteiligte** i.S.d. § 60 Nr. 2

- bei einer den Angeklagten begünstigenden **Falschaussage** in der HV (st. Rspr.; vgl. u.a. BGH StV 1983, 1; NStZ-RR 2010, 67 [Ci/Zi]; BayObLG NJW 1991, 1126 [Ls.]; KK-*Senge*, § 60 Rn 24 m.w.N.; *Meyer-Goßner/Schmitt*, § 60 Rn 20),
- bei dem, der an der Tat straflos als **Lockspitzel** teilgenommen hat (vgl. u.a. BGHSt 30, 64; zuletzt BGHSt 36, 305),
- beim „**notwendigen**" **Teilnehmer** an einer Tat, der nicht über das Notwendige hinaus mitgewirkt hat (BGHSt 19, 88 m.w.N.),
- beim **Opfer** der Tat (KK-*Senge*, § 60 Rn 15 m.w.N.; s. z.B. BGH NStZ 1999, 470 [für Beischlaf mit Tochter]),
- bei demjenigen, der eine Tat nur **objektiv gefördert** hat (BGH MDR 1980, 630 [D]),
- es liegen **Rechtfertigungsgründe** beim Zeugen vor (KK-*Senge*, § 60 Rn 18 m.w.N.),

Vereidigungsverbot V

- der Zeuge hat dem Angeklagten die **Zusage** gegeben, demnächst in der HV zu seinen Gunsten falsch auszusagen, oder es wurde eine **falsche Aussage** abgesprochen, da das nur eine straflose Vorbereitungshandlung einer Strafvereitelung nach § 258 StGB n.f. darstellt (wegen der Einzelh. s. KK-*Senge*, § 60 Rn 25 m.w.N.; s.a. o.),
- es besteht nur ein bloßer **Zusammenhang** mit der Tat des Angeklagten, etwa wenn der Zeuge **unabhängig vom Angeklagten** eine gleichartige Tat gegen denselben Verletzten begangen hat (BGH MDR 1969, 535 [D]), zur Teilvereidigung s. → *Vereidigung eines Zeugen*, Rdn 2792 und BGH StV 2011, 454).

c) Ein besonders hoher **Grad** des Verdachts oder der Beteiligung wird nicht vorausgesetzt. Es genügt schon ein **entfernter Verdacht** (st. Rspr.; zuletzt u.a. BGH NStZ 1983, 516 m.w.N.). Der Verdacht muss aber zum Zeitpunkt des Urteilserlasses noch vorliegen (BGH NStZ 1981, 110; zur Einstellung des Verfahrens s. Rdn 2816). Ist das nicht (mehr) der Fall, muss die Vereidigung ggf. nachgeholt werden (*Meyer-Goßner/Schmitt*, § 60 Rn 29 m.w.N.; s.u. Rdn 2820; → *Vereidigung eines Zeugen*, Rdn 2801).

2819

4. Hinweise für den Verteidiger!

In der HV muss der **Verteidiger** Folgendes **beachten**:

- Insbesondere im Hinblick auf § 60 Nr. 2 muss sich der Verteidiger einen → *Vereidigungsverzicht*, Rdn 2821, in Form des **Unterlassens** eines **Vereidigungsantrags** gut **überlegen**. Denn gerade, wenn er auf einen Antrag auf Vereidigung verzichtet, erfährt er die **Einschätzung** des **Gerichts**, ob hinsichtlich eines Zeugen ein Vereidigungsverbot besteht, nicht. Zwar verlangt die StPO nach § 59 Abs. 1 S. 2 grds. keine Begründung mehr für die Nichtvereidigung eines Zeugen. Wird diese aber nicht auf die Regelvorschrift des § 59 gestützt, sondern auf § 60, muss der Grund zumindest dann angegeben werden, falls das Gericht ohne Vorliegen der Voraussetzungen des § 60 den Zeugen vereidigt hätte (vgl. dazu → *Vereidigung von Zeugen*, Rdn 2792).

2820

> Diese Vorgehensweise ist von besonderem Wert bei Zeugen, die der **Begünstigung** oder der **Strafvereitelung** verdächtig sind (vgl. die Bsp. zum alten Recht bei *Strate* StV 1984, 43). Glaubt das Gericht nämlich Zeugen nicht, weil es davon ausgeht, dass sie die Unwahrheit gesagt haben, darf der Zeuge wegen des Verdachts der Begünstigung oder Strafvereitelung nicht vereidigt werden. Wird daher der Zeuge vereidigt, kann der Verteidiger davon ausgehen, dass das Gericht gerade nicht falsche Angaben dieses Zeugen annimmt. Darauf kann sich der Verteidiger dann zugunsten des Angeklagten einstellen.

- Die **Entscheidung** über das Vorliegen der Voraussetzungen des § 60 Nr. 2 trifft zunächst der **Vorsitzende** als Maßnahme der → *Verhandlungsleitung*, Rdn 2889. Dage-

| V | **Vereidigungsverbot** |

gen muss gem. § 238 Abs. 2 das Gericht angerufen werden, das dann durch Beschluss entscheidet, wenn das Vereidigungsverbot später mit der Revision gerügt werden soll (BGH DAR 1996, 177 [T]; zur sog. Beruhensfrage BGH NStZ-RR 1998, 258 [K]; 1999, 34 [K]; OLG Frankfurt am Main StraFo 2003, 237). Das gilt auch für die Verhandlung beim Strafrichter (OLG Düsseldorf StV 1996, 252; eingehend dazu *Ebert* StV 1997, 269).

> ✎ Das **Beanstandungserfordernis** auch bei § 60 Nr. 2 ist von *Ziegert* (StV 1999, 171) scharf **kritisiert** worden. *Ziegert* sieht den Verteidiger, der den Angeklagten mit dem Ziel verteidigt, nachzuweisen, dass ein im Verfahren vernommener Zeuge der Täter ist, kaum dazu in der Lage, die Verfügung des Vorsitzenden, diesen Zeugen unvereidigt zu lassen, beanstanden zu können. Denn mit dieser Beanstandung würde sowohl das Verteidigungsvorbringen des Mandanten als auch das Verteidigerverhalten unglaubwürdig, da ja gerade ein Tatverdacht gegen den Zeugen erstrebt werde. *Ziegert* plädiert daher dafür, in diesen Fällen die Beanstandung nach § 238 Abs. 2 als Zulässigkeitsvoraussetzung für eine Verfahrensrüge nicht zu fordern. Aus Gründen der anwaltlichen Vorsorge sollte der Verteidiger die Rüge aber dennoch erheben, dabei jedoch auf das **Dilemma**, in dem er sich durch die in der Rspr. vorherrschende Meinung befindet, **hinweisen**.

■ Hat das Gericht einen Zeugen vereidigt, kommt es aber **später** zum Ergebnis, dass der vereidigte Zeuge **richtigerweise** gem. § 60 Nr. 2 **unvereidigt** geblieben wäre, darf es im Urteil die eidliche Aussage **nur** als **uneidliche** werten. Auf diese veränderte Bewertung muss es, ggf. nach → *Wiedereintritt in die Beweisaufnahme*, Rdn 3458, **hinweisen** (BGH NStZ 1981, 309; 1986, 230; *Meyer-Goßner/Schmitt*, § 60 Rn 30 m.w.N.). Durch diesen Hinweis erhält der Verteidiger einen wichtigen Hinweis auf die Einschätzung des Gerichts und kann sich darauf einrichten.

> ✎ Ist ein Zeuge zunächst (auf Antrag) des Verteidigers wegen Teilnahmeverdachts nach § 60 Nr. 2 unvereidigt geblieben, stellen sich dann aber in der **weiteren Beweisaufnahme keine Anhaltspunkte** für dieses Vereidigungsverbot heraus, muss über die Vereidigung des Zeugen erneut befunden und sie ggf. nachgeholt werden (BGH StV 1995, 1). Unterlässt das Gericht eine neue Entscheidung, kann der Verteidiger dadurch irregeführt worden sein und deshalb weiteres Vorbringen und Anträge unterlassen haben (BGH StV 1991, 196). Das kann er dann mit der Revision rügen.

Siehe auch: → *Vereidigung eines Zeugen*, Rdn 2792; → *Vereidigungsverzicht*, Rdn 2821.

Vereidigungsverzicht

2821

Literaturhinweise: s. die Hinw. bei → *Vereidigung eines Zeugen*, Rdn 2792 und → *Vereidigungsverbot*, Rdn 2807.

2822

1. § 61 Nr. 5 a.F. sah bis zur Aufhebung der Vorschrift durch das 1. JuMoG vor, dass bei einem allseitigen Verzicht auf die Vereidigung eines Zeugen, von dessen Vereidigung abgesehen werden konnte. In der Praxis wurde von dieser Vorschrift so viel Gebrauch gemacht, dass der gesetzliche Regelfall der Vereidigung die Ausnahme und die Nichtvereidigung die Regel war. *Strate* (StV 1984, 42 ff.) hat insoweit von einer „schädlichen Unsitte" bzw. „schädlichen Handlungsweise" gesprochen und für einen **„Verzicht auf den Verzicht"** plädiert. Der „Verzicht auf den Verzicht" hatte den Vorteil, dass der Verteidiger durch einen Vereidigungsantrag nicht nur einen Zeugen unter den Druck eines ggf. zu leistenden Eides setzen konnte. Er konnte so auch das Gericht zwingen zu entscheiden, ob nicht andere Gründe für das Absehen von der Vereidigung nach §§ 60, 61 a.F. gegeben waren (vgl. dazu *Strate* StV 1984, 43).

2823

2. Hinweis für den Verteidiger!

2824

Nach den Änderungen des Vereidigungsrechts durch das 1. JuMoG steht dem Verteidiger die Möglichkeit, über den „Verzicht auf den Verzicht" etwas zur Einschätzung des Zeugen durch das Gericht zu erfahren, nicht mehr zur Verfügung. Die Möglichkeit des Absehens von der Vereidigung ist mit Einführung der Regelnichtvereidigung entfallen. Der Verteidiger hat m.E. nun keine andere Möglichkeit als dem dadurch zu begegnen, dass er durch einen **Vereidigungsantrag** versucht, etwas zur Einschätzung des Gerichts zu erfahren. Geht man nämlich davon aus, dass zumindest der Beschluss, der einen Vereidigungsantrag ablehnt, begründet werden muss (vgl. dazu *Hirtz/Sommer*, 1. Justizmodernisierungsgesetz, S. 67; *Peglau/Wilke* NStZ 2005, 189; → *Vereidigung eines Zeugen*, Rdn 2806 m.w.N. [zu der teilweise a.A. des BGH]), bietet allein dieser Antrag eine Möglichkeit, etwas von der Einschätzung des Gerichts zu erfahren. So wird das Gericht nämlich ggf. darlegen müssen, warum z.B. die Aussage des Zeugen keine ausschlaggebende Bedeutung hat. An diese Beurteilung ist es dann später bei der Beweiswürdigung gebunden bzw. wird von ihr nicht ohne Hinweis abweichen können.

✍ Der Verteidiger sollte daher auf den **Vereidigungsantrag nicht verzichten**. Insofern kann man also immer noch von einem „Verzicht auf den Verzicht" sprechen.

Siehe auch: → *Vereidigung eines Zeugen*, Rdn 2792.

V Verfahrensverzögerung

2825 Verfahrensverzögerung

> **Das Wichtigste in Kürze:**
> 1. Die StPO kennt keine starre Grenze, wie lange ein Strafverfahren dauern darf.
> 2. Die Angemessenheit der Frist, innerhalb der ein Strafverfahren abgeschlossen sein muss, hängt von den Umständen des Einzelfalls ab. Die Frist beginnt zu laufen, wenn der Beschuldigte von der Einleitung des Ermittlungsverfahrens in Kenntnis gesetzt wird.
> 3. Im Rahmen der Verteidigung muss der Verteidiger, wenn er eine (rechtsstaatswidrige) Verfahrensverzögerung geltend machen will, zunächst das Verfahren daraufhin prüfen, ob die angemessene Dauer überschritten worden ist. Von Bedeutung ist sodann die Frage, welche Auswirkungen eine rechtsstaatswidrige Verfahrensverzögerung auf die Verteidigung hat. Schließlich muss der Verteidiger sich mit der Frage beschäftigen, wie die Verfahrensverzögerung im Verfahren geltend zu machen ist.
> 4. Die Rspr. der (Ober-)Gerichte zur Verfahrensverzögerung ist unüberschaubar und teilweise widersprüchlich.

2826 **Literaturhinweise: Beuckelmann**, Erfahrungen mit der Vollstreckungslösung nach BGHSt 52, 124, StraFo 2011, 210; **Broß**, Verfahrensdauer und Verfassungsrecht, StraFo 2009, 10; **Burhoff**, Die Verfahrensverzögerung in der Praxis, PStR, 2004, 275; *ders.*, Verfahrensverzögerung: Das müssen Sie wissen, PA 2005, 176; **Demko**, Das Recht auf Verfahrensbeschleunigung gemäß Art. 6 Abs. 1 S. 1. EMRK in Strafverfahren und dessen Verhältnis zum Recht auf wirksame Beschwerde gemäß Art. 13 EMRK in der Rechtsprechung des EGMR – Teil 1, HRRS 2005, 283; **Gaede**, Das Recht auf Verfahrensbeschleunigung gem. Art. 6 Abs. 1 S. 1 EMRK in Steuer- und Wirtschaftsstrafverfahren, wistra 2004, 166; *ders.*, Licht und Schatten – Verfahrensabschnittsbezogene Prüfung des Rechts auf Verfahrensbeschleunigung (Art. 6 Abs. 1 Satz 1 EMRK) und Außerachtlassung der völkerrechtlichen Organisationspflicht durch den BGH, HRRS 2005, 377; **Graf**, Rechtsschutz bei überlangen Gerichtsverfahren und strafrechtlichen Ermittlungsverfahren, NZWiSt 2012, 221; **Keller/Meyer-Mews**, Anforderungen an das Beschleunigungsgebot in Haftsachen während der Hauptverhandlung und nach dem Urteil, StraFo 2005, 353; **Kraatz**, Gedanken zur Strafzumessungslösung bei rechtsstaatswidriger Verfahrensverzögerung, JR 2006, 403; **Krehl**, Das Gebot der Verfahrensbeschleunigung: Zur Bedeutung von Verfahrensverzögerungen bei erfolgreichem Rechtsmittel und bei Einlegung einer Verfassungsbeschwerde. Zugleich Anmerkung zu BGH, Urt. v. 7.2.2006 – 3 StR 460/98, ZIS 2006, 168; **Krehl/Eidam**, Die überlange Dauer von Strafverfahren, NStZ 2006, 1; **Maier/Percic**, Aus der Rechtsprechung zur Verletzung des Beschleunigungsgebots aus Art. 6 I EMRK – 1. Teil, NStZ-RR 2009, 297; *dies.*, Aus der Rechtsprechung zur Verletzung des Beschleunigungsgebots aus Art. 6 I 1 EMRK – 1. Teil, NStZ-RR 2009, 327; **Laue**, Das öffentliche Interessen an der Beschleunigung des Strafverfahrens, GA 2005, 648; **Nack**, Verfahrensverzögerung und Beschleunigungsgebot, in: Festschrift BRAK, 2006, S. 425; **Niemöller**, Videant iudices ... Bemerkungen zu einem Streit zwischen BVerfG und BGH, DRiZ 2006, 229; **Ossenbühl**, Staatshaftung bei überlangen Gerichtsverfahren, DVBl 2012, 857; **Paeffgen**, Irrungen und Wirrungen im Bereich der Strafzumessungskürzung bei Verstößen gegen die Verfahrensgerechtigkeit, namentlich gegen das Beschleunigungsgebot, StV 2007, 487; *ders.*, Zur historischen Entwicklung des „Beschleunigungsdenkens" im Straf(prozeß)recht, GA 2014, 275; **Peglau**, Behandlung rechtsstaatswidriger Verfahrensverzögerung (Art. 6 I 1 EMRK) in der Rechtsprechung, JuS 2006, 704; **Rinklin**, Rechtsprechungsübersicht zur (rechtsstaatswidrige) Verfahrensverzögerung und deren Auswirkung auf das Straf- und Bußgeldverfahren – Teil 1, StRR 2015, 44;

ders., Rechtsprechungsübersicht zur (rechtsstaatswidrige) Verfahrensverzögerung und deren Auswirkung auf das Straf- und Bußgeldverfahren – Teil 2, StRR 2015, 84; **Scheffler**, Systemwechsel ohne System – Eine Besprechung des Beschlusses des Großen Senats vom 17.1.2008, ZIS 2008, 269; **Schmidt/Sommerfeld**, Ursachen für Verfahrensverzögerungen aus der Sicht der Staatsanwaltschaft, in: *Jehle/Hoch* (Hrsg.), Oberlandesgerichtliche Kontrolle langer Untersuchungshaft. Erfahrungen, Probleme, Perspektiven, 1998, S. 81; **Schmitt**, Die überlange Verfahrensdauer und das Beschleunigungsgebot in Strafsachen, StraFo 2008, 313; **Steinbeiß-Winkelmann**, Amtshaftungsansprüche wegen überlanger Verfahrensdauer, NJW 2014, 1276; **Steinbeiß-Winkelmann/Sporrer**, Rechtsschutz bei überlangen Gerichtsverfahren – eine Zwischenbilanz anhand der Rechtsprechung, NJW 2014, 177; **Strate**, Recht oder Rivalität? – Zum Ungehorsamsaufruf des 3. BGH-Strafsenats, NJW 2006, 1480; **Trurnit**, Das Beschleunigungsgebot und die Konsequenzen einer überlangen Verfahrensdauer im Strafprozess, StraFo 2005, 358; **Volkmer**, Geldentschädigung bei überlanger Verfahrensdauer?, NStZ 2008, 608; **Weider**, Zuordnung der Verfahrensverzögerungen zu einzelnen Verfahrensbeteiligten aus der Sicht des Rechtsanwalts, in: *Jehle/Hoch* (Hrsg.), Oberlandesgerichtliche Kontrolle langer Untersuchungshaft. Erfahrungen, Probleme, Perspektiven, 1998, S. 107; **Wittling-Vogel/Ulick**, Kriterien für die Bewertung der Verfahrensdauer nach Art. 6 Abs. 1 EMRK, DRiZ 2008, 87; **Wohlers**, Rechtsstaatswidrige Verzögerungen des Verfahrens als revisionsrechtliches Problem, JR 2005, 187; **Wohlers/Gaede**, Die Revisionserstreckung auf Mitangeklagte – Plädoyer für eine konventionskonforme Auslegung des § 357 StPO, NStZ 2004, 9; **Ziegert**, Die überlange Verfahrensdauer Strafzumessungs- vs. Strafvollstreckungslösung, StraFo 2008, 321; s.a. die Hinw. bei → *Haftfragen*, Rdn 1653, bei → *Unterbrechung der Hauptverhandlung*, Rdn 2701, und bei → *Verzögerungsrüge*, Rdn 3274.

1. a) Die StPO kennt **keine starre Grenze**, wie lange ein Strafverfahren dauern darf. Art. 6 Abs. 1 MRK bestimmt insoweit nur ein Recht darauf, dass die erhobene strafrechtliche Anklage „innerhalb angemessener Frist verhandelt wird". Daraus leitet sich der allgemeine Beschleunigungsgrundsatz ab, der für den inhaftierten Angeklagten in Art. 5 Abs. 3 S. 2 MRK eine besondere Ausprägung erfahren hat (→ *Haftfragen*, Rdn 1655 ff.; *Burhoff*, EV, Rn 3751 f.; zur Rechtsgrundlage a. *Krehl/Eidam* NStZ 2006, 1 f.; *Gaede* wistra 2004, 166 ff.; zusammenfassend *Peglau* JuS 2006, 704; *Schmitt* StraFo 2008, 313; *Meyer-Goßner/Schmitt*, Art. 6 MRK Rn 9 ff.; zur Rspr. s.a. die Übersicht von *Maier/Percic* NStZ-RR 2009, 297 ff. und 329 ff.). Insbesondere Steuer- und Wirtschaftsstrafverfahren sowie häufig auch BtM-Verfahren und Verfahren mit schwerwiegenden Anklagevorwürfen dauern wegen ihrer Komplexität häufig lang, was allgemein beklagt wird (s. auch BT-Drucks 17/3802; S. 1 ff.). Eine zu lange Verfahrensdauer kann gegen das aus Art. 6 Abs. 1 S. 1 und Art. 5 Abs. 3 S. 2 MRK folgende Recht auf **beschleunigte Erledigung** des **Verfahrens** verstoßen (zu diesem Recht BGHSt 52, 124 m.w.N.).

2827

> In dem Zusammenhang ist neben der Rspr. des BVerfG und des BGH, insbesondere auch die **Rspr.** des **EGMR** von Bedeutung. Dieser rügt immer wieder die zu lange Dauer von Verfahren (vgl. z.B. wistra 2004, 177 m.w.N.; NJW 2006, 2972; StV 2009, 519; s. aber a. EGMR v. 20.11.2006, Beschwerde Nr. 51288/99 zur [verneinten] überlangen Dauer eines Strafverfahrens von sechs Jahren bei einer Vielzahl von EV und Wohnungsdurchsuchungen; s.a. *Gaede* wistra 2004, 166; zum Beschleunigungsgebot im Hinblick auf das Verfahren beim BVerfG StV 2009, 561; *Krehl/Eidam* NStZ 2006, 2 m.w.N. zur Rspr.-Entwicklung beim EGMR).

V Verfahrensverzögerung

Der EGMR hatte in der Vergangenheit auch wiederholt bereits eine innerstaatliche Entschädigungsregelung angemahnt (vgl. EGMR NJW 2001, 2694). Diesen Mahnungen ist der Gesetzgeber zumindest teilweise durch das „Gesetz über den Rechtsschutz bei überlangen Gerichtsverfahren und strafrechtlichen Ermittlungsverfahren" v. 24.11.2011 (vgl. BT-Drucks 17/3802) nachgekommen. Dieses sieht in den §§ 198, 199 GVG eine Entschädigungsregelung vor. Eine (potentielle) Entschädigung hängt nach § 198 Abs. 3 GVG aber davon ab, dass im Laufe des Verfahrens eine sog. Verzögerungsrüge erhoben wird. Die damit zusammenhängenden Fragen sind dargestellt bei → *Verzögerungsrüge*, Rdn 3274 ff.

2828 b) Der Verteidiger muss sich mit den mit einer ggf. eingetretenen Verfahrensverzögerung zusammenhängenden Fragen möglichst **früh auseinandersetzen** und die Auswirkungen auf die Verteidigungsstrategie prüfen. Er muss insbesondere darauf achten, ob das Verfahren angemessen gefördert worden ist (vgl. dazu Rdn 2838 ff.). Der (allgemeine) Beschleunigungsgrundsatz gilt in allen Verfahrensstadien (grundlegend BVerfG NJW 2006, 672 m.w.N.; → *Haftfragen*, Rdn 1658 ff. m.w.N.), und nicht etwa nur im EV. Er gilt auch nicht nur in Haftsachen (zur Verfahrensbeschleunigung in den verschiedenen Verfahrensstadien *Krehl/Eidam* NStZ 2006, 3 ff. und u. Rdn 2838 ff.). Der Beschleunigungsgrundsatz gilt zudem für alle Verfahren. Ob für Steuer- und Wirtschaftsstrafverfahren Besonderheiten gelten (verneint v. EGMR wistra 2004, 177; *Gaede* wistra 2004, 166, 171) ist in der Rspr. ungeklärt (verneint v. BGH NJW 2012, 1458; vgl. noch BGH wistra 2007, 392).

☝ In **Jugendsachen** kommt dem Beschleunigungsgebot wegen des Erziehungsgedankens eine besondere Bedeutung zu (vgl. *Eisenberg*, JGG, § 55 Rn 37). Gerade in diesen Verfahren ist alles zu tun, um das Verfahren baldmöglichst zum Abschluss zu bringen.

2829 2.a)aa) Die **Frist**, innerhalb der ein Strafverfahren abgeschlossen sein muss, lässt sich **nicht allgemein bestimmen** (s. noch u. Rdn 2835). Auch die §§ 198, 199 GVG legen eine generell angemessene Verfahrensdauer nicht fest (vgl. zur unangemessenen Verfahrensdauer a. *Althammer/Schäuble* NJW 2012, 1, 3). Auszugehen ist vielmehr von Art. 19 Abs. 4 GG, 20 Abs. 3 GG und Art. 6 Abs. 1 MRK. Danach haben die Verfahrensbeteiligten grds. einen Anspruch auf Entscheidung eines gerichtlichen Verfahrens in angemessener Zeit. Für die Frage der (konkreten) Angemessenheit der Frist ist auf die **Umstände** des **Einzelfalls** abzustellen (s. zum alten Recht BVerfG NJW 1992, 2472; 2006, 1073 [Ls.]; NStZ-RR 2005, 346; StV 2008, 198; BGH NJW 2006, 1073 [Ls.]; NStZ 1999, 313; 2003, 384; 2004, 639; StV 2002, 598; zum neuen Recht in § 198 Abs. 1 S. 1 GVG s. *Burhoff* StRR 2012, 4, 5; *Graf* NZWiSt 2012, 221; BVerfG NJW 2013, 2342; BGH NJW 2014, 220 m. Anm. *Deutscher* StRR 2014, 117; 2014, 1183; Beschl. v. 5.12.2012 – 1 StR 531/12, insoweit nicht in StRR 2013, 97 m. Anm. *Arnoldi*; NStZ-RR 2012, 237 [Ci/Zi; insoweit nicht in StV 2010,

228]; KG, Beschl. v. 30.8.2012 – 121 Ss 171/12). Nach der Rspr. des **EGMR** muss die Angemessenheit der Dauer von Strafverfahren im Lichte der besonderen Fallumstände gewürdigt werden (vgl. u.a. EGMR wistra 2004, 177; NJW 2005, 3125; 2006, 2972; StV 2009, 519; BGH NStZ 2004, 639; 2012, 470 [Steuerstrafverfahren von über sieben Jahren zu lang]; vgl. dazu a. *Gaede* wistra 2004, 166 ff.; *Krehl/Eidam* NStZ 2006, 3; zu den Kriterien für die Bewertung der Verfahrensdauer *Wittling-Vogel/Ulick* DRiZ 2008, 87; *Beuckelmann* StraFo 2010, 210).

Bei der erforderlichen **Gesamtwürdigung** der **Verhältnisse** des **Einzelfalls** sind die durch Verhalten der Justizorgane eingetretenen Verzögerungen, die Gesamtdauer des Verfahrens, die Schwere des Tatvorwurfs, Umfang und Schwierigkeit des Prozessstoffs sowie das Ausmaß der mit dem Andauern des Verfahrens für den Betroffenen verbundenen Belastungen zu berücksichtigen. und zwar unter dem Blickwinkel der Schwierigkeit und der Bedeutung des Verfahrens sowie des Verhaltens der Verfahrensbeteiligten (BGH, Beschl. v. 5.12.2012 – 1 StR 531/12, insoweit nicht in StRR 2013, 97; OVG Sachsen-Anhalt, Urt. v. 25.7.2012 – 7 KE 1/11, für ein verwaltungsgerichtliches Verfahren; zur Verfahrensdauer verfassungsgerichtlicher Verfahren BVerfG NJW 2013, 2342). Verfahrensverzögerungen, die durch zulässiges Prozess- und Verteidigungsverhalten des Beschuldigten oder seines Verteidigers verursacht worden sind, wie z.b. Stellung einer Vielzahl von Beweis- und Beweisermittlungsanträgen, werden für die Begründung einer rechtsstaatswidrigen Verfahrensverzögerung nicht herangezogen (BVerfG, Beschl. v. 25.9.2012 – 2 BvR 2819/11; BGH, a.a.O.). Jedoch räumt der BGH bei der Beurteilung des Verhaltens des Gerichts dem verfassungsrechtliche Grundsatz richterlicher Unabhängigkeit (Art. 97 Abs. 1 GG) Raum ein und gesteht dem Gericht in jedem Fall eine **angemessene Vorbereitungs-** und **Bearbeitungszeit** zu (BGH NJW 2014, 220; vgl. auch BT-Drucks 17/3802, S. 18). Es benötige einen Gestaltungsspielraum, der es ihm ermögliche, dem Umfang und der Schwierigkeit der einzelnen Rechtssachen ausgewogen Rechnung zu tragen und darüber zu entscheiden, wann es welches Verfahren mit welchem Aufwand sinnvollerweise fördern könne und welche Verfahrenshandlungen dazu erforderlich seien (BGH, a.a.O.). Als unangemessen i.S.v. § 198 Abs. 1 S. 1 GVG angesehen wird die Verfahrensdauer dann, wenn die Gesamtwürdigung ergibt, dass die aus Art. 2 Abs. 1 i.V.m. Art. 20 Abs. 3 GG und Art. 19 Abs. 4 GG sowie Art. 6 Abs. 1 EMRK folgende Verpflichtung des Staates, Gerichtsverfahren in angemessener Zeit zum Abschluss zu bringen, verletzt ist (BGH, a.a.O.).

2830

Für die Frage, ob die Verfahrensdauer unangemessen ist, ist abzustellen auf das gesamte Verhalten staatlicher Stellen, nicht nur auf das der Justizbehörden (BGH NStZ 2010, 230 für Meldebehörde). Für die Angemessenheit **kommt** es **nicht darauf an**, ob sich staatliche Stellen **pflichtwidrig verhalten** haben und/oder, ob ein **Verschulden** vorliegt (BT-Drucks 17/3802, S. 19; *Meyer-Goßner/Schmitt*, § 198 Rn 2; s.a. BGH, a.a.O.; OVG Sachsen-Anhalt, Urt. v. 25.7.2012 – 7 KE 1/11 für ein verwaltungsgerichtliches Verfahren). Der Staat

2831

V Verfahrensverzögerung

kann sich aber zur Rechtfertigung einer überlangen Dauer eines Verfahrens nicht auf Umstände innerhalb des staatlichen Verantwortungsbereichs berufen. Vielmehr muss er alle notwendigen Maßnahmen treffen, damit Gerichtsverfahren innerhalb angemessener Frist beendet werden. Deshalb kann bei der Frage der angemessenen Verfahrensdauer nicht auf die chronische Überlastung eines Gerichts, länger bestehende Rückstände oder eine allgemein angespannte Personalsituation abgestellt werden (BT-Drucks 17/3802, a.a.O.; für die U-Haft zuletzt BVerfG StV 2015, 39 m. Anm. *Burhoff* StRR 2014, 447). Insoweit wird man die im Haftrecht, insbesondere bei der Haftprüfung durch das OLG, geltenden Grundsätze entsprechend anwenden können (vgl. dazu → *Haftfragen*, Rdn 1655 ff., und *Burhoff*, EV, Rn 2208 ff. m.w.N.; zu den Maßstäben auch noch BGH StV 2008, 633; *Meyer-Goßner/Schmitt*, Art. 6 MRK Rn 7 ff.).

☞ Eine allgemeine **Zurechnung** des Verfahrensgangs in **Vertragsstaaten** der EMRK unabhängig davon, ob die konkret betroffenen Verfahrenshandlungen dem jeweils nationalen Verfahrensrecht entsprechen oder nicht, scheidet nach der Rspr. des BGH, weil durch die Konvention nicht geboten, aus (BGHSt 55, 70).

2832 bb) § 198 Abs. 1 S. 2 GVG zählt beispielhaft und ohne abschließenden Charakter (vgl. BT-Drucks 17/3802, S. 18) Umstände auf, die für die Beurteilung der Angemessenheit besonders bedeutsam sind. Dabei wird an die **Maßstäbe angeknüpft**, die sowohl das **BVerfG** als auch der **EGMR** im Zusammenhang mit der Frage überlanger gerichtlicher Verfahren entwickelt haben (BVerfG NJW 2013, 2342; vgl. dazu auch *Burhoff*, EV, Rn 3695 ff.). Hilfreich und m.E. anwendbar sind bei der Prüfung der angemessenen Verfahrensdauer auch die Kriterien, die im Fall der Haftprüfung durch das OLG nach den §§ 121, 122 eine Rolle spielen (vgl. → *Haftprüfung durch das Oberlandesgericht*, Rdn 1693 ff.).

☞ Allerdings wird dabei zu berücksichtigen sein, dass für die zeitliche Angemessenheit der Dauer einer Freiheitsentziehung/**U-Haft strengere Maßstäbe** gelten als für die Angemessenheit der Erledigung des Verfahrens insgesamt (BGH, Beschl. v. 5.12.2012 – 1 StR 531/12, insoweit nicht in StRR 2013, 97).

Auf der Grundlage ist bei der Prüfung auf Folgendes zu achten (vgl. dazu a. noch BGH NJW 2014, 220; *Peglau* JuS 2006, 704, 706; *Wittling-Vogel/Ulick* DRiZ 2008, 87

2833 **Kriterien:**

- eine besondere **Bedeutung** für den Beschuldigten (vgl. die Nachw. bei *Gaede* wistra 2004, 166, 169 Fn 57), aber auch die Bedeutung für die Allgemeinheit (vgl. z.B. BGH NStZ 2012, 470 [Steuerstrafverfahren von über sieben Jahren zu lang]; s. auch noch LG Bremen StV 2014, 334 [fast neun Jahre keine Verfahrensförderung]),

- **Umfang** und **Schwierigkeit** des Verfahrens (vgl. dazu EGMR HRRS 2005 Nr. 302), wobei es einen besonderen/allgemeinen Bonus für Steuer- und Wirtschaftsstrafverfahren nicht gibt, auch hier ist die Komplexität des Verfahrens im konkreten Einzelfall entscheidend (EGMR wistra 2004, 177; NJW 2006, 2972; *Gaede* wistra 2004, 166, 173),
- nach der Rspr. des BGH und des BVerfG wohl die **Schwere** des Tatvorwurfs (BGHSt 46, 159; vgl. a. *Meyer-Goßner/Schmitt*, Art. 6 MRK Rn 7b m.w.N.; s. aber auch BGHSt 52, 124, 138; 54, 135 und BGH, Beschl. v. 25.10.2011 – 3 StR 206/11),
- Art und Umfang der durch das Verfahren für den Beschuldigten eingetretenen **Belastungen** (vgl. z.B. BGHSt 52, 124; BGH NStZ 2009, 287; Beschl. v. 11.3.2008 – 3 StR 36/08),
- Art und Weise der **Verfahrensführung** (s.u. Rdn 2838 ff.),
- ggf. das (prozessuale) **Verhalten** des Beschuldigten (vgl. dazu EuGRZ 2009, 315; BVerfG NJW 2009, 1469; StV 2009, 673; BGH NJW 2005, 2791; 2010, 1155, a.A. *Pauly* StV 2005, 139 in der Anm. zu EGMR NJW 2005, 3125; *Krehl/Eidam* NStZ 2006, 1, 5), wobei nach der obergerichtlichen Rspr. durch das Verhalten des Angeklagten verursachte Verzögerungen dem Staat nicht angelastet werden können (EGMR NJW 2006, 2389, 2393; BVerfG, Beschl. v. 25.9.2012 – 2 BvR 2819/11; BGH, Beschl. v. 5.12.2012 – 1 StR 531/12 – insoweit nicht in StRR 2013, 97 – für zahlreiche Beweisanträge).

> ✏ Der Beschuldigte ist aufgrund der Selbstbelastungsfreiheit nicht verpflichtet, aktiv an dem gegen ihn geführten Strafverfahren mitzuwirken. Andererseits soll aber, wenn der **Beschuldigte** seine **Verteidigungsrechte ausschöpft**, die hierfür verstrichene Zeit dem Staat grds. nicht als unangemessene Verzögerung zugerechnet werden (BVerfG NStZ-RR 2005, 346; BGH NJW 2005, 2791; *Gaede* wistra 2004, 166, 169 m.w.N. aus der Rspr. des EGMR in Fn 72). Eine Verfahrensverzögerung darf dem Beschuldigten aber nur dann „angelastet" werden, wenn sie auch tatsächlich auf seinem Verhalten beruht (EGMR wistra 2004, 177; zur Zurechnung des Verhaltens des Verteidigers s. die Nachw. bei *Gaede* wistra 2004, 166, 179 in Fn 74). Die staatliche Pflicht zur Verfahrensförderung erfährt zudem keine Einschränkung dadurch, dass der Beschuldigte von Verfahrens- und Verteidigungsrechten Gebrauch macht und damit selbst zur Verlängerung des Verfahrens beiträgt (*Krehl/Eidam* NStZ 2006, 5 [unter Hinw. auf BVerfG NJW 2004, 2398]; s. aber a. BGH NJW 2005, 2791).

- auch das **Verhalten sonstiger Verfahrensbeteiligter** sowie das Verhalten **Dritter**. Wird eine Verzögerung durch das Verhalten Dritter ausgelöst, kommt es darauf an, inwieweit dies dem Gericht/der StA zugerechnet werden kann. Ein Verzögerungen auslösendes Verhalten Dritter, auf das das Gericht keinen Einfluss hat, kann keine Unangemessenheit der Verfahrensdauer begründen (BT-Drucks 17/3802, S. 18). Die Frage kann bei der Einholung von **SV-Gutachten** von Bedeutung sein, wenn es darum geht, ob durch die Einholung von SV-Gutachten entstandene Verzögerungen dem Gericht/der StA zuzurechnen sind (vgl. dazu a. BGH NStZ-RR 2014, 21). Die Gesetzesbegründung (BT-Drucks 17/3802, a.a.O.) geht davon aus, dass das aus einer Ex-post-Betrachtung durch das Entschädigungsgericht (→ *Verzögerungsrüge*, Rdn 3274) unter Berücksichtigung der richterlichen Unabhängigkeit anhand der Einzelfallumstände beurteilt werden müsse. Dabei könne eine Rolle spielen, inwieweit das Gericht/die StA Möglichkeiten, auf eine zügige Gutachtenerstattung hinzuwirken, ungenutzt gelassen habe Zum Tragen kommen könne auch, ob es im konkreten Fall Handlungsalternativen insbesondere hinsichtlich Gutachterauswahl und -wechsel gegeben habe. Insoweit wird man m.E. die Rechtsprechung zu § 121 entsprechend anwenden können (vgl. dazu *Burhoff*, EV, Rn 2210 m.w.N.).

2834 b)aa) Nach Art. 6 Abs. 1 S. 1 MRK ist für den Beginn der angemessenen Frist auf die „**erhobene strafrechtliche Anklage**" abzustellen. Damit ist jedoch nach h.M. nicht die formale Anklageerhebung i.S.d. § 201 gemeint. Die Frist beginnt vielmehr nach h.M. (schon) zu laufen, wenn der Beschuldigte von der Einleitung des EV in Kenntnis gesetzt wird (EGMR NJW 2002, 2856; wistra 2004, 177; StV 2009, 519; BVerfG NJW 1993, 3254; BGH NJW 2006, 1073 [Ls.]; Beschl. v. 23.7.2008 – 2 StR 252/08; ähnlich BGH NJW 2014, 220, 221; *Gaede* wistra 2004, 166, 168; *Peglau* JuS 2006, 705; vgl. jetzt auch § 198 Abs. 6 Nr. 1 GVG und BT-Drucks 17/3802, S. 24; dazu → *Verzögerungsrüge*, Rdn 3274). Das ist zutreffend, da es bei der Berücksichtigung von Verfahrensverzögerung um die „Spürbarkeit der Belastung durch ein Strafverfahren" geht (*Krehl/Eidam* NStZ 2006, 4; EGMR StV 2009, 519). Bei der Prüfung der maßgeblichen Verfahrensdauer kommt es nicht darauf an, ob die (rechtswidrige) Verfahrensverzögerung von einer Justizbehörde zu verantworten ist, sondern entscheidend ist, ob sie in den Verantwortungsbereich irgendeiner staatlichen Stelle fällt (BGH NStZ 2010, 230; s.a. o. Rdn 2829).

2835 bb) Die zu berücksichtigende Zeitdauer **endet**, wenn das Verfahren durch eine **endgültige** und **verbindliche Entscheidung** über die Anklage beendet worden ist (EGMR NJW 2001, 2694). Dazu gehört auch noch eine ggf. erforderliche Entscheidung über das Strafmaß. Auch das Rechtsmittelverfahren wird erfasst (vgl. BVerfG NJW 2005, 2612; 2006, 672; *Wohlers/Gaede* NStZ 2004, 9, 13 ff.; *Schmitt* StraFo 2008, 313, 315 ff.), und zwar auch das Verfahren vor dem BVerfG (EGMR NJW 2002, 2856; StV 2009, 561; zum Bezugspunkt bei Aufhebung mehrerer aufeinanderfolgender Urteile in derselben Sache wegen unterschiedlicher Verfahrensfehler BGH NStZ 2009, 472; StV 2009, 692).

2836 cc) Es gibt **keine abstrakte Höchstdauer** für ein Strafverfahren (vgl. a. Rdn 2829 f.). Grenzen sind insoweit weder im Gesetz noch von den Obergerichten bestimmt. Entscheidend sind für die zulässige = rechtsstaatsmäßige Dauer des Verfahrens die Umstände des Einzelfalls (vgl. Rdn 2829). Dabei stellt der EGMR zunehmend auf die konkrete Dauer einzelner Verfahrensabschnitte ab (vgl. u.a. wistra 2004, 177; HRRS 2005 Nr. 302), während für den BGH die Gesamtverfahrensdauer von Bedeutung ist (u.a. BGH NJW 2010, 1155; NStZ-RR 2007, 150; vgl. wegen weit. Nachw. *Krehl/Eidam* NStZ 2006, 1, 4).

👉 Dieser Unterschied in der Rspr. der Obergerichte hat **Auswirkungen** auf die Frage, ob eine **Kompensation** zulässig ist. D.h.: Kann eine eingetretene Verfahrensverzögerung dadurch ausgeglichen/kompensiert werden, dass in anderen Verfahrensabschnitten das Verfahren nun besonders beschleunigt betrieben wird? Die Frage wird vom EGMR verneint (wistra 2004, 177; so a. BVerfG NJW 2006, 672 in einem „obiter dictum"; zust. *Krehl/Eidam* NStZ 2006, 5). Hat ein Verfahrensabschnitt zu lange gedauert, kann das nicht durch besondere Beschleunigung in anderen Verfahrensabschnitten kompensiert werden. Es ist eine Verfahrensverzögerung eingetreten, die nicht mehr rückgängig gemacht werden kann. Das Abstellen auf die „Gesamtverfahrensdauer" in der Rspr. des BGH führt demgegenüber dazu, dass „eine gewisse Untätigkeit innerhalb eines bestimmten Verfahrensabschnitts" ausgeglichen werden kann, wenn die Dauer des Verfahrens nur insgesamt „angemessen" ist (vgl. u.a. aber BGH NJW 2006, 1073 [Ls.]; 2010, 1155; NStZ 2003, 384; 2005, 582; StraFo 2001, 409; NStZ-RR 2002, 219; 2011, 239; zu Recht a.A. *Gaede* HRRS 2005, 377; abl. a. *Krehl/Eidam*, a.a.O.).

c) Streit besteht derzeit zwischen dem **BGH** und dem **BVerfG** in der Frage, ob die **Aufhebung** eines **Urteils** im Revisionsverfahren als **rechtsstaatswidrige Verfahrensverzögerung** mit der Folge einer Berücksichtigung bei der anzurechnenden Verfahrensdauer anzusehen ist oder nicht (vgl. dazu *Strate* NJW 2006, 1480; *Niemöller* DRiZ 2006, 229; *Krehl* StV 2006, 407 in der Anm. zu BGH). Das **BVerfG** hat das im Zusammenhang mit Haftfragen bzw. dem Beschleunigungsgrundsatz in den Fällen bejaht, wenn ein Urteil in der Revisionsinstanz wegen eines Verfahrensfehlers aufgehoben worden ist (vgl. NJW 2006, 672). Insoweit macht das BVerfG (a.a.O.) keine Einschränkungen mehr, während es früher solche Verzögerungen nur ausnahmsweise berücksichtigt hat (vgl. NJW 2003, 2897). Demgegenüber hält der **BGH** an der älteren/früheren Rspr. ausdrücklich fest (vgl. BGHSt 52, 48; NJW 2006, 1529 [zugleich auch zur Bindungswirkung der Entscheidung des BVerfG nach § 31 BVerfG]; StV 2006, 241; NStZ-RR 2010, 40 [Ls.] sowie. jew. m.w.N.; wie der BGH OLG München, Beschl. v. 4.4.2006 – 2 Ws 289/06; **a.A.** OLG Koblenz StV 2006, 645; *Roxin* StV 2003, 379 in der Anm. zu BVerfG, a.a.O.; *Krehl*, a.a.O.; *Niemöller*, a.a.O.; zust. *Cirener/Sander* JR 2006, 300; m.E. offen bei *Meyer-Goßner/ Schmitt*, Art. 6 MRK Rn 7b). Die Erledigung eines Strafverfahrens wird nach seiner Auffassung nicht allein deshalb in rechtsstaatswidriger Form verzögert, weil das Revisionsgericht zur Korrektur eines dem Tatrichter unterlaufenen – nicht eklatanten – Rechtsfehlers dessen Urteil aufheben und die Sache zur erneuten – zeitaufwendigen – Verhandlung an die Vorinstanz zurückverweisen muss. Dies sei vielmehr **Ausfluss** eines rechtsstaatlichen **Rechtsmittelsystems**. Etwas anderes gelte allenfalls dann, wenn es sich um eklatante Ge-

2837

setzesverletzungen handelt, also um Entscheidungen, die unter keinem Gesichtspunkt mehr zu rechtfertigen sind. Davon geht der BGH (NJW 2006, 1529), auch unter Geltung der sog. Vollstreckungslösung (s. dazu Rdn 2845; BGH NStZ 2009, 104), aber nur aus, wenn die Zurückverweisung Folge eines Verfahrensverstoßes ist, der im Licht der rechtsstaatlichen Gesamtverfahrensordnung schlechterdings als nicht nachvollziehbar und unvertretbarer Akt **objektiver Willkür** erscheint (StV 2006, 241). Ein solcher Ausnahmefall soll nicht schon dann vorliegen, wenn ein Verfahrensverstoß i.S.v. § 338 nachgewiesen oder zugleich ein Verfahrensgrundrecht des Beschuldigten verletzt ist. Denn die Grenze zwischen noch vertretbaren und rechtsfehlerhaften Verfahrensentscheidungen sei auch bei absoluten Revisionsgründen oft nicht leicht zu bestimmen und von einer Vielzahl tatsächlichen Umständen und wertenden Beurteilungen abhängig (BGH, a.a.O.). Es soll auch noch nicht einmal ausreichen, wenn das BVerfG auf die Verfassungsbeschwerde hin die Unvereinbarkeit der Verwerfung einer Verfahrensrüge mit einem Grundrecht als unbegründet angesehen hat (BGH, a.a.O.). Auch die Vorlage an den Großen Senat für Strafsachen nach § 132 GVG rechnet der BGH auf die „rechtsstaatswidrige" Verfahrensdauer nicht an (BGH StV 2011, 407; s.a. *Meyer-Goßner/Schmitt*, a.a.O.). Ausreichen sollen aber mehrfache Aufhebungen in derselben Sache (BGH NStZ 2009, 472; StV 2009, 692).

3. Hinweise für den Verteidiger!

Im Rahmen der Verteidigung muss der Verteidiger, wenn er eine (rechtsstaatswidrige) Verfahrensverzögerung geltend machen will, zunächst das Verfahren daraufhin prüfen, ob die **angemessene Dauer überschritten** worden ist (vgl. Rdn 2838). Von Bedeutung ist sodann die Frage, welche **Auswirkungen** eine rechtsstaatswidrige Verfahrensverzögerung auf die Verteidigung hat (vgl. dazu Rdn 2843 f.). Schließlich muss der Verteidiger sich mit der Frage beschäftigen, wie die Verfahrensverzögerung **geltend** zu **machen** ist (vgl. Rdn 2851).

2838 a) Nach der Rspr. des EGMR (vgl. o. Rdn 2829 ff.) muss der Verteidiger die **verschiedenen Verfahrensstadien** auf ihre **angemessene Dauer** prüfen (dazu eingehend *Fischer*, § 46 Rn 122 ff.; *Meyer-Goßner/Schmitt*, Art. 6 MRK Rn 7 ff.; *Krehl/Eidam* NStZ 2006, 5 ff.; *Wittling-Vogel/Ulick* DRiZ 2008, 87). Hilfreich und m.E. anwendbar sind dabei auch die Kriterien, die im Fall der Haftprüfung durch das OLG nach den §§ 121, 122 eine Rolle spielen (vgl. dazu *Burhoff*, EV, Rn 2170 ff. m. zahlr. Nachw. aus der Rspr.). Auf Folgendes ist bei der Prüfung zu achten bzw. Folgendes kann Bedeutung erlangen (vgl. dazu a. *Peglau* JuS 2006, 704, 706; *Sommer* StV 2012, 107, 111 f.; *Graf* NZWiSt 2012, 221; *Gercke/Heinisch* NStZ 2012, 300):

2839 Ermittlungsverfahren

- Haben ggf. **andere Behörden** als die Justizbehörden zögerlich gearbeitet (BGH NStZ 2010, 230 für Meldebehörde, die trotz eines Suchvermerks im Rahmen der Ausschreibung zur Aufenthaltsermittlung die Adresse des Angeklagten nicht an

die StA weitergeleitet hat; zur verneinten allgemeinen Zurechnung des Verfahrensgangs in anderen Vertragsstaaten BGHSt 55, 70).
- Hat die StA für die Beachtung des Beschleunigungsgebots – auch durch die Polizei – gesorgt? Ggf. ist gegen eine **zu lange AE** durch Geschädigte vorzugehen (vgl. dazu aber BGH wistra 2006, 25).
- Haben die beteiligten Ermittlungs(-behörden) **ausreichend zusammen gearbeitet** (BGHSt 54, 9 für Finanzbehörden und StA)?
- Sind alle **möglichen** und **zumutbaren Anstrengungen unternommen** worden, um die notwendigen Ermittlungen mit der gebotenen Schnelligkeit abzuschließen (vgl. dazu *Krehl/Eidam* NStZ 2006, 5)? Das gilt vor allem bei längeren Erkrankungen oder nicht nur vorübergehender Arbeitsüberlastung des zuständigen StA (zu dauerhaften Engpässen s. BGH StraFo 2005, 24). Es kann der StA allerdings nicht angelastet werden, wenn sie aufgrund eines verzögerten Einlassungsverhaltens mit der Anklageerhebung gewartet hat (BGH HRRS 2006 Nr. 272).
- Sind die Ermittlungen ggf. unangemessen weit **ausgedehnt** worden?
- Hat die StA die Ermittlungen und das Zuarbeiten von **Dritten** ausreichend **kontrolliert** (vgl. dazu z.B. BGH NStZ-RR 2014, 21)?
- Sind die Akten nach Anklageerhebung **schnellstens** dem **Tatgericht** zur Eröffnung des Hauptverfahrens **vorgelegt** worden?
- Sind die **gesteigerten Anforderungen** an die beschleunigte Erledigung von **Haftsachen** beachteten worden (*Burhoff*, EV, Rn 2170 ff.)?
- Handelt es sich ggf. um **Verfahrensverzögerungen** im **Ausland**. Diese werden nach Übernahme des Ermittlungsverfahrens durch die Bundesrepublik Deutschland nicht kompensiert (BGHSt 57, 1).

Gerichtliches Verfahren/Hauptverhandlung 2840

- Ist das Hauptverfahren in einer **angemessenen Frist** nach Eingang der Akten beim Gericht **eröffnet** worden (vgl. dazu z.B. BVerfG NJW 2006, 672 m.w.N.; BVerfG StRR 2011, 320 [sechs Monate trotz Entscheidungsreife nicht eröffnet]; BGH NJW 2014, 220; Beschl. v. 5.12.2012 – 1 StR 531/12 – insoweit nicht in StRR 2013, 97; OLG Düsseldorf, Beschl. v. 16.9.2009 – 3 Ws 362/09 [drei Monate]; → *Haftfragen*, Rdn 1653)?
- Ist **rechtzeitig Termin** zur HV bestimmt worden? Nach Aufhebung und Zurückverweisung durch das Revisionsgericht muss, wenn bis dahin schon längere Zeit verstrichen ist, besonders zügig terminiert werden (vgl. BVerfG NJW 2006, 672). Entsprechendes gilt, wenn ein Ablehnungsantrag Erfolg hatte (BGH StraFo 2009, 245).
- Ist die **HV** selbst **ausreichend straff** geführt worden? Das bedeutet, dass genügend HV-Tage mit ausreichend langer Dauer durchgeführt werden müssen (vgl. dazu grundlegend BVerfG NJW 2006, 672; StV 2013, 640 m. Anm. *Herrmann* StRR 2013, 228; OLG Hamm StV 2006, 191; 2006, 319; StRR 2012, 198 [durchschnittlich nur

2,2 HV-Tage/Monat nicht ausreichend]; wegen weit. Nachw. → *Haftfragen*, Rdn 1665). Der EGMR (NJW 2005, 31259), ihm folgend (OLG Hamm StV 2006, 191; 2014, 30; StRR 2012, 198 [durchschnittlich nur 2,2 HV-Tage/Monat nicht ausreichend]; StRR 2014, 449 [1 Tag/Woche bei bereits längerer U-Haft nicht ausreichend]) geht davon aus, dass in der Woche mindestens an einem Tag eine HV stattfinden sollte. Teilweise werden von der Rspr. aber auch mehr HV-Tage verlangt (vgl. BVerfG StV 2006, 318 [mindestens 2 HV-Tage/Woche]; zur Terminierung im Berufungsverfahren s. OLG Frankfurt am Main StV 2006, 195; zur Neuregelung der Unterbrechungsfristen in § 229 und zur Beachtung des Beschleunigungsgrundsatzes bei der → *Unterbrechung der Hauptverhandlung*, Rdn 2704; dazu a. *Keller/Meyer-Mews* StraFo 2005, 353; s. aber a. BGH NStZ 2006, 296; *Krehl/Eidam* NStZ 2006, 7). Zum Teil geht die Rspr. inzwischen aber auch davon aus, dass die reine Frequenz von HV-Verhandlungstagen nur der Ausgangspunkt für die Frage ist, ob das Beschleunigungsgebot eingehalten worden ist und – insbesondere in Großverfahren – die **Umstände** des **Einzelfalls** mit zu berücksichtigen sind (OLG Nürnberg StRR 2014, 282 [Ls.]; ähnlich KG StRR 2014, 203 [Ls.]), eine rein rechnerische Betrachtung der HV-Tage/-Zeiten könne nicht entscheidend sein (KG, a.a.O.; s.a. noch OLG Stuttgart StV 2014, 752 m. abl. Anm. *Herrmann*).

■ Sind **nach** der **Verkündung** des **Urteils** alle Möglichkeiten zur Beschleunigung genutzt worden (vgl. dazu BVerfG NJW 2005, 2612)? Ist also insbesondere das Urteil schnell genug abgesetzt worden? Die Urteilsbegründungsfristen des § 275 sind keine Höchstfristen, die ohne Not ausgeschöpft werden dürfen (BVerfG NJW 2006, 677; u.a. OLG Naumburg StV 2008, 589; vgl. wegen weiterer Einzelh. *Krehl/Eidam* NStZ 2006, 7; *Burhoff*, EV, Rn 2186). Instruktiv ist in dem Zusammenhang die Entscudung des BVerfG v. 16.3.2006 (NJW 2006, 1336). Dort hat das BVerfG auch kleinste Verzögerungen (im nichtrichterlichen) Bereich, wie z.B. Verzögerungen bei Zustellungen, als Verfahrensverzögerung moniert.

2841 Rechtsmittelverfahren

■ Ist das **Beschleunigungsgebot** auch im Berufungs- und/oder Revisionsverfahren **beachtet** worden (vgl. dazu *Krehl/Eidam* NStZ 2006, 7; vgl. z.B. – teilweise wegen erheblicher Verzögerungen bei der Vorlage der Akten beim Revisionsgericht – BGH StV 2011, 407 [Verfahrensdauer im Revisionsverfahren von zwei Jahren]; NStZ-RR 2008, 208; 2010, 197 [Ci/Zi]; 2012, 218 [Ci/Zi]; 2012, 237 [Ci/Zi]; Beschl. v. 15.4.2010 – 1 StR 163/10; OLG Hamburg StV 2015, 309 [Protokollgenehmigungen nach HV])? Allerdings sollen Verzögerungen nach dem erstinstanzlichen Urteil geringer ins Gewicht fallen, weil bis dahin die Unschuldsvermutung stärker für den Angeklagten streitet (KG, Beschl. v. 15.5.2007 – 1 Ws 78/07).

Ist das Beschleunigungsgebot in erheblicher Weise noch **nach Erlass** des **tatrichterlichen Urteils** verletzt worden, kann das z.b. zur Aufhebung des ansonsten nicht zu beanstandenden Urteils führen (BGH StV 2009, 638; NStZ-RR 2011, 169 [Ci/Zi]; OLG Koblenz StV 1997, 409). Das Revisionsgericht kann das Verfahren aber auch „abbrechen" oder eine geringere Strafe festsetzen (vgl. die Nachw. bei *Meyer-Goßner/Schmitt*, Art. 6 MRK Rn 9a; s.a. EGMR StV 2009, 519, wonach das BVerfG die beteiligten Gerichte und die StA zur Einstellung anweisen kann).

■ Hat das Beschleunigungsgebot vor allem dann Beachtung gefunden, wenn es **schon zuvor** im Verfahren zu **Verzögerungen** gekommen ist bzw. mit dem Rechtsmittel eine Verfahrensverzögerung geltend gemacht worden ist?

Hinweis für den Verteidiger! 2842

Bei der Prüfung der Länge der Verfahrensdauer empfehlen sich folgende **Prüfungsschritte**:
1. Feststellung der zu berücksichtigenden **Verfahrensdauer** (s. dazu o. Rdn 2829).
2. Frage: Ist diese unter Berücksichtigung der Gesamtumstände zu **lang**?
3. Frage: Wem ist die lange Verfahrensdauer **anzulasten**: Den staatlichen Behörden oder dem Beschuldigten?
4.a) Wenn den **staatlichen Behörden** zuzurechnen ist: Welche Auswirkungen hat das auf die Verteidigung (s. Rdn 2843 f.)?
4.b) Wenn dem **Beschuldigten** zuzurechnen ist: Kommt ggf. doch eine Berücksichtigung zugunsten des Beschuldigten in Betracht (Stichwort: **Selbstbelastungsfreiheit**)?

b) Fraglich ist, wie eine rechtsstaatswidrige Verfahrensverzögerung zugunsten des Angeklagten/Beschuldigten im Verfahren **berücksichtigt** wird. Dafür kommen **verschiedene Möglichkeiten** in Betracht, und zwar die der → *Einstellung des Verfahrens nach § 206a bei Verfahrenshindernissen*, Rdn 1369 (vgl. dazu EGMR StV 2009, 519) und/oder die Berücksichtigung bei der Vollstreckung (eingehend zur früheren „Strafzumessungslösung" *Krehl/Eidam* NStZ 2006, 8 ff. m.w.N. aus der Rspr.; zur „Vollstreckungslösung" *Schmitt* StraFo 2008, 313; *Ziegert* StraFo 2008, 321). Im Einzelnen gilt: 2843

aa) Nach wohl h.M. in der **Rspr.** begründet die Verletzung des Beschleunigungsgebots grds. **kein Verfahrenshindernis** mit der Folge, dass das Verfahren einzustellen wäre (zuletzt BGHSt 46, 160; BGH StV 2000, 670; so a. BVerfG NJW 1992, 2472; 2003, 2225; KG StRR 2009, 22; OLG Jena, Beschl. v. 6.9.2011 – 1 Ws 394/11; OLG Koblenz NJW 1994, 1887; OLG Nürnberg, Beschl. v. 4.10.2007 – 2 St OLG Ss 161/07; OLG Schleswig StV 2003, 379; LG Mainz wistra 2003, 472; *Krehl/Eidam* NStZ 2006, 9 f.; *Fischer*, § 46 Rn 130 m.w.N.). Etwas anderes gilt in außergewöhnlichen Einzelfällen (vgl. z.B. BVerfG NJW 1992, 2472 f. m.w.N. [mehr als 8 Jahre dauerndes OWi-Verfahren]; OLG Koblenz NJW 1994, 1887; OLG Rostock StV 2011, 220 [12 Jahre zurück liegende Tat]; OLG Saar- 2844 brücken StV 2007, 178 [12-jährige Verfahrensdauer]; LG Bremen StV 2011, 223 [Verfahrensdauer von 16 Jahren]; LG Bad Kreuznach NJW 1993, 1725 [4½ Jahre Zwischenverfahren] mit umfangreichen Rspr.-Nachw.; LG Waldshut-Tiengen StV 2006, 406 [Verfahrensdauer 10 Jahre]; s. aber a. OLG Nürnberg, a.a.O. [noch nicht bei 6 Jahren Verfahrensdauer]) oder, wenn eine angemessene Berücksichtigung des Verstoßes im Rahmen einer Sachentscheidung nicht mehr in Betracht kommt (BGHSt 46, 160). Erforderlich sind dazu dann aber tatsächliche Feststellungen (BGH, a.a.O.). Der **EGMR** (vgl. StV 2009, 519 m. Anm. *Artkämper* StRR 2009, 228) sieht auch die Möglichkeit, dass das BVerfG die beteiligten StA und Gerichte anweist, das zu lange Verfahren ggf. einzustellen. Die Möglichkeit besteht allerdings nicht bei einer Einstellung nach § 170 Abs. 2 bzw. bei einem Freispruch (zur Entschädigung in diesen Fällen s. EGMR, a.a.O.).

2845 bb) Früher wurde die rechtsstaatswidrige Verfahrensverzögerung i.d.R. beim Rechtsfolgenausspruch berücksichtigt. Das Tatgericht musste im Urteil eine **Kompensation** in Form einer Strafmilderung vornehmen (vgl. BGHSt 45, 308 und die Zusammenstellung der Rspr. in BGH NJW 2007, 3294). Hier hat sich ein radikaler Wandel in der Rspr. des BGH vollzogen. Der BGH hat in der Entscheidung des Großen Senats für Strafsachen v. 17.2.2008 (BGHSt 52, 124) die bis dahin vertretene Strafzumessungslösung zugunsten einer **Vollstreckungslösung** aufgegeben. Danach erfolgt die Kompensation einer rechtsstaatswidrigen Verfahrensverzögerung nicht mehr wie früher (vgl. die Nachw. bei BGHSt 52, 124) im Wege eines (bezifferten) Abschlags bei der Strafe, sondern durch die Fiktion einer Teilverbüßung. Im Tenor des Urteils ist die schuld- und tatangemessene Strafe nach den allgemeinen Grundsätzen auszuurteilen; darüber hinaus muss dann in der Urteilsformel der **Teil** der **Strafe benannt** werden, der im Hinblick auf die Verfahrensverzögerung als **vollstreckt gilt**. Der BGH (a.a.O.) begründet seine neue Rspr. damit, dass die frühere Lösung – Anwendung des Strafabschlagsmodells – in Einzelfällen dazu führen kann, dass gesetzliche Mindeststrafen ohne eine dafür vorgesehene Strafrahmenverschiebung unterschritten werden. Insbesondere sei auch eine Analogie zu § 49 Abs. 1 StGB nicht tragfähig; letztlich widerspreche dann das Urteil der Bindung des Richters an Gesetz und Recht. Den Grundsätzen des Beschleunigungsgebots – und den Konsequenzen aus dessen Missachtung – könne – so der Große Senat – dadurch Genüge geleistet werden, dass die für die Verfahrensdauer zu gewährende Entschädigung des Angeklagten auf andere Weise gewährt wird. Zudem führe die Vollstreckungslösung dazu, dass die Strafzumessung nicht durch für sie fremde Faktoren beeinflusst werde, also die erforderliche Entschädigung von der – insoweit strukturell kompensationsfeindlichen – Strafe gelöst wird (vgl. dazu [teilw. krit.] *Schmitt* StraFo 2008, 313; *Ziegert* StraFo 2008, 321; *Scheffler* ZIS 2008, 269; *Fischer*, § 46 Rn 142 ff.).

₰ Die Kompensation im Wege der Vollstreckungslösung ist eine **ausreichende andersartige Wiedergutmachung** i.S.v. § 199 Abs. 3 S. 1 GVG (*Meyer-Goßner/Schmitt*, Art. 6 MRK Rn 9b; → *Verzögerungsrüge*, 3311).

Nach der **Vollstreckungslösung** ist wie folgt **vorzugehen** (BGHSt 52, 124; BGH NStZ 2846
2008, 478; StV 2008, 298; 2008, 399; *Fischer*, § 46 Rn 131 f.; *Meyer-Goßner/Schmitt*,
Art 6 MRK Rn 9d zu den Maßstäben s.a. BGH StV 2008, 633 und zu den Erfahrungen
mit der Vollstreckungslösung *Beuckelmann* StraFo 2011, 210):

- In einem **ersten Schritt** sind zunächst Art und Ausmaß der Verzögerung sowie ihre Ursachen zu ermitteln und im Urteil konkret festzustellen. Dabei sind aber nicht jeweils die gesamten Zeiten zwischen verschiedenen verfahrensfördernden Maßnahmen als rechtsstaatswidrige Verzögerungen anzusehen, da auch bei zügiger Verfahrensgestaltung die Erledigung dieser Maßnahmen jeweils eine angemessene Zeitdauer in Anspruch nehmen darf (BGH NStZ 2008, 478; StV 2008, 399).

- Im **zweiten Schritt** ist anschließend zu prüfen, ob vor diesem Hintergrund zur Kompensation die ausdrückliche bloße Feststellung der rechtsstaatswidrigen Verfahrensverzögerung genügt. Ist das der Fall, muss diese Feststellung in den Urteilsgründen klar hervortreten (vgl. dazu u.a. BGH NStZ 2010, 229; NStZ-RR 2011, 239; Beschl. v. 11.3.2008 – 3 StR 36/08).

- Reicht die bloße Feststellung als Entschädigung für die Verfahrensverzögerung nicht aus, ist in einem **dritten Schritt** festzulegen, welcher konkret bezifferte Teil der Gesamtfreiheitsstrafe zur Kompensation der Verzögerung als vollstreckt gilt (u.a. BGH NStZ-RR 2011, 239; 2012, 238 [Ci/Zi]). Die Kompensation betrifft nur die Einzelstrafen, nicht die Gesamtstrafe. Bei einer Geldstrafe ist ein bezifferter Teil der festgesetzten Tagessätze als bereits vollstreckt zu bezeichnen. Bei mehreren Angeklagten muss bei identischer Verfahrensverzögerung eine identische Kompensation erfolgen (BGH StV 2009, 694). Bei der Verhängung lebenslanger Freiheitsstrafe ist im Wege der Vollstreckungslösung ein Härteausgleich für erledigte, an sich gesamtstrafenfähige Vorstrafen zu gewähren (BGHSt 55, 1). Die **Höhe** der Kompensation wird aufgrund einer wertenden Betrachtung der wesentlichen Umstände des Einzelfalls ermittelt (BGHSt 52, 124; zum Härteausgleich für entgangene Bewährung durch Anwendung des (neuen) Vollstreckungsmodells BGH NJW 2010, 2600; wegen der Einzelh. i.Ü. s. die Zusammenstellung der Rspr. bei *Meyer-Goßner/Schmitt*, Art. 6 MRK Rn 9b; zur Rspr. s.a. *Beuckelmann* StraFo 2011, 210). Zu berücksichtigen sind die individuellen Auswirkungen der Verfahrensverzögerung (BGH NStZ-RR 2012, 244 [keine Vollzugslockerungen], obwohl der Angeklagte Erstverbüßer war]).

Welches der beiden Modelle die bessere Lösung ist, soll an dieser Stelle dahinstehen (krit. 2847
Scheffler ZIS 2008, 269). Jedenfalls ist sicherlich von **Vorteil**, dass die Vollstreckungslösung – anders als die vorherige Rspr. – auch auf die Verhängung einer lebenslangen Freiheitsstrafe anwendbar ist (BGHSt 52, 124), andererseits kann sie aber für den Verurteilten zu erheblichen Nachteilen führen, wenn an die absolute Strafe, wie z.B. bei der Frage der

Strafaussetzung zur Bewährung, bestimmte Folgerungen geknüpft sind (vgl. dazu *Fischer*, § 46 Rn 133 ff.; *Tsambikakis* PStR 2008, 78 in der Anm. zu BGHSt 52, 124).

👉 Deshalb ist es für die Verteidigung umso wichtiger, auf die Geltung der zu langen Verfahrensdauer als **allgemeinen Strafzumessungsgrund** hinzuweisen. Dieser besteht neben der Kompensationsmöglichkeit im Wege der Vollstreckungslösung (BGH NStZ 2011, 651; StV 2009, 638; 2010, 228; NStZ-RR 2011, 171; Urt. v. 18.6.2009 – 3 StR 89/09; vgl. zur „Ausdehnung" aber auch BGH wistra 2011, 386) und gibt eine weitere Möglichkeit zu versuchen, die Strafe von vornherein geringer festsetzen zu lassen. Insoweit sind die konkreten Belastungen durch das „lange Verfahren" von Bedeutung (vgl. *Tsambikakis*, a.a.O.; vgl. dazu a. *Fischer*, § 46 Rn 61 m.w.N.).

Hinzuweisen ist darauf, dass **überlange Haft** und **überlange Verfahrensdauer** unterschiedliche Strafmilderungsgründe sind (EGMR StV 2006, 474; BGH NStZ 2010, 229; StV 2008, 633). Es muss eine Kompensation hinsichtlich beider Verstöße erfolgen (EGMR, a.a.O.) und vom Verteidiger eingefordert werden (vgl. dazu *Pauly* StV 2006, 480 in der Anm. zu EGMR, a.a.O.). Allerdings führt nach Auffassung des BGH nicht jeder Verstoß gegen Art. 6 MRK automatisch auch zu einem Verstoß gegen Art. 5 MRK (BGH, a.a.O.; zum Vorgehen beim Zusammentreffen eines Verstoßes gegen Art. 5 Abs. 1 S. 3 Hs. 2 MRK mit einem gegen Art. 6 Abs. 1 MRK s. BGH NStZ 2010, 229).

2848 cc) Noch **nicht abschließend** geklärt ist in der Rspr. die Anwendung der Vollstreckungslösung in **JGG-Verfahren** (→ *Jugendgerichtsverfahren, Besonderheiten der Hauptverhandlung*, Rn 1754). Dazu wird davon ausgegangen, dass die Vollstreckungslösung zwar grds. auch im JGG-Verfahren angewendet werden kann (vgl. *Eisenberg*, § 18 Rn 15f m.w.N.). Diskutiert wird aber für den Bereich der **Jugendstrafe**. Einigkeit besteht hier weitgehend insoweit, dass die Vollstreckungslösung bei einer auf § 17 Abs. 2 Alt. 2 JGG – Schwere der Schuld – gestützten Jugendstrafe Anwendung findet (vgl. die Nachw. bei *Eisenberg*, a.a.O.): Die Frage, ob die Vollstreckungslösung auch bei einer auf § 17 Abs. 2 Alt. 1 JGG – schädliche Neigungen – gestützten Jugendstrafe angewandt werden kann, wird hingegen nicht einheitlich beantwortet (bejahend *Eisenberg*, a.a.O.; OLG Düsseldorf NStZ 2011, 525; ablehn. BGH NStZ 2010, 94; StV 2008, 113; offen gelassen von BGH NStZ 2011, 524). Nach Auffassung des OLG Hamm (StRR 2012, 110 m. Anm. *Braun*) scheidet die Anwendung der Vollstreckungslösung bei der Verhängung von Jugendarrest (§ 16 JGG) auf jeden Fall aus. Verfahrensverzögerung sei bei der Verhängung von Jugendarrest vielmehr als Gesichtspunkt bei der Zuchtmittelbemessung zu berücksichtigen.

2849 dd) Die obergerichtliche Rspr. ist sich aber **einig**, dass die Grundsätze der BGH-Rspr. zur Verfahrensverzögerung grds. **entsprechend** im **Bußgeldverfahren** anzuwenden sind und damit auch dort die Vollstreckungslösung gilt (OLG Bamberg VRR 2009, 152; OLG Düsseldorf VRR 2008, 190; OLG Hamm VRR 2009, 153; 2011, 232; OLG Rostock

StV 2009, 363; OLG Stuttgart DAR 2009, 44). Diese kann daher ggf. auf den Bestand, die Dauer oder die konkrete Ausgestaltung eines bußgeldrechtlichen Fahrverbots Auswirkungen haben (vgl. dazu OLG Hamm, a.a.O., m. abl. Anm. *Deutscher*). Allerdings wird wegen der im Bußgeldverfahren nur geringen Eingriffsidentität allein eine von der Justiz zu verantwortende (längere) Verfahrensverzögerung ohne das Hinzutreten sonstiger den Betroffenen mit der Dauer des Verfahrens besonders belastender Umstände regelmäßig noch kein zur Abkürzung oder zum Wegfall eines verwirkten Fahrverbots, zur Ermäßigung des festgesetzten Bußgeldes oder zu einer Einstellung des Verfahrens zwingender Konventionsverstoß im Sinne von Art. 6 Abs. 1 S. 1 MRK zu erblicken sein. Zu berücksichtigen sind aber die geringeren Belastungen, die ein Bußgeldverfahren i.d.R. zur Folge hat (OLG Bamberg, a.a.O.; OLG Düsseldorf, a.a.O.). Ob allerdings die Verfahrensdauer ein Vielfaches der Verjährungsfrist erreicht haben muss, ist fraglich (u.a. OLG Düsseldorf, a.a.O.). Das OLG Stuttgart hat aber ein Verfahren eingestellt, in dem es zu einer Verfahrensverzögerung von 26 Monaten gekommen war (OLG Stuttgart DAR 2009, 44 f.; s.a. OLG Rostock a.a.O.).

ee) Der Verstoß gegen Art. 6 Abs. 1 S. 1 MRK kann über die Berücksichtigung bei der Vollstreckung hinaus auch noch **andere Auswirkungen** zugunsten des Beschuldigten haben. In Betracht kommen (*Krehl/Eidam* NStZ 2006, 8 ff.; vgl. a. BGHSt 52, 124):   2850

- Verwarnung mit **Strafvorbehalt** nach § 59 StGB (BVerfG NJW 2003, 2897; BGHSt 46, 160; OLG Karlsruhe NJW 2004, 1887),
- Strafaussetzung zur **Bewährung** (BGH NJW 1986, 332 m.w.N.; vgl. dazu a. BGH, Beschl. v. 30.4.2009 – 2 StR 112/09),
- **Absehen** von Strafe (BGHSt 24, 239, 242),
- ggf. **Einstellung** des Verfahrens bei Vergehen gem. §§ 153, 153a (BGHSt 46, 160; vgl. a. EGMR StV 2009, 519; → *Einstellung des Verfahrens nach § 153 wegen Geringfügigkeit*, Rdn 1304; → *Einstellung des Verfahrens nach § 153a nach Erfüllung von Auflagen und Weisungen*, Rdn 1315; s.o. Rdn 2843),
- ggf. eine **Geldentschädigung** (s. dazu *Broß* StraFo 2009, 1; *Volkmer* NStZ 2008, 608, s. dazu jetzt → *Verzögerungsrüge*, Rdn 3274).

c) Die Verfahrensverzögerung ist im **Verfahren** wie folgt **geltend** zu machen:
- Führt die Verfahrensverzögerung (ausnahmsweise) zu einem **Verfahrenshindernis**   2851
(vgl. Rdn 2843, ist dieses wie jedes Verfahrenshindernis von Amts wegen zu beachten (BGHSt 46, 160). In der Revision muss das Revisionsgericht das Hindernis dann auf die Sachrüge hin berücksichtigen (BGH, a.a.O.).

> ☝ Unabhängig davon sollte der Verteidiger auf die (rechtsstaatswidrige) Verfahrensverzögerung aber auf jeden Fall auch **hinweisen** und die Einstellung des Verfahrens beantragen.

- I.Ü. muss der Verteidiger (spätestens) im → *Plädoyer des Verteidigers*, Rdn 2017, die **Kompensation einfordern**.
- Das tatrichterliche **Urteil** muss dann sorgfältig darauf **geprüft** werden, ob die Verfahrensverzögerung **ausreichend** und zutreffend bei der Strafzumessung und den Rechtsfolgen berücksichtigt worden ist (vgl. dazu Rdn 2842, 2845 ff.; vgl. z.B. BGH StV 2012, 596; KG, Beschl. v. 27.8.2013 – 161 Ss 101/13). Dazu lassen sich Berechnungsmaßstäbe nicht geben. Maßgebend sind die jeweiligen Umstände des Einzelfalls (vgl. wegen Rspr.-Beispielen *Meyer-Goßner/Schmitt*, Art. 6 MRK, Rn 9b m.w.N. auch zu den erforderlichen Urteilsfeststellungen; *Fischer*, § 46 Rn 133 ff.). Die Praxis zeigt, dass sich die Anrechnung i.d.R. auf einen eher geringen Teil der Strafe beschränken wird (s.a. BGHSt 52, 124).
- Die **Verfahrensverzögerung** ist – nach inzwischen wieder übereinstimmender Meinung – in der Revision grds. mit der **Verfahrensrüge** geltend zu machen (BGHSt 49, 342; BGH NJW 2006, 1073 [Ls.]; NStZ 2004, 504; NStZ-RR 2014, 21 [für Revision des StA]; wistra 2005, 109; OLG Brandenburg StRR 2010, 282 [Ls.]; *Meyer-Goßner/ Schmitt*, Art. 6 Rn 9g). Etwas anderes gilt nur dann, wenn sich bereits aus den Urteilsgründen die Voraussetzungen einer Verzögerung ergeben. Dann hat das Revisionsgericht schon auf die Sachrüge hin einzugreifen. Das gilt auch, wenn sich bei der aufgrund einer Sachrüge veranlassten Prüfung, namentlich anhand der Urteilsgründe, ausreichende Anhaltspunkte ergeben, die das Tatgericht zur Prüfung einer solchen Verfahrensverzögerung drängen mussten, sodass ein sachlich-rechtlich zu beanstandender Erörterungsmangel vorliegt (BGHSt 49, 342 m.w.N.). Auch dann, wenn die Verfahrensverzögerung nach Erlass des Urteils eingetreten ist, ist sie auf die Sachrüge hin vom Amts wegen zu beachten (BGH NStZ 2004, 52; NStZ-RR 2011, 169 [Ci/Zi]; Beschl. v. 16.6.2009 – 3 StR 179/09).

> Die Verfahrensrüge, mit der eine Verfahrensverzögerung geltend gemacht wird, unterliegt den allgemeinen **(strengen) Anforderungen des § 344 Abs. 2 S. 2**. Vorgetragen werden müssen also alle mit der Verfahrensverzögerung zusammenhängenden Umstände, soweit sie sich nicht bereits aus dem Urteil ergeben (vgl. dazu noch BGH StraFo 2015, 71). Das gilt insbesondere für solche, die nur dem Beschuldigten bekannt sein können (→ *Revision, Begründung, Verfahrensrüge*, Rdn 2322), wie z.B. der Zeitpunkt, wann der Angeklagte von der Verfahrenseinleitung erfahren hat (OLG Hamm NStZ-RR 2009, 318). Die Rüge muss einen realistischen Überblick über das gesamte Strafverfahren geben (BGH StV 2009, 118; OLG Hamm StRR 2013, 443 [Ls.]), allerdings dürfen die Anforderungen auch nicht überspannt werden (BVerfG StV 2009, 673).

- Bei mehreren Angeklagten führt die **Aufhebung** des Urteils bei einem Angeklagten wegen rechtsfehlerhaften Absehen von der Kompensation rechtsstaatswidriger Verfahrensverzögerung nicht zur Anwendung des § 357 – **Erstreckung** – bei den übrigen Angeklagten (BGH NJW 2009, 307; OLG Celle, Beschl. v. 22.12.2011 – 32 Ss 116/11). Die Aufhebung des tatrichterlichen Urteils durch das Revisionsgericht allein im Strafausspruch erfasst grds. auch nicht die Frage der Kompensation einer bis zur revisionsgerichtlichen Entscheidung eingetretenen rechtsstaatswidrigen Verfahrensverzögerung (BGHSt 54, 135 m. zust. Anm. *Maier* NStZ 2010, 650).

4. In früheren Auflagen hatte ich teilweise die Rspr. der (Ober-)Gerichte aus den letzten Jahren zur Verfahrensverzögerung zusammengestellt (vgl. 6. Aufl. Rn 953p). Diese ist jedoch inzwischen unüberschaubar geworden und i.d.R. stark einzelfallbezogen. Deshalb habe ich von einer Erweiterung/Fortschreibung dieser Tabelle abgesehen. Wer sich weiter – insbesondere über die Rspr. des BGH – informieren will/muss, kann dies auch ohne Probleme in einer Datenbank mit Eingabe des Suchwortes „Verfahrensverzögerung" tun und damit zahlreiche Treffer erzielen.

2852

Siehe auch: → *Verzögerungsrüge*, Rdn 3274.

Verhandlung ohne den Angeklagten

2853

Das Wichtigste in Kürze:
1. Grds. findet eine HV ohne den Angeklagten nicht statt.
2. Nach § 231 Abs. 2 kann das Gericht jedoch ohne den Angeklagten verhandeln, wenn er sich eigenmächtig aus der HV entfernt oder eigenmächtig einer Fortsetzungsverhandlung fernbleibt.
3. Ist der Angeklagte in der Ladung auf die Möglichkeit der Verhandlung in seiner Abwesenheit hingewiesen worden, kann das Gericht nach § 232 ohne ihn verhandeln, wenn bestimmte Rechtsfolgen nicht überschritten werden.
4. Schließlich kann das Gericht nach § 233 auch ohne den Angeklagten verhandeln, wenn er vom Erscheinen entbunden worden ist.

Literaturhinweise: Gollwitzer, Die Verfahrensstellung des in der Hauptverhandlung nicht anwesenden Angeklagten, in: Festschrift für *Herbert Tröndle*, 1989, S. 455; **Hauck,** Richterlicher Anpassungsbedarf durch den EU-Rahmenbeschluss über die gegenseitige strafgerichtlicher Entscheidungen in Abwesenheit des Angeklagten?, JR 2009, 141; **Julius,** Zur Disponibilität des strafprozessualen Anwesenheitsgebots, GA 1992, 295; **Laier,** Mitwirkungspflicht des Angeklagten zur Vermeidung einer Verfahrensaussetzung, NJW 1977, 1139; **Laue,** Die Hauptverhandlung ohne den Angeklagten, JA 2010, 294; **Maatz,** Die Fortsetzung der Hauptverhandlung in Abwesenheit des Angeklagten. Zur Prüfungskompetenz des Revisionsgerichts in Fällen des § 231 Abs. 2 StPO, DRiZ 1991, 200; **Neuhaus,** Der Grundsatz der ständigen Anwesenheit des Angeklagten in der strafprozessualen Hauptverhandlung 1. Instanz unter besonderer Berücksichtigung des § 231a StPO, 2000; **Rieß,** Die Durchführung der Hauptverhandlung ohne den Angeklagten, JZ 1975, 265; **Weßlau,** Kann das Revisionsgericht an tatrichterliche Feststellungen „zum eigenmächtigen" (§ 231 Abs. 2 StPO gebunden sein, StV 2014, 236.

2854

V Verhandlung ohne den Angeklagten

2855   1. **Grds.** findet eine HV **ohne** den Angeklagten **nicht** statt, da dieser i.d.R. an der HV teilnehmen muss (→ *Anwesenheitspflicht des Angeklagten*, Rdn 315). Erscheint der Angeklagte aber in der HV nicht (→ *Ausbleiben des Angeklagten*, Rdn 361), stellt sich für den Verteidiger die Frage, ob er, um Zwangsmittel gegen den Mandanten zu verhindern, darauf drängen soll, auch ohne diesen zu verhandeln.

Die Verhandlung **ohne** den **Angeklagten** sollte, um dessen Anspruch auf rechtliches Gehör nicht zu beeinträchtigen, allerdings die **Ausnahme** bleiben (zu den Verfahrensrechten eines abwesenden Angeklagten s. EuGH NJW 1999, 2353; 2001, 2387; zur HV in Abwesenheit s.a. *Laue* JA 2010, 294, 297 m.w.N.).

2856   2.**a) Entfernt** sich der Angeklagte **eigenmächtig** aus der **HV** oder **bleibt** er einer **Fortsetzungsverhandlung** (→ *Unterbrechung der Hauptverhandlung*, Rdn 2701) eigenmächtig **fern**, kann nach § **231 Abs. 2** ohne ihn verhandelt werden. Die Vorschrift gilt auch im Berufungs- ([inzidenter] BGHSt 59, 187), aber nicht im Bußgeldverfahren (OLG Bamberg VRR 2012, 276).

2857   **b) Eigenmächtigkeit** ist nach der neueren Rspr. des BGH anzunehmen, wenn der Angeklagte **ohne Rechtfertigungs-** oder **Entschuldigungsgründe** wissentlich seiner Anwesenheitspflicht nicht nachkommt (BGHSt 37, 249; 56, 298, 59, 187; BGH NStZ 2003, 561; StV 2009, 338). Es kommt entgegen der früheren st. Rspr. des BGH (vgl. zuletzt BGH NJW 1991, 1367) nicht darauf an, ob der Angeklagte durch Missachtung seiner Anwesenheitspflicht den Gang der Rechtspflege stören und die HV unwirksam machen wollte (BGHSt 56, 298; BGH StV 2009, 338).

2858   Entscheidend für die Annahme von Eigenmacht sind – ebenso wie bei der Frage der genügenden Entschuldigung nach § 230 Abs. 2 (→ *Ausbleiben des Angeklagten*, Rdn 367) – die Umstände des **Einzelfalls**, wobei auch das Gewicht des erhobenen Tatvorwurfs und der erforderlichen Aufwandes für eine ggf. fragliche Vorführung zu berücksichtigen sind (BGHSt 59, 187 für inhaftierten Angeklagten; KK-*Gmel*, § 231 Rn 3; s.a. → *Berufungsverwerfung wegen Ausbleibens des Angeklagten*, Rdn 713). Die Eigenmacht muss dem Angeklagten, ggf. im → *Freibeweisverfahren*, Rdn 1566, **nachgewiesen** werden (vgl. dazu BGH NStZ 1999, 418; 2010, 585; NStZ-RR 2001, 333; OLG Celle StV 2014, 206; OLG Dresden, Beschl. v. 8.1.2014 – 3 OLG 25 Ss 949/13), und zwar möglicherweise noch im Revisionsverfahren (vgl. BGH NStZ 2010, 585; OLG Celle, a.a.O.: s. aber BGH StV 2012, 72 und *Weßlau* StV 2014, 236). Es obliegt aber nicht dem Angeklagten, glaubhaft zu machen, dass sein Ausbleiben nicht auf Eigenmächtigkeit beruht. Deshalb darf bei **Zweifeln** über die tatsächlichen Voraussetzungen der Eigenmacht **nicht** nach § 231 Abs. 2 verfahren werden (OLG Karlsruhe StraFo 2001, 415; ähnlich BGH NStZ 2010, 585). Allerdings ist die Frage der Anwesenheit des Angeklagten auch nicht disponibel und ist damit einer konsensualen Regelung zwischen den Verfahrensbeteiligten nicht zugänglich (OLG Hamm StV 2007, 571). Diese können sich also nicht darüber „einigen", dass der Angeklagte an einem HV-Termin nicht teilnehmen soll.

Zur Eigenmacht ist hinzuweisen auf folgende **Rechtsprechungsbeispiele**:

für fehlende Eigenmacht des Angeklagten 2859

- **Entfernung** des Angeklagten aus der HV mit **Einverständnis des Gerichts** (BGHSt 39, 72) oder wenn der Angeklagte aus einem Verhalten des Gerichts ein Einverständnis entnehmen konnte (BGH StV 1987, 189) bzw. entnommen hat (BGH NStZ 1998, 476; vgl. aber BGHSt 37, 249 [kein Einverständnis, wenn der Vorsitzende erklärt, beim Ausbleiben brauche der Angeklagte nicht mit einem HB zu rechnen, vielmehr werde dann ohne ihn verhandelt]),
- **Einverständnis** des **Gerichts** mit dem Ausbleiben des Angeklagten (OLG Hamm StV 2007, 571),
- **Fehlen** einer ordnungsgemäßen **Ladung** des Angeklagten (BGHSt 38, 271, 273),
- wenn das **Gericht** dem Angeklagten **erklärt**, er brauche zu einem Fortsetzungstermin – in dem das Urteil verkündet werden soll – **nicht erscheinen** (BGH StraFo 2014, 335 [Erscheinen „frei gestellt"]; OLG Celle StV 2014, 406; ähnlich OLG Bremen StV 1992, 558; OLG Köln StV 1985, 50),
- besondere **Konfliktlage**, z.B. wenn wegen der Nichterfüllung **unaufschiebbarer beruflicher Pflichten** aufgrund der Teilnahme an der HV der Angeklagte mit seiner Entlassung rechnen muss (zuletzt BGH StV 1984, 325; OLG Hamm NJW 1995, 207 [genügende Entschuldigung im Rahmen des § 329 bei einem Angeklagten, der gerade nach längerer Arbeitslosigkeit eine neue Arbeitsstelle bekommen hat und damit rechnen muss, diese zu verlieren, wenn er nicht zur Arbeit erscheint]),
- Fernbleiben des Angeklagten infolge eines **Krankenhausaufenthalts**, z.B. nach einem Unfall (KK-*Gmel*, § 231 Rn 4 mit Hinw. auf BGH, Beschl. v. 6.5.1976 – 4 StR 702/75), oder wegen des Verdachts eines Koronarsyndroms (BGH NStZ-RR 2010, 69 [Ci/Zi]), nicht hingegen nur wegen unbedeutender Unpässlichkeiten (OLG Stuttgart NJW 1967, 944) und auch nicht, wenn der Angeklagte im Ausland erkrankt, wohin er sich entgegen einer Zusage gegenüber dem Gericht, nicht ins Ausland zu reisen, begeben hat (BGH NStZ 2012, 405),
- der Angeklagte hat (nur) **verschlafen** (BGH NJW 1991, 13367; OLG Dresden, Beschl. v. 8.1.2014 – 3 OLG 25 Ss 949/13),

🖉 Es besteht keine Pflicht des Angeklagten zur Duldung der **Verhandlung** am **Krankenbett** (*Meyer-Goßner/Schmitt*, § 213 Rn 18; KK-*Gmel*, § 231 Rn 3 a.E. m.w.N.; a.A. *Laier* NJW 1977, 1139; offengelassen von BGH NJW 1987, 2592).

V Verhandlung ohne den Angeklagten

- Fernbleiben des Angeklagten infolge unvorhergesehener **Unmöglichkeit** des rechtzeitigen **Rückflugs** vom **Urlaubsort** (BGH NStZ 1991, 28 [M/K]),
- **Strafhaft** des Angeklagten dann, wenn das Gericht von dem ihm möglichen Zwang zur Anwesenheit keinen Gebrauch macht (st. Rspr.; vgl. BGHSt 25, 317, 319 [für Weigerung des Angeklagten gefesselt an einer Ortsbesichtigung teilzunehmen]; zuletzt BGH NStZ 1993, 446),
- **U-Haft in anderer Sache** (BGHSt 59, 187 m.w.N. u. m. Anm. *Arnoldi* StRR 2014, 339 [grds., aber nicht ausnahmslos]; BGH NStZ 1997, 295; OLG Frankfurt am Main StV 1987, 380), selbst dann, wenn das Gericht von der Haft nichts weiß und der Angeklagte bei seiner Verhaftung auf den Termin in anderer Sache nicht hinweist (offengelassen von BGH, a.a.O.; abw. aber BGH GA 1969, 281 und StV 2009, 338 [s. Rdn 2861]), allerdings darf das Gericht die zwangsweise Vorführung für nicht erforderlich halten, wenn ihm nicht besonders gewichtige Straftaten vorgeworfen werden und durch die Anwesenheit des die Vorwürfe bestreitenden Angeklagten keine weitere Aufklärung mehr zu erwarten ist (BGHSt 59, 187 m.w.N. u. m. Anm. *Arnoldi* StRR 2014, 339 NJW 2014, 1606),
- **Verhandlungsunfähigkeit**, wenn sie die Beendigung des Verfahrens in vernünftiger Frist verhindert (BGH NJW 1981, 1052; s. aber u. Rdn 2861),
- **verspätetes Erscheinen** des Angeklagten (BGH NJW 1988, 1859; 1991, 1367 [wegen **Verschlafens**]; NStZ-RR 2001, 333 [Irrtum über den Zeitpunkt des Beginns der HV]; NStZ 2003, 561 [Zugverspätung]; s. aber BGH NStZ 1999, 418).

2860 für Eigenmacht des Angeklagten

- ein ernsthafter **Selbstmordversuch**, der den Angeklagten verhandlungsunfähig macht (h.M.; s.a. BGHSt 16, 178; 56, 298; BGH NJW 1977, 1928; *Meyer-Goßner/ Schmitt*, § 231 Rn 17 m.w.N. a. zur a.A.), wenn der Angeklagte dabei **schuldhaft** handelt und in Kenntnis des Umstandes, dass die ordnungsgemäße Durchführung der HV verhindert wird (vgl. dazu BGHSt 56, 298 m. Anm. *Deutscher* StRR 2011, 384); wegen des Merkmals „schuldhaft" greift der BGH auf die §§ 20, 21 StGB zurück;
- der Angeklagte nimmt den Termin ohne zu billigenden Grund **vorsätzlich nicht** wahr (vgl. u.a. BGH NJW 1987, 2592; OLG Frankfurt am Main StV 1987, 380),
- der Angeklagte reist entgegen einer Zusage gegenüber dem Gericht, nicht ins **Ausland reisen** zu wollen, ins Ausland und erkrankt dort (BGH NStZ 2012, 405),
- der Angeklagte versetzt sich nach seiner Vernehmung zur Sache in einen die **Verhandlungsfähigkeit** ausschließenden Zustand (vgl. BGH NJW 1981, 1052; *Meyer-Goßner/ Schmitt*, a.a.O.), so z.B. durch **Alkoholgenuss** (BGH NStZ 1986, 372; **vorher** gilt § 231a; → *Selbst herbeigeführte Verhandlungsunfähigkeit des Angeklagten*, Rdn 2493),
- nach BGH StV 2009, 338 bei **U-Haft** eines Angeklagten, der schon früher im **Ausland** eine Straftat von Gewicht begangen hat, wegen der er – wie er weiß – auch dort mit seiner Verhaftung rechnen muss, wenn er sich während des Laufes der in

Deutschland gegen ihn laufenden HV ohne Not in jenes Land und dort in eine Situation mit hohem Verhaftungsrisiko begibt (zur Haft s.a. noch BGHSt 59, 187 m.w.N. u. m. Anm. *Arnoldi* StRR 2014, 339; s.a.o. Rdn 2859).

c) Die Verhandlung darf nur dann ohne den Angeklagten stattfinden, wenn er **bereits** zur **Anklage vernommen** worden ist (→ *Vernehmung des Angeklagten zur Sache*, Rdn 3072). Ob er Angaben gemacht hat, ist ohne Belang (BGH NJW 1987, 2592 f.). Eine Verhandlung ohne den Angeklagten setzt aber nicht voraus, dass der Angeklagte über diese Möglichkeit zuvor belehrt worden ist (BGHSt 46, 81). Das hat vor allem für die Fälle der Fortsetzung der unterbrochenen HV Bedeutung (s. die Fallgestaltung bei BGH, a.a.O.).

2861

d) Über die **Entbehrlichkeit** der weiteren Anwesenheit des Angeklagten **entscheidet** das **Gericht**, nicht der Vorsitzende allein (OLG Köln StV 2014, 206). Hat lediglich der Vorsitzende die Fortführung der HV in Abwesenheit des Angeklagten verfügt, kann im Schweigen der anderen Richter nicht ohne Weiteres die stillschweigende Billigung dieser Entscheidung gesehen werden (OLG Köln, a.a.O. m.w.N.; a.A. LR-*Becker*, § 231 Rn 31).

2862

⚖ Die Entscheidung des Gerichts, ohne den Angeklagten weiter zu verhandeln, ist wegen § 305 S. 1 **nicht** mit der → *Beschwerde*, Rdn 770, anfechtbar.

Ist das Gericht der Auffassung, dass die Anwesenheit des Angeklagten nicht notwendig ist, kann es **ohne Einschränkung** mit der HV **fortfahren**, also z.b. auch nach § 251 Abs. 1 Nr. 1, Abs. 2 Nr. 3 Niederschriften verlesen (→ *Verlesung von Protokollen früherer Vernehmungen/sonstiger Erklärungen*, Rdn 3014). In Abwesenheit des Angeklagten kann es auch Vorstrafen feststellen (BGHSt 27, 216; → *Feststellung von Vorstrafen des Angeklagten*, Rdn 1521). Für einen → *Beweisverzicht*, Rdn 1146, nach § 245 Abs. 1 S. 2 braucht schließlich das Einverständnis des Angeklagten nicht vorzuliegen (*Meyer-Goßner/Schmitt*, § 245 Rn 9 m.w.N.; KK-*Krehl*, § 245 Rn 18). Des Weiteren kann das Verfahren nach § 153 ohne Zustimmung des Angeklagten **eingestellt** werden, und zwar sogar gegen den Widerspruch des Verteidigers (→ *Einstellung des Verfahrens nach § 153 wegen Geringfügigkeit*, Rdn 1304). Es kann aber **kein rechtlicher Hinweis** erteilt werden (BGH MDR 1969, 360 [D]), es sei denn, der Verteidiger wirkt an der HV mit (§ 234a Abs. 1 Hs. 1; → *Vertretung des Angeklagten durch den Verteidiger*, Rdn 3215).

2863

⚖ Die Weiterverhandlung ist **solange** zulässig, wie das Gericht bei pflichtgemäßer Prüfung der Umstände davon ausgehen darf, dass die zur Anwendung des § 231 Abs. 2 führenden **Gründe fortbestehen** (OLG Düsseldorf StV 1997, 282).

e) Kehrt der Angeklagte in die **HV zurück**, nimmt er seine Stellung mit all seinen Rechten wieder ein (BGH NStZ 1986, 372; 1990, 291; OLG Hamm StV 2001, 390 [Ls.]; OLG Stuttgart, Beschl. v. 2.5.2015 – 1 Ss 6/15; *Meyer-Goßner/Schmitt*, § 231 Rn 23; KK-*Gmel*, § 231 Rn 12). Ihm ist insbesondere das → *Letzte Wort des Angeklagten*, Rdn 1848, zu ge-

2864

V Verhandlung ohne den Angeklagten

währen. Das Recht zur Ausübung des letzten Wortes hat der Angeklagte nicht dadurch verwirkt, dass er zuvor eigenmächtig der Verhandlung ferngeblieben ist (OLG Stuttgart, a.a.O.). Der Angeklagte muss aber grds. **nicht** über den wesentlichen Inhalt des zwischenzeitlichen Verhandlungsergebnisses **unterrichtet** werden (BGHSt 3, 187, 189; KK-*Gmel*, a.a.O.; offengelassen von BGH NStZ 1999, 256 [Unterrichtung hätte nahegelegen]; s.a. BGH NStZ-RR 2003, 2 [Be; bei einem nicht verteidigten Angeklagten aufgrund der Fürsorgepflicht geboten]; *Meyer-Goßner/Schmitt*, a.a.O. [Unterrichtung ggf. dann, wenn gem. § 244 zur Sachaufklärung notwendig]; a.A. *Rieß* JZ 1975, 271).

⚫ Mit der **Revision** (**Verfahrensrüge**) kann der Angeklagte geltend machen, dass ein Fall von „Eigenmacht" nicht vorgelegen hat und deshalb der absolute Revisionsgrund des § 338 Nr. 5 vorliegt. Zur Zulässigkeit der Rüge gehören neben den Angaben, die eine Eigenmacht ausschließen (wegen der Einzelh. zur Revision s. *Meyer-Goßner/Schmitt*, § 231 Rn 25) die Angabe des Verhandlungsteils, der in Abwesenheit des Angeklagten durchgeführt worden ist (OLG Hamm StV 2007, 571) sowie ggf. auch die Angabe der von einem Zeugen in Abwesenheit des Angeklagten gemachten Angaben (BGH NStZ 2008, 644), damit das Revisionsgericht überprüfen kann, ob der Angeklagte bei einem wesentlichen Teil der HV gefehlt hat (zur Frage, inwieweit das Revisionsgericht an die Feststellungen des Tatgerichts gebunden ist, s. *Weßlau* StV 2014, 236; dazu a. BGH StV 2012, 72).

⚫ Hat die HV ohne den Angeklagten stattgefunden, kann er gegen ein gegen ihn ergangenes **Urteil** gem. § 235 **Wiedereinsetzung** in den vorigen Stand beantragen (→ *Verhandlung ohne den Angeklagten, Wiedereinsetzung und Berufung*, Rdn 2871; → *Wiedereinsetzung in den vorigen Stand*, Rdn 3464).

2865 **3.a)** Nach § 232 kann das Gericht ohne den Angeklagten verhandeln, wenn er **ordnungsgemäß geladen** und in der Ladung darauf **hingewiesen** worden ist (vgl. dazu *Meyer-Goßner/Schmitt*, § 232 Rn 5 m.w.N.), dass in seiner Abwesenheit verhandelt werden kann. Außerdem ist der Angeklagte darüber zu belehren, dass als Rechtsfolge nur **Geldstrafe** bis zu **180 Tagessätzen**, Verwarnung mit Strafvorbehalt, Fahrverbot, Verfall, Einziehung, Vernichtung oder Unbrauchbarmachung zu erwarten ist. Eine **höhere Strafe** oder eine Maßregel der Besserung oder Sicherung, wie z.B. Entzug der Fahrerlaubnis nach § 69 StGB, darf das Gericht in diesem Fall **nicht** verhängen. Das Belehrungsgebot gilt auch für eine **Umladung**, es genügt nicht nur der Hinweis auf die in einer früheren Ladung enthaltene Belehrung (OLG Köln StV 1996, 12 m.w.N.).

⚫ Das Gericht darf nur dann nach § 232 ohne den Angeklagten verhandeln, wenn er eigenmächtig, also **schuldhaft**, **ausgeblieben** ist (*Meyer-Goßner/Schmitt*, § 232

Rn 11; OLG Karlsruhe StraFo 2001, 415; vgl. auch BGHSt 56, 298). Insoweit gelten die Ausführungen o. bei Rdn 2856 ff. entsprechend. Dem eigenmächtigen Ausbleiben steht allerdings das **eigenmächtige Entfernen gleich**. Das Gericht kann dann die Verhandlung ohne den Angeklagten fortsetzen, auch wenn die Voraussetzungen des § 231 Abs. 2 (s.o. Rdn 2856 ff.) nicht vorliegen.

Die **Voraussetzungen** an das Verschulden des Angeklagten sind **strenger** als bei **§ 329** (→ *Berufungsverwerfung wegen Ausbleibens des Angeklagten*, Rdn 713 ff.). Während dort jedes Verschulden des Angeklagten ausreicht, muss die Abwesenheit des Angeklagten i.S.v. § 232 Abs. 1 auf einer wissentlichen Verletzung der Anwesenheitspflicht beruhen (BGH, a.a.O. [für § 231 Abs. 2]; OLG Karlsruhe StraFo 2001, 415).

b) Die **HV** ohne den Angeklagten wird im Fall des § 232 nach den allgemeinen Regeln durchgeführt. Es gelten folgende **Besonderheiten**: 2866

- Ein in der (verlesenen) Niederschrift enthaltener **Beweisantrag** gilt nicht als in der HV gestellt. Es findet für eine Ablehnung also nicht § 244 Abs. 3 Anwendung, sondern nur § 244 Abs. 2 (OLG Hamm JMBl. NW 1962, 203; Aufklärungspflicht des Gerichts!).
- Das Verfahren kann nach **§ 153** Abs. 2 S. 2 auch ohne Zustimmung des Angeklagten **eingestellt** werden (→ *Einstellung des Verfahrens nach § 153 wegen Geringfügigkeit*, Rdn 1304).
- Der Verteidiger kann die in § 234a aufgeführten **Erklärungen** abgeben (s. die Aufzählung bei → *Vertretung des Angeklagten durch den Verteidiger*, Rdn 3208).
- Werden **Hinweise** nach **§ 265 Abs. 1 und 2 notwendig**, können sie dem Verteidiger erteilt werden, wenn er an der HV teilnimmt (§ 234a; → *Vertretung des Angeklagten durch den Verteidiger*, Rdn 3215), sonst muss die **HV abgebrochen** und fortgesetzt werden, nachdem dem Angeklagten der Hinweis erteilt worden ist.
- Existiert eine **richterliche Beschuldigtenvernehmung** des Angeklagten, muss diese gem. § 232 Abs. 3 **verlesen** werden, sofern der Angeklagte nicht gem. § 234 durch einen Verteidiger vertreten wird (*Meyer-Goßner/Schmitt*, § 232 Rn 15 m.w.N.; → *Vertretung des Angeklagten durch den Verteidiger*, Rdn 3208). Niederschriften über Zeugenvernehmungen des Angeklagten in anderen Verfahren dürfen nicht verlesen werden.

c) Erscheint der Angeklagte **nachträglich** in der HV, muss der Vorsitzende ihn zur Person und zur Sache **vernehmen** und ihm das bisherige **Verhandlungsergebnis mitteilen**. Die HV braucht aber nicht wiederholt zu werden (*Meyer-Goßner/Schmitt*, § 232 Rn 21 m.w.N.). 2867

✍ Wenn der Angeklagte nachträglich erscheint, ist das Gericht **nicht** mehr an die (Rechtsfolgen-)**Beschränkungen** des § 232 Abs. 1 S. 1 **gebunden**. Es kann also eine höhere Strafe verhängen.

V	**Verhandlung ohne den Angeklagten, Wiedereinsetzung und Berufung**

2868 d) Ist gem. § 232 ohne den Angeklagten verhandelt worden, kann er unabhängig von der Anfechtung eines Urteils mit der Berufung oder der Revision nach **§ 235 Wiedereinsetzung** in den vorigen Stand beantragen. Voraussetzung ist, dass er den Termin ohne Verschulden nicht wahrgenommen hat (→ *Verhandlung ohne den Angeklagten, Wiedereinsetzung und Berufung*, Rdn 2871; → *Wiedereinsetzung in den vorigen Stand*, Rdn 3464).

2869 4. Ohne den Angeklagten kann auch dann verhandelt werden, wenn er gem. **§ 233** vom **Erscheinen** in der HV **entbunden** worden ist (→ *Entbindung des Angeklagten vom Erscheinen in der Hauptverhandlung*, Rdn 1386).

2870 5. Zu den Fällen der Verhandlung ohne den Angeklagten, wenn es sich nur um eine **vorübergehende Abwesenheit** handelt, s. → *Beurlaubung des Angeklagten von der Hauptverhandlung*, Rdn 817, mit Antragsmuster, Rdn 827 und → *Entfernung des Angeklagten aus der Hauptverhandlung*, Rdn 1408.

Siehe auch: → *Anwesenheitspflicht des Angeklagten*, Rdn 315 m.w.N.

2871 Verhandlung ohne den Angeklagten, Wiedereinsetzung und Berufung

2872 **Literaturhinweise:** s. die Hinw. bei → *Berufung, Allgemeines*, Rdn 541.

2873 1. Die StPO sieht in zwei Fällen **ausnahmsweise** die Verurteilung des Angeklagten aufgrund einer **HV** vor, an der er **nicht teilgenommen** hat. Dies ist zum einen der Fall des § 232 (vgl. dazu → *Verhandlung ohne den Angeklagten*, Rdn 2865 ff.). Zum anderen handelt es sich um den Fall des § 412, wenn der Angeklagte in der auf seinen Einspruch gegen einen Strafbefehl anberaumten HV unentschuldigt nicht erschienen ist und auch nicht durch einen Verteidiger vertreten wurde (vgl. dazu → *Strafbefehlsverfahren*, Rdn 2568 ff.).

> In beiden Fällen hat der Angeklagte die Möglichkeit, gegen das ergangene Urteil nicht nur **Berufung** einzulegen, sondern gem. § 235 Abs. 1 S. 1 bzw. gem. § 412 S. 1 i.V.m. § 329 Abs. 3 unter den Voraussetzungen der §§ 44, 45 auch → **Wiedereinsetzung** in den vorigen Stand, Rdn 3464, zu beantragen.

2874 2. Sowohl für die Berufung als auch für die → *Wiedereinsetzung in den vorigen Stand*, Rdn 3464, gilt nach §§ 314 Abs. 1, 45 Abs. 1 eine **Frist** von **einer Woche**. Beide Fristen fallen zusammen, da sie i.d.R. jeweils nach Urteilszustellung zu laufen beginnen (s. einerseits § 314 Abs. 2 und dazu → *Berufungsfrist*, Rdn 601, und andererseits §§ 235 Abs. 1, 412, 329 Abs. 3 für die → *Wiedereinsetzung in den vorigen Stand*, Rdn 3464). § 315 Abs. 1 stellt klar, dass die Frist zur Einlegung der Berufung nicht dadurch aufgeschoben ist, bis über einen Wiedereinsetzungsantrag entschieden ist (KK-*Paul*, § 315 Rn 1).

Verhandlung ohne den Angeklagten, Wiedereinsetzung und Berufung   **V**

👉 Mit der **Berufungseinlegung** darf in diesen Fällen also **nicht gewartet** werden, bis über die → *Wiedereinsetzung in den vorigen Stand*, Rdn 3464, entschieden ist. Es empfiehlt sich daher ein gleichzeitiger Antrag (s.u. Rdn 2876 und das Antragsmuster bei Rdn 2877).

3. Der Verteidiger wird i.d.R. nach § 315 Abs. 2 vorgehen und **gleichzeitig** → *Wiedereinsetzung in den vorigen Stand*, Rdn 3464 beantragen und **Berufung** einlegen. Das hat nicht nur den **Vorteil**, dass eine Versäumung der Berufungsfrist ausgeschlossen ist. Vielmehr wird vom „iudex a quo" zunächst über das Wiedereinsetzungsgesuch entschieden. Wird dem stattgegeben, findet eine neue HV 1. Instanz statt, die Berufung ist gegenstandslos (KK-*Paul*, § 315 Rn 2 m.w.N.). Damit erreicht der Angeklagte eine neue HV in der ersten Tatsacheninstanz und nicht gleich den Übergang in das Berufungsverfahren. Erst wenn das Wiedereinsetzungsgesuch verworfen wird, wird das Berufungsverfahren durchgeführt und muss das Gericht 1. Instanz die Zulässigkeit der Berufung prüfen (→ *Berufung, Zulässigkeit*, Rdn 720).   **2875**

👉 Vorteilhaft ist außerdem noch, dass der Verteidiger im Fall der **Verwerfung** des **Wiedereinsetzungsantrags** dagegen sofortige Beschwerde einlegen kann (→ *Wiedereinsetzung in den vorigen Stand*, Rdn 3464).

4. Für das **Zusammentreffen** von Wiedereinsetzungsantrag und Berufung ist noch auf Folgendes **achten**:   **2876**

■ Die **zusammen** mit dem **Wiedereinsetzungsantrag** eingelegte **Berufung** gilt nach § 315 Abs. 2 zwar nur für den Fall der Verwerfung des Wiedereinsetzungsantrags eingelegt. Daraus wird jedoch nicht geschlossen, dass auf die Berufung verzichtet wird, wenn sie nicht zugleich mit dem Wiedereinsetzungsantrag eingelegt wird.

👉 Die **Berufungseinlegung** kann also innerhalb der Frist des § 314 Abs. 2 noch **nachgeholt** werden.

Die Berufung bleibt i.Ü. auch wirksam, wenn der Wiedereinsetzungsantrag später **zurückgenommen** werden sollte (KK-*Paul*, § 315 Rn 2).

■ Legt der Angeklagte hingegen **Berufung** ein, **ohne** zugleich auch ein **Wiedereinsetzungsgesuch** zu stellen, gilt dies nach § 315 Abs. 3 als Verzicht auf die Wiedereinsetzung. Dieser Verzicht ist endgültig und bleibt auch wirksam, wenn die Berufung zurückgenommen wird (KK-*Paul*, § 315 Rn 2).

■ Ist die Erklärung des Verteidigers **mehrdeutig**, wird i.d.R. davon auszugehen sein, dass sowohl Wiedereinsetzung in den vorigen Stand beantragt als auch Berufung eingelegt worden ist (LR-*Gössel*, § 315 Rn 6).

V Verhandlung ohne den Angeklagten, Wiedereinsetzung und Berufung

2877   **4. Muster: Wiedereinsetzungsantrag und gleichzeitig eingelegte Berufung**

> Bei dem **Wiedereinsetzungsgesuch** nach den §§ 235 Abs. 1, 412 S. 1 handelt es sich um einen „**normalen**" Antrag auf → *Wiedereinsetzung in den vorigen Stand*, Rdn 3464, d.h. der Antrag ist wie jeder Wiedereinsetzungsantrag gem. §§ 44, 45 zu begründen, die vorgetragenen (Entschuldigungs-)Tatsachen sind glaubhaft zu machen (wegen der Einzelh. → *Wiedereinsetzung in den vorigen Stand*, Rdn 3464).

▼

An das

Amtsgericht Musterstadt

In dem Strafverfahren

gegen H. Mustermann

Az.:

wird

1. gegen das auf Ausbleiben des Angeklagten am 16.10.2015 ergangene Urteil des Amtsgerichts Musterstadt, zugestellt am 29.10.2015, Wiedereinsetzung in den vorigen Stand beantragt,

2. zugleich gegen das am 16.10.2015 verkündete Urteil Berufung eingelegt.

Begründung:

Dem Angeklagten ist wegen der Nichtteilnahme an der Hauptverhandlung vom 16.10.2015 gemäß §§ 235 Abs. 1, 44, 45 StPO Wiedereinsetzung in den vorigen Stand zu gewähren. Er konnte an der Hauptverhandlung nicht teilnehmen, weil   (Anm.: Hier erfolgt die Begründung des Wiedereinsetzungsantrags). Zur Glaubhaftmachung beziehe ich mich auf (   ).

Dem Antrag auf Wiedereinsetzung ist daher stattzugeben und ein neuer Termin zur Hauptverhandlung anzuberaumen.

Rechtsanwalt

Siehe auch: → *Berufung, Allgemeines*, Rdn 541 m.w.N.; → *Strafbefehlsverfahren*, Rdn 2568; → *Verhandlung ohne den Angeklagten*, Rdn 2853.

Verhandlungsfähigkeit 2878

> **Das Wichtigste in Kürze:**
> 1. Die HV darf nur gegen einen verhandlungsfähigen Angeklagten durchgeführt werden.
> 2. Bei Volljährigen entfällt die Verhandlungsfähigkeit i.d.R. nur infolge schwerer körperlicher oder seelischer Mängel oder Krankheiten.
> 3. Ist der Angeklagte endgültig verhandlungsunfähig, liegt ein Verfahrenshindernis vor, das zur endgültigen Einstellung des Verfahrens nach § 206a, bei nur vorübergehender Verhandlungsunfähigkeit zur vorläufigen Einstellung nach § 205 führt.
> 4. Der Verteidiger muss die Verhandlungsfähigkeit seines Mandanten in jeder Lage des Verfahrens sorgfältig prüfen. Tauchen die Zweifel an der Verhandlungsfähigkeit erst während der HV auf, muss der Verteidiger unverzüglich durch geeignete Anregungen an das Gericht dafür sorgen, dass auf den (beeinträchtigten) Gesundheitszustand seines Mandanten Rücksicht genommen wird.

Literaturhinweise: Buschmann/Peters, Der kranke Angeklagte in der Hauptverhandlung, ArchKrim 2011, 160; **Cabanis**, Verhandlungs- und Vernehmungs(un)fähigkeit, StV 1984, 87; **Fiegenbaum/Raabe**, Verhandlungs-, Haft- und Schuldfähigkeit bei Patienten mit Angst- bzw. Panikstörungen, StraFo 1997, 97; **Fischer/Gauggel/Lämmler**, Möglichkeiten der neurologischen Prüfung der Verteidigungsfähigkeit, NStZ 1994, 316; **Gatzweiler**, Der Sachverständige zur Beurteilung der Verhandlungsfähigkeit bzw. Verhandlungsunfähigkeit, StV 1989, 167; *ders.*, Tendenzen in der neueren Rechtsprechung zu Fragen der Verhandlungsfähigkeit bzw. Verhandlungsunfähigkeit, in: Festgabe für *Heino Friebertshäuser*, 1997, S. 277; **Rath**, Zum Begriff der Verhandlungsfähigkeit im Strafverfahren, GA 1997, 214; **Widmaier**, Verhandlungs- und Verteidigungsfähigkeit – Verjährung und Strafmaß; zu den Entscheidungen des BGH und des BVerfG im Revisionsverfahren gegen *Erich Mielke*, NStZ 1995, 361. 2879

1. Die HV darf nur gegen einen verhandlungsfähigen Angeklagten durchgeführt werden. 2880
Der Angeklagte ist verhandlungsfähig, wenn er in der Lage ist, in oder außerhalb der Verhandlung seine **Interessen** vernünftig **wahrzunehmen**, die **Verteidigung** in verständiger und verständlicher Weise zu **führen**, Prozesserklärungen abzugeben und entgegenzunehmen (st. Rspr.; zuletzt BGHSt 41, 72 m.w.N. [für das Revisionsverfahren]; BGH NStZ 1996, 242; NStZ-RR 2013, 155; s. dazu BVerfG NJW 1995, 1951; 2002, 51; 2005, 2382; NStZ-RR 1996, 38; EuGRZ 2009, 645 [Herzerkrankung]; OLG Dresden StraFo 2015, 149 [Einspruch gegen Strafbefehl]; OLG Düsseldorf StraFo 2015, 154 [Ls.]; OLG Stuttgart NStZ-RR 2006, 313; LG Wuppertal StraFo 2015, 151; *Meyer-Goßner/Schmitt*, Einl. Rn 97; krit. *Rath* GA 1997, 214). Verhandlungsunfähigkeit liegt schon dann vor, wenn der Angeklagte zwar für kürzere Zeitspannen zur persönlichen Wahrnehmung seiner Rechte imstande ist, diese Zeitspannen aber nicht ausreichen, um das Verfahren ordnungsgemäß, insbesondere in angemessener Zeit, zu Ende zu führen (BVerfGE 41, 246).

V Verhandlungsfähigkeit

2881 Je nach den Anforderungen für die anstehenden Prozesshandlungen kann eine unterschiedliche Beurteilung erforderlich sein, u.U. kann also auch ein Geisteskranker oder ein Taubstummer verhandlungsfähig sein. Zu berücksichtigen ist die **mutmaßliche Dauer** der HV, sodass z.B. bei einem (kranken) Angeklagten für eine zu erwartende Verhandlungsdauer von einem Jahr Verhandlungsfähigkeit nicht (mehr), bei einer nur eintägigen HV hingegen (noch) Verhandlungsfähigkeit gegeben sein kann. Entscheidend ist, dass der Angeklagte sich im **gesamten Zeitraum** der HV in einem solchen Zustand geistiger Klarheit und Freiheit befindet, dass das Gericht mit ihm strafgerichtlich verhandeln kann (OLG Karlsruhe NJW 1978, 601; LG Berlin StraFo 1999, 304; s. zur Verhandlungsunfähigkeit im Einzelnen die Bsp. und Ausführungen bei *Cabanis* StV 1984, 87 ff. m.w.N.; *Gatzweiler*, S. 278 ff.). Für die Verhandlungsfähigkeit des Angeklagten im **Revisionsverfahren** ist erforderlich, dass der Angeklagte die Fähigkeit hat, über die Einlegung der Revision verantwortlich zu entscheiden, zudem sollte er während der Dauer des Revisionsverfahrens wenigstens zeitweilig zu einer Grundübereinkunft mit dem Verteidiger über die Fortführung oder Rücknahme des Rechtsmittels in der Lage sein (BGH NStZ-RR 2013, 155).

> Die Anforderungen an die Verhandlungsfähigkeit sind je nach Verfahrensart und -lage **unterschiedlich**. Eine pauschale Festlegung ist nicht möglich (OLG Stuttgart NStZ-RR 2006, 313; vgl. auch BVerfG EuGRZ 2009, 645).

2882 2. Bei **Volljährigen** entfällt die Verhandlungsfähigkeit i.d.R. nur infolge **schwerer körperlicher** oder **seelischer Mängel** oder **Krankheiten** (BGHSt 23, 311; BGH NStZ 1988, 213 [M]). Das kann auch dann der Fall sein, wenn aufgrund **konkreter Anhaltspunkte** zu befürchten ist, der Angeklagte werde bei Fortführung der HV sein Leben einbüßen oder **schwerwiegende Dauerschäden** an seiner Gesundheit erleiden (BVerfG NJW 1979, 2349; EuGRZ 2009, 645; s.a. das Krankheitsbild bei AG Bensheim StraFo 1997, 274; LG Berlin StraFo 1999, 304; LG Hamburg StraFo 1999, 354 und LG Konstanz NJW 2002, 911 [jew. zur (verneinten) Verhandlungsfähigkeit eines HIV-Infizierten]). Ausreichend kann des Weiteren eine konkrete Gesundheitsgefahr für ein ungeborenes Kind sein (BVerfG NJW 2005, 2382 [Risikoschwangerschaft]). Allein die bloße Möglichkeit einer lebensgefährdenden Erkrankung oder des Eintritts gesundheitlicher Schäden reicht nicht aus (BVerfG NJW 2002, 51 [erforderlich ist ein nicht unerheblich unterhalb einer mit an Sicherheit grenzender Wahrscheinlichkeit liegender Wahrscheinlichkeitsgrad]; EuGRZ 2009, 645; OLG Frankfurt am Main NJW 1969, 570).

2883 Die Verhandlungsfähigkeit kann auch nur **teilweise eingeschränkt** sein, so etwa wenn der Angeklagte nur jeweils einige Stunden an einer HV teilnehmen kann, ohne schwerwiegende gesundheitliche Dauerschäden zu erleiden. Der eingeschränkten Verhandlungsfähigkeit kann und muss durch **angepasste Verhandlungsführung**, z.B. durch eine zeitlich begrenzte HV, durch häufige Pausen, Unterbrechungen und/oder ärztliche Aufsicht begegnet werden (OLG Celle Nds.Rpfl. 1983, 125; OLG Karlsruhe NJW 1978, 601 [hohe Wahrscheinlichkeit der Verschlechterung einer bereits bestehenden Herzerkrankung]; s.a. BGH NStZ-RR 1999, 33 [K] und zuletzt BVerfG EuGRZ 2009, 645[für Herzerkrankung]).

⚖ Der Angeklagte ist grds. nicht verpflichtet, zur Herstellung seiner Verhandlungsfähigkeit einen nicht unerheblichen **Eingriff** bei sich **vornehmen** zu lassen (BVerfG NJW 1994, 1590; BGH StV 1992, 553; s. aber OLG Nürnberg NJW 2000, 1804; LG Lüneburg NStZ-RR 2010, 211; diff. LG Wuppertal StraFo 2015, 151, 153; → *Selbst herbeigeführte Verhandlungsunfähigkeit*, Rdn 2496).

Nach Möglichkeit muss der Verteidiger vor Beginn der HV durch **Kontaktaufnahme** mit dem **Gericht** klären, wie auf eine nur eingeschränkte Verhandlungsfähigkeit des Angeklagten, z.B. bei Schwerhörigkeit, Rücksicht genommen werden soll.

3. Ist der Angeklagte **endgültig verhandlungsunfähig**, liegt ein **Verfahrenshindernis** vor, das zur endgültigen Einstellung des Verfahrens nach § 206a, bei nur vorübergehender Verhandlungsunfähigkeit zur vorläufigen Einstellung nach § 205 führt (OLG Düsseldorf StraFo 2015, 154 [Ls.]; *Meyer-Goßner/Schmitt*, § 205 Rn 1; → *Einstellung des Verfahrens nach § 205 wegen Abwesenheit des Angeklagten*, Rdn 1361; → *Einstellung des Verfahrens nach § 206a bei Verfahrenshindernissen*, Rdn 1369; dazu a. BGH NStZ 1996, 242 [Verhandlungsunfähigkeit muss aber sicher feststehen]; zur Einstellung nach § 205 im EV *Burhoff*, EV, Rn 1841 ff., 1421 m.w.N.). Ist die Verhandlungsfähigkeit ggf. wieder gegeben, wird der Einstellungsbeschluss aufgehoben und das Verfahren fortgeführt (OLG Düsseldorf StraFo 2015, 154 [Ls.]). 2884

4. Hinweise für den Verteidiger!

a) Der Verteidiger muss die Verhandlungsfähigkeit seines Mandanten in jeder Lage des Verfahrens sorgfältig **prüfen**. Zweifel daran wird er **unmittelbar** nachdem sie aufgetreten sind, spätestens zu Beginn der HV, **vorbringen**. Er muss berücksichtigen, dass die Verhandlungsunfähigkeit nachträglich nur schwer zu beweisen ist, vor allem, wenn sie in der HV nicht geltend gemacht wurde (s. BGHSt 36, 119 [Fall Weimar]). 2885

⚖ Behauptet der Angeklagte, er sei verhandlungsunfähig, wird der Verteidiger, bevor er sich deshalb an das Gericht wendet, immer sorgfältig darauf achten, ob der Angeklagte die (behauptete) Verhandlungsunfähigkeit ggf. selbst **absichtlich herbeigeführt** hat (wegen der Einzelh. vgl. → *Selbst herbeigeführte Verhandlungsunfähigkeit*, Rdn 2493). Ist das der Fall, darf er das Bestreben des Angeklagten, sich dem Verfahren zu entziehen oder den Fortgang des Verfahrens zu verschleppen, **nicht unterstützen** oder fördern. Anderenfalls macht er sich ggf. selbst wegen Strafvereitelung nach § 258 StGB strafbar (→ *Verteidigerhandeln und Strafrecht*, Rdn 3199) oder ihm droht der Ausschluss von dem Verfahren nach §§ 138a ff.

2886 b) Tauchen die **Zweifel** an der Verhandlungsfähigkeit erst **während** der **HV** auf, muss der Verteidiger **unverzüglich** durch geeignete Anregungen an das Gericht dafür sorgen, dass auf den (beeinträchtigten) Gesundheitszustand seines Mandanten **Rücksicht** genommen wird. Er wird also zumindest eine Pause beantragen, um mit seinem Mandanten das weitere Vorgehen in Ruhe besprechen zu können. Er muss dann auch sorgfältig prüfen, ob der Mandant (noch) in der Lage ist, der HV weiter zu folgen, oder ob er sich ggf. zu viel zumutet, weil er die HV hinter sich bringen will. Bei schwerwiegenden Beeinträchtigungen muss der Verteidiger die Unterbrechung oder sogar **Aussetzung** der HV beantragen (→ **Unterbrechung** *der HV*, Rdn 2701).

✍ Der Grundsatz „**in dubio pro reo**" gilt für die Frage der Verhandlungsfähigkeit **nicht** schlechthin (BGH NStZ 1988, 213 [M]; *Meyer-Goßner/Schmitt*, § 261 Rn 34). Hat das Gericht jedoch **Zweifel** an der Verhandlungsfähigkeit, darf es **keine HV** durchführen oder fortsetzen (BGH NStZ 1996, 242 m.w.N.).
Die Verhandlungsfähigkeit wird i.d.R. durch einen **SV** festgestellt werden müssen (vgl. dazu auch BVerfG EuGRZ 2009, 645; *Buschmann/Peters* ArchKrim 2011, 160). Wegen der Einzelh. der Bestellung ist auf die eingehenden Ausführungen von *Gatzweiler* zu verweisen (StV 1989, 167 ff. [insbesondere zu den Auswahlkriterien für den zu beauftragenden SV und mit dem Rat, sich möglichst **nicht** an einen **Gerichtsmediziner** zu wenden]; a. *Fischer/Gaugel/Lämmler* NStZ 1994, 316 ff.). Der Verteidiger muss, wenn die Verhandlungsunfähigkeit des Angeklagten nicht eindeutig ist, ggf. **beantragen**, zur Beurteilung der Verhandlungsfähigkeit seines Mandanten ein **SV-Gutachten** einzuholen (vgl. dazu *Gatzweiler* StV 1989, 167 ff.).

2887 c) Die **Feststellung** der Verhandlungsfähigkeit erfolgt im → *Freibeweisverfahren*, Rdn 1562 (BGH, Beschl. v. 14.4.2010 – 1 StR 124/10). Nach LG Berlin (NJ 1994, 591) kann sich das Gericht zur Klärung der anstehenden Fragen auf jede beliebige Weise Gewissheit verschaffen, also auch durch direkte Befragung des Angeklagten. §§ 81, 81a sind anwendbar (s. aber BVerfG NStZ-RR 1996, 38). Allerdings ist bei den Anordnungen, durch die die Verhandlungsfähigkeit festgestellt werden soll, zu beachten, dass durch sie der Angeklagte nicht in seiner Menschenwürde (Art. 1 GG) bzw. in seinem allgemeinen Persönlichkeitsrecht (Art. 3 GG) beeinträchtigt wird (OLG München StV 2014, 466 [Anordnung der Aufbewahrung von Erbrochenem zwecks späterer Untersuchung durch einen SV unzulässig]).

2888 Die Feststellung ist **kein wesentlicher** Teil der **HV** i.S.d. § 338 Nr. 5. Der Verteidiger kann in der Revision also nicht rügen, der Angeklagte sei während der „Beweiserhebung" über seine Verhandlungsfähigkeit nicht verhandlungsfähig gewesen (BGH NStZ 1994, 228 [K]).

Verhandlungsleitung V

👉 **Lehnt** der Vorsitzende eine beantragte Unterbrechung oder die Aussetzung der HV ab, muss der Verteidiger diese Maßnahme der → *Verhandlungsleitung*, Rdn 2889, nach § 238 Abs. 2 beanstanden, um den für die **Revision** (§ 338 Nr. 8) erforderlichen Gerichtsbeschluss zu erlangen.

Die → *Beschwerde*, Rdn 770, gegen eine Anordnung des Gerichts zur Überprüfung der Verhandlungsfähigkeit des Angeklagten ist jedenfalls dann zulässig, wenn der angefochtene Beschluss zugleich die Anwendung von eingriffsintensiven Zwangsmitteln erlaubt (OLG Celle StV 2012, 524). In diesen Fällen ist die Beschwerde auch bei prozessualer Überholung wegen eines fortbestehenden Feststellungsinteresses zulässig (vgl. auch OLG München, a.a.O.).

Siehe auch: → *Selbst herbeigeführte Verhandlungsunfähigkeit*, Rdn 2493.

Verhandlungsleitung 2889

Das Wichtigste in Kürze:
1. Die gesamte Verfahrensleitung in der HV ist nach § 238 Abs. 1 Aufgabe des Vorsitzenden.
2. Der Vorsitzende muss die Verhandlung persönlich leiten.
3. Nach § 238 Abs. 2 kann von jeder an der Verhandlung beteiligten Person eine auf die Sachleitung bezogene Maßnahme des Vorsitzenden als unzulässig beanstandet werden.
4. Zur Beanstandung berechtigt sind alle Prozessbeteiligten, die von der Anordnung des Vorsitzenden betroffen sind.
5. Das Gericht entscheidet über die Beanstandung durch Beschluss, der ebenso wie die Beanstandung selbst nach § 273 Abs. 1 in das Protokoll der Hauptverhandlung aufgenommen werden muss.
6. Die Beanstandung nach § 238 Abs. 2 und der auf die Beanstandung ergehende Beschluss haben für die Revision erhebliche Bedeutung.

Literaturhinweise: Bauer, Die Präklusion von Verfahrensrügen und des Widerspruchs im Zusammenhang mit § 238 II StPO – Eine Erwiderung auf Mosbacher, NStZ 2011, 606, NStZ 2012, 192; **Bischoff**, Der Zwischenrechtsbehelf des § 238 II StPO im Spiegel von Rechtsprechung und Literatur: Beanstandungsrecht oder Beanstandungspflicht?, NStZ 2010, 77; **Drees**, Die Entscheidung des Vorsitzenden über den Zeitpunkt der Anbringung von Ablehnungsgesuchen, NStZ 2005, 184; **Ebert**, Zum Beanstandungsrecht nach Anordnungen des Strafrichters gem. § 238 Abs. 2 StPO, StV 1997, 269; **Fuhrmann**, Verwirkung des Rügerechts bei nicht beanstandeten Verfahrensverletzungen des Vorsitzenden, NJW 1963, 1230; *ders.*, Vorbeugende Rügepräklusionen gegen vermuteten Revisionsmissbrauch – Ein kritischer Überblick über die zunehmende Neutralisierung „missbräuchlicher Verteidigung" durch präkludierende Rechtsschöpfungen der Revisionsgerichte, wistra 201, 210; **Greiser**, Störungen und

2890

V   Verhandlungsleitung

Sabotageversuche in der Hauptverhandlung, JA 1983, 429; **Greiser/Artkämper**, Die „gestörte" Hauptverhandlung – Eine praxisorientierte Fallübersicht, 4. Aufl. 2012; **Ignor/Bertheau**, Der „Zwischenrechtsbehelf" des § 238 II StPO – ein zentrales Institut des Revisionsverfahrens?, NStZ 2013, 188; **Jahn**, Strafverfolgung um jeden Preis? Die Verwertbarkeit rechtswidrig erlangter Beweismittel, StraFo 2011, 117; **Kindhäuser**, Rügepräklusion durch Schweigen im Strafverfahren, NStZ 1987, 529; **König**, Mangelhafte Verhandlungsleitung, AnwBl. 1997, 94; **Ladiges**, Zeugnisverweigerungsrecht und Zwischenrechtsbehelf, JuS 2011, 226; **Lindemann**, Präklusion von Verfahrensrügen wegen fehlenden Rechtsschutzbedürfnisses?, StV 2010, 379; **Maatz**, Mitwirkungspflicht des Verteidigers in der Hauptverhandlung und Rügeverlust, NStZ 1992, 512; **Meyer-Mews**, Die Ratio der Widerspruchslösung, StraFo 2009, 141; **Mosbacher**, Zur aktuellen Debatte um die Rügepräklusion – Zugleich ein Beitrag zur Zukunft der Widerspruchslösung, NStZ 2011, 606; *ders.*, Zur Zukunft der Widerspruchslösung – Der Widerspruch als Zwischenrechtsbehelf, in: Festschrift für *Ruth Rissing van Saan*, 2011, S. 357; **Nagel**, Die Ohnmacht der Verteidigung vor der Macht der Richter? Ein Beitrag zur Diskussion um Verteidigerpflichten und Rügepräklusionen, StraFo 2013, 221; **Roesen**, Die Stellung des Vorsitzenden in der Hauptverhandlung, NJW 1958, 977; **Schlüchter**, Wider die Verwirkung von Verfahrensrügen, in: Gedächtnisschrift für *Karlheinz Meyer*, 1990, S. 445; **Schmidt**, Zur Anrufung des Gerichts gegen den Vorsitzenden (§ 238 StPO), in: Festschrift für *Hellmuth Mayer*, 1966, S. 543; **Schuhmacher**, Die Hauptverhandlung als gruppen-dynamischer Prozeß, StV 1995, 442; **Senge**, Missbräuchliche Inanspruchnahme verfahrensrechtlicher Gestaltungsmöglichkeiten – wesentliches Merkmal der Konfliktverteidigung? Abwehr der Konfliktverteidigung, NStZ 2002, 225; **Thielmann**, Was ist ein „guter" Richter aus Sicht eines Strafverteidigers?, StraFo 2013, 312; **Weiler**, Die Beeinträchtigung der Verteidigung durch Gerichtsbeschluss in einem wesentlichen Punkt als absoluter Revisionsgrund, NStZ 1999, 105; **Wesemann**, Beanstandungs- und Erklärungsrecht zur Schaffung von Freiräumen der Verteidigung, StraFo 2001, 293; **Widmaier**, Mitwirkungspflicht des Verteidigers in der Hauptverhandlung und Rügeverlust?, NStZ 1992, 519; *ders.*, Präklusion von Verfahrensrügen durch Zweckentfremdung des § 238 II StPO, NStZ 2011, 305; s.a. die Hinw. bei → *Verwirkung von Verteidigungsrechten*, Rdn 3262 und → *Widerspruchslösung*, Rdn 3433.

2891 1. Die gesamte Verfahrensleitung in der HV ist nach § 238 Abs. 1 **Aufgabe** des **Vorsitzenden** (*Meyer-Goßner/Schmitt*, § 238 Rn 1 m.w.N.; zur mangelhaften Verhandlungsleitung *König* AnwBl. 1997, 94 ff.). Das gilt insbesondere für die Vernehmung des Angeklagten und die Aufnahme der Beweise (BGHSt 48, 372 [für Beanstandung von Fragen]).

2892 Zur „Verhandlungsleitung" gehören **alle Maßnahmen** zur **Durchführung** der **HV**, sodass der Vorsitzende die HV eröffnet, ihren Ablauf unter Beachtung der vom Gesetz vorgegebenen Förmlichkeiten leitet und sie schließt. Der Vorsitzende bestimmt z.B. auch, wem er das Wort erteilt und wem er es entzieht (→ *Fragerecht, Allgemeines*, Rdn 1532 m.w.N.). Er muss Anträge nicht jederzeit entgegennehmen, sondern kann Antragsteller auf einen späteren Verfahrensabschnitt verweisen (BGH NStZ 2006, 463 [für Haftprüfungsantrag]; ähnl. BGHSt 48, 372 [für fortwährende Unterbrechungen bei der Vernehmung eines Zeugen]; LG Berlin NJ 1996, 209; *Drees* NStZ 2005, 184). Der Vorsitzende kann schließlich nach der Rspr. des BGH auch eine Frist zur Stellung von Beweisanträgen setzen (vgl. u.a. BGHSt 52, 355; → *Beweisantragsrecht, Allgemeines*, Rdn 971; → *Beweisantrag, Zeitpunkt der Antragstellung*, Rdn 978; → *Verspätete Beweisanträge/Fristsetzung*, Rdn 3179). Der Vorsitzende hat endlich auch die → *Sitzungspolizei*, Rdn 2527, inne (wegen weiterer Maßnahmen der Sachleitung s. Rdn 2897). Verhandlungsleitung und/oder Sitzungspolizei berechtigen den Vorsitzenden aber nicht, wegen eines **unangemessenen Verhaltens** des Verteidigers, wie z.B. Unpünktlichkeit und Verlassen des Sitzungssaals während des → *Plädoyers des Staatsanwalts*, Rdn 2011, in Abwesenheit des Verteidigers weiter zu verhandeln (BGH NJW 2014, 2807).

2. Der **Vorsitzende** muss die Verhandlung **persönlich** leiten. Er darf die Aufgaben grds. weder ganz noch teilweise einem anderen Gerichtsmitglied übertragen (BGH MDR 1994, 764 [H]; Beschl. v. 6.8.2014 – 1 StR 333714 für Übertragung der Vernehmung der Ehefrau des Vorsitzenden auf den Berichterstatter; *Meyer-Goßner/Schmitt*, § 238 Rn 8). Bei der Erhebung des **Urkundenbeweises** kann er jedoch einen Beisitzer oder auch den Protokollführer die Urkunden verlesen lassen (*Meyer-Goßner/Schmitt*, § 249 Rn 15; → *Urkundenbeweis, Allgemeines*, Rdn 2721 m.w.N.). Ist der Vorsitzende infolge **gesundheitlicher Beeinträchtigung** vorübergehend gehindert, den Vorsitz zu führen, kann er sich für verhindert erklären (§ 21f GVG). Dann kann er aber dennoch als Beisitzer an der HV teilnehmen (*Meyer-Goßner/Schmitt*, § 238 Rn 8 m.w.N.), so z.B., wenn er wegen Heiserkeit am Sprechen gehindert ist (s.a. BGH, a.a.O. [Verhinderung wegen erforderlicher Hochlagerung eines Beins und dadurch bedingte schwere Erreichbarkeit der Akten]).

2893

3.a) Nach § 238 Abs. 2 kann von jeder an der Verhandlung beteiligten Person eine auf die **Sachleitung** bezogene Maßnahme des Vorsitzenden als unzulässig **beanstandet** werden (s. dazu *Senge* NStZ 2002, 232 [bzgl. der teilweise rechtsmissbräuchlichen Handhabung des Beanstandungsrechts]). Bei der Vorschrift handelt es sich – im Hinblick auf die Revision (vgl. Rdn 2900 ff.) – um eine „Schlüsselvorschrift" der StPO, deren Übersehen i.d.R. das Scheitern der Revision zur Folge hat. Wird eine Anordnung des Vorsitzenden nämlich in der HV nicht beanstandet, ist der Verteidiger/Angeklagte in der Revision mit der Beanstandung dieses Verfahrensvorgangs „präkludiert" (KK-*Schneider*, § 238 Rn 7; vgl. wegen der Einzelh. und weit. Lit.-Hinw. Rdn 2902).

2894

> Der Verteidiger darf daher das „Beanstandungserfordernis" **auf keinen Fall übersehen**, wenn er nicht schon in der HV den Grundstein für den Misserfolg einer Revision legen will. Übersehen darf er auch nicht, dass das Beanstandungserfordernis von der Rspr. des BGH immer weiter ausgedehnt wird (vgl. z.B. BGHSt 55, 65; zu noch weiteren Tendenzen in der Lit. s. Rdn 2902). Das führt dazu, dass **im Zweifel auf jeden Fall** eine Maßnahme/Anordnung des Vorsitzenden beanstandet werden sollte, um die Verfahrensrüge in der Revision insoweit offen zu halten.
>
> § 238 Abs. 2 gilt nach überwiegender Ansicht in der Lit. **auch** für das Verfahren vor dem **Strafrichter** (§ 25 GVG), obwohl hier Vorsitzender und Gericht identisch sind (*Meyer-Goßner/Schmitt*, § 238 Rn 18 m.w.N.; *Bischoff* NStZ 2010, 77, 80; OLG Düsseldorf StV 1996, 252 m.w.N.; krit. *Ebert* StV 1997, 369; *ders.* NStZ 1997, 565 in der Anm. zu OLG Düsseldorf, a.a.O.; a.A. BayObLG VRS 24, 300; OLG Köln MDR 1955, 311; NJW 1957, 1373 [jew. aber für unterlassene Beanstandung der (Nicht-)Vereidigung].

| V | Verhandlungsleitung |

2895 Der **Begriff** „auf die Sachleitung bezogene Anordnungen" in § 238 Abs. 2 ist **weit** zu verstehen. Darunter fallen **alle Maßnahmen**, mit denen der Vorsitzende auf den **Ablauf** des Verfahrens und die **Verfahrensbeteiligten einwirkt** (*Meyer-Goßner/Schmitt*, § 238 Rn 11; eingehend KK-*Schneider*, § 238 Rn 7 ff., jew. m.w.N.; vgl. a. Rdn 2897). Gemeint ist mit diesem Begriff nach h.M. dasselbe wie mit dem Begriff „Verhandlungsleitung" in § 238 Abs. 1. Darunter fallen also nicht nur Anordnungen im wörtlichen Sinn, sondern auch alle Belehrungen, Hinweise, Ermahnungen und Fragen (s.u. die Bsp.). Erfasst wird aber z.b. auch die Feststellung des Vorsitzenden, dass das von einer Zeugin behauptete Verlöbnis mit dem Angeklagten nicht besteht (BGHSt 55, 65). Nach LR-*Becker* (§ 238 Rn 11) gibt es grds. keine ausgeschlossene Maßnahme/Verfügung des Vorsitzenden, die nicht über § 238 Abs. 2 beanstandet werden kann.

Wegen der weitreichenden Bedeutung der Vorschrift sollte der Verteidiger in **Zweifelsfällen** grds. davon ausgehen, dass eine Anordnung des Vorsitzenden eine „auf die Sachleitung bezogene Anordnung" ist und diese – zur Erhaltung der Revisionsrüge – **beanstanden**. Das gilt vor allem auch, weil in der Rspr. des BGH deutlich die Tendenz zu erkennen ist, das Beanstandungserfordernis aus § 238 Abs. 2 auszudehnen (vgl. dazu BGH, a.a.O.; s. dazu auch noch BGH NStZ 2008, 582; StraFo 2009, 152; StV 2009, 565 [Nichtvereidigung]). Dem Vorwurf der „Konfliktverteidigung", der gegenüber häufigen Beanstandungen ggf. erhoben wird, muss mit dem Hinweis auf diese Rspr.-Tendenz begegnet werden.

Das **Unterlassen** einer prozessual gebotenen **Anordnung** wird allerdings nicht als Anordnung i.S.d. § 238 Abs. 1 angesehen (KK-*Schneider*, § 238 Rn 12; BGH NStZ 2009, 51). Das hat zur Folge, dass das Fehlen einer dagegen gerichteten Beanstandung nicht zur Rügepräklusion führt (vgl. a. u. Rdn 2900). Allerdings sollte der Verteidiger auch hier vorsichtig sein. Wird nämlich auch auf wiederholten Einwand/Antrag eine Verfahrensmaßnahme nicht getroffen, wird das als eine stillschweigende Anordnung bzw. Ablehnung angesehen, gegen die dann das Gericht angerufen werden kann/muss (KK-*Schneider*, § 238 Rn 12; vgl. für das Unterlassen der Bescheidung eines Beweisantrages BGH NJW 2011, 2821).

2896 b) Über die Beanstandung gem. § 238 Abs. 2 entscheidet dann das **Gericht** durch **Beschluss**. Dieser ist von Bedeutung für die Rüge der Verletzung des § 338 Nr. 8, da dort vorausgesetzt wird, dass die Rechte des Angeklagten durch einen „Gerichtsbeschluss" verletzt worden sein müssen. Dem steht es zwar gleich, wenn die Beschränkung darin liegt, dass es das Gericht unterlässt, einen Antrag der Verteidigung durch Beschluss zu bescheiden. Dies gilt indessen nur dann, wenn über den Antrag der gesamte Spruchkörper zu entscheiden hat (BGH NStZ 2009, 51; *Meyer-Goßner/Schmitt*, § 338 Rn 60 m.w.N.).

c) Zur **Sachleitung** bzw. zu Fällen, in denen die **Rügepräklusion** (vgl. Rdn 2900 ff.) bejaht worden ist, folgende **Rechtsprechungsbeispiele** (s. KK-*Schneider*, § 238 Rn 11 ff. mit Hinw. auf die n.v. Rspr. des BGH):

bejaht 2897

- für die **Ablehnung** des **Einwands** des Angeklagten, er könne wegen Schwerhörigkeit der HV nicht folgen,
- im **Ablehnungsverfahren** die Entscheidung des Vorsitzenden, die HV nach Stellung eines Befangenheitsgesuchs fortzusetzen (§ 29) bzw. auch die umgekehrte Fallkonstellation, dass nämlich die Verhandlung auf Anordnung des Vorsitzenden nicht fortgesetzt, sondern bis zur Entscheidung über das Ablehnungsgesuch unterbrochen wird (BGH NStZ 2002, 429; offen gelassen von BGH, Beschl. v. 24.2.2015 – 4 StR 444/14),
- für die nicht ausreichende **Anhörung** des Angeklagten,
- bei einem → *Auskunftsverweigerungsrecht*, Rdn 377, nach § 55 die Entscheidung über das Bestehen der Gefahr strafgerichtlicher Verfolgung (BGHSt 10, 104; zuletzt BGHSt 51, 144),
- für die **Beendigung** der **Sitzung** wegen fehlenden Personals (BGH NStZ 2007, 281),
- für die nicht ausreichende Einräumung von Gelegenheit zu **Besprechungen** zwischen dem Angeklagten und dem Verteidiger,
- für die Zurückweisung eines → *Beweisermittlungsantrags*, Rdn 1007, durch prozessleitende Verfügung des Vorsitzenden (BGH NStZ 2008, 109),
- für die **Entfernung** von **Zuhörern** aus dem **Sitzungssaal** und das Verbot der weiteren Teilnahme an der HV (BGH NStZ 2008, 582; ähnlich NStZ 2013, 608→ *Ausschluss der Öffentlichkeit*, Rdn 419),
- hinsichtlich der → *Entlassung von Zeugen* oder *Sachverständigen*, Rdn 1425 (BGH StV 1985, 355; 1996, 248),
- für die **Entziehung** des Wortes,
- für die Verletzung des **Erklärungsrechts** (§ 257) (BGH, Beschl. v. 8.6.2011 – 1 StR 126/11),
- für die → *Entziehung des Fragerechts als Ganzes*, Rdn 1444 (BGHSt 48, 372),
- für die Einräumung des **Fragerechts** für den → **Verletztenbeistand**/Opferanwalt, Rdn 3052 (BGH NJW 2005, 377),
- für die **Fristsetzung** zur Stellung eines **Beweisantrags** (BGHSt 52, 355),
- für die Bestimmung eines **Fortsetzungstermins** nach → *Unterbrechung der Hauptverhandlung*, Rdn 2701 (BGH NStZ-RR 2003, 2 [Be]),
- für die **Hinzuziehung** einer einem behinderten Zeugen **vertrauten Person**, wenn eine mündliche Verständigung unmittelbar mit dem Zeugen nicht möglich ist (BGHSt 43, 62),
- für die Anordnung, die **HV fortzusetzen**, nachdem der Angeklagte eingewandt hat, übermüdet zu sein,

V Verhandlungsleitung

- für das Untersagen des Vorlesens des schriftlich niedergelegten **letzten Wortes** (BGHSt 3, 368; → *Letztes Wort des Angeklagten*, Rdn 1848),
- beim → *Selbstleseverfahren*, Rdn 2504, wenn es um die zunächst vom Vorsitzenden zu bestimmende Art der Durchführung des Selbstleseverfahrens geht (BGH NStZ 2011, 300; LR-*Mosbacher*, § 249 Rn 80; zum „zweiaktigen Rechtsbehelf" in diesen Fällen → *Selbstleseverfahren*, Rdn 2517),
- ggf. bei Maßnahmen der → *Sitzungspolizei*, Rdn 2527 ff.,
- gegen die **Verwendung** eines **Sachverständigengutachtens**, obwohl dem SV die erforderliche Sachkunde fehlt (OLG München NStZ-RR 2012, 385 für Revision nach dem StVollzG),
- für eine Aufforderung an den Verteidiger, seinen **Schlussvortrag** zu halten, die nach einem → *Hinweis auf veränderte Sach-/Rechtslage*, Rdn 1720, betreffend veränderter Konkurrenzen, der erst nach dem → *Plädoyer des Staatsanwalts*, Rdn 2010, gegeben worden ist, erfolgt (BGH NStZ 2012, 344),
- für Anordnungen in Zusammenhang mit → **Ton- und Filmaufnahmen** während der Hauptverhandlung, Rdn 2669 (zuletzt BVerfG NJW 2009, 2117),
- wohl für Entscheidungen über die Zugänglichkeit zu Gerichtsverhandlungen, die **Reservierung** von **Plätzen** für Medienvertreter und die Verteilung knapper Sitzplätze (BVerfG NJW 2013, 1293 für das NSU-Verfahren),
- für die Anordnung einer kurzfristigen → **Unterbrechung** der Hauptverhandlung, Rdn 2701,
- für die **Unterbrechung/Vernehmungsmethode** bei der → *Vernehmung des Angeklagten zur Sache*, Rdn 3072 (BGH NStZ 1997, 198; 2000, 549),
- für die Anordnung, dass ein Zeuge aus einem der in § 60 genannten Gründe **unvereidigt** bleibt (→ *Vereidigungsverbot*, Rdn 2807; s.a. BGH StV 1996, 2),
- für die Anordnung der **Verlesung** einer Urkunde (BGHSt 19, 273; BGH StraFo 2009, 152 [Verlesung nach § 256]; s. aber BGH NStZ 2012, 585),
- für die **Vorhalte** an einen Zeugen (BGHSt 1, 322),
- ggf. für die → *Vereidigung* eines *Sachverständigen*, Rdn 2786,
- ggf. für die → *Vereidigung* eines *Zeugen*, Rdn 2792 (BGHSt 50, 282; BGH NStZ 2005, 208),
- für die **Verfahrensweise** bei der → *Vernehmung des Zeugen zur Sache*, Rdn 3103, (BGH, Beschl. v. 6.8.2014 – 1 StR 333/14 für Vernehmung der Ehefrau des Vorsitzenden durch den Berichterstatter).
- für die Feststellung des Vorsitzenden, dass das von einer Zeugin behauptete **Verlöbnis** mit dem Angeklagten **nicht besteht** (BGHSt 55, 65; BGH StRR 2014, 122 [Ls.]; → *Zeugnisverweigerungsrecht*, Rdn 3552),
- für die **Verweisung** eines **Zuhörers** aus dem Sitzungssaal, wenn dieser ggf. als Zeuge in Betracht kommt (BGH NStZ 2001, 163; StV 2002, 6),

Verhandlungsleitung   V

- für die **Weigerung**, nach → *Schluss der Beweisaufnahme*, Rdn 2473, noch **Beweisanträge entgegenzunehmen** (BGH NJW 1992, 3182 [Ls.]),
- für die **Worterteilung** an Prozessbeteiligte (vgl. BGH VRS 48, 18 [für Nebenkläger und Zeugen während der Vernehmung des Angeklagten zur Sache]),
- für die → *Zurückweisung einzelner* **Fragen** *(des Verteidigers)*, Rdn 3589 (BGHSt 48, 372).

verneint   2898

- für Anordnung, dass der Angeklagte **gefesselt** bleiben soll (BGH NJW 1957, 271; → *Fesselung des Angeklagten*, Rdn 1512),
- bei → *Entfernung des Angeklagten aus der Hauptverhandlung*, Rdn 1408, nach § 247 S. 2 für die in fortdauernder Abwesenheit des Angeklagten getroffene Entlassungsentscheidung des Vorsitzenden (BGH StV 2010, 562),
- für **Pflichtverteidiger**bestellung bzw. Ablehnung der Entpflichtung (BGHSt 39, 310; BGH NJW 1992, 850; OLG Jena NStZ-RR 2004, 306 [Ls.]),
- für Feststellung, dass ein **Richter verhindert** ist und deshalb ersetzt werden müsse (BGHSt 35, 366 f.),
- ggf. bei Maßnahmen der → *Sitzungspolizei*, Rdn 2527 ff. (BGHSt 10, 202 [für § 176 GVG]),
- für das **Unterlassen** der **Bescheidung** eines Beweisantrages (BGH NJW 2011, 2821),
- für die **Verlesung** einer früheren richterlichen Vernehmung **entgegen** § 252 (zuletzt BGHSt 57, 254; → *Protokollverlesung nach Zeugnisverweigerung*, Rdn 2126),
- für die Rüge eines Verstoßes gegen die **Mitteilungs-** und **Dokumentationspflichten** gem. § 243 Abs. 4 S. 2 (BGHSt 59, 252 m. Anm. *Hillenbrand* StRR 2014, 493; → *Mitteilung über Erörterungen zur Verständigung*, Rdn 1866; → *Absprachen/Verständigung mit Gericht und Staatsanwaltschaft*, Rdn 137),
- für einen Verstoß gegen § 250 (BGH NStZ 2012, 585; → *Unmittelbarkeitsgrundsatz*, Rdn 2690),
- wenn es für eine Maßnahme in der HV **von vornherein** eines **Gerichtsbeschlusses** bedarf (BGH NStZ 2012, 151 für Verlesung nach § 251; → *Verlesung von Protokollen früherer Vernehmungen/sonstiger Erklärungen*, Rdn 3014) oder, wenn es um die Anwendung zwingenden Rechts geht (zuletzt BGH, a.a.O.; StV 2010, 562; NStZ-RR 2011, 151, jeweils m.w.N.; s. dazu u.a. auch *Bischoff* NStZ 2010, 77; teilweise a.A. *Mosbacher* NStZ 2011, 606).

4. Zur Beanstandung **berechtigt** sind **alle Prozessbeteiligten**, die von der Anordnung des   2899
Vorsitzenden betroffen sind, also auch Zeugen und SV wegen der an sie gerichteten Fragen. Der → *Vernehmungsbeistand*, Rdn 3157, bzw. der → *Verletztenbeistand/Opferanwalt*, Rdn 3052, kann das Beanstandungsrecht des Zeugen/Verletzten geltend machen (§ 406f

Abs. 1, 2 für den Verletzten). Eine bestimmte **Form** ist für die Beanstandung **nicht** vorgesehen. Es reicht jedes ausdrückliche oder schlüssige Verhalten, aus dem sich ergibt, dass eine Gerichtsentscheidung verlangt wird (*Meyer-Goßner/Schmitt*, § 238 Rn 16).

> 🕮 Da § 238 Abs. 2 nur die Beanstandung der Maßnahme als unzulässig zulässt, reicht es nicht aus, wenn nur vorgetragen wird, eine Maßnahme sei unzweckmäßig oder unangebracht. Der Verteidiger muss vielmehr **dartun**, dass die beanstandete **Maßnahme** des Vorsitzenden **gegen gesetzliche** Vorschriften oder **ungeschriebene Verfahrensgrundsätze** verstößt oder ein **Ermessensmissbrauch** vorliegt und der Antragsteller dadurch **beschwert** wird (*Meyer-Goßner/Schmitt*, § 238 Rn 13, 16 m.w.N.). Der Verteidiger sollte seine Beanstandung auf jeden Fall **begründen** und so versuchen, mit dem Vorsitzenden in ein Rechtsgespräch über die beanstandete Maßnahme zu kommen (*Wesemann* StraFo 2001, 297). Mit einer Begründung der Beanstandung kann zudem dem Eindruck/Vorwurf der „Konfliktverteidigung" entgegengewirkt werden (*Senge* NStZ 2002, 232).

2900　5. Das Gericht entscheidet über die Beanstandung durch **Beschluss** (s.o. Rdn 2896), der ebenso wie die Beanstandung selbst nach § 273 Abs. 1 in das → ***Protokoll*** *der Hauptverhandlung*, Rdn 2092, aufgenommen werden muss (BGH NStZ-RR 2003, 4 [Be; für Beanstandung]). Der Beschluss ist spätestens vor Beginn der → *Urteilsverkündung*, Rdn 2761, bekannt zu machen. Der Verteidiger kann nach § 35 Abs. 1 S. 2 eine Abschrift verlangen.

2901　**6.a)** Es ist bereits darauf hingewiesen, dass die Beanstandung nach § 238 Abs. 2 und der auf die Beanstandung ergehende Beschluss für die Revision erhebliche Bedeutung haben (vgl. o. Rdn 2894). Nach st. Rspr. des **BGH** haben nämlich in der **Revision** Verfahrensrügen, mit denen Sachleitungsanordnungen des Vorsitzenden beanstandet werden, grds. dann **keinen Erfolg**, wenn **nicht** gem. **§ 238 Abs. 2** das Gericht angerufen worden ist (st. Rspr.; so schon BGHSt 1, 322, 325; 51, 144; 55, 65; BGH StV 1996, 2; NStZ 1997, 198; OLG Düsseldorf StV 1996, 252; s.a. BVerfG wistra 2003, 419 [zur Beschränkung des Fragerechts des Nebenklägers]; KK-*Schneider*, § 238 Rn 7 und 33; *Meyer-Goßner/Schmitt*, § 238 Rn 22; LR-*Becker*, § 238 Rn 43 ff.; s.a. *Burhoff* StV 1997, 432, 436 [Verteidigerfehler]; *Widmaier* NStZ 2010, 305; wegen weiterer Rspr.-Nachweise s. die Zusammenstellung bei Rdn 2897). Dieses Erfordernis ist in der Lit. schon immer krit. gesehen worden (vgl. u.a. SK-*Frister*, § 238 Rn 52; krit. StV 1997, 270; *Lindemann* StV 2010, 379).

> 🕮 Ist der Verteidiger mit einer Maßnahme der Verhandlungsleitung **nicht einverstanden**, darf er **nicht** die Sitzung **stören** (→ *Sitzungspolizei*, Rdn 2542 ff.).

2902　**b)** Nach (bislang überw.) Meinung in der Rspr. und Lit (vgl. *Bischoff* NStZ 2010, 77 m.w.N.; *Widmaier* NStZ 2010, 305; *Lindemann* StV 2010, 389; zu allem a. KK-*Schneider*,

§ 238 Rn 12; s. aber inzwischen *Mosbacher* NStZ 2011, 606 und Rdn 2903) sind vom Anwendungsbereich der Rügepräklusion folgende **Ausnahmen** gemacht worden:
- der Angeklagte, hatte **keinen Verteidiger** (*Meyer-Goßner/Schmitt*, § 238 Rn 12; KK-*Schneider*, a.a.O.; OLG Koblenz StV 1992, 263; OLG Köln NStZ-RR 1997, 366),
- es handelt sich um einen Verstoß gegen **zwingende Verfahrensvorschriften,** so z.b. wenn seine Anordnung der Nichterteilung des letzten Wortes gleichkommt (BGHSt 3, 368) oder über die Vereidigung eines SV nicht entschieden worden ist (BGH StV 1996, 2; → *Vereidigung eines Sachverständigen*, Rdn 2786; BGHSt 38, 260 [für nicht erfolgende Unterrichtung des Angeklagten im Fall des § 247]; vgl. aus neuerer Zeit auch noch BGHSt 42, 73 [für unzutreffenden Hinweis des Vorsitzenden auf eine angebliche → *Entbindung von der Schweigepflicht*, Rdn 1393, gegenüber einem nach § 53 zeugnisverweigerungsberechtigten Zeugen]; 55, 65; zuletzt BGH StV 2010, 562 [§ 256]; 2012, 202 m.w.N.),
- eine **Anordnung** ist **unterlassen** worden (wie z.b. die Bescheidung eines Beweisantrages (BGH NJW 2011, 2821),
- in den sog. Vereidigungsfällen (BGH StV 1996, 2; → *Vereidigung eines Zeugen*, Rdn 2786).

Die **Diskussion** um die Grenzen des Anwendungsbereichs der Rügepräklusion ist seit einiger Zeit jedoch **neu entbrannt**, nachdem *Mosbacher* (vgl. a.a.O., S. 357; NStZ 2011, 505; s. aber auch KK-*Schneider*, § 238 Rn 34 ff.) für eine Erweiterung der Rügepräklusion plädiert hat. Sie habe sich an den Voraussetzungen des Rechtsschutzbedürfnisses auszurichten. Wenn der Angeklagte/Verteidiger es versäumt/unterlassen habe, sich gegen eine Anordnung/Maßnahme des Vorsitzenden zur Wehr zu setzen, könne in der Revision deren Unzulässigkeit nicht geltend gemacht werden. Dabei will *Mosbacher* (a.a.O.) alle Fälle erfassen, und zwar z.b. auch die, bei denen in der Vergangenheit die Erforderlichkeit einer Beanstandung verneint worden ist (vgl. vorstehend Rdn 2902). Diese Auffassung ist in der übrigen **Lit.** weitgehend auf Widerspruch gestoßen (vgl. *Bauer* NStZ 2012, 191; *Bischoff* NStZ 2010, 77; *Gaede* wistra 2010, 210; *Lindemann* StV 2010, 379; *Widmaier* NStZ 2011, 305; *Ignor/ Bertheau* NStZ 2013, 188; *Nagel* StraFo 2013, 221; wohl a. *Meyer-Goßner/Schmitt*, § 238 Rn 28). Geltend gemacht wird im Wesentlichen, dass die Auffassung von *Mosbacher* (a.a.O.) zu einer noch weiteren Beschränkung der Revisionsmöglichkeiten und damit zu einer weiteren erheblichen Beeinträchtigung der prozessualen Gerechtigkeit führe (vgl. u.a. *Widmaier*, a.a.O.; *Bischoff* NStZ 2010, 77, 79 f.; *Nagel*, a.a.O.; vgl. i.Ü. die Kritik von *Lindemann*, *Gaede*, *Bauer*, jew. a.a.O.). Der **BGH** hat sich bislang noch nicht eindeutig positioniert, obwohl Tendenzen zu einer Erweiterung des Anwendungsbereichs der Rügepräklusion unverkennbar sind. Er hat die Erweiterung nämlich bereits in verschiedenen Fällen erörtert, und zwar im Wesentlichen im Zusammenhang mit Verstößen gegen zwingendes Verfahrensrecht (vgl. z.B. BGHSt 51, 144; BGH [5. Strafsenat]; BGH StraFo 2009, 152 zur Frage der Verlesung eines Attestes zu Beweiszwecken, obwohl die Voraussetzungen des § 256 Abs. 1 nicht vorgelegen haben). Andererseits hat er sich aber in anderen Entscheidungen auf die bisherige h.M. bezogen (vgl. BGH [3. Strafsenat] NStZ 2012, 585 ebenfalls zu § 256 Abs. 1; offen gelassen von BGH [1. Strafsenat] NStZ 2011, 591 für → *Selbstleseverfahren*, Rdn 2504). M.E. wird man eine **Erweiterung** der Rügepräklusion **ablehnen** müssen (s.a. die bei Rdn 2902 zitierte Lit.). Denn: „Ansonsten gelangt man fern der Ufer des ohnehin schwer zu greifenden Wortlauts des § 238 II StPO in ein Fahrwasser, das sich schnell in einen reißenden Bach der Beliebigkeit von Beschränkungen selbst zwingenden Rechts zu Lasten des Angeklagten entwickeln" kann (so treffend *Bischoff* NStZ 2010, 77, 79).

Die Diskussion zeigt aber auch: Der Verteidiger darf, wenn er sich Verfahrensrügen erhalten will, nicht versäumen, von ihm als unzulässig angesehene Maßnahmen des Vorsitzenden zu **beanstanden**, auch wenn sie bislang den Ausnahmen zugeordnet worden sind (vgl. Rdn 2902).

2904 Verhinderung des Verteidigers

2905 Literaturhinweise: **Fezer**, Der Beschleunigungsgrundsatz als allgemeine Auslegungsmaxime im Strafverfahrensrecht, in: Festschrift für *Gunter Widmaier*, 2008, S. 177; **Heldmann**, Der verhinderte Verteidiger (Prozeßbericht), StV 1981, 82; **Heubel**, Die Verschiebung der Hauptverhandlung wegen Verspätung des Verteidigers, NJW 1981, 2678; **Neuhaus**, Terminsbestimmung, Terminsverlegung und das Recht auf Beistand durch den Verteidiger des Vertrauens, StraFo 1998, 84; **Piel**, Beschleunigungsgebot und wirksame Verteidigung, in: Festschrift für *Gunter Widmaier*, 2008, S. 429; **Rahlf**, Verteidigerwahl und Beschleunigungsgebot, in: Festschrift für *Gunter Widmaier*, 2008, S. 447; s.a. die Hinw. bei → *Terminsbestimmung/Terminsverlegung*, Rdn 2646.

2906 1. Grds. hat der Angeklagte das **Recht**, sich von einem „**Anwalt** seines **Vertrauens**" verteidigen zu lassen (s.u.a. BVerfG NJW 2001, 3695; BGHSt 46, 93; BGH NJW 2001, 237 f.; 2006, 2788 [Ls.]; NStZ 1998, 311 m.w.N.; NStZ 2009, 650; StV 2010, 170; NStZ-RR 2010, 312; KG NZV 2003, 433 [OWi-Verfahren]; OLG Braunschweig StV 2004, 366; OLG Dresden NJW 2004, 3196; OLG Hamm StV 2004, 642; zfs 2009, 470; OLG Jena StV 2009, 576; OLG Koblenz StV 2010, 477; OLG München NJW 2006, 711 [Ls.]; OLG Naumburg StRR 2009, 106; OLG Oldenburg, Beschl. v. 12.10.2010 – 1 Ws 486/10; OLG Rostock StV 2008, 531; LG Magdeburg StRR 2008, 311; LG München StV 2008, 347; *Neuhaus* StraFo 1998, 87). Das gilt auch im OWi-Verfahren (vgl. u.a. KG, a.a.O.; OLG Bamberg StraFo 2011, 232; OLG Braunschweig VRR 2009, 232; OLG Braunschweig VRR 2012, 232 m. Anm. *Deutscher*; OLG Hamm, a.a.O.; zfs 2010, 649; OLG Koblenz, a.a.O.; vgl. a. noch → *Terminsbestimmung/Terminsverlegung*, Rdn 2656).

2907 Der Angeklagte hat gem. **§ 228** Abs. 2 aber kein Recht, bei Verhinderung seines Verteidigers die Aussetzung der HV zu verlangen. Gemeint ist damit jedoch **nicht** der Fall der nach §§ 140, 231 Abs. 4 **notwendigen Verteidigung**. Insoweit gilt § 145 (vgl. dazu a. → *Anwesenheit des Verteidigers in der Hauptverhandlung*, Rdn 310; → *Aussetzung wegen Ausbleibens des Verteidigers*, Rdn 470; → *Ladung des Verteidigers*, Rdn 1829).

✍ I.d.R. wird aber die Verhinderung des Anwalts des Vertrauens zur **Terminsverlegung** führen (s. aber BGH NJW 2006, 2788 [Ls.]; NStZ 2007, 163; StV 2007, 169 [Fortbildungsveranstaltung]; OLG Stuttgart Justiz 2006, 8 [nicht grds.]; s.u.a. a. OLG Köln StV 2006, 145; OLG Hamm NJW 2006, 2788 [jew. zur Kollision mit dem Beschleunigungsgrundsatz]; → *Terminsbestimmung/Terminsverlegung*, Rdn 2651; → *Haftfragen*, Rdn 1653).

2.a) Aus § 228 Abs. 2 folgt weiter der Grundsatz, dass es grds. zulasten des Angeklagten geht, wenn er keinen Verteidiger findet, der bereit oder in der Lage ist, ihn zu verteidigen (*Meyer-Goßner/Schmitt*, § 228 Rn 1 m.w.N.; KK-*Gmel*, § 228 Rn 11 m.w.N.). Der Angeklagte hat daher keinen Rechtsanspruch auf Aussetzung. Allerdings kann die **Fürsorgepflicht** des Gerichts eine Unterbrechung oder Aussetzung wegen **veränderter Verfahrenslage** nach § 265 Abs. 4 erfordern (→ *Hinweis auf veränderte Sach-/Rechtslage*, Rdn 1737 ff.), was von der Sach- und Rechtslage abhängt.

2908

Rechtsprechungsbeispiele:

2909

- bei **unverschuldeter Verhinderung** des **Verteidigers** in Sachen von besonderer Bedeutung, bei schwieriger Sach- und Rechtslage (für das OWi-Verfahren s. BayObLG NJW 1995, 3134 [Verkehrsunfall des Verteidigers; OWi wegen eines Verkehrsunfalls mit erheblichem Sachschaden]; KG NZV 2003, 433; DAR 2012, 395 [Erkrankung des Verteidigers; für das Bußgeldverfahren]; OLG Koblenz StV 2010, 476 [plötzliche Erkrankung des Verteidigers; für das Bußgeldverfahren]), vgl. zu allem auch *Meyer-Goßner/Schmitt*, § 265 Rn 43 ff. m.w.N.; s.a. *Heldmann* StV 1981, 82),
- aber auch, wenn die Verhinderung des Verteidigers auf einer **Veränderung** des **zeitlichen Ablaufs** der **HV** beruht, die für den Angeklagten nicht vorhersehbar war (BayObLG StV 1984, 13; OLG Zweibrücken StV 1984, 148; s. dazu a. OLG Hamm StraFo 2001, 137 [für den Fall der Überschneidung von unvorhersehbaren Fortsetzungsterminen mit den Urlaubsplänen des Verteidigers]).

✍ Nach OLG Düsseldorf muss in Bußgeldsachen mit der **Verzögerung** eines Beginns der HV um 30 Minuten grds. **gerechnet** werden, sodass mindestens solange auf den → *Aufruf der Sache*, Rdn 341, gewartet werden müsse (NJW 1997, 2062 [für Bußgeldverfahren]). Sieht man das als zutreffend an, hat diese Auffassung auch Auswirkungen auf die Wartepflicht des Gerichts (s. dazu u. Rdn 2913).

| V | **Verhinderung des Verteidigers** |

- der **Antrag** auf Bestellung eines Verteidigers ist für den Angeklagten **unerwartet** erst kurz **vor** der **HV abgelehnt** worden (RGSt 57, 147; OLG Hamm NJW 1973, 381; s.a. OLG Zweibrücken StV 1992, 568 [rechtzeitige Bescheidung des Terminsverlegungsantrags vor der HV]; → *Terminsbestimmung/Terminsverlegung*, Rdn 2646),
- **nicht**, bei **kurzfristigem Verteidigerwechsel** während laufender HV (BGH NJW 2006, 2788 [Ls.]).

2910 b) Auch aus dem Recht auf ein **faires Verfahren** folgt nach h.M. in der Rspr. **nicht** unbedingt ein **Anspruch** des Angeklagten, dass das Gericht unter allen Umständen die Verhandlung **aussetzt** oder **unterbricht**, wenn der Wahlverteidiger verhindert ist (BVerfG NJW 1984, 862; s.a. OLG Düsseldorf NJW 1995, 473 [Ls.; Terminsverhinderung eines Betroffenen, der als Rechtsanwalt tätig ist, wegen Pflichtverteidigung in anderer Sache]); OLG Koblenz StV 2010, 477; OLG Köln VRS 92, 259; s. aber a. BGH NStZ 2005, 114 [zur Anwesenheit des zweiten Verteidigers bei der Beratung über einen Rechtsmittelverzicht]).

☝ Maßgeblich sind die **Umstände** des **Einzelfalls**, wobei die Bedeutung der Sache, die Schwierigkeit der Sach- und Rechtslage, die Lage des Verfahrens bei Eintritt des Verhinderungsfalls, der Anlass, die Voraussehbarkeit und die voraussichtliche Dauer der Verhinderung sowie die Fähigkeit des Angeklagten/Betroffenen, sich selbst zu verteidigen, zu berücksichtigen sind (BVerfG, a.a.O.; BGH NJW 2000, 1350; 2006, 2788 [Ls.]; BayObLG NJW 1995, 3134; OLG Düsseldorf StV 1995, 454 [für Bußgeldverfahren]; OLG Hamm StraFo 2001, 137; zfs 2009, 470 [für OWi-Verfahren]; OLG Koblenz StV 2010, 477). Als **Faustregel** wird man m.E. davon ausgehen können/müssen, dass immer dann, wenn die Umstände zu einer Terminsverlegung hätten führen müssen, auch ein Anspruch auf Aussetzung/Unterbrechung gegeben ist. Daher sind die Grundsätze für → *Terminsbestimmung/Terminsverlegung*, Rdn 2651 ff., entsprechend anwendbar.

2911 Etwas **anderes** gilt, wenn der Wahlverteidiger durch **unvorhergesehene Umstände** an der Teilnahme an der HV gehindert wird und dadurch die Durchführung der HV für den Angeklagten ohne Verteidiger unzumutbar ist (KG DAR 2012, 395 für das Bußgeldverfahren; OLG Düsseldorf StV 1995, 69 [**kurzfristige Erkrankung** des **Verteidigers**]; ähnlich OLG Koblenz StV 2010, 477; s. aber BGH NStZ-RR 2000, 290 [K]).

☝ Der Verteidiger muss den Antrag, mit dem er wegen seiner (kurzfristigen) Erkrankung um Verlegung bzw. Aussetzung der HV bittet, schon im Hinblick auf die Revision **eingehend begründen** (vgl. die Fallgestaltung bei BGH, a.a.O.).

2912 c) In jedem Fall muss das Gericht einen **Terminsverlegungsantrag** des Verteidigers umgehend bescheiden, um dem Angeklagten/Betroffenen Gelegenheit zu geben, sich auf die neue Situation einzustellen (s.u.a. OLG Hamburg StV 1995, 11 m.w.N. [zur **Entpflichtung** des Pflichtverteidigers wegen Verhinderung am HV-Termin]; dazu → *Pflichtverteidiger, Ent-*

pflichtung während laufender Hauptverhandlung, Rdn 1998 ff. und *Burhoff*, EV, Rn 2912 ff.). Grds. obliegt es bei Kollision mehrerer Gerichtstermine den **Gerichten**, die **Terminsüberschneidungen abzustellen** (OLG Düsseldorf, a.a.O.). Darum muss das Gericht sich **ernsthaft bemühen** (vgl. zuletzt BGH NStZ 2009, 650; NStZ-RR 2010, 312; OLG Braunschweig StV 2008, 293 m.w.N.; vgl. die Rspr.-Nachw. bei → *Terminsbestimmung/Terminsverlegung*, Rdn 2646; s.a. *Neuhaus* StraFo 1998, 87; *Burhoff*, EV, Rn 3620 ff.).

3. Der Grundsatz des fairen Verfahrens gebietet es dem Gericht allerdings, bei einer **Verspätung** des Verteidigers eine **angemessene Zeit** zu **warten** (zur Verschiebung der HV wegen Verspätung des Verteidigers s. *Heubel* NJW 1981, 2678; zur Wartepflicht des Verteidigers/Angeklagten bei verzögertem Beginn der HV s. OLG Düsseldorf NJW 1997, 2062; s.a. o. Rdn 2908). **2913**

Rechtsprechungsbeispiele: **2914**

■ Die vom Gericht einzuhaltende **Wartezeit** richtet sich danach, ob der Verteidiger seine Verspätung angekündigt hat oder nicht. Ist die Verspätung **nicht angekündigt**, ist mindestens **15 Minuten** mit dem Beginn der HV zu warten (BerlVerfGH NJW 2004, 1158 [für Berufungsverwerfung des Angeklagten]; OLG Hamm NStZ-RR 1997, 179; 2009, 251 [für Verwerfung der Berufung des Angeklagten]; OLG Frankfurt am Main NStZ-RR 2012, 258 [üblicherweise 15 Minuten]; OLG Köln NZV 1997, 494, jew. m.w.N.). Bei **angekündigter** Verspätung ist eine **deutlich über 15 Minuten** liegende Wartezeit geboten, deren genaue Länge sich nach den Umständen des Einzelfalls bemisst (VerfGH Berlin NJW-RR 2000, 1451; BayObLG VRS 60, 304; OLG Düsseldorf StV 1995, 454 [der auswärtige Verteidiger hat eine Nachricht hinterlassen]; OLG Hamm VRS 68, 49 [es ist bekannt, dass der Verteidiger im Gerichtsgebäude noch einen anderen Termin wahrnimmt]; NStZ-RR 1997, 179; OLG Köln, a.a.O.). Länger gewartet werden muss auch, wenn der Vorsitzende ausrichten lässt, der noch nicht erschienene Verteidiger solle auf jeden Fall noch zum Gericht kommen. Dann muss zumindest so lange gewartet werden, wie mit dem Eintreffen noch gerechnet werden kann (OLG Köln StraFo 2004, 143 [für nicht erschienenen Angeklagten]). Ggf. ist auch länger zu warten, wenn den Verteidiger an der Verspätung kein Verschulden trifft (OLG Hamm NStZ-RR 2009, 251).

◊ Ein Fall **angekündigter** Verspätung ist **auch** dann gegeben, wenn die Ankündigung nur die **Geschäftsstelle**, nicht aber den Richter erreicht. Dieser muss sich dort erkundigen (OLG Köln, a.a.O. [für Verwerfungsurteil]). Der Verteidiger sollte daher auf jeden Fall das Gericht über eine Verspätung informieren (s.a. *Malek*, Rn 47). Das Gericht muss sich aber nicht auch noch bei der allgemeinen gerichtlichen Eingangsstelle erkundigen (OLG Bamberg NStZ-RR 2009, 149; s. aber OLG Bamberg NStZ-RR 2008, 86 [für einen vier Stunden vor der HV eingegangenen Antrag]).

| V | Verlegung der Hauptverhandlung an einen anderen Ort |

Die **Wartezeit beginnt** mit der angesetzten Terminszeit (OLG Düsseldorf (NStZ-RR 2001, 303; s. jetzt auch OLG Frankfurt am Main NStZ-RR 2012, 258, unter Aufgabe von OLG Frankfurt am Main NStZ-RR 2001, 85). In der Rechtsmittelbegründung muss die angesetzte Terminszeit vorgetragen werden (OLG Düsseldorf, a.a.O.).

- I.d.R. wird das Gericht auch dann eine Wartezeit von mindestens 15 Minuten einräumen müssen, wenn der **Angeklagte** erklärt, dass er **auf** seinen **Verteidiger warten** wolle (BayObLG AnwBl. 1978, 154; OLG Düsseldorf VRS 64, 276; OLG Hamm VRS 59, 449; *Meyer-Goßner/Schmitt*, § 228 Rn 11 m.w.N.).
- Handelt es sich um einen **auswärtigen Verteidiger**, ist grds. ebenfalls eine **längere** Wartezeit erforderlich (OLG Frankfurt am Main AnwBl. 1984, 108).
- **Warten** muss das Gericht **auch**,
  - wenn in der HV z.B. eine **Gegenüberstellung** geplant ist (OLG Köln StV 1984, 147), falls nicht in diesem Fall wegen der Schwierigkeit der Sachlage die notwendige Verteidigung i.S.d. § 140 Abs. 2 vorliegt und ohnehin nicht ohne einen Verteidiger verhandelt werden darf (zu den Fragen der Beiordnung eines Pflichtverteidigers eingehend *Burhoff*, EV, Rn 2882 ff.),
  - wenn es in einem Verfahren mit dem Vorwurf des Meineides um die **Vernehmung** des **einzigen Entlastungszeugen** geht (OLG Zweibrücken StV 1984, 148).

Ist der Verteidiger verhindert, weil das Gericht mit der **Verhandlung verspätet** beginnt, kann das sogar zur **Aussetzung zwingen** (BayObLG StV 1984, 13; OLG Hamburg MDR 1964, 524; s. aber OLG Düsseldorf NJW 1997, 2062; *Meyer-Goßner/Schmitt*, § 228 Rn 12).

Siehe auch: → *Aussetzung der Hauptverhandlung, Allgemeines*, Rdn 462 m.w.N.; → *Aussetzung wegen Ausbleibens des (notwendigen) Verteidigers*, Rdn 470; → *Pflichtverteidiger, Entpflichtung während laufender Hauptverhandlung*, Rdn 1993.

2915 Verlegung der Hauptverhandlung an einen anderen Ort

2916   **Literaturhinweise:** s. die Hinw. bei → *Ausschluss der Öffentlichkeit*, Rdn 419.

2917   **1.a)** Wird die HV von dem Ort, an dem sie (zunächst) stattgefunden hat oder an dem sie stattfinden sollte, an einen anderen Ort, ggf. sogar an einen außerhalb des Gerichtsgebäudes, verlegt, muss darauf in geeigneter Weise hingewiesen werden. Das geschieht regelmäßig durch einen **Aushang** am **ursprünglichen Verhandlungsort/Sitzungssaal** (BGH

NStZ 1984, 470; OLG Saarbrücken NStZ-RR 2008, 50; vgl. a. OLG Dresden StV 2009, 682 [für Wechsel des Sitzungssaales zur Inaugenscheinnahme eines Videobandes]; KK-*Gericke*, § 338 Rn 86), eines Aushangs am anderen Ort bedarf es nicht (BGH NStZ-RR 2006, 261 [Be]).

Es kann aber auch **genügen**, Ort und Zeit in der HV bekannt zu geben, was besonders bei einer → *Augenscheinseinnahme*, Rdn 348, außerhalb des Gerichtsgebäudes angenommen wird (*Meyer-Goßner/Schmitt*, § 169 GVG Rn 6 m.w.N.: vgl. aber OLG Celle VRR 2005, 193 und OLG Saarbrücken, a.a.O. [nicht, wenn der genaue Ort der Augenscheinseinnahme in dem Gerichtsbeschluss nicht konkret genannt worden ist]). Die örtliche und zeitliche Bestimmung eines (ersten) Treffpunkts genügt auch dann, wenn sich Gericht und Zuhörer danach zu verschiedenen Stellen in der Umgebung dieses Treffpunkts begeben (BayObLG NStZ-RR 2001, 49, 51). Zur Beschreibung des Treffpunkts genügt nicht die pauschale Angabe „Tatörtlichkeit" (OLG Celle, a.a.O.; OLG Hamm StV 2002, 474). Ausreichend kann es aber sein, wenn bei „kleinen"/überschaubaren Gerichtsgebäuden sich mögliche Besucher ohne besondere Schwierigkeiten von dem (neuen) Ort der HV Kenntnis verschaffen können (OLG Koblenz NZV 2011, 266 m. Anm. *Deutscher* VRR 2011, 193). Die Vorschriften über die Öffentlichkeit der HV werden schließlich auch nicht dadurch verletzt, dass der Zeitpunkt der Fortsetzung der HV in demselben Saal des Gerichtsgebäudes, aber zu späterer Uhrzeit desselben Tages auf dem ausgehängten Terminsverzeichnis nicht vermerkt ist (OLG Hamm NStZ 2013, 64 m. Anm. *Deutscher* VRR 2012, 435).

2918

> Ein Aushang ist grds. auch im **Bußgeldverfahren** erforderlich (OLG Hamm StV 2000, 659; OLG Koblenz, a.a.O.; OLG Saarbrücken, a.a.O.), jedenfalls dann, wenn in dem Ortstermin nicht nur die Örtlichkeit in Augenschein genommen, sondern die HV mit Urteilsverkündung dort zum Abschluss gebracht wird (OLG Hamm, Beschl. v. 7.7.2009 – 2 Ss OWi 828/08).

b) Wird ein **Hinweis nicht** gegeben (zum Zeitpunkt s. BGH NStZ 1995, 221 [K]), können die Vorschriften über die Öffentlichkeit der Verhandlung verletzt und damit gem. § 338 Nr. 6 die **Revision** begründet sein. Voraussetzung dafür ist aber, dass das Fehlen des Hinweises auf ein **Verschulden** des **Gerichts** zurückzuführen ist und nicht ausschließlich auf einem Verschulden nachgeordneter Beamter beruht (OLG Hamm, Beschl. v. 7.7.2009 – 2 Ss OWi 828/08 [für OWi-Verfahren]; OLG Karlsruhe NZV 2004, 421 [insoweit nicht in NJW 2004, 1887]; OLG Saarbrücken NStZ-RR 2008, 50). Zwar hat das Gericht denen gegenüber eine Aufsichtspflicht, deren Vernachlässigung als eigenes Verschulden des Gerichts angesehen wird (*Meyer-Goßner/Schmitt*, § 338 Rn 49 f. m.w.N.). Doch dürfen nach der Rspr. die **Anforderungen** an die Aufsichtspflicht **nicht überspannt** werden (BayObLG VRS 87, 139; *Meyer-Goßner/Schmitt*, a.a.O.). Dem Gericht ist ein Verschuldensvorwurf z.B. dann nicht zu machen, wenn es das Anbringen eines Hinweises veranlasst hat, der

2919

| V | Verlesung des Anklagesatzes |

Hinweis aber nicht angebracht worden ist (BayObLG, a.a.O.). Etwas anderes gilt, wenn das Gericht Anhaltspunkte dafür hatte, dass die getroffenen Anweisungen nicht erfüllt werden würden. Bei **auswärtiger Fortsetzung der HV** führt die Aufsichtspflicht des Gerichts dazu, dass das Gericht sich selbst davon überzeugen muss, ob die Vorschriften über die Öffentlichkeit beachtet sind (vgl. LR-*Franke*, § 338 Rn 114 m.w.N.; OLG Hamm StV 2002, 474, 476; OLG Saarbrücken, a.a.O.). Es darf sich nicht nur darauf verlassen, dass eine einmal – vor längerer Zeit – gegebene Anweisung beachtet wird (OLG Saarbrücken, a.a.O.).

⚖ Die **Revision** ist nur dann ausreichend i.S.v. § 344 Abs. 2 S. 2 begründet, wenn auch die Umstände vorgetragen werden, aus denen sich ergibt, dass das Gericht den Verfahrensverstoß zu vertreten hat (BayObLG, a.a.O.), soweit dieser Vortrag möglich ist (OLG Hamm StV 2002, 474; zu weitgehend daher OLG Hamm, Beschl. v. 7.7.2009 – 2 Ss OWi 828/08 [für OWi-Verfahren]).

2920   2. Findet die HV dann an dem anderen Ort statt, ist darauf zu **achten**, dass **alle Verfahrensbeteiligten**, deren Anwesenheit erforderlich ist, an der HV teilnehmen. Anderenfalls kann § 338 Nr. 5 verletzt sein (vgl. dazu BGH NStZ 1998, 476 [für Ortsbesichtigung in Abwesenheit des Angeklagten]).
Siehe auch: → *Ausschluss der Öffentlichkeit*, Rdn 419.

2921 Verlesung des Anklagesatzes

> **Das Wichtigste in Kürze:**
> 1. Nach der Vernehmung des Angeklagten zur Person und vor der Vernehmung des Angeklagten zur Sache wird gem. § 243 Abs. 3 S. 1 der Anklagesatz verlesen.
> 2. Die Verlesung des Anklagesatzes muss grds. immer im Ganzen erfolgen. In Punktesachen kann davon ggf. abgewichen werden.
> 3. Bestehen bei der Verlesung des Anklagesatzes Unklarheiten, können sowohl der StA als auch der Vorsitzende durch zusätzliche Erklärungen klarstellen, welcher Vorwurf dem Angeklagten gemacht wird.
> 4. Nach Verlesung des Anklagesatzes kann sich für den Verteidiger die Frage stellen, ob er ggf. eine Erklärung abgeben soll.
> 5. Wird der Anklagesatz nicht verlesen, wird das grds. die Revision begründen.

2922   **Literaturhinweise: Börner**, § 243 III 1 StPO und der Große Senat für Strafsachen – Die Folgen eines unvollkommenen Anklagesatzes, NStZ 2011, 438; **Britz**, Die Verlesung des Anklagesatzes nach § 243 Abs. 3 S. 1 StPO: eine reformbedürftige Vorschrift?, in: Festschrift für *Egon Müller*, 2008, S. 107; **Christl**, Europäische Mindeststandards für Beschuldigtenrechte – Zur Umsetzung der EU-Richtlinien über Sprachmittlung und Information im Strafverfahren, NStZ 2014, 376; **Deutscher**, Neue Regelungen zum Opferschutz und zur Stärkung der Beschuldigtenrechte im Strafverfahren, StRR 2013, 324; **Geppert**, Zur straf- und strafverfahrensrechtlichen Bewältigung von Serienstraftaten nach Wegfall der Rechtsfigur der „fortgesetzten Handlung", NStZ 1996, 57 (1. Teil), 118 (2. Teil); **Häger**, Zu den Folgen staatsanwaltlicher, in der Hauptverhandlung begangener Verfahrensfehler, in: Gedächtnisschrift für *Karlheinz Meyer*, 1990 S. 175; **Hunsmann**, Die Mitwirkung hör-, seh- und sprachbehinderter Personen im Strafverfahren, StRR 2014, 324; **Kotz**, Anspruch des sprachunkundigen Angeklagten auf schriftliche Übersetzung verfahrenswesentlicher Unterlagen (§ 187 Abs. 2 GVG), StRR 2014, 364; **Krause/Thon**, Mängel der Tatschilderung im Anklagesatz und ihre rechtliche Bedeutung, StV 1985, 252; **Kuckein**, Revisionsrechtliche Kontrolle der Mangelhaftigkeit von Anklage und Eröffnungsbeschluß, StraFo 1997, 33; **Rautenberg**, „Angeklagter" oder „Angeschuldigter" bei Verletzung des Anklagesatzes?, NStZ 1985, 256.

1.a) Nach der → *Vernehmung des Angeklagten zur Person*, Rdn 3067, und vor der → *Vernehmung des Angeklagten zur Sache*, Rdn 3072 (BGH MDR 1975, 378 [D]) wird gem. § 243 Abs. 3 S. 1 der Anklagesatz verlesen. Auf dessen Verlesung kann nicht verzichtet werden (OLG Hamm NStZ-RR 1999, 276). Sind mehrere Verfahren verbunden (→ *Verbindung von Verfahren*, Rdn 2771), müssen alle Anklagesätze verlesen werden. Mit der Verlesung sind dann alle Richter über den Gegenstand der Verhandlung unterrichtet, sodass **danach** dann den **Schöffen** auf jeden Fall eine (vollständige) **Abschrift** des Anklagesatzes ausgehändigt werden kann (BGHSt 56, 109; *Meyer-Goßner/Schmitt*, § 243 Rn 13 m.w.N.), ggf. sogar auch das wesentliche Ergebnis der Ermittlungen (EGMR NJW 2009, 2871; s.a. BGHSt 13, 73; s.a. noch BGHSt 43, 36 [wonach den Schöffen Kopien von Telefonüberwachungsprotokollen überlassen werden können]; s.a. → *Akteneinsicht für Schöffen*, Rdn 284). Nicht verlesen werden die Personalien des Angeklagten sowie die Angaben über möglicherweise vollstreckte U-Haft oder über eine Sicherstellung der Fahrerlaubnis (*Meyer-Goßner/ Schmitt*, § 243 Rn 15 m.w.N.).

2923

Eine **Übersetzung** der Anklageschrift für den der deutschen Sprache nicht mächtigen Angeklagten ist nach der Rspr. des BVerfG zum alten Recht nicht erforderlich, wenn dem des Lesens Kundigen eine schriftliche Übersetzung überlassen wird (BVerfG NJW 2004, 1443; a.A. BGH StV 1993, 2; enger a. OLG Hamm StV 2003, 490; OLG Stuttgart StV 2003, 490; zum neuen Recht nach Änderung des § 187 GVG durch das „Gesetz zur Stärkung der Verfahrensrechte von Beschuldigten im Strafverfahren" v. 2.7.2013 (BGBl I, S. 1938) BGH NStZ 2014, 725 m. Anm. *Deutscher* StRR 2014, 363; *Deutscher* StRR 2013, 324; *Kotz* StRR 2014, 364; *Christl* NStZ 2014, 376;s. auch noch *Burhoff*, EV, Rn 477).

2.a)aa) Die Verlesung des Anklagesatzes muss **grds.** immer **im Ganzen** erfolgen. Nur so ist i.d.R. dem Sinn und Zweck der Verlesung des Anklagesatzes, der darin besteht, die Verfahrensbeteiligten über den Verfahrensgegenstand zu informieren, genüge getan (BGHSt 56, 109; BGH NJW 2008, 2131). Zulässig kann es allerdings sein, einen Anklagesatz nur teilweise zu verlesen, wenn dieser mit dem verlesenen Anklagesatz einer

2924

anderen Anklage identisch ist (BGH, a.a.O.), was allerdings für die Verfahrensbeteiligten und die Öffentlichkeit klar ersichtlich sein muss.

☞ Die Öffentlichkeit kann auch während der **Verlesung** des **Anklagesatzes** nach § 171b GVG ausgeschlossen werden (BGHSt 57, 273 m. Anm. *Burhoff* StRR 2012, 343).

2925 **bb)** Nach der Entscheidung des Großen Senats für Strafsachen des BGH v. 12.1.2011 (BGHSt 56, 109 m.w.N. zu den Anfrage-/Vorlagebeschlüssen) gilt in Verfahren, die eine **Vielzahl gleichförmiger Taten oder Tateinzelakte**, die durch eine gleichartige Begehungsweise gekennzeichnet sind, ggf. etwas **anderes**. Hier sieht es der BGH nach einer teleologischen Reduktion des Begriffs des „Verlesens" als zur Erfüllung des Merkmals des Sinn und Zwecks und des Merkmals der „Verlesung des Anklagesatzes i.S.d. § 243 Abs. 3 S. 1" auch als ausreichend an, wenn der Anklagesatz nur insoweit wörtlich vorgelesen wird, als in ihm die gleichartige Tatausführung, welche die Merkmale des jeweiligen Straftatbestands erfüllt, beschrieben und die Gesamtzahl der Taten, der Tatzeitraum sowie bei Vermögensdelikten der Gesamtschaden bestimmt sind. Einer Verlesung der näheren individualisierenden tatsächlichen Umstände der Einzeltaten oder der Einzelakte bedarf es in diesen Fällen nach Auffassung des BGH nicht (zust. *Gössel* JR 2011, 546; krit. *Arnoldi* StRR 2011, 191 [nicht zwingend]; *Börner* NStZ 2010, 100, jeweils in den Anm. zu BGH, a.a.O.) Unzulässig ist jedoch die Anwendung des → *Selbstleseverfahrens*, Rdn 2504, nach § 249 Abs. 2 (BGH, a.a.O.; a. noch BGH StRR 2011, 307, insoweit nicht in StV 2011, 407; NStZ-RR 2014, 132 [Ci/Zi]; *Meyer-Goßner/Schmitt*, § 243 Rn 13; KK-*Schneider*, § 243 Rn 4 m.w.N.; *Häger*, S. 175 f.; a.A. LG Mühlhausen NStZ 2007, 358; *Wilhelm* NStZ 2007, 358 in der Anm. zu LG Mühlhausen, a.a.O.; *Meyer-Goßner/Schmitt* [53. Aufl.], § 243 Rn 13; teilw. auch hier 6. Aufl. Rn 989).

☞ Entscheidend für die Frage, ob der Anklagesatz ausreichend verlesen worden ist, ist immer, ob die **Informationsfunktion**, die der Verlesung des Anklagesatzes zukommt, (noch) gewahrt ist (BGHSt 56, 109; NJW 2008, 2131). Darauf ist insbesondere hinsichtlich der Schöffen zu achten, da diesen das wesentliche Ergebnis der Ermittlungen nicht zur Verfügung steht (vgl. dazu aber zw. BGH, Beschl. v. 28.10.2009 – 5 ARs 53/09).

2926 Fraglich ist die **Anwendung** der **Grundsätze** der Entscheidung des Großen Senats (BGHSt 56, 109). Festzuhalten ist zunächst, dass die Entscheidung **nicht** auf **Vermögensdelikte beschränkt** ist (s.a. *Arnoldi* StRR 2011, 191 in der Anm. zu BGH, a.a.O.), sie kann also z.B. auch in BtM-Verfahren angewendet werden. Offen ist allerdings noch, **wann** überhaupt von einer sog. **Punktesache** ausgegangen werden kann. In der Entscheidung des Großen Senats für Strafsachen (BGH, a.a.O.) ging es um 1.400 Einzeltaten im Zusammenhang mit der betrügerischen Akquisition von Werbeanzeigen in gleicher Begehungsart (BGHSt 56, 109). Eine Punktesache hat der BGH – noch vor der Entscheidung des großen Strafsenats in

BGHSt 56, 109 – z.B. auch dann bejaht, wenn aus einer rund 1.000 Seiten umfassenden Anklage (938 Seiten Tabellen mit 22.371 Einzelpositionen) die Tabellen nicht verlesen werden, weil das „purer Formalismus" und ein intellektuelles Verarbeiten des Gehörten durch die Zuhörer kaum zu erwarten sei (BGH NStZ 2010, 100). In beiden Fällen wird die Annahme einer Punktesache nicht zu beanstanden sein. In einem Beschl. v. 15.3.2011 (BGH StRR 2011, 307, insoweit nicht in StV 2011, 407) hat der BGH inzwischen eine Punktesache aber auch schon bejaht bei zwei Betrugsserien von 31 bzw. 62 Fällen. Letzteres dürfte zumindest zweifelhaft sein (krit. auch *Arnoldi* StRR 2011, 307 in der Anm. zu BGH, a.a.O.).

☞ Wird vom Vorsitzenden eine nur teilweise Verlesung des Anklagesatzes angeordnet, muss der Verteidiger diese Maßnahme der → *Verhandlungsleitung*, Rdn 2889, beanstanden und nach § 238 Abs. 2 einen Gerichtsbeschluss herbeiführen.

b) Handelt es sich um eine (neue) **HV nach** Aufhebung und **Zurückverweisung** gem. § 354 Abs. 2, wird in dieser – neben dem Anklagesatz (KK-*Schneider*, § 243 Rn 31) – i.d.r. das aufgehobene Urteil und die Revisionsentscheidung verlesen, um den Umfang der Bindungswirkung festzustellen. Dieses Vorgehen rechtfertigt nicht die Annahme, die Schöffen könnten in derselben Weise zuungunsten des Angeklagten beeinflusst werden, als wenn ihnen das Ermittlungsergebnis der Anklageschrift zugänglich gemacht worden wäre (BGHSt 43, 36, 40; zur Verlesung eines nach § 209 ergangenen Vorlagebeschlusses → *Unmittelbarkeitsgrundsatz*, Rdn 2699). In der → *Berufungshauptverhandlung*, Rdn 635, wird die Verlesung des Anklagesatzes durch die Verlesung des Urteils 1. Instanz ersetzt (OLG Düsseldorf StraFo 1999, 125). 2927

3. Bestehen bei der Verlesung des Anklagesatzes **Unklarheiten**, können sowohl der StA als auch der Vorsitzende (BGH NStZ 1984, 133) durch zusätzliche Erklärungen **klarstellen**, welcher Vorwurf dem Angeklagten gemacht wird (zur Verlesung/zum Vorgehen beim „unvollkommenen" Anklagesatz *Börner* NStZ 2011, 436, 439 ff.). Ob **Mängel** des Anklagesatzes noch in der HV behoben werden können, ist in Rspr. und Lit. **umstritten**. Während der BGH das selbst für den Fall, dass die Tat nicht ausreichend bestimmt ist, als zulässig ansieht (vgl. u.a. BGH NStZ 1986, 276; so a. *Pfeiffer*, § 200 Rn 10 und § 207 Rn 11), wird das von den OLG im Wesentlichen abgelehnt (vgl. zuletzt u.a. OLG Düsseldorf StV 1997, 10; OLG Jena NStZ-RR 1998, 144; zum Streitstand i.Ü. s. *Geppert* NStZ 1996, 62; *Krause/Thon* StV 1985, 255). Grds. wird die StA als Herrin des Verfahrens nicht nur Unklarheiten, sondern auch Mängel noch beheben können. Dabei darf es sich aber nicht um derart schwerwiegende Umstände handeln, dass der Eröffnungsbeschluss des Gerichts unwirksam wäre (BGH NStZ 1984, 133; KK-*Schneider*, § 243 Rn 30 m.w.N.; s.a. *Malek*, Rn 200 f., der zu einem „Widerspruch" und zu einem Antrag auf Nichtverlesung des Anklagesatzes rät). 2928

| **V** | **Verlesung des Anklagesatzes** |

> Ein zur **Unwirksamkeit** der **Anklage** führender Mangel (s. dazu eingehend *Burhoff*, EV, Rn 462 ff.; zu den Anforderungen an die Wirksamkeit der Anklage s.u.a. a. BGHSt 56, 109, BGH NStZ 2009, 703, wo der BGH bei mehreren Vermögensdelikten die sog. Gruppierung von Taten im Anklagesatz als zulässig ansieht) kann in der HV jedoch **nicht mehr** in entsprechender Anwendung von § 265 **geheilt** werden (OLG Düsseldorf StV 1997, 10, 11 [für Fehlen des grds. erforderlichen wesentlichen Ermittlungsergebnisses]; OLG Schleswig StV 1995, 455, 456; s.a. BGH StV 2006, 457 [nicht ausreichend konkretisierter Anklagesatz]).

2929 **4.a)** Der **Eröffnungsbeschluss** wird i.d.R. **nicht verlesen**, seine Verlesung ist aber auch nicht grds. verboten. Ob etwas anderes gilt, wenn der Eröffnungsbeschluss Ausführungen enthält, die das vorläufige Ergebnis der Ermittlungen wiedergeben oder auf eine vorweggenommene Würdigung der Ermittlungen hinauslaufen (so früher BGHSt 5, 261 [Verstoß gegen den Grundsatz der Mündlichkeit und den → *Unmittelbarkeitsgrundsatz*, Rdn 2690]), hat der BGH unter Hinweis auf BGHSt 43, 36 ausdrücklich offengelassen (BGHSt 43, 360 [Verstoß wohl nur in Ausnahmefällen]). Entsprechendes gilt für die Verlesung eines nach § 209 ergangenen **Vorlagebeschlusses** (BGH, a.a.O.). Auch dadurch wird nach Auffassung des BGH nur dann gegen den → *Unmittelbarkeitsgrundsatz*, Rdn 2690, verstoßen, wenn wegen besonderer Umstände zu befürchten ist, dass sich die Schöffen bei der Urteilsfällung durch die verlesenen Gründe beeinflussen lassen. Zur Begründung hat der BGH auf dieselben Argumente wie bei seiner geänderten Rspr. zur teilweisen → *Akteneinsicht für Schöffen*, Rdn 284, abgestellt (vgl. dazu BGHSt 43, 36; BGH, Beschl. v. 28.10.2009 – 5 ARs 53/09).

2930 **b)** Ist die **Anklage** im Eröffnungsbeschluss vom Gericht nur **mit Änderungen zugelassen** worden, muss der StA bei der Verlesung des Anklagesatzes die Änderungen beachten. D.h.:

- Ist die **Eröffnung** des Hauptverfahrens wegen **einzelner** von mehreren angeklagten **Taten abgelehnt** worden (§ 207 Abs. 2 S. 1 Nr. 1) oder die Verfolgung gem. § 154a beschränkt worden (§ 207 Abs. 2 S. 1 Nr. 2), wird die gem. § 207 Abs. 3 eingereichte **neue Anklageschrift verlesen**.
- Hat das Gericht im Eröffnungsbeschluss die angeklagte **Tat rechtlich anders** als die StA **gewürdigt** (§ 207 Abs. 2 S. 1 Nr. 3), verliest der StA den Anklagesatz mit der rechtlichen **Würdigung** des **Eröffnungsbeschlusses**; er kann aber seine abweichende rechtliche Würdigung vortragen (§ 243 Abs. 3 S. 3).
- Ist das Gericht im Eröffnungsbeschluss nach **§ 207 Abs. 2 S. 1 Nr. 4** verfahren, berücksichtigt der StA die vom Gericht bei der Zulassung der Anklage beschlossenen Änderungen, d.h. er lässt bei der Verlesung die ausgeschiedenen Taten und die dazu gehörenden Tatsachen weg.

5. Nach Verlesung des Anklagesatzes kann sich für den Verteidiger die Frage stellen, ob er ggf. eine Erklärung abgeben soll (Stichwort: **Opening Statement**; s. dazu → *Erklärungen des Verteidigers*, Rdn 1451). 2931

6. Hinweis für den Verteidiger!

Wird der Anklagesatz nicht verlesen, wird das grds. die **Revision** begründen (st. Rspr.; zuletzt BGH NStZ 2000, 214 m.w.N.; *Meyer-Goßner/Schmitt*, § 243 Rn 38; KK-*Schneider*, § 243 Rn 54; zum Revisionsvorbringen, wenn der „falsche Anklagesatz" verlesen worden ist, BGH StraFo 2009, 389). Etwas anderes kann in einfach gelagerten Fällen gelten (OLG Hamm NStZ-RR 1999, 276 [für einfache Trunkenheitsfahrt und Geständnis des Angeklagten]; *Meyer-Goßner/Schmitt*, § 243 Rn 38). Handelt es sich um einen der **deutschen Sprache nicht mächtigen** Angeklagten, gilt das aber nur, wenn ihm vor der HV die Anklage mit einer Übersetzung zugestellt worden ist (OLG Hamm StV 2003, 490). Denn nur dann kann angenommen werden, dass der Angeklagte nicht in der HV vom Anklagesatz Kenntnis nehmen konnte (vgl. a. BVerfG NJW 2004, 1443). Ausreichend kann es ggf. auch sein, wenn die Verfahrensbeteiligten auf andere Weise, z.b. durch Verlesung eines Revisionsurteils, über den Gegenstand des Verfahrens informiert worden sind (BGH NStZ 2006, 649). 2932

Abzulehnen ist m.E. die in diesem Zusammenhang vertretene **Auffassung** des **BGH** (NStZ 1995, 200), der insoweit auf den weiteren Verlauf der HV abstellt, der es möglicherweise allen Verfahrensbeteiligten gestattet, den Tatvorwurf im erforderlichen Umfang zu erfassen. Denn, wenn der Zweck der Verlesung in der Information der Verfahrensbeteiligten besteht, kann es nicht ausreichen, diejenigen, die informiert werden sollen, erst durch den Verfahrensverlauf, also nach und nach, zu informieren (*Krekeler* NStZ 1995, 300 in der Anm. zu BGH, a.a.O.; *Müller-Christmann* JuS 1996, 339 [Rspr.-Übersicht]; offengelassen von OLG Hamm, a.a.O.). 2933

Verlesungsverbot für schriftliche Erklärungen 2934

Literaturhinweise: **Eschelbach**, Erklärungen des Verteidigers zur Sache in der Hauptverhandlung, ZAP F. 22, S. 711; **Gubitz/Bock**, Die Verlesung von Vernehmungsniederschriften in der strafrechtlichen Hauptverhandlung, NStZ 2008, 958; **Matsch**, Protokollverlesung nach berechtigter Auskunftsverweigerung (§ 55 StPO) in der Hauptverhandlung, JZ 1992, 174; **Mosbacher**, Zur Zulässigkeit vernehmungsergänzender Verlesung, NStZ 2014, 1; s.a. die Hinw. bei → *Unmittelbarkeitsgrundsatz*, Rdn 2690, und bei → *Vernehmung des Angeklagten zur Sache*, Rdn 3077. 2935

1.a) Der → *Unmittelbarkeitsgrundsatz*, Rdn 2690, und das sich aus diesem ergebende Beweismittelverbot erfasst nach § 250 S. 2 nicht nur Vernehmungsprotokolle, sondern grds. auch **schriftliche Erklärungen** (zur Rechtslage im beschleunigten Verfahren → *Beschleunigtes Verfahren*, Rdn 755). Diese dürfen zu Beweiszwecken **nicht verlesen** werden (zur Handhabung im Bußgeldverfahren → *Bußgeldverfahren, Besonderheiten der Hauptver-* 2936

V Verlesungsverbot für schriftliche Erklärungen

handlung, Rdn 1216). Das Gericht ist allerdings grds. verpflichtet, schriftliche Erklärungen des Angeklagten zur Kenntnis zu nehmen (BGHSt 52, 175, 178). Die Entgegennahme der Erklärung kann nicht abgelehnt oder diese gar zerrissen werden (BGH NStZ 2013, 59 m. Anm. *Artkämper* StRR 2013, 25).

2937 **b) Die Rspr.** des **BGH** geht davon aus, dass damit diejenigen schriftlichen Erklärungen gemeint sind, die von vornherein **zu Beweiszwecken verfasst** wurden und sich zu einem für das Verfahren erheblichen Beweisthema äußern (st. Rspr.; vgl. u.a. BGHSt 6, 141 ff.; zuletzt BGH NStZ 1982, 79; OLG Hamm JMBl. NW 1964, 44; a.A. [hinsichtlich der Zweckbestimmung] *Meyer-Goßner/Schmitt*, § 250 Rn 8). In Betracht kommen insoweit vor allem Strafanzeigen (OLG Schleswig SchlHA 1974, 187 [E/J]), schriftliche Erläuterungen zu früheren Vernehmungen und Antworten auf Auskunftsersuchen (*Meyer-Goßner/Schmitt*, a.a.O.).

2938 Schriftstücke, die **nicht zu Beweiszwecken verfasst** worden sind, wie Briefe (zur Frage der Verwertbarkeit eines Abschiedsbriefs des Angeklagten s. BGH NJW 1995, 269) oder persönliche Aufzeichnungen, und z.T. auch Tagebücher (Art. 1 GG!; s. dazu *Meyer-Goßner/Schmitt*, Einl. Rn 56a m.w.N.), fallen **nicht** unter das **Verlesungsverbot** (*Mosbacher* NStZ 2014, 1, 2; s.a. → *Beweisverwertungsverbote*, Rdn 1018), ebenso nicht in anderen Verfahren abgegebene Erklärungen (BGH NStZ 2012, 322 für eidesstattliche Erklärungen eines Mitangeklagten).

> § 250 verbietet nicht die **Ergänzung** einer Vernehmung durch den Urkundenbeweis (s. z.B. BGHSt 51, 280; BGH NJW 1987, 1093; NStZ 2012, 322; zu allem a. KK-*Diemer*, § 250 Rn 2 m.w.N. a. zur teilweise a.A.; *Mosbacher* NStZ 2014, 1 ff.).

2939 D.h., **verlesen** werden **dürfen**
- schriftliche **Aufzeichnungen** von Personen über ihre Wahrnehmungen (BGHSt 23, 213),
- auch **schriftliche Geständnisse** (BGHSt 39, 305), die der Angeklagte selbst abgegeben hat; nicht solche, die gegenüber anderen Personen (Verteidiger!) abgegeben worden sind (zuletzt BGH StV 2002, 182),
- sonstige **Erklärungen** des Angeklagten im anhängigen Verfahren – wenn der Angeklagte nicht widerspricht (BGH, a.a.O.; NStZ 1994, 449); hat die Erklärung allerdings eine andere Person, z.B. der Verteidiger, verfasst, muss jedoch diese als Zeuge vernommen werden (BGH NStZ 2002, 555),
- Erklärungen von (**Mit-)Angeklagten** aus anderen Verfahren (BGH NStZ 2012, 322).

2940 c) Nach der Rspr. des BGH (NStZ 1994, 449) können **schriftliche Äußerungen** eines **Angeklagten**, die in seiner Anwesenheit verlesen wurden und denen er nicht widersprochen hat, bei der Urteilsfindung verwertet werden. Das gilt grds. nicht für **schriftliche Ausführungen** des **Verteidigers**, in denen er Angaben des Angeklagten wiedergibt. Diese sind i.d.R. nicht als schriftliche Erklärung des Angeklagten verlesbar, wenn es darum geht, ob der Angeklagte das schriftlich Niedergelegte tatsächlich geäußert hat. Dann muss vielmehr der Verteidiger, der die Äußerung niedergelegt hat, als Zeuge über seine Wahrnehmung bei der Unterredung mit dem Angeklagten vernommen werden (BGHSt 39, 305; zur Verwertung von Beweisbehauptungen in Beweisanträgen des Verteidigers als Einlassung des Angeklagten BGH NStZ 2000, 495; vgl. dazu a. BGH NJW 2005, 3508; eingehend *Eschelbach* ZAP F. 22, S. 711; → *Vernehmung des Angeklagten zur Sache*, Rdn 3077).

☞ Der Verteidiger muss also, wenn er die Verwertung verhindern will, der **Verlesung widersprechen** und für die Revisionsrüge dafür sorgen, dass der Widerspruch in das → *Protokoll der Hauptverhandlung*, Rdn 2092, aufgenommen wird. Aufgrund Verlesung einer vorbereiteten schriftlichen Erklärung des Angeklagten durch diesen oder seinen Verteidiger wird auch nicht der Wortlaut des Schriftstücks zum Inbegriff der HV, sondern allein der Inhalt des mündlichen Vortrags (BGH StV 2011, 607).

2. Zur Frage der **Verlesbarkeit** einer schriftlichen Erklärung eines die Auskunft nach § 55 Verweigernden folgendes   **2941**

Beispiel:

A und B sind Mittäter eines BtM-Delikts. A verfasst ein schriftliches Geständnis, das er in dem – getrennt – gegen ihn geführten Verfahren vorlegen lässt. Hiervon wird eine Ablichtung zu dem Verfahren gegen B genommen. Bei seiner Vernehmung im Verfahren gegen B macht A gem. § 55 von seinem Auskunftsverweigerungsrecht Gebrauch, bestätigt aber, dass das Geständnis von ihm geschrieben und unterschrieben worden sei. Die Erklärung wird verlesen.

Der BGH (NJW 1987, 1093; vgl. dazu *Dölling* NStZ 1988, 6 in der Anm. zu BGH, a.a.O.; *Dahs* StV 1988, 169) hat hierin keinen Verstoß gegen § 250 S. 2 gesehen (s.a. → *Verlesung von Protokollen früherer Vernehmungen/sonstiger Erklärungen*, Rdn 3014; → *Auskunftsverweigerungsrecht*, Rdn 377).

☞ Die **Verlesung** eines **Protokolls** über die Vernehmung des die Aussage nach § 55 verweigernden Zeugen wird aber von der wohl h.M. immer noch als unzulässig angesehen (vgl. BGHSt 51, 325; zw. BGHSt 51, 280; teilweise a.A. a. KK-*Diemer*, § 251 Rn 7, 10, 26).

3. § 250 S. 2 **verbietet keine Vorhalte** aus einer Vernehmungsniederschrift oder einer schriftlichen Erklärung an den Angeklagten oder einen Zeugen (→ *Vorhalt aus und von Urkunden*, Rdn 3424). Bestätigt der Angeklagte oder der Zeuge die in der schriftlichen Erklärung genannten Tatsachen, können sie dem Urteil als Teil der Einlassung oder der Zeugenaussage zugrunde gelegt werden (BGH StV 1991, 197 m.w.N.). Uneinge-   **2942**

schränkt zulässig ist auch die Benutzung von schriftlichen Unterlagen als **Gedächtnisstütze** für einen Zeugen oder SV (KK-*Diemer*, § 250 Rn 2 m.w.N.).
Siehe auch: → *Urkundenbeweis, Allgemeines*, Rdn 2721, m.w.N.; → *Vernehmung des Angeklagten zur Sache*, Rdn 3077.

2943 Verlesung von ärztlichen Attesten

2944 **Literaturhinweise: Jessnitzer**, Zur Verwertung des schriftlichen Berichts des Blutentnahmearztes im Strafverfahren, BA 1970, 473; **Krüger**, Erklärungen von Behörden, Sachverständigen und Ärzten im Strafprozess,, in; Festgabe für *Imme Roxin*, 2012, S. 601; **Kuhlmann**, Nochmals: Zur Verwertung des schriftlichen Berichts des Blutentnahmearztes, BA 1971, 276; **Trendelenburg**, Besprechung eines BGH-Beschlusses v. 21.9.2011 (1 StR 367/11, NJW 2012, 694) – Zu den Grenzen der Verlesung ärztlicher Atteste, ZJS 2012, 261).

2945 1. Die Verlesbarkeit von ärztlichen Attesten und Gutachten richtet sich nach § 256. Diese Form des Urkundenbeweises enthält eine Ausnahme vom → *Unmittelbarkeitsgrundsatz*, Rdn 2690, des § 250. Sie ist restriktiv auszulegen (*Trendelenburg* ZJS 2012, 261).

2946 2. Nach § 256 **Abs. 1 Nr. 2** dürfen ärztliche Atteste grds. dann verlesen werden, wenn sie sich auf **Körperverletzungen** beziehen, die **nicht** zu den **schweren** i.S.d. §§ 226, 227 StGB gehören. Ob die Körperverletzung zu dieser Gruppe gehört, beurteilt sich nach dem Gegenstand der **Anklage** (*Meyer-Goßner/Schmitt*, § 256 Rn 20 m.w.N.).

2947 *Beispiel:*
A ist wegen Körperverletzung nach §§ 223, 224 StGB angeklagt. Das ärztliche Attest bescheinigt dem Opfer eine schwere Körperverletzung i.S.d. § 226 StGB. Das Attest darf dennoch verlesen werden (BGHSt 33, 389, 391).

3. Hinweise für den Verteidiger!

Der Verteidiger muss, wenn ärztliche Atteste verlesen werden sollen, auf Folgendes **besonders achten**:

2948 a) **Verlesbar** sind nur schriftliche Bestätigungen **approbierter Ärzte** über eigene Wahrnehmungen bei der Untersuchung und Behandlung sowie zusätzlich darin enthaltene gutachtliche Äußerungen über Schwere und Folgen der Verletzung, Minderung der Erwerbsfähigkeit und die Heilungschancen (RGSt 19, 364; LR-*Gollwitzer*, § 256 Rn 43). Aus dem Attest muss erkennbar sein, von wem es stammt (vgl. OLG Düsseldorf StraFo 2015, 120; s. auch BGH StraFo 2007, 331).

2949 b)aa) **Nicht verlesen** werden dürfen hingegen schriftliche Aufzeichnungen über Umstände/ **Tatsachen**, die der Arzt bei der Untersuchung (ohne besondere Sachkunde) festgestellt hat. Insoweit muss der Arzt als **Zeuge** vernommen werden (BGH StV 2011, 715). Dazu folgende

Rechtsprechungsbeispiele 2950

- Zustand der Kleidung eines Vergewaltigungsopfers, über Angaben des Verletzten über den **Tathergang** (BGH StV 1984, 142; OLG Hamburg StV 2009, 9),
- **sonstige Begleitumstände** der Tat, wie z.b. Äußerungen des Angeklagten gegenüber einer Ärztin über die Ursache einer Verletzung als Indiztatsache zur Beurteilung der Glaubwürdigkeit (BGH StV 2011, 715; OLG Hamburg, a.a.O.),
- wenn es auf die **Art** der **Verletzung**, z.b. Stich- oder Kratzwunde (BGH NStZ 1984, 211 [Pf/M]) ankommt, oder
- wenn es auf die **Tatfolgen** beim Opfer ankommt (BGH StV 2011, 715).

bb) Die Verlesung von ärztlichen Attesten ist auch immer dann **unzulässig**, wenn das Verfahren nicht (ausschließlich) die Körperverletzung, sondern auch eine **andere Straftat** zum Gegenstand hat und die Verlesung auch – zumindest teilweise zu deren Nachweis erfolgt (st. Rspr.; vgl. BGHSt 4, 155; BGH NStZ 1997, 199 m.w.N.; s. aber BGH NStZ 2010, 466 [keine Verlesung, sondern ggf. nur Vorhalt des Attestes]; eingehend dazu *Trendelenburg* ZJS 2012, 261 ff.). Das ist häufig bei Sexualdelikten der Fall (vgl. z.B. BGH NStZ 2008, 474; 2010, 585 [Nachweis der Glaubwürdigkeit einer Zeugin bei einem Sexualdelikt]) oder auch bei anderen Gewaltdelikten, wenn z.b. der Arztbericht verlesen wird, um bei einem versuchten Totschlag die in dem Bericht mitgeteilten schweren Verletzungen zum Nachweis des Vorliegens des zumindest bedingten Tötungsvorsatzes heranzuziehen (BGH StV 2007, 569). Die Verlesung ist allerdings dann zulässig, wenn die ärztliche Sicht zu Schlüssen aus der attestierten Körperverletzung auf ein anderes Delikt nichts beitragen kann (BGHSt 57, 24 m. Anm. *Deutscher* StRR 2012, 100 u. abl. Anm. *König* StV 2012, 707, der darin eine nicht mehr zulässige Rechtsfortbildung sieht). Dies ist z.B. nach der Rspr. i.d.R. der Fall, wenn die Körperverletzung bei einer nachfolgenden Sexualstraftat allein als Drohung fortgewirkt haben kann (BGH, a.a.O.). Das Verlesungsverbot gilt hingegen aber auch dann, wenn die Verletzungsfolgen nur für die **Straffrage** von Bedeutung sind (BGH NJW 1980, 651 [für Vorliegen des Regelbeispiels des § 176 Abs. 3 S. 2 Nr. 2 StGB]; zuletzt BGH StV 2011, 715 m.w.N.). Besteht zwischen der Körperverletzung und der anderen Straftat **Tateinheit**, darf das Attest ebenfalls nicht verlesen werden (BGH StV 1984, 142), sofern es nicht ausschließlich dem Nachweis der Körperverletzung oder des sie betreffenden Schuldumfangs gilt (BGHSt 33, 389 [Körperverletzung mit Todesfolge und gefährliche Körperverletzung]). 2951

Beispiel: 2952

A ist wegen Vergewaltigung in Tateinheit mit Körperverletzung gem. §§ 177, 224 StGB angeklagt. Er bestreitet die Tat. Verlesen werden darf das Attest über die dem Opfer bei der Vergewaltigung zugefügten Verletzungen nur, wenn damit ausschließlich die Körperverletzung nachgewiesen werden soll, nicht aber, wenn das Gericht aus den Verletzungen auf die Vergewaltigung und/oder auf die Täterschaft des A schließen will.

2953 cc) Die Verlesung wird vom **Vorsitzenden** angeordnet. Es handelt sich um eine Maßnahme der → *Verhandlungsleitung*, Rdn 2889. Der Verteidiger muss die angeordnete Verlesung **beanstanden**, wenn er sie für unzulässig hält (*Deutscher* StRR 2012, 100 in der Anm. zu BGHSt 57, 24). Es entscheidet dann gem. **§ 238 Abs. 2** das Gericht. Anstelle der förmlichen Verlesung kann der Inhalt des Attestes auch durch einen Bericht des Vorsitzenden festgestellt werden (*Meyer-Goßner/Schmitt*, § 256 Rn 29 m.w.N.; → *Urkundenbeweis durch Bericht des Vorsitzenden*, Rdn 2743).

2954 War die Verlesung eines ärztlichen Attestes **unzulässig**, ist es aber trotzdem im Urteil **verwertet** worden, hat das Gericht gegen den Grundsatz der persönlichen Vernehmung (§ 250; → *Unmittelbarkeitsgrundsatz*, Rdn 2690) verstoßen (BGH NJW 1980, 651). Das kann der Verteidiger in der **Revision** rügen.

> Diese Rüge ist auch dann zulässig, wenn der Verteidiger in der HV nicht gem. § 238 Abs. 2 das Gericht angerufen haben sollte (vgl. BGH NJW 1999, 1724 [insoweit nicht in BGHSt 44, 361]; BGH NStZ 1988, 283; 2012, 585 m. Anm. *Arnoldi* StRR 2012, 99; OLG Düsseldorf StraFo 2015, 120; KK-*Diemer*, § 256 Rn 13). Im Hinblick auf die Entscheidung des 5. Strafsenat (vgl. StraFo 2009, 152), der die Frage unter Hinweis auf *Mosbacher* (JR 2007, 387 in der Anm. zu BGHSt 51, 144) und auf KK-*Schneider* (§ 238 Rn 33) ausdrücklich offengelassen hat, sollte der Verteidiger in der HV aber dennoch auf jeden Fall das Gericht nach **§ 238 Abs. 2** anrufen.

2955 c) **Umstritten** ist, ob, wenn das Attest nicht nach § 256 verlesen werden darf, eine **Verwertung** in **anderer Weise** zulässig ist oder nicht. Die **Rspr.** lässt die Bekanntgabe des Inhalts und den Vorhalt an den Angeklagten oder Beweispersonen zu (zuletzt BGH StraFo 2009, 152; KK-*Diemer*, § 256 Rn 8), während das von der Lit. z.T. abgelehnt wird (*Meyer-Goßner/Schmitt*, § 256 Rn 21 m.w.N.). Möglich ist aber eine einverständliche Verlesung nach § 251 Abs. 1 Nr. 1. Möglich ist auch der **Vorhalt** des Inhalts des Attestes ohne dessen Bekanntgabe (*Meyer-Goßner/Schmitt*, a.a.O.).
Siehe auch: → *Urkundenbeweis, Allgemeines*, Rdn 2721 m.w.N.

2956 Verlesung von Behördengutachten

> **Das Wichtigste in Kürze:**
> 1. Nach § 256 Abs. 1 Nr. 1 Buchst. a) können Zeugnisse oder Gutachten enthaltende Erklärungen öffentlicher Behörden (vgl. dazu Rdn 2959) verlesen werden.
> 2. Der Begriff „öffentliche Behörden" i.S.d. § 256 Abs. 1 Nr. Buchst. a) richtet sich nach öffentlichem Recht.
> 3. Die Zeugnisse und Gutachten müssen von der Behörde stammen.

4. Verlesbar sind Zeugnisse und Gutachten.
5. Die Verlesung wird vom Vorsitzenden angeordnet. Es handelt sich um eine Maßnahme der Verhandlungsleitung.

Literaturhinweise: Cramer, Anmerkung zu § 81f II 3 StPO – Geheimhaltungsschutz und Gutachtenverweigerung, NStZ 1998, 498; **Dostmann**, Die Rechtsstellung des Kriminalbeamten (beim Landeskriminalamt) als Sachverständiger im Strafverfahren unter besonderer Berücksichtigung dienstrechtlicher Vorschriften, DVBl. 1974, 153; **Foth/Karcher**, Überlegungen zur Behandlung des Sachbeweises im Strafverfahren, NStZ 1989, 166; **Gramlich**, Von der Postreform zur Postneuordnung, NJW 1994, 2785; **Hanack**, Zum Problem der persönlichen Gutachterpflicht, insbesondere in Kliniken, NJW 1961, 2041; **Krüger**, Erklärungen von Behörden, Sachverständigen und Ärzten im Strafprozess, in: Festgabe für *Imme Roxin*, 2012, S. 601; **Meyer-Mews**, Wider die „Leserits" – kurze Abhandlung zur Verlesung von Behördengutachten in der Hauptverhandlung, StraFo 2013, 497; **Schünemann**, „Dienstliche Äußerungen" von Polizeibeamten im Strafverfahren, DRiZ 1979, 101; **Tondorf**, Anm. zum Urteil des OVG Münster vom 28.10.1981 – zugleich Gedanken über die Rechtmäßigkeit des gerichtsärztlichen Ausschusses (GA) in Nordrhein-Westfalen, StV 1982, 432.

2957

1. Nach § 256 Abs. 1 Nr. 1 Buchst. a) können **Zeugnisse** oder **Gutachten** enthaltende Erklärungen **öffentlicher Behörden** (vgl. dazu Rdn 2959) verlesen werden. Im Einzelnen gilt:

2958

2. Der Begriff „**öffentliche Behörden**" i.S.d. § 256 Abs. 1 Nr. Buchst. a) richtet sich nach öffentlichem Recht (*Meyer-Goßner/Schmitt*, § 256 Rn 12 m.w.N.; *Meyer-Mews* StraFo 2012, 497, 498).

2959

Dazu folgende **Rechtsprechungsbeispiele**:

für „öffentliche Behörden"

2960

- das **BKA** und die Landeskriminalämter (BGH NJW 1968, 206),
- das **Bundesamt** für Wirtschaft (s. BGHSt 41, 348 ff.),
- die Deutsche **Bundesbank** und die Landeszentralbanken (RGSt 63, 122),
- Ärzte eines **gerichtsärztlichen Dienstes**, der keine Behörde ist, stehen Behörden gleich, wie z.B. die bayerischen LG-Ärzte (*Meyer-Goßner/Schmitt*, § 256 Rn 5 m.w.N.),
- ein **Gerichtvollzieher**, wenn er vom aufsichtsführenden Richter des AG zur Erteilung von Auskünften ermächtigt worden ist (BayObLGSt 2001, 157 [für schriftliche Auskünfte über eingegangene Vollstreckungsaufträge]),
- für die **Gerichtshilfe offengelassen** von BGH NStZ 2008, 709,
- staatliche **Gesundheitsämter** (BGHSt 1, 94, 97; BGH MDR 1955, 397 [D]),
- Handels- und **Handwerkskammer** (RGSt 52, 198),
- öffentliche **Kliniken** und Krankenhäuser (BGH NStZ 1984, 231; NStZ-RR 2003, 4 [Be]),
- die **Physikalisch-Technische Bundesanstalt** in Berlin (OLG Koblenz NJW 1984, 2424),
- (früher) **Postämter** (KG VRS 14, 453),

V Verlesung von Behördengutachten

- die **rechtsmedizinischen Institute** der Universitäten (vgl. u.a. BGH NJW 1967, 299; NStZ-RR 2001, 262 [Be; zugleich auch mit Ausführungen zur besonderen Verlässlichkeit der Sektionsprotokolle]),
- meteorologische Institute und **Wetterämter** (RG Recht 1917, 964).

2961 keine „öffentliche Behörde"

- Berufsgenossenschaften (RGSt 34, 367),
- die Nachfolgeorganisationen der Deutschen **Bundespost** (*Meyer-Goßner/Schmitt*, § 256 Rn 14; KK-*Diemer*, § 256 Rn 5; s.a. *Gramlich* NJW 1994, 2787),
- die „**Dienstliche Äußerung**" eines Polizeibeamten, da es sich dabei um eine persönliche Erklärung des die Äußerung verfassenden Beamten handelt (*Schünemann* DRiZ 1979, 107),
- **Krankenhäuser**, die als **GmbH** betrieben werden (BGH NStZ 1988, 19 [Pf/M]; StraFo 2015, 156),
- **Krankenhäuser** in der Trägerschaft eines **konfessionellen Ordens** (BGH NStZ 2010, 585),
- **Notare** (RGSt 18, 246),
- **Technische Überwachungsvereine** (BayObLG NJW 1955, 1042 [Ls.]; OLG Köln NJW 1963, 2284).

2962 3. Die Zeugnisse und Gutachten müssen **von** der **Behörde stammen**. Das ist der Fall, wenn der Erklärende die Behörde repräsentiert (BGH StV 1987, 285 [für Polizeipräsident]; OLG Karlsruhe NJW 1973, 1426 [für Aufnahmearzt einer Landesfrauenklinik, der Facharzt für Gynäkologie ist]). Der Erklärende muss allgemein oder aufgrund besonderer Anordnung zur **Vertretung** der **Behörde berechtigt** (BGH NStZ 1984, 231) und die Erklärung muss vom Behördenleiter oder in dessen Vertretung von einem dazu Befugten unterschrieben sein (BGH NStZ 2010, 585; NStZ-RR 2003, 4 [Be]; OLG Köln NStZ 1996, 245 [für Verlesbarkeit und Würdigung eines Sprengberichts und Würdigung eines Waffengutachtens des Regierungspräsidenten]). Das Fehlen eines Zusatzes, wie z.B. „i.V." oder „i.A." spricht gegen die Annahme, dass das Gutachten im Namen der Behörde erstattet ist (vgl. zuletzt BGH NStZ 1988, 283 m.w.N.; OLG Köln, a.a.O.). In Zweifelsfällen muss bei der Behörde geklärt werden, ob das Gutachten/Zeugnis von ihr stammt (*Meyer-Goßner/Schmitt*, § 256 Rn 15).

2963 4. **Verlesbar** sind Zeugnisse und Gutachten. Um ein **behördliches Zeugnis** handelt es sich, wenn Auskunft über amtlich festgestellte Tatsachen, z.B. Wetterdaten, und über andere Wahrnehmungen gegeben wird. Ein behördliches **Gutachten** ist jede sachverständige Äußerung der Behörde. Verlesen werden kann auch eine Mitteilung über die der gutachterlichen Äußerung zugrunde liegenden **Befundtatsachen** (BGH MDR 1955, 397 [D]), die über **Zusatztatsachen** nur, wenn darin ein Zeugnis der Behörde liegt (BGH, a.a.O.; OLG Karlsruhe NJW 1973, 1426; s. zu den Begriffen → *Vernehmung Sachverständiger*, Rdn 3143; zum Zeitpunkt der Verlesung von **Institutsgutachten** bei nachfolgender Vernehmung eines SV s. BGH NJW 1967, 299).

Beispiel: **2964**
Nach einer Vergewaltigung wird das Opfer in einer Landesfrauenklinik untersucht. Über die infolge der Notzucht erlittenen Verletzungen wird ein Untersuchungsbericht erstellt. Die auf besonderen Fachkenntnissen des untersuchenden Arztes beruhenden Feststellungen können als behördliches Gutachten gem. § 256 verlesen werden. Soweit das Gutachten darüber hinaus aufgrund der besonderen Fachkenntnisse festgestellte (Zusatz-)Tatsachen enthält, kann es insoweit gem. § 256 als amtliches Zeugnis verlesen werden (OLG Karlsruhe NJW 1973, 1426).

5. Hinweise für den Verteidiger!

a) Die Verlesung wird vom **Vorsitzenden** angeordnet. Es handelt sich um eine Maßnahme der → *Verhandlungsleitung*, Rdn 2889. Der Verteidiger sollte die angeordnete Verlesung **beanstanden**, wenn er sie für unzulässig hält (vgl. BGH StraFo 2009, 152). Es entscheidet dann gem. **§ 238 Abs. 2** das Gericht. Widersprechen sollte der Verteidiger der Verlesung auch, wenn er der Auffassung ist, dass die Verlesung nicht ausreicht, sondern ggf. der Gutachtenverfasser gehört werden muss (s. BGH StV 1993, 456 [Ls.; ergänzende Anhörung zu nach Auffassung des Angeklagten missverständlichen Ausführungen im Gutachten]). **2965**

b)aa) § 256 Abs. 1 ist eine **Kann-Vorschrift**. Das ist von Bedeutung, wenn der Verteidiger die ein Gutachten erstattende **Behörde** als „**befangen**" ansieht. Da eine Behörde als Gutachter nicht wegen Befangenheit abgelehnt werden kann (→ *Ablehnung eines Sachverständigen*, Rdn 15 ff.), muss der Verteidiger in diesem Fall der Anordnung der Verwertung des Gutachtens durch Verlesung widersprechen und unter Hinweis auf die → *Aufklärungspflicht des Gerichts*, Rdn 329, ein neues Gutachten oder zumindest die Vernehmung des Gutachtenverfassers in der HV beantragen. Dieser kann dann, wenn er das Gutachten in der HV vertritt/erläutert, wegen Besorgnis der Befangenheit abgelehnt werden (*Foth/Karcher* NStZ 1989, 170; a.A. *Ahlf* MDR 1978, 981). **2966**

Verweigert der SV, der ein **DNA-Gutachten** aufgrund von anonymisiertem Material erstattet hat und demgemäß nicht weiß, wen das Gutachten betrifft, erst vor oder in der HV gem. §§ 76, 52 die Gutachtenerstattung in der HV, kommt eine Verlesung seines Gutachtens gem. § 256 nicht in Betracht. Die diesem Gutachten zugrunde liegenden Untersuchungsergebnisse können jedoch Grundlage des Gutachtens eines anderen SV sein, welches dann ggf. in der HV verlesen werden kann (so wohl zutr. *Cramer* NStZ 1998, 500).

| V | Verlesung von Gutachten allgemein vereidigter Sachverständiger |

2967 **bb)** Von Bedeutung ist das dem Gericht eingeräumte Ermessen auch im Hinblick auf die → *Amtsaufklärungspflicht des Gerichts*, Rdn 329 (§ 244 Abs. 2). Das Gericht ist nicht nur nicht gezwungen, das Behördengutachten zu verlesen. Vielmehr kann sich aus § 244 Abs. 2 ergeben, dass der SV, der das Behördengutachten erstellt hat, in der HV mündlich gehört werden muss, obwohl an sich nach 3 256 Abs. 1 Nr. 1a die Verlesung des Behördengutachtens grds. zulässig wäre (BGHSt 1, 94, 96 f.; *Meyer-Mews* StraFo 2012, 497, 498).

Siehe auch: → *Beschleunigtes Verfahren*, Rdn 741; → *Urkundenbeweis, Allgemeines*, Rdn 2721 m.w.N.

2968 Verlesung von Gutachten allgemein vereidigter Sachverständiger

> **Das Wichtigste in Kürze:**
> 1. Die Vorschrift des § 256 Abs. 1 Nr. 1 Buchst. b) erlaubt die Verlesung der in einem Zeugnis oder einem Gutachten enthaltenen Erklärungen von SV, die für die Erstellung von Gutachten der betreffenden Art allgemein vereidigt sind.
> 2. Zulässig ist nur die Verlesung von Gutachten allgemein vereidigter SV. Grds. können alle Gutachten verlesen werden.
> 3. § 256 Abs. 1 Nr. 1 Buchst. b) enthält keine inhaltliche Beschränkung bzw. keine Beschränkung des Umfangs der Verlesung.
> 4. Der Verteidiger muss sich frühzeitig mit der Möglichkeit der Verlesung eines SV-Gutachtens beschäftigen und ggf. der vom Vorsitzenden angeordneten Verlesung widersprechen.

2969 **Literaturhinweise: Breyer**, StPO: Justizmodernisierungsgesetz, Die 12 wichtigsten Änderungen im Strafverfahren, PA 2004, 174; **Burhoff**, Verfahrensrechtliche Änderungen im Strafverfahren durch das 1. JuMoG und das OpferRRG, ZAP F. 22, S. 389; **Hirtz/Sommer**, 1. Justizmodernisierungsgesetz, 2004; **Knauer/Wolf**, Zivilprozessuale und strafprozessuale Änderungen durch das Erste Justizmodernisierungsgesetz – Teil 2: Änderungen der StPO, NJW 2004, 2932; **Krüger**, Erklärungen von Behörden, Sachverständigen und Ärzten im Strafprozess, in: Festgabe für *Imme Roxin*, 2012, S. 601; **Neuhaus**, Die Änderungen der StPO durch das Erste Justizmodernisierungsgesetz vom 24.8.2004, StV 2005, 47; **Sommer**, Moderne Strafverteidigung – Strafprozessuale Änderungen des Ersten Justizmodernisierungsgesetzes, AnwBl. 2004, 506; *ders.*, Moderne Strafverteidigung – Strafprozessuale Änderungen des Ersten Justizmodernisierungsgesetzes, StraFo 2004, 295; s.a. die Hinw. bei → *Urkundenbeweis, Allgemeines*, Rdn 2721.

2970 **1.** Die durch das 1. JuMoG in die StPO eingefügte Vorschrift des **§ 256 Abs. 1 Nr. 1 Buchst. b)** erlaubt die Verlesung der in einem Zeugnis oder einem Gutachten enthaltenen Erklärungen von SV, die für die Erstellung von Gutachten der betreffenden Art allgemein vereidigt sind. Diese können wie Behördengutachten verlesen werden (→ *Verlesung von*

Behördengutachten, Rdn 2956). Sinn und Zweck dieser Reglung ist eine Straffung der HV und Kosteneinsparungen, weil SV nicht in allen Fällen in der HV anwesend sein müssen. Nach der Gesetzesbegründung soll nur noch in Zweifelsfällen ihre Vernehmung erforderlich sein (BT-Drucks 15/1508, S. 26).

☞ Diese Regelung muss man m.E. **kritisch** sehen (s.a. *Hirtz/Sommer*, 1. Justizmodernisierungsgesetz, S. 92). Sie steht nämlich ggf. im Konflikt mit der sich aus § 244 Abs. 2 ergebenden → *Aufklärungspflicht des Gerichts*, Rdn 329, (*Meyer-Goßner/Schmitt*, § 256 Rn 16) und dem sich aus Art. 6 Abs. 3 Buchst. d) MRK ergebenden Konfrontationsrecht des Angeklagten (vgl. dazu *Hirtz/Sommer*, 1. Justizmodernisierungsgesetz, S. 94). Das ist bei der Auslegung und Anwendung der Vorschrift zu beachten (*Hirtz/Sommer*, a.a.O.).

2. Zulässig ist nur die Verlesung von Gutachten **allgemein vereidigter SV**. Die allgemeine Vereidigung ist im Bundes- und Landesrecht geregelt (vgl. z.B. § 91 HandwO oder § 36 GewO; vgl. a. LR-*Krause*, § 79 Rn 10). Die Gutachten anderer SV können nicht nach § 256 Abs. 1 Nr. 1 Buchst. b) verlesen werden.

Es können die Gutachten **aller Fachrichtungen** verlesen werden. § 256 Abs. 1 Nr. 1 Buchst. b) enthält keine Beschränkung. Die Gesetzesbegründung (vgl. BT-Drucks 15/1508, S. 26) nennt zwar konkret SV im Kfz-Gewerbe, dem Versicherungswesen und der Schriftkunde. Diese sind aber nur beispielhaft – „etwa" – angeführt. Daraus lässt sich also nicht ableiten, dass die Gutachten von allgemein vereidigten SV anderer Fachrichtungen nicht verlesen werden dürften. Damit erlaubt § 256 Abs. 1 Nr. 1 Buchst. b) grds. auch die Verlesung von Schuldfähigkeitsgutachten, von Glaubwürdigkeitsgutachten und Gutachten zu schwierigen wirtschaftlichen Zusammenhängen (krit. insoweit FA Strafrecht-*Groß-Bölting/Kaps*, Teil 2 Kap. 4 Rn 263; vgl. dazu a. u. Rdn 2975 f.) sowie auch sog. Lichtbildvergleichsgutachten (OLG Düsseldorf zfs 2008, 704).

☞ Gerade in dem Zusammenhang ist aber die → *Aufklärungspflicht des Gerichts*, Rdn 329, von erheblicher Bedeutung. § 256 Abs. 1 Nr. 1 Buchst. b) gilt zudem auch auf keinen Fall für SV-Gutachten, die für die Frage der **Unterbringung** des Angeklagten in einem psychiatrischen Krankenhaus, einer Entziehungsanstalt oder in der Sicherungsverwahrung eingeholt werden. Diese SV sind **immer** in der **HV** zu hören (§ 246a; *Groß-Bölting/Kaps*, a.a.O.).

3. § 256 Abs. 1 Nr. 1 Buchst. b) enthält **keine inhaltliche Beschränkung** bzw. keine Beschränkung des Umfangs der Verlesung. D.h., dass das gesamte Gutachten des SV verlesen werden kann, unabhängig davon, ob die Erklärungen des SV seine gutachterliche Tätigkeit selbst betreffen oder lediglich „ein Zeugnis" sind (*Hirtz/Sommer*, 1. Justizmodernisierungsgesetz, S. 94). Damit können über das Gutachten nicht nur Anknüpfungstatsachen und Be-

| V | **Verlesung von Gutachten allgemein vereidigter Sachverständiger** |

fundtatsachen, sondern auch sog. Zusatztatsachen eingeführt werden (zur Abgrenzung der Begriffe → *Vernehmung Sachverständiger*, Rdn 3150; krit. *Hirtz/Sommer*, a.a.O.).

4. Hinweise für den Verteidiger!

Auf folgende Punkte ist in Zusammenhang mit der Verlesung eines SV-Gutachtens nach § 256 Abs. 1 Nr. 1 Buchst. b) **hinzuweisen**:

2974 a) Der Verteidiger muss sich **frühzeitig** mit der Möglichkeit der Verlesung eines SV-Gutachtens **beschäftigen**. Dass die Verlesung ansteht, lässt sich unschwer der Anklage entnehmen, wenn dort ggf. nur das Gutachten und nicht der SV als Beweismittel aufgeführt ist. Spätestens seiner Ladung kann der Verteidiger dann entnehmen, ob das Gericht beabsichtigt, den SV zu vernehmen oder ob es sich, weil der SV dort nicht als Beweismittel angeführt ist, mit der Verlesung seines Gutachtens nach § 256 Abs. 1 Nr. 1 Buchst. b) begnügen will.

> Der Verteidiger muss prüfen, ob er in diesem Fall nicht einen → *Beweisantrag zur Vorbereitung der Hauptverhandlung*, Rdn 995, stellt, in dem er seine Bedenken gegen die bloße Verlesung des SV-Gutachtens darlegt. Das gibt dem Gericht die Möglichkeit, sich schon frühzeitig mit den Argumenten des Verteidigers zu beschäftigen und ggf. vorsorglich den SV doch zur HV zu laden. Der Verteidiger hat, wenn dieser (Beweis-)Antrag vom Vorsitzenden abgelehnt wurde, ggf. noch die Möglichkeit, den SV als → *Präsentes Beweismittel*, Rdn 2036, zu laden.

2975 b) In der **HV** wird die Verlesung des SV-Gutachtens vom **Vorsitzenden angeordnet**. Es handelt sich um eine Maßnahme der → *Verhandlungsleitung*, Rdn 2889. Der Verteidiger muss die angeordnete Verlesung beanstanden, wenn er sie für unzulässig hält (vgl. dazu BGH StraFo 2009, 152). Es entscheidet dann gem. **§ 238 Abs. 2** das Gericht.

2976 **Widersprechen** muss der Verteidiger der Verlesung insbesondere,

- wenn er allgemein der Auffassung ist, dass die **Verlesung nicht ausreicht**, sondern ggf. der Gutachtenverfasser gehört werden muss, weil es sich z.B. in Wirtschafts-/Steuerstrafverfahren um komplizierte wirtschaftliche Zusammenhänge handelt (Verkehrswertgutachten; Gutachten von Wirtschaftsprüfern in Untreue-Verfahren) oder weil es sich um **Schuldfähigkeitsgutachten** handelt,

> Die Abgrenzung wird man grds. ähnlich vornehmen müssen wie bei der Abgrenzung des (noch) zulässigen Vorhalts von der Notwendigkeit des Urkundenbeweises (vgl. dazu → *Vorhalt aus und von Urkunden*, Rdn 3427). D.h., dass **schwierige** und/oder inhaltlich schwer verständliche **Gutachten** nicht verlesen werden dürfen, sondern insoweit der **SV** zu **vernehmen** ist. *Hirtz/Sommer* (1. Justizmodernisierungsgesetz, S. 94) gehen davon aus, dass die Verlesung nur dann gerechtfertigt ist, wenn „so-

wohl der Charakter der allgemeinen Vereidigung im konkreten Fall wie auch die Art der zu beantwortenden Gutachterfrage diesen Qualitätsnachweis in ausreichender Form typisiert".

- wenn er **Zusatzfragen** an den SV stellen will/muss, weil das Gutachten missverständlich oder lückenhaft ist (s. BGH NStZ 1993, 397 [Ls.; ergänzende Anhörung zu nach Auffassung des Angeklagten missverständlichen Ausführungen im Gutachten]),
- wenn er den SV für **befangen** hält (→ *Ablehnung eines Sachverständigen*, Rdn 15),
- wenn die **Sachkunde** des SV **zweifelhaft** ist,
- wenn der Verteidiger Unterlagen oder Auskünfte von Dritten, die der SV zur Erstattung des Gutachtens verwendet hat, für unverwertbar hält, da die Verlesung des Gutachtens nicht zur Umgehung von **BVV** führen darf/kann,
- wenn im Gutachten **Bekundungen** von **Zeugen** enthalten sind bzw. verwendet werden und diese für die Entscheidung Bedeutung haben können, wenn der Verteidiger im Verfahren (bislang) noch keine Gelegenheit hatte, diese **unmittelbar** zu befragen (*Hirtz/Sommer*, 1. Justizmodernisierungsgesetz, S. 95 [Verstoß gegen Art. 6 Abs. 3 Buchst. d) MRK]).

☞ Der Verteidiger muss in diesen Fällen seinen Widerspruch **eingehend begründen**. Das empfiehlt sich schon deshalb, um später, wenn in der Revision ggf. die **Aufklärungsrüge** damit begründet werden soll, dass das Gericht den SV hätte vernehmen müssen, darlegen zu können, warum sich dem Gericht diese Art der Beweiserhebung hätte aufdrängen müssen.

c) Der Verteidiger muss das Gericht an die sich aus § 244 Abs. 2 ergebende → *Aufklärungspflicht des Gerichts*, Rdn 329, „erinnern". In den in Rdn 2976 aufgezählten Fällen wird die Aufklärungspflicht das Gericht zwingen, den SV persönlich zu vernehmen und auf die bloße Verlesung des SV-Gutachtens zu verzichten (vgl. a. *Meyer-Goßner/Schmitt*, § 256 Rn 16 [„gebieten"]).

2977

☞ Im Zweifel muss der Verteidiger einen **Beweisantrag** stellen, für den die allgemeinen Regeln gelten (→ *Beweisantrag, Inhalt*, Rdn 951). Auf die Formulierung dieses Antrags muss im Hinblick auf die Möglichkeit der Ablehnung unter den Voraussetzungen des § 244 Abs. 4 besondere Sorgfalt verwendet werden, indem er die Sachkunde des SV oder dessen Vorgehensweise angreift (→ *Beweisantrag, Formulierung: Sachverständigenbeweis*, Rdn 919). Gerade hier muss er damit rechnen, dass sein Antrag mit der Begründung, der Antrag sei „ins Blaue hinein" gestellt, abgelehnt wird (*Hirtz/Sommer*, 1. Justizmodernisierungsgesetz, S. 94).

V Verlesung von Geständnisprotokollen

2978 **d)** Für die **Revision** gilt: Hat das Gericht sich mit der Verlesung des SV-Gutachtens begnügt, obwohl es an sich den SV hätte vernehmen müssen, ist die → *Aufklärungspflicht des Gerichts*, Rdn 329, verletzt (*Meyer-Goßner/Schmitt*, § 256 Rn 30 m.w.N.). Das muss mit der **Aufklärungsrüge** geltend gemacht werden (→ *Revision, Begründung, Verfahrensrüge*, Rdn 2345). War die Verlesung des SV-Gutachtens nicht gem. § 256 Abs. 1 Nr. 1 Buchst. b) zulässig, ist gegen den Grundsatz der persönlichen Vernehmung verstoßen worden (→ *Unmittelbarkeitsgrundsatz*, Rdn 2690; BGH NJW 1980, 651).

2979 Nicht endgültig geklärt in der Rspr. ist, ob diese Rüge auch dann zulässig ist, wenn der Verteidiger in der HV nicht gem. **§ 238 Abs. 2** das Gericht angerufen haben sollte (vgl. BGH NJW 1999, 1724 [insoweit nicht in BGHSt 44, 361]; BGH NStZ 1988, 283; 2012, 585 m. Anm. *Arnoldi* StRR 2012, 99; KK-*Diemer*, § 256 Rn 13).

> ✍ Im Hinblick auf die Entscheidung des 5. Strafsenat (vgl. StraFo 2009, 152), der die Frage unter Hinweis auf *Mosbacher* (JR 2007, 387 in der Anm. zu BGHSt 51, 144) und auf KK-*Schneider* (§ 238 Rn 33) ausdrücklich offengelassen hat, sollte der Verteidiger in der HV aber dennoch auf jeden Fall das Gericht nach **§ 238 Abs. 2** anrufen.

Siehe auch: → *Urkundenbeweis, Allgemeines*, Rdn 2721.

2980 Verlesung von Geständnisprotokollen

> **Das Wichtigste in Kürze:**
> 1. Bei der Verlesung richterlicher Geständnisprotokolle nach § 254 handelt es sich um einen grds. zulässigen Urkundenbeweis.
> 2. Die zulässige Verlesung erlaubt dem Gericht die Feststellung, dass der Angeklagte in der vorliegenden Strafsache ein Geständnis mit einem bestimmten Inhalt abgelegt hat und dass dieses wahr ist.
> 3. Verlesen werden darf aber nur eine ordnungsgemäß zustande gekommene Niederschrift über die vor einem Richter abgegebene Erklärung.
> 4. Polizeiliche Vernehmungsprotokolle dürfen zum Zweck der Beweisaufnahme über ein Geständnis nicht nach § 254 verlesen werden (Verwertungsverbot!).
> 5. Der Verteidiger muss der Verlesung eines nach seiner Auffassung unverwertbaren Vernehmungsprotokolls so früh wie möglich widersprechen.

2981 **Literaturhinweise: Artkämper**, Fehlerquellen der Beschuldigtenvernehmung – Zur kontraproduktiven Wirkung unterbliebener oder fehlerhafter Beschuldigtenvernehmungen, Krim 1996, 393; *ders.*, Das Recht zur Verteidigerkonsultation, NJ 1998, 246; *ders.*, Polizeiliche Vernehmungen, Krim 1998, 572; *ders.*, Belehrung und Vernehmung von Beschuldigten, Krim 2007, 517; *ders.*, Form, Dokumentation und Beweisrecht – Revolution des Freibeweisverfahrens durch das Bundesverfassungsgericht?, StRR 2012, 164; **Bauer**, Die „Beweislastverteilung" bei unterlassener Belehrung des Beschuldigten, wistra 1993, 99; **Bernsmann**, Verwertungsverbot bei fehlender und mangelhafter Belehrung, StraFo 1998, 73; **Beulke**, Die Vernehmung des Beschuldigten – einige Anmerkungen aus der Sicht der Prozeßwissenschaft, StV 1990, 180; **Bohlander**, Zur Verlesbarkeit polizeilicher Protokolle von Beschuldigtenvernehmungen bei Zustimmung des Angeklagten, NStZ 1998, 396; **Bosch**, Die verdeckte Befragung des Beschuldigten – Strafrechtspflege ohne Grenzen?, BGH-Beschluß v. 13.5.1996 – GSSt 1/96 (LG Hamburg) = NJW 1996, 2940 ff. –, Jura 1998, 236; **Brenner**, Schwache Vernehmungsprotokolle im Strafverfahren, Krim 1981, 142; **Brüssow**, Beweisverwertungsverbote in Verkehrsstrafsachen, StraFo 1998, 394; **Dingeldey**, Der Schutz der strafprozessualen Aussagefreiheit durch Verwertungsverbote bei außerstrafrechtlichen Aussage- und Mitwirkungspflichten, NStZ 1984, 529; **Eisenberg**, Zum Schutzbedürfnis jugendlicher Beschuldigter im Ermittlungsverfahren, NJW 1988, 1250; *ders.*, Zur „besonderen Qualität" richterlicher Vernehmung im Ermittlungsverfahren, NStZ 1988, 488; **El-Ghazi/Merold**, Die Vernehmung des Richters als Verhörsperson vor dem Hintergrund des § 252 StPO, StV 2012, 250; **Fezer**, Hat der Beschuldigte ein „Recht auf Lüge"?, in: Festschrift für *Walter Stree* und *Johannes Wessels*, 1993, S. 663; **Frister**, Der Anspruch des Beschuldigten auf Mitteilung der Beschuldigung aus Art. 6 Abs. 3 lit. a EMRK, StV 1998, 159; **Geppert**, Die „qualifizierte" Belehrung, in: Gedächtnisschrift für *Karlheinz Meyer*, 1990, S. 93; *ders.*, Zur Belehrung eines Beschuldigten über sein Recht zur Konsultation eines Verteidigers, in: Festschrift für *Harro Otto*, 2007, S. 913; **Grünwald**, Das Beweisrecht der Strafprozeßordnung, 1993; **Günther**, Die Schweigebefugnis des Tatverdächtigen in Straf- und Bußgeldverfahren aus verfassungsrechtlicher Sicht, GA 1978, 193; **Haas**, Kriminalistik und Beschuldigtenvernehmung, Krim 1996, 125; **Hecker**, Verwertungsverbot infolge unterlassener Betroffenenbelehrung?, NJW 1997, 1833; **Hermann**, Das Recht des Beschuldigten, vor der polizeilichen Vernehmung einen Verteidiger zu befragen – Der BGH spricht mit gespaltener Zunge, NStZ 1997, 209; **Hoffmann/Mildeberger**, Die Vernehmung eines ausländischen Beschuldigten in englischer Sprache, StraFo 2004, 412; **Jacobs**, Zur Verwertbarkeit einer Beschuldigtenvernehmung bei Verstößen gegen § 67 Abs. 1 JGG, StRR 2007, 170; **Kasiske**, Beweisverwertungsverbot bei Unterbleiben einer „qualifizierten" Belehrung, ZIS 2009, 319; **Kiehl**, Verwertungsverbot für Beschuldigtenvernehmung ohne vorherige Belehrung: Der BGH korrigiert sich – überzeugend?, NJW 1993, 501; *ders.*, Neues Verwertungsverbot bei unverstandener Beschuldigtenbelehrung – und neue Tücken für die Verteidigung, NJW 1994, 1267; **Krause**, Einzelfragen zum Anwesenheitsrecht des Verteidigers im Strafverfahren, StV 1984, 169; **Lesch**, Der Beschuldigte im Strafverfahren – über den Begriff und die Konsequenzen der unterlassenen Belehrung, JA 1995, 157; **Lorenz**, „Formalismus, Technizismus, Irrealismus". Das argumentative Dreigestirn gegen die Einhaltung strafprozessualer Garantien; der US-Supreme Court bestätigt die abgeänderten „Miranda-Warnings", StV 1996, 172; **Mosbacher**, Zur Zulässigkeit vernehmungsergänzender Verlesung, NStZ 2014, 1; **Möller**, Führen Verstöße gegen § 67 Abs. 1 JGG bei polizeilichen Vernehmungen eines jugendlichen Beschuldigten zu einem Beweisverwertungsverbot? – Zugleich Besprechung des Urteils des LG Saarbrücken, NStZ 2012, 167, NStZ 2012 113; **Neuhaus**, Zur Notwendigkeit der qualifizierten Beschuldigtenvernehmung – zugleich Anmerkung zu LG Dortmund NStZ 1997, 356, NStZ 1997, 312; **Park**, Revisionsrechtliche Aspekte der Verlesung von Vernehmungsniederschriften und schriftlichen Erklärungen gem. § 251 StPO, StV 2000, 218; **Ransiek**, Belehrung über Aussagefreiheit und Recht der Verteidigerkonsultation: Folgerungen für die Beschuldigtenvernehmung, StV 1994, 343; **Rieß**, Die Vernehmung des Beschuldigten im Strafprozeß, JA 1980, 293; **Roxin**, Das Recht der Beschuldigten zur Verteidigerkonsultation in der neuesten Rechtsprechung, JZ 1997, 343; **Roxin/Schäfer/Widmaier**, Die Mühlenteichtheorie, StV 2006, 655; **Schneider**, Strafprozessuale Anforderungen zur Ermöglichung der Verteidigerkonsultation durch den festgenommenen Beschuldigten – BGH, Urt. v. 12.1.1996 – 5 StR 756/95, Jura 1997, 131; **Senge**, Gesetzliche Erweiterung des Anwesenheitsrechts der Verteidigung bei Vernehmungen im Ermittlungsverfahren, in: Festschrift für *Egon Müller*, 2008, S. 693; **Sowada**, Zur Notwendigkeit der Verteidigerbeiordnung im Ermittlungsverfahren, NStZ 2005, 1; **Stern**, Der Geständniswiderruf als forensisches Erkenntnisproblem, StV 1990, 563; **Strate/Ventzke**, Unbeachtlichkeit einer Verletzung des § 137 Abs. 1 S. 1 StPO im Ermittlungsverfahren?, StV 1986, 30; **Tondorf**, Konflikte in der Hauptverhandlung wegen Nichteinhaltung der Vernehmungsvorschriften, StraFo 1996, 136; **Ventzke**, Kein Verwertungsverbot bei Angaben ohne Verteidiger (Anm. zu BGH 1 StR 154/96 vom 21.5.1996), StV 1996, 524; **Verrel**, Nemo tenetur – Rekonstruktion eines Verfahrensgrundsatzes – 1. Teil: NStZ 1997, 361, 2. Teil: NStZ 1997, 415; **Weigend**, Festgenom-

| V | Verlesung von Geständnisprotokollen |

mene Ausländer haben ein Recht auf Benachrichtigung ihres Konsulats ... und die Verletzung dieses Rechts hat Konsequenzen, StV 2008, 39; Welp, Anwesenheitsrecht und Benachrichtigungspflichten, JZ 1980, 134; **Widmaier**, Zum Verwertungsverbot wegen Verstoßes gegen § 168c Abs. 5 StPO, in: Festgabe für *Heino Friebertshäuser*, 1997, S. 185; **Wohlers**, Verteidigerbestellung im Ermittlungsverfahren, JR 2002, 294; **Zaczyk**, Das Anwesenheitsrecht des Verteidigers bei richterlichen Vernehmungen im Ermittlungsverfahren, NStZ 1987, 535; s.a. die Hinw. bei → *Beweisverwertungsverbote, Allgemeines*, Rdn 1018; → *Protokollverlesung nach Zeugnisverweigerung*, Rdn 2126; → *Urkundenbeweis, Allgemeines*, Rdn 2721 und → *Widerspruchslösung*, Rdn 3433.

2982 1.a) Erklärungen des Angeklagten, die in einem **richterlichen Protokoll** enthalten sind, können nach § 254 Abs. 1 zum Zweck der Beweisaufnahme über ein **Geständnis** verlesen werden bzw. nach § 254 Abs. 2, wenn ein in der Vernehmung hervortretender **Widerspruch** mit der früheren Aussage nicht auf andere Weise ohne Unterbrechung der HV festgestellt oder behoben werden kann (vgl. dazu → *Protokollverlesung zur Gedächtnisstützung*, Rdn 2147). Es handelt sich nach h.M. um einen **Urkundenbeweis** (vgl. *Meyer-Goßner/ Schmitt*, § 254 Rn 1 m.w.N.; LR-*Mosbacher*, § 249 Rn 1; *Mosbacher* NStZ 2014, 1, 5 f.; → *Urkundenbeweis, Allgemeines*, Rdn 2721), der auch durch einen **Bericht** des **Vorsitzenden** ersetzt werden kann (→ *Urkundenbeweis durch Bericht des Vorsitzenden*, Rdn 2743).

✎ Hat der Angeklagte das **Geständnis** in der HV **widerrufen**, ist die Verlesung nicht unzulässig, jedoch überflüssig, weil dann der **Vorhalt** des früheren Geständnisses ausreicht (*Meyer-Goßner/Schmitt*, § 254 Rn 2).

2983 2. Die zulässige (s.u. Rdn 2985 ff.) Verlesung erlaubt dem Gericht die **Feststellung**, dass der Angeklagte in der vorliegenden Strafsache (RGSt 54, 126) ein **Geständnis** mit einem bestimmten Inhalt abgelegt hat und dass dieses wahr ist.

✎ **Geständnis** i.S.d. § 254 ist das **Zugestehen** der Tat oder einzelner Tatsachen, die für die Schuld- oder Rechtsfolgenfrage erheblich sein können, gleichgültig, ob es sich um be- oder entlastende, um unmittelbar beweiserhebliche oder (nur) um Indizitatsachen handelt (*Meyer-Goßner/Schmitt*, § 254 Rn 2 m.w.N.). Auch die Tatsache, dass der Angeklagte ein **Geständnis nicht abgelegt** oder dass er es **widerrufen** hat, kann aufgrund der Verlesung festgestellt werden (RGSt 54, 126, 128).

Das Geständnis muss in der **vorliegenden Strafsache**, nicht in einer anderen, abgelegt worden sein (OLG Hamburg StV 1997, 11 m.w.N.).

2984 Verlesen werden können auch Angaben über die persönlichen Verhältnisse des Angeklagten, über die Vorgeschichte der Tat und über Verbindungen zu Mitangeklagten (BGH MDR 1977, 984 [D]). Das verlesene Protokoll ist verwertbar, auch gegen einen **Mitangeklagten**, soweit es tatsächliche Vorgänge betrifft, die auch für den gegen diesen erhobenen Anklagevorwurf von Bedeutung sind, sodass wegen des inneren Zusammenhangs nur eine einheitliche Tatsachenfeststellung hinsichtlich der Angeklagten denkbar ist (vgl. u.a. BGHSt 22, 372, 374), wie z.B. bei Mittäterschaft.

3. Voraussetzung für die **Zulässigkeit** der Verlesung ist (s.a. *Bernsmann* StraFo 1998, 73; *Lesch* JA 1995, 157 und die weit. o.a. Lit.-Hinw.; zur Anwendung auf die Betroffenenbelehrung *Hecker* NJW 1997, 1833; → *Beweisverwertungsverbote*, Rdn 1029; *Burhoff*, EV, Rn 3152 ff., 3294 ff.):

a) Es muss sich um eine Niederschrift über eine **vor** einem **Richter** abgegebene Erklärung des jetzigen Angeklagten (BGHSt 27, 13, 17) handeln, die die Strafsache betrifft, in der das Gericht die Verlesung durchführt (OLG Hamburg StV 1997, 11; zu polizeilichen Vernehmungsprotokollen s.u. Rdn 2992). Diese kann aber in einem anderen Strafverfahren und/oder in Zivil- oder Verwaltungsgerichtsverfahren abgegeben worden sein (*Meyer-Goßner/Schmitt*, § 254 Rn 4; offengelassen von BGH NStZ 1996, 612). Es kann sich auch um eine **gemeinsam** von zwei Angeklagten **abgegebene Erklärung** handeln (BGH NStZ 1997, 147).

🖉 **Unerheblich** ist, ob der Angeklagte das Geständnis als **Zeuge** oder als **Beschuldigter** (BGH NJW 1952, 1027; OLG Koblenz StV 2014, 330; *Meyer-Goßner/Schmitt*, § 254 Rn 4; a.A. KK-*Diemer*, § 254 Rn 3) und in welchem Verfahren oder Verfahrensabschnitt er es gemacht hat (BGHSt 3, 149 f.; s. aber BGH NStZ 1996, 612 [für Protokoll über Aussage als Zeuge in einem Zivilverfahren offengelassen]).

Verlesen werden dürfen auch **ausländische Vernehmungsniederschriften**, wenn diese nach der einzuhaltenden Zuständigkeits- und Verfahrensordnung des Vernehmungsortes eine vergleichbare Beweisfunktion erfüllen wie diejenigen über die Vernehmung durch einen deutschen Richter und die Anhörung grundlegenden rechtsstaatlichen Anforderungen genügt (BGHSt 7, 15 f.; zuletzt BGH NJW 1994, 3364 m.w.N. [für schweizerische Vernehmungsniederschriften]).

b) Die Niederschrift muss **ordnungsgemäß zustande gekommen** sein (BGH StV 1985, 314; wegen der Einzelh. der richterlichen Vernehmung s. *Burhoff*, EV, Rn 3281 ff. [wegen BVV insbesondere Rn 3296 ff.]).

Das ist z.B. **nicht** der Fall bei folgenden **Rechtsprechungsbeispielen**:

Fehler bei der Niederschrift

■ die **Benachrichtigung** des StA/Verteidigers vom Vernehmungstermin gem. § 168c Abs. 5 ist ohne rechtfertigenden Grund **unterblieben** (vgl. u.a. BGHSt 29, 1; 31, 140; 51, 150; KG StV 1984, 68; OLG Dresden StraFo 2012, 185; zur Problematik eingehend *Burhoff*, EV, Rn 3298 f.; s.a. BGHSt 42, 86 [für Anwesenheitsrechte bei Rechtshilfehandlungen im Ausland und einem sich aus deren Verletzung ggf. ergebenden BVV]), wobei unerheblich ist, ob die Benachrichtigungspflicht versehentlich oder absichtlich verletzt worden ist (BGHSt 51, 150; BGH NJW 2003, 3142; StV 2011, 336).

V Verlesung von Geständnisprotokollen

📖 In diesen Fällen besteht ein **umfassendes BVV**. Es darf weder das Protokoll verlesen noch der vernehmende Richter befragt werden, auch ist ein **Vorhalt unzulässig** (BGH, a.a.O.; a.A. BGHSt 34, 231). Nach der Rspr. des BGH führt allerdings der Verstoß gegen die Benachrichtigungspflicht des Verteidigers eines **Mitbeschuldigten** nicht zu einem BVV für die anderen Beschuldigten des Verfahrens (BGHSt 53, 191 m. Anm. *Stephan* StRR 2009, 259 und krit. Anm. *Fezer* NStZ 2009, 524).

Wenn die Voraussetzungen für die Annahme eines BVV vorliegen, soll das Protokoll aber als Niederschrift über eine andere Vernehmung gem. **§ 251 Abs. 1** verlesen werden können (so *Meyer-Goßner/Schmitt*, § 168c Rn 6; BGH, a.a.O., und jetzt a. BGH NStZ 1998, 312 f. [obiter dictum für Zeuge]; StV 2002, 584; 2005, 255 [für ausländische Vernehmung]; a.A. *Temming* StV 1983, 52 in der Anm. zu BGHSt 31, 340; *Wönne* NStZ 1998, 313 in der Anm. zu BGH, a.a.O.; Park StV 2000, 219).

📖 Allerdings muss der Tatrichter sich dann des **minderen Beweiswertes** dieses Beweismittels bewusst sein (BGH StV 2005, 255). Hat das Gericht die unter Verstoß gegen die Benachrichtigungspflicht zustande gekommene richterliche Vernehmung in der **HV** gem. § 251 Abs. 2 verlesen, will es diese im Urteil aber als nichtrichterliche Vernehmung gem. § 251 Abs. 1 verwerten, ist es zudem verpflichtet, den Angeklagten darauf **hinzuweisen** (BGH NStZ 1998, 312; → *Hinweis auf veränderte Sach-/Rechtslage*, Rdn 1739).

- grds. wenn der **Angeklagte/Beschuldigte** vom Richter **nicht** vorschriftsmäßig i.S.d. § 136 über seine Rechte **belehrt** worden ist (KK-*Diemer*, § 254 Rn 7), wozu ggf. auch die sog. qualifizierte Belehrung gehört (s. dazu BGHSt 53, 112; OLG Hamm NStZ-RR 2009, 283; vgl. dazu *Stephan* StRR 2009, 140 in der Anm. zu BGH, a.a.O.; *Kasiske* ZIS 2009, 319), es sei denn, der Angeklagte kannte seine Rechte, sodass die Belehrung nur noch der Ordnung halber geboten war (BGHSt 25, 325 [zunächst nur zu § 243]; vgl. jetzt aber BGHSt 38, 214; s.a. *Burhoff*, EV, Rn 3124 ff., 3296 ff. m.w.N.; → *Beweisverwertungsverbote*, Rdn 1029).
- ein entgegen § 189 GVG **nicht vereidigter Dolmetscher** hat mitgewirkt (BGHSt 22, 118; OLG Hamburg NJW 1975, 1573).
- ein (Hilfs-)**Protokollführer** war **nicht vereidigt** (BGHSt 27, 339; s.a. OLG Düsseldorf StV 1995, 9 [Ls.; für nicht vereidigte Polizeibeamtin, die bei der Vernehmung das Protokoll geführt hat]; es kann dann jedoch der vernehmende Richter als Zeuge vernommen werden, OLG Düsseldorf, a.a.O.).
- der Protokollführer hat das **Protokoll** der Vernehmung entgegen § 168a Abs. 4 S. 1 **nicht unterschrieben** (BGH NJW 1994, 596, 600 [insoweit nicht in BGHSt 39,

335]; vgl. dazu aber BVerfG NStZ 2006, 46 [wonach die Annahme trotz fehlender Genehmigung und Unterschrift liege ein richterliches Protokoll i.S.v. § 168a vor, keine Verfahrensgarantien verletzt]).

kein Fehler bei der Niederschrift   2990

- wenn gem. § 168 S. 2 von der **Hinzuziehung** eines **Protokollführers** bei der Niederlegung des Geständnisses, das der Angeklagte auch selbst unterschrieben hat, **abgesehen** worden ist (BGH StV 1996, 131 [Ls.]).
- nach der Rspr. des BGH der Verstoß gegen die Benachrichtigungspflicht des Verteidigers eines **Mitbeschuldigten** nicht zu einem BVV für die anderen Beschuldigten des Verfahrens (BGHSt 53, 191 m. Anm. *Stephan* StRR 2009, 259 und krit. Anm. *Fezer* NStZ 2009, 524).

b) Der Angeklagte muss **vernommen** worden sein. Das Vorlesen eines polizeilichen Protokolls ist keine richterliche Vernehmung. Das **polizeiliche Protokoll** ist nur dann **Bestandteil** der richterlichen Vernehmung und kann ggf. mitverlesen werden, wenn der Angeklagte in der Vernehmung zu erkennen gegeben hat, dass er diese Angaben als Bestandteil seiner Erklärungen vor dem Richter betrachtet wissen will (vgl. u.a. BGH NJW 1952, 1027), und wenn der vernehmende Richter sie darauf **vollständig verlesen**, nicht nur vorgehalten hat (BGH NStZ 1987, 85; 1991, 500; StV 1989, 90; KK-*Diemer*, § 254 Rn 5). Hat der (richterlich) vernommene Beschuldigte sich **sogleich** auf eine **frühere Vernehmung berufen**, ohne sich erst im Zusammenhang zum Vernehmungsgegenstand zu äußern, kann das Protokoll also unverwertbar sein (vgl. BGH NStZ-RR 1999, 36 [K]; für Zeugen → *Verlesung von Protokollen früherer Vernehmungen/sonstiger Erklärungen*, Rdn 3019; s.a. *Burhoff*, EV, Rn 4028).   2991

4.a) Für **polizeiliche Vernehmungsprotokolle** gilt: Sie dürfen **nicht** nach § 254 zum Zweck der Beweisaufnahme über ein Geständnis **verlesen** werden (a.A., wenn der Angeklagte und der Verteidiger zustimmen, *Bohlander* NStZ 1998, 396 f.; offen gelassen von BGH NStZ-RR 2010, 71 [Ci/Zi]). Insofern enthält § 254 nach h.M. ein **Verwertungsverbot** (*Meyer-Goßner/Schmitt*, § 254 Rn 6 m.w.N.). § 254 verbietet aber nicht, **Vorhalte** aus polizeilichen Protokollen zu machen (vgl. u.a. BGHSt 21, 285). Bestreitet der Angeklagte die Richtigkeit der Niederschrift oder äußert er sich nicht zur Sache, muss das Gericht ggf. den Vernehmungsbeamten hören (BGH NJW 1966, 1524 m.w.N.).   2992

Die **Verwertung** der polizeilichen Vernehmung durch Vernehmung des Polizeibeamten ist aber nur zulässig, wenn **kein BVV** entgegensteht (→ *Beweisverwertungsverbote*, Rdn 1025 ff.; s. dazu eingehend a. *Burhoff*, EV, Rn 3124 ff. und die o.a. Lit.-Hinw.).

b) Dem Vernehmungsbeamten kann bei der Vernehmung das Vernehmungsprotokoll, das er aufgenommen hat, vorgehalten werden. Das Protokoll kann auch zum Zweck des Vorhalts **auszugsweise** verlesen werden (*Meyer-Goßner/Schmitt*, § 254 Rn 8 m.w.N.; *Mos-*   2993 *bacher* NStZ 2014, 1, 4 ff. m.w.N. aus der Rspr. des BGH; vgl. auch noch BGH NStZ 2010, 406; 2012, 521 für Vernehmung eines Richters nach Zeugnisverweigerung). Das ist jedoch nicht zulässig, wenn der Vernehmungsbeamte erklärt, er könne lediglich die Richtigkeit der Protokollierung versichern, sich an den Inhalt der Vernehmung aber nicht (mehr) erinnern (vgl. zuletzt BGH StV 2001, 386; zu allem a. OLG Frankfurt am Main StV 1996, 202 und *Mosbacher*, a.a.O.). Für den Vorhalt gelten i.ü. die allgemeinen Ausführungen bei → *Vorhalt von und aus Urkunden*, Rdn 3424, entsprechend).

5. Hinweise für den Verteidiger!

2994 Die Verlesung von Protokollen zur Feststellung eines Geständnisses des Angeklagten ist wegen der erheblichen Folgen, die an diese Form des Urkundenbeweises geknüpft werden können (s.o. Rdn 2983), für den Verteidiger eine **schwierige Situation**, in der er besonders auf die Beachtung der Rechte seines Mandanten **achten** muss.

2995 a) So muss der Verteidiger darauf **bestehen**, dass **ausschließlich frühere**, ordnungsgemäß zustande gekommene richterliche Protokolle verlesen werden, da nur sie die Feststellung eines früheren Geständnisses oder Widersprüche zu einer früheren Einlassung des Angeklagten zulassen.

🖉 Die Verlesung wird zunächst vom **Vorsitzenden** nach § 238 Abs. 1 **angeordnet**. Er bestimmt auch den Umfang der Verlesung, also z.B., ob eine vor der richterlichen Vernehmung durchgeführte polizeiliche Vernehmung mitverlesen werden soll. Der Verteidiger muss, wenn er die Verlesung überhaupt oder den angeordneten Umfang für unzulässig hält, die Verlesung beanstanden, um so gem. **§ 238 Abs. 2** einen Gerichtsbeschluss herbeizuführen.

2996 b) Das gilt besonders, wenn nach den o.a. Ausführungen ein **BVV** besteht. Zwar ist das grds. von Amts wegen zu beachten. Nach der Rspr. des BGH zum „Widerspruch" muss jedoch der Verwertung einer – nach Ansicht des Verteidigers unverwertbaren – Vernehmung so **früh wie möglich widersprochen** werden (s.u.a. BGHSt 26, 332; 38, 214; 42, 86). Das Unterlassen des Widerspruchs führt zu einem **Rügeverlust** in der Revisionsinstanz (zur Kritik an dieser Rspr. mit beachtenswerten Argumenten u.a. *Dornach* NStZ 1995, 59 ff.; *Maul/Eschelbach* StraFo 1996, 66 ff.; *Widmaier* NStZ 1992, 519, 520). Der Verteidiger sollte mit seinem Widerspruch auch nicht bis zu dem in § 257 genannten Zeitpunkt warten (→ *Erklärungen des Verteidigers*, Rdn 1451), sondern schon vor der Verlesung widersprechen. Was nicht verwertet werden darf, hat in der Beweisaufnahme nichts zu suchen (zu allem eingehend → *Widerspruchslösung*, Rdn 3433).

🖉 Im Zweifel wird der Verteidiger daher der Verlesung eines (Vernehmungs-) Protokolls **widersprechen** und auf jeden Fall ausdrücklich **beantragen**, gem. § 255 den Grund für die Verlesung zu **protokollieren**. Auf diese Weise zwingt er nämlich das Gericht, die Zulässigkeit der vorgesehenen Verlesung genau zu prüfen und erfährt in Zweifelsfällen, warum das Gericht die Verlesung für zulässig hält. Außerdem muss er darauf achten, dass sein „**Widerspruch**" in das → *Protokoll der Hauptverhandlung*, Rdn 2092, aufgenommen wird.

🖉 Der Verteidiger sollte auf jeden Fall die Verlesung auch dann **beanstanden**, wenn ein richterliches Protokoll verlesen werden soll, das lediglich auf eine **polizeiliche Vernehmung Bezug** nimmt, ohne diese wenigstens inhaltlich zu wiederholen (vgl. dazu z.B. BGHSt 6, 279). Die Verwendung einer solchen „Vernehmung" ist unzulässig.

c) Wird bei der (Zeugen-)Vernehmung eines Vernehmungsbeamten diesem das von ihm aufgenommene **polizeiliche Protokoll vorgehalten**, muss der Verteidiger darauf achten, dass der Zeuge vorweg zunächst berichtet hat, was er noch aus eigener Erinnerung weiß. Erinnert der Beamte sich nicht mehr an die Vernehmung und/oder ihren Inhalt, darf das nichtrichterliche Protokoll nicht im Wege des Urkundenbeweises verlesen werden (OLG Frankfurt am Main StV 1996, 202; vgl. aber *Mosbacher* NStZ 2014, 1, 4 ff.; → *Verlesung von Protokollen früherer Vernehmungen/sonstiger Erklärungen*, Rdn 3014; → *Vorhalt aus und von Urkunden*, Rdn 3424). 2997

🖉 Soll die unzulässige Verwertung eines Geständnisprotokolls in der HV mit der revisionsrechtlichen **Verfahrensrüge** geltend gemacht werden, muss auf die insoweit bestehenden **strengen Anforderungen** an die Begründung der Rüge (§ 344 Abs. 2 S. 2 [!]) geachtet werden (vgl. dazu z.B. BGH NStZ 1999, 154).

Siehe auch: → *Protokollverlesung nach Zeugnisverweigerung*, Rdn 2126; → *Protokollverlesung zur Gedächtnisstützung*, Rdn 2147; → *Unmittelbarkeitsgrundsatz*, Rdn 2690; → *Urkundenbeweis, Allgemeines*, Rdn 2721.

Verlesung von Leumundszeugnissen 2998

1. § 256 Abs. 1 Nr. 1 Buchst. c) **schließt** die **Verlesung** von Leumundszeugnissen **ausdrücklich aus**. Sie dürfen daher auch dann nicht verlesen werden, wenn sich die Prozessbeteiligten damit einverstanden erklären (RG HRR 1936, 856). Es ist unerheblich, ob die Zeugnisse den Angeklagten, einen Zeugen oder einen sonstigen Dritten betreffen (*Meyer-Goßner/Schmitt*, § 256 Rn 7 m.w.N.). Der Ausschluss in § 256 Abs. 1 Nr. 1 Buchst. c) bezieht sich auf die gesamte Nr. 1 und nicht nur auf die Nr. 1 Buchst. c) (*Meyer-Goßner/Schmitt*, a.a.O.). 2999

| V | Verlesung von Protokollen/Erklärungen der Strafverfolgungsbehörden |

3000   ✍ Will der **Verteidiger** in der HV Feststellungen über den Leumund des Angeklagten, eines Zeugen oder eines Dritten treffen (lassen), muss er dazu **Zeugenbeweis** antreten (RGSt 53, 280).
Eine andere Möglichkeit, das Leumundszeugnis – ohne förmliche Ladung eines Zeugen und ohne eigentliche Feststellung – im Verfahren (wenigstens) wirken zu lassen, ist es, einen → *Beweisantrag*, Rdn 835, oder → *Hilfsbeweisantrag*, Rdn 1708, zum Leumund zu stellen. Dabei kommt dann das Leumundszeugnis zur Verlesung (*Dahs*, Rn 640).

3001   2. Unter den **Begriff** Leumundszeugnis fallen alle (Wert-)Äußerungen über den Ruf, den der Angeklagte, ein Zeuge oder ein Dritter bei anderen genießt, sowie alle Angaben über die **Persönlichkeit, Fähigkeiten** und **Eigenschaften**, wie z.B. Glaubwürdigkeit, berufliches Können usw. Zu Leumundszeugnissen zählen Schulzeugnisse, Beurteilungen von Dienstvorgesetzten, Berichte von Jugendämtern und der JVA über die Führung eines Gefangenen (*Meyer-Goßner/Schmitt*, § 256 Rn 9 m.w.N.).

3002 Verlesung von Protokollen/Erklärungen der Strafverfolgungsbehörden

> **Das Wichtigste in Kürze:**
> 1. Nach § 256 Abs. 1 Nr. 5 dürfen auch Protokolle sowie in einer Urkunde enthaltene Erklärungen der Strafverfolgungsbehörden über Ermittlungshandlungen verlesen werden, soweit diese nicht eine Vernehmung zum Gegenstand haben.
> 2. Erfasst werden Protokolle und Vermerke über Routinevorgänge, wie Beschlagnahme, Spurensicherung, Durchführung einer Festnahme, Sicherstellungen, Hausdurchsuchungen, Wiegen sichergestellter Betäubungsmittel usw.
> 3. Ausdrücklich ausgeschlossen ist nach § 256 Abs. 1 Nr. 5 letzter Hs. die Verlesung von solchen Protokollen oder Erklärungen, die eine Vernehmung zum Gegenstand.
> 4. Der Verteidiger muss sich frühzeitig mit der Möglichkeit der Verlesung eines SV-Gutachtens beschäftigen und ggf. der vom Vorsitzenden angeordneten Verlesung widersprechen.

3003   Literaturhinweise: **Breyer**, StPO: Justizmodernisierungsgesetz, Die 12 wichtigsten Änderungen im Strafverfahren, PA 2004, 174; **Burhoff**, Verfahrensrechtliche Änderungen im Strafverfahren durch das 1. JuMoG und das OpferRRG, ZAP F. 22, S. 389; **Hirtz/Sommer**, 1. Justizmodernisierungsgesetz, 2004; **Knauer/Wolf**, Zivilprozessuale und strafprozessuale Änderungen durch das Erste Justizmodernisierungsgesetz – Teil 2: Änderungen der StPO, NJW 2004, 2932; **Neuhaus**, Die Änderungen der StPO durch das Erste Justizmodernisierungsgesetz vom 24.8.2004, StV 2005, 47; **Sommer**, Moderne Strafverteidigung – Strafprozessuale Änderungen des Ersten Justiz-

Verlesung von Protokollen/Erklärungen der Strafverfolgungsbehörden   V

modernisierungsgesetzes, AnwBl. 2004, 506; *ders.*, Moderne Strafverteidigung – Strafprozessuale Änderungen des Ersten Justizmodernisierungsgesetzes, StraFo 2004, 295; s.a. die Hinw. bei → *Urkundenbeweis, Allgemeines,* Rdn 2721.

1. Die StPO sah **früher** keine Möglichkeit vor, Protokolle oder Erklärungen der Strafverfolgungsbehörden über Ermittlungsvorgänge zu verlesen. Daher wurde die **Verlesung** von Mitteilungen über **Ermittlungsvorgänge**, die aus Anlass des Verfahrens entstanden sind, als **unzulässig** angesehen (vgl. z.B. BGH NStZ 1982, 79 [Verlesung eines polizeilichen Observationsberichts]; NStZ 1995, 143 [Verlesung eines Polizeiberichts über eine Fluchtwegmessung]; BayObLG StV 2000, 9 [polizeilicher Ermittlungsbericht]). Eine „geradezu **radikale Änderung**" (*Knauer/Wolf* NJW 2004, 2932, 2936) hat dann das 1. **JuMoG** gebracht. Nach (dem dadurch eingeführten) § 256 Abs. 1 Nr. 5 dürfen nun auch Protokolle sowie in einer Urkunde enthaltene Erklärungen der Strafverfolgungsbehörden über Ermittlungshandlungen verlesen werden, soweit diese nicht eine Vernehmung zum Gegenstand haben. Damit ist eine Entlastung der Strafverfolgungsbehörden und der HV bezweckt (BT-Drucks 15/1508, S. 26).

3004

Diese (Neu-)Regelung ist zu Recht **erheblich kritisiert** worden (vgl. u.a. *Knauer/ Wolf*, a.a.O.; *Neuhaus* StV 2005, 52; *Sommer* AnwBl. 2004, 298; *Hirtz/Sommer*, 1. Justizmodernisierungsgesetz, S. 93; besonders krit. die Stellungnahme der Strafverteidigervereinigungen, S. 9 und die Stellungnahme von BRAK/DAV zum strafprozessualen Teil des JuMoG, S. 10). Sie schränkt nämlich den Grundsatz der Unmittelbarkeit erheblich ein, weil die einzelnen Maßnahmen der Ermittlungsbeamten nicht mehr durch Vernehmung der Polizisten als Zeugen, sondern vor allem durch Verlesung der polizeilichen Vermerke in den Prozess eingeführt werden können/sollen. Die Befragung des Zeugen ist aber häufig notwendig, weil sich nur so Widersprüche aufklären lassen und durch weitere Nachfragen konkrete Entlastungs- und – aus Sicht der StA – ggf. auch Belastungsmomente gewinnen lassen (*Knauer/Wolf*, a.a.O.).

2.a) § 256 Abs. 1 Nr. 5 **erlaubt** die **Verlesung** von **Protokollen** sowie in einer Urkunde enthaltenen **Erklärungen** der Strafverfolgungsbehörden über **Ermittlungshandlungen**, soweit diese nicht eine Vernehmung zum Gegenstand haben. Das sind Protokolle und Vermerke über (Routine)**Vorgänge**, wie Beschlagnahme, Spurensicherung, Durchführung einer Festnahme (vgl. BGH NStZ-RR 2014, 132 [Ci/Zi]), Sicherstellungen, Hausdurchsuchungen, Wiegen sichergestellter Betäubungsmittel (BGH, a.a.O.), Zeitpunkt der Erstattung einer Strafanzeige (BGH NStZ 2008, 529) usw. (vgl. BT-Drucks 15/1508, S. 26). Die Gesetzesbegründung (BT-Drucks 15/1508, a.a.O.) geht davon aus, dass in diesen Fällen der Polizeibeamte oder Angehörige der Strafverfolgungsbehörde in der HV i.d.R. kaum mehr bekunden können als das, was im Protokoll/Vermerk bereits festgelegt ist (vgl. OLG Düsseldorf NStZ 2008, 358). Das dürfte allerdings nicht selten zumindest

3005

1281

fraglich sein, da sich häufig erst in der HV bei der Befragung des Beamten Umstände ergeben, auf die es ankommt, die aber z.B. in einem Tatortbericht nicht erwähnt sind. Als verlesbar nach § 256 Abs. 1 S. 5 ist auch ein **Messprotokoll** und die Stellungnahem zum Tatort und zur dort bestehenden Geschwindigkeitsbeschränkung angesehen worden (OLG Hamm VRR 2014, 477 m. Anm. *Deutscher*).

3006 Ob es sich um Protokolle und Vermerke von sog. „**Routinevorgängen**" handeln muss, oder ob auch andere Maßnahmen erfasst werden, ist in Rspr. und Lit. nicht abschließend geklärt. Das OLG Celle geht davon aus, dass der Wortlaut der Vorschrift auch nicht routinemäßig erstellte Protokolle und Vermerke erfasse. Mit Ausnahme von Vernehmungen erlaube das Gesetz grds. die Verlesung aller Protokolle und Vermerke über polizeiliche Ermittlungshandlungen (vgl. OLG Celle NStZ 2014, 175; s. wohl a. *Meyer-Goßner/Schmitt* § 256 Rn 26; Ratke/Hohmann/*Pauly/Folkert-Hösser*, § 256 Rn 19). Eine Beschränkung erfahre die Verlesungsmöglichkeit nur durch die Aufklärungspflicht nach § 244 Abs. 2. Nach der Gesetzesbegründung (vgl. BT-Drucks 15/1508, S. 26) spricht m.E. mehr dafür, die Vorschrift auf Routinevorgänge zu beschränken. Den die weitere Auffassung ist m.E. nicht zwingend und schränkt die Unmittelbarkeit der Hauptverhandlung(§ 250) noch mehr ein, als sie durch die Regelung der Nr. 5 so oder so schon eingeschränkt wird. Der **Augenschein** einer Videoaufzeichnung des Lebensvorgangs, den der Tatrichter zu beurteilen hat, ist kein Routinevorgang, ein darüber gefertigter Vermerk fällt daher nicht unter § 256 Abs. 1 Nr. 5 (OLG Düsseldorf NStZ 2008, 358).

Ob ein **Gerichtshilfebericht** von Nr. 5 erfasst wird, hat der BGH offengelassen (vgl. BGH NStZ 2008, 709).

3007 b) Bei den zu verlesenden Unterlagen muss es sich **nicht** um solche handeln, die den **Verfahrensgegenstand** betreffen. § 256 Abs. 1 Nr. 5 ist auch insoweit uneingeschränkt formuliert, sodass Erklärungen über Ermittlungshandlungen aus anderen Verfahren ebenfalls verlesen werden können (*Meyer-Goßner/Schmitt*, § 256 Rn 26).

3008 3. **Ausdrücklich ausgeschlossen** ist nach § 256 Abs. 1 Nr. 5 letzter Hs. die Verlesung von solchen Protokollen oder Erklärungen, die eine **Vernehmung** zum **Gegenstand** haben. Diese können nur nach § 251 oder nach anderen Vorschriften verlesen werden (*Meyer-Goßner/Schmitt*, § 256 Rn 27; BT-Drucks 15/1508, S. 27; → *Verlesung von Protokollen früherer Vernehmungen/sonstiger Erklärungen*, Rdn 3014; → *Verlesung von Geständnisprotokollen*, Rdn 2980. Das ist auch in der Gesetzesbegründung ausdrücklich klargestellt (BT-Drucks, a.a.O.). Dabei ist der Begriff der „Vernehmung" **weit** zu fassen (*Meyer-Goßner/ Schmitt*, a.a.O.; *Hirtz/Sommer*, 1. Justizmodernisierungsgesetz, S. 96; *Knauer/Wolf* NJW 2004, 2936). Es ist daher nicht nur die Verlesung solcher Protokolle unzulässig, die eine Vernehmung i.e.S. betreffen. Nicht verlesen werden dürfen darüber hinaus auch sonstige Vermerke oder Schlussberichte, soweit darin der Inhalt der Vernehmung wiedergegeben wird (BT-Drucks, a.a.O.). D.h., dass auch Erklärungen/Berichte, die Angaben zu sog. informatorischen Befragungen enthalten, nicht verlesen werden dürfen (zum Vernehmungsbegriff eingehend *Burhoff*, EV, Rn 3944).

Von der Verlesung ausgeschlossen sind alle Protokolle/Erklärungen, die **unmittelbar** oder **mittelbar** Angaben zu Zeugenvernehmungen enthalten (*Hirtz/Sommer*, a.a.O.; wohl a. *Meyer-Goßner/Schmitt*, a.a.O.). Nicht ausgeschlossen ist nach der Rspr. des BGH aber die Verlesung einer Niederschrift über die Erstattung einer Strafanzeige zum Zweck des Beweises der äußeren Umstände, wie z.B. der Uhrzeit der Protokollierung.

4. Hinweise für den Verteidiger!

Für das **Verfahren**/das Verhalten in der HV ist in Zusammenhang mit der Verlesung nach § 256 Abs. 1 Nr. 5 auf folgende Punkte **hinzuweisen** (vgl. die ähnlichen Hinw. bei → *Verlesung von Gutachten allgemein vereidigter Sachverständiger*, Rdn 2974 ff.):

a) Der Verteidiger muss sich **frühzeitig** mit der Möglichkeit der Verlesung einer entsprechenden Erklärung nach § 256 Abs. 1 Nr. 5 **beschäftigen**. Dass das Gericht beabsichtigt, die ermittelnden (Polizei-)Beamten nicht zu vernehmen, wird der Verteidiger spätestens aus der Ladung zur HV entnehmen können. Spätestens dann, muss er mit dem Mandanten erörtern, ob die Verlesung des Ermittlungsberichts ausreicht oder ob ggf. Zeugen zu hören sind (s.a. *Krenberger* zfs 2014, 651 für das Bußgeldverfahren in der Anm. zu OLG Hamm VRR 2014, 477). Dazu ist der Mandant – soweit dieser zum jeweiligen Ermittlungsvorgang Angaben machen kann – eingehend zu befragen.

3009

Es ist dann zu **prüfen**, ob in diesem Fall nicht ein → *Beweisantrag zur Vorbereitung der Hauptverhandlung*, Rdn 995, gestellt wird, in dem die Bedenken des Verteidigers gegen die bloße Verlesung des Ermittlungsberichts darlegt werden. Das gibt dem Gericht die Möglichkeit, sich schon frühzeitig mit diesen Argumenten des Verteidigers zu beschäftigen und ggf. vorsorglich den Ermittlungsbeamten im Rahmen der → *Aufklärungspflicht des Gerichts*, Rdn 329, doch zur HV zu laden. Der Verteidiger hat, wenn dieser (Beweis-)Antrag vom Vorsitzenden abgelehnt wird, ggf. noch die Möglichkeit, den Ermittlungsbeamten als → *Präsentes Beweismittel*, Rdn 2036, zu laden.

b) In der **HV** wird die Verlesung des Protokolls/der Erklärung vom **Vorsitzenden angeordnet**. Es handelt sich um eine Maßnahme der → *Verhandlungsleitung*, Rdn 2889. Der Verteidiger muss die angeordnete Verlesung beanstanden, wenn er sie für unzulässig hält (vgl. a. BGH StraFo 2009, 152). Es entscheidet dann gem. **§ 238 Abs. 2** das Gericht.

3010

| V | Verlesung von Protokollen/Erklärungen der Strafverfolgungsbehörden |

3011 **Widersprechen** muss/sollte der Verteidiger der Verlesung insbesondere,

- wenn er allgemein der Auffassung ist, dass die **Verlesung nicht** (mehr) **ausreicht**, sondern ggf. der Verfasser gehört werden muss, weil es sich nicht um einen „Routinevorgang" handelt, was insbesondere der Fall sein kann, wenn sich nachträglich in der HV Umstände herausgestellt haben, die den Beweiswert der in dem Protokoll getroffenen Feststellungen relativieren (vgl. das Bsp. bei *Hirtz/Sommer*, 1. Justizmodernisierungsgesetz, S. 95: Der exakte, im Ermittlungsbericht aber nicht exakt festgehaltene Fundort eines Gegenstandes in einer Wohnung kann dann Bedeutung erlangen, wenn sich nachträglich in der HV herausstellt, dass in der Wohnung nicht nur der Angeklagte, sondern auch andere Personen leben),
- wenn in dem Protokoll/der Erklärung unmittelbar oder mittelbar **Bekundungen** von **Zeugen** enthalten sind und diese für die Entscheidung Bedeutung haben können,
- wenn der Verteidiger Anlass hat, an der **Objektivität** des **Verfassers** des Protokolls/der Erklärung zu zweifeln (vgl. dazu *Meyer-Goßner/Schmitt*, § 256 Rn 1 f.),
- wenn die → *Aufklärungspflicht des Gerichts*, Rdn 329, die persönliche Vernehmung des Verfassers der Erklärung/des Protokolls erfordert, was z.B. der Fall sein kann, wenn die **Beweisfrage**, die durch die Verlesung beantwortet werden soll, sich anhand des verlesenen Schriftstücks **nicht eindeutig** beantworten lässt,
- wenn ein **BVV** besteht (→ *Beweisverwertungsverbote*, *Allgemeines*, Rn 313).

> ✍ Der Verteidiger muss in diesen Fällen seinen **Widerspruch eingehend begründen**. Das empfiehlt sich schon deshalb, um später, wenn in der Revision ggf. die Aufklärungsrüge damit begründet werden soll, dass das Gericht den Verfasser des Protokolls/der Erklärung hätte vernehmen müssen, darlegen zu können, warum sich dem Gericht diese Art der Beweiserhebung hätte aufdrängen müssen.

3012 c) Im Zweifel muss der Verteidiger einen **Beweisantrag** stellen (s. auch *Burhoff* StRR 2014, 68 in der Anm. zu OLG Celle NStZ 2014, 175), für den die allgemeinen Regeln gelten (→ *Beweisantrag, Inhalt*, Rdn 951). Gerade hier muss er aber damit rechnen, dass sein Antrag mit der Begründung, er sei „ins Blaue hinein" gestellt, abgelehnt wird. Ggf. muss der Verteidiger das Gericht an die sich aus § 244 Abs. 2 ergebende → *Aufklärungspflicht des Gerichts*, Rdn 329, erinnern (vgl. dazu BT-Drucks 15/1508, S. 26 f.). In den in Rdn 3011 aufgezählten Fällen wird die Aufklärungspflicht das Gericht i.d.R. zwingen, den Verfasser persönlich zu vernehmen und auf die bloße Verlesung des Protokolls/der Erklärung zu verzichten (vgl. a. *Meyer-Goßner/Schmitt*, § 256 Rn 26 [„es wird in besonderem Maße auf die Einhaltung der Aufklärungspflicht zu achten sein"]).

3013 d) Für die **Revision** gelten die Ausführungen bei → *Verlesung von Gutachten allgemein vereidigter Sachverständiger*, Rdn 2978, entsprechend.

Verlesung von Protokollen früherer Vernehmungen/sonstiger Erklärungen

3014

> **Das Wichtigste in Kürze:**
> 1. Die Verlesung von Vernehmungsprotokollen ist unter bestimmten Voraussetzungen zulässig.
> 2. Für die Zulässigkeit der Verlesung ist entscheidend die Stellung, die die Auskunftsperson bei einer Vernehmung im Verfahren hätte.
> 3. Verlesen werden dürfen nach § 251 Abs. 1 grds. nur richterliche Protokolle, die ordnungsgemäß zustande gekommen sein müssen.
> 4. Die Verlesung anderer als richterlicher Protokolle richtet sich nach § 251 Abs. 2. Von dieser Vorschrift werden insbesondere Protokolle erfasst, die von Polizei-, Finanz-, Bußgeld- oder anderen Behörden, gleichgültig in welchem Verfahren, aufgenommen worden sind.
> 5. Nach § 251 Abs. 3 ist die Verlesung immer zulässig, wenn sie verfahrensrechtliche Entscheidungen vorbereiten soll.
> 6. Das Gericht entscheidet durch zu begründenden Beschluss über die Verlesung.
> 7. Der Verteidiger muss die Frage, ob frühere Vernehmungsprotokolle verlesen werden sollen, sorgfältig prüfen.

Literaturhinweise: **Beulke**, Die Unmittelbarkeit der Beweisaufnahme in der Hauptverhandlung, §§ 250 ff. StPO, JA 2008, 758; **Burhoff**, Verfahrensrechtliche Änderungen im Strafverfahren durch das 1. JuMoG und das OpferRRG, ZAP F. 22, S. 389; **Cornelius**, Konfrontationsrecht und Unmittelbarkeitsgrundsatz, NStZ 2008, 244; **El-Ghazi/Merold**, Die Vernehmung des Richters als Verhörsperson vor dem Hintergrund des § 252 StPO, StV 2012, 250; **Engelbrecht**, Die Auswirkungen des ersten Gesetzes zur Modernisierung der Justiz (1. Justizmodernisierungsgesetz – JuMoG) auf das verkehrsrechtliche Mandat, DAR 2004, 494; **Gubitz/Bock**, Die Verlesung von Vernehmungsniederschriften in der strafrechtlichen Hauptverhandlung, NStZ 2008, 958; **Hirtz/Sommer**, 1. Justizmodernisierungsgesetz, 2004; **Jäger**, Das Zeugnisverweigerungsrecht des verschwundenen Zeugen, JA 2014, 712; **Knauer/Wolf**, Zivilprozessuale und strafprozessuale Änderungen durch das Erste Justizmodernisierungsgesetz – Teil 2: Änderungen der StPO, NJW 2004, 2932; **Kohlhaas**, Die Verlesung von Niederschriften über frühere Vernehmungen in der Hauptverhandlung (§ 251 StPO), NJW 1954, 535; **Meyer**, Die Zulässigkeit der Ersetzung einer Aussage des nach § 55 StPO die Aussage verweigernden Zeugen durch Verlesung eines nichtrichterlichen Protokolls gem. § 251 Abs. 2 StPO, MDR 1977, 543; **Mitsch**, Protokollverlesung nach berechtigter Auskunftsverweigerung (§ 55 StPO) in der Hauptverhandlung, JZ 1992, 174; **Mosbacher**, Zur Zulässigkeit vernehmungsergänzender Verlesung, NStZ 2014, 1; **Neuhaus**, Die Änderungen der StPO durch das Erste Justizmodernisierungsgesetz vom 24.8.2004, StV 2005, 47; **Park**, Revisionsrechtliche Aspekte der Verlesung von Vernehmungsniederschriften und schriftlichen Erklärungen gem. § 251 StPO, StV 2000, 218; **Sommer**, Moderne Strafverteidigung – Strafprozessuale Änderungen des Ersten Justizmodernisierungsgesetzes, AnwBl. 2004, 506; *ders.*, Moderne Strafverteidigung – Strafprozessuale Änderungen des Ersten Justizmodernisierungsgesetzes, StraFo 2004, 295; **ter Veen**, Das unerreichbare Beweismittel und seine prozessualen Folgen – eine Übersicht zur Rechtsprechung des BGH und anderer Obergerichte, StV 1985, 295; **Velten**, Der Auslandszeuge als Einbruchstelle für den Abbau von Verteidigungsrechten und Unmittelbarkeitsgrundsatz im Namen

3015

| V | Verlesung von Protokollen früherer Vernehmungen/sonstiger Erklärungen |

der Prozeßökonomie, StV 2007, 97; **Widmaier**, Zum Verwertungsverbot wegen Verstoßes gegen § 168c Abs. 5 StPO, in: Festgabe *Heino Friebertshäuser*, 1997, S. 185; s.a. die Hinw. bei → *Protokollverlesung nach Zeugnisverweigerung*, Rdn 2126; → *Protokollverlesung zur Gedächtnisstützung*, Rdn 2147; → *Urkundenbeweis, Allgemeines*, Rdn 2721 und → *Verlesung von Geständnisprotokollen*, Rdn 2980.

3016 1. **§ 251 durchbricht** das in § 250 (→ *Unmittelbarkeitsgrundsatz*, Rdn 2690) enthaltene **Beweismittelverbot** ohne Rücksicht auf Art und Schwere des Tatvorwurfs (BGH NStZ 1985, 230), indem die Verlesung von Vernehmungsprotokollen im Wege des Urkundenbeweises unter bestimmten Voraussetzungen für zulässig erklärt wird. Nach den Änderungen durch das 1. JuMoG erfasst § 251 Abs. 1 alle Vernehmungsniederschriften und schriftlichen Erklärungen (vgl. Rdn 3026). § 251 Abs. 2 enthält zudem zusätzliche Regelungen für die richterlichen Vernehmungsniederschriften (vgl. Rdn 3019 ff.). Insoweit sind durch das 1. JuMoG aber nur **sprachliche Änderungen** vorgenommen worden, sodass die umfangreiche Rspr. und Lit. zu § 251 a.F. anwendbar geblieben ist. **§ 251 Abs. 1 Nr. 3** enthält schließlich eine Verlesungsmöglichkeit für Niederschriften oder Urkunden über das Vorliegen oder die Höhe eines Vermögensschadens (vgl. dazu Rdn 3032).

3017 Im Folgenden werden nur die **Grundzüge** und die Umstände dargestellt, auf die der Verteidiger in der HV besonders achten muss (zur Verwertung von Bild-Ton-Aufzeichnungen gem. § 255a → *Vorführung von Bild-Ton-Aufzeichnungen*, Rdn 3396 ff.). I.Ü. wird auf die Komm. zu § 251 bei *Meyer-Goßner/Schmitt* verwiesen; s. auch noch *Park* StV 2000, 218 ff.; Alsberg/*Dallmayer*, Rn 450 ff.).

3018 2. **Entscheidend** für die **Zulässigkeit** der Verlesung eines früheren Vernehmungsprotokolls gem. § 251 ist nicht die Stellung, die die Auskunftsperson (Zeuge, SV oder Mitangeklagter) im Zeitpunkt der Aufnahme der (zu verlesenden) Vernehmung hatte, sondern die **Rolle**, die sie bei einer Vernehmung im **gegenwärtigen Verfahren** einnehmen würde (BGHSt 10, 186; BGH NStZ 2010, 403; LR-*Sander-Cirener*, § 251 Rn 43). Es kann daher auch die Aussage eines **früheren Mitbeschuldigten** verlesen werden, gegen den das Verfahren erledigt oder abgetrennt ist (BGH, a.a.O.; NJW 1985, 76; *Meyer-Goßner/ Schmitt*, § 251 Rn 4 m.w.N.). Das gilt aber dann **nicht**, wenn dem früheren Beschuldigten, würde er jetzt als Zeuge vernommen, ein → *Zeugnisverweigerungsrecht*, Rdn 3552, nach den §§ 52 ff. zustehen würde (BGHSt 10, 186; OLG Koblenz StV 2014, 330; s.a. → *Protokollverlesung nach Zeugnisverweigerung*, Rdn 2126).

> ⚠ § 251 erfasst aber **nicht** die **Verlesung** von **Protokollen** früherer **Vernehmungen/ Erklärungen** des **Angeklagten** oder von **Mitangeklagten** (vgl. BGH NStZ 2012, 322 zur (vernehmungsergänzenden) Verlesung einer Erklärung des Mitangeklagten aus einem anderen Verfahren; zur Zulässigkeit vernehmungsergänzender Verlesung a. *Mosbacher* NStZ 2014, 1). Diese richtet sich i.Ü. nach §§ 231a Abs. 1 S. 2, 233 Abs. 2 S. 2 und 254 (OLG Köln NJW 1982, 2457 [Ls.]; → *Entbindung des Angeklagten vom Er-*

scheinen in der Hauptverhandlung, Rdn 1386; → *Selbst herbeigeführte Verhandlungsunfähigkeit*, Rdn 2493; → *Verlesung von Geständnisprotokollen*, Rdn 2980).

3. § 251 Abs. 2 erlaubt unter bestimmten Voraussetzungen die Verlesung von **richterlichen Protokollen.** 3019

a) I.d.R. handelt es sich um richterliche Protokolle aus dem **EV** (§§ 162, 168c, 169), um Niederschriften aus einer **früheren HV**, auch wenn diese nur nach § 273 Abs. 2 protokolliert worden sind (BGHSt 24, 183; → *Protokoll der Hauptverhandlung*, Rdn 2092), oder um Vernehmungen aus **anderen (Straf-)Verfahren** (BGHSt 10, 186 m.w.N.). 3020

b) Die Protokolle müssen **ordnungsgemäß**, unter Beachtung der für das jeweilige Verfahren geltenden Förmlichkeiten und der sonstigen Formvorschriften (vgl. die Bsp. bei *Meyer-Goßner/Schmitt*, § 251 Rn 31; *Park* StV 2000, 219; s.a. die Bsp. bei → *Verlesung von Geständnisprotokollen*, Rdn 2985 ff.) **zustande gekommen** sein (zur Verlesung fehlerhaft zustande gekommener richterlicher Protokolle gem. § 251 Abs. 1 s.u. Rdn 3026). Dazu gehört insbesondere, dass die in §§ 168c, 224 Abs. 1 vorgesehenen **Terminsbenachrichtigungen** rechtzeitig erfolgt sind (st. Rspr.; vgl. u.a. BGHSt 9, 24; 31, 140 m.w.N.; zu einem Verwertungsverbot bei fehlerhaft unterbliebener Verteidigerbenachrichtigung BGH NJW 1999, 3133 [Ls.; fehlerhafte Annahme der Gefährdung des Untersuchungserfolgs i.S.v. § 168c Abs. 5]; NJW 2003, 3142; KK-*Diemer*, § 251 Rn 19 m.w.N.; zum verneinten BVV wegen Verstoßes gegen die Benachrichtigungspflicht des Verteidigers eines Mitbeschuldigten für die anderen Beschuldigten des Verfahrens BGHSt 53, 191 mit krit. Anm. *Fezer* NStZ 2009, 524; zu den Teilhaberechten der Verteidigung an Ermittlungshandlungen s.a. *Burhoff*, EV, Rn 2099 ff., 4002 ff.; zu Vernehmungen im Ausland *Meyer-Goßner/Schmitt*, § 251 Rn 34 ff. m.w.N.). 3021

Für (richterliche) Vernehmungsprotokolle über Vernehmungen, bei denen **§ 69 nicht beachtet** worden ist, wenn also der Zeuge sich sogleich auf eine frühere Vernehmung berufen hat, ohne sich erst im Zusammenhang zum Vernehmungsgegenstand zu äußern, gilt: § 69 ist zwingendes Recht (BGH NJW 1953, 35, 231; StV 1981, 269). Das bedeutet, dass das Protokoll in der HV nicht gem. § 251 verlesen werden darf (LR-*Ignor/Bertheau*, § 69 Rn 16 [für § 69 Abs. 1 S. 1]; *Meyer-Goßner/Schmitt*, § 69 Rn 13; KK-*Diemer*, § 251 Rn 17). Geschieht das dennoch, kann das die Revision begründen, wenn das Urteil darauf beruht (BGH, a.a.O.). 3022

☝ Nach der Rspr. des BGH (NStZ 1998, 312 m.w.N. [für Verstoß gegen § 168c Abs. 5]) dürfte aber eine Verlesung nach **§ 251 Abs. 1** in Betracht kommen. Zu erwägen ist, ob in diesen Fällen nicht auch die **Vernehmung** des **Richters unzulässig** ist. Denn ebenso wie der Verstoß gegen die Benachrichtigungspflicht des § 168c Abs. 5 zu einem umfassenden BVV führt (*Burhoff*, EV, Rn 3296), muss

| V | Verlesung von Protokollen früherer Vernehmungen/sonstiger Erklärungen |

das – wegen der erheblichen Bedeutung einer richterlichen Vernehmung – m.E. auch bei einem Verstoß gegen sonstiges zwingendes Verfahrensrecht gelten. Auch ein Vorhalt wäre dann unzulässig (zum **Widerspruch** gegen die Verlesung s.u. Rdn 3044).

c) Die Verlesung richterlicher Protokolle ist nach § 251 Abs. 2 unter folgenden gesetzlichen **Voraussetzungen zulässig**:

3023 Krankheit, Gebrechlichkeit u.a.

▪ **Nr. 1** erlaubt die Verlesung bei **Krankheit**, **Gebrechlichkeit** oder anderen **nicht** zu **beseitigenden Hindernissen** (z.B. Weigerung eines dauernd außerhalb des Geltungsbereichs der StPO wohnenden Zeugen, in der HV zu erscheinen, BGHSt 32, 68; vgl. a. KK-*Diemer*, § 251 Rn 24 f. m.w.N.; zur **V-Mann**-Problematik → *V-Mann in der Hauptverhandlung*, Rdn 3336; → *Verwertung der Erkenntnisse eines [gesperrten] V-Mannes*, Rdn 3241). Die Begriffe stimmen mit denen des **§ 223 Abs. 1** überein (vgl. dazu *Meyer-Goßner/Schmitt*, § 223 Rn 2 ff.; → *Kommissarische Vernehmung eines Zeugen oder Sachverständigen*, Rdn 1793). Diese Umstände müssen dem Erscheinen in der HV längere oder ungewisse Zeit entgegenstehen. **Abzuwägen** sind insoweit die Bedeutung der Sache, die Wichtigkeit der Zeugenaussage, das Beschleunigungsinteresse und die Pflicht zur erschöpfenden Sachaufklärung (BGH NStZ-RR 1997, 268 m.w.N. [Verhinderung in einem Mordverfahren für einmonatige Reise eines wichtigen Zeugen nach Indien verneint]; zur Verwertbarkeit einer ausländischen Zeugenvernehmung BGH NStZ 2000, 547; OLG München StV 2006, 464 [mehrmonatige Verzögerung bei wichtigen Zeugen ist in einer Nichthaftsache hinzunehmen]; zum **unbekanntem Aufenthalt** der Auskunftsperson vgl. die entsprechend anwendbaren Rspr.-Zitate zur Unerreichbarkeit i.S.d. § 244 Abs. 3 S. 2 bei *Meyer-Goßner/Schmitt*, § 244 Rn 62; *Park* StV 2000, 220). Die Verlesung bei **Tod** der vernommenen Person wird durch § 251 Abs. 1 Nr. 2 erfasst, der i.Ü. auch sonst § 251 Abs. 2 Nr. 1 weitgehend leer laufen lässt (*Neuhaus* StV 2005, 51; *Knauer/Wolf* NJW 2004, 2935).

> ⌕ Nach der Rspr. des BGH steht die Möglichkeit einer → *Videovernehmung in der Hauptverhandlung*, Rdn 3307, der Verlesung nach § 251 Abs. 2 Nr. 2 nicht entgegen, da es nicht auf die körperliche Anwesenheit des Zeugen in der HV ankommt (BGHSt 46, 73). Allerdings wird insoweit immer die → *Aufklärungspflicht des Gerichts*, Rdn 329, zu beachten sein (*Albrecht* StV 2001, 364 in der Anm. zu BGH, a.a.O.). Ggf. wird der Verteidiger (zur Vorbereitung einer Aufklärungsrüge) einen **Beweisantrag** stellen.

Erscheinen nicht zumutbar 3024

■ **Nr. 2** erlaubt die Verlesung, wenn einem Zeugen oder SV das **Erscheinen** in der HV wegen großer Entfernung unter Berücksichtigung der Bedeutung seiner Aussage **nicht zugemutet** werden kann, wobei außer der geografischen Lage die persönlichen Verhältnisse zu berücksichtigen sind und eine Abwägung mit der Bedeutung der Sache und der Wichtigkeit der Aussage, des persönlichen Eindrucks für die Wahrheitsfindung und andererseits die Belange des Zeugen sowie das Interesse an einer beschleunigten Durchführung des Verfahrens stattfinden muss (vgl. u.a. BGH NStZ 1981, 271; 1990, 28 [M] m.w.N.; OLG Düsseldorf StV 2000, 8; OLG Hamm StV 2014, 329; KK-*Diemer*, § 251 Rn 28; *Meyer-Goßner/Schmitt*, § 223 Rn 8; *Park* StV 2000, 221); ob die Voraussetzungen vorliegen, hat das Gericht nach pflichtgemäßem Ermessen zu entscheiden.

> ☝ Ist die Aussage des Zeugen das **alleinige Beweismittel** für die Überführung des Angeklagten, ist die persönliche Vernehmung erforderlich (OLG Düsseldorf, a.a.O.). Auch darf nicht allein auf die weite Entfernung abgestellt werden (OLG Hamm, a.a.O.).

Einverständnis von StA, Verteidiger, Angeklagter 3025

■ Nach **Nr. 3** ist die Verlesung schließlich zulässig, wenn der **StA**, der **Verteidiger**, der **Angeklagte** und ggf. weitere Prozessbeteiligte, nicht aber der Neben- oder Privatkläger, mit der Verlesung **einverstanden** sind, die sich aus § 244 Abs. 2 ergebende → *Aufklärungspflicht des Gerichts*, Rdn 329, nicht entgegensteht und → *Beweisverwertungsverbote*, Rdn 1018, nicht bestehen. Das ist z.B. dann der Fall, wenn ein Zeuge erstmals in der HV von einem ZVR Gebrauch macht (→ *Protokollverlesung nach Zeugnisverweigerung*, Rdn 2126; s. aber jetzt KK-*Diemer*, § 251 Rn 7, 12, 29, wonach die Verlesung der richterlichen Vernehmung eines [in der HV erschienenen] nach § 55 verweigernden Zeugen mit Einverständnis der Verfahrensbeteiligten zulässig sein soll; s. wohl a. OLG Hamm, Beschl. v. 27.1.2009 – 3 Ss 567/08 [selbstständiger Verlesungsgrund] unter Hinw. auf BGH NJW 2002, 309; → *Auskunftsverweigerungsrecht*, Rdn 386). Ist auf das Verwertungsverbot aus § 252 wirksam verzichtet worden, kann die frühere Aussage des zeugnisverweigerungsberechtigten Zeugen gem. § 251 Abs. 2 Nr. 3 verlesen werden (BGHSt 57, 254).

> ☝ Nach der Rspr. des BGH kann das Einverständnis auch **stillschweigend erklärt** werden, und zwar z.B. dadurch, dass der Verlesung nicht widersprochen wird (BGHSt 9, 230; BGH StV 1983, 319; a.A. *Schlothauer* StV 1983, 320 in der Anm. zu BGH, a.a.O.; *Park* StV 2000, 221). Zwar hat der BGH an anderer Stelle

ausgeführt, dass das nur dann gilt, wenn zuvor klargestellt worden ist, dass nach § 251 Abs. 2 Nr. 3 verfahren werden soll (BGH NJW 1984, 65). Der Verteidiger sollte aber dennoch im Hinblick auf die Revision einer Verlesung immer dann **widersprechen**, wenn er zwar die Voraussetzungen der Nr. 1 – 3 für gegeben ansieht, er mit der Verlesung aber nicht einverstanden ist. Dann kann, wenn er zu Unrecht von der Verlesung ausgegangen ist, später in der **Revision** die Unzulässigkeit der Verlesung immer noch gerügt werden (s.a. *Park* StV 2000, 222; vgl. Rdn 3044).

Das Einverständnis kann **widerrufen** werden, und zwar sicher bis zur Anordnung der Verlesung (LR-*Sander-Cirener*, § 251, Rn 23), ob auch noch darüber hinaus hat der BGH offengelassen (BGH NStZ 2012, 404; vgl. a. Rdn 3044).

3026 4. Nach § 251 Abs. 1 können (**nichtrichterliche** und **richterliche**) **Protokolle** und **Urkunden**, die eine von der Auskunftsperson stammende schriftliche Erklärung enthalten, verlesen werden. Die Anwendung der Vorschrift ist auch neben der Vernehmung eines Zeugen zur Erlangung ergänzender Erkenntnisse, z.B. zur Frage der Glaubwürdigkeit, zulässig (BGH StV 2008, 123; zur ergänzenden Verlesung *Mosbacher* NStZ 2014, 1 ff.).

3027 a) Die Regelung in § 251 Abs. 1 bezieht sich insbesondere auf Protokolle, die von **Polizei-**, **Finanz-**, **Bußgeld-** oder **anderen Behörden**, gleichgültig in welchem Verfahren, aufgenommen worden sind (*Meyer-Goßner/Schmitt*, § 251 Rn 13 m.w.N.). Gemeint sind aber auch Schriftstücke, wie z.B. dienstliche Äußerungen (OLG Saarbrücken NJW 1971, 1904) verstorbener Beamter und ebenfalls erst vom Gericht selbst eingeholte **schriftliche Äußerungen** eines Zeugen, z.B. von **V-Leuten** der Polizei (BGH NStZ 1981, 270; *Meyer-Goßner/Schmitt*, § 251 Rn 16 f. m.w.N. a. zur Gegenansicht), sowie Gerichtshilfeberichte (BGH NStZ 2008, 709). Eine Strafanzeige ist keine nach § 251 Abs. 1 verlesbare Urkunde, die die Vernehmung des Anzeigeerstatters ersetzen kann, da sie i.d.R. weder eine Niederschrift einer Vernehmung des Anzeigeerstatters darstellt, noch eine von diesem stammende schriftliche Erklärung enthält, sondern eine solche des aufnehmenden Polizeibeamten (BGH NStZ-RR 2011, 225 [Ci/Zi]).

Sollen **schriftliche Äußerungen** von V-Leuten in der HV verlesen werden, muss der Verteidiger **prüfen**, ob der Angeklagte **Gelegenheit** gehabt hat, diese zu **befragen**. Denn i.d.R. muss der Angeklagte zu irgendeinem Zeitpunkt des Verfahrens Gelegenheit gehabt haben, einen gegen ihn aussagenden Zeugen zu befragen. Das gebietet **Art. 6 Abs. 3 Buchst. d) MRK** (vgl. u.a. EGMR StV 1990, 481; 1991, 193; 2003, 2297; 2003, 2893; BGH NStZ 1993, 292; demgegenüber einschr. BVerfG NJW 1992, 168 [zu BGH NJW 1991, 646, soweit es sich um die Verwertung von Angaben verdeckt operierender Polizeibeamter handelt]; dazu aber insbesondere a. EGMR StV 1997, 617; vgl. zu [neuen] Tendenzen in der Rspr. → *V-Mann in der Hauptverhandlung*,

Rdn 3336; → *Verwertung der Erkenntnisse eines [gesperrten] V-Mannes*, Rdn 3258; zum (konfrontativen) Fragerecht → *Fragerecht des Angeklagten*, Rdn 1537).

Verlesen werden darf nach **h.M.** nach Abs. 1 schließlich auch ein **fehlerhaft**, also z.B. ein unter Verstoß gegen die Benachrichtigungspflicht, zustande gekommenes Protokoll über eine **richterliche Vernehmung**, das nach § 251 Abs. 2 nicht verwertet werden darf (BGHSt 29, 1; BGH StV 2002, 584; 2005, 255 [ausländische Vernehmung]; *Meyer-Goßner/Schmitt*, § 251 Rn 15 m.w.N.), und zwar nach der Rspr. auch gegen den Widerspruch des Verteidigers (a.A. *Park* StV 2000, 219; zur Verlesung des ausländischen Vernehmungsprotokolls *Velten* StV 2007 97). **3028**

⚐ Allerdings ist, wenn das Gericht ein an sich unverwertbares richterliches Protokoll nach § 251 Abs. 1 verlesen hat, es dieses dann im Urteil aber als nichtrichterliche Vernehmung gem. § 251 Abs. 2 verwerten will, ein → *Hinweis auf veränderte Sach-/Rechtslage*, Rdn 1720, erforderlich (BGH NStZ 1998, 312).

b) Die Verlesung nach § 251 Abs. 1 ist **zulässig** (vgl. dazu a. *Gubitz/Bock* NJW 2008, 958; *Mosbacher* NStZ 2014, 1 ff.),

nach § 251 Abs. 1 **Nr. 1** **3029**

■ wenn der StA, der Verteidiger und der Angeklagte **einverstanden** sind (zur Taktik s.u. Rdn 3042) und insbesondere die → *Aufklärungspflicht des Gerichts*, Rdn 329, nicht entgegensteht (OLG Köln StV 1998, 585), was z.B. der Fall sein kann, wenn die Vernehmungsniederschrift ungenau oder unklar (OLG Celle StV 1991, 294) oder die Beweisperson das einzige Beweismittel ist (OLG Düsseldorf NJW 1991, 2781; OLG Köln, a.a.O.; s.a. o. Rdn 3023 a.E. und u. Rdn 3039).

nach § 251 Abs. 1 **Nr. 2** **3030**

■ nur, wenn der **Zeuge**, der SV oder der Mitbeschuldigte **verstorben** ist, auch wenn der Zeuge vor seiner früheren Aussage nicht über sein → *Zeugnisverweigerungsrecht*, Rdn 3552, belehrt worden ist (BGHSt 22, 35; KK-*Diemer*, § 251 Rn 13 m.w.N. a. zur a.A.),

■ wenn **Auskunftspersonen** aus einem anderen Grund in **absehbarer Zeit** gerichtlich **nicht vernommen** werden können, was i.d.R. bei im Ausland lebenden Zeugen zutrifft, die nicht bereit sind, einer Ladung Folge zu leisten (KK-*Diemer*, § 251 Rn 14; → *Auslandszeuge*, Rdn 396) oder ggf. auch bei **V-Leuten**, wenn sich die oberste Dienstbehörde weigert, Namen und Aufenthalt bekannt zu geben oder eine Aussagegenehmigung zu erteilen (s.u.a. BGHSt 36, 159; zu den Anforderungen an eine „Sperrerklärung" LG Saarbrücken StV 2001, 393; s.a. *Meyer-Goßner/Schmitt*, § 251 Rn 9 m.w.N.; zu den

| V | Verlesung von Protokollen früherer Vernehmungen/sonstiger Erklärungen |

Möglichkeiten des Verteidigers s.a. → *Aussagegenehmigung*, Rdn 409; wegen der Einzelh. → *Verwertung der Erkenntnisse eines [gesperrten] V-Mannes*, Rdn 3259),
- **nicht** hingegen die Aussage eines vor der HV vernommenen Zeugen, der erst in der HV von seinem ihm zustehenden **ZVR** nach § 52 Gebrauch macht, da dem § 252 entgegensteht (→ *Protokollverlesung nach Zeugnisverweigerung*, Rdn 2126; vgl. auch noch OLG Koblenz StV 2014, 330 für den verschwundenen Zeugen),
- auch **nicht**, wenn ein Zeuge in der HV nach § 55 die **Auskunft verweigert** (st. Rspr.; vgl. BGHSt 51, 325 m.w.N.; grds. auch BGH NStZ 2010, 466; s. aber a. BGHSt 51, 280; *Meyer-Goßner/Schmitt*, § 251 Rn 11 m.w.N. auch zur a.A.; *Cornelius* NStZ 2008, 244; a.A. KK-*Diemer*, § 251 Rn 7, 29 [mit Einverständnis nach Abs. 1 Nr. 1]; → *Auskunftsverweigerungsrecht*, Rdn 377; s.a. BGH StV 1996, 191 [Verlesungsverbot für **Schriftstücke**, die ein in der HV nach § 52 die Aussage verweigernder Zeuge bei seiner polizeilichen Vernehmung überreicht hat]); etwas anderes gilt, wenn der sich im Ausland befindende Zeuge (auch) erklärt, er habe nicht die Absicht, in absehbarer Zeit nach Deutschland zu kommen, das seine Vernehmung dann aus tatsächlichen Gründen – unbeschadet des möglichen rechtlichen Hindernisses aus § 55 – in absehbarer Zeit nicht möglich ist (BGH NStZ 2010, 466).

☞ Der BGH (vgl. BGHSt 51, 280; BGH NStZ 2014, 607) lässt ggf. auch eine **ergänzende Verlesung** zu und sieht sie sogar nach Aufklärungsgesichtspunkten als erforderlich an, wenn ein Zeuge aus gesundheitlichen Gründen in der HV nicht abschließend vernommen werden kann (s.a. *Bock/Gubitz* NJW 2008, 958, 959, die aber grds. eine „ergänzende Verlesung" als rechtsstaatlich verfehlt ansehen; zu allem a. *Cornelius* NStZ 2008, 244 ff.).

3031 nach § 251 Abs. 1 **Nr. 3**

- wenn die Niederschrift oder Urkunde das Vorliegen oder die Höhe eines **Vermögensschadens** betrifft (vgl. dazu näher nachfolgend Rdn 3032 ff.).

3032 c) Die Regelung in **§ 251 Abs. 1 Nr. 3**, wonach z.B. eine Vernehmungsniederschrift über eine Zeugenvernehmung auch dann verlesen werden kann, wenn sie das Vorliegen oder die Höhe eines Vermögensschadens betrifft, soll vor allem in Massenverfahren zur Verfahrensentlastung und Beschleunigung beitragen (vgl. BT-Drucks 15/1508, S. 13, 26).
Für die **Anwendung** dieser Regelung ist Folgendes von **Bedeutung**:

3033 aa) Verlesbar sind nicht nur **Vernehmungsniederschriften** sondern auch **sonstige Urkunden**. Die StPO macht insoweit keine Einschränkungen, sodass auch einfache schriftliche Erklärungen eines Zeugen verlesen werden können (*Hirtz/Sommer*, 1. Justizmodernisierungsgesetz, S. 90; vgl. auch BGH NStZ-RR 2010, 71 [Ci/Zi; Antwortschreiben von Geschädigten auf gerichtliche Anfragen mit Angaben zu Schäden]). **Entscheidend** für die Verlesbarkeit ist allein der **Inhalt** der **Aussage/Erklärung**. Soweit dieser also das Vorliegen oder die Höhe eines Vermögensschadens betrifft, kann die Erklärung verlesen werden. Verlesen werden kann sowohl hinsichtlich des „**Vorliegens**" als auch hinsichtlich der „**Höhe**" des Vermögensschadens (vgl. dazu *Knauer/Wolf* NJW 20104, 2936, wonach bei besonders hohen Schäden die persönliche Vernehmung des Geschädigten vorzuziehen ist).

☞ Es muss sich aber um einen **Vermögensschaden** handeln (zum Begriff des „Vermögensschadens" *Knauer/Wolf* NJW 2004, 2935). Bei immateriellen Schäden, z.B. im Bereich des Sexualstrafrechts, bleibt es beim Grundsatz der persönlichen Vernehmung (BT-Drucks 15/1508, S. 26; zur Abgrenzung s.a. *Meyer-Goßner/Schmitt*, § 153a Rn 16 f.). Damit kommt die Verlesung vor allem bei Pkw-Aufbrüchen, Sachbeschädigungen und bei Verkehrsstraftaten in Betracht (BT-Drucks, a.a.O.; *Meyer-Goßner/Schmitt*, § 251 Rn 12; *Engelbrecht* DAR 2004, 494, 496), m.E. aber wohl auch bei Serienbetrügereien u.ä.

bb) Hinweise für den Verteidiger!

Für die **verfahrensmäßige Bewältigung** der Regelung des § 251 Abs. 1 **Nr. 3** muss der Verteidiger Folgendes **beachten** (s.a. die Hinweise bei → *Verlesung von Gutachten allgemein vereidigter Sachverständiger*, Rdn 2974 ff.):

(1) Der Verteidiger muss sich **frühzeitig** mit der Möglichkeit der Verlesung einer Vernehmungsniederschrift oder einer Urkunde **beschäftigen**. Dass die Verlesung ansteht, lässt sich unschwer der Anklage entnehmen, wenn dort ggf. nur die Erklärung und nicht die Auskunftsperson als Beweismittel aufgeführt ist. Spätestens seiner Ladung kann der Verteidiger dann entnehmen, ob das Gericht beabsichtigt, die Auskunftsperson zu vernehmen oder ob es sich, weil diese dort nicht als Beweismittel angeführt ist, mit der Verlesung der entsprechenden Erklärung nach § 251 Abs. 1 Nr. 3 begnügen will.

3034

☞ Der Verteidiger muss sich dann überlegen, ob er in diesem Fall nicht einen → ***Beweisantrag*** *zur Vorbereitung der Hauptverhandlung*, Rdn 995, stellt, in dem er seine Bedenken gegen die bloße Verlesung darlegt. Das gibt dem Gericht die Möglichkeit, sich schon frühzeitig mit den Argumenten des Verteidigers zu beschäftigen und die Auskunftsperson ggf. vorsorglich doch zur HV zu laden. Der Verteidiger hat, wenn dieser (Beweis-)Antrag vom Vorsitzenden abgelehnt wurde, dann ggf. noch die Möglichkeit, den SV als → ***Präsentes Beweismittel***, Rdn 2036, zu laden.

(2) In der HV wird die Verlesung der Vernehmungsniederschrift oder der Urkunde vom **Vorsitzenden angeordnet**. Es handelt sich um eine Maßnahme der → *Verhandlungsleitung*, Rdn 2889. Der Verteidiger sollte die angeordnete Verlesung beanstanden, wenn er

3035

| V | Verlesung von Protokollen früherer Vernehmungen/sonstiger Erklärungen |

sie für unzulässig hält. Es entscheidet dann gem. **§ 238 Abs. 2** das Gericht. Widersprechen muss der Verteidiger der Verlesung insbesondere in folgenden

3036 **Beispielsfällen,**

- wenn er der Auffassung ist, dass die **Verlesung nicht ausreicht**, sondern ggf. die Auskunftsperson gehört werden muss, weil es sich z.B. in Wirtschafts-/Steuerstrafverfahren um komplizierte wirtschaftliche Zusammenhänge handelt (Verkehrswertgutachten; Gutachten von Wirtschaftsprüfern in Untreue-Verfahren),

  > Die **Abgrenzung** wird man grds. ähnlich vornehmen müssen wie bei der Abgrenzung des (noch) zulässigen Vorhalts von der Notwendigkeit des Urkundsbeweises (vgl. dazu → *Vorhalt aus und von Urkunden*, Rdn 3427). D.h., dass **schwierige** und/oder inhaltlich schwerverständliche **Vernehmungsniederschriften** oder **Urkunden** nicht verlesen werden dürfen, sondern insoweit die Auskunftsperson zu **vernehmen** ist.

- wenn er **Zusatzfragen** an die Auskunftsperson stellen will/muss, weil die verlesene Erklärung missverständlich oder lückenhaft ist,
- wenn er den SV, von dem die Erklärung stammt, für befangen hält (→ *Ablehnung eines Sachverständigen*, Rdn 15),
- wenn die **Sachkunde** des SV, der die Erklärung abgegeben hat, **zweifelhaft** ist,
- wenn der Verlesung ein **BVV** entgegensteht (→ *Beweisverwertungsverbote*, Rdn 1018),
- ggf. wenn der Verteidiger im Verfahren (bislang) noch keine Gelegenheit hatte, diese **unmittelbar** zu befragen (*Hirtz/Sommer*, 1. Justizmodernisierungsgesetz, S. 90 [Verstoß gegen Art. 6 Abs. 3 Buchst. d) MRK]),
- wenn die zu verlesende Aussage auch **andere Themenbereiche** enthält, die sich nicht mit dem Vorliegen oder der Höhe des Vermögensschadens beschäftigen, wie z.B. Angaben, bei denen bei einer Verkehrsstraftat auf den Angeklagten als Täter rückgeschlossen werden könnte.

  > Der Verteidiger muss in diesen Fällen seinen Widerspruch **eingehend begründen**. Das empfiehlt sich schon deshalb, um später, wenn in der Revision ggf. die **Aufklärungsrüge** damit begründet werden soll, dass das Gericht den SV hätte vernehmen müssen, darlegen zu können, warum sich dem Gericht diese Art der Beweiserhebung hätte aufdrängen müssen.
  >
  > Die Formulierung des § 251 Abs. 1 Nr. 3 – „soweit" – lässt eine **teilweise Verlesung** der Vernehmungsniederschrift/Urkunde zu. Zumindest darauf muss der Verteidiger drängen, wenn in der Urkunde auch andere Themenbereiche angesprochen sind.

Verlesung von Protokollen früherer Vernehmungen/sonstiger Erklärungen **V**

(3) Der Verteidiger muss das Gericht an die sich aus § 244 Abs. 2 ergebende → *Aufklärungspflicht des Gerichts*, Rdn 329, erinnern. In den in Rdn 3036 aufgezählten Fällen wird die Aufklärungspflicht das Gericht zwingen, die Auskunftsperson persönlich zu vernehmen und auf die bloße Verlesung des Protokolls/der Urkunde verzichten. Das wird auch dann der Fall sein, wenn es um ein Verbrechen geht und/oder eine hohe Schadenssumme im Raum steht (s. *Meyer-Goßner/Schmitt*, § 251 Rn 12 m.w.N.). **3037**

✍ Im Zweifel muss der Verteidiger einen **Beweisantrag** stellen, für den die allgemeinen Regeln gelten (→ *Beweisantrag, Inhalt*, Rdn 951).

5. Nicht Urkundenbeweis i.e.S. ist eine nach **§ 251 Abs. 3** erfolgende Verlesung. Danach kann jedes Schriftstück auch ohne Vorliegen der Voraussetzungen des § 251 Abs. 1 und 2 verlesen werden, wenn dies nicht zur Urteilsfällung dient, sondern **anderen Zwecken** als unmittelbar der Urteilsfindung, so z.B. zur Feststellung, ob eine Auskunftsperson zu vernehmen oder zu laden ist (vgl. i.Ü. u. Rdn 3042 ff.; → *Freibeweisverfahren*, Rdn 1562). **3038**

✍ Hier hat der Verteidiger besonders darauf zu achten, dass die Verlesung nur **verfahrensrechtliche Entscheidungen vorbereiten** darf. Die Verlesung ordnet der Vorsitzende im Rahmen der → *Verhandlungsleitung*, Rdn 2889, an. § 251 Abs. 4 S. 1 (s.u. Rdn 3039 ff.) gilt nicht. Ggf. muss der Verteidiger nach **§ 238 Abs. 2** beanstanden und damit einen Gerichtsbeschluss herbeiführen.

6. Die Verlesung des Vernehmungsprotokolls wird gem. § 251 Abs. 4 S. 1 und 2 durch **Gerichtsbeschluss** angeordnet (vgl. dazu eingehend BGH StV 2012, 202), auch wenn alle Beteiligten mit der Verlesung einverstanden sind (BGH NStZ 1988, 283; StV 2010, 617). Der Vorsitzende allein darf nur das Absehen von der Verlesung anordnen (*Meyer-Goßner/Schmitt*, § 251 Rn 40). **3039**

Der Beschluss ist zu **begründen** (vgl. zum Inhalt z.B. BGH NStZ 2010, 466 [bloße Angabe der Gesetzesbestimmungen nicht ausreichend]; OLG Düsseldorf StV 2000, 8; OLG Hamm StV 2014, 329). Darauf können die Prozessbeteiligten nicht verzichten (vgl. u.a. BGH NStZ-RR 2007, 52; StV 2010, 617). Er ist in das → *Protokoll der Hauptverhandlung*, Rdn 2092, aufzunehmen. Das Fehlen des Beschlusses begründet i.d.R. die Revision (BGH NStZ 1988, 283; 1993, 144; StV 2010, 617; OLG Brandenburg NStZ 1996, 300; OLG Düsseldorf StraFo 1999, 305). **3040**

Die Urkunde oder das Protokoll müssen in **vollem Umfang verlesen** werden. Eine Teilverlesung ist nur mit Zustimmung der Prozessbeteiligten zulässig (BGH NStZ 1988, 283) und ggf. im Fall des § 251 Abs. 1 Nr. 3 (s.o. Rdn 3031 ff.). Die Verlesung kann nicht durch einen Bericht des Vorsitzenden ersetzt werden (→ *Urkundenbeweis durch Bericht des Vorsitzenden*, Rdn 2743). **3041**

V Verlesung von Protokollen früherer Vernehmungen/sonstiger Erklärungen

🔸 Einen Verstoß gegen die §§ 251, 250 kann der Angeklagte auch dann in der Revision geltend machen, wenn er eine kompetenzwidrige Anordnung des Vorsitzenden in der HV **nicht** gem. **§ 238 Abs. 2** beanstandet hat (BGH NStZ 2012, 585).

Zur ausreichenden Begründung einer ggf. eingelegten **Revision** gehört die Mitteilung des Inhalts der verlesenen Niederschrift (vgl. BGH NStZ-RR 2007, 52; wegen der weiteren Einzelh. zur **Revision** s. *Meyer-Goßner/Schmitt*, § 251 Rn 45; *Park* StV 2000, 222).

7. Hinweise für den Verteidiger!

3042 **a)** Der Verteidiger muss, da eine Ausweitung des Urkundenbeweises gegenüber dem Zeugen- und SV-Beweis die Gefahr eines „schriftlichen" Strafverfahrens in sich birgt, in allen Fällen sorgfältig prüfen, ob die Verlesung einer (Vernehmungs-)Niederschrift an die Stelle der Zeugen- oder SV-Vernehmung treten darf. Das **Einverständnis** mit der Verlesung (§ 251 Abs. 1 Nr. 1, Abs. 2 Nr. 3) muss er von folgenden **prozesstaktischen Erwägungen** abhängig machen:

3043 Der Verteidiger wird auf die (persönliche) Anhörung einer Auskunftsperson in der HV dann nicht verzichten, wenn es auf den **persönlichen Eindruck** ankommt oder wenn er die Auskunftsperson **befragen muss** (vgl. dazu a. *Cornelius* NStZ 2008, 244; zur gerichtlichen Aufklärungspflicht durch ergänzende Verlesung s. BGH NStZ 2014, 607). Anders wird er sich entscheiden (können), wenn der Angeklagte durch die frühere Aussage entlastet und das Gericht die Aussage auch so werten will. I.d.R. wird er **nur ausnahmsweise** mit einer Verlesung einverstanden sein (s.a. → *Kommissarische Vernehmung eines Zeugen oder Sachverständigen*, Rdn 1803 f.).

3044 **b)** Der Verteidiger muss des Weiteren **berücksichtigen**, dass er, wenn er sich einverstanden erklärt hat, sein Einverständnis nach der Verlesung **nicht widerrufen** kann (KK-*Diemer*, § 251 Rn 11). Der BGH (NStZ 2012, 404) hat offen gelassen, ob bis zur Verlesung widerrufen werden kann. Er muss der Verlesung eines Protokolls, das ohne sein Einverständnis verlesen wird, **ausdrücklich widersprechen**, sonst kann ggf. aus seinem Schweigen auf ein stillschweigendes Einverständnis geschlossen werden (vgl. u.a. BGH NJW 1984, 65; NStZ 1985, 376; vgl. aber BGH StV 2012, 202; OLG Hamm VRS 40, 197; zum Rügeverlust s.a. BGHSt 38, 214 [für Verwertung einer unter Verstoß gegen § 136 zustande gekommenen Vernehmung]; s.a. o. Rdn 3023; → *Widerspruchslösung*, Rdn 3433 ff.). Das gilt insbesondere dann, wenn der Verteidiger sein Einverständnis bereits **vor** der **HV** erklärt, er aber nun seine Meinung geändert hat (BGHSt 3, 206, 209). Es ist auch darauf zu achten, dass ein etwaiger Widerspruch in das → **Protokoll** *der Hauptverhandlung*, Rdn 2092 **aufgenommen** wird.

🔸 Das Einverständnis kann auch **nicht** mit der Revision **angefochten** werden (BGH NStZ 1997, 611).

Ist ein an sich unverwertbares Protokoll gem. § 251 Abs. 1 Nr. 1 verlesen worden, steht später in der **Revision** das erklärte **Einverständnis** der **Rüge** der unzulässigen Verwertung der Aussage **nicht** entgegen. Das Einverständnis gleicht nämlich nur die fehlenden Voraussetzungen des § 251 Abs. 1 Nr. 1 – 3 aus, „heilt" jedoch nicht Mängel, die zu einem BVV führen (BGHSt 42, 73 [für unzulässige Verwertung der Aussage eines zeugnisverweigerungsberechtigten Arztes nach Widerruf der → *Entbindung von der Schweigepflicht*, Rdn 1393]; zw. jetzt BGH NStZ-RR 2010, 71 [Ci/Zi]).

c) Häufig übersehen wird das Erfordernis der Beachtung der **Vereidigungsvorschriften** gem. § 251 Abs. 4 S. 2 (*Park* StV 2000, 223). Es muss von Amts wegen festgestellt werden, ob der Zeuge vereidigt worden ist (BGH StV 2000, 654). Ggf. ist die Vereidigung nachzuholen, wenn sie notwendig ist. Hinsichtlich der Ausnahmen von der Vereidigung gelten die allgemeinen Regeln der §§ 60 ff. (→ *Vereidigungsverbot*, Rdn 2807; → *Vereidigungsverzicht*, Rdn 2821). Die dort gemachten Ausführungen zur **Verteidigungstaktik** gelten **entsprechend**. 3045

Siehe auch: → *Beschleunigtes Verfahren*, Rdn 741; → *Protokollverlesung zur Gedächtnisstützung*, Rdn 2147; → *Revision, Allgemeines*, Rdn 2211 m.w.N.; → *Selbstleseverfahren*, Rdn 2504; → *Verlesung von ärztlichen Attesten*, Rdn 2943; → *Verlesung von Behördengutachten*, Rdn 2956; → *Verlesung von Gutachten allgemein vereidigter Sachverständiger*, Rdn 2968; → *Verlesung von Geständnisprotokollen*, Rdn 2980; → *Verlesung von Leumundszeugnissen*, Rdn 2998; → *Verlesung von sonstigen Gutachten und Berichten*, Rdn 3046; → *Vorführung von Bild-Ton-Aufzeichnungen*, Rdn 3396; → *Vorhalt aus und von Tonbandaufnahmen*, Rdn 3420; → *Vorhalt aus und von Urkunden*, Rdn 3424.

Verlesung von sonstigen Gutachten und Berichten 3046

Literaturhinweise: Jessnitzer, Zur Verwertung des schriftlichen Berichts des Blutentnahmearztes im Strafverfahren, BA 1970, 473; **Kuhlmann**, Nochmals: Zur Verwertung des schriftlichen Berichts des Blutentnahmearztes, BA 1971, 276; **Molketin**, Blutentnahmeprotokoll, Ärztlicher Befundbericht und Blutalkoholgutachten im Strafverfahren, BA 1989, 124. 3047

1. § 256 Abs. 1 Nr. 3 (vgl. Rdn 3051) und **Nr. 4** (Rdn 3049 f.) **erlauben** die Verlesung sog. sonstiger – im Einzelnen aufgezählter – (Routine-) Gutachten und Berichte. Bei diesen Gutachten braucht es sich **nicht** um die einer **öffentlichen Behörde** oder eines Arztes im gerichtsärztlichen Dienst zu handeln. 3048

2. Das Gutachten über die **Auswertung** eines **Fahrtschreiberdiagramms** darf nach § 256 Abs. 1 Nr. 4 verlesen werden, soweit es die Ablesung und Auswertung des Aufzeichnungsergebnisses zum Inhalt hat und das Ergebnis dahin ausgewertet worden ist, ob der Fahrt- 3049

schreiber einwandfrei gearbeitet hat. Nicht verlesen werden darf ein Gutachten, das allgemein die Funktionsweise des Gerätes beschreibt (OLG Celle JR 1978, 122).

3050 3. Die eine **Blutprobe** auswertenden Gutachten (§ 256 Abs. 1 Nr. 4) sind auch insoweit verlesbar, wie sie sich zur Qualität der Blutprobe äußern (*Meyer-Goßner/Schmitt*, § 256 Rn 25). I.d.R. reicht die Verlesung des Gutachtens (BGHSt 28, 235 f.). Verlesbar ist auch ein aus/zu einer Blutprobe gewonnener Untersuchungsbefund, wenn anstatt eines approbierten Arztes ein Medizinalassistent die Blutprobe entnommen hat, der Polizeibeamte, der die Blutentnahme anordnete, diesen aber für einen Arzt hielt (BGHSt 24, 125).

☝ Es kann allerdings gem. § 244 Abs. 2 die **Vernehmung** eines SV erforderlich sein, z.B. wenn für die Bestimmung des Blutalkoholgehalts Fragen der **Rückrechnung** von Bedeutung sind (zur Revisionsrüge, wenn der Verteidiger der Auffassung ist, ein Blutalkoholgutachten sei nicht ordnungsgemäß in die HV eingeführt worden, s. OLG Düsseldorf StV 1995, 120).

3051 4. Verlesbar sind nach § 256 Abs. 1 Nr. 3 auch ärztliche Berichte über **Blutprobenentnahmen**, wenn sie erkennen lassen, von wem sie stammen (BayObLG StV 1989, 6), was sich auch aus der dem Bericht beigefügten Liquidation des blutentnehmenden Arztes ergeben kann (BGH StraFo 2007, 331). Diese Berichte enthalten die Tatsachen über Ort, Zeitpunkt und Verhalten des Angeklagten bei der Blutprobenentnahme, die als **Anknüpfungstatsachen** für ein SV-Gutachten über die Schuldfähigkeit oder Fahrtüchtigkeit von Bedeutung sind (vgl. BGH DAR 1979, 186 [Sp]; zu allem *Jessnitzer* BA 1970, 473; *Kuhlmann* BA 1971, 276 und *Molketin* BA 1989, 124). Die Berichte können auch durch die Vernehmung des SV verwertet werden (BayObLG StV 2003, 152).

Siehe auch: → *Verlesung von ärztlichen Attesten*, Rdn 2943; → *Verlesung von Behördengutachten*, Rdn 2956.

3052 Verletztenbeistand/Opferanwalt

> **Das Wichtigste in Kürze:**
> 1. In der Gesetzgebung der letzten Jahre ist deutlich die Tendenz zu erkennen, den Opferschutz zu stärken und auszubauen.
> 2. Zu unterscheiden ist nach der gesetzlichen Regelung in den §§ 406d ff. zwischen Verletzten, die nach dem Katalog des § 395 nicht nebenklageberechtigt, und solchen, die nebenklageberechtigt sind, den Anschluss als Nebenkläger aber nicht erklärt haben.
> 3. Ist der Verletzte einer Straftat zwar nicht nebenklageberechtigt, kann er sich nach § 406f Abs. 1 aber dennoch des Beistandes eines Rechtsanwalts bedienen und durch diesen vertreten lassen.

4. Ist der Verletzte nach dem Katalog des § 395 nebenklageberechtigt, hat der Beistand über die dem nicht nebenklageberechtigten Verletzten nach § 406f zustehenden Rechte hinaus das Recht, an der gesamten HV teilzunehmen, und zwar auch an einer nichtöffentlichen Sitzung (§ 406g Abs. 2 S. 1).
5. Nach § 406g Abs. 3 i.V.m. § 397a kommt eine Beiordnung des Rechtsanwalts als Verletztenbeistand im Wege der PKH in Betracht.

Literaturhinweise: Barton, Wie wirkt sich das 2. Opferrechtsreformgesetz auf die Nebenklage aus?, StRR 2009, 404; *ders.*, Die Reform der Nebenklage: Opferschutz als Herausforderung für das Strafverfahren, JA 2009, 753; *ders.*, Nebenklagevertretung im Strafverfahren Empirische Fakten und Konsequenzen, StraFo 2011, 161; **Böttcher**, Perspektiven für den Opferschutz im Strafverfahren, NK 2012, 122; **Bung**, Zweites Opferrechtsreformgesetz: Vom Opferschutz zur Opferermächtigung, StV 2009, 430; **Burhoff**, Neuregelungen in der StPO durch das 2. OpferRRG, StRR 2009, 364; **Caesar**, Noch stärkerer Schutz für Zeugen und andere nicht beschuldigte Personen im Strafprozeß?, NJW 1998, 2313; **Deckers**, Verteidigung und Opferanwälte, StV 2006, 353; **Deutscher**, Neue Regelungen zum Opferschutz und zur Stärkung der Beschuldigtenrechte im Strafverfahren, StRR 2013, 324; **Eisenberg**, Streitfragen in der Judikatur zum Jugendstrafrecht – 1998 – 2002, NStZ 2003, 124; *ders.*, Referentenentwurf des BMJ „Gesetz zur Stärkung der Rechte von Opfern sexuellen Missbrauchs (StORMG)" 2010, HRRS 2011, 65; **Ferber**, Das Opferrechtsreformgesetz, NJW 2004, 2562; **Fromm**, Anwaltliche Vertretung des Verletzten im Strafverfahren – Über die Abrechnungsweise des Opferanwalts, JurBüro 2014, 619; **Gelber/Walter**, Probleme des Opferschutzes gegenüber dem inhaftierten Täter, NStZ 2013, 75; **Granderath**, Schutz des Tatopfers im Strafverfahren, MDR 1983, 797; **J. Herrmann**, Die Entwicklung des Opferschutzes im deutschen Strafrecht und Strafprozessrecht – Eine unendliche Geschichte, ZIS 2010, 236; **Hölscher/Trück/Hering**, Opferberichterstattung im Strafverfahren, NStZ 2008, 673; **Kilchling**, Opferschutz und der Strafanspruch des Staates – Ein Widerspruch, NStZ 2002, 57; **Mehle/Linz**, Mitschrift einer Zeugenvernehmung durch den Zeugenbeistand, NJW 2014, 1160; **Neuhaus**, Das Opferrechtsreformgesetz 2004, StV 2004, 620; **Peter**, Der Strafverteidiger als Opferanwalt – Systembruch oder: Wer kann und soll Opfer fachgerecht vertreten? StraFo 2013, 199; **Pues**, Gruppenvertretung der Nebenklage im Strafprozess? StV 2014, 304; **Safferling**, Die Rolle des Opfers im Strafverfahren – Paradigmenwechsel im nationalen und internationalen Recht?, ZStW 122, 87; **Schöch**, Opferschutz – Prüfstein für alle strafprozessualen Reformüberlegungen?, in: Festschrift für *Peter Rieß*, 2002, S. 507; **Schroth**, 2. Opferrechtsreformgesetz – Das Strafverfahren auf dem Weg zum Parteienprozess?, NJW 2009, 2916; **Schünemann**, Der Ausbau der Opferstellung im Strafprozeß – Fluch oder Segen?, in: Festschrift für *Rainer Hamm* zum 65. Geburtstag, S. 687; **Walther**, Interessen und Rechtsstellung des Verletzten im Strafverfahren, JR 2008, 405; **Wenske**, Weiterer Ausbau der Verletztenrechte? – Über zweifelhafte verfassungsrechtliche Begehrlichkeiten, NStZ 2008, 434; **Wessing/Ahlbrecht**, Der Zeugenbeistand, 2013; s.a. die Hinw. bei → *Adhäsionsverfahren*, Rdn 256; → *Nebenklage*, Rdn 1917 und bei → *Zeugenbeistand*, Rdn 3491.

1. In der Gesetzgebung der letzten Jahre ist deutlich die Tendenz zu erkennen, den Opferschutz noch weiter zu stärken (vgl. dazu a. BGH NJW 2005, 1519 [zentrale rechtsstaatliche Aufgabe des Strafverfahrens]; NStZ-RR 2009, 247 und die Begründung zum 2. OpferRRG v. 29.7.2009 in der BT-Drucks 16/12098, S. 1 ff. sowie die Begründung zum StORMG in der BT-Drucks 17/6261, S. 8 ff.; *Schroth* NJW 2009, 2916 ff.; *J. Herrmann* ZIS 2010, 236; zu den Neuregelungen durch das StORMG *Deutscher* StRR 2013, 324). Dazu gehört u.a. auch der Ausbau/die Erweiterung der Stellung des sog. Opferanwalts. Nachdem in der Vergangenheit zunächst das sog. OpferschutzG 1986 die Verfahrensbefugnisse der Personen, die durch eine Straftat verletzt wurden, neu gestaltet hatte, hat das 1. OpferRRG v.

24.6.2004 die Opferrechte weiter gestärkt (vgl. dazu im Einzelnen *Ferber* NJW 2004, 2562; *Neuhaus* StV 2004, 620). Diese Tendenz ist mit dem 2. OpferRRG v. 29.7.2009 (BGBl I., S. 2280; s.a. noch die Beschlussempfehlung BT-Drucks 16/13671) erheblich verstärkt worden (vgl. die Kritik an dem Gesetzesentwurf von *Bung* StV 2009, 430, der von „Opferermächtigung" spricht, krit. a. *Schroth* NJW 2009, 2916, 2918). Gerade die durch das 2. OpferRRG vorgenommenen Gesetzesänderungen haben die Stellung des Opfers im Strafverfahren deutlich angehoben und zwar insbesondere auch im Bereich des „Verletzten-/Opferanwalts". Eine nochmalige Erweiterung hat das sog. StORMG durch eine Änderung in § 397a Abs. 3 durch die Erweiterung der Anfechtungsmöglichkeiten gebracht (vgl. BT-Drucks 17/6261, S. 15; *Eisenberg* HRRS 2011, 65; *Deutscher* StRR 2013, 324).

3055   2. Zu **unterscheiden** ist nach der gesetzlichen Regelung in den §§ 406d ff. zwischen Verletzten, die nach dem Katalog des § 395 nicht nebenklageberechtigt (s.u. Rdn 3056), und solchen, die nebenklageberechtigt sind, den Anschluss als Nebenkläger aber nicht erklärt haben (s.u. Rdn 3059; zu den Rechten des Beistandes des Nebenklägers → *Nebenklägerrechte in der Hauptverhandlung*, Rdn 1928; zum sich aus § 406e ergebenden AER des Verletzten *Burhoff*, EV, Rn 262 ff.). Durch das ZSchG ist zudem die Möglichkeit der Beiordnung eines → *Vernehmungsbeistandes*, Rdn 3157, geschaffen worden. Auch insoweit hat das 2. OpferRRG Änderungen gebracht (→ *Vernehmungsbeistand*, Rdn 3157).

Nach § **406h** ist der Verletzte auf seine Befugnisse und Rechte **hinzuweisen**, wozu nach § 406h S. 1 Nr. 2 u.a. auch der Hinweis auf die Möglichkeit eines Adhäsionsverfahrens gehört. Wird das unterlassen, führt das jedoch nicht dazu, dass dem nebenklageberechtigten Verletzten (vgl. Rdn 3059) nachträglich ein Anschluss- und Rechtsmittelrecht eingeräumt wird (BVerfG, Beschl. v. 9.10.2007 – 2 BvR 1671/07). Nach § 406h Abs. 1 hat der Hinweis möglichst in einer für den Verletzten **verständlichen Sprache** zu erfolgen.

3056   3.a)aa) Ist der **Verletzte** einer Straftat **nicht nebenklageberechtigt**, kann er sich aber dennoch des Beistandes eines Rechtsanwalts bedienen und durch diesen vertreten lassen (§ **406f Abs. 1**; wegen der Befugnisse des Beistandes im EV s. *Burhoff*, EV, Rn 3915 ff.; s.a. *Meyer-Goßner/Schmitt*, § 406f Rn 1 ff.). Das 2. OpferRRG hat den **Kreis** der als Nebenklagebeistand wählbaren Personen erweitert. Früher konnten nur Rechtsanwälte zugelassen werden (§ 397 a.F. i.V.m. § 378). Nachdem in § 138 Abs. 3 eine Gleichstellung mit den zur Verteidigungsführung berechtigten Personen erfolgt ist, sind nun auch Rechtslehrer unbeschränkt wählbar. Darüber hinaus sind „andere Personen" als Rechtsanwälte und Rechtslehrer zur Nebenklagevertretung befugt (§ 138 Abs. 3 i.V.m. Abs. 2), sofern das Gericht dies genehmigt (krit. *Barton* StRR 2009, 404 407, der dafür plädiert, dass die Gerichte hier ähnlich restriktiv verfahren, wie dies bei der Zulassung anderer Personen als Verteidiger der Fall ist (*Burhoff*, EV, Rn 4116).

bb) Nach § 406f Abs. 1 S. 2 ist dem Beistand während der Vernehmung des Verletzten durch das Gericht die **Anwesenheit** in der **HV gestattet**.   3057

✍ Dieser Beistand hat also **kein Anwesenheitsrecht** in der HV **vor** und **nach** der Vernehmung des nicht nebenklageberechtigten Verletzten (s. aber AG Neuss StraFo 1999, 139 f. [Anwesenheitsrecht für den allgemeinen → *Zeugenbeistand*, Rdn 3491, während der gesamten Dauer der HV]; s.a. LG Heilbronn NStZ 2004, 100). Wird nichtöffentlich verhandelt, muss er demnach den Sitzungssaal verlassen. Ansonsten kann er aber zumindest als Zuhörer an der HV teilnehmen.

Während der Vernehmung des Verletzten hat der Verletztenbeistand allerdings ein Anwesenheitsrecht. Das folgt jetzt ausdrücklich aus § 406f Abs. 1. S. 2 (vgl. zum früheren Recht *Neuhaus* StV 2004, 622).

cc) Die früher in § 406f Abs. 2 S. 2 a.F. enthaltene Aufzählung der **Rechte**, die der Verletztenbeistand für den Verletzten in der HV geltend machen konnte, ist durch das 2. OpferRRG entfallen (vgl. zur Begründung BT-Drucks 16/12098, S. 36). Allgemein kann der RA davon ausgehen, dass er als Verletztenbeistand berechtigt ist, für den Verletzten von allen Befugnissen Gebrauch zu machen, die diesem auch zustehen (vgl. BT-Drucks 16/12098, a.a.O.). Der Beistand kann daher z.b. – wie ein allgemeiner → *Zeugenbeistand*, Rdn 3503 – für den Verletzten dessen Recht zur **Beanstandung** von Fragen nach den §§ 238 Abs. 2, 242 ausüben (→ *Zurückweisung einzelner Fragen des Verteidigers*, Rdn 3589; → *Fragerecht, Allgemeines*, Rdn 1532 m.w.N.). Außerdem kann er den Antrag auf → **Ausschluss** der **Öffentlichkeit**, Rdn 427, 432, nach § 171b GVG stellen, sofern der Verletzte dem nicht widerspricht (vgl. zum vorgehenden Willen des Verletzten § 171b Abs. 1 S. 2 GVG). Der Verletztenbeistand kann insbesondere auch die Anträge nach § 247a bzw. § 255a stellen (vgl. BT-Drucks 16/12098, a.a.O.; → *Entfernung des Angeklagten aus der Hauptverhandlung*, Rdn 1438; → *Videovernehmung in der Hauptverhandlung*, Rdn 3307; → *Vorführung einer Bild-Ton-Aufzeichnung*, Rdn 3396).   3058

✍ Missbraucht der Verletztenbeistand seine Stellung, stellt sich die Frage, ob er nach § 68b Abs. 1 S. 3 **ausgeschlossen** werden kann oder ob ein Ausschluss nur aufgrund des § 177 GVG möglich ist (vgl. dazu BVerfG NJW 2000, 2660). Eine ausdrückliche Regelung ist für den Verletztenbeistand in §§ 406f f. nicht enthalten. Andererseits ist der Verletztenbeistand immer auch (allgemeiner) → *Zeugenbeistand*, Rdn 3491. Das führt m.E. dazu, dass die Vorschrift des § 68b Abs. 1 S. 3 entsprechend angewendet werden kann (so wohl auch *Meyer-Goßner/Schmitt*, § 406f Rn 3); auf die Ausführungen bei → *Zeugenbeistand*, Rdn 3505 ff., kann daher verwiesen werden.

4.a) Ist der **Verletzte** nach dem Katalog des § 395 **nebenklageberechtigt**, hat der Beistand über die dem nicht nebenklageberechtigten Verletzten nach § 406f zustehenden   3059

Rechte hinaus (s.o. Rdn 3056) das **Recht**, an der gesamten HV teilzunehmen, und zwar auch an einer **nichtöffentlichen** Sitzung (§ 406g Abs. 2 S. 1). Die §§ 177, 178 GVG gelten für ihn nicht. Das ist nach den Änderungen durch das 2. OpferRRG v. 29.7.2009 (BGBl I, S. 2280) zwar nicht mehr ausdrücklich bestimmt, ergibt sich aber daraus, dass auch der Nebenkläger zur Anwesenheit berechtigt ist (→ *Nebenklägerrechte in der Hauptverhandlung*, Rdn 1932). Der Verletztenbeistand ist von der HV zu **benachrichtigen** (s. ausdrücklich § 406g Abs. 2 S. 2).

- Die früher in § 214 Abs. 1 S. 2 a.F. enthaltene Unterscheidung zwischen Nebenklagebefugten nach § 395 Abs. 1 und 2 Nr. 1 a.F. und sonstigen Nebenklagebefugten ist durch das 2. OpferRRG entfallen. Zu benachrichtigen sind **alle Verletztenbeistände**.

3060 b) **In** der **HV** hat der Verletztenbeistand dieselben Rechte wie der Verletzte (vgl. BT-Drucks 16/12098, S. 35 ff. [zu § 406f]; s.a. Rdn 3056). Der Vorsitzende kann ihm im Rahmen seiner Befugnis zur → *Verhandlungsleitung*, Rdn 2889, auch das Recht einräumen, **einzelne Fragen** zu **stellen** (BGH NStZ 2005, 222; krit. *Ventzke* NStZ 2005, 396). Die **Kosten** für die Heranziehung des Beistandes werden wie Nebenklagekosten behandelt, sind also i.d.R. von dem Angeklagten zu erstatten (§ 472 Abs. 3 S. 1; → *Nebenklägerrechte in der Hauptverhandlung*, Rdn 1945).

3061 5.a) Nach § 406g Abs. 3 i.V.m. § 397a kommt eine **Beiordnung** des Rechtsanwalts als Verletztenbeistand im Wege der **PKH** in Betracht. Diese Möglichkeit war in der Vergangenheit schon durch das sog. ZSchG v. 30.4.1998 (BGBl I, S. 820) wesentlich erweitert worden (dazu *Rieß* NJW 1998, 3244; *Seitz* JR 1998, 309; krit. dazu LR-*Hilger*, § 397a Rn 2) und hat noch einmal erhebliche weitere Änderungen durch die Ausdehnung des Tatbestandskatalogs durch das 2. OpferRRG in § 397a Abs. 1 erfahren (Stichwort: **kostenloser Opferanwalt**) und *Barton* StRR 2009, 404). Das sog. StORMG (vgl. BT-Drucks 17/626, S. 15) hat dann zusätzliche Erweiterungen gebracht, indem z.B. jetzt die Schutzaltersgrenze von 18 Jahren für Verletzte einer rechtswidrigen Tat nach den §§ 174 bis 182 und 225 StGB auf den Zeitpunkt der Tat anstatt wie früher auf den Zeitpunkt der Antragstellung bezogen wird.

3062 Die h.M. ging früher davon aus, dass eine Beiordnung nach § 406g in Verfahren gegen **Jugendliche** nicht zulässig war (s. BVerfG NJW 2002, 1487 m.w.N.; BGH StraFo 2003, 58; OLG Düsseldorf NStZ 2003, 496; OLG Stuttgart StV 2003, 66 [Ls.]; a.A. OLG Koblenz NJW 2000, 2436; OLG München NJW 2003, 1543; → *Jugendgerichtsverfahren*, Rdn 1754). Inzwischen ist durch das 2. JuMoG jedoch in § 80 Abs. 3 JGG auch im Jugendgerichtsverfahren die Nebenklage teilweise zulässig. In dem Rahmen (vgl. → *Nebenklage*, Rdn 1917) ist dann jetzt auch die Beiordnung möglich (*Meyer-Goßner/Schmitt*, § 406g Rn 7).

- Die Beiordnung eines Rechtsanwalts für den Nebenkläger soll durch andere Verfahrensbeteiligte, insbesondere durch den Beschuldigten/Angeklagten, **nicht anfechtbar** sein (OLG Hamm, Beschl. v. 20.11.2007 – 3 Ws 656/07). Zum „Ausgleich" muss aber ggf. dem Angeklagten ein Pflichtverteidiger beigeordnet werden (OLG Hamm, a.a.O.; *Burhoff*, EV, Rn 2909 und Rn 3924). Aufgrund der Änderungen durch das sog. StORMG ist in dem neuen § 140 Abs. 1 Nr. 9 allerdings jetzt die Beiordnung eines Pflichtverteidigers vorgesehen, wenn „dem Verletzten nach §§ 397a und 406g Abs. 3 und 4 ein Rechtsanwalt beigeordnet ist" (wegen der Einzel. Burhoff, EV, Rn 2845).

b) Im Einzelnen wird wie folgt **unterschieden**:

aa) Für den „**normalen**" **Nebenkläger** verweist § **397a Abs. 2** auf die Voraussetzungen der PKH (wegen der Einzelh. insoweit *Meyer-Goßner/Schmitt*, § 406g Rn 5 ff.). Ausreichend für eine Beiordnung ist i.Ü., dass der Nebenkläger seine Interessen selbst nicht ausreichend wahrnehmen kann oder ihm dies nicht zuzumuten ist. Nach den Änderungen durch das 2. OpferRRG v. 29.7.2009 (BGBl I, S. 2280) ist darüber hinaus nicht mehr eine schwierige Sach- oder Rechtslage erforderlich. Bei schwieriger Sach- oder Rechtslage wird aber i.d.R. eine Beiordnung vorzunehmen sein (vgl. BT-Drucks 16/12098, S. 34).

3063

Die Bewilligung von PKH gilt **nur** für die jeweilige **Instanz** (§ 397a Abs. 2 i.V.m. § 119 Abs. 1 S. 1 ZPO; BGH StraFo 2008, 131; 2009, 349; Beschl. v. 12.8.2014 – 2 StR 495/13; KG RVGreport 2011, 142; zur Erstreckung auf das Adhäsionsverfahren s. unten Rdn 3064). Sie muss also jeweils neu beantragt werden.

bb) § **397a Abs. 1 privilegiert** bestimmte Nebenkläger (vgl. auch *Barton* StRR 2009, 404, 408). Ihnen ist auf Antrag **stets** ein **Beistand** zu bestellen, auch wenn sie nicht bedürftig i.S.d. PKH sind, und ohne Rücksicht darauf, ob ihnen eine Eigenwahrnehmung zuzumuten ist oder ob sie ihre Interessen selbst nicht ausreichend wahrnehmen können (wegen der Einzelh. *Barton* StRR 2009, 404). Der Anspruch auf den „**kostenlosen Opferanwalt**" ist an dieser Stelle durch Änderungen des Tatbestandskatalogs durch das 2. OpferRRG und das StORMG erheblich erweitert worden.

3064

Beizuordnen ist ein Opferanwalt für Nebenkläger, deren Berechtigung zum Anschluss

3065

- **Nr. 1**, nämlich auf §§ 176a, 177, 179, 232, 233 StGB (§ 397a Nr. 1; **sexuelle Selbstbestimmung**) beruht,
- **Nr. 2**, nämlich auf den §§ 211, 212 StGB (§ 397a Nr. 2; **Tötungsdelikte**) beruht, was auch für Angehörige i.S.d. § 395 Abs. 2 Nr. 1 gilt,
- **Nr. 3**, nämlich auf einem **Verbrechen** nach den §§ 226, 226a, 234 – 235, 238 – 239b, 249, 250, 252, 255 und 316a StGB beruht, das beim Nebenkläger zu **schweren körperlichen** oder **seelischen Schäden** geführt hat oder voraussichtlich führen wird (§ 397a Nr. 3), wobei für die Einordnung der Tat als Verbrechen auf den Zeitpunkt der Beschlussfassung über die Beiordnung abzustellen ist (BGH NStZ 2005, 650) und die Auslegung des Merkmals „schwere körperliche Schäden" nicht dazu führt,

dass bei einer schweren Schädigung der Gesundheit stets kumulativ das Zeitmoment der Dauerhaftigkeit in Form der Irreversibilität hinzutreten muss (OLG Düsseldorf NStZ-RR 2011, 186), oder
- **Nr. 4**, nämlich er durch eine Tat nach den §§ **174 – 182** und **225** StGB verletzt ist und er zur **Zeit** der **Tat** das **18. Lebensjahr** noch nicht vollendet hatte oder er seine Interessen selbst nicht ausreichend wahrnehmen kann,
- **Nr. 5**, nämlich er durch eine rechtswidrige Tat nach den §§ **221, 226, 226a, 232 bis 235, 237, 238 Abs. 2 und 3, §§ 239a, 239b, 240 Abs. 4, §§ 249, 250, 252, 255, 316a StGB** verletzt ist und er bei Antragstellung das 18. Lebensjahr noch nicht vollendet hat oder seine Interessen selbst nicht ausreichend wahrnehmen kann.

> Die Beiordnung nach Abs. 1 gilt bis zum **rechtskräftigen Abschluss** des Verfahrens (BGH StraFo 2008, 131; 2009, 349), also auch noch für die Revisionsinstanz. Der Angeklagte hat als Verurteilter auch die Kosten zu tragen, die durch die Heranziehung des Opferanwalts im Revisionsverfahren entstanden sind (BGH NJW 2009, 308; NStZ-RR 2012, 233 [Ci/Zi]).
>
> Die Beiordnung erstreckt sich nach h.M. **nicht** auf Tätigkeiten im **Adhäsionsverfahren** (Burhoff/*Burhoff*, RVG, Nr. 4143 VV Rn 17 m.w.N.). Insoweit muss nach § 404 Abs. 5 PKH beantragt werden. Deren Bewilligung gilt aber nur für die jeweilige Instanz (BGH, a.a.O.; *Meyer-Goßner/Schmitt*, § 397a Rn 17b). Insoweit muss also ein neuer Antrag gestellt werden (BGH, a.a.O.; KG, a.a.O.; Burhoff/*Burhoff*, a.a.O.).

3066 c) Für das **Beiordnungsverfahren** ist auf folgende Punkte hinzuweisen:
- Die Beiordnung erfolgt i.d.R. auf **Antrag**.

> Der Beiordnungsantrag muss **frühzeitig** gestellt werden. Denn die Rspr. wendet die Grundsätze zur rückwirkenden Beistellung eines Pflichtverteidigers (vgl. KG StV 2007, 343) bzw. eines Zeugenbeistandes (NStZ-RR 2008, 248) auf die Beiordnung des Verletztenbeistandes entsprechend an und sieht diese als grds. nicht zulässig an (vgl. KG StRR 2009, 362 [Ls.]).

- Über die **Bestellung** eines Verletztenbeistandes oder Opferanwalts entscheidet nach § 397a Abs. 3 S. 2 der Vorsitzende des mit der Sache befassten **Gerichts**.

> Es ist darauf hinzuweisen, dass in allen Fällen der **Nebenklage** (s.o. § 397a Abs. 2 [„nicht-privilegierter Nebenkläger"]) nach § 406g Abs. 4 die **einstweilige Bestellung** eines Verletztenbeistandes in Betracht kommen kann.

- Die **Auswahl** des zu bestellenden Rechtsanwalts obliegt nach § 397a Abs. 3 S. 2 i.V.m. §§ 142 Abs. 1, 162 dem Vorsitzenden des zuständigen Gerichts. Anwendbar sind die

Verletztenbeistand/Opferanwalt V

Kriterien des § 142 Abs. 1. Es kommt also auch beim Opferanwalt nicht (mehr) auf die „Ortsansässigkeit" an (vgl. dazu eingehend → *Pflichtverteidiger, Auswahl des Verteidigers*, Rdn 2127 ff.).

- Bei mehreren Nebenklägern stellt sich die Frage der „**Gruppenvertretung**", ob also durch denselben Rechtsbeistand mehrere Nebenkläger vertreten werden können. Das wird in der Rspr. als grds. zulässig angesehen. In Fällen gleichgelagerter Interessen zahlreicher Nebenkläger kann es daher im Rahmen des gem. §§ 397a Abs. 3 Satz 2, 142 Abs. 1 durch den Vorsitzenden auszuübenden Ermessens bei der Auswahl des Beistand zulässig sein, die Bestellung jeweils eigener Rechtsbeistände für die Nebenkläger abzulehnen, wenn ein sachlicher Grund für die Bestellung personenverschiedener Rechtsbeistände nicht vorliegt und die Wahrnehmung der Interessen der Nebenkläger in dem Verfahren auch durch einen einzelnen Rechtsbeistand sachgerecht erfolgen kann (OLG Düsseldorf StRR 2015, 264 m. Anm. *Artkämper* [zugleich auch zum Auswahlermessen des Vorsitzenden; OLG Hamburg NStZ-RR 2013, 153; OLG Köln StV 2014, 277 und 278 m. Anm. *Pues* StV 2014, 304 [Einzelfallprüfung]).
- Soll es zu einem **Wechsel** in der Person des beigeordneten Rechtsanwalts kommen, müssen dafür tragfähige Gründe vorliegen. Insoweit wird § 143 entsprechend angewendet (BGH NStZ 2010, 714; s. auch noch OLG Köln NStZ-RR 2010, 22; → *Pflichtverteidiger, Entpflichtung*, Rdn 2254).
- Die Entscheidung ist nach § 406g Abs. 3 S. 1 i.V.m. § 397a Abs. 3 nach der Streichung des § 397a Abs. 3 S. 3 mit der → **Beschwerde**, Rdn 750, anfechtbar (a.A. offenbar *Meyer-Goßner/Schmitt*, § 406g Rn 11; SSW-StPO/*Schöch*, § 406g Rn 16; KK-*Zabeck*, § 406g Rn 8, die m.E. aber die Änderungen durch das StORMG übersehen; zum früheren Recht (*Rieß* NJW 1998, 3243 Fn 12). Auch der Angeklagte wird, da er durch die Bestellung eines Verletztenbeistandes/Opferanwalts schon wegen der für ihn im Fall der Verurteilung bestehenden Kostentragungspflicht beschwert ist, Beschwerde einlegen können (KG StV 2011, 402 [Ls.; Beschwerde gegen den Anschluss des Nebenklägers wegen der „Kostenlast" zulässig]; *Rieß* StraFo 1999, 8 Fn 9; a.A. OLG Hamm, Beschl. v. 20.11.2007 – 3 Ws 656/07; LR-*Hilger*, § 397a Rn 14 a.E.; *Meyer-Goßner/Schmitt*, § 397a Rn 19).

🖉 Der beigeordnete Nebenklägervertreter erhält nach Vorbem. 4 Abs. 1 VV RVG dieselben **Gebühren** wie ein Verteidiger. Ist der Beistand im Wege der PKH beigeordnet worden, kommt die Zubilligung einer **Pauschgebühr** gem. § 51 RVG in Betracht (zu den Honorarfragen s. *Burhoff*, EV, Rn 2265). Er hat allerdings keinen Vergütungsanspruch gegen das Opfer, da § 53 Abs. 2 S. 1 RVG „nur von dem Verurteilten" spricht (vgl. wegen der Einzelh. die Komm. zu § 53 RVG bei Burhoff/*Volpert*, RVG, und bei *Gerold/Schmidt/Burhoff*).

Siehe auch: → *Vernehmungsbeistand*, Rdn 3157; → *Zeugenbeistand*, Rdn 3491.

3067 Vernehmung des Angeklagten zur Person

3068 **Literaturhinweise: Dencker,** Belehrung des Angeklagten über sein Schweigerecht und Vernehmung zur Person, MDR 1975, 359; **Schünemann,** Die Belehrungspflichten der §§ 243 Abs. 4, 136 n.f. StPO und der BGH, MDR 1969, 101; **Seebode,** Schweigen des Beschuldigten zur Person, MDR 1970, 185.

3069 1. Vor der → *Verlesung des Anklagesatzes,* Rdn 2921, muss gem. § 243 Abs. 2 S. 3 der Angeklagte über seine persönlichen Verhältnisse vernommen werden. Diese Vernehmung dient in erster Linie der **Identitätsfeststellung** sowie der Feststellung von Prozessvoraussetzungen, wie z.B. der Verhandlungsfähigkeit des Angeklagten. Deshalb ist der Angeklagte (nur) **verpflichtet**, die in § 111 OWiG genannten **Angaben** zu machen (OLG Hamm NStZ-RR 2008, 87). Das sind: Vor-, Familien- oder Geburtsname, Tag und Ort der Geburt, Familienstand, Beruf, Wohnort, Wohnung und Staatsangehörigkeit. Darüber hinausgehende Angaben kann er verweigern. Verweigert er auch die Angaben zur Identitätsfeststellung, kann das Gericht ohne Weiteres im → *Freibeweisverfahren,* Rdn 1562, von dem im Vorverfahren festgestellten, sich aus der Akte ergebenden Personalien ausgehen (*Meyer-Goßner/Schmitt,* § 243 Rn 11). Legt der Angeklagte (nur) einen Personalausweis vor, muss sich das Gericht anhand eines Vergleichs des Lichtbildes mit der erschienenen Person davon überzeugen, dass der zum Termin geladene Angeklagte erschienen ist (OLG Hamm, a.a.O.).

2. Hinweise für den Verteidiger!

3070 a) Die Vernehmung zur Person dient **nicht** der Ermittlung der persönlichen Verhältnisse des Angeklagten, die über die o.a. Angaben hinausgehen. Fragen zum **Vorleben, Werdegang, beruflicher Ausbildung, familiärer** und **wirtschaftlicher Verhältnisse** sowie sonstiger Umstände, die für Tat und Strafe von Bedeutung sein können, vor allem also auch Fragen nach Vorstrafen, gehören daher zur → *Vernehmung des Angeklagten zur Sache,* Rdn 3072, nach § 243 Abs. 4 S. 2 (BayObLG MDR 1984, 336; *Meyer-Goßner/Schmitt,* § 243 Rn 12 m.w.N.; zur Abgrenzung eingehend *KK-Schneider,* § 243 Rn 19).

Dazu braucht der Angeklagte wegen der aus § 136 folgenden Aussagefreiheit also **keine Angaben zu machen** (BGH NStZ 1984, 328).

Hat der Angeklagte Grund, seine **Stimme geheim** zu halten, wird der Verteidiger für den Angeklagten die Angaben zur Person machen dürfen (→ *Gegenüberstellung von Zeugen,* Rdn 1594 f.).

3071 b) Nach der Rspr. des BGH (BGHSt 25, 325, 331) handelt es sich um einen **Verfahrensverstoß**, der mit der **Revision** gerügt werden kann, wenn ein Hinweis erforderlich war, um den Angeklagten über seine Verteidigungsmöglichkeiten zu unterrichten, und er die Aussage verweigert hätte (zu den Anforderungen an die Feststellungen zur Person s.u.a. BGH NStZ 1996, 49; zur [bejahten] Wirksamkeit des Urteils, wenn der Angeklagte an der HV unter falschem Namen teilnimmt, s. BGH NStZ-RR 1996, 9).

Macht der Angeklagte bei der Vernehmung zur Person auf Verlangen Angaben, die sich auf Tat oder Strafe beziehen, dürfen diese **nicht verwertet** werden, wenn er nach → *Belehrung des Angeklagten*, Rdn 536, gem. § 243 Abs. 4 S. 1 die **Einlassung verweigert** (BayObLG MDR 1984, 336; OLG Hamburg MDR 1976, 601; OLG Stuttgart NJW 1973, 1941; 1975, 703). Es ist insbesondere nicht zulässig, **Vorstrafen informatorisch** zu erörtern (BGH StV 1994, 526; → *Feststellung von Vorstrafen des Angeklagten*, Rdn 1521).

Siehe auch: → *Vernehmung des Angeklagten zur Sache*, Rdn 3072.

Vernehmung des Angeklagten zur Sache 3072

Das Wichtigste in Kürze:
1. Die Vernehmung zur Sache erfolgt nach der Belehrung des Angeklagten und i.d.R. vor der (weiteren) Beweisaufnahme.
2. Gegenstand der Vernehmung zur Sache sind alle für die Schuldfeststellungen und die Rechtsfolgen bedeutsamen Fragen.
3. Die Vernehmung wird in mündlicher Form durchgeführt. Die Frage einer (schriftlichen) Einlassung durch den Verteidiger ist umstritten.
4. Die Vernehmung des Angeklagten ist Aufgabe des Vorsitzenden, die aus der ihm in § 238 Abs. 1 eingeräumten Befugnis zur Verhandlungsleitung folgt.

Literaturhinweise: Beulke, Äußerungen des Strafverteidigers in der Hauptverhandlung als Einlassung des Angeklagten, in: Festschrift BRAK, 2006, S. 87; **Detter**, Einlassung mit oder durch den Verteidiger – Ein notwendiges Instrument effektiver Strafverteidigung? in: Festschrift für *Ruth Rissing van Saan* zum 65. Geburtstag, 2011, S. 97; **Drees**, Schädliche Folgen von Einlassungssurrogaten, StRR 2012, 244; **Eisenberg/Pincus**, Sachäußerung des schweigenden Angeklagten in der Hauptverhandlung, JZ 2003, 397; **Eschelbach**, Erklärungen des Verteidigers zur Sache in der Hauptverhandlung, ZAP F. 22, S. 711; **Fezer**, Hat der Beschuldigte ein „Recht auf Lüge"?, in: Festschrift für *Walter Stree* und *Johannes Wessels*, 1993, S. 663; **Gillmeister**, Die Verteidigererklärung als Einlassung des Angeklagten, in: Festschrift für *Volkmar Mehle*, zum 65. Geburtstag, 2009, S. 223; **D. Hammerstein**, Das Geständnis und sein Wert – Lippenbekenntnisse in der Strafzumessung, StV 2007, 48; **Klemke**, Festschreibung von Sachverhalten in der Hauptverhandlung – Protokollierungsanträge, affirmative Beweisanträge pp, StraFo 2013, 107; **Mehle**, Die schriftliche Stellungnahme des Angeklagten außerhalb der Hauptverhandlung als Ersatz der mündlichen Einlassung – eine Analyse der Rechtsprechung, in: Festschrift 25 Jahre AG Strafrecht, 2009, S. 655; **Meyer-Mews**, Die Einlassung und Vernehmung des Angeklagten zur Sache gem. § 243 IV 2 StPO, JR 2003, 361; **Michel**, Einlassung durch den Anwalt?, MDR 1994, 648; **Miebach**, Der teilschweigende Angeklagte – materiell-rechtliche und prozessuale Fragen anhand der BGH-Rechtsprechung, NStZ 2000, 234; **Möller**, Verfassungsrechtliche Überlegungen zum „nemo-tenetur" – Grundsatz und zur strafmildern- 3073

V Vernehmung des Angeklagten zur Sache

den Berücksichtigung von Geständnissen, JR 2005, 314; **Neuhaus**, Der strafprozessuale Tatbegriff und seine Identität, Teil 1: MDR 1988, 1012, Teil 2: MDR 1989, 213; *ders.*, Anpassung und Wechsel des Verteidigungsziels während der Hauptverhandlung, ZAP F. 22, S. 249; **Noll**, Die – schriftliche – Sacheinlassung durch die Verteidigung, StRR 2008, 444; **Nugel**, Die Aufklärungsobliegenheit des Versicherungsnehmers gegenüber dem Kraftfahrtversicherer nach der VVG-Reform im Spannungsfeld zur Strafverteidigung, VRR 2008, 164; **Olk**, Die Abgabe von Sacherklärungen des Angeklagten durch den Verteidiger, 2006; **Park**, Die prozessuale Verwertbarkeit verschiedener Formen der Beschuldigteneinlassung im Strafverfahren, StV 2001, 589; **Prüfer**, Das fragwürdige Geständnis, StV 1998, 232; **Richter II**, Reden – Schweigen – Teilschweigen, StV 1994, 687; **Rüping**, Zur Mitwirkungspflicht des Beschuldigten und Angeklagten, JR 1974, 135; **Saldit**, Verteidigung in der Hauptverhandlung – notwendige Alternativen zum Praxisritual –, StV 1994, 442; *ders.*, Das Interesse an der Lüge, StV 1999, 61; **Schäfer**, Die Einlassung zur Sache durch den Verteidiger, in: Festschrift für *Hans Dahs*, 2005, S. 441; **Schlothauer**, Unvollständige und unzutreffende tatrichterliche Urteilsfeststellungen, StV 1992, 134; **Schlösser**, Die Einlassung des Angeklagten durch seinen Verteidiger – Überlegungen zu BGH, Urt. v. 20.6.2007 – 2 StR 84/07, NStZ 2008, 310; **Sommer**, Maßnahmen des Strafverteidigers in der Hauptverhandlung, ZAP F. 22, S. 101; **Stern**, Der Geständniswiderruf als forensisches Erkenntnisproblem, StV 1990, 563; **Wesemann**, Beanstandungs- und Erklärungsrecht zur Schaffung von Freiräumen der Verteidigung, StraFo 2001, 293; s.a. die Hinw. bei → *Vorbereitung der Hauptverhandlung*, Rdn 3370.

3074 1.a) Die Vernehmung zur Sache erfolgt **zeitlich nach** der → *Verlesung des Anklagesatzes*, Rdn 2921, und der → **Belehrung** *des Angeklagten*, Rdn 536 (BGH MDR 1975, 368 [D]). Vor der Belehrung darf das Gericht den Angeklagten nicht veranlassen, in irgendeiner Form zu erkennen zu geben, ob er sich zu den ihm vorgeworfenen Taten bekennt (BGH NStZ 1988, 85 [für Kopfschütteln/-nicken]). Die Vernehmung zur Sache erfolgt **stets vor** der **Beweisaufnahme** (KG StV 1982, 10; s.a. u. Rdn 3075). Bei mehreren Angeklagten bestimmt der Vorsitzende die **Reihenfolge**. Diese gesetzliche Reihenfolge braucht dann nicht eingehalten zu werden, wenn ein **Abweichen** hiervon zweckmäßig ist und kein Verfahrensbeteiligter widerspricht (BGH NStZ 1981, 111; StV 1991, 148; → *Gang der Hauptverhandlung, Allgemeines*, Rdn 1576).

✍ Hat der Angeklagte **zunächst** die Einlassung zur Sache **verweigert**, entschließt sich dann aber während der Beweisaufnahme, nun doch Angaben zur Sache zu machen, darf das nicht zu seinem Nachteil gewertet werden (BGH StV 1994, 413 m.w.N.; vgl. auch noch BGH NStZ 2002, 161; 2009, 705; 2014, 666; StraFo 2014, 513; Beschl. v. 7.8.2014 – 3 StR 318/14; s.a *Burhoff*, EV, Rn 1595, → *Vorbereitung der Hauptverhandlung*, Rdn 3370). In diesem Fall muss das Gericht auf Verlangen des Angeklagten oder des Verteidigers die **Beweisaufnahme unterbrechen** und zunächst den Angeklagten zur Sache vernehmen, es sei denn, die (weitere) Beweisaufnahme ist unaufschiebbar (BGH NJW 1986, 2652 [Ls.]).

3075 b) Das Gericht darf keine für den Angeklagten nachteiligen Schlüsse daraus ziehen, dass dieser sich erst nach **Rücksprache** mit seinem Verteidiger zur Sache einlässt (BGH StV 1994, 413; → *Vorbereitung der Hauptverhandlung*, Rdn 3381 ff.). Das Verteidigungsverhalten des Angeklagten, der sich erst gar nicht bzw. dann spät und nur teilweise zur Sache einlässt, rechtfertigt auch **nicht** die **Rücknahme** der **Beiordnung** des Pflichtverteidigers (LG Mainz StraFo 1996, 175; → *Pflichtverteidiger, Entpflichtung während laufender Hauptverhandlung*, Rdn 1993; s.a. *Burhoff*, EV, Rn 2912 ff.).

2. Gegenstand der Vernehmung des Angeklagten zur Sache ist zunächst der ihm in der **Anklageschrift** zur Last gelegte **soziale Vorgang** (zum Begriff „sozial" vgl. *Neuhaus* MDR 1988, 1013 Fn 13 m.w.N.). Darüber hinaus gehören dazu aber auch alle übrigen Umstände, die für die Schuld- oder Rechtsfolgenfrage von Bedeutung sind, wie z.B. Lebensweg und wirtschaftliche Verhältnisse. Die Erörterung dieser Umstände kann allerdings bis nach der Beweisaufnahme zurückgestellt werden, um für den Fall der Freisprechung des Angeklagten oder einer Einstellung eine unnötige Bloßstellung zu vermeiden (BGH NStZ 1985, 561; *Meyer-Goßner/Schmitt*, § 243 Rn 29; → *Vernehmung des Angeklagten zur Person*, Rdn 3067).

3076

Ob der Angeklagte sich überhaupt zur **Sache einlässt**, ist eine Frage, die in ihrem Für und Wider mit dem Mandanten **schon** im EV, spätestens jedoch bei der **Vorbereitung** der **HV** besprochen werden muss (zu den notwendigen taktischen Überlegungen → *Vorbereitung der Hauptverhandlung*, Rdn 3370 ff.; s.a. *Burhoff*, EV, Rn 1595 ff.; zur Vorbereitung der Einlassung *Malek*, Rn 253).

3. Hinweise für den Verteidiger!

a)aa) Die **Form** der Vernehmung des Angeklagten zur Sache ist grds. die der **mündlichen** Befragung mit mündlicher Antwort. Die mündliche Äußerung und das „Frage-Antwort-Spiel" mit dem Gericht ist für den Angeklagten nicht ungefährlich, zumal der Verteidiger häufig nicht eingreifen kann (zu den Gefahren *Schlothauer* StV 2007, 623 f. und *Schlösser* NStZ 2008, 310, 312 [jew. in der Anm. zu BGH NStZ 2008, 349]). Deshalb wird in Rspr. und Lit. die Frage einer „schriftlichen Einlassung" des i.Ü. schweigenden Angeklagten diskutiert. In dem Zusammenhang stellt sich dann die Frage, ob schriftliche Erklärungen des Angeklagten, die sich ggf. bereits bei der Akte befinden, verlesen werden und ob und in welchem Umfang diese ggf. als Sacheinlassung des Angeklagten angesehen werden können/müssen. Die Frage wird in Rspr. und Lit. kontrovers diskutiert (eingehend zu allem *Olk*, a.a.O.; *Gillmeister*, S. 223; *Eschelbach* ZAP F 22, S. 711 ff.; *Klemke* StraFo 2013, 107, 109 f.). Der BGH steht dem und der Frage, ob in einer schriftlichen Erklärung des Angeklagten auch eine Sacheinlassung i.S.d. § 243 Abs. 4 S. 2 zu sehen ist, mit der ggf. das Erfordernis der „Vernehmung" umgangen wird, ablehnend gegenüber (vgl. dazu BGHSt 52, 175; BGH NStZ 2009, 173; s.a. KK-*Schneider*, § 243 Rn 44 ff.; *Detter*, S. 97 ff.; *Eschelbach* ZAP F. 22, 711 ff.). Die Lit. (vgl. z.B. *Noll* StRR 2008, 444 [mit einer Zusammenfassung der Rspr. der letzten Zeit]; *Gillmeister, Schlösser, Schlothauer* und *Klemke* (jew. a.a.O.) sehen darin hingegen z.T. eine Mög-

3077

lichkeit, einen bestimmten Sachverhalt festzuschreiben. Gerade das will der BGH aber wohl verhindern (krit. a. noch *Hoffmann* StRR 2008, 342 in der Anm. zu BGHSt 52, 175).

🖉 Die Verlesung einer schriftlichen Erklärung des Angeklagten hat den Vorteil, dass damit der Sachverhalt ggf. **festgeschrieben** werden kann (*Schlothauer*, Rn 77c; *Noll* StRR 2008, 444, 449; *Klemke* StraFo 2013, 107 ff.; zum Revisionsvorbringen, wenn eine unzureichende Beweiswürdigung einer schriftlichen Einlassung des Angeklagten durch das Tatgericht gerügt werden soll, BGH NStZ 2004, 163). Übersehen werden darf aber auch nicht, dass eine schriftliche Erklärung ggf. nur einen geminderten Beweiswert hat (zum Beweiswert allgemein BGH NStZ 2008, 476 KG StV 2010, 533; *Drees* StRR 2012, 244; *Eschelbach* ZAP F. 22, s. 711; *Gillmeister*, S. 233, 241) und ein nur im Rahmen einer Verteidigererklärung abgelegtes Geständnis möglicherweise als Strafzumessungstatsache minderen Wertes behandelt wird (*Detter*, S. 97; *Dress*, a.a.O.).

Im Einzelnen dürfte Folgendes gelten:

3078 bb) Die **Vernehmung** des Angeklagten zur Sache kann nach der **Rspr.** des **BGH** grds. **nicht durch** die **Verlesung** einer schriftlichen Erklärung des Angeklagten durch das Gericht **ersetzt** bzw. „umgangen" werden (st. Rspr.; vgl. BGHSt 3, 368; 40, 211; 52, 175; BGH NStZ 2007, 349; 2008, 349 m. eingehender krit. Anm. *Schlothauer* StV 2007, 622; StV 2015, 277 m. Anm. *Burhoff* StRR 2015, 100; *Meyer-Goßner/Schmitt*, § 243 Rn 30; LR-*Becker*, § 243 Rn 88; *Eschelbach* ZAP F. 22, S. 711 ff.; *Wesemann* StraFo 2001, 295; *Meyer-Mews* JR 2003, 361; s.a. die Zusammenstellung der Rspr. bei *Noll* StRR 2008, 444; *Mehle*, S. 655). Das ist/war m.E. zweifelhaft, da die grds. Freiheit des Angeklagten zur Äußerung wohl auch das Recht umfassen dürfte, zu entscheiden, „wie" er sich äußern will (*Schlothauer*, Rn 77b; a.A. *Pfeiffer*, § 243 Rn 10; *Salditt* StV 1993, 449; *Park* StV 2001, 592). Es bestehen daher m.E. keine Bedenken, wenn der **Angeklagte**, der sich zur Sache einlassen will, selbst eine – ggf. vom Verteidiger vorbereitete – **Einlassungsschrift verliest** (BGHSt 1, 323; a.A. wohl BGHSt 52, 175; s.a. noch BGH NStZ 2000, 439; 2004, 163; 2004, 392; 2007, 349; 2008, 349; StV 2015, 277; vgl. LR/*Becker*, § 243 Rn 76; SSW-StPO/*Franke*, § 243 Rn 21; SK-StPO/*Frister*, § 243 Rn 72; *Meyer-Goßner/Schmitt*, § 243 Rn 31; Radtke/Hohmann/*Kelnhofer*, § 243 Rn 42; KK-*Schneider*, § 243 Rn 51; *Schlothauer*, Rn 77b und StV 2007, 622, 623 in der Anm. zu BGH NStZ 2008, 349; *Park*, a.a.O., und wohl a. OLG Hamm StV 2005, 122), zumal der Angeklagte auch Notizen verwenden darf (*Meyer-Goßner/Schmitt*, § 243 Rn 13). Es besteht keine Pflicht zur freien Rede (LR-*Becker*, a.a.O.). Die Verlesung von schriftlichen Äußerungen wird i.Ü. jedenfalls dann in Betracht kommen, wenn die (übrigen) Erklärungen des Angeklagten **unklar** sind (*Eisenberg/Pincus* JZ 2003, 397; s.a. *Meyer-Goßner/Schmitt*, § 243 Rn 30). Auch wenn der Angeklagte einen **Sprachfehler** hat, wird die Verlesung einer Einlassungsschrift erwogen werden müssen/können (*Pfeiffer*, a.a.O.; *Eisenberg/Pincus*, a.a.O.).

⚖️ Lehnt das erkennende Gericht es ab, dem **ausländischen Angeklagten** die Abgabe einer schriftlichen Einlassung in deutscher Sprache zu ermöglichen, kann die Entscheidung wegen § 305 **nicht** mit der → *Beschwerde*, Rdn 770, angefochten werden (OLG Köln NStZ 2011, 360).

Nach der Rspr. des BGH ist das Tatgericht jedoch **nicht grds. verpflichtet**, eine schriftliche Erklärung des Angeklagten zur Sache, die vom Verteidiger überreicht wird, in der HV zu **verlesen** (BGH NStZ 2004, 163; 2007, 349 m.w.N.; vgl. a. noch BGH NStZ 2009, 282), es sei denn, es kommt auf den Wortlaut an (BGHSt 52, 175). Es ist aber verpflichtet, die schriftliche Stellungnahme zur Kenntnis zu nehmen und zu prüfen, ob die → Aufklärungspflicht des Gerichts, Rdn 329, es gebietet, die Erklärung ggf. zu verlesen (BGH NStZ 2013, 59 m. Anm. *Artkämper* StRR 2013, 25).

3079

⚖️ Wird verlesen, dann ist der **Wortlaut** der **Urkunde** in die HV eingeführt und kann/muss in der Revision im Rahmen der Überprüfung der **Beweiswürdigung** herangezogen werden (BGH NStZ 2007, 349; StV 2011, 607 [Ls.]; *Schlothauer* StV 2007, 623, 624 in der Anm. zu BGH NStZ 2007, 349). Der Angeklagte sollte sich dann in der HV nicht mehr äußern, da dann im Hinblick auf Abweichungen nicht damit argumentiert werden kann, er sei ggf. von der verlesenen Einlassung abgewichen (*Schlothauer*, a.a.O.).

cc) Auch **schriftliche Erklärungen** des **Verteidigers** sind grds. **nicht** als Erklärung des Angeklagten zur Sache **verlesbar** (BGHSt 39, 305; 52, 175; BGH NStZ 2002, 555; 2009, 282; NJW 2005, 3508; abl. zur Einlassung des Angeklagten durch den Verteidiger *Olk* JZ 2006, 204 in der Anm. zu BGH, a.a.O.; *Eschelbach* ZAP F. 22, S. 711 ff.; zu allem a. *Beulke*, S. 87; s. aber u. Rdn 3084 und für Erklärungen des Verteidigers im Bußgeldverfahren OLG Frankfurt am Main NJW 1993, 2129 [Ls.]; OLG Zweibrücken NZV 1994, 372; → *Bußgeldverfahren, Besonderheiten der Hauptverhandlung*, Rdn 1216). Sie können zudem nur dann als eigene Einlassung des Angeklagten in der HV verstanden werden, wenn dies durch entsprechende Erklärungen des Angeklagten oder des Verteidigers klargestellt ist (BGH StV 2002, 182; NJW 2005, 3508; NStZ 2006, 408; so a. *Olk* JZ 2006, 204, 208 in der Anm. zu BGH, a.a.O.; KG StV 2007, 620; OLG Saarbrücken NStZ 2006, 182). Allein das Schweigen des Angeklagten genügt dazu aber nicht (BGH NStZ 2006, 408).

3080

⚖️ Hat der Angeklagte jedoch bereits **vor** der **HV** eine **schriftliche Erklärung** zur Akte gegeben, **kann** diese in der HV durch **Verlesung** gem. **§ 249** in das Verfahren eingeführt werden (*Park* StV 2001, 593; LR-*Becker*, § 243 Rn 80). Das → *Verlesungsverbot für schriftliche Erklärungen*, Rdn 2934, gilt nicht. Die Erklärung wird, wenn sie sich mit der Sache befasst, i.d.R. auch verlesen werden müssen, wenn der Verteidiger das mit einem **Beweisantrag** beantragt (s. OLG Zweibrücken StV 1986, 290; s. aber

| V | **Vernehmung des Angeklagten zur Sache** |

> OLG Zweibrücken StV 2001, 549 [ggf. nur → *Beweisanregung*, Rdn 834]; *Wesemann* StraFo 2001, 295; *Eisenberg/Pincus* JZ 2003, 397; *Klemke* StraFo 2013, 107, 109 f.; → *Vorbereitung der Hauptverhandlung*, Rdn 3393; vgl. aber a. einschr. BGHSt 52, 175 und KK-*Schneider*, § 243 Rn 51). Das Gericht muss aber die Verlesung des Schriftstücks **ausdrücklich anordnen** und dann den **Urkundsbeweis** in der Form des § 249 Abs. 1 erheben (BGH NStZ 2002, 555; 2004, 392; NJW 2005, 3508; zuletzt BGH NJW 2007, 349; → *Urkundenbeweis, Allgemeines*, Rdn 2721).

3081 Der Verteidiger muss zudem darauf **achten**, dass die Erklärung, deren Verlesung er beantragt, **nicht** als **Ersatz** für eine mündliche Einlassung des Angeklagten angesehen werden kann, da das Gericht dann nicht verpflichtet ist, die Erklärung zu verlesen (BGHSt 40, 211). Der entsprechende Beweisantrag darf also nicht nur darauf abzielen, die mündliche Einlassung zu ersetzen (zum Inhalt des Beweisantrages s.a. *Noll* StRR 2009, 444, 447 ff.). Das hat der BGH z.B. dann angenommen, wenn der Antrag eine rein bestreitende Einlassung und kein für den Schuldspruch oder den Rechtsfolgenausspruch wesentliches Vorbringen enthält (BGHSt 52, 175). Der Inhalt muss also darüber hinausgehen (s.a. *Noll* StRR 2008, 444, 449; zum geminderten Beweiswert s. BGH NStZ 2008, 476; KG StV 2010, 533; KK-*Schneider*, § 243 Rn 48). Der BGH hat inzwischen auch darauf hingewiesen, dass Mitteilungen des Angeklagten an seinen Verteidiger vor der HV (Verteidigungsstrategie!) grds. nicht Gegenstand der Beweisaufnahme sein können (BGH NStZ 2008, 115; vgl. aber auch BGH StV 2010, 287). Es empfiehlt sich, die Erklärung **möglichst frühzeitig** zur Akte zu geben (s.a. *Schlothauer*, Rn 77c [vor der Eröffnungsentscheidung]).

> Will der Verteidiger mit der vorab zur Akte gegebenen schriftlichen Erklärung des Angeklagten erreichen, dass dieser in der HV schweigen kann, sollte der **Angeklagte** die Erklärung in der HV **nicht selbst verlesen**. Denn dann dürfte es sich um eine „echte" Einlassung zur Sache handeln (*Malek*, Rn 249 ff.).

3082 b) Dem Angeklagten muss möglichst die Gelegenheit zu einem **zusammenhängenden Bericht** gegeben werden (BGHSt 13, 358). Hiervon kann das Gericht absehen, wenn der Angeklagte dazu ohne Abschweifungen nicht in der Lage ist oder es um einen besonders verwickelten oder umfangreichen Anklagevorwurf geht (h.M.; vgl. zuletzt BGH NStZ 2000, 549; *Meyer-Goßner/Schmitt*, § 243 Rn 30; AnwKomm-StPO/*Sommer*, § 243 Rn 64, jew. m.w.N.; s.a. u. Rdn 3086).

> Der Verteidiger muss seinen **Mandanten** auf eine ggf. inquisitorische Befragung durch den Vorsitzenden **vorbereiten** und diese ggf. beanstanden (*Wesemann* StraFo 2001, 295; s.u. Rdn 3086).

c) Der **(abwesende) Angeklagte** kann sich bei der Einlassung von seinem **Verteidiger vertreten** lassen, wenn gem. § 234 in seiner Abwesenheit verhandelt wird (BayObLGSt 1982, 156; KK-*Schneider*, § 243 Rn 44 m.w.N.; *Park* StV 2001, 594 m.w.N.; → *Verhandlung ohne den Angeklagten*, Rdn 2853; → *Vertretung des Angeklagten durch den Verteidiger*, Rdn 3208). Das soll hingegen nicht möglich sein, wenn er in der HV anwesend ist (*Meyer-Goßner/Schmitt*, § 243 Rn 30 mit wohl nicht zutreffendem Hinw. auf BGHSt 39, 305; BGH NJW 2005, 3508; NStZ 2008, 349; BayObLG, a.a.O.; OLG Celle NJW 1989, 992; KK-*Schneider*, § 243 Rn 45; *Eschelbach* ZAP F 22, S. 711 ff.; a.A. OLG Hamm NJW 1979, 1373; *Park*, a.a.O.). Ob das zutreffend ist, erscheint zumindest zweifelhaft. Hinzuweisen ist insoweit auf **§ 137 Abs. 1**, wonach der Beschuldigte sich in jeder Lage des Verfahrens des Beistands seines Verteidigers bedienen kann. Zudem kann es der anwesende Angeklagte seinem Verteidiger überlassen, für ihn Erklärungen abzugeben (KK-*Schneider*, § 243 Rn 45). Warum er ihn dann nicht (auch) bei der Einlassung vertreten können soll, erscheint nicht einleuchtend (s.a. *Neuhaus* ZAP F. 22, S. 260 f.; *Salditt* StV 1993, 443 f.; vgl. BGH NStZ 1994, 352). Auf jeden Fall muss das jedoch zulässig sein, wenn der Angeklagte Anlass hat, seine **Stimme geheim zu halten** (→ *Gegenüberstellung von Zeugen*, Rdn 1594 f.).

3083

d) **Äußerungen** des **Verteidigers** können dem Angeklagten allerdings nur dann **zugerechnet** werden, wenn aufgrund von unmissverständlichen Erklärungen des Angeklagten oder des Verteidigers feststeht/feststand, dass der Angeklagte sie als eigene **Einlassung gelten lassen** will (s. dazu a. *Salditt* StV 1993, 443 f.; BGH NJW 2005, 3508; NStZ 2002, 555; KG StV 2007, 620; OLG Düsseldorf StV 2002, 411). Das ist z.B. der Fall, wenn der Verteidiger in Anwesenheit des Angeklagten eine Erklärung verliest und in dieser mitteilt, „die Vorwürfe würden vom Angeklagten eingeräumt" (s.a. BGH NStZ 1994, 352). Allein das Schweigen des Angeklagten genügt aber nicht (BGH NStZ 2006, 408; s.a. KK-*Schneider*, § 243 Rn 46, der eine ausdrückliche Erklärung verlangt). Nach *Park* (StV 2001, 594) ist die Zurechnung auch in diesen Fällen nur möglich, wenn der Verteidiger eine besondere Vertretungsvollmacht hat (→ *Vertretung des Angeklagten durch den Verteidiger*, Rdn 3208).

3084

> Es bedarf, wenn der Angeklagte vor seiner Vernehmung zur Sache ordnungsgemäß über sein Schweigerecht belehrt worden ist (→ *Belehrung des Angeklagten*, Rdn 536) **keiner** weiteren „**qualifizierten Belehrung**" über die prozessualen Konsequenzen einer Zustimmung zu der Verteidigererklärung, wenn der Verteidiger eine schriftliche Erklärung mit Einlassungen zur Sache verliest und der Angeklagte auf Befragen des Gerichts ausdrücklich bestätigt, dass es sich bei der verlesenen Erklärung um seine eigene Einlassung zur Sache handele (BVerfG StRR 2009, 122 [Ls.]).

Hat der Angeklagte hingegen die **Einlassung** zur Sache **verweigert**, können Tatsachenvortrag des Verteidigers in einem Beweisantrag (BGH NStZ 1990, 447; 2000, 495), schriftliche Äußerungen des Verteidigers zur Tatbeteiligung des Angeklagten (BGHSt

3085

39, 305; OLG Celle NJW 1989, 992) oder prozessuale Erklärungen des Verteidigers (BGH NStZ 2002, 555 [Erklärung aus dem EV]; OLG Hamm NJW 1979, 1373) **nicht** als Einlassung des Angeklagten gewertet werden (s.a. zu allem *Meyer-Goßner/Schmitt*, § 261 Rn 16 ff. m.w.N.). Auch Rechtsausführungen des Verteidigers sind keine Sacheinlassung des Angeklagten (BGH StraFo 2008, 79).

> Der **BGH** hat dies **früher** – zumindest teilweise – **anders** gesehen. Nach BGH StV 1998, 59 konnten nämlich Erklärungen, die der Verteidiger in der HV in Anwesenheit seines Mandanten, der selbst keine Angaben zur Sache macht, für diesen zur Sache abgibt, **ohne Weiteres** als **Einlassung** des Angeklagten verwertet werden. Auf den o.a. klarstellenden Zusatz hatte der BGH dort verzichtet (zur Kritik an dieser Entscheidung s. die eingehende Besprechung von *Park* StV 1998, 59 ff.; zu allem a. *Michel* MDR 1994, 648). Inzwischen wird aber wieder darauf abgestellt, ob der Verteidiger die Erklärung „ausdrücklich" für den Angeklagten abgegeben hatte (s.a. BGH NStZ 2002, 555; 2006, 408).

Prozessual ist darauf zu **achten**, dass bei entsprechenden Erklärungen der **Verteidiger** ggf. vom Vorsitzenden zu **befragen** ist, ob die von ihm abgegebene Erklärung als Einlassung des Angeklagten anzusehen sei. Ferner ist er darauf hinzuweisen, dass sie in diesem Fall zum Gegenstand der Beweiswürdigung gemacht wird. Verneint der Verteidiger oder widerspricht der Angeklagte, so darf die Erklärung nicht als Beweismittel verwertet werden (OLG Düsseldorf StV 2002, 411 [für die Erklärung, der Angeklagt könne „sowieso" nichts anderes sagen als beim AG]; OLG Hamm StV 2002, 187 [für die Erklärung, der Anklagevorwurf „stimme"]).

Der Nachweis der Beobachtung dieser Förmlichkeiten kann i.Ü. nur durch das **Sitzungsprotokoll** erfolgen (OLG Düsseldorf, a.a.O.).

3086 4. Die Vernehmung des Angeklagten ist **Aufgabe** des **Vorsitzenden**, die aus der ihm in § 238 Abs. 1 eingeräumten Befugnis zur → *Verhandlungsleitung*, Rdn 2889, folgt. Der Vorsitzende muss dem Angeklagten Gelegenheit geben, sich während der Vernehmung zur Sache gegen den Anklagevorwurf zu verteidigen, indem er die gegen ihn sprechenden Umstände beseitigt und die für ihn sprechenden Tatsachen geltend macht. Während der Vernehmung muss der Verteidiger auf Folgendes besonders **achten**:

3087 **Hinweise zur Vernehmung des Angeklagten**

- Der Vorsitzende darf den **Bericht** des Angeklagten **leiten**, auf Unklarheiten, Widersprüche und Lücken hinweisen und dem Angeklagten Gelegenheit geben, sie zu ergänzen und richtig zu stellen. Er darf aber den Angeklagten in seinem zusammenhängenden Bericht **nicht ständig stören**. Dagegen muss sich der Verteidiger für den Angeklagten zur Wehr setzen und ggf. gem. **§ 238 Abs. 2** das Gericht anrufen (vgl. zu allem a. *Salditt* StV 1993, 442 f.; *Wesemann* StraFo 2001, 295; BGH NStZ 1997, 198; 2000, 549). Soll die Vernehmungsmethode des Vorsitzenden in der Revision mit der Verfahrensrüge angegriffen werden, ist für den Erfolg der Rüge ein Gerichtsbeschluss erforderlich (BGH, a.a.O.). Da § 69 nicht gilt, dürfte es grds. auch zulässig sein, die Vernehmung in Form von Frage und Antwort zu führen (KK-*Schneider*, § 243 Rn 42; krit. *Salditt*, a.a.O.).

- Der Vorsitzende kann dem Angeklagten **Vorhalte** aus den Akten machen. Das darf jedoch nicht dazu führen, dass die Verlesung der Akten an die Stelle der Vernehmung tritt. Dies darf der Verteidiger auf keinen Fall dulden.
- Auch gegen einen **sachlich falschen Vorhalt**, der mit dem Akteninhalt nicht oder nicht vollständig übereinstimmt, muss sich der Verteidiger **wehren** (*Dahs*, Rn 551; s.a. → *Vorhalt aus und von Urkunden*, Rdn 3424), indem er den Vorhalt ggf. beanstandet.
- Anlass zur Beanstandung besteht auch, wenn der Angeklagte vom Gericht in **unsachlicher** und unzulässiger Form vernommen oder unnötig **bloßgestellt** wird. Der Verteidiger muss insbesondere auch dann eingreifen, wenn der Angeklagte in unzulässiger Weise zu einem Geständnis gedrängt wird oder bei ihm durch Erklärungen des Vorsitzenden der Eindruck erweckt wird, er sei zur Aussage verpflichtet (*Dahs*, Rn 545).
- Werden die persönlichen Verhältnisse des Angeklagten erörtert, kann der → *Ausschluss der Öffentlichkeit*, Rdn 419, in Betracht kommen, was der Verteidiger **beantragen** muss.
- **Widerruft** der Angeklagte ein früheres **Geständnis**, kann ihm ggf. das Geständnisprotokoll vorgehalten werden (→ *Vorhalt aus und von Urkunden*, Rdn 3424; → *Verlesung von Geständnisprotokollen*, Rdn 2980). Dem kann der Verteidiger nur dann widersprechen, wenn der Vorsitzende das vermeintliche Geständnis aufgrund der Niederschrift als tatsächlich abgegeben behandeln will (*Dahs*, Rn 554).
- **Lässt sich** der Angeklagte nach Verlesung der Anklageschrift und nach erfolgter Belehrung über seine Aussagefreiheit zur Sache **ein**, ist das in das → *Protokoll der Hauptverhandlung*, Rdn 2092, aufzunehmen (zuletzt BGH NJW 1996, 535; KK-*Schneider*, § 243 Rn 54; KK-*Greger*, § 273 Rn 4). Gleiches gilt, wenn der zunächst schweigende Angeklagte sich erst im weiteren Verlauf der HV zu einer Einlassung entschließt (BGH NStZ 1992, 49). Hat der Angeklagte sich einmal zur Sache geäußert, sind weitere „Einlassungen" allerdings nicht protokollierungspflichtig (KK-*Schneider*, a.a.O.; offengelassen von BGH, a.a.O.). Die Protokollierungspflicht gilt auch, wenn der Angeklagte sich im Rahmen seines Erklärungsrechts nach § 257 Abs. 1 erstmalig in der HV zur Sache eingelassen hat (BGH NJW 1996, 535; 2000, 217; s. aber BGH NStZ 1994, 449; → *Erklärungsrecht des Angeklagten*, Rdn 1458).

Siehe auch: → *Befragung des Angeklagten*, Rdn 531; → *Feststellung von Vorstrafen des Angeklagten*, Rdn 1521; → *Vernehmung des Angeklagten zur Person*, Rdn 3067.

| V | Vernehmung des Mitangeklagten als Zeugen |

3088 Vernehmung des Mitangeklagten als Zeugen

3089 **Literaturhinweise: Brüssow**, Mehrere Beschuldigte in der prozessualen Wechselwirkung als Beweismittel, in: Festgabe für *Heino Friebertshäuser*, 1997, S. 171; **Grünwald**, Die Verfahrensrolle des Mitbeschuldigten, in: Festschrift für *Ulrich Klug*, 1983, Band II, S. 493; **Lenckner**, Mitbeschuldigter und Zeuge, in: Festschrift für *Karl Peters*, 1974, S. 333; **Prittwitz**, Der Mitbeschuldigte – ein unverzichtbarer Belastungszeuge, NStZ 1981, 463; **Richter II**, Praktische Theorie. Immer noch einmal der Mitbeschuldigte als Zeuge. – Zeugenvernehmung durch den Verteidiger, in: Festgabe für *Karl Peters*, 1974, S. 235; **Schmandt**, Höchstrichterliche Anforderungen an besondere Beweiskonstellationen – Aussage gegen Aussage, Aussagen von Mitbeschuldigten oder des „Kronzeugen", StraFo 2010, 446; **von Gerlach**, Die Vernehmung von Mitangeklagten als Zeugen, NJW 1964, 2397.

3090 1. Nach überwiegender Meinung in der Lit. ist ein **Mitangeklagter kein Beweismittel** sui generis (*Meyer-Goßner/Schmitt* vor § 48 Rn 21; KK-*Senge*, vor § 48 Rn 7; *Eisenberg*, Rn 927 m.w.N.; zur Befragung des Mitangeklagten durch den Angeklagten → *Fragerecht des Angeklagten*, Rdn 1543). Seiner Vernehmung steht ein Beweiserhebungsverbot entgegen (BGH NStZ 2011, 168; KK-*Krehl*; *Meyer-Goßner/Schmitt*, § 244 Rn 49; LR/*Becker*. § 244 Rn 189, jeweils m.w.N.).

3091 2. Gelegentlich möchten Gerichte jedoch einen Mitangeklagten nicht nur als Beschuldigten, sondern als Zeugen vernehmen. Dazu kommt es i.d.R. dann, wenn ein Angeklagter sich zur Sache einlässt, ein anderer hingegen nicht. Dann gilt: Die **Vernehmung** eines Mitangeklagten als Zeugen ist nur **zulässig**, wenn zuvor eine **Trennung** der Verfahren erfolgt ist, wie z.B. durch → *Abtrennung von Verfahren*, Rdn 244 (BGH NJW 1985, 76; KK-*Senge*, vor § 48 Rn 8 f.). Dazu folgende

Rechtsprechungsbeispiele:

3092 **Vernehmung** des (früheren) Mitangeklagten **zulässig**

- nach **endgültiger Einstellung** gem. §§ 153, 153a, 206a, 206b,
- nach rechtskräftiger Verurteilung bzw. **Freispruch** (a.A. *Eisenberg*, Rn 934 m.w.N.),
- nach Ausscheiden des Mitangeklagten aus dem Verfahren, weil seine **Berufung** nach § 329 Abs. 1 **verworfen** worden ist (OLG Bamberg StraFo 2015, 155; OLG Braunschweig Nds.Rpfl. 2002, 64),
- zu **selbstständigen Anklagepunkten**, an denen er nicht beteiligt war (BGH NJW 1964, 1034 f.; BGHSt 24, 257 ff.),
- nach **vorläufiger Einstellung** gem. § 205 (BGH NJW 1985, 76 f.; → *Einstellung des Verfahrens nach § 205 wegen Abwesenheit des Angeklagten*, Rdn 1361) sowie nach § 154 Abs. 2.

Ggf. kann es die → *Aufklärungspflicht des Gerichts*, Rdn 329, sogar **gebieten**, einen Mitangeklagten als Zeugen zu **vernehmen**, nachdem dieser durch Abtrennung aus dem Verfahren ausgeschieden ist (BayObLG StV 1989, 522 [stets zu vernehmen]).

Vernehmung des Mitangeklagten nicht zulässig 3093

- der Mitangeklagte soll Zeuge sein hinsichtlich einer **Straftat** des oder der anderen Beschuldigten, an der er **selbst beteiligt** war (BGHSt 3, 152; KK-*Senge,* vor § 48 Rn 7 m.w.N.; *Meyer-Goßner/Schmitt,* vor § 48 Rn 21 m.w.N.),
- eine Abtrennung erfolgt nur, um den Mitangeklagten zu demselben Tatgeschehen, das ihn auch selbst betrifft, vernehmen zu können (KK-*Senge,* vor § 48 Rn 9 m.w.N.), was ebenfalls gilt, wenn auch nur ein **Zusammenhang** mit dem **angeklagten Tatvorwurf** besteht, z.b. durch Auswirkungen auf die Beweislage (BGHSt 32, 100, 101).

Siehe auch: → *Verlesung von Geständnisprotokollen,* Rdn 2980.

Vernehmung des Zeugen zur Person 3094

Literaturhinweise: **Deutscher,** Die Erörterung der Vorstrafen von Zeugen, NStZ 2012, 359; **Leineweber,** Die Entbindung von der Wohnortangabe bei der Vernehmung eines Zeugen zur Person gem. § 68 Satz 2 StPO, MDR 1985, 635; **Nelles,** Der Zeuge – ein Rechtssubjekt, kein Schutzsubjekt, NJ 1998, 449; **Rebmann/ Schnarr,** Der Schutz des gefährdeten Zeugen im Strafverfahren, NJW 1989, 1188; **Renzikowski,** Fair trial und anonymer Zeuge – Die Drei-Stufen-Theorie des Zeugenschutzes im Lichte der Rechtsprechung des EuGHMR, JR 1999, 605; **Roggan,** Der polizeiliche Zeugenschutz in der Hauptverhandlung Fragen und Antworten im Zeugenschutz-Harmonisierungsgesetz, GA 2012, 434; **Soine,** Polizeilicher Zeugenschutz, NJW 1999, 3688; **Soine/Engelke,** Das Gesetz zur Harmonisierung des Schutzes gefährdeter Zeugen (Zeugenschutz-Harmonisierungsgesetz – ZSHG), NJW 2002, 470; **Soine/Soukup,** „Identitätsänderung", Anfertigung und Verwendung von „Tarnpapieren", Möglichkeiten der Strafverfolgungsorgane zum Schutz gefährdeter Zeugen vor kriminellen Organisationen, ZRP 1994, 466; **Sommer,** Auskunftsverweigerungsrecht des gefährdeten Zeugen, StraFo 1998, 8; **Wagner,** V-Personen und Zeugenschutz. Das ZSchGesetz und seine Auswirkungen auf den Einsatz von V-Personen, Krim 2000, 167; s.a. die Hinw. bei → *Verwertung der Erkenntnisse eines (gesperrten) V-Mannes,* Rdn 3241 und → *Zeugenvernehmung, Allgemeines,* Rdn 3537. 3095

1.a) Gem. § 68 Abs. 1 **beginnt** die Vernehmung eines Zeugen mit der Vernehmung zur Person. Der Zeuge wird über **Vor-** und **Zunamen, Alter, Stand** oder Gewerbe und **Wohnort** befragt. Diese Angaben muss grds. jeder Zeuge, auch der zeugnisverweigerungsberechtigte, beantworten, da durch sie eine verlässliche Grundlage für die Beurteilung seiner Glaubwürdigkeit und die Möglichkeit, Erkundigungen einzuholen, geschaffen werden soll (*Meyer-Goßner/Schmitt,* § 68 Rn 1 m.w.N.). Nach überwiegender Meinung ist die Weigerung des Zeugen, Angaben zur Person zu machen, kein Grund, nach § 70 **Ordnungsmittel** gegen den Zeugen festzusetzen (vgl. die Nachw. bei *Meyer-Goßner/Schmitt,* § 70 Rn 1; s.a. OLG Hamburg NStZ 2002, 386 m.w.N. [jedenfalls dann nicht, wenn die Identität des Zeugen zweifelsfrei ist]). 3096

b) Nach dem durch das 2. OpferRRG v. 29.7.2009 (BGBl I, S. 2280; vgl. BT-Drucks 16/12098, S. 18) erweiterten **§ 68 Abs. 2 S. 1** soll der Vorsitzende, wenn begründeter 3097

| V | **Vernehmung des Zeugen zur Person** |

Anlass zu der Besorgnis besteht, dass bei dem Zeugen eine Gefahrenlage besteht oder dass auf Zeugen oder eine andere Person in unlauterer Weise eingewirkt werden wird, **gestatten, statt** seines **Wohnortes** seinen Geschäfts- oder **Dienstort** oder eine **andere ladungsfähige Anschrift** anzugeben.

👉 Gegen die Gestattung oder die Nichtgestattung kann gem. § **238 Abs. 2** das Gericht angerufen werden.

I.Ü. dürfen **Personalien** von Zeugen nur dann **geheim gehalten** werden, wenn die Zeugen so **gefährdet** sind, dass ihre Identität geändert werden musste (BGHSt 29, 109, 113; BGH NJW 1986, 1999; *Meyer-Goßner/Schmitt*, § 68 Rn 11 m.w.N.). Das Merkmal ist eng auszulegen.

3098 § 68 Abs. 2 dürfte **nicht** anwendbar sein, wenn unter → *Ausschluss der Öffentlichkeit*, Rdn 419, verhandelt wird. Die Vorschrift dient dem Schutz des Zeugen vor Gefährdungen, die ihm durch Zuhörer oder über Zuhörer durch andere Personen drohen, nicht hingegen dem Schutz vor dem Angeklagten (s.a. *Malek*, Rn 442; a.A. *Meyer-Goßner/ Schmitt*, § 68 Rn 10; LR-*Ignor/Bertheau*, § 68 Rn 11; LG Stuttgart Justiz 1989, 203).

3099 Nach früher h.M. war die Vernehmung eines optisch oder akustisch „**abgeschirmten**" oder **vermummten Zeugen** nicht **zulässig** (BGHSt 32, 115, 124; a.A. Schweizerisches Bundesgericht EuGRZ 1995, 250; KK-*Diemer*, § 247a Rn 14 m.w.N.; zur Vernehmung mittels Videotechnologie → *Videovernehmung in der Hauptverhandlung*, Rdn 3307). Der Zeuge musste sichtbar sein. Diese Rspr. hat der BGH inzwischen aufgegeben (vgl. BGH NJW 2003, 74; ähnl. BGH NStZ 2004, 345; 2006, 648; s.a. *Meyer-Goßner/Schmitt*, § 68 Rn 17 m.w.N.; KK-*Diemer*, § 247a Rn 14; wegen der Einzelh. → *Verwertung der Erkenntnisse eines [gesperrten] V-Mannes*, Rdn 3241 m.w.N.).

3100 c) Nach § **68 Abs. 3** kann **besonders gefährdeten Personen**, z.B. Verdeckten Ermittlern oder V-Leuten, die Angabe ihrer Personalien gänzlich erlassen werden, haben sie inzwischen eine andere Identität erhalten, können von ihnen nur Angaben über ihre frühere Identität verlangt werden. Die Geheimhaltung der Personalien kann so weit gehen, dass den gefährdeten Zeugen erlaubt wird, in der HV in Anwesenheit der Angeklagten statt ihrer Personalien ggf. nur ihre polizeiliche Kennnummer anzugeben (BGH NStZ 2012, 168). Voraussetzung dafür ist aber, dass die Gefährdungslage der Zeugen nachvollziehbar dargestellt wird (BGH, a.a.O., für im Rockermilieu offen ermittelnde polizeiliche Zeugen aus einer Spezialdienststelle des LKA; zu allem *Roggan* GA 2012, 434; *Soine* NJW 1999, 3688; *Soine/Engelke* NJW 2002, 470).

👉 Die gefährdeten Zeugen müssen auf Befragen jedoch zumindest **angeben**, in welcher **Eigenschaft** sie ihre Erkenntnisse gewonnen haben.

✍ Gegen die Gestattung des Vorsitzenden kann gem. **§ 238 Abs. 2** das Gericht angerufen werden. Das dürfte für die Revision erforderlich sein (BGH, a.a.O., zugleich auch zur Beruhensfrage).

Die Identitätsunterlagen über den Zeugen werden bei der StA verwahrt (§ 68 Abs. 4 S. 3). Da Aufbewahrungsort i.d.R. die Handakten sein werden, besteht **kein AER** des Verteidigers (zur AE in die Handakten der StA *Burhoff*, EV, Rn 402; *Meyer-Goßner/Schmitt*, § 147 Rn 13, jew. m.w.N.; s.a. Nr. 187 Abs. 2 und Nr. 111 Abs. 5 S. 1 RiStBV).

2. Nach § 68a Abs. 2 S. 1 können dem Zeugen auch **Fragen** gestellt werden, die seine **Glaubwürdigkeit** in der Sache, insbesondere seine **Beziehungen** zu dem Angeklagten oder dem Verletzten, betreffen. Dadurch kann und soll geklärt werden, ob dem Zeugen ein → *Zeugnisverweigerungsrecht*, Rdn 3552, zusteht. Zu beachten ist bei dieser Befragung § 68a Abs. 1, der den Zeugen bloßstellende Fragen verbietet (zum Persönlichkeitsrecht des Zeugen s. *Nelles* NJ 1998, 451). Es besteht die allgemeine Pflicht zur schonenden Befragung (vgl. Begründung zum 2. OpferRRG in BT-Drucks 16/12098, S. 22; s.a. noch BGH NJW 2005, 1519; NStZ-RR 2009, 247). Der Zeugen kann ggf. auch nach Vorstrafen gefragt werden (wegen der Einzelh. eingehend *Deutscher* NStZ 2012, 359).

3101

✍ Ob Fragen nach § 68a Abs. 2 S. 1 gestellt werden, steht zunächst im Ermessen des Gerichts. Hält der Verteidiger entsprechende Fragen an den Zeugen für erforderlich, muss er ggf. auf eine Ergänzung der Befragung durch den Vorsitzenden drängen oder die Fragen selbst stellen (→ *Fragerecht des Verteidigers, Allgemeines*, Rdn 1551). Lehnt der Vorsitzende Fragen nach § 68a Abs. 2 S. 1 ab, kann der Verteidiger durch einen Antrag nach **§ 238 Abs. 2** einen **Gerichtsbeschluss** herbeiführen (vgl. auch *Deutscher* NStZ 2012, 359, 361).

Der Verteidiger muss sich **sorgfältig überlegen**, ob und wann er auf eine **Ergänzung** der Vernehmung zur Person **drängen** soll (*Dahs*, Rn 569). Bei einer zu erwartenden belastenden Aussage kann es sich z.B. empfehlen, die Zusammenhänge, wie etwa eine Feindschaft zum Angeklagten, möglichst bald aufzudecken. Die frühzeitige Aufdeckung von persönlichen Beziehungen kann in anderen Fällen aber auch von Nachteil sein.

Inzwischen liegt der RegEfür ein **3. OpferRRG** vor. Dieser sieht u.a. einen **neuen § 48 Abs. 3** vor. Danach sind, wenn der **Zeuge zugleich** der **Verletzte** ist, die ihn betreffenden Verhandlungen, Vernehmungen und sonstigen Untersuchungshandlungen stets unter Berücksichtigung seiner besonderen Schutzbedürftigkeit durchzuführen. Insbesondere ist zu prüfen, ob die dringende Gefahr eines schwerwiegenden Nachteils für das Wohl des Zeugen Maßnahmen nach den § 247a erfordert (→ *Videovernehmung in der Hauptverhandlung*, Rdn 3370), ob überwiegende schutzwürdige Interessen des Zeugen den → *Ausschluss der Öffentlichkeit*, Rdn 419, nach § 171b Abs. 1 GVG erfor-

3102

dern und inwieweit auf nicht unerlässliche Fragen zum persönlichen Lebensbereich des Zeugen nach § 68a Abs. 1 verzichtet werden kann (→ *Gesetzesnovellen*, Rdn 1618).
Siehe auch: → *Vernehmung des Zeugen zur Sache*, Rdn 3103; → *Zeugenvernehmung, Allgemeines*, Rdn 3537 m.w.N.

3103 Vernehmung des Zeugen zur Sache

> **Das Wichtigste in Kürze:**
> 1. Nach der Zeugenbelehrung und der Vernehmung des Zeugen zur Person wird der Zeuge zur Sache vernommen.
> 2. Die Vernehmung zur Sache obliegt zunächst allein dem Vorsitzenden.
> 3. Vernehmung eines Zeugen bedeutet grds., dass dieser sich mündlich äußert.
> 4. Der Verteidiger hat bei der Vernehmung eines Zeugen insbesondere die Aufgabe, darauf zu achten, dass dieser unbeeinflusst und im Zusammenhang schildert, was er über den Gegenstand der Vernehmung (noch) in Erinnerung hat.

3104 **Literaturhinweise: Arntzen/Michaelis-Arntzen**, Psychologie der Zeugenaussage, 4. Aufl. 2007; **Barton**, Fragwürdigkeit des Zeugenbeweises, 1995; *ders.*, Einführung in die Strafverteidigung, § 14 Vernehmungslehre; **Bender/Nack**, Tatsachenfeststellung vor Gericht, Bd. II, Vernehmungslehre, 2. Aufl. 1995; **Deckers/Köhnken** (Hrsg.), Die Erhebung von Zeugenaussagen im Strafprozess, 2008; **Dedes**, Grenzen der Wahrheitspflicht des Zeugen, JR 1983, 99; **Eschelbach**, Erinnerungsverfälschungen durch Zeugencoaching, ZAP F. 22, S. 781; **Hunsmann**, Die Mitwirkung hör-, seh- und sprachbehinderter Personen im Strafverfahren, StRR 2014, 324; **Kassebohm**, Zeugen richtig befragen, NJW 2009, 200; **Kirchmann/Petzold**, Der Umgang mit dem Vorhalt – oder: Strafverteidigung bei Vorhalten, StRR 2013, 444; **Krehl**, Die Erkundigungspflicht des Zeugen bei fehlender oder beeinträchtigter Erinnerung und mögliche Folgen ihrer Verletzung, NStZ 1991, 416; **Milne/Bull**, Psychologie der Vernehmung, 2003; **Nack**, Verteidigung bei der Glaubwürdigkeitsbeurteilung von Aussagen, StV 1994, 555; **Nagler**, Warum Personen sich bei der Vernehmung nicht an das erinnern können, was sie wissen, StV 1983, 211; **Prüfer**, Der Zeugenbericht (§ 69 Abs. 1 Satz 1 StPO), DRiZ 1975, 334; **Rostek**, Die ständige Missachtung des § 69 StPO, StraFo 2011, 386; **Roggan**, Der polizeiliche Zeugenschutz in der Hauptverhandlung Fragen und Antworten im Zeugenschutz-Harmonisierungsgesetz, GA 2012, 434; **Salditt**, Der Verteidiger vernimmt Zeugen – was britische Handbücher raten, StV 1988, 451; *ders.*, Die Befragung von Zeugen durch den Verteidiger, StraFo 1992, 52; *ders.*, Verteidigung in der Hauptverhandlung – notwendige Alternativen zum Praxisritual, StV 1994, 442; **Sommer**, Maßnahmen des Strafverteidigers in der Hauptverhandlung, ZAP F. 22, S. 101; *ders.*, Fragen an den Zeugen – Vorhalte an das Recht Rechtliche Baustellen auf dem Weg zur Konturierung eines Fragerechts, StraFo 2010, 102; **Tondorf/Tondorf**, Die Erklärungsrechte und das Fragerecht des Verteidigers nebst Vernehmungstechnik und Vorhalte, in: Beck-*Tondorf/Tondorf*, S. 436 ff.; **Walter**, Zur Frage eines Rechts des Beschuldigten auf „Konfrontation von Belastungszeugen", GA 2003, 205 ff.; **Wendler/Hoffmann**, Technik und Taktik der Befragung im Gerichtsverfahren, 2009; s.a. die Hinw. bei → *Fragerecht, Allgemeines*, Rdn 1532, und bei → *Zeugenvernehmung, Allgemeines*, Rdn 3537.

3105 1. Nach der → *Zeugenbelehrung*, Rdn 3523, und der → *Vernehmung des Zeugen zur Person*, Rdn 3094, wird der Zeuge zur Sache vernommen. Die Regeln, wie vernommen werden soll, enthält § 69 (wegen der Einzelh. s. über die o.a. Lit.-Hinw. hinaus eingehend *Eisenberg*, Rn 1428 ff.; s.a. → *Vernehmung einer Verhörsperson*, Rdn 3120 f.).

2. Die Vernehmung zur Sache obliegt zunächst allein dem **Vorsitzenden**, wobei er grds. in folgender **Reihenfolge** verfahren muss: Zunächst **Unterrichtung** des Zeugen über den Gegenstand der Untersuchung und die Person des Angeklagten (§ 69 Abs. 1 S. 2), dann zusammenhängender **Bericht** des Zeugen (§ 69 Abs. 1 S. 1; vgl. dazu eingehend *Rostek* StraFo 2011, 386). Umfasst eine Anklageschrift mehrere Taten im prozessualen oder materiell-rechtlichen Sinne und damit verschiedene Beweisthemen i.S.d. § 69 Abs. 1 S. 1, kann der Vorsitzende die Vernehmung daran orientiert gestalten, und den Zeugen im Sinne einer Gliederung eines komplexen Verfahrensstoffs in einzelnen Abschnitten vernehmen (BGH NStZ 2011, 422). Dabei hat der Zeuge aber sein Wissen jeweils für das einzelne Thema im Zusammenhang vorzutragen (BGH, a.a.O.). 3106

An den Bericht des Zeugen (BGHSt 3, 281) schließt sich dann ein ggf. – ergänzendes – **Verhör** (§ 69 Abs. 2) durch den Vorsitzenden und/oder den StA und/oder den Verteidiger durch (zusätzliche) Fragen an. 3107

3. Vernehmung eines Zeugen bedeutet grds., dass dieser sich **mündlich äußert**. Das Vorlesen oder Vorlegen einer schriftlichen Erklärung ist keine Vernehmung und muss ggf. vom Verteidiger sofort beanstandet werden. Dem Zeugen ist es aber nicht verwehrt, sich zur **Gedächtnisstütze** schriftlicher Unterlagen zu bedienen (BGHSt 3, 281). Auch können ggf. gem. § 251 Abs. 2 **schriftliche Äußerungen** eines **V-Mannes**, die dieser auf Veranlassung des Gerichts abgegeben hat, verlesen werden (→ *Verlesung von Protokollen früherer Vernehmungen/sonstiger Erklärungen*, Rdn 3014; → *V-Mann in der Hauptverhandlung*, Rdn 3336; s.a. KG StV 1995, 348). 3108

4. Hinweise für den Verteidiger!

a) Der Verteidiger hat bei der Vernehmung eines Zeugen insbesondere die **Aufgabe**, darauf zu achten, dass dieser **unbeeinflusst** und im **Zusammenhang** schildert, was er über den Gegenstand der Vernehmung (noch) in Erinnerung hat (BGHSt 3, 281; *Rostek* StraFo 2011, 386 f.). Das bedeutet nicht, dass Zwischenfragen, lenkende Hinweise, Abkürzungen von Weitschweifigkeiten u.a. durch den vernehmenden Vorsitzenden unzulässig sind (KK-*Senge*, § 69 Rn 4 m.w.N.). Andererseits muss der Verteidiger aber darauf achten, dass der Zeuge **nicht** durch zu häufige Fragestellungen des Vorsitzenden in eine **bestimmte**, i.d.R. vom belastenden Inhalt der Akten geprägte **Richtung gelenkt** wird (*Rostek* StraFo 2011, 386, 388). Dem muss der Verteidiger widersprechen. **Widerspruch** ist auch dann erforderlich, wenn die Vernehmung des Zeugen in ein Frage-Antwort-Spiel mit dem Vorsitzenden übergeht (*Sommer* ZAP F. 22, S. 101, 110; zu allem a. *Salditt* StV 1993, 444 ff.). Ggf. muss der Verteidiger nach **§ 238 Abs. 2** einen Gerichtsbeschluss herbeiführen (*Rostek*, a.a.O.). 3109

| **V** | **Vernehmung des Zeugen zur Sache** |

> 🖉 Will ein zur **Zeugnisverweigerung** berechtigter Zeuge **nichts mehr** aussagen, ist sorgfältig zu **unterscheiden**, ob der Zeuge tatsächlich nicht mehr aussagebereit ist oder ob er nur aufgrund von Hemmungen nichts mehr weiter sagen will (BGH NStZ 1999, 94 [für kindliche Opferzeugen von Sexualdelikten]; zu den Voraussetzungen für die Haft zur Erzwingung des Zeugnisses s. BVerfG NJW 2000, 3775). Im ersten Fall darf das Gericht auf die Entscheidungsfreiheit des Zeugen nicht einwirken; im anderen Fall muss es ggf. aufgrund der → *Aufklärungspflicht des Gerichts*, Rdn 329, versuchen, im Rahmen der gesetzlich gegebenen Möglichkeiten die Vernehmung so zu gestalten, dass Hemmungen überwunden werden. Zu denken ist hier an die → *Entfernung des Angeklagten aus der Hauptverhandlung*, Rdn 1408, den → *Ausschluss der Öffentlichkeit*, Rdn 419, oder auch die Möglichkeit der → *Videovernehmung in der Hauptverhandlung*, Rdn 3307.
>
> Der Verteidiger wird seine **Taktik** davon abhängig machen, ob die Aussage des „sich weigernden" Zeugen seinen Mandanten entlastet. Ist das der Fall, wird er auf die Weitervernehmung drängen, anderenfalls wird er sich mit der nur teilweisen Vernehmung zufrieden geben.

3110 Erst wenn vom Zeugen trotz Hilfe ein zusammenhängender Bericht nicht zu erlangen ist, darf und kann der Vorsitzende zur Vernehmung mittels **Fragen** übergehen (KK-*Senge*, § 69 Rn 4 m.w.N.).

3111 Darüber hinaus kann und muss der Vorsitzende ggf. **andere Maßnahmen** zur sachgemäßen Verständigung mit dem Zeugen ergreifen (→ *Zuziehung eines Dolmetschers*, Rdn 3646). Bei einer tauben oder stummen Person wird daher z.B. regelmäßig ein Dolmetscher beizuziehen sein (vgl. § 186 GVG). Es kann aber auch (nur) eine dem behinderten Zeugen bekannte Person als Hilfsperson hinzugezogen werden (BGHSt 43, 62). Es steht dann im Ermessen des Vorsitzenden, ob er diese Hilfsperson entsprechend einem Dolmetscher verpflichtet (zur Mitwirkung hör-, seh- und sprachbehinderter Personen im Strafverfahren *Hunsmann* StRR 2014, 324).

> 🖉 Auch insoweit muss der Verteidiger, wenn er mit den Maßnahmen des Vorsitzenden nicht einverstanden ist, nach **§ 238 Abs. 2** einen Gerichtsbeschluss herbeiführen, wenn er das eingeschlagene Verfahren später mit der Revision überprüfen (lassen) will (s.a. BGHSt 43, 62). Die Maßnahmen können vom Revisionsgericht aber nur auf Ermessensfehler überprüft werden (BGH, a.a.O.).

3112 **b)** An den Bericht schließt sich das **Verhör** an, das dem Vervollständigen und Überprüfen des Berichts dient (*Meyer-Goßner*, § 69 Rn 6; *Rostek* StraFo 2011, 386, 388). Erst jetzt sind (richtige) **Fragen** zulässig (vgl. *Rostek*, a.a.O. zu sog. „offenen" und „geschlossenen" Fragen). I.d.R. wird zunächst der Vorsitzende, dann der StA und dann der Verteidiger den Zeugen befragen. Der **Verteidiger** hat das Recht, einzelne Fragen des Vorsitzenden oder der StA zu **beanstanden**, und zwar aus denselben Gründen, die bei der Befragung durch den Verteidiger zu einer Beanstandung berechtigten (zur Achtung der menschlichen Würde bei der Befragung eines Zeugen s. BGH NJW 2005, 1519; NStZ-RR 2009, 247; → *Zurückweisung einzelner Fragen des Verteidigers*, Rdn 3589 und → *Fragerecht, Allgemeines*, Rdn 1532 m.w.N.; s. i.Ü. *Sommer*, ZAP F. 22, S. 101; *ders.*, StraFo 2010, 102).

c) Dem Zeugen können **Vorhalte** gemacht werden. Geschieht das, hat der Verteidiger darauf zu achten, dass diese nur **Vernehmungsbehelf** sind und die eigene Erinnerung des Zeugen nicht ersetzen dürfen (→ *Vorhalt an Zeugen*, Rdn 3416; → *Vorhalt aus und von Tonbandaufnahmen*, Rdn 3420; → *Vorhalt aus und von Urkunden*, Rdn 3424; *Kirchmann/Petzold* StRR 2013, 444). Kann sich der Zeuge bei einer „abschnittsweisen Vernehmung" (s. dazu Rdn 3106) nach einer vollständigen auch unter Einsatz von Vorhalten durchgeführten Vernehmung an einzelne Tatsachen nicht mehr erinnern, so begründet eine daran anknüpfende Protokollverlesung von Niederschriften über polizeiliche Vernehmungen zur Gedächtnisstütze einen Verstoß gegen § 253 Abs. 1 grds. auch dann nicht, wenn anschließend die „abschnittsweise Vernehmung" bezogen auf weitere Beweisthemen fortgeführt wird (BGH NStZ 2011, 422).

3113

Zeugen sind berechtigt, **Vernehmungshilfen** zu verwenden, z.b. schriftliche Unterlagen, um ihre Erinnerung aufzufrischen (BGHSt 1, 4, 5 ff.; *Meyer-Goßner*, § 69 Rn 8). Ob Polizeibeamte oder Verhörspersonen dazu sogar verpflichtet sind, ist umstritten (→ *Vernehmung einer Verhörsperson*, Rdn 3120 f.; → *Vernehmung eines Polizeibeamten*, Rdn 3129).

3114

Siehe auch: → *Informatorische Befragung eines Zeugen*, Rdn 1749; → *Zeugenvernehmung, Allgemeines*, Rdn 3537.

Vernehmung einer Verhörsperson

3115

Literaturhinweise: Meyer, Die Vernehmung der richterlichen Verhörsperson trotz § 252 StPO, StV 2015, 319; s.a. die Hinw. bei → *Protokollverlesung nach Zeugnisverweigerung*, Rdn 2126; → *Verlesung von Geständnisprotokollen*, Rdn 2980; → *Vernehmung eines Polizeibeamten*, Rdn 3124 und → *Zeugen vom Hörensagen*, Rdn 3545.

3116

1. In der Praxis müssen sich Verteidiger häufig mit den Fragen der Vernehmung einer Verhörsperson auseinandersetzen, und zwar meist immer dann, wenn der Angeklagte ein im EV abgelegtes Geständnis widerrufen hat (s. dazu u. Rdn 3118) oder wenn es um die Verwertung der früheren Aussage eines nun das Zeugnis verweigernden Zeugen geht (s. dazu u. Rdn 3119). Die Einzelheiten der damit zusammenhängenden Fragen, die für den Angeklagten **erhebliche Bedeutung** haben können, sind bei den nachstehend angeführten Stichwörtern im Einzelnen eingehend dargestellt. Sie sollen hier aber wegen ihrer Bedeutung in einem **Überblick** noch einmal zusammengefasst werden (eingehend zum → *Zeugen vom Hörensagen*, Rdn 3545, a. *Eisenberg*, Rn 1027 ff.; *Detter* NStZ 2003, 1).

3117

| V | **Vernehmung einer Verhörsperson** |

> ☞ **Allgemein** gilt: Bei der Vernehmung einer Verhörsperson handelt es sich nach h.M. um eine an sich mittelbare Beweiserhebung. Da der → *Zeuge vom Hörensagen*, Rdn 3545, in der HV jedoch unmittelbar als Zeuge vernommen wird, liegt insoweit aber keine Durchbrechung des → *Unmittelbarkeitsgrundsatzes*, Rdn 2690, vor. Wegen der Mittelbarkeit des Zeugnisses muss das Gericht den Beweiswert der Bekundungen dieses Zeugen jedoch besonders kritisch prüfen (OLG Koblenz StV 2007, 519; s. die weit. Rspr.-Nachw. bei → *V-Mann in der Hauptverhandlung*, Rdn 3341).

3118 2. Will das Gericht eine **frühere Aussage** des **Angeklagten**, der nun schweigt oder sich gegenüber seinen Angaben im EV anders einlässt, durch die Vernehmung einer Verhörsperson verwerten, gilt:

- Das Gericht kann die **Verhörsperson vernehmen**, und zwar sowohl den (Ermittlungs-)Richter als auch den vernehmenden Ermittlungsbeamten (vgl. u.a. BGHSt 14, 310, 312; 22, 170, 171; *Eisenberg*, Rn 883).
- Es kann nach § 254 Abs. 1 auch ein **richterliches Geständnis** des Angeklagten **verlesen** werden (→ *Verlesung von Geständnisprotokollen*, Rdn 2980; zu den Einschränkungen Rdn 2985). Die Verlesung von Protokollen **polizeilicher Vernehmungen** ist hingegen **unzulässig**. Dem steht § 250 entgegen (a.A., wenn der Angeklagte einverstanden ist, *Bohlander* NStZ 1998, 396).
- Das gilt auch, wenn der Vernehmungsbeamte sich nicht mehr an die Richtigkeit der Protokollierung erinnern kann, allerdings ist ein **Vorhalt** zur **Gedächtnisstütze** erlaubt (BGHSt 22, 170; BGH NStZ 2010, 406 für Vernehmung eines Richters nach Zeugnisverweigerung; wegen der Einzelh. s. → *Verlesung von Geständnisprotokollen*, Rdn 2980; → *Vorhalt aus und von Urkunden*, Rdn 3424). Eine „ergänzende Verwertung" eines Protokolls ist unzulässig (BGH StRR 2012, 306 zugleich auch zur Beruhensfrage).

3119 3. Für die **früheren**, i.d.R. im EV gemachten **Angaben** eines **Zeugen** gilt:

- Sie sind **ebenso wie** die früheren Angaben des **Angeklagten** zu behandeln, sodass polizeiliche Vernehmungsprotokolle grds. nur zur Gedächtnisstütze verlesen werden dürfen. Nichtrichterliche Vernehmungspersonen dürfen in der HV auch so lange nicht über den Inhalt früherer Angaben eines zur Zeugnisverweigerung berechtigten Zeugen gehört werden, wie nicht feststeht, ob der Zeuge von seinem Verweigerungsrecht Gebrauch macht oder darauf verzichtet (BGH StV 1996, 196; BayObLG NStZ 2005, 468 m.w.N. aus der Rspr. des BGH).
- Etwas **anderes** gilt, wenn der Zeuge in der HV von einem sich aus den §§ 52, 53 ergebenden → *Zeugnisverweigerungsrecht*, Rdn 3552, Gebrauch macht. Dann gilt nach h.M. ein über den Wortlaut des § 252 hinausgehendes (allgemeines) **Verwertungsverbot** (wegen der Einzelh. → *Protokollverlesung nach Zeugnisverweigerung*, Rdn 2126 ff.). Das bedeutet, dass auch die **Vernehmung** der **Verhörsperson** grds.

ausgeschlossen ist (vgl. zu allem BGHSt 29, 230, 232; 32, 25, 29; zum Verwertungsverbot BGH NStZ 2007, 353 [Ls.]; OLG Jena VRS 112, 354 [für das Bußgeldverfahren]). Das gilt auch für bei einem SV gemachte Angaben zu sog. Zusatztatsachen (BGH NStZ 1997, 95; 2007, 353 [Ls.]), und zwar auch für in einem Verfahren außerhalb des Strafverfahrens gemachte Angaben (BGH, a.a.O.).

👉 Eine **Ausnahme** wird in der Rspr. dann zugelassen, wenn es sich bei der **Verhörsperson** um einen **Richter** gehandelt hat, der den Zeugen über sein ZVR ordnungsgemäß belehrt hat (→ *Protokollverlesung nach Zeugnisverweigerung*, Rdn 2144 f.; zuletzt u.a. BGH NStZ 2010, 406).

■ Dieses Verwertungsverbot besteht **so lange, wie Ungewissheit** darüber besteht, ob der Zeuge von seinem Weigerungsrecht Gebrauch macht oder darauf verzichtet (BGH StV 2000, 236; BayObLG NStZ 2005 468). Dabei kommt es bei der Vernehmung eines Kindes nicht nur auf die zustimmende Erklärung des gesetzlichen Vertreters an, sondern zusätzlich auch auf die nach richterlicher Belehrung festzustellende Bereitschaft des Kindes (BGH, a.a.O.; zur Ausnahme, wenn der weigerungsberechtigte Zeuge im Zeitpunkt der HV nicht erreichbar ist, BGHSt 25, 176).

👉 Derzeit ist die Frage der Belehrung des Zeugen im Hinblick auf die spätere Verwertbarkeit seiner richterlichen Aussage in der Diskussion. Nach Auffassung des 2. Strafsenats des BGH soll die Verwertung einer früheren richterlichen Vernehmung eines Zeugen, der erst in der HV von seinem ZVR Gebrauch macht, durch Vernehmung der richterlichen Vernehmungsperson nur dann zulässig sein, wenn dieser Richter den Zeugen nicht nur über sein ZVR, sondern auch **qualifiziert** über die Möglichkeit der Einführung und Verwertung seiner Aussage im weiteren Verfahren **belehrt** hat (BGH NStZ 2014, 596 m. Anm. *Deutscher* StRR 2014, 435 und *Henckel* HRRS 2014, 482; *Meyer* StV 2015, 319; a.A. BGH NStZ-RR 2015, 48; StRR 2015, 82 [Ls.]). Das ist z.B. ein Fall, in dem Widerspruch gegen die Vernehmung des Vernehmungsrichters eingelegt werden sollte (vgl. a. → *Widerspruchslösung*, Rdn 3440).

■ Das **Verwertungsverbot** des § 252 gilt auch **nicht**, wenn der Zeuge „nur" nach § 55 zur → *Auskunftsverweigerung*, Rdn 377, berechtigt war.

4. Hinweise für den Verteidiger!

Auf folgende bei der Vernehmung einer Verhörsperson zu beachtende Punkte ist hinzuweisen (s.a. → *Vernehmung eines Polizeibeamten*, Rdn 3124):

a) Bei der **Vernehmung** eines **Vernehmungsbeamten** muss der Verteidiger auf folgende Punkte besonders achten (s. dazu a. *Malek*, Rn 510 ff.; *Nack* StV 1994, 559, sowie den

| V | **Vernehmung einer Verhörsperson** |

„Prozessbericht" von *Tondorf* StraFo 1996, 136 [„penibel" mit der Checkliste von *Nack*, a.a.O., auf Verstöße gegen Vernehmungsvorschriften achten]):

3121
- Hat nicht schon das Gericht bei seiner Befragung des Zeugen diese Frage erörtert, muss (spätestens) der Verteidiger **klären**, ob der Vernehmungsbeamte sich das **Protokoll** der von ihm durchgeführten Vernehmung vor der Vernehmung in der HV **durchgelesen** hat.

> 🖉 Dazu ist darauf hinzuweisen: Grds. sind Zeugen **berechtigt**, **Vernehmungshilfen** zu verwenden (→ *Vernehmung des Zeugen zur Sache*, Rdn 3114). Das gilt auch für Polizei-/Vernehmungsbeamte, die nach wohl h.M. sogar verpflichtet sein sollen, ihre Erinnerung durch ihnen zugängliche Quellen aufzufrischen (BGHSt 1, 4, 5 ff.; BGH StRR 2012, 306 m.w.N.; *Meyer-Goßner*, § 69 Rn 8; *Nack* StV 1994, 559; a.A. *Krehl* NStZ 1991, 416; *Malek*, Rn 513). Eine Entscheidung des Streits kann m.E. dahinstehen, denn hat der Zeuge sich vorbereitet, muss der Verteidiger klären, inwieweit das der Fall ist, und ggf. auf die sich daraus ergebenden Auswirkungen auf die Beweiswürdigung hinweisen (→ *Vernehmung eines Polizeibeamten*, Rdn 3128 ff.). **Entscheidend** ist der **Beweiswert** der **Aussage** (BGHSt 3, 281, 283).

- Der Verteidiger sollte auch fragen, ob der Vernehmungsbeamte sich mit **Kollegen** über die **frühere Vernehmung unterhalten** hat, was völlig normal ist (*Nack* StV 1994, 559). Zu den Auswirkungen ist darauf hinzuweisen, dass die in der HV gemachten Angaben dann entsprechend **weniger zuverlässig** sind (s. die Nachw. bei *Nack*, a.a.O.).
- Darüber hinaus muss der Verteidiger durch seine Fragen insbesondere klären, ob und in welchem Umfang die (frühere) **Vernehmung ordnungsgemäß** ist. Unverzichtbar sind also – falls insoweit Anhaltspunkte gegeben sind – Fragen nach einer (ausreichenden) vorherigen Belehrung des Angeklagten/Zeugen (vgl. dazu eingehend *Burhoff*, EV, Rn 3087 ff., 3281 ff.).

3122 b) Kann sich die Vernehmungsperson an die Vernehmung und/oder deren Inhalt nicht mehr erinnern und wird ihr deshalb das Protokoll der früheren Vernehmung **vorgehalten** bzw. dieses zur Gedächtnisstütze vorgelesen, muss der Verteidiger die anschließenden **Bekundungen** der Vernehmungsperson **sorgfältig prüfen**. Durch gezielte Fragen muss er herausarbeiten, an was der Zeuge sich überhaupt noch erinnert. Denn nur das kann Grundlage des Urteils werden (BGH NStZ 2010, 406; StRR 2012, 306). Kann der Zeuge – auch nach einem Vorhalt – nur bezeugen, dass richtig protokolliert worden sei, genügt das nicht zum Beweis der Richtigkeit der früheren Aussage des Angeklagten (BGHSt 14, 310, 312; BGH StV 2001, 386; StRR 2012, 306 m. Anm. *Petzold*; zum Vorhalt eingehend *Kirchmann/Petzold* StRR 2013, 444; s.a. die o.a. Verweise).

3123 c) Von erheblicher praktischer Bedeutung ist (immer) die Frage der **Verwertbarkeit** der früheren Vernehmungen. Mit ggf. bestehenden BVV muss sich der Verteidiger rechtzeitig vor der HV auseinandersetzen (wegen der Einzelh. wird insoweit verwiesen auf → *Beweisverwertungsverbote*, Rdn 1018; s.a. *Burhoff*, EV, Rn 3086 ff., 3281 ff.).

☞ In der HV muss der Verteidiger – unabhängig davon, ob er die sog. → *Widerspruchslösung*, Rdn 3433, des BGH für zutreffend hält – mit einem **Widerspruch** die **Unverwertbarkeit** des Beweismittels **geltend** machen (vgl. u.a. BGHSt 38, 214; 42, 15; BGH NStZ 1996, 290). Das gilt für jede Beweiserhebung. Er muss also, wenn mehrere Verhörspersonen vernommen werden sollen, jeder Vernehmung widersprechen (→ *Verwirkung von Verteidigungsrechten*, Rdn 3273; s.a. *Neuhaus* NStZ 1997, 312). Für die Revision ist gem. § **238 Abs. 2** ein Gerichtsbeschluss herbeizuführen.

Siehe auch: → *Vernehmung eines Polizeibeamten*, Rdn 3124.

Vernehmung eines Polizeibeamten 3124

Das Wichtigste in Kürze:
1. Der Polizeibeamte ist kein „besonderer" Zeuge, sondern Zeuge wie jeder andere auch.
2. Von besonderer Bedeutung bei der Vernehmung eines Polizeibeamten ist, ob dieser ein besonderes Recht, möglicherweise sogar eine besondere Pflicht zur Vorbereitung auf seine Vernehmung hat.
3. Von erheblicher Bedeutung für die Beurteilung der Glaubwürdigkeit des polizeilichen Zeugen ist dann auch die Frage, ob sich der Zeuge auf seine Vernehmung vorbereitet hat.

Literaturhinweise: Goecke, Der Polizeibeamte als Zeuge, StraFo 1990, 76; **Grohmann/Schulz**, Polizeibeamte als Zeugen vor Gericht, DAR 1980, 74; **Harbort**, Polizeibeamte im Visier des Strafverteidigers. Zu speziellen Taktiken der Verteidigung bei der Befragung von Polizeibeamten in der Hauptverhandlung, Krim 1996, 805; **Janovsky**, Polizeibeamte als Zeugen. Ein Zeuge wie jeder andere?, Krim 1997, 645; **Kirchmann/Petzold**, Der Umgang mit dem Vorhalt – oder: Strafverteidigung bei Vorhalten, StRR 2013, 444; **Krause**, Vorbereitungsrecht und Vorbereitungspflicht der polizeilichen Zeugen, Polizei 1981, 119; **Krehl**, Die Erkundigungspflicht des Zeugen bei fehlender oder beeinträchtigter Erinnerung und mögliche Folgen ihrer Verletzung, NStZ 1991, 416; **Kube**, Kommunikationsprobleme zwischen Polizei und Gericht, JZ 1976, 16; **Kube/Leinweber**, Polizeibeamte als Zeugen und Sachverständige, 1977; **Maeffert**, Zeugenbetreuung – was wissen wir heute darüber?, StV 1981, 370; **Mai/Köpcke**, Polizeibeamte als Zeugen, Krim 1995, 263; **Nack**, Verteidigung bei der Glaubwürdigkeitsbeurteilung von Aussagen, StV 1994, 555; *ders.*, Verdeckte Ermittlungen. Der Zeuge vom Hörensagen in der Revision, Krim 1999, 171; **Nöldeke**, Polizeibeamten als Zeugen vor Gericht, NJW 1979, 1644; **Rostek**, Die ständige Missachtung des § 69 StPO, StraFo 2011, 386; **Schlothauer**, Darf, soll, muß sich ein Zeuge auf seine Vernehmung in der Hauptverhandlung vorbereiten?, in: Festschrift für *Hans Dahs*, 2005, S. 457; **Schünemann**, „Dienstliche Äußerungen" von Polizeibeamten im Strafverfahren, DRiZ 1979, 101; **Wettrich**, Der Polizeibeamte als Zeuge, 1977; s.a. die Hinw. bei → *Vernehmung des Zeugen zur Sache*, Rdn 3103 und → *Zeugen vom Hörensagen*, Rdn 3545.

3125

V Vernehmung eines Polizeibeamten

3126 **1.a)** Der Polizeibeamte ist **kein „besonderer"** **Zeuge**, sondern Zeuge wie jeder andere auch. Der Polizeibeamte selbst sieht sich jedoch häufig in einer Sonderstellung, insbesondere dann, wenn er es als seine Aufgabe betrachtet, auf der Grundlage der von ihm gefertigten Anzeige oder der von ihm gewonnenen Ermittlungsergebnisse zur Überführung des Angeklagten beizutragen. Das ist aber nicht Aufgabe des Polizeibeamten. Vielmehr ist er wie jeder andere Zeuge auch „nur" Hilfsmittel des Gerichts bei der Wahrheitsfindung (*Malek*, Rn 512, der darauf hinweist, dass im gerichtlichen Alltag dem Polizeibeamten allerdings schon eine Sonderstellung eingeräumt wird).

> ⚐ Es dürfte kaum ein Strafverfahren geben, in dem nicht ein Polizeibeamter als Zeuge beteiligt ist, sei es als (unmittelbarer) Tatzeuge oder als Ermittlungsbeamter, der über den Gang und das Ergebnis der Ermittlungen berichten soll (s. aber § 256 Abs. 1 Nr. 5; → *Verlesung von Protokollen/Erklärungen der Strafverfolgungsbehörden*, Rdn 3002). Häufig hat gerade die **Aussage** des **Polizeibeamten entscheidenden Einfluss** auf den Ausgang des Strafverfahrens. Deshalb muss sich der Verteidiger rechtzeitig vor der HV mit den sich aus der Vernehmung von Polizeibeamten zusammenhängenden Fragen auseinandersetzen. Ergänzend zu den nachstehenden Ausführungen ist zu verweisen auf → *Vernehmung einer Verhörsperson*, Rdn 3115.

3127 **b)** Das bedeutet, dass der polizeiliche Zeuge die **gleichen Rechte**, aber auch **Pflichten** hat wie jeder andere Zeuge. Er ist also ebenso wie jeder andere Zeuge – was selbstverständlich ist – zu einer wahren und vollständigen Aussage verpflichtet, wozu ggf. auch gehört, dass er darauf hinweist, wenn er sich an bestimmte Einzelheiten nicht mehr so genau erinnern kann (*Janovsky* Krim 1997, 648). Eine solche Einschränkung ist i.Ü. auch nur verständlich, wenn der Beamte eine Vielzahl gleich gelagerter Fälle bearbeitet und erst Monate nach den von ihm getroffenen Feststellungen vernommen wird.

3128 **c)** Für die Vernehmung eines Polizeibeamten gilt (allgemein) (s. dazu a. *Malek* Rn 513 ff.; s.a. → *Vernehmung einer Verhörsperson*, Rdn 3115): Der Verteidiger muss sich darauf einrichten, dass diese häufig – ausgehend von dem o.a. Rollenverständnis – den **Verteidiger** als „Gegner" ansehen, der eine Überführung des Angeklagten in der HV verhindern will. Deshalb muss der Verteidiger sich bemühen, **Konflikte** und **Auseinandersetzungen** mit dem Zeugen zu **vermeiden**, um eine ggf. bestehende Belastungstendenz nicht noch zu verstärken. Er sollte deshalb nach Möglichkeit nicht versuchen, den Polizeibeamten durch persönliche Angriffe unglaubwürdig zu machen (s.a. *Schlothauer*, Rn 91a; *Harbort* Krim 1996, 806 ff. [zur entsprechenden Befragung durch Verteidiger aus Sicht der Polizei]). Das wird dem Mandanten nämlich eher schaden als nützen. Andererseits sollte der Verteidiger sich aber auch nicht scheuen, ggf. bei Vernehmungen oder sonstigen Ermittlungen aufgetretene **Fehler** bei der Befragung des (Vernehmungs-)Beamten **offenzulegen**, um so den Beweiswert der früheren Angaben des Mandanten zumindest infrage zu stellen

(→ *Vernehmung der Verhörsperson*, Rdn 3120 ff.). Dafür wird er auf die Dokumentation der polizeilichen Ermittlungen zurückgreifen (vgl. zur ordnungsgemäßen Dokumentation AG Frankfurt am Main StV 2014, 728).

2. Hinweis für den Verteidiger! 3129

Von besonderer Bedeutung bei der Vernehmung eines Polizeibeamten ist häufig, ob dieser ein besonderes **Recht**, möglicherweise sogar eine besondere **Pflicht** zur **Vorbereitung** auf seine Vernehmung hat, indem er z.B. von ihm gefertigte Vernehmungsprotokolle und/oder Vermerke vor der HV noch einmal liest. Diese Frage wird in der Lit. unter Hinw. auf BGHSt 1, 4 ff. und OLG Köln NJW 1966, 1420 überwiegend bejaht (vgl. jetzt auch noch BGH NStZ 2012, 521; 2014, 604; NStZ-RR 2002, 97 [Ls.]; i.Ü. u.a. *Meyer-Goßner/Schmitt*, § 69 Rn 8; *Grohmann/Schulz* DAR 1980, 78; *Krause* Polizei 1981, 119; *Kube/Leineweber*, S. 27; wohl a. *Janovsky* Krim 1997, 648; s.a. Schönke/Schröder/*Lenckner*, § 163 StGB Rn 3 m.w.N.). Demgegenüber sind *Krehl* (NStZ 1991, 417) und *Nöldeke* (NJW 1979, 1644) und ihnen folgend *Malek* (Rn 513) der Auffassung, dass Polizeibeamte auch insoweit **keine Sonderstellung** haben. Dem ist m.E. zuzustimmen, da § 69 nicht zwischen Zeugen, die mit dem Gegenstand ihrer Vernehmung dienstlich befasst waren und sonstigen Zeugen unterscheidet (*Krehl*, a.a.O.). Auch entsteht durch die Vorbereitung – wenn der Zeuge auf sie nicht hinweist – bei allen Verfahrensbeteiligten ein falsches Bild von der Erinnerungsfähigkeit des Zeugen, was dann zu einer unrichtigen Würdigung der Beweise führen kann (*Nöldeke*, a.a.O.).

M.E. bringt es für die Verteidigung aber trotz der gegen die h.M. bestehenden Bedenken nichts, wenn sich der Verteidiger mit dem Gericht über diese Frage streitet, abgesehen davon, dass er damit die bereits erfolgte Vorbereitung des Polizeibeamten auf seine Vernehmung nicht mehr ungeschehen machen kann. Der Verteidiger muss meiner Ansicht nach vielmehr durch seine Befragung des Zeugen die Tatsache der **Vorbereitung** und deren **Umfang offenlegen**, um so ggf. gegen die **Brauchbarkeit** der **Aussage** argumentieren zu können. Das gilt besonders, wenn er den Eindruck hat, dass der Zeuge durch einen anderen Beamten besonders auf die Vernehmung vorbereitet worden ist, wovon in Großverfahren Gebrauch gemacht wird/worden ist (s. dazu *Maeffert* StV 1981, 370; *Dahs*, Rn 597). Der BGH geht i.Ü. davon aus, dass auch bei einer dreizehn Seiten einnehmenden Vernehmungsniederschrift es (noch) nahe liegt anzunehmen, dass Polizeibeamte sich an Einzelheiten erinnern können und ihnen die entscheidenden Passagen wörtlich präsent sind (BGH NStZ 2014, 604).

3. Von erheblicher Bedeutung für die **Beurteilung** der **Glaubwürdigkeit** des polizeilichen Zeugen ist die Frage, ob sich der Zeuge auf seine Vernehmung **vorbereitet** 3130

| V | Vernehmung eines Polizeibeamten |

hat (zum „Training" von Polizeibeamten *Maeffert* StV 1981, 370; *Mai/Köpcke* Krim 1995, 263). Hinzuweisen ist dazu auf Folgendes:

3131 Allgemeine Fragen

- Der Verteidiger muss sich mit der (**allgemeinen**) **Glaubwürdigkeit** von Polizeibeamten beschäftigen. Bei der Bewertung der Aussagen von Polizeibeamten ist – bei Vorliegen entsprechender Anhaltspunkte – ggf. zu berücksichtigen, dass diese ein (besonderes) Interesse haben, den Angeklagten zu überführen (*Malek*, Rn 515; *Eisenberg*, Rn 955), um dadurch ihre Ermittlungsarbeit zu rechtfertigen und somit unter einem gewissen „**Erfolgszwang**" stehen (vgl. zur Glaubwürdigkeit von Polizeibeamten AG Kaufbeuren StV 1987, 57 und eingehend *Eisenberg*, Rn 1455 f.; s.a. → *Zeuge vom Hörensagen*, Rdn 3545).

  ⌕ Dazu gilt als **Faustregel**, dass Polizeibeamte nicht grds. zuverlässigere Angaben als andere Zeugen machen. Es gelten also die allgemeinen Glaubwürdigkeitskriterien (vgl. hierzu u.a. *Nack* StV 1994, 555).

- Der Verteidiger muss **möglichst frühzeitig** in der Vernehmung **klären**/klären lassen, ob der Zeuge sich vorbereitet hat. Es empfiehlt sich, darauf zu drängen, dass möglichst schon bei der Vernehmung durch das Gericht geklärt wird, inwieweit sich der polizeiliche Zeuge auf die Vernehmung vorbereitet hat.

  ⌕ Zu entsprechenden, die Vernehmung ggf. einleitenden **Fragen** ist m.E. das **Gericht**, dem die polizeiliche Vorbereitungspraxis i.d.R. bekannt sein dürfte, auch schon von sich aus **verpflichtet**, um von vornherein die Erinnerungsfähigkeit des polizeilichen Zeugen beurteilen zu können.

- Bei der Vernehmung des Polizeibeamten ist darauf zu achten, dass auch dieser im **Zusammenhang** (zu § 69 allgemein *Rostek* StraFo 2011, 386) zu hören ist (→ *Vernehmung des Zeugen zur Sache*, Rdn 3103), und ihm **Vorhalte** aus den Ermittlungsakten nur zur **Gedächtnisstützung** gemacht werden dürfen. Es gelten die allgemeinen Ausführungen zum → *Vorhalt an Zeugen*, Rdn 3416. Geht der Vorhalt darüber hinaus, muss der Verteidiger das gem. **§ 238 Abs. 2** beanstanden.

- Stellt das Gericht entsprechende **Fragen** nicht, muss der **Verteidiger**, wenn ihm das Fragerecht eingeräumt ist, die erforderliche Aufklärung betreiben (→ *Fragerecht des Verteidigers, Allgemeines*, Rdn 1551). Dazu wird sich – ebenso wie ggf. für eine entsprechende Befragung durch das Gericht – empfehlen folgender:

3132 Fragenkatalog: Vorbereitung des Zeugen?

- Hat der polizeiliche Zeuge sich überhaupt **vorbereitet**?

- Räumt der Zeuge die Vorbereitung ein, muss geklärt werden, **wie umfangreich** sie war. Hat der Zeuge „nur" Vermerke und/oder ggf. von ihm gefertigte Vernehmungsprotokolle noch einmal eingesehen? Hat der Zeuge ggf. vor der Vernehmung den Sachverhalt noch einmal mit einem Kollegen durchgesprochen (s. *Janovsky* Krim 1997, 648 [fehlerhaft]; zum geringeren Beweiswert solcher Aussagen *Nack* StV 1994, 559)? Schließlich: Hatte der Zeuge – ggf. außerdem – eigene Notizen zur Gedächtnisstützung gefertigt und diese noch einmal eingesehen?

   Ist das der Fall, sollte der Verteidiger durch einen entsprechenden Antrag an das Gericht auf die **Beiziehung/Aushändigung** dieser Unterlagen, die für die Beurteilung der Glaubwürdigkeit des Zeugen von erheblicher Bedeutung sein können, drängen (s.a. *Janovsky*, a.a.O. [sind dem Gericht auf Verlangen zur Verfügung zu stellen]).

- Ist der Umfang der Vorbereitung geklärt, muss geklärt werden, welche Teile der Aussage der Zeuge vor der Vorbereitung noch unmittelbar in **Erinnerung** hatte, welche Umstände ihm erst bei der Vorbereitung wieder eingefallen sind und welche er überhaupt nur aufgrund der Vorbereitung wiedergeben kann, welche also nur noch als Erinnerung an die Vorbereitung bekundet werden können (→ *Vernehmung einer Verhörsperson*, Rdn 3122).

   Dabei muss sich der Verteidiger aber darüber im Klaren sein, dass diese **Differenzierung** auch geschulte Zeugen kaum werden bewältigen können (*Nöldeke* NJW 1979, 1645; ähnl. *Malek*, Rn 513). Er sollte sein Glück aber dennoch versuchen. Denn Grundlage der gerichtlichen Feststellungen dürfen die Umstände, an die sich der Zeuge trotz der Vorbereitung nicht mehr erinnern kann, nicht sein (BGH NStZ 2010, 406; StRR 2012, 306).
   Solche Umstände können allenfalls durch die **Verlesung** eines ggf. im EV gefertigten **Vermerks** des Zeugen im Wege des **Urkundenbeweises** und die Erklärung des Zeugen, dass er die Verantwortung für die Richtigkeit des damals Niedergeschriebenen übernimmt, in die HV eingeführt werden (BGHSt 23, 265; OLG Düsseldorf vgl. a. noch BGHSt 23, 213; zur Verwertung von „**dienstlichen Äußerungen**" von Polizeibeamten eingehend *Schünemann* DRiZ 1979, 101 ff.). Für die Beweiswürdigung ist dann aber von Belang, dass durch die Verlesung der Urkunde nur deren Inhalt, nicht aber deren Richtigkeit festgestellt werden kann (→ *Urkundenbeweis, Allgemeines*, Rdn 2721).

Fehlende Erinnerung 3133

- Schließlich: Kann sich der Polizeibeamte, was z.B. bei Verkehrsordnungswidrigkeiten nicht selten der Fall ist, an den **konkreten Verkehrsvorgang nicht** mehr **erinnern** und nimmt nur auf seine Anzeige Bezug, steht das nach der Rspr. der (späteren) Verwertbarkeit seiner Aussage nicht entgegen (BGHSt 23, 213; 23, 265; OLG Düsseldorf DAR 1999, 274; OLG Hamm VRS 57, 291, 292; OLG Köln VRS 65, 376). Es gibt allerdings keinen allgemeinen Erfahrungssatz dahin, dass ein Polizeibeamter allein aufgrund der Dauer seiner Beschäftigung glaubwürdiger ist als andere Zeugen oder als der Angeklagte/Betroffene. Das Gericht kann jedoch ggf. auf eine langjährige Erfahrung des Polizeibeamten und die darauf zurückgehende Qualität der Beobachtungsfähigkeit im Zusammenhang mit Verkehrsverstößen abstellen (vgl. dazu KG NZV 2002, 281).

Allerdings lässt die bloße Behauptung, ein Zeuge sei dem Gericht als besonders zuverlässig bekannt, – zumindest in dieser pauschalen Form – keinen Rückschluss auf die Zuverlässigkeit der Angaben oder der Vorgehensweise des Zeugen im betreffenden Fall zu (OLG Stuttgart VRR 2010, 354 m. Anm. *Burhoff* für den eine Geschwindigkeitsmessung durchführenden Polizeibeamten). Das Gericht muss jedoch, wenn sich der nicht mehr erinnern kann und auf die von ihm erstattete Anzeige Bezug nimmt, klären muss, ob der Polizeibeamte die volle Verantwortung für den Inhalt der Anzeige übernimmt, in welcher Weise er bei der Anzeigeerstattung beteiligt gewesen ist und ob und inwieweit ein Irrtum ausgeschlossen ist und warum es verständlich erscheint, dass der Polizeibeamte den Vorfall nicht mehr in Erinnerung hat, falls insoweit Zweifel einsetzen können (OLG Düsseldorf, a.a.O.; NStZ-RR 2015, 56 m. Anm. *Kueppers* VRR 2015, Nr. 1, 14 für das Bußgeldverfahren).

> ✍ Deshalb muss ggf. der Verteidiger durch geeignete **Fragen** klären, ob der Polizeibeamte bereit und in der Lage ist, die Verantwortung für die Richtigkeit des Inhalts seiner Anzeige zu übernehmen und muss ggf. erfragen, ob der Zeuge einen Irrtum ausschließen kann (OLG Hamm VA 2002, 123). Er muss erfragen, auf welcher Tatsachengrundlage der Zeuge bereit ist, die Richtigkeit für den Inhalt seiner Aussage zu übernehmen. Es reicht nicht aus, wenn der Polizeibeamte auf seine Anzeige nur „Bezug nimmt" (OLG Düsseldorf DAR 1999, 274; NStZ-RR 2015, 56).

Siehe auch: → *Vernehmung einer Verhörsperson*, Rdn 3115; → *Zeugenvernehmung, Allgemeines*, Rdn 3537 m.w.N.; → *Zeuge vom Hörensagen*, Rdn 3545.

3134 Vernehmung jugendlicher Zeugen

3135 Literaturhinweise: **Arntzen**, Untere Altersgrenze der Zeugeneignung, DRiZ 1976, 20; **Bölter**, Handreichungen für die Bearbeitung von Strafverfahren wegen sexueller Straftaten an Kindern, DRiZ 1996, 273; **Deckers**, Glaubwürdigkeit kindlicher Zeugen, NJW 1999, 1365; **Hussels**, Kinder im Zeugenstand – eine aktuelle Betrachtung, NJW 1995, 1877; **Kintzi**, Stellung des Kindes im Strafverfahren – 1.Teil: Das Kind als Opferzeuge, DRiZ 1996, 184; **Meier**, Zwischen Opferschutz und Wahrheitssuche – Überlegungen zur Rechtsstellung von kindlichen Zeugen im Strafprozeß, JZ 1991, 638; *ders.*, Kinder als Opfer von Straftaten, GA 1995, 151; **Zschockelt/Wegner,** Opferschutz und Wahrheitsfindung bei der Vernehmung von Kindern im Verfahren wegen sexuellen Mißbrauchs, NStZ 1996, 305; s.a. die Hinw. bei → *Videovernehmung in der Hauptverhandlung,* Rdn 3308 und → *Zeugenvernehmung, Allgemeines,* Rdn 3537.

1.a) Nach § 241a Abs. 1 wird die Vernehmung von Zeugen **unter 18 Jahren** allein vom **Vorsitzenden** durchgeführt (zu Kindern im Zeugenstand allgemein *Hussels* NJW 1995, 1877; zur Zeugeneignung *Arntzen* DRiZ 1976, 20 [etwa ab fünf Jahren]). **Der Vorsitzende** muss die **Besonderheiten** bei der **Vernehmung** eines kindlichen/jugendlichen Zeugen beachten (vgl. dazu eingehend *Deckers* NJW 1999, 1365, 1367 ff.). Dabei ist insbesondere die richtige/altersgerechte Belehrung wichtig. Von Bedeutung ist auch, dass gerade der kindliche Zeuge die Möglichkeit erhalten sollte, zunächst den eigentlichen Zeugenbericht zu erstatten.

3136

Sinn und **Zweck** der Vorschrift ist es, den jugendlichen Zeugen vor den psychischen Belastungen der HV im Rahmen des Möglichen zu schützen. Ergänzt wird die Vorschrift dadurch, dass, wenn es sich bei dem Zeugen um den Verletzten handelt, nach § 406f Abs. 2 auf Antrag einer **Vertrauensperson** die Anwesenheit in der HV zu gestatten ist, wenn dadurch der Untersuchungszweck nicht gefährdet wird (Nr. 19a Abs. 1 S. 2, 222 Abs. 1 S. 1 RiStBV).

3137

Der Verteidiger muss besonders darauf achten, dass ggf. anwesende **Vertrauenspersonen** den Zeugen weder in der Frage, ob er überhaupt aussagen will (ZVR), noch im Bericht **beeinflussen** oder unterbrechen. Sollte es jedoch dazu kommen, so sollte das in dem → *Protokoll der Hauptverhandlung,* Rdn 2092, festgehalten werden (*Deckers* NJW 1999, 1365, 1367).

b) Die beisitzenden Richter, der StA, der Angeklagte und der **Verteidiger** können gem. § 241a Abs. 2 S. 1 vom Vorsitzenden **verlangen,** dass er – nach seiner Vernehmung – dem jugendlichen Zeugen weitere **Fragen** stellt. Darauf haben diese Verfahrensbeteiligten einen Anspruch (KK-*Schneider,* § 241a Rn 4; s.a. u. Rdn 3140 ff.).

3138

2.a) Gem. § 241a Abs. 2 S. 2 kann der Vorsitzende den o.a. Verfahrensbeteiligten die **unmittelbare Befragung** des Zeugen **gestatten,** wenn ein Nachteil für das Wohl des Jugendlichen nicht zu befürchten ist. Ob das zutrifft, hat der Vorsitzende nach pflichtgemäßem Ermessen zu entscheiden. Selbst wenn eine Gefährdung des Kindeswohls nicht zu erwarten ist, hat der Fragesteller keinen Anspruch auf unmittelbare Befragung (*Meyer-Goßner/Schmitt,* § 243 Rn 5 m.w.N.). Maßgebend für die Entscheidung des Vorsitzenden sind die Umstände des Einzelfalls, also z.B. die Schwere des Tatvorwurfs und der Inhalt der Zeugenaussage. Der Vorsitzende kann die erteilte Erlaubnis jederzeit wieder **entziehen.**

3139

| V | Vernehmung jugendlicher Zeugen |

b) Hinweise für den Verteidiger!

Hinsichtlich der Vernehmung eines Zeugen von unter 18 Jahren ist auf Folgendes **hinzuweisen**:

3140 **Allgemeine Fragen**

- Ob eine Vernehmung des jugendlichen Zeugen/eines Kindes in der HV überhaupt **erforderlich** ist, ist nach den Grundsätzen der → *Aufklärungspflicht des Gerichts*, Rdn 329, zu entscheiden. Das wird von den Umständen des Einzelfalls abhängen (vgl. a. OLG Saarbrücken NJW 1974, 1959 [Ablehnung der nochmaligen Vernehmung eines Kindes, wenn ein ärztliches Attest vorliegt]).

    In diesem Zusammenhang darf der Verteidiger nicht übersehen, dass insbesondere ein (Verteidigungs-)Verhalten, das einem (jugendlichen) Zeugen eine i.d.R. belastende (nochmalige) Vernehmung in der HV erspart, im Rahmen der **Strafzumessung** von den Gerichten **honoriert** wird.

    Lässt sich eine (nochmalige) Vernehmung nicht vermeiden, muss der **Opferschutz** beachtet werden, der den Verteidiger zu möglichst **schonender Befragung** verpflichten sollte (allgemein zum Opferschutz bei der Zeugenbefragung BGH NJW 2005, 1519; NStZ-RR 2009, 247; vgl. auch noch → *Gesetzesnovellen*, Rdn 1618).

- Hinzuweisen ist für die Vernehmung jugendlicher Zeugen in der HV insbesondere auf die Möglichkeit, den → *Ausschluss der Öffentlichkeit*, Rdn 419, und die → *Entfernung des Angeklagten aus der Hauptverhandlung*, Rdn 1408, zu beantragen. Die entsprechenden Anträge sollte der Verteidiger stellen, um ggf. so eine → *Videovernehmung in der Hauptverhandlung*, Rdn 3307, zu vermeiden (zur Entfernung des Angeklagten aus der HV bei Vernehmung jugendlicher Zeugen s.u.a. BGH NStZ 1995, 557).

- Nicht übersehen werden dürfen die in den **RiStBV** enthaltenen Vorschriften, die den Schutz von jugendlichen/kindlichen Zeugen bezwecken: Nach Nr. 19 RiStBV sind **Mehrfachvernehmungen** möglichst zu **vermeiden**. Liegt ein Geständnis vor, ist gem. Nr. 222 Abs. 2 RiStBV zu prüfen, ob die Vernehmung des Angeklagten überhaupt noch erforderlich ist. Schließlich sind die jugendlichen Zeugen nach Nr. 135 Abs. 2 RiStBV **zeitlich** möglichst **vor anderen Zeugen** zu vernehmen und sollen möglichst **betreut** werden.

- Dazu sind auch die in verschiedenen **Bundesländern** bestehenden Regelungen zu erwähnen, so u.a. zur **Zeugenbegleitung** in Verfahren wegen sexuellen Missbrauchs von Kindern in Schleswig-Holstein (s. Rundverfügung des GStA v. 23.4.1996 – 404–36, SchlHA 1996, 120), die sog. Handreichung für die Bearbeitung von Strafverfahren wegen sexueller Straftaten an Kindern in Baden-Württemberg (bei *Bölter* DRiZ 1996, 273) oder auch die niedersächsischen „Anregungen und Hinweise zum

Schutz kindlicher Opferzeugen bei der Durchführung von Strafverfahren wegen sexuellen Missbrauchs" (Bekanntmachung des Justizministeriums Niedersachsen v. 23.8.1997 – 4103-304, 197, NJW 1998, 359 = Nds.Rpfl. 1997, 217).

Befragung/Vernehmung selbst 3141

■ Für die **Zurückweisung** von **Fragen** gilt die Vorschrift des § 241 Abs. 2 entsprechend. D.h., hat der Vorsitzende die unmittelbare Befragung des Zeugen gestattet, kann er Fragen nur nach den allgemeinen Grundsätzen zurückweisen (vgl. dazu → *Zurückweisung einzelner Fragen des Verteidigers*, Rdn 3589, und → *Entziehung des Fragerechts als Ganzes*, Rdn 1444). Wird der Zeuge **mittelbar befragt**, darf der Vorsitzende das Verlangen des Verteidigers, eine Frage an den Zeugen zu stellen, ebenfalls nur zurückweisen, wenn die allgemeinen Voraussetzungen für die Zurückweisung einer Frage als unzulässig vorliegen.

■ **Lässt** der Vorsitzende eine **Frage**, die er bei der mittelbaren Befragung stellen soll, **nicht zu**, handelt es sich bei dieser Entscheidung um eine Maßnahme der → *Verhandlungsleitung*, Rdn 2889, nach § 238 Abs. 1. Der Verteidiger kann/muss sie beanstanden und nach **§ 238 Abs. 2** das **Gericht anrufen** (vgl. BGH NJW 2005, 377; NStZ-RR 2012, 255 [Ls.] m.w.N. [Beanstandung Voraussetzung für eine Verfahrensrüge]). Das Gleiche gilt für die Entscheidung über Gewährung oder Versagung der unmittelbaren Befragung. Hier kann das Gericht aber nur prüfen, ob der Vorsitzende den Rechtsbegriff „Nachteil für das Wohl des Zeugen" verkannt oder rechtsmissbräuchlich entschieden hat (*Meyer-Goßner/Schmitt*, § 241a Rn 7).

⚐ Eine → *Beschwerde*, Rdn 770, des Verteidigers gegen eine Zurückweisung von Fragen oder sonstige Fragebeschränkungen in der HV ist gem. § 305 S. 1 **ausgeschlossen**.

■ Wegen der Zuziehung eines **SV** zur Beurteilung der **Glaubwürdigkeit** eines jugendlichen Zeugen s.u.a. OLG Düsseldorf StV 1994, 642; → *Glaubwürdigkeitsgutachten*, Rdn 1633 ff.; zur Beweiswürdigung und Beurteilung von Aussagen kindlicher Zeugen s.u.a. BGH NJW 1996, 207; NStZ 1996, 294; StV 1997, 513.

■ Wegen der **Vereidigung** eines jugendlichen Zeugen s. → *Vereidigungsverbot*, Rdn 2807.

3. In Zusammenhang mit der Vernehmung kindlicher Zeugen, insbesondere in sog. Missbrauchsfällen, kommt es häufig zum Einsatz von **Videotechnologie**. Die damit zusammenhängenden Fragen sind seit dem 1.12.1998 durch das ZSchG gesetzlich in §§ 58a, 247a geregelt (→ *Videovernehmung in der Hauptverhandlung*, Rdn 3307).

3142

Siehe auch: → *Videovernehmung in der Hauptverhandlung*, Rdn 3307; → *Vorführung von Bild-Ton-Aufzeichnungen*, Rdn 3396; → *Zeugenvernehmung, Allgemeines*, Rdn 3537 m.w.N.

3143 Vernehmung Sachverständiger

> **Das Wichtigste in Kürze:**
> 1. Für den Angeklagten kann die Vernehmung eines oder mehrerer SV von größerer **Bedeutung** sein als eine Zeugenvernehmung.
> 2. Der SV ist nur Gehilfe des Gerichts, dessen nicht ausreichende Sachkunde er ergänzen oder ersetzen soll.
> 3. Eine ordnungsgemäße Vernehmung des SV setzt voraus, dass der Verteidiger sich selbst ausreichend sachkundig gemacht hat, um ein Fachgespräch führen zu können.
> 4. Der Verteidiger muss darauf achten, dass der SV nicht dadurch Zeuge wird, dass er sog. Zusatztatsachen in die HV einführt. Das ist nur zulässig, wenn er auch als Zeuge vernommen wird. Wird der SV als Zeuge vernommen, darf er nicht versteckt ein Gutachten erstatten.

3144 Literaturhinweise: s. die Hinw. bei → *Sachverständigenbeweis*, Rdn 2436.

3145 1. Für den Angeklagten kann die Vernehmung eines oder mehrerer SV von größerer **Bedeutung** sein als eine Zeugenvernehmung. Denn häufig verfügt das Gericht nicht über die notwendige, insbesondere medizinische Sachkunde, um bestimmte (Fach-)Fragen zu entscheiden. Dazu werden dann SV gehört, deren Sachkunde dann häufig faktisch das Strafverfahren entscheiden. Deshalb muss der Verteidiger auf eine ordnungsgemäße Vernehmung des SV durch das Gericht und auch durch ihn selbst achten, was eine schwierige, jedoch besonders wichtige Aufgabe der Verteidigung ist. Dem Angeklagten steht i.Ü. auch hinsichtlich der SV das sog. Recht auf konfrontative Befragung zu (OLG Düsseldorf zfs 2008, 704; s. i.Ü. die Nachw. bei → *Fragerecht des Angeklagten*, Rdn 1537).

Durch das „Gesetz zur Intensivierung des Einsatzes von Videokonferenztechnik in gerichtlichen und staatsanwaltschaftlichen Verfahren" v. 25.4.2013 (BGBl I, S. 935) ist § 247a dahin erweitert worden, dass auch SV ggf. (nur) per Videovernehmung in der HV vernommen werden können, allerdings nicht in den Fällen des § 246a (→ *Videovernehmung in der Hauptverhandlung*, Rdn 3307).

3146 2.a) Bei der Vernehmung eines **SV** muss sich der Verteidiger zunächst der eigentlichen Aufgabe des SV bewusst sein. Dieser ist **nur Gehilfe** des Gerichts (→ *Sachverständigenbeweis*, Rdn 2436). Er ersetzt oder ergänzt die fehlende bzw. nicht ausreichende Sachkunde des Gerichts. Diese Gehilfenstellung verbietet es dem SV, sich richterliche Aufgaben anzumaßen. Er darf also **nicht** in die **richterliche Wertung** und **Beweiswürdigung** eingreifen (BGHSt 2, 14), sondern hat vielmehr nur kraft seines Fachwissens die tatsächliche Grundlage – den Befund – festzustellen, der zur Beantwortung der Beweisfrage notwendig ist (BGHSt 9, 292).

Vernehmung Sachverständiger V

b) Der SV kann nach § 76 aus denselben Gründen, die einen Zeugen berechtigen, das Zeugnis zu verweigern, die Erstattung des **Gutachtens verweigern** (→ *Zeugnisverweigerungsrecht*, Rdn 3552). Das gilt nicht für den gerichtlich bestellten SV (wegen der Einzelh. s. die Komm. bei *Meyer-Goßner/Schmitt* zu §§ 75 ff.). 3147

3. Die ordnungsgemäße Vernehmung des SV in der HV durch den Verteidiger setzt voraus, dass der **Verteidiger** sich **selbst** spätestens bei der → *Vorbereitung der Hauptverhandlung*, Rdn 3370, **ausreichend sachkundig** gemacht hat. Anderenfalls wird er ein kompetentes, sachbezogenes Gespräch mit dem SV kaum führen können. Für die Gesprächsführung muss der Verteidiger im Auge behalten, dass der SV seine Sachkunde nicht zelebrieren, sondern dem Gericht vermitteln soll (s.a. den **Fragenkatalog** bei → *Sachverständigenbeweis*, Rdn 2450). Das Gericht muss selbst die sachkundigen Darlegungen des SV nachvollziehen und bewerten können. Da das Gericht das, was es nicht verstanden hat, auch nicht bewerten kann, muss es, wenn der SV den Angeklagten „belastet", **Verteidigungsziel** sein, **Zweifel** in dem **Verständigungsprozess** zu wecken (*Sommer*, Rn 897 ff. [dort auch zur weiteren Gesprächstaktik]). Das wird aber nur einem selbst gut vorbereiteten Verteidiger gelingen (zur Technik bei der Befragung von SV s. *Sommer*, S. 453 ff.; MAH-*Tsambikakis*, § 82). 3148

Besonders **kritisch** sollte der Verteidiger die Gutachten der ständig für Polizei, StA und Gericht tätigen SV, der sog. **Gerichtsärzte** prüfen, da sie sich häufig die Beurteilung vieler Fachfragen zutrauen, ohne auf allen Gebieten gleichmäßig erfahren zu sein. Deshalb werden insbesondere hier Fragen zur Sachkunde des SV angebracht sein. Das gilt auch, wenn der Gutachter selbst in der HV nicht anwesend ist, sondern sich z.B. durch einen **Assistenten vertreten** lässt. Hat dieser nicht die erforderliche Sachkunde oder bestehen Zweifel, muss der Verteidiger auf der Anwesenheit des bestellten SV bestehen und einen entsprechenden Antrag stellen. 3149

4. Hinweise für den Verteidiger!

a) Der Verteidiger muss darauf achten, dass der **SV nicht** zum **Zeugen** wird, indem das Gericht Umstände verwertet, die nur vom SV in die HV eingebracht worden sind (*Dahs*, Rn 626). Handelt es sich dabei allerdings um sog. **Befundtatsachen**, also die Umstände, die der SV aufgrund seiner Sachkunde selbst festgestellt hat, ist die Verwertung ohne besondere Beweisaufnahme unbedenklich. Dazu gehören auch Wahrnehmungen, die der SV z.B. bei der Beobachtung des Angeklagten im Verlauf einer früheren HV gemacht hat und die für seine aktuelle Gutachtenerstattung wesentlich sind (BGH NStZ 1995, 44). 3150

SV behandeln häufig aber auch Sachverhalte und erheben Beweise, deren Feststellung grds. nur dem Gericht möglich ist, wie z.B. bei Erstellung des Gutachtens die **Befragung** von **anderen Personen** als dem Angeklagten. 3151

Der Verwertung dieser sog. **Zusatztatsachen** muss der Verteidiger **widersprechen**, solange sie nicht ordnungsgemäß, nämlich durch Vernehmung nach § 80 zum

V Vernehmung Sachverständiger

Gegenstand des Verfahrens gemacht worden sind. Das geschieht i.d.R. dadurch, dass das Gericht entweder die vom **SV** angehörte Person oder ihn selbst als **Zeugen** vernimmt (zuletzt BGH NJW 1988, 1223 f. [insoweit nicht in BGHSt 35, 32; Geständnis des Angeklagten]; NStZ 1993, 245 [Augenschein]) oder ggf. die vom SV benutzten Akten beizieht. Der SV darf jedoch Wahrnehmungen verwerten, die er bei einer früheren gutachterlichen Tätigkeit mit gleichem Auftrag selbst gemacht hat und die für seine aktuelle Gutachtenerstattung wesentlich sind (BGH NStZ 1995, 44 [Verwertung von Beobachtungen, die der SV in der HV gemacht hat]).

b) Bei der **Vernehmung** eines SV muss der Verteidiger auf Folgendes **besonders achten**:

3152
- Der **Angeklagte** muss vor einer Anhörung/Vernehmung im strafprozessualen Sinn über sein Recht **belehrt** worden sein, schweigen zu können und nicht verpflichtet zu sein, sich selbst zu belasten. Allerdings ist der SV zur Belehrung des Angeklagten nicht verpflichtet (zuletzt BGH NJW 1998, 838 f. m.w.N.; s.a. *Meyer-Goßner/ Schmitt*, § 136 Rn 1; a.A. LG Oldenburg StV 1994, 646 m.w.N.). Ist der Angeklagte nicht, ggf. durch das Gericht, belehrt worden, muss der Verteidiger der Verwertung einer Einlassung des Angeklagten beim SV als **unzulässig widersprechen** (zur sog. Beruhensfrage s.a. BGH NJW 1988, 1223 f.).

- Der Verteidiger muss auch darauf achten, ob der SV **Dritte** erst befragt hat, nachdem sie über ein etwaiges **ZVR** richterlich, staatsanwaltlich oder polizeilich **belehrt** worden waren (für Einwilligung nach § 81c → *Glaubwürdigkeitsgutachten*, Rdn 1646). Haben daher z.B. Angehörige des Angeklagten ohne Belehrung dem SV belastende Umstände mitgeteilt, darf der SV über diese Umstände nicht (als Zeuge) vernommen werden, falls BVV bestehen, wie z.B. aus einer Anwendung des § 252 (BGHSt 36, 386; 46, 189; s.a. *Dahs*, Rn 626 a.E.; s.a. *Burhoff*, EV, Rn 2511). Der **Verwertung** solcher Tatsachen durch den SV muss der Verteidiger **widersprechen** und **beantragen**, der SV möge sein Gutachten so erstatten, als ob ihm die Tatsachen nicht bekannt wären.

- Wird der SV zulässigerweise als **Zeuge** vernommen, muss der Verteidiger darauf achten, dass er **nicht versteckt** ein **Gutachten** erstattet. Er darf als Zeuge nur Tatsachen bekunden, Schlussfolgerungen sind ihm nicht gestattet.

3153
c)aa) Durch das am 1.11.2013 in Kraft getretene „Gesetz zur Intensivierung des Einsatzes von Videokonferenztechnik in gerichtlichen und staatsanwaltschaftlichen Verfahren" (BGBl I, S. 935; vgl. dazu BR-Drucks 902/09 und BT-Drucks 17/1224) ist **§ 247a** um einen Abs. 2 erweitert worden. Dieser lässt jetzt auch die **Videovernehmung** eines **SV** in der HV zu. Dadurch wird die Vernehmung des SV in der HV ersetzt (→ *Videovernehmung in der Hauptverhandlung*, Rdn 3307). Das Gericht kann nach der Neuregelung anordnen, dass die Vernehmung des Sachverständigen in der Weise erfolgt, dass dieser sich an ei-

nem anderen Ort als das Gericht aufhält und die Vernehmung zeitgleich in Bild und Ton an den Ort, an dem sich der SV aufhält, und in das Sitzungszimmer übertragen wird.

bb) Die Videovernehmung des SV in der HV steht im **Ermessen** des Gerichts („kann"). Bei der Ausübung des Ermessens sind die Interessen der Verfahrensbeteiligten, namentlich des Angeklagten und ggf. von Zeugen abzuwägen. Der Gesetzgeber (vgl. BT-Drucks 17/12418, S. 20) ist davon ausgegangen, dass die Videovernehmung eines SV vor allem in Betracht kommt, wenn es sich um ein leicht abgrenzbares, isoliertes Beweisthema handelt, für dessen Behandlung und Beurteilung der SV keine in der HV erst oder ggf. zusätzlich festzustellende Umstände/Anknüpfungstatsachen benötigt (s.a. *Meyer-Goßner/ Schmitt*, § 247a Rn 15). Damit wird die Anordnung in all den Fällen ausscheiden, in denen sich der SV (auch) einen persönlichen Eindruck vom Angeklagten/Zeugen machen muss (*Meyer-Goßner/Schmitt*, a.a.O.). 3154

> **Ausdrücklich ausgeschlossen** ist die Videovernehmung des SV nach § 247a Abs. 2 S. 2 in den Fällen des § 246a, wenn es also um eine Unterbringung nach den §§ 63, 64, 66 StGB geht (zust. *Meyer-Goßner/Schmitt*, § 247a Rn 16).

cc) Für das **Verfahren** der Anordnung kann auf die entsprechend geltenden Ausführungen zur Anordnung eines Videovernehmung eines Zeugen in der HV geltenden Ausführungen bei → *Videovernehmung in der Hauptverhandlung*, Rdn 3307, verwiesen werden. 3155

Nach § 247a **Abs. 2 S. 3** sind sowohl die Anordnung als auch die Nichtanordnung der Videovernehmung eines SV **unanfechtbar**. Die Verfahrensbeteiligten können also keine → *Beschwerde*, Rdn 770, einlegen. Die (nicht)Anordnungen können nach § 336 S. 2 auch nicht mit der Revision überprüft werden (*Meyer-Goßner/Schmitt*, § 247a Rn 17). 3156

Siehe auch: → *Ablehnung eines Sachverständigen*, Rdn 15; → *Erneute Vernehmung eines Zeugen oder Sachverständigen*, Rdn 1476; → *Fragerecht des Sachverständigen*, Rdn 1545; → *Kommissarische Vernehmung eines Zeugen oder Sachverständigen*, Rdn 1793; → *Sachverständiger Zeuge*, Rdn 2468; → *Vereidigung eines Sachverständigen*, Rdn 2786.

Vernehmungsbeistand 3157

Das Wichtigste in Kürze:
1. Das 2. OpferRRG hat das Recht des Vernehmungsbeistandes erheblich geändert.
2. Nach § 68b Abs. 2 S. 1 „ist" einem Zeugen, der bei seiner Vernehmung noch keinen anwaltlichen Beistand hat für deren Dauer ein Rechtsanwalt beizuordnen, wenn „besondere Umstände" vorliegen, aus denen sich ergibt, dass der Zeuge seine Befugnisse bei seiner Vernehmung nicht selbst wahrnehmen kann.

V Vernehmungsbeistand

> 3. Im Beiordnungsverfahren ist ein ausdrücklicher Antrag auf Beiordnung nach § 68b Abs. 2 S. 1 nicht erforderlich. Die StA muss der Beiordnung auch nicht mehr zustimmen.
>
> 4. Für die Befugnisse des Vernehmungsbeistandes kann grds. auf die Ausführungen zu den Befugnissen des allgemeinen Zeugenbeistandes verwiesen werden. Auch der Vernehmungsbeistand kann nach § 68b Abs. 1 S. 3 ausgeschlossen werden.

3158 **Literaturhinweise: Burhoff**, Vergütung des Zeugenbeistands im Strafverfahren, RVGreport 2004, 458; *ders.*, Die Abrechnung der Tätigkeit des Zeugenbeistands im Strafverfahren, RVGreport 2006, 81; *ders.*, News aus Berlin – Was bringt das 2. Kostenrechtsmodernisierungsgesetz gebührenrechtlich Neues in Straf- und Bußgeldsachen?, StRR 2012, 14 = RVGreport 2012, 42; **Dahs**, „Informationelle Vorbereitung" von Zeugenaussagen durch den anwaltlichen Rechtsbeistand, NStZ 2011, 200; **Deckers**, Verteidigung und Opferanwälte, StV 2006, 353; **Griesbaum**, Der gefährdete Zeuge, NStZ 1998, 433; **Klein**, Die Aussageerzwingung bei rechtskräftig verurteilten Straftätern – Strafrechtspflege im Spannungsfeld von Verfolgungsgebot und Rechtsstaatlichkeit, StV 2006, 338; **Klengel/Müller**, Der anwaltliche Zeugenbeistand im Strafverfahren, NJW 2011, 23; **König**, Der Anwalt als Zeugenbeistand, Gegner oder Gehilfe der Verteidigung, in: Festschrift für *Peter Rieß*, 2002, S. 243; **Lammer**, Zeugenschutz versus Aufklärungspflicht, in: Festschrift für *Peter Rieß*, 2002, S. 289; **Matt/Dierlamm/Schmitt**, Das (neue) Recht vom Zeugenbeistand und seine verfassungswidrigen Einschränkungen, StV 2009, 715; **Mehle/Linz**, Mitschrift einer Zeugenvernehmung durch den Zeugenbeistand, NJW 2014, 1160; **Meyer-Lohkamp/Block**, Akteneinsichtsrecht für Zeugenbeistände zugleich Besprechung von BGH StraFo 2010, 253 = NStZ-RR 2010, 246, StraFo 2011, 86; **Rieß**, Zeugenschutz bei Vernehmungen im Strafverfahren, NJW 1998, 3244; *ders.*, Das neue Zeugenschutzgesetz, insbesondere Video-Aufzeichnungen von Aussagen im Ermittlungsverfahren und in der Hauptverhandlung, StraFo 1999, 1; **Seitz**, Das Zeugenschutzgesetz – ZSchG, JR 1998, 309; **Stange/Rillinger**, § 68b StPO: Akteneinsichtsrecht des Beistandes, ein noch immer ungeklärter Rechtszustand, StraFo 2002, 224; **Volpert**, Praktische Fragen und Probleme bei der Vergütung gerichtlich bestellter oder beigeordneter Rechtsanwälte, StRR 2011, 378; **Wessing/Ahlbrecht**, Der Zeugenbeistand, 2013; s.a. die Hinw. bei → *Zeugenbeistand*, Rdn 3052 und → *Videovernehmung in der Hauptverhandlung*, Rdn 3308.

3159 1. Schon 1975 hatte das **BVerfG** ausdrücklich das Recht eines Zeugen im Strafverfahren anerkannt, sich bei seiner Vernehmung der Hilfe eines **anwaltlichen Beistandes** zu bedienen (vgl. NJW 1975, 103). Mit der Einführung eines Vernehmungsbeistandes durch das ZSchG v. 30.4.1998 in **§ 68b** ist dieses Recht dann erstmals auch vom Gesetzgeber für einen Teilbereich (s.u. Rdn 3161 ff.) anerkannt worden. Das **2. OpferRRG** v. 29.7.2009 (BGBl I, S. 2280) hat das Recht des Vernehmungsbeistandes **erheblich geändert**. Diese Änderungen sind Folge der vom 2. OpferRRG beabsichtigten Stärkung der Rechte von Verletzten und Zeugen im Strafverfahren, die dazu geführt hat, das erstmals in § 68b Abs. 1 das Recht auf einen allgemeinen → *Zeugenbeistand*, Rdn 3491, verankert worden ist. Bis dahin sah die StPO in § 68b S. 1 und 2 a.F. nur in besonderen Fällen einen Vernehmungsbeistand vor, der einem Zeugen beigeordnet werden konnte. Diese Regelung ist jetzt unter Änderungen in § 68b Abs. 2 enthalten.

Vernehmungsbeistand | **V**

✏️ Hier werden **nur** die mit der Beiordnung eines **Vernehmungsbeistandes** i.S.v. § 68b Abs. 2 zusammenhängenden Fragen dargestellt. Der **allgemeine** Zeugenbeistand des § 68b Abs. 1 S. 1 wird bei → *Zeugenbeistand*, Rdn 3491, behandelt.

2.a) Nach § **68b Abs. 2 S. 1** „ist" einem Zeugen, der bei seiner Vernehmung noch keinen anwaltlichen Beistand, z.B. als → *Verletztenbeistand/Opferanwalt*, Rdn 3052, oder als Nebenklägervertreter, hat (vgl. *Seitz* JR 1998, 310 [zum früheren § 68b S. 1]), für deren Dauer ein Rechtsanwalt beizuordnen. Voraussetzung für diese Beiordnung ist, dass „besondere Umstände" (vgl. § 1079d) vorliegen, aus denen sich ergibt, dass der Zeuge seine **Befugnisse** bei seiner Vernehmung **nicht** selbst **wahrnehmen** kann. Weitere Voraussetzungen sind nicht mehr vorgesehen. Durch das 2. OpferRRG die früher in § 68b S. 1 bzw. 2 a.F. enthaltene Unterscheidung nach bestimmten Delikten, bei deren Vorliegen die Beiordnung zwingend war (§ 68b S. 2 a.F.) bzw. solchen, bei denen die Beiordnung im Ermessen stand (§ 68b S. 1 a.F.), entfallen. Es wird jetzt allein noch darauf abgestellt, dass Anlass für die Beiordnung eines Rechtsanwalts die besondere Schutzwürdigkeit des Zeugen ist; diese ist aber unabhängig davon, welches Delikt dem Beschuldigten zur Last gelegt wird (vgl. BT-Drucks 16/12098, S. 26).

3160

✏️ § 68b Abs. 2 hat die Rechte von Zeugen erweitern wollen. Das bedeutet, dass in allen Fällen, in denen früher ein Vernehmungsbeistand beizuordnen war, dies auch nach der Neuregelung zu geschehen hat. Die **frühere Rspr.** zu § 68 S. 1 bzw. 2 a.F. bleibt insoweit **anwendbar** (vgl. aber Rdn 3161). Das folgt auch aus der Gesetzesbegründung, die ausdrücklich ausführt, dass in § 68b Abs. 2 S. 1 im Wesentlichen der Inhalt von § 68b S. 1 und 2 a.F. übernommen worden ist (vgl. BT-Drucks 16/12098, S. 26).

b) Für die Beiordnung ist zunächst erforderlich, dass der Zeuge bei seiner Vernehmung „**keinen anwaltlichen Beistand**" hat. In Betracht kommen insoweit der → *Verletztenbeistand/Opferanwalt*, Rdn 3052, nach §§ 406f, 406g, aber auch der allgemeine → *Zeugenbeistand*, Rdn 3491, nach § 68b Abs. 1.

3161

✏️ Der Zeuge hat auch dann „keinen anwaltlichen Beistand" (mehr), wenn der Wahlbeistand sein Mandat – im Hinblick auf eine Beiordnung – niedergelegt (s.a. Beck-OK-StPO-*Monka*, § 68b Rn 5). Insoweit ist die Rspr. zur **Niederlegung** des **Wahlmandats** im Hinblick auf die Pflichtverteidigerbestellung entsprechend anzuwenden (arg. e § 68b Abs. 2 S. 2; zur Niederlegung des Wahlmandats s. *Burhoff*, EV, Rn 2707).

Erforderlich ist außerdem, dass „**besondere Umstände** ‚‚ vorliegen, aus denen sich die Schutzwürdigkeit des Zeugen ergibt. Damit wird betont, dass die Beiordnung eines Vernehmungsbeistandes nur in **Ausnahmefällen** in Betracht kommen soll (s.a. KG, Beschl. v. 6.12.2013 – [5] 3 StE 5/13 – 1 [2/13]; Graf/*Monka*, § 68b Rn 5; vgl. BT-Drucks 16/12098,

3162

S. 27). Das bedeutet, dass in Zusammenhang mit der Beiordnung des Vernehmungsbeistandes zunächst immer z.B. zu fragen ist, ob der Zeuge bei sachgerechter Belehrung durch die Vernehmungsperson in der Lage ist, seine Befugnisse eigenverantwortlich wahrzunehmen, also insbesondere darüber entscheiden kann, ob er von seinem ihm ggf. zustehenden → *Zeugnisverweigerungsrecht*, Rdn 3552, oder einem sich aus § 55 ergebenden → *Auskunftsverweigerungsrecht*, Rdn 377, Gebrauch machen möchte (KG, a.a.O. *Meyer-Goßner/Schmitt*, § 68b Rn 11). Erst, wenn das nicht ausreicht, wird die Beiordnung eines Vernehmungsbeistandes unumgänglich sein.

🖉 Es besteht dann allerdings **kein Ermessen**. Liegen „besondere Umstände" vor, dann „ist" ein anwaltlicher Beistand beizuordnen.

c) Im Einzelnen wird eine Beiordnung nach § **68b Abs. 2** in folgenden **Fällen** in Betracht kommen (vgl. auch *Meyer-Goßner/Schmitt*, § 68b Rn 10):

3163 aa) Bei **minderjährigen (Opfer-)Zeugen** wird diese Voraussetzung i.d.R. erfüllt sein (s.a. BT-Drucks 13/7165, S. 8 [zu § 68b a.F.]).

3164 bb) Bei **anderen Zeugen** kommt die Beiordnung des Vernehmungsbeistandes nach § 68b Abs. 2 S. 1 dann in Betracht, wenn sich der Zeuge einer **tatsächlich** und **rechtlich schwierigen Situation** gegenübersieht (s. AG Rudolstadt StraFo 2012, 181 [nicht bei Aussage-gegen-Aussage]) und die Gefahr besteht, dass er seine prozessualen Rechte **nicht sachgerecht wahrnehmen** kann (KG, Beschl. v. 6.12.2013 – [5] 3 StE 5/13 – 1 [2/13]). Das sind i.d.R. die ungeschickten, ängstlichen, aber auch die gefährdeten Zeugen (vgl. zum früheren § 68b S. 1 *Seitz* JR 1998, 310; KK-*Senge*, § 68b Rn 5; BT-Drucks 13/7165, S. 8), also die, die aufgrund ihrer Aussage mit Repressalien seitens des Angeklagten oder Dritter rechnen müssen. Die Beiordnung hängt aber vom **Einzelfall** bzw. dem Vorliegen „besonderer Umstände" ab. aus denen sich ergibt, dass der Zeuge seine Befugnisse bei seiner Vernehmung nicht selbst wahrnehmen kann. Das ist z.B. bei besonders unreifen oder psychisch beeinträchtigten Zeugen der Fall (BT-Drucks 16/12098, S. 27). Auch das Verteidigungsverhalten des Angeklagten, bei dem, z.B. in Missbrauchs- oder Vergewaltigungsprozessen, Angriffe auf den Zeugen zu erwarten sind, werden „besondere Umstände" begründen.

🖉 Versprechen **andere gerichtliche Maßnahmen**, wie z.B. der Ausschluss der Öffentlichkeit (in der HV), der Ausschluss des Beschuldigten von der (richterlichen) Vernehmung oder ggf. die Möglichkeit, die Vernehmung gem. § 58a auf Bild-Ton-Träger aufzunehmen (s. dazu für das EV *Burhoff*, EV, Rn 4175; → *Videovernehmung in der Hauptverhandlung*, Rdn 3307), den mit dem Gesetz bezweckten (Schutz-)**Erfolg**, wird die Beiordnung eines Vernehmungsbeistandes i.d.R. **ausscheiden** (zum früheren Recht KK-*Senge*, § 68b Rn 6; vgl. a. *Meyer-Goßner/Schmitt*, § 68b Rn 4). In Betracht kommen kann auch die Einschaltung einer Vertrauensperson (§ 406f Abs. 2;

vgl. BT-Drucks 16/12098, S. 27). M.E. werden diese Fälle aber die Ausnahme bilden, so wenn z.b. beim ängstlichen Zeugen die Entfernung des Angeklagten ausreicht, um dessen Angst abzubauen. § 68b ist gerade zum Schutz des Zeugen eingeführt worden, sodass eine eher **"zeugenfreundliche" Auslegung** angebracht ist.

cc) Darüber hinaus wird in den Fällen, in denen nach § 68b S. 2 a.F. die Beiordnung zwingend war, auch nach wie vor von der Erforderlichkeit der Beiordnung eines Vernehmungsbeistandes auszugehen sein. Hierbei handelt es sich um Fälle, bei denen der Gesetzgeber die Schutzwürdigkeit des Zeugen unterstellt hatte. Das wird namentlich bei Vergehen gegen die **sexuelle Selbstbestimmung** und sonstigen schwereren Taten in Betracht kommen. Eine Rolle können hier auch die früher in § 68b S. 2 a.f. erwähnten Fälle/Delikte spielen, also z.b. gewerbs- oder gewohnheitsmäßig oder vom Mitglied einer Bande organisierte Verbrechen/Vergehen.

3165

dd) Offen ist nach wie vor die auch noch zu § 68b S. 1 a.f. umstrittene Frage, ob die **wirtschaftlichen Verhältnisse** des Zeugen bei der Frage der Beiordnung eines Vernehmungsbeistandes eine Rolle spielen dürfen, er also darauf verwiesen werden darf, auf eigene Kosten einen allgemeinen → *Zeugenbeistand*, Rdn 3491, nach § 68b Abs. 1 beizuziehen. Das ist **nicht** der Fall. Die Berücksichtigung der wirtschaftlichen Verhältnisse ist zwar sprachlich nach § 68b Abs. 2 S. 1 grds. nicht ausgeschlossen. Nach der Begründung des Gesetzesentwurfs zu § 68b S. 1 a.F. (vgl. BT-Drucks 13/7165, S. 8) sollte aber die Beiordnung eines Vernehmungsbeistandes – schon aus Gründen der Verfahrensbeschleunigung – gerade nicht von den wirtschaftlichen Verhältnissen des Zeugen und dem Vorliegen der Voraussetzungen der PKH abhängen, was es m.E. schon früher verbot, bei der Beiordnung auf die wirtschaftlichen Verhältnisse (mit-) abzustellen (s.a. zur Vorgängerregelung *Meyer-Goßner/Schmitt*, § 68b Rn 11; a.A. *Seitz* JR 1998, 310, der der „ersichtlichen" wirtschaftlichen Situation, was immer das sein mag, Rechnung tragen will). Das gilt nun, nachdem durch die gesetzliche Neuregelung infolge des 2. OpferRRG die Stellung des Vernehmungsbeistandes ausgebaut worden ist, erst recht.

3166

3. Für das **Beiordnungsverfahren** gilt:

a) Die Beiordnung erfolgt entweder auf Antrag des Zeugen oder **von Amts wegen** nach pflichtgemäßem Ermessen. Letzteres wird insbesondere dann in Betracht kommen, wenn das mit der Vernehmung befasste Gericht erkennt, dass der Zeuge seine Befugnisse erkennbar nicht selbst wahrnehmen kann, so z.B. beim psychisch belasteten Zeugen (vgl. BT-Drucks 16/12098, S. 27; KG, Beschl. v. 6.12.2013 – [5] 3 StE 5/13 – 1 [2/139]). Die Beiordnung kann auch noch in der/für die HV in Betracht kommen. Das früher für die Beiordnung nach § 68b S. 1 a.F. vorgesehene Antragserfordernis ist ebenso wie die in § 68b S. 1 a.F. vorgesehene Zustimmung der StA entfallen (zur Begründung vgl. BT-Drucks 16/712098, S. 26).

3167

V Vernehmungsbeistand

👉 Allerdings wird **ohne Antrag** des Zeugen i.d.R. kaum Anlass bestehen, diesem einen Vernehmungsbeistand beizuordnen, es sei denn, die Gefährdung, Angst usw. des Zeugen ist so groß, dass sie schon der Antragstellung entgegensteht (vgl. zum früheren Recht *Rieß* StraFo 1999, 8; *Seitz* JR 1998, 310).

3168 Eine **rückwirkende Beiordnung** soll **nicht** möglich sein (KG NStZ-RR 2008, 248 m.w.N. und Hinw. auf die insoweit h.M. der Obergerichte zur nachträglichen Pflichtverteidigerbestellung; s. dazu eingehend *Burhoff*, EV, Rn 3042 f.). Ohne Bedeutung soll in diesem Zusammenhang sein, dass im Fall des § 397a Abs. 2 die rückwirkende Gewährung von PKH für die Hinzuziehung eines Rechtsanwalts unter engen Voraussetzungen zugelassen werde, da für die Beiordnung eines Vernehmungsbeistandes die finanziellen Verhältnisse des Zeugen keine Rolle spielen (KG, a.a.O.). Auch hier wird der Rechtsanwalt allerdings die Frage prüfen müssen, ob er nicht ggf. konkludent beigeordnet worden ist (vgl. dazu *Burhoff*, EV, Rn 3043; offen gelassen von KG, a.a.O.). Die Beiordnung kann aber nicht mit der Begründung abgelehnt werden, die Beiordnung sei nicht (mehr) erforderlich, weil wegen eines im Verlauf der HV abgelegten Geständnisses des Angeklagten auf die Vernehmung des Zeugen verzichtet werden konnte (LG Dortmund NStZ 2007, 240).

👉 Der Beiordnungsantrag ist vom Rechtsanwalt daher so früh wie möglich, auf **jeden Fall vor Beendigung** der Tätigkeit zu stellen.

3169 b) Nach **§ 68b Abs. 2 S. 2** gilt für das Beiordnungsverfahren die Vorschrift des § 142 Abs. 1 für die **Beiordnung** eines **Pflichtverteidigers entsprechend**. Damit ist der Zeuge also vor der Beiordnung eines Beistandes zu **hören** (vgl. BbgVerfG, Beschl. v. 15.9.2009 – 61/08 zum alten Recht).

3170 Die **Zuständigkeit** für die Beiordnung richtet sich nach den **allgemeinen Regeln**. Die Beiordnung für die HV erfolgt also durch das mit dem Verfahren, in dem die Vernehmung des Zeugen erfolgen soll, befasste Gericht. Für die Beiordnung in der HV ist m.E. in entsprechender Anwendung von § 141 Abs. 4 der Vorsitzende des Gerichts zuständig. Bei der Auswahl des Beistandes hat er sich nach den gem. § 142 Abs. 1 für die Beiordnung eines Pflichtverteidigers geltenden Kriterien zu richten (vgl. dazu eingehend *Burhoff*, EV, Rn 2764 ff.). Damit ist auch für die Auswahl des Zeugenbeistandes infolge des 2. OpferRRG das alleinige Auswahlkriterium „Ortsansässigkeit" entfallen (vgl. dazu → *Pflichtverteidiger, Bestellung in der Hauptverhandlung*, Rdn 1976). Zudem wird gerade bei der Beiordnung eines Vernehmungsbeistandes dem Zeugen der Vernehmungsbeistand des Vertrauens beizuordnen sein, falls er einen benennt. Über den Antrag auf Beiordnung eines Beistandes muss so **rechtzeitig entschieden** werden, dass der Beistand ein vorbereitendes Gespräch mit dem Zeugen führen und dessen Begleitung zum Termin erfolgen kann (LG Dortmund NStZ-RR 2006, 142 [Ls.]).

⌦ Die **Entscheidung** über die Beiordnung ist nach § 68b Abs. 3 im Interesse der Verfahrensbeschleunigung **unanfechtbar**. Das gilt nicht nur für die stattgebende Entscheidung, sondern auch für die ablehnende (s. schon zum früheren Recht KG NStZ-RR 2008, 248; OLG Celle StraFo 2000, 231; OLG Hamburg NStZ-RR 2000, 335; OLG Hamm NStZ 2000, 220; AG Hamburg, Beschl. v. 2.8.2005 – 198 Gs 4/05; *Meyer-Goßner/Schmitt*, § 68b Rn 11; m.E. zutreffend a.A. für **Willkür** KK-*Senge*, § 68b Rn 11; zum EV s. *Burhoff*, EV, Rn 4445). Die Gründe für die Entscheidung sind allerdings nach § 68b Abs. 3 S. 2 aktenkundig zu machen.

c) Nach dem Gesetzeswortlaut in § 68b Abs. 2 S. 1 ist die Beiordnung auf die **Dauer** der (jeweiligen) **Vernehmung beschränkt**. Das bedeutet, dass die in Zusammenhang mit einer Vernehmung im EV erfolgte Beiordnung (vgl. dazu *Burhoff*, EV, Rn 3944 ff.) nicht auch für die in der HV erfolgende Vernehmung gilt, sondern die Beiordnung „erneuert" werden muss. Die erst in der HV erfolgte Beiordnung gilt auch nur bis zur Beendigung der Vernehmung des Zeugen, also bis zu der Entlassung des Zeugen. Ist danach die Vernehmung nochmals erforderlich, muss erneut ein Vernehmungsbeistand beigeordnet werden (KK-*Senge*, § 68b Rn 4). Die Beiordnung wird sich aber auch auf alle in untrennbarem sachlichen und zeitlichen Zusammenhang mit der eigentlichen Vernehmung stehenden Tätigkeiten, wie z.B. die Beratung in einem Gespräch vor oder noch nach der Vernehmung, erstrecken (*Meyer-Goßner/Schmitt*, § 68b Rn 5; *Rieß* StraFo 1999, 9 Fn 109; *Seitz* JR 1998, 310 m.w.N.).

3171

Die Beiordnung **erstreckt** sich aber auch auf alle in untrennbarem sachlichen und zeitlichen **Zusammenhang** mit der eigentlichen Vernehmung **stehende Tätigkeiten**, wie z.B. die Beratung vor oder nach der Vernehmung (*Griesbaum* NStZ 1998, 439; *Rieß* StraFo 1999, 9 Fn 109; *Seitz* JR 1998, 310 m.w.N.; vgl. dazu auch Rdn 3174 ff.).

3172

d) Seine **Tätigkeit** erhält der Vernehmungsbeistand nach dem RVG **vergütet**. Er erhält nach § 48 RVG wie ein Pflichtverteidiger gesetzliche Gebühren. Anwendbar ist nach Vorbem. 4 Abs. 1 VV RVG der Teil 4 Abschnitt 1 VV RVG, es handelt sich nicht etwa um eine Einzeltätigkeit nach Teil 4 Abschnitt 3 VV RVG. Die Frage ist in Rspr. und Lit. allerdings erheblich umstritten (wie hier Burhoff/*Burhoff*, RVG, Vorb. 4.1 VV Rn 5 ff. m.w.N. auch zur a.A.; Burhoff/*Volpert*, RVG, Vorbem. 4.3 VV Rn 29; Gerold/Schmidt/*Burhoff*, VV Vorb. 4 Teil 4 Abschn. 1 Rn 5 ff.; eingehend *Burhoff* RVGreport 2004, 458; *ders*. RVGreport 2006, 81; wohl auch *Meyer-Goßner/Schmitt*, § 68b Rn 6; für den → *Zeugenbeistand*, Rdn 3503). Die Ansicht, die von einer Einzeltätigkeit ausgeht, übersieht m.E., dass es für die Einordnung nicht auf das gesamte Strafverfahren ankommt, sondern darauf, dass dem Rechtsanwalt im Rahmen der ihm übertragenen Tätigkeit „Zeugenbeistand" der volle Auftrag erteilt worden ist und damit die Anwendung von Teil 4 Abschnitt 3 VV RVG ausscheidet. Auch aus der Formulierung des Beiordnungsbeschlusses folgt nichts anderes, da der i.d.R. nur den Gesetzeswortlaut der StPO wiederholt.

3173

V Vernehmungsbeistand

> ✍ Reichen die „normalen" gesetzlichen Gebühren nicht aus, z.B. weil es sich um eine ungewöhnlich lange Vernehmung in der HV gehandelt hat, kann der beigeordnete Vernehmungsbeistand eine **Pauschgebühr** nach § 51 RVG beantragen (vgl. dazu *Burhoff*, EV, Rn 2956 ff.).

3174 **4.a)** Für die **Befugnisse** des Vernehmungsbeistandes kann im Wesentlichen auf die Ausführungen zu den Befugnissen des allgemeinen → *Zeugenbeistandes*, Rdn 3494 ff., verwiesen werden (zu den Befugnissen s.a. *Dahs* NStZ 2010, 200 ff. und *Klengel/Müller* NJW 2011, 23, 24). Diese stehen dem Vernehmungsbeistand, der ein Unterfall des allgemeinen Zeugenbeistandes ist, auf jeden Fall zu. Im Einzelnen:

3175 **b)** Der Vernehmungsbeistand hat insbesondere das Recht, bei der **Vernehmung** des Zeugen **anwesend** zu sein. Das ergibt sich ausdrücklich aus § 68b Abs. 1 S. 2. Die Frage, ob er vor und/oder nach der Vernehmung anwesend sein darf/kann, ist auch durch das 2. OpferRRG nicht entschieden (vgl. dazu → *Zeugenbeistand*, Rdn 3497). Aus Sinn und Zweck der Regelung, die den Schutz des Zeugen bezweckt, ist m.E. auch ein Anspruch auf **Benachrichtigung** von einem Vernehmungstermin oder auf Terminsverlegung zu bejahen (→ *Terminsbestimmung/Terminsverlegung*, Rdn 2646). Die Gesetzesbegründung zum 2. OpferRRG geht zwar – bezogen auf den allgemeinen → *Zeugenbeistand*, Rdn 3491 – davon aus, dass es grds. dem Zeugen obliege, die Anwesenheit seines Rechtsanwalts zu bewirken. Allerdings sind (vgl. BT-Drucks 16/12098, S. 23) die Strafverfolgungsbehörden gehalten – soweit dies ohne Beeinträchtigung ihrer Aufgabenerfüllung möglich ist – so zu terminieren, dass ein Zeuge von einer von ihm gewünschten anwaltlichen Begleitung auch Gebrauch machen kann. Wenn das aber schon für den allgemeinen → *Zeugenbeistand*, Rdn 3491, gilt, muss das erst Recht auf den beigeordneten Vernehmungsbeistand Anwendung finden. Daraus folgt dann aber auch, dass unter der Vorgabe, dass eine „Beeinträchtigung der Aufgabenerfüllung" nicht vorliegt, der Vernehmungsbeistand vom Termin zu benachrichtigen ist und auch ein Anspruch auf Terminsverlegung zu bejahen sein wird (s.a. *Meyer-Goßner/Schmitt*, [52. Aufl.] § 68b Rn 5 für die Fälle des § 68b S. 2 a.F.). Das KG (vgl. StRR 2009, 398 m. Anm. *Hanschke*) geht davon aus, dass die Beiordnung – „für die Dauer der Vernehmung" – nicht auch die Einlegung eines **Rechtsmittels** für den Zeugen erfasst, wie also z.B. die Beschwerde gegen die Anordnung der Beugehaft. Das ist m.E. zweifelhaft. Denn wenn man dem Vernehmungsbeistand ein Vorbereitungsgespräch mit dem Zeugen zubilligt (zuletzt u.a. LG Dortmund NStZ 2007, 240) ist nicht einzusehen, warum nicht auch „nachbereitende Tätigkeiten" von der Beiordnung umfasst sein sollen (s.a. – nicht ganz eindeutig – *Meyer-Goßner/Schmitt*, § 68b Rn 5 [„sich aus ihr entwickeln"]).

3176 **c)** Für den allgemeinen Zeugenbeistand ist anerkannt, dass auch das grds. Recht des Zeugen auf Beiziehung eines → *Zeugenbeistandes*, Rdn 3491, es nicht rechtfertigt, wenn der

Zeuge dem (richterlichen) **Vernehmungstermin** deshalb fernbleibt, weil sein **Beistand verhindert** ist (BGH NStZ 1989, 484; *Meyer-Goßner/Schmitt*, § 68b Rn 4). Fraglich ist, ob das für das Fernbleiben wegen Verhinderung des Vernehmungsbeistandes entsprechend gilt. Einerseits hat auch er nicht die Stellung, die der eines notwendigen Verteidigers vergleichbar wäre (so BGH, a.a.O.), mit der Folge, dass die Vernehmung ohne ihn nicht stattfinden dürfte. Andererseits ist der Vernehmungsbeistand aber gerade eingeführt und seine Stellung durch das 2. OpferRRG gestärkt worden, um dem Zeugen bei bestimmten Vernehmungen Schutz zu gewähren.

Gewährt man dem Zeugen bei Verhinderung des Vernehmungsbeistandes das Recht, dem Termin fernzubleiben, nicht, ist das Gericht nach Sinn und Zweck der Regelung des § 68b Abs. 2 S. 1 aber zumindest verpflichtet, dem Zeugen dann einen **anderen Vernehmungsbeistand beizuordnen** (zu allem – a. hinsichtlich des Zeugenbeistandes – *Krehl* NStZ 1990, 192 in der abl. Anm. zu BGH, a.a.O.; *Meyer-Goßner/Schmitt*, § 68b Rn 5).

d) Anders als der allgemeine → *Zeugenbeistand*, Rdn 3494, hat der Vernehmungsbeistand m.E. aus § 147 ein zumindest teilweises **AER** (OLG Hamburg NJW 2002, 1590; eingehend *Stange/Rillinger* StraFo 2002, 244; KK-*Senge*, § 68b Rn 9 [zumindest teilweise]; *Meyer-Lohkamp/Block* StraFo 2011, 86; *Klengel/Müller* NJW 2011, 23; 24 f.; a.A. BGH StraFo 2010, 253; OLG Düsseldorf NJW 2002, 2806; LG Münster StRR 2013, 312 m. abl. Anm. *Burhoff* RVGreport 2013, 349; *Meyer-Goßner/Schmitt*, § 68b Rn 5; vgl. auch noch *Dahs* NStZ 2011, 200, 202). Das folgt schon daraus, dass er den Zeugen schützen soll. Dazu ist er auf die entsprechenden Informationen aus den Akten angewiesen. Teilweise wird der Vernehmungsbeistand in der Rspr. aber auch nur als „**Dritter**" behandelt und (s)ein AER ggf. nur nach den Grundsätzen der AE durch Dritte, also nach § 475, bestimmt (GBA-Verf. v. 6.6.2001 – 2 StE 11/00, www.strafverteidiger-berlin.de; KG StV 2010, 298 m. zust. Anm. *Hanschke* StRR 2010, 105; NStZ 2008, 587 [Ls.]; OLG Hamburg, a.a.O.; OLG Düsseldorf, a.a.O.; *Burhoff*, EV, Rn 288 ff.). Insoweit sollen dann einer AE vor einer Vernehmung des Zeugen „Zwecke des Strafverfahrens" i.S.v. § 477 Abs. 2 S. 1 entgegenstehen (KG, a.a.O. m. zust. Anm. *Hanschke* StRR 2008, 105; ähnlich AG Rudolstadt StV 2014, 282). Das ist m.E. nicht zutreffend. Vielmehr besteht, wenn man schon § 475 anwenden will, auch ein „**berechtigtes Interesse**" an der AE. Denn der Vernehmungsbeistand wird die Interessen des Zeugen nicht sachgerecht wahrnehmen können, wenn er dazu nur auf die Informationen gerade des Zeugen, der seine Interessen selbst nicht sachgerecht wahrnehmen kann, angewiesen sein soll. Deshalb werden ihm auf Antrag zumindest die Informationen aus den Akten zugänglich gemacht werden müssen, die ihn über den Tatvorwurf aufklären und die den Zeugen betreffen, wie z.B. Protokolle über frühere Vernehmungen des Zeugen (KK-*Senge*, § 68b Rn 9 m.w.N.; *König*,

3177

S. 243, 252 ff.). **A.A.** ist für den nach § 55 auskunftsverweigerungsberechtigten Zeugen auch das OLG Düsseldorf (a.a.O.). Zur ordnungsgemäßen Vertretung müsse der Verteidiger nicht den Inhalt der Akten kennen. Das Argument ist m.E. **nicht stichhaltig**. Denn es geht zunächst nicht um die Frage des Inhalts der Aussage, sondern darum, ob der Zeuge überhaupt aussagt oder ggf. von seinem Recht aus § 55 Gebrauch macht. Es ist zudem nicht konsequent, den Umfang der Beiordnung einerseits auch auf ein Beratungsgespräch zu erstrecken (s. *Meyer-Goßner/Schmitt*, a.a.O.), dem Vernehmungsbeistand dann aber ein AER zu verweigern. Wie soll er ein Beratungsgespräch ohne AE sachgerecht führen? Erst Recht abzulehnen ist die Auffassung des LG Münster (a.a.O.), das davon ausgeht, dass, da dem Zeugenbeistand ein AER nicht zustehe, die von ihm aus der Akte gefertigten Kopien nicht erstattungsfähig seien, wenn ihm trotzdem AE gewährt worden sei.

> Geht man von einem sich aus § 147 ergebenden AER des Vernehmungsbeistandes aus, stehen dem Vernehmungsbeistand die bei Verweigerung von AE anerkannten **Rechtsmittel** zu (*Burhoff*, EV, Rn 361). Die gerichtliche Entscheidung ist dann also mit der Beschwerde anfechtbar. Dasselbe gilt auch, wenn man von einem sich nur aus § 475 ergebenden AER ausgeht. Nach der Neufassung des insoweit dann anwendbaren § 478 ist die Entscheidung nunmehr nach § 478 Abs. 3 S. 3 anfechtbar (vgl. auch KG StV 2010, 298; a.A. zum alten Recht OLG Hamburg NJW 2002, 1590).

3178 e) In § 68b Abs. 1 S. 3 und 4 ist die **Möglichkeit** vorgesehen, den allgemeinen → *Zeugenbeistand*, Rdn 3491, unter bestimmten Voraussetzungen **auszuschließen**. Das gilt, da der Vernehmungsbeistand nach § 68b Abs. 2 nur ein Unterfall des allgemeinen Zeugenbeistandes ist, auch für diesen. Wegen der Einzelh. kann insoweit verwiesen werden auf → *Zeugenbeistand*, Rdn 3505 ff. (vgl. dazu *Matt/Dierlamm/Schmidt* StV 2009, 715; zum Ausschluss nach altem Recht BVerfG StraFo 2010, 243).

> Unabhängig von der Frage der Zulässigkeit des Ausschlusses (zu den Bedenken gegen die Regelung → *Zeugenbeistand*, Rdn 3505 ff.), wird, wenn ein nach § 68b Abs. 2 beigeordneter Rechtsanwalt von der Vernehmung ausgeschlossen wird, dem Zeugen **unverzüglich** ein **anderer Vernehmungsbeistand** beigeordnet werden müssen. Durch die erfolgte Beiordnung des (ausgeschlossenen) Vernehmungsbeistandes hat das Gericht deutlich gemacht, dass es den Zeugen für schutzwürdig i.S.d. § 68b Abs. 2 S. 1 ansieht. Daran hat sich durch den Ausschluss nicht nur nichts geändert. Vielmehr werden häufig die Gründe, die die Beiordnung des Vernehmungsbeistandes erforderlich machten, dadurch noch verstärkt. M.E. wird bis zu Beiordnung eines neuen Vernehmungsbeistandes die Vernehmung des Zeugen nicht fortgeführt werden dürfen. Dem neu beigeordneten Vernehmungsbeistand wird das Gericht auch eine angemessene Zeit zur Vorbereitung geben müssen (vgl. für die Beiordnung des Pflichtverteidigers BGH NStZ 2009, 650).

Siehe auch: → *Verletztenbeistand/Opferanwalt*, Rdn 3052; → *Videovernehmung in der Hauptverhandlung*, Rdn 3307; → *Vorführung von Bild-Ton-Aufzeichnungen*, Rdn 3396; → *Zeugenvernehmung, Allgemeines*, Rdn 3537 m.w.N.

Verspätete Beweisanträge/Fristsetzung 3179

Das Wichtigste in Kürze:
1. Die StPO kennt keine verspäteten Beweisanträge. Gem. § 246 Abs. 1 darf eine Beweiserhebung nicht deshalb abgelehnt werden, weil das Beweismittel oder die zu beweisende Tatsache zu spät vorgebracht worden sind.
2. In dieser Frage hat sich jedoch in den letzten Jahren die Rspr. des BGH deutlich verschärft. Es kann eine Frist zur Stellung eines Beweisantrages gesetzt werden.
3. Die Rspr. des BGH gibt für die Fristsetzung ein von den Gerichten einzuhaltendes Verfahren vor.
4. Hat der Verteidiger einen zu vernehmenden Zeugen oder SV so spät namhaft gemacht, dass der StA Erkundigungen über diesen nicht mehr hat einziehen können, kann der StA gem. § 246 Abs. 2 bis zum Schluss der Beweisaufnahme die Aussetzung der HV beantragen.

Literaturhinweise: Artkämper, Abwehr dysfunktionalen Verteidigerverhaltens durch den Gedanken des Rechtsmissbrauchs – Einzelfallentscheidungen oder zukünftiges System?, StRR 2009, 408; **Beulke**, Rechtsmißbrauch im Strafprozeß – Eine Erwiderung auf *Pfister*, StV 2009, 554; **Bünger**, Die tatrichterlichen Möglichkeiten der Reaktion auf einen Missbrauch des Beweisantragsrechts, NStZ 2006, 305; **Duttge/Neumann**. „Wir übernehmen jeden Fall!" Anmerkung zum Urteil des BGH HRRS 2009 Nr. 717 unter Berücksichtigung von BVerfG HRRS 2009 Nr. 1116, HRRS 2010, 34; **Fahl**, Verstößt die neue „Fristenlösung" des Bundesgerichtshofes gegen § 246 StPO?, DRiZ 2008, 291; **Fezer**, Gesetzeswidrige Fristsetzung für die Stellung von Beweisanträgen, HRRS 2009, 17; **Fischer**, Konfliktverteidigung, Mißbrauch von Verteidigungsrechten und das Beweisantragsrecht, StV 2010, 423; **Jahn**, Konnexitätsdoktrin und „Fristenlösungsmodell" – Die verfassungsrechtlichen Grenzen der Fremdkontrolle im Beweisantragsrecht der Verteidigung durch den Bundesgerichtshof, StV 2009, 663; **Kempf**, Der (zu) späte Beweisantrag, StraFo 20120, 316; **Knauer**, Anträge auf Beweiserhebungen in der neueren Rechtsprechung des Bundesgerichtshofs, StraFo 2012, 473; **E. Müller**, Überlegungen zum Missbrauch im Strafprozess, in: Festgabe für *Imme Roxin*, 2012, S. 629; **Pfister**, Rechtsmißbrauch im Strafprozeß, StV 2009, 550; **Niemöller**, Prozessverschleppung – die Absicht genügt, NStZ 2008, 181; *ders.*, Nochmals: Prozessverschleppung – Entgegnung auf *Bauer*, NStZ 2008, 542; *ders.*, Zum exzessiven Gebrauch des Beweisantragsrechts, JR 2010, 332; **I. Roxin**, Ambivalente Wirkungen des Beschleunigungsgebotes, GA 2010, 425; **Thomas**, Konfliktverteidigung, Missbrauch von Verteidigungsrechten und das Beweisantragsrecht, StV 2010, 428; **Trüg**, Beweisantragsrecht – Disziplinierung der Verteidigung durch erhöhte Anforderungen?, StraFo 2010, 139; **Witting/Junker**, Aktuelle Entwicklungen der BGH-Rechtsprechung zum Beweisantragsrecht, StRR 2009, 244; s.a. die Hinw. bei → *Beweisantrag, Zeitpunkt der Antragstellung*, Rdn 978 und → *Beweisantragsrecht, Allgemeines*, Rdn 971. 3180

1. Die StPO kennt **keine** verspäteten Beweisanträge. Gem. § 246 Abs. 1 darf eine Beweiserhebung nämlich nicht deshalb abgelehnt werden, weil das Beweismittel oder die zu bewei- 3181

sende Tatsache zu spät vorgebracht worden sind. Damit kann dem Verteidiger – so die frühere Rspr. (s. jetzt aber Rdn 3182) – auch nicht vorgeschrieben werden, bis wann er einen Beweisantrag stellen muss (BGH NJW 1990, 1307). Er kann daher einen Beweisantrag grds. noch bis zum Beginn der Urteilsverkündung, ggf. sogar noch später, stellen (BGH NStZ 2005, 395 m.w.N.; → *Beweisantrag, Zeitpunkt der Antragstellung*, Rdn 978). Meist wird er es jedoch auf diesen letzten Zeitpunkt nicht ankommen lassen, sondern die erforderliche Beweiserhebung so **frühzeitig**, wie es nach dem Verteidigungsplan möglich ist, beantragen.

3182 **2.a)** In dieser Frage hat sich jedoch in den letzten Jahren die **Rspr.** des **BGH deutlich verschärft**. Ausgangspunkt ist die Entscheidung des 5. Strafsenats des BGH v. 14.6.2005 (BGH NJW 2005, 2466). Diese sieht es – in einem obiter dictum – zum Schutz vor einer exzessiven Beweisantragstellung von Verteidigern als zulässig an, zur weiteren Antragstellung eine Frist zu setzen und nach Fristablauf gestellten Anträgen schon mit einer Vorabablehnung wegen Prozessverschleppung zu begegnen. Die massive Kritik an dieser Entscheidung (vgl. u.a. *Dahs* StV 2006, 116; *Duttge* JZ 2005, 1012; *Gössel* JR 2006, 128; *Ventzke* HRRS 2005, 233, jew. in den Anm. zu BGH, a.a.O.; krit. a. KK-*Krehl*, § 246 Rn 1 und *Witting/Junker* StRR 2009, 244, ff.; zust. *Bünger* NStZ 2006, 305) hat den BGH nicht davon abgehalten, diese Rspr. im Zusammenhang mit einer „Neujustierung" des Ablehnungsgrundes „Prozessverschleppung" fortzusetzen. Sowohl der 1. Strafsenat des BGH (vgl. BGHSt 51, 333) als auch der 3. Strafsenat (vgl. BGH NStZ 2007, 716; StV 2008, 9) haben dem 1. Strafsenat nicht nur zugestimmt, sondern sind über seine Rspr. noch hinausgegangen (→ *Beweisantrag, Ablehnungsgründe*, Rdn 889 ff.). Die Rspr.-Verschärfung „gipfelt" dann in der Entscheidung des 1. Strafsenats v. 23.9.2008 (BGHSt 52, 355). Dort werden die Ausführungen aus BGHSt 51, 333 nicht nur festgeschrieben, sondern es wird ein Verfahren zur wirksamen Fristsetzung – abgeleitet aus der Befugnis des Vorsitzenden zur → *Verhandlungsleitung*, Rdn 2889 – konstituiert. Darüber hinaus wird sogar eine Ablehnung eines → *Hilfsbeweisantrags*, Rdn 1708, wegen „Prozessverschleppungsabsicht" erst in den schriftlichen Urteilsgründen – entgegen bisheriger Rspr. (vgl. u.a. BGH NJW 1990, 1307) – für zulässig erklärt.

3183 **b)aa)** Diese Rspr. zeigt deutlich die **Tendenz** in der Rspr. der Strafsenate des **BGH**, denen es offenbar teilweise darum geht, **Verteidiger** zu „**disziplinieren**" (*Witting/Junker* StRR 2009, 244; *Trüg* StraFo 2010, 139). Es geht um Konfliktverteidigung und den (vermeintlichen) Missbrauch von Verfahrensrechten (vgl. dazu a. BGH NStZ 2005, 341; StraFo 2006, 497; zur Konfliktverteidigung in Form des Missbrauchs des Beweisantragsrechts s. *Fischer* StV 2010, 423 und *Thomas* StV 2010, 428). Dazu wird – entgegen dem klaren Wortlaut des § 246 Abs. 1 – eine Frist eingeführt, die zur Stellung von Beweisanträgen gesetzt werden kann. Man fragt sich, wo der BGH mit dem Beweisantragsrecht hin will. Denn abgesehen davon, dass der Wortlaut des § 246 Abs. 1 eine Fristsetzung nicht vorsieht (*Knauer* StraFo 2012, 473, 479 f.) und deren Einführung dem Gesetzgeber vorbehalten ist (s. aber BVerfG

NJW 2010, 592), ist nicht nachvollziehbar, warum der 1. Strafsenat diese weitreichenden Folgen für das Beweisantragsrecht, das eines der wichtigsten dem Beschuldigten/Angeklagten zustehenden Verteidigungsmittel ist, in einem „obiter dictum", also „ohne Not" eingeführt hat (vgl. BGHSt 52, 355). Demgemäß ist diese „Fristenlösung"/Rspr. auch zu Recht auf Ablehnung gestoßen (vgl. *Eidam* JZ 2009, 318; *Fezer* HRRS 2009, 17; *Gaede* NJW 2009, 608; *Jahn* StV 2009, 663; *Kempf* StraFo 2010, 316; *König* StV 2009, 171, z.T. jew. in den Anm. zu BGH, a.a.O.; abl. a. *Meyer-Goßner/Schmitt*, § 244 Rn 69b [nur schwerlich vereinbar] und Rn 69c [ein Fall bedenklicher richterlicher „schöpferischer Rechtsfindung"; Alsberg/*Güntge*, Rn 1244; *Beulke* NStZ 2008, 300; *ders.* StV 2009, 554, 556; *Pfister* StV 2009, 550; *Sommer* StRR 2007, 226, jew. in den Anm. zu BGHSt 51, 333; aus neuerer Zeit *Knauer* StraFo 2012, 473, 479 f. [contra legem]; zusammenfassend *Niemöller* NStZ 2008, 181; *Witting/Junker* StRR 2009, 244, 245; eher zust. aus tatrichterlicher Sicht *Arnoldi* StRR 2009, 62).

bb) Allerdings darf nicht übersehen, dass offenbar der **4. Strafsenat** diese Rspr. nicht mittragen will (vgl. dazu BGH StV 2009, 5 und die Anm. von *Petzold* StRR 2009, 142). Auch der **5. Strafsenat** hat zur „**Mäßigung** gemahnt" und darauf hingewiesen, dass diese Rspr. „selbstverständlich vorsichtiger und zurückhaltender Handhabung" bedarf (vgl. dazu u. Rdn 3186) und ihre Anwendung i.d.r. erst nach zehn HV-Tagen und nicht vor Erledigung des gerichtlichen Beweisprogramms in Betracht zu ziehen sein wird (BGH StV 2009, 581 [insoweit nicht in BGHSt 54, 39] m. Anm. *Hoffmann* StRR 2009, 422). Zudem geht der 5. Strafsenat davon aus, dass Voraussetzung für eine Fristsetzung Anzeichen für eine Verschleppungsabsicht sein muss (BGH, a.a.O.).

3184

cc) Wer in diesem Streit auf Hilfe vom **BVerfG** gehofft hatte, der muss enttäuscht sein. Zwar ist die Rspr. des 1. Strafsenats (BGHSt 52, 355) dort Gegenstand einer verfassungsrechtlichen Überprüfung gewesen. Der dazu vorliegende BVerfG-Beschl v. 6.10.2009 (2 BvR 2580/08, NJW 2010, 592; vgl. auch noch BVerfG NJW 2010, 2036 zu BGHSt 54, 36) bringt aber keine Entlastung. Das BVerfG hat nämlich – aus verfassungsrechtlicher Sicht weder die (neue) Möglichkeit der Fristsetzung für Beweisanträge noch deren teilweise Bescheidung erst im Urteil beanstandet. Es hat darin insbesondere keinen Verstoß gegen § **246** gesehen (wegen der Begründung und Kritik im Einzelnen → *Beweisantrag, Ablehnungsgründe*, Rdn 895; zur verfassungsrechtlichen Problematik der Rspr. des BGH insbesondere auch *Jahn* StV 2009, 663 und *Fahl* DRiZ 2008, 291). Es hat allerdings darauf hingewiesen, dass es nach wie vor ausgeschlossen sei, einen Beweisantrag allein wegen Verspätung abzulehnen (vgl. aber BGH NJW 2011, 2831; NStZ 201, 161; dazu krit. *Meyer-Goßner/Schmitt*, § 244 Rn 69c [„frommer Wunsch"]).

3185

✍ Aber auch an dieser Stelle gilt: Es hilft nicht, über die Rspr. des BGH und den „Segen" des BVerfG zu klagen. Der Verteidiger muss damit rechnen, dass nicht nur im Zuständigkeitsbereich des 1. Strafsenats (vgl. z.B. BGH NStZ 2010, 161) die Verteidigung (in Umfangsverfahren) mit Fristsetzungen durch den Vorsitzenden zu rechnen

| V | Verspätete Beweisanträge/Fristsetzung |

hat, sondern auch in anderen LG-Bezirken (vgl. die bei Rdn 3182 angeführten Entscheidungen des 5. und 3. Strafsenats; s.a. noch BGH NJW 2011, 2831). Daher muss er sich auf diese **Rspr. einstellen** (vgl. Rdn 3186 ff.).

3186 3. Die Rspr. des BGH gibt allerdings für die Fristsetzung ein von den Gerichten einzuhaltendes **Verfahren** vor. Dafür und für die **Verhaltensweise** des **Verteidigers** gilt (vgl. auch *Witting/Junker* StRR 2009, 244, 245 f.; *Sommer* StRR 2007, 226 in der Anm. zu BGHSt 51, 333):

3187 a) **Voraussetzung** für eine wirksame Fristsetzung sind zumindest „**Anzeichen**" für eine **Verschleppungsabsicht** (BGH StV 2009, 581 [insoweit nicht in BGHSt 54, 49]). Insoweit sind sämtliche Umstände des Falls von Belang. Auch wird eine Fristsetzung i.d.R. erst nach 10 HV-Tagen in Betracht kommen (BGH, a.a.O.).

✍ Voraussetzung für eine wirksame Frist ist nach der Rspr. des 1. Strafsenats (vgl. BGHSt 52, 355) zudem eine entsprechende, aus der → *Verhandlungsleitung*, Rdn 2889, abgeleitete **Anordnung** der Frist durch den Vorsitzenden, verbunden mit dem ausdrücklichen **Hinweis** an die Verfahrensbeteiligten, dass eine **Ablehnung** von Beweisanträgen, die nach Fristablauf gestellt werden, wegen Verschleppungsabsicht bei Vorliegen der weiteren Voraussetzungen möglich ist.

3188 b) Die angeordnete **Frist** darf **nicht zu kurz** sein. Der 5. Strafsenat (BGH StV 2009, 581 [insoweit nicht in BGHSt 54, 39]) hat z.B. eine Frist von nur einem Tag als nicht angemessen angesehen. Auch das BVerfG (NJW 2010, 592; 2010, 2036) scheint von einer angemessenen/längeren Frist auszugehen.

✍ Wird dem Verteidiger durch den Vorsitzenden eine Frist zur Stellung von Beweisanträgen gesetzt, muss er die Maßnahme der → *Verhandlungsleitung*, Rdn 2889, nach **§ 238 Abs. 2** beanstanden (inzidenter BGH NJW 2011, 2821). Anderenfalls geht die Rügemöglichkeit in der Revision verloren. In der Beanstandung/dem Antrag auf gerichtliche Entscheidung ist dann mit ausführlicher Begründung die Situation der Verteidigung und die Auswirkung einer Fristsetzung für die weitere Sachbearbeitung plausibel darzustellen (*Witting/Junker* StRR 2009, 244, 246). Dazu gehört die Darlegung, warum und aus welchen Gründen der Beweisantrag nicht innerhalb der gesetzten Frist gestellt werden kann.

✍ In den Fällen einer zu kurzen, angesichts des Verfahrensumfangs **unangemessenen Frist** ist ggf. auch die **Ablehnung** des Vorsitzenden oder – im Fall einer (bestätigenden) Entscheidung des Kollegialgerichts – sämtlicher Mitglieder der Kammer gem. § 24 geboten. Darin dürfte – unabhängig von der Frage der Rspr. des BGH – dann zumindest ein Verstoß gegen die Grundsätze des „fair-trial" und des Anspruchs auf rechtliches Gehör liegen (vgl. dazu allerdings BGH StV 2009, 581 [insoweit nicht in BGHSt 54, 39] und die bestätigende Entscheidung des BVerfG NJW 2010, 2036).

c) Die Fristsetzung muss in das → *Protokoll der Hauptverhandlung*, Rdn 2092, aufgenommen werden. In das **Protokoll** der HV müssen ausdrücklich auch die **Anzeichen**, aus denen sich die Verschleppungsabsicht ergibt/ergeben soll, aufgenommen werden (BGH StV 2009, 581 [insoweit nicht in BGHSt 54, 39]).

3189

☞ Der **Hinweis** auf die **Möglichkeit** der Ablehnung von Beweisanträgen wegen **Verschleppungsabsicht** muss – anders als die Fristsetzung – **nicht protokolliert** werden (BGH, a.a.O.). Entscheidend ist nur, dass sich die Verfahrensbeteiligten auf die Ablehnungsmöglichkeit einstellen konnten und von der Ablehnung wegen Prozessverschleppungsabsicht nicht überrascht werden. Das bedeutet, dass im Revisionsverfahren die Erteilung des Hinweises deshalb jederzeit auch durch dienstliche Stellungnahmen der Gerichtspersonen bewiesen werden.

d)aa) Hat das Gericht unter den genannten Voraussetzungen eine **wirksame Frist** zur Stellung von Beweisanträgen gesetzt, können nach der Rspr. **verspätet**, also danach gestellte, **Beweisanträge** grds. wegen Verschleppungsabsicht **abgelehnt** werden (vgl. auch → *Beweisantrag, Ablehnungsgründe*, Rdn 889 ff.). Die Möglichkeit, einen Beweisantrag wegen Verschleppungsabsicht abzulehnen, besteht allerdings bei einer Überschreitung der vom Gericht gesetzten Frist nicht, wenn die → *Aufklärungspflicht* des Gerichts, Rdn 329, dieses gem. § 244 Abs. 2 zur Erhebung des Beweises zwingt (BVerfG NJW 2010, 592; BGH NJW 2011, 2821; NStZ 2010, 161; 2011, 230). Entsprechendes gilt, wenn der Verteidiger **substantiiert darlegt**, warum er an der Einhaltung der gesetzten Frist gehindert war. Eine solche substantiiert darzulegende Verhinderung kann sich z.B. schon daraus ergeben, dass der Verteidiger von den unter Beweis gestellten Tatsachen erst nach Ablauf der vom Gericht gesetzten Frist erfahren hat (*Witting/Junker*, a.a.O.). Es bleibt also die Hoffnung, dass die (Tat-) Gerichte sich daran erinnern, dass die Möglichkeit, unter bestimmten Voraussetzungen eine Frist zu setzen, in der Beweisanträge zu stellen sind, und eine verspätete Antragstellung als Indiz für eine Verschleppungsabsicht zu werten, sie nicht von der Pflicht frei stellt, auch bei Anträgen, die nach Ablauf der Frist gestellt sind, über diese unter Berücksichtigung der → *Aufklärungspflicht des Gerichts*, Rdn 329, zu entscheiden (s. ausdrücklich auch BGH NJW 2011, 2821).

3190

☞ Der Verteidiger sollte, auch wenn die Frist „überschritten" ist, seinen Beweisantrag auf jeden Fall stellen, um sich – im Fall der Ablehnung – für die Revision die entsprechende **Verfahrensrüge offen zu halten**.

V Verteidiger als Zeuge

3191 bb) Besonders **weitreichende Konsequenzen** aus der o.a. Rspr. (vgl. Rdn 3182 f.) ergeben sich im Hinblick auf die Ablehnung eines → *Hilfsbeweisantrags*, Rdn 1708. Diese resultieren daraus, dass Hilfsbeweisanträge erst im Plädoyer und somit i.d.R. erst nach Ablauf der vom Gericht gesetzten Frist gestellt werden und die Entscheidung über den Hilfsbeweisantrag damit erst im Urteil erfolgt. Nach früherer Rspr. (vgl. z.B. BGH NStZ 1998, 207 m.w.N.) galt, dass Hilfsbeweisanträge nicht erst im Urteil wegen Verschleppungsabsicht abgelehnt werden durften, weil dem Angeklagten und seinem Verteidiger Gelegenheit gegeben werden muss, den Verschleppungseinwand zu entkräften (so a. noch BGH [5. Strafsenat] NJW 2005, 2466). Nunmehr ist nach der Rspr. des 1. Strafsenats aber auch die Ablehnung von Hilfsbeweisanträgen im Urteil unter dem Gesichtspunkt der Verschleppungsabsicht möglich, wenn die **Fristsetzung protokolliert** und ein **Hinweis** auf die Ablehnungsmöglichkeit **erteilt** wurde (BGHSt 52, 355; zur Taktik → *Hilfsbeweisantrag*, Rdn 1714).

3192 4. Hat der Verteidiger einen zu vernehmenden Zeugen oder SV so **spät namhaft** gemacht, dass der StA Erkundigungen über diesen nicht mehr hat einziehen können, kann der StA gem. § 246 Abs. 2 bis zum Schluss der Beweisaufnahme die **Aussetzung** der HV beantragen (vgl. dazu → *Aussetzung wegen verspäteter Namhaftmachung geladener Beweispersonen*, Rdn 506).

Siehe auch: → *Beweisantragsrecht, Allgemeines*, Rdn 971 m.w.N.

3193 Verteidiger als Zeuge

3194 Literaturhinweise: **Bosbach**, Der Verteidiger als Zeuge, StraFo 2011, 172; **Krause**, Einzelfragen zum Anwesenheitsrecht des Verteidigers im Strafverfahren, StV 1984, 169; **Rückel**, Strafverteidigung und Zeugenbeweis, 1988; s.a. die Hinw. bei → *Zeugenvernehmung, Allgemeines*, Rdn 3537.

3195 1.a) Der Verteidiger **kann** – wie aus § 53 Abs. 1 Nr. 2 folgt – im Verfahren gegen seinen Mandanten Zeuge sein (*Meyer-Goßner/Schmitt*, vor § 48 Rn 18; KK-*Senge*, vor § 48 Rn 12; *Bosbach* StraFo 2011, 172 m.w.N.). Er gerät allerdings in eine ähnliche Konfliktlage wie der → *Staatsanwalt als Zeuge*, Rdn 2552, wenn er später seine eigene Aussage würdigen soll. Ist dieser Konflikt unlösbar, wird teilweise davon ausgegangen, dass ihm dann das **Berufsrecht** gebiete, die Verteidigung niederzulegen (BVerfG NJW 1963, 1771; *Rückel*, Rn 88). Zutreffend(er) dürfte es wohl sein, das mit *Malek* (vgl. Rn 443) einschränkend nur dann anzunehmen, wenn der Aussage des Verteidigers eine so entscheidende Bedeutung zukommt, dass eine Würdigung im Plädoyer nahezu zwingend ist.

> Die Vernehmung des Verteidigers kommt nur in Betracht, wenn er von seinem Mandanten von der **Schweigepflicht entbunden** ist (→ *Entbindung von der Schweigepflicht*, Rdn 1393). Ergibt sich erst in der HV, dass der Verteidiger als Zeuge ver-

nommen werden soll, z.B. um aufzuklären, ob der Angeklagte ihm erst jetzt benannte Entlastungszeugen schon früher genannt hat, muss der Verteidiger darauf achten, dass sein Mandant nicht durch die Aufforderung des Gerichts überrumpelt wird, er möge den Verteidiger von der Schweigepflicht entbinden. In einem solchen Fall empfiehlt es sich, die → *Unterbrechung der Hauptverhandlung*, Rdn 2701, zu beantragen, um die Frage der Entbindung von der Schweigepflicht in Ruhe mit dem Angeklagten erörtern zu können.

b) In der **Rspr.** des **BGH** umstritten ist die Frage, ob der Verteidiger auch Zeuge für solche Umstände sein kann, die den sog. „**Kernbereich**" der Verteidigung betreffen. Dabei kann es sich z.b. um den Inhalt von Gesprächen mit dem Mandanten, die vor der HV geführt worden sind, handeln. Der 5. Strafsenat hat das verneint (vgl. BGH NStZ 2008, 115). Der Inhalt solcher Besprechungen diene lediglich der Vorbereitung der Verteidigung, die der Angeklagte durch Sacheinlassung oder Schweigen gestalten könne. Umstände, die zur Entscheidung über Art und Inhalt der Verteidigungsstrategie führen, seien der „Kognitionspflicht" des Gerichts entzogen. Sofern solche Umstände überhaupt Beweisrelevanz haben, verweist der 5. Strafsenat den Angeklagten auf eine Einlassung, die er ggf. durch eine Erklärung des Verteidigers vorbereiten können (vgl. auch BGHSt 46, 1; zur Kritik an der Argumentation s. *Bosbach* StraFo 2012, 172 f., der u.a. darauf verweist, dass offen bleibt, was zum eigentlich „Kernbereich der Verteidigung" zählt). Demgegenüber sieht der 1. Strafsenat den Verteidiger auch in diesen Fällen als geeigneten Zeugen an, wenn er vom Mandanten von der Schweigepflicht entbunden worden ist, und zwar auch in dem Verfahren, in dem er den Angeklagten verteidigt (BGH StV 2010, 287; → *Entbindung von der Schweigepflicht*, Rdn 1393), offen gelassen wird allerdings, was zum Kernbereich der Verteidigung zählt.

3196

Grds. wird man sich der Auffassung des 1. Strafsenats des BGH (StV 2010, 287) **anschließ**en können (s.a. *Malek,* Rn 443). Sie ermöglicht einen variablen Umgang in der Frage der Zeugenstellung des Verteidigers. Zudem liegt es grds. in der Hand des Mandanten, ob er den Verteidiger von seiner Schweigepflicht entbindet oder nicht (→ *Entbindung von der Schweigepflicht*, Rdn 1393 ff.). Andererseits sind aber auch die Bedenken, die *Bosbach* (StraFo 20111, 172, 175 f.) äußert nicht von der Hand zu weisen: Es droht die Gefahr, dass ohne Not „das geschützte und privilegierte Vertrauensverhältnis" preisgegeben wird. Zudem wird durch die Zeugenstellung des Verteidigers dessen Stellung im Verfahren eher geschwächt als die des Mandanten gestärkt. Deshalb wird im **Zweifel** von entsprechenden Anträgen **abzuraten** sein. Das gilt zumindest dann, wenn der Mandant nicht umfassend schweigt. Denn nur dann kann aus der **Verweigerung** der Entbindung von der Schweigepflicht **kein** den Mandanten **belastendes Indiz** abgeleitet werden (BGHSt 45, 363).

3197 **2. Ist** der Verteidiger als Zeuge **vernommen** worden, kann er danach **wieder** als Verteidiger **auftreten** (KK-*Senge*, vor § 48 Rn 12; vgl. dazu aber auch *Bosbach* StraFo 2011, 172, 175). Der Ausschluss von der Verteidigung aus diesem Grund ist nach der Neuregelung des Verteidigerausschlusses in den §§ 138a ff. nicht zulässig (LR-*Ignor/Bertheau*, vor § 48 Rn 30; *Krause* StV 1984, 171; zum Verteidigerausschluss allgemein *Burhoff*, EV, Rn 4055 ff.). Die Rspr. hatte bereits vor dieser Neuregelung die Zeugen- und die Verteidigerstellung nicht immer für unvereinbar gehalten und es sogar für vertretbar angesehen, dass ein Wahlverteidiger während seiner Zeugenvernehmung die Verteidigung nicht niederlegt (BGH NJW 1953, 1600; 1967, 404). Nach der Neuregelung ist es jetzt allein Aufgabe des Verteidigers zu **prüfen** und zu entscheiden, ob er trotz seiner Zeugenvernehmung die Verteidigung noch weiter führen kann.

3198 **3.** Das Gericht darf den Verteidiger an der weiteren Verteidigung nicht dadurch hindern, dass es ihm vor seiner Vernehmung die **Anwesenheit** im Sitzungssaal nicht gestattet – sofern dies die Wahrheitserforschung nicht erfordert (vgl. RGSt 59, 353 f.) – oder indem es ihn nicht als Zeugen gem. § 248 entlässt (*Meyer-Goßner/Schmitt*, vor § 48 Rn 18 m.w.N.).

Bei **notwendiger Verteidigung** i.S.d. § 140 muss dem Angeklagten während der Zeit der Vernehmung des Verteidigers ein anderer (**Pflicht-)Verteidiger beigeordnet** werden (BGH NJW 1986, 78; StV 1996 469; a.A. offenbar OLG Brandenburg NStZ 1997, 612). Das dürfte jedenfalls dann gelten, wenn der zu vernehmende Verteidiger das für geboten hält und er nicht nur zu einer unwesentlichen Frage vernommen wird (BGH NJW 1986, 78). Den entsprechenden **Antrag** muss der Verteidiger in der HV, wenn sich erst dort die Notwendigkeit seiner Vernehmung ergibt, stellen. Soll mit der Revision die unterbliebene Beiordnung eines anderen Pflichtverteidigers während der Vernehmung des Verteidigers als Zeuge beanstandet werden, muss in der **Revisionsbegründung** angegeben werden, zu welchem Thema der Verteidiger vernommen worden ist (OLG Brandenburg, a.a.O.).

Siehe auch: → *Zeugenvernehmung, Allgemeines*, Rdn 3537 m.w.N.

3199 Verteidigerhandeln und Strafrecht

3200 **Literaturhinweise: Barthe,** Der Fall Stephan L.: Änderung des anwaltlichen Ethos oder „Augsburger Puppenkiste"? DRiZ 2011, 239; **Barton,** Zur Frage der rechtlichen Wertung strafprozessualer Maßnahmen gegen Verteidiger, JZ 2009, 102; **Beulke/Ruhmannseder,** Die Strafbarkeit des Verteidigers, 2. Aufl. 2010; **Beulke/Witzigmann,** Neue Strafbarkeitsrisiken für Verteidiger? Zugleich eine Anmerkung zum, Beschluss des OLG Frankfurt vom 2.11.2012 – 2 Ws 114/12 49, in: Festschrift für *Wolf Schiller*, 2014, S. 49; **Burhoff/Stephan,** Strafvereitelung durch Strafverteidiger, 2007; **Burr,** Strafrechtliche „Fallstricke" in der anwaltlichen Praxis – Eine Übersicht zu den in der Strafverfolgungspraxis häufigsten Fallkonstellationen, ZAP F. 21, S. 229; *ders.*, „Das wird man doch noch sagen dürfen!" – Eine Bestandsaufnahme zur § 185 StGB im Lichte der Meinungsfreiheit unter besonderer Berücksichtigung anwaltlicher Äußerungen, ZAP F. 21, S. 257; **Dahs**, Die Wahrheitspflicht des Strafverteidigers, StraFo 2000, 181; *ders.*, Der gekaufte Verbotsirrtum, in: Festschrift zu Ehren des Strafrechtsausschusses der Bundesrechtsanwaltskammer, 2006, S. 99; **Dahns**, Die Behandlung von Fremdgeld, NJW-Spezial 2014, 446; **Dessecker**, Strafvereitelung und Strafverteidigung: ein lösbarer Konflikt, GA 2005, 142; **Ernesti**, Grenzen anwaltlicher Interessenvertretung im Ermittlungsverfahren, JR 1982, 211; **Fahl**, Rechtsmißbrauch im Strafprozeß, 2005; *ders.*, Unwahre Verfahrensrüge und Strafvereitelung, StV 2015, 51; **Fischer**, Rechtsmißbrauch und Überforderung der Strafjustiz, NStZ 1997, 212; *ders.*, Konfliktverteidigung, Mißbrauch von Verteidigungsrechten und das Beweisantragsrecht, StV 2010, 423; **Gaede**, Die Meinungsfreiheit des Strafverteidigers – Recht zur persönlich verletzenden Kritik auch an Richtern?, in: Festgabe für *Imme Roxin*, 2012, S. 569; **R. Hamm**, Der Standort des Verteidigers im heutigen Strafprozeß, NJW 1993, 289; **Hammerstein**, Verteidigung wider besseres Wissen?, NStZ 1997, 12; **Hartmann**, Der Strafverteidiger und sein Handeln – oftmals Strafvereitelung und Geldwäsche? – Ein Überblick, AnwBl. 2002, 330; **Hiéramente**, Big Brother is listening – der internationale Strafgerichtshof, Rechtspflegedelikte und die Rolle der Verteidigung, StV 2015, 61; **Hilgendorf**, Das eingeschränkte Verteidigerprivileg, in: Gedächtnisschrift für *Ellen Schlüchter*, 2002, S. 497; **Ignor**, Beratungsmandat und Beteiligungsverdacht, StraFo 2001, 42; **Jahn**, Kann „Konfliktverteidigung" Strafvereitelung (§ 258 StGB) sein?, ZRP 1998, 103; *ders.*, Konfliktverteidigung und Inquisitionsmaxime, 1998; **Jahn**, Die verfassungskonforme Auslegung des § 91 Abs. 1 Nr. 3 StPO, ZIS 2011, 453; **Jahn/Ebner**, Strafvereitelung im strafprozessualen Revisionsverfahren – Eine Risikoprognose, NJW 2012, **Johnigk**, Der Rechtsanwalt als Strafverteidiger, in: StrafPrax, § 1; **Kappelmann**, Die Strafbarkeit des Strafverteidigers, 2006; **Kargl**, Das Unrecht der Strafvereitelung – insbesondere zu den strafrechtlichen Grenzen der Strafverteidigung, in: Festschrift für *Rainer Hamm* zum 65. Geburtstag, S. 235; **Kempf**, Rechtsmißbrauch im Strafprozeß, StV 1996, 507; *ders.*, „Wahrnehmungen des Rechts": Einflussnahme auf Zeugen, StraFo 2002, 79; *ders.*, Der „Missbrauchsgedanke" argumentum pro advocato? – zugleich Erwiderung auf *Fahl* StV 2015, 51 (vorstehend), StV 2015, 55; **Kleine-Cosack**, Berufsrechtliche Risiken, in: MAH, § 56; **Krekeler**, Probleme der Verteidigung in Wirtschaftsstrafsachen, wistra 1983, 43; *ders.*, Strafrechtliche Grenzen der Verteidigung, NStZ 1989, 146; *ders.*, Auskunft- und Raterteilung durch den Verteidiger, in: Festgabe für *Heino Friebertshäuser*, 1997, S. 53; *ders.*, Strafrechtliche Grenzen der Verteidigung, in: *Cramer/Cramer*, Anwalts-Handbuch Strafrecht, 2002, S. 1 ff.; **Kretschmer**, Die Reichweite des strafrechtlichen Berufsverbots für Rechtsanwälte, NStZ 2002, 576; **Kröpil**, Zum Begriff des Mißbrauchs in §§ 241 Abs. 1, 138a Abs. 1 Nr. 2 StPO, JR 1997, 315; *ders.*, Lehre von den immanenten Schranken als rechtstheoretische Begründung eines allgemeinen Mißbrauchsverbots im Strafverfahren, JuS 1999, 681; **Kühne**, Rechtsmißbrauch des Strafverteidigers, NJW 1998, 3027; *ders.*, Der Schutz des Verteidigers vor strafprozessualen Zwangsmaßnahmen, HRRS 2009, 548; **Lamberti**, Strafvereitelung durch Strafverteidiger, 1988; **Leipold**, Zulässige Einwirkung und Belehrung von Zeugen durch den Verteidiger, StraFo 1998, 79; **Maatz**, Mitwirkungspflicht des Verteidigers in der Hauptverhandlung und Rügeverlust, NStZ 1992, 513; **Malmendier**, „Konfliktverteidigung" – ein neues Prozeßhindernis, NJW 1997, 227; **Mehle/Mehle**, Beschlagnahmefreiheit von Verteidigungsunterlagen – insbesondere in Kartellbußgeldverfahren, NJW 2011, 1639; **Meyer-Lohkamp/Schwerdtfeger**, Strafrechtliche Risiken bei der Weitergabe von Akteninhalten mit kinderpornographischen Inhalten bei der Berufsausübung, StV 2014, 772; **Müller/Gussmann**, Berufsrisiken des Strafverteidigers, 2007; **Niemöller**, Rechtsmißbrauch im Strafprozeß, StV 1996, 501; **Ostendorf**, Strafvereitelung durch Strafverteidigung. Zur Diskussion um Gründe und Leitbild berufsmäßiger Strafverteidigung, NJW 1978, 1345; **Otto**, Strafvereitelung durch Verteidigerhandeln, Jura 1987, 329; **Prinz**, Der Parteiverrat des Strafverteidigers, 1999; **Raschke**, Strafverteidigung als „privilegiertes" Berufsbild – „privilegium" oder „a minore ad maius", NStZ 2012, 606; **Ruhmannseder**, Die Vertrauensbeziehung zwischen Strafverteidiger und Mandant – (k)ein beschlagnahme- und beleidigungsfreier Raum, NJW 2009, 2647; **Schneider**, Zur Strafbarkeit des Verteidigers wegen Strafvereitelung durch Stellen von Beweisanträgen zum Zwecke der Prozessverschleppung, in: Festschrift für *Klaus Geppert* zum 70. Geburtstag, 2011, S. 607; **Schmidt**, Die zweckwidrige Verwendung von Fremdgeldern durch einen Rechtsanwalt, NStZ 2013, 498; **Seier**, Die Trennlinie zwischen zulässiger Verteidigungstätigkeit und Strafvereitelung – OLG Frankfurt NStZ 1981, 144, JuS 1981, 806; **Senge**, Missbräuchliche Inanspruchnahme verfahrensrechtlicher Gestaltungsmöglichkeiten – wesentliches Merkmal der Konfliktverteidigung? Abwehr der Konfliktverteidigung, NStZ 2002, 225; **Stumpf**, Gibt es im materiellen Strafrecht ein Verteidigerprivileg?, NStZ 1997, 7; **Thomas**, Kon-

V Verteidigerhandeln und Strafrecht

fliktverteidigung, Missbrauch von Verteidigungsrechten und das Beweisantragsrecht, StV 2010, 428; **Tondorf**, Begeht der Strafverteidiger eine Strafvereitelung und verletzt er seine Standespflichten, wenn er den Mandanten benachrichtigt, nachdem er von einem geplanten Haft- oder Durchsuchungsbefehl erfahren hat?, StV 1983, 257; **Tronicsek**, Der Verteidiger zwischen eigener Strafbarkeit und Schlechtverteidigung. Ein Beitrag zu den Pflichten des Verteidigers, 2011; **Usinger/Jung**, Die Gebührenunterhebung – ein strafbarer Tatbestand?, wistra 2011, 452; **von Briel**, Bedeutung des Täter-Opfer-Ausgleichs für das Steuerstrafrecht – Chance für das Steuerrecht?, StraFo 1996, 165; *ders.*, Strafbarkeitsrisiko des beratenden Rechtsanwalts, StraFo 1997, 71; **von Stetten**, Die Sperrwirkung des § 258 StGB im Rahmen der Tätigkeit eines Strafverteidigers, StV 1995, 606; **Weihrauch**, Wer und was ist ein Strafverteidiger?, in: Festschrift BRAK, 2006, S. 187; **Wessing**, Strafbarkeitsgefährdungen für Berater, NJW 2003, 2265; **Widmaier**, Strafverteidigung im strafrechtlichen Risiko, in: Festgabe zum 50-jährigen Bestehen des BGH, Band IV, S. 1043; *ders.*, Strafrechtliche Risiken der Beratungstätigkeit von Rechtsanwälten und Steuerberatern, in: Festschrift für *Egon Müller*, 2008, S. 797; **Wohlers**, Strafverteidigung vor den Schranken der Strafgerichtsbarkeit, StV 2001, 420; *ders.*, Anmerkung zur Beschlagnahme von Verteidigerunterlagen, zu materiellstrafrechtlichen Grenzen von zulässigem Verteidigerverhalten und zur Voraussetzung der psychischen Beihilfe zur Falschaussage, JR 2009, 523; **Wünsch**, Richterprivileg – Verteidigerprivileg, StV 1997, 47; **Ziemann**, Akteneinsicht und Aktenverwertung im Kinderpornografieverfahren – ein neues Strafbarkeitsrisiko für effektive Verteidigung?, StV 2014, 299; s.a. die Hinweise bei → *Beweisantragsrecht, Allgemeines*, Rdn 971, und zahlr. Lit.-Hinw. zur Frage der Geldwäsche durch den Verteidiger bei *Burhoff*, EV, Rn 2265.

3201 1. Gem. §§ 1, 31 BRAO ist der Verteidiger **unabhängiges Organ** der **Rechtspflege**, dem eine auf Wahrheit und Gerechtigkeit verpflichtete Stellung zugewiesen ist (BVerfG NJW 1975, 103). Er muss seinen Beruf unter Wahrung der Schweige- und Treuepflicht gegenüber seinem Auftraggeber ausüben (*Fischer*, § 258 Rn 16 f.; zur Stellung des Verteidigers s.a. *Burhoff*, EV, Rn 3396 m.w.N. und die o.a. Lit.-Hinw., wie z.B. *Hilgendorf*, S. 497 ff.). Diese besondere Stellung kann Verteidiger immer wieder in die Nähe eines strafrechtlichen Vorwurfs bringen (vgl. dazu insbesondere eingehend Beck-*Hassemer*, S. 1 ff. m. zahlr. weit. Nachw.; *Beulke/Ruhmannseder*, Die Strafbarkeit des Verteidigers, 2. Aufl. [mit einer tabellarischen Übersicht zu erlaubtem und unerlaubtem Verteidigerverhalten] sowie *Burhoff/Stephan*, Strafvereitelung durch Strafverteidiger [mit einem **ABC** der Strafvereitelung in den Rn 278 ff.] sowie schließlich *Kapellmann*, Die Strafbarkeit des Strafverteidigers). Zu den **Straftatbeständen**, mit denen der Verteidiger vor allem in Konflikt kommen kann, gehören Gefangenenbefreiung nach § 120 StGB, Begünstigung nach § 257 StGB (zur Begünstigung bei Verschleierung der Herkunft von Vermögensgegenständen BGH wistra 2004, 186), Urkundenfälschung nach § 267 StGB, Hehlerei nach § 259 StGB, Anstiftung zu einem Aussagedelikt oder insbesondere die Strafvereitelung nach § 258 StGB oder auch der Parteiverrat nach § 356 StGB bei Vertretung verschiedener Mandanten in derselben Rechtssache (zum Begriff s. zuletzt BGHSt 52, 307; OLG Düsseldorf wistra 1996, 277; DAR 2003, 83; eingehend *Prinz*, Der Parteiverrat des Strafverteidigers, und *Fischer*, § 356 Rn 5 m.w.N.; vgl. zu allem die Übersicht bei *Burr* ZAP F. 21, S. 229 ff.).

⚜ Die mit der **Geldwäsche** (§ 261 StGB) zusammenhängenden Fragen sind dargestellt bei *Burhoff*, EV, Rn 2265 ff.

2. Zur **Strafbarkeit** des Verteidigers durch Verteidigerhandeln lässt sich folgender **Grundsatz** festhalten: 3202

> **Ordnungsgemäßes** und **pflichtgemäßes Verteidigerhandeln** wird **nicht** als tatbestandsmäßige **Strafvereitelung** i.S.d. § 258 StGB angesehen (BVerfG NJW 2006, 3197; HRRS 2009 Nr. 299; BGHSt 29, 99, 102; 38, 345, 347; 46, 53; 53, 257; BGH NJW 2006, 2421; OLG Brandenburg StV 2008, 66; *Fischer*, § 258 Rn 17 m.w.N.; eingehend dazu aus neuerer Zeit *Wohlers* StV 2001, 421 m.w.N. aus der Rspr.; zur Abgrenzung s.a. StrafPrax-*Johnigk*, § 1 Rn 59 ff.; *Sommer*, S. 48 ff.; *Krekeler*, S. 53 ff.; zum Rechtsmissbrauch im Strafprozess *Kempf* StV 1996, 507; *Niemöller* StV 1996, 501; zum Revisionsverfahren *Jahn/Ebner* NJW 2012, 30). Die Strafverteidigung wird als ein „privilegiertes" Berufsbild gesehen (zum sog. „Verteidigerprivileg" *Dessecker* GA 2005, 143; *Hilgendorf*, S. 497 ff.; *Fahl*, Rechtsmißbrauch im Strafprozeß; *Raschke* NStZ 2012, 606; *Stumpf* NStZ 1997, 7; sowie u.a. *Ruhmannseder* NJW 2009, 2647 und *Barton* JZ 2009, 102 in den Anm. zu BGHSt 53, 257). Der Verteidiger ist nämlich verpflichtet, alles das zu tun, was dem Mandanten in nicht zu beanstandender Weise nützt (BGHSt 47, 68; s.a. zuletzt BVerfG HRRS 2009 Nr. 299; s.a. OLG Bamberg StraFo 2012, 187). Die Grenze ist § 258 StGB (BVerfG, a.a.O.; BGHSt 46, 53; BGH NJW 2006, 2421). Es gibt aber i.Ü. keinen „Erfahrungssatz" des Inhalts, dass Strafverteidiger strafvereiteln bzw. zu Falschaussagen anstiften (OLG Oldenburg StV 1987, 523).

Ob **allein berufsrechtswidriges Verhalten** eines Strafverteidigers die Strafbarkeit wegen (versuchter) Strafvereitelung begründet, ist noch nicht abschließend geklärt. Das OLG Nürnberg (NJW 2012, 1895 m. Anm. *Ruhmannseder* und *Barton* StRR 2012, 316) hat insoweit, wenn der Verteidiger bei einer sog. Selbstschutzmaßnahme des Mandanten mitwirkt, darauf abgestellt, ob der Verteidiger auch Tatherrschaft hat (vgl. dazu auch (*Beulke/Ruhmannseder*, Rn 152). Demnach handelt es sich um bloße straflose Teilnahme an der Selbstbegünstigung, wenn der Verteidiger den Mandanten zu Selbstschutznahmen auffordert oder ihn darin bestärkt. Dagegen ist er Täter der Strafvereitelung, wenn er den Mandanten eigenständig sachlichen Beistand in Form physischer oder intellektueller Hilfe gewährt (*Beulke/Ruhmannseder*, Rn 157; OLG Nürnberg, a.a.O.). 3203

> M.E. sind **deutlich verschärfende Tendenzen** in Rspr. und Lit. zur Frage der Strafbarkeit des Verteidigers, insbesondere im Hinblick auf die Strafvereitelung (§ 258 StGB) zu erkennen. Das Verfahren gegen RA *Lucas* beim LG Augsburg spricht eine ebenso deutliche Sprache wie die Ansicht von *Schneider* (a.a.O., S. 607 ff.). Dieser geht davon aus, dass das Stellen von Beweisanträgen zum Zwecke der Prozessverschleppung bei einer dadurch eintretenden Verzögerung der HV um mehr als drei Wochen, den Vorwurf der versuchten Strafvereitelung rechtfertigt.

3204 **3. a)** Unter Beachtung dieser Grundsätze ist es dem **Verteidiger erlaubt**:

- auf die **Ablösung** eines aus seiner Sicht ungeeignet erscheinenden **StA** als Sitzungsvertreter hinzuwirken (OLG Düsseldorf NStZ 1994, 450; → *Ablehnung eines Staatsanwalts*, Rdn 38),
- mit zulässigen Mitteln den **Abschluss** des **Verfahrens** zu **verzögern**, z.B. durch Stellen von Beweisanträgen, auch wenn deswegen die HV unterbrochen oder ausgesetzt werden muss (OLG Düsseldorf NStZ 1986, 288; s. aber für einen Ausnahmefall BGHSt 38, 111) oder durch Stellen von Ablehnungsanträgen (vgl. aber LG Nürnberg StV 2010, 136, 138 [nicht, wenn die erhebliche Verfahrensverzögerung das alleinige Ziel des Antrags ist]; vgl. auch noch BGH NStZ 2011, 294, wonach es z.B. nicht zu den Kernaufgaben des Verteidigers gehört, durch Ablehnungsanträge zu versuchen, eine Haftverschonung für den Mandanten zu erzwingen; zur Strafbarkeit bei Stellung von Beweisanträgen zur Prozessverschleppung s. *Schneider*, S. 607 ff.),
- dem Beschuldigten zur **Veränderung** seines **Äußeren**, z.B. durch Haareschneiden, zu raten (OLG Karlsruhe StV 1991, 519; s.a. OLG Hamm VRS 109, 118; *Widmaier*, S. 1053; zw. *Fischer*, § 258 Rn 12 m.w.N.),
- nach gem. § 147 gewährter AE den Beschuldigten über den **Akteninhalt** zu **unterrichten** (*Meyer-Goßner/Schmitt*, § 147 Rn 20; *Fischer*, § 258 Rn 18; *Grabenweger*, S. 144 ff.; s. aber a. *Fischer*, § 258 Rn 22), und zwar nicht nur mündlich,

> ✍ Der Verteidiger darf dem Mandanten auch **Aktenauszüge** oder -abschriften **aushändigen**, wenn dadurch nicht eine Gefährdung des Untersuchungszwecks eintritt (BVerfG NJW 2007, 3197; BGHSt 3, 134; KK-*Laufhütte/Willnow*, § 147 Rn 8; dazu eingehend *Burhoff*, EV, Rn 423 ff.). Der Verteidiger darf Informationen aus den Akten i.Ü. auch dann an den Beschuldigten weitergeben, wenn dieser darauf eine – auch unwahre – Einlassung stützen könnte (OLG Frankfurt am Main NJW 1981, 882 [Ls.]).

- **vollständige Kopien** der **Verfahrensakten** an den Mandanten oder einen SV auch dann überlassen, wenn diese (digitalisierte) **(kinder)pornografische Bilddateien** enthalten (BGH NStZ 2014, 514 m. Anm. *Barton* StRR 2014, 349; *Beulke/Witzigmann*, S. 49 ff.; eingehend *Ziemann* StV 2014, 299 ff.; *Meyer-Lohkamp/Schwerdtfeger* StV 2014, 772; a.A. OLG Frankfurt am Main NJW 2013, 1107 mit abl. Anm. *König* und *Barton* StRR 2013, 347; *Burhoff*, EV, Rn 423 u. 436 f.),
- **Belastendes** gegen seinen Mandanten **nicht vorzutragen** (BGHSt 3, 134),
- **eigene Ermittlungen** vorzunehmen (OLG Frankfurt am Main NJW 1981, 882 [Ls.]; zu eigenen Ermittlungen des Verteidigers → *Vorbereitung der Hauptverhandlung*, Rdn 3374 ff.; *Burhoff*, EV, Rn 1573 ff.),

- – grds. –, **Gutachten** zur materiellen Rechtslage zu erstatten (vgl. dazu *Dahs*, S. 99 ff. [insbesondere auch zur Frage der „Teilnahme" des Rechtsanwalts]),
- **Kontakt** zu **Mitangeklagten** aufzunehmen (*Ostendorf* JZ 1979, 254; KK-*Laufhütte/ Willnow*, vor § 137 Rn 3; a.A. wohl BVerfG NJW 1976, 231; s.a. *Burhoff*, EV, Rn 2440 ff.),
- die **Einlassung** des Mandanten an den **Verteidiger** eines **Mitbeschuldigten weiterzugeben** (OLG Frankfurt am Main NJW 1981, 882 [Ls.]; *Schönke/Schröder/Stree/ Hecker*, § 258 Rn 20; a.A. *Fischer*, § 258 Rn 18; s.a. *Dahs*, Rn 7 f.),

> Der Verteidiger darf **Freispruch** des Angeklagten **beantragen**, auch wenn er dessen Schuld kennt (RGSt 66, 316; BGHSt 2, 375, 377; 29, 99, 107; allg. Meinung in der Lit.; s. zuletzt *Hammerstein* NStZ 1997, 12 m.w.N.; vgl. a. *Dahs*, Rn 77 ff.; zur Verschwiegenheitspflicht des Verteidigers *Burhoff*, EV, Rn 4036 ff.; zur Wahrheitspflicht *Burhoff*, EV, Rn 4364 ff.).

- **Privatgutachten**, die den Mandanten belasten, **nicht vorzulegen** (LG Koblenz StV 1994, 378),
- den Mandanten über die **Rechtslage** umfassend **aufzuklären** (OLG Düsseldorf JR 1984, 257 f.; Beck-*Hassemer*, S. 5 f.),
- ein **aussichtsloses Rechtsmittel** einzulegen (LG Augsburg NJW 2012, 95; so wohl auch *Jahn/Ebner* NJW 2012, 30 in der Anm. zu LG Augsburg, a.a.O.),
- dem Beschuldigten zu **raten, keine Angaben** zur **Sache** zu machen (BGH MDR 1982, 970 [H]; *Fischer*, § 258 Rn 18; *Krekeler* NStZ 1989, 150; *ders.*, S. 56 ff.),
- dem Mandanten von einer **Selbstanzeige abzuraten** (BGHSt 2, 375; s.a. OLG Frankfurt am Main NJW 1981, 882 [Ls.]; *von Briel* StraFo 1996, 168 m.w.N.),
- auf einen **Strafantragsberechtigten Einfluss** dahin zu **nehmen**, keinen Strafantrag zu stellen bzw. ihn zurückzuziehen (RGSt 40, 393 f.; s.a. OLG Frankfurt am Main MDR 1975, 584; Beck-*Hassemer*, S. 25 m.w.N.; *Pfeiffer* DRiZ 1984, 346), jedoch **nicht** unter Einsatz von Zwang, Drohung oder Täuschung (Beck-*Hassemer*, a.a.O.) und wohl auch nicht mittels **Versprechens finanzieller Vorteile** (*Dahs*, Rn 168 ff.; *Weihrauch/Boßbach*, Rn 264; s. aber *Leipold* StraFo 1998, 80), es sei denn, die Geldzahlung dient dem Ausgleich des durch die Straftat verursachten materiellen oder immateriellen Schadens (BGH NJW 1991, 1046; s. dazu jetzt aber BGHSt 46, 53; zu Kontakten des Verteidigers zu Geschädigten s. *Burhoff*, EV, Rn 2431 ff.),
- einen **Zeugen**, der berechtigt ist, die Aussage zu verweigern (→ *Auskunftsverweigerungsrecht*, Rdn 377; → *Zeugnisverweigerungsrechte*, Rdn 3552) zu **veranlassen**, die **Aussage** zu **verweigern** (BGHSt 10, 393; *Fischer*, § 258 Rn 18 m.w.N.; *Kempf* StraFo 2003, 79), ohne hierzu allerdings unsaubere Mittel (Täuschung, Drohung u.a.) zu verwenden (vgl. dazu a. OLG Düsseldorf StV 1998, 552), wozu aber das Versprechen einer Geldzahlung wohl nicht gehören dürfte (*Leipold* StraFo 1998, 80),

V   Verteidigerhandeln und Strafrecht

- einen **sachverständigen Zeugen** auch außerhalb der HV darauf hinweisen, dass eine **Schweigepflicht** i.S.v. § 203 StGB besteht und der Angeklagte den Zeugen **nicht entbunden** hat (OLG Frankfurt am Main StV 2005, 204),
- einem **Zeugen**, der gewillt ist, seine **Aussage** zu **ändern**, dabei **Hilfestellung** zu leisten und ihn auch zur Polizei zur Rücknahme seines Strafantrags zu begleiten (OLG Düsseldorf, a.a.O.),
- **zweifelhaftes Vorbringen** des Beschuldigten **vorzutragen**, sofern der Verteidiger nicht wider besseres Wissen handelt (*Fischer*, § 258 Rn 18 m.w.N.; OLG Düsseldorf StV 1998, 65 f. [für Beweisantrag]),
- **wider besseres Wissen** einen **Verfahrensfehler** unter Berufung auf ein HV-Protokoll zu rügen (LG Augsburg NJW 2012, 95 [zwar Missbrauch, der aber nicht strafbewehrt ist], s. aber auch *Jahn/Ebner* NJW 2012, 30, die in der Anm. zu LG Augsburg, a.a.O., davon ausgehen, dass die Substantiierung solcher Rügen durch weitere Tatsachenbehauptungen im Protokollberichtigungsverfahren hingegen [ggf. versuchte] Strafvereitelung sein kann; *Kempf* StV 2015, 55; a.A. insoweit *Fahl* StV 2015, 51).

3205   b) Besondere praktische Bedeutung haben die Fragen, die mit dem **Vorwurf** der **Beleidigung** durch den Verteidiger in Zusammenhang stehen. Insoweit gilt: Der Verteidiger darf bei **Äußerungen** im Verfahren grds. auch **starke, eindringliche Ausdrücke** benutzen (BVerfG NJW 2000, 199; BGHSt 53, 257; KG StV 1998, 83; Beschl. v. 11.1.2010 – (2) 1 Ss 470/09 (39/09); OLG Bremen NStZ 1999, 621; OLG Jena NJW 2002, 1890; zur Abwägung *Wohlers* StV 2001, 422 und *Ruhmannseder* NJW 2009, 2647), allerdings darf die Kritik an der Justiz, zu der Rechtsanwälte auch in der Öffentlichkeit berechtigt sind, gewisse Grenzen nicht überschreiten (EGMR NJW 2006, 2901; OLG Bremen NStZ-RR 2013, 276). Auch stellt das Mandatsverhältnis keinen „beleidigungsfreien Raum" dar (BGH, a.a.O.; vgl. auch noch *Barton* JZ 2009, 102 und zur Beleidigung *Burr* ZAP F. 21, S. 229, 230 f.; *ders.*, ZAP F. 21, S. 257; krit. zu BGHSt 53, 257 *Gaede*, S. 569 ff.).

3206   **Rechtsprechungsbeispiele:**

- **keine Beleidigung**, wenn der Verteidiger gegen seinen Mandanten angeordnete Maßnahmen (eine TÜ) unter Anknüpfung an die Rspr. des BGH als „willkürlich" bezeichnet (OLG Düsseldorf NJW 1998, 3214) oder erklärt, die zur Begründung einer Zwangsmaßnahme vorgetragenen Tatsachen seien vorgetäuscht (BVerfG NJW 2000, 199),
- s. aber **unzulässige** Kommentierung der **Ausführungen** des **Vorsitzenden** als „bescheuert" und „peinlich" (AnwGH Hamburg StraFo 1998, 175),
- die Erklärung, der StA müsse die Anklage „im Zustand der **Volltrunkenheit**" erstellt haben, ist **beleidigend** (EUGRZ 1999, 119),
- der Vorwurf einer **dilatorischen Verhandlungsführung** in Verbindung mit dem weiteren **Vorwurf** der **Willkür** stellt eine Beleidigung i.S.d. § 185 StGB dar (AG Marburg NJW 2004, 1541),

- zur **üblen Nachrede** (§ 186 StGB) und zur Rechtfertigung bei Wahrnehmung berechtigter Interessen nach § 193 StGB s.
- LG Düsseldorf StV 2002, 660,
- nicht zwingend Beleidigung, wenn der StA mit der Äußerung „**durchgeknallter Staatsanwalt**" bedacht wird (BVerfG NJW 2009, 3016),
- die des Richters als „**unfähiger** und **fauler Richter**", „an dessen Verstand man mit Fug und Recht zweifeln muss" ist beleidigend (BGHSt 53, 257),
- keine Beleidigung, wenn sich die Äußerung des Verteidigers als **Meinungskundgabe** erweist, da die Meinungsfreiheit grds. dem Persönlichkeitsschutz vorgeht, ohne dass es darauf ankommt, ob die Äußerung begründet oder grundlos, emotional oder rational, scharf oder verletzend formuliert ist, als wertvoll oder wertlos, gefährlich oder harmlos eingestuft wird; was bedeutet, dass der Rechtsanwalt deshalb auch ehrenrührige Unterstellungen und Vermutungen vorbringen kann, die seine Rechtsauffassung stärken (KG, Beschl. v. 11.1.2010 – (2) 1 Ss 470/09 [39/09] für die das Thema „Schrottimmobilien").
- Beleidigung, wenn dem Richter unterstellt wird, dieser vertrete **Auffassungen**, wie sie zuletzt in den **Nürnberger Rassegesetzen** vertreten worden seien (OLG Bremen NStZ-RR 2013, 276).

4. Nicht erlaubt ist es dem Verteidiger hingegen, 3207

- **Akten** zum Zweck der Verfahrensverschleppung **zurückzuhalten** (OLG Koblenz JR 1980, 477 f.; *Burhoff/Stephan*, a.a.O., Rn 54; vgl. auch BGH StraFo 2011, 23 [ggf. Urkundenunterdrückung und Strafvereitelung]),
- den **Angeklagten** zu **verbergen** (OLG Hamm DAR 1960, 19; LG Hannover NJW 1976, 978; Beck-*Hassemer*, S. 11),
- nach Auffassung von *Schneider* (S. 607 ff.) **Beweisanträge** zum Zwecke der **Prozessverschleppung** zu stellen, wenn dadurch der Abschluss der HV um mehr als drei Wochen verzögert wird,
- i.d.R. als Pflichtverteidiger dem Gericht wegen einer beabsichtigten Maßnahme der Verhandlungsleitung des Vorsitzenden zu **drohen**, **nicht** mehr an der **HV teilzunehmen** (OLG Frankfurt am Main StV 2001, 407 [allerdings Verwerflichkeit i.S.d. § 240 StGB abgelehnt]),
- dem Angeklagten bei der **Flucht** zu **helfen** (Beck-*Hassemer*, S. 11 f.; *Ostendorf* NJW 1978, 1349; *Krekeler*, S. 53, 67),
- ggf. **Fremdgelder zweckwidrig** verwenden (§ 266 StGB; vgl. dazu zuletzt BGH NStZ 2015, 277; *Raschke* NStZ 2013, 498; zur Behandlung von Fremdgeld *Dahns* NJW-Spezial 2014, 446 und Schmidt NStZ 2013, 498)
- **Kassiber** zu schmuggeln (Beck/*Hassemer*, S. 11; *Ostendorf*, a.a.O.) oder die **Postkontrolle** in anderer Weise zu verletzen (AnwGH Hamburg StraFo 1998, 142),
- dem Mandanten zu **raten**, zum **HV-Termin**, dessen Verlegung vom Gericht abgelehnt worden ist, **nicht** zu **erscheinen** (OLG Koblenz NStZ 1992, 146 ff.),

- **bemakeltes Geld** in der sicheren Kenntnis seiner Herkunft als Honorar anzunehmen (zur **Geldwäsche** BVerfG NJW 2004, 1305; s.a. BGHSt 47, 68; OLG Hamburg NJW 2000, 105),
- den Sachverhalt **aktiv zu verzerren** und zu **verdunkeln** (*Fischer*, § 258 Rn 19),
  - indem er z.b. **Beweismittel** verfälscht oder verfälschte Beweismittel verwendet (für Vorlage von Urkunden BGHSt 38, 345, 348; s. dazu *R. Hamm* NJW 1993, 291; *Stumpf* NStZ 1997, 7 ff.; *von Stetten* StV 1995, 606; *Widmaier* NStZ 1992, 519 ff.; *Hilgendorf*, S. 497 ff.) oder bewusst falsche Angaben macht, indem er sich selbst als Täter (einer Trunkenheitsfahrt) bezichtigt (AnwGH Hamburg StraFo 1998, 143; zum Beginn der Ausführung s. OLG Köln StV 2003, 15),

> Der BGH hat in BGHSt 38, 345 ausgeführt, dass der Verteidiger **verpflichtet** sei, seinen Mandanten bestmöglich zu verteidigen. Ihm vorliegende oder zugängliche **Beweismittel zugunsten** seines Mandanten muss er **einbringen**. Dabei müsse er zwar darauf achten, dass er nicht gefälschtes oder sonst als unrichtig erkanntes Beweismaterial vorlege. Habe er aber insoweit lediglich Zweifel an der Echtheit, sei er nicht befugt, ein Beweismittel zurückzuhalten (s.a. OLG Düsseldorf StV 1998, 65 f. [bloße Zweifel an der Richtigkeit einer Beweisbehauptung erfüllen noch nicht den Tatbestand des § 258 Abs. 1 StGB]). Es sei jedoch kein Vorsatz i.S.d. § 258 StGB gegeben, wenn der Verteidiger die Beweismittel mit dem „inneren Vorbehalt" der kritischen Prüfung durch das Gericht verwende. Diese Rspr. ist in der Lit. kritisiert worden (vgl. die Nachw. bei *Fischer*, § 258 Rn 24 f.). Es handle sich um eine bloße Vermutung zugunsten der Verteidiger, die von BGHSt 46, 53, 59 f. noch fortgeführt werde und zu einer **Privilegierung** der **Verteidiger** führe. Bei prozessual zulässigem Verhalten entfalle daher der Tatbestand des § 258 StGB (zur Kritik an dieser Rspr. eingehend *Fischer*, § 258 Rn 26).

  - indem er dem Mandanten **Informationen** über Eigenschaften, Wirkungsweise und Dosierung von tatsächlich nicht eingenommenen Medikamenten **beschafft**, um damit eine **wahrheitswidrige Einlassung** des Angeklagten zu ermöglichen (BGH NStZ 1999, 188 [angebliche Tatbegehung unter Medikamenteneinfluss]),
  - indem er **Lügen** für den Angeklagten **erfindet** (*Krekeler* NStZ 1989, 148; *Dahs*, Rn 60 f., 48 ff.; OLG Frankfurt am Main NJW 1981, 882 [Ls.]; diff. *Grabenweger*, S. 161 ff.),
  - indem er dem Angeklagten zum **wahrheitswidrigen Widerruf** eines **Geständnisses** rät (BGHSt 2, 375, 378; a.A. Schönke/*Schröder*/*Stree*/*Hecker*, § 258 Rn 20; zum Geständniswiderruf auch *Krekeler*, S. 65 f.),

- indem er an einer „**Selbstschutzmaßnahme**" (Falschbezichtigung) eines anderen durch den Mandanten täterschaftlich **mitwirkt** (vgl. dazu OLG Nürnberg NJW 2012, 1895 m. Anm. *Barton* StRR 2012, 316),
- indem er seinem Sachvortrag einen in der HV verlesenen, unzutreffenden, weil **veralteten, BZR-Auszug**, der keine Vorbelastung des Angeklagten ergab, zugrunde legt, obwohl ihm eine (neuere) Vorverurteilung positiv bekannt ist (LG Hannover NdsRpfl. 2003, 73).
- Sicherungsmaßnahmen zu vereiteln, wenn dadurch zugleich die spätere **Verfallsanordnung** im Urteil **verhindert** wird (BGH StV 2011, 92),
- Maßnahmen vorzunehmen, die auf die endgültige **Verhinderung** der **Entziehung** der **Fahrerlaubnis** gerichtet sind (OLG Koblenz VRS 63, 130),
- in einem Verfahren wegen Volksverhetzung einen **Beweisantrag** zu stellen, in dem der **Holocaust geleugnet** wird (BGH NJW 2002, 2115),
- **Unterlagen**, die mit dem Mandatsverhältnis in Zusammenhang stehen und aus denen sich strafbare Handlungen ergeben, in der Absicht, dadurch den **Zugriff** der **Ermittlungsbehörden** auf die Unterlagen zu **vereiteln**, entgegenzunehmen (LG Kaiserslautern AnwBl. 1979, 119 [für Steuerberater]) oder den Beschuldigten auffordern, belastendes Beweismaterial **verschwinden** zu lassen (OLG Hamm, Beschl. v. 14.3.1979 – 6 ARs 3/79; OLG München BRAK-Mitt. 1995, 171),
- den endgültigen **Abschluss** des Verfahrens zu **vereiteln** (BGH NJW 2006, 2421; vgl. dazu auch LG Nürnberg StV 2010, 136; zur Strafvereitelung durch zur Prozessverschleppung gestellte Beweisanträge, wenn dadurch die HV um mehr als drei Wochen verzögert wird, s. *Schneider*, S. 607 ff.),
- einen **Zeugen** zu **benennen**, der bereit und entschlossen ist, einen **Meineid** zu leisten (RGSt 66, 316, 323; BGH NJW 1983, 2712; OLG Brandenburg StV 2008, 66, 67; Schönke/Schröder/*Stree*/*Hecker*, § 258 Rn 20; *Dahs* StraFo 2000, 184; zur mittelbaren Beihilfe eines Verteidigers zur uneidlichen Falschaussage s. OLG Bamberg NJW 2006, 2935),
- einen erkennbar zur Falschaussage entschlossenen Zeugen in diesem Entschluss zu bestärken (BGHSt 53, 257)
- erst recht nicht auf einen **Zeugen einzuwirken**, damit dieser **falsch aussagt**, und ihn dann als Beweismittel zu benennen (BGH NJW 1983, 2712; OLG Brandenburg StV 2008, 66, 67; OLG Düsseldorf StV 1998, 552; zur Strafbarkeit nach § 258 StGB bei Vermittlung einer nur möglicherweise richtigen Aussage des Zeugen gegen Zusage einer Schmerzensgeldzahlung s. BGHSt 46, 53).

Ob es dem Verteidiger erlaubt ist, über bevorstehende **Zwangsmaßnahmen**, wie z.B. Verhaftung, Durchsuchung, Beschlagnahme, dem Mandanten (aus den Akten erhaltene) **Informationen** zu geben, ist in Rspr. und Lit. umstritten (abl. u.a. BGHSt

| V | Vertretung des Angeklagten durch den Verteidiger |

29, 99, 102; KG NStZ 1983, 556; KK-*Laufhütte/Willnow*, vor § 137 Rn 5; *Fischer*, § 258 Rn 22; s.a. BVerfG NJW 2006, 3197 [jedenfalls dann nicht, wenn der Verteidiger täuschungsbedingt Kenntnis erlangt hat]; bej. OLG Hamburg BRAK.-Mitt. 1987, 163; *Krekeler* wistra 1983, 47; *ders.* NStZ 1989, 149; *Dahs*, Rn 63; *Mehle* NStZ 1983, 558; Beck-*Hassemer*, S. 9 m.w.N). Wegen der Einzelheiten wird dazu auf die Ausführungen bei *Burhoff*, EV, Rn 224, 4378, verwiesen.

3208 Vertretung des Angeklagten durch den Verteidiger

3209 **Literaturhinweise:** s. die Hinw. bei → *Vollmacht der Verteidigers*, Rdn 3350.

3210 **1.a)** Der Verteidiger hat grds. **nur** die Stellung eines **Beistandes** des Angeklagten, er ist **nicht** dessen **Vertreter** (allgemein zur Stellung des Verteidigers *Burhoff*, EV, Rn 4050). Der Verteidiger kann jedoch den Angeklagten gem. § 234, wenn befugt in Abwesenheit des Angeklagten verhandelt wird, vertreten (vgl. → *Anwesenheitspflicht des Angeklagten*, Rdn 315; → *Ausbleiben des Angeklagten*, Rdn 361; → *Bußgeldverfahren, Besonderheiten der Hauptverhandlung*, Rdn 1200; → *Entbindung des Angeklagten vom Erscheinen in der Hauptverhandlung*, Rdn 1386; → *Selbst herbeigeführte Verhandlungsunfähigkeit des Angeklagten*, Rdn 2493; → *Verhandlung ohne den Angeklagten*, Rdn 2853; zur nach § 411 Abs. 2 zulässigen Vertretung im → *Strafbefehlsverfahren*, Rdn 2576). Die Vertretung des **anwesenden** Angeklagten ist grds. **unzulässig** (*Meyer-Goßner/Schmitt*, § 234 Rn 4 m.w.N.; s. aber → *Gegenüberstellung von Zeugen*, Rdn 1594).

3211 **2.** Voraussetzung für eine wirksame Vertretung des Angeklagten ist das Vorliegen einer (besonderen schriftlichen) **Vertretungsvollmacht** (zuletzt KG StRR 2014, 38; OLG Bamberg NJW 2007, 1477 [Ls.]; VRR 2011, 472; OLG Celle DAR 2010, 708; OLG Dresden StRR 2013, 26 m. Anm. *Reichling*; OLG Hamm StraFo 2006, 425; *Meyer-Lohkamp/ Venn* StraFo 2009, 265, 268), die dem Gericht bei Beginn der HV vorliegen muss (OLG Brandenburg wistra 2012, 43; OLG Koblenz MDR 1972, 801; OLG Köln MDR 1964, 435). Die **gewöhnliche** Verteidigervollmacht ist **nicht ausreichend** (vgl. u.a. OLG Bamberg NJW 2007, 1477 [Ls.]; OLG Hamm, a.a.O.), die Vertretungsvollmacht kann aber zusammen mit der Verteidigervollmacht erteilt werden (BGHSt 9, 356). Aus dieser Vollmacht muss klar hervorgehen, dass der Verteidiger zur **Vertretung** des Angeklagten **befugt** ist. Nicht erforderlich ist eine Vollmacht „zur Vertretung des Angeklagten" in dessen Abwesenheit (BGH, a.a.O.; *Meyer-Goßner/Schmitt*, § 234 Rn 5 m.w.N.).

👉 Das gilt **auch** für die Vertretung des Angeklagten durch den **Pflichtverteidiger** (OLG Brandenburg, a.a.O.; OLG Celle NStZ 2013, 615; OLG Düsseldorf StV 2013, 299; OLG Hamm StV 1997, 404 [Ls.]; StRR 2012, 463 [für § 329]; zfs 2014, 470; OLG München

VRR 2010, 393). Nach der Rspr. der OLG erlischt eine dem Rechtsanwalt als Wahlanwalt erteilte Vertretungsvollmacht durch die spätere Beiordnung als Pflichtverteidiger (OLG Hamm und OLG München, a.a.O.). Dem wird man entgegenhalten können, dass Verteidigungs- und Vertretungsvollmacht zu trennen/unterscheiden sind.

b) Die (Vertretungs-)Vollmacht muss grds. **schriftlich** vorliegen. Nur wenn das Gericht aus anderen schriftlichen Erklärungen des Angeklagten sicher die Vertretungsvollmacht feststellen kann, bedarf es der Schriftform nicht (vgl. u.a. OLG Düsseldorf NStZ 1984, 524; OLG Koblenz MDR 1972, 801; allgemein zur Vollmacht → *Vollmacht des Verteidigers*, Rdn 3350). Ist der (Wahl-)Verteidiger vertretungsberechtigt und erteilt er einem anderen Rechtsanwalt **Untervollmacht**, bedarf diese nicht der Schriftform (s. BayObLG VRS 81, 34 m.w.N.; für das Bußgeldverfahren OLG Celle VRR 2011, 116 m. Anm. *Burhoff*). Die **schriftliche Vollmacht** kann der Verteidiger aufgrund einer mündlichen Ermächtigung durch den Angeklagten auch **selbst unterzeichnen** (BayObLG NStZ 2002, 277; KG StRR 2014, 38; OLG Celle, Beschl. v. 20.1.2014 – 322 SsRs 24/13; OLG Dresden StRR 2013, 26).

3212

☞ I.d.R. ist die Vollmacht schon in den üblichen Vollmachtsformularen enthalten. Bei der **Formulierung** einer Vollmacht ist aber darauf zu achten, dass diese nicht nur für das Strafverfahren ausgestellt ist, sondern auch das Bußgeldverfahren erfasst, und zwar auch durch Anführung der entsprechenden Vorschriften (vgl. OLG Bamberg OLG Bamberg NJW 2007, 1477 [Ls.]; OLG Bamberg VRR 2011, 472 m. Anm. *Deutscher*; OLG Hamm StraFo 2006, 425, a.a.O.). Die OLG (vgl. OLG Bamberg NJW 2007, 1477 [Ls.] und OLG Hamm, a.a.O.) gehen zwar davon aus, dass auch eine Vollmachtserklärung, die nicht ausdrücklich auf eine Vertretung auch in Bußgeldsachen hinweist, sondern nur das Strafverfahren erwähnt, ausreicht – jedenfalls dann, wenn sie vom Betroffenen nach Bekanntgabe, dass gegen ihn ein OWiG-Verfahren eingeleitet wurde, erteilt wurde. Zur Sicherheit sollte jedoch das Bußgeldverfahren ausdrücklich aufgenommen werden (→ *Vollmacht des Verteidigers*, Rdn 3350).

3. Der mit Vertretungsvollmacht ausgestattete Verteidiger kann für den Angeklagten **alle** zum Verfahren gehörenden **Erklärungen abgeben** und **entgegennehmen** (BGHSt 9, 356; vgl. u.a. BayObLG NJW 1983, 896). Er kann für den Angeklagten auch Erklärungen zur Sache abgeben, die ebenso wie die Einlassung des Angeklagten oder das Geständnis als Grundlage für das Urteil verwendet werden dürfen (*Meyer-Goßner/Schmitt*, § 234 Rn 10 m.w.N.).

3213

☞ Der Verteidiger, dem Vertretungsvollmacht erteilt ist, wird im wohlverstandenen Interesse seines Mandanten immer (auch) prüfen, ob er davon in der HV Gebrauch machen soll, oder ob es nicht die → *Aufklärungspflicht des Gerichts*, Rdn 329, und das **Interesse** des Mandanten gebieten, den **Angeklagten selbst** in der HV zu **hören**.

| V | **Vertretung des Pflichtverteidigers in der Hauptverhandlung** |

3214 4. **Unabhängig** vom Vorliegen einer **Vertretungsvollmacht** hat der Verteidiger nach § 234a bei (befugten) Verhandlungen in Abwesenheit des Angeklagten (s.o. Rdn 3208), also nicht bei → *Beurlaubung des Angeklagten von der Hauptverhandlung*, Rdn 817, und auch nicht bei → *Entfernung des Angeklagten aus der Hauptverhandlung*, Rdn 1408, folgende **Verteidigerbefugnisse**:

3215 a) Ihm können die **Hinweise** nach § 265 Abs. **1 und 2** gegeben werden (→ *Hinweis auf veränderte Sach-/Rechtslage*, Rdn 1720). Das gilt allerdings **nicht** im Fall des § 233 (→ *Entbindung des Angeklagten vom Erscheinen in der Hauptverhandlung*, Rdn 1386). Diese Vorschrift setzt eine → *Vernehmung des Angeklagten zur Sache*, Rdn 3072, voraus; nach Umgestaltung der Anklage ist daher eine erneute Vernehmung des Angeklagten erforderlich (*Meyer-Goßner/Schmitt*, § 234a Rn 3 m.w.N.).

> ☝ Kann der Verteidiger nach einem ihm zulässig erteilten (rechtlichen) → *Hinweis auf veränderte Sach-/Rechtslage*, Rdn 1720, die Verteidigung nicht mehr ohne zusätzliche **Informationen** des **Angeklagten** führen, hat er die Möglichkeit, die **Unterbrechung** oder Aussetzung der HV nach § 265 Abs. 3 und 4 zu beantragen.

3216 b) Der Verteidiger kann gem. § 234a folgende **Erklärungen** abgeben:
- Zustimmung zum **Absehen** auf Erhebung einzelner **Beweise** nach § 245 Abs. 1 S. 2,
- Zustimmung zur **Verlesung** einer früheren richterlichen Vernehmung nach § 251 Abs. 1 Nr. 1 und Abs. 2 Nr. 3 (→ *Verlesung von Protokollen früherer Vernehmungen/ sonstiger Erklärungen*, Rdn 3023),
- **nicht** hingegen die **Zustimmung** nach § 266 Abs. 1 im Fall der Erhebung einer → *Nachtragsanklage*, Rdn 1911.

Siehe auch: → *Vollmacht des Verteidigers*, Rdn 3350.

3217 Vertretung des Pflichtverteidigers in der Hauptverhandlung

3218 Literaturhinweise: **Burhoff**, Abrechnung der Tätigkeiten des Terminsvertreters im Strafverfahren, RVGprofessionell 2010, 153; *ders.*, Persönlicher Geltungsbereich des Teils 4 VV RVG, eine Bestandsaufnahme der Rechtsprechung, RVGreport 2011, 85; **Kotz**, Eine Lanze für den Underdog – Zur Vergütungslage des bestellten Terminsvertreters in Strafsachen, StraFo 2008, 412; **Schnarr**, Der bevollmächtigte Pflichtverteidiger und sein Stellvertreter, NStZ 1996, 214; s.a. die Hinw. bei → *Pflichtverteidiger, Bestellung in der Hauptverhandlung*, Rdn 1967.

3219 1.a) Der Pflichtverteidiger kann sich grds. **nicht** durch einen **Unterbevollmächtigten** (in der HV) **vertreten** lassen, da die Bestellung zum Pflichtverteidiger auf seine Person beschränkt ist (st. Rspr. der h.M.; vgl. u.a. BGHSt 59, 284 m. Anm. *Barton* StRR 2015, 62; BGH NStZ 1995, 356; 2012, 276 f. [Vertretung bei Unterzeichnung der Revisionsbegründung]; 1996, 21 [K]; OLG Hamm NStZ-RR 2009, 381; StRR 2012, 227; Beschl. v. 30.8.2011 – III-5 RVs 59/11; OLG Saarbrücken StRR 2015, 117 m. Anm. *Burhoff* für den Terminsvertreter; *Burhoff*, EV, Rn 3015; a.A. u.a. (wohl) OLG Celle NStZ-RR 2009, 158 [Ls.]; OLG Hamburg NJW 1963, 2040; LG Potsdam AGS 2012, 65; LG Saarbrücken, Beschl. v. 30.6.2014 – 2 KLs 2/13; LR-*Lüderssen/Jahn*, § 142 Rn 35). Das gilt auch für den Sozius des beigeordneten Rechtsanwalts (BGH NJW 1992, 1841; BayObLG NJW 1981, 1629; OLG Düsseldorf NJW 1993, 2002; OLG Hamm NStZ-RR 2009, 381; s.a. BGH NStZ 1995, 356 [Revisionseinlegung durch den Sozius des Pflichtverteidigers] und dazu *Schnarr* NStZ 1996, 214).

b) Im Fall einer nur **vorübergehenden Verhinderung** des Pflichtverteidigers wird seine „Vertretung" – mit Zustimmung des Vorsitzenden – allerdings für zulässig gehalten (KG NStZ-RR 2005, 327; OLG Frankfurt am Main NJW 1980, 1703; zw. OLG Saarbrücken, Beschl. v. 10.11.2014 – 1 Ws 148/14 für den Terminsvertreter; *Dahs*, Rn 150). Richtiger dürfte es sein, den Vertreter vorübergehend als Pflichtverteidiger beizuordnen (so a. *Meyer-Goßner/Schmitt*, § 142 Rn 15; zur Frage der Entpflichtung des Pflichtverteidigers bei Terminsschwierigkeiten s.u.a. BVerfG NStZ 2006, 460; OLG Celle NJW 2008, 3370 [Ls.]; OLG Hamm NJW 2006, 2788; OLG Stuttgart StV 2011, 662; → *Pflichtverteidiger, Entpflichtung während laufender Hauptverhandlung*, Rdn 1998 ff. und → *Terminsbestimmung/Terminsverlegung*, Rdn 2646).

3220

✎ Auch der Rechtsanwalt, der nur für einen Termin als sog. **Terminsvertreter** beigeordnet wird, rechnet nach h.M. seine gesetzlichen **Gebühren** nach Teil 4 Abschnitt 1 VV RVG und nicht etwa nach Teil 4 Abschnitt 3 VV RVG ab. Ob er allerdings grds. auch die Grundgebühr (Nr. 4100 VV RVG), die gerichtliche Verfahrensgebühr und die Terminsgebühr erhält, ist in der obergerichtlichen Rspr. umstritten (zu den gebührenrechtlichen Problemen bei der Beiordnung des sog. **Terminsvertreters** s. Burhoff/*Burhoff*, RVG, Vorb. 4.1. VV Rn 23 ff. und Nr. 4100 VV Rn 8, jeweils m.zahlr. N. aus der Rspr. sowie *Burhoff* RVGprofessionell 2010, 153; ders., RVGreport 2011, 85; Gerold/Schmidt/*Burhoff*, VV Teil 4 Abschnitt 1: Gebühren des Verteidigers, Einl. Rn 9 ff.; *Kotz* StraFo 2008, 412). Zutreffend ist im Hinblick auf die Stellung des „Vertreters" als Verteidiger mit vollem Verteidigungsauftrag die erste Auffassung.

2. Der Pflichtverteidiger kann sich – auch nicht mit Zustimmung des Vorsitzenden – ebenfalls **nicht** durch einen **Referendar** vertreten lassen. § 139 gilt nur für die Wahlverteidigung (BGH NJW 1975, 2351; *Meyer-Goßner/Schmitt*, § 139 Rn 1). § 139 ist auch nicht anwendbar auf den sog. **Stationsreferendar** (BGH NJW 1958, 1308). Die Vorschrift gilt ebenfalls nicht für den Referendar, der nach § 53 BRAO als **allgemeiner Vertreter** des (Pflicht-)Verteidigers amtlich bestellt ist (st. Rspr.; vgl. zuletzt BGH NStZ 1992, 248 m.w.N.; zu den Voraussetzungen der Bestellung s. § 53 BRAO). In diesem Fall ist die

3221

| V | **Vertretung des Wahlverteidigers in der Hauptverhandlung** |

Wahrnehmung der Aufgaben des Pflichtverteidigers durch den Referendar auch nicht von einer Zustimmung des Vorsitzenden abhängig (OLG Düsseldorf NJW 1994, 1296; LG Berlin NStZ 2000, 51).

🖉 Der Vorsitzende ist aber **nicht verpflichtet**, bei Ausbleiben des bestellten Pflichtverteidigers den von diesem in die HV geschickten **Referendar** zu **bestellen** (LG Berlin, a.a.O.).

Siehe auch: → *Pflichtverteidiger, Bestellung in der Hauptverhandlung*, Rdn 1967; → *Pflichtverteidiger, Entpflichtung während laufender Hauptverhandlung*, Rdn 1993; → *Vertretung des Wahlverteidigers in der Hauptverhandlung*, Rdn 3222.

3222 Vertretung des Wahlverteidigers in der Hauptverhandlung

3223 **Literaturhinweise:** s. die Hinw. bei → *Vertretung des Angeklagten durch den Verteidiger*, Rdn 3208; → *Vertretung des Pflichtverteidigers in der Hauptverhandlung,* Rdn 3217.

3224 1. Der Wahlverteidiger kann sich in der HV in Untervollmacht durch einen anderen Rechtsanwalt **vertreten** lassen (BGH StraFo 2006, 454; zur Unterbevollmächtigung allgemein *Burhoff*, EV, Rn 3669 ff.). Das bietet sich insbesondere bei Terminskollisionen und auswärtigen HV-Terminen, die der Verteidiger nicht unbedingt wahrnehmen möchte, an. Erforderlich ist die **Zustimmung** des Angeklagten (OLG Hamm JMBl. NW 1980, 83; *Dahs*, Rn 125), der i.d.R. die Berechtigung zur Erteilung einer Untervollmacht bereits in der Verteidigervollmacht **generell** erteilt (→ *Vollmacht des Verteidigers*, Rdn 3350; s.a. *Burhoff*, EV, Rn 3669 ff., 4226 ff.). Die Untervollmacht braucht ebenso wie die Hauptvollmacht nicht unbedingt schriftlich nachgewiesen zu werden (OLG Düsseldorf StraFo 1998, 227; OLG Hamm, a.a.O.).

🖉 Der Rechtsanwalt, der nur für einen Termin als sog. **Terminsvertreter** auftritt, ist voller Verteidiger i.S.v. Teil 4 Abschnitt 1 VV RVG und rechnet seine **Gebühren** daher nach Teil 4 Abschnitt 1 VV RVG, und nicht etwa als Einzeltätigkeit nach Teil 4 Abschnitt 3 VV RVG ab. Ob er allerdings grds. auch die Grundgebühr (Nr. 4100 VV RVG) sowie die jeweilige gerichtliche Verfahrensgebühr und die jeweilige Terminsgebühr erhält, ist in der obergerichtlichen Rspr. umstritten (vgl. dazu → *Vertretung des Pflichtverteidigers in der Hauptverhandlung*, Rdn 3220, m.w.N.).

3225 **2.a)** Der Wahlverteidiger hat gem. § 139 die Möglichkeit, sich auch durch einen **Referendar** mit einer Ausbildungszeit von einem Jahr und drei Monaten vertreten zu lassen. Dazu bedarf er der Zustimmung des Angeklagten, nicht aber der des Gerichts.

♪ Der Verteidiger muss die in Aussicht genommene Vertretung durch einen Referendar sorgfältig **prüfen**. Er wird sie insbesondere davon abhängig machen, ob der Referendar unabhängig und zu erwarten ist, dass er ggf. gegenüber dem Gericht genügend „Stehvermögen" aufweist, um sich in der HV „durchzusetzen".
Zwar ist zur Vertretung des Verteidigers durch einen Referendar die **Zustimmung** des **Gerichts nicht** erforderlich, der Verteidiger sollte jedoch das Gericht von einer geplanten Vertretung rechtzeitig in **Kenntnis setzen**.

b) Unabhängig von § 139 kann sich der Verteidiger in der HV von einem **Referendar unterstützen** lassen. Das gilt auch für die HV, an der der Verteidiger selbst teilnimmt. Will der Referendar eigene **Fragen** stellen und/oder Erklärungen abgeben, ist entsprechend § 138 Abs. 2 die Genehmigung des Gerichts erforderlich (*Meyer-Goßner/Schmitt*, § 139 Rn 7; zur Mitarbeit von Dritten bei der Verteidigung im EV s. *Burhoff*, EV, Rn 1625; zur Zulassung von Mitarbeitern des Verteidigers zur HV s. Rdn 3586 f.). 3226

Siehe auch: → *Terminsbestimmung/Terminsverlegung*, Rdn 2646; → *Vertretung des Pflichtverteidigers in der Hauptverhandlung*, Rdn 3217.

Verweisungsfragen   3227

Literaturhinweise: Behl, Verweisungsbeschluß gem. § 270 StPO und fehlende örtliche Zuständigkeit des höheren Gerichts, DRiZ 1980, 182; **Burhoff**, Die Abrechnung der anwaltlichen Tätigkeit in mehreren Strafverfahren, Teil 3: Verweisung und Zurückverweisung, RVGreport 2009, 8; *ders*., Verweisung und Zurückverweisung von Verfahren: So wirkt sie sich auf die Gebühren aus, RVGprofessionell 2013, 50; **Stuckenberg**, Die Bindungswirkung des Verweisungsbeschlusses nach § 270 StPO, in: Festschrift für *Peter Rieß*, 2002, S. 135; **Michel**, Der unwirksame Verweisungsbeschluß, JuS 1993, 766; **Müller**, Zum negativen Kompetenzkonflikt zwischen zwei Gerichtsabteilungen, DRiZ 1978, 14; **Rieß**, Die Bestimmung und Prüfung der sachlichen Zuständigkeit und verwandter Erscheinungen im Strafverfahren, GA 1976, 1; **Weidemann**, Zur Bindungswirkung eines Verweisungsbeschlusses nach § 270 StPO, wistra 2000, 45; s.a. die Hinw. bei → *Zuständigkeit des Gerichts*, Rdn 3610.   3228

1. Ergibt sich **nach Beginn** der **HV** eine **Veränderung** der sachlichen Zuständigkeit oder hält das Gericht einen rechtzeitig geltend gemachten Einwand des Angeklagten nach § 6a (→ *Zuständigkeit des Gerichts*, Rdn 3617) für begründet, **verweist** es die Sache gem. § 270 Abs. 1 S. 1 bzw. S. 2 durch Beschluss an das **zuständige Gericht**. Insbesondere die erste Alternative ist – i.d.R. in der amtsgerichtlichen HV vor dem Strafrichter oder dem (erweiterten) Schöffengericht – von praktischer Bedeutung (zur Verweisung an das zuständige Jugendgericht s. BGHSt 47, 311 [Verweisung vom allgemeinen Schwurgericht an die Jugendkammer]; *Meyer-Goßner/Schmitt*, § 270 Rn 11; KK-*Greger*, § 270 Rn 14 m.w.N.; s.a. BGHSt 42, 39). Die damit zusammenhängenden Fragen werden im Folgenden dargestellt. I.Ü. wird auf die einschlägigen Kommentierungen des § 270 verwiesen. Die sich aus der   3229

V Verweisungsfragen

Regelung des § 25 Nr. 2 GVG ergebenden (Zuständigkeits-)Fragen im Verhältnis Strafrichter/Schöffengericht sind dargestellt bei *Burhoff*, EV, Rn 4491 ff. (s. dazu aus der Rspr. OLG Hamm StraFo 1996, 87; OLG Köln StV 1996, 298; LG Köln StV 1996, 591). Die Verweisung von der allgemeinen Strafkammer an die Schwurgerichtskammer ist, da es sich bei ihr um eine „besondere Strafkammer" und nicht um ein Gericht höherer Ordnung handelt, nur nach § 270 Abs. 1 S. 2 zulässig; es gelten die Beschränkungen aus § 6a (s. BGH NStZ 2009, 404; → *Zuständigkeit des Gerichts*, Rdn 3617).

2. Es ist auf Folgendes **hinzuweisen**:

3230 **a) Zulässig** ist die Verweisung **nur** in der HV der **1. Instanz**, und zwar auch noch nach einer Aussetzung oder nach einer → *Unterbrechung der Hauptverhandlung*, Rdn 2701. Beschlossen werden darf die Verweisung nach § 270 aber erst nach Beginn der HV (→ *Aufruf der Sache*, Rdn 341). Das gilt auch dann, wenn die HV ausgesetzt war (zuletzt BGH NStZ 2012, 46 m.w.N.).

> ✍ **Vor** der **HV** und nach Aussetzung der HV bis zum Beginn der neuen HV gilt **§ 225a** und zwar auch in der Berufungsinstanz (BGH NJW 2003, 1404; *Meyer-Goßner/ Schmitt*, § 270 Rn 7; zur Wirksamkeit eines Vorlagebeschlusses vom Amtsrichter an das LG und zur Bindungswirkung der Übernahme s. BGH NStZ 2009, 579). Ggf. stellt sich die Frage, ob das Verfahren durch schlüssiges Verhalten, wie z.B. durch eine Haftentscheidung, übernommen worden ist; die Frage ist in Rspr. und Lit. umstr. (offen gelassen von BGH NStZ 2012, 46 m.w.N.).

3231 **b)aa)** Grds. **nicht erforderlich** ist, dass in der HV bereits mit der **Beweisaufnahme** begonnen worden ist. Ergibt sich die Zuständigkeit des höheren Gerichts bereits aus dem Anklagesatz, ist die Verweisung ohne Weiteres bereits zu Beginn der HV möglich (OLG Düsseldorf NStZ 1986, 426).

3232 **bb)** Etwas **anderes** gilt, wenn die Verweisung wegen einer vom Eröffnungsbeschluss **abweichenden rechtlichen Bewertung** erfolgen soll. Das ist z.B. der Fall, wenn aufgrund neu hervorgetretener Umstände nun ein anderes (schwereres) Delikt in Betracht kommt, für das die **Strafgewalt** des Prozessgerichts nicht (mehr) ausreicht. Entsprechendes gilt, wenn sich in der HV, etwa aufgrund eines SV-Gutachtens, die Möglichkeit der **Unterbringung** in einem psychiatrischen Krankenhaus ergibt (nach § 74 Abs. 1 S. 2 GVG alleinige Zuständigkeit der großen Strafkammer; s. dazu OLG Zweibrücken NStZ-RR 1998, 280).

3233 In diesen Fällen ist nicht nur **hinreichender Tatverdacht** i.S.d. § 203 erforderlich (s. dazu *Burhoff*, EV, Rn 1826 ff., 1965 ff.). Die Verweisung ist außerdem nur dann zulässig, wenn sich dieser **Verdacht** so **verfestigt** hat, dass nicht mehr zu erwarten ist, dass er bei weiterer Verhandlung wieder entfällt (BGHSt 45, 26; KG, Beschl. v. 13.3.2009 – 4 ARs 11/09; KK-*Greger*, § 270 Rn 11). Der volle Nachweis der die Zuständigkeit des höheren Gerichts begründenden Tatsachen ist aber nicht erforderlich (*Meyer-Goßner/*

Schmitt, § 270 Rn 9 m.w.N.). Bei der Verweisung vom LG an das für Staatsschutzsachen erstinstanzlich zuständige OLG sind jedoch an die Annahme des dringenden Tatverdachts strenge Anforderungen zu stellen, wozu i.d.R. auch die Einholung einer Stellungnahme des Generalbundesanwalts gehört (BGH, a.a.O.).

Für die **amtsgerichtliche HV** gilt: Das AG darf wegen **unzureichender Strafgewalt** an das LG **erst** verweisen, wenn die Verhandlung so weit geführt worden ist, dass der **Schuldspruch feststeht**, und sich die Straferwartung so weit verfestigt hat, dass eine mildere Beurteilung nicht mehr zu erwarten ist (BGHSt 45, 58; KG, Beschl. v. 13.3.2009 – 4 ARs 11/09; OLG Düsseldorf StraFo 2000, 115; OLG Frankfurt am Main NStZ-RR 1997, 311; OLG Köln StraFo 2009, 112 m.w.N.; OLG Nürnberg StV 2014, 724 [Ls.]; LG Berlin StV 1996, 16 [die Überzeugung, dass ein minder schwerer Fall nicht gegeben ist, kann nicht aus dem Akteninhalt, sondern nur aus der HV geschöpft werden]; LG Duisburg StraFo 1998, 315; OLG Zweibrücken NStZ-RR 1998, 280 [aufgrund einer umfassenden Würdigung der Gesamtsituation müssen die materiellen Voraussetzungen der Unterbringung tatsächlich gegeben sein]). Die zu beobachtende Tendenz von AG, Verfahren ohne hinreichende sachliche Anhaltspunkte möglichst früh an das LG abzugeben, ist also zu beanstanden (vgl. den instruktiven Fall LG Köln StraFo 1995, 22).

3234

☞ Die Verweisung setzt einen Antrag des **Verteidigers** nicht voraus. Für diesen kann sich aber bei einem unerwarteten Ergebnis der HV, das ggf. die Annahme eines schwereren Delikts zulässt, eine **Verweisungsanregung** anbieten, um so zu erfahren, wie das Prozessgericht seine Strafgewalt beurteilt. Allerdings muss der Verteidiger bedenken, dass er keine „schlafenden Hunde" wecken sollte.

c) Die Verweisung wird gem. § 270 Abs. 2 durch **Beschluss** ausgesprochen, der in der für die HV vorgeschriebenen Besetzung erlassen werden muss (zu den inhaltlichen Anforderungen s. *Meyer-Goßner/Schmitt*, § 270 Rn 14 ff. m.w.N.). Nach § 270 Abs. 3 S. 2 i.V.m. § 210 Abs. 1 ist der Verweisungsbeschluss für den Angeklagten und die StA **nicht anfechtbar** (BGHSt 45, 26), vielmehr ist bei einem Zuständigkeitsstreit entsprechend den §§ 14, 19 zu verfahren (BGH, a.a.O. [für Verweisung vom LG an das für Staatsschutzsachen erstinstanzlich zuständige OLG]). Auch eine rechtsfehlerhafte Verweisung (durch den Strafrichter an das Schöffengericht) ist bindend (BGH NStZ 2009, 579; OLG Hamm, Beschl. v. 22.4.2008 – 3 (s) Sbd I. 8/08 und 3 (s) Sbd I. 9/08) und schließt eine Rückgabe des Verfahrens aus.

3235

3. a) Die **Wirkung** des Verweisungsbeschlusses entspricht nach § 270 Abs. 3 S. 1 der eines Eröffnungsbeschlusses. Mit Erlass des Beschlusses ist nach h.M. das Verfahren unmittelbar bei dem **Gericht**, an das **verwiesen** worden ist, **rechtshängig** geworden (BGHSt 27, 99; *Meyer-Goßner/Schmitt*, § 270 Rn 18 m.w.N.; a.A. LR-*Stuckenberg*, § 270 Rn 33 [erst mit Eingang der Akten]). Die h.M. dürfte zutreffend sein, da § 207 Abs. 4 nicht – auch

3236

V Verweisungsfragen

nicht entsprechend – gilt. Die Rechtshängigkeit tritt auch ein, wenn der in der HV ergangene Verweisungsbeschluss willkürlich ist, da dies nicht zur Nichtigkeit führt; der Verweisungsbeschluss ist lediglich rechtsfehlerhaft (BGHSt 45, 58).

> 📎 Das hat zur **Folge**, dass das verweisende Gericht mit dem Erlass des Verweisungsbeschlusses u.a. die **Zuständigkeit** für **Haftentscheidungen verliert**. Diese kann es nur (noch) vor der Verweisung treffen, wenn es sie für erforderlich hält (KK-*Greger*, § 270 Rn 21).
>
> Das verweisende Gericht soll aber zur **Vorlage** nach § 122 Abs. 1 **verpflichtet** sein, solange sich die Akten bei ihm befinden (OLG Karlsruhe Justiz 1984, 429). Das ist m.E. nicht konsequent. Nach § 122 Abs. 1 legt das zuständige Gericht vor, wenn es die Fortdauer der U-Haft für erforderlich hält. Diese Haftprüfung obliegt dem verweisenden Gericht jedoch nicht mehr. Es ist aber – aufgrund des sich aus Art. 2 GG ergebenden Beschleunigungsgrundsatzes – verpflichtet, die Akten unverzüglich an das zuständige Gericht weiterzuleiten, damit dieses über die Haftfrage entscheiden kann.
>
> I.Ü. stellt eine durch einen **unwirksamen Verweisungsbeschluss** bedingte Verfahrensverzögerung **keinen wichtigen Grund** i.S.v. § 121 dar (BVerfG NJW 2000, 1401; OLG Hamburg StV 1999, 163; wegen weit. Nachw. *Burhoff*, EV, Rn 2214).

3237 b) Nach übereinstimmender Meinung in Rspr. und Lit. ist das Gericht, an das verwiesen wird, an den **Verweisungsbeschluss gebunden** (st. Rspr.; vgl. u.a. BGHSt 27, 99, 103; 45, 26; zuletzt OLG Köln StraFo 2009,1 22 m.w.N.; *Meyer-Goßner/Schmitt*, § 270 Rn 19 m.w.N.; s.a. die u.a. Rspr.-Nachw.). Etwas **anderes** gilt, wenn der Verweisungsbeschluss mit den **Grundprinzipien** der rechtsstaatlichen Ordnung in **Widerspruch** steht, der Mangel für einen verständigen Betrachter offenkundig ist und die Entscheidung nicht mehr vertretbar erscheint (BGHSt 29, 216; OLG Köln NStZ-RR 2011, 288; OLG Nürnberg StV 2014, 724 [Ls.]). Das ist angenommen worden in folgenden **Rechtsprechungsbeispielen**:

3238 **Bindung verneint**

- es ist **allein aufgrund** des verlesenen **Anklagesatzes** ohne Eintritt in die Verhandlung zur Sache **verwiesen** worden, ohne dass sich allein aus dem Anklagesatz zweifelsfrei ergab, dass für die Tat das Gericht höherer Ordnung zuständig wäre (LG Berlin StV 1996, 16; ähnl. LG Duisburg StraFo 1998, 316; s. aber OLG Jena StraFo 2000, 411),
- es wird verwiesen, **bevor** das **Ergebnis** der HV die **Beurteilung zulässt**, dass der Angeklagte **schuldig** ist und eine die Strafgewalt des AG übersteigende Freiheitsstrafe von mehr als vier Jahren zu erwarten ist (OLG Düsseldorf StraFo 2000, 235; OLG Frankfurt am Main StV 1996, 533; ähnl. OLG Bamberg NStZ-RR 2005, 377; LG Regensburg StraFo 2006, 27 [Verweisung vor Entscheidung über Beweisantrag, dem nachzugehen gewesen wäre]),

- der Verweisungsbeschluss ist **formell unzulänglich** (LG Hannover StV 1983, 194),
- der Verweisungsbeschluss weist einen so gravierenden Mangel auf, dass die Entscheidung als „**unhaltbar**" bezeichnet werden muss (OLG Frankfurt am Main NStZ-RR 1996, 42 [nicht einmal entferntes Vorliegen von tatsächlichen Anhaltspunkten für eine **Unterbringung** in einem psychiatrischen Krankenhaus]; zur „Unterbringungsverweisung" und zu den erforderlichen Feststellungen s.a. OLG Düsseldorf StraFo 1998, 274 und OLG Zweibrücken NStZ-RR 1998, 280),
- der Verweisungsbeschluss ist **offensichtlich gesetzeswidrig** (BGH NStZ 2009, 404 [für Verweisung von der allgemeinen an eine besondere Strafkammer nach der sich aus § 6a ergebenden zeitlichen Grenze]; NStZ 2009, 579 [Vorlage durch den unzuständigen Richter]; → *Zuständigkeit des Gerichts*, Rdn 3615),
- die Verweisungsentscheidung ist **willkürlich** (BGHSt 29, 216, 219; BGH StV 1999, 585 [Strafgewalt der Strafkammer auf jeden Fall ausreichend]; OLG Bamberg NStZ-RR 2005, 377 [Strafgewalt des AG auf jeden Fall ausreichend]; KG, Beschl. v. 13.3.2009 – 4 ARs 11/09; *Meyer-Goßner/Schmitt*, § 270 Rn 20 m.w.N.; s.a. LG Dessau StraFo 2006, 332 [Voraussetzungen des § 24 Abs. 1 Nr. 3 GVG liegen nicht vor]; LG Köln StraFo 1995, 22 [ohne jeden nachvollziehbaren sachlichen Grund]; s. i.Ü. a. die Nachw. bei *Burhoff*, EV, Rn 4493 [zur Frage der willkürlichen Annahme der Zuständigkeit des Schöffengerichts]).

Bindung bejaht 3239

- wenn **besondere Umstände** vorliegen, aufgrund derer auch eine willkürliche Verweisung noch als bindend angesehen werden kann, was z.B. angenommen worden ist, wenn das Gericht, an das verwiesen worden ist, zwischen dem Eingang der Akten bei ihm und der Rückverweisung 10 Monate hat verstreichen lassen und wiederholte Sachstandsanfragen der StA mit dem Hinweis beantwortet hat, die Sache könne derzeit nicht verhandelt werden (OLG Köln StraFo 2009, 122);
- wenn es vertretbar erscheint, auf die Taten eines **Heranwachsenden kein Jugendstrafrecht** anzuwenden (OLG Köln NStZ-RR 2011, 288),
- wenn für die Anordnung der Unterbringung in einem **psychiatrischen Krankenhaus** ernsthafte, gewichtige **Anhaltspunkte** bestehen (OLG Köln, a.a.O.).

c) Besteht **keine Bindungswirkung**, wird die Sache vom höheren Gericht an das niedere 3240 „zurückverwiesen". § 269 steht dem nicht entgegen (BGHSt 45, 58; OLG Hamm StV 1996, 300; OLG Köln StV 1996, 298; LG Köln StV 1996, 591; *Meyer-Goßner/Schmitt*, § 270 Rn 20; eingehend *Weidemann* wistra 2000, 45).

☞ War der **Verweisungsbeschluss unwirksam, fehlt** es für das Tätigwerden des Gerichts, an das die Sache verwiesen worden ist, an einer **Verfahrensvoraussetzung**. Das kann mit der **Revision** geltend gemacht werden (zur Frage, ob der Verteidiger den [Zuständigkeits-]Mangel rügen muss, s. einerseits BGHSt 40, 120, andererseits BGHSt 42, 205 [bejaht für den Fall des § 328 Abs. 2]; offen gelassen von OLG Hamm NStZ-RR 2009, 379 [Umdeutung der Sachrüge in eine Verfahrensrüge]).

3241 Verwertung der Erkenntnisse eines (gesperrten) V-Mannes

> **Das Wichtigste in Kürze:**
> 1. Insbesondere in Verfahren, die Straftaten aus dem Bereich der organisierten Kriminalität zum Gegenstand haben, ergeben sich immer wieder Probleme, ob und wie Erkenntnisse eines im EV eingesetzten V-Mannes in die HV eingeführt werden können.
> 2. In diesem Spannungsverhältnis galt früher für die Verwertung der Erkenntnisse eines V-Mannes in der HV ein Verfahrensmodell, das drei Stufen vorsah. Inzwischen hat sich dies auf der Grundlage neuerer BGH-Rechtsprechung jedoch geändert.
> 3. Hinsichtlich der im Interesse des Mandanten zu ergreifenden Maßnahmen muss der Verteidiger ebenso wie das Gericht i.d.R. immer beachten, dass im Hinblick auf Art. 6 Abs. 3 Buchst. d) MRK auch der V-Mann ein Zeuge ist, dessen Vernehmung i.d.R. in Gegenwart des Angeklagten zu erfolgen hat.
> 4. Lässt sich eine unmittelbare Vernehmung des V-Mannes in der HV nicht erreichen, kann die mittelbare Verwertung der Erkenntnisse durch einen sog. Zeugen vom Hörensagen in Betracht kommen.
> 5. Möglich ist schließlich auch noch eine Verlesung polizeilicher Protokolle über eine Vernehmung des V-Mannes.

3242   **Literaturhinweise: Beulke**, Empirische und normative Probleme der Verwendung neuer Medien in der Hauptverhandlung, Sonderdruck ZStW 2001, 709; **Beulke/Ruhmannseder**, Strafprozessuale Zwangsmaßnahmen in der Verteidigungssphäre (Teil 2), StV 2011, 252; **Bruns**, Der Beschluss des Großen Senats zum strafprozessualen V-Mann-Problem – Anfang oder Ende einer notwendigen Neuorientierung der Rechtsprechung?, MDR 1984, 177; **Conen**, Die neuere Rechtsprechung des EGMR zur unzulässigen Tatprovokation – Neue Chancen zur Verteidigung in entsprechenden Konstellationen?, StRR 2009, 84; *ders.*, Neues von verdeckt ermittelnden Personen – ein Ende des staatlich gesteuerten V-Mannes in Sicht?, StraFo 2013, 140; **Detter**, Der Zeuge vom Hörensagen – eine Bestandsaufnahme, NStZ 2003, 1; *ders.*, Audiovisuelle Vernehmung und V-Mann in der Hauptverhandlung, in: Wen schützt das Strafrecht?, Schriftenreihe der Strafverteidigervereinigungen, Band 29, 2006, S. 97; *ders.*, Einige Gedanken zu audiovisueller Vernehmung, V-Mann in der Hauptverhandlung und der Entscheidung des Bundesgerichtshofs in der Sache *El Motassadeq*, StV 2006, 544; **du Bois-Pedain**, Artikel 6 Abs. 3 lit. d EMRK und der nicht verfügbare Zeuge: Weist der modifizierte Lucà-Test den Weg aus der Sackgasse?, HRRS 2012, 120; **Eisenberg**, Übertölpelung durch Vertrauensperson (VP) und Verdeckter Ermittler (VE) ohne Anfangsverdacht, GA 2014, 404; **El Ghazi/Zerbes**, Geschichten von staatlicher Komplizenschaft und evidenten Rechtsbrüchen, HRRS 2014, 209; **Ellenbogen**, Anfechtung der behördlichen Verweigerung einer Aus-

Verwertung der Erkenntnisse eines (gesperrten) V-Mannes   V

sagegenehmigung durch die Staatsanwaltschaft, NStZ 2007, 310; **Engels**, Konsequenzen der BGH-Rechtsprechung zur Vernehmung von V-Männern, NJW 1983, 1530; **Eser/Gaede/Tsambikakis**, Übersicht zur Rechtsprechung des EGMR in den Jahren 2008 bis Mitte 2010 – Teil II, NStZ 2011, 140; *dies.*, Übersicht zur Rechtsprechung des EGMR in den Jahren 2008 bis Mitte 2010 – Teil II, NStZ 2011, 140; **Gaede**, Die besonders vorsichtige Beweiswürdigung bei der exekutiven Sperrung von Beweismaterial im Konflikt mit dem Offenlegungsanspruch des Art. 6 I 1 MRK, StraFo 2004, 195; *ders.*, Menschenrechtliche Fragezeichen hinter der Zurückhaltung von Beweismitteln im deutschen Strafverfahren, HRRS 2004, 44; *ders.*, Schranken des fairen Verfahrens gemäß Art. 6 EMRK bei der Sperrung verteidigungsrelevanter Informationen und Zeugen, in: Wen schützt das Strafrecht, Schriftenreihe der Strafverteidigervereinigungen, Band 29, 2006, S. 57; *ders.*, Schranken des fairen Verfahrens gemäß Art. 6 EMRK bei der Sperrung verteidigungsrelevanter Informationen und Zeugen, StV 2006, 599; *ders.*, Beweisverbote zur Wahrung des fairen Strafverfahrens in der Rechtsprechung des EGMR insbesondere bei verdeckten Ermittlungen – Meinungsstand und Perspektiven nach dem neuen leading case *Bykov* vs. Russland unter Berücksichtigung des § 136a StPO, JR 2009, 493; *ders.*, Parteirechte der Verteidigung im deutschen Inquisitionsprozess – das Beispiel des Vernehmungs- und Fragerechts, StV 2012, 51; **Gaede/Buermeyer**, Beweisverwertungsverbote und „Beweislastumkehr" bei unzulässigen Tatprovokationen nach der jüngsten Rechtsprechung des EGMR, HRRS 2008, 279; **Gerst**, Der Zeuge auf Skype – Verteidigung mit Videotechnik, StraFo 2013, 103; **Geppert**, Der Grundsatz der Unmittelbarkeit im deutschen Strafverfahren, 1979; *ders.*, Der Zeuge vom Hörensagen, Jura 1991, 538; **Greco**, Menschenrechtskonformes Täterstrafrecht? Überlegungen anlässlich der jüngeren Rechtsprechung des Europäischen Gerichtshofs für Menschenrechte zur Lockspitzelproblematik, StraFo 2010, 52; **Griesbaum**, Der gefährdete Zeuge – Überlegungen zur aktuellen Lage des Zeugenschutzes im Strafverfahren, NStZ 1998, 433; **Grünwald**, Das Beweisrecht der Strafprozeßordnung, 1993; **Herdegen**, Bemerkungen zum Beweisantragsrecht, Teil 1, NStZ 1984, 97; **Joachim**, Anonyme Zeugen im Strafverfahren – Neue Tendenzen in der Rechtsprechung, StV 1992, 245; **Kolz**, Neue Wege zur Einführung des Wissens anonymer Gewährsleute in das Strafverfahren, in: Sonderheft für *Gerhard Schäfer*, 2002, S. 35; **Kreysel**, Der V-Mann, MDR 1996, 991; **Kunert**, Rechtstatsächliches und praktischer Ablauf von Sperrerklärungen und Vertraulichkeitszusagen, in: Wen schützt das Strafrecht, Schriftenreihe der Strafverteidigervereinigungen, Band 29, 2006, S. 91; **Lagodny**, Verdeckte Ermittler und V-Leute im Spiegel von § 136a StPO als „angewandtem Strafverfassungsrecht", StV 1996, 167; **Lesch**, V-Mann und Hauptverhandlung – die Drei-Stufen-Theorie nach Einführung der §§ 68 III, 110b III StPO und 172 Nr. 1a GVG, StV 1995, 542; **Lüderssen**, V-Leute. Die Falle im Rechtsstaat, 1985; **Mahler**, Keine Sperrung der Vertrauensperson gemäß § 96 StPO analog bei gleichzeitiger Verletzung des Konfrontationsrechts aus Art 6 Abs. 3d EMRK, HRRS 2013, 333; **Meyer**, Zur prozeßrechtlichen Problematik des V-Mannes, ZStW 1983, 834 (Band 95); **F. Meyer**, Die „sole or decisive"-Regel zur Würdigung nicht konfrontierter Zeugenaussagen – not so decisive anymore, HRRS 2012, 117; **Nack**, Verdeckte Ermittlungen. Der Zeuge vom Hörensagen in der Revision, Krim 1999, 171; **Quentin**, Der verdeckte Ermittler i.S.d. §§ 110a ff. StPO, JuS 1999, 134; **Renzikowski**, Fair trial und anonyme Zeuge. Die Drei-Stufen-Theorie des Zeugenschutzes im Lichte der Rechtsprechung des EuGHMR, JR 1999, 605; **Roggan**, Der polizeiliche Zeugenschutz in der Hauptverhandlung Fragen und Antworten im Zeugenschutz-Harmonisierungsgesetz, GA 2012, 434; **Schädler**, Das Konfrontationsrecht des Angeklagten mit dem Zeugen nach der EMRK und die Grenzen des Personalbeweises, StraFo 2008, 229; **Safferling**, Verdeckte Ermittler im Strafverfahren – deutsche und europäische Rechtsprechung im Konflikt?, NStZ 2006, 75; **Schmitt**, Zum Konfrontationsrecht nach Art. 6 Abs. 3 lit. d EMRK, in: Festschrift für *Ruth Rissing-van Saan* zum 65. Geburtstag, S. 617; **Soiné**, Erkenntnisverwertung von Informanten und V-Personen der Nachrichtendienste in Strafverfahren, NStZ 2007, 247; *ders.*, Zulässigkeit und Grenzen heimlicher Informationsbeschaffung durch Vertrauensleute der Nachrichtendienste, NStZ 2013, 83; **Soiné/Soukup**, „Identitätsänderung", Anfertigung und Verwendung von „Tarnpapieren", Möglichkeiten der Strafverfolgungsorgane zum Schutz gefährdeter Zeugen vor kriminellen Organisationen, ZRP 1994, 466; **Tiedemann/Sieber**, Die Verwertung des Wissens von V-Leuten im Strafverfahren, NJW 1984, 753; **Valerius**, Verdeckte Vernehmungen verdeckter Ermittler? – Zugleich Besprechung von BGH, Beschl. v. 26.9.2002 – GA 2005, 459; **van Gemmeren**, Tatprovokation, in: Sonderheft für *Gerhard Schäfer*, 2002, S. 28; **Walter**, Vermummte Gesichter, verzerrte Stimmen – audiovisuell verfremdete Aussagen von V-Leuten? – Deutsches Recht und EMRK, StraFo 2004, 224; **Wattenberg**, Die Rechtspre-

1377

| V | Verwertung der Erkenntnisse eines (gesperrten) V-Mannes |

chung des Europäischen Gerichtshofs zum mittelbaren Zeugenbeweis – zugleich eine Anm. zum Urt. des BGH v. 11.2.2000 – 3 StR 377/99, StV 2000, 688; **Weider**, Die Videovernehmung von V-Leuten gemäß § 247a StPO unter optischer und akustischer Abschirmung, StV 2000, 48; **Weider/Staechlin**, Das Zeugenschutzgesetz und der gesperrte V-Mann, StV 1999, 51; **Wesemann**, Heimliche Ermittlungsmethoden und Interventionsmöglichkeiten der Verteidigung, StV 1997, 597; **Wittke**, Beweisführung mittels verdeckter Ermittlungen und mit unerreichbaren Zeugen auf dem Gebiet der Rauschgiftkriminalität, Krim 2005, 221; **Wohlers**, Die „besonders vorsichtige Beweiswürdigung" bei gesperrten Beweismitteln, StV 2014, 563; **Zacharias**, Der gefährdete Zeuge im Strafverfahren, 1997; **Zaczyk**, Prozeßsubjekte oder Störer? Die Strafprozeßordnung nach dem OrgKG – dargestellt an der Regelung des Verdeckten Ermittlers, StV 1993, 496; s.a. die Hinw. bei → *Videovernehmung in der Hauptverhandlung*, Rdn 3308; → *V-Mann in der Hauptverhandlung*, Rdn 3336; → *Zeugenvernehmung, Allgemeines*, Rdn 3537 und → *Zeugen vom Hörensagen*, Rdn 3545.

3243 1. Insbesondere in Verfahren, die Straftaten aus dem Bereich der organisierten Kriminalität zum Gegenstand haben, ergeben sich immer wieder **Probleme**, ob und wie Erkenntnisse eines im EV eingesetzten V-Mannes/VE in die HV eingeführt werden können und ob ggf. auf eine unmittelbare Vernehmung des V-Mannes verzichtet werden kann (zum Begriff s. → *V-Mann in der Hauptverhandlung*, Rdn 3340 m.w.N.). Bei der **Lösung** der Probleme ist auszugehen von der in § 244 Abs. 2 normierten → *Aufklärungspflicht des Gerichts*, Rdn 329, und vom Anspruch des Angeklagten auf ein rechtsstaatliches **faires Verfahren**. Danach ist es grds. erforderlich, dass das Gericht das bestmögliche/unmittelbare Beweismittel benutzt (BVerfG NJW 1981, 1719, 1722; BGHSt 38, 369). Nur wenn solche Beweismittel nicht zur Verfügung stehen, kann das sachlich entferntere Beweismittel verwendet werden (BGHSt 32, 115). Von Bedeutung ist auch, dass bei maßgeblichen Belastungszeugen ein **unmittelbares Fragerecht** des Angeklagten gewährleistet sein muss (EGMR StraFo 2002, 160; NJW 2006, 2753; 2013, 3225 m. Anm. *Pauly* StV 2014, 456 m.w.N. aus der Rspr. des EGMR; s.a. noch Urt. v. 20.1.2009 – 26766/05 und 22228/06, HRRS 2012 Nr. 6; → *Fragerecht des Angeklagten*, Rdn 1537 m.w.N. aus der Rspr.).

3244 Diese Grundsätze gelten **auch** für die **Verwertung** der **Erkenntnisse** eines V-Mannes. Dieser ist Zeuge, der grds. zur Vernehmung erscheinen, seine Identität preisgeben, wahrheitsgemäß aussagen und seine Aussage auf Verlangen beeiden muss (*Kreysel* MDR 1996, 991 [allerdings auf der Grundlage der Rspr. vor BGH NJW 2003, 74]). In diesem Zusammenhang darf aber natürlich auch nicht das – möglicherweise vitale – Interesse des V-Mannes an Einhaltung der ihm i.d.R. zugesicherten absoluten Vertraulichkeit und auch nicht das Interesse der Strafverfolgungsbehörden an weiterer Geheimhaltung im Interesse zukünftiger Strafverfolgung verkannt werden.

3245 2.a) In diesem Spannungsverhältnis galt früher für die Verwertung der Erkenntnisse eines V-Mannes **in** der **HV** – auf der Grundlage der zum Verdeckten Ermittler (im Folgenden VE)/V-Mann ergangenen (alten) Rspr. des BGH – ein **Verfahrensmodell**, das **drei Stufen** vorsah (vgl. dazu eingehend *Lesch* StV 1995, 542 ff. m.w.N.; eingehend a. [zum alten Recht] KK-*Senge* [6. Aufl.], vor § 48 Rn 54 ff. [insbesondere Rn 62 ff.]; *Joachim* StV 1992, 245; *Kreysel* MDR 1996, 991; *Wesemann* StV 1997, 597; aus der Rspr. s.u.a. BGHSt 31,

148; 32, 32; 32, 115; 36, 159; s.a. noch KMR-*Bockemühl*, § 110b Rn 30 ff.). Gegen dieses 3-Stufen-Modell ist dann bereits nach dem Inkrafttreten der §§ 68 Abs. 3, 110b Abs. 3 und § 172 Nr. 1 Buchst. a) GVG von *Lesch* (a.a.O. m.w.N.) eingewandt worden, dass nach der in den §§ 110b Abs. 3, 68 Abs. 3 getroffenen gesetzlichen Regelung ein VE/V-Mann grds. nicht mehr generell, d.h. durch eine auch die Legende umfassende Erklärung, gesperrt werden durfte (s. zur Legende *Burhoff*, EV, Rn 3833; zum Zeugenschutz LG Frankfurt am Main StV 1994, 475 und *Wesemann* StV 1997, 602). Diese Auffassung ist dann durch die Tendenz in der neueren Rspr. des BGH (BGHSt 42, 175) bestätigt worden. Auch der EGMR hat deutliche Hinweise gegeben, dass das „3-Stufen-Modell" als wohl nicht zulässig anzusehen sein dürfte (vgl. StV 1997, 617, wonach eine anonyme Vernehmung eines Polizeibeamten allein unter Hinweis auf die schützenswerten Belange des Beamten i.d.r. nicht mehr als zulässig angesehen wurde; s.a. *Sommer* StraFo 1997, 242 in der Anm. zu EGMR, a.a.O.; zum Konfrontations- und Fragerecht aus neuerer Zeit auch BVerfG NJW 2010, 925, wonach die Sperrung eines Zeugen auch damit begründet werden kann, dass das Vertrauen in „Vertraulichkeitszusagen" der Ermittlungsbehörden insgesamt erschüttert würde, wenn eine solche Zusage nicht eingehalten würde; eingehend dazu *Renzikowski* JZ 1999, 609 ff.; *Safferling* NStZ 2006, 77; vgl. aber auch BGH StV 2012, 5).

Die **Bedenken** gegen das 3-Stufen-Modell haben sich dann verstärkt, nachdem am 1.12.1998 das **ZeugenschutzG** mit der Möglichkeit der (vorherigen) Aufzeichnung einer Aussage im EV gem. § 58a und einer Vernehmung des (gesperrten) Zeugen in der HV in Form der sog. **Videokonferenz** (§ 247a Abs. 1) in Kraft getreten ist (vgl. dazu eingehend *Weider/Staechlin* StV 1999, 51; *Weider* StV 2000, 48 ff.; *Wattenberg* StV 2000, 688; jetzt a. *Detter* StV 2006, 546; zur jetzt ggf. möglichen Verwendung von Skype *Gerst* StraFo 2013, 103; → *Videovernehmung in der Hauptverhandlung*, Rdn 3307 ff.; *Burhoff*, EV, Rn 3854 ff.).

3246

b)aa) Inzwischen hat der **BGH** seine frühere st. Rspr. (seit BGHSt 32, 115, 124) aufgegeben (vgl. auch *Meyer-Goßner/Schmitt*, § 68 Rn 18 [überholt]). Nach der **neueren Rspr.** kann jetzt die (audiovisuelle) Vernehmung von Vertrauenspersonen oder VE gem. § 247a Abs. 1 mit einer die Identifizierung des Vernommenen verhindernden technischen Veränderung der Bild- und Tonübertragung stattfinden, wenn der Vernehmung sonst eine Sperrerklärung der zuständigen Stelle entgegenstünde (vgl. NJW 2003, 74). Der 1. Strafsenat des BGH hat diese Abkehr von der Rspr. des Großen Strafsenats für Strafsachen (vgl. BGHSt 32, 115 ff.) in seinem Anfragebeschluss v. 26.9.2002 mit dem technischen Fortschritt und insbesondere auch mit dem Hinweis auf die neuere Rspr. des EGMR begründet. Danach sei die Abkehr von der alten Rspr. „geboten" (BGH NJW 2003, 74). Zu einer Entscheidung der übrigen Strafsenate des BGH bzw. des Großen Senats für Strafsachen ist es allerdings nicht gekommen, da sich das (Anfrage-)Verfahren durch Rücknahme der Revision erledigt hat (vgl. BGH StV 2003,

3247

V — Verwertung der Erkenntnisse eines (gesperrten) V-Mannes

5). Der 1. Strafsenat hat jedoch die Änderung der Rspr. dem Grunde nach bestätigt (vgl. NStZ 2005, 43; krit. zur Rspr. des 1. Strafsenats aber BGH NStZ 2004, 345; zust. u.a. *Wattenberg* StV 2004, 241 in der Anm. zu BGH NJW 2003, 74; *Valerius* GA 2005, 460; vgl. a. noch BGH NStZ 2006, 648 [zur Vernehmung des VE]). Danach wird wohl **kaum noch** nach dem **3-Stufen-Modell** der **alten Form verfahren** werden können (s.a. *Wattenberg*, a.a.O.; s. aber BGH [3. Strafsenat] NStZ 2004, 345; dazu auch EGMR, Beschl. v. 29.9.2009, Nr. 15065/05; Hess.VGH StV 2013, 685; StraFo 2013, 330).

3248 bb) Auf der Grundlage dieser Rspr. ist davon auszugehen, dass die → *Aufklärungspflicht des Gerichts*, Rdn 329, und das → *Fragerecht des Angeklagten*, Rdn 1537, aus Art. 6 Abs. 3 Buchst. d) MRK es **i.d.R.** gebieten, dass der **VE/V-Mann** in der **HV vernommen** wird. Dies ist unter optischer und akustischer Abschirmung zulässig (grundlegend BGH NJW 2003, 74; im Grundsatz a. BGH NStZ 2004, 345; zuletzt BGHSt 51, 232; BGH NStZ 2006, 648; Hess.VGH StV 2013, 685; StraFo 2013, 330; *Wattenberg* StV 2004, 241 in der Anm. zu BGH NJW 2003, 74; *Valerius* GA 2005, 459 ff.; *Norouzi* JuS 2004, 434 in der Anm. zu BGH, a.a.O.; *Walter* StraFo 2004, 224;KK-*Senge*, vor § 48 Rn 71; *Safferling* NStZ 2006, 75; *Detter* StV 2006, 547; krit. *Weber* Die Polizei 2004, 206 in der Anm. zu BGH NJW 2003, 74), insbesondere dann, wenn sonst der Vernehmung eine Sperrerklärung der zuständigen Stelle entgegenstünde (BGH NJW 2003, 74; NStZ 2005, 43; zu allem eingehend a. *Kolz*, S. 35 ff.).

> An eine **Sperrerklärung** sind **strenge Anforderungen** zu stellen. Sie muss auf Ausnahmefälle beschränkt bleiben (BGH, a.a.O.; vgl. aber BVerfG NJW 2010, 925). Zudem ist bei den Voraussetzungen für die Sperrerklärung zwischen einem VE und einer Privatperson als Hinweisgeber zu unterscheiden (BGH, a.a.O.).

3249 Inzwischen geht der BGH geht in seiner Entscheidung v. 19.7.2006 (NStZ 2006, 648) davon aus, dass die verfremdet durchgeführte **audiovisuelle Vernehmung** auch bei Abwesenheit der Angeklagten unter rechtsstaatlichen Gesichtspunkten, insbesondere im Hinblick auf die Verteidigungsrechte der Angeklagten, gegenüber einer vollständigen Sperrung des Zeugen deutlich **vorzugswürdig** ist. Zu beachten ist in dem Zusammenhang immer das sich aus Art. 6 Abs. 3 Buchst. d) MRK ergebende Frage-/**Konfrontationsrecht** des Beschuldigten/Angeklagten, das zum Inhalt hat, dass dem Angeklagten die effektive Möglichkeit verschafft werden muss, einen Zeugen zu befragen und seine Glaubwürdigkeit und Zuverlässigkeit infrage zu stellen (vgl. EGMR NJW 2006, 2753; 2013, 3225 m. Anm. *Pauly* StV 2014, 456 m.w.N. aus der Rspr. des EGMR; BVerfG NStZ 2007, 534; BGHSt 51, 232; BGH NJW 2003, 74 m.w.N.; vgl. auch OLG Nürnberg, Beschl. v. 16.2.2015 – 1 OLG 8 Ss 295/14; eingehend zum „Konfrontationsrecht" *Meyer-Goßner/Schmitt*, Art. 6 MRK Rn 22 ff.; *Schmitt*, a.a.O., S. 617 ff.; s.u. Rdn 3254).

c) Damit ergibt sich ein „**geändertes 3-Stufen-Modell**" (vgl. zum alten Modell *Renzi-* 3250
kowski JZ 1999, 606). Es gilt:

- Grds. ist die Beweisaufnahme in der Form durchzuführen, die dem in der StPO vorgese- 3251
hornen Verfahren am nächsten kommt (BGH NJW 2003, 74; vgl. a. BGH NStZ 2006,
648). Das bedeutet, dass auf der **1. Stufe** der **VE/V-Mann** der HV i.d.R. nicht vorenthalten werden darf. Er muss vielmehr ggf. unter **besonderen Schutzvorkehrungen**
vernommen werden, sodass der Mündlichkeits- und → *Unmittelbarkeitsgrundsatz*,
Rdn 2690 und vor allem das Fragerecht des Angeklagten (vgl. dazu Rdn 3254;
EGMR NJW 2006, 2753) gewahrt bleiben. Eine optische und akustische Abschirmung
des Zeugen, auch bei einer Videokonferenz, ist zulässig und muss im Hinblick auf die →
Aufklärungspflicht des Gerichts, Rdn 329, ggf. vorgenommen werden, wenn dadurch
die vollständige Sperrung des Zeugen umgangen werden kann (BGH, a.a.O.; BGHSt
51, 232; vgl. dazu schon früher *Weider* StV 2000, 48; *Wattenberg* StV 2000, 688; KMR-
Bockemühl, a.a.O.; jetzt *Güntge* JR 2007, 429 in der Anm. zu BGH, a.a.O., wonach die
Verfremdung des Zeugen allerdings nicht so weit gehen darf, dass sie zu einer vollstän-
digen Unkenntlichmachung der zu vernehmenden Person führt; zur Verwendung von
Skype *Gerst* StraFo 2013, 103; s. i.Ü. die Nachw. bei Rdn 3247).

> ✍ Das Gericht ist im Hinblick auf die Aufklärungspflicht und das Fragerecht des
> Angeklagten verpflichtet, sich um eine entsprechende → *Aussagegenehmigung*,
> Rdn 409, zu **bemühen** (vgl. a. *Burhoff*, EV, Rn 2117). Nur wenn auch eine audio-
> visuelle Vernehmung unter optischer und akustischer Abschirmung die Gefähr-
> dung eines VE/V-Mannes nicht verhindern kann, ist eine Sperrerklärung zulässig
> (BGH NStZ 2005, 43; zuletzt BGHSt 51, 232 und BGH NStZ 2006, 648; vgl. dazu
> auch Hess.VGH StV 2013, 685; StraFo 2013, 330). I.Ü. ist es dann, wenn von der
> für den Einsatz des VE/V-Mannes zuständigen obersten Dienstbehörde die audio-
> visuelle Vernehmung angeboten wird, Aufgabe des Justizministeriums und ggf.
> seiner nachgeordneten Dienststellen, das Gericht so auszustatten, dass das Verfah-
> ren auch durchgeführt werden kann (BGHSt 51, 232). Die Gerichte sind an die Zu-
> sicherung der Vertraulichkeit, die gegenüber einem Zeugen abgegeben worden ist
> – anders als ggf. die StA und die Ermittlungsbehörden – nicht gebunden. Sie dür-
> fen eine gebotene Beweiserhebung also nicht allein deshalb ablehnen, weil StA
> oder die Polizei die Identität eines Informanten geheim halten wollen, es sei
> denn die oberste Dienstbehörde erklärt, dass die von der Beweisperson erstrebte
> Auskunft dem Wohl des Bundes oder eines deutschen Landes Nachteile bereiten
> würde (BGH StV 2012, 5; vgl. auch BVerfG NJW 2010, 925).

- Lässt sich eine Sperrerklärung nicht umgehen (vgl. dazu auch *Meyer-Goßner/Schmitt*,
Art 8 MRK Rn 22b; *Burhoff*, EV, Rn 2117), wird der VE/V-Mann der HV entzogen

werden dürfen. Er wird dann aber auf einer **2. Stufe** gem. § 223 zunächst **kommissarisch vernommen** werden müssen. Das **Protokoll** dieser Vernehmung ist sodann gem. § 251 Abs. 1 Nr. 2 zu **verlesen** (so wohl a. BGH NJW 2003, 74). Rechtsgrundlage für diese Verfahrensweise ist § 54. Die → *Aussagegenehmigung*, Rdn 409, des V-Mannes wird auf eine Vernehmung durch einen ersuchten oder beauftragten Richter – beschränkt – erteilt (s.a. *Burhoff*, EV, Rn 301 ff., 1088; zu allem KK-*Senge*, vor § 48 Rn 67 m.w.N.). Wegen des Verfahrens und der Verwertbarkeit eines Vernehmungsprotokolls gelten die Ausführungen bei → *Kommissarische Vernehmung eines Zeugen oder Sachverständigen*, Rdn 1797 ff., entsprechend; s.a. u. Rdn 3255).

- Erst, wenn die vorhergehenden Stufen nicht zum Erfolg führen, kann auf der **3. Stufe** die **Identität** des VE/V-Mannes **vollständig gesperrt** und dem Gericht analog § 96 die Auskunft über Namen und ladungsfähige Anschrift des VE/V-Mannes verweigert werden (vgl. zu den Anforderungen BGH NStZ 2005, 43; Hess.VGH NJW 2014, 240; *Mahler* HRRS 2013, 333). Die Aussagegenehmigung wird beschränkt auf einen Vernehmungsbeamten, der den VE/V-Mann im EV gehört hat und nunmehr als sog. **Zeuge vom Hörensagen** zur Verfügung steht, die Identität des Vernommenen aber nicht preisgeben darf (zum Beweiswert vgl. EGMR StV 1991, 193, 194; zur Videovernehmung in diesen Fällen s. *Beulke*, ZStW 2001, 727 und *Detter* StV 2006, 548).

3252 d) Die o.a. **Rspr.** des **BGH** (vgl. NJW 2003, 74; NStZ 2004, 345; 2005, 43; inzidenter bestätigt in BGHSt 51, 232) bringt erhebliche **Änderungen** für die **Praxis** der Vernehmung von gesperrten V-Leuten (vgl. dazu schon eingehend *Weider/Staechlin* StV 1999, 51 ff.; s. dazu a. noch *Wattenberg* StV 2004, 241 in der Anm. zu BGH NStZ 2004, 34; *Walter* StraFo 2004, 224; *Kolz*, S. 35 ff.; *Detter* StV 2006, 544).

> ✍ Die **vollständige Sperrung** des V-Mannes – also auch für eine Vernehmung ohne Berücksichtigung der §§ 58a, 168e, 247a – ist grds. nicht zulässig (vgl. BGH NStZ 2005, 43 [auf Ausnahmefälle beschränkt]; vgl. a. BGHSt 49, 112; vgl. dazu auch Hess.VGH NJW 2014, 240; StV 2013, 685; zu allem a. *Detter* StV 2006, 544; zu Ausnahmen *Meyer-Goßner/Schmitt*, Art 6 MRK Rn 22b).

3253 Für die Praxis der Vernehmung von (gesperrten) V-Leuten ist **im Einzelnen** auf Folgendes hinzuweisen:
- Die Vorschriften der §§ 58a, 168e, 247a gelten **auch** für den VE/**V-Mann** (BGH NJW 2003, 74; vgl. a. BT-Drucks 13/7165, S. 4, 6; zum neuen Recht *Rieß* NJW 1998, 3242; *Weider/Staechlin* StV 1999, 51; *Weider* StV 2000, 51).
- Der **VE/V-Mann** ist **grds.** in der **HV** zu **vernehmen**, ggf. mittels einer Videokonferenz unter optischer und akustischer Abschirmung (BGH, a.a.O.; NStZ 2006, 648; vgl. a. *Detter* StV 2006, 544), wozu die Justiz ggf. die Voraussetzungen schaffen muss (BGHSt 51, 232; → *Videovernehmung in der Hauptverhandlung*, Rdn 3307).

Verwertung der Erkenntnisse eines (gesperrten) V-Mannes   V

Dem kann nicht entgegengehalten werden, auch durch eine solche Vernehmung des V-Mannes sei dessen Enttarnung möglich (so aber wohl BGH NStZ 2004, 345). Abgesehen davon, dass fraglich ist, ob das überhaupt ein zulässiger Einwand ist (vgl. EGMR StV 1997, 617; noch enger EGMR StraFo 2002, 160; s. aber EGMR, Beschl. v. 29.9.2009, Nr. 15065/05), kann die Videokonferenz auch so gestaltet werden, dass der V-Mann optisch nicht enttarnt werden kann (*Walter* StraFo 2004, 224; *Wattenberg* StV 2004, 241 in der Anm. zu BGH, a.a.O.; *Weider/Staechlin*, a.a.O.; *Weider* StV 2000, 51 ff.; *Meyer-Goßner/Schmitt*, § 68 Rn 17; a.A. *Renzikowski* JZ 1999, 607 Fn 15). Das gilt vor allem auch deshalb, weil bei dieser Verfahrensweise – wie vom EuGH gefordert (vgl. Rdn 3254) – die direkte Befragung des Zeugen möglich ist (s.a. *Wattenberg*, a.a.O.). Notfalls ist dem Zeugen ein vorbereiteter Fragenkatalog vorzulegen (BGH NStZ 1993, 292; NStZ-RR 2001, 268 [Be]; s. aber BVerfG NStZ 2007, 534).

> Bei **V-Leuten** ist zudem darauf hinweisen, dass nach dem neuen § 101 Abs. 5 eine Zurückstellung der Benachrichtigung über ihren Einsatz nicht in Betracht kommt. Damit scheidet bei ihnen auch der Hinweis darauf, dass die weitere Verwendung gefährdet sein, aus (s.a. KK-*Bruns*, § 110b Rn 17).

- Ist der V-Mann also ausnahmsweise zulässig für eine Vernehmung in der HV gesperrt worden, muss seine **Vernehmung** im EV gem. § 58a Abs. 1 Nr. 2 auf **Video** aufgezeichnet werden, mit der Möglichkeit, bei einer richterlichen Vernehmung im EV gem. § 168e diese in Form der **Videokonferenz** durchzuführen (*Burhoff*, EV, Rn 2103 ff.).
- Die **Aufzeichnung** der im EV durchgeführten Vernehmung auf Video wird in der **HV** ggf. nach § 255a verwertet (→ *Vorführung von Bild-Ton-Aufzeichnungen*, Rdn 3396 ff.). I.d.R. ist diese – schon wegen der sich aus § 244 Abs. 2 ergebenden → *Aufklärungspflicht des Gerichts*, Rdn 329, – **vorzuspielen**, wenn eine der Alternativen des § 251 vorliegt (zutr. *Weider/Staechlin* StV 1999, 53; → *Verlesung von Protokollen früherer Vernehmungen/sonstiger Erklärungen*, Rdn 3014 ff.).

3. Hinsichtlich der im Interesse des Mandanten zu ergreifenden **Maßnahmen** muss der **Verteidiger** ebenso wie das Gericht i.d.R. immer beachten, dass im Hinblick auf Art. 6 Abs. 3 Buchst. d) MRK auch der V-Mann ein Zeuge ist, dessen **Vernehmung** i.d.R. in **Gegenwart** des **Angeklagten** zu erfolgen hat (so ausdrücklich a. BGH NJW 2003, 74 und NStZ 2004, 345; s.a. BGHSt 49, 112; vgl. dazu EGMR NJW 1992, 3088; 2013, 3225 StV 1990, 481 f.; 1991, 193; so wohl a. EGMR StV 1997, 617; eingehend zum VE in der HV *Lesch*, a.a.O m.w.N.; *Zaczyk* StV 1993, 494; *Renzikowski* JZ 1999, 605 und *Detter* StV 2006, 544; zu den mit Art. 6 MRK zusammenhängenden Fragen *Eisenberg*, Rn 1053 f.; zu Interventionsmöglichkeiten *Wesemann* StV 1997, 601; zur Bedeutung des Fragerechts s.a. noch BGHSt 46, 93 und *Detter* NStZ 2003, 1, 6).

3254

| V | **Verwertung der Erkenntnisse eines (gesperrten) V-Mannes** |

Die **Bedeutung** des **Fragerechts** des Angeklagten wird vom **EGMR** immer wieder betont (vgl. dazu die o.a. Rspr. und u.a. NJW 2003, 2893; 2006, 2753; 2013, 3225; StraFo 2002, 160; s. auch Urt. v. 15.12.2011 – Nr. 26766/05, 22228/06, HRRS 2012 Nr. 1 m. Anm. du *Bois-Pedain* HRRS 2012, 120 u. *F. Meyer* HRRS 2012, 117); zu dieser Rspr. a. *Wattenberg* StV 2004, 241 in der Anm. zu BGH 46, 93 und die Zusammenstellung bei *Eser/Gaede/Tsambikakis* NStZ 2011, 140 ff.; eingehend zu den damit zusammenhängenden Fragen *Burhoff*, EV, Rn 3873; → *Fragerecht des Angeklagten*, Rdn 1537 m.w.N. und vor allem AnwKomm-StPO/*Sommer*, Art. 6 MRK Rn 97 ff. m. zahlr. weit. Nachw. aus der Rspr. des EGMR). Daraus folgt, dass der Verteidiger **alle Möglichkeiten ausschöpfen** muss, um eine **Vernehmung** des VE in der HV mit der Möglichkeit der unmittelbaren Befragung durch ihn sicherzustellen (s.a. u. Rdn 3261). Gelingt das nicht, muss er die fehlende Unmittelbarkeit der Beweisaufnahme und auch die Beweiswürdigung problematisieren (→ *V-Mann in der Hauptverhandlung*, Rdn 3341; *Wesemann* StV 1997, 602). Die Folgen bei einem Verstoß gegen das Konfrontationsrecht werden in der Rspr. des EGMR teilweise anders als in der nationalen Rspr. des BVerfG/BGH gesehen (vgl. dazu → *Fragerecht des Angeklagten*, Rn 1499; *Burhoff*, EV, Rn 3878 und die Nachw. bei *Meyer-Goßner/ Schmitt*, Art. 6 MRK Rn 22c).

3255 **a) Vor** der **HV** bieten sich folgende Möglichkeiten an (s.a. *Conen* StRR 2009, 84, 86; *Wesemann* StV 1997, 602):

- Der Verteidiger muss/kann gegen eine **vollständige „Sperrung"** des V-Mannes mit einem Auskunftsverlangen vorgehen und **klagen** (vgl. dazu auch Hess.VGH NJW 2014, 240; StV 2013, 685; *Mahler* HRRS 2013, 333; → *Aussagegenehmigung*, Rdn 409; s.a. *Burhoff*, EV, Rn 521 ff., 1605). Dabei sind aber die i.d.R. auftretenden **Schwierigkeiten** zu berücksichtigen (zur Klagebefugnis *Ellenbogen* NStZ 2007, 310): Der Angeklagte hat grds. keinen Anspruch auf Aussetzung der HV (→ *Aussagegenehmigung*, Rdn 416; BGH NStZ-RR 2008, 65 [Be]). Wegen der langen Verfahrensdauer bei den Verwaltungsgerichten wird der Verteidiger daher einen Termin dort i.d.R. meist erst dann bekommen, wenn die HV des Strafverfahrens bereits beendet ist. Zudem ergeben sich zusätzlich häufig noch **kostenrechtliche Probleme**. Ist der Verteidiger nämlich Pflichtverteidiger, wird der Mandant nicht in der Lage sein, die Kosten des verwaltungsgerichtlichen Verfahrens zu zahlen, weshalb der Verteidiger dort PKH beantragen wird. Diese wird aber dann nicht (mehr) bewilligt werden, wenn das Strafverfahren, für das die Aussagegenehmigung erstrebt wird, erledigt ist. Dem drohenden Kostenausfall lässt sich m.E. in gewissem Umfang dadurch begegnen, dass die vom Verteidiger erbrachten Tätigkeiten bei der Bemessung einer ggf. nach § 51 RVG zu gewährenden **Pauschvergütung** (mit-)berücksichtigt werden.

Verwertung der Erkenntnisse eines (gesperrten) V-Mannes   V

> Nach der Rspr. des BGH (vgl. BGHSt 49, 112) dürfen sich die **Geheimhaltungsinteressen** des Staates **nicht nachteilig** für den Beschuldigten/Angeklagten auswirken (ähnlich BGH StV 2012, 5; vgl. auch noch BGH NJW 2007, 3010, zu den Auswirkungen der Beschränkung der Aussagegenehmigung für den Angeklagten; zu allem auch *Safferling* NStZ 2006, 75, 80). Das BVerfG (NJW 2010, 925) geht allerdings davon aus, dass die Sperrung eines Zeugen auch damit begründet werden kann, dass das Vertrauen in „Vertraulichkeitszusagen" der Ermittlungsbehörden insgesamt erschüttert würde, wenn eine solche Zusage nicht eingehalten würde.

- Er muss auch darauf **hinwirken**, dass das Gericht sich nicht ohne Weiteres mit der Sperrerklärung einer untergeordneten Behörde zufrieden gibt, sondern die **Entscheidung** der **obersten Dienstbehörde** herbeiführt (BGHSt 42, 175).
- Ggf. wird der Verteidiger schon vor der HV auf eine (zumindest) **kommissarische Vernehmung** hinwirken, wobei ggf. die Vorschriften über die **Videovernehmung** zur Anwendung kommen können (zur Videovernehmung im EV *Burhoff*, EV, Rn 4178 ff.).

> Vom **Vernehmungstermin** muss der Verteidiger vorher **benachrichtigt** werden (§ 224 Abs. 1). Wird dagegen verstoßen, ist das über die Vernehmung angefertigte Protokoll in der HV **nicht verwertbar** (→ *Kommissarische Vernehmung eines Zeugen oder Sachverständigen*, Rdn 1804; s.a. *Burhoff*, EV, Rn 3873).

> Soll der V-Mann außerhalb der HV **kommissarisch vernommen** werden, kann der **Verteidiger** grds. von der Vernehmung **nicht ausgeschlossen** werden (so schon BGHSt 32, 115; *Meyer-Goßner/Schmitt*, § 223 Rn 4; KK-*Senge*, vor § 48 Rn 67 m.w.N.). Etwas anders soll gelten, wenn durch die Teilnahme des Verteidigers der Untersuchungserfolg gefährdet wäre (§ 224 Abs. 1 S. 2). Das soll z.B. der Fall sein, wenn der Beschuldigte/Verteidiger die Anwesenheit bei der Vernehmung zu **Verdunkelungshandlungen** nutzen **könnte** (BGH, a.a.O. m.w.N.; KK-*Senge*, a.a.O.). Diese Auffassung ist m.E. im Hinblick auf § 1 BRAO, wenn nicht unvertretbar, so doch zumindest zweifelhaft und dürfte nur in extremen Ausnahmefällen zutreffen. Zu fordern sind auf jeden Fall konkrete Tatsachen, die die Annahme des Missbrauchs belegen. Anderenfalls läuft die o.a. Ansicht im Ergebnis auf die Abwertung eines ganzen Berufsstandes hinaus (wegen der allgemeinen Einzelh. → *Kommissarische Vernehmung eines Zeugen oder Sachverständigen*, Rdn 1793 ff.; s.a. BGH, a.a.O.).

- Schließlich ist auch noch die Anregung in Betracht zu ziehen, die **HV** in einen **besonders gesicherten Raum** verlegen zu lassen (BGHSt 32, 115, 125).

| V | **Verwertung der Erkenntnisse eines (gesperrten) V-Mannes** |

b) In der **HV** bieten sich folgende Möglichkeiten an:

3256 **aa)** Gibt das Gericht zu erkennen, dass es sich mit einer von der Strafverfolgungsbehörde/ Dienstherrn des V-Mannes abgegebenen (teilweisen oder vollständigen) Sperrerklärung zufrieden geben will, muss der Verteidiger entsprechende (**Beweis-**)**Anträge** auf Vernehmung des V-Mannes in der HV stellen (vgl. a. *Wesemann* StV 1997, 602 ff.). Dadurch wird das Gericht gezwungen, sich darüber klar zu werden, ob der V-Mann **tatsächlich** i.S.d. § 244 Abs. 3 „**unerreichbar**" ist.

⌨ Dabei wird der Verteidiger auch darauf hinweisen, dass § 247a Abs. 1 die Videovernehmung auch dann erlaubt, wenn sich der Zeuge an einem **anderen Ort** aufhält. Das hat Auswirkungen auf das Merkmal „unerreichbar" (s. dazu a. BGHSt 45, 188; BGH NJW 2000, 2517; *Meyer-Goßner/Schmitt*, § 244 Rn 62). Er sollte zudem darauf hinweisen, dass nach der neueren Rspr. des BGH (vgl. o. Rdn 3247) die Gerichte sich mit einer vollständigen Sperrung nicht mehr zufrieden geben dürfen und die (vollständige) Sperrentscheidung überprüfen müssen. Nach der Rspr. des EGMR (NJW 2006, 2753) sind zudem aktive Schritte erforderlich, um den Angeklagten in die Lage zu versetzen, Belastungszeugen insbesondere durch eine in seiner Anwesenheit erfolgenden Befragung prüfen zu können oder prüfen zu lassen (s. aber BVerfG NJW 2010, 925).

3257 Darüber hinaus empfehlen sich folgende **Anregungen/Anträge**, die ggf. die unmittelbare Vernehmung des V-Mannes unter einem gewissen Schutz für diesen in der HV ermöglichen:

- Im Hinblick auf die Vorschrift des § 247a Abs. 1 muss der Verteidiger mit einem (**Beweis-**)**Antrag** die Vernehmung des V-Mannes im Wege der Videokonferenz, ggf. unter optischer und akustischer Abschirmung, beantragen (→ *Videovernehmung in der Hauptverhandlung*, Rdn 3307, 3335; s.a. BGHSt 51, 232 [Justiz ist verpflichtet, die technischen Voraussetzungen zu schaffen]).

- Hinweisen muss der Verteidiger auch auf die Möglichkeit, dass, wenn schon nicht nach § 247a Abs. 1 vernommen wird, dann zumindest der **Angeklagte** gem. § 247 S. 1 aus dem Sitzungssaal zu **entfernen** sein wird (s. dazu BGHSt 32, 32 und die weiteren Nachw. bei *Lesch* StV 1995, 542 Fn 54; → *Entfernung des Angeklagten aus der Hauptverhandlung*, Rdn 1408). Wird der Angeklagte aus der HV entfernt, rechtfertigt das aber nicht, in seiner Abwesenheit einen Polizeibeamten über die Identität des V-Mannes zu vernehmen (BGH NStZ 1993, 350).

- Lässt sich eine Gefahr für Leben, Leib oder Freiheit des V-Mannes nicht anders ausschließen, sollte der Verteidiger anregen, diese Person unter Berücksichtigung des § 68 Abs. 2 und/oder Abs. 3, also unter **Verschweigen** des **Wohnortes** oder der **wahren Identität**/Legende, zu **vernehmen** (wegen der Einzelh. *Meyer-Goßner/Schmitt*, § 68 Rn 10 ff.; für den VE im eigentlichen Sinn s. §§ 110b Abs. 3, 110a Abs. 2 S. 2; vgl. dazu BGH NStZ 2004, 345; 2006, 648 und auch EGMR, Beschl. v. 29.9.2009,

Nr. 15065/05). Der BGH sieht es auch als zulässig an, wenn offen im sog. „Rockermilieu" ermittelnden polizeilichen Zeugen aus der Spezialdienststelle des LKA gestattet wird, in der HV in Anwesenheit der Angeklagten statt ihrer Personalien nur ihre polizeiliche Kennnummer anzugeben (BGH NStZ 2012, 168).

☞ Grds. muss der Angeklagte zu **irgendeinem Zeitpunkt** des Verfahrens die **Gelegenheit** gehabt haben, einen gegen ihn aussagenden **Zeugen** zu **befragen** (EGMR StV 1990, 481; 1991, 193; StV 1997, 617 [Verletzung der Verteidigungsrechte des Angeklagten bei Vernehmung eines verdeckt arbeitenden Polizeibeamten in Abwesenheit des Angeklagten und des Verteidigers]; StraFo 2000, 160 und die Rspr.-Hinw. bei Rdn 3254; → *Fragerecht des Angeklagten*, Rdn 1537; s. aber BVerfG NJW 2010, 925). Soweit es um die Verwertung der Erkenntnisse verdeckt operierender Polizeibeamter geht, ist dieser Grundsatz allerdings eingeschränkt worden (vgl. wegen der Einzelh. *Joachim* StV 1992, 245; s. aber BVerfG NJW 1992, 168 und EGMR, a.a.O.). Der Verteidiger sollte auch daran denken, dass notfalls der Zeuge **schriftlich** befragt werden muss, indem ihm durch das Gericht ein vorbereiteter **Fragenkatalog** des Angeklagten **vorgelegt** wird (BGH NStZ 1993, 292; s.a. *Eisenberg*, Rn 1053 f.).

4. Lässt sich eine unmittelbare Vernehmung des V-Mannes in der HV nicht erreichen (zu verteidigungstaktischen Überlegungen s.u. Rdn 3261), kann die **mittelbare Verwertung** der Erkenntnisse durch einen sog. → *Zeugen vom Hörensagen*, Rdn 3545, in Betracht kommen. Die Erkenntnisse eines V-Mannes können nämlich inhaltlich grds. durch die Vernehmung eines anderen Beamten in das Verfahren eingeführt werden (EGMR StraFo 2007, 107; BVerfG NJW 1992, 168; BGHSt 32, 115, 122; *Meyer-Goßner/Schmitt*, § 250 Rn 5, jew. m.w.N.; zum V-Mann als Beweismittel zusammenfassend a. KK-*Senge*, vor § 48 Rn 54 ff. m.w.N.; zusammenfassend zum Zeugen vom Hörensagen *Detter* NStZ 2003, 1 und a. *Burhoff*, EV, Rn 3880). Dabei kann es sowohl um Umstände gehen, die der zu vernehmende Zeuge als Vernehmungsbeamter in einer förmlichen Vernehmung des V-Mannes als auch formlos von diesem erfahren hat. In diesen Fällen muss der Verteidiger besonders die **Gefahren** berücksichtigen, die entstehen, wenn der V-Mann im Verborgenen bleibt. Dem ist bei der **Beweiswürdigung** Rechnung zu tragen (vgl. auch OLG Nürnberg, Beschl. v. 16.2.2015 – 1 OLG 8 Ss 295/14; vgl. wegen der Einzelh. → *V-Mann in der Hauptverhandlung*, Rdn 3341 m.w.N.; zur Beweiswürdigung s.a. *Eisenberg*, Rn 1033, 1034).

3258

☞ In der HV muss der Verteidiger verdeutlichen, dass in zweierlei Hinsicht **Glaubwürdigkeitsfragen** entstehen. Zum einen geht es um die Glaubwürdigkeit des V-Mannes selbst, zum anderen um die des „Zeugen vom Hörensagen". Besonders auf die Glaubwürdigkeit des V-Mannes muss der Verteidiger sein Augenmerk richten

| V | **Verwertung der Erkenntnisse eines (gesperrten) V-Mannes** |

und versuchen, diese durch Befragung des Vernehmungsbeamten/„Zeugen vom Hörensagen" zu klären. Das gilt vor allem für die Frage der „Zuverlässigkeit" des V-Mannes, die der Verteidiger, wenn sie vom Vernehmungsbeamten behauptet wird, **hinterfragen** muss (zu den Glaubwürdigkeitsproblemen s.a. *Wesemann* StV 1997, 603).

3259 5. Möglich ist schließlich auch noch eine **Verlesung polizeilicher Protokolle** über eine Vernehmung des V-Mannes. Insoweit dürften bei (zulässiger) vollständiger Sperrung des V-Mannes die Voraussetzungen des § 251 Abs. 1 Nr. 2 vorliegen, da dieser aus anderem Grund in absehbarer Zeit gerichtlich nicht vernommen werden kann (→ *Verlesung von Protokollen früherer Vernehmungen/sonstiger Erklärungen*, Rdn 3029; *Meyer-Goßner/Schmitt*, § 251 Rn 33 m.w.N. und KG StV 1995, 348; zur „Erreichbarkeit" s.a. o. Rdn 3256).

✍ In diesem Zusammenhang muss der Verteidiger die Frage aufwerfen und problematisieren, aus welchen sachlichen Gründen ein **Tonbandmitschnitt** der Vernehmung des V-Mannes oder die **Videovernehmung** des Zeugen unterblieben ist.

3260 Ob das (alleinige) **Fehlen** von **Angaben** zur **Identität** des Aussagenden die Vernehmung unverwertbar macht, ist umstritten (abl. BGHSt 33, 83; bej. *Fezer* JZ 1984, 435 in der Anm. zu BGHSt 32, 115; *Taschke* StV 1985, 269 f. in der Anm. zu BGHSt 33, 83). M.E. dürfte die Auffassung der Rspr. zutreffen, da zumindest § 251 Abs. 1 die Angabe von Personalien nicht verlangt, in § 163 Abs. 3 ist die Anwendung der Vorschrift des § 68 für polizeiliche Vernehmungen aufgrund der Änderungen durch das 2. OpferRRG jetzt allerdings vorgeschrieben. Auch hier wird man jedoch den durch die fehlenden Personalangaben i.d.R. nur **eingeschränkten Beweiswert** des Beweismittels berücksichtigen müssen. Eine Verurteilung allein aufgrund dieser Angaben wird daher nicht möglich sein (zum eingeschränkten Beweiswert → *V-Mann in der Hauptverhandlung*, Rdn 3341).

6. Hinweise für den Verteidiger!

3261 Sein Verhalten im Hinblick darauf, in der HV ggf. die unmittelbare Vernehmung des V-Mannes zu erreichen, muss der Verteidiger von folgenden **taktischen Überlegungen** abhängig machen: Er wird auf die persönliche Anhörung in der HV dann nicht verzichten, wenn es auf den persönlichen Eindruck ankommt und/oder wenn er den V-Mann befragen muss. Anders wird er sich entscheiden, wenn der Angeklagte durch die Aussage entlastet werden sollte und das Gericht zu erkennen gegeben hat, dass es die Aussage auch so werten will. Auch sollte nicht der geringere Beweiswert der nur mittelbaren Verwertung der Erkenntnisse des V-Mannes übersehen werden.

✍ Maßnahmen des Vorsitzenden in Zusammenhang mit der Verwertung/Einführung der Erkenntnisse des V-Mannes in die HV sind solche der → *Verhandlungsleitung*, Rdn 2889. Diese kann der Verteidiger, wenn er damit nicht einverstanden ist, **beanstan-**

den und damit gem. § 238 Abs. 2 einen Gerichtsbeschluss herbeiführen. Diesen **Widerspruch** muss er im Hinblick auf die Rspr. des BGH erheben, wenn er sich die entsprechende **Revisionsrüge** erhalten will (Folge aus BGHSt 38, 214; → *Widerspruchslösung*, Rdn 3433 ff.; s.a. BGH NStZ-RR 2001, 260 [Be]).

Siehe auch: → *Aussagegenehmigung*, Rdn 409; → *V-Mann in der Hauptverhandlung*, Rdn 3336; → *Zeugen vom Hörensagen*, Rdn 3545.

Verwirkung von Verteidigungsrechten 3262

Das Wichtigste in Kürze:
1. Als Verteidiger muss man sich darüber bewusst sein, dass Strafverteidigung nicht erst in der Revisionsinstanz beginnt, sondern die Grundlagen für eine ggf. erfolgreiche Revision (zumindest) in der Tatsacheninstanz, wenn nicht schon im EV, gelegt werden.
2. Die Verwirkung von Verfahrensrügen/Beanstandung von Prozessverstößen kann für den Verteidiger in dreifacher Weise eintreten Am häufigsten ist der Fall des Rügeverzichts entweder vor oder nach einer Prozesshandlung.
3. Ob eine Verwirkung von Verteidigungsrechten ggf. auch infolge arglistigen Verhaltens des Verteidigers eintreten kann, ist zweifelhaft.
4. Von erheblicher praktischer Bedeutung ist für den Verteidiger die in der Rspr. des BGH in den letzten Jahren in verstärktem Maße vertretene „Widerspruchslösung".

Literaturhinweise: **Bernsmann**, Zur Stellung des Strafverteidigers im deutschen Strafverfahren, StraFo 1999, 226; **Beulke**, Rechtsmißbrauch im Strafprozeß – Eine Erwiderung auf *Pfister*, StV 2009, 554; **Dahs**, Das Schweigen des Verteidigers zu tatrichterlichen Verfahrensfehlern und die Revision, NStZ 2007, 241; *ders.*, Das Schweigen des Verteidigers und die Revision, in: Festschrift für *Kay Nehm*, 2006, S. 243; **Ebert**, Zum Beanstandungsrecht nach Anordnungen des Strafrichters gem. § 238 Abs. 2 StPO, StV 1997, 269; **Fahl**, Rechtsmißbrauch im Strafprozeß, 2005; *ders.*, Unwahre Verfahrensrüge und Strafvereitelung, StV 2015, 51; **Jeschek**, Die Verwirkung von Verfahrensrügen im Strafprozeß, JZ 1952, 400; **Kempf**, Der „Missbrauchsgedanke" argumentum pro advocato? – zugleich Erwiderung auf *Fahl* StV 2015, 51 (vorstehend), StV 2015, 55; **Maatz**, Mitwirkungspflicht des Verteidigers in der Hauptverhandlung und Rügeverlust, NStZ 1992, 513; **Nagel**, Die Ohnmacht der Verteidigung vor der Macht der Richter? Ein Beitrag zur Diskussion um Verteidigerpflichten und Rügepräklusionen, StraFo 2013, 221; **Pfister**, Rechtsmißbrauch im Strafprozeß, StV 2009, 550; **Schlüchter**, Wider die Verwirkung von Verfahrensrügen im Strafprozeß, in: Gedächtnisschrift für *Karlheinz Meyer*, 1990, S. 445; **W. Schmid**, Die Verwirkung von Verfahrensrügen im Strafprozeß, 1967; **Widmaier**, Mitwirkungspflicht des Verteidigers in der Hauptverhandlung und Rügeverlust(?), NStZ 1992, 519; s.a. die Hinw. bei → *Widerspruchslösung*, Rdn 3433. 3263

1. Als Verteidiger muss man sich darüber bewusst sein, dass **Strafverteidigung** nicht erst in der Revisionsinstanz beginnt, sondern die **Grundlagen** für eine ggf. erfolgreiche Re- 3264

V   Verwirkung von Verteidigungsrechten

vision (zumindest) in der **Tatsacheninstanz**, wenn nicht schon im EV, gelegt werden. Der Verteidiger hat kaum Möglichkeiten, Fehler, die er in der HV vor dem Tatrichter gemacht hat, in der Revisionsinstanz noch „auszubügeln" (*Dahs*, Rn 787 m.w.N.). Dazu können auch die Fälle gehören, in denen der Verteidiger einen Verfahrensfehler des Tatrichters zwar bemerkt hat, gegen ihn aber nicht vorgegangen ist, um sich den Fehler zur Begründung der Revision „aufzuheben". Wegen der großen Gefahren, die sich daraus für den Angeklagten ergeben können, soll an dieser Stelle ein **Überblick** zu den Fragen der Verwirkung von Verteidigungsrechten gegeben werden (wegen der Einzelh. s. die eingehende Darstellung bei *Dahs*, Rn 787 ff. m.w.N.; *ders*. NStZ 2007, 241 und *ders.*, S. 243 ff., sowie *Dahs*, RV, Rn 402 ff. sowie insbesondere a. bei → **Widerspruchslösung**, Rdn 3433).

2. Die Verwirkung von Verfahrensrügen/Beanstandung von Prozessverstößen kann für den Verteidiger in **dreifacher Weise** eintreten:

3265 a) Am häufigsten ist der Fall des **Rügeverzichts** entweder vor oder nach der (falschen) Prozesshandlung, die durch den Verzicht geheilt wird (*Dahs*, RV, Rn 404 ff.). Dies gilt allerdings nur für (**verzichtbare**) Prozesshandlungen, auf die der Verteidiger also durch Erklärungen einwirken kann, wie z.B.

- die → *Nachtragsanklage*, Rdn 1905,
- die → *Verlesung* von *Protokollen früherer Vernehmungen*, Rdn 3014 (§ 251 Abs. 1 Nr. 1 und Abs. 2 Nr. 3),
- den **Verzicht** auf die Einhaltung der **Ladungsfrist** (→ *Ladung des Angeklagten*, Rdn 1817; → *Ladung des Verteidigers*, Rdn 1829; → *Aussetzung wegen Nichteinhaltung der Ladungsfrist*, Rdn 490; vgl. zum Verzicht auf das Recht, die Aussetzung der HV zu verlangen, BGH NStZ 2005, 646; s.a. OLG Hamm StraFo 1998, 164, 269 [im Verzicht auf die Einhaltung der Ladungsfrist liegt kein Vorabverzicht auf den absoluten Revisionsgrund des § 338 Nr. 5 wegen Nichtteilnahme des – notwendigen – Verteidigers]),
- den → *Beweisverzicht*, Rdn 1146, z.B. auf die Vernehmung von (erschienenen) Zeugen und/oder SV (vgl. dazu u.a. BGH StV 1995, 623).

Geht es um den Verzicht des Angeklagten, wird zu dessen Wirksamkeit vorausgesetzt, dass der **Angeklagte Kenntnis** von dem Verfahrensverstoß hatte (BGH NStZ 2005, 114; 2006, 461).

3266 An dieser Stelle einzuordnen ist wohl auch die Rspr. des BGH, die dem Angeklagten aufgibt, einen **Ablehnungsantrag** wegen Besorgnis der Befangenheit ggf. in der Tatsacheninstanz zu stellen. Anderenfalls kann mit der Verfahrensrüge später nicht mehr ein Verstoß gegen den Grundsatz des fairen Verfahrens geltend gemacht werden (BGH NStZ 2009, 168). Entsprechendes gilt, wenn der Angeklagte die **Unverwertbarkeit** eines auf Druck zustande gekommenen Geständnisses geltend machen will (BGH, a.a.O.).

3267 Ein **Rügeverzicht** ist **unbeachtlich**, wenn es sich um **unverzichtbare Prozesshandlungen** und/oder -voraussetzungen handelt, wie z.b. ein → *Vereidigungsverbot*, Rdn 2807, für Zeugen nach § 60 oder eine Verlängerung der zulässigen Unterbrechungsfrist des § 229 (→ *Unterbrechung der Hauptverhandlung*, Rdn 2701).

b) Es kann auch der Fortgang des Verfahrens dazu führen, dass **Verfahrensverstöße** **3268** durch den **Prozessablauf überholt** sind (vgl. dazu *Dahs*, Rn 797 ff.). Der Verteidiger kann in der Revision gegen ein Urteil der kleinen Strafkammer des LG also keine Verfahrensverstöße des Amtsrichters (mehr) rügen. Etwas anderes gilt hinsichtlich der → *Zuständigkeit des Gerichts*, Rdn 3610 (BGHSt 42, 205).

c) Von besonderer praktischer Bedeutung ist die Verwirkung von Verfahrensverstößen **3269** durch **Nichtanrufung** des **Gerichts**. Die Möglichkeit der Anrufung des Gerichts steht dem Verteidiger nach § **238 Abs. 1** dann zu, wenn er Verfahrensverstöße des Vorsitzenden beanstanden will. Das Gericht muss dann gem. § 238 Abs. 2 durch einen Gerichtsbeschluss entscheiden.

Der Gerichtsbeschluss ist nach überwiegender Meinung – unabhängig von der Frage, welche Vorschriften i.Ü. verletzt sein müssen – grds. **unabdingbare Voraussetzung**, wenn in der **Revision** der Revisionsgrund der Beschränkung der Rechte der Verteidigung gem. § 338 Nr. 8 geltend gemacht werden soll (*Meyer-Goßner/Schmitt*, § 338 Rn 60 m.w.N.; → *Verhandlungsleitung*, Rdn 2895). Dieser **Beschluss** muss auch **in der HV** ergehen.

Der Verteidiger **muss** deshalb, wenn er sich durch eine Maßnahme des Vorsitzenden in seinen Rechten oder die Rechte des Angeklagten beschränkt sieht, gem. § 238 Abs. 2 das Gericht anzurufen und auf **jeden Fall** einen **Gerichtsbeschluss** herbeizuführen (→ *Verhandlungsleitung*, Rdn 2889). Das gilt vor allem, weil in der Rspr. des BGH deutlich die Tendenz zu erkennen ist, das Beanstandungserfordernis als Voraussetzung für eine zulässige Revisionsrüge auszudehnen.

3.a) Ob eine Verwirkung von Verteidigungsrechten ggf. auch infolge **arglistigen Verhaltens** **3270** des **Verteidigers** eintreten kann, ist zweifelhaft (vgl. *Dahs*, Rn 813 ff.; *ders.*, S. 243 ff.; *Dahs*, RV, Rn 410 ff.; *Jeschek* JZ 1952, 400; *W. Schmid*, S. 297 ff.). Man wird davon mit der wohl h.M. **allenfalls dann** ausgehen können, wenn der **Verteidiger selbst** den **Verfahrensfehler** in der Absicht **herbeigeführt** hat, um ihn mit der Revision zu rügen (*Meyer-Goßner/Schmitt*, § 337 Rn 47 m.w.N.; OLG Hamm NJW 1960, 1361; VRS 20, 68 [Nichtvereidigung eines Dolmetschers]; s.a. *Widmaier* NStZ 1992, 519; *Fahl*, Rn 623). Da jedoch ein arglistiges Verhalten des Verteidigers dem daran nicht beteiligten Angeklagten nicht entgegengehalten werden kann (BGHSt 24, 280; *Jeschek* JZ 1952, 402), kommt eine Verwirkung von Verteidigungsrechten wegen arglistigen Verhaltens in der Praxis kaum in Betracht (*Meyer-Goßner/Schmitt*, a.a.O.; zum Rügeverlust a. *Maatz*

| V | **Verwirkung von Verteidigungsrechten** |

NStZ 1992, 513; s. aber BGH NJW 1998, 2542 [eigenmächtige Entfernung des Verteidigers von der → *Urteilsverkündung*, Rdn 2761, führt zur Verwirkung der Rüge nach § 338 Nr. 5]; StV 2001, 101 [betr. die Unzulässigkeit einer Verfahrensrüge wegen widersprüchlichen Verhaltens]; zu allem a. *Fahl*, Rn 654 ff.). Auch bei unverzichtbaren Verfahrensvoraussetzungen, wie z.b. der sachlichen Zuständigkeit, führt das Herbeiführen oder bewusste Ausnutzen eines Verfahrensfehlers generell nicht zum Rügeverlust (in der Revisionsinstanz) (KG StV 2013, 555).

3271 In der revisionsrechtlichen Rspr. ist allerdings doch deutlich die **Tendenz** zu erkennen, die Annahme von Rechtsmissbrauch **auszudehnen**. Dazu folgende

Rechtsprechungsbeispiele:

- So ist z.B. Rechtsmissbrauch bzw. widersprüchliches Verhalten angenommen worden für eine **Ablehnungsrüge**, wenn der Verteidiger mit einem vom Angeklagten abgelehnten Richter später eine Absprache/Verständigung trifft (BGH NJW 2009, 690 [zum alten Recht] m. abl. Anm. *Ventzke* HRRS 2009, 28 und *Beulke/Witzigmann* StV 2009, 394; vgl. auch noch BGH StraFo 2009, 73; krit. a. *Pfister* StV 2009, 550, 553; *Beulke* StV 2009, 554, 556; *Meyer-Goßner/Schmitt,* § 257c Rn 27a).

  > In der Rspr. des BGH wird diese Frage aber **nach Inkrafttreten** des **§ 257c anders** gesehen. Danach bleibt dem Angeklagten die Befugnis zur Einlegung eines Rechtsmittels und zur Erhebung von Verfahrensrügen uneingeschränkt erhalten, auch wenn dem Urteil eine Verständigung vorausgegangen ist (BGHSt 56, 235; 57, 3; BGH NStZ 2010, 289 f.; StV 2009, 680; NStZ-RR 2010, 383; s. wohl a. KG StV 2013, 555). Die Zustimmung des Angeklagten zu einer Verständigung nach § 257c führe als solche nach der Konzeption des die Verständigung betreffenden Regelungsgefüges der StPO nicht zum Verlust einzelner prozessualer Rechte. Dieses Regelungsgefüge und damit auch der Wille des Gesetzgebers würden umgangen, wollte man die Erhebung einer Verfahrensrüge in der Revisionsinstanz nach Zustandekommen als rechtsmissbräuchlich oder widersprüchlich bewerten (u.a. BGHSt 57, 3; s. aber a. BGH [5. Strafsenat] StV 2010, 470 m. abl. Anm. *Wattenberg*).

- Angenommen worden ist es auch für die Rüge nach § 338 Nr. 1, wenn die Besetzungsrüge in der Revisionsinstanz einem Besetzungseinwand in der Tatsacheninstanz widerspricht (BGH NStZ 2008, 475).
- Die sog. **unwahre Verfahrensrüge** wird ebenfalls als **unzulässig** angesehen (vgl. BGHSt 51, 88) bzw. es führt schließlich zur Unzulässigkeit, wenn wesentliche Umstände, die für eine Revisionsrüge von Bedeutung sind, verschwiegen werden (vgl. BGH NStZ-RR 2008, 85 unter Hinw. auf EGMR NJW 2007, 2097; s. aber a. LG Augsburg NJW 2012, 95 [keine Strafvereitelung, wenn **wider besseres Wissen** ein

Verfahrensfehler unter Berufung auf ein HV-Protokoll gerügt wird]; dazu *Jahn/Ebner* NJW 2012, 30, die in der Anm. zu LG Augsburg, a.a.O., davon ausgehen, dass die Substantiierung solcher Rügen durch weitere Tatsachenbehauptungen im Protokollberichtigungsverfahren hingegen [ggf. versuchte] Strafvereitelung sein kann; *Kempf* StV 2015, 55; a.A. insoweit *Fahl* StV 2015, 51).

☞ Der Verteidiger kann dem nur dadurch entgegenwirken, dass er in der Revision darlegt/**vorträgt**, warum Rechtsmissbrauch bzw. widersprüchliches Verhalten nicht vorliegt (→ *Revision, Begründung, Verfahrensrüge*, Rdn 2340; s.a. *Dahs*, RV, Rn 536, 402 ff.).

b) In dem Zusammenhang spielt auch die Fragestellung eine Rolle, ob der Verteidiger eine besondere verfahrensrechtliche Mitwirkungspflicht hat (bej. u.a. *Basdorf* StB 1997, 488; abl. *Dahs* NStZ 2007, 241; *Dahs*, RV, Rn 405; *Nagel* StraFo 2013, 221). Diese geht u.a. zurück auf die Entscheidung des BGH in **BGHSt 38, 111** (betr. die Stellung von Beweisanträgen [→ *Beweisantrag, Antragsberechtigung*, Rdn 898]). In dieser Entscheidung hat der BGH die Notwendigkeit der **Mitwirkung** des **Verteidigers** an einer ordnungsgemäß zu fördernden HV betont und – soweit ersichtlich – erstmals mit aller Deutlichkeit herausgestellt, dass auch den Verteidiger die Pflicht trifft, dafür zu sorgen, dass das Strafverfahren sachdienlich und in prozessual geordneten Bahnen durchgeführt wird (zust. *Meyer-Goßner/Schmitt*, vor § 137 Rn 1; a.A. u.a. *Bernsmann* StraFo 1999, 226 ff.). Die Mitwirkungspflichten des Verteidigers und ein sich aus ihrer Verletzung möglicherweise ergebender Rügeverlust sind seitdem insbesondere unter dem Stichwort → **Widerspruchslösung**, Rdn 3433, in der Diskussion (s.u.a. *Maatz* NStZ 1992, 513; *Widmaier* NStZ 1992, 519) und werden meiner Auffassung nach zu Recht abgelehnt. M.E. wird durch die Betonung der Mitverantwortung des Verteidigers sein Recht und seine Pflicht zu strenger Einseitigkeit zugunsten des Angeklagten nicht berührt. Andererseits darf aber auch nicht verkannt werden, dass die praktischen Probleme vielfältig sind und eine klare Grenzziehung häufig nicht möglich ist (s.a. *Maatz* NStZ 1992, 517; a.A. *Widmaier* NStZ 1992, 522).

3272

☞ Auch hier ist die **Tendenz** in der Rspr. deutlich, diese **Mitwirkungspflichten auszubauen**. Das zeigt sich sehr deutlich im Bereich des Beweisantragsrechts. Hinzuweisen ist auf die Entscheidungen des BGH v. 14.6.2005 (NJW 2005, 2446), auf die v. 9.5.2007 (BGHSt 51, 333) und vor allem auf BGHSt 52, 355, die eine erhebliche Verschärfung des Beweisantragsrechts gebracht haben (wegen der Einzelh. → *Verspätete Beweisanträge/Fristsetzung*, Rdn 3179).

Die Rspr. geht zudem zunehmend davon aus, dass auch Verteidiger **verpflichtet** sind, **Missverständnissen** des Gerichts über den Umfang der von ihnen gestellten Anträge **entgegenzutreten** (BGH NStZ 2007, 579). Andererseits wird aber auch darauf hingewiesen, dass dem Verteidiger keine allgemeine Hinweispflicht zur Einhaltung der

V Verzögerungsrüge

Rechtmäßigkeit des Verfahrens obliegt (vgl. zu Art und Umfang der Pflichten des Verteidigers *Meyer-Goßner/Schmitt*, vor § 137 Rn 1 f.; BGH NStZ 2008, 299; 2008, 351).

3273 4. Von erheblicher praktischer Bedeutung ist für den Verteidiger die in der Rspr. des BGH in den letzten Jahren in verstärktem Maße vertretene „**Widerspruchslösung**". Sie steht i.d.R. in Zusammenhang mit der Frage nach den Rechtsfolgen von Verfahrensfehlern bei der Beweiserhebung im EV und sich evtl. daraus ergebenden **BVV**. Wegen der erheblichen Bedeutung in der Praxis sind die damit zusammenhängenden Fragen gesondert dargestellt bei → *Widerspruchslösung*, Rdn 3433 ff.

Siehe auch: → *Rügeverlust*, Rdn 2424.

3274 Verzögerungsrüge

> **Das Wichtigste in Kürze:**
> 1. Durch das „Gesetz über den Rechtsschutz bei überlangen Gerichtsverfahren und strafrechtlichen Ermittlungsverfahren" ist eine Entschädigungsregelung eingeführt, worden, die ggf. bei überlangen Verfahren greift.
> 2. Die Regelung der Entschädigung ist im Wesentlichen in den §§ 198, 199 GVG erfolgt. Sie gilt auch für das Bußgeldverfahren.
> 3. Nach § 198 Abs. 1 GVG wird angemessen entschädigt, wer infolge unangemessener Dauer eines Gerichtsverfahrens als Verfahrensbeteiligter einen Nachteil erleidet. Erfasst wird auch das Ermittlungsverfahren.
> 4. Eine Entschädigung kommt in Betracht, wenn die angemessene Verfahrensdauer überschritten ist.
> 5. Ein Entschädigungsanspruch setzt nach § 198 Abs. 3 GVG voraus, dass im Ausgangsverfahren die sog. Verzögerungsrüge erhoben worden ist.
> 6. Umfang und Höhe des Entschädigungsanspruchs sind in § 198 Abs. 1 und 2 GVG geregelt.
> 7. Einen Entschädigungsanspruch muss der Betroffene ggf. auf im Entschädigungsprozess klageweise durchsetzen.

3275 **Literaturhinweise: Althammer/Schäuble**, Effektiver Rechtsschutz bei überlanger Verfahrensdauer – Das neue Gesetz aus zivilrechtlicher Perspektive, NJW 2012, 1; **Burhoff**, Verfahrensverzögerung, überlange Gerichtsverfahren und Verzögerungsrüge – die Neuregelungen im GVG, StRR 2012, 4; *ders.*, Verfahrensverzögerung, überlange Gerichtsverfahren und Verzögerungsrüge – die Neuregelungen im GVG, VRR 2012, 44; *ders.*, Entschädigung für überlange Straf- und Bußgeldverfahren – die Neuregelungen im GVG. ZAP F. 22, S. 591; **Geipel**, Das Gesetz über den Rechtsschutz bei überlangen Gerichtsverfahren aus zivilrechtlicher Sicht, ZAP F. 13, S. 1767; **Gercke/Heinisch**, Auswirkungen der Verzögerungsrüge auf das Strafverfahren, NStZ 2012, 300; **Graf**, Rechtsschutz bei überlangen Gerichtsverfahren und strafrechtlichen Ermittlungsverfahren, NZWiSt 2012, 221; **Kotz**,

Auch wer schläft, sündigt!, ZRP 2011, 85; *ders.*, Verzögerungsrüge als Fallbeil für die Untätigkeitsbeschwerde, StRR 2012, 207; **Mack/Wollweber**, Neues Gesetz zur Entschädigung bei „überlangen Gerichts- und Steuerstrafverfahren", Stbg 2012, 1; **Ossenbühl**, Staatshaftung bei „überlangen Gerichtsverfahren", DVBl 2012, 857; **H. Schneider**, Kosten in Rechtsschutzverfahren bei überlangen Gerichtsverfahren, AGS 2012, 53; **N. Schneider**, Abrechnung in Verfahren nach dem Gesetz über den Rechtsschutz bei überlangen Gerichtsverfahren, RVGreport 2012, 82; **Sommer**, Die Verzögerungsrüge: „Auf der Suche nach der verlorenen Zeit". StV 2012, 107; **Steinbeiß-Winkelmann**, Amtshaftungsansprüche wegen überlanger Verfahrensdauer, NJW 2014, 1276; **Steinbeiß-Winkelmann/Sporrer**, Rechtsschutz bei überlangen Gerichtsverfahren – eine Zwischenbilanz anhand der Rechtsprechung, NJW 2014, 177; **Volkmer**, Geldentschädigung bei überlanger Verfahrensdauer?, NStZ 2008, 608; s.a. die Hinw. bei → *Haftfragen*, Rdn 1653, und bei → *Verfahrensverzögerung*, Rdn 2825.

1.a) Es ist in der Vergangenheit immer wieder beklagt worden, dass auch Strafverfahren zu lange dauern (vgl. dazu z.B. *Kotz* ZRP 2011, 227). Die (zu) lange Dauer von (Straf)Verfahren in der Bundesrepublik Deutschland ist hat in der Vergangenheit auch vom schon der EGMR mehrfach gerügt worden (vgl. z.b. NJW 2006, 2972; StV 2009, 519; vgl. zur Vollstreckungslösung in der Rspr. BGHSt 52, 124; → *Verfahrensverzögerung*, Rdn 2825). Dieser hat auch eine innerstaatliche Entschädigungsregelung angemahnt (vgl. EGMR NJW 2001, 2694; dazu *Sommer* StV 2012, 107, 108). Die damit zusammenhängenden Fragen sind dann vom Gesetzgeber im „Gesetz über den Rechtsschutz bei überlangen Gerichtsverfahren und strafrechtlichen Ermittlungsverfahren" v. 24.11.2011 (vgl. BT-Drucks 17/3802) geregelt worden (zum Gesetzgebungsverfahren a. *Steinbeiß-Winkelmann/Sporrer* NJW 2014, 177). Dieses hat in den (neuen) §§ 198, 199 GVG eine Entschädigungsregelung eingeführt (vgl. dazu Rdn 3297 ff.). Eine (potentielle) **Entschädigung** hängt nach § 198 Abs. 3 GVG aber davon ab, dass im Laufe des Verfahrens eine sog. **Verzögerungsrüge** erhoben wird (vgl. dazu Rdn 3287 ff.; zu den Auswirkungen auf die Untätigkeitsbeschwerde *Kotz* StRR 2012, 207 und → *Beschwerde*, Rdn 770; krit. zur Neuregelung *Ossenbühl* DVBl 2012, 857; zu den Erfahrungen mit der gesetzlichen Neuregelung BT-Drucks 18/2950).

3276

b) Die §§ 198 ff. GVG sind am **3.12.2011 in Kraft** getreten (vgl. BGBl I. S. 2302). Für zu dem Zeitpunkt bereits anhängige Verfahren, die ggf. auch heute noch anhängig sind, gilt nach Art. 23 des Gesetzes folgende **Übergangsregelung** vor:

3277

- Die Regelung der §§ 198 ff. erfasst nach Art. 23 S. 1 des Gesetzes **auch für Verfahren**, die bei seinem Inkrafttreten **bereits anhängig** waren, sowie für abgeschlossene Verfahren, deren Dauer bei seinem Inkrafttreten Gegenstand von anhängigen Beschwerden beim EGMR ist oder noch werden kann (vgl. OLG Celle NdsRpfl. 2012, 306; 2013, 53; VRR 2013, 42 [Ls.]). Auf abgeschlossene Verfahren, die noch zu einer Beschwerde beim EGMR führen können, ist nach Art. 23 S. 4 des Gesetzes ist § 198 Abs. 3 und 5 GVG nicht anzuwenden.

- Für **anhängige Verfahren**, die bei seinem Inkrafttreten schon verzögert sind/waren, gilt nach Art. 23 S. 2 des Gesetzes § 198 Abs. 3 GVG mit der Maßgabe, dass die **Verzögerungsrüge** unverzüglich (§ 121 BGB) nach Inkrafttreten erhoben werden musste. In diesem Fall hat die Verzögerungsrüge auch einen Anspruch nach § 198 GVG für den vorausgehenden Zeitraum gewahrt (vgl. OLG Bremen NJW 2013, 2209; OLG Frankfurt am Main NJW 2013, 2207).

- Ist bei einem noch anhängigen Verfahren die Verzögerung in einer schon **abgeschlossenen Instanz** erfolgt, also z.B. im landgerichtlichen Verfahren, bedarf es keiner Verzögerungsrüge.

3278 **2. Allgemein** ist auf folgendes hinzuweisen (vgl. auch *Burhoff* StRR 2012, 4 ff.; *ders.*, VRR 2012, 44 ff.; *Burhoff*, EV, Rn 4138; *Gercke/Heinisch* NStZ 2012, 300; *Graf* NZWiSt 2012, 221):

- Geregelt sind die Fragen im Wesentlichen in den **§§ 198, 199 GVG**.
- Die §§ 198, 199 GVG gelten über § 46 OWiG **auch** für das **Bußgeldverfahren**, soweit Staatsanwaltschaft und Gerichte tätig werden (zur Geltung dort im Zwischenverfahren *Burhoff*, EV, Rn 4142). Die §§ 198, 199 GVG gelten i.Ü. auch in **Strafvollzugssachen** nach den §§ 109 ff. StVollzG (BGH NJW 2014, 1183), der Rechtsschutz nach den §§ 198, 199 GVG geht dem nach den §§ 23 ff. EGGVG vor (*Steinbeiß-Winkelmann/Sporrer* NJW 2014, 177, 179).
- Vorgesehen ist ein **zwei-stufiges Verfahren**:
  - Auf der **ersten Stufe** müssen die Betroffenen nach § 198 Abs. 3 GVG das (Ausgangs)Gericht, das nach ihrer Ansicht zu langsam arbeitet, mit einer **Rüge** auf die **Verzögerung hinweisen**. Das soll helfen, überlange Verfahren von vornherein zu vermeiden, da die Richter so durch diese Verzögerungsrüge die Möglichkeit erhalten Abhilfe zu schaffen. Andererseits ist diese Rüge Voraussetzung für die spätere Entschädigungsklage, bereitet diese also vor.
  - Auf der **zweiten Stufe** kann dann eine **Entschädigungsklage** erhoben werden (§ 198 Abs. 1 GVG; vgl. *Burhoff*, EV, Rn 4172).
- Der Betroffene hat Anspruch auch eine „**angemessene**" Entschädigung (§ 198 Abs. 1 S. 1 GVG; vgl. Rn 1128v ff.). In dem Entschädigungsverfahren kann für die sog. **immateriellen Nachteile** – zum Beispiel für seelische und körperliche Belastungen durch das zu lange Verfahren – als **Regelbetrag 1.200 €** für jedes Jahr verlangt werden, soweit eine Wiedergutmachung auf andere Weise nicht ausreichend ist (§ 198 Abs. 2 GVG; vgl. dazu § 199 GVG; s.u. Rdn 3297). Neben dem Ausgleich für die immateriellen Nachteile ist zusätzlich eine angemessene Entschädigung für **materielle Nachteile** vorgesehen, etwa wenn die unangemessene Verfahrensdauer zur Insolvenz eines Unternehmens führt.
- Der Entschädigungsanspruch hängt **nicht** von einem **Verschulden** des Staates ab.
- **Neben** der Entschädigung sind zusätzlich – wie bisher schon – **Amtshaftungsansprüche** denkbar, wenn die Verzögerung auf einer schuldhaften Amtspflichtverletzung beruht. Dann kann umfassend Schadensersatz verlangt werden, etwa auch

der Ersatz von entgangenem Gewinn (vgl. dazu *Althammer/Schäuble* NJW 2012, 1, 5; *Ossenbühl* DVBl 2012, 857; zu Amtshaftungsansprüchen wegen überlanger Verfahrensdauer *Steinbeiß-Winkelmann* NJW 2014, 1276 m.w.N., BGH NJW 2011, 1072; OLG Celle NdsRpfl. 2013, 53).

3. Nach § 198 Abs. 1 GVG wird **angemessen entschädigt** (vgl. dazu Rdn 3297 ff.), wer infolge unangemessener Dauer eines **Gerichtsverfahrens** (vgl. dazu Rdn 3283 ff.) als Verfahrensbeteiligter (Rdn 3282) einen (materiellen oder immateriellen) **Nachteil** (vgl. dazu Rdn 3299 ff.) **erleidet**.   3279

a) Unter „**Gerichtsverfahren**" ist nach § 198 Abs. 6 Nr. 1 GVG **jedes Straf-/Bußgeldverfahren** von der Einleitung bis zum rechtskräftigen Abschluss zu verstehen (vgl. dazu *Sommer* StV 2012, 107, 111 ff.; *Graf* NZWiSt 2012, 221).   3280

> ☞ Unter „Gerichtsverfahren" ist im Strafverfahren. auch (nur) das **Ermittlungsverfahren** zu verstehen (s. § 199 Abs. 1 GVG – „einschließlich des Verfahrens auf Vorbereitung der öffentlichen Klage"; (vgl. dazu *Burhoff*, EV, Rn 4145 ff.).

b) Hinsichtlich des Begriffs der „**Einleitung**" des Verfahrens i.S. des § 198 Abs. 6 Nr. 1 GVG und des **Ende** des Verfahren kann auf die Ausführungen bei → *Verfahrensverzögerung*, Rdn 2829 ff., verwiesen werden. Danach wird ein Strafverfahren „eingeleitet" und beginnt die Frist für die Berechnung der Verfahrensdauer schon zu laufen, wenn der Beschuldigte von der Einleitung des Ermittlungsverfahrens in Kenntnis gesetzt worden ist (zuletzt u.a. EGMR StV 2009, 519; ähnlich BGH NJW 2014, 220, 221; wegen weiterer Nachw. → *Verfahrensverzögerung*, Rdn 2834; vgl. auch die Gesetzesbegründung in der BT-Drucks 17/3802, S. 24, die den Anfangspunkt „für den Beschuldigten [setzt], sobald einer Person offiziell mitgeteilt wird, dass ihr die Begehung einer Zuwiderhandlung vorgeworfen wird oder ihre Rechtsposition durch Ermittlungsmaßnahmen ernsthaft beeinträchtigt ist davon"). Das Verfahren endet, wenn das Verfahren durch eine **endgültige** und **verbindliche Entscheidung** über die Anklage beendet worden ist (→ *Verfahrensverzögerung*, Rdn 2835, m.w.N.).   3281

c) Mit dem Begriff „**Verfahrensbeteiligter**" i.S. des § 198 Abs. 1 GVG sind alle die Personen und Stellen gemeint, die nach der StPO im Strafverfahren eine **Prozessrolle ausüben**, d.h. durch eigene Erklärungen im prozessualen Sinn gestaltend als Prozesssubjekt mitwirken müssen oder dürfen (vgl. § 198 Abs. 6 Nr. 2 GVG). Verfahrensbeteiligter ist also der Beschuldigte/Angeklagte, aber auch der Nebenkläger (vgl. auch *Burhoff* StRR 2012, 4, 5; zum Nebenkläger inzidenter OLG Bremen NJW 2013, 3109). Insoweit gelten die Ausführungen zum Begriff des Verfahrensbeteiligten bei → *Absprachen/Verständigung mit Gericht und Staatsanwaltschaft*, Rdn 166 ff., und bei → *Erörterungen des Standes des Verfahrens*, Rdn 1491, entsprechend.   3282

V   Verzögerungsrüge

> 🖉 **Nicht verfahrensbeteiligt** sind Zeugen, Sachverständige und Verletzte. Auch nicht verfahrensbeteiligt i.S.d. Regelung des § 198 GVG ist nach § 198 Abs. 6 Nr. 2 GVG die **StA** und nach der ausdrücklichen Regelung in § 199 Abs. 4 GVG der **Privatkläger**.

3283 4. Eine Entschädigung kommt in Betracht, wenn die **angemessene Verfahrensdauer überschritten** ist. In den §§ 198, 199 GVG ist nicht generell festgelegt worden, wie lange ein Strafverfahren dauern darf und/oder ab wann ein Strafverfahren unverhältnismäßig lange dauert (vgl. zur unangemessenen Verfahrensdauer a. *Althammer/Schäuble* NJW 2012, 1, 3). Auszugehen ist vielmehr von Art. 19 Abs. 4 GG, 20 Abs. 3 GG und Art. 6 Abs. 1 MRK. Danach haben die Verfahrensbeteiligten einen Anspruch auf Entscheidung eines gerichtlichen Verfahrens in angemessener Zeit. Für die Frage der Angemessenheit der Verfahrensdauer ist auf die **Umstände** des **Einzelfalls** abzustellen (§ 198 Abs. 1 S. 1 GVG; *Burhoff* StRR 2012, 4, 5; *Graf* NZWiSt 2012, 221; BVerfG NJW 2013, 2342; BGH NJW 2014, 220 m. Anm. *Deutscher* StRR 2014, 117; 2014, 1183; Beschl. v. 5.12.2012 – 1 StR 531/12, insoweit nicht in StRR 2013, 97 m. Anm. *Arnoldi*; NStZ-RR 2012, 237 [Ci/Zi; insoweit nicht in StV 2010, 228]; KG, Beschl. v. 30.8.2012 – 121 Ss 171/12), und zwar unter Berücksichtigung der Schwierigkeit und der Bedeutung des Verfahrens sowie des Verhaltens der Verfahrensbeteiligten (OVG Sachsen-Anhalt, Urt. v. 25.7.2012 – 7 KE 1/11, für ein verwaltungsgerichtliches Verfahren). Wegen der Umstände, die insoweit eine Rolle spielen (können) wird verwiesen auf → *Verfahrensverzögerung*, Rdn 2830).

3284 a) § 198 Abs. 1 S. 2 GVG zählt i.Ü. beispielhaft und ohne abschließenden Charakter (vgl. BT-Drucks 17/3802, S. 18) Umstände auf, die für die Beurteilung der Angemessenheit besonders bedeutsam sind. Dabei wird an die **Maßstäbe angeknüpft**, die sowohl das **BVerfG** als auch der **EGMR** im Zusammenhang mit der Frage überlanger gerichtlicher Verfahren entwickelt haben (BVerfG NJW 2013, 2342; vgl. dazu auch → *Verfahrensverzögerung*, Rdn 2829 ff.). Hilfreich und m.E. anwendbar sind bei der Prüfung der angemessenen Verfahrensdauer auch die Kriterien, die im Fall der Haftprüfung durch das OLG nach den §§ 121, 122 eine Rolle spielen (vgl. *Burhoff*, EV, Rn 2170 ff.). Auf der Grundlage ist bei der Prüfung auf Folgendes zu achten (vgl. dazu a. noch *Peglau* JuS 2006, 704, 706; *Wittling-Vogel/Ulick* DRiZ 2008, 87; OVG Sachsen-Anhalt, Urt. v. 25.7.2012 – 7 KE 1/11 für ein verwaltungsgerichtliches Verfahren; → *Verfahrensverzögerung*, Rdn 2829 ff.).

> 🖉 Allerdings wird dabei zu berücksichtigen sein, dass für die zeitliche Angemessenheit der Dauer einer Freiheitsentziehung/**U-Haft strengere Maßstäbe** gelten als für die Angemessenheit der Erledigung des Verfahrens insgesamt (BGH, Beschl. v. 5.12.2012 – 1 StR 531/12, insoweit nicht in StRR 2013, 97).

Auf der Grundlage ist bei der Prüfung auf Folgendes zu **achten** (vgl. dazu a. noch BGH NJW 2014, 220; *Peglau* JuS 2006, 704, 706; *Wittling-Vogel/Ulick* DRiZ 2008, 87):

Angemessenheitskriterien:

- Zu berücksichtigen sind zunächst **Schwierigkeit, Umfang** und **Komplexität** des Falles sowie die Bedeutung des Verfahrens, wobei nicht nur die Bedeutung für den eine Entschädigung geltend machenden Angeklagten aus der Sicht eines verständigen Angeklagten von Belang ist, sondern auch die Bedeutung für die Allgemeinheit. 3285
- Maßgebend bei der Beurteilung der Verfahrensdauer ist auch – unter dem Aspekt einer möglichen Mitverursachung – zunächst die Frage, wie sich der **Beschuldigte/Angeklagte selbst** im Ausgangsverfahren verhalten hat. Durch das Verhalten des Beschuldigten/Angeklagten verursachte Verzögerungen können dem Staat nicht angelastet werden (EGMR NJW 2006, 2389, 2393; BVerfG, Beschl. v. 25.9.2012 – 2 BvR 2819/11; BGH, Beschl. v. 5.12.2012 – 1 StR 531/12 – insoweit nicht in StRR 2013, 97 – für zahlreiche Beweisanträge).
- Von Bedeutung ist auch das **Verhalten sonstiger Verfahrensbeteiligter** sowie das Verhalten **Dritter** (vgl. wegen der Einzelh. → *Verfahrensverzögerung*, Rdn 2832).

> Für die Frage, ob die Verfahrensdauer angemessen ist, **kommt** es **nicht darauf an**, ob sich die StA/das zuständige Gericht **pflichtwidrig verhalten** hat und/oder, ob ein **Verschulden** vorliegt (BT-Drucks 17/3802, S. 19; *Meyer-Goßner/Schmitt*, § 198 Rn 2; OVG Sachsen-Anhalt, Urt. v. 25.7.2012 – 7 KE 1/11, für ein verwaltungsgerichtliches Verfahren; wegen der Einzelh. → *Verfahrensverzögerung*, Rdn 2829 f.).

b) Unter Berücksichtigung der vorstehenden Ausführungen ergeben sich für den Verteidiger in Zusammenhang mit der Verzögerungsrüge die **Kontrollfragen**, die er allgemein mit Verfahrensverzögerungen stellen muss. Insoweit kann daher auf die Ausführungen bei → *Verfahrensverzögerung*, Rdn 2839 ff. verwiesen werden (vgl. auch *Sommer* StV 2012, 107, 111 f.). Diese gelten entsprechend. 3286

5.a) Ein Entschädigungsanspruch setzt nach § 198 Abs. 3 GVG voraus ab, dass im Ausgangsverfahren die sog. **Verzögerungsrüge erhoben** worden ist. 3287

> Die **Verzögerungsrüge** ist **zwingende Voraussetzung** für die spätere Gewährung von Entschädigung. Fehlt eine Verzögerungsrüge ganz, sind Entschädigungsansprüche für den Verfahrensbeteiligten ausgeschlossen, der die Rügeobliegenheit verletzt hat. Die Verspätung der Rüge kann Auswirkungen auf die Höhe der Entschädigung haben. Beides wird im Entschädigungsverfahren von Amts berücksichtigt.
> Die Verzögerungsrüge ist aber **nicht Voraussetzung** für eine Kompensation von Verfahrensverzögerung im Rahmen der Vollstreckungslösung (vgl. BGHSt 52, 124) und für die **Zulässigkeit** einer in dem Zusammenhang ggf. zu erhebenden **Verfahrensrüge**

V Verzögerungsrüge

(s. zutreffend *Arnoldi* StRR 2013, 98 in der Anm. zu BGH StRR 2013, 196, und *Rinklin* StRR 2015, 64 in der Anm. zu BGH StV 2015, 154 [Ls.], wo das erwogen worden ist).

3288 Durch eine Verzögerungsrüge wird **kein eigenständiges (Zwischen)Verfahren** eingeleitet. Auch muss die Rüge von der StA/vom Gericht nicht förmlich beschieden werden (BT-Drucks 17/3802, S. 20; krit. *Sommer* StV 2012, 107, 109). Das folgt aus ihrem Sinn und Zweck.

3289 **Sinn** und **Zweck** der Verzögerungsrüge ist es nämlich,

- zunächst, dass dem bearbeitenden Richter – soweit erforderlich – die Möglichkeit zu einer beschleunigten Verfahrensförderung eröffnen und insofern als **Vorwarnung** zu dienen;
- darüber hinaus soll die Obliegenheit, im Ausgangsverfahren eine Verzögerungsrüge erheben zu müssen, gegenüber dem Betroffenen einen **Ausschluss** der Möglichkeit zum „**Dulde und Liquidiere**" bewirken (BT-Drucks 17/3802, S. 20; *Althammer/ Schäuble* NJW 2011, 1, 2). Das Hinnehmen/Erdulden einer Verfahrensverzögerung im Hinblick darauf, dass dafür später dann Entschädigung gewährt werden soll, ist also ausgeschlossen.

3290 b) Eine besondere **Form** ist für die **Verzögerungsrüge** nicht vorgesehen. Im Zweifel wird die Verzögerungsrüge aber **schriftlich** erhoben (vgl. *Burhoff* StRR 2011, 4, 6). Wegen ihrer „Warnfunktion" (vgl. Rdn 3289) muss sie bei dem Gericht erhoben werden, bei dem das Verfahren anhängig ist. Im vorbereitenden Verfahren ist die Verzögerungsrüge nach § 199 Abs. 2 GVG bei der StA, in den Fällen des § 386 Abs. 2 AO an die Finanzbehörde zu richten.

Der **Verteidiger** kann **für** den Angeklagten die Verzögerungsrüge erheben.

3291 c) Der (frühest mögliche) **Zeitpunkt** für eine Verzögerungsrüge ist in **§ 198 Abs. 3 S. 2 GVG** geregelt. Danach kann die Verzögerungsrüge frühestens erhoben werden, wenn der Verfahrensbeteiligte erstmals Anhaltspunkte dafür hat, dass das Verfahren keinen angemessen zügigen Fortgang nimmt. Maßgeblich ist deshalb die **Besorgnis** der **Gefährdung**, dass das Verfahren nicht in angemessener Zeit abgeschlossen werden kann, d.h. die konkrete Möglichkeit einer Verzögerung (BT-Drucks 17/3802 S. 20 f.). Eine bloß allgemeine Gefahr für eine Verfahrensverzögerung, die grds. jedem Verfahren immanent ist, reicht nicht aus. Andererseits kann die Rüge aber auch nicht erst dann erhoben werden, wenn sich im Verfahren die Möglichkeit der Verzögerung zur Gewissheit verdichtet hat und feststeht, dass ein Verfahrensabschluss in angemessener Zeit nicht mehr möglich ist. Eine solche Verzögerungsrüge käme zu spät und könnte ihre Warnfunktion gegenüber StA/Gericht nicht voll entfalten (zum Sinn und Zweck s. Rdn 3288; BT-Drucks 17/3802, S. 20).

👉 Eine **vor diesem Zeitpunkt erhobene Rüge** geht grds. **ins Leere** (*Meyer-Goßner/ Schmitt*, § 198 Rn 6; vgl. aber § 198 Abs. 4 S. 3 Hs. 2 GVG). Sie kann materiell-rechtlich den Entschädigungsanspruch nicht entstehen lassen (*Althammer*/Schäuble NJW 2012, 1, 3). Der Verteidiger muss also erneut – zum richtigen Zeitpunkt – eine Verzögerungsrüge erheben.

Die zeitgerechte Verzögerungsrüge erfasst allerdings auch **vor** ihrer **Erhebung** eingetretene Nachteile.

Wird die **Rüge nach diesem Zeitpunkt** eingelegt, ist dies grds. unschädlich, kann aber, wenn sich das Verhalten des Angeklagten bei Würdigung der Gesamtumstände eher als ein „Dulde und Liquidiere" darstellt, vom (späteren) Entschädigungsgericht sowohl bei der Beurteilung der Angemessenheit der Verfahrensdauer gem. § 198 Abs. 1 GVG berücksichtigt werden als auch bei der Frage, ob Wiedergutmachung auf andere Weise durch Feststellung der Überlänge gem. § 198 Abs. 4 GVG ausreicht (vgl. Rdn 3302). 3292

d) Die **inhaltlichen Anforderungen** an die Substantiierung der Verzögerungsrüge sind in § 198 Abs. 3 S. 3 GVG geregelt (dazu BT-Drucks 17/3802, S. 21). Die Anforderungen orientieren sich daran, dass die Rüge keinen eigenständigen Rechtsbehelf darstellt, sondern nur eine Obliegenheit als Voraussetzung für den Entschädigungsanspruch aus § 198 Abs. 1 GVG ist (vgl. Rdn 3288). Der die Rüge erhebende Verfahrensbeteiligte muss deshalb zwar zum **Ausdruck bringen**, dass er mit der **Verfahrensdauer nicht einverstanden** ist. Er muss aber nicht begründen, aus welchen Umständen sich die Unangemessenheit der Verfahrensdauer ergibt und welche Alternativen zur Verfahrensgestaltung in Betracht kommen. Die Gesetzesbegründung (BT-Drucks 17/3802, a.a.O.) verweist dazu auf den Widerspruch im Verwaltungsverfahren, an dessen Inhalt ebenfalls **keine hohen Anforderungen** gestellt werden. Ausreichend ist es also grds., wenn sich aus der Verzögerungsrüge ergibt, dass der Verfahrensbeteiligte mit der Verfahrensdauer nicht einverstanden ist (zur Begründung einer „Verzögerungsbeschwerde im verfassungsgerichtlichen Verfahren" BVerfG NJW 2013, 2341). 3293

👉 Die Verzögerungsrüge/Eingabe sollte, damit eindeutig ist, worum es sich handelt und die „Warnfunktion" nach außen zu Tage tritt, auf jeden Fall aber auch **als solche bezeichnet** werden.

Übersehen werden darf jedoch nicht, dass die Verzögerungsrüge auch eine **präventive Warnfunktion** gegenüber dem Gericht hat und auch zu einer Beschleunigung des Verfahrens führen soll. Deshalb muss neben dem Verlangen nach Beschleunigung auch auf solche Umstände hingewiesen werden, die für das Maß der gebotenen Zügigkeit wichtig, aber noch nicht in das Verfahren eingeführt sind. Dies können beispielsweise besondere Nachteile wie drohender Wohnungs-/Arbeitsplatzverlust oder bevorstehende Insolvenz sein. Diese Nachteile müssen im Ausgangsverfahren nicht nachgewiesen werden. Es 3294 reicht aus, wenn die Rüge die drohenden Nachteile/Umstände benennt. Auch eine Glaubhaftmachung dieser Tatsachen ist unter dem Blickwinkel der Warnfunktion im Ausgangsverfahren nicht erforderlich (BT-Drucks 17/3802, S. 21; zur Beweislast und zu den Folgen im Entschädigungsprozess *Burhoff*, EV, Rn 4172).

☝ Auf die Formulierung und Substantiierung der Verzögerungsrüge sollte der Verteidiger, auch wenn gesetzliche inhaltliche Anforderungen nicht bestehen, dennoch große Sorgfalt verwenden. In § 198 Abs. 4 S. 4 GVG ist nämlich bestimmt, dass **Umstände**, die noch nicht in das Verfahren eingeführt sind und auch im Rahmen der Begründung der Verzögerungsrüge **nicht benannt** werden, vom Entschädigungsgericht im Entschädigungsverfahren **unberücksichtigt** bleiben. Konnte beispielsweise das Gericht von einem drohenden Arbeitsplatz-/Wohnungsverlust keine Kenntnis haben, so kann das Entschädigungsgericht die Verfahrensdauer – anders als bei Berücksichtigung dieser Tatsache aufgrund Hinweises in der Verzögerungsrüge – noch als angemessen einstufen (BT-Drucks 17/3802, a.a.O.). Das erfordert vom Verteidiger, dass solche Umstände in der Verzögerungsrüge nicht übersehen werden dürfen.

3295 e) Grds. ist es **ausreichend**, um die Warnfunktion gegenüber dem Gericht zu erfüllen, wenn die Verzögerungsrüge nur **einmal** erhoben wird (BT-Drucks 17/3802, S. 21). Das gilt auch, wenn später weitere Verzögerungen eintreten (BT-Drucks 17/3802, S. 21). Eine **mehrfache Erhebung** der Verzögerungsrüge gegenüber demselben Gericht ist aber nicht ausgeschlossen. Eine Verzögerungsrüge kann allerdings **erst nach sechs Monaten erneut** erhoben werden.

3296 Die Gesetzesbegründung (BT-Drucks 17/3802, S. 21) geht jedoch davon aus, dass in besonders gelagerten Fällen eine **Fristverkürzung** in Betracht kommen kann. Das wird z.B. dann der Fall sein,

- wenn **Umstände** vor Ablauf der Sechs-Monats-Frist eintreten, die auf die Entschädigung Einfluss haben können und dem Gericht **noch nicht bekannt** sind (vgl. vorstehend Rdn 3294).
- wenn sich das Verfahren nach einer Rüge im vorbereitenden Verfahren gegenüber der StA im Eröffnungsverfahren und/oder im weiteren gerichtlichen Verfahren **bei Gericht** während der HV **noch weiter verzögert** (§ 199 Abs. 2 Hs. 2 GVG i.V.m. § 198 Abs. 3 S. 5 GVG),
- wenn sich nach einer **Verweisung/Abtrennung/Verbindung** das Verfahren bei dem dann zuständigen Gericht weiter verzögert (§ 198 Abs. 3 S. 5 GVG).
- wenn es nach einer **Aussetzung** der HV zu einem **Wechsel** auf der **Richterbank** kommt (arg. e. § 198 Abs. 3 S. 5 GVG),
- wenn nach einer Revision das Verfahren an einen anderen Spruchkörper des Ausgangsgerichts **zurückverwiesen** worden ist (§ 198 Abs. 3 S. 5 GVG).

👉 Die Frage, ob ggf. eine weitere Verzögerungsrüge bzw. diese erneut zu erheben ist, darf der Verteidiger nicht aus den Augen verlieren. Hat sich nämlich angesichts des Verfahrensgangs – wie etwa bei einem Richterwechsel – eine **weitere Verzögerungsrüge** an das Gericht **aufgedrängt**, kann deren Fehlen das Abweichen von den Pauschalsätzen des § 198 Abs. 2 S. 3 GVG rechtfertigen (BT-Drucks 17/3802, S. 21).

6. Wegen der Zweistufigkeit des (Entschädigungs)Verfahrens (vgl. Rdn 3279) spielen **Umfang und Höhe** des späteren **Entschädigungsanspruchs** im sog. Ausgangsverfahren keine wesentliche Rolle. Das ist erst im eigentlichen Entschädigungsprozess der Fall. Es soll aber dennoch hier kurz auf Umfang und Höhe des Entschädigungsanspruchs eingegangen werden, weil diese Fragen zumindest mittelbar von Bedeutung sind, wenn der Verteidiger seine Verzögerungsrüge begründet (vgl. zur Begründung Rdn 3293 ff.). Dann muss/sollte er auf alle anspruchsbegründenden und erhöhenden Umstände hinweisen.   **3297**

a) Allgemein ist die **Höhe** des späteren Entschädigungsanspruch in **§ 198 Abs. 1 und 2 GVG** geregelt. Danach wird derjenige, der infolge der unangemessen langen Dauer des Verfahrens einen Nachteil erlitten hat, angemessen entschädigt. Der Regierungsentwurf hatte in § 198 Abs. 1 S. 1 GVG noch eine einheitliche Anspruchsgrundlage vorgesehen, die für materielle Nachteile vollen Ersatz nach den Grundsätzen der §§ 249 ff. BGB vorsah und für immaterielle Nachteile einen angemessenen Ausgleich, für den in § 198 Abs. 3 S. 3 GVG eine Pauschale normiert wurde. Die Gesetz gewordene Fassung des § 198 Abs. 1 GVG spricht nur noch von einer „**angemessenen Entschädigung**" (vgl. dazu *Altenhammer/Schäuble* NJW 2012, 1, 4 m. Hinw. auf die Rspr. des EGMR zum Begriff der „angemessenen Entschädigung"; OVG Sachsen-Anhalt, Urt. v. 25.7.2012 – 7 KE 1/11, für ein verwaltungsgerichtliches Verfahren). Insoweit gilt: **3298**

b) Zu ersetzen sind zunächst die kausal durch die Verfahrensverzögerung entstandenen **materiellen Nachteile**. Allerdings wird nur eine „angemessene Entschädigung" gewährt. Das zur Folge hat, dass nach den allgemeinen Regeln des Schadensersatzrecht entgangener Gewinn nicht zu ersetzen ist (zur Begründung dieser Einschränkung BT-Drucks 17/3208, S. 34 und BT-Drucks 17/7217, S. 39; s. auch EGMR, Urt. v. 25.3.2010, 485/09). Weitere Folge kann wohl auch sein, dass nicht zwingend ein vollständiger Ersatz eingetretener materieller Nachteile erfolgen muss (*Althammer/Schäuble* NJW 2012, 1, 3 m.w.N.). Hier sind u.a. zu erwähnen, die mit einem **Wohnungsverlust** zusammenhängenden Kosten, die mit einem **Arbeitsplatzverlust**/Kündigung zusammenhängenden Kosten/Nachteile, die **Insolvenz** einer Firma des Betroffenen und auch infolge der Verzögerung eingetretene erhöhte **Anwaltskosten**. Bei der **Bemessung** der „angemessenen Entschädigung" kann neben der Höhe des entstandenen Schadens im Zweifel auch berücksichtigt werden, wie schwerwiegend die Verzögerung war und ob die Schäden unmittelbar oder lediglich mittelbar entstanden sind (vgl. BT-Drucks 17/3802, S. 34).   **3299**

> ⚜ **Voller Schadensersatz** nach den Grundsätzen der **schuldhaften Amtspflichtverletzung** ist neben der Regelung in § 198 GVG nicht ausgeschlossen (vgl. oben Rdn 3278; dazu auch *Altenhammer/Schäuble* NJW 2012, 1, 4).

3300 c)aa) Zu ersetzen sind zudem kausale **immaterielle Nachteile** (§ 198 Abs. 1 u. 2 GVG; vgl. zur Kritik an dieser dem deutschen Rechtssystem an sich fremden Regelung *Altenhammer/Schäuble* NJW 2012, 1, 4). Hier sind zu erwähnen (vgl. auch BT-Drucks 17/3208, S. 37): **psychische Beeinträchtigungen**, die durch die lange Verfahrensdauer hervorgerufen worden sind, (weitere) **Rufschädigungen** durch das zu lange Verfahren, **Entfremdung** von dem Verfahrensbeteiligten nahe stehenden Personen, wie z.B. von Kindern aufgrund zu langer U-Haft (vgl. *Altenhammer/Schäuble*, a.a.O. für den familienrechtlichen Sorgerechtsstreit). In § 198 Abs. 2 S. 1 GVG wird **vermutet**, dass im Fall einer unangemessenen Verfahrensdauer von einem Nachteil, der nicht Vermögensnachteil ist, ausgegangen werden muss. Die Entschädigung beträgt in diesem Fall **1.200 € für jedes Jahr der Verzögerung**. Angeknüpft worden ist hier an die Rechtsprechung des EGMR (vgl. NJW 2007, 1259). Für Zeiträume unter einem Jahr erfolgt eine zeitanteilige Berechnung (vgl. BT-Drucks 17/3802, S. 20).

> ⚜ Diese Vermutung ist **widerlegbar** (vgl. BT-Drucks 17/3802, S. 19).

3301 bb) Nach § 198 Abs. 2 S. 2 GVG ist eine Entschädigung für immaterielle Nachteile **ausgeschlossen** ist, soweit nach den Einzelfallumständen eine Wiedergutmachung auf andere Weise ausreichend ist. Diese Regelung ist in § 198 Abs. 4 GVG allgemein und in § 199 Abs. 3 GVG für das Strafverfahren besonders modifiziert.

> ⚜ Der Anspruch auf **Ersatz** eines **Vermögensnachteils** (vgl. oben Rdn 3299) wird von dieser Ausschlussregelung **nicht berührt**. Für den Anspruch eines Beschuldigten eines Strafverfahrens auf Entschädigung wegen Vermögensnachteilen sieht § 199 GVG keine Besonderheiten vor. Insoweit gilt § 198 GVG ohne Modifikationen; insbesondere ist hier auch eine Verzögerungsrüge erforderlich.

Ausdrücklich benannt sind **zwei Wiedergutmachungsformen**:

3302 (1) Zum einen regelt **§ 198 Abs. 4 GVG** – in Anlehnung an die Rechtsprechung des EGMR – die Möglichkeit einer Feststellung der überlangen Verfahrensdauer durch das Entschädigungsgericht bei gleichzeitiger Freistellung des Klägers von den Kosten des Entschädigungsrechtsstreits (OVG Sachsen-Anhalt, Urt. v. 25.7.2012 – 7 KE 1/11, für ein verwaltungsgerichtliches Verfahren).

3303 (2) Zum anderen knüpft **§ 199 Abs. 3 GVG** an die im Strafverfahren von der Rechtsprechung praktizierte Kompensation an (grundlegend BGHSt 52, 124.; → *Verfahrensver-*

zögerung, Rdn 2825 ff. m.w.N.). Danach wird eine der Justiz zu zurechnende Verfahrensverzögerung zugunsten des Beschuldigten durch die ggf. angewendete sog. **Strafvollstreckungslösung** ausreichend kompensiert (vgl. § 199 Abs. 3 S. 1 GVG; *Meyer-Goßner/Schmitt*, Art. 6 MRK Rn 9a). Die **Entscheidung** des **Strafgerichts** hat eine **Feststellungswirkung**. Das Entschädigungsgericht ist nach § 199 Abs. 3 S. 2 GVG, wenn der Angeklagte später Entschädigung begehrt, hinsichtlich der Beurteilung der Verfahrensdauer an die Entscheidung des Strafgerichts gebunden. Damit sollen widersprüchliche Beurteilungen der Strafgerichte und der Entschädigungsgerichte zu ein- und derselben Frage vermieden werden. Dies gilt auch, sofern das Strafgericht im Verfahren gegen den Angeklagten die Verfahrensdauer im Ergebnis als angemessen eingestuft und daher keine Kompensation vorgenommen hat (BT-Drucks 17/3802, S. 24).

Die Anwendung der **Vollstreckungslösung** des BGH (BGHSt 52, 124) setzt nun aber nicht voraus, dass zuvor die Verzögerungsrüge erhoben worden ist (vgl. dazu eingehend/zutreffend *Gercke/Heinisch* NStZ 2012, 300, 303 f; *Arnoldi* StRR 2013, 97 in der Anm. zu BGH StRR 2013, 96 und *Rinklin* StRR 2015, 64 in der Anm. zu BGH StV 2015, 154 [Ls.], wo das allerdings jeweils erwogen worden ist; a.A. offenbar *Sommer* StV 2012, 107, 110). Dafür spricht schon, dass anderenfalls die Neuregelung zu weniger „Rechtsschutz" führen würde, das Gegenteil war aber beabsichtigt.

Zur **Kompensation** durch die Strafvollstreckungslösung ist auf Folgendes **hinzuweisen**: 3304

- Neben einer anderen Wiedergutmachung ist ein bestehender Anspruch nach § 198 GVG wegen immaterieller Nachteile **ausgeschlossen**, was die Bedeutung der Entschädigungsregelung für das Strafverfahren reduziert. Größerer Bedeutung könnte der Entschädigungslösung allerdings in Jugendstrafverfahren zukommen, sofern der BGH an seiner restriktiven Rechtsprechung zur Ablehnung eines bezifferten Abschlags von der erzieherisch bestimmten Jugendstrafe (vgl. u.a. BGH NStZ 2010, 94 m.w.N.; offen gelassen von BGH NStZ 2011, 524) festhält, die der Große Senat in BGHSt 52, 124 auch für das Vollstreckungsmodell nicht ausgeschlossen hat (vgl. dazu auch *Eisenberg*, § 18 Rn 15e; BVerfG NJW 2003, 2225).

- Ein Anspruch aus § 198 GVG auf **Entschädigung** wegen **immaterieller Nachteile** kommt aber gleichwohl in bestimmten **Konstellationen** auch für den Beschuldigten eines Strafverfahrens in Betracht. Dies betrifft insbesondere alle Fälle, in denen die Verfahrensverzögerung unmittelbar durch das Strafgericht nicht kompensiert werden kann. Das wichtigste Beispiel dafür sind die Fälle des **Freispruchs** (*Meyer-Goßner/Schmitt*, § 199 Rn 3) und der Verhängung einer Jugendstrafe, die aufgrund des Erziehungsgedankens nicht vollstreckt wird. Zu denken ist außerdem an **Einstellungen** des Verfahrens, die nicht aufgrund einer eingetretenen Verfahrensverzögerung, sondern schon aus anderen Gründen erfolgen.

V Verzögerungsrüge

> ☝ Soweit danach Entschädigungsansprüche aus § 198 GVG wegen immaterieller Nachteile infolge eines überlangen Strafverfahrens möglich sind, gelten insoweit auch die **Anforderungen** des **§ 198 Abs. 3 GVG**. Entschädigung kann folglich in diesen Konstellationen auch nur beansprucht werden, wenn der Beschuldigte im **Strafverfahren** eine **Verzögerungsrüge** gem. § 198 Abs. 3 GVG erhoben hat (BT-Drucks 17/3802, S. 24).

3305 7. Einen Entschädigungsanspruch muss der Betroffene ggf. auf der zweiten Stufe (vgl. Rdn 3278) im Entschädigungsprozess **klageweise** durchsetzen (zu den Kosten *H. Schneider* AGS 2012, 53; *N. Schneider* RVGreport 2012, 82). Dazu wird auf den **Überblick** bei *Burhoff*, EV, Rn 4176 verwiesen.

3306 **8. Antragsmuster**

▼

An das

Landgericht Musterstadt

In dem Strafverfahren

gegen H. Muster

Az.:

wegen des Verdachts der Hehlerei u.a.

wird namens und in Vollmacht des Beschuldigten

Verzögerungsrüge gem. § 198 Abs. 3 GVG erhoben.

Ich rüge die Dauer der vorliegenden Verfahrens.

Das Verfahren ist eingeleitet worden durch

Die Staatsanwaltschaft Musterstadt hat dann Anklage erhoben am _____ Diese ist am _____ beim Landgericht eingegangen. Das Verfahren wird seit _____ nicht mehr betrieben und ist folglich noch nicht abgeschlossen. Damit dauert das Verfahren jetzt schon insgesamt Jahre. Es besteht daher Anlass zur Besorgnis, dass das Verfahren nicht in einer angemessenen Zeit abgeschlossen wird.

oder:

Es besteht Anlass zur Besorgnis, dass das Verfahren nicht in einer angemessenen Zeit abgeschlossen wird, und zwar aus folgenden Gründen:

Zum Nachweis beziehe ich mich auf die Verfahrensakten, insbesondere auf:

Ich weise für den Angeklagten ausdrücklich auf Folgendes hin: Der Angeklagte ist Berufskraftfahrer. Sein Arbeitgeber hat nach dem Erlass des § 111a-Beschl. v. ▓▓▓▓▓ davon abgesehen, den Angeklagten, der für die Ausübung seines Berufes auf die Fahrerlaubnis angewiesen ist, zu entlassen. Er hat ihn vielmehr seitdem im Innendienst beschäftigt. Der Arbeitgeber hat aber inzwischen mit in Fotokopie anliegendem Schreiben vom ▓▓▓▓▓ erklärt, dass er die aufgrund der vorläufigen Entziehung der Fahrerlaubnis erfolgte Umsetzung des Angeklagten nicht länger aufrechterhalten kann und er dem Angeklagten kündigen wird. Dem Angeklagten droht also der Verlust des Arbeitsplatzes und damit ein erheblicher materieller Schaden.

Im Fall der Kündigung wird der Angeklagte zudem nicht in der Lage sein, seinen monatlichen Verpflichtungen ausreichend nachzukommen. Es ist damit zu rechnen, dass dann auch das Mietverhältnis über die derzeit von ihm bewohnte Wohnung gekündigt werden wird. Damit würden dem Angeklagten erhebliche Umzugs- und Folgekosten entstehen.

Rechtsanwalt

▲

Siehe auch: → *Haftfragen*, Rdn 1655; → *Verfahrensverzögerung*, Rdn 2825.

Videovernehmung in der Hauptverhandlung

Das Wichtigste in Kürze:
1. Das sog. Zeugenschutzgesetz (ZSchG) erlaubt die Vernehmung eines Zeugen unter Einsatz der Videotechnologie.
2. Die Videovernehmung in der HV ist nach § 247a Abs. 1 S. 1 in zwei Fällen zulässig, zum einen nach Hs. 1 zum Schutz des Zeugen und zum anderen nach Hs. 2 unter den Voraussetzungen des § 251.
3. Nach § 247a Abs. 1 S. 1 Hs. 1 ist die Videovernehmung gestattet, wenn die dringende Gefahr eines schwerwiegenden Nachteils für das Wohl des Zeugen besteht, wenn er in Gegenwart der in der HV Anwesenden vernommen wird und diese Gefahr nicht in anderer Weise abgewendet werden kann.
4. Nach § 247a Abs. 1 S. 1 Hs. 2 ist die Videovernehmung auch unter den Voraussetzungen zulässig, unter denen die Verlesung einer Vernehmungsniederschrift gem. § 251 Abs. 1 Nr. 2 – 4 statthaft ist.
5. Die Anordnung der Videovernehmung steht im pflichtgemäßen Ermessen des Gerichts.
6. Die Videovernehmung wird durch Beschluss des Gerichts angeordnet.
7. Die Durchführung der Vernehmung ist im Gesetz nur unzureichend geregelt.

| **V** | **Videovernehmung in der Hauptverhandlung** |

> **8.** Nach § 247a Abs. 1 S. 4 soll die Videovernehmung in der HV aufgezeichnet werden, wenn zu besorgen ist, dass der Zeuge in einer weiteren HV nicht vernommen werden kann und die Aufzeichnung zur Erforschung der Wahrheit erforderlich ist.
> **9.** Die Entscheidungen zur Videovernehmung sind grds. unanfechtbar.

3308 Literaturhinweise: **Albrecht**, Das Verhältnis der audiovisuellen Vernehmung gem. § 247a StPO zu anderen Formen der Beweiserhebung, insbesondere zur Verlesung von Vernehmungsniederschriften gem. § 251 Abs. 1 Nr. 2 StPO, StV 2001, 364; **Ahlbrecht/Schlei**, Verteidigung gegen und mit Rechtshilfe, StraFo 2013, 265; **Ammann**, Videoprotokollierung von Einvernahmen, Krim 2011, 570; **Arntzen**, Video- und Tonbandaufnahmen als Ersatz für richterliche Vernehmungen von Kindern zu Sexualdelikten?, ZRP 1995, 241; **Beulke**, Empirische und normative Probleme der Verwendung neuer Medien in der Hauptverhandlung, Sonderdruck ZStW 2001, 709; **Böhm**, Kindliche Opferzeugen vor den Amtsgerichten, ZRP 1996, 259; **Caspari**, Stärkung der Opfergehörrechte im Strafverfahren? DRiZ 2011, 350; **Detter**, Audiovisuelle Vernehmung und V-Mann in der Hauptverhandlung, in: Wen schützt das Strafrecht, Schriftenreihe der Strafverteidigervereinigungen, Band 29, 2006, S. 97; *ders.*, Einige Gedanken zu audiovisueller Vernehmung, V-Mann in der Hauptverhandlung und der Entscheidung des Bundesgerichtshofs in der Sache El Motassadeq, StV 2006, 544; **Diemer**, Der Einsatz der Videotechnik in der Hauptverhandlung, NJW 1999, 1667; *ders.*, Verfahrensrügen im Zusammenhang mit der audiovisuellen Vernehmung nach § 247a StPO, NStZ 2000, 393; *ders.*, Die Anfechtbarkeit von Entscheidungen im Zusammenhang mit der audiovisuellen Vernehmung eines Zeugen in der Hauptverhandlung, StraFo 2000, 217; *ders.*, Zur Bedeutung der Videoaufzeichnung im Revisionsverfahren, NStZ 2002, 16; **Deutscher**, Neue Regelungen zum Opferschutz und zur Stärkung der Beschuldigtenrechte im Strafverfahren, StRR 2013, 324; **Eisenberg**, Referentenentwurf des BMJ „Gesetz zur Stärkung der Rechte von Opfern sexuellen Missbrauchs (StORMG)" 2010, HRRS 2011, 64; **Ferber**, Das Opferrechtsreformgesetz, NJW 2004, 2562; **Gerst**, Der Zeuge auf Skype – Verteidigung mit Videotechnik, StraFo 2013, 103; **Gleß**, § 247a StPO – (auch) eine Wohltat für den Angeklagten?, JR 2002, 97; **Griesbaum**, Der gefährdete Zeuge, NStZ 1998, 433; **Helmig**, Anwendbarkeit und Zweckmäßigkeit der Videotechnik zum Schutz von Zeugen vor Belastungen durch das Strafverfahren, 2000; **Hofmann**, Videoaufzeichnung und revisionsgerichtliche Kontrolle, NStZ 2002, 569; **Hohnel**, Audiovisuelle Zeugenvernehmung trotz Zeugenschutzprogramms?, NJW 2004, 1356; **Jung**, Zeugenschutz, GA 1998, 313; **Kaczynski**, Was leistet justizielle Zeugenbetreuung, NStZ 2000, 451; **Krapf**, Audiovisuelle Zeugenvernehmung, Durchführungsmöglichkeiten und Tipps unter besonderer Berücksichtigung der Videovernehmung im Ausland, Krim 2000, 309; **Kretschmer**, Einige Eckpunkte in der Entwicklung der Videoaufzeichnung von strafprozessualen Zeugenvernehmungen, JR 2006, 453; **Leipold**, Die Videovernehmung, NJW-Spezial 2005, 471; **Leitner**, Rechtliche Probleme von Video-Aufzeichnungen und praktische Konsequenzen für die Verteidigung, StraFo 1999, 45; *ders.*, Videoaufzeichnung in der Hauptverhandlung und Rekonstruktionsverbot, StraFo 2004, 306; *ders.*, Videotechnik im Strafverfahren, 2012; **Mitsch**, Videoaufzeichnung als Vernehmungssurrogat in der Hauptverhandlung, JuS 2005, 102; **Neuhaus**, Das Opferrechtsreformgesetz 2004, StV 2004, 620; **Nack/Park/Brauneisen**, Gesetzesvorschlag des Bundesrechtsanwaltskammer zur Verbesserung der Wahrheitsfindung im Strafverfahren durch den verstärkten Einsatz von Bild- und Tontechnik, NStZ 2011, 310; **Norouzi**, Die Audiovisuelle Vernehmung von Auslandszeugen, 2010; **Pfäfflin**, Schützen Videovernehmungen kindliche Zeugen vor sekundärer Traumatisierung?, StV 1997, 95; **Pott**, Rechtsprobleme bei der Anwendung von Videotechnologie im Strafprozess, 2003; **Rieck**, „Substitut oder Komplement?" Die Videofernvernehmung von Zeugen gemäß § 247a StPO, 2003; **Riek**, Audiovisuelle Konfrontationsvernehmung gem. § 247a StPO, StraFo 2000, 400; **Rieß**, Zeugenschutz bei Vernehmungen im Strafverfahren, NJW 1998, 3240; *ders.*, Das neue Zeugenschutzgesetz, insbesondere Videoaufzeichnungen von Aussagen im Ermittlungsverfahren und in der HV, StraFo 1999, 1; **Schlothauer**, Video-Vernehmung und Zeugenschutz – Verfahrenspraktische Fragen im Zusammenhang mit dem Gesetz zur Änderung der StPO etc. (Zeugenschutzgesetz), StV 1999, 47; **Schlüchter/Greif**, Zeugenschutz durch das Zeugenschutzgesetz?, Krim 1998, 530; **Schöch**, Erfahrungen mit der Videovernehmung nach dem Zeugenschutzgesetz, in: Festschrift für *Lutz Meyer-Goßner/Schmitt*, 2001, S. 365; **Schünemann**,

Videovernehmung in der Hauptverhandlung V

Der deutsche Strafprozeß im Spannungsfeld von Zeugenschutz und materieller Wahrheit, StV 1998, 391; **Schwaben**, Die Rechtsprechung des BGH zwischen Aufklärungsrüge und Verwertungsverbot, NStZ 2002, 288; **Seitz**, Das Zeugenschutzgesetz – ZSchG, JR 1998, 309; **Strate**, Zur Video-Übertragung von Zeugenvernehmungen in der Hauptverhandlung, in: Festgabe für *Heino Friebertshäuser*, 1997; S. 203 **Thomsen**, Einsatzmöglichkeit der Videokonferenztechnik in der Justiz – ein erster Erfahrungsbericht, SchlHA 2004, 285; **Türk**, Herausgabe von Bändern einer Videovernehmung an den Verteidiger im Wege der Akteneinsicht, NStZ 2004, 129; **Walter**, Vermummte Gesichter, verzerrte Stimmen – audiovisuell verfremdete Aussagen von V-Leuten? – Deutsches Recht und EMRK, StraFo 2004, 224; **Wasserburg**, Bemerkungen zur audiovisuellen Vernehmung, in: Festschrift für *Christian Richter II*, 2007, S. 547; **Wattenberg**, Die Rechtsprechung des Europäischen Gerichtshofs zum mittelbaren Zeugenbeweis – zugleich eine Anm. zum Urt. des BGH v. 11.2.2000 – 3 StR 377/99, StV 2000, 688; **Weider**, Die Videovernehmung von V-Leuten gemäß § 247a StPO unter optischer und akustischer Abschirmung, StV 2000, 48; **Weider/Staechlin**, Das Zeugenschutzgesetz und der gesperrte V-Mann, StV 1999, 51; **Weiner/Foppe**, Endlich ein ausreichender Opferschutz?, Krim 1998, 536; **Wittke**, Beweisführung mittels verdeckter Ermittlungen und mit unerreichbaren Zeugen auf dem Gebiet der Rauschgiftkriminalität, Krim 2005, 221; s.a. die Hinw. bei → *Verwertung der Erkenntnisse eines (gesperrten) V-Mannes*, Rdn 3241.

1. Das Gesetz zum Schutz von Zeugen bei Vernehmungen im Strafverfahren und zur Verbesserung des Opferschutzes (sog. **Zeugenschutzgesetz [ZSchG], BGBl 1998 I, S. 820**) erlaubt seit 1998 in § 247a Abs. 1 den Einsatz von Bild-Ton-Aufzeichnungen von Vernehmungen und die Bild-Ton-Direktübertragung eines Teils der strafrechtlichen HV in einen anderen Raum als den Sitzungssaal. **Sinn** und **Zweck** dieser Regelung ist es insbesondere, Zeugen bei sie besonders belastenden Vernehmungen zu schützen und ihnen die damit i.d.R. einhergehenden Beeinträchtigungen zu ersparen oder diese zumindest zu reduzieren (BGHSt 46, 73; BGH NStZ 2001, 262; zum Zeugenschutz allgemein s. z.B. *Jung* GA 1998, 313 ff.). Dies muss man bei der Auslegung der nicht besonders geglückten Vorschriften im Auge behalten. Die Vorschrift ist zudem als Ausnahmeregelung zu § 250 eng auszulegen (*Meyer-Goßner/Schmitt*, § 247a Rn 1).

3309

☞ Die nachfolgenden Ausführungen befassen sich **nur** mit der Zulässigkeit der Videovernehmung in der **HV** gem. § 247a Abs. 1. Diese Vorschrift ist für die HV eine Sondervorschrift, die die Anwendung des § 58a ausschließt (*Rieß* NJW 1998, 3241). Die mit der Videovernehmung im EV zusammenhängenden Fragen sind dargestellt bei *Burhoff*, EV Rn 4175, und die mit der Vorführung einer im EV gefertigten Videoaufzeichnung einer Vernehmung bei → *Vorführung von Bild-Ton-Aufzeichnungen*, Rdn 3396 (zum AER des Verteidigers in eine Videovernehmung aus dem EV s. *Türk* NStZ 2004, 129).

Durch das am 1.11.2013 in Kraft getretene „Gesetz zur Intensivierung des Einsatzes von Videokonferenztechnik in gerichtlichen und staatsanwaltschaftlichen Verfahren" (BGBl I, S. 935; vgl. dazu BR-Drucks 902/09 und BT-Drucks 17/1224) sind erhebliche Änderungen und **erweiterte Möglichkeiten** des Einsatzes von **Videotechnik** eingeführt worden. So ist jetzt auch die Videovernehmung eines SV zulässig (→ *Vernehmung Sachverständiger*, Rdn 3143).

3310

| V | **Videovernehmung in der Hauptverhandlung** |

3311   2. Die Videovernehmung in der HV ist nach § 247a Abs. 1 S. 1 in **zwei Fällen zulässig**, zum einen nach Hs. 1 zum Schutz des Zeugen (s. dazu Rdn 3312 ff.) und zum anderen nach Hs. 2 unter den Voraussetzungen des § 251 (s. dazu Rdn 3319 f.). Der Einsatz der Videovernehmung ist **nicht** auf bestimmte **Deliktsbereiche** oder besondere **Gruppen** von **Zeugen beschränkt** (KK-*Diemer*, § 247a Rn 2; *Diemer* NJW 1999, 1668). Das bedeutet, dass die Vorschrift nicht nur bei minderjährigen Zeugen oder Opfern von Sexualdelikten anwendbar ist, sondern für alle schutzbedürftigen Zeugen gilt (zur anderen Regelung in § 255a Abs. 2 → *Vorführung von Bild-Ton-Aufzeichnungen*, Rdn 3404). Das sind insbesondere auch sog. gefährdete Zeugen, wie Verdeckte Ermittler oder V-Leute (zur Frage der ggf. abgeschirmten Vernehmung s.u. Rdn 3316, 3328; → *Vernehmung des Zeugen zur Person*, Rdn 3097; → *Verwertung der Erkenntnisse eines [gesperrten] V-Mannes*, Rdn 3247 f.). Insoweit ist, wenn es um die audiovisuelle Vernehmung eines gesperrten Zeugen geht, das Justizministerium verpflichtet, seine nachgeordneten Behörden/die Gerichte so auszustatten, dass das Verfahren auch durchgeführt werden kann (BGHSt 51, 232).

3312   3.a) Nach § 247a Abs. 1 S. 1 **Hs. 1** ist die Videovernehmung gestattet, wenn die dringende Gefahr eines **schwerwiegenden Nachteils** für das Wohl des Zeugen besteht (s. dazu u. Rdn 3313 ff.), wenn er in Gegenwart der in der HV Anwesenden vernommen wird (s. dazu u. Rdn 3316; eingehend zu allem *Diemer* NJW 1999, 1669; *Meyer-Goßner/Schmitt*, § 247a Rn 3 f.).

> Auch nach der Einführung des § 247a Abs. 1 bleibt die **unmittelbare Vernehmung** des Zeugen in der HV gem. § 250 S. 1 die **Regel** (a.A. offenbar HK-*Julius*, § 247a Rn 9, wonach die Videovernehmung schon nach § 244 Abs. 2 zulässig sein soll; a.A. a. *Weider* StV 2000, 53). Das ergibt sich daraus, dass die Durchführung einer Videovernehmung im pflichtgemäßen Ermessen des Gerichts steht und an eng auszulegende Voraussetzungen geknüpft ist (*Meyer-Goßner/Schmitt*, § 247a Rn 1a; KK-*Diemer*, § 247a Rn 4; *Beulke*, ZStW 2001, 709, 717).

3313   b) Es muss die dringende Gefahr eines **schwerwiegenden Nachteils** für das Wohl des Zeugen bestehen. Ob dieser sich in einem Zeugenschutzprogramm befindet, ist unerheblich (*Meyer-Goßner/Schmitt*, § 247a Rn 3; a.A. *Hohnel* NJW 2004, 1356). Der Nachteil kann in Beeinträchtigungen der physischen Gesundheit oder des seelischen Zustands des Zeugen liegen (*Meyer-Goßner/Schmitt*, a.a.O.; vgl. a. BVerfG NJW 2014, 1082 m. Anm. *Barton* StRR 2014, 178). Nicht ausreichend ist – anders als bei § 247 – die Befürchtung, der Zeuge werde in Gegenwart des Angeklagten nicht die Wahrheit sagen (→ *Entfernung des Angeklagten aus der Hauptverhandlung*, Rdn 1411) oder sonstige Befürchtungen hinsichtlich der Gefährdung der Wahrheitsfindung. Es muss sich um einen schwerwiegenden Nachteil handeln, sodass nur vorübergehende, geringfügige Beeinträchtigungen des Wohlbefindens des Zeugen nicht ausreichen. Die Belastungen des Zeugen müssen vom Sinn und Zweck der Vorschrift, die den Zeugen vor **massiven Belastungen** schützen will (BT-Drucks 13/7165, S. 4, 9), den Grad der normalerweise mit der Vernehmung in der HV verbundenen Belastungen übersteigen (KK-*Diemer*, § 247a Rn 9).

Erforderlich ist das Bestehen einer **dringenden Gefahr**. Das bedeutet, dass aufgrund bestimmter Tatsachen **positiv feststehen** muss, dass der Nachteil für den Zeugen im konkreten Fall mit hoher Wahrscheinlichkeit eintreten wird (KK-*Diemer*, § 247a Rn 3). Es gilt dasselbe wie zu § 247 S. 3, der insoweit dieselbe Formulierung enthält (→ *Entfernung des Angeklagten aus der Hauptverhandlung*, Rdn 1414; *Meyer-Goßner/Schmitt*, § 247a Rn 3). 3314

✍ Es **reicht** also **nicht** aus, wenn die Nachteile für den Zeugen nur zu **befürchten** sind (anders der Gesetzesentwurf in der BT-Drucks 13/4983, S. 10).

Das Gericht muss vom Eintritt der Nachteile überzeugt sein (BGH NStZ 1988, 423 [für § 247]). Daraus folgt, dass sich das Gericht ggf., bevor nach § 247a Abs. 1 verfahren wird, einen eigenen Eindruck von dem Zeugen machen muss. Möglicherweise muss es in Zweifelsfällen sogar einen **SV befragen** (BVerfG NJW 2014, 1082 m. Anm. *Barton* StRR 2014, 178 und krit. Anm. *Eisenberg* StraFo 2014, 424; HK-*Julius*, § 247a Rn 5; *Leitner* StraFo 1999, 47), was insbesondere bei der Vernehmung von Kindern gelten dürfte. Auch insoweit gibt es nämlich keinen allgemeinen Erfahrungssatz, dass diese durch eine Vernehmung immer belastet werden (*Pfäfflin* StV 1997, 97).

Die Gefahr muss schließlich davon ausgehen, dass der Zeuge in **Gegenwart** der in der HV **Anwesenden** vernommen wird, also anders als bei § 247 S. 2 nicht allein von der Gegenwart des Angeklagten. 3315

b)aa) Die Videovernehmung nach § 247a Abs. 1 S. 1 Hs. 1 ist **nicht** (mehr) **subsidiär** (*Meyer-Goßner/Schmitt*, § 247a Rn 4). Die früher vorhandene Subsidiaritätsklausel ist vom 1. OpferRRG gestrichen worden (zust. *Meyer-Goßner/Schmitt*, a.a.O. m.w.N.; *Neuhaus* StV 2004, 625). Das Gericht muss/kann/soll vor der Entscheidung darüber, welche Maßnahme es einsetzen will, **abwägen**, welche der zur Verfügung stehenden Maßnahmen, wie z.B. → *Entfernung des Angeklagten aus der Hauptverhandlung*, Rdn 1408, unter Berücksichtigung von Opferschutz, → *Aufklärungspflicht des Gerichts*, Rdn 329, und Verteidigungsinteressen des Angeklagten die geeignetste darstellt (*Hilger* GA 2004, 482). 3316

Insoweit gilt:

■ I.d.R. wird die Videovernehmung nach § 247a Abs. 1 der → *Entfernung des Angeklagten aus der Hauptverhandlung*, Rdn 1408, **vorgehen** (a.A. offenbar *Neuhaus* StV 2004, 625). Etwas anderes kann bei kindlichen Zeugen gelten, die Angst vor einer Vernehmung vor einer Videokamera haben. Wird ein **Zeuge**, der das **18. Lebensjahr** vollendet hat, ausschließlich durch die Anwesenheit des Angeklagten der dringenden Gefahr eines schwerwiegenden Nachteils nur für sein Wohl ausgesetzt, kommen weder Maßnahmen nach § 247 noch nach § 247a Abs. 1 in Betracht. Die Ersteren scheitern daran, dass kein Nachteil für die „Gesundheit" des Zeugen besteht (→ *Entfernung des Angeklagten* 3317 *aus der Hauptverhandlung*, Rdn 1414), die Letzteren daran, dass „nur" die Anwesenheit des Angeklagten Ursache für die Beeinträchtigung des Wohls des Zeugen ist. In Betracht kommt aber ggf. die → *Entfernung des Angeklagten aus der Hauptverhandlung*, Rdn 1414, unter dem Gesichtspunkt der Wahrheitsgefährdung nach § 247 S. 1.

- In den Fällen, in denen die Beeinträchtigung des Wohls des Zeugen ihre Ursache (nur) in der Anwesenheit des Angeklagten hat, wird das Gericht **erwägen** können/ggf. sogar müssen, ob die **Videovernehmung** nicht auf § 247a Abs. 1 S. 1 **Hs. 2** i.V.m. § 251 Abs. 2 gestützt werden kann/muss, wenn z.b. alle Beteiligten mit der Videovernehmung einverstanden sind. Gemeint sind die Fälle, in denen die Verlesung von richterlichen Protokollen zulässig sind (vgl. dazu → *Verlesung von Protokollen früherer Vernehmungen/sonstiger Erklärungen*, Rdn 3019). Der Verteidiger muss in diesem Zusammenhang bedenken, dass sich die Erteilung seines ggf. erforderlichen Einverständnisses (§ 251 Abs. 2 Nr. 3) schon deshalb empfehlen kann, weil der Mandant dann Gelegenheit erhält, die Vernehmung des Zeugen unmittelbar zu verfolgen und er von seinem Fragerecht direkt Gebrauch machen kann (HK-*Julius*, § 247a Rn 5; zur Aufklärungspflicht des Gerichts im Zusammenhang mit einer Beweisanregung nach gescheiterter Vernehmung eines Zeugen, diesen per Videoübertragung zu vernehmen, s. BGH NStZ-RR 1999, 80).

3318 **bb)** Darüber hinaus ist zur Abwendung der Gefahr für den Zeugen aber auch noch an **weitere Maßnahmen** zu denken, wie z.B. die Beiordnung eines → *Verletztenbeistandes/Opferanwalts*, Rdn 3052, oder der Verzicht auf die Vernehmung bei Vorliegen eines glaubhaften Geständnisses (vgl. Nr. 222 Abs. 2 RiStBV), aber auch die Möglichkeiten der Gestaltung der Vernehmung durch den Vorsitzenden (s. z.B. § 241a und/oder § 68a; wegen weiterer Maßnahmen s. KK-*Diemer*, § 247a Rn 10).

> ♪ Nach der neueren Rspr. des BGH ist auch die (audiovisuelle) **Vernehmung** von **Vertrauenspersonen** oder **Verdeckten Ermittlern** gem. § 247a Abs. 1 mit einer die Identifizierung des Vernommenen verhindernden technischen Veränderung der Bild- und Tonübertragung zulässig, wenn der Vernehmung sonst eine Sperrerklärung der zuständigen Stelle entgegenstünde (vgl. BGH NJW 2003, 74; NStZ 2005, 43; 2006, 648; krit. insoweit BGH NStZ 2004, 345; zust. u.a. *Wattenberg* StV 2004, 241 in der Anm. zu BGH NJW 2003, 74; *Valerius* GA 2005, 460; *Detter* StV 2006, 544; früher schon *Weider* StV 2000, 48; wegen der Einzelh. → *Verwertung der Erkenntnisse eines [gesperrten] V-Mannes*, Rdn 3241 ff.).

3319 **4.** Nach § 247a Abs. 1 S. 1 **Hs. 2** ist die Videovernehmung auch unter den **Voraussetzungen** zulässig, unter denen die **Verlesung** einer **Vernehmungsniederschrift** gem. § 251 Abs. 2 Nr. 1 – 3 statthaft ist (→ *Verlesung von Protokollen früherer Vernehmungen*, Rdn 3014, 3023). Im Vordergrund steht bei dieser Regelung nicht so sehr der Zeugenschutz, sondern das Interesse an zügiger und erleichterter Durchführung des Verfahrens. Im Einzelnen gilt (vgl. a. *Diemer* NJW 1999, 1670; *Meyer-Goßner/Schmitt*, § 247a Rn 6):

Videovernehmung in der Hauptverhandlung V

- Die Videovernehmung muss „zur **Erforschung** der **Wahrheit**" erforderlich sein. Das **3320** bedeutet, dass im Hinblick auf die sich aus § 244 ergebende → *Aufklärungspflicht des Gerichts*, Rdn 329, ggf. die Verlesung eines verlesbaren Protokolls der (richterlichen) Vernehmung des Zeugen im EV (→ *Verlesung von Protokollen früherer Vernehmungen*, Rdn 3014) vorrangig sein kann (zum Verhältnis der Vorschriften s.a. BGHSt 46, 73; BGH NStZ 2000, 385; *Albrecht* StV 2001, 364), vor allem dann, wenn von der Videovernehmung keine weiter gehende oder bessere Aufklärung zu erwarten ist als z.b. durch die Verlesung eines richterlichen Protokolls (BGH, a.a.O.; krit. *Albrecht* StV 2001, 366; eingehend zum Verhältnis der audiovisuellen Vernehmung und der Aufklärungspflicht *Schwaben* NStZ 2002, 289). Entsprechendes gilt für die → *Vorführung von Bild-Ton-Aufzeichnungen*, Rdn 3396, gem. § 255a. Andererseits kann aber auch, als Ersatz für die Verlesung, im Rahmen des § 244, eine Videovernehmung in Betracht kommen (zur Aufklärungspflicht s.a. *Meyer-Goßner/Schmitt*, § 247a Rn 6 a.e.; KK-*Diemer*, § 247a Rn 13).
- Gestattet ist **nur** die Videovernehmung von **Zeugen**, **nicht** hingegen auch die von **Mitbeschuldigten** (KK-*Diemer*, § 247a Rn 12). Hs. 2 nimmt nämlich auf Hs. 1 („eine solche Anordnung ...") Bezug. Zulässig ist aber auch die Vernehmung eines Mitbeschuldigten, der im Zeitpunkt der Vernehmung die Stellung eines Zeugen hat (BGHSt 46, 73; *Meyer-Goßner/Schmitt*, § 247a Rn 6; *Diemer* NJW 1999, 1670; → *Vernehmung des Mitangeklagten als Zeugen*, Rdn 3088).
- Nach dem am 1.11.2013 in Kraft getretenen „Gesetz zur Intensivierung des Einsatzes von Videokonferenztechnik in gerichtlichen und staatsanwaltschaftlichen Verfahren" (BGBl I, S. 935; vgl. dazu BR-Drucks 902/09 und BT-Drucks 17/1224) ist in § 247a **Abs. 2** jetzt auch die Videovernehmung von SV gestattet (→ *Vernehmung Sachverständiger*, Rdn 3143).
- Wegen der **Voraussetzungen** für die **Zulässigkeit** der Videovernehmung kann auf die Ausführungen bei → *Verlesung von Protokollen früherer Vernehmungen/sonstiger Erklärungen*, Rdn 3023, Bezug genommen werden. In der Praxis wird insbesondere § 251 Abs. 2 Nr. 1 – nicht zu beseitigendes Hindernis – von Bedeutung sein. Denn es besteht damit eine Möglichkeit, einen im **Ausland** befindlichen **Zeugen**, der sich zur Einreise zum Zweck der Vernehmung nicht bereitfindet, in der HV zu vernehmen (s. dazu ausdrücklich BT-Drucks 13/9063, S. 4 und BGHSt 45, 188; → *Auslandszeuge*, Rdn 404; *Beulke* ZStW 2001, 709, 723; *Ahlbrecht/Schlei* StraFo 2013, 265, 275 f.; zum Einsatz von Skype *Gerst* StraFo 2013, 103). § 247a Abs. 1 S. 1 Hs. 2 ermöglicht schließlich auch die Vernehmung eines „gesperrten" Zeugen (dazu eingehend *Weider/Staechlin* StV 1999, 51; *Weider* StV 2000, 48 ff.; → *Verwertung der Erkenntnisse eines [gesperrten] V-Mannes*, Rdn 3241).

> 📌 Der Verteidiger muss seine Entscheidung, ob er sich mit der Videovernehmung eines Zeugen ggf. nach **§ 251 Abs. 2 Nr. 3 einverstanden** erklärt, davon abhängig

machen, ob diese ausreicht oder ob er die persönliche Anwesenheit des Zeugen in der HV als erforderlich ansieht (s.a. → *Verlesung von Protokollen früherer Vernehmungen/sonstiger Erklärungen*, Rdn 3042 f.).

Ein Beweisantrag auf Vernehmung eines im **Ausland befindlichen Zeugen** beinhaltet zugleich den Antrag, diesen ggf. per Videokonferenz zu vernehmen (BGHSt 46, 73; BGH NStZ 2000, 385). Bestehen technische Schwierigkeiten, kann der Antrag wegen Unerreichbarkeit des Zeugen abgelehnt werden (BGH, a.a.O.; zum Auslandszeugen *Norouzi*, a.a.O.).

3321 5. Die Anordnung der Videovernehmung steht im **pflichtgemäßen Ermessen** des **Gerichts**. Dieses entscheidet über das Vorliegen der Voraussetzungen des § 247a Abs. 1 S. 1, und erst, wenn es diese bejaht, „kann" es die Videovernehmung anordnen. Dabei hat es folgende Gesichtspunkte zu **berücksichtigen** und abzuwägen (*Meyer-Goßner/ Schmitt*, § 247a Rn 7; eingehend KK-*Diemer*, § 247a Rn 4 ff.; *Diemer* NJW 1999, 1670; *Albrecht* StV 2001, 366; zur Abwägung a. BVerfG NJW 2014, 1082 m. Anm. *Barton* StRR 2014, 178; BGHSt 46, 73):

3322 **Abwägungskriterien**

- im Fall des Hs. 1 (s.o. Rdn 3312 ff.) die **Interessen** des **Zeugen**, dessen Schutz in diesem Fall im Vordergrund steht (s.a. BVerfG NJW 2014, 1082 m. Anm. *Barton* StRR 2014, 178; BGH NStZ 2001, 160 [zur Unerreichbarkeit des Zeugen und der Nichtdurchführung einer Videovernehmung, wenn die Gründe, die gegen eine „normale" kommissarische Vernehmung zugleich auch gegen eine Videovernehmung sprechen]), wobei unerheblich ist, ob sich der Zeuge in einem Zeugenschutzprogramm befindet (a.A. *Hohnel* NJW 2004, 1356),
- die Einschränkung des → *Unmittelbarkeitsgrundsatzes*, Rdn 2690,
- die → *Aufklärungspflicht des Gerichts*, Rdn 329, die es gebieten kann, der Videovernehmung den Vorrang vor einer → *Verlesung von Protokollen früherer Vernehmungen/sonstiger Erklärungen*, Rdn 3014, zu geben (zur Aufklärungspflicht BGH NStZ-RR 2005, 65 [Be]),
- im Fall des Hs. 2 (s.o. Rdn 3319) **Verfahrensbeschleunigung** und -vereinfachung,
- den Umstand, dass sich bei einer Videovernehmung der unmittelbare Eindruck von einem Zeugen nur schwer vermitteln lässt, was insbesondere bei der **Glaubwürdigkeitsbeurteilung** zu berücksichtigen ist (*Schlothauer* StV 1999, 51, der u.a. deshalb rät, von der Videovernehmung nur als ultima ratio Gebrauch zu machen; s. aber *Weider* StV 2000, 48 [zur abgeschirmten Vernehmung eines V-Mannes]),
- und schließlich auch die **Interessen** des **Angeklagten**, dem durch die Videovernehmung der Anspruch auf rechtliches Gehör und sein (unmittelbares) Fragerecht beschnitten

werden können (zur Bedeutung des → *Fragerechts des Angeklagten*, Rdn 1537, s.a. EGMR NJW 2006, 2753; StraFo 2002, 160).

👉 Für die Anordnung ist das **Einverständnis** des Zeugen **nicht** erforderlich (s.a. u. Rdn 3329).

6. Die Videovernehmung wird durch **Beschluss** des **Gerichts**, nicht nur allein durch eine Maßnahme der → *Verhandlungsleitung*, Rdn 2889, des Vorsitzenden angeordnet. Dieser Beschluss kann – nach der Rspr. des BGH – außerhalb der HV erlassen werden, wobei noch nicht einmal „zwingend" die Gerichtsbesetzung der HV entscheiden muss (BGH StV 2012, 65 m. krit./abl. Anm. *Eisenberg*). Vor Erlass des Beschlusses sind aber jedenfalls die Beteiligten zu hören; der Beschluss ist in der HV zu verkünden (*Meyer-Goßner/ Schmitt*, § 247a Rn 8; inzidenter a.A. offenbar BGH, a.a.O.). Der Beschluss muss zumindest erkennen lassen, auf welchen Fall des S. 1 das Gericht die Anordnung der Videovernehmung gestützt hat (*Meyer-Goßner/Schmitt*, a.a.O). Ob darüber hinaus die „leitenden Erwägungen" dargelegt werden müssen (s. KK-*Diemer*, § 247a Rn 15; a.A. *Meyer-Goßner/Schmitt*, a.a.O.), der Beschluss also zumindest kurz **begründet** werden muss, hängt davon ab, ob man in Ausnahmefällen trotz der Unanfechtbarkeitsregelung in § 247a Abs. 1 S. 2 i.V.m. § 336 S. 2 doch die Revision für möglich hält (s.u. Rdn 3335; s.a. HK-*Julius*, § 247a Rn 10 [„sollte hingewiesen werden"]). Dann wird eine kurze Begründung erforderlich sein. Wird die Anordnung der Videovernehmung **abgelehnt**, bedarf diese Entscheidung **keiner Begründung** (*Meyer-Goßner/Schmitt*, a.a.O.). Das Fehlen des Beschlusses begründet die Revision (BGH NStZ 2008, 421).

Inhaltlich wird in dem Beschluss angeordnet, dass der Zeuge sich während seiner Vernehmung an einem anderen Ort aufhält und mittels einer Bild-Ton-Übertragung vernommen werden soll. Die **Bestimmung** des **Vernehmungsortes** kann das Gericht dem **Vorsitzenden** überlassen (wegen der Einzelh. der Bestimmung *Meyer-Goßner/Schmitt*, § 247a Rn 9). Der Ort kann im Ausland liegen (BGHSt 45, 188, 192). Ob im Rahmen des § 247a Abs. 1 auch eine kommissarische Vernehmung zulässig ist, ist umstritten. Teilweise wird das, da die Vorschrift nicht ausschließt, dass sich ein „kommissarischer Richter" mit dem zu vernehmenden Zeugen an einem anderen Ort aufhält bejaht (KK-*Diemer*, § 247a Rn 3; *Diemer* NJW 1999, 1668), teilweise hingegen verneint (*Rieß* NJW 1998, 3242; *Meyer-Goßner/ Schmitt*, § 223 Rn 20), was zutreffend sein dürfte, weil es sich bei der kommissarischen Vernehmung um einen „ausgelagerten" Teil der HV und nicht um die HV selbst handelt.

👉 Die in Zusammenhang mit der Anordnung einer Videovernehmung ergehenden Entscheidungen sind wesentliche Förmlichkeiten der HV i.S.d. § 273, müssen also in das → *Protokoll* der *Hauptverhandlung*, Rdn 2092, aufgenommen werden. Der **Verteidiger** muss außerdem darauf **achten**, dass seine Anträge zur Videovernehmung ebenfalls in das Protokoll aufgenommen werden.

| V | **Videovernehmung in der Hauptverhandlung** |

3325 7.a) Die **Durchführung** der **Vernehmung** ist im Gesetz nur unzureichend geregelt. Es wird in § 247a Abs. 1 S. 3 lediglich bestimmt, dass die Aussage zeitgleich in Bild und Ton in das Sitzungszimmer übertragen wird. Alles Weitere soll in den RiStBV geregelt werden. Bis dahin wird man folgenden **Standard** verlangen müssen (vgl. dazu *Janovsky* KR 1999, 455; *Riek* StraFo 2000, 400; *Krapf* Krim 2002, 309):

3326 Die **Simultanübertragung** der Vernehmung muss so gestaltet sein, dass alle Verfahrensbeteiligten die verbalen und körperlichen **Äußerungen** des Zeugen möglichst **umfassend wahrnehmen** können (*Meyer-Goßner/Schmitt*, § 247a Rn 10; KK-*Diemer*, § 247a Rn 17; *Schlothauer* StV 2000, 50; *Leitner* StraFo 1999, 47). Erforderlich dürfte es auch sein, dass nicht nur Aufnahmen des Zeugen, sondern auch von dem Vernehmungszimmer, in dem sich der Zeuge befindet, übertragen werden (*Schlothauer*, a.a.O.; *Rieß* StraFo 1999, 6; zur „two-way-Vernehmung" eingehend *Riek*, a.a.O.; s.a. BGHSt 45, 188). Notwendig ist es darüber hinaus, dass auch dem Zeugen – und den ihn ggf. begleitenden Beistand oder im Fall des § 406f Abs. 2 der Vertrauensperson – die Vorgänge im Gerichtssaal übertragen werden und er nicht nur die an ihn gestellten Fragen hört (*Meyer-Goßner/Schmitt*, a.a.O.; *Leitner*, a.a.O.; wohl a. HK-*Julius*, § 247a Rn 12).

> Während der Vernehmung hält der Zeuge sich „an einem **anderen Ort**" auf. Dies wird zwar i.d.R. ein Raum in unmittelbarer Nähe des Sitzungssaales sein, notwendig ist das aber nicht. Denn die Videovernehmung ist nicht nur innerhalb des Gerichtsgebäudes möglich, sondern auch über größere Entfernungen. Deshalb kann der „andere Ort" auch außerhalb des Gerichtsortes oder im **Ausland** liegen (BGHSt 45, 188; KK-*Diemer*, § 247 Rn 3; *Krapf* Krim 2002, 309, 310 f.; *Riek*, a.a.O.).
>
> **Alle anderen** Verfahrensbeteiligten, insbesondere der Vorsitzende, befinden sich aber im **Sitzungssaal**. Das ZSchG hat nicht die sog. gespaltene HV eingeführt (*Meyer-Goßner/Schmitt*, § 247a Rn 1).

3327 Übertragen werden – entgegen dem wohl zu engen Wortlaut – nicht nur die „Aussage" des Zeugen, sondern alle Verfahrensvorgänge, die mit der Vernehmung in enger Verbindung stehen. Auszugehen ist von einem **weiten Vernehmungsbegriff**, sodass z.B. auch die Verhandlung und die Entscheidung über die Vereidigung davon umfasst sind (*Meyer-Goßner/Schmitt*, § 247a Rn 5). Das gilt m.E. sowohl für eine Anordnung nach § 247a Abs. 1 S. 1 Hs. 1 (s.o. Rdn 3312 ff.) als auch für die nach Hs. 2 (s.o. Rdn 3319). Die Erstere wird gerade im Interesse des Zeugen, dem ein Zusammentreffen mit den Verfahrensbeteiligten erspart werden soll, getroffen, sodass es dem Sinn und Zweck dieser Anordnung entspricht, wenn sie auch andere Vernehmungsvorgänge umfasst. Diese Überlegung gilt aber auch für die z.B. aus Gründen der Verfahrensbeschleunigung und/oder -vereinfachung nach Hs. 2 getroffene Anordnung.

b) Für die **Ausgestaltung** der Vernehmung gilt i.Ü. Folgendes (vgl. dazu a. *Meyer-Goßner/Schmitt*, § 247a Rn 10): **3328**

■ Der Zeuge kann sich von einem → **Vernehmungsbeistand**, Rdn 3157, oder einem → *Verletztenbeistand/Opferanwalt*, Rdn 3052, bzw. im Fall des § 406f Abs. 2 von einer Vertrauensperson **begleiten** lassen.

■ Es gelten die **allgemeinen Ausführungen** zur Zeugenvernehmung (→ *Zeugenvernehmung, Allgemeines*, Rdn 3537 m.w.N.). Bei der → *Vernehmung jugendlicher Zeugen*, Rdn 3134, ist insbesondere § 241a zu beachten.

> 🖉 Die Videovernehmung ist ggf. unter (zusätzlicher) akustischer und optischer **Abschirmung** eines Zeugen zulässig (*Meyer-Goßner/Schmitt*, § 68 Rn 18; BGH NStZ 2006, 648; → *Verwertung der Erkenntnisse eines [gesperrten] V-Mannes*, Rdn 3241).

■ Es gilt schließlich auch § 247 mit der **Möglichkeit** der → *Entfernung des Angeklagten aus der Hauptverhandlung*, Rdn 1408 (*Meyer-Goßner/Schmitt*, § 247a Rn 10). Wenn also zu befürchten ist, dass der Zeuge in dem Bewusstsein, dass der Angeklagte seine Aussage auch „nur" vor dem Bildschirm verfolgt, nicht die Wahrheit sagen wird, kann von § 247 (**zusätzlich**) Gebrauch gemacht werden.

> 🖉 Allerdings gilt wegen der Dauer des Ausschlusses insoweit der „engere" Vernehmungsbegriff des § 247 (*Meyer-Goßner/Schmitt*, a.a.O.; → *Entfernung des Angeklagten aus der Hauptverhandlung*, Rdn 1419). Auch ist darauf zu **achten**, dass der Angeklagte, wenn er wieder an der HV teilnimmt, **unterrichtet** werden und Gelegenheit haben muss, Fragen zu stellen (→ *Entfernung des Angeklagten aus der Hauptverhandlung*, Rdn 1422).

■ Schließlich ist auch der **Ausschluss** der **Öffentlichkeit** von der Videovernehmung gem. §§ 171b, 172 GVG zulässig (→ *Ausschluss der Öffentlichkeit*, Rdn 427).

8.a) Nach § 247a Abs. 1 S. 4 **soll** die Videovernehmung in der HV **aufgezeichnet** werden, wenn zu besorgen ist, dass der Zeuge in einer weiteren HV nicht vernommen werden kann und die Aufzeichnung zur Erforschung der Wahrheit erforderlich ist. Danach darf also nicht jede Videovernehmung aufgezeichnet werden, vielmehr müssen die **besonderen Voraussetzungen** des S. 4 vorliegen. Das sind Folgende (vgl. a. *Diemer* NJW 1999, 1671): **3329**

■ Es muss die **Unmöglichkeit** der **Vernehmung** des Zeugen in einer **weiteren HV** zu besorgen sein. Das ist der Fall, wenn konkrete Umstände die Annahme begründen, dass der Zeuge in einer weiteren HV nicht zur Verfügung stehen wird, z.B. weil der Zeuge dann unerreichbar sein oder der gesetzliche Vertreter der Vernehmung eines Kindes nicht nochmals zustimmen wird (*Meyer-Goßner/Schmitt*, § 247a Rn 11). Nicht erforderlich ist die Beantwortung der Frage, ob überhaupt eine weitere HV zu erwarten ist (so aber *Seitz* JR 1998, 312). Die Frage kann nämlich zu diesem Zeitpunkt **3330**

| V | **Videovernehmung in der Hauptverhandlung** |

noch nicht beantwortet werden. Es ist vielmehr lediglich zu unterstellen, dass eine weitere HV – ggf. nach Berufungseinlegung oder Revision – stattfindet und dann zu fragen, ob der Zeuge dann nicht zur Verfügung stehen wird (ähnl. *Meyer-Goßner/ Schmitt*, a.a.O.). Auch die ggf. nach Abtrennung des Verfahrens gegen einen Mittäter zu erwartende HV ist nach dem Wortlaut des § 247a Abs. 1 S. 4 eine „weitere" HV (*Meyer-Goßner/Schmitt*, a.a.O.).

- Die Aufzeichnung muss außerdem zur **Erforschung** der **Wahrheit erforderlich** sein. Insoweit gilt dasselbe wie für § 58a Abs. 2 (s.a. *Meyer-Goßner/Schmitt*, § 247a Rn 11; s. dazu ferner *Meyer-Goßner/Schmitt*, § 58a Rn 11; s.a. *Burhoff*, EV, Rn 4209 [Anlehnung an § 100b Abs. 6]). Erforderlich kann nach *Meyer-Goßner/Schmitt* (a.a.O.) die Aufzeichnung sein, wenn es sich z.B. um eine umfangreiche, schwierige Vernehmung gehandelt hat (s.a. BT-Drucks 13/7165, S. 5) oder der Zeuge erstmals vor dem LG aussagt (nur Inhaltsprotokoll!; → *Protokoll der Hauptverhandlung, Allgemeines*, Rdn 2092).

> ✍ Der Verteidiger sollte die **Aufzeichnung** wegen der revisionsrechtlichen Konsequenzen auf jeden Fall **beantragen** (so a. *Weider/Staechlin* StV 1999, 53 [für V-Mann]; ähnl. wohl a. *Schlothauer* StV 1997, 50; HK-*Julius*, § 247a Rn 15; s.a. u. Rdn 3335).

- Das **Einverständnis** des Zeugen mit der Aufzeichnung ist grds. nicht erforderlich. Davon hat der Gesetzgeber ausdrücklich abgesehen (BT-Drucks 13/7165, S. 6). Offenbleibt allerdings die Frage, welche Rechtsfolgen eintreten, wenn der Zeuge sich weigert, Angaben zu machen, falls seine Vernehmung aufgezeichnet wird, insbesondere also, ob aufgrund dieser **Weigerung** gegen ihn nach § 70 Zwangsmittel ergriffen werden können. M.E. wird man – unter Berücksichtigung des Umstandes, dass die Vorschrift (auch) dem Zeugenschutz dient – gerichtliche **Zwangsmaßnahmen** wohl nicht treffen können (dazu a. *Burhoff*, EV, Rn 4187; a.A. wohl *Meyer-Goßner/ Schmitt*, 247a Rn 11, § 58a Rn 8; KK-*Diemer*, § 247 Rn 19).

3331 b) Über die Frage der Aufzeichnung der Videovernehmung muss das Gericht durch **Beschluss** entscheiden. Dafür spricht der enge Sachzusammenhang mit der Entscheidung nach § 247a Abs. 1 S. 1 (*Meyer-Goßner/Schmitt*, § 247a Rn 12; a.A. HK-*Julius*, § 247a Rn 16 [Anordnung des Vorsitzenden nach § 238 Abs. 1]). Der Beschluss ist zu **begründen** (so a. *Meyer-Goßner/Schmitt*, a.a.O.; KK-*Diemer*, Rn 20).

3332 c) Für die **Verwendung** der Aufzeichnung, für **AE** und **Löschung** verweist § 247a Abs. 1 S. 5 auf § 58a Abs. 2 (wegen der Einzelh. dazu *Burhoff*, EV, Rn 4208 ff.).

9. Hinweise für den Verteidiger!

a) Von erheblicher praktischer Bedeutung sind die dem Angeklagten/Verteidiger ggf. zustehenden **Rechtsbehelfe** gegen gerichtliche Maßnahmen/Anordnungen im Zusammenhang mit § 247a Abs. 1. Insoweit gilt (zu allem a. *Meyer-Goßner/Schmitt*, § 247a Rn 13; *Diemer* NJW 1999, 1671; *ders.* StraFo 2000, 217; *ders.* NStZ 2001, 393; *Rieck*, Die Videovernehmung von Zeugen, S. 263 ff.):

3333

- Nach § 247a Abs. 1 S. 2 ist die Entscheidung nach S. 1 für alle Verfahrensbeteiligten **unanfechtbar**, und zwar auch im Fall der Ablehnung der Videovernehmung (*Meyer-Goßner/Schmitt*, § 247a Rn 13; KK-*Diemer*, § 247a Rn 16, 22; vgl. dazu BVerfG NJW 2014, 1082 m. Anm. *Barton* StRR 2014, 178 [Verfassungsbeschwerde des Zeugen gegen Ablehnung]).

3334

- Wird die **Auswahl** des **Vernehmungsortes** durch das Gericht im Anordnungsbeschluss vorgenommen, ist auch diese Entscheidung unanfechtbar. Wird sie dem Vorsitzenden überlassen, kann dessen Entscheidung nach § 238 Abs. 2 beanstandet werden.
- Die Unanfechtbarkeitsregelung in § 247a Abs. 1 S. 2 führt dazu, dass die Entscheidung zur **Videovernehmung** gem. § 336 S. 2 grds. **nicht** mit der **Revision** überprüfbar ist (*Meyer-Goßner/Schmitt*, a.a.O.; zur Kritik s. KK-*Diemer*, § 247a Rn 16; *Diemer* NJW 1999, 1672; eingehend zu den revisionsrechtlichen Fragen *Diemer* StraFo 2000, 217; *ders.* NStZ 2000, 393; *ders.* NStZ 2002, 16; *Hofmann* NStZ 2002, 569). Das gilt auch für die anderen Verfahrensbeteiligten (a.A. offenbar *Leitner* StraFo 1999, 48). Die Frage, ob die Revision zulässig ist, wenn **zusätzlich** zu einem Verstoß gegen § 247a Abs. 1 noch ein (**absoluter**) **Revisionsgrund** gegeben ist, z.B. § 338 Nr. 8, ist **umstritten** (bej. KK-*Diemer*, a.a.O.; *Weider/Staechlin*, a.a.O.; abl. *Meyer-Goßner/Schmitt*, a.a.O.).

✍ Die Unanfechtbarkeit führt m.E. aber nicht dazu, dass auch die allgemeine **Aufklärungsrüge** mit der Begründung, dass Gericht habe eine Videovernehmung zu Unrecht abgelehnt und stattdessen nur ein Protokoll über eine frühere Vernehmung verlesen oder eine im EV hergestellte Videoaufzeichnung gem. § 255a vorgeführt, nicht gegeben ist. Insoweit wird § 244 Abs. 2 von der Regelung nämlich nicht berührt (*Weider/Staechlin* StV 1999, 53 [zugleich a. zur Begründung der Aufklärungsrüge]; *Leitner* StraFo 1999, 48; s.a. KK-*Diemer*, a.a.O.; a.A. *Meyer-Goßner/Schmitt*, a.a.O.).

Die Aufklärungsrüge wird der Verteidiger durch entsprechend formulierte **Beweisanträge** auf Durchführung der Videovernehmung eines Zeugen, ggf. zu einem bestimmten Beweisthema, vorbereiten müssen. Dabei sollte er hinsichtlich der Art und Weise der Vernehmung vortragen, dass es sich bei der Videovernehmung – trotz aller Bedenken – immer um das gegenüber der bloßen Einführung einer im EV durchgeführten Vernehmung bessere Beweismittel handelt und die

| V | **Videovernehmung in der Hauptverhandlung** |

Videovernehmung dem Angeklagten/Verteidiger die Möglichkeit gibt, den Zeugen direkt zu befragen (*Weider/Staechlin*, a.a.O. [hinsichtlich eines [gesperrten] V-Mannes]; s. dazu a. *Weider* StV 2000, 48 ff.; *Leitner* StraFo 1999, 49).

- **Fehlt** ein **Beschluss** über die Videovernehmung oder wird diese nur durch Verfügung des Vorsitzenden angeordnet, ist das **revisibel**. Ein revisibler Verfahrensfehler liegt **auch** dann vor, wenn die Videovernehmung aus **anderen** als den in § 247a Abs. 1 S. 1 genannten **Gründen angeordnet** worden ist (KK-*Diemer*, § 247a Rn 22; *Diemer* StraFo 2000, 217).

- Wird die **Videovernehmung nicht ordnungsgemäß** durchgeführt, weil z.B. die o.a. Standards zur Simultanübertragung nicht beachtet sind, kann das als Verstoß gegen § 247a S. 3 oder gegen § 244 Abs. 2 mit der **Verfahrensrüge** geltend gemacht werden (*Meyer-Goßner/Schmitt*, § 247a Rn 13 m.w.N.).

> ☞ Eine unzureichende Videovernehmung muss der Verteidiger **beanstanden** und – im Hinblick auf die Revision – außerdem konkret **vortragen**, wie nach seiner Meinung die Videovernehmung durchzuführen wäre (s. dazu *Krapf* Krim 2002, 309; *Riek* StraFo 2000, 400; zur Aufklärungsrüge → *Revision, Begründung, Verfahrensrüge*, Rdn 2345).

- Wird über die **Aufzeichnung** der Vernehmung durch Gerichtsbeschluss entschieden (vgl. Rdn 3331), ist dieser nach § 305 für die Verfahrensbeteiligten **unanfechtbar**. Der **Zeuge** kann hingegen **Beschwerde** nach § 304 einlegen (KK-*Diemer*, § 247a Rn 20). Entscheidet nur der Vorsitzende, kann dessen Entscheidung nach § 238 beanstandet werden.

3335 b) Hinzuweisen ist abschließend noch auf folgende **revisionsrechtliche Konsequenz** aus der Aufzeichnung einer Videovernehmung (vgl. dazu a. *Schlothauer* StV 1999, 50). Wird diese angeordnet, handelt es sich der Sache nach um ein Wortprotokoll nach § 273 Abs. 3. Damit unterliegt die Würdigung dieser Aussage im Urteil der revisionsrechtlichen **Inhaltskontrolle**. Das bedeutet, dass, wenn z.B. der Inhalt der aufgezeichneten Vernehmung im Urteil unrichtig wiedergegeben wird, dies als Verletzung des § 261 mit der **Verfahrensrüge** beanstandet werden kann (s.a. *Weider/Staechlin* StV 1999, 54 m.w.N.; HK-*Julius*, § 247a Rn 14; zu allem a. *Diemer* NStZ 2002, 16.).

> ☞ Dieser Möglichkeit sollte der Verteidiger sich nicht begeben und, wenn schon eine Videovernehmung durchgeführt wird, dann auch deren **Aufzeichnung** gem. § 247a Abs. 1 S. 4 **beantragen**.

Siehe auch: → *Verwertung der Erkenntnisse eines (gesperrten) V-Mannes*, Rdn 3241; → *Zeugenvernehmung, Allgemeines*, Rdn 3537.

V-Mann in der Hauptverhandlung

Das Wichtigste in Kürze:
1. Mit den sich aus dem Einsatz eines Verdeckten Ermittlers oder einer Vertrauensperson ergebenden Fragen muss der Verteidiger sich schon bei der Vorbereitung der HV beschäftigen.
2. Begrifflich sind beim Einsatz von Verdeckten Ermittlern oder Vertrauenspersonen im Wesentlichen drei Personenkreise zu unterscheiden.
3. Wenn bei der Beweiswürdigung das Ergebnis einer kommissarischen Vernehmung oder der Vernehmung eines „Zeugen vom Hörensagen" verwertet wird, muss sich der Verteidiger mit der dazu ergangenen Rspr. des BVerfG und des BGH befassen.
4. Schließlich muss sich der Verteidiger auch mit den Fragen der Strafzumessung beschäftigen.

Literaturhinweise: Arloth, Neue Wege zur Lösung des strafprozessualen „V-Mann-Problems", NStZ 1993, 46; **Bernsmann/Jansen**, Heimliche Ermittlungsmethoden und ihre Kontrolle – Ein systematischer Überblick, StV 1998, 217; **Conen**, Die neuere Rechtsprechung des EGMR zur unzulässigen Tatprovokation – Neue Chancen zur Verteidigung in entsprechenden Konstellationen?, StRR 2009, 84; *ders.*, Neues von verdeckt ermittelnden Personen – ein Ende des staatlich gesteuerten V-Mannes in Sicht?, StraFo 2013, 140; **Dencker**, Die Zulässigkeit staatlich gesteuerter Deliktsbeteiligung, in: Festschrift für *Hans Dünnebier*, 1982, S. 447; **Detter**, Der Zeuge vom Hörensagen – eine Bestandsaufnahme, NStZ 2003, 1; *ders.*, Audiovisuelle Vernehmung und V-Mann in der Hauptverhandlung, in: Wen schützt das Strafrecht, Schriftenreihe der Strafverteidigervereinigungen, Band 29, 2006, S. 97; *ders.*, Einige Gedanken zu audiovisueller Vernehmung, V-Mann in der Hauptverhandlung und der Entscheidung des Bundesgerichtshofs in der Sache El Motassadeq, StV 2006, 544; **Ellenbogen**, Anfechtung der behördlichen Verweigerung einer Aussagegenehmigung durch die Staatsanwaltschaft, NStZ 2007, 310; **Eisenberg**, Übertölpelung durch Vertrauensperson (VP) und Verdeckten Ermittler (VE) ohne Anfangsverdacht, GA 2014, 404; **El Ghazi/Zerbes**, Geschichten von staatlicher Komplizenschaft und evidenten Rechtsbrüchen, HRRS 2014, 209; **Fischer/Maul**, Tatprovozierendes Verhalten als polizeiliche Ermittlungsmaßnahme, NStZ 1992, 7; **Gaede**, Die besonders vorsichtige Beweiswürdigung bei der exekutiven Sperrung von Beweismaterial im Konflikt mit dem Offenlegungsanspruch des Art. 6 I 1 MRK, StraFo 2004, 195; *ders.*, Menschenrechtliche Fragezeichen hinter der Zurückhaltung von Beweismitteln im deutschen Strafverfahren, HRRS 2004, 44; *ders.*, Schranken des fairen Verfahrens gemäß Art. 6 EMRK bei der Sperrung verteidigungsrelevanter Informationen und Zeugen, in: Wen schützt das Strafrecht, Schriftenreihe der Strafverteidigervereinigungen, Band 29, 2006, S. 57; *ders.*, Beweisverbote zur Wahrung des fairen Strafverfahrens in der Rechtsprechung des EGMR insbesondere bei verdeckten Ermittlungen – Meinungsstand und Perspektiven nach dem neuen leading case *Bykov* vs. Russland unter Berücksichtigung des § 136a StPO, JR 2009, 493; **Greco**, Menschenrechtskonformes Täterstrafrecht? Überlegungen anlässlich der jüngeren Rechtsprechung des Europäischen Gerichtshofs für Menschenrechte zur Lockspitzelproblematik, StraFo 2010, 52; **Gaede/Buermeyer**, Beweisverwertungsverbote und „Beweislastumkehr" bei unzulässigen Tatprovokationen nach der jüngsten Rechtsprechung des EGMR, HRRS 2008, 279; **Gerst**, Der Zeuge auf Skype – Verteidigung mit Videotechnik, StraFo 2013, 103; **Geppert**, Der Zeuge vom Hörensagen, Jura 1991, 538; **Harzer**, Der provozierende Helfer und die Beihilfe am untauglichen Versuch, StV 1996, 336; **R. Hamm**, Der Einsatz heimlicher Ermittlungsmethoden und der Anspruch auf ein faires Verfahren, Beilage – Europäisches Strafrecht 2000, StV 2001, 81; **Heiniger**, Beweiserhebung und Strafverteidigung: Das Konfrontationsrecht und die

| V | **V-Mann in der Hauptverhandlung** |

jüngere bundesgerichtliche Rechtsprechung, WiJ 2015, 85; **Jahn**, Strafverfolgung um jeden Preis? Die Verwertbarkeit rechtswidrig erlangter Beweismittel, StraFo 2011, 117; **Joachim**, Anonyme Zeugen im Strafverfahren – Neue Tendenzen in der Rechtsprechung, StV 1992, 245; **Kretschmer**, Schutz vor staatlich veranlasstem Zwang und inszenierter Täuschung, HRRS 2010, 343; **Kreysel**, Der V-Mann, MDR 1996, 991; **Kutzner**, Bemerkungen zur Vereinbarkeit der sog. Strafzumessungs-Lösung des BGH mit den Grundsätzen des Strafzumessungsrechts, StV 2002, 277; **Bruns**, Verdeckte Ermittlungen. Der Zeuge vom Hörensagen in der Revision, Krim 1999, 171; **Malek/Wohlers**, Zwangsmaßnahmen und Grundrechtseingriffe im Ermittlungsverfahren, 2. Aufl. 2001; **Posser**, Der „Zeuge vom Hörensagen" – ein unfaires Beweismittel – zum Strafverfahren gegen Monika Haas, KJ 2002, 452; **Renzikowski**, Fair trial und anonymer Zeuge – Die Drei-Stufen-Theorie des Zeugenschutzes im Lichte der Rechtsprechung des EuGHMR, JR 1999, 605; **Roggan**, Der polizeiliche Zeugenschutz in der Hauptverhandlung Fragen und Antworten im Zeugenschutz-Harmonisierungsgesetz, GA 2012, 434; **Schmitt**, Zum Konfrontationsrecht nach Art. 6 Abs. 3 lit. d EMRK, in: Festschrift für *Ruth Rissing-van Saan* zum 65. Geburtstag, S. 617; **Schünemann**, Zeugenbeweis auf dünnem Eis. Von seinen tatsächlichen Schwächen, seinen rechtlichen Gebrechen und seiner notwendigen Reform, in: Festschrift für *Lutz Meyer-Goßner* zum 65. Geburtstag, 2011, S. 385; **Soine**, Polizeilicher Zeugenschutz, NJW 1999, 3688; **Soine/Engelke**, Das Gesetz zur Harmonisierung des Schutzes gefährdeter Zeugen (Zeugenschutz-Harmonisierungsgesetz – ZSHG), NJW 2002, 470; **Soine/Soukup**, „Identitätsänderung", Anfertigung und Verwendung von „Tarnpapieren", Möglichkeiten der Strafverfolgungsorgane zum Schutz gefährdeter Zeugen vor kriminellen Organisationen, ZRP 1994, 466; **Sommer**, Kompatibilitätsprobleme zwischen dem BGH und dem Europäischen Gerichtshof für Menschenrechte – die Entscheidung des BGH vom 18.11.1999 zur polizeilichen Tatprovokation, StraFo 2000, 150; **Tyszkiewicz**, Tatprovokation als Ermittlungsmaßnahme: rechtliche Grenzen der Beweiserhebung und Beweisverwertung beim Einsatz polizeilicher Lockspitzel im Strafverfahren, 2014; **von Dannwitz**, Anmerkungen zu einem Irrweg in der Bekämpfung der Drogenkriminalität, StV 1995, 431; **Wattenberg**, Die Rechtsprechung des Europäischen Gerichtshofs zum mittelbaren Zeugenbeweis – zugleich eine Anm. zum Urt. des BGH v. 11.2.2000 – 3 StR 377/99, StV 2000, 688; **Wesemann**, Heimliche Ermittlungsmethoden und Interventionsmöglichkeiten der Verteidigung, StV 1997, 597; **Wohlers**, Die „besonders vorsichtige Beweiswürdigung" bei gesperrten Beweismitteln, StV 2014, 563; **Wolter**, Zeugnisverweigerungsrechte bei (verdeckten) Maßnahmen im Strafprozessrecht und Polizeirecht, in: Festschrift für Peter Rieß, 2002, S. 633; s.a. die Hinw. bei → *Verwertung der Erkenntnisse eines (gesperrten) V-Mannes*, Rdn 3241; → *Videovernehmung in der Hauptverhandlung*, Rdn 3308 und → *Zeugenvernehmung, Allgemeines*, Rdn 3537.

3338   1. Hinweis für den Verteidiger!

Mit den sich aus dem Einsatz eines Verdeckten Ermittlers (im Folgenden VE) oder einer Vertrauensperson (im Folgenden VP; zu den Begriffen s.u. Rdn 3340) ergebenden Fragen muss sich der Verteidiger – wenn nicht schon im EV – spätestens bei der → **Vorbereitung der Hauptverhandlung**, Rdn 3370, beschäftigen. Die auftretenden Probleme können hier nicht alle dargestellt werden, sie sind, insbesondere wegen möglicherweise bestehender BVV, vielfältig. Insoweit ist aus Platzgründen zu verweisen auf die Ausführungen bei *Burhoff*, EV, Rn 3813 ff. m. zahlr. weit. Lit.-Hinw., wegen der BVV insbesondere auf die Rdn 2942 ff.

3339   Im Hinblick auf die HV haben für die Verteidigung i.d.R. **drei Fragenkomplexe** besondere Bedeutung. Zum einen ist häufig entscheidend für den Ausgang des Verfahrens, ob und wie der V-Mann bzw. dessen Erkenntnisse in die HV „eingeführt" werden bzw. werden können. Die Einzelheiten dazu sind dargestellt bei → *Verwertung der Erkenntnisse eines (gesperrten) V-Mannes*, Rdn 3241. Darüber hinaus sind die Fragen nach dem Einfluss der (Nicht-)Vernehmung eines VE/V-Mannes auf die **Beweiswürdigung** (s.u. Rdn 3341) und schließlich – für den Fall einer Verurteilung – auch die **Strafzumessung** von Belang (s.u. Rdn 3344). Zu diesen Fragen soll hier nur ein Überblick gegeben werden. Dabei steht das im Vordergrund, was der Verteidiger im Interesse seines Mandanten für die HV beachten muss (s.a. *Burhoff*, EV, Rn 3867 ff.; eingehend dazu – allerdings auf der Grundlage der Rspr. vor BGH NJW 2003, 74 – a. *Bernsmann/Jansen* StV 1998, 217; *Wesemann* StV 1997, 597; *Malek/Wohlers*, Rn 518 ff.; vgl. auch noch *Conen* StraFo 2013, 140).

2. VE oder VP werden von den Ermittlungsbehörden meist bei der Bekämpfung des organisierten Verbrechens eingesetzt. Dabei werden im Wesentlichen **VE** im eigentlichen Sinn (s. dazu die Legaldefinition des § 110a Abs. 2 S. 1), **Informanten** und sog. **V-Männer/ V-Personen** eingesetzt (zu den Unterschieden und den Begriffen im Einzelnen s. *Burhoff*, EV, Rn 3818 ff. und Rn 4214).

3340

Im Folgenden werden alle drei o.a. Personenkreise unter dem Begriff **V-Mann zusammengefasst**.

3. a) Für die **Beweiswürdigung** muss sich der Verteidiger, wenn in der HV der V-Mann nicht vernommen worden ist, sondern an seiner Stelle nur ein „Zeuge vom Hörensagen" (→ *Verwertung der Erkenntnisse eines [gesperrten] Zeugen*, Rdn 3241, 3258), mit der Rspr. des EGMR, des BVerfG und des BGH zum → *Zeugen vom Hörensagen*, Rdn 3545, befassen (s. z.B. EGMR StV 1997, 617 [zur Verletzung der Verteidigungsrechte des Angeklagten bei der Vernehmung eines verdeckt arbeitenden Polizeibeamten in Abwesenheit des Angeklagten und seines Verteidigers]). Entsprechendes dürfte gelten, wenn nur die Niederschrift einer kommissarischen Vernehmung verlesen wurde, an der der Verteidiger nicht teilgenommen hat.

3341

b) Die **obergerichtliche Rspr.** geht davon aus, dass wegen des sich aus Art. 2 Abs. 1 i.V.m. Art. 20 Abs. 3 GG ergebenden Rechts auf ein faires rechtsstaatliches Verfahren in diesen Fällen **besondere Anforderungen** an die **Beweiswürdigung** zu stellen sind, weil diese Beweismittel, insbesondere das Zeugnis vom Hörensagen, nur begrenzt zuverlässig sind (BVerfG NJW 1996, 448; 1997, 999; s.a. BGHSt 36, 159, 166 f. m.w.N.; KG, Beschl. v. 24.7.2012 –161 Ss 99712; vgl. zusammenfassend zum Zeugen vom Hörensagen *Detter* NStZ 2003, 1). **Grds.** ist eine besonders **vorsichtige Verwendung** des „Zeugen vom Hörensagen" geboten (s.u.a. BGHSt 29, 109, 111 f.; 33, 178, 181; vgl. zu allem noch EGMR StV 1990, 481; 1991, 193; BGH NJW 1991, 646). Das gilt vor allem bei anonymen Zeugen (KG, Beschl. v. 24.7.2012 – 161 Ss 99/12; eingehend zu anonymen Zeugen im Strafverfahren und den sich daraus ergebenden Gefahren *Joachim* StV 1992, 245; *Wohlers* StV 2014, 563; zur [Nicht-]Verwertbarkeit vertraulicher Ermittlungen „im Umfeld des Betroffenen" schließlich OLG Köln NStZ 1996, 355 m.w.N. [für das Bußgeldverfahren]). Im Fall „El Motassadeq" verlangte der BGH eine „sorgfältigste Überprüfung" der Angaben (BGHSt 49, 112; OLG Koblenz StV 2007, 519, 520; vgl. dazu *Detter* StV 2006, 544; *Gaede*

3342

StraFo 2004, 195; zu allem a. *Meyer-Goßner/Schmitt*, § 250 Rn 4 f. m.w.N. und krit. AnwKomm-StPO/*Sommer*, Art. 6 MRK Rn 110; s.a. noch Zeugen vom Hörensagen, Rdn 3545 ff.).

3343 Bekundungen, die auf einen in der HV nicht gehörten V-Mann zurückgehen, genügen für eine Verurteilung i.d.R. dann nicht, wenn sie nicht durch andere, nach der Überzeugung des Gerichts **wichtige Gesichtspunkte bestätigt** werden (st. Rspr.; BVerfG NJW 2010, 925; BGHSt 42, 15; 46, 93; 51, 150; 51, 280; BGH NStZ-RR 2002, 176; Beschl. v. 8.5.2007 – 4 StR 591/06; vgl. auch OLG Nürnberg, Beschl. v. 16.2.2015 – 1 OLG 8 Ss 295/14; KK-*Ott*, § 261 Rn 29 m.w.N.; zur Beweiswürdigung bei VP-Aussagen s.a. BGH NStZ 2000, 607; StV 2000, 603; zu den **Grenzen** der Beweiswürdigung bei der Verwertung **anonymer Quellen** BGH NJW 2000, 1661; s. dazu eingehend im Hinblick auf die Rspr. des EGMR *Wattenberg* StV 2000, 688 und StV 2004, 241 in der Anm. zu BGH NJW 2003, 74; *Schmitt*, a.a.O., S. 617 ff.). Das können z.B. Übereinstimmungen zwischen den vom „Zeugen vom Hörensagen" geschilderten Einzelheiten und sonstigen (in der HV festgestellten) Details (BGH NStZ 1997, 72 [K]) sein. Dabei muss der Verteidiger immer **prüfen**, ob der Zeuge diese nur vom Angeklagten oder auch aus anderer Quelle erfahren haben kann (BGHSt 36, 159, 167). *Bruns* hat in Krim 1999, 172 zu Kriterien der Bestätigung aus Sicht der Kriminalbeamten Stellung genommen, seine „Grundregeln für Ermittlungsbeamte" [Krim 1999, 175] bieten auch dem Verteidiger Ansatzpunkte zur Überprüfung, ob die Bekundungen des Gewährsmannes genügend Bestätigung durch andere Gesichtspunkte finden.

☝ Die für eine Verurteilung erforderliche **Bestätigung** der Angaben kann **auch** in der **Einlassung** des Angeklagten und deren zusätzliche Stützung durch Bekundung von Zeugen liegen (BGH NStZ-RR 1996, 116). Deshalb wird der Verteidiger gerade in diesen Fällen sehr sorgfältig **prüfen**, **ob** der Angeklagte **überhaupt** Angaben zur Sache machen soll (→ *Vorbereitung der Hauptverhandlung*, Rdn 3370). Bei der Einschätzung des Beweiswertes der Angaben (einer VP) kann auch berücksichtigt werden, dass diese aus dem **kriminellen Milieu** stammt, eine erhebliches finanzielles Eigeninteresse an der Überführung des Angeklagten hatte (BGH NStZ 2014, 277).

3344 **4.a)** Der Verteidiger muss sich auch mit den Auswirkungen des Einsatzes eines VE auf die **Strafzumessung** beschäftigen.

☝ Das gilt vor allem im Hinblick auf die Fälle der sog. **Tatprovokation**, die von BGH und EGMR **unterschiedlich definiert** wird/worden ist. Während der BGH eine „erhebliche Stimulierung" zur Tatbegehung fordert(e) (vgl. BGHSt 45, 321, 338 f.; 47, 44, 47), reicht nach der Rspr. des EGMR ein kausaler Zusammenhang aus, dass der Täter also zur Begehung einer Straftat angestiftet worden ist, die er sonst nicht begangen hätte (EGMR NJW 2009, 3565; StraFo 2014, 504; HRRS 2008 Nr. 200; 2008 Nr. 500; dazu *Gaede/*

Buermeyer HRRS 2008, 279; *Conen* StRR 2009, 84; *Greco* StraFo 2010, 52; zum Begriff der Tatprovokation *Endriß/Kinzig* NStZ 2000, 273 in der Anm. zu BGHSt 45, 321; s.a. noch BGHSt 47, 44; NStZ 2010, 504 und zu zulässiger/unzulässiger Tatprovokation *Greco* StraFo 2010, 52 sowie EGMR HRRS 2001, Nr. 331). Das BVerfG (vgl. NJW 2015, 1083 m. Anm. *Tsambikakis* StRR 2015, 221) ist davon ausgegangen, dass eine Verurteilung wegen der provozierten Tat auch unter Berücksichtigung der Rechtsprechung des EGMR grds. möglich bleibt, wenn eine ausreichende Kompensation im gerichtlichen Verfahren erfolgt; allerdings erwägt es ein BVV.

Inzwischen hat der **BGH** aber vor dem Hintergrund der Rspr. des EGMR und der BVerfG seine Rspr. **geändert** (vgl. BGH, Urt. v. 10.6.2015 – 2 StR 97/15). Da der Begriff der sog. „rechtsstaatwidrigen Tatprovokation", wie ihn der EGMR definiert (vgl. EGMR, a.a.O.), weiter sei als der des BGH – also die Voraussetzungen bereits bei geringeren aktiven Einflussnahmen erfüllt seien –, gelte der Rechtssatz des EGMR, wonach eine bloße Strafmilderung nicht ausreiche, jedenfalls auch in allen Fällen, in denen der BGH eine rechtsstaatswidrige Provokation als gegeben ansehe. Die Verfahren sind dann wegen eines auf einer rechtsstaatswidrigen Tatprovokation beruhenden Verfahrenshindernisses **einzustellen.**

Im Hinblick auf die Auswirkungen gelten nach h.M. (in der Rspr.) (wegen der Einzelh. s.u.a. BGHSt 45, 321; 47, 44; dazu krit. *Conen* StRR 2009, 84; *Gaede/Buermeyer*, a.a.O.; *Sommer* StraFo 2000, 150; *R. Hamm* StV 2000, 81; s.a. *Fischer*, § 46 Rn 66 f. m. zahlr. weit. Nachw.; KK-*Bruns*, § 110c Rn 8 ff. m.w.N.; zum BtM-Bereich insbesondere *von Danwitz* StV 1995, 435 ff. m.w.N.; zur Strafbarkeit des provozierten Verhaltens BGH NJW 1994, 2162 und dazu eingehend *Harzer* StV 1996, 336; *van Gemmeren*, S. 28 ff.; zu den Urteilsanforderungen beim Scheinankauf OLG Bamberg NStZ 2015, 55) in etwa folgende **Grundsätze**:

3345

Der Einsatz des VE/V-Mannes führt (nach bisheriger Rspr. des BGH) grds. **nicht** zu einem **Verfahrenshindernis** (vgl. u.a. BVerfG NJW 1995, 651; 2015, 1083; BGHSt 45, 321; vgl. aber KK-*Bruns*, § 110c Rn 14 und jetzt BGH, Urt. v. 10.6.2015 – 2 StR 97/15), und zwar auch nicht bei völkerrechtswidrigem (BVerfG NJW 1995, 651) oder sonst rechtsstaatswidrigem Einsatz (BGH NStZ 2014, 277 [Lösung über die Strafzumessung] m. abl. Anm. *Eisenberg* GA 2014, 404; *Jahn* JuS 2014, 371; *El Ghazi/Zerbes* HRRS 2014, 209). Etwas anderes kann allerdings in Ausnahmefällen gelten, wenn die VP einen Beschuldigten derart nachhaltig zur Tatbegehung drängt und der Staat derart umfassende Unterstützung bei der Tatvorbereitung leistet, dass Rechtsstaatlichkeit und gesetzmäßige Verfahrensabläufe nicht mehr sichergestellt sind (BVerfG, a.a.O.). Der BGH löst(e) die Fälle der sog. Tatprovokation i.Ü. über die sog. **Strafzumessungslösung** (zuletzt BGH, a.a.O.; s.a. BGH NJW 1998, 767 m.w.N.), die allerdings nicht dazu führt, dass

3346

von Strafe völlig abzusehen ist (BGHSt 32, 345; BGH StV 1995, 131 m.w.N.; zur Strafzumessungslösung eingehend *Kutzner* StV 2002, 277 ff.; vgl. dazu jetzt aber BGH, Urt. v. 10.6.2015 – 2 StR 97/15).

3347 Das Gericht muss sich auch in diesen Fällen bei der Beurteilung der Tat an den **Schuldgrundsatz** halten. Es muss bei der Strafrahmenbestimmung und der Strafzumessung die allgemeinen Regeln beachten. Nach Auffassung des BGH soll es die **schuldangemessene Strafe unterschreiten** dürfen (dazu grundlegend BGHSt 45, 321; so jetzt a. *Fischer*, § 46 Rn 67 m.w.N.; zur (früheren) Strafzumessungslösung eingehend *Kutzner* StV 2002, 277 ff.). Das gilt vor allem dann, wenn eine unbescholtene und unverdächtige und zuvor nicht tatgeneigte Person zur Tatausführung veranlasst worden ist. Ob diese Rspr. des BGH (noch) mit der des **EGMR vereinbar** ist, ist höchst **fraglich** (vgl. dazu EGMR NStZ 1999, 47; und vor allem aus neuerer Zeit NJW 2009, 3565; StraFo 2014, 504 m. Anm. *Sommer* [Ausschluss des konventionswidrigen erlangten Beweismittels]; HRRS 2008 Nr. 500; zw. a. *Fischer*, § 46 Rn 69; abl. gegenüber der Rspr. des BGH a. *Gaede/Buermeyer* HRRS 2008, 279; *Gaede* JR 2009, 493; *Greco* StraFo 2010, 52; *Conen* StRR 2009, 84; *Kutzner* StV 2002, 277, 282 f.; *Kempf* StV 1999, 128 und *Sommer* NStZ 1999, 48, jew. in den Anm. zu EGMR NStZ 1999, 47; s.a. *Sommer* StraFo 2000, 150; *Endriß/Kinzig* NStZ 200, 271; *Sinner/Kreuzer* StV 2000, 144, jew. in den Anm. zu BGHSt 45, 321; vgl. dazu a. *Burhoff*, EV, Rn 3880). Es wird von den Kritikern der BGH-Rspr. im Wesentlichen geltend gemacht, der Strafverfolgungsanspruch des Staates sei durch die Tatprovokation als verwirkt anzusehen, der vorliegende Verstoß gegen Art. 6 Abs. 1 S. 1 MRK führe zu einem Verfahrenshindernis (s. z.B. *Gaede/Buermeyer*, a.a.O. und *Conen*, a.a.O., in den Anm. zu EGMR HRRS 2008 Nr. 200; 2008 Nr. 500; s.a. noch EGMR HRRS 2006, Nr. 307 [neues Verfahren oder Wiederaufnahme]). Das gilt erst recht nach der Entscheidung EGMR StraFo 2014, 504 m. Anm. *Sommer*, in der der EGMR eine Heilung des Konventionsverstoßes als nur durch einen „Ausschluss der Beweismittel" möglich ansieht).

3348 Dem hatte sich der **BGH** (BGHSt 45, 321) bisher **nicht angeschlossen**. Er hatte vielmehr an seiner sog. **Strafzumessungslösung** festgehalten; der Verstoß gegen die MRK stelle (nur) einen erheblichen Strafmilderungsgrund dar (so auch BGHSt 47, 44; BGH NStZ 2014, 277; zust. KK-*Bruns*, § 110c Rn 11 ff.), und zwar auch dann, wenn es sich wegen der langen Dauer und des hohen Drucks auf den Angeklagten um eine rechtsstaatswidrige Tatprovokation gehandelt hat (BGH, a.a.O.). Die „Strafzumessungslösung" des BGH wird in der Lit. abgelehnt (vgl. u.a. *Sommer* StraFo 2000, 150; ders. StraFo 2014, 506; *Endriß/Kinzig* NStZ 200, 271; *Sinner/Kreuzer* StV 2000, 144, jeweils in den Anm. zu BGH 45 321 und *Weber* NStZ 2002, 50 zu BGHSt 47, 44, *Gaede/Buermeyer*, a.a.O.; *Conen* StRR 2009, 84; *Eisenberg* GA 2014, 404; *Jahn* JuS 2014, 371; *El Ghazi/Zerbes* HRRS 2014, 209). *Fischer* (§ 46 Rn 69 m.w.N.) plädiert offenbar für die Anwendung der sog. Vollstreckungslösung des BGH (dazu BGHSt 52, 124). Inzwischen hat der BGH aber

EGMR StraFo 2014, 504 umgesetzt und auch ein Verfahrenshindernis angenommen (BGH, Urt. v. 10.6.2015 – 2 StR 97/15; vgl. a. noch BVerfG NJW 2015, 1083). Es bleibt abzuwarten, ob und wie sich das in der Rspr. durchsetzt.

⚖ Der Verteidiger sollte der Verwertung der gegen Verstoß gegen die MRK gewonnenen Beweisergebnisse in der HV **widersprechen** (s.a. *Conen* StRR 2009, 84; → *Widerspruchslösung*, Rdn 3433).

b) Zu berücksichtigen ist nach der **Rspr.** des **BGH,** 3349

- wenn sich der **V-Mann** einer **strafbaren Handlung** bedient hat (BGH StV 1991, 460; NStZ 1995, 506 [hartnäckiges Einwirken, Androhung erheblicher wirtschaftlicher Nachteile und massive persönliche Bedrohung, die den Tatbestand des § 240 StGB erfüllte]; 2009, 405 [Nötigung durch den V-Mann]; s.a. BGH StV 1995, 131; zur Berücksichtigung des Einsatzes eines Lockspitzels, der den Beschuldigten mit List zur Tatbegehung und zur **Einreise** in einen **fremden Staat** veranlasst, s. BVerfG NJW 1995, 651); ein Straftäter hat aber **keinen** Anspruch **darauf**, dass die Ermittlungsbehörden rechtzeitig gegen ihn einschreiten, um seine Taten zu verhindern (BGH NStZ 2007, 635),
- dass der ggf. im staatlichen Auftrag **Provozierte** durch die **Verbrechensaufklärung** und **-bekämpfung dem öffentlichen Interesse dienstbar** gemacht wurde (BGH NStZ 1988, 550; allgemein zu tatprovozierendem Verhalten als polizeilicher Ermittlungsmaßnahme *Fischer/Maul* NStZ 1992, 7; vgl. auch noch BGH StV 2012, 415),
- die **Art** und **Intensität**, mit der ggf. auf den Beschuldigten/Angeklagten **eingewirkt** worden ist, ggf. wie lange die Tatprovokation zurückliegt (BGH NStZ 2014, 277 [langer Zeitraum von 1½ Jahren; intensiver Einwirkung auf den bislang unbescholtenen Angeklagten]; StV 1995, 247 f. [auch eine länger zurückliegende Provokation ist noch zu berücksichtigen]) oder, wenn vom V-Mann darauf hingewirkt worden ist, dass der Täter/Angeklagte mit einer möglichst großen Menge BtM Handel treibt (BGH StV 1998, 600 [Ls.]; s. aber BGH NStZ 1999, 501 [keine Strafmilderung bei erheblicher eigener Aktivität des Provozierten]),

⚖ Die Frage, ob eine Tat in illegaler Weise durch einen V-Mann provoziert worden ist, kann durch die **Vernehmung** seines **Führungsbeamten** tragfähig beantwortet werden (EGMR StraFo 2007, 107 m. abl. Anm. *Sommer*).

- vor allem ob der **Provozierte bereits tatentschlossen** war (BGHSt 45, 321 und BGH StV 1995, 247 [Beschuldigter hatte bislang nichts mit BtM zu tun; er wird in Kenntnis seiner schlechten finanziellen Situation von V-Männern davon überzeugt, durch ein BtM-Geschäft seine Schulden loswerden zu können, und dann an einen VE vermittelt]) und/oder ob er erst durch die polizeiliche **VP** zu der Tat **verleitet** wird (BGH

NStZ 2014, 277; zu allem a. BayObLG NStZ 1999, 527 [Abwägung erforderlich]; OLG Hamm NStZ 2003, 279; s. aber a. BGH NStZ-RR 2011, 233 [Ci/Zi], wonach der rechtsstaatswidrige Einsatz eines VE nicht zur Strafmilderung führen soll),

> 👉 Nach der Rspr. des EGMR **verletzt** die gerichtliche Verwertung von Erkenntnissen polizeilicher Scheinaufkäufer jedenfalls dann den Grundsatz des „**fair-trial**", wenn der Angeklagte vor der provozierten Tat **nicht verdächtig** war und die verdeckte **Ermittlungstätigkeit** der Polizei **nicht** von einem Gericht **kontrolliert** war (EGMR NStZ 1999, 47). Auf der Grundlage dieser Entscheidung haben *Kempf* und *Sommer* (StV 1999, 128 bzw. NStZ 1999, 48, jew. in den Anm. zu EGMR, a.a.O.) Kritik an der Strafzumessungs-Rspr. des BGH geübt. Der BGH hat an seiner Rspr. jedoch festgehalten (s. BGHSt 45, 321 und o. Rdn 3344 ff.; vgl. zu allem a. noch EGMR HRRS 2008 Nr. 200; 2008 Nr. 500, der allerdings von einem anderen Begriff der Tatprovokation ausgeht [s.o. Rdn 3344]).

- ob **bereits Tatverdacht** gegen ihn bestand (BGH NStZ 1992, 192; 1995, 506; 2014, 277), was insbesondere dann gilt, wenn es um die Verstrickung unbescholtener Personen geht (BGHSt 41, 64; 45, 321; 47, 44). Der BGH (a.a.O.) stellt darauf ab, ob das im Rahmen einer Tatprovokation durch eine von der Polizei geführte VP angesonnene Drogengeschäft noch in einem angemessenen, deliktsspezifischen Verhältnis zu dem jeweils individuell gegen den Provozierten bestehenden Tatverdacht steht (BGHSt 47, 44; vgl. a. OLG Hamm NStZ 2003, 279),
- ob der Provozierte ggf. **zwischenzeitlich** seinen Tatentschluss **aufgegeben** hat (vgl. BGH NStZ 2009, 405).

Siehe auch: →*Verwertung der Erkenntnisse eines (gesperrten) V-Mannes*, Rdn 3241; → *Zeugen vom Hörensagen*, Rdn 3545.

3350 Vollmacht des Verteidigers

> **Das Wichtigste in Kürze:**
> 1. I.d.R. wird dem (Wahl-)Verteidiger die (Verteidigungs-)Vollmacht auf den üblichen Vollmachtsformularen schriftlich erteilt.
> 2. Eine besondere Form ist für die Beauftragung des Wahlverteidigers im Gesetz nicht vorgeschrieben.
> 3. Die Vollmacht berechtigt den Verteidiger i.d.R. zu allen Verfahrens- und Prozesshandlungen mit Wirkung für und gegen den Beschuldigten.
> 4. Die Vollmacht erlischt mit der Beendigung des Verteidigungsverhältnisses durch Kündigung.

Vollmacht des Verteidigers   V

Literaturhinweise: Ebert, Der Nachweis von Vollmachten im Straf- und Bußgeldverfahren, DRiZ 1984, 237; **Fahl**, OLG Karlsruhe, Beschl. v. 1.7.2008 – 2 Ss 71/98 (Zur Verjährungsfalle im Bußgeldverfahren), ZIS 2009, 380; **Fromm**, Ende der „Verjährungsfallen" im Verkehrs-Ordnungswidrigkeitenrecht?, StraFo 2010, 223; *ders.*, Der unterbevollmächtigte Rechtsanwalt in Bußgeldsachen, SVR 2015, 49; **Goldbach/Friedrich**, Verteidigung im Ordnungswidrigkeitenverfahren mit Vollmacht im Hinblick auf die Verjährung, VRR 2008, 208; **Gutt/Krenberger**, Neues zur Verjährungsunterbrechung – eine Rechtsprechungsübersicht zu §§ 31–33 OWiG, DAR 2014, 187; **Kaiser**, Die Verteidigervollmacht und ihre Tücken, NJW 1982, 1367; **Kotz**, Verteidigungsansätze im Zusammenhang mit der Zustellung gerichtlicher Entscheidungen – Teil 1, StRR 2013, 4; *ders.*, Verteidigungsansätze im Zusammenhang mit der Zustellung gerichtlicher Entscheidungen – Teil 2, StRR 2013, 44; *ders.*, Verteidigungsansätze im Zusammenhang mit der Zustellung gerichtlicher Entscheidungen – Teil 3, StRR 2013, 84; *ders.*, Verteidigungsansätze im Zusammenhang mit der Zustellung gerichtlicher Entscheidungen – Teil 4, StRR 2013, 124; **Kuhli**, Die Anforderungen an die Ermächtigung zu Rechtsmittelrücknahme oder -verzicht gemäß § 302 II StPO; HRRS 2009, 290; **Meyer-Lohkamp/Venn**, Vom (Un)Sinn der schriftlichen Strafprozessvollmacht, StraFo 2009, 265; **Samimi**, Die Rechtsarchitektur der anwaltlichen Vollmacht in der Praxis, zfs 2006, 308; **Schnarr**, Das Schicksal der Vollmacht nach Beiordnung des gewählten Verteidigers, NStZ 1986, 488; *ders.*, Der bevollmächtigte Pflichtverteidiger und sein Stellvertreter, NStZ 1996, 214; *ders.*, Die Zustellung an einen Verteidiger mit Zustellungs-, aber ohne Verteidigervollmacht – ein Beitrag zu § 145a StPO, NStZ 1997, 15; **Schwind**, Verjährungsunterbrechung im Ordnungswidrigkeitenverfahren: Zur Unwirksamkeit der „anwaltlichen Verjährungsfalle" – zugleich Anmerkung zu AG Hannover, Urt. v. 22.3.2011 – 241 OWi 593/10 und OLG Celle, Beschl. v. 23.6.2011 – 311 SsRs 96/11, NStZ 2012, 484; **Volpert**, Abtretung von Kostenerstattungsansprüchen in der Strafprozessvollmacht, VRR 2007, 57 = StRR 2007, 174; **Weiß**, Die „Verteidigervollmacht" – ein tückischer Sprachgebrauch, NJW 1983, 89.

3351

1. I.d.R. wird dem **(Wahl-)Verteidiger** die (Verteidigungs-)Vollmacht auf den üblichen Vollmachtsformularen **schriftlich** erteilt (s. das Muster bei Rdn 3369; zu § 43 RVG *Burhoff*, EV, Rn 3252, dort auch zur von der h.M. verneinten Frage der Zulässigkeit der Abtretung des Kostenerstattungsanspruchs des Mandanten in der Vollmacht). Bei **Pflichtverteidigerbestellung** ist eine „Vollmacht" nicht erforderlich, diese wird durch den Bestellungsakt ersetzt (KK-*Laufhütte/Willnow*, vor § 137 Rn 2). Das gilt allerdings nicht für die besondere Vertretungsvollmacht i.S.d. § 234 (u.a. OLG Brandenburg wistra 2012, 43; OLG Hamm StV 1997, 404 [Ls.]; StRR 2012, 463; OLG München VRR 2010, 393; → *Vertretung des Angeklagten durch den Verteidiger*, Rdn 3208).

3352

✍ In größeren Anwaltsbüros sollte der Verteidiger darauf achten, dass die **Vollmacht**, wenn es nicht anders gewollt ist, **nur** auf **einen Anwalt** lautet. Denn dann kann vom Gericht ein Terminsverlegungsantrag ggf. nicht unter Hinw. auf die Bevollmächtigung mehrerer Verteidiger abgelehnt werden. Zudem kann dann nach § 145a Abs. 1 bzw. § 51 Abs. 3 OWiG auch nur dem einen Rechtsanwalt wirksam zugestellt werden (wegen der Einzelh. → *Zustellungsfragen*, Rdn 3640; *Burhoff*, EV, Rn 4221; s.a. OLG Celle StraFo 2011, 502 m. zust. Anm. *Sandherr* VRR 2012, 75 = StRR 2012, 76).

2.a) Eine besondere **Form** ist für die Beauftragung des Wahlverteidigers im Gesetz **nicht** vorgeschrieben (s.u.a. OLG Hamm Rpfleger 1998, 440; OLG Koblenz StraFo 1997, 256; LG Hagen StV 1983, 145; s.a. BGH NStZ-RR 1998, 18; *Meyer-Lohkamp/Venn* StraFo 2009, 265, 267).

3353

1429

| V | Vollmacht des Verteidigers |

3354 b) Der Verteidiger braucht seine Vollmacht somit auch **nicht schriftlich** (vgl. aber u. Rdn 3356 ff.) **nachzuweisen** (BGHSt 36, 259, 260; BGH NStZ 2005, 583 [für Rechtsmittelrücknahme]; StraFo 2010, 339; KG VRR 2012, 74 m. Anm. *Burhoff*; OLG Brandenburg VRS 117, 305 [an keine Form gebunden]; OLG Düsseldorf StV 2014, 208 [Ls.; Berufungseinlegung]; OLG Hamm VRS 108, 266 [Berufungseinlegung]; OLG Jena VRS 108, 276; OLG München StV 2008, 127; OLG Schleswig SchlHA 2010, 283 [Dö/Dr]; LG Ellwangen NStZ 2003, 331 [für AE]; LG Cottbus StraFo 2002, 233 [für AE]; vgl. aber u. Rdn 3221; so wohl auch BVerfG NJW 2012, 141 mit Anm. *Burhoff* StRR 2011, 426; zum Nachw. s. insbesondere *Ebert*, a.a.O.). Das ist vor allem bei der AE von Bedeutung (s.a. *Burhoff*, EV, Rn 154). Es reicht ggf. jede Form von Nachweis aus, so z.B. auch die auf das Smartphone des Verteidigers, der unterwegs ist, übersandte Vollmacht(surkunde).

3355 Die **Wirksamkeit** seiner **Bestellung** hängt auch weder von der Vorlage einer Vollmachtsurkunde noch von einer sog. Bestellungsanzeige ab (BGH, a.a.O.; *Meyer-Goßner/Schmitt*, vor § 137 Rn 9 m.w.N.; KK-*Laufhütte/Willnow*, vor § 137 Rn 2; *Meyer-Lohkamp/Venn* StraFo 2009, 265, 267 f.; zur Bestellungsanzeige s. *Burhoff*, EV, Rn 955). Bestehen im Einzelfall Zweifel an der Bevollmächtigung, kann aber die Vorlage einer Vollmachtsurkunde verlangt werden (BVerfG NJW 2012, 141 m. Anm. *Burhoff* StRR 2011, 426 [nachvollziehbare Gründe erforderlich]; OLG Hamm Rpfleger 1998, 440; LG Hagen, a.a.O.; einschr. auch *Meyer-Lohkamp/Venn* StraFo 2009, 265, 269 [nur bei konkreten und gewichtigen Anhaltspunkten]). Das alles gilt auch für die Untervollmacht (OLG Düsseldorf StraFo 1998, 227).

> Für den **Nachweis** der Vollmacht ist es grds. ausreichend, wenn der Angeklagte oder der Verteidiger – meist schon im EV – die **Übernahme** der Verteidigung **angezeigt** haben (OLG Köln StRR 2011, 479). I.d.R. wird dieser Bestellungsanzeige jedoch die schriftliche Vollmacht beigefügt (s. die Muster bei *Burhoff*, EV, Rn 959 f.). Nimmt der Verteidiger für den Angeklagten/Beschuldigten eine **Prozesshandlung** vor, spricht das für seine Bevollmächtigung (s.u.a. BGH NStZ-RR 1998, 18; BayObLG MDR 1981, 161; OLG Hamm Rpfleger 1998, 440;, a.a.O.; VRS 108, 266; *Meyer-Goßner/Schmitt*, vor § 137 Rn 9 m.w.N.; so a. schon RGSt 25, 152; zur Zustellungsvollmacht s.u. Rdn 3356). Erforderlich ist das nicht und wegen der u.a. Zustellungsproblematik (Rdn 3362 f.) auch nicht zu empfehlen. Wird die Vollmacht nicht beigefügt, kann das Gericht den Nachweis nur in Ausnahmefällen verlangen, so z.B., wenn aus nachvollziehbaren Gründen die Bevollmächtigung des Rechtsanwalts zweifelhaft erscheint (vgl. BVerfG, a.a.O. zur verweigerten AE).
>
> Es kann i.Ü. auch aus anderen **äußeren Umständen** auf ein Verteidigerverhältnis geschlossen werden (KG VRR 2009, 275; OLG Düsseldorf NJW 2008, 2727; OLG Karlsruhe StraFo 2008, 439; OLG Zweibrücken VRR 2008, 356).

3. a) Die **Vollmacht berechtigt** den Verteidiger i.d.R. zu allen Verfahrens- und Prozesshandlungen mit Wirkung für und gegen den Beschuldigten. Grds. kann der Wahlverteidiger auch einen anderen Rechtsanwalt unterbevollmächtigen (BGH StraFo 2006, 454; → *Vertretung des Wahlverteidigers in der Hauptverhandlung*, Rdn 3222; zur Unterbevollmächtigung allgemein *Burhoff*, EV, Rn 3665 f.), der Pflichtverteidiger allerdings nicht (→ *Vertretung des Pflichtverteidigers in der Hauptverhandlung*, Rdn 3217). Ist die Vollmacht – ausnahmsweise – nur beschränkt erteilt, z.b. nur für die „erste Instanz", muss der Verteidiger diese Beschränkung des Mandats dem Gericht zumindest dann anzeigen, wenn er erkennt bzw. erkennen muss, dass das Gericht von einer unbeschränkten Vollmacht ausgeht und ihn zur Berufungs-HV lädt (OLG Brandenburg, Beschl. v. 1.9.2011 – 1 Ws 135/11). Anderenfalls läuft er Gefahr, dass ihm gem. § 145 Abs. 4 die Kosten eines ggf. deswegen ausgesetzten Hauptverhandlungstermins auferlegt werden (OLG Brandenburg, a.a.O.).

3356

Wegen der Regelung in Anlage C Teil 1 C zur RiStBV sollte sich der Verteidiger ausdrücklich auch für das Verfahren zur → **Entschädigung** *nach dem* **StrEG**, Rdn 1429, bevollmächtigen lassen (s. aber OLG Düsseldorf NStZ-RR 2002, 109).

b) Auf folgende **Einschränkungen** ist besonders **hinzuweisen**:

aa) Die „einfache" Vollmacht berechtigt den Verteidiger nicht, den Angeklagten zu **vertreten**. Dazu ist eine **besondere Vertretungsvollmacht** erforderlich (BGHSt 9, 356; *Schnarr* NStZ 1986, 490; *Meyer-Lohkamp/Venn* StraFo 2009, 265, 268). Das gilt auch für den Pflichtverteidiger; die diesem ggf. zuvor als Wahlverteidiger erteilte Vertretungsvollmacht erlischt mit der Bestellung zum Pflichtverteidiger (s. die Rspr., z.B. BGH NStZ 1991, 94; OLG Celle NStZ 2013, 615; OLG Düsseldorf StV 2013, 299; OLG Hamm StRR 2012, 463; VA 2014, 121; OLG München VRR 2010, 393). Das hat in der HV insbesondere dann Bedeutung, wenn ggf. in Abwesenheit des Beschuldigten/Angeklagten verhandelt werden soll (wegen der Einzelh. → *Verhandlung ohne den Angeklagten*, Rdn 2853 ff.). I.d.R. ist die „Vertretungsvollmacht" aber in den üblichen Vollmachtsformularen enthalten. Auf die Formulierung der Vertretungsvollmacht ist besondere Sorgfalt zu verwenden. Insbesondere ist darauf zu achten, dass nicht nur eine Vertretungsvollmacht für das Strafverfahren, sondern im Hinblick auf einen ggf. in der HV des OWi-Verfahrens noch zu stellenden Entbindungsantrag auch eine Vertretungsvollmacht für das Bußgeldverfahren erteilt wird (vgl. dazu OLG Bamberg NJW 2007, 1477 [Ls.]; Beschl. v. 13.11.2011 – 2 Ss OWi 543/11; OLG Hamm StraFo 2006, 425; *Burhoff*, EV, Rn 4048). Nach Auffassung des OLG Brandenburg (StRR 2009, 261) gilt eine ausdrücklich für das Strafverfahren erteilte Vollmacht auch nicht ohne Weiteres in einem nachfolgenden Bußgeldverfahren.

3357

V   Vollmacht des Verteidigers

> ᗸ) Das **Fehlen** einer Vertretungsvollmacht hat aber nur Auswirkungen auf die Zulässigkeit der Vertretung des Angeklagten/Betroffenen, wenn also vom Verteidiger für diesen in der HV Erklärungen abgegeben oder Anträge gestellt werden sollen. Die **eigenen Rechte** des Verteidigers werden **nicht beeinträchtigt**. Er ist insbesondere zur Hauptverhandlung zu laden, und zwar auch, wenn sich eine schriftliche Verteidigervollmacht nicht bei der Akte befindet (OLG Köln StRR 2011, 479).

3358 Nach übereinstimmender Auffassung der Obergerichte ist es unschädlich, wenn der Angeklagte/Beschuldigte/Betroffene die **Vertretungsvollmacht** nicht **selbst unterzeichnet** hat. Es ist nämlich zwischen Erteilung der Vollmacht und dem Nachweis durch Vorlage einer entsprechenden Urkunde zu unterscheiden. Die Erteilung der umfassenden Vertretungsvollmacht bedarf keiner besonderen Form und kann auch mündlich erteilt werden. In ihr kann zugleich die Ermächtigung enthalten sein, eine etwa erforderliche Vollmachtsurkunde im Namen des Vollmachtgebers zu unterzeichnen (vgl. BayObLG NStZ 2002, 277; KG StRR 2014, 38; OLG Brandenburg VRR 2015, Nr 3, 2; OLG Celle, Beschl. v. 20.1.2014 – 322 SsRs 24/13; OLG Dresden StRR 2013, 261 m. Anm. *Reichling*).

bb) Auch für das **Rechtsmittelverfahren** bestehen Einschränkungen, und zwar:

3359 Der Verteidiger kann ohne besondere Vollmacht – jedoch nicht gegen den ausdrücklichen Willen des Angeklagten (§ 297) – **Rechtsmittel einlegen**.

3360 Für die **Rücknahme** eines **Rechtsmittels** (oder einen Rechtsmittelverzicht bzw. eine Rechtsmittelbeschränkung) muss der Verteidiger hingegen gem. § 302 Abs. 2 **ausdrücklich ermächtigt** sein (OLG Düsseldorf NStZ 2010, 655 [für Beschränkung des Einspruchs gegen den Strafbefehl auf das Strafmaß]; OLG Hamm VRR 2005, 243 [Ls.]; OLG Stuttgart Justiz 2011, 104), und zwar auch der Pflichtverteidiger (OLG Hamm VRR 2005, 243 [Ls.]; LG Zweibrücken NStZ-RR 2002, 177). Die besonderer Ermächtigung ist auch erforderlich, wenn es nur um die teilweise Rücknahme eines Rechtsmittels geht (OLG Rostock, Beschl. v. 7.3.2008 – 1 Ss 233/07; vgl. auch OLG Stuttgart, a.a.O. für die teilweise Rücknahme/nachträgliche Berufungsbeschränkung). Dazu reicht die bei der Übernahme eines Mandats im Rahmen der Vollmachterteilung erteilte allgemeine Ermächtigung zur Rücknahme von Rechtsmitteln, die i.d.R. in den Formularen enthalten ist, nicht aus; gleichwohl ist in den Formularen i.d.R. eine solche Ermächtigung enthalten. Die Vollmacht muss sich auf ein bestimmtes Rechtsmittel beziehen (BGH NStZ 2000, 665; KG NJW 2009, 1686; im Wesentlichen zust. *Kuhli* HRRS 2009, 290), es sei denn der Rechtsanwalt wurde erst mit der Durchführung des Rechtsmittels beauftragt (vgl. dazu BGH StraFo 2004, 57; zu allem *Meyer-Goßner*, § 302 Rn 32). Für die Rücknahme der Berufung hinsichtlich des Adhäsionsanspruchs ist hingegen für den durch eine Prozessvollmacht im → *Adhäsionsverfahren*, Rdn 256, beauftragten Verteidiger eine besondere Ermächtigung nicht erforderlich (KG

NStZ-RR 2010, 115). Der Widerruf der Ermächtigung ist zulässig (BGH NStZ-RR 2010, 10 [Ci/Zi]; OLG Zweibrücken StraFo 2010, 252).

🖉 Das gilt **auch** für den **Pflichtverteidiger** (OLG Hamm VRR 2005, 243 [Ls.]; LG Zweibrücken NStZ-RR 2002, 177).
Die Beschränkung gilt aber **nicht** für den **Nebenklägervertreter** (*Meyer-Goßner/ Schmitt*, § 302 Rn 29).

Die Ermächtigung kann **mündlich** erteilt werden (BGH NStZ-RR 2010, 55), sie muss nicht ausdrücklich erklärt werden (NStZ-RR 2012, 318). Der Nachweis der Ermächtigung kann auch noch **nach Abgabe** der Erklärung geführt werden (BGH NStZ-RR 2010, 55). Für den Nachweis der Ermächtigung genügt die anwaltliche Versicherung des Verteidigers (BGH, a.a.O.; NStZ-RR 2012, 318). Allerdings ist eine rückwirkende Genehmigung einer ohne besondere Ermächtigung abgegebenen Erklärung nicht möglich (OLG Zweibrücken StraFo 2010, 252), da anderenfalls ein „verfahrensrechtlicher Schwebzustand" eintreten würde. Schließlich kann ein unterbevollmächtigter Verteidiger auch dann wirksam auf Rechtsmittel verzichten, wenn sich eine Vertretungsvollmacht im Zeitpunkt des Rechtsmittelverzichtes nicht bei der Akte befindet, eine Ermächtigung zum Verzicht aber erteilt worden war (OLG Oldenburg NZV 2011, 407 für das Bußgeldverfahren).

3361

🖉 Die Regelung in § 302 Abs. 2 betrifft nur strafprozessuale Rechtsmittel. Sie gilt **nicht**, wenn es nur um die Wirksamkeit der Rücknahme eines Rechtsmittels allein gegen den bürgerlich-rechtlichen Teil eines Urteils geht, wie z.B. gegen den **Adhäsionsausspruch** (KG NStZ-RR 2010, 115).

cc) Nach § 145a Abs. 1 kann der Verteidiger **Zustellungen** für den Beschuldigten nur in Empfang nehmen, wenn die **Bestellung aktenkundig** ist. Dazu muss eine schriftliche Vollmacht zu den Akten gereicht sein (BGH NStZ-RR 2009, 144; OLG Dresden StraFo 2010, 35; OLG Köln, DAR 2013, 337) bzw. – so die Rspr. – sich sonst aus den Akten ergeben, dass der Beschuldigte dem Verteidiger (mündlich) Vollmacht erteilt hat (s. die obergerichtliche Rspr., vgl. KG VRR 2012, 74 m. Anm. *Burhoff*; OLG Düsseldorf NJW 2008, 2727; OLG Karlsruhe StraFo 2008, 439; OLG Zweibrücken VRR 2008, 356, jew. in Zusammenhang mit der sog. Verjährungsfalle; zur Zustellungsvollmacht eingehend *Schnarr* NStZ 1997, 15 ff.).

3362

Allein die sich aus dem Protokoll ergebende **Teilnahme** des Verteidigers an einem **Termin reicht** nach st. Rspr. **nicht** aus, die Zustellungsbevollmächtigung nachzuweisen (BGHSt 41, 303 [für die Teilnahme an der HV]; NStZ-RR 2009, 144; so a. OLG Karlsruhe StV 1997, 121 [Ls.]). Die Vollmacht kann jedoch in der HV (ausdrücklich) mündlich erteilt und die mündliche Vollmachtserteilung in das → *Protokoll der Hauptverhandlung*, Rdn 2092, aufgenommen werden (*Meyer-Goßner*, § 145a Rn 9 m.w.N. aus der Rspr.). Auch nicht ausreichend ist es, wenn sich der Verteidiger in einem Schriftsatz als Bevollmächtigter benennt, dann aber

3363

eine Vollmachtsurkunde beifügt, in der die Person des Bevollmächtigten nicht benannt ist (**Blankovollmacht**; BGH, a.a.O.; KG VRR 2008, 355; OLG Stuttgart NStZ-RR 2001, 24; AG Diez StRR 2014, 163 [Ls.]; AG Leipzig VRR 2007, 117; AG Neuruppin StRR 2013, 233; vgl. aber zweifelnd OLG Brandenburg VRS 117, 305). Schließlich fingiert auch eine ausdrücklich für das Strafverfahren erteilte Vollmacht nicht ohne Weiteres die Zustellungsvollmacht nach § 51 Abs. 3 S. 1 OWiG (OLG Brandenburg StRR 2009, 261; zu den Zustellungsfragen *Kotz* StRR 2013, 4; *ders.* StRR 2013, 44; *ders.* StRR 2013, 84; *ders.* StRR 2013, 124; *Gutt/Krenberger* DAR 2014, 187 ff. und *Burhoff/Kotz/Kotz*, RM. Teil A Rn 2233 ff.).

3364 Die **gesetzliche Zustellungsvollmacht** kann i.Ü. **nicht eingeschränkt** werden (OLG Jena NJW 2001, 3204). Ist die Zustellungsvollmacht erloschen, so lebt sie bei Wiederaufnahme des Mandats nicht wieder auf (OLG Stuttgart NJW 2003, 601 [Ls.]).

Nach einem Teil der obergerichtlichen Rspr. ist die Zustellung an den gewählten Verteidiger auch dann wirksam, wenn in der zu den Akten gereichten Vollmachtsurkunde die **Formulierung** der Ermächtigung „Zustellungen ... entgegenzunehmen" **durchgestrichen** ist (OLG Dresden NStZ-RR 2005, 244; OLG Köln NJW 2004, 3196; OLG Rostock NStZ-RR 2003, 336; vgl. dazu krit. *Leipold* NJW-Spezial 2004, 282; *Gutt/Krenberger* DAR 2014, 187 ff.; zur rechtsgeschäftlichen Vollmacht s.a. OLG München NStZ-RR 2010, 15 [für Erklärung, eine Verteidigung in der HV finde nicht statt]; a.A. wohl OLG Düsseldorf DAR 2004, 41; s.a. OLG Hamm NZV 2005, 386; → *Zustellungsfragen*, Rdn 3639).

dd) Hinweis für den Verteidiger!

3365 **Umstritten** ist/war, inwieweit die Überreichung einer bloß **außergerichtlichen Vollmacht** zu einer **Zustellungsvollmacht** führen kann (zur Auslegung und Formulierung einer solchen Vollmacht vgl. einerseits KG VRS 122, 34 m. Anm. *Burhoff* StRR 2012, 147; OLG Jena VRS 112, 360; andererseits OLG Hamm StraFo 2004, 96). Die Frage ist insbesondere im OWi-Verfahren für die Frage der Verjährungsunterbrechung nach § 33 Abs. 1 Nr. 9 OWiG von Bedeutung, wenn der Bußgeldbescheid dem Verteidiger/Rechtsanwalt zugestellt worden ist. Sie wird vom KG (VRS 112, 475; vgl. aber vgl. aber VRS 122, 34), vom OLG Brandenburg (zfs 2005, 571) und OLG Hamm (a.a.O.) verneint, vom OLG Dresden (VRR 2007, 237 m. abl. Anm. *Stephan*), OLG Düsseldorf (NJW 2008, 2727), OLG Karlsruhe (StraFo 2008, 439) und OLG Zweibrücken (VRR 2008, 356) hingegen bejaht. Diese gehen davon aus, dass einem Rechtsanwalt, der in dem behördlichen Bußgeldverfahren tatsächlich als Verteidiger beauftragt und tätig ist, jedoch aus taktischen Erwägungen („**Verjährungsfalle**") lediglich eine „außergerichtliche Vollmacht" zu den Akten gereicht hat, der Bußgeldbescheid nach § 51 Abs. 3 S. 1 wirksam zugestellt werden kann (abl. dazu *Stephan* VRR 2008, 356 in der Anm. zu OLG Zweibrücken, a.a.O.; zust. *Fahl* ZIS 2009, 376 in der Anm. zu OLG Karlsruhe, a.a.O.; vgl. noch OLG Brandenburg VRS 117, 305 zur „Blankovollmacht" und zur Verjährungsfalle *Fromm* StraFo 2010, 223; *Schwind* NStZ 2012, 484). Sie stellen dann darauf ab, ob sich aus den Akten ergibt, dass der Rechtsanwalt sich als Verteidiger „geriert" hat, was z.b. angenommen wird, wenn er AE in seinem Büro beantragt hat (KG VRR 2012, 74; OLG Brandenburg; OLG Düsseldorf; OLG Zweibücken, jew. a.a.O; ähnlich LG Berlin NZV 2010, 529).

In diesen Fällen stellt sich ggf. immer auch die Frage der **Heilung** eines Zustellungsmangels (vgl. dazu → *Zustellungsfragen*, Rdn 3620 ff.; für das Bußgeldverfahren Burhoff/*Burhoff*, OWi, Rn 4556, und *Fromm* StraFo 2010, 223, 227). Diese ist vom OLG Saarbrücken (zfs 2009, 469 m. abl. Anm. *Gebhardt*) für das Bußgeldverfahren bejaht worden, wenn dem Betroffenen der Bußgeldbescheid formlos zugegangen ist. Das OLG Celle (StraFo 2011, 502) hat sie hingegen zutreffend verneint, wenn die Übersendung an den Betroffenen nur zur Kenntnisnahme und nicht mit Zustellungswillen erfolge (zust. *Sandherr* VRR 2012, 75 = StRR 2012, 76 in der Anm. zu OLG Celle, a.a.O.; so wohl auch OLG Köln DAR 2013, 337, 338; zur Heilung einer Zustellung durch Übergabe des Bußgeldbescheides durch den Betroffenen an den Verteidiger OLG Stuttgart DAR 2014, 100 = VRR 2014, 35 = VRS 125, 174).

Wenn der Verteidiger sich zunächst nur eine außergerichtliche Vollmacht hat erteilen lassen, muss er damit rechnen, dass bei ihm keine Zustellungen mehr erfolgen. Darauf muss er den **Mandanten unbedingt hinweisen** und ihn dazu anhalten, dass dieser ihn sofort von einer Zustellung, die an den Mandanten erfolgt, unterrichtet. Das gilt vor allem, wenn durch die Zustellung Fristen in Lauf gesetzt werden.

c) Ist dem Verteidiger die (besondere) Zustellungsvollmacht erteilt, ist er damit nicht auch zugleich zur **Empfangnahme** von **Ladungen** ermächtigt. Das ist gem. § 145a Abs. 1 S. 1 nur der Fall, wenn die Bevollmächtigung ausdrücklich auch insoweit gilt (OLG Köln NStZ-RR 1998, 240 m.w.N.). Die Bevollmächtigung zur Empfangnahme von Ladungen muss zweifelsfrei zu erkennen sein. Auch dem Pflichtverteidiger muss diese Vollmacht durch den Angeklagten/Beschuldigten erteilt werden, sie ist in der Beiordnung durch das Gericht nicht enthalten (OLG Köln NStZ-RR 1999, 334). Auch der **Pflichtverteidiger** muss zur Empfangnahme von Ladungen ausdrücklich durch den Beschuldigten bevollmächtigt werden (inzidenter OLG Karlsruhe StraFo 2011, 509). Eine Vollmachterteilung durch das Gericht ist nicht möglich (OLG Köln NStZ-RR 1999, 334).

3366

Der Verteidiger sollte sich eine Ladungsvollmacht nur in Ausnahmefällen ausstellen lassen, da dann der Mandant ggf. über ihn wirksam geladen werden kann. Zumindest muss er den Mandanten auf die sich aus der Erteilung einer Ladungsvollmacht ergebenden **Gefahren** (Verwerfung von Rechtsmitteln, HB) **aufklären**.

3367 4. Die **Vollmacht erlischt** mit der Beendigung des Verteidigungsverhältnisses durch Kündigung (s. hierzu *Burhoff*, EV, Rn 2706). Sie erlischt nicht mit dem Tod des Beschuldigten (BGHSt 45, 108; KG StraFo 2008, 90; vgl. die Rspr.-Nachw. zur früheren a.A. in der obergerichtlichen Rspr. bei *Meyer-Goßner/Schmitt*, vor § 137 Rn 7; s. aber a. noch immer OLG Hamburg StraFo 2008, 90). Wird der Wahlverteidiger zum **Pflichtverteidiger** bestellt, endet damit die Wahlverteidigung (BGH NStZ 1991, 94; OLG Hamm Rpfleger 1998, 440; OLG Hamm StRR 2012, 463; OLG München, VRR 2010, 393; a.A. *Schnarr* NStZ 1986, 488; zur Wirkung der Pflichtverteidigerbeiordnung *Burhoff*, EV, Rn 3034 ff.). Damit wird auch eine ausdrückliche Ladungsvollmacht hinfällig (LG Zweibrücken NStZ-RR 2002, 177) und ist auch die Vollmacht des Wahlverteidigers, den Beschuldigten zu vertreten, erloschen (OLG München VRR 2010, 393).

3368 Durch die Bestellung zum Pflichtverteidiger und Niederlegung des Wahlmandats erlöschen auch nicht zur **Sicherung** des Verfahrens **abgegebene Zustellung- und Ladungsvollmachten**, z.B. gem. §§ 116a Abs. 3, 312 Abs. 1 Nr. 2). Das folgt aus dem Sinn und Zweck dieser Vollmachten (KG NJW 2012, 245; OLG Düsseldorf VRS 71, 369; OLG Koblenz NStZ-RR 2004, 373, 375; s.a. *Hanschke* StRR 2012, 65 in der Anm. zu KG, a.a.O.).

👉 Nimmt der Verteidiger nach dem Erlöschen der Vollmacht das **Mandat wieder auf**, lebt bei Wiederaufnahme des Mandates die erloschene Vollmacht nicht wieder auf, sondern es gelten die gleichen Grundsätze wie vor der Vorlage der (erloschenen) Vollmacht. Nur sofern der Verteidiger eine neue Vollmacht zu den Akten gebracht hat, gilt er also z.B. als zustellungsbevollmächtigt (vgl. dazu Rdn 3362 ff.; OLG Hamm NStZ-RR 2009, 144; OLG Stuttgart NStZ-RR 2002, 369).

3369 **5. Muster einer Strafprozessvollmacht**

▼

Strafprozessvollmacht

Hiermit erteile ich

Herrn/Frau Rechtsanwalt

Vollmacht, mich in der Strafsache

Az.:

wegen

in allen Instanzen zu verteidigen bzw. zu vertreten, und zwar auch bei meiner Abwesenheit.

Vollmacht des Verteidigers V

Die Vollmacht gewährt unter Anerkennung aller gesetzlichen Befugnisse nach der StPO bzw. des OWiG das Recht,

1. allen Instanzen des Straf- oder Bußgeldverfahrens als mein Verteidiger und/oder Vertreter zu handeln und aufzutreten,

2. in öffentlicher Sitzung aufzutreten,

3. Untervollmacht – auch nach § 139 StPO – zu erteilen,

4. Strafantrag, Antrag auf gerichtliche Entscheidung nach § 172 Abs. 2 StPO, Privat-, Neben- oder Widerklage(-antrag) zu stellen bzw. zu erheben und die jeweiligen Anträge zurückzunehmen,

5. Rechtsmittel einzulegen, zurückzunehmen, zu beschränken und auf solche zu verzichten,

6. Anträge auf Wiedereinsetzung in den vorigen Stand, Wiederaufnahme des Verfahrens, Haftentlassung, Strafaussetzung, Kostenfestsetzung und andere Anträge zu stellen und zurückzunehmen,

7. Zustellungen aller Art, insbesondere auch solche von Beschlüssen und Urteilen mit rechtlicher Wirkung für und gegen mich in Empfang zu nehmen,

8. Gelder, Wertsachen, Kosten, Bußgeldzahlungen, Kautionen usw. mit rechtlicher Wirkung für und gegen mich in Empfang zu nehmen und Quittungen zu erteilen,

9. den Antrag auf Entbindung von der Verpflichtung zum Erscheinen in der Hauptverhandlung zu stellen und zurückzunehmen,

10. mich in der Hauptverhandlung in allen nach der StPO bzw. dem OWiG zulässigen Fällen (§§ 234, 329 Abs. 1 S. 1, 411 Abs. 2 S. 1 StPO, 73, 74 OWiG) zu vertreten,

11. meine Vertretung im Verfahren nach dem Gesetz über die Entschädigung für Strafverfolgungsmaßnahmen durchzuführen.

Herr/Frau ▨ tritt seine/ihre ggf. aus diesem Verfahren entstehenden Ansprüche auf Erstattung notwendiger Auslagen gegen die Staatskasse an Herrn/Frau Rechtsanwalt ▨ ab. Diese(r) nimmt die Abtretung an. Herr/Frau ▨ ist damit einverstanden, dass diese Abtretungsurkunde gem. § 43 RVG zu den Verfahrensakten gereicht wird. (Hinweis: Diese Erklärung sollte ggf. in eine gesonderte Erklärung aufgenommen werden.)

Musterstadt, den ▨

(Unterschrift)

▲

Siehe auch: → *Vertretung des Angeklagten durch den Verteidiger*, Rdn 3208; → *Wiedereinsetzung in den vorigen Stand*, Rdn 3464; → *Zustellungsfragen*, Rdn 3620.

3370 Vorbereitung der Hauptverhandlung

3371 **Literaturhinweise: Ackermann**, Die Verteidigung des schuldigen Angeklagten, NJW 1954, 1385; **Amelung**, Die Einlassung des Mandanten im Strafprozeß, in: Strafverteidigung und Strafprozeß, Festgabe für *Ludwig Koch*, 1989, S. 145; **Bandisch**, Die Vorbereitung der Hauptverhandlung, in: StrafPrax, § 9; **Bender**, Zeugenvernehmung durch den Rechtsanwalt, ZAP F. 22, S. 15; **Beulke/Witzigmann**, Neue Strafbarkeitsrisiken für Verteidiger? Zugleich eine Anmerkung zum, Beschluss des OLG Frankfurt vom 2.11.2012 – 2 Ws 114/12 49, in: Festschrift für *Wolf Schiller*, 2014, S. 49; **Bockemühl**, Private Ermittlungen im Strafprozeß. Ein Beitrag zu der Lehre von den Beweisverboten, 1996; *ders.*, Eigene Ermittlungen des Strafverteidigers – Ein Plädoyer für eine aktive Strafverteidigung, JSt 2010, 59; **Breitling**, Vorbereitung der Hauptverhandlung in Terroristenprozessen, DRiZ 2012, 142; **Burhoff**, Verteidigerfehler in der Tatsachen- und Revisionsinstanz, StV 1997, 432; *ders.*, Praktische Fragen der „Widerspruchslösung", StraFo 2003, 267; *ders.*, Die Widerspruchslösung in bußgeldrechtlichen Verfahren, VA 2013, 16; *ders.*, So müssen Sie auf die „Widerspruchslösung" in bußgeldrechtlichen Verfahren reagieren, VA 2013, 35; **Burkhard**, Die Praxis der Strafzumessung im Steuerstrafrecht, PStR 1999, 87; **Dencker**, Zum Geständnis im Straf- und Strafprozeßrecht, ZStW 1990, 51 (Band 102); **Detter**, Der von der Verteidigung geladene Sachverständige (Probleme des § 245 Abs. 2 StPO), in: Festschrift für *Hannskarl Salger*, 1995, S. 23; *ders.*, Versäumnisse der Strafzumessungsverteidigung, StraFo 1997, 193; Einlassung mit oder durch den Verteidiger – Ein notwendiges Instrument effektiver Strafverteidigung?, in: Festschrift für *Ruth von Rissing van Saan* zum 65. Geburtstag, S. 97; **Deutscher**, Die Erörterung der Vorstrafen von Zeugen, NStZ 2012, 359; **Eschelbach**, Erklärungen des Verteidigers zur Sache in der Hauptverhandlung, ZAP F. 22, S. 711; **Fromm**, Risiken einer bewusst falschen Benennung des angeblichen Fahrzeugführers, DV 2015, 17; **Fezer**, Hat der Beschuldigte ein „Recht auf Lüge"?, in: Festschrift für *Walter Stree* und *Johannes Wessels*, 1993, S. 663; **Gillmeister**, Rechtliches Gehör im Ermittlungsverfahren, StraFo 1996, 114; *ders.*, Die Verteidigererklärung als Einlassung des Angeklagten, in: Festschrift für *Volkmar Mehle*, zum 65. Geburtstag, 2009, S. 223; **R. Hamm**, Die Verteidigungsschrift im Verfahren bis zur Hauptverhandlung, StV 1982, 490; **Hammerstein**, Verteidigung wider besseres Wissen?, StV 1997, 12; **D. Hammerstein**, Das Geständnis und sein Wert – Lippenbekenntnisse in der Strafzumessung, StV 2007, 48; **Hartwig**, Die Selbstladung von Auslandszeugen, StV 1996, 625; **D. Herrmann**, Selbstbelastungsfreiheit im Strafverfahren und die Verpflichtung des Arztes zu wahrheitsgemäßen Angaben gegenüber der Haftpflichtversicherung, ZMGR 2011, 268; **Heynert**, Detektivkosten – Höhe und Erstattung, AnwBl. 1999, 140; **Jakubetz**, Die Rechtsprechung zur Erstattungsfähigkeit von Kosten für ein Privatgutachten im Strafprozeß, JurBüro 1999, 564; **Jung**, Ausländerrechtliche Folgen bei der Verurteilung von ausländischen Staatsangehörigen, StV 2004, 567; **Jungfer**, Eigene Ermittlungstätigkeit des Strafverteidigers – Strafprozessuale und standesrechtliche Möglichkeiten und Grenzen, StV 1981, 100; *ders.*, Strafverteidiger und Detektiv, StV 1989, 495; *ders.*, Kann der Verteidiger vom Sachverständigen ein schriftliches Vorgutachten verlangen?, StraFo 1995, 19; *ders.*, Ein Brief an Christian Richter II: Zum 65. Geburtstag. Eigene Ermittlungen und mehr, in: Festschrift für *Christian Richter II*, 2006, S. 277; **Keiser**, Die Anwendung des „nemo-tenetur-Grundsatzes" auf das Prozessverhalten des Angeklagten, StV 2000, 633; **Kempf**, „Wahrnehmungen des Rechts": Einflussnahme auf Zeugen, StraFo 2003, 79; **Klemke**, Festschreibung von Sachverhalten in der Hauptverhandlung – Protokollierungsanträge, affirmative Beweisanträge pp, StraFo 2013, 107; **König**, Wege und Grenzen eigener Ermittlungstätigkeit des Strafverteidigers, StraFo 1996, 98; **Krause**, Der „Gehilfe" der Verteidigung und sein Schweigerecht (§ 53a StPO), Zur Einbeziehung Dritter in die Verteidigungstätigkeit, StraFo 1998, 1; **Krekeler/Schonard**, Der Berufshelfer im Sinne des § 53a StPO, wistra 1998, 137; **Kühl**, Freie Beweiswürdigung des Schweigens des Angeklagten und der Untersuchungsverweigerung eines angehörigen Zeugen – BGHSt 32, 140, JuS 1986, 115; **Larsen**, Die Bedeutung der Nachschulung für die Verteidigung in Strafsachen wegen Trunkenheit im Verkehr mit hoher Blutalkoholkonzentration mit Blick auf die Vermeidung und/oder Vorbereitung auf die MPU, StraFo 1997, 298; **Lehmann**, Die (strafbegründungs-) schuldunabhängigen Strafmilderungsgründe, StraFo 1999, 109; **Leipold**, Zulässige Einwirkung und Belehrung von Zeugen durch den Verteidiger, StraFo 1998, 79; *ders.*, Verdunkelungsgefahr bei eigenen Ermittlungen des Verteidigers, NJW-Spezial 2008, 728; **Meyer**, Auslagenerstattung für eigene Ermittlungen des (Pflicht-)Verteidigers, JurBüro 1993, 8; *ders.*, Wann können die von einem nicht verurteilten Angeklagten verauslagten Entschädigungen für unmittelbar geladene (§ 220 StPO) oder gestellte (§ 222 StPO) Beweispersonen im Kostenfestsetzungsverfahren nach §§ 464b, 464a StPO zur Erstattung festgesetzt werden?, JurBüro 1984, 655; **Meyer-Lohkamp/Schwerdtfeger**, Strafrechtliche Risiken bei der Weitergabe von Akteninhalten mit kinderpornographischen Inhalten bei der Berufsausübung, StV 2014, 772; **Meyer-Mews**, Die Einlassung und Vernehmung des Angeklagten zur Sache gem. § 243 IV 2 StPO, JR 2003, 361; *ders.*, Reden ist Silber – Schweigen strafbar? DStR 2013, 161; **Michel**, Einlassung durch den Anwalt?, MDR 1994, 648; **Miebach**, Der teilschweigende Angeklagte – materiell-rechtliche und prozessuale Fragen anhand der BGH-Rechtsprechung, NStZ 2000, 234; **Möller**, Verfassungsrechtliche Überlegungen zum „nemotenetur"-Grundsatz und zur strafmildernden Berücksichtigung von Geständnissen, JR 2005, 314; **Nack**, Revisibilität der Beweiswürdigung – Teil 1: StV 2002, 510, Teil 2: StV 2002, 558; **Neuhaus**, Eigene Ermittlungen des Verteidigers, in: MAH, § 15; **Noll**, Die – schriftliche – Sacheinlassung durch die Verteidigung, StRR 2008, 444; **Nugel**, Die Aufklärungsobliegenheit des Versicherungsnehmers gegenüber dem Kraftfahrtversicherer nach der VVG-Reform im Spannungsfeld zur Strafverteidigung, VRR 2008, 164; **Olk**, Die Abgabe von Sacherklärungen des Angeklagten durch den Verteidiger, 2006; **Pananis**, „Meine Frau halten wir raus!" – Legitime Sonderinteressen im Mandat; StraFo 2012, 121; **Parigger**, Zeugengewinnung und -vernehmung durch den Verteidiger, StraFo 2003, 262; **Park**, Die prozessuale Verwertbarkeit verschiedener Formen der Beschuldigteneinlassung im Strafverfahren, StV 2001, 589; **Prüfer**, Sachverhaltsermittlung durch Spurenauswertung und Zeugenbefragung am Beispiel des Schwurgerichtsprozesses – Chancen, Fehler und Versäumnisse der Verteidigung, StV 1993, 602; **Quentmeier**, Geständnis, Schweigerecht und Schweigen des Beschuldigten, JA 1996, 215; **Rademacher/Gerhardt**, Reduzierung der Tagessatzhöhe als Verteidigungsziel, ZAP F. 22, S. 427; **Richter II**, Reden – Schweigen – Teilschweigen, StV 1994, 687; *ders.*, Der Umgang des Verteidigers mit dem Tatverdacht, in: Symposium für *Egon Müller*, Mandant und Verteidiger, S. 33; **Rieß**, Gedanken über das Geständnis im Strafverfahren, in: Festschrift für *Christian Richter II*, 2006, S. 433; **Rode**, Soll sich der Beschuldigte außerhalb der Hauptverhandlung äußern und gegebenenfalls wie?, StraFo 2003, 42; *ders.*, Das Geständnis in der Hauptverhandlung, StraFo 2007, 98; **Rückel**, Die Notwendigkeit eigener Ermittlungen des Strafverteidigers, in: Festgabe für *Karl Peters*, 1984, S. 265; **Safferling/Hartwig**, Das Recht zu schweigen und seine Konsequenzen – Entwicklungen in nationalen und internationalen Strafverfahren, ZIS 2009, 784; **Schäfer**, Die Einlassung zur Sache durch den Verteidiger, in: Festschrift für *Hans Dahs*, 2005, S. 441; **Schlösser**, Die Einlassung des Angeklagten durch seinen Verteidiger – Überlegungen zu BGH, Urt. v. 20.6.2007 – 2 StR 84/07, NStZ 2008, 310; **Schlothauer**, Unzutreffende und unvollständige tatrichterliche Urteilsfeststellungen, StV 1992, 134; **Sommer**, Maßnahmen des Strafverteidigers in der Hauptverhandlung, ZAP F. 22, S. 101; **Steller**, Falsche Geständnisse bei Kapitaldelikten: Praxis – Der Fall Pascal, in: Festschrift für *Ulrich Eisenberg*, 2009, S. 213; **Stephan**, Achtung! Beratungsbedarf für außerstrafrechtlichen Konsequenzen nach rechtskräftiger Verurteilung, StRR 2008, 174; **Stern**, Der Geständniswiderruf als forensisches Erkenntnisproblem, StV 1990, 563; *ders.*, Informationsquellen des Strafverteidigers, StraFo 1994, 8; **Stree**, Das Schweigen des Beschuldigten im Strafverfahren, JZ 1966, 593; **Thomas**, Der Umgang des Verteidigers mit dem Tatverdacht, in: Symposium für *Egon Müller*, Mandant und Verteidiger, S. 37; **Tondorf/Waider**, Der Sachverständige, ein „Gehilfe" auch des Strafverteidigers?, StV 1997, 493; **Vahle**, Rechtsstellung und Rechte der Privatdetektive, Krim 1994, 510, 593; **Volbert**, Falsche Geständnisse bei Kapitaldelikten: Grundlagen, in: Festschrift für *Ulrich Eisenberg*, 2009, S. 205; **Wächtler**, Informationsgewinnung durch die Verteidigung, StraFo 2007, 141; **Weiß**, Ausschluss vom Geschäftsführeramt bei strafgerichtlichen Verurteilungen nach § 6 Abs. 2 GmbHG n.F., wistra 2009, 209; **Wesemann/Müller**, Das gem. § 136a Abs. 3 StPO unverwertbare Geständnis und seine Bedeutung im Rahmen der Strafzumessung, StraFo 1998, 113; **Wölfl**, Heimliche private Tonaufnahmen im Strafverfahren, StraFo 1999, 74; **Ziemann**, Akteneinsicht und Aktenverwertung im Kinderpornografieverfahren – ein neues Strafbarkeitsrisiko für effektive Verteidigung?, StV 2014, 299; s.a. die Hinw. bei den u.a. weiterführenden Stichwörtern.

1. Nicht immer entspricht die Vorbereitung der HV durch den Verteidiger dem Ziel, das jede Verteidigung haben sollte, nämlich den Mandanten so weit wie möglich zu unterstü- **3372**

zen. Will der Verteidiger dieses Ziel in der HV erreichen, muss er – ebenso wie das Gericht es (i.d.R.) tut – die HV **sorgfältig** vorbereiten (als Beispiel s. *Prüfer* StV 1993, 602 ff.; *Breitling* DRiZ 2012, 147). Dazu gehört, dass der Verteidiger alle zu erwartenden Schwierigkeiten vorab bedenkt und sich darauf vorbereitet. In der HV selbst ist es dafür meist zu spät. Kommt der Verteidiger dem nach, kann er für seinen Mandanten sicher mehr erreichen, als wenn er die Dinge laufen lässt.

3373 Der Verteidiger hat noch immer **vielfältige Möglichkeiten**, auf den Verfahrensgang und die Verfahrensgestaltung **einzuwirken**. Diese können hier nicht alle dargestellt werden, sie würden den Rahmen der Darstellung sprengen. Insoweit muss daher auf *Schlothauer*, Vorbereitung der Hauptverhandlung mit notwendiger Verteidigung und Pflichtverteidigung, 2. Aufl. 1999; *Burhoff*, Handbuch für das strafrechtliche Ermittlungsverfahren, 7. Aufl. 2015 (dort bei Rn 4244 auch weit. Lit.-Hinw.); *Junker/Armatage*, Praxiswissen Strafverteidigung, 2008, Rdn 1029 ff. und auf *Heghmanns*, in: HBStrVf, Kapitel VI Rn 379 ff., verwiesen werden. An dieser Stelle sollen im Einzelnen nur zwei Punkte behandelt werden, die für den Angeklagten von besonderer Bedeutung sind und die in der HV immer wieder zu Problemen führen. Bei Rdn 3381 ff. sind darüber hinaus die bei der Vorbereitung der HV im Wesentlichen auftretenden Fragen im Überblick dargestellt.

3374 **2.a)** Von erheblicher praktischer Bedeutung ist die häufig zum Streit mit Gerichten führende Frage, ob und wenn ja, welche **eigenen Ermittlungen** der Verteidiger vornehmen darf (zu eigenen Ermittlungen des Verteidigers ausführlich *Burhoff*, EV, Rn 1573 ff. [insbesondere Rn 1579 ff.]; s.a. MAH-*Neuhaus*, § 15; *Sommer*, S. 88 ff.; zur Beauftragung eines Detektivs *Jungfer* StV 1981, 100; 1989, 495).

> Als **Faustregel** ist festzustellen, dass der Verteidiger grds. **alle zulässigen Ermittlungen** im Interesse seines Mandanten **selbst** durchführen kann und er ein **Recht** auf eigene Ermittlungen hat (zu den verschiedenen Möglichkeiten *Burhoff*, EV, Rn 1578; *Jungfer* StV 1981, 100; *Schlothauer*, Rn 45 ff.; *Wächtler* StraFo 2007, 141; zu den Grenzen eigener Ermittlungstätigkeit des Verteidigers *König* StraFo 1996, 98 ff.). Das ist inzwischen auch als Ausfluss des dem Beschuldigten/Angeklagten zustehenden Rechts auf ein faires Verfahren und des Prinzips der Waffengleichheit in der Rspr. unbestritten (so schon BGH AnwBl. 1981, 115 f.; jetzt a. BGHSt 46, 53; OLG Frankfurt am Main NJW 1981, 882 [Ls.]).

3375 **b)** Streit um eigene Ermittlungen des Verteidigers entzündet sich i.d.R. an der Frage, ob der Verteidiger **außergerichtlich** auch **Zeugen befragen** darf. Dazu ist hier auf Folgendes hinzuweisen (wegen der Einzelh. *Burhoff*, EV, Rn 1583 ff.):

3376 Nachdem über die Zulässigkeit der außergerichtlichen Befragung von Zeugen durch den Verteidiger lange Streit bestanden hat, sind sich Rspr. und Lit. heute darüber einig, dass es zu den **wesentlichen Aufgaben** des Verteidigers im EV gehören kann, Zeugen persönlich zu befragen (s.a. *Meyer-Goßner/Schmitt/Schmitt*, vor § 137 Rn 2; *Schlothauer*, Rn 49 m.w.N.; *Dahs*, Rn 313 ff. m.w.N.; Beck-*Hassemer*, S. 19; Beck-*Ignor/Peters*, S. 90 ff.; *Parigger* StraFo 2003, 262; *Wächtler* StraFo 2007, 141; BGH AnwBl. 1981, 115 f.; inzidenter a. BGHSt 46, 1; s.a. BGHSt 46, 53; allgemein zu Kontakten des Verteidigers zu Zeugen Beck-*Hassemer*, S. 12 ff. m.w.N.; *Parigger* StraFo 2003, 262). Nimmt der Verteidiger diese Aufgabe wahr, muss er jedoch alles **vermeiden**, was nur den Anschein erwecken könnte, er wolle den Zeugen im Sinne seines Mandanten **beeinflussen**. Erst recht darf er nicht versuchen, den Zeugen zu einer falschen Aussage zu veranlassen (→ *Verteidigerhandeln und Strafrecht*, Rdn 3207 ff.), da er damit, unabhängig von der Frage eigenen strafbaren Verhaltens, seinem Mandanten im Zweifel nur schadet (*Leipold* NJW-Spezial 2008, 728 [Gefahr der Annahme von Verdunkelungsgefahr]) und sich selbst ggf. in die Gefahr des Vorwurfs der Strafvereitelung bringt (vgl. dazu *Burhoff/Stephan*, Strafvereitelung durch Strafverteidiger, Rn 72 ff.).

Für sein **Gespräch** mit einem Zeugen bzw. dessen Vernehmung muss der Verteidiger Folgendes **beachten** (s.a. *Burhoff*, EV, Rn 1584 ff.; s.a. *Weihrauch/Boßbach*, Rn 158 ff.; *Bockemühl* JSt 2010, 59, 60 ff.; FA Strafrecht-*Bockemühl*, Teil 2, Kap. 2, Rn 86 ff.; *Wächtler* StraFo 2007, 141, 143 f.): 3377

Vorbereitung des Gesprächs: 3378

- Das Gespräch mit dem Zeugen wird der Verteidiger i.d.R. in seiner **Kanzlei** führen (*König* StraFo 1996, 101; s.a. *Bockemühl* JSt 2010, 59, 61 [„Heimvorteil"]), zulässig ist aber auch das Aufsuchen des Zeugen **zuhause** (OLG Frankfurt am Main NJW 1981, 882 [Ls.]) oder die **telefonische** Befragung (BGH AnwBl. 1981, 115; *Jungfer* StV 1981, 105).
- Die **Kontaktaufnahme** mit dem Zeugen sollte i.d.R. **schriftlich** erfolgen (s.u. das Muster bei Rdn 1281). In seinem Schreiben sollte der Verteidiger den Zeugen darauf **hinweisen**, dass er als Anwalt im Rahmen eines strafrechtlichen **EV** tätig wird und zur Befragung des Zeugen berechtigt ist.
- Der Verteidiger muss darauf **hinweisen**, dass er als Anwalt im Rahmen eines strafrechtlichen (**Ermittlungs-)Verfahrens** tätig wird und berechtigt ist, den Zeugen zu befragen.

Vernehmung des Zeugen: 3379

- Der muss den Zeugen über ein ihm ggf. zustehendes → ***Zeugnisverweigerungsrecht***, Rdn 3552, oder ein → ***Auskunftsverweigerungsrecht***, Rdn 377, **belehren** (zur „Einwirkung" und zu den Grenzen der Einflussnahme auf den Zeugen durch die Belehrung des Verteidigers s. *Leipold* StraFo 1998, 79 f. [insbesondere auch zur Frage, inwieweit der Verteidiger ggf. berechtigt ist, die Zeugnisverweigerung „zu kaufen"]; s. dazu a. BGH NJW 2000, 2433; vgl. dazu a. *Kempf* StraFo 2003, 79, 82).

- Er wird sich von dem Zeugen, schon um seine Position bei einer Diskussion mit dem Gericht zu stärken, nach Möglichkeit eine schriftliche „**Einverständniserklärung**" geben lassen (s. das Muster bei *Burhoff*, EV, Rn 1588; Beck-*Ignor/Peters*, S. 93 f.).
- Bei der Vernehmung muss der Verteidiger alles **unterlassen**, durch das der **Eindruck** entstehen könnte, er wolle den Zeugen zu einer falschen Aussage auffordern oder ihn in seinem – dem Verteidiger bekannten – Vorhaben, falsch auszusagen oder eine wahre Aussage zu widerrufen, bestärken (zum Verhalten des Verteidigers eingehend *Parigger* StraFo 2003, 264). Damit bringt der Verteidiger sich möglicherweise nicht nur selbst in die Nähe **strafbaren Tuns** (s. die Nachw. bei → *Verteidigerhandeln und Strafrecht*, Rdn 3207 f.), sondern wird seinem Mandanten dadurch i.d.R. mehr schaden als nutzen (vgl. a. *Kempf* StraFo 2003, 79 ff.).
- Bei der **Vernehmung** muss der Verteidiger die ausführliche Regelung der Befragung von Zeugen durch den Rechtsanwalt in § 6 der alten **RiLi** beachten (die BerufsO enthält eine ausdrückliche Regelung nicht [mehr]; so a. *Parigger* StraFo 2003, 265 und *Leipold* NJW-Spezial 2005, 375).
- Der Verteidiger muss zumindest ein „**Gedächtnis-Protokoll**" über die durchgeführte Vernehmung fertigen (vgl. dazu und zu den Nachteilen einer vollständigen Protokollierung *Parigger* StraFo 2005, 265).
- I.d.R. wird die Herstellung eines **heimlichen Tonbandmitschnitts** von der Aussage des Zeugen nicht zulässig sein (*Parigger* StraFo 2003, 265; s. aber *König* StraFo 1996, 101 und *Wächtler* StraFo 2007, 141, 143). In Ausnahmefällen kann etwas anderes gelten. Insoweit dürften die Grundsätze zur „Hörfalle" und zur allgemeinen Verwertung heimlicher Tonbandaufnahmen entsprechend gelten (vgl. dazu → *Beweisverwertungsverbote, Allgemeines*, Rdn 1075, 1122, jew. m.w.N.; zu allem eingehend a. *Wölfl* StraFo 1999, 74).

> Handelt es sich bei dem vernommenen Zeugen um einen Angehörigen, der in der HV dann **später** nach § 52 das **Zeugnis verweigert**, können weder der Verteidiger noch ihn ggf. begleitende Angestellte zu den Angaben des Zeugen vernommen werden. Es besteht das **Verwertungsverbot** des § 252 (BGHSt 46, 1 [für Ehefrau des Verteidigers]; → *Protokollverlesung nach Zeugnisverweigerung*, Rdn 2126).

3380 Nach der **Vernehmung** des Zeugen stellt sich die Frage, wie der Verteidiger mit Bekundungen, die den Mandanten entlasten (können), umgeht, vor allem, wie diese in das Verfahren eingebracht werden können/sollen (vgl. dazu eingehend *Parigger* StraFo 2003, 267). Damit sollte der Verteidiger nicht unbedingt bis zur HV warten. Vielmehr besteht die Möglichkeit schon im EV über **Beweisanträge** vorzugehen. Auf diese Weise kann entlastendes Beweismaterial frühzeitig in das Verfahren eingebracht und ggf. zu einer schnellen Beendigung des EV im Wege einer Einstellung nach

§ 153 oder § 153a führen. Auf der anderen Seite besteht natürlich die Gefahr, dass vorzeitig die Verteidigungsstrategie aufgedeckt wird (*Parigger*, a.a.O.).

3. a) Der Verteidiger muss auf jeden Fall bereits vor der HV mit dem Angeklagten/Mandanten das **Für** und **Wider** einer **Sacheinlassung** erörtern, wobei folgende taktische Überlegungen zu berücksichtigen sind (s.a. → *Vernehmung des Angeklagten zur Sache*, Rdn 3072; zur Einlassung allgemein *Burhoff*, EV, Rn 1595, 1598 ff. [Für und Wider]; *Miebach* NStZ 2000, 234; *Park* StV 2001, 589 ff.; *Rode* StraFo 2003, 42 und 2007, 98; *Meyer-Mews* DStR 2013, 161; zu Geständnis, Schweigerecht und Schweigen des Angeklagten vgl. *Quentmeier* JA 1996, 215; zur Vorbereitung der Einlassung s. *Malek*, Rn 253 ff.; zur Beweiswürdigung *Nack* StV 2002, 515; zu Angaben nach einem Kfz-Schaden gegenüber dem Versicherer *Nugel* VRR 2008, 164; zur Verpflichtung des Arztes zu wahrheitsgemäßen Angaben gegenüber der Haftpflichtversicherung *D. Herrmann* ZMGR 2011, 268; zum Wunsch des Mandanten, Dritte „aus der Sache herauszuhalten", s. *Pananis* StraFo 2012, 121):

3381

b) Räumt der Mandant den **Schuldvorwurf ein**, wird er sich i.d.R. in der HV zur Sache **einlassen**. Denn dann kann er dem Gericht erklären, wie es zu dem strafbaren Verhalten gekommen ist. Außerdem wird ein Geständnis i.d.R. strafmildernd wirken.

3382

Auch wenn der Verteidiger, etwa aufgrund eines sog. **internen Geständnisses** erfährt, dass der dem Mandanten gemachte Schuldvorwurf zutrifft, kann er ihn, wenn er dazu in der Lage ist, **weiter verteidigen**. Er kann/darf auch (noch) Freispruch des Mandanten beantragen (→ *Plädoyer des Verteidigers*, Rdn 2023). Die Grenzen des erlaubten Tuns des Verteidigers liegen da, wo der Sachverhalt aktiv verzerrt oder verfälscht wird (→ *Verteidigerhandeln und Strafrecht*, Rdn 3207 ff.; zu allem *Hammerstein* NStZ 1997, 12 m.w.N.; *Burhoff/Stephan*, Strafvereitelung durch Strafverteidiger, Rn 315). Sieht der (wissende) Verteidiger sich zu weiterer Verteidigung nicht in der Lage, muss er ggf. das **Mandat niederlegen**. Allerdings muss er dabei berücksichtigen, dass das nur schwer berechenbare Auswirkungen auf das Gericht haben kann (zur Niederlegung *Burhoff*, EV, Rn 2707 ff.). Führt der Verteidiger das Mandat – trotz seines Wissens – fort, muss er alles vermeiden, was dem Gericht Hinweise auf die Schuld des Mandanten geben könnte (*Hammerstein*, a.a.O.).

c) Muss der Verteidiger nach Kenntnis der übrigen Beweismittel **sicher** davon ausgehen, dass der **Angeklagte** in der HV durch diese anderen Beweismittel der ihm vorgeworfenen Tat **überführt** werden kann, wird er sich überlegen, ob der Angeklagte dann nicht besser **Angaben zur Sache** macht. In diesem Fall kann nämlich die Einlassung ein Gegengewicht bilden, mit dem Rechtfertigungsgesichtspunkte, Motivationen oder Hintergründe der Tat in die HV eingeführt werden können (*Sommer* ZAP F. 22, S. 101, 108; *Burhoff*, EV, Rn 1598 ff.).

3383

3384 **d) Bestreitet** der Angeklagte den Vorwurf ganz oder teilweise, ist **sorgfältig** zu **überlegen**, ob er sich in der HV einlässt oder nicht. Der Angeklagte darf sich nicht leichtfertig zum Beweismittel gegen sich selbst (§ 261!) machen (lassen). Es ist nämlich **häufig** der Fall, dass ein **Schuldnachweis** allein durch die **Widerlegung** der Einlassung des Angeklagten geführt wird und Indizien, die ohne die Einlassung des Angeklagten nicht in die HV hätten eingeführt werden können und die der Angeklagte bei seiner Einlassung als belastungsneutral angesehen hat, als belastend verwertet werden (*Sommer* ZAP F. 22, S. 101, 108; s.a. *Malek*, Rn 241 ff.). Das Gericht kann auch allein aus einer bestreitenden Einlassung des Angeklagten Schlussfolgerungen gegen den Angeklagten ziehen (BGHSt 20, 298 ff.). In diesen Fällen müssen Angeklagter und Verteidiger auch immer mit **Vorhalten** des Gerichts und des StA rechnen, auf die man sich dann **vorbereiten** muss.

> Allein eine **widerlegte Einlassung** des Angeklagten kann jedoch nicht zur Grundlage ungünstiger Sachverhaltsfeststellungen gemacht werden darf (BGHSt 41, 153, 156; BGH StraFo 2003, 425; 2015, 156 [misslungener Erklärungsversuch für eine DNA-Spur]). Auch **unwahre Alibiangaben** lassen sich nur mit Vorsicht als Beweisanzeichen für die Schuld eines Beschuldigten werten, denn auch ein Unschuldiger kann Zuflucht zur Lüge nehmen (st. Rspr. des BGH; vgl. u.a. BGHSt 41, 153; BGH NStZ 1997, 96; 1999, 423; StV 2001, 439; 2011, 269; NStZ-RR 2011, 184, jew. m.w.N.; StRR 2013, 3 [Ls.]). Ähnliches gilt, wenn Zweifel an der Wahrheit der Einlassung eines Angeklagten bestehen (BGH, Beschl. v. 17.1.2007 – 2 StR 499/06). Treten allerdings weitere besondere Umstände hinzu, darf der Umstand, dass sich der Beschuldigte ein wahrheitswidriges Alibi besorgen wollte, auch gegen ihn verwendet werden (BGH NStZ-RR 1998, 303; insbesondere a. BGHSt 49, 56). Das kann z.B. der Fall sein, wenn sich bei einem komplexen Tatgeschehen solche Teile der Einlassung als unrichtig erweisen, die für die Beurteilung des gesamten Geschehens von wesentlicher Bedeutung sind und nicht losgelöst von dem anderen Teil beurteilt werden können (BGH StraFo 2003, 425).
>
> Insgesamt gilt: Soll eine **Lüge** als **Belastungsindiz** dienen, setzt dies voraus, dass dargetan wird, warum im zu entscheidenden Fall eine andere Erklärung nicht in Betracht kommt oder – wenn denkbar – nach den Umständen so fernliegt, dass sie ausscheidet (BGHSt 41, 153; BGH StV 2011, 269). Eine erlogene Alibibehauptung kann allerdings dann ein stärkeres Belastungsindiz sein, wenn es sich hierbei um eine Vorwegverteidigung mit Täterwissen handelt und nicht bloß um ein Verteidigungsverhalten, zu dem auch ein Unschuldiger Zuflucht nehmen kann (BGH NStZ-RR 2011, 184).

e) Für die **Entscheidung pro/contra** Einlassung gilt bzw. ist Folgendes zu **beachten**:

> Lässt der Beschuldigte sich erst gar nicht bzw. nur spät und bruchstückhaft ein, kann dies **nicht** die **Entpflichtung** des **Verteidigers** begründen, da StA und Gericht

das Einlassungsverhalten des Beschuldigten hinzunehmen haben (LG Mainz StraFo 1996, 175; → *Pflichtverteidiger, Entpflichtung*, Rdn 2254).

Strafzumessung 3385

■ Grds. darf (**Prozess-)Verhalten**, mit dem der Angeklagte den ihm drohenden Schuldspruch abzuwenden versucht, **nicht straferschwerend** berücksichtigt werden (vgl. z.B. BGH StV 2013, 697; *Fischer*, § 46 Rn 53 m.w.N. aus der Rspr.). Hartnäckiges Leugnen ist ebenso wenig ein Strafschärfungsgrund (BGH NStZ 1996, 80; 2012, 626 [Fortführung eines Zivilprozesses]; s.a. BGH StV 1996, 88; StraFo 2010, 81 [für Jugendlichen]), wie fehlende Einsicht strafschärfend berücksichtigt werden darf (vgl. BGH StV 1996, 263; StV 1998, 482; StraFo 2002, 15; s. wohl a. BGH NStZ 2012, 626; vgl. a. die Zusammenstellung bei *Burhoff*, EV, Rn 1601 f.).
■ **Überschreitet** der Angeklagte jedoch die **Grenzen** zulässiger Verteidigung (vgl. dazu (BGH StV 2013, 507; 2013, 697) und behauptet z.b. wahrheitswidrig wider besseres Wissen ehrenrührige Tatsachen über einen anderen, kann sich das (später) bei der **Strafzumessung** zu seinen Lasten auswirken (BGH NStZ 1995, 78 [für das Hinstellen des Tatopfers als „Hure" bei Verurteilung wegen versuchter Vergewaltigung]). Ähnlich hat der BGH argumentiert, wenn das Opfer durch das Verteidigungsverhalten des Angeklagten in eine familiäre und soziale Isolierung geraten ist (BGH NJW 2001, 2983). Andererseits ist es dem Angeklagten aber nicht verwehrt, den Belastungszeugen der **Lüge** zu **bezichtigen** und sich dazu auch einer (aus seiner Sicht erforderlichen) scharfen Ausdrucksweise zu bedienen (BGH NStZ 2004, 616). Schließlich kann sich der leugnende Angeklagte auch damit verteidigen, dass er einem anderen die Schuld an der Tat zuschiebt, und zwar auch dann, wenn sich die Anschuldigung als haltlos erweist, es sei denn in dem Verteidigungsverhalten kommt eine zu missbilligende Einstellung zum Ausdruck (BGH NStZ 2007, 463). Auch kann sich der Angeklagte mit einer **Notwehrsituation** verteidigen (BGH StV 2013, 507), selbst wenn das mit Anschuldigungen gegen Dritte verbunden ist, so lange dabei nicht die Grenzen zulässigen Verteidigungsverhaltens überschritten werden (ähnlich für das falsche Alibi OLG Hamm StRR 2013, 3 [Ls.]).

Vollständiges Schweigen 3386

■ Nach st. Rspr. dürfen aus einem (**vollständigen**) **Schweigen** des Angeklagten bei der Beweiswürdigung **keine nachteiligen Schlüsse** gezogen werden dürfen (vgl. u.a. die Nachw. bei *Meyer-Goßner/Schmitt*, § 261 Rn 16; BGHSt 45, 363; BGH NStZ 1999, 47; StraFo 1998, 346; KG NJW 2010, 2900 [für Bußgeldverfahren]; OLG Brandenburg NStZ-RR 2015, 51 m. Anm. *Schulz-Merkel* StRR 2015, 103; OLG Hamm NStZ-RR 1997, 79; eingehend dazu *Miebach* NStZ 2000, 235; *Park* StV 2001,

589; *Nack* StV 2002, 515 m.w.N. aus der n.v. Rspr. des BGH; *Meyer-Mews* JR 2003, 361, 362). Es macht keinen Unterschied, ob es um das Schweigen im EV oder um das in der HV geht (BVerfG NJW 1996, 449 [Ls.]). Das Strafverfahren kennt keinen Geständniszwang (BGHSt 49, 56; zum „**nemo-tenetur-Grundsatz**" s. auch noch BVerfG NJW 2013, 1058, 1061). Die Erklärung des Beschuldigten bei einer Vernehmung, er müsse angesichts der Schwere der Beschuldigung zunächst überlegen, bevor er sich zu den Vorwürfen äußere, ist kein pauschales Geständnis; völliges Schweigen erfordert **nicht** das **Unterlassen jeder Erklärung** (BGH NStZ 1997, 147). Dem umfassend schweigenden Angeklagten darf auch nicht angelastet werden, dass er seinen Verteidiger (BGH NStZ 2011, 357) oder einen Zeugen nicht von der Schweigepflicht entbindet (BGHSt 45, 363; dazu *Keiser* StV 2000, 633).

Allerdings muss der Verteidiger die „suggestive" **Wirkung** einer Aussageverweigerung **berücksichtigen**, die häufig noch als „Geständnis" angesehen wird (*Dahs*, Rn 486 ff.; *Malek*, Rn 206). Das kann er aber dadurch abmildern, dass er erklärt, der Angeklagte mache von seinem Schweigerecht auf den **Rat** des **Verteidigers** hin Gebrauch.

Das **Schweigen** des (falschen) Angeklagten in der HV und Nichtoffenbaren, dass es sich bei dem Angeklagten/Betroffenen um einen Angehörigen handelt, kann auch **nicht** als **Betrug** zu Lasten der Staatskasse im Hinblick auf Kosten und Gebühren angesehen werden (AG Aachen wistra 2012, 322).

3387 Teilweises Schweigen

- Das **teilweise** (Ver-)**Schweigen** darf nach h.M. als Beweisanzeichen gegen den Angeklagten verwertet werden (BGHSt 32, 140, 145 m.w.N.; NStZ 2011, 357; 2014, 666; *Miebach* NStZ 2000, 236; *Nack* StV 2002, 515; a.A. *Park* StV 2001, 591 m.w.N. zur inzwischen teilweise a.A. in der Lit.). Allerdings hat z.B. das Bemühen des Angeklagten um ein erfundenes Alibi nur einen sehr begrenzten Beweiswert, da auch ein Unschuldiger Zuflucht zur Lüge nehmen kann (BGH StV 1997, 9 [Ls.]; zum Alibibeweis *Nack* StV 2002, 516). Auch die Erklärung des Beschuldigten (bei der Eröffnung eines Haftbefehls) „er sei unschuldig", ist keine Teileinlassung (BGH NStZ 2007, 417; 2009, 705).
- Das **pauschale Bestreiten** ist keine Teileinlassung (BGH StraFo 2000, 410 m.w.N.; OLG Karlsruhe StV 2004, 584).
- Ebenso ist die Einlassung nur zu einem von mehreren Tatvorwürfen kein Teilschweigen (zuletzt BGH NStZ 2000, 494 m.w.N.; s. dazu *Miebach*, a.a.O.; *Park* StV 2001, 590; *Nack*, a.a.O.), genau wie die Erklärung des Angeklagten, er habe mit dem Vorfall

nichts zu tun (BGH NStZ 2007, 417; s.a. BGH NStZ 2009, 705 [für Erklärung des Angeklagten bei Verkündung des HB, er sei unschuldig]). Auch das Bestreiten, einen späteren Mitangeklagten zu kennen, stellt keine Teileinlassung dar (OLG Hamburg StV 2008, 239). Schließlich führen Rechtsausführungen des Verteidigers ebenfalls nicht zur Annahme einer (Teil-)Einlassung des Mandanten (BGH StraFo 2008, 79).

✍ Im **Zweifel** wird der Verteidiger wegen der Möglichkeit, dass das teilweise Schweigen gegen den Beschuldigten verwendet werden kann, diesem von einer **Teileinlassung abraten**.

Unterschiedliches Aussageverhalten 3388

- Aus **unterschiedlichem Aussageverhalten** bei mehreren Vernehmungen oder in mehreren Verfahrensabschnitten dürfen ebenfalls keine nachteiligen Schlüsse gezogen werden (vgl. u.a. BGHSt 34, 324; BGH NStZ 2007, 417; 1999, 47 [Sacheinlassung im EV/Schweigen in der HV]; NStZ-RR 1996, 363 [für anfängliches Schweigen]; s. zu allem a. *Meyer-Goßner/Schmitt*, § 261 Rn 18 ff. m.w.N. aus der Rspr.; *Park* StV 2001, 590). Entscheidet sich also der zunächst schweigende Angeklagte später, auch erst im Verlauf der HV, sich doch zur Sache einzulassen, können daraus ebenfalls keine für ihn nachteiligen Folgerungen abgeleitet werden (BGH NStZ 2007, 417; StV 1994, 283, 413; NStZ-RR 2012, 18 m.w.N.; zum Verteidigungsverhalten eines Beschuldigten und dessen Bewertung noch *Burhoff*, EV, Rn 1604; *Richter II* StV 1994, 687).
- Vorgehalten werden darf auch nicht unterschiedliches Aussageverhalten in **verschiedenen Verfahren** (vgl. BGH NStZ 2013, 57, wo der der Angeklagte sich erst in der HV auf das Vorliegen einer Notwehrsituation berufen hat, während er sich bei einem einige Jahre zurückliegenden Vorfall sogleich auf Notwehr berufen hatte).

Zeitpunkt der Einlassung 3389

- Die vorstehenden Ausführungen (vgl. Rdn 3385 ff.) gelten für die Würdigung des Zeitpunkts der Einlassung/eines Beweisantrags entsprechend. Aus dem späten Zeitpunkt der Einlassung/Antragstellung können grds. **keine nachteiligen Schlüsse** gezogen werden (BGH NStZ 2002, 161; 2009, 705; 2014, 666; StraFo 2014, 513; Beschl. v. 7.8.2014 – 3 StR 318/14; Beschl. v. 9.12.2014 – 3 StR 462/14), und zwar auch dann nicht, wenn sich der Beschuldigte/Angeklagte in U-Haft befindet und es unterlässt, Entlastendes vorzutragen (BGH, a.a.O.). Etwas anderes kann gelten, wenn der Beschuldigte/Angeklagte sich im EV bereits zum Tatvorwurf geäußert hatte, er sich dann aber erst spät im Laufe der HV einlässt. Dann soll es sich nämlich nach der Rspr. des BGH nicht um einen Fall später Einlassung nach anfänglichem Schweigen, sondern um den Fall eines Wechsels der Einlassung handeln (BGH NStZ-RR 2010, 53 [Ls.]).

3390   f) Ein **Wechsel** der **Einlassung** sollte **sorgfältig überlegt** sein. Der Wechsel kann nämlich als Indiz für die Unrichtigkeit der Einlassung herangezogen werden und die Bedeutung der Einlassung für die Beweiswürdigung verringern oder sogar ganz entfallen lassen (BGH StraFo 2003, 425; s.a. BGH StV 1995, 341 [zur Beweiswürdigung bei **Widerruf** von – zweifelhaft richtigen – **Geständnissen**]). Deshalb **empfiehlt** es sich möglicherweise, wenn der Ablauf der Beweisaufnahme nicht eindeutig vorhersehbar ist, dass der Angeklagte sich erst während oder nach der Beweisaufnahme zur Sache einlässt (*Richter II* StV 1994, 692). Allerdings wird ein erst nach der Beweisaufnahme abgelegtes Geständnis des „überführten" Angeklagten i.d.R. weniger strafmildernd berücksichtigt. Das gilt insbesondere dann, wenn mit einem frühen Geständnis einem Zeugen eine belastende Vernehmung erspart geblieben wäre (s.u.).

> 🖉 Beabsichtigt der Beschuldigte, eine im EV gemachte Einlassung zu widerrufen, ist bereits der **Widerruf** eine **Angabe** zur **Sache**, sodass aus dem Umstand, dass der Beschuldigte i.Ü. keine Erklärungen, z.B. keine andere Tatversion, abgibt, (nachteilige) Schlüsse gezogen werden dürfen (BGH NStZ 1998, 209).

g) I.Ü. ist **noch** auf folgende Punkte zu achten:

3391   **aa)** Will der Angeklagte in der HV die **Einlassung verweigern**, muss in die während der Vorbereitung der HV anzustellenden Überlegungen immer auch die Frage einbezogen werden, ob ggf. eine bereits **früher** vom Angeklagten gemachte **Aussage** in die HV eingeführt werden kann. Dazu wird sich der Verteidiger mit den Fragen der Zulässigkeit der → *Verlesung von Geständnisprotokollen*, Rdn 2980, und der → *Verlesung von Protokollen früherer Vernehmungen*, Rdn 3014, beschäftigen müssen. Der Verteidiger muss dann auch damit rechnen, dass es zur → *Vernehmung einer Verhörsperson*, Rdn 3115, in der HV als Zeuge kommen wird.

3392   Haben sich Angeklagter und Verteidiger zu einer **Einlassung** entschlossen, muss noch über das „**wann**" und „**wie**" der Einlassung entschieden werden. U.U. hat der Verteidiger ein Interesse daran, dass nur ihm bekannte Tatsachen nicht bereits schon durch die Einlassung des Angeklagten in die HV eingeführt sind, sondern erst durch einen vom ihm geplanten überraschenden Vorhalt gegenüber einem Zeugen, dessen Glaubwürdigkeit damit erschüttert werden soll. Lässt der Angeklagte sich erst nach dem **Ende** der **Beweisaufnahme** zur Sache ein, muss er allerdings damit rechnen, dass ein zu diesem Zeitpunkt abgelegtes Geständnis **weniger strafmildernd** bewertet wird als vor der Beweisaufnahme. Das gilt vor allem dann, wenn mit einem frühen Geständnis einem Zeugen eine für ihn belastende Vernehmung erspart geblieben wäre, so z.B. beim Vorwurf der Vergewaltigung oder bei der Vernehmung von Kindern (s.o. Rdn 3388 f.).

> 🖉 Der Verteidiger muss auch berücksichtigen, dass ggf. ein **Kostenrisiko** für den Mandanten bestehen kann, wenn er Entlastendes (zu) spät vorträgt und deshalb wei-

tere HV-Termine erforderlich waren. Von einem Teil der Rspr. wird nämlich in diesen Fällen § 467 Abs. 3 S. 2 Nr. 1 entsprechend angewendet (s.u.a. OLG Düsseldorf NStZ 1992, 557; MDR 1996, 319; a.A. m.E. zu Recht OLG Koblenz MDR 1982, 252; *Meyer-Goßner/Schmitt*, § 467 Rn 11 m.w.N.; zur [verneinten] Möglichkeit der entsprechenden Anwendung der Vorschrift auf Erklärungen bzw. Unterlassungen des Angeklagten in Verfahrensabschnitten nach Anklageerhebung s. OLG Brandenburg NStZ-RR 2010, 95 m.w.N.; s. dazu a. KK-*Gieg*, § 467 Rn 6).

bb) In diesem Zusammenhang muss der Verteidiger sich auch überlegen, ob er dem **Angeklagten** ggf. rät, eine **schriftliche Erklärung** abzugeben (*Noll* StRR 2008, 444; eingehend *Gillmeister*, S. 233 ff.; s.a auch *Eschelbach* ZAP F. 22, S. 711; → *Vernehmung des Angeklagten zur Sache*, Rdn 3077). 3393

Dabei ist hinsichtlich des **Zeitpunkts** Folgendes zu beachten: 3394

- Überreicht der sonst schweigende Angeklagte **zu Beginn** der **HV** eine Erklärung zur Sache, handelt es sich um eine Teileinlassung, die u.U. bei der Beweiswürdigung negativ für den Angeklagten gewertet werden kann (a.A. *Park* StV 2001, 593).
- Wird die schriftliche Erklärung hingegen schon **im EV** abgegeben, bleibt es beim „echten" Schweigen des Angeklagten in der HV, das nicht zu seinen Lasten verwertet werden darf. Entscheidend dürfte sein, dass die Erklärung möglichst frühzeitig abgegeben wird, damit nicht der Eindruck entsteht, es solle die grds. nur mündlich zulässige → *Vernehmung des Angeklagten zur Sache*, Rdn 3077, durch diese schriftliche Erklärung ersetzt werden (s.a. BGHSt 40, 211; *Schlothauer*, Rn 77c). Im Zweifel dürfte daher eine Überreichung der Erklärung erst (am HV-Tag) vor → *Aufruf der Sache*, Rdn 341, zu spät sein.
- Für diese Erklärung besteht **nicht** das → *Verlesungsverbot für schriftliche Erklärungen*, Rdn 2934. Sie kann vielmehr als eine vom Angeklagten stammende Urkunde in der HV verlesen werden (→ *Urkundenbeweis*, *Allgemeines*, Rdn 2721; *Meyer-Goßner/Schmitt*, § 249 Rn 13 m.w.N.). Das Unterlassen der Verlesung kann die Aufklärungsrüge begründen (s.a. OLG Zweibrücken StV 1986, 290). Nach der Rspr. des BGH ist das Tatgericht jedoch nicht grds. verpflichtet, eine schriftliche Erklärung des Angeklagten zur Sache, die vom Verteidiger überreicht wird, in der HV zu verlesen (BGH NStZ 2004, 163; 2007, 349 m.w.N.; vgl. a. noch BGH NStZ 2009, 282), es sei denn, es kommt auf den Wortlaut an (BGHSt 52, 175; wegen der damit zusammenhängenden Fragen → *Vernehmung des Angeklagten zur Sache*, Rdn 3077 und *Noll* StRR 2008, 444; *Gillmeister*, S. 233; *Eschelbach* ZAP F. 22, S. 711).

✍ Eine schriftliche Erklärung schon vor der HV wird sich insbesondere dann **empfehlen**, wenn der Verteidiger einerseits den Mandanten der direkten Befragung durch StA und Gericht entziehen, andererseits aber eine Sachdarstellung des Angeklagten erreichen will. Der Inhalt der schriftlichen Erklärung kann nämlich durch einen **Beweisantrag** auf **Verlesung** in das Verfahren eingeführt werden, der, wenn sich die Erklärung mit der Sache befasst, kaum abgelehnt werden kann (*Malek*, Rn 252, 213; *Schlothauer* StV 1992, 134, 141; s. aber BGHSt 52, 175 und BGH NStZ 2007, 349 mit abl. Anm. *Schlothauer* StV 2007, 623).

3395 **4.** Besondere Aufmerksamkeit muss der Verteidiger bei der Vorbereitung der HV über die dargestellten Fragestellungen (s.o. Rdn 3374 f., 3381 ff.) hinaus noch folgenden Fragen widmen, die hier nur in Form einer **Checkliste** behandelt werden sollen (s. i.Ü. a. *Burhoff*, EV, Rn 4246 ff. und eingehend *Schlothauer* StV 1992, 134, 141).

Checkliste:

(1.) Ist es zweckmäßig, eine **Verteidigungsschrift** einzureichen (vgl. dazu *Burhoff*, EV, Rn 3344; *Schlothauer*, Rn 118 ff.; *R. Hamm* StV 1982, 490)?

(2.) Lassen sich bei **Blutprobe** und Blutalkoholgutachten **Fehlerquellen** feststellen (s. dazu *Burhoff*, EV, Rn 1155; → *Blutalkoholfragen/Atemalkoholmessung*, Rdn 1162)? Insbesondere: Ist der sich aus § 81a Abs. 2 ergebende **Richtervorbehalt** für die Anordnung der Blutentnahme beachtet worden (→ *Blutalkoholfragen/Atemalkoholmessung*, Rdn 1193, und *Burhoff*, EV, Rn 1170 ff.)?

(3.) Spätestens jetzt wird der Verteidiger prüfen, ob alle notwendigen **Verfahrensvoraussetzungen** vorliegen, so z.B., ob ein Strafantrag auch von dem richtigen Berechtigten gestellt worden ist (vgl. §§ 77 ff. StGB; *Burhoff*, EV, Rn 1866 ff.).

(4.) Wie kann die **Beweisaufnahme** weiter vorbereitet werden? Sind dazu **vorbereitend Anträge** zu stellen, etwa auf Vernehmung weiterer **Zeugen** in der HV (→ *Beweisantrag zur Vorbereitung der Hauptverhandlung*, Rdn 995)? Ggf. muss sich der Verteidiger über Vorstrafen des Zeugen informieren (vgl. a. *Deutscher* NStZ 2012, 359).

(5.) Muss der Angeklagte ggf. einen **SV beauftragen** (→ *Sachverständigenbeweis*, Rdn 2436) und wie ist die → *Vernehmung Sachverständiger*, Rdn 3143, vorzubereiten (s. *Sommer* ZAP F. 22, S. 101, 112 f.)? Ist vom SV ggf. ein schriftliches **Vorgutachten** anzufordern, falls das noch nicht vorliegen sollte (wegen der Einzelh. → *Sachverständigenbeweis*, Rdn 2436; s. dazu *Jungfer* StraFo 1995, 19; ablehnend BGHSt 54, 177)?

(6.) Muss ggf. eine **ergänzende** Vernehmung eines SV beantragt/vorbereitet werden (vgl. dazu BGH NStZ 2007, 417)?

(7.) Ist ein vom Gericht beauftragter **SV** ggf. wegen **Befangenheit** abzulehnen (→ *Ablehnung eines Sachverständigen*, Rdn 15)?

(8.) Wenn das Gericht entsprechende Anträge zur Beweisaufnahme abgelehnt hat, wird sich der Verteidiger mit der Frage beschäftigen, ob er **Zeugen** und/oder **SV** ggf. **selbst lädt** (→ *Präsentes Beweismittel*, Rdn 2036).

(9.) Überprüfen muss der Verteidiger auch, ob **Vorverurteilungen** des Angeklagten noch **verwertbar** sind oder bereits Tilgungsreife eingetreten ist (→ *Feststellung von Vorstrafen des Angeklagten*, Rdn 1530).

(10.) Der Verteidiger muss auch die **Zuständigkeit** des Gerichts überprüfen und, wenn er eine → *Besetzungsmitteilung*, Rdn 809, erhält, klären, ob ein → ***Besetzungseinwand***, Rdn 791, erhoben werden soll (s.a. *Schlothauer*, Rn 224 ff. und die Checkliste bei *Burhoff*, EV, Rn 947 ff.).

(11.) Kennt er die Besetzung des Gerichts, wird er sich auch Gedanken darüber machen, ob bei einem der erkennenden **Richter** die Besorgnis der **Befangenheit** besteht und deshalb dessen Ablehnung in Betracht gezogen werden muss (→ *Ablehnung eines Richters, Allgemeines*, Rdn 8 m.w.N.). Ein in einer **ausgesetzten HV** gestellter Ablehnungsantrag muss **wiederholt** werden (BGH NJW 2006, 708).

(12.) Schließlich wird der (Wahl-)Verteidiger schon im wohlverstandenen eigenen (**Kosten-**)Interesse die Erforderlichkeit einer **Pflichtverteidigerbestellung** nicht aus den Augen verlieren dürfen und diese dann rechtzeitig beantragen (→ *Pflichtverteidiger, Bestellung in der Hauptverhandlung*, Rdn 1967; zur Pflichtverteidigerbestellung allgemein *Burhoff*, EV, Rn 2761 ff.).

(13.) Hält der Verteidiger die **Anwesenheit** des Angeklagten nicht für unbedingt erforderlich, wird er sich mit der → *Entbindung des Angeklagten vom Erscheinen in der Hauptverhandlung*, Rdn 1386, beschäftigen und möglicherweise einen entsprechenden Antrag stellen (s.a. *Dahs*, Rn 482 ff.).

(14.) Sind ggf. (noch) vorprozessual → *Absprachen/Verständigung mit Gericht und Staatsanwaltschaft*, Rdn 137, zu treffen/vorzubereiten, die dann in der HV zu einer Verständigung nach § 257 führen (zu Absprachen bzw. zur Verständigung im EV *Burhoff*, EV, Rn 72 ff.)?

(15.) Bei der Verteidigung von Ausländern sind die **ausländerrechtlichen Folgen** der Verurteilung für den Mandanten zu beachten (dazu *Jung* StV 2004, 567 sowie *ders.*, Praxiswissen Strafverteidigung von Ausländern, 2008).

(16.) Ggf. wird der Verteidiger den Mandanten **kurz vor** der **HV** noch einmal zu einem **abschließenden Gespräch** bestellen, in dem er ihm seinen Plan für die HV erörtert und erläutert, worauf es ankommt. Bei diesem Gespräch kann der Verteidiger dem Mandanten einerseits die letzten Informationen, insbesondere über den äußeren Ablauf der HV, erteilen, sowie andererseits sich selbst über zwischenzeitlich möglicherweise eingetretenen Änderungen in den persönlichen Verhältnissen des Angeklagten, die Auswirkungen auf die Straffrage haben können, informieren (wegen der Einzelh. s. *Burhoff*, EV, Rn 4267, und das Merkblatt „Hinweise für die Hauptverhandlung", dort bei Rn 4269 f.; s. zur Vorbereitung des Mandanten a. *Malek*, Rn 207 ff.).

(17.) Soll eine **Strafzumessungsverteidigung** geführt werden, muss der Verteidiger sich darauf vorbereiten (dazu *Detter* StraFo 1997, 193; *Wesemann/Müller* StraFo

1998, 113; *D. Hammerstein* StV 2007, 48; zur Reduzierung der Tagessatzhöhe als Verteidigungsziel *Rademacher/Gerhardt*, ZAP F. 22, S. 427). In dem Zusammenhang ist der Mandant ggf. vorab darüber zu belehren, welche weiteren Folgen sich ggf. aus einer Verurteilung ergeben können (vgl. dazu → *Nachbereitung der Hauptverhandlung*, Rdn 1900; *Stephan* StRR 2008, 174; *Weiß* wistra 2009, 209).

3396 Vorführung von Bild-Ton-Aufzeichnungen

> **Das Wichtigste in Kürze:**
> 1. Das sog. Zeugenschutzgesetz (ZSchG) lässt die Möglichkeit der Vorführung von Bild-Ton-Aufzeichnungen ausdrücklich zu.
> 2. Nach § 255a Abs. 1 gelten für die allgemeine Vorführung der Bild-Ton-Aufzeichnung einer Zeugenvernehmung die Vorschriften der §§ 251, 252, 253 und 255 entsprechend.
> 3. § 255a Abs. 2 S. 1 gestattet unter bestimmten (engen) Voraussetzungen die Ersetzung der Vernehmung eines kindlichen Zeugen durch die Vorführung einer Bild-Ton-Aufzeichnung. Nach § 255 Abs. 2 S. 2 ist im Fall des Abs. 2 S. 1 eine ergänzende Vernehmung des Zeugen zulässig.
> 4. Der Verteidiger kann/muss die ergänzende Vernehmung des Zeugen in einem förmlichen Beweisantrag beantragen.

3397 **Literaturhinweise: Leitner,** Videotechnik im Strafverfahren, 2012; **Lickleder/Sturm,** Ist für das Abspielen einer Bild-Ton-Aufzeichnung nach § 255a Abs. 2 StPO ein Gerichtsbeschluss erforderlich?, HRRS 2012, 74; s.a. die Hinw. bei → *Fragerecht, Allgemeines*, Rdn 1532, und bei → *Videovernehmung in der Hauptverhandlung*, Rdn 3308.

3398 1. Neben der Möglichkeit der → *Videovernehmung in der Hauptverhandlung*, Rdn 3307, ist nach den Änderungen durch das ZSchG seit 1998 **ausdrücklich** die Möglichkeit vorgesehen Bild-Ton-Aufzeichnungen in der HV vorzuführen. Bis dahin war umstritten, ob derartige Aufzeichnungen als Gegenstände des Augenscheinbeweises im Wege der → *Augenscheinsinnahme*, Rdn 348 zu behandeln waren oder ob ihre Vorführung den Vorschriften über die Verlesung von Vernehmungsprotokollen unterlag (vgl. dazu Rn 1069 der 2. Auflage). Nach der gesetzlichen Regelung in § 255a Abs. 1 finden nun die Vorschriften, die sich auf die Verlesung der Niederschrift über eine richterliche oder nichtrichterliche Vernehmung beziehen **(§§ 251, 252, 253 und 255)**, entsprechende Anwendung (vgl. dazu u. Rdn 3399 ff.). Es handelt sich damit um eine Durchbrechung des → *Unmittelbarkeitsgrundsatzes*, Rdn 2690. Darüber hinaus kann in bestimmten Verfahren nach § 255a Abs. 2 S. 1 die Vernehmung eines Zeugen **unter**

18 Jahren durch die **Vorführung** einer Bild-Ton-Aufzeichnung (im Folgenden BTA) einer früheren **Vernehmung** ersetzt werden (vgl. dazu u. Rdn 3404 ff.).

2.a) Nach **§ 255a Abs. 1** gelten für die **allgemeine Vorführung** der **BTA** einer Zeugenvernehmung die Vorschriften der §§ 251, 252, 253 und 255 entsprechend (vgl. dazu *Diemer* NJW 1999, 1673). Damit bleibt der in § 250 verankerte Grundsatz der persönlichen Vernehmung im Wesentlichen unberührt (vgl. BGHSt 52, 148). Er wird nur insoweit (weiter) durchbrochen, als das **Abspielen** einer BTA der – i.Ü. schon zulässigen – **Verlesung** einer **Niederschrift gleichgesetzt** wird. § 255a erlaubt auch nicht das Abspielen der BTA anstelle der Vernehmung einer Vernehmungsperson (BGH, a.a.O.). 3399

☞ § 255a gilt **nicht** für die Beweisaufnahme über ein Geständnis oder bei Widersprüchen (**§ 254**; *Diemer* NJW 1999, 1673).

b) § 255a Abs. 1 gilt für **jede BTA**, die gem. §§ 58a, 168e S. 4 im EV (vgl. dazu *Burhoff*, EV, Rn 4186 ff.) oder gem. § 247a S. 4 in einer vorhergehenden HV (→ *Videovernehmung in der Hauptverhandlung*, Rdn 3307) gefertigt worden ist. Die Vorführung ist **nicht** auf bestimmte Zeugen oder Straftaten **beschränkt**. Sie kann allerdings nicht auf SV analog angewendet werden, da es sich um eine Ausnahmevorschrift handelt (*Meyer-Goßner/Schmitt*, § 255a Rn 1; KK-*Diemer*, § 255a Rn 6). 3400

☞ **Entscheidend** für die Zulässigkeit der Vorführung ist die Stellung der Auskunftsperson im **Zeitpunkt** der **Vorführung**. Das bedeutet, dass die BTA über die frühere Vernehmung eines ehemaligen Mitbeschuldigten, der inzwischen Zeuge ist, vorgeführt werden kann (*Meyer-Goßner/Schmitt*, a.a.O.; KK-*Diemer*, a.a.O.; s. zu § 247a BGHSt 46, 73).

Ist der **Zeuge** in der **HV anwesend**, kann die BTA ggf. **ergänzend** zu seiner Aussage in der HV vorgeführt werden (BGHSt 49, 68); das ist aber kein Fall des § 255a (BGH, a.a.O.). In Betracht kommt auch eine Vorführung der Aufzeichnung nach § 253 zur Gedächtnisstützung (HK-*Julius*, § 255a Rn 5; → *Protokollverlesung zur Gedächtnisstützung*, Rdn 2147).

c)aa) Für die **Voraussetzungen** der Vorführung gilt im Einzelnen: Es kommt die Vorführung der Aufzeichnung sowohl von **richterlichen** als auch von **nichtrichterlichen** Vernehmungen in Betracht. Voraussetzung der Vorführung ist weiter, dass sich entweder die Prozessbeteiligten damit **einverstanden** erklären (§ 251 Abs. 1 Nr. 1, Abs. 2 Nr. 3) oder der Vernehmung des Zeugen in der HV ein **Hindernis** i.S.d. § 251 Abs. 1 Nr. 2, Abs. 2 Nr. 1 – 2 entgegensteht (wegen der Einzelh. s. jew. → *Verlesung von Protokollen früherer Vernehmungen/sonstiger Erklärungen*, Rdn 3023 f.). 3401

| V | Vorführung von Bild-Ton-Aufzeichnungen |

✍ Das **Einverständnis** des Verteidigers muss sich konkret auf das Vorspielen beziehen. Wegen der Erteilung des Einverständnisses durch den Verteidiger gelten die Ausführungen bei → *Verlesung von Protokollen früherer Vernehmungen/sonstiger Erklärungen*, Rdn 3042, entsprechend. Der Verteidiger wird sich mit einer Vorführung der Aufzeichnung dann nicht einverstanden erklären (können), wenn die bloße Vorführung der Aufzeichnung nicht ausreicht, dem Gericht den nach Auffassung des Verteidigers erforderlichen persönlichen Eindruck von dem Zeugen zu vermitteln. Immer ist auch die → *Aufklärungspflicht des Gerichts*, Rdn 329, zu berücksichtigen. Ggf. muss der Verteidiger im Hinblick auf die Revision (**Aufklärungsrüge!**) die **persönliche Vernehmung** des Zeugen in der HV **beantragen**. Die Aufklärungspflicht wird verletzt, wenn das Tatgericht einen Beweisantrag auf Vernehmung eines unmittelbaren Tat- und Wiedererkennungszeugen wegen dessen Unerreichbarkeit, z.B. wegen eines Auslandsaufenthalts ablehnt, ohne die Möglichkeit den Zeugen im Wege einer Bild-Ton-Übertragung zu vernehmen, in Erwägung zu ziehen (BGH NStZ 2008, 232). Auch das → *Fragerecht des Angeklagten*, Rdn 1537, muss gewahrt bleiben (vgl. dazu EGMR StraFo 2002, 160; NJW 2006, 2753; zum Fragerecht in Zusammenhang mit § 255a s.a. BGH NJW 2011, 3382).

bb) I.Ü. ist auf Folgendes zu **achten**:

3402 ■ Die Vorführung der Aufzeichnung einer richterlichen Vernehmung gem. §§ 255a, **251** setzt voraus, dass diese **ordnungsgemäß zustande gekommen** ist. Insoweit gelten die Ausführungen bei → *Verlesung von Protokollen richterlicher Vernehmungen*, Rdn 3021, entsprechend. Zusätzlich ist darauf zu achten, dass die Aufzeichnung selbst nicht (technisch) fehlerhaft ist (vgl. dazu *Burhoff*, EV, Rn 4201 f.; *Riek* StraFo 2000, 400; *Krapf* Krim 2002, 309; → *Videovernehmung in der Hauptverhandlung*, Rdn 3325).

✍ Ist die richterliche Vernehmung **fehlerhaft zustande** gekommen, sodass ein Protokoll **nicht** nach § 251 Abs. 2 verlesen werden dürfte, gilt das auch für das **Vorspielen** einer Aufzeichnung dieser Vernehmung (*Meyer-Goßner/Schmitt*, § 255a Rn 2). Sie wird aber als nichtrichterliche Vernehmung gem. § 251 Abs. 1 vorgespielt werden dürfen (*Meyer-Goßner/Schmitt*, a.a.O. [unter Hinw. auf BGH NStZ 1998, 312]). Allerdings ist, wenn das Gericht eine an sich unverwertbare Aufzeichnung nach §§ 255a, 251 Abs. 2 vorgeführt hat, diese dann im Urteil aber als nichtrichterliche Vernehmung gem. § 251 Abs. 1 verwerten werden soll, wohl ein → *Hinweis auf veränderte Sach-/Rechtslage*, Rdn 1720, erforderlich (BGH, a.a.O.). Nach *Schlothauer* (StV 1999, 50) kommt eine Verwertung nur in Betracht, wenn Angeklagter und Verteidiger bei der Verwertung mitgewirkt haben.

- Für die Anwendung des § 252 gelten die Ausführungen bei → *Protokollverlesung nach Zeugnisverweigerung*, Rdn 2126, entsprechend (*Meyer-Goßner/Schmitt*, § 255a Rn 3). D.h., es besteht für die Vorführung einer Aufzeichnung – ebenso wie für die Verlesung eines Vernehmungsprotokolls – ein **umfassendes Verwertungsverbot**, wenn der Zeuge erst in der HV von seinem ZVR Gebrauch macht (krit. BGHSt 49, 72; dazu krit. *Degener* StV 2006, 509). Als **Verhörsperson** vernommen werden kann aber, wenn der Zeuge belehrt worden ist, der Richter, bei dem der Zeuge die Aussage, um deren Vorführung es geht, gemacht hat (BGH, a.a.O.; → *Protokollverlesung nach Zeugnisverweigerung*, Rdn 2144 f.; *Meyer-Goßner/Schmitt*, § 255a Rn 3; BGH NJW 1996, 206). Diesem kann dann auch die Videoaufzeichnung im Wege des **Vorhalts** vorgespielt werden (BGHSt 52, 148; HK-*Julius*, § 255a Rn 5; → *Vernehmung einer Verhörsperson*, Rdn 3115). Die Vernehmung der Verhörsperson darf aber durch das Abspielen nicht ersetzt werden (BGH, a.a.O.).

> Der BGH (vgl. BGHSt 49, 72) geht i.Ü. davon aus, dass der Zeuge nicht die Möglichkeit haben soll, **nachträglich** durch **Ausübung** eines ZVR die Verwertung der BTA seiner früheren richterlichen Vernehmung in der HV zu verhindern (abl. wohl *Meyer-Goßner/Schmitt*, § 255a Rn 8; *Degener* StV 2006, 514 in der Anm. zu BGH, a.a.O.).

- Handelt es sich um einen **angehörigen Zeugen**, dessen Aufenthalt nicht ermittelt werden kann und der deshalb **unerreichbar** ist, so kann, wenn er bei seiner Vernehmung ordnungsgemäß belehrt worden ist, die Aufzeichnung vorgespielt werden, ohne dass es einer Erklärung des Zeugen bedarf, ob er jetzt ggf. von seinem ZVR Gebrauch machen will. Eine solche Erklärung sehen die §§ 251, 252 nicht vor (*Meyer-Goßner/Schmitt*, § 255a Rn 3, § 252 Rn 17 m.w.N.).

> Der Verteidiger muss im Hinblick auf die → *Widerspruchslösung*, Rdn 3433, des BGH (vgl. u.a. BGHSt 38, 214) der Anordnung der Vorführung einer BTA, die fehlerhaft zustande gekommen ist oder deren Vorführung er aus sonstigen Gründen (s.o.) für unzulässig hält, **widersprechen** (*Meyer-Goßner/Schmitt*, § 255a Rn 2; vgl. die Fallgestaltung BGHSt 49, 68). Im Zweifel wird der BGH die Grundsätze der „Widerspruchslösung" nämlich auch auf § 255a erstrecken (HK-*Julius*, § 255a Rn 16; s.a. OLG München StV 2000, 352, zum Widerspruch gegen die Verwertung einer Aufnahme, die ohne Mitwirkung des Verteidigers zustande gekommen ist [für das EV]).

d) Die Vorführung der BTA erfordert, wie sich aus der Verweisung auf § 251 Abs. 4 in § 255a Abs. 1 ergibt, einen **Beschluss** des Gerichts, der zu begründen ist (zu § 255a

Abs. 1 s. BGH NJW 2011, 3382). Dieser ist nach § 305 für die Verfahrensbeteiligten unanfechtbar, der **Zeuge** kann aber → **Beschwerde,** Rdn 770, einlegen (*Meyer-Goßner/Schmitt,* § 255a Rn 12).

☞ Ein Verstoß gegen § 255a kann mit der Revision im Wege der **Aufklärungsrüge** geltend gemacht werden. Diese muss der Verteidiger dann aber durch entsprechende **(Beweis-)Anträge** in der HV **vorbereitet** haben.

3404 **3.a) § 255a Abs. 2 S. 1** gestattet unter bestimmten (engen) Voraussetzungen die **Ersetzung** der **Vernehmung** eines kindlichen/jugendlichen Zeugen **unter 18 Jahren** durch die Vorführung einer BTA. Sinn und Zweck dieser Durchbrechung des → *Unmittelbarkeitsgrundsatzes,* Rdn 2690, ist der Schutz des kindlichen/jugendlichen Zeugen, dem eine erneute Vernehmung in der HV nach Möglichkeit erspart werden soll (KK-*Diemer,* § 255a Rn 7). Da es sich um eine Ausnahmevorschrift handelt, ist sie eng auszulegen (*Diemer* NJW 1999, 1674), allerdings wird man den Zeugenschutzgedanken der Vorschrift bei der Auslegung (vorrangig) zu berücksichtigen haben (zu allem *Beulke,* S. 712 ff.).

☞ Die Vorführung nach § 255a Abs. 2 ersetzt die Vernehmung des Zeugen in der HV. Die BTA ist daher so zu behandeln, als sei der Zeuge in der HV **gehört** worden (BGHSt 49, 68).

3405 **b)** Der **Geltungsbereich** der Vorschrift ist **beschränkt**. Sie gilt nur in Verfahren wegen bestimmter Straftaten gegen die sexuelle Selbstbestimmung, gegen das Leben oder wegen Misshandlung von Schutzbefohlenen (§§ 174 – 184f, 211 – 222, 225 StGB) oder wegen Straftaten gegen die persönliche Freiheit (§§ 232 – 233a StGB). Eine entsprechende Anwendung auf andere Verfahren ist wegen des Ausnahmecharakters der Vorschrift ausgeschlossen. Allerdings ist die Vorführung – anders als die Verlesung von ärztlichen Attesten über Körperverletzungen nach § 256 StGB (→ *Verlesung von ärztlichen Attesten,* Rdn 2943) – in **Konkurrenzfällen** auch zum Nachweis der Nichtkatalogtat – zulässig (BGHSt 49, 72 [für § 227 StGB]; krit. *Rieß* StraFo 1999, 4 Fn 55). Eine andere Auslegung würde Sinn und Zweck der Vorschrift zuwiderlaufen (*Meyer-Goßner/Schmitt,* § 255a Rn 8; KK-*Diemer,* § 255a Rn 8). Der Zeuge braucht i.Ü. nicht Opfer der Straftat gewesen zu sein; es reicht aus, wenn er durch seine Wahrnehmungen in vergleichbarer Art wie das Opfer gefährdet ist (*Meyer-Goßner/Schmitt,* § 255 Rn 8; KK-*Diemer,* § 255a Rn 7; so wohl a. *Diemer* NJW 1999, 1674). Der **Zeuge** darf im Zeitpunkt der zu ersetzenden Vernehmung noch **nicht 18 Jahre** alt sein.

3406 **c)** Als Ersatz für die Vernehmung vorgeführt werden darf **nur** die Aufzeichnung einer **richterlichen Vernehmung**, die nach §§ 58a, 168e S. 4, 247a S. 4 angefertigt worden ist.

👉 **Andere Vernehmungen** als richterliche Vernehmungen können nicht nach § 255a Abs. 2 S. 1 vorgeführt werden. Für sie bleibt **nur** die Vorführung nach **§ 255a Abs. 1** zum Beweis des Inhalts der Aussage oder zu Zwecken des Vorhalts (BGH NJW 1996, 206 f.; *Meyer-Goßner/Schmitt*, a.a.O.).

d) Die Vernehmung muss **ordnungsgemäß zustande gekommen** sein (vgl. dazu → *Verlesung von Protokollen früherer Vernehmungen/sonstiger Erklärungen*, Rdn 3021 f. m.w.N.). Das bedeutet, dass ein zeugnisverweigerungsberechtigter Zeuge ordnungsgemäß belehrt wurde und auch in der HV noch zur Aussage bereit sein muss. Darüber ist er (erneut) zu befragen. Vorher darf die Aufzeichnung nicht vorgeführt werden (*Meyer-Goßner/Schmitt*, § 255a Rn 8; BGH, a.a.O.).

3407

👉 Der Vorführung einer nicht ordnungsgemäß zustande gekommenen Vernehmung muss der Verteidiger **widersprechen**.

e)aa) Die Vorführung der Aufzeichnung nach § 255a Abs. 2 S. 1 setzt außerdem voraus, dass der Angeklagte und der Verteidiger **Gelegenheit** hatten, an der Vernehmung **mitzuwirken**, und zwar insbesondere durch Ausübung ihres Fragerechts (OLG München StV 2000, 352; vgl. a. *Rieß* NJW 1998, 3241 Fn 30; *Beulke*, S. 712 ff.; vgl. a. BGH NJW 2011, 3382). Der Begriff der Mitwirkung ist bis zum ZSchG in der StPO nicht verwendet worden. Es spricht deshalb m.E. einiges dafür, dass „Mitwirkung" **mehr** ist **als** die bloße „**Anwesenheit**" des Angeklagten oder Verteidigers bei der richterlichen Vernehmung gem. § 168c. Übersehen werden darf auch nicht, dass die Vernehmung im EV und deren Aufzeichnung mit dem Ziel der Vorführung in der späteren HV, um dadurch die Zeugenvernehmung zu ersetzen, praktisch einen Teil der HV vorwegnimmt. Deshalb wird man von „Mitwirkung" wohl nur dann sprechen können, wenn Angeklagter/Verteidiger **Gelegenheit** hatten, auf den **Gang** der Vernehmung durch Fragen und/oder Vorhalte **Einfluss** zu nehmen (inzidenter OLG München, a.a.O.; so a. *Leitner* StraFo 1999, 46 f.; *Rieß* StraFo 1999, 4; eingehend *Schlothauer* StV 1999, 49; s. allerdings a. BGHSt 49, 72; *Meyer-Goßner/Schmitt*, § 255a Rn 8a mit Hinw. auf die **Mitwirkungsbefugnisse** der **§§ 168e S. 3, 247a**, die **genügen** sollen). Ggf. ist ein Vernehmungstermin kurzfristig zu verlegen (OLG München, a.a.O.).

3408

Es reicht aus, wenn Beschuldigter und Verteidiger **Gelegenheit** zur **Mitwirkung** hatten. Ob sie diese Gelegenheit tatsächlich wahrgenommen haben, ist nicht entscheidend (BT-Drucks 13/4983, S. 8; *Diemer* NJW 1999, 1674; *Meyer-Goßner/Schmitt*, § 255a Rn 8a; a.A. *Schlothauer*, a.a.O. [unter Hinw. darauf, dass es sich um einen vorweggenommenen Teil der HV handelt]). Nach der Formulierung des § 255a Abs. 2 müssen der Angeklagte „und" der Verteidiger Gelegenheit zur Mitwirkung gehabt haben. War der Angeklagte von der Vernehmung ausgeschlossen, ist die Vorführung unzulässig (BGHSt 49, 72), wobei unbeachtlich

3409

ist, ob der Ausschluss zulässig war (vgl. § 168c Abs. 3 und 5 S. 2). Bestand keine Gelegenheit zur Mitwirkung, darf die Aufzeichnung nur abgespielt werden, wenn Verteidiger und Angeklagter sich einverstanden erklären (*Meyer-Goßner/Schmitt*, § 255a Rn 8 a.E.).

3410 **bb)** Fraglich ist, wie zu verfahren ist, wenn der Angeklagte im **Zeitpunkt** der richterlichen **Vernehmung** des Zeugen noch **keinen Verteidiger** hatte, dieser also bei der Vernehmung nicht mitwirken konnte. M.E. dürfte das die Verwertung der Aufzeichnung nach § 255a Abs. 2 S. 1 unzulässig machen (s. wohl a. *Schlothauer* StV 1999, 49; HK-*Julius*, § 255a Rn 9; *Leitner* StraFo 1999, 48 [entsprechend § 168c i.V.m. § 251 immer bei Verstoß gegen die Mitwirkungsrechte]; a.A. *Meyer-Goßner/Schmitt*, § 255a Rn 8). Jedenfalls muss das Gericht im Rahmen des ihm eingeräumten Ermessens (s. dazu u. Rdn 3411) **sorgfältig prüfen**, welche **Auswirkungen** die fehlende Mitwirkung des Verteidigers auf die Vernehmung hatte. Dabei ist die neuere Rspr. des BGH/EGMR zur Bedeutung des → *Fragerechts des Angeklagten*, Rdn 1537, und/oder zur Beiordnung eines Pflichtverteidigers zu berücksichtigen (vgl. BGHSt 46, 93; 47, 233; NJW 2011, 3382; 2013, 3225; s. wohl a. *Beulke*, S. 713). Ist danach ggf. die Beiordnung eines Pflichtverteidigers nicht rechtzeitig erfolgt (vgl. dazu *Burhoff*, EV, Rn 3051), wird im Zweifel die Vorführung ausscheiden (s. dazu aber a. *Meyer-Goßner/Schmitt*, § 255 Rn 9).

☞ Nach *Meyer-Goßner/Schmitt* (§ 255a Rn 9) muss der Verteidiger Gelegenheit gehabt haben, gleichberechtigt an der Vernehmung mitzuwirken. Dazu gehört dann aber auch, dass ihm zuvor **AE** gewährt worden ist (*Beulke*, S. 713; wohl a. *Meyer-Goßner/Schmitt*, a.a.O.). Anders wird er auch kaum sein Fragerecht ausüben können. Nach der Rspr. des BGH (vgl. BGHSt 48, 268) hängt die Zulässigkeit der Vorführung aber nicht von der vorherigen AE ab (a.A *Eisenberg* NJW 2003, 3676; *Schlothauer* StV 2003, 652; *Vogel/Norouzi* JR 2004, 215, jew. in den Anm. zu BGH, a.a.O.).

Der Verteidiger muss der Vorführung der Aufzeichnung einer Vernehmung, an der er nicht mitgewirkt hat, **widersprechen** (*Schlothauer* StV 1999, 49; SK-StPO-*Schlüchter*, § 136 Rn 25; s. dazu a. OLG München StV 2000, 352).

3411 **f)aa)** Die Ersetzung der Vernehmung durch Vorführung der Aufzeichnung der Vernehmung des kindlichen Zeugen nach § 255a Abs. 1 S. 1 ist nicht zwingend, sondern steht im **pflichtgemäßen Ermessen des Vorsitzenden**. Abzuwägen sind die durch die Vorführung der BTA tangierten Verfahrensgrundsätze, die Rechte des Zeugen, dessen Schutz die Vorschrift bezweckt, aber auch das Verteidigungsinteresse des Angeklagten. Von Bedeutung ist auch, ob der Zeuge Opfer der Straftat ist und sich die Vernehmung ggf. auch auf eine Nichtkatalogtat bezieht (zur Abwägung s. *Meyer-Goßner/Schmitt*, § 255a Rn 9; *Diemer* NJW 1999, 1674).

☞ Zu berücksichtigen ist des Weiteren, ob nicht ggf. eine → *Videovernehmung in der Hauptverhandlung*, Rdn 3307, in Betracht kommt.

bb) Über die Ersetzung entscheidet nach der Rspr. des BGH der Vorsitzende durch Anordnung in der HV (BGH NJW 2011, 3382; *Meyer-Goßner/Schmitt*, § 255a Rn 11; offengelassen von BGHSt 49, 72). Das wird in der Lit. z.T. mit guten Gründen anders gesehen und ein Beschluss des Gerichts gefordert (s. *Lickleder/Sturm* HRRS 2012, 74; *Eisenberg* StraFo 2011, 397 und krit. a. *Deutscher* StRR 2011, 430, jew. in der Anm. zu BGH, a.a.O.). Zutreffend wird darauf hingewiesen, dass mit der Vorführung der BTA eine Durchbrechung des → *Unmittelbarkeitsgrundsatzes*, Rdn 2690, des § 250 erfolgt. Zudem haben infolge der Maßnahme des Vorsitzenden die übrigen Mitglieder eines Kollegialgerichts nicht mehr die Möglichkeit, sich ihre Meinung durch eine mündliche Vernehmung zu bilden. Auch ist die unterschiedliche Behandlung der nach § 255a Abs. 1 angeordneten Vorführung (s. oben Rdn 3403) gegenüber der nach Abs. 2 angeordneten nicht nachvollziehbar, da die Vorführung nach Abs. 2 intensiver in den → *Unmittelbarkeitsgrundsatz*, Rdn 2690, eingreift. Die Frage ist für die Praxis aber durch die Rspr. des BGH (a.a.O.) entschieden. **3412**

Gegen die Entscheidung des Vorsitzenden kann der Verteidiger gem. **§ 238** das Gericht anrufen; er wird es im Hinblick auf die Revision auch tun müssen.
Gegen den auf die Beanstandung hin dann ergehenden gerichtlichen Beschluss ist für die Verfahrensbeteiligten die → **Beschwerde**, Rdn 770, nach § 305 ausgeschlossen, der Zeuge kann allerdings nach § 304 → *Beschwerde*, Rdn 770, einlegen (*Meyer-Goßner/Schmitt*, § 255a Rn 12).

4.a) Nach § 255 **Abs. 2 S. 2** ist im Fall des Abs. 2 S. 1 eine **ergänzende Vernehmung** des Zeugen **zulässig** (BGHSt 48, 268; zur Abgrenzung vom allgemeinen Beweiserhebungsanspruch s. *Rieß* StraFo 1999, 5). Eine ergänzende Vernehmung wird vor allem dann in Betracht kommen, wenn nachträglich entscheidungsrelevante Tatsachen bekannt geworden sind, die bei der ersten Vernehmung noch nicht mit dem Zeugen erörtert worden sind/werden konnten (s. BGH NJW 2011, 3382 [nachträgliches aussagepsychologisches Gutachten]; OLG Karlsruhe StraFo 2010, 71 [neue Tatsachen, zu denen der Zeuge bei seiner Vernehmung im EV noch nicht gehört wurde]). Ggf. kann die → *Aufklärungspflicht des Gerichts*, Rdn 329, die ergänzende Vernehmung gebieten (BGH 48, 268; s.a. *Schlothauer* StV 2004, 654 in der Anm. zu BGH, a.a.O.), allerdings wird die ergänzende Vernehmung in der HV die **Ausnahme** sein (BGH NStZ-RR 2005, 45 [Ls.]). Auch eine nicht ausreichende Mitwirkung des Angeklagten und/oder seines Verteidigers bei der ersten Vernehmung wird i.d.R. eine ergänzende Vernehmung erforderlich machen, da nur dann der Angeklagte/Verteidiger Gelegenheit hat, das ihm zustehende → *Fragerecht des Angeklagten*, Rdn 1537, überhaupt auszuüben (Art. 6 Abs. 3 Buchst. d) MRK). § 255a Abs. 2 S. 2 gestattet aber nur eine ergänzende Vernehmung des Zeugen, eine **Wiederholung** der **Vernehmung** ist ausgeschlossen. Ggf. wird eine → *Videovernehmung in der Hauptverhandlung*, Rdn 3307, in Betracht zu ziehen sein (*Diemer* NJW 1999, 1675). **3413**

| V | Vorführung von Bild-Ton-Aufzeichnungen |

b) Hinweise für den Verteidiger!

aa) Im Zusammenhang mit der ergänzenden Vernehmung ist auf Folgendes hinzuweisen:

3414
- Der Verteidiger kann/muss die ergänzende Vernehmung des Zeugen in einem förmlichen **Beweisantrag** verlangen (s. BGH NJW 2011, 3382; OLG Karlsruhe StraFo 2010, 71). In diesem wird er im Hinblick auf die allgemeinen Ablehnungsgründe des § 244 Abs. 3, die gelten (BGHSt 48, 268; a.A. offenbar *Schlothauer* StV 2003, 654 in der Anm. zu BGH, a.a.O.), insbesondere zu dem Beweisthema **ausführlich** Stellung nehmen (→ *Beweisantrag, Ablehnungsgründe*, Rdn 858; → *Beweisantrag, Formulierung, Zeugenbeweis*, Rdn 939). Dabei empfiehlt es sich, die Kriterien für eine → *Erneute Vernehmung eines Zeugen oder Sachverständigen*, Rdn 1479 ff., entsprechend anzuwenden (s.a. *Rieß* StraFo 1999, 5; *Schlothauer* StV 1999, 49; *Schünemann* StV 1998, 400).
- **Dargelegt** werden sollte, **warum** es sich um eine **ergänzende Vernehmung** zu Fragen handelt, die dem Zeugen bei der Aufzeichnung seiner Vernehmung im EV noch nicht gestellt werden konnten (vgl. jew. die Fallgestaltung bei BGH NJW 2011, 3382; OLG Karlsruhe StraFo 2010, 71). Es ist zudem ratsam, auch zum **Beweiswert** der beantragten persönlichen Vernehmung des Zeugen Stellung zu nehmen. Haben Verteidiger und Angeklagter an der ersten Vernehmung mitgewirkt, muss, wenn die Beweisfrage dort nicht zum Gegenstand der Vernehmung gemacht worden ist, aber hätte gemacht werden können, ggf. dazu vorgetragen werden, warum das unterblieben ist. Das dürfte sich schon im Hinblick auf den Ablehnungsgrund der Prozessverschleppung empfehlen.
- Der Verteidiger muss in seinem Antrag auch darauf hinweisen, dass gerade der **Beweiswert** kindlicher Aussagen **kritisch** zu **prüfen** ist und deshalb an die → *Aufklärungspflicht des Gerichts*, Rdn 329, strenge Anforderungen zu stellen sind (vgl. u.a. BGH NStZ 1995, 45; StV 1998, 362), die die Stellung des (Beweis-)Antrags unumgänglich machen.
- Der Verteidiger muss sich darüber bewusst sein, dass die beantragte ergänzende Vernehmung des kindlichen Zeugen insbesondere aus der Sicht von Laienrichtern für den Mandanten ggf. **nachteilig** sein kann. Deshalb muss er sich die Antragstellung sorgfältig überlegen und sollte schon im Antrag die → *Videovernehmung in der Hauptverhandlung*, Rdn 3307, gem. § 247a anregen, um so die Belastung des Zeugen möglichst gering zu halten.
- Hinsichtlich der **Vernehmung** des Zeugen ist zu beachten, dass für diese grds. die **allgemeinen Regeln** gelten. Anwendbar sind also allein oder in Kombination die §§ 247a, 247, 223 (*Meyer-Goßner/Schmitt*, § 255 Rn 10). Für die Art der Vernehmung gilt § 241a (→ *Vernehmung jugendlicher Zeugen*, Rdn 3134).

☝ Erlaubt sind nur ergänzende Fragen. **Wiederholungsfragen** sind **unzulässig** und können zurückgewiesen werden (→ *Zurückweisung einzelner Fragen des Verteidigers*, Rdn 3598).

bb) Für die **Revision** ist auf Folgendes hinzuweisen: Der Verteidiger kann eine Verletzung von § 261 dahin gehend rügen, dass das Ergebnis der Vorführung der BTA im Urteil **nicht richtig wiedergegeben** worden sei. Diese Rüge ist zulässig, da sich die ggf. fehlende Übereinstimmung des Urteils mit der vorgeführten Aufnahme ohne Weiteres aus der Akte ergibt und nicht eine Rekonstruktion der HV voraussetzt (*Schlothauer* StV 1999, 50; ihm folgend *Meyer-Goßner/Schmitt*, § 255a Rn 13, s.a. § 337 Rn 14; zu allem a. *Diemer* NStZ 2002, 16). Die Videoaufzeichnung der Vernehmung ist Aktenbestandteil. Die fehlende Übereinstimmung kann durch Vorspielen der Aufnahme festgestellt werden (s. dazu OLG Stuttgart NStZ 1986, 41 [für die Aufzeichnung eines Protokolls auf Tonband]). I.Ü. wird mit der Aufklärungsrüge geltend gemacht werden müssen, dass das Gericht sich mit der Vorführung der BTA begnügt hat bzw. auch, dass es diese nicht vorgeführt hat (*Meyer-Goßner/Schmitt*, a.a.O.).

Siehe auch: → *Videovernehmung in der Hauptverhandlung*, Rdn 3307.

Vorhalt an Zeugen

Literaturhinweise: Kirchmann/Petzold, Der Umgang mit dem Vorhalt – oder: Strafverteidigung bei Vorhalten, StRR 2013, 444; **Sommer**, Maßnahmen des Strafverteidigers in der Hauptverhandlung, ZAP F. 22, S. 101; *ders.*, Fragen an den Zeugen – Vorhalte an das Recht – Rechtliche Baustellen auf dem Weg zur Konturierung eines Fragerechts, StraFo 2010, 102; s.a. die Hinw. bei → *Vernehmung einer Verhörsperson*, Rdn 3115 und → *Vorhalt aus und von Urkunden*, Rdn 3424.

Hat ein Zeuge **Schwierigkeiten**, sich zu **erinnern**, oder hat er sich in **Widersprüche** verwickelt, können ihm eine frühere Vernehmung oder die Vernehmungen anderer Zeugen vorgehalten werden; auch der Vorhalt einer Bild-Ton-Aufzeichnung ist zulässig (BGHSt 52, 148). Der Vorhalt ist aber (nur) ein **Vernehmungsbehelf**, um das alleinige Beweismittel des Zeugen in der HV vollständig ausschöpfen zu können (BGH NStZ 2000, 427; OLG Karlsruhe StV 2007, 630; *Sommer* ZAP F. 22, S. 101, 110; *ders.*, StraFo 2010, 102).

Für einen Vorhalt ist allgemein Folgendes zu beachten: **Beweismittel** bleibt der **Zeuge**, nur die Antwort des Zeugen auf den Vorhalt – nicht der Vorhalt selbst – ist Gegenstand der Beweiswürdigung (OLG Düsseldorf StV 2002, 131; *Meyer-Goßner/Schmitt*, § 249 Rn 28). Deshalb muss der Verteidiger darauf achten, dass der Vorhalt, den einer der anderen Beteiligten einem Zeugen macht, nicht dazu benutzt wird, den gesamten Akteninhalt vorzutragen. Der Vorhalt darf also **nicht zu lang** sein und muss **thematisch** mit dem Vernehmungsgegenstand **zusammenhängen** (vgl. a. *Sommer* StraFo 2010, 102).

✒ Einen zu langen Vorhalt muss der Verteidiger unterbrechen, **beanstanden** und gem. § 238 Abs. 2 einen Gerichtsbeschluss herbeiführen.

| V | **Vorhalt aus und von Tonbandaufnahmen** |

Nach einem Vorhalt muss sich der **Verteidiger überlegen**, ob er ggf. die Befragung des Zeugen **fortsetzt**, um abzuklären, wie sich der Zeuge aufgrund des Vorhalts erinnert. Hat der Zeuge auf den Vorhalt geantwortet „Ja, das stimmt so", sagt das über seine Erinnerung noch nichts aus. Das kann nämlich sowohl bedeuten, dass sich der Zeuge tatsächlich an das – vorgehaltene – Geschehnis erinnert, als auch, dass er sich lediglich erinnert, das Vorgehaltene so ausgesagt zu haben. Nur im ersten Fall ist eine für das Urteil bedeutsame Erinnerungsleistung des Zeugen gegeben, im zweiten Fall ist der **Vorhalt gescheitert**.

Siehe auch: → *Vorhalt aus und von Tonbandaufnahmen*, Rdn 3420; → *Vorhalt aus und von Urkunden*, Rdn 3424; → *Zeugenvernehmung, Allgemeines*, Rdn 3537 m.w.N.

3420 Vorhalt aus und von Tonbandaufnahmen

3421   **Literaturhinweise:** Geppert, Der Augenscheinsbeweis, Jura 1996, 307; s.a. die Hinw. bei → *Augenscheinseinnahme*, Rdn 348.

3422   Tonbandaufnahmen, z.B. von einer Vernehmung (s. §§ 168 – 168b), **können** neben Vernehmungsniederschriften oder an ihrer Stelle zu **Vorhalten verwendet** werden (BGHSt 14, 339, 340). Es gilt dasselbe wie für den → *Vorhalt aus und von Urkunden*, Rdn 3424 (*Meyer-Goßner/Schmitt*, § 249 Rn 29; s.a. BayObLG NJW 1990, 197 [zur Unzulässigkeit der Verwertung einer heimlich aufgenommenen Tonbandaufnahme]; → *Beweisverwertungsverbote*, Rdn 1122; eingehend zur Tonbandaufnahme *Eisenberg*, Rn 2283 ff.; *Geppert* Jura 1996, 310 m.w.N.; → *Augenscheinseinnahme*, Rdn 355).

✍ Auch beim „Vorhalt" einer Tonbandaufnahme handelt es sich **nur** um einen **Vernehmungsbehelf**, bei dem zum verwertbaren Inhalt der Beweisaufnahme nur das wird, was die Beweisperson auf den Vorhalt hin zum Inhalt ihrer Aussage macht (allgemein BGHSt 3, 281).

3423   Tonbandaufnahmen werden entweder in der **Form** des Abspielens oder der Inhaltsangabe vorgehalten (*Meyer-Goßner*, § 249 Rn 29). Ist der Verteidiger mit der vom Vorsitzenden gewählten Form des Vorhalts nicht einverstanden oder ist nach seiner Auffassung eine Inhaltsangabe unzutreffend bzw. nicht ausreichend, muss er den Vorhalt des Vorsitzenden nach § 238 Abs. 2 **beanstanden**.

Vorhalt aus und von Urkunden

3424

Das Wichtigste in Kürze:
1. Der Vorhalt ist kein Urkundenbeweis, auch wenn die Urkunde dabei ganz oder z.T. verlesen wird.
2. Unterliegt die Urkunde einem Verwertungsverbot, ist auch der Vorhalt grds. ausgeschlossen. Auch sprachlich schwierige oder inhaltlich schwer verständliche Urkunden können nicht Gegenstand eines Vorhalts sein.
3. Nach h.M. in der Rspr. können dem Angeklagten, Zeugen und SV bei ihrer Vernehmung in der HV Protokolle von früheren Vernehmungen (zur Gedächtnisstützung) vorgehalten und diese ggf. zu diesem Zweck verlesen werden.
4. Der Vorhalt aus bzw. von einer Urkunde ist ein Vernehmungsbehelf. Grundlage der Feststellungen bleiben die Erklärungen des Zeugen.

Literaturhinweise: Geerds, Über Vorhalt und Urkundenbeweis mit Vernehmungsprotokollen, in: Festschrift für *Günter Blau*, 1985, S. 67; **Hanack**, Protokollverlesungen und -vorhalte als Vernehmungsbehelf, in: Festschrift für *Erich Schmidt-Leichner*, 1977, S. 83; **Kirchmann/Petzold**, Der Umgang mit dem Vorhalt – oder: Strafverteidigung bei Vorhalten, StRR 2013, 444; **Kuckuck**, Zur Zulässigkeit von Vorhalten aus Schriftstücken in der Hauptverhandlung des Strafverfahrens, 1977; **Mosbacher**, Zur Zulässigkeit vernehmungsergänzender Verlesung, NStZ 2014, 1; **Riegner**, Verhörsbeamte als Zeugen in der Hauptverhandlung, NJW 1961, 63; **Schünemann**, „Dienstliche Äußerungen" von Polizeibeamten im Strafverfahren, DRiZ 1979, 101; s.a. die Hinw. bei → *Vorhalt an Zeugen*, Rdn 3416.

3425

1. Werden einem Zeugen/SV bei seiner Vernehmung Urkunden oder andere Schriftstücke ganz oder teilweise vorgehalten, muss der Verteidiger darauf achten, dass durch diesen **Vernehmungsbehelf**, der an sich ein unentbehrliches Mittel der Wahrheitserforschung ist, nicht der Unterschied zum Urkundenbeweis verwischt wird (BGHSt 34, 231; *Kirchmann/Petzold* StRR 2013, 444). Der Vorhalt ist nämlich **kein Urkundenbeweis**, auch wenn die Urkunde dabei ganz oder z.t. verlesen wird (KK-*Diemer*, § 249 Rn 42 m.w.N.; BGH NStZ 2000, 427). **Grundlage** der tatsächlichen **Feststellungen** sind – auch nach Vorhalt einer Urkunde – nicht die Urkunde, sondern allein die durch deren Vorhalt veranlassten Erklärungen des Zeugen, der den Inhalt bzw. den Wortlaut der Urkunde aus eigener Erinnerung bestätigen muss (st. Rspr.; vgl. zuletzt u.a. BGH NJW 2011, 3733; StV 1994, 413; OLG Jena NZV 2006, 493; OLG Karlsruhe StV 2007, 630; OLG Köln StV 1998, 478; KK-*Diemer*, a.a.O. m.w.N.; s.a. u. Rdn 3429).

3426

Daher muss eine (längere) **Urkunde verlesen** werden, **wenn** es auf ihren **Wortlaut** ankommt (→ *Urkundenbeweis, Allgemeines*, Rdn 2721 m.w.N.; BGH NJW 2006, 1529, 1531; 2011, 3733; NStZ 2000, 427; StV 2000, 655; OLG Köln StraFo 1999, 92).

2. Unter Berücksichtigung dieser Grundsätze, die für den → *Vorhalt aus und von Tonbandaufnahmen*, Rdn 3420, bzw. von Bild-Ton-Aufzeichnungen entsprechend gelten, gilt:

3427 a) Unterliegt die Urkunde einem **Verwertungsverbot**, ist auch der **Vorhalt** grds. **ausgeschlossen** (vgl. zum unzulässigen Vorhalt von Zufallserkenntnissen aus einer Telefonüberwachung OLG Karlsruhe NJW 2004, 2687). Allerdings schließt die nach den §§ 251, 254 unzulässige Verlesung nicht von vornherein einen Vorhalt aus (s. BGHSt 34, 231, 235; a.A. BGHSt 31, 140 [für unter Verstoß gegen § 168c Abs. 5 zustande gekommene Zeugenaussage]). Einem in der HV erschienenen Zeugen, der nach Belehrung auf sein → *Zeugnisverweigerungsrecht*, Rdn 3552, verzichtet hat, kann i.Ü. auch aus einer unter Verstoß gegen § 52 Abs. 3 S. 1 (→ *Zeugenbelehrung*, Rdn 3535) erlangten Aussage vorgehalten werden (LR-*Ignor/Bertheau*, § 52 Rn 53).

✍ Im Hinblick auf die von der Rspr. des BGH vertretene „Widerspruchslösung" (vgl. u.a. BGHSt 38, 214, 224) muss der Verteidiger dem **Vorhalt** eines unverwertbaren Beweismittels **widersprechen** (→ *Widerspruchslösung*, Rdn 3433 ff.).

3428 b) **Sprachlich schwierige** oder inhaltlich **schwer verständliche** Urkunden können **nicht** Gegenstand eines Vorhalts sein, sie müssen verlesen werden (BGH NJW 2006, 1529, 1531; StV 2000, 655; StraFo 2006, 291; *Meyer-Goßner/Schmitt*, § 249 Rn 28; a.A. KK-*Diemer*, § 249 Rn 42). Das gilt auch für Gutachten über die **BAK** und vergleichbare Urkunden, zu denen der Angeklagte auf Vorhalt keine Angaben machen kann (OLG Celle StV 1984, 107; OLG Düsseldorf NJW 1988, 217 f. [Arztbericht über die Blutentnahme]; OLG Hamm MDR 1964, 344), wenn nicht der Gutachter als SV und/oder der Arzt als Zeuge gehört werden. Auch der Wirkstoffgehalt sichergestellter **BtM** kann als Befundtatsache eines SV-Gutachtens nur im Wege der Gutachtenerstattung des SV oder durch → *Verlesung von Behördengutachten*, Rdn 2956, nach § 256 Abs. 1 eingeführt werden, nicht hingegen durch einen Vorhalt an einen Zeugen (BGH StV 2001, 667; ähnl. BGH StraFo 2006, 291 [für Gutachten eines LKA zu Einbruchspuren, zu denen der Vernommene aus eigener Sachkunde keine Angaben machen konnte]). Der Inhalt von **abgehörten Telefonaten** kann hingegen dann ggf. durch Vorhalt eingeführt werden, wenn er keine umfangreichen oder sprachlich komplexen Textpassagen enthält (BGH NStZ-RR 2002, 97 [Be]). Auch umfangreiche und komplexe Urkunden(sammlungen) können nicht Gegenstand eines Vorhalts sein (vgl. BGH NJW 2011, 3733 für Bankordner und große Anzahl von Kontoauszügen; BGH NStZ 2012, 697 für „sieben eng beschriebene Seiten" eines ermittlungsrichterlichen Vernehmungsprotokolls; StV 2010, 225 für 12 Seiten SMS).

3429 3. Für den Vorhalt von **Protokollen** aus **früheren Vernehmungen** ist auf Folgendes hinzuweisen: Nach h.M. in der **Rspr.** können dem **Angeklagten**, **Zeugen** und **SV** bei ihrer Vernehmung in der HV Protokolle von früheren Vernehmungen (zur Gedächtnisstützung) vorgehalten und diese ggf. zu diesem Zweck **verlesen** werden (vgl. u.a. BGH NStZ 2010, 406 m.w.N.; vgl. a. BGHSt 55, 65). Das gilt auch in den Fällen einer sog. „abschnittsweisen Vernehmung (vgl. BGH NStZ 2011, 422 [kein Verstoß gegen § 253]). Voraussetzung für die Verlesung ist aber, dass kein (Beweis-)Verwertungsverbot (→ *Beweisverwertungsverbote*, Rdn 1018 ff.) besteht (vgl. u.a. BGHSt 21, 285 f.; KK-*Diemer*, § 249 Rn 45 m.w.N. a. zur Kritik in der Lit.; zum Vorhalt einer „Dienstlichen Äußerung" bei der → *Vernehmung eines Polizeibeamten*, Rdn 3124; *Schünemann* DRiZ 1979, 106 f.).

Das gilt auch für **nichtrichterliche Protokolle**, die ein **Geständnis** des Angeklagten enthalten, so z.B. wenn der Angeklagte ein bei der Polizei abgelegtes Geständnis in der HV **widerruft**. Bestätigt der Angeklagte auf Vorhalt, dass er sich so, wie niedergeschrieben, geäußert hat, darf das Gericht diesen Umstand verwerten (BGHSt 21, 285).

Bestreitet der Angeklagte die niedergeschriebene Aussage, dann darf der Inhalt des Protokolls nur verwertet werden, wenn der Beweis für die Richtigkeit in anderer Weise geführt worden ist, z.B. durch → *Vernehmung einer Verhörsperson*, Rdn 3115 (BGHSt 3, 149 f.; 14, 310, 312). Dieser darf das Protokoll der Vernehmung vorgehalten und zu diesem Zweck auch verlesen werden (BGH, a.a.O.).

Schließlich können **Richtern**, **StA** und Polizeibeamten die von ihnen aufgenommenen Vernehmungsniederschriften zur **Gedächtnisstütze** vorgehalten und diese zu diesem Zweck verlesen oder ausgehändigt werden (st. Rspr., s.u.a. BGH NStZ 2010, 406; vgl. die Nachw. bei KK-*Diemer*, § 249 Rn 47; s.a. u. Rdn 3432 und → *Protokoll zur Gedächtnisstützung*, Rdn 2147). 3430

4. Hinweise für den Verteidiger!

Bei/nach einem Vorhalt muss der Verteidiger auf Folgendes achten:

a) Der Vorhalt aus bzw. von einer Urkunde ist ein **Vernehmungsbehelf** (BGH NStZ 2000, 427). Grundlage der Feststellungen bleiben die Erklärungen des Zeugen (BGH NJW 2011, 3733; OLG Hamm StV 2004, 643; OLG Karlsruhe StV 2007, 630). Deshalb ist es **unzulässig**, wenn bei einer Vernehmung von Angeklagten oder Zeugen entgegen den Vorschriften der §§ 136, 69 **sofort** auf Protokolle zurückgegriffen wird, um sich nur deren Inhalt als richtig bestätigen zu lassen (KK-*Diemer*, § 249 Rn 11; BGHSt 3, 281, 283; *Kirchmann/Petzold* StRR 2013, 444). Das muss der Verteidiger **beanstanden** und darauf drängen, dass die Zeugen zunächst nach ihrem noch vorhandenen Wissen gefragt werden. Dabei sind Erinnerungslücken und Widersprüche festzustellen, die dann durch den erst jetzt zulässigen Vorhalt geklärt werden können. Das gilt insbesondere in Verkehrssachen bei den dort häufig vorkommenden **Routine-Anzeigen**, an die der anzei- 3431 gende Polizeibeamte i.d.R. keine konkrete Erinnerung mehr hat. Erklärt der Zeuge, dass seine Anzeigen immer auf zweifelsfreier Feststellung beruhen, darf diese Aussage zwar grds. verwertet werden (BGHSt 23, 213), der Verteidiger wird aber sorgfältig prüfen müssen, ob sich nicht doch Einwände gegen die Aussage begründen lassen. Nicht verwertet werden, können Angaben zu denen der Zeuge auf Vorhalt lediglich erklärt hat, „er wisse dieses heute nicht mehr" (OLG Oldenburg, StV 20120, 330 [Ls.]).

> ⚖ Der **Vorhalt** wird i.d.R. vom **Vorsitzenden** gemacht. Es handelt sich um eine Maßnahme der → *Verhandlungsleitung*, Rdn 2889, sodass der Vorhalt gem. **§ 238 Abs. 2** beanstandet werden kann und das Gericht dann durch Beschluss entscheiden muss. Den Vorhalt kann aber auch ein anderer Prozessbeteiligter, also z.B. der Verteidiger, machen (*Meyer-Goßner/Schmitt*, § 249 Rn 28).

3432 b) Werden **Vernehmungsniederschriften** vorgehalten, darf der Inhalt dann nicht verwertet werden, wenn die vernommene **Verhörsperson** sich trotz des Vorhalts nicht an die Einzelheiten der Vernehmung erinnert, sondern nur erklärt hat, sie habe richtig protokolliert (st. Rspr.; vgl. u.a. BGHSt 14, 310, 321; BGH NStZ 2010, 406; StV 2001, 386; zur Vorbereitungspflicht des Zeugen BGH NStZ 2012, Beschl. v. 21.3.2012, 521; *Mosbacher* NStZ 2014, 1) oder, wenn der Vernommene erklärt, wenn das so in seiner früheren Vernehmung stehe, „dann sei dies richtig" (OLG Karlsruhe StV 2007, 630). Insbesondere kommt dann eine Verlesung nicht in Betracht (BGH, a.a.O.). **Nur** das, was im **Gedächtnis** der Verhörsperson haften geblieben oder nach dem Vorhalt in die Erinnerung zurückgekommen ist und als nun eigene Erinnerung bestätigt wird, kann als Beweisergebnis verwertet werden (BGHSt 14, 310; BGH NJW 2011, 3733; NStZ 2010, 406; 2012, 521; StV 1994, 413; 2012, 706; OLG Düsseldorf StV 2002, 131; OLG Hamm StV 2004, 643; OLG Karlsruhe, a.a.O.; OLG Oldenburg StV 2012, 330 [Ls.]; KK-*Diemer*, § 249 Rn 47; → *Vorhalt an Zeugen*, Rdn 3416). Entsprechendes gilt für den Vorhalt an den **Zeugen**. Kann sich dieser trotz des Vorhalts des Inhalts seiner Vernehmung nicht an die in der Vernehmungsniederschrift festgehaltenen Geschehnisse erinnern, darf der Urkundeninhalt nur nach Verlesung der Urkunde gem. § 249 Abs. 1 verwertet werden (OLG Düsseldorf, a.a.O.; → *Urkundenbeweis, Allgemeines*, Rdn 2721). Nicht verwertet werden können Angaben zu denen der Zeugen auf Vorhalt lediglich erklärt hat, „er wisse dieses heute nicht mehr" (OLG Oldenburg, StV 20120, 330 [Ls.]). Darauf muss der Verteidiger ggf. in der **Beweiswürdigung** seines **Plädoyers** (→ *Plädoyer des Verteidigers*, Rdn 2017) hinweisen, um so insbesondere bei den Laienrichtern einer unzulässigen Überzeugungsbildung vorzubeugen.

> ⚖ Um den Unterschied zwischen der Einführung des Inhalts einer Urkunde durch Urkundenbeweis in Form der Verlesung nach § 249 und dem Vorhalt einer Urkunde als bloßen Vernehmungsbehelf deutlich zu machen, sollte der Verteidiger darauf

drängen, dass die Urkunde/das Vernehmungsprotokoll nicht wörtlich verlesen, sondern vom Vorsitzenden „**frei**" **vorgehalten** wird (KK-*Diemer*, § 249 Rn 45). Es ist auch darauf zu achten, dass ein ggf. bestehendes **Verlesungsverbot** durch den Vorhalt **nicht umgangen** wird.

Siehe auch: → *Protokollverlesung zur Gedächtnisstützung*, Rdn 2147; → *Urkundenbeweis, Allgemeines*, Rdn 2721 m.w.N.; → *Vernehmung des Angeklagten zur Sache*, Rdn 3072; → *Vernehmung einer Verhörsperson*, Rdn 3115; → *Vorhalt aus und von Tonbandaufnahmen*, Rdn 3420.

W

Widerspruchslösung 3433

> **Das Wichtigste in Kürze:**
> 1. Die in der Rspr. des BGH seit Anfang der 90er-Jahre vertretene „Widerspruchslösung" ist für den Verteidiger von erheblicher praktischer Bedeutung.
> 2. Zeitlich ist der Widerspruch nach h.M. spätestens in der HV in unmittelbarem Zusammenhang mit der Beweiserhebung geltend zu machen, und zwar spätestens – in der erstinstanzlichen HV – im Rahmen einer Erklärung nach § 257.
> 3. Der Verteidiger muss gegen jede kontaminierte Beweiserhebung Widerspruch erheben. Er muss einen spezifizierten Widerspruch erheben.
> 4. Der „übergegangene" Widerspruch gegen eine als unzulässig angesehene Beweiserhebung ist in der Revision mit der Verfahrensrüge geltend zu machen.

Literaturhinweise: Amelung, Die Verwertbarkeit rechtswidrig gewonnener Beweismittel zugunsten des Angeklagten und deren Grenzen, StraFo 1999, 181; **Basdorf**, Formelle und informelle Präklusion im Strafverfahren – Mitwirkungspflichten und gesteigerte Verantwortung des Verteidigers, StV 1997, 488; **Bauer**, Die „Angriffsrichtung" des Widerspruchs, StV 2011, 635; *ders.*, Die Präklusion von Verfahrensrügen und des Widerspruchs im Zusammenhang mit § 238 II StPO – Eine Erwiderung auf *Mosbacher*, NStZ 2011, 606, NStZ 2012, 191; **Beckemper**, Durchsetzbarkeit des Verteidigerkonsultationsrechts und die Eigenverantwortlichkeit des Beschuldigten, 2004; **Bohlander**, Die sogenannte „Widerspruchslösung" des BGH und die Verantwortung des Strafverteidigers – Ansatz zu einem Revisionsgrund des „ineffective assistance of counsel" im deutschen Strafprozeß, StV 1999, 562; **Burhoff**, Verteidigerfehler in der Tatsachen- und Revisionsinstanz, StV 1997, 432; *ders.*, Fehlende/falsche Belehrung führt zum Beweisverwertungsverbot, PStR 2003, 132; *ders.*, Praktische Fragen der „Widerspruchslösung", StraFo 2003, 267; *ders.*, Strafverfahrensrechtliche Beweisverwertungsverbote und ihre praktische Bewältigung, ZAP F. 22, S. 377; *ders.*, Die „Widerspruchslösung" des BGH in der Praxis, PA 2004, 50; *ders.*, Die Widerspruchslösung in bußgeldrechtlichen Verfahren, VA 2013, 16; *ders.*, So müssen Sie auf die „Widerspruchslösung" im Bußgeldverfahren reagieren, VA 2013, 35; **Dahs**, Die Ausweitung des Widerspruchserfordernisses, StraFo 1998, 253; **Dornach**, Ist der Strafverteidiger aufgrund seiner Stellung als „Organ der Rechtspflege" Mitgarant eines justizförmigen Verfahrens?, NStZ 1995, 57; **El-Ghazi/Merold**, Der Widerspruch zur rechten Zeit, HRRS 2013, 412; **Gaede**, Schlechtverteidigung – Tabus und Präklusionen zum Schutz vor dem Recht auf wirksame Verteidigung, HRRS 2007, 402; *ders.*, Vorbeugende Rügepräklusionen gegen vermuteten Revisionsmissbrauch – Ein kritischer Überblick über die zunehmende Neutralisierung „missbräuchlicher Verteidigung" durch präkludierende Rechtsschöpfungen der Revisionsgerichte, wistra 201, 210; **Gillmeister**, Die Hinweispflicht des Strafrichters, StraFo 1997, 8; **Graf von Schlieffen**, Neues von der Widerspruchslösung, in: Festschrift 25 Jahre AG Strafrecht, 2009, S. 801; **R. Hamm**, Staatliche Hilfe bei der Suche nach Verteidigern – Verteidigerhilfe zur Begründung von Verwertungsverboten, NJW 1996, 2185; *ders.*, Verwertung rechtswidriger Ermittlungen – nur zugunsten des Beschuldigten?, StraFo 1998, 361; **Hartwig**, Strafprozessuale Folgen des verspäteten Widerspruchs gegen eine unzulässige Beweisverwertung, JZ 1998, 359; **Henckel**, Verbesserter Schutz für Zeugen und Angeklagte durch veränderte Auslegung des § 252 StPO?, HRRS 2014, 482; **Herdegen**, Das Beweisantragsrecht. Zum Rechtsmissbrauch – Teil III, NStZ 2000, 1; **J. Herrmann**, Das Recht des Beschuldigten, vor der polizeilichen Vernehmung einen Verteidiger zu befragen – Der BGH spricht mit gespaltener Zunge, NStZ 1997, 3434

209; **Ignor**, Plädoyer für die Widerspruchslösung, in: Festschrift für *Peter Rieß*, 2002, S. 185; **Jahn**, Strafverfolgung um jeden Preis? – Die Verwertbarkeit rechtswidrig erlangter Beweismittel, StraFo 2011, 117; **Kiehl**, Verwertungsverbot für Beschuldigtenvernehmung ohne vorherige Belehrung: Der BGH korrigiert sich – überzeugend?, NJW 1993, 501; *ders.*, Neues Verwertungsverbot bei unverstandener Beschuldigtenbelehrung – und neue Tücken für die Verteidigung, NJW 1994, 1267; **Kudlich**, Wie weit reicht die Widerspruchslösung? – Zugleich Gedanken zur Entscheidung OLG Frankfurt 3 Ss 285/10 vom 8.11.2010; HRRS 2011, 114; **Kuhn**, Die Widerspruchslösung, JA 2010, 891; **Kutschera**, Verwertungsverbot bei unterbliebenem Hinweis auf einen Strafverteidigernotdienst, StraFo 2001, 262; **Leipold**, Form und Umfang des Erklärungsrechts nach § 257 StPO und seine Auswirkungen auf die Widerspruchslösung des Bundesgerichtshofes, StraFo 2001, 300; **Lesch**, Der Beschuldigte im Strafverfahren – über den Begriff und die Konsequenzen der unterlassenen Belehrung, JA 1995, 157; **Maatz**, Mitwirkungspflicht des Verteidigers in der Hauptverhandlung und Rügeverlust, NStZ 1992, 513; **Maul/Eschelbach**, Zur „Widerspruchslösung" von Beweisverbotsproblemen in der Rechtsprechung, StraFo 1996, 66; **Meyer**, Die Vernehmung der richterlichen Verhörsperson trotz § 252 StPO, StV 2015, 319; **Meyer-Goßner/Appl**, Die Ausweitung des Widerspruchserfordernisses, StraFo 1998, 258; **Meyer-Mews**, Die Ratio der Widerspruchslösung, StraFo 2009, 141; **Mosbacher**, Zur aktuellen Debatte um die Rügepräklusion – Zugleich ein Beitrag zur Zukunft der Widerspruchslösung, NStZ 2011, 606; *ders.*, Zur Zukunft der Widerspruchslösung – Der Widerspruch als Zwischenrechtsbehelf – in: Festschrift für *Ruth Rissing van Saan*, 2011, S. 357; **Nack**, Verwertung rechtswidriger Ermittlungen nur zugunsten des Beschuldigten?, StraFo 1998, 366; **Nagel**, Die Ohnmacht der Verteidigung vor der Macht der Richter? Ein Beitrag zur Diskussion um Verteidigerpflichten und Rügepräklusionen, StraFo 2013, 221; **Neuhaus**, Zur Notwendigkeit der qualifizierten Beschuldigtenvernehmung – zugleich Anmerkung zu LG Dortmund, NStZ 1997, 356, NStZ 1997, 312; *ders.*, Das Beweisverwertungsverbot des § 393 Abs. 2 AO und seine praktische Bewältigung in der Hauptverhandlung erster Instanz, ZAP F. 22, S. 323; *ders.*, Das Beweisverwertungsverbot des § 393 Abs. 2 AO und seine praktische Bewältigung in der Rechtsmittelinstanz, ZAP F. 22, S. 339; **Ransiek**, Belehrung über Aussagefreiheit und Recht der Verteidigerkonsultation: Folgerungen für die Beschuldigtenvernehmung, StV 1994, 343; **Roxin/Schäfer/Widmaier**, Die Mühlenteichtheorie, NStZ 2006, 655; **Schlothauer**, Zur Bedeutung der Beweisverwertungsverbote im Ermittlungs- und Zwischenverfahren, in: Festschrift für *Klaus Lüderssen*, 2002, S. 761; **Schlothauer/Jahn**, Zustimmung statt Widerspruch bei Beweisverwertungsverboten im Strafverfahren, Recht und Politik 2012, 222; **Schmidt**, Der Ermittlungsführer als (Universal-)Zeuge der Anklage?!, NZWiSt 2014, 12; **Ventzke**, Die Widerspruchslösung des Bundesgerichtshofs – viel Getue um nichts?, StV 1997, 543; **Wohlers**, Die Nichtbeachtung des Richtervorbehalts – Probierstein für die Dogmatik der unselbstständigen Verwertungsverbote, StV 2008, 434; *ders.*, Die Hypothese rechtmäßiger Beweiserlangung – ein Instrument zur Relativierung unselbstständiger Verwertungsverbote?, in: Festschrift für *Gerhard Fezer*, 2008, S. 227; s.a. die Hinw. bei → *Beweisverwertungsverbote*, Rdn 1018; → *Verhandlungsleitung*, Rdn 2889; → *Verlesung von Geständnisprotokollen*, Rdn 2980 und → *Verwirkung von Verteidigungsrechten*, Rdn 3262.

3435 1. Von erheblicher praktischer Bedeutung ist für den Verteidiger die in der Rspr. des BGH seit Anfang der 90er-Jahre vertretene „**Widerspruchslösung**". Sie steht meist in Zusammenhang mit der Frage nach den Rechtsfolgen von Verfahrensfehlern bei der Beweiserhebung im EV und sich evtl. daraus ergebenden → *Beweisverwertungsverboten*, Rdn 1018. Die damit entstehenden Probleme sind insbesondere seit der Entscheidung BGHSt 38, 214 verstärkt in der Diskussion (zur Entwicklung der Widerspruchslösung s.u.a. *Maul/Eschelbach* StraFo 1996, 66; s.a. *Ignor*, S. 185 ff.). Derzeit ist in der Diskussion in der Lit. – vor allem von richterlichen und staatsanwaltlichen Autoren – die Tendenz erkennbar, die „Widerspruchslösung" im Bereich des Zwischenrechtsbehelfs des § 238 Abs. 2 anzusiedeln (vgl. dazu *Mosbacher* NStZ 2011, 606, 610; KK-*Schneider*, § 238 Rn 33 ff.). Dem wird m.E. zu Recht von *Nagel* (StraFo 2013, 221, 224 f.) unter Hinw. darauf widersprochen, dass damit der Widerspruchslösung die einzig denkbare Legitimation, nämlich die ihm als Prozesssubjekt überlassene Entscheidung über die Verwertbarkeit kontaminierter Beweismittel, genommen würde (vgl. a. noch *Bauer* NStZ 2012, 192).

🖉 Die Widerspruchslösung gilt auch im **Bußgeldverfahren** (vgl. dazu *Burhoff* VA 2013, 16 u. VA 2013, 35).

Gegen die Widerspruchslösung ist manches eingewandt worden (vgl. die o.a. Lit.-Hinw.). Hier können aus Platzgründen nicht alle Aspekte dieses Problemkreises im Einzelnen dargestellt werden. Wegen der **Einzelheiten** wird verwiesen auf die **umfangreiche Lit.** zur Widerspruchslösung, und zwar u.a. auf *Maul/Eschelbach* (StraFo 1996, 66 m.w.N.), die auch die gegen die Widerspruchslösung zu erhebenden Einwände im Einzelnen darstellen, sowie aus neuerer Zeit auf *Mosbacher* NStZ 2011, 606 und dazu im Widerspruch *Nagel* StraFo 2013, 221 (s. i.Ü. a. *Kuhn* JA 2010, 891; *Lesch* JA 1995, 157). Die Lit. steht der Widerspruchslösung weitgehend krit./abl. gegenüber (vgl. u.a. *Beulke*, Strafprozeßrecht, 12. Aufl. 2012, Rn 150; LR-*Gleß*, § 136 Rn 82 ff.; *Dornach* NStZ 1995, 57; *Fezer* JR 1992, 381, 385 in der Anm. zu BGHSt 38, 214; ders. StV 1997, 57 in der Anm. zu BGH NStZ 1996, 290; *Jahn* StraFo 2011, 117, 122; *Kiehl* NJW 1994, 1267; *Widmaier* NStZ 1992, 519; *Herdegen* NStZ 2000, 4; *Leipold* StraFo 2001, 302; aus neuerer Zeit *Bauer* StV 2011, 635; ders., NStZ 2012, 191; *Gaede* wistra 2010, 210; *Kudlich* HRRS 2011, 114; *Meyer-Mews* StraFo 2009, 141; *Nagel* StraFo 2013, 221; *Schlothauer/Jahn* Recht und Politik 2012, 222; *Gahzi/Merold* HRRS 2013, 412; eingehend und zusammenfassend a. KK-*Diemer*, § 136 Rn 26 ff.).

3436

🖉 Ein Gesichtspunkt ist in diesem Zusammenhang besonders hervorzuheben. Unabhängig von der Frage, ob der Verteidiger die vom BGH gesehene „besondere Verantwortung" und die „Fähigkeit, Belehrungsmängel aufzudecken und zu erkennen" hat (BGHSt 38, 214, 226), ist m.E. (mit-)**entscheidend**, ob der **Angeklagte** selbst oder durch seinen Verteidiger eine **Erklärung** abgegeben hat. Steht nicht fest, ob der Angeklagte überhaupt weiß, dass er mit seinem Schweigen eine Erklärung abgibt, wird man das Schweigen kaum als Zustimmungserklärung werten dürfen. Deshalb muss m.E. (auch der verteidigte) Angeklagte auf sein **Widerspruchsrecht hingewiesen** werden. Nur dann kann er sich der **Tragweite** seines Handelns/Schweigens **bewusst** sein (vgl. OLG Köln NStZ 1988, 31 [für vereinfachte Beweisaufnahme im Bußgeldverfahren nach § 77a OWiG]; s. zu allem a. *Gillmeister* StraFo 1997, 11 f.; *Meyer-Mews* StraFo 2009, 141).

a) Die Frage nach einem Widerspruch gegen die Verwertung eines im EV erhobenen Beweises ergibt sich **immer** dann, wenn gegen dessen **Verwertung** in der HV **Bedenken** bestehen (können). Dabei kann es sowohl um die Verlesung einer Urkunde (Geständnispro-

3437

tokoll, die Aussage eines jetzt das Zeugnis verweigernden Zeugen) als auch um die Vernehmung eines Zeugen (Vernehmungsbeamten, Ermittlungsrichter) gehen (→ *Beweisverwertungsverbote*, Rdn 1029).

⚖️ Der Verteidiger sollte aber nicht nur in den nachstehend bei Rdn 3437 ff. aufgeführten Fällen einen Widerspruch einlegen, sondern **immer dann**, wenn er ein **BVV** geltend machen will (→ *Beweisverwertungsverbote*, Rn, 313; *Burhoff* StraFo 2003, 269; zust. *Scheffler*, in: HBStrVf, Kap. VII Rn 649; *Neuhaus* NStZ 1997, 312). Die Tendenz in der Rspr. des BGH, das Widerspruchserfordernis auszudehnen, ist unverkennbar (krit. z.B. *Kudlich* HRRS 2011, 114; *Jahn* StraFo 2011, 117; zur Ausdehnung der Widerspruchslösung auf das beamtenrechtliche Disziplinarverfahren BVerwG NVwZ 2010, 254).

Darauf muss sich der Verteidiger einstellen, indem er in allen Fällen, in denen es um die Verwertung eines ggf. „kontaminierten Beweismittels" geht, Widerspruch einlegt (zu den Tendenzen in der Rspr. des BGH s.a. die Kontroverse zwischen *Mosbacher* [NStZ 2011, 606] und *Bauer* [NStZ 2012, 191]). Dieser Hinw. gilt m.E. **nach wie vor**. Auch wenn der 5. Strafsenat des BGH in BGHSt 51, 285, offenbar die Widerspruchslösung des BGH (vgl. BGHSt 38, 214) „jenseits der Fälle von dem Rechtsverstoß berührter Verteidigungsrechte (…) zu hinterfragen" gewillt ist, ist damit sicherlich keine Abkehr von diesem „Zwischenrechtsbehelf" eingeläutet (vgl. dazu auch *Mosbacher* NJW 2007, 3686, 3688; *ders.*, NStZ 2011, 606; zust. zum BGH *Roxin* NStZ 2007, 616 in der Anm. zu BGHSt, a.a.O.). Der 5. Strafsenat hat die Frage dann ja auch nicht entschieden, sondern „dahingestellt sein" lassen (vgl. auch noch die Formulierungen in BGH NStZ 2009, 648).

Der Verteidiger muss damit rechnen, durch einen „Widerspruch" den „Unwillen" des Gerichts zu erregen, das aufgrund der dadurch hervorgerufenen „Unruhe" den Ablauf der HV gestört sieht (vgl. *Meyer-Goßner/Schmitt/Appl* StraFo 1998, 258, 264). Dem dazu ggf. geäußerten „Unmut" des Gerichts muss der Verteidiger entgegenhalten, dass die Rspr. des BGH ihn zu diesem Prozessverhalten zwingt und ihm im Hinblick auf diese Rspr. keine andere Möglichkeit bleibt, als in der HV den Widerspruch gegen die Verwertung von (unzulässig gewonnenen) Beweisen zu erheben. Es geht also **nicht** darum, den Ablauf der HV zu „**stören**".

b) Die **Rspr.** verlangt einen **Widerspruch** bislang in folgenden **Beispielsfällen**:

3438 **Widerspruchserfordernis bejaht**

- die **Anwesenheit** des **Verteidigers** bei der (polizeilichen) Vernehmung des Beschuldigten ist **vereitelt** worden (BGHSt 42, 15; BGH NStZ 1997, 502; s.a. BGHSt 38, 372; dazu eingehend *Herrmann* NStZ 1997, 212),

   ⚖️ Die Frage, ob ein BVV auch dann besteht, wenn der auf sein Schweigerecht hingewiesene Angeklagte/Beschuldigte nicht auch über sein **Recht** belehrt worden ist, einen **Verteidiger beizuziehen**, hat der BGH nicht eindeutig entschieden. Einerseits hat er sie offengelassen (s. BGHSt 53, 191; zuletzt BGH NJW 2009, 1619; dazu a. BGHSt 47, 172), in anderen Entscheidungen hat er sie hingegen (wohl) bejaht (vgl. BGHSt 38, 372; 42, 15; 51, 367; BGH NStZ 1997, 502; bejaht auch von EGMR StRR 2011, 142 für Äußerungen in einer Stresssituation, in der der Beschuldigte die Konsequenzen seiner Äußerung nicht vernünftig einschätzen konnte; s.a. *Eisenberg*, Rn 568). Die Frage ist aber auf jeden Fall zu bejahen (vgl. zuletzt BGHSt 51, 367; OLG Hamm NStZ-RR 2006, 47; s.a. *Meyer-Goßner/Schmitt*, § 136 Rn 20a m.w.N.; *Kaufmann* NStZ 1998, 474 und *Wollweber* StV 1999, 355 in der Anm. zu BGH NStZ 1997, 609). Das gilt vor allem dann, wenn man das Schweigerecht und das Recht des Beschuldigten auf Verteidigerkonsultation als gleichwertig ansieht (BGHSt 47, 172; noch offengelassen von BGH NStZ 1997, 609; wegen weiterer Einzelh. s. *Burhoff*, EV, Rn 3128). Deshalb muss der Verteidiger in diesen Fällen ebenfalls **widersprechen**.

- der Angeklagte ist vor einer Vernehmung im EV **nicht ordnungsgemäß** gem. §§ 136 Abs. 1 S. 2, 163a Abs. 4 S. 1 **belehrt** worden (grundlegend BGHSt 38, 214; 51, 367; s.a. BGH NStZ 1997, 502, 609; zur missverständlichen Belehrung BGH StRR 2010, 342 m. Anm. *Burhoff*; zur Belehrung vor Vernehmungen im EV *Burhoff*, EV, Rn 3087 ff. [polizeiliche Vernehmung], Rn 1884 ff. [richterliche Vernehmung], Rn 3386 ff. [staatsanwaltschaftliche Vernehmung]; → *Beweisverwertungsverbote*, Rdn 1029), insbesondere dann, wenn der zunächst als Zeuge vernommene Beschuldigte dann als Beschuldigter vernommen wird (BGHSt 51, 367; 53, 112); wobei Zweifel zulasten des Angeklagten gehen sollen (BGHSt, 38, 214, 224; BGH StV 2007, 65; s. wohl auch BGH StraFo 2012, 63, 64, insoweit nicht in NStZ 2012, 345; krit. dazu *Eisenberg* Rn 572; zur Verwertbarkeit von Beschuldigtenvernehmungen ohne Belehrung, die unter Geltung der StPO-DDR stattgefunden haben, s. BGHSt 38, 263); zur „**Spontanäußerung**" (KG StRR 2010, 394 m. krit. Anm. *Burhoff*; OLG Nürnberg StV 2015, 155 m. Anm. *Burhoff* StRR 2014, 105 [Unerlaubtes Entfernen vom Unfallort]; OLG Saarbrücken NJW 2008, 1396; OLG Zweibrücken StRR 2010, 468; LG Saarbrücken zfs 2013, 590 m. Anm. *Burhoff* StRR 2014, 109 [Trunkenheitsfahrt]; s. aber auch LG Gießen StRR 2014, 229 m. Anm. *Burhoff;* LG Stuttgart VRR 2014, 472 m. Anm. *Deutscher* [Notruf]); LG Schweinfurt StraFo 2008, 30); zum **Notruf** (OLG Hamm NStZ 2012, 53 m. Anm. *Deutscher* StRR 2012, 27; OLG Hamm, Beschl. v. 24.6.2014 – 3 RVs 44/14; OLG München StRR 2009, 388; LG Stuttgart VRR 2014, 472),
- der Beschuldigte ist nach seiner zunächst als Zeuge begonnenen Vernehmung bei Beginn der Vernehmung als Beschuldigter **nicht „qualifiziert" belehrt** worden, dass seine als Zeuge gemachten Angaben nicht gegen ihn verwertet werden dürfen, wenn er nunmehr schweigt (so ausdrücklich BGHSt 53, 112; NJW 2009, 2612 m. krit. Anm.

Grasnick NStZ 2010, 158; NStZ-RR 2010, 67 [Ci/Zi]; OLG Hamm StV 2010, 5; vgl. dazu a. BGH NStZ 1996, 290; → *Beweisverwertungsverbote*, Rdn 1029; s.a. *Burhoff*, EV, Rn 3134),
- der Beschuldigte ist zwar nach § 136 Abs. 1 S. 2 belehrt worden, er hat aber die **Belehrung** infolge seines geistig-seelischen Zustands **nicht verstanden** (BGHSt 39, 349, 352; wegen der Einzelh. *Burhoff*, EV, Rn 3129); allerdings ist die „sichere Feststellung" erforderlich, dass der Beschuldigte die Belehrung nicht verstanden hat (BGH NStZ 2012. 345); das fehlende Verständnis kann auch auf starke Alkoholisierung zurückzuführen sein (OLG Hamm StRR 2011, 24; vgl. aber auch OLG Hamm StRR 2011, 198 zur entsprechenden Frage bei der Einwilligungsfähigkeit hinsichtlich einer Blutentnahme), allerdings ist die „sichere Feststellung" erforderlich, dass der Beschuldigte die Belehrung nicht verstanden hat (BGH StraFo 2012, 63, 64, insoweit nicht in NStZ 2012, 345),
- die für richterliche Vernehmungen geltende **Benachrichtigungspflicht** ist **verletzt** worden (BGH NStZ 1987, 132, 133; zuletzt BGHSt 42, 86; BGH NJW 1997, 2335 [insoweit nicht in BGHSt 43, 62]; StV 2002, 350 [kommissarische Vernehmung]; s. aber BGHSt 53, 191 zur [verneinten] Frage, ob die unterlassene Benachrichtigung des Verteidigers zu einem BVV bei einem anderen Beschuldigten führt; zu allem a. *Burhoff*, EV, Rn 3299),
- der (ausländische) Beschuldigte ist nicht gem. **Art. 36 Abs. 1 Buchst. b) WÜK** (Wiener Übereinkommen über konsularische Beziehungen) über seine Rechte aufgrund des Art. 36 WÜK belehrt worden (bej. BGH NStZ-RR 2003, 375; BGHSt 52, 38 [1. Strafsenat; abl. dazu *Gaede* HRRS 2007, 402, 405 und *Weigend* StV 2008, 39, 43, jew. in der Anm. zu BGH, a.a.O.; andererseits verneinend [kein Widerspruch] BGHSt 52, 48 [5. Strafsenat]; 52, 110 [3. Strafsenat]; Beschl. v. 13.10.2010 – 1 StR 251/10; s.a. BVerfG NJW 2011, 207 [BVV Frage des Einzelfalls]; wegen der Einzelh. *Burhoff*, EV, Rn 3132, und *Gless/Peters* StV 2011, 369 m.w.N.),
- der Angeklagte will ein Verwertungsverbot hinsichtlich einer **Aussage** geltend machen, die er als Zeuge **ohne** Belehrung über sein → *Auskunftsverweigerungsrecht*, Rdn 377, nach § 55 gemacht hat (BayObLG StV 2002, 179; *Meyer-Goßner/Schmitt/*, § 55 Rn 17),
- der Angeklagte will die Verwertung von **Zufallserkenntnissen** aus einer in einem anderen Verfahren angeordneten **Telefonüberwachung** beanstanden (BGH StV 2001, 546; a.A. *Ventzke* StV 2001, 546 und *Wollweber* wistra 2001, 182, jew. in den Anm. zu BGH, a.a.O.; zur Widerspruchslösung bei „heimlichen Ermittlungsmethoden" s. schon BGH StV 1995, 283, 286; NStZ 1996, 200); ein unbegründeter Antrag nach § 238 Abs. 2 nach einer Verfügung des Vorsitzenden über die Einführung der Ergebnisse der TÜ in die HV genügt insoweit den Anforderungen an einen Widerspruch nicht (BGH StV 2008, 63),
- der Angeklagte sieht die Verwertung der Aussage eines **Verdeckten Ermittlers**, dessen Einsatz ohne einen Anfangsverdacht i.S.d. § 110a erfolgt ist, als unzulässig

an (BGH NStZ-RR 2001, 260 [Be]; zum Verdeckten Ermittler s.a. noch BGHSt 52, 11 und BGH NStZ 2009, 343),
- der Angeklagte macht eine Verletzung des sich aus § 81a Abs. 2 ergebenden **Richtervorbehalts** für die Anordnung einer **Blutentnahme** geltend (s. ausdrücklich OLG Hamburg NJW 2008, 2597; OLG Hamm StV 2009, 452; 2009, 462; StV 2010, 620; OLG Jena VRR 2011, 243 [Ls.]; OLG Koblenz NZV 2011, 513; zw. *Meyer-Goßner/Schmitt*, § 81a Rn 34),
- der Angeklagte will die **Unverwertbarkeit** einer **Videovernehmung** aus dem EV geltend machen, weil diese ohne Mitwirkung seines Verteidigers stattgefunden hat (OLG München StV 2000, 352),
- nach der Rspr. des OLG Dresden (vgl. StRR 2007, 229 m. abl. Anm. *Burhoff/Lange-Bertalot*; krit. a. *Meyer-Goßner/Schmitt*, § 475 Rn 8) gegen die Vernehmung eines **Zeugen**, dessen **Beistand zuvor AE** gewährt worden ist (vgl. *Burhoff*, EV, Rn 270),
- für Verstöße bei Vernehmungen eines Strafgefangenen im **Disziplinarverfahren**, wenn diese Vernehmungen nun im Strafverfahren verwertet werden sollen (BGH NJW 1997, 2893).

◊ Es ist **dringend** zu **raten**, nicht nur auch in diesen, sondern ebenfalls in allen **übrigen Fällen**, in denen nach Auffassung des Verteidigers ein BVV besteht, gegen die Verwertung des Beweises **Widerspruch** zu erheben (s.o. Rdn 3437). Der BGH wird die „Widerspruchslösung" – trotz der dagegen vorgebrachten Bedenken – nämlich im Zweifel **ausdehnen**.

Widerspruchserfordernis von der Rspr./dem BGH diskutiert/Widerspruch zu empfehlen 3439

- In seiner Entscheidung v. 11.8.2005 (BGH NStZ 2006, 114) hat der BGH hinsichtlich der Verwertbarkeit von Beweisgegenständen bei einer ohne „Gefahr im Verzug" von der StA angeordneten **Durchsuchungsmaßnahme** ausdrücklich auf den vom Verteidiger gegen die Verwertbarkeit erhobenen Widerspruch hingewiesen, weshalb sich auch in diesen Fällen ein Widerspruch empfehlen dürfte (vgl. a. die insoweit nicht ganz eindeutige Entscheidung BGHSt 51, 285).
- In NStZ 1996, 290 hat der BGH in Zusammenhang mit der **Fortwirkung** eines sich aus § 136a Abs. 3 ergebenden **BVV**, bei dem die qualifizierte Belehrung fehlte, ebenfalls die Anwendung der Widerspruchslösung erwogen. Das sollte den Verteidiger veranlassen, auch in den Fällen zu widersprechen. Auf den Fall eines (originären) Verstoßes gegen § 136a lässt sich die Widerspruchslösung allerdings wohl auf keinen Fall ausdehnen. Insoweit steht, worauf auch Fezer (StV 1997, 57 in der Anm. zu BGH, a.a.O.) hinweist, **§ 136a Abs. 3 S. 2 entgegen**. Angeklagter bzw. Verteidiger können danach einer

Verwertung des unzulässig erlangten Beweismittels gerade nicht zustimmen (s. aber Nack StraFo 1998, 366; R. Hamm StraFo 1998, 362 und Amelung StraFo 1999, 181, die die Verwertung rechtswidrig erlangter Beweismittel zugunsten des Betroffenen teilweise für zulässig halten; abl. zum gespaltenen BVV jetzt BGHSt 53, 191; → *Beweisverwertungsverbote*, Rdn 1020). Der Widerspruch ist insbesondere bei **allen anderen Vernehmungsfehlern** zu **empfehlen** (zum Begriff der Vernehmung Burhoff, EV, Rn 900, 3942). In Betracht kommt er m.E. insbesondere auch, wenn es um bloße **Obliegenheitsverletzungen** geht (s. dazu z.B. wegen der Belehrung über die Möglichkeit der Beiordnung eines Pflichtverteidigers BGH NStZ 2006, 236; StV 2006, 568). Der BGH hat in den Fällen aufgrund der von ihm vertretenen Abwägungslehre ein BVV zwar abgelehnt. Das schließt aber nicht aus, dass bei weniger gewichtigen Delikten die Fehler bei der Vernehmung zu einem BVV führen und dann ein Widerspruch als erforderlich angesehen wird. Entsprechendes dürfte für die Fälle des wiederholten **Nachfragens** gelten (vgl. BGH NStZ 2004, 450; NJW 2006, 1008). Der Verteidiger darf sich nicht darauf verlassen, dass ausnahmsweise eine Fallgestaltung vorliegt, die nach der Rspr. einen Widerspruch nicht erfordert. Das wäre ein **Verteidigungsfehler**.

> In dem Zusammenhang muss der Verteidiger auch die **Entwicklung** der **Rspr.** im Auge behalten und darauf achten, ob sich daraus ggf. neue BVV ergeben.
> So ist z.B. derzeit die Frage der Belehrung des Zeugen im Hinblick auf die spätere Verwertbarkeit seiner richterlichen Aussage in der Diskussion. Nach Auffassung des 2. Strafsenats des BGH soll die Verwertung einer früheren richterlichen Vernehmung eines Zeugen, der erst in der HV von seinem ZVR Gebrauch macht, durch Vernehmung der richterlichen Vernehmungsperson nur dann zulässig sein, wenn dieser Richter den Zeugen nicht nur über sein ZVR, sondern auch **qualifiziert** über die Möglichkeit der Einführung und Verwertung seiner Aussage im weiteren Verfahren **belehrt** hat (BGH NStZ 2014, 596 m. Anm. *Deutscher* StRR 2014, 435, *Henckel* HRRS 2014, 482, *Meyer* StV 2015, 319; a.A. BGH NStZ-RR 2015, 48, StRR 2015, 82 [Ls.]). Das ist z.B. ein Fall, in dem Widerspruch gegen die Vernehmung des Vernehmungsrichters eingelegt werden sollte (vgl. a. Rdn 3440).

- Im **Bußgeldverfahren** sollte die Entscheidung des OLG Düsseldorf DAR 2012, 646 m. Anm. *Burhoff* VRR 2012, 431 nicht übersehen werden. Dort hat das OLG in Zusammenhang mit der Zulässigkeit der Verfahrensrüge die Frage der Erforderlichkeit eines Widerspruchs diskutiert, wenn die **Unverwertbarkeit** der **Messung** im Rechtsbeschwerdeverfahren geltend gemacht werden soll.
- In der Lit. wird der Widerspruch erwogen, wenn der der **Ermittlungsführer** als **Zeuge** der **Anklage** vernommen werden soll (vgl. *Schmidt* NZWiSt 2014, 12).

Widerspruchserfordernis verneint

3440

- hinsichtlich der Verwertung der bei einer **rechtswidrigen Durchsuchung** gewonnenen Erkenntnisse (AG Braunschweig StV 2001, 393, 395 [für Durchsuchung ohne erforderliche und erlangbare richterliche Anordnung]), da der auf der Verletzung des Art. 13 GG beruhende Verstoß nicht heilbar sei (nicht ganz eindeutig in dem Zusammenhang aber BGHSt 51, 285 m. Anm. Höfler StRR 2007, 147),
- bei einem **Verstoß** gegen § 252, da dieser nicht abbedungen werden kann (BGHSt 45, 203, 205; OLG Hamm NStZ 2003, 107, jew. m.w.N.).

2.a) Zeitlich ist der Widerspruch nach h.M. **spätestens in der HV in unmittelbarem Zusammenhang** mit der **Beweiserhebung** geltend zu machen, und zwar spätestens – in der erstinstanzlichen HV – im Rahmen einer Erklärung nach § 257 (s.u.a. BGHSt 38, 214, 226; 42, 86, 90; OLG Frankfurt am Main StV 2011, 611; NStZ-RR 2011, 46; OLG Hamm StV 2009, 462; OLG Jena VRR 2011, 243 [Ls.]; OLG Koblenz NZV 2011, 513; eingehend *Leipold* StraFo 2001, 301; *Meyer-Mews* StraFo 2009, 141; *Kudlich* HRRS 2011, 114; *Schlothauer/Jahn*, Recht und Politik 2012, 222; *El Ghazi/Merold* HRRS 2013, 412), nicht erst im Plädoyer (s. dazu BayObLG NJW 1997, 404; → *Erklärungsrecht des Verteidigers*, Rdn 1467).

3441

b) Hinweis für den Verteidiger

3442

Der einmal versäumte Widerspruch kann nach **h.M.** in der **Rspr. nicht nachgeholt** werden (BGHSt 50, 272; s.u.a. BayObLG NJW 1997, 404 f.; OLG Celle StV 1997, 68; NStZ 2014, 118 m. abl. Anm. *Burhoff* StRR 2014, 68; OLG Frankfurt StV 2011, 611; OLG Hamm StRR 2010, 66; OLG Karlsruhe DAR 2010, 396; OLG Koblenz NZV 2011, 513; OLG Oldenburg StV 1996, 416; OLG Stuttgart NStZ 1997, 405; krit. dazu *Kudlich* HRRS 2011, 114). Das gilt auch, wenn der Angeklagte in der ersten Instanz frei gesprochen worden ist und nach Zurückverweisung nun neu verhandelt wird (OLG Frankfurt am Main, a.a.O.; OLG Hamm, a.a.O.; abl. *Kudlich,* a.a.O.). Das wird in der **Lit.** m.E. zu Recht **anders** gesehen (vgl. u.a. *Burhoff* StraFo 2003, 271; *Fezer* JZ 2006, 474; *Hartwig* JR 1998, 359; *Herdegen* NStZ 2000, 4; *Kudlich* HRRS 2011, 114; *Neuhaus* ZAP F. 22, S. 341 ff.; *Schlothauer* StV 2006, 396 in der Anm. zu BGHSt 50, 272; krit. *Ghazi/Merold* HRRS 2013, 412, die davon ausgehen, dass zumindest auch nach dem Ablauf des in § 257 vorgegebenen ein Widerspruch möglich sein müsse, wenn von einer unverschuldeten Unkenntnis der rechtswidrigen Beweiserhebung auszugehen ist).

Diese h.M. in der **Rspr. überzeugt nicht**. Sie steht nicht nur im Widerspruch dazu, dass die Rücknahme eines (vorsorglich) eingelegten Widerspruchs als zulässig angesehen wird (BGHSt 42, 15, 22). Sie übersieht auch, dass nach Aufhebung und Zurückverweisung das Verfahren sich wieder im Stand nach der Eröffnung des Hauptverfahrens befindet. In BGHSt 46, 189 hat der BGH zudem die erst nach Wiederaufnahme eines Verfahrens erklärte Zeug-

3443

nisverweigerung noch als zulässig angesehen, weil das Verfahren in den Stand nach der Eröffnung zurückversetzt werde. Dieses Argument muss dann m.e. aber auch für die Möglichkeit des Widerspruchs nach Zurückverweisung des Verfahrens gelten (s.a. OLG Stuttgart StV 2001, 388 [für die Fortwirkung des in einer ausgesetzten HV erklärten Widerspruchs]). Denn auch hier handelt es sich um eine neue HV, in der gänzlich neu Beweis erhoben wird. Ebenso wie der Angeklagte neu entscheiden kann, ob er sich zur Sache einlässt oder nicht, muss er neu über die Verwertung im EV erhobener Beweise entscheiden können.

☝ Der Verteidiger muss sich aber trotz der Bedenken gegen die **Rspr.** des **BGH** in der Praxis auf diese Auffassung **einstellen** und darf den Widerspruch auf keinen Fall vergessen.

3444 c) M.E. sollte der Verteidiger den Widerspruch nicht erst in der HV, sondern so früh wie möglich erheben. Es empfiehlt sich – schon aus Gründen der Prozessökonomie – ihn **bereits vor** der **HV** zu erklären (eingehend zum Widerspruch im Ermittlungs- und Zwischenverfahren *Schlothauer*, S. 761). Das ist zulässig (s.a. *Maul/Eschelbach* StraFo 1996, 69; *Fezer* JZ 1994, 687 in der Anm. zu BGHSt 39, 349; *Schlothauer*, S. 769). Das Gericht muss sich dann über die Verwertbarkeit des „angegriffenen" Beweismittels klar werden und ggf. auf andere Beweiserhebungen einrichten. Der Verteidiger kann mit einem möglichst frühen Widerspruch zudem erreichen, dass das als unverwertbar angesehene Beweismittel gar nicht erst in die HV eingeführt wird, was besonders in Bezug auf die **Laienrichter** von erheblichem **Vorteil** ist (*Neuhaus* NStZ 1997, 312). Ein vor der HV erhobener HV erhobener Widerspruch führt zudem dazu, dass sich das Gericht mit der Verwertbarkeit von Beweismittel im Hinblick auf (vorläufige) **Zwangsmaßnahmen** befassen und die Maßnahmen ggf. aufheben muss (vgl. die Fallgestaltung bei LG Saarbrücken zfs 2013, 590 m. Anm. *Burhoff* StRR 2014, 109 für Aufhebung der vorläufigen Entziehung der Fahrerlaubnis nach § 11a wegen einer Trunkenheitsfahrt).

☝ Der Verteidiger ist aber **nicht verpflichtet**, den Widerspruch **vor** der **HV** zu erheben (s. aber wohl OLG Dresden StRR 2007, 227 m. abl. Anm. *Burhoff/Lange-Bertalot*), mit der Folge, dass ein erst in der HV erhobener Widerspruch verspätet wäre.

3445 Auch wenn der Verteidiger bereits **vor** der **HV** Widerspruch erhoben hat, muss er, wenn es **in der HV** dann dennoch zur Beweiserhebung kommt, (möglichst vor der Beweiserhebung) **erneut Widerspruch** einlegen. Das muss der Verteidiger aus anwaltlicher Vorsorge selbst dann tun, wenn er mit der in der Lit. vertretenen Ansicht der Auffassung ist, dass ein bereits im EV erhobener Widerspruch fortwirkt (s. eingehend *Schlothauer*, S. 769 f.). Zwar spricht viel dafür, den schon vor der HV erklärten Widerspruch als Prozesserklärung bis zu deren ggf. erfolgender Rücknahme fortwirken zu lassen (*Schlothauer*, S. 769 f.). Nur: Die Rspr. des BGH ist insoweit eindeutig. Danach genügt der Widerspruch im EV gegenüber der StA nicht (BGH NStZ 1997, 502). Das zwingt dazu, den Widerspruch in der HV zu wiederholen.

☞ Auf jeden Fall **wiederholen** sollte der Verteidiger einen Widerspruch in einer neuen HV, obwohl er ihn bereits (rechtzeitig) in einer später **ausgesetzten HV** erhoben hatte (BGHSt 50, 272; s. aber OLG Stuttgart StV 2001, 388 [wonach der frühere Widerspruch fortwirkt]; zu allem auch *Kudlich* HRRS 2011, 114).

Ein präventiv erhobener Widerspruch kann später **zurückgenommen** werden (BGHSt 42, 15; OLG Stuttgart StV 2001, 388, 389; *Meyer-Goßner/Schmitt/Appl* StraFo 1998, 262).

d) Fraglich ist, wie mit den Fällen umzugehen ist, in denen bei der Erhebung des Beweises die Frage eines ggf. erforderlichen **Widerspruchs** sich zunächst nicht gestellt, sondern sie sich erst aus dem Verlauf der **weiteren HV ergeben** hat, weil z.B. sich erst dann herausgestellt hat, dass der Angeklagte vor seiner polizeilichen Vernehmung nicht ordnungsgemäß belehrt worden ist. Widerspricht der Verteidiger erst dann, ist der Widerspruch nach der Rspr. des BGH (vgl. BGHSt 39, 349, 352) dennoch zu spät, obwohl zum Zeitpunkt der Erhebung des Beweises überhaupt kein Anlass für einen Widerspruch bestanden hat. Gerade in solchen Konstellationen wird man entweder einen entsprechenden Hinweis des Vorsitzenden auf die Möglichkeit des Widerspruchs, und zwar auch beim verteidigten Angeklagten, für erforderlich halten müssen (s. wohl a. *Scheffler*, in: HBStrVf, Kap. VII Rn 654). Eine andere Möglichkeit ist die auch von *Scheffler* (a.a.O.) vertretene Auffassung, § 25 Abs. 2 entsprechend anzuwenden und einen nach Auffassung der Rspr. eigentlich verspäteten Widerspruch als rechtzeitig anzuerkennen, sofern er unverzüglich erfolgt, wenn die Umstände, auf welche der Widerspruch gestützt wird, erst später eintreten.

3446

☞ Der Verteidiger wird sich die letztere Ansicht zu eigen machen und auf der Grundlage auch einen an sich „**verspäteten Widerspruch**" in der HV **geltend machen**. Das muss allerdings unverzüglich geschehen. Dabei sollte der Verteidiger darauf hinweisen, dass dieser Widerspruch nicht verspätet ist, sondern er bis dahin, da ein BVV überhaupt nicht im Raum stand, nicht geltend gemacht werden konnte/musste und er jetzt rechtzeitig in dem Zeitpunkt, in dem er erstmals geltend gemacht werden kann, auch erhoben wird.

Darüber hinaus sollte, so lange nicht alle Fragen der Verwertbarkeit geklärt sind, auch der → *Entlassung von Zeugen und Sachverständigen*, Rdn 1428, zunächst nicht zugestimmt werden, um sich, da deren Vernehmung erst mit der Entlassung beendet ist, möglichst lange noch die Möglichkeit zur Erklärung und damit die Möglichkeit des Widerspruchs im Rahmen einer erst dann abzugebenden Erklärung nach § 257 zu erhalten. Hat der Verteidiger der Entlassung vorschnell zugestimmt, muss auf jeden Fall unverzüglich Widerspruch erhoben werden.

3. Hinweise für den Verteidiger!

Über die o.a. Hinweise hinaus muss der Verteidiger noch auf Folgendes **achten**:

3447 **a)** Wird der Widerspruch (erst in der HV) erhoben, muss der Verteidiger versuchen zu erreichen, dass **nicht** mit der „**verbotenen**" **Beweiserhebung begonnen** wird, also z.B. mit der Vernehmung des Vernehmungsbeamten über ein vom Angeklagten abgelegtes Geständnis, um in deren Verlauf dann erst auch die Frage des BVV zu klären (s.a. StrafPrax-*Gatzweiler/Mehle*, § 10 Rn 199). Diese Vorgehensweise hat nämlich im Zweifel erhebliche **suggestive** Auswirkungen, insbesondere auf die Schöffen. Der Verteidiger muss daher darauf drängen (§ 238 Abs. 2!), dass die mit dem BVV zusammenhängenden Fragen vorab geklärt werden. Es ist also z.b. der Vernehmungsbeamte zunächst (nur) darüber zu vernehmen, ob der Beschuldigte ausreichend belehrt worden ist. Erst wenn das geklärt ist, kann ein Geständnisprotokoll verlesen oder der Vernehmungsbeamte weiter zum Inhalt einer Vernehmung vernommen werden.

3448 Der Verteidiger muss auch **jeder** (verbotenen) **Beweiserhebung** widersprechen. Sollen also z.B. mehrere Vernehmungsbeamte vernommen werden, ist der Vernehmung jedes Einzelnen – vorab – zu widersprechen (BGHSt 39, 349 ff.; BGH NStZ 2004, 389). Der BGH (a.a.O.) sieht zwar einen beweisthemenbezogenen Widerspruch als möglich/zulässig an. Aus Gründen der Klarheit und aus anwaltlicher Vorsorge sollte der Verteidiger jedoch grds. nur einen beweismittelbezogenen Widerspruch einlegen (zum Verwertungswiderspruch s. Rdn 3452). Auch dem **Vorhalt** eines unverwertbaren Beweismittels muss der Verteidiger widersprechen; zum Vorhalt allgemein → *Vorhalt an Zeugen*, Rdn 3416; → *Vorhalt aus und von Urkunden*, Rdn 3427.

⚜ Eine die Beweiserhebung trotz des Widerspruchs anordnende Entscheidung des Vorsitzenden muss der Verteidiger nach **§ 238 Abs. 2** beanstanden und damit den für die Revision erforderlichen Gerichtsbeschluss herbeiführen.

3449 **b)** Der Verteidiger muss den Widerspruch **begründen**.

⚜ Das ist, nachdem der BGH nur noch einen „**spezifizierten**" **Widerspruch** ausreichend sein lässt, auf jeden Fall erforderlich (vgl. dazu BGHSt 52, 38; 52, 48; s.a. aus der Rspr. der OLG – weitgehend in Zusammenhang mit Geltendmachung eines BVV wegen Verletzung des Richtervorbehalts bei der Blutentnahme – OLG Hamm NJW 2011, 468; OLG Hamm StV 2009, 459; 2009, 462; OLG Schleswig SchlHA 2011, 276 [Dö/Dr.]). Es darf danach nicht einfach nur überhaupt widersprochen werden. Erforderlich ist vielmehr eine konkrete/„spezifizierte" Begründung des Widerspruchs. Diese muss die Angriffsrichtung erkennen lassen bzw. muss sich aus ihr ergeben, warum das Beweismittel, dessen Verwendung gerügt wird, unverwertbar sein soll (BGH, a.a.O.). Dadurch wird der Prüfungsumfang des Tatgerichts begrenzt (eingehend zur

Begründung des Widerspruchs *Graf von Schlieffen*, S. 801, 806; abl. zum Begründungserfordernis *Bauer* StV 2011, 635).

Ob der **Widerspruch teilbar** ist, der Angeklagte also ihn begünstigende Umstände gegen sich gelten lassen will und er sich nur gegen die Verwertung von belastenden wehrt, ist zumindest **fraglich** (vgl. dazu *R. Hamm* NJW 1996, 2187; s. aber a. *ders.* StraFo 1998, 361; *Nack* StraFo 1999, 366; *Roxin/Schäfer/Widmaier* StV 2006, 655; → *Beweisverwertungsverbote*, Rdn 1018). Der BGH hat die Frage – bezogen auf denselben Beschuldigten – bislang offengelassen (vgl. NStZ 2008, 706), aber darauf hingewiesen, dass die Annahme eines „gespaltenen Beweisverwertungsverbotes" fernliege.

3450

Fraglich waren die mit einer ggf. gegebenen **Drittwirkung** zusammenhängenden Fragen, die der BGH in BGHSt 38, 214 offengelassen hatte/offenlassen konnte (wegen der Einzelh. *R. Hamm* NJW 1996, 2189). Er hat jetzt allerdings die Frage, ob ein ggf. für den Angeklagten wirkendes BVV von einem Mitangeklagten zu seiner Entlastung geltend gemacht werden kann, verneint (vgl. BGHSt 53, 191; → *Beweisverwertungsverbote*, Rdn 1018; s.a. *Basdorf* StV 1997, 492).

3451

c) Fraglich ist auch, ob ein gesonderter (zweiter) sog. **Verwertungswiderspruchs** im Anschluss an Erhebung des kontaminierten Beweises, also z.B. im Anschluss an die Vernehmung der Vernehmungsperson, erforderlich ist. Der BGH hat das in seiner Rspr. ausdrücklich verneint (vgl. BGHSt 60, 38 m. Anm. *Deutscher* StRR 2015, 23). Zur Begründung hat er darauf hingewiesen, dass nach der Rspr. des BGH der Widerspruch nämlich grds. auch umfassend vorab erklärt werden kann (vgl. oben Rdn 3448) und in diesem Fall der Verteidiger ihn nach Abschluss der Beweisaufnahme nicht noch einmal ausdrücklich wiederholen muss (vgl. BGH NStZ 2004, 389; NJW 2013, 2769, 2771 f., insoweit nicht in BGHSt 58, 301; KK-*Diemer*, § 136 Rn 28).

3452

Im Hinblick darauf, dass der GBA im Verfahren BGH NJE 2015, 265 die Erhebung einer Verwertungswiderspruchs als erforderlich angesehen hat, sollte der Verteidiger **vorsorglich** einen solchen **erheben**.

d) Der Verteidiger muss darauf achten, dass die mit dem Widerspruch zusammenhängenden Verfahrensvorgänge, insbesondere der **Widerspruch** in das → *Protokoll der Hauptverhandlung*, Rdn 2092, aufgenommen werden. Das gilt auf jeden Fall dann, wenn der Widerspruch erstmals in der HV erhoben wird und ist m.E. i.Ü. unabhängig von der Frage, ob es sich bei dem Widerspruch um eine Bewirkungshandlung und damit um eine wesentliche Förmlichkeit der HV handelt oder nicht (s. dazu BayObLG NJW 1997, 404; OLG Celle StV 1997, 68; offengelassen von BGH NJW 1997, 2893; *Leipold* StraFo 2001, 302; a.A. insoweit *Schlothauer*, S. 771). Auch insoweit wird schon die anwaltliche Fürsorge den Verteidiger darauf achten lassen, dass sein Widerspruch in das Protokoll aufgenommen wird.

3453

3454 e) In der **HV** können die mit einem dem Angeklagten ggf. zustehenden BVV zusammenhängenden Fragen im Wege des → *Freibeweisverfahrens*, Rdn 1562, geklärt werden (vgl. u.a. BGH NJW 2015, 265; NStZ 1997, 609). Allerdings werden, wenn z.b. der Vernehmungsbeamte im Wege des Strengbeweises über die Aussage des Angeklagten vernommen wird, i.d.R. auch die Prozesstatsachen im Wege des Strengbeweises geklärt (werden müssen). Ist eine Klärung der Frage, ob z.b. ein Polizeibeamter ausreichend belehrt hat, nicht möglich, darf nach der Rspr. des BGH der Inhalt der Aussage aber dennoch verwertet werden, Zweifel gehen grds. zulasten des Angeklagten (BGHSt 38, 214, 224; BGH NStZ 1997, 609 f.; StV 2007, 65; a.A. *Meyer-Goßner/Schmitt*, § 136 Rn 20; LR-*Gleß*, § 136 Rn 78 m.w.N.; *Bohlander* NStZ 1992, 506; *Hauf* MDR 1993, 195, jew. in der Anm. zu BGHSt 38, 214; *Wohlers* JR 2007, 126 in der Anm. zu BGH StV 2007, 65).

3455 Auch **Zweifel** über die Kenntnis des Beschuldigten von seinem Schweigerecht sind im → *Freibeweisverfahren*, Rdn 1566, zu klären. Können diese nicht behoben werden, ist allerdings bislang davon ausgegangen worden, dass der Beschuldigte sein Schweigerecht nicht gekannt hat (BGHSt 38, 214, 225; ähnlich BGH StraFo 2012, 63, 64, insoweit nicht in NStZ 2012, 345). Der BGH (StV 2007, 65) hat inzwischen auch darauf hingewiesen, dass dann, wenn keine hinreichend verlässlichen Anhaltspunkte für eine Belehrung des Beschuldigten über sein Schweigerecht im Rahmen einer polizeilichen Vernehmung vorliegen, und hinzu komme, dass ein Aktenvermerk im Sinne von Nr. 45 Abs. 1 RiStBV nicht gefertigt wurde, Äußerungen, die der Beschuldigte in dieser Vernehmung gemacht habe, nicht verwertet werden dürfen (vgl. zu den Fragen des Freibeweises und des Zweifelssatzes auch BVerfG StraFo 2009, 453, insoweit nicht in StRR 2009, 380; NJW 2012, 1136; *Artkämper* StRR 2012, 164; *Jahn* StraFo 2011, 117, 124).

> ✍ Bei der Vernehmung eines Polizeibeamten/Richters zur Frage, ob der Angeklagte ordnungsgemäß und **ausreichend belehrt** worden ist, muss der Verteidiger besonders darauf **achten**, dass die Voraussetzungen des §§ 136, 163a auch tatsächlich gegeben sind/waren. Er sollte sich im Zweifel nicht mit der (allgemeinen) Erklärung, es sei „korrekt belehrt" worden, zufriedengeben (s. dazu BGH NStZ 1997, 609). Wenn der Angeklagte geltend macht, er sei nicht (ausreichend) belehrt worden, muss der Verteidiger die Umstände des Einzelfalls sorgfältig darauf prüfen, ob genügend Anhaltspunkte vorhanden sind, die ggf. dafür sprechen könnten, dass der Mandant belehrt worden ist.

3456 f) Sieht man Angeklagten und Verteidiger als verpflichtet an, ggf. Widerspruch gegen einzelne Beweiserhebungen einzulegen, ist es m.E. nur folgerichtig, vom Gericht zu verlangen, über diesen Widerspruch durch (begründeten) **Beschluss** in der HV so rechtzeitig zu entscheiden, dass der Angeklagte sich auf die Auffassung des Gerichts einstellen kann (so wohl a. *Basdorf* StV 1992, 491; *Kaufmann* NStZ 1998, 475 in der Anm. zu BGH NStZ 1997, 609). Das dürfte sich zumindest aus dem Grundsatz des „fair-trial" ergeben

(s. aber BGHSt 43, 212; → *Erklärungen des Verteidigers*, Rdn 1451). Das sieht die obergerichtliche Rspr. inzwischen aber wohl anders. Der BGH hat in einem Beschl. v. 16.8.2007 (NStZ 2007, 719) darauf hingewiesen, dass auch unter dem Gesichtspunkt „fairer Verfahrensgestaltung" ein **Zwischenbescheid**, in dem sich das Gericht zur Frage eines BVV äußert, nicht vorgesehen sei. Dem ist das BVerfG in seinem Beschl. v. 16.3.2009 (2 BvR 2025/07, HRRS 2009 Nr. 467) beigetreten. Der BGH (a.a.O.) weist aber ausdrücklich darauf hin, dass ein solcher Zwischenbescheid „nicht unzulässig" sei. Daher sollte der Verteidiger ihn auf jeden Fall **anmahnen** (krit. zur Rspr. des BGH *Graf von Schlieffen*, S. 801, 813 f., der zu Recht empfiehlt nach wie vor über § 238 Abs. 2 vorzugehen).

4. Der „übergegangene" Widerspruch gegen eine als unzulässig angesehene Beweiserhebung ist in der **Revision** mit der **Verfahrensrüge** geltend zu machen. Es gelten also die strengen Anforderungen des § 344 Abs. 2 S. 2 (→ *Revision, Begründung, Verfahrensrüge*, Rdn 2322). In der Revisionsbegründung ist daher u.a. eindeutig und unmissverständlich vorzutragen, dass in der HV der Verwertung des Beweismittels widersprochen worden ist (vgl. z.B. BGH, Urt. v. 16.9.2013 – 1 StR 264/13). Anderenfalls ist eine Verfahrensrüge nicht hinreichend i.S.d. § 344 Abs. 2 S. 2 begründet. Hinzukommen muss dann natürlich ein Vortrag dazu, wie inhaltlich widersprochen worden ist, welche Gerichtsentscheidungen darauf ergangen sind und zu welchem Zeitpunkt widersprochen worden ist (s.u.a. OLG Celle StV 2011, 82; OLG Hamm StV 2010, 620; OLG Karlsruhe DAR 2010, 396; OLG Schleswig SchlHA 2008, 270 [Dö/Dr.]; vgl. a. *Meyer-Goßner/Schmitt*, § 136 Rn 27 m.w.N.; KK-*Diemer*, § 136 Rn 30).

3457

Siehe auch: → *Beweisverwertungsverbote*, Rdn 1018; → *Revision, Allgemeines*, Rdn 2211 m.w.N.; → *Rügeverlust*, Rdn 2424; → *Verwirkung von Verteidigungsrechten*, Rdn 3262.

Wiedereintritt in die Beweisaufnahme

3458

Literaturhinweise: **Bleicher**, Das „letzte Wort" (§ 258 Abs. 2 StPO)Echte Einwirkungsmöglichkeit des Angeklagten, (nur) Stolperstein für die Instanzgerichte oder (letzte) Chance im Revisionsverfahren?, StRR 2013, 404; **Rübenstahl**, Der „Wiedereintritt in die Verhandlung" und die erneute Erteilung des letzten Worts (zur Auslegung von § 258 Abs. 2, Abs. 3 StPO). Zugleich Anmerkung zu BGH, Beschl. v. 17.2.2003 – 2 StR 443/02 –, GA 2004, 33; **Schlothauer**, Wiedereröffnung der Hauptverhandlung und letztes Wort, StV 1984, 134; s.a. die Hinw. bei → *Letztes Wort des Angeklagten*, Rdn 1848.

3459

1. Die Frage, ob das Gericht nach dem → *Schluss der Beweisaufnahme*, Rdn 2473, noch einmal in die Beweisaufnahme eingetreten ist, ist bedeutsam für das → *Plädoyer des Verteidigers*, Rdn 2017, und für das → *Letzte Wort des Angeklagten*, Rdn 1848. Denn beide dürfen nach erneutem Schluss der Beweisaufnahme ohne Rücksicht auf Umfang und Bedeutung der Weiterverhandlung **abermals** das **Wort ergreifen**. Ob das immer auch gilt, wenn es sich um einen den Mitangeklagten betreffenden Vorgang handelt, wie z.B. die Verkündung/

3460

Invollzugsetzung eines HB, hat der BGH (StV 1997, 339) offengelassen (vgl. aber BGH StV 2011, 339 für Aufhebung eines HB). M.E. wird man von einem Wiedereintritt in diesen Fällen dann ausgehen können/müssen, wenn durch die den Mitangeklagten betreffende Entscheidung auch die Verteidigungsposition des anderen Angeklagten betroffen ist (s.a. BGH, a.a.O.).

> Die **Revision** kann darauf gestützt werden, § 258 sei dadurch verletzt, dass nach einem Wiedereintritt in die Beweisaufnahme dem Verteidiger/dem Angeklagten nicht nochmals Gelegenheit zum Plädoyer bzw. zum letzten Wort gegeben worden ist. Das Urteil muss aber auf dem Verstoß **beruhen** (s. dazu BGH StraFo 2009, 333; NStZ-RR 1998, 15; KK-*Ott*, § 258 Rn 37 m.w.N.; s.a. BGH StV 2000, 296). Zum erforderlichen Revisionsvorbringen gehören genaue Angaben zum **Ablauf** der HV (BGH NStZ 1990, 230 [M]).
> Für die Revision ist eine vorherige Anrufung des Gerichts nach **§ 238 Abs. 2 nicht** erforderlich (BGHSt 21, 288; vgl. i.Ü. *Meyer-Goßner/Schmitt*, § 258 Rn 33 m.w.N.).

3461 2.a) Grds. liegt ein Wiedereintritt in die Beweisaufnahme schon immer dann vor, wenn der **Wille** des Gerichts zum **Weiterverhandeln** in Erscheinung getreten ist (KK-*Ott*, § 258 Rn 24). Das gilt vor allem, wenn eine **Prozesshandlung** vorgenommen wurde, die in den Bereich der Beweisaufnahme gehört und/oder Einfluss auf die gerichtliche Entscheidung haben könnte (vgl. z.B. BGH NStZ 2005, 395; StV 2010, 227; NStZ-RR 2014, 15; BGH NStZ 2015, 105 m. Anm. *Grube* StRR 2014, 494; BayObLG NJW 1957, 1289). Wiedereintritt in die Beweisaufnahme ist also gleichbedeutend mit Wiedereröffnung der Verhandlung (BGH NStZ 1993, 551; vgl. a. *Schlothauer* StV 1984, 134; *Bleicher* StRR 2013, 404407). Ein Wiedereintritt in die Beweisaufnahme mit der Verpflichtung, dem Angeklagte (erneut) das letzte Wort zu erteilen, besteht nur dann nicht, wenn nach dem letzten Wort ausschließlich Vorgänge erörtert werden, die auf die gerichtliche Entscheidung keinen Einfluss haben können (BGH NStZ-RR 2014, 15). Wird nur zu einem Teil der Anklagevorwürfe erneut in die HV eingetreten, muss dennoch insgesamt erneut das letzte Wort erteilt werden (BayObLG StV 2002, 240 [Ls.]).

> Ein Wiedereintritt in die Beweisaufnahme setzt keinen Gerichtsbeschluss oder eine sonstige ausdrückliche Anordnung voraus, sondern kann **auch stillschweigend** geschehen (LR-*Stuckenberg*, § 258 Rn 4 ff.; *Meyer-Goßner/Schmitt*, § 258 Rn 28; BGH NStZ 2015, 105; OLG Hamm, Beschl. v. 8.1.2014 – 2 RBs 115/13).

3. **Hinzuweisen** ist auf folgende **Rechtsprechungsbeispiele**:

3462 **Wiedereintritt** liegt vor

- ein **Antrag**, die Beweisaufnahme wieder zu eröffnen, ist **abgelehnt** worden (BayObLG NJW 1957, 1289),

Wiedereintritt in die Beweisaufnahme W

- ein **Beweis-** oder **Aussetzungsantrag ist abgelehnt** worden (vgl. u.a. BGH StV 1993, 344; StraFo 2014, 251; OLG Hamm, Beschl. v. 8.1.2014 – 2 RBs 115/13; vgl. wegen weit. Nachw. *Meyer-Goßner/Schmitt*, § 258 Rn 29),
- das Gericht prüft (unter Einschluss der Schöffen) die **Erfolgsaussicht** eines **Adhäsionsantrags** des Nebenklägers und gewährt dann PKH (BGH NStZ-RR 2014, 15),
- nach Vergleichsschluss im **Adhäsionsverfahren** wird nach dem letzten Wort des Angeklagten von diesem ein **Teilbetrag** des Vergleichsbetrages **gezahlt** und danach dann das Urteil verkündet (BGH NStZ 2015, 105),
- **Entgegennahme** und Protokollierung einer **Einverständniserklärung** des Angeklagten hinsichtlich der außergerichtlichen **Einziehung** sichergestellter Gegenstände (BGH StV 2010, 227; OLG Brandenburg NStZ 2008, 586),
- der eine **Entlastungszeugin** betreffende **Bundeszentralregisterauszug** ist verlesen worden (BayObLG StV 2002, 240 [Ls.]),
- ein Mitangeklagter hat sich mit der **außergerichtlichen Einziehung** sichergestellter Gegenstände **einverstanden** erklärt (OLG Hamm StV 2001, 264),
- ein **Einstellungsbeschluss** nach den §§ 153 ff. ist erlassen worden (BGH NStZ 1983, 469; offengelassen in BGH NJW 1985, 1479 f.; NStZ 1990, 228 [M]),
- ein **HB** ist **erlassen** (BGH StV 2002, 234; NStZ-RR 2002, 71 [Be]) oder (nur gegen einen Mitangeklagten) **aufgehoben** worden (BGH StV 2011, 339), über einen Antrag auf **Invollzugsetzung** eines HB (BGH NStZ 1986, 470; StV 1997, 339) oder auf **Haftentlassung** ist **entschieden** worden (BGH NStZ 1984, 376; StraFo 2009, 333), ein **Haftbeschwerdebeschluss** wird **verlesen**, der zuvor weder den Schöffen noch dem Angeklagten sicher persönlich bekannt gegeben worden ist (BGH NStZ 2009, 225), oder die StA hat einen **Antrag** auf **Haftfortdauer** gestellt (BGH StraFo 2009, 109),
- das Gericht gibt durch eine Entscheidung zu erkennen, dass es sich der **Bewertung** des **Beweisergebnisses** durch einen anderen Verfahrensbeteiligten anschließt (BGH StV 1997, 339; StraFo 2009, 333, jew. für Haftentscheidung),
- es ist allgemein mit der **Haftfrage** die „Sach- und Rechtslage" erörtert worden (BGH StV 1992, 551),
- das Gericht hat einen **(Hilfs-)Beweisantrag entgegengenommen** und der StA hat dazu Stellung genommen (OLG Celle StV 1985, 7; s.a. u. Rdn 3463),
- der Verteidiger hat einen zuvor gestellten (Hilfs-)Beweisantrag **erläutert** (BGH NStZ-RR 1999, 260 [K]),
- **Beweisanträge** (der StA) sind **verlesen** und **erörtert** worden und es ist angekündigt worden ist, diese zu **beraten** (BGH NStZ 2005, 395), wobei die entgegenstehende Auffassung des Vorsitzenden, die im Protokoll niedergelegt worden ist, unbeachtlich ist (BGH NStZ 2004, 505, 507),
- das Verfahren gegen einen **Mitangeklagten** ist **abgetrennt** worden (BGH StV 1984, 233; NStZ 1988, 512),

1485

- ggf. wenn der Verteidiger eines Mitangeklagten auf das letzte Wort eines (**Mit-)Angeklagten erwidert** hat (offengelassen von BGHSt 48, 181; zust. *Rübenstahl* GA 2004, 33),
- dem zugelassenen **Nebenkläger** ist Gelegenheit zur Äußerung gegeben worden, auch wenn dieser keinen Antrag gestellt hat (OLG Düsseldorf StraFo 2000, 193),
- ein sog. **rechtlicher Hinweis** nach § 265 Abs. 1 ist erteilt oder auf die rechtliche Möglichkeit einer Nebenfolge (§§ 45 ff. StGB) hingewiesen worden (u.a. BGH NStZ 2010, 650; 2013, 612 m. Anm. *Ferber*; StV 1998, 530; vgl. wegen weit. Einzelh. die Nachw. bei *Meyer-Goßner/Schmitt*, § 258 Rn 29),
- die **Sach-** und **Rechtslage** wird mit den Verfahrensbeteiligten erneut **erörtert** (BGH NStZ 2012, 587; vgl. auch BGH StV 1992, 551),
- eine **Urkunde** – nicht unbedingt zu Beweiszwecken – ist **verlesen** worden (BGH NStZ 1983, 357 [Pf/M]),
- **Verfahrensteile** sind **abgetrennt** worden (BGH StV 1983, 232),
- ein Beschluss über die **vorläufige Entziehung** der **Fahrerlaubnis** wird verkündet (OLG Düsseldorf NStZ-RR 2014, 16),
- nach dem → *Letzten Wort des Angeklagten*, Rdn 1848, werden die **persönlichen Verhältnisse** erörtert (BGH NStZ 2003, 371).

3463 **Kein Wiedereintritt** liegt vor

- ein **Ablehnungsgesuch** ist als **unzulässig verworfen** worden (KK-Ott, § 258 Rn 30; offengelassen in BGH NStZ 1985, 464),
- im Fall der **Abtrennung** des Verfahrens gegen einen Mitangeklagten, um einem von diesem gestellten Hilfsbeweisantrag nachgehen zu können, wenn das Verfahren gegen den Mitangeklagten die Taten des Angeklagten nicht berührt (BGH NStZ 2009, 50),
- der Vorsitzende trifft vor der → *Urteilsverkündung*, Rdn 2761, eine **Anordnung** nach **§ 231 Abs. 1 S. 2**, nachdem der StA in seinem Plädoyer den Erlass eines HB beantragt hat (BGH NStZ 2006, 650),
- der StA weigert sich, einer **Einstellung** nach § 153 **zuzustimmen** (OLG Hamm VRS 23, 54),
- es kommt zu einer **Teileinstellung** nach § 154 Abs. 2 unmittelbar vor der Urteilsverkündung (BGH NJW 2001, 2109 m.w.N.), und zwar selbst dann, wenn dabei mittelbar über einen **Hilfsbeweisantrag mitentschieden** worden ist (offengelassen noch von BGH NStZ 1999, 257 m.w.N.; krit. dazu *Julius* NStZ 2002, 104; *Berger* JR 2002, 120, jew. in den Anm. zu BGH, a.a.O.; m.E. dürfte entscheidend sein, inwieweit durch die Einstellung das Verteidigungsvorbringen des Angeklagten unterlaufen wird; zuletzt für § 154a offen gelassen von BGH StRR 2012, 461 m. Anm. *Bleicher*),
- auf einen Antrag der StA, einen **HB** wieder in Vollzug zu setzen, wird vom Vorsitzenden erklärt, „die **Entscheidung** bleibe der nächsten Hauptverhandlung vor-

behalten" (BGH StV 1997, 339 [für Mitangeklagten offengelassen]; s. aber a. BGH StraFo 2009, 333),
- ein **Hilfsbeweis-** oder **Beweisantrag** nach Beginn der Urteilsverkündung ist **bloß entgegengenommen** worden (st. Rspr.; zuletzt BGH NStZ 2004, 505; s.a. BGH NStZ-RR 1998, 261 [K; Vermerk im Protokoll, dass in die HV nicht wieder eingetreten werden soll]; s. aber a. BGH NStZ 2005, 395),
- bei Abgabe einer sog. Negativmitteilung nach § 243 Abs. 4 (BGH, Besch. v. 9.6.2015 – 1 StR 198/15; → *Mitteilung über Erörterungen zur Verständigung*, Rdn 1866),
- der Vorsitzende hat den Angeklagten veranlasst, sein **letztes Wort** zu **ergänzen**, ohne damit wieder in eine förmliche Vernehmung einzutreten (*Meyer-Goßner/Schmitt*, § 268 Rn 30 m.w.N. auf n.v. BGH-Rspr.),
- mehrere Strafsachen werden zur gemeinsamen Verkündung einer Entscheidung **verbunden**, wenn lediglich noch die Urteilsverkündung aussteht (BGH NStZ-RR 2001, 241),
- nur die → *Verhandlungsfähigkeit*, Rdn 2878, des Angeklagten ist erörtert worden (BGH NStZ 1990, 228 [M; zw.]),
- ein **Zeuge** hat unaufgefordert Erklärungen abgegeben, auf die niemand eingegangen ist (KK-*Ott*, § 258 Rn 25).

Siehe auch: → *Letztes Wort des Angeklagten*, Rdn 1848.

Wiedereinsetzung in den vorigen Stand

Das Wichtigste in Kürze:
1. Nach § 44 Abs. 1 ist demjenigen, der ohne Verschulden verhindert war, eine Frist einzuhalten, auf Antrag Wiedereinsetzung in den vorigen Stand (im Folgenden Wiedereinsetzung) zu gewähren.
2. Wiedereinsetzung kommt nur bei Versäumung einer Frist i.S.d. § 44 in Betracht.
3. Die (Rechtsmittel-)Frist muss ohne eigenes Verschulden des zur Fristwahrung Verpflichteten, i.d.R. also des Angeklagten, versäumt worden sein.
4. Die Wiedereinsetzung wird in einem besonderen Verfahren, das in den §§ 45, 46 geregelt ist, gewährt.
5. Durchbricht die Wiedereinsetzung die Rechtskraft einer Entscheidung, gilt § 47 Abs. 3.

Literaturhinweise: **Allgaier**, Postalische Briefverzögerung im Rechtsverkehr – Rechtliche Bedeutung der Brieflaufzeiten, JurBüro 2012, 396; **Bernd**, Neue Tendenzen im Recht der Wiedereinsetzung zur Nachholung von Verfahrensrügen, StraFo 2003, 112; **Burhoff**, Wiederaufleben von Zwangsmaßnahmen bei Rechtskraftdurchbrechung, StRR 2007, 15; *ders.*, Die Abrechnung (förmlicher/formloser) Rechtsbehelfe im Straf- und

Bußgeldverfahren, StRR 2012, 172; *ders.*, Die Abrechnung förmlicher und formloser Rechtsbehelfe in Straf- und Bußgeldverfahren, RVGreport 2013, 213; **Büttner**, Die Wiedereinsetzung in den vorigen Stand, 1996; **Fromm**, Wiedereinsetzung in den vorigen Stand im Bußgeldverfahren, DV 2014, 83; **Meyer-Goßner**, Wiedereinsetzung in den vorigen Stand und Rechtsmittel, in: Festschrift für *Rainer Hamm* zum 65. Geburtstag, S. 443; **Mosbacher**, Freiheit durch Säumnis: Keine Haftfortdauer bei Wiedereinsetzung, NJW 2005, 3110; **Müller**, Die Rechtsprechung des BGH zur Wiedereinsetzung in den vorigen Stand, NJW 2000, 322; **Prechtel**, Die Wiedereinsetzung in der Praxis, ZAP F. 13, S. 1335; **Roth**, Wiedereinsetzung nach Fristversäumnis wegen Belegung des Telefaxgerätes des Gerichts, NJW 2008, 785; **Schmidt**, Über Glaubhaftmachung im Strafprozeß, SchlHA 1981, 73; **Sommer**, Verteidigung bei Versäumung von Fristen – insbesondere die Wiedereinsetzung in den vorigen Stand –, Teil 1: StRR 2008, 88; *ders.*, Verteidigung bei Versäumung von Fristen – insbesondere die Wiedereinsetzung in den vorigen Stand –, Teil 2: StRR 2008, 168.

3466 **1.a)** Nach § 44 Abs. 1 ist demjenigen, der ohne Verschulden verhindert war, eine Frist einzuhalten, auf Antrag Wiedereinsetzung in den vorigen Stand (im Folgenden Wiedereinsetzung) zu gewähren. Die Wiedereinsetzung ist **kein Rechtsmittel**, sondern ein förmlicher Rechtsbehelf anderer Art, da mit ihm nicht die Nachprüfung einer Entscheidung begehrt wird.

3467 **b)** Die Wiedereinsetzung hat (im gerichtlichen Strafverfahren) praktische Bedeutung, wenn es um die Einlegung von **befristeten Rechtsmitteln** geht. Das ist also insbesondere bei der Berufung bzw. der Revision der Fall. Außerdem kommt die Wiedereinsetzung in Betracht, wenn eine HV ohne den Angeklagten stattgefunden hat (vgl. z.B. § 329 Abs. 3; → *Berufungsverwerfung wegen Ausbleibens des Angeklagten*, Rdn 719; → *Verhandlung ohne den Angeklagten, Wiedereinsetzung und Berufung*, Rdn 2871) bzw. nach § 74 Abs. 3 OWiG nach Verwerfung des Einspruchs gegen den Bußgeldbescheid wegen Ausbleibens des Betroffenen in der HV des OWi-Verfahrens (→ *Bußgeldverfahren, Besonderheiten der Hauptverhandlung*, Rdn 1200). Darüber hinaus sind auch im gerichtlichen Verfahren – ebenso wie im EV – i.d.R. keine befristeten Rechtsmittel einzulegen (s. aber § 28 Abs. 2 [→ *Ablehnungsverfahren*, Rdn 89]). Wenn dem Beschuldigten wegen § 305 S. 1 überhaupt ein Rechtsmittel zur Verfügung steht, ist das meist die „einfache" → *Beschwerde*, Rdn 770, nach § 304 (vgl. dazu *Burhoff*, EV, Rn 911). Deshalb soll an dieser Stelle nur ein Überblick über die Wiedereinsetzung gegeben werden. Wegen der Einzelheiten wird verwiesen auf Burhoff/Kotz/*Burhoff*, RM, Teil B Rn 1815 ff.; *Büttner*, Die Wiedereinsetzung in den vorigen Stand; *Müller* NJW 2000, 322 mit Hinw. auf frühere Rspr.-Übersichten und *Sommer* StRR 200, 88 und 168, für die Wiedereinsetzung im OWi-Verfahren auf Burhoff/*Burhoff*, OWi, Rn 4515 ff. Zur **Abrechnung** der im Wiedereinsetzungsverfahren erbrachten Tätigkeiten s. *Burhoff* StRR 2012, 172 und RVGreport 2013, 213.

⚐ Nach der Rspr. des BVerfG (vgl. u.a. NJW 2005, 3629 m.w.N.; StRR 2009, 162 [Ls.]) gehört der Wiedereinsetzungsantrag zur sog. **Erschöpfung** des **Rechtsweges.** Kann also mit einem Rechtsmittel, für das Wiedereinsetzung in den vorigen Stand zu gewähren ist, erreicht werden, dass fachgerichtlicher Rechtsschutz gewährt wird, muss zunächst dieser Weg beschritten werden, bevor Verfassungsbeschwerde erhoben werden.

✍ Durch einen Wiedereinsetzungsantrag wird die Rechtskraft und damit die Vollstreckung einer gerichtlichen Entscheidung nicht aufgehoben. Nach § 47 kann das Gericht aber einen **Aufschub** der **Vollstreckung** anordnen.

2. Wiedereinsetzung kommt nur bei **Versäumung** einer **Frist** i.S.d. § 44 in Betracht. Das sind, wie die §§ 45, 46 zeigen, prozessuale, notwendigerweise bei Gericht wahrzunehmende Pflichten, gleichgültig, ob sie gesetzliche oder richterliche, ursprüngliche oder verlängerte Fristen sind (*Meyer-Goßner/Schmitt*, § 44 Rn 3). § 44 gilt daher **nicht** für die Fristen nach §§ 6a S. 3, 16 S. 3, 222a, 222b (→ *Zuständigkeit des Gerichts*, Rdn 3610; → *Besetzungseinwand*, Rdn 791). Auch eine Wiedereinsetzung gegen die Frist zur Wahl des endgültigen Rechtsmittels, nachdem zunächst nur ein unbestimmtes Rechtsmittel eingelegt worden ist, ist ausgeschlossen (vgl. zuletzt OLG München wistra 2009, 327; OLG Naumburg StraFo 2009, 388; → *Rechtsmittel, unbestimmtes Rechtsmittel*, Rdn 2186).

3468

Über den **Wortlaut** der §§ 44 ff. **hinaus** wird demjenigen Wiedereinsetzung gewährt, der zwar keine Frist versäumt hat, aber zu Unrecht so behandelt worden ist (vgl. *Meyer-Goßner/ Schmitt*, § 44 Rn 2 m.w.N.; so jetzt zuletzt auch KG StraFo 2011, 43). Mit einem Wiedereinsetzungsantrag kann jedoch **nicht** versucht werden, **Zulässigkeitsmängel** von fristgemäß gestellten Anträgen nachträglich zu heilen (zuletzt BGH StV 2013, 552 m. Anm. *Burhoff* StRR 2012, 462; Beschl. v. 6.5.2014 – 3 StR 265/13; KG JurBüro 2015, 43). Es kann also mit einem Wiedereinsetzungsantrag z.B. nicht geltend gemacht werden, den Angeklagten treffe an den Mängeln einer Verfahrensrüge (§ 344 Abs. 2 S. 2) kein Verschulden.

3469

✍ Ist vom **Tatgericht** die **Revision** nach § 346 Abs. 1 **verworfen** worden, sollte der Verteidiger aus Gründen der anwaltlichen Vorsorge neben einem Wiedereinsetzungsantrag immer auch einen Antrag nach § 346 Abs. 2 stellen (vgl. dazu → *Revision, Antrag auf Entscheidung des Revisionsgerichts*, Rdn 2222).

3.a) Die (Rechtsmittel-)Frist muss **ohne eigenes Verschulden** des zur Fristwahrung Verpflichteten, i.d.R. also des Angeklagten, versäumt worden sein (wegen der Einzelh. s. *Meyer-Goßner/Schmitt*, § 44 Rn 10; Burhoff/Kotz/*Burhoff*, RM, Teil B Rn 1861 ff.; *Sommer* StRR 2008, 90 ff., jew. m.w.N.). Die Frist beginnt mit der Zustellung (zum Beweiswert einer Postzustellungsurkunde s. OLG Düsseldorf NJW 2000, 2831; OLG Hamm VRS 101, 439, jew. m.w.N.; → *Zustellungsfragen*, Rdn 3620).

3470

✍ Es liegt keine „Verhinderung" i.S.d. § 44 vor, wenn von einem Rechtsbehelf **bewusst kein Gebrauch** gemacht wird (u.a. BGH NStZ 2001, 130; 2012, 652; NStZ-RR 2012, 285 [Ls.] m.w.N.; OLG Hamm, Beschl. v. 9.9.2014 – 5 RVs 67/14), und zwar auch dann nicht, wenn nach Beratung durch den Verteidiger die Erfolgsaussichten des Rechtsmittels möglicherweise falsch eingeschätzt werden (u.a.

BGH NStZ 2012, 652 m.w.N.; OLG Hamm, a.a.O.) oder ein Rechtsmittel bereits wirksam zurückgenommen worden ist (BGH NStZ-RR 2013, 381).

3471 Die Frist ist dann unverschuldet versäumt, wenn der Betroffene die ihm persönlich zumutbare und **gebotene Sorgfalt beachtet** hat (*Meyer-Goßner/Schmitt*, § 44 Rn 11 ff. m.w.N. aus der Rspr.; Burhoff/Kotz/*Burhoff*, RM, Teil B Rn 1861 ff.). Die Rspr. zum „Verschulden" ist unüberschaubar (vgl. dazu eingehend a. *Sommer* StRR 2008, 88, 90). Daher kann dazu hier nur ein Überblick gegeben werden (vgl. auch *Sommer* StRR 2008, 88, 91 ff. m.w.N.; zur Wiedereinsetzung in den vorigen Stand zur Nachholung einer Verfahrensrüge Burhoff/*Junker*, RM, Rn 2127, vgl. auch noch BGH NStZ 2011, 160; NStZ-RR 2012, 295 [Ls.]; zuletzt BGH StraFo 2014, 333 [Wiedereinsetzung wegen Erkrankung des Verteidigers kurz vor Ablauf der Frist gewährt]; → *Revision, Begründung, Frist*, Rdn 2277).

b) Hingewiesen werden soll aber auf folgende für die **Praxis** wichtige **Rechtsprechungsbeispiele**:

3472 **Verschulden bejaht:**

- bei **unzulässiger** Vereinbarung eines Rechtsmittelverzichts durch eine **Absprache/Verständigung** s. BGHSt 50, 40 und → *Absprachen/Verständigung mit Gericht und Staatsanwaltschaft*, Rdn 137; zum früheren Recht BGHSt 45, 227 m.w.N.,
- bei **mehrwöchiger Abwesenheit** des Beschuldigten (OLG Celle StraFo 2002, 17 m.w.N.; OLG Hamm, Beschl. v. 11.5.2010 – 2 RVs 29/10 für Abwesenheit wegen mehrwöchiger Wehrübung; LG Zweibrücken NJW 1998, 3748 [Ls.]; vgl. a. BVerfG NJW 1976, 747 [nur ggf. Verschulden]), allerdings darf eine Wiedereinsetzung nicht deswegen versagt werden, weil der Betroffene wegen einer nur vorübergehenden, relativ **kurzfristigen** Abwesenheit von seiner ständigen Wohnung keine besonderen Vorkehrungen wegen der möglichen Zustellung eines Bußgeldbescheids getroffen hat (zuletzt BVerfG NJW 2013, 592 m.w.N.), wobei es auch nicht darauf ankommt, ob die urlaubsbedingte Abwesenheit in die allgemeine Ferienzeit oder eine sonstige Jahreszeit fällt,
- bei falscher **Adressierung** einer **Postsendung**, z.B. mit falscher Postleitzahl (OLG Frankfurt am Main NStZ-RR 1997, 137; OLG Hamm NStZ 2009, 472 [Ls.; Adressierung an die StA anstatt an das Gericht]; NStZ-RR 2009, 347 [Ls.]; BFH NJW 2000, 1520; s. auch OLG Düsseldorf, Beschl. v. 18.11.2013 – 15 U 172/13 [für das Zivilverfahren]),
- bei nicht oder **nicht ausreichender Frankierung** der Rechtsmittelschrift und darauf beruhendem verspätetem Eingang (OLG Hamm, Beschl. v. 22.4.2014 – 5 RVs 30/14, www.burhoff.de),
- der Verurteilte hat sich bei Versäumung der Frist des § 356a zur Einlegung der → *Anhörungsrüge*, Rdn 291, nach Kenntnis der verfahrensabschließenden Entscheidung,

durch die nach seiner Meinung sein Recht auf Gehör verletzt worden ist, nicht sofort über etwaige weitere rechtliche Möglichkeiten informiert (BGH HRRS 2006 Nr. 560),
- **Ausschöpfung** der **Rechtsmittelfristen** (BVerfG NJW 1986, 244 m.w.N.), wobei ein **Strafgefangener** nicht darauf vertrauen darf, dass an jedem Tag ein Urkundsbeamter in der Haftanstalt zur Verfügung steht, um von der Möglichkeit des § 299 Gebrauch machen zu können (KG NStZ-RR 2009, 19; vgl. auch BGH NStZ-RR 2015, 67 [Ci/Ni]), er allerdings so rechtzeitig zur Protokollierung des Rechtsmittels vorzuführen ist, dass eine Protokollierung vor Ablauf der Rechtsmittelfrist im Zuge eines ordentlichen Geschäftsgangs möglich ist (vom OLG Hamm NStZ 2011, 227 verneint bei einem Antrag, der zwei Tage vor Ablauf der Rechtsbeschwerdefrist verfasst und dessen Absendungsdatum offen ist; zum „**Sicherheitspolster**" bei Einlegung durch Fax BVerfG StRR 2014, 181 für Verfassungsbeschwerdeverfahren),
- wenn ein unter **Betreuung** Stehender von seinem Bewährungshelfer auf den zu erwartenden Zugang eines Schriftstückes aufmerksam gemacht worden ist und er sich nach Erhalt nicht rechtzeitig mit dem Bewährungshelfer zwecks Erklärung und Beratung in Verbindung gesetzt hat (OLG Brandenburg NStZ-RR 2009, 219),
- ein **Einschreiben** wird erst **einen Tag vor Ablauf** der **Frist** abgesandt, da bei dieser besonderen Versendungsart nicht von einer i.d.R. eintägigen Postlaufzeit ausgegangen werden können soll (KG NStZ-RR 2006, 142 [Postlauffrist bei Einschreiben]); OLG Frankfurt am Main NStZ-RR 2011, 116; OLG Hamm NStZ-RR 2008, 283; 2009, 347 [Ls.]; Beschl. v. 4.11.2008 – 2 Ws 328/08; OLG Schleswig SchlHA 2011, 276 [Dö/Dr]); s. aber a.A. OLG Hamm NStZ-RR 2015, 47; OLG Oldenburg NStZ-RR 2014, 113; vgl. a. OLG Stuttgart NStZ-RR 2010, 15, das davon ausgeht, dass nur im sog. Ortsbestellverkehr auf den Zugang bereits am darauffolgenden Werktag vertraut werden darf, bei Briefsendungen außerhalb des Ortsbestellverkehrs hingegen mit einer Postlaufzeit von zwei Werktagen gerechnet werden muss; s.a. BGH NStZ-RR 2012, 197 [Ci/Zi]; zur Bedeutung der Postlaufzeiten *Allgaier* JurBüro 2012, 396),
- zum – verneinten – amtlichen Verschulden, wenn ein fristgebundener Schriftsatz, also auch eine Rechtsmittelschrift, beim unzuständigen Gericht eingereicht und von diesem nur im ordentlichen Geschäftsgang weitergeleitet wird, s. KG StRR 2011, 246 (Ls.); OLG Hamm NJW 1997, 2829; StraFo 2004, 51; NStZ-RR 2008, 283; NStZ-RR 2009, 347 [Ls.]; OLG Naumburg NStZ-RR 2001, 272; vgl. zur **Rechtsmitteleinlegung** beim **unzuständigen Gericht** a. noch OLG Düsseldorf StraFo 1999, 147; NStZ-RR 2002, 216; s. dazu a. LG Karlsruhe StV 2001, 345 m.w.N. auf n.v. Rspr. des OLG Karlsruhe; bei **missverstandenen Rechtsmittelbelehrung** BGH NStZ-RR 2013, 254),
- ggf. bei **Kenntnis** von der **Unzuverlässigkeit** des **Verteidigers** (BGH NStZ-RR 2011, 115; OLG Köln StraFo 2012, 224), aber dann nicht, wenn der Betroffene selbst aufgrund Erkrankung nicht in der Lage ist, geeignete Schritte zu unternehmen (BGH, a.a.O.),

- wenn der Angeklagte bei der **Ladung** zur → *Berufungshauptverhandlung*, Rdn 628, nicht auch nach § 35a S. 2 belehrt worden ist (OLG Hamm NStZ 2014, 421 m. Anm. *Kotz* StV 2014, 227),
- bei **mangelhafter EDV-Organisation** in der Rechtsanwaltskanzlei (OLG Oldenburg NJW 2011, 2305 [Zivilrecht]),
- bei **unterlassenen Vorkehrungen** zur Sicherstellung einer **Vertretung** im Fall der Erkrankung des Rechtsanwalts (BGH NJW-RR 2014, 701 [Zivilrecht]),
- ggf. bei nicht ausreichender Fristkontrolle bei einer **elektronisch geführten Handakte** (BGH NJW 2014, 3102 m.w.N. aus der Rspr. des BGH für Zivilverfahren; BGH, Beschl. v. 27.1.2015 – II ZB 23/13),
- zur **Überwachungspflicht** bei Beauftragung eines **Dritten** mit der Fristüberwachung u.a. OLG Frankfurt am Main NJW 2001, 1589 (Ls.; Ehefrau); OLG Hamm NStZ-RR 2009, 242 (Bewährungshelfer); Beschl. v. 14.9.2009 – 2 Ss 334/09 (Verteidiger); LG Würzburg DAR 2001, 231 (Arbeitgeber),
- zur erforderlichen **Überwachung** des **Büropersonals** durch den Rechtsanwalt hinsichtlich der Eintragung von Fristen (BGH StraFo 2013, 458 für Nebenklage),
- zum möglichen Mitverschulden bei (nur) mündlicher **Rechtsmittelbelehrung** eines (ausländischen) Angeklagten (BGH NStZ-RR 2011, 100 [Ci/Zi]; OLG Dresden NStZ-RR 2002, 171; OLG Hamm NJW 2001, 3279 m.w.N.; LG Berlin NZV 2009, 51; vgl. a. BGH StraFo 2005, 419 [Belehrung darüber, dass Rechtsmitteleinlegung in deutscher Sprache erfolgen muss]; zur sog. **qualifizierten Belehrung** s. BVerfG NStZ-RR 2005, 238; NJW 2005, 3629; zur fehlerhaften Rechtsmittelbelehrung s. Sommer StRR 2008, 93, 94),
- bei **missverstandener Rechtsmittelbelehrung** (BGH NStZ-RR 2013, 254),
- wenn ein sprachkundiger Ausländer, der ein amtliches Schriftstück in deutscher Sprache erhält, dessen Inhalt er nicht versteht, sich **nicht** um eine **Übersetzung** oder Erläuterung **bemüht** (OLG Nürnberg NStZ-RR 2010, 286 für Ladung; vgl. auch noch BGH NStZ-RR 2011, 100 [Ci/Zi]),
- bei zu **später** oder nicht eindeutiger **Beauftragung** eines **Rechtsanwalts** (BGH MDR 1956, 11 [D]; OLG Düsseldorf VRS 96, 374; vgl. auch BGH NStZ-RR 2011, 100 [Ci/Zi] für Auftragserteilung durch Inhaftierten),
- zum **Irrtum** eines zweiten Verteidigers über den **Ablauf** der **Revisionsbegründungsfrist** s. BGH StraFo 2005, 25 (rechtfertigt nicht Wiedereinsetzung); → *Revision, Begründung, Frist*, Rdn 2277,
- der Verteidiger kennt die Rspr. des BGH zur **Unwirksamkeit** eines **vereinbarten Rechtsmittelverzichts** nicht (BGH wistra 2006, 189; → *Absprachen/Verständigung mit Gericht und Staatsanwaltschaft*, Rdn 137),
- wenn der Verteidiger ggf. zunächst nur „**zur Fristwahrung**" ein Rechtsmittel eingelegt hat, da der Beschuldigte dann seinem Verteidiger mitteilen muss, dass

das Rechtsmittel durchgeführt werden soll oder er einen anderen Rechtsanwalt beauftragen muss (BGH StRR 2014, 463 [Ls.]),
- beim Vertrauen auf eine (falsche) **Verteidigerauskunft** (LG Potsdam NStZ-RR 2013, 317 [Ls.]),
- bei **Verborgenhalten** in der Bewährungszeit und/oder Nichtangabe des Aufenthaltsortes entgegen einer richterlichen Weisung (BGHSt 26, 127; OLG Köln NStZ 2012, 528),
- wenn der Angeklagte nach vollständiger Eröffnung der Urteilsgründe, jedoch noch vor Erteilung der Rechtsmittelbelehrung **eigenmächtig** den **Sitzungssaal verlässt** (OLG Bamberg NStZ 2014, 376; OLG Köln NStZ 2009, 655 [Ls.]),
- bei **Zweifeln** über die Wirksamkeit eines → *Rechtsmittelverzichts*, Rdn 2193, wird zu lange gezögert (OLG Jena NJW 2003, 3071),
- bei Wiedereinsetzung zur **Nachholung** von **Verfahrensrügen** s. → *Revision, Begründung, Frist*, Rdn 2282.

Nichtverschulden bejaht: 3473

- bei relativ **kurzfristiger Abwesenheit** von der ständige Wohnung, ohne besondere Vorkehrungen wegen der möglichen Zustellung eines Bußgeldbescheids getroffen zu haben (zuletzt BVerfG NJW 2013, 592 m.w.N.), wobei es auch nicht darauf ankommt, ob die urlaubsbedingte Abwesenheit in die allgemeine Ferienzeit oder eine sonstige Jahreszeit fällt (vgl. auch noch OLG Naumburg, Beschl. v. 3.1.2012 – 2 Ws 233/12),
- nach § 44 S. 2 bei Versäumung einer Rechtsmittelfrist, wenn die → *Rechtsmittelbelehrung*, Rdn 2182, **unterblieben** ist, was allerdings nicht für die nach § 35a S. 3 vorgeschriebene „qualifizierte Belehrung" nach einer Verständigung gilt,
- bei **Belegung** des **Telefaxempfangsgerätes** des Gerichts (*Roth* NJW 2008, 785), wobei regelmäßig die erforderliche Sorgfalt erfüllt hat, wer einen über die zu erwartende Übermittlungsdauer der zu faxenden Schriftsätze samt Anlagen hinausgehenden **Sicherheitszuschlag** von 20 Minuten einkalkuliert; dieser Sicherheitszuschlag gilt auch für die Faxübersendung nach Wochenenden oder gesetzlichen Feiertagen (BVerfG StRR 2014, 181 m. Anm. *Burhoff*),
- **nicht** allein der Umstand, dass der Zustellungsempfänger unter **Betreuung** steht (OLG Brandenburg NStZ-RR 2009, 219 → *Zustellungsfragen*, Rdn 3627),
- bei sorgfältiger Auswahl und Überwachung des **Büropersonals** und einer zur Verhinderung von Fristüberschreitungen tauglichen Büroorganisation (BGH, Beschl. v. 17.10.2010 – 2 StR 27/10),
- zum verneinten Verschulden, wenn der **Briefumschlag**, mit dem die Rechtsmittelschrift befördert wurde, **nicht** zu den **Akten genommen** wird und deshalb ungewiss bleibt, ob die Fristversäumung auf einer überlangen Postlaufzeit beruht (BVerfG

NJW 1997, 1770; OLG Brandenburg wistra 2006, 36; OLG Hamm [2. Strafs.] NStZ-RR 2009, 112; enger jetzt OLG Hamm [3. Strafs.] NStZ-RR 2012, 315 [Ls.]),
- ggf. wenn **nicht ordnungsgemäß** über Rechtsmittel **belehrt** worden ist, wozu der Hinweis gehört, dass die schriftliche Rechtsmitteleinlegung in deutscher Sprache erfolgen muss (BGH StraFo 2005, 419; OLG Koblenz, Beschl. v. 1.4.2011 – 2 Ss 154/10; zur Erkundigungspflicht s. aber LG Berlin NZV 2009, 51),

> Der **Protokollvermerk** im HV-Protokoll, dass eine Rechtsmittelbelehrung erteilt worden ist, beweist allerdings deren Vollständigkeit und Richtigkeit. Einer weiteren schriftlichen Rechtsmittelbelehrung bei Urteilszustellung bedarf es nicht (KG NStZ 2009, 406; OLG Hamm, Beschl. v. 10.11.2009 – 3 Ss OWi 805/09 m.w.N.).

- wohl auch, wenn die Wirkung einer zunächst richtig erteilten → **Rechtsmittelbelehrung**, Rdn 2177, durch nachfolgende **falsche gerichtliche Auskünfte entwertet** worden ist (OLG Hamm, Beschl. v. 30.7.2008 – 3 Ss OWi 364/08), was zudem die Belehrung über die Möglichkeit der Wiedereinsetzung erfordert (BVerfG NJW 2005, 3629),
- der Angeklagte wird nicht rechtzeitig darüber unterrichtet, dass das Gericht ihm **keinen neuen Pflichtverteidiger** beiordnen wird, obwohl der bisherige Pflichtverteidiger die Begründung der Revision abgelehnt hat (OLG Koblenz StV 2007, 343 [Ls.]; → *Revision, Pflichtverteidiger*, Rdn 2382),
- wenn über einen **zeitgleich** mit der **Einlegung** der **Revision** gestellten Antrag auf **Beiordnung** eines **Pflichtverteidigers** erst nach Ablauf der Revisionsbegründungsfrist entschieden wird (OLG Braunschweig StV 2014, 275),
- bei **überlanger Postlaufzeit** (BGH NStZ-RR 2013, 67 [Ci/Zi; drei Tage]; OLG Frankfurt am Main NStZ-RR 2002, 12; OLG Oldenburg NStZ-RR 2014, 113 [auch bei Einschreiben reicht ein Tag]; vgl. a. BVerfG NJW 2001, 744; s. aber KG NStZ-RR 2006, 142 [Postlauffrist bei Einschreiben] und OLG Stuttgart NStZ-RR 2010, 15, das davon ausgeht, dass nur im sog. Ortsbestellverkehr auf den Zugang bereits am darauffolgenden Werktag vertraut werden darf, bei Briefsendungen außerhalb des Ortsbestellverkehrs hingegen mit einer Postlaufzeit von zwei Werktagen gerechnet werden muss [s. wohl auch BGH NStZ-RR 2012, 197 (Ci/Zi)], und ähnlich LG Zweibrücken VRS 123, 175] sowie OLG Hamm NJW 2009, 2230; StRR 2010, 282 [Ls.], wonach bei Aufgabe am Sonntag ebenfalls nicht mit dem Zugang am nächsten Tag gerechnet werden kann; zur Bedeutung der Postlaufzeiten *Allgaier* JurBüro 2012, 396),
- bei **Ungewissheit** über die tatsächlich **benötigte Postlaufzeit**, die auch auf dem frühen Dienstschluss eines Gerichtes an einem Freitag bereits um 12.00 Uhr beruhen kann (OLG Oldenburg StraFo 2011, 219 [Verschulden liegt auch nicht darin, dass der Versender nicht die Versendungsform „Einwurf-Einschreiben" gewählt hat]),
- bei **Nichteinhaltung** der an einem Briefkasten angegebenen **Leerungszeiten** (BGH NJW 2009, 2379 [Zivilrecht]),

- bei (rechtzeitiger) **Verteidigerbeauftragung** zur Einlegung eines Rechtsmittels (vgl. u.a. LG Schwerin NJW 2006, 1448 m.w.N. aus der Rspr.),
- wenn der Angeklagte auf die **rechtzeitige Begründung** des Rechtsmittels **vertrauen** durfte, sein Wahlverteidiger aber im Hinblick auf einen schon länger gestellten Pflichtverteidigerantrag untätig geblieben ist (BGH, Beschl. v. 18.3.2015 – 2 StR 26/15),
- wenn **entgegen** der Vorschrift des § **145a** Abs. 1, 4 dem bestellten Verteidiger bei Zustellung an den Angeklagten der Strafbefehl weder zugestellt noch mitgeteilt worden ist (KG NJ 2007, 233 [Ls.]; KG VA 2014, 101 [für § 145a StPO]; OLG Hamm, Beschl. v. 8.5.2007 – 4 Ws 210/07; OLG Köln, Beschl. v. 10.6.2011 – 2 Ws 308/11; LG Hildesheim StV 2013, 143 [Ls.; Strafbefehl]; LG Köln StraFo 1998, 190; LG Siegen zfs 2010, 289 [für das Strafverfahren und zugleich auch zur sog. Doppelzustellung]; s.a. BayObLG StV 2000, 407; vgl. noch OLG Stuttgart StV 2011, 85 m. zust. Anm. Bockemühl StV 2011, 87 [Wiedereinsetzung, wenn die Nichteinhaltung der Frist darauf beruht, dass der Verteidiger vom Inhalt der Entscheidung keine Kenntnis nehmen konnte]; a.A: OLG München StV 2011, 86 m. abl. Anm. Bockemühl a.a.O.) oder ggf., wenn ein Verstoß gegen die Mitteilungspflicht des § 145a Abs. 3 S. 1 vorliegt (BGH StV 2006 283 [Ls.]; OLG München NJW 2008, 3797); die Erteilung einer Abschrift „zur Kenntnisnahme" ohne weitere Hinweise stellt keine ordnungsgemäße Benachrichtigung i.S.d. § 145a Abs. 3 S. 2 dar, sodass diese Form der Mitteilung nicht dem Zweck dieser Vorschrift genügt (LG Aurich StRR 2011, 348; zum flüchtigen Betroffenen KG VA 2013, 104),
- bei Vorliegen besonderer **persönlicher Umstände**, wobei allerdings eine bloß allgemeine Unbeholfenheit nicht ausreicht (OLG Schleswig StV 2010, 62 [Wiedereinsetzung bei einem 16-jährigen Jugendlichen ohne Schulabschluss bejaht]),
- wenn der Zustellungsempfänger keine Kenntnis von der Zustellung erlangt hatte, weil ein **Familienangehöriger** den **Bußgeldbescheid an sich genommen** und ihm nicht gezeigt hat; ein Betroffener muss ohne besondere Anhaltspunkte nicht damit rechnen, dass ihm Familienangehörige die Zustellung vorenthalten (AG Bersenbrück zfs 2010, 531 für Zustellung eines Bußgeldbescheides im OWi-Verfahren),
- ggf. bei **Fehlen** der bzw. unterbliebener **Rechtsmittelbelehrung (§ 44 S. 2)**, wobei allerdings das Fehlen des Vermerks auf der Zustellungsurkunde – entgegen Nr. 142 Abs. 3 Satz 1 RiStBV –, dass eine Rechtsmittelbelehrung beigefügt war, nicht das Fehlen der Rechtsmittelbelehrung beweist (OLG Stuttgart NStZ-RR 2011, 17 zugleich auch zur Glaubhaftmachung), wobei die gesetzliche Vermutung des § 44 S. 2 nur das Erfordernis fehlenden Verschuldens aufhebt, ein ursächlicher Zusammenhang zwischen dem Mangel und der Fristversäumnis jedoch auf jeden Fall erforderlich ist (BGH NStZ 2001, 45; OLG Bamberg NStZ-RR 2014, 376; OLG Düsseldorf NStZ 1989, 242; OLG Frankfurt am Main NStZ-RR 2007, 206),

| **W** | **Wiedereinsetzung in den vorigen Stand** |

- **Nichtaushändigen** eines **Rechtsmittelmerkblatts** (BVerfG NStZ 2007, 416; vgl. aber OLG Köln, Beschl. v. 6.12.2010 – 2 Ws 790/10),
- beim **Vertrauen** auf eine **falsche richterliche Auskunft** (OLG Oldenburg NStZ 2012, 51 [für Revisionsbegründung wird Frist und Form nicht eingehalten]).

3474 c) Ein **Verschulden** des **Verteidigers** wird dem Beschuldigten i.d.R. **nicht zugerechnet**, was sowohl für den Wahl- als auch für den Pflichtverteidiger und das Anwaltspersonal, nicht aber für sonstige Dritte gilt (vgl. u.a. BVerfG NJW 1994, 1856; BGH NJW 1994, 3112; KG, Beschl. v. 20.3.2012 – 121 Ss 51/12 [Fristversäumung infolge unterlassener Fristnotierung]; OLG Hamm NZV 2012, 254 [Fristversäumung infolge Faxdefekt]; OLG Naumburg StRR 2014, 42 [Ls.; Wiedereinsetzung von Amts wegen trotz Fristversäumung durch Verschulden des Verteidigers]; OLG Schleswig SchlHA 2011, 275 [Dö/Dr]; zur Fristenkontrolle bei einer elektronisch geführten Handakte BGH NJW 2014, 3102 für familiengerichtliches Verfahren).

3475 Etwas **anderes** gilt wegen der Nähe zur Verfassungsbeschwerde, wenn es um die Zurechnung des Verschuldens bei Versäumung der Frist zur Erhebung der → *Anhörungsrüge*, Rdn 291, nach § 356a geht (BGH StV 2010, 297; StraFo 2011, 318). Dann erfolgt eine Zurechnung. Entsprechendes gilt bei **sonstigen Verfahrensbevollmächtigten** (vgl. z.B. BGH StraFo 2013, 458 [Nebenklage]; BGH, Beschl. v. 17.10.2010 – 2 StR 27/10 [ebenfalls Nebenklageverfahren; OLG Hamm, Beschl. v. 14.8.2006 – 1 VAs 53/06 [Zurechnung im Verfahren nach §§ 23 ff. EGGVG]; zu allem *Meyer-Goßner/Schmitt*, § 44 Rn 19).

3476 Der Beschuldigte ist auch zur **Überwachung** des Verteidigers grds. **nicht** verpflichtet (BGH NStZ 1990, 25 [M]), es sei denn, ihm ist die Unzuverlässigkeit seines Verteidigers bekannt (BGHSt 25, 89, 93; OLG Köln StraFo 2012, 224; ähnlich OLG Schleswig SchlHA 2011, 275 [Dö/Dr]; zum „untätigen" Verteidiger u.a. BGH NStZ-RR 2000, 33 [K] und noch BGH NStZ-RR 2011, 115). Bei **sonstigen Dritte** besteht ggf. eine Überwachungspflicht, wie z.B. bei Beauftragung eines **Dritten** mit der Fristüberwachung (u.a. OLG Frankfurt am Main NJW 2001, 1589 [Ls; Ehefrau]; LG Würzburg DAR 2001, 231 [Arbeitgeber]).

> ✍ Das „Zurechnungsverbot" umfasst i.Ü. nicht nur die eigentliche Versäumung der Frist, sondern auch durch den Verteidiger verursachte **Mängel** des **Wiedereinsetzungsantrags** (vgl. Bay.VGH AnwBl. 2010, 624 [Ls.]; OLG Hamm VRS 104, 361).

3477 4. Die Wiedereinsetzung wird in einem besonderen **Verfahren**, das in den §§ 45, 46 geregelt ist, gewährt (vgl. auch Burhoff/Kotz/*Burhoff*, RM, Teil B Rn 1822 ff.; zum Vorrang des Wiedereinsetzungsantrags gegenüber einer Verfassungsbeschwerde und zur Ausschöpfung des Rechtsweges BVerfG NJW 2005, 3629; zuletzt BVerfG StRR 2009, 162 [Ls.]). Dazu gilt:

3478 a) Es ist ein schriftlicher **Wiedereinsetzungsantrag** zu stellen (zu den Anforderungen an den Antrag eingehend BGH NStZ-RR 2010, 378; OLG Dresden NStZ 2005, 398).

Nach § 45 S. 1 muss der Wiedereinsetzungsantrag grds. bei dem Gericht gestellt werden, bei dem die Frist wahrzunehmen gewesen wäre.

b) Der Antrag muss **binnen einer Woche** nach Wegfall des Hindernisses, das zur Versäumung der Frist geführt hat, gestellt werden (zur Wochenfrist *Sommer* StRR 2008, 168). Die Wochenfrist berechnet sich nach § 43. Das gilt auch bei einer verfrühten und deshalb unzulässigen Rechtsmitteleinlegung (OLG Bamberg VRR 2012, 203 [Ls.]). Entscheidend für den Fristbeginn ist bei einem Wiedereinsetzungsantrag des Angeklagten der Zeitpunkt der Kenntnisnahme durch diesen (zuletzt BGH NStZ 2012, 276). Zweifel an der Einhaltung der Frist gehen grds. zulasten des die Wiedereinsetzung Begehrenden (BGH NStZ-RR 2015, 145 m.w.N.; *Meyer-Goßner/Schmitt*, § 45 Rn 3 m.w.N.), es sei denn, dieser hatte überhaupt keine Möglichkeit, die Rechtzeitigkeit seines Wiedereinsetzungsantrags darzulegen (s. dazu OLG Hamm NStZ 1999, 97). Angaben zum Wegfall des Hindernisses müssen auch dann gemacht werden, wenn der Verteidiger eigenes Verschulden geltend macht (BGH, a.a.O.; KG NZV 2005, 656). Ist/war eine „qualifizierte Belehrung" erforderlich, beginnt die Wochenfrist erst mit Erteilung dieser Belehrung (BVerfG NJW 2013, 446).

3479

Gem. § 45 Abs. 2 S. 2 ist innerhalb der Antragsfrist die **versäumte Handlung nachzuholen**. Ist dafür eine besondere Form vorgesehen, muss diese eingehalten werden, anderenfalls ist der Antrag unzulässig (vgl. u.a. BGH NStZ 1989, 15 [M]; ähnlich OLG Brandenburg, Beschl. v. 9.1.2009 – 1 Ss (OWi) 228 B/08).

c) Nach § 45 Abs. 2 S. 1 muss der Wiedereinsetzungsantrag – innerhalb der Wochenfrist – unter Behauptung von Tatsachen so vollständig **begründet** werden, dass ihm die unverschuldete Verhinderung des Antragstellers an der Fristversäumung entnommen werden kann (BGH NStZ-RR 2010, 378; OLG Hamm, Beschl. v. 13.7.2012 – III 3 RBs 192/12, www.burhoff.de; wegen der Einzelh. s. Burhoff/Kotz/*Burhoff*, RM, Teil B Rn 1822 ff.; *Sommer* StRR 2008, 168, 169). Zur ausreichenden Begründung gehören auch Angaben über den Zeitpunkt des **Wegfalls des Hindernisses** (*Meyer-Goßner/Schmitt*, § 45 Rn 5 m.w.N.; BGH NStZ 2006, 54 f.; 2012, 276; NStZ-RR 2010, 378; OLG Düsseldorf StraFo 1997, 77), es sei denn, dass sich aus dem bisherigen Verfahrensgang ergibt, dass der Beschuldigte von der Versäumung der Frist keine Kenntnis hat (vgl. dazu LG Gera StraFo 1998, 381).

3480

Hinzuweisen ist auf folgende **Rechtsprechungsbeispiele**:

- bei Geltendmachung einer unvorhergesehen **langen Postlaufzeit** müssen die Umstände der Aufgabe der Sendung nach Zeit und Ort genau dargelegt werden (OLG Jena StraFo 1997, 331),
- zu den Anforderungen bei nur **mündlicher Rechtsmittelbelehrung** s. OLG Hamm NJW 2001, 3279,
- zu den Anforderungen, wenn Wiedereinsetzung gegen eine **versäumte Rechtsmittelfrist** begehrt wird, vgl. BGH NStZ-RR 2010, 378, wonach der Antrag die

3481

Angabe enthalten muss, wann genau dem Verurteilten die Versäumung der Revisionsbegründungsfrist bekannt wurde,
- wird die Versäumung der Frist zur **Einlegung** eines **Rechtsmittels** durch einen beauftragten Verteidiger begehrt, gehört zum schlüssigen Wiedereinsetzungsvorbringen regelmäßig auch Vortrag dazu, dass und wie der Verteidiger den Auftrag angenommen hat (OLG Köln VRS 126, 199),
- zur Unkenntnis von der Dauer der **Rechtsmittelfrist** s. OLG Frankfurt am Main NJW 2007, 2712 (Ls.),
- soll die **Unwirksamkeit** der **Zustellung** einer Entscheidung geltend gemacht werden, müssen die Gründe vorgetragen (und glaubhaft) gemacht werden, die die Indizwirkung der Zustellung entfallen lassen (OLG Karlsruhe StRR 2009, 65),
- bei Geltendmachung einer **Erkrankung** als Entschuldigung für die Versäumung der Hauptverhandlung deren Art anzugeben sowie der Umfang der von ihr ausgehenden körperlichen und geistigen Beeinträchtigungen darzulegen (zuletzt u.a. OLG Braunschweig, Beschl. v. 8.1.2014 – 1 Ws 380/13; ähnlich KG JurBüro 2015, 43), die bloße Mitteilung der Diagnose ist für sich genommen i.d.R. nicht aussagekräftig (vgl. KG, a.a.O., m.w.N.),
- soll geltend gemacht werden, dass ein **Ausländer** die Rechtsmittelbelehrung nicht verstanden hat, muss auch vorgetragen werden, dass diese von einem Dolmetscher nicht übersetzt worden ist (OLG Oldenburg NStZ-RR 2008, 150),
- bei Versäumung einer Frist müssen ggf. konkrete Umstände genannt werden, die trotz Vorliegens einer **Zustellungsurkunde** ein Abhandenkommen des eingelegten Schriftstücks möglich erscheinen lassen, ein schlichtes Bestreiten des Zugangs genügt nicht (OLG Hamm, Beschl. v. 29.10.2009 – 3 Ws 388/09),
- wenn die **Wahrung** der **Frist** des § 45 Abs. 1 nach Aktenlage **nicht offensichtlich** ist, gehört zur formgerechten Anbringung des Wiedereinsetzungsantrags, dass der Antragsteller mitteilt, wann das Hindernis, das der Fristwahrung entgegenstand, weggefallen ist (u.a. BGH NStZ 2013, 474 m.w.N.).

3482 Die **Tatsachen** zur Begründung des Antrags sind gem. § 45 Abs. 2 S. 1 entweder bei der Antragstellung, spätestens jedoch im Verfahren über den Antrag **glaubhaft** zu machen (wegen der Einzelh. s. Burhoff/Kotz/*Burhoff*, RM, Teil B 1832 ff.; zum „Grad" der Glaubhaftmachung s. OLG Jena NStZ-RR 2006, 345). Die Versicherung des Verteidigers als Mittel der Glaubhaftmachung reicht i.Ü. nur insoweit, als sie sich auf Gegenstände erstreckt, zu denen der Verteidiger aus seinem Wissen bekunden kann (LG Gera StraFo 1998, 381; vgl. dazu a. BGH NStZ-RR 2007, 130 [Be]). Gespräche zwischen dem Beschuldigten/Angeklagten und seiner Mutter gehören z.B. nicht dazu (BGH NStZ 1996, 149). Auch eine eigene Erklärung oder eidesstattliche Versicherung des Betroffenen reicht zur Glaubhaftmachung nicht aus (BGH NStZ-RR 2010, 378). Entsprechendes gilt für ein Attest, das sich ohne weitere Ausführungen in der Feststellung der Verhandlungsunfähigkeit erschöpft (OLG Braunschweig, Beschl. v. 8.1.2014 – 1 Ws 380/13). Die bloße Benennung eines Zeugen kann zur Glaubhaftmachung des Hinderniswegfalls nur dann ausreichen, wenn gleichzeitig dargetan wird, dieser habe eine schriftliche Bestätigung verweigert, er sei nicht unverzüglich erreichbar oder es handele sich um einen für die Säumnis verantwortlichen Beamten (BGH, a.a.O.).Ggf. kann die Vorlage eines Fax-Sendeberichts als alleiniges Mittel der Glaubhaftmachung ausreichend sein (s. OLG Hamm, Beschl. v. 6.12.2007 – 4 Ss OWi 479/07).

d) Über den Wiedereinsetzungsantrag **entscheidet** das **Gericht**, das bei rechtzeitiger Handlung zur Entscheidung in der Sache berufen gewesen wäre (*Meyer-Goßner/Schmitt*, § 46 Rn 1 f.; zur Zuständigkeit im Berufungsverfahren OLG Hamburg StraFo 2006, 294). 3483

> Die die Wiedereinsetzung bewilligenden Beschlüsse sind nach § 46 Abs. 2 unanfechtbar. Wird der Wiedereinsetzungsantrag **verworfen**, ist nach § 46 Abs. 3 die **sofortige Beschwerde** zulässig (zur sofortigen Beschwerde *Burhoff*, EV, Rn 3361).

5. Durchbricht die Wiedereinsetzung die **Rechtskraft** einer Entscheidung, gilt § 47 Abs. 3 (vgl. zum früheren Rechtszustand BVerfG NJW 2005, 3131 m.w.N.). Danach werden ggf. HB und Unterbringungsbefehle bzw. „sonstige Anordnungen" die zum Zeitpunkt des Eintritts der Rechtskraft bestanden haben und gegenstandslos geworden sind, wieder wirksam werden. Die damit zusammenhängenden Fragen spielen vor allem eine Rolle, wenn die Frist zur Einlegung der Berufung oder Revision gegen ein Urteil versäumt und dagegen Wiedereinsetzung gewährt worden ist (→ *Berufungsfrist*, Rdn 601; → *Revision, Einlegung, Frist*, Rdn 2374). Sie können aber auch Bedeutung erlangen, wenn die Einspruchsfrist gegen den Strafbefehl nicht eingehalten wurde (→ *Strafbefehlsverfahren*, Rdn 2568). Dazu folgender 3484

Überblick (s. eingehender *Burhoff* StRR 2007, 18): 3485

- § 47 Abs. 3 **unterscheidet** zwischen Maßnahmen mit und Maßnahmen ohne freiheitsentziehendem Charakter.
- Bei Maßnahmen **mit freiheitsentziehendem Charakter**, also beim HB und beim Unterbringungsbefehl, richtet sich das Verfahren nach § 47 Abs. 3 S. 2 und 3. Nach S. 2 hat bereits das Wiedereinsetzungsgericht den Haft- oder Unterbringungsbefehl aufzuheben, wenn sich „ohne weiteres" ergibt, dass dessen Voraussetzungen nicht mehr vorliegen. Anderenfalls hat das Tatgericht nach S. 3 eine unverzügliche Haftprüfung durchzuführen (vgl. die verschiedenen Fallkonstellationen bei *Burhoff* StRR 2007, 15, 16 ff.). Eine verbüßte Strafhaft wandelt sich nachträglich aber nicht rückwirkend in U-Haft um (BGHSt 18, 34; OLG Düsseldorf, Beschl. v. 7.5.2009 – III-3 Ws 179/09).

> 🖉 Die Formulierung „ohne weiteres" in § 47 Abs. 3 S. 2 entspricht der Formulierung in § 126 Abs. 3. Der HB ist also schon vom Wiedereinsetzungsgericht aufzuheben, wenn sich **ohne weitere Ermittlungen** ergibt, dass er nicht aufrecht erhalten werden kann (zum Verfahren *Burhoff* StRR 2007, 17 f.).
>
> Ein besonderer (Haft-)Prüfungsantrag ist nicht erforderlich. Das Gericht muss von Amts wegen tätig werden. Der Verteidiger sollte jedoch vorsorglich, schon um das Gericht an seine Verpflichtung aus § 47 Abs. 3 zu erinnern, einen Antrag stellen.

- Bei Maßnahmen ohne freiheitsentziehendem Charakter, also den „**sonstigen Anordnungen**" i.S.d. § 47 Abs. 3, ist ein besonderes Verfahren in der Vorschrift nicht vorgesehen. In der StPO ist nicht definiert, was eine „**sonstige Anordnung**" ist. I.d.R. wird es sich dabei um den Betroffenen belastende Maßnahmen handeln. In Betracht kommen insbesondere Beschlüsse nach § 111a, ein vorläufiges Berufsverbot (§ 132a) aber auch Beschlagnahmen (vgl. zu allem *Burhoff*, EV, Rn 4394 f.; *ders.* StRR 2007, 18 f.).

> 🖉 Hier ist also auf jeden Fall ein **Aufhebungsantrag** des Verteidigers erforderlich.

3486 6. Muster: Wiedereinsetzungsantrag gegen Versäumung der Berufungsfrist (→ *Berufungsfrist*, Rdn 601)

▼

An das

Amtsgericht Musterstadt

In dem Strafverfahren

gegen H. Mustermann

Az.:

wegen des Verdachts der Hehlerei u.a.

wird beantragt,

dem Angeklagten wegen der Versäumung der Berufungsfrist Wiedereinsetzung in den vorigen Stand zu gewähren und

gegen das Urteil des Amtsgerichts vom 2.10.2015 wird Berufung eingelegt.

Begründung:

Der Angeklagte ist vom Amtsgericht ▓▓▓ am 2.10.2015 verurteilt worden. Er hat mich dann am 5.10.2015 beauftragt und bevollmächtigt, dagegen Berufung einzulegen. Ich bin am folgenden Tag in Urlaub gefahren und habe deshalb die Berufungseinlegung versäumt. Zur Glaubhaftmachung des vorstehenden Sachverhalts liegt die Kopie meiner Reisebuchung bei, im Übrigen versichere ich die Richtigkeit anwaltlich. Damit trifft den Angeklagten kein Verschulden i.S.d. § 44 StPO an der verspäteten Einlegung des Einspruchs.

Der Angeklagte hat erst am heutigen Tag, an dem ihm die Aufforderung der Staatsanwaltschaft zur Zahlung der im Urteil verhängten Geldstrafe zugegangen ist, davon Kenntnis erhalten, dass eine Berufung gegen das Urt. v. 2.10.2015 nicht beim Amtsgericht eingegangen ist.

Die Berufung wird auf die vom Gericht festgesetzten Rechtsfolgen beschränkt.

Die Anzahl der vom Gericht festgesetzten Tagessätze ist angesichts des Umstandes, dass der Zeuge X bei dem vom Angeklagten verursachten Verkehrsunfall nur geringfügig verletzt worden ist, zu hoch.

Auch die Tagessatzhöhe ist niedriger festzusetzen. Der Angeklagte verfügt zurzeit nur noch über ein monatliches Nettoeinkommen von 1.000,00 €. Unter Berücksichtigung der bestehenden Unterhaltspflichten – der Angeklagte ist verheiratet und hat zwei Kinder – ist ein Tagessatz von 60,00 € zu hoch.

Rechtsanwalt

▲

Siehe auch: → *Berufungsfrist*, Rdn 601; → *Berufungsverwerfung wegen Ausbleibens des Angeklagten*, Rdn 691; → *Revision, Antrag auf Entscheidung des Revisionsgerichts*, Rdn 2222; → *Revision, Begründung, Frist*, Rdn 2277; → *Verhandlung ohne den Angeklagten, Wiedereinsetzung und Berufung*, Rdn 2871; → *Zustellungsfragen*, Rdn 3620.

Wiederholung einer Beweiserhebung   3487

1. Anträge auf Wiederholung einer Beweiserhebung haben i.d.R. **keinen Erfolg**. Ist nämlich der Beweis, dessen Erhebung der Verteidiger (erneut) beantragt, schon erhoben, ist der **Beweiserhebungsanspruch erloschen**. Es besteht selbst dann kein Anspruch auf Wiederholung einer Beweisaufnahme, wenn zwischen dem Verteidiger und dem Gericht Meinungsverschiedenheiten über das Ergebnis der bereits durchgeführten Beweiserhebung bestehen (zur – verneinten – Frage, ob das Gericht eine Hinweispflicht hat, wenn es die Ergebnisse der Beweiserhebung anders als der Verteidiger   3488

wertet, BGHSt 43, 212; BGH NStZ 2009, 468). Über diese und damit über die Notwendigkeit einer Wiederholung der Beweiserhebung wird im Rahmen der sich aus § 244 Abs. 2 ergebenden → *Aufklärungspflicht des Gerichts*, Rdn 329, entschieden (BGH NStZ 1999, 312).

3489 2. Die mit der Wiederholung einer Beweisaufnahme zusammenhängenden Fragen haben in der Praxis eine Rolle gespielt in folgenden

Beispielsfällen

- Ist die Auskunft einer **Behörde** nach § 256 verlesen worden (→ *Verlesung von Behördengutachten*, Rdn 2956), besteht kein (Beweiserhebungs-)Anspruch mehr auf **Vernehmung** eines ihrer **Angehörigen** zu der gleichen Frage (BGH NStZ 1981, 95 [Pf/M]).
- Es besteht kein Anspruch darauf, einem Zeugen einen bereits vernommenen Zeugen **gegenüberzustellen** (BGH NJW 1960, 2156; → *Gegenüberstellung von Zeugen*, Rdn 1581).
- Durch die → *Vorführung von Bild-Ton-Aufzeichnungen*, Rdn 3396, nach § 255a Abs. 2 wird die Vernehmung eines Zeugen in der HV ersetzt. Für die Stellung eines Beweisantrags auf ergänzende Vernehmung gelten daher dieselben Grundsätze wie bei einem Antrag auf wiederholte Vernehmung eines in der HV bereits vernommenen Zeugen (BGHSt 48, 268; OLG Karlsruhe StraFo 2010, 71).

3490 3. Das Gericht muss eine Beweisaufnahme dann **wiederholen**, wenn die berechtigte Erwartung besteht, dass eine Wiederholung ein **neues** oder **anderes Ergebnis** bringen wird (*Rose JR* 2000, 33 in der Anm. zu BGH NStZ 1999, 312). Das kann der Fall sein, wenn der Beweisantrag eine neue Beweisbehauptung enthält (BGH StV 1995, 566; OLG Hamburg StV 2012, 589). Entsprechendes gilt, wenn die Beweisaufnahme sich auf Umstände erstrecken soll, zu denen z.B. ein Zeuge aufgrund des zeitlichen Ablaufs bei seiner ersten Vernehmung noch gar nicht gehört werden konnte (vgl. die Fallgestaltung bei OLG Karlsruhe StraFo 2010, 71 [nach einer BTA liegende Äußerungen]), da dann die Beweisbehauptung nicht lediglich auf eine (teilweise) Wiederholung der Vernehmung abzielt (BGHSt 48, 268; StV 1995, 566; OLG Karlsruhe StraFo 2010, 71). Ist der Zeuge hingegen schon umfassend gehört worden, dann scheidet eine erneute Vernehmung aus, wenn ggf. zu dem Zeitpunkt die Relevanz seiner Angaben für das Verfahren noch nicht erkennbar war (s. wohl BGH, Beschl. v. 17.5.2011 – 1 StR 208/11 [insoweit nicht in BGH NStZ 2011, 592] für offenbar erst nach der Vernehmung des Zeugen erhobene → *Nachtragsanklage*, Rdn 1905). Ein Beweisantrag kann zudem auch dann nicht als unzulässig wegen Wiederholung einer bereits durchgeführten Beweisaufnahme abgelehnt werden, wenn es an einer **Identität** der verwendeten bzw. zu **verwendenden Beweismittel** mangelt (BGH NStZ 2006, 406). So haben z.B. die Inaugenscheinnahme eines Films, sei es auch in Zeitlupengeschwindigkeit, und diejenige von (vergrößerten) Einzelbildern (Standbildern) nicht denselben Beweisgegenstand zum Inhalt, auch wenn die Filmsequenz notwendigerweise aus einer Abfolge von Einzelbildern besteht (BGH, a.a.O.).

> Hinsichtlich der Wiederholung einer Beweiserhebung muss der Verteidiger immer erwägen, ob er einen entsprechenden Antrag nicht doch stellt, um so für die Revision die **Aufklärungsrüge** vorzubereiten. Der in der Praxis wichtigste Fall ist die → *erneute Vernehmung eines* Zeugen *oder Sachverständigen*, Rdn 1476 (s. dort zur Abgrenzung und zum Inhalt des Antrags; zur erneuten Vernehmung eines SV BGH NStZ 2007, 417).
>
> Zu überlegen ist ggf. auch die Stellung eines sog. **affirmativen Beweisantrags** (→ *Beweisantrag*, Rdn 845) zu einem bereits erhobenen Beweis, für den jetzt (noch) ein anderes Beweismittel angeboten wird.

Z

Zeugenbeistand

Das Wichtigste in Kürze:
1. Jeder Zeuge kann zu seiner Vernehmung einen Rechtsanwalt als Rechtsbeistand beiziehen.
2. Der Beistand soll dem Zeugen u.a. helfen, ein ihm ggf. zustehendes ZVR geltend zu machen. Der Zeugenbeistand kann ggf. mehrere Zeugen vertreten.
3. Der Zeugenbeistand darf den Zeugen bei seiner Vernehmung durch das Gericht nur beraten.
4. In § 68b Abs. 1 S. 3 ist die Regelung über den Ausschluss des Zeugenbeistandes enthalten.
5. Streit besteht in der Frage, wie die Tätigkeit des Zeugenbeistandes nach dem RVG vergütet wird.

Literaturhinweise: Adler, Für die Zurückweisung eines anwaltlichen Zeugenbeistands wegen angeblicher Interessenkollision gibt es keine Rechtsgrundlage, StraFo 2002, 146; **Burhoff**, Zeugenbeistand im Ermittlungsverfahren, PStR 2001, 106; *ders.*, Vergütung des Zeugenbeistands im Strafverfahren, RVGreport 2004, 458; *ders.*, Die Abrechnung der Tätigkeit des Zeugenbeistands im Strafverfahren, RVGreport 2006, 81; *ders.*, Was ist nach dem 2. KostRMoG neu bei der Abrechnung im Straf-/Bußgeldverfahren?, VRR 2013, 287 = StRR 2013, 284; *ders.*, Neuerungen für die Abrechnung im Straf-/Bußgeldverfahren nach dem 2. KostRMoG, RVGreport 2013, 330; *ders.*, Die wichtigsten Änderungen und Neuerungen für die Abrechnung im Straf-/Bußgeldverfahren durch das 2. KostRMoG, StraFo 2013, 397; **Celebi**, Kritische Würdigung des Opferrechtsreformgesetzes, ZRP 2009, 110; **Dahs**, Der Schutz des Zeugen im Strafprozeß vor bloßstellenden Fragen, JR 1979, 138; *ders.*, Zum Persönlichkeitsschutz des „Verletzten" als Zeuge im Strafprozeß, NJW 1984, 1921; *ders.*, „Informationelle Vorbereitung" von Zeugenaussagen durch den anwaltlichen Rechtsbeistand, NStZ 2011, 200; **Frye**, Die Ausschließung des Verteidigers – Ein systematischer Überblick, wistra 2005, 86; **Mehle/Linz**, Mitschrift einer Zeugenvernehmung durch den Zeugenbeistand, NJW 2014, 1160; **Hammerstein**, Der Anwalt als Beistand „gefährdeter" Zeugen, NStZ 1981, 125; **Klein**, Die Aussageerzwingung bei rechtskräftig verurteilten Straftätern – Strafrechtspflege im Spannungsfeld von Verfolgungsgebot und Rechtsstaatlichkeit, StV 2006, 338; **Klengel/Müller**, Der anwaltliche Zeugenbeistand im Strafverfahren, NJW 2011, 23; **König**, Der Anwalt als Zeugenbeistand, Gegner oder Gehilfe der Verteidigung?, in: Festschrift für *Peter Rieß*, 2002, S. 243; **Krekeler**, Der Rechtsanwalt als Beistand des Zeugen und die Sitzungspolizei, NJW 1980, 980; **Lammer**, Zeugenschutz versus Aufklärungspflicht, in: Festschrift für *Peter Rieß*, 2002, S. 289; **Leißing**, Verfassungswidriger Ausschluss eines Rechtsanwalts als Zeugenbeistand, PStR 2000, 225; **Leitner**, Strafverteidigung und Verstrickungsverdacht, in: Festschrift für *Gunter Widmaier*, 2008, S. 325; **Lohberger**, Zur Rechtsstellung des Zeugenbeistands, in: Festschrift BRAK, 2006, S. 149; **Matt/Dierlamm/Schmitt**, Das (neue) Recht vom Zeugenbeistand und seine verfassungswidrigen Einschränkungen, StV 2009, 715; **Meyer-Lohkamp/Block**, Akteneinsichtsrecht für Zeugenbeistände, zugleich Besprechung von BGH StraFo 2010, 253 = NStZ-RR 2010, 246, StraFo 2011, 86; **Minoggio**, Der Firmenarbeiter als Zeuge im Ermittlungsverfahren – Der Rechtsanwalt als sein Zeugenbeistand, AnwBl. 2001, 584; **Rieß**, Zeugenschutz bei Vernehmungen im Ermittlungsverfahren, NJW 1998, 3240; **Rotsch/Sahan**, § 3 StPO und die materiell-rechtlichen Regelungen von Täterschaft und Teil-

Z Zeugenbeistand

nahme oder: Gibt es einen strafprozessualen Beteiligtenbegriff?, ZIS 2007, 142; **J. Schmidt**, Das Recht des Zeugenbeistands – ein Plädoyer für eine gesetzliche Neuregelung, in: Festschrift für *Egon Müller*, 2008, S. 651; **Seitz**, Das Zeugenschutzgesetz – ZSchG, JR 1998, 309; **Sommer**, Auskunftsverweigerungsrecht des gefährdeten Zeugen, StraFo 1998, 8; **Thomas**, Der Zeugenbeistand im Strafprozeß, NStZ 1982, 489; **Tondorf**, Der aktive Zeugenbeistand – Ein Störenfried oder ein Stück aus dem Tollhaus, StV 1996, 511; **Wagner**, Zur Stellung des Rechtsbeistands eines Zeugen im Ermittlungs- und Strafverfahren, DRiZ 1983, 21; **Weigend**, Das Opferschutzgesetz – kleine Schritte zu welchem Ziel?, NJW 1987, 1173; **Wessing/Ahlbrecht**, Der Zeugenbeistand, 2013; **Ziegler**, Der Verteidiger als Zeugenbeistand in zivil- oder arbeitsgerichtlichen Verfahren, StraFo 1999, 84; s.a. die Hinw. bei → *Auskunftsverweigerungsrecht*, Rdn 377 und → *Zeugenvernehmung, Allgemeines*, Rdn 3537.

3493 1. Das Recht des (allgemeinen) Zeugenbeistandes ist (inzwischen) **gesetzlich geregelt**. In § 68b Abs. 1 S. 1 ist nämlich nach den Änderungen durch das 2. OpferRRG v. 29.7.2009 (BGBl I, S. 2280) jetzt ausdrücklich bestimmt, dass sich Zeugen eines anwaltlichen Beistandes bedienen können. Damit ist (endlich) die Rspr. des BVerfG umgesetzt worden(vgl. *Celebi* ZRP 2009, 110 [Meilenstein]). Bis zum 2. OpferRRG war das Recht des Zeugenbeistandes nämlich gesetzlich nur unvollständig geregelt. Das BVerfG hatte zwar schon 1975 ausgeführt, dass jeder Zeuge zu seiner Vernehmung einen Rechtsanwalt als **Rechtsbeistand** seines Vertrauens **beiziehen** kann, wenn er das für erforderlich hält, um von seinen prozessualen Befugnissen selbstständig und sachgerecht Gebrauch zu machen. Das folge aus dem Gebot einer fairen Verfahrensgestaltung (BVerfG NJW 1975, 103; s.a. BVerfG NJW 2000, 2660; *Meyer-Goßner/Schmitt*, vor § 48 Rn 11 m.w.N.; *Adler* StraFo 2002, 146). Dennoch war in der Folgezeit das Recht des bzw. auf einen Zeugenbeistande(s) nicht bzw. nur teilweise geregelt worden. Daran hatte das ZSchG v. 30.4.1998 (BGBl I, S. 820) nichts geändert (*Seitz* JR 1998, 310), denn auch dieses sah nur die Möglichkeit vor, einem Zeugen bei allen richterlichen (oder staatsanwaltschaftlichen) Vernehmungen unter bestimmten Voraussetzungen nach § 68b S. 1 oder S. 2 a.f. einen → *Vernehmungsbeistand*, Rdn 3157, beizuordnen (wegen der Einzelh. s. dort; zur rechtshistorischen Entwicklung des Zeugenbeistandes *Wessing/Ahlbrecht*, a.a.O.; s. i.Ü. aber a. noch die Beschlüsse des 62. Deutschen Juristentages [NJW 1999, 117, 122] und den ursprünglich weiter gehenden Gesetzesentwurf in der BT-Drucks 13/7165, der im Gesetzgebungsverfahren von den Bundesländern abgeschwächt worden ist).

> Der Zeugenbeistand bedarf **keiner förmlichen** Zulassung durch das Gericht (so schon zum früheren Recht BGH NStZ 1990, 25 [M]).

3494 2.a) **Allgemein** gilt: Der Beistand soll dem Zeugen (vornehmlich) helfen, ein ihm ggf. nach den §§ 52 ff. zustehendes → *Auskunftsverweigerungsrecht*, Rdn 377, oder ein → *Zeugnisverweigerungsrecht*, Rdn 3552, geltend zu machen, und den Zeugen vor Aussagefehlern und Missverständnissen bewahren. Der Rechtsbeistand hat aber **kein eigenes**, selbstständiges **Antragsrecht** (BVerfG NJW 1975, 103; StraFo 2010, 243; *Meyer-Goßner/Schmitt*, § 68b, Rn 4; zu den Rechten des Zeugenbeistandes im EV *Burhoff*, EV, Rn 4418 ff.). Er kann jedoch für den Zeugen Anträge stellen und Erklärungen abgeben (*Lohberger*, S. 149, 154); er kann den Zeugen aber nicht bei der Aussage vertreten (*König*, S. 243, 254).

b) Nach **h.M.** hat der Zeugenbeistand **kein** Recht zur **AE** (BVerfG NJW 1975, 103; BGH StraFo 2010, 253 m. abl. Anm. *Burhoff* StRR 2010, 345, KG StV 2010, 298 m. zust. Anm. *Hanschke* StRR 2008, 105; AG Rudolstadt StV 2014, 282; *Meyer-Goßner/ Schmitt*, § 68b Rn 5; *Thomas* NStZ 1982, 495; **a.A.** *Hammerstein* NStZ 1981, 125, 127; Beck-*Gillmeister*, S. 1248; FA Strafrecht-*Rode*, Teil 7, Kapitel 4, Rn 30 ff.; *Meyer-Lohkamp/Block* StraFo 2011, 86 ff.; *Klengel/Müller* NJW 2011, 23, 25 f.; vgl. auch noch *Dahs* NStZ 2011, 200 zur „informationellen Vorbereitung"). Das wurde/wird i.d.R. damit begründet, dass dem (allgemeinen) Zeugenbeistand nicht mehr Rechte zuzubilligen sind als dem Zeuge selbst (s.a. BGH, a.a.O.; AG Rudolstadt StV 2014, 282). Die Streitfrage ist (leider) auch durch das 2. OpferRRG v. 29.7.2009 nicht geklärt worden.

3495

Es ist m.E. jedoch nach wie vor **fraglich**, ob dieser h.M., die auf die Rspr. des BVerfG (a.a.O.) zurückgeht, angesichts der danach eingetretenen Entwicklung (noch) **zuzustimmen** ist. Dies gilt insbesondere im Hinblick darauf, dass der Gesetzgeber mit der Einführung des § 68b a.F. im Jahr 1998 erstmals den Zeugenbeistand gesetzlich in der Form des → *Vernehmungsbeistandes*, Rdn 3157, anerkannt hatte und durch das 2. OpferRRG das Recht auf einen Zeugenbeistand in § 68b Abs. 1 S. 1 ausdrücklich normiert hat. Zudem wird für den Vernehmungsbeistand ein sich zumindest aus § 475 ergebendes AER bejaht (→ *Vernehmungsbeistand*, Rdn 3177; vgl. dazu auch BGH, a.a.O.; KG, a.a.O.; s.a. *Burhoff*, EV, Rn 3976). Entsprechendes ist dann m.E. aber für den Zeugenbeistand des Zeugen zu bejahen, der aus Gründen der Gefahr der Eigenbelastung (§ 55) oder weil er gefährdet ist eines Beistandes bedarf. Dieser Zeugenbeistand kann den Zeugen materiell nur dann richtig beraten, wenn er ausreichende Kenntnis der Akten hat. Wegen dieser „**berechtigten Interessen**" i.S.d. **§ 475 Abs. 1** ist deshalb jedenfalls in diesen Fällen ein AER des Beistandes anzunehmen (s.a. [teilweise zu § 68b S. 2 a.F.] KG StV 2010, 298; NStZ 2008, 587 [Ls.]; OLG Düsseldorf NJW 2002, 2806; OLG Hamburg NJW 2002, 1590 sowie Verfg. des GBA v. 31.5.2001 – (1) 2 StE 11/00, www.strafverteidiger-berlin.de; a.A. KK-*Senge* [vor § 48 Rn 18a], der bei Vorliegen **besonderer Umstände**, wie z.B., dass vor der Entscheidung über die Inanspruchnahme von Zeugnis- oder Auskunftsverweigerungsrechten tatsächlich und/oder rechtlich schwierige Fragen zu klären sind, ein AER bejaht; zu allem auch noch *Klengel/Müller* NJW 2011, 23, 25 f.). Die Argumentation bei → *Vernehmungsbeistand*, Rdn 3177, gilt entsprechend. Das AG Rudolstadt (StV 2014, 282) geht davon aus, dass dem Zeugenbeistand wegen der Gefährdung des Untersuchungszwecks jedenfalls dann Akteneinsicht zu verweigern ist, wenn kein Geständnis vorliegt und der Zeuge zu einem für die Urteilsfindung essentiellen Beweisthema gehört werden soll. Das ist m.E. unzutreffend, da mit der Begründung ein AER im Zweifel immer verweigert werden könnte.

3496

> 🖉 Folgt man dem und billigt dem Zeugenbeistand ein AER zu, dann stehen dem Zeugenbeistand die bei einer **AE** durch Dritte gegebenen **Rechtsmittel** zu, und zwar:
> - Er kann gegen die Verweigerung der AE durch die **StA Antrag** auf **gerichtliche Entscheidung** stellen (§ 478 Abs. 3 S. 1).
> - Die Entscheidung des **Vorsitzenden** des Gerichts war früher nach § 478 Abs. 3 S. 2 a.F. unanfechtbar (zu allem *Burhoff*, EV, Rn 302 ff., 487 ff.). Sie ist nach den Änderungen durch das 2. OpferRRG v. 29.7.2009 (BGBl I, S. 2280) gem. § 478 Abs. 3 S. 3 (nur) unanfechtbar, solange die Ermittlungen noch nicht abgeschlossen sind. Im Zeitraum der HV ist sie also anfechtbar, und zwar mit der → *Beschwerde*, Rdn 770 (vgl. BT-Drucks 16/712098, S. 65 i.V.m. S. 56 f.).

3497 c) **Streitig** ist, ob dem Zeugenbeistand die **Anwesenheit** in der **HV** auch dann **gestattet** ist, wenn sein Mandant noch nicht vernommen wurde. Nach Ansicht des BVerfG (NJW 1975, 103) und einem Teil der Lit. (*Meyer-Goßner/Schmitt*, § 68b Rn 5; Radke/Hohmann/*Otte* § 48 Rn 13) soll dem Zeugenbeistand außerhalb der Vernehmung des Zeugen kein Anwesenheitsrecht zustehen. **Dagegen** mehren sich in Rspr. und **Lit.** (vgl. u.a. Beck-*Gillmeister*, S. 1248; LR-*Ignor/Bertheau*, § 68b Rn 22 m.w.N.; *Lohberger*, S. 149, 155; *Thomas* NStZ 1982, 495; *Müller* NStZ-RR 2002, 197 m.w.N. [Rspr.-Übers.]; *Klengel/Müller* NJW 2011, 23 24; *Wessing/Ahlbrecht*, Rn 36 u. 40) die Stimmen, die zutreffend davon ausgehen, dass der Zeugenbeistand bei einer öffentlichen Verhandlung zumindest Zuhörer und damit Teil der Öffentlichkeit ist, dem der Zutritt zur HV grds. nicht verwehrt werden darf (s. dazu OVG Berlin StraFo 2001, 375 [Anwesenheitsrecht für öffentliche Sitzung eines Untersuchungsausschusses bejaht]; LG Heilbronn NStZ 2004, 100; krit. *Wagner* NStZ 2004, 101 in der Anm. zu LG Heilbronn, a.a.O.). Der Ausschluss lässt sich i.Ü. auch nicht damit rechtfertigen, dass der noch zu vernehmende Zeuge von seinem (Zeugen-)Beistand über den Gegenstand der Verhandlung unterrichtet werden kann (Beck-*Gillmeister*, S. 1248; s.a. LG Heilbronn, a.a.O.; AG Neuss StraFo 1999, 139 [Anwesenheitsrecht während der gesamten HV]; zum jetzt nach § 68b Abs. 1 S. 3 zulässigen Ausschluss des Zeugenbeistandes s.u. Rdn 3506). Der → *Verletztenbeistand*, Rdn 3059, der nach § 395 Nebenklageberechtigten, hat für die HV ein **Anwesenheitsrecht** aus § 406g Abs. 1 S. 2.

> 🖉 Aus dem Anwesenheitsrecht folgt, dass der Zeugenbeistand berechtigt ist, die Vernehmung seines Mandanten **mitzuschreiben** und die Mitschriften mitzunehmen (*Wessing/Ahlbrecht*, Rn 75; *Mehle/Linz* NJW 2014, 1160).

3498 d) Von der h.M. wird dem Zeugenbeistand auch **kein Recht** auf **Terminsbenachrichtigung** oder -verlegung zugebilligt (*Meyer-Goßner/Schmitt*, § 68b Rn 5; Beck-*Gillmeister*, S. 1257, jew. m.w.N.). Es ist allerdings **fraglich**, ob das **zutreffend** ist. Insoweit ist jetzt darauf hinzuweisen, dass nach der Gesetzesbegründung zum 2. OpferRRG die

Strafverfolgungsbehörden gehalten sind – soweit dies ohne Beeinträchtigung ihrer Aufgabenerfüllung möglich ist – so zu terminieren, dass ein Zeuge von einer von ihm gewünschten anwaltlichen Begleitung auch Gebrauch machen kann (vgl. BT-Drucks 16/712098, S. 23). Daraus folgt dann aber auch, dass unter der Vorgabe, dass eine „Beeinträchtigung der Aufgabenerfüllung" nicht vorliegt, auch ein Zeugenbeistand vom Termin zu benachrichtigen ist.

⚖ Unabhängig davon muss der Zeugenbeistand seinen **Mandanten bitten**, ihn von Ladungen zu Vernehmungsterminen zu **unterrichten**.

Das Recht des Zeugen, einen Zeugenbeistand zur Vernehmung hinzuzuziehen, rechtfertigt nicht, dem HV-**Termin fernzubleiben**, weil der Beistand verhindert ist (BGH NStZ 1989, 484; a.A. *Adler* StraFo 2002, 146, 156). Gegen einen unberechtigt ausgebliebenen Zeugen können **Ordnungsmittel** festgesetzt werden (→ *Nichterscheinen eines Zeugen*, Rdn 1924).

e) Der Zeugenbeistand kann grds. **mehrere** Zeugen **vertreten** (*Meyer-Goßner/Schmitt*, § 68b Rn 4 m.w.N. aus der n.v. BGH-Rspr.; FA Strafrecht-*Rode*, Teil 7, Kapitel 4, Rn 35; AG Neuss StraFo 1999, 139; zu den Vergütungsfragen s. OLG Koblenz NStZ-RR 2006, 254; s. aber unten Rdn 3515). § 146 steht nicht entgegen, da der Zeugenbeistand nicht Verteidiger ist. 3499

Eine Doppelvertretung scheidet jedoch **aus**, wenn die Möglichkeit eines **Interessengegensatzes** besteht. Nach § 43a Abs. 4 BRAO, § 356 StGB i.V.m. § 3 Abs. 1 BORA darf ein Rechtsanwalt als Zeugenbeistand nicht für Mandanten mit widerstreitenden Interessen tätig werden, selbst wenn die Mandanten mit der Doppelvertretung einverstanden sind. Dieses Verbot galt früher auch für mit dem Rechtsanwalt in Sozietät oder Bürogemeinschaft verbundene Kollegen (§ 3 Abs. 2 BORA a.F.). Nach der Neufassung der Vorschrift in § 3 Abs. 2 S. 2 BORA ist die Vertretung widerstreitender Interessen durch Sozien unter bestimmten Bedingungen, wie z.B. Einverständnis des Mandanten nach umfassender Information, inzwischen aber zulässig (vgl. dazu *Hartung*, in: Hartung, Berufs- und Fachanwaltsordnung, 5. Aufl. 2012, § 3 Rn 107 ff. m.w.N.; zum Zurückweisungsgrund aus § 68b Abs. 1 S. 4 Nr. 2 s.u. Rdn 3515). 3500

⚖ Der Rechtsanwalt wird in demselben Verfahren **nicht zugleich** als **Verteidiger** und als Zeugenbeistand tätig sein können (Beck-*Gillmeister*, S. 1247 m.w.N.; zur Beratung eines Zeugen und der sich daraus ggf. ergebenden Gefahr einer Interessenkollision s. *Dahs*, Rn 83 ff., 1162). Das wird im Zweifel zum Ausschluss nach § 68b Abs. 1 S. 4 Nr. 2 führen. Er muss in dem Zusammenhang immer auch prüfen, ob die Zeugenberatung tatsächlich nicht (schon) Verteidigung ist, weil der Zeuge von den Ermittlungsbehörden nur „formal" in der Zeugenrolle gehalten wird oder weil der Mandant nur durch Verfahrenstrennung in die Zeugenrolle gelangt ist. In diesen Fällen wird das Verbot der Mehrfachverteidigung (§ 146) zu beachten sein (*Burhoff*, EV, Rn 2606).

3501 f) Die **gerichtliche Beiordnung** eines (allgemeinen) Zeugenbeistandes für einen Zeugen ist – über §§ 68b, 406g hinaus – grds. **ausgeschlossen** (vgl. u.a. BVerfG NStZ 1983, 374 u. die Rspr.-Nachw. bei *Meyer-Goßner/Schmitt*, § 68b Rn 6; eingehend a. LG Köln StraFo 1997, 308 mit ausf. Darstellung des Streitstandes und zahlr. weit. Nachw.; zu Ausnahmen *Burhoff*, EV, Rn 4423). Diese h.M. dürfte zutreffend sein, nachdem der Gesetzgeber schon durch das ZSchG den Zeugenbeistand nicht allgemein eingeführt, sondern nur einen Teilbereich geregelt hat und auch im 2. OpferRRG zwischen dem allgemeinen Zeugenbeistand (§ 68b Abs. 1) und dem → *Vernehmungsbeistand*, Rdn 3524, in § 68b Abs. 2 unterscheidet (zur ggf. zulässigen ausnahmsweisen Beiordnung *Burhoff*, EV, Rn 4423; a. insoweit abl. LG Köln, a.a.O.). Die Problematik dürfte sich allerdings durch die Möglichkeit, dem Zeugen einen → *Vernehmungsbeistand*, Rdn 3157, beizuordnen, entschärft haben (s.a. noch → *Verletztenbeistand/Opferanwalt*, Rdn 3052). Das gilt jetzt, nachdem die Voraussetzungen für dessen Beiordnung abgeschwächt worden sind, erst Recht.

3502 g) Die Staatskasse zahlt dem (allgemeinen) Zeugenbeistand, wenn er nicht ggf. nach § 68b als → *Vernehmungsbeistand*, Rdn 3157, beigeordnet ist, auch keine **Vergütung** (OLG Düsseldorf Rpfleger 1993, 37; a.A. OLG Bremen StV 1993, 513; zu einem Ausnahmefall a. LG Bonn StraFo 2001, 169; → *Vernehmungsbeistand*, Rdn 3173; zur Vergütung des (Wahlzeugen-)Beistandes s. Rdn 3522). Eine ganz andere Frage ist, ob dem Zeugen nicht die für die Inanspruchnahme des allgemeinen Beistandes entstandenen Kosten nach § 11 Abs. 1 **ZSEG** zu **erstatten** sind. Dies ist vom OLG Frankfurt am Main (StV 1998, 89) für den Fall bejaht worden, dass die Beiziehung eines Zeugenbeistandes notwendig war, z.B. zur umfassenden Beratung im Hinblick auf ein sich aus § 55 ergebendes → *Auskunftsverweigerungsrecht*, Rdn 377, und die Beiziehung nicht ausschließlich im Interesse des Zeugen erfolgte; es handelte sich um einen „wichtigen" Zeugen.

3503 3.a) Der Zeugenbeistand darf den Zeugen **bei** seiner **Vernehmung** durch das Gericht **nur beraten**, nicht jedoch bei der Aussage vertreten (*Meyer-Goßner/Schmitt*, § 68b Rn 4; *König*, S. 243, 254).

3504 b) Der Zeugenbeistand kann – ggf. muss er – die **Art** der **Vernehmung** seines Mandanten, insbesondere einen Verstoß gegen die §§ 58, 68a, 69, förmlich **beanstanden**, ebenso die Nichtanerkennung eines geltend gemachten → *Zeugnisverweigerungsrechts*, Rdn 3552, oder eines → *Auskunftsverweigerungsrechts*, Rdn 377 (vgl. auch BVerfG StraFo 2010, 243 f. und *Klengel/Müller* NJW 2011, 23, 24). Über die Beanstandung entscheidet zunächst der Vorsitzende, gegen dessen Maßnahme der → *Verhandlungsleitung*, Rdn 2889, das Gericht angerufen werden kann (**§ 238 Abs. 2**; s. dazu a. den „Prozessbericht" von *Tondorf* StV 1996, 511).

4. a) In § 68b Abs. 1 S. 3 ist durch das 2. OpferRRG v. 29.7.2009 (BGBl I, S. 2280) eine für das Recht des Zeugenbeistandes ganz wesentliche Änderung erfolgt. Aufgenommen worden ist dort nämlich eine Regelung über den **Ausschluss** des **Zeugenbeistandes**. Bis dahin war die Frage, ob und wann ein Zeugenbeistand von der Vernehmung des Zeugen ausgeschlossen werden kann, nicht geregelt. Dazu lag nur Rspr. des BVerfG vor. Dieses hatte in seiner grundlegenden Entscheidung zum Verteidigerausschluss ausgeführt, dass der Entzug der Verteidigungsbefugnis eines Rechtsanwalts nur dann verfassungsgemäß sein könne, wenn für ihn eine – zu der Zeit nicht gegebene – gesetzliche Grundlage bestehe (BVerfG NJW 1973, 696). Folge davon waren die Regelungen zum Verteidigerausschluss in den §§ 138a ff. Zum Ausschluss des anwaltlichen Zeugenbeistandes hatte das BVerfG dann später in Fortführung dieser Rspr. dargelegt, dass auch dieser nur bei Bestehen einer entsprechenden gesetzlichen Grundlage zulässig sei (BVerfG NJW 1975, 103 ff.; zuletzt BVerfG NJW 2006, 2660; StraFo 2010, 243 [noch zum alten Recht]; vgl. dazu *Adler* StraFo 2002, 146; *Leißing* PStR 2000, 225).

3505

👉 Diese Rspr. versucht die (Neu-)Regelung in § 68b Abs. 1 S. 3 und 4 nun umzusetzen (BT-Drucks 16/12098, S. 23 ff.). Es ist allerdings **höchst fraglich**, ob die Regelung den **Vorgaben** des **BVerfG entspricht**. Abgesehen davon, dass die Ausschlussgründe zu unbestimmt gefasst sein dürften (vgl. dazu BVerfG NJW 1973, 696 ff.), dürfte auch das Verfahren nicht den verfassungsrechtlichen Vorgaben entsprechen, wenn in § 68b Abs. 3 S. 1 auch die richterliche Ausschlussentscheidung als unanfechtbar angesehen wird (vgl. dazu a. sehr krit. BRAK-Stellungnahme, S. 3 ff.; *Matt/Dierlamm/Schmitt* StV 2009, 715).

b) Nach § 68b Abs. 1 S. 3 „kann" der anwaltliche Zeugenbeistand ausgeschlossen werden „wenn die Anwesenheit des Beistandes geeignet erscheint, die geordnete Beweiserhebung nicht nur unwesentlich zu beeinträchtigen". Diese Annahme muss sich jedoch auf **bestimmte Tatsachen** gründen. Das bedeutet zwar, dass reine Spekulationen oder vage Verdachtsmomente nicht ausreichen, andererseits muss aber auch nicht der beim Ausschluss des Verteidigers nach § 138a Abs. 1 erforderliche dringende Verdacht (AG Berlin-Tiergarten wistra 2011, 155; a.A. *Matt/Dierlamm/Schmitt* StV 2009, 715, 716 f.; *Klengel/Müller* NJW 2011, 23, 26) oder eine überwiegende Wahrscheinlichkeit vorliegen (vgl. dazu *Burhoff*, EV, Rn 4078 f.).

3506

👉 **Ausreichend** ist damit ein **bloßer Anfangsverdacht** (krit. insoweit Stellungnahme der BRAK, S. 6 f.; *Matt/Dierlamm/Schmitt*, a.a.O). Der Gesetzgeber rechtfertigt dies damit, dass die Zeugenvernehmung der Wahrheitsermittlung diene und es dem Zeugen somit eher als dem Beschuldigten, der sich gegen einen gegen ihn erhobenen Vorwurf verteidigen muss, zumutbar sei, sich ggf. eines anderen anwaltlichen Beistandes zu bedienen, wenn die Anwesenheit eines bestimmten Rechtsanwalts die Wahrheitsermittlung gefährden kann. Das erscheint insofern fraglich, weil das BVerfG in seiner Rspr. (vgl. NJW 1975, 103) für den Ausschluss des Zeugenbeistandes dieselben Maßstäbe anlegt wie für den Verteidigerausschluss (zuletzt BVerfG StraFo 2010, 243 [noch zum alten Recht]).

3507 Das Erfordernis des Vorliegens eines Anfangsverdachts bedeutet, dass aber zumindest „**zureichende tatsächliche Anhaltspunkte**" für den geltend gemachten Ausschließungsgrund vorliegen müssen. Erforderlich ist das Vorliegen **konkreter Tatsachen**, die es als möglich erscheinen lassen, dass dieser Ausschließungsgrund vorliegt, bloße Vermutungen reichen nicht aus (s.a. BT-Drucks 16/12098, S. 24; *Klengel/Müller* NJW 2011, 23, 25; vgl. zum Anfangsverdacht nach § 152 OLG Hamburg NJW 1984, 1635; *Meyer-Goßner/Schmitt*, § 152 Rn 4 m.w.N.; LR-*Beulke*, § 152 Rn 23 ff.; *Burhoff*, EV, Rn 457).

3508 c) Dem Gericht ist in der Frage, ob der Beistand **auszuschließen** ist, **Ermessen** eingeräumt. § 68b Abs. 1 S. 3 formuliert ausdrücklich mit „kann". Diese Ermessensentscheidung ist einerseits unter Berücksichtigung des Grades der Gefährdung einer geordneten Beweiserhebung und des Interesses der Strafverfolgungsbehörden an der Aufklärung des Sachverhalts und andererseits aber insbesondere auch unter Berücksichtigung des Interesses des Zeugen an einer angemessenen anwaltlichen Beratung sowie des Interesses des Rechtsanwalts an der uneingeschränkten Ausübung seines Berufs zu treffen (vgl. zu letzterem BVerfG NJW 1975, 103; StraFo 2010, 243; s.a. BT-Drucks 16/712098, S. 24).

3509 Im Rahmen der Ermessensentscheidung ist **darauf abzustellen** und zu berücksichtigen, dass der Ausschluss nur erfolgen darf, wenn die Anwesenheit des Zeugenbeistandes geeignet erscheint, eine „geordnete Beweiserhebung nicht nur unwesentlich zu **beeinträchtigen**". Das ist **mehr als** eine **Belästigung** der Beweiserhebung und/oder bloße Erschwerung der Beweisausnahme. Das folgt einerseits schon aus den Regelbeispielen in § 68b Abs. 2 S. 4, die den Grad der erforderlichen Beeinträchtigung zumindest ansatzweise näher beschreiben. Andererseits folgt dies aber auch aus dem Sinn und Zweck des Instituts des Zeugenbeistandes, dessen Aufgabe es ist, gerade die Rechte des Zeugen bei der Vernehmung zu wahren. Das führt dazu, dass grds. alle Maßnahmen, die diesem Zweck dienen, nicht als „Beeinträchtigung" angesehen werden können (BVerfG StraFo 2010, 243). Denn natürlich führt die Beratung des Zeugen, z.B. zur Frage der Wahrnehmung von Zeugnis- oder Auskunftsverweigerungsrechten (§§ 52, 53, 55) oder die für ihn vorgenommene Beanstandung von unzulässigen Fragen (§ 240), zu einer tatsächlichen Erschwerung der Beweisaufnahme (BT-Drucks 16/12098, S. 24). Gerade zur Durchsetzung dieser Rechte hat der Zeuge den Beistand aber gewählt. Deshalb macht auch das pauschale Berufen auf ein Auskunftsverweigerungsrecht eine Abwägung nicht entbehrlich (BVerfG, a.a.O.). Auch kann der Ausschluss nicht damit begründet werden, dass der Zeuge keine Angaben zur Erforderlichkeit der Mitwirkung des Zeugenbeistandes macht (BVerfG, a.a.O.).

◊ Auch soweit der anwaltliche Zeugenbeistand bei der Wahrnehmung der Interessen seines Mandanten (z.b. der Beanstandung von Fragen) das Maß des Zulässigen überschreitet, stellt dies i.d.R. keine **wesentliche Beeinträchtigung** der geordneten Beweiserhebung dar (BT-Drucks 16/12098, S. 24). Eine solche ist erst dann als gegeben anzusehen, wenn das Aussageverhalten des Zeugen von Faktoren beeinträchtigt zu werden droht, die außerhalb der dem Zeugenbeistand obliegenden Beistandspflichten liegen. Das folgt aus den in § 68b Abs. 2 S. 4 aufgeführten Regelbeispielen (BT-Drucks 16/12098, a.a.O.; vgl. dazu Rdn 3510 ff.). Die Grenze wird also im Zweifel da zu ziehen sein, wo beim Verteidiger Missbrauch der Verteidigungsrechte anzunehmen wäre (vgl. zur Abwägung auch BVerfG StraFo 2010, 243 [Ausschluss/Zurückweisung nur, wenn dies erforderlich ist, um eine funktionsfähige und wirksame Rechtspflege aufrechtzuerhalten]).

d)aa) In § 68b Abs. 1 S. 4 sind sog. **Regelbeispiele** normiert, die nach Auffassung des Gesetzgebers „typische Fallkonstellationen" sein sollen, um den Ausschluss des Zeugenbeistandes zu rechtfertigen (BT-Drucks 16/12098, S. 24). Obwohl die Gesetzesbegründung einerseits davon ausgeht, dass es angesichts der Vielschichtigkeit der Sachverhalte nicht möglich erscheint, einen abschließenden Katalog von Ausschlussgründen zu formulieren, geht sie andererseits – insoweit widersprüchlich – davon aus, dass „Satz 4 die drei typischen Fallkonstellationen auf[führt], die von wenigen Ausnahmen abgesehen den Anwendungsbereich des § 68b Absatz 1 Satz 3 StPO-E abbilden dürften" (vgl. BT-Drucks 16/712098, S. 25). Im Grunde ist damit m.E. letztlich doch ein im Wesentlichen abschließender Katalog aufgestellt. Zumindest müssen andere Konstellationen in ihrem Schwergrad aber dem der Regelbeispiele entsprechen.

3510

◊ **Bedenklich** ist, dass die Vernehmungsperson **nur** aufgrund „**bestimmter Tatsachen**" vom Vorliegen des Regelbeispiels ausgehen muss (vgl. dazu schon oben Rdn 3506 f.). Auch insoweit wäre es sicherlich im Hinblick auf die Rspr. des BVerfG angebracht gewesen, hier – ebenso wie bei § 138a Abs. 1 – einen dringenden Verdacht erforderlich zu machen (krit. auch *Matt/Dierlamm/Schmidt* StV 2009, 715, 716).

Im Einzelnen gilt:

bb) § 68b Abs. 1 S. 4 **Nr. 1** sieht den Ausschluss vor, wenn der Zeugenbeistand an der zu **untersuchenden Tat** oder an einer mit ihr im Zusammenhang stehenden Begünstigung (§ 257 StGB), Strafvereitelung (§ 258 StGB) oder Hehlerei (§ 259 StGB) **beteiligt** ist. Dieser Ausschlussgrund entspricht dem für den Verteidigerausschluss geltenden § 138a Abs. 1 Nr. 1 und 3, wobei dort allerdings ein „dringender Verdacht" erforderlich ist (vgl. zur „Verstrickung des Verteidigers" *Leitner*, S. 325). Dennoch wird man aber die Rspr. und Lit. zu § 138a Abs. 1 Nr. 1 und 3 entsprechend anwenden können (s. wohl a. *Klengel/Müller* NJW 2011, 23, 26; vgl. dazu *Burhoff*, EV, Rn 4055, 4067 ff.).

3511

3512 Insoweit gilt für den Verteidigerausschluss: Das Tatgeschehen muss als Straftat anzusehen, die (Tat-)**Beteiligung** muss dem Verteidiger vorwerfbar sein (BGH NJW 1986, 143), der Verteidiger muss vorsätzlich beteiligt sein. Nicht erforderlich ist, dass das dem Verteidiger zur Last gelegte Verhalten strafgerichtlich geahndet werden kann, es **reicht** ein **drohendes berufsgerichtliches Verfahren** (BGH wistra 2000, 311 m.w.N. [für fehlenden Strafantrag]). Wenn das alles aber schon für den Ausschluss des Verteidigers angenommen wird (vgl. BGH, a.a.O.), dann wird das erst Recht für den Zeugenbeistand zu gelten haben.

> ☞ **Beteiligt sein** bedeutet, dass eine der in den §§ 25 – 27 StGB aufgeführten Formen von Täterschaft und Teilnahme, also (Mit-)Täterschaft, mittelbaren Täterschaft, Anstiftung oder Beihilfe gegeben sein muss. Eine Beteiligung i.S.d. § 60 Nr. 2, nämlich i.S.e. **bloßen Mitwirkung** (vgl. dazu *Meyer-Goßner/Schmitt*, § 60 Rn 12 m.w.N.), reicht **nicht** aus (vgl. jew. zu § 138a Abs. 1 Nr. 1 *Meyer-Goßner/Schmitt*, § 138a Rn 5; *Rotsch/Sahan* ZIS 2007, 142, 149; s.a. OLG Hamm StraFo 1998, 415).

3513 Der Ausschluss kann weiterhin gerechtfertigt sein, wenn der Zeugenbeistand eine Handlung begangen hat, die für den Fall der Verurteilung des Beschuldigten **Begünstigung**, **Strafvereitelung** oder **Hehlerei** i.S.d. §§ 257 – 260 StGB wäre.

> ☞ In dem Zusammenhang ist aber darauf zu achten, dass die **Rechte** des **Rechtsanwalts**, zugunsten seines Mandanten tätig zu werden, sehr **weit** gehen (vgl. BGHSt 38, 345 [zur Vorlage gefälschter Urkunden durch einen Verteidiger]; zuletzt BGHSt 46, 53). Das zulässige Verteidigerverhalten und das Tätigwerden für den Mandanten werden grds. nur von den §§ 257, 258 StGB begrenzt (z.B. BVerfG NJW 2006, 3197; BGH NJW 2006, 2421 [Zündel-Verfahren]; OLG Brandenburg StV 2008, 66; vgl. die Nachw. bei → *Verteidigerhandeln und Strafrecht*, Rdn 3199 m.w.N.).

3514 Für die Anwendung des § 68b Abs. 1 S. 4 Nr. 1 wird – ebenso wie für § 138a Abs. 1 Nr. 3 – entsprechend der st. Rspr. der Obergerichte eine auch nur **versuchte Strafvereitelung** nach § 258 StGB genügen (*Meyer-Goßner/Schmitt*, § 138a Rn 11 m.w.N.; OLG Düsseldorf NStZ 1998, 552; OLG Köln NJW 1975, 459; wegen der möglichen Fallkonstellationen s. *Burhoff/Stephan*, Strafvereitelung durch Strafverteidiger, 2007; → *Verteidigerhandeln und Strafrecht*, Rdn 3199 ff. und die Nachw. bei *Burhoff*, EV, Rn 4074).

3515 cc) § 68b Abs. 1 S. 4 **Nr. 2** sieht den Ausschluss des Zeugenbeistandes dann als i.d.R. zulässig an, wenn das Aussageverhalten des Zeugen dadurch beeinflusst wird, dass der **Zeugenbeistand nicht nur** den **Interessen** des **Zeugen verpflichtet** erscheint. Ausgeschlossen werden soll durch dieses Regelbeispiel eine „außerhalb dem Interesse des Zeugen verpflichteten anwaltlichen Beistandsleistung liegende, durch die Anwesenheit des Beistands bewirkte – direkte oder indirekte – Einflussnahmen auf das Aussageverhalten des Zeugen" (BT-Drucks 16/12098, S. 25). Dieses Regelbeispiel ist **zu weit** gefasst (*Matt/Dierlamm/Schmitt* StV

2009, 715, 717; krit. auch *Klengel/Müller* NJW 2011, 23, 26 f.). Schon der Begriff „Interesse" ist zu weit. Die Formulierung erfasst zudem jedes Tätigwerden, das auch im Interesse eines anderen liegt. Zu Recht hatte insoweit die BRAK in ihrer Stellungnahme zum Gesetzesentwurf (vgl. S. 8) darauf hingewiesen, dass damit auch der Fall erfasst würde, dass der Zeugenbeistand von den Erziehungsberechtigten oder ggf. vom Arbeitgeber beauftragt worden ist und damit auch in deren Interessen tätig werden wird (*Matt/Dierlamm/Schmitt*, a.a.O.). Um diesen Bedenken zu begegnen, wird man die Vorschrift **einschränkend** dahin auszulegen haben, dass der Zeugenbeistand nicht nur oder nicht überwiegend im Interesse eines Dritten tätig werden darf. Entscheidend ist immer, dass der Zeugenbeistand seine eigentliche Rolle als Berater bzw. Beistand des Zeugen nicht mehr ordnungsgemäß erfüllt oder erfüllen kann. Das wird man annehmen können, wenn er sie zur Begehung von Straftaten missbraucht (so BRAK-Stellungnahme, a.a.O.; *Klengel/Müller* NJW 2011, 23, 27). Aber auch immer dann, wenn nicht mehr die Interessen des Zeugen im Vordergrund stehen, wird man in der Praxis vom Vorliegen der Nr. 2 ausgehen können. Gradmesser kann insoweit sein, ob und ggf. in welchem Abhängigkeitsverhältnis der Zeuge zu den anderen am Verfahren interessierten Personen steht (BT-Drucks 16/12098, S. 26). Erkennbar werden kann das nicht mehr überwiegende Interesse des Zeugenbeistandes zudem z.B. daran, dass der Zeugenbeistand ebenfalls einen im betreffenden Verfahren Beschuldigten vertritt (vgl. BT-Drucks 16/12098, S. 25). Soweit Anhaltspunkte dafür vorliegen, dass die Aussage des Zeugen Einfluss auf andere laufende oder ggf. noch einzuleitende Verfahren hat, soll schließlich ausreichend für den Ausschluss sein, dass der anwaltliche Beistand für eine von einem solchen Verfahren betroffene Person tätig ist (BT-Drucks 16/12098, a.a.O.). Die Gesetzesbegründung erwähnt zudem als möglichen, wenn auch nicht als (Regel-)Fall die Vertretung mehrerer Zeugen in einem Verfahren, z.B. in dem Fall, in dem einer der Zeugen unzutreffend ausgesagt hat und nunmehr der weitere Zeuge vernommen wird (BT-Drucks 16/12098, a.a.O.). Ob das zutreffend ist, erscheint mir zweifelhaft und ist m.E. eine Frage des Einzelfalls. Ebenso zweifelhaft dürfte es sein, wenn das AG Rudolstadt – ohne auf die konkreten Umstände des Einzelfalls einzugehen – eine Interessenkollision auch dann in der Person des Beistandes sieht, wenn ein anderer Rechtsanwalt seines Strafverteidigerbüros/**Sozius** den Angeklagten vertritt (vgl. StraFo 2012, 181 m. zutr. abl. Anm. *Fromm*).

> Gerade in solchen Fällen ist darauf zu achten, dass die Annahme der mangelnden Interessenvertretung des Zeugen, auf „bestimmten Tatsachen" beruhen muss. Insbesondere dürfen **nicht bloße Spekulationen** und Vermutungen die Grundlage für den Ausschluss bilden.

dd) § 68b Abs. 1 S. 4 **Nr. 3** erfasst schließlich die Fälle, in denen der Beistand die bei der Vernehmung erlangten Erkenntnisse für **Verdunkelungshandlungen** i.S.d. **§ 112 Abs. 2 Nr. 3** nutzt oder in einer den Untersuchungszweck gefährden Weise weitergibt.

🖉 Auch diesen Grund muss man im Hinblick auf die verfassungsrechtlichen Vorgaben (vgl. BVerfG NJW 1973, 696; 1975, 103; 2000, 2660) **einschränkend auslegen**, da anderenfalls gerade diese Alternative dafür genutzt werden könnte, „unliebsame Beistände" auszuschließen (vgl. die BRAK-Stellungnahme, S. 10). Insbesondere deshalb ist auch an diesem Ausschlussgrund – zutreffend – massive Kritik geübt worden (vgl. BRAK-Stellungnahme, S. 9 f.; *Matt/Dierlamm/Schmitt* StV 2009, 715, 717).

3517 Soweit der Ausschlussgrund unter Hinweis auf **Verdunkelungshandlungen** bejaht werden soll, ist darauf zu achten, dass nach § 68b Abs. 1 S. 4 Nr. 3 nicht etwa die Gefahr von Verdunklungshandlungen ausreicht, sondern „anzunehmen ist", dass „der Beistand die bei der Vernehmung erlangten Erkenntnisse für Verdunkelungshandlungen ... nutzt". Die **bloße Gefahr reicht** also **nicht**. Hinzukommen muss auch hier, dass die Annahme auf „bestimmten Tatsachen" beruhen muss (vgl. dazu Rdn 3506).

🖉 Und: Nach § 112 Abs. 2 Nr. 3, auf den verwiesen wird, müssen Tatsachen den dringenden Verdacht begründen. Erforderlich ist also mehr als der bloße Anfangsverdacht. Insoweit ist die Rspr. zu § 112 Abs. 2 Nr. 3 entsprechend heranzuziehen (vgl. dazu *Burhoff*, EV, Rn 3731 f.). Danach kann der dringende Verdacht für Verdunkelungsgefahr sich insbesondere **nicht allein** aus dem den Gegenstand der Untersuchung bildenden Delikt ergeben (vgl. *Burhoff*, a.a.O. m.w.N. aus der insoweit h.M. in der obergerichtlichen Rspr.).

Schließlich: Verdunkelungsgefahr besteht nach allgemeiner Meinung **nicht** (**mehr**), wenn der **Sachverhalt** in vollem Umfang **aufgeklärt** ist und die Beweise so gesichert sind, dass der Beschuldigte die Ermittlungen nicht mehr behindern kann (vgl. zu allem *Meyer-Goßner/Schmitt*, § 112 Rn 35). Das wird im Zeitraum der HV i.d.R. der Fall sein.

3518 Die Formulierung „**Gefährdung** des **Untersuchungszwecks**" in § 68b Abs. 1 S. 4 Nr. 3 lehnt sich an § 147 Abs. 2 an. Daher wird auch insoweit die dazu vorliegende Rspr. und Lit. anzuwenden sein. Das hat vor allem im EV Bedeutung (vgl. dazu *Burhoff*, EV, Rn 224 und 3827). Im Bereich der HV wird eine „Gefährdung des Untersuchungszwecks" kaum noch in Betracht kommen, da dort die im EV erhobenen Beweise i.d.R. bereits gesichert sind.

3519 e)aa) Das **Ausschlussverfahren** wird in § 68b Abs. 1 nicht geregelt. Das ist sicherlich im Hinblick auf Art. 19 Abs. 4 GG ein **erheblicher Mangel** der (Neu)Regelung (sehr krit. insoweit BRAK-Stellungnahme, S. 10 f.; *Matt/Dierlamm/Schmitt* StV 2009, 705 717 f.), vor allem auch deshalb, weil das BVerfG in seiner Entscheidung aus dem Jahr 2000, auf die die Neuregelung zurückgeht, verlangt hat, dass auch geklärt sein müsse, wem die Kompetenz zum Ausschluss des Beistandes zustehen soll (NJW 2000, 2660). Das regelt § 68b Abs. 1 aber gerade nicht.

bb) Im Einzelnen wird man folgendes **Verfahren** anwenden müssen (für das EV, s. *Burhoff*, EV, Rn 4446):

- Beim Ausschluss des Zeugenbeistandes im Stadium der HV handelt es sich **nicht** um eine Maßnahme der → *Verhandlungsleitung*, Rdn 2889, über die (zunächst) der Vorsitzende allein bestimmen könnte. Zwar handelt es sich vordergründig um eine Maßnahme, die auch den Ablauf der HV betrifft. Andererseits sind aber die Rechte des Zeugen betroffen, sodass schon deshalb das Gericht als Ganzes über den Ausschluss befinden muss. Das gilt mit Sicherheit, wenn die Maßnahme außerhalb der HV, etwa im Rahmen der Vorbereitung der HV, getroffen wird.

> ✍ Wird der Ausschluss in der HV allein vom Vorsitzenden verfügt, sollte diese Maßnahme ggf. vom Verteidiger, aber auch vom Zeugenbeistand, **beanstandet** werden (§ 238 Abs. 2).

- Die **Form** des Ausschlusses ist ebenfalls in § 68b Abs. 1 S. 3 und 4 nicht bestimmt. § 68b Abs. 3 S. 2 spricht nur davon, dass die Gründe für den Ausschluss „aktenkundig zu machen sind, soweit dies den Untersuchungszweck nicht gefährdet". Damit ist zwar ein **Beschluss** des Gerichts nicht erforderlich, i.d.R. wird aber in dieser Form entschieden werden (müssen).
- Nach § 68b Abs. 3 sind die Gründe „**aktenkundig** zu machen". Das bedeutet, dass der Ausschluss zu **begründen** ist (vgl. dazu BT-Drucks 16/12098, S. 28).
- Vor dem Ausschluss ist dem Zeugenbeistand als Ausfluss aus dem Recht auf **rechtliches Gehör** (Art. 103 Abs. 1 GG) die Gelegenheit zur Stellungnahme zu geben. Das gilt auch für den Angeklagten und die anderen Verfahrensbeteiligten (vgl. a. § 138d Abs. 4).
- Wird der Zeugenbeistand ausgeschlossen, wird die **Vernehmung** des Zeugen zu **unterbrechen** sein und/oder nur fortgesetzt werden dürfen, wenn der Zeuge einen anderen Zeugenbeistand gewählt hat. Ggf. ist dann aber auch der Zeuge „schutzwürdig" i.S.v. § 68b Abs. 2, sodass ihm von Amts wegen ein → *Vernehmungsbeistand*, Rdn 3157, beizuordnen ist (vgl. dazu *Krehl* NStZ 1990, 192 in der abl. Anm. zu BGH NStZ 1989, 484 für den Fall der Terminsverhinderung des Beistandes). Insoweit spielt nicht nur der Rechtsgedanke des § 138c Abs. 3 S. 4 eine Rolle, sondern auch das verfassungsrechtlich (vgl. BVerfG NJW 1973, 696; 1975, 103; 2000, 2660; StraFo 2010, 243) geschützte Recht des Zeugen auf einen Beistand, das anderenfalls unterlaufen würde. *Matt/Dierlamm/Schmidt* (StV 2009, 715, 717) gehen davon aus, dass dem Zeugen bis zur gerichtlichen Entscheidung über den Ausschluss (vgl. Rdn 3521) das Recht zusteht, die Aussage zu verweigern.

cc) Für den **Rechtsschutz** gilt: Dem Zeugenbeistand/Zeugen steht nach der StPO ein **Rechtsmittel** gegen den Ausschluss **nicht** zu. § 68b Abs. 3 S. 1 erfasst nämlich ausdrücklich auch die Ausschlussmaßnahme nach § 68b Abs. 1 S. 3. Das wird – für das EV – damit begründet, dass Verzögerungen zu vermeiden sind und gerade Zeugenvernehmungen beschleunigt durchzuführen sind. Das ist für die HV nicht stichhaltig und ist zudem für den Verteidigerausschluss in § 138c Abs. 4 und § 138d Abs. 6 anders geregelt. Warum der Zeugenbeistand und auch der vom Ausschluss seines Beistandes betroffene Zeuge kein Recht haben sollen, gegen den gerichtlichen Ausschluss Rechtsmittel einzulegen, erschließt sich nicht und wird in der Gesetzesbegründung mit keinem Wort begründet. Hinzu kommt, dass aufgrund der neuen Verweisungsregelung in § 161a Abs. 1 S. 2 und Abs. 3 im Fall des Ausschlusses des Zeugen bei einer staatsanwaltschaftlichen Vernehmung bzw. in § 163 Abs. 3 S. 2 und 3 im Fall der polizeilichen Vernehmung durch den Polizeibeamten in diesen Fällen die Möglichkeit der Überprüfung durch einen Antrag auf gerichtliche Entscheidung besteht. Diese **Ungleichbehandlung** mit dem Verfahrensstadium „HV" ist nicht nachvollziehbar (abl. auch *Matt/Dierlamm/Schmidt* StV 2009, 715, 717).

Der Zeugenbeistand und der Zeuge haben (derzeit) also keine andere Möglichkeit als mit der **Verfassungsbeschwerde** die Verletzung ihrer Rechts aus Art. 12 bzw. Art. 1 GG zu rügen.

3522 **5. Streit** besteht in der Frage, wie die **Tätigkeit** des Zeugenbeistandes nach dem RVG **vergütet** wird. Nach Vorbem. 4 Abs. 1 VV RVG findet Teil 4 VV RVG auch auf den Zeugenbeistand Anwendung. In Rspr. und Lit. besteht Streit, ob die Tätigkeit des Zeugenbeistandes nach Teil 4 Abschnitt 1 VV RVG wie die des Vollverteidigers honoriert wird oder nur als Einzeltätigkeit nach Teil 4 Abschnitt 3 VV RVG. Zutreffend ist es m.E. Teil 4 Abschnitt 1 VV RVG anzuwenden, was zur Folge hat, dass grds. Grund-, Verfahrens- und Terminsgebühr entstehen können (wegen der Nachw. aus der obergerichtlichen Rspr. s. → *Vernehmungsbeistand*, Rdn 3173; s.a. Burhoff/*Burhoff*, RVG, Vorb. 4.1 VV Rn 5 ff.; Burhoff/*Volpert*, RVG, Vorbem. 4.3 VV Rn 29; Gerold/Schmidt/*Burhoff*, Vorb. 4 Teil 4 Abschn. 1 Rn 5 ff.; eingehend a. *Burhoff* RVGreport 2004, 458; *ders*. RVGreport 2006, 81).

Dieser Streit hat sich durch das **2. KostRMoG nicht erledigt**, da die (zunächst) geplante Klarstellung in Vorbem. 4 Abs. 1 VV RVG i.S.d. Auffassung, die von Teil 4 Abschnitt 1 VV RVG ausgeht, nicht Gesetz geworden ist (*Burhoff* RVGreport 2013, 330; *ders*., StraFo 2013, 397; vgl. dazu *Burhoff*, EV, Rn 2270, m.w.N.).

Siehe auch: → *Auskunftsverweigerungsrecht*, Rdn 377; → *Nebenklägerrechte in der Hauptverhandlung*, Rdn 1928; → *Verletztenbeistand*, Rdn 3052; → *Vernehmungsbeistand*, Rdn 3157.

Zeugenbelehrung 3523

> **Das Wichtigste in Kürze:**
> 1. In der HV werden die Zeugen, wenn sie bereits bei Beginn der HV erschienen sind, i.d.R. gleichzeitig nach dem Aufruf der Sache (§ 243 Abs. 1 S. 1) belehrt.
> 2. Zusätzlich zur allgemeinen Zeugenbelehrung gem. § 57 sieht § 52 Abs. 3 S. 1 die Belehrung des Zeugen vor, dem als Angehöriger ein Zeugnisverweigerungsrecht zusteht.
> 3. Der Zeuge kann auf ein ihm ggf. zustehendes ZVR verzichten.
> 4. Die Belehrung des Zeugen ist vor jeder neuen Vernehmung zu wiederholen, auch wenn er in einer früheren Vernehmung schon auf sein Weigerungsrecht hingewiesen worden ist und verzichtet hatte.
> 5. Ist die Belehrung nach § 52 Abs. 3 S. 1 vergessen worden, kann sie nachgeholt werden. Ob die (nachgeholte) Belehrung den Hinweis auf die Unverwertbarkeit der früheren Aussage enthalten muss, ist streitig.
> 6. Unterbleibt die Belehrung über das ZVR, darf die Aussage des Zeugen nicht verwertet werden.
> 7. Der Zeuge ist, wenn Anlass dazu besteht, ggf. auch über ein Auskunftsverweigerungsrecht nach § 55 zu belehren.

Literaturhinweise: Geppert, Die „qualifizierte" Belehrung, in: Gedächtnisschrift für *Karlheinz Meyer*, 1990, S. 93; **Ladiges**, Zeugnisverweigerungsrecht und Zwischenrechtsbehelf, JuS 2011, 226; **Leipold**, Zulässige Einwirkung und Belehrung von Zeugen durch den Verteidiger, StraFo 1998, 79; **Neuhaus**, Zur Notwendigkeit der qualifizierten Beschuldigtenvernehmung – zugleich Anmerkung zu LG Dortmund NStZ 1997, 356, NStZ 1997, 312; **Schünemann**, Die Belehrungspflichten der §§ 243 IV, 136 n.F. StPO und der BGH, MDR 1969, 102; s.a. die Hinw. bei → *Zeugenvernehmung, Allgemeines*, Rdn 3537. 3524

1. a) In der HV werden die Zeugen, wenn sie bereits bei Beginn der HV erschienen sind, i.d.R. **gleichzeitig** nach dem → *Aufruf der Sache*, Rdn 341 (§ 243 Abs. 1 S. 1) belehrt. Das ist **zulässig** (LR-*Ignor/Bertheau*, § 57 Rn 3). Später erschienene oder geladene Zeugen werden i.d.R. (erst) vor ihrer Vernehmung belehrt (s.a. Nr. 130 RiStBV). 3525

b) Die allgemeine Zeugenbelehrung ist in § 57 geregelt (zum ZVR s. Rdn 3527 ff.; zur Belehrung über ein → *Auskunftsverweigerungsrecht* Rdn 377 ff. u. unten Rdn 3536). Sie wird vom **Vorsitzenden** ausgeführt, in dessen Ermessen die Form der Belehrung steht (BayObLGSt 1978, 154). Meist ermahnt er die Zeugen zur Wahrheit und belehrt sie darüber, dass sie ggf. vereidigt werden (§ 57 S. 2). Die Belehrung wird in das Protokoll aufgenommen. Sie ist aber keine wesentliche Förmlichkeit i.S.d. § 273, sodass die Vermutung des § 274 nicht gilt (*Meyer-Goßner/Schmitt*, § 57 Rn 5 m.w.N.; zu den Besonderheiten der Belehrung eines kindlichen Zeugen *Deckers* NJW 1999, 1367). 3526

Z | Zeugenbelehrung

👉 § 57 ist eine nur im Interesse des Zeugen erlassene **Ordnungsvorschrift**, sodass mit ihrer Verletzung die **Revision** grds. **nicht** begründet werden kann (*Meyer-Goßner/Schmitt*, § 57 Rn 6 m.w.N.; zur sog. Beruhensfrage s.u.a. BGH NStZ 1990, 549 f.; 1991, 398 [6-jährige Zeugin]; 1995, 218 [K] m.w.N.; s. aber u. Rdn 3535).

3527 **2.a) Zusätzlich** zur allgemeinen Zeugenbelehrung gem. § 57 sieht § 52 Abs. 3 S. 1 die Belehrung des Zeugen vor, dem als **Angehöriger** ein → *Zeugnisverweigerungsrecht*, Rdn 3552, zusteht. Auch diese Belehrung obliegt dem Vorsitzenden, der sie nicht einem Dritten überlassen darf (st. Rspr.; s.u.a. BGHSt 9, 195; zuletzt BGH NStZ 1997, 349 [für Übertragung auf einen SV]). Die Belehrung erfolgt i.d.r. nach der → *Vernehmung des Zeugen zur Person*, Rdn 3094, und vor der → *Vernehmung des Zeugen zur Sache*, Rdn 3103. Sie muss **mündlich** erfolgen und dem Zeugen eine Vorstellung von der Bedeutung des ihm zustehenden ZVR vermitteln, ferner so verständlich sein, dass der Zeuge das Für und Wider seiner Aussage abwägen kann (BGHSt 32, 26; BGH StV 2006, 507). Es kann ausreichen, dass der Zeuge darauf hingewiesen wird, ihm stehe ein ZVR zu, „falls" er zu den Angehörigen i.S.d. § 52 Abs. 1 gehört. Das gilt aber nur, wenn der Zeuge weiß, dass er Angehöriger des Angeklagten ist. Geht der Zeuge davon aus, dass er das nicht (mehr) ist, bedarf es einer ergänzenden Belehrung (BGH, a.a.O.). Der Vorsitzende muss aber nicht hinweisen, dass die Aussage auch dann verwertbar bleibt, wenn der Zeuge in einer späteren HV die Aussage verweigert (BGH, a.a.O.; NStZ 1985, 36). Ggf. ist der Zeuge auch darüber zu informieren, inwieweit er verpflichtet ist, an einer → *Gegenüberstellung von Zeugen*, Rdn 1581, mitzuwirken.

👉 Der Verteidiger muss darauf achten, dass der Zeuge **zutreffend belehrt** wird: Denn soll er nach Möglichkeit keine – den Angeklagten **belastende** – Aussage machen, wird dem Verteidiger im Interesse des Mandanten daran gelegen sein, dass der Zeuge zutreffend und umfassend über sein ZVR belehrt wird. Soll der Zeuge hingegen eine – den Angeklagten **entlastende** – Aussage machen, ist darauf achten, dass dem Zeugen nicht ein ZVR zugebilligt wird, das ihm nicht zusteht. Will der Verteidiger das nicht bestehende ZVR später zum Gegenstand einer Verfahrensrüge machen, muss er die Belehrung des Vorsitzenden **beanstanden** (§ 238; BGHSt, 55, 65; dazu *Ladiges* JuS 2011, 226). *Sommer* (Rn 733 f.) weist darauf hin, dass es Aufgabe des Verteidigers sein kann, durch eine frühzeitige Diskussion des Umfangs des ZVR dem Zeugen mittelbar die Ausübung des Rechts nahe zu legen.

3528 **b)** Es ist darauf zu **achten**, ob der **Zeuge** in der Lage/**fähig** ist, die **Belehrung** zu verstehen. Das richtet sich u.a. nach den Grundsätzen, die für die Beurteilung gelten, ob der Erklärende verhandlungsfähig ist. I.d.R. wird diese Fähigkeit nur durch schwere körperliche oder seelische Mängel oder Krankheiten ausgeschlossen (vgl. a. BGHSt 39, 349). Die Belehrung

Minderjähriger richtet sich gem. § 52 Abs. 2 danach, ob sie von der Bedeutung eines ZVR (schon) eine genügende Vorstellung haben. Ist das nicht der Fall, muss der gesetzliche Vertreter belehrt werden (s. BGH NStZ-RR 1999, 36 [K; kein Widerspruch, wenn der gesetzliche Vertreter belehrt wird, obwohl der Zeuge für ausreichend verstandesreif gehalten wird]). Insoweit gelten die Ausführungen bei → *Glaubwürdigkeitsgutachten*, Rdn 1646 f., entsprechend (s. dort a. zu BVV). Daneben ist aber auch die Belehrung des Minderjährigen erforderlich, dass die Zustimmung des gesetzlichen Vertreters nicht zur Aussage verpflichtet (s. zuletzt BGH NJW 1991, 2432; StV 1996, 196).

3. Der Zeuge kann auf ein ihm ggf. zustehendes **ZVR verzichten**. Der Vorsitzende hat aber jede **Einwirkung** auf die Entscheidung des Zeugen, ob er aussagen will oder nicht, zu **unterlassen** (KK-*Senge*, § 52 Rn 34 m.w.N). Das gilt ebenfalls hinsichtlich der Frage, ob der Zeuge ggf. (auch) auf ein sich aus § 252 ergebendes Verwertungsverbot verzichtet (vgl. dazu BGHSt 45, 203).

3529

> Das Gericht darf weder aus einer durchgehenden noch aus der nur anfänglichen Zeugnisverweigerung für den Angeklagten **nachteilige Schlüsse** ziehen. Entsprechendes gilt, wenn es ein zur Zeugnisverweigerung Berechtigter zunächst unterlässt, von sich aus Angaben zu machen. Einer Würdigung zugänglich ist allein das nur teilweise Schweigen des Zeugen zur Sache (BGH NStZ 2014, 415; *Kudlich* JA 2014, 632).

Ggf. muss der Zeuge aber im Hinblick auf die → *Aufklärungspflicht des Gerichts*, Rdn 329, **befragt** werden, ob er der Verwertung seiner Zeugenaussage zustimmt (BGH StraFo 2003, 170). Dazu verpflichtet ist der Richter aber nicht (BGH NJW 2003, 2693; dazu auch → *Protokollverlesung nach Zeugnisverweigerung*, Rdn 2131). Insbesondere bei kindlichen Opferzeugen muss, wenn diese nichts mehr aussagen wollen, genau unterschieden werden, ob diese tatsächlich nicht mehr aussagebereit sind oder nur aufgrund von Hemmungen nichts mehr sagen wollen. Im letzten Fall muss aufgrund der → *Aufklärungspflicht des Gerichts*, Rdn 329, das Gericht versuchen, die Vernehmung so zu gestalten, dass diese Hemmungen überwunden werden (BGH NStZ 1999, 94).

3530

> Der Verteidiger muss, wenn eine erklärte Zeugnisverweigerung für den Angeklagten günstig ist (s.a. o. Rdn 3527) jeden Versuch, nach den Gründen für diese zu forschen, verhindern (*Dahs*, Rn 577 m.w.N.). Er darf aber andererseits, wenn die Aussage des Zeugen zu Belastungen für den Angeklagten führen kann, auf die **Ausübung** des ZVR durch den Zeugen **hinwirken** (→ *Verteidigerhandeln und Strafrecht*, Rdn 3204 ff.; *Leipold* StraFo 1998, 79; *Sommer*, Rn 733).
> Das wird er insbesondere dann tun, wenn der Zeuge den Angeklagten belasten könnte, zumal die Ausübung des ZVR **nicht** zum **Nachteil** des Angeklagten verwertet werden darf (BGH StV 1997, 171).

Z | Zeugenbelehrung

3531 Ggf. ist der Zeuge „**qualifiziert**" über den Verzicht auf das Verwertungsverbot aus § 252 zu belehren (s. BGHSt 57, 254, 256; BGH NStZ 2007, 353; 2015, 232; *Schmitt* NStZ 2013, 213; → *Zeugnisverweigerungsrecht*, Rdn 3582). Dazu gehört aber nicht, die Belehrung, dass die ggf. vor dem Ermittlungsrichter gemachten Angaben des Zeugen ggf. auch ohne seine Zustimmung in der HV verwertet werden können (vgl. dazu BGH NStZ 2014, 596; abweichend BGH NStZ-RR 2015, 48, StRR 2015, 82 [Ls.]). In der HV muss der das Zeugnis verweigernde Zeuge lediglich ausdrücklich darauf hingewiesen werden, welche Konsequenzen die Gestattung der Verwertung seiner früheren vor der Polizei getätigten Angaben hat (vgl. auch BGH NStZ 2014, 596, 598).

3532 4. Die Belehrung des Zeugen ist vor jeder neuen Vernehmung zu **wiederholen**, auch wenn er in einer früheren Vernehmung schon auf sein Weigerungsrecht hingewiesen worden ist und verzichtet hatte (BGHSt 13, 394). Zur „neuen Vernehmung", die eine neue Belehrung erfordert, folgende

3533 **Rechtsprechungsbeispiele:**

- wenn der Zeuge bereits **entlassen** war und zu einem anderen Termin **neu** geladen wird (BGH NStZ 1984, 418),
- wenn in demselben Verfahrensabschnitt eine unterbrochene oder ausgesetzte **HV neu** begonnen wird (KK-*Senge*, § 52 Rn 35 m.w.N.),
- wenn der Zeuge in **verschiedenen Verfahrensabschnitten** vernommen wird (EV und HV; KK-*Senge*, a.a.O.),
- **nicht**, wenn der noch **nicht entlassene Zeuge** an demselben Verhandlungstag nochmals oder an einem weiteren Verhandlungstag derselben HV zu einer **ergänzenden Befragung** (noch einmal) vorgeladen wird (BGH NStZ 1987, 373; 1990, 25 [M]).

3534 5. Ist die Belehrung nach § 52 Abs. 3 S. 1 vergessen worden, kann sie **nachgeholt** werden. Der Mangel der rechtzeitigen Belehrung wird geheilt, wenn der Zeuge nun erklärt, dass er auch bei rechtzeitiger Belehrung von seinem ZVR keinen Gebrauch gemacht hätte (BGHSt 20, 234; BGH NJW 1996, 206). Entsprechendes gilt für die Zustimmung des gesetzlichen Vertreters (KK-*Senge*, § 52 Rn 36 m.w.N.).

> ✐ Ob die (nachgeholte) Belehrung den **Hinweis** auf die **Unverwertbarkeit** der früheren Aussage enthalten muss, ist **streitig**. Von *Meyer-Goßner/Schmitt* (§ 52 Rn 31 [empfehlenswert]) wird das wohl verneint, von der weitaus überwiegenden Meinung in der Lit. und z.T. auch in der Rspr. hingegen bejaht (s.u.a. *Neuhaus* NStZ 1997, 312; *Geppert*, S. 93; *Grünwald* JZ 1968, 752 in der Anm. zu BGHSt 22, 129; *Schünemann* MDR 1969, 102; LG Bad Kreuznach StV 1994, 293; LG Bamberg NStZ-RR 2006, 311 [Ls.]; LG Dortmund NStZ 1997, 356; a.A. a. BGHSt 22, 129, 134 [Problem der **Fernwirkung** des BVV]; s. zu Letzterem *Burhoff*, EV, Rn 3835).

Allerdings wird man, nachdem der **BGH** für den Angeklagten eine **qualifizierte Belehrung** dahin verlangt, dass Angaben, die er ohne erforderliche Belehrung gemacht hat, nicht verwertet werden dürfen, wenn er nach Belehrung nunmehr schweigt (s. BGHSt 53, 112 [für Übergang von der Zeugen- zur Beschuldigtenvernehmung]; s.a. noch NStZ-RR 2010, 67 [Ci/Zi]; → *Widerspruchslösung*, Rdn 3433; → *Beweisverwertungsverbote, Allgemeines*, Rdn 1029), auch für den Zeugen auf jeden Fall eine „qualifizierte Belehrung" verlangen müssen (zur „qualifizierten Zeugenbelehrung [im EV] s. auch noch BGH NStZ 2014, 596 m. Anm. *Deutscher* StRR 2014, 435 und *Henckel* HRRS 2014, 482; BGH NStZ-RR 2015, 48; StRR 2015, 82 [Ls.]).

☞ Der Verteidiger sollte auf jeden Fall auf eine „**qualifizierte Belehrung**" drängen und – wenn der Vorsitzende seinem Begehren nicht nachkommt – gem. § 238 Abs. 2 die Entscheidung des Gerichts herbeiführen.

6. Unterbleibt die Belehrung über das ZVR, darf die Aussage des Zeugen nicht verwertet werden (KK-*Senge*, § 52 Rn 39 m.w.N.; → *Zeugnisverweigerungsrecht*, Rdn 3582; s.a. → *Beweisverwertungsverbote*, Rdn 1018 ff.). Das Unterlassen der Belehrung kann ggf. die **Revision** begründen (wegen der Einzelh. s. *Meyer-Goßner/Schmitt*, § 52 Rn 33 f. m.w.N.; zur Revisionsbegründung bei unterlassener Belehrung über das ZVR des Verlobten s. OLG Frankfurt am Main NJW 2007, 3014; wegen der [Zeugen-]Belehrung im EV s. *Burhoff*, EV, Rn 3094 ff. [polizeiliche Vernehmung], 3281 ff. [richterliche Vernehmung], 3386 ff. [staatsanwaltschaftliche Vernehmung]). Etwas anderes gilt, wenn feststeht, dass der prozessordnungswidrig nicht belehrte Zeuge sein Weigerungsrecht gekannt hat und davon auch bei prozessordnungsgemäßer Belehrung keinen Gebrauch gemacht hätte (BGHSt 40, 336; BGH StV 2004, 212; zur Beruhensfrage s.a. BGH StraFo 2004, 238). Die fehlerhafte Belehrung eines Zeugen über sein ZVR und die daraufhin unterlassene Zeugenvernehmung verstößt gegen § 245 Abs. 1 und kann ebenfalls die Revision begründen (BGH StV 1996, 129; NJW 1996, 1685 [a. zur Beruhensfrage]). Die Verletzung der Belehrungspflicht des § 52 Abs. 3 kann der Nebenkläger nicht rügen (BGH NStZ 2006, 349).

3535

7. Der Zeuge ist, wenn Anlass dazu besteht, ggf. auch über ein → *Auskunftsverweigerungsrecht*, Rdn 377, nach § 55 zu belehren. Auch dies ist grds. Sache des Vorsitzenden, das Gericht entscheidet nur, wenn dessen Belehrung/Nichtbelehrung nach § 238 Abs. 2 vom Verteidiger **beanstandet** worden ist.

3536

☞ Grds. obliegt die Belehrung des Zeugen dem Vorsitzenden (s.o. Rdn 3523). Der **Verteidiger** kann jedoch, wenn er einen **Zeugen** vernimmt/befragt, diesen – wenn er Anlass dazu hat – vor einer unwahren Aussage **warnen** (s.a. BGH NJW 1984, 1907), indem er die Belehrung wiederholt oder auf die abweichenden Aussagen anderer Zeugen hinweist

(*Meyer-Goßner/Schmitt*, § 57 Rn 2 f.; s.a. *Leipold* StraFo 1998, 79; ähnlich *Sommer*, Rn 733 f.). Dabei sollte er aber berücksichtigen, dass die Auskunftsverweigerung des Zeugen bei der Beweiswürdigung ggf. auch zuungunsten des Angeklagten berücksichtigt werden kann (vgl. *Meyer-Goßner/Schmitt*, § 261 Rn 20 m.w.N.).

Siehe auch: → *Zeugenvernehmung, Allgemeines*, Rdn 3537, m.w.N.

3537 Zeugenvernehmung, Allgemeines

3538 **Literaturhinweise: Artkämper**, Wahrheitsfindung im Strafverfahren mit gängigen und innovativen Methoden – Notwendigkeit, Möglichkeiten und rechtliche Grenzen – Teil 1, Krim 2009, 349; *ders.*, Wahrheitsfindung im Strafverfahren mit gängigen und innovativen Methoden – Notwendigkeit, Möglichkeiten und rechtliche Grenzen Teil 2, Krim 2009, 474; *ders.*, Hypnose – Teil 1, StRR 2013, 254; *ders.*, Hypnose – Teil 2, StRR 2013, 338; **Arntzen**, Untere Altersgrenze der Zeugeneignung, DRiZ 1976, 20; **Arntzen/Michaelis-Arntzen**, Psychologie der Zeugenaussage, 4. Aufl. 2007; **Barton**, Fragwürdigkeit des Zeugenbeweises, 1995; *ders.*, Einführung in die Strafverteidigung, § 14 Vernehmungslehre; **Bringewat**, Der „Verdächtige" als schweigeberechtigte Auskunftsperson, JZ 1981, 289; **Bruns**, Der „Verdächtige" als schweigeberechtigte Auskunftsperson und als selbstständiger Prozeßbeteiligter neben dem Beschuldigten und Zeugen, in: Festschrift für *Erich Schmidt-Leichner*, 1977, S. 1; **Caesar**, Noch stärkerer Schutz für Zeugen und andere nicht beschuldigte Personen im Strafprozeß?, NJW 1998, 2313; **Dahs**, Der Zeuge – zu Tode geschützt?, NJW 1998, 2332; **Deckers**, Glaubwürdigkeit kindlicher Zeugen, NJW 1999, 1365; **Deckers/Köhnken** (Hrsg.), Die Erhebung von Zeugenaussagen im Strafprozess, 2007; **Dedes**, Grenzen der Wahrheitspflicht des Zeugen, JR 1983, 99; **Deutscher**, Die Erörterung der Vorstrafen von Zeugen, NStZ 2012, 359; **Ellenbogen**, Strafprozessuale Ermittlungsmaßnahmen gegenüber Ärzten, ArztR 2007, 172; **Franke**, Zeugenschutz versus Aufklärungspflicht – Aufklärung durch Zeugenschutz?, StraFo 2000, 295; **Geipel**, Die geheimen contra legem Regeln im ordentlichen Prozess, AnwBl. 2006, 784; **Gerst**, Der Zeuge auf Skype – Verteidigung mit Videotechnik, StraFo 2013, 103; **Griesbaum**, Der gefährdete Zeuge – Überlegungen zur aktuellen Lage des Zeugenschutzes im Strafverfahren, NStZ 1998, 433; **Hampe/Mohammadi**, Das Bereitstellen von Alkohol für einen Zeugen durch das Gericht, StraFo 2013, 12; **Heine**, Zur Verwertbarkeit von Aussagen im Ausland möglicherweise gefolterter Zeugen, NStZ 2013, 680; **Heiniger**, Beweiserhebung und Strafverteidigung: Das Konfrontationsrecht und die jüngere bundesgerichtliche Rechtsprechung, WiJ 2015, 85; **Jansen**, „Da bin ich mir ganz sicher" – Zur subjektiven Gewissheit des Zeugen, in: Festschrift für *Egon Müller*, 2008, S. 309; **Kassebohm**, Zeugen richtig befragen, NJW 2009, 200; **Krehl**, Der Schutz von Zeugen im Strafverfahren, GA 1990, 555; *ders.*, Der Schutz von Zeugen im Strafverfahren, NJW 1991, 85; *ders.*, Die Erkundigungspflicht des Zeugen bei fehlender oder beeinträchtigter Erinnerung und mögliche Folgen ihrer Verletzung, NStZ 1991, 416; **Krey**, Probleme des Zeugenschutzes im Strafverfahrensrecht, in: Gedächtnisschrift für *Karlheinz Meyer*, 1990, S. 239; **Kühne**, Der Beweiswert von Zeugenaussagen, NStZ 1985, 252; **Meyer**, Die Vernehmung der richterlichen Verhörsperson trotz § 252 StPO, StV 2015, 319; **Nelles**, Der Zeuge – ein Rechtssubjekt, kein Schutzobjekt, NJ 1998, 449; **Pfordte**, Der informierte Zeuge im Strafverfahren – einige Gedanken über das wichtigste Beweismittel der StPO, in: Festschrift für *Egon Müller*, 2008, S. 551; **Rostek**, Die ständige Missachtung des § 69 StPO, StraFo 2011, 386; **Rückel**, Strafverteidigung und Zeugenbeweis, 1988, Rn 88; **Schlothauer**, Darf, soll, muß sich ein Zeuge auf seine Vernehmung in der Hauptverhandlung vorbereiten?, in: Festschrift für *Hans Dahs*, 2005, S. 457; **B. Schmitt**, Zum Verzicht auf das Verwertungsverbot des § 252 StPO, NStZ 2013, 213; **Schünemann**, Zeugenbeweis auf dünnem Eis – Von seinen tatsächlichen Schwächen, seinen rechtlichen Gebrechen und seiner notwendigen Reform, in: Festschrift für *Lutz Meyer-Goßner*, 2001, S. 385; **Soine**, Polizeilicher Zeugenschutz, NJW 1999, 3688; **Soine/Engelke**, Das Gesetz zur Harmonisierung des Schutzes gefährdeter Zeugen (Zeugenschutz-Harmonisierungsgesetz – ZSHG), NJW 2002, 470; **Sommer**, Auskunftsverweigerungsrecht des gefährdeten Zeugen, StraFo 1998, 8;

Sommer, Fragen an den Zeugen – Vorhalte an das Recht – Rechtliche Baustellen auf dem Weg zur Konturierung eines Fragerechts, StraFo 2010, 102; **Wagner**, V-Personen und Zeugenschutz. Das Zeugenschutzgesetz und seine Auswirkungen auf den Einsatz von V-Personen, Krim 2000, 167; **Wendler/Hoffmann**, Technik und Taktik der Befragung im Gerichtsverfahren, 2009; s.a. die Hinw. bei den u.a. weiterführenden Stichwörtern.

1. Im **Mittelpunkt** der Beweiserhebung steht in der HV meist die Zeugenvernehmung. Der Zeuge ist – wie der SV – ein persönliches Beweismittel und soll seine persönliche Wahrnehmung über einen in der Vergangenheit liegenden Vorgang bekunden (BGHSt 22, 347 f.). Der Zeuge ist ein **schwaches Beweismittel** (zum Beweiswert von Zeugenaussagen allgemein u.a. *Kühne* NStZ 1985, 252; *Barton*, Fragwürdigkeit des Zeugenbeweises; *Geipel* AnwBl. 2006, 784; zu allem a. *Eisenberg*, Rn 1426 ff.). Zur Zeugenvernehmung im EV wird verwiesen auf *Burhoff*, EV, Rn 4002 ff. und wegen der allgemeinen Pflichten und Rechte des Zeugen auf *Eisenberg*, Rn 1055 ff.; zum Umgang des Verteidigers mit Zeugen s. *Sommer*, Rn 725 ff. **3539**

2. Gegenstand einer Zeugenaussage sind **Tatsachen** – auch innere –, nicht Meinungen, Schlussfolgerungen und Wertungen (KK-*Senge*, vor § 48 Rn 1; s.a. → *Beweisantrag, Formulierung: Zeugenbeweis*, Rdn 939, mit Antragsmuster, Rdn 950; → *Beweisantrag, Inhalt*, Rdn 951). Allerdings kann der Zeuge zur näheren Kennzeichnung seiner tatsächlichen Beobachtungen Schlussfolgerungen und Wertungen verwenden, die er seiner Lebenserfahrung entnommen hat (BGH NStZ 1981, 94 [Pf]). **3540**

3. Wegen der Bedeutung der Zeugenaussagen für das Strafverfahren ist es für den Verteidiger einerseits von besonderer Bedeutung, Aufgabe und Funktion des Zeugen im Strafprozess richtig zu erkennen und zum Zeugen ein der Sache dienliches, möglichst gutes Verhältnis zu erlangen (*Dahs*, Rn 567; zu den Grundlagen und der Ausgestaltung des Verhältnisses zum Zeugen *Dahs*, Rn 211 ff.). Andererseits muss der Verteidiger die Kunst der Zeugenvernehmung beherrschen und dabei insbesondere mit den Grundsätzen der **Vernehmungstechnik** und der **Aussagepsychologie** vertraut sein (*Dahs*, Rn 588 f.). **3541**

Auf alle Einzelheiten kann hier nicht eingegangen werden. Insoweit muss wegen der umfangreichen Lit. zur Zeugenvernehmung allgemein auf die o.a. Lit.-Hinw. sowie im Einzelnen wegen der **Vernehmungstechnik** auf die eingehende Darstellung bei *Wendler/Hoffmann* (Technik und Taktik der Befragung im Gerichtsverfahren), bei *Barton* (Einführung in die Strafverteidigung, § 14 (zu Frageformen und Fragetechnik auch *Sommer*, Rn 836 ff.; zur Altersgrenze der Zeugeneignung s. *Arntzen* DRiZ 1976, 20 [etwa ab fünf Jahren]). Entsprechendes gilt für die umfangreiche Lit. zum Zeugenschutz (vgl. insoweit a. die weiterführenden Hinw. bei *Soine/Engelke* NJW 2002, 470 ff. den weiterführenden Stichwörtern). **3542**

4. Von besonderer Bedeutung kann die **Reihenfolge** der **Zeugenvernehmungen** sein. Der Verteidiger muss versuchen, die Bestimmung der Reihenfolge nicht allein dem Gericht zu überlassen, da z.B. die Bekundungen der zuerst vernommenen Zeugen i.d.R. nachhaltiger in Erinnerung bleiben. Allerdings ist es grds. Sache des Vorsitzenden, die Reihenfolge der **3543**

Vernehmungen zu bestimmen (vgl. u.a. BGH NJW 1962, 260; KK-*Senge*, § 58 Rn 3 m.w.N.), sodass der Verteidiger meist nicht eine bestimmte Reihenfolge durchsetzen kann. Er sollte ggf. aber versuchen, durch eine → **Beweisanregung**, Rdn 828, auf die Reihenfolge Einfluss zu nehmen. So ist z.b. besonders darauf zu achten, dass ein Verhörsbeamter, der nur „mittelbarer" Zeuge ist, nicht vor dem unmittelbaren Zeugen vernommen wird (BGH NJW 1952, 556; *Meyer-Goßner/Schmitt*, § 58 Rn 4). Etwas anderes gilt, wenn der Zeuge unerreichbar ist (BGHSt 25, 176).

☞ Wenn § 58 Abs. 1 auch nur eine **Ordnungsvorschrift** ist, auf deren Verletzung nach st. Rspr. die Revision nicht gestützt werden kann (vgl. u.a. BGH NJW 1962, 260; NStZ 1981, 93 [Pf]), kann jedoch die „falsche" Reihenfolge der Zeugenvernehmung ggf. **andere Verfahrensvorschriften verletzen**. Der Verteidiger muss daher auf eine bestimmte – von ihm als richtige angesehene – Reihenfolge der Vernehmungen drängen. Eine, Anordnung des Vorsitzenden, die eine andere Reihenfolge festlegt, sollte er gem. § 238 Abs. 2 **beanstanden**.

3544 5. Schließlich kann es auch in Betracht kommen, für die Dauer der Aussage eines Zeugen den → *Ausschluss der Öffentlichkeit*, Rdn 419, zu **beantragen**, und zwar sowohl zum Schutz des Angeklagten als auch zum Schutz des zu vernehmenden Zeugen.

Siehe auch: → *Anwesenheit von Zeugen in der Hauptverhandlung*, Rdn 325; → *Auskunftsverweigerungsrecht*, Rdn 377; → *Auslandszeuge*, Rdn 396; → *Aussagegenehmigung*, Rdn 409; → *Ausschluss eines Richters*, Rdn 440; → *Beweisantrag, Formulierung: Zeugenbeweis*, Rdn 939, mit Antragsmuster, Rdn 950; → *Beweisverzicht*, Rdn 1146; → *Entbindung von der Schweigepflicht*, Rdn 1393; → *Entlassung von Zeugen und Sachverständigen*, Rdn 1425; → *Erneute Vernehmung eines Zeugen oder Sachverständigen*, Rdn 1476; → *Fragerecht, Allgemeines*, Rdn 1532 m.w.N.; → *Freies Geleit*, Rdn 1568; → *Gegenüberstellung von Zeugen*, Rdn 1581; → *Informatorische Befragung eines Zeugen*, Rdn 1749; → *Kommissarische Vernehmung eines Zeugen oder Sachverständigen*, Rdn 1793; → *Ladung von Zeugen*, Rdn 1840; → *Nebenkläger als Zeuge*, Rdn 1924; → *Nichterscheinen eines Zeugen*, Rdn 1947; → *Privatkläger als Zeuge*, Rdn 2064; → *Protokoll der Hauptverhandlung, wörtliche Protokollierung*, Rdn 2114; → *Protokollverlesung nach Zeugnisverweigerung*, Rdn 2126; → *Protokollverlesung zur Gedächtnisstützung*, Rdn 2147; → *Sachverständiger Zeuge*, Rdn 2468; → *Sonstige Verfahrensbeteiligte als Zeugen*, Rdn 2549; → *Staatsanwalt als Zeuge*, Rdn 2552; → *Vereidigung eines Zeugen*, Rdn 2792; → *Vereidigungsverbot*, Rdn 2807; → *Vereidigungsverzicht*, Rdn 2821; → *Verletztenbeistand/Opferanwalt*, Rdn 3052; → *Vernehmung des Mitangeklagten als Zeugen*, Rdn 3088; → *Vernehmung des Zeugen zur Person*, Rdn 3094; → *Vernehmung des Zeugen zur Sache*, Rdn 3103; → *Vernehmungsbeistand*, Rdn 3157; → *Vernehmung jugendlicher Zeugen*, Rdn 3134; → *Verteidiger als Zeuge*, Rdn 3193; → *Verwertung der Erkenntnisse eines (gesperrten) V-Mannes*,

Rdn 3241; → *Videovernehmung in der Hauptverhandlung*, Rdn 3307; → *V-Mann in der Hauptverhandlung*, Rdn 3336; → *Vorführung von Bild-Ton-Aufzeichnungen*, Rdn 3396; → *Vorhalt an Zeugen*, Rdn 3416; → *Vorhalt aus und von Tonbandaufnahmen*, Rdn 3420; → *Vorhalt aus und von Urkunden*, Rdn 3424; → *Zeugenbeistand*, Rdn 3491; → *Zeugenbelehrung*, Rdn 3523; → *Zeugen vom Hörensagen*, Rdn 3545; → *Zeugnisverweigerungsrecht*, Rdn 3552.

Zeugen vom Hörensagen 3545

Literaturhinweise: Backes, Abschied vom Zeugen vom Hörensagen, in: Festschrift für *Ulrich Klug*, Band II, S. 447; **Detter**, Der Zeuge vom Hörensagen – eine Bestandsaufnahme, NStZ 2003, 1; **Geppert**, Der Zeuge vom Hörensagen, Jura 1991, 538; **Grünwald**, Der Niedergang des Prinzips der unmittelbaren Zeugenvernehmung, in: Festschrift für *Hans Dünnebier*, 1982, S. 347; **Krainz**, Über den Zeugen vom Hörensagen. Zur strafprozessualen Problematik im Lichte kriminalistischer Erkenntnisse, GA 1985, 402; **Nack**, Verdeckte Ermittlungen. Der Zeuge vom Hörensagen in der Revision, Krim 1999, 171; **Rebmann**, Der Zeuge vom Hörensagen im Spannungsverhältnis zwischen gerichtlicher Aufklärungspflicht, Belangen der Exekutive und Verteidigerinteressen, NStZ 1982, 315; **Renzikowski**, Fair trial und anonymer Zeuge – Die Drei-Stufen-Theorie des Zeugenschutzes im Lichte der Rechtsprechung des EuGHMR, JR 1999, 605; **Saeffling**, Zur Frage der prozessualen Verwertung von Beweissurrogaten, StV 2010, 339; **Schünemann**, Zeugenbeweis auf dünnem Eis. Von seinen tatsächlichen Schwächen, seinen rechtlichen Gebrechen und seiner notwendigen Reform, in: Festschrift für *Lutz Meyer-Goßner* zum 65. Geburtstag, 2011, S. 385; **Seebode/Sydow**, „Hörensagen ist halb gelogen" – Das Zeugnis vom Hörensagen im Strafprozeß, JZ 1980, 506; **Tiedemann**, Zeuge vom Hörensagen im Strafverfahren, JuS 1965, 14; s.a. die Hinw. bei → *Unmittelbarkeitsgrundsatz*, Rdn 2690; → *V-Mann in der Hauptverhandlung*, Rdn 3336 und *Zeugenvernehmung, Allgemeines*, Rdn 3537. 3546

1. Der in § 250 normierte → *Unmittelbarkeitsgrundsatz*, Rdn 2690, **schließt** nach h.M. in Rspr. und Lit. die **Vernehmung** des sog. Zeugen vom Hörensagen grds. **nicht aus** (vgl. u.a. BVerfG NJW 1953, 177 f.; zuletzt EGMR NJW 2013, 3225; BVerfG NJW 1997, 999; BGHSt 22, 269 f.; KK-*Diemer*, § 250 Rn 10; *Meyer-Goßner/Schmitt*, § 250 Rn 4). Das ist auch für Art. 6 Abs. 3 Buchst. d) MRK anerkannt (*Meyer-Goßner/Schmitt*, Art. 6 MRK Rn 22 ff. m.w.N.; zum Zeugen vom Hörensagen s.a. *Eisenberg*, Rn 1027 ff.; eingehend *Detter* NStZ 2003, 1 m.w.N.; *Schünemann*, S. 385, 400 ff.; s. auch → *V-Mann in der Hauptverhandlung*, Rdn 3341). 3547

Der Zeuge vom Hörensagen ist ein **unmittelbares Beweismittel**. Das gilt nicht nur für Tatsachen, die ihm von einem anderen mitgeteilt worden sind und die den Tatbestand einer strafbaren Handlung erfüllen, z.B. den des § 186 StGB, sondern auch, wenn die Mitteilung als Beweisanzeichen für die Richtigkeit der mitgeteilten Tatsache gelten soll, z.B. über den Inhalt der Aussage einer vom Zeugen vernommenen Person (BGHSt 36, 159; zur Beweiswürdigung bei Zeugen vom Hörensagen s. KG, Beschl. v. 24.7.2012 – 161 Ss 99/12; OLG Brandenburg StraFo 2002, 167; OLG Koblenz StV 2007, 519; OLG Köln StV 1994, 289; AG Saalfeld NStZ-RR 2003, 271). **Unerheblich** ist, ob der Zeuge vom 3548

Z | Zeugen vom Hörensagen

Hörensagen seine Wahrnehmungen zufällig, im Auftrag der Polizei oder als gerufener Zeuge im Auftrag des Gerichts gemacht hat (BGHSt 33, 178, 181).

3549 **Rechtsprechungsbeispiele:**

- Richter, StA und Polizeibeamte, die als **Verhörspersonen** über den Inhalt der Aussagen von ihnen vernommener Personen aussagen, was in der Praxis insbesondere bei der Einführung von nicht zur unmittelbaren Vernehmung zur Verfügung stehenden V-Männern/ Verdeckten Ermittlern von Bedeutung ist (vgl. u.a. BGHSt 14, 310; wegen der Einzelh. s.a. → *Vernehmung einer Verhörsperson*, Rdn 3115 m.w.N.; → *Verwertung der Erkenntnisse eines [gesperrten] V-Mannes*, Rdn 3241; → *V-Mann in der Hauptverhandlung*, Rdn 3336),
- aber auch Richter und StA, die an der **Vernehmung anderer Personen teilgenommen** haben und über den Inhalt von deren Aussagen nun Angaben machen sollen (vgl. OLG Koblenz StV 2007, 519 [für Sitzungsvertreter der StA]),
- **SV** als Zeugen für Zusatztatsachen,
- **Gerichtshelfer**,
- Personen, die im Auftrag des Gerichts einen **Augenschein** eingenommen haben und über das Ergebnis berichten (BGHSt 27, 135, 136 [für Tonbandaufnahme]; s.a. BGH, NStZ 2002, 493 [für Bericht über im EV durchgeführte Übersetzungen einer Telefonüberwachung, die dann Grundlage der Übersetzung des in der HV tätigen Dolmetschers sind]).

3550 **2.a)** Soll eine **Vernehmungsperson** über eine von ihr durchgeführte Vernehmung als Zeuge (vom Hörensagen) vernommen werden, muss der Verteidiger besonders darauf achten, ob nicht ggf. ein **Verwertungsverbot** besteht (→ *Beweisverwertungsverbote*, Rdn 1018; → *Glaubwürdigkeitsgutachten*, Rdn 1646; → *Vernehmung einer Verhörsperson*, Rdn 3115; s.a. *Detter* NStZ 2003, 1, 6 f.).

⚖ Besteht ein Verwertungsverbot, muss der Verteidiger der Verwertung möglichst früh, spätestens bis zu dem in § 257 bestimmten Zeitpunkt, also spätestens **unmittelbar** im Anschluss an die Beweiserhebung, **widersprechen** (BGHSt 38, 214; 39, 349). Widerspricht er nicht, kann er sich nach der h.M. in der Rspr. auf das BVV nicht (mehr) berufen (zur Kritik an dieser Rspr. s. die Nachw. bei → *Widerspruchslösung*, Rdn 3433 ff.).

3551 **b)** Auch sind besondere Anforderungen an die **Beweiswürdigung** zu stellen (zuletzt u.a. EGMR NJW 2013, 3225; BVerfG NJW 2010, 925; BGHSt 42, 15; 46, 93; 51, 150; 51, 280; KG, Beschl. v. 24.7.2012 – 161 Ss 99/12 [V-Mann]; OLG Koblenz StV 2007, 519 [für Würdigung der Aussage der Sitzungsvertreterin der StA über die Aussage über Angaben einer Zeugin, die in ihrer Gegenwart vernommen worden ist]; zur Beweiswürdigung beim Verdeckten Ermittler/V-Mann → *Verwertung der Erkenntnisse eines [gesperrten]*

V-Mannes, Rdn 3258; → *V-Mann in der Hauptverhandlung*, Rdn 3341; zur Beurteilung des Beweiswertes s.a. KK-*Diemer*, § 250 Rn 11; s.a. noch *Burhoff*, EV, Rn 3879). Je weiter die Quelle einer Information von dem Zeugen vom Hörensagen, der die Information dem Gericht vermittelt, entfernt ist, desto weniger kann das Gericht die Verlässlichkeit dieser Information beurteilen und desto sorgfältiger muss der Beweis gewürdigt werden (BGH StV 2007, 516). **Insgesamt** ist – auch nach der nationalen Rspr. – eine (besonders) **vorsichtige Verwendung** des „Zeugen vom Hörensagen" (BGHSt 29, 109, 111 f.; 33, 178; BGH NJW 1991, 646; zur „schärferen Rspr. des EGMR NJW 2006, 2753; 2013, 3225; StV 1990, 481; 1991, 193; HRRS Nr. 2009, 459) und eine „sorgfältigste Überprüfung" der Angaben geboten (BGHSt 49, 112 [Fall El Motassadeq]; OLG Koblenz StV 2007, 519, 520; dazu *Gaede* StraFo 2004, 195; *Detter* StV 2006, 544; eingehend zu anonymen Zeugen im Strafverfahren und den sich daraus ergebenden Gefahren *Joachim* StV 1992, 245; zu allem auch *Meyer-Goßner/Schmitt*, § 250 Rn 4 f. m.w.N.; krit. zu allem AnwKomm-StPO/*Sommer*, Art. 6 MRK Rn 110).

Siehe auch: → *Zeugenvernehmung, Allgemeines*, Rdn 3537.

Zeugnisverweigerungsrecht 3552

Das Wichtigste in Kürze:
1. Ein Zeugnisverweigerungsrecht haben die in § 52 genannten Angehörigen des Angeklagten. Darüber muss das Gericht belehren.
2. Außerdem können die in §§ 53, 53a genannten Angehörigen bestimmter Berufe und ihre Berufshelfer die Aussage verweigern. Darüber muss das Gericht nicht belehren.
3. Folge einer Zeugnisverweigerung ist, dass die Vernehmung des Zeugen unzulässig i.S.d. §§ 244 Abs. 3 S. 1, 245 Abs. 2 S. 2 wird und das allgemeine Verwertungsverbot des § 252 besteht.

Literaturhinweise: **Barton**, Anmerkung zum Urteil des BGH vom 7.4.2005, Az.: 1 StR 326/04 (Zeugnisverweigerungsrecht von Rechtsberatern), JZ 2005, 1178; **Bauer**, Keine Beschlagnahmefreiheit für Unterlagen eines mit internen Ermittlungen beauftragten Rechtsanwalts, StraFo 2012, 488; **Bernsmann/Rausch**, Notfallseelsorge – Zum Schweige- und Zeugnisverweigerungsrecht des Geistlichen und seiner Gehilfen (§§ 133 Abs. 2, 53, 53a StPO), Kirche und Recht 2004, 23; **Beulke**, Die Notwendigkeit einer teleologischen Reduktion des § 53 Abs. 2 S. 1 StPO bei Verteidigern im Zeugenstand, ZIS 2011, 342; **Bleutge**, Die Hilfskräfte des Sachverständigen – Mitarbeiter ohne Verantwortung?, NJW 1985, 1185; **Boost**, Der Geheimnisschutz des § 53 Abs. 1 Nr. 3 StPO in Bezug auf juristische Personen als für sie handelnden Organe, StraFo 2012, 460; **Burhoff**, Anwendbarkeit von Normen des Deliktsrechts, Verfassungs- und Prozessrechts auf nichteheliche Lebensgemeinschaften, FPR 2002, 18; ders., Das Zeugnisverweigerungsrecht von Familienangehörigen im Strafverfahren, ZFE 2002, 116; ders., Die nichteheliche Lebensgemeinschaft im Straf(verfahrens)Recht, StRR 2008, 287; **Burhoff/Willemsen**, Handbuch für die nichteheliche Lebensgemeinschaft, 4. Aufl. 2014; **Cramer**, Strafprozessuale Verwertbarkeit ärztlicher Gutachten aus anderen Verfahren, NStZ 1996, 209; **Dahs/Langkeit**, Demontage des Zeugnisverweigerungsrechts?, 3553

Z Zeugnisverweigerungsrecht

StV 1992, 492; **de Lind van Wijngaarden/Egler**, Der Beschlagnahmeschutz aus unternehmensinternen Untersuchungen, NJW 2013, 3549; **Dettmeyer/Madea**, Ärztliches Schweigerecht bezüglich Daten der Leichenschau, Anmerkung zum Beschluß des LG Berlin NStZ 1999, 86, NStZ 1999, 605; **Diversy**, Der Steuerberater im Spannungsfeld zwischen Schweigepflicht und Zeugenpflicht im Insolvenzverfahren, ZInsO 2004, 960; **Durst**, Der Steuerberater – in der Haftung, als unverdächtiger Dritter und als Zeuge vor Gericht, PStR 2012, 146; **Fischer**, Die Fortwirkung von Zeugnisverweigerungsrechten nach Verfahrenstrennung, JZ 1992, 570; **Ebner/Müller**, Zeugnisverweigerungsrecht gemäß § 52 StPO bei in der Bundesrepublik geschlossener „Imam-Ehe"?, NStZ 2010, 657; **Groß**, Neuregelung des journalistischen Zeugnisverweigerungsrechts, NJW 1975, 1763; *ders.*, Verteidiger, Abgeordnete und Journalisten als verbotene unfreiwillige Medien zur strafprozessualen Aufklärung, StV 1996, 559; **Groth/von Bubnoff**, Gibt es „gerichtsfeste" Vertraulichkeit bei der Mediation?, NJW 2001, 338; **Grziwotz**, Nichteheliche Lebensgemeinschaft, 5. Aufl. 2014; **Haffke**, Schweigepflicht, Verfahrensrevision und Beweisverbot, GA 1973, 65; **Hamacher**, Der Syndikusanwalt ist kein Anwalt 2. Klasse – Das Urteil des EuGH in Sachen *Akzo Nobel* zum Anwaltsgeheimnis, AnwBl. 2011, 42; **Hilger**, Über den flankierenden Schutz von Zeugnisverweigerungsrechten – Zugleich Besprechung von BVerfG, Urt. v. 12.3.2003, GA 2003, 482; **Ignor**, Der rechtliche Schutz des Vertrauensverhältnisses zwischen Rechtsanwalt und Mandant im Visier des Gesetzgebers, NJW 2007, 3403; **Jäger**, Das Zeugnisverweigerungsrecht des verschwundenen Zeugen, JA 2014, 712; **Kett-Straub**, Zeugnisverweigerungsrecht für Kinder auch gegenüber „Nenn-" und Pflegeeltern, ZRP 2005, 46; **Kiethe**, Prozessuale Zeugnisverweigerungsrechte in der Insolvenz, NZI 2006, 267; **Kramer**, Das gespaltene Zeugnisverweigerungsrecht der Medienangehörigen in der StPO, Krim 2004, 756; **Kranz**, Der zukünftige eingetragene Lebenspartner als „Verlobter" i.S.v. § 52 Abs. 1 Nr. 1 StPO und § 11 Abs. 1 Nr. 1 Buchst. a) StGB, StV 2004, 518; **Krause**, Der „Gehilfe" der Verteidigung und sein Schweigerecht (§ 53a StPO), Zur Einbeziehung Dritter in die Verteidigungstätigkeit, StraFo 1998, 1; *ders.*, Die Befugnis zur Entbindung von der beruflichen Verschwiegenheitspflicht bei Mandatsverhältnissen juristischer Personen mit Wirtschaftsprüfern (§ 53 Abs. 1 Ziff. 3, Abs. 2 StPO), in: Festschrift für *Hans Dahs*, 2005, S. 349; **Krekeler/Schonard**, Der Berufshelfer im Sinne des § 53a StPO, wistra 1998, 137; **Kretschmer**, Die nichteheliche Lebensgemeinschaft in ihren strafrechtlichen und strafprozessualen Problemen, JR 2008, 51; **Kudlich**, Das Angehörigenzeugnisverweigerungsrecht bei Mitbeschuldigten, JA 2012, 233; *ders.*, „Die werden ja ihre Gründe gehabt haben …", JA 2014, 632; **Kunert**, Recht, Presse und Politik – von einer unglücklichen Dreiecksbeziehung in Bremen, DRiZ 1997, 325; *ders.*, Erweitertes Zeugnisverweigerungsrecht der Medienmitarbeiter, NStZ 2002, 169; **Kunkel**, Anzeige- und Auskunftspflicht, Zeugnisverweigerungsrecht und Datenschutz bei Straftaten an Kindern, StV 2002, 333; **Ladiges**, Zeugnisverweigerungsrecht und Zwischenrechtsbehelf, JuS 2011, 226; **Leitner**, Das Verteidigermandat und seine Inhalte als Beweisthema, StraFo 2012, 344; **Mann**, Gleichstellung beim Vertraulichkeitsschutz, AnwBl. 2010, 87; *ders.*, Anwaltsprivileg und Zeugnisverweigerungsrecht des unternehmerischen Syndikus, DB 2011, 978; **Mann/Leisinger**, Kein „legal privilege" für unternehmensinterne Rechtsanwälte, AnwBl. 2010, 796; **Matt**, Das verfassungsrechtliche autonome Recht des Verteidigers auf Zeugnisverweigerung und das entsprechende Beschlagnahmeverbot, in: Festschrift für *Gunter Widmaier*, 2008, S. 851; **Meyer-Ladewig**, Zur Frage des Zeugnisverweigerungsrechts für eine langjährige Lebensgefährtin, NJW 2014, 43; **Münchhalffen**, Der „Gehilfe" der Verteidigung (§ 53a StPO) und das Beschlagnahmeverbot (§ 97 Abs. 4 StPO), in: Festschrift für *Christian Richter II*, 2007, S. 407; **Leitner**, Das Verteidigermandat und seine Inhalte als Beweisthema, StraFo 2012, 344; **Nack**, Das Verteidigermandat und seine Inhalte als Beweisthema, StraFo 2012, 341; **Neumann**, Zeugnisverweigerungsrechte und strafprozessuale Ermittlungsmaßnahmen, 2005; **Otto**, Das Zeugnisverweigerungsrecht des Angehörigen (§ 52 StPO) in Verfahren gegen mehrere Beschuldigte, NStZ 1991, 220; **Paeffgen**, Zeugnisverweigerungsrechte und heimliche Informations-Erhebung, in: Festschrift für *Peter Rieß*, 2002, S. 413; **Peemöller/Weller**, Zeugnisverweigerungsrecht gemäß § 53 StPO für freie Berufe – aber nicht für Mitarbeiter genossenschaftlicher Prüfungsverbände?, BB 2001, 2415; **Radtke**, Beichtgeheimnis und Zeugnisverweigerung, ZevKR 2003, 385; **Ranft**, Das strafprozessuale Zeugnisverweigerungsrecht des Angehörigen bei Inanspruchnahme der Hilfe des Jugendamtes und des Vormundschaftsrichters, Jura 1999, 522; *ders.*, Schutz der Zeugnisverweigerungsrechte bei Äußerungen außerhalb eines anhängigen Strafverfahrens, StV 2000, 520; **Rathemacher**, Zeugnisverweigerungsrecht des Steuerberaters – Systematischer Überblick anlässlich des Beschlusses des LG Erfurt v. 8.8.2008 – 6 Qs 292/08, NWB F 30, S. 1811; **Redeker**, Der Syndikusanwalt als Rechtsanwalt, NJW 2004, 889;

Rogall, Irrtümer und Missverständnisse beim strafprozessualen Recht der Zeugnisverweigerung, in: Festschrift für *Ulrich Eisenberg*, 2009, S. 583; **Roxin**, Steht im Falle des § 252 StPO die Verwertbarkeit der früheren Aussage zur Disposition des Zeugen?, in: Festschrift für *Peter Rieß*, 2002, S. 451; **Rüping**, Gefahren für das Zeugnisverweigerungsrecht des Steuerberaters, DStR 2007, 1182; **B. Schmitt**, Zum Verzicht auf das Verwertungsverbot des § 252 StPO, NStZ 2013, 213; **P. Schmitt**, Probleme des Zeugnisverweigerungsrechts (§ 53 I Nr. 3 StPO, § 383 Nr. 6 ZPO) und des Beschlagnahmeverbots (§ 97 StPO) bei Beratern juristischer Personen – zugleich ein Beitrag zu der Entbindungsbefugnis des Konkursverwalters, wistra 1993, 9; **Schöch**, Zeugnisverweigerungsrechte für Opferhelfer, DRiZ 2006, 57; **Roxin**, Probleme und Strategien der Compliance-Begleitung in Unternehmen, StV 2012, 116; **Schröder/Kroke**, Erosion der strafprozessualen Stellung des Wirtschaftsprüfers durch das Berufsaufsichtsrecht?, wistra 2010, 466; **Schwan/Andrzejewski**, Zur Reichweite des Zeugnisverweigerungsrechts von Angehörigen gemäß § 52 StPO bei Mitbeschuldigten, HRRS 2012, 507; **Schweckendieck**, Eine Gesetzeslücke in § 52 II 2 StPO?, NStZ 2008, 537; **Thielen**, Die Entscheidung der Berufsgeheimnisträger nach § 53a Abs. 1 S. 2 StPO – Zu den Besonderheiten bei gemeinsamer Berufsausübung, StraFo 2000, 121; **Thielmann**, Die Grenze des Opferschutzes, StV 2006, 41; **Tsambikakis**, Das neue Zeugnisverweigerungsrecht für Medienmitarbeiter, StraFo 2002, 145; **Verjans**, Das Zeugnisverweigerungsrecht des Jahresabschlussprüfers – (k)ein Recht ohne Wert, in: Festschrift 25 Jahre AG Strafrecht, 2009, S. 869; **Weiß**, Haben juristische Personen ein Aussageverweigerungsrecht?, JZ 1998, 289; **Werner**, Der steuerliche Berater als Zeuge im (Steuer-) Strafverfahren, PStR 2002, 62; **Wessing**, Zeugnisverweigerungsrecht ausländischer Strafverteidiger, wistra 2007, 171; **Widmaier**, Zum Zeugnisverweigerungsrecht des Berufsgeheimnisträger Grenzen und Grenzüberschreitungen, in: Festschrift für *Hans Dahs*, 2005, S. 543; **Wolf/Hasenstab**, Der grenzüberschreitende Schutz des Anwaltsgeheimnisses in Europa – Kollisionsrechtliche Überlegungen anlässlich der EuGH-Rechtssache *Akzo Akcros*, BRAK-Mitt. 2010, 150; **Wolter**, Zeugnisverweigerungsrechte bei (verdeckten) Maßnahmen im Strafprozessrecht und Polizeirecht, in: Festschrift für *Peter Rieß*, 2002, S. 633; **Zipper**, Das Phänomen des minderjährigen Zeugen, die Regelung des § 52 Abs. 2 StPO aus Sicht des Verteidigers und des Nebenklägers, StRR 2012, 293; s.a. die Hinw. bei → *Zeugenvernehmung, Allgemeines*, Rdn 3537.

1. Das Recht, das Zeugnis zu verweigern, das Ausfluss des allgemeinen Persönlichkeitsrechts ist (vgl. BVerfG NStZ-RR 2004, 18), steht insbesondere den in **§ 52** genannten **Angehörigen** des Angeklagten zu.

3554

Das ZVR unterliegt **keinen zeitlichen Beschränkungen**. Es kann auch noch nach Wiederaufnahme des Verfahrens ausgeübt werden (BGHSt 46, 189). Das führt dann ggf. erst zu diesem Zeitpunkt zu dem Verwertungsverbot aus § 252 (→ *Protokollverlesung nach Zeugnisverweigerung*, Rdn 2126).

Will der Verteidiger später in der Revision die Bewertung des Vorsitzenden, dass einem Zeugen ein ZVR zusteht, zur Grundlage einer Verfahrensrüge machen, setzt die zu ihrer Zulässigkeit voraus, dass er gem. **§ 238 Abs. 2** eine Entscheidung des Gerichts herbeigeführt hat (BGHSt 55, 65 m. Anm. *Arnoldi* StRR 2010, 261; BGH StRR 2014, 122 [Ls.]; vgl. dazu a. *Ladiges* JuS 2011, 226).

Zu den Zeugnisverweigerungsberechtigten zählen im Einzelnen:
a) Verlobte (§ 52 Abs. 1 Nr. 1). Ein Verlöbnis ist ein gegenseitiges und **ernstlich** gemeintes **Eheversprechen** (st. Rspr.; s. zuletzt BGH NStZ 1986, 84 m.w.N.). Auf die zivilrechtliche Gültigkeit kommt es nicht an, sodass auch das ohne Einwilligung des gesetzlichen Vertreters abgegebene Eheversprechen eines Minderjährigen ein Verlöbnis begründet (KK-*Senge*, § 52

3555

Rn 10 m.w.N.). Zeitlich muss das Verlöbnis nicht bereits zur Zeit der Tat bestanden haben, entscheidend ist, dass es im **Zeitpunkt** der **Aussage** (noch) **besteht** (zuletzt BGH NJW 1980, 67 f., insoweit nicht in BGHSt 29, 23); auf die Dauer des Verlöbnisses/Eheversprechens soll es nicht ankommen (OLG Stuttgart, Beschl. v. 9.2.2011 – 3 W 73/10 [Zivilverfahren; 27-jährige Verlobungszeit]). Ein Verlöbnis kann nach der Rspr. des BGH (noch) **nicht** bestehen, wenn einer der Partner **noch verheiratet** ist (BGH NStZ 1986, 206 [Pf/M]; 1994, 227 [K]). Offengelassen hat der BGH allerdings, ob bei Vorliegen besonderer Umstände – z.B. wenn ein Scheidungsurteil bereits ergangen, aber noch nicht rechtskräftig ist –, Ausnahmen gelten können (vgl. a. BayObLG MDR 1982, 690; *Meyer-Goßner/Schmitt*, § 52 Rn 4 m.w.N.; abl. KK-*Senge*, a.a.O.). Nach § 1 Abs. 3 S. 2 LPartG gelten die Vorschriften des BGB über das Verlöbnis für Lebenspartner entsprechend (s. zum früheren Rechtszustand *Kranz* StV 2004, 518).

> Bei der Beurteilung der Frage, ob eine Zeugin die Verlobte des Angeklagten war und/oder ist und sie sich deshalb auf ein ZVR berufen kann, steht (in der HV) dem Vorsitzenden und nach dessen Anrufung gem. § 238 Abs. 2 dem Gericht ein **Beurteilungsspielraum** zu (BGHSt 55, 65; BGH StRR 2014, 122 [Ls.]).

3556 **b)aa) Ehegatten** (§ 52 Abs. 1 Nr. 2) und **eingetragene Lebenspartner** (§ 52 Abs. 1 Nr. 2a). Voraussetzung ist eine formell gültige Ehe bzw. eine nach § 1 Abs. 1 LPartG wirksam begründete eingetragene Lebenspartnerschaft (zum bejahten ZVR bei der „Imam-Ehe" *Ebner/Müller* NStZ 2010, 657). Nichtigkeits- oder Auflösungsgründe spielen keine Rolle (*Meyer-Goßner/Schmitt*, § 52 Rn 5 m.w.N.). Die Ehe/Lebenspartnerschaft kann auch erst nach der Tat geschlossen worden sein. Das ZVR besteht fort nach Scheidung oder Auflösung der Ehe/Lebenspartnerschaft, auch nach dem Tod des Ehegatten/Lebenspartners, wenn das Verfahren gegen andere Angeklagte fortgesetzt wird (s.u. Rdn 3561).

3557 **bb)** Partner einer **nichtehelichen Lebensgemeinschaft** gehören nach (noch) h.M. **nicht** zum Kreis der Zeugnisverweigerungsberechtigten (BayObLG NJW 1986, 202; OLG Celle NJW 1997, 1084; *Meyer-Goßner/Schmitt*, § 52 Rn 5 m.w.N.; KK-*Senge*, § 52 Rn 11, jeweils m.w.N.; s.a. *Burhoff* FPR 2001, 19; *ders*. ZFE 2002, 116; *ders*. StRR 2008, 287, jeweils m.w.N.; *Kretschmer* JR 2008, 51, 55; *Wollweber* NStZ 1999, 628 in der Anm. zu BVerfG NJW 1999, 1622; *Burhoff/Willemsen*, Handbuch für die nichteheliche Lebensgemeinschaft, Rn 1715 ff.; zum strafrechtlichen Angehörigenbegriff OLG Braunschweig NStZ 1994, 344 m.w.N. und *Burhoff* StRR 2008, 287 f.). Es mehren sich allerdings inzwischen die Stimmen, die auch den Partnern der nichtehelichen Lebensgemeinschaft ein Zeugnisverweigerungsrecht einräumen wollen, da zwischen ihnen ein den gesetzlich anerkannten Tatbeständen gleichkommendes Vertrauensverhältnis bestehe (vgl. die Nachw. bei Burhoff, a.a.O.; s.a. *Palandt/Brudermüller*, Einl. v. § 1297 Rn 28; vgl. dazu auch noch EGMR 2014, 39; *Meyer-Ladewig/Petzold* NJW

2014, 43; zur Begrenzung des Anwendungsbereichs von ZVR s. aber BVerfG NJW 2012, 833, 841). Ein ZVR besteht allerdings nicht für den Partner einer nur „engen freundschaftlichen Beziehung", die außerhalb einer noch bestehenden Ehe besteht (BVerfG NJW 1999, 1622 [keine eheähnliche Gemeinschaft zwischen den Partnern]).

c) Verwandte oder Verschwägerte (§ 52 Abs. 1 Nr. 3). Verwandtschaft und Schwägerschaft sind nach den §§ 1589, 1590 BGB zu bestimmen. Voraussetzung für das ZVR der Verschwägerten ist, dass die die Schwägerschaft vermittelnde Ehe formell gültig geschlossen war (zum [verneinten] ZVR bei nur nach „Roma-Sitte" vermittelter schwägerschaftlicher Verbindung BVerfG NStZ 1993, 349; BGH NStZ-RR 2015, 67 [Ls.]). Zum Zeitpunkt der Aussage muss sie nicht mehr bestehen (§ 52 Abs. 1 Nr. 3; zum ZVR auch gegenüber „Nenn-" und Pflegeeltern *Kett-Straub* ZRP 2005, 46).

Zu den danach Zeugnisverweigerungsberechtigten folgende

Übersicht zum Zeugnisverweigerungsrecht (vgl. a. die Übersicht auf www.anwaeltinnenbuero.de/pdf/zeugnisverweigerungsrecht.pdf):

Geschwister der Eltern		*Urgroßeltern*	*Großeltern der Stiefeltern*	*Großeltern der Schwiegereltern*	
3. Grad				3. Grad	
Ehegatten der Geschwister	*Geschwister, auch Halbgeschwister (BGH StV 1988, 89)*	*Großeltern*	*Eltern der Stiefeltern*	*Eltern der Schwiegereltern*	*Geschwister der Ehegatten*
2. Grad					2. Grad
Adoptiveltern		*Eltern*	*Stiefeltern*	*Schwiegereltern*	
1. Grad					1. Grad
Verlobte (aber nicht dem Verlobten einer Verwandten OLG Düsseldorf, Beschl. v. 14.12.1999 – 2b Ss 336/99)		**Beschuldigter**		*Ehegatte/eingetragener Lebenspartner*	
1. Grad					1. Grad
Adoptivkinder	*nichteheliche Kinder*		*eheliche Kinder*	*Stiefkinder*	*Schwiegersohn/-tochter*
2. Grad					2. Grad
Stiefenkel		*Enkel*		*Ehegatte des Enkels*	
3. Grad					3. Grad
Nichte/Neffe		*Stiefurenkel*	*Urenkel*	*Urenkel-Ehegatten*	

3560 Kein ZVR haben also Cousin(e), Schwager oder Schwägerin im Verhältnis zum Ehepartner der Geschwister (nur sog. Schwippschwägerschaft), Pflegekinder und -eltern (zum Cousin BGH NStZ-RR 2015, 67 [Ci/Ni]).

3561 **d)aa)** Richtet sich das Verfahren gegen **mehrere Angeklagte**, kann der Angehörige eines Angeklagten im Hinblick auf die Zwangslage, in der er sich befindet, das Zeugnis in vollem Umfang verweigern, wenn die Aussage auch seinen Angehörigen betrifft (st. Rspr.; vgl. u.a. BGHSt 7, 194; zuletzt BGH NJW 1998, 3363; NStZ 1998, 583; *Meyer-Goßner/Schmitt*, § 52 Rn 10 jew. m.w.N.; eingehend zum Angehörigenzeugnisverweigerungsrecht bei Mitbeschuldigten *Kudlich* JA 2012, 233; *Schwan/Andrzejeweski* HRRS 2012, 507). Voraussetzung ist, dass das Verfahren gegen den Angehörigen noch nicht endgültig erledigt ist, was z.B. bei einer Einstellung (nur) nach § 170 Abs. 2 (BGHSt 34, 215; zuletzt BGH StV 1998, 245) oder nach § 205 nicht der Fall ist (vgl. BGHSt 27, 139; s.a. BGH NStZ 1998, 583 f.; NJW 2009, 2548 [offengelassen für endgültige Einstellung nach § 153a]).

⚖ Ein ZVR besteht nach neuerer Rspr. des BGH jedoch **nicht (mehr)** nach rechtskräftiger Verurteilung (BGHSt 38, 96), rechtskräftigem Freispruch (BGH NJW 1993, 2326; *KK-Senge*, § 52 Rn 6) oder Tod des mitangeklagten Angehörigen (BGHSt 54, 1; BGH NJW 1992, 1118; a.A. *Dahs* u.a. StV 1992, 492). Auch nach einer Verfahrenseinstellung nach § 154 erlischt das ZVR (s. jetzt BGHSt 54, 1). Eine Einstellung nach § 170 Abs. 2 reicht wegen der Möglichkeit, das Verfahren wieder aufzunehmen, nicht aus (BGH StV 1998, 245). Wird das Verfahren gegen den Angehörigen hingegen (nur) **abgetrennt**, besteht das ZVR **fort** (st. Rspr.; vgl. u.a. schon BGH NStZ 1988, 18 [Pf/M]). Insgesamt entscheidend ist, wie „schwach" das zwischen dem Angehörigen des früheren Mitbeschuldigten und dem jetzigen Beschuldigten bestehende „Band" (geworden) ist (BGH, a.a.O.). Diese Grundsätze gelten auch dann, wenn der angehörige Zeuge eines früheren Mitbeschuldigten damals ebenfalls Mitbeschuldigter war (zuletzt BGH NStZ 2012, 340 m.w.N. und m. Anm. *Deutscher* StRR 2012, 143).

Ein ZVR besteht auch **nicht** (mehr) für die Angehörigen eines im früheren Verfahren Mitbeschuldigten, wenn aufgrund eines neuen Tatverdachts und anderer Beweislage ein **neues Verfahren** gegen einen (früheren) Beschuldigten eingeleitet wird (BGH NJW 1998, 3363; a.A. *Radtke* NStZ 1999, 481 in der Anm. zu BGH, a.a.O.).

3562 **bb)** Außerdem muss in irgendeinem Verfahrensabschnitt einmal eine **prozessuale Gemeinsamkeit** bestanden haben (BGHSt 34, 138; 54, 1; BGH NJW 1974, 758; zuletzt zusammenfassend BGH NStZ 2012, 221; 2012, 340 m.w.N., jew. m. Anm. *Deutscher* StRR 2012, 143, auch zum „Beruhen" bei Verletzung der Belehrungspflicht; *Meyer-Goßner/Schmitt*, § 52 Rn 11 m.w.N.). Das ist aber nicht schon dann der Fall, wenn die Ermittlungen nur gleichzeitig geführt worden sind (BGHSt 34, 215 m.w.N.; NStZ 2012, 221; 2012, 340). Es bedarf dazu vielmehr einer, wenn nicht ausdrücklichen, so zumindest doch konkludenten **Willensent-**

Zeugnisverweigerungsrecht Z

scheidung der StA (BGHSt 34, 138; 34, 215; BGH 1998, 583 [Durchsuchungs- und Beschlagnahmebeschluss unter einem einheitlichen Aktenzeichen]). Entschließt sich die StA aus sachlich vertretbaren Gründen, gegen einen schon früher wegen einer Tat in Verdacht geratenen Beschuldigten bei neuerlichem Tatverdacht und anderer Beweislage förmlich ein **neues, selbstständiges EV** einzuleiten, so liegt hinsichtlich früherer – in einem anderen Verfahren wegen derselben Tat – Mitbeschuldigter keine prozessuale Gemeinsamkeit vor (BGH NJW 1998, 3363).

Besteht **keine prozessuale Gemeinsamkeit**, sondern werden gegen die Beteiligten an einer Tat gesonderte Verfahren betrieben, fehlt es an dem Grund, das ZVR des Angehörigen auf einen Mitangeklagten zu erstrecken, und der Zeuge hat kein Weigerungsrecht in dem (getrennt geführten) Verfahren gegen den Mitbeschuldigten. Das gilt auch, wenn das Verfahren gegen einen Mittäter erst eingeleitet wird, wenn das gegen den Angehörigen schon rechtskräftig abgeschlossen ist (RGSt 32, 72 f.; s.a. BGH NStZ 1998, 469). 3563

cc) Geht es in der HV um **mehrere rechtlich unabhängige** Fälle, ist das ZVR auf die Fälle **beschränkt**, an denen der Angehörige des Zeugen beteiligt ist, hinsichtlich der anderen Fälle ist er aussagepflichtig (vgl. *Meyer-Goßner/Schmitt*, § 52 Rn 12 m.w.N.). 3564

Beispiel:
A und B sind wegen mehrerer rechtlich selbstständiger Diebstahlstaten angeklagt, von denen sie nur einige gemeinsam begangen haben. Als Zeuge soll C gehört werden, ein Bruder des A, der die gestohlene Ware gehehlt hat. Diesem steht ein ZVR nur hinsichtlich der Diebstahlsfälle zu, an denen sein Bruder A beteiligt war.

e) Die Zeugen müssen über das ihnen nach § 52 zustehende ZVR **belehrt** werden (s. dazu → *Zeugenbelehrung*, Rdn 3523 ff. [dort auch zur Belehrung von Minderjährigen]). 3565

Entschließt sich der Zeuge zur Zeugnisverweigerung, hat der Vorsitzende jede Einflussnahme auf den Zeugen zu unterlassen (zur „Verteidigertaktik" → *Zeugenbelehrung*, Rdn 3527 f., und u. Rdn 3584; *Sommer*, Rn 733 f.).

Die Ausübung des ZVR darf **nicht** zum **Nachteil** des Angeklagten verwertet werden (st. Rspr.; s.u.a. BGH NStZ 2000, 546 [Würdigung der Zeugnisverweigerung durch Ehefrau]; NStZ 2014, 415 [Zeugnisverweigerung durch Eltern]; NStZ-RR 1998, 277), und zwar auch dann nicht, wenn der verweigernde Angehörige die Aussage auf bestimmte Themen hätte beschränken können (BGH StV 1997, 171; zu allem a. die Nachw. bei *Meyer-Goßner/Schmitt*, § 261 Rn 20). Es dürfen auch weder aus der durchgehenden noch aus einer nur anfänglichen Zeugnisverweigerung dem Angeklagten nachteilige Schlüsse gezogen werden (BGH NStZ 1985, 87). Letzterem steht es gleich, wenn es ein zur Zeugnisverweigerung Berechtigter zunächst unterlässt, von sich aus 3566

Angaben zu machen (BGH NStZ 1987, 182, 183). Einer Würdigung zugänglich ist allein das nur teilweise Schweigen des Zeugen zur Sache (BGHSt 34, 324, 327 ff.).

☞ Verweigert der Zeuge aufgrund **unrichtiger Belehrung** die Aussage, kann, wenn der Zeuge in der HV anwesend war, mit der **Revision** die Verletzung des § 245 Abs. 1 gerügt werden (BGH StV 1996, 129). Sonst ist eine Verletzung des § 244 Abs. 2 zu rügen (BGH NStZ 1994, 94; zu den Anforderungen an die Revisionsrüge s. BGH NJW 1996, 1665; zur Beruhensfrage bei Belehrungsfehlern BGH NStZ 2012, 221; 2012, 340; StV 1997, 170).

3567 **f)** Das ZVR ist ein **höchstpersönliches Recht** (BGHSt 21, 303, 305). Das schließt aber nicht aus, dass sich der Zeuge ggf. schriftlich auf das ZVR **beruft** (BGH, a.a.O.). Möglich und zulässig ist auch die durch einen Rechtsanwalt/Zeugenbeistand abgegebene anwaltliche Erklärung (BGH NStZ 2007, 712). Das ist dann auch ohne ausdrückliche Belehrung wirksam. Die Erklärung muss auch nicht notwendigerweise in der HV abgegeben werden. Entscheidend ist aber, dass eine Erklärung eindeutig ist (BGH, a.a.O.).

☞ Über die Ausübung des ZVR entscheidet bei **minderjährigen Zeugen** nach § 52 Abs. 2 der gesetzliche Vertreter (vgl. dazu Meyer-Goßner/*Schmitt*, § 52 Rn 20; *Zipper* StRR 2012, 293 m.w.N.). Ggf. ist ein **Ergänzungspfleger** zu bestellen (s. OLG Karlsruhe StraFo 2012, 225 m. Anm. *Zipper* StRR 2012, 293; OLG Nürnberg FamRZ 2010, 1996). Voraussetzung für seine Bestellung ist aber, dass der Minderjährige aussagebereit ist. Hat der Minderjährige bereits gegenüber dem (Ermittlungs-)Richter erklärt, dass er nicht aussagen will, ist für die Bestellung eines Ergänzungspflegers kein Raum (OLG Brandenburg FamRZ 2010, 843; zur Nichtvernehmung eines minderjährigen Zeugen wegen Zweifeln an der „Verstandesreife" zur Erfassung seines ZVR s. BGH NStZ 2012, 578 m. abl. Anm. *Eisenberg*).

2.a) Verweigern können das Zeugnis auch die in §§ 53, 53a genannten **Angehörigen** bestimmter **Berufe** und ihre **Helfer** (zum ZVR des Berufsgeheimnisträgers eingehend *Widmaier*, S. 543; s.a. noch *Burhoff*, EV, Rn 984).

☞ Ggf. kann sich über §§ 53, 53a hinaus aufgrund des Verhältnismäßigkeitsgrundsatzes ein ZVR **unmittelbar** aus der **Verfassung** ergeben (grundlegend BVerfG NJW 1977, 1489); vom BVerfG ist ein solches ZVR aber für ehrenamtlich in der Beratung tätige Angehörige von Selbsthilfegruppen (Eltern drogenabhängiger Kinder) verneint (vgl. NJW 1996, 1587), vom LG Freiburg (NJW 1997, 813) hingegen für eine in einer Anlaufstelle für sexuell missbrauchte Frauen tätige **Psychologin** hingegen bejaht worden.

Nach der derzeitigen Rechtslage haben allerdings diejenigen Personen, die z.B. als Mitarbeiter einer sog. Ausgleichsstelle an einem → *Täter-Opfer-Ausgleich*, Rdn 2586, beteiligt sind, kein ZVR (KK-*Schoreit*, § 155a Rn 24). Sie kommen also als Zeugen für

Äußerungen während der Ausgleichsgespräche in Betracht (s.a. *Kunkel* StV 2002, 335, wonach den Mitarbeitern eines Trägers der **öffentlichen Jugendhilfe** aus § 35 Abs. 3 SGB I ein ZVR zusteht [„im Verborgenen blühend"]).

b) Zu den in § 53 Genannten gehören:

Geistliche   3568

■ Die Geistlichen sind in § 53 Abs. 1 S. 1 **Nr. 1.** Dazu gehört auch ein hauptamtlicher Laientheologe, der als Anstaltsseelsorger tätig ist (BVerfG NJW 2007, 1865; BGHSt 51, 140; *de Wall* NJW 2007, 1856; zum Umfang s. *Bernsmann/Rausch* Kirche und Recht 2004, 23 und Rdn 3579; zum Beichtgeheimnis *Radtke* ZevKR 2003, 385); es wird bei der Einordnung eines „Geistlichen" nicht zwischen den Geistlichen der staatlich anerkannten, öffentlich-rechtlich verfassten Religionsgemeinschaften und den Geistlichen sonstiger Religionsgemeinschaften unterschieden; der Begriff des „Geistlichen" ist aber dahin auszulegen, dass diesem die seelsorgerische Tätigkeit von der Religionsgemeinschaft übertragen und ihm ein entsprechendes Amt – verbunden mit einer herausgehobenen Stellung innerhalb der Religionsgemeinschaft – anvertraut sein muss (BGH NStZ 2010, 646),

Verteidiger/Rechtsanwälte   3569

■ **Verteidiger**, § 53 Abs. 1 S. 1 **Nr. 2** (vgl. aber → *Entbindung von der Schweigepflicht*, Rdn 1393; zum Verteidigermandat und seinen Inhalten als Beweisthema *Leitner* StraFo 2012, 344 und *Nack* StraFo 2012, 341),

■ **Rechtsanwälte**, Patentanwälte, **Notare**, Wirtschaftsprüfer, vereidigte Buchprüfer, **Steuerberater** und Steuerbevollmächtigte, § 53 Abs. 1 S. 1 Nr. 3 (allgemein zur Frage der entsprechenden Anwendbarkeit des § 53 auf andere Bereiche als Zeugenaussagen *Groß* StV 1996, 559), vgl. auch

  ▫ zu den besonderen Problemen des ZVR bei **Beratern juristischer Personen** allgemein s. *Schmidt* wistra 1993, 9 ff.,
  ▫ zum verneinten ZVR des **Insolvenzverwalters** s. LG Saarbrücken ZInsO 2010, 431; LG Ulm NJW 2007, 2056,
  ▫ zum Geheimnisschutz des § 53 Abs. 1 Nr. 3 in Bezug auf **juristische Personen** und die für sie handelnden **Organe** (*Boost* StraFo2012, 460; LG Bonn NStZ 2012, 712),
  ▫ zum **Jahresabschlussprüfer** s. *Verjans*, S. 869, und *Schröder/Kroke* wistra 2010, 466 (Wirtschaftsprüfer als Abschlussprüfer),
  ▫ zum ZVR für Mitarbeiter **genossenschaftlicher Prüfverbände** s. *Peemöller/Weller* BB 2001, 2415,
  ▫ zum ZVR des **Mediators** s. *Groth/v. Bubnoff* NJW 2001, 338, 339,

- zum **Steuerberater** als Zeuge s. *Werner* PStR 2002, 62; *Durst* PStR 2012, 146, 150; zum Umfang seines ZVR auch BFH NJW 2002, 2903 und zur Zeugenpflicht des Steuerberaters im Insolvenzverfahren *Diversy* ZInsO 2004, 960,
- zum **Syndikusanwalt** als Zeuge s. LG Berlin NStZ 2006, 470; LG Bonn NStZ 2007, 605; *Mann* DB 2011, 978, der davon ausgeht, dass das ZVR schutzwürdiges Vertrauen beim Mandanten voraussetzt, für dessen Entstehen eine pauschale Rechtsberatung nicht ausreiche; zum Syndikusanwalt s.a. EuGH NJW 2010, 3557 und *Mann/Leisinger* AnwBl. 2010, 796; *Hamacher* AnwBl. 2011, 42,
- zum ZVR eines Rechtsanwalts oder Notars als Inhaber eines **RA-** oder **Notaranderkontos** s. OLG Frankfurt am Main NJW 2002, 1135,
- nach *Wessing* (wistra 2007, 171) gilt die Vorschrift entsprechend für alle in ihrem Heimatland als Verteidiger zugelassenen **ausländischen Rechtsanwälte**,
- zur **Einschränkung** des ZVR eines **Notars** und eines Notargehilfen aufgrund des § 11 GwG s. BGHSt 50, 64; krit. dazu *Barton* JZ 2005, 1178 in der Anm. zu BGH, a.a.O.,
- zum **Wirtschaftsprüfer** s. LG Bonn wistra 2000, 437; NJW 2002, 2261; AG Tiergarten wistra 2004, 319; zur Einschränkung des ZVR eines **Wirtschaftsprüfers** durch § 62 WPO *Schröder/Kroke* wistra 2010, 466; zum Umfang OLG Nürnberg NJW 2010, 690 [ausschließlich für vertrauliche Informationen, die dem Prüfer zur Erfüllung seiner Aufgaben von dem mit ihm in Vertragsbeziehung stehenden Unternehmen bekannt geworden sind]).

3570 Ärzte

- **Ärzte** und Zahnärzte sind ebenfalls in § 53 Abs. 1 S. 1 **Nr. 3** genannt.
- Ebenso werden genannt Apotheker und Hebammen.
- Erfasst werden auch **Schwangerschaftsberater** und (Drogen-)**Berater** für Fragen der **Betäubungsmittelabhängigkeit**, § 53 Abs. 1 S. 1 Nr. 3a und b (vgl. LG Kiel StV 2010, 127 [für Drogenberater]).

> In der Rspr. wird eine Ausdehnung auf **ehrenamtlich** in der **Beratung** tätige Angehörige von **Selbsthilfegruppen** abgelehnt (BVerfG NJW 1996, 1587 m.w.N. [Eltern drogenabhängiger Kinder]). Ähnlich haben das LG Freiburg (StraFo 1999, 136) zum ZVR der Angehörigen einer psychologischen Beratungsstelle des Caritas-Verbandes und das LG Köln (NJW 2002, 909) für die Betreuer einer sog. Babyklappe entschieden (zust. *Neuheuser* JR 2002, 172 in der Anm. zu LG Köln a.a.O.; s.a. *Hecker* JR 1999, 428 in der Anm. zu BGH NStZ 1999, 46 [zum ZVR eines Mitarbeiters des Sozialdienstes Katholischer Frauen]; zum – abgelehnten – ZVR von Opferhelfern s. *Schöch* DRiZ 2006, 57).

Nach dem **Tode** des **Patienten** geht die verbindliche Entscheidung über die Verwertbarkeit von diesen betreffenden ärztlichen Unterlagen nicht auf die Erben über (BGH StraFo 2012, 173 für Unterlagen, die sich ggf. schon bei der Akte befinden, ist nach § 160a abzuwägen). Im Rahmen der **Abwägung** spielt aber die Frage eine Rolle, ob die Erben des Patienten mit der Verwertung der Unterlagen einverstanden sind. Auch ist das Gewicht der Taten zu berücksichtigen (BGH, a.a.O. [fahrlässige Tötung]; s.a. *Burhoff*, EV, Rn 984).

Nicht erfasst wird 3571

- der Arzt, der die **Leichenschau**, vorgenommen hat, da zwischen ihm und demjenigen, der ihn in Anspruch nimmt (z.b. StA) kein schützenswertes Vertrauensverhältnis besteht (LG Berlin NJW 1999, 878; a.A. *Dettmeyer/Madea* NStZ 1999, 605 in der Anm. zu LG Berlin, a.a.O.: zur Leichenschau *Burhoff*, EV, Rn 2591),
- der Arzt, der bei **einstweiliger Unterbringung**, vom Gericht zum SV für die Frage des Vorliegens der Voraussetzungen der §§ 20, 21 StGB und zur Erforderlichkeit der Unterbringung nach § 63 StGB bestimmt worden ist (BGH NStZ 2002, 214; krit. dazu *Bosch* StV 2002, 633 in der Anm. zu BGH, a.a.O.),
- ein **Diplompsychologe** (BGH NStZ 2006, 509).

Abgeordnete 3572

- **Abgeordnete** des Bundestages oder eines Landtages, der Bundesversammlung, des Europäischen Parlaments werden von § 53 Abs. 1 S. 1 **Nr. 4** erfasst (s. dazu *Groß* StV 1996, 559).

Rundfunk und Presse 3573

- Mitarbeiter von **Rundfunk** und **Presse** (s. dazu *Groß* StV 1996, 559.; zum Umfang des Beschlagnahmeschutzes/des ZVR für Journalisten BGH NJW 1999, 2051), auch ein Herausgeber (LG Augsburg NStZ 2013, 490), sind in § 53 Abs. 1 S. 1 Nr. 5 genannt. Erfasst werden nach den Änderungen durch das StPOÄndG (BGBl 2002 I, S. 682) auch Personen, die bei der Vorbereitung, Herstellung oder Verbreitung von Druckwerken berufsmäßig mitwirken (vgl. dazu eingehend *Greitemann* NStZ 2002, 572, der damit auch das **Forschungsgeheimnis** als geschützt ansieht; krit. zu dieser Regelung *Kramer* Krim 2004, 756; eingehend zu allem *Meyer-Goßner/Schmitt*, § 53 Rn 48 ff.).
- Die Mitarbeiter von Rundfunk und Presse haben u.a. ein **ZVR** über die Person des Verfassers oder Einsenders von Beiträgen und Unterlagen oder des sonstigen Informanten, soweit es sich um Beiträge u.a. für den **redaktionellen Teil** oder redaktionell aufbereitete Informations- und Kommunikationsdienste handelt (s.a. BVerfG NJW 2001, 507; 2002,

592; zum persönlichen und sachlichen Anwendungsbereich eingehend *Kunert* NStZ 2002, 171; *Tsambikakis* StraFo 2002, 145; vgl. auch noch EGMR NJW 2008, 2563).
- Sie haben aber z.b. **kein ZVR** hinsichtlich der Daten der an einem **Internet-Diskussionsforum** einer Tageszeitung Mitwirkenden, wenn in dieses jeder Bürger einen Beitrag einstellen kann, der von dem Presseorgan redaktionell nicht bearbeitet wird und für den allein der Bürger die Verantwortung trägt (LG Augsburg NStZ 2013, 490; LG Duisburg NStZ-RR 2013, 215 m. Anm. *Burhoff* StRR 2013, 147; LG Oldenburg NStZ 2011, 655). Das ist insbesondere für **Bewertungen** von Bedeutung. Eine Bewertung gehört dann nicht zum redaktionellen Teil eines (Internet-)Informationsdienstes, wenn die Bewertung vom Nutzer eingestellt und sodann ohne weitere redaktionelle Prüfung veröffentlicht wird (LG Duisburg, a.a.O.). Hierbei ist es ohne Bedeutung, dass der Nutzer des Internetdienstes bei der Einstellung seiner Bewertung ggf. Regeln zu beachten hat, die vom Betreiber des Bewertungsportals aufgestellt worden sind, wenn es keinen Sicherungsmechanismus gibt, der verhindert, dass regelwidrige Bewertungen überhaupt veröffentlicht werden (LG Duisburg, a.a.O.).
- Nach § 53 Abs. 2 S. 2 **entfällt** das **ZVR** der Mitarbeiter von Rundfunk und Presse, wenn die Aussage zur Aufklärung eines **Verbrechens** beitragen soll oder wenn Gegenstand der Untersuchung bestimmte in § 53 Abs. 2 S. 2 Nr. 1 genannte **Straftaten** gegen den **Staat** sind, eine Straftat gegen die **sexuelle Selbstbestimmung** nach den §§ 174 – 176, 179 StGB (Nr. 2) oder eine **Geldwäsche** bzw. Verschleierung unrechtmäßig erlangter Vermögenswerte nach § 261 Abs. 1 – 4 StGB (Nr. 3). Das Gesetz knüpft das Entfallen allerdings an eine **Subsidiaritätsklausel**: Die Erforschung des Sachverhalts oder die Ermittlung des Aufenthaltsortes des Beschuldigten muss auf andere Weise aussichtslos oder wesentlich erschwert sein (s. dazu *Burhoff*, EV, Rn 556 und 3609; krit. dazu *Kunert* NStZ 2002, 172; *Tsambikakis* StraFo 2002, 145).

3574 c) Nach § 53a haben auch die sog. **Berufshelfer** der in § 53 Abs. 1 S. 1 Nr. 1 – 4 (vgl. Rdn 3568 ff.) genannten Berufsangehörigen ein ZVR (zur in der Praxis bedeutsamen Frage, wer bei Berufshelfern über die Ausübung des ZVR entscheidet, wenn sich mehrere Geheimnisträger zu gemeinsamer Berufsausübung verbunden haben, s. *Thielen* StraFo 2000, 121).

> Die Frage, wer Berufshelfer ist, ist für den Verteidiger, der Helfer (z.B. einen SV oder Detektive) beizieht, von **erheblicher praktischer Bedeutung**. Gesteht man diesen nämlich ein ZVR zu, können sie über die bei ihrer Tätigkeit in Erfahrung gebrachten (Tat-)Umstände ggf. schweigen.

3575 aa) Wer zum **Kreis** der **Berufshelfer** i.S.d. § 53a gehört, ist in Rspr. und Lit. **nicht eindeutig** geklärt: In der **Lit.** ist anerkannt, dass es für die Frage der Berufshelfereigenschaft weder auf ein soziales Abhängigkeitsverhältnis zu dem jeweiligen Hauptgeheimnisträger (Verteidiger) noch auf eine berufsmäßige Tätigkeit der Hilfskräfte ankommt (zu allem eingehend

Krause StraFo 1998, 2; *Krekeler/Schonard* wistra 1998, 138; *Münchhalffen* StraFo 2001, 167 in der Anm. zu LG Hannover StraFo 2001, 167; *dies.*, S. 407 ff.). Deshalb können grds. auch nur gelegentlich Mithelfende Berufshelfer sein. Nach h.M. sollen Berufshelfer aber nicht selbstständige Gewerbetreibende sein, die der (Haupt-)Berufsträger zur selbstständigen Erledigung bestimmter Aufträge zugezogen hat, wie z.b. der vom Verteidiger beauftragte Detektiv (vgl. nur KK-*Senge*, § 53a Rn 3).

☞ Für die Berufshelfereigenschaft von (Verteidiger-)Gehilfen kann es m.E. nicht entscheidend sein, ob der Gehilfe selbstständig tätig ist oder nicht. **Entscheidend** ist vielmehr der **Schutzzweck** des § 53a, der eng mit § 53 verbunden ist. Dieser geht dahin, dass nicht nur die Hauptgeheimnisträger, sondern auch deren Helfer die Informationen, die ihnen in ihrer beruflichen Eigenschaft bekannt geworden sind, nicht preisgeben müssen. Das bedeutet, dass m.E. die neueren Stimmen in der Lit. (vgl. *Krause* StraFo 1998, 2; *ders.*, S. 349 ff.; *Krekeler/Schonard* wistra 1998, 137; *Münchhalffen* StraFo 2001, 167 in der Anm. zu LG Hannover StraFo 2001, 167) Recht haben, die hinsichtlich der Berufshelfereigenschaft allein darauf abstellen, ob ein **unmittelbarer Zusammenhang** zwischen der Tätigkeit der Hilfsperson und der Tätigkeit des Berufsgeheimnisträgers, die letzteren zur Zeugnisverweigerung berechtigt, besteht. Entscheidend ist also, ob der Berufshelfer aufgrund seines Tätigwerdens in das **Vertrauensverhältnis** zwischen dem Hauptgeheimnisträger und dem Beschuldigten einbezogen ist (zu allem eingehend *Krause* und *Krekeler/Schonard*, jew. a.a.O., unter Hinw. auf § 148, der es dem Verteidiger überlasse, wie er das Verteidigungsverhältnis ausgestalte). Damit ist dann ein Detektiv oder ein vom Verteidiger beauftragter SV i.d.R. Berufshelfer i.S.d. § 53a (a.A. *Meyer-Goßner/Schmitt*, § 53a Rn 2 [unter Hinw. auf das Verbot erweiternder Auslegung]).

In der **Rspr.** wird die Berufshelfereigenschaft von Gehilfen (i.d.R. des Verteidigers) ebenfalls **uneinheitlich** beantwortet. Dazu folgende **Rechtsprechungsbeispiele**: | 3576

Berufshelfereigenschaft verneint | 3577

- für einen vom Verteidiger zur Überprüfung eines bereits vorliegenden Gutachtens beauftragten SV, weil diesem vom Beschuldigten nicht das Vertrauen entgegengebracht werde, das er seinem Verteidiger einräume (LG Essen StraFo 1996, 92),
- für eine Treuhandtätigkeit, allein deshalb, weil sie von einem Rechtsanwalt oder Notar ausgeübt wird (OLG Frankfurt am Main NJW 2002, 1135 [für RA- oder **Notaranderkonto**]).

Berufshelfereigenschaft bejaht | 3578

- allerdings nur in einem „obiter dictum" – für einen **Unternehmensberater** als möglichen „Gehilfen" des Verteidigers (OLG Köln StV 1991, 506),

- für einen **Detektiv**, wenn eine besonders enge Beziehung zur Berufstätigkeit des Rechtsanwalts besteht (LG Frankfurt am Main NJW 1959, 589),
- für eine **Krankenschwester**, soweit es sich um Informationen handelt, die in einem **funktionalen (inneren) Zusammenhang** mit der ärztlichen/pflegerischen Tätigkeit oder dem Vertrauensverhältnis zwischen Arzt und Patient stehen (OLG Hamm NStZ 2010, 164; s. i.Ü. Meyer-Goßner/Schmitt, § 53a Rn 5),
- **Schweigepflicht** eines zur HV hinzugezogenen **Dolmetschers** hinsichtlich der Gespräche zwischen Verteidiger und Angeklagten (LG Verden StV 1996, 371 [Ls.]),
- für **Bankmitarbeiter** (LG Darmstadt wistra 1990, 12; AG Frankfurt am Main wistra 1998, 237; Meyer-Goßner/Schmitt, § 97 Rn 12; a.A. u.a. LG Chemnitz wistra 2001, 399; LG Würzburg wistra 1990, 118),
- für **Umweltberater** eines Unternehmens (LG Hannover StraFo 2001, 167).

3579 bb) Der **Umfang** des ZVR ist in den Fällen der §§ 53, 53a auf die bei der Berufsausübung anvertrauten oder bekannt gewordenen Tatsachen beschränkt (vgl. dazu *Meyer-Goßner/Schmitt*, § 53 Rn 7 ff. m.w.N.; *Widmaier*, S. 563; zu den Grenzen des Schweigerechts des Verteidigungsgehilfen s. *Krause* StraFo 1998, 6 f.); allerdings nicht auf das, was sie nur bei Gelegenheit der Ausübung des Berufs erfahren haben (BGHSt 51, 140 [für Laientheologen]; NStZ-RR 2010, 178; OLG Hamm NStZ 2010, 164 [für Krankenschwester]). Bei Laientheologen wird zudem nicht erfasst, was sie nicht bei Ausübung der seelsorgerischen Tätigkeit erfahren haben (BGHSt 51, 140; NStZ-RR 2010, 178). Die Erlangung des Wissens muss in die Berufsausübung fallen oder wenigstens mit ihr zusammenhängen (OLG Schleswig SchlHA 1982, 111 [für Steuerberater]; OLG Hamm, a.a.O.), und zwar unmittelbar (*Meyer-Goßner/Schmitt*, a.a.O.). Das wird auch angenommen, wenn die Kenntnis aus einem anderen Verfahren (BGHSt 38, 369) oder aus Akten oder Karteien eines Praxisvorgängers stammt (BVerfG NJW 1972, 1123). Das ZVR eines **Arztes** bezieht sich auch auf Tatsachen, die ihm als SV in einem anderen Verfahren bekannt geworden waren (BGHSt 38, 369; s. dazu eingehend *Cramer* NStZ 1996, 209). Bei einem Rechtsanwalt, der mit **unternehmensinternen Ermittlungen** beauftragt ist, erstreckt sich das ZVR i.d.R. auch auf beschuldigte Mitarbeiter, allerdings ist hier immer die Frage → *Entbindung von der Schweigepflicht*, Rdn 1487, zu berücksichtigen/prüfen (vgl. *Meyer-Goßner/Schmitt*, § 53 Rn 16 m.w.N.; s. auch *Bauer* StraFo 2012, 488; *de Lind van Wijngaarden/Egler* NJW 2013, 3549; *I. Roxin* StV 2012, 116, 120). Bei **Rechtsanwaltsfachangestellten** unterliegen auch Fragen zum Vorliegen eines Mandatsverhältnisses dem ZVR (LG Dresden NJW 2007, 2789).

3580 cc) Das ZVR **endet** nicht mit der Erledigung des Auftrags (LG Düsseldorf NJW 1958, 1152) oder mit der Aufgabe des Berufs (*Meyer-Goßner/Schmitt*, § 53 Rn 10). Es kann aber durch **Verzicht** oder Verwirkung enden (s. dazu OLG Dresden NStZ-RR 1997, 238 m.w.N. [das ZVR eines Redakteurs endet nicht dadurch, dass er zunächst irrig davon ausgegangen ist, dass ein Vertrauensverhältnis nicht bestehen würde]).

dd) Hinweise für den Verteidiger!

Hinsichtlich der **Vernehmung** von Zeugen, die Träger eines **Berufsgeheimnisses** oder deren Berufshelfer sind, muss der Verteidiger auf Folgendes **besonders** achten:

- Es besteht insoweit **keine Belehrungspflicht** des Gerichts (BGH NJW 1991, 2844, 2846). I.d.R. wird in der **HV** aber **erörtert**, ob der Zeuge aussagen will. Der Verteidiger muss dann darauf achten, dass der Zeuge bei der von ihm allein zu treffenden Entscheidung nicht vom Gericht beeinflusst wird. Ggf. muss er entsprechenden Äußerungen **widersprechen** (*Dahs*, Rn 566).

- Das gilt besonders dann, wenn der Zeuge sich für berechtigt hält auszusagen, er dadurch aber gegen § 203 StGB verstößt. Ob die unter Bruch der Schweigepflicht gemachten Aussagen verwertbar sind, ist umstritten. Nach der Rspr. des **BGH** besteht **kein Verwertungsverbot** (vgl. BGHSt 15, 200; 18, 146 f.; s.a. *Meyer-Goßner/Schmitt*, § 53 Rn 6 m.w.N.). Dabei wird jedoch **übersehen**, dass es nicht nur darum geht, dass sich das Gericht lediglich die Folgen einer vom Zeugen begangenen Straftat zunutze macht. Vielmehr ist die ggf. rechtswidrige Geheimnisoffenbarung Mittel der Tataufklärung, was im Hinblick auf Art. 1 und 2 GG nicht hinnehmbar ist (s. dazu a. *Haffke* GA 1973, 65; *Roxin*, Strafverfahrensrecht, 25. Aufl. 1998, § 26 Rn 22; *Welp* JR 1997, 35, 38 in der Anm. zu BGHSt 42, 73; s.a. BVerfG NStZ 2000, 489, wonach der gezielte Einsatz eines V-Mannes gegenüber einem Zeugnisverweigerungsberechtigten wegen Fehlens der gesetzlichen Grundlage gegen das Gebot des „*fairen Verfahrens*" verstößt).

- Sorgfältig prüfen muss der Verteidiger auch die Frage der → *Entbindung von der Schweigepflicht*, Rdn 1393 (§ 53 Abs. 2; wegen der Einzelh. s. dort; zur Verwertbarkeit ärztlicher Gutachten aus anderen Verfahren s. *Cramer* NStZ 1996, 209; → *Protokollverlesung nach Zeugnisverweigerung*, Rdn 2140; s.a. u. Rdn 3582).

- Schwierigkeiten können auch entstehen, wenn der Angeklagte eine vor der HV erklärte **Entbindung** von der Schweigepflicht **widerrufen** will. Der Verteidiger muss insoweit berücksichtigen, dass durch den Widerruf der Eindruck entstehen kann, der Angeklagte habe etwas zu verbergen. Deshalb ist ein Widerruf i.d.R. **nicht zu empfehlen**, zumal in diesen Fällen die bis dahin gemachte (richterliche) Aussage des Zeugen verwertbar ist und ein Protokoll verlesen werden kann (→ *Protokollverlesung nach Zeugnisverweigerung*, Rdn 2126). Zudem ist zu beachten, dass ein späterer **Widerruf** einer Schweigepflichtentbindung nicht die Verwertung der währen der Dauer der Entbindung vom Zeugen gemachten Angaben sperrt. Diese können verwertet werden (→ *Entbindung von der Schweigepflicht*, Rdn 2534, vgl. zuletzt BGH NStZ 2012, 281 m. Anm. *Deutscher* StRR 2012, 146 [für Angaben eines Arztes bei einer polizeilichen Vernehmung]).

3. Folge der Zeugnisverweigerung ist, dass die **Vernehmung** des Zeugen **unzulässig** i.S.d. §§ 244 Abs. 3 S. 1, 245 Abs. 2 S. 2 wird und das allgemeine **Verwertungsverbot** des § 252 besteht (→ *Protokollverlesung nach Zeugnisverweigerung*, Rdn 2126; zur Zulässigkeit der

Verwertung des Verhaltens des Zeugen und seines äußeren Erscheinungsbildes s. OLG München StRR 2009, 388). Im Fall der §§ 53, 53a gilt das ggf. aus § 252 folgende Verwertungsverbot aber nur, wenn schon bei der früheren Vernehmung, die nun verwertet werden soll, ein ZVR bestanden hat, nicht jedoch, wenn der Zeuge damals von der Schweigepflicht entbunden war (BGH StV 1997, 233 [Ls.]; 2012, 195).

> Nach der Rspr. des BGH kann der Zeuge auf die **Geltendmachung** des Verwertungsverbots **verzichten** und die Verwertung früherer Angaben gestatten (BGHSt 45, 203; eingehend *B. Schmitt* NStZ 2013, 213). Der BGH wendet die bei Rdn 3567 dargestellten Grundsätze auch auf die Abgabe einer Erklärung über den Verzicht auf das sonst mit der Aussageverweigerung verbundene Verwertungsverbot gem. § 252 an. Das bedeutet, dass sie nicht notwendig in der HV abgegeben werden muss. Entscheidend ist vielmehr, dass sie eindeutig ist und sich der Zeuge zur Überzeugung des Gerichts darüber klar ist, dass ohne seine Zustimmung die in Rede stehende nichtrichterliche Vernehmung nicht verwertet werden könnte. Bleibt dagegen zweifelhaft, dass der Zeuge all dies erfasst hat, muss das Gericht sein Erscheinen in der HV anordnen (BGH NStZ 2007, 712).

> Will der Zeuge trotz Zeugnisverweigerung die **Verwertung** seiner bei einer nichtrichterlichen Vernehmung gemachten Angaben **gestatten** (BGHSt 45, 203), ist er über die Folgen seines Verzichts auf das sonst bestehende Verwertungsverbot **ausdrücklich zu belehren** (BGHSt 57, 254; NStZ 2007, 352). Diese „qualifizierte" Belehrung ist eine wesentliche Förmlichkeit und deshalb nach den allgemeinen Grundsätzen in dem → *Protokoll der Hauptverhandlung, Allgemeines*, Rdn 2092 zu protokollieren (BGHSt 57, 254). Ist auf das Verwertungsverbot aus § 252 wirksam verzichtet worden, ist die frühere Aussage des zeugnisverweigerungsberechtigten Zeugen nach allgemeinen Regeln verwertbar; es kann auch nach § 251 Abs. 2 Nr. 3 verlesen werden (→ *Verlesung von Protokollen früherer Vernehmungen/sonstiger Erklärungen*, Rdn 3014).
> Einer unzulässigen **Beeinflussung** des Zeugen durch Gericht und andere Verfahrensbeteiligte (SV; s. die Fallgestaltung bei BGH, a.a.O.) muss der Verteidiger, wenn es um belastende Angaben des Zeugen geht, **entgegentreten** (→ *Zeugenbelehrung*, Rdn 3527).

3583 § 252 verbietet **nicht** die **Vernehmung** eines (Vernehmungs-)**Richters**, der den Zeugen ordnungsgemäß belehrt hat. Auch nicht ausgeschlossen sein soll die Vernehmung eines **V-Mannes**, den die Polizei zur Aufklärung eines Mordes im Umfeld des Angeklagten eingesetzt hat, über Äußerungen von Angehörigen des Angeklagten, wenn diese in der HV von ihrem ZVR Gebrauch machen, es sei denn, durch den Einsatz des V-Mannes sollte eine Vernehmung vermieden und dadurch eine mögliche Zeugnisverweigerung umgangen oder eine bereits erklärte Verweigerung unterlaufen werden (BGHSt 40, 211; s.a. BVerfG NStZ 2000, 489; s.a. → *Vernehmung einer Verhörsperson*, Rdn 3115; zum richtigen Zeitpunkt der Vernehmung nichtrichterlicher Vernehmungspersonen über den „Inhalt" früherer Angaben s. BGH StV 2000, 236). Ebenfalls nicht ausgeschlossen ist eine **Augenscheineinnahme** des Zeugen (BGH StraFo 2004, 314; OLG München StRR 2009, 388; *Meyer-Goßner/Schmitt*, § 52 Rn 23 m.w.N. auch zur a.A.), für eine **Gegenüberstellung** muss sich der Zeuge jedoch nicht zur Verfügung stellen (→ *Gegenüberstellung von Zeugen*, Rdn 1590). Die Geltendmachung des ZVR verbunden mit der Gestattung der Verwertung der bei einer früheren Vernehmung gemachten Aussagen schränkt aber nicht den → **Unmittelbarkeitsgrundsatz**, Rdn 2693, ein und erlaubt daher grds. nicht die unmittelbare Verwertung einer Aufzeichnung über die frühere Vernehmung (BGHSt 52, 148).

4. Gegen einen Zeugen, der unberechtigt das Zeugnis verweigert, kann gem. § 70 mit **Ordnungsmitteln** vorgegangen werden. In Betracht kommen Beugehaft und Ordnungsgeld. Das bedeutet: Der (allgemeine) Verhältnismäßigkeitsgrundsatz ist zu beachten (s. für § 55 – BGH StraFo 2012, 58 m. Anm. *Fricke* StRR 2012, 145 [keine Beugehaft bei Krankheit des Zeugen]; KG NStZ 2011, 652; → *Auskunftsverweigerungsrecht*, Rdn 392). Danach muss insbesondere die Beugehaft nach den Umständen des Falls unerlässlich sein und darf zur Bedeutung der Strafsache und der Aussage für den Ausgang des Verfahrens nicht außer Verhältnis stehen (vgl. auch BVerfG NJW 2007, 1865, 1868; BGH NStZ 2010, 44. Die Verhängung scheidet aus, wenn es auf die Beantwortung einer Frage/das Zeugnis des Zeugen für das Verfahren nicht mehr ankommt (BGH, a.a.O.).

3584

Die **Verhängung** von Beugehaft kann – auch wiederholt – bis zu der in § 70 Abs. 2 vorgesehenen Höchstgrenze (6 Monate) in Betracht kommen (h.M.; vgl. KK-*Senge*, § 70 Rn 13 m.w.N.). Ordnungsgeld kann nach allgemeiner Meinung jedoch, wenn sich die mehrfache Aussageverweigerung jeweils auf dieselbe Tat i.S.d. § 264 bezieht, nur einmal verhängt werden. Das gilt auch, wenn die Höchstgrenze von 1.000,00 € noch nicht erreicht ist und eine erste Anordnung von der StA stammt (OLG Köln NJW 2007, 3512 [Ls.]; zu den Anforderungen an die Entscheidung, mit der Zwangsmittel gegen den Zeugen festgesetzt werden, s. BVerfG NJW 2000, 3775).

3585

> Meist wird sich der Verteidiger, wenn es zu einem sog. **Zwischenstreit** über die **(unberechtigte) Zeugnisverweigerung** eines Zeugen kommt und das Gericht über eine Maßnahme nach **§ 70** entscheiden muss, äußern müssen. Er wird, wenn der verweigernde Zeuge Entlastendes bekunden soll, eine Ordnungsmaßnahme gegen ihn anregen, bei zu erwartenden Belastungen wird der Verteidiger hingegen nicht auf eine „zwangsweise" Vernehmung drängen (*Dahs*, Rn 568).
> **Verweigert** der Zeuge **grundlos** die **Aussage**, die für die Überzeugungsbildung des Gerichts erhebliche Bedeutung hat, kann es die Aufklärungspflicht (§ 244 Abs. 2) gebieten, Anstrengungen nach § 70 zu unternehmen, den Zeugen zu einer Auskunft zu bewegen (BGH NStZ 1984, 73; StraFo 2012, 142).

Z	**Zulassung von Mitarbeitern des Verteidigers zur Hauptverhandlung**

Siehe auch: → *Auskunftsverweigerung*, Rdn 377; → *Aussagegenehmigung*, Rdn 409; → *Beweisverwertungsverbote*, Rdn 1018; → *V-Mann in der Hauptverhandlung*, Rdn 3336; → *Zeugenvernehmung, Allgemeines*, Rdn 3537 m.w.N.

3586 Zulassung von Mitarbeitern des Verteidigers zur Hauptverhandlung

3587 1. Gelegentlich ist der Verteidiger auf die Teilnahme von (anwaltlichen) Mitarbeitern in der HV angewiesen, etwa weil diese für ihn vor der HV **eigene Ermittlungen** durchgeführt haben (zu eigenen Ermittlungen des Verteidigers *Burhoff*, EV, Rn 1573 ff. m.w.N. sowie → *Vorbereitung der Hauptverhandlung*, Rdn 3374 m.w.N.). In den Fällen kann er es in der HV meist unproblematisch erreichen, dass diese **Mitarbeiter neben** ihm **sitzen**. Bei dem entsprechenden **Antrag** handelt es sich um einen Antrag zur → *Sitzordnung in der Hauptverhandlung*, Rdn 2519 (s. das Muster u. Rdn 3588). Gem. § 175 Abs. 2 GVG kann den Mitarbeitern vom Gericht der Zutritt zu nichtöffentlichen Verhandlungen gestattet werden.

> Über den Antrag entscheidet, da es sich um eine Maßnahme der → *Verhandlungsleitung*, Rdn 2889, handelt, der **Vorsitzende**. **Lehnt** er den Antrag **ab**, muss der Verteidiger, wenn er in der Revision die Behinderung der Verteidigung nach § 338 Nr. 8 rügen will, gem. **§ 238 Abs. 2** einen Beschluss des Gerichts beantragen (→ *Sitzordnung in der Hauptverhandlung*, Rdn 2525). Das gilt insbesondere, wenn der Mitarbeiter des Verteidigers den Gerichtssaal verlassen soll, weil die **Öffentlichkeit ausgeschlossen** wird (BGHSt 18, 179 ff.; Beck-*Ignor/Sättele*, S. 404 m.w.N.).

3588 **2. Muster: Antrag zur Sitzordnung in der Hauptverhandlung**

▼

An das

Amtsgericht/Landgericht Musterstadt

In der Strafsache

gegen H. Mustermann

Az.:

wird beantragt,

der bei mir angestellten Anwaltsgehilfin Frau X zu gestatten, während der Hauptverhandlung neben mir auf der Verteidigerbank Platz zu nehmen. Frau X soll während der Hauptverhandlung von deren Verlauf Aufzeichnungen fertigen und mich unterstützen. Sie wird insbesondere damit beschäftigt sein, aus dem umfangreichen Aktenmaterial die den Zeugen jeweils vorzuhaltenden Urkunden herauszusuchen.

Es wird außerdem beantragt, Frau X gem. § 175 Abs. 2 GVG den Zutritt zu nichtöffentlichen Verhandlungsteilen zu gestatten.

Rechtsanwalt

Siehe auch: → *Verhandlungsleitung*, Rdn 2889.

Zurückweisung einzelner Fragen des Verteidigers 3589

Das Wichtigste in Kürze:
1. Vom Gericht zurückgewiesen werden dürfen nur unzulässige Fragen des Verteidigers oder eines anderen Verfahrensbeteiligten.
2. Nicht zur Sache gehörige Fragen sind solche, die noch nicht einmal mittelbar in Beziehung zum Gegenstand der Untersuchung oder zu den Rechtsfolgen stehen oder die erkennbar verfahrensfremden Zwecken dienen sollen.
3. Ungeeignet sind Fragen, die in tatsächlicher Hinsicht nichts zur Wahrheitsfindung beitragen können oder aus rechtlichen Gründen nicht gestellt werden dürfen.
4. Stellt der Verteidiger eine unzulässige Frage, kommt grds. zunächst nur eine Zurückweisung dieser einzelnen Frage in Betracht. Die Zurückweisung erfolgt durch prozessleitende Verfügung des Vorsitzenden. Auf Beanstandung (des Verteidigers) entscheidet das Gericht durch Beschluss.

Literaturhinweise: **Dölp**, Dürfen Fragen von Berufsrichtern anläßlich der Beweisaufnahme beanstandet werden?, NStZ 1993, 419; **Frister**, Beschleunigung der Hauptverhandlung durch Einschränkung von Verteidigungsrechten, StV 1994, 445; **Gerst**, Wiederholungsfragen in der Hauptverhandlung – Alltägliches Prozessgeschehen im Brennglas von Rechtsprechung, Literatur und Praxis, StRR 2011, 168; *ders.*, Fang- und Suggestivfragen in der Hauptverhandlung – Alltägliches Prozessgeschehen im Brennglas von Rechtsprechung, Literatur und Praxis, StRR 2011, 408; **Helmken**, Zur Zulässigkeit von Fragen nach der sexuellen Vergangenheit von Vergewaltigungsopfern, StV 1983, 81; **Schünemann**, Hände weg von der kontradiktorischen Struktur der Hauptverhandlung, StV 1993, 607; **Sommer**, Fragen an den Zeugen – Vorhalte an das Recht Rechtliche Baustellen auf dem Weg zur Konturierung eines Fragerechts, StraFo 2010, 102; **Traut/Burkhard**, Verbot von Wiederholungsfragen contra Wahrheitsfindung, StraFo 2003, 38; s.a. die Hinw. bei → *Entziehung des Fragerechts als Ganzes*, Rdn 1444; → *Fragerecht, Allgemeines*, Rdn 1532 und → *Fragerecht des Verteidigers, Allgemeines*, Rdn 1551. 3590

Z | Zurückweisung einzelner Fragen des Verteidigers

3591 1. Vom Gericht zurückgewiesen werden dürfen **nur unzulässige** Fragen des Verteidigers. Das sind gem. § 241 Abs. 2 nur ungeeignete (vgl. Rdn 3595 ff.) und nicht zur Sache gehörige Fragen (vgl. Rdn 3592 ff.). Allgemein ist darauf hinzuweisen, dass sich diese beiden Bereiche nicht klar voneinander trennen lassen und es daher kaum möglich ist, den Begriff der „nicht zur Sache gehörigen Frage" scharf zu begrenzen (zu allem *Gerst* StRR 2011, 168; *ders.*, StRR 2011, 408; *Sommer* StraFo 2010, 102; *ders.*, Rn 787 ff.; *Rostek* StraFo 2011, 386; Beck-*Tondorf/Tondorf*, S. 436 ff.).

☞ Das gilt für **Fragen anderer Verfahrensbeteiligter**, die vom Verteidiger beanstandet werden, **entsprechend**, sodass dafür die nachstehenden Ausführungen ebenfalls herangezogen werden können.

Die gelten allerdings **nicht** für den **Berufsrichter**, da in § 241 Abs. 2 die Vorschrift des § 240 Abs. 1 nicht genannt wird. Der Vorsitzende kann aber einen Gerichtsbeschluss herbeiführen (*Frister* StV 1994, 451; *Schünemann* StV 1993, 607; a.A. *Dölp* StV NStZ 1993, 419). Ein solcher ist auch zu erlassen, wenn eine Frage des Vorsitzenden beanstandet wird (*Frister*; *Schünemann*; *Dölp*, jew. a.a.O.).

3592 2. **Nicht zur Sache** gehörige Fragen sind solche, die noch nicht einmal mittelbar in Beziehung zum Gegenstand der Untersuchung oder zu den Rechtsfolgen stehen oder die erkennbar verfahrensfremden Zwecken dienen sollen (BGH NStZ 1984, 133; 1985, 183; vgl. dazu a. *Beulke/Ruhmannseder* StV 2008, 286 in der Anm. zu BGH NStZ 2008, 115; *Ott* JA 2008, 529, 531; *Sommer* StraFo 2010, 102, 104).

Dazu folgende **Rechtsprechungsbeispiele**:

3593 **unzulässige Fragen**

- Fragen, die nur darauf abzielen, **Aufsehen** zu erregen,
- Fragen, die einen Erfolg **außerhalb** des **Strafverfahrens** herbeiführen sollen (RGSt 66, 14; BGHSt 2, 284, 287; 13, 252),
- Fragen, die einen anderen **bloßstellen** (§ 68a Abs. 1!; *Sommer* StraFo 2010, 102, 104; s. aber u. Rdn 3594),
- Fragen zum **Privat-** und **Intimleben** eines Zeugen, wenn nicht ersichtlich ist, inwiefern sich die Aufklärung der entsprechenden Umstände auf die Entscheidung auswirken kann (zur Berücksichtigung des Opferschutzes s.a. BGH NJW 2005, 2791; NStZ-RR 2009, 247 [für Vergewaltigung]),

☞ Dazu gehört aber ggf. nicht die Frage nach dem Aufenthalt eines (Belastungs-)Zeugen in Gefängnissen und nach etwaigen Vorstrafen, wenn dies zur Überprüfung der **Glaubwürdigkeit** erforderlich ist (BGH NStZ 2001, 418; s.a. Rdn 3594).

Zurückweisung einzelner Fragen des Verteidigers   Z

- Fragen, mit denen für irgendeine Einrichtung **geworben** werden soll,
- Fragen, die einem andere **Unannehmlichkeiten** bereiten sollen.

zulässige Fragen   3594

- Fragen, mit denen sich der Verteidiger ernsthaft um **Aufklärung bemüht** (*Dahs*, Rn 532),
- Fragen, die die **Erinnerungsfähigkeit** betreffen (OLG Celle StV 1985, 7),
- Fragen, mit denen nach einer (nur) nach **Ansicht** des **Gerichts unerheblichen** Tatsache gefragt wird (vgl. u.a. BGH NStZ 1985, 183; NJW 1987, 1033; LR-*Becker*, § 241 Rn 7 m.w.N.),
- Fragen, die nur **bedeutungslos** i.S.d. § 244 Abs. 3 S. 2 sind (BGHSt 52, 78),
- Fragen, bei denen es um die **Glaubwürdigkeit** eines Zeugen geht (BGHSt 13, 252, 255; BGH NStZ 1990, 400 [Frage nach intimen Beziehungen beim Vorwurf der Vergewaltigung]; 2001, 418), auch wenn die Fragen dem Zeugen peinlich sind (BGH StV 2010, 58); allerdings sollte der Verteidiger bei diesen Fragen alles vermeiden, was zu einer (unnötigen) Bloßstellung eines Zeugen führen könnte, denn solche Fragen sind nach § 68a unzulässig und können deshalb zurückgewiesen werden (st. Rspr.; vgl. u.a. BGHSt 21, 334, 360; *Meyer-Goßner/Schmitt*, § 68a Rn 4, 8; eingehend *Helmken* StV 1983, 81; zum Opferschutz s.a. o. Rdn 3592),
- von vornherein Fragen, durch deren Beantwortung ein in ein **Zeugenschutzprogramm** aufgenommener Zeuge ihm bekannt gewordene Erkenntnisse über Zeugenschutzmaßnahmen offenbaren müsste (BGHSt 50, 318).

3.a) Ungeeignet sind Fragen, die in tatsächlicher Hinsicht **nichts** zur **Wahrheitsfindung** 3595 beitragen können oder aus rechtlichen Gründen nicht gestellt werden dürfen (*Meyer-Goßner/Schmitt*, § 241 Rn 15 m.w.N.; LR-*Becker*, § 241 Rn 7; zur rechtlichen Ungeeignetheit a. *Sommer* StraFo 2010, 102, 106). Dazu folgende:

Beispielsfälle: 3596

- Fragen an Zeugen und SV über die **rechtliche Beurteilung** des Falls,
- Fragen zu Mitteilungen des Angeklagten an seinen amtierenden Verteidiger zur Entscheidung über Art und Inhalt der **Verteidigungsstrategie** (BGH NStZ 2008, 115),
- Fragen an einen **SV**, die über den **Gutachtenauftrag hinausgehen** (BGH NStZ 1984, 16 [Pf/M]; vgl. aber BGH StV 1984, 60),
- Fragen, die reine **Werturteile** betreffen,
- ggf. die Frage an einen **Wiedererkennungszeugen**, ob er den Angeklagten wiedererkenne (→ *Gegenüberstellung von Zeugen*, Rdn 1584).

> ✒ Will der Angeklagte das „Gewicht seiner Einlassung" durch Fragen zu Mitteilungen an seinen amtierenden Verteidiger zur Entscheidung über Art und In-

halt der Verteidigungsstrategie stärken, hat er nach der Rspr. des BGH (NStZ 2008, 115) nur die Möglichkeit in der HV eine **eigene Einlassung** abzugeben, **flankiert** durch eine **Erklärung** seines **Verteidigers** (krit. insoweit *Beulke/ Ruhmannseder* StV 2008, 287 in der Anm. zu BGH, a.a.O.).

3597 b) Ungeeignet können auch **Wiederholungsfragen** sein (zu Wiederholungsfragen eingehend *Gerst* StRR 2012, 168 ff.; *Traut/Burkhard* StraFo 2004, 38; *Sommer* StraFo 2010, 102, 105; *ders.*, Rn 788 f.). Will der Verteidiger, ohne dass dies durch eine dazwischen liegende Bekundung eines anderen Zeugen oder SV oder die Erhebung eines anderen Beweises erforderlich ist, die Wiederholung einer Antwort erreichen, die der Befragte schon **klar**, **erschöpfend** und **widerspruchsfrei** gegeben hat, ist seine Frage **unzulässig** (LR-*Becker*, § 241 Rn 13; a.A. *Traut/Burkhard*, a.a.O.). Das gilt auch nach → *Vorführung von Bild-Ton-Aufzeichnungen*, Rdn 3404, für eine ergänzende Vernehmung gem. § 255a Abs. 2. Auch hier sind nur (ergänzende) Fragen, die der Zeuge nicht bereits bei der vorgeführten Aufzeichnung der Vernehmung beantwortet hat, erlaubt. Etwas **anderes** gilt, wenn der Verteidiger mit einer Frage klären will, ob sich eine Aussage allgemeinen Inhalts auch auf ein bestimmtes Einzelvorkommnis bezieht (BGHSt 2, 284, 289) oder wenn durch das **Erfragen** zusätzlicher **Einzelheiten** die Glaubwürdigkeit der Aussage geprüft werden soll (BGH NStZ 1981, 71) sowie dann, wenn sich die **Prozessrolle** des Befragten – jetzt Zeuge statt Mitangeklagter – **geändert** hat (BGH StV 1991, 99 [Ls.]). Dann sind auch **Anknüpfungsfragen**, die häufig zu einer Wiederholung führen, zulässig (zur „beanstandungssicheren" Wiederholungsfrage *Gerst* StRR 2010, 168, 170).

Der Verteidiger muss, wenn es in diesen Fällen zu einer Beanstandung durch den Vorsitzenden kommt, den **Zweck** der Wiederholung – möglichst in **Abwesenheit** des Zeugen – **erläutern** und somit dann ggf. das Fragerecht durchsetzen. Der Verteidiger kann auf die Beanstandung auch erwidern, die bloße Wiederholung sei zulässig und könne sogar besonders geeignet sein, einen Zeugen zu testen (BGH NStZ 1981, 71).

3598 c) Auch **Suggestivfragen** sind ungeeignete Fragen. Bei Suggestivfragen handelt es sich um Fragen, die darauf abzielen, dem Befragten eine bestimmte Antwort in den Mund zu legen, oder ihn zu einer mehrdeutigen Antwort zu verleiten, um ihn festzulegen oder einen Einwand gegen seine Aussage zu gewinnen (LR-*Becker*, § 241 Rn 14; dazu eingehend *Ott* JA 2008, 529, 530, der Voraussetzungs-, Erwartungs- und Auswahlfragen unterscheidet; *Gerst* StRR 2011, 408; *Sommer* StraFo 2010, 102, 105). Dasselbe gilt für Fragen, die den Zeugen **verwirren** sollen. Hingegen sind Fragen, mit denen der Verteidiger die Zuverlässigkeit und Glaubwürdigkeit eines Zeugen testen will, nicht ausgeschlossen (s. wohl a. *Ott*, a.a.O. [für Suggestivfragen]).

d) Aus **rechtlichen Gründen** zu beanstandende Fragen sind ebenfalls unzulässig (zur rechtlichen Ungeeignetheit a. *Sommer* StraFo 2010, 102, 106). Dazu folgende 3599

Rechtsprechungsbeispiele: 3600

- Fragen an einen **Beamten**, die eine dienstliche Angelegenheit berühren, für die **keine** → *Aussagegenehmigung*, Rdn 409, nach § 54 vorliegt (vgl. dazu LR-*Becker*, § 241 Rn 17 m.w.N.),
- Fragen an einen Richter, die das **Beratungsgeheimnis** betreffen,
- Fragen, die **entehrend** sind und den privaten Lebensbereich betreffen (BGH NStZ 1982, 170), wie z.B. Fragen zur Intimsphäre eines Zeugen, die mit dem Vorwurf (der Vergewaltigung) keinen Zusammenhang haben und nur dazu dienen sollen, den Zeugen bloßzustellen (s.a. *Meyer-Goßner/Schmitt*, § 241, Rn 15, § 68a Rn 4 f. m.w.N.; vgl. dazu a. BGH NJW 2005, 1519, wonach das Gericht auf die Achtung der menschlichen Würde eines Zeugen Bedacht zu nehmen hat und Beweiserhebungen zu dessen Privat- und Intimleben nur nach sorgfältiger Prüfung ihrer Unerlässlichkeit statthaft sind; ähnl. BGH NStZ-RR 2009, 247), aber nicht Fragen, die einem Zeugen nur peinlich sind (BGH StV 2010, 58),
- **Fangfragen**, die unter das sich aus den §§ **69 Abs. 3, 136a** ergebende Verbot der Täuschung fallen (vgl. zu Fangfragen *Gerst* StRR 2011, 408),
- Fragen, die sich auf Vorgänge beziehen, über die aus **Rechtsgründen kein Beweis** erhoben werden darf (so BGHSt 2, 99 [für Aussage eines zur Verweigerung des Zeugnisses berechtigten Zeugen, die er bei einer polizeilichen Vernehmung gemacht hat, wenn er in der HV nach Belehrung über seine Rechte das Zeugnis verweigert]),
- Fragen nach dem **Wohnort** eines Zeugen, wenn dieser nach der „Kann-Vorschrift" des § **68 Abs. 2, 3 geheim** gehalten werden darf (*Meyer-Goßner/Schmitt*, § 241 Rn 15 m.w.N.; zu Fragen an Zeugen im Zeugenschutzprogramm BGHSt 50, 318),
- **nicht unbedingt** Fragen nach einem **Geschäfts-, Betriebs-** oder **Erfindungsgeheimnis** (OLG Koblenz wistra 1983, 42), da die Sachaufklärung immer Vorrang hat; jedoch kommt bei Erörterung solcher Umstände der → *Ausschluss der Öffentlichkeit*, Rdn 419, nach § 172 Nr. 2, 3 GVG in Betracht.

4.a) Stellt der Verteidiger eine unzulässige Frage, kommt grds. zunächst nur eine **Zurückweisung** dieser einzelnen Frage in Betracht (vgl. LR-*Becker*, § 241 Rn 8, der für Zurückhaltung bei der Zurückweisung von Fragen plädiert). Nur bei **erheblichem Missbrauch** ist das Gericht ggf. berechtigt, hinsichtlich dieses Zeugen dem Verteidiger sein Fragerecht als Ganzes zu entziehen (→ *Entziehung des Fragerechts als Ganzes*, Rdn 1444; zum Begriff des Missbrauchs in § 241 Abs. 1 s.u.a. *Kröpil* JR 1997, 315). Fragen zu einem sachfremden Beweisthema können aber insgesamt zurückgewiesen werden (BGHSt 48, 372); die erstmalige Zurückweisung und der erstmalige Gerichtsbeschluss umfassen auch die Zurückweisung weiterer Fragen (BGH, a.a.O.). 3601

Z Zurückweisung einzelner Fragen des Verteidigers

3602 b) Zurückgewiesen wird die Frage durch die prozessleitende Verfügung des Vorsitzenden (§ 241 Abs. 2). Der Vorsitzende kann, bevor er eine Frage zurückweist, auf die **Bedenken** gegen die Zulässigkeit der Frage **hinweisen** und dem Verteidiger somit die Möglichkeit geben, die Frage fallen zu lassen oder abzuändern. Das steht aber in seinem **Ermessen**. Werden Fragen eines Beisitzers oder des Vorsitzenden beanstandet, entscheidet nach § 242 unmittelbar das Gericht (*Meyer-Goßner/Schmitt*, § 242 Rn 1; s. i.Ü. Rdn 3606). Die Zurückweisung **wirkt** nur hinsichtlich der einzelnen beanstandeten Frage, sie entzieht dem Verteidiger nicht das Fragerecht als solches (s. aber BGHSt 48, 372 [für Fragen zu einem sachfremden Beweisthema]). Die zurückgewiesene Frage darf jedoch auch später nicht mehr gestellt werden. Sie braucht nicht beantwortet zu werden. Eine **vorschnell** gegebene **Antwort** darf das Gericht im Verfahren **nicht verwerten**. Eine falsche Antwort erfüllt nicht den Tatbestand der §§ 153 ff. StGB (BGH MDR 1953, 401 [D]).

3603 c) Gegen die Verfügung des Vorsitzenden, mit der er eine Frage zurückgewiesen oder das Fragerecht sonst beschränkt hat – es handelt sich um eine Maßnahme der → *Verhandlungsleitung*, Rdn 2889 –, muss der Verteidiger, wenn er sich die Revisionsrüge des § 338 Nr. 8 erhalten will, die **Entscheidung** des **Gerichts** nach § 238 Abs. 2 beantragen (BVerfG wistra 2003, 419 [für Nebenklägervertreter]; BGH NJW 2005, 377 [zum Fragerecht des Beistandes des nebenklageberechtigten Verletzten]; NStZ-RR 2014, 131 [Ci/Zi]). Vorab muss der Vorsitzende Gelegenheit zur Anrufung des Gerichts geben, indem er z.B. die Gründe für die Zurückweisung mitteilt.

> Dieser **Gerichtsbeschluss** ist für die revisionsrechtliche Geltendmachung der Zurückweisung der Frage als Verfahrensfehler **unerlässlich** (KK-*Schneider*, § 238 Rn 17 m.w.N.; LR-*Becker*, § 241 Rn 32; *Dahs/Dahs*, Die Revision im Strafprozess, 8. Aufl., Rn 323).

3604 Die Entscheidung des Gerichts ergeht durch **Beschluss**, der entsprechend den Grundsätzen für die Ablehnung von Beweisanträgen zu **begründen** ist (*Meyer-Goßner/Schmitt*, § 241 Rn 6 m.w.N.; BGH StV 2001, 261; 2010, 58). Einerseits muss der Verteidiger nämlich in die Lage versetzt werden, sein weiteres Prozessverhalten danach einzurichten, andererseits muss dem Revisionsgericht die Prüfung ermöglicht werden, ob der Gerichtsbeschluss dem Gesetz entspricht (BGH StV 2001, 261). Der Beschluss muss sich insbesondere damit auseinandersetzen, ob eine Frage als ungeeignet oder nicht zur Sache gehörig angesehen worden ist und worauf sich diese Bewertung stützt. Die Bezugnahme auf einen früheren Beschluss ist zulässig, wenn durch diesen Fragen zu einem sachfremden Beweisthema insgesamt zurückgewiesen worden (BGHSt 48, 372).

3605 Über die Zulassung einer Frage ist **vor** → *Schluss der Beweisaufnahme*, Rdn 2473, zu entscheiden, um dem Verteidiger die Möglichkeit zu geben, ggf. durch andere Fragen eine Klärung zu erreichen (OLG Frankfurt am Main NJW 1947/1948, 395).

Zurückweisung einzelner Fragen des Verteidigers | Z

d) Die Zurückweisung der Frage oder andere Beschränkungen des Fragerechts, die Beanstandung dieser Anordnung durch den Verteidiger gem. § 238 Abs. 2 und der darauf ergehende Gerichtsbeschluss sind Vorgänge in der HV, die unbedingt in das → *Protokoll der Hauptverhandlung*, Rdn 2092, aufgenommen werden müssen. | 3606

> Es ist für den Verteidiger unerlässlich, darauf zu achten, dass dies geschieht. Dazu muss er ggf. gem. § 273 Abs. 3 einen schriftlich begründeten **Antrag** stellen. Es beweist nämlich nur das Protokoll, ob eine Frage zurückgewiesen worden ist oder nicht.
>
> **Lehnt** der Vorsitzende die Protokollierung **ab**, so ist auch hierüber ein **Gerichtsbeschluss** zu erwirken. Anderenfalls geht das Beanstandungsrecht durch Verwirkung verloren (*Dahs*, Rn 527, 779 ff.).
>
> Eine **Beschwerde** des Verteidigers gegen eine Zurückweisung von Fragen oder sonstige Fragebeschränkungen in der HV ist gem. § 305 S. 1 **ausgeschlossen**.
>
> Die (unzulässige) Zurückweisung wird in der **Revision** mit der **Verfahrensrüge** geltend gemacht. M.E. sollte der Verteidiger hier zum „Beruhen" vortragen (vgl. BGH NStZ 2001, 418).

5. Muster

a) Antrag auf Zurückweisung einer ungeeigneten bzw. nicht zur Sache gehörenden Frage | 3607

▼

An das

Landgericht Musterstadt

In dem Strafverfahren

gegen H. Mustermann

Az.:

wegen des Verdachts des Raubes

beantrage ich,

die Frage des Sitzungsvertreters der Staatsanwaltschaft an den Zeugen Z, „ob er die Art und Weise des am 4.8.2015 durchgeführten Polizeieinsatzes, der dann zur Verhaftung des Angeklagten geführt hat, für zulässig halte", zurückzuweisen.

Z Zurückweisung einzelner Fragen des Verteidigers

Begründung:
1. Frage ist ungeeignet i.S.v. § 241 Abs. 2 Alt. 1 StPO. Sie ist nämlich nicht auf eine Tatsachenbekundung, sondern auf ein reines Werturteil des Zeugen gerichtet. Werturteile können jedoch nur dann Gegenstand des Zeugenbeweises sein, wenn es sich um eine geläufige Wertformel handelt (Meyer-Goßner/Schmitt, StPO, 58. Aufl., vor § 48 Rn 2). Das ist bei der vom Sitzungsvertreter der Staatsanwaltschaft gestellten Frage aber nicht der Fall.
2. Die Frage gehört außerdem nicht zur Sache i.S.v. § 241 Abs. 2 Alt. 2 StPO. Die Frage kann nämlich nicht zur Aufklärung des gegen den Angeklagten erhobenen Tatvorwurfs beitragen. Der Angeklagte soll einen Banküberfall zum Nachteil der B-Bank begangen haben. Die Frage nach der Zulässigkeit der Art und Weise des in Zusammenhang mit dem Banküberfall durchgeführten Polizeieinsatzes spielt für die Frage der Täterschaft des bestreitenden Angeklagten und für das sonstige Verfahren keine Rolle.

Rechtsanwalt

3608 b) Antrag auf Erlass eines Gerichtsbeschlusses gegen die Beanstandung einer Frage des Verteidigers als unzulässig durch den Vorsitzenden

An das

Landgericht Musterstadt

In dem Strafverfahren

gegen H. Mustermann

Az.:

wegen des Verdachts der Vergewaltigung

beanstande ich die Beanstandung des Vorsitzenden, wonach meine Frage an die Zeugin Z: „Haben Sie während Ihres Aufenthalts im Hotel H freiwillig intime Beziehungen zu anderen Männern als Ihrem Ehemann gehabt?" und „Haben Sie zu den Zeugen K und T ein intimes Verhältnis gehabt?" unzulässig sein soll, gemäß § 238 StPO.

Begründung:

Meine Fragen sind nicht unzulässig (vgl. dazu BGH StV 1990, 337). Dem Vorsitzenden steht zwar gemäß § 241 Abs. 2 StPO das Recht zu, Fragen zurückzuweisen, jedoch geht die Pflicht zur Erforschung der Wahrheit dem Interesse der Zeugin an der Erhaltung ihres Ansehens vor, wenn das Gericht seiner Pflicht, die Wahrheit zu ermitteln, nicht uneingeschränkt nachkommen kann, ohne Fragen an den Zeugen zu richten, deren Beantwortung ihm oder einem Angehörigen zur Unehre gereichen können (BGH, a.a.O.). Meine Frage war unerlässlich i.S.v. § 68a Abs. 1 StPO. Dem Angeklagten war daran gelegen, dem Gericht die Freiwilligkeit des von ihm behaupteten Geschlechtsverkehrs darzulegen. Zu diesem Zwecke entfaltet es eine Indizwirkung, wenn festgestellt werden kann, dass die Zeugin auch mit anderen Bediensteten oder Bewohnern des Hotels im fraglichen Zeitraum auf freiwilliger Basis den Geschlechtsverkehr ausgeführt hat.

Rechtsanwalt

c) Antrag auf Aufnahme der in Zusammenhang mit der Beanstandung und Zurückweisung einer Frage des Verteidigers stehenden Vorgänge in das Protokoll der Hauptverhandlung

An das

Landgericht Musterstadt

In dem Strafverfahren

gegen H. Mustermann

Az.:

wegen des Verdachts der Vergewaltigung

beantrage ich,

1. meine Fragen an die Zeugin Z: „Haben Sie während Ihres Aufenthalts im Hotel H freiwillig intime Beziehungen zu anderen Männern als Ihrem Ehemann gehabt?" und „Haben Sie zu den Zeugen K und T ein intimes Verhältnis gehabt?" wörtlich zu protokollieren,
2. die Beanstandungen des Vorsitzenden, wonach diese Fragen unzulässig sein sollen, in das Protokoll der Hauptverhandlung aufzunehmen,
3. meine Beanstandung der Beanstandung des Vorsitzenden (§ 238 StPO) in das Protokoll der Hauptverhandlung aufzunehmen,
4. den daraufhin ergangenen Gerichtsbeschluss, durch den meine Beanstandung zurückgewiesen worden ist, in das Protokoll der Hauptverhandlung aufzunehmen.

Rechtsanwalt

Siehe auch: → *Fragerecht, Allgemeines*, Rdn 1532 m.w.N.

Zuständigkeit des Gerichts

3611 Literaturhinweise: **Böttcher/Mayer**, Änderungen des Strafverfahrensrechts durch das Entlastungsgesetz, NStZ 1993, 153; **Brause**, Die Zuständigkeit der allgemeinen und besonderen Strafkammern nach dem Strafverfahrensänderungsgesetz, NJW 1979, 802; **Eisenberg**, Referentenentwurf des BMJ „Gesetz zur Stärkung der Rechte von Opfern sexuellen Missbrauchs (StORMG)" 2010, HRRS 2011, 65; **Fischer**, Nochmals: Die neue Strafrichterzuständigkeit des § 25 Nr. 2 GVG – Eine Erwiderung auf *Hohendorf*, NJW 1995, 1454, NJW 1996, 1044; **Fuhse**, Ist das Schöffengericht durch § 25 Nr. 2 GVG gehindert, Strafbefehl zu erlassen, Erledigungen im beschleunigten Verfahren vorzunehmen, kann es bei Straferwartung unter 2 Jahren Freiheitsstrafe angegangen werden? – zugleich Besprechung von OLG Oldenburg NStZ 1994, 449, NStZ 1995, 165; **Helm**, Grundzüge des Strafverfahrensrechts: Die sachliche Zuständigkeit, JA 2006, 389; *ders.*, Grundzüge des Strafverfahrensrechts: Die örtliche und funktionelle Zuständigkeit sowie der Instanzenzug, JA 2007, 272; **Herzog**, Über bewegliche Zuständigkeitsregelungen, instrumentelle Zuständigkeitswahl und das Prinzip des gesetzlichen Richters, StV 1993, 609; **Hohendorf**, Zuständigkeit des Schöffengerichts zum Erlaß eines Strafbefehls – Anmerkung zu LG Stuttgart wistra 1994, 40, wistra 1994, 294; *ders.*, Die neue Strafrichterzuständigkeit des § 25 Nr. 2 GVG, NJW 1995, 1454; **Kalf**, Die willkürliche Zuständigkeitsbestimmung des Schöffengerichts, NJW 1997, 1489; **Kissel**, Gerichtsverfassung unter dem Gesetz zur Entlastung der Rechtspflege, NJW 1993, 489; **Knauer**, Pilotverfahren im Strafprozess – Zur Frage der Zulässigkeit von strafrechtlichen Musterprozessen, ZStW 120, 826; **Krekeler**, Das Zwischenverfahren in Wirtschaftsstrafsachen aus der Sicht der Verteidigung, wistra 1985, 54; **Meyer-Goßner**, Die Behandlung von Zuständigkeitsstreitigkeiten zwischen allgemeinen und Spezialstrafkammern beim Landgericht, NStZ 1981, 168; **Rieß**, Die Bestimmung und Prüfung der sachlichen Zuständigkeit und verwandter Erscheinungen im Strafverfahren, GA 1976, 1; *ders.*, Zur Zuständigkeit der allgemeinen und besonderen Strafkammern, NJW 1979, 1536; *ders.*, Das Gesetz zur Entlastung der Rechtspflege – ein Überblick, AnwBl. 1993, 51; **Römer**, „Bochum gegen Liechtenstein" oder: Zur örtlichen Zuständigkeit der Wirtschaftsstrafkammer, StraFo 2009, 194; **Schmidt**, Zuständigkeit des Schöffengerichts, StV 1995, 500; **Siegismund/Wickern**, Das Gesetz zur Entlastung der Rechtspflege – ein Überblick, Teil 2, wistra 1993, 136; **Sommerfeld**, Auswahlermessen der Staatsanwaltschaft im Falle konkurrierender Gerichtsstände? SchlHA 2003, 132; **Weider**, Pflichtverteidigung vor dem Schöffengericht, StV 1995, 220; **Wolf**, Zur Bedeutung von § 6 StPO im Revisionsverfahren, JR 2006, 232; s.a. die Hinw. bei → *Besetzungseinwand*, Rdn 791 und → *Verweisungsfragen*, Rdn 3227.

3612 1. Die Fragen der Zuständigkeit des Gerichts sind wie folgt geregelt: die **örtliche** Zuständigkeit (Gerichtsstand) in den §§ 7 ff., die **funktionelle** Zuständigkeit, z.B. für das Schwurgericht in § 74 Abs. 2 GVG, für die Staatsschutzkammer in § 74c GVG für die Wirtschaftsstrafkammer in § 74a GVG (vgl. dazu *Römer* StraFo 2009, 194) und die **sachliche** Zuständigkeit in den die Verteilung der Strafsachen nach Art und Schwere unter den erstinstanzlichen, unterschiedlich besetzten Gerichten verschiedener Ordnung regelnden Vorschriften des GVG.

> ✎ Für den Verteidiger sind die sich aus der Zuständigkeit ergebenden (Verfahrens-)Fragen deshalb von Bedeutung, weil er sie, wenn er dazu nicht bereits vor der HV Stellung genommen hat, z.T. (s.u. Rdn 3615 ff.) in der **HV frühzeitig thematisieren** muss.
> Der Beschuldigte/Angeklagte kann mit Revision i.Ü. auch dann noch rügen, das Gericht habe seine Zuständigkeit mit Unrecht angenommen (§ 338 Nr. 4), wenn einem Urteil später eine Verständigung (§ 257c) vorausgegangen sein sollte (BGHSt 57, 3; → *Absprachen/Verständigung mit Gericht und Staatsanwaltschaft*, Rdn 137).

Zuständigkeit des Gerichts   Z

2. Das Gericht muss gem. § 6 in jeder Lage des Verfahrens **nur** seine **sachliche** Zuständigkeit von Amts wegen **prüfen** (s. dazu für das Revisionsverfahren BGHSt 40, 120; 42, 205 [für die Frage, ob das Berufungsgericht die Vorschrift des § 328 Abs. 2 verletzt hat]; OLG Düsseldorf NStZ 1996, 206; OLG Köln StV 1996, 298; s.a. BGHSt 43, 53; zu allem *Wolf* JR 2006, 232). Der Verteidiger kann natürlich zur sachlichen Zuständigkeit Bedenken vortragen, muss das aber nicht. Hat die StA nach § 24 Abs. 1 Nr. 3 GVG Anklage zum LG erhoben, wird diese Frage der besonderen Bedeutung nach Eröffnung des Hauptverfahrens nicht mehr geprüft (*Meyer-Goßner/Schmitt*, § 24 GVG Rn 10; vgl. dazu auch OLG Hamburg NStZ 2005, 654; LG Hechingen NStZ-RR 2006, 51 für sog. **Opferzeugen**). Auszugehen ist von der objektiven Sachlage zum Zeitpunkt der Eröffnungsentscheidung (BGHSt 47, 16).   3613

✍ **Vortrag** kann sich vor allem dann **empfehlen**, wenn der Verteidiger mit der Revision die Unzuständigkeit des Gerichts geltend machen will (vgl. dazu BGHSt 47, 16 [Bejahung der besonderen Bedeutung des Falls i.S.v. § 24 Abs. 1 Nr. 3 GVG]).

Ein besonderes **Problem** im Rahmen der sachlichen Zuständigkeit ist auch die des **Schöffengerichts** im Verhältnis zu der des **Strafrichters** (§ 25 Nr. 2 GVG). Auf die Einzelheiten soll hier nicht eingegangen werden (vgl. dazu *Burhoff*, EV, Rn 4491). Festzuhalten ist insoweit nur, dass nach wohl überwiegender Meinung in Rspr. und Lit. es nicht mehr darauf ankommt, ob die Sache von minderer Bedeutung ist (vgl. aus der Rspr. u.a. OLG Hamm StV 1995, 182; 1996, 300; OLG Koblenz StV 1996, 588; OLG Köln StV 1996, 298; OLG Oldenburg NStZ 1994, 449).   3614

✍ Hat das Schöffengericht seine sachliche Zuständigkeit angenommen, ist es daran an sich gem. § 269 **gebunden**. Das gilt jedoch dann **nicht**, wenn es **willkürlich** gehandelt hat (zur Willkür s.u.a. OLG Düsseldorf NStZ 1996, 206; OLG Hamm StV 1995, 182; MDR 1996, 91; OLG Karlsruhe wistra 1997, 198; StV 1998, 252; OLG Köln, a.a.O.; OLG Saarbrücken NStZ-RR 2000, 48; *Burhoff*, EV, Rn 4493) oder die Entscheidung „unter keinem Gesichtspunkt mehr vertretbar" ist (BGHSt 40, 120, 122; NStZ 2009, 404).

3. Hält der Verteidiger das Gericht für **örtlich unzuständig** (vgl. die Regelung des Gerichtsstandes in den §§ 7 ff.; s. zur Begründung des Gerichtsstandes des Ergreifungsortes a. BGHSt 44, 347 [es ist nicht erforderlich, dass nach der Ergreifung ein HB gegen den Beschuldigten ergeht oder besteht]; zum Tatort bei Handeltreiben mit BtM s. BGH NJW 2002, 3486 [Abstellen auf den Handlungsort]; zur „Zuständigkeitsbestimmung" durch die StA s. OLG Hamm StV 1999, 240; dazu a. *Sommerfeld* SchlHA 2003, 132; i.Ü. a. *Burhoff*, EV, Rn 4481 ff.), muss er nach § 16 Abs. 3 seine Bedenken **spätestens** bis zum **Beginn** der → *Vernehmung des Angeklagten zur Sache*, Rdn 3072, geltend machen. Maßgebend ist der Zeitpunkt, in dem der Angeklagte sich nach Belehrung gem. § 243 Abs. 4 S. 1 zur Aussage bereit erklärt (BGH NStZ 1984, 128). Da es sich um eine **Ausschlussfrist** handelt, ist   3615

1557

nach diesem Zeitpunkt die Rüge auf jeden Fall unzulässig (zur Gerichtsstandsbegründung durch „rügelose Einlassung" s.a. BGH NStZ 2009, 221). Der Einwand muss vom Verteidiger in der **ersten HV** in der **Sache** erhoben werden. Er lebt nach Aussetzung der HV oder nach Zurückverweisung der Sache nicht wieder auf (RGSt 43, 358; 70, 239; *Meyer-Goßner/ Schmitt*, § 16 Rn 3 i.V.m. § 6a Rn 10). Auch nachträgliche Änderungen der Sachlage oder der rechtlichen Beurteilung sind ohne Bedeutung (RGSt 65, 267; BGHSt 47, 16, 21; zuletzt BGH NStZ 2009, 404 m.w.N.). Bei **mehreren Angeklagten** kann jeder den Einwand bis zum Beginn seiner Vernehmung erheben, auch wenn einer der Mitangeklagten ihn versäumt hat (vgl. zu allem a. *Meyer-Goßner/Schmitt*, § 16 Rn 3, § 6a Rn 7 ff.; → *Rügeverlust*, Rdn 2424; zur Begründung der Revisionsrüge [§ 338 Nr. 4] in diesen Fällen s. BGH NStZ 2013, 300).

3616 Hat das Gericht im Eröffnungsbeschluss **irrtümlich** seine **örtliche Zuständigkeit** angenommen, liegt ein **Verfahrenshindernis** vor und das Verfahren ist nach § 260 Abs. 3 in der HV durch Urteil einzustellen. Eine Abgabe oder Verweisung an das örtlich zuständige Gericht ist nicht zulässig (*Meyer-Goßner/Schmitt*, § 16 Rn 4 f. m.w.N.).

Ob der Verteidiger dem Angeklagten zu einer Zuständigkeitsrüge rät, wird er von den gleichen **taktischen Überlegungen** abhängig machen, wie sie beim → *Besetzungseinwand*, Rdn 793, dargestellt sind. Der unzuständige, aber „**milde Richter**" wird dem Angeklagten i.d.R. lieber sein als der zuständige Richter, der zu harten Urteilen neigt. Kennt der (auswärtige) Verteidiger den zuständigen Richter nicht, muss er sich bei Kollegen erkundigen (*Malek*, Rn 66). Berücksichtigt werden muss auch, insbesondere bei inhaftierten Mandanten, dass durch die erfolgreiche Zuständigkeitsrüge eine **Verfahrensverzögerung** eintritt.

3617 4. Dasselbe gilt nach § 6a S. 3 für die Rüge der **funktionellen Zuständigkeit**. Hält z.B. der Verteidiger im Gegensatz zum Eröffnungsbeschluss die Zuständigkeit einer Spezialkammer, z.B. der Wirtschaftsstrafkammer (§ 74c GVG), für gegeben, muss er dies in der HV spätestens bis zum Beginn der Vernehmung seines Angeklagten zur Sache geltend machen (wegen der Einzelh. *Meyer-Goßner/Schmitt*, § 6a Rn 6 ff.; *ders.* NStZ 1981, 168; *Rieß* NJW 1979, 1536; zur Prüfung der funktionellen Zuständigkeit a. *Schlothauer*, Rn 229 ff.). Das Gericht verweist dann an das zuständige Gericht (→ *Verweisungsfragen*, Rdn 3227).

3618 5. Zur **Prozesstaktik** gelten die dazu gemachten Ausführungen bei → *Besetzungseinwand*, Rdn 793, entsprechend.

6. Muster: Zuständigkeitsrüge 3619

An das

Amtsgericht/Landgericht Musterstadt

In der Strafsache

gegen H. Mustermann

Az.:

wird namens und in Vollmacht des Angeklagten

die örtliche Zuständigkeit des Gerichts gerügt und

beantragt,

das Verfahren gem. § 260 Abs. 3 durch Urteil einzustellen.

Der Angeklagte ist angeklagt, in B.-Stadt einen Diebstahl begangen zu haben. Damit ist das Amts-/Landgericht Musterstadt örtlich nicht zuständig, da B.-Stadt nicht in dessen Gerichtsbezirk liegt (§ 7 StPO). Zur Zeit der Erhebung der Klage hatte der Angeklagte seinen Wohnsitz auch nicht im Gerichtsbezirk Musterstadt, sondern in B.-Stadt, sodass auch nicht der Gerichtsstand des Wohnsitzes nach § 8 StPO eingreift. Schließlich ist der Angeklagte auch nicht im Bezirk Musterstadt ergriffen worden (§ 9 StPO). Damit ist das Amtsgericht/Landgericht Musterstadt unter keinem Gesichtspunkt örtlich zuständig.

Eine Abgabe an das ggf. zuständige Amts-/Landgericht B.-Stadt ist nicht zulässig (BGHSt 23, 79, 82). Vielmehr ist das Verfahren durch Urteil gem. § 260 Abs. 3 einzustellen.

Rechtsanwalt

Siehe auch: → *Besetzungseinwand*, Rdn 793.

Zustellungsfragen 3620

Das Wichtigste in Kürze:
1. Zustellungsfragen können auch im Strafverfahren von Bedeutung sein.
2. Das Zustellungsverfahren wird in den §§ 36 ff. geregelt.

3. § 37 Abs. 1 verweist wegen der Vorschriften über das Zustellungsverfahren auf die ZPO. Damit gelten die §§ 166 – 195 ZPO.
4. Für die Zustellung an den Verteidiger enthält § 145a Abs. 1, 3 eine besondere Regelung.
5. Wesentliche Mängel bei der Durchführung der Zustellung führen zu deren Unwirksamkeit.

3621 **Literaturhinweise: Burhoff**, Die nichteheliche Lebensgemeinschaft im Straf(verfahrens)recht, StR 2008, 287; **Dübbers**, Das neue „Einwurf Einschreiben" der Deutschen Post AG und seine juristische Einordnung, NJW 1997, 2503; **Dübbers/Kim**, Rechtliche Probleme bei Einwurf- und Übergabeeinschreiben, NJ 2001, 65; **Goldbach/Friedrich**, Verteidigung im Ordnungswidrigkeitenverfahren mit Vollmacht im Hinblick auf die Verjährung, VRR 2008, 208; **Gutt/Krenberger**, Neues zur Verjährungsunterbrechung – eine Rechtsprechungsübersicht zu §§ 31 – 33 OWiG, DAR 2014, 187; **Heß/Burmann**, Die Zustellung des Bußgeldbescheides, NJW-Spezial 2005, 255; **Karst**, Zum Nachweis der Prozeßvollmacht gem. § 80 I ZPO durch Telefax, NJW 1995, 3278; **Kotz**, Verteidigungsansätze im Zusammenhang mit der Zustellung gerichtlicher Entscheidungen – Teil 1, StRR 2013, 4; *ders.*, Verteidigungsansätze im Zusammenhang mit der Zustellung gerichtlicher Entscheidungen – Teil 2, StRR 2013, 44; *ders.*, Verteidigungsansätze im Zusammenhang mit der Zustellung gerichtlicher Entscheidungen – Teil 3, StRR 2013, 84; *ders.*, Verteidigungsansätze im Zusammenhang mit der Zustellung gerichtlicher Entscheidungen – Teil 4, StRR 2013, 124; **Neuhaus/Köther**, Die Möglichkeiten der Ersatzzustellung in der ZPO, MDR 2009, 537; **Rosenbach**, Das neue Verwaltungszustellungsgesetz (VwZG) des Bundes, DVBl. 2005, 816; **Schwab**, Die Zustellung durch die Post mit Zustellungsurkunde, VD 1990, 220; *ders.*, Zustellung durch die Post mittels eingeschriebenen Briefes, VD 1990, 252; s.a. die Hinw. bei → *Vollmacht des Verteidigers*, Rdn 3350.

3622 1. Die Zustellung einer Entscheidung richtet sich im Strafverfahren nach den §§ 35 ff. Im Zusammenhang mit der HV handelt es sich meist um die Zustellung des Urteils. Durch die Zustellung wird, wenn die HV in Abwesenheit des Angeklagten stattgefunden hat (→ *Berufungsverwerfung wegen Ausbleibens des Angeklagten*, Rdn 691; → *Verhandlung ohne den Angeklagten*, Rdn 2853), die Rechtsmittelfrist in Lauf gesetzt. Hat der Angeklagte gegen ein Urteil Revision eingelegt, wird durch die wirksame Zustellung des begründeten Urteils die Revisionsbegründungsfrist in Gang gesetzt (→ *Revision, Begründung, Frist*, Rdn 2277). Außerdem ist die Zustellung erforderlich, wenn die Ladungsfrist der §§ 217, 218, 323 gewahrt werden muss (→ *Ladung des Angeklagten*, Rdn 1817; → *Ladung des Verteidigers*, Rdn 1829).

> ✍ Der Verteidiger muss die **Wirksamkeit** einer **Zustellung** im Hinblick auf die ggf. weitreichenden Folgen ihrer Unwirksamkeit sorgfältig **prüfen**. Ein Antrag auf → *Wiedereinsetzung in den vorigen Stand*, Rdn 3464, bei vermeintlich versäumter Rechtsmittel(-begründungs-)frist ist überflüssig, wenn das Urteil nicht wirksam zugestellt worden ist. Das spielt häufig eine Rolle, wenn eine Zustellung an **mehrere Empfangsberechtigte** bewirkt werden soll. Dann richtet sich die Berechnung der Frist nach der zuletzt bewirkten Zustellung (§ 37 Abs. 2) mit der Folge, dass ggf. noch keine Fristversäumung

vorliegt (vgl. dazu z.B. BGHSt 22, 231; OLG Hamm NStZ-RR 2009, 144; 2013, 215 [Ls.]; *Meyer-Goßner/Schmitt*, § 37 Rn 29).

2.a) Das **Zustellungsverfahren** wird in den §§ 36 ff. geregelt (zur Zustellung im OWi-Verfahren s. Burhoff/*Burhoff*, OWi, Rn 4556 ff.). Nach § 36 Abs. 2 S. 1 sind Entscheidungen, die nicht in Anwesenheit des Betroffenen bekannt gemacht worden sind oder durch die eine Frist in Lauf gesetzt wird (vgl. o. Rdn 3622), durch förmliche Zustellung bekannt zu machen. Unter förmlicher Zustellung versteht man den in gesetzlicher Form (§§ 37 – 41) zu bewirkenden Akt, durch den dem Zustellungsadressaten Gelegenheit verschafft wird, sich von einem Schriftstück Kenntnis zu verschaffen (*Meyer-Goßner/Schmitt*, § 35 Rn 10 m.w.N.). 3623

b) Zugestellt wird eine Ausfertigung oder eine beglaubigte Abschrift, die das zuzustellende Schriftstück wortgetreu und vollständig wiedergeben müssen. Unter **Ausfertigungen** sind Abschriften, Durchdrucke oder Ablichtungen zu verstehen, die im Rechtsverkehr die Urschrift ersetzen sollen und deshalb von der Behörde in besonderer Form ausgestellt werden. 3624

✍ Gem. § 37 Abs. 3 ist einem Prozessbeteiligten das Urteil zusammen mit der **Übersetzung** zuzustellen, wenn ihm nach § 187 Abs. 1 und 2 GVG eine Übersetzung des Urteils zur Verfügung zu stellen ist. In diesem Falle beginnt nach die Rechtsmittelfrist nicht vor Zustellung der schriftlichen Übersetzung zu laufen; eine Zustellung ohne schriftliche Übersetzung ist unwirksam (LG Stuttgart StraFo 2014, 290 für Strafbefehl; SK/StPO-*Weßlau*, § 37 Rn 46; LR-*Graalmann-Scheerer*, § 37 Rn 14; BT-Drucks 17/12578, S. 14).

Ist die **Abschrift** oder **Ausfertigung fehlerhaft** gilt: Nur wesentliche Fehler machen die Zustellung unwirksam (vgl. z.B. OLG Düsseldorf NStZ 2002, 448; *Meyer-Goßner/Schmitt*, § 37 Rn 2 m.w.N.). Entscheidend ist, ob für den Empfänger der Inhalt des zuzustellenden Schriftstücks (noch) verständlich ist (BGH StraFo 2004, 238; NStZ 2007, 53 [Verständlichkeit für fehlende Seite mit einem nebensächlichen Teil der Beweiswürdigung bejaht]). Für die wirksame Zustellung des Urteils ist von Bedeutung, dass das zugestellte Schriftstück der Urschrift entspricht. Fehlen dort z.B. die vollständige Urteilsformel oder (teilweise) die durch § 275 Abs. 2 S. 1 vorgeschriebenen richterlichen Unterschriften, handelt es sich um einen Mangel des Urteils, nicht aber der Zustellung (BGHSt 46, 204; zuletzt BGH StraFo 2007, 502 m.w.N.; LG Göttingen StraFo 2011, 273; s.a. *Meyer-Goßner/Schmitt*, § 345 Rn 5 m.w.N.). Das hat zur Folge, dass die Frist zur Begründung der Revision durch diese Zustellung in Gang gesetzt wird und nicht erst durch die Zustellung eines Berichtigungsbeschlusses (BGH StraFo 2007, 502). Etwas anderes gilt, wenn das Urteil überhaupt keine richterliche Unterschrift enthält. Das ist dem völligen Fehlen von Urteilsgründen gleich zustellen (BGHSt 46, 204; OLG Frankfurt am Main NStZ-RR 2010, 250; LG Göttingen, a.a.O.). Die Unterschrift des Richters unter der Verfügung, mit der er die Zustellung 3625 des nicht unterschriebenen Urteils veranlasst hat (vgl. Rdn 3626), kann die Unterschrift unter dem Urteil ersetzen (OLG Frankfurt am Main, a.a.O.; LG Göttingen, a.a.O.).

> Wird ein Urteil **vor Fertigstellung** des → *Protokolls der Hauptverhandlung*, Rdn 2092, zugestellt, ist die Zustellung unwirksam (zur Fertigstellung des Protokolls s. *Meyer-Goßner/Schmitt*, § 273 Rn 64; BGHSt 27, 80; zuletzt BGH NStZ 2014, 420 m.w.N.; → *Revision, Begründung, Frist*, Rdn 2277).

3626 c) Die Zustellung muss nach § 36 Abs. 1 S. 1 **zwingend vom Vorsitzenden angeordnet** werden (zuletzt BGHSt 59, 150 m. Anm. *Burhoff* StRR 2014, 342; NStZ 2011, 591; OLG Bamberg StraFo 2010, 468; DAR 2011, 401; OLG München NStZ-RR 2010, 15 [Ls.]). Die Anordnung des Vorsitzenden ist an eine besondere **Form nicht** gebunden; sie kann sowohl schriftlich als auch mündlich getroffen werden (BGHSt, a.a.O.). Die Anordnung muss im Zeitpunkt der Zustellung aktenkundig, im Falle einer mündlichen Anweisung in einem Vermerk der Geschäftsstelle festgehalten sein; anderenfalls ist sie unwirksam (BGHSt, a.a.O.). Die Anordnung muss den Zustellungsempfänger bezeichnen und bestimmen, ob eine förmliche Zustellung oder eine formlose Mitteilung erfolgen soll (vgl. wegen der Einzelh. *Meyer-Goßner/Schmitt*, § 36 Rn 2 ff.). Eine Zustellungsanordnung des Vorsitzenden „an Verteidiger" ist unwirksam; sie kann von der mit der Zustellung betrauten Geschäftsstelle dahin verstanden werden, es sei nur an einen der Verteidiger des Angeklagten zustellen, wobei unklar ist, an welchen; dies begründet den Anschein, der Zustellungsempfänger sei nicht durch den allein hierfür zuständigen Vorsitzenden bestimmt, sondern durch die Geschäftsstelle (BGH, a.a.O.).

> Die Unwirksamkeit einer Zustellung wegen Fehlens der nach § 36 Abs. 1 S. 1 erforderlichen Zustellungsanordnung des Vorsitzenden wird nicht über § 37 Abs. 1 i.V.m. § 189 ZPO durch tatsächlichen Zugang der Entscheidung **geheilt** (OLG Celle NStZ-RR 2011, 45 [Ls.]).

3627 d) Voraussetzung für die Wirksamkeit der Zustellung ist (allein), dass der **Empfänger verhandlungsfähig ist** (vgl. KG StV 2003, 343; OLG Brandenburg NStZ-RR 2009, 219; OLG Düsseldorf MDR 1993, 70; LG Zweibrücken VRS 121, 42). Dass der Verurteilte zur Zeit der Zustellung für die Aufgabenkreise der Wahrnehmung von Vermögensangelegenheiten und der Vertretung vor Behörden und Gerichten unter Betreuung (§§ 1896 ff BGB) stand, steht der Wirksamkeit nicht entgegen (OLG Brandenburg, a.a.O.). Auch die Minderjährigkeit des Empfängers schadet nicht (KG, a.a.O.). Etwas anderes gilt, wenn der Betroffene seine Interessen im Rahmen des Strafverfahrens nicht selbst vernünftig wahrnehmen kann und damit nicht verhandlungsfähig ist (OLG Düsseldorf, a.a.O.; s.a. LG Zweibrücken, a.a.O., für Angeklagten mit hirnorganischer Wesensänderung, Schwerhörigkeit und Sehstörungen). Auch die Anordnung der Betreuung für den Wirkungskreis „Entgegennahme und Öffnen der Post" (§ 1896 Abs. 4 BGB) ändert an der Wirksamkeit der Zustellung an einen insoweit unter Betreuung Stehenden nicht, solange er nicht verhandlungsunfähig ist (vgl. FG Sachsen-Anhalt EFG 2008, 1001 für Zustellung eines Verwaltungsaktes).

3. § 37 Abs. 1 verweist wegen der Vorschriften über das Zustellungsverfahren auf die **Vorschriften der ZPO**. Damit gelten die §§ 166 – 195 ZPO. Im Einzelnen gilt folgender **Überblick** (vgl. i.Ü. Burhoff/Kotz/*Kotz*, RM, Teil A Rn 2233 ff.): 3628

a) Grds. ist das zuzustellende Schriftstück dem **Empfänger** zu **übergeben**. Die Zustellung kann an jedem Ort erfolgen, an dem der Empfänger angetroffen wird (§ 177 ZPO). Die Zustellung an den Betroffenen ist auch dann wirksam, wenn der Verteidiger zuvor gebeten hatte, Zustellungen nur an ihn zu bewirken (OLG Stuttgart VRS 116, 275). Die Beweiskraft der Postzustellungsurkunde, die über die Übergabe erstellt wird, erstreckt sich darauf, dass die Postsendung dem in der Urkunde bezeichneten Empfänger übergeben wurde (OLG Frankfurt am Main NStZ-RR 2011, 147). Durch eine Berichtigung, welche in Form eines in unmittelbaren zeitlichen Zusammenhang mit der Zustellung vom Postzusteller gefertigten und von ihm unterzeichneten Randvermerks erfolgt, wird die Beweiskraft der Postzustellungsurkunde nicht beeinträchtigt (OLG Frankfurt am Main, a.a.O.). Das Erfordernis der eigenhändigen Übergabe gilt i.ü. auch bei einem Gefangenen. Eine Ersatzzustellung gem. § 178 ZPO an den Beamten der Empfangspforte scheidet aus, weil sie voraussetzen würde, dass der Adressat in der Gemeinschaftseinrichtung nicht angetroffen wird (LG Saarbrücken StV 2004, 362 m.w.N.). 3629

Ggf. kann der Zustellungsempfänger einen **Zustellungsbevollmächtigten** benennen (§ 132). Dann ist die an diesen bewirkte Zustellung aber nur wirksam, wenn die betreffende Person mit der Bevollmächtigung einverstanden und zur Entgegennahme von Zustellungen auch bereit ist. Die Bereitschaft kann auf verschiedene Weise, und zwar auch (fern-)mündlich, festgestellt werden. Sie ist aber auf jeden Fall aktenkundig zu machen (st. Rspr.; vgl. zuletzt OLG Karlsruhe StV 2007, 571 m.w.N.). Ist das nicht der Fall, ist die Zustellung an den „Zustellungsbevollmächtigten" unwirksam. 3630

b)aa) Kann das Schriftstück nicht dem Empfänger übergeben werden, ist eine **Ersatzzustellung** möglich/zulässig (§§ 178 ff. ZPO; vgl. dazu eingehend *Neuhaus/Köther* MDR 2009, 537). Sie setzt voraus, dass der Empfänger dort, wo ihm zugestellt werden soll, also in seiner Wohnung (OLG Koblenz StraFo 2005, 197; OLG Stuttgart NStZ-RR 2015, 144), nicht angetroffen wird (OLG Jena VRS 108, 272) Für die Ersatzzustellung in Geschäftsräumen gilt § 178 Abs. 1 Nr. 2 ZPO (vgl. dazu OLG Bamberg NJW 2006, 1078;OLG Celle zfs 2011, 709 [für leitende Angestellte, die nicht selbst Gewerbetreibende sind, gilt § 178 Abs. 1 Nr. 2 ZPO nicht]), wovon sich der Zusteller überzeugen muss (LG Magdeburg StV 2008, 626; zur [verneinten] Nachforschungspflicht des Zustellers bei widerspruchsloser Entgegennahme des zuzustellenden Schriftstücks BGH zfs 2015, 290); und zwar auch, wenn in den Geschäftsräumen des Verteidigers eine Er- 3631 satzzustellung erfolgen soll (AG Pirmasens SVR 2009, 72; vgl. zur Ersatzzustellung eingehend *Kotz* StRR 2013, 44 ff. und 84 ff.; Burhoff/Kotz/*Kotz*, RM, Teil A Rn 2314 ff.).

Im **Einzelnen** gilt:

3632 Begriff der Wohnung

- **Wohnung** ist nicht Wohnsitz oder polizeiliche Anmeldung, sondern die Räumlichkeit, die der Adressat zur Zeit der Zustellung tatsächlich für eine gewisse Dauer zum Wohnen benutzt (BGH NJW 1978, 1858; OLG Düsseldorf StV 1993, 400; OLG Stuttgart NStZ-RR 2015, 144; OVG Münster NJW 2011, 2683; *Meyer-Goßner/Schmitt*, § 37 Rn 8 m.w.N.).
- Die mit dem **Begriff** der „**Wohnung**" zusammenhängenden Fragen haben in der Praxis insbesondere dann Bedeutung, wenn der Betroffene seine Wohnung längere Zeit nicht nutzt. Dann ist eine Ersatzzustellung unzulässig (vgl. z.B. OLG Jena NStZ-RR 2006, 277 [Ls.]; OLG Hamm StraFo 2003, 166 [für Straf-/U-Haft]; StV 2004, 362 [Ls.; bei mehrmonatigem Aufenthalt in einer Therapieeinrichtung]; OLG Stuttgart NStZ-RR 2015, 144 [Aufenthalt im Frauenhaus]; OVG Nordrhein-Westfalen NJW 2011, 2683 [grds. bei Inhaftierung, es sein denn, der Inhaftierte hat zu seiner Wohnung nicht eine fortdauernde persönliche Beziehung]; wegen weiterer Einzelh. vgl. *Meyer-Goßner/Schmitt*, § 37 Rn 9). Eine Ersatzzustellung ist auch unwirksam, wenn der Empfänger aus der Wohnung ausgezogen ist (AG Eberswalde zfs 2007, 174). Allerdings hebt nicht jede vorübergehende Abwesenheit, selbst wenn sie länger dauert, die Wohnungseigenschaft auf. Das ist erst dann der Fall, wenn der räumliche Mittelpunkt des Lebens an den neuen Aufenthaltsort verlagert wird (OLG Hamm StraFo 2006, 280 [für 5-monatigen Aufenthalt des Angeklagten in der Türkei]).
- Bei einem **Studenten** wird i.d.R. die Wohnung am Studienort und nicht der Wohnsitz der Eltern als Lebensmittelpunkt anzusehen sein (OLG Karlsruhe NStZ-RR 1996, 245; LG Ellwangen StV 1985, 496). Etwas anderes kann während der Semesterferien gelten (OLG Karlsruhe, a.a.O.). Bei einem Auslandssemester (in den USA) hat der Student dort seinen räumlichen Lebensmittelpunkt, eine Ersatzzustellung am Studienort in der BRD ist also unzulässig (OLG Hamm, VRR 2007, 403 [Ls]).

> **Nicht ausreichend** für den Begriff der Wohnung ist, dass nur der „**Rechtsschein**" einer Wohnung oder eine Geschäftsraums gesetzt wird (vgl. zuletzt BGH NJW 2011, 2440; AG Karlsruhe DV 2013, 156).
>
> Auf die tatsächliche Nutzung einer Wohnung kommt es nach einem Teil der Rspr. allerdings **dann nicht** an, wenn sich der Adressat **arglistig** als an dem Ort wohnend geriert, seinen Schriftwechsel unter dieser Anschrift führt und seine Post dort abholt, um auf diese Weise seine tatsächliche Wohnanschrift zu verschleiern

und Zustellungen dorthin zu verhindern (BayObLG DAR 2004, 281; OLG Hamm DAR 2004, 106; Beschl. v. 23.7.2013 – 5 RVs 50/13; OLG Jena NStZ-RR 2006, 238; s. wohl auch BGH, a.a.O.; ähnlich OLG Hamm, Beschl. v. 27.1.2015 – 3 RBs 5/15). Teilweise wird das noch enger gesehen und davon ausgegangen, dass das ggf. rechtsmissbräuchliche Verhalten die Voraussetzungen des § 179 ZPO (**Annahmeverweigerung**) erfüllt (OLG Bamberg NJW 2006, 1078 [Angabe einer Firmenanschrift]; OLG Koblenz StraFo 2005, 197, 198 [Angabe der Firmenanschrift des Vaters des Betroffenen als Wohnadresse]); zur Zustellungsfiktion bei einem nicht abgeholten Schriftstück, das per Einschreiben mit internationalem Rückschein zugestellt wurde (LG Rostock StraFo 2015, 63).

Ersatzzustellung an erwachsenen Familienangehörigen 3633

■ Die Ersatzzustellung kann nach § 178 Abs. 1 Nr. 1 ZPO an einen **erwachsenen Familienangehörigen**, eine in der Familie beschäftigte Person oder einen erwachsenen ständigen Mitbewohner erfolgen. Hierzu gehören neben dem Ehegatten, den Kindern, dem eingetragenen Lebenspartner und den Eltern inzwischen auch der Lebenspartner einer **nichtehelichen Lebensgemeinschaft** (s. ohne Einschränkung *Meyer-Goßner/Schmitt*, § 37 Rn 12; *Burhoff* StRR 287, 291; s. zum früheren Rechtszustand aus der überholten Rspr. BGH NJW 1990, 1666 [zumindest dann, wenn der Empfänger mit ihm und dessen Kindern, also in einer Familie, zusammenlebt]; s. aber a. BGHSt 34, 250 [nicht, wenn der Empfänger mit dem Lebensgefährten allein in einem eheähnlichen Verhältnis lebt]).

✍ Bei der **Übergabe** an **Kinder**, wird die Zustellung i.d.R. wirksam sein, wenn diese 14 Jahre alt sind (LG Köln NStZ-RR 1999, 368; *Meyer-Goßner/Schmitt*, § 37 Rn 10).

Einlegen in den Hausbriefkasten 3634

■ In Betracht kommt nach § **180 ZPO** die Ersatzzustellung durch Einlegen in den Hausbriefkasten (und Vermerk des Datums der Zustellung auf dem Umschlag des zuzustellenden Schriftstücks [vgl. dazu BFHE 244, 536 – Großer Senat]). Voraussetzung ist, dass die Zustellung nach § 178 Abs. 1 Nr. 1 oder 2 ZPO nicht ausführbar war. Dann kann das Schriftstück in einen zu der Wohnung oder dem Geschäftsraum gehörenden Briefkasten oder in eine ähnliche Vorrichtung eingelegt werden, die der Adressat für den Postempfang eingerichtet hat und die in der allgemein üblichen Art für eine sichere Aufbewahrung geeignet ist (vgl. a. auch OLG Hamm, Beschl. v. 11.4.2013 – 1 Vollz (Ws) 106/13 [Haftraum eines Inhaftierten ist kein „Briefkasten"]). Mit der Einlegung gilt das Schriftstück als zugestellt. Der Zusteller vermerkt auf dem Umschlag des zuzustellenden Schriftstücks das Datum der Zustellung. Ob in diesen Fällen erforderlich ist, dass der **Briefkasten abschließbar** ist, ist umstritten (verneinend OLG Nürnberg NJW 2009, 2229; bejahend LG Darmstadt NStZ 2005, 164). Umstritten ist auch, ob ein **Gemeinschaftsbriefkasten** für mehrere Mietparteien ausreichend ist. Das wird vom OLG Hamm (VRS 107, 109) für einen in der Hauseingangstür eines Mehrfamilienhauses angebrachten gemeinsamen Briefeinwurfschlitz verneint. Nach Auffassung des BGH (NJW 2011, 2440) und des OLG Frankfurt am Main (NStZ-RR 2010, 349 f.) erfüllt hingegen auch ein Gemeinschaftsbriefkasten für mehrere Mietparteien die Voraussetzungen des § 180 Satz 1 ZPO, wenn er durch entsprechende Beschriftung eine eindeutige Zuordnung zum Adressaten ermöglicht, der Adressat typischerweise seine Post über den Gemeinschaftsbriefkasten erhält und der Kreis der Mitbenutzer überschaubar ist. Des Weiteren muss der Empfänger unter der Zustellungsanschrift wohnen; es reicht nicht, wenn er dort nur noch gemeldet ist (KG VRS 111, 433). Es ist auch nicht ausreichend, wenn das zuzustellende Schriftstück, etwa weil das Grundstück verschlossen war, am Zaun eines Grundstücks befestigt wird (OLG Brandenburg, Beschl. v. 28.1.2008 – 1 Ss 96/07).

⚖ § 180 ZPO gilt **nicht** für die Ersatzzustellung in **Gemeinschaftsräumen** nach § 178 Abs. 1 Nr. 3 ZPO; zur Ersatzzustellung an einen in einem Wohnheim lebenden Adressaten KG, Beschl. v. 29.10.2013 – 2 Ws 481/13).

3635 **Niederlegung bei der Post**

■ Erhebliche Bedeutung hat in der Praxis auch die Ersatzzustellung durch **Niederlegung** bei der Post. Diese ist zulässig, wenn zuvor die Ersatzzustellung an der Wohnung nicht ausführbar gewesen ist (OLG Hamburg NStZ-RR 2003, 46). Über die Niederlegung muss eine schriftliche Mitteilung in der bei gewöhnlichen Briefen üblichen Weise abgegeben werden (vgl. dazu *Meyer-Goßner/Schmitt*, § 37 Rn 14 f. m.w.N.; OLG Köln NStZ-RR 2009, 314 [zur Ablegung der Mitteilung über die Ersatzzustellung in einer bereits früher praktizierten Art und Weise]). Im Ausland ist eine Zustellung durch Niederlegung nicht zulässig, da in § 183 ZPO nicht auf die Vorschriften über die Ersatzzustellung verwiesen wird (LG Nürnberg-Fürth StraFo 2009, 381; zur Auslandszustellung s.a. noch OLG Oldenburg StV 2005, 432).

3636 **bb)** Die **zulässige Ersatzzustellung** hat zur **Folge**, dass das Schriftstück dem Empfänger **wirksam zugestellt** ist, auch wenn er davon persönlich keine Kenntnis erlangt hat (BGHSt 27, 85, 88). Für den Beginn der Lauf der einzuhaltenden Frist ist allein der Tag der Ersatzzustellung maßgebend. Die Urkunde, die die Zustellung durch Niederlegung bekundet, genießt grds. die Beweiskraft des § 418 Abs. 1 ZPO. Die **Beweiskraft** der Zustellungsurkunde erstreckt sich z.B. auch darauf, dass der Postzusteller die Benachrichtigung über die Niederlegung an dem angegebenen Tag in den Zustellungsempfänger betreffenden Hausbriefkasten eingeworfen hat (OLG Bamberg DAR 2012, 268; OLG Hamm DAR 2002, 134; s.a. noch OLG Köln NStZ-RR 2008, 379).

⚖ Gem. § 418 Abs. 2 ZPO ist jedoch der **Gegenbeweis** zulässig (OLG Hamm, a.a.O.; OLG Brandenburg, Beschl. v. 28.1.2008 – 1 Ss 96/07, jew. m.w.N.). Dieser muss aber substantiiert angetreten werden (OLG Hamm, a.a.O.). Es muss aber der volle Beweis der Unrichtigkeit der Zustellungsurkunde geführt werden (BVerfG NJW-RR 2002, 1008; BGH NJW 2006, 150; OLG Hamm, Beschl. v. 6.10.2009 – 3 Ss 425/09; OLG Köln NJW 2012, 2129 [Ls.]; OLG Rostock, Beschl. v. 4.5.2011 – I Ws 101/11). Jede Möglichkeit der Richtigkeit der in der Zustellungsurkunde niedergelegten Tatsachen muss ausgeschlossen sein (zuletzt u.a. OLG Köln, a.a.O.).

4.a) Für die **Zustellung** an den **Verteidiger** enthält § 145a Abs. 1, 3 eine besondere Regelung (vgl. dazu die Komm. bei *Meyer-Goßner/Schmitt*, § 145a Rn 1 ff.; *Kotz* StRR 2014, 4, 7; Burhoff/Kotz/*Kotz*, Teil A Rn 2431 ff.). Danach ist der Verteidiger kraft Gesetzes Zustellungsbevollmächtigter (→ *Vollmacht des Verteidigers*, Rdn 3350). Der Verteidiger kann aber nicht nur förmlich zuzustellende Schriftstücke für den Betroffenen in Empfang nehmen, sondern auch „sonstige Mitteilungen". Hat der Angeklagte mehrere Verteidiger, reicht die Zustellung an einen von ihnen, um eine Frist in Lauf zu setzen (BVerfG NJW 2001, 2532; BGH NStZ-RR 1997, 364, KK-*Laufhütte/Willnow*, § 145a Rn 3). Es kann an den **Pflichtverteidiger** zugestellt werden, auch wenn die Verkündung eines Urteils in Abwesenheit des Angeklagten erfolgt ist (BGH NStZ 2010, 584); die Übersendung einer Abschrift des Urteils an den Angeklagten nach § 145a Abs. 3 S. 1 ist nicht Voraussetzung für die Wirksamkeit der Zustellung (BGH, a.a.O.). Ein Urteil ist aber nicht wirksam zugestellt, wenn nicht der Pflichtverteidiger, sondern sein Sozius das Empfangsbekenntnis unterschrieben hat (BGH wistra 1988, 236; NStZ-RR 2014, 149 [Ls.]).

3637

⚖ Die gesetzliche Zustellungsvollmacht kann **nicht eingeschränkt** werden (OLG Jena NJW 2001, 3204).

b)aa) Der Verteidiger ist nur dann befugt, Zustellungen in Empfang zu nehmen, wenn er seine **Vollmacht** zu den **Akten** gegeben hat bzw. sich sonst aus den Akten ergibt, dass der Beschuldigte dem Verteidiger (mündlich) Vollmacht erteilt hat (→ *Vollmacht des Verteidigers*, Rdn 3356; vgl. dazu a. *Burhoff*, EV, Rn 4215 ff.). Die Einreichung einer nicht beglaubigten Abschrift oder Ablichtung genügt (BayObLG DAR 1983, 252 [*Rüth*]). Die Vollmacht kann auch durch Telefax übermittelt werden (OLG Braunschweig OLGSt OWiG § 51 Nr. 4; OLG Hamm zfs 2004, 42).

3638

1567

Z   Zustellungsfragen

3639   **Hinweise für den Verteidiger!**

Hinsichtlich des Bestehens einer Zustellungsvollmacht ist auf Folgendes zu **achten** (vgl. auch → *Vollmacht des Verteidigers*, Rn 1142e):

- Allein **nicht ausreichend** ist dafür die sich aus einem (HV-)Protokoll ergebende **bloße Teilnahme** des Verteidigers im Beisein des Angeklagten/Betroffenen an einem Termin (BGHSt 41, 303; BGH NStZ-RR 2009, 144; OLG Karlsruhe StV 1996, 121 [Ls.]; *Burhoff*, EV, Rn 4236 m.w.N.).
- Auch nicht ausreichend ist eine **Blankovollmacht** mit ergänzendem Anwaltsschriftsatz (BGHSt 41, 303; BGH NStZ-RR 2009, 144; KG VRR 2008, 355; OLG Stuttgart NStZ-RR 2001 24; AG Diez StRR 2014, 163 [Ls.]; AG Leipzig VRR 2007, 117 m. Anm. *Stephan*; AG Neuruppin StRR 2013, 233; vgl. dazu aber OLG Brandenburg VRR 117, 305).
- Auch eine **außergerichtliche Vollmacht** ohne Zustellungsvollmacht genügt nicht (OLG Brandenburg zfs 2005, 571; OLG Hamm StraFo 2004, 96; vgl. dazu *Samimi* zfs 2006, 308; a.A. die inzwischen wohl h.M. KG VRR 2009, 275; OLG Düsseldorf NJW 2008, 2727; OLG Karlsruhe StraFo 2008, 439; OLG Zweibrücken VRR 2008, 356; → *Vollmacht des Verteidigers*, Rdn 3365).
- Schließlich **fingiert** auch eine ausdrücklich für das Strafverfahren erteilte Vollmacht nicht ohne Weiteres die Zustellungsvollmacht nach § 51 Abs. 3 S. 1 OWiG (OLG Brandenburg StRR 2009, 261).
- Nach einem Teil der obergerichtlichen Rspr. wird die Zustellung an den gewählten Verteidiger auch dann als wirksam angesehen, obwohl ggf. in der zu den Akten gereichten Vollmachtsurkunde die **Formulierung** der Ermächtigung „Zustellungen ... entgegenzunehmen" **durchgestrichen** ist (OLG Dresden NStZ-RR 2005, 244; OLG Köln NJW 2004, 3196; OLG Rostock NStZ-RR 2003, 336; vgl. dazu krit. *Leipold* NJW-Spezial 2004, 282; a.A. wohl OLG Düsseldorf DAR 2004, 41; OLG Hamm NZV 2005, 386; zur rechtsgeschäftlichen Vollmacht s.a. noch OLG München NStZ-RR 2010, 15; → *Vollmacht des Verteidigers*, Rdn 3365 f.).

3640   **bb)** In **größeren Anwaltsbüros** sollte der Verteidiger darauf achten, dass die Vollmacht, wenn es nicht anders gewollt ist, wirklich **nur auf ihn** lautet. Denn dann kann nach § 145a Abs. 3 auch **nur ihm wirksam zugestellt** werden (OLG Celle StraFo 2011, 502 m. zust. Anm. *Sandherr* VRR 2012, 75 = StRR 2012, 76; OLG Dresden VRR 2009, 276; OLG Hamm StRR 2013, 226; Beschl. v. 17.3.2006 – 4 Ss OWi 145/06; OLG Koblenz, Beschl. v. 31.8.2004 – 1 Ss 237/04; LG Bielefeld zfs 2005, 314; AG Bayreuth zfs 2006, 174; AG Homburg zfs 2006, 175; AG Husum DAR 2009, 159; AG Jena zfs 2005, 313; AG Leipzig VRR 2008, 194; AG Lippstadt zfs 2008, 643; AG Marburg DAR 2012, 404; AG Mayen VRR 2005, 277; AG Stadthagen zfs 2008, 642; vgl. dazu auch *Gutt/Krenberger* DAR 2014, 187, 191).

Zustellungsfragen   Z

🖐 Allerdings muss der Verteidiger (im Bußgeldverfahren) darauf achten, dass ggf. gem. § 51 Abs. 1 OWiG i.V.m. der entsprechenden landesrechtlichen Regelung der Zustellungsmangel **geheilt** sein kann (a.A. für Sachsen OLG Dresden, a.a.O.; zur Heilung von Zustellungsmängeln im OWi-Verfahren a. OLG Celle StraFo 2011, 502; OLG Saarbrücken zfs 2009, 469 m. zutreffend abl. Anm. *Gebhardt*).

c) Die Vollmacht muss sich im **Zeitpunkt** der **Zustellung** bei den **Akten** befinden. Ist das nicht der Fall, ist die Zustellung an den Verteidiger unwirksam (BGHSt 41, 303; OLG Bamberg DAR 2011, 401; OLG Dresden StraFo 2010, 35; OLG Hamm NStZ 1982, 129; OLG Köln DAR 2013, 337 [Bußgeldverfahren]; OLG Stuttgart NStZ 1988, 193; AG Düren zfs 2004, 282; AG Lüdinghausen zfs 2015, 54). Eine nach der Zustellung zur Akte gegebene Vollmacht heilt die Unwirksamkeit nicht (OLG Karlsruhe Justiz 1982, 375; vgl. aber KG NZV 2010, 528 = VRS 119, 150; OLG Zweibrücken VRR 2008, 356 und für die rechtsgeschäftliche Vollmacht OLG Hamm NZV 2005, 386; OLG Rostock NStZ-RR 2003, 336).

3641

🖐 Der Verteidiger sollte im Hinblick auf die Fragen der Zustellungsvollmacht in Zusammenhang mit der **AE nicht bereits** die **Vollmacht** zur Akte reichen. Dies ist für die AE nicht erforderlich (→ *Vollmacht des Verteidigers*, Rdn 3354; s.u.a. auch BVerfG NJW 2012, 141 m. Anm. *Burhoff* StRR 2011, 426 und die weit. Nachw. bei *Burhoff*, EV, Rn 154). Auf diese Weise vermeidet er, dass sich seine Vollmacht bei der Akte befindet und dass ihm z.B. im OWi-Verfahren der Bußgeldbescheid wirksam, also mit verjährungsunterbrechender Wirkung, zugestellt wird (vgl. aber OLG Düsseldorf NJW 2008, 2727; OLG Karlsruhe StraFo 2008, 439; OLG Zweibrücken VRR 2008, 356; → *Vollmacht des Verteidigers*, Rdn 3350).

5. Hinweise für den Verteidiger!

a) **Wesentliche Mängel** bei der Durchführung der Zustellung führen zu deren **Unwirksamkeit**. Wird nur gegen Ordnungsvorschriften verstoßen, ist die Zustellung hingegen wirksam (*Meyer-Goßner/Schmitt*, § 37 Rn 26). Insoweit gilt:

3642

Zustellung unwirksam

3643

- Fehler des **zuzustellenden Schriftstücks**, wie z.B. falsches Aktenzeichen (OLG Koblenz zfs 2004, 285; zur Zustellung mit einem „Sichtfensterumschlag" OLG Brandenburg VRR 2006, 191; OLG Hamm DAR 2006, 224),
- Fehler der **Zustellungsurkunde** (vgl. *Meyer-Goßner/Schmitt*, § 37 Rn 26),
- Fehler bei der **Ersatzzustellung** (s.o. Rdn 3631 ff.),
- Fehler bei der **öffentlichen Zustellung**; die Frage, bei welchem Gericht der Aushang über die öffentliche Zustellung zu erfolgen hat, ist in der Rspr. nicht eindeutig geklärt:

1569

der 3. Strafsenat des OLG Hamm (NJW 2007, 933) und das OLG Stuttgart (NJW 2007, 935), gehen davon aus, dass das bei dem Gericht zu erfolgen hat, das die öffentliche Zustellung bewilligt hat, während der 2. Strafsenat des OLG Hamm (NStZ-RR 2006, 344) die Frage durch die gesetzliche Regelung nicht eindeutig geklärt sieht; jedenfalls haben vor der Anordnung der öffentlichen Zustellung ausreichende Nachforschungen zum Aufenthaltsort des Angeklagten stattzufinden (dazu z.B. KG StraFo 2006, 105; OLG Dresden StraFo 2006, 375; OLG Hamm StraFo 2006, 280); die öffentliche Zustellung ist auch dann unwirksam, wenn trotz einer die falsche Gerichtstafel bezeichnenden Anordnung die Benachrichtigung an der richtigen Gerichtstafel aushängt (KG StraFo 2009, 240), sie ist jedoch unwirksam, wenn die Ladung verfrüht von der Gerichtstafel entfernt wird (OLG Bremen StraFo 2014, 294),

- Zustellung des Urteils ohne die nach § 36 Abs. 1 S. 1 **zwingende Anordnung** des **Vorsitzenden** (zuletzt BGH NStZ 2011, 591; OLG Bamberg StraFo 2010, 468; DAR 2011, 401; OLG München NStZ-RR 2010, 15),
- Zustellung an den **Verteidiger ohne Zustellungsvollmacht** (s. dazu OLG Brandenburg zfs 2005, 571; OLG Hamm StraFo 2004, 96; vgl. aber a. die o. bei Rdn 3639 angeführte neuere Rspr.; zur rechtsgeschäftlichen Vollmacht s. OLG München NStZ-RR 2010, 15),

Unwirksam ist auch die **Zustellung** an die **Sozietät**, wenn die Vollmacht nur auf den einzelnen Verteidiger ausgestellt ist (OLG Celle StraFo 2011, 502; AG Jena zfs 2005, 313; AG Marburg DAR 2012, 404; AG Mayen VRR 2005, 277; AG Husum DAR 2009, 158 [für Partnergesellschaft]; s.a. o. Rdn 3639). Etwas anderes gilt allerdings, wenn die Zustellung des Bußgeldbescheids an das „Rechtsanwaltsbüro X" erfolgt, wenn der Verteidiger unter der Bezeichnung „Kanzlei X" firmiert, er alleiniger Verteidiger ist und sich die entsprechende Vollmacht im Zeitpunkt der Zustellung bei den Akten befindet (OLG Celle VA 2005, 147 [Ls.]). Etwas anderes gilt auch, wenn der Beschuldigte eine **alle Rechtsanwälte** der **Kanzlei** bzw. **Sozietät** erfassende **Verteidigervollmacht** unterzeichnet hat. Dann kann, wenn sich höchstens drei dieser Anwälte im Verfahren zum Verteidiger bestellt haben, mit verjährungsunterbrechender Wirkung an die Anwaltskanzlei bzw. -sozietät als solche adressiert werden (OLG Hamm StRR 2012, 226 m. Anm. *Burhoff*).

3644 Zustellung wirksam

- **Verstoß gegen die** Benachrichtigungspflicht des **§ 145a Abs. 3 S. 1** (BVerfG NJW 1978, 1575; BGH NJW 1977, 640; StV 2006, 283 [Ls.]; KG, Beschl. v. 9.2.2014 – 2 Ws 2/14; LG Aurich StRR 2011, 348; *Meyer-Goßner/Schmitt*, § 145a Rn 14).

🖉 Der Verstoß wird jedoch im Zweifel die → *Wiedereinsetzung in den vorigen Stand*, Rdn 3464, begründen, wenn es aufgrund der nicht erfolgten Benachrichtigung zu einer Fristversäumung gekommen ist (vgl. dazu u.a. BGH, a.a.O.; OLG Hamm NJW 1973, 1338; OLG Schleswig SchlHA 2001, 133).

b) Wird eine Entscheidung zugestellt, die durch ein befristetes Rechtsmittel angefochten werden kann, muss gem. § 35a dem zuzustellenden Schriftstück eine → *Rechtsmittelbelehrung*, Rdn 2177, beigefügt werden, und zwar auch bei einem Rechtsanwalt (OLG Hamm, Beschl. v. 7.2.2013 – 1 Ws 30/14; LR-*Graalmann-Scheerer*, § 44 Rn 67 m.w.N.). Hinsichtlich Inhalt und Umfang gelten die Ausführungen für die → *Rechtsmittelbelehrung*, Rdn 2177, in der HV entsprechend. 3645

🖉 **Fehlt** die Rechtsmittelbelehrung oder ist sie unwirksam/unvollständig, führt das nicht zur Unwirksamkeit der Zustellung, sondern bei einem Antrag auf → *Wiedereinsetzung in den vorigen Stand*, Rdn 3464, zur Anwendung des § 44 S. 2. Der Beginn des Laufes der Frist wird davon nicht berührt (vgl. u.a. BGH NStZ 1984, 329).

Siehe auch: → *Berufung, Allgemeines*, Rdn 541; → *Revision, Allgemeines*, Rdn 2211; → *Vollmacht des Verteidigers*, Rdn 3350; → *Wiedereinsetzung in den vorigen Stand*, Rdn 3464.

Zuziehung eines Dolmetschers 3646

Das Wichtigste in Kürze:
1. Ist der Angeklagte der deutschen Sprache, die gem. § 184 GVG Gerichtssprache ist, nicht mächtig, hat er das unverzichtbare Recht, die Zuziehung eines Dolmetschers zu beantragen.
2. Der deutschen Sprache nicht mächtig ist der Angeklagte, wenn er nicht in der Lage ist, der Verhandlung zu folgen und selbst das vorzubringen, was er vortragen will.
3. Die Verpflichtung, ggf. einen Dolmetscher beizuziehen, gilt nach der Rspr. für das gesamte Verfahren.
4. Der Dolmetscher muss in die Muttersprache des Angeklagten oder in eine ihm geläufige Sprache übersetzen.
5. Geringste Zweifel bei Verständigungsproblemen müssen den Verteidiger veranlassen, auf Beiziehung eines Dolmetschers zu drängen.

Literaturhinweise: Armbrüster, Fremdsprachen in Gerichtsverfahren, NJW 2011, 812; **Basdorf**, Strafverfahren gegen der deutschen Sprache nicht mächtige Beschuldigte, in: Gedächtnisschrift für *Karlheinz Meyer*, 1990, 3647

S. 19; **Burhoff**, Vorschuss aus der Staatskasse (§ 47 RVG), RVGreport 2011, 327; *ders.*, Ihr gutes Recht Verlangen Sie auch von der Staatskasse einen Vorschuss, RVGprofessionell 2014, 158; **Christl**, Europäische Mindeststandards für Beschuldigtenrechte – Zur Umsetzung der EU-Richtlinien über Sprachmittlung und Information im Strafverfahren, NStZ 2014, 376; **Eisenberg**, „Gesetz zur Stärkung der Verfahrensrechte Beschuldigter im Strafverfahren" – Bedeutung und Unzuträglichkeiten, JR 2013, 442; **C. Gatzweiler**, Die neuen EU-Richtlinien zur Stärkung der Verfahrensrechte (Mindestmaß) des Beschuldigten oder Angeklagten in Strafsachen, StraFo 2011, 293; **Gatzweiler/Mehle**, Die Hauptverhandlung, in: StrafPrax, § 9; **Kabbani**, Dolmetscher im Strafprozeß, StV 1987, 410; **Hunsmann**, Die Mitwirkung hör-, seh- und sprachbehinderter Personen im Strafverfahren, StRR 2014, 324; **Kranjčić**, Dolmetschen im Strafverfahren: wider die Wörtlichkeit und für wirkliche Zweckorientierung (oder: Wem dient der Dolmetscher?), NStZ 2011, 657; **Kotz**, Dolmetsch- und Übersetzungsleistungen zur Überwindung von Sprachbarrieren im Strafverfahren, StRR 2012, 124; *ders.*, Anspruch auf Dolmetsch- und Übersetzungsleistungen im Strafverfahren Anregungen zur Umsetzung der Richtlinie 2010/64/EU des Europäischen Parlaments und des Rates vom 20.10.2010 über das Recht auf Dolmetschleistungen und Übersetzungen in Strafverfahren (Abl. L Nr. 280, S. 1), StV 2012, 626; *ders.*, Anspruch des sprachunkundigen Angeklagten auf schriftliche Übersetzung verfahrenswesentlicher Unterlagen (§ 187 Abs. 2 GVG), StRR 2014, 364; **Kühne**, Zuziehung eines Dolmetschers (Anm. zu BGH 1 StR 631/88), StV 1990, 102; **Lohse**, Handling der Erstattung von Dolmetscher- und Übersetzerkosten nach Art. 6 Abs. 3 lit. e MRK, JurBüro 2014, 339; **Mock**, Erstattung von Dolmetscherkosten für Gespräche zwischen Wahlverteidigern und mittellosen, der Gerichtssprache nicht kundigen Mandanten, RVGreport 2006, 334; **Morten**, Stellung, Aufgabe und Rolle von Dolmetscherinnen und Dolmetschern im Strafverfahren, StraFo 1995, 80; **Sommer**, Verteidigung und Dolmetscher, StraFo 1995, 45; **Staudinger**, Dolmetscherzuziehung und/oder Verteidigerbeiordnung bei ausländischen Beschuldigten, StV 2002, 237; **Stunz/Fahl**, Dolmetsch- und Übersetzungsleistungen im Strafverfahren – Der Richtlinienvorschlag der Europäischen Union vom 9. März 2010, SchlHA 2010, 264; **Vogler**, Das Recht auf unentgeltliche Beiziehung eines Dolmetschers (Art. 6 Abs. 3 Buchst. e EMRK) Anmerkungen zum Dolmetscherkosten-Urteil des Europäischen Gerichtshofs für Menschenrechte, EUGRZ 1979, 34; **Volpert**, Die Erstattung von Dolmetscherkosten für Verteidigergespräche, RVGreport 2011, 322; **Wielgross**, Auswärtiger Dolmetscher des Vertrauens, JurBüro 1998, 632; s.a. die Hinw. bei → *Ablehnung eines Dolmetschers*, Rdn 1.

3648 1. Ist der Angeklagte der deutschen Sprache, die gem. § 184 GVG Gerichtssprache ist, nicht mächtig (vgl. Rdn 3649), hat er das **unverzichtbare** Recht, die **Zuziehung** eines Dolmetschers zu beantragen (vgl. zu allem BVerfG NJW 1988, 1462 ff.; 2004, 50; *Kabbani* StV 1987, 410; *Morten* StraFo 1995, 80, 81; *Mock* RVGreport 2006, 334; *Volpert* RVGreport 2011, 322; s.a. u. Rdn 3657; zur Zuziehung eines Dolmetschers/einer Hilfsperson bei der Vernehmung tauber/stummer/behinderter Zeugen → *Vernehmung des Zeugen zur Sache*, Rdn 3109; *Hunsmann* StRR 2014, 324; zur Zuziehung des Dolmetschers im EV *Burhoff*, EV, Rn 4498 ff.).

> Nach der durch das 1 OpferRRG v. 1.9.2004 Regelung betreffend Nebenkläger (früher § 187 Abs. 2 GVG; jetzt § 187 Abs. 4 GVG), ist auch für die der deutschen Sprache nicht mächtigen **Nebenkläger** ein Dolmetscher beizuziehen (vgl. dazu OLG Hamburg NJW 2005, 1135; → *Nebenklägerrechte in der Hauptverhandlung*, Rdn 1932).
>
> Ist ein **Zeuge** der deutschen Sprache nicht mächtig und kann er sich bei seiner Vernehmung teilweise nur mit Gesten verständigen, ist gem. § 185 Abs. 1 S. 1 GVG ein Dolmetscher beizuziehen (BayObLG NStZ-RR 2005, 178; → *Vernehmung des Zeugen zur Sache*, Rdn 3103).

Zuziehung eines Dolmetschers   Z

2. Der deutschen Sprache nicht mächtig ist der Angeklagte, wenn er **nicht** in der Lage ist,   3649
der **Verhandlung** zu **folgen** und selbst das **vorzubringen**, was er vortragen will (*Meyer-Goßner/Schmitt*, § 185 GVG Rn 4 m.w.N.; s. aber auch BGH NJW 2005, 3434). Er hat dann Anspruch auf **kostenlose Zuziehung** eines Dolmetschers. Auch im Fall der Verurteilung kann von ihm Kostenerstattung nicht verlangt werden (BVerfG NJW 2004, 50; BVerfG NJW 2004, 1095). Es ist nicht erforderlich, dass es sich bei dem Beschuldigten um einen Ausländer i.e.S. handelt, er also nicht die deutsche Staatsbürgerschaft besitzt. Auch für einen „**Deutschen**", der nicht die die deutsche Sprache spricht oder versteht, also z.B. für einen russischen Spätaussiedler, ist ein Dolmetscher beizuziehen.

> Für Verfahren gegen sprachunkundige Ausländer gilt **Nr. 181 RiStBV**. Danach ist bei der ersten verantwortlichen Vernehmung **aktenkundig** zu machen, ob der Beschuldigte die deutsche Sprache so weit beherrscht, dass ein Dolmetscher nicht hinzugezogen zu werden braucht.

3.a) Die Verpflichtung, ggf. einen Dolmetscher beizuziehen, gilt nach der **Rspr.** des **BVerfG**   3650
(NJW 2004, 50) und des **BGH** (vgl. BGHSt 46, 178; BGH NStZ 2014, 725 [unterlassene Aushändigung einer Übersetzung der Anklage]) für das **gesamte Verfahren** (vgl. dazu a. § 114b für das Stadium der vorläufigen Festnahme). Dem Angeklagten steht also auch für vorbereitende Gespräche mit seinem Verteidiger kostenlos ein Dolmetscher zur Verfügung (BGH, a.a.O.; so schon OLG Celle NStZ 2011, 718; StV 1997, 432; OLG Dresden StRR 2011, 362 m. Anm. *Burhoff* [Übersetzung eines ausländischen Urteils im Auslieferungsverfahren]; NStZ-RR 2014, 328 m. Anm. *Artkämper* StRR 2014, 255 für Verkehr mit einem Wahlverteidiger als weiterem Verteidiger; OLG Karlsruhe NStZ 2000, 276; OLG Oldenburg NStZ 2011, 719; LG Berlin StV 1994, 11; LG Köln StraFo 1998, 71), und zwar unabhängig davon, ob es sich um einen Wahl- oder einen Pflichtverteidiger handelt (BVerfG, a.a.O.; BGHSt 46, 178). Auch für eine **Abschlussberatung** des (Wahl-)Verteidigers nach Rechtskraft des Urteils ist ggf. noch kostenlos ein Dolmetscher beizuziehen (OLG München StraFo 2008, 88).

> Reicht allein die kostenlose Zuziehung eines Dolmetschers nicht aus, muss dem Angeklagten ggf. auch noch ein Pflichtverteidiger bestellt werden (→ *Pflichtverteidiger, Bestellung in der Hauptverhandlung*, Rdn 1967; s. aber BGHSt 46, 178 [nicht ausnahmslos]; abl. a. OLG Nürnberg NStZ-RR 2014, 183 m. Anm. *Hillenbrand* StRR 2014, 343 für das EV, wenn der sprachunkundige Angeklagte durch einen sprachkundigen Verteidiger vertreten wird).

Nach Auffassung der Rspr. der OLG soll aber grds. kein Anspruch auf **Übersetzung** der   3651
schriftlichen Entscheidungsgründe und der Revisionsbegründung (mehr) bestehen, wenn das Urteil in Anwesenheit des Angeklagten mündlich verkündet und übersetzt wor-

den ist. Das soll auch nach der Neufassung des § 187 GVG durch das „Gesetz zur Stärkung der Verfahrensrechte von Beschuldigten im Strafverfahren" v. 16.5.2013 (BGBl I, S. 1983) gelten (OLG Hamburg StV 2014, 534; OLG Hamm StV 2014, 534; OLG Nürnberg NStZ-RR 2014, 183 m. Anm. *Hillenbrand* StRR 2014, 343; OLG Stuttgart StV 2014, 536 m. Anm. *Bockemühl;* vgl. zum alten Recht OLG Koblenz (Beschl. v. 12.6.2006 – 1 Ws 378/06; ähnlich OLG Köln StRR 2012, 149 m.w.N. u. m. Anm. *Burhoff;* krit. *Kotz* StRR 2012, 124). Das dürfte im Hinblick auf die Entscheidung des BVerfG (in NJW 2004, 50) zweifelhaft sein (vgl. auch OLG München StraFo 2008, 88, für die Abschlussberatung nach Rechtskraft) und auch dem mit der gesetzlichen Neuregelung verfolgten Zweck nicht entsprechen (vgl. a. *Kotz,* StRR 2012, 124; *ders.,* StV 2012, 626; *ders.,* StRR 2014, 364).

3652 b) Die Beiziehung ist **unabhängig** davon, ob ein Fall der **notwendigen Verteidigung** vorliegt oder ob der Beschuldigte von einem **Wahlverteidiger** vertreten wird (BVerfG NJW 2004, 50; BGHSt 46, 178; eingehend dazu *Staudinger* StV 2002, 327; zu den [Kosten-]Fragen bei Zuziehung eines Dolmetschers [im EV] *Burhoff,* EV, Rn 4510 ff.; *Sommer* StraFo 1995, 45, 48 f.; *Mock* RVGreport 2006, 334; *Volpert* RVGreport 2011, 322; zum Verfahren bei Dolmetscherkosten Burhoff/*Volpert,* RVG, Teil A: Dolmetscher, Rn 637 ff.; *Lohse* JurBüro 2014, 339).

☞ Nach dem durch das „Gesetz zur Stärkung der Verfahrensrechte von Beschuldigten im Strafverfahren" v. 16.5.2013 (BGBl I, S. 1983) neu ein gefügten **§ 187 Abs. 1 S. 2 GVG** muss das Gericht den Beschuldigten in einer ihm verständlichen Sprache darauf **hinweisen,** dass er für das gesamte Strafverfahren die unentgeltliche Hinzuziehung eines Übersetzers **beanspruchen** kann.

3653 Das Recht entsteht i.d.R. mit der Bekanntmachung des Vorwurfs, der dem Beschuldigten gemacht wird (AnwKomm-StPO/*Sommer,* Art. 6 MRK Rn 114). Der Beschuldigte muss **nicht** einen besonderen **Antrag** auf **Beiziehung eines Dolmetschers** stellen, vielmehr ist der ggf. von Amts wegen beizuziehen (BVerfG, a.a.O.; OLG Celle NStZ 2011, 718; OLG Hamm NStZ-RR 2014, 328 m. Anm. *Artkämper* StRR 2014, 255; OLG Schleswig SchlHA 2010, 279 [Dö/Dr]; LG Duisburg StraFo 2008, 328; *Volpert* RVGreport 2011, 322, 323; s.a. BT-Drucks 17/12578, S. 10). Der Beschuldigte kann auch **selbst bestimmen, welchen Dolmetscher** er beiziehen will, ein bestimmter Dolmetscher kann also nicht vom Gericht ausgewählt werden (so zutr. LG Duisburg, a.a.O.; AnwKomm-StPO/*Püschel,* § 185 GVG Rn 8).

3654 4. Der Dolmetscher muss in die **Muttersprache** des Angeklagten oder in eine ihm **geläufige Sprache** übersetzen (*Meyer-Goßner/Schmitt,* § 185 GVG Rn 3 m.w.N.; *Kranjcic* NStZ 2011, 657). **Wörtlich** zu übersetzen sind alle prozesserheblichen Erklärungen, der Anklagesatz, Anträge, Entscheidungen, Zeugenaussagen und sonstige wesentliche Vorgänge der HV (KK-*Diemer,* § 185 GVG Rn 4; s.a. *Kranjcic* NStZ 2011, 657, 658 ff.). Aus den **Plädoyers** sind gem. § 259 Abs. 1 mindestens die Anträge des StA und des Verteidigers bekannt zu machen. Was darüber hinaus dem Angeklagten aus den Plädoyers zu übersetzen ist, steht nach h.m. im Ermessen des Vorsitzenden (*Meyer-Goßner/Schmitt*, § 259 Rn 1; *Kabbani* StV 1987, 410, 411; a.A. *Malek*, Rn 287, der – wohl zutreffend – eine möglichst exakte Übersetzung der Schlussvorträge fordert). Die Zuziehung des Dolmetschers ist in dem → **Protokoll** *der Hauptverhandlung*, Rdn 2111, zu vermerken (zu den Fragen des Dolmetschers in der HV s.a. *Jung*, Praxiswissen Strafverteidigung von Ausländern, Rn 130 ff.).

> ✍ Der Verteidiger muss darauf achten, dass sich zwischen Dolmetscher und Angeklagten **kein Zwiegespräch** entwickelt, aus dem heraus dann der Dolmetscher die Befragung eines Zeugen vornimmt oder Erklärungen des Angeklagten abgibt. Das ist nicht Aufgabe des Dolmetschers. Eine solche Verhaltensweise kann zudem zu erheblichen Gefahren für die Verteidigung führen (StrafPrax-*Gatzweiler/Mehle*, § 9 Rn 261).

Ist ein Dolmetscher zugezogen worden, muss dieser grds. während der **gesamten HV zugegen** sein. Ist das nicht der Fall, kann der absolute Revisionsgrund nach § 338 Nr. 5 vorliegen (*Meyer-Goßner/Schmitt*, § 185 GVG Rn 10, § 338 Rn 44). Ist der Angeklagte wenigstens teilweise der deutschen Sprache mächtig, bleibt es dem pflichtgemäßen Ermessen des Gerichts überlassen, in welchem Umfang es unter Mitwirkung des Dolmetschers verhandeln will (s. BGH NStZ 2002, 275). **3655**

Gem. § 189 GVG muss der Dolmetscher **vereidigt** werden bzw., wenn er allgemein vereidigt ist, sich auf den geleisteten Eid berufen (→ *Vereidigung eines Dolmetschers*, Rdn 2779). Bleibt der Dolmetscher in der HV aus, können ihm die durch sein Ausbleiben entstandenen Kosten nicht auferlegt werden; die für diesen Fall für Zeugen, Schöffen oder SV geltenden Vorschriften der §§ 51, 77 bzw. § 56 GVG oder § 9 Abs. 3 JVEG gelten weder unmittel- noch mittelbar (KG StraFo 2008, 89). **3656**

5. Hinweise für den Verteidiger! **3657**

Da die Revision nur ungenügende Ansatzpunkte für die Überprüfung bietet, um die ordnungsgemäße Beiziehung eines Dolmetschers in der HV zu überprüfen, muss der Verteidiger besonders in der HV aktiv sein (*Sommer* StraFo 1995, 45, 46 f.). **Geringste Zweifel** bei Verständigungsproblemen müssen ihn veranlassen, auf **Beiziehung** eines Dolmetschers zu drängen. Da der Dolmetscher durch seine Übersetzung erheblichen Einfluss auf das Verfahren nehmen kann, ist zudem dringend zu raten, sich über die **fachlichen Qualitäten** des Dolmetschers genauestens zu **informieren**. Das ist z.B. möglich, wenn der Verteidiger den beigezogenen Dolmetscher nach seiner Ausbildung, seinen Kenntnissen und auch seiner (Gerichts-)Erfahrung fragt (vgl. dazu *Jung*, Praxiswissen Strafverteidigung von Ausländern, Rn 134).

Z Zuziehung eines Dolmetschers

✍ Hat der Verteidiger **Zweifel** an der **Richtigkeit** der **Übersetzung** des Dolmetschers, muss er diese in der HV vortragen (→ *Ablehnung/Auswechslung eines Dolmetschers*, Rdn 1).

3658 Ggf. kann und muss der Verteidiger einen eigenen Dolmetscher (s.a. Rdn 3659) mitbringen, der Übersetzungsfehler erkennen und ihn darauf hinweisen kann, die Übersetzung des gerichtlichen Dolmetschers zu beanstanden. Der Verteidiger sollte dann seine Bedenken im Einzelnen vortragen und sie ggf. durch einen **Antrag** auf **Ablösung** des gerichtlich bestellten Dolmetschers aktenkundig machen. In der Revision reicht nämlich später nicht allein die allgemeine Behauptung, der (gerichtliche) Dolmetscher sei zu einer richtigen Übersetzung nicht in der Lage gewesen (BGH NStZ 1985, 376).

✍ Über den Antrag auf Ablösung/Auswechslung ist ein **Gerichtsbeschluss** herbeizuführen (§ 238 Abs. 2).

3659 Von besonderer **Bedeutung** kann es für den Angeklagten sein, über einen eigenen Dolmetscher/„**Vertrauensdolmetscher**" zu verfügen. Kann er diesen selbst bezahlen, kann er ihn zur HV mitbringen. Gegen seine Anwesenheit als Mitarbeiter des Verteidigers und damit auch gegen seine Anwesenheit auf der Verteidigerbank bestehen keine Bedenken (*Sommer* StraFo 1995, 45, 49; → *Sitzordnung in der Hauptverhandlung*, Rdn 2519; → *Zulassung von Mitarbeitern des Verteidigers zur Hauptverhandlung*, Rdn 3586). Kann der Angeklagte einen (Vertrauens-)Dolmetscher hingegen nicht selbst bezahlen, muss der Verteidiger die Beiziehung eines Dolmetschers des Vertrauens beantragen. In umfangreichen Verfahren wird dazu die „**Erforderlichkeit**" inzwischen auch von der Rspr. anerkannt (vgl. OLG Frankfurt am Main StV 1996, 166; zum Recht des Angeklagten auf einen bestimmten Dolmetscher s.a. LG Duisburg StraFo 2008, 328).

✍ Ist der Verteidiger **Pflichtverteidiger**, wird er – wegen des Kostenrisikos – möglichst frühzeitig gem. § 46 Abs. 2 S. 3 RVG die Erforderlichkeit der Beiziehung feststellen lassen (s. zu den Kostenfragen a. *Sommer* StraFo 1995, 45, 48; *Burhoff*, EV, Rn 4510 ff., mit Antrag zur Feststellung der Erforderlichkeit der Zuziehung bei Rn 3462; *Mock* RVGreport 2006, 334; zum Verfahren Burhoff/*Volpert*, RVG, Teil A: Auslagen aus der Staatskasse [§ 46 Abs. 1 und 2], Rdn 337 ff. m.w.N. und Teil A: Dolmetscherkosten, Rn 637 ff.).

6. Muster: Antrag auf Zuziehung eines Dolmetschers 3660

▼

An das

Amtsgericht/Landgericht Musterstadt

In der Strafsache

gegen H. Mustermann

Az.:

wird beantragt,

gem. § 187 GVG zur Hauptverhandlung einen Dolmetscher für die türkische Sprache kostenlos beizuziehen.

Der Angeklagte ist türkischer Staatsangehöriger. Ich war bisher aufgrund der mit ihm geführten Besprechungen davon ausgegangen, dass es dem Angeklagten möglich sein würde, der Hauptverhandlung in deutscher Sprache zu folgen. Außerdem war ich davon ausgegangen, dass er sich in Deutsch ausdrücken könne, da er bereits seit einem Jahr in der Bundesrepublik Deutschland lebt. Dies ist jedoch, wie ich jetzt feststellen muss, aufgrund der Belastungen durch die Hauptverhandlung nicht möglich. Der Angeklagte ist nicht in der Lage, sich mit mir zu verständigen.

Rechtsanwalt

▲

Siehe auch: → *Ablehnung/Auswechslung eines Dolmetschers*, Rdn 1; → *Fremdsprachige Protokollierung*, Rdn 1573; → *Vereidigung eines Dolmetschers*, Rdn 2779.

Zwangsmittel bei Ausbleiben des Angeklagten 3661

> **Das Wichtigste in Kürze:**
> 1. Allgemeine Voraussetzungen für den Erlass einer der Zwangsmaßnahmen ist, dass der ordnungsgemäß geladene Angeklagte unentschuldigt ausgeblieben ist.
> 2. Ein Vorführungsbefehl muss inhaltlich die in § 134 Abs. 2 aufgeführten Angaben enthalten.
> 3. Der HB nach § 230 Abs. 2 setzt keinen dringenden Tatverdacht und keinen Haftgrund nach §§ 112 ff. voraus.

> 4. Zuständig zum Erlass der Zwangsmaßnahme ist das Gericht, nicht der Vorsitzende allein.
> 5. Gegen die Zwangsmaßnahme nach § 230 Abs. 2 ist gem. §§ 304, 305 S. 2 grds. die Beschwerde zulässig.
> 6. Liegen die allgemeinen Voraussetzungen für den Erlass eines HB nach den §§ 112 ff. vor, kann das Gericht bei Ausbleiben des Angeklagten auch einen solchen HB erlassen.

3662 **Literaturhinweise: Rupp,** Haftbefehl gem. § 230 II StPO im Rahmen von Großverfahren, NStZ 1990, 576; **Scharf/Kopp,** Zeitliche Schranken beim Haftbefehl nach § 230 StPO, NStZ 2000, 297; **Welp,** Die Gestellung des verhandlungsunfähigen Angeklagten, JR 1991, 269; s.a. die Hinw. bei → *Haftfragen,* Rdn 1653.

3663 1. Erscheint der Angeklagte in der HV nicht, kann gegen ihn gem. § 230 Abs. 2 mit einem Vorführungsbefehl (im Folgenden VB) die Vorführung angeordnet (s.u. Rdn 3665 f.) oder ein HB (s.u. Rdn 3672 ff.) erlassen werden. Da ggf. Haft droht, muss der Verteidiger sich mit den Voraussetzungen der möglichen Zwangsmaßnahmen sorgfältig auseinandersetzen.

3664 **Zulässig** sind die Maßnahmen auch im **StB-Verfahren,** da nach der Rspr. auch dort der Erlass des HB nach § 230 Abs. 2 als zulässig angesehen wird, auch wenn sich der Angeklagte in der HV durch einen nach § 411 Abs. 2 mit einer schriftlichen Vollmacht versehenen Verteidiger vertreten lässt (KG StraFo 2014, 512; → *Strafbefehlsverfahren,* Rdn 2568; → *Vertretung des Angeklagten durch den Verteidiger,* Rdn 3208). Dem soll auch nicht entgegenstehen, dass die HV Undurchführbar ist, weil der Verteidiger telefonisch vor der HV mitgeteilt hatte, der Angeklagte werde nicht erscheinen, und das Gericht daraufhin Zeugen und Dolmetscher abgeladen hatte (KG, a.a.O.).

3664a In der Vergangenheit war der Erlass eines HB nach § 329 Abs. 4 a.F. auch im **Berufungsverfahren** uneingeschränkt zulässig. Gegen den ausbleibenden Angeklagten konnte Vorführung oder Verhaftung angeordnet werden, sofern nicht sein Erscheinen in einer neuen HV ohne Zwangsmaßnahmen zu erwarten war, wenn bei seiner Berufung keine Verwerfung erfolgt ist oder bei einer Berufung der StA nicht ohne ihn verhandelt werden konnte (§ 329 Abs. 4 a.F.). Hier hat sich nun durch das „Gesetz zur Stärkung des Rechts des Angeklagten auf Vertretung in der Berufungsverhandlung und über die Anerkennung von Abwesenheitsentscheidungen in der Rechtshilfe" (vgl. BGBl I, S. 1332; BR-Drucks 491/14 = BT-Drucks 18/3562 u. 18/5254) seit dem 27.7.2015 eine Änderung ergeben, und zwar wie folgt (vgl. i. Üb. → *Berufungsverwerfung wegen Ausbleibens des Angeklagten,* Rdn 702b ff.):

■ Bei einer **Berufung** des **Angeklagten** sind Vorführung und Verhaftung bedingt durch den gestreckten Verfahrensablauf im Zusammenhang mit der nun gebotenen Erforderlichkeitsprüfung nach § 329 Abs. 2 und 4 nur noch bei erneuter Verhandlung nach Zurückverweisung durch das Revisionsgericht mangels Verwerfungsmöglich-

keit vorgesehen (§ 329 Abs. 1 S. 4, Abs. 3 Alt. 2). Die Zwangsmaßnahmen stehen unter dem Vorbehalt, dass sie zur Durchführung der Hauptverhandlung geboten sind.
■ Bei einer **Berufung** der **StA** hat sich in der Sache nichts geändert (vgl. § 329 Abs. 3 Alt. 1).

2.a) Allgemeine **Voraussetzung** für den Erlass einer dieser Zwangsmaßnahmen ist zunächst, dass der Angeklagte bei → *Aufruf der Sache*, Rdn 341, **unentschuldigt ausgeblieben** ist (zu möglichen Entschuldigungsgründen → *Ausbleiben des Angeklagten*, Rdn 367 f.; → *Berufungsverwerfung wegen Ausbleibens des Angeklagten*, Rdn 710 ff.). Ist der Angeklagte nur verspätet, kommt es darauf an, ob es dem Angeklagten zugemutet werden konnte, pünktlich vor Gericht zu erscheinen (OLG Köln, Beschl. v. 8.7.2008 – 2 Ws 326/08).

3665

b) Voraussetzung ist weiterhin, dass der Angeklagte **ordnungsgemäß geladen** worden ist (→ *Ladung des Angeklagten*, Rdn 1817; → *Berufungsverwerfung wegen Ausbleibens des Angeklagten*, Rdn 696). Gegen denjenigen, der nicht wirksam geladen worden ist, können keine Zwangsmaßnahmen ergehen (LG Koblenz StraFo 2014, 133 für Verfall der Sicherheit nach § 124).

3666

Eine **wirksame Ladung** setzt z.B. voraus, dass der Ort der HV zutreffend angegeben ist (LG Görlitz StraFo 2004, 422). Die Ladung muss zudem die Warnung nach § 216 Abs. 1 enthalten, den Angeklagten also darauf hinweisen, dass gegen ihn im Fall seines unentschuldigten Ausbleibens ein VB oder HB ergehen kann. Fehlt dieser Hinweis, ist die Ladung unwirksam (vgl. z.B. OLG Bremen NStZ 2005, 527; OLG Dresden StV 2009, 348 [für ausländischen Angeklagten, der in deutscher Sprache geladen worden ist]). Das gilt auch bei einer wiederholten Ladung, der bloße Verweis auf die frühere Ladung genügt nicht (OLG Hamm NStZ-RR 2009, 89). Muss der Angeklagte im **Ausland geladen** werden, stellt sich die Frage, ob in die Ladung entsprechende Warnhinweise aufgenommen werden dürfen (vgl. dazu → *Ladung des Angeklagten*, Rdn 1822 m.w.N. aus der Rspr.). Ist das persönliche Erscheinen des Angeklagten angeordnet worden (§ 236), z.B. im Strafbefehlsverfahren, ist erforderlich, dass die Anordnung ordnungsgemäß durch Gerichtsbeschluss erfolgt ist (LG Berlin, Beschl. v. 15.3.2010 – 533 Qs 33/10; *Meyer-Goßner/Schmitt*, § 236 Rn 2).

3667

☞ Das gilt nicht für einen **Fortsetzungstermin**, zu dem der Angeklagte nicht förmlich, sondern mündlich am Ende der unterbrochenen HV geladen worden ist (→ *Unterbrechung der Hauptverhandlung*, Rdn 2719).

Wird die **Ladungsfrist nicht eingehalten**, steht das dem Erlass einer Zwangsmaßnahme jedenfalls dann entgegen, wenn damit zu rechnen ist, dass der (nicht verteidigte) Angeklagte nach erfolgter Belehrung die Aussetzung der HV beantragt hätte (OLG Frankfurt am Main StV 2005, 432; s.a. BGHSt 24, 143).

3668

c) Es muss außerdem der **Verhältnismäßigkeitsgrundsatz** beachtet werden (OLG Hamburg StraFo 2012, 60). Entscheidend ist, ob die Zwangsmittel des § 230 Abs. 2 erforderlich

3669

sind, um das Erscheinen des Angeklagten in der HV sicherzustellen (OLG Hamburg, a.a.O.). Es sind alle **Umstände** des **Einzelfalls** verständig daraufhin zu prüfen, ob die Erwartung gerechtfertigt ist, dass der Angeklagte (zum nächsten Termin) nicht auch ohne Zwang zum Termin erscheinen wird (BVerfG NJW 2007, 2318; OLG Hamm StRR 2013, 275). Die Verhaftung eines Angeklagten ist dann nicht mit dem Grundsatz der Verhältnismäßigkeit vereinbar, wenn bei verständiger Würdigung aller Umstände damit gerechnet werden kann, dass der Angeklagte zum neu anberaumenden Hauptverhandlungstermin erscheinen wird (OLG Hamm, a.a.O.; LG Berlin StRR 2014, 145). Bei der Prüfung der Erforderlichkeit eines Zwangsmittels ist auch von Belang, ob überhaupt eine HV erforderlich ist, oder ob diese entbehrlich ist, weil die zu treffende verfahrensabschließende Entscheidung auch im Beschlussweg außerhalb der HV ergehen kann (OLG Hamburg, a.a.O., für wahrscheinlich vorliegende Verjährung). Zu berücksichtigen ist ggf. zudem, ob die Möglichkeit besteht, das Verfahren auch ohne Anwesenheit des Angeklagten zu beenden, wie z.B. die Möglichkeit der Verwerfung des Einspruchs im → *Strafbefehlsverfahren*, Rdn 2568 (KG NJW 2007, 2345; OLG Brandenburg wistra 2012, 43; LG Zweibrücken StraFo 2006, 289). Von Bedeutung sind auch das Gewicht des Vorwurfs, der dem Angeklagten gemacht wird (LG Koblenz StraFo 2010, 150), die Höhe der zu erwartenden Strafe (LG Koblenz, a.a.O.) sowie der Umstand, dass der Angeklagte einen festen Wohnsitz hat (LG Koblenz, a.a.O.). Insbesondere im → *Strafbefehlsverfahren*, Rdn 2568, ist die Frage der Verhältnismäßigkeit des Erlasses eines HB nach § 230 gegen den ausgebliebenen Angeklagten besonders zu prüfen (KG NJW 2007, 2345; OLG Düsseldorf NStZ-RR 1998, 180; LG Essen StraFo 2010, 28). Zu berücksichtigen wird hier insbesondere sein, dass ggf. ein vertretungsberechtigter Verteidiger anwesend ist (KG NJW 2007, 2345; OLG Düsseldorf NStZ-RR 1998, 180), obwohl das Erscheinen eines nach § 411 Abs. 2 mit einer schriftlichen Vollmacht versehenen Verteidigers in der HV den Erlass eines HB nach § 230 Abs. 2 nicht hindern soll (vgl. aber KG StraFo 2014, 512).

3670 Grds. hat der **VB Vorrang** vor dem HB, wenn er ausreicht, die Weiterführung und Beendigung des Verfahrens zu sichern (BVerfGE 32, 87; BVerfG NJW 2007, 2318; OLG Braunschweig NStZ-RR 2012, 385 [Ls.]; OLG Düsseldorf NStZ-RR 1998, 180; StV 2001, 332 m.w.N.; OLG Frankfurt am Main StV 2005, 432; OLG Hamm StRR 2013, 275; LG Berlin StRR 2014, 145; LG Gera StV 1997, 293, 294 m.w.N.; LG Zweibrücken NJW 1996, 737 [für betrunkenen Angeklagten]).

☞ Bei der Abwägung ist auch § 135 S. 2 zu beachten, der dem Gericht die Möglichkeit gibt, den Angeklagten bereits 24 Stunden vor der HV in polizeilichen Gewahrsam nehmen zu lassen (zur **Geltungsdauer** eines VB s.a. u. Rdn 3671). Es kann also auch mit einem VB der Gefahr vorgebeugt werden, dass der Angeklagte sich vor der HV (erneut) in einen verhandlungsunfähigen Zustand versetzt (LG Zweibrücken, a.a.O.). Scheitert eine Vorführung des Angeklagten wegen Organisationsmängeln bei der Polizei (VB wird verlegt und erst nach der HV wiedergefunden), darf der VB nicht vom Gericht in einen HB umgewandelt werden (LG Gera, a.a.O.).

3. Der VB muss **inhaltlich** die in § 134 Abs. 2 aufgeführten Angaben enthalten. Er muss also den **Angeklagten** bezeichnen, **Vorführungszeit** und **-ort** angeben sowie die dem Angeklagten zur Last gelegte **Straftat** und den **Grund** der Vorführung. Er wird schriftlich ausgefertigt und ist dem Angeklagten nach § 35 Abs. 2 S. 2 formlos bekannt zu machen. In der Praxis wird dies erst beim Vollzug getan, um damit sicherzustellen, dass der Angeklagte sich seiner Vorführung nicht entzieht (zur Zuständigkeit für den Erlass eines VB und wegen Rechtsmitteln s.u. Rdn 3675 ff.).

3671

Der **VB** darf nicht eher vollstreckt werden, als es notwendig ist, um den Angeklagten rechtzeitig zur HV zu bringen (LG Berlin MDR 1995, 191). Für die **Geltungsdauer** ist auf den entsprechend anwendbaren § 135 zu verweisen (*Meyer-Goßner/Schmitt*, § 230 Rn 20). Aufgrund eines VB darf der Angeklagte gem. § 135 S. 2 also nicht länger als bis zum Ende des Tages festgehalten werden, der dem Beginn der Vorführung folgt. Längeres Festhalten ist unzulässig. Andererseits gibt § 135 S. 2 dem Gericht die Möglichkeit, durch Veranlassung der rechtzeitigen Ingewahrsamnahme dem **Nichterscheinen** in der HV **vorzubeugen**, was einen HB überflüssig macht (LG Zweibrücken NJW 1996, 737). Da der **VB** nur der Sicherstellung des Erscheinens des Angeklagten in der HV dient (KK-*Gmel*, § 230 Rn 11), wird er **gegenstandslos**, wenn der Angeklagte in den **Sitzungssaal geführt** worden ist (OLG Düsseldorf MDR 1983, 512; *Meyer-Goßner/ Schmitt*, § 230 Rn 20; KK-*Gmel*, a.a.O.). Von da an gilt § 231 Abs. 1 S. 2 (→ *Anwesenheitspflicht des Angeklagten*, Rdn 315).

4.a) Der **HB** nach § 230 Abs. 2 dient der Sicherung und Weiterführung des Verfahrens. Er setzt **keinen dringenden Tatverdacht** und **keinen Haftgrund** nach §§ 112 ff. voraus, sondern nur die Feststellung, dass der Angeklagte nicht erschienen und sein Ausbleiben nicht genügend entschuldigt ist (vgl. BVerfGE 32, 87, 93; OLG Düsseldorf MDR 1983, 512; OLG Karlsruhe MDR 1980, 868; *Meyer-Goßner/Schmitt*, § 230 Rn 21).

3672

Die aufgrund des HB nach § 230 vollstreckte Haft ist keine U-Haft. Es gilt also – schon vom Wortlaut her – **nicht** die Regelung in **§ 140 Abs. 1 Nr. 4** (vgl. dazu → *Haftfragen*, Rdn 1686 f.; *Burhoff*, EV, Rn 2848 ff.). Allerdings wird man überlegen müssen, ob nicht nach der Einführung des § 140 Abs. 1 Nr. 4 einiges dafür spricht, dem aufgrund eines HB nach § 230 Abs. 2 Inhaftierten auch einen **Pflichtverteidiger** beizuordnen.

3673 b) Einige der **Haftvorschriften** der StPO sind auf den HB nach § 230 allerdings **anwendbar**. Insoweit gilt (s.a. *Meyer-Goßner/Schmitt*, a.a.O.):

- Es gilt **§ 114 Abs. 2** (s. OLG Frankfurt am Main StV 1995, 237; LG Zweibrücken NJW 2009, 1828; *Meyer-Goßner/Schmitt*, § 230 Rn 21; a.A. LG Chemnitz StV 1996, 255).
- Der HB wird dem Angeklagten bei seiner **Verhaftung** gem. § 114a **bekannt gemacht**. Ihm ist eine Abschrift des HB auszuhändigen. Für die **Vorführung** vor das Gericht gelten die §§ 115, 115a entsprechend (OLG Stuttgart MDR 1990, 75; zur Vorführung[-sverhandlung] s. *Burhoff*, EV, Rn 4280 ff.).
- Das Gericht kann den **Vollzug** des HB entsprechend § 116 **aussetzen**, wenn eine weniger einschneidende Maßnahme die Gewähr dafür bietet, dass der Angeklagte an der HV teilnehmen wird (OLG Düsseldorf, a.a.O.; OLG Frankfurt am Main StV 2005, 432). In Betracht kommt hier insbesondere die Festsetzung einer **Kaution** (vgl. dazu *Burhoff*, EV, Rn 666 ff.). Diese verfällt, wenn der Angeklagte einer Ladung zur HV nicht Folge leistet (KK-*Gmel*, § 230 Rn 14).
- Der HB muss **aufgehoben** werden, wenn Sicherungsmaßnahmen nicht (mehr) erforderlich sind (OLG Frankfurt am Main StV 2005, 432). Das gilt auch, wenn der Angeklagte wegen Haftverbüßung in anderer Sache für die Durchführung der HV über einen längeren Zeitraum von mehreren Monaten ohnehin sicher zur Verfügung steht (OLG Celle StraFo 2009, 151 [für nicht vollzogenen HB]). Der HB ist auch dann aufzuheben, wenn der Angeklagte nach anwaltlicher Beratung freiwillig bei Gericht erscheint und erklärt, dass er zur nächsten HV kommen werde (OLG Düsseldorf StV 2001, 331 [Ls.]). Das LG Kleve hat den Fortbestand des HB auch dann als unzulässig angesehen, wenn ein neuer Hauptverhandlungstermin noch nicht bestimmt ist (LG Kleve, Beschl. v. 12.2.2009 – 110 Qs 16/09).

3674 c) Die **§§ 121, 122** sind nach h.M. auf den HB nach § 230 Abs. 2 nicht anwendbar (KG NStZ-RR 1997, 75; OLG Karlsruhe Justiz 1982, 438; OLG Oldenburg NJW 1972, 1585; a.A. *Rupp* NStZ 1990, 576; *Scharf/Kropp* NStZ 2000, 297). Es findet also **keine Haftprüfung** durch das **OLG** statt. Das bedeutet jedoch nicht, dass aufgrund des HB die Haft zeitlich unbeschränkt vollzogen werden darf. Vielmehr ist auch in diesen Fällen der allgemein für Haftsachen geltende **Beschleunigungsgrundsatz zu beachten**. Danach hat die HV grds. in angemessener Zeit nach der Festnahme des Angeklagten stattzufinden (OLG Hamburg MDR 1987, 78; s.a. LG Berlin StV 1994, 422 [Aufhebung des HB nach mehr als fünf Monaten, in denen der Angeklagte für die HV zur Verfügung gestanden hätte]; LG Dortmund StV 1987, 335 [nicht später als sieben Wochen nach der Festnahme]; LG Zweibrücken StV 2001, 345 [mehr als drei Monate in einer Jugendsache auf jeden Fall unverhältnismäßig]; zum Beschleunigungsgrundsatz allgemein u.a. BVerfG NJW 2006, 672; → *Haftfragen*, Rdn 1653).

👉 Kommt das Gericht der Verpflichtung zur baldigen HV nicht nach, muss der Verteidiger – neben einem Rechtsmittel gegen den HB – gegen die Untätigkeit/**Nichtterminierung** mit der **Beschwerde** vorgehen. Insoweit gelten die Ausführungen bei → *Terminsbestimmung/Terminsverlegung*, Rdn 2646 ff., entsprechend.

4. Zuständig zum Erlass der Zwangsmaßnahme ist das **Gericht**, nicht der Vorsitzende allein (KK-*Gmel*, § 230 Rn 17). Die Schöffen haben mitzuwirken (OLG Bremen MDR 1960, 244; OLG Köln StV 2005, 433). Die Entscheidung ergeht durch Beschluss, der erkennen lassen muss, dass eine Abwägung zwischen polizeilicher Vorführung und der Anordnung der Haft nach § 230 Abs. 2 stattgefunden hat (LG Berlin StRR 2014, 145). 3675

Umstritten ist, ob sich das Gericht den Beschluss nach § 230 Abs. 2 für einen späteren Zeitpunkt außerhalb der HV – Entscheidung also ohne Schöffen – **vorbehalten** kann. Das kann z.B. in Betracht kommen, wenn es eine – ggf. vom Verteidiger – vorgebrachte Entschuldigung erst prüfen oder den Eingang eines glaubhaft angekündigten Nachweises abwarten will (so OLG Hamm GA 1959, 314; OLG Köln StV 2005, 433; OLG Schleswig SchlHA 2013, 316 [Dö/Gü]; *Meyer-Goßner/Schmitt*, § 230 Rn 24 m.w.N.; KK-*Gmel*, § 230 Rn 17 m.w.N; einschr. LG Gera StV 1997, 293 und LG Zweibrücken StV 1995, 404 [Vorbehalt zulässig, dann aber Entscheidung ggf. mit Schöffen]; s.a. LG Zweibrücken NStZ-RR 1998, 112). Für die von der wohl h.M. vertretene Ansicht sprechen zwar Praktikabilitätsgründe, sie findet allerdings im Wortlaut des Gesetzes keine Stütze. Auch der Gesetzeszusammenhang spricht eher für die Gegenansicht und dürfte den Vorbehalt der Maßnahme nicht zulassen. In der **Praxis** wird jedoch **meist anders** verfahren (s. LG Zweibrücken StV 1995, 404). 3676

👉 Bleibt der Angeklagte in der HV aus, wird der Verteidiger, wenn er zum Erlass einer Zwangsmaßnahme gehört wird, im Zweifel um eine kurze → *Unterbrechung der Hauptverhandlung*, Rdn 2701, bitten. In der **Verhandlungspause** muss er dann versuchen festzustellen, warum der Angeklagte nicht erschienen ist.

Das Gericht muss vor dem Erlass der Zwangsmaßnahme eine **Wartezeit** einhalten. Zu deren Bemessung gelten die Ausführungen bei → *Berufungsverwerfung wegen Ausbleibens des Angeklagten*, Rdn 699, entsprechend, also mindestens 10 – 15 Minuten.

5. Gegen den VB/HB nach § 230 Abs. 2 ist gem. §§ 304, 305 S. 2 die **Beschwerde** zulässig. Gegen einen HB ist gem. § 310 Abs. 2 auch die weitere Beschwerde zulässig (vgl. u.a. OLG Braunschweig NStZ-RR 2012, 385 [Ls.]; OLG Karlsruhe NJW 1969, 1546), nicht jedoch gegen den VB (OLG Celle MDR 1966, 1022). Zu den zeitlichen Beschränkungen des HB s.o. Rdn 3672. 3677

Z | Zwischenberatungen des Gerichts

👉 Mit der Beendigung der HV wird der HB **gegenstandslos** (OLG Hamm NStZ-RR 2009, 89; OLG Saarbrücken NJW 1975, 791). Das gilt nicht nur für den „Abschluss" der HV, sondern auch für deren Aussetzung bzw. für die → *Einstellung des Verfahrens nach § 205 wegen Abwesenheit des Angeklagten oder anderer Hindernisse*, Rdn 1361 (OLG Hamm, a.a.O.).

Die Rspr. des BVerfG zum „**effektiven Rechtsschutz**" (NJW 1997, 2163) gebietet es, den HB trotz der Gegenstandslosigkeit auf die (weitere) Beschwerde hin auf seine Rechtmäßigkeit zu **überprüfen** (BVerfG NJW 2007, 2318; OLG Braunschweig NStZ-RR 2012, 385 [Ls.]; OLG Celle NStZ-RR 2003, 177 [Ls.]; OLG Düsseldorf StV 2001, 332; LG Berlin StRR 2014, 145; a.A. OLG Frankfurt am Main NStZ-RR 2007, 349; OLG Hamm NJW 1999, 229; NStZ 2008, 582; OLG Jena StRR 2010, 402 [Ls.]; zur Rspr. des BVerfG eingehend *Burhoff*, EV, Rn 3213 ff.).

3678 6. Liegen die **allgemeinen Voraussetzungen** für den Erlass eines **HB** nach den **§§ 112 ff.** vor, kann das Gericht bei Ausbleiben des Angeklagten auch einen solchen HB erlassen. Dann muss aber insbesondere **dringender Tatverdacht** und ein **Haftgrund** i.S.d. § 112 gegeben sein. In Betracht kommt in diesen Fällen als Haftgrund insbesondere Flucht oder Fluchtgefahr (s. wegen der Einzelh. *Burhoff*, EV, Rn 3695 ff.; zur „Fluchtgefahr" bei im Ausland erforderlichen Ladungen → *Ladung des Angeklagten*, Rdn 1819). Nicht erforderlich ist, dass der Angeklagte in der Ladung auf diese Möglichkeit des Erlasses eines HB hingewiesen worden ist (*Meyer-Goßner/Schmitt*, § 216 Rn 4).

3679 In Betracht kommt auch, dass das Gericht einen gem. § 116 außer Vollzug gesetzten **HB** bei Ausbleiben des Angeklagten **wieder in Vollzug** setzt. Dann ist aber § 116 Abs. 4 Nr. 2 zu beachten. Danach kann der Vollzug des HB nur dann wieder angeordnet werden, wenn der Angeklagte unentschuldigt ausbleibt und er ordnungsgemäß, also mit **Hinweis** nach **§ 216 Abs. 1**, geladen war (s.o. Rdn 3665). Denn nur in diesem Fall besteht seine Pflicht zum Erscheinen (vgl. hierzu *Meyer-Goßner/Schmitt*, § 116 Rn 26; KK-*Graf*, § 116 Rn 30). **Entscheidend** für den „Widerruf" der Haftverschonung ist, ob die **Vertrauensgrundlage**, auf die sie gestützt ist, **entfallen** ist (vgl. u.a. BVerfG NJW 2006, 1787; StV 2006, 26; 2007, 84; 2008, 25; → *Haftfragen*, Rdn 1683; *Burhoff*, EV, Rn 684).
Siehe auch: → *Haftfragen*, Rdn 1653.

3680 Zwischenberatungen des Gerichts

3681 1. Die StPO regelt Zwischenberatungen des Gerichts nicht ausdrücklich. Diese können jedoch für den Angeklagten und seinen Verteidiger besondere Bedeutung haben. Häufig wird nämlich vom Gericht in einer Sitzungspause zwischenberaten und es wird den Prozessbeteiligten nach Wiederbeginn der HV das Ergebnis der Zwischenberatung mitgeteilt. Daraus kann der Verteidiger **Schlüsse** über die **Prozesslage** ziehen, die ihn möglicherweise veranlassen können, die Verteidigungsstrategie zu ändern, indem er z.B. einem bestreitenden Angeklagten rät, die Tat einzuräumen, um dadurch Vorteile bei der Strafzumessung zu erlangen.

> In § 257b ist ausdrücklich vorgesehen, dass das Gericht den Stand des Verfahrens mit den Verfahrensbeteiligten erörtern kann (→ *Erörterungen des Standes des Verfahrens*, Rdn 1491; zur Pflicht des Gerichts, vor einer Absprache/Verständigung allen Verfahrensbeteiligten Gelegenheit zur Stellungnahme zu geben, s.u.a. BGHSt 38, 102 [zum alten Recht]; → *Absprachen/Verständigung mit Gericht und Staatsanwaltschaft*, Rdn 137 m.w.N.).
>
> Der Angeklagte hat nach der Rspr. des BGH aber **keinen Anspruch** auf einen „Zwischenbescheid" (vgl. BGH NStZ 2007, 719; zust. BVerfG, Beschl. v. 18.3.2009 – 2 BvR 2025/07; s.a. noch BGH, Beschl. v. 27.2.2014 – 1 StR 200/13 und dazu die einstweilige Anordnung des BVerfG, Beschl. v. 4.6.2014 – 2 BvR 878/14; KG StV 2013, 491); auch durch Antrag oder Erklärung der Prozessbeteiligten kann es dazu grds. nicht gezwungen werden (KG, a.a.O.).

3682 Zwischenberatungen dürfen nicht dazu führen, den Verteidiger zu überfahren. Dem sollte dieser dadurch begegnen, dass er, wenn das Gericht eine Sitzungspause anordnet, **nachfragt**, ob eine Zwischenberatung **beabsichtigt** sei und für diesen Fall eine **Stellungnahme ankündigt**.

3683 2. Das Ergebnis einer Zwischenberatung kann dazu führen, dass das Gericht dem Angeklagten einen → *Hinweis auf veränderte Sach-/Rechtslage*, Rdn 1720, geben muss. Das wird insbesondere dann der Fall sein, wenn das Gericht aus eigenem **prozessualen Verhalten** einen **Vertrauenstatbestand** geschaffen hat, den der Angeklagte seinem prozessualen Verhalten zugrunde legt. Will das Gericht davon nun abweichen, gebietet es der Grundsatz des „fair-trial", dem Angeklagten einen entsprechenden Hinweis zu erteilen (vgl. wegen Rspr.-Beispielen → *Hinweis auf veränderte Sach-/Rechtslage*, Rdn 1741).

Siehe auch: → *Urteilsberatung*, Rdn 2752.

Stichwortverzeichnis

Die Zahlen verweisen auf die Randnummern.

Ablehnung eines Richters
- Ablehnungsgründe 67 ff. *s. dort*
- Ablehnungsverfahren 91 ff. *s. dort*
- Ablehnungszeitpunkt 116 ff.
- Ausschluss von der Ausübung des Richteramtes 8 ff.
- Beratung des Mandanten 14
- Besorgnis der Befangenheit 10 ff., 69 ff. *s. Befangenheit, Ablehnung*

Ablehnung eines Sachverständigen
- Ablehnungsantrag in der Hauptverhandlung 32
- Antrag auf Entbindung 35
- begründete Ablehnung 34
- Behörde 24
- Beispiele 26 ff.
- Entscheidung durch Beschluss 33
- Glaubhaftmachung 29
- kein Rechtsmittel gegen Entscheidung 36
- Kriminalbeamte 21
- mögliche Ablehnungsgründe 25
- Muster 37
- Prozessverschleppung 17
- Vernehmung als Zeuge 34
- vorhergehende Tätigkeit als Polizeibeamter 20 ff.
- Wiederholung 32
- Zulässigkeit 30
- zwingende Ablehnungsgründe 19

Ablehnung eines Staatsanwalts
- Ausschlussfälle 41 f.
- Befangenheit 43
- Entscheidung des Dienstvorgesetzten 42
- Medienauskünfte des StA 44
- Muster 47
- schwerwiegendes Fehlverhalten 44

Ablehnung von Schöffen 127 ff.

Ablehnung von Urkundsbeamten 134 ff.

Ablehnung wegen Besorgnis der Befangenheit
- Berufungshauptverhandlung 633

Ablehnung/Auswechslung Dolmetscher 1 ff.

Ablehnungsantrag
- alle Gründe 55
- Form 52
- Formulierung 60
- genaue Bezeichnung des Richters 55
- im Namen des Angeklagten 60
- Inhalt 55
- Kollegialgericht als Ganzes 56
- Muster 61
- Öffentlichkeitsgrundsatz 54
- Unterbrechungsantrag 50
- Verwirkung 50
- Wiederholung 57

Ablehnungsberechtigte 62 ff.

Ablehnungsgründe
- Beispiele 73, 77, 81, 83
- Besorgnis der Befangenheit 67 ff. *s. Befangenheit, Ablehnung*

Ablehnungsverfahren
- Ablehnungsgesuche gegen mehrere erkennende Richter 103
- dienstliche Äußerung des abgelehnten Richters 97
- Entscheidung durch Beschluss 102
- Entscheidungen über das Ablehnungsgesuch 99
- Folge der Mitwirkung eines ausgeschlossenen oder befangenen Richters 108
- Glaubhaftmachung 94 f.
- Namhaftmachung 91
- Rechtsmittel 112 ff.
- Unaufschiebbare Handlungen 104
- Unzulässigkeit eines Ablehnungsgesuchs, Beispiele 100
- Verweigerung der Namhaftmachung 92
- vorläufige Amtsunfähigkeit des abgelehnten Richters 107
- während der Hauptverhandlung 105

Ablehnungszeitpunkt 116 ff.

Absoluter Revisionsgrund

Absoluter Revisionsgrund 2327 ff.
- Abwesenheit eines Verfahrensbeteiligten 2328
- Beschränkung der Öffentlichkeit der Hauptverhandlung 2328
- Beschränkung der Verteidigung in einem wesentlichen Punkt 2322, 2328
- fehlende Urteilsgründe oder verspätete Urteilsabsetzung 2328
- Gerichtsbesetzung 2329
- Mitwirkung eines abgelehnten Richters 2828
- Mitwirkung eines ausgeschlossenen abgelehnten Richters 2328
- unrichtige Annahme der Zuständigkeit 2328

Absprachen/Verständigung 1607, 2095
- Abrücken von der gerichtlichen Zusage 223
- außerhalb der Hauptverhandlung 142 ff.
- Beispiele für Unzulässigkeit 193
- Beispiele für Zulässigkeit 192
- Bekanntgabe 201 ff.
- Beweisverwertungsverbot 229 ff.
- Beweiswürdigung in anderen Verfahren 186
- Bindungswirkung 219 ff.
- Bußgeldverfahren 1212
- Entziehung der Fahrerlaubnis 189
- Ermessen des Gerichts 163
- Fernwirkung eines Beweisverwertungsverbot 233
- Formalgeständnis 186
- Gebot der Transparenz 151, 156
- geeigneter Fall 169
- Gegenstand/Inhalt 152 ff., 174
- Geständnis 183
- Grundsätze der Regelung 151
- Handlungen von StA und/oder Nebenklage 182
- Inhalt vonseiten des Angeklagten 181
- Initiativrecht des Gerichts 164
- Jugendgerichtsverfahren 169, 1770
- Jugendgerichtsverfahren und Bußgeldverfahren 169
- Mitteilung des Gerichts 195
- Mitteilung über Erörterungen zur Verständigung 1868 ff.
- Mitwirkung aller Verfahrensbeteiligten 197
- Nebenklägerrechte in der Hauptverhandlung 1943
- Negativattest 216 ff.
- neue Umstände 227
- ordnungsgemäße Belehrung 209 f.
- Pflicht-Verteidigung 195
- Protokollierung 213 ff.
- Prozessverhalten des Angeklagten 228
- qualifizierte Belehrung 242
- Rechtsmittelverzicht 155 ff., 190, 2201
- Sanktionsschere 198 ff.
- Schuldspruch 189
- Stellungnahme 204
- Steuerstrafverfahren 2556
- Unterschied Erörterungen und Verständigung 150
- Unwirksamkeit eines Rechtsmittelverzichts 240
- Vereinbarungen über Beweisanträge 180
- Verfahrensbeteiligte 166 ff.
- Verständigung
  - Begriff 149, 160
- Verständigungen zulasten Dritter 182
- Zulässigkeitskriterien 141 ff.
- Zusage einer bestimmten Strafe/Strafhöhe 177
- Zustimmung Angeklagter und StA 205
- Zustimmung der StA 162

Abtrennung von Verfahren
- Beschluss des Gerichts 251
- Besorgnis der Befangenheit 247
- Beweisverwertungsverbot aus § 257c Abs. 4 S. 3 249
- Ermessen des Gerichts 246
- Rechtsmittel 252
- Unanfechtbarkeit des Abtrennungsbeschlusses 252
- vorübergehende Trennung verbundener Verfahren 250
- wesentlicher Teil der Hauptverhandlung 251

Adhäsionsverfahren
- Ablehnungsrecht hinsichtlich des Richters 269
- Adhäsionsantrag 263
- Anwesenheitsrecht 266 f.
- Arbeitsverhältnisse 261

Adhäsionsverfahren

- Entscheidung über den Adhäsionsantrag 274
- Gebühren 278
- Heranwachsende 259
- Jugendliche 259
- kein Anwaltszwang 268
- Nachteile 259
- Nebenklage 262
- Opferschutz 258
- Prozesskostenhilfe 272
- Rechte des Antragstellers 269
- Rechtsmittel 273
- Rechtsstellung des Angeklagten 262, 277
- Stellungnahme des Antragstellers 270 f.
- vermögensrechtliche Ansprüche 261
- Vorteile 259

Akteneinsicht, Schöffen
- EGMR 288
- Telefonüberwachungs-Protokolle 287
- Vorab-Information der Verfahrensbeteiligten 288
- Vorliegen vollständiger Anklageschrift 284

Akteneinsicht, Verteidiger während der Hauptverhandlung
- Aussetzung der Hauptverhandlung wegen veränderter Sachlage 282
- Nach-Ermittlungen 283
- Telefonüberwachung 283
- während der Hauptverhandlung beigezogene Akten 283

Akustische Gegenüberstellung 1594 f.

Alkohol- und BtM-Missbrauch
- Obergutachter 1960

Amtshaftungsansprüche
- Entschädigungsanspruch nach §§ 198, 199 GVG 3278
- Verzögerungsrüge 3278

Angeklagter
- gesetzlicher Vertreter 1851
- Hinweise für den Verteidiger 1853
- Inhalt 1852
- Jugendgerichtsverfahren 1851
- letztes Wort
  - Ablehnungsantrag 1850
- mehrere Angeklagte 1851
- Missbrauch 1856

- Protokoll 1858
- Revision 1858
- Vertretung durch den Verteidiger *s. Vertretung des Angeklagten durch den Verteidiger*

Angeklagter, Ladung
- ausländischer Angeklagter 1821
- Aussetzungsantrag (wegen verspäteter Ladung des Angeklagten)
  - Muster 1828
- Befragung bzgl Anträge 1823
- formlose Mitteilung 1825
- Fortsetzungstermin 1825
- Fristberechnung 1819
- Haft-Warnung 1821
- Ladungsfrist 1819, 1824
- Nichteinhalten der Ladungsfrist 1827
- über den Verteidiger 1825
- Zustellung 1825

Anhörungsrüge 2247
- Ausschluss anderer Rechtsbehelfe 293
- Begründung 298
- Beispiele für Verletzung des rechtlichen Gehörs 296 f.
- eigener außerordentlicher Rechtsbehelf 294
- Entscheidungserheblichkeit 295
- Gebühren und Kosten 302
- Glaubhaftmachung 298
- Muster 303
- OWi-Verfahren 301
- Verfassungsbeschwerde 294
- Wiedereinsetzung in den vorigen Stand 298
- Wochenfrist 298
- Zulässigkeitsvoraussetzungen 298

Anklagesatz
- Verlesung *s. Verlesung des Anklagesatzes*

Anthropologisches Gutachten 1578

Antrag auf Entscheidung des Revisionsgerichts 2245, 2280

Antragstellung
- schriftliche *s. Schriftliche Antragstellung*

Anwesenheit
- Maßnahmen zur Sicherung 319 ff.
- Nebenkläger als Zeuge 1924 ff.
- Verteidiger 312 ff.
- Zeugen 325 ff.

Anwesenheitspflicht des Angeklagten

Anwesenheitspflicht des Angeklagten
- Maßnahmen zur Sicherung der Anwesenheit 319 ff.

Anwesenheitsrechte
- Überblick 323

Ärztliche Atteste
- Verlesung s. *Verlesung von ärztlichen Attesten*

Atemalkoholmessung s. *Blutalkoholfragen/Atemalkoholmessung*

Aufklärungspflicht des Gerichts
- Aufklärungsrüge 340
- Auslandszeuge 399
- Beispiele 339
- Beweisanregung 334, 833
- Beweisanträge 334
- Beweisermittlungsantrag des Verteidigers 334
- Bußgeldverfahren 337
- Opferschutzinteressen 332
- Sachverständigen-Gutachten 338
- schnäheres Beweismittel 338
- Untersuchungsgrundsatz 331 ff.
- verspätete Beweisanträge/Fristsetzung 3190, 3192
- vollständige Sachaufklärung 331 ff.
- weitere erkennbare Beweismöglichkeiten 337
- Zeugenvernehmung 338

Aufklärungsrüge 340, 418, 2345
- Verlesung von Gutachten allgemein vereidigter Sachverständiger 2978
- Videovernehmung 3326

Aufruf der Sache 341 ff.

Augenscheinseinnahme
- Augenscheinsgehilfe 360
- Begriff 350
- Beispiel 353 ff.
- Benachrichtigung des Verteidigers und des Angeklagten 352
- Entfernung des Angeklagten aus der Hauptverhandlung 1423
- mittelbare/kommissarische ~ 352
- Präsentes Beweismittel 2004
- Protokoll 352

- richterliches Ermessen 351, 359
- unmittelbare gerichtliche ~ 351

Ausbleiben des Angeklagten
- Anwesenheitspflicht des Angeklagten 363
- Beispiele für genügende Entschuldigung 367
- Beispiele für nicht genügende Entschuldigung 368
- Entbindung des Angeklagten vom Erscheinen in der Hauptverhandlung 363
- Strafbefehlsantrag 369
- Verhandlung ohne den Angeklagten 363
- Verhandlungsfähigkeit 364
- Vertretung des Angeklagten durch den Verteidiger 363
- Zwangsmittel 365

Ausbleiben des Verteidigers 374

Auskunftsverweigerungsrecht
- Beispiele 383
- Belehrung 385 f.
- Beugehaft 392
- einheitliches Gesamtgeschehen 382
- Ermessensentscheidung des Tatrichters 379
- Glaubhaftmachung der Gründe 385
- grundlose Verweigerung der Aussage 392
- tatsächliche Anhaltspunkte 379
- Verlesung der Niederschriften über frühere Vernehmungen eines Zeugen 387
- Vernehmung einer Verhörsperson 387
- versuchte Strafvereitelung 384
- Verwertungsverbot 387
- Widerspruchslösung 387

Ausländer
- Einstellung des Verfahrens nach § 205 wegen Abwesenheit des Angeklagten oder anderer Hindernisse 1364
- Pflichtverteidiger
  - Bestellung in der Hauptverhandlung 1970

Auslandszeuge
- Ablehnung der Vernehmung 400 ff., 405 ff.
- Aufklärungspflicht des Gerichts 399
- Beweisantrag 402
- erreichbarer Zeuge 398
- Freibeweisverfahren 401
- Gerichtsbeschluss 401
- kommissarische Vernehmung 403

Auslandszeuge

- Selbstladung 408
- telefonische Kontaktaufnahme 404
- Videovernehmung 403

Aussage-gegen-Aussage 1971

Aussagegenehmigung
- Anfechtung im Verwaltungsstreitverfahren 417
- Aufklärungsrüge 418
- Entscheidung der obersten Dienstbehörde 417
- Pflicht zur Amtsverschwiegenheit 411
- Sperrerklärung 416
- teilweise Erteilung 415
- V-Leute 412
- Zeuge vom Hörensagen 415
- Zusicherung der Vertraulichkeit 415
- Zuständigkeit 413

Ausschluss der Öffentlichkeit
- absoluter Revisionsgrund 436
- Begründung 434
- Beschluss 432
- ganz oder nur teilweise 433
- geringfügige Erschwerungen 420
- mögliche Ausschließungsgründe 426
- Muster 438 f.
- Nr. 131 ff. RiStBV 425
- Öffentlichkeitsgrundsatz der Hauptverhandlung 421
- Ortstermin 424
- Schutz von Persönlichkeitsrechten 427 ff.
- Verkündung der Urteilsgründe 434

Ausschluss eines Richters
- Ablehnungsgesuch 442
- Ausschlussgründe 443
- Beispiele 456
- Rechtsmittel 459
- Vernehmung 455
- von Amts wegen 442
- vorangegangene Mitwirkung 458

Aussetzung der Hauptverhandlung
- anordnender Beschluss 468 f.
- Aussetzungsanträge 465
- Förderung des Verfahrens 462
- schriftliche Antragstellung 469
- Unterbrechung des Verfahrens 462
- Widerspruch des Verteidigers 462

Aussetzung wegen Ausbleibens des (notwendigen) Verteidigers
- Auferlegung der Kosten des Verfahrens 478
- Bestellung eines anderen (Pflicht-)Verteidigers 473
- Kenntnis der Notwendigkeit der Verteidigung 479
- Muster 483
- Terminschwierigkeiten 476
- Verhinderung des Pflichtverteidigers 476
- Verschulden des Verteidigers 480 f.

Aussetzung wegen fehlender Akteneinsicht
- Kenntnis der Akten durch Verteidiger 487 f.
- Muster 489

Aussetzung wegen nicht mitgeteilter Anklageschrift
- ausländischer Angeschuldigter 493
- Aussetzungsantrag 497
- Verlesung in der Hauptverhandlung 494

Aussetzung wegen Nichteinhaltung der Ladungsfrist 490 f.

Aussetzung wegen veränderter Sach-/Rechtslage
- Ablehnung des Aussetzungsantrags 499
- Aussetzungsantrag 498 ff.
- Begründung des Antrags 503
- Ermessen des Gerichts 500, 504
- in der Hauptverhandlung neu hervorgetretene Umstände 501
- Muster 505
- Unterbrechung der Hauptverhandlung 504
- Verteidigerwechsel 503

Aussetzung wegen verspäteter Namhaftmachung geladener Beweispersonen 506 ff.

Aussetzung wegen Verteidigerausschlusses
- Unterbrechungsfrist 516
- Vorlegungsbeschluss 515

Bedingter Beweisantrag
- Beispiele 523
- Bekanntgabe der Gründe 526 f.
- Muster 528
- ungewisse Sach- und Rechtslage 522

Bedingter Beweisantrag

- Unterschied zum Eventualbeweisantrag 524
- Unterschied zum Hilfsbeweisantrag 524
- Verschleppungsabsicht 525
- Zurückweisungsgründe der §§ 244, 245 521

Befangenheit, Ablehnung
- Abtrennung von Verfahren 247
- Begriff 69
- Beispiele 73, 77, 81, 83
- EGMR 75
- Generalklausel 72
- Konfliktverteidigung 13
- persönliche Beziehungen des Richters 87
- Unterschied zum Ausschluss von der Ausübung des Richteramtes 11
- Verhandlungsführung des Richters 83
- Vortätigkeit des Richters 75

Befragung des Angeklagten
- durch seinen eigenen Verteidiger 535
- unzulässige Fragen 534

Begünstigung, Strafvereitelung oder Hehlerei
- Zeugenbeistand
- Auschluss 3513

Behördengutachten
- Verlesung *s. Verlesung von Behördengutachten*

Belehrung
- Auskunftsverweigerungsrecht 385 f.
- Zeugnisverweigerungsrecht 3565

Belehrung des Angeklagten
- Hinweis 536
- Nachholung 536
- Revisionsgrund 540
- teilweises Schweigen 536

Berufsangehörige
- Protokollverlesung nach Zeugnisverweigerung 2140

Berufshelfer 3574 ff.

Berufung 1609
- Einlegung unterschiedlicher Rechtsmittel 548
- Gebühren 549
- Hemmung der Rechtskraft des erstinstanzlichen Urteils 543
- Rechtsfragen 545
- Übergang von der Berufung zur Revision 546
- Zusammentreffen ~ und Wiedereinsetzungsantrag 2876
- zweite Tatsacheninstanz 543 f.

Berufung, Annahmeberufung
- Ankündigung von (neuen) Beweismitteln 558
- Beantragung Freispruch durch StA 555
- Begründung 558
- Gesamtgeldstrafe 554
- Maßregel der Besserung und Sicherung 556
- Nebenstrafe 556
- Sprungrevision 557
- Verfahren 559

Berufung, Zulässigkeit
- Annahmeberufung 724
- Berufungsverwerfung durch das Amtsgericht wegen Verspätung 729
- Beschwer des Berufungsführers 728
- Statthaftigkeit 728
- Zusammentreffen OWi und Straftat 727

Berufungsbegründung
- Begründungsfrist 565
- konkludente Beschränkung 566
- Nebenkläger 563
- pro/contra 564

Berufungsbeschränkung
- ausdrückliche Ermächtigung 581
- Berufungsrücknahme 659
- Beschränkung auf den Rechtsfolgenausspruch 575 f.
- Erfolgsaussichten 577
- fehlerhafte Subsumtion 571
- Irrtum 571
- mehrere selbstständige Taten 571
- Schuldfrage 571
- Trennbarkeitsformel 573
- wirksames amtsgerichtliches Urteil 569
- Zulässigkeit 571 f.
- Zustimmung des StA 577

Berufungseinlegung
- andere Formen als Schriftform 592 ff.
- Bedingung 585
- Berufungsfrist 597

Berufungseinlegung

- Einlegung beim Gericht des ersten Rechtszuges 585
- Form 587 ff.
- Inhalt des Berufungseinlegungsschriftsatzes 598
- Muster 600
- per E-Mail 595
- Überprüfung der Formwirksamkeit 588
- verhafteter Angeklagter 586

Berufungsfrist 2167
- Beginn 605 ff.
- Berufungseinlegung 597
- Beschwerde, wenn tatsächlich nicht verspätet 680
- Sperrberufung 604
- Versäumung 680
- Zustellung des vollständig begründeten Urteils 610
- Zweifel hins. rechtzeitiger Berufungseinlegung 611 ff.

Berufungsgericht, Besetzung 615 ff.

Berufungshauptverhandlung
- Ablehnung wegen Besorgnis der Befangenheit 633
- Abweichungen von den Verfahrensgrundsätzen für die Hauptverhandlung 1. Instanz 639 ff.
- Aufruf der Sache 629
- Beweisaufnahme 638
- Geständnis in der 1. Instanz 639
- Mitangeklagter als Zeuge 638
- Nichterscheinen des Angeklagten 649
- Plädoyer des Verteidigers 651
- Umfang der Verlesung des Urteils 1. Instanz 635
- vereinfachtes Beweisverfahren 648
- Verhältnismäßigkeitsgrundsatz 625
- Verkehrsstrafsachen 631
- Vernehmung des Angeklagten zur Sache 638
- Verschlechterungsverbot 631
- Vorbereitung 622 ff.
- Vorläufige Entziehung der Fahrerlaubnis 623

Berufungsrücknahme
- Aufklärung über die Rechtsfolgen 675 ff.
- beiderseitige Rechtsmittel 676

- Beispiele Unwirksamkeit bejaht 661
- Beispiele Unwirksamkeit verneint 662
- Berechtigung 657
- Berufungsbeschränkung 659
- Besorgnis der Befangenheit 673
- bis zum Beginn der Hauptverhandlung 654 f.
- Ermächtigung des Verteidigers 666
- nach Beginn der Hauptverhandlung 655
- Nachweis der Ermächtigung 670
- unwiderruflich und unanfechtbar 659
- Wirksamkeit einer Berufungsrücknahme 672
- Zustimmung zur Rücknahme 663

Berufungsverfahren
- Beschleunigtes Verfahren 752

Berufungsverwerfung durch das Amtsgericht wegen Verspätung
- Antrag auf Entscheidung des Berufungsgerichts 682 ff.
- Beschluss 681
- Beschwerde, wenn tatsächlich nicht verspätet 680
- Muster 685
- Versäumung der Berufungsfrist 680
- Wiedereinsetzung in den vorigen Stand 677

Berufungsverwerfung durch das Berufungsgericht wegen Unzulässigkeit
- Rechtskraft 688
- Rechtsmittel gegen Verwerfungsentscheidung 690

Berufungsverwerfung wegen Ausbleibens des Angeklagten
- angekündigte Verspätung 699
- angemessene Wartezeit 700
- Antrag auf Wiedereinsetzung in den vorigen Stand und auch Einlegung der Revision 719 ff.
- Beginn der Berufungs-Hauptverhandlung 699
- Beispiele für Verneinung des Verschuldens 713 ff.
- Berufung der StA 693
- Erscheinen nach Urteilsverkündung 703
- Fehlen einer ausreichenden Entschuldigung 710
- Krankheit 714

Berufungsverwerfung wegen Ausbleibens des Angeklagten

- Ladungen eines ausländischen Angeklagten 695
- Möglichkeiten, Verwerfung zu verhindern 695
- Nachforschungspflicht des Gerichts 696
- Ordnungsgemäße Ladung des Angeklagten 696 ff.
- Strafbefehlsverfahren 704
- Verhandlungsunfähigkeit 702
- Verschulden 712
- Wirksamkeit der Vertretung 709

Beschlagnahme, Verteidigerakten
- Beschwerde 733
- bestimmte Tatsachen 775
- Entbindung von der Verschwiegenheitspflicht 739
- Geldwäscheentscheidung des BGH 736
- Gewahrsam 735
- gewichtige Anhaltspunkte für Teilnahme des Verteidigers 737
- Handakten des Verteidigers beschlagnahmefrei 733
- Rechtsmittel 740
- schriftliche Mitteilungen zwischen dem Angeklagten und seinem Verteidiger 734
- Überführungsstücke 738

Beschleunigtes Verfahren 1609
- Antrag auf Pflichtverteidigerbestellung 749
- Aussetzung oder Unterbrechung der Hauptverhandlung 763
- Beiordnung eines Pflichtverteidigers 748
- Berufungshauptverhandlung 758
- Berufungsverfahren 752
- Durchführung der Hauptverhandlung sofort oder in kurzer Frist 745
- Entziehung der Fahrerlaubnis 764
- Frist zwischen Antragstellung und Beginn der Hauptverhandlung 746
- Jugendgerichtsverfahren 743
- Ladung des Angeklagten 754
- mündliche Anklageerhebung 757
- nur Freiheitsstrafe von einem Jahr 764
- Pflicht-Verteidigung 747 ff.
- Rechtsmittel 768
- Rücknahme 765
- Überwachungspflicht 756

- Umfang der Beweisaufnahme 762
- unterlassene Beiordnung des Pflichtverteidigers 753
- Verbindung mit nicht beschleunigten Verfahren 766
- vereinfachte Beweisaufnahme 758
- Verlesung von Niederschriften 760
- vorherige Befragung des Beschuldigten 751

Beschleunigungsgrundsatz
- Haftfragen 1658 ff., 1688
- Revision 2234
- Terminsbestimmung/Terminsverlegung 2646, 2649
- Unterbrechung der Hauptverhandlung 2706

Beschuldigtenbelehrung
- Beweisverwertungsverbote 1025 ff.

Beschwerde 2173 ff.
- Ausschluss 777 ff.
- Begründung 785, 789
- Bejahung der Möglichkeit 784
- Beschwerdeberechtigung 788
- Form 785
- Frist 785
- Schriftform 787
- Untätigkeitsbeschwerde 773 ff.
- Verneinung der Möglichkeit 783
- Verwirkung 786

Besetzungseinwand
- Besetzungsmitteilung 798
- Checkliste 802 ff.
- Einblick in die Besetzungsunterlagen 801
- erstinstanzliche Verfahren 793
- evidente Besetzungsmängel 796
- gleichzeitige Geltendmachung 796
- mündliche Begründung 794 f.
- Muster Besetzungsrüge 808
- Muster Unterbrechungsantrag zur Besetzungsprüfung 807
- Nachschieben von Tatsachen 797
- pflichtgemäßes Ermessen des Gerichts 799

Besetzungsmitteilung
- Änderung der mitgeteilten Besetzung 816
- Beginn der Hauptverhandlung 812
- erstinstanzliche LG- und OLGStrafverfahren 811
- Inhalt 813

Besetzungsmitteilung

- später als eine Woche vor Beginn der Hauptverhandlung 815
- **Besorgnis der Befangenheit**
- Berufungsrücknahme 673
- **Beugehaft** 3585
- Auskunftsverweigerungsrecht 392
- **Beurlaubung des Angeklagten von der Hauptverhandlung**
- Antrag 822
- Antragsberechtigung 823
- Antragsinhalt 822
- Beispiele 820
- mehrere Angeklagte 819
- Muster Beurlaubsantrag 827
- Widerruf 825
- **Bewährungsstrafe** 1895
- **Beweisanregung**
- Ablehnung durch den Vorsitzenden 832
- Aufklärungspflicht des Gerichts 833
- Aufnahme in Protokoll der Hauptverhandlung 833
- Beweisermittlungsantrag 830
- Form 831
- Minus gegenüber Beweisantrag 830
- Muster 834
- **Beweisantrag**
- affirmativer Beweisantrag 845
- Bedingter *s. dort*
- Erteilung eines Hinweises durch Gericht 843
- Fristsellung 846
- Möglichhalten der behaupteten Tatsache 842
- Muster 848
- notwendig zur Sachverhaltsaufklärung 846
- Unterscheidung zum Beweisermittlungsantrag 838
- **Beweisantrag zur Vorbereitung der Hauptverhandlung**
- Ablehnungsgründe des § 244 1002
- bedingter Beweisantrag 999
- Beweisanregung 999
- Entscheidung des Vorsitzenden 1001
- förmlicher Beweisantrag 998
- frühzeitige Antragstellung 1000
- Hilfsbeweisantrag 999
- Nachteile 1005

- Schriftform 1000
- Vorteile 1004
- Wiederholung des Antrags in der Hauptverhandlung 1006
- **Beweisantrag, Ablehnungsbeschluss**
- Auslegungsfähigkeit des Beschlusses 850
- Austausch der Beweismittel 851
- Gegenvorstellungen 850
- Gründe der Ablehnung 852
- Hilfsbeweisantrag 855
- Protokoll der Hauptverhandlung 850, 854
- Schluss der Beweisaufnahme 855
- Widerspruch 851
- **Beweisantrag, Ablehnungsgründe**
- bedeutungslose Beweise 870 ff.
- Beispiele für Ungeeignetheit des Beweismittels 878 ff.
- bereits erwiesene Tatsachen 869 ff.
- Beweisantizipation 875
- Fristsetzung für Beweisanträge 893 ff.
- Gerichtskundige Tatsachen 866 ff.
- Offenkundige Tatsachen 866 ff.
- Prozessverschleppung 889 f.
- Prozessverschleppungsabsicht 892
- teilweise Bescheidung erst im Urteil 893 ff.
- Unerreichbarkeit des Beweismittels 883
- Ungeeignetheit des Beweismittels 875 ff.
- unzulässige Beweiserhebung 861
- Verfahrensverzögerung 891
- Wahrunterstellung einer behaupteten Tatsache 886 ff.
- Würdigung der Beweise durch Gericht 869
- **Beweisantrag, Adressat** 896
- **Beweisantrag, Antragsberechtigung**
- Angeklagter 902
- Fristsetzung 901
- Nebenkläger 901
- offensichtlicher Missbrauch 903
- Verfahrensbeteiligte 900
- Verteidiger 904
- **Beweisantrag, Begründung**
- Bekanntmachung der eigenen Bewertung des bisherigen Beweisergebnisses 908
- Protokoll 907
- **Beweisantrag, Form**
- Anlage zum Protokoll 910

1595

Beweisantrag, Form

- Mündlichkeit 912
- Schriftform 913

Beweisantrag, Formulierung: Augenscheinseinnahme
- Beweisthema und Beweismittel 917
- Muster 918
- pflichtgemäßes Ermessen des Gerichts 915
- präsente Beweismittel 915

Beweisantrag, Formulierung: Sachverständigenbeweis
- Begründung 922
- kein Anspruch auf Anhörung eines bestimmten Sachverständigen 924
- Muster 926
- präsentes Beweismittel 924

Beweisantrag, Formulierung: Urkundenbeweis
- Angabe eines Beweisthemas 932
- Antrag auf Beiziehung von bestimmten Akten 935
- Beweisantragstellung 933
- einzelne Urkunde 935
- Fundstelle 934
- Muster Antrag auf Verlesung von Urkunden 936
- Muster Beweisantrag auf Erhebung des Urkundenbeweises 937
- Muster Beweisantrag auf Erhebung des Urkundenbeweises hinsichtlich einer Urkunde, die sich in anderen Akten befindet 938
- präsentes Beweismittel 931

Beweisantrag, Formulierung: Zeugenbeweis
- Beispiele zur Individualisierung/Charakterisierung 944 f.
- Bestimmtheit der Beweisbehauptung 941
- fortgeschrittene Beweisaufnahme 946 ff.
- Individualisierung des Zeugen 943
- Konnexität zwischen Beweistatsache und Beweismittel 946 ff.
- ladungsfähige Anschrift 942
- Muster 950
- Zeugen im Ausland 942

Beweisantrag, Inhalt
- Beispiele 958 f.
- Bestimmtheit der Beweistatsache 965

- Beweisbehauptung- oder Tatsache und Beweismittel 953 ff.
- Beweiserhebungsform 969
- Bezeichnung des Beweismittels 969
- konkrete Bezeichnung der Beweistatsache 957
- Negativtatsachen 960 ff.
- Notwendigkeit gesicherter Erkenntnisse 967
- schlagwortartige Verkürzung 957
- Wertungen und Meinungen 956

Beweisantrag, Zeitpunkt der Antragstellung
- ablehnende Entscheidung 981 f.
- Beweisantrag vor dem Schluss der Beweisaufnahme 984
- bis zum Beginn der Urteilsverkündung 981
- Ermessen des Vorsitzenden ab Beginn der Urteilsverkündung 982
- Wiederholung des Beweisantrags 986

Beweisantrag, Zurücknahme
- Beweisverzicht 993
- Protokoll der Hauptverhandlung 987
- schlüssige Rücknahme 990
- Widerruf 994

Beweisantragsrecht 1613
- effektivstes Verteidigungsmittel 975
- Konfliktverteidigung 975
- Prozessverschleppung 975
- Richterrecht 974

Beweisaufnahme
- Jugendgerichtsverfahren 1778

Beweisaufnahme, Schluss 2473 f.

Beweiserhebung
- Wiederholung 3479 ff.

Beweiserhebungsverbot
- Blutalkoholfragen/Atemalkoholmessung 1197 ff.

Beweisermittlungsantrag
- Abwägung 1016
- Anrufung des Gerichts gem. § 238 Abs. 2 1035
- Beispiele 1010
- Formulierung 1009
- Fürsorgepflicht des Gerichts 1013
- Minus gegenüber einem Beweisantrag 1009
- Muster 1017

Beweisermittlungsantrag

- schriftliche Antragstellung 1012
- Übergehen eines entscheidungserheblichen Beweisermittlungsantrags 1012
- Wunsch nach Ermittlung einer bestimmten Beweistatsache 1009

Beweismittel
- Bezeichnung 969
- Unerreichbarkeit 883
- Ungeeignetheit 875 ff.

Beweisverwertungsverbote 1276 ff.
- Beispiele 1040 ff.
- Belehrung über Zeugnisverweigerungsrecht 1036
- Belehrungspflichten aus § 114b 1028
- Beschuldigtenbelehrung 1025 ff.
- gespaltenes Beweisverwertungsverbot 1023
- Kennzeichenanzeige 1025
- qualifizierte Vernehmung 1033
- Telefonüberwachung 2625 ff.
- unantastbarer Bereich privater Lebensgestaltung 1039
- Verletzung von Benachrichtigungspflichten 1036
- Vernehmung des Angeklagten im EV als Zeuge 1025
- Verstoß gegen Grundrechte 1038
- Verstoß gegen § 136a 1024
- Verwertbarkeit von Spontanäußerungen 1028
- Verwertung zugunsten des Beschuldigten bei rechtswidrig erlangten Beweismitteln 1022
- V-Mann 1037
- Widerspruchslösung 3428
- Widerspruchslösung des BGH 1018

Beweisverzicht
- Abwesenheit des Angeklagten 1150
- Angeklagter
  - StA und Verteidiger 1149
- bedingungsfeindlich 1152
- eindeutige Erklärung 1151
- Jugendstrafverfahren 1149
- Nebenkläger 1149
- Stillschweigen des Verteidigers 1145
- teilweiser Verzicht 1152
- Vertretung des Angeklagten 1155

Blinder/stummer Richter 1156 ff.

Blutalkoholfragen/Atemalkoholmessung
- Alkoholwerte: Übersicht 1171
- allgemeiner Sicherheitsabschlag 1189 ff.
- BAK ohne Blutuntersuchung 1167
- Berechnung der Tatzeit-BAK 1172 ff.
- Bestellung eines Pflichtverteidigers 1193
- Beweiserhebungsverbot 1197 ff.
- Draeger Alcotest 1190
- Indizwirkung hins. §§ 20, 21 StGB 1183
- Jugendliche und Heranwachsende 1178
- Menge des genossenen Alkohols 1170 ff.
- Missachtung des Richtervorbehalts 1194 ff.
- Nachtrunk 1175 f.
- prozessuale Fragen 1187 ff.
- Rückrechnung 1177 ff.
- Schuldfähigkeit des Angeklagten 1181
- Schuldunfähigkeit 1178
- Tatzeit-BAK 1168 ff.
- Tötungsdelikte 1178
- Versagung der Strafrahmenverschiebung 1186
- Verstoß gegen § 24a StVG 1188 ff.
- Verwertbarkeit einer unter Missachtung des Richtervorbehalts (§ 81a Abs. 2) entnommenen Blutprobe 1193
- Widmark-Formel 1168 ff.
- § 24a StVG 1161

Blutentnahme
- Richtervorbehalt 1615

BtM-Verfahren
- Kronzeugen 1816

Bußgeldverfahren
- Absprachen/Verständigung mit Gericht und Staatsanwaltschaft 169
- Aufklärungspflicht des Gerichts 337
- Einstellung des Verfahrens nach § 153a nach Erfüllung von Auflagen und Weisungen 1318
- Entschädigungsanspruch nach §§ 198, 199 GVG 3278
- Mitteilung über Erörterungen zur Verständigung 1873
- Revision, Begründung
  - Verfahrensrüge 2352
- Verfahrensverzögerung 2849

Bußgeldverfahren

- Verhandlung ohne den Angeklagten 2856
- Verzögerungsrüge 3278
- **Bußgeldverfahren, Besonderheiten der Hauptverhandlung**
- Ablauf der Hauptverhandlung 1215
- Ablehnung des Entbindungsantrags 1240
- Absprachen/Verständigungen 1212
- Abweichung zum Nachteil des Betroffenen vom Bußgeldbescheid 1205
- Abwesenheitsverhandlung 1235 f.
- Änderung der Sach- oder Rechtslage 1220
- Anordnung des persönlichen Erscheinens 1237
- Anwesenheitspflicht des Angeklagten 1224
- Aussetzung oder Unterbrechung der Hauptverhandlung 1210
- Beispiele Erforderlichkeit der Anwesenheit 1241
- Beschränkung des Einspruchs 1199
- Besonderheiten 1214
- Beweisaufnahme 1218
- Einstellung des Verfahrens 1264
- Entbindungsantrag 1227 ff.
- entschuldigtes Ausbleiben 1227
- frühzeitiger Entbindungsantrag 1227
- Hinweis auf Fahrverbot 1199
- höhere Geldbuße/längeres Fahrverbot 1199
- Muster: Antrag auf Entbindung von der Pflicht des Betroffenen, in der Hauptverhandlung zu erscheinen 1267
- OWiG 1202
- Pflichtverteidigung 1197
- Protokollverlesung nach Zeugnisverweigerung 1213
- Rechtsbeschwerde 1266
- Schweigerecht 1217
- Selbstleseverfahren 1213
- StPO-Vorschriften 1206
- Strafbefehlsverfahren 1204
- Umfang der Beweisaufnahme 1252
- unbekannte Beweismittel 1230
- Unzulässigkeit des Einspruchs 1199
- vereinfachte Beweisaufnahme 1257 ff.
- Verlesung von behördlichen Gutachten 1213
- Verlesung von Schriftstücken und Protokollen 1219
- Vernehmung des Betroffenen 1216
- Verspätung oder Verhinderung des Verteidigers 1211 f.
- Verwerfung des Einspruchs 1238 ff.
- Voraussetzungen für Entbindung von der Anwesenheitspflicht 1227 ff.
- Wegfall der Vollstreckungsvergünstigung des § 25 Abs. 2a StVG 1199
- Zurücknahme des Einspruchs 1199
- Zustimmung der StA bei Rücknahme 1199

Darstellungsrüge 2303
Datenaustausch zwischen Maschinen 2609
DNA-Untersuchung
- Antragstellung durch Verteidiger 1263 f.
- Ausführung der für die Untersuchung erforderlichen Maßnahmen 1274
- Beweisverwertungsverbot 1276 ff.
- Einsatzschwelle 1278
- genetische Massenfahndung 1274
- hoher Beweiswert 1272
- kritische Würdigung 1265
- Massenscreening 1274
- Muster: Antrag auf DNA-Untersuchung 1286
- Rechtsmittel 1282
- Überblick zu § 81e Abs. 1 S. 1 und 2 1277
- Verfahren 1281 ff.
- Verweigerung der Blutentnahme 1282
- vom Beschuldigten stammendes Material 1279
- von Dritten stammendes Material 1279, 1283
- Widerspruch 1277
- Zulässigkeit 1274
- Zweckbindung 1272

Dolmetscher 1616
- Nebenklägerrechte in der Hauptverhandlung 1935
- Sitzordnung in der Hauptverhandlung 2524

Doppelverwertungsverbot 2307
Draeger Alcotest 1190

Dreierbesetzung
— Große Strafkammer/Jugendkammer
  — Reduzierte Besetzung 2213 ff.
Durchsuchung des Verteidigers
— Durchblättern mitgebrachter Akten 1290
— konkrete Anhaltspunkte 1292
— Rechtsmittel 1293
— sachgerechte Abstufung 1285
— Zulässigkeit 1287

Eigene Ermittlungen
— Vorbereitung der Hauptverhandlung 3374
Einbürgerungsbewerber 1902
Einlassregelungen für die Hauptverhandlung 1294 ff.
Einspruch
— Strafbefehlsverfahren 2570
Einstellung des Verfahrens
— Einstellungsantrag 1303
— Möglichkeiten 1302
Einstellung des Verfahrens nach § 153 wegen Geringfügigkeit
— Anregung eines Verfahrensbeteiligten 1308
— geringe Schuld 1307
— Kosten und notwendige Auslagen 1312
— lange Verfahrensdauer 1307
— Tateinheit Straftat und OWi 1306
— Unanfechtbarkeit der Einstellungsentscheidung 1313 f.
— Vergehen 1306
— Zustimmung des Angeklagten und der StA 1309
— Zustimmung des Nebenklägers 1310
Einstellung des Verfahrens nach § 153a nach Erfüllung von Auflagen und Weisungen 1617
— beispielhafte Aufzählung 1320 ff.
— Beschluss 1323
— Bußgeldverfahren 1318
— ernsthaftes Bemühen 1321
— Frist 1322
— JGG-Verfahren 1318
— nachträgliche Änderungen der Auflagen 1321

— Nebenkläger rechtliches Gehör 1325
— typische Anwendungsfälle 1318
— Vereinfachung und Beschleunigung 1317
— Verfahrenskosten 1324
— Vergehen 1318
— Zahlung eines Geldbetrags 1321 ff.
— Zustimmung der StA 1319
— Zustimmung von StA
  — Angeklagtem und Verteidiger 1319
Einstellung des Verfahrens nach § 153b bei Absehen von Strafe
— bis zum Beginn der Hauptverhandlung 1333
— Jugendstrafverfahren 1334
— Kostenentscheidung 1335
— Rechtsmittel 1335
— Zustimmung der StA und des Angeklagten 1335
— § 46a StGB 1334
— § 60 StGB 1334
Einstellung des Verfahrens nach § 154 bei Mehrfachtätern
— Anfechtbarkeit 1344
— Antrag der StA 1341
— ausländische Verurteilung 1339
— Beiordnung als Pflichtverteidiger 1342
— Berücksichtigung bei der Beweiswürdigung oder der Strafzumessung 1347
— Einstellungsbeschluss 1342
— Nachtragsanklage 1347
— Nebenentscheidungen 1334
— Revision 1350
— Urteile aus EU-Staaten 1339
— Verfahrensbeschleunigung 1338
— Verfahrenshindernis 1345
— Wiederaufnahme des Verfahrens 1339 ff.
Einstellung des Verfahrens nach § 154a zur Beschränkung der Strafverfolgung
— Anfechtbarkeit 1357
— Aussetzungsantrag 1353
— Einstellungsbeschluss 1356
— Strafzumessung 1358
— Verfahrensbeschleunigung 1353
— Voraussetzungen 1354

Einstellung des Verfahrens nach § 154a zur Beschränkung der Strafverfolgung

- Wiedereinbeziehung 1358
- Zustimmung der StA 1355

Einstellung des Verfahrens nach § 205 wegen Abwesenheit des Angeklagten oder anderer Hindernisse
- Ausländer 1364
- Beschluss 1367
- Beschwerde 1368
- Erlass eines Strafbefehls 1367
- Hindernis für längere Zeit 1365
- Nebenkläger 1368
- Unauffindbarkeit eines wesentlichen Zeugen 1365
- Verhandlungsunfähigkeit 1364

Einstellung des Verfahrens nach § 206a bei Verfahrenshindernissen
- Beispiele 1373 ff.
- dauernde Verhandlungsunfähigkeit 1380
- Einstellungsurteil 1371
- Freibeweisverfahren 1382
- Freispruch 1373
- in dubio pro reo 1382
- konkrete tatsächliche Umstände 1382
- Kosten und Auslagen 1385
- mehrere Taten 1383
- Rechtsmittel 1384
- Revision 1385
- Schengener Abkommen 1376 ff.
- Schlechterstellungsverbot 1381
- schwer wiegende Umstände 1372

Eintragung im VZR 1899
Einzelgegenüberstellung 1592 f.
E-Mail
- Revision
  - Begründung, Form 2272, 2615

Entbindung des Angeklagten vom Erscheinen in der Hauptverhandlung 1386 ff.
Entbindung von der Schweigepflicht
- Berechtigung zur Entbindung 1397 f.
- Beschränkung der Entbindung auf bestimmte Punkte 1406 f.
- Erben 1401
- Geschäftsfähigkeit 1401
- höchstpersönliches Recht 1401
- Inhalt der Entbindungserklärung 1403
- Insolvenzverwalter 1399
- Verfahrensbezogenheit der Entbindungserklärung 1404
- Widerruf 1405
- Zeugen 1395 f.

Entbindungsantrag 1227 ff.
Entfernung des Angeklagten aus der Hauptverhandlung
- absoluter Revisionsgrund 1424
- Augenscheinseinnahme 1423
- Beispiele 1412 f.
- Beschluss des Gerichts 1421
- bestimmte Tatsachen 1411
- bloße Möglichkeit der Gesundheitsgefahr 1415
- eng auszulegende Ausnahme 1410
- Entscheidung über die Vereidigung desselben Zeugen 1420
- Form und Inhalt der Unterrichtung 1422
- gesamte Dauer einer Vernehmung 1417 f.
- Gesundheit des Angeklagten 1416
- JGG-Verfahren 1410
- keine Verfahrensvorgänge mit selbstständiger verfahrensrechtlicher Bedeutung 1419 ff.
- Schutz von Zeugen 1414 f.
- Teil der Vernehmung 1418
- Unterrichtung des Angeklagten über wesentlichen Inhalt der Aussage 1422 ff.
- Verfolgen der Vernehmung über Video 1418
- Vernehmung jugendlicher Zeugen 1415
- Vernehmung von V-Leuten 1415
- Videovernehmung 1410

Entlassung von Zeugen und Sachverständigen
- erneute Vernehmung eines Zeugen oder Sachverständigen 1428
- Geltendmachung mit Revision 1427
- Maßnahme der Verhandlungsleitung 1426
- Zustimmung des Verteidigers 1428

Entschädigung nach dem StrEG 1904
- abschließender Katalog der Strafverfolgungsmaßnahmen 1435
- ausdrückliche Bevollmächtigung des Verteidigers 1431
- Ausschluss 1436

Entschädigung nach dem StrEG

- Betragsverfahren 1442
- Klagemuster (§ 13 StrEG) 1443
- sofortige Beschwerde 1441
- überschießende U-Haft 1439
- Urteil oder Beschluss, der das Verfahren abschließt 1432 ff.
- Verschulden des Verteidigers 1441
- Verschweigen entlastender Umstände 1440
- vorläufige Entziehung der Fahrerlaubnis 1438

Entschädigungsanspruch nach §§ 198, 199 GVG
- Amtshaftungsansprüche 3278
- Angemessenheitskriterien 3285
- Bußgeldverfahren 3278
- Ermittlungsverfahren 3280
- Gerichtsverfahren 3280
- immaterielle Nachteile 3301
- Regelung der Entschädigung 3277
- Übergangsregelung 3277
- Umfang und Höhe des Entschädigungsanspruchs 3297 f.
- unangemessene Dauer eines Gerichtsverfahrens 3283
- Verfahrensbeteiligter 3282
- zwei Wiedergutmachungsformen 3302
- zwei-stufiges Verfahren 3278
- zwingende Voraussetzung Verzögerungsrüge 3287

Entziehung der Fahrerlaubnis 1898
- Absprachen/Verständigung mit Gericht und Staatsanwaltschaft 189
- Beschleunigtes Verfahren 764
- Plädoyer des Verteidigers 2026

Entziehung des Fragerechts als Ganzes
- ausführlich begründeter Beschluss 1450
- Missbrauch des Fragerechts 1447
- Stufenweise Entziehung 1448

Erklärungen des Verteidigers
- Erklärungsrecht s. *Erklärungsrecht des Verteidigers*
- opening statement 1454 ff.
- Wertung als Einlassung des Angeklagten 1456

Erklärungsrecht des Angeklagten
- Fragerecht des Angeklagten 1462
- Protokollierungspflicht 1462
- Sollvorschrift 1461

Erklärungsrecht des Verteidigers
- affirmativer Beweisantrag 1469
- Anordnungen des Vorsitzenden 1474
- Anregung nach § 257b 1469
- Bezug auf Beweisaufnahme 1468
- Hinweis des Gerichts 1469
- keine Vorwegnahme des Schlussvortrags 1472
- Ordnungsvorschrift 1474
- Schriftlichkeitsgebot 1475
- Umfang 1467
- Verlangen/Antrag 1466
- Widerspruchslösung 1465 f.

Erneute Vernehmung eines Zeugen oder Sachverständigen
- Ablehnung eines Antrags 1481
- Beweisanregung 1478
- neue Entscheidung über die Vereidigung des Zeugen 1483
- neue Tatsachen 1482
- Rechtsprechungsbeispiele für bloße Wiederholung 1479 f.
- zum Teil bereits behandelte Tatsachen 1478

Eröffnungsbeschluss, Nachholung in der Hauptverhandlung
- Berufungs-Hauptverhandlung 1487
- Mängel 1487
- überhaupt noch nicht erlassen 1487
- Unterbrechung der Hauptverhandlung 1489
- verloren gegangener 1487
- Zeitpunkt 1488

Erörterungen des Standes des Verfahrens
- Besorgnis der Befangenheit 1503 f.
- Ermessen des Gerichts 1495
- Inhalt 1501
- Leitung der Gespräche/Erörterungen durch Vorsitzenden 1497, 1509
- Mitwirkung von Schöffen 1507
- offenerer Verhandlungsstil 1493
- Protokoll der Hauptverhandlung 1505, 1510
- Verfahrensbeteiligte 1499
- Zielrichtung 1502

Ersatzzustellung 3631 ff., 3633 ff.
Erweitertes Führungszeugnis 1902

Erziehungsmaßregeln
– Jugendgerichtsverfahren 1789
Eventualbeweisantrag
– Abgrenzung zum Hilfsbeweisantrag 1710

Fahndungsmaßnahmen 1949
Fahrverbot 1897
Fangschaltungen 2616
Fesselung des Angeklagten 1512 ff.
Feststellung von Vorstrafen des Angeklagten
– Art und Weise 1528
– BZR, Erziehungsregister oder VZR 1523
– rechtskräftige ausländische Strafen 1523
– Tilgungsreife Vorstrafen 1524, 1530
– Verwertungsverbot in § 29 Abs. 8 S. 2 StVG 1524
– Zeitpunkt 1526
– § 63 Abs. 1 BZRG 1531
Feststellungsrüge 2304
Finanzbehörde
– Steuerstrafverfahren 2560 f.
Formalgeständnis
– Absprachen/Verständigung mit Gericht und Staatsanwaltschaft 186
Fragerecht
– Entziehung als Ganzes s. *Entziehung des Fragerechts als Ganzes*
– nicht prozessbeteiligte Personen 1536
– prozessbeteiligte Personen 1534
– Suggestivfragen 3598
– ungeeignete Fragen 3595 f.
– unzulässige Fragen 3591 ff.
– Wiederholungsfragen 3597
Fragerecht des Angeklagten
– Befragung durch den Verteidiger 1540
– konfrontative Befragung 1540 f.
– Mitangeklagte 1540 ff., 1543 ff.
– Rspr. des EGMR 1540
– Umfang 1542
Fragerecht des Sachverständigen 1545 ff.
Fragerecht des Staatsanwalts 1548 f.
Fragerecht des Verteidigers
– Entlassung des Zeugen gegen den Widerspruch des Verteidigers 1558
– sachlicher Grund bei Entziehung 1559

– Umfang 1555
– Vernehmung jugendlicher Zeugen 1559
– Vorhalte aus früheren Vernehmungen 1555
– Zeitpunkt 1557
Freibeweisverfahren
– Antrag auf Erhebung eines Freibeweises 1567
– Anwendbarkeit 1565
– Auslandszeuge 401
– Einstellung des Verfahrens nach § 206a bei Verfahrenshindernissen 1382
– Strengbeweisverfahren 1564
– Widerspruchslösung 3454
– Zweifel am Vorliegen von Verfahrenstatsachen 1566
Freies Geleit 1573
Fremdsprachige Protokollierung 1573
Führen von Waffen 1902
Funktionelle Zuständigkeit 3617

Gang der Hauptverhandlung
– Ablauf der Hauptverhandlung 1580 ff.
– Aufruf der Sache 341 ff.
– Punktesachen 1579
– wesentliche Abweichung 1578
Gegenüberstellung von Zeugen
– akustische Gegenüberstellung 1594 f.
– anthropologisches Gutachten 1586
– Beweis-Antrag 1588
– Beweisverwertungsverbot 1585
– Beweiswert des Wiedererkennens 1586
– Einzelgegenüberstellung 1592 f.
– Identifizierungsgegenüberstellung 1583
– sequenzielle oder sukzessive Gegenüberstellung 1587
– Vernehmungsgegenüberstellung 1596
– Wahlgegenüberstellung 1583
– Wiedererkennungszeuge 1590
– Wiederholung aus dem EV in der Hauptverhandlung 1590
Geldstrafe 1896
Gerichtskundige Tatsachen
– Beweisantrag
  – Ablehnungsgründe 866 ff.
Geschäftsführer 1902

Gesetzesnovellen
- Absprache/Verständigung 1607
- Berufung 1609
- Beschleunigtes Verfahren 1609
- Beweisantragsrecht 1613
- Blutentnahme/Richtervorbehalt 1615
- Dolmetscher 1616
- Einstellung des Verfahrens (§ 153a) 1617
- Eintragung ausländischer Verurteilungen in das BZRG 1617
- Jugendstrafverfahren/Warnschussarrest 1617
- Kronzeugenregelung 1617
- Nebenklage/Opferschutz 1618
- Pflichtverteidigerbestellung 1618
- Protokoll der Hauptverhandlung/wörtliche Protokollierung 1619
- Rechtsmittel 1620
- Revision 1624
- Strafbefehlsverfahren 1625
- Unterbrechung der Hauptverhandlung 1626
- Untersuchungshaft 1628
- Videotechnik 1628
- Videovernehmung 1628
- Zeugenvernehmung 1629

Gesperrter V-Mann
- Verwertung der Erkenntnisse s. *Verwertung der Erkenntnisse eines gesperrten V-Mannes*

Geständnis
- Absprachen/Verständigung mit Gericht und Staatsanwaltschaft 183

Geständnisprotokolle
- Verlesung s. *Verlesung von Geständnisprotokollen*

Gewerbebezogene Straftaten 1902

Glaubwürdigkeitsgutachten
- Anknüpfungstatsachen und Darlegungen des Sachverständigen im Urteil 1652
- Anwesenheit des Sachverständigen in der Hauptverhandlung 1651
- Aussagen von Kindern und Jugendlichen 1640
- Beispiele für Bejahung/Verneinung zur Zuziehung eines Sachverständigen 1638 ff.
- Einwilligung des Zeugen 1646
- Gebotensein der Zuziehung eines Sachverständigen 1641
- Mindestanforderungen 1634, 2456
- ordnungsgemäße Belehrung 1647 ff.
- psychiatrische oder psychologische Untersuchung 1643
- Rückgriff auf andere Beweismittel 1638

Große Strafkammer/Jugendkammer, Reduzierte Besetzung
- Altregelung der §§ 76 Abs. 2 a. F., 33b Abs. 2 a. F. JGG 2236
- Beschluss über die Besetzung 2229
- Beweisverwertungsverbote 2332
- Dreier-Besetzung 2213 ff.
- Fehlen einer Besetzungsentscheidung 2230
- kein Ermessen 2218
- Nachholbarkeit der Besetzungsentscheidung 2227
- nachträgliche Abänderung 2227 ff.
- Perspektive der Eröffnungs-/Besetzungsentscheidung 2218
- Regelungsgefüge 2213
- Revision 2235
- Schwierigkeit der Sache 2218 ff., 2223 ff.
- Schwurgericht 2216
- Sicherungsverwahrung 2217
- Übergangsregelung 2211
- Umfang der Sache 2220 ff.
- Umfang oder Schwierigkeit der Sache 2225 ff.
- Unterbringung in einem psychiatrischen Krankenhaus 2217
- weiter Beurteilungsspielraum 2218
- Widerlegung einer gesetzlichen Regelwirkung 2227
- Zweierbesetzung 2213 ff.

Grundsatz des fair-trial
- V-Mann in der Hauptverhandlung 3349

Gutachten allgemein vereidigter Sachverständiger
- Verlesung s. *Verlesung von Gutachten allgemein vereidigter Sachverständiger*

Gutachten und Berichte
- Verlesung 3049 ff.

Haftfragen

Haftfragen
- Anspruch auf eine mündliche Haftprüfung 1668
- Aufhebung des Haftbefehls 1682 ff.
- Aufhebung eines Haftverschonungsbeschlusses 1682 ff.
- Beschleunigungsgrundsatz 1658 ff., 1688
- Besetzung die Strafkammer 1671 ff.
- Fortbestehen der Haftgründe 1674
- Haftbeschwerde 1669
- Haftprüfung durch das OLG 1688
- Haftverschonung 1685 ff.
- Prüfung der Voraussetzungen eines Haft- bzw. Unterbringungsbefehls 1655

Haftverschonung 1685 ff.
Haft-Warnung 1821
Hauptverhandlungshaft
- Antrag auf Aufhebung 1703
- außer Vollzugsetzung 1704
- Beiordnung eines Pflichtverteidigers 1706
- Hauptverhandlung nicht innerhalb der Frist 1701
- Rechtsmittel 1707
- Sicherung der Durchführung der Hauptverhandlung im beschleunigten Verfahren 1695
- Unterfall der U-Haft 1694
- Verhältnismäßigkeitsgebot des § 112 Abs. 1 S. 2 1702
- Voraussetzungen für den Erlass des Haftbefehl 1697

Hilfsbeweisantrag
- Abgrenzung zum Eventualbeweisantrag 1710
- Abwehr von Prozessverschleppung 1715
- Beweisantrag zur Vorbereitung der Hauptverhandlung 999
- Beweismittel und Beweisthema 1711
- Muster 1719
- Unterfall des bedingten Beweisantrags 1710
- Verknüpfung mit dem Hauptantrag 1710, 1713
- Verzicht 1716 ff.

Hinweis auf veränderte Sach-/Rechtslage
- Antrag auf Aussetzung der Hauptverhandlung 1722
- Beispiele für Anwendung eines anderen Strafgesetzes 1725 ff.
- Inhalt des Hinweises 1742
- Sicherungsverwahrung 1742

Hungerstreik
- selbst herbeigeführte Verhandlungsunfähigkeit 2496

Identifizierungsgegenüberstellung 1583
Informatorische Befragung eines Zeugen
- Beispiele 1752

Informelles Kreuzverhör 1808
Interessenkonflikt
- Pflichtverteidiger
- Entpflichtung während laufender Hauptverhandlung 1998

Internet-Telefonie 2610

Jugendgerichtshilfe 1785
Jugendgerichtsverfahren
- Absprachen/Verständigung mit Gericht und Staatsanwaltschaft 169
- Anwendung der Vollstreckungslösung 2848
- Beschleunigtes Verfahren 743
- Beweisverzicht 1149
- Einstellung des Verfahrens nach § 153a nach Erfüllung von Auflagen und Weisungen 1318
- Einstellung des Verfahrens nach § 153b bei Absehen von Strafe 1334
- Entfernung des Angeklagten aus der Hauptverhandlung 1410
- Letztes Wort des Angeklagten 1851
- Nebenklage 1920
- Revision
  - Zulässigkeit 2408
- Verfahrensverzögerung 2828
- Warnschussarrest 1617

Jugendgerichtsverfahren, Besonderheiten der Hauptverhandlung
- Absprachen/Verständigungen 1770
- Beweisaufnahme 1778
- Erziehungsberechtigte von Amts wegen das letzte Wort 1782
- Erziehungsmaßregeln 1789
- Jugendgerichtshilfe 1785
- Jugendstrafe 1789
- Kölner Richtlinien 1762

Jugendgerichtsverfahren, Besonderheiten der Hauptverhandlung

- Öffentlichkeit der Verhandlung 1774
- Pflichtverteidigerbestellung 1759 ff.
- Plädoyer des Verteidigers 1788
- Rechtsmittel 1790
- Sachverständigen-Gutachten 1780
- Sanktionskatalog des JGG 1788
- Vereidigung 1779
- Verletztenbeistand/Opferanwalt 1775
- Vernehmung zur Person oder Sache 1772
- Vorbereitung der Hauptverhandlung 1757 ff.
- Zuchtmittel 1789

Jugendstrafe 1789

Kleine Kronzeugenregelung 1815
Kölner Richtlinien
- Jugendgerichtsverfahren 1762

Kommissarische Vernehmung eines Zeugen oder Sachverständigen
- Anordnung durch Gerichtsbeschluss 1798
- Antrag 1797
- Anwesenheitsrecht des Verteidigers oder Angeklagten 1800
- ausländisches Gericht 1801
- beauftragter oder ersuchter Richter 1799
- Benachrichtigung 1804
- Beweisantrag 1803
- Beweisverwertungsverbot 1804
- Ermessen des Gerichts 1796
- Hinweise für den Verteidiger 1803
- im Ausland 1801
- konsularische Vernehmung 1801
- Verfahren 1797 ff.
- Verfahrensverstöße bei ausländischen Vernehmungen 1801
- Verlesung von Protokollen früherer Vernehmungen/sonstiger Erklärungen 1796
- Videovernehmung 1800
- V-Leute 1796

Konfliktverteidigung 13, 3183
- Beweisantragsrecht 975
- Protokoll der Hauptverhandlung
  - wörtliche Protokollierung 2116

Konsularische Vernehmung
- Kommissarische Vernehmung eines Zeugen oder Sachverständigen 1801

Kreuzverhör
- informelles Kreuzverhör 1808
- übereinstimmender Antrag von StA und Verteidiger 1805

Kronzeugen
- Abwägung 1814
- Ausschluss 1814
- Begriff 1811
- BtM-Verfahren 1816
- geplante Neuregelung 1814
- Glaubwürdigkeit des Zeugen 1816
- kleine Kronzeugenregelung 1815
- Kronzeugen-Regelung 1812
- Strafzumessungsregel 1812 f.
- Tatbeteiligung 1814

Kronzeugenregelung 1617, 2316

Ladung des Angeklagten
- ausländischer Angeklagter 1821
- Aussetzungsantrag
  - Muster 1828
- Befragung bzgl Anträge 1823
- formlose Mitteilung 1825
- Fortsetzungstermin 1825
- Fristberechnung 1819
- Haft-Warnung 1821
- Ladungsfrist 1819, 1824
- Nichteinhalten der Ladungsfrist 1827
- über den Verteidiger 1825
- Zustellung 1825

Ladung des Verteidigers
- Aussetzungsantrag 1835, 1837
- Aussetzungsantrag (wegen nicht erfolgter Ladung des Verteidigers)
  - Muster 1839
- mehrere Verteidiger 1833
- nicht geheilte Verstöße 1838
- Pflichtverteidiger 1829
- Revision 1838
- stillschweigender Verzicht 1836
- Verteidigungsanzeige 1829 f.
- Wahlverteidiger 1829

Ladung von Zeugen
- Anordnung durch Vorsitzenden 1842
- Beweis-Antrag des Verteidigers 1844
- Nichterscheinen 1843

Ladung von Zeugen

- Rechtsmittel 1847
- Selbstladungsverfahren 1845
- Zeugnisverweigerung 1843

Ladungsfrist 1819, 1824

Letztes Wort des Angeklagten
- Ablehnungsantrag 1850
- gesetzlicher Vertreter 1851
- Hinweise für den Verteidiger 1853
- Inhalt 1852
- Jugendgerichtsverfahren 1851
- mehrere Angeklagte 1851
- Missbrauch 1856
- Protokoll 1858
- Revision 1858

Leumundszeugnisse 2998 ff.

Mailbox-Systeme 2614

Maßregel der Besserung und Sicherung
- Berufung
  - Annahmeberufung 556

Mehrere Angeklagte
- Schriftliche Antragstellung 2487
- Verfahrensverzögerung 2851
- Zeugnisverweigerungsrecht 3561 ff.

Mehrere Verteidiger
- Revision
  - Begründung, Form 2273

Mehrfachverteidigung
- Pflichtverteidiger
  - Entpflichtung während laufender Hauptverhandlung 1998
- Verbindung von Verfahren 2776

Mitschreiben in der Hauptverhandlung
- Diktatgerät 1861
- Journalisten 1863
- Prozessbeobachtung 1865
- Rechtsanwalt/Verteidiger 1863
- Sitzungspolizei 1864
- Störung der Sitzung 1864

Mitteilung über Erörterungen zur Verständigung
- Änderungen 1885 f.
- Bußgeldverfahren 1873
- Form 1872
- Inhalt 1873
- Negativattest 1873

- Parallelverfahren 1884
- Protokoll 1887
- Revision 1888
- Verpflichtung des Vorsitzenden 1868
- Verstoß 1888
- Zeitpunkt 1870

Mobilfunk 2610

MPU 1900

Nachbereitung der Hauptverhandlung
- Bewährungsstrafe 1895
- Einbürgerungsbewerber 1902
- Eintragung im VZR 1899
- Entschädigung nach dem StrEG 1904
- Entzug der Fahrerlaubnis 1898
- erweitertes Führungszeugnis 1902
- Fahrverbot 1897
- Führen von Waffen 1902
- Geldstrafe 1896
- gewerbebezogene Straftaten 1902
- MPU 1900
- Nachschulung 1900
- polizeiliches Führungszeugnis 1900
- Rechtsmittel 1894
- Strafpunkte 1899
- Verurteilung nach den §§ 174 – 180 oder 182 StGB 1902
- § 6 Abs. 2 S. 2 – 3 GmbHG 1902

Nachforschungspflicht des Gerichts
- Berufungsverwerfung wegen Ausbleibens des Angeklagten 710

Nachschulung 1900

Nachträgliche Sicherungsverwahrung
- Nebenklage 1922

Nachtragsanklage
- Beschluss über Einbeziehung 1915
- Ermessen der StA 1908
- Gegenstand 1907
- Unterbrechung der Hauptverhandlung 1916 f.
- wegen eines Verbrechens 1970
- Wirkung 1915
- Zeitpunkt 1910
- Zustimmung des Angeklagten 1911 ff.

Nachtrunk 1175 f.

Nebenklage
- Jugendgerichtsverfahren 1920
- nachträgliche Sicherungsverwahrung 1922
- Nebenklagemandat 1923
- OpferRRG 1919
- Opferschutz 1618
- Sicherungsverfahren zulässig 1922

Nebenkläger
- als Zeuge 1924 ff.
- Berufungsbegründung 563
- Beweisantrag
  - Antragsberechtigung 901
- Beweisverzicht 1149
- Einstellung des Verfahrens nach § 205 wegen Abwesenheit des Angeklagten oder anderer Hindernisse 1364
- Revision
  - Begründung, Form 2268
  - Begründung, Sachrüge 2296
  - Zulässigkeit 2410
- Zuziehung eines Dolmetschers 3648

Nebenklägerrechte in der Hauptverhandlung
- Absprachen/Verständigung mit Gericht und Staatsanwaltschaft 1943
- Anschlusserklärung 1930
- Beistand eines Rechtsanwalts 1934
- Einstellung des Verfahrens 1936
- Erstattung der notwendigen Auslagen 1945 ff.
- Minderjährige 1930
- Pauschgebühr 1947
- Prozesskostenhilfe 1947
- Recht zur Anwesenheit 1934
- Rechte 1937 ff.
- Rechtsmittel 1944
- Rücknahme eines Strafantrags 1938
- unentgeltliche Dolmetscherleistung 1935
- Zustimmung oder Verzicht des Nebenklägers 1941

Nebenstrafe
- Berufung
  - Annahmeberufung 556

Negativattest
- Absprachen/Verständigung mit Gericht und Staatsanwaltschaft 216 ff.

- Mitteilung über Erörterungen zur Verständigung 1873
- Protokoll der Hauptverhandlung 2095

Negativtatsachen
- Beweisantrag
  - Inhalt 960 ff.

Nichterscheinen eines Zeugen
- Anordnung der Vorführung 1949
- Auferlegung der entstandenen Kosten 1950
- Beweisverzicht 1949
- Fahndungsmaßnahmen 1949
- Ladung von Zeugen 1843
- Ordnungsgeld/Ordnungshaft 1950
- rechtzeitige Entschuldigung 1950 ff.

Notebook in der Hauptverhandlung
- Journalisten 1863
- Prozessbeobachtung 1865
- Rechtsanwalt/Verteidiger 1863
- Sitzungspolizei 1864
- Störung der Sitzung 1864

Obergutachter
- Abweichung von schriftlichem Gutachten 1965
- Alkohol- und BtM-Missbrauch 1960
- andere Beweismittel 1962
- Antrag des Verteidigers 1957
- Aufklärungspflicht des Gerichts 1956
- Auswirkungen von Unfällen 1960
- Begründung des Antrags 1958
- Beispiele 1960
- Beweisantrag auf Einholung eines weiteren Sachverständigengutachtens
  - Muster 1966
- fehlende Sachkunde eines Sachverständigen 1955
- Glaubwürdigkeit 1964
- Hirnverletzungen 1960
- Mangel an Sachkunde 1964
- Schuldfähigkeit 1960
- Spielsucht 1960
- unrichtige tatsächliche Voraussetzungen 1963
- weiteres Gutachten 1955
- Widersprüche 1963

Offenkundige Tatsachen
- Beweisantrag
  - Ablehnungsgründe 866 ff.
Öffentlichkeit der Verhandlung
- Ausschluss der Öffentlichkeit *s. dort*
- Grundsatz 54
- Jugendgerichtsverfahren 1774

Opferanwalt
- Einzelheiten 3063 ff.
- Gebühren wie ein Verteidiger 3066
- Missbrauch der Stellung 3058
- nebenklageberechtigte Verletzte 3059
- nicht nebenklageberechtigte Verletzte 3056
- Prozesskostenhilfe 3061 ff.
- Rechte des Beistands 3057 f.
- Stärkung des Opferschutzes 3054
- Verfahren gegen Jugendliche 3061

Ordnungsgeld/Ordnungshaft 1950
Ordnungsmittel 3584
Örtliche Zuständigkeit 3615 f.
Ortsansässigkeit
- Pflichtverteidiger
  - Bestellung in der Hauptverhandlung 1978

Parallelverfahren
- Mitteilung über Erörterungen zur Verständigung 1884

Person der Zeitgeschichte
- Ton- und Filmaufnahmen während der Hauptverhandlung 2679

Persönlichkeitsrechte
- Schutz 427 ff.
- Ton- und Filmaufnahmen während der Hauptverhandlung 2673

Pflichtverteidiger
- Antrag auf Bestellung 748 f.
- Aussetzung wegen Ausbleibens des (notwendigen) Verteidigers 476
- Beiordnung 748
- Bestellung *s. Pflichtverteidigerbestellung*
- Blutalkoholfragen/Atemalkoholmessung 1199
- Einstellung des Verfahrens nach § 154 bei Mehrfachtätern 1342
- Hauptverhandlungshaft 1706
- Ladung 1829

- Ortsansässigkeit 1978
- unterlassene Beiordnung 753
- Vertretung des Angeklagten 3211
- Vollmacht 3352
- Zuziehung eines Dolmetschers 3659

Pflichtverteidiger, Bestellung in der Hauptverhandlung
- Ablehnung des in der Hauptverhandlung gestellten Beiordnungsantrags 1979
- Ausbleiben Wahlverteidiger 1973
- Ausländer 1970
- Aussage-gegen-Aussage 1971
- Beispiele 1970 ff.
- Beschwerde 1979
- Erlass Haftbefehl in der Hauptversammlung 1973
- Grundsätze für die Auswahl 1977
- Kosten bei Ausbleiben eines Pflichtverteidigers 1981
- Nachtragsanklage wegen eines Verbrechens 1970
- Nebenkläger anwaltlich vertreten 1971
- Ortsansässigkeit 1978
- Pauschgebührenantrag nach § 51 Abs. 1 RVG 1982
- Sachverständigen-Gutachten 1971
- Schwere der Tat oder die Schwierigkeit der Sach- und Rechtslage 1971
- Tat wird erst in der Hauptverhandlung als Verbrechen beurteilt 1971
- Überprüfung auf Rechtsfehler durch Revisionsgericht 1980
- Überschreitung der Straferwartungsgrenze 1971
- Unterbrechung oder Aussetzung der Hauptverhandlung 1976
- Verteidiger des Vertrauens des Angeklagten 1978
- Verteidigerausschluss 1973
- Verwertbarkeit einer Blutprobe 1971
- Voraussetzungen der notwendigen Verteidigung 1974
- zeitliche Grenze 1976

Pflichtverteidiger, Bestellung neben Wahlverteidiger
- Arbeitsteilung 1985

Pflichtverteidiger, Bestellung neben Wahlverteidiger

- Ausnahmefälle 1986
- Auswahl und Verfahren 1990
- Beispiele der obergerichtlichen Rspr 1987 f.
- Beschwerde 1992
- Beurteilungsspielraum 1986
- Umfang oder Schwierigkeit des Verfahrens 1986
- Zwangsverteidigung 1985

Pflichtverteidiger, Entpflichtung während laufender Hauptverhandlung
- Beschwerde 2010
- Entpflichtungsantrag 2005
- Interessenkonflikt 1998
- Krankheit 1998
- längerfristige Verhinderung 1998
- Mehrfachverteidigung 1998
- rechtliches Gehör 2008
- Rechtsmittel gegen Entpflichtung 2009
- Störung der Ordnung 1998
- Störung des Vertrauensverhältnisses 1988, 1994
  - Beispiele 2003
- strenge Anforderungen 1996
- unbegründete Entpflichtung 2004
- wichtiger Grund 1996
  - Beispiele 1998 ff.
- Wunsch des Angeklagten nach anderem Pflichtverteidiger 1998

Pflichtverteidiger, Revision
- Beiordnungsantrag schon beim Tatgericht 2389
- bereits in der Tatsacheninstanz Pflichtverteidiger 2384
- Bestellung für das Revisionsverfahren 2387
- in Tatsacheninstanz noch nicht Pflichtverteidiger 2387
- Revisions-Hauptverhandlung 2384
- Zuständigkeit zur Entscheidung über den Beiordnungsantrag 2389

Pflichtverteidigerbestellung 1618
- Ersatz der Vollmacht durch Bestellungsakt 3352
- Jugendgerichtsverfahren 1759 ff.
- selbst herbeigeführte Verhandlungsunfähigkeit 2503
- Strafbefehlsverfahren 2573

Plädoyer des Staatsanwalts
- Entziehung des Rederechts 2016
- Form 2016
- Inhalt 2015
- Unterbrechung 2016
- Verpflichtung 2014

Plädoyer des Verteidigers
- ausländerrechtliche Folgen 2026
- Berufungshauptverhandlung 651
- Checkliste 2025
- Entziehung der Fahrerlaubnis 2026
- Erwiderung 2034
- Form 2027
- Hauptaufgabe 2022
- Hinweis für den Verteidiger 2033
- Inhalt 2023
- Jugendgerichtsverfahren 1788
- Missbrauch 2032
- Reihenfolge 2020
- Schadenswiedergutmachung 2026
- Strafzumessung 2024
- Verfahrensverzögerung 2026
- Vollstreckungslösung 2026
- Vorbereitungszeit 2028
- Weigerung 2020
- Wiedereintritt in die Beweisaufnahme 2035

Polizeiliches Führungszeugnis 1900

Präsentes Beweismittel
- Augenscheinseinnahme 2044
- Begründung der Revision 2040
- Beweisantrag 2039
  - Formulierung: Urkundenbeweis 931
- Beweisantrag auf Vernehmung eines präsenten Zeugen
- Muster 2057
- Beweisverzicht 1146
- Entschädigungsantrag 2060
- förmlicher und vollständiger Beweisantrag 2042
- Namhaftmachung 2049
- Rechtsstellung 2055
- Rücknahme 2054
- Sachverständigen-Beweis 2041
- Selbstladung 2045 ff.
- Urkundenbeweis 2044
- Zeuge oder Sachverständiger 2045 ff.

Präsentes Beweismittel

- Zeugen-/Sachverständigen-Ladung gem. § 220
  - Muster 2058
- Zustellungsersuchen an den Gerichtsvollzieher
  - Muster 2059
- **Präsenzfeststellung** 2061 ff.
- **Privatkläger**
  - als Zeuge 2064 f.
- **Privatklageverfahren**
  - Ablehnungsgründe 2075
  - Beistand Rechtsanwalt 2072
  - Beschränkung der Strafverfolgung 2079
  - Einigungsgebühr 2089
  - Gerichtlicher Vergleich 2089
  - leichte Vergehen 2069
  - mündliche Zurücknahme 2082
  - Nachtragsklage 2081
  - Privatwiderklage
    - Muster 2091
  - Recht zur unmittelbaren Ladung 2076
  - Rechtsmittel 2090
  - Stellung und Rechte 2070 f.
  - Stellung und Rechte des Privatbeklagten 2083 ff.
  - Übernahme des Verfahrens durch StA 2083
  - Umfang der Beweisaufnahme 2074
  - Veränderung der Sach- oder Rechtslage 2080
  - Vereidigung von Zeugen 2077
  - Zwangsmittel gegen Zeugen und Sachverständigen 2078
- **Protokoll der Hauptverhandlung**
  - Ablehnung des Protokollberichtigungsantrag 2098
  - Absprachen/Verständigung 2095
  - Amtsgerichtsverfahren 2104
  - Änderung/Berichtigung nach Erhebung einer Verfahrensrüge 2099
  - Anspruch auf kostenfreie Übermittlung einer Ablichtung des Protokolls 2113
  - Anträge des Verteidigers 2107
  - Aufzeichnung auf Tonträger 2105
  - Bedeutung für die Revision 2103
  - Begründung von Entscheidungen 2110
  - Berichtigung 2098
  - Beweisantrag
    - Ablehnungsbeschluss 852, 854
  - deutsche Sprache 2111
  - Einsehen 2112
  - Erörterungen des Standes des Verfahrens 2095
  - Form der Protokollberichtigung 2100
  - Gang der Hauptverhandlung im Wesentlichen 2094
  - Hinweis für den Verteidiger 2100, 2106
  - Negativattest 2095
  - neue/andere Verfahrensrügen 2102
  - OWi-Verfahren 2095, 2104
  - Protokollberichtigungsverfahren 2101
  - Rügeverkümmerung 2099
  - schriftlich vorformulierter Antrag als Anlage 2108
  - Teilprotokolle 2113
  - Urkundenbeweise 2106
  - Verlaufsprotokoll 2103
  - wesentliche Förmlichkeiten 2094
  - Widerspruch des Verteidigers 2109
- **Protokoll der Hauptverhandlung/wörtliche Protokollierung** 1619
  - erhebliche Bedeutung 2116
  - Feststellung eines Vorgangs in der Hauptverhandlung 2118
  - Inhalt und Wortlaut der vollständigen Niederschreibung 2123
  - Konfliktverteidigung 2116
  - Protokollierungsantrag 2121
  - Prozesserklärungen 2125
  - Verfahren 2120 ff.
  - Verlesung und Genehmigung 2124
  - Wortlaut einer Aussage oder Äußerung 2118
  - Zeugenaussagen 2119
- **Protokolle früherer Vernehmungen/sonstiger Erklärungen**
  - Verlesung *s. Verlesung von Protokollen früherer Vernehmungen/sonstiger Erklärungen*
- **Protokolle/Erklärungen der Strafverfolgungsbehörden**
  - Verlesung *s. Verlesung von Protokollen/Erklärungen der Strafverfolgungsbehörden*

Protokollierung, fremdsprachige 1570 ff.
Protokollverlesung nach Zeugnisverweigerung
- Aussage eines vor der Hauptverhandlung vernommenen Zeugen 2129
- Bejahung des Verwertungsverbots
  - Beispiele 2142
- Berufsangehörige und deren Helfer 2140
- frühere richterliche Vernehmung nach vorschriftsmäßiger Belehrung 2122, 2144
- frühere Vernehmungen 2129
- mehrere Angeklagte 2138
- ordnungsgemäße Belehrung 2133
- umfassendes Verwertungsverbot 2128
- Vernehmung der Verhörsperson 2135
- Verneinung des Verwertungsverbots
  - Beispiele 2143
- Verzicht auf Zeugnisverweigerungsrecht 2132
- Voraussetzungen für die Verwertbarkeit 2144 ff.
- Zeugnisverweigerungsrecht naher Angehöriger 2136

Protokollverlesung zur Gedächtnisstützung
- Antrag auf Protokollierung 2157
- Beweisantrag 2158
- Entscheidung 2157
- Hinweise für den Verteidiger 2153
- Kombination zwischen Zeugen- und Urkundenbeweis 2154
- Protokoll 2158
- Umfang 2155
- Vernehmungsprotokolle 2156
- Voraussetzungen 2151
- Vorhalte 2149
- Widerspruch 2152

Prozesserklärungen
- Protokoll der Hauptverhandlung
  - wörtliche Protokollierung 2125

Prozesskostenhilfe 272
- Nebenklägerrechte in der Hauptverhandlung 1947
- Verletztenbeistand 3061 ff.

Prozessverschleppung
- Beweisantrag
  - Ablehnungsgründe 889 ff.
- Beweisantragsrecht 975

Qualifizierte Belehrung 2179
Quellen-Telekommunikationsüberwachung 2612

Raumgespräche
- Verwertung 2616

Recht auf informationelle Selbstbestimmung 2608

Rechtliches Gehör
- Pflichtverteidiger
  - Entpflichtung während laufender Hauptverhandlung 2008
- Sitzungspolizei 2538

Rechtsmittel 1620
- Ablehnungsverfahren 112 ff.
- Antrags- und Begründungszwang bei Revision 2172
- Berufungsbegründung 2168
- Berufungsfrist 2167
- Beschwerde 773 ff., 2173 ff.
- Bewährungsbeschluss 2174
- Fristen 2163
- Hinweis für den Verteidiger 2169
- Jugendgerichtsverfahren 1790
- Kostenentscheidung 2176
- Revisionsfrist 2171
- Verschlechterungsverbot 2176
- vorläufige Entziehung der Fahrerlaubnis 2175

Rechtsmittel, unbestimmtes
- automatisch als Berufung 2186
- Bestimmung des Rechtsmittels 2186
- endgültige Wahl 2187
- Entscheidung nach Zustellung des angefochtenen Urteils 2186
- Form 2185
- Muster 2188
- Revision 2247

Rechtsmittelbelehrung

Rechtsmittelbelehrung
- missverständliche ~ 2180
- qualifizierte Belehrung 2179
- schriftliche ~ 2181
- Verzicht 2182

Rechtsmittelverzicht
- Absprachen/Verständigung 2201 ff.
- Absprachen/Verständigung mit Gericht und Staatsanwaltschaft 155, 190
- Erklärung 2196
- kein Widerruf 2198
- nicht verteidigter Angeklagter 2205
- Protokoll der Hauptverhandlung 2195
- Revision 2193, 2243
- sofortige Rechtskraft 2207
- Unterbrechung der Hauptverhandlung 2192
- unwirksamer
  - Beispiele 2199
- Unwirksamkeit 240
- Verständigung i. S. d. 257c 2191
- Wiedereinsetzung in den vorigen Stand 2197
- wirksamer
  - Beispiele 2200

Reformatio in peius
- Strafbefehlsverfahren 2585

Relativer Revisionsgrund 2327, 2330

Revision 1624
- Antrag auf Entscheidung des Revisionsgerichts 2245
- begrenzte Prüfungsmöglichkeiten 2240
- Begründung 2242
- Beschleunigungsgrundsatz 2242
- Beschränkung 2243
- Devolutiv- und Suspensiveffekt 2240
- Formenstrenge 2239
- Frist 2171, 2242
- Hinweise für den Verteidiger 2246
- Rechtsmittelverzicht 2243
- Revisionsgericht 2244
- Rücknahme 2243
- Sprungrevision 2247
- unbestimmtes Rechtsmittel 2247
- Unmittelbarkeitsgrundsatz 2699
- Urkundenbeweis 2742
- Verfassungsbeschwerde 2245
- Vorbereitung 2246

- Wahrung der Rechtseinheit 2241
- Zweck 2241

Revision, Antrag auf Entscheidung des Revisionsgerichts
- Anhörungsrüge 2254
- Antrag auf Wiedereinsetzung in den vorigen Stand 2251 f.
- Antragsberechtigte 2252
- befristeter Rechtsbehelf eigener Art 2251
- Fristversäumung 2254
- Muster 2256
- Schriftform 2252
- Zuständiges Gericht 2146

Revision, Begründung
- Aufhebung des angefochtenen Urteils 2262
- Beweiswürdigung 2263
- Monatsfrist 2264
- Muster 2265
- Rechtsfehler 2263
- Revisionsantrag 2259
- Schriftform 2264
- Umfang 2261
- Vorlage einer Vollmacht 2264

Revision, Begründung, Form
- E-Mail 2272
- Mehrere Verteidiger 2273
- Nebenkläger 2268
- Protokoll der Geschäftsstelle 2268
- Schriftform 2271
- Telefon 2272
- Telegramm
  - Fernschreiber oder Telebrief 2272
- Verantwortung für Inhalt 2275
- Verschulden des Rechtspflegers 2270

Revision, Begründung, Frist 2300
- Antrag auf Entscheidung des Revisionsgerichts 2280
- Fristversäumung 2280
- Nachholung von Verfahrensrügen 2282
- Verlängerung 2280
- Wiedereinsetzung in den vorigen Stand 2280
- Zustellung des angefochtenen Urteils 2246 ff.

Revision, Begründung, Sachrüge
- Begründung 2298 f.
- Beispiel 2293

Revision, Begründung, Sachrüge

- berufliche Konsequenzen 2316
- Beweiswürdigung 2306 ff.
- Checkliste Überprüfung der Strafzumessung 2314
- Darstellungsrüge 2303
- Doppelverwertungsverbot 2316
- Fehler bei der richterlichen Überzeugungsbildung 2306 ff.
- Fehler bei der Strafzumessung 2313 ff.
- Feststellungsrüge 2304
- Fragenkatalog 2299
- Kronzeugenregelung 2316
- Nebenkläger 2296
- Revisionsbegründungsfrist 2300
- Tatmodalitäten und Tatmotive 2316
- Überprüfung sonstiger Rechtsfehler 2294
- unvollständige und lückenhafte Feststellungen 2305
- Urteilsfeststellungen 2303
- Verfahrensverzögerung 2316

Revision, Begründung, Verfahrenshindernisse
- Befassungsverbot 2319
- Bestrafungsverbot 2319
- Checkliste Überprüfung des Urteils auf das Vorliegen von Verfahrenshindernissen 2321

Revision, Begründung, Verfahrensrüge
- Ablehnungsantrag 2350
- Absoluter Revisionsgrund 2327 ff.
- Aufklärungsrüge 2345
- Begründung einer Verfahrensrüge 2338
- Beispiel,
  - Allgemeiner Aufbau einer Verfahrensrüge 2333
- Berufungsverwerfung wegen Ausbleibens des Angeklagten 2352
- Bußgeldverfahren 2352
- Einspruchsverwerfung 2352
- fehlerhafte Ablehnung des Beweisantrags 2349
- Mitwirkung eines abgelehnten Richters 2328 f.
- Nichtbescheidung des Beweisantrags 2349
- Rechtsfehler hinsichtlich Verfahrensablauf und Gestaltung 2326
- Relativer Revisionsgrund 2327, 2330
- Rüge der unzulässigen Ablehnung eines Beweisantrags 2349
- strenge Formvoraussetzungen 2324
- unwahre Verfahrensrüge 2315
- Vortrag von sog. Negativtatsachen 2342 ff.
- weitere Verfahrensverstöße 2332
- widersprüchliches Verhalten des Verteidigers 2336

Revision, Beschränkung
- Abgrenzung Revisionsbegründung 2359
- Auslegung 2360
- Beschränkungserklärung 2358
- konkludente/ungewollte Beschränkung 2360
- Zulässigkeit 2356

Revision, Einlegung
- Auslegung der Erklärung des Beschwerdeführers 2366
- Bedingung 2364
- Inhalt des Revisionseinlegungsschriftsatzes 2366 ff.
- Irrtum in der Bezeichnung des zulässigen Rechtsmittels 2365
- Muster: Allgemeine Revisionsschrift 2370
- Rechtsmittelverzicht 2364
- Verfahrensgebühr 2369

Revision, Einlegung, Form 2371 f.
Revision, Einlegung, Frist 2374 ff.
Revision, Pflichtverteidiger
- Beiordnungsantrag schon beim Tatgericht 2389
- bereits in der Tatsacheninstanz Pflichtverteidiger 2384
- Bestellung für das Revisionsverfahren 2387
- in Tatsacheninstanz noch nicht Pflichtverteidiger 2387
- Revisions-Hauptverhandlung 2384
- Zuständigkeit zur Entscheidung über den Beiordnungsantrag 2389

Revision, Rücknahme
- ausdrückliche Ermächtigung 2395
- Kostenentscheidung 2396
- Teilrücknahme 2392
- zusätzliche Verfahrensgebühr 2392
- § 302 Abs. 1 2393 ff.

Revision, Verfahren 2398 ff.

Revision, Zulässigkeit
- Anfechtungsberechtigung 2410
- Antrags- und Begründungszwang 2415
- Beschwer 2413
- Erklärung bedingungsfeindlich 2416
- Form und Frist 2415
- Jugendstrafverfahren 2408
- Nebenkläger 2410

Richter
- Ablehnung *s. Ablehnung eines Richters*

Rücknahme eines Strafantrags 2417 ff.

Rügepräklusion
- Anwendungsbereich 2903
  - Beispiele 2902
- Beispiele 2895 f.

Rügeverkümmerung
- Protokoll der Hauptverhandlung 2099

Rügeverlust
- Ablehnung eines Richters wegen Besorgnis der Befangenheit 2427
- Ablehnung eines Sachverständigen wegen Besorgnis der Befangenheit 2431
- Anrufung des Gerichts nach § 238 Abs. 2 2434
- Aussetzungsantrag wegen Nichteinhaltung der Ladungsfrist 2430
- Beweisanträge 2432
- Gerichtsbesetzung oder Besetzungseinwand 2428
- Vereidigungsantrag zur Nachholung einer Vereidigung 2433
- Widerspruch gegen die Verwertung eines Beweises 2435
- Zuständigkeitsrüge 2429

Sachliche Zuständigkeit 3613

Sachverständigenbeweis
- Ablehnung eines Beweisantrags 2449
- Auswahl des Sachverständigen 2450 ff.
- Beispiele 2446
- Belehrung 2458
- Beurteilung der Schuldfähigkeit 2447
  - Beispiele 2447
- Delegationsverbot 2455
- fehlende Sachkunde des Gerichts 2445
- Glaubwürdigkeitsgutachten, Mindestanforderungen 2456
- konfrontative Befragung des Sachverständigen 2287
- Obergutachten 2461
- persönliches Beweismittel 2438
- Pflichtverteidiger
  - Bestellung in der Hauptverhandlung 1971
- Privatgutachter 2462 f.
- Sachverständigen-Gutachten
  - Jugendgerichtsverfahren 1780
- Sachverständiger Gehilfe des Gerichts 2440
- schriftliches Vorgutachten 2277
- Schuldfähigkeitsgutachten, Mindestanforderungen 2459
- Urteil 2288
- Verletzung des fair-trial 2455
- Verpflichtung zur Zuziehung eines Sachverständigen 2444
- Vorlage und Zugänglichmachung von Arbeitsunterlagen 2467
- Vorschriften für Zeugen 2442
- Zugriff auf Beweismittel 2466 f.

Sachverständiger
- Ablehnung *s. Ablehnung eines Sachverständigen*
- Entlassung *s. Entlassung von Zeugen und Sachverständigen*
- erneute Vernehmung *s. Erneute Vernehmung eines Zeugen oder Sachverständigen*

Sachverständiger Zeuge
- Abgenzung Sachverständiger 2468 f.
- Beispiele 2471

Sachverständiger, Kommissarische Vernehmung
- Anordnung durch Gerichtsbeschluss 1798
- Antrag 1797
- Anwesenheitsrecht des Verteidigers oder Angeklagten 1800
- ausländisches Gericht 1801
- beauftragter oder ersuchter Richter 1799
- Benachrichtigung 1804
- Beweisantrag 1803
- Beweisverwertungsverbot 1804
- Ermessen des Gerichts 1796

- Hinweise für den Verteidiger 1803
- im Ausland 1801
- konsularische Vernehmung 1801
- Verfahren 1797 ff.
- Verfahrensverstöße bei den ausländischen Vernehmungen 1801
- Verlesung von Protokollen früherer Vernehmungen/sonstiger Erklärungen 1796
- Videovernehmung 1800
- V-Leute 1796

Sanktionsschere 198 ff.

Schadenswiedergutmachung
- Plädoyer des Verteidigers 2026

Schluss der Beweisaufnahme 2473 f.

Schriftliche Antragstellung
- Anhörung des Verteidigers 2483
- Anträge und Anregungen zu Verfahrensfragen 2480
- Beschluss 2483
- Beweisanträge 2482
- Ermessensentscheidung 2485
- künftige Anträge 2484
- mehrere Angeklagte 2487
- Schlussanträge 2481
- Selbstleseverfahren 2487
- Unmittelbarkeitsprinzip 2479
- Urkundenbeweis 2487

Schriftliche Erklärungen
- Verlesungsverbot 2936 ff. *s. auch Verlesungsverbot für schriftliche Erklärungen*

Schuldfähigkeit
- Beurteilung 2447
- Obergutachter 1960

Schuldfähigkeitsgutachten
- methodenkritisches Gegengutachten 2459
- Mindestanforderungen 2459
- Qualitätssicherung 2460

Schuldunfähigkeit
- Blutalkoholfragen/Atemalkoholmessung 1183

Schweigepflicht
- Entbindung *s. Entbindung von der Schweigepflicht*

Schwere der Tat
- Pflichtverteidiger
  - Bestellung in der Hauptverhandlung 1971

Schwierigkeit der Sach- und Rechtslage
- Pflichtverteidiger
  - Bestellung in der Hauptverhandlung 1971

Selbstablehnung eines Richters 2488 ff.

Selbstladung
- Auslandszeuge 408
- Präsentes Beweismittel 2045 ff.

Selbstladungsverfahren 1845

Selbstleseverfahren
- Anträge und Anregungen zu Verfahrensfragen 2518
- Beschleunigungsgrundsatz 2509
- besondere Art des Urkundenbeweises 2506
- Bußgeldverfahren 1219
- haftrechtliche Konsequenzen 2509
- Inbegriffsrüge nach § 261 2516
- pflichtgemäßes Ermessen 2506
- Protokoll der Hauptverhandlung 2515
- Rechtsbehelfe 2517
- Schriftliche Antragstellung 2487
- Umgehung eines Beweisverwertungsverbots 2510
- Verfahren 2511
- Widerspruchslösung 2510
- Wirtschaftsstrafverfahren 2506
- zweistufige Durchführung 2509

Selbstmordversuch
- selbst herbeigeführte Verhandlungsunfähigkeit 2496

Sequenzielle oder sukzessive Gegenüberstellung 1587

Sicherungsverfahren
- Nebenklage 1922

Sicherungsverwahrung
- Große Strafkammer/Jugendkammer
  - Reduzierte Besetzung 2217
- Hinweis auf veränderte Sach-/Rechtslage 1742

Sitzordnung in der Hauptverhandlung
- Antrag zur Sitzordnung 2523
- Befangenheitsantrag 2525
- Dolmetscher 2524
- Muster
  - Antrag zur Sitzordnung 2526
- Verteidiger und Angeklagter 2521 ff.
- Vorgehen 2525

Sitzungspolizei

Sitzungspolizei
- Aufrechterhaltung der Ordnung 2529
- Beschwerde 2546 f.
- inhaltlich 2533
- personell 2534
- räumlich 2532
- Rechtliches Gehör 2438
- Rechtsmittel 2542
- Störung der Hauptverhandlung durch Verteidiger 2540
- Ton- und Filmaufnahmen während der Hauptverhandlung 2671
- Ungebühr 2535
- Verhängung eines Ordnungsmittels 2535
- Vorsitzender 2530
- zeitlich 2531

Sperrerklärung 416, 3248

Spielsucht
- Obergutachter 1960

Sprungrevision 2247
- Berufung
  - Annahmeberufung 557

Staatsanwalt
- Ablehnung s. Ablehnung eines Staatsanwalts
- als Zeuge 2552 ff.

Staatsanwalt, Plädoyer
- Entziehung des Rederechts 2016
- Form 2016
- Inhaltlich 2015
- Unterbrechung 2016
- Verpflichtung 2014

Steuergeheimnis 2565

Steuerstrafverfahren
- Absprachen/Verständigung mit Gericht und Staatsanwaltschaft 2565
- Anhörungs- und Informationsrecht der Finanzbehörde 2560 f.
- Ausschluss der Öffentlichkeit 2565
- Aussetzung 2563 f.
- Beweisverwertungsverbot 2565
- Finanzbehörde sog. Nebenbeteiligte 2560
- Geschäfts- oder Steuergeheimnis 2565
- Konzentration des Gerichtsstandes 2562
- Muster: Aussetzungsantrag nach § 396 AO 2567
- Sachverständiger 2565
- Strafbefehl 2566
- Vertreter der Finanzbehörde als Zeuge 2561
- Zuständigkeit der Wirtschaftsstrafkammer 2562

Strafantrag, Rücknahme 2417 ff.

Strafbefehl
- Steuerstrafverfahren 2566

Strafbefehlsverfahren 1625
- Berufungsverwerfung wegen Ausbleibens des Angeklagten 704
- Beschlussweg 2570
- Beschränkung des Einspruchs 2583
- Einspruch 2570
- Hinweis für den Verteidiger 2577
- Pflichtverteidigerbestellung 2573
- reformatio in peius 2585
- Rücknahme des Einspruchs 2580
- Rücknahme durch StA 2571
- schriftliche Vertretungsvollmacht 2575
- Teilnahme des Angeklagten an Hauptverhandlung 2575
- unentschuldigtes Ausbleiben des Angeklagten 2576
- Verschlechterungsverbot 2570
- Verstöße gegen die Beweiserhebungsvorschriften 2584
- Vertretung 2577 ff.
- Vertretung durch Verteidiger 2574

Strafpunkte 1899

Strafvereitelung 3202

Strafzumessung
- Plädoyer des Verteidigers 2024

Suggestivfragen 3598

Täter-Opfer-Ausgleich
- Ausgleichsgespräch 2600 ff.
- Hinweise für den Verteidiger 2600
- rechtliche Grundlage 2591
- Steuerstrafverfahren 2595
- Verfahren 2590
- Verfahrenshindernis 2600
- Vergütung 2601
- Voraussetzungen 2589, 2595
- Wiedergutmachung, ausreichende 2596 f.

Tatprovokation
- V-Mann in der Hauptverhandlung 3345

Teilprotokolle 2113

Telefonüberwachung
- Anordnung 2617
- Beschwerde 2621
- betroffene Personen 2618, 2620
- Datenaustausch zwischen Maschinen 2609
- E-Mails 2615
- Fangschaltungen 2616
- Internet-Telefonie 2610
- Kosten 2622
- Legaldefinition in § 3 TKG 2608
- Mailbox-Systeme 2614
- Mobilfunk 2610
- Quellen-Telekommunikationsüberwachung 2612
- Recht auf informationelle Selbstbestimmung 2608
- Sicherstellung von Datenträgern oder Mobiltelefonen 2615
- technische Verständnis-Probleme 2605
- verfassungsrechtliche Prüfung 2605
- Verwertung von sog. Raumgesprächen 2616
- Voraussetzungen 2616 ff.
- Zählervergleichseinrichtung 2613

Telefonüberwachung, Beweisverwertungsverbote
- als (förmliches) Beweismittel 2625
- Änderung der rechtlichen Beurteilung im Lauf des Verfahrens 2627
- Änderungen im Bereich des § 100a durch das TKÜErwG 2626
- Fernwirkung 2630
- Geldwäsche 2627
- Revisionsbegründung 2922
- Unverwertbarkeit 2631
- Verwertbarkeit der Erkenntnisse zum Nachweis einer anderen Straftat 2628
- Widerspruch 2623, 2625
- Zufalls-Erkenntnisse 2628 ff.

Telefonüberwachung, Verwertung der Erkenntnisse in der Hauptverhandlung
- Akteneinsichtsrecht des Verteidigers 2636
- Fremdsprachige Äußerungen 2643
- Tonbänder der TÜ Augenscheinsobjekte 2639
- Widerspruch gegen die Verwertung 2645

Terminsbestimmung/Terminsverlegung
- Beschleunigungsgrundsatz 2646, 2658
- Beschwerde gegen die Ablehnung 2660
- Ermessen des Vorsitzenden 2651
- kein Anspruch auf Terminsabsprache 2648
- Urlaub des Verteidigers 2661
- Verfassungsbeschwerde 2660

Terminsverlegung
- Ablehnung des Terminsverlegungsantrags 2659
- Anspruch auf ~ 2653
- Antragsmuster 2668
- mehrere Verteidiger 2662
- rechtzeitige Antragstellung 2666
- Revision 2667
- Terminskollision 2652, 2658
- Verhinderung des Angeklagten 2663 f.
- Verhinderung des Verteidigers 2907

Terminsvertreter
- Gebühren 3220, 3224

Ton- und Filmaufnahmen während der Hauptverhandlung
- Abwägung 2672 f.
- Antrag 2678
- Beschlagnahme des Aufnahmeträgers 2671
- Fotografieren und Zeichnen 2671
- gerichtliche Ton- und Bildaufnahmen 2676
- Notwehr des Angeklagten 2679
- Person der Zeitgeschichte 2679
- Persönlichkeitsrechte des Angeklagten 2673
- Sitzungspolizei 2671
- Verbot 2671
- Zustimmung des Vorsitzenden 2672 ff., 2677

Tragen der Robe/Krawatte
- Pflicht 2682
- Pflichtverteidiger 2686
- Zurückweisung 2683 ff.

Unaufmerksamer/schlafender Richter 2687 f.

Unbestimmtes Rechtsmittel s. *Rechtsmittel, unbestimmtes*

Ungebühr

Ungebühr
- Sitzungspolizei 2535

Ungeeignete Fragen 3595 f.

Unmittelbarkeitsgrundsatz
- Beispiel 2698
- Protokollverlesung nach Zeugnisverweigerung 2694
- Revision 2699
- Verlesung früherer Protokolle 2692
- Verlesungsverbot für schriftliche Erklärungen 2692, 2936
- Vernehmung von V-Männern in der Hauptverhandlung 2693
- Videovernehmung 2693
- Vorrang von Zeugen und Sachverständigen vor dem Urkundenbeweis 2692
- Wahrnehmungen 2695

Untätigkeitsbeschwerde
- Beispiele für Zulässigkeit 775 f.
- Verzögerungsrüge 776

Unterbrechung der Hauptverhandlung 1626
- Ablauf der Unterbrechungsfrist 2712
- Anspruch auf Unterbrechung 2716
- Berechnung der Fristen 2711
  - Beispiel 2711
- Beschleunigungsgrundsatz 2706
- Dauer 2704
- Entscheidung des Gerichts 2714 f.
- erneute Sachverhandlung 2707
- Fortsetzungstermin 2719
- Neu-Regelung der Unterbrechungsfristen 2704 f.
- Sachverhandlung
  - Beispiele 2708
- Unterbrechungsantrag 2717 f.
  - Muster 2720
- Zulässigkeit 2703

Unterbringung in einem psychiatrischen Krankenhaus
- Große Strafkammer/Jugendkammer
- Reduzierte Besetzung 2217

Untersuchungsgrundsatz
- Aufklärungspflicht des Gerichts 331 ff.

Untersuchungshaft 1628

Unzulässige Fragen 3591 ff.
- Befragung des Angeklagten 534

Urkundenbeweis
- Abschriften
  - Ablichtungen und Auszüge 2727
- Anordnung durch Vorsitzenden 2738
- Auszüge aus Geschäftsbüchern
  - Buchungsstreifen 2728
- Beweis- und Verwertungsverbote 2725
- Beweiswert 2740
- fremdsprachige Urkunden 2730
- früher ergangene Strafurteile 2731 ff.
- Gerichtsbeschlüsse 2733
- Grenzen 2725
- Hinweis für den Verteidiger 2739
- Präsentes Beweismittel 2044
- Protokoll der Hauptverhandlung 2106, 2741
- Revision 2742
- Richterliche Augenscheinsprotokolle 2735
- Schriftliche Antragstellung 2487
- Schriftliche Erklärungen des Angeklagten 2729
- Schriftstücke mit strafbarem Inhalt 2736
- strafprozessualer Urkundenbegriff 2726
- Straf-Registerauszüge 2734
- Verfahrensrüge 2742
- Verlesung 2737
- Widerspruch 2738
- Zulässigkeit 2724

Urkundenbeweis durch Bericht des Vorsitzenden
- Einverständniserklärung 2747
- Widerspruch 2748
- Zulässigkeit 2745 ff.
- § 257a 2748

Urteilsbegründung
- Berichtigung der Urteilsformel 2750
- mündliche Urteilsgründe 2751
- Urteilsformel 2750

Urteilsberatung
- Beratungszimmer 2757
- geheim 2755
- kein Teil der Hauptverhandlung 2760
- Nachberatungen 2759
- teilnehmende Personen 2756

Urteilsberatung

- Verfahrensrüge 2759
- Wiedereintritt in die Beweisaufnahme 2758

Urteilsverkündung
- Anwesenheit des Verteidigers 2766
- Anwesenheitspflicht des Angeklagten 2766
- Beratung des Mandanten 2763
- Berichtigung der Urteilsformel 2768
- Mitteilung der Gründe 2767
- Teil der Hauptverhandlung 2763
- Verkündungstermin 2764 f.
- Verlesung der Urteilsformel 2765
- Wiedereintritt in die Beweisaufnahme 2770 f.

Verbindung von Verfahren
- Anspruch auf Verbindung 2775
- in der Hauptverhandlung 2775
- Jugendkammer 2776
- Mehrfachverteidigung 2776
- Verhandlungsverbindung 2774 ff.
- Verschmelzungsverbindung 2777 ff.

Verdunkelungshandlungen
- Zeugenbeistand
  - Ausschluss 3516 f.

Vereidigung
- Dolmetscher 2780 ff.
- Jugendgerichtsverfahren 1779
- Sachverständiger 2786 ff.

Vereidigung, Zeuge
- Ausnahme 2794
- ausschlaggebende Bedeutung der Aussage 2803
- Begründung 2799, 2806
- Belehrung 2797
- Endgültiger Abschluss der Vernehmung 2795
- Entscheidung von Amts wegen 2798
- Ermessen des Gerichts 2805
- Herbeiführung einer wahren Aussage 2804
- mehrere Zeugen 2796
- Nachholung der Entscheidung 2801
- revisionsrechtliche Bedeutung 2800
- Vereidigungsantrag 2798

Vereidigungsverbot
- Eidesunmündigkeit 2810
- Hinweise für den Verteidiger 2819 ff.
- mangelnde Verstandesreife oder psychische Krankheit 2811
- Tat- oder Teilnahmeverdacht 2812 ff.
- Beispiele 2814 ff.
- Unterlassen eines Vereidigungsantrags 2820
- Vereidigungsverzicht 2820
- zwingend 2809

Vereidigungsverzicht 2821 ff.

Verfahren
- beschleunigtes *s. Beschleunigtes Verfahren*

Verfahrensbeschleunigung
- Einstellung des Verfahrens nach § 154 bei Mehrfachtätern 1338
- Einstellung des Verfahrens nach § 154a zur Beschränkung der Strafverfolgung 1353

Verfahrensrüge 2759 *s. auch Revision*
- Begründung
  - Verfahrensrüge
- Urkundenbeweis 2742
- Videovernehmung 3334

Verfahrensverzögerung
- Angemessenheit der Verfahrensdauer
  - Kriterien 2832
- Anwendung der Vollstreckungslösung in JGG-Verfahren 2848
- Aufhebung eines Urteils im Revisionsverfahren 2837
- Auswirkungen 2850
- Beweisantrag
  - Ablehnungsgründe 891
- Bußgeldverfahren 2849
- Ende des Verfahrens durch endgültige und verbindliche Entscheidung 2835
- Ermittlungsverfahren 2839
- Geltendmachung 2851
- Gerichtliches Verfahren/Hauptverhandlung 2840
- Hinweise für den Verteidiger 2837 f.
- Inkenntnissetzen der Einleitung des EV 2834
- Jugendsachen 2828
- kein Verfahrenshindernis 2844
- keine abstrakte Höchstdauer 2836
- Kompensation 2836
- mehrere Angeklagte 2851
- Plädoyer des Verteidigers 2026

Verfahrensverzögerung

- Prüfung der Länge der Verfahrensdauer 2842
- Rechtsmittelverfahren 2841
- Rechtsprechung des EGMR 2820, 2827
- Strafzumessungslösung 2845
- Umstände des Einzelfalls 2829
- Vollstreckungslösung 2845 ff.

Verhandlung ohne den Angeklagten
- bereits erfolgte Vernehmung des Angeklagten 2861
- Bußgeldverfahren 2856
- Eigenmacht
  - Rechtsprechungsbeispiele 2859
- Eigenmächtiges Entfernen aus der Hauptverhandlung 2856
- Eigenmächtiges Fernbleiben einer Fortsetzungsverhandlung 2856
- Entbindung des Angeklagten vom Erscheinen 2870
- Entscheidung des Gerichts 2862
- Hinweis in Ladung 2865
- nachträgliches Erscheinen in der Hauptverhandlung 2867
- Revision 2863
- Umstände des Einzelfalls 2858
- Wiedereinsetzung in den vorigen Stand 2864, 2868
- Zulässigkeit Weiterverhandlung 2863, 2866

Verhandlung ohne den Angeklagten, Wiedereinsetzung und Berufung
- § 232 2873
- § 412 2873
- Frist 2874
- Muster: Wiedereinsetzungsantrag und gleichzeitig eingelegte Berufung 2877
- Verwerfung des Wiedereinsetzungsantrags 2875
- Zusammentreffen von Wiedereinsetzungsantrag und Berufung 2876

Verhandlungsfähigkeit
- absichtliche Herbeiführung 2885
- Antrag auf Aussetzung der Hauptverhandlung 2886
- Ausbleiben des Angeklagten 364
- Beschwerde 2887
- Feststellung 2886 f.
- Hinweise für den Verteidiger 2885
- konkrete Anhaltspunkte 2882
- schwere körperliche oder seelische Mängel oder Krankheiten 2882
- schwerwiegende Dauerschäden 2882
- Verfahrenshindernis 2884

Verhandlungsleitung
- alle Maßnahmen zur Durchführung der Hauptverhandlung 2892, 2895
- Anwendungsbereich der Rügepräklusion 2903
  - Beispiele 2902
- Aufgabe des Vorsitzenden 2891
- Beanstandung 2894
- Beanstandung durch alle Prozessbeteiligten 2899
- Gerichtsbeschluss 2896, 2900
- Maßnahmen zur Sicherung der Anwesenheit 319 ff.
- Revision 2901
- Rügepräklusion
  - Beispiele 2895 f.
- Verfahren vor dem Strafrichter 2894

Verhandlungsunfähigkeit
- dauernde 1380
- Einstellung des Verfahrens nach § 205 wegen Abwesenheit des Angeklagten oder anderer Hindernisse 1364

Verhandlungsunfähigkeit, selbst herbeigeführte
- bedingter Vorsatz 2497
- Entscheidung durch Beschluss 2503
- Erkundigungspflicht 2502
- Hungerstreik 2496
- Pflichtverteidigerbestellung 2503
- Rauschgift und Medikamentenmissbrauch 2496
- Revisionsrüge 2503
- Selbstmordversuch 2496
- sofortige Beschwerde 2503
- Unterlassen 2496
- Unterrichtung über Verhandlung 2501
- Zumutbarkeit ärztlicher Behandlung 2497

Verhandlungsverbindung 2774 ff.

Verhinderung des Verteidigers
- Aussetzung wegen veränderter Verfahrenslage 2908
- Beispiele 2909
- Recht auf ein faires Verfahren 2910
- Terminsverlegung 2907
- Terminsverlegungsantrag 2912
- Umstände des Einzelfalls 2910
- unvorhergesehene Umstände 2911
- Verspätung des Verteidigers 2912 f.
- Wartezeit
  - Beispiele 2914

Verkehrsstrafsachen
- Berufungshauptverhandlung 631

Verkündungstermin 2764 f.

Verlegung der Hauptverhandlung an einen anderen Ort 2915 ff.

Verlesung des Anklagesatzes
- Anklage im Eröffnungsbeschluss mit Änderungen 2930
- Erklärungen des Verteidigers 2931
- Eröffnungsbeschluss 2929
- Hauptverhandlung nach Aufhebung und Zurückverweisung 2927
- Hinweis für den Verteidiger 2932
- Informationsfunktion 2925
- Mängel des Anklagesatzes 2928
- Punktesache 2926
- Übersetzung 2923
- Unklarheiten 2928
- Verlesung im Ganzen 2924
- Vielzahl gleichförmiger Taten oder Tateinzelakte 2925

Verlesung von ärztlichen Attesten
- andere Straftat zum Gegenstand 2951
- Ausnahme vom Unmittelbarkeitsgrundsatz 2945
- Beanstandung 2953
- Hinweise für den Verteidiger 2946 ff.
- Maßnahme der Verhandlungsleitung 2953
- Revision 2950
- schriftliche Aufzeichnungen über Umstände/Tatsachen 2949 f.
- Unzulässigkeit 2951
- Verwertung in anderer Weise 2955

Verlesung von Behördengutachten
- Beispiele für öffentliche Behörden 2960
- DNA-Gutachten 2966
- Hinweise für den Verteidiger 2966
- Kann-Vorschrift 2966

Verlesung von Geständnisprotokollen
- ausländische Vernehmungsniederschriften 2991
- Geständnis 2983
- Hinweise für den Verteidiger 2994 ff.
- ordnungsgemäßes Zustandekommen der Niederschrift 2988 ff.
- polizeiliche Vernehmungsprotokolle 2991, 2992
- richterliche Vernehmungsprotokolle 2986
- Urkundenbeweis 2982
- Verwertbarkeit gegen einen Mitangeklagten 2984
- Verwertungsverbot 2989, 2992
- Voraussetzung für die Zulässigkeit 2985 ff.
- Widerspruch 2996
- Widerspruch mit der früheren Aussage 2982

Verlesung von Gutachten allgemein vereidigter Sachverständiger
- aller Fachrichtungen 2972
- Aufklärungspflicht des Gerichts 2972
- Aufklärungsrüge 2978
- Beweisantrag 2977
- keine inhaltliche Beschränkung 2973
- Unterbringung des Angeklagten 2972
- Widerspruch 2974 ff.

Verlesung von Leumundszeugnissen 2998 ff.

Verlesung von Protokollen früherer Vernehmungen/sonstiger Erklärungen
- Beachtung der Vereidigungsvorschriften 3045
- Begründung des Widerspruchs 3036
- Einverständnis zur Verlesung 3044 f.
- fehlerhaftes Protokoll 3028
- Gerichtsbeschluss 3039
- Hinweise für den Verteidiger 3033 ff., 3041 ff.
- Mitangeklagte 3018
- ordnungsgemäßes Zustandekommen der Niederschrift 3021

Verlesung von Protokollen früherer Vernehmungen/sonstiger Erklärungen

- Protokolle von Polizei-, Finanz-, Bußgeld- oder anderen Behörden 3027
- richterliche Protokolle 3019 ff.
- schriftliche Äußerungen von V-Leuten 3027
- sonstige Urkunden 3033
- Videovernehmung 3023
- Voraussetzungen 3023 ff.
- Widerspruch
  - Beispielsfälle 3036
- Zulässigkeit 3029 ff.

Verlesung von Protokollen/Erklärungen der Strafverfolgungsbehörden
- Aktenvermerke 3006
- Ausschluss Vernehmungsprotokolle 3008
- Ausschluss Zeugenvernehmungen 3008
- Beweisantrag 3012
- Einschränkung des Grundsatzes der Unmittelbarkeit 3004
- Erklärungen über Ermittlungshandlungen aus anderen Verfahren 3008
- Hinweise für den Verteidiger 3008 ff.
- Revision 3013
- Routinevorgänge 3005
- Widerspruch 3011

Verlesung von sonstigen Gutachten und Berichten
- Auswertung eines Fahrtschreiberdiagramms 3049
- Blutprobeentnahmen 3050 ff.

Verlesungsverbot für schriftliche Erklärungen
- schriftliche Erklärungen 2936 ff.
- Unmittelbarkeitsgrundsatz 2936
- Vernehmungsprotokolle 2936
- Widerspruch 2940

Verletztenbeistand
- Einzelheiten 3063 ff.
- Gebühren wie ein Verteidiger 3066
- Jugendgerichtsverfahren 1775
- Missbrauch der Stellung 3058
- nebenklageberechtigte Verletzte 3059
- nicht nebenklageberechtigte Verletzte 3056
- Prozesskostenhilfe 3061 ff.
- Rechte des Beistands 3057 f.
- Stärkung des Opferschutzes 3054
- Verfahren gegen Jugendliche 3061

Vernehmung des Angeklagten zur Person 3067 ff.

Vernehmung des Angeklagten zur Sache
- Abweichung von der Reihenfolge 3075
- Befragung des Angeklagten 531 ff.
- Einzelheiten 3086 ff.
- Form 3077
- Gegenstand 3076
- Hinweise für den Verteidiger 3077
- nach Belehrung des Angeklagten 3073
- Rücksprache mit Verteidiger 3075
- schriftliche Erklärungen des Verteidigers 3080
- Verlesung einer schriftlichen Erklärung des Angeklagten 3077 f.
- Vertretung durch Verteidiger 3083 f.
- Verweigerung der Einlassung zur Sache 3085
- vor der Beweisaufnahme 3074
- zusammenhängender Bericht 3082

Vernehmung des Mitangeklagten als Zeugen
- Abtrennung der Verfahren 3091
- Zulässigkeit
  - Beispiele 3092 f.

Vernehmung des Zeugen zur Person
- abgeschirmter Zeuge 3099
- besonders gefährdete Personen 3100
- Ergänzung der Vernehmung zur Person 3101

Vernehmung des Zeugen zur Sache
- andere Maßnahmen zur sachgemäßen Verständigung 3111
- Hinweise für den Verteidiger 3109
- schriftliche Äußerungen eines V-Mannes 3107
- Verhör 3112
- Vernehmungshilfen 3114
- Vorhalte 3113
- Zeugnisverweigerung 3114
- zusammenhängender Bericht 3106

Vernehmung einer Verhörsperson
- frühere Angaben eines Zeugen 3119
- frühere Aussage des Angeklagten 3118
- Gedächtnisstütze 3122
- Hinweise für den Verteidiger 3119
- Vernehmung eines Vernehmungsbeamten 3120 ff.

Vernehmung einer Verhörsperson

- Verwertbarkeit der früheren Vernehmungen 3123
- Widerspruch 3123
- Zeuge vom Hörensagen 3117
- Zeugnisverweigerungsrecht 3119

Vernehmung eines Polizeibeamten
- Fragenkatalog 3132 ff.
- Glaubwürdigkeit 3130 ff.
- Hinweis für den Verteidiger 3129 ff.
- Vorbereitung auf Vernehmung 3129 ff.

Vernehmung jugendlicher Zeugen
- Ausschluss der Öffentlichkeit 3142
- Einsatz von Videotechnologie 3142
- Entfernung des Angeklagten 3142
- Glaubwürdigkeit 3141
- Hinweise für den Verteidiger 3140
- Vermeidung von Mehrfachvernehmungen 3142
- Zurückweisung von Fragen 3140

Vernehmung Sachverständiger
- Gerichtsärzte 3149
- Hinweise für den Verteidiger 3150 ff.
- Verweigerung des Gutachtens 3147
- Verwertung sog. Zusatztatsachen 3151

Vernehmung zur Person oder Sache
- Jugendgerichtsverfahren 1772

Vernehmungsbeistand
- 2. OpferRRG 3159
- Akteneinsichtsrecht 3177
- Befugnisse 3174
- Beiordnungs-Antrag 3167
- Beiordnungsverfahren 3167
- Berücksichtigung der wirtschaftlichen Verhältnisse 3164
- besondere Umstände 3162
- Dauer 3171
- Fälle 3163
- kein anwaltlicher Beistand 3161
- Pauschgebühr 3173
- Vergütung 3173
- Zulässigkeit des Ausschlusses 3178 f.

Vernehmungsgegenüberstellung 1596

Verschlechterungsverbot 2176
- Berufungshauptverhandlung 631
- Strafbefehlsverfahren 2570

Verschleppungsabsicht 3182 ff.
- Bedingter Beweisantrag 527

Verschmelzungsverbindung 2777 ff.

Verspätete Beweisanträge/Fristsetzung
- angemessene Fristsetzung 3188
- Anordnung der Frist mit Ablehnungsandrohung 3187
- Anzeichen für eine Verschleppungsabsicht 3187
- Aufklärungspflicht des Gerichts 3190, 3192
- Beanstandung der Maßnahme der Verhandlungsleitung 3191
- Fristsetzung 3182 ff.
- Hilfsbeweisantrag 3191
- Konfliktverteidigung 3183
- Protokoll 3189
- Rechtsprechung des BGH 3182 ff.
- unangemessenen Frist 3191
- Verschleppungsabsicht 3182 ff.

Versuchte Strafvereitelung 384

Verteidiger
- Anwesenheit 312 ff.
- Verhinderung s. *Verhinderung des Verteidigers*
- Vertretung des Angeklagten s. *Vertretung des Angeklagten durch den Verteidiger*
- Vollmacht s. *Vollmacht des Verteidigers*

Verteidiger als Zeuge
- Entbindung von Schweigepflicht 3196 ff.
- Kernbereich der Verteidigung 3196
- notwendige Verteidigung 3198

Verteidiger, Ladung
- Aussetzungsantrag 1835, 1837
- Aussetzungsantrag (wegen nicht erfolgter Ladung des Verteidigers)
- Muster 1839
- mehrere Verteidiger 1833
- nicht geheilte Verstöße 1838
- Pflichtverteidiger 1829
- Revision 1838
- stillschweigender Verzicht 1836
- Verteidigungsanzeige 1829 f.
- Wahlverteidiger 1829

Verteidiger, Plädoyer
- ausländerrechtliche Folgen 2026
- Checkliste 2025

Verteidiger, Plädoyer

- Entziehung der Fahrerlaubnis 2026
- Erwiderung 2034
- Form 2027
- Hauptaufgabe 2022
- Hinweis für den Verteidiger 2033
- Inhalt 2023
- Missbrauch 2032
- Reihenfolge 2020
- Schadenswiedergutmachung 2026
- Strafzumessung 2024
- Verfahrensverzögerung 2026
- Vollstreckungslösung 2026
- Vorbereitungszeit 2028
- Weigerung 2020
- Wiedereintritt in die Beweisaufnahme 2035

Verteidigerhandeln
- berufsrechtswidriges Verhalten 3202
- erlaubtes
  - Beispiele 3204 ff.
- Informationen über bevorstehende Zwangsmaßnahmen 3207
- nicht erlaubtes
  - Beispiele 3207 ff.
- ordnungsgemäßes 3202
- pflichtgemäßes 3202
- Strafvereitelung 3202
- unabhängiges Organ der Rechtspflege 3201

Verteidigungsanzeige 1829 f.

Vertretung des Angeklagten durch den Verteidiger
- Formulierung einer Vollmacht 3212
- Pflichtverteidiger 3211
- schriftliche Vertretungsvollmacht 3211
- Verteidigerbefugnisse 3214 ff.

Vertretung des Pflichtverteidigers in der Hauptverhandlung
- Referendar 3221 f., 3225 f.
- Terminsvertreter 3220, 3224
- vorübergehende Verhinderung 3220

Verweisungsfragen
- abweichende rechtliche Bewertung 3232
- amtsgerichtliche Hauptverhandlung 3233
- Ausnahmen von der Bindung an Verweisungsbeschluss 3237 ff.
- Beschluss 3235
- Bindung an Verweisungsbeschluss 3237

- hinreichender Tatverdacht 3232
- Veränderung der sachlichen Zuständigkeit 3229
- Widerspruch zu den Grundprinzipien der rechtsstaatlichen Ordnung 3237
- Wirkung des Verweisungsbeschlusses 3236
- Zulässigkeit 3230

Verwertbarkeit einer Blutprobe
- Pflichtverteidiger
  - Bestellung in der Hauptverhandlung 1971

Verwertung der Erkenntnisse eines gesperrten V-Mannes
- 3-Stufen-Modell 3245
- Anregungen/Anträge auf unmittelbare Vernehmung des V-Mannes 3257
- Anspruch des Angeklagten auf faires Verfahren 3243
- Auskunftsverlangen 3255
- Beweisanträge auf Vernehmung des V-Mannes in der Hauptverhandlung 3256
- eingeschränkter Beweiswert 3260
- Einwirkungsmöglichkeiten des Verteidigers 3255 ff.
- Entfernung des Angeklagten 3257
- Entscheidung der obersten Dienstbehörde 3255
- geändertes 3-Stufen-Modell 3251 ff.
- Hauptverhandlung in einem besonders gesicherten Raum 3255
- Hinweise für den Verteidiger 3261
- kommissarische Vernehmung 3255
- optische und akustische Abschirmung 3248
- Sperrerklärung 3248
- unmittelbares Fragerecht des Angeklagten 3235, 3254
- Verlesung polizeilicher Protokolle 3259
- Vernehmung unter Verschweigen der wahren Identität 3257
- Videokonferenz 3238, 3253
- Videovernehmung in der Hauptverhandlung 3257
- vollständige Sperrung 3252
- Zeugen vom Hörensagen 3258
- ZeugenschutzG 3246

Verwirkung
- Beschwerde 786

Verwirkung von Verteidigungsrechten
- arglistiges Verhalten des Verteidigers 3270
- Nichtanrufung des Gerichts 3269
- Rechtsmissbrauch
  - Beispiele 3271
- Rügeverzicht 3265 ff.
- unverzichtbare Prozesshandlungen 3267
- verfahrensrechtliche Mitwirkungspflicht des Verteidigers 3272 f.
- Widerspruchslösung 3273

Verzögerungsrüge
- Amtshaftungsansprüche 3278
- Angemessenheitskriterien 3285
- Antragsmuster 3306
- Bußgeldverfahren 3278
- Entschädigungsprozess 3305
- Ermittlungsverfahren 3280
- Form 3290
- Gerichtsverfahren 3280
- immaterielle Nachteile 3301
- inhaltliche Anforderungen 3293
- kein eigenständiges Zwischen-Verfahren 3288
- mehrfache Erhebung 3295
- präventive Warnfunktion 3294
- Regelung der Entschädigung 3277
- Strafvollstreckungslösung 3303 ff.
- Übergangsregelung 3277
- Umfang und Höhe des Entschädigungsanspruchs 3297 f.
- unangemessene Dauer eines Gerichtsverfahrens 3283
- Verfahrensbeteiligter 3282
- Zeitpunkt 3291 f.
- zwei Wiedergutmachungsformen 3302
- zwei-stufiges Verfahren 3278
- zwingende Voraussetzung für Entschädigung 3287

Videotechnik 1626

Videovernehmung 1626
- Abwägung des Gerichts 3317
- Aufklärungsrüge 3334
- Aufzeichnung der Videovernehmung 3329
- Ausgestaltung der Vernehmung 3328
- Auslandszeuge 404, 3320
- dringende Gefahr eines schwerwiegenden Nachteils für das Wohl des Zeugen 3309
- Durchführung der Vernehmung 3325
- Entfernung des Angeklagten aus der Hauptverhandlung 1410
- Erforderlichkeit zur Erforschung der Wahrheit 3320 f.
- Ermessen des Gerichts 3321
- geplante gesetzliche Ausweitung 3309
- Gerichtsbeschluss 3323
- Gestaltung der Simultanübertragung 3326
- Kommissarische Vernehmung eines Zeugen oder Sachverständigen 1800
- Rechtsbehelfe 3333 ff.
- revisionsrechtliche Konsequenz 3335
- Schutz des Zeugen 3311
- Subsidiaritätsklausel 3316
- Unanfechtbarkeitsregelung 3334 f.
- Unmittelbarkeitsgrundsatz 2693
- Verfahrensrüge 3334
- Verwertung der Erkenntnisse eines gesperrten V-Mannes 3257
- Vorführung von Bild-Ton-Aufzeichnungen 3411
- weiter Vernehmungsbegriff 3327
- Zeugenschutzgesetz 3309
- Zulässigkeit unter den Voraussetzungen der Verlesung einer Vernehmungsniederschrift 3319

V-Leute
- Aussagegenehmigung 412
- Beweisverwertungsverbote 1037
- Kommissarische Vernehmung eines Zeugen oder Sachverständigen 1796
- Verlesung von schriftlichen Äußerungen 3027

V-Mann in der Hauptverhandlung
- Auswirkungen auf Strafzumessung 3344
- besondere Anforderungen an die Beweiswürdigung 3342
- Bestätigung durch andere wichtige Gesichtspunkte 3343
- Grundsatz des fair-trial 3349
- Rechtsprechung des EGMR 3345 ff.
- Schuldgrundsatz 3345
- Strafzumessungslösung des BGH 3345 ff.

V-Mann in der Hauptverhandlung

- Tatprovokation 3345
- Verfahrenshindernis 3345
- Vernehmung seines Führungsbeamten 3349
- Zeuge vom Hörensagen 3341

Vollmacht des Verteidigers
- außergerichtliche Vollmacht 3365
- Berechtigung zu allen Verfahrens- und Prozesshandlungen 3356
- besondere Vertretungsvollmacht 3357
- Bestellung zum Pflichtverteidiger 3368
- Einlegung Rechtsmittel 3359
- Empfangnahme von Ladungen 3366
- Entschädigung nach dem StrEG 3356
- Erlöschen 3367
- Form 3353
- Heilung eines Zustellungsmangels 3365
- Ladungsvollmacht 3366
- Muster einer Strafprozessvollmacht 3369
- Nachweis 3354
- Pflichtverteidigerbestellung 3352
- Rücknahme eines Rechtsmittels 3360
- Vollmachtsformulare 3352
- Zustellungsbevollmächtigung 3362 ff.

Vorbereitung der Hauptverhandlung
- Angaben zur Sache 3383
- außergerichtliche Befragung von Zeugen 3375 f.
- Checkliste 3395 ff.
- eigene Ermittlungen 3374
- Einlassungsverhalten des Angeklagten 3391 ff.
- Entscheidung pro/contra Einlassung 3385 ff.
- Für und Wider einer Sacheinlassung 3381
- Gespräch mit einem Zeugen 3377
- internes Geständnis 3382
- Mandatsniederlegung 3382
- schriftliche Erklärung des Angeklagten 3393
- Wechsel der Einlassung 3390
- Widerruf einer gemachten Einlassung 3390

Vorführung von Bild-Ton-Aufzeichnungen
- Aufklärungsrüge 3403
- Beschluss des Gerichts 3403
- Einverständnis des Verteidigers 3401
- ergänzende Vernehmung des Zeugen 3413 ff.
- Ersetzung der Vernehmung eines kindlichen Zeugen 3404
- fehlerhaft zustande gekommene Vernehmung 3402
- Mitwirkungsbefugnisse 3408
- ordnungsgemäß zustande gekommene Vernehmung 3407
- pflichtgemäßes Ermessen des Vorsitzenden 3411
- richterliche und nichtrichterliche Vernehmungen 3401, 3406
- Stellung der Auskunftsperson im Zeitpunkt der Vorführung 3400
- Videovernehmung 3411
- Widerspruch 3402
- Zeugenschutzgesetz 3398
- Zeugnisverweigerung 3402

Vorhalt an Zeugen
- Beweismittel bleibt der Zeuge 3419
- Erinnerungsschwierigkeiten 3418
- Vernehmungsbehelf 3418
- Widersprüche in Aussage 3418
- zu langer Vorhalt 3419

Vorhalt aus und von Tonbandaufnahmen
- Form 3422
- Vernehmungsbehelf 3422

Vorhalt aus und von Urkunden
- Gedächtnisstütze 3432
- Grundlage der tatsächlichen Feststellungen 3426
- Inhalt von abgehörten Telefonaten 3428
- Protokolle aus früheren Vernehmungen 3429
- Verlesen einer längeren Urkunde 3426
- Vernehmungsbehelf 3426, 3431
- Vernehmungsniederschriften 3432
- Verwertungsverbot einer Urkunde 3427
- Widerspruch 3427

Vorläufige Entziehung der Fahrerlaubnis
- Berufungshauptverhandlung 623
- Entschädigung nach dem StrEG 1438

Vorstrafen *s. Feststellung von Vorstrafen des Angeklagten*

Wahlgegenüberstellung 1583

Widerspruchslösung 1465 f., 3273
- ausreichende Belehrung 3455
- Begründung des Widerspruchs 3449
- Beweisverwertungsverbote 1020
- Drittwirkung 3451
- Erklärung bereits vor der Hauptverhandlung 3444
- erneuter Widerspruch 3444
- Freibeweisverfahren 3454
- Geltendmachung eines Beweisverwertungsverbots 3428, 3439
- Geltendmachung eines verspäteten Widerspruchs 3446
- Geltendmachung mit der Verfahrensrüge 3457
- Hinweis auf Widerspruchsrecht 3436
- Hinweise für den Verteidiger 3442 ff., 3447 ff.
- Nachholung eines Widerspruchs 3442 f.
- Notwendigkeit eines Widerspruchs
  - Beispiele 3438
- Protokoll der Hauptverhandlung 3453
- spezifizierter Widerspruch 3449
- Teilbarkeit des Widerspruchs 3450
- Zeitpunkt der Geltendmachung 3441

Widmark-Formel 1168 ff.

Wiedereinsetzung in den vorigen Stand
- Antrag nach § 346 Abs. 2 3484
- Beispiele 3481
- Durchbrechen der Rechtskraft einer Entscheidung 3484
- Einlegung von befristeten Rechtsmitteln 3467
- Entscheidung des Gerichts 3482
- Erschöpfung des Rechtsweges 3467
- Glaubhaftmachung 3482
- Muster: Wiedereinsetzungsantrag gegen Versäumung der Berufungsfrist 3486
- Nichtverschulden
  - Beispiele 3473
- ohne eigenes Verschulden 3470
- Rechtsmittelverzicht 2197
- Revision
  - Begründung, Frist 2280
  - Begründung, Verfahrensrüge 2280
- Überblick 3485

- Verfahren 3477
- Verhandlung ohne den Angeklagten 2864, 2868
- Versäumung einer Frist i. S. d. § 44 3468
- Verschulden
  - Beispiele 3472
- Verschulden des Verteidigers 3474

Wiedereintritt in die Beweisaufnahme
- Beispiele für Widereintritt 3462
- Letztes Wort des Angeklagten 3460
- Plädoyer des Verteidigers 2035, 3460
- Prozesshandlung 3461
- Revision 3460
- Wille des Gerichts zum Weiterverhandeln 3461

Wiederholung einer Beweiserhebung
- neues oder anderes Ergebnis 3490

Wiederholungsfragen 3597

Zählervergleichseinrichtung 2613

Zeuge
- Entlassung *s. Entlassung von Zeugen und Sachverständigen*
- erneute Vernehmung *s. Erneute Vernehmung eines Zeugen oder Sachverständigen*
- Informatorische Befragung 1752
- Nebenkläger 1924 ff.
- Verteidiger als ~ 3196 ff.

Zeuge oder Sachverständiger
- Präsentes Beweismittel 2045 ff.

Zeuge, Kommissarische Vernehmung
- Anordnung durch Gerichtsbeschluss 1798
- Antrag 1797
- Anwesenheitsrecht des Verteidigers oder Angeklagten 1800
- ausländisches Gericht 1801
- beauftragter oder ersuchter Richter 1799
- Benachrichtigung 1804
- Beweisantrag 1803
- Beweisverwertungsverbot 1804
- Ermessen des Gerichts 1796
- Hinweise für den Verteidiger 1803
- im Ausland 1801
- konsularische Vernehmung 1801
- Verfahren 1797 ff.

- Verfahrensverstöße bei ausländischen Vernehmungen 1801
- Verlesung von Protokollen früherer Vernehmungen/sonstiger Erklärungen 1796
- Videovernehmung 1800
- V-Leute 1796

Zeuge, Ladung
- Anordnung durch Vorsitzenden 1842
- Beweis-Antrag des Verteidigers 1844
- Nichterscheinen 1843
- Rechtsmittel 1847
- Selbstladungsverfahren 1845
- Zeugnisverweigerung 1843

Zeuge, Nichterscheinen
- Anordnung der Vorführung 1949
- Auferlegung der entstandenen Kosten 1950
- Beweisverzicht 1949
- Fahndungsmaßnahmen 1949
- Ordnungsgeld/Ordnungshaft 1950
- rechtzeitige Entschuldigung 1950 ff.

Zeuge, Privatkläger 2064 f.

Zeuge, Staatsanwalt 2552 ff.

Zeuge, Vereidigung
- Ausnahme 2794
- ausschlaggebenden Bedeutung der Aussage 2803
- Begründung 2799, 2806
- Belehrung 2797
- endgültiger Abschluss der Vernehmung 2795
- Entscheidung von Amts wegen 2798
- Ermessen des Gerichts 2805
- Herbeiführung einer wahren Aussage 2804
- Mehrere Zeugen 2796
- Nachholung der Entscheidung 2801
- revisionsrechtliche Bedeutung 2800
- Vereidigungsantrag 2798

Zeugen vom Hörensagen 414, 3117
- Beweiswürdigung 3551
- Gerichtshelfer 3549
- Richter und StA 3549
- Sachverständiger 3549
- unmittelbares Beweismittel 3548
- Verhörspersonen 3549
- Verwertung der Erkenntnisse eines gesperrten V-Mannes 3258
- Verwertungsverbot 3550
- V-Mann in der Hauptverhandlung 3341

Zeugen, sonstige Verfahrensbeteiligte 2549 f.

Zeugenbeistand
- Anwesenheit in der Hauptverhandlung 3497
- Art der Vernehmung 3504
- Ausschluss s. Zeugenbeistand
- gerichtliche Beiordnung 3504
- kein eigenes, selbstständiges Antragsrecht 3494
- Recht auf Terminsbenachrichtigung 3498
- Recht zur Akteneinsicht 3495
- Vergütung 3504, 3513
- Verhinderung des Beistands 3498
- Vertretung mehrerer Zeugen 3504
- Zeugnisverweigerungsrecht 3494

Zeugenbeistand, Ausschluss
- Ausschlussverfahren 3519
- Begünstigung
  - Strafvereitelung oder Hehlerei 3513
- Beteiligung 3511
- bloßer Anfangsverdacht 3506
- drohendes berufsgerichtliches Verfahren 3511
- Ermessensentscheidung 3508 ff.
- Gefährdung des Untersuchungszwecks 3518
- kein Rechtsmittel 3521
- mangelnde Interessenvertretung 3515
- Regelbeispiele 3510
- Verdunkelungshandlungen 3516 f.
- versuchte Strafvereitelung 3514
- Vorliegen konkreter Tatsachen 3507

Zeugenbelehrung
- Auskunftsverweigerungsrecht 3536
- Ausübung durch Vorsitzenden 3526
- Belehrung vor jeder neuen Vernehmung 3532
- Fähigkeit zum Verständnis 3528
- Hinweis auf die Unverwertbarkeit der früheren Aussage 3534
- Minderjährige 2600
- Nachholung 3534
- Verwertungsverbot 3535

Zeugenbelehrung

- Verzicht auf Zeugnisverweigerungsrecht 3529
- Zeugnisverweigerungsrecht 3527

Zeugenvernehmung 1629
- Anwesenheit von Zeugen in der Hauptverhandlung 325 ff.
- Ausschluss der Öffentlichkeit 3544
- Gegenstand sind Tatsachen 3540
- Reihenfolge 3543
- schwaches Beweismittel 3539
- Vernehmungstechnik 3541 f.

Zeugnisverweigerungsrecht
- Angehörige bestimmter Berufe 3568
- Angehörige des Angeklagten 3554 ff.
- Belehrung 1036, 3565
- Berechtigte 3555
- Berufshelfer 3574
- Berufshelfereigenschaft
  - Beispiele 3576
- Beugehaft 3585
- Entbindung von der Schweigepflicht 3581
- Hinweise für den Verteidiger 3580 ff.
- höchstpersönliches Recht 3567
- keine zeitlichen Beschränkungen 3554
- Ladung von Zeugen 1843
- mehrere Angeklagte 3561 ff.
- minderjährige Zeugen 3558
- nichteheliche Lebensgemeinschaft 3555
- Ordnungsmittel 3584
- Übersicht der Zeugnisverweigerungsberechtigten 3559
- Umfang 3579
- Unzulässigkeit der Vernehmung des Zeugen 3582
- Verhältnismäßigkeitsgrundsatz 3578
- Vernehmung des Zeugen zur Sache 3114
- Vernehmung einer Verhörsperson 3119
- Verwertungsverbot 3582
- Verzicht auf die Geltendmachung 3582
- Vorführung von Bild-Ton-Aufzeichnungen 3402
- Zeugenbelehrung 3527 ff.
- Zwischenstreit über die (unberechtigte) Zeugnisverweigerung 3585

Zuchtmittel
- Jugendgerichtsverfahren 1789

Zulassung von Mitarbeitern des Verteidigers zur Hauptverhandlung
- Antrag 3586
- Muster: Antrag zur Sitzordnung in der Hauptverhandlung 3588

Zurückweisung einzelner Fragen des Verteidigers
- aus rechtlichen Gründen zu beanstandende Fragen
  - Beispiele 3599
- Entscheidung des Gerichts 3603
- Entziehung des Fragerechts 3601
- Hinweis auf Bedenken 3602
- Maßnahme der Verhandlungsleitung 3603
- Muster: Antrag auf Aufnahme der in Zusammenhang mit der Beanstandung und Zurückweisung einer Frage des Verteidigers stehenden Vorgänge in das Protokoll der Hauptverhandlung 3609
- Muster: Antrag auf Erlass eines Gerichtsbeschlusses gegen die Beanstandung einer Frage des Verteidigers als unzulässig durch den Vorsitzenden 3608
- Muster: Antrag auf Zurückweisung einer ungeeigneten bzw. nicht zur Sache gehörenden Frage 3607
- Protokoll der Hauptverhandlung 3606
- Suggestivfragen 3598
- ungeeignete Fragen 3595 f.
- unzulässige Fragen 3591
  - Beispiele 3593
- vor Schluss der Beweisaufnahme 3605
- Wiederholungsfragen 3597
- zulässige Fragen
  - Beispiele 3594

Zuständigkeit des Gerichts
- funktionelle Zuständigkeit 3617
- Irrtum über örtliche Zuständigkeit 3616
- Muster: Zuständigkeitsrüge 3619
- örtliche Zuständigkeit 3615
- sachlichee Zuständigkeit 3613
- Schöffengericht im Verhältnis zum Strafrichter 3614

Zustellungsfragen
- Abschrift oder Ausfertigung fehlerhaft 3624
- Anordnung vom Vorsitzenden 3626

Zustellungsfragen

- Ersatzzustellung 3631 ff., 3633 ff.
- Hinweise für den Verteidiger 3639
- Rechtsmittelbelehrung 3645
- Unwirksamkeit der Zustellung
  - Beispiele 3643
- Verhandlungsfähigkeit des Empfängers 3627
- Verweis auf die ZPO 3628
- Wesentliche Mängel 3642 ff.
- Wohnung 3632
- Zustellung an den Verteidiger 3637 ff.
- Zustellungsverfahren 3623

Zuziehung eines Dolmetschers
- EU-Richtlinie 2010/64/EU 3646
- gesamtes Verfahren 3650
- Hinweise für den Verteidiger 3657 ff.
- Muster: Antrag auf Zuziehung eines Dolmetschers 3660
- Nebenkläger 3648
- Pflichtverteidiger 3659
- Vertrauensdolmetscher 3659
- Zweifel an der Richtigkeit der Übersetzung 3657 f.

Zwangsmittel bei Ausbleiben des Angeklagten
- Beschwerde 3677
- Erlass eines Haftbefehl nach den §§ 112 ff. 3672 ff.
- Haftbefehl nach § 230 Abs. 2 3672 ff.
- Inhalt des Vorführungsbefehls 3671
- Ladung des Angeklagten 3666
- Ladungsfrist 3668
- unentschuldigtes Ausbleiben 3665
- Verhältnismäßigkeitsgrundsatz 3669
- Voraussetzungen 3665 ff.
- Vorführungsbefehl 3669
- Zuständigkeit 3675

Zwangsverteidigung 1985

Zweierbesetzung
- Große Strafkammer/Jugendkammer
  - Reduzierte Besetzung 2213 ff.

Zwischenberatungen des Gerichts 3680 ff.

Benutzerhinweise zum Muster-Download

Mit dem Muster-Download (siehe S. IV, Impressum) erhalten Sie sämtliche abgedruckten Formulare als Datei. Im Druckwerk sind zu jedem Formular Referenznummern vergeben, die Sie aus dem jeweils neben dem Formular angeordneten Download-Symbol entnehmen können.

Für den Start der Anwendung sind folgende **Systemvoraussetzungen** zu beachten:
- Windows Vista, 7 oder 8
- Microsoft Word 2007, 2010, 2013, Office 365 oder ein anderes Textverarbeitungsprogramm, das Microsoft Word Dateien öffnen kann.

Sie haben die Möglichkeit die Anwendung auf Ihrer Festplatte zu installieren. Dafür benötigen Sie neben den oben genannten Voraussetzungen etwa 50 MB freien Speicherplatz auf einer Festplatte.

Bitte extrahieren Sie den heruntergeladenen zip-Ordner (entsprechende Hilfsprogramme finden Sie im Internet) und führen Sie das Programm setup.exe aus dem Ordner aus, um die Installation zu starten. Folgen Sie danach bitte den weiteren Anweisungen am Bildschirm. Für die Installation müssen Sie über **Administrator-Rechte** verfügen.

Während der Installation wird, falls nicht bereits vorhanden, eine eigener Startmenü-Eintrag unter „ZAP Verlag" für die Anwendung eingerichtet. **Zum Öffnen der Anwendung genügt ein Klick auf das Icon „Handbuch für die strafrechtliche Hauptverhandlung" unterhalb von ZAP Verlag.**

Bei Nutzern von **Word** kann der Hinweis auf dem Bildschirm erscheinen, dass die Makros aktiviert werden müssen. Dies wird in den verschiedenen Wordversionen unterschiedlich gehandhabt:

Makroeinstellungen bei Office 2007

Klicken Sie zunächst auf das Startsymbol ganz links oben in Word und klicken dann links unten auf „Word Optionen" und als nächstes in der linken Spalte auf das „Vertrauenscenter". Rechts unten finden Sie die Einstellungen zum Vertrauenscenter, in denen Sie die Makros aktivieren müssen. Wählen Sie die vierte Option „Alle Makros aktivieren" aus und klicken anschließend auf OK. Nun starten Sie die Formulare neu.

Makroeinstellungen bei Office 2010

In Office 2010 klicken Sie in Word auf „Datei" links oben und gehen anschließend zu „Optionen", wählen das „Sicherheitscenter" und Einstellungen für das Sicherheitscenter. Unter der Rubrik „Einstellungen für Makros" wählen Sie die vierte Option „Alle Makros aktivieren" aus und klicken anschließend auf OK. Word muss neu gestartet werden, damit die Änderung wirkt.

Benutzerhinweise zum Muster-Download

Makroeinstellungen bei Office 2013

In Office 2013 klicken Sie in Word auf „Datei" links oben und gehen anschließend zu „Optionen", wählen das „Trust Center" und Einstellungen für das Trust Center. Unter der Rubrik „Makros" wählen Sie die vierte Option „Alle Makros aktivieren" aus und klicken anschließend auf OK. Word muss neu gestartet werden, damit die Änderung wirkt.

Beachten Sie, dass die Einstellungen für alle Word-Dokumente gelten. Im Einzelfall kann es demnach sinnvoll sein, vor dem Öffnen eines „unsicheren" Word-Dokumentes die Sicherheitsstufe wieder auf „Hoch" zu setzen.

Wichtig: Sofern sich die Dokumente bei Ihnen nicht öffnen oder bearbeiten lassen, überprüfen Sie bitte diese Einstellung. Nach erfolgter Korrektur der Einstellung starten Sie die Schriftsätze erneut.

Zur **Auswahl des gewünschten Formulars** nutzen Sie entweder das Formularverzeichnis oder die Navigationsleiste links. Im Formularverzeichnis gelangen Sie mit einem Mausklick auf die entsprechende Titelzeile zum gewünschten Formular. In der Navigationsleiste klappen Sie das entsprechende Kapitel auf und klicken anschließend auf das gewünschte Formular. Des Weiteren können Sie mit dem Button „Vorheriges Formular" und „Nächstes Formular" oberhalb des Formulares das nächste Muster aufrufen.

Mit Klick auf „Formular als Worddokument" wird das Formular in Word geladen.

In Word in der Menüleiste auf den Reiter „Add-Ins" finden Sie den Button „Nächstes Feld". Darüber gelangen Sie an die Platzhalter-Stellen des Dokuments und können Ihre Ergänzungen vornehmen. Anschließend können Sie das Formular auf Ihrem Filesystem speichern.

Sollten Sie den **Originalzustand eines Dokumentes wiederherstellen** wollen, benutzen Sie das Icon „Vorlage wiederherstellen".

Wenn Sie kein Word auf Ihrem Rechner installiert haben, können Sie die Dateien trotzdem aufrufen und bearbeiten. Gehen Sie dazu in den Ordner content\doc. Gehen Sie mit Rechtsklick auf die Datei und suchen im Menü Öffnen mit/Programm auswählen Ihr Textverarbeitungsprogramm aus.

Den Hilfetext können Sie auch im Programm unter dem entsprechenden Feld aufrufen.

Besetzungseinwand, mit
- Unterbrechungsantrag zur Besetzungsprüfung 807
- Besetzungsrüge 808
Beurlaubung des Angeklagten von der Hauptverhandlung 827
Bußgeldverfahren, Antrag auf Entbindung von der Pflicht des Betroffenen, in der
Hauptverhandlung zu erscheinen. 1267
Entschädigung nach dem StrEG mit Klagemuster. 1443
Privatklageverfahren. 2091
Sitzordnung in der Hauptverhandlung 2526
Terminsverlegung 2668
Unterschreitung der Hauptverhandlung 2720
Vollmacht des Verteidigers. 3369
Wiedereinsetzung und Berufung 2877
Zulassung von Mitarbeitern des Verteidigers zur Hauptverhandlung 3588
Zurückweisung einzelner Fragen des Verteidigers, mit
- Antrag auf Zurückweisung einer ungeeigneten bzw. nicht zur Sache gehörenden Frage ... 3607
- Antrag auf Erlass eines Gerichtsbeschlusses gegen die Beanstandung einer Frage. 3608
- Antrag auf Aufnahme der in Zusammenhang mit der Beanstandung und Zurückweisung einer
  Frage des Verteidigers stehenden Vorgänge in das Protokoll der Hauptverhandlung 3609
Zuständigkeit des Gerichts 3619
Zuziehung eines Dolmetschers 3660

4. Rechtsmittel/Rechtsbehelfe

Anhörungsrüge. 303
Berufungseinlegung 600
Antrag auf Entscheidung des Berufungsgerichts. 685
Antrag auf Entscheidung des Revisionsgerichts. 2256
unbestimmtes Rechtmittel. 2188
Revisionsbegründung 2265
Revisionsschrift 2370
Verzögerungsrüge 3306
Wiedereinsetzung in den vorigen Stand 3486

Schlagwortverzeichnis

Die Zahlen verweisen auf die Randnummern.

A

Ablehnung/Auswechslung eines Dolmetschers	1
Ablehnung eines Richters, Allgemeines	8
Ablehnung eines Sachverständigen	15
Ablehnung eines Staatsanwalts	38
Ablehnungsantrag	48
Ablehnungsberechtigter	62
Ablehnungsgründe, Befangenheit	67
Ablehnungsverfahren	89
Ablehnungsverfahren, Rechtsmittel	109
Ablehnungszeitpunkt	116
Ablehnung von Schöffen	127
Ablehnung von Urkundsbeamten	134
Absprachen/Verständigung mit Gericht und Staatsanwaltschaft	137
Abtrennung von Verfahren	244
Adhäsionsverfahren	256
Akteneinsicht für den Verteidiger während der Hauptverhandlung	279
Akteneinsicht für Schöffen	284
Anhörungsrüge	291
Antragsmuster, Übersicht	304
Anwesenheit des Verteidigers in der Hauptverhandlung	310
Anwesenheitspflicht des Angeklagten	315
Anwesenheitsrechte in der Hauptverhandlung	323
Anwesenheit von Zeugen in der Hauptverhandlung	325
Aufklärungspflicht des Gerichts	329
Aufruf der Sache	341
Augenscheinseinnahme	348
Ausbleiben des Angeklagten	361
Ausbleiben des Verteidigers	374
Auskunftsverweigerungsrecht	377
Auslandszeuge	396
Aussagegenehmigung	409
Ausschluss der Öffentlichkeit	419
Ausschluss eines Richters	440
Aussetzung der Hauptverhandlung, Allgemeines	462
Aussetzung wegen Ausbleibens des (notwendigen) Verteidigers	470
Aussetzung wegen fehlender Akteneinsicht	484
Aussetzung wegen Nichteinhaltung der Ladungsfrist	490
Aussetzung wegen nicht mitgeteilter Anklageschrift	493
Aussetzung wegen veränderter Sach-/Rechtslage	498
Aussetzung wegen verspäteter Namhaftmachung geladener Beweispersonen	506
Aussetzung wegen Verteidigerausschlusses	512

B

Bedingter Beweisantrag	518
Befangenheit, Ablehnung	529
Befragung des Angeklagten	531
Belehrung des Angeklagten	536
Berufung, Allgemeines	541
Berufung, Annahmeberufung	550
Berufungsbegründung	560
Berufungsbeschränkung	567
Berufungseinlegung	583
Berufungsfrist	601
Berufungsgericht, Besetzung	613
Berufungshauptverhandlung	619
Berufungsrücknahme	652
Berufungsverwerfung durch das Amtsgericht wegen Verspätung	677
Berufungsverwerfung durch das Berufungsgericht wegen Unzulässigkeit	686
Berufungsverwerfung wegen Ausbleibens des Angeklagten	691
Berufung, Zulässigkeit	722
Beschlagnahme von Verteidigerakten	730
Beschleunigtes Verfahren	741
Beschwerde	770
Besetzungseinwand	791
Besetzungsmitteilung	809
Beurlaubung des Angeklagten von der Hauptverhandlung	817
Beweisanregung	828
Beweisantrag	835
Beweisantrag, Ablehnungsbeschluss	849
Beweisantrag, Ablehnungsgründe	858
Beweisantrag, Adressat	896
Beweisantrag, Antragsberechtigung	898

U

Unaufmerksamer/schlafender Richter	2687
Unmittelbarkeitsgrundsatz	2690
Unterbrechung der Hauptverhandlung	2701
Urkundenbeweis, Allgemeines	2721
Urkundenbeweis durch Bericht des Vorsitzenden	2743
Urteilsbegründung	2749
Urteilsberatung	2752
Urteilsverkündung	2761

V

Verbindung von Verfahren	2771
Vereidigung eines Dolmetschers	2780
Vereidigung eines Sachverständigen	2786
Vereidigung eines Zeugen	2792
Vereidigungsverbot	2807
Vereidigungsverzicht	2821
Verfahrensverzögerung	2825
Verhandlung ohne den Angeklagten	2853
Verhandlung ohne den Angeklagten, Wiedereinsetzung und Berufung	2871
Verhandlungsfähigkeit	2878
Verhandlungsleitung	2889
Verhinderung des Verteidigers	2904
Verlegung der Hauptverhandlung an einen anderen Ort	2915
Verlesung des Anklagesatzes	2921
Verlesungsverbot für schriftliche Erklärungen	2934
Verlesung von ärztlichen Attesten	2943
Verlesung von Behördengutachten	2956
Verlesung von Gutachten allgemein vereidigter Sachverständiger	2968
Verlesung von Geständnisprotokollen	2980
Verlesung von Leumundszeugnissen	2998
Verlesung von Protokollen/Erklärungen der Strafverfolgungsbehörden	3002
Verlesung von Protokollen früherer Vernehmungen/sonstiger Erklärungen	3014
Verlesung von sonstigen Gutachten und Berichten	3046
Verletztenbeistand/Opferanwalt	3052
Vernehmung des Angeklagten zur Person	3067
Vernehmung des Angeklagten zur Sache	3072
Vernehmung des Mitangeklagten als Zeugen	3088
Vernehmung des Zeugen zur Person	3094
Vernehmung des Zeugen zur Sache	3103
Vernehmung einer Verhörsperson	3115
Vernehmung eines Polizeibeamten	3124
Vernehmung jugendlicher Zeugen	3134
Vernehmung Sachverständiger	3143
Vernehmungsbeistand	3157
Verspätete Beweisanträge/Fristsetzung	3179
Verteidiger als Zeuge	3193
Verteidigerhandeln und Strafrecht	3199
Vertretung des Angeklagten durch den Verteidiger	3208
Vertretung des Pflichtverteidigers in der Hauptverhandlung	3217
Vertretung des Wahlverteidigers in der Hauptverhandlung	3222
Verweisungsfragen	3227
Verwertung der Erkenntnisse eines (gesperrten) V-Mannes	3241
Verwirkung von Verteidigungsrechten	3262
Verzögerungsrüge	3274
Videovernehmung in der Hauptverhandlung	3307
V-Mann in der Hauptverhandlung	3336
Vollmacht des Verteidigers	3350
Vorbereitung der Hauptverhandlung	3370
Vorführung von Bild-Ton-Aufzeichnungen	3396
Vorhalt an Zeugen	3416
Vorhalt aus und von Tonbandaufnahmen	3420
Vorhalt aus und von Urkunden	3424

W

Widerspruchslösung	3433
Wiedereintritt in die Beweisaufnahme	3458
Wiedereinsetzung in den vorigen Stand	3464
Wiederholung einer Beweiserhebung	3487

Z

Zeugenbeistand	3491
Zeugenbelehrung	3523
Zeugenvernehmung, Allgemeines	3537
Zeugen vom Hörensagen	3545
Zeugnisverweigerungsrecht	3552
Zulassung von Mitarbeitern des Verteidigers zur Hauptverhandlung	3586
Zurückweisung einzelner Fragen des Verteidigers	3589
Zuständigkeit des Gerichts	3610
Zustellungsfragen	3620
Zuziehung eines Dolmetschers	3646
Zwangsmittel bei Ausbleiben des Angeklagten	3661
Zwischenberatungen des Gerichts	3680

L

Ladung des Angeklagten	1817
Ladung des Verteidigers	1829
Ladung von Zeugen	1840
Letztes Wort des Angeklagten	1848

M

Mitschreiben/Notebook in der Hauptverhandlung	1859
Mitteilung über Erörterungen zur Verständigung	1866

N

Nachbereitung der Hauptverhandlung	1891
Nachtragsanklage	1905
Nebenklage	1917
Nebenkläger als Zeuge	1924
Nebenklägerrechte in der Hauptverhandlung	1928
Nichterscheinen eines Zeugen	1947

O

Obergutachter	1953

P

Pflichtverteidiger, Bestellung in der Hauptverhandlung	1967
Pflichtverteidiger, Bestellung neben Wahlverteidiger	1983
Pflichtverteidiger, Entpflichtung während laufender Hauptverhandlung	1993
Plädoyer des Staatsanwalts	2011
Plädoyer des Verteidigers	2017
Präsentes Beweismittel	2036
Präsenzfeststellung	2061
Privatkläger als Zeuge	2064
Privatklageverfahren	2067
Protokoll der Hauptverhandlung, Allgemeines	2092
Protokoll der Hauptverhandlung, wörtliche Protokollierung	2114
Protokollverlesung nach Zeugnisverweigerung	2126
Protokollverlesung zur Gedächtnisstützung	2147

R

Rechtsmittel, Allgemeines	2160
Rechtsmittelbelehrung	2177
Rechtsmittel, unbestimmtes	2183
Rechtsmittelverzicht	2189
Reduzierte Besetzung der großen Strafkammer/Jugendkammer	2208

Revision, Allgemeines	2237
Revision, Antrag auf Entscheidung des Revisionsgerichts	2248
Revision, Begründung, Allgemeines	2257
Revision, Begründung, Form	2266
Revision, Begründung, Frist	2277
Revision, Begründung, Sachrüge	2290
Revision, Begründung, Verfahrenshindernisse	2317
Revision, Begründung, Verfahrensrüge	2322
Revision, Beschränkung	2353
Revision, Einlegung, Allgemeines	2361
Revision, Einlegung, Form	2371
Revision, Einlegung, Frist	2374
Revision, Pflichtverteidiger	2382
Revision, Rücknahme	2390
Revision, Verfahren	2398
Revision, Zulässigkeit	2406
Rücknahme eines Strafantrags	2417
Rügeverlust	2424

S

Sachverständigenbeweis	2436
Sachverständiger Zeuge	2468
Schluss der Beweisaufnahme	2473
Schriftliche Antragstellung	2476
Selbstablehnung eines Richters	2488
Selbst herbeigeführte Verhandlungsunfähigkeit	2493
Selbstleseverfahren	2504
Sitzordnung in der Hauptverhandlung	2519
Sitzungspolizei	2527
Sonstige Verfahrensbeteiligte als Zeugen	2549
Staatsanwalt als Zeuge	2552
Steuerstrafverfahren	2557
Strafbefehlsverfahren	2568

T

Täter-Opfer-Ausgleich	2586
Telefonüberwachung, Allgemeines	2602
Telefonüberwachung, Beweisverwertungsverbote	2623
Telefonüberwachung, Verwertung der Erkenntnisse in der Hauptverhandlung	2633
Terminsbestimmung/Terminsverlegung	2646
Ton- und Filmaufnahmen während der Hauptverhandlung	2669
Tragen der Robe/Krawatte	2680

Beweisantrag, Begründung	905
Beweisantrag, Form	910
Beweisantrag, Formulierung: Augenscheinseinnahme	914
Beweisantrag, Formulierung: Sachverständigenbeweis	919
Beweisantrag, Formulierung: Urkundenbeweis	927
Beweisantrag, Formulierung: Zeugenbeweis	939
Beweisantrag, Inhalt	951
Beweisantragsrecht, Allgemeines	971
Beweisantrag, Zeitpunkt der Antragstellung	978
Beweisantrag, Zurücknahme	987
Beweisantrag zur Vorbereitung der Hauptverhandlung	995
Beweisermittlungsantrag	1007
Beweisverwertungsverbote	1018
Beweisverzicht	1146
Blinder/stummer Richter	1156
Blutalkoholfragen/Atemalkoholmessung	1162
Bußgeldverfahren, Besonderheiten der Hauptverhandlung	1200

D

DNA-Untersuchung	1268
Durchsuchung des Verteidigers	1287

E

Einlassregelungen für die Hauptverhandlung	1294
Einstellung des Verfahrens, Allgemeines	1299
Einstellung des Verfahrens nach § 153 wegen Geringfügigkeit	1304
Einstellung des Verfahrens nach § 153a nach Erfüllung von Auflagen und Weisungen	1315
Einstellung des Verfahrens nach § 153b bei Absehen von Strafe	1331
Einstellung des Verfahrens nach § 154 bei Mehrfachtätern	1336
Einstellung des Verfahrens nach § 154a zur Beschränkung der Strafverfolgung	1351
Einstellung des Verfahrens nach § 205 wegen Abwesenheit des Angeklagten oder anderer Hindernisse	1361
Einstellung des Verfahrens nach § 206a bei Verfahrenshindernissen	1369
Entbindung des Angeklagten vom Erscheinen in der Hauptverhandlung	1386
Entbindung von der Schweigepflicht	1393
Entfernung des Angeklagten aus der Hauptverhandlung	1408
Entlassung von Zeugen und Sachverständigen	1425
Entschädigung nach dem StrEG	1429
Entziehung des Fragerechts als Ganzes	1444
Erklärungen des Verteidigers	1451
Erklärungsrecht des Angeklagten	1458
Erklärungsrecht des Verteidigers	1463
Erneute Vernehmung eines Zeugen oder Sachverständigen	1476
Eröffnungsbeschluss, Nachholung in der Hauptverhandlung	1484
Erörterungen des Standes des Verfahrens	1491

F

Fesselung des Angeklagten	1512
Feststellung von Vorstrafen des Angeklagten	1521
Fragerecht, Allgemeines	1532
Fragerecht des Angeklagten	1537
Fragerecht des Sachverständigen	1545
Fragerecht des Staatsanwalts	1548
Fragerecht des Verteidigers, Allgemeines	1551
Freibeweisverfahren	1562
Freies Geleit	1568
Fremdsprachige Protokollierung	1573

G

Gang der Hauptverhandlung, Allgemeines	1576
Gegenüberstellung von Zeugen	1581
Gesetzesnovellen	1597
Glaubwürdigkeitsgutachten	1630

H

Haftfragen	1653
Hauptverhandlungshaft	1691
Hilfsbeweisantrag	1708
Hinweis auf veränderte Sach-/Rechtslage	1720

I

Informatorische Befragung eines Zeugen	1749

J

Jugendgerichtsverfahren, Besonderheiten der Hauptverhandlung	1754

K

Kommissarische Vernehmung eines Zeugen oder Sachverständigen	1793
Kreuzverhör	1805
Kronzeugen	1809

Antragsmuster/Checklisten/Übersichten

Die Zahlen verweisen auf die Randnummern.

1. Aussetzungsanträge

Aussetzung wegen Ausbleibens des Verteidigers	483
Aussetzung wegen fehlender Akteneinsicht	489
Aussetzung wegen veränderter Sach-/Rechtslage	505
Ladung des Angeklagten	1828
Ladung des Verteidigers	1839
Steuerstrafverfahren	2567

2. Beweisrecht

Bedingter Beweisantrag	528
Beweisanregung	834
Beweisantrag	848
Beweisantrag, Formulierung: Augenscheinseinnahme	918
Beweisantrag, Formulierung: Sachverständigenbeweis	926
Beweisantrag, Formulierung: Urkundenbeweis, mit	
– Antrag auf Verlesung von Urkunden	936
– Beweisantrag auf Erhebung des Urkundsbeweises	937
– Beweisantrag auf Erhebung des Urkundenbeweise hinsichtlich einer Urkunde, die sich in anderen Akten befindet	938
Beweisantrag, Formulierung: Zeugenbeweis	950
Beweisermittlungsantrag	1017
DNA-Untersuchung	1286
Hilfsbeweisantrag	1719
Obergutachten	1966
Präsentes Beweismittel, mit	
– Beweisantrag auf Vernehmung eines präsenten Zeugen	2057
– Ladungsschreiben an präsente Beweisperson	2058
– Zustellungsersuchen an Gerichtsvollzieher	2059
– Entschädigungsantrag für präsente Beweisperson	2060

3. Sonstiges

Ablehnungsantrag Sachverständiger	37
Antrag auf Ablösung/Auswechselung eines Staatsanwalts	47
Ablehnungsantrag	61
Ausschluss der Öffentlichkeit, mit	
– Antrag auf Ausschluss während der Vernehmung des Angeklagten	438
– Antrag auf Ausschluss während der Urteilsverkündung	439